diccionario
esencial
de la lengua española

diccionario
esencial
de la lengua española

VOX

DICCIONARIOS

Diseño cubierta: Francesc Sala

Décima edición: abril de 2025

© LAROUSSE EDITORIAL, S.L.
Bac de Roda, 64, edificio D, 1.ª planta
08019 Barcelona

VOX (y su logotipo) es marca registrada de Larousse Editorial.
clientes@grupoanaya.es / www.vox.es

ISBN: 978-84-9974-437-7
Depósito Legal: B-2080-2025
4E1I

PAPEL DE FIBRA
CERTIFICADO

PRESENTACIÓN

Los diccionarios esenciales

Los diccionarios esenciales se proponen ofrecer al usuario un gran número de palabras y acepciones en un espacio reducido, lo que se consigue seleccionando entre los usos de cada voz (pasados o presentes, habituales o extraños, comunes o particulares) principalmente aquellos que forman lo básico de su significado, los que resultan esenciales para el conocimiento de la lengua.

El *Diccionario esencial* de la lengua española

Esta edición aumentada y actualizada del *Diccionario esencial de la lengua española* nace con los objetivos que siempre han animado a los diccionarios VOX de la gama esencial: proporcionar el máximo de información posible en un formato manejable y a un precio asequible. Se ha pretendido ofrecer significados claros y comprensibles de gran número de voces.

Para alcanzar este objetivo, se ha hecho un gran esfuerzo en dos de los elementos básicos en la creación de un diccionario: la selección de las voces y el procedimiento de definición.

La selección de las voces. Seleccionar las voces (y significados de estas voces) que resultan esenciales en el español, como en cualquier otra lengua, no es tarea sencilla. Sin embargo, en la actualidad disponemos de millones de palabras procedentes de cientos de textos en soporte informático que, junto con el criterio de los redactores, permite asegurar que la lista de palabras definidas y sus acepciones corresponden a usos del español actual. Se han mantenido voces que tienen un uso real en la lengua de hoy, se han incorporado otras nuevas y han desaparecido voces claramente anticuadas o en desuso.

Esta edición también es rica en el análisis de las palabras. La proporción de acepciones por entrada es superior, ya que se han introducido muchos usos nuevos y hay más locuciones y frases.

Por último, esta edición ha incluido numerosos neologismos, no solo palabras nuevas, sino también numerosos significados nuevos. Esto ha sido posible porque el trabajo continuado en la editorial nos permite recoger anualmente decenas y decenas de voces y usos antes no registrados e incorporarlos en cada nueva obra.

Con todo ello, esta nueva edición ofrece al lector una nueva lista de palabras, seleccionadas con criterios más adecuados y con amplia presencia de voces nuevas.

El procedimiento de definición. Siguiendo una tradición lexicográfica común a prácticamente todo el ámbito hispano, las definiciones de ediciones anteriores eran muy breves y utilizaban con frecuencia procedimientos sinonímicos. El diccionario, siendo exacto y correcto, resultaba difícil de entender para un gran sector del público destinatario.

Ahora las definiciones son perifrásticas, evitan casi siempre la sinonimia y emplean una sintaxis sencilla y un vocabulario bien conocido por el lector. De este modo, se consigue que la lectura sea más agradable a la vez que menos exigente para el usuario.

Por último, en esta edición del diccionario se han incorporado las novedades adoptadas por la nueva normativa académica de 2010, tanto en la adaptación de voces extranjeras como en el uso de la tilde diacrítica, lo que, a todas luces, revierte en una mayor adecuación a las necesidades del público general y, en especial, a las de los estudiantes.

Confiamos en que este nuevo *Diccionario esencial de la lengua española* responda a las preguntas que animan tu consulta y cumpla así con el cometido que se ha propuesto.

CONSIDERACIONES

Para encontrar una voz

1. Todas las voces de entrada se ordenan según el **orden alfabético universal** o internacional; *ch* y *ll* se incluyen en las letras *c* y *l*.

2. Los lemas considerados más simples (no llevan acentos ni guiones) preceden a los de grafía más compleja cuando ambos tienen las mismas letras: *cola* precede a *-cola*, *con* a *con-*, *cuando* a *cuándo*, *cubito* a *cúbito*.

3. En las entradas con lema doble, aparece en primer lugar la forma considerada más adecuada o más usual, separada de la siguiente mediante la conjunción *o*: *período* o *periodo*, *compartimento* o *compartimiento*.

4. La **forma femenina** se indica tras la forma masculina normalmente por medio de una sílaba, en ocasiones dos, según la siguiente regla: debe formar sílaba completa de la forma femenina y debe tener en común con el masculino correspondiente al menos un carácter consonántico. Si una palabra con tilde pierde ésta en el femenino, se incluye también la sílaba que pierde el acento gráfico: *comedor, -ra*; *diestro, -tra*; *emperador, -ratriz*; *frigio, -gia*; *mediterráneo, -nea*; *poeta, -tisa*.

5. Las locuciones y frases pueden aparecer de dos modos diferentes:

a) las **locuciones nominales** se asocian a una acepción concreta cuando el significado del núcleo de la locución se halla directamente relacionado con un significado determinado.

b) otras **locuciones y frases** aparecen tras un triángulo (▸) al final del artículo.

Para entender el artículo

1. Los artículos están formados por los diferentes significados o acepciones de la voz de entrada y por observaciones cuando resulta pertinente.

2. El **lema** o entrada se escribe con letra negrita. Puede estar constituido por una sola palabra (*amor*) o por más de una (*jienense* o *jiennense*).

Este diccionario no separa en artículos distintos acepciones por su categoría (*cantar* verbo y nombre) ni por su origen etimológico.

3. La **categoría gramatical** se expresa con la abreviatura correspondiente escrita con letra cursiva.

El cambio de categoría que se produce en una acepción (y siguientes) en relación con la anterior (o anteriores) se indica mediante una pleca gris (‖) que precede a la nueva categoría.

4. Las **acepciones** (esto es, cada significado distinto de una palabra) se separan entre sí por medio de cifras arábigas en negrita.

Se ha optado por ordenar las distintas acepciones por frecuencia de uso: en primer lugar la más usual. Al final aparecen con marca de tecnicismo.

5. El **nivel de uso** de una acepción expresa en qué situaciones distintas de la estándar se utilizan ciertas palabras. Se indican tres niveles: culto, coloquial y malsonante.

Las acepciones de nivel culto se utilizan preferentemente en situaciones formales, textos escritos y literatura. Las *coloquiales* en situaciones informales, preferentemente entre amigos y familiares; también son muy habituales en usos expresivos de la lengua. Se han marcado como *malsonantes* las acepciones que incluso en situaciones de familiaridad o confianza pueden parecer maleducadas, rudas, molestas al oído o, incluso, vulgares.

6. Una acepción lleva marca de **tecnicismo** cuando su uso se circunscribe a un ámbito de especialidad, a una materia concreta o a hablantes con conocimientos específicos. No se han marcado acepciones que, aunque están relacionadas con una materia o disciplina, son conocidas y empleadas en situaciones de uso normal de la lengua.

7. Cuando existe información pertinente, los artículos pueden terminar con **observaciones**.

Para entender la definición

1. Se ha procurado que las **definiciones** de cada voz contengan la información esencial sobre el significado de las palabras de manera clara, sencilla y no ambigua para que respondan a los interrogantes del usuario de manera inmediata y sin plantear nuevas dudas.

2. En la definición de adjetivos o adjetivos/nombres, se ha marcado el tipo de nombre con lo que se construye. Este elemento, conocido como **contorno**, se ha separado del resto de la definición: aparece al principio de la acepción correspondiente encerrado entre corchetes y comienza en letra minúscula. El contorno debe interpretarse como un paradigma, no como la única combinación posible. Es decir, cuando encontramos delante de la definición de un adjetivo el contorno [persona], esto indica que se aplica a un paradigma que tiene en común el significado de persona: *hombre, mujer, niño, niña, taxista, profesor, extranjero, compatriota, compañero, familiar...*

El término entre corchetes tiene una función meramente aclaradora diferenciado de la auténtica definición, que viene tras los corchetes.

Modelos de las tres conjugaciones regulares

En esta página y la siguiente aparecen como modelos de conjugación regular estos tres verbos: AMAR (primera conjugación), TEMER (segunda conjugación) y PARTIR (tercera conjugación).

VOZ ACTIVA

Formas no personales

Simples

INFINITIVO: am-ar, tem-er, part-ir
GERUNDIO: am-ando, tem-iendo, part-iendo
PARTICIPIO: am-ado, tem-ido, part-ido

Compuestas

haber amado, temido, partido
habiendo amado, temido, partido
El participio no tiene compuesto

Formas personales

INDICATIVO

Tiempos simples

Presente
am-o, -as, -a; -amos, -áis, -an
tem-o, -es, -e; -emos, -éis, -en
part-o, -es, -e; -imos, -ís, -en

Pretérito imperfecto
am-aba, -abas, -aba; -ábamos, -abais, -aban
tem
part } -ía, -ías, -ía; -íamos, -íais, -ían

Pretérito indefinido
am-é, -aste, -ó; -amos, -asteis, -aron
tem
part } -í, -iste, -ió; -imos, -isteis, -ieron

Futuro imperfecto
amar
temer } -é, -ás, -á; -emos, -éis, -án
partir

Condicional
amar
temer } -ía, -ías, -ía; -íamos, -íais, -ían
partir

Tiempos compuestos

Pretérito perfecto
he, has, ha; hemos, habéis, han
    amado, temido, partido

Pretérito pluscuamperfecto
había, habías, había;
habíamos, habíais, habían
    amado, temido, partido

Pretérito anterior
hube, hubiste, hubo;
hubimos, hubisteis, hubieron
    amado, temido, partido

Futuro perfecto
habré, habrás, habrá;
habremos, habréis, habrán
    amado, temido, partido

Condicional perfecto
habría, habrías, habría;
habríamos, habríais, habrían
    amado, temido, partido

SUBJUNTIVO

Presente
am-e, -es, -e; -emos, -éis, -en

tem
part] -a, -as, -a; -amos, -áis, -an

Pretérito perfecto
haya, hayas, haya;
hayamos, hayáis, hayan
   amado, temido, partido

Pretérito imperfecto

am] -ara, -aras, -ara;
-áramos, -arais, -aran *o*
-ase, -ases, -ase;
-ásemos, -aseis, -asen

tem
part] -iera, -ieras, -iera;
-iéramos, -ierais, -ieran
o
-iese, -ieses, -iese;
-iésemos, -ieseis, -iesen

Pretérito pluscuamperfecto
hubiera, hubieras, hubiera;
hubiéramos, hubierais, hubieran, *o*
hubiese, hubieses, hubiese;
hubiésemos, hubieseis, hubiesen
   amado, temido, partido

Futuro
am-are, -ares, -are; áremos, -areis, -aren

tem
part] -iere, -ieres, -iere; -iéremos, -iereis,
-ieren

Futuro perfecto
hubiere, hubieres, hubiere;
hubiéremos, hubiereis, hubieren
   amado, temido, partido

IMPERATIVO*

Presente
am -a, -e; -emos,
-ad, -en
tem -e, -a; -amos,
-ed, -an
part -e, -a; -amos,
-id, -an

(El imperativo no tiene compuesto)

* El imperativo en español no tiene más formas propias que las segundas personas: *ama* (tú), *amad* (vosotros).

VOZ PASIVA

La voz pasiva de un verbo se construye con el verbo *ser*, conjugado en cualquiera de sus formas y el participio del verbo en cuestión. Debe tenerse en cuenta que el participio concuerda en género y número con el sujeto.

Modelos para la conjugación de verbos irregulares

Se ofrecen solamente los tiempos que presentan irregularidades; los demás tiempos siguen los modelos regulares anteriores.

1. SACAR (*la* c *se convierte en* qu *delante de* e)
INDICATIVO
Indefinido: saqué, sacaste, sacó, sacamos, sacasteis, sacaron
SUBJUNTIVO
Presente: saque, saques, saque, saquemos, saquéis, saquen
IMPERATIVO: saca (tú), saque (él), saquemos (nosotros), sacad (vosotros), saquen (ellos)

2. MECER (*la* c *se convierte en* z *delante de* a y o)
INDICATIVO
Presente: mezo, meces, mece, mecemos, mecéis, mecen
SUBJUNTIVO
Presente: meza, mezas, meza, mezamos, mezáis, mezan
IMPERATIVO: mece (tú), meza (él), mezamos (nosotros), meced (vosotros), mezan (ellos)

3. ZURCIR (*la* c *se convierte en* z *delante de* a y o)
INDICATIVO
Presente: zurzo, zurces, zurce, zurcimos, zurcís, zurcen
SUBJUNTIVO
Presente: zurza, zurzas, zurza, zurzamos, zurzáis, zurzan
IMPERATIVO: zurce (tú), zurza (él), zurzamos (nosotros), zurcid (vosotros), zurzan (ellos)

4. REALIZAR (*la* z *se convierte en* c *delante de* e)
INDICATIVO
Indefinido: realicé, realizaste, realizó, realizamos, realizasteis, realizaron
SUBJUNTIVO
Presente: realice, realices, realice, realicemos, realicéis, realicen
IMPERATIVO: realiza (tú), realice (él), realicemos (nosotros), realizad (vosotros), realicen (ellos)

5. PROTEGER (*la* g *se convierte en* j *delante de* a y o)
INDICATIVO
Presente: protejo, proteges, protege, protegemos, protegéis, protegen
SUBJUNTIVO
Presente: proteja, protejas, proteja, protejamos, protejáis, protejan
IMPERATIVO: protege (tú), proteja (él), protejamos (nosotros), proteged (vosotros), protejan (ellos)

6. DIRIGIR (*la* g *se convierte en* j *delante de* a y o)
INDICATIVO
Presente: dirijo, diriges, dirige, dirigimos, dirigís, dirigen
SUBJUNTIVO
Presente: dirija, dirijas, dirija, dirijamos, dirijáis, dirijan

IMPERATIVO: dirige (tú), dirija (él), dirijamos (nosotros), dirigid (vosotros), dirijan (ellos)

7. LLEGAR (*la* g *se convierte en* gu *antes de* e)
INDICATIVO
Indefinido: llegué, llegaste, llegó, llegamos, llegasteis, llegaron
SUBJUNTIVO
Presente: llegue, llegues, llegue, lleguemos, lleguéis, lleguen
IMPERATIVO: llega (tú), llegue (él), lleguemos (nosotros), llegad (vosotros), lleguen (ellos)

8. DISTINGUIR (*la* gu *se convierte en* g *antes de* a *y* o)
INDICATIVO
Presente: distingo, distingues, distingue, distinguimos, distinguís, distinguen
SUBJUNTIVO
Presente: distinga, distingas, distinga, distingamos, distingáis, distingan
IMPERATIVO: distingue (tú), distinga (él), distingamos (nosotros), distinguid (vosotros), distingan (ellos)

9. DELINQUIR (*la* qu *se convierte en* c *antes de* a *y* o)
INDICATIVO
Presente: delinco, delinques, delinque, delinquimos, delinquís, delinquen
SUBJUNTIVO
Presente: delinca, delincas, delinca, delincamos, delincáis, delincan
IMPERATIVO: delinque (tú), delinca (él), delincamos (nosotros), delinquid (vosotros), delincan (ellos)

10. ADECUAR (u *átona*)
INDICATIVO
Presente: adecuo, adecuas, adecua, adecuamos, adecuáis, adecuan
SUBJUNTIVO
Presente: adecue, adecues, adecue, adecuemos, adecuéis, adecuen
IMPERATIVO: adecua (tú), adecue (él), adecuemos (nosotros), adecuad (vosotros), adecuen (ellos)

11. ACTUAR (ú *acentuada en determinados tiempos y personas*)
INDICATIVO
Presente: actúo, actúas, actúa, actuamos, actuáis, actúan
SUBJUNTIVO
Presente: actúe, actúes, actúe, actuemos, actuéis, actúen
IMPERATIVO: actúa (tú), actúe (él), actuemos (nosotros), actuad (vosotros), actúen (ellos)

12. CAMBIAR* (i *átona*)
INDICATIVO
Presente: cambio, cambias, cambia, cambiamos, cambiáis, cambian
SUBJUNTIVO
Presente: cambie, cambies, cambie, cambiemos, cambiéis, cambien
IMPERATIVO: cambia (tú), cambie (él), cambiemos (nosotros), cambiad (vosotros), cambien (ellos)

13. DESVIAR (í *acentuada en determinados tiempos y personas*)
INDICATIVO
Presente: desvío, desvías, desvía, desviamos, desviáis, desvían
SUBJUNTIVO
Presente: desvíe, desvíes, desvíe, desviemos, desviéis, desvíen
IMPERATIVO: desvía (tú), desvíe (él), desviemos (nosotros), desviad (vosotros), desvíen (ellos)

14. AUXILIAR (*la* i *puede ser átona o tónica*)
INDICATIVO
Presente: auxilío, auxilías, auxilía, auxiliamos, auxiliáis, auxilían; auxilio, auxilias, auxilia, auxiliamos, auxiliáis, auxilian
SUBJUNTIVO
Presente: auxilíe, auxilíes, auxilíe, auxiliemos, auxiliéis, auxilíen; auxilie, auxilies, auxilie, auxiliemos, auxiliéis, auxilien
IMPERATIVO: auxilía (tú), auxilíe (él), auxiliemos (nosotros), auxiliad (vosotros), auxilíen (ellos); auxilia (tú), auxilie (él), auxiliemos (nosotros), auxiliad (vosotros), auxilien (ellos)

15. AISLAR (í *acentuada en determinados tiempos y personas*)
INDICATIVO
Presente: aíslo, aíslas, aísla, aislamos, aisláis, aíslan
SUBJUNTIVO
Presente: aísle, aísles, aísle, aislemos, aisléis, aíslen
IMPERATIVO: aísla (tú), aísle (él), aislemos (nosotros), aislad (vosotros), aíslen (ellos)

16. AUNAR (ú *acentuada en determinados tiempos y personas*)
INDICATIVO
Presente: aúno, aúnas, aúna, aunamos, aunáis, aúnan
SUBJUNTIVO
Presente: aúne, aúnes, aúne, aunemos, aunéis, aúnen
IMPERATIVO: aúna (tú), aúne (él), aunemos (nosotros), aunad (vosotros), aúnen (ellos)

17. DESCAFEINAR (í *acentuada en determinados tiempos y personas*)
INDICATIVO
Presente: descafeíno, descafeínas, descafeína, descafeinamos, descafeináis, descafeínan
SUBJUNTIVO
Presente: descafeíne, descafeínes, descafeíne, descafeinemos, descafeinéis, descafeínen
IMPERATIVO: descafeína (tú), descafeíne (él), descafeinemos (nosotros), descafeinad (vosotros), descafeínen (ellos)

18. REHUSAR (ú *acentuada en determinados tiempos y personas*)
INDICATIVO
Presente: rehúso, rehúsas, rehúsa, rehusamos, rehusáis, rehúsan
SUBJUNTIVO
Presente: rehúse, rehúses, rehúse, rehusemos, rehuséis, rehúsen
IMPERATIVO: rehúsa (tú), rehúse (él), rehusemos (nosotros), rehusad (vosotros), rehúsen (ellos)

19. REUNIR (ú *acentuada en determinados tiempos y personas*)
INDICATIVO
Presente: reúno, reúnes, reúne, reunimos, reunís, reúnen
SUBJUNTIVO
Presente: reúna, reúnas, reúna, reunamos, reunáis, reúnan
IMPERATIVO: reúne (tú), reúna (él), reunamos (nosotros), reunid (vosotros), reúnan (ellos)

20. AMOHINAR (í *acentuada en determinados tiempos y personas*)
INDICATIVO
Presente: amohíno, amohínas, amohína, amohinamos, amohináis, amohínan
SUBJUNTIVO
Presente: amohíne, amohínes, amohíne, amohinemos, amohinéis, amohínen
IMPERATIVO: amohína (tú), amohíne (él), amohinemos (nosotros), amohinad (vosotros), amohínen (ellos)

21. PROHIBIR (í *acentuada en determinados tiempos y personas*)
INDICATIVO
Presente: prohíbo, prohíbes, prohíbe, prohibimos, prohibís, prohíben
SUBJUNTIVO
Presente: prohíba, prohíbas, prohíba, prohibamos, prohibáis, prohíban
IMPERATIVO: prohíbe (tú), prohíba (él), prohibamos (nosotros), prohibid (vosotros), prohíban (ellos)

22. AVERIGUAR (u *átona;* gu *pasa a* gü *delante de* e)
INDICATIVO
Indefinido: averigüé, averiguaste, averiguó, averiguamos, averiguasteis, averiguaron
SUBJUNTIVO
Presente: averigüe, averigües, averigüe, averigüemos, averigüéis, averigüen
IMPERATIVO: averigua (tú), averigüe (él), averigüemos (nosotros), averiguad (vosotros), averigüen (ellos)

23. AHINCAR (í *acentuada en determinados tiempos y personas; la* c *se convierte en* qu *delante de* e)
INDICATIVO
Presente: ahínco, ahíncas, ahínca, ahincamos, ahincáis, ahíncan

Indefinido: ahinqué, ahincaste, ahincó, ahincamos, ahincasteis, ahincaron

SUBJUNTIVO

Presente: ahínque, ahínques, ahínque, ahinquemos, ahinquéis, ahínquen

IMPERATIVO: ahínca (tú), ahínque (él), ahinquemos (nosotros), ahincad (vosotros), ahínquen (ellos)

24. ENRAIZAR (í *acentuada en determinados tiempos y personas; la* z *se convierte en* c *delante de* e)

INDICATIVO

Presente: enraízo, enraízas, enraíza, enraizamos, enraizáis, enraízan

Indefinido: enraicé, enraizaste, enraizó, enraizamos, enraizasteis, enraizaron

SUBJUNTIVO

Presente: enraíce, enraíces, enraíce, enraicemos, enraicéis, enraícen

IMPERATIVO: enraíza (tú), enraíce (él), enraicemos (nosotros), enraizad (vosotros), enraícen (ellos)

25. CABRAHIGAR (í *acentuada en determinados tiempos y personas; la* g *cambia a* gu *delante de* e)

INDICATIVO

Presente: cabrahígo, cabrahígas, cabrahíga, cabrahigamos, cabrahigáis, cabrahígan

Indefinido: cabrahigué, cabrahigaste, cabrahigó, cabrahigamos, cabrahigasteis, cabrahigaron

SUBJUNTIVO

Presente: cabrahígue, cabrahígues, cabrahígue, cabrahiguemos, cabrahiguéis, cabrahíguen

IMPERATIVO: cabrahíga (tú), cabrahígue (él), cabrahiguemos (nosotros), cabrahigad (vosotros), cabrahíguen (ellos)

26. HOMOGENEIZAR (í *acentuada en determinados tiempos y personas; la* z *se convierte en* c *delante de* e)

INDICATIVO

Presente: homogeneízo, homogeneízas, homogeneíza, homogeneizamos, homogeneizáis, homogeneízan

Indefinido: homogeneicé, homogeneizaste, homogeneizó, homogeneizamos, homogeneizasteis, homogeneizaron

SUBJUNTIVO

Presente: homogeneíce, homogeneíces, homogeneíce, homogeneicemos, homogeneicéis, homogeneícen

IMPERATIVO: homogeneíza (tú), homogeneíce (él), homogeneicemos (nosotros), homogeneizad (vosotros), homogeneícen (ellos)

27. ACERTAR (*la* e *diptonga en* ie *en sílaba tónica*)

INDICATIVO

Presente: acierto, aciertas, acierta, acertamos, acertáis, aciertan

SUBJUNTIVO

Presente: acierte, aciertes, acierte, acertemos, acertéis, acierten

IMPERATIVO: acierta (tú), acierte (él), acertemos (nosotros), acertad (vosotros), acierten (ellos)

28. ENTENDER (*la* e *diptonga en* ie *en sílaba tónica*)

INDICATIVO

Presente: entiendo, entiendes, entiende, entendemos, entendéis, entienden

SUBJUNTIVO

Presente: entienda, entiendas, entienda, entendamos, entendáis, entiendan

IMPERATIVO: entiende (tú), entienda (él), entendamos (nosotros), entended (vosotros), entiendan (ellos)

29. DISCERNIR (*la* e *diptonga en* ie *en sílaba tónica*)

INDICATIVO

Presente: discierno, disciernes, discierne, discernimos, discernís, disciernen

SUBJUNTIVO

Presente: discierna, disciernas, discierna, discernamos, discernáis, disciernan

IMPERATIVO: discierne (tú), discierna (él), discernamos (nosotros), discernid (vosotros), disciernan (ellos)

30. ADQUIRIR (*la* i *diptonga en* ie *en sílaba tónica*)
INDICATIVO
Presente: adquiero, adquieres, adquiere, adquirimos, adquirís, adquieren
SUBJUNTIVO
Presente: adquiera, adquieras, adquiera, adquiramos, adquiráis, adquieran
IMPERATIVO: adquiere (tú), adquiera (él), adquiramos (nosotros), adquirid (vosotros), adquieran (ellos)

31. CONTAR (*la* o *diptonga en* ue *en sílaba tónica*)
INDICATIVO
Presente: cuento, cuentas, cuenta, contamos, contáis, cuentan
SUBJUNTIVO
Presente: cuente, cuentes, cuente, contemos, contéis, cuenten
IMPERATIVO: cuenta (tú), cuente (él), contemos (nosotros), contad (vosotros), cuenten (ellos)

32. MOVER (*la* o *diptonga en* ue *en sílaba tónica*)
INDICATIVO
Presente: muevo, mueves, mueve, movemos, movéis, mueven
SUBJUNTIVO
Presente: mueva, muevas, mueva, movamos, mováis, muevan
IMPERATIVO: mueve (tú), mueva (él), movamos (nosotros), moved (vosotros), muevan (ellos)

33. DORMIR (*la* o *diptonga en* ue *en sílaba tónica o se convierte en* u *en determinados tiempos y personas*)
INDICATIVO
Presente: duermo, duermes, duerme, dormimos, dormís, duermen
Indefinido: dormí, dormiste, durmió, dormimos, dormisteis, durmieron
SUBJUNTIVO
Presente: duerma, duermas, duerma, durmamos, durmáis, duerman
Imperfecto: durmiera, durmieras, durmiera, durmiéramos, durmierais, durmieran; durmiese, durmieses, durmiese, durmiésemos, durmieseis, durmiesen
Futuro: durmiere, durmieres, durmiere, durmiéremos, durmiereis, durmieren
IMPERATIVO: duerme (tú), duerma (él), durmamos (nosotros), dormid (vosotros), duerman (ellos)

34. SERVIR (*la* e *se convierte en* i *en determinados tiempos y personas*)
INDICATIVO
Presente: sirvo, sirves, sirve, servimos, servís, sirven
Indefinido: serví, serviste, sirvió, servimos, servisteis, sirvieron
SUBJUNTIVO
Presente: sirva, sirvas, sirva, sirvamos, sirváis, sirvan
Imperfecto: sirviera, sirvieras, sirviera, sirviéramos, sirvierais, sirvieran; sirviese, sirvieses, sirviese, sirviésemos, sirvieseis, sirviesen
Futuro: sirviere, sirvieres, sirviere, sirviéremos, sirviereis, sirvieren
IMPERATIVO: sirve (tú), sirva (él), sirvamos (nosotros), servid (vosotros), sirvan (ellos)

35. HERVIR (*la* e *diptonga en* ie *en sílaba tónica o se convierte en* i *en determinados tiempos y personas*)
INDICATIVO
Presente: hiervo, hierves, hierve, hervimos, hervís, hierven
Indefinido: herví, herviste, hirvió, hervimos, hervisteis, hirvieron
SUBJUNTIVO
Presente: hierva, hiervas, hierva, hirvamos, hirváis, hiervan
Imperfecto: hirviera, hirvieras, hirviera, hirviéramos, hirvierais, hirvieran; hirviese, hirvieses, hirviese, hirviésemos, hirvieseis, hirviesen
Futuro: hirviere, hirvieres, hirviere, hirviéremos, hirviereis, hirvieren
IMPERATIVO: hierve (tú), hierva (él), hirvamos (nosotros), hervid (vosotros), hiervan (ellos)

36. CE—IR (*la* i *de la desinencia se pierde absorbida por la* ñ *y la* e *se convierte en* i *en determinados tiempos y personas*)
INDICATIVO
Presente: ciño, ciñes, ciñe, ceñimos, ceñís, ciñen
Indefinido: ceñí, ceñiste, ciñó, ceñimos, ceñisteis, ciñeron

SUBJUNTIVO
Presente: ciña, ciñas, ciña, ciñamos, ciñáis, ciñan
Imperfecto: ciñera, ciñeras, ciñera, ciñéramos, ciñerais, ciñeran; ciñese, ciñeses, ciñese, ciñésemos, ciñeseis, ciñesen
Futuro: ciñere, ciñeres, ciñere, ciñéremos, ciñereis, ciñeren
IMPERATIVO: ciñe (tú), ciña (él), ciñamos (nosotros), ceñid (vosotros), ciñan (ellos)

37. REÍR (*sigue el modelo de* ceñir *con la diferencia de que la pérdida de la* i *no se debe a la influencia de ninguna consonante*)
INDICATIVO
Presente: río, ríes, ríe, reímos, reís, ríen
Indefinido: reí, reíste, rió, reímos, reísteis, rieron
SUBJUNTIVO
Presente: ría, rías, ría, riamos, riáis, rían
Imperfecto: riera, rieras, riera, riéramos, rierais, rieran; riese, rieses, riese, riésemos, rieseis, riesen
Futuro: riere, rieres, riere, riéremos, riereis, rieren
IMPERATIVO: ríe (tú), ría (él), riamos (nosotros), reíd (vosotros), rían (ellos)

38. TA—ER (*la* i *de la desinencia se pierde absorbida por la* ñ *en determinados tiempos y personas*)
INDICATIVO
Indefinido: tañí, tañiste, tañó, tañimos, tañisteis, tañeron
SUBJUNTIVO
Imperfecto: tañera, tañeras, tañera, tañéramos, tañerais, tañeran; tañese, tañeses, tañese, tañésemos, tañeseis, tañesen
Futuro: tañere, tañeres, tañere, tañéremos, tañereis, tañeren

39. EMPELLER (*la* i *de la desinencia se pierde absorbida por la* ll *en determinados tiempos y personas*)
INDICATIVO
Indefinido: empellí, empelliste, empelló, empellimos, empellisteis, empelleron
SUBJUNTIVO
Imperfecto: empellera, empelleras, empellera, empelléramos, empellerais, empelleran; empellese, empelleses, empellese, empellésemos, empelleseis, empellesen
Futuro: empellere, empelleres, empellere, empelléramos, empellereis, empelleren

40. MU—IR (*la* i *de la desinencia se pierde absorbida por la* ñ *en determinados tiempos y personas*)
INDICATIVO
Indefinido: muñí, muñiste, muñó, muñimos, muñisteis, muñeron
SUBJUNTIVO
Imperfecto: muñera, muñeras, muñera, muñéramos, muñerais, muñeran; muñese, muñeses, muñese, muñésemos, muñeseis, muñesen
Futuro: muñere, muñeres, muñere, muñéremos, muñereis, muñeren

41. MULLIR (*la* i *de la desinencia se pierde absorbida por la* ll *en determinados tiempos y personas*)
INDICATIVO
Indefinido: mullí, mulliste, mulló, mullimos, mullisteis, mulleron
SUBJUNTIVO
Imperfecto: mullera, mulleras, mullera, mulléramos, mullerais, mulleran; mullese, mulleses, mullese, mullésemos, mulleseis, mullesen
Futuro: mullere, mulleres, mullere, mulléremos, mullereis, mulleren

42. NACER (*la* c *se convierte en* zc *delante de* a *y* o)
INDICATIVO
Presente: nazco, naces, nace, nacemos, nacéis, nacen
SUBJUNTIVO
Presente: nazca, nazcas, nazca, nazcamos, nazcáis, nazcan
IMPERATIVO: nace (tú), nazca (él), nazcamos (nosotros), naced (vosotros), nazcan (ellos)

43. AGRADECER (*la* c *se convierte en* zc *delante de* a *y* o)
INDICATIVO
Presente: agradezco, agradeces, agradece, agradecemos, agradecéis, agradecen
SUBJUNTIVO
Presente: agradezca, agradezcas, agradezca, agradezcamos, agradezcáis, agradezcan
IMPERATIVO: agradece (tú), agradezca (él), agradezcamos (nosotros), agradeced (vosotros), agradezcan (ellos)

44. CONOCER (*la* c *se convierte en* zc *delante de* a *y* o)
INDICATIVO
Presente: conozco, conoces, conoce, conocemos, conocéis, conocen
SUBJUNTIVO
Presente: conozca, conozcas, conozca, conozcamos, conozcáis, conozcan
IMPERATIVO: conoce (tú), conozca (él), conozcamos (nosotros), conoced (vosotros), conozcan (ellos)

45. LUCIR (*la* c *se convierte en* zc *delante de* a *y* o)
INDICATIVO
Presente: luzco, luces, luce, lucimos, lucís, lucen
SUBJUNTIVO
Presente: luzca, luzcas, luzca, luzcamos, luzcáis, luzcan
IMPERATIVO: luce (tú), luzca (él), luzcamos (nosotros), lucid (vosotros), luzcan (ellos)

46. CONDUCIR (*la* c *se convierte en* zc *delante de* a *y* o *y el pretérito indefinido es irregular*)
INDICATIVO
Presente: conduzco, conduces, conduce, conducimos, conducís, conducen
Indefinido: conduje, condujiste, condujo, condujimos, condujisteis, condujeron
SUBJUNTIVO
Presente: conduzca, conduzcas, conduzca, conduzcamos, conduzcáis, conduzcan
Imperfecto: condujera, condujeras, condujera, condujéramos, condujerais, condujeran; condujese, condujeses, condujese, condujésemos, condujeseis, condujesen
Futuro: condujere, condujeres, condujere, condujéremos, condujereis, condujeren
IMPERATIVO: conduce (tú), conduzca (él), conduzcamos (nosotros), conducid (vosotros), conduzcan (ellos)

47. EMPEZAR (*la* e *diptonga en* ie *en sílaba tónica y la* z *se convierte en* c *delante de* e)
INDICATIVO
Presente: empiezo, empiezas, empieza, empezamos, empezáis, empiezan
Indefinido: empecé, empezáste, empezó, empezamos, empezasteis, empezaron
SUBJUNTIVO
Presente: empiece, empieces, empiece, empecemos, empecéis, empiecen
IMPERATIVO: empieza (tú), empiece (él), empecemos (nosotros), empezad (vosotros), empiecen (ellos)

48. REGAR (*la* e *diptonga en* ie *en sílaba tónica y la* g *se convierte en* gu *delante de* e)
INDICATIVO
Presente: riego, riegas, riega, regamos, regáis, riegan
Indefinido: regué, regaste, regó, regamos, regasteis, regaron
SUBJUNTIVO
Presente: riegue, riegues, riegue, reguemos, reguéis, rieguen
IMPERATIVO: riega (tú), riegue (él), reguemos (nosotros), regad (vosotros), rieguen (ellos)

49. TROCAR (*la* o *diptonga en* ue *en sílaba tónica y la* c *se convierte en* qu *delante de* e)
INDICATIVO
Presente: trueco, truecas, trueca, trocamos, trocáis, truecan
Indefinido: troqué, trocaste, trocó, trocamos, trocasteis, trocaron
SUBJUNTIVO
Presente: trueque, trueques, trueque, troquemos, troquéis, truequen
IMPERATIVO: trueca (tú), trueque (él), troquemos (nosotros), trocad (vosotros), truequen (ellos)

50. FORZAR (*la o diptonga en* ue *en sílaba tónica y la* z *se convierte en* c *delante de* e)
INDICATIVO
Presente: fuerzo, fuerzas, fuerza, forzamos, forzáis, fuerzan
Indefinido: forcé, forzaste, forzó, forzamos, forzasteis, forzaron
SUBJUNTIVO
Presente: fuerce, fuerces, fuerce, forcemos, forcéis, fuercen
IMPERATIVO: fuerza (tú), fuerce (él), forcemos (nosotros), forzad (vosotros), fuercen (ellos)

51. AVERGONZAR (*la o diptonga en* ue *en sílaba tónica; la* g *se convierte en* gü *y la* z *en* c *delante de* e)
INDICATIVO
Presente: avergüenzo, avergüenzas, avergüenzan, avergonzamos, avergonzáis, avergüenzan
Indefinido: avergoncé, avergonzaste, avergonzó, avergonzamos, avergonzasteis, avergonzaron
SUBJUNTIVO
Presente: avergüence, avergüences, avergüence, avergoncemos, avergoncéis, avergüencen
IMPERATIVO: avergüenza (tú), avergüence (él), avergoncemos (nosotros), avergonzad (vosotros), avergüencen (ellos)

52. COLGAR (*la o diptonga en* ue *en sílaba tónica y la* g *se convierte en* gu *delante de* e)
INDICATIVO
Presente: cuelgo, cuelgas, cuelga, colgamos, colgáis, cuelgan
Indefinido: colgué, colgaste, colgó, colgamos, colgasteis, colgaron
SUBJUNTIVO
Presente: cuelgue, cuelgues, cuelgue, colguemos, colguéis, cuelguen
IMPERATIVO: cuelga (tú), cuelgue (él), colguemos (nosotros), colgad (vosotros), cuelguen (ellos)

53. JUGAR (*la u diptonga en* ue *en sílaba tónica y la* c *se convierte en* z *delante de* a *y* o)
INDICATIVO
Presente: juego, juegas, juega, jugamos, jugáis, juegan
Indefinido: jugué, jugaste, jugó, jugamos, jugasteis, jugaron
SUBJUNTIVO
Presente: juegue, juegues, juegue, juguemos, juguéis, jueguen
IMPERATIVO: juega (tú), juegue (él), juguemos (nosotros), jugad (vosotros), jueguen (ellos)

54. COCER (*la o diptonga en* ue *en sílaba tónica y la* c *se convierte en* z *delante de* a *y* o)
INDICATIVO
Presente: cuezo, cueces, cuece, cocemos, cocéis, cuecen
SUBJUNTIVO
Presente: cueza, cuezas, cueza, cozamos, cozáis, cuezan
IMPERATIVO: cuece (tú), cueza (él), cozamos (nosotros), coced (vosotros), cuezan (ellos)

55. ELEGIR (*la e se convierte en* i *en determinados tiempos y personas y la* g *en* j *delante de* a *y* o)
INDICATIVO
Presente: elijo, eliges, elige, elegimos, elegís, eligen
Indefinido: elegí, elegiste, eligió, elegimos, elegisteis, eligieron
SUBJUNTIVO
Presente: elija, elijas, elija, elijamos, elijáis, elijan
Imperfecto: eligiera, eligieras, eligiera, eligiéramos, eligierais, eligieran; eligiese, eligieses, eligiese, eligiésemos, eligieseis, eligiesen
Futuro: eligiere, eligieres, eligiere, eligiéremos, eligiereis, eligieren
IMPERATIVO: elige (tú), elija (él), elijamos (nosotros), elegid (vosotros), elijan (ellos)

56. SEGUIR (*la e se convierte en* i *en determinados tiempos y personas y la* gu *en* g *delante de* a *y* o)
INDICATIVO
Presente: sigo, sigues, sigue, seguimos, seguís, siguen
Indefinido: seguí, seguiste, siguió, seguimos, seguisteis, siguieron

SUBJUNTIVO
Presente: siga, sigas, siga, sigamos, sigáis, sigan
Imperfecto: siguiera, siguieras, siguiera, siguiéramos, siguierais, siguieran; siguiese, siguieses, siguiese, siguiésemos, siguieseis, siguiesen
Futuro: siguiere, siguieres, siguiere, siguiéremos, siguiereis, siguieren
IMPERATIVO: sigue (tú), siga (él), sigamos (nosotros), seguid (vosotros), sigan (ellos)

57. ERRAR (*la* e *se convierte en* ye *en sílaba tónica*)
INDICATIVO
Presente: yerro, yerras, yerra, erramos, erráis, yerran
SUBJUNTIVO
Presente: yerre, yerres, yerre, erremos, erréis, yerren
IMPERATIVO: yerra (tú), yerre (él), erremos (nosotros), errad (vosotros), yerren (ellos)

58. AGORAR (*la* o *diptonga en* ue *en sílaba tónica y la* g *se convierte en* gü *delante de* e)
INDICATIVO
Presente: agüero, agüeras, agüera, agoramos, agoráis, agüeran
SUBJUNTIVO
Presente: agüere, agüeres, agüere, agoremos, agoréis, agüeren
IMPERATIVO: agüera (tú), agüere (él), agoremos (nosotros), agorad (vosotros), agüeren (ellos)

59. DESOSAR (*la* o *se convierte en* hue *en sílaba tónica*)
INDICATIVO
Presente: deshueso, deshuesas, deshuesa, desosamos, desosáis, deshuesan
SUBJUNTIVO
Presente: deshuese, deshueses, deshuese, desosemos, desoséis, deshuesen
IMPERATIVO: deshuesa (tú), deshuese (él), desosemos (nosotros), desosad (vosotros), deshuesen (ellos)

60. OLER (*la* o *se convierte en* hue *en sílaba tónica*)
INDICATIVO
Presente: huelo, hueles, huele, olemos, oléis, huelen
SUBJUNTIVO
Presente: huela, huelas, huela, olamos, oláis, huelan
IMPERATIVO: huele (tú), huela (él), olamos (nosotros), oled (vosotros), huelan (ellos)

61. LEER (*la* i *de la desinencia se convierte en* y *delante de* o *y* e)
INDICATIVO
Indefinido: leí, leíste, leyó, leímos, leísteis, leyeron
SUBJUNTIVO
Imperfecto: leyera, leyeras, leyera, leyéramos, leyerais, leyeran; leyese, leyeses, leyese, leyésemos, leyeseis, leyesen
Futuro: leyere, leyeres, leyere, leyéremos, leyereis, leyeren

62. HUIR (*la* i *se convierte en* y *delante de* a, e *y* o)
INDICATIVO
Presente: huyo, huyes, huye, huimos, huis, huyen
Indefinido: huí, huiste, huyó, huimos, huisteis, huyeron
SUBJUNTIVO
Presente: huya, huyas, huya, huyamos, huyáis, huyan
Imperfecto: huyera, huyeras, huyera, huyéramos, huyerais, huyeran; huyese, huyeses, huyese, huyésemos, huyeseis, huyesen
Futuro: huyere, huyeres, huyere, huyéremos, huyereis, huyeren
IMPERATIVO: huye (tú), huya (él), huyamos (nosotros), huid (vosotros), huyan (ellos)

63. ARGÜIR (*la* i *se convierte en* y *delante de* a, e *y* o, *y la* gü *en* gu *delante de* y)
INDICATIVO
Presente: arguyo, arguyes, arguye, argüimos, argüís, arguyen
Indefinido: argüí, argüiste, arguyó, argüimos, argüisteis, arguyeron

SUBJUNTIVO
Presente: arguya, arguyas, arguya, arguyamos, arguyáis, arguyan
Imperfecto: arguyera, arguyeras, arguyera, arguyéramos, arguyerais, arguyeran; arguyese, arguyeses, arguyese, arguyésemos, arguyeseis, arguyesen
Futuro: arguyere, arguyeres, arguyere, arguyéremos, arguyereis, arguyeren
IMPERATIVO: arguye (tú), arguya (él), arguyamos (nosotros), argüid (vosotros), arguyan (ellos)

64. ANDAR
INDICATIVO
Indefinido: anduve, anduviste, anduvo, anduvimos, aduvisteis, anduvieron
SUBJUNTIVO
Imperfecto: anduviera, anduvieras, anduviera, anduviéramos, anduvierais, anduvieran; anduviese, anduvieses, anduviese, anduviésemos, anduvieseis, anduviesen
Futuro: anduviere, anduvieres, anduviere, anduviéremos, anduviereis, anduvieren

65. ASIR
INDICATIVO
Presente: asgo, ases, ase, asimos, asís, asen
SUBJUNTIVO
Presente: asga, asgas, asga, asgamos, asgáis, asgan
IMPERATIVO: ase (tú), asga (él), asgamos (nosotros), asid (vosotros), asgan (ellos)

66. CABER
INDICATIVO
Presente: quepo, cabes, cabe, cabemos, cabéis, caben
Indefinido: cupe, cupiste, cupo, cupimos, cupisteis, cupieron
Futuro: cabré, cabrás, cabrá, cabremos, cabréis, cabrán
CONDICIONAL: cabría, cabrías, cabría, cabríamos, cabríais, cabrían
SUBJUNTIVO
Presente: quepa, quepas, quepa, quepamos, quepáis, quepan
Imperfecto: cupiera, cupieras, cupiera, cupiéramos, cupierais, cupieran; cupiese, cupieses, cupiese, cupiésemos, cupieseis, cupiesen
Futuro: cupiere, cupieres, cupiere, cupiéramos, cupiereis, cupieren
IMPERATIVO: cabe (tú), quepa (él), quepamos (nosotros), cabed (vosotros), quepan (ellos)

67. CAER
INDICATIVO
Presente: caigo, caes, cae, caemos, caéis, caen
Indefinido: caí, caíste, cayó, caímos, caísteis, cayeron
SUBJUNTIVO
Presente: caiga, caigas, caiga, caigamos, caigáis, caigan
Imperfecto: cayera, cayeras, cayera, cayéramos, cayerais, cayeran; cayese, cayeses, cayese, cayésemos, cayeseis, cayesen
Futuro: cayere, cayeres, cayere, cayéremos, cayereis, cayeren
IMPERATIVO: cae (tú), caiga (él), caigamos (nosotros), caed (vosotros), caigan (ellos)

68. DAR
INDICATIVO
Presente: doy, das, da, damos, dais, dan
Indefinido: di, diste, dio, dimos, disteis, dieron
SUBJUNTIVO
Presente: dé, des, dé, demos, deis, den
Imperfecto: diera, dieras, diera, diéramos, dierais, dieran; diese, dieses, diese, diésemos, dieseis, diesen
Futuro: diere, dieres, diere, diéremos, diereis, dieren
IMPERATIVO: da (tú), dé (él), demos (nosotros), dad (vosotros), den (ellos)

69. DECIR
INDICATIVO
Presente: digo, dices, dice, decimos, decís, dicen
Indefinido: dije, dijiste, dijo, dijimos, dijisteis, dijeron
Futuro: diré, dirás, dirá, diremos, diréis, dirán
CONDICIONAL: diría, dirías, diría, diríamos, diríais, dirían

SUBJUNTIVO
Presente: diga, digas, diga, digamos, digáis, digan
Imperfecto: dijera, dijeras, dijera, dijéramos, dijerais, dijeran; dijese, dijeses, dijese, dijésemos, dijeseis, dijesen
Futuro: dijere, dijeres, dijere, dijéremos, dijereis, dijeren
IMPERATIVO: di (tú), diga (él), digamos (nosotros), decid (vosotros), digan (ellos)
PARTICIPIO: dicho

70. ERGUIR

INDICATIVO
Presente: irgo, irgues, irgue, erguimos, erguís, irguen; yergo, yergues, yergue, erguimos, erguís, yerguen
Indefinido: erguí, erguiste, irguió, erguimos, erguisteis, irguieron
SUBJUNTIVO
Presente: irga, irgas, irga, irgamos, irgáis, irgan; yerga, yergas, yerga, irgamos, irgáis, yergan
Imperfecto: irguiera, irguieras, irguiera, irguiéramos, irguierais, irguieran; irguiese, irguieses, irguiese, irguiésemos, irguieseis, irguiesen
Futuro: irguiere, irguieres, irguiere, irguiéremos, irguiereis, irguieren
IMPERATIVO: irgue, yergue (tú), irga, yerga (él), irgamos (nosotros), erguid (vosotros), irgan, yergan (ellos)

71. ESTAR

INDICATIVO
Presente: estoy, estás, está, estamos, estáis, están
Imperfecto: estaba, estabas, estaba, estábamos, estabais, estaban
INDICATIVO
Indefinido: estuve, estuviste, estuvo, estuvimos, estuvisteis, estuvieron
Futuro: estaré, estarás, estará, estaremos, estaréis, estarán
CONDICIONAL: estaría, estarías, estaría, estaríamos, estaríais, estarían
SUBJUNTIVO
Presente: esté, estés, esté, estemos, estéis, estén
Imperfecto: estuviera, estuvieras, estuviera, estuviéramos, estuvierais, estuvieran; estuviese, estuvieses, estuviese, estuviésemos, estuvieseis, estuviesen
Futuro: estuviere, estuvieres, estuviere, estuviéremos, estuviereis, estuvieren
IMPERATIVO: está (tú), esté (él), estemos (nosotros), estad (vosotros), estén (ellos)

72. HABER

INDICATIVO
Presente: he, has, ha, hemos, habéis, han
Imperfecto: había, habías, había, habíamos, habíais, habían
Indefinido: hube, hubiste, hubo, hubimos, hubisteis, hubieron
Futuro: habré, habrás, habrá, habremos, habréis, habrán
CONDICIONAL: habría, habrías, habría, habríamos, habríais, habrían
SUBJUNTIVO
Presente: haya, hayas, haya, hayamos, hayáis, hayan
Imperfecto: hubiera, hubieras, hubiera, hubiéramos, hubierais, hubieran; hubiese, hubieses, hubiese, hubiésemos, hubieseis, hubiesen
Futuro: hubiere, hubieres, hubiere, hubiéremos, hubiereis, hubieren
IMPERATIVO: he (tú), haya (él), hayamos (nosotros), habed (vosotros), hayan (ellos)

73. HACER

INDICATIVO
Presente: hago, haces, hace, hacemos, hacéis, hacen
Indefinido: hice, hiciste, hizo, hicimos, hicisteis, hicieron
Futuro: haré, harás, hará, haremos, haréis, harán
CONDICIONAL: haría, harías, haría, haríamos, haríais, harían
SUBJUNTIVO
Presente: haga, hagas, haga, hagamos, hagáis, hagan
Imperfecto: hiciera, hicieras, hiciera, hiciéramos, hicierais, hicieran; hiciese, hicieses, hiciese, hiciésemos, hicieseis, hiciesen
Futuro: hiciere, hicieres, hiciere, hiciéremos, hiciereis, hicieren

IMPERATIVO: haz (tú), haga (él), hagamos (nosotros), haced (vosotros), hagan (ellos)
PARTICIPIO: hecho

74. IR
INDICATIVO
Presente: voy, vas, va, vamos, vais, van
Imperfecto: iba, ibas, iba, íbamos, ibais, iban
Indefinido: fui, fuiste, fue, fuimos, fuisteis, fueron
SUBJUNTIVO
Presente: vaya, vayas, vaya, vayamos, vayáis, vayan
Imperfecto: fuera, fueras, fuera, fuéramos, fuerais, fueran; fuese, fueses, fuese, fuésemos, fueseis, fuesen
Futuro: fuere, fueres, fuere, fuéremos, fuereis, fueren
IMPERATIVO: ve (tú), vaya (él), vayamos (nosotros), id (vosotros), vayan (ellos)

75. OÍR
INDICATIVO
Presente: oigo, oyes, oye, oímos, oís, oyen
Indefinido: oí, oíste, oyó, oímos, oísteis, oyeron
SUBJUNTIVO
Presente: oiga, oigas, oiga, oigamos, oigáis, oigan
Imperfecto: oyera, oyeras, oyera, oyéramos, oyerais, oyeran; oyese, oyeses, oyese, oyésemos, oyeseis, oyesen
Futuro: oyere, oyeres, oyere, oyéremos, oyereis, oyeren
IMPERATIVO: oye (tú), oiga (él), oigamos (nosotros), oíd (vosotros), oigan (ellos)

76. PLACER
INDICATIVO
Presente: plazco, places, place, placemos, placéis, placen
Indefinido: plací, placiste, plació *o* plugo, placimos, placisteis, placieron *o* pluguieron
SUBJUNTIVO
Presente: plazca, plazcas, plazca *o* plegue, plazcamos, plazcáis, plazcan
Imperfecto: placiera, placieras, placiera *o* pluguiera, placiéramos, placierais, placieran; placiese, placieses, placiese *o* pluguiese, placiésemos, placieseis, placiesen
Futuro: placiere, placieres, placiere *o* pluguiere, placiéremos, placiereis, placieren
IMPERATIVO: place (tú), plazca (él), plazcamos (nosotros), placed (vosotros), plazcan (ellos)

77. PODER
INDICATIVO
Presente: puedo, puedes, puede, podemos, podéis, pueden
Indefinido: pude, pudiste, pudo, pudimos, pudisteis, pudieron
Futuro: podré, podrás, podrá, podremos, podréis, podrán
CONDICIONAL: podría, podrías, podría, podríamos, podríais, podrían
SUBJUNTIVO
Presente: pueda, puedas, pueda, podamos, podáis, puedan
Imperfecto: pudiera, pudieras, pudiera, pudiéramos, pudierais, pudieran; pudiese, pudieses, pudiese, pudiésemos, pudieseis, pudiesen
Futuro: pudiere, pudieres, pudiere, pudiéremos, pudiereis, pudieren
IMPERATIVO: puede (tú), pueda (él), podamos (nosotros), poded (vosotros), puedan (ellos)

78. PONER
INDICATIVO
Presente: pongo, pones, pone, ponemos, ponéis, ponen
Indefinido: puse, pusiste, puso, pusimos, pusisteis, pusieron
Futuro: pondré, pondrás, pondrá, pondremos, pondréis, pondrán
CONDICIONAL: pondría, pondrías, pondría, pondríamos, pondríais, pondrían
SUBJUNTIVO
Presente: ponga, pongas, ponga, pongamos, pongáis, pongan
Imperfecto: pusiera, pusieras, pusiera, pusiéramos, pusierais, pusieran; pusiese, pusieses, pusiese, pusiésemos, pusieseis, pusiesen
Futuro: pusiere, pusieres, pusiere, pusiéremos, pusiereis, pusieren

IMPERATIVO: pon (tú), ponga (él), pongamos (nosotros), poned (vosotros), pongan (ellos)
PARTICIPIO: puesto

79. PREDECIR

INDICATIVO
Presente: predigo, predices, predice, predecimos, predecís, predicen
Indefinido: predije, predijiste, predijo, predijimos, predijisteis, predijeron
SUBJUNTIVO
Presente: prediga, predigas, prediga, predigamos, predigáis, predigan
Imperfecto: predijera, predijeras, predijera, predijéramos, predijerais, predijeran; predijese, predijeses, predijese, predijésemos, predijeseis, predijesen
Futuro: predijere, predijeres, predijere, predijéremos, predijereis, predijeren
IMPERATIVO: predice (tú), prediga (él), predigamos (nosotros), predecid (vosotros), predigan (ellos)

80. QUERER

INDICATIVO
Presente: quiero, quieres, quiere, queremos, queréis, quieren
Indefinido: quise, quisiste, quiso, quisimos, quisisteis, quisieron
Futuro: querré, querrás, querrá, querremos, querréis, querrán
CONDICIONAL: querría, querrías, querría, querríamos, querríais, querrían
SUBJUNTIVO
Presente: quiera, quieras, quiera, queramos, queráis, quieran
Imperfecto: quisiera, quisieras, quisiera, quisiéramos, quisierais, quisieran; quisiese, quisieses, quisiese, quisiésemos, quisieseis, quisiesen
Futuro: quisiere, quisieres, quisiere, quisiéremos, quisiereis, quisieren
IMPERATIVO: quiere (tú), quiera (él), queramos (nosotros), quered (vosotros), quieran (ellos)

81. RAER

INDICATIVO
Presente: rao *o* raigo *o* rayo, raes, rae, raemos, raéis, raen
Indefinido: raí, raíste, rayó, raímos, raísteis, rayeron
SUBJUNTIVO
Presente: raiga, raigas, raiga, raigamos, raigáis, raigan; raya, rayas, raya, rayamos, rayáis, rayan
Imperfecto: rayera, rayeras, rayera, rayéramos, rayerais, rayeran; rayese, rayeses, rayese, rayésemos, rayeseis, rayesen
Futuro: rayere, rayeres, rayere, rayéremos, rayereis, rayeren
IMPERATIVO: rae (tú), raiga, raya (él), raigamos, rayamos (nosotros), raed (vosotros), raigan, rayan (ellos)

82. ROER

INDICATIVO
Presente: roo *o* roigo *o* royo, roes, roe, roemos, roéis, roen
Indefinido: roí, roíste, royó, roímos, roísteis, royeron
SUBJUNTIVO
Presente: roa, roas, roa, roamos, roáis, roan; roiga, roigas, roiga, roigamos, roigáis, roigan; roya, royas, roya, royamos, royáis, royan
Imperfecto: royera, royeras, royera, royéramos, royerais, royeran; royese, royeses, royese, royésemos, royeseis, royesen
Futuro: royere, royeres, royere, royéremos, royereis, royeren
IMPERATIVO: roe (tú), roa, roiga, roya (él), roamos, roigamos, royamos (nosotros), roed (vosotros), roan, roigan, royan (ellos)

83. SABER

INDICATIVO
Presente: sé, sabes, sabe, sabemos, sabéis, saben
Indefinido: supe, supiste, supo, supimos, supisteis, supieron
Futuro: sabré, sabrás, sabrá, sabremos, sabréis, sabrán
CONDICIONAL: sabría, sabrías, sabría, sabríamos, sabríais, sabrían

SUBJUNTIVO
Presente: sepa, sepas, sepa, sepamos, sepáis, sepan
Imperfecto: supiera, supieras, supiera, supiéramos, supierais, supieran; supiese, supieses, supiese, supiésemos, supieseis, supiesen
Futuro: supiere, supieres, supiere, supiéremos, supiereis, supieren
IMPERATIVO: sabe (tú), sepa (él), sepamos (nosotros), sabed (vosotros), sepan (ellos)

84. SALIR
INDICATIVO
Presente: salgo, sales, sale, salimos, salís, salen
Futuro: saldré, saldrás, saldrá, saldremos, saldréis, saldrán
CONDICIONAL: saldría, saldrías, saldría, saldríamos, saldríais, saldrían
SUBJUNTIVO
Presente: salga, salgas, salga, salgamos, salgáis, salgan
IMPERATIVO: sal (tú), salga (él), salgamos (nosotros), salid (vosotros), salgan (ellos)

85. SATISFACER
INDICATIVO
Presente: satisfago, satisfaces, satisface, satisfacemos, satisfacéis, satisfacen
Indefinido: satisfice, satisficiste, satisfizo, satisficimos, satisficisteis, satisficieron
Futuro: satisfaré, satisfarás, satisfará, satisfaremos, satisfaréis, satisfarán
CONDICIONAL: satisfaría, satisfarías, satisfaría, satisfaríamos, satisfaríais, satisfarían
SUBJUNTIVO
Presente: satisfaga, satisfagas, satisfaga, satisfagamos, satisfagáis, satisfagan
Imperfecto: satisficiera, satisficieras, satisficiera, satisficiéramos, satisficierais, satisficieran; satisficiese, satisficieses, satisficiese, satisficiésemos, satisficieseis, satisficiesen
Futuro: satisficiere, satisficieres, satisficiere, satisficiéremos, satisficiereis, satisficieren
IMPERATIVO: satisfaz, satisface (tú), satisfaga (él), satisfagamos (nosotros), satisfaced (vosotros), satisfagan (ellos)
PARTICIPIO: satisfecho

86. SER
INDICATIVO
Presente: soy, eres, es, somos, sois, son
Imperfecto: era, eras, era, éramos, erais, eran
Indefinido: fui, fuiste, fue, fuimos, fuisteis, fueron
Futuro: seré, serás, será, seremos, seréis, serán
CONDICIONAL: sería, serías, sería, seríamos, seríais, serían
SUBJUNTIVO
Presente: sea, seas, sea, seamos, seáis, sean
Imperfecto: fuera, fueras, fuera, fuéramos, fuerais, fueran; fuese, fueses, fuese, fuésemos, fueseis, fuesen
IMPERATIVO: sé (tú), sea (él), seamos (nosotros), sed (vosotros), sean (ellos)
PARTICIPIO: sido

87. TENER
INDICATIVO
Presente: tengo, tienes, tiene, tenemos, tenéis, tienen
Indefinido: tuve, tuviste, tuvo, tuvimos, tuvisteis, tuvieron
Futuro: tendré, tendrás, tendrá, tendremos, tendréis, tendrán
CONDICIONAL: tendría, tendrías, tendría, tendríamos, tendríais, tendrían
SUBJUNTIVO
Presente: tenga, tengas, tenga, tengamos, tengáis, tengan
Imperfecto: tuviera, tuvieras, tuviera, tuviéramos, tuvierais, tuvieran; tuviese, tuvieses, tuviese, tuviésemos, tuvieseis, tuviesen
Futuro: tuviere, tuvieres, tuviere, tuviéremos, tuviereis, tuvieren
IMPERATIVO: ten (tú), tenga (él), tengamos (nosotros), tened (vosotros), tengan (ellos)

88. TRAER
INDICATIVO
Presente: traigo, traes, trae, traemos, traéis, traen
Indefinido: traje, trajiste, trajo, trajimos, trajisteis, trajeron

SUBJUNTIVO
Presente: traiga, traigas, traiga, traigamos, traigáis, traigan
Imperfecto: trajera, trajeras, trajera, trajéramos, trajerais, trajeran; trajese, trajeses, trajese, trajésemos, trajeseis, trajesen
Futuro: trajere, trajeres, trajere, trajéremos, trajereis, trajeren
IMPERATIVO: trae (tú), traiga (él), traigamos (nosotros), traed (vosotros), traigan (ellos)

89. VALER
INDICATIVO
Presente: valgo, vales, vale, valemos, valéis, valen
Futuro: valdré, valdrás, valdrá, valdremos, valdréis, valdrán
CONDICIONAL: valdría, valdrías, valdría, valdríamos, valdríais, valdrían
SUBJUNTIVO
Presente: valga, valgas, valga, valgamos, valgáis, valgan
IMPERATIVO: vale (tú), valga (él), valgamos (nosotros), valed (vosotros), valgan (ellos)

90. VENIR
INDICATIVO
Presente: vengo, vienes, viene, venimos, venís, vienen
Indefinido: vine, viniste, vino, vinimos, vinisteis, vinieron
Futuro: vendré, vendrás, vendrá, vendremos, vendréis, vendrán
CONDICIONAL: vendría, vendrías, vendría, vendríamos, vendríais, vendrían
SUBJUNTIVO
Presente: venga, vengas, venga, vengamos, vengáis, vengan
Imperfecto: viniera, vinieras, viniera, viniéramos, vinierais, vinieran; viniese, vinieses, viniese, viniésemos, vinieseis, viniesen
Futuro: viniere, vinieres, viniere, viniéremos, viniereis, vinieren
IMPERATIVO: ven (tú), venga (él), vengamos (nosotros), venid (vosotros), vengan (ellos)

91. VER
INDICATIVO
Presente: veo, ves, ve, vemos, veis, ven
Indefinido: vi, viste, vio, vimos, visteis, vieron
SUBJUNTIVO
Imperfecto: viera, vieras, viera, viéramos, vierais, vieran; viese, vieses, viese, viésemos, vieseis, viesen
Futuro: viere, vieres, viere, viéremos, viereis, vieren
IMPERATIVO: ve (tú), vea (él), veamos (nosotros), ved (vosotros), vean (ellos)
PARTICIPIO: visto

92. YACER
INDICATIVO
Presente: yazco *o* yazgo *o* yago, yaces, yace, yacemos, yacéis, yacen
SUBJUNTIVO
Presente: yazca, yazcas, yazca, yazcamos, yazcáis, yazcan; yazga, yazgas, yazga, yazgamos, yazgáis, yazgan; yaga, yagas, yaga, yagamos, yagáis, yagan
IMPERATIVO: yace *o* yaz (tú), yazca *o* yazga *o* yaga (él), yazcamos *o* yazgamos *o* yagamos (nosotros), yaced (vosotros), yazcan *o* yazgan *o* yagan (ellos)

ABREVIATURAS

adj.	adjetivo	MÉX	México
adv.	adverbio	MÚS.	música
ASUR	América del Sur	NIC	Nicaragua
ACENT	América Central	*amb.*	nombre ambiguo
AMÉR	América	*f.*	nombre femenino
ANAT.	anatomía	*com.*	nombre común
ANT	Antillas	*n.*	nombre propio
ARG	Argentina	*m.*	nombre masculino
ARQ.	arquitectura	*num.*	numeral
ASTR.	astronomía	*ord.*	ordinal
BIOL.	biología	PAN	Panamá
BOL	Bolivia	PAR	Paraguay
BOT.	botánica	*part.*	participio
card.	cardinal	*pers.*	personal
CAR	Caribe	PINT.	pintura
COL	Colombia	*pl.*	plural
conj.	conjunción	*pos.*	posesivo
CRICA	Costa Rica	*pron.*	pronombre
CSUR	Cono Sur	PRICO	Puerto Rico
dem.	demostrativo	QUÍM.	química
DER.	derecho	RDOM	República Dominica
det.	determinante	RPLATA	Río de la Plata
ECON.	economía	SALV	El Salvador
ECUAD	Ecuador	*tr.*	transitivo
ESP	España	URUG	Uruguay
FILOS.	filosofía	VEN	Venezuela
FÍS.	física	*v.*	verbo
GEOL.	geología	*prnl.*	verbo pronominal
gram.	gramática	*intr.*	verbo intransitivo
GUAT	Guatemala	ZOOL.	zoología
HOND.	Honduras		
indef.	indefinido		
INFORM.	informática		
int.	interjección	Signos	
inter.	interrogativo		
MAR.	marina	∥	cambio de categoría
MAT.	matemáticas		gramatical
MED.	medicina	▶	locución

A

a *f.* 1 Primera letra del alfabeto español. El plural es *aes* o *as*. 2 MAT. Abreviatura de área, unidad de superficie. ‖ *prep.* 3 Introduce el objeto indirecto y el objeto directo cuando este es de persona determinada o está de algún modo personificado. 4 Indica dirección o destino. 5 Indica posición, lugar o estado de personas o cosas. 6 Indica el momento en que ocurre algo. 7 Indica distancia en el espacio o en el tiempo entre dos cosas. 8 Indica un fin o una intención. 9 Indica modo o manera en que se hace una cosa. 10 Indica el instrumento con el que se hace una cosa. 11 Indica precio. 12 Seguido de un infinitivo indica una orden. 13 Indica el límite de una cosa. 14 Indica la parte que corresponde en un reparto.

a. C. o **a. de C.** Abreviatura de *antes de Cristo*.

a- o **an-** Prefijo que entra en la formación de palabras con el significado de 'negación' o 'falta de algo'. Se usa la forma *a-* ante consonante *(a-céfalo)* y, ante vocal, *an- (an-alfabeto)*.

ábaco *m.* Marco de madera con diez cuerdas o alambres en los que se hacen correr diez bolas para hacer cálculos aritméticos.

abad *m.* Superior de ciertas comunidades religiosas de hombres.

abadejo *m.* Pez marino comestible parecido al bacalao; tiene el cuerpo alargado y la cabeza muy grande.

abadengo, -ga *adj.* 1 Del abad o abadesa. ‖ 2 Conjunto de los bienes del abad o abadesa.

abadesa *f.* Superiora de ciertas comunidades religiosas de mujeres.

abadía *f.* 1 Monasterio gobernado por un abad o una abadesa. 2 Conjunto de los bienes del abad o abadesa.

abajo *adv.* 1 Hacia lugar o parte inferior. 2 En lugar o parte inferior. 3 En dirección a lo que está en situación inferior. 4 En frases exclamativas expresa que se está en contra de algo.

abalanzarse [4] *prnl.* Lanzarse o arrojarse con rapidez en dirección a alguien o algo.

abalorio *m.* 1 Cuenta perforada para hacer collares y adornos. 2 Adorno llamativo de poco valor.

abanderado, -da *adj./m. y f.* 1 [persona] Que lleva una bandera. 2 [persona] Que actúa de representante, portavoz o defensor de alguien o algo.

abanderar *tr.* 1 Representar o defender una causa, movimiento u organización. 2 Matricular un barco bajo la bandera de un estado.

abandonado, -da *adj./m. y f.* [persona] Que es descuidado en sus obligaciones o en su aspecto exterior.

abandonar *tr.* 1 Dejar sola o sin atención ni cuidado a una persona o cosa. 2 Irse de un lugar. 3 Dejar cierta actividad. 4 Declararse vencido o sin fuerzas para continuar. 5 Descuidar las obligaciones o el aspecto exterior.

abandono *m.* 1 Acción de abandonar o abandonarse. 2 Efecto de abandonar o abandonarse. 3 Descuido y dejadez en las obligaciones o en el aspecto exterior.

abanicar [1] *tr.* Dar aire con un abanico.

abanico *m.* 1 Instrumento plegable que sirve para darse aire. 2 Objeto que tiene forma parecida a la de ese instrumento. 3 Conjunto de cosas para elegir.

abaniqueo *m.* Acción de abanicarse.

abaratamiento *m.* Disminución del precio de un producto o un servicio.

abaratar *tr.* Disminuir el precio de un producto o servicio.

abarca *f.* Calzado rústico de cuero duro o goma y suela de esparto que cubre la planta y los dedos del pie.

abarcar [1] *tr.* 1 Ceñir o rodear con los brazos o manos. 2 Contener, comprender u ocupar. 3 Tomar alguien a su cargo muchas cosas o negocios a un tiempo. ‖ *tr.* 4 Alcanzar con la vista. 5 AMÉR Adquirir y retener cosas con ánimo de lucro o especulación.

abarquillar *tr./prnl.* Combar o enrollar como un barquillo.

abarrotado, -da *adj.* [espacio, lugar] Que está completamente lleno.

abarrotar *tr.* Llenar por completo.

abastecedor, -ra *adj./m. y f.* [persona, empresa] Que abastece.

abastecer [43] *tr./prnl.* Proporcionar víveres o cosas que se necesitan.

abastecimiento *m.* 1 Acción de abastecer. 2 Abasto.

abasto *m.* Conjunto de cosas necesarias, especialmente de víveres y otros artículos de primera necesidad. ▸ **no dar abasto** No ser suficiente.

OBS Se usa mucho en plural.

abatanar *tr.* Batir los paños en el batán.

abatible *adj.* [mueble o parte de él] Que puede pasar de la posición vertical a la horizontal y de la horizontal a la vertical haciéndolo girar en torno a un eje o bisagra.

abatido, -da *adj.* [persona] Que ha perdido la energía, la fuerza o el ánimo.

abatimiento *m.* Falta de energía, de fuerza o de ánimo.

abatir *tr.* 1 Tirar al suelo. 2 Inclinar o colocar en posición horizontal. ‖ *tr./prnl.* 3 Perder la energía, la fuerza o el ánimo.

abdicación *f.* 1 Acción de abdicar. 2 Documento en el que consta la renuncia a una dignidad, cargo o derecho.

abdicar [1] *tr./intr.* 1 Renunciar a una dignidad, cargo o derecho. ‖ *intr.* 2 Renunciar a un derecho, opinión o creencia.

abdomen *m.* 1 Cavidad del cuerpo del hombre y de los animales vertebrados en la que se contienen los órganos principales del aparato digestivo, genital y urinario. 2 Parte posterior al tórax en los insectos y otros animales invertebrados.

abdominal *adj.* 1 Del abdomen. ‖ *m.* 2 Ejercicio gimnástico en el que se trabajan y fortalecen los músculos del abdomen. Se usa más en plural.

abducción *f.* Movimiento por el cual un miembro o un órgano se aleja del eje central del cuerpo.

abductor, -ra *adj./m.* [músculo] Que sirve para producir abducción.

abecé *m.* 1 Abecedario. 2 Conjunto de conocimientos básicos de cualquier materia.

abecedario *m.* 1 Serie ordenada de las letras de un idioma. 2 Cartel o libro pequeño para aprender a leer.

abedul *m.* 1 Árbol de corteza fina, lisa y clara, con las hojas ovaladas y el borde en forma de sierra. 2 Madera de este árbol.

abeja *f.* 1 Insecto de color pardo negruzco que vive en colonias y produce la cera y la miel. **abeja obrera** Hembra estéril de las abejas que produce la miel. **abeja reina** Hembra fecunda de las abejas que pone los huevos. 2 Persona muy trabajadora.

abejaruco *m.* Pájaro de color marrón y amarillo en su parte superior y verde o azul en la inferior, de pico largo y curvado, que se alimenta de abejas.

abejorro *m.* Insecto parecido a la abeja pero de mayor tamaño y cubierto de vello oscuro, que emite un zumbido intenso.

aberración *f.* 1 Acción o comportamiento depravado o que se aparta mucho de lo que se considera normal, natural o lícito. 2 Error grave del entendimiento o de la razón.

aberrante *adj.* Que se desvía o aparta de lo que se considera normal o natural.

abertura *f.* 1 Agujero, hendidura o grieta en una superficie. 2 Acción de abrir.

aberzale *adj.* 1 Del movimiento político y social partidario del nacionalismo vasco. ‖ *adj./com.* 2 [persona] Que es partidario de este movimiento.

abeto *m.* Árbol de tronco alto, con la copa en forma de cono, hojas estrechas y perennes y fruto en forma de piña.

abiertamente *adv.* De modo sincero.

abierto, -ta *part.* 1 Participio irregular de *abrir*. También se usa como adjetivo. ‖ *adj.* 2 [persona] Que se relaciona con facilidad con los demás. 3 Que tolera y acepta ideas nuevas. 4 [terreno] Que es llano o raso. ‖ *adj./m.* 5 [prueba, torneo deportivo] Que permite la participación de jugadores profesionales y no profesionales.

abigarrado, -da *adj.* 1 Que consta de varios colores mal combinados. 2 Que está muy apretado.

abigarrar *tr.* Poner varios colores combinados en desorden.

abisal *adj.* 1 [zona marina] Que está a una profundidad de más de dos mil metros. 2 De esa zona.

abisinio, -nia *adj.* 1 De la antigua Abisinia, actual Etiopía. ∥ *adj./m. y f.* 2 [persona] Que es de Abisinia.

abismal *adj.* 1 Del abismo. 2 Que es muy profundo y difícil de comprender. 3 Que no se puede superar, vencer o salvar.

abismo *m.* 1 Profundidad muy grande y peligrosa. 2 Diferencia u oposición muy grande entre cosas, personas o ideas. 3 Cosa profunda y compleja que no se puede comprender. 4 *culto* Según algunas religiones, lugar al que van las almas de las personas que mueren en pecado.

abjurar *tr./intr.* Renunciar a una creencia, opinión o estado.

ablación *f.* 1 Extirpación de un órgano o parte del cuerpo. 2 GEOL. Fusión parcial de un glaciar a causa del calor. 3 GEOL. Arrastre de tierra y rocas provocado por riadas, vientos, etc.

ablandamiento *m.* 1 Acción de ablandar. 2 Efecto de ablandar.

ablandar *tr./prnl.* 1 Poner blanda una cosa. 2 Moderar o suavizar el rigor y severidad de alguien.

ablativo *m.* GRAM. Caso de la declinación de algunas lenguas, como el latín, en que se pone la palabra que expresa relaciones similares a las de los complementos circunstanciales. ▸ **ablativo absoluto** Expresión subordinada sin nexo gramatical de unión con el resto de la frase.

ablución *f.* 1 Acción de lavar o lavarse. 2 Purificación ritual por medio del agua.

abnegación *f.* Sacrificio o renuncia voluntaria a los deseos e intereses propios.

abnegado, -da *adj.* Que tiene o muestra abnegación.

abobado, -da *adj.* Que parece bobo.

abocado, -da *adj.* 1 Que está expuesto a un resultado determinado. ∥ *adj./m.* 2 [vino] Que contiene vino seco y dulce.

abocar *tr.* 1 Acercar la boca de un recipiente a la de otro para verter el líquido que contiene. ∥ *tr./prnl.* 2 Hacer que una persona se aproxime a algo. ∥ *intr.* 3 Comenzar un barco a entrar en un canal, puerto o lugar parecido.

abochornar *tr./prnl.* 1 Provocar sensación de calor que ahoga e impide la respiración. 2 Sonrojar, avergonzar. ∥ *prnl.* 3 Enfermar las plantas a causa del calor.

abocinar *tr.* Ensanchar un tubo por uno de los extremos a modo de bocina.

abofetear *tr.* Dar una o más bofetadas.

abogacía *f.* Profesión del abogado.

abogaderas *f. pl.* AMÉR Argumentos capciosos para evadir una situación compleja.

abogado, -da *m. y f.* 1 Persona legalmente autorizada para defender a sus clientes en un juicio, representarlos o aconsejarlos. **abogado de oficio** Abogado que asigna la ley para defender o representar a la parte acusada. 2 Persona que intercede o media para que dos partes lleguen a un acuerdo. ▸ **abogado del diablo** Persona que por sistema contradice los criterios ajenos.

abogar [7] *intr.* 1 Defender en un juicio. 2 Hablar en favor de una persona o cosa.

abolengo *m.* 1 Ascendencia de una persona, especialmente si es ilustre. 2 Distinción de una persona o familia por descender de antepasados nobles y antiguos.

abolición *f.* Anulación de una ley o costumbre mediante una disposición legal.

abolicionismo *m.* Doctrina que defiende la abolición de una ley o de una costumbre, especialmente de la esclavitud.

abolicionista *adj./com.* [persona] Que es partidario del abolicionismo.

abolir *tr.* Anular o suspender una ley o costumbre mediante una disposición legal. OBS Era un verbo defectivo que se usaba solo en los tiempos y personas cuya desinencia empieza por la vocal *i.* Ahora se conjuga en todas sus formas.

abolladura *f.* Bollo en una superficie.

abollar *tr./prnl.* Hacer una o más depresiones o bollos en una superficie.

abollón *m.* Abolladura.

abombar *tr.* 1 Dar o tomar una superficie forma redondeada o curvada hacia afuera. ∥ *intr.* 2 Hacer funcionar una bomba de agua u otro líquido.

abominable *adj.* [persona, cosa] Que merece condena y aborrecimiento.

abominación *f.* 1 Acción de abominar. 2 Cosa que causa este rechazo y condena.

abominar *tr.* 1 Sentir odio y horror hacia alguien o algo. ∥ *intr.* 2 Rechazar y condenar de manera enérgica algo que causa repulsión.

abonado, -da *adj./m. y f.* 1 [persona] Que posee un abono, documento. ∥ *m.* 2 Acción de echar a la tierra el abono.

abonanzar [4] *intr.* 1 Calmarse la tormenta. 2 Mejorar el tiempo.

abonar *tr.* 1 Echar a la tierra sustancias nutrientes que mejoran su calidad. 2 Ser una cosa garantía de la bondad de alguien o algo. 3 Pagar una cantidad de dinero que se debe. ‖ *tr./prnl.* 4 Inscribir a una persona, generalmente mediante pago, para recibir un servicio durante cierto tiempo o determinado número de veces.

abono *m.* 1 Fertilizante que se echa a la tierra para que dé más y mejores frutos. 2 Acción de pagar una deuda. 3 Conjunto de entradas o billetes que se compran y permiten el uso de un servicio o una instalación o la asistencia a una serie de espectáculos. 4 Documento que da derecho a usar un servicio o asistir a un espectáculo durante cierto tiempo o un determinado número de veces.

abordaje *m.* Acción de abordar.

abordar *tr./intr.* 1 Acercarse un barco a otro hasta tocarlo. 2 Acercar una embarcación a la costa o a otra embarcación. ‖ *tr.* 3 Acercarse a una persona para hablar con ella o pedirle algo. 4 Emprender, empezar a ocuparse de un asunto.

aborigen *adj./com.* Que tiene su origen en la zona en que vive.

aborrecer *tr.* 1 Sentir odio y horror hacia una persona o cosa. 2 Abandonar las aves el nido, los huevos o las crías.

aborrecible *adj.* Que merece ser rechazado o maldecido.

aborrecimiento *m.* Repugnancia y rechazo hacia una persona o cosa.

aborregar [7] *tr./prnl.* 1 Convertir en vulgar a una persona, dejarla sin ideas, opiniones o iniciativas propias. ‖ *prnl.* 2 Cubrirse el cielo de pequeñas nubes blancas como si fueran vellones de lana.

abortar *intr.* 1 Interrumpir voluntaria o involuntariamente el embarazo. ‖ *tr./intr.* 2 Interrumpir una acción o proceso antes de que se complete.

abortista *adj./com.* Que es partidario de la despenalización del aborto voluntario.

abortivo, -va *adj./m.* [sustancia, producto] Que hace abortar.

aborto *m.* 1 Acción de abortar. 2 *coloquial* Ser o cosa deforme, feo y repugnante.

abotagarse o **abotargarse** *prnl.* Hincharse el cuerpo o una parte de él.

abotonadura *f.* 1 Conjunto de botones de una prenda. 2 Parte de una prenda de vestir donde van colocados los botones.

abotonar *tr./prnl.* Cerrar o ajustar una prenda de vestir con botones.

abovedado, -da *adj.* 1 Que tiene forma curva y arqueada. 2 [recinto] Que está cubierto con un techo curvo y arqueado.

abovedar *tr.* 1 Conferir forma curva o arqueada. 2 Cubrir un recinto con un techo curvo y arqueado.

abra *f.* AMÉR Lugar sin árboles en un bosque o selva o entre montañas.

abracadabra *m.* Palabra cabalística a la que se atribuían propiedades mágicas.

abrasador, -ra *adj.* Que abrasa.

abrasar *tr./intr.* 1 Calentar en exceso o estar muy caliente. ‖ *tr.* 2 Quemar, reducir a brasas. 3 Secar una planta el excesivo calor o frío. 4 Agitar o consumir a alguien una pasión.

abrasión *f.* 1 Desgaste de una superficie provocado por rozamiento o fricción. 2 Lesión superficial provocada por quemadura o fricción.

abrasivo, -va *adj./m.* 1 Que desgasta o pule por fricción. ‖ *m.* 2 Material duro que sirve para pulir, cortar o afilar otro material más blando.

abrazadera *f.* Pieza que ciñe una cosa y sirve para asegurarla a otra.

abrazar [4] *tr./prnl.* 1 Estrechar entre los brazos para mostrar amor o afecto. 2 Rodear con los brazos. ‖ *tr.* 3 Adherirse a una creencia o unas ideas. 4 Contener o incluir una cosa a otra.

abrazo *m.* Muestra de afecto o saludo que consiste en rodear y estrechar entre los brazos. ► **un abrazo** Expresión de cortesía que se usa para terminar una carta o una conversación por teléfono.

abreboca *m.* Bebida o alimento que se toma antes del almuerzo o la cena.

abrebotellas *m.* Utensilio que sirve para quitar las chapas metálicas de las botellas. OBS El plural también es *abrebotellas*.

abrecartas *m.* Utensilio con forma de cuchillo que sirve para abrir sobres. OBS El plural también es *abrecartas*.

ábrego *m.* Viento del sudoeste caliente.

abrelatas *m.* Utensilio que sirve para abrir las latas o botes de conservas. OBS El plural también es *abrelatas*.

abrevadero *m.* Fuente o lugar donde beben los animales.

abrevar *tr.* 1 Dar de beber al ganado. ‖ *intr.* 2 Beber, especialmente los animales.

abreviación *f.* 1 Acción de abreviar. 2 Palabra abreviada.

abreviar [12] *tr.* 1 Hacer una cosa más corta o más breve. ‖ *intr.* 2 Aumentar la velocidad en una acción.

abreviatura *f.* Letra o conjunto de letras seguidas de un punto que reducen en la escritura la extensión de una palabra.

abridor *m.* 1 Abrelatas. 2 Abrebotellas.

abrigar [7] *tr./prnl.* 1 Resguardar, proteger del frío. | *tr.* 2 Guardar o tener ideas o sentimientos.

abrigo *m.* 1 Prenda de vestir, larga y con mangas, que se pone sobre otras prendas y sirve para proteger del frío. 2 Objeto o cosa que abriga. 3 Protección contra el frío u otro fenómeno atmosférico. 4 Lugar protegido del viento. 5 Ayuda o amparo. ▶ **al abrigo de** Seguro o protegido de una cosa o peligro.

abril *m.* 1 Cuarto mes del año. | *m. pl.* 2 Año de edad, especialmente de la primera juventud.

abrillantador, -ra *adj./m.* [instrumento, producto] Que se usa para abrillantar.

abrillantar *tr.* Dar brillo a una cosa hasta conseguir que refleje la luz.

abrir *tr.* 1 Hacer que el interior de un espacio o lugar tenga comunicación directa con el exterior. | *tr./intr./prnl.* 2 Separar de su marco las hojas de una puerta, ventana o un balcón para pasar o asomarse. | *tr.* 3 Separar partes movibles de cosas articuladas. 4 Rasgar, cortar algo que está entero. 5 Descorrer el pestillo o cerrojo o levantar la aldaba con que se asegura una puerta, ventana o balcón. 6 Mover la llave en una cerradura de forma inversa de como se cerró. 7 Separar o levantar la tapa que cubre una caja, olla u otro objeto semejante. 8 Extender o estirar lo que estaba plegado o encogido. 9 Permitir la entrada a un lugar. 10 Despegar, destapar o desenvolver una cosa para ver lo que contiene. 11 Practicar una abertura. 12 Dar principio a la actividad de una corporación o de un establecimiento. 13 Ir a la cabeza o delante. | *intr.* 14 Mejorar el tiempo. | *prnl.* 15 Expresar los pensamientos y preocupaciones. 16 Tomar una curva por el lado exterior. 17 *coloquial* Irse. 18 *coloquial* AMÉR Retirarse de un negocio porque conlleva riesgos.
OBS El participio es *abierto.*

abrochar *tr./prnl.* Cerrar o ajustar una cosa con botones, corchetes, etc.

abrojo *m.* Planta de fruto redondo y espinoso, de tallos largos y flores amarillas.

abroncar [1] *tr.* 1 Regañar o corregir duramente. 2 Protestar o mostrar enfado mediante gritos y ruidos.

abrumador, -ra *adj.* Que abruma.

abrumar *tr.* 1 Agobiar o atosigar con penosas cargas físicas o morales. 2 Confundir o desconcertar con un exceso de atenciones o burlas.

abrupto, -ta *adj.* 1 [terreno] Que está lleno de rocas, cortes y pendientes pronunciadas. 2 Que es áspero y brusco.

absceso *m.* Acumulación de pus en un tejido orgánico.

abscisa *f.* MAT. Distancia que hay, en un plano, entre un punto y un eje vertical medida en la dirección de un eje horizontal. ▶ **eje de abscisas** Eje de coordenadas horizontal o de x paralelamente al cual se trazan las abscisas.

absenta *f.* Bebida alcohólica preparada con ajenjo y otras hierbas aromáticas.

absentismo *m.* Costumbre de faltar al trabajo.

absentista *adj.* 1 Del absentismo. | *com.* 2 Persona que falta frecuentemente al trabajo.

ábside *m.* Parte abovedada y semicircular que sobresale en la fachada posterior de una iglesia.

absolución *f.* Acción de absolver.

absolutamente *adv.* Completamente.

absolutismo *m.* Sistema político que se distingue por la reunión de todos los poderes en una sola persona o cuerpo.

absolutista *adj.* 1 Del absolutismo. | *adj./com.* 2 [persona] Que es partidario del absolutismo.

absoluto, -ta *adj.* 1 Que es ilimitado, sin restricciones. 2 Que expresa la máxima cualidad. ▶ **en absoluto** Expresión que indica negación.

absolver [32] *tr.* 1 Declarar un juez o tribunal que una persona que estaba acusada de algo queda libre de la acusación o es inocente. 2 Perdonar en nombre de Dios los pecados de una persona.

absorbencia *f.* Capacidad de una materia sólida para retener líquidos.

absorbente *adj.* 1 Que absorbe. | *adj./com.* 2 [persona] Que trata de imponer su voluntad.

absorber *tr.* 1 Retener un cuerpo sólido a otro en estado líquido o gaseoso. 2 Ocupar por completo la atención o el tiempo de una persona. 3 Consumir totalmente. 4 Incorporar una entidad comercial a otra.

absorción *f.* Acción de absorber.

absorto, -ta *adj.* [persona] Que tiene la atención concentrada en algo.

abstemio, -mia *adj./m. y f.* [persona] Que nunca toma bebidas alcohólicas.

abstención *f.* Renuncia a hacer algo, especialmente al derecho de omitir un voto.

abstencionismo *m.* Actitud de quienes se abstienen en unas elecciones.

abstencionista *adj.* 1 Del abstencionismo. ‖ *adj./com.* 2 [persona] Que es partidario del abstencionismo.

abstenerse [87] *prnl.* Privarse de una cosa, especialmente de votar.

abstinencia *f.* 1 Acción de abstenerse. 2 Período durante el cual no puede satisfacerse una necesidad creada por un hábito. **síndrome de abstinencia** Conjunto de trastornos físicos y mentales que padece una persona cuando deja de tomar una sustancia a la que está acostumbrada.

abstracción *f.* 1 Acción de abstraer o abstraerse. 2 Idea o cosa abstracta, poco definida o alejada de la realidad.

abstracto, -ta *adj.* 1 [cualidad] Que se considera con exclusión del objeto en que se halla realizada o por el que tiene existencia. 2 [arte] Que no representa objetos, sino sus características o cualidades.

abstraer [88] *tr.* 1 Separar en la mente las cualidades esenciales de una cosa y de su realidad física para considerarlas aisladamente. ‖ *prnl.* 2 Poner toda la atención en lo que se hace o en lo que se piensa hasta llegar a aislarse de todo lo demás.

abstraído, -da *adj.* [persona] Que permanece aislado de todo cuanto le rodea.

abstruso, -sa *adj.* Que es difícil de comprender.

absuelto, -ta *part.* Participio irregular de *absolver.*

absurdo, -da *adj.* 1 Contrario a la lógica o a la razón. ‖ *m.* 2 Obra o dicho contrario a la razón.

abubilla *f.* Pájaro de pico largo, con el cuerpo de color marrón y las alas blancas y negras, que se alimenta de insectos; en la cabeza tiene un penacho de plumas.

abuchear *tr.* Protestar o mostrar enfado contra alguien mediante gritos, silbidos y otros ruidos.

abucheo *m.* Acción de abuchear.

abuelo, -la *m. y f.* 1 Padre o madre del padre o de la madre de una persona. 2 Persona vieja. ‖ *m. pl.* 3 Padres del padre o la madre de una persona. ▸ **no tener abuela** Indica que la persona de la que se habla se alaba demasiado a sí misma.

abulense *adj.* 1 De Ávila. ‖ *adj./com.* 2 [persona] Que es de Ávila.

abulia *f.* Falta de voluntad o energía para hacer algo o para moverse.

abúlico, -ca *adj./m. y f.* Que tiene abulia.

abullonar *tr.* Adornar una tela o un vestido con pliegues anchos de forma esférica.

abultamiento *m.* Bulto o prominencia.

abultar *tr.* 1 Aumentar el tamaño, la cantidad o el grado de algo. 2 Aumentar la importancia de algo. ‖ *intr.* 3 Ocupar determinado espacio.

abundancia *f.* 1 Gran cantidad de algo. 2 Prosperidad o riqueza. ▸ **nadar en la abundancia** Tener mucho dinero.

abundante *adj.* 1 Que abunda en algo. 2 Que se da en gran cantidad.

abundar *intr.* 1 Haber en gran cantidad. 2 Tener abundancia de lo que se expresa. 3 Mostrarse de acuerdo con una opinión.

¡abur! *int.* Expresión para despedirse.

aburguesarse *prnl.* Acostumbrarse a la forma de vida tranquila y cómoda que se considera propia de los burgueses.

aburrido, -da *adj.* 1 Que produce aburrimiento. 2 Que siente aburrimiento.

aburrimiento *m.* Fastidio provocado por la falta de diversión o de interés.

aburrir *tr.* 1 Molestar, cansar. ‖ *prnl.* 2 Fastidiarse.

abusado, -da *adj.* MÉX [persona] Que es avisado o atento.

abusar *intr.* 1 Hacer uso excesivo o inadecuado de una cosa en perjuicio propio o ajeno. 2 Obligar a alguien a tener relaciones sexuales en contra de su voluntad.

abusivo, -va *adj.* Que excede de lo justo, normal o adecuado.

abuso *m.* Uso injusto, indebido o excesivo de algo o alguien.

abusón, -sona *adj./m. y f.* [persona] Que se aprovecha de su situación de superioridad en perjuicio de otros.

abyección *f. culto* Acción despreciable.

abyecto, -ta *adj. culto* Que es bajo y despreciable en extremo.

acá *adv.* 1 Indica el lugar en que se encuentra el hablante o cercano a él; con verbos de movimiento indica acercamiento al lugar de la persona que habla. Su determinación de lugar es menos precisa que la de *aquí.* Por eso *acá* admite grados y puede ir precedido de los adverbios *más* o *muy.* 2 Indica el momento presente. ▸ **de acá para allá** De un lugar para otro.

acabado, -da *adj.* 1 Que es perfecto o está completo. 2 Que está agotado o consumido. ‖ *m.* 3 Conjunto de retoques que contribuyen a la mejor presentación de un producto u objeto.

acabar *tr./prnl.* 1 Dar fin o terminar algo. 2 Consumir completamente. ▎*intr.* 3 Llegar al fin o al último momento. 4 Terminar una relación. 5 Destruir, estropear, matar. 6 Manera en que termina una acción o un objeto. ▸ **acabar de** + infinitivo Indica que una acción se ha producido poco antes. ▸ **no acabar de** + infinitivo Indica que una acción no se llega a realizar completamente.

¡acabáramos! *int.* Expresión con que se indica que al fin se ha entendido algo.

acabose Palabra que se utiliza en la frase *ser el acabose,* que significa 'ser el colmo, una ruina, un desastre'.

acacia *f.* 1 Árbol o arbusto que vive en zonas tropicales y templadas; tiene hojas ovaladas y lisas y flores olorosas en racimos. 2 Madera de este árbol.

academia *f.* 1 Institución pública formada por personas destacadas en las letras, las artes o las ciencias y que se dedica al estudio y a otros fines. 2 Local o edificio donde se reúnen los miembros de esta institución. 3 Centro de enseñanza privado.

academicismo *m.* Cualidad de lo que se ajusta o sigue las normas clásicas.

academicista *adj.* [autor, obra] Que se ajusta o sigue las normas clásicas.

académico, -ca *adj.* 1 De una academia. 2 Que pertenece al estudio o enseñanza oficial. 3 [autor u obra] Que se ajusta a las normas clásicas. ▎*m. y f.* 4 Persona que forma parte de una academia.

acaecer [43] *v. impersonal* Ocurrir o producirse un hecho.

acalambrarse *prnl.* Contraerse los músculos produciendo dolor.

acallar *tr./prnl.* 1 Hacer callar. 2 Calmar o apaciguar, especialmente los ánimos.

acaloramiento *m.* 1 Sensación de calor. 2 Vehemencia y pasión con que se discute de algo o se defienden las opiniones.

acalorar *tr./prnl.* 1 Dar o causar calor. 2 Producir pasión o entusiasmo. ▎*prnl.* 3 Hablar de algo con mucha pasión.

acampada *f.* Instalación en un lugar al aire libre para vivir temporalmente en él.

acampanado, -da *adj.* Que tiene forma de campana.

acampar *intr.* Instalarse en un lugar al aire libre para vivir temporalmente en él, generalmente alojándose en una tienda de campaña o en una caravana.

acanalado, -da *adj.* 1 Que pasa por un canal. 2 Que tiene forma de canal. 3 Que tiene canales o estrías.

acanalar *tr.* 1 Hacer uno o varios canales o estrías. ▎*tr./prnl.* 2 Dar forma de canal.

acantilado *m.* Costa marina formada por rocas de gran altura y corte vertical.

acanto *m.* 1 Planta herbácea con hojas largas, rizadas y espinosas y flores blancas.

acantonamiento *m.* Lugar donde permanecen los soldados que están en guerra o en operaciones militares.

acantonar *tr./prnl.* Distribuir las tropas en una zona de combate.

acaparador, -ra *adj./m. y f.* [persona] Que acapara.

acaparamiento *m.* Acción de acaparar.

acaparar *tr.* 1 Acumular cosas que también desean o necesitan los demás. 2 Ocupar por completo la atención o el tiempo de una persona.

acápite *m.* AMÉR Párrafo aparte.

acaramelar *tr.* 1 Bañar con caramelo. ▎*prnl.* 2 Mostrarse dulce y galante.

acariciar [12] *tr.* 1 Mostrar cariño rozando suavemente con los dedos o la mano una parte del cuerpo de una persona o animal. 2 Tocar suavemente o rozar una cosa u otra. 3 Desear una cosa con la esperanza de conseguirla o realizarla.

acaricida *adj./m.* [sustancia] Que sirve para matar ácaros.

ácaro *adj./m.* 1 Arácnido del orden de los ácaros. ▎*n. m. pl.* 2 Orden de pequeños arácnidos de respiración traqueal o cutánea.

acarrear *tr.* 1 Llevar una carga de un lugar a otro. 2 Provocar, traer consigo una cosa o ser la causa de ella. 3 MÉX *coloquial* Llevar personas a un acto público dándoles por ello una pequeña compensación.

acarreo *m.* Acción de acarrear.

acartonarse *prnl.* 1 Ponerse rígido como el cartón. 2 Quedarse delgado y seco.

acaso *adv.* Indica la posibilidad de que ocurra lo que se expresa. ▸ **por si acaso** Por si ocurre aquello de que se habla. ▸ **si acaso** *a)* Si. *b)* En todo caso.

OBS En frases interrogativas introduce la pregunta y sirve para la expresión de una duda.

acatamiento *m.* Acción de acatar.

acatar *tr.* Aceptar y cumplir una orden, disposición, ley o sentencia.

acatarrarse *prnl.* Contraer una enfermedad leve del aparato respiratorio consistente en una inflamación de la garganta que a menudo va acompañada de fiebre y dolores musculares.

acaudalado, -da *adj.* Que tiene mucho dinero o muchos bienes.

acaudalar *tr.* Reunir gran cantidad de dinero o bienes.

acaudillar *tr.* Dirigir o guiar como jefe o caudillo a un grupo de gente.

acceder *intr.* 1 Mostrarse conforme con hacer o que se haga lo que otro solicita o quiere. 2 Tener paso o entrada a un lugar. 3 Alcanzar una condición o grado.

accesible *adj.* 1 [lugar] Que tiene acceso o entrada. 2 De trato fácil, amable y cordial.

accésit *m.* Recompensa inmediatamente inferior al premio en un concurso científico, literario o artístico.

OBS El plural también es *accésit*.

acceso *m.* 1 Lugar por donde se entra a un sitio. 2 Posibilidad de comunicar o tratar con alguien. 3 Aparición repentina de cierto estado físico o moral.

accesorio, -ria *adj.* 1 Que depende de una cosa principal. ‖ *m.* 2 Herramienta u objeto auxiliar o de adorno. Se usa mucho en plural.

accidentado, -da *adj.* 1 Que es agitado, movido o difícil. 2 [terreno] Que tiene desniveles. ‖ *adj./m. y f.* 3 Que ha sufrido un accidente.

accidental *adj.* 1 Que es secundario. 2 Que se produce por azar o accidente. 3 [cargo] Que se ocupa de manera provisional.

accidentarse *prnl.* Sufrir un accidente.

accidente *m.* 1 Suceso imprevisto. 2 Elemento que no forma parte de la naturaleza o la esencia de una cosa. 3 Elemento geográfico que con otros configura el relieve de un terreno. 4 GRAM. Cambio que experimentan en su forma las palabras para expresar distintas categorías gramaticales.

acción *f.* 1 Hecho o acto voluntario. 2 Actividad o movimiento. 3 Sucesión de hechos que constituyen el argumento de una obra. 4 Sucesión rápida y viva de hechos o actos movidos, intensos y con frecuencia violentos. 5 Cada una de las partes en que se divide el capital de una sociedad o empresa. 6 Documento que representa el valor de una de esas partes. ▸ **acción de gracias** Expresión de agradecimiento a Dios.

accionar *tr.* 1 Poner en funcionamiento un mecanismo. ‖ *intr.* 2 Gesticular para dar a entender algo.

accionariado *m.* Conjunto de personas que tienen acciones de una empresa.

accionista *com.* Persona que posee una o más acciones en una sociedad o empresa.

ace *m.* Tanto que obtiene el jugador de tenis que efectúa el saque cuando el que debe devolver la pelota no consigue tocarla.

OBS Es de origen inglés y se pronuncia aproximadamente 'eis'.

acebo *m.* 1 Árbol silvestre de hojas perennes, grandes y espinosas, flores blancas y fruto en forma de bolitas rojas. 2 Madera de este árbol.

acebuche *m.* Olivo silvestre.

acechanza *f.* Vigilancia, espionaje.

acechar *tr.* Vigilar o perseguir con cautela.

acecho *m.* Acción de acechar.

acedar *tr./prnl.* Poner agrio o ácido.

acedera *f.* Planta herbácea de sabor ácido que se emplea como condimento.

acéfalo, -la *adj.* Que no tiene cabeza.

aceitar *tr.* Untar algo con aceite.

aceite *m.* Líquido graso de origen mineral, vegetal o animal que sirve como alimento y para usos industriales.

aceitera *f.* Recipiente para contener una pequeña cantidad de aceite.

aceitero, -ra *adj.* 1 Del aceite. ‖ *m. y f.* 2 Persona que se dedica a fabricar o vender aceite.

aceitoso, -sa *adj.* Que tiene mucho aceite, es graso o está grasiento.

aceituna *f.* Fruto del olivo, pequeño, de forma ovalada y de color verde o negro; es comestible y de él se extrae aceite.

aceitunado, -da *adj.* De color verde oscuro, parecido al de las aceitunas.

aceitunero, -ra *adj.* 1 De la aceituna. ‖ *m. y f.* 2 Persona que se dedica a recoger o vender aceitunas.

aceituno *m.* 1 Árbol oleáceo, de hojas enteras, verdes por el haz y blanquecinas por el envés, flores blancas en racimos y cuyo fruto es la aceituna. 2 Madera de este árbol.

aceleración *f.* Aumento gradual de la velocidad.

acelerador *m.* Mecanismo que regula la entrada del combustible en el motor y permite acelerar la marcha de un vehículo.

acelerar *tr.* 1 Hacer más rápido o más vivo. ‖ *tr./intr.* 2 Aumentar la velocidad de un vehículo o de su motor accionando su acelerador. ‖ *prnl.* 3 *coloquial* Ponerse nervioso o apurarse.

acelerón *m.* Aceleración brusca e intensa a la que se somete un motor.

acelga *f.* Hortaliza de hojas grandes y comestibles.

acémila *f.* 1 Mula o macho de carga. 2 *coloquial* Persona ruda y sin educación.

acendrado, -da *adj.* [cualidad, conducta] Que es puro y sin mancha ni defecto.

acendrar *tr.* 1 Purificar los metales en la cendra. 2 Eliminar cualquier defecto o falta del carácter de una persona.

acento *m.* 1 Particularidad de la pronunciación que destaca en la palabra una sílaba más intensa, más larga o de tono más alto. También se llama *acento prosódico, de intensidad* o *tónico*. 2 Signo que se pone sobre la vocal de una sílaba portadora de acento cuando le corresponde según las reglas de acentuación. También se llama *acento ortográfico, gráfico, gramatical* o *tilde*. **acento agudo** Tilde que tiene forma de raya pequeña que baja de derecha a izquierda (´). **acento circunflejo** Tilde que tiene forma de ángulo con el vértice hacia arriba (ˆ). **acento grave** Tilde que tiene forma de raya pequeña que baja de izquierda a derecha (`). 3 Pronunciación particular con que se distingue el modo de hablar de las personas de un lugar determinado. ▸ **poner el acento** Poner de relieve algo.

acentuación *f.* 1 Acción de acentuar. 2 Conjunto de acentos ortográficos de un escrito.

acentual *adj.* GRAM. Del acento.

acentuar [11] *tr./prnl.* 1 Pronunciar una sílaba distinguiéndola de las demás de la misma palabra por ser más intensa, más larga o de tono más alto. 2 Poner acento ortográfico al escribir. ‖ *tr.* 3 Dar importancia especial a una idea o asunto. ‖ *prnl.* 4 Crecer o hacerse cada vez más claro.

acepción *f.* Significado o sentido que toma una palabra o frase según su contexto.

aceptabilidad *f.* Cualidad de aceptable.

aceptable *adj.* Que se puede aceptar.

aceptación *f.* 1 Acción de aceptar. 2 Efecto de aceptar. 3 Admisión o conformidad con lo propuesto o presentado.

aceptar *tr.* 1 Recibir una persona voluntariamente lo que se le ofrece. 2 Aprobar o dar por bueno algo. 3 Mostrarse conforme con una idea o asunto. 4 Reconocer que se tiene cierta obligación o responsabilidad sobre algo. 5 Obligarse a pagar una letra por escrito en ella misma.

acequia *f.* Zanja para conducir agua.

acera *f.* 1 Parte de la calle situada a cada lado de la calzada que está destinada al paso de peatones. 2 Hilera de casas a cada lado de la calle.

acerado, -da *adj.* 1 De acero o parecido a él. 2 Que es incisivo, intencionalmente agresivo, pero sin violencia en la forma.

acerar *tr.* 1 Dar al hierro las propiedades del acero. 2 Poner aceras en una calle. ‖ *tr.* 3 Fortalecer o hacerse fuerte moralmente.

acerbo, -ba *adj.* 1 Que es áspero en el sabor y olor. 2 Que es cruel o duro.

acerca Palabra que se utiliza en la frase prepositiva *acerca de*, que significa 'sobre' o 'en relación con lo que se expresa'.

acercamiento *m.* Situación en una posición próxima.

acercar [1] *tr./prnl.* 1 Poner cerca o más cerca. 2 Ir a un lugar.

acerería *f.* Fábrica de acero.

acería *f.* Acerería.

acerico *m.* Almohadilla pequeña que se usa para clavar en ella alfileres y agujas.

acero *m.* 1 Aleación de hierro y pequeñas cantidades de carbono que posee gran dureza y elasticidad. **acero inoxidable** Acero que resiste la acción del oxígeno. 2 Arma blanca, especialmente la espada.

acérrimo, -ma *adj.* Que es decidido, convencido, tenaz o extremado.

acertante *adj./com.* Que acierta.

acertar [27] *tr./intr.* 1 Dar en el lugar previsto o propuesto. 2 Dar con lo cierto o lo adecuado, especialmente en una cosa dudosa, ignorada u oculta. 3 Dar un resultado correcto por azar. 4 Encontrar, hallar. ▸ **acertar a** Ocurrir por azar lo que se expresa en el infinitivo que sigue.

acertijo *m.* Pasatiempo o juego en el que se propone un enigma que hay que resolver o una frase a la que hay que hallar el sentido oculto.

acervo *m.* Conjunto de bienes o valores morales o culturales de un grupo o país.

acetato *m.* QUÍM. Sal formada por combinación del ácido acético y una base.

acético, -ca *adj.* QUÍM. Del vinagre.

acetileno *m.* Gas combustible y tóxico que se desprende al ponerse en contacto el agua con el carburo de calcio.

acetona *f.* Compuesto orgánico, líquido, transparente, de olor agradable, que se usa como disolvente de grasas y otros compuestos; también se genera en el organismo humano.

achabacanar *tr./prnl.* Hacer chabacano.

achacar [1] *tr.* Atribuir algo, especialmente una falta o culpa, a una persona o cosa.

achacoso, -sa *adj.* Que sufre achaques.

achaflanar *tr.* Hacer un chaflán.

achampañado, -da *adj.* [bebida] Que se parece al champán o lo imita.

achantar *tr.* 1 Intimidar o achicar a una persona. ‖ *prnl.* 2 Callarse por resignación o cobardía.

achaparrado, -da *adj.* Que es bajo y grueso.

achaque *m.* 1 Molestia pequeña pero frecuente provocada por una enfermedad o por la edad. 2 Excusa o pretexto.

achatar *tr.* Poner chato.

achicar [1] *tr./prnl.* 1 Disminuir el tamaño, las dimensiones o la duración de una cosa. 2 Hacer que alguien se sienta inferior. ‖ *tr.* 3 Sacar el agua de un lugar.

achicharrar *tr./prnl.* 1 Quemar algo, especialmente un alimento. 2 Calentar demasiado.

achicoria *f.* Planta herbácea de flores azules y hojas y raíces amargas.

achinado, -da *adj.* Que tiene rasgos o facciones parecidos a los de los chinos.

achispar *tr./prnl.* Poner alegre por efecto del alcohol.

achuchado, -da *adj.* 1 Que tiene solución o salida difícil. 2 Escaso de dinero.

achuchar *tr./prnl.* 1 Empujar o estrujar a alguien. 2 Abrazar o acariciar a alguien para mostrarle afecto. 3 Presionar para que se haga una cosa.

achuchón *m.* 1 Golpe o empujón. 2 Caricia o abrazo.

aciago, -ga *adj.* Que presagia desgracias y mala suerte.

acíbar *m.* 1 Jugo resinoso y muy amargo usado en medicina como purgante. 2 Amargura, disgusto y sinsabor.

acicalar *tr./prnl.* Adornar o arreglar.

acicate *m.* Cosa que mueve a actuar.

acicular *adj. culto* De figura de aguja.

acidez *f.* 1 Cualidad de ácido. 2 Sensación desagradable de calor en el estómago provocada por una mala digestión.

ácido, -da *adj.* 1 Que tiene sabor agrio o amargo, parecido al del vinagre. 2 [persona] Que es áspero en el trato. 3 Que tiene las propiedades de un compuesto químico que forma sales. ‖ *m.* 4 Sustancia química capaz de atacar o dañar los metales formando sales. 5 Droga de fuertes efectos alucinógenos.

acierto *m.* 1 Elección de la solución correcta entre varias posibilidades. 2 Acción que tiene éxito. 3 Habilidad en la realización de algo.

ácimo *adj.* [pan] Que se elabora sin levadura.
OBS También se escribe *ázimo*.

acimut *m.* ASTR. Ángulo que forma el plano vertical de un astro con el meridiano del punto de observación.
OBS También se escribe *azimut*.

aclamación *f.* Acción de aclamar. ▸ **por aclamación** Por decisión o acuerdo de todos los componentes.

aclamar *tr.* 1 Mostrar una multitud su aprobación y entusiasmo. 2 Designar a una o más personas para un cargo u honor por acuerdo unánime.

aclaración *f.* Explicación o comentario oral o escrito.

aclarado *m.* 1 Acción de aclarar con agua. 2 Efecto de aclarar.

aclarar *tr./prnl.* 1 Hacer más claro; quitar lo que dificulta la claridad o transparencia. 2 Explicar o poner en claro una cosa. 3 Hacer menos denso o espeso. 4 Aumentar los espacios o intervalos. ‖ *tr.* 5 Lavar con agua para quitar el jabón. 6 Mejorar, especialmente una capacidad o habilidad. ‖ *v. impersonal.* 7 Mejorar el tiempo atmosférico. ‖ *prnl.* 8 Poner uno en claro sus propias ideas.

aclaratorio, -ria *adj.* Que aclara.

aclimatación *f.* Adaptación a un clima.

aclimatar *tr./prnl.* Adaptar a un clima, situación o ambiente distinto de aquel de que se procede.

acné *amb.* Enfermedad de la piel debida a la inflamación de las glándulas sebáceas que obstruye los folículos.

-aco, -aca Sufijo que entra en la formación de palabras para: *a)* Denotar valor despectivo. *b)* Indicar relación. *c)* Formar gentilicios.

acobardamiento *m.* Falta de valor ante un peligro.

acobardar *tr./prnl.* Infundir o causar miedo.

acodar *tr.* 1 Dar a una cosa forma de codo doblándola en ángulo recto. ‖ *prnl.* 2 Apoyarse con los codos.

acogedor, -ra *adj.* 1 [persona] Que acoge o recibe amablemente. 2 [lugar] Que es agradable y cómodo.

acoger [5] *tr.* 1 Admitir en casa o en compañía. 2 Servir de refugio o amparo. 3 Admitir o aprobar. **4** Protegerse, refugiarse en un lugar. **5** Ampararse en una ley, derecho, costumbre o norma.

acogida *f.* **1** Acción de acoger. **2** Protección y cuidado que se da a una persona que necesita ayuda o refugio.

acogotar *tr./prnl.* Intimidar, oprimir o dominar de forma tiránica.

acojonante *adj. malsonante* Que impresiona mucho.

acojonar *tr./prnl. malsonante* Asustar, intimidar o atemorizar a alguien.

acolchar *tr.* Poner lana, algodón, gomaespuma u otro material blando entre dos telas y coserlas para que no se mueva.

acólito *m.* **1** Seglar de la Iglesia católica facultado para ayudar en la celebración de la misa y para administrar la eucaristía. **2** Niño que ayuda en la misa. **3** Persona que acompaña y sigue a otra.

acometer *tr./intr.* **1** Atacar rápidamente y con brío y fuerza. **2** Embestir o lanzarse violentamente contra algo. **|** *tr.* **3** Comenzar una empresa o trabajo.

acometida *f.* **1** Ataque rápido y violento. **2** Punto de un conducto de un fluido en el que se ha instalado un ramal secundario.

acometividad *f.* Capacidad de acometer.

acomodación *f.* **1** Acción de acomodar. **2** Efecto de acomodar.

acomodadizo, -za *adj.* Que se acomoda o se aviene a todo con facilidad.

acomodado, -da *adj.* [persona] Que goza de buena posición económica.

acomodador, -ra *m. y f.* Persona que en un espectáculo público indica a los asistentes dónde deben sentarse.

acomodamiento *m.* Situación de una persona o cosa en el lugar adecuado.

acomodar *tr./prnl.* **1** Colocar a una persona o cosa en un lugar apropiado o cómodo. **2** Disponer u ordenar de forma conveniente. **3** Amoldar o adaptar cosas armónicamente. **4** Conciliar o concertar cosas para que sean compatibles. **5** Procurar un empleo. **|** *prnl.* **6** Avenirse a algo.

acomodaticio, -cia *adj.* Que se adapta a cualquier situación o doctrina.

acomodo *m.* Lugar donde instalarse.

acompañamiento *m.* **1** Persona o grupo de personas que acompaña a alguien. **2** Alimento o conjunto de alimentos presentados como complemento de un plato. **3** Conjunto de personas que representan papeles de poca importancia en una obra de teatro. **4** Conjunto de notas musicales que acompañan a la música principal. **5** Ejecución con algún instrumento de este fondo musical.

acompañante *adj./com.* Que acompaña.

acompañar *tr./prnl.* **1** Estar con otra persona o ir junto a ella. **|** *tr./intr.* **2** Hacer compañía. **|** *tr.* **3** Compartir un afecto o estado de ánimo. **4** Existir cierta cualidad o circunstancia. **5** Existir a la vez. **6** Juntar o añadir una cosa a otra. **7** Tocar una música de fondo.

acompasado, -da *adj.* **1** Que sigue un ritmo o compás. **2** Que es pausado.

acompasar *tr.* Adaptar o acomodar una cosa a otra.

acomplejado, -da *adj./m. y f.* **1** Que tiene complejos psíquicos. **2** Que se comporta con vergüenza e inhibición.

acomplejar *tr./prnl.* **1** Tener ansiedad o infelicidad debido a tener sentimientos desfavorables sobre sí mismo. **2** Hacer que una persona se sienta inferior al mostrarle sus defectos.

acondicionador *m.* **1** Aparato que sirve para regular la temperatura y la humedad del aire en un local. **2** Sustancia para hacer más fácil el peinado.

acondicionamiento *m.* Conjunto de los preparativos para proporcionar las condiciones que satisfagan ciertas necesidades.

acondicionar *tr.* **1** Poner una cosa en las condiciones adecuadas. **2** Climatizar un espacio cerrado.

acongojar *tr./prnl.* Causar o sentir sufrimiento o preocupación intensa.

aconsejable *adj.* Que se puede aconsejar.

aconsejar *tr.* **1** Recomendar a alguien lo que debe hacer. **|** *prnl.* **2** Tomar o pedir un consejo.

aconsonantar *tr.* Rimar en consonante un poema.

acontecer [43] *intr.* Ocurrir o producirse un hecho.

acontecimiento *m.* Hecho o suceso que ocurre.

acopiar [12] *tr.* Juntar, reunir en gran cantidad cosas que son o pueden ser necesarias.

acopio *m.* Gran acumulación de algo.

acoplamiento *m.* Unión de dos piezas o elementos que ajustan entre sí.

acoplar *tr.* **1** Unir dos piezas o elementos que ajustan entre sí perfectamente. **|** *tr./prnl.* **2** Adaptar a una situación o ambiente distinto del que se procede.

acoquinar *tr./prnl.* Inspirar temor y hacer perder el ánimo y el valor.

acorazado *m.* Buque de guerra blindado y con potente artillería.

acorazar [4] *tr.* **1** Revestir con planchas de hierro o de acero. ‖ *prnl.* **2** Prepararse para soportar un ataque.

acorazonado, -da *adj.* Que tiene forma de corazón.

acorchar *tr.* **1** Revestir con corcho. ‖ *prnl.* **2** Ponerse reseca, fofa y correosa una cosa, especialmente un alimento. **3** Perder sensibilidad en una parte del cuerpo.

acordar [31] *tr.* **1** Decidir o resolver dos o más personas de común acuerdo o por mayoría sobre lo que se va a hacer o cómo se va a hacer. **2** Determinar o decidir algo. **3** Poner de acuerdo o acercar. ‖ *prnl.* **4** Recordar, traer a la propia memoria.

acorde *adj.* **1** Que está conforme o de acuerdo. **2** Adecuado, apropiado o en consonancia. ‖ *m.* **3** Conjunto de tres o más sonidos musicales combinados armónicamente y tocados simultáneamente.

acordeón *m.* Instrumento musical de viento que recoge el aire con un fuelle y se toca mediante las teclas y botones que lleva en las cajas o tapas de los extremos.

acordeonista *com.* Persona que toca el acordeón.

acordonar *tr.* Formar un cerco en torno a algo con un cordón.

acorralar *tr.* **1** Encerrar en el corral. **2** Encerrar a alguien para impedir su huida. **3** Dejar sin respuesta.

acortamiento *m.* Disminución de la longitud, la duración o la cantidad de algo.

acortar *tr./prnl.* Disminuir la longitud, la duración o la cantidad de algo.

acosar *tr.* **1** Perseguir a una persona o animal sin darle tregua ni descanso para detenerlo o cazarlo. **2** Perseguir o molestar con peticiones, preguntas o quejas.

acoso *m.* **1** Acción de acosar. **2** Efecto de acosar.

acostar [31] *tr./prnl.* **1** Echar o tender a una persona para que duerma o descanse, especialmente en la cama. ‖ *prnl.* **2** Tener relaciones sexuales.

acostumbrar *tr./prnl.* **1** Hacer tomar una costumbre o hábito. ‖ *intr.* **2** Tener costumbre de alguna cosa.

acotación *f.* **1** Acción de acotar. **2** Nota, advertencia o comentario puesto al margen de un escrito o impreso.

acotamiento *m.* Conjunto de señales para acotar una superficie.

acotar *tr.* **1** Limitar el uso de una cosa. **2** Marcar los límites de un terreno para re-

servar su uso y aprovechamiento. **3** Hacer más corto o limitado. **4** Poner notas, advertencias o comentarios al margen de un escrito o impreso.

acracia *f.* Tendencia política que defiende la libertad del individuo por encima de cualquier autoridad; pretende la desaparición del estado y de sus instituciones.

ácrata *adj./com.* [persona] Que es partidario de la acracia.

acre *adj.* **1** Que es ácido, áspero y picante en el sabor y olor. **2** Que es rudo o poco agradable. ‖ *m.* **3** Medida de superficie que equivale a 40,46 metros cuadrados.

acrecentar *tr./prnl.* Hacer más grande, fuerte o intenso.

acreditación *f.* Documento que acredita.

acreditar *tr./prnl.* **1** Demostrar con un documento que una persona es quien dice ser o está autorizada para hacer algo. **2** Dar fama por una cualidad. ‖ *tr.* **3** Asegurar por medio de un documento que una cosa es auténtica. **4** Demostrar un trabajo realizado que una persona es muy buena realizándolo. **5** Autorizar a una persona para representar a otra.

acreditativo, -va *adj.* [documento] Que demuestra que algo es verdad.

acreedor, -ra *adj./m. y f.* **1** [persona] Que tiene derecho a pedir que se cumpla una obligación o deuda. ‖ *adj.* **2** [persona] Que merece lo que se expresa.

acribillar *tr.* **1** Llenar de agujeros, de heridas o de picotazos. **2** Importunar o molestar, generalmente con preguntas.

acrílico, -ca *adj./m. y f.* **1** QUÍM. [ácido] Que se presenta en forma líquida, sin color, con olor muy fuerte y que se usa para hacer pinturas y en la industria. **2** [fibra textil, material plástico] Que se obtiene por una reacción química del ácido acrílico o de sus derivados.

acriollarse *prnl.* AMÉR Adoptar un extranjero las costumbres del país hispano en el que vive.

acrisolado, -da *adj.* **1** [virtud, cualidad] Que mejora y sale depurado. **2** [persona] Que es honrado, íntegro, intachable.

acrisolar *tr.* **1** Purificar los metales en un horno. **2** Confirmar la solidez de una virtud o cualidad humana.

acristalar *tr.* Poner cristales.

acritud *f.* **1** Sabor u olor desagradable. **2** Falta de amabilidad y de trato agradable.

acro- Elemento prefijal que entra en la formación de palabras con el significado de: *a*) 'Que está en lo alto, en los extremos' o 'con forma de punta'. *b*) 'Altura'. *c*) 'Extremidad del cuerpo'.

acrobacia *f.* 1 Ejercicio deportivo que se realiza como espectáculo público y que suele exigir gran habilidad para mantener el equilibrio. 2 Ejercicio espectacular que realiza un avión en el aire.

acróbata *com.* Persona que hace acrobacias.

acrobático, -ca *adj.* De la acrobacia.

acrofobia *f.* Miedo a estar en un lugar alto, aunque no exista peligro de caída.

acromático, -ca *adj.* 1 Que no tiene color. 2 [cristal, sistema óptico] Que transmite la luz blanca sin descomponerla.

acronimia *f.* GRAM. Procedimiento para la formación de palabras mediante la unión de iniciales y otras letras del principio y el fin de dos o más palabras.

acrónimo *m.* GRAM. Palabra formada por el procedimiento de la acronimia.

acrópolis *f.* Lugar más alto y fortificado en la ciudad griega de la Antigüedad.

acróstico, -ca *adj./m.* [poema] Que forma una palabra o frase con las letras iniciales, medias o finales de sus versos.

acta *f.* 1 Documento en el que están escritos los asuntos tratados en una reunión. 2 Certificación oficial de un hecho. **acta notarial** Certificación que hace un notario de un hecho que presencia y autoriza. 3 Documento en que figura la elección de una persona. ‖ *f. pl.* 4 Documento en el que se exponen los trabajos presentados en congresos o seminarios.

OBS En singular se le anteponen los determinantes *el, un,* salvo que entre el determinante y el nombre haya otra palabra.

actinia *f.* Animal invertebrado marino con forma de tubo abierto por un extremo del que salen multitud de tentáculos.

actinio *m.* QUÍM. Elemento químico, metal de número atómico 89, plateado y radiactivo que se obtiene del uranio y del radio.

actino- Elemento prefijal que entra en la formación de palabras con el significado de 'radiación'.

actinología *f.* QUÍM. Disciplina que estudia los efectos químicos de la luz.

actitud *f.* 1 Disposición del ánimo. 2 Postura del cuerpo.

activación *f.* 1 Acción de activar. 2 Efecto de activar.

activador, -ra *adj./m.* [mecanismo] Que hace funcionar un aparato o un sistema.

activar *tr./prnl.* 1 Hacer funcionar un mecanismo. 2 Aumentar la intensidad o rapidez.

actividad *f.* 1 Calidad de activo. 2 Rapidez de acción. ‖ *f. pl.* 3 Conjunto de trabajos complementarios o prácticas.

activista *adj./com.* [persona] Que interviene activamente en la propaganda del partido o sociedad a que pertenece o practica la acción directa en la lucha por los cambios sociales o políticos que pretende.

activo, -va *adj.* 1 Que produce el efecto que le es propio. 2 Que trabaja con energía y rapidez. 3 Que realiza su función o trabajo en el momento en que se habla. ‖ *adj./f.* 4 GRAM. [oración] Que lleva un sujeto formado por la palabra o sintagma que designa la persona o cosa que realiza la acción verbal. ‖ *m.* 5 ECON. Valor total de lo que posee una sociedad de comercio. ▸ **por activa y por pasiva** De todas las maneras.

acto *m.* 1 Hecho o acción. 2 Cada una de las partes en que se divide una obra de teatro. 3 Hecho público. ▸ **acto seguido** Inmediatamente después. ▸ **en el acto** En ese mismo momento, de forma inmediata.

actor, actriz *m. y f.* Persona que interpreta papeles dramáticos.

actuación *f.* 1 Hecho o conjunto de hechos. 2 Trabajo o función realizada. 3 Representación o muestra del trabajo de un cantante o actor.

actual *adj.* 1 Que existe, ocurre o se usa en el momento en que se habla. 2 Propio del tiempo presente.

actualidad *f.* 1 Momento o tiempo presente. 2 Cosa o suceso que atrae la atención en un determinado momento.

actualización *f.* Acción de actualizar.

actualizar [4] *tr./prnl.* Adaptar al presente lo viejo o atrasado.

actualmente *adv.* Ahora, en el tiempo presente.

actuar [11] *intr./prnl.* 1 Realizar actos. 2 Ejercer las funciones propias de un oficio o un cargo. 3 Representar un papel o desarrollar una función dramática. 4 Producir una sustancia cierto efecto.

actuario *m.* MÉX Funcionario público.

acuarela *f.* 1 Técnica de pintura sobre papel o cartón con colores disueltos en agua. 2 Pintura hecha con esta técnica. 3 Sustancia para pintar con esta técnica.

acuarelista *com.* Persona que pinta acuarelas.

acuario *m.* 1 Recipiente transparente con

agua acondicionado para mantener vivos animales y plantas acuáticos. **2** Edificio destinado a mostrar al público animales acuáticos. ❙ *adj./com.* **3** [persona] Que ha nacido entre el 21 de enero y el 18 de febrero, tiempo en que el Sol recorre aparentemente Acuario.

acuartelamiento *m.* **1** Instalación donde viven los soldados cuando están de servicio. **2** Acción de acuartelar. **3** Efecto de acuartelar.

acuartelar *tr.* Reunir a los soldados en un cuartel.

acuático, -ca *adj.* **1** Del agua. **2** Que vive en el agua.

acuchillar *tr.* Herir o matar con un cuchillo u otra arma blanca.

acuciante *adj.* Que necesita una acción o solución rápida.

acuciar [12] *tr.* Apremiar o dar prisa.

acucioso, -sa *adj.* Acuciante.

acuclillarse *prnl.* Doblar las piernas de modo que el trasero se acerque al suelo.

acudir *intr.* **1** Ir a un lugar. **2** Sobrevenir recuerdos o imágenes. **3** Recurrir a alguien o algo.

acueducto *m.* Canal o conducto para llevar agua de un lugar a otro.

acuerdo *m.* **1** Decisión tomada en común por varias personas sobre algo. **2** Relación pacífica mantenida entre personas o países. **3** Documento en el que se exponen las obligaciones y derechos que aceptan las partes que lo firman. **acuerdo marco** Documento en el que se recogen las obligaciones y derechos generales que han de tenerse en cuenta al establecer otros de carácter más concreto. ▸ **de acuerdo** *a)* Conforme, con unión y conformidad. *b)* Expresión con la que se afirma o se acepta algo.

acuicultivo *m.* Cría y explotación de peces, moluscos y algas con fines científicos o comerciales.

acuífero, -ra *adj.* **1** De agua. ❙ *m.* **2** Capa de la tierra que contiene agua.

acullá *adv. culto* Lejos del que habla.
OBS Se usa en la lengua escrita.

aculturación *f.* Proceso de recepción de otra cultura y de adaptación a ella.

acumulación *f.* Amontonamiento progresivo de un gran número de cosas.

acumulador, -ra *adj./m. y f.* **1** Que acumula o sirve para acumular. ❙ *m.* FÍS. **2** Aparato o dispositivo que sirve para acumular energía, especialmente la eléctrica.

acumular *tr./prnl.* Amontonar progresivamente un gran número de cosas.

acumulativo, -va *adj.* Que acumula.

acunar *tr.* Mecer o balancear suavemente, en especial a un niño.

acuñación *f.* **1** Acción de acuñar. **2** Efecto de acuñar.

acuñar *tr.* **1** Sujetar o ajustar con cuñas. **2** Imprimir un metal, especialmente una moneda o medalla. **3** Crear una expresión que logra cierta popularidad.

acuoso, -sa *adj.* **1** Que tiene mucha agua. **2** De agua. **3** [fruta] Que tiene mucho jugo.

acupuntura *f.* Procedimiento médico de origen oriental que consiste en clavar agujas en puntos especiales del cuerpo para aliviar dolores, anestesiar determinadas zonas y curar ciertas enfermedades.

acurrucarse [1] *prnl.* Doblarse y encogerse para ocupar el menor espacio posible.

acusación *f.* **1** Acción de acusar. **2** Cargo del que se culpa a una persona. **3** DER. Parte que acusa en un juicio.

acusado, -da *m. y f.* **1** Persona a quien se acusa. ❙ *adj.* **2** Que destaca y se percibe con claridad.

acusar *tr.* **1** Atribuir a una persona la responsabilidad de un hecho que va en contra de la ley o la moral. **2** Hacer ver o mostrar cierta cosa. **3** Notificar o avisar de que se ha recibido una carta o mensaje. **4** Mostrar algo a causa de una cosa. ❙ *prnl.* **5** Expresar o admitir haber cometido una falta o delito.

acusativo *m.* GRAM. Caso de la declinación de algunas lenguas, como el latín, en que se pone la palabra que expresa el objeto directo de la acción del verbo.

acuse *m.* Nota en que se da cuenta de la recepción de cartas u otros documentos. ▸ **acuse de recibo** Documento postal con el que se certifica haber recibido determinada notificación.

acusica *adj./com. coloquial* Que tiene costumbre de acusar a los demás.
OBS Se usa generalmente entre los niños.

acústica *f.* **1** Parte de la física que se ocupa de la producción, transmisión, recepción y control del sonido. **2** Condiciones en que se oye el sonido en un local.

acústico, -ca *adj.* **1** Del órgano del oído. **2** De la acústica. **3** Que permite reproducir o aumentar el sonido.

acutángulo *adj.* [triángulo] Que tiene tres ángulos de menos de 90 grados.

ad hoc Expresión latina con la que se indica que algo es adecuado para un fin.

adagio *m.* 1 Sentencia breve de contenido moral. 2 MÚS. Composición o parte de ella caracterizada por tener un movimiento muy lento y majestuoso. ‖ *adv.* 3 MÚS. Con movimiento o tiempo musical lento y majestuoso.

adalid *m.* 1 Jefe o caudillo de un grupo de soldados o guerreros. 2 Guía o líder de un movimiento, escuela o tendencia.

adán *m.* Hombre mal vestido, sucio y descuidado en su aspecto externo.

adaptabilidad *f.* Capacidad para adaptarse.

adaptable *adj.* Que se adapta o se puede adaptar.

adaptación *f.* 1 Acción de adaptar o adaptarse. 2 Efecto de adaptar o adaptarse.

adaptador, -ra *adj./m. y f.* 1 [persona] Que adapta una obra intelectual para ofrecerla a otro destinatario. ‖ *m.* 2 Instrumento o mecanismo que sirve para acoplar elementos de distinto tamaño, uso, diseño o finalidad.

adaptar *tr./prnl.* 1 Ajustar o acomodar una cosa a otra. 2 Preparar una cosa para que desempeñe una función distinta de la original. 3 Dar a una obra intelectual forma distinta de la original para que pueda ser difundida por un medio y entre un público distintos de aquellos para los que fue concebida. ‖ *prnl.* 4 Acomodarse o ajustarse a una situación o un lugar distinto del habitual.

adarga *f.* Escudo de cuero con forma ovalada o de corazón.

adarve *m.* Camino situado en la parte alta del muro de una fortificación.

addenda *f.* Adenda.

adecentar *tr.* Poner limpio y en orden.

adecuación *f.* Ajuste o acomodación de una cosa con otra.

adecuado, -da *adj.* Que se adecua.

adecuar [10] *tr./prnl.* Ajustar o acomodar a ciertas condiciones o circunstancias.

adefesio *m.* Persona o cosa muy fea, ridícula o extravagante.

adelantado, -da *adj.* 1 [persona] Que muestra cualidades físicas o intelectuales más desarrolladas de lo que le corresponde por su edad. 2 Que tiene ideas o actitudes propias de un tiempo futuro.

adelantamiento *m.* 1 Movimiento hacia adelante. 2 Maniobra con la que un vehículo adelanta a otro.

adelantar *tr./prnl.* 1 Mover o llevar a alguien o algo hacia adelante. ‖ *tr.* 2 Hacer u ocurrir antes del tiempo previsto. 3 Pagar una cantidad de dinero antes de que el trabajo correspondiente esté terminado. 4 Comunicar la voluntad o intención de hacer algo. 5 Ser indicio o señal de una cosa. 6 Conseguir o llegar a tener. 7 Hacer que un reloj señale un tiempo que todavía no ha llegado. 8 Superar a otra persona. 9 Pasar delante. ‖ *tr./intr.* 10 Progresar o avanzar. ‖ *intr./prnl.* 11 Marcar un reloj un tiempo posterior al real. ‖ *prnl.* 12 Actuar una persona con mayor rapidez de movimientos o ideas que otra. 13 Ocurrir antes del tiempo previsto.

adelante *adv.* 1 Hacia el frente. 2 Más allá en el tiempo o en el espacio. ‖ *int.* 3 ¡adelante! *a)* Expresión que indica que se puede pasar. *b)* Expresión que se usa para dar ánimo. ► **en adelante** o **de aquí en adelante** En el futuro. ► **sacar adelante** Hacer que algo tenga un buen desarrollo o un buen fin. ► **salir adelante** Hallar los medios para vencer las dificultades.

adelanto *m.* 1 Anticipación en el tiempo o en el espacio. 2 Avance o mejora. 3 Cantidad de dinero que se paga antes de lo previsto.

adelfa *f.* 1 Arbusto de flores de varios colores y hojas venenosas que crece en lugares húmedos. 2 Flor de esta planta.

adelgazamiento *m.* Pérdida de peso o de grosor.

adelgazar [4] *intr.* 1 Perder peso o grosor. ‖ *tr./ intr.* 2 Dejar con menor peso o tamaño. 3 Hacer parecer más delgado.

ademán *m.* 1 Movimiento o actitud del cuerpo que manifiesta un estado de ánimo. ‖ *m. pl.* 2 Conjunto de acciones de una persona con las que muestra su buena o mala educación.

además *adv.* Indica que la acción del verbo al que acompaña ocurre añadida a otra ya expresada; añade idea de 'también', 'a la vez', 'por añadidura'. ► **además de** Aparte de.

adenda *f.* Conjunto de textos que se añaden a un libro o a una de sus partes.

adensar *tr./prnl.* Hacer más densa o espesa una cosa.

adentrarse *prnl.* 1 Penetrar hacia la parte interior. 2 Profundizar en un asunto.

adentro *adv.* 1 A la parte interior, en el interior. ‖ *m. pl.* 2 Interior de una persona, sus pensamientos y sus sentimientos.

adepto, -ta *adj./m. y f.* 1 [persona] Que es partidario de una persona o una idea. 2 Afiliado a una secta o a una asociación.

aderezar [4] *tr.* 1 Echar especias u otras sustancias a las comidas. ‖ *tr./prnl.* 2 Arreglar algo o a alguien para embellecerlo.

aderezo *m.* 1 Acción de aderezar. 2 Condimento o conjunto de especias y sustancias. 3 Conjunto de adornos para embellecer.

adeudar *tr./prnl.* 1 Deber dinero. 2 Cargar, anotar una partida en el debe de una cuenta.

adeudo *m.* Cantidad de dinero que se debe.

adherencia *f.* Acción de adherir o adherirse.

adherente *adj.* Que es capaz de adherir o de quedar adherido.

adherir [35] *tr./prnl.* 1 Unir mediante una sustancia aglutinante. ‖ *prnl.* 2 Estar de acuerdo con una idea u opinión. 3 Afiliarse a un grupo o doctrina.

adhesión *f.* 1 Unión y acuerdo con una idea u opinión. 2 Declaración pública de apoyo o solidaridad.

adhesivo, -va *adj./m. y f.* 1 Que puede unir o pegar. ‖ *m.* 2 Sustancia que, interpuesta entre dos superficies, sirve para unirlas o pegarlas. 3 Papel o plástico provisto de una sustancia pegajosa.

adicción *f.* Dependencia física y psíquica de alguna droga.

adición *f.* 1 Ampliación de una cosa principal a la que se añade otra. 2 Operación de sumar varias cantidades. 3 Cantidad que resulta de esa operación. 4 Parte añadida en una obra o escrito.

adicional *adj.* Que se añade a una cosa principal.

adicionar *tr.* Hacer adiciones.

adicto, -ta *adj./m. y f.* 1 [persona] Que padece adicción. 2 [persona] Que está de acuerdo con una idea o tendencia y la defiende.

adiestramiento *m.* Acción de adiestrar o adiestrarse.

adiestrar *tr.* 1 Enseñar a desarrollar una habilidad manual o un ejercicio físico. ‖ *prnl.* 2 Practicar una habilidad manual o un ejercicio físico.

adinerado, -da *adj.* [persona] Que tiene mucho dinero.

adintelado, -da *adj.* ARQ. [arco] Que está formado por una parte recta horizontal que descansa sobre dos piezas verticales laterales.

adiposidad *f.* Acumulación de grasa.

adiposo, -sa *adj.* Que tiene la naturaleza de la grasa.

aditamento *m.* Cosa añadida para completar algo.

aditivo *m.* Sustancia que se añade a otra para aumentar o mejorar sus cualidades.

adivinación *f.* 1 Supuesta facultad que tienen algunas personas para conocer hechos del futuro mediante el uso de la magia. 2 Hecho del futuro que supuestamente se conoce mediante esta facultad.

adivinador, -ra *adj./m. y f.* Que adivina.

adivinanza *f.* Frase o pregunta que como pasatiempo o juego propone una persona a otra para que le encuentre el sentido oculto o le dé una solución.

adivinar *tr.* 1 Conocer un hecho del futuro mediante el uso de la magia. 2 Descubrir o acertar con la intuición o la imaginación. ‖ *prnl.* 3 Empezar a distinguirse con la vista sin llegar a verse con claridad.

adivinatorio, -ria [hecho del futuro] Que supuestamente se conoce mediante el uso de la magia.

adivino, -na *m. y f.* Persona que predice el futuro a partir de agüeros o conjeturas o que descubre cosas ocultas o misteriosas usando la magia.

adjetivación *f.* 1 Acción de adjetivar. 2 Conjunto de adjetivos o modo de adjetivar de una obra, autor, período o estilo.

adjetival *adj.* Del adjetivo o relacionado con esta clase de palabras.

adjetivar *tr.* 1 Aplicar un adjetivo a un sustantivo. 2 GRAM. Dar función de adjetivo a palabras o frases que tienen otro valor. 3 Juzgar o dar una opinión sobre algo.

adjetivo, -va *adj.* 1 Que es secundario, accesorio o accidental. 2 GRAM. Que funciona como adjetivo. 3 Del adjetivo. ‖ *m.* 4 Palabra que acompaña al sustantivo para calificarlo o determinarlo. **adjetivo calificativo** GRAM. Adjetivo que expresa una cualidad. **adjetivo comparativo** GRAM. Adjetivo que expresa comparación. **adjetivo superlativo** GRAM. Adjetivo que indica el grado más alto de la cualidad que expresa.

adjudicación *f.* 1 Acción de adjudicar. 2 Efecto de adjudicar.

adjudicar [1] *tr.* 1 Declarar que una cosa a la que aspiran varias personas o entidades corresponde a una de ellas. ‖ *prnl.* 2 Apropiarse alguien una cosa. 3 Obtener un premio o el triunfo en una competición.

adjudicatario, -ria *adj./m. y f.* [persona, entidad] Que recibe una cosa, especialmente una obra o el derecho a comerciar con un producto.

adjuntar *tr.* Añadir a lo que se envía.

adjunto, -ta *adj.* 1 Que está junto a otra cosa o va con ella. ‖ *adj./m. y f.* 2 [persona] Que ayuda a otro en un cargo o trabajo.

adlátere *com.* Persona que no se separa de otra de la que depende. Tiene matiz despectivo.

adminículo *m.* Cosa pequeña y simple que se emplea como ayuda para algo.

administración *f.* 1 Acción de administrar. 2 Cargo de administrador. 3 Oficina o lugar donde se administra. **administración de Correos** Oficina o lugar donde se hacen las operaciones necesarias para el envío y reparto de las cartas. **administración de lotería** Local donde se vende lotería y donde se cobran los premios. 4 Conjunto de medios y personas que se dedican a administrar una empresa o un organismo o una parte de ellos.

administrador, -ra *adj./m. y f.* Que administra.

administrar *tr./prnl.* 1 Organizar una economía o cuidar unos bienes o intereses. 2 Medir o graduar el uso de una cosa. ‖ *tr.* 3 Aplicar o hacer tomar una medicina. 4 Repartir, dar o conferir un sacramento.

administrativo, -va *adj.* 1 De la administración. ‖ *adj./m. y f.* 2 [persona] Que trabaja en las tareas de administración.

admirable *adj.* Que causa o produce admiración o sorpresa.

admiración *f.* 1 Acción de admirar. 2 Cosa admirable. 3 GRAM. Signo de ortografía que se coloca al principio (¡) y al final (!) de palabras o frases para expresar sorpresa, exclamación o alguna emoción del ánimo.

admirador, -ra *adj./m. y f.* [persona] Que admira.

admirar *tr.* 1 Tener en gran estima a una persona o cosa por lo extraordinario de sus cualidades. 2 Provocar sorpresa o admiración. 3 Contemplar con interés o placer a una persona o cosa que llama la atención por cualidades juzgadas como extraordinarias. ‖ *prnl.* 4 Sorprenderse.

admirativo, -va *adj.* Que siente o expresa admiración.

admisible *adj.* Que puede admitirse.

admisión *f.* Acción de admitir.

admitir *tr.* 1 Recibir o aceptar. 2 Reconocer como cierta una cosa. 3 Permitir o soportar. 4 Tener capacidad.

admonición *f.* Aviso o llamada de atención sobre un error o falta.

admonitorio, -ria *adj.* Que avisa o llama la atención sobre un error o falta.

-ado Sufijo que entra en la formación de sustantivos masculinos con el significado de: *a)* ‘Empleo o dignidad’. *b)* ‘Tiempo’. *c)* ‘Lugar’. *d)* ‘Acción’. *e)* ‘Conjunto’. *f)* ‘Colectividad’.

-ado, -ada Sufijo que entra en la formación de adjetivos con el significado de: *a)* ‘Posesión’. *b)* ‘Abundancia’. *c)* ‘Semejanza’, ‘aspecto’.

adobar *tr.* 1 Poner un alimento en adobo. 2 Curtir las pieles y componerlas.

adobe *m.* Ladrillo que se hace con una masa de barro y paja secada al sol.

adobo *m.* Composición o mezcla hecha con sal, vinagre y distintas especias que se usa para conservar y dar sabor a las carnes y otros alimentos.

adocenado, -da *adj.* Que no destaca.

adocenar *tr./prnl.* Confundir o mezclar entre personas o cosas de menos valor o de calidad inferior.

adoctrinamiento *m.* 1 Acción de adoctrinar. 2 Efecto de adoctrinar.

adoctrinar *tr.* Enseñar los principios de una determinada ideología con la intención de ganar partidarios.

adolecer [43] *intr.* 1 Tener algún defecto. 2 Padecer una enfermedad.

adolescencia *f.* Período de la vida que sucede a la niñez y transcurre desde la pubertad hasta el completo desarrollo del organismo.

adolescente *adj./com.* [persona] Que está en la adolescencia.

adonde *adv.* Al lugar en que ocurre una acción o al que se dirige una cosa.

adónde *adv.* A qué lugar.

adondequiera *adv.* A cualquier lugar.

adonis *m.* Hombre joven de aspecto físico bello.

OBS El plural también es *adonis*.

adopción *f.* Acción de adoptar.

adoptar *tr.* 1 Elegir o tomar como propias ideas o costumbres ajenas. 2 Decidir o acordar algo después de examinar o deliberar. 3 Tomar o recibir un carácter o una forma determinada. 4 Tomar legalmente como hijo propio a uno que ha nacido de otros padres.

adoptivo, -va *adj.* Que adopta o es adoptado.

adoquín *m.* Piedra labrada en forma de

bloque rectangular usado para pavimentar.

adoquinado *m.* Suelo de adoquines.

adoquinar *tr.* Revestir con adoquines.

adorable *adj.* Que resulta muy agradable e inspira cariño, simpatía y admiración.

adoración *f.* 1 Culto que se da a lo considerado divino. 2 Amor profundo.

adorador, -ra *adj./m. y f.* [persona] Que adora.

adorar *tr.* 1 Rendir culto a lo que es o se considera divino. 2 Amar mucho. 3 Considerar muy bueno o agradable.

adormecer [43] *tr.* 1 Hacer caer a alguien en estado de somnolencia. 2 Calmar un dolor o pena o hacer disminuir su fuerza. ‖ *prnl.* 3 Quedarse dormido o adormecido. 4 Perder la capacidad de sentir o mover una parte del cuerpo.

adormecimiento *m.* 1 Acción de adormecer o adormecerse. 2 Efecto de adormecer o adormecerse.

adormidera *f.* Planta herbácea de hojas anchas, flores blancas y fruto en cápsula, del que se extrae el opio.

adormilarse *prnl.* Estar en un estado próximo al sueño sin llegar a dormirse.

adornar *tr./prnl.* 1 Poner adornos. 2 Servir una cosa para dar un aspecto más bello a otra. 3 Dotar de cualidades a una persona.

adorno *m.* Cosa que sirve para hacer más bello, agradable o atractivo algo.

adosado, -da *adj./m.* [casa] Que está construido pegado a otro u otros de similares características.

adosar *tr.* Poner una cosa junto a otra en la que se apoya por una de sus partes.

adquirir [30] *tr.* 1 Llegar a tener o conseguir algo. 2 Comprar cosas.

adquisición *f.* 1 Compra de una cosa. 2 Cosa que se compra.

adquisitivo, -va *adj.* Que sirve para adquirir o comprar.

adrede *adv.* Con intención.

adrenalina *f.* Hormona segregada por las glándulas suprarrenales que aumenta la presión sanguínea y estimula el sistema nervioso central.

adriático, -ca *adj.* Del mar Adriático y de sus territorios.

adscribir *tr./prnl.* 1 Poner a alguien en un departamento o trabajo. 2 Considerar a una persona como perteneciente a un grupo o ideología. ‖ *tr.* 3 Atribuir o contar entre lo que corresponde a alguien o algo. OBS El participio es *adscrito*.

adscrito, -ta Participio irregular de *adscribir*. También se usa como adjetivo.

ADSL Sigla de *Asymmetric Digital Subscriber Line*, transmisión de datos digitales a través de la línea telefónica.

adsorción *f.* FÍS. Fenómeno por el cual un sólido o un líquido atrae y retiene en su superficie gases, vapores, líquidos o cuerpos disueltos.

aduana *f.* Oficina pública, situada generalmente en las fronteras o pasos entre dos países, donde se registran las mercancías que entran o salen y donde se cobran los derechos o tasas correspondientes.

aduanero, -ra *adj.* 1 De la aduana o relacionado con ella. ‖ *m. y f.* 2 Persona que trabaja en una aduana.

aducción *f.* Movimiento por el cual un miembro o un órgano se acerca al eje central del cuerpo.

aducir [46] *tr.* Exponer pruebas y argumentos para demostrar o justificar algo.

aductor *adj./m.* [músculo] Que sirve para producir aducción.

adueñarse *prnl.* 1 Hacerse dueño de una cosa. 2 Hacerse dominante un sentimiento o sensación en alguien.

adulación *f.* Muestra exagerada de admiración que se hace para conseguir el favor de una persona.

adulador, -ra *adj./m. y f.* [persona] Que adula.

adular *tr.* Mostrar admiración exagerada a una persona o decirle cosas agradables para ganar su voluntad o favor.

adulteración *f.* 1 Acción de adulterar. 2 Cosa adulterada.

adulterar *tr./prnl.* 1 Alterar o hacer perder la calidad y pureza de algo añadiendo una sustancia extraña. 2 Cambiar la naturaleza o el sentido de una cosa.

adulterio *m.* Relación sexual de una persona casada con otra que no es su cónyuge.

adúltero, -ra *adj./m. y f.* [persona] Que comete adulterio.

adulto, -ta *adj./m. y f.* 1 [ser vivo] Que ha llegado a su pleno desarrollo físico y psicológico. ‖ *adj.* 2 Que se considera propio de esa edad en que se alcanza pleno desarrollo. 3 Que ha llegado a cierto grado de perfección o madurez.

adusto, -ta *adj.* 1 Que es seco y serio en el trato. 2 [terreno] Que está seco.

advenedizo, -za *adj./m. y f.* 1 [persona] Que acaba de llegar. Tiene sentido despectivo. **2** [persona] Que se introduce en un grupo social o profesional para el que no reúne las condiciones adecuadas.

advenimiento *m.* Llegada o aparición de un acontecimiento importante.

adventicio, -cia *adj.* Que sucede de manera accidental o poco natural.

adverbial *adj.* **1** Del adverbio. **2** GRAM. Que hace las funciones de un adverbio.

adverbio *m.* GRAM. Palabra que no varía su forma y que modifica a un verbo, a un adjetivo, a otro adverbio o a toda la oración.

adversario, -ria *m. y f.* Persona o grupo que es enemigo, competidor o contrario.

adversativo, -va *adj./f.* **1** GRAM. [oración] Que indica oposición o restricción al significado de otra oración. **2** GRAM. [conjunción] Que introduce una oración de esa clase.

adversidad *f.* **1** Calidad de adverso. **2** Desgracia o accidente.

adverso, -sa *adj.* Que es contrario o negativo.

advertencia *f.* Noticia o información para avisar o aconsejar sobre algo.

advertido, -da *adj.* [persona] Que tiene suficiente experiencia y capacidad para hacer o entender algo.

advertir [35] *tr.* **1** Llamar la atención o avisar de alguna cosa. **2** Darse cuenta, notar.

adviento *m.* Período que celebran las Iglesias cristianas y que comprende las cuatro semanas anteriores a la Navidad.

advocación *f.* Denominación del santo bajo cuya protección se encuentra un lugar religioso.

adyacencia *f.* Proximidad entre dos cosas.

adyacente *adj.* Que está muy próximo o unido a otra cosa.

aéreo, -a *adj.* **1** Que está o se hace en el aire. **2** Del aire. **3** De la aviación. **4** Ligero, sutil, vaporoso.

aero-, aeri- Elemento prefijal que entra en la formación de palabras con el significado de: *a)* 'Aire', referido a la atmósfera. *b)* 'Aire', considerado como gas. *c)* 'Aeronáutica o relativo a esta ciencia'.

aeróbic o **aerobic** *m.* Técnica gimnástica que se practica con música y se basa en el control del ritmo respiratorio.

aerobio, -bia *adj.* [ser vivo] Que necesita respirar el oxígeno del aire para vivir.

aeroclub *m.* Centro donde se reúnen las personas que practican un deporte aéreo.

aerodinámica *f.* Parte de la mecánica que estudia el movimiento de los gases.

aerodinámico, -ca *adj.* **1** De la aerodinámica. **2** Que tiene la forma adecuada para reducir la resistencia del aire.

aeródromo *m.* Lugar para el despegue y aterrizaje de aviones.

aeroespacial *adj.* Relacionado con la aviación y la astronáutica conjuntamente.

aerofagia *f.* MED. Ingestión o toma de aire espasmódica.

aerofaro *m.* Aparato situado en tierra que emite señales luminosas para dirigir el vuelo y el aterrizaje de aeronaves.

aerofotografía *f.* Fotografía de una parte de la Tierra tomada desde una aeronave.

aerogenerador *m.* Generador de energía eléctrica.

aerógrafo *m.* Aparato en forma de lápiz o pistola que sirve para pulverizar pintura sobre una superficie.

aerolínea *f.* Organización o compañía dedicada al transporte aéreo.

aerolito *m.* Fragmento de un cuerpo procedente del espacio exterior que entra en la atmósfera y cae sobre la Tierra.

aerología *f.* Ciencia que estudia las propiedades de la atmósfera.

aeromodelismo *m.* **1** Construcción de aviones a escala reducida. **2** Deporte que consiste en hacer volar esos aviones.

aeromozo, -za *m. y f.* ASUR, MÉX Persona que atiende a los pasajeros en los aviones.

aeronáutica *f.* **1** Disciplina técnica y científica que se ocupa de la construcción de aeronaves y del estudio de los factores que favorecen el vuelo. **2** Conjunto de medios destinados a la construcción y mantenimiento de aeronaves.

aeronáutico, -ca *adj.* De la aeronáutica.

aeronaval *adj.* [organización militar] Que combina las acciones del Ejército del Aire y la Marina.

aeronave *f.* Vehículo capaz de navegar por el aire o por el espacio.

aeroplano *m.* Vehículo con alas, que vuela propulsado por uno o varios motores.

aeropuerto *m.* Lugar destinado al tráfico regular de aviones.

aerosol *m.* **1** Líquido que, acumulado a presión en un recipiente, puede lanzarse al exterior esparciéndolo en forma de gotas muy pequeñas. **2** Recipiente o envase para contener este líquido. **3** Suspensión de moléculas de un elemento sólido o líquido en el aire u otro gas.

aerostática *f.* Parte de la mecánica que estudia el equilibrio de los gases.

aerostático, -ca *adj.* De la aerostática.

aeróstato o **aerostato** *m.* Aeronave provista de recipientes llenos de un gas más ligero que el aire, para flotar en él.

aeroterrestre *adj.* [sistema de transporte, organización militar] Que combina los medios de desplazamiento por aire y por tierra.

aerovía *f.* Vía o ruta establecida para el vuelo de los aviones comerciales.

afabilidad *f.* Calidad de afable.

afable *adj.* [persona] Que se comporta con amabilidad y simpatía.

afamado, -da *adj.* [persona, cosa] Que es muy conocido y admirado.

afamar *tr.* Dar fama a alguien o a algo.

afán *m.* 1 Deseo intenso y ferviente que mueve a hacer una cosa. 2 Empeño o esfuerzo e interés que se pone en hacer una cosa.

afanar *tr.* 1 *coloquial* Robar con habilidad y sin violencia. ‖ *prnl.* 2 Dedicarse a una cosa con mucho empeño e interés.

afanoso, -sa *adj.* 1 Que trabaja con afán. 2 [actividad] Que exige mucho esfuerzo y dedicación.

afasia *f.* MED. Pérdida del habla o dificultad al hablar que se produce por una lesión en el cerebro.

afear *tr.* 1 Hacer o poner feo. 2 Censurar.

afección *f.* Enfermedad de determinada parte del organismo.

afectación *f.* Falta de naturalidad o sencillez en el habla o comportamiento.

afectar *tr.* 1 Producir cierto efecto en algo. 2 Ser aplicable una cosa a quien se indica. 3 Producir daño o enfermedad en un ser vivo, o poderlo producir. 4 Poner cuidado excesivo y poco natural en la forma de hablar, moverse o actuar. 5 Fingir algo que no es cierto. 6 Causar una cosa cierta sensación o emoción.

afectividad *f.* 1 Conjunto de sentimientos y emociones de una persona. 2 Inclinación a sentir cariño y afecto.

afectivo, -va *adj.* 1 Del afecto. 2 De la sensibilidad.

afecto, -ta *adj.* 1 Que es amigo o partidario de alguien o algo. ‖ *m.* 2 Sentimiento favorable hacia una persona.

afectuosamente *adv.* Con afecto; se emplea en la despedida de las cartas.

afectuoso, -sa *adj.* Que muestra afecto.

afeitado *m.* 1 Acción de afeitar. 2 Efecto de afeitar.

afeitar *tr.* 1 Cortar el pelo de la cara o de otra parte del cuerpo a ras de la piel. 2 Cortar las puntas de los cuernos del toro.

afeite *m.* Sustancia o producto para cuidar o embellecer el pelo o la piel.

afelio *m.* Punto más alejado del Sol en la órbita de un planeta del sistema solar.

afeminado, -da *adj.* 1 Propio de la manera de hablar, gesticular o moverse que se considera característica de las mujeres. ‖ *m.* 2 Hombre que tiene movimientos y actitudes que se consideran propios de las mujeres.

afeminamiento *m.* Actitud, gesto o comportamiento propio de la mujer.

afeminar *tr./prnl.* Dar características que se consideran propias de las mujeres.

afer *m.* 1 Negocio, asunto o caso ilegal o escandaloso. 2 Relación amorosa o sexual entre dos personas que dura poco tiempo.

aferente *adj.* Que lleva o conduce de fuera hacia adentro.

aféresis *f.* GRAM. Desaparición de algún sonido al principio de una palabra.

OBS El plural también es *aféresis.*

aferrar [10] *tr./prnl.* 1 Agarrar con fuerza. ‖ *prnl.* 2 Mantener con fuerza y convicción una idea u opinión. 3 Unirse a una persona o cosa de la que se espera un bien.

affaire *m.* Afer.

afgano, -na *adj.* 1 De Afganistán. ‖ *adj./m. y f.* 2 [persona] Que es de Afganistán.

afianzamiento *m.* Consolidación de una opinión, idea o circunstancia.

afianzar [4] *tr./prnl.* 1 Poner firme una cosa. 2 Dar una base sólida y estable.

afiche *m.* AMÉR Impreso de gran tamaño que se fija en paredes de lugares públicos con fines publicitarios o informativos.

afición *f.* 1 Gusto o interés por una cosa. 2 Actividad aparte del trabajo habitual. 3 Conjunto de aficionados que van a ver un espectáculo o competición deportiva.

aficionado, -da *adj./m. y f.* 1 [persona] Que gusta de una cosa. 2 [persona] Que practica por placer una actividad. 3 [persona] Que va regularmente a ver un espectáculo o competición deportiva.

aficionar *tr./prnl.* Hacer que una persona adquiera afición o interés por algo.

afijación *f.* GRAM. Formación de palabras nuevas añadiendo afijos.

afijo, -ja *adj./m.* GRAM. [elemento de la lengua] Que se une a una palabra o a una raíz para formar palabras nuevas.

afilador, -ra *m. y f.* Persona que se dedica a afilar instrumentos cortantes.

afilalápices *m.* Utensilio que sirve para sacar o afilar la punta a los lápices.
OBS El plural también es *afilalápices*.

afilar *tr.* 1 Sacar filo o punta. 2 Dejar más delgada de lo normal una parte del cuerpo.

afiliación *f.* 1 Acción de afiliar o afiliarse. 2 Efecto de afiliar o afiliarse.

afiliar *tr./prnl.* Formar parte o incluir a una persona como miembro de un partido político, un sindicato u otra asociación.

afiligranar *tr.* 1 Adornar con hilos de oro y plata, especialmente un objeto de metal. 2 Adornar esmeradamente.

afín *adj.* Que tiene una o más cosas en común con otro.

afinación *f.* MÚS. Adecuación de un instrumento musical al tono justo.

afinador, -ra *m. y f.* 1 Persona que se dedica a afinar instrumentos musicales. ‖ *m.* 2 Instrumento que produce un sonido determinado y constante que sirve como referencia para afinar otros instrumentos.

afinar *tr./intr.* 1 Hacer que una cosa sea lo más perfecta, precisa o exacta posible. ‖ *tr.* 2 Preparar un instrumento para que suene en el tono adecuado. ‖ *tr./prnl.* 3 Hacer fino o delgado. 4 Hacer elegante y educado en el trato. ‖ *intr.* 5 Cantar o tocar en el tono adecuado.

afincarse [1] *prnl.* Fijar la residencia en un lugar.

afinidad *f.* 1 Parecido, relación o analogía de una cosa con otra. 2 Coincidencia de gustos, caracteres u opiniones. 3 Relación de parentesco entre una persona y la familia de su cónyuge. 4 QUÍM. Tendencia de los átomos y moléculas a combinarse con otros.

afirmación *f.* 1 Expresión en la que se declara una cosa como cierta o verdadera. 2 Expresión o gesto para decir que sí.

afirmar *intr.* 1 Decir que sí. ‖ *tr.* 2 Decir que una cosa es verdad. ‖ *tr./prnl.* 3 Sujetar bien, poner firme.

afirmativo, -va *adj.* Que indica o expresa afirmación o algo por cierto.

aflautar *tr.* Hacer más aguda la voz.

aflicción *f.* Tristeza, pena.

aflictivo, -va *adj.* Que aflige.

afligir *tr./prnl.* Provocar pena y tristeza.

aflojar *tr./prnl.* 1 Disminuir la presión o la fuerza de una cosa. ‖ *intr.* 2 Perder una cosa fuerza o intensidad. ‖ *tr.* 3 *coloquial* Dar o soltar, especialmente el dinero.

aflorar *intr.* 1 Aparecer en la superficie de un terreno un mineral o líquido. 2 Manifestarse una cualidad o estado de ánimo.

afluencia *f.* Llegada de personas o cosas en gran cantidad.

afluente *m.* Arroyo o río secundario que lleva sus aguas a otro mayor o principal.

afluir [10] *intr.* 1 Llegar en gran cantidad. 2 Verter un río sus aguas en las de otro, en un lago o en el mar.

afmo., afma. Abreviatura de *afectísimo, afectísima,* superlativo de *afecto,* 'inclinado a una persona o cosa'.

afonía *f.* Pérdida total o parcial de la voz.

afónico, -ca *adj.* Que padece afonía.

aforismo *m.* Sentencia o frase corta que expresa un contenido moral.

aforístico, -ca *adj.* Del aforismo.

aforo *m.* Capacidad total de un recinto destinado a espectáculos públicos.

afortunadamente *adv.* Indica que es una suerte y hay que alegrarse de que suceda lo que se expresa a continuación.

afortunado, -da *adj./m. y f.* 1 Que tiene buena suerte. ‖ *adj.* 2 Que se consigue con buena suerte. 3 Que es adecuado para un fin.

afrancesado, -da *adj./m. y f.* 1 Que tiene carácter francés. 2 [persona] Que durante la guerra de la Independencia era partidario de Napoleón.

afrancesamiento *m.* Tendencia a dar carácter francés.

afrancesar *tr./prnl.* Dar carácter francés.

afrenta *f.* 1 Obra o dicho en que se pone en duda la honradez u honor de alguien. 2 Vergüenza y deshonor.

afrentar *tr.* 1 Causar afrenta o deshonra a alguien. ‖ *prnl.* 2 Sentirse ofendido.

africado, -da *adj./f.* GRAM. [consonante] Que se pronuncia cerrando el paso del aire durante un momento muy breve para dejarlo salir con fuerza a continuación.

africanista *com.* Persona que se dedica al estudio de asuntos que tienen relación con África.

africano, -na *adj.* 1 De África. ‖ *adj./m. y f.* 2 [persona] Que es de África.

afrikáans *m.* Variedad del neerlandés que se habla en la República de Suráfrica.

afrikáner *adj./com.* Que desciende de los colonos neerlandeses de la República de Suráfrica.

afro *adj.* Relacionado con las costumbres o usos africanos.

afrodisíaco, -ca o **afrodisiaco, -ca**

adj./m. [sustancia] Que excita y aumenta el deseo sexual.

afrontar *tr.* Hacer frente a una situación.

afrutado, -da *adj.* Que tiene sabor parecido al de la fruta.

afta *f.* Pequeña úlcera en la boca.

after shave *m.* Sustancia para proteger la piel después del afeitado.

OBS Es de origen inglés y se pronuncia aproximadamente 'áfter cheiv'.

afuera *adv.* 1 Fuera del lugar en que uno se halla. 2 En la parte exterior. ▌*f. pl.* 3 Alrededores de un pueblo o una ciudad.

agachar *tr./prnl.* Bajar o inclinar hacia abajo la cabeza u otra parte del cuerpo.

agalla *f.* 1 Órgano respiratorio de los peces y otros animales acuáticos. 2 Prominencia redondeada que crece de forma anormal en algunos árboles y plantas. ▌*f. pl.* 3 Valor, determinación y coraje para enfrentarse a situaciones adversas.

ágape *m.* Comida de celebración.

agarrada *f.* Pelea o discusión imprevista.

agarradera *f.* 1 Parte de un objeto que sirve para cogerlo. 2 Parte de un objeto o de una construcción que sirve para sujetarse a él. ▌*f. pl.* 3 Relaciones de amistad para obtener favores personales.

agarradero *m.* 1 Agarradera, parte de un objeto o construcción. 2 Algo o alguien que sirve de apoyo, ayuda o pretexto.

agarrado, -da *adj.* 1 *coloquial* Que no gusta de gastar dinero. ▌*adj./m.* 2 [baile] Que se baila cogido a la pareja.

agarrar *tr./prnl.* 1 Tomar o coger con fuerza. ▌*tr.* 2 Conseguir algo que se pretendía. 3 *coloquial* Contraer una enfermedad. ▌*intr./prnl.* 4 Echar raíces una planta. ▌*prnl.* 5 **agarrarse** Tener una discusión violenta con agresión física. 6 **¡agárrate!** Indica al oyente que se prepare para una gran sorpresa. ▸ **agarrarla** Emborracharse. ▸ **agarrarse a un clavo ardiendo** Aprovechar una ocasión para salvar una situación difícil o conseguir un fin.

agarre *m.* Sujeción o adherencia de una cosa que se mueve sobre una superficie.

agarrón *m.* Acción de asir o coger con la mano y tirar con fuerza.

agarrotamiento *m.* 1 Falta de flexibilidad o movimiento, especialmente en una parte del cuerpo. 2 Falta de ejercicio o de la facilidad con que se llevaba a cabo una actividad.

agarrotar *tr./prnl.* 1 Dejar sin flexibilidad o movimiento, especialmente una parte del cuerpo. 2 Disminuir el desarrollo de una actividad o la facilidad con que esta se llevaba a cabo.

agasajar *tr.* 1 Tratar con afecto, atención y amabilidad. 2 Dar u ofrecer una cosa como muestra de afecto o de consideración.

agasajo *m.* 1 Trato cariñoso, amable y atento. 2 Regalo o muestra de cariño.

ágata *f.* Variedad de cuarzo duro, translúcido y con franjas o capas de varios colores.

OBS En singular se le anteponen los determinantes *el, un,* salvo que entre el determinante y el nombre haya otra palabra.

agazaparse *prnl.* Encogerse, doblarse o colocarse detrás de algo para esconderse.

agencia *f.* 1 Empresa que se dedica a resolver asuntos o a prestar servicios. 2 Sucursal de una empresa.

agenciar [12] *tr./prnl.* Conseguir alguna cosa con habilidad y rapidez.

agenda *f.* 1 Libro pequeño o cuaderno en que se apuntan las cosas que se han de hacer en determinadas fechas. 2 Programa de actividades o de trabajo que pretende realizar una persona en un determinado período de tiempo. 3 Conjunto de temas que han de tratarse en una reunión.

agente *adj./m.* 1 GRAM. Palabra o sintagma que designa la persona o la cosa que realiza la acción expresada por el verbo. ▌*com.* 2 Persona que trabaja en una agencia. 3 Persona que vende o gestiona alguna cosa en nombre de otra. **agente de negocios** Persona que se dedica a cuidar los negocios de otras. 4 Persona que realiza una determinada actividad o misión por cuenta de un gobierno u organización. **agente fiscal** Persona que trabaja en la Hacienda pública. 5 Persona que se dedica a velar por la seguridad pública y por el cumplimiento de las leyes. **agente de policía** Persona que se dedica a velar por la seguridad pública. ▌*m.* 6 Persona o cosa que tiene poder para producir un efecto.

agigantar *tr./prnl.* Dar proporciones gigantescas.

ágil *adj.* 1 Que se mueve de manera cómoda y rápida. 2 Que tiene soltura y facilidad para actuar.

agilidad *f.* Cualidad de ágil.

agilipollado, -da *adj. malsonante* Que parece gilipollas.

agilipollar *tr./prnl. malsonante* Volver gilipollas.

agilización *f.* Aumento de la rapidez y efectividad de un proceso.

agilizar *tr.* Dar mayor rapidez.

agitación *f.* **1** Movimiento fuerte y repetido. **2** Estado de nervios o excitación. **3** Provocación de inquietud y descontento político y social.

agitador, -ra *adj./m. y f.* **1** Que agita. **2** [persona] Que causa intencionadamente desórdenes y conflictos. ‖ *m.* **3** Dispositivo o aparato para agitar líquidos.

agitanar *tr./prnl.* Dar aspecto o carácter gitano.

agitar *tr./prnl.* **1** Mover una cosa rápidamente a un lado y otro. **2** Revolver el contenido de un recipiente para mezclar sus componentes. **3** Provocar inquietud y descontento político y social. **4** Sentir nervios o excitación.

aglomeración *f.* Reunión numerosa de gente en un lugar.

aglomerado *m.* Material compacto parecido a la madera formado por pequeños trozos de distintas sustancias pegados entre sí de forma artificial.

aglomerar *tr./prnl.* **1** Reunir o amontonar, generalmente personas o cosas de la misma especie. **2** Formar aglomerado.

aglutinación *f.* Unión fuerte de una cosa con otra.

aglutinante *adj./m.* Que aglutina.

aglutinar *tr./prnl.* Unir varias cosas.

agnosticismo *m.* Doctrina filosófica que afirma que el entendimiento humano no puede comprender lo absoluto, especialmente la naturaleza y existencia de Dios, sino solo lo que puede ser alcanzado por la experiencia.

agnóstico, -ca *adj.* **1** Del agnosticismo. ‖ *adj./m. y f.* **2** [persona] Que sigue la doctrina del agnosticismo.

agobiante *adj.* Que agobia.

agobiar [12] *tr./prnl.* **1** Causar cansancio, preocupación o abatimiento. **2** Provocar o tener la sensación de no poder respirar.

agobio *m.* **1** Preocupación o problema grande. **2** Sensación de ahogo.

-agogia, -agogía Elemento sufijal que entra en la formación de palabras con el significado de 'conducción', 'guía', 'dirección'.

-agogo, -agoga Elemento sufijal que entra en la formación de palabras con el significado de 'que conduce', 'que guía', 'que dirige'.

agolpamiento *m.* Reunión o amontonamiento de personas o cosas en un corto intervalo de tiempo.

agolparse *prnl.* Acumularse de golpe muchas personas o cosas.

agonía *f.* **1** Estado de angustia y congoja que precede a la muerte. **2** Angustia o dolor muy intensos. **3** Agotamiento que presagia el final de una civilización, sociedad o movimiento. ‖ *com.* **4** Persona que acostumbra quejarse mucho y por todo.

agónico, -ca *adj.* De la agonía.

agonizante *adj./com.* [ser vivo] Que está muriéndose.

agonizar [4] *intr.* **1** Estar muriéndose. **2** Estar acabándose o a punto de extinguirse. **3** Sufrir mucho dolor.

ágono, -na *adj.* [figura geométrica] Que no tiene ángulos.

ágora *f.* Plaza pública en las ciudades de la antigua Grecia.
   OBS En singular se le anteponen los determinantes *el, un,* salvo que entre el determinante y el nombre haya otra palabra.

agorafobia *f.* Miedo o pánico a permanecer en espacios vacíos y descubiertos.

agorar [58] *tr.* Predecir el futuro.

agorero, -ra *adj./m. y f.* Que predice el futuro.

agostar *tr./prnl.* **1** Secar el exceso de calor las plantas. **2** Debilitar las cualidades de una persona. ‖ *intr.* **3** Pastar el ganado en época de sequía.

agosto *m.* Octavo mes del año. ► **hacer su agosto** Aprovechar una ocasión para hacer un buen negocio.

agotador, -ra *adj.* Que cansa mucho.

agotamiento *m.* **1** Pérdida de las fuerzas físicas o mentales. **2** Consumo total.

agotar *tr./prnl.* **1** Cansar mucho, extenuar. **2** Gastar del todo.

agraciado, -da *adj.* **1** Que es físicamente atractivo. ‖ *adj./m. y f.* **2** Que ha obtenido un premio en un juego de azar.

agraciar [1] *tr.* **1** Dar belleza o gracia. **2** Premiar con mercedes o condecoraciones. **3** Obtener un premio en un juego de azar.

agradable *adj.* **1** Que causa placer o satisfacción. **2** Que es amable y considerado.

agradar *intr.* Gustar o producir placer.

agradecer [43] *tr.* **1** Dar las gracias por un beneficio recibido. **2** Corresponder a un cuidado o una atención recibidos.

agradecido, -da *adj.* Que agradece.

agradecimiento *m.* Sentimiento del que reconoce y corresponde a los beneficios y cuidados recibidos.

agrado *m.* **1** Sentimiento de felicidad por lo que agrada. **2** Modo de comportarse amable y considerado.

agramatical *adj.* Que no se ajusta a las reglas de la gramática.

agramaticalidad *f.* Calidad de agramatical.

agrandamiento *m.* Aumento del tamaño.

agrandar *tr.* Hacer grande o más grande.

agrario, -ria *adj.* De la tierra laborable.

agravamiento *m.* Aumento de la gravedad o intensidad de una cosa.

agravante *adj./amb.* Que agrava.

agravar *tr./prnl.* Hacer más grave o intensa una cosa.

agraviar [12] *tr.* Insultar o hacer una ofensa.

agravio *m.* 1 Insulto u ofensa. 2 Perjuicio que se hace a una persona en sus derechos o intereses. **agravio comparativo** Ofensa que se hace a una persona al tratarla peor o diferente que a otra de su misma condición.

agraz *m.* 1 Uva o fruto que no está maduro. 2 Sentimiento de amargura o disgusto.

agredir *tr.* Hacer un daño físico o moral.
OBS Es defectivo. Se usa solamente en los tiempos y personas cuya terminación contiene la vocal *i*.

agregado, -da *adj./m. y f.* 1 [profesor] Que tiene una categoría inmediatamente inferior a la de catedrático. ▌*m. y f.* 2 Diplomático que se ocupa de un asunto determinado en las relaciones exteriores de su país. ▌*m.* 3 Cosa añadida.

agreaduría *f.* 1 Cargo de agregado. 2 Oficina donde trabaja un agregado diplomático.

agregar [7] *tr.* 1 Sumar o unir una parte a un conjunto de elementos o a un todo. 2 Completar el contenido de lo que ya se ha dicho o escrito.

agremiar [12] *tr./prnl.* Reunir en gremio.

agresión *f.* 1 Acto violento que causa un daño físico. 2 Acción contraria a un derecho o interés.

agresividad *f.* 1 Tendencia a agredir. 2 Brío, empuje y decisión al emprender una tarea o enfrentarse a una dificultad.

agresivo, -va *adj.* 1 Que es propenso a atacar o actuar de modo violento. 2 [persona] Que está dotado de iniciativa, brío y empuje para emprender una tarea.

agresor, -ra *adj./m. y f.* Que agrede.

agreste *adj.* 1 [terreno, campo] Que es abrupto o está lleno de maleza. 2 Que es natural o salvaje. 3 Que es rudo o poco educado.

agri-, agro- Elemento prefijal que entra en la formación de palabras con el significado de 'campo'.

agriar [12] *tr./prnl.* 1 Poner agrio o ácido. 2 Volver áspero o malhumorado.

agrícola *adj.* De la agricultura.

agricultor, -ra *m. y f.* Persona que se dedica a trabajar y cultivar la tierra.

agricultura *f.* 1 Técnica para cultivar la tierra. 2 Conjunto de actividades relacionadas con el cultivo de la tierra.

agridulce *adj.* 1 Que tiene un sabor entre agrio y dulce. 2 Que es a la vez agradable y doloroso.

agrietamiento *m.* Aparición o formación de grietas en una superficie.

agrietar *tr./prnl.* Producir una abertura irregular en la tierra o en otra superficie.

agrimensor, -ra *m. y f.* Persona que se dedica a medir las dimensiones de un terreno.

agringarse *prnl.* AMÉR Adoptar las costumbres de los gringos.

agrio, agria *adj.* 1 [sabor, olor] Que es ácido como el limón o áspero como el vinagre. 2 Que es rudo o poco agradable. ▌*m. pl.* 3 Conjunto de frutas de sabor ácido o agridulce.

agro *m.* Terreno destinado a la agricultura.

agro- Elemento prefijal que entra en la formación de palabras con el significado de 'campo'.

agronomía *f.* Conjunto de conocimientos relacionados con el cultivo de la tierra.

agrónomo, -ma *adj./m. y f.* [persona] Que se dedica al estudio y la aplicación de la agronomía.

agropecuario, -ria *adj.* De la agricultura y la ganadería.

agrupación *f.* 1 Acción de agrupar o agruparse. 2 Conjunto de personas u organismos agrupados.

agrupar *tr./prnl.* 1 Unir elementos con alguna característica común. 2 Separar o dividir en grupos siguiendo un criterio. 3 Formar un grupo de personas con un fin.

agua *f.* 1 Líquido sin olor, color ni sabor que se encuentra en la naturaleza en estado más o menos puro formando ríos, lagos y mares. **agua dulce** Agua que no tiene sal, como la de la lluvia y la de los ríos. **agua mineral** Agua de manantial que lleva sustancias minerales. **agua termal** Agua que brota de la tierra con una temperatura superior a la normal. **aguas residuales** Aguas que proceden de viviendas, ciuda-

des o zonas industriales y arrastran sus residuos. **2** Líquido que se consigue mezclando o disolviendo en agua sustancias obtenidas de frutos, plantas o flores. **agua de Seltz** Bebida transparente y sin alcohol, hecha con agua y ácido carbónico. **agua fuerte** Ácido nítrico que se usa para hacer grabados. **agua oxigenada** Líquido que está compuesto por partes iguales de oxígeno e hidrógeno y se usa para evitar infecciones. **3** Lado inclinado de la cubierta de un edificio. **4** Lluvia. **agua nieve** Lluvia débil mezclada con nieve. ► **aguas jurisdiccionales** Agua que baña las costas de un estado y pertenece a su jurisdicción hasta un límite determinado. ► **aguas mayores** Excrementos sólidos. Es eufemístico. ► **aguas menores** Orina humana. Es de uso eufemístico. **5** Reflejos o brillos de ciertas telas y piedras o de otros objetos. ► **agua de borrajas** Cosa o asunto de poca importancia. ► **entre dos aguas** a) Con duda o cautela. b) Mantener una actitud equívoca tratando de satisfacer al mismo tiempo a dos partes opuestas. ► **estar con el agua al cuello** Estar en una dificultad. ► **romper aguas** Romperse la bolsa de líquido que rodea al feto antes del parto. ► **tan claro como el agua** o **más claro que el agua** Muy claro.
OBS En singular se le anteponen los determinantes *el, un,* salvo que entre el nombre y el determinante haya otra palabra.

aguacate *m.* **1** Fruto comestible de forma parecida a la pera, de carne suave y un hueso grande en el centro. **2** Árbol de origen americano con grandes hojas y flores en espiga que da ese fruto.

aguacero *m.* Lluvia breve y muy intensa.

aguachirle *f.* Bebida o alimento líquido con poca fuerza, sabor o sustancia.

aguada *f.* **1** Paraje natural donde hay agua potable. **2** Pintura que se hace con colores disueltos en agua.

aguadilla *f.* Broma que se hace a otra persona estando en el agua y que consiste en sumergirle la cabeza un momento.

aguador, -ra *m. y f.* Persona que se dedica a llevar o vender agua.

aguafiestas *com.* Persona que estropea o interrumpe una diversión.
OBS El plural también es *aguafiestas.*

aguafuerte *amb.* **1** Plancha de metal en la que hay un grabado hecho con ácido nítrico. **2** Dibujo o estampa que se hace con esa plancha.
OBS Se usa más en masculino.

aguamanil *m.* Jarro con un asa y la boca terminada en pico que sirve para echar agua y lavarse las manos.

aguamanos *m.* **1** Agua para lavar las manos. **2** Aguamanil. **3** Palangana o pila con agua para lavarse las manos.
OBS El plural también es *aguamanos.*

aguamarina *f.* Piedra preciosa transparente, variedad del berilo, de color parecido al del mar y muy apreciada en joyería.

aguanieve *f.* Lluvia débil mezclada con nieve.

aguanoso, -sa *adj.* Que tiene demasiada agua o mucha humedad.

aguantable *adj.* Que se puede aguantar.

aguantaderas *f. pl.* Capacidad para sufrir o soportar con paciencia algo.

aguantar *tr.* **1** Sostener o sujetar para no dejar caer. **2** Sufrir con paciencia. **3** Detener o contener. **4** Durar o resistir más tiempo. ‖ *prnl.* **5** Conformarse con lo que pasa o con lo que se tiene. **6** Callarse, no protestar ante un insulto o mal trato.

aguante *m.* **1** Capacidad para sufrir o soportar con paciencia algo. **2** Resistencia para sostener o sujetar algo.

aguar [22] *tr.* **1** Añadir agua a una bebida o un alimento líquido. **2** Estropear o impedir una diversión.

aguardar *tr./intr.* Dejar pasar el tiempo para que ocurra una cosa.

aguardentoso, -sa *adj.* **1** Que contiene aguardiente o se parece a él. **2** [voz] Que es grave o áspero.

aguardiente *m.* Bebida con mucho alcohol que se obtiene del vino.

aguarrás *m.* Líquido que se saca de la resina de algunos árboles y que se usa como disolvente.
OBS El plural es *aguarrases.*

aguaza *f.* Jugo de ciertas plantas y frutos.

aguazal *m.* Terreno bajo donde queda acumulada el agua.

agudeza *f.* **1** Rapidez mental, perspicacia. **2** Habilidad o desarrollo de la vista, el oído o el olfato para percibir las sensaciones con detalle o perfección. **3** Dicho que muestra inteligencia, ingenio y gracia.

agudizar *tr.* **1** Hacer aguda, punzante o afilada una cosa. ‖ *prnl.* **2** Hacerse más grave una situación.

agudo, -da *adj.* **1** [filo, punta] Que está afilado. **2** Que es capaz de comprender y elaborar ideas con claridad y rapidez. **3** [sentido] Que percibe las cosas con detalle. **4** [dolor] Que es fuerte o intenso. **5**

[enfermedad] Que es muy grave. 6 [ángulo] Que tiene menos de 90 grados. ▌ *adj./f.* 7 GRAM. [palabra] Que lleva el acento en la última sílaba. ▌ *adj.* 8 MÚS. [sonido, voz] Que tiene una frecuencia de vibraciones grande.

agüero *m.* Señal que presagia un acontecimiento.

aguerrido, -da *adj.* Que tiene experiencia o habilidad en la lucha o en el trabajo.

aguerrir *tr./prnl.* Ejercitar y acostumbrar a los peligros y ejercicios de la guerra.

OBS Es defectivo. Se usa solamente en los tiempos y personas cuya terminación contiene la vocal *i*, especialmente en el infinitivo y el participio.

aguijada *f.* Vara larga con una punta de hierro para obligar a andar a los bueyes.

aguijar *tr.* 1 Estimular o apremiar mediante la aguijada. 2 Estimular o mover a hacer una cosa.

aguijón *m.* 1 Órgano con forma de pincho que tienen ciertos insectos para picar y echar veneno. 2 Cosa que mueve a actuar.

aguijonazo *m.* 1 Pinchazo producido por el aguijón de un insecto. 2 Expresión para molestar o herir a una persona.

aguijonear *tr.* 1 Estimular, mover a hacer una cosa. 2 Picar con el aguijón. 3 Atormentar, molestar a alguien.

águila *f.* 1 Ave rapaz de pico fuerte y curvado en la punta, vista muy aguda y vuelo muy rápido. **águila imperial** Águila de color casi negro y cola cuadrada. **águila real** Águila de color pardo oscuro y cola cuadrada. 2 Persona perspicaz, de mente muy despierta.

OBS En singular se le anteponen los determinantes *el, un,* salvo que entre estos y el nombre haya otra palabra.

aguileño, -ña *adj.* 1 [cara] Que es alargado y delgado. 2 [nariz] Que es alargado y curvado hacia abajo. 3 Del águila.

aguilón *m.* 1 Brazo de una grúa. 2 ARQ. Ángulo superior de la pared de un edificio cubierto por un tejado de dos aguas.

aguilucho *m.* 1 Cría del águila. 2 Ave de cabeza pequeña, cuerpo delgado, alas y cola largas y plumas de color gris en el macho y marrón claro en la hembra.

aguinaldo *m.* Regalo que se da en Navidad, especialmente dinero.

aguja *f.* 1 Barrita de metal muy fino que tiene un extremo terminado en punta y el otro con un agujero por donde se pasa un hilo para coser. 2 Tubito metálico de diámetro muy pequeño, que tiene un extremo cortado en diagonal y el otro provisto de un casquillo para adaptarlo a una jeringuilla. 3 Barrita de metal que se usa para distintos fines. 4 Raíl movible para cambiar de vía los trenes. 5 Construcción en forma de cono de gran altura que se coloca encima de las torres. 6 Pastel largo y delgado hecho de carne picada o pescado. 7 Conjunto de costillas y carne de la parte de delante del animal. ▶ **aguja de marear** MAR. Instrumento que sirve para comprobar el rumbo. ▶ **aguja náutica** Instrumento que consiste en una pequeña barra hecha de imán que indica el norte.

agujerear *tr.* Hacer uno o más agujeros.

agujero *m.* 1 Abertura redonda en una superficie. 2 Falta o pérdida de dinero en un negocio. ▶ **agujero negro** ESP ASTR. Cuerpo del espacio que absorbe cualquier materia o energía situada en su campo de acción, incluida la luz.

agujetas *f. pl.* Dolores musculares a consecuencia de un esfuerzo físico no habitual.

aguoso, -sa *adj.* 1 Que tiene mucha agua. 2 Que es parecido al agua. 3 [fruta] Que tiene mucho jugo.

¡agur! *int.* Expresión para despedirse.

agusanarse *prnl.* Llenarse de gusanos.

agustino, -na *adj./m. y f.* 1 [religioso] Que pertenece a alguna de las órdenes que siguen las reglas de san Agustín. ▌ *adj.* 2 De la orden agustina. 3 De san Agustín.

aguzanieves *f.* Pájaro de vientre blanco y cuello, pecho, alas y cola negros que mueve continuamente la cola.

OBS El plural también es *aguzanieves.*

aguzar *tr.* 1 Sacar punta o filo. 2 Poner atención y cuidado para percibir mejor con los sentidos. 3 Poner interés y atención para comprender algo.

¡ah! *int.* 1 Indica que la persona que habla se ha dado cuenta de algo o lo ha comprendido. 2 Indica admiración, sorpresa o pena. 3 Indica satisfacción o alegría.

aherrojar *tr.* 1 Atar o sujetar con instrumentos de hierro. 2 Someter a alguien.

aherrumbrar *tr.* 1 Dar color o sabor de hierro. ▌ *prnl.* 2 Cubrirse de herrumbre.

ahí *adv.* 1 En este o ese lugar; a este o ese lugar. 2 En este o ese asunto o hecho; a este o ese asunto o hecho. ▶ **ahí mismo** Muy cerca. ▶ **de ahí** Desde este o ese momento. ▶ **de ahí que** Por eso. ▶ **por ahí** En un lugar no lejano y no determinado.

ahijado, -da *m. y f.* 1 Persona que ha recibido el bautismo, en relación con la que la apadrinó. **2** Persona que es apoyada o protegida por otra.

ahijar [15] *tr.* Adoptar como hijo propio.

ahincar [23] *tr.* Instar con ahínco, estrechar a uno.

ahínco *m.* Empeño al hacer algo.

ahíto, -ta *adj.* **1** Que está saciado de comida. **2** Que está cansado o molesto.

ahogadilla *f.* Broma que se hace a otra persona estando en el agua y que consiste en sumergirle la cabeza un momento.

ahogado, -da *m. y f.* Persona que ha muerto por no poder respirar.

ahogar [7] *tr./prnl.* **1** Matar impidiendo la respiración. **2** Estropear o funcionar mal por exceso de líquido. **3** Provocar la sensación de no poder respirar por el calor o el enrarecimiento del aire. **4** Hacer sentir gran preocupación o tristeza. ∥ *tr.* **5** Apagar un fuego. **6** Interrumpir o impedir.

ahogo *m.* **1** Sensación de falta de aire. **2** Tristeza o pérdida del ánimo.

ahondar *tr.* **1** Hacer más hondo o más profundo. ∥ *tr./intr./prnl.* **2** Meter o poner a mayor profundidad. ∥ *intr.* **3** Profundizar, aprender más sobre algo.

ahora *adv.* **1** En este momento. **2** Hace poco tiempo. ∥ *conj.* **3** Pero; sin embargo. ▸ **ahora bien** o **ahora que** Pero; sin embargo. ▸ **ahora mismo** En un momento muy próximo al presente, inmediatamente antes o después. ▸ **por ahora** Por lo pronto; hasta este momento.

ahorcamiento *m.* Acción de ahorcar.

ahorcar [1] *tr./prnl.* Colgar a una persona por el cuello hasta que muera. ▸ **a la fuerza ahorcan** Indica que no hay otra solución, que no hay otra posibilidad.

ahormar *tr.* Ajustar una cosa a su horma.

ahorquillado, -da *adj.* Que tiene dos extremos separados en forma de ángulo.

ahorquillar *tr.* **1** Sujetar o afianzar con horquillas las ramas de un árbol. **2** Dar forma de horquilla.

ahorrador, -ra *adj./m. y f.* Que ahorra.

ahorrar *tr.* **1** Guardar una cantidad de dinero separándolo del gasto ordinario. ∥ **2** Evitar el gasto de cierta cantidad de dinero o de otro producto. *tr./ prnl.* **3** Evitar cumplir con un deber.

ahorrativo, -va *adj.* **1** Del ahorro. **2** Que ahorra o gasta poco.

ahorro *m.* **1** Gasto o consumo menor de lo normal. ∥ *m. pl.* **2** Cantidad de dinero ahorrado.

ahuecar [1] *tr.* **1** Poner hueco o cóncavo. **2** Dar a la voz un tono más grave. **3** Hacer más blando y menos denso o compacto. ∥ *prnl.* **4** Sentirse muy importante. ▸ **ahuecar el ala** *coloquial* Irse.

ahumado, -da *adj.* **1** [cuerpo] Que es transparente y oscuro. ∥ *m.* **2** Alimento conservado mediante humo o que ha sido tratado con humo.

ahumar [16] *tr.* **1** Tratar con humo o poner al humo una cosa. **2** Llenar de humo. ∥ *prnl.* **3** Tomar el color y el olor del humo.

ahuyentar *tr.* **1** Hacer huir. **2** Apartar una cosa desagradable.

-aico, -aica Sufijo que entra en la formación de adjetivos con el significado de 'cualidad' o 'condición'.

aimara *adj.* **1** [pueblo] Que habita la región del lago Titicaca, entre el Perú y Bolivia. **2** De ese pueblo indígena. ∥ *com.* **3** Persona que pertenece a ese pueblo. ∥ *m.* **4** Lengua de este pueblo indígena.

aindiado, -da *adj.* AMÉR [persona] Que tiene rasgos físicos propios de los indios.

airado, -da *adj.* Que está enfadado o irritado.

airar [15] *tr./prnl.* Enfadar o irritar.

airbag *m.* Dispositivo de seguridad colocado en el volante y en el salpicadero de un automóvil, consistente en una bolsa que se infla en caso de colisión violenta.

aire *m.* **1** Sustancia gaseosa que envuelve la Tierra. **2** Capa constituida por esta sustancia. **3** Viento, corriente formada por esta sustancia gaseosa. **4** Gracia o elegancia. **5** Imagen o aspecto. **6** Actitud de quien se cree importante. **7** Modo personal de hacer una cosa. **8** Ambiente o conjunto de circunstancias. **9** MÚS. Velocidad con que se ejecuta una obra musical. **10** MÚS. Canción popular. ▸ **aire acondicionado** Sistema de enfriamiento o calentamiento del aire. ▸ **al aire** A la vista. ▸ **cambiar de aires** Irse a vivir a otro lugar. ▸ **en el aire** *coloquial* **a)** Sin solución o respuesta. **b)** En emisión, especialmente un programa de radio. ▸ **tomar el aire** Salir al exterior.

aireación *f.* Movimiento del aire.

airear *tr.* **1** Poner al aire. **2** Contar una cosa. ∥ *prnl.* **3** Salir al exterior.

airón *m.* **1** Conjunto de plumas levantadas que tienen en la cabeza ciertas aves. **2** Adorno de plumas que se pone en cascos, sombreros o tocados femeninos.

airoso, -sa *adj.* **1** Que tiene aire o garbo en sus movimientos. **2** Que hace una cosa con éxito y lucimiento.

aislacionismo *m.* Tendencia política que defiende el aislamiento y la ausencia de relaciones con otros países.

aislado, -da *adj.* Excepcional, único.

aislamiento *m.* 1 Acción de aislar o aislarse. 2 Soledad o falta de comunicación.

aislante *adj./m. y f.* 1 [cuerpo] Que no permite el paso del calor y la electricidad. 2 [material] Que protege del ambiente, especialmente del frío, el calor o el ruido.

aislar [15] *tr./prnl.* 1 Poner algo separado de otras cosas. 2 Separar a alguien de la compañía de los demás. ‖ *tr.* 3 Impedir el paso de la electricidad, el calor, el frío o los sonidos a través de un cuerpo. 4 QUÍM. Separar un elemento químico de otros.

¡ajá! *int.* 1 Indica aprobación o satisfacción. 2 Indica sorpresa.

ajar *tr./prnl.* Estropear, hacer perder a una cosa su aspecto de nueva o tersa.

ajardinar *tr.* 1 Hacer jardines, dotar de zonas verdes un lugar. 2 Convertir un terreno en jardín.

-aje Sufijo que entra en la formación de sustantivos con el significado de: *a)* 'Acción'. *b)* 'Acción y efecto'. *c)* 'Lugar'. *d)* 'Derechos que se pagan'. *e)* 'Conjunto'. *f)* 'Tiempo'.

ajedrecista *com.* Jugador de ajedrez.

ajedrez *m.* 1 Juego entre dos personas, cada una de las cuales tiene 16 piezas que mueve, según ciertas reglas, sobre un tablero dividido en 64 cuadros blancos y negros. 2 Conjunto de piezas y tablero para ese juego.

ajedrezado, -da *adj.* Que forma cuadros claros y oscuros.

ajenjo *m.* 1 Planta con pequeñas flores amarillas que crecen en grupo y hojas de color verde claro cubiertas de vello. 2 Bebida alcohólica preparada con esta planta.

ajeno, -na *adj.* 1 Que pertenece o corresponde a otra persona. 2 Que ignora o no sospecha cierta cosa. 3 Que no está prevenido o advertido.

ajete *m.* Ajo tierno sin cabeza.

ajetreado, -da *adj.* Que tiene mucha actividad o trabajo.

ajetrear *tr.* 1 Cansar con mucho trabajo y con órdenes diversas. ‖ *prnl.* 2 Cansarse yendo y viniendo de un lugar a otro.

ajetreo *m.* Actividad intensa.

ají *m.* ASUR, ANT 1 Planta herbácea anual con numerosas variedades que se cultiva por sus frutos. 2 Fruto de esta planta, hueco y de sabor picante.

ajo *m.* 1 Planta de hojas largas y flores blancas con un bulbo comestible de olor fuerte. 2 Bulbo de esa planta, de sabor muy fuerte, que se usa como condimento. ▸ **ajo y agua** Indica que hay que aguantarse o soportar una cosa. ▸ **en el ajo** En el asunto.

ajoarriero *m.* Comida que se hace con bacalao, aceite, huevos y ajo.

ajonjolí *m.* 1 Planta de tallo recto, con flores blancas o rosas en forma de campana y semillas amarillas que se usan como alimento. 2 Semilla de esta planta.

OBS El plural es *ajonjolíes,* culto, o *ajonjolís,* popular.

ajorca *f.* Aro grueso de metal que se lleva en muñecas, brazos o tobillos.

ajuar *m.* 1 Conjunto de ropa, muebles y joyas que aporta la mujer cuando se casa. 2 Conjunto de muebles y ropas de uso común.

ajustado, -da *adj.* Que es justo, recto.

ajustadores *m. pl.* CUBA Sostén (prenda interior femenina).

ajustar *tr./prnl.* 1 Juntar, encajar o unir dos o más cosas adaptándolas. 2 Poner una cosa de acuerdo o en relación con otra. ‖ *tr.* 3 Tratar una cosa y llegar a un acuerdo. 4 Comprobar una deuda o cuenta y pagarla.

ajuste *m.* 1 Unión de varias piezas que se adaptan perfectamente. 2 Acuerdo que elimina las diferencias o discrepancias.

ajusticiamiento *m.* 1 Acción de ajusticiar. 2 Efecto de ajusticiar.

ajusticiar [12] *tr.* Ejecutar a una persona condenada a la pena de muerte en cumplimiento de sentencia.

al 1 Contracción de la preposición *a* y el artículo *el.* 2 Seguido de un infinitivo, indica que la acción expresada por este se produce al mismo tiempo que otra o en el momento en que ocurre una cosa.

ala *f.* 1 Apéndice que en número par tienen las aves y ciertos insectos para volar. 2 Parte plana que se extiende a cada lado de un avión. **ala delta** Aparato sin motor compuesto de una tela con forma de triángulo y una estructura a la que se sujeta la persona que lo maneja y que sirve para volar. 3 Parte del sombrero que rodea la copa y sobresale de ella. 4 Parte de un edificio que está a los lados del cuerpo principal. 5 Parte de un partido o grupo. ▸ **cortar las alas** Poner dificultades. ▸ **dar alas** Dar ánimo o estimular.

OBS En singular se le anteponen los determinantes *el, un,* salvo que entre estos y el nombre haya otra palabra.

alabanza *f.* Expresión o discurso con que se alaba.

alabar *tr.* Elogiar, resaltar las cualidades de alguien o de algo.

alabarda *f.* Arma antigua formada por un mango largo de madera y una punta de lanza atravesada por una cuchilla.

alabardero *m.* Soldado que lleva alabarda.

alabastro *m.* Piedra blanca y translúcida, parecida al mármol, que se trabaja fácilmente y se usa en escultura y decoración.

alabear *tr./prnl.* Curvar una superficie plana.

alacena *f.* Armario con puertas y estantes, hecho generalmente en un hueco de la pared, que se usa para guardar alimentos o poner el menaje de cocina.

alacrán *m.* Arácnido con el abdomen alargado y la cola terminada en un aguijón venenoso con forma de gancho.

alamar *m.* 1 Ojal o anilla de hilo que, con su respectivo botón, se cose en el borde de una prenda de vestir. 2 Adorno en forma de fleco en el borde de algunas telas o vestidos.

alambicado, -da *adj.* Que quiere ser elegante, exquisito o sutil en la expresión.

alambicar [1] *tr.* 1 Calentar y enfriar un líquido con el alambique. 2 Hacer demasiado rebuscado y difícil.

alambique *m.* Aparato para destilar formado por un recipiente donde se calienta un líquido hasta convertirlo en vapor que circula por un serpentín, donde vuelve a convertirse en líquido.

alambrada *f.* 1 Cerco de alambre grueso afianzado en postes. 2 Hilo de alambre grueso con púas o pinchos que se tiende enrollado en el suelo para dificultar el paso.

alambrar *tr.* Cerrar un lugar con una alambrada.

alambre *m.* Hilo de metal.

alambrera *f.* Tela metálica de alambres.

alambrista *com.* Persona que hace ejercicios de equilibrio en un alambre suspendido en alto horizontalmente.

alameda *f.* 1 Lugar poblado de álamos. 2 Paseo con álamos.

álamo *m.* 1 Árbol de tronco alto con muchas ramas, hojas con forma de corazón y madera blanca y ligera. 2 Madera de este árbol.

alancear *tr.* Herir con una lanza.

alano, -na *adj./m. y f.* 1 De un pueblo nómada que, procedente del Cáucaso, invadió la Galia a principios del siglo v y posteriormente España, en unión de vándalos y suevos. ‖ *m. y f.* 2 Persona de este pueblo.

alar *m.* COL Acera (parte de la calle).

alarde *m.* Muestra ostentosa o presentación llamativa de una cosa que se posee.

alardear *intr.* Presumir o mostrar con ostentación una cosa que se posee.

alargadera *f.* 1 Pieza, dispositivo o instrumento que se acopla a otro para alargarlo. 2 Cable que se acopla al de conexión de un aparato eléctrico.

alargador, -ra *adj.* 1 Que sirve para alargar. ‖ *m.* 2 Alargadera.

alargamiento *m.* 1 Aumento de la longitud o duración. 2 Parte alargada de una cosa.

alargar [7] *tr./prnl.* 1 Hacer más largo en el espacio. 2 Hacer durar más tiempo. ‖ *tr.* 3 Extender o estirar un miembro del cuerpo. 4 Dar o acercar. ‖ *prnl.* 5 Seguir hablando o escribiendo.

alarido *m.* Grito fuerte de dolor o miedo.

alarma *f.* 1 Voz o señal que avisa de un peligro. 2 Preocupación o falta de tranquilidad producida por la posibilidad de un peligro. 3 Mecanismo o dispositivo que avisa. 4 Señal o aviso para la defensa o combate.

alarmante *adj.* Que alarma, preocupa.

alarmar *tr./prnl.* 1 Producir preocupación o miedo. ‖ *tr.* 2 Avisar de un peligro.

alarmismo *m.* Tendencia a alarmarse o causar alarma.

alarmista *adj./com.* [persona] Que produce alarma.

alauí *adj.* De una dinastía marroquí fundada en 1659, a la que pertenece el actual rey de Marruecos.

alavés, -vesa *adj.* 1 De Álava. ‖ *adj./m. y f.* 2 [persona] Que es de Álava.

alazán, -zana *adj./m. y f.* [caballo] Que tiene el pelo del color de la canela.

alba *f.* 1 Momento inicial del día, desde que empieza a aparecer la luz del día hasta que sale el Sol. 2 Primera luz del día, antes de salir el Sol. 3 Prenda de vestir blanca, que llega hasta los pies y que usan los sacerdotes católicos para decir misa.

OBS En singular se le anteponen los determinantes *el, un,* salvo que entre el determinante y el nombre haya otra palabra de

albacea *com.* DER. Persona encargada de

hacer cumplir la última voluntad de un difunto y de custodiar sus bienes hasta que se repartan entre los herederos.

albacetense *adj./com.* Albaceteño.

albaceteño, -ña *adj.* 1 De Albacete. ▌*adj./m. y f.* 2 [persona] Que es de Albacete.

albahaca *f.* Planta muy olorosa, de hojas pequeñas muy verdes y flores blancas.

albanés, -nesa *adj.* 1 De Albania. ▌*adj./m. y f.* 2 [persona] Que es de Albania.

albañal *m.* 1 Conducto por el que salen las aguas residuales. 2 Cosa fea y sucia.

albañil *m.* Persona que se dedica a la albañilería, construcción de edificios.

albañilería *f.* 1 Técnica para construir edificios y hacer otras obras en las que se usen piedras, ladrillos, arena y materiales semejantes. 2 Obra o trabajo hechos según esta técnica.

albar *adj.* 1 Que es de color blanco. ▌*m.* 2 Terreno de tierra blanquecina en un alto.

albarán *m.* Nota de entrega que firma la persona que recibe las mercancías que en ella se relacionan.

albarca *f.* Calzado rústico consistente en una suela de esparto, cuero duro o goma que cubre la planta y los dedos del pie y se ata con cuerdas o correas al tobillo.

albarda *f.* Pieza del aparejo que se pone sobre el lomo de las caballerías.

albaricoque *m.* 1 Fruto comestible, carnoso, casi redondo, de color entre amarillo y rojo, sabor agradable y con un hueso liso en el centro. 2 Árbol de hojas acorazonadas y brillantes que da este fruto.

albaricoquero *m.* Albaricoque, árbol.

albariño *m.* Vino blanco gallego de poca graduación y de sabor ácido y muy ligero.

albatros *m.* Ave marina de gran tamaño con el plumaje blanco, el pico más grande que la cabeza y las alas largas y estrechas.

albedrío *m.* 1 Facultad que tiene el hombre de obrar por propia determinación. 2 Capricho o antojo en el obrar.

alberca *f.* 1 Depósito de gran tamaño construido para guardar agua de regadío. 2 MÉX Piscina.

albergar [7] *tr.* 1 Dar albergue u hospedaje a alguien. ▌*tr./prnl.* 2 Contener o llevar dentro. 3 Tener una idea o sentimiento. ▌*prnl.* 4 Vivir cierto tiempo en un albergue.

albergue *m.* 1 Acogida en un lugar. 2 Lugar donde se vive de forma temporal. 3 Establecimiento público que sirve para pasar unos días de vacaciones. 4 Establecimiento benéfico que sirve para acoger provisionalmente a personas necesitadas.

albero *m.* 1 Tierra suelta de color amarillento o rojizo. 2 Zona central de la plaza de toros en la que se torea; está cubierta de este tipo de tierra y rodeada de burladeros o vallas.

albinismo *m.* MED. Ausencia congénita de pigmentación en un ser vivo.

albino, -na *adj./m. y f.* [ser vivo] Que padece albinismo.

albo, -ba *adj. culto* De color blanco.

albóndiga *f.* Bola pequeña de carne o pescado picado y mezclado con pan, huevo y especias que se come frita o en salsa.

albor *m.* 1 Primera luz del día, antes de salir el Sol. 2 Momento en que una cosa comienza a tener existencia o ser. Se usa más en plural.

alborada *f.* 1 Período que transcurre desde que empieza a aparecer la luz del día hasta que sale el Sol. 2 Poema o canción que se dedica a la mañana. 3 Música militar que se toca al amanecer.

alborear *v. impersonal* 1 Aparecer la primera luz de la mañana. ▌*intr.* 2 Aparecer las primeras señales de una cosa.

albornoz *m.* Prenda de vestir larga y abierta por delante, con mangas y cinturón, que se usa para secarse después del baño.

alborotador, -ra *adj./m. y f.* Que alborota.

alborotar *tr./prnl.* 1 Alterar el orden y el sosiego. 2 Agitarse las olas del mar.

alboroto *m.* 1 Alteración o pérdida de la tranquilidad, el silencio o el orden. 2 Conflicto provocado por un grupo de personas en el que se pierde la paz social y el respeto a la ley.

alborozar [4] *tr./prnl.* Producir alborozo.

alborozo *m.* Placer o regocijo grandes acompañados de manifestaciones externas.

¡albricias! *int.* Indica que se siente una gran alegría.

albufera *f.* Laguna situada en tierras bajas contiguas a la costa, formada por la entrada del agua del mar en la tierra y su posterior separación por un banco de arena.

álbum *m.* 1 Libro o cuaderno para coleccionar sellos, autógrafos, fotografías y cosas semejantes. 2 Funda, carpeta o estuche para guardar uno o más discos. 3 Disco sonoro o conjunto de discos sonoros. **OBS** El plural es *álbumes*.

albumen *m.* BOT. Tejido vegetal que rodea a ciertas semillas y las alimenta en el período inicial del crecimiento.

OBS El plural es *albúmenes*.

albúmina *f.* Sustancia blanca rica en azufre que se halla en la clara del huevo, en la sangre y en la leche.

albur *m.* Suerte o azar de que depende el resultado de un proyecto o un asunto.

alcachofa *f.* **1** Hortaliza formada por un tallo de hojas algo espinosas y una cabezuela comestible antes de que se desarrolle la flor. **2** Cabezuela en forma de piña de esta hortaliza. **3** Pieza con agujeros pequeños que sirve para esparcir el agua que sale por ella.

alcahuete, -ta *m. y f.* Persona que facilita y encubre las relaciones amorosas o sexuales de dos personas.

alcahuetear *tr.* CRICA Educar mal, consentir a un niño.

alcaide *m.* Director de una cárcel.

alcaldada *f.* Abuso de poder por parte de una autoridad, especialmente un alcalde.

alcalde, -desa *m. y f.* Persona que preside un ayuntamiento.

alcaldía *f.* **1** Cargo de alcalde. **2** Oficina o lugar donde trabaja el alcalde.

alcalinidad *f.* QUÍM. Calidad de alcalino.

alcalino, -na *adj.* QUÍM. [sustancia] Que tiene efecto contrario al de los ácidos.

alcaloide *m.* QUÍM. Sustancia alcalina de origen vegetal que constituye el excitante de ciertos productos, como la nicotina.

alcance *m.* **1** Distancia a la que llega una persona con el brazo extendido. **2** Distancia a la que llega el tiro de un arma. **3** Trascendencia o influencia de algo. **4** Inteligencia, talento o capacidad. Se usa en plural. ▸ **al alcance** En situación o con posibilidad de ser alcanzado.

alcancía *f.* Recipiente cerrado con una ranura estrecha y alargada por donde se echan monedas para guardarlas.

alcanfor *m.* Sustancia sólida, blanca, de fácil evaporación.

alcantarilla *f.* **1** Conducto subterráneo construido para recoger el agua de lluvia y las aguas residuales de una población. **2** Abertura en el suelo de las calles cubierta con una rejilla de hierro que sirve para recoger el agua de lluvia y llevarla hasta este conducto.

alcantarillado *m.* Conjunto de alcantarillas de un lugar o una población.

alcantarillar *tr.* Construir alcantarillas.

alcanzar [4] *tr.* **1** Llegar hasta donde está una persona o cosa que va delante en el tiempo o en el espacio. **2** Llegar a igualar a alguien en algún rasgo o característica. **3** Llegar a tocar o coger con la mano. **4** Llegar a un lugar. **5** Llegar a poseer o disfrutar algo que se desea. **6** Entender o comprender. ‖ *intr.* **7** Ser suficiente para un fin.

alcaparra *f.* **1** Arbusto con espinas en el tallo, fruto parecido a un higo y flores grandes y blancas. **2** Botón de la flor de este arbusto que se usa como especia.

alcaparrón *m.* Fruto de la alcaparra.

alcaraván *m.* Ave de color pardo rayado de blanco con las patas largas y amarillas; se alimenta de insectos.

alcarria *f.* Terreno alto y raso.

alcaudón *m.* Pájaro carnívoro de unos quince centímetros de altura, de pico fuerte y ganchudo, plumaje ceniciento y alas y cola negras con manchas blancas, que suele clavar sus presas en espinos.

alcayata *f.* Clavo con la cabeza doblada en ángulo recto que sirve para colgar cosas.

alcázar *m.* **1** Fortaleza situada en un lugar estratégico y amurallado como un castillo. **2** Casa real o habitación del príncipe.

alce *m.* Mamífero rumiante parecido al ciervo, pero más corpulento, de cuello corto, cabeza grande y cuernos planos en forma de pala.

alcista *adj.* [precio, valor] Que tiende al alza.

alcoba *f.* Habitación para dormir.

alcohol *m.* **1** Líquido transparente, incoloro e inflamable que se obtiene de la destilación del vino y otras sustancias fermentadas. **2** Bebida que contiene ese líquido.

alcoholemia *f.* Cantidad de alcohol en la sangre.

alcoholero, -ra *adj.* De la producción y comercio del alcohol.

alcohólico, -ca *adj.* **1** Que contiene alcohol. **2** Del alcohol. ‖ *adj./m. y f.* **3** [persona] Que se emborracha habitualmente.

alcoholímetro *m.* Aparato para medir la cantidad de alcohol en un líquido.

alcoholismo *m.* **1** Dependencia física y psíquica de la bebida alcohólica. **2** Enfermedad que causa dependencia.

alcoholizado, -da *adj.* [persona] Que padece alcoholismo.

alcoholizar [4] *tr.* **1** Añadir alcohol a un líquido. ‖ *prnl.* **2** Adquirir la enfermedad del alcoholismo.

alcor *m. culto* Colina de bordes suaves.

alcornoque *m.* 1 Árbol de copa muy extensa y madera muy dura, con corteza gruesa de la que se saca el corcho y cuyo fruto es la bellota. ‖ *com.* 2 Persona torpe y poco inteligente.

alcorque *m.* Hoyo que se hace al pie de una planta para retener el agua de riego.

alcotán *m.* Ave parecida al halcón, de plumaje oscuro, vientre claro, y con el pico y las uñas fuertes.

alcurnia *f.* Ascendencia, linaje, especialmente si es ilustre.

alcuza *f.* Recipiente con forma de cono para contener aceite.

alcuzcuz *m.* Comida árabe hecha de una pasta de harina y miel o de sémola de trigo con la que se hacen bolitas que se comen con verduras y carne.

aldaba *f.* 1 Pieza de metal que se pone en las puertas para llamar golpeando. 2 Barra de metal o travesaño de madera para asegurar una puerta cerrada.

aldabilla *f.* Gancho de metal que se mete en una anilla o en un hueco para cerrar puertas y ventanas.

aldabón *m.* Aldaba para llamar.

aldabonazo *m.* 1 Golpe con la aldaba para llamar. 2 Llamada de atención.

aldea *f.* Población pequeña que depende administrativamente de otra mayor.

aldeano, -na *adj./m. y f.* 1 [persona] Que es de una aldea. ‖ *adj.* 2 De la aldea.

aleación *f.* Producto formado por dos o más elementos, de los cuales al menos uno es un metal.

alear *tr.* Crear una aleación mezclando o fundiendo dos o más elementos.

aleatorio, -ria *adj.* Que depende del azar.

aleccionador, -ra *adj.* Que alecciona o sirve de experiencia o escarmiento.

aleccionamiento *m.* Instrucción sobre lo que se debe hacer o decir.

aleccionar *tr.* Instruir a una persona sobre lo que debe hacer o decir.

aledaño, -ña *adj.* 1 Que está al lado o contiguo. ‖ *m. pl.* 2 Terreno o conjunto de terrenos que linda con una población y que se considera parte de ellos.

alegación *f.* 1 Acción de alegar. 2 Argumento, discurso o razonamiento.

alegal *adj.* Que no está regulado por la ley ni tampoco prohibido por ella.

alegar [7] *tr.* Exponer méritos, hechos y razonamientos como defensa o prueba en favor de una persona o una acción.

alegato *m.* 1 Alegación oral u escrita. 2 AMÉR Discusión sobre un asunto de poca importancia.

alegoría *f.* 1 Representación en las cosas tienen un significado simbólico. 2 Pintura o escultura de significado simbólico.

alegórico, -ca *adj.* 1 De la alegoría. 2 [estilo artístico] Que emplea alegorías.

alegrar *tr./prnl.* 1 Causar o sentir alegría. 2 Hacer más vivo algo inanimado.

alegre *adj.* 1 Que siente alegría. 2 Que expresa alegría. 3 Que produce alegría. 4 [color] Que es vivo. 5 Que está un poco bebido. 6 Que es despreocupado.

alegremente *adv.* 1 Con alegría. 2 Sin reflexionar el alcance ni las consecuencias de lo que se dice o se hace.

alegreto *adv.* 1 MÚS. Con movimiento algo menos rápido que el alegro. ‖ *m.* 2 MÚS. Composición o parte de ella interpretada con ese movimiento.

alegría *f.* 1 Sentimiento de placer que produce un suceso favorable o la obtención de lo deseado, y que suele expresarse externamente. 2 Falta de responsabilidad o de preocupación.

alegro *adv.* 1 MÚS. Con movimiento moderadamente vivo. ‖ *m.* 2 MÚS. Composición o parte de ella interpretada con ese movimiento.

alegrón *m.* Alegría intensa.

alejamiento *m.* 1 Acción de alejar o alejarse. 2 Distancia.

alejandrino, -na *adj.* 1 De Alejandría. 2 De Alejandro Magno. ‖ *adj./m.* 3 *culto* [verso] Que tiene catorce sílabas y está dividido en dos hemistiquios. ‖ *adj./m. y f.* 4 [persona] Que es de Alejandría.

alejar *tr./prnl.* Colocar lejos o más lejos.

alelado, -da *adj.* Que es torpe o tiene escasa viveza de entendimiento.

alelar *tr./prnl.* Poner lelo o tonto.

alelí *m.* 1 Flor sencilla o doble, de varios colores y olor agradable. 2 Planta de hojas largas y estrechas que da esa flor.

aleluya *f.* 1 Poema formado por dos versos de ocho sílabas, de carácter popular. ‖ *int.* 2 ¡aleluya! Se usa para expresar alegría.

alemán, -mana *adj.* 1 De Alemania. ‖ *adj./m. y f.* 2 [persona] Que es de Alemania. ‖ *m.* 3 Lengua hablada en Alemania y en otros lugares.

alentador, -ra *adj.* Que alienta, anima.

alentar [27] *tr./prnl.* 1 Infundir aliento, ánimo. 2 Provocar o hacer más intenso un sentimiento.

alerce *m*. Árbol alto y de tronco derecho, parecido al pino, de ramas abiertas y hojas blandas y de color verde claro.

alergia *f*. 1 Conjunto de alteraciones de carácter respiratorio, nervioso o eruptivo que se producen en el organismo como rechazo de ciertas sustancias. 2 Rechazo o repugnancia que se siente hacia algo.

alérgico, -ca *adj*. 1 De la alergia, alteración. ‖ *adj./m. y f*. 2 [persona] Que padece alergia.

alergólogo, -ga *m. y f*. Médico especializado en el tratamiento de las alergias.

alero *m*. 1 Parte saliente del tejado que sirve para desviar el agua de la lluvia. 2 Jugador de baloncesto que ocupa el lado derecho o izquierdo de la cancha.

alerón *m*. 1 Pieza saliente y móvil en la parte posterior de las alas de los aviones, que sirve para variar la inclinación del aparato. 2 Pieza saliente de la chapa de ciertos automóviles que sirve para hacerlo más aerodinámico.

alerta *adv*. 1 Con atención, vigilando. ‖ *f*. 2 Voz o señal que avisa de un peligro. ‖ **alerta roja** Situación de gran peligro.

alertar *tr*. 1 Poner alerta. 2 Dar la alerta, avisar de un peligro.

aleta *f*. 1 Apéndice de los peces y ciertos anfibios que usan para nadar. 2 Calzado de goma, con la parte delantera alargada en forma de pala, que sirve para nadar. 3 Parte de la chapa de los automóviles, encima de la rueda, que sirve para evitar que salte el barro. 4 Reborde de la parte inferior de la nariz, a ambos lados del tabique nasal.

aletargamiento *m*. 1 Estado de adormecimiento e inactividad en que se quedan algunos animales en determinadas épocas del año. 2 Estado de cansancio y adormecimiento de una persona.

aletargar [7] *tr*. 1 Producir aletargamiento. ‖ *prnl*. 2 Encontrarse una persona cansada o adormecida. 3 Quedarse ciertos animales adormecidos en determinadas épocas del año.

aletear *intr*. 1 Mover las alas repetidamente sin echar a volar. 2 Agitar un pez las aletas fuera del agua.

aleteo *m*. Movimiento repetido de las alas o de las aletas.

alevín *m*. 1 Pez de tamaño pequeño y de corta edad. ‖ *adj./com*. 2 [joven] Que se inicia en una profesión o actividad.

alevosía *f*. Circunstancia de haber puesto cuidado y atención la persona que comete un delito para asegurarse de que no corre ningún peligro al hacerlo.

alevoso, -sa *adj*. [acto, delito] Que se realiza con alevosía.

alfa *f*. Primera letra del alfabeto griego.

alfabético, -ca *adj*. Del alfabeto.

alfabetización *f*. 1 Acción de alfabetizar. 2 Efecto de alfabetizar.

alfabetizar [4] *tr*. 1 Enseñar a leer y escribir a alguien. 2 Ordenar siguiendo el orden de las letras en el alfabeto.

alfabeto *m*. 1 Serie ordenada de las letras de un idioma. 2 Sistema de signos que sirve para la comunicación. **alfabeto Braille** Alfabeto formado por signos grabados en relieve que usan los ciegos para leer y escribir. **alfabeto Morse** Alfabeto formado por combinaciones de puntos y rayas que se usa en telegrafía.

alfajor *m*. Dulce hecho con almendras, nueces, a veces piñones, pan rallado y tostado, especias y miel.

alfalfa *f*. Planta leguminosa de hojas compuestas que se cultiva para forraje.

alfanje *m*. Sable ancho y curvo.

alfanumérico, -ca *adj*. Que está formado por letras y números, como *R-21, 23-F*.

alfaque *m*. Elevación del fondo de un mar, río o lago por acumulación de arena.

alfar *m*. Taller del alfarero.

alfarería *f*. 1 Arte de fabricar recipientes y otros objetos de barro. 2 Alfar. 3 Establecimiento o tienda donde se venden objetos de barro.

alfarero, -ra *m. y f*. Persona que se dedica a la alfarería.

alféizar *m*. Parte inferior y generalmente saliente del muro que rodea una ventana.

alfeñique *m*. Persona de aspecto delicado y constitución física débil.

alférez *n. m*. Miembro del ejército cuyo grado es superior al de subteniente e inferior al de teniente.

alfil *m*. Pieza del ajedrez que se mueve en diagonal y puede ocupar cualquier cuadro que esté libre en esa dirección.

alfiler *m*. 1 Barrita de metal muy pequeña y delgada, con punta en uno de sus extremos y una bolita en el otro, que sirve para sujetar telas. 2 Joya que se usa para sujetar una prenda de vestir o como adorno. ▶ **no caber un alfiler** *coloquial* Estar un lugar completamente lleno de gente.

alfilerazo *m*. 1 Punzada de alfiler. 2 Dicho que zahiere.

alfiletero *m*. 1 Tubo pequeño con tapa

para guardar alfileres y agujas. **2** Almohadilla pequeña para clavar alfileres y agujas.

alfombra *f.* **1** Pieza de tela gruesa con que se cubre el suelo como adorno o para dar calor. **2** Conjunto de cosas extendidas en el suelo. **3** AMÉR Tejido espeso y aterciopelado que se adhiere a las paredes o pisos para cubrirlos.

alfombrar *tr.* Cubrir el suelo con una alfombra o algo similar.

alfombrilla *f.* **1** Pieza de material resistente que se coloca en el suelo de un automóvil. **2** Pieza pequeña de tejido suave o de goma que se pone en el cuarto de baño para pisar con los pies descalzos. **3** Pieza pequeña de material áspero y resistente que se coloca en la antesala de un lugar para limpiarse los pies antes de pasar.

alfonsí *adj.* Alfonsino.

OBS El plural es *alfonsíes.*

alfonsino, -na *adj.* De cualquiera de los reyes españoles llamados Alfonso.

alforja *f.* Tira de tela fuerte o de otro material que forma dos grandes bolsas en sus extremos y sirve para llevar cosas.

OBS Se suele usar en plural.

alga *f.* Planta acuática que carece de tejidos diferenciados.

OBS En singular se le anteponen los determinantes *el, un,* salvo que entre estos y el nombre haya otra palabra.

algarabía *f.* Griterío confuso y estridente.

algarada *f.* Vocerío o alboroto de muchas personas.

algarroba *f.* Fruto del algarrobo formado por una vaina coriácea con pulpa azucarada que cubre las semillas.

algarrobo *m.* Árbol siempre verde cuyo fruto es la algarroba.

algazara *f.* Griterío, tumulto.

álgebra *f.* Parte de las matemáticas que trata de la cantidad en general, representada por medio de letras u otros signos.

OBS En singular se le anteponen los determinantes *el, un,* salvo que entre estos y el nombre haya otra palabra.

algebraico, -ca *adj.* Del álgebra.

álgido, -da *adj.* **1** [momento, circunstancia] Que es el culminante. **2** Que está muy frío.

algo *pron. indef.* **1** Indica que la cosa a la que se refiere no está determinada. **2** Indica cantidad indeterminada. ‖ *adv.* **3** Un poco. ▶ **algo así** Indica aproximación o parecido. ▶ **algo es algo** Indica conformidad o acuerdo con una cosa, aunque sea pequeña o poco importante.

algodón *m.* **1** Planta de flores amarillas con manchas rojas, cuyo fruto en cápsula contiene muchas semillas envueltas en una borra o pelusa blanca y suave. **2** Borra de esta planta que limpia y esterilizada se emplea para usos médicos e higiénicos. **3** Tejido hecho con hilos de esta materia.

algodonero, -ra *adj.* **1** Del algodón. ‖ *m. y f.* **2** Persona que se dedica a cultivar y trabajar el algodón.

algodonoso, -sa *adj.* Que tiene la suavidad o blancura del algodón.

algoritmo *m.* MAT. Conjunto ordenado de operaciones para hacer un cálculo y hallar la solución de un problema.

alguacil *m.* Empleado subalterno que ejecuta las órdenes de un tribunal.

alguacilillo *m.* Persona que ejecuta las órdenes del presidente en las corridas de toros y lleva los trofeos al torero.

alguien *pron. indef.* **1** Una o varias personas sin determinar. ‖ *m.* **2** Persona importante.

OBS Si va acompañado de un adjetivo, este debe ir en masculino singular.

algún *det. indef.* Apócope de *alguno.*

OBS Se usa delante de sustantivos masculinos en singular.

alguno, -na *det. indef.* **1** Indica que la persona o cosa a la que hace referencia el sustantivo al que acompaña no está determinada. Delante de sustantivos masculinos en singular se usa *algún.* **2** Indica una cantidad que no está determinada o no se quiere determinar. **3** Ni una persona o cosa. Se usa detrás del sustantivo en frases negativas y delante en frases interrogativas. ‖ *pron. indef.* **4** Indica que la persona o cosa a la que se refiere no está determinada.

alhaja *f.* **1** Joya o adorno de valor. **2** Persona o cosa de mucho valor y excelentes cualidades.

alhajera *f.* AMÉR Caja pequeña, estuche o armarito para guardar alhajas.

alharaca *f.* Demostración exagerada de un sentimiento, generalmente acompañada de voces y gestos.

alhelí *m.* **1** Flor de jardín, sencilla o doble, de varios colores y olor agradable. **2** Planta de hojas estrechas que da esa flor.

OBS El plural es *alhelíes,* culto, o *alhelís,* popular.

aliado, -da *adj./m. y f.* [persona, país] Que es miembro de una alianza.

alianza *f.* **1** Unión o pacto entre personas o estados para lograr un fin común. **2** Documento donde está escrito este pacto. **3** Anillo que se ponen en las bodas los que se casan.

aliarse [13] *prnl.* Hacer una alianza para lograr un fin común.

alias *adv.* **1** De otro modo. ‖ *m.* **2** Nombre con el que los demás llaman a una persona en lugar del suyo propio.

alicaído, -da *adj.* **1** Que está débil. **2** Que está triste.

alicantino, -na *adj.* **1** De Alicante. ‖ *adj./m. y f.* **2** [persona] Que es de Alicante.

alicatado *m.* **1** Revestimiento de azulejos. **2** Acción de alicatar.

alicatar *tr.* Revestir con azulejos una pared u otra superficie.

alicate *m.* Herramienta formada por dos brazos movibles que sirve para sujetar. OBS Se usa también en plural.

aliciente *m.* Cosa que mueve a actuar.

alicorto, -ta *adj.* **1** Que tiene las alas cortas. **2** Que tiene poca imaginación.

alícuota *adj.* Que es proporcional.

alienación *f.* Proceso individual o colectivo de transformación de la conciencia hasta hacerla contradictoria con lo que debía esperarse de su condición.

alienante *adj.* Que produce alienación.

alienar *tr.* Alterar la razón y los sentidos.

alienígena *adj./com.* [ser vivo] Que procede de otro planeta.

aliento *m.* **1** Aire que sale por la boca al respirar. **2** Aire que se toma al respirar. **3** Ánimo o ayuda moral. ▸ **sin aliento** *a)* Con la respiración entrecortada. *b)* Muy sorprendido o admirado.

aligator *m.* Reptil grande de color marrón oscuro, piel muy dura y escamosa y patas con una membrana entre los dedos para nadar; su cola es larga y aplanada lateralmente y los dientes fuertes y afilados.

aligerar *tr.* **1** Hacer más ligero. **2** Hacer menos grave o doloroso. ▸ *tr./intr.* **3** Aumentar la velocidad.

aligustre *m.* Arbusto de flores blancas y olorosas y frutos de color negro y forma redondeada.

alijar *tr.* **1** Hacer más ligera la carga de una embarcación. **2** Pasar de un barco a otro o a tierra mercancías ilegales.

alijo *m.* Conjunto de géneros o cosas que se han fabricado o introducido en un país de modo ilegal.

alimaña *f.* Animal que ataca o hace daño a la caza menor o a la ganadería.

alimentación *f.* **1** Acción de alimentar. **2** Conjunto de cosas que se toman o sirven como alimento.

alimentar *tr./prnl.* **1** Dar alimento a un ser vivo. ‖ *tr.* **2** Mantener o conseguir lo necesario para vivir. **3** Dar la energía necesaria para funcionar. **4** Provocar un sentimiento. ‖ *intr.* **5** Servir de alimento.

alimentario, -a *adj.* De los alimentos o la alimentación.

alimenticio, -cia *adj.* Que alimenta.

alimento *m.* **1** Conjunto de productos que toman los seres vivos y proporciona a sus organismos las sustancias que necesitan aquellos para funcionar. **2** Cosa que sostiene o mantiene vivo un sentimiento o una idea.

alimoche *m.* Ave rapaz más pequeña que el buitre, de plumaje blanco con la punta de las alas de color negro.

alimón Palabra que se utiliza en la locución *al alimón*, que significa 'a la vez', 'en colaboración', 'conjuntamente'.

alineación *f.* **1** Acción de alinear o alinearse. **2** Conjunto de jugadores que forman parte de un equipo y que participan en un partido o en una competición. **3** Asociación con una tendencia ideológica o política.

alineado, -da *adj.* Que está vinculado a una determinada tendencia ideológica, política o de otro tipo.

alineamiento *m.* Alineación.

alinear *tr.* **1** Incluir a un jugador en el equipo que ha de participar en un partido o competición. **2** Colocar en línea recta. **3** Vincular a una tendencia ideológica, política o de otro tipo.

aliñar *tr.* **1** Echar especias u otras sustancias a una comida. ‖ *tr./prnl.* **2** Arreglar el aspecto físico.

aliño *m.* **1** Acción de aliñar. **2** Condimento o conjunto de especias que se echan a la comida. **3** Conjunto de adornos para mejorar el aspecto físico.

alioli *m.* Salsa hecha con ajo, aceite y otras sustancias.

alirón *m.* **1** Canción popular con que se celebra la victoria en una competición deportiva. ‖ *int.* **2** ¡alirón! Se usa para expresar alegría por el triunfo del vencedor en una competición deportiva.

alisador, -ra *adj./m. y f.* [instrumento] Que sirve para alisar o quitar asperezas.

alisar *tr./prnl.* **1** Poner liso. **2** Arreglar o

poner en orden el pelo. ‖ *tr.* **3** Planchar para quitar las principales arrugas.

alisios *adj./m. pl.* [clase de vientos] Que soplan todo el año en las capas bajas de la atmósfera desde los trópicos hacia el ecuador, en dirección noreste en el hemisferio norte y en dirección sureste en el hemisferio sur.

aliso *m.* **1** Árbol de tronco grueso, copa redonda y madera muy dura, que crece cerca de lugares húmedos. **2** Madera de este árbol que se emplea en la fabricación de instrumentos musicales.

alistamiento *m.* **1** Acción de alistar. **2** Conjunto de jóvenes alistados anualmente para hacer el servicio militar.

alistar *tr./prnl.* **1** Apuntar o inscribir en una lista. ‖ *prnl.* **2** Unirse voluntariamente a un ejército o a un grupo organizado.

aliteración *f. culto* Figura del lenguaje que consiste en repetir uno o varios sonidos en una palabra o en una frase.

aliviadero *m.* Conducto para dar salida a las aguas sobrantes de un embalse o canal.

aliviar [12] *tr./prnl.* **1** Hacer menos grave o doloroso. ‖ *tr.* **2** Hacer más ligero.

alivio *m.* **1** Disminución de una carga o un peso. **2** Cosa que contribuye a disminuir la intensidad de una pena o dolor.

aljaba *f.* Bolsa en forma de tubo ancho por arriba y estrecho por abajo para llevar flechas.

aljama *f.* **1** Edificio donde una comunidad judía se reúne para rezar o realizar ceremonias religiosas. **2** Edificio donde una comunidad musulmana se reúne para rezar o realizar ceremonias religiosas.

aljibe *m.* Depósito grande donde se recoge y conserva agua.

allá *adv.* **1** Indica un lugar lejano. **2** Indica tiempo lejano, en el pasado o en el futuro. **3** Indica falta de interés. ▸ **el más allá** Lo que hay después de la muerte. ▸ **no muy allá** De regular calidad.
OBS Su determinación de lugar es menos precisa que la de *allí*. Por eso *allá* admite grados y puede ir precedido de los adverbios *más* o *muy*.

allanamiento *m.* **1** Acción de allanar o allanarse. **2** Efecto de allanar o allanarse.

allanar *tr./intr./prnl.* **1** Poner llano o plano. ‖ *tr.* **2** Superar o hacer fácil una situación difícil. **3** Entrar a la fuerza en la casa de otra persona.

allegado, -da *adj./m. y f.* [persona] Que pertenece a una familia determinada o que tiene una relación estrecha con ella.

allegar [7] *tr.* Recoger o juntar, especialmente medios o recursos para algo.

allende *adv. culto* Más allá de.
OBS Se usa en la lengua escrita.

allí *adv.* **1** A aquel lugar, en aquel lugar. **2** Indica tiempo lejano, en el pasado o en el futuro.

alma *f.* **1** Parte inmaterial del ser humano que es capaz de entender, querer y sentir y que, con el cuerpo o parte material, constituye la esencia humana. **alma en pena** *a)* Espíritu que está en el purgatorio haciéndose puro para subir al cielo o anda errante entre los vivos sin hallar reposo. *b)* Persona que está siempre sola, triste y melancólica. **2** Persona que da vida o alegría. **3** Persona, ser humano. **alma de cántaro** Persona ingenua, tonta o insensible. **4** Interés, esfuerzo o voluntad que se pone en hacer las cosas. **5** Hueco interior del cañón de un arma de fuego. ▸ **clavarse en el alma** Producir mucha pena o dolor. ▸ **como alma que lleva el diablo** Con precipitación, rapidez y nerviosismo. ▸ **estar con el alma en vilo** o **tener el alma en vilo** Estar preocupado por algún peligro. ▸ **partir el alma** Dar mucha pena.
OBS En singular se le anteponen los determinantes *el, un,* salvo que entre estos y el nombre haya otra palabra.

almacén *m.* **1** Local o edificio donde se guardan mercancías u otras cosas en gran cantidad. **2** Establecimiento donde se venden productos en grandes cantidades. **grandes almacenes** Establecimiento dividido en secciones donde se vende todo tipo de productos.

almacenaje *m.* Almacenamiento.

almacenamiento *m.* **1** Acción de almacenar. **2** Cosas almacenadas.

almacenar *tr.* **1** Reunir o depositar en un lugar. **2** Reunir o depositar en gran cantidad.

almacenista *com.* **1** Dueño de un almacén. **2** Persona que se dedica a vender en un almacén.

almáciga *f.* Recipiente o lugar donde se siembran las semillas de las plantas para trasplantarlas después.

almadía *f.* Balsa grande que se emplea para el transporte fluvial de la madera.

almadraba *f.* **1** Pesca del atún. **2** Lugar donde se pesca el atún. **3** Red para pescar el atún. ‖ *f. pl.* **4** Tiempo en que se pesca el atún.

almanaque *m.* Registro de los días del año, ordenados por meses y por semanas, que generalmente incluye información sobre las fases de la luna y las festividades religiosas y civiles.

almazara f. Molino o fábrica donde se extrae el aceite de las aceitunas.

almeja f. Molusco marino comestible, pequeño y con dos conchas ovaladas.

almena f. Cada uno de los bloques o prismas de piedra que rematan las murallas de una fortaleza.

almendra f. 1 Fruto del almendro, de forma alargada y de cáscara dura que recubre la semilla. 2 Semilla comestible que hay dentro de este fruto.

almendrado, -da adj. 1 Que tiene forma semejante a la de una almendra. ‖ m. 2 Dulce hecho con pasta de almendras, harina y miel o azúcar.

almendro m. Árbol de hojas alargadas, pequeñas flores blancas o rosas y cuyo fruto es la almendra.

almendruco m. Almendra sin madurar.

almeriense adj. 1 De Almería. ‖ adj./com. 2 [persona] Que es de Almería.

almiar m. Montón de hierba seca, paja o heno colocado alrededor de un palo vertical en el campo.

almíbar m. Líquido dulce hecho con azúcar disuelta en agua y espesada al fuego.

almibarado, -da adj. Que es demasiado amable en el trato.

almibarar tr. 1 Bañar o cubrir con almíbar un alimento. 2 Hacer excesivamente dulces y suaves las palabras o el trato con otra persona para conseguir algo.

almidón m. Sustancia blanca que se encuentra en la semilla de los cereales.

almidonado, -da adj. 1 Planchado con almidón. 2 Que va vestido y arreglado con excesiva pulcritud y cuidado.

almidonar tr. Impregnar un tejido con almidón disuelto en agua.

alminar m. Torre de una mezquita.

almirantazgo m. 1 Tribunal superior de la Marina. 2 Cargo de almirante. 3 Conjunto de los almirantes de la Marina.

almirante m. Miembro de la Armada de categoría inmediatamente inferior a la de capitán general.

almirez m. Recipiente de material duro con forma de vaso ancho que sirve para moler o machacar condimentos.

almizcle m. Sustancia grasa de olor muy fuerte, sabor amargo y color entre rojo y marrón; se usa en cosmética y perfumería.

almogávar m. Soldado de infantería que durante la Edad Media estaba especializado en atacar por sorpresa territorio enemigo y adentrarse en él.

almohada f. Saco de tela alargado y lleno de un material blando que sirve para apoyar la cabeza en la cama.

almohade adj./m. y f. De una antigua dinastía musulmana que reinó en el norte de África y en España durante la segunda mitad del siglo XII y la primera del XIII.

almohadilla f. Cojín pequeño que se coloca sobre un asiento duro.

almohadillado, -da adj./m. y f. 1 Que está relleno de lana, gomaespuma u otro material blando. ‖ m. 2 ARQ. Decoración del muro de un edificio consistente en hacer sobresalir los sillares o piedras que lo forman a semejanza de unos almohadones.

almohadillar tr. Poner lana, gomaespuma u otro material blando entre dos superficies y unirlas para que no se muevan.

almohadón m. 1 Saco de tela lleno de un material blando, generalmente de forma cuadrada. 2 Funda de tela en la que se mete la almohada.

almoneda f. 1 Subasta de muebles y objetos usados a bajo precio. 2 Establecimiento donde se realiza este tipo de venta.

almorávide adj./m. y f. De una antigua dinastía musulmana que reinó en el norte de África y en España durante la segunda mitad del siglo XI y la primera del XII.

almorrana f. Pequeño tumor sanguíneo que se forma en las inmediaciones del ano o en la parte final del intestino. **OBS** Se usa en plural con el mismo significado.

almorta f. 1 Planta leguminosa de tallo ramoso y flores blancas o azules. 2 Semilla de esta planta, con depresiones que le dan semejanza con una muela.

almorzar tr./intr. Tomar el almuerzo.

almuecín m. Almuédano.

almuédano m. Musulmán que desde el alminar convoca a los fieles a la oración.

almuerzo m. 1 Alimento que se toma a mediodía. 2 Acción de tomar este alimento. 3 Comida ligera que se toma a media mañana.

alo- Elemento prefijal que entra en la formación de palabras con el significado de 'otro', 'diverso', 'diferente'.

alocado, -da adj. 1 Movido, inquieto. ‖ adj./m. y f. 2 [persona] Que se comporta de forma irreflexiva y precipitada.

alocución f. Discurso breve de un jefe o superior a sus subordinados.

alófono m. Característica del sonido de una vocal o una consonante según su posición en la palabra o en la sílaba y en relación con los sonidos vecinos.

alojamiento m. 1 Instalación temporal de una persona en una vivienda que no es la suya. 2 Lugar en el que se aloja temporalmente alguien. 3 Acogida en un lugar. 4 Cantidad de dinero que se cobra por esa acogida.

alojar tr. 1 Dar alojamiento u hospedaje. ‖ tr./prnl. 2 Introducir o meter una cosa dentro de otra. ‖ prnl. 3 Vivir un tiempo en una casa que no es la propia.

alón m. Ala entera y sin plumas de ave.

alondra f. Pájaro de color marrón con bandas oscuras en la parte superior y claras en la inferior, con la cola en forma de horquilla y una cresta corta y redonda.

alopecia f. Caída o pérdida del pelo.

alpaca f. Metal blanco que se obtiene mezclando cobre, cinc y níquel.

alpargata f. Calzado de lona, con suela de esparto, cáñamo o goma.

alpinismo m. Deporte que consiste en escalar altas montañas.

alpinista com. Persona que escala altas montañas por afición.

alpino, -na adj. 1 De las montañas altas. 2 De la cordillera de los Alpes.

alpiste m. 1 Semilla muy pequeña con que se alimenta a los pájaros. 2 Planta que da esta semilla.

alquería f. Casa de labranza.

alquilar tr. 1 Dar una cosa para usarla por un tiempo a cambio de una cantidad de dinero y con ciertas condiciones. 2 Tomar una cosa para usarla por un tiempo pagando a cambio una cantidad de dinero.

alquiler m. 1 Acción de alquilar. 2 Cantidad de dinero que se paga periódicamente por un bien alquilado.

alquimia f. Conjunto de especulaciones y experimentos sobre las características y los cambios de la materia que influyó en el origen de la ciencia química.

alquimista com. Persona que practicaba la alquimia.

alquitrán m. Sustancia densa y pegajosa, de color oscuro y olor fuerte, que se obtiene por destilación del petróleo, del carbón vegetal o de otra materia orgánica.

alquitranar tr. Cubrir con alquitrán.

alrededor adv. 1 Indica lo que está o se mueve en torno a una persona o cosa. ‖ m. pl. 2 Zona que rodea un lugar. ▸ **alrededor de** Aproximadamente.

alta f. 1 Ingreso en un cuerpo, grupo o empresa. 2 Documento en que se comunica que un enfermo puede volver a su actividad normal.

OBS En singular se le anteponen los determinantes *el*, *un*, salvo que entre estos y el nombre haya otra palabra.

altamente adv. 1 En extremo, en gran manera. 2 Perfectamente, muy bien.

altanería f. Orgullo o sentimiento de superioridad frente a los demás que provoca un trato despectivo y desconsiderado.

altanero, -ra adj. Que muestra altanería.

altar m. 1 En el culto cristiano, mesa consagrada donde el sacerdote celebra la misa. 2 Piedra, montículo o lugar elevado donde se celebran ritos religiosos, como ofrendas y sacrificios a los dioses. ▸ **llevar al altar** Casarse. ▸ **poner (o tener) en un altar** Alabar mucho.

altavoz m. Instrumento que transforma en sonidos las ondas eléctricas y sirve para hacerlos más intensos.

alterable adj. Que puede alterarse.

alteración f. 1 Cambio en las características, la esencia o la forma de una cosa. 2 Perturbación del orden público. 3 Excitación o pérdida de la calma y tranquilidad.

alterar tr./prnl. 1 Cambiar las características, la esencia o la forma de una cosa. 2 Perturbar o trastornar la marcha normal de una cosa. 3 Perder la calma y la tranquilidad.

altercado m. Enfrentamiento apasionado o violento entre dos o más personas.

alternador m. Máquina eléctrica que transforma en corriente alterna la corriente continua producida por un generador.

alternancia f. 1 Sucesión alternativa. 2 Fís. Cambio de sentido de la corriente alterna.

alternar tr./intr. 1 Cambiar sucesivamente el estado o la situación de dos personas o cosas, de modo que mientras una ocupa un puesto o desempeña una función, la otra no lo hace, y viceversa. ‖ intr. 2 Tener trato social o relación personal y amistosa. 3 Relacionarse una persona con los clientes de un local de diversión para que gasten más dinero en consumiciones.

alternativa f. 1 Posibilidad de elegir entre opciones o soluciones diferentes. 2 Opción o solución que es posible elegir. 3 Acto por el cual un torero concede a un novillero el derecho a matar toros y a convertirse, por tanto, también en torero.

alternativo, -va *adj.* 1 Que se dice, hace u ocurre alternándose sucesivamente. 2 [opción, solución] Que puede sustituir a otra similar o distinta. 3 [manifestación cultural o artística] Que se opone a lo convencional o establecido y se presenta como una opción distinta y nueva.

alterne *m.* Acción de alternar.

alterno, -na *adj.* 1 Que se dice, hace u ocurre alternándose sucesivamente. 2 [hoja, órgano vegetal] Que se encuentra a diferente nivel en cada lado del tallo. 3 Que se produce o se hace de manera repetida cada dos períodos de tiempo iguales, pero de manera discontinua, en uno sí y en el siguiente no.

alteza *f.* Tratamiento que se aplica a los príncipes e infantes de España.

alti- Elemento prefijal que entra en la formación de palabras con el significado de 'alto'.

altibajos *m. pl.* 1 Sucesión alterna de circunstancias o acontecimientos positivos y negativos. 2 Conjunto de subidas y bajadas que experimenta el precio o valor de algo. 3 Desigualdades del terreno.

altillo *m.* 1 Armario pequeño que se hace en la parte alta de la pared o en el techo. 2 Compartimiento superior de un armario con puertas independientes.

altímetro *m.* Instrumento para medir la altitud, generalmente con respecto al nivel del mar.

altiplanicie *f.* Meseta muy extensa y situada a gran altitud.

altiplano *m.* Altiplanicie.

altisonancia *f.* Calidad de altisonante.

altisonante *adj.* [estilo, modo de expresión] Que se caracteriza por emplear palabras y construcciones demasiado cultas y rebuscadas, dando un énfasis excesivo a aspectos del discurso que no lo merecen.

altitud *f.* Distancia vertical que separa un punto respecto de otro que le sirve de referencia, generalmente el nivel del mar.

altivez *f.* Orgullo o sentimiento de superioridad frente a los demás que provoca un trato despectivo y desconsiderado.

altivo, -va *adj.* [persona] Que actúa o se comporta con altivez.

alto, -ta *adj.* 1 Que está situado en un lugar con mucha altura con respecto a la tierra o al nivel del mar. 2 Que tiene mucho valor o es de mucha cuantía o intensidad. 3 Que ocupa el lugar superior en la

escala social. 4 Que está levantado. 5 [palabra, expresión] Que se dice en un tono de voz normal. 6 [sonido, voz] Que es fuerte o intenso. 7 [sonido, voz] Que es muy agudo. 8 Que es noble y bueno. ‖ *m.* 9 En un cuerpo o figura, dimensión perpendicular a su base y considerada por encima de esta, desde la parte inferior a la superior. 10 Parada o detención que se efectúa en la marcha. 11 Lugar elevado sobre el terreno que lo rodea. 12 MÚS. Voz más aguda del registro de las voces humanas. ‖ *adv.* 13 Con mucha altura. 14 Con un sonido o tono de voz fuerte e intenso. ‖ *int.* 15 ¡alto! Se usa para ordenar parar. ▸ **alta mar** Zona del mar muy distante de la costa. ▸ **altas horas** Parte de la noche más cercana al amanecer. ▸ **alto el fuego** Cese momentáneo de las acciones bélicas. ▸ **por todo lo alto** Con mucho lujo y gasto.

altoparlante *m.* AMÉR Aparato en forma de bocina que aumenta el volumen del sonido de un micrófono, radio, televisión, etc.

altozano *m.* Monte de poca altura.

altramuz *m.* 1 Planta herbácea de poca altura, con las hojas en forma de palma y las flores blancas en espigas. 2 Semilla comestible de esta planta, de forma redonda, parecida a un botón, y color amarillo.

altruismo *m.* Tendencia a procurar el bien de las personas de manera desinteresada.

altruista *adj./com.* [persona, acción] Que tiene la virtud del altruismo.

altura *f.* 1 Distancia vertical que separa un punto respecto de otro que le sirve de referencia, generalmente el suelo o el nivel del mar. 2 En un cuerpo o figura, dimensión perpendicular a su base y considerada por encima de esta, desde la parte inferior a la superior. 3 En una figura plana o en un cuerpo, extensión de la línea perpendicular trazada desde un vértice al lado o cara opuestos. 4 Lugar elevado sobre el terreno que lo rodea. 5 Mérito, valor o importancia. 6 Bondad y generosidad. 7 Navegación o pesca que se hace en alta mar, en aguas alejadas de la costa. ‖ *f. pl.* 8 Para los cristianos, lugar en el que los santos, los ángeles y los bienaventurados gozan de la compañía de Dios para siempre. ▸ **a estas alturas** En este momento. ▸ **a la altura de** En un lugar cercano a otro que se menciona.

alubia *f.* ESP Judía (planta, semilla y fruto).

alucinación *f.* Sensación subjetiva que no obedece a una impresión de los sentidos.

alucinante *adj.* 1 Que alucina. 2 Que causa sorpresa y asombro.

alucinar *tr./intr.* 1 Tener alucinaciones. 2 Causar gran sorpresa y asombro.

alucine *m. coloquial* Sensación de sorpresa y asombro.

alucinógeno, -na *adj./m.* [droga, sustancia] Que produce alucinaciones.

alud *m.* 1 Masa grande de nieve que se desprende una montaña. 2 Cantidad grande de una cosa.

aludido, -da Participio pasado regular del verbo *aludir.* ▶ **darse por aludido** Sentirse una persona afectada por lo que otra dice de ella sin mencionarla de manera expresa.

aludir *tr.* 1 Referirse a una persona o cosa sin nombrarla de manera expresa. 2 Referirse a una persona o cosa, generalmente de manera breve y sin considerarla el asunto principal de lo que se dice.

alumbrado *m.* Conjunto de luces eléctricas que alumbran un lugar, especialmente en una vía pública o recinto exterior.

alumbramiento *m.* 1 Salida al exterior del feto que una hembra tiene en su vientre. 2 Proceso de inspiración y creación que da como resultado una obra artística o científica.

alumbrar *tr./intr./prnl.* 1 Dar luz. ∥ *tr.* 2 Poner luces eléctricas en un lugar. ∥ *tr./ intr.* 3 Expulsar una hembra el feto que tiene en su vientre. ∥ *tr.* 4 Formar en el pensamiento una idea, un proyecto o una obra del entendimiento.

alumbre *m.* QUÍM. Sulfato de alúmina y potasa que se halla en rocas y tierras; se usa en medicina y tintorería.

alúmina *f.* QUÍM. Óxido de aluminio que se encuentra en la naturaleza en estado puro cristalizado y forma feldespatos y arcillas.

aluminio *m.* QUÍM. Metal blanco, dúctil, buen conductor y resistente a la oxidación.

alumnado *m.* Conjunto de alumnos.

alumno, -na *m. y f.* 1 Persona que recibe enseñanza y estudia en un centro académico. 2 Persona que recibe educación o conocimientos de otra.

alunizaje *m.* 1 Acción de alunizar. 2 Efecto de alunizar.

alunizar [4] *intr.* Descender un vehículo aéreo sobre la superficie de la Luna hasta detenerse en ella.

alusión *f.* Referencia a una cosa de manera breve y poco precisa.

alusivo, -va *adj.* Que hace alusión.

aluvial *adj.* [terreno] Que se ha formado por aluvión de materiales arrastrados.

aluvión *m.* 1 Corriente de agua que ha sufrido una crecida brusca y se desplaza de manera rápida y violenta. 2 Conjunto de materiales y sedimentos terrestres arrastrados por esta corriente de agua. 3 Cantidad grande de una cosa.

alveolar *adj.* 1 De los alveolos. ∥ *adj./f.* 2 GRAM. [sonido consonántico] Que se pronuncia haciendo que la punta de la lengua toque en los alveolos de los dientes superiores.

alveolo o **alvéolo** *m.* 1 Cavidad de la mandíbula de los animales vertebrados en la que está insertado el diente. 2 Concavidad semiesférica que hay al final de los bronquios en la que se realiza el intercambio de oxígeno con la sangre. 3 Celdilla de un panal.

alza *f.* 1 Aumento de la importancia o valor de algo. 2 Trozo de material que se pone en el zapato para hacerlo más alto.

OBS En singular se le anteponen los determinantes *el, un,* salvo que entre estos y el nombre haya otra palabra.

alzacuello *m.* Tira de tela rígida blanca que se colocan los sacerdotes en el interior del cuello de la camisa.

alzada *f.* Estatura de los animales cuadrúpedos.

alzado *m.* Dibujo de un objeto o de un edificio en su proyección vertical.

alzamiento *m.* 1 Movimiento de abajo hacia arriba. 2 Sublevación de una parte del ejército o de un grupo de personas armadas en contra del gobierno. 3 DER. Ocultación de bienes para eludir el pago a los acreedores.

alzar [4] *tr.* 1 Mover de abajo arriba. 2 Poner en posición vertical lo que está caído. 3 Construir un edificio o un monumento por encima del suelo. 4 Fundar y desarrollar una obra. 5 Elevar la voz. 6 Subir o elevar el precio o el valor de una cosa. 7 Poner fin a una pena o castigo antes de que transcurra el tiempo establecido. ∥ *prnl.* 8 Ponerse de pie. 9 Destacar en altura sobre otras cosas. 10 Sublevarse una parte del ejército o un grupo numeroso de personas armadas en contra del gobierno de un estado. ▶ **alzarse con** Conseguir una victoria o triunfo.

ama *f.* Criada principal a cuyo cargo está el cuidado de una casa y la dirección de los otros miembros del servicio. **ama de casa** Mujer que se dedica al cuidado y administración de los aspectos domésticos y familiares de su casa. ▸ ▸ **ama de cría** o **ama de leche** Mujer encargada de dar de mamar a un niño que no es su hijo. ▸ **ama de llaves** Criada que se encarga del cuidado y administración de los aspectos domésticos de la casa.

OBS En singular se le anteponen los determinantes *el*, *un*, salvo que entre estos y el nombre haya otra palabra.

amabilidad *f.* Agrado, educación y buenas maneras.

amable *adj.* Que se comporta con agrado, educación y buenas maneras.

amado, -da *m. y f.* Persona a la que se ama.

amadrinar *tr.* 1 Acompañar como madrina a una persona cuando esta se bautiza, se casa o recibe un honor. 2 Presidir como madrina un acto o ceremonia pública.

amaestramiento *m.* Acción de amaestrar.

amaestrar *tr.* Enseñar a un animal a realizar ciertos movimientos.

amagar [7] *intr./tr.* 1 Hacer un gesto que indica el inicio de un movimiento y no llegar a consumarlo. ∥ *intr.* 2 Darse todos los indicios para pensar que una cosa está próxima a ocurrir. ∥ *prnl.* 3 Esconderse u ocultarse agachándose.

amago *m.* 1 Gesto que indica el inicio de un movimiento que no llega a consumarse. 2 Indicio o señal de algo.

amainar *intr.* 1 Perder fuerza o intensidad un fenómeno atmosférico. ∥ *tr./ intr.* 2 Perder fuerza o intensidad un sentimiento. ∥ *tr.* 3 MAR. Recoger las velas de una embarcación.

amalgama *f.* Mezcla de personas o cosas de distinto origen y naturaleza.

amalgamar *tr./prnl.* 1 Mezclar personas o cosas de distinto origen y naturaleza. 2 QUÍM. Alear el mercurio con otro metal.

amamantar *tr.* Dar de mamar a una cría.

amancebarse *prnl.* Vivir juntas y mantener relaciones sexuales dos personas que no forman matrimonio entre sí.

amanecer *m.* 1 Período que transcurre desde que aparece la luz del día hasta que sale el Sol. 2 Momento en que una cosa comienza a existir. ∥ *v. impersonal* 3 Aparecer la claridad de un nuevo día. ∥ *intr.* 4 Estar en un lugar, situación o estado determinados al empezar el día.

amanerado, -da *adj.* 1 Que se caracteriza por la falta de naturalidad. 2 Que es propio de la manera de hablar, gesticular o moverse de la mujer.

amaneramiento *m.* 1 Falta de naturalidad. 2 Actitud, gesto o comportamiento propio de la mujer.

amanerar *tr.* 1 Privar de naturalidad. ∥ *prnl.* 2 Adoptar un hombre características propias de la mujer.

amansar *tr./prnl.* 1 Domesticar a un animal salvaje. 2 Contener y calmar el ánimo violento o excitado.

amante *com.* Persona que mantiene relaciones amorosas y sexuales con otra sin estar casada ni convivir con ella.

amanuense *com.* Persona que se dedica a copiar textos o a escribir al dictado.

amañar *tr.* 1 Preparar o alterar el resultado de algo para engañar a los demás y obtener un beneficio. ∥ *prnl.* 2 Hacer algo con habilidad.

amaño *m.* Cambio que se hace en el resultado de algo para obtener un beneficio.

amapola *f.* 1 Planta de flores rojas y semilla negruzca. 2 Flor de esa planta.

amar *tr.* Sentir amor por alguien o algo.

amaraje *m.* Acción de amarar.

amarar *intr.* Descender un vehículo aéreo o espacial sobre la superficie del agua.

amargar [7] *intr./prnl.* 1 Tener o adquirir algo un sabor áspero, fuerte y desagradable. ∥ *tr.* 2 Causar disgusto o tristeza.

amargo, -ga *adj.* 1 Que tiene sabor áspero, fuerte y desagradable. 2 Que es desapacible y triste.

amargor *m.* Amargura.

amargura *f.* 1 Gusto o sabor áspero, fuerte y desagradable. 2 Disgusto o tristeza.

amariconado, -da *adj. malsonante* [hombre] Que tiene movimientos y actitudes propias de la mujer y que siente atracción sexual hacia los hombres.

amarillear *intr.* Empezar a tener una cosa color amarillo.

amarillento, -ta *adj.* De color parecido al amarillo.

amarillismo *m.* Tendencia de algunos medios informativos a presentar las noticias de modo que provoquen asombro, escándalo o intranquilidad.

amarillo, -lla *adj.* 1 Del color del oro, del sol o de la yema de huevo. ∥ *adj./m.* 2 [color] Que es parecido al del oro. ∥ *adj.* 3 [piel] Que ha perdido el color rosado y ha quedado más claro de lo normal. ∥ *adj./m. y f.* 4 [persona, raza] Que se caracteriza por tener la piel de color amarillento y los ojos rasgados. ▸ **prensa amarilla** Periódico o revista que acostumbra dar las noticias con el único objetivo de provocar el asombro, el escándalo o la intranquilidad del público.

amarra f. Cuerda, cable o cadena que sirve para asegurar una embarcación.

amarrar tr. 1 Atar o asegurar con cuerdas, cables o cadenas. 2 Asegurar una embarcación con anclas o con cuerdas, cables o cadenas. 3 Asegurar el resultado de un asunto.

amarre m. 1 Acción de amarrar. 2 Efecto de amarrar.

amartelado, -da adj. [persona] Que da muestras de amar con gran pasión a otra.

amartillar tr. 1 Golpear con un martillo. 2 Preparar un arma para disparar.

amasar tr. 1 Mezclar una materia en polvo con un líquido hasta formar una masa compacta y blanda. 2 Formar una masa compacta y blanda. 3 Reunir una gran cantidad de dinero u otro tipo de bienes.

amasijo m. Mezcla desordenada de cosas.

amateur adj./com. [persona] Que practica una actividad deportiva o artística por placer y sin recibir dinero a cambio.
OBS El plural también es *amateur*. Es de origen francés y se pronuncia aproximadamente 'amater'.

amatista f. Cuarzo transparente de color violeta.

amatorio, -ria adj. Del amor.

amazacotado, -da adj. 1 [cuerpo, materia] Que ha quedado denso, duro y pesado. 2 [obra literaria o artística] Que es de mala calidad, aburrido y difícil de entender.

amazona f. Mujer que monta a caballo.

amazónico, -ca adj. Del Amazonas.

ambages m. pl. Rodeos de palabras o circunloquios para no expresar con claridad lo que se quiere decir. Se usa en la locución *sin ambages*, que significa 'de manera clara, sin insinuaciones o rodeos'.

ámbar m. 1 Resina fósil de las coníferas, de color entre amarillo y naranja, translúcida, muy ligera y dura. ‖ adj. 2 Del color de esa resina. ‖ adj./ m. 3 [color] Que tiene una tonalidad entre amarillo y naranja.
OBS No varía en número.

ambición f. Deseo intenso y vehemente de conseguir poder, riqueza o fama.

ambicionar tr. Desear de manera intensa y vehemente poder, riqueza o fama.

ambicioso, -sa adj./m. y f. 1 [persona] Que tiene ambición. 2 [plan, proyecto, obra] Que es muy importante y difícil de lograr o desarrollar.

ambidextro, -tra o **ambidiestro, -tra** adj./m. y f. [persona] Que tiene la misma habilidad en la mano izquierda que en la derecha.

ambientación f. 1 Acción de ambientar. 2 Efecto de ambientar.

ambientador adj./m. [sustancia, producto] Que sirve para dar buen olor.

ambiental adj. 1 Del ambiente. 2 Del medio ambiente.

ambientalista adj. [persona, idea] Que tiene en cuenta la protección del medio ambiente.

ambientar tr. 1 En una obra literaria, teatral o cinematográfica, reproducir las características particulares de un período histórico, un medio social o un lugar determinado. ‖ tr./ prnl. 2 Adaptar a un ser vivo a un lugar y a unas condiciones de vida distintos de los que había tenido anteriormente. 3 Crear un ambiente alegre y ruidoso.

ambiente m. 1 Conjunto de condiciones o características particulares de un período histórico, un medio social o un lugar determinado. 2 Conjunto de personas, objetos o circunstancias que rodean a una persona o cosa. 3 Atmósfera o aire de un lugar. 4 Conjunto de circunstancias que hacen agradable la estancia en un lugar o acto. 5 Grupo social o profesional integrado por personas con características comunes. ▸ **medio ambiente** Conjunto de circunstancias o condiciones naturales en las que se desarrolla un ser vivo.

ambigüedad f. Calidad de ambiguo.

ambiguo, -gua adj. 1 Que puede entenderse de varias maneras o admitir explicaciones distintas. 2 [persona] Que no actúa con seguridad o firmeza; que no se decide claramente.

ámbito m. 1 Espacio comprendido dentro de unos límites determinados. 2 Conjunto de circunstancias, relaciones y conocimientos que están vinculados entre sí por algún punto en común.

ambivalencia f. Calidad de ambivalente.

ambivalente adj. 1 Que puede entenderse o interpretarse de dos maneras distintas. 2 Que está influido por la existencia de dos emociones o sentimientos opuestos.

ambos, -bas det./pron. indef. Uno y otro; los dos.

-ambre Sufijo que entra en la formación de sustantivos y aporta valor colectivo o de abundancia.

ambrosía o **ambrosia** *f.* Comida o bebida de gran calidad y excelente sabor.

ambulancia *f.* Vehículo acondicionado para el transporte de personas enfermas o heridas.

ambulante *adj.* 1 [persona] Que va de un lugar a otro sin permanecer demasiado tiempo en un sitio. 2 Que puede ser trasladado de un lugar a otro con facilidad y rapidez.

ambulatorio, -ria *adj.* 1 MED. [tratamiento médico] Que no exige que el enfermo permanezca ingresado en un hospital. ‖ *m.* 2 Establecimiento en el que se encuentran las consultas de diversos médicos para atender a los pacientes de un determinado territorio, distrito o compañía.

ameba *f.* BIOL. Organismo microscópico constituido por una sola célula capaz de moverse y alimentarse por sí mismo.

amedrentar *tr./prnl.* Causar miedo.

amén *m.* 1 Voz con que se indica asentimiento. ‖ *adv.* 2 Indicar asentimiento y obediencia a lo que otra persona hace o dice.

amenaza *f.* 1 Advertencia que hace una persona para indicar su intención de causar un daño o mal. 2 Persona o cosa que puede provocar un daño o un mal.

amenazador, -ra *adj.* Que amenaza.

amenazar [4] *tr.* 1 Advertir una persona de su intención de causar un daño o mal. ‖ *tr./intr.* 2 Existir indicios de que va a ocurrir una desgracia o un desastre.

amenizar [4] *tr.* Hacer ameno.

ameno, -na *adj.* Que es agradable, entretenido o divertido.

americana *f.* ESP Prenda exterior de vestir hecha de tejido fuerte, con solapas y mangas largas, abierta por delante y con botones, que llega más abajo de la cintura.

americanismo *m.* 1 Amor o admiración por la cultura y las tradiciones americanas. 2 GRAM. Palabra o modo de expresión propios del español hablado en América. 3 GRAM. Palabra procedente del español hablado en América o de una lengua indígena de este continente.

americanista *com.* Persona que se dedica al estudio de la cultura americana.

americano, -na *adj.* 1 De América. 2 De los Estados Unidos de América del Norte. ‖ *m. y f.* 3 Persona nacida en el continente americano. 4 Persona nacida en los Estados Unidos de América del Norte.

americio *m.* Metal radiactivo que se obtiene del uranio.

amerindio, -dia *adj.* De una de las tribus indias del continente americano.

amerizaje *m.* Acción de amerizar.

amerizar [4] *intr.* Descender un vehículo aéreo o espacial sobre la superficie del agua hasta quedar flotando sobre ella.

ametralladora *f.* Arma de fuego automática parecida a un fusil, pero de mayor tamaño, que dispara gran número de balas de forma muy rápida.

ametrallamiento *m.* Conjunto de disparos efectuados con una ametralladora.

ametrallar *tr.* Disparar una ametralladora.

amianto *m.* Mineral que se presenta en fibras flexibles, brillantes y suaves con el que se hacen tejidos resistentes al calor.

amigable *adj.* 1 [persona] Que se comporta con amistad. 2 Que es propio de amigos.

amígdala *f.* Glándula formada por acumulación de tejido linfático, que está situada a ambos lados de la garganta del hombre y de algunos animales.

OBS Se usa sobre todo en plural.

amigdalitis *f.* Inflamación de las amígdalas.

amigo, -ga *adj./m. y f.* 1 Que mantiene una relación de amistad con alguien. 2 Que gusta de una cosa o tiene interés por ella. ‖ *m. y f.* 3 Persona que mantiene relaciones amorosas y sexuales con otra sin estar casada ni convivir con ella.

amiguete *m.* coloquial Persona conocida con la que se mantiene trato de amistad poco profundo.

amiguismo *m.* Tendencia a favorecer a los amigos en perjuicio de otras personas.

amilanar *tr./prnl.* Intimidar, causar miedo.

aminoácido *m.* QUÍM. Sustancia química orgánica que constituye el componente básico de las proteínas.

aminorar *tr./prnl.* Disminuir la cantidad, tamaño, valor o intensidad de algo.

amistad *f.* 1 Relación de simpatía y afecto que une a dos personas a partir del conocimiento y el trato recíproco. ‖ *f. pl.* 2 Conjunto de personas con las que se tiene esta relación.

amistoso, -sa *adj.* 1 Que es propio de amigos. 2 [encuentro, partido] Que está fuera de competición oficial.

amnesia *f.* Pérdida de la memoria.

amnésico, -ca *adj./m. y f.* [persona] Que padece amnesia.

amnios *m.* ZOOL. Membrana más interna

de las que envuelven el embrión de los mamíferos, aves y reptiles.

OBS El plural también es *amnios*.

amniótico, -ca *adj.* ZOOL. Del amnios.

amnistía *f.* Perdón total que concede el gobierno de un país a los presos condenados por un delito político.

amnistiar [13] *tr.* Conceder amnistía.

amo, ama *m. y f.* 1 Propietario de una cosa. 2 Persona que tiene a otras que trabajan a su servicio. 3 Persona que tiene predominio o autoridad sobre los demás.

amodorrar *intr./prnl.* Causar modorra o provocar ganas de dormir.

amohinar [20] *tr.* Causar melancolía o tristeza.

amojonar *tr.* Señalar con mojones.

amolar [31] *tr.* 1 Afilar un objeto cortante. ‖ *tr./prnl.* 2 *coloquial* Molestar o fastidiar con insistencia.

amoldar *tr./prnl.* 1 Ajustar al molde. ‖ *prnl.* 2 Adaptarse a un lugar o situación distintos de los habituales.

amonestación *f.* 1 Advertencia severa por un error o falta. ‖ *f. pl.* 2 Comunicación escrita y pública que se hace en una iglesia de los nombres de las personas que se van a casar.

amonestar *tr.* 1 Reprender severamente a una persona por un error o falta. 2 Hacer públicas en la iglesia las amonestaciones.

amoniacal *adj.* QUÍM. Del amoníaco.

amoníaco o **amoniaco** *m.* 1 QUÍM. Gas incoloro de olor desagradable, compuesto de hidrógeno y nitrógeno. 2 Producto elaborado a partir de este gas, que se usa para la limpieza.

amontonamiento *m.* 1 Acumulación de muchas personas o cosas en un lugar. 2 Conjunto numeroso de personas o cosas.

amontonar *tr./prnl.* 1 Poner unas cosas sobre otras de manera desordenada o descuidada, formando un montón. ‖ *prnl.* 2 Reunirse en un lugar un conjunto numeroso de personas o animales. 3 Juntarse en un período de tiempo breve muchos sucesos.

amor *m.* 1 Afecto intenso hacia una persona, animal o cosa. 2 Sentimiento de atracción sexual y emocional que se tiene hacia una persona. 3 Afición apasionada que se tiene hacia una cosa. 4 Persona, animal o cosa que es objeto de uno de estos sentimientos. 5 Cuidado, atención y gusto que se pone al hacer una cosa. ‖ *m. pl.* 6 Relación sentimental y sexual que mantienen dos personas durante un período de tiempo. ▶ **al amor de** Cerca de. ▶ **amor platónico** Sentimiento intenso de atracción emocional que se tiene hacia una persona, sin que se desee mantener con ella relaciones sexuales. ▶ **amor propio** Consideración y estima que se siente por uno mismo. ▶ **con (o de) mil amores** Con mucho gusto o placer. ▶ **hacer el amor** Mantener relaciones sexuales. ▶ **por amor al arte** De manera desinteresada o gratuita.

amoral *adj.* Que carece de moral.

amoratado, -da *adj.* De color parecido al morado.

amoratarse *prnl.* Ponerse amoratado.

amordazar [4] *tr.* Tapar la boca a una persona con un trozo de tela u otro material para impedir que hable o grite.

amorfo, -fa *adj.* 1 Que no tiene forma determinada o propia. 2 [persona] Que tiene carácter o personalidad débil e inestable.

amorío *m.* Relación amorosa superficial y que dura poco tiempo.

amoroso, -sa *adj.* 1 Del amor. 2 Que demuestra o siente amor.

amortajar *tr.* Vestir el cuerpo de una persona muerta para enterrarlo.

amortiguación *f.* 1 Conjunto de piezas y mecanismos destinados a hacer más suave y elástico el apoyo de la carrocería de un automóvil. 2 Acción de amortiguar.

amortiguador *m.* Mecanismo cilíndrico que une dos partes de un vehículo o de una máquina y que sirve para igualar y disminuir la intensidad de los movimientos verticales y horizontales que puede sufrir una de estas partes.

amortiguar [10] *tr./prnl.* Disminuir la violencia o intensidad de una cosa.

amortización *f.* 1 Acción de amortizar. 2 Efecto de amortizar.

amortizar [4] *tr.* 1 Recuperar el dinero que se ha invertido en un bien cuando el beneficio obtenido con este supera a la inversión inicial. 2 Pagar el total o parte de una deuda.

amoscarse [1] *prnl. coloquial* Sentir enfado o disgusto.

amotinar *tr./prnl.* Alzar en motín.

amparar *tr.* 1 Dar amparo a una persona o animal para evitarle un sufrimiento, peligro o daño. ‖ *prnl.* 2 Servirse de una persona o cosa para protegerse o defenderse.

amparo *m.* Ayuda o protección dada a una persona o animal para evitarle un sufrimiento, peligro o daño.

ampere *m.* Unidad de intensidad de la corriente eléctrica en el sistema internacional de unidades.

amperímetro *m.* Aparato para medir la intensidad de una corriente eléctrica.

amperio *m.* Ampere.

ampliación *f.* 1 Acción de ampliar. 2 Copia de mayor tamaño que el original.

ampliamente *adv.* Con amplitud, realizándose u ocurriendo en gran cantidad o intensidad.

ampliar [13] *tr.* 1 Aumentar el tamaño, la intensidad o la duración de una cosa. 2 Hacer una copia de una cosa a mayor tamaño que el original.

amplificación *f.* Aumento de la intensidad o la amplitud de un fenómeno físico.

amplificador *m.* Aparato o sistema eléctrico para aumentar la extensión o la intensidad de un fenómeno físico, especialmente de una corriente eléctrica.

amplificar [1] *tr.* Aumentar la intensidad o la amplitud de un fenómeno físico.

amplio, -plia *adj.* 1 Que tiene una extensión o espacio mayor de lo normal. 2 [valor, cantidad] Que excede a lo normal. 3 [prenda de vestir] Que es ancha.

amplitud *f.* 1 Extensión o espacio mayor que el normal. 2 Anchura de una prenda de vestir. 3 Capacidad de comprensión.

ampolla *f.* 1 Bolsa pequeña llena de líquido que se forma en la piel por una quemadura, un roce o una enfermedad. 2 Tubo de cristal, cerrado por ambos extremos, que contiene un líquido o un gas.

ampuloso, -sa *adj.* [estilo, modo de expresión] Que se caracteriza por emplear palabras y construcciones demasiado cultas y rebuscadas.

amputación *f.* 1 Acción de amputar. 2 Efecto de amputar.

amputar *tr.* Separar un miembro del cuerpo, una parte de él o un apéndice anatómico entero.

amueblar *tr.* Colocar muebles en un espacio o recinto para hacerlo más cómodo.

amuermar *intr./prnl. coloquial* Causar aburrimiento y somnolencia.

amuleto *m.* Objeto al que se le atribuye el poder mágico de dar salud, suerte o beneficio a la persona que lo lleva encima.

amurallar *tr.* Rodear con murallas.

ana- Prefijo que entra en la formación de palabras con el significado de: *a)* 'Hacia arriba', 'en alto'. *b)* 'Contra'. *c)* 'De nuevo'. *d)* 'Conforme'. *e)* 'Distinción, separación'.

anabaptismo *m.* Doctrina religiosa protestante que tuvo su origen en Alemania en el siglo XVI; no reconoce el bautismo realizado antes de que los niños adquieran el uso de razón.

anabolizante *adj./m. y f.* [sustancia química] Que facilita la síntesis y asimilación de materia energética por las células.

anacoluto *m.* GRAM. Falta de correlación o concordancia entre los elementos de una oración o período.

anaconda *f.* Serpiente de gran tamaño y color verde oscuro con manchas negras que vive en los ríos de América del Sur.

anacoreta *com.* Persona que vive sola dedicada por entero a la contemplación, a la oración y a la penitencia.

anacronía *f.* Condición de anacrónico.

anacrónico, -ca *adj.* 1 Que está situado en un período de tiempo que no se corresponde con el que le es propio. 2 Que es característico de un período de tiempo pasado.

anacronismo *m.* Cosa característica de las costumbres de un período de tiempo pasado.

ánade *com.* Ave palmípeda de pico ancho y plano, cuello corto y patas cortas adaptadas a la natación.

anaerobio, -bia *adj./m. y f.* [organismo] Que subsiste en un medio sin oxígeno.

anáfora *f.* 1 GRAM. Figura del lenguaje que consiste en la repetición de una o varias palabras al principio de una serie de frases o de versos. 2 GRAM. Proceso sintáctico que consiste en que una palabra se refiere a una parte del discurso ya enunciada.

anafórico, -ca *adj.* De la anáfora.

anagrama *m.* 1 Palabra o expresión que tiene las mismas letras o sonidos que otra, aunque cambiados de orden. 2 Dibujo o símbolo que distingue a una empresa, institución o sociedad.

anal *adj.* Del ano.

anales *m. pl.* 1 Libro en el que se da cuenta año por año de los más importantes acontecimientos ocurridos. 2 Publicación periódica con noticias y artículos de carácter cultural, científico o técnico.

analfabetismo *m.* Falta de cultura o conocimientos elementales.

analfabeto, -ta *adj./m. y f.* 1 Que no sabe leer ni escribir. 2 Que no tiene cultura.

analgésico, -ca *adj./m.* [sustancia, medicina] Que alivia un dolor o molestia.

análisis *m.* 1 Separación de las partes de un todo hasta llegar a conocer sus princi-

pios y elementos. **2** Separación de las partes de un texto, de una idea o de una obra del entendimiento para facilitar su comprensión y estudio. **3** MED. Determinación de los elementos y sustancias que componen una muestra de células, tejido o fluido orgánico de un ser vivo.
OBS El plural también es *análisis.*

analista *com.* **1** Persona que se dedica a hacer análisis médicos. **2** Persona que se dedica a estudiar asuntos sociales, políticos, técnicos o económicos.

analítico, -ca *adj.* Del análisis.

analizar [4] *tr.* Hacer un análisis.

analogía *f.* Relación de semejanza entre cosas distintas.

analógico, -ca *adj.* **1** De la analogía. **2** [aparato] Que mide una magnitud y la representa mediante el desplazamiento de una aguja. **3** [aparato] Que representa o transforma una magnitud física en otra.

análogo, -ga *adj.* Que tiene semejanza con una cosa.

ananá o **ananás** *m.* **1** Planta originaria de América con hojas rígidas acabadas en punta, flores moradas y fruto comestible. **2** Fruto de esta planta, de forma cónica y tamaño grande, con corteza rugosa y áspera; su carne es amarilla y jugosa.

anaquel *m.* Tabla o lámina horizontal de un armario.

anaranjado, -da *adj.* De color parecido al de la naranja.

anarco- Elemento prefijal que entra en la formación de palabras con el significado de 'anarquista', 'anárquico'.

anarquía *f.* **1** Desorganización, desorden o confusión por falta de una autoridad. **2** Anarquismo.

anárquico, -ca *adj.* **1** De la anarquía. ▌ *adj./com.* **2** Anarquista.

anarquismo *m.* Doctrina política que pretende la desaparición del estado y de sus organismos e instituciones representativas y defiende la libertad del individuo por encima de cualquier autoridad.

anarquista *adj.* **1** Del anarquismo. ▌ *adj./com.* **2** [persona] Que es partidario de él.

anatema *amb.* **1** Exclusión a que la Iglesia católica somete a uno de sus fieles apartándolo de su comunidad e impidiéndole recibir los sacramentos. **2** Prohibición o persecución de lo que se considera perjudicial. **3** Insulto, maldición.

anatematizar [4] *tr.* **1** Promulgar un anatema. **2** Prohibir o perseguir lo que se

considera perjudicial. **3** Proferir anatemas o insultos.

anatomía *f.* **1** Disciplina que estudia la estructura, forma y relaciones de las diferentes partes del cuerpo de los seres vivos. **2** Forma o aspecto exterior del cuerpo de un ser vivo. **3** Análisis de las diversas partes que conforman un asunto.

anatómico, -ca *adj.* **1** De la anatomía. **2** [objeto] Que se adapta o ajusta perfectamente a la forma del cuerpo humano o a alguna de sus partes.

anatomista *com.* Médico especializado en el estudio de la anatomía humana.

anca *f.* **1** Mitad lateral de la parte posterior de algunos animales. ▌ *f. pl.* **2** Parte posterior del lomo de algunos animales cuadrúpedos, especialmente del caballo.
OBS En singular se le anteponen los determinantes *el, un,* salvo que entre estos y el nombre haya otra palabra.

ancestral *adj.* **1** De los ancestros. **2** Que es muy antiguo.

ancestro *m.* Persona de la que desciende otra u otras.

ancho, -cha *adj.* **1** Que tiene una anchura mayor de lo normal. **2** Que abarca una extensión o un espacio mayor de lo normal. **3** *coloquial* [persona] Que siente una gran satisfacción. ▌ *m.* **4** En una superficie, dimensión frontal y horizontal considerada de izquierda a derecha o viceversa. **5** En un cuerpo o figura, dimensión menor respecto al largo. **6** Diámetro de un orificio.

anchoa *f.* Boquerón curado en sal.

anchura *f.* **1** En una superficie, dimensión frontal y horizontal considerada de izquierda a derecha o viceversa. **2** En un cuerpo o figura, dimensión menor respecto al largo. **3** Diámetro de un orificio.

-ancia Sufijo que entra en la formación de sustantivos y denota la acción y el efecto del verbo al que se une.

ancianidad *f.* **1** Último período de la vida natural de una persona. **2** Condición de la persona de edad muy avanzada.

anciano, -na *adj./m. y f.* [persona] Que tiene una edad avanzada.

ancla *f.* Instrumento de hierro generalmente en forma de arpón o de anzuelo con las puntas rematadas en ganchos que, sujeto a una cadena o un cable, se echa desde una embarcación al fondo del agua para impedir que esta se mueva.
OBS En singular se le anteponen los determinantes *el, un,* salvo que entre estos y el nombre haya otra palabra.

anclar *intr.* **1** Sujetar con un ancla. ‖ *tr.* **2** Quedar una cosa firmemente sujeta. ‖ *prnl.* **3** Mantener con fuerza y convicción una idea, opinión o posición.

áncora *f. culto* Ancla.

OBS En singular se le anteponen los determinantes *el*, *un*, salvo que entre estos y el nombre haya otra palabra.

andadas Palabra que se utiliza en la expresión *volver a las andadas*, que significa 'volver a cometer el mismo error o la misma falta'.

andaderas *f. pl.* Andador.

OBS El plural también es *andaderas*.

andador *m.* Estructura de barras con ruedas o soportes para ayudar a andar.

andadura *f.* **1** Movimiento para trasladarse de un lugar a otro. **2** Desarrollo de un trabajo, actividad o proceso.

andalucismo *m.* **1** Amor o admiración por la cultura y las tradiciones de Andalucía. **2** Palabra o modo de expresión propios del español hablado en Andalucía. **3** Movimiento que pretende el reconocimiento político de Andalucía y defiende sus valores históricos y culturales.

andalucista *adj.* **1** Del andalucismo. ‖ *adj./com.* **2** [persona] Que es partidario del andalucismo político.

andalusí *adj.* De al-Ándalus o que tiene relación con la cultura musulmana que ocupó la península Ibérica hasta 1492.

OBS El plural es *andalusíes*.

andaluz, -za *adj.* **1** De Andalucía. ‖ *adj./m. y f.* **2** [persona] Que es de Andalucía. ‖ *m.* **3** Variedad del español que se habla en Andalucía.

andamiaje *m.* Conjunto de andamios.

andamio *m.* Armazón desmontable formado por tubos, planchas metálicas o tablas que se levanta provisionalmente bajo un techo o pegado a una fachada.

andanada *f.* **1** Descarga cerrada de toda una batería de un buque. **2** Conjunto de ataques o críticas negativas contra alguien. **3** Asiento de la grada cubierta en la parte superior de una plaza de toros.

andando *adv.* **1** Indica que el desplazamiento de un lugar a otro se hace a pie, dando pasos. ‖ *int.* **2** ¡andando! *coloquial* Indica que algo ha de realizarse inmediatamente. **3** *coloquial* Expresión para echar a alguien de un lugar.

andante *m.* **1** MÚS. Composición o parte de ella de movimiento lento y reposado. ‖ *adv.* **2** MÚS. Con movimiento lento y reposado.

andanza *f.* Aventura o peripecia de alguien.

OBS Se usa frecuentemente en plural.

andar [64] *intr.* **1** Trasladarse de un lugar a otro dando pasos. **2** Trasladarse de un lugar a otro. **3** Funcionar un mecanismo o un aparato. **4** Desarrollarse un trabajo, actividad o proceso a lo largo del tiempo. **5** Tener un determinado estado de ánimo o salud. **6** Acercarse o aproximarse a una cantidad. **7** Tocar o hurgar una cosa con insistencia. **8** Estar realizándose una acción. ‖ *intr./prnl.* **9** Actuar o comportarse de cierta manera. ‖ *m. pl.* **10** Manera de andar peculiar de una persona. ‖ *int.* **11** ¡anda! Indica sorpresa o intención de dar ánimo o hacer una petición. ▸ **andarse por las ramas** Detenerse en los aspectos menos importantes o significativos de un asunto.

andariego, -ga o **andarín, -rina** *adj./m. y f.* [persona] Que anda mucho.

andas *f. pl.* Tablero o plataforma sostenida por dos barras paralelas para transportar a hombros algo. ▸ **en andas** Sostenido en alto por varias personas.

OBS El plural también es *andas*.

andén *m.* **1** Acera elevada a los lados de la vía o de la calzada en las estaciones de tren o de autobús. **2** ACENT, COL Acera (parte de la calle).

andino, -na *adj.* De la cordillera de los Andes.

andorrano, -na *adj.* **1** Relativo a Andorra. ‖ *adj./m. y f.* **2** [persona] Que es de Andorra.

andrajo *m.* **1** Prenda de vestir vieja, rota y sucia. **2** Jirón de tela viejo, roto o sucio.

andrajoso, -sa *adj./m. y f.* **1** Que viste con andrajos. **2** [prenda de vestir] Que está vieja, rota y sucia.

andro-, Elemento prefijal que entra en la formación de palabras con el significado de: *a)* 'Hombre, varón'. *b)* 'Hombre, ser humano'.

androceo *m.* Conjunto de estambres de una flor que constituye su aparato sexual masculino.

andrógeno *m.* Hormona sexual que provoca la aparición de los caracteres secundarios masculinos, como la barba o la voz.

andrógino, -na *adj.* **1** [ser vivo] Que tiene órganos sexuales masculinos y femeninos. **2** [persona] Que tiene rasgos corporales que no se corresponden con los propios de su verdadero sexo.

androide *m.* Robot con aspecto y movimientos humanos.

andropausia f. 1 BIOL. Desaparición progresiva de la actividad de las glándulas sexuales del hombre. 2 Período de tiempo en que se produce esta desaparición.

andurrial m. Lugar poco frecuentado.

anea f. 1 Planta de tallos altos y cilíndricos, hojas largas y estrechas y flores en forma de espiga. 2 Hoja seca de esta planta que se usa para tejer asientos y otros objetos.

anécdota f. 1 Relato breve de un acontecimiento extraño, raro o divertido. 2 Detalle accidental y sin importancia.

anecdotario m. Conjunto de anécdotas.

anecdótico, -ca adj. De la anécdota.

anegar [7] tr./prnl. 1 Cubrir el agua un lugar. ‖ prnl. 2 Llenarse por completo. 3 Dominar un sentimiento o pasión.

anejo, -ja adj./m. ESP Anexo.

anélido adj./m. 1 ZOOL. [gusano] Que pertenece a la división de los anélidos. ‖ m. pl. 2 ZOOL. División de gusanos de cuerpo casi cilíndrico, segmentado en anillos, con la piel fina y la sangre roja.

anemia f. Disminución del número o tamaño de los glóbulos rojos que contiene la sangre o de su nivel de hemoglobina.

anémico, -ca adj. 1 De la anemia. ‖ adj./m. y f. 2 [persona] Que padece anemia.

anemómetro m. Instrumento para medir la velocidad de los gases.

anémona o **anemona** f. 1 Planta herbácea con tallo horizontal subterráneo, pocas hojas y flores de color vivo. 2 Flor de esta planta. 3 Animal invertebrado marino con forma de tubo abierto por un extremo y con tentáculos.

anestesia f. 1 Acción de anestesiar. 2 Sustancia química que produce esta pérdida temporal de la sensibilidad o del conocimiento.

anestesiar [12] tr. Producir la pérdida temporal del conocimiento o de la sensibilidad mediante la administración de una sustancia química.

anestésico, -ca adj. 1 De la anestesia. ‖ adj./m. 2 [sustancia química] Que produce la pérdida temporal del conocimiento.

anestesista com. Médico especializado en el estudio y aplicación de anestesia.

aneurisma amb. Dilatación anormal de las paredes de una arteria o vena.

anexar tr./prnl. Unir o aproximar una cosa a otra para que derive o dependa de ella.

anexión f. 1 Acción de anexionar. 2 Efecto de anexionar.

anexionar tr./prnl. Anexar un estado o parte de su territorio a otro.

anexionismo m. Tendencia política que defiende la anexión de territorios extranjeros.

anexionista adj. 1 Del anexionismo. ‖ adj./com. 2 [persona] Que es partidario del anexionismo.

anexo, -xa adj./m. Que está unido o próximo a otra cosa de la que deriva, depende o con la que está muy relacionado.

anfetamina f. Sustancia química que excita el sistema nervioso, aumenta la resistencia física y disminuye el apetito.

anfi- Prefijo que entra en la formación de palabras con el valor de: a) 'Alrededor de'. b) 'Doble'.

anfibio, -bia adj. 1 [ser vivo] Que acostumbra vivir dentro y fuera del agua. 2 [aparato] Que funciona en tierra, agua y aire. ‖ adj./m. 3 [animal] Que pertenece a la clase de los anfibios. ‖ m. pl. 4 Clase de animales vertebrados que pasan parte de su vida en el agua y que cuando alcanzan la edad adulta respiran a través de pulmones.

anfibología f. 1 Doble significado de una palabra o frase que puede provocar ambigüedad. 2 culto Figura del lenguaje que consiste en emplear una o varias palabras con un doble significado.

anfiteatro m. 1 Construcción circular o semicircular, con gradas escalonadas alrededor de un escenario o espacio llano central, en la que antiguamente se celebraban representaciones teatrales y combates de gladiadores. 2 Conjunto de gradas escalonadas en semicírculo de un teatro, cine o aula.

anfitrión, -triona adj./m. y f. Que invita y recibe a otras personas.

ánfora f. Recipiente de barro alto, estrecho y cilíndrico con dos asas, el cuello largo y la base cónica, acabada en punta.
OBS En singular se le anteponen los determinantes el, un, salvo que entre estos y el nombre haya otra palabra.

angarillas f. pl. Tablero sostenido por dos barras horizontales y paralelas usado para transportar algo entre varias personas.
OBS El plural también es angarillas.

ángel m. 1 En algunas religiones, espíritu puro, servidor y mensajero de Dios. **ángel custodio** o **ángel de la guarda** Ángel destinado por Dios a cada persona para que vele por ella. 2 Cualidad del carácter de una persona que la hace atractiva o simpática para los demás. **3** Persona muy buena, simpática y servicial. ▸ **como los ángeles** Muy bien.

angelical *adj.* **1** De los ángeles. **2** Que se caracteriza por su bondad, pureza o belleza.

ángelus *m.* Oración católica que recuerda el anuncio de la concepción de Cristo que el arcángel Gabriel hizo a la Virgen María.

angina *f.* **1** Amígdala. ▮ *f. pl.* **2** Inflamación de estos órganos. ▸ **angina de pecho** Obstrucción de las arterias del corazón que provoca dolor en el brazo izquierdo y, posteriormente, un dolor muy agudo en el pecho.

angiospermo, -ma *adj./f.* **1** [planta] Que pertenece al grupo de las angiospermas. ▮ *f. pl.* **2** Grupo de plantas fanerógamas cuyos óvulos se hallan dentro de un ovario cerrado y cuyas semillas se desarrollan protegidas en el interior del fruto.

anglicanismo *m.* Doctrina religiosa cristiana que tuvo su origen en las ideas del rey inglés Enrique VIII en el siglo XVI.

anglicano, -na *adj.* **1** Del anglicanismo. ▮ *adj./m. y f.* **2** [persona] Que cree en esta doctrina religiosa.

anglicismo *m.* Palabra o modo de expresión propios de la lengua inglesa que se usa en otro idioma.

anglicista *adj.* Del anglicismo.

anglo, -gla *adj.* **1** De un antiguo pueblo de origen germánico que se estableció en Inglaterra en los siglos V y VI. ▮ *adj./m. y f.* **2** [persona] Que pertenece a este pueblo.

anglo-, angli- Elemento prefijal que entra en la formación de palabras con el valor de 'inglés' o 'relativo a Inglaterra'.

anglófilo, -la *adj./m. y f.* Que siente admiración por la cultura y tradiciones de Inglaterra o por los ingleses.

anglófono, -na *adj./m. y f.* **1** [persona] Que tiene el inglés como lengua nativa. ▮ *adj.* **2** [país, territorio] Que está habitado por población de habla inglesa.

anglosajón, -jona *adj.* **1** De los pueblos anglos y sajones de origen germánico que se establecieron en Inglaterra en los siglos V y VI. **2** De origen y cultura inglesa. ▮ *m.* **3** Lengua antigua de Inglaterra hablada por los pueblos anglos y sajones.

angoleño, -ña *adj.* **1** De Angola. ▮ *adj./m. y f.* **2** [persona] Que es de Angola.

angora *f.* **1** Raza de gatos, conejos y cabras originaria de Turquía, caracterizada por tener el pelaje abundante, sedoso y largo. **2** Lana obtenida de estos conejos y cabras.

angorina *f.* Fibra textil sintética que imita el pelo de angora.

angosto, -ta *adj.* Que es estrecho y reducido, especialmente para permitir el paso.

angostura *f.* **1** Calidad de angosto. **2** Paso estrecho y difícil de atravesar. **3** Bebida de sabor amargo para hacer combinados.

ángstrom o **angstromio** *m.* Medida de longitud equivalente a la diezmillonésima parte de un milímetro.

anguila *f.* Pez comestible de cuerpo alargado parecido al de una serpiente, sin aletas abdominales.

angula *f.* Cría de la anguila.

angular *adj.* **1** [objeto o parte de él] Que tiene forma de ángulo. **2** Del ángulo. ▸ **gran angular** Lente del objetivo de una cámara de fotografía, vídeo o cine que abarca un ángulo visual de 70 a 180 grados. ▸ **piedra angular** Base o fundamento de algo.

ángulo *m.* **1** Parte de un plano o espacio limitada por dos líneas que parten de un mismo punto. **2** Lugar en el que se unen dos superficies. **3** Manera particular de valorar o considerar una cosa. ▸ **ángulo muerto** Pequeña porción de un campo visual que queda fuera de la vista.

anguloso, -sa *adj.* **1** [figura, objeto] Que tiene o forma ángulos o esquinas. **2** [rostro] Que tiene formas salientes y pronunciadas.

angustia *f.* Sufrimiento o preocupación intensa por un peligro o amenaza.

angustiar [12] *tr./prnl.* Causar angustia.

angustioso, -sa *adj.* **1** Que causa angustia. **2** Que muestra gran angustia.

anhelante *adj.* Que tiene o siente anhelo.

anhelar *tr.* Desear intensa y ansiosamente.

anhelo *m.* Deseo intenso de hacer o conseguir una cosa.

anhídrido *m.* QUÍM. Compuesto químico formado por la combinación del oxígeno con un elemento no metálico. **anhídrido carbónico** Gas inodoro e incoloro formado por carbono y oxígeno.

anidar *intr.* **1** Hacer un nido un ave y vivir en él. ▮ *intr./prnl.* **2** Formarse un pensamiento o un sentimiento.

anilla *f.* **1** Aro para colgar o sujetar objetos o para introducir el dedo en su interior y tirar de él. **2** Pieza plana en forma de circunferencia en la que se imprimen algunos datos y que se coloca a los animales para controlarlos y estudiarlos. ▮ *f. pl.* **3** Aparato de gimnasia que consiste en una estructura elevada de la que cuelgan dos cintas con dos aros.

anillado, -da *adj.* 1 [objeto] Que tiene uno o más anillos. 2 [animal] Que tiene el cuerpo formado por anillos.

anillar *tr.* 1 Sujetar con anillas. 2 Poner anillas a los animales. ▌ *prnl.* 3 Colocarse un anillo como adorno.

anillo *m.* 1 Aro que se lleva en un dedo como símbolo de algo. 2 Objeto o construcción con una forma parecida a esta pieza. 3 ASTR. Capa circular, fina y ancha, formada por diversos materiales y gases que rodea a algunos planetas. 4 BOT. Capa leñosa circular, concéntrica a otras, que se forma cada año en el tronco de los árboles. 5 ZOOL. Segmento en que se divide el cuerpo de los gusanos y otros animales invertebrados. ▶ **caérsele los anillos** Rebajarse o perder la categoría o el prestigio. ▶ **como anillo al dedo** En un momento muy oportuno o de manera muy adecuada.

ánima *f.* 1 Alma de una persona, especialmente la que aún no descansa en paz. 2 Hueco interior del cañón de un arma de fuego. ▌ *f. pl.* 3 Toque de las campanas de una iglesia que llama a la oración por las almas del purgatorio.

OBS En singular se le anteponen los determinantes *el, un,* salvo que entre estos y el nombre haya otra palabra.

animación *f.* 1 Acción de animar. 2 Ambiente alegre y ruidoso producido por mucha gente reunida. 3 Técnica cinematográfica que consiste en fotografiar figuras dibujadas o modeladas, con mínimos cambios de posición para dar una impresión de movimiento cuando se proyecten a cierta velocidad.

animado, -da *adj.* 1 [ser] Que tiene vida. 2 [persona] Que tiene un comportamiento activo y alegre. 3 Que es muy interesante y divertido. 4 [lugar] Que tiene un ambiente alegre y ruidoso. ▶ **dibujos animados** Película en la que los personajes son figuras dibujadas movidas con técnicas de animación.

animador, -ra *m. y f.* 1 Persona que promueve la animación de un grupo o de una actividad. 2 Persona que presenta y dirige un espectáculo o diversión pública.

animadversión *f.* Sentimiento de repugnancia o antipatía contra alguien.

animal *m.* 1 Ser vivo pluricelular, que se alimenta de otros seres vivos. ▌ *adj.* 2 Que es propio de esta clase de seres o relativo a ellos. ▌ *adj./com.* 3 Que hace un uso excesivo de la fuerza o tiene malos modos. 4 Que es torpe o poco inteligente.

animalada *f.* Dicho o hecho torpe, equivocado o exagerado.

animar *tr./prnl.* 1 Dar fuerza moral. 2 Hacer ameno, entretenido o divertido. ▌ *prnl.* 3 Reunir el valor y la energía necesarios para hacer o decir una cosa.

anímico, -ca *adj.* Del estado de ánimo.

animismo *m.* Creencia que atribuye a todos los seres, objetos y fenómenos de la naturaleza un alma o principio vital.

animista *adj.* 1 Del animismo. 2 [persona] Que tiene esta creencia.

ánimo *m.* 1 Estado emocional de una persona. 2 Fuerza moral y energía. 3 Intención o voluntad. ▌ *int.* 4 ¡ánimo! Se usa para dar fuerza moral o energía.

animosidad *f.* Sentimiento de oposición, repugnancia o antipatía que se tiene contra una persona.

aniñado, -da *adj.* Que tiene características, rasgos o actos propios de un niño.

aniquilación o **aniquilamiento** *f.* Destrucción completa y total de la vida.

aniquilante *adj.* Que aniquila.

aniquilar *tr.* Reducir a la nada.

anís *m.* 1 Planta herbácea de flores blancas y semillas olorosas. 2 Semilla pequeña y aromática de esta planta. 3 Aguardiente hecho con esta semilla. 4 Grano de anís cubierto con un baño de azúcar.

anisado, -da *adj.* Elaborado con anís.

anisar *tr.* Echar anís a una cosa.

anisete *m.* Licor hecho con aguardiente y azúcar y aromatizado con anís.

aniversario *m.* Día en que se cumple un número exacto de años desde que se produjo un acontecimiento.

ano *m.* Orificio por el que se expulsan los excrementos.

-ano, -ana 1 Sufijo que entra en la formación de adjetivos con el significado de: *a)* 'Cualidad de'. *b)* 'Origen', 'pertenencia'. *c)* 'De una secta o escuela'. 2 Sufijo que entra en la formación de algunos sustantivos con el significado de 'profesión'. En algunos casos se apocopa. 3 Sufijo que, en química orgánica, constituye la terminación convencional de todo hidrocarburo saturado de la serie acíclica.

anoche *adv.* En la noche de ayer.

anochecer [43] *m.* 1 Período durante el cual desaparece la luz solar y se hace de noche. ▌ *v. impersonal* 2 Desaparecer la luz solar y hacerse de noche. ▌ *intr.* 3 Estar en cierto lugar, situación o estado al acabar el día.

anodino, -na *adj.* Que carece de interés o importancia.

ánodo *m.* Extremo de un circuito o conductor eléctrico que tiene mayor potencial y por el que entra la energía eléctrica.

anofeles *adj./m.* [mosquito] Que pertenece a un género caracterizado por tener una larga probóscide y palpos, cuyas hembras inoculan el germen del paludismo.

OBS El plural también es *anofeles.*

anomalía *f.* Cambio o desviación respecto de lo que es normal, natural o previsible.

anómalo, -la *adj.* Que se desvía de lo normal, regular, natural o previsible.

anonadar *tr.* Hacer que alguien se quede sin capacidad de reacción ante una sorpresa.

anonimato *m.* Condición de anónimo.

anónimo, -ma *adj.* 1 [autor] Que es desconocido. 2 [obra, acto] Que es de autor desconocido. 3 [persona] Que no es famoso. ‖ *m.* 4 Carta o papel dirigido a una persona en el que no figura el nombre de su autor. 5 Carácter o condición del autor de una obra o acto cuyo nombre se desconoce. ▶ **sociedad anónima** Empresa que tiene su capital dividido en acciones.

anorak *m.* Abrigo de tejido impermeable, abierto por delante y con botones o cremallera; llega más abajo de la cintura.

OBS El plural es *anoraks.*

anorexia *f.* MED. Enfermedad nerviosa que se manifiesta por la pérdida del apetito.

anoréxico, -ca *adj.* 1 De la anorexia. 2 [persona] Que padece anorexia.

anormal *adj.* 1 Que sufre anormalidad. ‖ *adj./com.* 2 [persona] Que tiene una capacidad mental inferior a la normal.

anormalidad *f.* Anomalía.

anotación *f.* 1 Dato o información breve. 2 Dato, aclaración o comentario breve escrito al margen de un texto. 3 Conjunto de notas explicativas a pie de página o al final de un texto. 4 En baloncesto, conjunto de puntos obtenidos en un partido.

anotar *tr.* 1 Escribir en un papel un dato o información breve. 2 Poner notas explicativas a un texto. 3 En algunos deportes, conseguir puntos o goles. ‖ *prnl.* 4 Conseguir un éxito o tener un fracaso.

anovulatorio, -ria *adj./m.* MED. [sustancia, medicamento] Que impide la ovulación durante el ciclo menstrual.

anquilosamiento *m.* Falta de flexibilidad o movimiento en una parte del cuerpo.

anquilosar *v tr.* Dejar sin flexibilidad o movimiento una parte del cuerpo.

ánsar *m.* 1 Ave palmípeda de patas rojas y pico cónico, con las plumas de color blanco en el vientre, rosa en el pecho y casi gris en el resto del cuerpo. 2 Ave doméstica con el pico de color naranja y casi negro en la punta, el pecho y el vientre amarillos, la cabeza y el cuello gris oscuro y el resto del cuerpo gris y marrón.

ansia *f.* 1 Anhelo, deseo intenso de conseguir algo. 2 Sufrimiento y preocupación intensa. ‖ *f. pl.* 3 Sensación de malestar que se siente en el estómago cuando se quiere vomitar.

OBS En singular se le anteponen los determinantes *el, un,* salvo que entre estos y el nombre haya otra palabra.

ansiar [13] *tr.* Desear de manera intensa.

ansiedad *f.* 1 Sufrimiento y preocupación intensa provocada por un peligro o por una amenaza. 2 Estado de intensa excitación y nerviosismo.

ansiolítico, -ca *adj./m.* MED. [sustancia, medicamento] Que sirve para reducir y calmar los estados de ansiedad.

ansioso, -sa *adj./m. y f.* Que siente un deseo intenso.

antagónico, -ca *adj.* Que se caracteriza por su antagonismo.

antagonismo *m.* Incompatibilidad u oposición entre personas, opiniones o ideas.

antagonista *adj./com.* 1 Antagónico. 2 [persona] Que actúa de manera contraria y opuesta a otra.

antaño *adv.* En un tiempo pasado.

antártico, -ca *adj.* Del polo sur o sus territorios limítrofes.

ante *prep.* 1 En presencia de, delante de. 2 En comparación con. ‖ *m.* 3 Piel curtida de tacto muy delicado y sin brillo que procede de algunos animales. 4 Animal mamífero rumiante parecido al ciervo, pero más corpulento, de cuello corto, cabeza grande y cuernos planos en forma de pala.

ante- Prefijo que entra en la formación de palabras con el significado de: *a)* 'Anterioridad, precedencia en el tiempo'. *b)* 'Precedencia en el espacio'.

anteanoche *adv.* En la noche anterior a la de ayer.

anteayer *adv.* En el día anterior al de ayer.

antebrazo *m.* Parte del brazo que va desde el codo hasta la muñeca.

antecedente *m.* 1 Obra, dicho o circunstancia del pasado que influye en hechos posteriores y sirve para juzgarlos, entenderlos o preverlos. 2 GRAM. Primer término de una relación gramatical. 3 GRAM.

Parte de la oración a que hace referencia un pronombre relativo. ▶ **antecedentes penales** Conjunto de actos ilegales y delictivos registrados ante la justicia.

anteceder *tr.* Estar o ir delante en el tiempo o en el espacio.

antecesor, -ra *m. y f.* 1 Persona que ocupó un puesto o cargo antes que la persona que lo ocupa en la actualidad. ▍ *m.* 2 Persona de la que desciende otra u otras.

antedicho, -cha *adj.* Que ha sido dicho o escrito antes.

antediluviano, -na *adj.* Muy antiguo.

antelación *f.* Anticipación en el tiempo de un hecho o circunstancia.

antemano Palabra que se utiliza en la locución *de antemano*, que significa 'con adelanto en el tiempo respecto de un hecho o circunstancia'.

antena *f.* 1 Aparato a través del cual se reciben o emiten ondas electromagnéticas. **antena parabólica** Antena que tiene forma cóncava y se usa para recibir las ondas muy lejanas. 2 Apéndice articulado, fino y alargado, que insectos y crustáceos tienen a ambos lados de la cabeza.

anteojeras *f. pl.* Piezas opacas que tapan lateralmente los ojos de las caballerías.

anteojo *m.* 1 Aparato óptico para ver a distancia. ▍ *m. pl.* 2 AMÉR Lentes (instrumento que corrige defectos de visión).

antepasado, -da *m. y f.* Persona de la que desciende otra u otras.

antepecho *m.* 1 ARQ. Pretil o baranda que cierra un lugar alto. 2 Reborde inferior de una ventana.

antepenúltimo, -ma *adj./m. y f.* Que ocupa el lugar anterior al penúltimo.

anteponer [78] *tr./prnl.* 1 Poner una cosa delante de otra. 2 Preferir a una persona o cosa antes que a otra.

anteposición *f.* 1 Acción de poner. 2 Efecto de poner.

anteproyecto *m.* 1 Texto provisional de un proyecto de ley. 2 Conjunto de trabajos anteriores al proyecto definitivo de una obra de arquitectura o ingeniería.

antepuesto, -ta *part.* Participio irregular de *anteponer*.

antera *f.* BOT. Extremo superior del estambre de una flor que contiene el polen.

anterior *adj.* Que está antes en el tiempo o el espacio.

anterioridad *f.* Cualidad de anterior.

antes *adv.* 1 En tiempo anterior. 2 Menos alejado en el espacio con referencia a un punto concreto. 3 Indica preferencia sobre alguien o algo. ▍ *conj.* 4 Por el contrario. ▶ **antes bien** Indica oposición en relación con lo que se ha expresado anteriormente.

antesala *f.* 1 Pieza antes de una sala. 2 Conjunto de hechos o circunstancias que preceden a un acontecimiento de mayor importancia.

anti- Prefijo que entra en la formación de palabras con el significado de: a) 'Opuesto', 'contrario'. b) 'Que protege, previene o lucha contra lo indicado por el elemento al que se une'.

antiaéreo, -rea *adj.* De la defensa contra el ataque desde el aire.

antibiótico, -ca *adj./m.* MED. [sustancia, medicamento] Que destruye las bacterias.

anticiclón *m.* Zona de la atmósfera en la que la presión barométrica es más alta que en otras.

anticiclónico, -ca *adj.* Del anticiclón.

anticipación *f.* 1 Acción de anticipar. 2 Efecto de anticipar.

anticipado, -da *adj.* Que sucede o se hace antes del tiempo previsto o normal. ▶ **por anticipado** Antes del tiempo previsto.

anticipar *tr./prnl.* 1 Hacer u ocurrir antes del tiempo previsto. 2 Pagar una cantidad de dinero antes de que se termine el trabajo o se entregue el objeto correspondiente. 3 Comunicar la voluntad o intención de hacer algo. 4 Ser indicio o señal de algo. ▍ *prnl.* 5 Actuar con mayor rapidez que otra persona. 6 Ocurrir antes del tiempo previsto o normal.

anticipo *m.* Cantidad de dinero que se paga o se recibe antes de que se termine el trabajo o se entregue el objeto correspondiente.

anticlerical *adj.* 1 Del anticlericalismo. ▍ *adj./com.* 2 [persona] Que es partidario del anticlericalismo.

anticlericalismo *m.* 1 Actitud contraria a la intervención de la Iglesia en los asuntos del estado. 2 Hostilidad contra el clero.

anticoagulante *adj./m.* MED. [sustancia, medicamento] Que sirve para retrasar o impedir la coagulación de la sangre.

anticonceptivo, -va *adj./m.* [método, sustancia, medio] Que impide el embarazo de una mujer o un animal hembra.

anticongelante *m.* Líquido que impide que se congele el agua de un motor.

anticonstitucional *adj.* Contrario a la Constitución.

anticorrosivo, -va *adj./m.* [sustancia] Que protege de la corrosión.

anticorrupción *adj.* Que tiene como función evitar o disminuir la corrupción.

OBS El plural también es *anticorrupción*.

anticrisis *adj.* [acción] Que se realiza para combatir una crisis económica.

OBS El plural también es *anticrisis*.

anticristo *m.* En la religión cristiana, ser maligno, enemigo de Jesucristo y de su Iglesia, enviado por Satanás para dominar a los hombres.

OBS Se escribe con letra mayúscula.

anticuado, -da *adj.* Que está pasado de moda; que no se usa desde hace tiempo.

anticuario, -ria *m. y f.* 1 Persona que se dedica a comerciar con muebles y objetos antiguos de valor. ‖ *m.* 2 Establecimiento donde se venden estos muebles y objetos.

anticuerpo *m.* Sustancia segregada por los linfocitos de la sangre para combatir una infección de virus o bacterias.

antideportivo, -va *adj.* Que no se ajusta a las normas deportivas y de juego limpio.

antideslizante *adj./m.* Que impide o reduce el deslizamiento de una superficie sobre otra.

antidoping *adj./m.* [análisis, control] Que sirve para descubrir el uso de sustancias prohibidas para un deportista.

OBS Se pronuncia aproximadamente 'antidopin'.

antídoto *m.* 1 Sustancia que sirve para detener o paliar los efectos de un veneno. 2 Medio para evitar o prevenir un mal.

antidroga *adj.* Que se opone al consumo o al tráfico de drogas.

antiestético, -ca *adj.* Que es de mal gusto.

antifaz *m.* 1 Máscara que solo cubre la parte superior de la cara. 2 Pieza alargada de tela para tapar los ojos.

antífona *f.* Versículo de la Biblia que se canta o reza antes y después de un salmo.

antifraude *adj.* Que lucha contra el fraude.

OBS El plural también es *antifraude*.

antigás *adj.* [máscara, equipo] Que sirve para prevenir los efectos de un gas tóxico.

antígeno *m.* MED. Sustancia química que estimula la formación de anticuerpos.

antigualla *f.* Objeto anticuado.

antigüedad *f.* 1 Cualidad de antiguo. 2 Período histórico en un pasado lejano. Se escribe con letra mayúscula. 3 Mueble u objeto antiguo de valor. 4 Período continuado durante el cual una persona ha realizado un trabajo o actividad.

antiguo, -gua *adj.* 1 Que existe desde hace mucho tiempo. 2 Que existió o sucedió hace mucho tiempo. 3 Que ha dejado de existir o de tener las características que poseía. 4 Que está pasado de moda o no se usa desde hace tiempo. 5 Que lleva mucho tiempo en un trabajo o actividad.

antihéroe *m.* Personaje de ficción con igual protagonismo que el héroe tradicional, pero sin sus rasgos de perfección.

antihistamínico, -ca *adj./m.* MED. [sustancia, medicamento] Que sirve para evitar o combatir los efectos de las alergias.

antillano, -na *adj.* 1 De las Antillas. ‖ *adj./m. y f.* 2 [persona] Que es de las Antillas.

antílope *m.* Mamífero rumiante salvaje de cuerpo esbelto, con patas largas y delgadas y cuernos finos y sin ramificaciones.

antimonio *m.* Metal de color blanco azulado, brillante y quebradizo.

antinatural *adj.* Que es contrario a lo que se considera natural.

antiniebla *adj.* [faro, sistema de iluminación] Que ayuda a ver en la niebla.

OBS El plural también es *antiniebla*.

antiparras *f. pl.* Gafas sin patillas que se sujetan a la nariz.

antipatía *f.* Sentimiento de rechazo o de disgusto hacia una persona o cosa.

antipático, -ca *adj.* [persona, cosa] Que causa antipatía.

antisistema *adj.* [persona, idea] Que es contrario al sistema político, social y económico establecido.

antipatizar [4] *intr.* AMÉR Sentir antipatía.

antipirético, -ca *adj./m.* MED. [sustancia, medicamento] Que reduce la fiebre.

antípoda *adj./amb.* 1 [lugar de la Tierra] Que está situado diametralmente opuesto a otro. ‖ *adj./m.* 2 [persona] Que habita en un lugar de la superficie de la Tierra diametralmente opuesto a otro.

antiquísimo, -ma *adj.* Superlativo de *antiguo*.

antirrobo *adj./m.* [aparato, mecanismo] Que sirve para avisar de un robo o impedir que se cometa.

OBS El plural como adjetivo es *antirrobo*.

antisemita *adj.* 1 Del antisemitismo. ‖ *adj./com.* 2 [persona] Que es partidario del antisemitismo.

antisemitismo *m.* Tendencia o actitud de rechazo hacia los judíos.

antiséptico, -ca *adj./m.* [sustancia, método] Que destruye las bacterias y virus.

antisocial *adj.* 1 Que es contrario a la sociedad. ‖ *adj./com.* 2 [persona] Que es contrario al orden social.

antisubmarino, -na *adj.* Que sirve para combatir y destruir submarinos.

antiterrorista *adj.* Del antiterrorismo.

antítesis *f.* 1 Oposición completa y absoluta. 2 Unión de dos palabras o frases de significado aparentemente contrario para construir una imagen o idea de especial fuerza expresiva.

antitético, -ca *adj.* Que denota o implica antítesis.

antivirus *adj./m.* 1 MED. [sustancia, medicamento] Que sirve para evitar o combate los virus. 2 INFORM. Programa que detecta la presencia de un virus informático en un disquete o en un ordenador.

antojadizo, -za *adj./m. y f.* [persona] Que suele tener antojos o caprichos.

antojarse *prnl.* 1 Desear de manera intensa algo sin causa razonable justificada. 2 Considerar una cosa como probable.

antojo *m.* 1 Deseo intenso, imprevisto y pasajero. 2 Mancha oscura en la piel.

antología *f.* Selección de fragmentos de obras literarias, musicales, científicas o de otra actividad. ▶ **de antología** De excelente calidad.

antológico, -ca *adj.* 1 De una antología. 2 Que recoge obras representativas de las diversas etapas de creación de un pintor o escultor. 3 Que tiene una calidad excepcional.

antonimia *f.* GRAM. Oposición entre los significados de dos palabras.

antónimo, -ma *adj./m.* GRAM. [palabra] Que tiene un significado opuesto al de otra palabra.

antonomasia *f.* Uso de un nombre común o un apelativo para hacer referencia a una persona o cosa que tiene un nombre propio; o de un nombre propio para hacer referencia a las características particulares de una persona o cosa.

antorcha *f.* Palo de madera con material inflamable en un extremo, al que se prende de fuego para dar luz.

antracita *f.* Carbón mineral de color negro que arde con dificultad.

antro *m.* 1 Local público de mal aspecto frecuentado por delincuentes y personas de mala reputación. 2 Lugar sucio y de mala reputación.

-antropía Elemento sufijal que entra en la formación de sustantivos femeninos con el significado de 'hombre, ser humano'.

antropo-, -ántropo, -ántropa Elemento prefijal y sufijal que entra en la formación de palabras con el significado de 'hombre, ser humano'.

antropocéntrico, -ca *adj.* Del antropocentrismo.

antropocentrismo *m.* Concepción filosófica que considera al hombre como centro de todas las cosas y el fin absoluto de la creación.

antropofagia *f.* Acción de comer una persona carne humana.

antropófago, -ga *adj./m. y f.* [persona] Que practica la antropofagia.

antropoide *adj./com.* [animal] Que tiene un aspecto físico parecido al del hombre.

antropología *f.* Ciencia que estudia la especie humana en cuanto a su evolución biológica y su comportamiento social y cultural.

antropológico, -ca *adj.* De la antropología.

antropólogo, -ga *m. y f.* Persona que se dedica al estudio de la antropología.

antropomórfico, -ca *adj.* 1 Del antropomorfismo. 2 [cosa] Que tiene un aspecto físico parecido al del hombre.

antropomorfismo *m.* 1 Atribución a personajes divinos de aspecto y personalidad humana. 2 Atribución de aspecto o personalidad humana a animales y cosas.

antropomorfo, -fa *adj.* Que tiene aspecto físico parecido al del hombre.

antropónimo *m.* Nombre propio de persona.

antropopiteco *m.* Simio que vivió en el pleistoceno.

antropozoico, -ca *adj./m.* GEOL. [período de la historia de la Tierra] Que se extiende a lo largo de los últimos dos millones de años.

anual *adj.* 1 Que se repite cada año. 2 Que dura un año.

anualidad *f.* Cantidad de dinero que se cobra o se paga una vez al año.

anuario *m.* Libro o publicación que se edita anualmente con todos los datos de lo ocurrido durante un año.

anudar *tr./prnl.* 1 Hacer uno o más nudos en una cuerda, cinta, etc. 2 Unir con uno o más nudos los extremos de una o varias cuerdas, cintas, etc.

anuencia *f.* Actitud de aprobación y acuerdo con una situación o decisión.

anulación f. 1 Acción de anular. Efecto de anular.

anular tr. 1 Dejar sin efecto o valor una cosa. 2 Suspender lo que se tenía previsto o programado. 3 Impedir que se lleve a cabo con normalidad una actividad. ‖ adj./m. 4 [dedo] Que es el cuarto de la mano o el pie. ‖ adj. 5 Que tiene forma de anillo.

anunciación f. 1 Acción de anunciar. 2 Anuncio que el arcángel san Gabriel hizo a la Virgen María de que iba a ser madre de Jesucristo.

anunciante adj. [empresa, sociedad] Que paga por anunciar un producto o servicio.

anunciar [12] tr. 1 Comunicar una noticia o información. 2 Hacer publicidad de un producto o servicio. 3 Adelantar lo que va a suceder en el futuro a partir de ciertos indicios o datos.

anuncio m. 1 Acción de anunciar. 2 Mensaje con el que se hace publicidad de un producto o servicio.

anverso m. Cara anterior y principal de una superficie, especialmente de una moneda, medalla u hoja de papel.

-anza Sufijo que entra en la formación de sustantivos y denota la acción y el efecto del verbo al que se une.

anzuelo m. Objeto curvo de metal y con punta muy afilada en el que se coloca el cebo para pescar. ▸ **picar** (o **tragar**) **el anzuelo** Caer en un engaño o trampa.

añadido m. Parte que se añade a un todo.

añadidura f. Añadido. ▸ **por añadidura** Con la unión o suma de otra cosa.

añadir tr. 1 Sumar o unir una parte a un todo. 2 Completar lo que ya se ha dicho o escrito.

añagaza f. Medio para atraer con engaño.

añejo, -ja adj. 1 Que tiene uno o más años. 2 Que existe desde hace mucho tiempo.

añicos m. pl. Trozos muy pequeños en que se divide un objeto al romperse.

añil adj. 1 De color azul oscuro. ‖ adj./m. 2 [color] Que es azul oscuro.

año m. 1 Tiempo que emplea la Tierra en dar una vuelta alrededor del Sol. 2 Período compuesto por 365 días; especialmente, el que comienza el día 1 de enero y finaliza el 31 de diciembre. 3 Período que dura poco menos de 365 días, a lo largo del cual se desarrolla un trabajo o actividad determinada. ▸ **año bisiesto** Año de 366 días. ▸ **año luz** Medida de longitud empleada en astronomía que equivale aproximadamente a nueve billones de kilómetros. ▸ **año sabático** Año a lo largo

del cual una persona deja de asistir a su lugar de trabajo, especialmente para dedicarse a la formación o la investigación. ▸ **año viejo** Día 31 de diciembre.

añojo, -ja m. y f. 1 Becerro o cordero de un año. ‖ m. 2 Carne de este animal.

añoranza f. Nostalgia por algo o alguien.

añorar tr. Sentir añoranza.

aorta f. ANAT. Arteria principal del sistema circulatorio de aves y mamíferos que parte del ventrículo izquierdo del corazón.

apabullar tr. Intimidar con una exhibición de fuerza o superioridad.

apacentar [27] tr. Conducir el ganado a terrenos con pasto y cuidarlo mientras pace.

apache adj. 1 De una tribu india que habitó en un territorio americano que actualmente comprende zonas de Tejas, Nuevo Méjico y Arizona. ‖ com. 2 Persona que pertenece a esta tribu.

apacible adj. 1 [lugar] Que no presenta agitación, movimiento o ruido. 2 Que es agradable, bonancible. 3 Que es amable y considerado.

OBS El superlativo es *apacibilísimo*.

apaciguamiento m. 1 Acción de apaciguar. 2 Efecto de apaciguar.

apaciguar [22] tr. 1 Establecer la paz o la tranquilidad donde había un enfrentamiento. ‖ tr./prnl. 2 Contener y calmar el ánimo violento o excitado.

apadrinar tr. 1 Acompañar como padrino a una persona cuando esta se bautiza, se casa o recibe un honor. 2 Ayudar y proteger a una persona que comienza a trabajar o a desarrollar una actividad.

apagado, -da adj. 1 [color, luz, sonido] Que es poco intenso. 2 Que ha perdido energía y vitalidad.

apagar [7] tr./prnl. 1 Hacer que deje de arder un fuego o un cuerpo en combustión. 2 Hacer que un sistema eléctrico interrumpa su funcionamiento. 3 Hacer más suave o más débil un sentimiento. 4 Hacer que un color, una luz o un sonido pierda intensidad.

apagón m. Interrupción brusca e inesperada del suministro de energía eléctrica.

apaisado, -da adj. Que es más ancho que alto en su posición normal de uso.

apalabrar tr. Llegar a un acuerdo o compromiso mediante palabra hasta el momento de hacerlo por escrito.

apalancar [1] tr. 1 Apoyar una barra o palanca sobre un punto y aplicar una fuerza en un extremo para levantar o mover un cuerpo situado en el extremo opuesto. ‖ *prnl.* 2 *coloquial* Acomodarse en un lugar o situación.

apaleamiento *m.* Conjunto de golpes que se dan con un palo u otro objeto contundente.

apalear *tr.* Dar golpes con un palo u otro objeto contundente.

apañado, -da *adj.* 1 [persona] Que es hábil y se da maña para hacer algo. 2 Que es adecuado. ▸ **estar (o ir) apañado** *coloquial a)* Estar en una situación difícil de resolver. *b)* Estar equivocado.

apañar *tr.* 1 Limpiar y poner en orden o en las condiciones adecuadas. ‖ *tr./prnl.* 2 Resolver una situación difícil con habilidad y eficacia. 3 Arreglar provisionalmente una cosa estropeada. ‖ *prnl.* 4 Tener habilidad o maña para hacer una cosa. ‖ **apañárselas** Hallar el modo de resolver un problema con las propias fuerzas.

apaño *m.* 1 Arreglo. 2 *coloquial* Relación sexual entre dos personas. 3 Engaño o artificio para realizar o conseguir algo.

aparador *m.* Mueble ancho de mediana altura y con cajones que se coloca en el comedor para guardar los cubiertos y la cristalería.

aparato *m.* 1 Conjunto de piezas y elementos que, montados adecuadamente, desarrollan un trabajo o función práctica. 2 Instrumento necesario para desarrollar una actividad específica. 3 Conjunto de órganos de los seres vivos que desempeñan una misma función. 4 Vehículo aéreo. 5 Teléfono. ▸ **aparato eléctrico** Conjunto de relámpagos y truenos que acompañan a una tormenta.

aparatosidad *f.* Conjunto de circunstancias que hacen aparatoso un hecho.

aparatoso, -sa *adj.* 1 Que muestra lujo y riqueza. ‖ *m* 2 Hecho que resulta espectacular y desmedido. 3 Objeto exagerado, ostentoso o estrafalario.

aparcamiento *m.* 1 Acción de aparcar. 2 Lugar en la vía pública destinado para aparcar. 3 Edificio o parte de él destinado para aparcar los vehículos.

aparcar [1] *tr.* 1 Colocar un vehículo en un lugar de la vía pública o en una zona señalizada del interior de un edificio. 2 Detener el trabajo sobre un asunto con la intención de retomarlo más adelante.

aparcería *f.* Contrato mediante el cual el propietario de un terreno agrícola o de una instalación ganadera cede su explotación a una persona a cambio del pago de una cantidad de dinero, de una parte de los beneficios o de otra forma de compensación.

aparcero, -ra *m. y f.* Persona que explota un terreno agrícola o una instalación ganadera mediante un contrato de aparcería.

apareamiento *m.* Acción de aparear o aparearse.

aparear *tr./prnl.* Unir sexualmente el animal macho con la hembra con vistas a su reproducción.

aparecer [43] *intr./prnl.* 1 Mostrarse o dejarse ver, generalmente de manera inesperada. ‖ *intr.* 2 Encontrarse lo que estaba perdido o extraviado.

aparecido, -da *m. y f.* Imagen de un difunto que se aparece a alguien.

aparejado, -da *adj.* Que es una consecuencia o efecto inherente a una cosa.

aparejador, -ra *m. y f.* Persona que se dedica a dibujar planos y a realizar diversos trabajos técnicos relacionados con la construcción de edificios.

aparejar *tr./prnl.* 1 Hacer los preparativos oportunos y disponer los elementos necesarios para desarrollar un trabajo o actividad. ‖ *tr.* 2 Poner la silla o la albarda y el resto de los arreos a la caballería. 3 *MAR.* Dotar a un barco del aparejo.

aparejo *m.* 1 Conjunto de instrumentos, herramientas y objetos necesarios para realizar un trabajo o una acción. Se usa también en plural con el mismo significado. 2 Acción de aparejar. 3 Conjunto de arreos y elementos que se sujetan al cuerpo de un animal, especialmente a una caballería, para montarlo, cargarlo o trabajar con él. 4 *MAR.* Conjunto de palos, velas, cabos y otros elementos necesarios para que un barco navegue.

aparentar *tr.* 1 Dar a entender que se posee lo que realmente no se tiene. 2 Tener el aspecto de una edad que generalmente no se corresponde con la real.

aparente *adj.* 1 Que parece algo que no es. 2 Que parece cierto. 3 Que tiene buen aspecto.

aparición *f.* 1 Acción de aparecer. 2 Efecto de aparecer. 3 Visión de un ser sobrenatural o fantástico.

apariencia *f.* 1 Manera de aparecer o presentarse a la vista o al entendimiento. 2 Característica o conjunto de características que parece poseer una persona o cosa y que realmente no tiene.

apartado, -da *adj.* 1 Que está lejos en el

espacio con referencia a un punto determinado. ‖ *m.* **2** Parte de un texto escrito que trata sobre un tema. **3** Parte de un documento legal u oficial que forma con otras iguales una serie numerada y ordenada. ▸ **apartado de Correos** *a)* Caja o sección de una oficina de Correos con un número donde se depositan las cartas y paquetes enviados a un destinatario en espera de que sean recogidos por él. *b)* Número asignado a esta caja o sección.

apartamento *m.* Vivienda más pequeña que un piso situada en un edificio en que suele haber más del mismo tipo.

apartamiento *m.* Separación de una persona o cosa del lugar, estado o cargo que ocupa.

apartar *tr./prnl.* **1** Separar o poner a una persona o cosa en un lugar distinto y alejado del que ocupa. **2** Quitar de un lugar para dejarlo libre. **3** Llevar a un lugar para no ser visto u oído. **4** Partir o separar en partes o grupos. **5** Hacer abandonar una actividad, estado o cargo.

aparte *adv.* **1** En un lugar distinto. **2** En un lugar apropiado para no ser visto u oído. ‖ *adj.* **3** Que es distinto de otro. ‖ *m.* **4** Fragmento de una obra de teatro que un personaje dice hablando para sí. **5** Interrupción de una reunión que se aprovecha para otra cosa. ▸ **aparte de** Además de, prescindiendo de.

apartheid *m.* Conjunto de leyes y disposiciones oficiales que discriminaban a las personas de una raza distinta de la blanca en la República de Sudáfrica.

OBS Es de origen afrikáans y se pronuncia aproximadamente 'aparjeid'.

apasionado, -da *adj.* **1** Que se deja guiar por las pasiones. **2** Que siente pasión por algo o alguien.

apasionamiento *m.* **1** Excitación, vehemencia y pasión con que se defienden ideas y opiniones. **2** Pasión intensa por algo o alguien.

apasionante *adj.* Que apasiona.

apasionar *tr./prnl.* **1** Provocar pasión. ‖ *prnl.* **2** Sentir gran pasión por alguien o algo.

apatía *f.* Manifestación de desinterés, indiferencia o falta de entusiasmo.

apático, -ca *adj./m. y f.* [persona] Que actúa con apatía.

apátrida *adj./com.* [persona] Que carece de nacionalidad legal por habérsela retirado su país de origen o por haber renunciado a ella.

apeadero *m.* Estación de tren o de autobús de poca importancia.

apear *tr./prnl.* **1** Bajar de un vehículo o de la montura. **2** Conseguir que una persona cambie su manera de actuar, pensar o sentir. ‖ *tr.* **3** Eliminar de una competición deportiva.

apechugar [7] *intr.* Cargar con una responsabilidad o con las consecuencias desagradables de una acción.

apedrear *tr.* Lanzar o tirar piedras.

apego *m.* Sentimiento de afecto, cariño o estimación hacia una persona o cosa.

apelación *f.* **1** DER. Procedimiento judicial mediante el cual se solicita a un juez o tribunal que anule o enmiende la sentencia dictada por otro de inferior rango. **2** Acción de apelar.

apelar *tr.* **1** DER. Solicitar a un juez o tribunal que anule o enmiende la sentencia dictada por otro de inferior rango. ‖ *intr.* **2** Dirigirse a alguien para conseguir su ayuda.

apelativo, -va *adj./m.* **1** [nombre] Que se aplica a todos los seres que tienen las mismas características. **2** GRAM. [palabra, acto de comunicación] Que sirve para llamar la atención. ‖ *m.* **3** GRAM. Palabra o acto de comunicación que sirve para calificar a una persona o cosa. **4** Nombre que se añade al propio de una persona para resaltar una de sus cualidades.

apellidar *tr./prnl.* **1** Dar un apelativo. ‖ *prnl.* **2** Tener un apellido determinado.

apellido *m.* Nombre que sigue al propio de una persona y que se transmite de padres a hijos.

apelmazar [4] *tr./prnl.* Hacer compacta y dura una cosa que debiera ser más esponjosa y blanda.

apelotonar *tr./prnl.* **1** Formar pelotones. ‖ *prnl.* **2** Juntarse mucha gente en un lugar.

apenar *tr./prnl.* Causar pena o tristeza.

apenas *adv.* **1** Con dificultad y casi sin llegar a conseguirlo. **2** Escasamente, solamente. ‖ *conj.* **3** Indica un tiempo o un momento cercano a un hecho.

apencar [1] *intr.* Cargar con una responsabilidad o con las consecuencias desagradables de una acción.

apéndice *m.* **1** Parte adjunta a una cosa, de la cual depende. **2** ZOOL. Parte del cuerpo de un animal que sobresale de su tronco, excepto las extremidades. **3** ANAT. Prolongación delgada y hueca en la parte inferior del intestino ciego.

apendicitis *f.* Inflamación del apéndice intestinal.

OBS El plural también es *apendicitis*.

apercibimiento *m.* Advertencia de la autoridad de una próxima sanción.

apercibir *tr./prnl.* 1 Percatarse de algo. 2 Advertir la autoridad de una próxima sanción.

aperitivo *m.* Bebida o alimento que se toma antes del almuerzo o la cena.

apero *m.* Instrumento de labranza.

apertura *f.* 1 Operación de abrir lo que está cerrado. 2 Momento en que comienza el desarrollo de un acto. 3 Conjunto de los primeros movimientos con los que un jugador de ajedrez comienza a poner en juego sus piezas. 4 Aperturismo.

aperturismo *m.* Tolerancia hacia ideas o actitudes distintas de las propias.

aperturista *adj.* Del aperturismo.

apesadumbrar *tr.* Causar pesadumbre.

apestar *intr.* 1 Despedir mal olor. 2 *coloquial* Ser ilegal o inmoral. ‖ *tr./prnl.* 3 Causar la enfermedad de la peste.

apestoso, -sa *adj.* Que despide mal olor.

apétalo, -la *adj.* [flor] Que no tiene pétalos.

apetecer [43] *tr.* 1 Sentir el deseo de poseer o hacer una cosa que complace. ‖ *intr.* 2 Gustar o sentir agrado por una cosa.

apetecible *adj.* Que apetece.

apetencia *f.* Deseo de algo.

apetito *m.* 1 Ganas de comer. 2 Apetencia.

apetitoso, -sa *adj.* 1 Que produce ganas de comer. 2 Que tiene un sabor intenso y agradable.

apiadarse *prnl.* Sentir pena y dolor por la desgracia o sufrimiento de alguien.

apical *adj.* 1 Del ápice. ‖ *adj./f.* 2 GRAM. [sonido consonántico] Que se pronuncia haciendo que el ápice de la lengua toque los dientes, los alveolos o el paladar.

ápice *m.* 1 Punta o extremo de una cosa; especialmente, de la lengua. 2 Parte muy pequeña e insignificante de una cosa.

apícola *adj.* De la apicultura.

apicultor, -ra *m. y f.* Persona que se dedica a la cría de abejas.

apicultura *f.* Técnica de criar abejas para aprovechar su miel y su cera.

apilar *tr.* Poner unas cosas sobre otras de manera que formen una pila.

apiñar *tr./prnl.* Juntar o reunir apretadamente a personas o cosas.

apio *m.* Hortaliza de tallo grueso, hojas largas y flores muy pequeñas.

apisonadora *f.* 1 Vehículo de gran tamaño que se desplaza sobre cilindros muy pesados y sirve para apretar y allanar el suelo. 2 *coloquial* Persona que vence arrolladoramente.

apisonar *tr.* Apretar y allanar el suelo con una apisonadora.

aplacar [1] *tr./prnl.* Contener y calmar la violencia o excitación.

aplanar *tr.* 1 Quitar las desigualdades de un terreno y dejarlo al mismo nivel. ‖ *prnl.* 2 Perder el ánimo o la energía.

aplastamiento *m.* 1 Reducción violenta del grosor de un cuerpo por medio de la fuerza, hasta provocar la pérdida de su forma original. 2 Victoria contundente en un enfrentamiento o competición.

aplastante *adj.* Que aplasta.

aplastar *tr./prnl.* 1 Reducir el grosor de un cuerpo por medio de la fuerza hasta hacer que pierda su forma original. ‖ *tr.* 2 Apabullar a una persona hasta dejarla sin respuesta. 3 Vencer contundentemente en un enfrentamiento o competición.

aplaudir *tr./intr.* 1 Golpear repetidamente una con otra las palmas de las manos. ‖ *tr.* 2 Demostrar aprobación mediante palabras o gestos.

aplauso *m.* 1 Acción de aplaudir. 2 Sonido que se produce al aplaudir.

aplazamiento *m.* Retraso o suspensión de la ejecución de una cosa.

aplazar [4] *tr.* Retrasar o suspender la ejecución de una cosa.

aplicable *adj.* Que se puede aplicar.

aplicación *f.* 1 Acción de aplicar. 2 Aplique, adorno. 3 INFORM. Programa informático que realiza una función determinada. 4 MAT. Operación por la que se hace corresponder a todo elemento de un conjunto un solo elemento de otro conjunto.

aplicado, -da *adj.* 1 Que desarrolla una actividad con esfuerzo y atención. 2 [ciencia, disciplina] Que se ocupa de la aplicación práctica de ideas teóricas.

aplicar [1] *tr.* 1 Poner una cosa sobre otra o en contacto con otra. 2 Hacer uso de una cosa para conseguir algo. 3 Emplear un concepto general en un caso particular. ‖ *tr./prnl.* 4 Dedicar esfuerzo y atención en el desarrollo de una actividad.

aplique *m.* 1 Lámpara que se fija a una pared. 2 Adorno de un objeto hecho con un material distinto.

aplomo *m.* Serenidad ante una situación comprometida o problema.

apocado, -da *adj./m. y f.* [persona] Que tiene poco ánimo.

apocalipsis *m.* 1 Fin catastrófico o violento. 2 Último libro de la Biblia que narra el el mundo. Se escribe con mayúscula. OBS El plural también es *apocalipsis*.

apocalíptico, -ca *adj.* Del Apocalipsis.

apocar [1] *tr./prnl.* Hacer que una persona se sienta humillada y se valore en menos de lo debido.

apocopar *tr.* GRAM. Suprimir uno o más sonidos finales de una palabra para crear una nueva.

apócope *f.* 1 GRAM. Supresión de uno o más sonidos finales de una palabra para crear una nueva. 2 Palabra que resulta de esta supresión.

apócrifo, -fa *adj.* [escrito] Que no es obra de la persona a la que se le atribuye.

apodar *tr./prnl.* Poner o recibir un apodo.

apoderado, -da *adj./m. y f.* Que tiene poder de otro y procede en su nombre.

apoderar *tr.* 1 Dar poder una persona a otra para que la represente. ‖ *prnl.* 2 Hacerse dueño de una cosa.

apodo *m.* Nombre con el que se sustituye el propio de una persona.

ápodo *adj.* [animal] Que no tiene patas.

apódosis *f.* GRAM. En la oración condicional, parte que completa el sentido de la primera, llamada prótasis. OBS El plural también es *apódosis*.

apófisis *f.* ANAT. Parte saliente de un hueso por la que se articula a otro hueso o en la que se inserta un músculo.

apogeo *m.* 1 Momento o situación de mayor intensidad, grandeza o calidad en un proceso. 2 ASTR. Punto de la órbita de un cuerpo celeste, satélite o nave espacial en el que es mayor su distancia con respecto al centro de la órbita.

apolillado, -da *adj.* 1 Comido o deteriorado por la polilla. 2 Pasado de moda.

apolillarse *prnl.* 1 Deteriorarse a causa de la polilla. 2 Quedarse anticuado. 3 Perder una habilidad o capacidad.

apolíneo, -nea *adj.* [persona joven] Que tiene un cuerpo bello y bien formado.

apolítico, -ca *adj./m. y f.* [persona] Que no muestra interés por los asuntos políticos.

apologético, -ca *adj.* De la apología.

apología *f.* Discurso o texto en el que se alaba o defiende a alguien o algo.

apoltronarse *prnl.* 1 Volverse flojo, perezoso, haragán. 2 Sentarse con comodidad, extendiendo y recostando el cuerpo.

apoplejía *f.* Interrupción del riego sanguíneo de una parte del cerebro producida por un derrame, embolia o trombosis.

apoquinar *tr. coloquial* Pagar, generalmente a disgusto.

aporrear *tr.* Golpear de manera repetida y violenta, especialmente con una porra.

aporreo *m.* Acción de aporrear.

aportación *f.* 1 Acción de aportar. 2 Cosa o conjunto de cosas que se entregan o suministran.

aportar *tr.* 1 Ayudar, colaborar o participar en el logro de un fin. 2 Dar una cosa necesaria para el logro de un fin.

aporte *m.* Aportación.

aposentar *tr.* Proporcionar habitación durante un tiempo.

aposento *m.* 1 Habitación de una casa. 2 Lugar donde se vive de forma temporal.

aposición *f.* GRAM. Construcción que aclara a un sustantivo con otro sustantivo yuxtapuesto.

apositivo, -va *adj.* De la aposición.

apósito *m.* Venda o cualquier trozo de tela esterilizada que se aplica sobre una herida para protegerla de las infecciones.

aposta *adv.* De forma voluntaria.

apostar [31] *tr./prnl.* 1 Pactar dos o más personas que el que acierte alguna cosa o gane en algún juego se llevará el dinero u otra cosa que se haya convenido. 2 Exponer una cantidad de dinero para tomar parte en un juego de apuestas.

apostasía *f.* Renuncia que hace una persona de sus creencias religiosas o políticas y abandono de su religión o del partido político al que pertenecía.

apóstata *com.* Persona que comete apostasía.

apostatar *intr.* Cometer apostasía.

apostilla *f.* Aclaración que comenta, aclara o completa un texto.

apostillar *tr.* Poner apostillas.

apóstol *m.* 1 Cada uno de los doce discípulos de Jesucristo. 2 Persona que divulga una doctrina o una idea.

apostolado *m.* 1 Enseñanza de la doctrina cristiana. 2 Campaña de propaganda a favor de una causa o doctrina.

apostólico, -ca *adj.* 1 De los apóstoles. 2 Del Papa o que procede de su autoridad.

apostrofar *tr.* Dirigir apóstrofes a alguien.

apóstrofe *amb.* 1 *culto* Figura que consiste en interrumpir el discurso para dirigir la palabra a una persona, ya sea real o imaginaria. **2** Palabra que se dice a alguien de manera un poco brusca.

OBS Generalmente se usa como masculino.

apóstrofo *m.* Signo ortográfico que indica que se ha suprimido una vocal.

apostura *f.* Cualidad de apuesto.

apotegma *m.* Frase breve y sentenciosa pronunciada por un personaje célebre.

apotema *f.* Perpendicular trazada desde el centro de un polígono regular a cualquiera de sus lados.

apoteósico, -ca *adj.* Que tiene características de apoteosis.

apoteosis *f.* Parte final, brillante y muy impresionante, de un acto o espectáculo.

OBS El plural también es *apoteosis*.

apoyar *tr./prnl.* **1** Hacer que una cosa descanse sobre otra. **2** Basar una opinión en el criterio de otra persona. **3** Tener su base una cosa sobre otra. ‖ *tr.* **4** Aprobar o dar por bueno. **5** Dar ayuda o confianza.

apoyatura *f.* **1** MÚS. Nota que va delante de otra como adorno y que se escribe con un signo muy pequeño. **2** Apoyo.

apoyo *m.* **1** Persona, cosa o parte de ella sobre la que se apoya otra. **2** Ayuda o confianza. **3** Argumento que sirve de base o fundamento a una teoría, idea o doctrina.

app *f.* INFORM. Aplicación, programa informático que realiza una función determinada.

OBS El plural es *apps*.

apreciable *adj.* **1** Que puede ser notado o apreciado por los sentidos. **2** De bastante importancia. **3** Que merece aprecio.

apreciación *f.* Cálculo o determinación aproximada de un valor.

apreciar [12] *tr.* **1** Sentir cariño o afecto por alguien. **2** Valorar a una persona o cosa. **3** Determinar el valor de algo.

apreciativo, -va *adj.* De la apreciación o que tiene relación con ella.

aprecio *m.* Cariño o afecto.

aprehender *tr.* **1** Detener a una persona que ha cometido un delito. **2** Capturar un botín o una mercancía de contrabando. **3** Asimilar una idea.

aprehensión *f.* **1** Acción de aprehender. **2** Efecto de aprehender.

apremiante *adj.* Que apremia.

apremiar [12] *tr.* **1** Meter prisa. **2** Ser urgente.

apremio *m.* **1** Prisa, presión que se ejerce sobre alguien para que haga algo con rapi-

dez. **2** Mandamiento judicial o administrativo por el que se obliga a alguien al cumplimiento de una cosa.

aprender *tr.* **1** Llegar a saber una cosa por medio del estudio o la práctica. **2** Grabar una cosa en la memoria.

aprendiz, -za *m. y f.* Persona que aprende un oficio practicándolo.

aprendizaje *m.* **1** Adquisición de los conocimientos necesarios para ejercer una función o un oficio. **2** Tiempo que se tarda en aprender a hacer una cosa.

aprensión *f.* Sensación de desagrado o de temor.

aprensivo, -va *adj.* [persona] Que tiene aprensión o escrúpulo.

apresamiento *m.* Captura y detención de una persona.

apresar *tr.* **1** Tomar por la fuerza una embarcación. **2** Hacer prisionera a una persona. **3** Sujetar con fuerza.

aprestar *tr./prnl.* Preparar o disponer lo necesario para una cosa.

apresto *m.* Preparación para una cosa.

apresuramiento *m.* Aumento de la velocidad con que se hace una cosa.

apresurar *tr./prnl.* Aumentar la velocidad con que se hace una cosa.

apretado, -da *adj.* **1** Que está demasiado ajustado. **2** Que tiene poco margen. **3** Que está lleno de actividad. **4** Difícil o muy arriesgado.

apretar [27] *tr.* **1** Coger una persona o cosa con las manos o los brazos y sujetarla con fuerza. **2** Quedar demasiado ajustada una prenda de vestir. **3** Hacer fuerza o presión sobre una cosa para que se ajuste a un espacio. **4** Tratar con mucho rigor. ‖ *intr.* **5** Presionar con amenazas, ruegos o razones. **6** Poner mayor cuidado o interés. ‖ *tr./prnl.* **7** Juntar mucho.

apretón *m.* Presión fuerte y rápida sobre alguien o algo.

apretujar *tr.* **1** Apretar con fuerza o repetidamente. ‖ *prnl.* **2** Juntarse mucho varias personas en un lugar reducido.

apretujón *m.* Apretón.

apretura *f.* **1** Falta de espacio en un lugar. **2** Falta o escasez de algo, especialmente de alimentos. **3** Aprieto.

aprieto *m.* Situación de difícil resolución.

aprisa *adv.* Con rapidez.

aprisco *m.* Lugar cercado donde se recoge el ganado.

aprisionar *tr.* Sujetar con fuerza, privando de la libertad de movimientos.

aprobación *f.* Aceptación de algo que se da por bueno o suficiente.

aprobado *m.* Calificación que indica que se ha alcanzado el nivel de conocimientos exigido.

aprobar [31] *tr.* **1** Considerar que algo está bien, darlo por bueno o suficiente. **2** Dar la calificación de aprobado a un alumno. **3** Obtener la calificación de aprobado.

apropiación *f.* Acción de adueñarse de algo que pertenece a otro.

apropiado, -da *adj.* Que es adecuado para el fin al que se destina.

apropiar [12] *tr.* **1** Adecuar una cosa a otra. ‖ *prnl.* **2** Adueñarse de algo que pertenece a otra persona.

aprovechable *adj.* Que puede ser útil.

aprovechado, -da *adj.* **1** Que está bien empleado o usado. **2** Que es muy diligente o estudioso. ‖ *adj./m. y f.* **3** Que saca beneficio de las circunstancias.

aprovechamiento *m.* **1** Acción de aprovechar. **2** Efecto de aprovechar.

aprovechar *tr.* **1** Sacar el máximo rendimiento, beneficio o utilidad de una cosa. ‖ *intr.* **2** Servir de provecho. **3** Adelantar en el aprendizaje de una materia. ‖ *prnl.* **4** Servirse de una persona o cosa.

aprovisionamiento *m.* Víveres o provisiones.

aprovisionar *tr./prnl.* Abastecer de víveres o provisiones.

aproximación *f.* **1** Acción de aproximar o aproximarse. **2** Cantidad o cifra cercana al número correcto, pero que no es exacta.

aproximado, -da *adj.* Que se acerca más o menos a lo exacto.

aproximar *tr./prnl.* Poner a menor distancia.

aproximativo, -va *adj.* Aproximado.

áptero, -ra *adj.* ZOOL. [animal] Que no tiene alas.

aptitud *f.* Capacidad para realizar satisfactoriamente una tarea.

apto, -ta *adj.* Que es adecuado para un fin.

apuesta *f.* **1** Pacto o acuerdo entre dos o más personas según el cual quien acierte una cosa o gane en un juego se llevará el premio que se haya establecido. **2** Cosa que se apuesta.

apuesto, -ta *adj.* Que es gallardo.

apuntador, -ra *m. y f.* En el teatro, persona que, oculta a los espectadores, apunta su papel a los actores.

apuntalar *tr.* **1** Sostener una construcción u otra cosa con puntales. **2** Dar a una opi-

nión, idea o razonamiento las bases o fundamentos para que pueda ser sostenida o afirmada.

apuntar *tr.* **1** Dirigir un arma hacia el objetivo. **2** Señalar con el dedo. **3** Escribir en un papel un dato o información, generalmente breve. **4** Señalar la conveniencia de una cosa. **5** Decir a alguien en voz baja algo que no recuerda o que no sabe. ‖ *intr.* **6** Empezar a mostrarse o a salir algo. ‖ *prnl.* **7** Conseguir un éxito o un punto en una competición deportiva.

apunte *m.* **1** Nota que se toma por escrito. **2** Dibujo esquemático para recordar la forma y la disposición. ‖ *m. pl.* **3** Notas que se toman cuando se escucha la explicación de un profesor.

apuntillar *tr.* **1** Rematar al toro con la puntilla. **2** Acabar de estropear o dar el golpe definitivo a algo.

apuñalamiento *m.* Acción de herir a alguien con un puñal.

apuñalar *tr.* Herir a alguien con un puñal.

apurado, -da *adj.* **1** [persona] Que carece de dinero. **2** [situación] Que es angustioso o peligroso. **3** Que tiene prisa.

apurar *tr.* **1** Agotar una cosa. **2** Llevar hasta el límite. **3** Cortar mucho el pelo de la barba. ‖ *tr./prnl.* **4** Meter o darse prisa. ‖ *prnl.* **5** Preocuparse o afligirse.

apuro *m.* **1** Asunto o problema de difícil solución. **2** Escasez de dinero. **3** Prisa, urgencia. **4** Vergüenza.

aquaplaning *m.* Deslizamiento de un automóvil que se produce cuando los neumáticos no se adhieren al asfalto a causa del agua que cubre el suelo.

aquejar *tr.* Afectar una enfermedad o mal.

aquel, aquella *pron. dem.* **1** Indica o señala lo que está más lejos de las personas que hablan. ‖ *det. dem.* **2** Indica o señala lo que está más lejos de las personas que hablan.

aquelarre *m.* Reunión de brujas o brujos.

aquello *pron. dem.* Indica o señala lo que está más lejos de las personas que hablan o una cosa conocida o nombrada.

aquí *adv.* **1** En este lugar, al lado de la persona que habla o en dirección al lugar donde se encuentra la persona que habla. **2** En el momento en que se está hablando.

aquiescencia *f.* Consentimiento de una decisión tomada por otra persona.

aquietar *tr./prnl.* Calmar, tranquilizar.

aquilatar *tr.* Determinar el valor, importancia o trascendencia de una cosa.

¡ar! *int.* Expresión que utiliza un mando militar para indicar el momento en que se debe comenzar a cumplir la orden dada.

ara *f.* Piedra, montículo o lugar elevado donde se celebran ritos religiosos. ▸ **en aras de** En honor o en interés de.

árabe *adj.* 1 De Arabia. 2 De los países donde se habla la lengua árabe. ǀ *adj./ com.* 3 [persona] Que es de Arabia. 4 [persona] Que es de uno de los países donde se habla la lengua árabe. ǀ *m.* 5 Lengua semítica que se habla en esos países.

arabesco *m.* Adorno pintado o labrado compuesto por figuras geométricas y motivos florales que se entrelazan de forma complicada y diversa; es característico de la arquitectura árabe.

arábigo, -ga *adj.* Árabe.

arabismo *m.* Palabra o modo de expresión propio de la lengua árabe que se usa en otro idioma.

arácnido *adj./m.* 1 ZOOL. [animal] Que pertenece a la clase de los arácnidos. ǀ *m. pl.* 2 ZOOL. Clase de animales invertebrados que se caracterizan por tener cuatro pares de patas y el cuerpo dividido en cefalotórax y abdomen.

arado *m.* 1 Instrumento para labrar la tierra. 2 Acción de arar.

aragonés, -nesa *adj.* 1 De Aragón. ǀ *adj./m. y f.* 2 [persona] Que es de Aragón. ǀ *m.* 3 Variedad lingüística medieval derivada del latín que se hablaba en el antiguo reino de Aragón. 4 Dialecto del castellano que se habla en Aragón.

arameo, -mea *adj.* 1 De un pueblo bíblico que habitó en el antiguo país de Aram, en el norte de la actual Siria. ǀ *adj./m. y f.* 2 [persona] Que es de Aram. ǀ *m.* 3 Conjunto de lenguas semíticas habladas en este y otros territorios. ▸ **jurar en arameo** *coloquial* Maldecir o decir frases malsonantes.

arancel *m.* Impuesto que grava las mercancías que entran en un país.

arancelario, -ria *adj.* Del arancel.

arándano *m.* 1 Planta con hojas ovaladas, flores blancas o rosadas y fruto redondeado, de color negro o azulado. 2 Fruto comestible de esta planta.

arandela *f.* Pieza circular con un orificio en el centro, que sirve para mantener apretados una tuerca o tornillo, evitar el roce entre dos piezas, etc.

araña *f.* 1 Arácnido que tiene unos órganos en la parte posterior del cuerpo con los que produce un hilo sedoso. 2 Lámpara de techo con muchos brazos adornados con piezas de cristal.

arañar *tr.* 1 Herir superficialmente la piel con las uñas, un alfiler, etc. 2 Rayar ligeramente una superficie lisa y dura. ǀ *tr./intr.* 3 Recoger con interés, poco a poco y de varias partes lo que se necesita para un fin.

arañazo *m.* 1 Herida superficial hecha con las uñas, un alfiler, etc. 2 Raya alargada y superficial en una superficie dura y lisa.

arar *tr.* Remover la tierra haciendo surcos con el arado.

araucano, -na *adj.* 1 De un pueblo indio que en la época de la conquista española habitaba la región de Arauco, en el centro de Chile. ǀ *adj./m. y f.* 2 [indio] Que pertenecía a este pueblo. ǀ *m.* 3 Lengua precolombina hablada en Chile y Argentina.

arbitraje *m.* 1 Ejercicio de la labor de árbitro. 2 Procedimiento para resolver pacíficamente conflictos internacionales mediante el cual los países afectados acuerdan someterse a la decisión de un tercer país mediador.

arbitral *adj.* Del árbitro.

arbitrar *tr.* 1 Actuar de árbitro en una competición deportiva. 2 Juzgar en un conflicto entre varias partes. 3 Obtener o reunir recursos o medios.

arbitrariedad *f.* 1 Forma de actuar basada en la voluntad y en el capricho. 2 Hecho o dicho que no es lógico o justo.

arbitrario, -ria *adj.* 1 Que depende del arbitrio. 2 Que incluye arbitrariedad.

arbitrio *m.* 1 Capacidad para resolver o decidir. 2 Voluntad o deseo que obedece al capricho y no a la razón.

árbitro *m. y f.* 1 Persona que en una competición deportiva se encarga de hacer cumplir el reglamento. 2 Persona a quien se somete la decisión de una disputa.

árbol *m.* 1 Planta de tronco grueso, leñoso y alto, cuyas ramas crecen a cierta altura del suelo. 2 Cosa con forma de esa planta. 3 Palo vertical que sostiene las velas de una embarcación.

arbolado, -da *adj./m.* [terreno] Que está poblado de árboles.

arboladura *f.* MAR. Conjunto de palos, vergas de una embarcación.

arboleda *f.* Terreno poblado de árboles.

arbóreo, -rea *adj.* Del árbol.

arborescente *adj.* Que por su forma o aspecto recuerda a un árbol.

arbori- Elemento prefijal que entra en la

formación de palabras con el significado de 'árbol'.

arborícola *adj./com.* Que vive en los árboles.

arboricultura *f.* Arte y técnica de cultivar árboles.

arbotante *m.* ARQ. Arco de un edificio que transmite el peso de una bóveda sobre un contrafuerte exterior.

arbusto *m.* Planta de menor altura que el árbol, con tronco leñoso y ramas que crecen desde su base.

arca *f.* 1 Caja resistente de gran tamaño, generalmente de madera, con tapa plana y cerradura. ‖ *f. pl.* 2 Lugar donde se guarda el dinero de una colectividad.

OBS En singular se le anteponen los determinantes *el, un,* salvo que entre estos y el nombre haya otra palabra.

-arca Elemento sufijal que entra en la formación de palabras con el significado de 'gobernante'.

arcabuz *m.* Arma de fuego antigua, alargada y parecida a un fusil, que se disparaba prendiendo la pólvora mediante una mecha móvil colocada en la misma arma.

arcada *f.* 1 Movimiento violento del estómago que se produce antes de vomitar. 2 ARQ. Conjunto de arcos.

arcaico, -ca *adj.* Del pasado lejano.

arcaísmo *m.* Palabra o modo de expresión que no se usa en la lengua actual.

arcaizante *adj.* Que usa arcaísmos o tiende a ellos.

arcángel *m.* Ser o espíritu celestial superior al ángel.

arcano *m.* Secreto o misterio.

arce *m.* Árbol de madera muy dura, hojas sencillas, lobuladas y angulosas, y fruto ligero rodeado de una especie de alas.

arcén *m.* Margen o borde lateral situado a cada lado de la carretera, reservado para el tránsito de peatones.

archi- Prefijo que entra en la formación de palabras con el significado de: *a)* 'Preeminencia', 'superioridad'. *b)* 'Muy', intensivo, superlativo o simplemente reforzativo cuando se une a adjetivos.

archiconocido, -da *adj.* Que es muy conocido por un conjunto de gente.

archidiócesis *f.* Diócesis principal de un arzobispado, dirigida por un arzobispo.

OBS El plural también es *archidiócesis*.

archiduque, -quesa *m. y f.* 1 Príncipe de la casa de Austria. ‖ *f.* 2 Esposa o hija de un archiduque.

archifonema *m.* Conjunto de las características distintivas que son comunes a dos fonemas cuya oposición es neutralizable.

archimillonario, -ria *adj./m. y f.* 1 [persona] Que tiene muchos millones de una unidad monetaria. ‖ *adj.* 2 [cantidad] Que asciende a muchos millones.

archipiélago *m.* Conjunto de islas agrupadas en una zona del mar.

archivador *m.* 1 Carpeta con varios apartados para guardar documentos ordenadamente. 2 Mueble o caja para guardar documentos ordenadamente.

archivar *tr.* 1 Guardar papeles o documentos de forma ordenada en un archivo. 2 Dar por terminado un asunto.

archivero, -ra *m. y f.* Persona que tiene a su cargo un archivo o trabaja en él.

archivística *f.* Técnica de conservación y catalogación de archivos.

archivístico, -ca *adj.* De los archivos.

archivo *m.* 1 Lugar en el que se guardan de forma ordenada los documentos históricos de una ciudad, organización o familia. 2 Conjunto de esos documentos. 3 Archivador, mueble o caja. 4 INFORM. Conjunto de datos guardados como una sola unidad dotada de un nombre.

arcilla *f.* Tierra rojiza, compuesta principalmente de silicato de aluminio, que mezclada con agua y cocida se endurece.

arcilloso, -sa *adj.* 1 Que tiene arcilla. 2 Que es parecido a la arcilla.

arcipreste *m.* 1 Sacerdote que tiene autoridad sobre parroquias de la misma zona. 2 Sacerdote principal de una catedral.

arco *m.* 1 Porción de una línea curva. 2 Objeto o figura que tiene esta forma. **arco iris** Banda de colores con forma de arco que aparece en el cielo cuando los rayos del sol atraviesan las gotas de lluvia. 3 Estructura de una construcción que tiene forma curva y cubre un hueco entre dos columnas o pilares. **arco de triunfo** o **triunfal** ARQ. Monumento con uno o más arcos construido para celebrar una victoria o un acontecimiento. 4 Arma formada por una vara flexible con los extremos unidos por una cuerda tirante, que sirve para lanzar flechas. 5 Vara delgada con cerdas que sirve para hacer sonar las cuerdas de algunos instrumentos musicales.

arcoíris *m.* Arco iris.

arcón *m.* Arca de gran tamaño.

arder *intr.* 1 Abrasar o consumir con fuego. 2 Desprender mucho calor. 3 Experimentar una pasión intensa.

ardid *m.* Medio que se emplea con habilidad y astucia para conseguir algo.

ardiente *adj.* 1 Que está lleno de pasión. 2 Que quema. 3 Que causa ardor.

ardilla *f.* 1 Mamífero roedor con cola larga y mucho pelo. 2 Persona muy lista, viva y astuta.

ardor *m.* 1 Calor intenso. 2 Sentimiento muy fuerte, apasionado o entusiasta.

ardoroso, -sa *adj.* 1 Que tiene ardor. 2 Que muestra fuerza, entusiasmo y pasión.

arduo, -dua *adj.* Que es muy difícil.

área *f.* 1 Terreno comprendido dentro de unos límites. 2 Campo en el que se muestra con más fuerza una característica o una cualidad. 3 Medida de superficie que equivale a cien metros cuadrados. 4 MAT. Superficie comprendida dentro de un perímetro. 5 Parte del terreno de juego que está más cerca de la meta.
OBS En singular se le anteponen los determinantes *el*, *un*, salvo que entre estos y el nombre haya otra palabra.

arena *f.* 1 Conjunto de pequeños granos de mineral que se han desprendido de las rocas. 2 Círculo de la plaza de toros cubierto de tierra. 3 Lugar en el que se lucha.

arenal *m.* Extensión de terreno arenoso.

arenilla *f.* 1 Arena menuda. 2 Conjunto de partículas de cualquier tipo de material semejantes a la arena.

arenga *f.* Discurso en tono solemne y elevado para levantar el ánimo.

arengar [7] *tr.* Pronunciar una arenga.

arenisca *f.* Roca sedimentaria formada por pequeños granos de cuarzo unidos por un cemento que le da dureza.

arenoso, -sa *adj.* 1 Que tiene arena. 2 De características similares a la arena.

arenque *m.* Pez marino comestible parecido a la sardina, pero de mayor tamaño, de color azul y plateado.

areola o **aréola** *f.* 1 Círculo de piel más oscura que rodea el pezón. 2 Círculo rojizo que rodea las heridas o pústulas.

arete *m.* 1 Aro pequeño de metal que se lleva en la oreja como adorno. 2 MÉX Pendiente, joya.

argamasa *f.* Mezcla de cal, arena y agua.

argelino, -na *adj.* 1 De Argelia. ‖ *adj./m. y f.* 2 [persona] Que es de Argelia.

argentino, -na *adj.* 1 culto De la plata o que tiene sus características. 2 culto [sonido, voz] Que es claro y sonoro. 3 De Argentina. ‖ *adj./m. y f.* 4 [persona] Que es de Argentina.

argolla *f.* Aro grueso de metal.

argón *m.* Gas noble, incoloro e inodoro, que se encuentra en el aire; se usa en la fabricación de tubos fluorescentes y en la soldadura de metales.

argot *m.* Lenguaje de un mismo oficio o grupo social.
OBS El plural es *argots*.

argucia *f.* Argumento falso presentado con habilididad e ingenio para hacerlo pasar por verdadero.

argüir [63] *tr.* 1 Alegar razones o argumentar algo. 2 Deducir como consecuencia natural.

argumentación *f.* Argumento, razón.

argumental *adj.* Del argumento.

argumentar *tr.* Dar razones o argumentos.

argumentario *m.* Conjunto de argumentos para defeder una opinión o una ideología.

argumento *m.* 1 Razón que se da a favor o en contra de una opinión. 2 Asunto principal de una obra.

aria *f.* Fragmento de una ópera cantado por uno de los personajes principales.
OBS En singular se le anteponen los determinantes *el*, *un*, salvo que entre estos y el nombre haya otra palabra.

aridez *f.* 1 Sequedad, falta de humedad. 2 Falta de amenidad.

árido, -da *adj.* 1 [lugar, clima] Que es seco o carece de humedad. 2 Que es poco ameno. ‖ *m. pl.* 3 Granos, legumbres y frutos secos.

aries *adj./com.* [persona] Que ha nacido entre el 21 de marzo y el 19 de abril, tiempo en que el Sol recorre aparentemente Aries.

ariete *m.* 1 Máquina militar para derribar murallas y otros obstáculos; consistía en un tronco de madera acabado en uno de sus extremos en una pieza de hierro en forma de cabeza de carnero. 2 Delantero centro de un equipo de fútbol.

ario, aria *adj.* 1 Que pertenece a una raza supuestamente pura de estirpe nórdica. ‖ *m. y f.* 2 Persona de la raza aria.

-ario, -aria 1 Sufijo que entra en la formación de sustantivos con el significado de: *a*) 'Profesión'. *b*) 'Lugar'. 2 Sufijo que entra en la formación de adjetivos con el significado de 'relación', 'pertenencia'.

arisco, -ca *adj.* Que es difícil de tratar.

arista *f.* 1 Línea de intersección de dos planos. 2 Borde de un objeto cortado o trabajado.

aristocracia *f.* 1 Clase social de los nobles. 2 Grupo de personas que destaca entre los demás por alguna circunstancia. 3 Forma de gobierno en que el poder está en manos de los nobles y de las clases sociales altas.

aristócrata *com.* Persona que pertenece a la aristocracia.

aristocrático, -ca *adj.* De la aristocracia o relacionado con ella.

aritmética *f.* Parte de las matemáticas que estudia los números y las operaciones que se pueden hacer con ellos.

aritmético, -ca *adj.* De la aritmética.

arlequín *m.* Personaje cómico que lleva una máscara negra y un traje de cuadros o rombos de distintos colores.

arma *f.* 1 Instrumento o máquina para atacar o defenderse. **arma bacteriológica** Sustancia química que se arroja al enemigo para contagiarlo de una enfermedad que provoque su muerte o su invalidez para el combate. **arma blanca** Arma que tiene una hoja cortante y puede herir por el filo o por la punta, como un cuchillo, una espada, etc. **arma de fuego** Arma que utiliza una materia explosiva para lanzar proyectiles. 2 Sección del ejército de tierra. 3 Defensa natural de los animales. ‖ *f. pl.* 4 Medios para conseguir algo. 5 Profesión o carrera militar.

OBS En singular se le anteponen los determinantes *el, un,* salvo que entre estos y el nombre haya otra palabra.

armada *f.* 1 Conjunto de las fuerzas navales de un estado. 2 Conjunto de embarcaciones de guerra.

armadillo *m.* Mamífero de la América meridional cuyo dorso y cola están protegidos por placas córneas articuladas.

armador, -ra *m. y f.* Constructor de barcos.

armadura *f.* 1 Conjunto de piezas de metal articuladas que los guerreros de la Edad Media llevaban para protegerse del enemigo. 2 Armazón. 3 FÍS. Sistema de dos conductores para almacenar energía eléctrica.

armamentismo *m.* Doctrina política que defiende el incremento progresivo del número y calidad de las armas de un país.

armamentista *adj.* 1 De la producción de armas de guerra. ‖ *adj./com.* 2 [persona] Que es partidario del armamentismo.

armamento *m.* 1 Conjunto de armas de uso militar. 2 Acción de armar o armarse.

armar *tr./prnl.* 1 Proporcionar armas. 2 Preparar todo lo necesario para hacer frente a una necesidad. ‖ *tr.* 3 Juntar las piezas de un aparato o mueble y ajustarlas entre sí. 4 Originar, provocar una riña o escándalo. ‖ *prnl.* 5 Prepararse para resistir una contrariedad. 6 Formarse una cosa que no está prevista.

armario *m.* Mueble con puertas y, generalmente, con estantes y cajones para guardar ropa y otros objetos.

armatoste *m.* Objeto grande y pesado que está mal hecho o es poco útil.

armazón *amb.* Conjunto de piezas sobre las que se arma algo.

armella *f.* Anillo de metal con un tornillo o clavo que se fija en algo sólido.

armenio, -nia *adj.* 1 De Armenia. ‖ *adj./m. y f.* 2 [persona] Que es de Armenia. ‖ *m.* 3 Grupo de lenguas indoeuropeas que se habla en Armenia.

armería *f.* Lugar en el que se guardan, venden o exhiben armas.

armero, -ra *m. y f.* Persona que se dedica a hacer, vender o cuidar armas.

armiño *m.* Mamífero de piel suave, parda en verano y blanca en invierno.

armisticio *m.* Acuerdo por el que se deja de combatir durante cierto tiempo.

armonía *f.* 1 Proporción y correspondencia adecuada entre las cosas. 2 Relación buena o de paz. 3 Combinación de sonidos que resulta agradable. 4 MÚS. Técnica de formar y disponer los acordes.

armónica *f.* Instrumento musical de viento compuesto por un soporte alargado de madera o metal con varias ranuras en las que hay una serie de lengüetas.

armónico, -ca *adj.* 1 De la armonía. ‖ *m.* 2 MÚS. Sonido agudo que acompaña a uno fundamental y que se produce por resonancia.

armonio *m.* Instrumento musical de viento más pequeño que un órgano.

armonioso, -sa *adj.* 1 Que suena bien y es agradable al oído. 2 Que es amistoso o pacífico. 3 Que tiene armonía.

armonización *f.* 1 Acción de armonizar. 2 Efecto de armonizar.

armonizar [4] *tr.* 1 Crear armonía. ‖ *intr.* 2 Estar en armonía.

arneses *m. pl.* Conjunto de las correas, la silla y otros efectos que se ponen a las caballerías.

árnica *f.* 1 Planta medicinal de hojas ovaladas y flores grandes, amarillas y de olor fuerte. 2 Tintura que se obtiene de la flor y raíz de esta planta.

OBS En singular se le anteponen los determinantes *el*, *un*, salvo que entre estos y el nombre haya otra palabra.

aro *m.* **1** Pieza de material rígido en forma de circunferencia. **2** Juguete en forma de circunferencia que los niños hacen girar por el suelo con la ayuda de un palo o una vara delgada. **3** ARG, CHILE Pendiente, joya.

aroma *m.* Olor muy agradable.

aromático, -ca *adj.* Que tiene aroma.

aromatizante *m.* Sustancia que se añade a un alimento para darle aroma.

aromatizar [4] *tr.* Dar aroma.

arpa *f.* Instrumento musical de cuerda, de forma triangular.

OBS En singular se le anteponen los determinantes *el*, *un*, salvo que entre estos y el nombre haya otra palabra.

arpegio *m.* MÚS. Sucesión de tres o más sonidos que forman un acorde.

arpía *f.* **1** Mujer perversa. **2** Ser mitológico con la cabeza de mujer y el cuerpo de ave de rapiña.

OBS También se escribe *harpía*.

arpillera *f.* Tejido fuerte y áspero que se usa para hacer sacos y embalar.

OBS También se escribe *harpillera*.

arpista *com.* Persona que toca el arpa.

arpón *m.* Instrumento de pesca formado por una barra larga de hierro o de madera acabada en uno de sus extremos en una punta para herir y otras dos para apresar.

arponear *tr.* Pescar con arpón.

arponero, -ra *m.* Persona que pesca con arpón.

arquear *tr./prnl.* Dar forma de arco.

arqueo- Elemento prefijal que entra en la formación de palabras con el significado de 'antiguo', 'primitivo'.

arqueología *f.* Ciencia que investiga las civilizaciones antiguas mediante el estudio, la descripción y la interpretación de los restos que nos han legado.

arqueológico, -ca *adj.* De la arqueología.

arqueólogo, -ga *m. y f.* Persona que se dedica a la arqueología.

arquero, -ra *m. y f.* **1** Persona que practica el tiro con arco. ‖ *m.* **2** Soldado armado con arco. **3** En algunos deportes, portero.

arqueta *f.* Cofre pequeño adornado y hecho con materiales nobles.

arquetípico, -ca *adj.* Del arquetipo.

arquetipo *m.* Modelo original que sirve de patrón.

-arquía Elemento sufijal que entra en la formación de sustantivos femeninos con

el significado de 'gobierno', 'dominio', 'mando'.

arquitecto, -ta *m. y f.* Persona que se dedica a la arquitectura.

arquitectónico, -ca *adj.* De la arquitectura.

arquitectura *f.* **1** Técnica de diseñar y construir edificios. **2** Arte de diseñar y construir edificios.

arquitrabe *m.* ARQ. Parte inferior del entablamento de una columna.

arquivolta *f.* ARQ. Conjunto de molduras que decoran la parte frontal de un arco.

arrabal *m.* Barrio o zona a las afueras de una ciudad, generalmente pobre.

arrabalero, -ra *adj./m. y f.* **1** Que vive en un arrabal. **2** Que es grosero.

arracimarse *prnl.* Unirse en forma de racimo.

arraigar [7] *intr./prnl.* **1** Echar raíces una planta. ‖ *tr./intr.* **2** Hacer firme y duradero un sentimiento o costumbre. ‖ *prnl.* **3** Establecerse en un lugar.

arraigo *m.* **1** Acción de arraigar o arraigarse. **2** Efecto de arraigar o arraigarse.

arramblar *intr.* Coger y llevarse todo lo que hay en algún lugar.

arramplar *intr.* Arramblar.

arrancar [1] *tr.* **1** Separar una cosa tirando con fuerza. **2** Conseguir una cosa de una persona con mucho esfuerzo. ‖ *intr.* **3** Comenzar a funcionar o moverse. **4** Comenzar a hacer una cosa. **5** Tener una cosa su origen en otra.

arranque *m.* **1** Comienzo, origen o principio. **2** Manifestación violenta y repentina de un sentimiento. **3** Valor o decisión para hacer algo. **4** Mecanismo que pone en funcionamiento un motor. **5** Idea original y generalmente divertida. **6** ARQ. Principio de un arco o bóveda.

arras *f. pl.* Conjunto de las trece monedas que entrega el novio a la novia durante la ceremonia de la boda.

arrasar *tr.* Destruir totalmente.

arrastrado, -da *adj.* Pobre, mísero.

arrastrar *tr.* **1** Llevar a una persona o cosa por el suelo tirando de ella. **2** Tirar para llevar tras de sí. **3** Impulsar a una persona a pensar o actuar de determinada manera. **4** Soportar penosamente algo desde hace tiempo. **5** Tener como consecuencia inevitable. ‖ *intr.* **6** Colgar rozando el suelo. ‖ *prnl.* **7** Moverse y avanzar con el cuerpo pegado al suelo. **8** Humillarse vilmente para conseguir una cosa.

arrastre *m.* Acción de arrastrar. ▸ **para el arrastre** Muy cansado.

arrayán *m.* Arbusto oloroso con las hojas pequeñas y duras, flores blancas y frutos en bayas de color negro azulado.

¡arre! *int.* Se usa para arrear las caballerías.

¡arrea! *int. coloquial* Indica sorpresa.

arrear *tr.* 1 Hacer que una caballería camine. 2 Dar un golpe.

arrebatado, -da *adj.* 1 Impetuoso o impulsivo. 2 De color muy vivo.

arrebatar *tr.* 1 Quitar con violencia o con rapidez. ▌*prnl.* 2 Enfadarse, irritarse. 3 Cocerse o asarse mal un alimento por exceso de fuego.

arrebato *m.* Manifestación violenta y repentina de un sentimiento.

arrebol *m.* 1 Color rojo de las nubes iluminadas por los rayos del sol. 2 Color rojo en el rostro de la mujer.

arrebujar *tr.* 1 Arrugar o amontonar sin orden una cosa flexible. ▌*tr./prnl.* 2 Cubrir bien o envolver con una sábana u otra prenda.

arrechucho *m. coloquial* Indisposición pasajera y de poca gravedad.

arreciar [12] *intr./prnl.* Hacerse cada vez más fuerte o más intensa una cosa.

arrecife *m.* Banco o bajío de coral a flor de agua.

arrecirse *prnl.* Quedarse paralizado o entumecido a causa del frío.

OBS Es defectivo. Se usa generalmente en infinitivo y en participio y en los tiempos y personas que contienen la vocal *i*.

arredrar *tr./prnl.* Causar miedo.

arreglar *tr.* 1 Poner en regla o en orden. 2 Componer una cosa estropeada para que vuelva a funcionar. 3 Echar especias u otras sustancias a las comidas. 4 *coloquial* Imponer un castigo. ▌*tr./prnl.* 5 Asear y vestir a alguien para salir a la calle. ▌*prnl.* 6 Encontrar la manera de solucionar un problema.

arreglista *com.* Persona que se dedica al arreglo o adaptación de composiciones musicales.

arreglo *m.* 1 Acción de arreglar o arreglarse. 2 Efecto de arreglar o arreglarse. 3 Regla, orden. 4 Adaptación de una composición musical.

arrejuntarse *prnl. coloquial* Vivir juntas y mantener relaciones sexuales dos personas que no están casadas entre sí.

arrellanarse *prnl.* Sentarse con comodidad, extendiendo y recostando el cuerpo.

arremangar [7] *tr./prnl.* Recoger hacia arriba la parte de abajo de las mangas o de una prenda de vestir.

arremeter *intr.* Atacar con ímpetu.

arremetida *f.* Ataque impetuoso.

arremolinarse *prnl.* 1 Amontonarse sin orden. 2 Formar remolinos el aire, el agua, el polvo o el humo.

arrendamiento *m.* 1 Acción de arrendar. 2 Cantidad de dinero que se paga cada cierto período al propietario de una casa u otro bien que se ha tomado en alquiler.

arrendar [27] *tr.* Dar o tomar una cosa para usarla por un tiempo determinado a cambio de una cantidad de dinero.

arrendatario, -ria *adj./m. y f.* [persona, empresa] Que arrenda una cosa.

arreos *m. pl.* Conjunto de correas y adornos que se ponen a las caballerías.

arrepentido, -da *m. y f.* Miembro de una organización clandestina o ilegal que facilita información a la justicia a cambio de su libertad o de otros beneficios.

arrepentimiento *m.* Pesar que se siente por haber cometido una falta.

arrepentirse [35] *prnl.* 1 Sentir pesar por haber cometido una falta. 2 Cambiar de opinión o no cumplir un compromiso.

arrestar *tr.* Prender a una persona.

arresto *m.* 1 Acción de arrestar. 2 Pena de privación de libertad de menos de seis meses de duración. 3 Valor o determinación para hacer algo. Se usa más en plural.

arrianismo *m.* Herejía del siglo III que negaba la divinidad de Jesucristo.

arriano, -na *adj.* 1 Del arrianismo. ▌*adj. y f.* 2 [persona] Que creía en esta herejía.

arriar [13] *tr.* Bajar una vela o bandera.

arriate *m.* Franja de tierra para plantas junto a una pared.

arriba *adv.* 1 Hacia un lugar o parte superior o más alta. 2 En un lugar o parte superior o más alta. ▸ **¡arriba!** *int.* 3 Se usa para dar ánimos o para indicar que se está a favor de una cosa.

arribada *f.* Acción de arribar.

arribar *intr.* Llegar un barco a puerto.

arribeño, ña *adj./m. y f.* AMÉR [persona] Que es originario de tierras altas.

arribismo *m.* Cualidad de arribista.

arribista *adj./com.* Persona que quiere progresar rápidamente y para conseguirlo utiliza todos los medios a su alcance.

arribo *m.* Arribada.

arriendo *m.* Acción de arrendar.

arriero *m.* Persona que se dedica a traer y llevar animales de carga.

arriesgado, -da *adj.* Que puede causar algún daño o pérdida.

arriesgar [7] *tr./prnl.* Exponer a un riesgo.

arrimar *tr./prnl.* **1** Poner una persona o cosa junto a otra. ‖ *prnl.* **2** Buscar la protección de una persona.

arrinconar *tr.* **1** Poner en un rincón. **2** Apartar a alguien de un puesto o privarlo de ciertos privilegios. **3** Llevar a una persona o un animal hasta un lugar de estrechos límites e impedirle la salida.

arriñonado, -da *adj.* De forma de riñón.

arritmia *f.* Falta de ritmo cardíaco.

arroba *f.* **1** Unidad de peso que equivalía a 11,502 kilogramos. **2** Signo tipográfico (@) que se utiliza en las direcciones de los e-mails para separar el nombre del usuario del servidor.

arrobamiento *m.* Estado de la persona que siente intenso placer o admiración.

arrobar *tr./prnl.* Producir un intenso sentimiento de placer o admiración.

arrocero, -ra *adj.* **1** Del arroz. ‖ *m. y f.* **2** Persona que cultiva o vende arroz.

arrodillar *tr.* **1** Hacer que alguien hinque una o las dos rodillas en el suelo. ‖ *prnl.* **2** Ponerse de rodillas.

arrogancia *f.* Actitud de la persona arrogante.

arrogante *adj.* Que es orgulloso y soberbio y se cree superior a los demás.

arrogarse *prnl.* Atribuirse sin derecho una facultad, jurisdicción, etc.

arrojadizo, -za *adj.* [arma, objeto] Que se puede arrojar o lanzar a distancia.

arrojado, -da *adj.* Que es valiente y decidido y no se detiene ante el peligro.

arrojar *tr.* **1** Lanzar un objeto con fuerza en una determinada dirección. **2** Dejar caer al suelo. **3** Despedir de sí. **4** Presentar o dar como resultado. ‖ *prnl.* **5** Dejarse caer con violencia de arriba abajo. **6** Ir o dirigirse con violencia hacia alguien o algo.

arrojo *m.* Valor o determinación.

arrollar *tr.* **1** Formar un rollo con una cosa. **2** Atropellar un vehículo a una persona, animal o cosa. **3** Vencer, superar o dominar por completo. **4** Comportarse con desprecio hacia los demás. **5** Confundir o sorprender a alguien.

arropar *tr./prnl.* **1** Cubrir o abrigar con ropa. **2** Proteger o defender.

arrope *m.* Mosto espeso y oscuro que se cuece con trozos de frutas y azúcar.

arrostrar *tr.* Hacer frente a los peligros o dificultades con valor y entereza.

arroyo *m.* **1** Corriente pequeña de agua que puede secarse en verano. **2** Cauce por donde corre esta agua. **3** Ambiente miserable y humilde.

arroz *m.* **1** Semilla o conjunto de semillas, en forma de grano alargado y color claro o blanco. **2** Cereal que produce esta semilla. **3** Comida hecha con esas semillas.

arrozal *m.* Terreno sembrado de arroz.

arruga *f.* **1** Pliegue o surco pequeño en la piel. **2** Pliegue o raya en la ropa o en el papel.

arrugar [7] *tr./prnl.* Hacer arrugas.

arruinar *tr./prnl.* **1** Causar ruina. **2** Destruir u ocasionar grave daño. **3** No llegar a alcanzar una cosa el estado de desarrollo que le corresponde.

arrullar *intr.* **1** Emitir arrullos la paloma o la tórtola. ‖ *tr.* **2** Cantar o emitir un sonido suave con la voz para dormir a un niño.

arrullo *m.* **1** Canto grave y monótono de las palomas y las tórtolas. **2** Canción monótona y suave con que se intenta dormir a un niño.

arrumaco *m.* Demostración de cariño hecha con gestos o ademanes.

OBS Se usa frecuentemente en plural.

arrumbar *tr.* **1** Poner una cosa en un rincón o sitio apartado para retirarla del uso. **2** MAR. Poner rumbo a un sitio.

arsenal *m.* **1** Depósito de armas y otro material de guerra. **2** Lugar en el que se construyen y reparan embarcaciones. **3** Conjunto o depósito de datos o noticias.

arsénico *m.* Metaloide gris y quebradizo que es venenoso.

arte *amb.* **1** Obra o actividad por la que una persona muestra simbólicamente un aspecto de la realidad o un sentimiento valiéndose de la materia, la imagen y el sonido. **arte abstracto** Arte que no representa objetos, sino sus características o cualidades. **arte figurativo** Arte que representa objetos que existen en la realidad. **bellas artes** Conjunto de artes que se valen del color, la forma, el lenguaje, el sonido y el movimiento para expresar algo. **2** Conjunto de reglas y conocimientos necesarios para desarrollar una actividad. **3** Habilidad para hacer bien ciertas cosas. **4** Instrumento de pesca. ▶ **artes marciales** Conjunto de deportes de origen oriental basados en la lucha cuerpo a cuerpo. ▶ **malas artes** Procedimientos poco éticos para conseguir algo.

artefacto *m.* 1 Máquina o aparato grande o hecho con poca técnica. 2 Carga explosiva.

artejo *m.* ZOOL. Pieza articulada que forma las extremidades de los artrópodos.

arteria *f.* 1 Conducto por el que la sangre sale del corazón y llega a todo el cuerpo. 2 Vía de comunicación importante, como una carretera, autopista, etc.

artería *f.* Modo de actuar de la persona que usa el engaño y la astucia para conseguir algo.

arterial *adj.* De la arteria.

arterio-, arteri- Elemento prefijal que entra en la formación de palabras con el significado de 'arteria'.

arteriosclerosis *f.* MED. Endurecimiento de las paredes arteriales.

OBS El plural también es *arteriosclerosis*.

artero, -ra *adj.* Que usa el engaño y la astucia para conseguir algo.

artesa *f.* Recipiente rectangular para amasar pan, cuyos lados se van estrechando hacia el fondo.

artesanal *adj.* De la artesanía.

artesanía *f.* 1 Técnica para fabricar objetos o productos a mano. 2 Objeto o producto fabricado según esta técnica.

artesano, -na *adj.* 1 De la artesanía. || *m. y f.* 2 Persona que se dedica a la artesanía.

artesiano *adj.* GEOL. [pozo] Que se practica entre dos capas subterráneas impermeables de manera que el agua allí contenida salga por su propia presión.

artesón *m.* Moldura de madera en forma de cuadrado u otra figura regular, cóncava y con algún adorno en el interior.

artesonado, -da *adj./m.* ARQ. [techo, cubierta] Que está adornado con artesones.

ártico, -ca *adj.* Del polo norte.

articulable *adj.* Que puede ser articulado.

articulación *f.* 1 Acción de articular. 2 Punto de unión de dos huesos. 3 GRAM. Posición y movimiento de los órganos del aparato vocal para pronunciar un sonido.

articulado, -da *adj.* 1 Que tiene articulaciones. 2 GRAM. [lenguaje] Que está formado por un número determinado de sonidos que se combinan de manera diferente para formar palabras con significado. || *m.* 3 Conjunto de artículos de una ley, un tratado o un reglamento.

articular *tr.* 1 Unir dos piezas de manera que sea posible el movimiento entre ellas. 2 Pronunciar un sonido colocando los órganos del aparato vocal de manera correc-

ta. 3 Unir distintos elementos para formar un conjunto ordenado.

articulatorio, -ria *adj.* 1 De la articulación de los sonidos del lenguaje. 2 De la articulación de los huesos.

articulista *com.* Persona que escribe artículos periodísticos.

artículo *m.* 1 Escrito breve sobre un tema en un periódico, revista, etc. 2 Producto u objeto que se compra o se vende. 3 GRAM. Determinante que acompaña al nombre e indica que nos referimos a un elemento conocido o a la especie en general; concuerda con el nombre en género y número. 4 Parte de un tratado, ley o documento oficial que forma con otras iguales una serie numerada y ordenada. 5 En un diccionario, párrafo que recoge toda la información sobre una palabra.

artífice *com.* 1 Autor de una cosa. 2 Persona que hace trabajos artísticos o delicados con las manos.

artificial *adj.* 1 Que ha sido hecho por el hombre y no por la naturaleza. 2 Que no es sincero, que es falso o fingido.

artificiero *m.* Persona especializada en el manejo de explosivos.

artificio *m.* 1 Máquina o aparato. 2 En una obra artística, exceso de elaboración. 3 Habilidad para producir un efecto, imitar o disimular.

artificiosidad *f.* Calidad de artificioso.

artificioso, -sa *adj.* Falto de naturalidad.

artillería *f.* 1 Conjunto de máquinas de guerra. 2 En el ejército de tierra, cuerpo destinado a usar esas máquinas.

artillero, -ra *adj.* 1 De la artillería. || *m.* 2 Soldado que sirve en un cuerpo de artillería. 3 Persona que, en las explotaciones petrolíferas, maneja las cargas explosivas. 4 En fútbol, delantero centro.

artilugio *m.* Mecanismo o aparato, especialmente si su manejo es complicado.

artimaña *f.* Medio que se emplea con habilidad para engañar o evitar un engaño.

artiodáctilo, -la *adj./m.* 1 ZOOL. [mamífero] Que pertenece al orden de los artiodáctilos. || *m. pl.* 2 ZOOL. Orden de mamíferos que tienen un número par de dedos en cada pata, de los cuales el tercero y el cuarto están más desarrollados.

artista *com.* 1 Persona que se dedica a una o más de las bellas artes o hace obras de arte. 2 Persona que trabaja profesionalmente como cantante, actor o bailarín. 3 Persona que hace muy bien una cosa o destaca en una actividad.

artístico, -ca *adj.* **1** Del arte. **2** Que está hecho con arte.

artrítico, -ca *adj.* **1** De la artritis. ‖ *adj./m. y f.* **2** Que padece artritis.

artritis *f.* Inflamación dolorosa de las articulaciones de los huesos.

OBS El plural también es *artritis*.

artrópodo, -la *adj./m.* **1** ZOOL. [animal] Que pertenece al tipo de los artrópodos. ‖ *m. pl.* **2** ZOOL. Tipo de animales invertebrados que tienen las patas y las antenas compuestas por piezas articuladas y el cuerpo recubierto de una sustancia dura.

artrosis *f.* Enfermedad grave que altera y deforma las articulaciones de los huesos.

OBS El plural también es *artrosis*.

arveja *f.* ARG, CHILE, COL, URUG **1** Hortaliza trepadora de flores blancas o rojizas. **2** Semilla redonda y verde de esta planta, que se encierra con otras en una vaina alargada.

arzobispado *m.* **1** Dignidad de arzobispo. **2** Jurisdicción del arzobispo. **3** Lugar donde trabaja el arzobispo.

arzobispal *adj.* Del arzobispo.

arzobispo *m.* Obispo de una provincia eclesiástica.

as *m.* **1** Carta de la baraja que lleva el número uno. **2** Cara del dado que tiene un solo punto. **3** Persona que sobresale en una actividad.

OBS El plural es *ases*.

asa *f.* Parte por donde se coge un objeto.

OBS En singular se le anteponen los determinantes *el*, *un*, salvo que entre estos y el nombre haya otra palabra.

asado *m.* Carne asada.

asador *m.* **1** Varilla puntiaguda en la que se ensarta y pone al fuego lo que se quiere asar. **2** Aparato para cocinar a la acción directa del fuego. **3** Establecimiento en el que sirven comidas asadas.

asalariado, -da *adj./m. y f.* [persona] Que percibe un salario por su trabajo.

asalmonado, -da *adj.* **1** [pescado] Que se parece en la carne al salmón. **2** De color rosa pálido, como el del salmón.

asaltante *adj./com.* Que asalta.

asaltar *tr.* **1** Entrar repentina y violentamente en un lugar para apoderarse de él o robar. **2** Atacar por sorpresa para robar. **3** Venir de repente a la mente un pensamiento o una idea.

asalto *m.* **1** Parte de un combate de boxeo. **2** Acción de asaltar.

asamblea *f.* Reunión de personas con un fin.

asambleísta *com.* Persona que forma parte de una asamblea.

asar *tr.* **1** Cocinar un alimento sometiéndolo a la acción directa del fuego. ‖ *prnl.* **2** Sentir mucho calor.

ascendencia *f.* **1** Conjunto de los antepasados de una persona. **2** Procedencia.

ascendente *adj.* Que asciende o sube.

ascender [28] *intr.* **1** Subir a un lugar, punto o grado más alto. **2** Costar cierta cantidad de dinero. ‖ *tr./intr.* **3** Pasar de una categoría o puesto menos importante a otro más alto o de más importancia.

ascendiente *com.* **1** Antepasado. ‖ *m.* **2** Influencia o autoridad moral.

ascensión *f.* **1** Acción de ascender. **2** Efecto de ascender.

ascenso *m.* **1** Ascensión. **2** Paso de un puesto o categoría a otro más importante.

ascensor *m.* Aparato para subir y bajar en un edificio.

ascensorista *com.* Persona que se dedica a manejar un ascensor.

asceta *com.* Persona que se dedica a la práctica del perfeccionamiento espiritual.

ascético, -ca *adj.* Del asceta o el ascetismo.

ascetismo *m.* **1** Ejercicio y práctica de un estilo de vida austero y sencillo para conseguir la perfección espiritual. **2** Doctrina en la que se basa este estilo de vida.

ASCII *m.* Sistema estandarizado de codificación informática para representar caracteres de manera que permita el intercambio de información entre distintos sistemas o programas.

asco *m.* **1** Alteración del estómago que produce ganas de vomitar. **2** Sensación de disgusto o rechazo.

ascua *f.* Trozo de carbón o de leña que arde sin llama. ▸ **arrimar el ascua a su sardina** Tomar uno la decisión que más favorece sus intereses. ▸ **en** (o **sobre**) **ascuas** Inquieto o sobresaltado.

OBS En singular se le anteponen los determinantes *el*, *un*, salvo que entre estos y el nombre haya otra palabra.

asear *tr.* Limpiar y poner en orden.

asechanza *f.* Engaño oculto o disimulado.

asediar [12] *tr.* **1** Rodear un lugar enemigo para evitar que los que están dentro puedan salir o recibir ayuda. **2** Molestar continuamente.

asedio *m.* **1** Acción de asediar. **2** Efecto de asediar.

asegurado *adj./m. y f.* Que ha contratado un seguro.

asegurador, -ra *adj./m. y f.* [persona, empresa] Que asegura bienes ajenos.

asegurar *tr.* 1 Afirmar que una cosa es verdad. 2 Sujetar o fijar sólidamente. 3 Firmar un seguro, documento que cubre riesgos. ▍ *prnl.* 4 Comprobar una cosa para estar bien seguro.

asemejar *tr.* 1 Hacer semejante una cosa a otra. ▍ *prnl.* 2 Parecerse una cosa a otra.

asentamiento *m.* 1 Acción de asentar o asentarse. 2 Efecto de asentar o asentarse. 3 Lugar en el que se establece un pueblo.

asentar [27] *tr.* 1 Poner una cosa en un lugar para que quede firme. 2 Establecer los principios o las bases sobre las que se consolida algo. ▍ *prnl.* 3 Establecerse en un lugar de manera permanente. 4 Depositarse en el fondo de un líquido la materia sólida que está flotando en él.

asentimiento *m.* Aceptación o permiso.

asentir [35] *intr.* Admitir como cierto.

aseo *m.* 1 Habitación en la que están el váter y otros elementos que sirven para la higiene personal, a excepción de la ducha o la bañera. 2 Limpieza o arreglo de algo.

asépalo, -la *adj.* [flor] Que carece de sépalos.

asepsia *f.* 1 Ausencia de bacterias y microbios. 2 Método para impedir el acceso de gérmenes nocivos al organismo.

aséptico, -ca *adj.* 1 Que no tiene gérmenes infecciosos. 2 Que no se compromete o no muestra emoción.

asequible *adj.* Que se puede conseguir.

aserción *f.* Afirmación.

aserradero *m.* Lugar donde se asierra la madera.

aserrar [27] *tr.* Cortar con una sierra.

asertivo, -va *adj.* Que indica afirmación o sirve para afirmar.

aserto *m.* Afirmación.

asesinar *tr.* Matar a una persona con premeditación u otras agravantes.

asesinato *m.* 1 Acción de asesinar. 2 Efecto de asesinar.

asesino, -na *adj./m. y f.* Que asesina.

asesor, -ra *adj./m. y f.* Que asesora.

asesoramiento *m.* Consejo u opinión de un experto.

asesorar *tr./prnl.* Dar consejo.

asesoría *f.* 1 Oficio del asesor. 2 Establecimiento donde trabaja el asesor.

asestar *tr.* Dar un golpe, clavar un puñal o disparar un arma de fuego.

aseveración *f.* 1 Acción de aseverar. 2 Efecto de aseverar.

aseverar *tr.* Declarar que algo es cierto.

asexuado, -da *adj.* Que no tiene sexo.

asexual *adj.* 1 Asexuado. 2 BIOL. [reproducción] Que se produce sin intervención de los dos sexos.

asfaltar *tr.* Cubrir con asfalto.

asfáltico, -ca *adj.* Que contiene asfalto.

asfalto *m.* 1 Sustancia densa derivada del petróleo, negra y muy impermeable; mezclada con arena o grava, se usa para pavimentar. 2 Superficie pavimentada.

asfixia *f.* 1 Falta de oxígeno en la sangre provocada por un fallo en la respiración. 2 Sensación de agobio por el excesivo calor o el enrarecimiento del aire.

asfixiante *adj.* Que asfixia o ahoga.

asfixiar [12] *tr./prnl.* 1 Impedir o dificultar la respiración. 2 Provocar o tener la sensación de no poder respirar.

así *adv.* 1 De esta o de esa manera. 2 En oraciones exclamativas e interrogativas indica extrañeza o admiración. 3 Con un verbo en subjuntivo expresa un deseo o maldición. ▍ *adj.* 4 Tal, semejante. ▍ *conj.* 5 Aunque, por más que. 6 Indica consecuencia. ▍ *adj.* 4 Tal, semejante. ▍ *conj.* 5 Aunque, por más que. 6 Indica consecuencia. ▸ **así como** o **así que** Tan pronto como, en el momento en que. ▸ **así pues** o **así que** En consecuencia, por lo cual.

asiático, -ca *adj.* 1 De Asia. ▍ *adj./m. y f.* 2 [persona] Que es de Asia.

asidero *m.* 1 Parte de un objeto que sirve para asirlo o cogerlo. 2 [persona, cosa] Que sirve de apoyo, ayuda o pretexto.

asiduidad *f.* Constancia en la realización de algo.

asiduo, -dua *adj.* 1 [persona] Que es perseverante. 2 [actividad] Que se hace constante y frecuentemente.

asiento *m.* 1 Mueble o lugar para sentarse. 2 Parte de un mueble u objeto donde alguien se sienta. 3 Lugar en que está situado un pueblo o un edificio. 4 Parte de un recipiente que sirve de base o apoyo. 5 Apunte o anotación que se hace en un registro o libro. ▸ **tomar asiento** Sentarse.

asignación *f.* 1 Acción de asignar. 2 Cantidad de dinero que se da a una persona o institución de manera periódica.

asignar *tr.* 1 Señalar que una cosa le corresponde a una persona. 2 Fijar un día para hacer una cosa, ponerse de acuerdo en una fecha.

asignatario, -ria *m. y f.* AMÉR Persona a quien se otorga una herencia o un legado.

asignatura *f.* Materia de un plan o programa de estudios.

asilar *tr.* Dar asilo político a un emigrado.

asilo *m.* 1 Establecimiento benéfico en el que se acoge a personas pobres o que no tienen casa. 2 Ayuda o protección. **asilo político** Protección que un estado da a una persona extranjera que es perseguida en su país por motivos políticos.

asilvestrado, -da *adj.* [animal doméstico o domesticado] Que se vuelve salvaje.

asimetría *f.* Falta de simetría.

asimétrico, -ca *adj.* Que tiene dos mitades o partes que no son exactamente coincidentes en forma y tamaño.

asimilación *f.* 1 Acción de asimilar. 2 Efecto de asimilar.

asimilar *tr.* 1 Transformar un organismo los alimentos que toma en sustancias útiles para la vida. 2 Incorporar los conocimientos nuevos a los que ya se tenían. 3 Hacer que algo sea similar a otra cosa. 4 Aceptar una situación o adaptarse a ella. 5 Conceder a los miembros de una carrera o profesión iguales derechos que los de otra. ▌*prnl.* 6 Parecerse una cosa a otra.

asimismo *adv.* De la misma manera.

asíndeton *m.* *culto* Figura del lenguaje que consiste en suprimir las conjunciones.

OBS El plural también es *asíndeton*.

asintomático, -da *adj.* [persona, animal] Que padece una enfermedad o afección y no presenta síntomas.

asir [65] *tr./prnl.* Coger con fuerza, especialmente con la mano.

asirio, -ria *adj.* 1 De Asiria. ▌*adj./m. y f.* 2 [persona] Que nació en Asiria. ▌*m.* 3 Lengua semítica hablada antiguamente en esta región.

asistencia *f.* 1 Acción de asistir. 2 Conjunto de personas presentes en un local o acto. 3 Ayuda o cuidado que se da a una persona. 4 En baloncesto, pase de un jugador a otro mejor situado. ▌*f. pl.* 5 Conjunto de personas que prestan ayuda o cuidados. ▸ **asistencia social** Ayuda médica, económica o social prestada de manera gratuita a las personas que carecen de recursos económicos, generalmente por parte de una institución oficial.

asistenta *f.* Mujer que se dedica a la limpieza y servicio doméstico en una casa distinta de la suya a cambio de dinero.

asistente *adj./com.* 1 Que está presente en un lugar o acto. ▌*com.* 2 Persona que ayuda o auxilia a otra en algunos actos o tareas. **asistente social** Persona que se dedica a asesorar a personas que carecen de

recursos económicos, gestionando las ayudas que presta la asistencia social.

asistir *intr.* 1 Estar presente en un lugar o en un acto. ▌*tr.* 2 Ayudar a una persona, atenderla o cuidarla. 3 Estar la razón o el derecho de parte de una persona.

asma *f.* Enfermedad del aparato respiratorio caracterizada por respiración anhelosa y difícil, tos, sensación de ahogo y expectoración escasa.

OBS En singular se le anteponen los determinantes *el, un,* salvo que entre estos y el nombre haya otra palabra.

asmático, -ca *adj.* 1 Del asma. ▌*adj./m. y f.* 2 Que padece asma.

asnal *adj.* Del asno.

asno *m.* 1 Cuadrúpedo doméstico más pequeño que el caballo, con orejas y cola largas y pelo áspero y gris; se usa para trabajos en el campo y para la carga. ▌*adj./m.* 2 *coloquial* Torpe y poco inteligente.

asociación *f.* 1 Acción de asociar o asociarse. 2 Efecto de asociar o asociarse. 3 Conjunto de asociados.

asociacionismo *m.* Tendencia a formar asociaciones para defender intereses.

asociado, -da *m. y f.* Persona que forma parte de una asociación o sociedad.

asociar [12] *tr./prnl.* 1 Unir a una persona, entidad o cosa con otra u otras para un fin. ▌*tr.* 2 Relacionar dos ideas o conceptos que tienen algo en común. 3 Unir o juntar.

asociativo, -va *adj.* Que induce a la asociación o que es el resultado de ella.

asolar *tr.* 1 Destruir totalmente. En esta acepción es irregular; se conjuga como *contar*, aunque se tiende a conjugarlo también como regular. ▌*tr./prnl.* 2 Secar el campo el calor o la sequía.

asomar *intr.* 1 Empezar a mostrarse una persona o cosa. ▌*tr./prnl.* 2 Sacar o mostrar una cosa por una abertura o por detrás de alguna parte.

asombrar *tr./prnl.* Causar asombro.

asombro *m.* 1 Gran admiración o sorpresa. 2 Persona o cosa que causa admiración o sorpresa.

asombroso, -sa *adj.* Que causa asombro.

asomo *m.* Muestra o señal de una cosa.

asonancia *f.* *culto* Igualdad de las vocales en la terminación de dos palabras, especialmente si son finales de verso, a partir de su última vocal acentuada.

asonantar *tr.* Rimar versos en asonante.

asonante *adj.* *culto* [palabra] Que rima en asonante con otra.

aspa *f.* **1** Conjunto de dos o más palas o barras unidas en forma de X y que gira movido por la fuerza del viento o la electricidad. **2** Cosa que tiene forma de X.

OBS En singular se le anteponen los determinantes *el, un,* salvo que entre el determinante y el nombre haya otra palabra.

aspar *tr.* Someter a suplicio a una persona fijándola o clavándola en una cruz. ▶ **que me (o te, o le) aspen** *coloquial* Refuerza lo que se dice a continuación.

aspaviento *m.* Demostración excesiva o exagerada de un sentimiento.

OBS Se usa frecuentemente en plural.

aspecto *m.* **1** Conjunto de rasgos o características que muestra una persona o cosa. **2** GRAM. Accidente verbal que indica si la acción es acabada.

aspereza *f.* **1** Falta de suavidad. **2** Falta de delicadeza o de amabilidad.

áspero, -ra *adj.* **1** Que es rugoso y desagradable. **2** Que es poco delicado.

aspersión *f.* Dispersión de un líquido.

aspersor *m.* Mecanismo que dispersa un líquido a presión.

áspid *m.* **1** Culebra venenosa de color verde amarillento con manchas pardas. **2** Culebra venenosa pequeña que se encuentra en lugares de montaña.

OBS El plural es *áspides.*

aspiración *f.* **1** Deseo intenso de hacer o conseguir una cosa. **2** Acción de aspirar. **3** Sonido que se produce al rozar en la laringe o la faringe el aire espirado.

aspirador, -ra *m.* **1** Aparato o máquina que aspira fluidos. ▌ *m. y f.* **2** Electrodoméstico que sirve para aspirar el polvo u otras partículas.

aspirante *com.* Persona que aspira a conseguir un empleo, distinción o título.

aspirar *intr.* **1** Desear intensamente hacer o conseguir una cosa. ▌ *tr./ intr.* **2** Introducir aire u otra sustancia gaseosa en los pulmones. **3** Atraer una máquina hacia su interior un líquido, un gas, el polvo o cualquier otra sustancia. **4** Pronunciar un sonido con aspiración.

aspirina *f.* Analgésico compuesto de los ácidos acético y salicílico.

asquear *tr./intr.* Causar asco o fastidio.

asquerosidad *f.* Suciedad asquerosa.

asqueroso, -sa *adj.* Que produce asco.

asta *f.* **1** Prolongación de hueso de forma cónica en la parte superior de la frente de algunos animales. **2** Palo de una bandera. **3** Palo de una lanza o de una alabarda.

OBS En singular se le anteponen los determinantes *el, un,* salvo que entre el determinante y el nombre haya otra palabra.

astado, -da *adj.* [animal] Que tiene astas o cuernos.

ástato *m.* Elemento químico radiactivo, sólido, que se obtiene al bombardear bismuto con partículas alfa.

-astenia Elemento sufijal que entra en la formación de palabras con el significado de 'debilidad', 'falta de fuerza'.

astenosfera *f.* Capa del interior de la Tierra, formada por materiales viscosos.

asterisco *m.* Signo de ortografía que se parece a una estrella de muchas puntas (*) y se usa para indicar una remisión, una nota a pie de página, una forma irregular, etc.

asteroide *m.* Planeta pequeño.

astigmático, -ca *adj.* Que padece astigmatismo.

astigmatismo *m.* Defecto de la vista debido a una curvatura irregular de la córnea que hace que se vean algo deformadas las imágenes y poco claro el contorno de las cosas.

astil *m.* **1** Mango de las hachas, azadas, picos y otras herramientas. **2** Barra horizontal de cuyos extremos cuelgan los platillos de la balanza.

astilla *f.* Fragmento irregular que salta de una materia, especialmente la madera.

astillar *tr./prnl.* Hacer astillas.

astillero *m.* Lugar en el que se construyen y reparan embarcaciones.

astracán *m.* **1** Piel de los corderos recién nacidos de una raza de ovejas del Turquestán; es de rizado y negro o muy oscuro. **2** Tejido que imita esta piel.

astrágalo *m.* ANAT. **1** Hueso del tarso. **2** Anillo de una columna.

astral *adj.* De los astros.

astringente *adj./m.* Que astringe.

astringir [6] *tr./intr.* **1** Contraer los tejidos orgánicos y secar las heridas. **2** Hacer difícil la expulsión de excrementos.

astro *m.* **1** Cuerpo celeste del firmamento. **2** Persona que destaca en una profesión o que es muy popular.

astro- Elemento prefijal que entra en la formación de palabras con el valor de *a)* 'Astro'. *b)* Indica relación con la navegación espacial.

astrofísica *f.* Parte de la astronomía que estudia los astros utilizando los métodos y las leyes de la física.

astrofísico, -ca *adj.* **1** De la astrofísica.

▌*m. y f.* **2** Persona que se dedica a la astrofísica.

astrolabio *m.* Instrumento que se usó para observar la situación y movimientos de los astros.

astrología *f.* Estudio de la influencia que la posición y el movimiento de los astros pueden tener sobre las personas.

astrológico, -ca *adj.* De la astrología.

astrólogo, -ga *m. y f.* Persona que se dedica a la astrología.

astronauta *com.* Persona que pilota o forma parte de la tripulación de una nave espacial.

astronáutica *f.* Ciencia y tecnología de la navegación espacial.

astronáutico, -ca *adj.* De la astronáutica.

astronave *f.* Aeronave para la navegación espacial.

astronomía *f.* Ciencia que estudia los astros, sus movimientos, su posición y su naturaleza.

astronómico, -ca *adj.* **1** De la astronomía. **2** [cantidad] Que es enorme o exagerado.

astrónomo, -ma *m. y f.* Persona que se dedica al estudio de la astronomía.

astucia *f.* **1** Habilidad para engañar o evitar un daño. **2** Medio que se emplea con habilidad para engañar o evitar un daño.

astur *adj.* **1** De un antiguo pueblo que ocupaba gran parte de la actual provincia de León y casi toda la de Asturias. ▌*com.* **2** Persona que pertenecía a este pueblo.

asturcón, -cona *adj./m. y f.* [caballo] Que es de pequeño tamaño y originario de la sierra del Sueve (Asturias).

asturiano, -na *adj.* **1** De Asturias. ▌*adj./m. y f.* **2** [persona] Que es de Asturias. ▌*m.* **3** Variedad lingüística del leonés que se habla en Asturias.

astuto, -ta *adj.* Que tiene astucia.

asueto *m.* Descanso o vacación que dura una tarde o un día.

asumir *tr.* **1** Aceptar una obligación o responsabilidad. **2** Tomar conciencia de algo.

asunción *f.* **1** Acción de asumir. **2** Efecto de asumir.

asunto *m.* **1** Materia de que se trata. **2** Tema o argumento de una obra literaria o de una película. **3** Negocio u ocupación. **4** Aventura amorosa secreta.

asustadizo, -za *adj.* Que se asusta con facilidad.

asustar *tr./prnl.* Dar o causar susto.

-ata Sufijo que entra en la formación de

sustantivos femeninos con el significado de 'acción'.

atacar [1] *tr./intr.* **1** Lanzarse con violencia contra una persona o cosa para hacerle daño o derrotarla. **2** Criticar con fuerza a alguien. **3** Actuar una enfermedad o una sustancia química sobre algo, dañándolo o destruyéndolo. **4** Empezar a ejecutar una composición musical.

atado *m.* Conjunto de cosas unidas o sujetas con cuerdas, cordeles, etc.

atadura *f.* **1** Material que se usa para atar. **2** Unión o relación fuerte entre dos personas o cosas.

OBS Se usa frecuentemente en plural.

atajar *intr.* **1** Ir por un atajo. ▌*tr.* **2** Cortar o interrumpir un proceso o una acción.

atajo *m.* **1** Camino más corto que otro para ir a un lugar. **2** Grupo pequeño de ganado. **3** Conjunto o grupo de personas o cosas.

OBS También se escribe *hatajo* (en 1 y 2).

atalaje *m.* Conjunto de correajes de las caballerías.

atalaya *f.* Torre alta para vigilar u observar.

atañer [38] *intr.* Tener una cosa interés o consecuencias para alguien.

OBS Es defectivo. Se usa solamente en tercera persona.

ataque *m.* **1** Acción violenta o impetuosa. **2** Crítica dura contra alguien. **3** Acceso repentino causado por una enfermedad o por un sentimiento extremo.

atar *tr./prnl.* **1** Unir o sujetar con cuerdas, cordeles, etc. ▌*tr.* **2** Impedir o quitar el movimiento.

ataraxia *f.* Estado de ánimo que se caracteriza por la tranquilidad o la ausencia de cualquier deseo o temor.

atarazana *f.* Lugar en el que se construyen y reparan embarcaciones.

atardecer [43] *m.* **1** Período que corresponde a la última parte de la tarde. ▌*v. impersonal* **2** Empezar a caer la tarde.

atareado, -da *adj.* Que tiene tareas.

atascar [1] *tr./prnl.* **1** Obstruir un conducto. **2** Poner obstáculos al desarrollo de un proceso o de una acción. ▌*prnl.* **3** Quedarse detenido en un lugar.

atasco *m.* **1** Acción de obstruir. **2** Obstáculo. **3** Congestión de vehículos.

ataúd *m.* Caja en la que se coloca un cuerpo muerto para enterrarlo.

ataviar [13] *tr.* Arreglar o adornar.

atávico, -ca *adj.* Del atavismo.

atavío *m.* **1** Vestido, adorno o compostura. **2** Objeto que sirve como adorno.

atavismo *m.* Tendencia a mantener costumbres o formas de vida de otras épocas.

ateísmo *m.* Doctrina que niega la existencia de Dios.

atemorizar [4] *tr./prnl.* Asustar, causar o sentir temor o miedo.

atemperar *tr./prnl.* Calmar, moderar o hacer más suave.

atenazar [4] *tr.* **1** Sujetar con tenazas o de forma semejante. **2** Dejar parado.

atención *f.* **1** Aplicación intensa del entendimiento y los sentidos a un asunto. **2** Demostración de respeto o afecto.

atender [28] *tr./intr.* **1** Aplicar intensamente el entendimiento y los sentidos a un asunto. **‖** *tr.* **2** Tener cuidado de una persona o cosa. **3** Considerar, tener en cuenta o satisfacer un ruego o petición.

ateneo *m.* **1** Asociación cultural que fomenta los conocimientos científicos, literarios y artísticos. **2** Local donde se reúnen los miembros de esta asociación.

atenerse [87] *prnl.* Ajustarse o someterse a una cosa.

ateniense *adj.* **1** De Atenas. **‖** *adj./com.* **2** [persona] Que es de Atenas.

atentado *m.* **1** Acción violenta contra alguien o algo. **2** Ataque u ofensa contra algo que se considera bueno o justo.

atentar *intr.* Cometer un atentado.

atento, -ta *adj.* **1** Que pone atención. **2** Que es muy amable y educado.

atenuación *f.* Disminución de la intensidad, la gravedad o la importancia de algo.

atenuante *adj./f.* [circunstancia] Que disminuye la gravedad de un delito.

atenuar [11] *tr.* Disminuir la intensidad, la gravedad o la importancia de algo.

ateo, atea *adj./m. y f.* [persona] Que niega la existencia de Dios.

aterciopelado, -da *adj.* Que es parecido al terciopelo.

aterido, -da *adj.* Que está aterido.

aterirse *prnl.* Quedarse paralizado o entumecido a causa del frío.

OBS Es defectivo. Se usa generalmente en el infinitivo y el participio y en las formas que tienen la vocal *i* en su desinencia.

aterrador, -ra *adj.* Que causa terror.

aterrar [27] *tr./prnl.* **1** Causar terror. **‖** *tr.* **2** Cubrir con tierra.

aterrizaje *m.* Acción de aterrizar.

aterrizar [4] *intr.* **1** Descender un vehículo aéreo sobre la tierra, hasta detenerse en ella. **2** Llegar a tierra después de un vuelo. **3** Comenzar a desarrollar un trabajo o actividad en un lugar nuevo.

aterrorizar [4] *tr./prnl.* Aterrar.

atesorar *tr.* **1** Acumular y guardar dinero o cosas de valor. **2** Poseer cierta cualidad.

atestado *m.* Documento redactado por la policía en el que se explica cómo se ha producido un accidente, un delito, etc.

atestar [27] *tr.* **1** Llenar por completo. **2** Exponer ante el juez u otra autoridad lo que se sabe sobre un asunto.

atestiguar [22] *tr./intr.* **1** Exponer ante el juez u otra autoridad lo que se sabe sobre un asunto. **‖** *tr.* **2** Ofrecer indicios ciertos de una cosa cuya existencia se dudaba.

atiborrar *tr.* **1** Llenar de cosas inútiles. **‖** *tr./prnl.* **2** Llenar la cabeza con ideas, lecturas u otra cosa. **‖** *prnl.* **3** Hartarse de comer.

ático, ca *adj.* **1** Del Ática (región de Grecia) o de Atenas (capital de Grecia). **‖** *adj./m. y f.* **2** [persona] Que es del Ática o de Atenas. **‖** *m.* **3** Piso o apartamento construido en la azotea de un edificio.

atildamiento *m.* Acción de atildar o atildarse.

atildar *tr./prnl.* Arreglar a una persona cuidadosa y excesivamente.

atinar *intr.* Dar con lo cierto o correcto.

atingir [6] *tr.* AMÉR Tener relación o conexión una cosa con otra.

atípico, -ca *adj.* Que no tiene las características representativas de su género.

atisbar *tr.* **1** Observar con atención y disimulo. **2** Ver con dificultad. **3** Intuir o conjeturar algo por indicios o señales.

atisbo *m.* Conjetura que se forma a partir de una sospecha o indicio.

¡atiza! *int.* Indica admiración o sorpresa.

atizador *m.* Utensilio de hierro largo y delgado que sirve para atizar el fuego.

atizar [4] *tr.* **1** Remover o alimentar el fuego para que arda más. **2** Hacer más intenso un sentimiento. **3** Dar un golpe.

atlante *m.* Columna con figura de hombre que sostiene sobre su cabeza o sus hombros la parte baja de la cornisa.

atlántico, -ca *adj.* Del océano Atlántico.

atlas *m.* **1** Libro formado por un conjunto de mapas geográficos. **2** Libro formado por un conjunto de mapas y láminas relacionados con un tema determinado. **3** Primera vértebra de la columna vertebral que sostiene la cabeza.

OBS El plural también es *atlas*.

atleta *com.* **1** Persona que practica el atletismo. **2** Persona fuerte y musculosa.

atlético, -ca *adj.* Del atletismo o del atleta.

atletismo *m.* Conjunto de deportes que consisten básicamente en correr, saltar o lanzar distintos objetos.

atmósfera o **atmosfera** *f.* 1 Capa gaseosa que envuelve la Tierra. 2 Ambiente que rodea a una persona o cosa. 3 Unidad de presión.

atmosférico, -ca *adj.* De la atmósfera.

atolladero *m.* 1 Lugar del que resulta difícil salir. 2 Situación incómoda y comprometida.

atolón *m.* Isla de coral con forma de anillo y una laguna interior.

atolondrado, -da *adj.* Que actúa o procede sin reflexión.

atolondramiento *m.* Torpeza o falta de cuidado y atención al hacer una cosa.

atolondrar *tr./prnl.* Hacer que una persona actúe sin reflexión.

atómico, -ca *adj.* 1 Del átomo. 2 Que emplea la energía del núcleo de los átomos para producir un efecto.

atomizador *m.* Aparato para atomizar líquidos.

atomizar [4] *tr.* 1 Esparcir un líquido en forma de gotas muy pequeñas. 2 Dividir algo en partes muy pequeñas. 3 Hacer sufrir los efectos de las radiaciones. 4 Destruir con armas atómicas.

átomo *m.* 1 HIS. Parte más pequeña de un elemento químico que conserva las propiedades de dicho elemento. 2 Cantidad muy pequeña de una materia.

atonía *f.* 1 Falta de voluntad o energía. 2 MED. Incapacidad de contracción de los músculos.

atónito, -ta *adj.* Que está muy sorprendido o espantado ante algo que le resulta poco habitual.

átono, -na *adj.* [vocal, palabra, sílaba] Que se pronuncia sin acento de intensidad.

atontado, -da *adj./m. y f.* Que está aturdido o desconcertado.

atontamiento *m.* Estado de perturbación de los sentidos o del entendimiento provocado por un golpe, un ruido o una fuerte impresión.

atontar *tr./prnl.* 1 Hacer tonto o más tonto. 2 Perturbar los sentidos o el entendimiento con un golpe, ruido, etc.

atontolinar *tr./prnl.* Atontar.

atoramiento *m.* Obstrucción de un conducto.

atorar *tr./prnl.* 1 Obstruir o tapar un conducto con una cosa. ‖ *prnl.* 2 Cortarse o turbarse la persona que estaba hablando.

atormentar *tr.* 1 Dar tormento. ‖ *tr./prnl.* 2 Causar sufrimiento o dolor.

atornillador *m.* Herramienta que sirve para atornillar o desatornillar.

atornillar *tr.* 1 Introducir y apretar un tornillo haciéndolo girar en torno a su eje. 2 Sujetar con tornillos. 3 Presionar u obligar a una persona a hacer algo.

atosigamiento *m.* Molestia producida por las prisas o por exigencias continuas.

atosigar [7] *tr.* Presionar a una persona metiéndole prisa para que haga algo.

atrabiliario, -ria *adj./m. y f.* Que es violento y se enfada con facilidad.

atracadero *m.* Lugar en el que pueden atracar embarcaciones pequeñas.

atracador, -ra *m. y f.* Persona que atraca para robar.

atracar [1] *tr.* 1 Asaltar para robar. ‖ *tr./ intr.* 2 Poner una embarcación junto al muelle o junto a otra y asegurarla para que no se mueva. ‖ *prnl.* 3 Hartarse de comer.

atracción *f.* 1 Acción de atraer, acercar. 2 Fuerza que atrae. 3 Interés o inclinación hacia alguien o algo. 4 Persona, animal o cosa que atrae. 5 Acto o ejercicio que forma parte de un espectáculo o función destinado al público.

atraco *m.* Asalto para robar.

atracón *m. coloquial* Ingestión excesiva de comida.

atractivo, -va *adj.* 1 Que atrae. ‖ *m.* 2 Conjunto de características favorables de una persona o cosa que atraen la voluntad y despiertan el interés.

atraer [88] *tr.* 1 Acercar y retener un cuerpo a otro. 2 Traer hacia sí. 3 Provocar o ser la causa de algo. 4 Despertar interés.

atragantarse *prnl.* 1 No poder tragar una cosa que se atraviesa o se queda en la garganta. 2 Causar fastidio o antipatía.

atrancar [1] *tr.* 1 Asegurar una puerta o una ventana con una tranca. ‖ *tr./prnl.* 2 Obstruir o tapar un conducto.

atrapar *tr.* 1 Alcanzar o apresar a alguien. 2 Descubrir a alguien haciendo una cosa de manera secreta. 3 Conseguir un beneficio o provecho.

atrás *adv.* 1 Hacia la parte que está a las espaldas de uno. 2 En la zona posterior a aquella en la que se encuentra lo que se toma como punto de referencia. 3 En las últimas filas de un grupo de personas. 4 En la parte opuesta a la fachada o entrada principal. 5 Indica tiempo pasado.

atrasar *tr.* 1 Hacer que una cosa ocurra después del tiempo debido o previsto. 2 Hacer que las agujas de un reloj retrocedan y señalen una hora anterior. ‖ *intr./ prnl.* 3 Marcar un reloj una hora anterior. ‖ *prnl.* 4 Progresar a un ritmo inferior al normal. 5 Llegar tarde.

atraso *m.* 1 Acción de atrasar. 2 Efecto de atrasar. ‖ *m. pl.* 3 Cantidad de dinero o beneficios que no se han recibido en el debido momento.

atravesado, -da *adj.* Que tiene mala intención o mal carácter.

atravesar [27] *tr.* 1 Colocar una cosa de manera que pase de una parte a otra. 2 Colocar una cosa encima de otra dispuesta en sentido oblicuo. 3 Pasar de un lado de una cosa o lugar hasta el lado contrario. 4 Pasar un cuerpo penetrándolo de parte a parte. 5 Pasar temporalmente por una situación determinada. ‖ *prnl.* 6 Causar fastidio, enfado o antipatía.

atrayente *adj.* Que atrae.

atreverse *prnl.* Decidirse o arriesgarse a hacer o decir una cosa.

atrevido, -da *adj./m. y f.* 1 Que se atreve. 2 Que puede faltar al respeto.

atrevimiento *m.* 1 Hecho de atreverse a hacer una cosa. 2 Falta de respeto.

atribución *f.* 1 Acción de atribuir. 2 Facultad o competencia que da un cargo.

atribuir [62] *tr.* 1 Adjudicar un hecho o una cualidad a una persona o cosa. 2 Determinar que una actividad o un deber pertenece a alguien por razón del cargo que ocupa.

atribular *tr./prnl.* Causar una tribulación.

atributivo, -va *adj.* 1 GRAM. [verbo] Que funciona como un atributo o que sirve para construirlo. ‖ *adj./f.* 2 GRAM. [oración] Que lleva un sujeto, un verbo copulativo y un atributo.

atributo *m.* 1 Cualidad o característica propia de una persona o una cosa. 2 Símbolo que sirve para reconocer a una persona o cosa. 3 GRAM. Palabra o conjunto de palabras que califican o explican el sujeto mediante verbos como *ser* y *estar*. 4 GRAM. Función que desempeña el adjetivo cuando se coloca en una posición inmediata al nombre.

atril *m.* Soporte en forma de plano inclinado para sostener libros o partituras.

atrincherar *tr.* 1 Defender o hacer fuerte un lugar con trincheras. ‖ *prnl.* 2 Colocarse en trincheras. 3 Obstinarse en una opinión o actitud.

atrio *m.* 1 Espacio exterior y limitado que hay a la entrada de algunas iglesias y de otros edificios. 2 Patio descubierto en el interior de un edificio.

atrocidad *f.* 1 Acción muy cruel y violenta. 2 Acción o dicho disparatado.

atrofia *f.* Falta de desarrollo de una parte del cuerpo.

atrofiar [12] *tr./prnl.* 1 Disminuir lentamente el desarrollo o el volumen de un órgano u otra parte del cuerpo. 2 Disminuir el desarrollo de una capacidad o la facilidad con que esta se realiza.

atronador, -ra *adj.* [ruido] Que es muy intenso y ensordece.

atronar [31] *tr.* Ensordecer un ruido fuerte.

atropellar *tr.* 1 Pasar un vehículo por encima de una persona o un animal o chocar contra ellos. 2 Empujar o derribar a alguien. 3 Ofender con abuso de poder o de fuerza. ‖ *prnl.* 4 Actuar precipitadamente.

atropello *m.* 1 Acción de atropellar. 2 Ofensa o falta de respeto.

atroz *adj.* 1 Que es muy cruel. 2 Que es muy grande o intenso. 3 Que es muy feo.

atuendo *m.* Conjunto de prendas que forman la vestimenta de una persona.

atufar *intr. coloquial* Despedir mal olor.

atún *m.* Pez marino comestible de color azul oscuro y vientre plateado.

atunero, -ra *adj./m. y f.* 1 [embarcación] Que está destinado a la pesca del atún. 2 Que se dedica a la pesca o al comercio del atún.

aturdimiento *m.* Perturbación de los sentidos o del entendimiento.

aturdir *tr./intr.* Perturbar los sentidos o el entendimiento.

aturrullar o **aturullar** *tr./prnl.* Confundir o alterar a una persona dejándola sin saber qué decir o qué hacer.

atusar *tr.* 1 Alisar el pelo o arreglar ligeramente el peinado. ‖ *prnl.* 2 Adornarse o arreglarse en exceso.

au pair Persona extranjera que se paga la comida y estancia en una casa particular prestando servicios domésticos, como cuidar de los niños.
OBS Expresión de origen francés que se pronuncia aproximadamente 'oper'.

audacia *f.* Cualidad de audaz.

audaz *adj.* Atrevido, capaz de acometer empresas difíciles y peligrosas.

audible *adj.* [sonido] Que se puede oír.

audición *f.* 1 Percepción de un sonido por

medio del sentido auditivo. **2** Concierto, recital o lectura en público. **3** Prueba que se hace a un artista ante el empresario o director de un espectáculo.

audiencia *f.* **1** Conjunto de personas que presentan un espectáculo público. **2** Acto en el que un soberano u otra autoridad recibe a las personas que quieren hablar con él. **3** Acto judicial en el que los litigantes tienen ocasión de exponer sus argumentos ante el tribunal. **4** Tribunal de justicia que trata las causas de un territorio determinado. Se suele escribir con mayúscula. **5** Edificio en el que se reúne este tribunal. Se suele escribir con mayúscula.

audífono *m.* Aparato que sirve para mejorar la audición de los sordos.

audio *m.* **1** Sistema de grabación, tratamiento, transmisión y reproducción de sonidos. ‖ *adj.* **2** De la grabación, tratamiento, transmisión o reproducción de sonidos.

audio-, audi- Elemento prefijal que entra en la formación de palabras con el significado de 'oído', 'audición' o 'sonido'.

audiovisual *adj.* [método de enseñanza] Que se basa en la utilización del oído y la vista conjuntamente.

auditar *tr.* Realizar una auditoría.

auditivo, -va *adj.* **1** Del órgano del oído. **2** Que sirve para oír.

auditor, -ra *m. y f.* Persona que se dedica a realizar auditorías.

auditoría *f.* **1** Revisión de libros y cuentas de una empresa o entidad realizada por especialistas ajenos a ella. **2** Tribunal u oficina que se encarga de esa revisión.

auditorio *m.* **1** Conjunto de personas que presencian un espectáculo. **2** Edificio o lugar de gran capacidad especialmente acondicionado para dar conferencias o celebrar espectáculos.

auge *m.* Momento de mayor elevación o intensidad de un proceso o de un estado.

augur *m.* Sacerdote que en la antigua Roma practicaba la adivinación mediante la interpretación del vuelo de las aves y de otros signos.

augurar *tr.* Anunciar lo que va a ocurrir en el futuro mediante la interpretación de un indicio o señal.

augurio *m.* Señal, presagio o aviso de lo que va a ocurrir en el futuro.

augusto, -ta *adj.* Que produce o merece respeto y admiración.

aula *f.* Sala de un centro docente donde se dan y reciben clases. **aula magna** Aula de

mayor tamaño e importancia, destinada generalmente a actos solemnes.

OBS En singular se le anteponen los determinantes *el, un,* salvo que entre estos y el nombre haya otra palabra.

aullar [16] *intr.* Dar aullidos el lobo, el perro y otros animales parecidos.

aullido *m.* Voz o grito quejumbroso y prolongado que emiten el lobo, el perro y otros animales parecidos.

aumentar *intr.* **1** Hacerse más grande o más intensa una cosa. ‖ *tr.* **2** Hacer que una cosa sea más grande.

aumentativo, -va *adj./m.* GRAM. [sufijo, palabra] Que aumenta la magnitud del significado.

aumento *m.* **1** Acción de aumentar. **2** Cantidad que se aumenta. **3** Poder de amplificación de la imagen de una lente.

aun *adv.* **1** Incluso o también. ‖ *conj.* **2** Enlace con valor concesivo. **3** Introduce una dificultad real o posible, a pesar de la cual puede ser, ocurrir o hacerse una cosa. Se usa seguido de gerundio o participio. ► **aun así** Incluso así. ► **aun cuando** Aunque.

aún *adv.* Todavía o hasta el momento en que se habla.

OBS Se puede usar en correlación con *cuando.*

aunar [16] *tr./prnl.* Unir y armonizar o poner de acuerdo cosas distintas.

aunque *conj.* **1** Introduce una dificultad real o posible a pesar de la cual puede ser, ocurrir o hacerse una cosa. **2** Indica oposición.

¡aúpa! *int.* Expresión con que se anima a alguien. ► **de aúpa** Muy grande, fuerte o intenso.

aupar [16] *tr.* **1** Levantar o subir, especialmente a un niño. **2** Ayudar a conseguir o alcanzar una cosa.

aura *f.* **1** Aliento que se despide al respirar. **2** Viento suave y agradable. **3** Irradiación luminosa que algunas personas dicen percibir alrededor de los seres vivos.

OBS En singular se le anteponen los determinantes *el, un,* salvo que entre estos y el nombre haya otra palabra.

áureo, -a *adj. culto* Que es de oro o tiene sus características.

aureola o **auréola** *f.* **1** Círculo luminoso que se representa encima o detrás de las cabezas de las imágenes divinas o de santos. **2** Admiración o fama que alcanza una persona por sus méritos o virtudes. **3** ASTR. Corona o anillo que se ve alrededor de la Luna en los eclipses de Sol.

aurícula *f.* ANAT. Hueco de la parte superior o anterior del corazón.

auricular *adj.* 1 Del oído. 2 De las aurículas del corazón. ▮ *m.* 3 Parte del teléfono que se aplica al oído. ▮ *m. pl.* 4 Aparato que consta de dos pequeños altavoces que se acoplan a los oídos.

aurífero, -ra *adj.* Que lleva o contiene oro.

aurora *f.* 1 Luz de color rosa que aparece en una parte del cielo inmediatamente antes de la salida del Sol. 2 Principio de una cosa. ▸ **aurora austral, aurora boreal** o **aurora polar** Meteoro luminoso producido por la radiación solar que puede verse de noche en las regiones polares.

auscultación *f.* Acción de auscultar.

auscultar *tr.* Explorar los sonidos producidos por los órganos de las cavidades del pecho y del abdomen con la ayuda de los instrumentos adecuados o sin ellos.

ausencia *f.* 1 Falta de una persona del lugar donde está habitualmente. 2 Tiempo en que una persona falta del lugar donde está habitualmente. 3 Falta o no aparición de una cosa.

ausentarse *prnl.* Irse o alejarse, especialmente del lugar en donde se está habitualmente.

ausente *adj./m. y f.* 1 [persona] Que se ha ido o alejado. 2 Que está distraído o pensando en otra cosa.

auspiciar [12] *tr.* 1 Proteger o ayudar. 2 Anunciar lo que va a ocurrir en el futuro mediante la interpretación de un indicio o señal.

auspicio *m.* 1 Protección o ayuda. 2 Señal o aviso de lo que va a ocurrir en el futuro. OBS Se usa frecuentemente en plural.

austeridad *f.* Cualidad de austero.

austero, -ra *adj.* 1 Que es sencillo, moderado. 2 Que es severo o estricto en el cumplimiento de las normas morales.

austral *adj.* Del polo o del hemisferio sur.

australiano, -na *adj.* 1 De Australia. ▮ *adj./m. y f.* 2 [persona] Que es de Australia.

austriaco, -ca o **austríaco, -ca** *adj.* 1 De Austria. ▮ *adj./m. y f.* 2 [persona] Que es de Austria.

autarquía *f.* 1 Organización económica que permite a un estado liberarse de las importaciones. 2 Autocracia.

autárquico, -ca *adj.* De la autarquía.

autenticidad *f.* Calidad de auténtico.

auténtico, -ca *adj.* 1 Que es cierto o verdadero. 2 Que es autentificado.

autentificar [1] *tr.* 1 Acreditar que un hecho o documento es verdadero o auténtico. 2 Dar carácter legal a una cosa.

autismo *m.* Pérdida del contacto con la realidad exterior.

autista *adj./com.* Persona que padece autismo.

auto *m.* 1 Automóvil. 2 Breve composición dramática en la que aparecen personajes de la Biblia y alegóricos. **auto sacramental** Auto que se representa para ensalzar la eucaristía. 3 DER. Decisión judicial sobre un asunto secundario o parcial que no requiere sentencia. ▮ *m. pl.* 4 Conjunto de partes y materiales de un proceso judicial.

auto- Elemento prefijal que entra en la formación de palabras con el significado de: *a)* 'Por uno mismo', 'por sí mismo'. *b)* 'De sí mismo'. *c)* 'Automóvil'.

autoadhesivo, -va *adj./m.* [papel, plástico] Que, provisto de una sustancia adhesiva, se pega fácilmente a una superficie.

autobiografía *f.* Escrito en el que una persona cuenta su propia vida.

autobiográfico, -ca *adj.* De la autobiografía.

autobombo *m.* Elogio desmesurado y público que hace uno de sí mismo.

autobús *m.* Vehículo automóvil de transporte público con capacidad para gran número de pasajeros que realiza un trayecto fijo dentro de una población o largos recorridos por carretera.

autocar *m.* Vehículo automóvil de transporte público con capacidad para gran número de pasajeros que realiza largos recorridos por carretera.

autoclave *amb.* Aparato en forma de vasija cilíndrica que se emplea para destruir gérmenes mediante el vapor a presión y temperaturas muy elevadas.

autocontrolarse *prnl.* Ejercer control una persona sobre sus propias acciones o emociones.

autocracia *f.* Sistema político en el que una sola persona o un grupo limitado gobierna con poder total, sin restricciones.

autocrítica *f.* Crítica que una persona hace de sí misma o de su obra.

autóctono, -na *adj.* Que tiene su origen en el mismo lugar en que se encuentra.

autodeterminación *f.* Decisión de los pobladores de un territorio o unidad territorial acerca de su futuro estatuto político.

autodidacto, -ta *adj./m. y f.* Que aprende por sí mismo.

autoescuela *f.* Escuela para aprender a conducir.

autogestión *f.* Sistema de organización de una empresa en el que los trabajadores participan activamente en las decisiones sobre su desarrollo o funcionamiento.

autogiro *m.* Tipo de avión provisto de una hélice delantera de eje horizontal que le permite despegar y avanzar, y una hélice de eje vertical que le sirve de sustentación y le permite aterrizar.

autógrafo, -fa *adj./m.* 1 Que está escrito de la mano de su propio autor. ‖ *m.* 2 Firma de una persona famosa o destacada.

autoinmune *adj.* [enfermedad] Que provoca que el sistema inmunitario segregue anticuerpos contra el propio organismo.

autómata *m.* 1 Instrumento o aparato provisto de un mecanismo interior que le permite ciertos movimientos. 2 Máquina que imita la figura y los movimientos de un ser animado. 3 Persona que realiza siempre los mismos movimientos.

automático, -ca *adj.* 1 [mecanismo] Que realiza total o parcialmente un proceso sin ayuda del hombre. 2 Que se hace sin pensar o de forma involuntaria. 3 Que se produce necesaria e inmediatamente al ocurrir determinadas circunstancias. ‖ *m.* 4 Mecanismo preparado para interrumpir el paso de una corriente eléctrica.

automatismo *m.* 1 Funcionamiento automático de un mecanismo. 2 Ejecución de actos sin intervención de la voluntad.

automatización *f.* 1 Funcionamiento automático de una máquina. 2 Transformación de un movimiento corporal o de una operación intelectual en un acto automático o involuntario.

automatizar [4] *tr.* Hacer automático.

automoción *f.* 1 Estudio o descripción de las máquinas que se desplazan por la acción de un motor. 2 Sector de la industria relacionado con el automóvil.

automotor, -ra *adj.* [máquina, instrumento, aparato] Que ejecuta determinados movimientos sin la intervención directa de una acción exterior.
OBS La forma femenina es, además de *automotora, automotriz.*

automóvil *adj.* 1 Que se mueve por sí mismo. ‖ *m.* 2 Vehículo de motor de cuatro ruedas que se usa para el transporte de personas por carretera; se aplica especialmente al que tiene capacidad para tres o cuatro ocupantes y el conductor.

automovilismo *m.* 1 Deporte que consis-

te en participar en carreras de velocidad, habilidad y resistencia conduciendo un automóvil. 2 Conjunto de conocimientos relativos al automóvil.

automovilista *com.* Persona que conduce un automóvil.

automovilístico, -ca *adj.* Del automóvil o el automovilismo.

autonomía *f.* 1 Facultad o poder de una entidad territorial integrada en otra superior para gobernarse de acuerdo con sus propias leyes y organismos. 2 Comunidad autónoma, territorio español que goza de esa facultad. 3 Estado y condición de la persona que no depende de otros. 4 Capacidad máxima que tiene un vehículo para funcionar sin reponer combustible.

autonómico, -ca *adj.* De la autonomía.

autónomo, -ma *adj.* 1 Que goza de autonomía. ‖ *adj./m. y f.* 2 [persona] Que trabaja por cuenta propia.

autopase *m.* En los juegos en equipo, pase que realiza un jugador lanzando la pelota para después recogerla él mismo.

autopista *f.* Carretera de circulación rápida con dos o más carriles para cada sentido de la circulación, cruces a distinto nivel, curvas abiertas y pendientes limitadas.

autopropulsión *f.* Propulsión de una máquina por su propia fuerza motriz.

autopsia *f.* Extracción y examen de los órganos, tejidos o huesos del cuerpo muerto de una persona o animal.

autor, -ra *m. y f.* 1 Persona que hace o causa de una cosa. 2 Persona que realiza una obra científica, literaria o artística. 3 DER. Persona que comete un delito, induce a cometerlo o colabora en él.

autoría *f.* Cualidad o condición de autor.

autoridad *f.* 1 Facultad o poder de mandar o gobernar sobre algo. 2 Persona que tiene esa facultad o poder. 3 Capacidad de influir sobre los demás. 4 Persona que tiene esa capacidad. 5 Texto autorizado que se cita en apoyo de lo que se dice.

autoritario, -ria *adj.* 1 Que se apoya exclusivamente en la autoridad. ‖ *adj./m. y f.* 2 [persona] Que abusa de su autoridad.

autoritarismo *m.* 1 Sistema que se basa en el sometimiento absoluto a una autoridad. 2 Abuso de autoridad.

autorización *f.* 1 Acción de autorizar. 2 Documento en el que se autoriza una cosa o una acción.

autorizado, -da *adj.* Digno de respeto o crédito por sus cualidades o prestigio.

autorizar [4] *tr.* **1** Conceder autoridad, facultad o derecho para hacer. **2** Conceder permiso. **3** Aprobar o dar por bueno.

autorradio *m.* Receptor de radio diseñado para ser instalado en un vehículo.

autorretrato *m.* Retrato de una persona hecho por ella misma.

autoservicio *m.* Establecimiento en el que el cliente toma lo que quiere y lo paga a la salida.

autostop *m.* Forma de viajar por carretera que consiste en pedir transporte gratuito a los conductores.

autostopista *com.* Persona que practica el autostop.

autosuficiencia *f.* **1** Estado o situación del que es autosuficiente. **2** Presunción o muestra orgullosa de una virtud o capacidad.

autosuficiente *adj.* **1** Que se basta a sí mismo. **2** Que habla o actúa con presunción o engreimiento.

autovía *f.* Carretera de circulación rápida, de dos o más carriles para cada sentido de la circulación, con cruces que pueden estar al mismo nivel y curvas a veces muy cerradas.

auxiliar [14] *adj./m. y f.* **1** Que auxilia. ‖ *m.* **2** GRAM. Verbo que se usa unido a otro para indicar valores de tiempo, modo, aspecto o voz. ‖ *com.* **3** Persona que ayuda a otra o colabora con ella. **auxiliar técnico sanitario** Persona que se dedica al cuidado de enfermos y está autorizada para realizar ciertas intervenciones de cirugía menor. ‖ *tr.* **4** Ayudar a una persona.

auxilio *m.* Ayuda que se presta en una situación de peligro o necesidad.

auyama *f.* ANT, COL, CRICA, VEN Calabaza, planta y fruto.

aval *m.* **1** Firma que garantiza un documento de crédito. **2** Documento en el que alguien responde de la conducta de una persona, especialmente en materia de política.

avalancha *f.* **1** Masa grande de nieve que cae con violencia y estrépito. **2** Conjunto grande de personas, animales o cosas en movimiento.

avalar *tr.* **1** Garantizar por medio de aval. **2** Hacerse responsable de la manera de obrar de una persona.

avalista *com.* Persona que garantiza el pago de un crédito.

avance *m.* **1** Movimiento hacia adelante. **2** Progreso o mejora. **3** Conjunto de fragmentos de una película que se proyectan para anunciarla. ‣ **avance informativo** Parte de una información que se adelanta y que más tarde se desarrolla.

avanzada *f.* **1** Cosa que antecede. **2** Grupo de soldados destacado que observa al enemigo o avisa sobre un peligro.

avanzadilla *f.* Avanzada, grupo de soldados.

avanzado, -da *adj.* **1** [edad] Que es de muchos años. **2** Que está lejos de su comienzo o próximo al final. **3** Que es nuevo o moderno.

avanzar [4] *intr./prnl.* **1** Ir hacia adelante. **2** Acercarse a su fin. ‖ *tr.* **3** Mover hacia adelante.

avaricia *f.* Afán excesivo de poseer y conseguir riquezas para atesorarlas.

avaricioso, -sa *adj./m. y f.* [persona] Que tiene avaricia.

avaro, -ra *adj./m. y f.* **1** Avaricioso. **2** Que no gusta de gastar dinero.

avasallador, -ra *adj.* Que avasalla.

avasallar *tr.* Someter o dominar sin tener en cuenta los derechos de los demás.

avatar *m.* Situación, cambio, vicisitud.

ave *f.* Animal vertebrado de sangre caliente que pone huevos, respira por pulmones y tiene pico duro, las extremidades anteriores en forma de alas y el cuerpo cubierto de plumas. **ave de paso** *a)* Ave que viaja de una región a otra en ciertas estaciones del año. *b)* Persona que no está mucho tiempo en un mismo lugar.

OBS En singular se le anteponen los determinantes *el, un,* salvo que entre estos y el nombre haya otra palabra.

avecinar *tr./prnl.* Acercar o aproximar.

avejentar *tr./prnl.* Poner viejo o más viejo.

avellana *f.* Fruto seco comestible, redondo y marrón, con una corteza muy dura y carne blanca.

avellano *m.* **1** Árbol muy poblado de ramas, cuyo fruto es la avellana. **2** Madera de este árbol.

avemaría *f.* Oración dedicada a la Virgen.

avena *f.* **1** Planta cereal de cañas delgadas, hojas estrechas y flores en panoja que produce una semilla comestible. **2** Semilla o conjunto de semillas de esta planta.

avenencia *f.* Acuerdo, entendimiento o conformidad entre dos o más personas.

avenida *f.* **1** Calle ancha de una población, generalmente con árboles. **2** Crecida o aumento brusco del caudal de un río.

avenir [90] *tr./prnl.* Poner de acuerdo.

aventajado, -da *adj.* Que aventaja.

aventajar tr. 1 Sacar o llevar ventaja en algo a otros. 2 Dar ventaja.

aventar [27] tr. Echar al viento el grano y la paja de los cereales para que al caer lo hagan separados.

aventura f. 1 Suceso extraño o poco frecuente. 2 Hecho o situación peligrosa o que es de resultado incierto. 3 Relación amorosa o sexual pasajera.

aventurado, -da adj. Que es arriesgado, atrevido o inseguro.

aventurar tr./prnl. 1 Arriesgar o poner en peligro. 2 Decir o afirmar una cosa atrevida o de la que se tiene duda o cierto recelo.

aventurero, -ra adj./m. y f. 1 Que le gustan las aventuras o las busca. 2 Que se gana la vida o trata de triunfar por medios deshonestos.

avergonzar [51] tr. 1 Causar vergüenza. ‖ prnl. 2 Sentir vergüenza.

avería f. Daño, rotura o fallo en un mecanismo que impide su funcionamiento.

averiar [13] tr./prnl. Producir una avería en una máquina, un vehículo u otra cosa.

averiguación f. Indagación que se lleva a cabo para alcanzar la verdad que se busca.

averiguar [22] tr. Indagar en un asunto hasta alcanzar la verdad que se busca.

averno m. culto En ciertas religiones, lugar al que van las almas en pecado para sufrir toda clase de penalidades a lo largo de la eternidad.

aversión f. Sentimiento de rechazo o repugnancia exagerada.

avestruz m. Ave que alcanza hasta dos metros de altura, de cuello muy largo y patas largas y robustas que le permiten correr a gran velocidad; aunque tiene alas, no puede volar.

avezado, -da adj. [persona] Que está acostumbrado o habituado a una cosa.

aviación f. 1 Sistema de transporte aéreo. 2 Fuerzas aéreas de un estado.

aviador, -ra m. y f. 1 Persona que tripula o guía un avión. 2 Soldado de aviación.

aviar [13] tr. 1 coloquial Preparar o disponer algo con un fin. 2 coloquial Arreglar u ordenar. ‖ intr. 3 coloquial Darse prisa en la ejecución de una cosa. ▸ **estar aviado** a) Estar rodeado de contratiempos y dificultades. b) Estar equivocado.

avícola adj. De la avicultura.

avicultor, -ra m. y f. Persona que se dedica a la avicultura.

avicultura f. Técnica de criar aves.

avidez f. Deseo fuerte e intenso de tener o conseguir una cosa.

ávido, -da adj. Que tiene avidez.

avieso, -sa adj. Que es malo o tiene malas inclinaciones.

avilés, -lesa adj. 1 De Ávila. ‖ adj./com. 2 [persona] Que es de Ávila.

avinagrado, -da adj. [persona] Que es de genio o carácter habitualmente malhumorado y falto de amabilidad.

avinagrar tr./prnl. 1 Poner agria una cosa, especialmente el vino. ‖ prnl. 2 Hacerse áspero o desagradable el carácter de una persona.

avío m. 1 Acción de aviar. ‖ m. pl. 2 Instrumentos, herramientas o medios necesarios para un fin.

avión m. 1 Vehículo con alas, más pesado que el aire, que vuela propulsado por uno o más motores y se usa para el transporte aéreo. **avión de caza** Avión de pequeño tamaño y gran velocidad destinado principalmente a reconocimientos y combates aéreos. 2 Pájaro parecido a la golondrina, de color negro con el vientre blanco, que se alimenta de insectos.

avioneta f. Avión pequeño que se usa generalmente para hacer vuelos cortos.

avisado, -da adj. [persona] Que tiene la experiencia, la sensatez y la astucia necesarias para saber lo que le conviene en cada situación.

avisar tr. 1 Dar aviso o noticia de un hecho a alguien. 2 Dar consejo o advertir.

aviso m. 1 Noticia que da a conocer una cosa o asunto. 2 Advertencia o consejo. 3 Señal que hace el presidente de una corrida al torero, por no matar al toro en el tiempo prescrito por el reglamento.

avispa f. Insecto parecido a la abeja, pero de cuerpo con rayas negras y amarillas, con un aguijón con el que produce picaduras muy dolorosas.

avispado, -da adj. [persona] Que es muy vivo, despierto y espabilado.

avispar tr. Hacer más avispada y lista a una persona.

avispero m. 1 Panal o nido de avispas y lugar donde se encuentra. 2 Conjunto de avispas de un panal. 3 Negocio o asunto complicado y enredado que puede ofrecer peligro y causar disgusto. 4 Reunión o aglomeración de personas o animales inquietos.

avistar tr. 1 Alcanzar con la vista lo que está lejos. ‖ prnl. 2 Reunirse para tratar un asunto.

avitaminosis *f.* MED. Carencia o escasez de una o más vitaminas en el organismo.

avituallamiento *m.* Abastecimiento de vituallas, víveres o alimentos.

avituallar *tr.* Abastecer o proveer de vituallas, víveres o alimentos a alguien.

avivar *tr.* **1** Hacer que una cosa sea más viva dotándola de mayor intensidad. ‖ *intr./prnl.* **2** Tomar más fuerza o intensidad.

avizor *adj.* **1** Palabra que se utiliza en la expresión *ojo avizor*, que significa 'en actitud de vigilancia', 'con atención'. ‖ *m.* **2** Hombre que avizora, acecha u observa cautelosamente.

avutarda *f.* Ave zancuda de vuelo bajo y pesado, cuerpo grueso de color rojizo con manchas negras, el cuello alargado y las alas pequeñas.

axial o **axil** *adj.* Del eje.

axila *f.* Cavidad o hueco que se forma en la unión de la parte interior del brazo con el cuerpo.

axioma *m.* **1** Expresión de un juicio tan claro y evidente que se admite sin necesidad de demostración. **2** Principio básico o elemental de una ciencia.

axiomático, -ca *adj.* Que es evidente e incuestionable como un axioma.

¡ay! *int.* Indica pena, dolor o temor. ▶ ¡ay de mí! o ¡ay de nosotros! Expresión con la que una persona se lamenta de algo. ▶ ¡ay de + pronombre! Expresión con la que se amenaza a alguien si no cumple o hace lo que se le pide.

ayatolá *m.* Superior religioso entre los chiítas islámicos.

ayer *adv.* **1** En el día inmediatamente anterior al de hoy. **2** En un tiempo pasado. ‖ *m.* **3** Tiempo pasado. ▶ de ayer a hoy En breve tiempo; desde hace poco tiempo.

ayo, aya *m. y f.* Persona que en una casa acomodada se encarga del cuidado y educación de los niños.

OBS Para la forma femenina, en singular se le anteponen los determinantes *el, un,* salvo que entre el determinante y el nombre haya otra palabra.

ayotera *f.* ACENT Calabaza.

ayuda *f.* **1** Acción de ayudar. **2** Persona o cosa que ayuda. ▶ ayuda humanitaria Conjunto de alimentos, medicinas y personas que se envían a un país en guerra o con problemas para ayudar a la población.

ayudante *com.* Persona que ayuda en un trabajo a otra que generalmente es de formación o categoría superior.

ayudar *tr.* **1** Prestar socorro o colaboración en una necesidad o peligro. ‖ *prnl.* **2** Utilizar o valerse del auxilio o la ayuda de otra persona o cosa.

ayunar *intr.* Abstenerse total o parcialmente de comer y beber durante un tiempo.

ayuno, na *adj.* **1** Que no ha comido. **2** Que no entiende o comprende una cosa de la que se habla. ‖ *m.* **3** Acción de ayunar. **4** Efecto de ayunar. ▶ en ayunas *a)* Sin haber tomado alimento desde la noche anterior. *b)* Sin comprender una cosa.

ayuntamiento *m.* **1** Corporación o grupo de personas integrado por un alcalde y varios concejales que se encarga de administrar y gobernar un municipio. **2** Edificio en el que trabaja esta corporación. ▶ ayuntamiento carnal Realización del coito o unión sexual.

azabache *m.* **1** Variedad de carbón, duro y compacto, de color negro brillante, que puede ser pulido. **2** Pájaro de vientre blanco, cabeza y alas negras y el resto del cuerpo gris oscuro, que se alimenta de insectos. ‖ *adj./m. y f.* **3** [color] Que es negro brillante.

azada *f.* Instrumento de labranza formado por una lámina o pala de metal con un lado cortante y un anillo en el opuesto, donde encaja un mango de madera.

azadón *m.* Azada de pala curva y ancha.

azafato, -ta *m. y f.* **1** ESP Persona que se dedica a atender a los pasajeros en un avión o en un tren. **2** Persona que se dedica a recibir e informar a los visitantes, participantes o clientes en ciertas exposiciones o reuniones.

azafrán *m.* **1** Planta de origen oriental, de tallo bulboso y hojas estrechas, con la flor de color morado y estigmas de color rojo anaranjado que generalmente se utilizan como condimento. **2** Estigma o conjunto de estigmas de esta planta.

azafranado, -da *adj.* Que tiene el color de la flor del azafrán.

azahar *m.* Flor blanca del naranjo, del limonero y de otros árboles parecidos.

azalea *f.* Arbusto de flores blancas, rosadas o rojas que se cultiva con fines ornamentales.

azar *m.* Causa a la que se atribuyen los sucesos no debidos a una necesidad natural o a la intervención humana o divina. ▶ al azar Sin propósito ni orden.

azaroso, -sa *adj.* Que tiene en sí azar o desgracia.

-azgo Sufijo que entra en la formación de

sustantivos con el significado de 'dignidad', 'cargo', 'estado', 'tiempo que estos duran'. En derivados de verbos denota acción o efecto.

ázimo *adj.* [pan] Que no lleva levadura.
OBS También se escribe *ácimo*.

azimut *m.* ASTR. Ángulo que forma el plano vertical de un astro con el meridiano del punto de observación.
OBS También se escribe *acimut*.

-azo, -aza 1 Sufijo que entra en la formación de palabras con valor aumentativo y algunas veces despectivo. 2 Con la forma *-azo* significa 'golpe dado con o en lo designado por el sustantivo al que se une'.

azogue *m.* Mercurio, metal líquido, denso, de color gris plata.

azor *m.* Ave rapaz diurna, parecida al halcón, con la parte superior oscura con una raya blanca y la parte inferior blanca con manchas más oscuras.

azorar *tr./prnl.* Inquietar, alterar el ánimo.

azotaina *f.* Cantidad de azotes o golpes.

azotar *tr.* 1 Dar azotes. 2 Dar golpes de forma repetida y violenta.

azote *m.* 1 Golpe dado con la mano a una persona, especialmente en el trasero. 2 Golpe repetido y violento. 3 Desgracia o calamidad. 4 Instrumento formado por un conjunto de cuerdas con nudos que se usa para azotar. 5 Golpe que se da con ese instrumento.

azotea *f.* 1 Cubierta plana de un edificio sobre la cual se puede andar. 2 *coloquial* Cabeza de una persona.

azteca *adj.* 1 Del pueblo indígena que dominó el territorio de México. ‖ *adj./com.* 2 [persona] Que pertenece a este pueblo. ‖ *m.* 3 Lengua de este pueblo.

azúcar *amb.* 1 Sustancia sólida, generalmente de color blanco, de sabor muy dulce y soluble en agua, que se extrae especialmente de la caña dulce y de la remolacha. **azúcar glas** Sustancia espesa que se pone por encima de ciertas frutas y dulces. **azúcar moreno** Azúcar de color más oscuro y más dulce que el blanco. 2 Hidrato de carbono de sabor dulce, como la glucosa o la lactosa.

azucarar *tr.* 1 Poner azúcar. 2 Cubrir con azúcar.

azucarera *f.* 1 Empresa que se dedica a la fabricación o la venta de azúcar. 2 Azucarero, recipiente.

azucarero, -ra *adj.* 1 Del azúcar. ‖ *m.* 2 Recipiente para el azúcar.

azucarillo *m.* Masa pequeña y apretada de azúcar, generalmente en forma de cubo.

azucena *f.* 1 Flor de jardín grande, blanca y muy olorosa. 2 Planta de tallo alto y hojas largas y estrechas que da esa flor.

azuela *f.* Herramienta de carpintero formada por una pieza cortante de metal y un mango de madera corto y doblado; se usa para quitar las partes bastas de la madera.

azufre *m.* Elemento químico, no metal, de color amarillo y de olor desagradable, de número atómico 16.

azul *adj.* 1 De color parecido al del cielo despejado. ‖ *adj./m.* 2 [color] Que es parecido al del cielo despejado. **azul celeste** Azul más claro y más parecido al del cielo despejado. **azul marino** Azul oscuro. ▸ **azul de cobalto** Materia colorante usada en pintura y para decorar cerámicas.

azulado, -da *adj.* Que es de color parecido al azul.

azular *tr.* Dar color azul a una cosa.

azulejo *m.* Ladrillo de poco grosor, con una cara vidriada, que se usa para revestir paredes.

azumbre *amb.* Medida antigua para líquidos equivalente a 2,016 litros; octava parte de la cántara.

azuzar [4] *tr.* Irritar y animar a un animal para que ataque.

B

b *f.* Segunda letra del alfabeto español.

baba *f.* 1 Saliva espesa y abundante que sale de la boca y fluye por la comisura de los labios. 2 Líquido espeso y pegajoso que producen ciertos animales o plantas.

babear *intr.* 1 Echar baba por la boca. 2 Experimentar gran admiración y placer al observar, oír o hablar de una persona o cosa que es grata. 3 *coloquial* Desear con intensidad y fijación a una persona o cosa.

babel *amb.* Lugar donde hay confusión y desorden.

babélico, -ca *adj.* 1 [obra] Que es grande y requiere mucho trabajo. 2 Que es confuso, difícil de entender.

babeo *m.* Caída continuada de baba.

babero *m.* 1 Pieza de tela u otra materia que se coloca a los niños en el pecho sujeta al cuello para que no se manchen. 2 Prenda de vestir de tejido ligero y resistente, parecida a una bata, que se pone encima de la ropa de los niños para protegerla.

babi *m.* Babero.

babilla *f.* Conjunto de musculatura y tendones que articulan el fémur con la tibia y la rótula de los cuadrúpedos.

bable *m.* Dialecto leonés que se habla en Asturias.

babor *m.* MAR. Lado izquierdo de una embarcación, de popa a proa.

babosa *f.* Molusco terrestre, parecido a un caracol sin concha.

babosear *tr.* 1 Llenar de babas. 2 *coloquial* Experimentar admiración y placer exagerados al observar u oír a alguien o algo.

baboso, -sa *adj./m. y f.* 1 Que echa abundante baba por la boca. 2 *coloquial* Que experimenta admiración y placer exagerados.

babucha *f.* 1 Zapato ligero, sin cordones ni tacón, de tela resistente o cuero y con suela delgada. 2 Calzado árabe ligero, sin cordones ni tacón, de piel o cuero.

baca *f.* Estructura resistente que se coloca sobre el techo de un automóvil para llevar maletas, bultos u objetos.

bacaladero, -ra *adj.* 1 Del bacalao. ‖ *adj./m. y f.* 2 [embarcación] Que está destinado a la pesca del bacalao.

bacaladilla *f.* Pez marino comestible de color gris, cuerpo pequeño y alargado y mandíbula prominente.

bacalao *m.* 1 Pez marino comestible de cabeza grande y cuerpo alargado; tiene una pequeña barba saliente en el labio inferior de la mandíbula. ‖ *adj./m.* 2 [música] Que se caracteriza por tener un ritmo rápido, intenso y repetitivo.

bacanal *f.* 1 Fiesta que los gentiles de la antigua Roma celebraban en honor de Baco, dios del vino y la embriaguez. 2 Fiesta donde se come y bebe inmoderadamente y se cometen excesos.

bacante *f.* Mujer que en la antigua Roma estaba consagrada al culto de Baco.

bache *m.* 1 Pequeño desnivel de un camino o carretera, generalmente producido por la pérdida o el hundimiento de la capa superficial de asfalto. 2 Disminución o detención en el progreso de una actividad. 3 Falta pasajera de ánimo o salud.

bachiller *com.* Persona que ha aprobado el bachillerato.

bachillerato *m.* 1 Grado académico que se consigue al terminar los estudios correspondientes a la enseñanza media. **2** Estudios necesarios para conseguir este grado.

bacía *f.* Recipiente cóncavo que usa el barbero para remojar las barbas, que tiene una hendidura para apoyar el cuello.

bacilo *m.* Bacteria de forma cilíndrica alargada, como la de un pequeño bastón.

bacín *m.* Recipiente cilíndrico de boca muy ancha y con asa; sirve para recoger la orina y los excrementos.

backgammon *m.* Juego de mesa que se practica por dos jugadores con quince fichas, blancas o negras, cada uno; consiste en recorrer un tablero compuesto por veinticuatro casillas triangulares de dos colores, según los números obtenidos al tirar dos dados.
OBS Es de origen inglés y se pronuncia aproximadamente 'bacgamon'.

back-up *m.* INFORM. Copia de seguridad de uno o más archivos informáticos con programas o informaciones.
OBS Es de origen inglés y se pronuncia aproximadamente 'bacap'.

bacón o **bacon** *m.* Tocino ahumado de cerdo con vetas de carne.
OBS Es de origen inglés y la segunda forma se pronuncia aproximadamente 'beicon'.

bacteria *f.* Organismo unicelular carente de núcleo, que se multiplica por bipartición o por esporas.

bacteriano, -na *adj.* De las bacterias.

bactericida *adj./m.* [sustancia] Que mata o destruye las bacterias.

bacteriología *f.* Ciencia que estudia las bacterias, sus clases, formas de reproducción y métodos para controlarlas o destruirlas.

bacteriológico, -ca *adj.* De la bacteriología.

báculo *m.* Bastón largo que llega a la altura del pecho o de la cabeza, con el extremo superior curvo, como el que usan los obispos como símbolo de su autoridad.

badajo *m.* Pieza que cuelga del interior de una campana, cencerro o esquila y que al moverse los hace sonar.

badana *f.* **1** Piel curtida de carnero u oveja. ‖ *com.* **2** *coloquial* Persona vaga, despreocupada y de poco juicio. Se usa también en plural. ► **zurrar la badana** *coloquial a)* Dar golpes y causar daño. *b)* Ganar o vencer al contrario con claridad.

badén *m.* Depresión del terreno en un camino o una carretera; puede ser natural o artificial.

badil *m.* Utensilio de metal con forma de pala pequeña que sirve para remover las brasas en las chimeneas y los braseros.

badila *f.* Badil.

badminton o **bádminton** *m.* Deporte parecido al tenis que se practica en un terreno de juego mucho menor y en el que participan dos o cuatro jugadores; consiste en impulsar una pequeña pelota con forma de media esfera y plumas en su lado plano mediante una raqueta ligera por encima de una red alta.

badulaque *adj./com. coloquial* Que no es de fiar por su informalidad y escaso juicio.

bafle *m.* Caja que contiene uno o más altavoces de un equipo de sonido.

bagaje *m.* **1** Conjunto de conocimientos y experiencias. **2** Equipaje militar. **3** Conjunto de cosas que una persona lleva consigo cuando viaja o se traslada de un lugar a otro.

bagatela *f.* Cosa poco importante.

¡bah! *int.* Indica desprecio o falta de interés.

bahía *f.* Parte de mar que entra en la tierra formando una concavidad amplia.

bailable *adj.* [música] Que se puede bailar.

bailaor, -ra *m. y f.* Persona que baila flamenco.

bailar *tr./intr.* **1** Mover el cuerpo, los pies y los brazos siguiendo el ritmo de una pieza musical. **2** Girar un objeto alrededor de su eje manteniendo el equilibrio sobre uno de sus extremos. ‖ *intr.* **3** Moverse una cosa que está en una posición inestable. **4** Confundir el orden de conceptos, palabras y números, o cambiarlos por otros que les son muy parecidos. **5** En algunos deportes, especialmente el fútbol o el baloncesto, dominar al contrario con gran superioridad; especialmente, hacer que corra tras el balón sin alcanzarlo.

bailarín, -rina *m. y f.* Persona que se dedica a bailar.

baile *m.* **1** Conjunto de movimientos que hace una persona con el cuerpo, los pies o los brazos siguiendo el ritmo de una pieza musical. **baile de salón** Baile que se realiza por parejas al ritmo de formas musicales tradicionales, como el vals, la polca o el tango, y modernas, como el twist o el rock and roll. **2** Fiesta o celebración pública en la que los asistentes bailan. **3** Confusión en el orden de conceptos, palabras y números, o cambio por otros que son muy parecidos. ► **baile de san Vito** Denominación corriente de varias enfermedades nerviosas caracterizadas por movimientos involuntarios y violentos.

bailón, -lona *adj.* Que baila a menudo y disfruta haciéndolo.

bailongo, -ga *m. y f.* Persona a quien le gusta acudir a fiestas y discotecas para bailar.

bailotear *intr.* Bailar sin gracia ni arte.

baja *f.* 1 Fin de la relación laboral o profesional que unía a una persona con una asociación o empresa. 2 Documento en el que se certifica que una persona debe abandonar durante un tiempo su puesto de trabajo a causa de una enfermedad o daño físico. 3 Persona que ha tenido que abandonar el desarrollo de una actividad por una causa determinada. 4 Muerte, inutilización o desaparición de una persona. 5 Disminución del valor o de la cuantía de una cosa. ▸ **dar de baja** Anotar en un registro que alguien ha dejado de pertenecer a una entidad o de dedicarse a una actividad.

bajada *f.* 1 Camino o calle inclinados que van de un lugar a otro más bajo. 2 Trayecto desde una posición elevada a otra más baja. 3 Disminución del valor, la cuantía o la intensidad de una cosa. ▸ **bajada de bandera** Tarifa que marca un taxímetro al ponerlo en marcha.

bajamar *f.* 1 Máximo nivel de bajada que puede alcanzar el agua del mar durante la marea baja. 2 Tiempo en que el nivel del agua se mantiene en estas condiciones.

bajante *amb.* Tubería de desagüe que recoge las aguas residuales y fecales de una construcción.

bajar *intr.* 1 Trasladar de un lugar a otro que está más bajo. 2 Salir de un vehículo. ▮ *intr./tr.* 3 Hacer más pequeño el valor, la cuantía o la intensidad de una cosa. ▮ *tr.* 4 Poner en un lugar más bajo. 5 Recorrer el trayecto inclinado que va de un lugar a otro más bajo. 6 Inclinar o dirigir hacia el suelo. 7 Copiar o transferir información para guardarla en la memoria de una computadora, sobre todo mediante Internet u otra red.

bajero, -ra *adj.* Que se usa o se pone debajo de una cosa.

bajeza *f.* Acción inmoral y despreciable.

bajío *m.* 1 Elevación del fondo de un mar, río o lago. 2 AMÉR Terreno que está a un nivel más bajo respecto de otro.

bajista *adj.* 1 [precio, valor] Que tiende a la baja o disminución. ▮ *com.* 2 Persona que toca el bajo.

bajo, -ja *adj.* 1 Que está situado en un lugar con poca altura con respecto a la su-

perficie de la tierra o al nivel del mar. 2 Que es de poco valor, cuantía o intensidad. 3 [grupo social] Que no tiene recursos económicos y ocupa el lugar inferior en la escala social. 4 Que es inmoral y despreciable. 5 Que está inclinado hacia el suelo o mira al suelo. 6 [sonido, voz] Que es muy grave y profundo. ▮ *m.* 7 Piso inferior, situado a la altura de la calle, de una casa que tiene dos o más plantas. 8 Borde inferior de una prenda de vestir. 9 Elevación del fondo de un mar, río o lago. 10 MÚS. Instrumento de sonido más grave de los que pertenecen a una misma familia. 11 MÚS. Voz más grave del registro de las voces humanas. 12 MÚS. Hombre que tiene esta voz. ▮ *adv.* 13 Con poca altura con respecto a la tierra. 14 Con un sonido o tono de voz suave y débil. ▮ *prep.* 15 Indica que una persona o cosa está debajo de otra.

bajón *m.* 1 Disminución brusca e intensa de una actividad. 2 Deterioro brusco e intenso en el estado de ánimo o de salud.

bajorrelieve *m.* Figura esculpida o grabada que sobresale ligeramente por encima de una superficie.

bajura *f.* Falta de elevación.

bakalao *m.* Bacalao, música.

bala *f.* 1 Proyectil cilíndrico de metal que es plano por uno de sus lados y acaba en punta por el otro; contiene en su interior una pequeña carga de pólvora que explota cuando es golpeada violentamente por el percutor de un arma de fuego. 2 Punta cónica de este proyectil que sale impulsada a gran velocidad a través del cañón del arma de fuego cuando se dispara. 3 Paquete de mercancías grande, apretado y atado. ▸ **bala perdida** *coloquial* Persona alocada y amante de la diversión.

balacera *f.* AMÉR Acción de disparar repetidamente con arma de fuego.

balada *f.* 1 Canción popular de ritmo lento y suave cuyo asunto es generalmente amoroso. 2 Composición poética tradicional de estrofas iguales entre las que se intercala un estribillo; suele contar sucesos legendarios y populares.

baladí *adj.* Que tiene poco valor, importancia o interés.

OBS El plural es *baladíes*, culto, o *baladís*, popular.

balalaica *f.* Instrumento musical parecido a la guitarra; tiene la caja en forma triangular, el mástil muy largo y tres cuerdas.

balance *m.* 1 Movimiento de un cuerpo a un lado y otro alternativamente. 2 Examen periódico de las cuentas de una empresa, comparando sus ingresos y gastos para establecer el nivel de beneficios o pérdidas. **3** Documento en el que consta este examen. **4** Revisión de los aspectos positivos y negativos de un estado o situación para poder extraer una valoración general del conjunto. **5** Sistema que regula el equilibrio del nivel de intensidad de sonido entre los dos altavoces o bafles de un equipo de música.

balancear *tr./prnl.* **1** Mover de un lado a otro un mecanismo que cuelga de un punto fijo subiendo y bajando de forma alternativa y repetida. **2** Inclinar una cosa hacia un lado y hacia otro de forma alternativa y repetida.

balanceo *m.* **1** Movimiento alternativo y repetido de subida y bajada a un lado y a otro. **2** Movimiento alternativo y repetido de inclinación a un lado y a otro.

balancín *m.* **1** Aparato para jugar que consiste en un asiento que apoya las patas en dos bases en forma de arco, de modo que al empujarlo se inclina de atrás hacia delante sin llegar a caer. **2** Asiento sujeto a dos cuerdas o cadenas que, colgado de la rama de un árbol o de un armazón, se mueve hacia atrás y hacia delante subiendo y bajando. **3** Asiento alargado colgado de una armazón de metal y cubierto por un toldo que se coloca en jardines, terrazas y lugares semejantes. **4** Aparato para jugar que consiste en una barra larga con un asiento en cada extremo; se apoya en su centro sobre una base elevada, de modo que los extremos pueden subir y bajar alternativamente. **5** Barra alargada que usan los equilibristas para contrapesar las inclinaciones del cuerpo.

balandro *m.* Velero de regatas, con el casco pequeño y alargado y un solo palo.

bálano o **balano** *m.* Parte más extrema y abultada del órgano sexual masculino que está cubierta por el prepucio.

balanza *f.* **1** Instrumento que sirve para pesar, compuesto de dos platos que cuelgan de una barra horizontal que está sujeta en su centro y permanece nivelada en equilibrio. **2** Mecanismo de cualquier clase que sirve para pesar cosas.

balar *intr.* Emitir una oveja o un cordero su voz característica.

balaustrada *f.* **1** Valla de media altura en forma de barandilla o antepecho que cierra o bordea un lugar; está formada por una serie de pequeñas columnas o balaustres unidas en su extremo superior por un listón o cuerpo horizontal estrecho, como las que se colocan en escaleras, balcones, azoteas o corredores. **2** Muro de media altura o barandilla que bordea un lugar alto.

balaustre o **balaústre** *m.* Columna pequeña, generalmente de piedra o madera, que con otras de igual figura forma una balaustrada.

balazo *m.* Marca o efecto que produce una bala disparada por un arma de fuego.

balbucear *intr./tr.* Balbucir.

balbuceo *m.* **1** Acción de balbucir. **2** Palabra o conjunto de palabras pronunciadas de esta manera.

balbucir *intr./tr.* Hablar articulando mal las palabras o pronunciándolas de manera entrecortada y poco comprensible; se produce por no saber hablar bien, por sufrir un defecto en la boca o por estar emocionado y sorprendido.
OBS Es defectivo. No se usa en la primera persona del singular del presente de indicativo, en las del presente de subjuntivo ni en la tercera del singular y del plural y la primera del plural del imperativo. En su lugar se emplean las formas correspondientes de *balbucear*.

balcánico, -ca *adj.* De la cordillera de los Balcanes o que tiene relación con esta región del sureste de Europa.

balcón *m.* **1** Abertura, generalmente de forma rectangular o cuadrada, en la pared exterior de una habitación que está por encima del nivel del suelo; verticalmente va desde el suelo hasta cerca del techo y suele dar acceso a un espacio exterior que sobresale en la fachada del edificio y que está rodeada por una balaustrada, barandilla o muro. **2** Lugar elevado del terreno desde el que es posible divisar una gran extensión de tierra o mar.

balconada *f.* Conjunto de balcones que comparten un mismo espacio exterior y una misma balaustrada, barandilla o muro.

balda *f.* Tabla o lámina horizontal que se coloca en una pared, un armario o una estantería para colocar objetos sobre ella.

baldaquín o **baldaquino** *m.* Pieza cuadrada o rectangular de tela con adornos valiosos y colgaduras que, pegada a la pared o sostenida por columnas, se coloca sobre un lugar como símbolo de reverencia y solemnidad.

baldar *tr.* Dejar agotado y dolorido por un gran esfuerzo realizado o un daño físico recibido.

balde *m.* 1 Recipiente de forma cilíndrica parecido a un cubo, generalmente de mayor tamaño y menor altura, que se usa especialmente para transportar agua. 2 AMÉR Recipiente de forma cilíndrica, abierto por arriba y con un asa grande, que se usa, generalmente, para contener o transportar líquidos. ▸ **de balde** Gratis, sin pagar dinero ni dar nada a cambio. ▸ **en balde** Sin conseguir el propósito deseado.

baldear *tr.* 1 Echar agua con baldes sobre una superficie, especialmente sobre el suelo. 2 Extraer con baldes el agua de una excavación.

baldío, -día *adj.* 1 Que es inútil. ‖ *adj./m.* 2 [terreno] Que está sin cultivar.

baldón *m.* Acto o situación que supone una deshonra pública para alguien.

baldosa *f.* Pieza fina y lisa de cerámica, piedra u otro material resistente que, junto a otras del mismo tamaño y forma, se usa para cubrir el suelo o la pared.

balear *adj.* 1 De Baleares. ‖ *adj./com.* 2 [persona] Que es de Baleares. ‖ *m.* 3 Variedad del catalán que se habla en las islas Baleares.

balido *m.* Voz característica de algunos animales como la oveja, la cabra, el cordero y el ciervo.

balín *m.* 1 Bala de pequeño calibre. 2 Pieza de plomo muy pequeña que sirve de munición para escopetas y pistolas de aire comprimido.

balística *f.* Disciplina que estudia la trayectoria, el alcance y los efectos de balas y proyectiles.

balístico, -ca *adj.* De la balística.

baliza *f.* Señal fija o móvil que se coloca en la tierra o sobre el agua para marcar una zona, especialmente para indicar que se debe pasar por un lugar o para advertir que es peligroso hacerlo.

ballena *f.* Mamífero marino, el mayor de los que existen en la Tierra; tiene una potente aleta trasera en posición vertical.

ballenato *m.* Cría de la ballena.

ballenero, -ra *adj.* De la caza y el aprovechamiento industrial de la ballena.

ballesta *f.* 1 Arma formada por un arco montado horizontalmente sobre una pieza alargada y perpendicular de madera, dotada de un canal para colocar la flecha y un mecanismo o una polea para tensar la cuerda o el alambre del arco. 2 Pieza en forma de arco que sirve para soportar el peso de la carrocería de los vehículos pesados.

ballestero *m.* Soldado armado con una ballesta.

ballet *m.* 1 Composición musical para ser interpretada en un escenario por uno o varios bailarines. 2 Danza que ejecutan estos bailarines. 3 Conjunto de bailarines y personal técnico que participa en la puesta en escena de esta obra.

balneario *m.* Establecimiento público dotado de las instalaciones necesarias para ofrecer baños medicinales, y en el que generalmente las personas que acuden a tomarlos permanecen alojadas como en un hotel.

balompié *m.* Fútbol.

balón *m.* 1 Pelota grande redonda u ovalada, que está rellena de aire; se utiliza para jugar o practicar deporte. **balón medicinal** Balón que pesa mucho y sirve para hacer ciertos ejercicios físicos de rehabilitación o desarrollo muscular. 2 Recipiente hecho de material sólido o flexible que sirve para contener gases.

balonazo *m.* Golpe dado con un balón.

baloncestista *com.* Persona que juega al baloncesto.

baloncesto *m.* Deporte que se juega entre dos equipos de cinco jugadores cada uno y consiste en meter el balón en la canasta del contrario lanzándola con las manos.

balonmano *m.* Deporte que se juega entre dos equipos de siete jugadores y consiste en meter la pelota en la portería del contrario lanzándola con las manos.

balonvolea *m.* Deporte que se juega entre dos equipos de seis jugadores y consiste en hacer que el balón toque el suelo del campo contrario lanzándolo con los brazos o las manos por encima de una red.

balsa *f.* 1 Embarcación plana hecha con troncos y listones de madera unidos entre sí. 2 Depresión de un terreno donde se acumula agua de forma natural o artificial. 3 Depósito de gran tamaño construido para guardar agua de regadío.

balsámico, -ca *adj.* 1 Del bálsamo. 2 Que tiene sabor intenso que reconforta la garganta y produce en las vías respiratorias un efecto que se asemeja al que se siente cuando se huele un bálsamo.

bálsamo *m.* Crema o líquido compuesto de sustancias medicinales intensamente aromáticas que se aplica sobre la piel.

báltico, -ca *adj.* 1 Del Báltico. ‖ *adj./m.* 2 [lengua] Que pertenece a una familia del tronco indoeuropeo unida al eslavo por numerosos rasgos comunes.

baluarte *m.* 1 Construcción fortificada con la que se protege y defiende un lugar.

2 Persona o cosa que protege y defiende de un perjuicio.

bamba *f.* **1** Composición musical de ritmo rápido y alegre procedente de Cuba. **2** Baile al ritmo de esta composición.

bambalina *f.* Tira de lienzo o papel pintado que cuelga de la parte superior y de uno a otro lado del escenario de un teatro.

bambolear *intr.* Inclinarse una persona o cosa a un lado y otro de modo alternativo y continuado manteniendo fijo algún punto de ella.

bamboleo *m.* Acción de bambolearse.

bambú *m.* Planta tropical con el tallo en forma de caña, flexible y resistente, y con hojas grandes y alargadas de color verde claro.

OBS El plural es *bambúes*, culto, o *bambús*, popular.

banal *adj.* De poco valor e importancia.

banalidad *f.* Dicho o hecho banal.

banana *f.* Fruto comestible del bananero; tiene forma alargada y algo curvada, es de color claro y su piel, lisa y de color amarillo, se despega con facilidad.

bananal *m.* Terreno donde se cultivan los bananeros.

bananero, -ra *adj.* **1** De la banana. ‖ *m.* **2** Planta tropical de tallo alto, parecida a la palmera, con hojas verdes, grandes y partidas, cuyo fruto es la banana. ▸ **república bananera** País tercermundista gobernado por una dictadura militar o por un gobierno autocrático influido por las compañías multinacionales.

banano *m.* **1** Banana. **2** Bananero.

banasto *m.* Recipiente de forma redonda y muy profundo hecho de mimbre o de madera que se usa para poner cosas, especialmente frutas o verduras.

banca *f.* **1** Actividad mercantil que consiste en hacer operaciones financieras con grandes cantidades de dinero. **2** Conjunto de empresas, establecimientos y personas que se dedican a esa actividad. **3** Persona que dirige y organiza una partida de un juego de azar. **4** Banco sin respaldo. **5** Asiento unido a una mesa.

bancada *f.* Asiento de una embarcación sobre el que se sientan los remeros.

bancal *m.* **1** En un terreno inclinado, parte horizontal o llana. **2** Parcela cuadrada o rectangular en que se divide una zona de cultivo.

bancario, -ria *adj.* De la banca mercantil.

bancarrota *f.* **1** Interrupción de la actividad de una empresa, industria o comercio por no poder pagar sus deudas. **2** Falta de medios para pagar deudas o realizar operaciones financieras.

banco *m.* **1** Empresa u organismo que se dedica a hacer operaciones financieras con grandes cantidades de dinero. **2** Establecimiento u oficina en la que esta empresa u organismo atiende a sus clientes y al público. **3** Asiento largo y estrecho para varias personas, generalmente con respaldo y a veces fijado al lugar donde está. **4** Mesa fuerte y robusta. **5** Conjunto de peces de la misma especie que van juntos en gran número. **6** Zona de un establecimiento sanitario donde se conservan órganos y líquidos del cuerpo humano, para usarlos en trasplantes y tratamientos médicos. ▸ **banco de arena** Elevación del fondo de un mar, río o lago por acumulación de arena. ▸ **banco de datos** INFORM. Conjunto de datos de una materia organizado en una base de datos. ▸ **banco de niebla** Conjunto de nubes bajas y compactas que dificultan o impiden la visión. ▸ **banco de pruebas** *a)* Instalación en la que se comprueba el funcionamiento de máquinas o aparatos bajo la supervisión de expertos y con la ayuda de sistemas de control. *b)* Situación en la que participa un grupo de personas que son sometidas a observación para probar algo.

banda *f.* **1** Grupo de músicos. **2** Grupo de delincuentes armados que operan de manera organizada. **3** Superficie más larga que ancha que se distingue del resto. **4** Tira alargada de papel, tela u otro material flexible que se usa para sujetar una cosa o como adorno. **5** Tira de tela que se lleva cruzada sobre el pecho para distinguir a una persona. **6** Línea que limita los lados más largos de un terreno de juego. **7** Franja de terreno que hay entre esta línea y el comienzo del graderío. **8** Costado de una embarcación. **9** Conjunto de magnitudes o valores comprendidos entre un límite superior y otro inferior. ▸ **banda sonora** Conjunto de temas musicales o canciones que se interpretan parcial o totalmente a lo largo de una película. ▸ **cerrarse en banda** Mantenerse firme en una idea.

bandada *f.* **1** Grupo numeroso de animales de la misma especie que van juntos; especialmente, de aves o insectos. **2** Grupo de personas que van juntas.

bandazo *m.* **1** Inclinación brusca de una embarcación por efecto del viento o de las olas. **2** Cambio brusco en la dirección de un vehículo. **3** Cambio brusco en la manera de pensar o de ser.

bandeja *f.* 1 Recipiente alargado, poco profundo, de fondo llano y con bordes de poca altura; sirve para llevar, servir o presentar cosas. 2 Pieza alargada que cubre el espacio que hay en la parte trasera de los automóviles entre los asientos y el cristal posterior.

bandera *f.* 1 Pieza rectangular de tela con franjas de colores o figuras simbólicas que representa a un colectivo de personas. 2 Pieza de tela, generalmente de forma cuadrada, rectangular o triangular, con franjas de colores o figuras simbólicas que se usa para hacer señales o como adorno. **bandera blanca** Bandera que se enarbola para indicar que se tiene intención de hablar de paz. 3 Nacionalidad a la que está adscrito un buque mercante. ▸ **de bandera** Que es excelente en su clase.

banderazo *m.* Señal hecha con una bandera.

banderilla *f.* 1 Palo delgado, envuelto en cintas de colores y con una punta de metal en uno de sus extremos, que los toreros clavan de dos en dos en la parte delantera del lomo del toro. 2 Aperitivo o tapa compuesta por trozos pequeños de alimentos pinchados en un palillo.

banderillear *tr.* Clavar banderillas en la parte delantera del lomo del toro.

banderillero, -ra *m. y f.* Torero que clava las banderillas y ayuda al matador.

banderín *m.* Bandera pequeña, generalmente de forma triangular. ▸ **banderín de enganche** *a)* Oficina donde se inscriben los voluntarios para el servicio militar. *b)* Reclamo para ganar adeptos a una causa o colaboradores para un trabajo común.

banderola *f.* Bandera pequeña de forma cuadrada que se usa en el ejército, la marina o en topografía.

bandido, -da *m. y f.* Ladrón que asalta, generalmente en compañía de otros.

bando *m.* 1 Grupo de personas que defienden las mismas ideas o intereses. 2 Comunicado oficial publicado por una autoridad en el que constan órdenes, indicaciones o consejos para que sean conocidos por la población.

bandolera *f.* Tira larga y estrecha de cuero que cruza el pecho y la espalda desde un hombro hasta la cadera opuesta; sirve especialmente para llevar colgada un arma de fuego.

bandolero, -ra *m. y f.* Bandido, especialmente el que asaltaba en los campos y sierras de Andalucía.

bandolina *f.* Instrumento musical de cuerda parecido a la guitarra, de menor tamaño y con la caja ovalada; tiene cuatro pares de cuerdas y se toca con una púa.

bandoneón *m.* Instrumento musical de viento parecido al acordeón, pero de menor tamaño, formado por dos cuerpos de cuatro o seis lados unidos por un fuelle que se abren y cierran con las manos.

bandurria *f.* Instrumento musical de cuerda parecido a la guitarra, de menor tamaño y con la caja triangular; tiene seis pares de cuerdas.

banjo *m.* Instrumento musical de cuerda parecido a la guitarra, de menor tamaño y con la caja redonda de metal, cubierta con una piel tensa como un tambor; tiene el mástil largo y de cuatro a nueve cuerdas.

banner *m.* Anuncio publicitario que aparece en una página web, generalmente rectangular.

OBS Es de origen inglés y se pronuncia 'báner'. El plural es *banners*.

banquero, -ra *m. y f.* Propietario o dirigente de un banco.

banqueta *f.* 1 Asiento individual, pequeño y sin respaldo ni brazos. 2 MÉX Acera.

banquete *m.* 1 Comida especial para muchas personas con la que se celebra un acontecimiento. 2 Comida en la que se toman gran cantidad de alimentos, generalmente de muy buena calidad.

banquillo *m.* Asiento donde se coloca un acusado ante el tribunal en un juicio.

bantú *adj.* 1 De un conjunto de pueblos de raza negra que habitan el centro y el sur de África. ▮ *m. y f.* 2 Persona que es de uno de estos pueblos.

OBS El plural es *bantúes*, culto, o *bantús*, popular.

bañadera *f.* AMÉR Bañera.

bañador *m.* ESP Traje de baño.

bañar *tr.* 1 Meter el cuerpo o parte de él en el agua u otro líquido, especialmente para asearlo o nadar. 2 Rociar o mojar con abundante agua u otro líquido. 3 Meter una cosa o parte de ella en un líquido. 4 Cubrir una cosa con una capa fina de otra sustancia. 5 Estar en contacto el agua de un mar, río o lago con un territorio. 6 Dar de lleno y en abundancia el sol, la luz o el aire.

bañera *f.* ESP Recipiente grande, de un tamaño adecuado para que quepa una persona tendida o sentada, que sirve para bañarse.

bañista *com.* Persona que se baña.

baño *m.* 1 Acción de bañar o bañarse. 2 Sustancia que en forma de capa fina cubre una cosa. 3 Habitación en la que están el váter, la ducha o la bañera y otros elementos que sirven para el aseo. 4 Recipiente grande que sirve para bañarse, de un tamaño adecuado para que quepa una persona tendida o sentada. 5 Derrota clara y rotunda que un deportista o equipo causa con facilidad a sus adversarios. ‖ *m. pl.* 6 Balneario. ► **baño María** o **baño de María** Método para calentar y cocinar alimentos que consiste en colocarlos en un recipiente sumergido parcialmente en otro que contiene agua y se somete directamente a fuego suave y constante; también se usa para calentar productos químicos o farmacéuticos.

baptismo *m.* Doctrina religiosa protestante surgida en el siglo XVII según la cual el bautismo solo se administra a los adultos.

baptista *adj.* 1 Del baptismo. ‖ *adj./com.* 2 Que cree en el baptismo.

baptisterio *m.* 1 Edificio contiguo a un templo, generalmente de pequeñas dimensiones, donde se encuentra la pila bautismal y tiene lugar la ceremonia del bautismo. 2 Zona en el interior de un templo donde se encuentra la pila bautismal y tiene lugar el bautismo.

baquelita *f.* QUÍM. Resina sintética que se obtiene por procedimientos químicos y se emplea en la fabricación de plásticos, barnices y materiales aislantes.

OBS Es marca registrada.

baqueta *f.* 1 Palo delgado y largo con que se toca un instrumento de percusión. 2 Varilla delgada de hierro o madera que sirve para limpiar el cañón en un arma de fuego.

baquetear *tr.* Causar muchas molestias o incomodidades.

baqueteo *m.* 1 Acción de baquetear. 2 Efecto de baquetear.

bar *m.* 1 Establecimiento en el que se sirven bebidas y comidas, generalmente tapas y bocadillos, que dispone de una barra o mostrador y a veces también de mesas. 2 FÍS. Unidad de presión utilizada para medir la presió atmosférica.

barahúnda *f.* Ruido y confusión grandes.

baraja *f.* 1 Conjunto de naipes o cartas con los que se realizan diversos juegos de mesa. 2 Conjunto de posibilidades entre las que se puede escoger.

barajar *tr.* 1 Mezclar y cambiar de orden repetidas veces las cartas de una baraja antes de repartirlas para el juego. 2 Reflexionar con atención y cuidado sobre las distintas posibilidades que ofrece una situación antes de decidir. 3 Usar o mencionar cifras, nombres o datos diversos referidos a un mismo asunto.

baranda *f.* 1 Barandilla.

barandal *m.* 1 Barra o listón horizontal superior o inferior que une los balaustres o barras verticales de la baranda o barandilla. 2 Barandilla.

barandilla *f.* Antepecho de media altura compuesto de balaustres con barandales.

baratija *f.* Cosa pequeña de poco valor que se compra por poco dinero, generalmente para adorno.

baratillo *m.* Tienda o puesto en que se venden cosas usadas o por un precio inferior al normal.

barato, -ta *adj.* 1 Que cuesta poco dinero. ‖ *adv.* 2 Por poco precio.

barba *f.* 1 Pelo fuerte que nace en la zona de la mandíbula y en las mejillas. Se usa en plural con el mismo significado. 2 Parte de la cara que corresponde a la mandíbula inferior. 3 Pelo que nace debajo de la boca de algunos animales. 4 Lámina dura y flexible que, junto con otras, cuelga de la mandíbula superior de algunas especies de ballenas; con ellas filtran el agua del mar, el plancton y los crustáceos con los que se alimentan. ‖ *f. pl.* 5 Bordes sin cortar o mal cortados de las hojas de un libro o de un papel. ► **por barba** Por persona; cada uno. ► **subirse a las barbas** Perder el respeto o el temor a una persona.

barbacoa *f.* 1 Recipiente portátil con cuatro patas en el que se coloca carbón o leña y una parrilla; se usa para asar carne o pescado al aire libre. 2 Construcción de ladrillos cuadrada o rectangular al aire libre con una repisa para colocar carbón o leña y una parrilla; se usa para asar carne o pescado. 3 Comida en la que se toma como alimento principal la carne o el pescado asado sobre una parrilla. 4 AMÉR Zarzo de cañas y mimbres sobre puntales que sirve de camastro.

barbado, -da *adj./m. y f.* Que tiene barba.

barbaridad *f.* 1 Acción o dicho torpe, equivocado o exagerado. 2 Acción muy cruel y violenta.

barbarie *f.* 1 Actitud de la persona que actúa con crueldad o falta de compasión hacia la vida o la dignidad de los demás. 2 Estado de incultura.

barbarismo *m.* 1 Palabra o modo de expresión procedente de una lengua extranjera que no se halla totalmente incorporado a la lengua que los usa. **2** Incorrección en el uso del lenguaje que consiste en pronunciar o escribir mal las palabras o en utilizar palabras equivocadas o inexistentes.

bárbaro, -ra *adj./m. y f.* **1** [persona] Que pertenece a uno de los pueblos que, procedentes de Europa y Asia, ocuparon el Imperio romano en el siglo v. **2** [persona] Que es violento, cruel y carece de compasión o humanidad. **3** *coloquial* [persona, acto] Que demuestra gran energía y decisión. **4** *coloquial* Que agrada mucho por su calidad, tamaño o cantidad.

barbechar *tr.* Arar la tierra y dejarla preparada mediante el barbecho.

barbecho *m.* **1** Sistema de cultivo que consiste en dejar, después de una cosecha, el terreno de labor sin sembrar durante uno o más años para que se regenere. **2** Terreno de cultivo que permanece sin sembrar durante uno o más años para que se regenere.

barbería *f.* Establecimiento público donde se corta y arregla el pelo, la barba o el bigote a los hombres.

barbero *m.* Persona que corta y arregla el pelo, la barba o el bigote a los hombres.

barbilampiño, -ña *adj.* [joven, hombre] Que tiene poco poblada la barba.

barbilla *f.* Extremo saliente de la mandíbula inferior de la cara.

barbitúrico *m.* Sustancia química que afecta al sistema nervioso y se usa para tranquilizar o producir estados de sueño.

barbo *m.* Pez comestible de agua dulce de lomo pardo y vientre de color claro; tiene el hocico alargado con varios apéndices carnosos en el borde del labio superior.

barboquejo *m.* Cinta con que se sujeta el sombrero o casco por debajo de la barba.

barbudo, -da *adj.* Que tiene mucha barba.

barca *f.* Embarcación pequeña con el fondo cóncavo que se usa para pescar o navegar en las costas, en los ríos o en lugares de aguas poco profundas y tranquilas.

barcarola *f.* Canción popular que imita las canciones de los gondoleros venecianos.

barcaza *f.* Barca grande y descubierta que se usa para la carga y descarga de mercancías.

barcelonés, -nesa *adj.* **1** De Barcelona. ‖ *adj./m. y f.* **2** [persona] Que es de Barcelona.

barchilón, -lona *m. y f.* AMÉR **1** Enfermero de hospital. **2** Persona que cuida enfermos.

barco *m.* Embarcación con el fondo cóncavo que navega movida generalmente por el viento o por un motor.

bardo *m.* Persona que compone poemas, especialmente si los recita en público.

baremo *m.* Escala de valores que se emplea para evaluar las características de un conjunto de personas o cosas.

bargueño *m.* Mueble de madera con adornos de marquetería y taracea con cajones pequeños, compartimientos y estantes.

baria *f.* Medida de presión en el sistema cegesimal equivalente a una dina por centímetro cuadrado.

baricentro *m.* **1** FÍS. Centro de gravedad de un cuerpo. **2** Punto en el interior de un triángulo en el que se cortan las medianas de sus lados.

bario *m.* Elemento químico, metal sólido de color blanco, difícil de fundir; se usa en la fabricación de pinturas y tintas.

barítono *m.* **1** Voz media entre la del tenor y la del bajo. **2** Hombre con esta voz.

barjoleta *adj.* AMÉR [persona] Que es mentecato.

barlovento *m.* MAR. Lugar de donde viene el viento.

barman *m.* Camarero que trabaja en la barra de un bar.

OBS Es de origen inglés y se pronuncia aproximadamente ‘barman’. El plural es *bármanes*.

barniz *m.* **1** Líquido espeso obtenido de la mezcla de resinas y aceites; aplicado a una superficie, forma una capa transparente y brillante que la hace resistente al aire y a la humedad. **2** Conocimiento superficial de una materia.

barnizador, -ra *m. y f.* Carpintero especializado en la aplicación de barnices.

barnizar [4] *tr.* Aplicar barniz (líquido).

baro *m.* FÍS. Medida de presión atmosférica que equivale a 105 pascales.

baro-, -baro, -bara Elemento prefijal y sufijal que entra en la formación de palabras con el significado de 'pesantez', 'presión' y 'presión atmosférica'.

barométrico, -ca *adj.* Del barómetro.

barómetro *m.* **1** Instrumento que sirve para medir la presión de la atmósfera.

barón, -ronesa *m. y f.* Noble de categoría inferior a la de vizconde.

barquero, -ra *m. y f.* Persona que gobierna o guía una barca.

barquilla *f.* Cesto de material ligero y resistente que cuelga de un globo aerostático donde van los tripulantes.

barquillera *f.* Recipiente metálico para barquillos.

barquillero, -ra *m y f.* **1** Persona que tiene por oficio hacer o vender barquillos. ❚ **2** *m.* Molde para hacer barquillos.

barquillo *m.* Hoja delgada de pasta de harina y azúcar, aromatizada con canela u otras esencias, que tiene forma de tubo.

barra *f.* **1** Pieza larga y delgada, generalmente de material rígido, que tiene forma rectangular o cilíndrica. **2** Mostrador alargado de un bar o establecimiento público similar detrás del cual el camarero sirve a los clientes. **3** Signo de ortografía que sirve para separar caracteres. **4** Elevación del fondo de un mar o río por acumulación de arena, generalmente en la entrada de un puerto, que dificulta o impide la navegación. **5** ESP Pieza de pan de forma alargada. ▸ **barra americana** Bar o establecimiento similar en el que hay mujeres encargadas de acompañar a los clientes y entablar conversación con ellos para que aumenten su consumición. ▸ **barra de labios** *a)* Pequeña barra cilíndrica de pintura que usan las mujeres para dar color a los labios. *b)* Pequeño estuche que contiene esta barra y permite usarla sin mancharse las manos. ▸ **barra libre** Posibilidad de consumir bebidas libremente en un bar o establecimiento similar previo pago de una cantidad a la entrada.

barrabasada *f.* Acción o dicho injustificado o molesto.

barraca *f.* **1** Casa pequeña que suele edificarse en los suburbios con materiales de baja calidad. **2** Construcción característica de las huertas de Valencia y Murcia, hecha de barro y cañas, con el tejado a dos aguas muy inclinado.

barracón *m.* Edificio de un solo piso, de planta rectangular y con un solo espacio interior, que se usa generalmente para albergar a una gran cantidad de personas.

barracuda *f.* Pez marino de cuerpo muy alargado, hocico prominente y mandíbulas armadas de fuertes dientes; vive en los mares tropicales y templados.

barranco *m.* **1** Hondonada profunda hecha en la tierra, generalmente por una corriente de agua. **2** Terreno rocoso, alto y cortado en plano inclinado.

barrena *f.* **1** Instrumento compuesto por una barra fina de acero con un extremo acabado en punta en forma de espiral, que tiene en el opuesto un mango perpendicular para darle el movimiento de rotación necesario; sirve para hacer agujeros en superficies duras. **2** Barra fina de acero con surcos en forma de espiral y con un extremo acabado en punta que se aplica a una taladradora eléctrica para hacer agujeros en superficies duras.

barrenar *tr.* Abrir agujeros en una superficie con una barrena o con un barreno.

barrendero, -ra *m. y f.* Persona que se dedica a barrer, generalmente las aceras, calles y lugares públicos.

barreno *m.* **1** Barrena grande que se usa para hacer agujeros de gran tamaño, generalmente en la roca. **2** Agujero hecho con una barrena. **3** Carga explosiva que se coloca en un agujero hecho con barrena.

barreño *m.* Recipiente grande de forma cilíndrica y poco profundo; se usa, generalmente, para fregar y lavar en él.

barrer *tr.* **1** Limpiar el suelo arrastrando la basura con una escoba. **2** Dejar un lugar libre o vacío haciendo desaparecer todo lo que había en él. **3** Derrotar fácilmente a un deportista o equipo a su adversario.

barrera *f.* **1** Valla o cualquier otro obstáculo fijo o móvil que impide el paso por un lugar. **2** Barra fija en uno de sus extremos que puede colocarse en posición horizontal o vertical para impedir o permitir, respectivamente, el paso de un vehículo por un lugar. **3** Valla de madera que rodea el ruedo de una plaza de toros y lo separa de las gradas. **4** Primera fila de asientos en las plazas de toros más próxima a esta valla. **5** Obstáculo que impide o dificulta la circulación de personas con minusvalías. **6** Obstáculo o dificultad que impide la consecución de un objetivo o un deseo. **7** Cantidad o límite al que aún no ha llegado un determinado valor. **8** En algunos deportes, como el fútbol, conjunto de jugadores, colocados uno junto a otro hombro con hombro, que se sitúan delante de su portería para evitar que el contrario consiga un gol al sacar una falta.

barretina *f.* Gorro típico catalán en forma de manga cerrada por un extremo.

barriada *f.* Barrio.

barrica *f.* Barril pequeño para contener líquidos.

barricada *f.* Obstáculo hecho con objetos y materiales diversos que sirve para protegerse del enemigo o impedir su paso.

barriga *f.* **1** Cavidad del cuerpo del hombre y los animales vertebrados en la que se contienen los órganos principales del aparato digestivo, genital y urinario. **2** Parte intermedia de un recipiente más abultada que el resto.

barrigudo, -da *adj.* Que tiene la barriga muy grande.

barril *m.* **1** Recipiente de madera para contener líquidos o sustancias en polvo y grano; está formado por una serie de tablas arqueadas unidas por aros de metal y cerrado en los extremos con tapas redondas hechas con tablas. **2** Recipiente cilíndrico de metal para contener un producto químico o corrosivo.

barrillo *m.* Grano de pequeño tamaño que aparece en la piel de la cara, especialmente a los adolescentes.

barrio *m.* **1** Zona en que se considera dividida una población grande. **2** Conjunto de personas que viven en una de estas zonas de una población.

barriobajero, -ra *adj.* [persona] Que obra o habla sin educación ni formas.

barritar *intr.* Emitir un elefante su voz característica.

barrizal *m.* Terreno lleno de barro.

barro *m.* **1** Masa blanda y compacta que resulta de mezclar tierra y agua. **2** Material duro, impermeable y resistente al calor que se obtiene al cocer u hornear esta masa. **3** Barrillo.

barroco, -ca *m.* **1** Movimiento cultural y artístico caracterizado por el gusto por la belleza y la complicación formal, las formas curvas y la abundancia de adornos. **2** Período histórico que comienza a finales del siglo XVI y termina a principios del siglo XVIII durante el cual se desarrolló este movimiento. ‖ *adj.* **3** Del barroco.

barroquismo *m.* **1** Conjunto de características propias de una obra barroca. **2** Tendencia a la decoración formal excesiva.

barrote *m.* Barra gruesa y fuerte.

barruntar *tr.* **1** Tener la sensación o el presentimiento de que va a ocurrir algo. **2** Suponer o formar un juicio a partir de ciertas informaciones, señales o indicios.

barrunto *m.* **1** Presentimiento de que algo va a ocurrir. **2** Suposición que se apoya en señales o indicios.

bártulos *m. pl.* Conjunto de utensilios, instrumentos y otros enseres que se usan habitualmente.

barullo *m.* Ruido, desorden y confusión grandes, generalmente provocados por un grupo de personas.

basa *f.* ARQ. Parte inferior de una columna sobre la que reposa el fuste.

basal *adj.* **1** Que está en la base de una cosa, especialmente de una construcción.

2 BIOL. [actividad de un órgano] Que continúa realizándose, aunque mínimamente.

basalto *m.* Roca volcánica de color negro verdoso usada en la construcción.

basamento *m.* **1** Zona inferior de un edificio sobre la que se levanta la estructura de una obra. **2** Bloque formado por la basa y el pedestal de una columna.

basar *tr.* Partir de una serie de principios iniciales para elaborar, establecer o crear una cosa.

basca *f.* **1** Sensación de malestar que se tiene en el estómago cuando se quiere vomitar. **2** *coloquial* Conjunto de personas, especialmente si son amigos o conocidos.

báscula *f.* Aparato para medir pesos; consta de una bandeja o plataforma donde se coloca lo que se quiere pesar y un indicador que marca el peso.

bascular *intr.* **1** Moverse una cosa que está fija en un punto de un lado a otro de modo alternativo y continuado. **2** Inclinarse la caja de un vehículo de transporte o volquete, de modo que lo que lleva en ella resbale y caiga por su peso. **3** Alternar la manera de pensar o sentir, eligiendo una opción diferente a cada momento.

base *f.* **1** Parte de un objeto en la que este se apoya. **2** Objeto sobre el que se apoya una cosa. **3** Conjunto de principios iniciales a partir de los que se elabora, establece o crea una cosa. **4** Instalación en la que se encuentran el personal y los aparatos necesarios para desarrollar una actividad, especialmente de carácter militar. **5** Conjunto de personas que pertenecen a una asociación, sindicato o partido político y no tienen cargo en la organización. **6** Esquina de un campo de béisbol que, junto a otras tres, debe recorrer un jugador para lograr una carrera. **7** MAT. Línea o superficie inferior de una figura. **8** MAT. En una potencia, cantidad que ha de multiplicarse por sí misma tantas veces como indique el exponente. **9** En un sistema de numeración matemática, número de unidades que constituyen la unidad colectiva del orden inmediatamente superior. **10** QUÍM. Sustancia derivada de la unión de agua con un óxido metálico; combinada con un ácido forma una sal. ‖ *com.* **11** Jugador de un equipo de baloncesto cuya función principal es organizar el juego de su equipo. ▸ **a base de** Teniendo como fundamento inicial. ▸ **base de datos** *a)* Programa informático capaz de almacenar, relacionados y estructurados, gran cantidad de datos que pueden ser consultados parcial o totalmente de acuerdo con las características selectivas que se deseen. *b*) Conjunto de datos almacenados en este programa.

baquía *f.* AMÉR Destreza o habilidad para los trabajos manuales.

básico, -ca *adj.* 1 Que forma parte de los principios iniciales a partir de los que se elabora, establece o crea una cosa. 2 Que es lo más importante y necesario. 3 Que es sencillo y sin complicaciones.

basílica *f.* 1 Iglesia cristiana grande y notable por su antigüedad o por los privilegios de que goza. 2 Edificio de planta rectangular, con tres o más naves separadas por columnas o muros; especialmente, el destinado al culto paleocristiano.

basilisco *m.* 1 Persona muy enfadada. 2 Animal imaginario al que se le atribuía el poder de matar con la vista.

básket *m.* Baloncesto, juego.

básquetbol *m.* AMÉR Baloncesto.

¡basta! *int.* Expresión con que se ordena poner fin a una acción.

bastante *adj.* 1 Que basta o es suficiente. ‖ *det./pron. indef.* 2 Gran cantidad o número de personas o cosas. ‖ *adv.* 3 En cantidad o nivel suficiente. 4 Más de lo normal o necesario. 5 Añade intensidad al valor de ciertos adverbios.

bastar *intr./prnl.* Ser suficiente.

bastardilla *adj./f.* [letra] Que está inclinada hacia la derecha, imitando la letra que se escribe a mano con rapidez.

bastardo, -da *adj./m. y f.* 1 [persona] Que ha nacido de una mujer que no es la esposa de su padre. ‖ *adj.* 2 Que se aparta de sus características originales.

bastidor *m.* 1 Armazón que deja un hueco en el medio y sirve para sostener otro elemento. 2 Armazón de metal que sostiene un mecanismo, especialmente un motor. 3 Parte del decorado de una representación teatral que hay a los lados del escenario por donde suelen entrar y salir los personajes. ▸ **entre bastidores** De modo reservado y particular.

bastión *m.* 1 Construcción fortificada con la que se protege y defiende un lugar. 2 Persona o cosa que protege o defiende de un perjuicio.

basto, -ta *adj.* 1 Que tiene poco valor o calidad. 2 Que tiene malos modos. ‖ *m.* 3 Carta de la baraja española en la que aparecen dibujados uno o varios palos gruesos. 4 Palo de la baraja española representado con uno o más palos gruesos.

bastón *m.* 1 Objeto que sirve para apoyarse al andar; tiene forma de palo largo y delgado, con un mango en ocasiones curvo para agarrarlo con comodidad, y de una altura cercana a la cintura de quien lo lleva. 2 Objeto con forma parecida a este instrumento que se entrega a una persona en señal de mando o de autoridad. 3 Objeto en forma de barra larga y fina que usan los esquiadores para darse impulso.

basura *f.* 1 Conjunto de residuos o cosas inútiles que se tiran. 2 *coloquial* Cosa de muy mala calidad.

basural *m.* AMÉR Basurero.

basurero, -ra *m. y f.* 1 Persona que recoge la basura de las poblaciones y la lleva a los vertederos. ‖ *m.* 2 ESP Lugar donde se tiran las basuras de una población.

bata *f.* 1 Prenda de vestir larga, con mangas y con botones por delante, que se pone sobre otras prendas y sirve para abrigar y estar más cómodo. 2 Prenda de vestir larga con mangas que se pone sobre otras prendas para impedir que se manchen o por razones de higiene y asepsia. ▸ **bata de cola** Prenda de vestir femenina compuesta por una sola pieza, muy ajustada al cuerpo, con una falda larga de mucho vuelo y con abundantes volantes en las mangas y en toda la falda.

batacazo *m.* 1 Caída o golpe violento. 2 Resultado desastroso e inesperado.

batalla *f.* 1 Lucha con armas entre dos grupos de personas o dos ejércitos. **batalla campal** Enfrentamiento muy violento que se produce de manera imprevista entre dos grandes grupos de civiles, generalmente armados con objetos contundentes o armas blancas. 2 Esfuerzo continuado por vencer los obstáculos y conseguir un fin. ▸ **dar (o presentar) batalla** Enfrentarse con energía a un problema o dificultad con decidida voluntad de resolverlo. ▸ **de batalla** Que está dedicado al uso diario para la vida o el trabajo cotidiano; se aplica especialmente a una prenda de vestir, un instrumento, un vehículo o un aparato.

batallador, -ra *adj.* [persona] Que lucha y se esfuerza con decisión.

batallar *intr.* 1 Trabajar con esfuerzo para vencer los obstáculos y conseguir un fin. 2 Luchar con las armas para someter al enemigo o destruirlo.

batallita *f.* Relato breve e informal en el que una persona cuenta acontecimientos de su vida que considera especialmente importantes.

batallón *m.* 1 Unidad militar compuesta por varias compañías y mandada por un comandante. 2 Grupo numeroso de personas.

batata *f.* 1 Planta de flores grandes, rojas por dentro y blancas por fuera, y tubérculos comestibles. 2 Tubérculo de esta planta de forma alargada y de color marrón por fuera y amarillento o blanco por dentro.

bate *m.* Palo cilíndrico, estrecho en la empuñadura que sirve para golpear la pelota en el juego del béisbol.

batea *f.* 1 Recipiente de madera que se usa para llevar o contener cosas. 2 Embarcación pequeña con forma de cajón que se usa en aguas poco profundas para el transporte de mercancías. 3 Estructura cuadrada que se asienta en el fondo del mar y sobresale de la superficie, cerca de la costa, para la cría de mejillones.

bateador, -ra *m. y f.* En el béisbol, jugador que golpea la pelota con el bate.

batear *intr.* En el béisbol, golpear el bateador la pelota con el bate.

batel *m.* Embarcación pequeña de remo con unas tablas para reforzar su estructura que sirven de asiento.

batería *f.* 1 Aparato de forma cuadrada o rectangular, formado por placas de plomo y pequeños vasos independientes con ácido; sirve para suministrar y acumular energía eléctrica. 2 Aparato pequeño, generalmente de forma cilíndrica o rectangular, que sirve para producir una corriente eléctrica continua. 3 Instrumento de percusión formado por varios tambores y platos metálicos. ‖ *com.* 4 Persona que toca la batería. ‖ *f.* 5 Conjunto de cañones y armas de fuego de gran calibre. ▸ **batería de cocina** Conjunto de recipientes, generalmente con un diseño común, que se utilizan para cocinar alimentos. ▸ **batería de preguntas** Conjunto numeroso de preguntas breves. ▸ **en batería** En paralelo, referido al modo de aparcar vehículos.

batiburrillo *m.* Mezcla confusa y desordenada de cosas.

batida *f.* 1 Acción de batir, registrar un lugar. 2 Recorrido de un terreno en busca de caza. 3 Momento del salto de un atleta en el que sus pies se despegan del suelo con un fuerte impulso.

batido *m.* 1 Sustancia que produce el batido de los componentes del huevo. 2 Bebida fría que se hace triturando y mezclando componentes líquidos y sólidos, especialmente leche, frutas o helado.

batidora *f.* Aparato de cocina que sirve para triturar, mezclar o batir alimentos sólidos y líquidos.

batiente *m.* 1 Parte del cerco o marco de una puerta o ventana sobre el que se cierra la hoja. 2 Hoja de una puerta o ventana. 3 Zona de una costa, dique o espigón en la que golpean las olas del mar.

batín *m.* Prenda de vestir con mangas que llega hasta más abajo de la cadera y se cierra por delante con un cordón o cinta.

batir *tr.* 1 Mover con un instrumento o agitar una sustancia líquida para que se unan y traben sus componentes. 2 Triturar y mezclar sustancias sólidas y líquidas para obtener un líquido compacto y homogéneo. 3 Dar golpes de modo continuado. 4 Golpear el viento o el agua en una superficie. 5 Mover con fuerza un ave las alas. 6 Registrar minuciosamente un lugar en busca de algo. 7 Recorrer un terreno en busca de caza. 8 Vencer y hacer que huya el ejército contrario. 9 Superar una marca o récord. ‖ *intr.* 10 Tomar impulso un atleta en el momento del salto apoyando un pie en el suelo. ‖ *prnl.* 11 Luchar o competir una persona con otra.

batiscafo *m.* Embarcación pequeña preparada para sumergirse en el agua a grandes profundidades y dotada de sistemas especiales de exploración.

batista *f.* Tela muy fina de lino o algodón.

batracio *adj./m.* 1 [animal] Que pertenece a la clase de los batracios. ‖ *m. pl.* 2 Clase de animales vertebrados de sangre fría que pasan parte de su vida en el agua y que en la edad adulta respiran a través de pulmones.

baturro, -rra *adj.* 1 De la cultura y el folclore típicos aragoneses. ‖ *adj./m. y f.* 2 [persona] Que pertenece al campesinado rural aragonés.

batuta *f.* 1 Vara pequeña que usa el director de una orquesta o de una banda para marcar el ritmo de una obra musical. 2 Dirección, mando o control de algo.

baúl *m.* Caja grande rectangular con una tapa arqueada que gira sobre bisagras.

bauprés *m.* Palo grueso que en la proa de los barcos sirve para asegurar algunas velas o cabos.

bautismal *adj.* Del bautismo.

bautismo *m.* 1 Sacramento del cristianismo que consiste en echar un poco de agua a una persona, generalmente en la cabeza, o en sumergirla en ella como símbolo de aceptación y entrada en la Iglesia cristiana. **2** Ceremonia de este sacramento. **3** Primera vez que una persona hace alguna cosa importante o significativa.

bautizar [4] *tr.* **1** Administrarle el sacramento del bautismo. **2** Poner un nombre a alguien o algo. **3** Añadir agua al vino para que este tenga mayor volumen.

bautizo *m.* **1** Ceremonia en la que se administra el sacramento del bautismo. **2** Fiesta con que se celebra este sacramento.

bauxita *f.* Mineral de aspecto terroso y color rosa con manchas rojas, muy abundante en la naturaleza; constituye la mena más importante del aluminio.

baya *f.* **1** Fruto pequeño y comestible que dan algunas variedades de árboles silvestres. **2** BOT. Fruto carnoso o jugoso, de forma redondeada, que tiene en su interior las semillas rodeadas con pulpa.

bayeta *f.* **1** Tela de lana poco tupida y de textura elástica. **2** Paño que sirve para limpiar superficies y absorber líquidos.

bayo, -ya *adj.* [caballo] Que tiene el pelo de color amarillento.

bayoneta *f.* Arma blanca, parecida a un cuchillo, que encaja paralela al cañón de un fusil y sobresale de su boca.

baza *f.* **1** En algunos juegos de cartas, conjunto de naipes que se echan sobre la mesa durante una jugada. **2** Característica o conjunto de características que conceden cierta ventaja a una persona o cosa sobre otras. ▶ **meter baza** *coloquial* Intervenir en una conversación o controversia sin haber sido preguntado.

bazar *m.* **1** Establecimiento en el que se venden objetos y aparatos diversos. **2** Mercado público en las ciudades árabes u orientales.

bazo *m.* Órgano de color rojo oscuro, que está cerca del páncreas.

bazofia *f.* **1** Comida de aspecto y sabor muy desagradable. **2** *coloquial* Cosa que es de la peor calidad, sin valor ni utilidad.

bazooka *m.* Bazuca.

bazuca *m.* Arma portátil de infantería que consiste en un tubo metálico abierto por los dos extremos que dispara proyectiles de propulsión a chorro.

be *f.* **1** Nombre de la letra *b.* ‖ *m.* **2** Onomatopeya de la voz de la oveja o el cordero. OBS El plural es *bes.*

beatería *f.* Actitud de la persona que da muestras de devoción y religiosidad.

beatificación *f.* **1** Procedimiento eclesiástico católico mediante el cual el Papa beatifica a una persona. **2** Ceremonia católica en la que se beatifica a alguien.

beatificar [1] *tr.* Reconocer el Papa que una persona muerta tuvo a lo largo de su vida un comportamiento cristiano especialmente digno de ser recordado, por lo que se le puede dar culto.

beatífico, -ca *adj.* [persona, comportamiento] Que demuestra gran bondad y paz espiritual.

beatitud *f.* **1** En la religión católica, bienaventuranza que logran las almas al compartir la vida eterna con Dios. **2** Estado de paz espiritual, tranquilidad y felicidad.

beato, -ta *adj./m. y f.* **1** [persona] Que ha sido beatificado. **2** [persona] Que se muestra muy devoto y religioso.

bebé *m.* Niño que acaba de nacer o que tiene muy pocos meses.

bebedero *m.* Recipiente en el que se pone agua para que beban los animales.

bebedizo *m.* **1** Bebida elaborada con veneno. **2** Bebida elaborada con diversos ingredientes a la que se le atribuyen efectos mágicos. **3** Bebida elaborada con hierbas que tiene virtudes medicinales.

bebedor, -ra *adj./m. y f.* Que toma bebidas alcohólicas en exceso.

beber *intr./tr.* **1** Tomar un líquido por la boca. ‖ *intr.* **2** Tomar bebidas alcohólicas. **3** Obtener ideas de alguien o algo.

bebible *adj.* [líquido] Que se puede beber.

bebida *f.* **1** Sustancia líquida que se bebe. **2** Hábito de tomar bebidas alcohólicas.

bebido, -da *adj.* Que ha tomado una cantidad excesiva de bebida alcohólica.

beca *f.* Ayuda económica que se concede a una persona para que pague los gastos que le supone cursar unos estudios, desarrollar un proyecto de investigación o realizar una obra artística.

becar [1] *tr.* Conceder una beca.

becario, -ria *m. y f.* Persona que disfruta de una beca.

becerrada *f.* Espectáculo que consiste en torear uno o más becerros en una plaza de toros o en un lugar público cerrado.

becerro, -rra *m. y f.* Cría de la vaca menor de dos años.

bechamel *f.* Salsa blanca y cremosa que se hace con leche, harina y mantequilla o aceite.

becquerel *m.* Unidad de medida de la actividad radiactiva.

becuadro *m.* Signo en forma de *b* cuadrada que delante de una nota musical o de un compás indica que la nota o notas que siguen deben recuperar su entonación natural.

bedel, -la *m. y f.* Persona que tiene a su cargo las llaves de un edificio o establecimiento público para procurar su vigilancia.

beduino, -na *adj.* 1 De un pueblo árabe nómada de las zonas desérticas del norte de África. ‖ *adj./m. y f.* 2 [persona] Que es de este pueblo.

befa *f.* Burla ofensiva y malintencionada.

begonia *f.* Planta de jardín, de tallos carnosos, hojas grandes y verdes en forma de corazón y flores pequeñas.

beicon *m.* Tocino ahumado de cerdo con vetas de carne.

beige o **beis** *adj.* 1 De color castaño muy claro. Es invariable en género. ‖ *adj./m.* 2 [color] Que es de color castaño muy claro. OBS La forma *beis* es invariable en número.

béisbol *m.* Deporte que se juega entre dos equipos de nueve jugadores; consiste en golpear con un bate una pequeña pelota y recorrer las cuatro esquinas del campo antes de que los jugadores contrarios recojan la pelota y la envíen a una de estas esquinas.

bel *m.* Unidad de medida de la intensidad acústica o sonora.

beldad *f. culto* Belleza, hermosura.

belén *m.* Conjunto formado por pequeñas figuras y maquetas que representan el nacimiento de Jesucristo.

belga *adj.* 1 De Bélgica. ‖ *adj./com.* 2 [persona] Que es de Bélgica.

belicismo *m.* Ideología política y social que defiende el uso de la violencia y de las armas por parte de los países para lograr sus objetivos y proteger sus intereses.

belicista *adj.* 1 Del belicismo. ‖ *adj./com.* 2 [persona] Que es partidario de él.

bélico, -ca *adj.* De la guerra.

belicoso, -sa *adj.* 1 Que incita al uso de la fuerza y la violencia o que amenaza con emplearlas. 2 [persona] Que tiende a actuar de modo violento o agresivo.

beligerancia *f.* Actitud de oposición y enfrentamiento entre dos personas.

beligerante *adj./com.* 1 [país] Que está en guerra con otro. 2 [persona] Que se muestra opuesto y enfrentado a alguien o algo.

belio *m.* Unidad de medida de la intensidad acústica o sonora.

bellaco, -ca *adj./m. y f.* 1 [persona] Que es despreciable porque actúa con maldad y falta de honradez. 2 AMÉR [caballería] Que es difícil de gobernar.

bellaquería *f.* Acción o dicho propio de un bellaco.

belleza *f.* 1 Conjunto de características que hacen que el aspecto físico de una persona resulte muy atractivo. 2 Conjunto de características que hacen que una cosa provoque en quien la contempla o la escucha un placer sensorial o espiritual.

bello, -lla *adj.* Que tiene belleza.

bellota *f.* Fruto pequeño y alargado que dan la encina y el roble, de color marrón claro, con una cáscara dura y rugosa en uno de sus extremos.

bemol *adj./m.* [nota musical] Que tiene un sonido medio tono más bajo que el de su sonido natural.

benceno *m.* QUÍM. Líquido incoloro obtenido de la destilación del alquitrán de hulla; se usa como disolvente.

bencina *f.* QUÍM. Líquido incoloro derivado del petróleo que se usa como disolvente y como combustible.

bendecir [79] *tr.* 1 Pedir para una persona la protección de Dios, la Virgen o un santo. 2 Pedir un sacerdote la protección de Dios, la Virgen o un santo para una persona, lugar o cosa. 3 Ofrecer o dedicar a Dios, a la Virgen o a un santo una cosa o lugar. 4 Otorgar Dios, la Virgen o un santo su protección. 5 Expresar una gran satisfacción y felicidad relacionado con algo que se considera positivo.

bendición *f.* 1 Acción de bendecir. 2 Conjunto de palabras con las que se pide para una persona la protección de Dios, la Virgen o un santo. 3 Cosa muy buena o que produce una gran alegría.

bendito, -ta *adj./m. y f.* 1 [lugar, cosa] Que ha sido bendecido o consagrado. 2 [cosa, persona] Que merece agradecimiento y alabanza. Se usa siempre precediendo al nombre. ‖ *m. y f.* 3 Persona que es buena, sencilla e incauta. OBS Es el participio irregular de *bendecir*.

benedictino, -na *adj.* 1 De la orden fundada por san Benito de Nursia a principios del siglo VI. ‖ *adj./m. y f.* 2 [religioso] Que pertenece a esta orden.

benefactor, -ra *adj./m. y f.* Que hace un bien o presta ayuda de manera desinteresada.

beneficencia *f.* 1 Conjunto de instituciones públicas o privadas que ayudan de manera desinteresada a las personas que carecen de recursos económicos. **2** Ayuda social o económica desinteresada que se presta a esas personas.

beneficiar [12] *tr./prnl.* **1** Hacer un bien, ser beneficioso o provechoso. **2** Hacer que un terreno de cultivo tenga una producción mayor o de más calidad; especialmente mediante el uso de abonos y fertilizantes. **3** Tratar el mineral para obtener el metal que contiene. ‖ *prnl.* **4** Servirse de una persona o cosa para obtener un beneficio o provecho. **5** *coloquial* Tener relaciones sexuales con una persona.

beneficiario, -ria *adj./m. y f.* **1** Que se beneficia de la ayuda que otro le presta de manera desinteresada. **2** [persona] Que obtiene un beneficio o provecho.

beneficio *m.* **1** Compensación moral o material por una obra realizada. **2** Dinero que se obtiene de una inversión.

beneficioso, -sa *adj.* Que produce un bien moral o material.

benéfico, -ca *adj.* **1** Que hace un bien o presta ayuda de manera desinteresada. **2** De la beneficencia. **3** Beneficioso. **OBS** El superlativo es *beneficentísimo*.

benemérito, -ta *adj.* Que merece premio y agradecimiento por los servicios que presta o ha prestado. ▶ **la Benemérita** o **el Benemérito Instituto** La Guardia Civil.

beneplácito *m.* Aprobación clara.

benevolencia *f.* Buena voluntad, comprensión de una persona hacia otra.

benévolo, -la *adj.* Que tiene benevolencia.

bengala *f.* **1** Varilla o cilindro que al arder por uno de sus extremos desprende chispas. **2** Artificio luminoso que se utiliza para hacer señales a distancia.

benignidad *f.* **1** Inclinación o tendencia a hacer el bien o a pensar bien. **2** Naturaleza agradable o beneficiosa de algo.

benigno, -na *adj.* **1** Que se caracteriza por la buena voluntad, comprensión y simpatía. **2** [fenómeno natural o climático] Que es templado y agradable. **3** [enfermedad] Que puede curarse.

benimerín *adj.* **1** De una antigua dinastía musulmana que reinó en el norte de África y en España durante los siglos XIII y XIV. ‖ *com.* **2** Persona que es de esta dinastía.

benjamín, -mina *m. y f.* **1** Hijo menor. **2** Persona que tiene menos edad de las que forman un equipo o grupo.

benzol *m.* QUÍM. Líquido incoloro obtenido de la destilación del alquitrán de hulla; es muy inflamable y se usa como disolvente.

beodo, -da *adj./m. y f.* **1** [persona] Que está borracho. **2** Que es incapaz de renunciar al hábito de la bebida.

berberecho *m.* Molusco marino de color blanco y con una concha rayada y casi circular que vive enterrado en el fondo arenoso de las costas.

berberisco, -ca *adj./m. y f.* Bereber.

berbiquí *m.* Instrumento en forma de manubrio que tiene en un extremo una barra fina de acero acabada en punta con forma de espiral y en el opuesto un mango para darle el movimiento de rotación necesario; sirve para hacer agujeros en superficies duras.
OBS El plural es *berbiquíes*, culto, o *berbiquís*, popular.

beréber o **bereber** *adj.* **1** De un pueblo que habitaba la antigua región de la Berbería. ‖ *adj./com.* **2** Que es de este pueblo. ‖ *m.* **3** Lengua de este pueblo.

berenjena *f.* **1** Planta herbácea ramosa, de hojas grandes, ovaladas y cubiertas de pelos, con flores grandes de color morado. **2** Fruto de esa planta, de forma alargada y abultada por un extremo; es de color blanco con la piel de color morado oscuro.

berenjenal *m.* **1** Terreno sembrado de berenjenas. **2** *coloquial* Asunto o situación problemática de difícil solución.

bergantín *m.* Velero ligero de dos palos.

beriberi *m.* Enfermedad causada por la falta de vitamina B_1, cuyos síntomas son dolores musculares, parálisis general del cuerpo e insuficiencia cardíaca.

berilio *m.* Metal sólido de color blanco, usado principalmente en la industria atómica.

berkelio *m.* Berquelio.

berlina *f.* Automóvil de cuatro a seis plazas con cuatro puertas laterales y una trasera.

bermejo, -ja *adj.* De color rubio o rojizo.

bermellón, -llona *adj.* **1** De color rojo muy intenso. ‖ **2** *m.* Polvo muy fino de cinabrio que se emplea en pintura para obtener un color rojo muy intenso.

bermudas *amb. pl.* **1** Pantalón corto de tejido fino que llega hasta las rodillas. **2** Prenda de baño masculina en forma de pantalón corto y ancho que llega hasta las rodillas.

berquelio *m.* Elemento químico radiactivo obtenido a partir del americio.

berrear *intr.* **1** Llorar o gritar un niño con fuerza. **2** Dar berridos el becerro, el ciervo, etc. **3** *coloquial* Cantar mal, dando voces y desentonando.

berrido *m.* **1** Grito fuerte que da una persona. **2** Voz característica del becerro, ciervo, elefante, etc. **3** *coloquial* Grito fuerte y desentonado que se da cantando.

berrinche *m.* Enfado o disgusto fuerte que se manifiesta con gestos, voces o llanto.

berrinchudo, -da *adj.* AMÉR [persona] Que se enoja con facilidad.

berro *m.* Planta herbácea de tallos gruesos y hojas verdes comestibles; crece en lugares con mucha agua.

berza *f.* **1** Hortaliza comestible de hojas verdes, anchas y arrugadas y muy unidas y apretadas. ‖ *adj./com.* **2** Berzotas.

berzotas *adj./com.* Que es torpe o poco inteligente.

OBS El plural también es *berzotas*.

besamanos *m.* **1** Muestra de respeto y saludo a una persona que consiste en tomar su mano derecha y hacer el ademán de besarla inclinando ligeramente el cuerpo. **2** Acto de adoración de una imagen religiosa. **3** Acto en el cual se besa la mano del sacerdote en su primera misa.

OBS El plural también es *besamanos*.

besamel *f.* Salsa blanca y cremosa que se hace trabando leche, harina y mantequilla o aceite.

besana *f.* **1** Primer surco que se abre en la tierra cuando se empieza a arar. **2** Conjunto de los surcos paralelos que se hacen al arar.

besar *tr.* **1** Tocar u oprimir con los labios a una persona o cosa contrayéndolos y separándolos en señal de amor, afecto, saludo o respeto. **2** Hacer este movimiento con los labios sin llegar a tocar nada con ellos.

beso *m.* **1** Acción de besar. **2** Efecto de besar.

bestia *f.* **1** Animal de cuatro patas. ‖ *adj./com.* **2** Que hace un uso excesivo de la fuerza, es violento o tiene malos modos. **3** *coloquial* [persona] Que es torpe, inculto o poco inteligente. ▶ **a lo bestia** *coloquial* *a*) Con violencia y sin cuidado. *b*) En una cantidad excesiva.

bestial *adj.* **1** Que es cruel y carece de compasión o humanidad. **2** Que es muy grande, fuerte o intenso.

bestialidad *f.* **1** Acción o dicho que causa rechazo por ser torpe o exagerado. **2** Acción muy cruel y violenta.

bestiario *m.* Libro en el que se recogen fábulas, leyendas e historias sobre animales reales o imaginarios.

best-seller *m.* **1** Obra literaria con un gran éxito de ventas. **2** Obra literaria escrita sobre un tema que capta fácilmente la atención del lector, con estilo y vocabulario sencillos y directos.

OBS Es de origen inglés y se pronuncia aproximadamente 'beséler'.

besucón, -cona *adj./m. y f.* [persona] Que besa mucho.

besugo *m.* **1** Pez marino comestible con una mancha negra junto a las agallas y ojos grandes. **2** *coloquial* Persona torpe y poco inteligente.

besuquear *tr.* Besar de manera repetida.

besuqueo *m.* Acción de besuquear.

beta *f.* Segunda letra del alfabeto griego, equivalente a la *b* del español.

bético, -ca *adj./m. y f.* De la Bética, antigua región romana del sur de España.

betún *m.* **1** Sustancia que sirve para dar brillo al calzado. **2** Sustancia de origen natural que contiene hidrógeno y carbono.

bi- **1** Elemento prefijal que entra en la formación de palabras con el significado de: *a*) 'Dos'. *b*) 'Dos veces'. En algunos casos presenta las formas bis- y biz-. **2** Entra en la terminología química para indicar la presencia de dos átomos, moléculas o radicales iguales en un compuesto.

biatlón *m.* Carrera de esquí de fondo en la que los participantes llevan una carabina para efectuar una prueba de tiro al blanco en cada tramo del recorrido.

biberón *m.* Recipiente cilíndrico que tiene una tetina en su extremo y sirve para alimentar a niños y animales recién nacidos.

Biblia *f.* Libro sagrado del cristianismo.

bíblico, -ca *adj.* De la Biblia.

biblio- Elemento prefijal que entra en la formación de palabras con el significado de 'libro'.

bibliobús *f.* Autobús dotado de estanterías para transportar y mostrar libros que pueden ser solicitados en préstamo.

bibliófilo, -la *m. y f.* **1** Persona aficionada a coleccionar libros. **2** Persona amante de los libros y de la lectura.

bibliografía *f.* **1** Lista ordenada de libros, artículos, reseñas y textos acerca de una materia o tema. **2** Lista ordenada de libros, artículos y textos de un autor. **3** Disciplina que estudia la enumeración, descripción y clasificación sistemática de libros, impresos y otros materiales.

bibliográfico, -ca *adj.* De la bibliografía.

bibliógrafo, -fa *m. y f.* Persona que se dedica al estudio de la evolución e historia de manuscritos y libros.

biblioteca *f.* 1 Edificio o local en el que se tienen guardados y ordenados libros para que el público pueda leerlos o llevárselos en préstamo. 2 Conjunto de libros ordenados que se guardan en este lugar. 3 Conjunto de libros que tienen características comunes o que tratan de una misma materia. 4 Conjunto de libros de una persona. 5 Mueble grande con estantes en el que se colocan libros.

bibliotecario, -ria *m. y f.* Persona que trabaja en una biblioteca.

biblioteconomía *f.* Disciplina que estudia la organización y administración de bibliotecas.

bicameral *adj.* [sistema legislativo de un estado] Que está formado por dos cámaras que elaboran y aprueban las leyes.

bicarbonato *m.* Sal que se forma a partir de un ácido de carbono y que tiene un átomo de hidrógeno que se puede sustituir por un metal. **bicarbonato de calcio** Sal blanca que produce la formación de estalactitas y estalagmitas. **bicarbonato de sodio** Sal blanca en polvo que se toma para aliviar la acidez y el dolor de estómago. Se usa frecuentemente la forma *bicarbonato* para hacer referencia al bicarbonato de sodio.

bicéfalo, -la *adj.* Que tiene dos cabezas.

bicentenario, -ria *adj./m. y f.* 1 Que tiene cerca de doscientos años de edad. *m.* 2 Día o año en que se cumplen doscientos años de un acontecimiento o un hecho. 3 Período de doscientos años.

bíceps *adj./m.* [músculo] Que tiene dos inserciones en su origen.

OBS El plural también es *bíceps*.

bicha *f. coloquial* Culebra, reptil.

bichero *m.* Palo largo con un garfio o gancho en un extremo que sirve para mover una embarcación y para recoger objetos que flotan en el agua.

bicho *m. coloquial* Animal, especialmente el de pequeño tamaño, nombre desconocido o aspecto desagradable.

bici *f. coloquial* Bicicleta.

bicicleta *f.* Vehículo de dos ruedas unidas a un armazón triangular, con un manillar, un sillín y dos pedales.

bicicross *m.* Modalidad de ciclismo que se practica en un circuito en el que hay diferentes obstáculos.

bicoca *f.* Cosa de buena calidad o de valor que se consigue a bajo precio o con poco esfuerzo.

bicolor *adj.* Que tiene dos colores.

bidé *m.* Recipiente de loza bajo y ovalado con agua corriente que está en un cuarto de baño; se utiliza para el aseo íntimo.

bidón *m.* Recipiente grande y cilíndrico que cierra herméticamente y sirve para contener o transportar líquidos.

biela *f.* Pieza de una máquina que transforma el movimiento de vaivén en línea recta en movimiento de rotación.

bieldo *m.* Instrumento de madera formado por un palo largo que termina en cuatro puntas; sirve para aventar el cereal.

bielorruso, -sa *adj.* 1 De Bielorrusia, república de la antigua Unión Soviética. *adj./m. y f.* 2 [persona] Que es de Bielorrusia. *m.* 3 Lengua hablada en Bielorrusia.

bien *adv.* 1 De modo adecuado o correcto. 2 Con comodidad, sin esfuerzo o dificultad. 3 Con buena salud. 4 De manera agradable o feliz. 5 Bastante. 6 Con gusto. 7 Indica afirmación o asentimiento. *conj.* 8 Indica alternancia u oposición en construcciones gramaticales de valor distributivo. *adj.* 9 De una clase social alta. *m.* 10 Cosa que es útil y buena para una persona y que produce felicidad. 11 Lo que es moralmente bueno o perfecto. *m. pl.* 12 Conjunto de las propiedades o riquezas de alguien. **bienes inmuebles** o **bienes raíces** Los que no se pueden mover del lugar en el que están, tales como tierras o viviendas. **bienes muebles** Los que pueden ser trasladados sin alterar su naturaleza o calidad, tales como dinero, joyas, obras de arte, muebles, vehículos y objetos. ► **bastante de bien** Mucho, abundantemente. ► **de bien** Dicho de una persona o grupo, que es honrado y bueno. ► **¡qué bien!** Expresión que indica alegría y felicidad. ► **si bien** Aunque.

bienal *adj./f.* 1 Que se repite cada dos años. 2 Que dura dos años.

bienaventurado, -da *adj.* 1 Que es afortunado y feliz. *adj./m. y f.* 2 Que goza de la felicidad y de la gracia eterna de estar en el cielo cerca de Dios.

bienaventuranza *f.* 1 Fortuna y felicidad de una persona. 2 Sentencia bíblica en la que Jesucristo expresa las características esenciales que deben tener las personas que gozarán de la felicidad y de la gracia eterna de estar en el cielo cerca de Dios. 3 Según la religión católica, estado de felicidad y gracia eterna que provoca estar en el cielo cerca de Dios.

bienestar *m.* 1 Estado de la persona cuyas condiciones físicas y mentales le proporcionan un sentimiento de satisfacción y tranquilidad. **2** Estado de una persona cuyas condiciones económicas le permiten vivir con tranquilidad. ▸ **sociedad** (o **estado**) **del bienestar** Sistema social y político en el que el estado cubre algunas necesidades materiales de las personas, proporcionando gratuitamente los servicios básicos y estableciendo ayudas para quienes carecen de recursos económicos.

bienhablado, -da *adj.* Que es educado cuando habla y no emplea expresiones vulgares o malsonantes.

bienhechor, -ra *adj./m. y f.* [persona] Que hace un bien o presta ayuda de manera desinteresada.

bienintencionado, -da *adj./m. y f.* Que tiene buena voluntad e intención.

bienio *m.* Período de dos años.

bienvenida *f.* Recibimiento que se da a una persona o grupo en el que se manifiesta gran alegría por el encuentro.

bienvenido, -da *adj./m. y f.* **1** Que se recibe con agrado o alegría. ∥ *int.* **2** Expresión con la que se saluda a alguien que llega.

bies *m.* Tira de tela cortada de manera oblicua respecto al hilo de la costura, que se cose en el borde de las prendas de vestir como refuerzo o adorno. ▸ **al bies** De manera oblicua o inclinada, en diagonal.

bifásico, -ca *adj.* [sistema eléctrico] Que tiene dos corrientes eléctricas alternas iguales, procedentes del mismo generador, cuyas fases respectivas se producen a la distancia de un cuarto de período.

bífido, -da *adj.* BIOL. [órgano] Que tiene un extremo dividido en dos partes, puntas o ramas.

bifocal *adj.* [lente] Que tiene dos focos.

bifurcación *f.* **1** Acción de bifurcarse. **2** Lugar donde se bifurca algo.

bifurcarse [1] *prnl.* Dividirse o separarse en dos ramales, brazos o puntas una cosa, especialmente un camino o carretera.

big bang *m.* Según algunas teorías astronómicas, gran explosión inicial de una masa compacta de energía y materia que dio origen al universo.

bigamia *f.* Estado de bígamo.

bígamo, -ma *adj./m. y f.* [persona] Que está casado dos veces y tiene, por tanto, dos cónyuges vivos.

bigardo, -da *adj./m. y f.* [persona] Que es perezoso. **2** Que es muy alto y fortachón.

bigote *m.* **1** Pelo fuerte que nace sobre el labio superior, especialmente en el hombre. **2** Bigotera, mancha.

OBS Se usa en plural con el mismo significado.

bigotera *f.* **1** Instrumento parecido a un compás formado por dos piezas alargadas puntiagudas, unidas entre sí en un extremo y en su parte media para que puedan abrirse y cerrarse con gran precisión girando una rosca; sirve para trazar arcos o circunferencias. **2** Mancha que queda en el labio superior después de beber un líquido.

bigotudo, -da *adj.* Que tiene un bigote grande o muy espeso.

bigudí *m.* Pinza con extremos largos y planos que sirve para enrollar un mechón de cabello y dejarlo ondulado.

OBS El plural es *bigudíes,* culto, o *bigudís,* popular.

bikini *m.* Biquini.

bilabial *adj./f.* [consonante] Que se pronuncia uniendo y separando los labios.

bilateral *adj.* De las dos partes, lados o aspectos de algo.

bilbaíno, -na *adj.* **1** De Bilbao. ∥ *adj./m. y f.* **2** [persona] Que es de Bilbao.

bilbilitano, -na *adj.* **1** De Calatayud. ∥ *adj./m. y f.* **2** [persona] Que es de Calatayud.

biliar *adj.* De la bilis. **vesícula biliar** Órgano en forma de saco cercano al hígado donde se almacena la bilis en él producida.

bilingüe *adj./com.* **1** [persona] Que habla dos lenguas con igual o similar dominio. **2** Territorio, región o país en el que hablan dos lenguas. **3** [texto] Que usa dos lenguas para expresar contenidos.

bilingüismo *m.* Uso habitual de dos lenguas por parte de un individuo o en una comunidad de hablantes.

bilis *f.* **1** Líquido amarillo verdoso y amargo que produce el hígado. **2** Sentimiento de amargura e irritabilidad.

billar *m.* **1** Juego que se practica con tres bolas macizas en una mesa rectangular cubierta por un tapete verde que tiene bordes de goma elevados para impedir que las bolas caigan al suelo; consiste en golpear con la punta de un taco una de las bolas, procurando que con el impulso llegue a chocar con las otras dos. **2** Juego similar pero que se juega con dieciséis bolas en una mesa con seis troneras y en que hay que introducir las bolas según ciertas reglas. **3** Establecimiento público donde se practican estos juegos.

billetaje *m.* Conjunto de entradas o billetes que se ponen a la venta.

billete *m.* 1 Papel rectangular impreso o grabado que emite el banco central de un país; con él se puede comprar o pagar por el valor de la cantidad de la moneda que tiene impresa en números y letras. 2 Papel pequeño impreso que se compra y da derecho a entrar u ocupar asiento en un vehículo o local. 3 Documento con un número que se compra y da derecho a participar en un sorteo de lotería.

billetera *f.* Billetero.

billetero *m.* Cartera pequeña de forma aplanada que tiene diversos apartados y divisiones en su interior para guardar billetes, tarjetas y otros documentos.

billón *m.* Un millón de millones.

bimembre *adj.* Que está compuesto de dos miembros o partes.

bimensual *adj.* Que se repite dos veces al mes.

bimestral *adj.* 1 Que se repite cada dos meses. 2 Que dura dos meses.

bimestre *m.* Período de dos meses.

bimotor *adj./m.* [avión] Que está provisto de dos motores.

binario, -ria *adj.* Que está compuesto por dos elementos o unidades. **código binario** Sistema informático de reducción de datos por el que cualquier carácter o número puede ser convertido en una combinación de los dígitos 1 y 0.

bingo *m.* 1 Juego de azar que consiste en tachar las casillas numeradas, impresas en un cartón, cuando coinciden con los números leídos en voz alta que llevan grabados las bolas que se extraen de una en una de un recipiente. 2 Premio mayor de este juego. 3 Establecimiento en el que se desarrolla este juego.

binocular *adj./m.* 1 [sistema de visión] Que permite el uso de los dos ojos simultáneamente. ▌ *m. pl.* 2 Aparato óptico para ver a distancia.

binóculo *m.* Gafas sin patillas que se sujetan únicamente a la nariz.

binomio *m.* 1 MAT. Expresión matemática formada por la suma o la resta de dos monomios. 2 Conjunto de dos elementos.

bio-, -bio Elemento prefijal y sufijal que entra en la formación de palabras con el significado de: *a)* 'Vida'. *b)* 'Ser vivo'. *c)* 'Fenómeno vital, proceso orgánico'.

biocombustible *m.* Combustible obtenido de materia o residuos vegetales.

biodegradable *adj.* [producto, sustancia] Que puede descomponerse en elementos químicos naturales.

bioenergética *m.* Parte de la biología que estudia las transformaciones energéticas en los seres vivos.

biofísica *f.* Ciencia que estudia el modo en que los seres vivos utilizan y transforman la energía que ellos mismos producen.

biofísico, -ca *adj.* 1 De la biofísica. ▌ *m. y f.* 2 Persona que se dedica a la biofísica.

biografía *f.* 1 Historia de la vida de una persona. 2 Libro en el que se cuenta la vida de una persona.

biográfico, -ca *adj.* De la biografía.

biógrafo, -fa *m. y f.* Persona que escribe la biografía de otra.

biología *f.* Ciencia que estudia los seres vivos y sus procesos vitales.

biológico, -ca *adj.* De la biología.

biólogo, -ga *m. y f.* Persona que se dedica a la biología.

biombo *m.* Mueble formado por dos o más láminas verticales de tela, madera u otro material que están articuladas entre sí.

biónica *f.* Ciencia que estudia la creación y el desarrollo de aparatos y procedimientos tecnológicos que sirven de ayuda o sustituyen las funciones naturales de los seres vivos.

biopsia *f.* Análisis de una parte de tejido o de líquido orgánico extraído de un ser vivo.

bioquímica *f.* Rama de la química que estudia los elementos químicos que forman parte de la naturaleza de los seres vivos.

bioquímico, -ca *adj.* 1 De la bioquímica. ▌ *m. y f.* 2 Persona que se dedica a la bioquímica.

biorritmo *m.* Manifestación cíclica de los fenómenos vitales de un ser vivo.

biosfera *f.* 1 Zona de la Tierra habitada por seres vivos. 2 Conjunto de seres vivos que habitan en esta zona.

bipartito, -ta *adj.* Que está formado por dos partes o miembros iguales.

bípedo, -da *adj./m. y f.* [animal] Que tiene dos pies o patas.

biplano *m.* Avión que tiene dos alas paralelas superpuestas a baja costado.

biplaza *adj./m.* [vehículo] Que tiene capacidad solamente para dos personas.

biquini *m.* Prenda de baño femenina compuesta por dos piezas.

OBS También se escribe *bikini*.

birlar *tr.* Robar sin violencia o intimidación.

birlibirloque Palabra que se utiliza en la

locución *por arte de birlibirloque*, que significa 'sin que se sepa de qué forma ha sucedido algo' o 'de manera inesperada'.

birome *m.* ARG, URUG Bolígrafo (instrumento para escribir).

birra *f. coloquial* Cerveza, bebida.

birrete *m.* Gorro de forma prismática que usan en actos oficiales abogados, jueces o catedráticos.

birria *f. coloquial* Cosa de poco valor o calidad.

bis *adv.* Indica repetición.

bisabuelo, -la *m. y f.* Padre o madre del abuelo o la abuela de una persona.

bisagra *f.* Mecanismo de metal o plástico compuesto por dos piezas unidas por un eje común, que se fijan en dos superficies separadas, una fija y otra móvil, para juntarlas y permitir el giro de una sobre otra.

bisbisear *tr./intr.* Hablar en voz baja o muy cerca del oído de una persona.

bisbiseo *m.* 1 Acción de bisbisear. 2 Efecto de bisbisear.

biscote *m.* Rebanada de pan tostado, seca y dura, que se conserva mucho tiempo.

bisección *f.* En geometría, división de una figura en dos partes iguales.

bisector, -triz *adj./m. y f.* MAT. [plano, recta] Que divide en dos partes iguales.

bisel *m.* Corte oblicuo en el borde de una superficie.

bisemanal *adj.* Que se repite dos veces por semana.

bisexual *adj.* 1 [vegetal, flor] Que tiene órganos sexuales masculinos y femeninos. ‖ *adj./com.* 2 [persona] Que siente atracción sexual por ambos sexos.

bisiesto *adj./m.* [año] Que tiene un día más que el año común, esto es, 366.

bisílabo, -ba *adj./m.* De dos sílabas.

bismuto *m.* Metal blanco agrisado con tinte rojizo, poco maleable, duro y quebradizo.

bisnieto, -ta *m. y f.* Hijo o hija del nieto o la nieta de una persona.

bisonte *m.* Mamífero salvaje parecido al toro, con cuernos cortos y pelo castaño.

bisoñé *m.* Peluca que cubre solo la parte anterior de la cabeza.

bisoño, -ña *adj./m. y f.* [persona] Que no tiene experiencia en una actividad.

bisté *m.* Bistec.

OBS El plural es *bistés.*

bistec *m.* Filete de carne asado o frito.

OBS El plural es *bistecs.*

bisturí *m.* Instrumento de cirugía que se usa para hacer incisiones en los tejidos blandos.

OBS El plural es *bisturís.*

bisutería *f.* 1 Objeto de adorno que imita una joya, hecho con materiales de poco valor. 2 Industria que se dedica a la fabricación de estos objetos.

bit *m.* 1 INFORM. Unidad de medida de información. 2 INFORM. Unidad de medida de la capacidad de memoria.

bitácora *f.* MAR. Especie de armario fijo a la cubierta del barco y cercano al timón, donde se guarda la brújula.

bíter *m.* Bebida alcohólica de gusto amargo y color rojo que se toma como aperitivo.

bitoque *m.* CHILE, COL Llave (dispositivo).

biunívoco, -ca *adj.* [correspondencia matemática] Que asocia cada elemento de un conjunto con uno y solo uno de los elementos de otro conjunto, y cada elemento de este último conjunto con uno y solo uno de los elementos del primero.

bivalvo, -va *adj.* [molusco] Que tiene una concha formada por dos valvas.

bizantino, -na *adj.* 1 De Bizancio, antiguo Imperio romano de Oriente. 2 [discusión] Que es inútil o no conduce a nada.

bizarro, -rra *adj.* 1 Que es valiente y noble. 2 Que es generoso y espléndido.

bizco, -ca *adj.* 1 [mirada, ojo] Que bizquea. ‖ *adj./m. y f.* 2 [persona] Que padece estrabismo.

bizcocho *m.* Masa de harina, huevos y azúcar que se cocina al horno.

biznieto, -ta *m. y f.* Bisnieto.

bizquera *f.* Desviación de la dirección normal de la mirada en uno o ambos ojos.

blanca *f.* MÚS. Nota musical cuya duración equivale a la mitad de una redonda.

blanco, -ca *adj.* 1 Del color de la nieve o de la leche. ‖ *adj./m. y f.* 2 [persona] Que se caracteriza por el color pálido de su piel. ‖ *adj./m.* 3 [color] Que es como el de la nieve o el de la leche. ‖ *m.* 4 Objeto sobre el que se dispara. 5 Objetivo o fin al que se dirige una acción, un deseo o un pensamiento. 6 En un escrito, hueco sin llenar. ▸ **quedarse en blanco** Perder momentáneamente la memoria de algo.

blancura *f.* Calidad de blanco.

blancuzco, -ca *adj.* Que tiende a blanco.

blandengue *adj./com.* Que tiene poca fuerza o resistencia moral o física.

blandir *tr.* Mover un arma en actitud amenazadora agitándola en el aire.

OBS Es defectivo. Se usa solamente en los tiempos y personas que contienen la vocal *i* en su desinencia.

blando, -da *adj.* 1 [materia] Que se deforma con facilidad, especialmente al ser presionado. 2 [persona] Que es demasiado benévolo o carece de energía y severidad. 3 [persona] Que es blandengue.

blandura *f.* Calidad de blando.

blanquear *tr.* 1 Poner blanca o más blanca una cosa. 2 Aplicar una capa de cal o yeso blanco diluidos en agua a las paredes o techos. 3 Invertir en negocios legales dinero que se ha obtenido ilegalmente.

blanquecino, -na *adj.* De color cercano al blanco.

blanqueo *m.* Acción de blanquear.

blasfemar *intr.* Decir blasfemias.

blasfemia *f.* Palabra o expresión que se dice contra Dios, la Virgen o los santos.

blasfemo, -ma *adj.* 1 Que contiene blasfemias. ‖ *adj./m. y f.* 2 Que dice blasfemias.

blasón *m.* 1 Representación con forma de escudo defensivo que llevan las insignias y otros símbolos que identifican una nación, ciudad o familia. 2 Escudo de armas.

blasto-, -blasto Elemento prefijal y sufijal que entra en la formación de palabras con el significado de ‘germen’, ‘embrión’, ‘célula’.

blazer *m.* 1 Chaqueta con un escudo y botones de metal que visten los miembros de un equipo deportivo o de una escuela. 2 Prenda de vestir femenina en forma de chaqueta cruzada muy ajustada al talle.

OBS Es de origen inglés y se pronuncia aproximadamente ‘bléiser’.

-ble Sufijo que entra en la formación de adjetivos casi siempre verbales con el significado de ‘capacidad o aptitud para recibir la idea expresada por el verbo al que se une’. Toma las siguientes formas: *a)* Si es de la primera conjugación, *-able. b)* Si es de la segunda o tercera, *-ible.* Algunos derivan de sustantivos o adjetivos.

bledo *m.* Planta de tallo verde o rojizo, flores verdes y hojas aovadas que se comen como verdura.

blenorragia *f.* MED. Enfermedad infecciosa de transmisión sexual que consiste en la inflamación de las vías urinarias y los genitales y que produce un flujo excesivo de moco genital.

blenorrea *f.* MED. Blenorragia crónica.

blindaje *m.* 1 Acción de blindar. 2 Conjunto de materiales que se usan para blindar o proteger una cosa.

blindar *tr.* Cubrir un coche, una puerta u otra cosa semejante con planchas de hierro o acero para protegerlos de las balas, las explosiones o el fuego.

bloc *m.* Conjunto de hojas de papel unidas por uno de los lados mediante una espiral metálica o de otra forma y que se pueden separar con facilidad.

OBS El plural es *blocs.*

blocar [1] *tr.* 1 En fútbol, detener el balón el portero sujetándolo con ambas manos. 2 En rugby, detener a un jugador o impedir que avance. 3 En boxeo, parar un golpe con los brazos o los codos.

blog *m.* Sitio web en el que una persona publica textos escritos por ella en orden cronológico, del más reciente al más antiguo.

OBS El plural es *blogs.*

bloguero, -ra *m. y f.* Persona que tiene un blog.

bloque *m.* 1 Trozo grande de piedra u otro material sin labrar. 2 Edificio de varias plantas. 3 Conjunto de cosas de la misma naturaleza.

bloquear *tr.* 1 Impedir el paso o el movimiento por un lugar. 2 Impedir o frenar el desarrollo normal de un proceso. 3 Detener el movimiento libre de dinero. ‖ *tr./ prnl.* 4 Parar o impedir el funcionamiento de un aparato o mecanismo. 5 Paralizar la capacidad de reacción o de pensar. 6 Impedir o interrumpir el funcionamiento de un servicio por exceso de demanda.

bloqueo *m.* 1 Acción de bloquear. 2 Efecto de bloquear.

blues *m.* Música y canto lentos procedentes del folclore negro estadounidense, sobre temas tristes y melancólicos.

OBS Es de origen inglés y se pronuncia aproximadamente ‘blus’.

bluf *m.* Situación o hecho en apariencia importante que en realidad es falso o vacío de contenido.

blusa *f.* Prenda de vestir femenina de tela fina que cubre la parte superior del cuerpo y se abrocha por delante o por detrás.

blusón *m.* Blusa larga y con mangas, muy ancha y suelta.

boa *f.* 1 Serpiente de gran tamaño y colores vivos que vive en América y se alimenta de animales a los que mata apretándolos con su cuerpo.

boato *m.* Ostentación que se hace de la

propia riqueza en ceremonias y actos que se caracterizan por el lujo.

bobada *f.* Obra o dicho tonto.

bobalicón, -cona *adj./m. y f. coloquial* Muy bobo.

bobería *f.* Bobada.

bobina *f.* **1** Cilindro formado por hilo, cable, alambre o papel que se enrolla alrededor de un canuto. **2** Componente de un circuito eléctrico formado por un hilo de cobre u otro metal conductor enrollado que crea un campo magnético cuando pasa la electricidad.

bobinar *tr.* Enrollar un hilo, alambre o cinta en una bobina o carrete.

bobo, -ba *adj./m. y f.* [persona] Que es poco inteligente y posee escaso entendimiento.

boca *f.* **1** Abertura del tubo digestivo, situada generalmente en la parte inferior de la cabeza, por la que las personas y los animales reciben los alimentos y en la que están la lengua y los dientes. **2** Agujero o abertura por donde se puede entrar o salir de un lugar o por donde puede salir el líquido. **3** Órgano que sirve para hablar. **4** Persona a quien se mantiene o se da de comer. **5** Gusto o sabor de los vinos. **6** Entrada o salida. ▶ **a pedir de boca** Muy bien, como se deseaba. ▶ **meterse en la boca del lobo** Exponerse a un peligro.

bocabajo *adv.* Boca abajo.

bocacalle *f.* **1** Entrada de una calle. **2** Calle de segundo orden que va a unirse a otra.

bocadillo *m.* **1** Texto, generalmente rodeado por una línea más o menos ovalada, que se coloca junto a un dibujo saliendo de la boca del personaje que habla. **2** COL Dulce seco de guayaba (baya azucarada). **3** ESP Trozo de pan abierto por la mitad a lo largo y relleno con otro alimento, generalmente frío.

bocado *m.* **1** Porción de comida que se mete en la boca de una vez. **2** Cantidad pequeña de comida. **3** Mordedura o herida hecha con los dientes. **4** Trozo que se arranca con los dientes o de forma violenta. **5** Parte del freno que se pone en la boca del animal de tiro. ▶ **bocado de Adán** Bulto pequeño de la laringe, en la parte anterior del cuello, especialmente en el del hombre adulto.

bocajarro Palabra que se utiliza en la locución adverbial *a bocajarro,* que significa: *a)* 'Desde muy cerca'. *b)* 'De improviso, sin preparación alguna'.

bocamanga *f.* Parte de la manga que rodea la muñeca.

bocana *f.* Paso estrecho de mar que sirve de entrada a una bahía o un fondeadero.

bocanada *f.* Cantidad de líquido, aire o humo que se toma en la boca o se expulsa de ella.

bocata *m.* ESP *coloquial* Bocadillo, trozo de pan.

bocazas *com. coloquial* Persona que no es capaz de guardar un secreto y suele contar a otras todo lo que sabe.

OBS El plural también es *bocazas.*

bocel *m.* Moldura lisa, convexa y de forma semicircular.

bocera *f.* Herida que se forma en las comisuras de los labios de una persona.

boceto *m.* **1** Dibujo en el que se trazan las líneas generales y la composición que tendrá una pintura. **2** Escultura de tamaño reducido en la que se plasma la forma y la composición que tendrá la obra final. **3** Esquema o proyecto con los rasgos principales de una determinada obra.

bochar *tr.* ARG Suspender un examen.

bochinche *m.* Situación confusa, alborotada y sin orden ni concierto.

bochorno *m.* **1** Calor intenso y sofocante. **2** Viento muy caliente que sopla en el verano. **3** Vergüenza que produce sonrojo y sensación de calor.

bochornoso, -sa *adj.* Que causa vergüenza y sonrojo.

bocina *f.* **1** Aparato que consta de una pieza en forma de embudo, una lengüeta vibratoria y una pera de goma, que usaban los coches antiguos para avisar. **2** Claxon. **3** Instrumento con forma de cono abierto por los dos extremos, generalmente de metal, y que se usa para aumentar un sonido.

bocinazo *m.* Sonido fuerte producido por una bocina.

bocio *m.* Desarrollo excesivo de la glándula tiroides, que produce un abultamiento de la parte anterior del cuello.

boda *f.* **1** Ceremonia civil o religiosa en que se celebra la unión de dos personas mediante determinados ritos o formalidades legales. Se usa también en plural. **2** Fiesta con que se celebra esta unión. ▶ **bodas de diamante** Día en el que se cumplen sesenta años de un acontecimiento feliz. ▶ **bodas de oro** Día en el que se cumplen cincuenta años de un acontecimiento feliz. ▶ **bodas de plata** Día en el que se cumplen veinticinco años de un acontecimiento feliz.

bodega *f.* 1 Lugar en el que se elabora y almacena el vino. 2 Establecimiento en el que se vende vino y bebidas alcohólicas. 3 Espacio bajo la cubierta inferior de un barco donde se lleva la carga.

bodegón *m.* Pintura en la que se representan alimentos, recipientes y utensilios domésticos.

bodeguero, -ra *m. y f.* Persona que posee una bodega o que trabaja en ella.

bodrio *m.* Cosa de muy mala calidad, mal hecha o de mal gusto.

body *m.* Prenda interior femenina de una sola pieza que cubre todo el cuerpo menos las extremidades.
OBS Es de origen inglés y se pronuncia 'bodi'.

bofetada *f.* Golpe dado con la mano abierta sobre la cara.

bofetón *m.* Bofetada que se da con fuerza.

boga Palabra que se utiliza en la expresión *estar en boga*, que significa 'estar de moda o de actualidad'.

bogar [7] *intr.* Mover los remos en el agua para hacer avanzar una embarcación.

bogavante *m.* Crustáceo marino comestible, muy parecido en la forma y el tamaño a la langosta, cuyas patas del primer par terminan en pinzas grandes y robustas.

bohemia *f.* Forma de vida libre y poco organizada que no se ajusta a las convenciones sociales.

bohemio, -mia *adj./m. y f.* [persona] Que lleva una forma de vida bohemia.

boicot *m.* 1 Acción de boicotear. 2 Efecto de boicotear.

boicotear *tr.* Impedir o interrumpir el desarrollo normal de un proceso o de un acto como medida de protesta o como medio de presión para conseguir algo.

boicoteo *m.* Boicot.

boina *f.* Prenda de vestir de lana o paño, flexible, redonda y de una sola pieza que cubre la cabeza.

boj *m.* Arbusto con hojas duras y brillantes que se emplea en la decoración de jardines.
OBS El plural es *bojes*.

bol *m.* Taza grande sin asas.
OBS El plural es *boles*.

bola *f.* 1 Cuerpo esférico de cualquier material que se usa generalmente para jugar. 2 *coloquial* Mentira. ▌*f. pl.* 3 *malsonante* Testículos. 4 Juego de niños en el que hay que hacer rodar bolitas de cristal, pegar una con otra y meterlas en un agujero, según ciertas reglas.

bolardo *m.* Poste bajo que se coloca en la calle para que los vehículos no puedan pasar o aparcar.

bolchevique *adj.* 1 Del sistema de gobierno que apareció en Rusia tras la revolución de 1917. ▌*adj./com.* 2 Que es partidario de este sistema de gobierno.

boleadoras *f. pl.* Instrumento usado en América para cazar animales, formado por dos o tres bolas unidas por cuerdas.

bolear *tr./intr.* Lanzar una bola o pelota.

bolera *f.* Establecimiento en el que se juega a los bolos.

bolero, -ra *adj./m. y f.* 1 *coloquial* Que dice mentiras. ▌*m.* 2 Música, canción y danza típica española que se baila con pasos lentos y elegantes. 3 Música y baile de origen antillano, lento y melódico. 4 Chaquetilla femenina muy corta que no tiene botones. 5 MÉX Lustrabotas.

boleta *f.* 1 AMÉR Papel impreso usado para votar, multar, etc. 2 AMÉR Factura o recibo de una compra.

boletín *m.* 1 Publicación periódica científica, histórica o literaria generalmente preparada por una institución. 2 Publicación periódica de carácter oficial. 3 Retransmisión breve de noticias en un medio de comunicación oral. 4 Impreso que sirve para hacer una suscripción o un pedido. 5 Cuaderno de notas de un escolar.

boleto *m.* 1 Impreso que rellena el apostante con sus pronósticos en ciertos juegos de azar. 2 Trozo pequeño de papel impreso que se compra y da derecho a participar en un sorteo o apuesta o a disfrutar de un servicio público.

boliche *m.* 1 En la petanca, bola más pequeña. 2 Bola que se coloca en los extremos de ciertos muebles y escaleras.

bólido *m.* Automóvil que corre a gran velocidad.

bolígrafo *m.* Instrumento para escribir que tiene en su interior un tubo de tinta.

bolillo *m.* Palo pequeño de forma cilíndrica al que se enrolla un hilo y que se usa para hacer encajes y labores de pasamanería.

boliviano, -na *adj.* 1 De Bolivia. ▌*adj./m. y f.* 2 [persona] Que es de Bolivia.

bollería *f.* 1 Establecimiento donde se elaboran y venden dulces. 2 Conjunto de bollos de diversas clases.

bollo *m.* 1 Panecillo o pastel esponjoso, hecho con una masa de harina, levadura y agua y cocida al horno. 2 Depresión en una superficie producida por una presión o un golpe. 3 Bulto que sale en la cabeza a causa de un golpe.

bolo *m.* 1 Pieza de madera u otro material, con forma de cilindro con la base plana, que se tiene en pie. **| *m. pl.* 2** Juego que consiste en derribar estas piezas con una bola que se lanza rodando contra ellas.

bolsa *f.* 1 Saco de material flexible que se usa para llevar o guardar cosas. 2 Arruga que forma un tejido cuando queda mal ajustado. 3 Estructura orgánica en forma de saco que contiene un líquido o protege un órgano. 4 Abultamiento de la piel debajo de los ojos. 5 Acumulación de un fluido en un terreno. 6 Dinero o bienes materiales. 7 Lugar donde se reúnen los que compran y venden valores de comercio públicos y privados. 8 Actividad de comprar y vender valores de comercio. 9 Cotización de estos valores. 10 MÉX Recipiente con una o más asas que usan las mujeres para guardar objetos personales y que se lleva en la mano o colgado del hombro.

bolsillo *m.* 1 Pieza que se cose en las prendas de vestir y que sirve para meter cosas. 2 Cantidad de dinero de una persona.

bolso *m.* ESP Bolsa (recipiente).

bomba *f.* 1 Artefacto explosivo provisto de un mecanismo que lo hace estallar en determinadas condiciones provocando muchos daños. 2 Máquina que se usa para extraer, elevar o impulsar líquidos y gases. 3 Noticia inesperada y sorprendente.

bombachas *f. pl.* ASUR Calzón (prenda interior femenina).

bombacho *adj./m.* [pantalón] Que es ancho y se ajusta a la pierna por debajo de la rodilla.
OBS Se usa también en plural para hacer referencia a una sola de estas prendas.

bombardear *tr.* 1 Arrojar bombas desde una aeronave. 2 Dirigir muchas preguntas o acusaciones contra alguien. 3 FÍS Someter un cuerpo a la acción de ciertas radiaciones o al impacto de neutrones u otros elementos del átomo.

bombardeo *m.* Acción de bombardear.

bombardero *m.* Avión militar de gran tamaño que se emplea para lanzar bombas.

bombardino *m.* Instrumento musical de viento y metal, de sonido grave y con tres pistones.

bombazo *m.* 1 Explosión de una bomba. 2 Noticia inesperada y sorprendente.

bombear *tr.* 1 Elevar agua u otro líquido por medio de una bomba. 2 Lanzar una pelota o balón por alto haciendo que siga una trayectoria curva o parabólica.

bombeo *m.* Acción de bombear.

bombero, -ra *m. y f.* Persona que se dedica a apagar fuegos y a prestar ayuda en casos de siniestro.

bombilla *f.* ESP Foco (globo de cristal).

bombillo *m.* ACENT, ANT, COL, VEN Foco (globo de cristal).

bombín *m.* 1 Sombrero de ala estrecha y copa baja y redondeada. 2 Bomba pequeña para llenar de aire los neumáticos.

bombo *m.* 1 Instrumento musical de percusión, parecido a un tambor muy grande. 2 Caja redonda y giratoria que contiene las bolas o papeletas de un sorteo. 3 Importancia o publicidad excesiva. 4 *coloquial* Vientre abultado de la mujer embarazada. ▶ **a bombo y platillo** Con mucha publicidad.

bombón *m.* 1 Dulce pequeño de chocolate. 2 Persona muy atractiva físicamente.

bombona *f.* Recipiente metálico de forma cilíndrica y cierre hermético que se usa para contener gases a presión y líquidos muy volátiles.

bombonera *f.* Caja pequeña que sirve para guardar bombones.

bonachón, -chona *adj./m. y f.* [persona] Que tiene carácter tranquilo y amable.

bonaerense *adj.* 1 De Buenos Aires. **| *adj./m. y f.* 2** [persona] Que es de Buenos Aires.

bonancible *adj.* [tiempo, viento, mar] Que es suave y tranquilo.

bonanza *f.* Tiempo sereno y tranquilo.

bondad *f.* 1 Inclinación natural a hacer el bien. 2 Calidad de bueno.

bondadoso, -sa *adj.* Que tiene bondad.

bonete *m.* Gorro pequeño y bajo, de cuatro picos, que usan los eclesiásticos y seminaristas.

bongó *m.* Instrumento musical de percusión, parecido a un tambor pequeño.
OBS El plural es *bongós*.

boniato *m.* 1 Planta de flores grandes, rojas por dentro y blancas por fuera, y tubérculos comestibles. 2 Tubérculo comestible de esta planta; es alargado, marrón por fuera y amarillento o blanco por dentro.

bonificación *f.* Cantidad de dinero que se añade al sueldo o que se descuenta de un precio.

bonificar [1] *tr.* Hacer una bonificación.

bonito, -ta *adj.* 1 Que tiene un conjunto de características que lo hacen estética o artísticamente agradable. 2 Que es correcto o adecuado. ‖ *m.* **3** Pez marino comestible de color azul oscuro con rayas oscuras oblicuas.

bono *m.* **1** Papel que se puede canjear por dinero o por productos. **2** Tarjeta que da derecho a usar un servicio. **3** ECON. Documento oficial emitido por el estado o una empresa privada por el cual la persona que lo compra recibe periódicamente un interés fijo.

bonobús *m.* Billete de abono que da derecho a realizar varios viajes en autobús.

bonoloto *f.* Lotería española de ámbito nacional que efectúa un sorteo diario.

bonsái *m.* Árbol enano que se cultiva en macetas pequeñas y al que se cortan brotes y raíces para que no crezca.

OBS El plural es *bonsáis.*

bonzo *m.* Sacerdote o monje budista.

boñiga *f.* Excremento de los toros, las vacas y otros animales parecidos.

boom *m.* Éxito o popularidad inesperados y repentinos.

OBS Es de origen inglés y se pronuncia *bum.*

boomerang *m.* Bumerán.

OBS Es de origen australiano a través del inglés y se pronuncia *bumerán.*

boquear *intr.* Abrir la boca.

boquera *f.* Herida que se forma en las comisuras de los labios.

boquerón *m.* Pez marino comestible, de pequeño tamaño y cuerpo alargado, azul por encima y plateado por el vientre.

boquete *m.* Agujero en un muro.

boquiabierto, -ta *adj.* [persona] Que tiene la boca abierta de admiración.

boquilla *f.* **1** Pieza pequeña y hueca que se adapta al tubo de varios instrumentos musicales de viento y que sirve para producir el sonido al soplar por ella. **2** Tubo pequeño que se pone en el extremo del puro o cigarrillo para fumarlo. **3** Parte de un cigarrillo por donde se aspira el humo, formada por un tubo pequeño de papel duro relleno de una materia esponjosa. **4** Parte de la pipa que se introduce en la boca. **5** Extremo por el que se enciende el cigarro puro. ▸ **de boquilla** Sin intención sincera de hacer lo que se dice.

borbónico, -ca *adj.* De los Borbones.

borboteo *m.* Ruido que hace el agua u otro líquido al brotar o hervir con fuerza.

borbotón Erupción del agua u otro líquido elevándose sobre la superficie. ▸ **a borbotones** Acelerada y apresuradamente.

borceguí *m.* Calzado antiguo abierto y ajustado con cordones hasta más arriba del tobillo.

OBS El plural es *borceguíes,* culto, o *borceguís,* popular.

borda *f.* Borde superior del costado de un barco.

bordado *m.* **1** Labor de costura que consiste en hacer figuras en relieve con hilos de colores. **2** Figura en relieve cosida.

bordar *tr.* **1** Decorar una tela con bordados. **2** Hacer muy bien una cosa.

borde *m.* **1** Extremo u orilla de una cosa. ‖ *adj./com.* **2** Que tiene mal carácter o que está de mal humor. Se usa como apelativo despectivo.

bordear *tr.* **1** Ir por el borde de una cosa. **2** Hallarse en el borde de algo.

bordillo *m.* Línea de piedra que se coloca al borde de una acera o un andén.

bordo *m.* MAR. Lado o costado exterior de una embarcación.

bordón *m.* **1** Cuerda gruesa de ciertos instrumentos musicales. **2** *culto* Verso quebrado que se repite al final de cada copla.

boreal *adj.* Del polo o del hemisferio norte.

borla *f.* **1** Conjunto de hebras o pequeños cordones reunidos y sujetos por uno de sus extremos. **2** Bola hecha de algodón u otro material suave para empolvarse la cara.

borne *m.* **1** Pieza metálica en forma de botón al que se une un conductor eléctrico. **2** Polo de la pila eléctrica o del acumulador de energía eléctrica.

boro *m.* Elemento químico no metal, sólido y duro como el diamante, que en la naturaleza solo se encuentra combinado con otros elementos; se usa en la industria metalúrgica y en los reactores nucleares.

borrachera *f.* Trastorno temporal de las capacidades físicas y mentales a causa del consumo excesivo de alcohol.

borracho, -cha *adj./m. y f.* **1** [persona] Que tiene trastornadas las capacidades físicas y mentales a causa de un consumo excesivo de alcohol. **2** Que está dominado por un sentimiento muy fuerte. **3** [pastel] Que está mojado en vino, licor o almíbar.

borrador *m.* **1** Utensilio para borrar lo escrito en una pizarra. **2** Utensilio para borrar la tinta o el lápiz de un papel. **3** Primera redacción de un escrito antes de redactar la copia definitiva.

borraja *f.* Planta de tallo grueso y ramoso, hojas grandes y ovaladas y flores azules.

borrar *tr./intr.* **1** Hacer que desaparezca lo dibujado o escrito. ‖ *tr./prnl.* **2** Hacer desaparecer un recuerdo de la memoria. **3** Eliminar de una lista a alguien o algo.

borrasca *f.* **1** Perturbación atmosférica que se caracteriza por vientos fuertes, lluvias abundantes y descenso de la presión, a veces acompañados de rayos y truenos. **2** Perturbación de las aguas del mar a causa de la violencia del viento.

borrascoso, -sa *adj.* Que tiene o causa borrascas.

borrego, -ga *m. y f.* **1** Cordero que tiene entre uno y dos años. ‖ *adj./m. y f.* **2** [persona] Que se somete a la voluntad de otra persona sin rebelarse ni protestar.

borrico, -ca *m. y f.* **1** Mamífero cuadrúpedo doméstico más pequeño que el caballo, con grandes orejas, cola larga y pelo áspero y grisáceo. ‖ *adj./m. y f.* **2** [persona] Que es poco inteligente o de escasa formación. Se usa como apelativo despectivo. ‖ *m.* **3** Borriqueta.

borriqueta *f.* Armazón de madera en forma de trípode en que los carpinteros apoyan la madera que están trabajando.

borrón *m.* **1** Mancha de tinta en un papel. **2** Acción deshonrosa de una persona. **3** Dibujo en el que se trazan las líneas generales y la composición que tendrá una pintura.

borroso, -sa *adj.* Que no se ve bien o no se distingue con claridad.

boscaje *m.* **1** Bosque pequeño, pero muy poblado de árboles y arbustos. **2** PINT. Cuadro que representa un bosque.

boscoso, -sa *adj.* Con muchos bosques.

bosnio, -nia *adj.* **1** De Bosnia-Herzegovina. ‖ *adj./m. y f.* **2** [persona] Que es de Bosnia-Herzegovina.

bosque *m.* Extensión de tierra cubierta de árboles, arbustos y matorrales.

bosquejar *tr.* Hacer un bosquejo.

bosquejo *m.* **1** Primer diseño o proyecto de una obra artística, hecho de manera provisional, con los elementos esenciales y sin detalles. **2** Explicación de una idea o plan en sus líneas generales.

bostezar [4] *intr.* Abrir la boca con un movimiento involuntario, inspirando y espirando lenta y profundamente, por lo general a causa del sueño, el cansancio, etc.

bostezo *m.* **1** Acción de bostezar. **2** Efecto de bostezar.

bota *f.* **1** Calzado que cubre el pie y parte de la pierna. **2** Calzado deportivo que cubre el pie hasta el tobillo o algo por encima de él. **3** Recipiente para beber vino hecho de cuero y con una boca muy estre-

cha por donde sale un chorro muy fino.

botada *f.* AMÉR Acción de botar (arrojar).

botado, -da *adj./m. y f.* AMÉR **1** *coloquial* [objeto] Que se vende barato por su escaso valor. **2** *coloquial* [niño] Que ha sido abandonado y criado en orfanato.

botadura *f.* MAR. Acción de botar una embarcación.

botafumeiro *m.* Incensario grande, especialmente el que cuelga del techo de una iglesia.

botana *f.* GUAT, MÉX Cantidad pequeña de comida que se toma como acompañamiento de una bebida o antes de comer.

botánica *f.* Ciencia que estudia los vegetales.

botánico, -ca *adj.* **1** De la botánica. ‖ *m. y f.* **2** Persona que se dedica a la botánica.

botar *intr.* **1** Cambiar de dirección un cuerpo elástico al chocar contra una superficie. **2** Dar saltos o botes. ‖ *tr.* **3** Hacer que un cuerpo elástico dé botes o saltos al lanzarlo contra el suelo. **4** Echar al agua una embarcación, especialmente si es la primera vez. **5** AMÉR Arrojar una cosa sin consideración.

botarate *adj./m. coloquial* Que tiene poco juicio y actúa con insensatez.

botavara *f.* MAR. Palo horizontal que, asegurado en el mástil, sujeta una vela.

bote *m.* **1** Movimiento de un cuerpo elástico al chocar contra el suelo. **2** Salto repentino. **3** Recipiente con tapa que sirve para guardar y conservar alimentos o bebidas. **4** Barca pequeña sin cubierta. **bote salvavidas** Bote preparado para abandonar un barco en caso de naufragio. **5** Recipiente en el que se guardan las propinas. **6** Dinero que en concepto de propinas juntan los empleados de un bar o cafetería en un día. **7** Categoría de un sorteo que no ha tenido acertantes y cuyo premio se acumula para el siguiente. ▸ **a bote pronto** De improviso. ▸ **chupar del bote** *coloquial* Sacar provecho material de un cargo o situación. ▸ **de bote en bote** *coloquial* Completamente lleno de gente. ▸ **tener en el bote** *coloquial* Indicar que se ha conquistado la confianza y el apoyo de alguien.

botella *f.* Recipiente cilíndrico de cristal o plástico con el cuello largo y estrecho para contener líquidos.

botellín *m.* Botella de cerveza de 20 centilitros.

botepronto *m.* Acción de dejar caer el balón y darle con el pie al primer bote. ▸ **a botepronto** De improviso.

botica *f.* Establecimiento donde se preparan o venden medicinas.

boticario, -ria *m. y f.* Farmacéutico que prepara y expende medicamentos.

botijo *m.* Recipiente de barro con el vientre abultado, una asa circular en la parte superior, boca para llenarlo y un pitorro para beber.

botín *m.* 1 Calzado, generalmente de cuero, que cubre el pie y parte de la pierna. 2 Conjunto de cosas robadas.

botiquín *m.* 1 Armario pequeño, caja o maleta para guardar los medicamentos. 2 Conjunto de estos medicamentos y utensilios.

boto *m.* Bota alta de una sola pieza que generalmente se usa para montar a caballo.

botón *m.* 1 Pieza pequeña que pasada por un ojal sirve para abrochar o cerrar una cosa, normalmente una prenda de vestir. 2 Pieza pequeña que se oprime en ciertos aparatos eléctricos para que funcionen. 3 Chapita redonda de hierro que se pone en la punta de la espada o el florete para no hacerse daño en la esgrima. ‖ *m. pl.* 4 Joven que trabaja en un hotel u otro establecimiento llevando maletas, mensajes u otros encargos.

botonadura *f.* 1 Conjunto de botones de una prenda de vestir. 2 Parte de una prenda de vestir donde van colocados los botones y los ojales.

botulismo *m.* Intoxicación producida por la ingestión de embutidos y conservas en mal estado.

bourbon *m.* Güisqui elaborado con maíz, centeno y cebada.
OBS Es de origen inglés norteamericano y se pronuncia aproximadamente 'burbon'.

boutique *f.* 1 Establecimiento en el que se venden artículos de moda, especialmente prendas de vestir. 2 Establecimiento en el que se vende un tipo de artículos.
OBS Es de origen francés y se pronuncia aproximadamente 'butic'.

bóveda *f.* ARQ. Techo de forma curva que cubre el espacio comprendido entre dos muros o varios pilares. ▶ **bóveda celeste** Parte del espacio sobre la Tierra en que están las nubes y donde se ven el Sol, la Luna y las estrellas.

bóvido, -da *adj./m.* 1 ZOOL. [animal] Que pertenece a la familia de los bóvidos. ‖ *m. pl.* 2 ZOOL. Familia de rumiantes con cuernos óseos permanentes, cubiertos por un estuche córneo.

bovino, -na *adj.* 1 Del toro o de la vaca. ‖ *adj./m.* 2 [animal] Que pertenece a la subfamilia de los bovinos. ‖ *m. pl.* 3 Subfamilia de rumiantes, perteneciente a la de los bóvidos, de cuerpo grande y robusto, el hocico ancho y desnudo y la cola larga con un mechón en el extremo.

box *m.* En automovilismo y motociclismo, zona del circuito donde se instalan los servicios mecánicos de los participantes.
OBS Es de origen inglés y se pronuncia aproximadamente 'box'.

boxeador, -ra *m.* Persona que practica el boxeo.

boxear *intr.* Practicar boxeo.

boxeo *m.* Deporte en el que dos personas luchan entre sí golpeándose solamente con los puños, protegidos con unos guantes especiales.

boy scout *com.* Miembro de los escultistas.
OBS Es de origen inglés y se pronuncia aproximadamente 'boi escaut'.

boya *f.* Objeto flotante que se sujeta al fondo del mar, de un lago o de un río que sirve de señal.

boyante *adj.* Que se encuentra en un momento favorable, próspero o de crecimiento.

boyero, -ra *m. y f.* Persona que cuida o conduce bueyes.

bozal *m.* Pieza que se pone en la boca de ciertos animales, especialmente de los perros, para que no muerdan.

bozo *m.* Vello muy fino que en los jóvenes sale antes de nacer el bigote.

bracear *intr.* 1 Mover repetidamente los brazos con fuerza. 2 Mover los brazos para avanzar en el agua al nadar.

braceo *m.* Acción de bracear.

bracero *m.* Jornalero del campo.

bradi- Elemento prefijal que entra en la formación de palabras con el significado de 'lento'.

bragado, -da *adj.* [animal] Que tiene la zona de la entrepierna de diferente color que el resto del cuerpo.

bragas *f. pl.* ESP Prenda interior femenina que cubre desde la cintura hasta la ingle.
OBS Se usa también en singular.

braguero *m.* Aparato ortopédico que sirve para contener las hernias.

bragueta *f.* Abertura que hay en la parte alta y delantera de un pantalón.

brahmán *m.* Miembro de la primera y más elevada de las cuatro castas en que se halla dividida la población de la India y en la cual se reclutan los sacerdotes y doctores.

brahmanismo *m.* Doctrina religiosa de los que creen en Brahma como dios supremo.

braille *m.* Sistema de escritura y lectura para ciegos en el que cada letra está representada por medio de una combinación de puntos en relieve.

bramante *m.* Cordel de cáñamo.

bramar *intr.* Dar o emitir bramidos.

bramido *m.* 1 Voz característica del toro y otros animales salvajes. 2 Ruido fuerte que produce el aire o el mar. 3 Grito fuerte de rabia o dolor.

brandy *m.* Bebida alcohólica de alta graduación obtenida por destilación del vino y envejecida en toneles de roble.
OBS Es de origen neerlandés a través del inglés y se pronuncia aproximadamente 'brandi'.

branquia *f.* Órgano respiratorio de los peces y otros animales acuáticos formado por finas capas de tejido blando y esponjoso; está a ambos lados de la cabeza.

branquial *adj.* De las branquias.

braquial *adj.* ANAT. Del brazo.

brasa *f.* Trozo de carbón o de leña que arde y se quema sin dar llama. ▶ **a la brasa** Cocinado sobre trozos de carbón o leña que queman sin dar llama, bien directamente o sobre una parrilla.

brasero *m.* Recipiente de metal poco profundo en el que se depositan brasas para calentar el ambiente.

brasier *m.* COL, CUBA, MÉX, VEN Sostén (prenda interior femenina).

brasileño, -ña *adj.* 1 De Brasil. ▮*adj./m. y f.* 2 [persona] Que es de Brasil.

bravata *f.* Amenaza que una persona pronuncia con arrogancia para atemorizar.

braveza *f.* 1 Valentía o determinación para afrontar situaciones complicadas. 2 Agresividad natural de ciertos animales.

bravío, -vía *adj.* 1 [animal] Que es salvaje y feroz. 2 [planta] Que no está cultivada. 3 Que tiene malos modos o es poco delicado. 4 [mar] Que está agitado.

bravo, -va *adj.* 1 [animal] Que es agresivo y violento. 2 Que es muy valiente. 3 Que presume de valiente. 4 [mar] Que está agitado. ▮*int.* 5 ¡bravo! Indica alegría, aprobación o aplauso.

bravucón, -cona *adj./m. y f.* Que presume de valiente sin serlo.

bravura *f.* 1 Valentía o determinación. 2 Agresividad natural de ciertos animales.

braza *f.* 1 Medida de longitud de la profundidad marina que equivale a 1,6718 m. 2 Estilo de natación que consiste en nadar boca abajo estirando y encogiendo los brazos y las piernas a la vez y sin sacarlos del agua.

brazada *f.* 1 Movimiento del brazo que se hace cuando se nada. 2 Cantidad de una cosa que se puede abarcar con los brazos.

brazal *m.* Tira de tela que ciñe el brazo izquierdo por encima del codo; sirve de distintivo o, si es negra, de señal de luto.

brazalete *m.* Aro que se lleva como adorno en el brazo por encima de la muñeca.

brazo *m.* 1 Extremidad superior del cuerpo humano que une el hombro con la mano, especialmente la parte que va del hombro al codo. 2 Parte del asiento que sirve para apoyar ese miembro. 3 Parte de una prenda de vestir que cubre desde el hombro hasta la mano. 4 Parte o pieza alargada de un objeto que está unida a él por uno de sus extremos. 5 Parte de una masa de agua que se separa de la principal y forma un canal alargado. ▶ **a brazo partido** Con esfuerzo y energía. ▶ **brazo de gitano** Pastel en forma de tubo, hecho con una capa de bizcocho que se rellena de crema, nata o fruta y se enrolla sobre sí misma. ▶ **con los brazos abiertos** Con afecto. ▶ **cruzarse de brazos** No hacer nada. ▶ **dar su brazo a torcer** Aceptar el parecer de los demás. ▶ **ser el brazo derecho** Ser la persona de más confianza.

brea *f.* Sustancia viscosa de color negro que se obtiene haciendo destilar el fuego madera de ciertos árboles de coníferas; se usa en medicina y para calafatear.

brear *tr.* Maltratar o molestar a alguien.

brebaje *m.* Bebida de aspecto o sabor desagradable.

brecha *f.* 1 Abertura o grieta hecha en una superficie. 2 Herida, especialmente en la cabeza. 3 Impresión fuerte o dolor. 4 Diferencia o separación entre personas, grupos o cosas.

brécol *m.* Hortaliza parecida a la coliflor, con las flores apretadas en pequeñas cabezas de color verde oscuro.

bregar [7] *intr.* 1 Trabajar con entrega e interés. 2 Luchar contra las dificultades para superarlas.

brete Palabra que se utiliza en la expresión *estar* (o *poner*) *en un brete*, que significa 'estar (o poner) en un aprieto'.

bretón, -tona *adj.* 1 De Bretaña. 2 De las narraciones e historias del ciclo literario medieval del rey Arturo. ▮*adj./m. y f.* 3 [persona] Que es de Bretaña. ▮*m.* 4 Lengua céltica que se habla en esta región.

breva *f.* Primer fruto del año que produce cierta variedad de higuera. ▸ **de higos a brevas** En escasas ocasiones y muy distanciadas en el tiempo.

breve *adj.* Que tiene poca longitud o duración.

brevedad *f.* Corta extensión de una cosa o duración de un período.

breviario *m.* Libro que contiene las oraciones eclesiásticas de todo el año.

brezo *m.* Arbusto pequeño de tallos ramosos, hojas estrechas y flores pequeñas, moradas, blancas o rojas.

bribón, -bona *adj./m. y f.* Que actúa con maldad y bajeza.

OBS A veces se usa con un matiz cariñoso.

bricolaje *m.* Trabajo manual, no profesional, que hace una persona para mejorar su casa y pasar el tiempo libre.

brida *f.* 1 Freno del caballo con las riendas y las correas para sujetarlo a la cabeza del animal. 2 Reborde circular en el extremo de los tubos de metal que sirve para ajustarlos unos con otros.

bridge *m.* Juego de cartas que se practica con la baraja francesa entre dos parejas; en él los jugadores se comprometen a ganar un número determinado de bazas antes de comenzar a echar las cartas.

OBS Es de origen inglés y se pronuncia aproximadamente 'brich'.

brigada *f.* 1 Unidad militar compuesta por dos o tres regimientos de un arma determinada y mandada por un general. 2 Conjunto organizado de personas que realizan un trabajo o actividad. ‖ *com.* 3 Miembro del ejército de categoría inmediatamente superior a la de sargento primero e inferior a la de subteniente.

brigadier *com.* Miembro del ejército cuya categoría correspondía a la que hoy tiene el general de brigada en el ejército y a la de contraalmirante en la marina.

brillante *adj.* ESP 1 Que brilla o emite luz. 2 Que destaca o sobresale por su talento o belleza. ‖ *m.* 3 Diamante tallado por las dos caras.

brillantez *f.* 1 Luz que refleja o emite un cuerpo. 2 Cualidad de brillante o sobresaliente.

brillantina *f.* Sustancia cosmética que sirve para dar brillo al cabello.

brillar *intr.* 1 Emitir luz propia o reflejada. 2 Destacar o sobresalir una persona por su talento o hermosura.

brillo *m.* 1 Luz que emite o refleja un cuerpo. 2 Lucimiento o ventaja de una perso-

na sobre otras a causa de su talento o hermosura.

brilloso, -sa *adj.* AMÉR Brillante.

brincar [1] *intr.* 1 Moverse o avanzar rápidamente dando pequeños saltos. 2 Saltar repentinamente impulsando el cuerpo hacia arriba y separando los pies del suelo a causa de la sorpresa.

brinco *m.* 1 Acción de brincar. 2 Salto pequeño y ligero.

brindar *intr.* 1 Levantar un vaso o una copa con bebida, manifestar un deseo u otra cosa y tomarla seguidamente. ‖ *tr.* 2 Dedicar el torero a una o más personas la faena que va a realizar.

brindis *m.* 1 Acción de brindar. 2 Lo que se dice al brindar.

OBS El plural también es *brindis*.

brío *m.* 1 Fuerza o energía con la que se ejecuta una acción. 2 Gracia en el andar.

brisa *f.* Viento suave.

brisca *f.* Juego de cartas en el cual se dan al principio tres cartas a cada jugador y se descubre otra que indica el palo de triunfo; gana el que al final tiene más puntos.

británico, -ca *adj.* 1 Del Reino Unido de Gran Bretaña e Irlanda del Norte. ‖ *adj./m. y f.* 2 [persona] Que es del Reino Unido.

brizna *f.* Filamento o parte muy delgada de una cosa, especialmente de una planta.

broca *f.* Barra fina de acero con surcos en forma de espiral y con un extremo acabado en punta que se aplica a una taladradora eléctrica para hacer agujeros.

brocado *m.* Tejido de seda entretejida con hilo de oro o plata que forma dibujos.

brocal *m.* Borde de piedra o ladrillo que se coloca alrededor de la boca de un pozo.

brocha *f.* Instrumento formado por un conjunto de cerdas sujetas al extremo de un mango, más ancho y fuerte que el pincel; sirve para extender un líquido.

broche *m.* 1 Cierre de metal formado por dos piezas, una de las cuales engancha o encaja en la otra. 2 Joya con este sistema que se lleva prendida en la ropa.

brocheta *f.* Varilla en la que se ensartan trozos de alimentos para asarlos.

bróculi *m.* Brécol.

broker *com.* Persona que actúa como intermediario en operaciones de compra y venta de valores financieros y de acciones que cotizan en bolsa.

OBS Es de origen inglés y se pronuncia aproximadamente 'bróker'.

broma *f.* Acción o dicho cuya finalidad es divertir o hacer reír.

bromear *intr.* Hacer o decir bromas.

bromista *adj./com.* [persona] Que hace bromas o que siempre está de broma.

bromo *m.* Elemento químico no metálico que a temperatura normal se presenta en forma de líquido de color rojo y desprende vapores tóxicos de olor muy desagradable.

bromuro *m.* Compuesto de bromo con otro elemento químico.

bronca *f.* 1 Discusión muy fuerte o enfrentamiento físico. 2 Llamada de atención dura y severa que se hace a una persona por algo que ha hecho mal o por su mala conducta. 3 AMÉR Rabia o resentimiento.

bronce *m.* 1 Metal de color amarillo rojizo formado por la aleación de cobre y estaño; es fácil de obtener y de trabajar. 2 Tercer premio en una competición.

bronceador, -ra *adj./m.* [producto cosmético] Que contribuye a que la piel tome un color moreno.

broncear *tr./prnl.* Poner morena la piel la acción de los rayos del Sol o de un aparato eléctrico.

bronco, -ca *adj.* [sonido, voz] Que es áspero y desagradable.

bronco- Elemento prefijal que entra en la formación de palabras que expresan relación con los bronquios.

bronconeumonía *f.* MED. Inflamación de los bronquios y del tejido pulmonar causada por una infección.

bronquial *adj.* De los bronquios.

bronquio *m.* Conducto de las vías respiratorias que, junto con otro, une la tráquea con los pulmones.

OBS Se usa más en plural.

bronquiolo o **bronquíolo** *m.* Ramificación pequeña de los bronquios.

OBS Se usa más en plural.

bronquítico, -ca *adj.* [persona] Que padece bronquitis.

bronquitis *f.* Inflamación aguda de los bronquios.

OBS El plural también es *bronquitis*.

brontosaurio *m.* Dinosaurio de la era secundaria, de gran tamaño, herbívoro, con cuatro patas, cuello y cola largos y cabeza pequeña.

broquel *m.* Escudo defensivo pequeño de madera o corcho.

brotar *intr.* 1 Nacer una planta y mostrarse por encima de la superficie. 2 Salir tallos, hojas o flores. 3 Salir agua u otro líquido de la tierra. 4 Nacer o empezar a manifestarse una cosa.

brote *m.* 1 Yema o tallo nuevo que sale a una planta. 2 Acción de brotar.

broza *f.* 1 Conjunto de ramas, hojas secas y otros restos de plantas. 2 Conjunto de desperdicios o desechos acumulados.

brucelosis *f.* Enfermedad infecciosa del ganado caprino, vacuno y porcino que se transmite al hombre por la ingestión de sus productos, en especial los derivados lácteos.

bruces Palabra que se utiliza en la locución *de bruces*, que significa 'tendido con la cara contra el suelo'. ▸ **dar de bruces** Encontrarse de frente y de manera inesperada con alguien.

brujería *f.* Conjunto de conocimientos y prácticas de quienes creen tener pacto con el demonio o con espíritus malignos.

brujo, -ja *adj.* 1 Que atrae irresistiblemente, que gusta. ‖ *m. y f.* 2 Persona que cree que tiene pacto con el demonio o con espíritus malignos. ‖ *m.* 3 Hombre que en algunas culturas primitivas tiene el poder de comunicar con los dioses. ‖ *f.* 4 Mujer fea o mala. Se usa como apelativo despectivo.

brújula *f.* Instrumento para orientarse, formado por una esfera y una aguja que señala siempre el norte magnético.

bruma *f.* Niebla poco densa sobre el mar.

brumoso, -sa *adj.* Que tiene bruma.

bruñir [40] *tr.* Pulir o frotar un metal o piedra para que brille.

brusco, -ca *adj.* 1 Que es áspero y desagradable en el trato. 2 Que se produce u ocurre sin preparación o aviso.

brusquedad *f.* Calidad de brusco.

brut *adj./m.* [cava, champán] Que se ha elaborado sin añadirle azúcar.

brutal *adj.* 1 Que es violento y cruel y carece de compasión o humanidad. 2 Que es muy grande, fuerte o intenso.

brutalidad *f.* 1 Violencia o crueldad intensas. 2 Hecho o dicho intensamente violento o cruel. 3 Gran cantidad.

bruto, -ta *adj./m. y f.* 1 [persona] Que es torpe o poco inteligente. 2 [persona] Que tiene malos modos. ▸ **en bruto** *a)* [producto] Que no ha sido manipulado. *b)* Que incluye el peso de un objeto y lo que este contiene. *c)* [cantidad de dinero] Que no ha sufrido los descuentos que le corresponden.

bucal *adj.* De la boca.

bucanero *m.* Pirata que se dedicaba a sa-

quear los barcos y las posesiones españolas durante los siglos XVII y XVIII.

búcaro *m.* Recipiente para poner flores.

buceador, -ra *adj./m. y f.* 1 Que bucea. 2
[persona] Que practica el submarinismo.

bucear *intr.* 1 Nadar y mantenerse bajo la
superficie del agua. 2 Investigar o intentar averiguar algo sobre un asunto.

buceo *m.* 1 Acción de bucear. 2 Conjunto
de conocimientos y técnicas necesarios
para bucear.

buche *m.* 1 Parte del aparato digestivo de
las aves que consiste en una bolsa donde
guardan los alimentos antes de triturar-
los. 2 *coloquial* Estómago de las personas. 3 Cantidad de líquido que cabe en la
boca.

bucle *m.* Rizo de cabello en forma de hélice.

bucólica *f. culto* Composición poética del
género bucólico.

bucólico, -ca *adj.* 1 [género literario, poe-
sía] Que idealiza a los pastores o la vida en
el campo. 2 De este género literario o que
posee sus características.

budín *m.* 1 Dulce hecho de frutas y bizcocho o pan remojados en leche. 2 Comida
no dulce que se confecciona con arroz,
tapioca o pescado formando una masa y
cocida.

budismo *m.* Doctrina religiosa de los seguidores de Buda; creen en la reencarnación y en la meditación como forma de
unión con Dios.

budista *adj.* 1 Del budismo. ‖ *adj./com.* 2
[persona] Que cree en esta doctrina.

buen *adj.* Apócope de *bueno.* ▸ **de buen
ver** Con aspecto agradable.

OBS Se usa en esta forma cuando va delante de un sustantivo masculino.

buenaventura *f.* Adivinación del futuro
examinando las líneas de la mano.

bueno, -na *adj.* 1 Que tiene inclinación
natural a hacer el bien. 2 Que cumple con
sus deberes. 3 Que es adecuado o conveniente. 4 Que tiene mucha calidad. 5
Que es agradable a los sentidos. 6 Con
buena salud. 7 Que es mayor de lo normal
en tamaño, cantidad o intensidad. ‖ *adv.* 8
Indica aprobación o conformidad. ▸ **de
buenas a primeras** De repente y sin aviso.
▸ **estar de buenas** Estar de buen humor,
alegre y complaciente. ▸ **por las buenas** *a)*
De forma voluntaria. *b)* Sin motivo o sin
causa.

OBS El comparativo de superioridad es
mejor. El superlativo es *bonísimo, bueni-
simo* y *óptimo.*

buey *m.* 1 Toro castrado que se utiliza para
labores del campo. 2 Crustáceo marino
comestible, parecido al centollo, cuyos
dos primeros pares de patas son grandes
pinzas negras.

búfalo, -la *m. y f.* 1 Mamífero parecido al
toro, de cuernos largos y gruesos muy juntos en la base y el pelo marrón o gris. 2
Mamífero salvaje parecido al toro con
cuernos cortos y pelo denso marrón oscuro.

bufanda *f.* Tira larga y amplia de tela con
que se envuelve y abriga el cuello.

bufar *intr.* 1 Resoplar con fuerza y furor el
toro, el caballo y otros animales. 2 Mostrar gran enfado o ira. ‖ *prnl.* 3 Salirse bolsas a una superficie.

bufé *m.* 1 Comida en la que los alimentos
están dispuestos en mesas o mostradores
de manera que los comensales se puedan
servir ellos mismos. 2 Establecimiento
donde se sirve ese tipo de comida.

bufete *m.* 1 Despacho de abogados. 2
Mesa de escribir con cajones.

bufido *m.* Resoplido del toro, el caballo y
otros animales.

bufón *m.* 1 Personaje ridículo y grotesco,
que antiguamente divertía a la corte con
historias graciosas y chistes. ‖ *adj./com.* 2
[persona] Que hace tonterías para hacer
reír.

bufonada *f.* Dicho o hecho de un bufón.

buga *m. coloquial* Coche.

buganvilla *f.* Arbusto trepador de jardín,
de flores pequeñas, rojas, anaranjadas o
moradas.

buhardilla *f.* 1 Parte más alta de una casa,
justo debajo del tejado, que tiene el techo
inclinado. 2 Ventana de un tejado.

búho *m.* 1 Ave rapaz nocturna de ojos muy
redondos y grandes, con plumas en la cabeza a modo de orejas y el pico corvo. 2
Persona que huye del trato con la gente.

buhonero *m.* Persona que va de casa en
casa vendiendo baratijas.

buitre *m.* 1 Ave rapaz de gran tamaño, de
color negro o marrón, con la cabeza y el
cuello sin plumas, que vive en grupos y se
alimenta generalmente de animales muertos. 2 *coloquial* Persona egoísta que aprovecha cualquier situación en su propio
beneficio.

buitrear *tr. coloquial* Consumir o utilizar
gratuitamente una cosa de otra persona.

buitrón *m.* Agujero que los ladrones hacen
en techos o paredes para robar.

bujarrón *adj./m. coloquial* Homosexual.

bujía f. Pieza de un motor de combustión que hace saltar la chispa.

bula f. Documento autorizado y firmado por el Papa que concedía derechos especiales o liberaba de ciertas obligaciones religiosas a quien lo poseía.

bulbo m. 1 BOT. Tallo subterráneo de ciertas plantas, de forma redondeada, donde guardan sustancias de reserva. 2 ANAT. Protuberancia redondeada de ciertos órganos.

bulboso, -sa adj. 1 Que tiene forma de bulbo. 2 BOT. Que tiene bulbos.

buldog adj./m. [perro] Que es de una raza que se caracteriza por tener cuerpo robusto, patas cortas, cabeza grande y cuadrada y hocico aplanado.

bulerías f. pl. 1 Cante flamenco de ritmo vivo, que se acompaña con palmas. 2 Baile que se ejecuta al ritmo de ese cante.

bulevar m. Calle o avenida ancha generalmente con árboles a lo largo.

OBS El plural es *bulevares*.

búlgaro, -ra adj. 1 De Bulgaria. ‖ adj./m. y f. 2 [persona] Que es de Bulgaria. ‖ m. 3 Lengua eslava que se habla en Bulgaria y en otras regiones.

bulimia f. Trastorno de la alimentación que consiste en comer de forma compulsiva con posterior culpabilidad.

bulla f. Bullicio, ruido.

bullabesa f. Sopa de pescado y marisco a la que se añaden especias, aceite y vino y que suele servirse con rebanadas de pan.

bullanguero, -ra adj./m. y f. [persona] Que gusta mucho de fiestas.

bulldog adj./m. Buldog.

OBS Es de origen inglés y se pronuncia aproximadamente 'buldog'.

bulldozer m. Máquina excavadora provista de una pala frontal muy grande para arrancar tierra y rocas y nivelar el terreno.

OBS Es de origen inglés y se pronuncia aproximadamente 'buldócer'.

bullicio m. Ruido de mucha gente.

bullicioso, -sa adj. 1 [lugar] Que tiene bullicio. ‖ adj./m. y f. 2 Que produce bullicio.

bullir [41] intr. 1 Moverse agitadamente formando burbujas un líquido que está al fuego cuando alcanza una temperatura determinada, por reacción química u otras causas. 2 Haber una cantidad grande de personas o cosas en continuo movimiento. 3 Surgir en la mente ideas o pensamientos entremezclados.

bullying m. Acoso escolar continuado, físi-

co o psicológico, que uno o más alumnos ejercen contra otro.

OBS Es de origen inglés y se pronuncia aproximadamente 'bulin'.

bulo m. Noticia falsa.

bulto m. 1 Volumen o tamaño de cualquier cosa. 2 Cuerpo del que solo se distingue la forma. 3 Abultamiento o elevación en una superficie. 4 Paquete, bolsa, maleta o cualquier otro equipaje. ▸ **a bulto** De manera aproximada.

bumerán o boomerang m. Objeto plano y curvo de madera que al lanzarse con la mano vuelve al punto de partida.

bungaló o bungalow m. Casa de campo o de playa de un solo piso y de estructura sencilla.

OBS Es de origen hindú a través del inglés *bungalow*, y se pronuncia aproximadamente 'bungalóu'. El plural de *bungaló* es *bungalós*, y el de *bungalow*, *bungalows*.

búnker m. 1 Refugio de hormigón armado para defenderse de los bombardeos. 2 Grupo político que se resiste a cualquier cambio.

bunsen m. Mechero utilizado en el laboratorio que funciona con gas.

buñuelo m. Masa de harina y otros ingredientes, como frutas o pescados, frita en aceite. **buñuelo de viento** Buñuelo que se hace con harina, leche, huevo y azúcar.

BUP m. Sigla de *bachillerato unificado polivalente*, 'etapa de la enseñanza que comprende de los quince a los diecisiete años'.

buque m. Embarcación de grandes dimensiones que navega movida por el viento o por un motor; suele tener varias cubiertas, departamentos y camarotes.

buqué m. Aroma característico de un vino.

burbuja f. 1 Globo pequeño de aire o gas que se forma dentro de un líquido. 2 Espacio desinfectado y aislado del exterior.

burbujeante adj. Que burbujea.

burbujear intr. Hacer burbujas.

burdel m. Establecimiento público en el que se ejerce la prostitución.

burdeos adj. 1 De color rojo oscuro. ‖ adj./m. 2 [color] Que es rojo oscuro. ‖ m. 3 Vino elaborado en la zona de Burdeos.

burdo, -da adj. 1 [tejido, mueble] Que está hecho con poco cuidado y resulta tosco o imperfecto. 2 [persona] Que es poco delicado en el trato y comportamiento.

burgalés, -lesa adj. 1 De Burgos. ‖ adj./m. y f. 2 [persona] Que es de Burgos.

burger m. Establecimiento donde se sirven

y venden hamburguesas y otras comidas y bebidas.

OBS Es de origen inglés y se pronuncia aproximadamente 'búrguer'.

burgués, -guesa adj. 1 De la burguesía. | adj./m. y f. 2 [persona] Que pertenece a la burguesía.

burguesía m. Clase social formada por las personas que tienen medios económicos o empresas, tales como los banqueros, empresarios, industriales, etc.

buril m. Instrumento de acero puntiagudo para grabar metales.

burla f. 1 Hecho o dicho con que se intenta poner en ridículo a una persona o cosa. 2 Engaño que se hace a una persona de buena fe y que resulta molesto o humillante.

burladero m. Valla situada delante de la barrera en la plaza de toros para que el torero pueda burlar al toro.

burlar tr. 1 Engañar o hacer creer algo falso. 2 Esquivar a una persona que supone una amenaza. | prnl. 3 Ridiculizar a alguien.

burlesco, -ca adj. Que manifiesta o implica burla.

burlete m. Tira de material aislante que se fija en el canto de puertas y ventanas o en las piezas de la jamba para que no entre el aire cuando aquellas están cerradas.

burlón, -lona adj. 1 Que manifiesta o implica burla. | adj./m. y f. 2 Que gusta de decir o hacer burlas.

buró m. Escritorio con pequeños compartimientos y cajoncitos que se cierra levantando el tablero sobre el que se escribe o bajando una especie de persiana.

OBS El plural es burós.

burocracia f. 1 Conjunto de actividades y trámites para resolver un asunto administrativo. 2 Exceso de normas y trámites que dificultan o complican las relaciones del ciudadano con la administración.

burócrata com. Persona que ocupa un puesto en la administración del Estado.

burocrático, -ca adj. De la burocracia.

burrada f. 1 Obra o dicho torpe o brutal. 2 Gran cantidad.

burro, -rra m. y f. 1 Mamífero cuadrúpedo doméstico más pequeño que el caballo, con grandes orejas, cola larga y pelo áspero y grisáceo. | adj./m. y f. 2 coloquial [persona] Que es poco inteligente. 3 coloquial [persona] Que hace un uso excesivo de la fuerza física. | m. 4 Juego de cartas que consiste en ir echando naipes sobre la mesa.

bursátil adj. ECON. De la bolsa.

burujo m. Bulto que se forma con varias partes de una cosa.

bus m. coloquial Autobús.

busca f. 1 Acción de buscar. | m. 2 Aparato para recibir una señal.

buscador m. Sistema informático que busca información contenida en sitios web y la ofrece en forma de listado.

buscapiés m. Cohete que, encendido, corre por el suelo entre los pies de la gente.

OBS El plural también es buscapiés.

buscar [1] tr. Hacer lo necesario para encontrar a una persona o cosa.

buscavidas com. coloquial Persona que tiene habilidad para subsistir.

OBS El plural también es buscavidas.

buscona f. Mujer que mantiene relaciones sexuales a cambio de dinero.

búsqueda f. Actividad que se realiza para tratar de encontrar a una persona o cosa.

busto m. 1 Escultura o pintura de la cabeza y parte superior del tronco. 2 Parte superior del cuerpo humano. 3 Pecho de la mujer.

butaca f. 1 Sillón que tiene el respaldo inclinado hacia atrás. 2 Asiento con respaldo y brazos que ocupa un espectador en un teatro o en un cine.

butano m. 1 Hidrocarburo gaseoso que se obtiene del petróleo y el gas natural; se emplea como combustible. | adj. 2 [color] Que es anaranjado o parecido al de las bombonas que se usan para transportar este gas.

butifarra f. Embutido de forma cilíndrica y alargada, hecho con carne de cerdo cruda y picada, que es típico de Cataluña, Valencia y Baleares.

butrón m. Agujero que los ladrones hacen en techos o paredes para robar.

buzo m. Persona que tiene por oficio trabajar sumergida en el agua.

buzón m. Receptáculo instalado en la vía pública o acoplado a una puerta con una ranura por donde se echan las cartas y los papeles del correo.

bypass m. Conducto artificial o trasplantado mediante el cual se comunican dos puntos de una arteria.

OBS Es de origen inglés y se pronuncia aproximadamente 'baipás'.

byte m. INFORM. Unidad de medida de almacenamiento de información equivalente a ocho bits.

OBS Es de origen inglés y se pronuncia aproximadamente 'bait'.

C

c *f.* 1 Tercera letra del alfabeto español. Ante las vocales *a, o, u* tiene sonido velar, igual que el de *qu* ante *e, i* o *k* ante cualquier vocal. 2 En la numeración romana tiene el valor de cien. Se escribe con mayúscula.

c/ Abreviatura de *calle*, 'vía pública'; *cargo*, 'pago', o *cuenta*, 'operación aritmética'.

¡ca! *int. coloquial* Expresión que se usa para negar algo que otro afirma.

cabal *adj.* 1 [persona] Que se comporta con honradez y rectitud. 2 Que es exacto o justo en su peso o medida. ▸ **no estar en sus cabales** Haber perdido el juicio.

cábala *f.* 1 Interpretación mística y alegórica del Antiguo Testamento. 2 Juicio formado a partir de datos incompletos o supuestos.

cabalgadura *f.* Animal apto para cabalgar.

cabalgar [7] *intr./tr.* Montar en un caballo u otra cabalgadura.

cabalgata *f.* Conjunto de jinetes, carrozas y otras atracciones que desfilan por las calles en alguna celebración o fiesta popular.

caballa *f.* Pez marino comestible de medio metro de largo y de color azul verdoso brillante con líneas negras.

caballada *f.* AMÉR *coloquial* Dicho o hecho necio.

caballar *adj.* Del caballo.

caballeresco, -ca *adj.* 1 De la caballería medieval. 2 Que es educado y amable.

caballería *f.* 1 Animal doméstico, como el caballo o el burro, que sirve para montar en él o para transportar cosas. 2 Arma del ejército de tierra compuesta por soldados montados a caballo o en vehículos motorizados. 3 Institución feudal formada por los caballeros medievales.

caballeriza *f.* Instalación cubierta destinada para los caballos y bestias de carga.

caballero *m.* 1 Hombre cortés, honrado y amable. 2 Hombre de la nobleza que en la Edad Media se dedicaba al ejercicio de las armas. **caballero andante** Caballero que dedicaba su vida al ideal de justicia y defensa de los menesterosos. 3 Individuo de una orden de caballería. 4 Forma de tratamiento de respeto y cortesía que se utiliza con los hombres adultos.

caballerosidad *f.* Comportamiento propio del hombre que obra como un caballero, con cortesía, nobleza y amabilidad.

caballeroso, -sa *adj.* 1 [hombre] Que se comporta como un caballero. 2 Que es propio de un caballero.

caballete *m.* 1 Soporte formado por una pieza horizontal sostenida por patas sobre el que se apoyan tablones o maderas. 2 Armazón sobre el que se coloca un cuadro, pizarra, etc. 3 Línea horizontal y más alta de un tejado donde confluyen las dos vertientes. 4 Prominencia formada por el cartílago de la nariz.

caballista *com.* Persona que entiende de caballos y que monta bien.

caballito *m.* 1 Juguete con forma de caballo. ▮ *m. pl.* 2 Atracción de feria que consiste en una plataforma giratoria sobre la que hay animales y vehículos de juguete para montarlos. ▸ **caballito de mar** Pez marino de muy pequeño tamaño, con la cola prensil y el hocico largo y tubular, cuya cabeza recuerda la de un caballo. ▸ **caballito del diablo** Insecto parecido a la libélula, pero de menor tamaño.

caballo *m.* 1 Mamífero herbívoro macho, cuadrúpedo, de orejas pequeñas, cola cubierta de pelo y patas terminadas en casco. **2** Carta de la baraja española que representa a un caballo con su jinete. **3** Pieza del ajedrez con forma de caballo. **4** *coloquial* En el lenguaje de la droga, heroína. **5** Aparato de gimnasia formado por cuatro patas que soportan un cuerpo horizontal alargado y terminado en punta. ▸ **a caballo** *a*) Sobre una caballería. *b*) Entre dos períodos o situaciones diferentes, participando de ambos. ▸ **a mata caballo** Con mucha prisa y sin poner cuidado. También se escribe *a matacaballo.* ▸ **caballo de vapor** Medida de potencia que equivale a 735,5 vatios.

OBS La hembra del caballo es la *yegua.*

cabaña *f.* **1** Casa en el campo, pequeña y tosca. **2** Conjunto de cabezas de ganado de un mismo tipo o lugar.

cabaré o **cabaret** *m.* Establecimiento nocturno en el que se sirven bebidas y se hacen representaciones de música y baile.

cabecear *tr./intr.* **1** En fútbol, golpear la pelota con la cabeza. ∥ *intr.* **2** Mover la cabeza de un lado a otro o de arriba abajo. **3** Dar cabezadas la persona que se está durmiendo. **4** Moverse un vehículo de transporte levantando y bajando la parte delantera.

cabeceo *m.* **1** Acción de cabecear. **2** Efecto de cabecear.

cabecera *f.* **1** Extremo de la cama donde se pone la cabeza al dormir. **2** Pieza vertical que limita la cama por la cabecera. **3** Lugar principal, normalmente de una mesa. **4** Origen de un río. **5** Conjunto de palabras que figura al comienzo de un escrito para indicar el título, el autor, la fecha, etc.

cabecero *m.* Cabecera, pieza de la cama.

cabecilla *com.* Persona que está al frente de un grupo o movimiento de protesta.

cabellera *f.* **1** Conjunto de cabellos. **2** Ráfaga luminosa que rodea a un cometa.

cabello *m.* **1** Pelo que nace en la cabeza de las personas. **2** Cabellera. ▸ **cabello de ángel** Dulce en forma de hilos claros que se usa como relleno de otros dulces.

cabelludo, -da *adj.* Que tiene mucho cabello.

caber [66] *intr.* **1** Poder ser contenida una cosa dentro de otra. **2** Poder entrar alguien o algo por una abertura o paso. **3** Tener una cosa el tamaño necesario para poder colocarse o ajustarse alrededor de otra. **4** Ser algo posible o natural. **5** Corresponder o pertenecer algo a una persona o situación. **6** *coloquial* Tocar o corresponder al dividir una cantidad. ▸ **dentro de lo que cabe** En cierto modo. ▸ **no caber en sí** Estar alguien muy alegre o satisfecho. Suele ir seguido de 'de gozo', 'de alegría'.

cabestrillo *m.* Banda o aparato que se cuelga del cuello o del hombro para sostener la mano o el brazo lesionados.

cabestro *m.* **1** Buey manso que guía la manada de toros. **2** Persona que se deja influir fácilmente por los demás. **3** Cuerda atada al cuello o cabeza de los animales de carga.

cabeza *f.* **1** Parte superior del cuerpo del hombre y de muchos animales, donde se encuentran algunos órganos de los sentidos y el cerebro. **2** Capacidad de pensar, imaginar o recordar. **cabeza cuadrada** *coloquial* Persona testaruda. **cabeza de chorlito** o **cabeza loca** *coloquial* Persona que demuestra poco juicio. **cabeza dura** *coloquial* Persona a la que le cuesta mucho comprender las cosas. **cabeza hueca** *coloquial* Persona irresponsable y de poco juicio. **3** Cada una de las personas que forman parte de un reparto o distribución. **4** Animal de un rebaño. **5** Parte o pieza, generalmente redondeada, colocada en el extremo de una cosa y opuesta a la punta. **6** Pieza que lee, escribe o borra las cintas de sonido o imagen. **7** Pueblo o ciudad principal de un estado o región. **cabeza de partido** Pueblo o ciudad del que dependen otros para la administración de justicia. ∥ *m.* **8** Persona que dirige, preside o lidera una corporación o colectividad. **cabeza de familia** Persona de mayor autoridad entre sus familiares. ▸ **cabeza de ajo** (o **de ajos**) Conjunto de los dientes o partes que forman el bulbo de un ajo. ▸ **cabeza de turco** Persona sobre la que se hace recaer toda la culpa de algo. ▸ **cabeza rapada** Miembro de un grupo urbano y juvenil de comportamiento violento que se caracteriza por llevar el pelo rapado. ▸ **calentar la cabeza** Cansar o molestar hablando mucho. ▸ **calentarse** (o **romperse**) **la cabeza** Pensar mucho una cosa. ▸ **de cabeza** *a*) Con la parte superior del cuerpo por delante. *b*) Directa y rápidamente. *c*) Muy nervioso o agobiado. ▸ **levantar la cabeza** Salir de la pobreza. ▸ **meter en la cabeza** Hacer comprender. ▸ **metérsele en la cabeza** Obstinarse en una opinión. ▸ **no levantar cabeza** No lograr salir de una situación poco favorable. ▸ **perder la cabeza** *a*) Dejarse llevar por la ira y actuar sin pensar. *b*) Actuar sin juicio.

cabezada *f.* 1 Inclinación involuntaria de la cabeza cuando se dormita sin tenerla apoyada. ▸ **dar** o **echar una cabezada** Dormir durante un corto período. 2 Cabezazo.

cabezal *m.* 1 Dispositivo de ciertos aparatos que sirve para poner en él la pieza que realiza la función principal. 2 Pieza de un aparato de grabación y reproducción que sirve para leer o borrar lo grabado en una cinta.

cabezazo *m.* Golpe que se da con la cabeza. ▸ **darse cabezazos** o **cabezadas contra la pared** o **las paredes** Estar muy enfadado por ser consciente de un error propio.

cabezo *m.* 1 Montecillo en medio de un terreno llano. 2 MAR. Roca redondeada que sobresale de la superficie del mar.

cabezón, -zona *adj./m. y f.* 1 Que tiene la cabeza grande. 2 Cabezota.

cabezonada *f.* Acción propia de quien se obstina en una opinión o actitud.

cabezota *adj./com.* [persona] Que se obstina en una opinión o actitud.

cabezudo, -da *adj./m. y f.* 1 Que tiene la cabeza grande. ‖ *m.* 2 Figura grotesca formada por una persona con una gran cabeza de cartón.

cabezuela *f.* 1 Harina de trigo gruesa. 2 BOT. Inflorescencia formada por un conjunto de flores simples que nacen juntas y apretadas en un receptáculo común.

cabida *f.* Espacio o capacidad que tiene una cosa para contener otra.

cabildo *m.* 1 Cuerpo o comunidad de eclesiásticos que tienen algún cargo en una catedral. 2 Grupo de personas integrado por un alcalde y varios concejales que se encarga de administrar y gobernar un pueblo o ciudad. 3 Junta o reunión celebrada por este grupo. 4 Edificio en el que trabaja ese grupo de personas.

cabina *f.* 1 Cuarto o recinto pequeño y cerrado donde se encuentran los mandos de un aparato o máquina. 2 Espacio pequeño, generalmente cerrado, en el que hay un teléfono. 3 Recinto pequeño y aislado donde se puede hacer algo con cierta intimidad.

cabinera *f.* COL Aeromoza, mujer que atiende a los pasajeros de un avión.

cabizbajo, -ja *adj.* [persona] Que tiene la cabeza inclinada por abatimiento, melancolía, etc.

cable *m.* 1 Hilo metálico, generalmente cubierto por una funda de plástico, que se usa para conducir la energía eléctrica. 2 Conjunto de hilos de fibra de vidrio u otro material que sirve para transportar información en forma de sonidos o imágenes. 3 Trenzado de cuerdas o hilos metálicos para soportar grandes pesos. 4 Mensaje que se envía a larga distancia transmitido por un conductor eléctrico submarino. Es la forma abreviada y usual de *cablegrama*. ▸ **echar un cable** *coloquial* Prestar ayuda.

cableado, -da *adj.* 1 Unido o conectado mediante cables. ‖ *m.* 2 Conjunto de cables de una instalación eléctrica.

cablegrafiar *tr.* Transmitir por cable.

cablevisión *f.* Sistema de televisión que transmite a través del cable.

cabo *m.* 1 Extremo o punta de un objeto alargado. 2 Resto que queda de una cosa alargada. 3 Parte de tierra que entra en el mar. 4 Miembro del ejército de categoría inmediatamente superior a la del soldado. 5 Cuerda. ▸ **al cabo de** Después del período de tiempo indicado. ▸ **atar** (o **juntar** o **unir**) **cabos** Relacionar aspectos, asociar datos para averiguar o aclarar algo. ▸ **cabo suelto** Aspecto que no se ha previsto o que queda sin solucionar. ▸ **de cabo a rabo** Desde el principio hasta el fin. ▸ **echar un cabo** Prestar ayuda. ▸ **estar al cabo de la calle** Conocer todos los aspectos de un asunto. ▸ **llevar a cabo** Hacer una cosa o concluirla.

cabotaje *m.* Navegación comercial a lo largo de la costa.

cabra *f.* Mamífero rumiante doméstico de pelo fuerte y áspero, cola corta y, generalmente, cuernos curvados hacia atrás.

cabrahigar [25] *tr.* Colgar sartas de higos silvestres en las ramas de las higueras para que los higos de estas sean mejores.

cabrales *m.* Queso de olor y sabor muy fuertes.

OBS El plural también es *cabrales*.

cabrear *tr./prnl.* 1 *coloquial* Enfadar mucho. 2 BOL, CHILE *coloquial* Aburrir o cansar mucho a una persona con una situación o conducta.

cabreo *m.* *coloquial* Enfado grande.

cabrero, -ra *m. y f.* Pastor de cabras.

cabrestante *m.* Torno de eje vertical para mover grandes pesos.

cabrío, -bría *adj.* De la cabra.

cabriola *f.* 1 Salto o brinco durante el cual se cruzan varias veces los pies en el aire. 2 Salto que da el caballo soltando un par de coces mientras está en el aire.

cabriolé *m.* 1 Coche de caballos, generalmente de dos ruedas, ligero y sin cubierta. **2** Automóvil descapotable.

cabritilla *f.* Piel curtida de cabrito u otro mamífero pequeño; es muy blanda y suave.

cabrito *m.* **1** Cría de la cabra desde que nace hasta que deja de mamar. **2** *coloquial* Cabrón, hombre infiel. **3** *coloquial* Cabrón, persona que actúa con mala intención.

cabrón, -brona *m. y f.* **1** *malsonante* Persona que actúa con mala intención perjudicando a otros. ‖ *m.* **2** Macho de la cabra. **3** *malsonante* Hombre casado con una mujer que le es infiel.

cabronada *f. malsonante* Acción malintencionada o indigna.

cabuya *f.* AMÉR Cuerda delgada y tosca de fibra de pita que se usa para atar y fabricar tejidos.

caca *f.* **1** *coloquial* Excremento expulsado por el ano. **2** *coloquial* Cualquier cosa sucia. **3** *coloquial* Cosa mal hecha o de mala calidad.

cacahuate *m.* MÉX Cacahuete.

cacahuete o **cacahué** *m.* **1** ESP Fruto seco pequeño y algo alargado, con cáscara poco dura y semillas comestibles. **2** ESP Planta que da ese fruto.

cacao *m.* **1** Árbol tropical cuyo fruto es una vaina que contiene muchas semillas. **2** Semilla de este árbol. **3** Polvo sacado de estas semillas que se toma disuelto en agua o leche. **4** Barra hidratante para los labios hecha con la grasa de las semillas del cacao.

cacarear *intr.* **1** Dar cacareos el gallo o la gallina. ‖ *tr.* **2** Alabar demasiado las cosas propias.

cacareo *m.* Voz característica del gallo o de la gallina.

cacatúa *f.* **1** Ave trepadora de pico grueso y muy encorvado, plumaje blanco brillante y un penacho de plumas en la cabeza. **2** *coloquial* Mujer fea, vieja y arreglada en exceso, normalmente con mal gusto.

cacereño, -ña *adj.* **1** De Cáceres. ‖ *adj./m. y f.* **2** [persona] Que es de Cáceres.

cacería *f.* Excursión de varias personas para cazar.

cacerola *f.* Recipiente de metal con dos asas que se usa para cocinar.

cacerolada *f.* Protesta pública que se lleva a cabo golpeando cacerolas y otros recipientes de cocina.

cacha *f.* **1** Pieza que cubre cada lado del mango de un cuchillo o navaja o la culata de un arma de fuego. **2** *coloquial* Nalga. ‖ *adj./com.* **3** *coloquial* Que tiene un cuerpo fuerte y los músculos muy desarrollados. Se usa sobre todo en plural.

cachalote *m.* Mamífero marino de 15 a 20 metros de largo, con la cabeza grande y alargada y la boca provista de dientes.

cacharrazo *m. coloquial* **1** Golpe fuerte.

cacharrería *f.* Establecimiento en que se venden cacharros.

cacharrero, -ra *m. y f.* Persona que se dedica a vender cacharros.

cacharro *m.* **1** Recipiente que se usa en la cocina. **2** *coloquial* Máquina o aparato viejo. **3** Objeto que no tiene utilidad o valor.

cachaza *f.* Lentitud en la manera de actuar.

caché *m.* **1** Cotización de un artista. **2** Toque de distinción y estilo personal.

cachear *tr.* Registrar a una persona palpándola por encima de la ropa.

cachemir o **cachemira** *m.* Tejido fino fabricado con pelo de cabra de Cachemira.

cacheo *m.* Acción de cachear.

cachete *m.* **1** Golpe que se da con la palma de la mano en la cara, la cabeza o las nalgas. **2** Parte carnosa de la cara que se encuentra bajo los ojos y a ambos lados de la nariz.

cachimba *f.* ESP Cachimbo.

cachimbo *f.* AMÉR Utensilio para fumar consistente en un pequeño recipiente, en el que se quema tabaco picado, unido a un tubo terminado en una boquilla por el que se aspira el humo.

cachiporra *f.* Palo con un extremo muy abultado o en forma de bola.

cachirulo *m.* En el traje masculino típico de Aragón, pañuelo que se ata alrededor de la cabeza.

cachivache *m.* Objeto que no sirve para nada o que no tiene valor.

cacho *m. coloquial* Pedazo de una cosa.

cachondearse *prnl. coloquial* Burlarse.

cachondeo *m.* **1** *coloquial* Burla. **2** Juerga o diversión animada.

cachondo, -da *adj.* **1** *coloquial* Que siente o despierta un deseo sexual fuerte. ‖ *adj./ m. y f.* **2** Que es burlón y divertido.

cachorro, -rra *m. y f.* Cría de un mamífero, especialmente el perro.

cacillo *m.* Cazo pequeño.

cacique *m.* **1** Persona que valiéndose de su influencia o riqueza interviene abusivamente en la vida política y social de una comunidad. **2** Jefe de algunas tribus de indios en América Central o del Sur.

caciquismo *m.* **1** Influencia o dominio excesivo del cacique. **2** Intromisión abusiva de una persona en un asunto, sirviéndose de su poder e influencia.

caco *m.* Ladrón diestro.

cacofonía *f.* Disonancia que resulta de la combinación de sonidos poco agradables.

cacofónico, -ca *adj.* De la cacofonía o relacionado con este fenómeno fonético.

cacto o **cactus** *m.* Planta con espinas, tallos grandes y carnosos y flores amarillas, que acumula agua en su interior.

cacumen *m.* Inteligencia y perspicacia, capacidad para entender con facilidad y claridad las cosas.

cada *det. indef.* **1** Establece una correspondencia distributiva entre los miembros numerables de una serie y los de otra. **2** Designa uno por uno la totalidad de los elementos de un conjunto o de una serie. **3** Indica un gran tamaño o cantidad respecto a la palabra que va detrás.

cadalso *m.* Tablado elevado que se instala para celebrar un acto solemne para la ejecución de un condenado a muerte.

cadáver *m.* Cuerpo muerto.

cadavérico, -ca *adj.* **1** De un cadáver. **2** Que está tan pálido y desfigurado que parece un cadáver.

cadena *f.* **1** Conjunto de piezas, generalmente metálicas y en forma de anillo, enlazadas entre sí. **2** Sucesión de fenómenos, acontecimientos o hechos relacionados entre sí. **3** Conjunto de personas que cogidas de las manos o colocadas unas al lado de las otras realizan una actividad. **4** Conjunto de máquinas e instalaciones dispuestas para que pase sucesivamente de una a otra un producto industrial en su proceso de fabricación o montaje. **5** Continuación de montañas. **6** Red de emisoras de radio o televisión que, unidas y coordinadas entre sí, difunden una misma programación. **7** Equipo de sonido formado por varios aparatos reproductores y grabadores independientes pero adaptables entre sí. **8** Atadura moral; lo que de alguna manera condiciona y obliga. ▸ **cadena perpetua** Pena de cárcel que dura toda la vida del condenado. ▸ **en cadena** Que se produce en sucesión continuada.

cadencia *f.* **1** Sucesión regular o medida de los sonidos o los movimientos. **2** Reparto o combinación proporcionada de los acentos y las pausas en un texto en prosa o en verso. **3** Ritmo o modo regular de repetirse u ocurrir una cosa.

cadeneta *f.* **1** Labor hecha con hilo y una aguja que imita la forma de una cadena delgada. **2** Adorno que se hace con tiras de papel de colores formando una cadena.

cadera *f.* **1** Parte saliente a cada lado del cuerpo y por debajo de la cintura formada por los huesos superiores de la pelvis. **2** Parte lateral del anca de un animal cuadrúpedo. **3** Primera pieza de la pata de un insecto.

cadete *com.* **1** Persona que estudia en una academia militar. **2** Deportista que, por su edad, pertenece a la categoría posterior a la de infantil y anterior a la de juvenil.

cadi *m.* Persona que lleva los palos del jugador de golf.

OBS Es de origen inglés. El plural es *cadis.*

cadmio *m.* Metal maleable de color blanco, parecido al estaño.

caducar *intr.* **1** Perder su validez o efectividad un documento, ley, derecho o costumbre, generalmente por el paso del tiempo. **2** Estropearse o dejar de ser apto para el consumo.

caducidad *f.* **1** Acción de caducar. **2** Efecto de caducar. **3** Calidad de caduco.

caducifolio, -lia *adj.* BOT. [árbol, planta] Que es de hoja caduca.

caduco, -ca *adj.* **1** Que es muy antiguo o está fuera de uso. **2** [órgano vegetal, generalmente una hoja] Que cae todos los años. **3** Que se estropea en un plazo de tiempo determinado. **4** Muy anciano.

caedizo, -za *adj.* **1** Que cae fácilmente. **2** [hoja] Que cae todos los años.

caer [67] *intr./prnl.* **1** Moverse de arriba abajo por el propio peso. **2** Perder el equilibrio hasta dar contra el suelo o en una superficie firme. **3** Desprenderse o soltarse una cosa del lugar o el objeto al que estaba unida. **4** Pasar a un estado físico, moral o económico inferior o desfavorable. **5** Descender o bajar mucho. **6** Desaparecer, acabar, dejar de ser, morir. **7** Perder la vida, morir. **8** Venir a dar una persona o un animal en una trampa o engaño. **9** Llegar rápidamente o por sorpresa para causar un daño. **10** Arrojarse o abalanzarse. **11** Acercarse a su ocaso o fin el sol, el día o la tarde. **12** Tomar una cosa cierta forma cuando está colgada. **13** Comprender o recordar una cosa. **14** Coincidir o corresponder una cosa con determinada fecha. **15** Estar situado en un lugar o cerca de él. **16** *coloquial* Tocar o corresponder por suerte. **17** Sentar bien o mal. ▸ **caer bajo** Realizar una acción indigna o despreciable. ▸ **caer gordo** *coloquial* Resultar antipática una persona a alguien. ▸ **caer (o caerse) por su propio peso** Ser el resultado lógico y seguro de lo que se hace o se dice. ▸ **dejar caer** Decir una cosa fingiendo que no es importante.

café *m.* **1** Arbusto tropical de hoja perenne, flores blancas y fruto pequeño que contiene dos semillas. **2** Semilla o conjunto de semillas de este árbol. **café torrefacto** Café tostado con un poco de azúcar. **3** Bebida de color oscuro y sabor algo amargo que se hace por infusión de la semilla del café tostada y molida. **café cortado** Café que lleva solo un poco de leche. También se dice solamente *cortado*. **café descafeinado** Café al que se le han suprimido las sustancias excitantes. También se dice solamente *descafeinado*. **café exprés** Café que se hace con vapor de forma rápida. **café instantáneo** o **café soluble** Café preparado para que se disuelva al echarle el agua o la leche. **café irlandés** Café con whisky quemado y nata. **4** Establecimiento público en el que se sirve café y otras consumiciones. **café-cantante** Café donde se ofrecen actuaciones musicales en directo. **café-concierto** Café donde se ofrecen actuaciones musicales en directo, generalmente de cantautores o de música clásica. **café-teatro** Café donde se representan obras teatrales cortas. ▌ *adj./m. y f.* **5** [color] Que es marrón oscuro. ▸ **de mal café** *coloquial* De mal humor o enfadado.

cafeína *f.* Sustancia excitante que se encuentra en el café, el té y otras bebidas.

cafetal *m.* Terreno plantado de cafetos.

cafetera *f.* **1** Máquina o aparato que sirve el café. **2** *coloquial* Vehículo muy viejo que hace mucho ruido al andar.

cafetería *f.* Establecimiento público en el que se sirven café y otras consumiciones.

cafetero, -ra *adj.* **1** Del café. ▌ *adj./m. y f.* **2** [persona] Que es muy aficionada a tomar café. ▌ *m. y f.* **3** Persona que se dedica a la recolección o comercio del café.

cafeto *m.* Café, arbusto tropical.

cafre *adj./com.* Que se comporta de forma brutal, violenta o grosera.

cagada *f.* **1** *coloquial* Excremento que se expulsa cada vez que se vacía el vientre. **2** *coloquial* Acción torpe o equivocada. **3** *coloquial* Cosa mal hecha o de poco valor.

cagalera *f.* **1** *coloquial* Diarrea, alteración del aparato digestivo. **2** *coloquial* Sentimiento de miedo muy intenso.

cagar *intr./prnl.* **1** *malsonante* Expulsar excrementos por el ano. ▌ *tr.* **2** *coloquial* Echar a perder o estropear una cosa. ▌ *prnl.* **3** *coloquial* Sentir un miedo muy fuerte.

cagarruta *f.* Excremento de muchos animales.

cagón, -gona *adj./m. y f.* **1** *coloquial* Que caga mucho. **2** *coloquial* Que es muy cobarde o miedoso.

caída *f.* **1** Movimiento de arriba abajo por la acción del propio peso. **2** Pérdida del equilibrio o de la estabilidad. **3** Desprendimiento o separación del lugar o el objeto al que estaba unida una cosa. **4** Cuesta o inclinación de una superficie. **5** Acción de hallarse en un estado físico, moral o económico inferior o desfavorable. **6** Disminución del valor o la importancia de una cosa. **7** Manera de caer las telas, cortinas o ropajes.

caído, -da *adj.* **1** Que está desfallecido. ▌ *adj./m. y f.* **2** Que ha muerto en la lucha por una causa.

caima *adj.* AMÉR [persona] Que es lerdo, soso y sin gracia alguna.

caimán *m.* Reptil grande de color marrón oscuro, piel muy dura y con escamas y patas con una membrana entre los dedos para nadar; su cola es larga y aplanada lateralmente y tiene los dientes fuertes y afilados y el hocico corto.

caja *f.* **1** Recipiente, generalmente con tapa, para guardar o llevar cosas. **caja fuerte** o **caja de caudales** Caja hecha con material muy resistente que se usa para guardar dinero u objetos de valor. **caja registradora** Caja que se usa para calcular y guardar el importe de las ventas en los comercios. **2** Recipiente que contiene o protege un mecanismo. **caja negra** Caja que graba información sobre el vuelo de un avión. **3** Parte hueca de un instrumento musical de cuerda en la que se produce la resonancia. **4** Parte del cuerpo que contiene o protege un conjunto de órganos. **5** Lugar donde se hacen los pagos y los cobros en un establecimiento. **6** Entidad bancaria. **7** Recipiente en el que se coloca a una persona muerta para enterrarla. ▸ **caja de reclutamiento** o **caja de reclutas** Organismo militar que se encarga de alistar y dar destino a los soldados.

cajero, -ra *m. y f.* **1** Persona que se dedica a llevar el control de la caja y a atender los pagos y cobros en una entidad bancaria. **cajero automático** Máquina conectada con un banco que permite sacar o meter dinero en cualquier momento mediante una cartilla o tarjeta especial que tiene asignada una clave personal. **2** Persona que cobra el importe de los gastos a los clientes de ciertos establecimientos.

cajetilla *f.* Paquete de cigarrillos.

cajón *m.* **1** Receptáculo independiente en un mueble que se puede meter y sacar del hueco en que encaja. **2** Caja grande, de base más o menos cuadrada y sin tapa, que sirve para guardar o llevar cosas pesadas. ▸ **cajón de sastre** Conjunto de cosas diversas y desordenadas y sitio en el que se reúnen. ▸ **de cajón** *coloquial* Que es evidente, lógico y seguro.

cajonera *f.* **1** Conjunto de cajones que forma parte de un mueble. **2** Mueble formado solo por cajones. **3** Parte de la mesa o pupitre escolar donde se guardan los libros.

cal *f.* **1** Sustancia alcalina blanca que mezclada con agua desprende calor. **2** QUÍM. Óxido de calcio. ▸ **cerrar a cal y canto** Cerrar totalmente.

cala *f.* **1** Parte pequeña del mar que entra en la tierra, generalmente rodeada de rocas. **2** Agujero que se hace en un terreno o en una obra de fábrica para reconocer su profundidad, composición o estructura. **3** Trozo pequeño de una fruta. **4** Parte más baja en el interior de una embarcación. **5** *coloquial* Peseta, moneda.

calabacín *m.* Calabaza pequeña y cilíndrica de carne blanca y corteza verde.

calabaza *f.* **1** Fruto comestible, generalmente de gran tamaño y forma redonda, de color amarillo o naranja, con muchas semillas en su interior. **2** Planta herbácea de tallos rastreros y flores amarillas que produce este fruto. **3** *coloquial* Cabeza de una persona. **4** *coloquial* Suspenso en una asignatura. ▸ **dar calabazas** *a)* Suspender un examen. *b)* Rechazar a un pretendiente amoroso.

calabobos *m.* Lluvia fina y persistente. OBS El plural también es *calabobos*.

calabozo *m.* **1** Celda incomunicada de una cárcel. **2** Lugar de un cuartel o una comisaría destinado a encerrar a un arrestado por un período breve de tiempo. **3** Lugar seguro, generalmente oscuro y subterráneo, donde se encerraba a los presos.

calada *f.* Chupada que se da a un cigarrillo o a otra cosa que se fuma.

caladero *m.* Lugar apropiado para echar las redes de pesca.

calado *m.* **1** Labor o adorno hecho en una tela, papel o madera consistente en una serie de agujeros que forman un dibujo. **2** MAR. Profundidad que alcanza en el agua la parte sumergida de una embarcación. **3** MAR. Distancia que hay entre el fondo del mar y la superficie del agua.

calafatear *tr.* Cerrar las uniones de las maderas de una embarcación con estopa y brea para que no entre el agua.

calagurritano, -na *adj.* **1** De Calahorra. ‖ *adj./m. y f.* **2** [persona] Que es de Calahorra.

calamar *m.* Molusco marino de cuerpo alargado y oval, con ocho tentáculos cortos y dos largos alrededor de la cabeza; tiene una concha interna transparente en forma de tubo; segrega un líquido negro con el que enturbia el agua.

calambre *m.* **1** Contracción involuntaria y dolorosa de un músculo. **2** Estremecimiento del cuerpo por una descarga eléctrica de baja intensidad.

calamidad *f.* **1** Desgracia o infortunio. **2** *coloquial* Persona a la que todo le sale mal por torpeza o mala suerte.

calamitoso, -sa *adj.* **1** Que constituye una calamidad, es causa de calamidades o va acompañado de ellas. **2** [persona] Que es infeliz o desdichado o que todo le sale mal por torpeza o mala suerte.

calandria *f.* **1** Pájaro parecido a la alondra, de dorso pardusco y vientre blanquecino, alas anchas y pico grande. **2** Máquina para prensar o satinar papel o tela.

calaña *f.* Índole, naturaleza o condición de una persona.

calapé *m.* AMÉR Tortuga asada en su concha.

calar *tr./intr.* **1** Penetrar un líquido en un cuerpo. ‖ *tr.* **2** Atravesar con un instrumento un cuerpo de lado a lado. **3** Adornar una tela, papel o madera haciéndole agujeros que forman un dibujo. **4** Cortar un trozo pequeño de una fruta para probarla. **5** *coloquial* Conocer o adivinar las verdaderas cualidades o intenciones de una persona. **6** *coloquial* Comprender el motivo, razón o secreto de algo. ‖ *intr.* **7** Producir una impresión. ‖ *prnl.* **8** Mojarse una persona hasta que el agua penetra en la ropa y llega hasta el cuerpo. **9** Colocarse o ponerse, generalmente un objeto o una prenda de vestir. **10** Pararse un motor.

calavera *f.* **1** Conjunto de huesos de la cabeza despojados de la piel y la carne. ‖ *com.* **2** Persona de vida desordenada.

calaverada *f.* Acción propia de una persona calavera.

calcáneo *m.* ANAT. Hueso que forma el talón del pie.

calcañal *m.* Calcañar.

calcañar *m.* Parte posterior de la planta del pie.

calcar *tr.* 1 Sacar copia, generalmente de un dibujo, por contacto del original con el papel o tela en el que se reproduce. 2 Copiar, imitar o reproducir fielmente.

calcáreo, -rea *adj.* Que tiene cal.

calce *m.* Calza, cuña.

calceta *f.* Tejido de punto hecho a mano.

calcetín *m.* Prenda de vestir que cubre el pie u la pierna hasta la rodilla.

cálcico, -ca *adj.* Del calcio.

calcificación *f.* 1 Asimilación de sales de calcio durante el proceso de formación de los huesos. 2 Acumulación patológica de sales de calcio en un tejido no óseo.

calcificar *tr.* 1 Producir carbonato de cal por medios artificiales. 2 Dar a un tejido orgánico propiedades calcáreas. ‖ *prnl.* 3 Modificarse o degenerar un tejido orgánico por la acumulación de sales de calcio.

calcinación *f.* 1 Acción de calcinar. 2 QUÍM. Efecto de calcinar.

calcinar *tr.* 1 Quemar o destruir mediante el fuego. ‖ *tr./prnl.* 2 QUÍM. Someter los minerales a altas temperaturas para que desaparezcan el agua y el carbono.

calcio *m.* Metal blando, de color blanco brillante que se oxida con el aire y el agua y, combinado con el oxígeno, forma la cal.

calco *m.* 1 Acción de calcar. 2 Efecto de calcar. ▸ **calco semántico** GRAM. Palabra extranjera que se adopta en una lengua.

calco- Elemento prefijal que entra en la formación de palabras con el significado de 'bronce'.

calcografía *f.* Arte de estampar imágenes por medio de planchas metálicas, generalmente de cobre, grabadas con buril o por corrosión con ácido.

calcógrafo, -fa *m. y f.* Persona que se dedica a la calcografía.

calcomanía *f.* 1 Papel con una imagen al revés preparada con una sustancia pegajosa para que se pueda pasar por contacto a una superficie lisa. 2 Imagen de este papel.

calcopirita *f.* Sulfuro natural de cobre y hierro, de color amarillo claro y no muy duro.

calculable *adj.* Que se puede calcular.

calculador, -ra *adj./m. y f.* 1 [persona] Que hace las cosas después de haberlas pensado con cuidado y únicamente en función del interés material que pueden reportarle. 2 [persona] Que calcula todas las posibilidades de su éxito y fracaso.

calculadora *f.* Máquina electrónica que puede hacer diversas operaciones matemáticas.

calcular *tr.* 1 Hacer las operaciones matemáticas necesarias para averiguar un resultado. 2 Creer o suponer una cosa considerando todas las posibilidades de éxito y fracaso.

cálculo *m.* 1 Acción de calcular. 2 Suposición o juicio que se forma por anticipado a partir de unos datos incompletos o aproximados. 3 Acumulación anormal de materia mineral u orgánica en algún órgano hueco del cuerpo. 4 MAT. Parte de las matemáticas que estudia las cantidades variables y sus diferencias.

caldear *tr./prnl.* 1 Calentar, especialmente un sitio cerrado. 2 Hacer que se levanten los ánimos o que se pierda la calma.

caldeo *adj.* 1 De Caldea, antigua región de Mesopotamia. ‖ *adj./m. y f.* 2 [persona] Que era de Caldea. ‖ *adj./m.* 3 Antigua lengua que se hablaba en la península de Anatolia.

caldera *f.* 1 Recipiente metálico dotado de una fuente de calor donde se calienta o hace hervir el agua, especialmente la que circula por los tubos y radiadores de la calefacción de un edificio. **caldera de vapor** Recipiente cerrado de metal donde se hierve agua hasta conseguir el vapor necesario para mover una máquina. 2 Vasija de metal con dos asas, grande y redonda para calentar o cocer algo.

calderero, -ra *m. y f.* Persona que hace, arregla o vende calderas.

calderilla *f.* Conjunto de monedas, generalmente de poco valor.

caldero *m.* Recipiente metálico redondo y con una sola asa móvil.

calderón *m.* 1 Signo ortográfico de párrafo. 2 MÚS. Signo que representa la suspensión del compás; colocado sobre una nota o pausa, indica que se puede prolongar.

caldo *m.* 1 Alimento líquido que resulta de cocer en agua carne, pescado o verdura. 2 Vino u otro jugo vegetal extraído directamente de un fruto. ▸ **caldo de cultivo** *a)* BIOL. Líquido preparado para el desarrollo y estudio de las bacterias y otros microorganismos. *b)* Lugar o ambiente adecuado para el desarrollo de una cosa. ▸ **poner a**

caldo Regañar a una persona, llegando incluso a insultarla.

caldoso, -sa *adj.* Que tiene mucho caldo.

calé *adj./com.* Miembro de una etnia o pueblo de origen hindú.

calefacción *f.* Conjunto de aparatos para calentar un lugar.

calefactor, -ra *adj.* 1 Que calienta. ‖ *m. y f.* 2 Persona que instala y arregla aparatos de calefacción. ‖ *m.* 3 Aparato eléctrico que calienta un lugar recogiendo aire del ambiente y despidiéndolo caliente.

caleidoscopio *m.* Calidoscopio.

calendario *m.* 1 Registro de todos los días del año ordenados por meses y por semanas, que normalmente incluye información sobre las fases de la Luna y sobre las festividades religiosas y civiles. 2 Sistema de división del tiempo por días, semanas, meses y años. **calendario escolar** Calendario que fija los días lectivos y festivos para profesores y estudiantes. **calendario laboral** Calendario que elabora la autoridad competente para fijar los días de trabajo y de fiesta durante el año. 3 Plan ordenado del conjunto de las actividades previstas durante un período.

caléndula *f.* Planta de jardín de flores compuestas, de color rojo o naranja.

calentador, -ra *adj.* 1 Que calienta. ‖ *m.* 2 Aparato que calienta el agua para usos domésticos. 3 Utensilio o recipiente para calentar. ‖ *m. pl.* 4 Medias sin pie para mantener calientes las piernas desde el tobillo hasta la rodilla.

calentamiento *m.* 1 Acción de calentar, dar calor. 2 Serie de ejercicios para desentumecer los músculos y entrar en calor antes de practicar un ejercicio o deporte.

calentar *tr./prnl.* 1 Dar calor a un cuerpo para hacer subir su temperatura. ‖ *tr./prnl.* 2 *coloquial* Enfadar o molestar a una persona. 3 *coloquial* Excitar o avivar el apetito sexual. ‖ *tr.* 4 *coloquial* Pegar o dar golpes a una persona. 5 Excitar o hacer que se levanten los ánimos o que se pierda la calma. ‖ *tr./intr.* 6 Hacer ejercicios para desentumecer los músculos y entrar en calor antes de practicar un ejercicio o deporte.

calentón *m.* Calentamiento brusco e intenso, especialmente de un motor.

calentura *f.* 1 Síntoma de enfermedad que consiste en la subida de la temperatura del cuerpo por encima de lo normal y el aumento del ritmo cardíaco y respiratorio. 2 Herida que se forma en los labios, generalmente a causa de la fiebre.

calenturiento, -ta *adj./m. y f.* 1 Que se excita y altera en exceso. 2 Que presenta síntomas de calentura.

calera *f.* Cantera de donde se saca piedra caliza.

calesa *f.* Coche de caballos de dos o cuatro ruedas con la caja abierta por delante y una cubierta o techo plegable.

caleta *f.* Cala marina pequeña.

caletre *m. coloquial* Talento, capacidad.

calibrador *m.* Instrumento que sirve para calibrar.

calibrar *tr.* 1 Medir el calibre o diámetro. 2 Dar a un objeto cilíndrico el calibre o diámetro que se desea. 3 Medir, estudiar con detalle la importancia o trascendencia de algo.

calibre *m.* 1 Diámetro interior de un objeto cilíndrico hueco, especialmente del cañón de un arma de fuego. 2 Diámetro de un proyectil o de un alambre. 3 Importancia o trascendencia de algo.

calidad *f.* 1 Propiedad o conjunto de propiedades inherentes a una cosa que permiten caracterizarla y valorarla como igual, mejor o peor que las restantes de su especie. 2 Carácter, genio, índole de una persona. ▸ **en calidad de** Que realiza la acción como, con la condición, función o cargo que se expresa.

cálido, -da *adj.* 1 Que produce calor. 2 Que es afectuoso, agradable o acogedor. 3 [color] Que pertenece a la escala del rojo y del amarillo o se basa en la mezcla de ambas.

calidoscopio *m.* Tubo con dos o tres espejos inclinados en su interior y varias piezas de colores en uno de sus extremos que se pueden ver por el otro formando distintas figuras simétricas a medida que se va girando el tubo.

calientaplatos *m.* Aparato para mantener calientes durante un tiempo los platos cocinados.

OBS El plural también es *calientaplatos*.

caliente *adj.* 1 Que tiene una temperatura alta. 2 Que es acalorado, vivo o apasionado. 3 *coloquial* Que es reciente. 4 [color] Que pertenece a la escala del rojo y del amarillo o se basa en la mezcla de ambas. 5 *coloquial* Que está excitado sexualmente.

califa *m.* Príncipe musulmán que, como sucesor de Mahoma, ejercía la suprema potestad civil y religiosa.

califal *adj.* De los califas.

califato *m.* 1 Cargo o dignidad de califa. 2

Territorio que gobernaba un califa. **3** Período histórico en el que hubo califas.

calificación *f.* **1** Acción de calificar. **2** Puntuación o nota obtenida en un examen.

calificado, -da *adj.* Que goza de autoridad, mérito y prestigio.

calificador, -ra *adj./m. y f.* Que califica.

calificar *tr.* **1** Valorar el grado de suficiencia o la no suficiencia de los conocimientos en un examen o ejercicio. **2** Expresar este grado con una palabra o puntuación de una escala establecida. **3** Atribuir a una persona o cosa determinada cualidad. **4** GRAM. Expresar un adjetivo la cualidad de un sustantivo.

calificativo, -va *adj.* **1** Que califica. ▌*m.* **2** Juicio o expresión de cualidades.

californiano, -na *adj.* **1** De California. ▌*adj./m. y f.* **2** [persona] Que es de California.

californio *m.* Elemento químico radiactivo artificial que se obtiene bombardeando el curio con partículas alfa.

caligrafía *f.* **1** Arte de escribir a mano con letra bella y correctamente formada. **2** Conjunto de rasgos de la escritura de un documento, persona o época.

caligrafiar *tr.* Escribir a mano con letra bella y correctamente formada.

caligráfico, -ca *adj.* De la caligrafía.

calígrafo, -fa *m. y f.* Persona que escribe a mano con letra bella y correctamente formada.

caligrama *m.* Composición poética en que la disposición tipográfica intenta representar el contenido del poema.

calima *f.* Neblina formada por vapor de agua o partículas de polvo en suspensión.

calimocho *m.* Bebida compuesta de vino tinto y un refresco con sabor a cola.

calina *f.* Calima.

cáliz *m.* **1** Recipiente sagrado que se utiliza para consagrar el vino en la misa. **2** Conjunto de amarguras, aflicciones o trabajos. **3** Cubierta exterior de la flor formada por hojas duras de color verde.

caliza *f.* Roca sedimentaria formada básicamente por carbonato de cal.

calizo, -za *adj.* Que tiene cal.

callar *intr./prnl.* **1** No hablar o no producir ningún sonido. **2** Dejar de hablar o de hacer ruido o producir un sonido. ▌*tr.* **3** No decir lo que se siente o se sabe.

calle *f.* **1** Vía pública de una población generalmente limitada por dos filas de edificios o solares. **2** En una población, lugar descubierto y fuera de cualquier edificio o local. **3** Camino o zona bordeada por dos líneas o hileras de cosas paralelas entre sí. **4** Conjunto de personas que constituye la parte mayoritaria de la sociedad. ▶ **hacer la calle** Buscar clientes en la vía pública una persona que se dedica a la prostitución. ▶ **llevar (o traer) por la calle de la amargura** Hacer sufrir mucho a una persona. ▶ **llevarse de calle** *coloquial a)* Ganarse con facilidad la admiración, simpatía o amor de los demás. *b)* Ganar o vencer con facilidad.

calleja *f.* Callejuela.

callejear *intr.* Andar por las calles sin dirección fija ni objetivo.

callejero, -ra *adj.* **1** De la calle. **2** Que gusta de estar fuera de casa. ▌*m.* **3** Lista o guía que contiene el nombre de las calles de una población; generalmente va acompañada de un plano para localizarlas.

callejón *m.* **1** Calle o paso largo y estrecho entre paredes, casas o elevaciones del terreno. **callejón sin salida** Asunto o problema de solución imposible. **2** Espacio entre la barrera y el muro en el que comienza el tendido de una plaza de toros.

callejuela *f.* Calle pequeña y estrecha.

callicida *m.* Sustancia para quitar los callos.

callista *com.* Persona que se dedica a quitar o curar los callos y otras enfermedades de los pies.

callo *m.* **1** Dureza que por roce o presión se forma en los pies o en las manos. **2** *coloquial* Persona muy fea. Tiene sentido despectivo. ▌*m. pl.* **3** Guiso hecho con trozos del estómago de la vaca y de otros animales.

callosidad *f.* Dureza más extensa y menos profunda que el callo.

calma *f.* **1** Tranquilidad, ausencia de agitación y nervios en la forma de actuar. **2** Ausencia de ruido y movimiento en un lugar. **3** Estado de la atmósfera cuando no hay viento y del mar cuando no hay olas. **4** Suspensión o reducción momentánea de una actividad.

calmante *adj./m.* [sustancia, fármaco] Que hace que desaparezcan o disminuyan los dolores o molestias.

calmar *tr./prnl.* **1** Sosegar, disminuir o hacer desaparecer la excitación nerviosa, un dolor, molestia, etc. **2** Disminuir o hacer desaparecer la fuerza, la intensidad o el ímpetu de algo.

calmo, -ma *adj.* Que no está agitado.

calmoso, -sa *adj.* Que actúa con calma.

caló *m.* Lenguaje de los gitanos españoles.

calor *m.* 1 Temperatura alta del ambiente. 2 Sensación de estar caliente que se experimenta al recibir los rayos del sol o al aproximarse o entrar en contacto con un cuerpo de temperatura más alta. 3 Sensación de estar caliente producida por una causa fisiológica o patológica. 4 FÍS. Energía que pasa de un cuerpo a otro con menos temperatura cuando están en contacto y hace que se equilibren sus temperaturas. 5 Afecto, sinceridad.

caloría *f.* 1 MED. Medida del contenido energético de los alimentos. 2 FÍS. Unidad de energía térmica equivalente a la cantidad de calor necesaria para elevar la temperatura de un gramo de agua en un grado centígrado.

calorífico, -ca *adj.* 1 Que produce calor. 2 Del calor.

calostro *f.* Primera leche que da la hembra después de parir.
OBS Se usa frecuentemente en plural.

calumnia *f.* Acusación falsa.

calumniador, -ra *adj./m. y f.* Que calumnia.

calumniar *tr.* Acusar falsamente a alguien con la intención de causarle daño.

caluroso, -sa *adj.* 1 Que siente calor o que lo produce. 2 Que tiene o muestra afecto y sinceridad.

calva *f.* 1 Parte de la cabeza de la que se ha caído el pelo. 2 Calvero.

calvario *m.* Sufrimiento intenso y prolongado o sucesión de males y desgracias.

calvero *m.* Zona o claro sin árboles en el interior de un bosque.

calvicie *f.* Falta de pelo en la cabeza.

calvinismo *m.* Doctrina religiosa protestante que tuvo su origen en las ideas del teólogo francés Calvino en el siglo XVI; se distingue por negar el libre albedrío y la presencia real de Cristo en la Eucaristía.

calvinista *adj.* 1 Del calvinismo. ‖ *adj./com.* 2 [persona] Que cree en esta doctrina.

calvo, -va *adj./m. y f.* [persona] Que ha perdido total o parcialmente el pelo de la cabeza.

calvorota *m.* 1 *coloquial* Hombre calvo. 2 *coloquial* Calva (parte de la cabeza sin pelo).

calzada *f.* 1 Parte de la calle o de la carretera destinada a la circulación de vehículos. 2 Camino ancho y empedrado.

calzado, -da *adj.* 1 Que lleva cubiertos los pies con zapatos, zapatillas, etc. ‖ *adj./m. y f.* 2 [religioso] Que pertenece a una orden en la que, por regla, se permite llevar los pies cubiertos. ‖ *m.* 3 Prenda de vestir que sirve para cubrir y resguardar el pie y a veces también parte de la pierna.

calzador *m.* Utensilio con forma acanalada para ayudar a meter el pie en el calzado.

calzar *tr./prnl.* 1 Cubrir el pie y a veces parte de la pierna con el calzado. 2 Llevar puestos o usar objetos que se adaptan al pie o a la mano. ‖ *tr.* 3 Proporcionar calzado. 4 Poner una cuña o calzo para inmovilizar una rueda o un mueble.

calzo *m.* Cuña que se pone entre el suelo y la rueda de un vehículo para inmovilizarlo o bajo la pata de algún mueble para afirmarlo e impedir que cojee.

calzón *m.* 1 Pantalón que llega hasta la mitad del muslo o hasta la rodilla. 2 ARG, CHILE, MÉX, PERÚ Prenda interior femenina que cubre desde la cintura hasta las ingles con aberturas para pasar las piernas.
OBS Se usa también en plural para hacer referencia a una sola de esas prendas.

calzonarias *f. pl.* BOL, COL, ECUAD Calzón (prenda interior).

calzonazos *m.* Hombre de carácter débil que se deja dominar con facilidad por otra persona, especialmente si es su mujer.
OBS El plural también es *calzonazos*.

calzoncillos *m. pl.* Prenda de ropa interior masculina que generalmente cubre desde la cintura hasta parte de los muslos.
OBS Se usa también en singular.

cama *f.* Mueble formado por una armazón sobre la que se ponen un colchón, almohadas y ropas apropiadas y que sirve para que duerman las personas. **cama nido** Cama compuesta por dos superficies que se guardan una bajo la otra formando un solo mueble. 2 Objeto que tiene forma parecida a ese mueble. 3 Lugar donde se echan los animales para descansar o dormir. 4 Plaza para un enfermo en un hospital o para un alumno en un internado.

camada *f.* Conjunto de las crías de ciertos mamíferos que nacen de una vez.

camafeo *m.* 1 Figura labrada en relieve en una piedra preciosa. 2 Piedra preciosa que tiene labrada una figura.

camaleón *m.* 1 Reptil de cuerpo comprimido, con cuatro patas cortas, cola retráctil y una lengua larga y pegajosa con la que atrapa a los insectos de los que se alimenta; su piel cambia de color adaptándose al del lugar en el que se encuentra. 2 Perso-

ˋ na que cambia de opinión o de actitud con facilidad y según le conviene.

camaleónico, -ca *adj.* 1 Del camaleón. 2 [persona] Que tiene gran capacidad para adaptarse a nuevas situaciones.

camalote *m.* AMÉR Planta acuática que crece en las orillas de ríos y lagunas, con el tallo largo y hueco, que flota y se desplaza con las corrientes.

cámara *f.* 1 Aparato para registrar imágenes estáticas o en movimiento. 2 Recinto o espacio cerrado por paredes. **cámara acorazada** Cámara con paredes de metal resistente que en los bancos se usa para guardar dinero u objetos de mucho valor. **cámara de gas** Recinto cerrado herméticamente que se llena de gases tóxicos para ejecutar a una o más personas. 3 Corporación u organismo que se ocupa de los asuntos públicos de una comunidad o propios de una actividad. 4 Órgano de un sistema político encargado de legislar. **Cámara Alta** Órgano de representación política de las distintas partes de un país. **Cámara Baja** Órgano que aprueba las leyes. 5 Espacio en el interior de un mecanismo. **cámara de combustión** Pieza hueca de un motor donde se mezcla y se quema el combustible a alta presión. 6 Cuerpo hueco de goma que está alojado en el interior de algunos objetos y que se infla con aire a presión. 7 Habitación o pieza de una casa que puede tener diversos empleos, especialmente de uso privado o restringido. | *com.* 8 Persona que se dedica al manejo de la cámara.

camarada *com.* 1 Compañero de partido o de ideas. 2 Compañero de la escuela o del trabajo con el que se tiene una relación de amistad y confianza.

camaradería *f.* Relación amistosa y cordial propia de buenos camaradas.

camarero, -ra *m. y f.* 1 Persona que sirve bebidas y comidas en un bar, restaurante, etc. 2 Persona que limpia y arregla las habitaciones en un establecimiento hotelero.

camarilla *f.* Conjunto de personas que influyen de forma extraoficial en los negocios de estado o en los actos y decisiones de una autoridad superior.

camarín *m.* 1 Capilla pequeña detrás de un altar en la que se venera una imagen. 2 Habitación en la iglesia donde se guardan las alhajas y vestidos de una imagen.

camarón *m.* Crustáceo marino comestible, más pequeño que la gamba.

camarote *m.* Habitación pequeña de un barco con una o más camas.

camastro *n. m.* Cama pobre, de mal aspecto y muy incómoda.

cambalache *m.* Trueque o intercambio de cosas de poco valor.

cambiar [12] *tr.* 1 Modificar una cosa para convertirla en algo distinto u opuesto. 2 Dar una cosa a cambio de otra. | *tr./intr.* 3 Poner de manera distinta de como era o estaba. 4 Sustituir una cosa por otra. 5 Hacer que una persona o cosa pase a ocupar otro sitio. | *tr.* 6 Intercambiar ideas, palabras, miradas o risas. 7 Dar o tomar valores o monedas por sus equivalentes. | *prnl.* 8 Quitarse una ropa y ponerse otra distinta.

cambiazo Palabra que se utiliza en la locución *dar el cambiazo* y que significa 'cambio o sustitución de una cosa por otra mediante engaño'.

cambio *m.* 1 Acción de cambiar. 2 Efecto de cambiar. 3 Dinero o valores que se dan en equivalencia de otros. 4 Valor relativo de la moneda de un país en relación con la de otro. 5 Mecanismo de un vehículo que sirve para pasar de una velocidad a otra. 6 ECON. Conjunto de medios de que se vale la sociedad para facilitar la distribución de productos entre sus miembros. ▸ **a cambio** o **a cambio de** En lugar de algo, cambiando una cosa por otra. ▸ **en cambio** Por el contrario.

cambista *com.* Persona que cambia, especialmente moneda.

camboyano, -na *adj.* 1 De Camboya. | *adj./m. y f.* 2 [persona] Que es de Camboya. | *m.* 3 Lengua hablada oficialmente en este país.

cámbrico, -ca *adj./m.* GEOL. Del primero de los períodos de la era primaria o en relación con los terrenos que en él se formaron.

camelar *tr.* 1 Intentar enamorar a una persona tratándola de manera delicada y agradable. 2 Ganar la voluntad de una persona con falsas promesas.

camelia *f.* 1 Flor de jardín de color blanco, rojo o rosado. 2 Arbusto procedente de Oriente que produce esta flor.

camello, -lla *m. y f.* 1 Mamífero rumiante de cuello largo y arqueado, cabeza pequeña y cuerpo voluminoso con dos jorobas de grasa que le permiten resistir mucho tiempo sin alimento ni agua en climas secos. | *m.* 2 Persona que vende droga en pequeñas cantidades.

camelo *m.* Cosa o noticia que se hace pasar por buena o verdadera sin serlo.

camembert *m.* Queso blando y recubierto por una capa de moho elaborado con leche de vaca.

OBS Es de origen francés y se pronuncia aproximadamente 'cámember'.

cameo m. Aparición breve de una persona famosa en una película o una serie de televisión.

camerino m. Aposento individual o colectivo de los teatros que sirve para que los artistas se vistan y arreglen para actuar.

camicace m. 1 Avión japonés cargado de explosivos que en la segunda guerra mundial se estrellaba intencionadamente contra los objetivos enemigos. 2 Piloto suicida de este avión. ‖ com. 3 Persona que es muy temeraria y arriesgada.

OBS También se escribe *kamikaze*.

camilla f. 1 Cama portátil para transportar enfermos y heridos. 2 Mesa redonda con una tarima para colocar un brasero y cubierta con una tela para guardar el calor.

camillero, -ra m. y f. Persona que transporta la camilla.

camilucho, -cha adj./m. y f. AMÉR [indio, gaucho] Que trabaja como jornalero.

caminante adj./com. Que camina.

caminar intr. 1 Moverse o trasladarse de un lugar a otro dando pasos. 2 Continuar o seguir su curso o movimiento las cosas. ‖ tr. 3 Recorrer una distancia a pie.

caminata f. Recorrido o paseo largo a pie.

camino m. 1 Franja de terreno más o menos ancha utilizada para ir por ella de un lugar a otro, especialmente la que es de tierra apisonada y sin asfaltar. 2 Acción que consiste en recorrer el espacio que hay entre dos puntos. 3 Recorrido que se hace para ir de un lugar a otro. 4 Procedimiento o medio que sirve para hacer o conseguir una cosa. ▸ **abrir** (o **abrirse**) **camino** Ir venciendo dificultades para conseguir lo que una persona se propone. ▸ **de camino** De paso, al ir a otra parte o al tratar de otro asunto diferente al que se está hablando. ▸ **ponerse en camino** Emprender un viaje.

camión m. 1 Vehículo automóvil grande y potente, de cuatro o más ruedas, destinado al transporte de cargas pesadas. **camión cisterna** Camión destinado al transporte de fluidos. 2 MÉX, VEN Autobús (vehículo de transporte de pasajeros).

camionero, -ra m. y f. Persona que conduce camiones.

camioneta f. Vehículo automóvil de menor tamaño que el camión destinado al transporte de mercancías.

camisa f. 1 Prenda de vestir que cubre el cuerpo desde el cuello hasta más abajo de la cintura y se abre de arriba abajo por delante. **camisa de fuerza** Prenda de tela fuerte abierta por detrás y con mangas cerradas por sus extremos que sirve para inmovilizar a una persona que sufre una fuerte agitación o un ataque de agresividad. 2 Piel seca que se desprende periódicamente de la serpiente y otros reptiles. ▸ **cambiar de camisa** Cambiar interesadamente de ideas o de partido. ▸ **meterse en camisa de once varas** *coloquial* Ocuparse una persona de cosas difíciles que no le incumben o que no será capaz de realizar.

camisero, -ra adj. 1 De la camisa. ‖ m. y f. 2 Persona que fabrica o vende camisas.

camiseta f. Prenda de vestir o deportiva, generalmente sin cuello o de punto que se pone directamente sobre el cuerpo cubriéndolo hasta más abajo de la cintura.

camisola f. 1 Camisa larga y fina que se lleva por fuera. 2 Camiseta deportiva.

camisón m. Prenda de vestir de una sola pieza, generalmente femenina, que se usa para dormir y cubre desde el cuello hasta una altura variable de las piernas.

camomila f. 1 Planta con tallos débiles, hojas abundantes y flores olorosas con el centro amarillo rodeado de pétalos blancos. 2 Flor de esta planta.

camorra f. Riña o enfrentamiento ruidoso y violento entre dos o más personas.

camorrista adj./com. Que arma camorra por cualquier causa.

campal adj. 1 [batalla, lucha] Que ocurre fuera de un poblado. 2 [pelea, discusión] Que es muy violenta o salvaje.

campamento m. 1 Lugar al aire libre acondicionado para que acampen en él viajeros, turistas y personas en vacaciones. 2 Lugar donde se establecen temporalmente las fuerzas de un ejército.

campana f. Instrumento metálico, generalmente de bronce, en forma de copa invertida, que suena al ser golpeado por el badajo que cuelga en su interior o por un martillo exterior. ▸ **doblar las campanas** Hacer sonar las campanas de la manera establecida para indicar la muerte de alguien. ▸ **echar las campanas al vuelo** Contar a la gente con júbilo una noticia favorable.

campanada f. 1 Sonido que produce un golpe de badajo en la campana. 2 Noticia que provoca sorpresa o escándalo.

campanario m. Torre o armazón donde se colocan las campanas.

campanero, -ra m. y f. 1 Persona que tie-

ne por oficio vaciar y fundir las campanas.
2 Persona que tiene por oficio tocar o tañer las campanas. **3** Persona que, sin un
motivo justificado, deja de asistir a clase.

campaniforme *adj.* Que tiene forma de
campana.

campanilla *f.* **1** Campana pequeña que se
hace sonar con una mano y suele estar
provista de un mango. **2** ANAT. Masa de
tejido muscular que cuelga del velo del
paladar. **3** Flor de la corola en forma de
campana.

campanillero *m.* Miembro de un grupo
que en algunos pueblos andaluces canta
canciones de carácter religioso con acompañamiento de campanillas.

campante Palabra que se utiliza en la expresión coloquial *tan campante*, que significa: *a*) 'Que está tranquilo y despreocupado'. *b*) 'Que está orgulloso o satisfecho
de sí mismo'.

campaña *f.* **1** Conjunto de actividades o
de esfuerzos que se realizan durante cierto tiempo y están encaminados a conseguir un fin. **2** Conjunto de acciones militares ofensivas y defensivas.

campar *intr.* Sobresalir o destacar una persona o cosa entre otras. ▶ **campar por sus
respetos** Actuar con independencia, sin
someterse a las normas.

campear *intr.* **1** Andar por el campo. **2**
Campar.

campechano, -na *adj.* [persona] Que es
sencillo y cordial y no gusta de formulis-
mos y ceremonias en el trato.

campeón, -ona *adj./m. y f.* Que gana o
vence en una competición.

campeonato *m.* **1** Competición en la que
se disputa un premio y el título de campeón, especialmente en ciertos juegos o
deportes. **2** Victoria o triunfo que se consigue en dicha competición. ▶ **de campeonato** *coloquial* Extraordinario, muy grande o muy bueno.

campero, -ra *adj.* Del campo.

campera *f.* ARG, CHILE, URUG Prenda deportiva de abrigo abierta por delante que llega
hasta la cintura.

campesinado *m.* **1** Conjunto de los campesinos de un lugar. **2** Clase social que
forman los campesinos.

campesino, -na *adj.* **1** Del campo.
║ *adj./m. y f.* **2** Que vive y trabaja en el
campo.

campestre *adj.* Del campo.

camping o **campin** *m.* **1** Lugar al aire libre, acondicionado para que acampen en él

viajeros, turistas y personas en vacaciones.
2 Actividad que consiste en vivir al aire libre, durmiendo en tiendas de campaña.

OBS Es de origen inglés y se pronuncia
aproximadamente 'campin'. El plural es
campings.

campiña *f.* Espacio grande de tierra llana
dedicada al cultivo.

campista *com.* Persona que practica el
camping o está acampada.

campo *m.* **1** Terreno que está fuera de los
núcleos de población. **2** Terreno o conjunto de terrenos que se cultivan. **3** Agrupación de tierras, poblaciones rurales y
formas de vida agrarias, en contraposición a ciudad. **4** Terreno generalmente
llano y limitado que se dedica a un uso
determinado o en el que se desarrolla una
actividad. **campo de batalla** Lugar en el
que luchan dos ejércitos. **campo de concentración** Lugar en el que se recluye a
prisioneros de guerra y a otras personas
por motivos políticos. **campo santo** Cementerio de los católicos. También se escribe *camposanto*. **5** Espacio donde se
desarrolla un deporte. **6** Materia de estudio o parcela del conocimiento. **7** Espacio
en el que se manifiesta una fuerza o un
fenómeno físico.

camposanto *m.* Campo santo.

campus *m.* Conjunto de terrenos y edificios de una universidad.

OBS El plural también es *campus*.

camuflaje *m.* **1** Acción de camuflar. **2**
Efecto de camuflar.

camuflar *tr.* **1** Disimular la presencia de
tropas o material de guerra dándoles una
apariencia engañosa para confundir al
enemigo. **2** Ocultar o esconder alguna
cosa dándole una apariencia engañosa.

can *m.* Perro, animal doméstico.

cana *f.* Pelo que se ha vuelto blanco.
▶ **echar una cana al aire** Salirse ocasionalmente una persona de la vida normal y
permitirse una diversión.

canadiense *adj.* **1** De Canadá. ║ *adj./com.*
2 [persona] Que es de Canadá.

canal *amb.* **1** Conducto o cauce artificial de
agua. Se usa normalmente como masculi-
no. **2** Teja fina y muy combada que se usa
para formar en los tejados los conductos
de desagüe. Se usa normalmente como
femenino. **3** Cada conducto del tejado formado con estas tejas. Se usa normalmente
como femenino. **4** Conducto del cuerpo.
Se usa normalmente como masculino. **5**
Conducto o vía natural por donde se mue-

ven los gases o los líquidos en el interior de la tierra. Se usa normalmente como masculino. ‖ *m.* **6** Vía de comunicación. **7** Banda de frecuencias por la que se emiten las ondas de la radio y la televisión. **8** Paso natural o artificial por el que se comunican dos mares. ▸ **abrir en canal** Cortar o rasgar un cuerpo de arriba abajo.

canalización *f.* **1** Acción de canalizar. **2** Efecto de canalizar.

canalizar [4] *tr.* **1** Construir canales, generalmente para conducir gases o líquidos. **2** Conducir gases o líquidos a través de canales. **3** Regularizar el cauce de un río o arroyo. **4** Orientar o encauzar actividades, iniciativas o corrientes de opinión en una dirección o hacia un fin determinado.

canalla *com.* Persona despreciable y de comportamiento malvado.

canallada *f.* Obra o dicho de canalla.

canalón *m.* Conducto que recibe el agua de los tejados y la conduce a tierra.

canana *f.* Cinturón para llevar cartuchos.

cananeo, -nea *adj.* **1** Relativo a Canaán, antigua región del suroeste de Asia. ‖ *adj./m. y f.* **2** [persona] Que era de Canaán. ‖ *m./adj.* **3** Antigua lengua semítica que se hablaba en esta región. ‖ *adj.* **4** Que tiene relación con esta antigua lengua. ‖ *adj./m.* **5** [lengua] Que deriva del antiguo cananeo.

canapé *m.* **1** Rebanada pequeña de pan sobre la que se coloca un alimento. **2** Mueble alargado y blando, con brazos y respaldo o sin ellos, para sentarse o tenderse. **3** Soporte rígido y acolchado sobre el que se coloca el colchón.

canario, -ria *adj.* **1** De las islas Canarias. ‖ *adj./m. y f.* **2** [persona] Que es de las islas Canarias. ‖ *m. y f.* **3** Pájaro de plumaje amarillo, verdoso o casi blanco, muy apreciado por su canto. ‖ *m.* **4** GRAM. Variedad del español hablada en las islas Canarias.

canasta *f.* **1** Cesto de mimbre u otro material flexible de boca ancha y con dos asas. **2** Aro metálico, sujeto horizontalmente a un tablero vertical, del que cuelga una red sin fondo y por el que hay que pasar la pelota en el baloncesto. **3** Tanto conseguido al introducir la pelota por este aro.

canastilla *f.* **1** Cesta pequeña de mimbre u otro material flexible. **2** Conjunto de ropa necesaria para el niño que va a nacer.

canasto *m.* Canasta alta y de boca estrecha con dos asas.

cáncamo *m.* Tornillo que tiene una anilla en uno de los extremos.

cancán *m.* Baile de origen francés de ritmo rápido, en el que se levantan las piernas hasta la altura de la cabeza.

cancela *f.* Verja pequeña en la entrada de algunas casas para impedir el paso directo desde la calle al patio o jardín.

cancelación *f.* **1** Acción de cancelar. **2** Efecto de cancelar.

cancelar *tr.* **1** Dejar sin efecto o valor una cosa, especialmente una obligación legal y el documento donde consta. **2** Suspender, decidir no hacer lo que se tenía previsto. **3** Saldar una deuda o cuenta.

cáncer *m.* **1** Crecimiento anormal de las células que forman el tejido de una parte del organismo. **2** Lo que destruye o daña gravemente y es difícil de combatir o frenar. ‖ *adj./com.* **3** [persona] Que ha nacido entre el 22 de junio y el 22 de julio, tiempo en que el Sol recorre aparentemente Cáncer, cuarto signo del Zodíaco.

cancerbero *m.* **1** Perro mitológico de tres cabezas que guardaba la puerta de los infiernos. **2** Portero de un equipo de fútbol.

cancerígeno, -na *adj.* Que produce cáncer.

canceroso, -sa *adj.* **1** Que presenta las características del cáncer. **2** [persona] Que padece cáncer.

cancha *f.* **1** Local o recinto destinado a la práctica de determinados deportes. **2** Terreno de juego en ciertos deportes. **3** AMÉR Terreno, espacio o local llano y desembarazado.

cancilla *f.* Puerta de barras que cierra una verja o cercado de un jardín, huerto, etc.

canciller *com.* **1** Jefe o presidente del gobierno en algunos estados europeos. **2** Ministro de Asuntos Exteriores de ciertos países. **3** Empleado auxiliar de una embajada o consulado.

OBS La forma aceptada del femenino es *la canciller*, pero es cada vez más habitual el uso de la forma *la cancillera*.

cancillería *f.* **1** Cargo u oficio de canciller. **2** Oficina o departamento especial de las embajadas, consulados y otras representaciones diplomáticas. **3** Centro diplomático desde el cual se dirige la política exterior de un país.

canción *f.* **1** Composición, generalmente en verso, a la que se le pone música para ser cantada. **2** Música que se pone a esta composición. **3** Cosa que se repite con insistencia.

cancionero *m.* Colección de canciones y poemas de uno o varios autores.

candado *m.* Cerradura suelta que consiste en una caja metálica de la que sobresale un gancho movible; este se fija al cerrarlo mediante presión.

candeal *adj./m.* **1** [trigo] Que tiene la espiga cuadrada y da una harina muy blanca y de buena calidad. **2** [pan] Que ha sido hecho con harina de este trigo.

candela *f.* **1** Vela para alumbrar. **2** Luz y calor que se desprenden al quemarse una cosa. **3** Materia combustible encendida. **4** Fís. Unidad de intensidad luminosa en el Sistema Internacional de unidades.

candelabro *m.* Candelero con dos o más brazos.

candelero *m.* Utensilio consistente en un cilindro hueco unido a un pie, que sirve para sujetar y mantener derecha una vela. ▶ **en el candelero** Que disfruta en un determinado momento de mucha fama, éxito o autoridad.

candente *adj.* **1** [cuerpo metálico] Que está enrojecido por el fuego. **2** Que es de máxima actualidad e interesa mucho.

candidato, -ta *m. y f.* **1** Persona que solicita y pretende un cargo, premio o distinción. **2** Persona propuesta para un cargo, premio o distinción.

candidatura *f.* **1** Solicitud o aspiración a un cargo, a un premio o a una distinción. **2** Lista de candidatos que un partido presenta en unas elecciones.

candidez *f.* Cualidad de cándido.

cándido, -da *adj./m. y f.* [persona] Que está falto de malicia, astucia o doblez.

candil *m.* Utensilio para alumbrar formado por un recipiente lleno de aceite, una mecha sumergida y un gancho para colgarlo.

candileja *f.* **1** Vaso pequeño en que se colocan una o más mechas. ▌ *f. pl.* **2** Fila de luces que hay en la parte del escenario del teatro más próxima al público.

candonga *f.* COL Pendiente, joya.

candor *m.* Sinceridad, sencillez, ingenuidad o falta de doblez al obrar.

candoroso, sa *adj.* Que tiene candor.

canela *f.* Segunda corteza de las ramas del canelo, olorosa y de sabor agradable, que se emplea como condimento. ▶ **ser canela fina** o **canela en rama** Indica que una persona, animal o cosa es de mucha calidad o que gusta mucho.

canelo, -la *adj.* **1** De color marrón claro, como el de la canela. ▌ *m.* **2** Árbol tropical de corteza aromática.

canelón *m.* **1** Pasta alimenticia en forma de rollo con un relleno de carne picada,

pescado o verdura. **2** Canal o conducto que recoge el agua de los tejados.

canesú *m.* Pieza superior de un vestido o de una camisa a la que se unen el cuello, las mangas y el resto de la prenda.

OBS El plural es *canesús.*

cangrejo *m.* Crustáceo marino o de río con el cuerpo cubierto por un caparazón y cinco pares de patas; las patas delanteras tienen forma de pinzas.

canguelo *m.* *coloquial* Miedo muy grande.

canguro *m.* **1** Animal mamífero herbívoro con las patas posteriores muy desarrolladas y una robusta cola; la hembra tiene una bolsa en el vientre donde lleva a sus crías. ▌ *com.* **2** Persona que cuida niños a domicilio en ausencias cortas de los padres y cobra por ello.

caníbal *adj./com.* [persona] Que come carne humana.

canibalismo *m.* Antropofagia.

canica *f.* **1** Bola pequeña de materia dura, generalmente de vidrio, para jugar. ▌ *f.* **2** Juego de niños en el que hacer rodar estas bolitas y meterlas en un agujero, según ciertas reglas.

caniche *m.* [perro] Que pertenece a una raza de tamaño pequeño y de pelo rizado y lanoso.

canícula *f.* Período del año en que es más fuerte el calor.

canicular *adj.* De la canícula.

cánido *adj./m.* **1** [animal] Que pertenece a la familia de los cánidos. ▌ *m. pl.* **2** ZOOL. Familia de animales mamíferos carnívoros, de cabeza pequeña, orejas grandes y cuerpo esbelto.

canijo, -ja *adj./m. y f.* [ser vivo] Que es muy delgado o débil.

canilla *f.* **1** Parte más delgada de la pierna de una persona. **2** Carrete metálico en el que se enrolla el hilo en las máquinas de coser.

canino, -na *adj.* **1** Del perro. **2** Que tiene parecido con el perro. ▌ *m.* **3** Diente puntiagudo y fuerte situado entre los dientes incisivos y las muelas.

canjeable *adj.* Que se puede canjear.

canjear *tr.* Intercambiar o dar una cosa a cambio de otra.

cano, -na *adj.* Que tiene canas.

canoa *f.* **1** Embarcación pequeña, estrecha y alargada, con las partes delantera y trasera acabadas en punta, que navega sin timón, a remo o con motor. **2** AMÉR Canal para conducir agua. **3** CHILE Canal del tejado.

canódromo *m.* Instalación preparada para celebrar carreras de galgos.

canon *m.* 1 Norma, regla o precepto, especialmente los establecidos por la costumbre. 2 Modelo que reúne las características perfectas en su especie. 3 Cantidad de dinero que se paga, especialmente al Estado, por disfrutar o usar una cosa. 4 Parte de la misa. 5 MÚS. Composición musical en la que van entrando las voces sucesivamente, repitiendo cada una el canto de la anterior.

canónico, -ca *adj.* Que se ajusta a las características de un canon.

canónigo *m.* 1 Sacerdote de la Iglesia católica que forma parte del cabildo de una catedral. 2 Planta herbácea de hojas redondeadas que se consume, sobre todo, cruda en ensaladas.

canonizar [4] *tr.* Declarar el Papa oficialmente santa a una persona y autorizar su culto en toda la Iglesia católica.

canoro, -ra *adj.* [ave, pájaro] Que tiene un canto agradable y melodioso.

canoso, -sa *adj.* Que tiene canas.

canotier *m.* Sombrero de paja de copa plana y corta y ala recta.

OBS Es de origen francés y se pronuncia aproximadamente 'canotié'.

cansado, -da *adj.* 1 Que produce cansancio o fatiga. 2 Que sufre cansancio.

cansancio *m.* 1 Debilidad o falta de fuerza. 2 Aburrimiento, desagrado o hastío.

cansar *tr./prnl.* 1 Experimentar pérdida de las fuerzas o sensación de debilidad, generalmente a causa de un esfuerzo o un trabajo. 2 Molestar, aburrir o resultar desagradable una persona o cosa.

cansino, -na *adj.* 1 Que muestra o aparenta cansancio. 2 Que molesta o fastidia por aburrido o insistente.

cantable *adj.* 1 Que es apto para ser cantado. 2 MÚS. Parte del libreto de una zarzuela escrita en verso.

cantábrico, -ca *adj.* 1 De Cantabria. 2 De la cordillera Cantábrica o del mar Cantábrico.

cántabro, -bra *adj.* 1 De Cantabria. *adj./m. y f.* 2 [persona] Que es de Cantabria.

cantamañanas *com.* Persona informal, irresponsable y que no merece crédito.

OBS El plural también es *cantamañanas*.

cantante *com.* Persona que se dedica a cantar por profesión.

cantaor, -ra *m. y f.* Cantante de flamenco.

cantar *intr./tr.* 1 Formar una persona con su voz sonidos melodiosos y variados. *intr.* 2 Emitir su voz los pájaros y el gallo. 3 Emitir sonidos estridentes algunos insectos. 4 *coloquial* Confesar o revelar lo secreto. 5 *coloquial* Despedir un olor fuerte y desagradable. *tr.* 6 Anunciar en voz alta una jugada que permite añadir puntos en ciertos juegos. 7 Alabar y decir cosas buenas. *m.* 8 Poema popular que se puede adaptar a una música. 9 Poema medieval de carácter popular y narrativo transmitido oralmente por los juglares.

cántara *f.* 1 Antigua medida para líquidos equivalente a 16,13 litros. 2 Cántaro.

cantarín, -rina *adj.* 1 [sonido] Que es delicado y agradable. 2 *coloquial* [persona] Que es aficionado a cantar.

cántaro *m.* Vasija grande, generalmente de barro o metal, de boca y pie estrechos, que suele usarse para contener y transportar líquidos. ▸ **llover a cántaros** Llover en abundancia y con fuerza.

cantata *f.* 1 Composición poética de cierta extensión escrita para ser cantada. 2 MÚS. Composición musical para coro y orquesta.

cantautor, -ra *m. y f.* Cantante, generalmente solista, que suele interpretar las canciones por él compuestas.

cante *m.* 1 Canto o composición en verso acompañada de música, especialmente la popular andaluza o con características semejantes. **cante flamenco** Cante que combina elementos andaluces, árabes y gitanos. 2 *coloquial* Olor fuerte y desagradable. 3 Jugada que permite añadir puntos en ciertos juegos de cartas. 4 Error grave.

cantera *f.* 1 Lugar de donde se extrae piedra. 2 Lugar u organismo donde se forma a personas para una determinada actividad profesional.

cantero *m.* 1 Persona que se dedica a extraer la piedra de las canteras o a labrarla para las construcciones. 2 Extremo de una cosa que puede partirse con facilidad. 3 AMÉR. Espacio delimitado para flores y plantas en un jardín, parque o avenida.

cántico *m.* Composición poética que se puede adaptar a una música, generalmente de carácter religioso.

cantidad *f.* 1 Propiedad de lo que puede ser contado o medido. 2 Número indeterminado de unidades, tamaño o proporción de una cosa. 3 Suma de dinero. 4 Gran número o abundancia de personas o de cosas. *adv.* 5 *coloquial* Mucho.

cantiga o **cántiga** *f.* Composición poética medieval compuesta para ser cantada.

cantilena *f.* 1 Composición poética breve escrita para ser cantada. 2 Repetición molesta y poco oportuna de una cosa.

cantimplora *f.* Recipiente con forma de botella aplanada para llevar agua en viajes y excursiones.

cantina *f.* Establecimiento público en el que se sirven bebidas y algunas comidas y que generalmente forma parte de una instalación mayor.

cantinela *f.* Cantilena.

cantinero, -ra *m. y f.* Propietario de una cantina o persona que trabaja en ella.

canto *m.* 1 Emisión de sonidos armoniosos o rítmicos por parte de una persona. 2 Arte de cantar o emitir sonidos armoniosos con la voz humana. 3 Emisión de sonidos armoniosos o rítmicos por parte de un animal. **canto del cisne** Última obra escrita o representada por una persona. 4 Emisión de sonidos estridentes por parte de algunos insectos. 5 Alabanza y ensalzamiento para destacar una virtud. 6 Composición poética, especialmente si tiene un tono elevado o solemne. 7 Cada una de las partes en que generalmente se divide un poema épico. 8 Borde o filo que limita la forma de un objeto delgado. 9 Trozo de piedra. **canto rodado** Trozo de piedra liso y de forma redondeada. ► **al canto** Expresión que indica un resultado esperado e inmediato. ► **darse con un canto en los dientes** Darse uno por contento con un resultado no muy favorable porque se esperaba que fuera peor. ► **de canto** De lado. ► **el canto de un duro** *coloquial* Muy poco.

cantón *m.* División administrativa y territorial de algunos países que está dotada de cierta autonomía política.

cantonal *adj.* Del cantón.

cantonalismo *m.* Sistema político que defiende la partición de lo estados en cantones.

cantonalista *adj.* 1 Del cantonalismo. ‖ *adj./com.* 2 Que es partidario del cantonalismo.

cantonera *f.* Pieza que se pone en las esquinas de las tapas de un libro, un mueble u otra cosa para reforzarlo o adornarlo.

cantor, -ra *adj.* 1 [pájaro] Que puede emitir sonidos melodiosos y variados. ‖ *adj./ m. y f.* 2 [persona] Que sabe cantar o se dedica a cantar por profesión.

cantoral *m.* Libro grande que contiene la letra y la música de los himnos religiosos.

canturrear *intr.* Cantar a media voz.

canturreo *m.* Canto a media voz.

cánula *f.* 1 Tubo pequeño que se emplea en medicina para evacuar o introducir líquidos en el cuerpo. 2 Extremo de las jeringas donde se coloca la aguja.

canutas Palabra que se utiliza en la expresión coloquial *pasarlas canutas,* que significa 'encontrarse en una situación muy apurada y difícil'.

canutillo *m.* 1 Hilo de oro o plata rizado para bordar. 2 Tubo pequeño de vidrio usado en trabajos de pasamanería.

canuto *m.* 1 Tubo estrecho, abierto por los dos extremos o cerrado por uno de ellos y con una tapa en el otro. 2 *coloquial* Cigarrillo de hachís, marihuana u otra droga.

caña *f.* 1 Tallo hueco y dividido en segmentos por nudos de algunas plantas gramíneas. 2 Planta gramínea propia de lugares húmedos, con tallos huecos y nudosos. **caña de azúcar** Caña que tiene el tallo lleno de un tejido esponjoso y dulce del que se extrae el azúcar. 3 Vaso pequeño de cerveza. 4 Hueso alargado, generalmente de los brazos y las piernas. ► **caña de pescar** Vara alargada y flexible para pescar que tiene un hilo del que pende un anzuelo. ► **dar (o meter) caña** *a)* Aumentar la velocidad o la intensidad. *b)* Golpear o pegar.

cañada *f.* 1 Camino por el que pasa el ganado trashumante. 2 Paso entre dos alturas poco distantes.

cañamazo *m.* 1 Tela tosca de cáñamo. 2 Tejido con los hilos muy separados que se usa para bordar con seda o lana.

cáñamo *m.* 1 Planta de tallo recto y hojas opuestas y divididas, que se cultiva para sacar su fibra y sus semillas. 2 Fibra del tallo de esta planta que se usa para hacer cuerdas y otros objetos.

cañamón *m.* Semilla del cáñamo.

cañaveral *m.* Terreno poblado de cañas.

cañería *f.* Conducto formado por caños para distribuir el agua o el gas.

cañí *adj./com.* De raza gitana.

OBS El plural es *cañís.*

cañizal *m.* Cañaveral.

cañizo *m.* Tejido hecho con cañas.

caño *m.* 1 Tubo de una fuente por donde sale agua. 2 Tubo corto que forma con otros las tuberías para conducir líquidos o gases.

cañón *m.* 1 Arma de artillería que dispara proyectiles de gran calibre. 2 Tubo alargado y estrecho de las armas de fuego por donde sale el proyectil. 3 Pieza alargada en forma de tubo por donde sale el humo de chimeneas, cocinas y estufas. **4** Parte inferior de las plumas de los pájaros. **5** Foco potente que ilumina la figura con un círculo. **6** Paso estrecho o garganta profunda entre dos montañas.

cañonazo *m.* **1** Disparo de cañón. **2** Marca o señal provocada por este disparo.

cañonero, -ra *adj./m. y f.* **1** [embarcación] Que va armado con uno o varios cañones. ‖ *m. y f.* **2** *coloquial* Jugador deportivo que posee un potente disparo.

caoba *f.* **1** Árbol de tronco recto y grueso, hojas compuestas y flores pequeñas y blancas cuya madera es muy apreciada en ebanistería. **2** Madera de este árbol de color rojo oscuro. ‖ *adj./m.* **3** [color] Que es rojo oscuro.

caolín *m.* Arcilla blanca muy pura usada para fabricar objetos de porcelana.

caos *m.* **1** Desorden o confusión muy grandes. **2** Estado amorfo e indefinido de la materia, previo a la formación del universo.
OBS El plural también es *caos*.

caótico, ca *adj.* Que está muy desordenado y confuso.

capa *f.* **1** Prenda de vestir larga y suelta, sin mangas y abierta por delante, que se lleva sobre los hombros y encima de la ropa. **2** Pieza de tela grande y con colores vivos que se usa para torear. **3** Porción de una materia que cubre una cosa o se extiende sobre ella de manera uniforme. **4** Zona o parte extendida por encima o por debajo de otra u otras con las que constituye un todo. **5** Grupo o estrato social constituido por personas de nivel económico y cultural semejante. ▸ **de capa caída** Que está en decadencia. ▸ **hacer de su capa un sayo** Obrar alguien con total libertad en los asuntos que solo a él le afectan.

capacho *m.* Espuerta de juncos o de mimbre con dos asas para transportar fruta.

capacidad *f.* **1** Posibilidad de que una cosa contenga otra u otras. **2** Conjunto de condiciones intelectuales para el cumplimiento de una función.

capacitación *f.* Preparación de una persona para que sea capaz de hacer algo.

capacitar *tr./prnl.* Preparar a una persona para hacerla capaz de hacer algo.

capar *tr.* Extirpar o inutilizar los órganos genitales.

caparazón *m.* **1** Cubierta dura que protege el cuerpo de ciertos animales. **2** Cubierta con que se tapa o protege algo.

capataz, -za *m. y f.* **1** Persona que dirige y vigila a un grupo de trabajadores. **2** Encargado de una finca, hacienda o explotación agrícola.

capaz *adj.* **1** Que tiene capacidad. **2** [lugar, recipiente] Que es grande, espacioso.

capazo *m.* **1** Cesta flexible de palma o esparto, más ancha por arriba que por abajo y con dos asas. **2** Recipiente alargado y con asas, acondicionado en su interior como cuna y que puede encajarse en un armazón con ruedas para facilitar su desplazamiento.

capcioso, -sa *adj.* **1** [doctrina, palabra] Que es falso o engañoso. **2** [pregunta, razonamiento] Que se hace con habilidad para conseguir que el interlocutor dé una respuesta que pueda comprometerlo.

capea *f.* Festejo taurino en el que se lidian becerros o novillos por aficionados.

capear *tr.* **1** Torear con la capa a una res. **2** Entretener a alguien con engaños y evasivas para no cumplir con una obligación o promesa. **3** Eludir hábilmente alguna dificultad, compromiso, etc. **4** Hacer frente una embarcación al mal tiempo.

capellán *m.* Sacerdote de una capilla u oratorio privado.

capelo *m.* **1** Sombrero rojo con ala plana de los cardenales. **2** Dignidad de cardenal.

caperuza *f.* Capucha.

capicúa *adj./m.* [número, palabra, frase] Que se lee igual de izquierda a derecha que de derecha a izquierda.

capilar *adj.* **1** Del cabello. **2** [tubo] Que tiene un diámetro interior semejante al grosor de un pelo. ‖ *m.* **3** ANAT. Vaso sanguíneo muy fino que enlaza las venas con las arterias.

capilla *f.* **1** Iglesia pequeña con un solo altar, especialmente la instalada en una casa particular. **capilla ardiente** Lugar en que se coloca al difunto para velarlo. **2** Parte de una iglesia que tiene altar o en la que se venera una imagen. **3** *coloquial* Pequeño grupo de seguidores de una persona o idea. ▸ **estar en capilla** *a*) Estar el reo en cualquier pieza de la cárcel, que actúa como capilla, desde que se le notifica la sentencia de muerte hasta que esta se ejecuta. *b*) Encontrarse a la espera de hacer una prueba importante o de conocer el resultado de algo.

capirote *m.* **1** Gorro acabado en punta y con forma cónica, generalmente de cartón y cubierto de tela, que forma parte del hábito de algunos penitentes y cofrades en las procesiones de Semana Santa. **2** Pieza de cuero con que se cubre la cabeza de las aves de cetrería.

capisayo *m.* **1** Prenda de vestir corta y abierta que servía de capa y sayo. **2** Prenda de vestir que se usa a diario y para todo.

capital *adj.* **1** Que es muy grave o importante. ‖ *m.* **2** Conjunto de bienes en dinero o valores de una persona o sociedad. **3** ECON. Elemento o factor de la producción constituido por aquello que se destina a la obtención de un producto. ‖ *f.* **4** Población principal de un territorio. **5** Población con una posición destacada en algún aspecto o actividad.

capitalidad *f.* Condición de ser una población la capital de un territorio.

capitalismo *m.* **1** Sistema económico y social que busca la creación de riqueza y que está basado en el poder y la influencia del capital. **2** Entidad económica formada por el conjunto de capitales y capitalistas.

capitalista *adj.* **1** Del capital o del capitalismo. ‖ *adj./com.* **2** [persona] Que es partidario del capitalismo. ‖ *com.* **3** Persona que posee mucho dinero o bienes materiales.

capitalización *f.* **1** Acción de capitalizar. **2** Efecto de capitalizar.

capitalizar [4] *tr.* **1** Atribuir un valor como capital a una cosa que produce un rendimiento o interés. **2** Añadir a un capital los rendimientos o intereses que este ha devengado. **3** Aprovechar en beneficio propio una acción o una situación.

capitán, -tana *m. y f.* **1** Persona que dirige o representa a un grupo o a un equipo, especialmente deportivo. ‖ *m.* **2** Miembro del ejército de categoría inmediatamente superior al de teniente en el Ejército de Tierra y Aire y al de alférez de navío en la Armada. **3** Persona que manda un buque mercante o de pasajeros.

capitana *adj./f.* [embarcación] Que está mandada por el jefe de una escuadra.

capitanear *tr.* **1** Mandar un grupo de soldados como capitán. **2** Dirigir a un grupo de personas o una acción.

capitanía *f.* Empleo de capitán. **capitanía general** *a)* Capitán general de una región o territorio. *b)* Territorio bajo la autoridad del capitán general. *c)* Edificio donde reside o trabaja el capitán general.

capitel *m.* Pieza decorada que corona una columna o pilar.

capitolio *m.* **1** Edificio majestuoso y eleva-

do. **2** Lugar más alto y defendido de las ciudades de la antigua Grecia.

capitoste *com. coloquial* Persona con mucha influencia y mando.

capitulación *f.* **1** Acuerdo político o militar en el que se establecen las condiciones de una rendición. **2** Acuerdo firmado entre dos partes sobre un negocio o asunto. ‖ *f. pl.* **3** Conciertos que se establecen entre los futuros esposos ante notario en los que se ajusta el régimen económico del matrimonio.

capitular *adj.* **1** De un cabildo o corporación o del capítulo de una orden religiosa. ‖ *intr.* **2** Rendirse, entregar una posición o plaza de guerra según determinadas condiciones estipuladas con el enemigo. **3** Abandonar una discusión por cansancio o por la fuerza de los argumentos contrarios.

capítulo *m.* **1** Cada una de las partes en que se divide un escrito o narración. **2** Reunión o asamblea de canónigos o religiosos. **3** Asunto o materia. ▸ **ser capítulo aparte** Merecer una atención especial o determinado asunto.

capo *m.* Jefe de una mafia.

capó *m.* Cubierta del motor del automóvil.

capón *adj./m.* **1** [animal macho] Que ha sufrido la extirpación o inutilización de los órganos genitales. ‖ *m.* **2** Pollo capado que se destina al consumo. **3** Golpe dado a alguien en la cabeza con los nudillos.

caporal *m.* Persona que tiene a su cargo el ganado de una hacienda.

capota *f.* Cubierta plegable de un automóvil.

capotazo *m.* Pase que da el torero con el capote para atraer o desviar al toro.

capote *m.* **1** Pieza de tela grande y con colores vivos que se usa para torear. **2** Prenda de abrigo parecida a la capa, pero con mangas y con menos vuelo. **3** Prenda de abrigo muy ancha y larga que llevan los militares. ▸ **echar un capote** *coloquial* Prestar ayuda en una situación apurada.

cappa *f.* Kappa, décima letra del alfabeto griego.

capricho *m.* **1** Determinación que se toma arbitrariamente, por un antojo pasajero. **2** Deseo imprevisto, arbitrario y pasajero de una cosa. **3** Cosa que se desea. **4** Obra de arte que rompe con los modelos acostumbrados por medio del ingenio y la fantasía.

caprichoso, -sa *adj.* **1** [persona] Que frecuentemente tiene caprichos. **2** Que no está sujeto a leyes o reglas.

capricornio *adj./com.* [persona] Que ha nacido entre el 22 de diciembre y el 20 de enero, tiempo en que el Sol recorre aparentemente Capricornio, décimo signo del Zodíaco.

caprino, -na *adj.* De la cabra.

cápsula *f.* **1** Envoltura de material soluble con que se recubren algunos medicamentos. **2** Conjunto del medicamento y la envoltura. **3** Cabina de una nave o satélite espacial en la que están los mandos de control. **4** BOT. Fruto seco con una o varias cavidades que contienen las semillas.

captación *f.* **1** Acción de captar. **2** Efecto de captar.

captar *tr.* **1** Recibir o recoger impresiones exteriores a través de los sentidos o de aparatos adecuados. **2** Comprender, darse cuenta. **3** Recoger o reunir las aguas de diversos lugares. | *tr./prnl.* **4** Atraer la atención, la voluntad o el afecto de una persona.

captura *f.* **1** Acción de capturar. **2** Efecto de capturar.

capturar *tr.* Apresar a una persona que huye o a un animal.

capucha *f.* **1** Gorro acabado en punta que va unido a un abrigo, capa u otra prenda de vestir. **2** Capuchón.

capuchino, -na *adj./m. y f.* **1** [religioso] Que pertenece a una de las ramas de la orden de san Francisco de Asís. | *adj.* **2** De la orden de san Francisco de Asís. | *m./adj.* **3** Café caliente, mezclado con leche, que se distingue por tener espuma por encima.

capuchón *m.* Pieza con que se cubre y protege el extremo de algunos objetos.

capullo, -lla *m.* **1** Flor que todavía no ha abierto los pétalos. **2** Cubierta protectora que fabrican las larvas del gusano de seda con el hilo que segregan. **3** *malsonante* Glande. | *adj./m. y f.* **4** *coloquial* [persona] Que es muy tonto o torpe.

caqui *adj.* **1** [color] Que está entre el ocre amarillento y el verde grisáceo. | *m.* **2** Fruto dulce, redondo y carnoso de color rojo o anaranjado. **3** Árbol que da este fruto.

cara *f.* **1** Parte anterior de la cabeza de una persona y de algunos animales en la que están la boca, la nariz y los ojos. **2** Semblante o expresión que refleja un sentimiento o un estado de ánimo. **3** Superficie de un objeto plano. **4** Parte delantera o frontal de una cosa. **5** Parte principal de una superficie, especialmente de una mo-

neda o una medalla. **6** Plano o lado de una figura geométrica. ▸ **a (o en) la cara** Delante o a la vista. ▸ **cara a cara** Delante o a la vista de otro, sin esconderse. ▸ **cara dura** *a)* Falta de vergüenza. *b)* Persona que actúa con desfachatez y descaro o con poca vergüenza. ▸ **cruzar la cara** Darle una bofetada a alguien. ▸ **dar la cara** Hacerse responsable de los propios actos sin esconderse o echar la culpa a otros. ▸ **echar en cara** Recordar a una persona un servicio o favor que se le ha prestado y reprocharle su falta de correspondencia. ▸ **lavar la cara** Mejorar el aspecto de algo.

caraba Palabra que se utiliza en la locución *ser la caraba*, que se aplica a algo o alguien extraordinario, tanto en sentido positivo como negativo.

carabela *f.* Embarcación de vela antigua, larga y ligera, con tres palos y una sola cubierta.

carabina *f.* **1** Arma de fuego parecida al fusil pero de menor longitud. **2** *coloquial* Persona que acompaña a una pareja para evitar que se quede sola. ▸ **ser la carabina de Ambrosio** Ser una cosa inútil o no valer para nada.

carabinero *m.* **1** Miembro de un antiguo cuerpo encargado de perseguir el contrabando. **2** Crustáceo marino comestible que tiene la forma de la gamba y el tamaño del langostino, de cuerpo alargado con diez patas y de color rojo.

caracol *m.* **1** Molusco terrestre o acuático provisto de una concha enrollada en forma de espiral y un pie carnoso mediante el que se arrastra. **2** Concha de este animal. **3** Rizo del pelo. **4** Vuelta que da el caballo sobre sí mismo cuando está inquieto o se le ordena el jinete. **5** ANAT. Parte del oído medio de los vertebrados que tiene una forma parecida a la de la concha del caracol.

caracola *f.* **1** Concha de un caracol marino de gran tamaño. **2** Bollo redondo, aplanado y con forma de espiral y relleno de crema, chocolate, etc.

caracolada *f.* Comida hecha a base de caracoles.

caracolear *intr.* Hacer caracoles el caballo.

carácter *m.* **1** Conjunto de cualidades y circunstancias por las que una persona o cosa se distingue de los demás. **2** Manera de ser o de reaccionar de las personas. **3** Señal, marca o dibujo que se imprime, pinta o graba. **4** Signo o letra de un sistema de escritura o de imprenta.

OBS El plural es *caracteres*.

característica *f.* Cualidad o circunstancia que distingue a una persona o cosa.

característico, -ca *adj.* 1 Del carácter. **|** *adj./m. y f.* 2 Que es típico de la naturaleza o circunstancias de una persona o cosa. **|** *m. y f.* 3 Actor o actriz de teatro que representa papeles de personas viejas.

caracterización *f.* Determinación de los rasgos característicos de una persona o cosa.

caracterizar [4] *tr./prnl.* 1 Determinar las cualidades o rasgos característicos de una persona o cosa. 2 Presentar o describir una cosa con sus rasgos característicos de manera que resulte inconfundible. **|** *tr.* 3 Representar un actor su papel en el cine o en el teatro con los rasgos que corresponden al personaje representado. **|** *prnl.* 4 Pintarse la cara o vestirse un actor para un papel determinado.

caradura *adj./com.* [persona] Que habla u obra con descaro y desfachatez.

carajillo *m.* Bebida caliente hecha con café y un licor.

carajo *m.* 1 *malsonante* Pene. **|** *int.* 2 ¡**carajo!** *coloquial* Indica enfado o sorpresa. **▸ irse al carajo** *coloquial* Fracasar un proyecto.

¡caramba! *int.* Expresión que indica admiración, sorpresa o enfado.

carámbano *m.* Trozo de hielo largo y acabado en punta.

carambola *f.* 1 Jugada de billar que consiste en golpear con el palo una bola de modo que esta choque con otras dos. 2 Resultado afortunado obtenido por suerte.

caramelo *m.* Golosina pequeña hecha con azúcar fundido y aromatizada con esencia de frutas u otros ingredientes.

caramillo *m.* Flauta pequeña de caña, madera o hueso, que da un sonido muy agudo.

carantoña *f.* Caricia u otra demostración de cariño.

carátula *f.* 1 Cubierta de un libro o de los estuches de discos, casetes o cintas de vídeo. 2 Máscara para ocultar la cara.

caravana *f.* 1 Grupo de personas que viajan juntas, a pie o con otros medios de transporte, generalmente por zonas despobladas. 2 Fila de vehículos que marchan por una carretera, autovía o autopista con lentitud y a poca distancia unos de otros. 3 Vehículo con motor propio o remolcado por un automóvil que está acondicionado para vivir en él en viajes largos o en campings.

¡caray! *int.* Indica admiración, sorpresa o enfado.

carbohidrato *m.* Molécula compuesta por átomos de carbono, hidrógeno y oxígeno que, en los seres vivos, sirve para almacenar y consumir energía.

carbón *m.* Materia sólida y negra que arde con facilidad, que procede de la combustión incompleta de otros cuerpos orgánicos. **carbón de piedra** Carbón fósil que procede de la descomposición de grandes masas vegetales. **carbón vegetal** Carbón que se obtiene al quemar la madera en hornos especiales.

carbonato *m.* QUÍM. Sal que se forma a partir de la combinación del ácido carbónico con un radical simple o compuesto.

carboncillo *m.* 1 Lápiz o barrita de madera carbonizada que sirve para dibujar. 2 Dibujo hecho con este lápiz.

carbonera *f.* 1 Lugar donde se guarda el carbón. 2 Pila de leña cubierta de tierra y preparada a manera de horno para transformarla en carbón.

carbonería *f.* Puesto o almacén donde se vende carbón.

carbonero, -ra *adj.* 1 Del carbón. **|** *m. y f.* 2 Persona que se dedica a hacer o vender carbón.

carbónico, -ca *adj.* Que contiene carbono.

carbonizar [4] *tr./prnl.* Reducir a carbón un cuerpo orgánico.

carbono *m.* QUÍM. Metaloide sólido que no tiene olor ni sabor y es el principal componente de compuestos orgánicos.

carburación *f.* 1 Acción de carburar. 2 QUÍM. Combinación de carbono y hierro para producir acero.

carburador *m.* Pieza del motor del automóvil en la que se efectúa la carburación.

carburante *m.* Sustancia química, compuesta de hidrógeno y carbono, que, mezclada con un gas, se emplea como combustible en los motores de explosión.

carburar *intr.* 1 Mezclarse en los motores los gases o el aire atmosférico con carburantes gaseosos o con vapores de carburantes líquidos para hacerlos combustibles o detonantes. 2 *coloquial* Funcionar bien o dar una persona o cosa un buen rendimiento.

carburo *m.* QUÍM. Compuesto de carbono y otro elemento químico.

carca *adj./com.* Que es extremadamente conservador, partidario de ideas y actitudes anticuadas.

carcaj *m.* Bolsa en forma de tubo ancho por arriba y estrecho por abajo para llevar flechas.

carcajada *f.* Risa impetuosa y ruidosa.

carcajearse *prnl.* 1 Reírse a carcajadas. 2 Burlarse de alguien o algo.

carcamal *adj./m.* [persona] Que está viejo y achacoso.

carcasa *f.* Armazón exterior en que se apoya un mecanismo u objeto o que lo protege cuando se encuentra dentro de él.

cárcava *f.* Hoya o zanja formada por la erosión de las corrientes de agua.

cárcel *f.* Edificio o local acondicionado para encerrar a los condenados a una pena de privación de libertad o a los presuntos culpables de un delito.

carcelario, -ria *adj.* De la cárcel.

carcelero, -ra *adj.* 1 Carcelario. ‖ *m. y f.* 2 Persona que trabaja en la cárcel cuidando y vigilando a los presos.

carcino- Elemento prefijal que entra en la formación de palabras con el significado de 'cáncer, tumor'.

carcinógeno, -na *adj.* Que produce cáncer.

carcinoma *m.* Tumor canceroso.

carcoma *f.* 1 Insecto muy pequeño y de color oscuro que roe la madera. 2 Polvo que va dejando este insecto. 3 Acción o cosa que causa la destrucción lenta de algo.

carcomer *tr.* 1 Roer la madera la carcoma. ‖ *tr./prnl.* 2 Acabar o consumir lentamente con una cosa.

cardar *tr.* 1 Peinar con fuerza las fibras textiles antes de hilarlas, generalmente con un cepillo metálico. 2 Peinar con fuerza el pelo para que quede hueco. 3 Sacar suavemente el pelo de un tejido con un cepillo metálico.

cardenal *m.* 1 Prelado de la Iglesia católica que aconseja al Papa en los asuntos graves. 2 Mancha amoratada o amarillenta en la piel a consecuencia de un golpe o por otra causa.

cardenalicio, -cia *adj.* Del cardenal.

cardenillo *m.* Capa de óxido de color verde que se forma sobre los objetos de cobre.

cárdeno, -na *adj.* 1 De color amoratado. 2 [toro] Que tiene el pelo negro y blanco.

-cardia Elemento sufijal que entra en la formación de palabras con el significado de 'afección, estado anormal del corazón'.

cardíaco, -ca o **cardiaco, -ca** *adj.* 1 Del corazón. ‖ *adj./m. y f.* 2 Que padece alguna enfermedad del corazón.

cardias *m.* ANAT. Orificio superior del estómago por el cual comunica con el esófago. OBS El plural también es *cardias*.

cardillo *m.* Planta silvestre compuesta, con hojas rizadas y espinosas y flores amarillas, que nace en sembrados y barbechos.

cardinal *adj.* 1 Que es lo principal y más importante. ‖ *adj./m.* 2 GRAM. [adjetivo, pronombre] Que indica únicamente cantidad o número.

cardio-, cardi-, -cardio Elemento prefijal y sufijal que entra en la formación de palabras con el significado de 'corazón o relacionado con él'.

cardiógrafo *m.* MED. Aparato que mide y registra la intensidad y ritmo de los movimientos del corazón.

cardiograma *m.* MED. Gráfico que se obtiene con el cardiógrafo.

cardiología *f.* Parte de la medicina especializada en el estudio y tratamiento de las enfermedades del corazón.

cardiólogo, -ga *m. y f.* Médico especializado en cardiología.

cardiopatía *f.* Enfermedad del corazón.

cardiovascular *adj.* ANAT. Del corazón y los vasos sanguíneos.

cardo *m.* 1 Planta silvestre de hojas grandes y espinosas como las de la alcachofa y flores en cabezuela. 2 *coloquial* Persona muy arisca o desagradable. 3 *coloquial* Persona muy fea.

cardumen o **cardume** *m.* Banco de peces.

carear *tr.* Poner a una o más personas frente a otra u otras e interrogarlas juntas para averiguar la verdad confrontando lo que dicen y observando las reacciones de cada una ante las respuestas de la otra.

carecer [43] *intr.* No tener algo.

carencia *f.* Falta de una cosa.

carencial *adj.* MED. [enfermedad] Que se produce por la carencia de sustancias alimenticias o de vitaminas.

carente *adj.* Que carece de algo.

careo *m.* Acción de carcar.

carero, -ra *adj.* Que vende caro.

carestía Circunstancia de estar alto el precio de los artículos y servicios de mayor consumo.

careta *f.* 1 Máscara o mascarilla de cartón u otro material para cubrirse la cara. 2 Mascarilla de alambres que usan los colmeneros o los que practican esgrima para protegerse la cara. 3 Fingimiento o disimulo. ▸ **quitar la careta** Descubrir las verdaderas intenciones o la verdadera manera de ser de alguien.

careto *adj.* 1 [animal] Que tiene la cara blanca y la frente y el resto de la cabeza de color oscuro. ‖ *m.* 2 *coloquial* Cara de una persona.

carey *m.* 1 Tortuga de mar de hasta un metro de longitud, con las patas delanteras adaptadas para nadar. 2 Materia córnea del caparazón de esta tortuga.

carga *f.* 1 Acción de cargar. 2 Cosa transportada. 3 Peso sostenido por una estructura. 4 Repuesto de la sustancia o materia necesaria para el funcionamiento de una máquina o un aparato. 5 Cantidad de sustancia explosiva que se usa para volar algo o que se pone en un arma de fuego. 6 Cantidad de energía eléctrica contenida en un cuerpo. 7 Molestia, situación penosa o esfuerzo que recae sobre una persona. 8 Obligación o tributo que recae sobre lo que se posee. 9 Conjunto de obligaciones propias de un estado, de un puesto o de una profesión.

cargadero *m.* Lugar donde se cargan y descargan mercancías.

cargado, -da *adj.* 1 [tiempo atmosférico] Que es muy caluroso. 2 [aire, ambiente] Que es impuro y está lleno de humos. 3 [bebida] Que contiene gran cantidad de la sustancia de que se compone.

cargador, -ra *adj.* 1 Que carga o sirve para cargar. ‖ *m. y f.* 2 Persona que se dedica a cargar y descargar mercancías. ‖ *m.* 3 Pieza del arma de fuego donde se colocan las municiones.

cargamento *m.* Conjunto de mercancías.

cargante *adj.* Que molesta, fastidia o aburre, generalmente por pesado.

cargar [7] *tr.* 1 Poner un peso sobre una persona, animal o vehículo para transportarlo. 2 Proveer a una máquina o aparato de lo que necesita para funcionar. 3 Imponer sobre una persona o cosa un gravamen o impuesto. 4 Anotar en una cuenta las cantidades de dinero que corresponden al debe. ‖ *tr./prnl.* 5 Poner o tener mucho de una cosa. ‖ *tr./intr.* 6 Molestar, hartar o aburrir. ‖ *intr.* 7 Atacar o acometer con fuerza y resolución. 8 Hacer peso, apoyarse sobre algo o alguien. 9 Tomar o aceptar un peso físico o moral. ‖ *prnl.* 10 Matar a un ser vivo. 11 Romper, estropear o suprimir.

cargo *m.* 1 Empleo, dignidad o puesto de una persona. **alto cargo** Empleo que es muy importante. 2 Persona que desempe-

ña ese empleo. **alto cargo** Persona que tiene un empleo muy importante. 3 Custodia o cuidado de una persona o cosa. 4 Falta de la que se acusa a una persona. ▸ **cargo de conciencia** Sentimiento de culpa. ▸ **hacerse cargo** Encargarse de alguien o algo.

carguero, -ra *adj.* 1 Que lleva carga. ‖ *m.* 2 Barco de carga.

cariar *tr.* 1 Producir caries. 2 Padecer caries.

cariátide *f.* Columna con figura de mujer vestida hasta los pies.

caribeño, -ña *adj.* 1 Del Caribe. ‖ *adj./m. y f.* 2 [persona] Que es del Caribe.

caribú *m.* Mamífero rumiante parecido al reno, aunque de mayor tamaño.

caricato *m.* AMÉR Dibujo en el que, con intención crítica o humorística, se deforman y exageran los rasgos físicos característicos de alguien.

caricatura *f.* 1 ESP Caricato. 2 Cosa que no alcanza una forma aceptable de lo que pretende ser.

caricaturesco, -ca *adj.* De la caricatura.

caricaturista *com.* Dibujante de caricaturas.

caricaturizar [4] *tr.* Hacer una caricatura.

caricia *f.* Muestra de cariño que consiste en rozar suavemente con la mano el cuerpo de una persona o de un animal.

caridad *f.* 1 Sentimiento o actitud que impulsa a interesarse por los demás, a querer ayudar a los necesitados. 2 Ayuda o auxilio que se da a los necesitados. 3 En el cristianismo, virtud teologal que consiste en amar a Dios sobre todas las cosas y al prójimo como a nosostros mismos. 4 Forma de tratamiento que usan entre sí algunos religiosos.

caries *f.* Destrucción progresiva y localizada de un hueso o de un diente.

OBS El plural también es *caries*.

carilla *f.* Cara de una hoja de papel.

carillón *m.* 1 Conjunto de campanas que producen un sonido armónico. 2 Reloj provisto de uno de estos juegos de campanas que suena al dar las horas. 3 Instrumento musical de percusión formado por varios tubos o placas de metal.

cariño *m.* 1 Afecto intenso hacia una persona, animal o cosa. 2 Afición y aprecio hacia un objeto del que uno no quiere separarse o desprenderse. 3 Expresión y señal de amor o afecto. 4 Delicadeza o cuidado con que se hace o se trata una cosa.

cariñoso, -sa *adj.* Que muestra cariño.

OBS Se suele usar con la preposición *con*.

carisma *m.* 1 Cualidad o don que tiene una persona para atraer a los demás. 2 En la religión cristiana, gracia o don concedido por Dios a algunas personas para que realicen determinadas funciones para el bien general de la comunidad.

carismático, -ca *adj.* Que tiene carisma.

caritativo, -va *adj.* 1 [persona] Que practica la caridad. 2 De la caridad.

cariz *m.* Aspecto de un asunto o negocio.

carlinga *f.* Cabina del avión donde se hallan el piloto y los ayudantes de vuelo.

carlismo *m.* Movimiento político español, de carácter conservador, que surgió en 1833 para apoyar las pretensiones al trono de Carlos María Isidro de Borbón, hermano de Fernando VII.

carlista *adj.* 1 Del carlismo. ‖ *adj./com.* 2 [persona] Que es partidario del carlismo.

carmelita *adj./com.* De la orden del Carmen.

carmesí *adj.* De color granate intenso.

OBS El plural es *carmesíes.*

carmín *m.* 1 Barrita de color para pintarse los labios. 2 Sustancia de color rojo intenso que se saca de ciertos insectos. ‖ *adj.* 3 Carmesí.

carminativo, -va *adj./m.* MED. [medicamento] Que ayuda a expulsar los gases del tubo digestivo.

carnada *f.* Trozo pequeño de carne que se usa como cebo para pescar o cazar.

carnal *adj.* 1 Del cuerpo en oposición al espíritu. 2 De los instintos del cuerpo o del deseo sexual. 3 [persona] Que tiene un parentesco consanguíneo con otra.

carnaval *m.* 1 Fiesta popular que se celebra en los días anteriores a la cuaresma con mascaradas, bailes y comparsas. 2 Período que comprende los tres días anteriores al miércoles de ceniza.

carnavalesco, -ca *adj.* Del carnaval.

carnaza *f.* Carnada.

carne *f.* 1 Parte blanda del cuerpo del hombre y de los animales constituida por los músculos. 2 Alimento consistente en esta parte del cuerpo de los animales preparada para comer. 3 Parte blanda de la fruta. 4 Cuerpo humano como parte material del hombre, en oposición al espíritu. ▸ **carne de cañón** Persona o grupo de personas a las que se expone sin miramientos al peligro. ▸ **carne de gallina** Piel de las personas cuando, por el frío o el miedo, toma un aspecto parecido al de las aves sin plumas. ▸ **en carne viva** Sin la piel que cubre el cuerpo, generalmente por causa

de un accidente. ▸ **poner toda la carne en el asador** Intentar una cosa con todas las fuerzas y medios.

carné *m.* Documento que acredita la identidad de una persona, la pertenencia a un cuerpo o entidad o la facultad que se tiene para ejercer una actividad. **carné de identidad** Documento oficial en que constan el nombre, la fotografía, la firma y otras informaciones relacionadas con una persona y que sirve para identificarla.

OBS El plural es *carnés.*

carnero *m.* Mamífero rumiante con grandes cuernos estriados y enrollados en espiral y cuerpo cubierto de lana espesa.

carnestolendas *f. pl.* Carnaval, período.

carnet *m.* Carné.

carnicería *f.* 1 Establecimiento en el que se vende carne destinada al consumo. 2 Destrozo y gran mortandad producidos por la guerra, por actos terroristas o por una catástrofe. 3 Destrozo hecho en la carne de una persona.

carnicero, -ra *m. y f.* 1 Persona que vende carne. ‖ *adj./m. y f.* 2 [animal] Que mata a otros animales para comer su carne. 3 [persona] Que es cruel y sanguinaria.

cárnico, -ca *adj.* De la carne comestible.

carnívoro, -ra *adj.* 1 [animal] Que se alimenta de carne. 2 [planta] Que se nutre de insectos. ‖ *adj./m. y f.* 3 ZOOL. [animal mamífero terrestre] Que tiene los dientes fuertes y cortantes para poder alimentarse de carne. ‖ *m. pl.* 4 ZOOL. Orden de estos animales.

carnosidad *f.* Masa irregular de carne que sobresale en alguna parte del cuerpo, en especial en una herida mal curada.

carnoso, -sa *adj.* 1 De carne. 2 Que es grueso o tiene mucha carne. 3 [fruto] Que tiene mucha carne.

caro, -ra *adj.* 1 [mercancía] Que es de precio elevado en comparación con otra mercancía semejante. 2 *culto* Que es amado o querido. ‖ *adv.* 3 A un precio alto. ▸ **costar caro** Causar un mal físico, moral o económico grave.

carolingio, -gia *adj.* De Carlomagno o relacionado con este rey de los francos (742-814), con su imperio y con su época.

carota *adj./com.* Que habla u obra con descaro y desfachatez.

carótida *adj./f.* ANAT. [arteria] Que lleva la sangre a la cabeza.

carpa *f.* 1 Pez de agua dulce comestible, de color verdoso por encima y amarillo por el vientre. **2** Toldo sostenido por una estructura y que cubre un recinto o espacio.

carpelo *m.* BOT. Hoja modificada que con otras compone el gineceo u órgano sexual femenino de algunas plantas.

carpeta *f.* Pieza de cartón u otro material, doblada y cerrada generalmente con gomas para guardar papeles.

carpetazo Palabra que se utiliza en la locución *dar carpetazo*, que significa 'suspender arbitrariamente la tramitación de una solicitud o expediente' o 'dar por terminado un asunto'.

carpintería *f.* **1** Taller del carpintero. **2** Arte y técnica de trabajar la madera. **3** Conjunto de muebles y objetos de madera fabricados según esta técnica.

carpintero, -ra *m. y f.* Persona que fabrica o arregla objetos de madera.

carpo *m.* ANAT. Conjunto de los huesos que forman parte del esqueleto de la muñeca.

carraca *f.* **1** Instrumento musical de madera formado por una rueda dentada y una manivela. **2** *coloquial* Aparato viejo.

carrasca *f.* Encina pequeña.

carrascal *m.* Terreno poblado de carrascas.

carraspear *intr.* Hacer con la garganta una tos ligera para quitarle la carraspera o aclararla antes de hablar.

carraspeo *m.* **1** Acción de carraspear. **2** Efecto de carraspear.

carraspera *f.* Aspereza en la garganta que pone ronca la voz.

carrera *f.* **1** Acción de ir de un sitio a otro corriendo. **2** Marcha rápida en la que los pies o las patas se separan del suelo a la vez y durante un momento entre un paso y el siguiente. **3** Acción de darse mucha prisa en una actividad o trabajo. **4** Competición de velocidad entre personas, animales o vehículos. **5** Conjunto de estudios, repartidos en cursos, que capacitan para ejercer una profesión. **6** Ejercicio de una profesión o arte. **7** Recorrido o trayecto que hace un coche de alquiler. **8** Curso o recorrido de un planeta o estrella en el espacio. **9** Línea de puntos sueltos en una media o calcetín.

carrerilla *f.* **1** Movimiento de la danza española que consiste en dar dos pasos cortos acelerados hacia adelante e inclinarse a uno y otro lado. ▶ **de carrerilla** De memoria y sin comprender lo que se dice.

carreta *f.* Carro largo, estrecho y bajo generalmente de dos ruedas y con un madero al que se ata el yugo donde se uncen los animales de tiro.

carrete *m.* **1** Cilindro generalmente con el eje hueco, con rebordes o discos en sus bases, en el que se enrollan hilos, cables u otro material flexible. **2** Hilo, cable o alambre que se enrolla alrededor de este cilindro. **3** Rollo de película de una máquina fotográfica. **4** Cilindro en el que se enrollan las películas usadas en fotografía. ▶ **dar carrete** *coloquial* Dar conversación a alguien.

carretera *f.* Camino público ancho y pavimentado, con un carril en cada sentido, para la circulación de vehículos.

carretero *m.* **1** Persona que fabrica o conduce carros o carretas. **2** Persona que se comporta sin educación o blasfema con frecuencia.

carretilla *f.* Carro pequeño en forma de cajón con una rueda delantera y dos barras posteriores que se usa para transportar materiales. ▶ **carretilla elevadora** Vehículo de pequeño tamaño provisto de unas horquillas en la parte frontal que se elevan o descienden para transportar mercancías apiladas sobre palets. ▶ **de carretilla** De carrerilla.

carricoche *m.* **1** Carro cubierto que tenía una caja parecida a la de un coche. **2** Coche viejo y con mala apariencia.

carril *m.* **1** Parte de una carretera u otra vía pública destinada al tránsito de una sola fila de vehículos. **2** Barra de hierro que, paralela a otra igual, sirve para construir el camino sobre el que circulan los trenes. **3** Guía estrecha y alargada por la que puede deslizar un objeto.

carrillo *m.* Parte carnosa de la cara que se encuentra bajo los ojos y a ambos lados de la nariz. ▶ **comer a dos carrillos** Comer mucho.

carrizal *m.* Terreno poblado de carrizos.

carrizo *m.* Planta semejante a la caña, pero con el tallo más delgado y no tan alto, que se cría cerca de arroyos y charcas.

carro *m.* **1** Vehículo de transporte formado por un armazón montado sobre dos ruedas, con un tablero y una o dos varas para enganchar los animales de tiro. **2** Armazón con ruedas para transportar cosas. **3** ACENT, COL, MÉX, PERÚ, PRICO, VEN Automóvil. **carro de combate** Vehículo de guerra blindado que va armado con un gran cañón y varias ametralladoras; se mueve sobre cadenas. **4** Pieza de algunas máquinas o aparatos que tiene un movimiento horizontal. ▶ **carros y carretas** Contrariedades, contratiempos o molestias. ▶ **parar el carro** Moderarse o contener el enfado o una acción violenta; dejar de hablar o de comportarse de forma inconveniente.

carrocería *f.* Caja de un vehículo automóvil o ferroviario.

carromato *m.* 1 Carro grande cubierto por un toldo, de dos ruedas y dos varas para enganchar el animal de tiro. 2 Cualquier carruaje grande, viejo e incómodo.

carroña *f.* 1 Carne descompuesta. 2 Persona o cosa ruin y despreciable.

carroñero, -ra *adj./m. y f.* 1 [animal] Que se alimenta de carroña, como el buitre. 2 [persona] Que se aprovecha de las desgracias de los demás.

carroza *f.* 1 Coche tirado por caballos grande, lujoso y ricamente engalanado. 2 Vehículo muy adornado para fiestas públicas. ‖ *adj./com.* 3 *coloquial* [persona] Que es mayor o tiene usos y costumbres pasados de moda.

carruaje *m.* Vehículo formado por una armazón de madera o metal montada sobre ruedas.

carrusel *m.* 1 Atracción de feria que consiste en una plataforma giratoria sobre la que hay animales y vehículos de juguete en los que se puede montar. 2 Espectáculo en el que un grupo de jinetes realiza con sus caballos una serie de ejercicios.

carst *m.* Paisaje calcáreo lleno de grietas, galerías y formas modeladas por la acción erosiva y disolvente del agua.

cárstico, -ca *adj.* Del carst.

carta *f.* 1 Papel escrito que una persona envía a otra para comunicarse con ella. 2 Mensaje contenido en este papel escrito. 3 Conjunto de papel y sobre con que se envía un mensaje escrito. **carta abierta** Carta dirigida a una persona a través de los medios de comunicación social. 4 Cartulina rectangular pequeña que lleva por una de sus caras el dibujo de una figura o de un número determinado de objetos y que, junto con otras, forma una baraja y sirve para jugar. 5 Lista de comidas y bebidas que se pueden elegir en un restaurante, cafetería u otro establecimiento semejante. 6 Representación gráfica, sobre un plano y siguiendo una escala, de la superficie terrestre o de una parte de ella. ▶ **a carta cabal** Que posee íntegramente y en el más alto grado las cualidades que se expresan. ▶ **carta blanca** Poder para obrar con libertad en un asunto. ▶ **carta de ajuste** Señal fija que se recibe en los aparatos de televisión y que permite ajustar la imagen. ▶ **carta magna** Conjunto de leyes fundamentales de un estado. ▶ **tomar car-**

tas en el asunto Intervenir en un asunto o en una situación.

cartabón *m.* Instrumento en forma de triángulo, con un ángulo recto y los lados desiguales, para medir y trazar líneas.

cartagenero, -ra *adj.* 1 De Cartagena. ‖ *adj./m. y f.* 2 [persona] Que es de Cartagena.

cartaginés, -nesa *adj.* 1 De Cartago, antigua ciudad del noroeste de África. ‖ *adj./m. y f.* 2 [persona] Que era de Cartago. ‖ *adj.* 3 Cartagenero. ‖ *adj./m. y f.* 4 Cartagenero.

cartapacio *m.* 1 Cartera o carpeta para guardar libros y papeles. 2 Cuaderno para escribir o tomar notas.

cartearse *prnl.* Escribirse cartas dos o más personas.

cartel *m.* Escrito o dibujo hecho sobre una lámina grande que se coloca en lugares públicos para comunicar una noticia, dar un aviso, etc., o hacer publicidad de alguna cosa.

cártel o **cartel** *m.* Convenio o asociación de empresas para evitar la competencia y controlar la producción, la venta y los precios de ciertas mercancías.

cartelera *f.* 1 Sección de los periódicos y algunas revistas donde se anuncian los espectáculos públicos. 2 Armazón con la superficie adecuada para fijar en ella carteles o anuncios publicitarios.

carteo *m.* Acción de cartearse.

cárter *m.* 1 Depósito de lubricante del motor de un automóvil. 2 Cubierta de metal que protege un mecanismo o determinadas piezas.

cartera *f.* 1 Objeto pequeño de piel o material similar, de forma aplanada y rectangular y doblado por la mitad, que tiene diversos apartados y divisiones en su interior; sirve para guardar billetes, tarjetas y pequeños documentos. 2 Objeto cuadrangular de piel u otro material flexible, con asa y tapa, que sirve generalmente para llevar papeles o libros. 3 Empleo de ministro de un país. 4 Conjunto de clientes de un negocio. 5 Conjunto de valores de un negocio, generalmente de un banco o de un comercio.

carterista *com.* Ladrón de carteras y otros objetos de pequeño tamaño.

cartero, -ra *m. y f.* Persona que reparte las cartas y paquetes del correo.

cartesianismo *m.* FILOS. Sistema filosófico de Descartes (1596-1650) y de sus seguidores.

cartesiano, -na *adj.* 1 FILOS. Del cartesianismo. 2 [persona, escrito, pensamiento] Que es extremadamente metódico, lógico o racional.

cartilaginoso, -sa *adj.* De los cartílagos.

cartílago *m.* ANAT. Tejido conjuntivo, resistente y elástico.

cartilla *f.* 1 Cuaderno pequeño dispuesto para anotar en él determinados datos. **cartilla de ahorros** Cartilla que registra los movimientos del dinero que una persona tiene en un banco. 2 Cuaderno o libro pequeño con las letras del alfabeto y los primeros ejercicios para aprender a leer.

cartografía *f.* 1 Arte o técnica de trazar mapas o cartas geográficas. 2 Ciencia que estudia los mapas y cómo realizarlos.

cartográfico, -ca *adj.* De la cartografía.

cartógrafo, -fa *m. y f.* Persona que se dedica a la cartografía, arte o ciencia.

cartomancia o **cartomancía** *f.* Adivinación del futuro por medio de naipes.

cartón *m.* 1 Lámina gruesa y dura hecha con varias capas de pasta de papel fuertemente unidas o con una pasta de trapo, papel viejo u otras materias. **cartón piedra** Pasta de papel y otras sustancias, como yeso y aceite secante, que cuando está seca se vuelve muy dura. 2 Recipiente o envase hecho de ese material. 3 Caja que lleva diez paquetes de cigarrillos. 4 PINT. Dibujo que sirve como modelo para un tapiz, un mosaico o un fresco.

cartoné *m.* Encuadernación que se hace con tapas de cartón forradas de papel.

cartuchera *f.* Caja para cartuchos.

cartucho *m.* 1 Cilindro de metal, de cartón o de plástico que encierra la carga de pólvora y municiones necesaria para realizar un disparo con un arma de fuego. 2 Hoja de papel o cartón enrollada en forma de cono que sirve para contener cosas. 3 Recipiente intercambiable con la sustancia o materia necesaria para el funcionamiento de una máquina o instrumento. ► **quemar el último cartucho** Usar el último medio o recurso de que se dispone.

cartuja *f.* 1 Monasterio o convento en el que viven cartujos. 2 Orden religiosa fundada por san Bruno en el siglo XI. Se suele escribir con mayúscula.

cartujo, -ja *adj./m.* [persona] Que pertenece a la orden religiosa de la Cartuja.

cartulina *f.* Cartón delgado, liso y flexible.

casa *f.* 1 Edificio o parte de él donde viven una o más personas. 2 Familia o conjunto de sus miembros que viven juntos. 3 Descendencia o linaje que tiene el mismo apellido y viene del mismo origen. 4 Establecimiento de comercio o industria. 5 Terreno de juego propio. ► **casa consistorial** Edificio en el que se reúnen los que dirigen y administran un pueblo o ciudad. ► **casa de citas** o **casa de putas** Prostíbulo. ► **casa de socorro** Establecimiento benéfico en el que se prestan servicios médicos de urgencia.

casaca *f.* Tipo de chaqueta masculina ajustada al cuerpo y con faldones que llegan hasta la parte posterior de la rodilla.

casadero, -ra *adj.* Que está en edad de casarse.

casado, -da *adj./m. y f.* [persona] Que está unido a otra persona en matrimonio.

casamentero, -ra *adj./m. y f.* Que gusta de proponer o concertar casamientos.

casamiento *m.* Ceremonia civil o religiosa en que se celebra la unión en matrimonio de dos personas mediante determinados ritos o formalidades legales.

casanova *m.* Hombre que es conocido por sus numerosas aventuras amorosas.

casar *tr.* 1 Unir a dos personas en matrimonio la autoridad religiosa o civil que tiene poder para ello. ‖ *prnl.* 2 Unirse con otra persona mediante las ceremonias y formalidades legales establecidas para constituir un matrimonio. ‖ *tr./ intr.* 3 Unir o ajustar una cosa con otra. ‖ *tr.* 4 Disponer o preparar la boda de una persona. ► **no casarse con nadie** Ser independiente para pensar u obrar.

cascabel *m.* Bola metálica hueca, con un asa para colgarla y una estrecha abertura rematada en dos orificios; tiene dentro un trozo de metal para que, al moverla, suene. ► **poner el cascabel al gato** Tener el valor de enfrentarse a una situación difícil o peligrosa. ► **serpiente de cascabel** Serpiente muy venenosa que tiene al final de la cola un conjunto de anillos que el animal hace vibrar al sentirse amenazado.

cascabillo *m.* 1 Cáscara fina que cubre el grano del trigo y otros cereales. 2 Cascabel, bola metálica hueca.

cascada *f.* 1 Caída de una corriente de agua desde cierta altura a causa de un desnivel brusco del terreno. 2 Serie de cosas relacionadas que se producen en abundancia y sin interrupción.

cascado, -da *adj.* 1 [voz, sonido] Que no tiene la sonoridad más pura o clara. 2 Que está muy gastado o sin fuerza ni vigor.

cascajo *m.* 1 Conjunto de fragmentos de

piedra y otros materiales quebradizos. **2** *coloquial* Trasto u objeto viejo, en mal estado o inservible. **3** Persona que por su vejez tiene disminuidas sus facultades.

cascanueces *m.* Instrumento para partir nueces.

OBS El plural también es *cascanueces*.

cascar [1] *tr.* **1** Romper con violencia una cosa separándola en dos o más partes. ▌*tr./prnl.* **2** Dividir o romper en trozos una cosa quebradiza sin que lleguen a separarse los trozos. **3** Perder la voz o volverla ronca. **4** *coloquial* Pegar o golpear a alguien. ▌*intr.* **5** *coloquial* Perder la vida. **6** *coloquial* Hablar mucho.

cáscara *f.* **1** Corteza o cubierta exterior de algunas cosas, especialmente de los huevos y las frutas. **2** Revestimiento exterior del tronco y las ramas de los árboles.

cascarilla *f.* Lámina de metal muy fina que se emplea para recubrir objetos.

cascarón *m.* Cáscara de un huevo, especialmente la que queda al salir el pollo.

cascarrabias *com.* Persona que se enfada con facilidad y riñe por todo.

OBS El plural también es *cascarrabias*.

casco *m.* **1** Pieza de metal o plástico que cubre y protege la cabeza. **casco azul** Soldado bajo las órdenes de la Organización de las Naciones Unidas. **2** Recipiente de cristal cuando está vacío. **3** Fragmento o trozo de una cosa rota. **4** Parte en que se dividen algunas frutas. **5** Parte separada o cortada de un alimento. **6** Cuerpo o armazón de una embarcación o un avión, sin las máquinas ni los aparejos. **7** Uña grande y dura de las patas de ciertos animales. ▌*m. pl.* **8** Aparato que consta de dos auriculares que, unidos por una tira curvada ajustable a la cabeza, se acoplan a los oídos. **9** *coloquial* Cabeza humana. ▶ **ligero de cascos** *coloquial* Despreocupado y falto de formalidad o sensatez. ▶ **calentarse los cascos** *coloquial* Preocuparse demasiado; pensar mucho una cosa. ▶ **casco antiguo** Conjunto de los primeros edificios de una población. ▶ **casco urbano** Conjunto de edificaciones de una ciudad.

cascote *m.* Trozo de material procedente de un edificio derribado o de una obra.

caserío *m.* **1** Conjunto de casas en el campo que no llegan a constituir un pueblo. **2** Casa de campo con edificios dependientes y fincas rústicas unidas o cercanas a ella.

casero, -ra *adj.* **1** Que se hace o se cría en casa. **2** En familia, con confianza y sin formalidades. **3** [persona] Que gusta mucho de estar en casa. ▌*m. y f.* **4** Dueño de una casa alquilada.

caserón *m.* Casa grande y destartalada.

caseta *f.* **1** Casa pequeña no habitable. **2** Instalación sencilla que se monta en fiestas populares. **3** Cuarto en el que se cambian de ropa los bañistas. **4** Vestuario para deportistas.

casete o **cassette** *amb.* **1** Caja pequeña de plástico que contiene una cinta magnética para grabar y reproducir sonidos. ▌*m.* **2** Aparato para grabar o reproducir el sonido.

casi *adv.* Indica que falta muy poco para que se cumpla o complete lo significado por la palabra a la que acompaña.

casilla *f.* **1** Cada uno de los espacios de un papel dividido por líneas verticales y horizontales. **2** Espacio que con otros compone el tablero de distintos juegos de mesa. **3** Cada uno de los compartimientos de un casillero o mueble. **4** Caseta, casa pequeña. ▶ **sacar de sus casillas** *coloquial* Hacer perder la paciencia.

casillero *m.* **1** Mueble dividido en huecos o partes para tener clasificados documentos y objetos. **2** Marcador o tablero en el que aparecen los puntos que consigue un jugador o un equipo.

casino *m.* **1** Establecimiento público en el que hay juegos de azar, espectáculos, conciertos y otras diversiones. **2** Asociación de carácter recreativo y cultural; para pertenecer a ella hay que pagar una cuota. **3** Edificio o conjunto de instalaciones de esta asociación.

caso *m.* **1** Ocasión, situación o conjunto de circunstancias. **2** Suceso o acontecimiento, cosa que ocurre. **3** Asunto de que se trata. **4** MED. Persona que enferma, especialmente cuando se trata de una epidemia, considerada aisladamente. **caso clínico** MED. Manifestación de una enfermedad, especialmente si no es habitual. **5** GRAM. Relación sintáctica que una palabra de carácter nominal mantiene con las demás de una oración según la función que desempeña. ▶ **en caso de que** Si ocurre la cosa que se dice. ▶ **en cualquier caso** o **en todo caso** Cualquiera que sea la situación. ▶ **en todo caso** Sirve para atenuar una negación anterior. ▶ **hacer al caso** o **venir al caso** Tener relación con el asunto de que se trata. ▶ **hacer caso** *a)* Prestar atención. *b)* Obedecer, obrar como se ha ordenado. ▶ **hacer caso omiso** No tener en cuenta una orden o recomendación.

casona *f.* Casa grande antigua y señorial.

casorio *m.* **1** Casamiento hecho sin reflexión o con poco lucimiento. **2** *coloquial* Conjunto de preparativos que acompañan a una boda.

caspa *f.* Conjunto de escamas blancas y muy pequeñas que se forman en el cuero cabelludo.

¡cáspita! *int.* Indica extrañeza o admiración.

casposo, -sa *adj.* Que tiene caspa.

casquería *f.* Establecimiento en el que se venden vísceras, pezuñas y otras partes de las reses que no se consideran como carne.

casquete *m.* **1** Cubierta de tela o cuero que se ajusta a la cabeza. ▶ **casquete polar** Parte de la esfera terrestre comprendida entre el círculo polar y el polo respectivo.

casquillo *m.* **1** Cartucho de metal vacío. **2** Parte metálica del cartucho de plástico o de cartón. **3** Parte metálica de una bombilla. **4** Pieza de metal, generalmente cilíndrica, con la que se refuerza, protege o cubre el extremo de algunas cosas.

casquivano, -na *adj.* [persona] Que es despreocupado e insensato.

casta *f.* **1** Familia y ascendencia de una persona. **2** Clase, condición de un animal. **3** Grupo social en que se divide la población de la India. **4** Grupo que en algunas sociedades forma una clase especial y tiende a permanecer separado de los demás por su raza, religión o costumbres. **5** Especie o calidad de una cosa.

castaña *f.* **1** Fruto seco cubierto por una cáscara dura y flexible de color marrón. **2** *coloquial* Golpe fuerte. **3** *coloquial* Cosa mal hecha o de mala calidad. **4** *coloquial* Borrachera.

castañar *m.* Terreno poblado de castaños.

castañazo *m.* *coloquial* Golpe fuerte.

castañear *tr.* Castañetear.

castañeta *f.* Castañuela.
OBS Se usa generalmente en plural.

castañetear *tr.* **1** Tocar las castañuelas. ‖ *intr.* **2** Sonar los dientes.

castañeteo *m.* **1** Acción de castañetear. **2** Sonido que producen las castañuelas.

castaño, -ña *adj./m.* **1** [color] Que es marrón oscuro. ‖ *m.* **2** Árbol de tronco grueso y copa ancha, hojas lanceoladas y flores blancas, cuyo fruto es la castaña. ▶ **pasar de castaño oscuro** Ser una cosa demasiado grave.

castañuela *f.* Instrumento musical de percusión formado por dos piezas cóncavas generalmente de madera que, unidas al pulgar por un cordón, se tocan haciéndolas chocar una contra otra. ▶ **estar como unas castañuelas** Estar muy alegre.
OBS Se usa generalmente en plural.

castellanizar [4] *tr.* Dar a una cosa carácter castellano; especialmente dar forma castellana a una palabra de otra lengua.

castellano, -na *adj.* **1** De Castilla y León o de Castilla-La Mancha. ‖ *adj./m. y f.* **2** [persona] Que es de Castilla y León o de Castilla-La Mancha. ‖ *m.* **3** Lengua hablada en España, en Hispanoamérica y en otros lugares. **4** Variedad del español que se habla en la Meseta Norte.

castellanohablante *adj./com.* [persona] Que habla español sin dificultad, bien por ser su lengua materna, bien por tener gran dominio de ella.

castellano-leonés, -nesa *adj.* **1** De Castilla y León. ‖ *adj./m. y f.* **2** [persona] Que es de Castilla y León.

castellano-manchego, -ga *adj.* **1** De Castilla-La Mancha. ‖ *adj./m. y f.* **2** [persona] Que es de Castilla-La Mancha.

castellonense *adj.* **1** De Castellón. ‖ *adj./com.* **2** [persona] Que es de Castellón.

casticismo *m.* **1** Afición a lo castizo, típico, genuino. **2** Actitud de quien al hablar o escribir evita los extranjerismos y prefiere el uso de voces y giros de su propia lengua.

castidad *f.* Renuncia a todo placer sexual.

castigar [7] *tr.* **1** Imponer un castigo. **2** Hacer padecer física o moralmente a alguien. **3** Estropear o dañar alguna cosa un fenómeno natural. **4** Estimular con el látigo o las espuelas a una cabalgadura para que ande más rápido.

castigo *m.* **1** Pena que se aplica por haber cometido una falta o un delito. **2** Persona, animal o cosa que causa sufrimientos, trabajos y molestias.

castillo *m.* Edificio o conjunto de edificios fortificados con murallas, torres y fosos. ▶ **castillos en el aire** *coloquial* Ilusiones o esperanzas sin fundamento.

casting o **castin** *m.* Proceso de selección de actores o modelos.
OBS Es de origen inglés y se pronuncia aproximadamente 'castin'.

castizo, -za *adj.* **1** Que es de buena casta. **2** Típico, puro, genuino de un país o región. **3** [lenguaje] Que es puro y sin mezcla de extranjerismos.

casto, -ta *adj.* **1** [persona] Que renuncia a

todo placer sexual o se atiene a lo que se considera lícito desde unos principios morales o religiosos. **2** Honesto.

castor *m.* Mamífero roedor, de cuerpo grueso cubierto de pelo castaño muy fino y espeso, patas cortas y cola aplastada.

castración *f.* Acción de castrar.

castrar *tr.* **1** Extirpar o inutilizar los órganos genitales masculinos. **2** Quitar panales de miel a una colmena para que las abejas fabriquen nueva miel.

castrense *adj.* Del ejército.

castro *m.* Antiguo poblado celta fortificado.

casual *adj.* Que ocurre por casualidad.

casualidad *f.* **1** Combinación de circunstancias que no se pueden prever ni evitar. **2** Acontecimiento fortuito, imprevisto.

casuística *f.* Consideración de los diversos casos particulares que se pueden prever en determinada materia.

casulla *f.* Vestidura que se pone el sacerdote sobre el alba para celebrar la misa, consistente en una pieza alargada con una abertura central para pasar la cabeza y que cae por delante y por detrás.

cata *f.* **1** Prueba de un alimento o una bebida para examinar su sabor. **2** Porción de alguna cosa que se prueba o examina.

cata- Prefijo que entra en la formación de palabras con el significado de: *a)* 'Abajo', 'hacia abajo'. *b)* 'Contra', 'hacia', 'sobre'.

cataclismo *m.* **1** Desastre de grandes proporciones producido por un fenómeno natural. **2** *coloquial* Trastorno, disgusto o contratiempo grande.

catacumbas *f. pl.* Galerías subterráneas donde los primeros cristianos enterraban a sus muertos y se reunían para practicar sus cultos.

catador, -ra *m. y f.* Persona que se dedica a probar o catar vinos para informar de su calidad y de sus propiedades.

catadura *f.* **1** Prueba de un alimento o una bebida para examinar su sabor. **2** Apariencia externa de una persona. **3** Carácter o condición natural de una persona.

catafalco *m.* Armazón cubierto con tela negra que se levanta en los templos para celebrar los funerales por un difunto.

catalán, -lana *adj.* **1** De Cataluña. ▌*adj./ m. y f.* **2** [persona] Que es de Cataluña. ▌*m.* **3** Lengua que se habla en Cataluña y en otros lugares.

catalanismo *m.* **1** Amor o gusto por la cultura y las tradiciones de Cataluña. **2** Palabra o modo de expresión propio de la lengua catalana que se usa en otro idioma. **3** Movimiento que pretende el reconocimiento político de Cataluña y defiende sus valores históricos y culturales.

catalanista *adj.* **1** Del catalanismo. ▌*adj./ com.* **2** [persona] Que es partidario del catalanismo.

catalejo *m.* Tubo alargado con lentes que permite ver lo que está lejos.

catalepsia *f.* MED. Trastorno nervioso repentino que se caracteriza por la inmovilidad y rigidez del cuerpo y la pérdida de la sensibilidad.

cataléptico, -ca *adj.* **1** De la catalepsia. ▌*adj./ m. y f.* **2** [persona] Que padece catalepsia.

catalizador *m.* **1** QUÍM. Sustancia que hace más rápida o más lenta la velocidad de una reacción química sin participar en ella. **2** Persona o cosa que aviva y da empuje a algo.

catalizar [4] *tr.* **1** Atraer y reunir en un solo grupo cosas de distinto origen o de diferentes características. **2** Causar o provocar un proceso o una reacción. **3** QUÍM. Hacer más rápida o más lenta la velocidad de una reacción química.

catalogación *f.* **1** Registro de catalogar. **2** Efecto de catalogar.

catalogar [7] *tr.* **1** Apuntar, registrar ordenadamente libros, documentos u otros objetos formando catálogo de ellos. **2** Clasificar o colocar en una clase o grupo. **3** Considerar o suponer que alguien forma parte de un partido o clase.

catálogo *m.* Lista en la que se registran, describen y ordenan, siguiendo determinadas normas, personas, cosas o sucesos que tienen algo en común.

catamarán *m.* Embarcación deportiva que consiste en dos cascos estrechos y alargados en forma de patines y de una plataforma que se coloca sobre ellos.

cataplasma *f.* **1** Medicamento en forma de pasta blanda que se aplica sobre alguna parte del cuerpo con fines calmantes o curativos. **2** *coloquial* Persona pesada, fastidiosa y pelma.

cataplines *m. pl. coloquial* Testículos.

catapulta *f.* **1** Máquina de guerra antigua con la que se lanzaban piedras o saetas. **2** Cosa que impulsa y favorece decisivamente el desarrollo de otra.

catapultar *tr.* **1** Dar un fuerte impulso a alguien o hacerlo subir a un lugar de forma muy rápida. **2** Disparar o lanzar con una catapulta.

catar *tr.* 1 Probar un alimento o una bebida. 2 Experimentar por primera vez la sensación que produce algo.

catarata *f.* 1 Caída de una corriente de agua desde cierta altura. 2 Enfermedad del ojo que consiste en la formación de una telilla que impide el paso de la luz.

catarral *adj.* Del catarro.

catarro *m.* Malestar físico provocado por la inflamación de las membranas mucosas del aparato respiratorio, que suele ir acompañado de tos y fiebre.

catarsis *f.* 1 Purificación de las pasiones del ánimo mediante las emociones que provoca la contemplación de las obras de arte. 2 Liberación de los recuerdos que alteran la mente o el equilibrio nervioso.
OBS El plural también es *catarsis*.

catártico, -ca *adj.* De la catarsis.

catastral *adj.* Del catastro.

catastro *m.* 1 Censo estadístico donde figuran las propiedades rústicas y urbanas de una población o territorio y el nombre de sus propietarios. 2 Impuesto que se paga por la posesión de una finca.

catástrofe *f.* Suceso desdichado en el que hay gran destrucción y muchas desgracias.

catastrófico, -ca *adj.* 1 De una catástrofe. 2 Desastroso, muy malo.

catastrofismo *m.* 1 Tendencia a predecir catástrofes. 2 Teoría según la cual los mayores cambios geológicos y biológicos se debieron a catástrofes naturales.

catastrofista *adj./com.* Que predice catástrofes.

catavinos *com.* Persona que se dedica a probar o catar vinos.
OBS El plural también es *catavinos*.

cate *m.* 1 Golpe ligero dado en la cabeza con la mano abierta. 2 *coloquial* Suspenso en una prueba o examen.

catear *tr.* 1 *coloquial* Suspender a alguien. 2 AMÉR Allanar la policía o una autoridad oficial una casa. 3 AMÉR Registrar la policía a alguien para comprobar que no porta armas.

catecismo *m.* 1 Libro de instrucción o enseñanza básica en el que se contiene y explica la doctrina cristiana. 2 Obra que contiene la exposición resumida de alguna ciencia o arte.

catecúmeno, -na *m. y f.* Persona que se está instruyendo en los principios de la doctrina católica para recibir el bautismo.

cátedra *f.* 1 Departamento o sección dependiente de la autoridad de un catedrático. 2 Empleo y plaza de catedrático. Asiento o lugar situado en alto desde el que un profesor da clase.

catedral *f.* Iglesia que es sede de una diócesis.

catedralicio, -cia *adj.* De la catedral.

catedrático, -ca *m. y f.* Profesor que tiene la categoría más alta en centros oficiales de enseñanza secundaria o en la universidad.

categoría *f.* 1 Jerarquía de una persona o cosa en una clasificación. 2 Grado o nivel en una profesión, carrera o actividad. 3 Clase o grupo de una ciencia en que se distinguen los elementos que lo componen.

categórico, -ca *adj.* Que afirma o niega de manera absoluta.

catequesis *f.* Enseñanza de los principios y dogmas de la doctrina católica.
OBS El plural también es *catequesis*.

catequista *com.* Persona que enseña la catequesis.

catequizar [4] *tr.* Instruir a alguien en una doctrina, especialmente en la católica.

catering o **cáterin** *m.* Servicio de suministro de bebidas y comidas preparadas para los pasajeros y tripulantes de un avión o para grupos de trabajadores.
OBS Es de origen inglés y se pronuncia aproximadamente 'cáterin'.

caterva *f.* Multitud de personas o cosas consideradas en grupo, pero que están desordenadas, o consideradas despreciables y de poca importancia.

catéter *m.* MED. Tubo largo, delgado y flexible, para explorar conductos o para quitar las acumulaciones de materia en el organismo.

cateto, -ta *m. y f.* 1 Persona sin formación ni cultura y de costumbres toscas. ‖ *m.* 2 En geometría, lado que con otro forma el ángulo recto de un triángulo rectángulo.

catinga *f.* AMÉR Olor fuerte y desagradable que despiden algunos animales y plantas.

catiusca *f.* Bota de goma que llega hasta media pierna o hasta la rodilla y sirve para proteger los pies del agua.
OBS También se escribe *katiusca*.

catódico, -ca *adj.* Del cátodo.

cátodo *m.* Extremo de un circuito o conductor por el que sale la energía eléctrica.

catolicismo *m.* Doctrina religiosa cristiana que tiene como jefe espiritual al Papa.

católico, -ca *adj.* 1 Del catolicismo. ‖ *m. y*

f. 2 [persona] Que cree en esta doctrina religiosa.

catorce *num. card.* 1 Diez más cuatro. 2 *num. ord.* Que sigue en orden al que hace el número 13. Es preferible el uso del ordinal. ▌*m.* 3 Número que representa el valor de diez más cuatro.

catorceavo, -va *num.* Parte que resulta de dividir un todo en 14 partes iguales.

catre *m.* Cama estrecha, sencilla y ligera.

caucasiano, -na *adj.* De la cordillera del Cáucaso.

caucásico, -ca *adj.* 1 De la raza blanca. 2 Del grupo de lenguas hablado en la región del Cáucaso.

cauce *m.* Concavidad del terreno, natural o artificial, por donde corre un río, arroyo, canal o acequia.

caucho *m.* Sustancia elástica y resistente que se obtiene del jugo lechoso de ciertas plantas tropicales.

caudal *adj.* 1 De la cola de los animales. ▌*m.* 2 Cantidad de agua de una corriente. 3 Cantidad de dinero y bienes de una persona. 4 Gran cantidad de una cosa.

caudaloso, -sa *adj.* 1 [corriente] Que lleva mucha agua. 2 Que tiene mucho dinero o muchos bienes.

caudillo *m.* Persona que guía y manda a un grupo de personas, especialmente a un ejército o gente armada.

causa *f.* 1 Origen de una cosa o suceso. 2 Motivo o razón para obrar de una manera determinada. 3 Fin, idea o proyecto que se defiende. 4 Pleito judicial. ▶ **a causa de** Indica el motivo por el que se ha producido un resultado.

causal *adj.* 1 De la causa. ▌*adj./f.* 2 GRAM. [oración] Que expresa la causa real o lógica de la acción, proceso o estado de otra oración.

causalidad *f.* FILOS. Ley en virtud de la cual se producen efectos.

causante *adj./com.* Que es causa de algo.

causar *tr.* Producir o ser el origen de algo.

cáustico, -ca *adj.* 1 [sustancia] Que quema y destruye los tejidos orgánicos. 2 Que es mordaz y sarcástico.

cautelar *adj.* Que sirve para prevenir.

cautela *f.* Cuidado y reserva que se pone al hacer algo para prevenir posibles riesgos o para no ser notado.

cauteloso, -sa *adj.* Que obra con cautela.

cauterizar [4] *tr.* Curar las heridas quemando o destruyendo los tejidos afectados.

cautivador, -ra *adj.* Que cautiva.

cautivar *tr.* 1 Atraer irresistiblemente la atención, simpatía o amor de una persona mediante algo que le resulta física o moralmente atractivo. 2 Apresar o quitar la libertad al enemigo durante una guerra.

cautiverio *m.* 1 Estado del cautivo.

cautividad *f.* 1 Cautiverio.

cautivo, -va *adj./m. y f.* 1 Que no tiene libertad. 2 [persona] Que se siente atraído o dominado por una cualidad.

cauto, -ta *adj.* Que obra con cautela.

cava *m.* 1 Vino blanco espumoso que se elabora en Cataluña. ▌*f.* 2 Recinto subterráneo en el que se elabora este vino. 3 Acción de cavar.

cavar *tr.* 1 Levantar y remover la tierra con una herramienta para cultivarla. 2 Hacer un agujero, foso o zanja.

caverna *f.* Cavidad profunda en la tierra o entre las rocas.

cavernícola *adj./com.* 1 [persona] Que vive en las cavernas. 2 Que tiene ideas sociales y políticas muy antiguas o que se consideran propias de tiempos pasados.

cavernoso, -sa *adj.* 1 Que tiene cavernas. 2 [voz, tos] Que es grave y áspero.

caviar *m.* Alimento que se prepara con las huevas del esturión frescas, aderezadas con sal y prensadas.

cavidad *f.* Espacio hueco en el interior de un cuerpo.

cavilación *f.* Reflexión profunda.

cavilar *intr.* Pensar o reflexionar de forma profunda y minuciosa.

cayado *m.* 1 Bastón que suele ser de madera con el extremo superior curvo. 2 Bastón con el extremo superior curvo que usan los obispos como símbolo de su autoridad.

cayo *m.* Isla pequeña, llana y arenosa, muy común en el mar de las Antillas y en el golfo de México.

caza *f.* 1 Acción de cazar. 2 Animal o conjunto de animales que se cazan. 3 Acción de buscar o perseguir algo. **caza de brujas** Persecución debida a prejuicios políticos o sociales. ▌*m.* 4 Avión que alcanza gran velocidad, destinado principalmente a reconocimientos y combates aéreos. También se llama *avión de caza.*

cazabombardero *m.* Avión de combate preparado para derribar otros aviones y para lanzar bombas sobre un objetivo.

cazador, -ra *adj./m. y f.* 1 Que caza.

cazadora *f.* ESP, MÉX Prenda deportiva de abrigo ajustada a la cintura.

cazadotes *m.* Hombre que trata de casarse con una mujer rica.

cazalla *f.* Aguardiente seco típico de Cazalla de la Sierra, pueblo de Sevilla.

cazar [4] *tr.* **1** Buscar o perseguir animales para atraparlos o matarlos. **2** Conseguir con habilidad. **3** Descubrir una cosa oculta o un error. **4** Darse cuenta o entender con rapidez mental.

cazatalentos *com.* Persona que se dedica a buscar individuos con talento.

OBS El plural también es *cazatalentos*.

cazo *m.* **1** Recipiente cilíndrico, más ancho que alto y con mango largo, hecho de metal o de porcelana, para cocer o calentar alimentos. **2** Utensilio de cocina en forma de media esfera y con un mango largo, que se usa para trasvasar líquidos.

cazoleta *f.* **1** Hueco de la pipa de fumar en el que se coloca el tabaco. **2** Pieza semiesférica que tienen las espadas y sables entre el puño y la hoja para proteger la mano.

cazón *m.* Pez marino de unos dos metros de largo, con la boca en forma semicircular y los dientes afilados y cortantes.

cazuela *f.* **1** Recipiente de cocina de base circular, ancho y poco profundo, generalmente de barro y con dos asas y tapa; se usa para guisar. **2** Guiso hecho en este recipiente, generalmente con carne, patatas y legumbres.

cazurro, -rra *adj./m. y f.* **1** Que es torpe e ignorante. **2** Que es rudo, tosco o basto.

CD Abreviatura de *compact disc*, 'disco compacto'.

CD-ROM *m.* **1** Disco metálico de doce centímetros de diámetro y con gran capacidad para contener sonidos, imágenes y otras informaciones grabadas que se pueden reproducir por medio de un rayo láser. **2** Aparato acoplado al ordenador que permite la lectura de las informaciones contenidas en este disco.

OBS Es abreviatura del inglés *compact disc-read only memory*, 'disco compacto de memoria que solo permite la lectura'.

ce *f.* Nombre de la letra *c*.

cebada *f.* **1** Planta cereal muy parecida al trigo, de semillas más alargadas y puntiagudas. **2** Semilla de esta planta.

cebar *tr.* **1** *coloquial* Alimentar abundantemente. **2** Preparar convenientemente una máquina o ponerle el combustible necesario para que funcione. ‖ *tr./prnl.* **3** Alimentar una pasión o un afecto. ‖ *prnl.* **4** Causar un intenso dolor, de manera deliberada e innecesaria, a una persona que no puede defenderse.

cebo *m.* **1** Trozo de alimento, o algo que lo simula, que se pone en el anzuelo, el cepo y otras trampas para pescar o cazar. **2** Materia que provoca la explosión en las armas de fuego, los proyectiles, etc. **3** Cosa agradable o interesante que se ofrece para incitar a hacer algo.

cebolla *f.* **1** Hortaliza de tallo hueco, hojas largas y estrechas y flores blancas, con un bulbo del que nace una raíz fibrosa. **2** Bulbo subterráneo de esta planta, formado por capas esféricas.

cebolleta *f.* **1** Cebolla común que se vuelve a plantar después del invierno y que se come tierna antes de florecer. **2** Planta parecida a la cebolla, con una parte de las hojas comestible.

cebollino *m.* **1** Simiente de cebolla lista para ser trasplantada. **2** Planta, parecida a la cebolla, de tallo cilíndrico y flores rosadas; una parte de sus hojas es comestible. **3** *coloquial* Persona torpe y tonta.

cebón, -bona *adj.* **1** [animal] Que ha sido cebado o engordado para que sirva de alimento. ‖ *m.* **2** Cerdo cebado.

cebra *f.* Animal mamífero africano parecido al burro, de pelo amarillento con rayas verticales o inclinadas marrones o negras.

cebú *m.* Animal mamífero parecido al toro, con una o dos gibas de grasa en la espalda.

ceca *f.* Establecimiento donde se acuña moneda. ▸ **de la Ceca a la Meca** De un lado para otro.

cecear *intr.* Hablar pronunciando la *s* como la *z* o como la *c* ante *e, i*.

ceceo *m.* Acción de cecear.

cecina *f.* Carne salada y seca.

cedazo *m.* Utensilio formado por un aro de madera o metal y una tela metálica muy fina que cierra la parte inferior; se usa para separar las partes finas y gruesas de una materia.

ceder *tr.* **1** Traspasar voluntariamente a otro el disfrute de algo. ‖ *intr.* **2** Disminuir o desaparecer la resistencia de una persona. **3** Disminuir o desaparecer la fuerza. **4** Romperse una cosa que ha estado sometida a una fuerza excesiva.

cedilla *f.* **1** Nombre de la letra *ç*. **2** Comilla de la parte inferior de esta letra.

cedro *m.* **1** Árbol de tronco alto y recto, con la copa en forma de cono, hojas perennes y el fruto en forma de piña. **2** Madera de este árbol.

cédula *f.* Documento en el que se reconoce una deuda u obligación de otro tipo.

cédula hipotecaria Documento que emiten los bancos reconociendo un crédito cuya devolución tiene como garantía una vivienda.

cefalea *f.* Dolor de cabeza intenso.

-cefalia Elemento sufijal que entra en la formación de palabras con el significado de 'cabeza'.

cefálico, -ca *adj.* De la cabeza.

cefalo-, cefal-, -céfalo Elemento prefijal y sufijal que entra en la formación de palabras con el significado de 'cabeza'.

cefalópodo *adj./m.* 1 ZOOL. Molusco marino de la clase de los cefalópodos. ▍ *m. pl.* 2 ZOOL. Clase de moluscos marinos que tienen la cabeza grande rodeada de patas blandas y flexibles.

cefalotórax *m.* Región del cuerpo de los arácnidos y muchos crustáceos constituida por la fusión de la cabeza con el tórax. OBS El plural también es *cefalotórax.*

cegar *intr.* 1 Perder el sentido de la vista. ▍ *tr./prnl.* 2 Quitar la vista, generalmente de forma pasajera. ▍ *tr./intr.* 3 Quitar la capacidad de razonar. ▍ *tr.* 4 Tapar o cerrar un hueco o entrada.

cegato, -ta *adj./m. y f.* Que no ve bien.

cegesimal *adj.* Palabra que se utiliza en el término *sistema cegesimal,* que significa 'sistema de pesas y medidas que tenía por unidades básicas el centímetro, el gramo y el segundo'.

ceguedad *f.* Ceguera, falta de la vista.

ceguera *f.* 1 Falta completa del sentido de la vista. 2 Pasión que quita la capacidad de razonar.

ceja *f.* 1 Parte de la cara que sobresale por encima de cada uno de los ojos, curvada y cubierta de pelo. 2 Parte saliente de un objeto, generalmente en un libro o un vestido. ▸ **quemarse las cejas** Estudiar mucho y con ahínco. ▸ **tener entre ceja y ceja** No soportar a una persona.

cejar *intr.* Aflojar o ceder en un asunto.

cejijunto, -ta *adj.* Que tiene las cejas muy pobladas y juntas.

cejilla *f.* 1 Pieza que se ajusta al mástil de la guitarra para apretar todas las cuerdas a la vez y subir su tono por igual. 2 Presión que se hace con el dedo índice sobre todas las cuerdas de la guitarra para conseguir el mismo efecto.

celada *f.* 1 Medio hábil y engañoso por el que se coloca a una persona en situación difícil o se la obliga a hacer, decir o aceptar algo que no quería. 2 Emboscada de

gente armada en un lugar oculto. 3 Pieza de la armadura que cubría la cabeza.

celador, -ra *m. y f.* Persona que vigila el cumplimiento de las normas y el mantenimiento del orden.

celar *tr./intr.* 1 Procurar con cuidado el cumplimiento de las leyes y de toda clase de obligaciones. ▍ *tr.* 2 Observar o vigilar a alguien de quien se desconfía.

celda *f.* 1 Habitación pequeña de una cárcel o convento. 2 Casilla hexagonal que forman las abejas y otros insectos en el panal.

celdilla *f.* Celda, casilla.

celebérrimo, -ma *adj.* Superlativo irregular de *célebre.*

celebración *f.* 1 Encuentro o acto solemne en el que intervienen varias personas. 2 Fiesta o acto con que se celebra una fecha o un acontecimiento.

celebrante *m.* Sacerdote que dice la misa.

celebrar *tr./prnl.* 1 Organizar un encuentro o participar en él. ▍ *tr.* 2 Organizar una fiesta o participar en ella con ocasión de una fecha o un acontecimiento. 3 Alegrarse por una cosa o alabarla.

célebre *adj.* [persona, cosa] Que es muy conocido por haber hecho algo importante o por poseer cierta cualidad.

celebridad *f.* 1 Popularidad y admiración pública de que disfruta una persona célebre. 2 Persona célebre.

celemín *m.* Medida de capacidad tradicional para el grano y otros productos; en Castilla equivale a 4,625 litros y es la duodécima parte de la fanega.

celeridad *f.* Rapidez o velocidad en el movimiento o la ejecución de algo.

celeste *adj.* 1 De color azul claro, como el del cielo despejado. 2 Del cielo.

celestial *adj.* Del cielo o lugar en el que los ángeles, los santos y los justos gozan de la compañía de Dios para siempre.

celestina *f.* Mujer que, a cambio de dinero, facilita o encubre las relaciones amorosas o sexuales de dos personas.

celibato *m.* Estado de la persona que no se ha casado por motivos religiosos.

célibe *adj./com.* [persona] Que no se ha casado por motivos religiosos.

celo *m.* 1 Cuidado, diligencia e interés con que alguien hace las cosas que tiene a su cargo. 2 Período de la vida de algunos animales en el que aumenta su apetito sexual y las hembras están preparadas para la reproducción. 3 Cinta de papel de plástico transparente que es adhesiva por una de sus caras y se usa para unir o sujetar cosas. ‖ *m. pl.* **4** Sentimiento que se tiene al sospechar que la persona amada siente preferencia por otra o al creer que un afecto u otro bien que disfruta puede ser alcanzado por otro. **dar celos** Provocar en una persona ese sentimiento.

celofán *m.* Papel de plástico, fino y transparente usado para envolver.

celosía *f.* Enrejado tupido hecho con listones de madera u otro material que se pone en las ventanas o se usa para separar unos espacios de otros.

celoso, -sa *adj.* **1** Que tiene celos. **2** Que pone mucho cuidado e interés al hacer una cosa.

celta *adj.* **1** De un grupo de pueblos indoeuropeos que ocuparon la Europa occidental. ‖ *adj./com.* **2** [persona] Que pertenece a uno de estos pueblos. ‖ *m.* **3** Grupo de lenguas indoeuropeas habladas por este conjunto de pueblos.

celtibérico, -ca *adj.* De la Celtiberia, antigua región de la España prerromana.

celtíbero, -ra o **celtibero, -ra** *adj./m. y f.* De un pueblo que habitó en la Península en el siglo III antes de Cristo.

céltico, -ca *adj.* De los celtas.

célula *f.* **1** Elemento fundamental de los seres vivos, microscópico y dotado de vida propia. **2** Grupo, dentro de una organización mayor, que funciona de modo independiente. ▸ **célula fotoeléctrica** Dispositivo que reacciona ante variaciones de energía luminosa transformándola en una variación de energía eléctrica.

celular *adj.* **1** De la célula. **2** [vehículo] Que está acondicionado para trasladar a personas arrestadas. ‖ *m.* **3** AMÉR Teléfono portátil y sin hilos externos para poder hablar desde cualquier sitio.

celulitis *f.* Inflamación del tejido celular situado debajo de la piel.

OBS El plural también es *celulitis*.

celuloide *m.* **1** Material plástico y muy flexible empleado para la fabricación de películas. **2** Conjunto de personas y medios que se dedica a hacer, vender y proyectar películas de cine.

celulosa *f.* QUÍM. Sustancia insoluble, sólida y blanca, que se encuentra en los tejidos de las células vegetales; se usa para fabricar papel, tejidos, etc.

cementar *tr.* Calentar una pieza de metal en contacto con otra materia en polvo o en pasta.

cementerio *m.* **1** Lugar destinado a enterrar cadáveres. **2** Lugar en el que se acumulan materiales o productos inservibles. **cementerio de coches** Lugar en el que se acumulan los coches viejos o que no sirven.

cemento *m.* Material de construcción en polvo, formado por sustancias calcáreas y arcillosas, que forma una masa sólida y dura al mezclarse con agua; se emplea para tapar huecos, unir superficies y como componente aglutinante en hormigones y argamasas.

cena *f.* **1** Última comida del día, que se toma al atardecer o por la noche. **2** Acción de tomar esta comida.

cenáculo *m.* **1** Sala en que Jesucristo celebró su última cena con sus apóstoles. **2** Reunión habitual y poco numerosa de personas, generalmente literatos o artistas.

cenador *m.* Espacio cubierto, generalmente redondo, cercado y revestido de plantas trepadoras que hay en ciertos jardines.

cenagal *m.* Terreno lleno de cieno.

cenagoso, -sa *adj.* Que tiene mucho barro o cieno.

cenar *tr./intr.* Tomar la cena.

cencerro *m.* Campana pequeña de metal que se cuelga al cuello de las reses.

cenefa *f.* Lista de adorno, generalmente formada con motivos repetidos, que se pone en los bordes de las telas o en muros, doseles, etc.

cenicero *m.* Recipiente para echar la ceniza y las colillas del tabaco.

cenicienta *f.* Persona o cosa que se desprecia injustamente o no se tiene en cuenta.

ceniciento, -ta *adj.* De color gris claro, como el de la ceniza.

cenit *m.* **1** ASTR. Punto del círculo celeste superior al horizonte que corresponde verticalmente a un lugar de la Tierra. **2** Situación o momento de apogeo.

cenital *adj.* **1** Del cenit. **2** Que está en la parte superior de un lugar o que procede de ella.

ceniza *f.* **1** Polvo gris claro que queda después de arder o quemarse una cosa. ‖ *f. pl.* **2** Restos de una persona muerta.

cenizo, -za *adj.* **1** Del color gris claro de la ceniza. ‖ *adj./m.* **2** *coloquial* [persona] Que trae o tiene mala suerte.

cenotafio *m.* Monumento funerario que no contiene el cadáver del personaje a quien se dedica.

censal *adj.* Del censo.

censar *tr.* 1 Incluir o registrar en una lista o censo. ▌ *intr.* 2 Hacer el censo de los habitantes de un lugar.

censo *m.* Lista donde figuran los habitantes o los bienes de un territorio. **censo electoral** Lista donde figuran todas las personas que tienen derecho a votar.

censor, -ra *adj./m. y f.* 1 Que censura. ▌ *m. y f.* 2 Persona encargada por la autoridad de revisar publicaciones para juzgar si pueden ser publicadas.

censura *f.* 1 Crítica o juicio negativo que se hace de algo. 2 Acción de censurar. 3 Organismo oficial encargado de ejercer esta labor.

censurable *adj.* Que puede o merece ser desaprobado o censurado.

censurar *tr.* 1 Juzgar negativamente alguna cosa o comportamiento. 2 Formar un juicio sobre una cosa después de haberla examinado. 3 Suprimir o modificar en unas publicaciones y otras obras destinadas al público lo que el censor ha creído conveniente.

cent *m.* Céntimo de euro.

OBS El plural es *cents*.

centauro *m.* Animal mitológico, mitad hombre y mitad caballo.

centavo, -va *adj./m.* 1 [parte] Que resulta de dividir un todo en 100 partes iguales. ▌ *m.* 2 Moneda equivalente a la centésima parte de la unidad en numerosos países.

centella *f.* 1 Rayo de baja intensidad. 2 Chispa que salta al golpear una piedra con un objeto de metal.

centellear *intr.* 1 Despedir rayos o chispas. 2 Brillar con mucha intensidad.

centena *f.* Conjunto de 100 unidades.

centenar *m.* 1 Centena. ▌ *m. pl.* 2 Gran cantidad de personas o cosas.

centenario, -ria *adj./m. y f.* 1 De la centena. 2 Que tiene cien años de edad, o poco más o menos. ▌ *m.* 3 Día o año en que se cumplen uno o más centenares de años de un acontecimiento.

centeno *m.* 1 Planta cereal muy parecida al trigo, pero de espigas más delgadas. 2 Semilla de esta planta.

centesimal *adj.* Dividido en cien partes.

centésimo, -ma *num. ord.* 1 [persona, cosa] Que sigue en orden al que hace el número 99. 2 [parte] Que resulta de dividir un todo en 100 partes iguales.

centi- Elemento prefijal que entra en la formación de palabras con el significado de 'cien', 'centésima parte'.

centígrado, -da *adj.* 1 [escala de temperatura] Que se divide en cien grados. 2 De la escala centígrada.

centigramo *m.* Medida de masa equivalente a la centésima parte de un gramo.

centilitro *m.* Medida de capacidad equivalente a la centésima parte de un litro.

centímetro *m.* Medida de longitud equivalente a la centésima parte de un metro. **centímetro cuadrado** Medida de superficie que equivale a 0,0001 metros cuadrados. **centímetro cúbico** Medida de volumen que equivale a 0,000001 metros cúbicos.

céntimo *m.* Moneda equivalente a la centésima parte de una unidad monetaria.

centinela *m.* Soldado que guarda o vigila.

centollo *m.* Crustáceo marino con una concha cubierta de pelos y espinas y con cinco pares de patas.

central *adj.* 1 Que está en el centro o entre dos extremos. 2 Principal, fundamental. 3 Que ejerce su acción sobre todo el conjunto, del que forma parte. ▌ *f.* 4 Oficina o establecimiento principal del que dependen otros del mismo tipo. 5 Instalación en la que se produce energía eléctrica a partir de otras formas de energía. ▌ *m.* 6 Jugador de fútbol que juega en el centro de la defensa.

centralismo *m.* Sistema de gobierno que defiende la acumulación de poder y de funciones en un solo organismo.

centralista *adj.* 1 Del centralismo. ▌ *adj./com.* 2 [persona] Que es partidario del centralismo.

centralita *f.* 1 Aparato que conecta varias líneas telefónicas con los teléfonos instalados en un mismo local. 2 Lugar donde está instalado ese aparato.

centralización *f.* 1 Acción de centralizar. 2 Efecto de centralizar.

centralizar [4] *tr./prnl.* Reunir cosas distintas o de diversa procedencia en un lugar común o bajo una misma dirección.

centrar *tr.* 1 Colocar una cosa haciendo coincidir su centro con el de otra. 2 Dirigir la atención o el interés hacia un objetivo o un asunto. ▌ *tr./intr.* 3 Pasar la pelota de la parte exterior al centro del campo, especialmente en el fútbol.

céntrico, -ca *adj.* Del centro.

centrifugadora *f.* Máquina de centrifugar.

centrifugar *tr.* Someter un objeto o sustancia a una rotación muy rápida para obtener por la fuerza centrífuga su secado o la separación de los componentes unidos o mezclados.

centrífugo, -ga *adj.* [fuerza] Que tiende a alejar del centro.

centrípeto, -ta *adj.* [fuerza] Que tiende a acercar al centro.

centrismo *m.* Tendencia o ideología política de los partidos de centro.

centrista *adj.* 1 De una política centrista. **|** *adj./com.* 2 [persona] Que es partidario de esta política.

centro *m.* 1 Punto o lugar que está en medio, equidistante de los límites o extremos. 2 Lugar o recinto donde se desarrolla una actividad. 3 Persona o cosa principal que atrae la atención. 4 Parte de una población donde hay más actividad administrativa, comercial y cultural. También se llama 'centro urbano'. 5 Conjunto de ideas políticas que están entre la derecha y la izquierda. ▶ **centro de gravedad** Fís. Punto de un cuerpo en el que, si se aplicara una sola fuerza vertical, tendría el mismo efecto que la suma de las acciones de la gravedad sobre todos sus puntos.

centroafricano, -na *adj.* 1 Del África central, y especialmente de la República Centroafricana. **|** *adj./m. y f.* 2 [persona] Que es del África central o de la República Centroafricana.

centroamericano, -na *adj.* 1 De Centroamérica. **|** *adj./m. y f.* 2 [persona] Que es de alguno de los países de Centroamérica.

centrocampista *com.* Jugador de fútbol u otros deportes que juega en el centro del campo.

centroeuropeo, -pea *adj.* 1 De la Europa central. **|** *adj./m. y f.* 2 [persona] Que es de alguno de los países de la Europa central.

centuplicar [1] *tr./prnl.* 1 Hacer cien veces mayor una cosa o una cantidad. 2 Hacer una cosa mucho mayor.

céntuplo, -pla *num.* [cantidad, número] Que es cien veces mayor que otro.

centuria *f.* 1 Período de cien años. 2 Compañía de cien hombres en la milicia romana.

centurión *m.* Oficial de la milicia romana que tenía a su mando una centuria.

cenutrio, -tria *m. y f.* Persona torpe y lenta para comprender o ejecutar una cosa.

ceñido, -da *adj.* Que está apretado, que rodea o cubre ajustando.

ceñir [36] *tr.* 1 Apretar, ajustar o rodear la cintura u otra parte del cuerpo con una prenda de vestir u otra cosa. 2 Llevar un objeto ajustado a una parte del cuerpo. 3 Rodear o ajustar una cosa a otra. **|** *prnl.* 4 Limitarse o atenerse concretamente a lo que se trata.

ceño *m.* Gesto de enfado o preocupación que se hace arrugando la frente y juntando las cejas.

ceñudo, -da *adj.* Que tiene ceño.

cepa *f.* 1 Tronco de la vid del que brotan los sarmientos. 2 Parte del tronco de las plantas que está bajo la tierra unida a la raíz. 3 Origen de una familia. ▶ **de buena cepa** De origen o calidad cuya bondad es conocida.

cepellón *m.* Tierra que se deja pegada a las raíces de los vegetales para trasplantarlos.

cepillar *tr.* 1 Poner lisa una superficie de madera o metal con un cepillo. **|** *tr./prnl.* 2 Limpiar el polvo, pelusas o suciedad con un cepillo. 3 Pasar el cepillo por el pelo para peinarlo o desenredarlo. 4 *coloquial* Gastar el dinero con rapidez y sin medida. **|** *prnl.* 5 *coloquial* Matar a una persona o un animal. 6 *coloquial* Suspender a alguien que se examina. 7 *malsonante* Poseer sexualmente a una persona.

cepillo *m.* 1 Instrumento de diversos tamaños y formas hecho de hilos o pelos gruesos fijos en una base y cortados al mismo nivel, que se usa generalmente para limpiar. **cepillo de dientes** Cepillo pequeño y con mango que se usa para limpiarse la boca. 2 Herramienta de carpintería para alisar la madera. 3 Caja cerrada provista de una pequeña ranura por la que se introducen las limosnas.

cepo *m.* 1 Trampa para cazar animales. 2 Instrumento para inmovilizar la rueda de un automóvil. 3 Artefacto de diferentes formas con que se aprisionaba el cuello o los pies de los condenados.

ceporro, -rra *m. y f.* Persona torpe y poco inteligente. ▶ **dormir como un ceporro** Dormir mucho y profundamente.

cera *f.* 1 Sustancia sólida, blanda y fundible que producen las abejas y que se emplea principalmente para hacer velas. 2 Sustancia amarillenta segregada por las glándulas de los oídos. 3 Producto químico de limpieza que se usa para dar brillo. ▶ **hacer la cera** Quitar el pelo de alguna parte del cuerpo, aplicando una capa de cera.

cerámica *f.* 1 Objeto o conjunto de objetos fabricados con barro, loza o porcelana. 2 Arte o técnica de fabricar esos objetos.

ceramista *com.* Persona que fabrica objetos de cerámica.

cerbatana *f.* Tubo estrecho en el que se

introducen dardos u otros proyectiles para dispararlos soplando por un extremo.

cerca *f.* 1 Tapia o valla que sirve para rodear un terreno y resguardarlo o marcar límites. ‖ *adv.* 2 En un punto próximo o inmediato; a corta distancia. ▶ **cerca de** *a*) Aproximadamente. *b*) Junto a. ▶ **de cerca** A poca distancia.

cercado *m.* 1 Cerca, tapia. 2 Lugar rodeado y limitado por una cerca.

cercanía *f.* 1 Proximidad en el espacio o en el tiempo. ‖ *f. pl.* 2 Conjunto de zonas cercanas a un lugar o que lo rodean.

cercano, -na *adj.* Que está próximo en el espacio o en el tiempo.

cercar [1] *tr.* 1 Poner cercas, vallas. 2 Rodear mucha gente a una persona o cosa.

cercenar *tr.* 1 Cortar la extremidad de una cosa. 2 Reducir la cantidad, el tamaño o la importancia de una cosa.

cerciorarse *prnl.* Asegurarse de que se está en lo cierto.

cerco *m.* 1 Línea o cosa semejante que rodea a otra o que deja una marca en ella. 2 Cerca, tapia. 3 Asedio de una ciudad o fortaleza para dominarla y conquistarla. 4 Círculo luminoso alrededor de un astro, especialmente del Sol o la Luna.

cerda *f.* 1 Pelo grueso y duro que tienen las caballerías en la cola y en la crin, y otros animales como el cerdo en el cuerpo. 2 Pelo o filamento de cepillo.

cerdada *f.* Acción malintencionada e indigna.

cerdo, -da *m.* y *f.* 1 Mamífero doméstico, de cuerpo grueso, patas cortas y hocico chato y redondeado. ‖ *adj./m.* y *f.* 2 [persona] Que no cuida su aseo personal. Se usa como apelativo despectivo. 3 [persona] Que comete acciones bajas, sucias o inmorales.

cereal *adj./m.* 1 [planta] Que produce semillas en forma de granos de las que se hacen harinas o que se utilizan para alimento de las personas o como pienso para el ganado. ‖ *m. pl.* 2 Conjunto de semillas de estas plantas. 3 Alimento elaborado con estas semillas.

cerealista *adj.* 1 De los cereales, su producción y comercio. ‖ *adj./com.* 2 Que se dedica a la producción o al comercio de cereales.

cerebelo *m.* ANAT. Parte del encéfalo constituida por una masa de tejido nervioso que se encuentra en la parte posterior de la cabeza y que se encarga de la coordinación muscular y otros movimientos no controlados por la voluntad.

cerebral *adj.* 1 Del cerebro. ‖ *adj./com.* 2 [persona] Que toma decisiones fríamente, sin dejarse llevar por sus impulsos o sentimientos. 3 Que se hace con frialdad y sin apasionamiento.

cerebro *m.* 1 Parte del encéfalo constituida por una masa de tejido nervioso que se encuentra en la parte anterior y superior de la cabeza y que se encarga de las funciones cognitivas. 2 Talento, capacidad de juicio o de entendimiento. 3 Persona que posee capacidad para desarrollar con facilidad y perfección actividades relacionadas con la cultura, la ciencia o la técnica. 4 Persona que piensa o dirige una acción.

ceremonia *f.* 1 Acto o serie de actos públicos y formales que se realizan de acuerdo con las reglas o ritos fijados por la ley o por la costumbre. 2 Aparato y pompa con que se da solemnidad a un acto social. ▶ **sin ceremonias** Sin mostrar aparato o solemnidad, con sencillez.

ceremonial *adj.* 1 De la ceremonia. ‖ *m.* 2 Conjunto de reglas y formalidades que ordenan la celebración de ciertas ceremonias. 3 Libro que explica este conjunto de reglas y formalidades.

ceremonioso, -sa *adj.* [persona] Que trata y gusta de ser tratado con ceremonias.

céreo, -a *adj.* De cera.

cereza *f.* 1 Fruto del cerezo, pequeño y redondeado, de color rojo oscuro y con hueso, que tiene pulpa dulce y jugosa. ‖ *adj./m.* 2 [color] Que es rojo oscuro.

cerezo *m.* 1 Árbol frutal de tronco liso, hojas lanceoladas y flores blancas y cuyo fruto es la cereza. 2 Madera de este árbol.

cerilla *f.* ESP Varilla de papel encerado, madera u otro material, con un extremo recubierto de fósforo que se prende al rozarlo con una superficie áspera.

cerillero, -ra *m.* y *f.* Persona que se dedica a vender cerillas y tabaco en cafés y otros establecimientos públicos.

cerillo *m.* MÉX Fósforo para encender.

cerio *m.* QUÍM. Metal de color gris brillante, muy dúctil y maleable.

cerner *tr.* 1 Separar lo grueso de lo fino en una materia, generalmente reducida a polvo, haciéndola pasar a través de un cedazo o criba. ‖ *intr.* 2 Estar una planta, especialmente la vid y el trigo, en el momento en el que se desprende el polen y se produce la fecundación. ‖ *prnl.* 3 Amenazar de cerca un mal. 4 Andar moviendo el cuerpo a uno y otro lado.

cernícalo *m.* **1** Ave rapaz de unos cuarenta centímetros, de plumaje rojizo con manchas negras y con pico y uñas fuertes. ▌ *adj./m.* **2** *coloquial* [persona] Que es poco hábil o que no sabe comportarse.

cernir [29] Cerner con un cedazo.

cero *num. card.* **1** Indica que el nombre al que acompaña o al que sustituye está 0 veces. ▌ *m.* **2** Número 0. **3** Número que situado a la derecha de cualquier cifra la multiplica por diez. ▸ **ser un cero a la izquierda** No valer para nada.

cerrado, -da *adj.* **1** Que es poco inteligente o no comprende. **2** Que habla y se relaciona poco con los demás. **3** [cielo] Que está cubierto de nubes. **4** [oscuridad] Que es muy intenso. ▸ **a ojos cerrados** o **con los ojos cerrados** Sin pensar, sin dudar, precipitadamente.

cerradura *f.* Mecanismo que se fija en puertas, tapas, cajones u objetos parecidos y sirve para cerrarlos.

cerraja *f.* Cerradura.

cerrajería *f.* Taller donde se fabrican y arreglan cerraduras, llaves, etc.

cerrajero, -ra *m. y f.* Persona que fabrica y arregla cerraduras, llaves, etc.

cerramiento *m.* **1** Cosa que cierra o tapa cualquier abertura, conducto o paso. **2** Acción de cerrar.

cerrar *tr.* **1** Hacer que el interior de un espacio o lugar no tenga comunicación directa con el exterior. ▌ *tr./intr./prnl.* **2** Encajar en su marco la hoja de una puerta o ventana o la tapa de una caja. ▌ *tr.* **3** Juntar partes movibles del cuerpo o de cosas articuladas. **4** Encoger, doblar o plegar lo que estaba extendido. **5** Impedir el acceso o entrada a un lugar. **6** Impedir el paso a un fluido por un conducto. **7** Hacer desaparecer o tapar una abertura. **8** Poner fin a la actividad de una corporación o establecimiento. **9** Dar por firme y concertado un acuerdo o negociación. **10** Ir el último en una sucesión o fila. ▌ *tr./prnl.* **11** Apiñar, agrupar, unir estrechamente. ▌ *prnl.* **12** Encapotarse o cubrirse de nubes el cielo. **13** Ceñirse al lado de mayor curvatura el vehículo que toma una curva. ▸ **cerrar el pico** Dejar de hablar o no decir lo que se sabe.

cerrazón *f.* **1** Estado del cielo cuando está cubierto de nubes oscuras y amenaza tempestad. **2** Torpeza o falta de capacidad para entender una cosa. **3** Actitud del que se mantiene excesivamente firme en sus ideas u opiniones.

cerril *adj.* **1** Que tiene modos toscos y groseros. **2** Que se mantiene excesivamente firme en sus ideas u opiniones.

cerro *m.* Elevación de terreno de poca altura y de bordes suaves. ▸ **irse por los cerros de Úbeda** Decir algo que nada tiene que ver con el asunto del que se habla.

cerrojazo *m.* **1** Cierre que consiste en echar el cerrojo recia y bruscamente. **2** Clausura o final brusco de una actividad, reunión o charla.

cerrojo *m.* Barra de hierro que pasa a través de unas anillas y que sirve para cerrar una puerta, ventana, etc.

certamen *m.* Concurso abierto para estimular con premios ciertas actividades de carácter literario, artístico o científico.

certero, -ra *adj.* **1** Que acierta. **2** Que es cierto.

certeza *f.* Conocimiento seguro y claro que se tiene de una cosa.

certidumbre *f.* Certeza.

certificación *f.* **1** Certificado, documento. **2** Garantía por escrito de que una carta o paquete postal llegará a su destino.

certificado, -da *adj./m. y f.* **1** [envío postal] Que se manda por correo con la garantía de que llegará a su destino. ▌ *m.* **2** Documento o escrito en el que se declara cierta o verdadera una cosa.

certificar [1] *tr.* **1** Declarar cierta o verdadera una cosa, asegurarla una persona con autoridad y por escrito. **2** Garantizar el servicio de Correos por escrito la entrega en mano de un envío postal mediante el pago de una cantidad.

cerumen *m.* Cera de los oídos.

cervantino, -na *adj.* De Miguel de Cervantes, de su vida y obra.

cervantista *adj./com.* Especialista en la figura y la obra de Miguel de Cervantes.

cervato *m.* Ciervo menor de seis meses.

cervecería *f.* **1** Establecimiento en el que se sirve cerveza. **2** Fábrica de cerveza.

cervecero, -ra *adj.* **1** De la cerveza. ▌ *m. y f.* **2** Persona que se dedica a fabricar o vender cerveza.

cerveza *f.* Bebida alcohólica obtenida de la fermentación de cebada y otros cereales.

cervical *adj./f.* **1** De la cerviz. ▌ *f. pl.* **2** Vértebras o huesos pequeños que forman la parte de la columna vertebral correspondiente al cuello.

cérvido *adj./m.* 1 ZOOL. Animal de la familia de los cérvidos. ▌ *m. pl.* 2 ZOOL. Familia de mamíferos rumiantes que se caracterizan por la presencia, en los ejemplares machos, de cuernos ramificados que se renuevan cada año.

cerviz *f.* ANAT. Parte posterior del cuello que en el hombre y en la mayoría de los mamíferos consta de siete vértebras.

cesación *f.* Interrupción de una actividad.

cesante *adj./com.* [empleado público] Que ha sido privado de su cargo o empleo.

cesar *intr.* 1 Llegar a su fin una cosa. 2 Interrumpir cierta actividad. 3 Dejar de desempeñar un cargo o empleo.

cesárea *f.* Operación quirúrgica que consiste en abrir la pared abdominal de una parturienta para extraer el feto.

cese *m.* 1 Acción de cesar. 2 Documento en el que se hace constar la cesación en un cargo o empleo.

cesio *m.* QUÍM. Metal alcalino de color blanco plateado que se inflama en contacto con el aire.

cesión *f.* Renuncia voluntaria que se hace de un bien en favor de otra persona.

césped *m.* Hierba menuda y espesa que cubre un terreno.

cesta *f.* 1 Recipiente de material flexible con dos asas que sirve para llevar objetos, especialmente si de boca redondeada y más ancho que alto. 2 En el juego del baloncesto, canasta. 3 Pala cóncava para jugar a la pelota.

cesto *m.* Cesta grande, más alta que ancha, hecha de mimbres y que sirve para llevar objetos.

cesura *f.* culto Corte o pausa exigida por el ritmo que divide un verso en dos partes.

ceta *f.* Zeta, nombre de la letra *z*.

cetáceo, -cea *adj./m.* 1 ZOOL. Mamífero marino con forma de pez de gran tamaño; tiene la piel lisa, las extremidades anteriores convertidas en aletas y carece de extremidades posteriores. | *m. pl.* 2 Orden de estos mamíferos.

cetme *m.* Fusil ligero para hacer disparos de uno en uno o en cortas ráfagas.

cetrería *f.* 1 Arte de criar, amaestrar y cuidar las aves para la caza. 2 Caza en que se emplean halcones y otras aves rapaces.

cetrero *m.* Especialista en cetrería.

cetrino, -na *adj.* 1 De color amarillo verdoso. 2 Melancólico y adusto.

cetro *m.* 1 Vara de metal preciosa usada por los reyes como símbolo de su poder y dignidad. 2 Dignidad de rey o emperador. 3 Superioridad de una persona con respecto a otras.

ceutí *adj.* 1 De Ceuta. | *adj./com.* 2 [persona] Que es de Ceuta.

OBS El plural es *ceutíes.*

cf. o **cfr.** Abreviaturas de *confer,* 'compárese', 'confróntese'.

chabacanería *f.* 1 Falta de buen gusto, vulgaridad. 2 Acción o dicho chabacano.

chabacano, -na *adj.* Que es grosero, vulgar o de mal gusto.

chabola *f.* Barraca mísera en los suburbios de una ciudad.

chabolismo *m.* Abundancia de chabolas en los suburbios, como síntoma de miseria social.

chabolista *com.* Persona que vive en una chabola.

chacal *m.* Mamífero parecido al lobo, pero de menor tamaño, que se alimenta de carroña.

chacarero, -ra *adj.* AMÉR 1 Relativo a la chacra. | *m. y f.* 2 Dueño de una chacra.

chacha *f. coloquial* Mujer que realiza trabajos domésticos en una casa distinta de la suya a cambio de dinero, generalmente por horas o algunos días a la semana. Preferible: *asistenta* o *empleada del hogar.*

chachachá *m.* 1 Baile rápido que procede de Cuba, derivado de la rumba y el mambo. 2 Música y ritmo de este baile.

cháchara *f. coloquial* Conversación sobre temas sin importancia.

chacina *f.* Conjunto de embutidos y fiambres hechos con carne de cerdo.

chacinería *f.* Establecimiento en el que se vende chacina.

chacolí *m.* Vino blanco de sabor agrio que se elabora en el norte de España.

OBS El plural es *chacolíes.*

chacra *f.* AMÉR Pequeña finca rural con vivienda y terreno para el cultivo y crianza de animales domésticos.

chafar *tr./prnl.* 1 Aplastar una cosa blanda o frágil. 2 Estropear o echar a perder un proyecto. 3 *coloquial* En una conversación, cortar a una persona dejándola sin saber qué responder.

chaflán *m.* En un edificio, plano largo y estrecho que, en lugar de esquina, une dos superficies planas que forman ángulo.

chaira *f.* 1 Cuchillo cuya hoja puede doblarse para guardar el filo dentro del mango. 2 Cuchilla para cortar el cuero. 3 Barra de metal que sirve para afilar otros instrumentos cortantes.

chal *m.* Pañuelo rectangular para cubrir los hombros.

chalado, -da *adj./m. y f.* 1 *coloquial* Que ha perdido el juicio. 2 *coloquial* Que está muy enamorado.

chaladura *f.* 1 *coloquial* Extravagancia, manía o acción propia de un chalado. 2 *coloquial* Enamoramiento.

chalar *tr./prnl.* 1 *coloquial* Enloquecer. ‖ *prnl.* 2 *coloquial* Enamorarse.

chalé o **chalet** *m.* Vivienda unifamiliar, generalmente con más de una planta, y rodeada de un terreno ajardinado.

OBS El plural de *chalé* es *chalés*; el de *chalet, chalets*.

chaleco *f.* Prenda de vestir sin mangas que cubre el cuerpo hasta la cintura, especialmente la que se pone encima de la camisa. **chaleco salvavidas** Chaleco que sirve para mantenerse flotando en el agua.

chalupa *f.* Embarcación pequeña, con cubierta y dos palos para las velas.

chamán *m.* En algunas culturas primitivas, hombre que se considera que tiene poderes mágicos o sobrenaturales.

chamarra *f.* Prenda de vestir de abrigo, hecha de tela gruesa y tosca y paño burdo, que cubre el cuerpo hasta las rodillas.

chamba *f. coloquial* Situación o circunstancia favorable que ocurre por azar.

chambelán *m.* En las antiguas cortes reales, noble que acompañaba y servía al rey.

chambergo *m.* Prenda de vestir de abrigo que llega hasta la mitad del muslo.

chambonear *tr./intr.* AMÉR *coloquial* Hacer las cosas con torpeza, sin arte ni aseo.

chamizo *m.* 1 Árbol o madero chamuscado o medio quemado. 2 Casa pequeña y sencilla con techo de ramas o cañas. 3 Local o vivienda pobre, sucia y desordenada.

champán *m.* Vino blanco espumoso que se elabora en la comarca de la Champaña, en Francia.

champaña *m.* Champán.

champiñón *m.* Hongo comestible con forma de sombrero redondeado sostenido por un pie y de color claro.

champú *m.* Jabón líquido que se usa para lavar el pelo.

OBS El plural es *champús*.

chamuscar *tr./prnl.* Quemar la parte superficial de una cosa o las puntas de algo filamentoso.

chamusquina *f.* Materia que se produce cuando se chamusca una cosa.

chanchullo *m. coloquial* Manejo ilícito, desde un punto de vista moral o legal, para sacar provecho.

chancla *f.* Calzado que no cubre el pie, formado por una suela y dos tiras.

chancleta *f.* Chancla.

chancletear *intr.* Hacer ruido al andar con unas chancletas.

chanclo *m.* 1 Zapato de madera que se emplea para pisar sobre el barro. 2 Zapato grande de materia elástica en el que se introduce el pie calzado.

chándal *m.* Prenda de vestir deportiva formada por unos pantalones largos y una chaqueta.

OBS El plural es *chándales*.

chanquete *m.* Pez marino comestible, de cuerpo pequeño, translúcido y alargado y color blanco rosado.

chantaje *m.* 1 Presión que se hace sobre una persona para sacar provecho, generalmente económico, a cambio de no hacer pública cierta información que le puede hacer daño. 2 Amenaza o presión con la que se obliga a actuar a una persona de una manera determinada.

chantajear *tr.* Hacer chantaje.

chantajista *com.* Persona que hace chantaje.

chanza *f.* Dicho que tiene gracia.

¡chao! *int. coloquial* Expresión que se usa para despedirse.

chapa *f.* 1 Lámina delgada y lisa de madera o metal. 2 Tapón metálico, generalmente dentado, que cierra herméticamente algunas botellas. 3 Carrocería del automóvil. 4 Distintivo o insignia, generalmente de metal, que llevan los policías.

chapar *tr.* 1 Cubrir con chapa. 2 *coloquial* Cerrar.

chaparro, -rra *adj./m. y f.* 1 [persona] Que está gruesa y tiene poca altura. ‖ *m. y f.* 2 Planta de encina o roble con muchas ramas y poca altura.

chaparrón *m.* 1 Lluvia intensa y corta. 2 *coloquial* Riña o reprimenda fuerte.

chapela *f.* Boina con mucho vuelo típica del País Vasco.

chapista *com.* Persona que se dedica a trabajar la chapa.

chapitel *m.* Remate en forma piramidal de una torre.

¡chapó! *int. coloquial* Indicar que algo es del agrado de la persona que habla.

chapona *f.* URUG Saco (prenda de vestir).

chapotear *intr.* Agitar los pies o las manos en el agua o en el barro haciendo ruido.

chapoteo *m.* 1 Acción de chapotear. 2 Efecto de chapotear.

chapucero, -ra *adj./m. y f.* 1 [persona] Que hace las cosas sin técnica ni cuidado. ▮ *adj.* 2 Que se ha hecho sin técnica ni cuidado.

chapurrear *tr./intr.* Hablar con dificultad y de manera incorrecta una lengua, especialmente si es extranjera.

chapurreo *m.* Manera de hablar del que chapurrea.

chapuza *f.* 1 Trabajo hecho sin técnica ni cuidado. 2 Trabajo de poca importancia que se hace ocasionalmente.

chapuzar [4] *tr./prnl.* Meter a alguien en el agua de golpe o de cabeza.

chapuzón *m.* 1 Acción de chapuzar o chapuzarse. 2 Baño breve.

chaqué *m.* Prenda de vestir parecida a la chaqueta, que a partir de la cintura se abre hacia atrás formando dos faldones.

OBS El plural es *chaqués*.

chaqueta *f.* ESP Prenda exterior de vestir hecha de tejido fuerte, con mangas largas, abierta por delante y con botones y que llega más abajo de la cintura. ▶ **cambiar de chaqueta** Cambiar de partido o de ideología por interés.

chaquetero, -ra *adj./m. y f.* [persona] Que cambia de partido o de ideología de forma interesada.

chaquetilla *f.* 1 Chaqueta corta y casi siempre con adornos. 2 Torera, chaquetilla usada por los toreros.

chaquetón *m.* Prenda de vestir de abrigo más larga que la chaqueta.

charada *f.* Pasatiempo en el que se tiene que adivinar una palabra a partir de las pistas que se dan sobre su significado y el de las palabras que resultan tomando una o varias de sus sílabas.

charanga *f.* Banda de música que tiene solo instrumentos de viento y especialmente de metal.

charca *f.* Charco grande de agua acumulada en un terreno de forma natural o artificial.

charco *m.* Pequeña cantidad de un líquido, generalmente de agua, que queda detenida en un hoyo o cavidad de la tierra o sobre el piso.

charcutería *f.* Establecimiento en el que se venden embutidos y fiambres hechos con carne de cerdo.

charcutero, -ra *m. y f.* Persona que trabaja en una charcutería.

charla *f.* 1 *coloquial* Conversación que se mantiene por pasatiempo, sobre temas poco importantes. 2 Conferencia que se da sin solemnidad ni excesivas preocupaciones formales.

charlar *intr. coloquial* Conversar por pasatiempo o sobre temas poco importantes.

charlatán, -tana *adj./m. y f.* 1 Que habla mucho. 2 Que cuenta cosas que no debería contar. 3 Que engaña a alguien aprovechándose de su inexperiencia o ingenuidad. ▮ *m.* 4 Vendedor callejero que anuncia sus productos a voces.

charlestón *m.* Baile de movimiento rápido de origen estadounidense que fue muy popular en Europa hacia 1920.

charlotada *f.* 1 Espectáculo taurino de carácter cómico. 2 Actuación pública colectiva que resulta grotesca o ridícula.

charloteo *m.* Charla, conversación.

charnego, -ga *m. y f.* En Cataluña, inmigrante de otra región española.

OBS Se usa en sentido despectivo.

charnela *f.* 1 Bisagra o mecanismo para facilitar el movimiento giratorio de las puertas. 2 Articulación de las dos valvas de un molusco.

charol *m.* Cuero cubierto por un barniz muy brillante y permanente.

charretera *f.* Insignia militar a modo de hombrera de la que cuelga un fleco.

charro, -rra *adj./m. y f.* 1 Aldeano de Salamanca. ▮ *adj.* 2 Adornado con mal gusto.

chárter *adj./m.* [vuelo] Que ha sido contratado expresamente para un viaje y al margen de los vuelos regulares.

chascar [1] *tr./intr.* Dar chasquidos.

chascarrillo *m.* Cuento breve o frase de sentido equívoco y gracioso.

chasco *m.* 1 Decepción que causa un hecho. 2 Burla o engaño.

chasis *m.* Armazón que sostiene el motor y la carrocería de un vehículo.

OBS El plural también es *chasis*.

chasquear *tr./intr.* 1 Dar chasquidos. 2 Dar un chasco o burla.

chasquido *m.* 1 Sonido seco que se produce cuando se rompe o raja una cosa, especialmente la madera. 2 Sonido que se hace al separar con rapidez la lengua del paladar. 3 Sonido que producen un látigo o una honda cuando se sacuden.

chat *m.* Conversación que se tiene a través de mensajes instantáneos enviados mediante un programa informático.

OBS El plural es chats.

chatear *intr.* Conversar con alguien a través del chat.

chatarra *f.* **1** Conjunto de trozos u objetos de metal viejo. **2** *coloquial* Máquina o aparato muy viejo o inservible. **3** *coloquial* Conjunto de monedas de poco valor.

chatarrería *f.* Establecimiento en el que se vende o compra chatarra.

chatarrero, -ra *m. y f.* Persona que recoge, almacena o vende chatarra.

chato, -ta *adj./m. y f.* **1** Que tiene la nariz pequeña y aplastada. **2** *adj.* [nariz] Que es aplastada y pequeña. ▌*m.* **3** *coloquial* Vaso bajo y ancho que se usa en las tabernas.

OBS Se usa como apelativo afectivo.

chaucha *f.* ASUR Fruto del poroto o frijol.

chauvinismo *m.* Chovinismo.

OBS Esta palabra procede del francés.

chauvinista *adj./com.* Chovinista.

chaval, -vala *adj./m. y f.* Niño, muchacho o persona joven.

chavea *m. coloquial* Niño, muchacho.

chaveta *f. coloquial* Clavo hendido o clavija. ▶ **perder la chaveta** *coloquial* Perder el juicio.

chavo *m.* **1** Moneda de cobre de valor variable según los países y períodos. **2** Dinero, en general.

che *f.* Nombre del dígrafo *ch*.

checo, -ca *adj.* **1** De la República Checa. ▌*adj./m. y f.* **2** [persona] Que es de la República Checa. ▌*m.* **3** Lengua eslava hablada en este país.

checoslovaco, -ca **1** *adj.* De Checoslovaquia. ▌*adj./m. y f.* **2** [persona] Que es de Checoslovaquia.

chef *m.* Jefe de cocina de un restaurante.

cheli *m.* Jerga que utiliza palabras y expresiones castizas y marginales.

chelín *m.* **1** Unidad monetaria de Austria (hasta su sustitución por el euro) y otros países. **2** Moneda antigua del Reino Unido.

chelo *m.* Instrumento musical de cuerda y arco, de tamaño y sonoridad intermedios entre los del viola y el contrabajo.

chepa *f.* Deformación de la columna vertebral o de las costillas que provoca una curvatura o abultamiento anormales de la espalda, el pecho o ambos.

cheque *m.* Documento con el que se puede retirar del banco una cantidad de dinero de la persona que lo firma.

chequear *tr.* **1** Examinar para comprobar el estado de una cosa. ▌*tr.* **2** Hacer un reconocimiento médico completo.

chequeo *m.* **1** Reconocimiento médico completo. **2** Revisión que se hace para comprobar el estado de una cosa.

cherokee *adj./m. y f.* De una tribu india que vivía en Tennessee y Carolina del Norte (estados de Estados Unidos).

OBS Es de origen inglés y se pronuncia aproximadamente 'cheroqui'.

chévere *adj.* AMÉR *coloquial* Que gusta, que es muy bueno o estupendo.

chevió o **cheviot** *m.* **1** Lana del cordero de Escocia. **2** Paño que se hace con ella y también sus imitaciones hechas con lanas corrientes.

OBS El plural de *chevió* es *cheviós*; el de *cheviot, cheviots*.

chic *adj.* Elegante, distinguido y a la moda.

chicano, -na *adj./m. y f.* De la comunidad mejicana que vive en los Estados Unidos.

chicarrón, -rrona *adj./m. y f. coloquial* [joven, adolescente] Que está muy crecido y desarrollado.

chicha *f.* **1** *coloquial* Carne comestible. **2** *coloquial* Carne, parte blanda del cuerpo del hombre. **3** Bebida alcohólica procedente de América que se hace fermentando maíz en agua azucarada.

chícharo *f.* CUBA, MÉX **1** Hortaliza trepadora de flores blancas o rojizas. **2** Semilla redonda y verde de esta planta, que se encierra con otras en una vaina alargada.

chicharra *f.* Insecto de color verde oscuro, cabeza gruesa, ojos salientes y cuatro alas transparentes que produce un sonido estridente.

chicharro *m.* **1** Pez marino comestible de cuerpo carnoso y espinas fuertes y agudas en los costados, con la parte superior de color azul. **2** Chicharrón, residuo.

chicharrón *m.* **1** Residuo que queda después de derretir la manteca del cerdo y de otros animales. ▌*m. pl.* **2** Fiambre formado por trozos de carne de distintas partes del cerdo prensado en moldes.

chichón *m.* Bulto que sale en la cabeza a causa de un golpe.

chichonera *f.* Gorro para proteger la cabeza de los niños y de algunos deportistas contra los golpes.

chicle *m.* Sustancia dulce que se mastica.

chico, -ca *adj.* **1** Que tiene poco tamaño. ▌*adj./m. y f.* **2** Que tiene poca edad. ▌*m.* **3** Persona joven que hace recados y ayuda en trabajos de poca importancia en oficinas, comercios, etc. ▌*f.* **4** Criada, empleada del hogar.

OBS Se usa como apelativo.

chiffonnier *m.* Mueble más alto que ancho con cajones.

OBS Es de origen francés y se pronuncia aproximadamente 'chifonier'.

chiflado, -da *adj./m. y f.* **1** *coloquial* Que ha perdido el juicio. **2** *coloquial* Que está muy enamorado.

chifladura *f.* **1** Pérdida del juicio. **2** Enamoramiento excesivo.

chiflar *intr.* **1** Silbar con un silbato o con la boca. ‖ *prnl.* **2** *coloquial* Enamorarse.

chiflido *m.* **1** Sonido del silbato. **2** Silbido que lo imita.

chihuahua *adj./m. y f.* [perro] Que pertenece a una raza de pequeño tamaño, grandes orejas y sin pelo.

chiita o **chií** *adj./m. y f.* De la rama de la religión islámica que considera a Alí sucesor de Mahoma y a sus descendientes como únicos guías religiosos.

chilaba *f.* Prenda de vestir árabe con capucha que cubre del cuello hasta los pies.

chile *m.* **1** Planta herbácea anual con diversas variedades cultivadas por sus frutos. **2** Fruto de esta planta, de sabor picante y básico en la cocina mexicana.

chileno, -na *adj.* **1** De Chile. ‖ *adj./m. y f.* **2** [persona] Que es de Chile.

chilindrón *m.* Guiso hecho con trozos de carne de ave, cerdo o cordero rehogados con tomate, pimiento, cebolla y otros ingredientes.

chillar *intr.* **1** Dar chillidos. **2** Hablar en un tono muy alto.

chillido *m.* Sonido inarticulado de la voz agudo y molesto.

chillón, -llona *adj.* **1** [sonido] Que es agudo y molesto. **2** [color] Que es muy vivo. ‖ *adj./m. y f.* **3** *coloquial* Que chilla.

chimenea *f.* **1** Espacio de una casa donde se hace fuego, provisto de un conducto por donde sale el humo al exterior. **2** Conducto que sirve para dar salida a los humos. **3** GEOL. Conducto por el que un volcán expulsa lava.

chimpancé *m.* Mono de brazos largos, cabeza grande, barba y cejas prominentes, nariz aplastada y cubierto de pelo.

china *f.* **1** Piedra muy pequeña y generalmente redondeada. **2** Loza muy fina y brillante que se hace con una mezcla de caolín, cuarzo y feldespato. **3** En el lenguaje de la droga, trozo de hachís prensado. ‣ **tocarle la china** *coloquial* Corresponder a alguien el trabajo más duro.

chinchar *tr.* **1** *coloquial* Molestar, fastidiar. ‖ *prnl.* **2** *coloquial* Aguantarse o sufrir con paciencia un contratiempo.

chinche *f.* **1** Insecto muy pequeño de color rojo oscuro y que se alimenta de sangre. ‖ *adj./com.* **2** [persona] Que es molesta y pesada o que fastidia.

chincheta *f.* Clavo corto de cabeza grande y circular y punta afilada.

chinchilla *f.* **1** Mamífero roedor parecido a la ardilla, con el pelo de color gris. **2** Piel de este animal.

¡chinchín! *int.* Expresión que se usa al brindar cuando chocan las copas.

chinchón *m.* Anís de alta graduación que se fabrica en Chinchón, Madrid.

chinchorro *m.* **1** Embarcación de remos, muy pequeña, que lleva un barco más grande. **2** Hamaca ligera tejida con cordeles.

chinchoso, -sa *adj.* [persona] Que es molesta y pesada o que fastidia.

chinela *f.* Calzado de suela ligera y sin talón que se usa para estar en casa.

chingar [7] *tr.* **1** *coloquial* Molestar, fastidiar. ‖ *tr./intr.* **2** *malsonante* Realizar el acto sexual.

chino, -na *adj.* **1** De China. ‖ *adj./m. y f.* **2** [persona] Que es de China. ‖ *m.* **3** Lengua que se habla en China. ‖ *m. pl.* **4** Juego que consiste en adivinar el número de piedras, monedas u otra cosa semejante que guardan en la mano los que participan en él.

chip *m.* INFORM. Pieza cuadrada o rectangular en cuyo interior hay un circuito eléctrico impreso con millones de conexiones, del que sobresalen una serie de patillas que permiten su conexión con otros dispositivos.

OBS El plural es *chips*.

chipirón *m.* Cría del calamar.

chiquero *m.* Compartimiento del toril en que están encerrados los toros antes de empezar la corrida.

chiquillada *f.* Hecho o dicho que se considera propio de un chiquillo.

chiquillería *f.* **1** Gran cantidad de chiquillos. **2** Chiquillada.

chiquillo, -lla *adj./m. y f.* [persona] Que tiene poca edad.

chiquitín, -tina *adj./m. y f.* [persona] Que es de corta edad.

chiribitas *f. pl. coloquial* Conjunto de puntos muy pequeños de luz que se ponen delante de los ojos e impiden ver con claridad.

chirigota *f.* **1** Grupo de personas que se reúnen en los carnavales para cantar coplas en las que se burlan, ridiculizan y

critican diferentes aspectos de la sociedad. 2 *coloquial* Broma, burla o dicho que
no lleva mala intención.

chirimbolo *m.* Objeto o utensilio raro que
no se sabe cómo nombrar.

chirimía *f.* Instrumento musical de viento
parecido al clarinete, con diez agujeros y
boquilla con lengüeta de caña.

chirimiri *m.* Lluvia muy fina y persistente.

chirimoya *f.* Fruto del chirimoyo, comestible, de pulpa blanca y con huesos negros.

chirimoyo *m.* Árbol tropical de hojas largas y puntiagudas y flores de color verdoso; su fruto es la chirimoya.

chiringuito *m.* 1 Quiosco o puesto sencillo de bebidas y comidas al aire libre. 2
Negocio de poco valor o importancia.

chiripa *f. coloquial* Situación o circunstancia buena que ocurre por azar.

chirla *f.* Molusco con dos valvas parecido a
la almeja, pero de menor tamaño.

chirona *f. coloquial* Cárcel, prisión.

chirriar [13] *intr.* Dar un sonido agudo
ciertas cosas al rozar.

chirrido *m.* Sonido agudo, continuado y
desagradable.

chisgarabís *m. coloquial* Persona entro-
metida y presuntuosa.

OBS El plural es *chisgarabises*.

chisme *m.* 1 Noticia o comentario, verdadero o falso, sobre las vidas ajenas. 2 *coloquial* Objeto pequeño y de poco valor. 3
coloquial Objeto o utensilio raro que no
se sabe cómo nombrar.

chismorrear *intr.* Contar chismes.

chismorreo *m.* Acción de chismorrear.

chismoso, -sa *adj./m. y f.* [persona] Que
se dedica a contar chismes.

chispa *f.* 1 Partícula encendida que salta
de una materia que arde o del roce de dos
objetos. 2 Descarga de luz entre dos cuerpos con carga eléctrica. 3 *coloquial* Cantidad muy pequeña de una cosa. 4 Gracia o
ingenio para decir o hacer cosas. ▸ **echar
chispas** *coloquial* Estar muy enfadado.

chispazo *m.* Acción de saltar una chispa.

chispeante *adj.* 1 Que brilla con mucha
intensidad o que echa chispas. 2 [escrito,
discurso] Que es agudo e ingenioso.

chispear *v. impersonal* 1 Llover muy
poco, solo gotas pequeñas. ‖ *intr.* 2 Brillar
con mucha intensidad. 3 Echar chispas.

chisporrotear *intr. coloquial* Despedir
chispas el fuego.

chisporroteo *m. coloquial* Acción de
chisporrotear.

chistar *intr.* 1 Emitir un sonido para empezar a hablar. 2 Llamar a una persona con
un sonido parecido a «chis».

chiste *m.* 1 Historia corta o dibujo que
hace reír. 2 Situación graciosa.

chistera *f.* Sombrero de ala estrecha y copa
alta, casi cilíndrica y plana por arriba.

chistorra *f.* Embutido de origen navarro,
parecido al chorizo, pero más delgado,
que se consume generalmente frito.

chistoso, -sa *adj.* 1 [persona] Que cuenta
chistes. 2 Que tiene gracia.

chistu *m.* Flauta recta de madera con embocadura de pico usada en el País Vasco.

¡chitón! *int.* Expresión que se usa para pedir silencio.

chiva *f.* ACENT Manta, colcha.

chivar *tr./prnl.* 1 *coloquial* Contar una cosa
de una persona para causarle daño o perju-
dicarle. ‖ *tr.* AMÉR 2 Fastidiar o molestar.

chivatazo *m. coloquial* Acusación o denuncia de un hecho censurable.

chivato, -ta *m. y f.* 1 Persona que chiva
algo. ‖ *m.* 2 Dispositivo que advierte de
alguna anormalidad.

chivo, -va *m. y f.* Cría de la cabra desde
que no mama hasta la edad de procrear.
▸ **chivo expiatorio** Persona a la que se
echa la culpa cuando las cosas van mal.

chocante *adj.* Que produce extrañeza.

chocar *intr.* 1 Encontrarse violentamente
dos o más cosas. 2 Enfrentarse, discutir o
pelearse. 3 Resultar raro o extraño. ‖ *tr.* 4
Darse la mano en señal de saludo, acuerdo o felicitación.

chocarrero, -ra *adj.* Que es de mal gusto
o impropio de personas cultas y educadas.

chocha *f.* Molusco con dos valvas, parecido a la almeja, pero de menor tamaño.

chochear *intr.* 1 Tener disminuidas las facultades mentales a causa de la edad. 2
coloquial Sentir cariño o afición exagerados por alguien o algo.

chocho, -cha *adj.* 1 Que chochea. ‖ *m.* 2
Fruto comestible del altramuz. 3 *malsonante* Vulva.

choco *m.* Molusco marino muy parecido al
calamar, pero con la cabeza más grande.

chocolate *m.* 1 Pasta comestible hecha de
cacao y azúcar molidos y mezclados, generalmente, con canela o vainilla. 2 Bebida
espesa hecha con chocolate desleído y cocido en agua o leche. 3 En el lenguaje de
la droga, hachís.

chocolatera *f.* Recipiente en que se sirve
el chocolate.

chocolatería *f.* **1** Establecimiento donde se sirve chocolate a la taza. **2** Establecimiento donde se hace y vende chocolate.

chocolatero, -ra *m. y f.* **1** Persona que elabora y vende chocolate. ‖ *adj./m. y f.* **2** [persona] Que gusta mucho de tomar chocolate.

chocolatina *f.* Tableta delgada y pequeña de chocolate.

chófer o **chofer** *m.* Persona que conduce un automóvil por oficio.

chollo *m. coloquial* Cosa buena que se consigue con muy poco esfuerzo.

chomba o **chompa** *f.* ASUR Suéter.

chompipe *m.* ACENT Pavo, ave gallinácea.

choped o **chopped** *m.* Embutido en forma de tripa gruesa que se hace con carne de cerdo, pollo o pavo.

chopera *f.* Terreno poblado de chopos.

chopo *m.* **1** Árbol de madera rugosa y oscura y ramas separadas del eje del tronco. **2** *coloquial* Fusil, arma de fuego.

choque *m.* **1** Acción de chocar. **2** Combate de corta duración o entre ejércitos con un número pequeño de tropas. **3** Impresión intensa que recibe una persona y que altera profundamente su estado mental y sus sentimientos.

chorbo, -ba *m. y f.* **1** *coloquial* Persona cuyo nombre se ignora o no se quiere decir. **2** *coloquial* Novio o acompañante habitual.

choricear *tr. coloquial* Robar.

chorizar *tr. coloquial* Choricear.

chorizo *m.* **1** Embutido hecho con carne de cerdo picada y pimentón, curado al humo, generalmente de color rojo oscuro. **2** *coloquial* Ratero, ladrón.

chorlito *m.* Ave con pico recto y corto, y con patas y alas largas; vive en las costas.

chorra *f.* **1** *coloquial* Situación o circunstancia afortunada que ocurre por azar. ‖ *m.* **2** Persona que hace chorradas.

chorrada *f. coloquial* Tontería, estupidez.

chorrear *intr.* **1** Caer un líquido lentamente y gota a gota. **2** Caer un líquido formando un chorro. ‖ *tr.* **3** Dejar caer o soltar un objeto el líquido que contiene o que ha absorbido.

chorreo *m.* **1** Acción de chorrear. **2** Efecto de chorrear. **3** *coloquial* Bronca o reprimenda fuertes.

chorreón *m.* **1** Chorro de un líquido que sale de forma repentina o inesperada. **2** Mancha o marca que deja ese chorro.

chorrera *f.* **1** Adorno de encaje de una camisa que baja en forma de volante desde el cuello cubriendo el cierre. **2** Lugar por donde cae un chorro. **3** Señal que deja el agua u otro líquido al pasar por una superficie.

chorro *m.* **1** Líquido o gas que sale por una abertura estrecha. **2** Salida abundante e impetuosa de algo. ▸ **a chorros** En gran abundancia.

chotacabras *m.* Pájaro de color gris con rayas negras en la cabeza, cuello y espalda, con el pico pequeño y fino.

chotearse *prnl. coloquial* Burlarse de una persona o cosa, tomársela a risa.

choteo *m. coloquial* Burla o guasa.

chotis *m.* **1** Baile agarrado y lento que consiste en dar tres pasos a la izquierda, tres a la derecha y vueltas. **2** Música y canto de este baile.

choto, -ta *m. y f.* Cría de la cabra desde que nace hasta que deja de mamar.

chovinismo *m.* Preferencia excesiva por todo lo nacional con desprecio de lo extranjero.

OBS Es de origen francés.

chovinista *adj./com.* [persona] Que prefiere y admira excesivamente lo nacional y desprecia lo extranjero.

OBS Es de origen francés.

choza *f.* Casa de madera, pequeña y tosca, cubierta con ramas o paja.

christmas *m.* Tarjeta que se envía para felicitar la Navidad.

OBS Es de origen inglés y se pronuncia aproximadamente 'crismas'. El plural también es *christmas*.

chubasco *m.* Lluvia repentina y de corta duración, acompañada de mucho viento.

chubasquero *m.* Impermeable corto y generalmente con capucha.

chuchería *f.* **1** Producto comestible de pequeño tamaño y sabor muy dulce. **2** Objeto de poca importancia, pero delicado.

chucho *m. coloquial* Perro.

chufa *f.* Tubérculo amarillo por fuera y blanco por dentro, que se emplea para hacer horchata o se come remojado en agua.

chulada *f.* Cosa bonita y vistosa.

chulapo, -pa *m. y f.* Persona de ciertos barrios populares de Madrid que se vestía con un traje típico y hablaba y se comportaba de manera afectada y con una mezcla de gracia e insolencia.

chulear *intr./prnl.* **1** Presumir de algo. ‖ *tr./prnl.* **2** Reírse de una persona. ‖ *tr.* **3** Quedarse un hombre con las ganancias de una prostituta.

chulería *f.* 1 Presunción o insolencia. 2 Dicho o hecho jactancioso o insolente.

chuleta *f.* 1 Costilla con carne de ternera, buey, cerdo o cordero para el consumo. 2 *coloquial* Papel con apuntes que los estudiantes ocultan para copiar en los exámenes. 3 *coloquial* Bofetada. ‖ *adj./m. y f.* 4 *coloquial* Chulo, insolente.

chulo, -la *adj./m. y f.* 1 Que es insolente y presuntuoso. ‖ *adj.* 2 *coloquial* Que es bonito y vistoso. ‖ *m.* 3 Hombre que se queda con las ganancias de una prostituta. ‖ *m. y f.* 4 Chulapo, persona de ciertos barrios populares de Madrid.

chumbera *f.* Planta con tallos que parecen hojas en forma de paletas ovales con espinas y muy carnosos.

chuminada *f. coloquial* Tontería, hecho o dicho sin importancia ni valor.

chunga *f. coloquial* Burla, guasa.

chungo, -ga *adj. coloquial* Que tiene mal aspecto o está estropeado o en mal estado.

chunguearse *prnl.* Burlarse alguien.

chupa *f. coloquial* Cazadora, chaqueta.

chupada *f.* Acción de chupar.

chupado, -da *adj.* 1 Muy flaco y con aspecto enfermizo. 2 Muy fácil.

chupador, -ra *adj./m. y f.* Que chupa.

chupar *tr.* 1 Sacar o extraer con los labios y la lengua el jugo o la sustancia de una cosa. 2 Pasar la lengua por una cosa. 3 Absorber un líquido o una humedad. 4 *coloquial* Obtener dinero u otros bienes de una persona, empresa o institución con astucia y engaño. ‖ *prnl.* 5 Ir enflaqueciéndose o adelgazando.

chupatintas *com.* Persona que trabaja en una oficina. Tiene un valor despectivo.

OBS El plural también es *chupatintas*.

chupete *m.* Objeto de goma en forma de pezón que se da a los niños para chupar.

chupetear *tr./intr.* Chupar con frecuencia.

chupinazo *m.* 1 Disparo hecho con una especie de mortero en los fuegos artificiales. 2 *coloquial* Lanzamiento fuerte del balón con el pie en el juego del fútbol.

chupito *m.* Pequeña cantidad de vino o licor que se sirve en una vaso pequeño.

chupón, -pona *adj./m. y f.* 1 *coloquial* [persona] Que saca dinero u otro beneficio. 2 *coloquial* [deportista] Que retiene mucho tiempo el balón.

churrasco *m.* Trozo de carne roja y grande que se asa a la brasa o a la parrilla.

churrería *f.* Establecimiento en el que se hacen y venden churros.

churrero, -ra *m. y f.* Persona que hace y vende churros.

churrete *m.* Mancha que ensucia la cara, las manos u otra parte visible del cuerpo.

churretoso, -sa *adj.* Lleno de churretes.

churrigueresco, -ca *adj.* 1 Que pertenece a un estilo de arquitectura o escultura caracterizado por una recargada ornamentación. 2 Que tiene demasiados adornos.

churro, -rra *adj./m. y f.* 1 [oveja] Que es de una raza caracterizada por tener la lana larga y basta. ‖ *m.* 2 Masa de harina de forma alargada y cilíndrica que se fríe en aceite. 3 Cosa mala o de poca calidad.

churruscar [1] *tr./prnl.* Tostar o asar demasiado.

churumbel *m. coloquial* Niño o bebé.

chusco, -ca *adj.* 1 Que tiene gracia y picardía. ‖ *m.* 2 Pedazo de pan duro.

chusma *f.* Gente vulgar y despreciable.

chusquero, -ra *adj./m. y f. coloquial* [militar] Que ha ascendido sin pasar por una academia militar.

chut *m.* Acción de chutar.

chutar *tr.* 1 Lanzar el balón con el pie en el juego del fútbol, generalmente en dirección a la portería contraria. ‖ *prnl.* 2 *coloquial* En el lenguaje de la droga, inyectarse una dosis.

chuzo *m.* Palo con un pincho de hierro en un extremo.

Cía. Abreviatura de *compañía*, 'sociedad'.

cianuro *m.* Compuesto químico de carbono, nitrógeno y un metal; es venenoso.

ciática *f.* Neuralgia del nervio ciático.

ciático, -ca *adj.* 1 ANAT. De la cadera. ‖ *adj./m.* 2 [nervio] Que se distribuye en los músculos posteriores del muslo, de la pierna y del pie.

ciberacosar *tr.* Someter a acoso a una persona usando las tecnologías de la información y la comunicación.

ciberacoso *m.* 1 Acción de ciberacosar. 2 Efecto de ciberacosar.

ciberespacio *m.* Conjunto de sitios web disponibles en Internet.

cibernauta *com.* Persona que mediante un ordenador y a través de la red informática Internet establece contacto con bases de datos y usuarios de todo el mundo.

cibernética *f.* 1 Ciencia que estudia los sistemas de comunicación de los seres vivos y los aplica a sistemas electrónicos y mecánicos que se parecen a ellos. 2 MED. Ciencia que estudia los mecanismos nerviosos de los seres vivos.

cibernético, -ca *adj.* De la cibernética.

cibersexo *m.* Actividad sexual de dos o más personas que se comunican a través de un dispositivo electrónico sin mantener contacto físico.

cicatería *f.* Cualidad de cicatero.

cicatero, -ra *adj./m. y f.* Que es tacaño, miserable o escatima lo que debe dar.

cicatriz *f.* 1 Señal que queda en la piel después de curarse una herida. 2 Impresión que deja en el ánimo un hecho doloroso.

cicatrización *f.* Curación completa de una herida en la piel.

cicatrizar [4] *tr./intr./prnl.* Cerrar y curar una herida.

cicerone *com.* Persona que enseña los lugares de interés de una ciudad.

cíclico, -ca *adj.* 1 Del ciclo. 2 Que sucede regularmente cada cierto tiempo.

ciclismo *m.* Deporte que consiste en participar en carreras de velocidad o resistencia montado en bicicleta.

ciclista *adj.* 1 Del ciclismo. ‖ *adj./com.* 2 Que monta en bicicleta.

ciclo *m.* 1 Serie de acontecimientos o fenómenos que se repiten en el mismo orden en que se produjeron. 2 Serie de actos de carácter cultural relacionados entre sí. 3 Parte en que se dividen los estudios y que está formada por una serie determinada de cursos y asignaturas. 4 Conjunto de tradiciones, poemas épicos, películas u otras obras sobre el mismo tema o personaje.

ciclo-, -ciclo Elemento prefijal y sufijal que entra en la formación de palabras con el significado de: *a)* 'Bicicleta'. *b)* 'Círculo' o 'con forma de círculo'.

ciclocross *m.* Modalidad de ciclismo que se practica a campo traviesa por terrenos accidentados.

ciclomotor *m.* Vehículo de dos ruedas, parecido a una bicicleta, con pedales y un motor de pequeña cilindrada.

ciclón *m.* 1 Viento extremadamente fuerte que avanza en grandes círculos girando muy rápido sobre sí mismo. 2 Fenómeno atmosférico en el que hay bajas presiones, fuertes vientos y lluvias abundantes. 3 Persona inquieta e impetuosa.

ciclónico, -ca *adj.* Del ciclón.

cíclope o **ciclope** *m.* Gigante de la mitología griega con un solo ojo en la frente.

ciclópeo, -a *adj.* 1 De los cíclopes. 2 [construcción antigua] Que está hecha con enormes bloques de piedra superpuestos. 3 Que es enorme, gigantesco.

cicloturismo *m.* Modalidad de turismo en la que se emplea la bicicleta como medio de transporte.

cicloturista *com.* Persona que practica el cicloturismo.

cicuta *f.* 1 Planta silvestre de hojas triangulares y flores blancas. 2 Veneno de las hojas y frutos de esa planta.

-cida Elemento sufijal que entra en la formación de palabras con el significado de 'matador', 'destructor', 'exterminador'.

-cidio Elemento sufijal que entra en la formación de sustantivos masculinos con el significado de 'muerte, acción de matar a la persona' designada por el primer elemento al que se une.

ciego, -ga *adj./m. y f.* 1 Que está privado de la vista. ‖ *adj.* 2 Que no es capaz de darse cuenta de una cosa o de comprenderla. 3 Que está dominado por un sentimiento muy fuerte. 4 [conducto, abertura] Que está obstruido o tapiado. 5 *coloquial* Atiborrado de comida, bebida o droga. ‖ *m.* 6 Parte inicial del intestino grueso comprendida entre el final del intestino delgado y el colon. ▶ **a ciegas** *a)* Sin poder ver. *b)* Sin reflexionar.

cielo *m.* 1 Parte del espacio sobre la Tierra, donde se ven el Sol, la Luna y las estrellas. 2 Parte superior de ciertas cosas o que cubre ciertas cosas. **cielo de la boca** Paladar. 3 Lugar en el que los santos, los ángeles y los bienaventurados gozan de la presencia de Dios para siempre, según la tradición cristiana. 4 Dios o la divina providencia. 5 Persona, animal o cosa muy agradable. Se usa como apelativo afectivo. ▶ **caído** (o **llovido**) **del cielo** *coloquial* Indica que una persona ha llegado o algo ha sucedido en el momento o lugar más oportunos.

ciempiés *m.* Invertebrado con el cuerpo alargado y formado por muchos anillos en cada uno de los cuales tiene dos patas.

cien *num. card.* 1 Indica que el nombre al que acompaña o al que sustituye está cien veces. Puede ser determinante. ‖ *num. ord.* 2 Indica que el nombre al que acompaña o al que sustituye ocupa el lugar número 100 en una serie. Es preferible el uso del ordinal. ‖ *m.* 3 Nombre del número 100. ▶ **a cien** *coloquial* Con un alto grado de excitación.

ciénaga *f.* Lugar lleno de cieno.

ciencia *f.* 1 Actividad humana que consiste en reunir un conjunto de conocimientos mediante la observación y la experimentación de lo que existe, de sus principios y sus causas, y ordenarlos de modo que puedan ser comparados y estudiados. **2** Conjunto de conocimientos y principios ordenados sistemáticamente que forman una rama del saber. **3** Saber, erudición. **4** Conjunto de conocimientos que se necesitan para realizar cualquier cosa. **|** *f. pl.* **5** Conjunto de conocimientos relacionados con las matemáticas, la física, la química, la biología y la geología. ► **ciencia ficción** Género literario o cinematográfico cuyos contenidos se basan en hipotéticos logros científicos y técnicos del futuro.

cienmilésimo, -ma *num. ord.* **1** Indica que el nombre al que acompaña o al que sustituye ocupa el lugar número 100 000 en una serie. **|** *num.* **2** Parte que resulta de dividir un todo en 100 000 partes iguales.

cieno *m.* Lodo blando que se deposita en el fondo del mar, ríos, lagunas, etc.

científico, -ca *adj.* **1** De la ciencia. **2** Que se atiene a los principios y métodos de la ciencia y los respeta. **|** *adj./m. y f.* **3** Que se dedica a la investigación y el estudio de una ciencia.

ciento *num. card.* **1** Indica que el nombre al que acompaña o al que sustituye está cien veces. Delante de nombre, aunque se interponga un adjetivo, se apocopa en la forma **cien. |** *m.* **2** Nombre del número 100. **3** Centenar, conjunto formado por 100 unidades.

cierne Palabra que se utiliza en la locución *en cierne* o *en ciernes*, que se aplica a la cosa 'que está en sus comienzos y le falta mucho para su perfección'.

cierre *m.* **1** Mecanismo que sirve para cerrar una cosa. **2** Acción de cerrar. **3** Efecto de cerrar. **4** Momento a partir del cual no se admiten originales para la edición de un periódico o revista que está en prensa.

ciertamente *adv.* En efecto.

cierto, -ta *adj.* **1** Que es verdadero, que no se puede dudar. **2** Que no está determinado, que no es bien conocido. Se usa delante de un sustantivo. **3** Que es seguro, que no se puede evitar. **|** *adv.* **4** Sí, ciertamente.

ciervo, -va *m. y f.* Mamífero rumiante salvaje, de patas largas, cola muy corta y pelo áspero, corto, marrón o gris; el macho tiene cuernos divididos en ramas.

cierzo *m.* Viento frío que sopla del norte.

cifra *f.* **1** Signo o conjunto de signos que representan una cantidad numérica. **2** Cantidad indeterminada de una cosa.

cifrar *tr.* **1** Escribir un mensaje en un lenguaje secreto compuesto por signos especiales. **2** Valorar cuantitativamente pérdidas o ganancias. **3** Reducir exclusivamente a una sola cosa, persona o idea lo que normalmente procede de varias causas.

cigala *f.* Crustáceo marino comestible, de color rojo claro, con el cuerpo alargado cubierto por un caparazón duro y con cinco pares de patas, el primero de los cuales termina en unas pinzas.

cigarra *f.* Insecto de color verde oscuro, con cabeza gruesa y cuatro alas transparentes, que produce un sonido estridente.

cigarrera *f.* Caja o mueblecito donde se guardan cigarros puros.

cigarrillo *m.* Cilindro pequeño y delgado hecho con tabaco picado y envuelto en papel de fumar.

cigarro *m.* Cigarrillo, cilindro de tabaco. ► **cigarro puro** Cilindro o rollo de hojas de tabaco que se enciende por un extremo y se chupa o fuma por el opuesto.

cigoto *m.* BIOL. Zigoto, célula a partir de la cual se desarrolla un embrión.

cigüeña *f.* Ave de un metro de altura y de color blanco con las alas negras, el cuello, el pico y las patas largos, que suele hacer el nido en un lugar alto.

cigüeñal *m.* Pieza del motor de un automóvil en forma de eje con varios codos, en cada uno de los cuales se ajusta una biela, que transforma en circular un movimiento rectilíneo.

cilantro *m.* Hierba de flores rojas cuya semilla se usa para cocinar y en medicina.

ciliar *adj.* **1** De las cejas. **2** De los cilios.

cilicio *m.* Faja con cerdas o con pinchos que se lleva ajustada al cuerpo como penitencia o mortificación.

cilindrada *f.* Cantidad de combustible que cabe en los cilindros de un motor.

cilíndrico, -ca *adj.* **1** Del cilindro. **2** Que tiene forma de cilindro.

cilindro *m.* **1** Cuerpo geométrico formado por una superficie curva y dos planos circulares y paralelos. **2** Objeto de esa forma. **3** Parte de un motor donde se mezcla y se quema el combustible.

cima *f.* **1** Punto más alto de una montaña, árbol, etc. **2** Grado mayor de perfección. **3** BOT. Inflorescencia en la que cada pedúnculo sustenta una sola flor.

cimarrón, -rrona *adj.* [animal doméstico] Que huye al campo y se hace salvaje.

címbalo *m.* Instrumento musical de percusión parecido a los platillos, que usaban griegos y romanos en sus ceremonias religiosas.

cimborrio *m.* ARQ. Torre, generalmente de planta cuadrada u octogonal, que se levanta sobre el crucero de una iglesia.

cimbra *f.* **1** ARQ. Armazón de madera o metal que se usa como plantilla para construir un arco u otra estructura curva. **2** ARQ. Curva de la superficie interior de un arco o bóveda.

cimbrar o **cimbrear** *tr./prnl.* Hacer vibrar una vara u otro objeto flexible sujetándolo por un extremo.

cimbreante *adj.* Que cimbrea.

cimbrear *tr./prnl.* Cimbrar.

cimentación *f.* **1** Acción de cimentar. **2** Efecto de cimentar.

cimentar [27] *tr.* **1** Poner los cimientos de una construcción. **2** Establecer los principios o las bases de algo.

cimiento *m.* **1** Parte de un edificio que está bajo tierra y sirve de apoyo y base a la construcción. **2** Principio y fundamento de algo inmaterial.
OBS Se usa también en plural con el mismo significado.

cimitarra *f.* Sable de hoja curva que se ensancha a medida que se aleja de la empuñadura.

cinabrio *m.* Mineral compuesto de mercurio y azufre, muy pesado y de color rojo oscuro, del cual se extrae el mercurio.

cinc *m.* Metal de color blanco azulado y brillo intenso que se usa en aleaciones.
OBS El plural es **cincs**. También se escribe **zinc**.

cincel *m.* Herramienta de acero con un extremo en forma de cuña para trabajar a golpe de martillo la piedra y los metales.

cincelar *tr.* Labrar o grabar con el cincel.

cincha *f.* Faja de cáñamo, lana o material semejante con que se asegura la silla o la albarda sobre la cabalgadura.

cinchar *tr.* Asegurar la silla o la albarda de la cabalgadura apretando las cinchas.

cincho *m.* **1** Faja ancha de tela o cuero que se pone alrededor de la cintura para abrigarla. **2** Aro de hierro con que se aseguran las tablas de los barriles, las ruedas de los carros, etc.

cinco *num. card.* **1** Indica que el nombre al que acompaña o al que sustituye está cinco veces. Puede ser determinante. **‖** *num. ord.* **2** Indica que el nombre al que acompaña o al que sustituye ocupa el

lugar número 5 en una serie. Es preferible el uso del ordinal. **‖** *m.* **3** Nombre del número 5.

cincuenta *num. card.* **1** Indica que el nombre al que acompaña o al que sustituye está 50 veces. Puede ser determinante. **‖** *num. ord.* **2** Indica que el nombre al que acompaña o al que sustituye ocupa el lugar número cincuenta en una serie. Es preferible el uso del ordinal. **‖** *m.* **3** Nombre del número 50.

cincuentavo, -va *adj./m.* [parte] Que resulta de dividir un todo en 50 partes iguales.

cincuentena *f.* Conjunto formado por 50 unidades.

cincuentenario, -ria *m.* Fecha en la que se cumplen cincuenta años de un acontecimiento o un hecho determinante.

cincuentón, -tona *adj./m. y f.* [persona] Que tiene entre cincuenta y cincuenta y nueve años.

cine *m.* **1** Establecimiento público donde se proyectan películas. **2** Arte, técnica e industria de la cinematografía. **▶ de cine** Extraordinario, muy bueno o muy bien.

cineasta *com.* Persona que produce o dirige películas de cine.

cineclub *m.* Asociación dedicada a la difusión de la cultura cinematográfica.

cinéfilo, -la *adj./m. y f.* Aficionado al cine.

cinefórum *m.* Coloquio que se desarrolla tras la proyección de una película cinematográfica acerca del tema que esta plantea.

cinegética *f.* Arte de la caza.

cinegético, -ca *adj.* De la caza.

cinema-, cinemato- Elemento prefijal que entra en la formación de palabras con el significado de: *a)* 'Movimiento'. *b)* 'Cinematografía'.

cinemascope *m.* Técnica cinematográfica que consiste en comprimir lateralmente las imágenes al rodar, ampliando el campo visual, de modo que al proyectarlas sobre pantallas curvas les devuelve sus proporciones, pero agrandadas.

cinemateca *f.* **1** Lugar donde se guardan para su conservación, exhibición y estudio películas que ya no suelen proyectarse comercialmente. **2** Colección de películas.

cinemática *f.* Parte de la mecánica que estudia el movimiento sin tener en cuenta las causas que lo producen.

cinematografía *f.* Técnica de proyectar imágenes fijas de manera continuada sobre una pantalla para crear una sensación de movimiento.

cinematográfico, -ca *adj.* De la cinematografía.

cinematógrafo *m.* 1 Aparato de proyección cinematográfica. 2 Establecimiento donde se proyectan películas.

cinética *f.* Parte de la mecánica que estudia los sistemas estáticos o en movimiento mediante el empleo de los conceptos de longitud, tiempo y masa.

cinético, -ca *adj.* De la cinética.

cingalés, -lesa *adj.* 1 De Sri Lanka (antiguo Ceilán). ‖ *adj./m. y f.* 2 [persona] Que es de Sri Lanka.

cíngaro, -ra *adj./m. y f.* De un pueblo gitano de la Europa central.

cíngulo *m.* Cordón con una borla en cada extremo con que los sacerdotes católicos se ciñen el alba a la cintura.

cínico, -ca *adj./m. y f.* 1 Que miente con descaro y defiende o practica algo que merece desaprobación. 2 Del cinismo.

cinismo *m.* 1 Actitud de la persona que miente con descaro y defiende y practica algo que merece general desaprobación. 2 Doctrina filosófica de Antístenes y Diógenes (ss. v-iv a. C.), que rechaza los convencionalismos sociales y defiende un ideal de vida basado en la austeridad.

cinta *f.* 1 Tira de tela larga y estrecha que sirve para atar, ajustar o adornar las prendas de vestir. 2 Tira larga y estrecha de papel, plástico u otro material flexible. **cinta aislante** Cinta que tiene una solución adhesiva en una de sus caras. **cinta magnética** Cinta recubierta de polvo magnetizable en la que se registran, en forma de señales magnéticas, sonidos o imágenes que pueden reproducirse. 3 Tira de tela impregnada de tinta que se coloca en el interior de las máquinas de escribir o de imprimir. 4 Caja pequeña de plástico que contiene una cinta magnética. 5 Película de cine. 6 Mecanismo formado por una banda metálica o plástica que se mueve automáticamente y sirve para transportar maletas y mercancías.

cinto *m.* Cinturón, tira larga y estrecha de cuero u otro material.

cintura *f.* 1 Parte más estrecha del cuerpo humano, por encima de las caderas. 2 Parte de la prenda de vestir que rodea esta zona del cuerpo.

cinturón *m.* 1 Tira larga y estrecha de cuero que se usa para sujetar o ajustar una prenda de vestir a la cintura. 2 En las artes marciales, categoría o grado a que pertenece el luchador. 3 Carretera de circunvalación que rodea una ciudad. ▸ **apretarse el cinturón** Disminuir los gastos.

-ción Sufijo que entra en la formación de sustantivos con el significado de: *a*) ‘Acción o efecto del verbo al que se une’. *b*) ‘Objeto’. *c*) ‘Estado’. *d*) ‘Función o cargo’.

cipote *m.* 1 Hombre torpe o bobo. 2 Hombre grueso y de poca estatura. 3 *malsonante* Pene, miembro viril.

ciprés *m.* 1 Árbol de tronco derecho, ramas cortas que forman una copa espesa y cónica y hojas estrechas y permanentes. 2 Madera de este árbol, dura y de color rojo.

circense *adj.* Del circo.

circo *m.* 1 Espectáculo formado por actuaciones muy variadas en que intervienen payasos, acróbatas, fieras amaestradas y ejercicios de magia. 2 Lugar cerrado, generalmente cubierto con una gran carpa, en que se ofrece al público este espectáculo. 3 Grupo de personas que trabajan en ese espectáculo. 4 Construcción rectangular alargada en la que en la antigua Roma se celebraban carreras de carros y de caballos.

circonio *m.* Elemento químico metálico que se presenta en forma de polvo negro o en masas brillantes de color gris acerado.

circonita *f.* Variedad de circón que se utiliza en joyería.

circuito *m.* 1 Recorrido cerrado, previamente fijado, para carreras de automóviles, motos o bicicletas. 2 Recorrido turístico, previamente fijado, que suele terminar en el punto de partida. 3 Conjunto de conductores y otros elementos por los que pasa la corriente eléctrica. **corto circuito** Aumento brusco de la intensidad de una corriente en una instalación eléctrica por la unión directa de dos conductores.

circulación *f.* 1 Tránsito o paso de vehículos y personas por las vías públicas. 2 Movimiento continuo de la sangre en el cuerpo de los animales. 3 ECON. Movimiento del dinero y otros signos de riqueza.

circular *intr.* 1 Andar o moverse siguiendo una dirección determinada. 2 Moverse continuamente por el cuerpo de los animales la sangre que sale del corazón por las arterias y vuelve a él por las venas. 3 Dar a conocer algo entre un gran número de personas. ‖ *adj.* 4 Que tiene forma de círculo. ‖ *f.* 5 Escrito dirigido a varias personas para comunicarles algo.

circulatorio, -ria *adj.* De la circulación.

círculo *m.* **1** Superfice delimitada por una circunferencia. **2** Circunferencia, línea curva cerrada. **3** Conjunto de personas o cosas dispuestas alrededor de un centro imaginario. **4** Conjunto de personas unidas por circunstancias comunes o por un mismo interés. **5** Casino, sociedad recreativa o política y edificio en que está instalada. ▸ **círculo polar antártico** Círculo imaginario de la esfera terrestre paralelo al ecuador, que incluye el polo sur. ▸ **círculo polar ártico** Círculo imaginario de la esfera terrestre paralelo al ecuador, que incluye el polo norte.

circuncidar *tr.* Cortar en forma circular una pequeña parte del prepucio.

circuncisión *f.* **1** Acción de circuncidar. **2** Efecto de circuncidar.

circunciso *adj./m.* [hombre] Que ha sido circuncidado.

circundante *adj.* Que circunda.

circundar *tr.* Rodear o cercar una cosa dando la vuelta en torno a ella.

circunferencia *f.* Línea curva cerrada cuyos puntos están siempre a la misma distancia de su centro.

circunlocución *f.* Figura del lenguaje que consiste en expresar por medio de un rodeo de palabras algo que se podría haber dicho con menos.

circunloquio *m.* Rodeo de palabras para dar a entender algo que podría haberse expresado de forma más breve.

circunnavegar *tr.* Navegar alrededor de un lugar.

circunscribir *tr./prnl.* **1** Reducir una cosa a ciertos límites o términos. ‖ *tr.* **2** MAT. Dibujar una circunferencia de manera que rodee un triángulo, un cuadrado u otra figura y toque cada uno de sus vértices. ‖ *prnl.* **3** Ceñirse, amoldarse o concretarse a una ocupación o asunto.

OBS El participio es *circunscrito*.

circunscripción *f.* División de un territorio hecha con fines administrativos, eclesiásticos, militares o electorales.

circunspección *f.* Seriedad, prudencia y reserva en el habla o comportamiento.

circunspecto, -ta *adj.* Que se comporta o habla con prudencia y reserva.

circunstancia *f.* **1** Condición que acompaña, causa o detiene un hecho o acontecimiento. **2** Conjunto de hechos o condiciones independientes de la voluntad que influyen en ella a la hora de decidir acerca de algo. **3** Requisito, calidad.

circunstancial *adj.* **1** Que está determinado por una circunstancia o depende de ella. **2** Que no es habitual.

circunvalación *f.* Vía o carretera que rodea una ciudad.

cirílico, -ca *adj.* **1** Del alfabeto creado por san Clemente de Ocrida, discípulo de san Cirilo. ‖ *m.* **2** Alfabeto que se usa en ruso y otras lenguas eslavas.

cirio *m.* **1** Vela de cera larga y gruesa. **2** *coloquial* Situación confusa acompañada de alboroto, tumulto y trifulca.

cirro *m.* Nube blanca en forma de filamentos o franjas muy estrechas que se forma en las partes altas de la atmósfera.

cirrosis *f.* Enfermedad grave que endurece o destruye los tejidos del hígado.

OBS El plural también es *cirrosis*.

ciruela *f.* Fruto del ciruelo, redondo, dulce, de piel fina y carne jugosa.

ciruelo *m.* Árbol frutal de tronco robusto y flores blancas, cuyo fruto es la ciruela.

cirugía *f.* Parte de la medicina especializada en el estudio y tratamiento de enfermedades en las que es necesario extirpar, implantar o modificar tejidos, órganos o miembros del cuerpo humano.

cirujano, -na *m. y f.* Médico especializado en cirugía.

cis *adj./com.* Cisgénero.

ciscarse *prnl. malsonante* Cagarse, evacuar el vientre.

cisco *m.* **1** Carbón vegetal en trozos pequeños. **2** Alboroto, jaleo.

cisexual *adj./com.* Cisgénero.

cisgénero *adj./com.* **1** [persona] Que se siente identificada con el sexo con el que nació. **2** *adj.* Que es propio de estas personas.

cisma *m.* **1** División o separación en el seno de una Iglesia, una secta o una organización semejante. **2** Ruptura o escisión en el seno de un partido político o en un movimiento artístico.

cisne *m.* Ave acuática de cuello largo y curvo y con las alas y las patas cortas.

císter *m.* Orden religiosa fundada por san Roberto en el siglo XI, que observa la austeridad de la regla benedictina.

cisterciense *adj./m.* De la orden religiosa del Císter.

cisterna *f.* **1** Depósito de agua de un váter o de un urinario. **2** Vehículo que transporta líquidos. Se usa en aposición. **3** Recipiente, generalmente subterráneo, que sirve para recoger y conservar agua.

cistitis *f.* Inflamación de la vejiga.

OBS El plural también es *cistitis*.

cita *f.* **1** Fijación del día, la hora y el lugar para encontrarse dos o más personas. **2** Reproducción de palabras dichas o escritas por otra persona con el fin de justificar o apoyar lo que se dice o escribe.

citación *f.* Aviso por el que se cita.

citar *tr.* **1** Dar una cita o citación. **2** Justificar o apoyar lo que se dice o escribe con una cita.

cítara *f.* Instrumento musical antiguo de cuerda, de origen griego, parecido a la lira, con la caja de resonancia de madera.

cito-, -cito Elemento prefijal y sufijal que entra en la formación de palabras con el significado de 'célula'.

citología *f.* **1** BIOL. Disciplina que estudia la célula y sus funciones. **2** BIOL. Examen y análisis de un conjunto de células extraídas del cuerpo de un animal.

citólogo, -ga *m. y f.* Persona que estudia citología o que realiza análisis de células.

citoplasma *m.* Parte de la célula situada entre el núcleo y la membrana exterior.

cítrico, -ca *adj.* **1** Del limón. ‖ *m. pl.* **2** Conjunto de frutas de sabor ácido o agridulce, especialmente naranjas y limones.

ciudad *f.* Lugar donde viven muchas personas, con casas formando manzanas, calles, tiendas y todos los servicios necesarios, cuya población se dedica principalmente a actividades industriales y de servicios. **ciudad dormitorio** Ciudad cuya población acude a trabajar a un núcleo urbano mayor y muy próximo. **ciudad satélite** Ciudad pequeña con industrias propias, alrededor de una gran ciudad.

ciudadanía *f.* Condición de ciudadano de un país y derechos y deberes que se desprenden de ese hecho.

ciudadano, -na *adj.* **1** De la ciudad. ‖ *m. y f.* **2** Persona que vive en una ciudad o estado, sujeta a derechos y deberes.

ciudadela *f.* Fortaleza construida dentro de una ciudad.

ciudadrealeño, -ña *adj.* **1** De Ciudad Real. ‖ *adj./m. y f.* **2** [persona] Que es de Ciudad Real.
OBS La pronunciación es *ciudad-realeño*, con *r* vibrante múltiple.

cívico, -ca *adj.* Que se comporta con civismo.

civil *adj.* **1** De la ciudad o los ciudadanos. **2** DER. De las relaciones e intereses privados de las personas. ‖ *adj./com.* **3** Que no es militar ni religioso. ‖ *com.* **4** *coloquial* Miembro de la Guardia Civil.

civilización *f.* Conjunto de costumbres, ideas, creencias, ciencias y artes de un pueblo o de una raza.

civilizar [4] *tr./prnl.* **1** Llevar la cultura de un país desarrollado a otro en estado primitivo. **2** Mejorar el comportamiento de alguien.

civismo *m.* Comportamiento de la persona que cumple con sus deberes de ciudadano, respeta las leyes y contribuye al bienestar de los demás miembros de la comunidad.

cizalla *f.* **1** Herramienta en forma de tijeras grandes, para cortar en frío planchas de metal. **2** Guillotina para cortar cartones y cartulinas.

cizaña *f.* **1** Hierba mala, perjudicial para la agricultura. **2** Discordia.

cizañero, -ra *adj./m. y f.* Que suele meter cizaña o crear desavenencias.

clac *f.* Grupo de personas encargadas de aplaudir en un espectáculo para animar a los espectadores a cambio de dinero o de una entrada gratuita.

clamar *intr.* **1** Dar voces quejándose o pidiendo ayuda. **2** Pedir o exigir con vehemencia.

clamor *m.* Conjunto de voces y gritos fuertes de una multitud que clama algo.

clamoroso, -sa *adj.* Que va acompañado de clamor.

clan *m.* **1** Grupo social formado por un número de familias que descienden de un antepasado común y que reconocen la autoridad de un jefe. **2** Grupo de personas unidas por un interés común.

clandestinidad *f.* Calidad de clandestino.

clandestino, -na *adj.* Que es o se hace de forma oculta por temor a la ley o para eludirla.

claqué *m.* Baile que consiste en llevar el ritmo de la música con la punta y el tacón del zapato, ambos con una lámina de metal, haciéndolo sonar como instrumento de percusión.

claqueta *f.* Utensilio que se sitúa delante de la cámara cinematográfica al inicio de cada toma, sobre la que se escriben los datos necesarios para identificar la toma durante el montaje.

clara *f.* **1** Sustancia blanquecina, líquida y transparente que rodea la yema del huevo. **2** Bebida que se hace mezclando cerveza con gaseosa.

claraboya *f.* Ventana abierta en el techo o en la parte alta de las paredes.

clarear *v. impersonal* **1** Comenzar a amanecer. **2** Ir desapareciendo el nublado del cielo. | *intr./prnl.* 3 Transparentarse los tejidos. 4 Hacerse una cosa más clara.

clarete *adj./m.* [vino] Que es algo más claro que el vino tinto.

claridad *f.* 1 Abundancia de luz. 2 Facilidad con que se perciben las cosas a través de los sentidos o se comprenden por medio de la inteligencia. 3 Cualidad por la que un cuerpo permite el paso de la luz a través de él y deja ver lo que hay más allá. 4 Sinceridad para expresar una opinión desagradable.

clarificar [1] *tr.* Aclarar, hacer que algo sea más fácil de entender dando más detalles o una explicación más sencilla.

clarín *m.* Instrumento musical de viento de la familia del metal, sin llaves ni pistones.

clarinete *m.* Instrumento musical de viento formado por un tubo de madera dura con llaves y agujeros y una boquilla con lengüeta.

clarinetista *com.* Persona que toca el clarinete por afición o como profesional.

clarividencia *f.* 1 Capacidad de pensar y comprender con claridad. 2 Facultad de adivinar el futuro o ver cosas que otras personas no pueden ver.

clarividente *adj./com.* Que tiene clarividencia.

claro, -ra *adj.* 1 Que recibe o tiene mucha luz. 2 [color] Que se acerca al blanco y que se opone a otro más oscuro de su misma clase. 3 Que es fácil de entender. 4 [persona] Que se expresa de manera sencilla y dice las cosas tal como son. 5 [agua] Que es transparente, no tiene impurezas. 6 Que es poco denso o espeso. 7 Despejado, sin nubes. | *m.* 8 Espacio sin árboles en un bosque. 9 Porción de cielo despejado entre nubes. | *adv.* 10 Con sinceridad. 11 Expresión que se usa para indicar afirmación o asentimiento.

claroscuro *m.* Técnica que consiste en disponer de manera adecuada las luces y las sombras en un dibujo o una pintura.

clase *f.* 1 Conjunto de propiedades que distinguen a una persona, animal o cosa. 2 Conjunto de elementos con características comunes. 3 Conjunto de animales o de plantas con las mismas características. 4 Grupo de personas que tienen condiciones comunes de vida, trabajo e intereses económicos iguales o parecidos. 5 Conjunto de estudiantes del mismo nivel que están en un mismo grupo. 6 Lección que el profesor enseña cada día. 7 En un centro de enseñanza, sala donde se imparten clases. 8 Conjunto de conocimientos que se enseñan y aprenden. 9 División hecha teniendo en cuenta la calidad de algo. 10 Refinamiento, distinción.

clasicismo *m.* Tendencia artística o literaria que toma como modelos los grandes artistas y escritores de la Antigüedad.

clasicista *adj.* Del clasicismo.

clásico, -ca *adj.* 1 De la historia o la cultura de la Antigüedad. 2 Que tiene un estilo parecido al de los autores, objetos u obras de la Antigüedad. 3 [música] Que está escrito para orquesta o instrumentos como el violín y el piano. 4 Que es sobrio, poco llamativo y de corte tradicional. | *adj./m.* 6 [autor, obra] Que es considerado como modelo en el arte o la literatura.

clasificación *f.* 1 Ordenación o disposición por clases. 2 Lista ordenada de nombres según ciertos datos o cifras.

clasificado, -da *adj.* [documento, información] Que es secreto o reservado.

clasificador, -ra *adj.* 1 Que sirve para guardar y clasificar papeles y documentos. | *m.* 2 Mueble con cajones para guardar documentos con orden.

clasificar [1] *tr.* 1 Ordenar, distribuir o colocar por clases. | *prnl.* 2 Quedar seleccionado en una competición deportiva, concurso u otra prueba eliminatoria. 3 Ocupar un determinado puesto en una competición.

clasismo *m.* Actitud del clasista.

clasista *adj./com.* Que es partidario de la diferencia de clases y discrimina a las personas que no pertenecen a la suya.

claudicación *f.* 1 Acción de claudicar. 2 Efecto de claudicar.

claudicar [1] *intr.* 1 Ceder, rendirse o renunciar, generalmente a causa de una presión externa. 2 Quebrantar la observancia de los principios o las normas de conducta personales.

claustral *adj.* 1 Del claustro. | *adj./com.* 2 [persona] Que pertenece al claustro de un centro de enseñanza.

claustro *m.* 1 Galería con columnas que rodea un jardín o patio interior. 2 Conjunto de miembros de una universidad que intervienen en el gobierno de esta. 3 Conjunto de profesores de un centro de enseñanza. 4 Reunión de los miembros de un centro docente.

claustrofobia *f.* Miedo a permanecer en lugares cerrados.

cláusula *f.* 1 Párrafo que, con otros, forma la parte dispositiva de un documento que contiene una serie de condiciones y disposiciones legales. **2** GRAM. Conjunto de palabras con un sentido completo.

clausura *f.* **1** Acto solemne con que se pone fin a un congreso, certamen, exposición, etc. **2** Cierre temporal o definitivo de un establecimiento. **3** Vida retirada. **4** Parte de un monasterio a la que no se puede entrar si no se pertenece a la comunidad religiosa que vive en él.

clausurar *tr.* **1** Dar por acabado un congreso, certamen, exposición, etc. **2** Cerrar temporal o definitivamente un establecimiento.

clavado, -da *adj.* **1** Que está fijo. **2** Que es exacto. **3** [prenda de vestir] Que sienta muy bien y parece hecho a medida.

clavar *tr./prnl.* **1** Introducir una cosa aguda en una superficie. **2** Fijar, poner, especialmente los ojos o la mirada. ‖ *tr.* **3** Sujetar o fijar con clavos. ‖ *tr./intr.* **4** Cobrar más dinero de lo debido. ‖ *prnl.* **5** Pararse, detenerse algo que está en movimiento.

clave *f.* **1** Información o dato que permite resolver una duda o entender algo. **2** Importante, decisivo o necesario para algo. **3** Conjunto de signos que forman un lenguaje secreto para ocultar una información. **4** MÚS. Signo que se coloca al principio del pentagrama e indica cómo deben leerse las notas. ‖ *m.* **5** MÚS. Clavecín.

clavecín *m.* Instrumento musical de cuerda y teclado en que las cuerdas se ponen en vibración al ser pulsadas por cañones de pluma que se mueven accionados por dicho teclado.

clavel *m.* Flor muy olorosa de colores vivos y variados, con los pétalos rizados y dentados, que se usa para adornar.

clavellina *f.* Clavel silvestre.

clavetear *tr.* Adornar con clavos.

clavicémbalo *m.* Clavecín.

clavicordio *m.* Instrumento musical de cuerda y teclado.

clavícula *f.* Hueso largo que une el omóplato con el esternón.

clavicular *adj.* De la clavícula.

clavija *f.* **1** Pieza delgada de metal, madera u otro material, con cabeza y punta, que se encaja en el agujero de una pieza sólida. **2** Pieza delgada, con cabeza y punta, que sirve para sujetar, tensar y enrollar las cuerdas de un instrumento musical. **3** Pieza de material aislante con dos o tres salientes metálicos que sirve para enchufar un aparato a la red eléctrica.

clavo *m.* **1** Pieza de metal, larga, delgada, con cabeza por un lado y punta por el otro, que sirve para sujetar, unir o fijar. **2** Capullo seco de la flor de un árbol tropical que se usa como especia. ▸ **agarrarse a** (o **de**) **un clavo ardiendo** Aprovechar una ocasión, aunque presente cierto peligro, para conseguir algo. ▸ **dar en el clavo** Acertar, adivinar o descubrir una cosa.

claxon *m.* Bocina eléctrica de un vehículo.

clemencia *f.* Tendencia a juzgar con benevolencia y castigar sin demasiado rigor.

clemente *adj.* [persona] Que muestra clemencia.

clementina *f.* Variedad de mandarina, de piel más roja, sin pepitas y muy dulce.

cleptomanía *f.* Trastorno mental que provoca la inclinación al robo.

cleptómano, -na *adj./m. y f.* [persona] Que padece cleptomanía.

clerecía *f.* **1** Conjunto de clérigos. **2** Oficio u ocupación de clérigos.

clerical *adj.* Del clero.

clericalismo *m.* Influencia excesiva del clero en los asuntos de estado.

clérigo *m.* Hombre que dedica su vida a Dios y a la Iglesia y que puede celebrar los ritos sagrados de su religión.

clero *m.* **1** Conjunto de los clérigos. **2** Grupo social formado por los clérigos.

clic *m.* **1** Onomatopeya con que se imita o se reproduce cierto sonido. **2** Acción de clicar.

OBS El plural es *clics*.

clicar [1] *tr.* Pulsar con el ratón sobre un hipervínculo u otro elemento de un documento informático.

cliché *m.* **1** Tira de película fotográfica revelada, con imágenes en negativo, para reproducir en papel. **2** Clisé.

cliente, -ta *m. y f.* **1** Persona que utiliza los servicios de un profesional o de una empresa. **2** Persona que compra en un comercio o que utiliza sus servicios.

clientela *f.* Conjunto de los clientes de un establecimiento o persona.

clima *m.* **1** Conjunto de condiciones atmosféricas propias de una región. **2** Conjunto de circunstancias que rodean a una persona.

climaterio *m.* Período de la vida que precede y sigue a la extinción de la función reproductora.

climático, -ca *adj.* Del clima atmosférico.

climatización *f.* Acondicionamiento de la temperatura de un local o espacio cerrado.

climatizado, -da *adj.* [local, espacio cerrado] Que tiene aire acondicionado.

climatizar [4] *tr.* Dar a un espacio cerrado las condiciones necesarias para conseguir la presión, la temperatura y la humedad convenientes.

climatología *f.* Ciencia que estudia el clima y los fenómenos atmosféricos.

climatológico, -ca *adj.* De la climatología.

clímax *m.* Momento de mayor importancia o emoción en una historia o situación.
OBS El plural también es *clímax*.

clínex *m.* Pañuelo de papel.
OBS El plural también es *clínex*.

clínica *f.* 1 Hospital privado. 2 Parte práctica de la enseñanza de la medicina.

clínico, -ca *adj.* 1 De la medicina clínica. | *adj./m. y f.* 2 [médico] Que se dedica a la medicina práctica. | *m.* 3 Hospital o parte de él en el que los alumnos de medicina reciben lecciones prácticas.

clip *m.* 1 Barrita de metal o de plástico doblada sobre sí misma que sirve para sujetar papeles. 2 Sistema de cierre o de sujeción a presión usado para fijar adornos en el pelo, las orejas o la ropa.

clisé *m.* 1 Plancha tipográfica en la que se ha reproducido una composición o un grabado para su posterior impresión. 2 Cliché, idea o expresión demasiado repetida.

clítoris *m.* Pequeño órgano carnoso y eréctil, situado en la parte exterior de los órganos sexuales femeninos.
OBS El plural también es *clítoris*.

cloaca *f.* 1 Conducto subterráneo para recoger el agua de lluvia y las aguas sucias de una población. 2 Parte terminal del intestino de las aves y otros animales.

clon *m.* 1 Payaso, especialmente el que lleva la cara pintada de blanco y un traje muy llamativo. 2 Conjunto de células u organismos idénticos que se obtienen a partir de un único progenitor.
OBS El plural es *clones*.

clonar *tr.* Obtener un conjunto de células u organismos idénticos a partir de un único progenitor.

clor-, cloro- 1 Elemento prefijal que entra en la formación de palabras con el significado de 'verde'. 2 En química denota la presencia del cloro.

clorar *tr.* Añadir cloro al agua.

cloro *m.* Elemento químico gaseoso, de color verde o amarillo y olor fuerte.

clorofila *f.* Sustancia de color verde que se halla en las plantas y en muchas algas.

clorofílico, -ca *adj.* De la clorofila.

cloroformo *m.* Líquido anestésico incoloro, compuesto de hidrógeno, carbono y cloro.

cloruro *m.* QUÍM. Compuesto de cloro y de un elemento metálico. **cloruro sódico** QUÍM. Sal común.

clóset *m.* AMÉR Armario o ropero empotrado a la pared.

club o **clube** *m.* 1 Asociación de personas con intereses comunes que toman parte en actividades recreativas, deportivas o culturales. 2 Lugar donde se reúnen estas personas.
OBS El plural es *clubes*.

clueca *adj./f.* [ave] Que está en período de empollar.

cluniacense *adj./m.* De la orden de Cluny, congregación religiosa benedictina.

co- Prefijo latino que entra en la formación de palabras con el significado de 'unión', 'participación' o 'compañía'.

coacción *f.* Fuerza o violencia física o psíquica que se ejerce sobre una persona para obligarla a decir o hacer algo contra su voluntad.

coaccionar *tr.* Ejercer coacción.

coagulación *f.* 1 Acción de coagular. 2 Efecto de coagular.

coagulante *adj./m.* [sustancia] Que coagula o sirve para coagular.

coagular *tr./prnl.* Hacer que una sustancia líquida se vuelva sólida; especialmente la leche o la sangre.

coágulo *m.* Masa de una sustancia que se ha coagulado.

coala *m.* Mamífero trepador australiano parecido a un oso pequeño, con grandes orejas y pelo gris, que vive en los árboles y se alimenta de vegetales.

coalición *f.* Unión de diferentes partidos o grupos con un fin determinado.

coartada *f.* 1 Prueba que presenta un acusado para demostrar su inocencia. 2 Razón que se presenta como disculpa.

coartar *tr.* Limitar o restringir, especialmente una libertad o un derecho.

coautor, -ra *m. y f.* Autor junto con otro.

coaxial *adj.* Que tiene en común con otras piezas o partes el eje de simetría.

coba *f.* Halago o adulación fingidos para conseguir algo.

cobalto *m.* Metal duro, de color blanco plateado, que se usa para formar la base de color azul de pinturas y esmaltes.

cobarde *adj./com.* [persona] Que muestra cobardía.

cobardía f. 1 Falta de valor ante un peligro, dificultad o dolor. 2 Falta que comete el que se comporta con violencia o crueldad contra quien no puede defenderse.

cobardica adj./com. coloquial Cobarde.

cobaya amb. Mamífero roedor, parecido a una rata.

cobertizo m. 1 Lugar cubierto de forma ligera o tosca que sirve para resguardar de la intemperie personas, animales o herramientas. 2 Parte del tejado que sobresale de la pared.

cobertor m. Manta o colcha de la cama.

cobertura f. 1 Cosa que se coloca sobre otra para cubrirla o taparla. 2 Conjunto de prestaciones que ofrece un servicio. 3 Seguimiento del desarrollo de un suceso llevado a cabo por los profesionales de la información.

cobija f. MÉX, VEN Manta (pieza de tejido).

cobijar tr./prnl. 1 Refugiar o resguardar, generalmente de la intemperie. 2 Amparar o ayudar, dando cariño o protección.

cobijo m. 1 Refugio o lugar que sirve para protegerse de la intemperie. 2 Protección o ayuda que una persona da a otra.

cobra f. Serpiente muy venenosa, originaria de África y la India, de color amarillento o pardo.

cobrador, -ra m. y f. Persona que se encarga de cobrar dinero.

cobrar tr./prnl. 1 Recibir una cantidad de dinero como pago de algo. ‖ tr. 2 Adquirir, lograr algo. 3 coloquial Recibir un castigo corporal. ‖ prnl. 4 Recibir una compensación a cambio de un favor hecho o de un daño recibido.

cobre m. Metal de color rojo, brillante, muy maleable y buen conductor de la electricidad y el calor.

cobrizo, -za adj. 1 De color rojizo parecido al del cobre. 2 Que contiene cobre.

cobro m. Operación por medio de la cual se recibe una cantidad de dinero como pago de algo.

coca f. 1 Arbusto de flores blancas y fruto rojo de cuyas hojas se extrae la cocaína. 2 Hoja de este arbusto. 3 Cocaína.

cocaína f. Alcaloide estupefaciente que se extrae de las hojas de la coca.

cocainómano, -na adj./m. y f. Que es adicto a la cocaína.

cocción f. 1 Acción de cocer. 2 Efecto de cocer.

cocear intr. Dar coces un animal.

cocer [54] tr. 1 Cocinar un alimento crudo sometiéndolo a la acción de un líquido hirviendo, generalmente agua. 2 Someter una masa de harina o cerámica a la acción del calor de un horno para que pierda humedad y se endurezca. ‖ tr./intr. 3 Hervir un líquido. ‖ prnl. 4 Prepararse de manera secreta. 5 Sentir mucho calor.

cochambre f. 1 Suciedad o basura. 2 Cosa sucia, vieja y estropeada.

cochambroso, -sa adj. Que está muy sucio, viejo y estropeado.

coche m. 1 ESP Vehículo automóvil de cuatro ruedas; especialmente el destinado al transporte de personas, con capacidad para cuatro ocupantes y el conductor. **coche de línea** Autobús que hace el servicio regular de viajeros entre dos poblaciones. **coche escoba** Coche que va recogiendo a los ciclistas que se retiran. 2 Vagón de tren. **coche cama** Vagón que dispone de camas o literas para dormir. 3 Carruaje tirado por caballos y con dos o cuatro ruedas.

cochera f. Lugar donde se guardan uno o más vehículos, en especial autobuses.

cochero, -ra m. y f. Persona que se dedica a conducir coches de caballos.

cochifrito m. Guisado de trozos de cordero o cabrito que, después de cocidos, se fríen sazonándolos con especias.

cochinada f. 1 Acción sucia o asquerosa. 2 Circunstancia, obra o dicho que se consideran indecorosos o contrarios a la moral.

cochinilla f. Crustáceo terrestre de pequeño tamaño y color gris oscuro, que cuando se le toca se enrolla sobre sí mismo.

cochinillo m. Cría del cerdo que todavía mama.

cochino, -na adj./m. y f. 1 Que no cuida su aseo personal o que produce asco. 2 Que muestra tener poca educación o pocos principios morales. ‖ m. y f. 3 Cerdo que se cría para la matanza.

cocido m. Guiso que se hace hirviendo en agua durante largo tiempo garbanzos, hortalizas, carne y tocino.

cociente m. MAT. Resultado que se obtiene dividiendo una cantidad por otra.

cocimiento m. Líquido que se obtiene hirviendo hierbas o sustancias medicinales.

cocina f. 1 Habitación en la que se cocina. 2 Aparato que sirve para calentar y cocinar los alimentos. 3 Arte o técnica de cocinar.

cocinar tr. Preparar o combinar alimentos para comerlos o servirlos.

cocinero, -ra m. y f. Persona que cocina.

coco *m.* 1 Fruto del cocotero, de forma casi redonda con una corteza muy dura, carne blanca y un líquido dulce en el interior. 2 Cocotero. 3 *coloquial* Cabeza de una persona. 4 Personaje inventado con que se asusta a los niños para que obedezcan. 5 BIOL. Bacteria de forma redonda. ▸ **comer el coco** *coloquial* Hacer que una persona obre o piense de una manera determinada. ▸ **comerse el coco** *coloquial* Preocuparse en exceso.

cococha *f.* Protuberancia carnosa que la merluza y el bacalao tienen a ambos lados de la cabeza, en la parte inferior.

cocodrilo *m.* Reptil grande, de color marrón oscuro, piel muy dura y con escamas; tiene patas con una membrana entre los dedos para nadar y una cola larga y aplanada lateralmente.

cocotero *m.* Árbol tropical de tronco esbelto y gran altura, cuyo fruto es el coco.

cóctel o **coctel** *m.* 1 Bebida alcohólica que se obtiene mezclando licores con zumos u otras bebidas. 2 Reunión de personas con motivo de una celebración en la que se sirven bebidas, canapés, etc. 3 Comida fría en la que se mezclan varios alimentos. ▸ **cóctel molotov** Explosivo de fabricación casera.

OBS El plural es *cócteles* o *cocteles*.

coctelera *f.* Recipiente para mezclar los componentes de un cóctel.

coda *f.* MÚS. Adición al período final de una pieza.

codazo *m.* Golpe dado con el codo.

codearse *prnl.* Tratarse de igual a igual una persona con otra.

codeína *f.* Sustancia extraída del opio que se usa en medicina.

codera *f.* 1 Pieza que como adorno o remiendo cubre el codo en las prendas de vestir. 2 Deformación o desgaste en las prendas de vestir por la parte del codo.

códice *m.* Libro manuscrito anterior a la invención de la imprenta, en especial el de importancia histórica o literaria.

codicia *f.* Deseo excesivo de dinero, poder o riquezas.

codiciar [12] *tr.* Desear con exceso dinero, poder o riquezas.

codicilo *m.* DER. Documento por el que se modifica una disposición testamentaria.

codicioso, -sa *adj./m. y f.* [persona] Que tiene codicia.

codificación *f.* Representación de un mensaje mediante un código de palabras, letras o signos.

codificar [1] *tr.* 1 Representar un mensaje mediante un código. 2 Reunir leyes o normas en un código.

código *m.* 1 Conjunto ordenado de leyes. **código civil** DER. Código que recoge las leyes que afectan a las personas, bienes, modos de propiedad, obligaciones y contratos. **código de la circulación** Código que recoge las leyes por las que se regula el tráfico de vehículos y peatones. **código penal** DER. Código que recoge las leyes que afectan a las faltas y los delitos. 2 Sistema de símbolos y reglas que permite componer y comprender un mensaje. 3 Combinación de letras o de números que identifican a un producto o a una persona, permiten realizar determinadas operaciones o manejar algunos aparatos. 4 Conjunto de normas y reglas.

codillo *m.* Parte superior de las patas delanteras en los animales de cuatro patas, especialmente del cerdo.

codo *m.* 1 Parte media del brazo en la que se halla la articulación que une el cúbito y el radio con el húmero. 2 Parte de una prenda de vestir que cubre esta parte. 3 Trozo de tubo, doblado en ángulo o en arco, que sirve para variar la dirección de una tubería.

codorniz *f.* Ave de la familia de las gallináceas, con la cabeza, la espalda y las alas de color marrón.

coeducación *f.* Educación de niños y niñas juntos en un mismo colegio.

coeficiente *m.* 1 MAT. Número que se escribe a la izquierda de una expresión matemática y que indica el número por el que debe multiplicarse. 2 FÍS. Número que expresa el valor de una propiedad o un cambio en relación con las condiciones en que se produce.

coercitivo, -va *adj.* Que usa la fuerza para reprimir o sujetar.

coetáneo, -a *adj./m. y f.* Que pertenece a la misma época que otra persona o cosa.

coexistencia *f.* Hecho de coexistir.

coexistir *intr.* Existir una persona o cosa al mismo tiempo que otra u otras.

cofia *f.* Gorro que se lleva en la cabeza como complemento de un uniforme femenino.

cofrade *com.* Miembro de una cofradía.

cofradía *f.* 1 Asociación autorizada que algunas personas religiosas forman con fines piadosos. 2 Asociación de personas con unos mismos intereses.

cofre *m.* 1 Caja pequeña y resistente de

metal o madera, con tapa y cerradura, que se usa para guardar objetos de valor. **2** Caja grande rectangular con una tapa arqueada que gira sobre bisagras.

cogedor *m.* Utensilio consistente en una plancha de plástico o material semejante y un mango que sirve para recoger la basura que se barre.

coger *tr.* **1** Tomar o sujetar, generalmente con la mano. **2** Aceptar lo que se ofrece. **3** Recibir en sí alguna cosa. **4** Ocupar cierto espacio por completo. **5** Hallar, encontrar. **6** Sorprender o hallar desprevenido. **7** Captar una emisión de radio o televisión. **8** Ocupar, reservar. **9** Capturar, apresar. **10** Adquirir, obtener. **11** Usar un medio de transporte. **12** Tomar algo de otra persona sin permiso. **13** Entender, comprender el significado de algo. **14** Escribir lo que otra persona dice. **15** Contraer una enfermedad. ‖ *intr.* **16** *coloquial* Caber. **17** AMÉR *malsonante* Realizar el acto sexual. ▶ **cogerla con** Tomar manía a una persona o cosa.

cogida *f.* Herida o daño que produce el toro con los cuernos.

cognición *f.* *culto* Capacidad del ser humano para comprender por medio de la razón la naturaleza, las cualidades y las relaciones de las cosas.

cognitivo, -va *adj. culto* De la cognición.

cognoscitivo, -va *adj. culto* Que es capaz de conocer por medio de la razón.

cogollo *m.* **1** Parte interior y más apretada de la lechuga, la berza y otras hortalizas. **2** Brote o punta blanda de los árboles y otras plantas.

cogorza *f. coloquial* Borrachera.

cogote *m.* Parte superior y posterior del cuello.

cogujada *f.* Pájaro parecido a la alondra, de color marrón, que tiene una cresta larga y empinada en la cabeza.

cohabitar *intr.* **1** Vivir juntas dos o más personas. **2** Vivir juntos un hombre y una mujer como si estuvieran casados.

cohechar *tr.* DER. Sobornar a un juez o funcionario público para que, contra la justicia o el derecho, haga lo que se le pide.

cohecho *m.* DER. Soborno a un juez o funcionario público.

coherencia *f.* **1** Unión y relación adecuada de todas las partes que forman un todo. **2** Correspondencia lógica entre las ideas y el comportamiento.

coherente *adj.* **1** Que tiene unión y relación adecuada entre todas sus partes. **2** Que mantiene una correspondencia lógica entre las ideas y el comportamiento.

cohesión *f.* **1** Unión estrecha entre personas o cosas. **2** FÍS. Unión de las partículas de un cuerpo.

cohesivo, -va *adj.* Que produce una unión estrecha entre personas o cosas.

cohete *m.* **1** Tubo de papel o cartón lleno de pólvora adherido al extremo de una varilla que se lanza al aire prendiéndolo por la parte inferior; cuando alcanza su mayor altura explota produciendo un ruido muy fuerte. **2** Proyectil cargado con material explosivo. **3** Artificio propulsor de una nave espacial que la impulsa fuera de la atmósfera.

cohibir [21] *tr./prnl.* Impedir que una persona se comporte con naturalidad.

cohorte *f.* Conjunto de personas que acompañan o siguen a otra.

coincidencia *f.* **1** Acción de coincidir. **2** Efecto de coincidir.

coincidente *adj.* [idea, opinión] Que concuerda o es igual que el de otra persona.

coincidir *intr.* **1** Ocurrir dos o más cosas en el mismo momento. **2** Ajustarse una cosa con otra. **3** Encontrarse dos personas casualmente en un mismo lugar. **4** Estar de acuerdo dos o más personas en algo.

coiné *f.* **1** Lengua adoptada por los griegos tras la muerte de Alejandro Magno y que dio lugar al griego clásico. **2** Lengua común que se establece unificando los rasgos de diversas lenguas o dialectos.

OBS También se escribe *koiné*.

coito *m.* Acto sexual.

cojear *intr.* **1** Andar inclinando el cuerpo a un lado más que a otro por no poder pisar igual con ambos pies. **2** Moverse una mesa u otro mueble por tener una pata más larga o más corta que las otras o porque el suelo no es uniforme.

cojera *f.* Defecto físico que consiste en andar inclinando el cuerpo a un lado más que a otro.

cojín *m.* Almohadón de algodón o lana que sirve para sentarse o apoyar cómodamente una parte del cuerpo.

cojinete *m.* Pieza en que se apoya y gira un eje de una máquina.

cojo, -ja *adj./m. y f.* **1** [ser vivo] Que padece cojera. ‖ *adj.* **2** [mueble] Que cojea.

cojón *m.* **1** *malsonante* Testículo. ‖ *m. pl.* **2** *malsonante* Valor o atrevimiento para hacer algo.

cojonudo, -da *adj. malsonante* Que es muy bueno.

col *f.* Hortaliza comestible de hojas verdes muy anchas y arrugadas y tan unidas y apretadas entre sí que forman una especie de pelota. ▶ **col de Bruselas** Hortaliza parecida a una col, pero más pequeña.

cola *f.* **1** Prolongación de la columna vertebral que forma una extremidad en la parte posterior del cuerpo de algunos animales. **2** Conjunto de plumas fuertes y más o menos largas que tienen las aves en el extremo posterior de su cuerpo. **3** Extremo o prolongación posterior de una cosa. **4** Fila de personas o vehículos que guardan turno. **5** Pasta fuerte y viscosa que sirve para pegar. **6** Sustancia extraída de las semillas de un árbol tropical que se suele usar para hacer bebidas con gas. **7** Refresco de color marrón, dulce y con gas, hecho con las sustancias de esas semillas. ▶ **cola de caballo** Peinado que se hace recogiendo el pelo y sujetándolo en la nuca como una cola de un caballo. ▶ **traer cola** Tener consecuencias graves una cosa.

-cola Elemento sufijal que entra en la formación de palabras con el significado de: a) 'Que cultiva o cría'. b) 'Que vive o tiene su hábitat'.

colaboración *f.* **1** Acción de colaborar. **2** Ayuda para el logro de algún fin. **3** Texto o artículo que escribe un colaborador para un periódico o revista.

colaboracionismo *m.* Actitud de la persona que colabora con las fuerzas enemigas.

colaboracionista *adj.* **1** Del colaboracionismo. ∥ *adj./com.* **2** [persona] Que colabora con las fuerzas enemigas.

colaborador, -ra *m. y f.* **1** Persona que trabaja con otras en la realización de una tarea común. **2** Persona que escribe habitualmente en un periódico o revista sin formar parte de su plantilla fija.

colaborar *intr.* **1** Trabajar con otras personas en una tarea común. **2** Participar en el desarrollo de un proceso con un fin determinado. **3** Dar una cantidad de dinero o medicinas, alimentos, ropas, etc. para ayudar a cubrir las necesidades de otras personas. **4** Escribir en un periódico o revista sin formar parte de su plantilla fija.

colación *f.* Comida ligera. ▶ **sacar a colación** Mencionar a una persona o cosa, hablar de ellas cuando están relacionadas con un tema o conversación.

colada *f.* **1** Lavado de la ropa de una casa. **2** Ropa lavada. **3** Masa de lava incandescente que desciende de un volcán por la zona de mayor pendiente hasta que se so-

lidifica. **4** Operación que se realiza en un alto horno para dar salida a un chorro de metal.

coladero *m.* **1** *coloquial* Lugar por el que es fácil introducirse sin permiso. **2** Entre estudiantes, centro de enseñanza o examen en los que se aprueba fácilmente.

colador *m.* Utensilio de cocina formado por una red muy fina y un mango que sirve para colar un líquido.

coladura *f.* **1** Acción de decir o hacer algo equivocado, inconveniente o inoportuno. **2** Materia o desecho que queda tras colar un líquido.

colage *m.* **1** Técnica usada en pintura que consiste en pegar sobre una tela o tabla distintos materiales, como papel, tela o fotografías. **2** Obra artística en la que se ha aplicado esta técnica.

OBS Es de origen francés y se pronuncia aproximadamente 'colach'.

colágeno, -na *adj.* **1** Del colágeno. ∥ *m.* **2** Sustancia que se encuentra en el tejido conjuntivo, en los huesos y los cartílagos.

colapsar *tr./prnl.* Paralizar el funcionamiento normal de algo.

colapso *m.* **1** Acción de colapsar. **2** MED. Fallo de las funciones del corazón debido a la falta de impulso nervioso.

colar [31] *tr.* **1** Pasar un líquido por un colador para separar las partículas sólidas que contiene. ∥ *tr./prnl.* **2** Pasar por un lugar estrecho. ∥ *intr.* **3** *coloquial* Hacer creer algo con engaño. ∥ *prnl.* **4** *coloquial* Equivocarse, decir o hacer algo equivocado, inconveniente o inoportuno. **5** *coloquial* Estar muy enamorado.

colateral *adj.* **1** Que está situado a uno y otro lado. ∥ *adj./com.* **2** [familiar] Que comparte con otra persona un antepasado o ascendiente común.

colcha *f.* Pieza grande de tela que cubre la cama y sirve de adorno y de abrigo.

colchón *m.* Parte de la cama que consiste en una especie de saco de tela fuerte con forma rectangular y relleno de lana, espuma o algodón o provisto de muelles.

colchonería *f.* Establecimiento en el que se hacen o venden colchones, almohadas, cojines y otros objetos semejantes.

colchoneta *f.* **1** Colchón delgado y estrecho que se usa para dormir o para realizar ejercicios gimnásticos. **2** Colchón de tela impermeable lleno de aire.

colear *intr.* **1** Mover la cola. **2** Perdurar un asunto o sus consecuencias.

colección *f.* **1** Conjunto de cosas de la

misma clase reunidas y clasificadas. **2** Conjunto de modelos creados por un diseñador de moda para cada temporada.

coleccionar *tr.* Reunir y clasificar un conjunto de cosas de la misma clase.

coleccionismo *m.* Afición a coleccionar cosas y técnica para clasificarlas.

coleccionista *com.* Persona que colecciona cosas.

colecta *f.* Racaudación de donativos para ayudar a personas necesitadas.

colectividad *f.* Conjunto de personas que tienen entre sí algo en común o que se hallan concertadas para un fin.

colectivismo *m.* Sistema político y económico que defiende la transferencia de los medios de producción, como la tierra, las fuentes de energía, etc., a la colectividad bajo el control del estado, que se encarga de la distribución de la riqueza.

colectivista *adj.* Del colectivismo.

colectivización *f.* Acción de colectivizar.

colectivizar [4] *tr.* Transformar en colectivo lo que era particular o privado.

colectivo, -va *adj.* **1** Que pertenece a un grupo de personas o es compartido por cada uno de sus miembros. **|** *m.* **2** Grupo de personas unidas por motivos laborales o profesionales. **3** ARG, BOL, PERÚ Ómnibus, vehículo de transporte de pasajeros.

colector *m.* Conducto subterráneo al que van a parar el agua sucia y los residuos de otros conductos.

colega *com.* **1** Persona que tiene la misma profesión que otra. **2** *coloquial* Amigo, compañero.

colegiado, -da *adj./m. y f.* **1** Que pertenece a un colegio profesional o asociación semejante, en especial si tiene reconocimiento oficial. **|** *m. y f.* **2** Árbitro, miembro de un colegio reconocido oficialmente que hace cumplir unas reglas, especialmente en una competición deportiva.

colegial, -la *adj.* **1** Del colegio. **|** *m. y f.* **2** Alumno que asiste a un colegio. **|** *adj./m. y f.* **3** Que es tímido y carece de experiencia.

colegiarse [12] *prnl.* **1** Reunirse en colegio. **2** Afiliarse a un colegio.

colegiata *f.* Iglesia importante dirigida por un abad o abadesa.

colegio *m.* **1** Centro de enseñanza donde se imparte educación primaria. **2** Asociación formada por personas con una misma profesión, en especial si tiene reconocimiento oficial. ▶ **colegio electoral** Conjunto de personas con derecho a voto comprendidas legalmente en un mismo grupo para ejercer su derecho. ▶ **colegio mayor** Residencia de estudiantes universitarios.

colegir [55] *tr.* Sacar una conclusión a partir de una situación anterior o de un principio general.

coleóptero *adj./m.* **1** ZOOL. [insecto] Que pertenece al orden de los coleópteros. **|** *m. pl.* **2** ZOOL. Orden de insectos que tienen la boca preparada para masticar y un par de alas plegadas.

cólera *f.* **1** Enfado muy grande y violento. **|** *m.* **2** Enfermedad infecciosa, aguda y muy grave, que produce vómitos y diarrea y que se contagia a través de las aguas contaminadas.

colérico, -ca *adj.* **1** De la cólera. **2** Que se deja llevar por la cólera.

colesterol *m.* Sustancia grasa que, producida en exceso, causa el endurecimiento de las arterias.

coleta *f.* **1** Peinado que se hace recogiendo el pelo y sujetándolo con un lazo o goma. **2** Postizo en forma de cola que llevan los toreros prendido en el pelo más arriba del cogote. ▶ **cortarse la coleta** Retirarse un torero.

coletazo *m.* **1** Golpe dado con la cola. **2** Movimiento violento que hacen con la cola los peces a punto de morir. **3** Última manifestación de una actividad.

coletilla *f.* Añadido que se hace a lo que se dice o escribe para subsanar un olvido o hacer hincapié en algo ya dicho.

coleto *m.* Interior de una persona, sus pensamientos o sus sentimientos.

colgado, -da *adj./m. y f. coloquial* Que está bajo los efectos de una droga o que es adicto a ella.

colgador *m.* Utensilio en forma de gancho que sirve para colgar la ropa.

colgadura *f.* Tapiz o tela con que se cubren y adornan paredes, balcones y otras cosas con motivo de alguna celebración.

colgajo *m.* Cosa que cuelga, especialmente si carece de valor o es antiestética.

colgante *adj.* **1** Que cuelga. **|** *m.* **2** Joya que cuelga de una cadena alrededor del cuello.

colgar [52] *tr.* **1** Sostener en alto una cosa sujetándola o suspendiéndola por la parte superior, sin que toque el suelo. **2** *coloquial* Sostener a una persona o animal por el cuello con una cuerda hasta que muera. **3** Atribuir o achacar a alguien algo falso. **4** Abandonar una profesión o actividad.

intr. 5 Estar sostenido o suspendido por encima del suelo. **tr./intr. 6** Terminar una conversación telefónica colgando el auricular. **intr. 7** Depender de la voluntad o decisión de otra persona.

colibrí *m.* Pájaro muy pequeño procedente de América, con el pico largo y estrecho y el plumaje de colores muy vivos.

cólico *m.* **1** Dolor agudo en el vientre acompañado de vómitos y diarrea. **2** Dolor debido al cierre de los conductos de un órgano interno.

coliflor *f.* Variedad de la col con una gran masa redonda, blanca y granulosa.

coligarse *prnl.* Unirse varias personas o grupos para conseguir algún fin.

colilla *f.* Resto de un cigarrillo que se tira por no poder o no querer fumarlo.

colín *m.* Barra de pan delgada y larga.

colina *f.* Elevación de terreno de poca altura y de bordes suaves.

colindante *adj.* [edificio, terreno] Que está al lado de otro edificio o terreno en especial si tienen una pared común.

colindar *intr.* Estar uno al lado del otro dos edificios, terrenos.

colirio *m.* Medicamento líquido que se aplica en los ojos para curarlos.

coliseo *m.* Teatro o cine con capacidad para muchas personas.

colisión *f.* **1** Choque violento de dos o más cuerpos en movimiento. **2** Enfrentamiento entre ideas, intereses o sentimientos opuestos.

colisionar *intr.* Chocar violentamente dos o más cuerpos en movimiento.

colista *adj./com.* [equipo, deportista] Que ocupa el último lugar en una clasificación.

colitis *f.* Inflamación del colon.

collado *m.* **1** Colina. **2** Depresión suave del terreno.

collar *m.* **1** Joya o adorno que rodea el cuello. **2** Cadena o correa que se pone alrededor del cuello de un animal.

collarín *m.* Aparato ortopédico que se coloca alrededor del cuello para inmovilizar las vértebras cervicales.

collera *f.* Collar de cuero o goma, relleno de paja, que se pone al cuello de los animales de tiro para que no les hagan daño los correajes y otros arreos.

colmado, -da *adj.* **1** Que está lleno, completo. **m. 2** Tienda donde se sirven comidas especiales, principalmente mariscos. **3** Tienda de comestibles.

colmar *tr.* **1** Llenar un recipiente hasta rebasar el borde. **2** Satisfacer deseos, esperanzas y aspiraciones.

colmena *f.* **1** Habitáculo, que puede ser natural o fabricado por el hombre, donde viven las abejas y producen y guardan la miel. **2** Enjambre de abejas. **3** Lugar o edificio donde viven apiñadas gran cantidad de personas.

colmenar *m.* Lugar donde hay colmenas.

colmenero, -ra *m. y f.* Persona que cría abejas para conseguir miel, cera, etc.

colmillo *m.* **1** Diente puntiagudo y fuerte situado entre los dientes incisivos y las muelas en ciertos mamíferos. **2** Diente incisivo alargado y en forma de cuerno que tienen los elefantes a cada lado de la mandíbula superior.

colmo *m.* **1** Grado máximo al que es posible llegar. **2** Circunstancia o acción que se añade a otras precedentes hasta alcanzar este grado máximo.

colocación *f.* **1** Acción de colocar. **2** Lugar, orden o manera en que está colocada una persona, animal o cosa. **3** Empleo o puesto de trabajo.

colocado, -da *adj.* **1** Que tiene un puesto de trabajo. **2** Que tiene alterado el estado físico y mental por efecto del consumo de alcohol o drogas.

colocar *tr./prnl.* **1** Situar o disponer una cosa en el lugar, en el orden o de la manera que se desea o le corresponde. **2** Proporcionar o conseguir un puesto de trabajo. **tr. 3** *coloquial* Hacer que una persona acepte algo que supone una carga. **prnl. 4** *coloquial* Alterarse el estado físico y mental de una persona por efecto del consumo de alcohol o drogas.

colocón *m.* *coloquial* Alteración del estado físico y mental de una persona por efecto del consumo de alcohol o drogas.

colodrillo *m.* Parte posterior del cráneo.

colofón *m.* **1** Momento o parte final y más importante de una cosa. **2** Texto final de un libro en que se indica la fecha, el lugar de impresión, el nombre del impresor y otros datos relacionados.

colombiano, -na *adj.* **1** De Colombia. **adj./m. y f. 2** [persona] Que es de Colombia.

colon *m.* Parte principal del intestino grueso comprendida entre el íleon y el recto.

colonia *f.* **1** Líquido de olor agradable elaborado con agua, alcohol y esencias de flores o frutas. **2** Conjunto de personas procedentes de un pueblo, país, región o provincia que se establece en un lugar con la intención de poblarlo y explotar sus riquezas. **3** Lugar donde se establece este conjunto de personas. **4** Territorio alejado de las fronteras legales de una nación extranjera que lo domina administrativa, militar y económicamente. **5** BIOL. Conjunto de animales pertenecientes a la misma especie que vive en un lugar. **6** BIOL. Conjunto de organismos vivos que crecen unidos entre sí formando un solo cuerpo o estructura.

coloniaje *m.* **1** Período histórico en que América fue colonia española. **2** AMÉR Sistema de gobierno aplicado por España a sus colonias.

colonial *adj.* De la colonia de una nación.

colonialismo *m.* Sistema político y económico por el cual una nación extranjera domina y explota una colonia.

colonialista *adj.* **1** Del colonialismo. ‖ *adj./com.* **2** [nación] Que mantiene bajo dominio colonial un territorio alejado de sus fronteras legales.

colonización *f.* **1** Acción de colonizar. **2** Efecto de colonizar.

colonizar [4] *tr.* Establecer una colonia en un territorio.

colono *m.* **1** Habitante de una colonia. **2** Agricultor que cultiva un terreno arrendado.

coloquial *adj.* [palabra, forma de expresión] Que es propia del lenguaje que se usa normalmente para comunicarse de manera familiar y espontánea.

coloquio *m.* **1** Conversación en familiaridad o en confianza. **2** Conversación que mantienen dos o más personas en la que cada una expone sus ideas y las defiende de las críticas de los demás. **3** Discusión o análisis de ciertos puntos dudosos tras una conferencia o disertación.

color *m.* **1** Impresión que producen en la retina los rayos de luz reflejados por un objeto. **2** Aspecto de la cara humana. También se usa en género femenino en el lenguaje poético. **3** Sustancia para pintar. **4** Lápiz para pintar. **5** Carácter peculiar o nota distintiva. ‖ *m. pl.* **6** Combinación de colores que un equipo o club de carácter deportivo adopta como símbolo o distintivo. ► **de color** [persona] Que no pertenece a la raza blanca. ► **no haber color** No poderse comparar dos o más cosas. ► **sacar los colores** Hacer enrojecer de vergüenza.

coloración *f.* **1** Acción de colorear, dar color. **2** Colorido, conjunto de colores.

colorado, -da *adj.* De color rojo.

colorante *adj./m.* **1** [sustancia] Que da color. ‖ *m.* **2** Polvo que se usa para dar color a las comidas.

colorear *tr.* **1** Dar color. ‖ *intr.* **2** Tomar ciertos frutos el color rojo propio de la madurez.

colorete *m.* Cosmético, generalmente de tonos rojizos o rosados, que se aplica en las mejillas para dar color.

colorido *m.* **1** Conjunto, disposición y grado de intensidad de los colores. **2** Carácter peculiar o nota distintiva.

colorín *m.* Pájaro de color marrón en la espalda, con una mancha roja en la cara, otra negra en la parte superior de la cabeza, cuello blanco y la cola y las alas negras y amarillas con las puntas blancas; es apreciado por su canto.

colorismo *m.* **1** PINT. Tendencia de algunos artistas a dar preferencia al color sobre el dibujo. **2** Propensión literaria a recargar el lenguaje con muchos adjetivos.

colorista *adj.* **1** Que tiene mucho color. ‖ *adj./com.* **2** [pintor] Que usa el color con acierto y abundancia. **3** [escritor] Que emplea muchos adjetivos para dar mayor expresividad a su estilo.

colosal *adj.* **1** Que tiene proporciones extraordinarias. **2** Que es muy bueno.

coloso *m.* **1** Escultura que representa una figura humana de gran tamaño. **2** Persona o cosa muy importante o influyente.

columbrar *tr.* **1** Ver desde lejos una cosa sin distinguirla claramente. **2** Intentar averiguar algo a partir de indicios.

columna *f.* **1** Elemento de construcción vertical, más alto que ancho, de forma cilíndrica, que sirve como adorno o para soportar la estructura de un edificio, un arco o una escultura. **2** Pila o montón de cosas colocadas unas sobre otras. **3** Sección vertical de una página impresa o manuscrita separada de otra u otras por un espacio en blanco. **4** Espacio fijo de una publicación periódica donde aparece un artículo firmado por el mismo columnista. **5** Serie de números ordenados verticalmente. **6** Forma vertical que puede tomar cualquier líquido o gas al elevarse. **7** Cadena de huesos cortos o vértebras articulados entre sí que recorre la espalda del ser humano y de los animales vertebrados, cuya función es sostener el esqueleto. Se usa también *columna vertebral*.

columnista *com.* Periodista o colaborador de un periódico para el que escribe regularmente un artículo.

columpiar *tr./prnl.* 1 Impulsar a la persona que está en un columpio. 2 Balancear una cosa, moverla acompasadamente. ▌*prnl.* 3 Mover el cuerpo de un lado a otro al andar. 4 No decidirse a elegir entre una cosa y otra.

columpio *m.* Asiento sujeto a dos cuerdas o cadenas que, colgado de la rama de un árbol o de un armazón, se mueve hacia atrás y hacia delante subiendo y bajando.

colza *f.* Planta parecida al nabo de cuyas semillas se extrae aceite.

coma *f.* 1 Signo ortográfico de puntuación (,) que sirve para separar grupos de palabras que no dependen gramaticalmente entre sí. 2 Signo, de igual figura que el anterior, que se emplea en matemáticas para separar los números enteros de los decimales. ▌*m.* 3 MED. Estado inconsciente en el que el enfermo pierde la capacidad de moverse y de sentir, pero conserva la respiración y la circulación de la sangre.

comadre *f.* 1 Madrina de un niño respecto a los padres y padrino de este. 2 Madre de un niño respecto a los padrinos de este. 3 Mujer a la que gusta curiosear y hablar mal de los demás. 4 Comadrona, mujer que ayuda a las mujeres en el parto.

comadreja *f.* Mamífero de color marrón rojizo por la espalda y blanco por debajo, con el cuerpo muy delgado y flexible, la cabeza pequeña con ojos brillantes y las patas cortas; se alimenta de carne.

comadreo *m.* Intercambio de noticias o comentarios sobre las vidas ajenas.

comadrón, -drona *m. y f.* 1 Cirujano que asiste a la mujer en el parto. 2 Persona titulada que ayuda a las mujeres en el parto. ▌*f.* 3 Mujer sin titulación que ayuda a las mujeres en el parto.

comanche *adj.* 1 De una tribu de indios de Texas y Nuevo Méjico. ▌*adj./com.* 2 [persona] Que pertenecía a esta tribu. ▌*m.* 3 Lengua hablada por esta tribu.

comandancia *f.* 1 Empleo de comandante. 2 Territorio bajo la autoridad militar de un comandante. 3 Puesto de mando, edificio u oficina de un comandante.

comandante *m.* 1 Jefe militar de categoría inmediatamente superior a la de capitán e inferior a la de teniente coronel. 2 Militar que ejerce el mando en ocasiones determinadas, aunque no tenga el grado de comandante. 3 Persona al mando de un avión o de un barco.

comandar *tr.* Mandar un ejército, un destacamento o conjunto de unidades militares.

comandita *coloquial* Palabra que se utiliza en la locución *en comandita,* que significa 'en grupo'.

comando *m.* 1 Grupo de soldados especiales que se introduce en terreno enemigo o realiza operaciones peligrosas. 2 Grupo de personas que pertenecen a una organización armada, guerrillera o terrorista. 3 INFORM. Orden que se da al programa para que realice una función.

comarca *f.* Territorio de cierta extensión que tiene características homogéneas y una ciudad o población como capital.

comarcal *adj.* De la comarca.

comatoso, -sa *adj.* 1 Del estado de coma. 2 [persona] Que está en coma.

comba *f.* 1 Juego que consiste en saltar por encima de una cuerda que dos personas mueven en círculo. 2 Cuerda para saltar. 3 Forma curvada que toman algunos materiales al doblarse o torcerse.

combar *tr./prnl.* Dar forma curva.

combate *m.* 1 Enfrentamiento mediante la fuerza física o las armas. **combate de boxeo** Lucha deportiva entre dos personas con las manos protegidas por guantes conforme a ciertas reglas. 2 Lucha contra una enfermedad o un mal para impedir que se extienda. 3 Lucha que se produce entre cosas opuestas. ▶ **fuera de combate** Que está vencido completamente y no puede continuar la lucha.

combatiente *adj.* 1 Que combate o lucha. ▌*com.* 2 Soldado que forma parte de un ejército.

combatir *intr.* 1 Luchar con la fuerza o con las armas para someter o destruir al enemigo. 2 Trabajar con esfuerzo para vencer los obstáculos y conseguir un fin. ▌*tr.* 3 Atacar y tratar de destruir. 4 Atacar una enfermedad, un daño, un mal, para impedir que se extienda.

combatividad *f.* Disposición al combate.

combativo, -va *adj.* Dispuesto o inclinado a la lucha o a la discusión.

combinación *f.* 1 Mezcla o unión de personas o cosas distintas. 2 Prenda de vestir femenina que se pone debajo del vestido y sobre la ropa interior. 3 Conjunto de números o letras colocados en un orden determinado que permite abrir una cerradura o hacer funcionar un mecanismo.

combinado *m.* Bebida alcohólica que se consigue mezclando licores con zumos u otras bebidas.

combinar *tr.* **1** Unir o mezclar dos o más cosas para formar un compuesto adecuado o para adaptar entre sí elementos diferentes. ‖ *tr./ prnl.* **2** QUÍM. Mezclar dos o más elementos para formar una sustancia diferente. ‖ *intr.* **3** Formar un conjunto bello o agradable.

combustible *adj.* **1** Que arde con facilidad. ‖ *m.* **2** Sustancia que se quema para producir calor o energía.

combustión *f.* Proceso químico en el que una sustancia combustible se mezcla con el oxígeno del aire, con desprendimiento de calor y energía.

comedero *m.* **1** Recipiente donde se echa la comida para los animales. **2** Lugar donde come el ganado.

comedia *f.* **1** Obra dramática divertida. **2** Género teatral de humor. **3** Engaño que consiste en fingir lo que en realidad no se siente para conseguir un fin.

comediante, -ta *m. y f.* **1** Persona que se dedica a representar obras de teatro. **2** Persona que finge lo que en realidad no siente para conseguir un fin.

comedido, -da *adj.* [persona] Que es cortés, prudente y moderado.

comedimiento *m.* Cortesía y prudencia en las expresiones y moderación en las actitudes por parte de una persona.

comediógrafo, -fa *m. y f.* Persona que escribe comedias.

comedirse [34] *prnl.* Comportarse con cortesía, prudencia o moderación.

comedor, -ra *adj.* Que come mucho. ‖ *m.* **2** Pieza de una casa que se usa para comer. **3** Conjunto de muebles de esta pieza. **4** Establecimiento público donde se sirven comidas.

comendador *m.* Caballero que tiene una encomienda en una orden militar o de caballeros.

comensal *com.* Persona que come con otras en la misma mesa.

comentar *tr.* Hacer comentarios.

comentario *m.* **1** Expresión de un juicio, opinión u observación acerca de una persona o cosa. **2** Explicación o interpretación del contenido de un escrito.

comentarista *com.* Persona que se dedica a comentar noticias de actualidad en los medios de comunicación.

comenzar [47] *tr.* **1** Dar principio a una cosa. ‖ *intr.* **2** Tener principio.

comer *intr./tr.* **1** Tomar alimento sólido masticándolo en la boca y pasándolo después al estómago. **2** Tomar alimento. **3** Tomar la comida principal del día. ‖ *tr./ prnl.* **2** Gastar, consumir o acabar. **5** Ganar una pieza al contrario, especialmente en un juego de tablero. ‖ *prnl.* **6** Saltarse letras o palabras. ▸ **no comer ni dejar comer** *coloquial* No aprovechar una cosa para uno mismo ni dejar que la aprovechen los demás. ▸ **sin comerlo ni beberlo** *coloquial* Sin haber hecho nada para merecer un daño o provecho.

comercial *adj.* **1** Del comercio. **2** Que se vende muy bien. **3** [película, libro] Que no tiene pretensiones artísticas.

comercialización *f.* Conjunto de actividades encaminadas a hacer fácil y amplia la venta de un producto.

comercializar [4] *tr.* Organizar un conjunto de actividades encaminadas a hacer fácil y amplia la venta de un producto.

comerciante *com.* Persona que comercia.

comerciar [12] *intr.* Comprar, vender o cambiar uno o más productos para obtener un beneficio.

comercio *m.* **1** Actividad económica que consiste en comprar, vender o cambiar productos para obtener un beneficio. **2** Establecimiento donde se venden productos. **3** Conjunto de las personas que comercian, especialmente si están organizadas en gremios.

comestible *adj.* **1** Que se puede comer. ‖ *m.* **2** Producto que sirve como alimento.

cometa *m.* **1** Astro formado por un núcleo poco denso y un largo trazo de luz en forma de cola. ‖ *f.* **2** Juguete que consiste en un armazón muy ligero cubierto de papel, plástico o tela y sujeto a un cordel que se va soltando para que el viento lo eleve a su vez.

cometer *tr.* Incurrir en un delito o falta.

cometido *m.* **1** Trabajo, función o encargo que una persona debe cumplir. **2** Obligación moral o deber.

comezón *f.* **1** Picor que se siente en una parte del cuerpo o en todo él. **2** Sentimiento de disgusto o intranquilidad causado por un deseo no satisfecho.

cómic *m.* **1** Serie o secuencia de viñetas que cuentan una historia. **2** Libro o revista que contiene estas viñetas. OBS El plural es *cómics*.

comicidad *f.* Capacidad de divertir y hacer reír.

comicios *m. pl.* Actos electorales.

cómico, -ca *adj.* **1** De la comedia. **2** Que divierte y hace reír. ‖ *m. y f.* **3** Actor o actriz cómicos.

comida *f.* 1 Sustancia sólida que se toma por la boca como alimento. 2 Acción de comer. 3 Alimento que se toma a mediodía; generalmente es el principal del día. 4 VEN Cena.

comidilla *f.* Tema de conversación preferido.

comienzo *m.* Origen y principio de algo.

comillas *f. pl.* Signo ortográfico (" ") que se usa delante y detrás de una palabra o un conjunto de palabras y que sirve para indicar que se citan de otro texto o que deben entenderse de un modo especial.

comilón, -lona *adj./m. y f.* [persona] Que come mucho o que disfruta comiendo.

comilona *f. coloquial* Comida abundante.

comino *m.* 1 Semilla de color marrón, olor intenso y sabor amargo que se usa en medicina y para dar sabor a las comidas. 2 Planta de hojas agudas y flores pequeñas, blancas o rojas, que produce esta semilla. ▶ **un comino** Nada, muy poco.

comisaría *f.* 1 Oficina de un comisario. 2 Cargo de comisario.

comisario, -ria *m. y f.* Persona que tiene poder de una autoridad superior para desempeñar un cargo o una función especial. ▶ **comisario de policía** Autoridad policial que manda a un grupo de agentes y es responsable de una comisaría.

comisión *f.* 1 Conjunto de personas elegidas para realizar una labor determinada. 2 Porcentaje del precio de un producto vendido que percibe el vendedor. 3 Acto de ejecutar una acción, especialmente cuando es equivocada, incorrecta o ilegal.

comisionado, -da *adj./m. y f.* [persona] Que ha sido elegida por una autoridad superior para realizar cierta labor.

comisionar *tr.* Encargar a una persona una labor determinada.

comiso *m.* Cosa retirada por estar prohibida o por estar prohibido su comercio.

comistrajo *m. coloquial* Comida mala o que tiene mal aspecto.

comisura *f.* Punto de unión de los bordes de una abertura del organismo.

comité *m.* 1 Conjunto de personas elegidas para desempeñar cierta labor. 2 Conjunto de personas que dirigen un grupo político.

comitiva *f.* Conjunto de personas que acompaña a una persona importante.

como *adv.* 1 Del modo o manera que. 2 Indica igualdad, equivalencia o semejanza. 3 De modo aproximado, más o menos. ▌*conj.* 4 Indica condición o exigencia para que se cumpla una cosa. 5 Indica causa o motivo por el cual sucede una cosa. ▌*prep.* 6 Indica función, estado, situación o calidad.

cómo *adv.* 1 De qué modo o manera. 2 Por qué causa o razón. ▌*m.* 3 Modo o manera en que ocurre una cosa. ▌*int.* 4 ▶ ¡cómo! Indica extrañeza o enfado. ▶ ¿cómo no? *a)* Indica que una cosa no puede ser de otro modo. *b)* Expresión que se usa para afirmar.

cómoda *f.* Mueble ancho de mediana altura y con cajones, generalmente para guardar ropa.

comodidad *f.* 1 Calidad de cómodo. ▌*f. pl.* 2 Conjunto de objetos y aparatos que hacen más agradable la vida.

comodín *m.* 1 En algunos juegos de cartas, naipe que puede tomar distintos valores según convenga al jugador que lo posee. 2 Persona o cosa que puede desempeñar diversas funciones con eficacia y acierto según las necesidades de cada momento.

cómodo, -da *adj.* 1 Que proporciona bienestar físico y descanso. 2 Sin problemas ni inconvenientes. 3 [persona] Que se siente bien y se encuentra a gusto. ▌*adj./m. y f.* 4 Comodón.

comodón, -dona *adj./m. y f.* [persona] Que es amante de la comodidad y evita tomarse molestias o hacer esfuerzos.

comoquiera *adv.* De cualquier manera. ▶ **comoquiera que** Dado que, como.

compact disc *m.* 1 Disco compacto. 2 Aparato destinado a la reproducción del sonido y las imágenes registrados en este disco.

compactación *f.* 1 Acción de compactar. 2 Efecto de compactar.

compactar *tr.* 1 Comprimir una materia de modo que queden en ella los menos huecos posibles. 2 INFORM. Distribuir la información contenida en un archivo de manera que ocupe el menor número de bytes posible.

compacto, -ta *adj.* 1 [cuerpo, materia] Que está muy comprimido o apretado. 2 Que está formado con muchos elementos muy juntos. 3 [aparato, sistema] Que está formado por varios componentes unidos entre sí. ▌*m.* 4 Disco de doce centímetros de diámetro con gran capacidad para contener información acústica y visual grabada, y que se puede reproducir mediante un rayo láser. También *disco compacto*.

compadecer [43] *tr./prnl.* Sentir pena y

dolor por la desgracia o el sufrimiento que padece otra persona.

compadre *m.* 1 Padrino de un niño respecto a los padres y la madrina de este. 2 Padre de un niño respecto a los padrinos de este. 3 *coloquial* Amigo, compañero, colega.

compaginar *tr.* 1 Desarrollar varias actividades al mismo tiempo o de manera conjunta. 2 Formar las páginas de un libro con texto compuesto e ilustraciones, grabados o tablas. ‖ *prnl.* 3 Corresponderse de manera adecuada dos cosas entre sí. 4 Corresponderse bien dos personas.

compaña *f.* Persona o conjunto de personas que acompaña a otra u otras.

compañerismo *m.* Relación de amistad, colaboración y solidaridad entre compañeros.

compañero, -ra *m. y f.* 1 Persona que comparte con otra u otras la estancia en un lugar, los estudios, un trabajo, la práctica de un deporte u otra actividad. 2 Persona con la que se mantiene una relación amorosa o con la que se convive. 3 Persona o animal que pasa junto a otro una gran parte del tiempo. 4 Persona que comparte con otra las mismas ideas políticas o que pertenece al mismo partido o sindicato. 5 Persona que forma pareja con otra en un juego. 6 Cosa que hace juego con otra u otras.

compañía *f.* 1 Hecho de estar una persona o cosa junto a otra. 2 Persona o personas que acompañan a otra u otras. 3 Amistad y afecto entre personas que habitualmente están juntas. 4 Conjunto de personas que forman una sociedad u organización. 5 Grupo de personas que se dedican a representar un espectáculo artístico. 6 Unidad militar compuesta por varias secciones y mandada por un capitán.

comparable *adj.* Que se puede comparar.

comparación *f.* 1 Observación o examen de dos o más cosas para encontrar las características que las hacen semejantes o diferentes. 2 Conjunto de características que hacen semejantes o distintas dos cosas. 3 Uso de una palabra o un pensamiento basándose en la relación de semejanza o diferencia que tiene con otra palabra.

comparar *tr.* 1 Poner juntas dos o más cosas para encontrar parecidos o diferencias entre ellas. 2 Establecer una relación de similitud o equivalencia entre dos o más cosas.

comparativo, -va *adj.* 1 Que compara o

sirve para comparar. ‖ *adj./m.* 2 GRAM. [adjetivo, adverbio] Que expresa comparación. ‖ *adj./f.* 3 GRAM. [oración] Que expresa una comparación entre dos acciones, procesos o estados, estableciendo su igualdad o desigualdad respecto de los aspectos que se precisan.

comparecencia *f.* Acción de comparecer.

comparecer [43] *intr.* Presentarse una persona en un lugar al que había sido convocada o en el que se había comprometido a estar.

comparsa *f.* 1 Conjunto de personas disfrazadas con trajes de una misma clase que participan en una fiesta popular. 2 Conjunto de personas que representan papeles de poca importancia en una obra de teatro o cinematográfica. ‖ *com.* 3 Persona que forma parte de la comparsa de un espectáculo. 4 Persona que carece del poder y la capacidad de decisión que su puesto conlleva.

compartimento o **compartimiento** *m.* Zona en que se divide un lugar o espacio separada de las demás. **compartimiento estanco** Compartimiento aislado.

compartir *tr.* 1 Usar o tener una cosa en común con otros. 2 Dividir en partes una cosa para repartirla entre varios. 3 Comunicar a otra u otras personas ideas o sentimientos particulares. 4 Participar de las ideas o los sentimientos de los demás.

compás *m.* 1 Instrumento de dibujo formado por dos piezas alargadas puntiagudas unidas entre sí en un extremo y que se abren y cierran; sirve para trazar arcos o circunferencias y medir distancias entre dos puntos. 2 MÚS. Signo que determina el ritmo de una composición musical, la colocación de acentos y el valor de las notas empleadas. 3 MÚS. Período de tiempo regular en que se divide una composición musical de acuerdo con la situación y el valor de este signo. 4 MÚS. Ritmo de una composición musical.

compasión *f.* Sentimiento de pena y lástima por la desgracia de otra persona.

compasivo, -va *adj.* Que tiene compasión.

compatibilidad *f.* Calidad de compatible.

compatibilizar *tr.* Hacer compatible.

compatible *adj.* 1 Que puede existir, ocurrir o hacerse al mismo tiempo que otra cosa o de manera conjunta. ‖ *adj./m.* 2 INFORM. [aparato, programa] Que utiliza un sistema de procesamiento de datos que le permite funcionar relacionado con otro aparato o programa sin que se pierda o se altere la información.

compatriota *com.* Persona de la misma patria que otra.

compeler *tr.* Obligar a una persona por la fuerza o con autoridad a que haga una cosa en contra de su voluntad.

compendiar *tr.* Reducir un escrito a lo esencial.

compendio *m.* 1 Exposición breve del contenido de un asunto o una materia. 2 Conjunto de las características más importantes y significativas de un hecho, asunto o materia.

compenetración *f.* 1 Acción de compenetrarse. 2 Efecto de compenetrarse.

compenetrarse *prnl.* Entenderse perfectamente dos o más personas debido a la identificación de su forma de pensar, actuar y sentir.

compensación *f.* 1 Acción de compensar. 2 Cosa que se da o recibe para compensar.

compensar *tr.* 1 Anular o igualar los efectos de una cosa con una acción contraria. 2 Dar una contrapartida como indemnización por lo que se recibe de otra persona o como premio de sus actos. ‖ *intr.* 3 Merecer la pena.

competencia *f.* 1 Rivalidad o lucha para conseguir una misma cosa. 2 Persona o empresa que se opone a otra porque fabrica o vende el mismo o muy parecido producto. 3 Obligación que corresponde a una persona o institución, especialmente por su cargo o condición. 4 Capacidad o aptitud para realizar un trabajo o desempeñar una función importante. 5 Autorización legal para intervenir en un asunto.

competente *adj.* 1 Que tiene experiencia y buenas cualidades o conocimientos para hacer un trabajo o desempeñar una función. 2 [persona, institución] Que está obligado a hacer algo por razón de su cargo o empleo.

competer *intr.* Corresponder o tener como obligación por razón del cargo o empleo.

competición *f.* 1 Lucha o enfrentamiento para conseguir una misma cosa. 2 Prueba deportiva en la que se participa para conseguir el triunfo.

competidor, -ra *adj./m. y f.* Que compite.

competir [34] *intr.* 1 Luchar para conseguir un fin. 2 Participar en una competición. ‖ 3 Igualar una cosa a otra en calidad o perfección.

competitividad *f.* Capacidad de competir.

competitivo, -va *adj.* 1 De la competición. 2 Que es capaz de competir o igualar a otros.

compilación *f.* Obra que reúne partes o extractos procedentes de varios documentos o libros.

compilar *tr.* Reunir en una misma obra partes o extractos procedentes de varios libros o documentos.

compinche *com.* 1 *coloquial* Amigo, compañero. 2 *coloquial* Amigote, compañero de francachelas y fechorías.

complacencia *f.* Satisfacción o placer con que se hace algo.

complacer [42] *tr.* 1 Causar agrado o satisfacción a una persona. ‖ *prnl.* 2 Alegrarse, sentir agrado o satisfacción por algo.

complaciente *adj.* 1 Que causa agrado o satisfacción a una persona. 2 Que complace o satisface los deseos de alguien.

complejidad *f.* Dificultad para comprender un concepto, hecho o mecanismo.

complejo, -ja *adj.* 1 Que se compone de gran número de partes o elementos. 2 Que es difícil de comprender o explicar. ‖ *m.* 3 Conjunto o unión de varios elementos. 4 Conjunto de edificios o establecimientos situados en un mismo lugar y en los que se desarrolla una misma actividad. 5 Conjunto de ideas y sentimientos desfavorables que una persona tiene en su subconsciente y que influyen en su personalidad y en su conducta.

complementar *tr./prnl.* 1 Añadir a una cosa lo que le falta para perfeccionarla. 2 GRAM. Completar el significado de uno o varios componentes de la oración.

complementario, -ria *adj.* Que sirve para completar o perfeccionar.

complemento *m.* 1 Cosa, cualidad o circunstancia que se añade a una cosa para hacerla más completa o perfecta. 2 GRAM. Parte de una oración que completa el significado de uno o más de sus componentes. **complemento circunstancial** Complemento del verbo que da información sobre el lugar, tiempo, modo u otras circunstancias. **complemento directo** Palabra o sintagma que completa el significado de un verbo transitivo. **complemento indirecto** Palabra o sintagma que completa el significado de un verbo transitivo o intransitivo expresando el destinatario o beneficiario de la acción.

completar *tr./prnl.* Añadir a una cosa lo que le falta para perfeccionarla.

completo, -ta *adj.* 1 Que está lleno o con

todos los sitios ocupados. **2** Que tiene todos sus elementos o partes. **3** Que está acabado, perfecto.

complexión *f.* Naturaleza de un organismo vivo en relación con su desarrollo, estructura y funcionamiento.

complicación *f.* **1** Circunstancia que hace difícil o más difícil una cosa o situación. **2** Dificultad que conllevan las cosas que constan de muchas partes. **3** Participación en un asunto delictivo. **4** Problema de salud añadido que agrava una enfermedad.

complicado, -da *adj.* **1** Que es difícil de entender o explicar. **2** Que se compone de gran número de elementos.

complicar [1] *tr./prnl.* **1** Hacer difícil o más difícil algo. **2** Comprometer o implicar a una persona en un asunto.

cómplice *adj.* **1** Que muestra complicidad o colaboración. ▌ *com.* **2** Persona que ayuda a cometer un delito o participa en él. **3** Persona que participa con otra en una actividad o está de acuerdo con ella.

complicidad *f.* Calidad de cómplice.

complot *m.* Acuerdo secreto entre dos o más personas para hacer algo, especialmente si es ilícito o perjudicial para otro. OBS El plural es *complots*.

componedor, -ra *m. y f.* **1** Persona que compone. ▌ *m.* **2** IMPR Regla para componer.

componenda *f.* Arreglo o acuerdo que es censurable o inmoral.

componente *adj./m.* **1** Que compone o forma parte de un todo. ▌ *com.* **2** Persona que forma parte de un grupo o un equipo.

componer [78] *tr.* **1** Formar una cosa colocando ordenadamente sus diversas partes. **2** Escribir una obra musical, literaria o científica. **3** Ordenar o reparar lo que está desordenado, roto o no funciona. ▌ *tr./prnl.* **4** Adornar, arreglar a una persona. **5** Reproducir un texto juntando los caracteres tipográficos. OBS El participio es *compuesto*.

comportamiento *m.* Manera de portarse.

comportar *tr.* **1** Tener como resultado o producir como consecuencia directa. ▌ *prnl.* **2** Actuar o portarse de una manera determinada.

composición *f.* **1** Acción de componer. **2** Conjunto de elementos ordenados. **3** Conjunto de elementos que componen una sustancia. **4** Conjunto de líneas compuestas que forman el texto de una página antes de la impresión. **5** Obra científica, literaria o musical. **6** Arte o técnica de escribir obras musicales. **7** Manera en que están dispuestas las figuras representadas en una fotografía, dibujo, etc. **8** Ejercicio de redacción que hacen los alumnos como tarea escolar para mejorar sus habilidades en el lenguaje escrito. **9** GRAM. Procedimiento para formar palabras nuevas mediante la unión de dos o más palabras que ya existen en la lengua. ▶ **hacer (o hacerse) una composición de lugar** Pensar detenidamente en las circunstancias que rodean a un asunto.

compositivo, -va *adj.* [afijo, palabra] Que forma compuestos.

compositor, -ra *m. y f.* Persona que compone, en especial obras musicales.

compostelano, -na *adj.* **1** De Santiago de Compostela. ▌ *adj./m. y f.* **2** [persona] Que es de Santiago de Compostela.

compostura *f.* **1** Moderación, comedimiento y templanza en el decir y en el obrar. **2** Presentación limpia y aseada de una persona o una cosa. **3** Arreglo de una cosa rota o estropeada.

compota *f.* Dulce que se hace con frutas cocidas en agua y azúcar.

compra *f.* **1** Acción de comprar. **2** Conjunto de cosas que se obtienen a cambio de dinero.

comprador, -ra *adj./m. y f.* Que compra.

comprar *tr.* **1** Obtener una cosa a cambio de dinero. **2** Dar dinero u otra recompensa a una persona para que haga algo que es ilícito o injusto.

compraventa *f.* Comercio en el que una persona compra un producto para venderlo después.

comprender *tr.* **1** Tener idea clara de lo que se dice, se hace o sucede. **2** Considerar justos o razonables unos actos o unos sentimientos. **3** Contener dentro de sí.

comprensible *adj.* Que se puede comprender.

comprensión *f.* **1** Acción de comprender. **2** Capacidad para comprender. **3** Actitud tolerante y respetuosa hacia los sentimientos o los actos de otras personas.

comprensivo, -va *adj.* Que es capaz de comprender ciertos actos o sentimientos de los demás y de ser tolerante con ellos.

compresa *f.* **1** Tejido de algodón u otro material absorbente, generalmente esterilizado, que se usa para cubrir heridas, contener hemorragias o aplicar frío, calor o un medicamento. **2** Tira desechable de celulosa que sirve para absorber secreciones del cuerpo humano, principalmente el flujo menstrual de la mujer.

compresión *f.* **1** Acción de comprimir. **2** Efecto de comprimir.

compresor *m.* Aparato que sirve para reducir a menor volumen un líquido o un gas por medio de la presión.

comprimido *m.* Medicamento en forma de pastilla redonda y pequeña.

comprimir *tr./prnl.* Reducir a menor volumen por medio de presión.

comprobación *f.* Prueba o confirmación de que algo es verdad o funciona bien.

comprobante *m.* Documento en el que queda constancia de la realización de algo.

comprobar [31] *tr.* Probar o confirmar que algo es verdad o que funciona bien.

comprometer *tr./prnl.* **1** Poner a una persona o cosa en una situación difícil o peligrosa. **2** Mencionar o incluir el nombre de una persona en relación con la comisión de un delito. ▌ *prnl.* **3** Contraer una obligación. **4** Establecer una pareja relaciones amorosas serias o formales.

comprometido, -da *adj.* Que es peligroso, complicado o difícil.

compromisario, -ria *adj./m. y f.* [persona] Que representa a otras que han delegado en ella para realizar o resolver algo.

compromiso *m.* **1** Responsabilidad que se contrae. **2** Situación difícil o embarazosa. **3** Promesa mutua de matrimonio. **4** Acuerdo por el que dos partes enfrentadas reducen sus demandas o cambian sus opiniones para llegar a un entendimiento.

compuerta *f.* Puerta para graduar o cortar el paso del agua en canales, diques o presas.

compuesto, -ta *adj.* **1** Que está formado por dos o más elementos. ▌ *adj./f.* **2** [planta] Que posee flores agrupadas formando una sola flor. ▌ *m.* **3** QUÍM. Sustancia que se forma combinando dos o más elementos en una proporción fija. **4** GRAM. Palabra formada por la unión de dos o más palabras.

compulsa *f.* Copia compulsada.

compulsar *tr.* Certificar oficialmente que un documento es una copia legal de un original.

compulsivo, -va *adj.* [persona] Que siente impulsos muy fuertes e incontrolables.

compungido, -da *adj.* Que siente tristeza o aflicción.

compungirse [3] *prnl.* Entristecerse o afligirse por algo.

computador *m.* Computadora.

computadora *f.* Máquina capaz de tratar

la información automáticamente mediante operaciones matemáticas y lógicas controladas por programas informáticos.

computar *tr.* **1** Contar o calcular con números. **2** Tener en cuenta o considerar un dato como equivalente de otro.

cómputo *m.* Cáculo, operación o conjunto de operaciones matemáticas necesarias para averiguar un resultado.

comulgar *intr.* **1** Recibir la comunión. **2** Compartir con otra persona las mismas ideas o los mismos sentimientos.

común *adj.* **1** Que pertenece a dos o más personas o cosas. **2** Que es normal, corriente o abundante. ▌ *m.* **3** La mayoría de la gente.

comuna *f.* **1** Conjunto de personas que viven y trabajan juntas, en comunidad aparte de la sociedad organizada, compartiendo propiedades y responsabilidades. **2** AMÉR Corporación integrada por una autoridad máxima y varios representantes elegidos que adminitra y gobierna una jurisdicción territorial.

comunal *adj.* De una comunidad o municipio o relacionado con ellos.

comunicación *f.* **1** Manifestación de algo a otro u otros. **2** Trato o relación personal. **3** Carta o mensaje escrito en que se comunica algo importante. **4** Texto breve sobre un tema científico que se presenta en un congreso. **5** Proceso por el que se envían e interpretan mensajes de acuerdo con un código de señales o signos. ▌ *f. pl.* **6** Conjunto de medios que sirven para poner en contacto lugares o personas.

comunicado, -da *adj.* **1** [lugar] Que está en contacto con otros lugares mediante vías de comunicación. ▌ *m.* **2** Escrito en el que se comunica algo.

comunicador, -ra *adj./m. y f.* [persona] Que posee una gran capacidad para transmitir a los demás sus opiniones.

comunicar [1] *tr.* **1** Hacer saber una cosa a otra persona. ▌ *tr./prnl.* **2** Transmitir sentimientos o emociones. **3** Transmitir y recibir información por medio de un código. **4** Unir o poner en relación dos lugares. ▌ *intr.* **5** Dar el teléfono una señal que indica que la línea está ocupada. ▌ *prnl.* **6** Extenderse, pasar de un lugar a otro.

comunicativo, -va *adj.* [persona] Que tiene facilidad para comunicarse.

comunidad *f.* Conjunto de personas que viven juntas bajo ciertas reglas o que tienen los mismos intereses o características. **comunidad autónoma** Entidad con límites territoriales concretos dentro del Estado español, que está dotada de autonomía legislativa.

comunión *f.* **1** Sacramento de la Iglesia cristiana que consiste en la conversión del pan y el vino en el cuerpo y la sangre de Cristo por medio de la consagración. **2** Ceremonia cristiana para celebrar este sacramento. **primera comunión** Ceremonia solemne en la que un cristiano recibe por primera vez la eucaristía. **3** Unión en las ideas, las opiniones o los sentimientos.

comunismo *m.* Sistema político y económico que defiende una organización social en la que no existe la propiedad privada ni la diferencia de clases.

comunista *adj.* **1** Del comunismo. ▌*adj./com.* **2** [persona] Que es partidario del comunismo.

comunitario, -ria *adj.* **1** De la comunidad. **2** De la Unión Europea.

con *prep.* **1** Indica el instrumento, medio o modo de hacer algo. **2** Indica que se está junto a otra persona, animal o cosa o en su compañía. **3** Indica que una cosa contiene o lleva otra. **4** Indica las circunstancias de una acción. **5** Indica relación o comunicación. **6** Indica una condición, cuando va delante de un infinitivo. **7** Indica oposición.

con- Prefijo que entra en la formación de palabras expresando 'reunión', 'cooperación' o 'compañía'.

conato *m.* Acción que termina poco después de iniciarse.

concatenación *f.* Enlace de acontecimientos o ideas que suceden en serie o cadena.

concavidad *f.* **1** Característica de lo que es cóncavo. **2** Lugar o superficie que tiene forma curva más hundida en el centro que en los bordes.

cóncavo, -va *adj.* Que tiene forma curva más hundida en el centro que en los bordes.

concebir *intr./tr.* **1** Formar en la imaginación una idea, una opinión o un proyecto. **2** Quedar embarazada una hembra. ▌*tr.* **3** Comprender algo. **4** Comenzar a sentir un afecto o un deseo.

conceder *tr.* **1** Dar quien tiene autoridad o poder un favor o permiso. **2** Atribuir cierta cualidad o condición. **3** Asentir, convenir o estar de acuerdo en algo.

concejal, -la *m. y f.* Persona que forma parte del gobierno de un ayuntamiento.

concejalía *f.* **1** Departamento de un ayuntamiento que está bajo las órdenes de un concejal. **2** Lugar en el que trabaja un concejal. **3** Cargo del concejal.

concejil *adj.* Del concejo.

concejo *m.* **1** Corporación formada por un alcalde y varios concejales que se encarga de administrar y gobernar un pueblo o ciudad. **2** Edificio en el que trabaja esta corporación. **3** Junta o reunión celebrada por los miembros de la corporación. **4** Conjunto de habitantes regidos por un ayuntamiento. **5** Término municipal sobre el que un ayuntamiento tiene jurisdicción.

concelebrar *tr./intr.* Celebrar la misa varios sacerdotes.

concentración *f.* **1** Acumulación de personas, animales o cosas. **2** Acción de concentrar o concentrarse.

concentrar *tr./prnl.* **1** Reunir o acumular personas, animales o cosas en un solo punto. **2** QUÍM. Hacer que una sustancia o un líquido se vuelva más denso o espeso. ▌*prnl.* **3** Poner toda la atención en lo que se hace o en lo que se piensa hasta llegar a aislarse de todo lo demás. **4** Reunirse y aislarse un equipo deportivo antes de un partido.

concéntrico, -ca *adj.* [figura, sólido] Que tiene el mismo centro que otro.

concepción *f.* **1** Acción de concebir. **2** Efecto de concebir.

conceptismo *m.* Estilo literario del barroco español caracterizado por el uso de formas poéticas de difícil comprensión, basadas en la asociación ingeniosa y rebuscada de los conceptos expresados por las palabras.

concepto *m.* **1** Idea que se tiene acerca de algo, o manera de entender una situación o hecho. **2** Opinión o juicio, especialmente el que se tiene de una persona. **3** Título, calidad. ▸ **en concepto de** Con el carácter de, como.

conceptual *adj.* Del concepto.

conceptualismo *m.* FILOS. Doctrina filosófica que considera que los conceptos universales existen solo en la mente.

conceptualizar [4] *tr.* Formar un concepto o una idea de algo.

conceptuar [11] *tr.* Formar una opinión o un juicio.

concernir [29] *intr.* **1** Corresponder a alguien una obligación. **2** Tener algo gran interés para alguien o afectarle.

concertación *f.* Acuerdo entre dos o más personas o entidades sobre un asunto.

concertado, -da *adj.* [escuela] Que recibe una subvención estatal.

concertar [27] *tr./prnl.* 1 Decidir algo de común acuerdo dos o más personas. 2 Hacer que varias voces o instrumentos suenen acordes entre sí. ‖ *intr.* 3 Coincidir dos cosas entre sí. ‖ *tr./intr.* 4 GRAM. Concordar dos o más palabras en sus aspectos gramaticales.

concertista *com.* Músico que interviene en un concierto como solista.

concesión *f.* 1 Acción de conceder. 2 Efecto de conceder. 3 Cosa concedida.

concesionario *m.* Persona o empresa que tiene la exclusiva distribución de un producto.

concesiva *adj./f.* 1 GRAM. [oración] Que expresa una objeción o dificultad para el cumplimiento de lo que se dice en la oración principal, sin que este obstáculo impida su realización. 2 GRAM. [conjunción] Que introduce una oración concesiva.

concha *f.* 1 Cubierta dura que protege el cuerpo de algunos animales, como almejas, mejillones o caracoles. 2 Materia córnea que se obtiene del caparazón de la tortuga carey. 3 Mueble con forma de un cuarto de esfera que se coloca en un teatro para ocultar al apuntador. 4 AMÉR *coloquial* Vagina (sexo femenino).

conchabarse *prnl.* Ponerse de acuerdo dos o más personas para hacer algo que se considera ilícito.

conciencia *f.* 1 Conocimiento que el ser humano tiene de su propia existencia y de las cosas que ve, dice o hace. 2 Capacidad que tienen las personas de juzgar la moralidad de sus actos. 3 Conocimiento reflexivo de las cosas. ▸ **a conciencia** Con empeño y atención.

concienciar [12] *tr./prnl.* Hacer adquirir o tomar conciencia o conocimiento de algo.

concienzudo, -da *adj.* 1 [persona] Que pone mucha atención y cuidado en lo que hace. 2 [trabajo] Que está hecho a conciencia, con mucho rigor y cuidado.

concierto *m.* 1 Espectáculo en el que se interpretan obras musicales. 2 Composición musical escrita para uno o varios instrumentos solistas y una orquesta. 3 Acuerdo entre dos o más personas o entidades sobre un asunto. 4 Buen orden y disposición de las cosas.

conciliábulo *m.* Grupo o reunión de personas que no ha sido convocada por una autoridad o que se reúne para tratar algo que se quiere mantener oculto.

conciliación *f.* Acuerdo entre dos o más personas que estaban enemistadas o enfrentadas.

conciliador, -ra *adj./m. y f.* Que concilia.

conciliar [12] *tr./prnl.* 1 Hacer que dos o más personas se pongan de acuerdo. 2 Acercar dos ideas o posiciones contrarias, llegando a unirlas. 3 Atraer o provocar un sentimiento determinado.

concilio *m.* Reunión de los obispos y otras personas de la Iglesia católica para decidir sobre un asunto religioso.

concisión *f.* Calidad de conciso.

conciso, -sa *adj.* Que expresa las ideas o los contenidos con pocas palabras.

concitar *tr.* Instigar a unas personas o instituciones contra otras.

conciudadano, -na *m. y f.* Persona de una ciudad o nación con respecto a las demás de la misma ciudad o nación.

cónclave o **conclave** *m.* 1 Reunión de los cardenales para elegir Papa. 2 Reunión para tratar algún asunto.

concluir *tr./intr.* 1 Acabar o terminar, dar fin. 2 Llegar a una decisión, un juicio o una solución después de examinar los datos que se tienen.

conclusión *f.* 1 Fin, terminación de algo. 2 Decisión, juicio, solución o consecuencia que es fruto del estudio y el examen de los datos que se tienen.

concluso, -sa *adj.* DER. [juicio] Que está listo para sentencia.

concluyente *adj.* [prueba, argumento] Que elimina toda duda o incertidumbre acerca de un asunto.

concomitancia *f.* Coincidencia de una cosa con otra.

concordancia *f.* 1 Correspondencia o conformidad de una cosa con otra. 2 GRAM. Correspondencia o conformidad entre los aspectos gramaticales de dos o más palabras variables.

concordar [31] *intr.* 1 Coincidir o estar de acuerdo una cosa con otra. ‖ *tr./intr.* 2 GRAM. Coincidir dos o más palabras en sus aspectos gramaticales.

concordato *m.* Tratado o convenio sobre asuntos eclesiásticos entre el gobierno de un estado y el Vaticano.

concorde *adj.* De acuerdo con otro.

concordia *f.* Unión o correspondencia pacífica entre personas o entre países.

concreción *f.* 1 Hecho de ser concreta una cosa. 2 Acumulación de trozos de materia que forman una masa.

concretar *tr.* 1 Expresar algo de forma exacta. ∥ *tr./ prnl.* 2 Reducir a lo más esencial. 3 Hacer concreta o precisa una cosa.

concreto, -ta *adj.* 1 Que se considera de modo particular, por oposición a lo general y abstracto. 2 Que es real y se puede ver y tocar. 3 Preciso y sin vaguedad.

concubina *f.* Mujer que vive y mantiene relaciones sexuales con un hombre con el que no está casada.

concubinato *m.* Relación de un hombre y una mujer que viven juntos y mantienen relaciones sexuales sin estar casados.

conculcar [1] *tr.* Actuar en contra de lo que dispone una ley, norma o pacto.

concupiscencia *f.* culto Cualidad de concupiscente.

concupiscente *adj.* culto Que está dominado por el deseo excesivo de bienes terrenales o de apetito sexual, según la moral católica.

concurrencia *f.* 1 Conjunto de personas que asisten a un espectáculo o reunión. 2 Acción de concurrir.

concurrido *adj.* [lugar, espectáculo] Que es visitado por mucha gente.

concurrir *intr.* 1 Juntarse en un mismo lugar o momento muchas personas, sucesos o cosas. 2 Coincidir cualidades o circunstancias en una misma persona o cosa. 3 Tomar parte con otros en un concurso o competición.

concursante *adj./com.* [persona] Que participa en un concurso.

concursar *intr.* Participar en un concurso.

concurso *m.* 1 Prueba o competición para obtener un premio. 2 Proceso de selección para conseguir un empleo o un cargo. 3 Participación o colaboración. 4 Competencia entre dos o más personas o empresas para escoger al mejor.

condado *m.* 1 Título nobiliario de conde. 2 Territorio sobre el que ejercía su autoridad.

condal *adj.* Del conde.

conde, -desa *m. y f.* Miembro de la nobleza de categoría inferior a la de marqués y superior a la de vizconde.

condecoración *f.* 1 Cruz o insignia que recibe una persona como premio por haber hecho algo importante en favor de la sociedad o en premio a su valor. 2 Ceremonia en la que se condecora a alguien.

condecorar *tr.* Premiar o conceder una condecoración.

condena *f.* 1 Pena o castigo que impone

un juez. 2 Desaprobación y rechazo de un comportamiento o unos hechos.

condenación *f.* Acción de condenar o condenarse.

condenado, -da *adj./m. y f.* 1 Que es culpable de un crimen o una falta y cumple un castigo por ello. 2 Que está en el infierno. 3 Que molesta mucho.

condenar *tr.* 1 Decidir que una persona es culpable e imponerle la pena que le corresponda. 2 Rechazar un comportamiento o unos hechos. 3 Ir al infierno.

condensación *f.* 1 Acción de condensar. 2 Efecto de condensar.

condensador *m.* 1 Aparato que convierte los gases en líquido por medio de agua o aire frío. 2 Sistema de dos conductores separados por una pequeña distancia que sirve para almacenar energía eléctrica.

condensar *tr.* 1 Hacer pasar un gas a estado líquido o sólido. 2 Reducir el volumen de un líquido haciéndolo más denso. 3 Reducir la extensión de un escrito o discurso sin quitar nada importante.

condescendencia *f.* Cualidad de condescendiente.

condescender [28] *intr.* Adaptarse una persona, por bondad, al gusto y la voluntad de otra u otras.

condescendiente *adj.* Que se adapta fácilmente, por bondad, al gusto y la voluntad de los demás.

condestable *m.* Persona que antiguamente tenía el máximo poder en el ejército.

condición *f.* 1 Requisito, situación o circunstancia que es necesaria o se exige para que se cumpla alguna cosa. 2 Cualidad o propiedad característica de las cosas. 3 Carácter de las personas. 4 Clase o categoría social. ∥ *f. pl.* 5 Estado o situación de una cosa. ▸ **a condición de** Indica que una cosa es necesaria para el cumplimiento de otra.

condicional *adj.* 1 Que depende de una o más condiciones o requisitos. ∥ *m.* 2 GRAM. Tiempo del verbo que sirve para expresar una acción futura en relación con el pasado o para expresar la probabilidad también en el pasado. ∥ *adj./f.* 3 GRAM. [oración subordinada] Que expresa una condición para que se efectúe la acción, el proceso o el estado expresado por la oración principal. 4 GRAM. [conjunción] Que introduce una oración de esa clase.

condicionamiento *m.* 1 Acción de condicionar. 2 Hecho o circunstancia que condicionan.

condicionar tr. Hacer depender una cosa de una serie de condiciones o restricciones.

condimentación f. Adición de condimentos y especias a la comida.

condimentar tr. Añadir condimentos y especias a la comida para darle más sabor.

condimento m. Sustancia que sirve para dar más sabor a la comida.

condiscípulo, -la m. y f. Compañero de estudios, sobre todo cuando se refiere a personas formadas bajo la dirección de un mismo maestro.

condolencia f. 1 Acción de condolerse. 2 Expresión con la que se muestra a los familiares de una persona muerta que se participa de su dolor y de su pena.

condolerse [32] prnl. Participar en el dolor o la pena de otra persona.

condominio m. culto Propiedad de algo que pertenece a dos o más personas.

condón m. Funda muy fina y elástica con que se cubre el pene al realizar el coito para impedir el embarazo y prevenir enfermedades sexuales.

condonar tr. Perdonar una pena o deuda.

cóndor m. Ave rapaz de la familia del buitre, de gran tamaño, con la cabeza y el cuello desnudos y un collar de plumas blancas en la base del cuello.
OBS El plural es *cóndores*.

conducción f. 1 Acción de conducir. 2 Hecho de conducir. 3 Conjunto de conductos para el paso de un líquido o gas.

conducir [46] tr. 1 Llevar o transportar de un sitio a otro. 2 Llevar o dirigir a un lugar determinado. 3 Dirigir un negocio o la acción de un grupo. 4 ESP, MÉX Manejar, llevar o guiar un automóvil. ‖ prnl. 5 Comportarse, obrar de determinada manera.

conducta f. Manera de comportarse.

conductismo m. Doctrina psicológica cuyo método se basa en la observación de la conducta del ser que se estudia.

conductista adj. 1 Del conductismo. ‖ adj./com. 2 Que es seguidor del conductismo.

conductividad f. Fís. Propiedad de algunos cuerpos que permiten el paso a través de sí del calor o la electricidad.

conductivo, -va adj. Fís. Que permite el paso del calor o la electricidad.

conducto m. 1 Canal o tubo para llevar líquidos o gases de un lugar a otro. 2 Órgano del cuerpo que tiene forma de tubo. 3 Medio que se sigue para conseguir un fin.

conductor, -ra adj./m. y f. 1 [persona] Que conduce. ‖ adj./m. 2 Que permite el paso del calor o la electricidad.

condumio m. Comida.

conectar tr. 1 Hacer que un sistema mecánico o eléctrico haga contacto con una fuente de energía y se ponga en funcionamiento. 2 Unir dos aparatos o sistemas. 3 Unir o encajar las partes que integran un aparato o sistema. 4 Poner en comunicación.

conectividad f. Capacidad de un dispositivo de conectarse a Internet u otra red informática.

conectivo, -va adj. 1 Que conecta. 2 [elemento lingüístico] Que tiene una función de nexo en la oración.

conector adj. 1 Que conecta. ‖ m. 2 Pieza de un aparato que sirve para conectarse con otros elementos.

conejera f. Madriguera o lugar en el que se crían y cobijan los conejos.

conejo, -ja m. y f. Mamífero doméstico, roedor, con las orejas largas, las patas traseras más largas que las delanteras, la cola corta y el pelo espeso.

conejillo Palabra que se utiliza en la expresión *conejillo de Indias*, que significa: a) Pequeño mamífero roedor, parecido a una rata, que se emplea en experimentos científicos. b) Persona o animal sometido a observación o experimentación.

conexión f. 1 Acción de conectar. 2 Efecto de conectar. 3 Pieza de un aparato que sirve para conectarse con otros elementos. 4 Relación o unión entre dos cosas.

conexo, -xa adj. Que tiene conexión, unión.

confabulación f. Acuerdo entre dos o más personas para hacer algo, especialmente si es ilícito o perjudicial para otro.

confabularse prnl. Ponerse de acuerdo dos o más personas para hacer algo ilícito o perjudicial para otro.

confección f. 1 Acción de confeccionar. 2 Efecto de confeccionar. ‖ f. pl. 3 Establecimiento donde se venden prendas de vestir hechas, a diferencia de las que se encargan a medida.

confeccionar tr. 1 Preparar una cosa a partir de la combinación de sus componentes. 2 Preparar un documento o una obra con especial atención y cuidado. 3 Cortar y coser la tela de una prenda de vestir, dándole la forma deseada.

confederación f. 1 Unión o pacto entre personas, grupos sociales o estados. 2 Organismo, entidad o estado resultante de esta unión o pacto.

confederado, -da *adj.* 1 [grupo social, estado] Que forma parte de una confederación. 2 [organismo, entidad, estado] Que está formado por grupos sociales o estados sujetos a normas y derechos comunes.

confederarse *prnl.* Unirse en confederación.

conferencia *f.* 1 Acto en el que una persona habla en público sobre un tema. 2 Reunión de representantes de organismos, entidades o estados, para tratar un tema. 3 Comunicación telefónica que se establece entre provincias o países distintos.

conferenciante *com.* Persona que habla en público sobre un tema.

conferenciar [12] *intr.* Reunirse dos o más personas para tratar de un asunto.

conferir [35] *tr.* 1 Conceder una autoridad a alguien un derecho, cargo o poder. 2 Atribuir una cualidad.

confesar [27] *tr.* 1 En la religión católica, oír el sacerdote los pecados que le declara el penitente. ‖ *tr./prnl.* 2 Expresar voluntariamente actos, ideas o sentimientos. 3 Reconocer un error, una falta o un delito. 4 En la religión católica, declarar el penitente al sacerdote los pecados que ha cometido.

confesión *f.* 1 Acción de confesar o confesarse. 2 Efecto de confesar o confesarse.

confesional *adj.* De la confesión religiosa. **estado confesional** Estado que considera una doctrina religiosa como oficial dentro de su territorio.

confesionario *m.* Confesonario.

confeso, -sa *adj.* Que reconoce ser autor de un delito.

confesonario *m.* En una iglesia, recinto pequeño y cerrado en cuyo interior se coloca el sacerdote para escuchar las confesiones de los fieles.

confesor *m.* Sacerdote que confiesa.

confeti *m.* Conjunto de pedacitos de papel con formas y colores variados que se lanzan en fiestas y celebraciones.

OBS El plural también es *confeti*.

confiado, -da *adj.* Que tiene confianza excesiva.

confianza *f.* 1 Esperanza segura que se tiene en algo. 2 Ánimo o fuerza para hacer algo. 3 Seguridad que uno tiene en sí mismo. 4 Sencillez y sinceridad en el trato propia de la amistad o del parentesco. ‖ *f. pl.* 5 Familiaridad o libertad excesiva

en el trato. ▸ **en confianza** En secreto y de forma particular.

confiar [13] *intr.* 1 Tener esperanza segura en algo. 2 Estar tranquilo y seguro en cuanto a la fuerza o las cualidades propias de otros. ‖ *tr.* 3 Entregar o dejar un encargo o trabajo importante al cuidado de otra persona. ‖ *tr./prnl.* 4 Contar algo secreto, particular o íntimo a otra persona. ‖ *prnl.* 5 Tener excesiva seguridad en algo.

confidencia *f.* Dato secreto, particular o íntimo que se cuenta a otra persona.

confidencial *adj.* Que se hace o dice en secreto y de forma particular.

confidente, -ta *m. y f.* 1 Persona a quien otra descubre datos particulares secretos o íntimos. 2 Persona que observa o escucha lo que otros hacen o dicen con la intención de comunicárselo en secreto al que tiene interés en saberlo.

configuración *f.* 1 Conjunto de características técnicas y estructurales propias de un sistema u organización. 2 Disposición de las partes que componen una cosa.

configurar *tr./prnl.* 1 Tener un sistema u organización una serie de características técnicas y estructurales propias. 2 Disponer de cierta forma las partes que componen una cosa.

confín *m.* 1 Línea imaginaria que limita un territorio, población o provincia. 2 Parte más alejada del punto central o principal de un lugar.

confinamiento *m.* 1 Acción de confinar. 2 Efecto de confinar.

confinar *tr.* 1 Desterrar a alguien, señalándole una residencia obligatoria en otro lugar. ‖ *tr./prnl.* 2 Permanecer alguien en un lugar voluntaria o involuntariamente.

confirmación *f.* 1 Prueba que afirma o demuestra la verdad de una cosa. 2 Sacramento de la Iglesia católica que consiste en dar valor de nuevo a la condición de cristiano.

confirmar *tr.* 1 Hacer firme y legal una decisión aprobada con anterioridad. 2 Ratificar algo que ya estaba convenido. 3 Hacer que el poder, cargo o posición de una persona sea más fuerte o más definitivo. ‖ *tr./prnl.* 4 Dar como cierta una creencia u opinión de cuya certeza no se estaba seguro previamente. 5 Administrar el sacramento de la confirmación.

confiscación *f.* 1 Acción de confiscar. 2 Efecto de confiscar.

confiscar [1] *tr.* Privar a alguien de sus bienes y aplicarlos al fisco.

confitar *tr./prnl.* **1** Cubrir con una capa fina de azúcar una fruta o fruto seco. **2** Cocer una fruta en agua con azúcar. **3** Freír carne en su propio jugo y conservarla cubierta de grasa.

confite *m.* Dulce hecho con azúcar, frutos secos y otros ingredientes con forma de bolitas de diversos tamaños.

confitería *f.* Establecimiento donde se elaboran y venden dulces.

confitero, -ra *m. y f.* Persona que se dedica a elaborar y vender dulces.

confitura *f.* **1** Fruta o fruto seco cubierto con una capa fina de azúcar. **2** Fruta cocida en agua con azúcar o solución.

conflictividad *f.* **1** Capacidad de provocar conflictos. **2** Situación de conflicto.

conflictivo, -va *adj.* Que causa o tiene conflictos.

conflicto *m.* **1** Enfrentamiento armado entre los ejércitos de dos o más estados. **2** Asunto o problema de difícil solución.

confluencia *f.* **1** Lugar donde confluyen carreteras o ríos. **2** Coincidencia de ideas y tendencias sociales, culturales o económicas.

confluir [62] *intr.* **1** Unirse en un lugar varias carreteras o ríos. **2** Reunirse en un lugar un grupo numeroso de personas. **3** Coincidir ideas y tendencias sociales, culturales o económicas.

conformación *f.* **1** Conjunto de características técnicas y estructurales propias de un sistema u organización. **2** Disposición de las partes que componen una cosa.

conformar *tr./prnl.* **1** Tener un sistema u organización una serie de características técnicas y estructurales propias. **2** Disponer de cierta forma las partes que componen una cosa. **3** Poner una cosa de acuerdo con otra. **‖** *prnl.* **4** Aceptar de forma voluntaria una cosa o situación que no es perfecta o no satisface completamente.

conforme *adj.* **1** Que está de acuerdo; que acepta voluntariamente una situación. **‖** *adv.* **2** Denota una relación de conformidad o correspondencia en el modo de hacer algo. **▸ conforme a** Con arreglo a, de acuerdo con.

conformidad *f.* **1** Actitud de aprobación y acuerdo con una situación o con la decisión de otra persona. **2** Actitud de aceptar con resignación una desgracia o molestia sin quejarse ni protestar. **3** Coincidencia o parecido entre dos cosas o dos ideas. **▸ de conformidad** o **en conformidad** De acuerdo con.

conformismo *m.* Actitud del conformista.

conformista *adj./com.* Que acepta con resignación cualquier circunstancia.

confort *m.* **1** Estado de bienestar físico, comodidad. **2** Conjunto de cosas que proporcionan este bienestar físico.

confortabilidad *f.* Capacidad de proporcionar confort.

confortable *adj.* Que proporciona confort.

confortar *tr./prnl.* **1** Reponer las fuerzas y la energía a una persona cansada o débil. **2** Dar consuelo y ánimo a alguien.

confraternizar [4] *intr.* Tratarse con afecto y amistad propios de hermanos.

confrontación *f.* **1** Acción de confrontar. **2** Enfrentamiento entre dos personas o grupos sociales para lograr un propósito.

confrontar *tr.* Comparar una cosa con otra, especialmente las opiniones distintas de dos personas.

confucianismo *m.* Doctrina religiosa que tuvo su origen en China a partir de las ideas filosóficas y morales de Confucio en el siglo v antes de Cristo.

confundir *tr./prnl.* **1** Mezclar de modo que no se pueda reconocer o distinguir. **2** Equivocar, tomar o entender una cosa por otra. **3** Provocar la duda o el error.

confusión *f.* **1** Falta de claridad y orden. **2** Equivocación que se produce cuando se toma o entiende una cosa por otra.

confuso, -sa *adj.* **1** Falto de claridad y orden. **2** Que no sabe qué hacer o decir.

conga *f.* **1** Baile de origen cubano, de ritmo alegre, que se ejecuta por grupos colocados en fila. **2** Música de este baile.

congelación *f.* **1** Acción de congelar o congelarse. **2** Efecto de congelar o congelarse.

congelador *m.* **1** Aparato eléctrico que sirve para congelar, generalmente alimentos. **2** Parte de un frigorífico donde se congelan los alimentos.

congelar *tr./prnl.* **1** Pasar al estado sólido un líquido al bajar su temperatura. **2** Dañar el frío tejidos orgánicos por haber sido sometida una parte del cuerpo a temperaturas muy bajas. **‖** *tr.* **3** Disminuir la temperatura de un alimento. **4** Detener el desarrollo normal de un acontecimiento. **5** Detener el aumento o disminución de algo. **6** Detener el movimiento libre de dinero en una cuenta bancaria. **‖** *prnl.* **7** Pasar o sufrir mucho frío.

congénere *adj./com.* Que tiene el mismo origen, género o clase que otro.

congeniar [12] *intr.* Llevarse bien dos personas por tener caracteres, ideas o gustos parecidos.

congénito, -ta *adj.* **1** [rasgo de la personalidad] Que nace con la persona o que es natural y no aprendido. **2** MED. [enfermedad, malformación] Que se adquiere durante el período de gestación y se padece desde el nacimiento.

congestión *f.* **1** Acumulación excesiva de personas o vehículos. **2** Acumulación excesiva de sangre u otro fluido en una parte del cuerpo.

congestionar *tr./prnl.* **1** Hacer que se acumule una cantidad excesiva de personas o vehículos, impidiendo la circulación normal. **2** Hacer que se acumule una cantidad excesiva de sangre u otro fluido en una parte del cuerpo.

conglomerado *m.* **1** Mezcla de personas o cosas de origen y naturaleza distinta. **2** Material compacto parecido a la madera formado por pequeños trozos de una o más sustancias, pegados entre sí.

conglomerar *tr.* **1** Mezclar personas o cosas de origen y naturaleza distintos. ‖ *tr./prnl.* **2** Unir una o más sustancias con un conglomerante.

congoja *f.* Sufrimiento y preocupación intensos por un peligro o amenaza.

congoleño, -ña *adj.* **1** De la República del Congo o de la República Democrática del Congo. ‖ *adj./m. y f.* **2** [persona] Que es de la República del Congo o de la República Democrática del Congo.

congraciar [12] *tr./prnl.* Conseguir la benevolencia o el afecto de una persona.

congratulación *f.* Expresión de la alegría y satisfacción por algo agradable o feliz que le ha ocurrido a otra persona.

congratular *tr./prnl.* Expresar alegría y satisfacción por algo agradable o feliz que le ha ocurrido a otra persona.

congregación *f.* Conjunto de religiosos que viven bajo la advocación de la Virgen o de un santo según las reglas establecidas por su fundador, y que se dedican a rezar y a ayudar a los demás.

congregar [7] *tr./prnl.* Reunir a un conjunto de personas.

congresista *com.* Persona que asiste a un congreso o participa en él.

congreso *m.* **1** Reunión de personas que se proponen estudiar un tema social, cultural o científico determinado o exponer asuntos relacionados con él. **2** Reunión de personas que pertenecen a un mismo grupo, asociación o partido, para estudiar y debatir asuntos de interés común.

congrio *m.* Pez marino comestible de cuerpo alargado y casi cilíndrico; es de gran tamaño y de color negro o gris.

congruencia *f.* Relación lógica y coherente entre varias cosas.

congruente *adj.* Que tiene congruencia.

cónico, -ca *adj.* **1** Que tiene forma de cono. **2** Del cono.

conífero, -ra *adj./f.* **1** [planta] Que pertenece al orden de las coníferas. ‖ *f. pl.* **2** Orden de plantas que tienen las hojas en forma de escamas o agujas y frutos en forma de piña.

conjetura *f.* Suposición o juicio formado a partir de datos incompletos o supuestos.

conjeturar *tr.* Formar opiniones o juicios a partir de datos incompletos o supuestos.

conjugación *f.* **1** Conjunto de las distintas formas del verbo con las que se expresan las variaciones de voz, modo, tiempo, aspecto, número y persona. **2** Grupo formado por todos los verbos que se conjugan de igual manera. **3** Unión de elementos distintos que forman un conjunto lógico, coherente o armonioso.

conjugador *m.* Programa informático que ofrece la conjugación de los verbos al escribir el infinitivo.

conjugar [7] *tr./prnl.* **1** Enunciar la conjugación de un verbo. **2** Unir elementos distintos para formar un conjunto lógico, coherente o armonioso.

conjunción *f.* **1** Clase de palabras que no experimentan cambios de forma, indican la relación existente entre los elementos de una frase y sirven de nexo entre las partes de esta. **2** Conjugación, unión de elementos distintos.

conjuntar *tr.* Unir elementos distintos para formar un conjunto lógico, coherente o armonioso.

conjuntiva *f.* Membrana mucosa muy delgada que cubre la parte interior del párpado y llega hasta la parte anterior del globo del ojo de los vertebrados.

conjuntivitis *f.* MED. Inflamación de la conjuntiva del ojo.

OBS El plural también es *conjuntivitis*.

conjuntivo, -va *adj.* **1** Que sirve para juntar y unir. **2** De la conjunción.

conjunto, -ta *adj.* **1** Que se hace a la vez o con un fin común. ‖ *m.* **2** Grupo de elementos consideradas como un todo homogéneo. **3** Grupo de personas que tocan música juntas. **4** Vestido compuesto por dos o más prendas de vestir combinadas. **5** En matemáticas, grupo de elementos con una determinada propiedad.

conjura *f.* Acuerdo entre dos o más personas para hacer algo ilícito o perjudicial contra alguien.

conjuración *f.* Conjura.

conjurar *tr.* **1** Impedir o evitar un daño o peligro. **2** Pronunciar unas palabras mágicas para comunicar con los espíritus. **‖** *prnl.* **3** Ponerse de acuerdo dos o más personas para hacer algo ilícito o perjudicial contra alguien.

conjuro *m.* **1** Serie de palabras mágicas para comunicar con los espíritus. **2** Serie de palabras mágicas para conseguir algo que se desea.

conllevar *tr.* Tener como resultado o producir como consecuencia directa.

conmemoración *f.* Recuerdo de una persona o un hecho.

conmemorar *tr.* Recordar a una persona o hecho con una ceremonia.

conmemorativo, -va *adj.* Que conmemora un hecho o fecha importante.

conmensurable *adj.* Que se puede medir.

conmigo *pron. pers.* Forma del pronombre personal de primera persona *mí,* que se usa cuando va acompañado por la preposición *con.*

conminar *tr.* Amenazar a una persona con un castigo si no hace lo que se le ordena.

conmiseración *f.* Sentimiento de pena y dolor por la desgracia o sufrimiento que padece otra persona.

conmoción *f.* Alteración violenta del ánimo causada generalmente por la sorpresa que provoca un acontecimiento desagradable. ▸ **conmoción cerebral** Estado de aturdimiento o pérdida del conocimiento producido por un golpe en la cabeza, una descarga eléctrica, etc.

conmocionar *tr.* Producir una conmoción.

conmovedor, -ra *adj.* Que conmueve.

conmover [32] *tr./prnl.* **1** Producir una emoción intensa. **2** Provocar en una persona pena y dolor la desgracia o sufrimiento que padece otra.

conmutación *f.* **1** Acción de conmutar. **2** Efecto de conmutar.

conmutador *m.* Aparato o mecanismo que sirve para cambiar la dirección o interrumpir el paso de una corriente eléctrica.

conmutar *tr.* **1** Cambiar o sustituir una cosa por otra, especialmente una pena o

castigo por otro de menor grado o rigor. **2** MAT. Cambiar el orden de las cantidades en una operación matemática.

conmutativo, -va *adj.* MAT. [propiedad de una operación] Que permite el cambio de orden de las cantidades que la integran sin alterar el resultado.

connatural *adj.* Propio de la naturaleza de un ser viviente o conforme con ella.

connivencia *f.* **1** Acuerdo a que llegan dos o más personas para realizar algo ilícito. **2** Tolerancia de un superior con las faltas que cometen sus subordinados.

connotación *f.* GRAM. Significado secundario y subjetivo que tiene una palabra por su asociación con otras ideas.

connotado, -da *adj.* AMÉR [persona] Que destaca por su conducta o en su profesión.

connotar *tr.* GRAM. Tener una palabra, además de su significado propio o específico, otro secundario y subjetivo por su asociación con otras ideas.

connotativo, -va *adj.* GRAM. [palabra] Que tiene un significado secundario y subjetivo por su asociación con otras ideas.

cono *m.* **1** Cuerpo sólido limitado por una base plana de periferia curva y una superficie formada por las infinitas rectas que unen la base con el vértice. **2** Objeto con esta forma.

conocedor, -ra *adj./m. y f.* Que sabe mucho de una materia.

conocer [44] *tr.* **1** Comprender por medio de la razón la naturaleza, cualidades y relaciones de las cosas. **2** Comprender por medio de la propia experiencia. **3** Tener trato o relación con una persona. **4** Percibir una cosa como distinta de otras. **5** Tener informaciones y conocimientos sobre alguna materia o ciencia.

conocido, -da *adj.* **1** Que tiene fama. **‖** *m. y f.* **2** Persona a la que se tiene relación o trato, pero sin llegar a la amistad.

conocimiento *m.* **1** Capacidad del ser humano para comprender por medio de la razón la naturaleza, cualidades y relaciones de las cosas. **2** Conjunto de datos o noticias relativos a una persona o cosa. **3** Conjunto de las facultades sensoriales de una persona. **‖** *m. pl.* **4** Conjunto de datos e ideas que se conocen acerca de algo.

conque *conj.* Introduce una oración que es resultado o consecuencia de la oración anterior.

conquense *adj.* **1** De Cuenca. **‖** *adj./ com.* **2** [persona] Que es de Cuenca.

conquista *f.* **1** Acción de conquistar. **2**

Población o territorio cuyo dominio y control se consigue en una guerra. **3** Persona cuyo amor se ha conseguido.

conquistador, -ra *adj./m. y f.* **1** Que conquista una población, territorio o posición en una guerra. **2** [persona] Que tiene facilidad para conquistar.

conquistar *tr.* **1** Conseguir el dominio y control de una población, territorio o posición en una guerra. **2** Conseguir un premio o beneficio con el esfuerzo y el trabajo. **3** Conseguir el amor de una persona. **4** Conseguir la confianza, la simpatía y la voluntad de una persona.

consabido, -da *adj.* **1** Que es conocido por todos. **2** Que se hace a menudo.

consagración *f.* **1** Fama o prestigio que alcanza una persona. **2** Acción de consagrar. **3** En la religión católica, rito de la misa en que el sacerdote pronuncia las palabras por las que el pan y el vino se convierten en el cuerpo y la sangre de Cristo.

consagrar *tr./prnl.* **1** Dar fama o prestigio. **2** Dedicar el esfuerzo y el trabajo a un fin. **3** Ofrecer o dedicar a Dios, a la Virgen o a un santo. ‖ *intr./tr.* **4** En la religión católica, realizar el rito de la consagración.

consanguíneo, -nea *adj.* [persona] Que desciende de los mismos antepasados que otra u otras.

consanguinidad *f.* Parentesco natural de una persona con otra u otras que descienden de los mismos antepasados.

consciencia *f.* Conocimiento que el ser humano tiene de su propia existencia y de las cosas que ve, dice o hace.

consciente *adj.* **1** [persona] Que siente, piensa y actúa con conocimiento de lo que hace. **2** [sentimiento, idea, acto] Que se lleva a cabo con conocimiento de lo que se hace. **3** [persona] Que tiene capacidad para percibir estímulos sensibles y comprender lo que sucede a su alrededor.

consecución *f.* Obtención de algo que se merece, solicita o pretende.

consecuencia *f.* **1** Hecho o acontecimiento que se deriva o resulta de otro. **2** Correspondencia lógica entre las ideas de una persona y su comportamiento. ▸ **a consecuencia de** Como resultado de una cosa anterior. ▸ **en consecuencia** Según lo dicho o acordado anteriormente.

consecuente *adj.* **1** Que mantiene correspondencia lógica entre las ideas y el comportamiento. **2** Que depende o resulta de otra cosa o que la sigue en orden.

consecutivo, -va *adj.* **1** Que sigue o sucede sin interrupción a otra cosa. ‖ *adj./f.* **2** GRAM. [oración] Que expresa una acción, proceso o estado que sigue o resulta de otro anterior. **3** GRAM. [conjunción] Que introduce una oración consecutiva.

conseguir [56] *tr.* Obtener algo que se merece, solicita o pretende.

consejería *f.* **1** Departamento en que se divide el gobierno de una comunidad autónoma. **2** Cargo de consejero. **3** Lugar o edificio donde trabaja el personal de una consejería.

consejero, -ra *m. y f.* **1** Persona que aconseja o a la que se pide consejo. **2** Persona que forma parte de un consejo administrativo. **3** Persona que dirige una consejería de una comunidad autónoma.

consejo *m.* **1** Opinión que se da o recibe sobre lo que se debe hacer o el modo de hacerlo. **2** Corporación consultiva encargada de informar al gobierno sobre determinada materia. **3** Departamento de una empresa, entidad o asociación que se encarga de su dirección y administración. **4** Reunión que celebran los miembros de este departamento.

consenso *m.* Acuerdo de todas las personas que pertenecen a una corporación.

consensuar *tr.* Acordar algo por mayoría, incluso antes de someterlo a votación.

consentido, -da *adj./m. y f.* Que está acostumbrado a hacer su voluntad sin que nadie lo corrija o castigue.

consentimiento *m.* Aprobación de una cosa o permiso para que se realice.

consentir [35] *tr./intr.* **1** Permitir que se haga una cosa. **2** Ser demasiado indulgente con alguien.

conserje *com.* Persona que se encarga del cuidado, vigilancia y limpieza de un edificio o establecimiento público.

conserjería *f.* **1** Dependencia que ocupa el conserje. **2** Cargo de conserje.

conserva *f.* Alimento preparado de modo conveniente y envasado herméticamente para mantenerlo comestible mucho tiempo.

conservación *f.* Acción de conservar.

conservador, -ra *adj./m. y f.* **1** [persona] Que es partidario del conservadurismo. ‖ *m. y f.* **2** Persona encargada de la conservación de los fondos documentales de un museo o archivo.

conservadurismo *m.* Tendencia política que defiende el sistema de valores políticos, sociales y morales tradicionales y se opone a reformas o cambios radicales en la sociedad.

conservante m. Sustancia que se añade a un alimento para mantener sin alteración sus cualidades durante mucho tiempo.

conservar tr./prnl. 1 Mantener y cuidar una cosa para que no pierda sus características y propiedades. 2 Guardar una cosa con cuidado. 3 Mantener un sentimiento o sensación. 4 Mantener costumbres, virtudes o defectos.

conservatorio m. Centro de educación, generalmente oficial, donde se imparten enseñanzas de música y canto.

conservero, -ra adj. 1 De las conservas de alimentos. ▮ m. y f. 2 Persona que se dedica a hacer conservas. 3 Propietario de una industria de conservas.

considerable adj. Que es lo bastante grande, numeroso o importante como para tenerse en cuenta.

consideración f. 1 Acción de considerar. 2 Opinión que se forma tras una reflexión. 3 Respeto o atención con el que se trata a una persona o cosa. ▶ **de consideración** Importante, grave, con consecuencias.

considerado, -da adj. 1 Que se comporta con respeto y atención hacia los demás. 2 Que recibe muestras de atención y respeto.

considerar tr. 1 Reflexionar con atención y cuidado para formar una opinión. 2 Formar una opinión razonada sobre un asunto o persona.

consigna f. 1 Orden o instrucción que se da a un subordinado o a los miembros de una agrupación política o sindical. 2 Lema o frase que se grita en una manifestación. 3 Lugar de estaciones, aeropuertos y otras dependencias en el que los viajeros pueden guardar temporalmente el equipaje.

consignar tr. 1 Señalar o poner por escrito para dejar constancia formal o legal. 2 Anotar una cantidad de dinero en un presupuesto para un determinado fin.

consignatario m. Persona, entidad o empresa a la que se destina una mercancía.

consigo pron. pers. Forma del pronombre personal reflexivo sí, que se usa cuando va acompañado por la preposición con.

consiguiente adj. Que depende o resulta de otra cosa.

consistencia f. 1 Cualidad de la materia que resiste sin romperse ni deformarse fácilmente. 2 Unión y relación adecuada de todas las partes que forman un todo.

consistente adj. 1 Que tiene consisten-

cia. 2 Que une y relaciona las partes de un conjunto y les da unidad y coherencia.

consistir intr. 1 Estar fundada un cosa en otra. 2 Estar formado o compuesto por varios elementos.

consistorial adj. Del consistorio.

consistorio m. 1 Corporación o grupo de personas integrado por un alcalde y varios concejales que se encarga de administrar y gobernar un pueblo o ciudad. 2 Edificio en el que trabaja este grupo de personas. 3 Junta o reunión celebrada por los miembros de un consistorio. 4 Reunión que el Papa celebra con los cardenales.

consola f. 1 Tablero con mandos, teclas e indicadores para controlar una o varias máquinas. 2 Mesa alargada que se coloca junto a la pared y sirve de adorno.

consolación f. Ayuda o motivo que contribuye a disminuir una pena o dolor.

consolador m. Aparato con forma de pene para la estimulación sexual.

consolar [31] tr./prnl. Aliviar la pena o aflicción de alguien.

consolidación f. Adquisición de firmeza, solidez y estabilidad.

consolidar tr. Hacer que algo sea sólido, firme y estable.

consomé m. Caldo de carne concentrado.

consonancia f. 1 Relación de conformidad, correspondencia o igualdad entre dos o más elementos. 2 MÚS. Relación entre varios sonidos que, producidos a la vez o uno detrás de otro, suenan de modo agradable. 3 GRAM. Igualdad de los sonidos de la terminación de dos palabras, desde la última vocal con acento.

consonante adj./f. 1 GRAM. [sonido] Que se produce al estrechar los órganos de la articulación el canal de la voz al cerrarlo por un instante. 2 GRAM. [letra] Que representa ese sonido. ▮ adj. 3 GRAM. [palabra] Que tiene iguales a otra los sonidos finales, desde la última vocal con acento. 4 Que tiene una relación de conformidad, correspondencia o igualdad.

consonántico, -ca adj. Del sonido o la letra consonantes.

consorcio m. Asociación de personas o empresas con intereses comunes para participar conjuntamente en un proyecto o negocio importante.

consorte com. Mujer respecto a su marido y marido respecto a su mujer.

conspicuo, -cua adj. [persona] Que es ilustre o sobresaliente.

conspiración f. Acción de conspirar.

conspirador, -ra *m. y f.* Persona que participa en una conspiración.

conspirar *intr.* Llegar a un acuerdo dos o más personas para hacer algo, especialmente si es ilícito o perjudicial para otro.

constancia *f.* 1 Voluntad firme y continuada en la determinación de hacer una cosa o en el modo de realizarla. 2 Certeza de algo que se ha hecho o dicho.

constante *adj.* 1 Que tiene constancia. 2 Que se repite con cierta frecuencia manteniendo la misma intensidad. 3 MAT. Valor o cantidad fija en un cálculo o proceso matemático. ▸ **constantes vitales** MED. Conjunto de datos relacionados con la composición y las funciones del organismo.

constar *intr.* 1 Tener la seguridad de que un hecho es verdadero y exacto. 2 Estar formado por varios elementos.

constatación *f.* Comprobación de la veracidad de un hecho.

constatar *tr.* Comprobar un hecho, determinar si es cierto y dar constancia de él.

constelación *f.* ASTR. Conjunto de estrellas que, mediante trazos imaginarios sobre la aparente superficie celeste, forman un dibujo que recuerda una figura.

consternación *f.* Abatimiento o desconsuelo por una desgracia.

consternar *tr./prnl.* Producir abatimiento o desconsuelo el conocimiento de una desgracia.

constipado *m.* Malestar físico provocado por la inflamación de las membranas mucosas del aparato respiratorio que produce mucosidad, tos, fiebre y dolores musculares.

constiparse *prnl.* Contraer un constipado.

constitución *f.* 1 Manera en que está constituido algo. 2 Naturaleza de un organismo vivo en relación con el desarrollo, estructura y funcionamiento de su cuerpo. 3 Conjunto de leyes fundamentales que fija la organización política de un estado y establece los derechos y las obligaciones básicas de los ciudadanos y gobernantes. Se escribe con letra mayúscula.

constitucional *adj.* 1 De la Constitución. 2 Conforme con el contenido de la Constitución de un estado. 3 De la constitución física de un ser vivo.

constitucionalidad *f.* Conformidad con el contenido de la Constitución.

constituir [62] *tr.* 1 Formar o componer. 2 Ser o suponer. ▮ *tr./prnl.* 3 Establecer o

fundar. ▮ *prnl.* 4 Aceptar una obligación o un cargo.

constitutivo, -va *adj./m. y f.* Que forma parte de un todo.

constituyente *adj./m.* 1 Constitutivo. 2 [asamblea] Que ha sido convocado para elaborar o reformar la Constitución de un estado.

constreñir [36] *tr./prnl.* 1 Limitar, reducir. 2 MED. Hacer presión u oprimir un conducto para cerrarlo.

constricción *f.* 1 Límite o reducción. 2 MED. Presión que se ejerce en un conducto para cerrarlo parcial o totalmente.

constrictor, -ra *adj.* 1 Que produce constricción. ▮ *adj./m.* 2 MED. [medicamento] Que se utiliza para constreñir.

construcción *f.* 1 Acción de construir. 2 Conjunto de personas y materiales relacionados con la fabricación de edificios, obras de arquitectura o ingeniería. 3 Obra de arquitectura o ingeniería construida.

constructivo, -va *adj.* 1 De la construcción. 2 Que construye o sirve para construir.

constructor, -ra *adj./m. y f.* [persona] Que se dedica a construir.

construir [62] *tr.* 1 Hacer o fabricar una obra material, generalmente de gran tamaño. 2 Elaborar una teoría o proyecto a partir de la combinación de diversos conceptos. 3 Disponer de determinada manera los elementos de una obra artística. 4 GRAM. Unir y ordenar adecuadamente las palabras o las oraciones de acuerdo con las normas de la gramática.

consubstancial *adj.* 1 Que es de la misma sustancia, naturaleza y esencia que otro. 2 Que forma parte de las características esenciales de una cosa.

consuegro, -gra *m. y f.* Padre o madre de una persona en relación con los padres de la persona con la que está casada.

consuelo *m.* Ayuda que contribuye a disminuir una pena o un dolor.

consuetudinario, -ria *adj.* Que se basa en la costumbre.

cónsul *com.* 1 Persona autorizada oficialmente para representar y proteger los intereses económicos, administrativos o legales de los ciudadanos de una nación en una ciudad de un estado extranjero. ▮ *m.* 2 Antiguo magistrado romano.

consulado *m.* 1 Lugar o edificio donde trabaja el cónsul. 2 Conjunto de personas que trabajan bajo la dirección de un cónsul. 3 Cargo o dignidad de cónsul.

consular *adj.* Del cónsul.

consulta *f.* 1 Opinión o consejo que se pide. 2 Acción de consultar. 3 Lugar donde el médico examina y atiende a sus pacientes. 4 Examen y atención que un médico presta a su paciente.

consultar *tr.* 1 Pedir opinión o consejo acerca de una cosa. 2 Tratar un asunto con otras personas para conocer su punto de vista. 3 Buscar información.

consulting *m.* Consultoría.
OBS Es de origen inglés y se pronuncia aproximadamente 'consultin'.

consultivo, -va *adj.* [junta, organismo] Que está establecido para ser consultado por los gobernantes.

consultor, -ra *adj.* Que da su parecer en relación con un asunto acerca del cual se le consulta.

consultoría *f.* 1 Actividad del consultor. 2 Lugar donde trabaja el consultor.

consultorio *m.* 1 Lugar donde el médico recibe, examina y atiende a sus pacientes. 2 Lugar o establecimiento donde se dan opiniones o consejos técnicos a las personas que los solicitan. 3 Sección de un medio de comunicación, especialmente de la radio o la prensa, dedicada a responder a las consultas del público acerca de diversas materias.

consumación *f.* Realización completa y total de una acción o proceso.

consumado, -da *adj.* Que es excelente, perfecto en su línea.

consumar *tr.* Dar fin, acabar por completo una acción o proceso.

consumición *f.* 1 Comida o bebida que se toma en un bar u otro establecimiento. 2 Acción de consumar o consumarse.

consumido, -da *adj.* Que está muy delgado y con mal aspecto físico.

consumidor, -ra *adj./m. y f.* [persona] Que compra y usa bienes y productos.

consumir *tr./prnl.* 1 Comprar o usar un producto para satisfacer necesidades o gustos. 2 Usar, disfrutar o servirse de una cosa inmaterial. 3 Destruir por completo una materia. 4 Hacer perder peso y deteriorar físicamente. 5 Causar molestia o angustia de manera continuada.

consumismo *m.* Tendencia al consumo de productos sin necesidad.

consumista *adj./com.* Que consume mucho y sin necesidad.

consumo *m.* 1 Acción de consumir. 2 Efecto de consumir.

consustancial *adj.* Consubstancial.

contabilidad *f.* 1 Sistema de control y registro de los gastos e ingresos y demás operaciones económicas de una empresa. 2 Conjunto de cifras y datos acerca de estas operaciones económicas.

contabilizar *tr.* 1 Registrar una operación económica en un libro de cuentas para llevar la contabilidad. 2 Contar, numerar o computar cosas.

contable *adj.* 1 Que por su naturaleza o número puede ser contado. 2 De la contabilidad económica. ▌*com.* 3 Persona que lleva la contabilidad de una empresa.

contactar *tr.* Establecer contacto, trato.

contacto *m.* 1 Proximidad entre dos o más cosas de modo que se toquen entre sí. 2 Trato o relación personal. 3 Persona que facilita el trato o la relación personal con otras, especialmente dentro de una institución, empresa u organización. 4 Unión entre las dos partes de un circuito que permite el paso de la corriente eléctrica. 5 Mecanismo que se usa para establecer corriente eléctrica.

contado, -da *adj.* Que es escaso, raro o poco frecuente. ▸ **al contado** [forma de pago] Con dinero en efectivo.

contador *m.* Aparato destinado a medir el volumen de agua o de gas que pasa por una cañería o la cantidad de electricidad que recorre un circuito en un tiempo determinado.

contagiar [17] *tr.* 1 Transmitir una enfermedad un ser vivo a otro. 2 Transmitir una idea o un sentimiento. ▌*prnl.* 3 Contraer una enfermedad. 4 Adquirir una idea o un sentimiento.

contagio *m.* 1 Acción de contagiar o contagiarse. 2 Efecto de contagiar o contagiarse.

contagioso, -sa *adj.* Que se contagia con facilidad y rapidez.

contáiner *m.* Recipiente metálico rectangular y de gran tamaño para el transporte de mercancías a grandes distancias.
OBS El plural es *contáiners*.

contaminación *f.* 1 Acción de contaminar. 2 Efecto de contaminar.

contaminante *adj./com.* Que contamina.

contaminar *tr./prnl.* 1 Alterar o dañar el estado original de pureza o limpieza de una cosa. 2 Transmitir una enfermedad un ser vivo a otro.

contante Palabra que se utiliza en la locución *contante y sonante*, que significa 'en monedas o billetes', dicho del dinero.

contar [31] *tr.* 1 Averiguar la cantidad de elementos que hay en un conjunto, dándole a cada uno un número ordenado consecutivamente. 2 Expresar los números ordenados consecutivamente. 3 Explicar una historia real o inventada. | *tr./prnl.* 4 Considerar una cosa según la importancia, clase u opinión que le corresponde. ▸ **contar con** Considerar a una persona o cosa conveniente o de confianza para algo.

contemplación *f.* 1 Acción de contemplar. 2 Efecto de contemplar. | *f. pl.* 3 Trato cuidadoso y atento hacia una persona para que esté feliz y no se enfade.

contemplar *tr.* 1 Mirar con interés, atención y detenimiento. 2 Reflexionar con atención y cuidado para formar una opinión. 3 Complacer a una persona, ser condescendiente con ella. 4 Reflexionar detenida e intensamente sobre Dios, sus atributos divinos y los misterios de la fe.

contemplativo, -va *adj.* Que contempla.

contemporáneo, -nea *adj./m. y f.* 1 Que existe en la época actual, que pertenece al presente. 2 Que existió al mismo tiempo que otra persona o cosa, que pertenece a la misma época que ella.

contemporizar [4] *intr.* Adaptarse al gusto y la voluntad de los demás.

contención *f.* 1 Acción de contener o contenerse. 2 Efecto de contener o contenerse.

contencioso, -sa *adj./m. y f.* 1 [asunto, materia] Que es motivo de reclamación legal y su solución depende de una sentencia judicial. | *m.* 2 Asunto o problema que es motivo de disputa entre dos partes.

contender [28] *intr.* 1 Atacar, golpear y herir al contrario y defenderse de sus ataques. 2 Luchar con otros para conseguir un mismo fin. 3 Defender dos o más personas opiniones o intereses opuestos en una conversación.

contendiente *adj./com.* Que contiende.

contenedor *m.* 1 Recipiente metálico o de material resistente, de gran tamaño y provisto de ganchos para su manejo que se usa para meter la basura y los materiales que ya no sirven. 2 Recipiente metálico de forma rectangular y gran tamaño para el transporte de mercancías a grandes distancias.

contener [87] *tr./prnl.* 1 Llevar o incluir una cosa a otra en su interior. 2 Hacer referencia a un tema o asunto a lo largo de una exposición. 3 Suspender el movimiento de un cuerpo o líquido. 4 No dejar que un sentimiento o impulso se exprese abiertamente.

contenido, -da *adj.* 1 [sentimiento, impulso] Que se contiene. | *m.* 2 Materia incluida en el interior de un espacio. 3 Tema o asunto que se trata o sobre el cual se escribe. 4 GRAM. Significado de un signo lingüístico.

contentar *tr.* 1 Satisfacer un deseo, una ilusión o una necesidad. | *prnl.* 2 Aceptar una cosa de buen grado, especialmente cuando no es perfecta o no satisface completamente un deseo, ilusión o necesidad.

contento, -ta *adj.* 1 Que está alegre, feliz y satisfecho. | *m.* 2 Alegría, satisfacción.

contertulio, -lia *m. y f.* Persona que participa con otras en una tertulia.

contesta *f.* AMÉR Contestación.

contestación *f.* 1 Información o juicio que se da a una pregunta o petición. 2 Desacuerdo y oposición contra algo.

contestador *m.* Aparato eléctrico conectado al teléfono que emite mensajes grabados y registra las llamadas recibidas.

contestar *tr.* 1 Dar una contestación a una pregunta o petición. 2 Expresar desacuerdo y oposición contra algo. | *intr.* 3 Replicar de modo brusco o desagradable.

contestatario, -ria *adj./m. y f.* Que contesta o replica.

contexto *m.* 1 Conjunto de circunstancias que rodean un hecho. 2 GRAM. Conjunto de elementos lingüísticos y circunstancias extralingüísticas que rodean a una palabra u oración.

contextualizar *tr.* Poner en un determinado contexto.

contextura *f.* 1 Disposición y unión de las partes de un todo, especialmente de los hilos de una tela. 2 Contexto que rodea un hecho. 3 Constitución, naturaleza de un organismo vivo.

contienda *f.* 1 Acción de contender. 2 Enfrentamiento o discusión entre dos personas o ejércitos.

contigo *pron. pers.* Forma del pronombre personal de segunda persona *ti,* que se usa cuando va acompañado por la preposición *con.*

contigüidad *f.* Contacto entre dos cosas que están una junto a la otra.

contiguo, -gua *adj.* Que está en contacto con otra cosa, junto a ella.

continencia *f.* 1 Virtud de moderar las posiciones. 2 Renuncia voluntaria a mantener relaciones sexuales y a experimentar cualquier tipo de placer sexual.

continental *adj.* 1 Del continente. 2 Del conjunto de países que forman un continente.

continente *m.* 1 Gran extensión de tierra en que se considera dividida la superficie terrestre. 2 Cosa que contiene dentro de sí a otra.

contingencia *f.* 1 Posibilidad de que una cosa suceda. 2 Problema que se plantea de manera no prevista.

contingente *adj.* 1 Que puede suceder. ‖ *m.* 2 Conjunto organizado de soldados. 3 Parte proporcional que cada uno pone cuando son varios los que contribuyen a un mismo fin.

continuación *f.* 1 Ampliación en el tiempo del desarrollo de una acción que ya había empezado. 2 Extensión de una superficie en el espacio. ▸ **a continuación** Inmediatamente después.

continuador, -ra *adj.* Que sigue y continúa una cosa empezada por otro.

continuar *tr./intr.* 1 Seguir con lo empezado. ‖ *intr.* 2 Mantenerse en el tiempo. ‖ *prnl.* 3 Extenderse a lo largo de una superficie.

continuidad *f.* 1 Circunstancia de continuar. 2 Unión entre las partes de un todo.

continuo, -nua *adj.* 1 Que no se interrumpe y se prolonga durante largo tiempo con la misma intensidad. 2 Que se repite con cierta frecuencia manteniendo la misma intensidad. 3 Que está formado por partes unidas entre sí. ‖ *m.* 4 Todo formado por partes entre las que no hay separación.

contonearse *prnl.* Mover de manera exagerada los hombros y las caderas al andar.

contoneo *m.* Acción de contonearse.

contorno *m.* 1 Conjunto de líneas que limitan un cuerpo o una figura. 2 Zona que rodea un lugar o una población. Se usa más en plural.

contorsión *f.* Movimiento irregular y extraño que contrae una parte del cuerpo, los rasgos de la cara o cualquier músculo.

contorsionarse *prnl.* Hacer contorsiones.

contorsionista *com.* Persona que puede hacer con su cuerpo contorsiones muy difíciles, sin sufrir aparentemente dolor.

contra *prep.* 1 Indica oposición o acción contraria. 2 Indica contacto o apoyo. 3 Indica cambio de una cosa por otra. ‖ *m.* 4 Dificultad, circunstancia o razón que impide hacer una cosa. ‖ *int.* 5 **¡contra!** Indica sorpresa o disgusto.

contra- Prefijo que entra en la formación de palabras con el significado de: *a*) 'Oposición' o 'contrariedad'. *b*) 'Duplicación' o 'refuerzo'.

contraalmirante *m.* Miembro de la Armada de categoría inmediatamente inferior a la de vicealmirante.

contraargumento *m.* Argumento que se esgrime para rebatir otro.

contraatacar [1] *tr./intr.* Reaccionar con un ataque ante el avance del contrario o del enemigo.

contraataque *m.* Reacción con un ataque al avance del contrario o del enemigo.

contrabajo *m.* MÚS. Instrumento de cuerda y arco parecido al violonchelo, pero más grande y de sonido más grave.

contrabandista *com.* Persona que se dedica al contrabando.

contrabando *m.* 1 Transporte o comercio ilegal de productos sin pagar los impuestos correspondientes. 2 Transporte o comercio ilegal de productos prohibidos por las leyes a los particulares.

contracción *f.* 1 Movimiento en el que se encoge o se estrecha una parte del cuerpo o un músculo. 2 Acción de contraer. 3 GRAM. Unión de una palabra que termina en vocal con otra palabra que empieza por vocal. 4 GRAM. Palabra creada mediante esta unión.

contrachapado, -da *adj./m. y f.* [tablero] Que está formado por varias capas finas de madera pegadas.

contracepción *f.* Conjunto de métodos o sustancias contraconceptivas.

contraconceptivo, -va *adj./m.* [método, sustancia, medio] Que impide que una mujer o un animal hembra queden embarazados.

contracorriente *f.* Palabra que se utiliza en la locución *a contracorriente*, que significa 'en contra de la opinión general'.

contractual *adj.* De un contrato.

contractura *f.* MED. Contracción involuntaria y duradera de uno o más músculos.

contracultura *f.* Movimiento social y cultural caracterizado por la oposición a los valores culturales y morales establecidos en la sociedad.

contradecir [69] *tr.* 1 Decir lo contrario de lo que otra persona afirma o negar lo que esta da por cierto. 2 Hacer lo contrario de lo dicho por otra persona.

contradicción *f.* 1 Afirmación que expresa lo contrario de lo dicho por uno mismo o por otros. 2 Actitud o comportamiento contrario a lo dicho por uno mismo o por otros. **3** Afirmación y negación que se oponen una a otra y se anulan.

contradictorio, -ria *adj.* Que tiene contradicción con otra cosa.

contraer [88] *tr./prnl.* **1** Encoger, estrechar o reducir a menor tamaño. **2** Desarrollar una enfermedad. **3** Adquirir una costumbre o vicio. **4** Aceptar una obligación o un compromiso. **5** GRAM. Reducir dos o más vocales a un diptongo o a una sola vocal.

contraespionaje *m.* Actividad secreta que consiste en tratar de descubrir y evitar el espionaje de potencias extranjeras.

contrafuerte *m.* **1** ARQ. Construcción que se levanta pegada a un muro para hacerlo más resistente. **2** Pieza de cuero o de material resistente con que se refuerza el calzado por la parte del talón.

contragolpe *m.* Reacción ofensiva ante el avance del contrario.

contrahecho, -cha *adj./m. y f.* Que tiene torcido o deformado el cuerpo.

contraindicación *f.* Efecto perjudicial que puede tener una acción, el empleo de un medicamento o un tratamiento.

contraindicar *tr.* Señalar los efectos perjudiciales de una acción, un medicamento o un tratamiento en ciertos casos.

contralto *m.* **1** MÚS. Voz media entre la de tiple y la de tenor. ‖ *com.* **2** MÚS. Persona que tiene esta voz.

contraluz *amb.* Aspecto que presenta una cosa desde el lado opuesto a la luz.

contramaestre *m.* Suboficial de la Armada que dirige a los marineros bajo las órdenes del oficial.

contramano Palabra que se usa en la locución adverbial *a contramano* para indicar la dirección opuesta a la que debe ir una persona o vehículo.

contraofensiva *f.* Ofensiva para contrarrestar la del enemigo.

contraorden *f.* Orden que es contraria a otra anterior y la invalida.

contrapartida *f.* Compensación en correspondencia a lo que se recibe de otra persona o como premio de sus actos.

contrapelo Palabra que se utiliza en la locución *a contrapelo*, que significa *a)* 'En dirección contraria a la inclinación natural del pelo'. *b)* 'Contra el modo normal o natural de una cosa'.

contrapesar *tr.* **1** Servir de contrapeso. **2** Compensar o igualar una cosa a otra para hacer disminuir o desaparecer su efecto.

contrapeso *m.* Peso o carga que iguala a otra.

contraponer [78] *tr.* **1** Poner juntas, una al lado o a continuación de otra u otras, dos o más cosas. ‖ *tr./prnl.* **2** Oponer una idea, persona o cosa a otra.

contraportada *f.* **1** Página que se pone frente a la portada de un libro. **2** Última página de un periódico o revista.

contraposición *f.* **1** Comparación de dos o más cosas. **2** Relación entre cosas totalmente distintas u opuestas.

contraprestación *f.* Servicio o pago que una persona, institución o empresa hace a otra en correspondencia al que ha recibido o debe recibir.

contraproducente *adj.* Que tiene un efecto contrario al pretendido.

contrapuesto, -ta *adj.* Que se opone a otra cosa de la misma naturaleza.

contrapunto *m.* **1** MÚS. Técnica de composición musical que combina con armonía voces, melodías o ritmos contrapuestos. **2** MÚS. Voz, melodía o ritmo que resulta de aplicar esta técnica. **3** Contraste entre dos cosas que suceden simultáneamente o se hallan una junto a la otra.

contrariar [13] *tr.* **1** Oponerse al deseo o propósito de una persona. ‖ *prnl.* **2** Disgustarse por no poder cumplir un deseo.

contrariedad *f.* **1** Suceso imprevisto que retrasa o impide hacer lo que se desea. **2** Disgusto de escasa importancia.

contrario, -ria *adj.* **1** Que se opone a un deseo, propósito, etc. **2** Que es opuesto a una cosa. ‖ *adj./m. y f.* **3** Que es enemigo o rival de otro. ‖ *adj./m.* **4** [palabra] Que tiene un significado opuesto al de otra palabra.

contrarreloj *adj./f.* Prueba ciclista en la que se debe recorrer una distancia en el menor tiempo posible.

contrarrelojista *com.* Ciclista especializado en carreras contrarreloj.

contrarrestar *tr.* **1** Resistir un ataque. **2** Disminuir el efecto o la importancia de una cosa con una acción contraria.

contrarrevolución *f.* Revolución política que pretende arrebatar el poder a las personas que lo consiguieron en una revolución anterior.

contrasentido *m.* **1** Interpretación contraria al sentido natural de las palabras. **2** Idea o actuación que tiene un sentido contrario a la lógica.

contraseña *f.* Palabra, frase o señal secreta que permite ser reconocido.

contrastar *intr.* 1 Mostrar características muy distintas u opuestas dos cosas. | *tr.* 2 Comprobar la exactitud, autenticidad o calidad de una cosa.

contraste *m.* 1 Diferencia grande u oposición que presentan dos cosas. 2 Relación entre la iluminación máxima y mínima de una cosa.

contrata *f.* Contrato para la ejecución de obras o la prestación de un servicio.

contratación *f.* 1 Acción de contratar. 2 Contrato.

contratar *tr.* Acordar las condiciones y el precio por el que una persona o empresa se compromete a realizar un trabajo o a prestar un servicio.

contratenor *m.* Voz masculina más aguda que la de tenor, que corresponde a la femenina de contralto.

contraterrorismo *m.* Actividad dirigida a luchar contra el terrorismo.

contratiempo *m.* Accidente o suceso que retrasa o impide hacer lo que se desea.

contratipo *m.* Facsímil de una imagen fotográfica, obtenida al fotografiar dicha imagen.

contratista *com.* Persona o empresa que trabaja por contrata.

contrato *m.* 1 Acuerdo por el que dos partes se comprometen a respetar y cumplir una serie de condiciones. 2 Documento en que figura este acuerdo.

contravenir [90] *tr.* Actuar en contra de una ley, norma o pacto.

contraventana *f.* Puerta de madera que se pone en la parte exterior o interior de las ventanas o balcones para resguardar de la luz, agua, frío o calor.

contrayente *com.* Persona que contrae matrimonio.

contribución *f.* 1 Acción de contribuir. 2 Cantidad de dinero u otra cosa con que se contribuye a algo.

contribuir [62] *intr.* 1 Dar una cantidad de dinero como pago de un impuesto. 2 Ayudar, colaborar o participar en el logro de un fin. 3 Entregar una ayuda voluntaria a un determinado propósito. 4 Entregar voluntariamente una cantidad de dinero o medicinas, alimentos, etc. para cubrir las necesidades de alguien.

contribuyente *com.* Persona que legalmente está obligada a pagar impuestos estatales, autonómicos o locales.

contrición *f.* Arrepentimiento por haber pecado u ofendido a Dios.

contrincante *com.* Persona que pretende ganar a otra u otras en una competición.

control *m.* 1 Dirección o dominio de una organización o sistema. 2 Dominio que una persona tiene de sus propias emociones, ideas o actos. 3 Examen y observación cuidadosa que sirve para hacer una comprobación. 4 Examen que se hace a un alumno para comprobar su nivel de aprendizaje. 5 Conjunto de mandos o botones que regulan el funcionamiento de una máquina, aparato o sistema. ▸ **control remoto** Dispositivo que regula a distancia el funcionamiento de un aparato, máquina, etcétera.

controlador, -ra *adj./m. y f.* Que controla. ▸ **controlador aéreo** Técnico que controla el tráfico aéreo desde tierra.

controlar *tr.* 1 Dirigir o dominar una organización o sistema. 2 Examinar y observar con atención para hacer una comprobación. | *tr./prnl.* 3 Dominar y contener las propias emociones, ideas o actos.

controversia *f.* Discusión larga y repetida entre dos o más personas que defienden opiniones contrarias.

controvertido, -da *adj.* Que provoca controversia.

contubernio *m.* Acuerdo entre dos o más personas para hacer algo ilícito o perjudicial para otro.

contumacia *f.* Tenacidad y obstinación en el error.

contumaz *adj.* Que se mantiene firme en su comportamiento, a pesar de castigos, advertencias o desengaños.

contundencia *f.* Calidad de contundente.

contundente *adj.* 1 [objeto] Que puede producir un daño físico considerable por la fuerza o la energía con que se maneja. 2 Que se expone con tal energía que no deja lugar a la discusión.

contusión *f.* Daño causado al golpear o comprimir una parte del cuerpo sin producir herida exterior.

contusionar *tr.* Causar contusiones.

convalecencia *f.* 1 Recuperación de las fuerzas perdidas después de una enfermedad o de un tratamiento médico. 2 Período de tiempo que dura esta recuperación.

convalecer [43] *intr.* Recuperar las fuerzas perdidas después de una enfermedad o de un tratamiento médico.

convaleciente *adj./com.* Que se halla en período o proceso de convalecencia.

convalidación *f.* 1 Acción de convalidar. 2 Efecto de convalidar.

convalidar *tr.* 1 Dar validez académica a los estudios realizados y aprobados en otro país, centro docente o especialidad.

2 Confirmar, ratificar o dar nuevo valor y firmeza a los actos jurídicos.

convencer [2] *tr./prnl.* **1** Conseguir que una persona actúe o piense de un modo distinto al elegido. **2** Agradar, satisfacer.

convencimiento *m.* Seguridad que tiene una persona de la verdad o certeza de lo que piensa o siente.

convención *f.* **1** Acuerdo entre personas, empresas, instituciones o países. **2** Norma o práctica aceptada socialmente por un acuerdo general o por la costumbre. **3** Reunión de muchas personas que se proponen estudiar un tema político, cultural o científico, y elegir a sus representantes.

convencional *adj.* **1** Que se establece por convención. **2** Que es muy común o no tiene nada especial.

convencionalismo *m.* Ideas o costumbres que se aceptan o practican por comodidad, costumbre o conveniencia social.

conveniencia *f.* **1** Beneficio o utilidad que se obtiene de una cosa. **2** Correspondencia entre dos cosas distintas.

conveniente *adj.* **1** Que es beneficioso y útil para un fin. **2** Que está conforme o de acuerdo con otra cosa.

convenio *m.* **1** Acuerdo entre dos o más grupos sociales o instituciones por el que ambas partes aceptan una serie de condiciones y derechos. **2** Documento legal en que figura este acuerdo.

convenir [90] *intr.* **1** Ser beneficioso para un fin. **2** Ser beneficioso o útil. ▌*tr./intr.* **3** Llegar a un acuerdo sobre algo.

convento *m.* **1** Casa donde vive una comunidad de religiosos. **2** Comunidad de religiosos.

conventual *adj.* Del convento.

convergencia *f.* **1** Acción de converger o convergir. **2** Lugar donde convergen líneas, ideas, etc.

convergente *adj.* Que converge.

converger [5] *intr.* Convergir.

convergir [6] *intr.* **1** Reunirse varias líneas en un punto. **2** Coincidir ideas y tendencias sociales, culturales o económicas.

conversación *f.* Comunicación mediante la palabra de dos o más personas entre sí.

conversador, -ra *adj./m. y f.* Que tiene una conversación amena.

conversar *intr.* Hablar o comunicarse con la palabra dos o más personas.

conversión *f.* **1** Transformación o cambio de una cosa en otra. **2** Aceptación de una doctrina religiosa o una ideología.

converso, -sa *adj./m. y f.* Que ha aceptado una doctrina religiosa o una ideología.

convertir [29] *tr./prnl.* **1** Cambiar una persona o cosa en otra distinta. **2** Hacer que alguien adquiera una doctrina religiosa o una ideología.

convexidad *f.* **1** Característica de lo que tiene forma convexa. **2** Lugar o superficie que tiene forma convexa.

convexo, -xa *adj.* De forma curva más saliente en el centro que en los bordes.

convicción *f.* **1** Seguridad que tiene una persona de la verdad o certeza de lo que piensa o siente. **2** Capacidad para convencer a los demás. ▌*f. pl.* **3** Ideas religiosas, éticas o políticas de una persona.

convicto, -ta *adj./m. y f.* Que es responsable probado legalmente de un delito.

convidado, -da *m. y f.* Persona que está convidada; especialmente, la que participa en un convite.

convidar *tr.* **1** Pedir a una persona que participe en un convite, función, etc. **2** Pagar el precio de lo que otra u otras personas comen o beben. **3** Convencer a una persona para que haga una cosa.

convincente *adj.* Que convence.

convite *m.* Banquete, fiesta o celebración que paga una persona y en la que participan otras como invitados.

convivencia *f.* Acción de convivir.

convivir *intr.* Vivir en compañía de otro u otros.

convocar [1] *tr.* **1** Citar a una o más personas señalándoles el día, hora y lugar para un acto o encuentro. **2** Anunciar públicamente un acto en el que pueden participar muchas personas.

convocatoria *f.* Anuncio o escrito con que se convoca a varias personas.

convoy *m.* Conjunto de vehículos terrestres o marítimos que acompañan a otros para protegerlos.

OBS El plural es *convoyes*.

convulsión *f.* **1** Contorsión involuntaria, violenta y repetida de una parte del cuerpo o de un músculo. **2** Agitación política, social o económica.

convulsionar *tr.* Producir convulsiones.

convulsivo, -va *adj.* De la convulsión.

convulso, -sa *adj.* **1** Que sufre una o más convulsiones. **2** Que está excitado por la irritación o la cólera.

conyugal *adj.* De los cónyuges.

cónyuge *com.* Mujer respecto de su marido y marido respecto de su mujer.

coña *f.* 1 *malsonante* Burla irónica y disimulada. 2 *malsonante* Coñazo.

coñá o **coñac** *m.* Bebida alcohólica de alta graduación obtenida por destilación del vino y envejecida en toneles de roble.

coñazo *m.* *malsonante* Cosa que resulta muy molesta o aburrida.

coño *m.* 1 *malsonante* Parte externa del aparato genital femenino. ‖ *int.* 2 ¡coño! *malsonante* Indica sorpresa, admiración o disgusto.

cooperación *f.* 1 Acción de cooperar. 2 Efecto de cooperar.

cooperante *com.* Persona que, en virtud de acuerdos internacionales, es enviada a un país en el que es necesaria su ayuda.

cooperar *intr.* 1 Trabajar con otras personas para lograr un fin. 2 Facilitar el trabajo de una persona ayudándola y ahorrándole problemas. 3 Ayudar un país a otro menos avanzado para que se desarrolle.

cooperativa *f.* Empresa o sociedad formada por productores, vendedores o consumidores de un producto para el beneficio común de los socios.

cooperativismo *m.* 1 Tendencia a la cooperación. 2 Régimen de las sociedades cooperativas.

cooperativista *adj.* 1 De la cooperativa. ‖ *com.* 2 Socio de una cooperativa.

coordenado, -da *adj./m. y f.* MAT. [eje, plano] Que está formado por líneas que sirven para determinar la posición de un punto. ‖ *f. pl.* 2 Par de magnitudes, latitud y longitud, que sirven para determinar la posición de un punto en la superficie de la Tierra.

coordinación *f.* 1 Acción de coordinar. 2 Efecto de coordinar. 3 GRAM. Relación que une dos elementos sintácticos del mismo nivel o función, pero independientes entre sí.

coordinador, -ra *adj./m. y f.* [persona] Que coordina.

coordinar *tr.* 1 Combinar personas, medios técnicos y trabajos para una acción común. 2 Disponer ordenadamente una serie de cosas de acuerdo con un método o sistema determinado.

copa *f.* 1 Vaso con pie que sirve para beber líquidos. 2 Líquido que contiene este vaso. 3 Trofeo de metal que se entrega como premio al ganador de una competición deportiva. 4 Competición deportiva en la que se gana este trofeo. 5 Carta de la baraja española en la que aparecen dibujadas una o varias copas o vasos. 6 Conjunto de ramas y hojas de la parte superior de un árbol. 7 Parte hueca de un sombrero.

copar *tr.* 1 Conseguir en un concurso o clasificación la mayor parte de los premios o las primeras posiciones. 2 Atraer por completo la atención de alguien.

copete *m.* 1 Pelo del flequillo que se lleva levantado sobre la frente. 2 Conjunto de plumas levantadas que tienen algunas aves en la parte superior de la cabeza. ▸ **de alto copete** Que es ilustre.

copia *f.* 1 Reproducción por escrito y con exactitud de lo mismo que se lee o escucha. 2 Papel o conjunto de papeles escritos por este medio. 3 Reproducción instantánea sobre papel mediante un sistema fotoeléctrico. 4 Reproducción de una cosa exactamente igual a su modelo original. 5 Obra hecha de esta manera. 6 Parecido o analogía entre dos cosas.

copiadora *f.* Máquina eléctrica que sirve para hacer copias.

copiar [12] *tr.* 1 Escribir con exactitud lo mismo que se lee o escucha. 2 Hacer una obra exactamente igual que su modelo original. 3 Responder a una pregunta en un examen gracias a la ayuda prestada en ese momento por otra persona o por la consulta de apuntes o notas.

copiloto *com.* Persona que ayuda al piloto a conducir, gobernar o dirigir un barco, avión o automóvil de carreras.

copión, -piona *adj./m. y f.* 1 Que acostumbra copiar en los exámenes. 2 Que se comporta o viste de manera semejante a otra persona.

copioso, -sa *adj.* Que es numeroso.

copista *com.* Persona que copia manualmente un escrito ajeno.

copla *f.* 1 Canción popular española, especialmente la de origen andaluz y flamenco. 2 Poema breve, generalmente de cuatro versos, escrito para ser cantado.

copo *m.* 1 Pequeña formación de cristales de nieve que cae del cielo. 2 Porción redondeada de fibras de cáñamo, lino, lana o algodón dispuestas para hilarse. ‖ *m. pl.* 3 Conjunto de pequeñas porciones de algunos productos que tienen forma de escama.

copón *m.* En la religión católica, copa grande, generalmente de oro o plata, que contiene las sagradas formas para la comunión de los fieles.

coproducción *f.* Producción hecha entre varias productoras.

copropiedad *f.* Propiedad que se tiene de una cosa juntamente con otra u otras personas.

copropietario, -ria *adj./m. y f.* Que tiene una cosa en copropiedad.

copto, -ta *adj./m. y f.* Cristiano de Egipto y Etiopía.

cópula *f.* 1 Penetración del órgano genital del macho en el de la hembra. 2 GRAM. Palabra que une dos términos de la oración o dos oraciones.

copular *intr.* Realizar la cópula.

copulativo, -va *adj./m.* 1 GRAM. [verbo] Que une el sujeto con un atributo. ‖ *adj./f.* 2 GRAM. [oración] Que se une a otra oración de características gramaticales similares. 3 GRAM. [conjunción] Que sirve para unir dos palabras o dos oraciones de esta clase.

copyright *m.* Derecho exclusivo de un autor o editor a explotar una obra literaria, científica o artística o un programa de ordenador.

OBS Es de origen inglés y se pronuncia aproximadamente 'copi rait'.

coqueta *f.* Mesa estrecha, alargada y con cajones, generalmente provista de un espejo en la parte superior.

coquetear *intr.* 1 Actuar con coquetería. 2 Mostrar interés o simpatía en un asunto sin llegar a un compromiso serio.

coquetería *f.* Comportamiento de una persona para agradar o atraer a otra.

coqueto, -ta *adj./m. y f.* 1 Que coquetea. 2 Que gusta de arreglarse y vestirse bien. ‖ *adj.* 3 [objeto, lugar] Que está dispuesto para agradar.

coquina *f.* Molusco marino de pequeño tamaño; tiene las valvas finas, ovales y aplastadas; es comestible.

coraje *m.* 1 Valor, energía y voluntad para afrontar situaciones difíciles o adversas. 2 *coloquial* Enfado grande y violento.

coral *m.* 1 Animal marino de pequeño tamaño que forma colonias de millones de individuos unidos entre sí por esqueletos calcáreos de forma y colores variados. 2 Materia sólida de color llamativo que constituye el esqueleto de este animal. ‖ *f.* 3 Grupo numeroso de personas que cantan sin acompañamiento musical. ‖ *adj.* 4 De la coral.

coralino, -na *adj.* Del coral marino.

coraza *f.* 1 Cubierta resistente de metal que sirve para proteger el pecho y la espalda. 2 Protección o defensa ante un peligro u ofensa exterior.

corazón *m.* 1 Órgano muscular que impulsa la sangre a todo el cuerpo a través del sistema circulatorio. 2 Dibujo o figura que representa este órgano. 3 Capacidad de sentir afecto, pena o compasión. 4 Valor, energía y voluntad para afrontar situaciones difíciles o adversas. 5 Parte central, interior o más importante de algo. 6 Carta de la baraja francesa en la que aparecen uno o más dibujos en forma de corazón. 7 [dedo] Que es el tercero de la mano o el pie. ▸ **de corazón** Sinceramente. ▸ **prensa del corazón** Conjunto de publicaciones que prestan especial atención a la vida de personajes populares y famosos.

corazonada *f.* Sensación de que una cosa va a ocurrir.

corbata *f.* Pieza de tela estrecha y alagarda que se coloca alrededor del cuello de la camisa y se ata con un nudo, dejando caer los extremos sobre el pecho.

corbatín *m.* Corbata con extremos muy cortos que apenas caen del cuello.

corbeta *f.* Embarcación de guerra que se usa para la escolta de otros barcos.

corcel *m. culto* Caballo de gran alzada.

corchea *f.* MÚS. Nota musical cuya duración equivale a la mitad de la negra.

corchete *m.* 1 Cierre de metal formado por dos piezas que se enganchan. 2 Signo de ortografía ([ ]) que tiene forma de paréntesis rectangular y sirve para encerrar un conjunto de palabras o de números.

corcho *m.* 1 Tejido vegetal de gran espesor que recubre la parte exterior del tronco y las ramas de algunos árboles, en especial del alcornoque. 2 Tapón cilíndrico de ese tejido para cerrar botellas. 3 Tabla o plancha de ese material.

¡córcholis! *int.* Expresión que indica sorpresa, admiración o disgusto.

corcova *f.* Deformación de la columna vertebral o de las costillas que provoca que la espalda o el pecho, o ambos, tengan una forma abultada y curva anormal.

cordada *f.* Grupo de alpinistas sujetos por una misma cuerda.

cordado *adj./m.* 1 ZOOL. Animal del tipo de los cordados. ‖ *m. pl.* 2 ZOOL. Tipo de animales que se caracterizan por tener un cordón central o columna vertebral en el esqueleto.

cordaje *m.* Conjunto de cuerdas de un instrumento musical.

cordal *m.* 1 MÚS. Pieza que tienen los instrumentos de cuerda en la tapa de la caja para sujetar las cuerdas. ▌*adj./f.* **2** [muela] Que nace en cada uno de los extremos de las encías en la edad adulta.

cordel *m.* Cuerda delgada.

cordelería *f.* Establecimiento en el que se hacen o venden objetos de cáñamo.

cordero, -ra *m.* y *f.* **1** Cría de la oveja que no pasa de un año. **cordero lechal** Cordero que tiene menos de dos meses. **2** Persona tranquila, obediente y fácil de dirigir. ▌*m.* **3** Carne de la cría de la oveja.

cordial *adj.* Que muestra cordialidad.

cordialidad *f.* Amabilidad y amistad en el trato.

cordillera *f.* Serie de montañas de características comunes unidas entre sí.

cordobán *m.* Piel curtida de macho cabrío o de cabra.

cordobés, -besa *adj.* **1** De Córdoba. ▌*adj./m.* y *f.* **2** Que es de Córdoba.

cordón *m.* **1** Cuerda generalmente cilíndrica hecha con fibra o hilo fino. **2** Hilo metálico para conducir la energía eléctrica. **3** ANAT. Órgano de forma delgada, alargada y flexible parecido a una cuerda cilíndrica. **cordón umbilical** Órgano que une el vientre del feto con la placenta de la madre. **4** Conjunto de personas colocadas en fila a cierta distancia unas de otras para impedir el paso.

cordura *f.* Capacidad de pensar y obrar con prudencia, sensatez y juicio.

coreano, -na *adj.* **1** De Corea del Norte y de Corea del Sur. Suelen distinguirse como *norcoreano* y *surcoreano*, respectivamente. ▌*adj./m.* y *f.* **2** Que es de Corea del Norte o de Corea del Sur. Suelen distinguirse como *norcoreano* y *surcoreano*, respectivamente. ▌*m.* **3** Lengua hablada en la península de Corea.

corear *tr.* Cantar, recitar o hablar varias personas a la vez.

coreografía *f.* **1** Arte de componer y dirigir bailes o danzas. **2** Conjunto de pasos y figuras de un baile o danza.

coreógrafo, -fa *m.* y *f.* Persona que compone y dirige bailes o danzas.

corimbo *m.* BOT. Conjunto de flores o frutos que nacen en distintos puntos del tallo de la planta y alcanzan la misma altura.

corintio, -tia *adj.* **1** [estilo arquitectónico] Que adorna la parte superior de las columnas con hojas de acanto. **2** De Corinto. ▌*adj./m.* y *f.* **3** [persona] Que es de Corinto.

corinto, -ta *m./adj.* Color rojo oscuro, próximo al violeta.

corista *f.* **1** Mujer que baila y canta en el coro de un espectáculo musical. ▌*com.* **2** Persona que canta formando parte del coro en una función musical, especialmente en óperas, zarzuelas u obras semejantes.

cormorán *m.* Ave palmípeda parecida al ganso, con plumaje de color gris oscuro, alas negras y cuello blanco.

cornada *f.* **1** Golpe dado por un animal con la punta del cuerno. **2** Herida causada por este golpe.

cornamenta *f.* Conjunto de los cuernos de un animal.

cornamusa *f.* Instrumento musical de viento formado por una bolsa que se llena de aire, un tubo por el que se sopla y dos o tres más por los que sale el aire.

córnea *f.* ANAT. Tejido delgado, duro y transparente, situado en la parte anterior del globo del ojo.

cornear *tr.* Dar una o más cornadas.

corneja *f.* **1** Ave de color negro muy parecida al cuervo, pero de menor tamaño. **2** Ave rapaz nocturna parecida al búho, pero mucho más pequeña.

córneo, -nea *adj.* De cuerno.

córner *m.* **1** Esquina de un terreno de juego, especialmente en fútbol y otros deportes semejantes. **2** Jugada, especialmente en fútbol y otros deportes semejantes, en la que un jugador hace salir la pelota fuera del campo por la línea de fondo de su propia portería. **3** Saque de la pelota que un jugador hace desde una esquina como castigo de esa falta.

corneta *f.* Instrumento musical de viento de la familia del metal parecido a la trompeta, pero de menor tamaño.

cornete *m.* Pequeña lámina de hueso de figura abarquillada situada en el interior de las fosas nasales.

cornetín *m.* **1** Instrumento musical de viento de la familia del metal parecido al clarín, pero con pistones. **2** Instrumento musical de viento de la familia del metal parecido a la corneta, pero de menor tamaño y sin llaves.

cornisa *f.* **1** Saliente con molduras que remata el borde superior de la pared de un edificio. **2** Saliente que rodea un edificio marcando la separación entre los pisos. **3** Banda estrecha que bordea una montaña o precipicio. **4** Borde saliente y rocoso de una montaña. **5** Zona costera de altos y largos acantilados.

corno *m.* Instrumento musical de viento

de la familia del metal formado por un tubo enroscado circularmente, estrecho por un extremo y ancho por el otro.

cornudo, -da *adj.* **1** [animal] Que tiene uno o más cuernos. **2** [persona] Que ha sido engañado por su pareja habitual con otra persona.

cornúpeta *adj./com. culto* [animal] Que tiene cuernos, en especial el toro de lidia.

coro *m.* **1** Grupo de personas que recitan, cantan o bailan un mismo fragmento o pieza musical. **2** Fragmento o pieza musical compuesto para ser recitado, cantado o bailado por un grupo de personas. **3** Lugar de la iglesia destinado a los religiosos que rezan y cantan durante los oficios divinos. **4** Conjunto de voces que se oyen al mismo tiempo.

corola *f.* Conjunto de pétalos que forman la flor y protegen sus órganos.

corolario *m.* Razonamiento, juicio o hecho que es consecuencia lógica de lo demostrado o sucedido anteriormente.

corona *f.* **1** Cerco que se coloca sobre la cabeza en señal de premio o dignidad. **2** Aro de flores o ramas que se coloca junto a los muertos o a los monumentos que los recuerdan. **3** Estado o territorio gobernado por un rey o una reina. **4** Institución que representa la dignidad y el poder de un rey o una reina. **5** Unidad de moneda de Dinamarca, Suecia, Noruega y otros países. **6** Círculo luminoso que parece rodear a algunos astros. **7** Círculo luminoso que se representa encima o detrás de las cabezas de las imágenes divinas o de santos como símbolo de la gracia de Dios.

coronación *f.* Ceremonia en la que se le otorga a una persona la dignidad de rey o reina y en la que se le coloca una corona como símbolo de este honor.

coronar *tr.* **1** Colocar una corona en la cabeza, especialmente si es para otorgar a una persona la dignidad de rey o reina. **2** Llegar al punto más alto, de mayor intensidad, grandeza o calidad.

coronario, -ria *adj.* **1** [vena, arteria] Que distribuye la sangre por el corazón. **2** Del sistema circulatorio del corazón.

coronavirus *m.* Virus de ácido ribonucleico con un cuerpo rodeado de protuberancias, que causa diversas enfermedades, sobre todo respiratorias.

coronel *m.* Jefe del ejército de categoría inmediatamente superior a la de teniente coronel.

coronilla *f.* **1** Parte superior y posterior de la cabeza humana. **2** Pequeño círculo rasurado que llevaban algunos religiosos en esta zona de la cabeza.

corpachón *m.* Cuerpo grande y fuerte.

corpiño *m.* Prenda de vestir femenina sin mangas que se ajusta mucho al cuerpo por debajo del pecho hasta la cintura.

corporación *f.* **1** Cuerpo u organismo generalmente de interés público y a veces reconocido por la autoridad. **2** Grupo de empresas y sociedades que realizan diversos trabajos y servicios de manera independiente con el fin de conseguir un enriquecimiento común.

corporal *adj.* Del cuerpo.

corporativismo *m.* **1** Tendencia de un grupo de profesionales a defender o extender sus intereses y derechos particulares sobre los generales. **2** Forma de organización capitalista que se caracteriza por la intervención del estado en las relaciones productivas, con la formación de organismos que integren a trabajadores y empresarios con objeto de evitar las tensiones propias de un estado democrático.

corporativista *adj.* Del corporativismo.

corporativo, -va *adj.* De una corporación.

corpore Palabra que se utiliza en la expresión latina *corpore insepulto*, que significa 'de cuerpo presente', 'con el cuerpo sin enterrar o incinerar'.

corporeidad *f.* Conjunto de características de lo que tiene cuerpo o consistencia.

corporeizar *tr.* Dar cuerpo o consistencia a una idea u otra cosa no material.

corpóreo, -rea *adj.* Que tiene cuerpo, volumen o consistencia.

corpulencia *f.* Grandeza, robustez y magnitud de un cuerpo.

corpulento, -ta *adj.* Que tiene corpulencia.

corpus *m.* GRAM. Conjunto de textos de diversas clases, ordenados y clasificados; se usa para investigar la gramática y el significado de las palabras de una lengua.

corpuscular *adj.* Del corpúsculo.

corpúsculo *m.* Cuerpo muy pequeño.

corral *m.* Lugar cerrado y descubierto que sirve para guardar el ganado.

correa *f.* **1** Tira larga y estrecha de cuero u otro material flexible y resistente que se usa para sujetar. **2** Tira circular de material resistente que sirve para comunicar un movimiento. ▶ **tener correa** *coloquial* Soportar con paciencia bromas y burlas.

correaje *m.* Conjunto de correas de un equipo, aparato o sistema.

correazo *m.* Golpe dado con una correa.

corrección *f.* 1 Acción de corregir. 2 Efecto de corregir. 3 Ausencia de faltas, errores o defectos. 4 Comportamiento que está conforme con las normas sociales.

correccional *m.* Establecimiento penitenciario en el que se encierra a los jóvenes menores de edad penal que han obrado contra la ley.

correctivo, -va *adj./m. y f.* 1 Que corrige una falta, defecto o problema. ▐ *m.* 2 Castigo que se aplica para corregir una falta o un delito, generalmente poco importante.

correcto, -ta *adj.* 1 Que no tiene faltas, errores o defectos. 2 Que es acertado o adecuado. 3 Que está conforme con las normas sociales.

corrector, -ra *adj./m. y f.* Que corrige.

corredera *f.* Canal o ranura por donde se desliza un mecanismo.

corredizo, -za *adj.* [nudo] Que se hace con una sola cuerda, formando una o varias anillas en un extremo y metiendo el otro extremo por ellas, de manera que la cuerda se deslice y apriete con facilidad.

corredor, -ra *adj./m. y f.* 1 [animal] Que es capaz de correr a gran velocidad. ▐ *m. y f.* 2 Deportista que participa en alguna carrera de competición. ▐ *m.* 3 Persona que actúa como intermediario en operaciones financieras, especialmente en la compraventa de bienes inmuebles o acciones de bolsa y en la contratación de seguros. 4 Espacio largo y estrecho que en una casa comunica unas estancias con otras.

correduría *f.* 1 Cargo del corredor de asuntos comerciales o financieros. 2 Oficina o lugar donde trabaja.

corregidor *m.* Antiguamente, alcalde de una población nombrado por el rey; también hacía funciones de juez.

corregir *tr.* 1 Señalar una falta, error o defecto con la intención de quitarlo o enmendarlo. 2 Valorar el grado de suficiencia o insuficiencia de los conocimientos mostrados por un alumno u opositor en un examen o ejercicio.

correlación *f.* Correspondencia o relación que mantienen dos o más cosas entre sí.

correlativo, -va *adj.* 1 [número] Que en una serie ordenada sigue inmediatamente a otro. 2 Que tiene correspondencia con otra u otras cosas.

correligionario, -ria *adj./m. y f.* Que comparte con otros una misma doctrina religiosa, política o ideológica.

correntoso, -sa *adj.* AMÉR [curso de agua] Que tiene corrientes muy rápidas e impetuosas.

correo *m.* 1 Servicio público que se encarga del transporte y la entrega de cartas y paquetes postales. ▶ **correo electrónico** *a)* Sistema informático que permite el intercambio de mensajes a través de Internet. *b)* Mensaje enviado a través de este sistema. 2 Conjunto de cartas y paquetes que se transportan, entregan o reciben. 3 Vehículo que transporta cartas y paquetes postales. 4 Persona que transporta algún mensaje u objeto, especialmente si lo hace de manera secreta o encubierta. ▐ *m. pl.* 5 Organismo que se encarga del transporte y la entrega de cartas y paquetes. Se suele escribir en mayúscula. 6 Establecimiento en el que se reciben, clasifican, reparten y entregan estas cartas y paquetes.

correr *intr.* 1 Moverse de un lugar a otro de forma rápida, de manera que los pies o las patas se separen del suelo a la vez durante un momento entre un paso y el siguiente. 2 Participar en una carrera de competición dirigiendo un vehículo. 3 Hacer algo rápidamente o a más velocidad de la normal. 4 Fluir un río o una corriente de agua por su cauce. 5 Ir algo de un lugar a otro. 6 Soplar el viento en una dirección. 7 Pasar o transcurrir el tiempo. 8 Dar a conocer entre un gran número de personas. 9 Estar a cargo de una persona o corresponderle una obligación o cometido. ▐ *tr.* 10 Estirar lo que está recogido o plegado. 11 Estar expuesto a un peligro o circunstancia adversa. 12 Ir detrás de una persona o cosa con el fin de darle alcance. ▐ *tr./prnl.* 13 Mover de un lugar a otro. ▐ *prnl.* 14 Extenderse tinta por una superficie. 15 *malsonante* Tener un orgasmo.

correría *f.* Viaje, acción o circunstancia poco común, divertida o arriesgada.

OBS Se usa frecuentemente en plural.

correspondencia *f.* 1 Conjunto de cartas y paquetes que se transportan, envían, entregan o reciben. 2 Relación de dependencia y unión que existe o se establece entre dos o más cosas. 3 Significado de una palabra en un idioma distinto. 4 Conexión o enlace entre varios medios o vías de comunicación.

corresponder *intr./prnl.* 1 Tener relación de dependencia dos o más cosas entre sí. 2 Estar a cargo de una persona, o tener una obligación o cometido. 3 Sentir amor hacia una persona en la misma medida que se recibe de ella.

correspondiente *adj.* 1 Que corresponde. **2** Que mantiene correspondencia con alguien.

corresponsal *adj./com.* [periodista] Que informa habitualmente a un medio de comunicación desde otra población o desde un país extranjero de las noticias que allí se producen.

corresponsalía *f.* **1** Cargo de corresponsal. **2** Oficina o lugar donde trabaja.

corretear *intr.* Correr de un lado a otro sin objetivo fijo, especialmente jugando.

correvedile o **correveidile** *com. coloquial* Persona que se dedica a informar de noticias y rumores que afectan a otros para criticar a los demás o darse importancia. OBS El plural es *correvediles* o *correveidiles*.

corrida *f.* **1** Acción de correr o correrse. **2** Espectáculo público que consiste en torear seis novillos o toros en una plaza cerrada.

corrido, -da *adj.* **1** Que tiene mucha experiencia y ha vivido o viajado mucho. **2** Que está avergonzado o confundido. **3** [parte de un edificio] Que está contiguo o seguido en relación con otro. ▌*m.* **4** Canción popular mejicana que suele interpretarse por dos personas acompañadas por música de guitarras y trompetas. ▶ **de corrido** Con seguridad y rapidez.

corriente *adj.* **1** Que es muy común o no tiene nada especial. **2** Que es frecuente, que sucede a menudo. **3** [semana, mes, año, siglo] Que es el que transcurre. ▌*f.* **4** Desplazamiento de un fluido líquido a lo largo de un canal, conducto o cauce. **5** Volumen de fluido líquido que se desplaza de esta manera. **6** Paso de energía eléctrica a través de un conductor. **7** Movimiento o tendencia de ideas o sentimientos que es común a un grupo de personas. ▶ **al corriente** *a)* Sin retraso, con exactitud. *b)* Informado con detalle y exactitud. ▶ **contra corriente** En contra de la opinión general.

corrillo *m.* Corro de personas que se ponen a hablar o discutir entre sí separadas del resto.

corrimiento *m.* Deslizamiento de un material o sustancia de un lugar a otro.

corro *m.* **1** Círculo formado por un grupo de personas. **2** Juego de niños que consiste en formar un círculo cogidos de las manos y cantar dando vueltas alrededor.

corroborar *tr.* Dar como cierta una creencia u opinión de cuya certeza no se estaba seguro previamente.

corroer [82] *tr./prnl.* **1** Desgastar lentamente una cosa. **2** Destruir lentamente el interior de una cosa. **3** Causar malestar o angustia de manera continuada.

corromper *tr./prnl.* **1** Descomponer químicamente y deteriorar una sustancia orgánica, animal o vegetal. **2** Dar dinero o regalos a una persona para conseguir un trato favorable o beneficioso. **3** Pervertir a una persona, causarle un daño moral con malos consejos o malos ejemplos.

corrosión *f.* Desgaste progresivo de una superficie por rozamiento o por una reacción química.

corrosivo, -va *adj.* **1** Que causa o produce corrosión. **2** Que critica de forma cruel o con mala intención.

corrupción *f.* **1** Acción de corroer o corroerse. **2** Efecto de corroer o corroerse. ▶ **corrupción de menores** Delito que se comete al obligar o inducir a una persona menor de edad a realizar un acto ilegal, especialmente a prostituirse o a mantener relaciones sexuales con adultos.

corruptela *f.* Corrupción, especialmente la que tiene poca importancia.

corrupto, -ta *adj.* **1** [persona] Que se deja corromper. **2** [sustancia] Que está deteriorado.

corruptor, -ra *adj./m. y f.* [persona] Que obliga o incita a otra a la corrupción.

corsario, -ria *adj./m. y f.* **1** [barco] Que se dedicaba a asaltar las naves piratas y enemigas con la autorización del gobierno de su nación. **2** [persona] Que formaba parte de la tripulación de este barco.

corsé *m.* Prenda interior femenina de material resistente y sin mangas que se ajusta al cuerpo desde el pecho hasta más abajo de la cintura. OBS El plural es *corsés*.

corsetería *f.* Establecimiento donde se hace o vende ropa interior femenina.

corso, -sa *adj.* **1** De Córcega. ▌*adj./m. y f.* **2** [persona] Que es de Córcega. ▌*m.* **3** Expedición de guerra que hacía un buque corsario. **patente de corso** Autorización que un gobierno concedía a alguien para que se dedicase a asaltar y destruir las naves piratas y enemigas.

cortacésped *amb.* Máquina que sirve para cortar el césped.

cortacircuitos *m.* Aparato que interrumpe automáticamente el paso de la corriente eléctrica por un circuito. OBS El plural también es *cortacircuitos*.

cortado, -da *adj./m. y f.* **1** Que es tímido

y se avergüenza con facilidad. **2** Que se queda aturdido, sin respuesta o reacción, ante un hecho inesperado. ‖ *m.* **3** Café que lleva solamente un poco de leche.

cortadura *f.* **1** Raja producida en un cuerpo por un instrumento cortante. **2** Grieta profunda o paso estrecho entre montañas.

cortafrío *m.* Herramienta alargada de metal, de punta afilada y plana, que se usa para cortar metales a golpe de martillo.

OBS Se usa también en plural para hacer referencia a una sola de estas herramientas.

cortafuego *m.* Franja de terreno que se deja sin vegetación en un bosque para impedir el avance de un fuego.

cortapisa *f.* Condición o problema que limita y dificulta la realización de una cosa.

cortaplumas *m.* Navaja de hoja pequeña para diversos usos.

OBS El plural también es *cortaplumas*.

cortapuros *m.* Instrumento de metal, parecido a una pequeña guillotina para cortar la punta del puro.

OBS El plural también es *cortapuros*.

cortar *tr./prnl.* **1** Dividir o separar la superficie de algo con una cosa o instrumento afilado. **2** Separar una parte de una cosa con un instrumento afilado. **3** Cruzar dos o más líneas o superficies entre sí. ‖ *intr.* **4** Hacer el camino más corto entre dos puntos escogiendo el trayecto más adecuado entre varios posibles. ‖ *tr.* **5** Atravesar o cruzar una superficie o un medio. **6** Interrumpir la continuidad de una acción o un proceso. **7** Interrumpir el paso o el acceso por un camino, carretera u otra vía. **8** Dividir un montón de cartas o naipes en dos o más grupos. **9** Sentir un frío intenso y tener la sensación de que separa la piel. ‖ *prnl.* **10** Separarse las sustancias que integran la leche, una salsa o una crema. **11** Sentir vergüenza o excesivo respeto. ▸ **cortar el bacalao** (o **cortar la pana**) *coloquial* Tener el poder de decisión último.

cortaúñas *m.* Instrumento de metal parecido a unos alicates, formado por dos pinzas con el extremo afilado y ligeramente curvado, que sirve para cortar las uñas.

OBS El plural también es *cortaúñas*.

corte *m.* **1** Filo de un instrumento afilado. **2** Raja producida por un instrumento o cosa afilada. **3** Acción de cortar. **4** Cantidad de tela u otro material necesarios para confeccionar una prenda de vestir. **5** Vergüenza o excesivo respeto producido por una situación incómoda o infrecuente. **6**

Respuesta rápida y brusca que zanja una cuestión. **7** Fragmento de una entrevista o de unas declaraciones que se emite en un programa de radio. **8** Trozo de helado de forma cuadrada o rectangular que se pone entre dos galletas. **9** Conjunto de características o tendencias particulares y distintivas. ‖ *f.* **10** Población donde antiguamente residía el rey y tenía su gobierno el reino. **11** Conjunto de las personas que componen la familia y la comitiva del rey. **12** Conjunto de personas que forman parte del equipo que acompaña a un personaje importante o famoso. **13** En algunos países, tribunal de justicia. ‖ *f. pl.* **14** Conjunto de las dos cámaras legislativas españolas, el Congreso de los Diputados y el Senado. Se escribe con letra mayúscula. ▸ **corte de mangas** *coloquial* Gesto que se hace golpeando un brazo con la mano del otro a la altura del codo y doblando el brazo que recibe el golpe; es un ademán obsceno y ofensivo. ▸ **hacer la corte** Tratar a una persona con amabilidad y cortesía, en especial si se tiene la intención de seducirla o de ganar su amor.

cortedad *f.* **1** Pequeñez, poca extensión de una cosa. **2** Escasez de inteligencia, educación o valor. **3** Falta de ánimo y de confianza en sí mismo.

cortejar *tr.* Tratar de enamorar a una persona, tratándola de manera muy agradable y cortés.

cortejo *m.* **1** Conjunto de personas que forman parte del acompañamiento en una ceremonia. **2** Acción de cortejar.

cortés *adj.* Que demuestra atención y cordialidad hacia las personas.

cortesana *f.* Antiguamente, prostituta.

cortesano, -na *adj.* **1** De la corte real. ‖ *m.* **2** Hombre que antiguamente trabajaba en la corte al servicio del rey o de su familia.

cortesía *f.* **1** Comportamiento atento y afable o acto en el que se demuestra atención y cordialidad. **2** Regalo de poca importancia que se da como muestra de afecto y consideración.

corteza *f.* **1** Capa de fibra vegetal dura que cubre o envuelve los tallos y las frutas de algunas plantas y árboles. **2** Parte exterior, resistente o dura, que cubre o envuelve algo. ▸ **corteza cerebral** Capa más superficial del cerebro formada por la sustancia gris. ▸ **corteza terrestre** Parte sólida más superficial de la Tierra.

corticoide *adj./m.* [hormona] Que se produce en la corteza suprarrenal.

cortijo *m.* Terreno de cultivo en el que hay un conjunto de edificaciones para vivienda, labranza y cuidado del ganado.

cortina *f.* 1 Trozo de tela que se cuelga de la parte superior de una puerta, ventana o hueco para cubrirlo. 2 Masa densa de una sustancia o material que se despliega como este trozo de tela. ▸ **cortina de humo** Conjunto de hechos o circunstancias con los que se pretende ocultar las verdaderas intenciones o desviar la atención de los demás.

cortinaje *m.* Conjunto de cortinas.

cortisona *f.* Sustancia corticoide que se emplea como medicina para disminuir o hacer desaparecer la inflamación.

corto, -ta *adj.* 1 Que tiene poca longitud, extensión o duración. 2 [prenda, vestido] Que cubre solamente una parte de la zona del cuerpo que suele vestir. 3 Que es poco inteligente o no entiende las cosas con facilidad. 4 Que es muy tímido y siente vergüenza con facilidad. ‖ *m.* 5 Cortometraje. 6 Cortocircuito.

cortocircuito *m.* Aumento brusco de la intensidad de una corriente eléctrica por la unión directa de dos conductores.

cortometraje *m.* Película de cine cuya duración no es mayor de 35 minutos.

cortoplacismo *m.* Tendencia a actuar a corto plazo sin pensar en un futuro lejano.

cortoplacista *adj.* 1 Del cortoplacismo. ‖ *adj./com.* 2 Que tiende a actuar a corto plazo, sin pensar en un futuro lejano.

coruñés, -ñesa *adj.* 1 De La Coruña. ‖ *adj./m. y f.* 2 Que es de La Coruña.

corva *f.* Parte de la pierna opuesta a la rodilla por donde esta se dobla.

corzo, -za *m. y f.* Mamífero rumiante, parecido al ciervo, con cuernos y rabo cortos.

cosa *f.* 1 Hecho, cualidad, idea u objeto sobre el que se puede pensar o hablar. 2 Objeto sin vida. 3 Asunto o tema sobre el que se trata. ▸ **a cosa hecha** De forma voluntaria y con intención. ▸ **cosa de** De manera aproximada, poco más o menos. ▸ **cosa fina** *coloquial* Que es excelente. ▸ **cosa mala** *coloquial* Mucho, en gran cantidad. ▸ **ser poca cosa** Tener poco tamaño, importancia o valor.

cosaco, -ca *adj./m. y f.* 1 De un antiguo pueblo pastor y guerrero del sur de Rusia. ‖ *m.* 2 Soldado ruso perteneciente a un cuerpo de caballería ligera.

coscorrón *m.* Golpe fuerte en la cabeza que no tiene consecuencias graves.

cosecante *f.* MAT. Cantidad que resulta

de dividir la hipotenusa de un triángulo rectángulo entre el cateto opuesto a un ángulo.

cosecha *f.* 1 Conjunto de frutos que se recogen de la tierra en la época del año en que están maduros. 2 Trabajo que consiste en recoger estos frutos. 3 Época del año en que se recogen estos frutos.

cosechadora *f.* Máquina automóvil parecida a un tractor que corta el cereal, separa la paja y envasa el grano.

cosechar *tr./intr.* 1 Recoger los productos del campo o de un cultivo cuando están maduros. 2 Obtener el resultado de un trabajo o de un comportamiento.

coseno *m.* MAT. Cantidad que resulta de dividir el cateto contiguo a un ángulo de un triángulo rectángulo entre la hipotenusa.

coser *tr.* 1 Unir con hilo dos piezas de tejido o un objeto a una pieza de tejido, generalmente sirviéndose de una aguja. 2 Elaborar figuras o adornos sobre un tejido con un hilo enhebrado en una aguja. 3 Unir con grapas. 4 Producir numerosas heridas con un arma.

cosido *m.* Acción y efecto de coser.

cosificar [1] *tr.* Considerar y tratar como cosa algo que no lo es.

cosmética *f.* Técnica de elaborar y aplicar sustancias o productos para cuidar y embellecer el pelo o la piel.

cosmético, -ca *adj./m.* [sustancia, producto] Que sirve para cuidar y embellecer el pelo o la piel.

cósmico, -ca *adj.* Del cosmos.

cosmo-, -cosmo Elemento prefijal y sufijal que entra en la formación de palabras con el significado de: *a)* 'Mundo', 'universo'. *b)* 'Cosmos', 'espacio extraterrestre'.

cosmografía *f.* Parte de la astronomía que trata de la descripción del universo.

cosmología *f.* Parte de la astronomía que estudia el origen del universo y las leyes que rigen su evolución.

cosmonauta *com.* Persona que dirige una nave espacial o forma parte de su tripulación, o que está entrenada o preparada para hacerlo.

cosmonave *f.* Vehículo capaz de navegar fuera de la atmósfera de la Tierra.

cosmopolita *adj./com.* 1 Que ha viajado mucho, conoce diversos países y culturas y considera que cualquier parte del mundo es su patria. ‖ *adj.* 2 [lugar, ambiente] Que es frecuentado por personas de países, culturas y costumbres diferentes.

cosmopolitismo *m.* 1 Cualidad de cosmopolita. **2** Conjunto de características de un lugar frecuentado por personas de países, culturas y características sociales muy diferentes.

cosmos *m.* **1** Conjunto de todo lo que existe. **2** Espacio exterior a la Tierra. OBS El plural también es *cosmos*.

coso *m.* **1** Plaza o sitio cerrado donde se celebran corridas de toros. **2** Calle principal en algunas poblaciones.

cosquillas *f. pl.* Sensación que produce risa involuntaria provocada por el roce suave de algunas partes del cuerpo.

cosquillear *tr.* Hacer cosquillas.

cosquilleo *m.* Sensación parecida a las cosquillas.

costa *f.* **1** Parte de tierra que está junto a una gran extensión de agua, especialmente junto al mar. **2** Parte de esta gran extensión de agua más próxima a la tierra. **3** Franja amplia de territorio de un país que está próxima al mar. **|** *f. pl.* **4** Gastos producidos por un proceso judicial. ▸ **a costa de** Con el trabajo o el esfuerzo causado por alguna cosa. ▸ **a toda costa** Sin ahorrar trabajo, dinero o interés.

costado *m.* **1** Parte lateral del cuerpo humano que está entre el pecho y la espalda, debajo del brazo. **2** Parte que queda al lado izquierdo o derecho de un cuerpo o de un objeto.

costal *adj.* **1** De las costillas. **|** *m.* **2** Saco grande de tela resistente para transportar grano, semillas y otras cosas.

costar [31] *tr.* **1** Tener un precio o un valor determinado. **2** Causar el gasto o pago de una cantidad de dinero. **3** Causar un determinado desgaste, esfuerzo o sacrificio.

costarricense *adj.* **1** De Costa Rica. **|** *adj./com.* **2** Que es de Costa Rica.

costarriqueño, -ña *adj./com.* Costarricense.

coste *m.* **1** ESP Cantidad de dinero que vale una cosa o que cuesta hacerla o producirla. **2** Desgaste, esfuerzo o sacrificio.

costear *tr.* **1** Pagar el coste total, especialmente cuando deben hacerse pagos sucesivos. **|** *tr./intr.* **2** Navegar una embarcación recorriendo las aguas cercanas a la costa.

costera *f.* Período en que se puede pescar una especie de pescado.

costero, -ra *adj.* De la costa.

costilla *f.* **1** Cada uno de los huesos largos y delgados que salen de la columna vertebral y se curvan hacia el pecho formando el tórax. **|** *f. pl.* **2** Parte posterior del cuerpo humano, desde los hombros hasta la cintura.

costillar *m.* Conjunto de costillas.

costo *m.* **1** Cantidad de dinero que vale una cosa o que cuesta hacerla o producirla. **2** Desgaste, esfuerzo o sacrificio. **3** En el lenguaje de la droga, hachís.

costoso, -sa *adj.* **1** Que cuesta mucho dinero. **2** Que causa un gran desgaste, esfuerzo o sacrificio.

costra *f.* **1** Capa de una sustancia que se pone dura o se seca sobre una superficie. **2** Capa seca de sangre que se forma en la superficie de una herida al cicatrizarse.

costroso, -sa *adj.* **1** [superficie] Que tiene costras. **2** Que está muy sucio.

costumbre *f.* **1** Manera particular de comportarse habitualmente. **|** *f. pl.* **2** Conjunto de elementos que caracterizan la conducta de una persona o grupo social según los usos impuestos por las generaciones anteriores.

costumbrismo *m.* Tendencia artística a elegir las costumbres típicas de un lugar o de un grupo social como tema principal de la obra.

costumbrista *adj.* **1** Del costumbrismo. **|** *adj./com.* **2** Que emplea el costumbrismo.

costura *f.* **1** Acción de coser. **2** Porción de hilo con la que se lleva a cabo esta unión y zona donde se halla. **3** Conjunto de piezas de tejido u objetos que se cosen y utensilios utilizados para hacerlo, como hilo, agujas, tijeras o dedal. **4** Técnica de coser y confeccionar prendas de vestir. **alta costura** Diseño y creación de prendas de vestir lujosas y exclusivas.

costurero *m.* Cesta o cesto de la costura.

cota *f.* **1** Armadura con que antiguamente se cubría el cuerpo para defenderlo; se hacía con tejido cubierto de mallas o piececitas de hierro o bien con cuero guarnecido de clavos. **2** Número que en un mapa o plano señala la altura de un punto sobre el nivel del mar. **3** Altura sobre el nivel del mar de un punto de la Tierra. **4** Estado, valor o calidad que puede tener una persona o una cosa en relación con otras.

cotangente *f.* MAT. Resultado de dividir el cateto contiguo a un ángulo de un triángulo rectángulo entre el cateto opuesto.

cotarro *m.* coloquial Conjunto de personas reunidas que se hallan excitadas, inquietas o intranquilas.

cotejar *tr.* Poner juntas, una al lado o a continuación de otra u otras, dos o más cosas para encontrar parecidos y diferencias.

cotejo *m.* **1** Acción de cotejar. **2** Efecto de cotejar.

cotidianidad *f.* Característica que distingue lo que es propio de todos los días.

cotidiano, -na *adj.* Que ocurre o se repite todos los días.

cotiledón *m.* BOT. Hoja primera que, sola o junto a otra u otras, se forma en el embrión de una planta fanerógama.

cotiledóneo, -nea *adj.* BOT. [planta] Que tiene un embrión con uno o más cotiledones.

cotilla *com. coloquial* Persona que cotillea.

cotillear *intr.* **1** *coloquial* Contar noticias o hacer comentarios sobre la vida de otro u otros para enemistarlos o murmurar de ellos. **2** *coloquial* Curiosear acerca de la vida privada de los demás.

cotilleo *m.* **1** *coloquial* Noticia o comentario sobre las vidas ajenas con los que se pretende enemistar a unas personas con otras o murmurar de ellas. **2** Acción de cotillear.

cotillón *m.* **1** Baile y fiesta que se celebra en una fecha señalada, especialmente la noche de fin de año. **2** Conjunto de adornos y objetos divertidos que suelen usarse en este tipo de baile y fiesta.

cotización *f.* **1** Acción de cotizar. **2** ECON. Precio de una acción o de un valor que cotiza en bolsa o en un mercado económico.

cotizar [4] *tr./intr.* **1** Pagar una cantidad de dinero fija y proporcional por pertenecer a un grupo, organización o institución. **2** ECON. Hacer público el precio de una acción o de un valor que cotiza en bolsa o en un mercado económico.

coto *m.* **1** Terreno cercado o limitado de forma visible, reservado para un uso y aprovechamiento particular. **2** Propiedad o derecho que pertenece a unas pocas personas o empresas. ▸ **poner coto** Limitar o poner fin a una actividad.

cotorra *f.* **1** Ave parecida al papagayo, pero de menor tamaño; tiene el plumaje de varios colores y las alas y la cola largas y terminadas en punta. **2** *coloquial* Persona que habla de manera excesiva y molesta.

cotorrear *intr. coloquial* Hablar de manera excesiva y molesta.

coulomb *m.* FÍS. Unidad de carga eléctrica en el Sistema Internacional de unidades.

country *m.* Género musical que se fundamenta en la cultura popular de los Estados Unidos de Norteamérica.

OBS Es de origen inglés y se pronuncia aproximadamente 'cáuntri'.

covacha *f.* **1** Cueva pequeña. **2** Habitación o recinto pequeño, oscuro y sucio.

COVID-19 *amb.* Enfermedad respiratoria muy infecciosa causada por el coronavirus del síndrome respiratorio agudo grave.

cowboy *m.* Hombre que trabaja al cuidado del ganado en los ranchos de los Estados Unidos de Norteamérica.

OBS Es de origen inglés y se pronuncia aproximadamente 'caoboi'.

coxal *adj.* De la cadera.

coxis *m.* ANAT. Hueso final de la columna vertebral formado por la unión de las últimas vértebras.

OBS El plural también es *coxis.*

coyote *m.* Mamífero carnívoro parecido al lobo, pero de menor tamaño, de pelo marrón amarillento.

coyuntura *f.* **1** Combinación de elementos y circunstancias que caracterizan una situación. **2** Momento oportuno y adecuado para obrar. **3** Unión móvil de un hueso con otro.

coyuntural *adj.* **1** Que depende de una coyuntura. **2** Que no se hace u ocurre habitualmente ni por costumbre.

coz *f.* **1** Movimiento violento hacia atrás de una o ambas patas traseras de un animal cuadrúpedo. **2** Golpe dado con este movimiento.

-cracia Elemento sufijal que entra en la formación de palabras con el significado de 'autoridad', 'dominio', 'gobierno'.

crack *m.* **1** En algunos deportes, como el fútbol, jugador de calidad o habilidad extraordinaria. **2** Droga derivada sintéticamente de la cocaína. **3** Crash.

OBS Es de origen inglés y se pronuncia aproximadamente 'crac'.

crampón *m.* Pieza metálica con puntas resistentes que se fija a la suela de las botas de escalada para poder andar sobre el hielo sin resbalar.

craneal o **craneano, -na** *adj.* ANAT. Del cráneo.

cráneo *m.* ANAT. Conjunto de huesos que forman la parte superior de la cabeza y que encierran y protegen el cerebro, el cerebelo y el bulbo raquídeo.

crápula *m.* Hombre de vida licenciosa.

crash *m.* Quiebra financiera del sistema económico de un grupo de empresas, de un país o de un grupo de países.

OBS Es de origen inglés y se pronuncia aproximadamente 'cras'.

craso, -sa *adj.* [error] Que es tan grande que no se puede perdonar o disculpar.

-crata Elemento sufijal que entra en la formación de palabras con el significado de 'partidario o miembro de un tipo de gobierno o autoridad'.

cráter m. 1 Abertura superior de un volcán por la que salen humo, lava y otros materiales incandescentes. 2 ASTR. Depresión circular en la superficie de un cuerpo celeste formado por el impacto de un meteorito.

creación f. 1 Acción de crear. 2 Cosa creada. 3 Conjunto de todas las cosas producidas de la nada.

creacionismo m. 1 Doctrina filosófica opuesta al evolucionismo, según la cual los seres vivos fueron creados por Dios. 2 Tendencia literaria europea de principios del siglo XX según la cual las palabras no deben valorarse por su significado, sino por su capacidad para crear belleza y sugerir imágenes.

creador, -ra adj. 1 Que crea o es capaz de crear. ‖ m. y f. 2 Persona que realiza una obra científica, literaria o artística.

crear tr. 1 Producir una cosa a partir de la nada. 2 Producir una obra a partir de la capacidad artística, imaginativa o intelectual de su autor. 3 Hacer que una cosa comience a existir. 4 Hacer aparecer una cosa cuya existencia depende de la existencia de otra.

creatividad f. Capacidad y facilidad para inventar o crear.

creativo, -va adj. 1 [persona] Que tiene capacidad y facilidad para crear. 2 Que tiene relación con la creación o es resultado de ella. ‖ m. y f. 3 Persona que trabaja en una agencia de publicidad ideando anuncios y campañas publicitarias.

crecedero, -ra adj. Que está en aptitud de crecer.

crecepelo m. Sustancia para hacer crecer el pelo o evitar su caída.

crecer intr. 1 Aumentar el tamaño del organismo de un ser vivo. 2 Aumentar la cantidad, el tamaño o la importancia de algo. 3 Aumentar el tamaño de la parte iluminada de la Luna. prnl. 4. Sentirse con mayor valentía o autoridad.

creces Palabra que se utiliza en la locución *con creces*, que significa 'de manera abundante y generosa'.

crecida f. 1 Aumento brusco del nivel de agua de un arroyo, río u otra corriente. 2 Porción de agua que se desplaza por la corriente tras este aumento.

crecido, -da adj. 1 Que es de estatura grande. 2 Que es de un valor o cuantía alta. 3 Que tiene el ánimo y la confianza muy altos.

creciente adj. 1 Que crece progresivamente. 2 [fase de la luna] Que está entre la fase de luna llena y la fase de luna nueva. 3 [diptongo] Que empieza por una vocal cerrada. ‖ f. 4 Subida del agua del mar por efecto de la marea.

crecimiento m. 1 Acción de crecer. 2 Efecto de crecer.

credencial adj. 1 Que acredita. ‖ f. 2 Documento que un estado da a sus representantes en otros países.

credibilidad f. Calidad de creíble.

crédito m. 1 Cantidad de dinero que presta un banco o una caja de ahorros y que debe ser devuelta en un período determinado en las condiciones pactadas. 2 Facultad que tiene una persona para comprar un producto y retrasar en el tiempo su pago. 3 Buena fama. 4 En la enseñanza universitaria, unidad de valoración de los conocimientos adquiridos en el estudio de una materia o asignatura.

credo m. 1 Oración que contiene los principios fundamentales de la fe cristiana. 2 Conjunto de principios ideológicos o religiosos de alguien.

credulidad f. Facilidad que tiene una persona para creer lo que otros le dicen o cuentan.

crédulo, -la adj./m. y f. [persona] Que se cree con facilidad lo que otros le dicen o cuentan.

creencia f. 1 Idea o pensamiento que se cree verdadero o seguro. 2 Conjunto de principios religiosos en los que cree alguien. Se suele usar en plural.

creer [61] tr. 1 Considerar una cosa como posible o probable. ‖ tr./intr. 2 Tener un conjunto de ideas o creencias religiosas. ‖ tr./prnl. 3 Considerar una cosa como verdadera o segura, especialmente si para ello no se cuenta con demostración. ▶ **¡ya lo creo!** Indica que algo parece obvio o evidente.

creíble adj. Que parece verdadero y cierto.

creído, -da adj./m. y f. Que muestra orgullo excesivo por las cualidades propias.

crema f. 1 Pasta hecha con leche, huevos, azúcar y canela o vainilla. 2 Puré poco espeso que se toma como sopa. 3 Sustancia grasa y espesa que se forma en la superficie de la leche. 4 Sustancia pastosa que se aplica como cosmético sobre la piel. 5 Pasta hecha de ceras y otras sustancias químicas que se usa para la limpieza del cuero o la madera. ❘ *adj.* **6** De color entre el blanco y el amarillo. ❘ *adj./m.* **7** [color] Que es blanco amarillento. No varía en plural.

cremación *f.* Acción de quemar.

cremallera *f.* Cierre que se cose en los bordes de una abertura o en una prenda de vestir; consiste en dos tiras de tela con pequeños dientes de metal o plástico por los que se desliza un mecanismo que los une o los separa.

crematístico, -ca *adj.* Del dinero.

crematorio, -ria *adj.* **1** De la cremación. ❘ *m.* **2** Establecimiento de servicios funerarios donde se encuentran los hornos en los que se queman los cadáveres de las personas.

cremoso, -sa *adj.* **1** Que tiene el aspecto o el tacto propio de la crema. **2** Que contiene mucha crema.

crepe *m.* Torta muy fina hecha con leche, huevos y harina, que, una vez frita, se sirve enrollada y rellena de ingredientes dulces o salados.

crepería *f.* Establecimiento donde se hacen y venden crepes.

crepitar *intr.* Dar chasquidos, especialmente la madera al arder.

crepuscular *adj.* Del crepúsculo.

crepúsculo *m.* **1** Primera luz del día, antes de salir el Sol, y última del día, después de ponerse. **2** Final o decadencia de lo que fue famoso o importante.

crescendo *m.* **1** MÚS. Aumento progresivo de la intensidad de un sonido. **2** Parte de una composición musical que se ejecuta con este aumento.

crespo, -pa *adj.* [pelo] Que está ensortijado o rizado.

crespón *m.* **1** Tira o lazo de tela negra que se usa en señal de luto por la muerte de una persona. **2** Tejido ligero de seda, lino o algodón, con el hilo muy rizado y que presenta relieves en la superficie.

cresta *f.* **1** Carnosidad de color rojo que tienen sobre la cabeza algunas aves. **2** Conjunto de plumas levantadas que tienen algunas aves en la parte superior de la cabeza. **3** Peinado que imita la carnosidad o las plumas levantadas de algunas aves. **4** Punto más alto de una montaña. **5** Parte más alta de una ola.

crestería *f.* Adorno en la piedra en forma de crestas de gallo caladas.

cretácico, -ca *adj./m.* **1** GEOL. [período geológico] Que es el tercero y último que

constituye la era secundaria o mesozoica. ❘ *adj.* **2** GEOL. De este período.

cretino, -na *adj./m. y f.* Que es poco inteligente y posee escaso entendimiento.

cretona *f.* Tela resistente de algodón usada generalmente en tapicería.

creyente *adj./com.* **1** Que profesa una religión. **2** Que cree en un hecho, idea o pensamiento.

cría *f.* **1** Acción de criar. **2** Efecto de criar. **3** Animal que acaba de nacer y que está al cuidado de sus padres, que lo protegen y alimentan.

criadero *m.* **1** Lugar en el que se crían animales. **2** Terreno en el que se plantan árboles pequeños y otras especies vegetales para que crezcan. **3** Lugar en el que abunda una cosa.

criadilla *f.* Testículo de animal que se destina al consumo humano.

criado, -da *m. y f.* Persona que se dedica al servicio doméstico en una casa distinta de la suya a cambio de dinero.

criador, -ra *m. y f.* Persona que se dedica a la cría de animales.

crianza *f.* **1** Alimentación y cuidado que recibe un animal o bebé recién nacido hasta que puede valerse por sí mismo. **2** Proceso de educación, enseñanza y aprendizaje de un niño o un joven. **3** Proceso de elaboración y cuidado del vino.

criar [13] *tr.* **1** Alimentar y cuidar a un animal o bebé recién nacido hasta que puede valerse por sí mismo. **2** Educar, enseñar y cuidar a un niño o a un joven. **3** Servir de alimento o soporte de animales o cosas. ❘ *tr./intr.* **4** Alimentar y cuidar un animal a sus hijos.

criatura *f.* **1** Niño recién nacido o de pocos años. **2** Ser vivo, en especial el hombre. **3** Ser vivo de naturaleza desconocida, generalmente fantástico o inventado.

criba *f.* Armazón con una malla o una plancha metálica con pequeños agujeros que se usa para separar las partes finas y las gruesas de una materia.

cribar *tr.* Hacer pasar una materia por una criba.

crimen *m.* **1** Acción voluntaria de matar o herir de gravedad a una persona. **2** Acción de gran maldad o irresponsabilidad que tiene consecuencias especialmente graves.

criminal *adj.* **1** Del crimen. ❘ *adj./com.* **2** [persona] Que comete o pretende cometer un crimen.

criminalidad *f.* Conjunto de crímenes,

agresiones, robos y otros delitos contra las personas o las cosas.

criminalista *adj./com.* 1 Que se dedica al estudio de los crímenes y a la identificación de los criminales. 2 [abogado] Que está especializado en derecho penal.

criminología *f.* Parte del derecho que estudia las causas, las maneras de evitarlo y el modo de actuar de las personas que lo cometen.

criminólogo, -ga *m. y f.* Persona que se dedica a la criminología.

crin *f.* Conjunto de pelos que tienen los caballos y otros animales sobre el cuello.

crío, cría *m. y f.* Niño de pocos días, meses o años.

crio- Elemento prefijal que entra en la formación de palabras con el significado de 'frío intenso', 'congelación'.

criollo, -lla *adj./m. y f.* 1 Que es descendiente de padres europeos, que nació en un territorio americano cuando era colonia europea. ∥ *adj.* 2 Que es característico de un país hispanoamericano. ∥ *adj./m.* 3 [idioma] Que es el resultado de la mezcla de elementos de lenguas diferentes.

cripta *f.* 1 Recinto subterráneo en el que se entierra a los muertos o se conservan sus tumbas. 2 Nave o recinto subterráneo de una iglesia destinado al culto.

críptico, -ca *adj.* 1 De la criptografía. 2 Que resulta muy difícil de entender.

criptógamo, -ma *adj./f.* 1 BOT. [planta] Que pertenece al grupo de las criptógamas. ∥ *f. pl.* 2 BOT. Grupo de plantas que no tienen visibles los órganos reproductivos.

criptograma *m.* Documento escrito mediante criptografía.

criptomoneda *f.* Moneda digital que emplea un sistema en clave para permitir transacciones en redes informáticas.

criptón *m.* Gas raro, incoloro e inodoro que se encuentra en una proporción muy pequeña en la atmósfera terrestre.

crisálida *f.* ZOOL. Insecto lepidóptero que está en una fase de desarrollo posterior a la larva y anterior a la fase adulta.

crisantemo *m.* 1 Flor de colores variados e intensos, con gran cantidad de pétalos y hojas alternas. 2 Planta que da esta flor.

crisis *f.* 1 Situación grave y difícil que pone en peligro la continuidad o el desarrollo de un proceso. 2 Escasez o falta de lo necesario. 3 Cambio que sufre el estado de salud de una persona como consecuencia de la evolución de una enfermedad.
OBS El plural también es *crisis*.

crisma *f. coloquial* Cabeza o cráneo de una persona.

crisol *m.* 1 Recipiente de material resistente que sirve para fundir metales a temperaturas muy altas. 2 Parte inferior de un alto horno que contiene el metal fundido.

crispación *f.* 1 Irritación, enfurecimiento o enojo grande. 2 Contracción brusca y momentánea de un músculo.

crispar *tr./prnl.* Causar crispación.

cristal *m.* 1 Material duro, frágil, generalmente incoloro y transparente, que se obtiene al fundir a elevada temperatura diversas sustancias y enfriarlas con rapidez. 2 Objeto hecho con este material. 3 Cuerpo sólido cuya estructura mineral es un poliedro regular.

cristalera *f.* Cristal o conjunto de cristales que forman parte de una puerta, una ventana, un balcón o un escaparate.

cristalería *f.* 1 Conjunto de objetos de cristal que forman parte de una vajilla. 2 Establecimiento en el que se fabrican o venden objetos de cristal.

cristalero, -ra *m. y f.* Persona que se dedica a fabricar, vender o colocar cristales.

cristalino, -na *adj.* 1 Que es transparente como el cristal. 2 Que es de cristal. ∥ *m.* 3 ANAT. Parte del ojo en forma de cristal transparente y esférico que está situada detrás de la pupila.

cristalización *f.* Adquisición de la forma y estructura propias de un cristal.

cristalizar [4] *intr.* 1 Adquirir un mineral la forma y estructura cristalina que es propia de su clase. 2 Tomar forma clara y definida un asunto, proceso o idea. ∥ *tr.* 3 Hacer que una sustancia tome la forma y la estructura del cristal.

cristalografía *f.* Parte de la geología que estudia la forma y estructura cristalinas de los minerales.

cristalográfico, -ca *adj.* De la cristalografía.

cristianar *tr.* Bautizar a una persona.

cristiandad *f.* Conjunto de los pueblos y naciones cristianas.

cristianismo *m.* Doctrina religiosa que se basa en la Biblia y cree en Jesús como hijo de Dios.

cristiano, -na *adj.* 1 Del cristianismo. ∥ *adj./m. y f.* 2 Que cree en esta doctrina. ∥ *m. y f.* 3 Persona no determinada.

criterio *m.* 1 Regla o norma conforme a la cual se establece un juicio o se toma una determinación. 2 Opinión, juicio o decisión sobre una cosa. **3** Capacidad para adoptar esta opinión, juicio o decisión.

critérium *m.* Prueba o conjunto de pruebas deportivas no oficiales.

crítica *f.* **1** Conjunto de opiniones o juicios que se hacen sobre una cosa. **2** Conjunto de opiniones o juicios técnicos que se hacen sobre una obra artística o del conocimiento. **3** Conjunto de profesionales que se dedican a emitir este tipo de opiniones o juicios.

criticable *adj.* Que merece ser criticado.

criticar [1] *tr.* **1** Examinar y juzgar una cosa. **2** Expresar opiniones o juicios negativos y contrarios sobre una cosa. **3** Examinar y juzgar una obra artística o del conocimiento para determinar sus valores.

criticismo *m.* FILOS. Doctrina filosófica que considera que la base del conocimiento está en una combinación entre la percepción del mundo y la razón humana.

crítico, -ca *adj.* **1** De la crítica. **2** De la crisis. ▌ *m. y f.* **3** Persona que se dedica a la crítica de obras de arte o del conocimiento.

criticón, -cona *adj.* Que suele criticar y hablar mal de los demás.

croar *intr.* Emitir una rana su voz.

croata *adj.* **1** De Croacia. ▌ *adj./com.* **2** Que es de Croacia. ▌ *m.* **3** Lengua eslava que se habla en Croacia.

croché o **crochet** *m.* **1** Labor a mano que consiste en tejer un hilo con una aguja de unos veinte centímetros de largo que tiene un extremo más delgado y acabado en un gancho. **2** En boxeo, puñetazo dado horizontalmente de fuera adentro con el brazo doblado en forma de gancho.

croissant *m.* Cruasán.

OBS Es de origen francés y se pronuncia aproximadamente 'cruasán'.

croissanterie *f.* Establecimiento especializado en la elaboración o venta de cruasanes.

OBS Es de origen francés y se pronuncia aproximadamente 'cruasanterí'.

crol *m.* Estilo de natación en el que el nadador se desplaza boca abajo por la superficie del agua mediante el giro circular alternativo de los brazos y el movimiento continuado de las piernas de arriba abajo.

cromar *tr.* Aplicar un baño de cromo a un objeto metálico para que adquiera resistencia a la oxidación.

cromático, -ca *adj.* **1** De los colores. **2** MÚS. [semitono] Que se forma entre dos notas del mismo nombre. **3** MÚS. [escala, sistema] Que procede por semitonos.

cromatismo *m.* **1** Desarrollo amplio y variado de colores. **2** MÚS. Aplicación del sistema cromático en la composición.

crómlech *m.* Monumento megalítico formado por una serie de menhires que cierran un espacio elíptico o circular.

OBS El plural es *crómlechs*.

cromo *m.* **1** Estampa o papel de pequeño tamaño con una figura o fotografía impresa. **2** Metal blanco, muy duro, resistente y de naturaleza inoxidable.

cromo-, -cromo Elemento prefijal y sufijal que entra en la formación de palabras con el significado de 'color', 'pigmento'.

cromosoma *m.* BIOL. Corpúsculo en forma de filamento que se halla en el núcleo de una célula y que contiene los genes.

cromosómico, -ca *adj.* Del cromosoma.

crónica *f.* **1** Texto histórico que recoge los hechos en el orden cronológico en el que sucedieron. **2** Información de prensa, radio o televisión en la que se comenta un hecho de actualidad.

crónico, -ca *adj.* **1** [enfermedad] Que se padece a lo largo de mucho tiempo, que no tiene curación, aunque sí un tratamiento que evita sus consecuencias. **2** [problema, defecto, vicio] Que se repite periódicamente.

cronicón *m.* Texto histórico breve que recoge los hechos en el orden cronológico en el que sucedieron.

cronificar [1] *tr./prnl.* Hacer crónico un proceso perjudicial.

cronista *com.* **1** Historiador que se dedica a escribir crónicas. **2** Periodista que elabora una crónica de actualidad.

crono *m.* Tiempo que tarda un deportista en completar una carrera.

crono-, -crono Elemento prefijal y sufijal que entra en la formación de palabras con el significado de 'tiempo'.

cronoescalada *f.* Prueba ciclista en la que un corredor debe subir un trayecto ascendente en el menor tiempo posible.

cronología *f.* **1** Conjunto de hechos históricos ordenados de acuerdo con las fechas en que sucedieron. **2** Sistema de medir el tiempo y determinar las fechas.

cronológico, -ca *adj.* **1** De la cronología. **2** Relativo a la fecha o al momento en que sucede un hecho.

cronometraje *m.* Medición de un período de forma precisa, especialmente en una competición deportiva.

cronometrar *tr.* Medir con cronómetro.

cronómetro *m.* Reloj de gran precisión especialmente preparado para medir partes muy pequeñas de tiempo.

croquet *m.* Juego que consiste en hacer pasar bajo unos aros clavados en el suelo una bola de madera golpeándola con un mazo.

OBS El plural es *croquets.*

croqueta *f.* Masa hecha con harina y leche a la que se añade carne, pescado u otro alimento muy picado; tiene forma ovalada o cilíndrica y se fríe en aceite.

croquis *m.* Dibujo rápido en el que únicamente se representan las líneas principales o más significativas.

OBS El plural también es *croquis.*

cross *m.* Carrera de largo recorrido que se desarrolla parcial o totalmente a través del campo.

crótalo *m.* 1 Instrumento musical de percusión formado por dos piezas cóncavas que, unidas al pulgar por un cordón, se tocan haciéndolas chocar una con otra. 2 Serpiente muy venenosa que tiene al final de la cola un conjunto de anillos.

cruasán *m.* Bollo de hojaldre esponjoso con forma de media luna.

OBS El plural es *cruasanes.*

cruce *m.* 1 Acción de cruzar o cruzarse. 2 Punto donde se cruzan los caminos. 3 Paso de peatones. 4 Interferencia entre diversas emisiones que impide la recepción clara e individual de una señal telefónica, de radio o de televisión. 5 Fecundación de un animal hembra por un macho de una especie o raza distinta. 6 Especie o raza creada a partir de esta fecundación.

crucería *f.* ARQ. Conjunto de arcos que refuerzan la estructura de una bóveda.

crucero *m.* 1 Viaje de placer en barco que dura varios días o semanas. 2 Buque de guerra dotado de fuerte armamento y con un radio de acción muy amplio. 3 Zona de una iglesia en la que se cruzan la nave mayor o central con la transversal.

cruceta *f.* COL Llave, dispositivo.

cruci- Elemento prefijal que entra en la formación de palabras con el significado de 'cruz'.

crucial *adj.* Que es importante y decisivo para el desarrollo o solución de algo.

crucificar [1] *tr.* Clavar en una cruz a una persona.

crucifijo *m.* Figura o imagen que representa a Jesucristo en la cruz.

crucifixión *f.* 1 Acción de crucificar. 2 Representación de Jesucristo en la cruz.

crucigrama *m.* Pasatiempo que consiste en rellenar las casillas en blanco de un cuadrado o rectángulo con palabras cruzadas de las que solo se conocen sus significados.

crudo, -da *adj.* 1 [alimento] Que no ha sido cocinado o lo ha sido de manera insuficiente. 2 Que se muestra de forma realista, desagradable y cruel. 3 [tiempo atmosférico] Que es desapacible, frío y destemplado. 4 Que se comporta sin delicadeza o amabilidad. 5 [color] Que es blancoamarillento. ∥ *adj./m.* 6 [petróleo] Que está sin refinar.

cruel *adj.* 1 Que hace o deja sufrir a otro sin sentir compasión. 2 Que causa sufrimiento y dolor intensos.

crueldad *f.* 1 Calidad de cruel. 2 Acción cruel.

cruento, -ta *adj.* Que se produce con derramamiento de sangre.

crujía *f.* 1 Pasillo largo en un edificio con habitaciones a ambos lados. 2 ARQ. Espacio que hay entre dos muros de carga o entre dos filas de pilares o columnas. 3 Galería de un hospital con camas a ambos lados dejando un pasillo en medio. 4 Espacio que hay entre la proa y la popa de la cubierta de un barco.

crujido *m.* Ruido entrecortado característico que hace un material cuando se comprime, roza con otro, se dobla o se rompe.

crujiente *adj.* Que cruje.

crujir *intr.* Hacer un ruido entrecortado característico un material cuando se comprime, roza con otro, se dobla o se rompe.

crustáceo, -a *adj./m. y f.* 1 ZOOL. [animal] Que pertenece a la clase de los crustáceos. ∥ *m. pl.* 2 ZOOL. Clase de animales con respiración branquial que tienen antenas y el cuerpo cubierto por un caparazón duro y flexible.

cruz *f.* 1 Figura compuesta por dos líneas rectas, especialmente si se cortan perpendicularmente. 2 Objeto que tiene forma parecida a una cruz. 3 Condecoración con forma de cruz. 4 Estructura formada por un palo levantado del suelo verticalmente y atravesado en su parte superior por otro más corto en la que antiguamente se clavaba al condenado a muerte. 5 Sufrimiento o dolor que se soporta durante mucho tiempo. 6 Superficie de una moneda opuesta a la cara. 7 Parte alta del lomo de algunos animales cuadrúpedos donde se unen los huesos de las patas delanteras a la columna. ▸ **cruz y raya** Indica la intención de no volver a tratar un asunto. ▸ **ha-**

cerse cruces Mostrar exagerada admiración, sorpresa o disgusto.

cruzada *f.* 1 Campaña de guerra hecha por los ejércitos cristianos contra los musulmanes entre los siglos XI y XIV. 2 Conjunto de actividades o de esfuerzos que se realizan durante cierto tiempo, encaminados a combatir algo malo o perjudicial.

cruzado, -da *adj.* 1 [prenda de vestir] Que es abierta por delante y se puede sobreponer y abrochar una parte delantera sobre la otra. ‖ *adj./m.* 2 Que participó en una cruzada.

cruzar [4] *tr.* 1 Atravesar un lugar; pasar de un lado a otro. 2 Colocar una cosa sobre otra formando una figura de una cruz. 3 Fecundar un animal macho a una hembra de una especie o raza distinta. ‖ *tr./prnl.* 4 Poner en medio e interrumpir el paso por un camino, carretera u otra vía. 5 Intercambiar dos personas miradas, gestos o palabras. ‖ *prnl.* 6 Pasar por un punto o camino dos personas, animales o cosas en dirección diferente.

cta. cte. Abreviatura comercial y mercantil de *cuenta corriente*.

cu *f.* Nombre de la letra *q*.

OBS El plural es *cúes*, culto, o *cus*, popular.

cuaderna *f.* Pieza curva cuya base encaja en la quilla del buque y desde allí arranca en dos ramas simétricas, formando el armazón del casco. ▸ **cuaderna vía** Estrofa formada por cuatro versos con una sola rima común a todos.

cuadernillo *m.* Conjunto de cinco pliegos de papel unidos.

cuaderno *m.* Conjunto de piezas rectangulares de papel dobladas y unidas en forma parecida a un libro. ▸ **cuaderno de bitácora** MAR. Registro en el que se anotan todas las incidencias de la navegación.

cuadra *f.* 1 Instalación cerrada y cubierta preparada para la estancia de caballos y otros animales de carga. 2 Conjunto de caballos de un mismo dueño o equipo. 3 Lugar muy sucio y desordenado.

cuadrado, -da *adj./m.* 1 [objeto, figura] Que tiene cuatro lados iguales que forman cuatro ángulos rectos. 2 [medida] Que determina la extensión de uno de los lados de una figura de cuatro lados iguales. 3 *coloquial* [persona] Que posee un cuerpo con una estructura fuerte, grande y ancha. ‖ *m.* 4 MAT. Valor que resulta de multiplicar una cantidad por sí misma.

cuadragésimo, -ma *num. ord.* 1 Indica que el nombre al que acompaña o al que

sustituye ocupa el lugar número 40 en una serie. Puede ser determinante. ‖ *num.* 2 Parte que resulta de dividir un todo en 40 partes iguales.

cuadrangular *adj.* [objeto, figura] Que tiene o forma cuatro ángulos.

cuadrante *m.* 1 MAT. Cuarta parte de un círculo o una circunferencia delimitada entre dos radios que forman un ángulo de 90 grados. 2 ASTR. Instrumento formado por una estructura graduada en forma de cuarto de círculo en la que están marcados los grados; se usa para medir ángulos.

cuadrar *tr.* 1 Dar forma de cuadro o de cuadrado. ‖ *tr./intr.* 2 Hacer que coincida en una cuenta o balance la cifra total resultante del debe y del haber. ‖ *intr.* 3 Disponer o ajustar una cosa de acuerdo con otra, corresponder lógicamente ambas entre sí. ‖ *prnl.* 4 Ponerse de pie, firmes, con los brazos pegados al cuerpo y los pies unidos por los talones.

cuadratura *f.* Forma cuadrada de un objeto o figura.

cuadri- Elemento prefijal que entra en la formación de palabras con el significado de 'cuatro' o 'cuatro veces'.

cuadrícula *f.* Conjunto de cuadrados que resultan de cortarse perpendicularmente dos series de rectas paralelas.

cuadriculado, -da *adj.* 1 Rayado con líneas que forman una cuadrícula. 2 *coloquial* [persona] Que es muy estricto, rígido y ordenado.

cuadricular *tr.* Trazar líneas para formar una cuadrícula.

cuadriga *f.* Carro tirado por cuatro caballos enganchados de frente.

cuadrilátero, -ra *adj.* 1 [objeto, figura] Que tiene cuatro lados. ‖ *m.* 2 Figura plana que tiene cuatro lados. 3 Tarima elevada de forma cuadrada con el suelo de lona y rodeada por doce cuerdas sobre la que se desarrollan los combates de boxeo.

cuadrilla *f.* 1 Conjunto organizado de personas que realizan un trabajo o llevan a cabo una actividad determinada. 2 Conjunto de toreros bajo las órdenes de un matador o un rejoneador.

cuadringentésimo, -ma *num. ord.* 1 Indica que el nombre al que acompaña o al que sustituye ocupa el lugar número 400 en una serie. Puede ser determinante. ‖ *num.* 2 Parte que resulta de dividir un todo en 400 partes iguales.

cuadrivium o **cuadrivio** *m.* Conjunto de cuatro materias relacionadas con las matemáticas que se estudiaban como un bloque en la Edad Media.

cuadro *m.* **1** Figura plana con cuatro lados iguales, que forman cuatro ángulos rectos. **2** Objeto que tiene esta forma. **3** Dibujo, pintura o lámina que, generalmente encajada en un marco, se cuelga en la pared. **4** Situación o espectáculo que causa una impresión intensa en la persona que lo presencia. **5** Parte en que se divide un acto en una obra de teatro. **6** Conjunto formado por las personas que dirigen un grupo, asociación, empresa o sociedad. **7** Conjunto de datos o informaciones sobre un asunto o materia que se ordenan y relacionan con líneas o signos gráficos. **8** Conjunto de instrumentos e indicadores para el manejo o control de un conjunto de aparatos. **9** Armazón de una bicicleta o de una moto. **10** CHILE Calzón (prenda interior femenina).

cuadrúpedo, -da *adj./m. y f.* [animal mamífero] Que tiene cuatro pies o patas.

cuádruple *num.* Cuádruplo, cantidad.

cuadruplicar [1] *tr.* Multiplicar por cuatro una cantidad.

cuádruplo, -pla *num.* [cantidad, número] Que es cuatro veces mayor que otro. Puede ser determinante.

cuajada *f.* Sustancia grasa y sólida de color blanco que se extrae del suero de la leche.

cuajar *tr./prnl.* **1** Hacer que una sustancia líquida se vuelva más espesa y compacta. ‖ *intr.* **2** Formar la nieve una capa sólida. **3** Obtener la forma o el resultado deseado. ‖ *m.* **4** Parte final del estómago de los rumiantes en la que se generan los jugos gástricos.

cuajarón *m.* Masa de una sustancia que se ha cuajado.

cuajo *m.* **1** Fermento contenido en el estómago de las crías de algunos animales que permite cuajar la leche. **2** *coloquial* Lentitud y sosiego en la manera de actuar. ▶ **de cuajo** Desde el principio y completamente.

cual *pron. rel.* **1** Designa a una persona, animal o cosa de la que se ha hablado antes. ‖ *adv.* **2** *culto* Como, del modo o manera que. ▶ **cada cual** Designa a una persona o animal de manera individual y diferenciada del resto.

cuál *pron. inter.* **1** Expresa pregunta por un elemento diferenciado de los que pertenecen a un conjunto.

cualidad *f.* Propiedad o conjunto de propiedades que distingue.

cualificado, -da *adj.* **1** Que posee la cualificación necesaria para realizar un trabajo. **2** Que tiene una cualidad específica y distintiva.

cualificar *tr.* **1** Poseer la preparación necesaria para realizar un trabajo. **2** Atribuir o apreciar en una cosa cualidades específicas y distintivas.

cualitativo, -va *adj.* De la cualidad.

cualquier *det. indef.* Apócope de *cualquiera*. OBS El plural es *cualesquier*.

cualquiera *det. indef.* **1** Designa a una persona o cosa no determinada, sin precisar cuál es su identidad. ‖ *pron. indef.* **2** Indica que la persona a la que se refiere no está determinada o no se quiere determinar; una persona, sea quien sea. ▶ **ser un (o una) cualquiera** Ser persona vulgar o poco importante.

cuan *adv. culto* Indica un sentido comparativo o de equivalencia.

cuán *adv. culto* Añade mayor grado o intensidad a lo que se dice.

cuando *conj.* **1** Indica el tiempo o el momento en que ocurre una acción. **2** Indica una condición. **3** Tiene oficio de conjunción continuativa que equivale a *puesto que*. ‖ *adv.* **4** En el tiempo o el momento en el que ocurre una cosa. ▶ **de cuando en cuando** Algunas veces.

cuándo *adv.* En qué tiempo o en qué momento ocurre una cosa.

cuantía *f.* Número de unidades, tamaño o proporción de una cosa.

cuantificación *f.* Cálculo del número de unidades, tamaño o proporción de algo.

cuantificar [1] *tr.* Calcular el número de unidades, tamaño o proporción de algo.

cuantioso, -sa *adj.* Que es grande en cantidad o número.

cuantitativo, -va *adj.* De la cantidad.

cuanto, -ta *det. indef.* **1** Indica el conjunto o la totalidad de elementos que se expresan o se dan a entender. **2** Indica una cantidad que depende de otra o tiene relación con otra. ‖ *adv.* **3** Indica una cantidad o proporción que está en correlación con otra. ▶ **cuanto antes** Con la mayor rapidez y prontitud posible. ▶ **en cuanto** *a)* Tan pronto como. *b)* Con la condición, función o cargo que se expresa. ▶ **en cuanto a** Por lo que toca o corresponde a. ▶ **unos cuantos** Algunos, pocos.

cuánto, -ta *adj./pron.* **1** Expresa interrogación o admiración relacionada con cantidad, número o intensidad. ‖ *adv.* **2** En qué grado o manera; hasta qué punto.

cuaquerismo *m.* Doctrina religiosa protestante que tuvo su origen en las ideas del religioso británico George Fox en el siglo XVII.

cuáquero, -ra *adj.* 1 Del cuaquerismo. ‖ *adj./m. y f.* 2 Que cree en el cuaquerismo.

cuarenta *num. card.* 1 Indica que el nombre al que acompaña o al que sustituye está 40 veces. Puede ser determinante. ‖ *num. ord.* 2 Indica que el nombre al que acompaña o al que sustituye ocupa el lugar número cuarenta en una serie. Es preferible el uso del ordinal. ‖ *m.* 3 Nombre del número 40.

cuarentavo, -va *num.* Parte que resulta de dividir un todo en 40 partes iguales.

cuarentena *f.* 1 Conjunto formado por 40 unidades. 2 Aislamiento durante un período de tiempo de personas o animales en un lugar por razones sanitarias.

cuarentón, -tona *adj./m. y f. coloquial* Que tiene cuarenta años de edad o más.

cuaresma *f.* Período que celebra la Iglesia cristiana y que comprende los 46 días que van desde el miércoles de ceniza hasta la fiesta de la Resurrección.

cuark *m* Quark.

cuarta *f.* 1 Medida de longitud que equivale a la distancia que hay desde el extremo del pulgar hasta el del meñique de una mano abierta y extendida. 2 Marcha del motor de un vehículo que tiene menos potencia y más velocidad que la tercera.

cuartear *tr.* 1 Partir o dividir en cuartos o en partes. ‖ *prnl.* 2 Abrirse gran número de grietas en una superficie.

cuartel *m.* 1 Edificio o instalación donde viven los soldados cuando están de servicio. 2 Lugar provisional donde viven los soldados cuando están en campaña.

cuartelero, -ra *adj.* 1 Del cuartel. 2 [lenguaje] Que es vulgar y malsonante.

cuartelillo *m.* Local donde está instalado un puesto de tropa de guardia.

cuarteo *m.* Acción de cuartear.

cuarterón *m.* Adorno en forma de cuadro o rectángulo con puertas o ventanas.

cuarteta *f. culto* Estrofa de cuatro versos octosílabos en la que riman el primero con el cuarto y el segundo con el tercero.

cuarteto *m.* 1 *culto* Estrofa de cuatro versos de más de ocho sílabas. 2 MÚS. Conjunto de cuatro voces o instrumentos. 3 MÚS. Composición musical escrita para ser interpretada por ese conjunto.

cuartilla *f.* Hoja de papel que resulta de cortar en cuatro partes un pliego común.

cuarto, -ta *num. ord.* 1 Indica que el nombre al que acompaña o al que sustituye ocupa el lugar número 4 en una serie. Puede ser determinante. ‖ *num.* 2 Parte que resulta de dividir un todo en cuatro partes iguales. ‖ *m.* 3 Parte del espacio de una casa o edificio separada por paredes de las demás. 4 Parte del espacio de la casa que se usa para dormir. **cuarto de baño** Habitación en la que están el váter, la ducha o la bañera y otros elementos que sirven para el aseo. 5 Período que dura quince minutos. 6 Parte de las cuatro en que se considera dividido el cuerpo de los animales. ‖ *m. pl.* 7 Dinero o riquezas.. ▸ **de tres al cuarto** De poca categoría o calidad. ▸ **tres cuartos** Chaquetón o anorak que llega a la altura del muslo o la rodilla.

cuásar *m* Quásar.

cuarzo *m.* Mineral muy duro con aspecto de cristal que forma parte de la composición de muchas rocas; en estado puro es incoloro pero adquiere variedad de colores según las sustancias con las que se mezcla.

cuaternario, -ria *adj./m.* GEOL. [período geológico] Que se extiende desde hace dos millones de años hasta el presente.

cuatrero, -ra *adj./m. y f.* [ladrón] Que se dedica a robar animales.

cuatri- Elemento prefijal que entra en la formación de palabras con el significado de 'cuatro' o 'cuatro veces'.

cuatrienio *m.* Período de cuatro años.

cuatrillizo, -za *adj./m. y f.* [persona, animal] Que ha nacido a la vez que otros tres de la misma madre.

cuatrimestral *adj.* 1 Que se repite cada cuatro meses. 2 Que dura cuatro meses.

cuatrimestre *m.* Período de cuatro meses.

cuatrimotor *m.* Avión de cuatro motores.

cuatro *num. card.* 1 Indica que el nombre al que acompaña o al que sustituye está 4 veces. Puede ser determinante. ‖ *num. ord.* 2 Indica que el nombre al que acompaña o al que sustituye ocupa el lugar número 4 en una serie. Es preferible el uso del ordinal. ‖ *m.* 3 Nombre del número 4. ▸ **cuatro por cuatro** Automóvil con tracción en las cuatro ruedas que puede transitar por terrenos abruptos o escarpados.

cuatrocientos, -tas *num. card.* 1 Indica que el nombre al que acompaña o al que sustituye está 400 veces. Puede ser determinante. ‖ *num. ord.* 2 Indica que el nombre al que acompaña o al que sustituye ocupa el lugar número 400 en una serie.

Es preferible el uso del ordinal. ‖ *m.* 3 Nombre del número 400.

cuba *f.* Recipiente de madera para contener líquidos; está formado por tablas arqueadas unidas por aros de metal y cerrado en los extremos con tablas.

cubalibre *m.* Bebida alcohólica que se hace mezclando cola y ron.

cubano, -na *adj.* 1 De Cuba. ‖ *adj./m. y f.* 2 [persona] Que es de Cuba.

cubata *m. coloquial* Cubalibre.

cubertería *f.* Conjunto de cucharas, tenedores, cuchillos y otros útiles para servir y tomar la comida.

cubeta *f.* 1 Recipiente poco profundo y generalmente de forma rectangular. 2 MÉX Balde.

cúbico, -ca *adj.* 1 [objeto] Que tiene forma de cubo. 2 [medida] Que determina la extensión de uno de los lados de un cuerpo limitado por seis superficies de cuatro lados iguales.

cubierta *f.* 1 Cosa que se pone encima de otra para cubrirla o taparla. 2 Parte de un recipiente, caja u objeto que sirve para taparlo. 3 Parte exterior del libro que cubre y protege el conjunto de las hojas cosidas, pegadas o anilladas en el lomo. 4 Estructura superior y exterior que cierra un edificio. 5 Banda exterior del neumático de una rueda. 6 Piso exterior de un barco, en especial el superior.

cubierto *m.* 1 Conjunto formado por una cuchara, un cuchillo y un tenedor. 2 Instrumento que se usa para coger o cortar los alimentos del plato. 3 Servicio de mesa que se pone a la persona que va a comer. 4 Comida que se da en un restaurante por un precio previamente acordado.

cubil *m.* Lugar en el que viven y se protegen los animales salvajes o silvestres.

cubilete *m.* 1 Vaso más ancho por la boca que por el fondo; especialmente, el que sirve para mover los dados. 2 Recipiente con esta forma que se usa como molde en pastelería. 3 Comida o pastel que se prepara en este recipiente.

cubismo *m.* Movimiento artístico europeo de principios del siglo XX caracterizado por la descomposición de la realidad en figuras geométricas.

cubista *adj.* 1 Del cubismo. ‖ *adj./com.* 2 Que practica el cubismo.

cubitera *f.* Recipiente para hacer o servir cubitos de hielo.

cubito *m.* Trozo pequeño de hielo con forma de cubo.

cúbito *m.* Hueso más largo y grueso de los dos que tiene el antebrazo.

cubo *m.* 1 Cuerpo sólido regular limitado por seis caras de cuatro lados iguales cada una. 2 Resultado de multiplicar un número o expresión matemática dos veces por sí misma. 3 ESP, MÉX Recipiente de forma cilíndrica, un poco más ancho por la boca que por el fondo, y con un asa en el borde superior. 4 ESP, MÉX Líquido o sustancia que contiene este recipiente.

cubrecama *m.* Pieza grande de tela que cubre la cama.

cubrir *tr./prnl.* 1 Ocultar o quitar una cosa de la vista poniendo otra encima de ella. 2 Proteger o resguardar colocando una superficie por encima. 3 Extender sobre una superficie. 4 Proteger, defender de un daño o peligro. 5 Ocultar la verdad. 6 Ocultar y proteger a una persona que ha cometido una falta o delito. ‖ *tr.* 7 Recorrer una distancia. 8 Seguir el desarrollo de una actividad para informar sobre ella. 9 Ocupar un puesto de trabajo, cargo o plaza. 10 Pagar la cantidad de dinero que se debe por una deuda o gasto. 11 Unirse sexualmente el animal macho con la hembra. ‖ *prnl.* 12 Ponerse el sombrero u otro objeto semejante en la cabeza. 13 Llenarse el cielo de nubes.

OBS El participio es *cubierto.*

cucamonas *f. pl.* Caricias u otras demostraciones de cariño que se hacen a alguien para conseguir algo.

cucaña *f.* 1 Palo largo y resbaladizo por el cual se ha de andar si es horizontal o trepar si es vertical para coger como premio un objeto atado a su extremo. 2 Diversión o juego que consiste en competir por alcanzar este premio.

cucaracha *f.* Insecto de cuerpo alargado y aplastado, de color negro o pardo; tiene alas anteriores duras y seis patas.

cuchara *f.* Instrumento formado por un mango con un pequeño recipiente ovalado poco profundo que se usa para tomar alimentos líquidos o espesos.

cucharada *f.* Porción de alimento u otra cosa que cabe en una cuchara.

cucharilla *f.* Cuchara pequeña que suele usarse para tomar el postre, servirse azúcar o agitar un alimento líquido.

cucharón *m.* Cuchara grande que se usa para cocinar y servir en el plato alimentos líquidos.

cuchichear *intr.* Hablar en voz baja o muy cerca del oído de una persona.

cuchicheo *m.* Sonido ininteligible, continuo y suave que se produce al cuchichear.

cuchilla *f.* Pieza lisa, plana, alargada y delgada de metal, generalmente de acero, que forma la parte cortante de un instrumento o de un arma blanca.

cuchillada *f.* 1 Golpe dado con un cuchillo o navaja. 2 Herida hecha con el filo o la punta de un cuchillo o navaja.

cuchillería *f.* Establecimiento en el que se fabrican, venden o afilan cuchillos, navajas y otras armas blancas.

cuchillo *m.* Utensilio formado por una hoja de metal afilada por un solo lado y con mango que se usa para cortar.

cuchipanda *f. coloquial* Fiesta, banquete o celebración alegre y bulliciosa.

cuchitril *m.* Habitación pequeña y sucia.

cuchufleta *f.* Dicho burlesco o gracioso.

cuclillas Palabra que se utiliza en la locución *de* (o *en*) *cuclillas*, que significa 'con las piernas completamente flexionadas, apoyando los muslos en las pantorrillas'.

cuclillo *m.* zool. Pájaro de pequeño tamaño de color gris, azulado por encima, cola negra con pintas blancas y alas marrones.

cuco, -ca *adj.* 1 Que es hábil para engañar o evitar el engaño. 2 *coloquial* Que es bonito o está bien hecho. ‖ *m.* 3 Cuclillo.

cucú *m.* 1 Canto característico del cuclillo o cuco. 2 Reloj, generalmente de pie o de pared, que contiene una figura que imita al cuclillo y señala con un sonido similar al canto de este pájaro las horas.

OBS El plural es *cucús*.

cucuiza *f.* AMÉR Cuerda delgada y tosca elaborada con fibra de pita que se usa para atar o para fabricar tejidos.

cucurucho *m.* 1 Hoja de papel o cartón enrollada en forma de cono que sirve para contener cosas. 2 Lámina de barquillo o galleta enrollada en forma de cono que sirve para contener un helado. 3 Gorro acabado en punta y con forma cónica, generalmente de cartón y cubierto de tela, que forma parte del hábito que llevan algunos penitentes y cofrades en las procesiones de Semana Santa.

cuelgue *m. coloquial* Estado producido por el efecto de una droga.

cuello *m.* 1 Parte estrecha y alargada del cuerpo de una persona o de un animal vertebrado que une la cabeza con el tronco. 2 Tira de una prenda de vestir que rodea esa parte del cuerpo o se ajusta a ella. 3 Parte estrecha de un recipiente que está próxima a su boca. 4 Parte más estrecha y delgada de un objeto, especialmente si es cilíndrica.

cuenca *f.* 1 Territorio cuyos ríos, arroyos y afluentes vierten el agua en un mismo río, lago o mar. 2 Territorio situado en una depresión de terreno y rodeado de montañas. 3 Cavidad de la cabeza en la que se encuentra el ojo.

cuenco *m.* Recipiente con forma de media circunferencia que carece de borde.

cuenta *f.* 1 Operación o conjunto de operaciones matemáticas necesarias para averiguar un resultado. 2 Papel en que consta esta operación matemática; especialmente, si es una relación de precios cuyo total representa una cifra de dinero que se debe pagar. 3 Cantidad de dinero que una persona o empresa tiene en el banco. 4 Explicación o justificación del comportamiento de una persona. 5 Obligación o responsabilidad que una persona tiene sobre algo o alguien. 6 Bola pequeña de distintos materiales que tiene un agujero en el centro y sirve para hacer collares, pulseras, etc. ‖ *f. pl.* 7 Conjunto de cifras y datos acerca de los gastos e ingresos de dinero y demás operaciones económicas que realiza una empresa. ▶ **a cuenta** [cantidad de dinero] Que se entrega como señal o anticipo del total que se pagará más adelante. ▶ **a cuenta de** A cambio o como compensación. ▶ **ajustar las cuentas** Castigar o vengar un comportamiento o acción perjudicial u ofensiva. ▶ **caer en la cuenta** o **darse cuenta** Comprender o enterarse una persona de una cosa que no entendía o de la que no se había enterado. ▶ **dar cuenta de** Acabar, dar fin a una cosa destruyéndola o consumiéndola. ▶ **estar fuera** (o **salir**) **de cuentas** Haber cumplido una mujer embarazada el período de gestación. ▶ **tener** (o **tomar**) **en cuenta** Considerar importante y digno de atención o cuidado.

cuentacuentos *com.* 1 Persona que explica cuentos ante un público. 2 Lectura pública de cuentos.

OBS El plural también es *cuentacuentos*.

cuentagotas *com.* Instrumento formado por un pequeño tubo de cristal o plástico con un mango de goma que sirve para verter un líquido gota a gota.

OBS El plural también es *cuentagotas*.

cuentakilómetros *m.* Aparato que cuenta los kilómetros recorridos por un vehículo e indica la velocidad a la que circula.

OBS El plural también es *cuentakilómetros*.

cuezo

cuentarrevoluciones *m.* Aparato que cuenta las revoluciones de un motor.

OBS El plural es *cuentarrevoluciones*.

cuentista *adj./com.* 1 Que se dedica a contar o a escribir cuentos. 2 Que miente o exagera mucho para presumir o llamar la atención de los demás.

cuentitis *f. coloquial* Enfermedad que una persona dice tener, especialmente cuando quiere evitar hacer algo.

cuento *m.* 1 Obra literaria o relato oral que narra en prosa una historia imaginaria breve. 2 Relato falso o exagerado con el que se pretende engañar.

cuerazo *m.* AMÉR Golpe dado con el cuero o látigo.

cuerda *f.* 1 Conjunto de hilos torcidos o entrelazados que forman un objeto cilíndrico, delgado, alargado y flexible que se usa generalmente para atar o sujetar. 2 Hilo o conjunto de hilos torcidos o entrelazados en un solo cuerpo que en un instrumento musical produce sonido al vibrar. 3 Conjunto de instrumentos musicales de cuerda que hay en una orquesta u otra agrupación musical. 4 Pieza de metal flexible y alargada que mueve un mecanismo mecánico. 5 MAT. Línea recta que une los extremos de un arco o curva. 6 Parte de un circuito o de una pista de atletismo que está más próxima al centro. 7 Longitud de esta parte. ▸ **bajo cuerda** De forma secreta, oculta o disimulada. ▸ **cuerdas vocales** Pliegues de los músculos que se encuentran en la garganta en forma de ligamentos y que producen sonidos al vibrar por el paso del aire. ▸ **en la cuerda floja** En situación poco segura o peligrosa.

cuerdo, -da *adj./m. y f.* 1 Que no padece ninguna enfermedad mental. 2 Que tiene buen juicio y actúa de manera prudente, reflexiva y responsable.

cueriza *f.* AMÉR Serie numerosa de golpes dados como castigo o para hacer daño.

cuerno *m.* 1 Prolongación de hueso de forma cónica, generalmente curvada y acabada en punta, que crece en la parte superior de la frente de algunos animales. 2 Sustancia dura de que está constituida esta prolongación. 3 Objeto o figura que tiene forma parecida a esta prolongación. 4 Antena de ciertos animales e insectos. 5 Instrumento musical de viento, hueco y de forma curva. ▮ *m. pl.* 6 Representación simbólica de la infidelidad de un miembro de la pareja en relación con el otro. ▸ **poner los cuernos** Engañar a la pareja habitual. ▸ **irse al cuerno** Fracasar; no conseguir buen fin. ▸ **mandar al cuerno** Despedir o echar con enfado.

cuero *m.* Piel de algunos animales mamíferos terrestres; especialmente, después de curada y preparada para su uso por el hombre. **cuero cabelludo** Piel de la cabeza humana donde nace el pelo. ▸ **en cueros** Sin ropa, desnudo.

cuerpo *m.* 1 Conjunto de las partes que forman el organismo de los seres vivos. 2 Persona o animal sin vida. 3 Parte principal de la estructura física de una persona o animal, diferenciada de la cabeza y las extremidades. 4 Parte de una prenda de vestir que cubre el tronco. 5 Trozo limitado de materia; en general, cualquier objeto. **cuerpo geométrico** Figura que tiene tres dimensiones, sólido. **cuerpo del delito** Objeto que prueba un crimen o un acto que está fuera de la ley. 6 Conjunto de personas que ejercen una misma profesión. 7 Densidad de un material o de un producto. ▸ **a cuerpo de rey** Con todas las comodidades posibles. ▸ **cuerpo a cuerpo** Con contacto físico y sin armas de fuego. ▸ **en cuerpo y alma** Con total dedicación y atención.

cuervo *m.* Pájaro omnívoro de color negro brillante, con alas grandes y cola redondeada; tiene el pico grueso y fuerte.

cuesco *m.* 1 *coloquial* Pedo ruidoso. 2 Hueso de una fruta.

cuesta *f.* Terreno inclinado. ▸ **a cuestas** Sobre los hombros o las espaldas. ▸ **cuesta de enero** Período de tiempo que coincide con este mes del año durante el que tradicionalmente las personas pasan mayores dificultades económicas por los gastos hechos durante la Navidad. ▸ **ir cuesta abajo** Disminuir la importancia o la actividad.

cuestión *f.* 1 Pregunta que se plantea para averiguar la verdad de una cosa o la opinión de una persona. 2 Asunto o materia que atraen la atención general.

cuestionable *adj.* Que puede ser puesto en duda y discutido.

cuestionar *tr.* Poner en duda o exponer razones contrarias en una discusión.

cuestionario *m.* 1 Lista de cuestiones o preguntas que una persona debe contestar. 2 Papel o impreso donde se recogen estas cuestiones.

cueva *f.* Cavidad subterránea abierta en la tierra de manera natural o excavada.

cuezo *m.* Recipiente de madera, de base cuadrada y más ancho que alto, que sirve para amasar el yeso.

cuidado *m.* **1** Asistencia e interés que se le prestan a una persona o cosa. **2** Interés y preocupación que se pone en hacer una cosa. **3** Interés y preocupación que se pone para evitar o prevenir un peligro. ‖ *int.* **4** ¡**cuidado!** Expresión con la que se advierte la proximidad de un peligro o la contingencia de caer en error.

cuidadoso, -sa *adj.* Que hace las cosas con cuidado y atención.

cuidar *tr./intr.* **1** Vigilar o ayudar con interés a una persona o cosa. ‖ *tr./prnl.* **2** Poner interés y atención en una actividad o responsabilidad. ‖ *prnl.* **3** Preocuparse una persona por el propio bienestar y salud. **4** Mantenerse apartado o a salvo de un peligro.

cuita *f. culto* Desgracia o circunstancia adversa que provoca tristeza.

culada *f.* Golpe que se recibe en el culo al caer sobre él.

culata *f.* **1** Parte por donde se sujeta un arma de fuego. **2** Pieza de metal que se ajusta al bloque de un motor de explosión y cierra el cuerpo de los cilindros.

culé *adj./m. y f.* Del F. C. Barcelona.

culebra *f.* Reptil de cuerpo cilíndrico alargado, sin pies y con la piel formada por escamas de distintos colores; tiene la lengua alargada y bífida.

culebrina *f.* Relámpago que tiene forma de línea ondulada.

culebrón *m. coloquial* Telenovela de muchos episodios a lo largo de los cuales se establecen intensas relaciones sentimentales de amor, odio y venganza entre muchos personajes.

culera *f.* **1** Pieza con la que se refuerza o remienda la parte del trasero en un pantalón. **2** Mancha o desgaste en un pantalón o falda por la parte que cubre el trasero.

culinaria *f.* Técnica de guisar.

culinario, -ria *adj.* De la culinaria.

culmen *m.* Punto más alto o grado mayor de perfección que se puede alcanzar.

culminación *f.* Grado superior y final al que llega un proceso o actividad.

culminante *adj.* Que representa el momento de mayor importancia, intensidad, grandeza o calidad.

culminar *intr.* **1** Llegar al punto más alto, de mayor intensidad, grandeza o calidad. ‖ *tr.* **2** Terminar una actividad o proceso.

culo *m.* **1** *malsonante en* AMÉR Parte del cuerpo de un animal vertebrado constituida por el extremo superior y posterior de los muslos y la zona inferior de la espalda o el lomo. **2** Parte de una prenda de vestir que cubre esta parte del cuerpo. **3** Orificio en el que termina el intestino grueso, por el que se expulsan los excrementos. **4** Extremo inferior o posterior de una cosa, generalmente de un recipiente. **5** Pequeña cantidad de líquido que queda en el fondo de un recipiente.

culombio *m.* FÍS. Coulomb.

culón, -lona *adj./m. y f.* Que tiene el trasero muy grande.

culpa *f.* **1** Actuación de una persona que va en contra de la ley o la moral. **2** Responsabilidad de una persona por esa actuación. **3** Causa o motivo de un hecho que provoca un daño o perjuicio.

culpabilidad *f.* Responsabilidad de la persona que tiene la culpa de un hecho.

culpabilizar [4] *tr./prnl.* Culpar, atribuir la responsabilidad de un hecho.

culpable *adj./com.* Que tiene culpa.

culpar *tr./prnl.* Atribuir la culpa a alguien o algo.

culteranismo *m.* Estilo literario del barroco español caracterizado por el uso de formas poéticas de difícil comprensión, basadas en abundantes y complicadas metáforas, un lenguaje de sintaxis compleja y un vocabulario rico en oscuros cultismos.

cultismo *m.* Palabra procedente del latín o el griego que pasa a formar parte de una lengua moderna sin sufrir las transformaciones fonéticas normales que han modificado la forma de las demás palabras.

cultivable *adj.* [terreno] Que se puede cultivar.

cultivar *tr.* **1** Trabajar la tierra y cuidar las plantas que crecen en ella para que den fruto y produzcan un beneficio. **2** BIOL. Hacer que se desarrollen organismos microscópicos sobre una sustancia. **3** Criar en cautividad a un animal para procurar que tenga un crecimiento y desarrollo adecuados y poder utilizarlo con fines comerciales o científicos. ‖ *tr./prnl.* **4** Desarrollar una actividad intelectual con placer y dedicación, especialmente un arte o ciencia. **5** Desarrollar, mantener y mejorar una relación de conocimiento, amistad o amor con otra persona.

cultivo *m.* **1** Acción de cultivar. **2** Efecto de cultivar. **3** BIOL. Conjunto de organismos microscópicos desarrollados en un laboratorio.

culto, -ta *adj.* **1** Que posee una educación y conocimientos gracias al desarrollo de sus facultades intelectuales mediante la lectura, el estudio y el trabajo. **2** Que no es conocido o empleado por la mayoría de las personas, sino solo por aquellas que han desarrollado sus facultades intelectuales mediante la lectura, el estudio y el trabajo. | *m.* **3** Homenaje de veneración y respeto que se rinde a un ser divino o sagrado. **4** Conjunto de actos y ceremonias en los que se expresa veneración y respeto a un ser divino o sagrado. **5** Admiración y respeto que se rinde a una persona o cosa como si se tratara de un ser divino o sagrado.

-cultor, -cultora Elemento sufijal que entra en la formación de palabras con el significado de 'cultivador', 'criador'.

cultura *f.* **1** Conjunto de conocimientos e ideas adquiridos gracias al desarrollo de las facultades intelectuales mediante la lectura, el estudio y el trabajo. **2** Conjunto de conocimientos, ideas, tradiciones y costumbres que caracterizan a un pueblo o a una época.

-cultura Elemento sufijal que entra en la formación de palabras con el significado de 'cultivo', 'cría', 'crianza'.

cultural *adj.* De la cultura.

culturismo *m.* Conjunto de ejercicios y actividades que sirven para desarrollar los músculos del cuerpo.

culturista *com.* Persona que practica el culturismo.

culturizar [4] *tr./prnl.* **1** Dotar de conocimientos e ideas a una persona que no las posee con la intención de que desarrolle sus propias facultades intelectuales. | *tr.* **2** Imponer a un grupo social o a un pueblo un conjunto de conocimientos, ideas y costumbres distintos de su propia cultura.

cumbre *f.* **1** Punto más alto de una montaña. **2** Punto más alto o grado mayor de perfección. **3** Reunión de los máximos representantes políticos o militares de varias naciones.

cumpleaños *m.* Aniversario del nacimiento de una persona.

OBS El plural también es *cumpleaños*.

cumplido, -da *adj.* **1** [persona] Que actúa de acuerdo con lo que es adecuado u obligado según las normas sociales y de cortesía. | *m.* **2** Muestra de cortesía y educación que se hace para agradar o halagar.

cumplidor, -ra *adj./m. y f.* Que cumple las promesas o previsiones que ha hecho.

cumplimentar *tr.* **1** Saludar con cortesía, educación y respeto a una persona, especialmente a una autoridad. **2** Efectuar los procedimientos legales necesarios para lograr un propósito. **3** Rellenar un impreso o cuestionario.

cumplimiento *m.* **1** Acción de cumplir. **2** Fin de un plazo o un período predeterminado.

cumplir *tr./intr.* **1** Actuar con rigor y seriedad de acuerdo con una obligación, promesa u orden. | *tr./prnl.* **2** Llegar a tener un tiempo determinado. **3** Llegar el momento en que termina una obligación o un período determinado. | *prnl.* **4** Ocurrir, tener lugar, llegar a producirse.

cúmulo *m.* **1** Coincidencia en tiempo y lugar de gran número de hechos, circunstancias, ideas o sentimientos. **2** Nube blanca de forma redonda y aspecto algodonoso.

cuna *f.* **1** Cama pequeña con bordes elevados o barandillas en la que duermen los bebés y los niños pequeños. **2** Lugar de nacimiento de una persona o lugar de origen de una cosa. **3** Familia o estirpe a la que se pertenece.

cundir *intr.* **1** Progresar en el desarrollo de un trabajo o actividad. **2** Dar mucho de sí, extenderse. **3** Permitir un aprovechamiento mayor y más útil.

cuneiforme *adj.* [escritura] Que representa los caracteres y las palabras con símbolos en forma de cuñas y clavos.

cuneta *f.* Zanja a los lados de un camino o carretera para recoger el agua de lluvia.

cuña *f.* **1** Pieza de madera o metal acabada en ángulo agudo para ajustar, rellenar, etc. **2** Recipiente de plástico con esta forma que sirve para recoger los excrementos de los enfermos que no pueden levantarse de la cama. **3** Anuncio publicitario corto.

cuñado, -da *m. y f.* Hermano o hermana de la persona con la que se está casado.

cuño *m.* **1** Molde que se usa para grabar un objeto de metal. **2** Impresión o señal que deja este molde en un objeto de metal. **3** Conjunto de características de una cosa que revelan su origen o procedencia.

cuórum *m.* Quórum.

cuota *f.* **1** Cantidad de dinero que se paga por pertenecer a un grupo, asociación u organización. **2** Cupo.

cupé *m.* Automóvil de dos puertas y dos asientos.

cuplé *m.* Canción breve de tema picaresco que se canta en espectáculos musicales.

OBS El plural es *cuplés*.

cupletista *f.* Artista que canta cuplés.

cupo *m.* Parte o porción fija y proporcional de un todo.

cupón *m.* Parte con un valor fijo y proporcional en que está dividido un documento, y que puede cortarse de él y usarse individualmente o con otras.

cúprico, -ca *adj.* Del cobre.

cúpula *f.* 1 ARQ. Techo con forma de media esfera que cubre un espacio comprendido entre dos muros o varias columnas. 2 Conjunto de personas que dirigen un grupo, asociación u organización.

cura *m.* 1 Sacerdote de la Iglesia católica. ‖ *f.* 2 Acción de curar. 3 Conjunto de consejos y remedios que el médico indica al enfermo para que se cure. 4 Solución o remedio de un problema o defecto.

curación *f.* 1 Acción de curar o curarse. 2 Efecto de curar o curarse.

curandería *f.* Arte y práctica de los curanderos.

curanderismo *m.* Curandería.

curandero, -ra *m. y f.* Persona que ejerce la medicina sin tener título oficial.

curar *intr./prnl.* 1 Recuperar la salud. ‖ *tr.* 2 Aplicar los remedios necesarios para eliminar una enfermedad, herida o daño físico. 3 Secar un alimento para que adquiera un sabor particular y se conserve durante un largo período sin estropearse. 4 Preparar la piel de un animal para que no se pudra y pueda ser usada para confeccionar prendas de vestir y objetos.

curare *m.* Sustancia negra y amarga extraída del jugo de algunas plantas tropicales; se utiliza como veneno.

curasao *m.* Bebida alcohólica de alta graduación fabricada con corteza de naranja y otros ingredientes.

curativo, -va *adj.* Que sirve para curar.

curda *f. coloquial* Borrachera, embriaguez.

curdo, -da *adj.* 1 De Curdistán. ‖ *adj./m. y f.* 2 Que es de Curdistán. ‖ *m.* 3 Lengua hablada en esta región.

curia *f.* Conjunto de funcionarios y rectores, laicos y religiosos, que forman parte de la administración y el gobierno de la Iglesia católica.

curio *m.* Elemento químico metálico radiactivo que se obtiene bombardeando plutonio con partículas integradas por protones y neutrones.

curiosear *intr./tr.* 1 Procurar enterarse con disimulo de una información, especialmente de datos referentes a la vida privada de las personas. ‖ *intr.* 2 Mirar sin gran interés o por distracción.

curiosidad *f.* 1 Interés en conocer una cosa. 2 Interés por enterarse de datos referentes a la vida privada de las personas. 3 Circunstancia, hecho u objeto que se considera digno de interés por ser llamativo, raro o poco conocido.

curioso, -sa *adj.* 1 Que tiene interés por conocer una cosa. 2 Que se considera digno de interés por ser llamativo, raro o poco conocido. 3 Que está limpio, bien arreglado o dispuesto, a pesar de no tener una calidad o belleza excepcional.

currante *com. coloquial* Trabajador, especialmente poco cualificado.

currar o **currelar** *intr. coloquial* Trabajar, especialmente en un puesto bajo o poco cualificado.

currelo *m. coloquial* Curro.

curricular *adj.* Del currículo.

currículo *m.* 1 Conjunto de conocimientos que un alumno debe adquirir para conseguir un título académico. 2 Currículum.

currículum o **currículum vitae** *m.* Relación de datos personales, títulos académicos o profesionales y trabajos realizados.
OBS El plural es *currículums*. También se escribe currículo.

currito *m. coloquial* Currante.

curro *m. coloquial* Trabajo, especialmente el que se desempeña en un puesto bajo o poco cualificado.

curry o **curri** *m.* Condimento de origen hindú que se obtiene de la mezcla de diversas especias, como clavo, azafrán o jengibre.

cursar *tr.* 1 Estudiar una asignatura o materia en un centro de enseñanza. 2 Hacer que una orden o documento administrativo sea tramitado y enviado al organismo o a la persona adecuada.

cursi *adj./com.* Que intenta ser elegante o distinguido sin conseguirlo.

cursilada *f.* Obra, dicho o cosa cursi.

cursilería *f.* Cualidad de cursi.

cursillo *m.* Curso de poca duración en el que se tratan y estudian los conocimientos básicos o las técnicas fundamentales de una materia o actividad.

cursivo, -va *adj./f.* [signo, letra impresa] Que está inclinado hacia la derecha.

curso *m.* 1 Parte del año dedicada a unas actividades, especialmente de enseñanza. 2 Estudio o serie de lecciones. 3 Libro o tratado. 4 Conjunto de personas de un mismo grado de actividad.

cursor *m.* INFORM. Señal que en una pantalla de ordenador indica la posición en que se puede realizar una función.

curtir *tr.* **1** Preparar la piel de un animal para confeccionar prendas de vestir y objetos. ▌*tr./prnl.* **2** Quedar rígida, tostada y arrugada la piel de las personas. **3** Fortalecer la personalidad mediante la experiencia, el esfuerzo y la dedicación.

curva *f.* **1** Línea que no es recta en ninguna de sus partes. **2** Objeto que tiene forma de curva.

curvado, -da *adj.* Curvo.

curvar *tr./prnl.* Dar forma curva.

curvatura *f.* Desvío de la dirección o forma recta de una línea, superficie u objeto.

curvilíneo, -nea *adj.* Que está formado en su mayoría por líneas curvas.

curvo, -va *adj./f.* Que no es recto y no forma ángulos.

cuscurro *m.* Parte del pan más dura y tostada que corresponde generalmente a los extremos y bordes de la pieza.

cuscús *m.* Comida típica árabe que se compone de harina o sémola de trigo, con la que se hacen bolitas que se comen con verduras y carne de pollo y ternera guisada.

OBS El plural también es *cuscús*.

cúspide *f.* **1** Parte más alta y aguda de una montaña. **2** Punto más elevado, intenso o perfecto de un proceso o actividad que sobresale con claridad entre los demás.

custodia *f.* **1** Acción de custodiar. **2** Pieza de oro o plata, generalmente decorada con piedras preciosas, en la que se expone el Santísimo Sacramento para el culto.

custodiar [12] *tr.* **1** Vigilar una cosa de propiedad ajena parar protegerla de un posible robo. **2** Vigilar a una persona para proteger su vida o para evitar que escape.

cutáneo, -nea *adj.* De la piel.

cutícula *f.* **1** ANAT. Piel muy fina y delgada que rodea la base de la uña. **2** ANAT. Capa más exterior de la piel de los vertebrados y de los invertebrados.

cutis *m.* Piel de la cara de una persona.

OBS El plural también es *cutis*.

cutre *adj.* Que es pobre, barato, de mala calidad y aspecto descuidado.

cuyo, -ya *pron. rel.* Indica que el nombre que va detrás pertenece a la persona o cosa que va delante o ha sido previamente nombrada.

OBS Coincide en género y número con el sustantivo al que acompaña.

CV *m.* Símbolo de *cavallo de vapor*, medida de potencia.

D

d *f.* **1** Cuarta letra del alfabeto español. **2** Letra para el valor de 500 en la numeración romana. Se escribe con letra mayúscula.

d. C. d. de C.

d. de C. Abreviatura de *después de Cristo*.

D. E. P. Abreviatura de *descanse en paz*.

daca Palabra que se utiliza en la expresión *toma y daca*, para indicar que algo se hace de manera repetitiva entre dos partes.

dacha *f.* Casa de campo rusa de propiedad privada.

dactilar *adj.* De los dedos.

dactilografía *f.* Técnica de escribir a máquina.

dactilógrafo, -fa *m. y f.* Persona que escribe a máquina.

dadaísmo *m.* Movimiento artístico y literario, iniciado por Tristan Tzara (1896-1963) en 1916, que propugna la liberación de la fantasía y la ausencia de toda significación racional.

dadaísta *adj.* **1** Del dadaísmo. ‖ *adj./com.* **2** [persona] Que practica el dadaísmo.

dádiva *f.* Regalo.

dadivoso, -sa *adj./m. y f.* [persona] Que es generoso o inclinado a hacer dádivas.

dado *m.* Pieza cúbica en cuyas caras hay dibujados puntos, de uno hasta seis, y que se usa en juegos de azar.

daga *f.* Arma blanca de hoja corta y ancha, parecida a la espada.

daguerrotipia *f.* Técnica fotográfica por la cual las imágenes obtenidas se fijan en placas metálicas.

daguerrotipo *m.* **1** Daguerrotipia. **2** Aparato utilizado en daguerrotipia. **3** Imagen obtenida por medio de este aparato.

daiquiri *m.* Cóctel hecho con ron, zumo de limón, azúcar y marrasquino.

dalai-lama *m.* Sumo sacerdote budista.

dalia *f.* **1** Flor de jardín de colores vistosos con el centro amarillo rodeado de abundantes pétalos. **2** Planta de hojas ovaladas que da esa flor.

dálmata *adj./m. y f.* [perro] Que pertenece a una raza de tamaño mediano, con el pelo corto blanco con manchas negras.

daltónico, -ca *adj./m. y f.* MED. Que padece daltonismo.

daltonismo *m.* MED. Defecto de la vista que consiste en no poder distinguir ciertos colores.

dama *f.* **1** Mujer distinguida, especialmente la de clase social alta. **2** Pieza del ajedrez que puede moverse como cualquiera de las demás, excepto como el caballo, y tantas casillas como se quiera. ‖ *f. pl.* **3** Juego en el que se usan fichas redondas blancas y negras y un tablero de cuadros blancos y negros y que consiste en dejar sin fichas al contrario.

damasco *m.* Tela fuerte de seda o lana.

damasquinado *m.* Artesanía que incrusta oro o plata en hierro o acero.

damasquino, -na *adj./m. y f.* [objeto de acero o hierro] Que lleva incrustaciones de oro o plata.

damero *m.* Tablero para jugar a las damas.

damisela *f.* Muchacha que presume de dama o de señorita refinada.

damnificado, -da *adj./m. y f.* [persona] Que ha sufrido un daño importante a consecuencia de una desgracia colectiva.

damnificar [1] *tr.* Causar daño.

dan *m.* Cada uno de los diez grados superiores que se conceden en las artes marciales a partir del cinturón negro.

dandi *m.* Hombre que se distingue por su extremada elegancia y refinamiento.

danés, -nesa *adj.* 1 De Dinamarca. | *adj./m. y f.* 2 [persona] Que es de Dinamarca. | *m.* 3 Lengua que se habla en Dinamarca.

dantesco, -ca *adj.* Que causa horror o impresiona enormemente.

danza *f.* Conjunto de movimientos que se hacen con el cuerpo siguiendo el ritmo de la música.

danzar [4] *intr./tr.* 1 Mover el cuerpo siguiendo el ritmo de la música, especialmente si es clásica o folclórica. | *intr.* 2 Ir de un lado a otro.

danzarín, -rina *m. y f.* Persona que baila.

dañar *tr.* 1 Causar dolor o sufrimiento. 2 *tr./prnl.* Estropear o dejar en mal estado.

dañino, -na *adj.* Que causa daño.

daño *m.* 1 Mal, desgracia o pérdida. 2 Dolor físico o moral. 3 AMÉR. Influjo maléfico que, por arte de hechicería, se hace supuestamente con la mirada.

dañoso, -sa *adj.* Que causa daño.

dar [68] *tr.* 1 Hacer pasar al poder de otro una cosa propia. 2 Poner en las manos o al alcance. 3 Hacer saber, comunicar. 4 Conceder un derecho, cargo o poder. 5 Pagar a cambio. 6 Realizar la acción que indica el complemento. El uso abusivo de esta acepción indica pobreza de lenguaje. 7 Producir o ser origen. 8 Ofrecer o celebrar un espectáculo o un acto social. 9 Impartir una enseñanza o recibirla. 10 Abrir la llave de paso de un conducto. 11 Aplicar una sustancia. | *tr./intr.* 12 Sonar o indicar la hora, especialmente el reloj. | *tr./prnl.* 13 Considerar o declarar en cierta situación o estado. Se usa seguido de un complemento y un participio precedido por la preposición *por.* 14 Producir la tierra sus frutos. | *intr.* 15 Chocar algo que está en movimiento con un objeto estático o parado. 16 Estar situada una cosa hacia una parte. 17 Ser causa de lo que expresa el verbo del complemento. Se usa seguido de *que* y un infinitivo. | *prnl.* 18 Entregarse con interés o por vicio. 19 Ocurrir, existir. ▶ **dar de sí** *a)* Hacerse más ancho o extenso, generalmente un tejido. *b)* Aprovechar o rendir. ▶ **dársela** Engañar o ser infiel una persona a otra. ▶ **dárselas de** Presumir.

dardo *m.* Arma arrojadiza pequeña y ligera acabada en punta que se arroja con una mano o con una cerbatana.

dársena *f.* Parte de un puerto resguardada artificialmente de las corrientes para que los barcos puedan cargar y descargar.

darvinismo o **darwinismo** *m.* Teoría biológica que explica el origen de las especies por la transformación de unas en otras.

datar *intr.* 1 Existir desde un momento determinado. | *tr.* 2 Poner la fecha. 3 Determinar la fecha de un escrito, un objeto o un acontecimiento.

dátil *m.* 1 Fruto comestible de ciertas palmeras, alargado, de color marrón y de sabor muy dulce. 2 *coloquial* Dedo.

dativo *m.* GRAM. Caso de la declinación de algunas lenguas, como el latín, en que se pone la palabra que expresa el objeto indirecto de la acción verbal.

dato *m.* Hecho o información concreta.

dcha. Abreviatura de *derecha.*

de *prep.* 1 Indica posesión o pertenencia. 2 Indica la materia de la que está hecha una cosa. 3 Indica el origen en el espacio o el tiempo. 4 Indica la utilidad o fin. 5 Indica la materia o asunto. 6 Indica el modo en que se realiza una acción. | *f.* 7 Nombre de la letra *d.*

de- Prefijo que entra en la formación de palabras con el significado de: *a)* 'Privación'. *b)* Indica inversión de lo expresado por la palabra a la que se une.

deambular *intr.* Ir de un lugar a otro sin un fin determinado.

deambulatorio *m.* ARQ. Pasillo semicircular que rodea por detrás el altar mayor de las catedrales y algunas iglesias.

deán *m.* Religioso que preside el cabildo de una catedral cuando no está el obispo.

debacle *f.* Desgracia grande.

debajo *adv.* En un lugar más bajo.

debate *m.* Discusión en la que cada parte expone sus ideas y las defiende de las críticas de los demás.

debatir *tr.* 1 Discutir dos o más personas sobre un tema. | *prnl.* 2 Luchar resistiéndose, agitarse.

debe *m.* Parte de una cuenta corriente en la que se escriben las cantidades de dinero que se deben.

deber *tr.* 1 Estar obligado por ley moral o por necesidad física o lógica. 2 Estar obligado a pagar una cantidad de dinero o a dar una cosa. | *prnl.* 3 Tener por causa o ser resultado de. | *m.* 4 Cosa que una persona tiene la obligación de hacer. | *m. pl.*

5 Trabajos o ejercicios que el estudiante hace fuera de la escuela. ▷ **deber de** + infinitivo. Indica probabilidad. Se considera incorrecto el uso de la preposición *de* con el sentido de obligación.

debidamente *adv.* De la manera justa, correcta o conveniente.

debido, -da *adj.* Que es conveniente, obligado o necesario.

débil *adj./com.* **1** Que tiene poca fuerza o poca resistencia. **2** [persona] Que tiene poco carácter. **3** Que es poco intenso o poco fuerte.

debilidad *f.* **1** Falta de fuerza o resistencia. **2** Falta de fuerza o de ánimo; falta de firmeza en el carácter. **3** Cariño excesivo.

debilitación *f.* Debilitamiento.

debilitamiento *m.* Disminución de la fuerza física o moral.

debilitar *tr./prnl.* Disminuir la fuerza física o moral.

débito *m.* Cantidad de dinero que se debe pagar.

debut *m.* Presentación o primera actuación en público.

OBS El plural es *debuts*.

debutante *adj./m. y f.* Que se presenta o actúa por primera vez.

debutar *intr.* **1** Presentarse o actuar por primera vez en público una compañía teatral o un artista. **2** Ejercer por primera vez una actividad.

deca- Elemento prefijal que forma palabras con el significado de 'diez'.

década *f.* Período de diez años.

OBS Se diferencia de *decenio* en que la *década* hace referencia a cada decena del siglo.

decadencia *f.* Pérdida de fuerza o importancia.

decadente *adj.* **1** Que es muy antiguo o está fuera de uso. **2** Que valora gustos o costumbres pasados de moda.

decaedro *m.* MAT. Cuerpo sólido limitado por diez caras.

decaer [67] *intr.* Ir perdiendo fuerza, ánimo o importancia.

decágono *m.* Figura plana de diez lados.

decagramo *m.* Medida de masa que equivale a diez gramos.

decaimiento *m.* Pérdida progresiva de fuerza, ánimo o importancia.

decalitro *m.* Medida de capacidad que equivale a diez litros.

decálogo *m.* **1** Conjunto de los diez mandamientos. Suele escribirse con letra ma-

yúscula. **2** Conjunto de reglas que se consideran básicas para una actividad.

decámetro *m.* Medida de longitud que equivale a diez metros.

decanato *m.* **1** Cargo y despacho del decano. **2** Tiempo durante el cual un decano ejerce su cargo.

decano, -na *adj./m. y f.* **1** [persona] Que es el más antiguo de una colectividad. ▌ *m. y f.* **2** Persona que dirige una facultad o colegio profesional.

decantar *tr.* **1** Inclinar ligeramente un recipiente sobre otro para que caiga el líquido que contiene sin el poso. *prnl.* **2** Inclinarse por una tendencia o posibilidad.

decapitar *tr.* Cortar la cabeza separándola del resto del cuerpo.

decápodo, -da *adj./m. y f.* **1** [molusco] Que tiene diez tentáculos. **2** [crustáceo] Que tiene cinco pares de patas. ▌ *m. pl.* **3** Orden de los moluscos decápodos. **4** Orden de los crustáceos decápodos.

decasílabo, -ba *adj./m.* [verso] Que tiene diez sílabas.

decatlón *m.* Competición deportiva formada por diez pruebas de atletismo.

deceleración *f.* Disminución de la velocidad de un vehículo.

decena *f.* Conjunto de diez unidades.

decencia *f.* **1** Manera de obrar justa y honrada. **2** Respeto a la moral.

decenio *m.* Período de diez años.

decente *adj.* **1** [persona] Que se comporta de manera justa y honrada. **2** Que está de acuerdo con la moral, especialmente en el aspecto sexual. **3** Que está limpio y arreglado. **4** Que tiene calidad suficiente.

decepción *f.* Pesar que se experimenta al comprobar que alguien o algo no es como se esperaba.

decepcionar *tr.* Experimentar una decepción.

deceso *m. culto* Muerte natural de una persona.

dechado *m.* Persona o cosa que sirve de ejemplo digno de imitarse.

deci- Elemento prefijal que forma palabras con el significado de 'décima parte'.

decibel *m.* Decibelio.

OBS El plural es *decibeles*.

decibelio *m.* Medida de intensidad del sonido.

decidido, -da *adj.* **1** [persona] Que es firme y seguro. ▌ *adj./m. y f.* **2** [persona] Que actúa con valor o seguridad.

decidir *tr./prnl.* **1** Tomar una decisión.

❚ *tr.* **2** Hacer tomar el camino más conveniente en un asunto.

decigramo *m.* Medida de masa que resulta de dividir en diez partes un gramo.

decilitro *m.* Medida de capacidad que resulta de dividir en diez partes un litro.

décima *f.* **1** Parte que, junto con otras nueve, forma un grado del termómetro clínico. **2** Poema formado por diez versos de ocho sílabas, de los cuales riman el primero con el cuarto y el quinto, el segundo con el tercero, el sexto con el séptimo y el octavo y el último con el noveno.

decimal *adj.* **1** [sistema métrico] Que se organiza en unidades de diez elementos. ❚ *adj./m.* **2** [número] Que contiene una fracción de un número entero.

decímetro *m.* Medida de longitud que resulta de dividir en diez partes un metro.

décimo, -ma *num. ord.* **1** Que ocupa el lugar número diez en una serie. Puede ser determinante. ❚ *num.* **2** Parte que resulta de dividir un todo en diez partes iguales. ❚ *m.* **3** Décima parte de un billete de lotería.

decimoctavo, -va *num. ord.* Que ocupa el lugar número dieciocho en una lista. Puede ser determinante.

decimocuarto, -ta *num. ord.* Que ocupa el lugar número catorce en una lista. Puede ser determinante.

decimonónico, -ca *adj.* **1** Del siglo XIX. **2** Que está pasado de moda. Tiene valor despectivo.

decimonono, -na *num. ord.* Decimonoveno.

decimonoveno, -na *num. ord.* Que ocupa el lugar número diecinueve en una serie. Puede ser determinante.

decimoprimero, -ra *num. ord.* Que ocupa el lugar número once en una serie. Puede ser determinante.

decimoquinto, -ta *num. ord.* Que ocupa el lugar número quince en una serie. Puede ser determinante.

decimosegundo, -da *num. ord.* Que ocupa el lugar número doce en una serie. Puede ser determinante.

decimoséptimo, -ma *num. ord.* Que ocupa el lugar número diecisiete en una serie. Puede ser determinante.

decimosexto, -ta *num. ord.* Que ocupa el lugar número dieciséis en una serie. Puede ser determinante.

decimotercero, -ra o **decimotercio, -cia** *num. ord.* Que ocupa el lugar número trece en una serie. Puede ser determinante.

decir [69] *tr.* **1** Expresar por medio de palabras. **2** Asegurar o sostener una opinión. **3** Mostrar o indicar. **4** Nombrar o llamar. ❚ *n. m.* **5** Palabra o conjunto de palabras mediante las cuales se expresa una idea. ▸ **es decir** Expresión que introduce la explicación de lo que se acaba de decir.

decisión *f.* **1** Determinación ante una cuestión dudosa. **2** Valor o firmeza en la manera de actuar.

decisivo, -va *adj.* **1** Que conduce a tomar una determinación. **2** Que es muy importante para el futuro.

decisorio, -ria *adj.* Que tiene capacidad para tomar una determinación.

declamación *f.* Acción y efecto de declamar.

declamar *intr./tr.* **1** Recitar o decir en voz alta un texto literario con la intención de realzar su contenido poético. ❚ *intr.* **2** Hablar ante un grupo de personas.

declaración *f.* Acción y efecto de declarar o declararse.

declarado, -da *adj.* Que es manifiesto o que se ve muy claro.

declarar *tr.* **1** Explicar o decir públicamente. **2** Decidir un juez u otra autoridad sobre un asunto. **3** Comunicar a la administración pública los bienes que se poseen para pagar los impuestos correspondientes. **4** Dar a conocer en la aduana los objetos por los que se deben pagar impuestos. ❚ *intr.* **5** Exponer algo ante el juez u otra autoridad. ❚ *prnl.* **6** Darse a conocer o comenzar a producirse algo. **7** Expresar el amor que se siente a la persona amada. **8** Hacer conocer un estado o una situación.

declarativo, -va *adj.* Que explica de manera clara lo que está dudoso.

declinación *f.* **1** Pérdida de fuerza o importancia. **2** GRAM. Enunciación ordenada de los casos gramaticales de una palabra.

declinar *intr.* **1** Ir perdiendo fuerza, ánimo o importancia. **2** Acercarse una cosa a su fin. ❚ *tr.* **3** Rechazar, no aceptar.

declive *m.* **1** Inclinación de una superficie. **2** Pérdida de fuerza o importancia.

decodificar *tr.* Aplicar las reglas adecuadas a un mensaje que ha sido emitido en un sistema de signos para entenderlo.

decoloración *f.* Privación, pérdida o reducción del color.

decolorar *tr./prnl.* Quitar, perder o reducir el color.

decomisar *tr.* DER. Retirar la autoridad competente una mercancía por estar prohibida o por comercio ilícito.

decomiso *m.* 1 DER. Acción de decomisar. 2 Mercancía que se decomisa.

decoración *f.* 1 Colocación de adornos en una cosa o lugar. 2 Técnica de disposición de muebles y objetos de adorno.

decorado *m.* Conjunto de telones, objetos y bambalinas que ambientan un espectáculo teatral o de cine.

decorador, -ra *m. y f.* Persona que se dedica a decorar espacios interiores.

decorar *tr.* 1 Poner adornos en una cosa o en un lugar. 2 Disponer los muebles y objetos de un lugar de determinada manera para embellecerlo y crear ambiente.

decorativo, -va *adj.* De la decoración.

decoro *m.* 1 Comportamiento respetuoso que merece una persona o una situación. 2 Respeto a la moral, especialmente en el aspecto sexual. 3 Calidad suficiente, pero no excesiva.

decoroso, -sa *adj.* Que tiene decoro.

decrecer *intr.* Reducirse la cantidad, el tamaño o la importancia.

decreciente *adj.* Que se reduce en cantidad, tamaño o importancia.

decrépito, -ta *adj./m. y f.* 1 [persona] Que tiene disminuidas sus facultades físicas y mentales a causa de la edad. ‖ *adj.* 2 [cosa] Que está en decadencia.

decrepitud *f.* Estado de la persona decrépita.

decretar *tr.* Decidir una autoridad.

decreto *m.* Determinación, resolución o decisión que toma una persona o un organismo con autoridad para ello.

decúbito *m.* Posición del cuerpo de una persona o animal cuando está tendido en el suelo, la cama o un lugar semejante.

décuplo, -pla *num.* [cantidad, número] Que es diez veces mayor que otro. Puede ser determinante.

decurso *m.* Paso del tiempo.

dedal *m.* Objeto de forma cilíndrica que se ajusta al extremo del dedo para protegerlo al coser.

dédalo *m.* 1 Laberinto. 2 Problema o situación difícil por presentar diferentes posibilidades o aspectos que confunden.

dedicación *f.* Acción y efecto de dedicar o dedicarse.

dedicar [1] *tr.* 1 Destinar una cosa para un fin determinado. 2 Ofrecer un libro o una obra a una persona, como muestra de afecto o agradecimiento. 3 Consagrar una persona o cosa a un dios o santo. ‖ *prnl.* 4 Entregarse a una actividad.

dedicatoria *f.* Escrito en una obra dirigido a la persona a la que se ofrece.

dedil *m.* Funda de goma, cuero u otro material que se pone en los dedos para protegerlos o para que no se manchen en ciertos trabajos.

dedillo Palabra que se utiliza en la locución *al dedillo,* que significa 'con todo detalle'.

dedo *m.* Parte prolongada en que terminan la mano y el pie de los vertebrados, excepto de los peces. ▸ **chuparse el dedo** *coloquial* No darse cuenta de lo que ocurre; ser un ingenuo. ▸ **cogerse o pillarse los dedos** *coloquial* Perjudicarse por falta de experiencia, cuidado o previsión.

dedocracia *f. coloquial* Forma arbitraria de elegir a las personas que han de ocupar cargos, con abuso de autoridad y sin seguir el procedimiento legal.

deducción *f.* 1 Razonamiento por medio del cual se sacan conclusiones a partir de una situación anterior o de un principio general. 2 FILOS. Método de razonamiento que consiste en ir de lo general a lo particular. 3 Parte que se resta a una cantidad.

deducible *adj.* Que se puede deducir.

deducir [46] *tr./prnl.* 1 Sacar una conclusión por medio de un razonamiento a partir de una situación anterior o de un principio general. 2 Restar una parte.

deductivo, -va *adj.* De la deducción.

defecación *f.* Expulsión de excrementos.

defecar [1] *intr.* Expulsar excrementos por el ano.

defección *f.* Separación o abandono de una o más personas de la causa o del grupo a los que pertenecen.

defectivo, -va *adj.* GRAM. [verbo] Que no se usa en todos los modos, tiempos o personas de la conjugación.

defecto *m.* Carencia de una cualidad propia de una persona, animal o cosa.

defectuoso, -sa *adj.* [objeto] Que carece de una cualidad propia.

defender [28] *tr.* 1 Guardar o proteger de un ataque, un peligro o un daño. 2 Interceder o hablar favorablemente de una persona o una cosa. 3 Apoyar una idea o una teoría. ‖ *prnl.* 4 Conseguir lo suficiente para vivir.

defendible *adj.* Que puede ser defendido.

defendido, -da *adj./m. y f.* [persona] Que es defendido en un juicio por un abogado.

defenestrar *tr./prnl.* 1 Separar o expulsar a una persona de su cargo, especialmente si es de forma inesperada. 2 Arrojar a una persona por una ventana.

defensa *f.* 1 Protección de un ataque, un peligro o un daño. 2 Edificio, arma o cosa que sirve para protegerse de un ataque, un peligro o un daño. 3 Abogado que defiende al acusado en un juicio. 4 Razón o motivo con el que se intercede por el acusado en un juicio. ‖ *com.* 5 Jugador que forma parte de la línea más retrasada de un equipo. ‖ *f.* 6 Conjunto de jugadores que forman la línea más retrasada de un equipo. ‖ *f. pl.* 7 Medios por los que un organismo se protege de enfermedades.

defensiva Palabra que se utiliza en la locución *a la defensiva,* que significa 'en actitud de desconfianza y recelo por temor a un ataque físico o moral'.

defensivo, -va *adj.* Que sirve para defender o defenderse.

defensor, -ra *adj./m. y f.* 1 Que defiende. ‖ *m. y f.* 2 Abogado que se encarga de la defensa de un acusado en un juicio.

deferencia *f.* 1 Conformidad con la opinión o el comportamiento de una persona por respeto hacia ella. 2 Muestra de respeto y cortesía.

deferente *adj.* Que demuestra deferencia.

deferir [35] *intr.* Adherirse al juicio de una persona por respeto o cortesía.

deficiencia *f.* Defecto o carencia.

deficiente *adj.* 1 Que tiene algún defecto o carencia. ‖ *adj./com.* 2 [persona] Que tiene una capacidad mental inferior a la normal.

déficit *m.* 1 Situación de la economía en la que los gastos superan a los ingresos. 2 Falta o escasez de lo necesario.

OBS El plural también es *déficit*.

deficitario, -ria *adj.* Que tiene o implica déficit.

definición *f.* Acción y efecto de definir.

definido, -da *adj.* 1 Que es claro y exacto; que tiene límites concretos. ‖ *m.* 2 Palabra objeto de definición.

definir *tr./prnl.* 1 Exponer de manera exacta y clara el significado de una palabra o de un concepto. 2 Explicar una persona de manera definitiva su actitud u opinión.

definitivo, -va *adj.* 1 Que no se puede mover o cambiar. 2 Que resuelve o decide. ▸ **en definitiva** En conclusión.

definitorio, -ria *adj.* Que define.

deflación *f.* ECON. Bajada generalizada de los precios acompañada de un aumento del valor del dinero.

deflagrar *intr.* Arder una sustancia rápidamente con llama y sin explosión.

defoliación *f.* Caída de las hojas de los árboles y las plantas por una enfermedad o por los fenómenos atmosféricos.

deforestación *f.* Acción y efecto de deforestar.

deforestar *tr.* Quitar o destruir los árboles y plantas de un terreno.

deformación *f.* Alteración de la forma natural de una cosa.

deformar *tr./prnl.* 1 Alterar la forma natural de una cosa. 2 Alterar la intención o el significado de una cosa que se dice.

deforme *adj.* Que presenta falta de proporción y regularidad en la forma.

deformidad *f.* Desproporción e irregularidad en el cuerpo humano o en un objeto.

defraudar *tr.* 1 Decepcionar o desilusionar. 2 Dejar de pagar o pagar menos, especialmente impuestos. 3 Robar mediante el abuso de confianza o incumpliendo las obligaciones propias.

defunción *f.* Muerte de una persona.

degeneración *f.* Paso de una cualidad o un estado a otro peor.

degenerado, -da *adj./m. y f.* [persona] Que tiene un comportamiento o unas ideas que se apartan de la moral.

degenerar *intr.* 1 Pasar de una cualidad o un estado a otro peor. 2 Perder las características positivas.

degenerativo, -va *adj.* Que causa o produce degeneración.

deglución *f.* Acción de deglutir.

deglutir *tr./prnl.* Hacer o dejar pasar una cosa desde la boca al estómago.

degolladero *m.* Lugar donde se degüella o corta el cuello a los animales.

degollar [31] *tr.* Cortar el cuello a una persona o animal.

degradación *f.* Acción y efecto de degradar.

degradante *adj.* Que degrada o humilla.

degradar *tr.* 1 Privar a una persona de sus cargos u honores. 2 Hacer perder una cualidad o un estado característicos. ‖ *tr./prnl.* 3 Humillar públicamente a una persona.

degüello *m.* Acción de cortar el cuello a una persona o un animal.

degustación *f.* Acción de degustar.

degustar *tr.* Probar un alimento o una bebida para examinar su sabor.

dehesa *f.* Campo, generalmente acotado, que se dedica al pasto de ganado.

deíctico, -ca *adj.* 1 De la deixis. ▌*m.* 2 Elemento gramatical que realiza una deixis.

deidad *f.* 1 Ser sobrenatural mitológico. 2 Cualidad de divino.

deificar [1] *tr.* Considerar a una persona o cosa como un dios y tratarla como tal.

deixis o **deíxis** *f.* GRAM. Función que desempeñan ciertos elementos lingüísticos que señalan, como *este* y *esa*; que indican una persona, como *tú* o *ellos*; un lugar, como *aquí* o *abajo*; o un tiempo, como *ya* o *entonces*; también puede referirse a otros elementos del discurso o presentes solo en la memoria.

OBS El plural también es *deixis* o *deíxis*.

dejadez *f.* Descuido y falta de preocupación por las propias obligaciones.

dejado, -da *adj./m. y f.* [persona] Que no cuida su aspecto físico ni sus asuntos.

dejar *tr.* 1 Permitir que se haga una cosa o el modo de hacerla. 2 Abandonar un lugar, a una persona o una actividad. 3 Dar, regalar o pagar. 4 Prestar una cosa durante un tiempo. 5 Poner o colocar. 6 Hacer pasar a un estado o situación. Se usa seguido de un adjetivo o participio. 7 Encargar o encomendar. ▌*prnl.* 8 Abandonar el cuidado personal y profesional. ▶ **dejar caer** Decir algo de forma rápida, pero con intención, en una conversación. ▶ **dejar de** + infinitivo. Indica la interrupción de una acción. ▶ **dejarse caer** Presentarse o aparecer en un lugar sin avisar.

deje *m.* 1 Pronunciación particular con que se distingue el modo de hablar de una persona por el lugar de donde procede o su estado de ánimo. 2 Gusto o sabor que queda de lo que se ha comido o bebido.

dejo *m.* Deje.

del Contracción de la preposición *de* y el artículo *el*.

OBS Esta contracción no se produce cuando el artículo forma parte de un nombre propio.

delación *f.* Acusación o denuncia de un hecho por parte de una persona que no tiene una relación directa con él.

delantal *m.* Prenda de vestir que se ata a la cintura y cubre la parte delantera del cuerpo para no mancharse al hacer ciertas labores.

delante *adv.* En la parte anterior o en un lugar detrás del cual está una persona o cosa. Se combina con diversas preposiciones: *por delante, hacia delante*.

delantera *f.* 1 Parte anterior de algo. 2 Conjunto de jugadores que forman la lí-

nea más adelantada de un equipo. 3 *coloquial* Pecho de la mujer.

delantero, -ra *adj.* 1 Que está o va delante; anterior. ▌*m. y f.* 2 Jugador que forma parte de la línea más adelantada de un equipo. ▌*m.* 3 Pieza que forma la parte de delante de una prenda de vestir.

delatar *tr.* 1 Dar noticia o aviso a una autoridad de un hecho censurable o de su autor, sin tener una relación directa con ellos. 2 Poner de manifiesto algo que está oculto y que por lo general es reprobable. ▌*prnl.* 3 Dar a conocer una intención involuntariamente.

delator, -ra *m. y f.* Persona que delata.

delco *m.* Aparato de los motores de explosión que sirve para hacer llegar la electricidad a las bujías.

delectación *f.* Placer de los sentidos.

delegación *f.* 1 Acción de delegar. 2 Oficina del delegado. 3 Cargo de delegado.

delegado, -da *adj./m. y f.* [persona] Que recibe poder para obrar en nombre de otra u otras personas.

delegar [7] *tr.* Ceder una persona u organismo un poder, una función o una responsabilidad a otra persona para que lo ejerza en su lugar.

deleitar *tr./prnl.* Causar placer al espíritu o los sentidos.

deleite *m.* Placer para el espíritu o para los sentidos.

deleitoso, -sa *adj.* Que causa deleite.

deletrear *intr./tr.* Pronunciar separadamente las letras o las sílabas de una palabra.

deletreo *m.* Pronunciación por separado de las letras o las sílabas de una palabra.

deleznable *adj.* 1 Que merece ser despreciado; que no merece consideración. 2 Que se rompe o deshace fácilmente.

delfín *m.* 1 Mamífero marino de cabeza grande y el hocico en forma de pico; es de color gris. 2 Sucesor de una persona importante.

delfinario *m.* Edificio destinado a mostrar al público delfines vivos.

delgadez *f.* Escasez de carne o de grasas.

delgado, -da *adj.* 1 [persona, animal] Que tiene poca grasa o poca carne. 2 Que es poco ancho o poco grueso.

deliberación *f.* Acción y efecto de deliberar.

deliberado, -da *adj.* [acto] Que se hace de forma voluntaria e intencionada.

deliberante *adj.* [corporación, junta] Que toma acuerdos por mayoría de votos que repercuten en la colectividad.

deliberar *intr.* Reflexionar antes de tomar una decisión, considerando detenidamente los pros y los contras o los motivos por los que se toma.

deliberativo, -va *adj.* De la deliberación.

delicadeza *f.* 1 Suavidad, finura o debilidad para estropearse o romperse. 2 Sensibilidad ante hechos que pueden causar impresión. 3 Amabilidad, atención o cortesía en el trato. 4 Habilidad para tratar un asunto determinado. 5 Acción elegante u obsequio exquisito.

delicado, -da *adj.* 1 Que es suave, fino o débil. 2 Que puede estropearse o romperse con facilidad. 3 Que es muy dado a contraer enfermedades. 4 Que es elegante o exquisito. 5 Que es amable, atento y cortés. 6 [persona] Que es muy sensible a las críticas. 7 [asunto, situación] Que exige mucho cuidado o habilidad.

delicia *f.* 1 Placer del espíritu o los sentidos. 2 Persona o cosa que causa ese placer. 3 Comida que se hace con pescado cocido y desmenuzado que se reboza y se fríe.

delicioso, -sa *adj.* Que causa o puede causar placer de los sentidos o el espíritu.

delictivo, -va *adj.* Que implica delito.

delicuescente *adj.* [cuerpo] Que tiene la propiedad de absorber la humedad.

delimitar *tr.* Determinar y marcar con claridad los límites de un terreno o de otra cosa.

delincuencia *f.* Conjunto de acciones que van en contra de la ley.

delincuente *adj./com.* [persona] Que comete acciones que van contra la ley.

delineación *f.* Trazado de las líneas de una figura, especialmente de un plano.

delineante *com.* Persona que se dedica al trazado de planos.

delinear *tr.* Trazar las líneas de una figura, especialmente de un plano.

delinquir [9] *intr.* Cometer una acción que va contra la ley.

delirar *intr.* 1 Tener visiones o sensaciones irreales, producto de un trastorno o una enfermedad. 2 Decir o creer cosas imposibles e insensatas.

delirio *m.* 1 Estado de alteración mental en el que se producen excitación y alucinaciones. 2 Dicho o hecho contrario al sentido común, a la razón o a la conveniencia. ▶ **con delirio** De modo excesivo.

delito *m.* 1 Culpa, crimen o quebrantamiento de la ley. 2 Acción castigada por la ley con pena grave.

delta *f.* 1 Cuarta letra del alfabeto griego, equivalente a la *d* del español. ‖ *m.* 2 Terreno que queda entre los brazos de un río en su desembocadura y que está formado por los materiales que este arrastra.

deltoides *adj./m.* Músculo triangular situado en el hombro.

OBS El plural también es *deltoides.*

demacrar *tr./prnl.* Hacer que una persona se quede muy delgada y pálida.

demagogia *f.* Empleo de los medios necesarios, como halagos fáciles o promesas infundadas, para convencer a la gente de la conveniencia de aceptar unas ideas, especialmente un programa político.

demagógico, -ca *adj.* De la demagogia.

demagogo, -ga *m. y f.* Persona que emplea la demagogia.

demanda *f.* 1 Acción de demandar. 2 Pregunta que se hace a una persona. 3 Cantidad de mercancías o servicios que los consumidores piden y están dispuestos a comprar. 4 DER. Documento por el que se emprende una acción judicial contra una persona o una entidad para reclamarle algo.

demandar *tr.* 1 Pedir o solicitar algo, especialmente si se hace como súplica o se considera un derecho. 2 DER. Emprender una acción judicial contra una persona o una entidad para reclamarle algo.

demarcación *f.* 1 Determinación y señalización de los límites de un terreno. 2 Terreno comprendido entre estos límites. 3 División administrativa.

demarcar [1] *tr.* Determinar y marcar con claridad los límites de un terreno.

demarrar *intr.* Acelerar un corredor bruscamente en una carrera para dejar atrás a sus contrincantes.

demás *det./pron. indef.* Designa a los elementos de una misma clase que no han sido mencionados o a la parte no mencionada de un todo.

demasía *f.* Palabra que se utiliza en la locución *en demasía*, que significa 'más de lo justo o necesario' o 'de manera excesiva'.

demasiado, -da *det./pron. indef.* 1 Que supera lo justo o lo necesario. ‖ *adv.* 2 Superando lo justo o lo necesario.

demencia *f.* 1 Debilitamiento mental, generalmente grave y progresivo por la edad o por una enfermedad. 2 *coloquial* Obra o dicho disparatado.

demencial *adj.* Que es absurdo, incomprensible o confuso.

demente *adj./com.* Que tiene trastornadas las facultades mentales.

demérito *m.* Falta de mérito o de valor.

demiurgo *m.* En la doctrina filosófica de los platónicos y alejandrinos, Dios creador que es principio del mundo.

demo-, dem- Elemento prefijal que forma palabras con el significado de 'pueblo'.

democracia *f.* **1** Sistema político en el que el pueblo elige libremente a quienes lo gobiernan. **2** Doctrina o idea que defiende la participación del pueblo en los asuntos importantes de gobierno. **3** País que se gobierna de esa manera.

demócrata *adj./com.* [persona] Que es partidario de la democracia.

democrático, -ca *adj.* De la democracia.

democratización *f.* Acción y efecto de democratizar.

democratizar [4] *tr./prnl.* **1** Convertir en democrática una cosa o institución. **2** Hacer una cosa accesible a un gran número de personas.

demografía *f.* Disciplina que estudia estadísticamente la población.

demográfico, -ca *adj.* De la demografía.

demoledor, -ra *adj.* Que destruye o derriba una cosa material o inmaterial.

demoler [32] *tr.* **1** Destruir o derribar un edificio o una construcción. **2** Destruir o arruinar una cosa abstracta o figurada.

demolición *f.* Destrucción o derribo de una construcción.

demoníaco, -ca o **demoniaco, -ca** *adj.* Del demonio.

demonio *m.* **1** Ser sobrenatural o espíritu que representa las fuerzas del mal. **2** Persona muy inquieta y revoltosa.

demontre *m.* Eufemismo por 'diablo'.

demora *f.* Acción y efecto de demorar o demorarse.

demorar *tr./prnl.* **1** Retrasar un proceso o una actividad. ▌ *intr./prnl.* **2** Retrasarse por haberse detenido o entretenido durante un tiempo.

demostración *f.* Acción y efecto de demostrar.

demostrar [31] *tr.* **1** Probar que algo es verdadero. **2** Dar a conocer abiertamente una cosa sin dejar lugar a dudas. **3** Enseñar de forma práctica.

demostrativo, -va *adj.* **1** Que prueba o sirve para probar que algo es verdad. ▌ *adj./m.* **2** GRAM. [determinante, pronombre] Que señala personas, animales o cosas según la distancia a la que se encuentran del hablante.

demudar *tr.* **1** Cambiar. ▌ *prnl.* **2** Cambiarse repentinamente el color o la expresión de la cara por una impresión.

denario *m.* **1** Moneda romana de plata equivalente a diez ases o cuatro sestercios. **2** Moneda romana de oro que valía cien sestercios.

dendrita *f.* Prolongación ramificada del citoplasma de una célula nerviosa.

denegación *f.* Respuesta negativa a una petición o solicitud.

denegar [48] *tr.* Responder negativamente a una petición o solicitud.

dengue *m.* AMÉR Movimiento afectado de hombros y caderas al andar.

denigrante *adj.* Que denigra.

denigrar *tr.* **1** Insultar y ofender a una persona de palabra. **2** Atacar el buen nombre y la fama de una persona.

denodado, -da *adj.* Que muestra valor, energía o decisión.

denominación *f.* Nombre con el que se distinguen las personas y las cosas.

denominador, -ra *adj./m. y f.* **1** Que da o pone nombres concretos. ▌ *m.* **2** Número que indica las partes iguales en que se considera dividido un todo en una fracción.

denominar *tr./prnl.* Dar un nombre concreto a una persona o una cosa que las identifique.

denostar [31] *tr.* Insultar y ofender a una persona de palabra.

denotación *f.* Acción y efecto de denotar.

denotar *tr.* **1** Indicar o significar mediante un signo. **2** GRAM. Tener una palabra o una expresión un significado propio sin matizaciones subjetivas.

densidad *f.* **1** Acumulación de gran cantidad de elementos o individuos en un espacio determinado. **2** FÍS. Relación entre la masa de un cuerpo y su volumen.

denso, -sa *adj.* **1** [sustancia] Que tiene mucha materia en poco espacio. **2** Que está formado por muchos elementos muy juntos. **3** Que es difícil de entender por tener mucho contenido.

dentado, -da *adj.* Que tiene dientes o puntas parecidas a dientes.

dentadura *f.* Conjunto de dientes, colmillos y muelas de una persona o animal.

dental *adj.* **1** De los dientes. ▌ *adj./m. y f.* **2** GRAM. [sonido] Que se pronuncia apoyando la punta de la lengua en los dientes.

dentario, -ria *adj.* De los dientes.

dente Palabra italiana que se utiliza en la locución *al dente*, que, aplicada a la pasta alimenticia, significa 'cocida de manera que no quede demasiado blanda'.

dentellada *f.* Mordedura o herida hecha clavando los dientes.

dentellar *intr.* Golpear unos dientes contra otros de forma muy seguida.

dentera *f.* Sensación desagradable que se produce en los dientes al comer sustancias agrias, oír sonidos chirriantes o tocar ciertos cuerpos.

dentición *f.* **1** Salida y desarrollo de los dientes. **2** Tiempo que dura la salida y desarrollo de los dientes. **3** ZOOL. Tipo y número de dientes que caracteriza a un mamífero, según su especie.

dentífrico, -ca *adj./m.* Que sirve para limpiar los dientes.

dentista *com.* Médico especializado en el estudio y tratamiento de las enfermedades de los dientes.

dentro *adv.* En la parte interior, hacia la parte interior.

dentudo, -da *adj./m. y f.* Que tiene dientes muy grandes.

denuedo *m.* Valor, energía o decisión con que se ejecuta una acción.

denuesto *m.* Insulto y ofensa grave de palabra.

denuncia *f.* **1** Noticia que se da a una autoridad sobre un delito. **2** Declaración pública de algo que se considera ilegal o injusto.

denunciar [12] *tr.* **1** Dar noticia a una autoridad de un delito. **2** Declarar públicamente que algo se considera ilegal o injusto. **3** Comunicar una de las partes a la otra que un contrato queda sin efecto.

deontología *f.* Tratado de los deberes y principios éticos, especialmente los que afectan a cada profesión.

deparar *tr.* Proporcionar o conceder.

departamento *m.* **1** Parte en que se divide o estructura un espacio. **2** Parte de una administración, un ministerio o una institución. Suele escribirse con letra mayúscula. **3** Parte de una facultad universitaria que se dedica a la enseñanza y el estudio de materias afines. Suele escribirse con mayúscula. **4** AMÉR. Apartamento (vivienda).

departir *intr.* Conversar por pasatiempo o sobre temas poco importantes.

depauperación *f.* Acción y efecto de depauperar o depauperarse.

depauperar *tr./prnl.* **1** Hacer pobre o más pobre. **2** MED. Disminuir o perder el organismo fuerza y energía.

dependencia *f.* **1** Hecho de depender una persona o una cosa de otra. **2** Oficina, habitación o espacio dedicado a un uso determinado. **3** Situación de la persona que depende de otras para desenvolverse en muchas actividades cotidianas, a causa de un problema físico o mental, o por circunstancias sociales adversas.

depender *intr.* **1** Estar bajo el mando o la autoridad de una persona o una institución. **2** Estar condicionada una cosa a otra. **3** Necesitar a una persona o una cosa para vivir.

dependiente *adj.* **1** Que depende de una persona o cosa. *adj./com.* **2** [persona] Que se encuentra en una situación de dependencia. *m. y f.* Vendedor de una tienda. Con este sentido, el femenino es *dependienta*.

depilación *f.* Acción de depilar.

depilar *tr./prnl.* Eliminar el vello de una parte del cuerpo.

depilatorio, -ria *adj./m.* Que sirve para eliminar el vello de una parte del cuerpo.

deplorable *adj.* Que produce pena o disgusto.

deplorar *tr.* Sentir pena o disgusto.

deponer [78] *tr.* **1** Dejar, abandonar o apartar. **2** Expulsar a una persona de su cargo o empleo. **3** DER. Exponer ante el juez lo que se sabe sobre un asunto. *intr.* **4** Expulsar excrementos por el ano.

deportación *f.* Acción y efecto de deportar.

deportar *tr.* Desterrar a una persona a un lugar alejado por razones políticas o como castigo.

deporte *m.* **1** Ejercicio físico que se hace por pasatiempo o diversión. **2** Actividad física sujeta a unas normas en que se pone a prueba la habilidad o la fuerza física.

deportista *adj./com.* [persona] Que hace deporte.

deportividad *f.* Comportamiento adecuado a las normas de un deporte.

deportivo, -va *adj.* **1** Del deporte. **2** Que se ajusta a las normas de corrección y juego limpio que deben guardarse en la práctica de un deporte. *adj./m.* **3** Automóvil pequeño y muy rápido, generalmente con dos puertas y dos plazas.

deposición *f.* **1** Expulsión de excrementos por el ano. **2** Excremento que se expulsa por el ano. **3** Expulsión de un cargo. **4** Exposición ante un juez u otra autoridad de lo que se sabe sobre un asunto.

depositar *tr.* **1** Poner bienes o cosas de

valor bajo la custodia de alguien. **2** Colocar una cosa en un lugar determinado. **3** Conceder o confiar, especialmente un sentimiento. ∥ *prnl.* **4** Caer en el fondo de un líquido una materia sólida que estaba en suspensión en él.

depositario, -ria *m. y f.* **1** Persona o institución que cuida de los bienes o cosas de valor que se ponen bajo su custodia. **2** Persona a quien se concede o confía un sentimiento.

depósito *m.* **1** Recipiente grande que sirve para contener líquidos o gases. **2** Lugar destinado a contener cosas para guardarlas o conservarlas. **3** Conjunto de bienes o cosas de valor que se ponen bajo la custodia de una persona o institución. **4** Cantidad de dinero que se entrega como garantía cuando comienza un servicio y se recupera al finalizar este. **5** Sedimento que se deposita en el fondo después de haber estado en suspensión en un líquido.

depravación *f.* Acción y efecto de depravarse.

depravado, -da *adj.* [persona] Que tiene un comportamiento vicioso.

depravar *tr./prnl.* Corromper a una persona, hacerle adquirir vicios y costumbres perjudiciales.

depre *f.* **1** *coloquial* Forma abreviada de *depresión*, estado psíquico. ∥ *adj./com.* **2** *coloquial* Forma abreviada de *deprimido*.

deprecación *f.* Petición o súplica.

depreciación *f.* Disminución del valor o precio de una moneda o de otra cosa.

depreciar [12] *tr./prnl.* Disminuir el valor o el precio de una moneda o de otra cosa.

depredador, -ra *adj./m. y f.* [animal] Que caza animales de otra especie para alimentarse.

depredar *tr.* **1** Cazar un animal a otro de distinta especie para alimentarse. **2** Robar con violencia y causando destrozos.

depresión *f.* **1** Estado psíquico, que puede llegar a ser enfermedad psicológica, que se caracteriza por una gran tristeza sin motivo aparente, decaimiento anímico y pérdida de interés por todo. **2** Hundimiento de un terreno o una superficie. **3** Período de baja actividad económica.

depresivo, -va *adj.* **1** Que produce tristeza. **2** Que tiene tendencia a deprimirse.

deprimido, -da *adj.* Que padece decaimiento del ánimo y del interés.

deprimir *tr.* **1** Reducir el volumen de un cuerpo por medio de la presión. ∥ *tr./prnl.* **2** Producir decaimiento del ánimo.

deprisa *adv.* Con rapidez y velocidad.

depuesto, -ta *part.* Participio pasado irregular del verbo *deponer*. También se usa como adjetivo.

depuración *f.* Acción y efecto de depurar de la suciedad o impurezas.

depuradora *f.* Aparato o instalación que sirve para eliminar la suciedad, especialmente la de las aguas.

depurar *tr.* **1** Limpiar de suciedad o impurezas una sustancia. **2** Perfeccionar el lenguaje o el estilo. **3** Expulsar de un cuerpo u organización a los miembros que no siguen la doctrina, creencia o conducta de los demás miembros.

dequeísmo *m.* Uso incorrecto de la preposición *de* y la conjunción *que*.

derbi *m.* **1** Encuentro deportivo, generalmente de fútbol, de rivalidad local o regional. **2** Competición hípica importante.

derby *m.* Derbi.

derecha *f.* **1** Mano o pierna situada en el lado opuesto al que corresponde al corazón en el ser humano. **2** Dirección o situación de una cosa que se halla en el lado contrario al que corresponde al corazón en el ser humano. **3** Conjunto de personas que defienden una ideología conservadora.

derechazo *m.* Golpe que se da con la mano o con el puño derechos.

derechismo *m.* Tendencia política que defiende una ideología conservadora.

derechista *adj.* **1** Del derechismo. ∥ *adj./com.* **2** Que es partidario del derechismo.

derecho, -cha *adj./f.* **1** [parte de una cosa] Que está situado, en relación con la posición de una persona, en el lado opuesto al que ocupa el corazón en el ser humano. **2** [parte del cuerpo] Que está situado en el lado opuesto al que ocupa el corazón en el ser humano. **3** [lugar] Que está situado, en relación con la posición de una persona, en el lado opuesto al que ocupa el corazón en el ser humano. ∥ *adj.* **4** Que es recto y no se tuerce a un lado ni al otro. ∥ *m.* **5** Facultad de los hombres de poder tener o exigir lo que la ley permite o establece. **6** Conjunto de leyes y reglas que regulan la vida en sociedad y que los hombres deben obedecer. **7** Ciencia que estudia las leyes y su aplicación. **8** Lado principal de una tela, un papel u otras cosas y que por ello está mejor trabajado. ∥ *m. pl.* **9** Cantidad de dinero que se cobra por un hecho determinado.

deriva *f.* Desvío del rumbo de una nave a causa del viento, el mar o la corriente.

derivación *f.* Procedimiento para formar palabras nuevas mediante la adición, supresión o cambio de un afijo en una palabra ya existente.

derivada *f.* MAT. En una función matemática, límite hacia el cual tiende la razón entre el incremento de la función y el correspondiente a la variable cuando este último tiende a cero.

derivado, -da *adj./m.* 1 [palabra] Que se ha formado a partir de otra mediante la adición, supresión o cambio de un afijo. 2 [producto químico] Que se obtiene de otro.

derivar *intr./prnl.* 1 Descender o proceder de una cosa. ‖ *tr./intr.* 2 Formar una palabra a partir de otra a la que se añade, suprime o intercala un afijo. 3 Dirigir o conducir una cosa hacia otro lado. 4 MAR. Apartarse una embarcación de la dirección señalada.

dermatitis *f.* Enfermedad de la piel en la que se produce inflamación.

OBS El plural también es *dermatitis*.

dermato-, dermat-, dermo- Elemento prefijal que significa 'piel'.

dermatología *f.* Parte de la medicina especializada en el estudio y tratamiento de las enfermedades de la piel.

dermatólogo, -ga *m. y f.* Médico especializado en dermatología.

dérmico, -ca *adj.* De la dermis.

dermis *f.* Capa más gruesa de la piel de los vertebrados que se encuentra debajo de la epidermis.

OBS El plural también es *dermis*.

dermoprotector, -ra *adj.* Que protege la piel y mantiene su equilibrio natural.

-dero, -dera 1 Sufijo que forma adjetivos con el significado de 'posibilidad'. 2 Sufijo que forma sustantivos con el significado de: *a*) 'Lugar', generalmente con la forma masculina. *b*) 'Instrumento', generalmente con la forma femenina. La forma femenina plural denota a veces 'capacidad'.

derogación *f.* Acción de derogar.

derogar [7] *tr.* Anular una ley con la aprobación de una nueva.

derrama *f.* Distribución de un gasto entre varias personas que deben pagarlo.

derramamiento *m.* Acción y efecto de derramar o derramarse.

derramar *tr./prnl.* Verter de manera involuntaria el contenido de un recipiente.

derrame *m.* 1 Salida de un líquido o una cosa formada por partículas del recipiente que lo contiene. 2 MED. Acumulación o expulsión anormal de un líquido orgánico.

derrapaje *m.* Deslizamiento de un vehículo desviándose lateralmente.

derrapar *intr.* Deslizarse un vehículo desviándose de una dirección determinada.

derrape *m.* Derrapaje.

derredor *m.* Espacio que rodea una cosa.

derrengado, -da *adj.* Que está muy cansado.

derretir [34] *tr./prnl.* 1 Convertir una sustancia sólida en líquida por la acción del calor. 2 Gastar los bienes o el dinero con gran rapidez. ‖ *prnl.* 3 *coloquial* Sentirse muy enamorado.

derribar *tr.* 1 Hacer caer al suelo un edificio o una construcción. 2 Hacer dar en el suelo a una persona o cosa. 3 Hacer perder el poder, un cargo o una posición.

derribo *m.* Acción y efecto de derribar.

derrocamiento *m.* Acción y efecto de derrocar.

derrocar [49] *tr.* Hacer caer a una persona de su cargo. 2 Hacer caer un sistema de gobierno por medios violentos.

derrochador, -ra *adj./m. y f.* [persona] Que derrocha excesivamente el dinero.

derrochar *tr.* 1 Gastar sin necesidad. 2 *coloquial* Emplear en gran cantidad una cosa buena o positiva.

derroche *m.* Acción de derrochar.

derrota *f.* 1 Acción y efecto de vencer o ser vencido. 2 Camino estrecho de tierra. 3 MAR. Dirección que sigue una embarcación.

derrotar *tr.* 1 Vencer a un ejército o en una competición. ‖ *intr.* 2 Dar el toro cornadas levantando la cabeza y cambiando bruscamente de dirección. ‖ *prnl.* 3 Perder la fuerza moral o el ánimo.

derrote *m.* Cornada que da el toro levantando la cabeza.

derrotero *m.* 1 Camino o medio que se sigue para llegar o alcanzar un fin determinado. 2 MAR. Línea dibujada en un mapa para señalar la dirección que debe seguir una embarcación. 3 MAR. Dirección que sigue una embarcación.

derrotismo *m.* Actitud de la persona derrotista.

derrotista *adj./com.* Que tiene tendencia a considerar las cosas en su aspecto más negativo, sin esperanza de conseguir algo.

derrubiar [12] *tr./prnl.* Erosionar lentamente una corriente de agua la tierra de las riberas o tapias.

derruir [62] *tr.* Hacer caer al suelo un edificio o una construcción.

derrumbamiento *m.* Acción y efecto de derrumbar o derrumbarse.

derrumbar *tr./prnl.* 1 Hacer que caiga una construcción o parte de una montaña, especialmente cuando es por una explosión. ‖ *prnl.* 2 Perder una persona la fuerza o el ánimo.

derrumbe *m.* Destrucción o caída de una construcción.

derviche *m.* Monje de una secta musulmana que se considera intermediario entre el cielo y la tierra.

des- Prefijo que entra en la formación de palabras con el sentido de: *a)* 'Negación' o 'inversión del significado del vocablo al que se une'. *b)* 'Exceso'. *c)* 'Fuera de'.

desabastecer [43] *tr.* No dar o llevar una cosa que es necesaria.

desaborido, -da *adj.* 1 [alimento] Que no tiene sabor o gusto. 2 Que no tiene interés o gracia. ‖ *adj./m. y f.* 3 Que se muestra indiferente y poco amable ante cualquier suceso o hecho.

desabrido, -da *adj.* 1 [alimento] Que no tiene sabor o tiene mal sabor. 2 [tiempo atmosférico] Que resulta desagradable por la lluvia o por el frío. 3 Que es desagradable en el trato.

desabrigar *tr./prnl.* Quitar toda o parte de la ropa de abrigo.

desabrochar *tr./prnl.* Quitar o soltar los botones de una prenda de vestir.

desacato *m.* 1 Falta de respeto a una autoridad. 2 Delito que se comete por mentir, jurar en falso o perder el respeto a una autoridad.

desacierto *m.* Obra o dicho que hacen que el resultado de una cosa no sea bueno.

desaconsejar *tr.* Recomendar a una persona que no haga una cosa o que la evite.

desacorde *adj.* 1 [opinión] Que es diferente u opuesta a la de otra persona. 2 [sonido] Que no está en armonía con otro.

desacreditar *tr.* Disminuir o quitar el buen nombre, el valor o la consideración.

desactivar *tr.* 1 Detener o acabar con un proceso o acción. 2 Hacer que deje de funcionar una cosa.

desacuerdo *m.* Hecho de pensar cosas diferentes u opuestas dos personas.

desafiar [13] *tr./prnl.* 1 Provocar a una persona para enfrentarse a ella. ‖ *tr.* 2 Oponerse o enfrentarse a lo que dice u ordena una persona. 3 Enfrentarse con valor a una situación difícil o peligrosa.

desafinado, -da *adj.* [instrumento] Que suena mal por no tener el tono adecuado.

desafinar *intr.* 1 Apartarse del tono adecuado al cantar. ‖ *tr./prnl.* 2 Perder un instrumento musical el tono correcto.

desafío *m.* Acción y efecto de desafiar.

desaforado, -da *adj.* 1 Que no tiene en cuenta la ley o la justicia. 2 Que tiene un tamaño o una intensidad muy grande.

desaforarse [31] *prnl.* Perder una persona el control sobre sí misma.

desafortunado, -da *adj.* 1 Que tiene consecuencias negativas. 2 Que no es adecuado. ‖ *adj./m. y f.* 3 [persona] Que tiene mala suerte.

desafuero *m.* Acto contra la ley o la razón.

desagradable *adj.* Que desagrada.

desagradar *tr.* Molestar o causar disgusto cierta cosa a una persona.

desagradecido, -da *adj./m. y f.* [persona] Que no reconoce el valor de lo que se hace en su favor o beneficio.

desagrado *m.* Disgusto o contrariedad que siente una persona por algo.

desagraviar [12] *tr.* Compensar a una persona por un daño que ha recibido.

desagravio *m.* Compensación que recibe una persona por un daño físico o moral.

desaguar [22] *tr.* 1 Sacar el agua de un lugar. ‖ *intr.* 2 Entrar una corriente de agua en otra o en el mar. 3 *coloquial* Expulsar la orina.

desagüe *m.* Sistema de tubos o canales que sirve para conducir el agua y evitar que se estanque.

desaguisado *m.* 1 Acción que va contra la ley, el orden o la razón. 2 Destrozo.

desahogado, -da *adj.* 1 [lugar] Que tiene bastante espacio sin ocupar. 2 Que vive con desahogo o comodidad. 3 Que no tiene o muestra vergüenza.

desahogar [7] *tr./prnl.* 1 Mostrar abiertamente un deseo, una opinión o una preocupación, especialmente cuando no decirlo provoca angustia. ‖ *tr.* 2 Hacer que desaparezca una preocupación, especialmente económica.

desahogo *m.* 1 Comodidad o falta de preocupaciones, especialmente en cuanto al dinero. 2 Muestra de un deseo, opinión o preocupación que causa angustia.

desahuciar [12] *tr.* **1** Echar legalmente de un lugar a la persona que lo ocupa. **2** Considerar el médico que un enfermo no tiene ninguna posibilidad de curación.

desahucio *m.* Acción y efecto de desahuciar.

desairar *tr.* Humillar a una persona no prestando atención a lo que dice o hace.

desaire *m.* Efecto de desairar.

desalar *tr.* **1** Quitar toda o parte de la sal que tiene un alimento. **2** Quitar las alas a un ave o a un insecto.

desalentar [27] *tr./prnl.* Quitar el ánimo o la energía a una persona.

desaliento *m.* Pérdida del ánimo o de la energía para continuar haciendo algo.

desalinear *tr./prnl.* Cambiar la posición de las personas o cosas de un conjunto que están en línea recta.

desaliñado, -da *adj.* Que no cuida la forma de vestir ni el aseo personal.

desaliño *m.* Falta de cuidado en la forma de vestir y en el aseo personal.

desalmado, -da *adj./m. y f.* [persona] Que comete acciones crueles sin mostrar ningún tipo de compasión.

desalojar *tr.* **1** Sacar o hacer salir a alguien de un lugar, generalmente utilizando la fuerza. **2** Dejar vacío un lugar. **3** Desplazar una cosa de un lugar a otro.

desalojo *m.* Hecho de sacar algo o de salir personas de un lugar.

desamor *m.* Sentimiento de desagrado y rechazo hacia una persona o cosa.

desamortización *f.* Acción y efecto de desamortizar.

desamortizar [4] *tr.* Hacer posible mediante acciones legales que bienes que pertenecían a la Iglesia, la nobleza o a una colectividad puedan ser vendidos.

desamparar *tr.* Abandonar o dejar sin ayuda o protección a una persona.

desamparo *m.* Situación de la persona que no recibe ayuda o protección y que la necesita.

desamueblar *tr.* Quitar los muebles de una casa o de una parte de ella.

desandar [64] *tr.* Recorrer en dirección opuesta un camino ya andado.

desangelado, -da *adj.* **1** [persona] Que está solo y sin protección. **2** [lugar] Que es solitario, triste o poco acogedor.

desangrar *tr.* **1** Sacar mucha sangre a una persona o animal. **2** Hacer perder bienes o dinero, gastándolos poco a poco. ‖ *prnl.* **3** Perder mucha sangre.

desanimar *tr./prnl.* Quitar el ánimo o la energía a una persona de modo que no tiene ganas de continuar haciendo algo.

desánimo *m.* Falta de ánimo o de energía para hacer algo.

desapacible *adj.* **1** Que no es agradable por el viento o la lluvia. **2** Que es irritable y poco amable.

desaparecer [43] *intr.* **1** Dejar de percibirse una cosa. **2** Dejar de estar presente en un lugar una persona, animal o cosa. **3** Terminar o dejar de producirse un fenómeno, especialmente una enfermedad.

desaparejar *tr.* Quitar las correas y aparejos a un animal de carga o de trabajo.

desaparición *f.* Acción y efecto de desaparecer.

desapego *m.* Falta de afecto o de interés por una persona o cosa.

desaprensión *f.* Falta de justicia en determinados actos, generalmente por desprecio a los derechos de los demás.

desaprensivo, -va *adj./m. y f.* [persona] Que actúa con desaprensión.

desaprobar [31] *tr.* Considerar que alguien actúa mal o que algo está mal.

desaprovechar *tr.* Usar mal o no sacar todo el rendimiento posible de algo.

desarbolar *tr.* Quitar o derribar la arboladura o palos de una embarcación de vela.

desarmado, -da *adj.* **1** Que no lleva armas. **2** Que no tiene razones para demostrar una cosa o para actuar.

desarmar *tr./prnl.* **1** Quitar las armas. ‖ *tr.* **2** Separar las piezas que forman un objeto. **3** Confundir a una persona hasta dejarla sin posibilidad de reacción.

desarme *m.* Retirada de las armas de una zona o de un tipo de armas.

desarraigar [7] *tr./prnl.* **1** Arrancar de raíz un árbol o una planta. **2** Eliminar una pasión, un vicio o una costumbre. **3** Expulsar o apartarse una persona del lugar donde vive o de su familia.

desarrapado, -da *adj./m. y f.* Que lleva la ropa sucia y rota o se viste con harapos.

desarreglado, -da *adj.* **1** [cosa] Que no tiene orden. ‖ *adj./m. y f.* **2** [persona] Que no tiene sus cosas en orden ni pone cuidado en ellas, o que actúa sin reglas ni horario fijo.

desarreglar *tr.* Quitar o perder una cosa su orden o la disposición que tiene entre otros elementos.

desarreglo *m.* Falta o alteración de una regla o del orden de las cosas.

desarrollado, -da *adj.* Que ha crecido, aumentado o progresado.

desarrollar *tr./prnl.* **1** Hacer crecer, aumentar o progresar. ‖ *tr.* **2** Realizar una idea o un proyecto. **3** Explicar con detalle un tema. **4** Realizar todas las operaciones que hay que seguir en un cálculo matemático. ‖ *prnl.* **5** Ocurrir un acontecimiento.

desarrollo *m.* Acción y efecto de desarrollar o desarrollarse.

desarropar *tr./prnl.* Quitar o apartar la ropa que cubre a una persona.

desarrugar [7] *tr.* Quitar las arrugas.

desarticulación *f.* Acción y efecto de desarticular.

desarticular *tr./prnl.* **1** Hacer salir un miembro de su articulación o una pieza de su lugar. ‖ *tr.* **2** Deshacer un proyecto o una organización ilegal.

desasir [65] *tr./prnl.* **1** Soltar o desprender lo que está sujeto. ‖ *prnl.* **2** Desprenderse de una cosa o renunciar a ella.

desasistir *tr.* Abandonar o dejar sin ayuda o amparo a una persona que lo necesita.

desasosegar [48] *tr./prnl.* Perder o hacer perder la tranquilidad o el sosiego.

desasosiego *m.* Falta de tranquilidad o de sosiego.

desastrado, -da *adj./m. y f.* [persona] Que está sucio y mal vestido.

desastre *m.* **1** Desgracia. **2** Cosa mal hecha, de mala calidad o que produce mala impresión. **3** Persona que obra desacertadamente.

desastroso, -sa *adj.* Muy malo.

desatar *tr./prnl.* **1** Soltar lo que está atado. **2** Causar algo con fuerza o de forma violenta. ‖ *prnl.* **3** Perder la timidez o la inseguridad y actuar abiertamente.

desatascador *m.* Instrumento que sirve para desatascar.

desatascar [1] *tr.* Quitar lo que tapa o atasca un conducto.

desatender [28] *tr.* **1** No prestar atención a lo que se dice o hace. **2** No hacer caso de las palabras o consejos de alguien.

desatento, -ta *adj.* **1** Que no pone la atención debida en lo que hace. ‖ *adj./m. y f.* **2** Que es maleducado.

desaterrar [27] *tr.* AMÉR Limpiar un lugar de escombros o desperdicios.

desatierre *m.* AMÉR Lugar donde se vierten escombros.

desatino *m.* Obra o dicho poco adecuado o falto de juicio.

desatornillador *m.* Herramienta que sirve para sacar o colocar tornillos.

desatornillar *tr.* Dar vueltas a un tornillo para sacarlo del lugar donde está o dejarlo menos apretado.

desatrancar [1] *tr.* Quitar la tranca con la que está asegurada una puerta o una ventana.

desautorización *f.* Negación de un permiso para hacer una cosa.

desautorizar [4] *tr.* Quitar autoridad, poder, facultad o crédito a alguien.

desavenencia *f.* Falta de acuerdo o de entendimiento entre varias personas.

desayunar *tr./intr.* Tomar el primer alimento de la mañana.

desayuno *m.* Primer alimento que se toma por la mañana.

desazón *f.* Sentimiento de disgusto o intranquilidad.

desazonar *tr./prnl.* **1** Producir disgusto o intranquilidad. ‖ *tr.* **2** Quitar sabor a un alimento.

desbancar [1] *tr.* Apropiarse de la posición o consideración privilegiada de una persona para ocuparla uno mismo.

desbandada *f.* **1** Huida en desorden y en diferentes direcciones. **2** Movimiento por el que un grupo de personas se marcha en diferentes direcciones.

desbarajustar *tr.* Quitar o perder una cosa su orden o la disposición que tiene entre otros elementos.

desbarajuste *m.* Falta de orden o de dirección en una cosa o en un grupo.

desbaratar *tr.* **1** Impedir que algo se realice. **2** Derrochar bienes materiales.

desbarrar *intr.* Hablar u obrar sin lógica.

desbastar *tr.* **1** Quitar las partes más bastas de un material destinado a labrarse. **2** Educar a una persona.

desbaste *m.* Acción de quitar las partes más bastas de un material.

desbloquear *tr.* **1** Dejar libre el paso o el movimiento a través de un lugar. **2** Suprimir los obstáculos que impiden el desarrollo normal de una actividad. ‖ *tr./prnl.* **3** Dejar o quedar libre; empezar a moverse.

desbocado, -da *adj.* **1** [cuello de una prenda de vestir] Que está demasiado abierto y que se ha deformado. **2** [caballería] Que corre precipitada y alocadamente sin obedecer la acción del freno.

desbocar [1] *tr./prnl.* **1** Abrirse más de lo normal o coger mala forma una abertura de una prenda de vestir, generalmente el cuello. ‖ *prnl.* **2** Dejar de obedecer una caballería la acción del freno y correr precipitada y alocadamente.

desbordamiento *m.* Acción y efecto de desbordar o desbordarse.

desbordante *adj.* Que desborda o se desborda.

desbordar *intr./prnl.* 1 Salirse por los bordes lo contenido en un recipiente o de su cauce una corriente de agua. 2 Manifestar abiertamente una pasión o un sentimiento. | *tr.* 3 Exceder los límites o la capacidad de una persona.

desbravar *tr.* 1 Domesticar a un animal fuerte o violento. | *prnl.* 2 Perder un animal su bravura.

desbrozar [4] *tr.* Limpiar de hojas o ramas secas.

desbrozo *m.* Acción y efecto de desbrozar.

descabalar *tr./prnl.* 1 Deshacer un conjunto, un proyecto o un plan. 2 Dejar dos superficies a distinto nivel.

descabalgar [7] *intr.* Bajar de un caballo.

descabellado, -da *adj.* Que va contra la razón o la lógica.

descabellar *tr.* En tauromaquia, matar al toro instantáneamente clavándole el estoque en la cerviz.

descabezar [4] *tr.* 1 Quitar o cortar la cabeza. 2 Quitar la parte superior de una cosa. 3 Eliminar o capturar a la persona de mayor autoridad de una organización.

descachalandrado, -da *adj.* AMÉR [persona] Que está desaliñado, mal vestido y poco aseado.

descacharrar *tr./prnl.* Romper o estropear un aparato o una máquina.

descafeinado, -da *adj./m.* 1 [café] Que no tiene cafeína porque se le ha extraído. | *adj.* 2 Que no es auténtico por faltarle alguna de sus cualidades esenciales.

descafeinar [17] *tr.* 1 Quitar la cafeína del café. 2 Quitar autenticidad a una cosa.

descalabradura *f.* Herida en la cabeza.

descalabrar *tr./prnl.* 1 Herir de un golpe a una persona, especialmente en la cabeza. | *tr.* 2 Causar un daño o perjuicio.

descalabro *m.* Circunstancia adversa que provoca un perjuicio o un daño.

descalcificación *f.* Acción y efecto de descalcificar o descalcificarse.

descalcificar [1] *tr./prnl.* 1 Disminuir el calcio en un hueso. 2 Eliminar la caliza de las rocas o suelos por el efecto del agua.

descalificación *f.* Acción y efecto de descalificar.

descalificar [1] *tr.* 1 Eliminar a un partici-

pante en un concurso o una competición. 2 Negar la autoridad o capacidad de una persona, un grupo o una cosa.

descalzar [4] *tr./prnl.* Quitar el calzado.

descalzo, -za *adj.* Que no está calzado.

descamación *f.* MED. Proceso de caída, en forma de escamas, de las células viejas de la piel.

descamar *tr.* 1 Quitar las escamas a un pez. | *prnl.* 2 Caerse, en forma de escamas, las células viejas de la piel.

descambiar [12] *tr.* 1 Deshacer un cambio. 2 *coloquial* Devolver al vendedor el objeto de una compra a cambio del importe pagado por él o de otro producto.

descaminado, -da *adj.* Que lleva equivocada la orientación en su camino.

descamisado, -da *adj.* 1 Que no lleva la camisa puesta. | *adj./m. y f.* 2 Que es muy pobre. Tiene valor despectivo.

descampado, -da *adj./m.* [terreno] Que no tiene árboles, vegetación ni viviendas.

descampar *tr.* 1 Dejar libre un terreno. | *v. impersonal* 2 Dejar de llover.

descansado, -da *adj.* Que no exige mucha actividad o esfuerzo.

descansar *intr.* 1 Parar en el trabajo o en otra actividad para recuperar fuerzas. 2 Dormir durante un período corto. 3 Encontrar paz y tranquilidad apartándose de una preocupación o de un dolor. 4 Estar enterrado. 5 Apoyar una cosa en otra. | *tr.* 6 Disminuir o aliviar la fatiga.

descansillo *m.* Superficie llana en que termina cada tramo de una escalera.

descanso *m.* 1 Acción de descansar. 2 Período en que se interrumpe un espectáculo, un programa o una competición deportiva. 3 Superficie llana en que termina cada tramo de una escalera.

descapotable *adj./m.* [automóvil] Que tiene el techo plegable.

descarado, -da *adj./m. y f.* Que habla u obra sin vergüenza ni respeto.

descarga *f.* 1 Acción y efecto de descargar. 2 Paso de la energía eléctrica acumulada en un cuerpo a otro.

descargadero *m.* Lugar destinado a la descarga.

descargador, -ra *m. y f.* Persona que se dedica a descargar las mercancías de los trenes, barcos, aviones y otros vehículos.

descargar [7] *tr.* 1 Sacar la carga del lugar donde está. 2 Hacer que un arma de fuego lance su carga. 3 Dar un golpe con fuerza. 4 Desahogar y liberar la tensión o el enfado. **5** Dejar un trabajo o una obligación para que lo haga otra persona. ‖ *tr./intr.* **6** Producir lluvia, granizo u otro fenómeno atmosférico una nube, nublado, tormenta o meteoro semejante. ‖ *prnl.* **7** Anular o perder la carga eléctrica.

descargo *m.* **1** Excusa o razón para defenderse de una acusación. **2** Parte de una cuenta en la que figura la cantidad de dinero que tiene una persona u organismo.

descarnado, -da *adj.* [relato, historia] Que presenta la realidad sin rodeos, de manera cruda o desagradable.

descarnar *tr.* Separar la carne del hueso.

descaro *m.* Falta de vergüenza o respeto.

descarriar [13] *tr./prnl.* **1** Apartar o separar de un grupo, especialmente una oveja de un rebaño. **2** Apartar a una persona de lo que es justo o razonable.

descarrilar *intr.* Salirse de los carriles un tren.

descartar *tr.* Rechazar o no tener en cuenta una posibilidad.

descarte *m.* Abandono de las cartas de la baraja que no son buenas para el juego, sustituyéndolas por otras.

descascarar *tr.* Quitar la cáscara.

descascarillar *tr./prnl.* Quitar la capa que cubre una superficie, en especial la de un objeto de loza o porcelana.

descastado, -da *adj./m. y f.* Que muestra poco afecto a sus familiares y amigos.

descendencia *f.* Conjunto de los hijos y descendientes de una persona.

descendente *adj.* Que desciende.

descender [28] *intr.* **1** Pasar de un lugar a otro que está más bajo. **2** Salir de un vehículo o dejar de estar montado en él. **3** Pasar de una categoría o posición a otra inferior. **4** Proceder de una persona o cosa. ‖ *intr./tr.* **5** Hacer más pequeño el valor, cuantía o intensidad de una cosa. ‖ *tr.* **6** Poner en un lugar más bajo.

descendiente *com.* Persona que desciende de otra.

descenso *m.* **1** Acción y efecto de descender. **2** Trayecto que va de un lugar a otro más bajo; generalmente es un terreno inclinado, considerado de arriba abajo.

descentralización *f.* Acción y efecto de descentralizar.

descentralizar [4] *tr.* **1** Hacer que una cosa deje de depender de un centro único o de una dirección central. **2** Traspasar poderes y funciones del Gobierno central a organismos menores.

descentrar *tr./prnl.* **1** Sacar o salir una cosa de su centro. **2** Perder la concentración; no poder fijar la atención.

descerebrar *tr.* **1** Producir la inactividad funcional del cerebro. **2** Extirpar experimentalmente el cerebro de un animal.

descerrajar *tr.* Arrancar o abrir con violencia una cerradura.

descifrar *tr.* **1** Leer un mensaje escrito en un lenguaje cifrado. **2** Llegar a comprender una cosa confusa o un asunto difícil de entender.

desclasado, -da *adj./m. y f.* Que no está integrado en un grupo social o que se halla en uno que no le corresponde.

desclavar *tr./prnl.* Quitar, aflojar o soltar los clavos de una cosa.

descocado, -da *adj./m. y f. coloquial* Que habla u obra con desparpajo y descaro.

descocarse [1] *prnl.* Hablar y obrar con desparpajo y descaro.

descodificar *tr.* Aplicar las reglas adecuadas a un mensaje emitido en un sistema de signos para entenderlo.

descojonarse *prnl. malsonante* Reírse mucho y con ganas.

descolgar [52] *tr./prnl.* **1** Bajar o soltar lo que está colgado. **2** Bajar o dejar caer poco a poco un objeto mediante una cuerda, una cadena o un cable. ‖ *tr.* **3** Levantar el auricular del teléfono. ‖ *prnl.* **4** Bajar deslizándose por una cuerda u otra cosa parecida. **5** Distanciarse una persona de un grupo quedándose atrás. **6** Actuar de forma inesperada.

descollar [31] *intr.* **1** Sobresalir por encima de lo normal en altura. **2** Distinguirse entre los demás por sus cualidades.

descolocar [1] *tr./prnl.* Poner un objeto en un lugar que no le corresponde.

descolonización *f.* Acción y efecto de descolonizar.

descolonizar [4] *tr.* Conceder la independencia a una colonia.

descolorar *tr./prnl.* Quitar, perder o reducir el color.

descolorido, -da *adj.* Que tiene un color débil o que ha perdido color.

descolorir *tr./prnl.* Descolorar.

descombrar *tr.* Limpiar un lugar de los materiales de desecho que quedan después de derribar una construcción.

descombro *m.* Acción de descombrar.

descomedido, -da *adj.* **1** Que es excesivo o desproporcionado. ‖ *adj./m. y f.* **2** Que no muestra respeto y cortesía.

descomedimiento *m.* Falta de respeto o cortesía en los actos.

descomedirse [34] *prnl.* Hablar u obrar sin respeto ni cortesía, saliéndose de los límites permitidos o convenientes.

descompaginar *tr.* Cambiar o alterar el orden o la correspondencia de una cosa con otra.

descompensación *f.* Acción y efecto de descompensar o descompensarse.

descompensar *tr./prnl.* 1 Hacer perder a una cosa la igualdad, armonía y equilibrio. ▌ *prnl.* 2 MED. Enfermar un órgano del cuerpo hasta el punto de no realizar adecuadamente sus funciones.

descomponer [78] *tr.* 1 Separar las piezas que forman un objeto. 2 Cambiar la colocación o el orden. 3 Estropear un mecanismo o un aparato. 4 Poner enfermo. ▌ *prnl.* 5 Perder la tranquilidad y alterarse la expresión o el color del rostro por una fuerte impresión. 6 Perder la calma o la paciencia. 7 Pudrirse una sustancia animal o vegetal muerta.

descomposición *f.* Acción y efecto de descomponer o descomponerse.

descompresión *f.* Reducción de la presión a que ha estado sometido un cuerpo, en especial un gas o líquido.

descompresor *m.* Aparato que sirve para descomprimir un cuerpo.

descompuesto, -ta *part.* 1 Participio pasado irregular del verbo *descomponer.* También se usa como adjetivo. ▌ *adj.* 2 [persona] Que ha perdido la tranquilidad y cambia la expresión o el color de su rostro por una fuerte impresión. 3 ACENT, CHILE, PERÚ, PRICO [persona] Que muestra los primeros síntomas de embriaguez o está borracho. 4 ACENT, ARG, URUG [aparato] Que está averiado.

descomunal *adj.* Que se sale de lo común.

desconcertante *adj.* Que sorprende.

desconcertar [27] *tr./prnl.* Causar a una persona confusión o desorientación.

desconchar *tr./prnl.* Quitar la capa que cubre una superficie, en especial de una pared o un objeto de loza o porcelana.

desconchón *m.* Caída de un trozo pequeño de pintura de la pared o de la capa que cubre una superficie, en especial de un objeto de loza o porcelana.

desconcierto *m.* 1 Confusión o desorientación que siente una persona. 2 Confusión o desorientación en una cosa.

desconectar *tr.* 1 Hacer que un sistema mecánico o eléctrico deje de tener contac-

to con una fuente de energía e interrumpa su funcionamiento. 2 Interrumpir la comunicación entre dos aparatos o sistemas. 3 Separar o desencajar las partes que integran un aparato o sistema. 4 Dejar de tener relación o comunicación.

desconexión *f.* Acción y efecto de desconectar.

desconfiado, -da *adj./m. y f.* [persona] Que no tiene confianza o una esperanza segura en una persona o cosa.

desconfianza *f.* Falta de confianza.

desconfiar [13] *intr.* No tener confianza.

descongelación *f.* Acción de descongelar.

descongelar *tr./prnl.* Volver una cosa congelada a su estado primitivo mediante el aumento de la temperatura circundante.

descongestión *f.* Acción y efecto de descongestionar o descongestionarse.

descongestionar *tr./prnl.* Disminuir la acumulación excesiva de personas o vehículos que impide la circulación normal por un lugar.

desconocer [44] *tr.* 1 No tener idea de una cosa o no comprender su naturaleza, cualidades y relaciones. 2 Encontrar muy cambiada a una persona o grupo en cuanto a sus ideas o forma de comportamiento.

desconocido, -da *adj.* 1 [cosa] Que se desconoce. 2 [persona, grupo] Que está muy cambiado. ▌ *adj./m. y f.* 3 Que no pertenece al grupo de las personas con las que se tiene trato o comunicación.

desconocimiento *m.* Falta de información acerca de una cosa o comprensión de su naturaleza, cualidades y relaciones.

desconsideración *f.* 1 Falta de la atención y el respeto debidos a una persona o cosa. 2 Rechazo de una posibilidad o una propuesta.

desconsiderar *tr.* 1 No tener la atención y el respeto debidos. 2 No tener en cuenta una posibilidad o una propuesta.

desconsolado, -da *adj.* Que no tiene consuelo.

desconsolar [31] *tr./prnl.* Causar una pena o un disgusto.

desconsuelo *m.* Aflicción o decaimiento de ánimo ante una pena o un dolor.

descontado 1 Palabra que se utiliza en la expresión *dar por descontado,* que significa 'dar un hecho o noticia por realizado o cierto'. 2 Palabra que se utiliza en la locución *por descontado,* con la que se añade de convencimiento y firmeza a lo que se ha dicho.

descontaminar *tr.* Eliminar total o parcialmente los elementos que contribuyen a disminuir la pureza del medio ambiente.

descontar [31] *tr.* **1** Restar una cantidad de otra. **2** Añadir el árbitro al final de un encuentro deportivo el tiempo que este ha estado interrumpido.

descontento, -ta *adj./m. y f.* **1** Que está disgustado o se siente insatisfecho. ‖ *m.* **2** Disgusto, desagrado o insatisfacción.

descontextualizar [4] *tr.* Sacar de un contexto.

descontrol *m.* Pérdida del control, el orden o la disciplina.

descontrolar *tr./prnl.* Perder o hacer perder el control o el dominio sobre algo.

desconvocar *tr.* Anular una convocatoria.

descoque *m.* Modo de hablar u obrar con desparpajo y descaro.

descorazonar *tr./prnl.* Quitar el ánimo o la esperanza.

descorchador *m.* Utensilio que sirve para sacar el corcho que cierra una botella.

descorchar *tr.* **1** Sacar o quitar el corcho que cierra una botella. **2** Quitar el corcho al tronco y las ramas de los alcornoques.

descorrer *tr.* **1** Plegar lo que está estirado, especialmente una cortina. **2** Deslizar un pestillo para abrir lo que cierra. **3** Retroceder por el camino ya recorrido.

descortés *adj./com.* Que no manifiesta cortesía.

descortesía *f.* Comportamiento o acto en el que no se manifiesta atención, respeto o afecto hacia las personas.

descoser *tr./prnl.* Soltar o cortar el hilo con que está cosido algo.

descosido, -da *adj./m.* [pieza de tela, cuero u otro material] Que se ha soltado el hilo que lo mantenía unido al resto de la pieza o a otra.

descoyuntar *tr./prnl.* **1** Sacar un hueso de su articulación. **2** Cansar mucho.

descrédito *m.* Disminución o pérdida de la consideración, la fama o la estima.

descreído, -da *adj./m. y f.* [persona] Que no cree, especialmente en materia religiosa; que ha perdido la fe que tenía.

descreimiento *m.* Falta o abandono de los principios ideológicos o religiosos.

descremar *tr.* Quitar la crema o la nata de la leche o de los productos lácteos.

describir *tr.* **1** Expresar las características de una persona o una cosa. **2** Trazar el dibujo de una figura o la trayectoria que recorre un cuerpo.

descripción *f.* Expresión de las características de una persona o cosa.

descriptivo, -va *adj.* Que describe.

descuadernar *tr./prnl.* Soltar las hojas o las tapas que forman un libro.

descuajar *tr./prnl.* Arrancar o extraer de raíz una planta.

descuajeringado, -da *adj.* AMÉR *coloquial* [persona] Que es descuidado en el aseo personal y en el vestir.

descuajeringar o **descuajeringar** [7] *tr./prnl.* **1** Romper, estropear un objeto o separar las partes que lo forman. ‖ *prnl.* **2** Cansarse. **3** *coloquial* Reírse mucho.

descuajo *m.* Extracción de raíz de una planta.

descuartizar [4] *tr.* **1** Dividir el cuerpo de una persona o un animal en cuartos o partes. **2** Hacer trozos una cosa.

descubierto, -ta *adj.* **1** Que no está cubierto. **2** [cielo] Que está despejado o no tiene nubes. ‖ *m.* **3** Situación de la economía en la que los gastos superan a los ingresos.

descubridor, -ra *adj./m. y f.* [persona] Que encuentra una cosa oculta o no conocida. **2** [persona] Que ha hallado la fórmula científica de un nuevo producto o ha creado una cosa nueva.

descubrimiento *m.* Acción y efecto de descubrir.

descubrir *tr.* **1** Quitar la tapa o lo que cubre una cosa de manera que se vea lo que hay dentro o debajo. **2** Encontrar lo que no se conocía o lo que estaba oculto. **3** Dar a conocer, mostrar. **4** Hallar la fórmula científica de un nuevo producto o crear una cosa nueva. ‖ *prnl.* **5** Quitarse el sombrero u otra prenda que cubre la cabeza.

descuento *m.* **1** Disminución o reducción que se hace en una cantidad o en un precio. **2** Adición que hace el árbitro, al final de un encuentro deportivo, del tiempo que este ha estado interrumpido.

descuidado, -da *adj./m. y f.* [persona] Que suele tener sus cosas desarregladas o desordenadas. **2** [persona] Que no pone interés en lo que hace.

descuidar *tr./prnl.* **1** No atender, no vigilar o no ayudar con interés a una persona o cosa. **2** No atender o no poner interés en una actividad o responsabilidad. **3** No mantener apartado o a salvo de un peligro. ‖ *prnl.* **4** Dejar de tener la atención puesta en algo.

descuido *m.* Falta de atención o de arreglo.

desde *prep.* Indica el momento o el lugar

en que comienza el tiempo o la distancia espacial de una acción. ▸ **desde luego** Sin duda, naturalmente.

desdecir [79] *intr./prnl.* **1** No corresponderse, desentonar o no adecuarse una cosa con otra. ‖ *prnl.* **2** Volverse atrás y negar una opinión que anteriormente se ha sostenido.

desdén *m.* Actitud indiferente y falta de aprecio hacia una persona o cosa.

desdentado, -da *adj.* Que le faltan algunos o todos los dientes.

desdeñable *adj.* Que no es digno de atención ni de aprecio.

desdeñar *tr./prnl.* Mostrar desdén.

desdeñoso, -sa *adj.* Que muestra desdén.

desdibujado, -da *adj.* [figura] Que ha perdido la nitidez de sus contornos.

desdibujarse *prnl.* Perder nitidez los contornos de una figura o un paisaje.

desdicha *f.* **1** Hecho que produce un gran dolor e infelicidad. **2** Suerte adversa.

desdichado, -da *adj./m. y f.* [persona] Que sufre un gran dolor e infelicidad.

desdicho, -cha *part.* Participio irregular de *desdecir*.

desdoblar *tr./prnl.* **1** Extender lo que está plegado. **2** Formar dos o más cosas por la separación de los elementos de otra.

desdorar *tr.* **1** Manchar el buen nombre o la fama de una persona o cosa. **2** Quitar la capa de oro que cubre algo.

desdoro *m.* Mancha del buen nombre o la fama de una persona o cosa.

desdramatizar [4] *tr.* Quitar o disminuir los rasgos exagerados y la importancia de un hecho.

deseable *adj.* **1** [cosa] Que posee méritos o cualidades para lo que se quiere conseguir. **2** [persona] Que provoca deseo sexual.

desear *tr.* **1** Querer conseguir intensamente una cosa. **2** Querer tener relaciones sexuales con una persona.

desecación *f.* Pérdida o desaparición de la humedad en algo.

desecar [1] *tr./prnl.* Quitar el agua o la humedad.

desechable *adj.* **1** Que se puede desechar. **2** [objeto] Que está destinado a ser usado una sola vez.

desechar *tr.* **1** Rechazar o no admitir. **2** Tirar o apartar una cosa que se considera inútil. **3** Apartar de la mente un mal pensamiento, una sospecha o un temor.

desecho *m.* Cosa que sobra o resto que

queda de algo después de haberlo consumido o trabajado y ya no es útil.

deselectrizar [4] *tr./prnl.* fís. Quitar a un cuerpo la electricidad que tiene.

desembalaje *m.* Eliminación o separación de la envoltura de un objeto.

desembalar *tr.* Eliminar o separar la envoltura de un objeto.

desembarazar [4] *tr./prnl.* **1** Dejar sin obstáculos ni estorbos un espacio. ‖ *prnl.* **2** Librarse de lo que molesta o constituye un obstáculo para un fin.

desembarazo *m.* Soltura y facilidad en las acciones o en el trato con las personas.

desembarcadero *m.* Lugar que sirve para bajar de una embarcación a tierra.

desembarcar [1] *tr.* **1** Sacar de un barco y poner en tierra lo embarcado. ‖ *intr.* **2** Bajar o salir de un barco, un tren o un avión. **3** Llegar a un lugar para empezar a desarrollar una actividad.

desembarco *m.* Bajada o salida de un barco, un tren o un avión.

desembargar [7] *tr.* DER. Quedar libres unos bienes que estaban retenidos por orden de un tribunal.

desembarque *m.* Desembarco.

desembarrancar *tr./intr./prnl.* Poner a flote una embarcación que se había quedado atascada en arena o entre piedras.

desembocadura *f.* Lugar por donde desemboca una corriente de agua.

desembocar [1] *intr.* **1** Entrar una corriente de agua en otra semejante, en el mar, en un canal o en un lago. **2** Salir una calle o camino a un lugar determinado. **3** Acabar o terminar.

desembolsar *tr.* Pagar o entregar una cantidad de dinero.

desembolso *m.* **1** Cantidad de dinero que se paga. **2** Entrega de dinero al contado.

desembragar *intr.* Desconectar el embrague del motor para cambiar la velocidad.

desembrague *m.* Acción de desembragar.

desembrollar *tr.* **1** Deshacer un embrollo. **2** Aclarar un asunto difícil de entender.

desembuchar *tr.* **1** *coloquial* Decir todo lo que se sabe sobre algo. **2** Expulsar un ave lo que tiene en el buche.

desemejanza *f.* Falta de parecido o de correspondencia entre dos o más cosas.

desemejar *tr.* Hacer perder el propio aspecto alterando ciertos rasgos.

desempacar [1] *tr.* **1** Quitar la envoltura

de una cosa. **2** Sacar el equipaje de las maletas o bolsas que lo contienen.

desempaquetar *tr.* Deshacer un paquete y sacar su contenido.

desempatar *tr./intr.* Resolver una situación de igualdad entre varias personas o grupos participantes en una votación, competición, concurso o partido.

desempate *m.* Acción de desempatar.

desempedrar [27] *tr.* Quitar las piedras que forman un suelo o pavimento.

desempeñar *tr.* **1** Realizar una persona, un grupo o una cosa las labores que le corresponden. **2** Recuperar, mediante el pago de la cantidad acordada en su momento, una cosa que se había entregado para conseguir un préstamo de dinero.

desempleado, -da *adj./m. y f.* [persona] Que no tiene trabajo.

desempleo *m.* Situación de falta de trabajo.

desempolvar *tr.* **1** Quitar el polvo. **2** Volver a usar una cosa que se había abandonado o recordar algo que se había olvidado.

desenamorar *tr./prnl.* Hacer perder el sentimiento amoroso o de afecto.

desencadenar *tr./prnl.* **1** Causar o provocar algo. **2** Soltar lo que está sujeto por una cadena u otra cosa.

desencajar *tr./prnl.* **1** Sacar o separar una cosa de otra con la que se encuentra ajustada. ‖ *prnl.* **2** Alterarse las facciones de la cara a causa del miedo, de un gran disgusto o por una enfermedad.

desencajonar *tr.* **1** Sacar de un cajón. **2** Liberar a una persona, un animal o una cosa de una situación de gran estrechez.

desencallar *tr./intr./prnl.* Poner a flote una embarcación encallada.

desencantar *tr./prnl.* Hacer perder la esperanza o la ilusión.

desencanto *m.* Pérdida de la esperanza o la ilusión.

desencapotarse *prnl.* Desaparecer las nubes del cielo o del horizonte.

desenchufar *tr.* **1** Sacar el enchufe de un aparato o una máquina del lugar en el que está conectado a la corriente eléctrica. ‖ *prnl.* **2** ARG, CUBA, URUG *coloquial* Interrumpir el trabajo para descansar o distraerse.

desencoger [5] *tr./prnl.* Extender o estirar lo que está encogido.

desencolar *tr./prnl.* Despegar las piezas o las cosas que estaban pegadas con cola.

desencuadernar *tr./prnl.* Soltar las hojas o las tapas que forman un libro.

desenfadado, -da *adj.* Que muestra soltura y gracia en el trato o en las acciones.

desenfado *m.* Soltura y gracia en el trato o en las acciones.

desenfocar [1] *tr./prnl.* Perder la nitidez en una imagen fotografiada o grabada.

desenfoque *m.* Acción y efecto de desenfocar.

desenfrenado, -da *adj.* Que no tiene moderación ni sentido de la medida.

desenfrenarse *prnl.* Comportarse impulsivamente, sin moderación, sin orden ni sentido de la medida.

desenfreno *m.* Comportamiento impulsivo y sin moderación.

desenfundar *tr.* Sacar de su funda una cosa o quitarle la funda.

desenganchar *tr./prnl.* **1** Soltar lo que está sujeto a otra cosa. ‖ *prnl.* **2** Liberarse de la dependencia patológica de una cosa, generalmente una droga.

desengañar *tr./prnl.* **1** Perder o hacer perder la esperanza o la ilusión. **2** Hacer saber o dar a conocer un engaño o un error.

desengaño *m.* Pérdida de la esperanza o la ilusión.

desengrasar *tr.* Quitar la grasa que cubre una superficie.

desenhebrar *tr./prnl.* Sacar un hilo del agujero del objeto que atravesaba.

desenjaular *tr.* Sacar o dejar salir de una jaula a un animal.

desenlace *m.* Modo en que termina una acción o se resuelve la trama de una obra.

desenlazar [4] *tr.* **1** Deshacer un lazo. ‖ *prnl.* **2** Resolverse la trama de una obra de literatura, cine o teatro.

desenmarañar *tr./prnl.* **1** Deshacer la maraña o enredo de hilos, cabellos, cuerdas, cables o cosas parecidas. **2** Aclarar un asunto difícil de entender.

desenmascarar *tr./prnl.* **1** Quitar la máscara o antifaz que cubre la cara. **2** Hacer pública una realidad oculta.

desenmohecer [43] *tr.* **1** Quitar el moho que cubre una superficie. ‖ *prnl.* **2** Recuperar el buen estado o forma.

desenredar *tr.* **1** Deshacer un enredo. ‖ *prnl.* **2** Salir de una situación complicada.

desenrollar *tr./prnl.* Deshacer la forma de cilindro o rollo de lo que había sido enrollado.

desenroscar [1] *tr./prnl.* **1** Sacar una cosa de otra a la que se había ajustado dándole vueltas. **2** Extender y deshacer la forma de rosca de lo que había sido enroscado.

desensillar *tr.* Quitar la silla de montar a una caballería.

desentenderse [28] *prnl.* Mantenerse al margen de un asunto o cuestión.

desenterrar [27] *tr.* 1 Sacar de la sepultura a una persona o de la tierra un animal o una cosa que están bajo ella. 2 Traer a la memoria un recuerdo muy olvidado.

desentonar *intr.* 1 No estar una persona o una cosa en armonía con el ambiente y el espacio que la rodea. 2 Apartarse del tono adecuado un sonido o un instrumento.

desentorpecer *tr.* Suprimir o disminuir la dificultad de movimiento.

desentrañar *tr.* Averiguar una cosa que es muy difícil de llegar a conocer.

desentumecer [43] *tr./prnl.* Suprimir la dificultad de movimiento.

desenvainar *tr.* Sacar una cosa de su vaina o funda, generalmente un arma blanca.

desenvoltura *f.* Facilidad para hablar, para hacer una cosa o para relacionarse en una situación o en un ambiente.

desenvolver [32] *tr.* 1 Quitar la envoltura. ‖ *prnl.* 2 Tener facilidad para hablar, para hacer algo o para relacionarse.

desenvuelto, -ta *part.* 1 Participio irregular de *desenvolver*. También se usa como adjetivo. ‖ *adj.* 2 [persona] Que tiene facilidad para hablar, hacer algo o relacionarse en una situación o en un ambiente.

deseo *m.* 1 Sentimiento intenso de conseguir una cosa. 2 Cosa que una persona desea. 3 Ganas de tener relaciones sexuales con una persona.

deseoso, -sa *adj.* Que tiene un sentimiento intenso por conseguir una cosa.

desequilibrado, -da *adj.* 1 Que ha perdido la fijeza de su posición en el espacio. 2 [persona] Que ha perdido el juicio.

desequilibrar *tr./prnl.* 1 Hacer perder el equilibrio. ‖ *prnl.* 2 Perder el juicio o la razón.

desequilibrio *m.* 1 Falta de equilibrio. 2 Falta de juicio.

deserción *f.* 1 Abandono por parte de un soldado de un ejército sin autorización. 2 Abandono de un deber, de un grupo o de la defensa de una causa.

desertar *intr.* 1 Abandonar un soldado su ejército sin autorización. 2 Abandonar un deber, un grupo o la defensa de una causa.

desértico, -ca *adj.* 1 Del desierto. 2 [lugar] Que está despoblado.

desertización *f.* Acción y efecto de desertizar o desertizarse.

desertizar [4] *tr./prnl.* Hacer que un terreno habitable se transforme en árido, sin vegetación ni vida.

desertor, -ra *adj./m. y f.* Que ha desertado.

desescombrar *tr.* Limpiar un lugar de los materiales de desecho que quedan después de derribar una construcción.

desesperación *f.* 1 Pérdida total de la confianza de que se cumpla un deseo. 2 Pérdida de la tranquilidad y la paciencia.

desesperado, -da *adj./m. y f.* 1 Que ha perdido totalmente la esperanza de que se cumpla un deseo. 2 Que ha perdido totalmente la tranquilidad y la paciencia.

desesperanza *f.* Estado de ánimo de la persona que no tiene esperanza o la ha perdido.

desesperanzador, -ra *adj.* Que hace perder totalmente la esperanza.

desesperanzar [4] *tr./prnl.* Perder o hacer perder totalmente la esperanza.

desesperar *intr./prnl.* 1 Perder totalmente la esperanza de que se cumpla un deseo. ‖ *tr./prnl.* 2 Hacer perder totalmente la tranquilidad y la paciencia.

desestabilizar *tr./prnl.* 1 Perder o hacer perder la estabilidad. 2 Perturbar gravemente la existencia.

desestimar *tr.* 1 No conceder una petición o solicitud. 2 No sentir aprecio o afecto hacia una persona o cosa.

desestresar *tr./intr./prnl.* Eliminar o reducir el estrés.

desfachatez *f.* Falta de vergüenza o de respeto hacia los demás.

desfalcar [1] *tr.* Robar dinero o bienes que pertenecen a otro y se tenían en custodia.

desfalco *m.* Acción y efecto de desfalcar.

desfallecer [43] *intr.* Perder total o parcialmente la fuerza, la energía o el ánimo.

desfallecimiento *m.* Pérdida total o parcial de la fuerza, la energía o el ánimo.

desfasado, -da *adj.* [persona, cosa] Que no está en correspondencia con lo que se valora en un momento determinado.

desfasar *tr./prnl.* Quedar una persona o cosa sin correspondencia con lo que se valora en un momento determinado.

desfase *m.* 1 Falta de correspondencia o de ajuste. 2 Falta de correspondencia de una persona o una cosa con lo que se valora en un momento determinado.

desfavorable *adj.* Que perjudica o hace más difícil la ejecución de una cosa.

desfavorecer [43] *tr.* 1 Perjudicar o hacer

más difícil la ejecución de una cosa. **2** Quitar hermosura o belleza.

desfibrilador *m.* Aparato que se emplea para restituir el ritmo cardíaco administrando corriente eléctrica.

desfigurar *tr.* **1** Hacer perder el propio aspecto, alterando ciertos rasgos. **2** Contar o explicar una cosa cambiando su sentido real. ‖ *prnl.* **3** Alterarse el semblante.

desfiladero *m.* Paso profundo y estrecho entre montañas.

desfilar *intr.* **1** Marchar una tropa o un grupo de civiles, en formación o en orden. **2** Pasar o ir sucesivamente a algún lugar un conjunto de personas o cosas. **3** Salir un conjunto de personas de un lugar.

desfile *m.* Acción y efecto de desfilar.

desflorar *tr.* Hacer perder la virginidad a una mujer.

desfogar *tr./prnl.* **1** Manifestar violentamente una pasión contenida. ‖ *tr.* **2** Dar salida al fuego producido en un recinto cerrado abriendo puertas, ventanas, etc.

desfondar *tr./prnl.* **1** Quitar o romper el fondo de un recipiente u otra cosa. **2** En competiciones deportivas, perder fuerza.

desforestación *f.* Acción y efecto de desforestar.

desforestar *tr.* Quitar o destruir los árboles y plantas de un terreno.

desgajar *tr./prnl.* **1** Arrancar o separar una rama del tronco. ‖ *tr.* **2** Separar los trozos de lo que está formado por partes. ‖ *prnl.* **3** Separarse varias personas de un grupo para formar otro.

desgana *f.* **1** Falta de ganas de comer. **2** Falta de deseo de hacer una cosa.

desganar *tr./prnl.* **1** Quitar o perder las ganas o el deseo de realizar una cosa. ‖ *prnl.* **2** Perder el apetito.

desgañitarse *prnl.* Hablar muy alto y con gran esfuerzo.

desgarbado, -da *adj./m. y f.* [persona] Que no tiene garbo o gracia en la manera de obrar y de moverse.

desgarrador, -ra *adj.* Que causa una pena o un dolor muy intensos.

desgarrar *tr./prnl.* **1** Romper o hacer trozos por estiramiento, generalmente una tela o un material de escasa resistencia. **2** Causar una pena o un dolor muy intensos.

desgarro *m.* **1** Rotura, generalmente de una tela o de un material de escasa resistencia, al tirar de él o al engancharse. **2** Forma de presentar la realidad sin rodeos, de manera cruda o desagradable.

desgarrón *m.* Desgarro grande.

desgastar *tr./prnl.* **1** Estropear o consumir una cosa por el uso o el roce. **2** Perder la fuerza o el ánimo.

desgaste *m.* Acción y efecto de desgastar o desgastarse.

desglosar *tr.* Separar o dividir un todo en partes para estudiarlas de manera aislada.

desgobernar [27] *tr.* **1** Dirigir mal un grupo o gobernar sin acierto. ‖ *tr./prnl.* **2** Conducir mal una nave.

desgracia *f.* **1** Hecho que produce un gran dolor e infelicidad. **2** Suerte adversa y aciaga. **3** Suceso en el que una persona resulta herida o muerta.

desgraciado, -da *adj./m. y f.* **1** Que padece un hecho doloroso o infeliz. **2** Que tiene una suerte adversa. ‖ *adj.* **3** [cosa, situación] Que produce gran sufrimiento o infelicidad. ‖ *m. y f.* **4** Persona que merece desprecio. Se usa como apelativo despectivo.

desgraciar [12] *tr./prnl.* **1** Echar a perder una cosa o impedir una acción. **2** *coloquial* Causar daño o herir a una persona.

desgranar *tr./prnl.* **1** Sacar o separar los granos, generalmente de un fruto. **2** Separar una a una las piezas que están unidas por un hilo.

desgravación *f.* Acción y efecto de desgravar.

desgravar *tr.* Restar cierta cantidad de dinero del importe inicial de un impuesto.

desgreñar *tr.* **1** Revolver y desordenar los pelos de la cabeza. ‖ *prnl.* **2** Pelearse dos o más personas, en especial dándose tirones de los pelos de la cabeza.

desguace *m.* **1** Acción de desguazar. **2** Lugar en el que se desmontan totalmente las piezas de aparatos y máquinas inservibles.

desguarnecer [43] *tr.* Disminuir o dejar sin defensa a una persona o un lugar.

desguazar *tr.* **1** Desmontar totalmente las piezas de un aparato o máquina para arreglarlos y volverlos a montar o para aprovechar sus piezas cuando están inservibles. **2** Quitar las partes más bastas de un material destinado a labrarse.

deshabitado, -da *adj.* [lugar] Que ha sido abandonado por todas las personas que vivían en él.

deshabitar *tr.* Abandonar un lugar todas las personas que vivían en él.

deshabituar [11] *tr./prnl.* **1** Perder o hacer perder una costumbre. ‖ *prnl.* **2** Liberarse de la dependencia patológica de una cosa, generalmente una droga.

deshacer [73] *tr./prnl.* **1** Destruir lo que

está hecho. **2** Descomponer una cosa separando sus elementos. **3** Hacer que un sólido pase al estado líquido o se disuelva en un líquido. **4** Hacer que una persona tenga un estado de ánimo muy triste y preocupado. ‖ *tr.* **5** Retroceder o volver atrás por el camino ya recorrido. ‖ *prnl.* **6** Trabajar o dedicarse con mucho empeño. **7** Dejar de tener una cosa o abandonar la relación con una persona.

desharrapado, -da *adj./m. y f.* Que lleva la ropa sucia y rota o se viste con harapos. OBS También *desarrapado*.

deshecho, -cha *adj.* **1** Que está triste, preocupado o muy cansado. **2** [cosa] Que ya no está hecho o compuesto. ‖ *m.* AMÉR Senda por donde se acorta camino.

deshelar [27] *tr./prnl.* Volver una cosa congelada a su estado primitivo.

desheredado, -da *adj./m. y f.* [persona] Que no tiene los medios necesarios para vivir.

desheredar *tr.* Excluir a una persona de la herencia que le corresponde.

deshidratación *f.* Acción y efecto de deshidratar o deshidratarse.

deshidratar *tr./prnl.* Quitar a una cosa toda o gran parte del agua que contiene.

deshielo *m.* **1** Acción y efecto de deshelar. **2** Época del año en que, en ciertos lugares, se produce habitualmente la transformación del hielo y la nieve al estado líquido.

deshilachar *tr./prnl.* Deshilar una tela.

deshilar *tr.* Sacar hilos de una tela o tejido.

deshilvanar *tr.* Quitar de una tela ya cosida el hilván.

deshinchar *tr./prnl.* **1** Disminuir el volumen de una cosa al sacar el contenido de su interior. **2** Disminuir el volumen y la temperatura de una parte del cuerpo que padece una infección. **3** Perder o hacer perder el ánimo, la energía o la autoestima.

deshojar *tr./prnl.* Quitar los pétalos de una flor o las hojas de una planta.

deshoje *m.* Caída de los pétalos de una flor o de las hojas de una planta.

deshollinador, -ra *m. y f.* **1** Persona que se dedica a deshollinar. ‖ *m.* **2** Instrumento que sirve para deshollinar.

deshollinar *tr.* Limpiar una chimenea quitándole las manchas negras y grasientas que deja el humo.

deshonesto, -ta *adj.* **1** [persona, cosa] Que no guarda las normas éticas o no tiene una correcta moralidad. **2** [persona, cosa] Que atenta contra la decencia o contra la moralidad en el terreno sexual.

deshonor *m.* Deshonra.

deshonra *f.* **1** Falta o disminución de la dignidad, la estima y la respetabilidad de una persona o de una cosa. **2** Hecho o dicho que quita o disminuye la dignidad, la estima y la respetabilidad.

deshonrar *tr.* **1** Dañar con palabras o acciones la dignidad, la estima y la respetabilidad de una persona o de una cosa. **2** Atentar contra la decencia de una persona, especialmente hacer perder la virginidad a una mujer.

deshonroso, -sa *adj.* Que deshonra.

deshora Palabra que se utiliza en la locución *a deshora*, que signfica 'en un instante o momento que no es oportuno'.

deshuesar *tr.* Quitar los huesos de un animal o de un fruto.

deshumanización *f.* Acción y efecto de deshumanizar.

deshumanizar [4] *tr./prnl.* Perder o quitar el carácter humano o los sentimientos a una persona o una acción.

desiderata *f.* Conjunto o lista de cosas que se desean.

desiderativo, -va *adj.* Que expresa un deseo.

desiderátum *m.* Deseo aún no cumplido.

desidia *f.* Falta de ganas, de interés o de cuidado al realizar una acción.

desidioso, -sa *adj./m. y f.* [persona] Que muestra desidia, que no tiene interés o no pone cuidado en lo que hace.

desierto, -ta *adj.* **1** [lugar] Que está despoblado o vacío de personas. **2** [premio, oposición] Que no es concedido a ninguno de los participantes. ‖ *m.* **3** Extensión de tierra no poblada que se caracteriza por tener un clima que oscila de muy caluroso a muy frío y por una vegetación muy pobre debido a la escasez de lluvia.

designación *f.* Acción y efecto de designar.

designar *tr.* **1** Elegir una persona o cosa para un fin determinado. **2** Nombrar o determinar.

designio *m.* Intención o plan para realizar una cosa.

desigual *adj.* **1** Que se diferencia de otro en algo. **2** [terreno, superficie] Que no es liso, que tiene desniveles. **3** [cosa] Que cambia a menudo de naturaleza o de forma de ser.

desigualar *tr.* **1** Hacer que dos o más personas, animales o cosas sean diferentes o tratarlas de modo distinto. ‖ *tr./intr.* **2** En un concurso o una competición, hacer que se resuelva una situación de igualdad.

desigualdad *f.* 1 Diferencia en uno o más aspectos entre dos o más personas, animales o cosas. 2 Prominencia o depresión de un terreno o superficie.

desilusión *f.* Pérdida de la esperanza o la ilusión de conseguir lo que se desea.

desilusionar *tr./prnl.* Perder o hacer perder la esperanza o la ilusión de conseguir una cosa que se desea.

desinencia *f.* Terminación de una palabra que indica las variaciones gramaticales de género, número o tiempo verbal.

desinfección *f.* Acción y efecto de desinfectar.

desinfectante *adj./m.* [sustancia] Que sirve para desinfectar.

desinfectar *tr.* Eliminar de un cuerpo o de un lugar los gérmenes que lo contaminan.

desinflamar *tr./prnl.* Disminuir la inflamación de una parte del cuerpo.

desinflar *tr./prnl.* 1 Disminuir el volumen de una cosa al sacar el contenido de su interior, generalmente aire, o de una parte de él. **‖** *prnl.* 2 Disminuir rápidamente el ánimo y la ilusión.

desinformar *tr.* Difundir noticias manipuladas para conseguir un fin.

desinhibir *tr./prnl.* Liberar de los prejuicios personales o sociales y tener un comportamiento espontáneo o natural.

desinsectar *tr.* Eliminar los insectos de un lugar.

desinstalar *tr.* Eliminar un programa u otra aplicación informática de un sistema.

desintegración *f.* Acción y efecto de desintegrar o desintegrarse.

desintegrar *tr./prnl.* Separar completamente o perder la unión de los elementos que conforman una cosa o un grupo de personas, de modo que deje de existir.

desinterés *m.* Falta de interés o de atención.

desinteresado, -da *adj.* [persona] Que actúa sin que le mueva el interés o el provecho para sí.

desinteresarse *prnl.* Perder el interés o la atención hacia una persona o cosa.

desintoxicación *f.* Acción y efecto de desintoxicar o desintoxicarse.

desintoxicar [1] *tr./prnl.* Eliminar en una persona los efectos de una sustancia en mal estado, un veneno o una droga.

desistir *intr.* Abandonar una acción que se había empezado o un plan o proyecto.

deslavazado, -da *adj.* Que es desordenado o inconexo o que está mal compuesto.

deslave *m.* AMÉR Erosión de la tierra de la ribera fluvial por acción de la corriente.

desleal *adj./com.* [persona] Que ha incumplido un juramento o una promesa.

deslealtad *f.* Incumplimiento de la fe que uno debe a otro.

desleír [37] *tr./prnl.* Deshacer un cuerpo sólido o pastoso en un líquido.

deslenguado, -da *adj./m. y f.* Que habla con descaro y sin respeto ni consideración hacia los demás.

desliar [13] *tr./prnl.* 1 Deshacer lo que está enredado. 2 Deshacer el envoltorio de una cosa, generalmente de un paquete.

desligar *tr.* 1 Separar una cosa de otra por considerarla independiente. **‖** *tr.* 2 Soltar lo que está atado. 3 Desvincular o quedar liberado de una obligación.

deslindar *tr.* 1 Determinar y marcar con claridad los límites de un terreno. 2 Aclarar los límites de una cosa para que no exista confusión.

deslinde *m.* Determinación de los límites de una cosa, especialmente de un terreno.

desliz *m.* Error leve no intencionado o falta de poca importancia.

deslizamiento *m.* Movimiento suave de resbalamiento sobre una superficie.

deslizante *adj.* Que desliza o permite el deslizamiento.

deslizar [4] *tr./intr./prnl.* 1 Pasar suavemente, resbalar o escurrirse una persona o una cosa sobre una superficie. **‖** *tr.* 2 Expresar con disimulo, en el transcurso de una conversación, un discurso o un escrito, una o varias ideas con especial significado. 3 Entregar a una persona una cosa con disimulo o poner una cosa en su sitio. **‖** *prnl.* 4 Andar o moverse con disimulo.

deslomar *tr.* 1 Dañar el lomo de un animal. **‖** *prnl.* 2 Quedarse agotado por haber realizado un gran esfuerzo.

deslucir [45] *tr./prnl.* 1 Quitar el brillo o el atractivo. 2 Manchar el buen nombre o la fama de una persona o una cosa.

deslumbrador, -ra *adj.* Que deslumbra.

deslumbramiento *m.* Acción y efecto de deslumbrar.

deslumbrante *adj.* Que deslumbra.

deslumbrar *tr./intr./prnl.* 1 Turbar la precisión de la vista a causa de la excesiva claridad de la luz. 2 Dejar a una persona impresionada o admirada.

deslustrar *tr./prnl.* Quitar el brillo o tersura a una cosa, especialmente a ciertas telas y tejidos.

deslustre *m.* Falta de brillo o tersura.

desmadejado, -da *adj.* [persona] Que siente debilidad y falta de fuerzas.

desmadrarse *prnl.* 1 Comportarse una persona sin moderación ni medida. 2 Salirse una corriente de agua de su cauce.

desmadre *m.* Acción y efecto de desmadrar o desmadrarse.

desmalezar [4] *tr.* AMÉR Quitar la maleza y las hierbas a un terreno o campo de cultivo.

desmán *m.* Comportamiento de una o más personas que supone atropello, desorden o abuso de autoridad.

desmandarse *prnl.* Comportarse atropelladamente, sin moderación ni respeto a las normas establecidas.

desmano Palabra que se utiliza en la locución *a desmano*, que significa 'lejos, apartado o justo en el sentido contrario del camino que se lleva o se piensa llevar'.

desmantelamiento *m.* Acción y efecto de desmantelar.

desmantelar *tr.* 1 Liquidar o desarticular una actividad, un negocio o una organización. 2 Derribar una construcción. 3 Destruir la fortificación de una plaza.

desmañado, -da *adj./m. y f.* [persona] Que no tiene maña o habilidad.

desmarañar *tr./prnl.* 1 Deshacer la maraña de hilos, cabellos, o cosas parecidas. 2 Aclarar un asunto difícil de entender.

desmarcarse *prnl.* 1 En ciertos deportes, moverse un jugador para escapar de la vigilancia de sus contrarios. 2 Escabullirse para librarse de un trabajo o un deber. 3 Apartarse una persona de la idea o la postura de la mayoría.

desmayado, -da *adj.* [color] Que es pálido y de poca intensidad.

desmayar *tr./prnl.* 1 Perder o hacer perder el sentido momentáneamente. ∥ *intr.* 2 Decaer del ánimo o el valor.

desmayo *m.* 1 Pérdida momentánea del sentido o del conocimiento. 2 Decaimiento del ánimo, el valor o las fuerzas.

desmedido, -da *adj.* Que es excesivo.

desmedirse [34] *prnl.* Hablar u obrar sin respeto ni cortesía, saliéndose de los límites permitidos o convenientes.

desmejoramiento *m.* 1 Pérdida del aspecto saludable. 2 Pérdida de la salud.

desmejorar *tr./prnl.* 1 Perder o hacer perder el aspecto saludable. ∥ *intr./prnl.* 2 Ir perdiendo la salud.

desmelenar *tr./prnl.* 1 Desordenar los pelos de la cabeza. ∥ *prnl.* 2 Abandonar una persona el encogimiento o la modestia que le son habituales.

desmembración *f.* Acción y efecto de desmembrar o desmembrarse.

desmembrar [27] *tr.* 1 Dividir y separar los miembros o extremidades de un cuerpo. ∥ *tr./prnl.* 2 Separar los elementos que conforman una cosa.

desmemoriado, -da *adj./m. y f.* [persona] Que tiene poca memoria.

desmentido *m.* Mensaje que niega una información o noticia falsas.

desmentir [35] *tr.* 1 Decir a una persona que miente. 2 Asegurar o demostrar que un dicho o hecho son falsos.

desmenuzar [4] *tr.* 1 Deshacer o dividir en partes muy pequeñas. 2 Analizar o examinar de forma exhaustiva.

desmerecer [43] *intr.* 1 Perder una cosa las cualidades que la hacen digna de aprecio. 2 Ser o considerar inferior a una persona o una cosa comparada con otra.

desmerecimiento *m.* Acción y efecto de desmerecer.

desmesura *f.* Exageración y falta de medida, generalmente en el comportamiento.

desmesurado, -da *adj.* 1 Que es exagerado o mayor de lo normal. ∥ *adj./m. y f.* 2 Que se excede en el hablar y en el obrar.

desmesurar *tr.* 1 Exagerar o aumentar la importancia de una cosa. ∥ *prnl.* 2 Excederse en el hablar y en el obrar.

desmigajar *tr./prnl.* 1 Deshacer el pan en migas o quitarle la miga. 2 Deshacer una cosa en migajas o trozos muy pequeños.

desmigar *tr./prnl.* Deshacer el pan en migas o quitarle la miga.

desmilitarización *f.* Acción y efecto de desmilitarizar.

desmilitarizar [4] *tr./prnl.* 1 Suprimir o perder la condición militar. 2 Suprimir las tropas o las instalaciones militares de una zona o territorio.

desmirriado, -da *adj./m. y f.* Que es muy delgado y con aspecto débil.

desmitificar [1] *tr.* Hacer perder a alguien o algo la excesiva valoración o idealización en que se le tiene.

desmochar *tr.* Cortar o arrancar la parte superior de una cosa dejándola sin punta o sin su correspondiente terminación.

desmontable *adj.* Que está compuesto de piezas que se pueden desmontar.

desmontar *tr.* 1 Separar las piezas que forman un objeto. 2 Cortar los árboles y las matas de un monte o bosque. **3** Allanar un terreno. **4** Derribar un edificio o una parte de él. ❘ *tr./intr./prnl.* **5** Bajar de un animal o de un vehículo.

desmonte *m.* **1** Corte de árboles y matas. **2** Terreno en el que se han cortado árboles y matas.

desmoralizador, -ra *adj.* Que quita el ánimo o la esperanza.

desmoralizar [4] *tr./prnl.* Perder o quitar el ánimo o la esperanza.

desmoronar *tr./prnl.* **1** Deshacer poco a poco un material u otra cosa. ❘ *prnl.* **2** Ir perdiendo una cosa poco a poco la fuerza o la unidad. **3** Perder una persona la fuerza moral o el ánimo.

desmotivar *tr./prnl.* Perder o hacer perder el ánimo o el interés por algo.

desmovilizar [4] *tr.* Abandonar el servicio militar activo las personas que han sido movilizadas o llamadas a filas.

desnacionalización *f.* Acción y efecto de desnacionalizar.

desnacionalizar [4] *tr./prnl.* **1** Transformar una actividad o entidad pública en privada. **2** Hacer perder el carácter nacional de una institución o industria por la inclusión de elementos extranjeros.

desnatado *m.* Proceso por el que se quita la nata de la leche.

desnatar *tr.* Quitar la crema o la nata de la leche o de los productos lácteos.

desnaturalización *f.* Acción y efecto de desnaturalizar.

desnaturalizado, -da *adj./m. y f.* [persona] Que falta a los deberes y obligaciones que tiene con sus familiares.

desnaturalizar [4] *tr./prnl.* **1** Alterar una sustancia de tal forma que deje de ser apta para el consumo humano. **2** Quitar o perder los derechos que se tienen por haber nacido en un país.

desnivel *m.* **1** Diferencia de altura entre dos o más puntos. **2** Falta de nivel o de igualdad entre personas o cosas.

desnivelar *tr./prnl.* **1** Perder o quitar la horizontalidad. **2** Perder o quitar la igualdad entre personas o cosas.

desnucar *tr./prnl.* **1** Desarticular los huesos de la nuca. **2** Matar a una persona o animal de un golpe en la nuca.

desnuclearización *f.* Disminución o eliminación de las armas o instalaciones nucleares de un territorio.

desnudar *tr.* **1** Quitar toda la ropa a una persona. ❘ *tr.* **2** Quitar a una cosa lo que la cubre o adorna. **3** Despojar a una per-

sona de las cosas de valor que lleva. ❘ *prnl.* **4** Hablar abiertamente con alguien de los sentimientos más íntimos.

desnudez *f.* **1** Falta de vestido. **2** Falta de los elementos que cubren o adornan.

desnudismo *m.* Práctica que defiende la desnudez completa para alcanzar la perfección física y moral.

desnudista *adj.* **1** Del desnudismo. ❘ *com.* **2** Persona que practica el desnudismo.

desnudo, -da *adj.* **1** Que no lleva ropa puesta. **2** Que no tiene lo que cubre o adorna. **3** Que no tiene bienes ni cosas de valor. **4** Que carece de una cosa no material. **5** Que es claro o que se comprueba con claridad. ❘ *m.* **6** Figura humana que en arte se representa sin ropa.

desnutrición *f.* Estado de la persona desnutrida.

desnutrirse *prnl.* Debilitarse un organismo por recibir poca o muy mala alimentación.

desobedecer [43] *tr.* No hacer lo que se ha mandado o está establecido.

desobediencia *f.* Incumplimiento de una ley o mandato.

desobediente *adj./com.* Que tiene tendencia a no hacer lo que se le manda.

desocupación *f.* Falta de actividad.

desocupado, -da *adj./m. y f.* **1** [persona] Que no desarrolla ningún trabajo o que no tiene empleo. ❘ *adj.* **2** Que está dispuesto para su utilización o libre para hacer algo.

desocupar *tr.* **1** Dejar libre un lugar. **2** Sacar lo que hay dentro de una cosa.

desodorante *adj./m.* [sustancia, producto] Que hace desaparecer los malos olores, especialmente del cuerpo humano.

desodorizar *tr.* Hacer desaparecer los malos olores.

desoír [75] *tr.* No tener en cuenta las palabras o consejos de alguien.

desolación *f.* **1** Destrucción completa de una cosa, ruina de un lugar. **2** Sentimiento de dolor, amargura y tristeza grandes.

desolado, -da *adj.* **1** [lugar] Que está destruido, arruinado, sin bienes materiales ni vida. **2** [persona] Que está lleno de gran dolor, amargura y tristeza.

desolador, -ra *adj.* Que produce gran dolor, amargura y tristeza.

desolar [31] *tr.* **1** Destruir totalmente. ❘ *tr./prnl.* **2** Llenar o llenarse de gran dolor, amargura y tristeza.

desollar [31] *tr./prnl.* **1** Quitar o perder la piel. **2** Causar a una persona un grave perjuicio moral o material.

desorbitar *tr./prnl.* 1 Sacar una cosa de su órbita o límites habituales. 2 Exagerar una cosa.

desorden *m.* 1 Falta de orden. 2 Alboroto callejero. 3 Irregularidad en el funcionamiento de un órgano corporal.

desordenado, -da *adj.* 1 [cosa] Que no tiene orden. ‖ *adj./m. y f.* 2 [persona] Que no tiene sus cosas en orden o que actúa sin reglas ni método.

desordenar *tr./prnl.* Quitar o perder una cosa su orden o la disposición entre sus elementos.

desorganización *f.* Falta de orden.

desorganizar [4] *tr./prnl.* Quitar o perder el orden o disposición de los elementos que forman una cosa o un grupo.

desorientar *tr./prnl.* 1 Perder o hacer perder a una persona o un grupo la orientación en lo que hace o la forma de hacerlo. 2 Confundir a una persona. 3 Perder o hacer perder a una cosa su posición respecto a un punto del espacio.

desosar [59] *tr.* Deshuesar.

desovar *intr.* BIOL. Soltar o poner sus huevas o huevos las hembras de los peces y anfibios.

desove *m.* BIOL. Acción de desovar.

desoxidar *tr.* Quitar a un metal el óxido que lo mancha o cubre.

desoxigenar *tr./prnl.* QUÍM. Quitar a una sustancia el oxígeno con el que estaba combinada.

despabilar *tr.* 1 Quitar a una vela o candil la parte de mecha ya quemada para que dé más luz. ‖ *tr./intr./prnl.* 2 Aumentar en una persona la inteligencia, la agilidad mental y la capacidad de relación con los demás. ‖ *intr.* 3 Darse prisa. ‖ *intr./prnl.* 4 Sacudirse el sueño.

despachar *tr.* 1 Terminar un negocio o darle solución a un problema. 2 Echar de un lugar o un trabajo. ‖ *tr./intr.* 3 Resolver un asunto. 4 Vender un producto a un comprador. 5 Atender el dependiente de una tienda a los clientes. ‖ *prnl.* 6 Decir todo lo que uno quiere sin rodeos.

despacho *m.* 1 Habitación o conjunto de habitaciones destinadas a resolver negocios o al estudio. 2 Mueble o conjunto de muebles de esa habitación. 3 Establecimiento donde se venden ciertas mercancías. 4 Mensaje que se envía o recibe por una vía rápida.

despachurrar *tr./prnl.* Aplastar o reventar una cosa estrujándola.

despacio *adv.* Poco a poco o lentamente.

despacioso, -sa *adj.* Que se mueve u obra con lentitud.

despampanante *adj. coloquial* Que llama la atención por su aspecto físico.

despampanar *tr.* Quitar el exceso de hojas a las vides.

desparejar *tr./prnl.* Separar dos cosas que forman pareja.

desparpajo *m.* Facilidad para hablar o para desenvolverse.

desparramar *tr./prnl.* Esparcir sin orden y en diferentes direcciones.

desparramo *m.* CSUR, CUBA Desorden y confusión producidos cuando se dispersan de forma sorprendente cosas o personas.

despatarrar *tr./prnl.* 1 Abrir en exceso las piernas o las patas. ‖ *prnl.* 2 Caerse con las piernas abiertas.

despavorido, -da *adj.* Que tiene mucho miedo.

despechar *tr./prnl.* Causar resentimiento o disgusto a una persona un desengaño o una ofensa.

despecho *m.* Resentimiento o disgusto.

despechugar [7] *tr.* 1 Quitar la pechuga a un ave. ‖ *prnl.* 2 *coloquial* Quitarse la ropa que cubre el pecho o llevarlo descubierto o con poca ropa.

despectivo, -va *adj.* 1 Que muestra desprecio o indiferencia. ‖ *adj./m. y f.* 2 [palabra, frase, expresión] Que indica falta de consideración, estima o respeto.

despedazar [4] *tr./prnl.* Hacer pedazos una cosa.

despedida *f.* 1 Expresión o gesto que se usa para despedirse. 2 Momento en el que alguien se despide.

despedir [34] *tr.* 1 Acompañar hasta el lugar de salida a una o varias personas que se van. 2 Lanzar o arrojar fuera de sí con fuerza. 3 Desprender o echar fuera de sí. ‖ *tr./prnl.* 4 Echar a una persona de su empleo. ‖ *intr.* 5 Apartar una persona a otra de su lado o compañía por resultarle incómoda o molesta. ‖ *prnl.* 6 Mostrar una persona afecto o cortesía, mediante expresiones o gestos, al separarse de otra o al terminar una conversación.

despegar [7] *tr./prnl.* 1 Separar dos o más cosas que están unidas entre sí o muy juntas. ‖ *intr.* 2 Separarse una cosa o un animal de una superficie con un impulso para comenzar a volar, especialmente un avión o una nave. 3 Comenzar a avanzar o desarrollarse notablemente una cosa, especialmente un proceso.

despego *m.* Abandono del afecto o afición a una persona o cosa.

despegue *m.* Acción y efecto de despegar.

despeinar *tr./prnl.* Deshacer un peinado o enredar el pelo.

despejado, -da *adj.* 1 [cielo] Que no tiene nubes. 2 [espacio] Que es amplio o que no tiene obstáculos ni estorbos. 3 [duda, confusión] Que se ha aclarado o resuelto. 4 [persona] Que ha recuperado el descanso físico y la claridad mental.

despejar *tr.* 1 Dejar sin obstáculos ni estorbos un espacio. 2 En ciertos deportes, lanzar la pelota lejos de la portería para evitar el peligro. ‖ *tr./prnl.* 3 Explicar una duda o una confusión. 4 Recuperar una persona el descanso físico y la claridad mental. 5 MAT. Separar una incógnita de los demás miembros de una ecuación. ‖ *prnl.* 6 Desaparecer las nubes del cielo.

despeje *m.* En algunos deportes, lanzamiento de la pelota lejos de la propia portería para evitar el peligro.

despellejar *tr./prnl.* 1 Quitar o perder la piel. ‖ *tr.* 2 Criticar duramente a una persona, hablar muy mal de ella. ‖ *prnl.* 3 Levantarse una parte muy superficial de la piel o formarse pequeñas escamas en ella.

despelotarse *prnl.* 1 *coloquial* Desnudarse. 2 *coloquial* Reírse sin freno.

despelote *m.* 1 *coloquial* Acción y efecto de despelotarse. 2 CSUR, CUBA, ECUAD *coloquial* Situación de desorden, caos o confusión.

despenalizar [4] *tr.* Suprimir la consideración de delito o falta.

despendolarse *prnl. coloquial* Comportarse una persona de un modo alocado.

despensa *f.* 1 Lugar donde se almacenan alimentos. 2 Conjunto de alimentos almacenados.

despeñadero *m.* Terreno con rocas, alto y cortado verticalmente.

despeñar *tr./prnl.* Arrojar o caer desde un lugar alto.

despepitar *tr.* 1 Quitar las pepitas o semillas a un fruto. ‖ *prnl.* 2 Hablar o gritar con calor y enfado.

despercudido, -da *adj.* AMÉR *coloquial* [persona] Que tiene la piel clara o más clara que la propia de su raza.

desperdiciar [12] *tr.* Usar mal o no dar un uso correcto y completo a una cosa.

desperdicio *m.* 1 Acción de desperdiciar. 2 Conjunto de cosas que se desperdician.

desperdigamiento *m.* Dispersión de los elementos de un conjunto.

desperdigar [7] *tr./prnl.* 1 Dispersar los elementos de un conjunto en distintas direcciones sin un orden predeterminado. 2 Dividir un esfuerzo o una acción entre varias personas que persiguen el mismo fin.

desperezarse [4] *prnl.* Sacudirse la pereza.

desperfecto *m.* Daño o defecto de poca importancia.

despernarcarse [1] *prnl.* AMÉR Abrirse una persona excesivamente de piernas.

despersonalizar [4] *tr.* 1 Quitar a una persona las cualidades que la distinguen de las demás. 2 Actuar o tratar un asunto sin relacionarlo con una persona concreta. ‖ *prnl.* 3 Perder una persona las cualidades que la distinguen de los demás.

despertador *m.* Reloj que emite un sonido en el momento fijado con anterioridad, generalmente para interrumpir el sueño.

despertar [27] *m.* 1 Instante en que se interrumpe el sueño. ‖ *tr./intr./prnl.* 2 Interrumpir el sueño; dejar de dormir. ‖ *intr.* 3 Aumentar en una persona la agilidad mental y su capacidad de relación con el mundo circundante.

despiadado, -da *adj./m. y f.* Que no tiene compasión ni lástima.

despido *m.* 1 Expulsión de una persona de su empleo. 2 Cantidad de dinero que recibe una persona a causa de haber sido expulsada de su empleo.

despiece *m.* Separación ordenada de las partes del cuerpo de un animal o de las piezas de una máquina.

despierto, -ta *part.* 1 Participio irregular de *despertar*. También se usa como adjetivo. ‖ *adj.* 2 [persona] Que tiene agilidad mental y capacidad de relación con el mundo circundante.

despiezar *tr.* Separar ordenadamente las partes del cuerpo de un animal.

despilfarrador, -ra *adj./m. y f.* Que despilfarra.

despilfarrar *tr.* Gastar el dinero de forma desmesurada y sin necesidad.

despilfarro *m.* Gasto desmesurado e inútil de dinero.

despintar *tr./prnl.* Quitar o desgastar los colores o la pintura.

despiojar *tr./prnl.* Quitar los piojos.

despiporre o **despiporren** *m. coloquial* Diversión desmedida acompañada de escándalo y desorden.

despistado, -da *adj./m. y f.* [persona] Que pone poca atención en lo que hace o que se distrae con facilidad.

despistar *tr./prnl.* 1 Poner poca atención

en lo que se hace, distraerse con facilidad.
2 Hacer perder una pista o el camino.
❚ *prnl.* **3** Salirse un vehículo de la carretera.

despiste *m.* Pérdida de la atención.

desplante *m.* Dicho o hecho que encierra desprecio, insolencia o arrogancia.

desplazado, -da *adj./m. y f.* [persona] Que no se adapta a las condiciones en que vive o a las circunstancias que lo rodean.

desplazamiento *m.* Acción y efecto de desplazar o desplazarse.

desplazar *tr./prnl.* **1** Mover de lugar. **2** Sacar a una persona del cargo, puesto o lugar que ocupa. **3** FÍS. Mover o desalojar una cantidad de un fluido igual al volumen del cuerpo sumergido en él. ❚ *prnl.* **4** Ir de un lugar a otro.

desplegable *adj.* **1** Que se puede desplegar o extender. ❚ *m.* **2** Hoja de grandes dimensiones que se incluye plegada en un libro o en una publicación periódica.

desplegar [48] *tr./prnl.* **1** Extender lo que está plegado. **2** Repartir de forma abierta o extendida un conjunto de personas. ❚ *tr.* **3** Hacer uso o mostrar una cualidad.

despliegue *m.* Acción y efecto de desplegar.

desplomar *tr.* **1** Hacer perder la posición vertical de un edificio o pared. ❚ *prnl.* **2** Caerse, perder la posición vertical. **3** Venirse abajo, arruinarse.

desplome *m.* Caída, pérdida de la posición vertical.

desplumar *tr./prnl.* **1** Quitar las plumas a un ave. ❚ *tr.* **2** *coloquial* Quitar o hacer perder los bienes o el dinero mediante el engaño o la violencia.

despoblación *f.* Disminución o falta de habitantes en un lugar.

despoblado, -da *adj./m.* [lugar] Que ha sido abandonado por sus habitantes.

despoblar [31] *tr./prnl.* Disminuir el número de habitantes de un lugar o quedarse sin habitantes.

despojar *tr.* **1** Privar a una persona de lo que tiene, generalmente con violencia. **2** Quitar lo que acompaña o cubre una cosa. ❚ *prnl.* **3** Quitarse alguna prenda de vestir. **4** Renunciar alguien a lo que tiene.

despojo *m.* **1** Privación de lo que se tiene. **2** Conjunto de armas, bienes y provisiones que el vencedor toma del enemigo vencido. ❚ *m. pl.* **3** Parte que se separa del cuerpo de un animal y que suele ser de poco valor. **4** Restos de una cosa después de haberla usado o consumido. **5** Cuerpo muerto de una persona o un animal.

despolitización *f.* Eliminación o pérdida del contenido político.

despolitizar [4] *tr./prnl.* Quitar o perder el contenido político.

desportillar *tr./prnl.* Estropear el borde o la boca de un objeto.

desposar *tr.* **1** Unir a dos personas en matrimonio. ❚ *prnl.* **2** Casarse con las ceremonias y formalidades legales establecidas.

desposeer [61] *tr.* **1** Privar a una persona de los bienes que posee. ❚ *prnl.* **2** Renunciar una persona a los bienes que posee.

desposorios *m. pl.* Ceremonia o acto en el que dos personas contraen matrimonio.

déspota *com.* **1** Soberano que gobierna con un poder total sin someterse a las leyes ni a limitaciones. ❚ *adj./com.* **2** [persona] Que abusa de su superioridad, de su fuerza o de su poder.

despótico, -ca *adj.* Del déspota.

despotismo *m.* **1** Forma de gobierno en la que el soberano tiene un poder total, sin el límite de las leyes. **2** Abuso de superioridad, fuerza o poder.

despotricar [1] *intr. coloquial* Criticar sin consideración ni respeto.

despreciable *adj.* Que merece ser despreciado.

despreciar [12] *tr.* **1** Rechazar a una persona que no merece aprecio o consideración. **2** Rechazar una cosa que no merece atención o aprecio por no considerarla importante.

despreciativo, -va *adj.* Que muestra desprecio o indiferencia.

desprecio *m.* **1** Falta de afecto o de consideración. **2** Falta de consideración que se hace de manera pública.

desprender *tr./prnl.* **1** Separar o despegar una cosa de otra. **2** Echar de sí. ❚ *prnl.* **3** Renunciar o apartarse una persona de lo que le pertenece. **4** Conocer o deducir una cosa o idea a partir de otra.

desprendido, -da *adj./m. y f.* Que ayuda a los demás sin esperar nada a cambio.

desprendimiento *m.* Acción y efecto de desprender o desprenderse.

despreocupación *f.* Estado de ánimo de la persona que no tiene preocupaciones.

despreocuparse *prnl.* **1** Librarse de una causa que produce intranquilidad, miedo o angustia. **2** Mantenerse voluntariamente al margen de una cosa.

desprestigiar [12] *tr./prnl.* Manchar el prestigio o buen nombre de una persona, un grupo o una cosa.

desprestigio *m.* Pérdida del prestigio o el buen nombre.

despresurizar [4] *tr.* Hacer que cese la presión atmosférica apropiada al organismo humano en las cabinas de los aviones o naves espaciales.

desprevenido, -da *adj.* Que no está dispuesto o preparado para una cosa.

desproporción *f.* Falta de proporción.

desproporcionado, -da *adj.* Que no guarda la proporción o relación adecuada.

desproporcionar *tr./prnl.* Quitar el equilibrio que debe existir entre las partes y el todo o entre una cosa y otra.

despropósito *m.* Dicho o hecho sin sentido, inoportuno o inconveniente.

desproveer [61] *tr.* Privar a alguien de lo necesario.

desprovisto, -ta *part.* 1 Participio irregular de *desproveer*. También se usa como adjetivo. **‖** *adj.* 2 Que le falta lo necesario.

después *adv.* 1 En un momento posterior a otro que se sugiere o menciona. 2 Más lejos en el espacio con referencia a un punto determinado. **‖** *adj.* 3 Que sigue o va detrás.

despuntar *tr./prnl.* 1 Quitar, romper o gastar la punta. **‖** *intr.* 2 Mostrar habilidad, inteligencia o buena disposición para cierta actividad. 3 Empezar a brotar los tallos y brotes de una planta. 4 Empezar a aparecer el día, el alba o la aurora.

desquiciado, -da *adj./m. y f.* [persona, animal] Que ha perdido la tranquilidad o la paciencia o que está alterado.

desquiciar [12] *tr./prnl.* 1 Alterar o quitar a una persona la tranquilidad o la paciencia. 2 Sacar una puerta o una ventana del quicio en el que está encajada. **‖** *tr.* 3 Sacar una cosa de su curso normal.

desquitar *tr./prnl.* 1 Responder a una ofensa o daño con otra ofensa o daño. 2 Compensar un daño o una pérdida.

desquite *m.* Respuesta a una ofensa o daño con otra ofensa o daño.

desratizar [4] *tr.* Eliminar totalmente las ratas y ratones de un lugar.

desriñonar *tr./prnl.* 1 Causar daño en los riñones a causa de un esfuerzo o un golpe. 2 *coloquial* Cansar mucho.

destacado, -da *adj.* Que destaca o sobresale por ser importante o conocido.

destacamento *m.* Parte de una tropa del ejército que se separa del resto para realizar una misión determinada.

destacar [1] *tr.* 1 Señalar o llamar la aten-

ción sobre una cosa. 2 Separar una parte del cuerpo principal de un ejército para realizar una misión. **‖** *intr./prnl.* 3 Sobresalir de los demás por una cualidad.

destajo Palabra que se utiliza en la locución *a destajo*, que significa: *a*) 'Modo de contrato que consiste en cobrar por el trabajo realizado y no por el tiempo empleado'. *b*) 'Muy deprisa y sin descanso'.

destapar *tr./prnl.* 1 Quitar la tapa, el tapón o la cubierta. 2 Descubrir lo que está oculto. **‖** *prnl.* 3 Dar a conocer habilidades, sentimientos o intenciones propias que no se habían mostrado antes.

destape *m.* Despojo de la ropa para mostrar el cuerpo desnudo.

destartalado, -da *adj.* Que está mal cuidado, viejo o roto.

destellar *intr.* Despedir ráfagas de luz o chispazos.

destello *m.* 1 Ráfaga o rayo de luz generalmente intenso y de corta duración. 2 Muestra pequeña o momentánea de una cualidad.

destemplado, -da *adj.* 1 Que tiene malestar general acompañado de frío. 2 [tiempo atmosférico] Que no es agradable.

destemplanza *f.* Sensación general de malestar físico sin síntomas precisos.

destemplar *tr./prnl.* 1 Apartar del tono adecuado un sonido o un instrumento. 2 Perder la armonía, el orden o la proporción. **‖** *prnl.* 3 Sentirse mal físicamente.

desteñir [36] *tr./intr./prnl.* 1 Hacer más débiles o perder los colores con los que está teñida una cosa. **‖** *tr./intr.* 2 Manchar una cosa a otra con su color.

desternillarse *prnl.* Reírse mucho.

desterrar [27] *tr.* 1 Expulsar de un país. 2 Apartar un sentimiento o un pensamiento. 3 Abandonar un uso o una costumbre. **‖** *prnl.* 4 Salir voluntariamente del propio país por razones políticas.

destetar *tr./prnl.* Hacer que deje de mamar un niño o la cría de un animal dándole el biberón o un alimento diferente de la leche.

destete *m.* Cese de la lactancia.

destiempo Palabra que se utiliza en la locución *a destiempo*, que significa 'fuera de tiempo o en un momento poco adecuado'.

destierro *m.* 1 Acción de desterrar o desterrarse. 2 Lugar en el que vive la persona desterrada. 3 Tiempo durante el cual una persona desterrada vive fuera de su país. 4 Lugar muy alejado.

destilación *f.* Proceso por el que una sustancia volátil se separa de otra que no lo es por medio del calor.

destilar *tr.* 1 Separar una sustancia volátil de otra que no lo es en alambiques u otros vasos por medio del calor. 2 Mostrar o hacer notar una característica. ▮ *tr./intr.* 3 Caer o correr un líquido gota a gota.

destilería *f.* Lugar donde se realiza el proceso de la destilación.

destinar *tr.* 1 Señalar o determinar una cosa para un uso, un fin o una función. 2 Designar un empleo o el lugar para ejercerlo. 3 Dirigir un envío a una persona o a un lugar.

destinatario, -ria *m. y f.* Persona a quien se dirige una cosa.

destino *m.* 1 Fin, uso o función que se da a una cosa. 2 Lugar adonde se dirige alguien o algo. 3 Empleo, ocupación o lugar en el que se desempeña. 4 Fuerza supuesta y desconocida que determina lo que ha de ocurrir.

destitución *f.* Expulsión de una persona del cargo que ocupa.

destituir [62] *tr.* Expulsar a una persona del cargo que ocupa.

destornillador *m.* 1 Herramienta para destornillar y atornillar. 2 *coloquial* Bebida alcohólica hecha con vodka y naranjada.

destornillar *tr.* Dar vueltas a un tornillo para sacarlo del lugar donde está o dejarlo menos apretado.

destreza *f.* Capacidad para hacer bien, con facilidad y rapidez algo que resulta difícil a los demás.

destripar *tr.* 1 Sacar las tripas. 2 Sacar lo que tiene una cosa en su interior. 3 Aplastar o reventar una cosa blanda.

destripaterrones *com.* Persona que se dedica a trabajar y cultivar la tierra.

OBS Se usa como apelativo despectivo. El plural también es *destripaterrones*.

destronamiento *m.* Expulsión del trono de un rey.

destronar *tr.* 1 Expulsar o echar del trono a un rey. 2 Quitar a alguien o algo de la situación de privilegio de que goza.

destroncar [1] *tr.* Cortar o tronchar un árbol por el tronco.

destrozar [4] *tr./prnl.* 1 Romper o hacer trozos. ▮ *tr.* 2 Estropear una cosa de manera que no sirva o que no se pueda usar. 3 Causar un daño moral o una pena grande. 4 Vencer a un contrincante por mucha diferencia. ▮ *prnl.* 5 Cansarse mucho.

destrozo *m.* 1 Rotura de una cosa en trozos. 2 Daño grande.

destrozón, -zona *adj./m. y f.* [persona] Que destroza más de lo normal.

destrucción *f.* Acción y efecto de destruir.

destructivo, -va *adj.* Que destruye.

destructor, -ra *adj./m. y f.* 1 Que destruye. ▮ *m.* 2 Buque de guerra rápido y ligero que se usa para la protección de otras embarcaciones y para el ataque.

destruir [62] *tr.* 1 Romper en trozos pequeños o echar por tierra una cosa material. 2 Hacer desaparecer o inutilizar algo inmaterial.

desuncir [3] *tr.* Soltar o quitar el yugo a los animales.

desunión *f.* Acción y efecto de desunir o desunirse.

desunir *tr./prnl.* 1 Apartar o separar lo que estaba unido. 2 Hacer que se lleven mal entre sí dos o más personas.

desusado, -da *adj.* Que ha dejado de usarse.

desusar *tr.* Dejar de usar o de emplear una cosa.

desuso *m.* Falta de uso o de empleo.

desvaído, -da *adj.* 1 [color] Que está apagado o pálido; que ha perdido intensidad. 2 Que tiene sus contornos poco claros.

desvalido, -da *adj./m. y f.* 1 [persona] Que no tiene la ayuda o protección que necesita. 2 [persona] Que no tiene los recursos necesarios para vivir.

desvalijar *tr.* Robar a una persona o en un lugar.

desvalimiento *m.* Falta de ayuda o protección de quien lo necesita.

desvalorización *f.* Disminución del valor de una moneda o de otra cosa.

desvalorizar [4] *tr./prnl.* Disminuir el valor de una moneda o de otra cosa.

desván *m.* Parte más alta de una casa, justo debajo del tejado, que suele usarse para guardar objetos.

desvanecer [43] *tr./prnl.* 1 Disgregar o hacer desaparecer de la vista poco a poco. 2 Borrar de la mente u olvidar una idea, una imagen o un recuerdo. ▮ *prnl.* 3 Evaporarse una sustancia o parte de ella. 4 Perder el sentido momentáneamente.

desvanecimiento *m.* Pérdida momentánea del sentido o del conocimiento.

desvariar [13] *intr.* Decir o hacer cosas que van en contra del sentido común.

desvarío *m.* Comportamiento que va en contra del sentido común.

desvelar *tr./prnl.* **1** Quitar o impedir el sueño. ‖ *tr.* **2** Poner de manifiesto lo que estaba oculto. ‖ *prnl.* **3** Poner gran cuidado e interés en algo.

desvelo *m.* **1** Dificultad para dormir. **2** Cuidado e interés que se pone en algo.

desvencijar *tr./prnl.* Desunir o separar las partes que forman una cosa.

desventaja *f.* Característica que hace que una persona, cosa o situación sea peor que otra con la que se compara.

desventajoso, -sa *adj.* Que tiene desventaja.

desventura *f.* **1** Hecho que causa gran dolor o aflicción. **2** Mala suerte.

desventurado, -da *adj./m. y f.* **1** Que padece desventuras. **2** Que no tiene suerte o fortuna.

desvergonzado, -da *adj./m. y f.* Que habla u obra sin vergüenza ni educación.

desvergonzarse [51] *prnl.* Hablar u obrar sin vergüenza ni educación.

desvergüenza *f.* Falta de vergüenza.

desvestir [34] *tr./prnl.* Quitar toda la ropa o parte de ella.

desviación *f.* **1** Acción y efecto de desviar o desviarse. **2** Tendencia o actitud que no se considera normal.

desviar [13] *tr./prnl.* **1** Separar o apartar a alguien o algo del camino o de la dirección que lleva. **2** Apartar a una persona de una idea o de una intención.

desvincular *tr.* Romper o acabar una relación o vinculación.

desvío *m.* **1** Cambio o separación en la dirección o el fin de una cosa. **2** Carretera que se aparta o separa de otra general.

desvirgar [7] *tr.* Hacer perder la virginidad a una mujer.

desvirtuar [11] *tr./prnl.* Disminuir o quitar la virtud o las características esenciales o propias en una cosa.

desvivirse *prnl.* Mostrar gran afecto e interés por una persona o cosa.

detallar *tr.* Contar una cosa explicando todos sus detalles.

detalle *m.* **1** Hecho o circunstancia secundaria que contribuye a formar una cosa. **2** Muestra de educación, delicadeza o cariño. **3** Regalo de poca importancia.

detallista *adj.* **1** Que cuida mucho los detalles. ‖ *com.* **2** Persona que se dedica a vender mercancías en pequeñas cantidades.

detección *f.* Acción y efecto de detectar.

detectar *tr.* Descubrir o recoger señales o pruebas de la existencia o la presencia de una cosa o un fenómeno que está oculto.

detective *com.* Policía que se dedica a investigar determinados casos.

detector *m.* Aparato que sirve para descubrir la presencia de un fenómeno o de una cosa oculta.

detención *f.* Acción y efecto de detener o detenerse.

detener [87] *tr./prnl.* **1** Interrumpir un movimiento o una actividad. **2** Privar provisionalmente de la libertad a una persona por orden de la autoridad competente. ‖ *prnl.* **3** Dedicar tiempo a realizar una actividad o a explicar un asunto.

detenido, -da *adj./m. y f.* **1** [persona] Que ha sido privado provisionalmente de la libertad por orden de la autoridad competente. ‖ *adj.* **2** Que se hace con atención, cuidado y lentitud.

detenimiento *m.* Atención o dedicación que se pone al realizar una actividad o al pensar o explicar un asunto.

detentar *tr.* Ocupar un cargo o un poder de manera ilegítima.

detergente *adj./m.* [sustancia, producto] Que sirve para lavar o limpiar.

deteriorar *tr./prnl.* Hacer inferior una cosa en calidad o valor.

deterioro *m.* Disminución o pérdida de la calidad o la importancia.

determinación *f.* Acción y efecto de determinar o determinarse.

determinado, -da *adj./m. y f.* Que muestra valor o firmeza. ▸ **artículo determinado** Artículo que se refiere a un sustantivo conocido por los hablantes.

determinante *m.* GRAM. Palabra que acompaña al sustantivo y limita o concreta su referencia.

determinar *tr./prnl.* **1** Tomar o hacer tomar una decisión. ‖ *tr.* **2** Señalar, fijar o establecer de manera clara y exacta una información o los límites de una cosa. **3** Averiguar una cosa a partir de las informaciones que se conocen. **4** Ser causa o motivo de algo. **5** GRAM. Limitar o concretar la referencia de un nombre.

determinativo, -va *adj.* **1** Que determina o resuelve. ‖ *m.* **2** GRAM. Determinante.

determinismo *m.* FILOS. Doctrina filosófica que considera que los acontecimientos no se pueden evitar por estar sujetos a una fuerza superior.

determinista *adj.* **1** FILOS. Del determinismo. ‖ *adj./com.* **2** FILOS. Que sigue la doctrina del determinismo.

detestable *adj.* Que produce repugnancia y rechazo.

detestar *tr.* Sentir odio y horror hacia una persona o cosa.

detonación *f.* Explosión que produce un gran ruido.

detonador, -ra *adj.* 1 Que provoca una detonación. ‖ *adj./m.* 2 [cosa, hecho] Que puede provocar o desencadenar una acción o proceso. ‖ *m.* 3 Dispositivo que sirve para hacer estallar una carga explosiva.

detonante *adj./m.* 1 [producto, sustancia] Que puede hacer estallar una carga explosiva. 2 [cosa, hecho] Que puede desencadenar una acción o proceso.

detonar *intr.* 1 Explotar haciendo ruido. ‖ *tr.* 2 Hacer estallar una carga explosiva.

detractor, -ra *adj./m. y f.* [persona] Que critica a una persona o cosa por no estar de acuerdo con ella.

detraer [88] *tr./prnl.* Restar.

detrás *adv.* En la parte posterior.

detrimento *m.* Daño moral o material.

detrito o detritus *m.* Resultado de la descomposición de una masa sólida de materia orgánica en partículas.

OBS El plural es detritos o *detritus*.

deuda *f.* 1 Obligación de pagar o devolver una cosa, generalmente dinero. 2 Obligación moral que una persona contrae con otra. 3 Cantidad de dinero que se debe pagar.

deudo, -da *m. y f.* Pariente, persona que pertenece a la misma familia que otra.

deudor, -ra *adj./m. y f.* [persona] Que debe, especialmente dinero.

deuterio *m.* QUÍM. Isótopo del hidrógeno; es un gas inodoro, incoloro e inflamable.

devaluación *f.* Disminución del valor o del precio de una moneda o de otra cosa.

devaluar [11] *tr./prnl.* Disminuir el valor o el precio de una moneda o de otra cosa.

devanar *tr.* Enrollar un hilo alrededor de un eje formando un ovillo.

devaneo *m.* 1 Relación amorosa superficial que dura poco tiempo. 2 Pérdida de tiempo en cosas sin importancia.

devastación *f.* Destrucción total de un territorio o de lo que hay en él.

devastador, -ra *adj.* Que devasta.

devastar *tr.* Destruir totalmente un territorio o lo que hay en él.

develar *tr.* 1 Poner de manifiesto lo que estaba oculto. 2 Quitar o descorrer la tela o el velo que cubre una cosa.

devengar [7] *tr.* Tener derecho a una cantidad de dinero como pago por un trabajo o servicio.

devenir [90] *intr.* 1 Ocurrir o producirse un hecho. 2 Llegar a ser. ‖ *m.* 3 FILOS. Proceso mediante el cual ocurre o llega a ser una cosa. 4 FILOS. Proceso o cambio continuo de la realidad.

devoción *f.* 1 Fervor religioso. 2 Práctica religiosa. 3 Inclinación o afecto especial por una persona o una cosa.

devocionario *m.* Libro que contiene oraciones para uso de los fieles.

devolución *f.* Acción y efecto de devolver.

devolver [32] *tr.* 1 Entregar a una persona lo que había prestado. 2 Entregar a un vendedor lo que se ha comprado a cambio de su importe. 3 Hacer que una persona o cosa vuelva a estar donde o como estaba antes. 4 Entregar el dinero que sobra de un pago a la persona que lo efectúa. ‖ *tr./ intr.* 5 *coloquial* Expulsar por la boca la comida que está en el estómago.

devorador, -ra *adj./m. y f.* [persona, animal] Que devora o come.

devorar *tr.* 1 Comer con ansia y rapidez. 2 Comer un animal a otro. 3 Destruir el fuego por completo. 4 Realizar una acción con mucho interés y rapidez.

devoto, -ta *adj./m. y f.* 1 Que inspira devoción. 2 Que tiene fervor religioso.

devuelto, -ta *part.* 1 Participio irregular de *devolver*. También se usa como adjetivo. ‖ *m.* 2 *coloquial* Conjunto de sustancias o de alimentos mal digeridos que estaban en el estómago y se expulsan por la boca.

deyección *f.* 1 Expulsión de excrementos por el ano. 2 Excremento expulsado por el ano. Se usa más en plural.

di- 1 Elemento prefijal que forma palabras con el significado de 'dos'. 2 En terminología química señala la presencia en el compuesto de dos átomos, moléculas o radicales. 3 Prefijo que forma palabras con el significado de: *a*) 'Oposición o contrariedad'. *b*) 'Origen o procedencia'. *c*) 'Extensión o propagación'.

día *m.* 1 Tiempo que emplea la Tierra en dar una vuelta sobre sí misma, normalmente desde las doce de la noche hasta veinticuatro horas después. 2 Tiempo que dura la claridad del Sol sobre el horizonte. 3 Fiesta del santo o el cumpleaños de una persona. ‖ *m. pl.* 4 Tiempo que dura la vida de una persona.

diabetes *f.* Enfermedad producida por una

concentración muy alta de azúcar en la sangre.

diabético, -ca *adj.* 1 De la diabetes. ‖ *adj./m. y f.* 2 [persona] Que padece diabetes.

diablillo *m.* Persona muy inquieta y revoltosa, especialmente si se trata de un niño.

diablo *m.* 1 Ser sobrenatural o espíritu que representa las fuerzas del mal. 2 Persona muy inquieta y revoltosa.

diablura *f.* Travesura de poca importancia hecha generalmente por los niños con la intención de divertirse.

diabólico, -ca *adj.* 1 [cosa, persona] Que tiene o muestra una maldad muy grande. 2 [cosa] Que es muy difícil de entender o resolver. 3 Del diablo.

diábolo *m.* 1 Juguete que consiste en hacer girar un carrete formado por dos conos unidos por sus vértices sobre una cuerda que está sujeta por dos palos que se mueven con las manos. 2 Objeto con el que se practica este juego.

diácono *m.* Hombre que sirve a la religión católica con el grado inmediatamente inferior al de sacerdote.

diacrítico, -ca *adj./m.* [signo ortográfico] Que da un valor especial a una letra.

diacronía *f.* Evolución de una cosa a través del tiempo.

diacrónico, -ca *adj.* De la diacronía.

diadema *f.* 1 Objeto de adorno que se lleva en la cabeza; tiene forma de círculo. 2 Corona redonda y sencilla.

diafanidad *f.* Gran claridad o facilidad de ser entendido.

diáfano, -na *adj.* 1 Que es muy claro o fácil de entender. 2 Que deja pasar la luz casi en su totalidad. 3 Que tiene una gran cantidad de luz o de claridad.

diafragma *m.* 1 ANAT. Músculo interior que separa el tórax del abdomen en el cuerpo de los mamíferos; es fundamental para la respiración. 2 Dispositivo situado en el objetivo de una cámara fotográfica para dejar pasar en cada momento la cantidad de luz necesaria. 3 Objeto anticonceptivo flexible y fino con forma de disco que se coloca en la vagina.

diagnosis *f.* Acción y efecto de diagnosticar.

OBS El plural también es *diagnosis*.

diagnosticar [1] *tr.* 1 MED. Determinar o identificar una enfermedad mediante el examen de los síntomas que presenta. 2 Examinar una cosa, un hecho o una situación para buscar solución a sus males.

diagnóstico *m.* 1 Determinación o identificación de una enfermedad mediante el examen de los síntomas que presenta. 2 Examen de una cosa, un hecho o una situación para buscar solución a sus males.

diagonal *adj./f.* [línea recta] Que une un ángulo con otro que no está inmediato en una figura plana, o que une dos ángulos que no están en la misma cara de una figura sólida.

diagrama *m.* Representación gráfica de las variaciones de un fenómeno o de las relaciones de los elementos de un conjunto.

dial *m.* 1 Superficie con letras o números que sirve para seleccionar el número de un teléfono o la emisora en un aparato de radio o televisión. 2 Superficie graduada que, mediante un indicador, mide una magnitud determinada.

dialectal *adj.* 1 De un dialecto. 2 [palabra] Que es propio de un dialecto.

dialectalismo *m.* Palabra, frase o modo de expresión propio de un dialecto.

dialéctica *f.* 1 Técnica de dialogar y discutir mediante el intercambio de razonamientos y argumentaciones. 2 Conjunto de razonamientos y argumentaciones de un discurso o una discusión y modo de ordenarlos.

dialéctico, -ca *adj.* De la dialéctica.

dialecto *m.* GRAM. Variedad lingüística, generalmente en unos límites territoriales determinados, cuyos rasgos distintivos no le confieren categoría de lengua.

dialectología *f.* GRAM. Parte de la lingüística que estudia el conjunto de dialectos que derivan de una lengua común.

dialectológico, -ca *adj.* GRAM. De la dialectología o que tiene relación con ella.

dialectólogo, -ga *m. y f.* GRAM. Persona que se dedica a la dialectología.

diálisis *f.* MED. Técnica de purificación de la sangre que se aplica a la persona cuyo riñón no realiza esa función.

dialogar [7] *intr.* 1 Hablar dos o más personas entre ellas. 2 Discutir sobre un asunto o sobre un problema con la intención de llegar a un acuerdo.

diálogo *m.* 1 Conversación entre dos o más personas que alternativamente exponen sus ideas y matices. 2 Discusión sobre un asunto o sobre un problema con la intención de llegar a un acuerdo o de encontrar una solución.

diamante *m.* 1 Piedra preciosa muy apreciada por su transparencia, brillo y dureza.

| *m. pl.* 2 Palo de la baraja francesa en el que hay dibujados rombos de color rojo.

diamantino, -na *adj.* Que tiene una o más características propias del diamante.

diametral *adj.* Del diámetro.

diámetro *m.* Línea recta que une dos puntos de una circunferencia, de una curva cerrada o de la superficie de una esfera pasando por su centro.

diana *f.* 1 Punto central de un blanco de tiro. 2 Superficie redonda que tiene dibujados varios círculos concéntricos y que se utiliza como blanco de tiro. 3 Toque o música militar que se da al amanecer para que los soldados se levanten de la cama.

diantre *m.* 1 *coloquial* Persona muy inquieta y revoltosa, especialmente un niño. | *int.* 2 ¡diantre! Expresión que indica sorpresa, disgusto o admiración.

diapasón *m.* 1 MÚS. Instrumento que produce un sonido que sirve como referencia para afinar o entonar otros instrumentos. 2 MÚS. Pieza de madera que cubre el mástil o palo de los instrumentos musicales de cuerda.

diapositiva *f.* Fotografía sacada directamente en positivo y en película u otro material transparente.

diario, -ria *adj.* 1 Que ocurre o se repite cada día. | *m.* 2 Libro en el que una persona va escribiendo día a día, o dividido por días, hechos o pensamientos íntimos. 3 Periódico que se publica todos los días.

diarrea *f.* Alteración del aparato digestivo que se manifiesta con la expulsión frecuente de excrementos líquidos.

diáspora *f.* Dispersión de un pueblo o comunidad humana por diversos lugares del mundo.

diástole *f.* Expansión rítmica del corazón y las arterias que se produce cuando la sangre purificada entra en ellas.

diatomea *f.* Alga unicelular con una concha y que habita en el mar y en el agua dulce.

diatónico, -ca *adj.* 1 MÚS. [semitono] Que se forma entre dos notas de distinto nombre. 2 MÚS. [escala, sistema] Que procede por la alternancia de dos tonos y un semitono, y de tres tonos y un semitono.

diatriba *f.* Discurso hablado o escrito que es ofensivo y violento contra una persona, un grupo o una cosa.

dibujante *com.* Persona que dibuja.

dibujar *tr.* 1 Representar la figura de una persona, un animal o una cosa en una superficie mediante líneas trazadas con instrumentos adecuados. 2 Describir o con-

tar la realidad con gran viveza y fidelidad. | *prnl.* 3 Aparecer, mostrarse o verse, pero sin claridad ni exactitud.

dibujo *m.* 1 Técnica de dibujar. 2 Representación de la figura de una persona, un animal o una cosa en una superficie mediante líneas trazadas con instrumentos adecuados. 3 Forma que resulta de combinarse las líneas, figuras y otros elementos que adornan una cosa. ▸ **dibujos animados** Película en la que los personajes son figuras dibujadas que se mueven gracias a técnicas de animación.

dicción *f.* 1 Manera de hablar. 2 Conjunto de características que definen la manera de hablar y escribir de una persona.

diccionario *m.* 1 Libro o inventario en el que se recoge y define, generalmente en orden alfabético, un conjunto de palabras de una o más lenguas o de una materia determinada. 2 Libro en el que se recoge y explica un conjunto de palabras de una ciencia, una especialidad o de un aspecto especial de la lengua.

diccionarista *com.* Persona experta en la confección de diccionarios.

dicha *f.* Sentimiento de gran alegría, bienestar y satisfacción.

dicharachero, -ra *adj./m. y f.* Que tiene una conversación amena y ocurrente.

dicho *part.* 1 Participio irregular de *decir*. También se usa como adjetivo. | *m.* 2 Palabra o conjunto de palabras mediante las cuales se dice una cosa o se expresa una idea, especialmente si tiene gracia o contiene una sentencia.

dichoso, -sa *adj.* 1 Que siente o proporciona una gran alegría, bienestar y satisfacción. 2 *coloquial* Que desagrada, causa enfado o fastidia. Tiene sentido despectivo. 3 Que es poco acertado o afortunado. Tiene sentido irónico.

diciembre *m.* Último mes del año.

dicotiledóneo, -nea *adj./f.* 1 [planta] Que pertenece a las dicotiledóneas. | *f. pl.* 2 Clase de plantas angiospermas cuyos embriones tienen dos cotiledones.

dicotomía *f.* División de una cosa o una materia en dos partes o grupos, generalmente opuestos entre sí.

dictado *m.* 1 Discurso hablado o lectura de un texto que hace una persona para que otra u otras lo copien por escrito. 2 Texto escrito que una persona ha copiado fielmente de lo que otra dijo o leyó. | *m. pl.* 3 Normas, indicaciones o sugerencias de la razón, la moral u otra cosa.

dictador, -ra *m. y f.* **1** Soberano o gobernante que gobierna con un poder total sin someterse a las leyes ni a limitaciones. ▌*adj./m. y f.* **2** [persona] Que abusa de su superioridad, fuerza o poder.

dictadura *f.* **1** Sistema político en el que una sola persona o una institución gobierna con poder total, sin someterse a leyes ni a limitaciones. **2** País con este sistema político. **3** Tiempo que dura este sistema.

dictáfono *m.* Aparato que graba y reproduce las palabras que se le dictan.

dictamen *m.* Opinión técnica y experta que se da sobre un hecho o una cosa.

dictaminar *intr.* Dar una opinión técnica y experta sobre un hecho o una cosa.

dictar *tr.* **1** Hablar una persona o leer un texto en voz alta para que otra u otras lo copien por escrito. **2** Hacer pública una nueva norma o una sentencia. **3** Indicar, sugerir o empujar a hacer una cosa.

dictatorial *adj.* De la dictadura o del dictador.

didáctica *f.* Disciplina que estudia las técnicas y métodos de enseñanza.

didáctico, -ca *adj.* **1** De la didáctica. **2** Que sirve o está hecho para enseñar.

didactismo *m.* Dominio de las técnicas y métodos de enseñanza.

diecinueve *num. card.* **1** Indica que el nombre al que acompaña o al que sustituye está 19 veces. Puede ser determinante. ▌*m.* **2** Nombre del número 19.

diecinueveavo, -va *num.* Parte que resulta de dividir un todo en 19 partes iguales.

dieciochavo, -va *num.* Dieciochoavo.

dieciochesco, -ca *adj.* Del siglo XVIII.

dieciocho *num. card.* **1** Indica que el nombre al que acompaña o al que sustituye está 18 veces. Puede ser determinante. ▌*m.* **2** Nombre del número 18.

dieciochoavo, -va *num.* Parte que resulta de dividir un todo en 18 partes iguales.

dieciséis *num. card.* **1** Indica que el nombre al que acompaña o al que sustituye está 16 veces. Puede ser determinante. ▌*m.* **2** Nombre del número 16.

dieciseisavo, -va *num.* Parte que resulta de dividir un todo en 16 partes iguales.

diecisiete *num. card.* **1** Indica que el nombre al que acompaña o al que sustituye está 17 veces. Puede ser determinante. ▌*m.* **2** Nombre del número 17.

diecisieteavo, -va *num.* Parte que resulta de dividir un todo en 17 partes iguales.

diedro *m.* En geometría, conjunto de dos semiplanos que están limitados por la misma recta.

diente *m.* **1** Pieza dura y blanca que crece con otras en la boca del hombre y otros animales; sirve para cortar y masticar los alimentos y, en los animales, también para defenderse. **diente de leche** Diente que se cae y sustituye por otro durante el crecimiento de los niños. **2** Punta o saliente que tiene el borde o superficie de una cosa, especialmente de ciertos instrumentos y herramientas.

diéresis *f.* **1** Signo de ortografía que en la lengua española se coloca sobre la vocal *u* de las sílabas *gue* y *gui* cuando aquella debe pronunciarse. **2** GRAM. Pronunciación en sílabas distintas de dos vocales que suelen pronunciarse como diptongo. OBS El plural también es *diéresis*.

diésel o **diesel** *m.* **1** Motor de explosión que funciona con gasóleo. **2** Vehículo que tiene ese motor.

diestra *f.* Mano derecha.

diestro, -tra *adj.* **1** [cosa] Que está situado en la parte derecha. **2** [persona] Que tiene capacidad, habilidad y experiencia en hacer una cosa o desarrollar una actividad. ▌*adj./m. y f.* **3** [persona] Que tiene mayor habilidad con la mano y con la pierna derechas. ▌*m.* **4** Persona que torea en las plazas de toros y a cuyo cargo está la dirección de la lidia del toro.

dieta *f.* **1** Regulación de la cantidad y el tipo de alimentos que debe tomar una persona. **2** Conjunto de comidas y bebidas que toma una persona que tiene regulada su alimentación. **3** Cantidad de dinero que se da a una persona para cubrir los gastos que le supone trabajar fuera de su lugar habitual.

dietario *m.* Libro en el que se escriben o anotan las cantidades de dinero que se reciben y gastan cada día.

dietética *f.* MED. Disciplina que estudia los tipos y reglas de la alimentación para mantener la salud o curar una enfermedad.

dietético, -ca *adj.* **1** De la dietética. **2** [alimento] Que se toma como parte de una dieta.

diez *num. card.* **1** Indica que el nombre al que acompaña o al que sustituye está 10 veces. Puede ser determinante. ▌*m.* **2** Nombre del número 10.

diezmar *tr.* Causar gran cantidad de muertos, heridos o enfermos.

diezmilésimo, -ma *num. ord.* 1 Indica que el nombre al que acompaña o al que sustituye ocupa el lugar número diez mil en una serie. Puede ser determinante. 2 Parte que resulta de dividir un todo en 10000 partes iguales.

diezmo *m.* Parte de la cosecha o de los frutos, generalmente la décima, que entregaban los fieles a la Iglesia.

difamación *f.* Acción y efecto de difamar.

difamar *tr.* Hablar mal de una persona, ofendiendo su fama y su honor, especialmente en público o en un medio público.

difamatorio, -ria *adj.* Que difama.

diferencia *f.* 1 Cualidad, característica o circunstancia que hace que dos personas o cosas no sean iguales entre sí. 2 Falta de acuerdo, oposición de ideas o disputa entre personas o grupos. 3 MAT. Cantidad que resulta de restar otras dos entre sí.

diferenciación *f.* Acción y efecto de diferenciar o diferenciarse.

diferencial *adj.* 1 Que hace que dos personas o cosas no sean iguales entre sí. ‖ *m.* 2 Mecanismo de un automóvil que hace que el movimiento de las ruedas que tienen el mismo eje sea independiente. ‖ *f.* 3 MAT. Diferencia infinitamente pequeña de una variable.

diferenciar [12] *tr./prnl.* 1 Determinar la cualidad, característica o circunstancia que hace que dos personas o cosas no sean iguales entre sí. ‖ *tr.* 2 Hacer que una persona, un grupo o una cosa no sea igual que otras. ‖ *prnl.* 3 Dividirse en partes o elementos diferentes un tejido u órgano que forma un todo. 4 Distinguirse entre los demás por una virtud o cualidad.

diferente *adj.* Que es distinto de otro o que no es igual.

diferido Palabra que se utiliza en la locución *en diferido*, que significa 'que se emite un tiempo después de que haya sucedido', generalmente dicho de una transmisión de radio o televisión.

diferir [35] *tr.* 1 Retrasar o suspender la ejecución de algo. ‖ *intr.* 2 Ser diferente o distinguirse. 3 No estar de acuerdo.

difícil *adj.* 1 [cosa] Que no se puede hacer, entender o conseguir sin emplear mucha habilidad, inteligencia o esfuerzo. 2 [acción, hecho] Que no es probable que suceda. 3 [persona] Que es de trato desagradable porque tiene mal carácter.

dificultad *f.* 1 Inconveniente que entorpece la realización o consecución de una cosa. 2 Conjunto de circunstancias por las que no se puede hacer, entender o conseguir una cosa sin emplear mucha habilidad, inteligencia o esfuerzo.

dificultar *tr.* Poner obstáculos o inconvenientes que impidan o entorpezcan la realización o consecución de una cosa.

dificultoso, -sa *adj.* [cosa] Que es difícil.

difteria *f.* Enfermedad grave de las vías respiratorias que produce ahogos.

difuminar *tr./prnl.* 1 Disminuir la claridad y exactitud de una cosa, especialmente de un paisaje, una figura o un objeto. 2 Disminuir la intensidad de un color, un olor o un sonido, generalmente de manera progresiva. ‖ *tr.* 3 Frotar ligeramente las líneas y colores de un dibujo para que pierdan claridad y exactitud.

difundir *tr./prnl.* 1 Extender por el espacio en todas las direcciones. ‖ *tr.* 2 Dar a conocer algo a un gran número de personas.

difunto, -ta *adj./m. y f.* 1 [persona] Que ha muerto. ‖ *f.* 2 Persona muerta.

difusión *f.* Acción y efecto de difundir o difundirse.

difuso, -sa *adj.* Que es poco claro en sus límites, exacto o concreto.

difusor, -ra *adj./m. y f.* 1 Que da a conocer una cosa a un gran número de personas. ‖ *m.* 2 Parte de un aparato que extiende el aire en todas direcciones.

digerible *adj.* [alimento] Que puede ser digerido con facilidad.

digerir [35] *tr.* 1 Convertir un alimento por medio del aparato digestivo en sustancias que el organismo asimila. 2 Aceptar un hecho desgraciado y sobreponerse a él. Se suele usar en frases negativas.

digestión *f.* Transformación, por medio del aparato digestivo, de un alimento en sustancias que el organismo asimila.

digestivo, -va *adj.* 1 De la digestión. ‖ *adj./m.* 2 [sustancia] Que facilita la digestión de los alimentos.

digitación *f.* 1 MÚS. Técnica del movimiento y de la utilización de los dedos al tocar un instrumento musical. 2 MÚS. Sistema de números que se usa en la escritura musical para indicar con qué dedo se tiene que ejecutar cada nota.

digital *adj.* 1 De los dedos. 2 [aparato, instrumento] Que representa una medida mediante números.

digitalizar [4] *tr.* INFORM. Poner en números un texto, una señal o un signo.

dígito *adj./m.* [número] Que se representa o escribe mediante un solo signo.

diglosia f. GRAM. Coexistencia de dos lenguas en una comunidad de hablantes, pero teniendo una de ellas mayor prestigio político y social que la otra.

dignarse prnl. Tener la consideración de hacer una cosa o admitir hacerla.

dignatario, -ria m. y f. Persona que ocupa un cargo de mucha autoridad.

dignidad f. 1 Respeto y estima que una persona tiene de sí misma. 2 Respeto y estima que merece una cosa o una acción. 3 Cargo o puesto de mucha autoridad, prestigio y honor. 4 Persona que ocupa este cargo o puesto.

dignificar [1] tr. Hacer que algo o alguien tenga dignidad o aumentar la que tiene.

digno, -na adj. 1 Que tiene respeto y buena estima de sí mismo y merece que se lo tengan las demás personas. 2 [cosa] Que merece respeto y estima. 3 Que se corresponde con las cualidades de alguien o algo.

dígrafo m. GRAM. Agrupación de dos letras que representa un solo sonido.

digresión f. Parte de un discurso que no tiene relación directa con el asunto principal.

dilación f. Retraso en un proceso o una actividad.

dilapidación f. Acción y efecto de dilapidar.

dilapidar tr. Gastar sin orden, sentido ni cuidado una cosa, generalmente dinero o bienes materiales.

dilatación f. Acción y efecto de dilatar o dilatarse.

dilatado, -da adj. Que se extiende mucho en el espacio o en el tiempo.

dilatar tr./prnl. 1 Hacer que algo ocupe más espacio. 2 Prolongar un proceso o una actividad. 3 Hacer que algo dure más tiempo. 4 Hacer más grande o más intenso.

dilatorio, -ria adj. Que causa retraso.

dildo m. Objeto con forma de pene erecto usado para la estimulación sexual.

dilecto, -ta adj. [persona, cosa] Que se ama o se aprecia con preferencia a otros.

dilema m. Situación de la que es difícil salir porque ofrece dos o más posibilidades.

diletante adj./m. y f. [persona] Que tiene afición por una o varias artes o disciplinas del saber, o que las practica como aficionado, no profesionalmente.

diligencia f. 1 Rapidez y gran actividad al hacer una cosa. 2 Trámite o actuación en un proceso, generalmente administrativo. 3 DER. Actuación profesional de un juez o

de un secretario judicial. 4 Vehículo tirado por caballos que se usaba para el transporte de personas.

diligente adj. [persona] Que es activo y rápido al hacer una cosa.

dilucidar tr. Explicar o aclarar un asunto o una materia.

diluir [62] tr./prnl. 1 Hacer líquida una sustancia. 2 Deshacer un cuerpo sólido o pastoso en un líquido. 3 Añadir líquido a una disolución para aclararla. 4 Repartir entre varias personas el mando, las responsabilidades o las atribuciones.

diluvial adj. [material] Que ha sido arrastrado por una corriente de agua.

diluviar [12] v. impersonal Llover con mucha fuerza y abundancia.

diluvio m. Lluvia abundante y violenta.

diluyente adj. 1 Que puede hacer líquida una sustancia o deshacer las partes de un cuerpo sólido. ‖ adj./m. y f. 2 [sustancia líquida] Que se añade a una disolución para disminuir su concentración.

dimanar intr. 1 Venir o salir el agua de su manantial o de una fuente. 2 Proceder, tener origen o causa.

dimensión f. 1 Extensión de una cosa en una dirección determinada. 2 Cada una de las magnitudes que sirven para definir una cosa. 3 Propiedad no física de una cosa. 4 Importancia o extensión de un asunto.

diminutivo, -va adj./m. GRAM. [sufijo, palabra] Que indica o expresa pequeñez.

diminuto, -ta adj. Muy pequeño.

dimisión f. 1 Renuncia a un cargo o puesto que se ocupa. 2 Documento en que consta la comunicación de la renuncia a un cargo o puesto que se ocupa.

dimitir intr. Renunciar a un cargo o puesto que se ocupa.

dina f. Unidad de medida de fuerza del sistema cegesimal que equivale a la fuerza que, en un segundo, comunica a una masa de un gramo la aceleración de un centímetro por segundo cada segundo.

dinámica f. 1 FÍS. Parte de la física que estudia el movimiento de las cosas en relación con las causas que lo producen. 2 Impulso o fuerza.

dinámico, -ca adj. 1 [persona] Que tiene mucha actividad, energía y diligencia para hacer cosas. 2 De la dinámica.

dinamismo m. Actividad, energía y diligencia grandes de una persona.

dinamita f. 1 Sustancia explosiva que se obtiene empapando nitroglicerina en un material poroso que la absorbe. **2** *coloquial* Persona o cosa que origina agitación y alboroto.

dinamitar *tr.* **1** Destruir una cosa usando dinamita. **2** Atacar con energía, generalmente mediante discursos agresivos.

dinamitero, -ra *adj./m. y f.* [persona] Que está especializado en utilizar la dinamita.

dinamizar [4] *tr./prnl.* Hacer que comience a funcionar algo o que se desarrolle una actividad.

dinamo o **dínamo** *f.* Fís. Máquina que transforma la energía mecánica en energía eléctrica, o viceversa.

dinamo- Elemento prefijal que significa 'fuerza', 'energía'.

dinamómetro *m.* Aparato que sirve para medir fuerzas motrices.

dinar *m.* Moneda y unidad monetaria de varios países, la mayoría del mundo árabe.

dinastía *f.* **1** Serie de reyes que pertenecen a la misma familia. **2** Familia que va transmitiendo entre sus integrantes un gran poder político, económico o cultural.

dinástico, -ca *adj.* De la dinastía.

dineral *m.* Cantidad grande de dinero.

dinero *m.* **1** Conjunto de monedas y billetes que se usan como medio legal de pago en una comunidad de personas. **dinero negro** Dinero obtenido de forma ilegal y que se mantiene oculto a la hacienda pública. **2** Cantidad o valor de un conjunto de monedas y billetes. **3** Conjunto de riquezas o valores y cosas que se poseen.

dinosaurio *m./adj.* Reptil prehistórico que tenía la cabeza pequeña y el cuello y la cola muy largos.

dintel *m.* ARQ. Elemento horizontal que cierra la parte superior de una abertura o hueco hecho en un edificio, generalmente una ventana o puerta, y sostiene el muro que hay encima.

diñar Palabra que se utiliza en la forma coloquial *diñarla*, que significa 'morir'.

diocesano, -na *adj.* De una diócesis.

diócesis *f.* Territorio en el que tiene jurisdicción o autoridad religiosa un obispo o un arzobispo.

diodo *m.* Componente electrónico de dos electrodos que permite el paso de la corriente en un solo sentido.

dioptría *f.* **1** Unidad de medida de la potencia de una lente. **2** Unidad de medida de los defectos visuales.

diorama *m.* Superficie grande y pintada con figuras por ambas caras que, mediante juegos de luz en una sala oscura, produce sensación de movimiento.

dios, -sa *m.* **1** Ser eterno y sobrenatural que tiene características distintas según las religiones. ▪ *m. y f.* **2** Ser sobrenatural mitológico que tiene poder sobre parte de las cosas o de las personas. ▪ *int.* **3** ¡**Dios**! Expresión que indica sorpresa, admiración o enfado. ▸ **a la buena de Dios** *coloquial* Sin preparación, cuidado o atención. ▸ **todo dios** *coloquial* Todo el mundo.

dióxido *m.* Óxido cuya molécula contiene dos átomos de oxígeno. **dióxido de carbono** Gas inodoro e incoloro formado por carbono y oxígeno que se desprende en la respiración, en las combustiones y en algunas fermentaciones.

diploma *m.* Documento que acredita un grado académico, un premio o un título.

diplomacia *f.* **1** Disciplina o conocimiento de las relaciones entre los Estados. **2** Conjunto de personas e instituciones que se ocupan en un Estado de las relaciones con los demás Estados. **3** Corrección y amabilidad interesadas o habilidad en el trato.

diplomado, -da *adj./m. y f.* [persona] Que tiene una diplomatura.

diplomar *tr./prnl.* Dar u obtener un título que acredita la realización de unos estudios u otras aptitudes.

diplomático, -ca *adj.* **1** De la diplomacia. **2** [persona, acción] Que es correcto de modo interesado, o hábil en el trato. ▪ *adj./m. y f.* **3** [persona] Que se ocupa de las relaciones entre los Estados.

diplomatura *f.* **1** Grado académico de categoría inferior a la licenciatura que se consigue cursando un conjunto de estudios universitarios, en España durante tres años o cursos. **2** Conjunto de estudios que hay que cursar para conseguir ese grado académico.

díptero, -ra *adj.* **1** Que tiene dos alas. ▪ *adj./ m.* **2** [edificio] Que está rodeado por una doble hilera de columnas. **3** [insecto] Que pertenece al orden de los dípteros. ▪ *m. pl.* **4** Orden de insectos chupadores que se caracterizan por tener un par de alas membranosas y otro par transformado en órganos que le dan la estabilidad.

díptico *m.* **1** Cuadro formado por dos tablas o dos superficies móviles. **2** Folleto formado por una hoja de papel doblada por la mitad, que se usa como propaganda o como invitación a un acto.

diptongación *f.* Acción y efecto de diptongar.

diptongar [7] *tr.* Pronunciar dos vocales en una sola sílaba.

diptongo *m.* GRAM. Conjunto de dos vocales distintas que se pronuncian en una sola sílaba.

diputación *f.* 1 Institución pública española de carácter territorial, generalmente provincial. 2 Edificio donde ejercen su labor los diputados y las personas que trabajan en las diputaciones.

OBS Se escribe con letra mayúscula.

diputado, -da *m. y f.* Persona elegida para formar parte del Congreso de los Diputados o de una institución territorial, generalmente provincial.

dique *m.* 1 Muro que se construye para contener la fuerza del agua o para desviar su curso. 2 MAR. Parte de un puerto o construcción en un río donde se puede sacar el agua y limpiar o arreglar en seco los barcos. También se dice *dique seco.* 3 Masa de roca que aparece en la superficie de un terreno formando una especie de muro u obstáculo.

dirección *f.* 1 Recorrido, camino o rumbo que sigue en su movimiento una persona o una cosa. 2 Nombre de la calle, número, población, provincia y país donde una persona o institución tiene su domicilio o sede. 3 Persona o conjunto de personas que gobiernan, dirigen o guían un grupo o una cosa. 4 Cargo o puesto de director. 5 Oficina o lugar donde un director ejerce su cargo o puesto. 6 Mecanismo que sirve para dirigir o guiar un vehículo.

direccional *adj.* 1 Que sirve para dirigir. 2 Que emite o recibe en una sola dirección.

directiva *f.* 1 Conjunto de personas que gobiernan o dirigen. 2 Norma o conjunto de normas e instrucciones que dirigen, guían u orientan una acción, una cosa o a una persona. 3 Disposición de rango superior emanada de organismos internacionales.

directivo, -va *adj.*1 De la dirección. *adj./m. y f.* 2 [persona] Que forma parte de un conjunto de personas que gobiernan, mandan, rigen o guían un grupo o una cosa.

directo, -ta *adj.* 1 Que no se desvía de su recorrido, camino o rumbo. 2 Que no se para en su recorrido de un lugar a otro. 3 Que se hace sin rodeos o sin intervención de nada ni de nadie, aparte de los interesados. 4 Que se aplica a cada una de las personas afectadas por lo que se expresa.
▶ **en directo** Expresión que indica que un programa de radio o televisión se emite al mismo tiempo que se hace o que ocurre.

director, -ra *adj.* 1 Que dirige. ‖ *m. y f.* 2 Persona que gobierna, manda, rige o guía un grupo o una cosa, generalmente un negocio o una de sus secciones.

directorio *m.* 1 Lista de nombres y direcciones de personas que guardan cierta relación entre sí, generalmente profesional. 2 Tablero informativo de direcciones.

directriz *f.* Norma o conjunto de normas e instrucciones que dirigen, guían u orientan una acción, una cosa o a una persona.

dirigente *adj./com.* [persona] Que gobierna o dirige algo.

dirigible *adj.* 1 [cosa, persona] Que puede ser dirigido. ‖ *m./adj.* 2 Globo más ligero que el aire con diversos mecanismos, como un motor, unas hélices y un sistema de dirección para ser conducido.

dirigir [6] *tr.* 1 Enviar, llevar o hacer que vaya una persona o una cosa hacia un punto, lugar o término. 2 Gobernar, mandar, regir o guiar un grupo de personas o una cosa. 3 Dedicar o encaminar un pensamiento, un sentimiento o una acción a una persona o a conseguir una cosa. 4 Orientar y guiar a una persona hacia algo. ‖ *prnl.* 5 Ir en una dirección. 6 Hablar a una persona.

dirimir *tr.* 1 Resolver un desacuerdo o una discusión. 2 Deshacer un acuerdo.

disc jockey *m.* 1 Persona que anima, y generalmente dirige, un programa musical. 2 Persona que se encarga de la selección de los discos en una discoteca.

OBS Es de origen inglés y se pronuncia aproximadamente *‘dis yoquei’.* El plural es *disc jockeis.*

discal *adj.* ANAT. De los discos intervertebrales o que tiene relación con ellos.

discapacidad *f.* Falta de alguna facultad física o mental en una persona.

discapacitado, -da *adj./m. y f.* [persona] Que tiene una discapacidad.

discernimiento *m.* Acción y efecto de discernir.

discernir [29] *tr.* Distinguir y diferenciar una cosa de otra u otras, especialmente el bien del mal.

disciplina *f.* 1 Materia, ciencia o técnica, especialmente la que se enseña en un centro docente. 2 Conjunto de reglas para mantener el orden entre los miembros de un grupo y obediencia a esas reglas. 3 Modalidad de un deporte o de una actividad.

disciplinar *tr.* 1 Enseñar un arte o una ciencia. ▌*tr./prnl.* 2 Hacer guardar el orden entre los miembros de un grupo de personas e imponer un castigo.

disciplinario, -ria *adj.* [grupo, cosa] Que sirve para mantener la disciplina.

discípulo, -la *m. y f.* Persona que recibe enseñanzas de un maestro o que sigue estudios en una escuela.

discman *m.* Aparato portátil que sirve para reproducir discos compactos.

disco *m.* 1 Cuerpo cilíndrico cuya base es muy grande en relación con su altura. 2 Plancha con forma de círculo que se lanza en algunos juegos atléticos. 3 Plancha circular, generalmente de plástico, en la que están grabados sonidos o imágenes que pueden reproducirse con un aparato. **disco compacto** Disco de material plástico, de 12 centímetros de diámetro, con gran capacidad para contener información acústica y visual grabada y que se puede reproducir mediante un rayo láser. 4 Pieza de metal en la que hay pintada una señal de tráfico. 5 Señal de luz roja, verde o amarilla de un semáforo para ordenar el tráfico de vehículos. 6 INFORM. Plancha en la que se guarda información de forma magnética u óptica. **disco duro** Disco de gran capacidad que está dentro del ordenador. **disco flexible** Disco que se introduce en el ordenador para grabar o recuperar información. 7 Pieza redonda del teléfono que gira para marcar el número.

discografía *f.* 1 Conjunto de discos de un autor, un intérprete o un tema. 2 Técnica e industria de grabar y reproducir discos.

discográfico, -ca *adj.* De la discografía.

díscolo, -la *adj./m. y f.* Que suele desobedecer y rebelarse contra las normas.

disconforme *adj./m. y f.* [persona] Que no está de acuerdo o no admite una situación o una decisión.

disconformidad *f.* 1 Falta de acuerdo. 2 Diferencia de unas cosas con otras en cuanto a su fin, forma o función.

discontinuo, -nua *adj.* [cosa, acción] Que no es continuo o que se interrumpe.

discordancia *f.* 1 Falta de acuerdo entre dos o más personas o cosas. 2 MÚS. Falta de armonía.

discordante *adj.* 1 Que está en desacuerdo con otra u otras personas o cosas. 2 MÚS. [sonido] Que no está en el mismo tono que los demás.

discordar [31] *intr.* 1 No concordar o coincidir los pareceres de dos personas. 2 Ser opuestas o diferentes entre sí dos cosas. 3 MÚS. No estar dos o más instrumentos afinados en el mismo tono.

discorde *adj.* Que está en desacuerdo con otra u otras personas o cosas.

discordia *f.* Oposición y falta de armonía entre personas, grupos o cosas.

discoteca *f.* 1 Establecimiento donde se escucha música grabada, se consumen bebidas y, sobre todo, se baila. 2 Conjunto o colección de discos.

discotequero, -ra *adj.* 1 De la discoteca. ▌*adj./m. y f.* 2 *coloquial* [persona] Que va con frecuencia a las discotecas.

discreción *f.* 1 Prudencia en ciertas circunstancias, reserva, cautela para no decir algo que se sabe o piensa. 2 Cualidad de una persona que se caracteriza por su moderación, prudencia y sensatez. ▶ **a discreción** Al juicio o a la voluntad de una persona o sin límites establecidos.

discrecional *adj.* Que se hace siguiendo el propio juicio, según las reglas y preceptos de la prudencia.

discrepancia *f.* Falta de acuerdo o de aceptación de una situación, una decisión o una opinión.

discrepante *adj.* Que discrepa.

discrepar *intr.* No estar de acuerdo una persona con otra en un asunto.

discreto, -ta *adj./m. y f.* 1 [persona] Que suele adoptar una actitud de prudencia. 2 [persona, conducta] Que se caracteriza por su moderación, prudencia y sensatez. ▌*adj.* 3 Que no es extraordinario o no se sale de lo normal.

discriminación *f.* Acción y efecto de discriminar.

discriminar *tr.* 1 Dar un trato de inferioridad a una persona o colectividad por causa de su raza, origen, ideología, religión, posición social o situación económica. 2 Establecer diferencias entre cosas.

discriminatorio, -ria *adj.* Que discrimina.

disculpa *f.* Razón que se da o causa que se alega para explicar o justificar un comportamiento, un fallo o un error.

disculpar *tr./prnl.* 1 Dar razones o pruebas de que una persona no ha cometido una falta o error. ▌*tr.* 2 Perdonar o justificar a una persona o una acción. ▌*prnl.* 3 Pedir perdón o justificarse una persona por algo.

discurrir *tr.* 1 Considerar detenidamente una cosa para llegar a comprenderla. ▌*intr.* 2 Ir de un lugar a otro u ocupar una porción de territorio. **3** Fluir un río o una corriente de agua por su cauce. **4** Pasar o transcurrir el tiempo.

discursivo, -va *adj.* Del discurso.

discurso *m.* **1** Exposición razonada sobre un asunto que se pronuncia en público. **2** Serie de palabras y frases con los que se expresan pensamientos y sentimientos.

discusión *f.* Acción y efecto de discutir.

discutible *adj.* Que puede ser discutido.

discutir *tr.* **1** Examinar y tratar entre varias personas un asunto o un tema para solucionarlo o para explicarlo. **|** *intr.* **2** Defender dos o más personas opiniones o intereses opuestos en una conversación. **3** Oponerse de palabra a un hecho o acción.

disecación *f.* Acción y efecto de disecar.

disecar [1] *tr.* Preparar un animal muerto para que no se descomponga y conservarlo de manera que parezca vivo.

disección *f.* Acción y efecto de diseccionar.

diseccionar *tr.* **1** Cortar o dividir un cadáver o una planta para estudiar o examinar sus partes. **2** Examinar o analizar de forma minuciosa y detallada.

diseminación *f.* Acción y efecto de diseminar o diseminarse.

diseminar *tr./prnl.* Extender sin orden y en diferentes direcciones los elementos de un conjunto.

disensión *f.* Falta de acuerdo o de aceptación de algo.

disentería *f.* Enfermedad infecciosa consistente en la inflamación y ulceración del intestino grueso acompañada de fiebre, dolor abdominal y diarrea con deposiciones de mucosidades y sangre.

disentimiento *m.* Disensión.

disentir [35] *intr.* Estar en desacuerdo una persona con otra en un asunto.

diseñador, -ra *m. y f.* Persona que hace los dibujos de un objeto o de un edificio antes de su realización.

diseñar *tr.* **1** Dibujar una cosa para que sirva de modelo. **2** Pensar o planear un proyecto o una idea.

diseño *m.* **1** Actividad creativa que tiene por fin proyectar objetos que sean útiles y estéticos. **2** Dibujo que se hace de una cosa para que sirva de modelo en su realización.

disertación *f.* Acción y efecto de disertar.

disertar *intr.* Razonar sobre una materia de forma detenida y siguiendo un orden o un sistema para exponerlo.

disforme *adj.* Que presenta falta de proporción y regularidad en la forma.

disfraz *m.* **1** Conjunto de ropas y adornos con que una persona se viste para no ser reconocida, especialmente el que se lleva en ciertas fiestas. **2** Medio que se emplea para ocultar o disimular una verdad.

disfrazar [4] *tr./prnl.* **1** Vestir o vestirse con un disfraz. **2** Cambiar la apariencia exterior para ocultar el aspecto real de una cosa o para disimular los verdaderos sentimientos.

disfrutar *intr.* **1** Sentir placer o alegría. **2** Tener o gozar de una condición o una circunstancia favorable. **|** *tr./intr.* **3** Usar o poseer una cosa.

disfrute *m.* Acción y efecto de disfrutar.

disfunción *f.* Trastorno en el funcionamiento de algo, especialmente el de una función orgánica.

disgregación *f.* Acción y efecto de disgregar o disgregarse.

disgregar [7] *tr./prnl.* Separar o desunir los elementos que forman un conjunto o las partes de una cosa.

disgustar *tr./prnl.* **1** Causar tristeza o dolor. **|** *tr.* **2** Causar una impresión desagradable o molesta. **|** *prnl.* **3** Romperse la buena relación que existía entre dos o más personas.

disgusto *m.* Sentimiento de tristeza o dolor provocado por una situación desagradable o una desgracia.

disidencia *f.* Acción y efecto de disidir.

disidente *adj./m. y f.* [persona] Que diside.

disidir *intr.* Separarse una persona de una doctrina, una creencia o un grupo por no estar ya de acuerdo con sus ideas.

disimétrico, -ca *adj.* Que no es simétrico.

disimilitud *f.* Falta de parecido o de correspondencia entre dos o más cosas.

disimular *tr./intr.* **1** Ocultar o disfrazar una cosa para que no se vea o no se note. **2** Ocultar un sentimiento o una intención. **|** *tr.* **3** Disculpar una acción fingiendo no conocerla o quitándole importancia.

disimulo *m.* Ocultación que se hace de un sentimiento o una intención.

disipación *f.* Entrega en exceso a los placeres y a la diversión.

disipar *tr./prnl.* **1** Esparcir o hacer desaparecer de la vista poco a poco las partes que forman un cuerpo por aglomeración. **2** Borrar de la mente una idea, una imagen o un recuerdo. **3** Gastar los bienes y el dinero sin orden ni cuidado. ‖ *prnl.* **4** Evaporarse una sustancia o parte de ella.

dislate *m.* Obra o dicho que no tiene razón ni sentido.

dislexia *f.* MED. Alteración de la capacidad de leer por la que se confunden o se cambian letras, sílabas o palabras.

disléxico, -ca *adj./m. y f.* MED. [persona] Que padece dislexia.

dislocación *f.* Acción y efecto de dislocar o dislocarse.

dislocar [1] *tr./prnl.* **1** Sacar o salirse una cosa de su lugar, especialmente un hueso de su articulación. ‖ *tr.* **2** Cambiar o alterar un hecho o el sentido de una palabra o una expresión.

disminución *f.* Acción y efecto de disminuir.

disminuido, -da *adj./m. y f.* [persona] Que no goza de todas las facultades físicas o mentales.

disminuir *tr./intr.* Reducir la cantidad, el tamaño o la importancia de una cosa.

disociación *f.* Acción y efecto de disociar.

disociar [12] *tr./prnl.* **1** Separar una cosa de otra con la que estaba unida. **2** QUÍM. Separar los distintos componentes de una sustancia.

disoluble *adj.* Que se puede disolver.

disolución *f.* **1** Acción de disolver. **2** Sustancia que resulta de disolver un cuerpo sólido o pastoso en un líquido.

disoluto, -ta *adj./m. y f.* [persona] Que se entrega al vicio y a la diversión.

disolvente *adj./m.* [sustancia] Que puede disolver otra sustancia.

disolver [32] *tr./prnl.* **1** Separar las partículas de un cuerpo sólido o pastoso en un líquido. **2** Hacer líquida una sustancia. **3** Deshacer un acuerdo.

disonancia *f.* Cualidad de disonante.

disonante *adj.* **1** Que no tiene una relación de igualdad o conformidad. **2** MÚS. [sonido] Que suena de modo extraño o poco agradable por estar producido a la vez que otro o detrás de él.

disonar [31] *intr.* Carecer de la igualdad o conformidad que debe tener una cosa con otra.

dispar *adj.* Que tiene características que lo hacen diferente.

disparadero Palabra que se utiliza en la expresión *poner en el disparadero,* que significa ‘provocar a una persona para que haga o diga lo que no quiere’.

disparador *m.* **1** Botón de una cámara fotográfica que hace funcionar la pieza que regula la entrada de luz por el objetivo. **2** Pieza de un arma de fuego que sirve para disparar.

disparar *tr./intr./prnl.* **1** Hacer que un arma lance su carga. ‖ *tr.* **2** Hacer funcionar un aparato que tiene disparador. **3** En el fútbol, lanzar con fuerza la pelota con el pie. ‖ *prnl.* **4** Crecer o aumentar una cosa sin control. **5** Perder la paciencia y el control.

disparatar *intr.* Decir o hacer cosas que no tienen razón ni sentido.

disparate *m.* **1** Obra o dicho que no tiene razón ni sentido. **2** Cosa que excede los límites de lo ordinario o de lo lícito.

disparejo, -ja *adj.* Que tiene una o varias características que lo hacen diferente de los demás.

disparidad *f.* Diferencia o desigualdad.

disparo *m.* Acción y efecto de disparar o dispararse.

dispendio *m.* Gasto de una cosa, generalmente dinero o bienes materiales, sin orden, sentido ni cuidado.

dispensa *f.* **1** Permiso que autoriza a una persona el incumplimiento de lo ordenado por la leyes generales. **2** Documento en el que se expresa este permiso.

dispensar *tr.* **1** Dar o repartir, generalmente palabras o cosas positivas. **2** Disculpar, perdonar o no tomar en cuenta un error o una falta pequeña. ‖ *tr./prnl.* **3** Autorizar o permitir el incumplimiento de lo ordenado por la leyes generales.

dispensario *m.* Lugar en el que se encuentran las consultas de diversos médicos.

dispersar *tr./prnl.* **1** Separar, esparcir o extender un conjunto o una cosa que está unida. **2** Poner una persona su atención y esfuerzo en varias actividades o cosas.

dispersión *f.* Acción y efecto de dispersar.

disperso, -sa *adj.* [cosa, conjunto] Que está separado, esparcido o extendido.

display *m.* INFORM. Pantalla de un ordenador o de un aparato electrónico.

OBS Es de origen inglés y se pronuncia aproximadamente ‘displéi’.

displicencia *f.* Actitud indiferente y falta de aprecio hacia alguien o algo.

displicente *adj./com.* [persona, actitud] Que muestra displicencia.

disponer [78] *tr./prnl.* **1** Poner o colocar según un orden o en una posición adecuada. **2** Preparar una cosa para un fin. **3** Ordenar una cosa. ❚ *intr.* **4** Poder utilizar o hacer uso de una cosa que se posee. **5** Valerse o hacer uso de una persona con un fin. ❚ *prnl.* **6** Tener la intención de hacer una cosa y estar a punto de hacerla.

disponibilidad *f.* Cualidad de disponible.

disponible *adj.* **1** [cosa] Que se puede usar o está preparado para un fin. **2** [persona] Que está preparado y libre de impedimentos para un fin.

disposición *f.* **1** Orden o colocación de una o más cosas en un espacio determinado. **2** Estado anímico o actitud que se muestra, especialmente para hacer una cosa. **3** Capacidad para una actividad. **4** Decisión u orden que establece una autoridad. **5** Capacidad de disponer de una cosa o poder hacer uso de ella. **6** Orden y estructura del contenido de una obra escrita.

dispositivo *m.* Mecanismo o parte de él que tiene una función establecida.

disprosio *m.* QUÍM. Elemento químico del grupo de los lantánidos, metal de las tierras raras.

dispuesto, -ta *part.* **1** Participio irregular de *disponer*. También se usa como adjetivo. ❚ *adj.* **2** Que tiene el ánimo y la intención de hacer una cosa o está preparado para ello. **3** Que tiene aptitudes o es capaz de realizar una actividad determinada.

disputa *f.* Enfrentamiento o discusión entre dos personas o grupos.

disputar *tr.* **1** Competir con otros para conseguir un fin. ❚ *intr.* **2** Defender dos o más personas opiniones o intereses opuestos en una conversación.

disquete *m.* Disco magnético portátil para grabar y leer datos informáticos.

disquetera *f.* Parte del ordenador en la que se introduce el disquete.

disquisición *f.* Examen o explicación hechos con rigor, detalle y orden.

distancia *f.* **1** Espacio o tiempo que hay entre dos cosas o acontecimientos. **2** Diferencia grande o importante entre dos personas o cosas.

distanciamiento *m.* Acción y efecto de distanciar o distanciarse.

distanciar [12] *tr./prnl.* Poner espacio, tiempo o diferencia entre dos o más personas o cosas.

distante *adj.* **1** Que está lejos en el espacio con referencia a un punto determinado. **2** [persona] Que no ofrece confianza y familiaridad.

distar *tr./intr.* **1** Estar apartada una cosa de otra por un espacio o un tiempo. **2** Diferir dos personas o cosas entre sí.

distender [28] *tr./prnl.* **1** Hacer menos tensa o tirante una relación. **2** MED. Estirarse de forma violenta los tejidos o ligamentos de una articulación.

distensión *f.* Acción y efecto de distender o distenderse.

distinción *f.* **1** Acción y efecto de distinguir o distinguirse. **2** Honor, gracia o trato especial que se concede a una persona. **3** Elegancia o buen gusto.

distinguido, -da *adj.* **1** Que tiene un conjunto de cualidades y virtudes que lo distinguen de los demás. **2** [persona] Que destaca por su elegancia y educación.

distinguir [8] *tr.* **1** Determinar la cualidad, característica o circunstancia que hace que dos personas o cosas sean diferentes. **2** Conceder a una persona un honor, una gracia o un trato especial. ❚ *tr./prnl.* **3** Notar, oír o ver algo que se percibe con dificultad. **4** Hacer que una persona o cosa sea diferente de las demás por medio de una señal o característica especial. ❚ *prnl.* **5** Destacar entre otros por una cualidad.

distintivo, -va *adj./m. y f.* **1** Que sirve para distinguir. ❚ *m.* **2** Característica que distingue a una persona o cosa de otra. **3** Insignia o señal que sirve para distinguir a una persona o cosa de las demás.

distinto, -ta *adj.* **1** Que tiene una o más características que lo hacen diferente de los demás. ❚ *adj. pl.* **2** Varios; más de uno.

distorsión *f.* Deformación de un sonido o de una imagen.

distorsionar *tr.* **1** Deformar un sonido o una imagen. **2** Interpretar de manera equivocada las palabras de alguien.

distracción *f.* **1** Pérdida de la atención en lo que se hace o se debe hacer. **2** Actividad o espectáculo que distrae.

distraer [88] *tr./prnl.* **1** Apartar la atención en lo que se hace. **2** Hacer pasar el tiempo de manera agradable.

distraído, -da *adj./m. y f.* **1** [persona] Que pierde la atención con facilidad. **2** Que hace pasar el tiempo de manera agradable.

distribución *f.* **1** Acción y efecto de distribuir. **2** Forma de estar dispuestas las diferentes partes de una casa o edificio.

distribuidor, -ra *adj./m. y f.* **1** [persona, entidad] Que recibe un producto del fabricante y lo entrega a los comerciantes. ❚ *m.* **2** Pasillo o pieza pequeña de una casa que da paso a varias habitaciones. **3** Mecanismo de encendido de un motor que lleva la corriente eléctrica del generador a las bujías. ▌*f.* **4** Empresa que se dedica a la comercialización de un producto y actúa de mediador entre fabricante y comerciante.

distribuir [62] *tr.* **1** Repartir una cosa entre varias personas señalando lo que le corresponde a cada una. **2** Dividir una cosa en partes dando a cada una de ellas un destino o una posición. **3** Llevar un producto del fabricante al comerciante.

distributivo, -va *adj.* **1** De la distribución. ▌*adj./f.* **2** GRAM. [oración] Que está formada por dos o más proposiciones que expresan situaciones o acciones diferentes.

distrito *m.* Parte en que se divide un territorio para su administración.

disturbio *m.* Conflicto que conlleva alteración de la paz social.

disuadir *tr.* Conseguir que una persona cambie su manera de actuar o pensar.

disuasión *f.* Capacidad de conseguir mediante razonamientos que alguien cambie su manera de actuar, pensar o sentir.

disuasivo, -va *adj.* Que disuade.

disuelto, -ta *part.* Participio irregular del verbo *disolver*. También se usa como adjetivo.

disyuntiva *f.* Situación en la que hay que elegir entre dos cosas diferentes.

disyuntivo, -va *adj.* **1** Que tiene capacidad de desunir o separar. ▌*adj./f.* **2** GRAM. [oración] Que expresa una acción, proceso o estado que excluye la acción, el proceso o el estado expresado por otra u otras oraciones. **3** GRAM. [conjunción] Que introduce una oración de esta clase.

diu *m.* Dispositivo que se coloca en el útero y sirve para evitar el embarazo.

OBS Diu procede de la sigla *DIU*, cuyo desarrollo es *d*ispositivo *i*ntra*u*terino.

diurético, -ca *adj./m.* [medicamento] Que facilita la eliminación de orina.

diurno, -na *adj.* Del día.

divagación *f.* Separación del asunto principal del que se habla o escribe.

divagar [7] *intr.* **1** Separarse o apartarse del asunto principal del que se habla o escribe. **2** Pensar en varias cosas sucesivamente sin orden ni motivo concreto.

diván *m.* Asiento alargado y blando, generalmente sin respaldo, en el que puede tenderse una persona.

divergencia *f.* Acción y efecto de diverger.

divergente *adj.* Que diverge.

divergir [6] *intr.* **1** Ir separándose poco a poco una línea o superficie de otra. **2** Estar en desacuerdo una persona con otra en un asunto concreto.

diversidad *f.* **1** Diferencia o variedad. **2** Abundancia de cosas o personas distintas.

diversificación *f.* Acción y efecto de diversificar o diversificarse.

diversificar [1] *tr./prnl.* Hacer diversa o múltiple una cosa que era única y uniforme.

diversión *f.* **1** Actividad o espectáculo que gusta y produce placer. **2** Cosa que hace pasar el tiempo de manera agradable.

diverso, -sa *adj.* Que es distinto de otro.

divertido, -da *adj.* Que divierte o hace pasar el tiempo de manera agradable.

divertimento *m.* **1** Composición musical instrumental con varios movimientos y de carácter alegre. **2** Divertimiento.

divertimiento *m.* Diversión.

divertir [35] *tr./prnl.* Hacer pasar el tiempo de manera agradable.

dividendo *m.* **1** MAT. Cantidad que debe dividirse entre otra. **2** ECON. Parte de las ganancias de una sociedad que corresponde a sus accionistas.

dividir *tr.* **1** Partir o separar en partes, grupos o establecer separaciones. **2** Repartir entre varios. **3** Crear enemistad y discordia entre dos o más personas. **4** MAT. Averiguar las veces que una cantidad está contenida en otra.

divinidad *f.* **1** Naturaleza de Dios. **2** Ser sobrenatural mitológico.

divinización *f.* Acción y efecto de divinizar.

divinizar [4] *tr.* **1** Considerar a una persona o cosa como un dios y tratarla como tal. **2** Considerar exageradamente las cualidades o virtudes de una persona.

divino, -na *adj.* **1** De Dios o de los dioses. **2** Que destaca o sobresale entre los demás o es excepcional.

divisa *f.* **1** Moneda extranjera usada en el comercio internacional. **2** Señal exterior que sirve para distinguir.

divisar *tr.* Ver o percibir de manera poco clara, generalmente desde lejos.

divisibilidad *f.* Cualidad de divisible.

divisible *adj.* **1** Que se puede dividir. **2** MAT. [número entero] Que al dividirlo entre otro da como resultado un número entero.

división *f.* **1** Acción de dividir. **2** Agrupación de equipos deportivos de la misma categoría. **3** Categoría de clasificación de las plantas, inferior a la de reino y superior a la de clase. **4** Operación mediante la cual se calcula las veces que una cantidad, el divisor, está contenida en otra, el dividendo. **5** Unidad militar compuesta por dos o más regimientos de distintos cuerpos del ejército.

divismo *m.* Condición del divo o artista que tiene mucha fama y es muy admirado.

divisor, -ra *m./adj.* **1** MAT. Cantidad que divide a otra. ‖ *m.* **2** MAT. Número que está contenido en otro una cantidad exacta de veces. **común divisor** Cantidad por la cual se dividen exactamente dos o más cantidades. **máximo común divisor** El mayor de los comunes divisores de dos o más cantidades.

divisorio, -ria *adj.* Que divide.

divo, -va *adj./m. y f.* **1** [artista] Que tiene mucha fama y es muy admirado. **2** [persona] Que es demasiado orgulloso y se cree superior a los demás.

divorciar [12] *tr./prnl.* **1** Separar legalmente dos personas que estaban casadas. **2** Deshacer o separar una unión, una relación o a un grupo de personas.

divorcio *m.* **1** Separación legal de dos personas casadas. **2** Separación de una unión, una relación o un grupo.

divulgación *f.* Acción y efecto de divulgar.

divulgador, -ra *adj./m. y f.* [persona, escrito] Que divulga.

divulgar [7] *tr.* Publicar, difundir o poner al alcance del público algo, generalmente un hecho o noticia.

DNI *m.* Sigla de *documento nacional de identidad.*

do *m.* MÚS. Primera nota de la escala musical. OBS El plural es *dos.*

dobermann *adj./com.* [perro] Que pertenece a una raza de estatura media, cuerpo musculoso, pelo corto y cabeza estrecha y larga que, por su ferocidad, suele usarse como guardián.

OBS Es de origen alemán y se pronuncia aproximadamente '*dóberman*'.

dobladillo *m.* Pliegue que se hace en los bordes de una tela, doblándola dos veces hacia adentro para coserla.

doblaje *m.* Sustitución de las voces de los actores en una película por otras voces, generalmente para traducir del idioma original al idioma del público destinatario de la película.

doblar *tr.* **1** Plegar o juntar los extremos de un objeto flexible. **2** Pasar al otro lado de un saliente. **3** Tener dos veces más. **4** Hacer el doblaje de una película. **5** Sustituir a un actor o una actriz de cine o televisión en las escenas peligrosas o que requieren alguna habilidad especial. **6** Alcanzar un participante de una carrera a otro sacándole una vuelta de pista de ventaja. ‖ *intr.* **7** Cambiar de dirección. **8** Sonar las campanas por la muerte de una persona. ‖ *tr./prnl.* **9** Hacer que sea dos veces mayor una cosa o una cantidad.

doble *adj.* **1** Que va acompañado de algo semejante o idéntico con lo que desempeña una misma función. ‖ *num.* **2** [cantidad, número] Que es dos veces mayor que otro. Puede ser determinante. ‖ *com.* **3** Persona que tiene tal parecido con otra que es muy fácil confundirlas. **4** Persona que sustituye a un actor o una actriz de cine o televisión en las escenas peligrosas o que requieren alguna habilidad especial. ‖ *adv.* **5** Dos veces una cantidad. ‖ *m. pl.* **6** Partido en el que se enfrentan dos jugadores contra otros dos, generalmente en el tenis.

doblegar [7] *tr./prnl.* **1** Hacer desistir de una opinión o propósito y obligar a aceptar otros. **2** Doblar o torcer encorvando.

doblete *m.* **1** Representación de dos papeles distintos por un mismo actor en la misma obra o película. **2** Serie de dos éxitos o victorias en un corto período de tiempo. **3** GRAM. Conjunto de dos palabras que tienen el mismo origen, pero que han evolucionado de distinta manera.

doblez *m.* **1** Parte que se dobla o se pliega en una cosa. **2** Señal que deja un pliegue o una arruga. ‖ *amb.* **3** Falsedad o hipocresía en la manera de actuar.

doblón *m.* Moneda antigua española de oro de diferente valor según las épocas.

doce *num. card.* **1** Indica que el nombre al que acompaña o al que sustituye está 12 veces. Puede ser determinante. ‖ *m.* **2** Nombre del número 12.

doceavo, -va *num.* Parte que resulta de dividir un todo en 12 partes iguales.

docena *f.* Conjunto de doce unidades.

docencia *f.* Actividad de la persona que se dedica a la enseñanza.

docente *adj.* **1** De la enseñanza. ‖ *adj./com.* **2** [persona] Que se dedica a la enseñanza de conocimientos, habilidades, ideas o experiencias a personas que no las tienen.

dócil *adj.* **1** Que es tranquilo o fácil de educar. **2** Que obedece o cumple lo que se le manda. **3** [piedra, metal] Que se puede labrar con facilidad.

docilidad *f.* Cualidad de dócil.

docto, -ta *adj./m. y f.* [persona] Que posee gran cantidad de conocimientos adquiridos a fuerza de estudio.

doctor, -ra *m. y f.* **1** Persona que se dedica a curar o prevenir las enfermedades. **2** Persona que ha conseguido el último grado académico en la universidad. **3** Título eclesiástico que se concede a los santos que han destacado por la defensa o la enseñanza de la religión católica.

doctorado *m.* **1** Grado académico más alto que se consigue en la universidad, después de acabar los estudios y realizar una tesis doctoral. **2** Conjunto de estudios necesarios para conseguir ese grado.

doctoral *adj.* De doctor o del doctorado.

doctorando, -da *m. y f.* Persona que prepara la tesis doctoral.

doctorar *tr./prnl.* Dar o conseguir el grado de doctor.

doctrina *f.* **1** Conjunto de ideas o normas que rigen la manera de pensar o de obrar y que son defendidas por un grupo de personas. **2** Materia o ciencia que se enseña.

doctrinal *adj.* De la doctrina.

doctrinario, -ria *adj.* **1** Doctrinal. ‖ *adj. y f.* **2** [persona] Que defiende rígidamente una doctrina.

documentación *f.* **1** Información que se consigue o proporciona sobre algo con un fin determinado. **2** Conjunto de documentos oficiales que prueban la identidad de una persona o de una cosa.

documentado, -da *adj./m. y f.* **1** [persona] Que tiene consigo documentos que prueban su identidad. **2** [persona, cosa] Que tiene conocimientos o da pruebas acerca de un asunto.

documental *adj.* **1** Que se basa en documentos. ‖ *adj./m.* **2** [película] Que trata de hechos y personajes reales con fines informativos o pedagógicos.

documentalista *com.* **1** Persona que se dedica profesionalmente a hacer cine documental. **2** Persona que tiene como oficio la preparación y elaboración de toda clase de datos bibliográficos, informes o noticias sobre determinada materia.

documentar *tr.* **1** Probar o demostrar con documentos. ‖ *tr./prnl.* **2** Proporcionar o conseguir la información sobre algo con un fin determinado.

documento *m.* **1** Escrito con que se prue-

ba o demuestra una cosa. **2** Lo que sirve para ilustrar un hecho.

dodeca- Elemento prefijal que forma palabras con el significado de 'doce'.

dodecaedro *m.* MAT. Cuerpo sólido limitado por doce caras.

dodecágono *m.* MAT. Figura plana de doce lados.

dodecasílabo, -ba *adj./m.* [verso] Que tiene doce sílabas.

dogma *m.* **1** Punto principal de una religión, doctrina o sistema de pensamiento que se tiene por cierto y no puede ponerse en duda. **2** Conjunto de dogmas.

dogmático, -ca *adj.* **1** Del dogma. ‖ *adj./m. y f.* **2** [persona] Que expresa una opinión de manera concluyente y la defiende como verdad absoluta.

dogmatismo *m.* **1** Tendencia a afirmar que una cosa es cierta y segura cuando en realidad es discutible. **2** Conjunto de dogmas de una religión, doctrina o sistema de pensamiento.

dogmatizar [4] *intr.* Afirmar que una cosa es verdadera, indiscutible y segura cuando puede ponerse en duda.

dogo, -ga *adj./m.* [perro] Que es de una raza de gran tamaño, con el cuello y el cuerpo gruesos y cortos y pelaje leonado.

dólar *m.* Unidad monetaria de los Estados Unidos, Canadá, Australia, Nueva Zelanda, Liberia y otros países.

dolencia *f.* Alteración de la salud que produce una sensación molesta.

doler [32] *intr.* **1** Tener dolor. **2** Causar algo pena, tristeza o lástima. ‖ *prnl.* **3** Sentir y explicar una pena o desgracia.

dolido, -da *adj.* Que experimenta pena o tristeza a causa de una contrariedad.

dolmen *m.* Monumento megalítico formado por una losa grande que se apoya sobre piedras verticales.

dolo *m.* DER. Hecho que se realiza con el fin de engañar o de ir contra la ley.

dolomía o **dolomita** *f.* Mineral semejante a la caliza que se utiliza en la construcción y que está constituido por un carbonato doble de cal y magnesia.

dolor *m.* **1** Sensación molesta y desagradable que se siente en una parte del cuerpo a causa de una herida o una enfermedad. **2** Sentimiento intenso de pena, tristeza o lástima producido por una contrariedad.

dolorido, -da *adj.* Que padece o experimenta un dolor.

doloroso, -sa *adj.* Que causa dolor.

doloso, -sa *adj.* DER. Que supone engaño o fraude.

doma *f.* Acción y efecto de domar.

domador, -ra *m. y f.* Persona que se dedica a amansar a animales salvajes o a la exhibición y manejo de animales domados.

domar *tr.* **1** Amansar y hacer dócil un animal salvaje mediante la práctica de ejercicios. **2** Contener o frenar una pasión o una conducta. **3** Quitarle la rebeldía a una persona. **4** Dar flexibilidad.

domeñar *tr.* Tener bajo el poder o la autoridad.

domesticable *adj.* Que puede domesticarse.

domesticar [1] *tr.* **1** Acostumbrar a un animal a convivir con las personas. **2** Quitarle la rebeldía a una persona.

doméstico, -ca *adj.* **1** De la casa. **2** [animal] Que se cría en la compañía del hombre. ‖ *m. y f.* **3** Persona que se dedica a los trabajos de una casa que no es la propia a cambio de dinero.

domiciliación *f.* Autorización de pagos o cobros con cargo a una cuenta bancaria.

domiciliar [12] *tr.* **1** Autorizar un pago o un cobro con cargo a una cuenta bancaria. ‖ *prnl.* **2** Establecer la vivienda en un lugar.

domiciliario, -ria *adj.* **1** Que se ejecuta o se cumple en el domicilio. **2** Del domicilio o que tiene relación con este lugar.

domicilio *m.* **1** Casa en la que vive habitualmente una persona. **2** Lugar en el que legalmente está establecida una persona o sociedad.

dominación *f.* Acción de dominar.

dominante *adj.* **1** Que domina, sobresale o es superior a otros de su clase. **2** BIOL. [carácter hereditario] Que cuando se posee siempre se manifiesta en el fenotipo. ‖ *adj./com.* **3** [persona] Que tiene tendencia a mandar y a dirigir la vida de las personas que lo rodean. ‖ *f.* **4** MÚS. Quinta nota de la escala de cualquier tono.

dominar *tr.* **1** Tener bajo el poder o la autoridad. **2** Conocer en profundidad una materia, una ciencia o un arte. **3** Divisar una extensión de tierra desde la altura. ‖ *tr./prnl.* **4** Contener o frenar una pasión o una conducta. ‖ *intr./tr.* **5** Sobresalir o destacar.

domingo *m.* Séptimo y último día de la semana dedicado generalmente al descanso.

dominguero, -ra *adj.* **1** Que se suele usar en domingo. ‖ *m. y f.* **2** Conductor que suele salir de la ciudad al campo los domingos y días de fiesta. Tiene valor despectivo.

dominical *adj.* **1** Del domingo. ‖ *adj./m.* **2** [publicación] Que recoge información general y se vende los domingos acompañando a un periódico.

dominicano, -na *adj.* **1** De Santo Domingo o de la República Dominicana. ‖ *adj./m. y f.* **2** [persona] Que es de Santo Domingo o de la República Dominicana. **3** De la orden de Santo Domingo.

dominico, -ca *adj.* **1** De la orden de Santo Domingo. ‖ *adj./m. y f.* **2** [religioso] Que pertenece a la orden de Santo Domingo.

dominio *m.* **1** Poder que se tiene sobre lo que es propio o sobre otras personas. **2** Territorio y población que están bajo un mismo mando. **3** Buen conocimiento de una materia, una ciencia o un arte. **4** Campo de una materia o de una actividad científica o artística.

dominó *m.* **1** Juego de mesa en el que se usan 28 fichas rectangulares que tienen una cara dividida en dos cuadrados iguales que llevan marcados de una a seis puntos negros o ninguno. **2** Conjunto de las fichas que se emplean en este juego.

OBS El plural es *dominós*.

don *m.* **1** Forma de tratamiento que se usa hacia los hombres y que indica respeto y cortesía. Se usa delante de un nombre propio y su abreviatura es *D*. El femenino es *doña*. **2** Cualidad o habilidad para hacer algo. **3** Regalo. ▸ **don de gentes** Habilidad para tratar con otras personas, atraer su simpatía o convencerlas.

donación *f.* Entrega de algo propio que se hace de forma voluntaria y generosa.

donaire *m.* Gracia, discreción y viveza en la forma de hablar y moverse.

donante *adj./com.* [persona] Que dona, en especial sangre o un órgano de su cuerpo con fines médicos.

donar *tr.* Hacer pasar a poder de otra persona algo propio.

donativo *m.* Cantidad de dinero o conjunto de medicinas, alimentos, ropas u otros objetos que se donan.

doncel *m.* **1** Joven noble o paje que aún no había sido armado caballero. **2** *culto* Joven adolescente, especialmente el que no ha tenido relaciones sexuales. El femenino es *doncella*.

doncella *f.* **1** *culto* Mujer joven, especialmente la que no ha tenido relaciones sexuales. **2** Mujer que se dedica a trabajos domésticos no relacionados con la cocina.

donde *adv.* Indica un sitio o un lugar ya expresado o sobrentendido.

OBS Precedido de la preposición *a* se escribe *adonde*.

dónde *adv.* En qué sitio o en qué lugar.

OBS Precedido de la preposición *a* se escribe *adónde*.

dondequiera *adv.* En cualquier parte.

donjuán *m.* Hombre que tiene facilidad para seducir a las mujeres.

donjuanesco, -ca *adj.* Del donjuán.

donoso, -sa *adj.* Que tiene gracia, discreción y viveza.

OBS Antepuesto al sustantivo suele usarse en sentido irónico.

donostiarra *adj.* 1 De San Sebastián. ▌ *adj./com.* 2 [persona] Que es de San Sebastián.

donosura *f.* Gracia, discreción y viveza en la forma de hablar y moverse.

donut *m.* Pastel esponjoso en forma de rosquilla cubierto de azúcar o chocolate.

OBS Se pronuncia '*dónut*'.

doña *f.* Forma de tratamiento que se usa hacia las mujeres y que indica respeto y cortesía.

OBS Se usa delante de un nombre propio y su abreviatura es *D.a*, a veces *Dña.* El masculino es *don*.

dopaje *m.* Acción y efecto de dopar o doparse.

dopar *tr./prnl.* Dar o consumir sustancias excitantes o estimulantes para lograr un mejor rendimiento deportivo.

doping *m.* 1 Acción de doparse. 2 Sustancia excitante o estimulante que sirve para lograr un mejor rendimiento en una competición deportiva.

OBS Es de origen inglés y se pronuncia aproximadamente '*dóping*'.

doquier *adv.* En cualquier parte. ► **por doquier** Por todas partes.

-dor, -dora Sufijo que entra en la formación de palabras con el significado de: *a*) 'Persona que realiza la acción del verbo al que se une'. *b*) 'Instrumento'. *c*) 'Lugar'. *d*) 'Profesión, ocupación'.

dorada *f.* Pez marino comestible, de color gris por encima, amarillo por los lados y con una mancha dorada en la cabeza.

dorado, -da *adj.* 1 De color del oro o semejante a este metal precioso. 2 [período] Que está lleno de esplendor, riqueza, buena suerte o felicidad. ▌ *m.* 3 Proceso por el que se cubre una superficie con oro o con una sustancia parecida al oro. 4 Capa de oro o de una sustancia parecida al oro que recubre un objeto.

dorar *tr.* 1 Cubrir una superficie con oro o con una sustancia que tenga su mismo color y aspecto. 2 Presentar una cosa como mejor o más agradable de lo que es en realidad. ▌ *tr./prnl.* 3 Tostar o asar ligeramente un alimento. 4 Tomar un color parecido al del oro.

dórico, -ca *adj.* Estilo arquitectónico clásico que tiene las columnas acanaladas, sin basa y sin molduras en el capitel.

dormida *f.* *coloquial* Estado de dormido.

dormilón, -lona *adj./m. y f. coloquial* [persona] Que duerme mucho.

dormir [33] *tr./intr./prnl.* 1 Estar en un estado de reposo inconsciente en el que se pierden los movimientos voluntarios. ▌ *tr.* 2 Hacer que alguien pase a ese estado. 3 Producir la pérdida temporal del conocimiento o de la sensibilidad de una parte del cuerpo mediante la administración de una sustancia química. ▌ *intr.* 4 Pasar la noche en un lugar. 5 *coloquial* Tener relaciones sexuales. ▌ *prnl.* 6 Perder el cuidado, la atención o el interés con que se realiza una acción. 7 Perder sensibilidad en una parte del cuerpo.

dormitar *intr.* Estar medio dormido o dormir con sueño poco profundo.

dormitorio *m.* Habitación que se usa para dormir.

dorsal *adj.* 1 Del dorso, espalda o lomo. ▌ *adj./f.* 2 GRAM. [sonido] Que se articula con el dorso de la lengua. ▌ *m.* 3 Trozo de tela con un número que un deportista lleva en la espalda para poder ser identificado.

dorso *m.* Parte posterior o contraria a la principal de una cosa.

dos *num. card.* 1 Indica que el nombre al que acompaña o al que sustituye está 2 veces. Puede ser determinante. ▌ *m.* 2 Nombre del número 2.

doscientos, -tas *num. card.* 1 Indica que el nombre al que acompaña o al que sustituye está 200 veces. Puede ser determinante. ▌ *m.* 3 Nombre del número 200.

dosel *m.* Pieza de madera o de tela que se coloca a modo de techo y como adorno sobre un asiento, una imagen o una cama.

dosificación *f.* Acción y efecto de dosificar.

dosificar [1] *tr.* 1 Fijar la cantidad de medicina o de otra sustancia que debe ingerirse en cada toma. 2 Graduar la cantidad o proporción de algo.

dosis *f.* 1 Cantidad de medicina o de otra sustancia que se ingiere en cada toma. 2 Cantidad o proporción de algo.

OBS El plural también es *dosis*.

dossier *m.* Conjunto de informaciones, documentos o papeles recopilados sobre una persona o un asunto.

dotación *f.* 1 Acción de dotar. 2 Aquello con que se dota.

dotar *tr.* 1 Dar o conceder una cualidad o una capacidad a una persona para ejercer una actividad. 2 Dar o equipar una cosa con algo que la complete o mejore. 3 Asignar una cantidad de dinero como sueldo, premio o pago. 4 Asignar a un lugar las personas o los medios necesarios para su funcionamiento.

dote *f.* 1 Cualidad o capacidad que muestra una persona para ejercer una actividad. Se usa más en plural. ∥ *amb.* 2 Conjunto de bienes o dinero que una mujer aporta al matrimonio o que entrega al convento o a la orden religiosa a la que va a pertenecer. Se usa normalmente como femenino.

dovela *f.* ARQ. Piedra labrada en forma de cuña que entra en la formación de un arco o una bóveda.

Dr., Dra. Abreviaturas de *doctor, doctora*, tratamientos que corresponden a quienes tienen este grado académico y a los médicos, aunque no lo tengan.

dracma *f.* Unidad monetaria de Grecia hasta su sustitución por el euro.

draconiano, -na *adj.* [ley, medida] Que es excesivamente severo.

draga *f.* Máquina que sirve para limpiar el fondo de un puerto, de un río o de una corriente navegable.

dragaminas *m.* Buque acondicionado para limpiar de minas submarinas los mares.

OBS El plural también es *dragaminas*.

dragar [7] *tr.* Sacar barro, piedras o arena del fondo de un puerto de mar, de un río o de una corriente navegable para limpiarlo o darle mayor profundidad.

drago *m.* Árbol de tronco grueso, ramificado y liso, copa ancha y siempre verde, flores de color blanco verdoso en forma de campana y fruto en forma de baya.

dragón *m.* 1 Animal fabuloso con forma de serpiente gruesa, con patas de león y alas de águila, muy fiero y que echa fuego por la boca. 2 Reptil parecido al lagarto, cuya piel se expande a ambos lados del cuerpo formando una especie de alas que le ayudan en sus saltos.

drama *m.* 1 Obra de teatro en prosa o en verso. 2 Género literario formado por las obras de ese tipo. 3 Obra teatral o cinematográfica cuyo tema causa gran emoción pero que no llega a ser una tragedia. 4 Acontecimiento de la vida real capaz de emocionar y causar tristeza.

dramático, -ca *adj.* 1 Del drama. 2 [persona] Que le falta naturalidad y suele exagerar las cosas y los acontecimientos, generalmente para llamar la atención. 3 Que es capaz de emocionar y causar tristeza. ∥ *adj./m. y f.* 4 [autor] Que escribe obras dramáticas o de teatro.

dramatismo *m.* Capacidad de emocionar, conmover o causar dolor en el ánimo.

dramatización *f.* Acción y efecto de dramatizar.

dramatizar [4] *tr.* 1 Dar forma y características de drama como género literario. ∥ *tr./intr.* 2 Exagerar algo, generalmente para llamar la atención.

dramaturgia *f.* Arte o técnica de escribir obras dramáticas o de teatro.

dramaturgo, -ga *m. y f.* Persona que escribe obras dramáticas o de teatro.

dramón *m.* Obra literaria o cinematográfica, de poca calidad, que se caracteriza por la exageración de los elementos que conmueven.

OBS Se usa en sentido despectivo.

drástico, -ca *adj.* Que es radical, riguroso o severo.

drenaje *m.* 1 Acción y efecto de drenar. 2 Material o procedimiento que se usa para drenar.

drenar *tr.* 1 Hacer salir el agua acumulada en una zona, especialmente en un terreno. 2 MED. Hacer salir el líquido acumulado en una herida o cavidad del cuerpo.

driblar *tr./intr.* ESP, MÉX Engañar al contrario mediante un movimiento brusco para esquivarlo y no dejarse arrebatar el balón, especialmente en fútbol.

dríbling *m.* ESP, MÉX Movimiento para esquivar al contrario y no dejarse arrebatar el balón, especialmente en fútbol.

OBS Es de origen inglés y se pronuncia aproximadamente *'driblin'*.

dril *m.* Tela fuerte de hilo o de algodón crudos.

droga *f.* 1 Sustancia que elimina el dolor, tranquiliza, excita, o aumenta o disminuye el estado consciente, y cuyo consumo reiterado puede crear dependencia. 2 MÉX Deuda contraída con alguien.

drogadicción *f.* Hábito y dependencia de alguna droga.

drogadicto, -ta *m. y f.* Persona que tiene hábito y dependencia de alguna droga.

drogar [7] *tr./prnl.* Dar o consumir drogas.

drogodependencia *f.* Hábito y dependencia de alguna droga producidos por su consumo reiterado.

drogodependiente *com.* Persona que tiene hábito y dependencia de alguna droga por su consumo reiterado.

droguería *f.* Establecimiento en el que se venden productos de limpieza y pinturas.

droguero, -ra *m. y f.* [persona] Que fabrica o vende productos de droguería.

dromedario *m.* Mamífero parecido al camello pero con una sola joroba.

-dromo Elemento sufijal que entra en la formación de palabras con el significado de 'lugar para carreras', 'pista', 'circuito'.

dron *m.* Vehículo aéreo no tripulado de pequeño tamaño usado con diverso fines.

druida *m.* Hombre que entre los antiguos celtas tenía funciones religiosas y también judiciales, políticas y educativas.

drupa *f.* BOT. Fruto carnoso de forma redondeada que tiene en su interior una única semilla envuelta en una capa leñosa dura o hueso.

dual *adj.* **1** Que tiene o reúne en sí dos caracteres o fenómenos distintos. **2** Que se emite en dos lenguas.

dualidad *f.* Cualidad de dual.

dubitación *f.* Vacilación o falta de determinación ante varias posibilidades de elección.

dubitativa *adj./f.* GRAM. [oración] Que expresa o muestra duda.

dubitativo, -va *adj.* [persona] Que tiene o muestra duda.

ducado *m.* **1** Título nobiliario de duque. **2** Territorio sobre el que antiguamente un duque ejercía su autoridad. **3** Estado gobernado por un duque. **4** Antigua moneda, generalmente de oro.

ducal *adj.* Del duque.

ducentésimo, -ma *num. ord.* **1** Indica que el nombre al que acompaña o al que sustituye ocupa el lugar número doscientos en una serie. Puede ser determinante. ‖ *num.* **2** Parte que resulta de dividir un todo en 200 partes iguales.

ducha *f.* **1** Acción de duchar o ducharse. **2** Aparato o instalación que permite ducharse. **3** Recipiente donde cae y se recoge el agua de este aparato. ▶ **ducha de agua fría**

coloquial Noticia desagradable e inesperada.

duchar *tr./prnl.* Aplicar agua, en forma de chorro o lluvia, sobre el cuerpo para asearlo.

ducho, -cha *adj.* [persona] Que tiene gran capacidad, habilidad y experiencia para hacer algo.

dúctil *adj.* **1** [metal] Que es capaz de someterse a grandes deformaciones sin romperse. **2** [persona] Que se adapta a diferentes situaciones o que cambia fácilmente de criterio.

ductilidad *f.* Cualidad de dúctil.

duda *f.* Vacilación o falta de determinación ante varias posibilidades de elección.

dudar *intr.* **1** Vacilar ante varias posibilidades de elección acerca de una creencia, una noticia o un hecho. ‖ *tr.* **2** No creer por completo en la veracidad de un hecho o una noticia. **3** Desconfiar de la honradez de alguien.

dudoso, -sa *adj.* **1** Que origina duda. **2** [persona] Que está en duda o vacila ante varias posibilidades de elección. **3** Que es poco probable. **4** Que ofrece duda, desconfianza o sospecha.

duela *f.* Tabla que forma con otras semejantes las paredes curvas de un tonel, barril o cuba.

duelo *m.* **1** Conjunto de demostraciones de pena y dolor que se sienten por la muerte de una persona. **2** Conjunto de personas que asisten a los actos funerales por la muerte de una persona. **3** Lucha o enfrentamiento entre dos personas o entre dos animales.

duende *m.* **1** Ser imaginario, habitualmente representado con aspecto de viejo o de niño, que hace continuas travesuras en los lugares donde, según algunas creencias, habita. **2** Cualidad de una persona o de una manifestación artística que emociona y cautiva el ánimo.

dueño, -ña *m. y f.* Persona o grupo que tiene la propiedad de algo.

duermevela *amb.* Sueño poco profundo, inquieto e interrumpido.

OBS El plural es *duermevelas*.

dueto *m.* **1** MÚS. Composición musical para dos voces o dos instrumentos. **2** Conjunto musical formado por dos voces o dos instrumentos.

dugón *m.* Mamífero de color grisáceo que vive en el litoral del océano Índico y tiene la cola dividida en dos paletas.

dulce *adj.* **1** Que tiene un sabor parecido al

del azúcar o deja una sensación azucarada en el paladar. **2** Que produce una impresión o una sensación agradable y placentera. **3** [persona] Que es amable y complaciente con los demás. ∎ *m.* **4** Alimento preparado con azúcar o en cuya composición entra el azúcar como elemento fundamental. ∎ *adv.* **5** Con dulzura y suavidad.

dulcero, -ra *adj./m. y f.* coloquial [persona] Que tiene mucha inclinación y afición a comer dulces.

dulcificar [1] *tr.* **1** Poner dulce algo. **2** Hacer más agradable una situación.

dulcinea *f.* Mujer a la que se ama.

dulzaina *f.* Instrumento musical de viento que consiste en un tubo de madera con agujeros, que se tapan y destapan para emitir distintos sonidos, y en una doble lengüeta para soplar por ella.

dulzón, -zona *adj.* [alimento] Que tiene un sabor demasiado dulce.

dulzor *m.* Dulzura.

dulzura *f.* **1** Carácter agradable que tiene una cosa. **2** Amabilidad y complacencia que tiene una persona. **3** Sabor parecido al del azúcar, o que deja una sensación azucarada en el paladar.

dumping *m.* Práctica comercial que consiste en vender un producto a un precio que apenas proporciona beneficios, con el fin inmediato de ir eliminando las empresas competidoras.

OBS Es de origen inglés y se pronuncia aproximadamente *'dumpin'*.

duna *f.* Pequeña colina de arena que forma y empuja el viento.

dúo *m.* **1** MÚS. Composición musical para dos voces o dos instrumentos. **2** Conjunto musical formado por dos voces o dos instrumentos. **3** Conjunto de dos personas.

duodécimo, -ma *num. ord.* **1** Indica que el nombre al que acompaña o al que sustituye ocupa el lugar número doce en una serie. Puede ser determinante. ∎ *num.* **2** Parte que resulta de dividir un todo en 12 partes iguales.

duodenal *adj.* Del duodeno.

duodeno *m.* ANAT. Parte inicial del intestino delgado de los mamíferos donde van a parar los jugos digestivos del hígado y del páncreas.

dúplex *m.* Vivienda de dos pisos superpuestos unidos por una escalera interior.

duplicación *f.* Multiplicación por dos.

duplicado *m.* Segundo documento o escrito exactamente igual que el primero.

duplicar [1] *tr./prnl.* **1** Multiplicar por dos o hacer algo dos veces mayor. **2** Hacer una copia.

duplicidad *f.* Falsedad o hipocresía en la manera de actuar, expresando lo contrario de lo que se siente.

duplo, -pla *num.* [cantidad, número] Que es dos veces mayor que otro.

duque, -quesa *m. y f.* Miembro de la nobleza de categoría inferior a la de príncipe y superior a la de marqués.

duración *f.* Período de tiempo en que existe, ocurre o se desarrolla algo.

duradero, -ra *adj.* Que dura o puede existir, ocurrir o desarrollarse durante un largo período de tiempo.

duralex *m.* Material transparente y resistente parecido al vidrio que se usa para fabricar piezas de vajilla.

duraluminio *m.* Aleación ligera de aluminio que es tan dura como el acero.

duramen *m.* BOT. Parte central, más seca y compacta, del tronco y de las ramas gruesas de un árbol.

durante *prep.* Indica el período de tiempo que dura algo o en el que sucede.

OBS Se usa delante de sustantivos.

durar *intr.* **1** Existir, ocurrir o desarrollarse algo durante un período de tiempo. **2** Mantenerse o conservar las propias cualidades.

durazno *m.* **1** Variedad del melocotonero que da un fruto más pequeño que el melocotón. **2** Fruto de esta variedad.

dureza *f.* **1** Cualidad de duro. **2** Capa de piel dura que se forma en algunas partes de un cuerpo humano o animal, generalmente a causa de un roce continuado.

durmiente *adj./com.* Que duerme.

duro, -ra *adj.* **1** [cosa] Que ofrece una gran resistencia a ser rayado, penetrado, deformado o cortado. **2** [persona] Que es fuerte y resistente al trabajo, al cansancio y a las penalidades. **3** [persona] Que es insensible, severa o muy rigurosa. **4** Que ofende, hiere la sensibilidad o es violento. **5** [actividad] Que exige gran esfuerzo y sufrimiento. **6** [cosa] Que es áspera, desagradable o no tiene suavidad. **7** [cosa] Que es resistente al uso y al paso del tiempo. ∎ *m* **8** Moneda española que equivalía a cinco pesetas. ∎ *adv.* **9** Con gran esfuerzo, fuerza o violencia. ▸ **estar a las duras y a las maduras** Aceptar y asumir las ventajas y los inconvenientes de algo.

DVD Sigla de *digital versatil disk*, 'disco digital versátil'.

E

e *f.* **1** Quinta letra del alfabeto español. El plural es *es*. ▌*conj.* **2** Sustituye a *y* cuando la palabra siguiente comienza por *i-* o *hi-*. No se realiza la sustitución cuando la palabra siguiente comienza por *y-* o *hie-*.

¡ea! *int.* Expresión que se usa, sola o repetida, para animar o estimular a hacer algo.

ebanista *com.* Carpintero que se dedica a la ebanistería.

ebanistería *f.* **1** Taller o lugar de trabajo del ebanista. **2** Arte y técnica de trabajar las maderas finas y de construir muebles de calidad con ellas. **3** Conjunto de objetos hechos con maderas finas.

ébano *m.* **1** Árbol de tronco grueso y alto propio de Asia. **2** Madera de este árbol.

ébola *m.* Enfermedad causada por un virus del mismo nombre que provoca fiebre, dolores, hemorragias y destrucción de los tejidos internos.

ebrio, ebria *adj.* [persona] Que tiene alteradas sus facultades físicas y mentales por haber ingerido una cantidad excesiva de bebida alcohólica.

ebullición *f.* **1** Movimiento del agua u otro líquido con producción de burbujas por aumento de su temperatura o por fermentación. **2** Estado de agitación.

eccema *m.* Enfermedad de la piel que provoca manchas rojas y picores.

OBS También se escribe *eczema*.

echar *tr.* **1** Enviar un objeto dándole un impulso. **2** Dejar caer una cosa para que entre en un lugar. **3** Despedir de sí o emitir. **4** Producir; hacer salir o nacer. **5** Mover o correr un mecanismo de una puerta o ventana para que se cierre. **6** Decir o pronunciar. **7** Jugar o participar en un juego o competición. **8** Proyectar o emitir una película o representar una obra de teatro. **9** Emplear una cantidad de tiempo en una acción o trabajo. **10** Despedir, expulsar o hacer salir de un lugar. **11** Derribar o arruinar. **12** Dar o repartir. **13** Calcular de manera aproximada. ▌*tr./prnl.* **14** Poner sobre un lugar. **15** Seguido de un sustantivo, realizar la acción expresada por este. **16** Inclinar en cierta dirección, especialmente el cuerpo o una parte de él. ▌*intr.* **17** Seguido de una expresión de lugar o dirección, ir o moverse hacia ellos. ▌*prnl.* **18** Tumbarse para descansar. **19** Lanzarse con impulso. ▸ **echar** (o **echarse**) **a** Comenzar; empezar a arrancar. ▸ **echar** (o **echarse**) **a perder** Estropear; dejar de funcionar. ▸ **echar de menos** Notar la falta de una persona o cosa. ▸ **echarse atrás** No cumplir lo prometido.

echarpe *m.* Prenda de vestir que consiste en una pieza alargada y se lleva sobre los hombros como abrigo o adorno.

eclecticismo *m.* Forma de actuar o juzgar que adopta una postura intermedia, alejada de soluciones extremas.

ecléctico, -ca *adj.* Que actúa o juzga con eclecticismo.

eclesial *adj.* De la comunidad cristiana que constituye la Iglesia.

eclesiástico, -ca *adj.* **1** De la comunidad cristiana que constituye la Iglesia y de los clérigos. ▌*m.* **2** Hombre que dedica su vida a Dios y a la Iglesia y que puede celebrar los ritos sagrados de su religión.

eclipsar *tr.* **1** Causar un cuerpo celeste el eclipse de otro. **2** Deslucir, hacer que algo sea menos importante o notorio. ▌*prnl.* **3** Sufrir un eclipse un cuerpo celeste. **4** Perder las cualidades o la importancia.

eclipse *m.* Desaparición total o parcial de

un cuerpo celeste de la vista del observador por la interposición de otro astro.

eclosión *f.* 1 Aparición o salida, especialmente de un animal o un capullo de flor. 2 Aparición súbita o manifestación de un movimiento cultural o hecho histórico.

eco *m.* 1 Repetición de un sonido que se produce cuando las ondas sonoras rebotan contra un obstáculo. 2 Sonido que se oye de manera débil. 3 Noticia o rumor vagos. 4 Repercusión o interés que despierta un hecho o acontecimiento. ▸ **ecos de sociedad** Conjunto de noticias sobre personas famosas. ▸ **hacerse eco** Contribuir a dar a conocer una cosa.

eco- Elemento prefijal que entra en la formación de palabras con el significado de: *a)* 'Casa', 'morada'. *b)* 'Medio natural', 'ámbito vital'. *c)* 'Sonido reflejado', 'onda electromagnética'.

ecografía *f.* 1 Técnica de exploración de los órganos internos del cuerpo que consiste en registrar el eco de unas ondas electromagnéticas o acústicas. 2 Imagen o fotografía obtenida con esta técnica.

ecología *f.* Ciencia que estudia las relaciones entre los seres vivos y el medio en el que viven.

ecológico, -ca *adj.* De la ecología.

ecologismo *m.* Movimiento que defiende la naturaleza y el medio ambiente.

ecologista *adj./com.* [persona, grupo] Que es partidario del ecologismo.

economato *m.* Supermercado donde compran más barato determinadas personas, como los socios de una cooperativa.

economía *f.* 1 Disciplina que estudia la manera de funcionar los recursos, la creación de riqueza y la producción de bienes y servicios. 2 Sistema de comercio e industria mediante el cual se produce y usa la riqueza de un país o región. 3 Manera como una empresa o familia administra los bienes. ▸ **economía sumergida** Conjunto de actividades económicas que están al margen del control del Estado.

económico, -ca *adj.* 1 De la economía. 2 Que cuesta poco dinero o que gasta poco.

economista *com.* Persona que se dedica al estudio de la economía.

economizar [4] *tr.* Evitar el gasto de dinero o de otro producto.

ecosistema *m.* Sistema biológico que se compone de una comunidad de seres vivos y su medio natural.

ecu *m.* Antigua unidad monetaria europea que en 1995 fue sustituida por el euro.

ecuación *f.* MAT. Igualdad entre dos expresiones que contienen alguna incógnita.

ecuador *m.* Círculo máximo imaginario perpendicular al eje de la Tierra.

ecualizador *m.* Dispositivo que en los aparatos de alta fidelidad sirve para ajustar las frecuencias del sonido.

ecuánime *adj.* 1 [persona] Que actúa con imparcialidad o neutralidad. 2 [opinión, juicio] Que no está influido por las ideas o por los sentimientos de la persona que lo adopta.

ecuanimidad *f.* Imparcialidad o neutralidad de opinión o juicio.

ecuatorial *adj.* Del ecuador.

ecuatoriano, -na *adj.* 1 De Ecuador. ‖ *adj./m. y f.* 2 [persona] Que es de Ecuador.

ecuestre *adj.* 1 Del caballo. 2 [figura] Que está representado montado a caballo.

ecuménico, -ca *adj.* Universal, que se extiende a todo el orbe.

ecumenismo *m.* Movimiento para la unión de todas las Iglesias cristianas.

eczema *m.* Eccema.

edad *f.* 1 Cantidad de años que una persona, animal o vegetal ha vivido contando desde su nacimiento. 2 Etapa de la vida de las personas. 3 Cantidad de años que una cosa ha durado desde que empezó a existir. 4 Cada una de las etapas de la prehistoria o de la historia. ▸ **mayor de edad** [persona] Que, según la ley, tiene los años necesarios para poder ejercer todos sus derechos civiles. ▸ **menor de edad** [persona] Que, según la ley, no tiene los años necesarios para poder ejercer todos sus derechos civiles.

edema *m.* MED. Acumulación de líquido en algún órgano o tejido del cuerpo.

edén *m.* 1 Según la Biblia, lugar donde se encontraba el paraíso terrenal. 2 Lugar muy agradable.

edición *f.* 1 Preparación de un texto, una obra musical, una película o un programa de radio o televisión para ser publicado o emitido, cuidando de su forma y su contenido. 2 Conjunto de ejemplares de una obra impresos de una vez. 3 Celebración de un concurso, un festival o una competición deportiva repetida con periodicidad o sin ella.

edicto *m.* Orden dada por escrito por una autoridad.

edificación *f.* 1 Construcción de un edificio. 2 Edificio o conjunto de edificios.

edificante *adj.* [acción] Que sirve de ejemplo para actuar bien.

edificar [1] *tr.* **1** Construir un edificio. **2** Crear un grupo o sociedad. **3** Infundir en otros sentimientos de piedad y virtud.

edificio *m.* Construcción fabricada con materiales resistentes que se destina a vivienda y a otros usos.

edil *com.* Persona que forma parte del gobierno de un ayuntamiento.

editar *tr.* Preparar la edición de una obra o escrito.

editor, -ra *adj./m. y f.* **1** [persona, empresa] Que se dedica a producir libros, periódicos, películas, discos u otras cosas por medio de la imprenta o de otros procedimientos de reproducción. ‖ *m. y f.* **2** Persona que prepara un texto ajeno para publicarlo siguiendo criterios filológicos. ‖ *m.* **3** INFORM. Programa que sirve para escribir, presentar e imprimir un texto o un conjunto de datos.

editorial *adj.* **1** Del editor o de la edición. ‖ *m.* **2** Artículo de periódico sin firma que recoge la opinión de la dirección de la publicación sobre un tema. ‖ *f.* **3** Empresa que se dedica a la edición de obras.

-edo, -eda Sufijo que entra en la formación de sustantivos con el significado de 'colección, conjunto'.

edredón *m.* Cobertor relleno de plumas de ave, algodón u otro material de abrigo.

-edro, -edra Elemento sufijal que entra en la formación de palabras con el significado de 'cara', 'plano', 'asiento'.

educación *f.* **1** Formación destinada a desarrollar la capacidad intelectual y moral de las personas. **educación especial** Educación dirigida a personas que tienen problemas físicos o psíquicos. **2** Conjunto de conocimientos intelectuales, culturales y morales de una persona. **3** Comportamiento adecuado a las normas sociales.

educado, -da *adj.* Que tiene buena educación, que se comporta correctamente.

educador, -ra *adj./m. y f.* Que educa.

educar [1] *tr.* **1** Desarrollar y perfeccionar las facultades intelectuales y morales de una persona. **2** Instruir a una persona en las normas de cortesía y de comportamiento social. **3** Afinar o perfeccionar los sentidos. **4** Enseñar a un animal a comportarse de una manera determinada.

educativo, -va *adj.* **1** De la educación. **2** Que sirve para educar.

edulcorante *adj./m.* [sustancia] Que edulcora.

edulcorar *tr.* Endulzar un producto con sustancias naturales, como el azúcar o la miel, o sintéticas, como la sacarina.

efe *f.* Nombre de la letra *f*.

efectismo *m.* Conjunto de recursos empleados para impresionar.

efectista *adj.* Que pretende producir un fuerte efecto o impresión en el ánimo.

efectividad *f.* **1** Capacidad de producir efecto. **2** Cualidad de lo que es real, verdadero o válido.

efectivo, -va *adj.* **1** Que produce un efecto, que es eficaz. **2** Que es real, verdadero o válido. ‖ *m.* **3** Dinero en monedas o en billetes. ‖ *m. pl.* **4** Conjunto de personas que pertenecen a un ejército, a la policía o a otros grupos organizados. ▸ **hacerse efectivo** Entrar en vigor.

efecto *m.* **1** Resultado de una causa. **2** Impresión producida en el ánimo. **3** Finalidad u objetivo. **4** Documento o valor comercial. **5** Movimiento giratorio que se da a una bola al impulsarla y que la desvía de su trayectoria normal. ‖ *m. pl.* **6** Bienes o cosas que pertenecen a una persona. ▸ **efectos especiales** En cine y teatro, técnica o truco que hace que una cosa parezca real. ▸ **efecto invernadero** Subida de la temperatura de la atmósfera que se produce como resultado de la contaminación industrial.

efectuar [11] *tr.* **1** Hacer o realizar. ‖ *prnl.* **2** Hacerse o cumplirse.

efeméride *f.* **1** Hecho importante que se recuerda en un aniversario. **2** Celebración de ese hecho.

efervescencia *f.* **1** Desprendimiento de burbujas gaseosas a través de un líquido. **2** Agitación o excitación grandes.

efervescente *adj.* Que produce burbujas gaseosas.

eficacia *f.* Capacidad para producir el efecto deseado.

eficaz *adj.* Que actúa con eficacia.

eficiencia *f.* Capacidad para realizar o cumplir adecuadamente una función.

eficiente *adj.* Que realiza o cumple adecuadamente su función.

efigie *f.* Imagen de una persona reproducida en una moneda, una pintura o una escultura.

efímero, -ra *adj.* Que dura poco tiempo.

efluvio *m.* Emisión de vapores o de partículas muy pequeñas que se desprenden de una cosa y llegan a nuestros sentidos.

efusión *f.* Muestra intensa de sentimiento.

efusivo, -va *adj.* Que manifiesta de manera muy viva los sentimientos, especialmente de alegría o afecto.

egipcio, -cia *adj.* 1 De Egipto. ▌ *adj./m. y f.* 2 [persona] Que es de Egipto.

égloga *f.* Composición poética que idealiza la vida de los pastores y del campo.

ego *m.* Valoración excesiva de uno mismo.

egocéntrico, -ca *adj.* [persona] Que se considera el centro de todo.

egocentrismo *m.* Valoración excesiva de la propia personalidad.

egoísmo *m.* Amor excesivo hacia uno mismo, que lleva a preocuparse solamente del propio interés.

egoísta *adj./com.* [persona] Que solamente se preocupa de sí misma.

ególatra *adj.* [persona] Que se estima a sí mismo de manera excesiva.

egolatría *f.* Actitud de la persona ególatra.

egregio, -gia *adj.* [persona] Que es ilustre, famoso o que destaca por su categoría.

egresar *intr.* AMÉR Salir una persona de una institución educativa o en la que ha estado internada.

¡eh! *int.* Expresión que se utiliza para llamar la atención de alguien o para preguntar.

ej. Abreviatura de *ejemplo*.

eje *m.* 1 Barra cilíndrica que pasa por el medio de una rueda u otra pieza semejante y le sirve de sostén. 2 MAT. Línea que atraviesa una figura geométrica por su centro. 3 Cosa o persona que es el elemento principal de un conjunto. ▶ **eje de simetría** Línea imaginaria que divide una figura, un cuerpo o cualquier cosa en dos partes iguales y simétricas.

ejecución *f.* Acción y efecto de ejecutar.

ejecutar *tr.* 1 Realizar una cosa, dar cumplimiento a un proyecto, encargo u orden. 2 Cantar o tocar una pieza musical. 3 Matar a una persona condenada a muerte.

ejecutiva *f.* Grupo de personas que dirige una corporación o sociedad.

ejecutivo, -va *adj.* 1 Que no admite espera ni que sea aplazada su ejecución. 2 [organismo] Que ejecuta o hace cumplir una cosa. ▌ *m. y f.* 3 Persona que ocupa un cargo en la dirección de una empresa.

ejecutoria *f.* Título o documento que acredita la nobleza de una persona o familia.

ejemplar *adj.* 1 Que sirve o puede servir de ejemplo a los demás. ▌ *m.* 2 Reproducción de un mismo original. 3 Individuo de una especie o de un género.

ejemplificar [1] *tr.* Demostrar o ilustrar con ejemplos.

ejemplo *m.* 1 Persona o cosa que sirve de modelo o muestra de lo que debe imitarse

o evitarse. 2 Frase, acción u objeto que se usa para explicar una cosa o aclararla.

ejercer [2] *tr./intr.* 1 Realizar las funciones propias de una profesión. ▌ *tr.* 2 Hacer que una fuerza, una acción o un poder actúe sobre alguien o algo. 3 Hacer uso de un derecho o de un privilegio.

ejercicio *m.* 1 Práctica que sirve para adquirir unos conocimientos o desarrollar una habilidad. 2 Prueba que ha de pasar una persona que se examina. 3 Actividad física que se hace para conservar o recuperar la salud o para prepararse para un deporte. 4 Dedicación a una actividad, arte u oficio. 5 Uso que se hace de un derecho o privilegio.

ejercitar *tr./prnl.* 1 Practicar de forma continuada una actividad para adquirir destreza en ella. ▌ *tr.* 2 Realizar las funciones propias de una profesión.

ejército *m.* 1 Conjunto de las fuerzas armadas de un país. 2 Grupo numeroso de personas agrupadas para un fin.

ejote *m.* ACENT, MÉX Fruto del frijol.

el, la *det. art.* Artículo en géneros masculino y femenino y número singular; indica que el nombre al que acompaña es conocido por el hablante y el oyente o ya han hablado de él.

OBS Los plurales son *los* y *las*.

él, ella *pron. pers.* Forma del pronombre de tercera persona en géneros masculino y femenino y número singular que hace la función de sujeto, de predicado nominal o de complemento precedido de preposición.

OBS Los plurales son *ellos, ellas*.

elaboración *f.* Acción y efecto de elaborar.

elaborado *adj.* 1 Muy pensado y trabajado para un fin. 2 [producto] Que ha sufrido un proceso de elaboración industrial.

elaborar *tr.* 1 Preparar una o más materias para convertirlas en un producto. 2 Desarrollar una idea, teoría o proyecto.

elasticidad *f.* Propiedad de un cuerpo sólido para recuperar su forma cuando cesa la fuerza que la altera.

elástico, -ca *adj.* 1 Que tiene elasticidad. 2 Que puede ajustarse a distintas circunstancias. 3 Que admite muchas interpretaciones. ▌ *m.* 4 Cinta de goma o de tejido elástico.

ele *f.* Nombre de la letra *l*.

elección *f.* 1 Selección de una cosa para un fin. 2 Designación, generalmente por votación, de una o más personas para ocupar un puesto en una comisión u organismo semejante. **3** Capacidad o posibilidad de elegir. ‖ *f. pl.* **4** Emisión de votos para elegir cargos políticos o sindicales.

eleccionario, -ria *adj.* AMÉR Electoral.

electivo, -va *adj.* [cargo, puesto] Que se ocupa por elección.

electo, -ta *adj./m. y f.* [persona] Que ha sido elegido por votación para un cargo, pero que todavía no ha tomado posesión.

elector, -ra *adj./m. y f.* Persona que tiene derecho a votar en unas elecciones.

electorado *m.* Conjunto de los electores.

electoral *adj.* Relativo a los electores o a las elecciones.

electoralismo *m.* Finalidad propagandística de un acontecimiento o mensaje político.

electoralista *adj.* Que tiene claros fines de propaganda electoral.

electricidad *f.* **1** Energía que se deriva de la existencia en la materia de cargas eléctricas positivas y negativas que normalmente se neutralizan. **2** Parte de la física que estudia los fenómenos eléctricos. **3** Corriente eléctrica.

electricista *com.* Persona que se dedica a colocar y arreglar instalaciones eléctricas.

eléctrico, -ca *adj.* **1** De la electricidad. **2** Que funciona mediante la electricidad.

electrificar [1] *tr.* **1** Hacer que algo funcione con electricidad. **2** Proveer de electricidad un lugar.

electrizante *adj.* Que produce entusiasmo o excitación.

electrizar [4] *tr./prnl.* **1** Producir electricidad en un cuerpo o comunicársela. **2** Producir entusiasmo o excitación.

electro- Elemento prefijal que entra en la formación de palabras con el significado de 'eléctrico'.

electrocardiograma *m.* Gráfico que registra el pulso y ritmo cardíaco.

electrochoque o **electroshock** *m.* Tratamiento para curar enfermedades mentales por medio de corrientes eléctricas.

electrocutar *tr./prnl.* Morir o matar mediante descargas eléctricas.

electrodo o **eléctrodo** *m.* Extremo de un conductor en contacto con un medio, al que lleva o del que recibe una corriente eléctrica.

electrodoméstico *m.* Aparato eléctrico de uso doméstico.

electroencefalograma *m.* Gráfico que registra la actividad del encéfalo.

electroimán *m.* Barra de hierro imantada por la acción de una corriente eléctrica.

electrólisis *f.* Separación de los elementos de un compuesto producida por la corriente eléctrica.

OBS El plural también es *electrólisis*.

electrólito *f.* Sustancia, generalmente líquida, que conduce la corriente eléctrica o que se descompone en la electrólisis.

electromagnético, -ca *adj.* Que tiene elementos eléctricos y magnéticos relacionados entre sí.

electrometría *f.* Parte de la física que estudia el modo de medir la intensidad eléctrica.

electromotor, -ra *adj./m.* [máquina] Que transforma la energía eléctrica en energía mecánica.

electrón *m.* Partícula que se encuentra alrededor del núcleo del átomo y que tiene carga eléctrica negativa.

electrónica *f.* Parte de la física que estudia los electrones y la acción de las fuerzas electromagnéticas y los utiliza en aparatos que reciben y transmiten información.

electrónico, -ca *adj.* De la electrónica o de los electrones.

electroshock *m.* Electrochoque.

electrostático, -ca *adj.* De la electricidad estática o causado por la electricidad que no se mueve en una corriente, sino que es atraída a la superficie de ciertos objetos.

elefante, -ta *m. y f.* Mamífero de gran tamaño con la nariz en forma de trompa y dos colmillos muy largos.

elegancia *f.* Característica de la persona o cosa que es elegante.

elegante *adj.* **1** [persona] Que viste bien y que actúa y habla con naturalidad y distinción. **2** [objeto] Que es de calidad, está bien hecho y es de buen gusto. **3** [establecimiento] Que es de categoría, está bien decorado y sus clientes son distinguidos.

elegía *f.* Composición poética en la que se expresa dolor o pena.

elegir [55] *tr.* **1** Seleccionar una cosa para un fin. **2** Designar, generalmente por votación, una o más personas para ocupar un puesto.

elemental *adj.* **1** Que es muy importante o necesario. **2** Que es muy sencillo y se puede entender fácilmente.

elemento *m.* **1** Parte de una cosa; cosa que forma con otras un conjunto. **2** QUÍM Sustancia que no se puede descomponer en otra más simple. **3** Medio en que vive un ser. **4** Persona, valorada positiva o negativamente. ▌ *m. pl.* **5** Fuerzas de la naturaleza que pueden hacer daño o destruir. **6** Conjunto de los principios básicos o fundamentales de una ciencia o arte.

elenco *m.* Conjunto de personas que trabajan juntas o que constituyen un grupo representativo.

elevación *f.* **1** Subida o aumento. **2** Parte de una cosa que está situada más arriba que las otras.

elevado, -da *adj.* **1** Que está levantado a gran altitud o que es alto. **2** Que demuestra cualidades morales o espirituales.

elevador, -ra *adj./m. y f.* [vehículo, aparato] Que sirve para subir, bajar o transportar mercancías.

elevalunas *m.* Mecanismo que sirve para subir y bajar los cristales de las ventanillas de un automóvil.

OBS El plural también es *elevalunas*.

elevar *tr./prnl.* **1** Poner en un lugar más alto, hacer que esté más arriba. **2** Hacer que una cosa sea más intensa o tenga más valor. **3** En matemáticas, multiplicar un número por sí mismo cierta cantidad de veces. ▌ *prnl.* **4** Alcanzar gran altura, especialmente una torre, un árbol, una montaña u otra cosa parecida.

elidir *tr.* **1** Suprimir la vocal con que acaba una palabra cuando la siguiente empieza por vocal. **2** Suprimir una palabra de una oración cuando se sobrentiende.

eliminación *f.* **1** Desaparición o supresión. **2** Exclusión o alejamiento de una persona o cosa de un grupo o de un asunto. **3** Expulsión de una sustancia del organismo.

eliminar *tr.* **1** Hacer desaparecer. **2** Excluir o apartar a una persona de un grupo o asunto. **3** Dejar fuera de una competición deportiva o de un concurso. **4** Expulsar del organismo una sustancia. **5** Matar a una persona o a un animal.

eliminatoria *f.* Parte de una competición deportiva o concurso en la que se selecciona quién pasa a la final.

eliminatorio, -ria *adj.* Que elimina o sirve para eliminar.

elipse *f.* Figura geométrica curva, cerrada y plana, con dos ejes diferentes que forman ángulo recto.

elipsis *f.* Supresión de una o más palabras de una frase sin que pierda el sentido.

OBS El plural también es *elipsis*.

elíptico, -ca *adj.* **1** De la elipse o parecido a ella. **2** De la elipsis o que contiene una elipsis.

elisión *f.* Supresión de la vocal con que acaba una palabra cuando la siguiente empieza por vocal.

elite o **élite** *f.* Grupo escogido de personas que destacan en un campo o actividad.

elitismo *m.* Sistema que favorece a una elite o la aparición de elites en perjuicio de otros grupos sociales.

elitista *adj./com.* De la elite o el elitismo.

élitro *m.* Ala dura que en número de dos tienen algunos insectos, como los coleópteros, y que sirve para proteger otro par de alas más finas y flexibles.

elixir *m.* **1** Líquido compuesto de sustancias medicinales, generalmente disueltas en alcohol. **2** Líquido que tiene un poder mágico.

ella *pron. pers.* Forma del pronombre de tercera persona en género femenino y número singular que hace la función de sujeto, de predicado nominal o de complemento precedido de preposición.

OBS Véase *él, ella*.

elle *f.* Nombre del dígrafo *ll*.

ello *pron. pers.* Forma del pronombre de tercera persona en género neutro y número singular que hace la función de sujeto, predicado nominal o complemento precedido de preposición. No tiene plural.

elocución *f.* Manera de hablar que tiene una persona.

elocuencia *f.* Capacidad de expresarse de manera correcta y efectiva para convencer al público.

elocuente *adj.* **1** Que convence a las personas que lo escuchan. **2** Que significa o da a entender una cosa.

elogiar [12] *tr.* Hacer un elogio.

elogio *m.* Expresión o discurso con que se alaba o se muestra admiración.

elogioso, -sa *adj.* Que elogia o contiene elogios.

elucubración *f.* **1** Reflexión o pensamiento sobre algo conseguido tras un intenso trabajo intelectual. **2** Hipótesis o especulación no fundamentada y producto de la imaginación.

elucubrar *tr./intr.* Hacer una elucubración.

eludir *tr.* Evitar una cosa con habilidad o por medio de alguna trampa.

e-mail *m.* Carta o mensaje enviado por medio del correo electrónico.

OBS Es de origen inglés y se pronuncia aproximadamente 'imeil'. El plural es *e-mails*.

emanación *f.* Salida de un olor, un vapor o una radiación.

emanar *intr.* 1 Proceder una cosa de otra, tener su origen. ‖ *intr./tr.* 2 Salir o desprenderse un olor, un vapor o una radiación de un cuerpo o de un objeto.

emancipación *f.* Acción y efecto de emancipar.

emancipar *tr./prnl.* Liberar respecto de un poder, una autoridad, una tutela o cualquier otro tipo de dependencia.

embadurnar *tr./prnl.* Extender una sustancia espesa o pegajosa sobre una superficie, o cubrirla con ella.

embajada *f.* Lugar u oficina en la que se encuentra la representación del gobierno de un país en un estado extranjero.

embajador, -ra *m. y f.* Persona autorizada oficialmente para representar al gobierno de su país en un estado extranjero de modo permanente.

embalaje *m.* 1 Caja o cualquier envoltura con que se protege un objeto que se va a transportar. 2 Empaquetado de un objeto para transportarlo con seguridad.

embalar *tr.* 1 Envolver un objeto o ponerlo en una caja para transportarlo con seguridad. ‖ *tr./prnl.* 2 Aumentar la velocidad. ‖ *prnl.* 3 Animarse una persona a hablar y decir muchas cosas sin parar.

embaldosar *tr.* Cubrir el suelo o las paredes de una habitación con baldosas.

embalsamar *tr.* Preparar un cadáver para evitar que se corrompa.

embalse *m.* Lago artificial en el que se acumulan las aguas de un río para aprovecharlas mejor.

embarazada *adj./f.* [mujer] Que está preñada, que espera un hijo.

embarazar [4] *tr.* Dejar un hombre embarazada a una mujer.

embarazo *m.* Estado en que se encuentra la mujer embarazada.

embarazoso, -sa *adj.* Que hace sentir incómodo o avergonzado.

embarcación *f.* Construcción destinada a la navegación.

embarcadero *m.* Lugar destinado al embarque de mercancías y personas.

embarcar [1] *tr./prnl.* 1 Subir o introducir personas o mercancías en un barco o avión para viajar. ‖ *tr./prnl.* 2 Hacer que una persona participe o entre en una empresa difícil o peligrosa.

embargar [7] *tr.* 1 Retener un bien por orden de una autoridad judicial o administrativa, con el fin de responder de una deuda o de la responsabilidad de un deli-

to. 2 Hacer que una persona sea incapaz de actuar o pensar.

embargo *m.* 1 Retención de bienes por orden de una autoridad judicial o administrativa. 2 Prohibición de comerciar y transportar una cosa, especialmente armas.

embarque *m.* Subida o entrada de personas o mercancías en un barco, avión o tren para su transporte.

embarrancar [1] *intr./prnl.* Quedar una embarcación detenida en arena o piedras.

embarrar *tr./prnl.* 1 Llenar o cubrir de barro. 2 AMÉR Cometer un delito o desacierto grave.

embarullar *tr./prnl.* 1 Hacer que un asunto resulte más complicado de lo normal. ‖ *prnl.* 2 Hablar de manera poco clara.

embate *m.* 1 Golpe fuerte dado por las olas del mar o por el viento. 2 Ataque fuerte y rápido.

embaucar [1] *tr.* Engañar a una persona aprovechándose de su falta de experiencia o de su ingenuidad.

embeber *tr.* 1 Absorber un cuerpo sólido algún líquido. 2 Llenar un cuerpo con algún líquido, empaparlo. ‖ *intr./ prnl.* 3 Encogerse.

embelesar *tr./prnl.* Causar o sentir con placer, admiración o sorpresa.

embeleso *m.* 1 Estado de la persona que siente un placer o admiración tan intenso por algo, que no puede apartar la atención de ello. 2 Cosa que embelesa.

embellecedor *m.* Pieza que se coloca sobre una superficie para adornarla.

embellecer [43] *tr./prnl.* Hacer que una persona o cosa sea más bella.

embellecimiento *m.* Acción de embellecer.

embestida *f.* Ataque impetuoso y violento.

embestir [34] *tr./intr.* Lanzarse de manera violenta contra una persona o cosa, especialmente un animal.

emblanquecer [43] *tr./prnl.* Blanquear.

emblema *m.* 1 Figura o símbolo acompañado de un texto que explica su significado y que representa a una persona o grupo. 2 Objeto que se usa para representar una idea, un lugar, una persona o un grupo de personas.

emblemático, -ca *adj.* 1 Del emblema. 2 [cosa] Que es característico de un lugar o de un grupo de personas.

embobar *tr./prnl.* Causar o sentir gran placer, admiración o sorpresa.

embocadura *f.* 1 Lugar por donde un buque puede penetrar en un río, puerto o canal. 2 Boquilla de un instrumento de viento. 3 Sabor de un vino.

embolado *m.* 1 Problema o situación difícil de resolver. 2 Engaño, mentira.

embolador *m.* COL. Persona que tiene por oficio limpiar el calzado.

embolia *f.* MED. Obstrucción de una arteria.

émbolo *m.* Pieza que está perfectamente ajustada dentro de un depósito cilíndrico y que se puede mover arriba y abajo.

embolsarse *prnl.* Recibir o cobrar una cantidad de dinero en el juego o un negocio.

emborrachar *tr./prnl.* 1 Hacer que una persona tome una cantidad de alcohol que altere sus facultades físicas y mentales. ‖ *tr.* 2 Empapar un bizcocho en licor.

emborronar *tr.* Llenar un papel de borrones o garabatos.

emboscada *f.* Acción que consiste en esconderse para atacar por sorpresa.

embotar *tr./prnl.* Debilitar los sentidos o la inteligencia.

embotellado *m.* Introducción de un líquido en botellas.

embotellador, -ra *m. y f.* 1 Persona que tiene por oficio embotellar. ‖ *adj./f.* 2 [máquina] Que se utiliza para embotellar.

embotellamiento *m.* Acumulación excesiva de vehículos que impide la circulación normal por un lugar.

embotellar *tr.* Introducir en botellas.

embozar [4] *tr./prnl.* 1 Cubrir el rostro por la parte inferior hasta la nariz o hasta los ojos. ‖ *tr.* 2 Disimular una cosa con palabras o acciones.

embozo *m.* 1 Doblez que se hace en la sábana superior de la cama por la parte que toca al rostro. 2 Parte de la capa y otras prendas de vestir que cubre la cara.

embrague *m.* 1 Mecanismo que permite unir o separar el eje del cambio de velocidades de un vehículo al movimiento del motor. ‖ Pedal que permite accionar este mecanismo.

embriagar [7] *tr./prnl.* 1 Emborrachar. 2 Causar un estado de excitación.

embriaguez *f.* Estado en el que se pierde el control a causa del consumo excesivo de alcohol.

embrión *m.* Ser vivo en la primera etapa de su desarrollo.

embrionario, -ria *adj.* 1 Del embrión o que tiene relación con él. 2 Que está empezando a formarse.

embrollar *tr./prnl.* 1 Hacer que un asunto resulte más complicado de lo normal. ‖ *prnl.* 2 Hablar de manera poco clara.

embrollo *m.* 1 Situación complicada de difícil solución. 2 Mentira, embuste.

embromar *tr.* AMÉR 1 *coloquial* Fastidiar o molestar. 2 *coloquial* Perjudicar a alguien causándole daño moral o material.

embrujar *tr.* 1 Hechizar, trastornar el juicio o la salud con prácticas mágicas. ‖ *tr./intr.* 2 Atraer irresistiblemente la atención, la simpatía o el amor de una persona.

embrujo *m.* 1 Conjunto de palabras con poder mágico que se pronuncian con el fin de dominar la voluntad de alguien o controlar los acontecimientos. 2 Condición de estar bajo la influencia o control de tales palabras. 3 Atracción o interés grande que produce o sufre una persona.

embrutecer [43] *tr./prnl.* Hacer que una persona se comporte de modo poco sensible y violento.

embudo *m.* Instrumento hueco en forma de cono y acabado en un tubo, que sirve para llenar, generalmente con un líquido, un recipiente de boca estrecha.

embuste *m.* Mentira.

embustero, -ra *adj./m. y f.* [persona] Que dice embustes o mentiras.

embutido *m.* Tripa de cerdo rellena de carne picada, generalmente de cerdo, condimentada con especias.

embutir *tr.* 1 Meter carne picada, generalmente de cerdo y condimentada con especias, dentro de una tripa. 2 Meter una cosa dentro de un espacio apretándola.

eme *f.* Nombre de la letra *m*.

emergencia *f.* Asunto que se debe solucionar sin perder tiempo.

emerger [5] *intr.* Salir una cosa de dentro del agua o de otro líquido.

emérito, -ta *adj.* [profesor de universidad] Que sigue dando clases después de la jubilación, en reconocimiento a sus méritos.

-emia Sufijo que entra en la formación de palabras con el significado de 'sangre'.

emigración *f.* Movimiento de población por el cual se deja el país de origen para establecerse en otro.

emigrado, -da *adj./m. y f.* [persona] Que vive fuera de su país o región.

emigrante *com.* Persona que emigra.

emigrar *intr.* 1 Dejar el lugar de origen para establecerse en otro de modo permanente. 2 Dejar un lugar y dirigirse a otro determinadas especies de animales.

emigratorio, -ria *adj.* De la emigración.

eminencia *f.* 1 Persona eminente. 2 Título que se da a los cardenales.

eminente *adj.* [persona] Que es muy importante por sus méritos o por sus conocimientos en una ciencia o profesión.

emir *m.* Príncipe o caudillo árabe.

emirato *m.* 1 Territorio que gobierna un emir. 2 Título o cargo del emir.

emisario, -ria *m. y f.* Persona que es enviada a un lugar para llevar un mensaje o tratar un asunto.

emisión *f.* 1 Salida o expulsión de algo hacia el exterior. 2 Lanzamiento de ondas hertzianas que transmiten sonidos e imágenes. 3 Puesta en circulación de billetes de banco, monedas u otros valores.

emisor, -ra *adj.* 1 Que emite. | *m. y f.* 2 Persona que emite el mensaje en el acto de la comunicación.

emisora *f.* Conjunto de instalaciones que permiten emitir sonidos e imágenes mediante ondas electromagnéticas.

emitir *tr.* 1 Producir y echar hacia fuera una cosa. 2 Lanzar ondas que transmiten sonidos e imágenes. 3 Poner en circulación billetes de banco, monedas u otros valores. 4 Expresar o manifestar una opinión, un juicio o un voto.

emmental *m.* Queso de leche de vaca, de grandes agujeros, originario de Suiza.

emoción *f.* Sentimiento muy fuerte de alegría, placer, tristeza o dolor.

emocional *adj.* 1 De la emoción. 2 [persona] Que se deja llevar por la emoción.

emocionante *adj.* Que causa emoción.

emocionar *tr./prnl.* Producir una emoción intensa.

emoji *m.* Dibujo o signo que se emplea en mensajes de chat o móvil y que suele tener el mismo tamaño que los demás caracateres alfanuméricos.

OBS Es de origen japonés y se pronuncia aproximadamente 'emoshi'.

emolumento *m.* Pago extra que se da a un profesional por un trabajo.

emoticono o **emoticón** *m.* Secuencia breve de caracteres o imagen digital que representa una cara con una determinada expresión; se emplea en los mensajes de chat o móvil para expresar emociones.

emotividad *f.* 1 Capacidad de experimentar emociones o sentimientos. 2 Capacidad de una cosa para causar emoción.

emotivo, -va *adj.* 1 De la emoción. 2 Que causa emoción. 3 [persona] Que se emociona fácilmente.

empachar *tr./intr./prnl.* 1 Causar empacho. | *tr./intr.* 2 Cansar o hartar.

empacho *m.* 1 Alteración del aparato digestivo causada por una comida excesiva. 2 Cansancio o aburrimiento.

empadronamiento *m.* Inscripción de una persona en el padrón.

empadronar *tr./prnl.* Inscribir a una persona en el padrón o registro en el que constan los habitantes de una población.

empalagar [7] *tr./intr.* 1 Cansar un alimento por ser demasiado dulce o pesado. 2 Cansar o aburrir una persona por ser excesivamente amable o cariñosa.

empalagoso, -sa *adj.* 1 Que empalaga.

empalar *tr.* Atravesar a una persona o animal con un palo introducido por el ano.

empalizada *f.* Valla o cerca de estacas.

empalmar *tr.* 1 Unir dos cosas por sus extremos. | *tr./intr.* 2 Relacionar o unir una idea con otra. | *intr.* 3 Combinarse o unirse un medio de transporte con otro.

empalme *m.* Unión de dos cosas por sus extremos.

empanada *f.* 1 Masa de harina cocida al horno y rellena de determinados alimentos. 2 *coloquial* Confusión de ideas.

empanadilla *f.* Pastel pequeño relleno de carne, pescado u otro alimento.

empanar *tr.* 1 Rebozar un alimento con pan rallado antes de freírlo. | *prnl.* 2 Quedarse aturdido o absorto.

empantanar *tr./prnl.* 1 Llenar de agua y barro un terreno. 2 Dejar una cosa, asunto o trabajo sin acabar.

empañar *tr./prnl.* 1 Cubrir un cristal de vaho. 2 Cubrir los ojos de lágrimas. 3 Perder la buena fama o el mérito.

empapar *tr./prnl.* 1 Mojar completamente, llegando la humedad hasta el interior. 2 Absorber y retener un líquido.

empapelar *tr.* 1 Cubrir una pared con papel pintado. 2 Someter a una persona a un proceso judicial.

empaque *m.* Distinción y buena presencia de una persona o cosa.

empaquetar *tr.* Envolver una cosa para su transporte.

emparedado *m.* Sándwich de pan de molde.

emparedar *tr.* Encerrar entre paredes.

emparejar *tr./prnl.* Unir dos cosas o personas formando pareja.

emparentar [27] *intr.* Establecer una relación de parentesco con una o más personas a través del matrimonio.

emparrado *m.* Armazón que sostiene tallos de parra para formar una cubierta.

empastar *tr.* 1 Tapar con pasta especial el hueco que ha dejado una caries. 2 Cubrir o llenar una cosa con pasta.

empaste *m.* 1 Relleno de los huecos producidos por la caries en dientes y muelas. 2 Pasta con la que se llena el hueco que deja la caries en dientes o muelas.

empatar *tr./intr.* Tener el mismo número de puntos, de goles o de votos que otro jugador, otro equipo u otro partido político.

empate *m.* Obtención del mismo número de puntos, goles o votos por parte de dos jugadores, dos equipos o dos partidos políticos.

empatía *f.* Capacidad de indentificarse con los sentimientos de alguien.

empecinamiento *m.* Actitud del que se mantiene excesivamente firme en sus ideas, intenciones u opiniones.

empecinarse *prnl.* Mantenerse firme en una idea, opinión o propósito.

empedernido, -da *adj.* [persona] Que no puede abandonar un mal hábito o una mala costumbre.

empedrado *m.* Suelo cubierto de piedras.

empedrar [27] *tr.* Cubrir el suelo con piedras, ajustándolas entre sí.

empeine *m.* Parte superior del pie desde los dedos hasta la unión con la pierna.

empella *f.* AMÉR Trozo de manteca de cerdo.

empellón *m.* Empujón dado con el cuerpo.

empeñar *tr.* 1 Entregar una joya u otra cosa de valor a cambio de una cantidad de dinero. 2 Comprometer el honor o la palabra como prueba de que se cumplirá lo que se ha prometido. ‖ *prnl.* 3 Contraer una persona abundantes deudas. 4 Proponerse una cosa e intentarla con fuerza.

empeño *m.* 1 Deseo intenso por realizar o conseguir algo. 2 Esfuerzo o interés.

empeñoso, -sa *adj.* AMÉR [persona] Que muestra tesón o ahínco en conseguir un fin.

empeoramiento *m.* Cambio para peor.

empeorar *tr./intr./prnl.* Hacer que la persona o cosa que estaba mal se ponga peor.

empequeñecer [43] *tr./prnl.* 1 Hacer más pequeño o menos importante. 2 Quitar importancia, valor o grandeza.

emperador, -ratriz *m. y f.* 1 Persona que gobierna un imperio. ‖ *m.* 2 Pez marino comestible de piel áspera y con la parte superior de la boca en forma de espada.

emperifollar *tr./prnl.* Adornar o arreglar con cuidado o en exceso.

empero *conj. culto* Pero, sin embargo.

emperrarse *prnl.* Empeñarse en algo.

empezar [47] *tr.* 1 Dar principio; hacer que una cosa exista o se haga. 2 Comenzar a usar o consumir. ‖ *intr.* 3 Tener principio; pasar a existir o a hacerse.

empiece *m. coloquial* Comienzo, origen y principio de una cosa.

empinado, -da *adj.* [terreno] Que tiene una pendiente muy pronunciada.

empinar *tr.* 1 Inclinar un recipiente, sosteniéndolo en alto, para beber. ‖ *prnl.* 2 Ponerse sobre las puntas de los pies y alzarse. 3 Ponerse un animal sobre las patas traseras, levantando las delanteras. 4 Adquirir mucha pendiente hacia arriba un camino o un terreno.

empingorotado, -da *adj.* [persona] Que tiene una posición social ventajosa y presume de ello.

empírico, -ca *adj.* Que está basado en la experiencia y observación de los hechos.

empirismo *m.* Método o procedimiento basado en la experiencia y la observación de los hechos.

emplasto *m.* Preparado medicinal espeso y pegajoso de uso externo.

emplazamiento *m.* 1 Colocación o situación en un determinado lugar. 2 Aviso por el que se convoca a una persona para que acuda a un juzgado.

emplazar [4] *tr.* 1 Colocar o situar en un lugar determinado. 2 Citar a una persona en un lugar y un momento determinados.

empleado, -da *m. y f.* Persona que realiza un trabajo a cambio de un salario.

emplear *tr.* 1 Usar con un fin determinado. 2 Dar trabajo; ocupar en una actividad. 3 Gastar, consumir.

empleo *m.* 1 Trabajo u ocupación que se realiza a cambio de un salario. 2 Uso.

empobrecer [43] *tr./intr./prnl.* Hacer pobre o más pobre.

empobrecimiento *m.* Proceso en el que una cosa se hace pobre o más pobre.

empoderar *tr./prnl.* Adquirir [una persona o un prupo social desfavorecido] poder e independencia para mejorar su situación.

empollar *tr./intr.* 1 Mantener el embrión contenido en un huevo a temperatura constante por medios naturales o artificiales. ‖ *tr./intr./prnl.* 2 Estudiar mucho.

empollón, -llona *adj./m. y f.* [persona] Que estudia mucho.

empolvar *tr./prnl.* 1 Poner polvos, especialmente en la cara. 2 Cubrir de polvo.

emponzoñar *tr./prnl.* 1 Corromper una cosa añadiéndole una materia nociva para la salud. 2 Hacer que una relación entre personas deje de ser agradable y amistosa.

emporio *m.* 1 Ciudad de gran riqueza comercial. 2 Lugar de gran riqueza artística o cultural.

empotrar *tr.* 1 Meter una cosa en una pared. ‖ *prnl.* 2 Quedarse una cosa completamente metida dentro de otra, generalmente a causa de un choque.

emprendedor, -ra *adj.* [persona] Que tiene decisión e iniciativa para realizar acciones que son difíciles o entrañan algún riesgo.

emprender *tr.* Empezar a hacer algo.

empresa *f.* 1 Entidad en la que intervienen el capital y el trabajo como factores de producción. 2 Acción que entraña esfuerzo y trabajo.

empresariado *m.* Conjunto de las empresas o de los empresarios de una industria, región o país.

empresarial *adj.* De la empresa o de los empresarios.

empresario, -ria *m. y f.* Persona que tiene o dirige una empresa.

empréstito *m.* 1 Préstamo que se hace al Estado, organismo oficial o empresa. 2 Cantidad de dinero prestada así.

empujar *tr.* 1 Hacer fuerza contra una persona o cosa para moverla o rechazarla. 2 Presionar o influir sobre una persona para que haga algo.

empuje *m.* 1 Fuerza que se hace contra una persona o cosa para moverla. 2 Fuerza producida por una cubierta sobre los elementos que la sostienen. 3 Valor o decisión para hacer algo.

empujón *m.* 1 Golpe fuerte que se da a una persona o cosa. 2 Avance rápido que se da a lo que se está haciendo.

empuñadura *f.* Parte por la que se sujetan las armas y otros objetos.

empuñar *tr.* Agarrar por la empuñadura.

emulación *f.* Imitación de algo hecho por otra persona, intentando igualarlo.

emular *tr.* Imitar algo hecho por otra persona, procurando igualarlo.

émulo, -la *adj./m. y f.* Que trata de emular o imitar a otro.

emulsión *f.* Líquido que contiene sin disolverse pequeñas gotas de otro líquido.

emulsionar *tr.* Hacer que una sustancia, generalmente grasa, adquiera el estado de emulsión.

en *prep.* 1 Indica posición o lugar. 2 Indica el momento en que ocurre una cosa. 3 Indica modo o manera, especialmente de hacer una cosa. 4 Indica aquello a lo que se dedica o en lo que destacan una o varias personas.

en- Prefijo que entra en la formación de palabras con el significado de: *a*) 'Inclusión', 'encierro'. *b*) En palabras científicas significa 'dentro de'.

OBS Ante *p* o *b* toma la forma *em-*.

enagua *f.* Prenda interior femenina que se lleva debajo de la falda.

OBS Se usa también en plural para designar a una sola de estas prendas.

enajenación *f.* Falta de atención a causa de un pensamiento o de una impresión fuerte.

enajenado, -da *adj.* Que tiene trastornadas las facultades mentales.

enajenar *tr.* 1 Vender o pasar a otra persona el derecho sobre un bien. ‖ *tr./prnl.* 2 Sacar de sí a una persona, turbarle el uso de la razón o de los sentidos.

enaltecer [43] *tr./prnl.* 1 Dar mayor valor, grandeza u honor. ‖ *tr.* 2 Alabar.

enaltecimiento *m.* Alabanza, elogio.

enamoradizo, -za *adj.* Que se enamora con facilidad.

enamorado, -da *adj./m. y f.* 1 [persona] Que siente amor por una persona. 2 [persona] Que gusta mucho de una cosa determinada o es muy aficionado a ella.

enamoramiento *m.* Estado en el que se encuentra la persona que siente amor por otra o por una cosa.

enamorar *tr.* 1 Conseguir el amor de una persona. ‖ *tr./prnl.* 2 Gustar mucho de una cosa. ‖ *prnl.* 3 Empezar a sentir amor hacia una persona.

enamoriscarse [1] *prnl.* Enamorarse superficialmente o de manera poco intensa.

enanismo *m.* Trastorno del crecimiento caracterizado por una estatura inferior a la que se considera normal.

enano, -na *adj.* 1 Que es muy pequeño. ‖ *m. y f.* 2 Persona que tiene una altura mucho menor de lo normal debido a una alteración del crecimiento. 3 *coloquial* Niño. 4 En los cuentos, criatura con figura humana, de baja estatura y con poderes mágicos.

enarbolar *tr.* 1 Llevar en alto una bandera o un estandarte. 2 Defender una idea o una causa.

enarcar [1] *tr./prnl.* Dar forma de arco.

enardecer [43] *tr./prnl.* Excitar o avivar una pasión, pugna o disputa.

enardecimiento *m.* Excitación de los ánimos.

enarenar *tr.* Cubrir con arena.

encabalgar [7] *tr./prnl.* Distribuir en versos contiguos partes de una palabra o frase que normalmente constituyen una unidad léxica o sintáctica.

encabezamiento *m.* Fórmula fija con que se comienza un escrito.

encabezar [4] *tr.* 1 Estar al comienzo de una lista. 2 Poner un encabezamiento. 3 Dirigir un grupo o movimiento.

encabritarse *prnl.* 1 Levantar el caballo las patas delanteras apoyándose en las traseras. 2 *coloquial* Enfadarse mucho.

encabronar *tr./prnl. malsonante* Enfurecer, enojar.

encadenamiento *m.* 1 Atadura o sujeción con cadenas. 2 Relación que se establece entre dos o más cosas para formar un conjunto homogéneo y coherente.

encadenar *tr.* 1 Atar o sujetar con cadenas. 2 Impedir o quitar el movimiento o la capacidad de acción. ǀ *tr./prnl.* 3 Relacionar varias cosas entre sí para formar un conjunto homogéneo y coherente.

encajar *tr./intr.* 1 Meter una cosa dentro de otra de manera que quede perfectamente ajustada. ǀ *tr.* 2 Aceptar una situación molesta o desagradable o reaccionar bien ante ella. 3 Recibir un golpe. 4 Recibir en contra, especialmente tantos o puntos.

encaje *m.* 1 Tejido transparente hecho con calados que forman dibujos. 2 Introducción de una pieza en otra de manera que queden ajustadas perfectamente.

encajonar *tr.* 1 Meter una cosa en un sitio demasiado estrecho. 2 Meter o guardar en un cajón.

encalabrinar *tr.* 1 Causar irritación o enfado, hacer sentir ira. ǀ *prnl.* 2 *coloquial* Insistir con tesón en una cosa sin atender a razones.

encalar *tr.* Blanquear con cal o yeso.

encallar *intr./prnl.* Quedar detenida una embarcación en arena o piedras.

encallecer [43] *tr./prnl.* 1 Poner dura una parte de la piel; salir callos. 2 Hacer fuerte, duro o insensible.

encamarse *prnl.* Meterse en la cama por enfermedad.

encaminar *tr./prnl.* 1 Poner en camino, dirigir hacia un lugar determinado. 2 Dirigir la intención hacia un fin determinado.

encanar *tr.* CSUR, COL, CUBA Encarcelar a una persona.

encandilar *tr./prnl.* 1 Deslumbrar, alucinar o cautivar los sentidos. 2 Despertar amor en una persona.

encanecer [43] *intr./prnl.* Salirle canas a una persona, envejecer.

encanijar *tr./prnl.* Poner débil, flaco y enfermizo.

encantado, -da *adj.* 1 Satisfecho, contento. 2 Que ha sufrido un encantamiento.

encantador, -ra *adj.* 1 Que resulta muy agradable. ǀ *m. y f.* 2 Persona que se dedica a hacer encantamientos.

encantamiento *m.* 1 Conjunto de palabras con poder mágico que se pronuncian para cambiar la naturaleza o la forma de alguien o algo. 2 Atracción que se ejerce sobre la voluntad de alguien mediante la gracia, la simpatía o el talento.

encantar *tr.* 1 Pronunciar un encantamiento. 2 Gustar mucho una persona o cosa.

encanto *m.* 1 Aspecto de una cosa o persona que atrae. Se usa como apelativo cariñoso. ǀ *m. pl.* 2 Atractivo físico de una persona.

encañonar *tr.* 1 Apuntar con un arma de fuego. 2 Hacer que el agua de un río pase por un conducto estrecho.

encapotarse *prnl.* Cubrirse el cielo con nubes tormentosas.

encapricharse *prnl.* Empeñarse en conseguir algo de forma imprevista, arbitraria y pasajera.

encapuchado, -da *adj./m. y f.* [persona] Que va cubierto con una capucha.

encarado, -da *Adjetivo* que se utiliza en la frase *bien* (o *mal*) *encarado*, que se aplica a la persona 'que tiene buen o mal aspecto, bellas o feas facciones'.

encaramar *tr./prnl.* 1 Subir o poner en un lugar alto y difícil de alcanzar. 2 Colocar en una situación social o puesto alto.

encarar *tr./prnl.* 1 Considerar las diversas soluciones e intentar resolver un problema o una situación difícil. 2 Poner dos cosas una frente a otra.

encarcelamiento *m.* Reclusión de una persona en la cárcel.

encarcelar *tr.* Meter a alguien en la cárcel.

encarecer [43] *tr./prnl.* 1 Aumentar el precio de un producto o servicio. ǀ *tr.* 2 Pedir o encargar con insistencia. 3 Alabar a una persona o cosa.

encarecimiento *m.* Acción y efecto de encarecer.

encargado, -da *m. y f.* Persona que tiene a su cargo un establecimiento o negocio.

encargar [7] *tr.* 1 Confiar a alguien la realización de una tarea. 2 Pedir que un fabricante o comerciante disponga de un producto en un momento posterior. ‖ *prnl.* **3** Hacerse responsable de algo.

encargo *m.* **1** Acción de mandar o encomendar a alguien la realización de algo. **2** Cosa que se pide a un fabricante o a un vendedor. **3** Cosa que se tiene que hacer.

encariñarse *prnl.* Tomar cariño.

encarnación *f.* **1** Adopción de una forma material o carnal por parte de un ser espiritual. **2** Representación o símbolo de una idea, doctrina u otra cosa abstracta.

encarnado, -da *adj.* De color rojo.

encarnar *intr./prnl.* **1** Tomar forma material o carnal un ser espiritual. ‖ *tr.* **2** Personificar o representar una idea o doctrina. **3** Representar un personaje en una obra de teatro o en una película.

encarnizado, -da *adj.* [pelea, discusión] Que es muy violento o salvaje.

encarnizarse [4] *prnl.* **1** Hacerse más violenta o salvaje una lucha o enfrentamiento. **2** Atacar y herir con gran violencia.

encarrilar *tr.* **1** Hacer que un vehículo vaya por el carril. ‖ *tr./prnl.* **2** Hacer que un asunto vaya por buen camino.

encasillar *tr.* **1** Colocar en casillas. **2** Clasificar personas o cosas. **3** Clasificar a personas o cosas con criterios poco flexibles o simplistas.

encasquetar *tr./prnl.* **1** Encajar bien en la cabeza un gorro o sombrero. ‖ *tr.* **2** Encargar a uno una cosa molesta o pesada.

encasquillar *tr.* AMÉR **1** Colocar las herraduras a una caballería. ‖ *prnl.* **2** Atascarse un arma. **3** No poder moverse un mecanismo. **4** No poder hablar o pensar con naturalidad.

encastrar *tr.* Unir una cosa con otra de manera que una parte de aquella entre dentro de esta.

encausar *tr.* Proceder judicialmente contra una persona; formarle causa.

encauzamiento *m.* **1** Apertura de un cauce. **2** Conducción de alguien o algo por el buen camino.

encauzar [4] *tr.* **1** Abrir un cauce para una corriente de agua. **2** Hacer que un asunto vaya por buen camino.

encefálico, -ca *adj.* Del encéfalo.

encefalitis *f.* MED. Enfermedad que consiste en una inflamación del encéfalo.

encéfalo *m.* Conjunto de órganos que forman el sistema nervioso de los vertebrados y que está encerrado y protegido por el cráneo.

encefalograma *m.* Gráfico que registra la actividad del encéfalo.

encenagarse [7] *prnl.* Meterse en el cieno o barro.

encendedor *m.* Aparato que sirve para encender una materia combustible.

encender [28] *tr./prnl.* **1** Hacer que una cosa arda; prender fuego. **2** Conectar un circuito eléctrico para que funcione un determinado aparato.

encendido, -da *adj.* **1** De color rojo fuerte. ‖ *m.* **2** Mecanismo que produce la chispa en los motores de explosión.

encerado *m.* Superficie de forma rectangular, negra o verde, que se usa para escribir con tiza y permite borrar lo escrito con facilidad.

encerar *tr.* Cubrir el suelo con cera.

encerrar [27] *tr./prnl.* **1** Meter en un lugar de donde no se quiere o no se puede salir. ‖ *tr.* **2** Contener, incluir o llevar implícito. **3** Poner palabras dentro de ciertos signos ortográficos para separarlas de las demás en un escrito.

encerrona *f.* Situación, preparada de antemano, en la que se coloca a alguien para obligarlo a obrar de manera determinada.

encestar *tr.* En baloncesto, meter la pelota en la canasta.

enceste *m.* **1** En baloncesto, introducción de la pelota en la canasta. **2** Tanto conseguido en esa jugada.

encharcar [1] *tr./prnl.* **1** Cubrir de agua un terreno, formando charcos. **2** Llenarse de sangre u otro líquido un órgano del cuerpo.

enchironar *tr. coloquial* Encarcelar, meter a uno en chirona.

enchufado, -da *adj./m. y f.* [persona] Que ha conseguido un puesto o empleo por enchufe y no por méritos propios.

enchufar *tr.* **1** Conectar un aparato eléctrico a la red encajando las dos piezas del enchufe. **2** Unir dos tubos ajustando el extremo de uno en el de otro. ‖ *tr./prnl.* **3** *coloquial* Colocar en un cargo o empleo a una persona por medio de influencias y recomendaciones.

enchufe *m.* **1** Clavija que sirve para conectar un aparato eléctrico a la red. Se denomina también *enchufe macho*. **2** Pieza de material aislante con dos o tres agujeros y unida a la red eléctrica que sirve para hacer pasar la electricidad. Se denomina también *enchufe hembra*. **3** Conjunto formado por un enchufe macho y un enchufe hembra que se ajustan y sirve para hacer pasar la electricidad de la red a un aparato eléctrico. **4** Influencias que sirven para obtener un empleo o un cargo.

enchufismo *m.* Práctica de conceder puestos de trabajo o cargos por influencias o recomendaciones.

encía *f.* Carne que cubre las mandíbulas y protege la raíz de los dientes.

-encia Sufijo que entra en la formación de palabras con el significado de: *a*) 'Acción'. *b*) 'Cualidad'. *c*) 'Cargo o dignidad'.

encíclica *f.* Carta solemne que el papa dirige a los obispos y fieles católicos sobre un tema determinado.

enciclopedia *f.* Obra que contiene diversos artículos ordenados sobre el conocimiento humano en general o sobre una ciencia o arte en particular.

enciclopédico, -ca *adj.* **1** De la enciclopedia. **2** Que tiene conocimientos sobre una gran variedad de temas.

enciclopedismo *m.* Conjunto de doctrinas que proclaman la superioridad de la razón y la ciencia frente a la autoridad, la tradición y la religión.

encierro *m.* **1** Acto de protesta que consiste en ocupar un edificio público. **2** Fiesta popular que consiste en conducir los toros a la plaza antes de la corrida.

encima *adv.* **1** En un lugar superior o más alto que otra cosa. **2** Consigo; sobre la propia persona. **3** Además; por si fuera poco. ▸ **por encima** De modo superficial.

encina *f.* Árbol de tronco fuerte y grueso de hojas duras y permanentes, cuyo fruto es la bellota. **2** Madera de este árbol.

encinar *m.* Lugar donde crecen encinas.

encinta *adj.* [mujer] Que está embarazada.

encizañar *tr.* Poner a una persona en contra de una o más personas.

enclaustrar *tr./prnl.* **1** Meter o entrar en un convento. **2** Apartarse de la vida social, encerrándose en casa.

enclavado, -da *adj.* [lugar] Que está situado o encerrado dentro del área de otro.

enclavarse *prnl.* Estar situado en un lugar.

enclave *m.* Territorio de una región o país situado dentro de otra región o país.

enclenque *adj./com.* Que es muy débil, enfermizo o flaco.

enclítico, -ca *adj./m. y f.* GRAM. [palabra] Que, por no tener acento propio, se apoya en la palabra anterior.

encofrar *intr.* Preparar un molde de tablas o planchas de metal que se llena de hormigón para hacer columnas, muros, cimientos y vigas de una construcción.

encoger [5] *intr.* **1** Disminuir de tamaño. ‖ *tr./ prnl.* **2** Contraer o doblar el cuerpo o una parte de él. **3** Causar o tener miedo.

encogimiento *m.* **1** Disminución de tamaño. **2** Falta de ánimo y de confianza en sí mismo.

encolar *tr.* Pegar con cola.

encolerizar [4] *tr./prnl.* Hacer que uno se enfade mucho.

encomendar [27] *tr.* **1** Pedir a una persona que se encargue de algo. ‖ *prnl.* **2** Ponerse bajo la protección de alguien.

encomiar [12] *tr.* Alabar con énfasis.

encomiástico, -ca *adj.* Que alaba o contiene alabanza.

encomienda *f.* Petición a una persona para que se encargue de algo.

encomio *m.* Alabanza o elogio.

enconar *tr./prnl.* Provocar un estado de enfrentamiento, nerviosismo y hostilidad contra una o más personas, o contra algo.

encono *m.* Enemistad u odio muy arraigado contra una persona o cosa.

encontradizo, -za *adj.* Que se encuentra con otra persona o cosa.

encontrado, -da *adj.* Opuesto o contrario.

encontrar [31] *tr.* **1** Dar con una persona o cosa que se buscaba. ‖ *tr./prnl.* **2** Dar con una persona o cosa que no se buscaba. ‖ *tr.* **3** Pensar o considerar. **4** Notar una cualidad o circunstancia con los sentidos o con la mente. ‖ *prnl.* **5** Sentirse de determinada manera. **6** Reunirse en un lugar. **7** Estar en un lugar determinado.

encontronazo *m.* **1** Golpe o encuentro violento. **2** Enfrentamiento o discusión.

encopetado, -da *adj.* Propio de una clase social noble o alta.

encorajinar *tr./prnl.* Encolerizar, hacer enfadar.

encorbatarse *prnl.* Ponerse corbata.

encorsetar *tr.* Limitar la libertad o someter a unas normas demasiado rígidas.

encorvar *tr./prnl.* **1** Doblar y torcer una cosa dándole forma curva. ‖ *prnl.* **2** Doblarse hacia adelante una persona hasta adoptar forma curva.

encrespar *tr./prnl.* **1** Rizar el cabello. **2** Erizarse el pelo o el plumaje.

encriptar *tr.* Convertir un mensaje o unos datos en un código para que solo puedan ser interpretados por quien tenga las claves para descifrarlos.

encrucijada *f.* **1** Lugar en el que se cruzan dos o más calles o caminos. **2** Situación de la que es difícil salir porque ofrece dos o más soluciones.

encuadernación *f.* 1 Acción de encuadernar. 2 Cubierta o tapas de un libro.

encuadernador, -ra *m. y f.* Persona que encuaderna.

encuadernar *tr.* Coser o pegar las hojas que forman un libro y ponerles la cubierta.

encuadrar *tr.* 1 Poner en un marco o cuadro. 2 Disponer los elementos de un encuadre. ‖ *tr./prnl.* 3 Señalar los límites que rodean una cosa y determinan sus características.

encuadre *m.* Disposición de los elementos que forman parte de una imagen según el modo en que una cámara de cine o de fotografía los enfoca.

encubierto, -ta *part.* Participio irregular de *encubrir.*

encubridor, -ra *adj./m. y f.* [persona] Que encubre a una persona.

encubrimiento *m.* Ocultación de una persona que ha cometido un delito o de las pruebas que lo demuestran.

encubrir *tr.* 1 Ocultar la verdad para evitar que se conozca. 2 Ocultar y proteger a una persona que ha cometido una falta o delito para que no sea descubierta.

OBS El participio es *encubierto.*

encuentro *m.* 1 Coincidencia o reunión de dos o más personas en un mismo lugar. 2 Competición deportiva en la que se enfrentan dos equipos o dos jugadores.

encuesta *f.* 1 Conjunto de preguntas sobre un tema determinado que se hace a muchas personas para conocer su opinión. 2 Impreso donde se recogen esas preguntas.

encuestar *tr.* Hacer preguntas para una encuesta.

encumbrar *tr./prnl.* 1 Colocar a una persona en una posición o puesto alto. 2 Dar mayor valor, grandeza u honor.

encurtido *m.* Fruto o legumbre que se conserva en vinagre.

encurtir *tr.* Conservar en vinagre ciertos frutos o legumbres.

ende Palabra que se utiliza en la locución culta *por ende,* que significa 'por tanto, por consiguiente'.

endeble *adj.* Que es muy débil.

endeca- Elemento prefijal que entra en la formación de palabras con el significado de 'once'.

endecágono, -na *adj./m.* [polígono] Que tiene once ángulos y once lados.

endecasílabo, -ba *adj./m.* [verso] Que tiene once sílabas.

endémico, -ca *adj.* 1 [acción, hecho] Que se repite frecuentemente o que está muy extendido. 2 [enfermedad] Que afecta habitualmente a una región o país.

endemoniado, -da *adj./m. y f.* 1 Poseído del demonio. ‖ *adj.* 2 Que es muy malo, molesto o nocivo.

endenantes *adv.* AMÉR *coloquial* Hace un momento o un rato.

enderezar [4] *tr./prnl.* 1 Poner derecho. 2 Arreglar, corregir o enmendar.

endeudar *tr./prnl.* Contraer deudas.

endiablado, -da *adj.* Que es muy difícil de entender, resolver o dominar.

endibia o **endivia** *f.* Hortaliza con las hojas puntiagudas unidas por la base.

endilgar [7] *tr.* 1 Encaminar, dirigir. 2 *coloquial* Pasar a otra persona un trabajo o una cosa que resulta pesada o molesta.

endiñar *tr. coloquial* Dar un golpe.

endiosar *tr.* 1 Elevar a uno a la categoría de dios. ‖ *prnl.* 2 Volverse una persona soberbia, altiva y vanidosa.

endo- Prefijo que entra en la formación de palabras con el significado de 'dentro', 'en el interior'.

endocrino, -na *adj.* 1 [glándula] Que produce hormonas o secreciones internas. 2 De las hormonas o las glándulas que las producen. ‖ *m. y f.* 3 Especialista en endocrinología.

endocrinología *f.* Parte de la medicina que estudia las funciones y las alteraciones de las glándulas endocrinas.

endodoncia *f.* Parte de la odontología que estudia las enfermedades de la pulpa de los dientes y sus técnicas de curación.

endogamia *f.* 1 Costumbre u obligación de contraer matrimonio con personas de la misma raza, casta, aldea u otro grupo social. 2 BIOL. Fecundación entre individuos emparentados genéticamente.

endometriosis *f.* Posición anómala de la pared interna de la matriz.

endosar *tr.* 1 Pasar a otra persona un trabajo o una carga. 2 Ceder un documento de crédito, haciéndolo constar al dorso.

endoscopia *f.* Exploración visual de los conductos o las cavidades internas del cuerpo humano mediante un endoscopio.

endoscopio *m.* Aparato óptico en forma de tubo y provisto de un sistema de iluminación que se utiliza para explorar los conductos y las cavidades del organismo.

endosfera *f.* Núcleo de la Tierra.

endrina *f.* Fruto del endrino, de color negro azulado y sabor áspero y agrio.

endrino *m.* Arbusto de hojas alargadas, flores blancas y ramas con espinas; su fruto es la endrina.

endulzar [4] *tr.* **1** Poner dulce una cosa. ▌*tr./prnl.* **2** Hacer más llevadero.

endurecer [43] *tr./prnl.* **1** Poner duro o más duro. **2** Hacer más resistente física y mentalmente. **3** Hacer más severo o inflexible.

endurecimiento *m.* **1** Aumento de la dureza de un cuerpo. **2** Fortalecimiento del cuerpo o de la mente. **3** Proceso por el que algo se hace más exigente o severo.

ene *f.* Nombre de la letra *n*.

enea- Elemento prefijal que entra en la formación de palabras con el significado de 'nueve'.

eneágono, -na *adj./m.* [polígono] Que tiene nueve ángulos y nueve lados.

eneasílabo, -ba *adj./m.* [verso] Que tiene nueve sílabas.

enebro *m.* **1** Arbusto de tronco ramoso, hojas rígidas y punzantes; su fruto es una baya de forma esférica y color negro azulado. **2** Madera de este arbusto, roja, fuerte y olorosa.

enema *m.* Líquido que se inyecta en el recto con fines terapéuticos.

enemigo, -ga *adj.* **1** Que se opone o es contrario. ▌*m. y f.* **2** Persona que odia a otra y le desea o le hace mal.

enemistad *f.* Sentimiento de rechazo u odio entre dos o más personas.

enemistar *tr./prnl.* Hacer que dos o más personas sean enemigas o pierdan su amistad.

energético, -ca *adj.* De la energía.

energía *f.* **1** Fuerza que tiene un cuerpo para poder hacer un trabajo, producir un cambio o una transformación. **2** Capacidad y fuerza para actuar física y mentalmente.

enérgico, -ca *adj.* Que tiene energía, que actúa con mucha fuerza y decisión.

energúmeno, -na *m. y f.* Persona furiosa, violenta o que tiene malos modos.

enero *m.* Primer mes del año.

enervar *tr./prnl.* **1** Quitar la fuerza y la energía. **2** Poner nervioso.

enésimo, -ma *adj.* **1** Que se ha repetido un número indeterminado de veces. **2** MAT. [término] Que ocupa un lugar indeterminado en una serie o sucesión.

enfadar *tr./prnl.* **1** Causar disgusto o enfado. ▌*prnl.* **2** Romperse la buena relación que existía entre dos o más personas.

enfado *m.* Sentimiento que se experimenta contra una persona que ha cometido una falta de obediencia, obligación o respeto.

enfangar [7] *tr./prnl.* **1** Cubrir de barro. ▌*prnl.* **2** *coloquial* Mezclarse en un asunto ilegal.

énfasis *m.* **1** Fuerza en la expresión o en la entonación con la que se quiere destacar la importancia de lo que se dice. **2** Importancia o relieve que se concede a algo. **OBS** El plural también es *énfasis*.

enfático, -ca *adj.* Que se expresa con énfasis, lo denota o lo implica.

enfatizar [4] *tr.* Destacar la importancia de algo o poner énfasis en ello.

enfebrecido, -da *adj.* Que está entusiasmado o exaltado por algo.

enfermar *intr.* **1** Caer o ponerse enfermo. ▌*tr.* **2** Causar disgusto o molestia.

enfermedad *f.* **1** Alteración más o menos grave de la salud de un ser vivo. **2** Cosa que afecta o daña gravemente a un ser vivo y es difícil de combatir o frenar.

enfermería *f.* **1** Lugar donde se presta una primera atención a las personas enfermas o heridas. **2** Conjunto de conocimientos relacionados con el cuidado de enfermos y heridos y con la asistencia médica.

enfermero, -ra *m. y f.* Persona que asiste a enfermos.

enfermizo, -za *adj.* **1** [ser vivo] Que tiene poca salud y enferma con frecuencia. **2** De la enfermedad.

enfermo, -ma *adj./m. y f.* [ser vivo] Que padece una enfermedad.

enfervorizar [4] *tr./prnl.* Provocar un intenso entusiasmo, generalmente en un conjunto numeroso de personas.

enfilar *tr./intr.* Comenzar a recorrer un camino; tomar una dirección.

enfisema *m.* MED. Formación de bolsas gaseosas en el tejido celular.

enflaquecer [43] *tr.* Poner más flaca o delgada a una persona.

enfocar [1] *tr.* **1** Ajustar un mecanismo óptico para hacer que una imagen se vea con claridad. **2** Dirigir una cámara u otro instrumento óptico hacia un lugar. **3** Dirigir un foco de luz hacia un lugar para iluminarlo. **4** Valorar o considerar una cosa desde un determinado punto de vista.

enfoque *m.* **1** Grado de nitidez y claridad que tiene una imagen enfocada a través de una cámara u otro dispositivo óptico. **2** Manera particular de valorar o considerar una cosa.

enfrascarse [1] *prnl.* Dedicarse con el mayor esfuerzo y atención a una cosa.

enfrentamiento *m.* Oposición a la voluntad, a los intereses o a la fuerza de otro.

enfrentar *tr./prnl.* 1 Oponerse a la voluntad, a los intereses o a la fuerza de otra persona. 2 Poner una persona o cosa frente a otra. ▌ *prnl.* 3 Considerar las diversas soluciones e intentar resolver un problema o una situación difícil.

enfrente *adv.* En la parte opuesta o delante de un lugar, persona o cosa.

enfriamiento *m.* 1 Disminución de la temperatura de un cuerpo o de un lugar. 2 Disminución de la intensidad de un fenómeno, actividad o sentimiento. 3 Malestar físico provocado por la inflamación de las membranas mucosas del aparato respiratorio, que produce un aumento de la secreción nasal y suele ir acompañado de tos, fiebre y dolores musculares.

enfriar [13] *tr./prnl.* 1 Hacer que disminuya la temperatura de un cuerpo; poner frío. 2 Hacer que disminuya la intensidad de un fenómeno, de una actividad o de un sentimiento. ▌ *prnl.* 3 Contraer un enfriamiento o catarro.

enfundar *tr.* 1 Guardar dentro de su funda; generalmente, un arma de fuego. 2 Colocar una funda encima de una cosa para protegerla. ▌ *prnl.* 3 Ponerse una prenda de vestir, especialmente si es ajustada al cuerpo.

enfurecer [43] *tr./prnl.* Poner furioso.

enfurecimiento *m.* 1 Enfado muy grande de una persona. 2 Agitación del mar por efecto del viento o de una tempestad.

enfurruñarse *prnl. coloquial* Enfadarse momentáneamente por un motivo poco importante.

engalanar *tr./prnl.* Embellecer con adornos en señal de fiesta u homenaje.

enganchar *tr./prnl.* 1 Sujetar, unir o colgar de un gancho o de otra cosa parecida. 2 Quedar sujetas entre sí dos cosas por algún punto, generalmente de manera accidental. ▌ *tr.* 3 Conseguir atraer el interés de una persona. ▌ *prnl.* 4 Llegar a tener una relación de dependencia o adicción hacia una cosa.

enganche *m.* 1 Sujeción o unión de dos cosas mediante un gancho u otra cosa que tenga forma o función parecidas. 2 Pieza o aparato que sirve para enganchar o sujetar una cosa.

enganchón *m.* Rotura o desgarro producido por haberse prendido la ropa en un objeto punzante.

engañabobos *m.* Cosa que parece de gran valor o muy útil, pero que en realidad es de poca calidad o inútil.

OBS El plural también es *engañabobos*.

engañar *tr.* 1 Hacer creer a una persona algo que en realidad es mentira. 2 Mantener relaciones sexuales con una persona distinta de la pareja habitual. 3 Calmar momentáneamente una necesidad o un sentimiento. ▌ *intr.* 4 Causar una impresión equivocada en los sentidos. ▌ *prnl.* 5 Tener una idea falsa de la realidad por desconocimiento o por el deseo de creer en lo más cómodo o agradable.

engañifa *f. coloquial* Cosa que parece de gran valor o muy útil, pero que en realidad es de poca calidad o inútil.

engaño *m.* 1 Falta a la verdad que se comete cuando se hace creer a una persona algo que en realidad es mentira. 2 Medio o procedimiento que se emplea para llevar a cabo este hecho. 3 Impresión o idea equivocada o falsa que se tiene de una cosa. 4 Capote o muleta que se usa para torear a un toro.

engañoso, -sa *adj.* Que engaña.

engarce *m.* 1 Unión de una cosa con otra formando una cadena. 2 Engaste.

engarzar [4] *tr.* 1 Unir una cosa con otra formando una cadena. 2 Engastar.

engastar *tr.* Encajar firmemente una cosa en un soporte o sobre una superficie; especialmente, una perla o una piedra preciosa en una joya.

engaste *m.* 1 Encaje o ajuste de una cosa en un soporte o sobre una superficie; especialmente, de una perla o una piedra preciosa en una joya. 2 Soporte o superficie sobre la que se lleva a cabo este encaje o ajuste.

engatusar *tr.* Ganar la voluntad y la confianza de una persona mediante halagos o muestras de admiración y simpatía.

engendrar *tr.* 1 Crear una persona o un animal un ser de su misma especie mediante la reproducción natural. 2 Producir un efecto o resultado; ser el origen o la razón de que una cosa ocurra.

engendro *m.* 1 Ser vivo con un aspecto físico anormal y deforme. 2 Plan u obra mal concebida o mal desarrollada.

englobar *tr.* Incluir varias partes o elementos en una sola unidad o conjunto.

engolado, -da *adj.* 1 Que habla de modo afectado enfático. 2 [persona] Que muestra orgullo excesivo por las cualidades o actos propios.

engomar *tr.* Untar de cola o goma de pegar una superficie.

engominarse *prnl.* Ponerse gomina o fijador en el cabello.

engordar *intr.* 1 Ponerse gordo; aumentar de peso. ‖ *tr./intr.* 2 Aportar el exceso de sustancias alimenticias o grasas que hacen que una persona aumente de peso. ‖ *tr.* 3 Alimentar a un animal para que aumente de peso o se ponga gordo, generalmente con el fin de aprovechar su carne.

engorde *m.* Alimentación encaminada a engordar a un animal.

engorro *m.* Cosa fastidiosa o molesta.

engorroso, -sa *adj.* Que resulta un engorro, que causa fastidio.

engranaje *m.* 1 Conjunto de ruedas dentadas y piezas que encajan entre sí y forman parte de un mecanismo o de una máquina. 2 Conjunto de personas, relaciones y actuaciones que caracterizan el funcionamiento de un grupo o de una empresa o institución. 3 Relación que se establece entre dos o más cosas para formar un conjunto o una idea homogénea y coherente.

engranar *intr.* 1 Ajustar las ruedas dentadas de un mecanismo para que encajen entre sí correctamente. ‖ *tr./prnl.* 2 Relacionar dos o más cosas entre sí para formar un conjunto o una idea coherente.

engrandecer [43] *tr./prnl.* 1 Dar mayor valor, grandeza u honor. 2 Hacer grande o más grande una cosa.

engrandecimiento *m.* 1 Aumento del valor, grandeza u honor de una cosa. 2 Aumento del tamaño de una cosa.

engrasar *tr.* Aplicar grasa a una superficie.

engreído, -da *adj./m. y f.* [persona] Que muestra orgullo excesivo por las cualidades o actos propios.

engrosar *tr./prnl.* Aumentar el número o la cantidad de una cosa.

engrudo *m.* Masa espesa y pegajosa que resulta de mezclar diversas sustancias, especialmente harina y agua.

engullir [41] *tr.* Tragar la comida con rapidez y casi sin masticar.

enharinar *tr.* Cubrir un alimento con una fina capa de harina.

enhebrar *tr.* Pasar un hilo a través del ojo de una aguja.

enhiesto, -ta *adj.* Levantado, derecho.

enhorabuena *f.* Expresión de la alegría y la satisfacción que se siente por una cosa agradable o feliz que le ha ocurrido a otra persona.

enigma *m.* 1 Frase o pregunta difícil que, como pasatiempo o juego, una persona propone a otra para que le encuentre el sentido oculto o le dé una solución. 2 Cosa que no tiene una explicación racional conocida.

enigmático, -ca *adj.* 1 Que tiene un significado desconocido u oculto. 2 Que no tiene una explicación racional conocida.

enjabonar *tr./prnl.* Aplicar y extender agua y jabón sobre una superficie.

enjaezar [4] *tr.* Embellecer una caballería colocándole adornos o jaeces.

enjalbegar [7] *tr.* Blanquear una pared.

enjambre *m.* 1 Conjunto numeroso de abejas con su reina, especialmente cuando salen juntas de una colmena para formar otra colonia. 2 Conjunto numeroso de personas, animales o cosas.

enjaular *tr.* Meter o encerrar en una jaula.

enjoyar *tr./prnl.* Adornar con joyas.

enjuagar [7] *tr.* 1 Aclarar con agua algo manchado o enjabonado para limpiarlo o aclararlo. ‖ *prnl.* 2 Limpiarse los dientes y la boca manteniendo en ella y moviendo una porción de agua o líquido antiséptico que luego se escupe.

enjuague *m.* Líquido antiséptico para enjuagarse la boca por higiene bucal.

enjugar [7] *tr./prnl.* 1 Eliminar la humedad o el líquido que cubre algo con un pañuelo, paño o esponja. ‖ *tr.* 2 Eliminar una deuda o un déficit.

enjuiciar [12] *tr.* 1 Adoptar una opinión o juicio sobre un asunto. 2 DER. Someter a una persona a un juicio.

enjundia *f.* Profundidad de ideas del contenido de un libro, una obra o discurso.

enjuto, -ta *adj.* Delgado, flaco.

enlace *m.* 1 Relación que se establece entre dos o más elementos. 2 Vía de comunicación que une dos lugares. 3 Lugar en el que se unen o cruzan dos vías de comunicación o dos medios de transporte. 4 Persona que facilita el trato o la relación personal con otras, especialmente dentro de una institución, empresa u organización. 5 Unión de dos personas mediante determinados ritos o formalidades legales por los cuales se comprometen a llevar una vida en común. 6 GRAM. Partícula o palabra que sirve para establecer relaciones entre las partes de una oración. 7 QUÍM. Fuerza que mantiene unidos los átomos de una molécula o las moléculas entre sí.

enlatar *tr.* Meter un producto en una lata.

enlazar [4] *tr./intr./prnl.* 1 Relacionar o unir dos o más cosas entre sí. ‖ *tr.* 2 Unir o atar con un lazo. ‖ *intr.* 3 Combinar distintos medios de transporte para llegar al destino deseado.

enlodar *tr./prnl.* 1 Cubrir o manchar una superficie con lodo o barro. 2 Manchar el buen nombre de una persona.

enloquecer [43] *tr./intr.* 1 Perder el juicio o la razón una persona; volver loco. ‖ *tr.* 2 *coloquial* Gustar mucho.

enloquecimiento *m.* Pérdida del juicio.

enlosar *tr.* Cubrir un pavimento con losas.

enlozar [4] *tr.* AMÉR Cubrir con un baño de loza o esmalte vítreo un recipiente u otro objeto.

enlucir [45] *tr.* 1 Cubrir un techo o una pared con una capa fina de yeso. 2 Limpiar y sacar brillo a una superficie.

enlutar *tr./prnl.* Vestir de luto.

enmarañar *tr./prnl.* 1 Entrelazar de manera desordenada y accidental hilos, cabellos, cuerdas, cables o cosas parecidas. 2 Complicar y dificultar la solución o la comprensión de un asunto.

enmarcar [1] *tr.* 1 Poner un marco a una fotografía, pintura o lámina. ‖ *tr./prnl.* 2 Señalar los límites espaciales, temporales, culturales, económicos o políticos que rodean una cosa y determinan en parte sus características.

enmascarar *tr./prnl.* 1 Cubrir la cara con una máscara o un antifaz. 2 Cambiar la apariencia exterior para ocultar el aspecto real de una cosa o para disimular los verdaderos sentimientos.

enmendar [27] *tr./prnl.* Corregir un error o un defecto.

enmienda *f.* 1 Corrección de un error. 2 Propuesta de cambio en el contenido de uno o varios artículos o apartados de un proyecto de ley.

enmohecer [43] *tr./prnl.* 1 Cubrir con una capa de moho. ‖ *prnl.* 2 Perder ciertas cualidades por falta de ejercicio.

enmontarse *prnl.* AMÉR Cubrirse de maleza y volverse monte un terreno o campo.

enmoquetar *tr.* Cubrir con moqueta.

enmudecer [43] *intr.* 1 Guardar silencio. ‖ *tr.* 2 Hacer callar. ‖ *tr./prnl.* 3 Hacer perder el habla.

ennegrecer [43] *tr./prnl.* Poner de un color más oscuro o negro.

ennoblecer [43] *tr./prnl.* 1 Conceder un título de nobleza a una persona. 2 Hacer noble y bueno. 3 Dar mayor valor, grandeza o distinción.

enojar *tr./prnl.* Causar enojo o enfado.

enojo *m.* Enfado.

enojoso, -sa *adj.* Que causa enojo, enfado o molestia.

enología *f.* Conjunto de conocimientos relativos a los procesos de elaboración y crianza de vinos.

enólogo, -ga *m. y f.* Persona entendida en enología.

enorgullecer [43] *tr./prnl.* Sentir gran satisfacción por haber hecho una acción especialmente buena o una obra digna de mérito.

enorgullecimiento *m.* Satisfacción que siente una persona por haber hecho una acción especialmente buena o una obra digna de mérito.

enorme *adj.* 1 Que es muy grande, excesivo. 2 Que sobresale entre los demás por sus excelentes características.

enormidad *f.* Exceso, desmesura.

enquistarse *prnl.* 1 Formarse un quiste.

enrabietarse *prnl.* 1 Sufrir una rabieta o disgusto. 2 Dar muestras de rabia o de un enfado grande.

enraizar [24] *intr./prnl.* 1 Echar raíces una planta. ‖ *tr./intr.* 2 Hacer firme y duradero un sentimiento o una costumbre. ‖ *prnl.* 3 Establecerse en un lugar.

enrarecer [43] *tr./prnl.* 1 Dilatar un gas haciéndolo menos denso. 2 Contaminar el aire. 3 Deteriorarse las buenas relaciones entre dos o más personas.

enrarecimiento *m.* 1 Disminución de la densidad de un gas. 2 Malestar que se produce cuando la relación entre un grupo de personas no es buena.

enredadera *adj./f.* 1 [planta] Que tiene un tallo fino y flexible que crece y sube enredándose en un elemento vertical o en otras plantas. ‖ *f.* 2 Planta silvestre, de tallo largo y nudoso, hoja permanente y flores de color rosa en forma de pequeñas campanas.

enredar *tr./prnl.* 1 Entrelazar de manera desordenada y accidental hilos, cabellos, cuerdas, cables o cosas parecidas. 2 Hacer que una persona participe en un negocio o asunto, especialmente si es peligroso o ilegal. 3 Complicar y dificultar la solución o la comprensión de un asunto. 4 Procurar confundir a una persona. 5 Hacer perder el tiempo. ‖ *intr.* 6 Molestar haciendo travesuras o manejando lo que no se debe. ‖ *prnl.* 7 Confundirse; no comprender o no obrar de forma acertada o clara. **8** Mantener una relación amorosa o sexual que no implica compromiso.

enredo *m.* **1** Conjunto de hilos, cabellos, cuerdas, cables o cosas parecidas entrelazadas que no pueden separarse fácilmente. **2** Conjunto de engaños y maniobras secretas para conseguir algo. **3** Asunto peligroso o ilegal. **4** Confusión o falta de claridad en las ideas o en los conocimientos. **5** Conjunto de acciones o relaciones que unen a los personajes de una obra de ficción. **6** Relación amorosa o sexual que no implica compromiso.

enrejado *m.* Conjunto de rejas.

enrejar *tr.* Poner rejas.

enrevesado, -da *adj.* Que es complicado y muy difícil de comprender.

enriquecedor, -ra *adj.* Que enriquece, especialmente desde un punto de vista no económico.

enriquecer [43] *tr.* **1** Hacer rico o más rico. **2** Dotar de mayor calidad o valor.

enriquecimiento *m.* **1** Obtención de riquezas. **2** Proceso mediante el cual se dota de mayor calidad o valor a una cosa.

enrocar [1] *intr./tr.* En el juego del ajedrez, mover en una misma jugada el rey y una torre según ciertas condiciones.

enrojecer [43] *tr./prnl.* **1** Poner rojo. ǁ *intr./prnl.* **2** Ponerse roja una parte del cuerpo, especialmente la cara.

enrojecimiento *m.* Coloración roja que paulatinamente va adquiriendo una cosa.

enrolar *tr./prnl.* **1** Inscribir entre los miembros de la tripulación de un barco. ǁ *prnl.* **2** Inscribirse en una sociedad u organización.

enrollar *tr.* **1** Dar a una cosa forma de rollo. ǁ *prnl.* **2** *coloquial* Extenderse demasiado al hablar o al escribir. **3** *coloquial* Dar a una persona un trato especialmente favorable. **4** *coloquial* Tener una relación amorosa o sexual durante un breve período de tiempo.

enronquecer [43] *tr.* Poner ronca la voz de una persona.

enroque *m.* En el juego del ajedrez, jugada que consiste en mover el rey y una torre del mismo bando según determinadas condiciones.

enroscar [1] *tr./prnl.* **1** Dar a una cosa forma de rosca. ǁ *tr.* **2** Ajustar una cosa dentro de otra dándole vueltas.

ensaimada *f.* Bollo redondo y aplanado formado por una tira de pasta hojaldrada enrollada en espiral.

ensalada *f.* Comida fría que se hace con diversas hortalizas crudas, cortadas y aliñadas. ▸ **ensalada (o ensaladilla) rusa** Ensaladilla.

ensaladera *f.* Recipiente ancho y profundo para preparar y servir ensaladas.

ensaladilla *f.* Comida fría que se hace con patatas y hortalizas hervidas, huevo duro y atún picados en trozos pequeños, trabados y cubiertos con salsa mayonesa.

ensalmo *m.* Rezo al que se atribuyen poderes mágicos que usan los curanderos para sanar.

ensalzar [4] *tr.* **1** Elogiar, mostrar gran admiración por una persona o cosa. ǁ *tr./ prnl.* **2** Exaltar, alabar.

ensamblaje *m.* Unión de piezas o elementos, especialmente si son de madera, que han sido diseñados para que ajusten entre sí perfectamente.

ensamblar *tr.* Hacer un ensamblaje.

ensanchamiento *m.* Aumento de la anchura de una cosa.

ensanchar *tr./prnl.* **1** Aumentar la anchura de una cosa. **2** Dotar de mayores posibilidades de desarrollo y progreso.

ensanche *m.* **1** Ensanchamiento. **2** Conjunto de terrenos situados en las afueras de una población y destinados a nuevas edificaciones. **3** Conjunto de nuevas edificaciones construidas en estos terrenos de acuerdo a un único plan urbanístico.

ensangrentar [27] *tr./prnl.* Manchar de sangre.

ensañamiento *m.* Empleo innecesario, deliberado y cruel de la violencia.

ensañarse *prnl.* **1** Atacar y herir con gran violencia un animal a su víctima. **2** Causar un intenso dolor, de manera deliberada e innecesaria, a una persona que no puede defenderse.

ensartar *tr.* **1** Pasar un hilo, cuerda o alambre a través del agujero de un objeto. **2** Atravesar un cuerpo con un objeto alargado acabado en punta.

ensayar *tr.* **1** Realizar varias veces un mismo acto o conjunto de actos con objeto de perfeccionar su ejecución. **2** Probar la eficacia de diversas sustancias, artilugios o productos para lograr el fin deseado.

ensayismo *m.* Género literario constituido por el ensayo.

ensayista *com.* Persona que se dedica a escribir ensayos.

ensayo *m.* **1** Repetición de un mismo acto o conjunto de actos con objeto de perfeccionar su ejecución. **2** Prueba que se hace para determinar las cualidades y la eficacia de un material o de un producto. **3** Obra literaria en prosa, generalmente de corta extensión, en la que el autor expone sus propias ideas acerca de un asunto o tema general, pero sin la extensión y aparato de un tratado. **4** Género literario formado por ese tipo de obras. **5** Jugada del rugby que consiste en apoyar el balón tras la línea de marca del equipo contrario con las manos, los brazos o el tronco.

enseguida *adv.* Sin perder tiempo; de manera inmediata.

OBS También se escribe *en seguida*.

ensenada *f.* Parte de mar que entra en la tierra formando golpe.

enseña *f.* Objeto que representa a un colectivo de personas; generalmente, una bandera.

enseñanza *f.* **1** Comunicación de conocimientos, habilidades o experiencias con la intención de que una persona los aprenda. **2** Conjunto de personas, instituciones y medios destinados a esta comunicación de conocimientos. **3** Sistema de formación destinado a conseguir el desarrollo de las capacidades intelectuales de las personas. **4** Idea, hecho, dato o experiencia de la que una persona puede aprender algo útil y beneficioso.

enseñar *tr.* **1** Comunicar conocimientos, habilidades o experiencias con la intención de que una persona la aprenda. **2** Mostrar a la vista de una o varias personas. **3** Dar una señal, dato o información que permita llegar al conocimiento de una cosa. **4** Servir de experiencia o ejemplo del que aprender algo útil y beneficioso.

enseñorearse *prnl.* Hacerse con el dominio de una cosa o de una situación.

enseres *m. pl.* Conjunto de muebles, ropas o instrumentos propiedad de una persona o usados en una profesión.

ensillar *tr.* Poner la silla al caballo.

ensimismamiento *m.* Concentración en lo que se hace o se piensa hasta llegar a aislarse de lo demás.

ensimismarse *prnl.* Poner toda la atención en lo que se hace o se piensa hasta llegar a aislarse de lo demás.

ensombrecer [43] *tr./prnl.* **1** Cubrir de sombras. **2** Causar pena o tristeza.

ensoñación *f.* Ensueño.

ensordecedor, -ra *adj.* [sonido, ruido] Que es muy intenso y no permite oír otra cosa.

ensordecer [43] *tr./intr.* **1** Hacer perder el sentido del oído. ǁ *tr.* **2** Impedir un sonido o ruido muy intenso que una persona oiga otra cosa.

ensortijar *tr./prnl.* **1** Formar rizos en el pelo.

ensuciar [12] *tr./prnl.* **1** Poner sucio; hacer que una cosa deje de estar limpia. **2** Rebajar la dignidad y respetabilidad de una persona o cosa.

ensueño *m.* Imagen mental irreal fruto de la imaginación. ▸ **de ensueño** Maravilloso, magnífico.

entablamento *m.* ARQ. Conjunto de molduras compuesto de arquitrabe, friso y cornisa.

entablar *tr.* **1** Cubrir, cerrar o asegurar un lugar con tablas. **2** Dar comienzo a una actividad o proceso. **3** AMÉR Empatar o hacer tablas en un juego o competición.

entablillar *tr.* Inmovilizar la extremidad de una persona o animal colocándola entre tablas o tablillas firmemente atadas.

entallar *tr./prnl.* Ajustar una prenda de vestir al talle o cintura de una persona.

entallecer [43] *intr./prnl.* Echar tallos las plantas o los árboles.

entarimado *m.* Suelo hecho con tablas.

ente *m.* **1** Cosa o ser que tiene existencia real o imaginaria. **2** Organismo, institución o empresa, generalmente de carácter público.

enteco, -ca *adj.* [persona, animal] Que es enfermizo y flaco.

entelequia *f.* Cosa irreal que solo existe en la mente de la persona que la imagina.

entendederas *f. pl. coloquial* Capacidad de aprender, comprender y juzgar.

entender *tr.* **1** Comprender, tener idea clara del sentido de las cosas. **2** Comprender, conocer el sentido de los actos o los sentimientos de una persona. **3** Formar juicio a partir de señales o datos. **4** Tener conocimientos sobre un asunto o materia. ǁ *prnl.* **5** Llevarse bien con una persona por conocer su personalidad y temperamento. **6** Mantener relaciones amorosas o sexuales ocultas.

entendido, -da *adj./m. y f.* [persona] Que se dedica a una rama determinada de la ciencia, la técnica o el arte, en la que tiene conocimientos profundos.

entendimiento *m.* **1** Capacidad de formar ideas o representaciones de la realidad en la mente relacionándolas entre sí; capacidad de aprender, comprender, juzgar y tomar decisiones. **2** Relación amistosa basada en la confianza y en el mutuo conocimiento. **3** Acuerdo al que llegan dos o más personas mediante el cual expresan su conformidad con algo.

entente *f.* Entendimiento, relación amistosa, especialmente entre países o gobiernos.

enterado, -da *adj./m. y f.* [persona] Que se cree más listo que los demás, de lo cual presume constantemente.

enterar *tr./prnl.* **1** Informar a una persona acerca de algo. **2** Darse cuenta de algo. **3** Entender con claridad.

entereza *f.* **1** Capacidad de una persona para afrontar problemas, dificultades o desgracias con serenidad y fortaleza. **2** Fortaleza para mantener las propias ideas, juicios o decisiones.

enternecer [43] *tr./prnl.* Producir ternura a una persona.

entero, -ra *adj.* **1** Que está completo; que no le falta ninguna parte o trozo. **2** [persona] Que muestra entereza. **3** MAT. [número] Que está formado solamente por una o más unidades, a diferencia de los números decimales y quebrados. ‖ *m.* **4** ECON. Centésima parte del valor nominal de una acción de bolsa.

enterrador, -ra *m. y f.* Persona que entierra a los muertos.

enterramiento *m.* **1** Operación de depositar el cadáver de una persona en una fosa o en un nicho y cerrarlos con tierra o una lápida o losa. **2** Fosa o construcción que contiene el cadáver de una persona.

enterrar [27] *tr.* **1** Depositar el cadáver de una persona en una fosa o en un nicho y cerrarlos con tierra o una lápida o losa. **2** Poner bajo tierra. **3** Hacer desaparecer una cosa debajo de otra u otras. **4** Olvidar de manera definitiva una cosa para no volver a pensar en ella.

entidad *f.* **1** Valor o importancia que tiene una cosa. **2** Asociación o empresa, generalmente de carácter privado.

entierro *m.* **1** Operación de enterrar un cadáver. **2** Conjunto de personas que acompañan a un cadáver cuando lo llevan a enterrar.

entintar *tr.* Cubrir o empapar de tinta.

-ento, -enta Sufijo que entra en la formación de adjetivos con el significado de 'manera o condición de'.

entoldado *m.* **1** Conjunto de toldos para dar sombra o proteger de la intemperie. **2** Lugar cubierto con toldos.

entoldar *tr.* Cubrir con toldos.

entomología *f.* Parte de la zoología que estudia los insectos.

entomólogo, -ga *m. y f.* Especialista en entomología.

entonación *f.* **1** Variación del tono de voz según el sentido o la intención de lo que dice. **2** GRAM. Secuencia sonora de los tonos con que se emite el discurso oral.

entonar *tr./intr.* **1** Cantar con el tono adecuado. ‖ *tr.* **2** Comenzar a cantar. **3** Combinar bien los tonos o colores de varias cosas y formar un conjunto agradable. ‖ *tr./prnl.* **4** Dar fuerza y vigor al organismo. **5** *coloquial* Sentir la excitación y alegría propias del comienzo de la embriaguez.

entonces *adv.* **1** En aquel tiempo o en aquella ocasión. **2** En ese momento o instante. **3** En tal caso, siendo así. ‣ **en (o por) aquel entonces** Por aquel tiempo u ocasión.

entontecer [43] *intr./prnl.* Volver tonto; hacer tonto o más tonto.

entorchado *m.* **1** Cuerda o hilo de seda, cubierto con otro hilo de seda o de metal y retorcido a su alrededor para darle firmeza. **2** Bordado de oro o plata que llevan en las mangas determinados uniformes.

entornar *tr.* **1** Colocar una puerta o ventana de tal manera que no llegue a estar completamente cerrada. **2** Bajar los párpados sin llegar a cerrarlos por completo.

entorno *m.* Conjunto de personas, objetos o circunstancias que rodean a una persona o cosa.

entorpecer [43] *tr./prnl.* **1** Dificultar el desarrollo normal de una actividad o proceso. ‖ *tr.* **2** Hacer perder agilidad, destreza o facilidad para hacer una cosa.

entrada *f.* **1** Paso de un sitio a otro, generalmente de un lugar exterior a otro interior. **2** Espacio por donde se entra a un lugar. **3** Parte de una casa, dependencia o edificio que hay junto a la puerta principal. **4** Billete que se compra y da derecho a entrar u ocupar asiento en un espectáculo o un lugar. **5** Conjunto de personas que asisten a un espectáculo o que están presentes en un establecimiento público. **6** Cantidad de dinero que se obtiene en un espectáculo. **7** Cantidad de dinero que se entrega por adelantado o como primera parte del pago al comprar o alquilar una cosa. **8** Ingreso de una persona en un grupo, sociedad o empresa. **9** Parte frontal superior de la cabeza de una persona, en la que ya se ha caído el pelo. **10** Entrante. **11** Palabra que se define en cada uno de los artículos de un diccionario o enciclopedia. **12** Primeras horas o primeros días de un período de tiempo amplio. 13 Operación mediante la cual se señala el momento en que ha de empezar una persona su intervención en un espectáculo o en un acto público. 14 En el fútbol y otros deportes, acción de acercarse a un jugador contrario con la intención de arrebatarle la pelota. 15 Cantidad de dinero que entra en una caja o registro. ▸ **de entrada** Para empezar, en principio, en primer lugar.

entramado m. 1 Armazón de madera o metal que sirve para hacer una pared, tabique o suelo, una vez rellenados los huecos. 2 Conjunto de cosas relacionadas entre sí que forman un todo.

entramparse prnl. coloquial Contraer una persona abundantes deudas de dinero.

entrante adj. 1 [período de tiempo] Que está inmediatamente próximo en el futuro. ▌ m. 2 Plato de los que componen un almuerzo o cena que se come antes del plato principal. 3 Parte de una cosa que entra en otra.

entraña f. 1 Cada uno de los órganos contenidos en el interior del tronco del ser humano o del animal. Se usa sobre todo en plural. 2 Parte más importante y central de una cosa. ▌ f. pl. 3 Zona más interior, oculta y de difícil acceso de un lugar. 4 Conjunto de sentimientos que rigen la conducta de una persona.

entrañable adj. Íntimo y muy afectuoso.

entrañar tr. Tener como resultado o producir como consecuencia directa alguna cosa problemática o negativa.

entrar intr. 1 Ir o pasar de un sitio a otro, generalmente de un lugar exterior a otro interior. 2 Pasar a formar parte de los miembros de un grupo, sociedad o empresa. 3 Penetrar o introducirse una cosa en un lugar. 4 Tener una cosa el tamaño necesario para poder colocarse o ajustarse alrededor de otra. 5 Estar incluida o contenida una cosa dentro de otra. 6 Participar o tomar parte en una cosa. 7 Comenzar una estación o un período amplio de tiempo. 8 Ser agradable y fácil de tomar una comida o una bebida. 9 Empezar una persona su intervención en un espectáculo o en un acto público. ▌ tr. 10 En el fútbol y otros deportes, aproximarse un jugador contrario con la intención de arrebatarle la pelota.

entre prep. 1 Indica situación o estado intermedio de dos o más personas o cosas. 2 Indica situación o estado en un período de tiempo del que se señalan el principio

y el fin. 3 Indica una calidad o estado intermedio con respecto a otros. 4 Indica participación o colaboración de dos o más personas o cosas. 5 Indica la pertenencia de una persona o cosa a un grupo o colectividad. ▸ **entre tanto** En el mismo período de tiempo durante el que se hace u ocurre una cosa.

entre- Prefijo que entra en la formación de palabras con el sentido de 'situación o calidad intermedia'.

entreabrir tr./prnl. Abrir a medias.
OBS El participio es *entreabierto*.

entreacto m. Intermedio de un espectáculo público.

entrecejo m. Espacio entre las dos cejas.

entrecerrar [27] tr. Cerrar a medias.

entrechocar [1] tr./prnl. Chocar entre sí dos o más cosas, especialmente si es de manera repetida.

entrecomillar tr. Escribir una palabra, frase o texto entre comillas.

entrecortado, -da adj. [sonido, respiración] Que se emite con interrupciones muy breves y continuadas.

entrecot m. Filete grueso de carne de vacuno.

entrecruzar [4] tr./prnl. 1 Colocar una cosa sobre otra formando una figura parecida a la de una cruz. 2 Pasar por un punto o camino dos personas, animales o cosas en dirección diferente.

entredicho m. Duda sobre la honradez, veracidad o posibilidades de futuro de una persona o de una cosa.

entrega f. 1 Operación o proceso mediante el cual se da una cosa a otra persona. 2 Cosa que se entrega. 3 Atención y esfuerzo que se dedica al desarrollo de una actividad o trabajo. 4 Cuaderno o ejemplar de una obra que se publica por partes.

entregar [7] tr. 1 Dar o poner en poder de una persona una cosa. ▌ prnl. 2 Dedicarse con gran esfuerzo y atención a una cosa. 3 Dejarse dominar por una cosa, especialmente una pasión, un vicio o una mala costumbre. 4 Rendirse o aceptar la derrota y ponerse en manos del otro.

entrelazar [4] tr./prnl. Unir o atar una cosa con otra cruzándolas entre sí.

entremedias adv. 1 Entre dos lugares o cosas. 2 Entre dos períodos de tiempo.

entremés m. 1 Pieza teatral breve y de tono humorístico que originalmente se representaba entre acto y acto de las obras de teatro. ▌ m. pl. 2 Conjunto de alimentos ligeros, generalmente fríos, que se toman en una comida antes del primer plato.

entremeter *tr.* 1 Doblar o meter hacia adentro una parte saliente de una tela o un papel. 2 Meter una cosa entre otras. ❘ *prnl.* 3 Meterse una persona en un asunto, dando opiniones o consejos.

entremetido, -da *adj./m. y f.* [persona] Que se entremete en asuntos ajenos.

entremezclar *tr./prnl.* Mezclar una cosa con otra sin que formen un conjunto homogéneo o se confundan entre sí.

entrenador, -ra *m. y f.* 1 Persona que se dedica a entrenar a otras personas o a animales. 2 Persona que se dedica a la dirección técnica de un equipo deportivo.

entrenamiento *m.* Conjunto de ejercicios físicos que se realizan para perfeccionar el desarrollo de una actividad, especialmente para la práctica de un deporte.

entrenar *tr./prnl.* Preparar o adiestrar a personas o animales para perfeccionar el desarrollo de una actividad, especialmente para la práctica de un deporte.

entrepaño *m.* ARQ. Parte de pared comprendida entre dos columnas o huecos.

entrepierna *f.* 1 Parte interior de los muslos próxima a las ingles. 2 Zona de una prenda de vestir que corresponde a esta parte del cuerpo. 3 Órganos genitales de una persona.

entreplanta *f.* Planta de una casa o edificio construida quitando parte de altura a la planta inferior o a la superior.

entresacar [1] *tr.* Sacar una cosa que está colocada entre otras.

entresijo *m.* 1 Aspecto o característica poco conocida u oculta de una persona o cosa. Suele usarse en plural. 2 ANAT. Repliegue membranoso del peritoneo, que une el estómago y el intestino con las paredes del abdomen.

entresuelo *m.* 1 Piso de un edificio situado entre el bajo y el principal. 2 Piso bajo situado sobre el sótano que se levanta más de un metro sobre el nivel de la calle.

entretanto *adv.* En el mismo período de tiempo durante el que se hace u ocurre una cosa.

entretejer *tr.* Mezclar hilos diferentes en un tejido.

entretela *f.* 1 Tejido de algodón que se coloca entre la tela y el forro de prendas de vestir. ❘ *f. pl.* 2 Conjunto de sentimientos ocultos e íntimos.

entretener [87] *tr./prnl.* 1 Hacer pasar el tiempo de manera agradable. 2 Hacer perder el tiempo impidiendo la realización o continuación de una acción. ❘ *tr.* 3 Hacer menos molesto o más agradable una cosa.

entretenido, -da *adj.* 1 Que hace pasar el tiempo de manera agradable. 2 Que requiere mucho tiempo o trabajo.

entretención *m.* AMÉR 1 Entretenimiento.

entretenimiento *m.* Actividad o espectáculo que hace pasar el tiempo de manera agradable. 2 Hecho de pasar el tiempo de manera agradable o haciendo algo que gusta y que produce placer.

entretiempo *m.* Período de tiempo de la primavera o del otoño que está próximo al verano y tiene temperatura suave.

entrever [91] *tr.* 1 Ver con poca claridad. 2 Intuir o tener la esperanza de que una cosa puede suceder en el futuro.
OBS El participio es *entrevisto*.

entreverar *tr.* Colocar una cosa entre otras de distinta clase o naturaleza.

entrevista *f.* 1 Reunión mantenida por dos o más personas para tratar de un asunto, generalmente profesional o de negocios. 2 Conversación que mantiene un periodista con otra persona que contesta una serie de preguntas y da su opinión sobre diversos temas o asuntos.

entrevistador, -ra *m. y f.* Persona que hace una entrevista.

entrevistar *tr./prnl.* Tener una entrevista.

entristecer [43] *tr.* 1 Causar pena o tristeza. 2 Dar un aspecto triste. ❘ *prnl.* 3 Ponerse triste y melancólico.

entrometerse *prnl.* Meterse una persona en un asunto, dando opiniones o consejos.

entrometido, -da *adj./m. y f.* [persona] Que se entromete en asuntos.

entroncar [1] *intr./prnl.* 1 Tener o contraer una relación de parentesco con una familia o linaje. ❘ *tr./intr.* 2 Tener o contraer una relación de correspondencia o dependencia.

entronizar [4] *tr.* 1 Sentar en un trono como símbolo del poder y autoridad. 2 Conceder a una persona el máximo cargo o dignidad, especialmente, a un príncipe la dignidad de rey o emperador. 3 Dar a una persona o cosa un valor e importancia muy superior a las demás.

entubar *tr.* Introducir tubos en el organismo de una persona o animal por razones médicas.

entuerto *m.* Perjuicio o daño que se causa a una persona.

entumecer *tr./prnl.* Dejar sin flexibilidad o movimiento una parte del cuerpo.

entumecimiento *m.* Falta de flexibilidad o movimiento en una parte del cuerpo.

enturbiar [12] *tr./prnl.* 1 Quitar claridad o transparencia a un líquido poniéndolo turbio. 2 Hacer perder el orden, la costumbre o la tranquilidad.

entusiasmar *tr./prnl.* 1 Causar entusiasmo. ‖ *tr.* 2 Gustar mucho una cosa.

entusiasmo *m.* 1 Estado de ánimo del que se siente muy alegre y excitado, y lo exterioriza generalmente con risas, gestos y gran agitación. 2 Atención y esfuerzo que se dedica al desarrollo de una actividad o trabajo.

entusiasta *adj./com.* [persona] Que siente entusiasmo por una persona o una cosa o es propenso a entusiasmarse.

enumeración *f.* Exposición sucesiva y ordenada de las partes que forman un conjunto o un todo.

enumerar *tr.* Exponer de manera sucesiva y ordenada las partes que forman un conjunto o un todo.

enunciación *f.* 1 Exposición breve y sencilla en la que se comunica con palabras una idea. 2 Enunciado de una pregunta o problema.

enunciado *m.* 1 Conjunto de datos o elementos que forman parte de una pregunta o problema, a partir de los cuales es necesario establecer la respuesta o la solución. 2 GRAM. Conjunto de palabras o frases que forman parte de un acto de comunicación.

enunciar [12] *tr.* 1 Expresar con palabras una idea de manera breve y sencilla. 2 Expresar un enunciado.

enunciativo, -va *adj.* 1 Que enuncia con palabras una idea de manera breve y sencilla. 2 GRAM. [frase, oración] Que afirma o niega alguna cosa.

envainar *tr.* Guardar en una vaina o cubierta, generalmente, un arma blanca.

envalentonar *tr.* 1 Hacer que una u otras personas se crean con fuerzas o ánimos suficientes para emprender una acción peligrosa o arriesgada. ‖ *prnl.* 2 Mostrarse valiente y desafiante.

envanecer [43] *tr.* 1 Hacer que una persona adquiera un sentimiento de orgullo o superioridad frente a los demás y los trate de un modo despectivo y desconsiderado. ‖ *prnl.* 2 Comportarse con orgullo o superioridad frente a los demás, tratándolos de un modo despectivo y desconsiderado.

envarado, -da *adj./m. y f.* [persona] Que se comporta de un modo soberbio y poco natural.

envasado *m.* Operación mediante la cual se envasa un producto.

envasar *tr.* Meter en un envase.

envase *m.* Recipiente en el que se coloca un producto para facilitar su conservación o transporte, especialmente un alimento.

envejecer [43] *tr./intr./prnl.* 1 Hacer o hacerse vieja una persona o cosa. 2 Conservar vino o licor en toneles para que adquieran las características deseadas.

envejecimiento *m.* Proceso de transformación que lleva a envejecer a una persona o cosa.

envenenamiento *m.* 1 Alteración o daño que sufre el organismo de un ser vivo por causa de un veneno. 2 Administración de veneno a un ser vivo con la intención de causarle la muerte.

envenenar *tr./prnl.* 1 Intoxicar o matar a un ser vivo con un veneno. 2 Poner o suministrar veneno.

envergadura *f.* 1 Distancia entre las dos puntas de las alas de un ave cuando están completamente extendidas. 2 Distancia entre las dos puntas de las alas de un avión. 3 En general, tamaño o volumen de una persona o animal. 4 MAR. Ancho de la vela de un barco en la parte por donde va unida a la verga del mástil. 5 Importancia, categoría o trascendencia que tiene una cosa.

envés *m.* Cara posterior de una cosa plana y delgada, especialmente de una tela o de una hoja de una planta.

enviado, -da *m. y f.* Persona que lleva un mensaje por encargo de otra. **enviado especial** Periodista que envía información desde el lugar en que se produce una noticia.

enviar [13] *tr.* 1 Hacer ir a una persona a un lugar. 2 Mandar o hacer llegar una cosa a un lugar.

enviciar [12] *tr.* 1 Hacer que una persona caiga en un vicio. ‖ *prnl.* 2 Aficionarse demasiado a una cosa.

envidar *intr.* En algunos juegos de cartas, como el mus, hacer un envite o apuesta.

envidia *f.* 1 Sentimiento de tristeza o irritación producido en una persona por el deseo de la felicidad o alguna cosa de otra persona. 2 Deseo de algo que no se posee.

envidiar [12] *tr.* Sentir o tener envidia.

envidioso, -sa *adj./m. y f.* [persona] Que siente envidia.

envilecer [43] *tr.* 1 Hacer que una persona se comporte de una manera vil y malvada. ‖ *prnl.* 2 Volverse vil y malvado.

envío *m.* 1 Operación mediante la cual se hace llegar a un lugar una cosa. 2 Cosa que se envía de un lugar a otro.

envite *m.* 1 En algunos juegos de cartas, como el mus, apuesta que permite ganar una cantidad determinada de tantos extraordinarios. 2 Ofrecimiento de una cosa.

enviudar *intr.* Perder una persona a su marido o mujer por fallecimiento.

envoltorio *m.* 1 Material que sirve para envolver un objeto o un producto.

envoltura *f.* 1 Envoltorio. 2 Capa exterior que rodea o envuelve a una cosa.

envolvente *adj.* 1 Que rodea una cosa de modo que cubre todas sus partes. 2 Que produce una sensación agradable de atracción o de seducción.

envolver [32] *tr./prnl.* 1 Cubrir una cosa rodeándola total o parcialmente. 2 Hacer que una persona participe en un negocio o asunto sin estar del todo enterada de él, especialmente si es peligroso o ilegal. ‖ *tr.* 3 Enrollar un hilo, una cuerda o una cinta alrededor de una cosa. 4 Rodear a una persona o cosa un ambiente o unas circunstancias que determinan sus características. 5 Rodear o cercar al enemigo en una acción de guerra. 6 Vencer a una persona en una discusión rodeándola de argumentos y dejándola cortada y sin salida.

OBS El participio es *envuelto*.

envuelto, -ta *part.* Es el participio irregular de *envolver*. También se usa como adjetivo.

enyerbarse *prnl.* AMÉR Cubrirse de yerba y malezas un terreno.

enyesar *tr.* 1 Cubrir una superficie o tapar un agujero con yeso. 2 Inmovilizar una parte del cuerpo envolviéndola en un vendaje empapado en yeso o escayola que, al secarse, se endurece.

enzarzar [4] *tr.* 1 Enredar a dos o más personas en una disputa. ‖ *prnl.* 2 Tomar parte en una disputa o en una pelea. 3 Implicarse en un negocio o asunto sin estar del todo enterado de él, especialmente si es peligroso o ilegal.

enzima *amb.* BIOL. Molécula producida por las células vivas del organismo, que favorece y regula las reacciones químicas en los seres vivos.

eñe *f.* Nombre de la letra ñ.

eoceno, -na *adj./m.* 1 GEOL. [período de la historia de la Tierra] Que es el segundo de la era terciaria. ‖ *adj.* 2 GEOL. De este período geológico.

eólico, -ca *adj.* Del viento.

epi- Prefijo que entra en la formación de palabras con el significado de 'sobre'.

épica *f.* Género de poesía que narra con lenguaje elevado las hazañas y los amores de personajes ilustres y legendarios.

epiceno *adj./m.* [género de un sustantivo] Que señala la diferencia de sexo mediante la oposición macho/hembra.

epicentro *m.* Punto de la superficie terrestre bajo el cual se origina un terremoto.

épico, -ca *adj.* 1 De la épica. 2 Que causa admiración por su gran valentía, heroísmo y esfuerzo. 3 Que es espectacular y memorable por estar fuera de lo común.

epicúreo, -rea *adj.* 1 FILOS. De la doctrina filosófica de Epicuro. ‖ *adj./m. y f.* 2 FILOS. [persona] Que sigue la doctrina filosófica de Epicuro. 3 [persona] Que evita el dolor y busca el placer en todo.

epidemia *f.* 1 Enfermedad infecciosa que ataca a un gran número de personas del mismo lugar y durante un mismo período de tiempo. 2 Daño o desgracia que está muy extendido y afecta a un número cada vez más grande de personas.

epidémico, -ca *adj.* De la epidemia.

epidemiología *f.* Parte de la medicina que estudia las epidemias.

epidemiológico, -ca *adj.* De la epidemiología.

epidérmico, -ca *adj.* De la epidermis.

epidermis *f.* 1 Capa más exterior de la piel de los vertebrados y de los invertebrados; está situada sobre la dermis y formada por cinco capas muy finas. 2 BOT. Membrana formada por una sola capa de células que recubre el tallo y las hojas de algunos vegetales.

OBS El plural también es *epidermis*.

epifanía *f.* Fiesta de la religión católica en que se celebra la adoración de los Reyes Magos. Se escribe con mayúscula.

epifonema *f.* GRAM. Figura del lenguaje que consiste en una exclamación o reflexión retórica de tono enfático con la cual se concluye un discurso solemnemente.

epiglotis *f.* ANAT. Cartílago en forma de lengüeta situado sobre la laringe y unido a la parte posterior de la lengua, que cierra la glotis durante la ingestión de alimentos.

OBS El plural también es *epiglotis*.

epígono *m.* Persona que continúa las tendencias artísticas o científicas de un maestro, escuela o generación anterior.

epígrafe *m.* 1 Título que aparece al comienzo de un escrito o de cada una de sus partes. 2 Explicación breve que aparece al comienzo de un escrito resumiendo su contenido. **3** Inscripción.

epigrama *m.* **1** Texto breve grabado sobre piedra, metal u otro material duro. **2** Composición poética muy breve que explica un pensamiento ingenioso o satírico.

epilepsia *f.* Enfermedad del sistema nervioso debida a la aparición de actividad eléctrica anormal en la corteza cerebral que provoca ataques repentinos caracterizados por convulsiones violentas y pérdida del conocimiento.

epiléptico, -ca *adj.* **1** De la epilepsia. ‖ *adj./m. y f.* **2** [persona] Que padece epilepsia.

epílogo *m.* **1** Parte última de ciertas obras literarias, de cine o de teatro en la que se refiere algún suceso que tiene relación con la acción principal y suele explicarla. **2** Parte final de un discurso u obra en la que se ofrece un resumen general de su contenido. **3** Conjunto de circunstancias o consecuencias que permanecen después de finalizada una actividad o proceso.

episcopado *m.* **1** Cargo de obispo. **2** Período de tiempo que dura este cargo. **3** Conjunto de todos los obispos de un territorio o país.

episcopal *adj.* Del obispo.

episódico, -ca *adj.* **1** Del episodio. **2** Que dura poco tiempo y no tiene consecuencias importantes.

episodio *m.* **1** Programa de radio o televisión independiente en el que se narra una parte de la acción de una obra o serie. **2** Hecho o acontecimiento que, junto con otros, forma el conjunto de una historia real o imaginada.

epístola *f.* **1** *culto* Carta o misiva que se escribe a alguien. **2** Composición literaria en forma de carta, en prosa o en verso, cuyo fin suele ser moralizar, instruir o satirizar. **3** Parte de la misa católica en que se lee o se canta algún pasaje de las cartas escritas por los apóstoles.

epistolar *adj.* De la epístola.

epistolario *m.* **1** Libro en el que se recogen varias cartas de uno o varios autores. **2** Libro en que se recogen las epístolas que se leen en la misa católica. **3** Conjunto de epístolas o cartas recibidas.

epitafio *m.* Texto dedicado a un difunto, generalmente grabado en su sepultura.

epitelio *m.* ANAT. Tejido que recubre las superficies internas y externas del cuerpo humano y de los animales.

epíteto *m.* **1** Adjetivo que expresa una cualidad característica del nombre al que acompaña, generalmente usado para producir un determinado efecto estético. **2** Expresión en la que se emite un juicio con el que se califica una cosa.

época *f.* **1** Período determinado en la historia de una civilización o de una sociedad al que se hace referencia aludiendo a un hecho histórico, un personaje o un movimiento cultural, económico o político que se ha desarrollado en él. **2** Período del pasado que se caracteriza por una circunstancia determinada.

epónimo, -ma *adj.* [persona, animal, cosa] Que tiene un nombre propio que es tomado para designar algo, especialmente un lugar geográfico o una época.

epopeya *f.* **1** Poema épico de gran extensión en el que se cuentan las hazañas legendarias y sobrenaturales de personajes heroicos que, generalmente, forman parte del origen de una estirpe o de un pueblo. **2** Conjunto de poemas de este tipo que forman la tradición épica de un pueblo. **3** Acción o hecho que causa admiración por su gran valentía, heroísmo y esfuerzo.

épsilon *f.* Quinta letra del alfabeto griego clásico.

equi- Elemento prefijal que entra en la formación de palabras con el significado de 'igualdad'.

equidad *f.* Igualdad o justicia en el reparto de una cosa o en el trato de personas.

equidistar *intr.* Estar dos o más puntos o cosas a la misma distancia de otro u otros o a la misma distancia entre sí.

équido, -da *adj./m.* **1** [animal] Que pertenece a la familia de los équidos. ‖ *m. pl.* **2** Familia de animales mamíferos herbívoros, de patas largas adaptadas a la carrera terminadas en un solo dedo muy desarrollado protegido por una pezuña.

equilátero, -ra *adj.* [triángulo] Que tiene los tres lados de igual longitud.

equilibrado, -da *adj.* [persona] Que actúa de un modo razonable.

equilibrar *tr./prnl.* Poner en equilibrio.

equilibrio *m.* **1** Estado de un cuerpo sometido a una serie de fuerzas que se contrarrestan entre sí. **2** Situación de un cuerpo que ocupa una posición en el espacio sin caerse, especialmente si tiene una base de sustentación muy reducida. **3** Proporción y armonía entre los elementos dispares que integran un conjunto. **4** Capacidad de una persona para actuar conforme a la razón. ‖ *m. pl.* **5** Actos con los que se consigue manejar una situación difícil y problemática.

equilibrismo *m.* Actividad y técnica de realizar ejercicios difíciles con el cuerpo o con objetos manteniéndolos en equilibrio.

equilibrista *adj./com.* [persona] Que se dedica a practicar ejercicios de equilibrio como artista profesional.

equino, -na *adj.* 1 Del caballo. 2 De los équidos. ‖ *m.* 3 Animal doméstico, como el caballo, el asno u otros de la familia de los équidos.

equinoccio *m.* ASTR. Momento del año en que el Sol parece pasar sobre el ecuador y en que el día y la noche duran lo mismo.

equinodermo *adj./m.* 1 [animal] Que pertenece al tipo de los equinodermos. ‖ *m. pl.* 2 Tipo de animales marinos invertebrados con la piel gruesa dotada de placas y espinas calcáreas, que tienen en el interior del cuerpo un sistema de canales por donde circula el agua.

equipaje *m.* Conjunto de ropa y objetos que una persona lleva cuando viaja.

equipamiento *m.* 1 Suministro del equipo necesario para una actividad o trabajo. 2 Conjunto de medios e instalaciones necesarios para el desarrollo de una actividad determinada.

equipar *tr./prnl.* Proporcionar el equipo necesario para una actividad o trabajo.

equiparación *f.* Consideración de dos o más cosas o personas como equivalentes al compararlas.

equiparar *tr.* Considerar dos o más cosas o personas como equivalentes al compararlas.

equipo *m.* 1 Conjunto de objetos y prendas necesarias para desarrollar una actividad o trabajo. 2 Conjunto de personas organizado para realizar una actividad o trabajo. 3 Conjunto de personas que participa en una competición deportiva.

equipolente *adj.* MAT. [vector] Que tiene el mismo valor numérico, dirección y sentido que otro.

equis *f.* 1 Nombre de la letra 'X'. 2 Signo o carácter que tiene la forma de la letra 'X'. 3 Signo que representa la incógnita o el valor desconocido en los cálculos. ‖ *adj.* 4 Indica el valor de una cantidad que es desconocida o cuyo conocimiento resulta indiferente. 5 Indica la calificación pornográfica de una película o un cine.

OBS El plural también es *equis*.

equitación *f.* Técnica, actividad o deporte de montar a caballo.

equitativo, -va *adj.* Que actúa de modo justo e imparcial.

equivalencia *f.* Igualdad en la función, el valor, la potencia o la eficacia de dos o más cosas distintas entre sí.

equivalente *adj./com.* 1 [cosa, persona] Que mantiene una relación de equivalencia con otra cosa o persona. ‖ *adj.* 2 [figura] Que tiene igual área o volumen que otro, pero forma diferente.

equivaler [89] *intr.* Mantener una cosa con otra una relación de equivalencia.

equivocación *f.* 1 Idea u opinión que una persona tiene por buena, cuando, en realidad, es falsa. 2 Actuación de una persona que no obtiene los objetivos previstos o tiene consecuencias negativas para ella.

equivocar [1] *tr./prnl.* 1 Cometer una equivocación. ‖ *tr.* 2 Hacer que una persona cometa una equivocación.

equívoco, -ca *adj.* 1 Que puede entenderse de varias maneras. ‖ *m.* 2 Figura del lenguaje que consiste en utilizar palabras ambiguas.

era *f.* 1 Período determinado en la historia de una civilización o de una sociedad al que se hace referencia aludiendo a un hecho histórico, un personaje o un movimiento cultural, económico o político que se ha desarrollado en él. 2 GEOL. Período muy extenso de tiempo que abarca una fase de la evolución de la Tierra y de la flora y la fauna que la habitan. 3 Terreno descubierto donde se trilla el cereal.

eral, erala *m. y f.* Cría del toro y la vaca que tiene más de un año y menos de dos.

erario *m.* Conjunto de haberes, rentas e impuestos que recauda el Estado.

erbio *m.* QUÍM. Elemento químico, metálico y sólido, de color gris oscuro, poco abundante en la naturaleza.

ere *f.* Nombre de la letra *r* en su sonido suave o simple.

erección *f.* Levantamiento y endurecimiento de una cosa, especialmente el del pene o del clítoris, que se produce por la afluencia de sangre al órgano.

erecto, -ta *adj.* Que está levantado, derecho o rígido.

eremita *com.* Ermitaño.

ergio *m.* FÍS. Unidad de trabajo en el sistema cegesimal que equivale al trabajo realizado por una dina de fuerza a lo largo de un centímetro.

ergonomía *f.* Estudio y adecuación de las condiciones del lugar de trabajo, máquinas, vehículos o equipo a las características físicas y psicológicas del trabajador o usuario.

ergonómico, -ca *adj.* De la ergonomía.

erguir *tr./prnl.* **1** Levantar y poner derecho el cuerpo o una parte de él. ‖ *prnl.* **2** Levantarse una cosa por encima del nivel del suelo. **3** Comportarse con orgullo o superioridad frente a los demás.

erial *adj./m.* [terreno] Que no se cultiva.

erigir [6] *tr.* **1** Construir o levantar una edificación o monumento por encima del nivel del suelo. ‖ *tr./prnl.* **2** Otorgar a una persona o institución una función o categoría de especial importancia.

erizar [4] *tr./prnl.* Levantar y poner rígida una cosa, especialmente el pelo de una persona o animal.

erizo *m.* Animal mamífero de pequeño tamaño, con la espalda cubierta de espinas, que se alimenta de insectos. ▸ **erizo de mar (o marino)** Animal invertebrado marino de pequeño tamaño con forma de media esfera cubierta por una concha compuesta por placas calcáreas con púas.

ermita *f.* Iglesia o capilla pequeña situada generalmente en una zona deshabitada.

ermitaño, -ña *m. y f.* **1** Persona que vive sola en una ermita en donde se dedica a la oración y al cuidado del lugar. **2** Persona que vive sola en un lugar deshabitado, especialmente si se dedica a la oración. ‖ *adj./m. y f.* **3** [persona] Que vive en soledad sin mantener contacto con los demás.

-ero, -er, -era Sufijo que entra en la formación de palabras con el sentido de: *a)* 'Oficio'. *b)* 'Planta'. *c)* 'Lugar'. *d)* 'Pertenencia o relación'. *e)* 'Afición exagerada'.

erógeno, -na *adj.* Que produce excitación sexual o es sensible a ella.

erosión *f.* **1** Desgaste o destrucción que se produce en la superficie de la Tierra por fenómenos naturales o por la acción del ser humano y de los seres vivos. **2** Desgaste que se produce en la superficie de un cuerpo a causa del roce o frotamiento con otro cuerpo. **3** Herida producida en la superficie de un cuerpo por el roce de otro. **4** Disminución o pérdida de la calidad, la importancia o la influencia de una persona o cosa.

erosionar *tr.* Producir erosión.

erosivo, -va *adj.* De la erosión.

erótica *f.* Atracción intensa que ejerce en una persona un fenómeno o circunstancia que no está relacionada con la sexualidad.

erótico, -ca *adj.* **1** Del erotismo. **2** [obra] Que trata asuntos relacionados con las relaciones amorosas y sexuales entre las personas. **3** Que excita o provoca el deseo sexual de una persona.

erotismo *m.* **1** Conjunto de elementos que forman parte de la excitación y el placer de los sentidos en las relaciones sexuales de las personas. **2** Carácter de lo que excita o provoca el deseo sexual de una persona. **3** Expresión de las relaciones amorosas y sexuales entre las personas en una obra artística.

erradicación *f.* Acción de erradicar.

erradicar [1] *tr.* Eliminar o suprimir de manera completa una cosa que se considera mala o perjudicial y que, generalmente, afecta a muchas personas.

errante *adj.* Que va de un lugar a otro sin un fin determinado.

errar [57] *tr./intr.* **1** Cometer un error. ‖ *intr.* **2** Ir de un lugar a otro sin un motivo determinado. **3** Divagar la imaginación o el pensamiento.

errata *f.* Alteración de la forma ortográfica correcta de una palabra escrita o impresa por un descuido o por un fallo mecánico.

errático, -ca *adj.* Que va de un lugar a otro sin un fin o motivo determinado.

erre *f.* Nombre de la letra *r* tanto en su sonido suave o simple como en su sonido fuerte o doble.

erróneo, -nea *adj.* Que no es correcto.

error *m.* **1** Idea u opinión que una persona tiene por buena, cuando, en realidad, es falsa. **2** Actuación de una persona que no obtiene los objetivos previstos o tiene consecuencias negativas para ella. **3** Diferencia entre el valor real o exacto de una magnitud y el valor que resulta del cálculo hecho por una persona o por una máquina.

ertzaina *com.* Persona que pertenece al cuerpo de la Ertzaintza, policía autónoma del País Vasco.

eructar *intr.* Expulsar por la boca gases del estómago de manera sonora o ruidosa.

eructo *m.* Conjunto de gases del estómago expulsados de una vez por la boca de manera sonora o ruidosa.

erudición *f.* Conocimiento extenso y profundo de una o varias materias, especialmente relacionadas con las humanidades.

erudito, -ta *adj./m. y f.* [persona] Que tiene una gran erudición.

erupción *f.* **1** Aparición brusca de granos o manchas en la piel. **2** Conjunto de granos o de manchas en la piel que aparecen de esta manera. **3** Expulsión al exterior de materias sólidas, líquidas o gaseosas procedentes del interior de la Tierra a través de un volcán.

eruptivo, -va *adj.* De la erupción.

esbeltez *f.* Cualidad de esbelto.

esbelto, -ta *adj.* Que tiene una figura alta, delgada y bien proporcionada.

esbirro *m.* Persona pagada por otra para amenazar o realizar las acciones violentas que se le ordenen.

esbozar [4] *tr.* Hacer un esbozo.

esbozo *m.* 1 Primer diseño o proyecto de una obra artística, hecho de manera provisional, con los elementos esenciales y sin dar ningún detalle. 2 Explicación de una idea o plan de manera vaga y en sus líneas generales. 3 Insinuación de un gesto, especialmente de una sonrisa.

escabechar *tr.* Poner un alimento en escabeche.

escabeche *m.* 1 Salsa hecha de aceite, ajo, vinagre, pimienta y laurel, que sirve para condimentar y conservar determinados alimentos. 2 Alimento que se condimenta y se conserva en esta salsa.

escabechina *f.* 1 *coloquial* Acción en la que se mata a muchas personas a la vez, generalmente indefensas. 2 *coloquial* Acción en la que se suspende a muchas personas en un mismo examen.

escabel *m.* Tarima pequeña que se coloca delante de un asiento y que sirve para descansar los pies cuando se está sentado.

escabroso, -sa *adj.* 1 [terreno] Que es difícil de atravesar por estar lleno de rocas, cortes y pendientes muy pronunciadas. 2 Que está próximo a lo inmoral y obsceno, y puede herir la sensibilidad de algunas personas. 3 [asunto, tema] Que es muy embarazoso y difícil de manejar o de resolver.

escabullirse [41] *prnl.* 1 Deslizarse o escaparse una cosa de entre otras que la sujetan, especialmente de las manos. 2 Salir o escaparse de un lugar sin que se note, con disimulo o con habilidad. 3 Evitar un trabajo o una obligación con disimulo.

escacharrar *tr./prnl. coloquial* Estropear una cosa.

escafandra *f.* 1 Traje ancho e impermeable de largos tubos que permiten la respiración, botas muy pesadas y un casco cerrado, que sirve para realizar trabajos bajo la superficie del agua. 2 Traje ancho y perfectamente aislado del exterior, con un casco cerrado, con el que los astronautas salen de la nave al espacio exterior.

escafandrista *com.* Persona que realiza diversas actividades bajo la superficie del agua, protegido por una escafandra.

escafoides *adj./m.* 1 ANAT. [hueso] Que está en la muñeca formando parte de la primera fila del carpo y está articulado con el radio. 2 ANAT. [hueso] Que está en el pie formando parte del tarso y está articulado con el astrágalo.

escala *f.* 1 Serie de elementos de la misma especie, ordenados por alguna de sus características. 2 Serie de rayas o señales con que se marcan los diversos valores, grados o magnitudes que puede medir un instrumento. 3 Proporción existente en un mapa o plano entre la medida del objeto o el terreno representado y sus dimensiones en la realidad. 4 Importancia, tamaño o extensión que tiene un plan o una situación. 5 Escalera portátil. 6 Parada que realiza en un puerto o aeropuerto un barco o avión durante un viaje. 7 MÚS. Serie ordenada de las notas que componen un sistema musical.

escalabrar *tr./prnl.* 1 Herir de un golpe a una persona, especialmente en la cabeza. ‖ *tr.* 2 Causar daño o perjuicio.

escalada *f.* 1 Subida hasta una gran altura por un terreno muy pendiente, especialmente por una montaña. 2 Aumento rápido, y por lo general alarmante, de la intensidad o el valor de una cosa, a partir de una sucesión de fenómenos o hechos relacionados entre sí. 3 Paso sucesivo por diversos puestos o categorías cada vez más importantes.

escalador, -dora *m. y f.* 1 Persona que escala montañas por afición. 2 Ciclista que es especialista en subir por carreteras de montaña.

escalafón *m.* Lista de las personas que forman parte de un organismo o profesión, clasificados según su cargo, grado, categoría o antigüedad.

escalar *tr./intr.* 1 Subir hasta alcanzar una gran altura por un terreno muy pendiente, especialmente por una montaña. 2 Pasar una persona sucesivamente por diversos puestos o categorías cada vez más importantes. ‖ *adj./com.* 3 FÍS. [cantidad] Que carece de dirección y se expresa por un solo número.

escaldado, -da *adj.* [persona] Que se muestra desconfiado ante cualquier circunstancia que esté relacionada con una situación que le ha producido un daño o perjuicio.

escaldar *tr.* 1 Bañar una cosa con agua hirviendo. ‖ *tr./prnl.* **2** Quemar con fuego o con otra cosa, especialmente con un líquido hirviendo o muy caliente.

escaleno *adj.* [triángulo] Que tiene distinta longitud en cada uno de sus tres lados.

escalera *f.* **1** Construcción o estructura formada por una sucesión de pequeñas plataformas horizontales superpuestas que sirve para comunicar dos niveles que tienen distinta altura, permitiendo que una persona pueda subir y bajar por ella. **escalera de caracol** Escalera que tiene forma de espiral. **escalera mecánica** Aparato en forma de rampa con una serie de escalones que suben o bajan automáticamente movidos por un mecanismo eléctrico. **2** Serie de tres o más naipes o cartas con un valor correlativo.

escalerilla *f.* **1** Escalera estrecha y de pocos escalones. **2** Escalera móvil que permite subir y bajar de los aviones.

escalfar *tr.* Cocer un huevo sin cáscara en agua hirviendo.

escalinata *f.* Escalera amplia construida en un lugar público, en el exterior de un edificio o en su vestíbulo.

escalofriante *adj.* Que causa una gran emoción, una enorme sorpresa o un intenso miedo.

escalofrío *m.* Sensación de frío intensa y repentina acompañada de un ligero temblor del cuerpo.

escalón *m.* Cada una de las pequeñas plataformas horizontales de una escalera donde se apoya el pie al subir o bajar.

escalonar *tr./prnl.* Distribuir una cosa en el tiempo o en el espacio de manera ordenada y sucesiva.

escalope *m.* Filete delgado de carne de ternera o de vaca, empanado y frito.

escalpelo *m.* Instrumento de cirugía que consiste en una hoja larga y estrecha de metal y un mango y que se usa para hacer incisiones en los tejidos blandos.

escama *f.* **1** Placa pequeña, plana y dura, que, superpuesta a otras iguales, cubre y protege la piel de algunas clases de animales, como peces y reptiles. **2** Placa muy pequeña, formada por células de tejido muertas, que se desprende de la piel de las personas. **3** Hoja pequeña y dura que protege la superficie de una planta.

escamar *tr./prnl.* **1** Hacer que una persona tenga sospecha o desconfianza de una cosa. ‖ *tr.* **2** Quitar las escamas del cuerpo de un animal, generalmente del pescado.

escamoso, -sa *adj.* Que tiene escamas.

escamotear *tr.* **1** Hacer desaparecer un objeto a la vista de una persona con habilidad. **2** Robar con habilidad y astucia. **3** Ocultar información a una persona.

escampar *v. impersonal* Dejar de llover.

escanciar [12] *tr.* Echar o servir un líquido, especialmente vino o sidra, en un vaso o en una copa.

escandalera *f. coloquial* Alboroto, ruido.

escandalizar [4] *tr.* **1** Causar gran asombro e indignación en una o varias personas la actuación de otra, por considerarla contraria a la moral. ‖ *intr.* **2** Causar la alteración o pérdida de la tranquilidad, el silencio o el orden. ‖ *prnl.* **3** Sentir un gran asombro e indignación ante lo que se considera una actuación contraria a la moral.

escándalo *m.* **1** Alteración o pérdida de la tranquilidad, el silencio o el orden. **2** Hecho o dicho que escandaliza.

escandaloso, -sa *adj./m. y f.* Que causa escándalo.

escandinavo, -va *adj.* **1** De Escandinavia. ‖ *adj./m. y f.* **2** [persona] Que es de Escandinavia.

escanear *tr.* **1** Pasar un objeto o un cuerpo a través de un escáner para obtener una imagen de su interior. **2** Pasar un texto o una imagen a través de un escáner para convertirlo en un conjunto de datos procesables por un sistema informático.

escáner *m.* **1** Aparato de rayos X que permite analizar el interior de un objeto o de un cuerpo mediante el procesamiento informático de las imágenes obtenidas de sucesivas divisiones horizontales del mismo. **2** Exploración o análisis que se hace con ese aparato. **3** Aparato parecido a una fotocopiadora que permite convertir un texto o una imagen en un conjunto de datos procesables por un ordenador o un sistema informático.

escaño *m.* **1** Asiento que ocupa un político en un parlamento o senado. **2** Asiento de madera con forma de banco alargado en el que caben varias personas. **3** Banco con respaldo.

escapada *f.* **1** Salida precipitada de un lugar cerrado, especialmente si se hace de manera oculta. **2** Viaje o visita a un lugar que se hace de manera rápida y por muy poco tiempo. **3** En ciclismo y otros deportes, distanciamiento de uno o varios corredores del resto logrando una cierta distancia de ventaja.

escapar *intr./prnl.* **1** Salir precipitadamente de un lugar cerrado, especialmente si es de manera oculta. **2** Librarse de un peligro o un daño. **3** Quedar un asunto o circunstancia fuera del alcance, la competencia o la influencia de una persona o institución. **4** Quedar una idea o asunto fuera de la capacidad de comprensión de una persona. **5** Desaprovechar una ocasión u oportunidad. **‖ prnl. 6** Soltarse una persona, animal o cosa de donde estaba sujeta. **7** Alejarse un medio de transporte sin que pueda llegar a él la persona que quería tomarlo. **8** Salirse de modo imprevisto un líquido o un gas del lugar en que está contenido. **9** Pasar inadvertida una cosa por descuido o falta de atención de una persona. **10** Decir una cosa que se quería o se tenía que ocultar. **11** Notarse una cosa que se quería o se tenía que ocultar. **12** En algunos deportes, como el ciclismo, distanciarse uno o varios corredores del resto, logrando una cierta distancia de ventaja.

escaparate *m.* **1** Espacio cerrado con cristales y situado al frente o a la entrada de un establecimiento que sirve para exponer los productos ante el público. **2** Medio de promoción o propaganda en el que se muestran las características más significativas o atractivas de una cosa. **3** VEN Ropero (armario para guardar ropa).

escapatoria *f.* **1** Lugar por el que es posible escapar de un espacio cerrado. **2** Medio o recurso para solucionar una situación difícil y escapar de un problema o peligro.

escape *m.* **1** Salida imprevista de un líquido o un gas contenido en un recipiente. **2** Escapatoria de una situación difícil. **3** En un motor de explosión, salida al exterior de los gases residuales de la combustión.

escápula *f.* Hueso ancho y plano que forma la parte posterior del hombro, y con el que se articula el húmero.

escapulario *m.* Cinta de tela que cuelga sobre el pecho y la espalda con una insignia o imagen religiosa.

escaque *m.* Casilla de un tablero de ajedrez o damas.

escaquearse *prnl.* Evitar un trabajo, una obligación o una dificultad con disimulo.

escarabajo *m.* Insecto coleóptero de color negro u oscuro, que es de cuerpo ovalado, patas cortas y alas anteriores duras.

escaramuza *f.* Enfrentamiento leve.

escarapela *f.* Adorno hecho con cintas de varios colores plisadas en forma redonda o de roseta.

escarbar *tr./intr.* **1** Remover la tierra ahon-

dando un poco en ella. **2** Indagar o investigar en una cosa, especialmente si está oculta o es desconocida. **‖ tr./prnl. 3** Tocar repetidamente una cosa, especialmente si se hace con los dedos.

escarceo *m.* **1** Aventura amorosa breve y de poca importancia. **2** Prueba que se realiza de una acción, actividad o trabajo antes de comenzar a desarrollarla de una manera continuada y definitiva.

OBS Se usa sobre todo en plural.

escarcha *f.* Rocío congelado.

escarchar *v. impersonal* **1** Transformarse el rocío en escarcha. **‖ tr. 2** Confitar la fruta o los frutos secos de manera que el azúcar cristalice en su superficie.

escardar *tr./intr.* **1** Arrancar de un terreno de cultivo las malas hierbas. **2** Separar lo bueno de lo malo.

escarlata *m./adj.* Color rojo intenso, entre el carmesí y el grana.

OBS Usado como adjetivo es invariable.

escarlatina *f.* Enfermedad infecciosa caracterizada por fiebre alta, manchas de color rojo en la piel y dolor de garganta.

escarmentar [27] *intr.* **1** Aprender de los errores o las faltas propios o de los demás para evitar reincidir en ellos. **‖ tr. 2** Castigar a alguien por haber cometido un error o una falta, para que no reincida.

escarmiento *m.* **1** Experiencia que hace escarmentar. **2** Castigo.

escarnecer [43] *tr.* Burlarse de una persona de manera cruel y humillante.

escarnio *m.* Burla cruel y humillante.

escarola *f.* Hortaliza comestible parecida a la lechuga, que tiene las hojas rizadas.

escarpado, -da *adj.* [terreno] Que está lleno de rocas y pendientes muy pronunciadas.

escarpia *f.* Clavo con la cabeza doblada en ángulo recto, que suele utilizarse para colgar cosas.

escarpín *m.* Zapato ligero y flexible de suela delgada con una sola costura.

escasear *intr.* Haber escasez.

escasez *f.* **1** Falta o poca cantidad de una cosa, especialmente si se considera necesaria. **2** Falta de las cosas más necesarias para vivir.

escaso, -sa *adj.* **1** Que es muy poco o insuficiente en número o cantidad. **2** Que tiene muy poca cantidad de una cosa. **3** Que le falta poco para estar completo.

escatimar *tr.* Dar la menor cantidad posible de lo que se especifica.

escatología *f.* 1 Conjunto de expresiones, imágenes o alusiones relacionadas con los excrementos. 2 Conjunto de creencias y doctrinas relacionadas con la vida después de la muerte y el destino último del ser humano y el universo.

escatológico, -ca *adj.* De la escatología.

escayola *f.* 1 Masa hecha con yeso calcinado y agua que se endurece cuando se seca. 2 Objeto hecho con esta masa. 3 Vendaje hecho con esta masa.

escayolar *tr.* 1 Cubrir o decorar una superfice con escayola. 2 Inmovilizar una parte del cuerpo envolviéndola en un vendaje empapado en yeso o escayola.

escena *f.* 1 Escenario de un teatro o local. 2 Fragmento de una pieza teatral que compone un acto de la obra. 3 Fragmento de una película en el que se produce una acción determinada. 4 Situación de la vida real que se caracteriza por ser especialmente asombrosa, divertida o dramática. 5 Arte de la interpretación de las teatrales. 6 Actitud exagerada y fingida con la que se pretende llamar la atención.

escenario *m.* 1 Parte de un teatro o local destinada a que los actores actúen y representen un espectáculo ante el público. 2 Lugar en el que se desarrolla una acción o un suceso. 3 Conjunto de circunstancias o ambiente que rodean a una persona o situación.

escénico, -ca *adj.* De la escena teatral.

escenificación *f.* 1 Representación de una obra de teatro. 2 Representación en público de un hecho real o tomado de una obra literaria.

escenificar [1] *tr.* Hacer una escenificación.

escenografía *f.* 1 Conjunto de elementos necesarios para representar y dotar del ambiente deseado a una obra de teatro, una película de cine o un programa de televisión. 2 Arte de preparar los elementos necesarios para representar y dotar del ambiente deseado a una obra de teatro, una película de cine o un programa de televisión.

escenógrafo, -fa *m. y f.* Persona encargada de dirigir una escenografía.

escepticismo *m.* 1 Recelo o falta de confianza en la verdad o la eficacia de una cosa. 2 FILOS. Tendencia o doctrina filosófica que considera que la verdad no existe o que el ser humano no es capaz de conocerla en caso de que exista.

escéptico, -ca *adj.* 1 [persona] Que duda o desconfía de la verdad o la eficacia de una cosa. ‖ *adj./m. y f.* 2 [persona] Que sigue la doctrina filosófica del escepticismo.

escindir *tr./prnl.* Hacer una escisión.

escisión *f.* División de un conjunto en dos o más partes, generalmente de valor o importancia semejante.

esclarecer [43] *tr.* 1 Aclarar o resolver un asunto o materia. 2 Hacer famosa a una persona o una cosa. ‖ *intr.* 3 Empezar a amanecer.

esclarecido, -da *adj.* [persona] Que tiene una serie de características que lo hacen digno de admiración y de respeto.

esclarecimiento *m.* Aclaración o resolución de un asunto o materia.

esclava *f.* Pulsera de una sola pieza y sin adornos que se puede llevar en la muñeca o en el tobillo.

esclavina *f.* Prenda de vestir en forma de capa corta, que cubre los hombros.

esclavista *adj.* 1 De la esclavitud. ‖ *adj./com.* 2 [persona] Que es partidario de la esclavitud.

esclavitud *f.* 1 Situación y condición social en la que se encuentra una persona que carece de libertad y derechos propios por estar sometida de manera absoluta a la voluntad y el dominio de otra. 2 Régimen social y económico basado en el uso de esclavos como mano de obra. 3 Falta de libertad provocada por el sometimiento a la voluntad de una persona, a una forma de vida opresiva o a un vicio.

esclavizar [4] *tr.* Someter o conducir a una persona a un estado de esclavitud.

esclavo, -va *adj./m. y f.* [persona] Que carece de libertad por estar sometido a esclavitud.

esclerosis *f.* Enfermedad que consiste en un aumento anormal del tejido conjuntivo de un órgano que provoca su endurecimiento anormal y progresivo.

OBS El plural también es *esclerosis*.

esclerótica *f.* ANAT. Membrana blanca, gruesa, resistente y opaca que constituye la capa exterior del globo del ojo.

esclusa *f.* Recinto dotado de grandes compuertas en un canal para que los barcos puedan pasar de una zona a otra de distinto nivel.

escoba *f.* Instrumento formado por un cepillo sujeto al extremo de un palo o barra larga, que sirve para barrer.

escobilla *f.* 1 Instrumento formado por un pequeño cepillo, generalmente redondeado, sujeto al extremo de un palo o barra corta, que sirve para limpiar. **2** Tira fina y alargada de goma sujeta a la varilla del limpiaparabrisas. **3** Pieza de un mecanismo eléctrico formada por un haz de hilos metálicos que sirve para establecer una conexión.

escobillar *intr.* AMÉR Al bailar, hacer un movimiento rápido con los pies restregando el suelo.

escobilleo *m.* AMÉR Zapateo suave y rápido dado al bailar.

escocer [54] *intr.* **1** Causar una sensación de picor intenso y doloroso, parecida a la que produce una quemadura. **2** Causar una sensación de malestar y amargura. ‖ *prnl.* **3** Producirse una irritación en la piel debida al sudor o al roce de una prenda.

escocés, -cesa *adj.* **1** De Escocia. **2** [tela, prenda de vestir] Que tiene rayas que forman cuadros de diversos colores. ‖ *adj./m. y f.* **3** [persona] Que es de Escocia. ‖ *m.* **4** Lengua hablada en Escocia, procedente del céltico.

escofina *f.* Lima con dientes gruesos que sirve para quitar las partes más bastas de la madera.

escoger [5] *tr.* Tomar o preferir una cosa o persona entre varias posibles.

escogido, -da *adj.* Que se considera el mejor entre los de su especie y por ello ha sido elegido.

escolanía *f.* Coro formado por niños educados en un monasterio para el canto y para el servicio del culto.

escolapio, -pia *adj./m. y f.* **1** [persona] Que pertenece a la orden de las Escuelas Pías. ‖ *adj.* **2** De las Escuelas Pías o que tiene relación con esta orden.

escolar *adj.* **1** De la escuela. ‖ *com.* **2** Niño o joven que estudia en una escuela.

escolaridad *f.* Período de tiempo que dura la estancia de un escolar en una escuela.

escolarización *f.* Dotación de una plaza a un escolar.

escolarizar [4] *tr.* Proporcionar plaza en una escuela a un niño o joven para que estudie y reciba la enseñanza adecuada.

escolástica *f.* FILOS. Doctrina filosófica, enseñada en las escuelas y las universidades de la Edad Media, que intentaba explicar los dogmas de la religión católica mediante las ideas de filósofos griegos.

escolástico, -ca *adj.* **1** FILOS. De la escolástica. ‖ *adj./m. y f.* **2** FILOS. [persona] Que sigue la doctrina filosófica de la escolástica.

escoliosis *f.* MED. Desviación de la columna vertebral.
OBS El plural también es *escoliosis*.

escollera *f.* Construcción hecha con grandes rocas o bloques de cemento que se arrojan al fondo del mar hasta levantar una especie de muro o rompeolas que sirve de protección contra la acción del mar.

escollo *m.* **1** Problema o dificultad que supone un obstáculo para el desarrollo de un proceso o actividad. **2** Roca poco visible en la superficie del agua y que constituye un peligro para las navegaciones.

escolopendra *f.* Invertebrado terrestre, parecido al ciempiés, con el primer par de patas en forma de uñas venenosas.

escolta *f.* **1** Protección o custodia que se da a una persona o cosa acompañándola a los lugares donde acude o es conducida. **2** Grupo de personas encargadas de esta protección. ‖ *com.* **3** Cada una de las personas que forman parte de este grupo.

escoltar *tr.* **1** Proteger o custodiar a una persona o cosa acompañándola a los lugares donde acude o es conducida. **2** Acompañar a una persona en señal de honor.

escombrar *tr.* Limpiar de escombros.

escombrera *f.* Lugar donde se tiran escombros.

escombro *m.* Conjunto de desechos y materiales de construcción inservibles que resultan del derribo de un edificio o de una obra de albañilería.
OBS Se usa sobre todo en plural.

esconder *tr./prnl.* **1** Poner en un lugar retirado o secreto para no ser visto o encontrado. **2** Estar una cosa colocada de forma que impide que otra sea vista o encontrada. **3** Mostrar una persona una idea o sentimiento distinto al que en realidad tiene.

escondidas *f. pl.* AMÉR Escondite (juego).
▸ **a escondidas** De manera secreta.

escondite *m.* **1** Juego de niños que consiste en esconderse todos excepto uno que intenta encontrarlos. **2** Escondrijo.

escondrijo *m.* Lugar retirado o secreto que es adecuado para esconderse.

escoñar *tr./prnl.* **1** *coloquial* Estropear un aparato u otra cosa. **2** *coloquial* Hacer trozos o dividir en partes, generalmente de modo violento o por accidente. ‖ *prnl.* **3** *coloquial* Sufrir un accidente o lesión.

escopeta *f.* Arma de fuego portátil compuesta por uno o dos cañones largos.

escopetado, -da *adj. coloquial* Con mucha rapidez y velocidad.

escopetazo *m.* Disparo hecho con una escopeta.

escoplo *m.* Herramienta de hierro acerado que sirve para trabajar la madera o la piedra, de punta afilada y plana y mango de madera que se golpea con un mazo.

escorar *tr.* 1 MAR. Sujetar de pie y en tierra una embarcación colocando escoras o palos a sus lados. ▌*tr./intr.* 2 MAR. Inclinar una embarcación hacia uno de sus costados. ▌*intr.* 3 MAR. Estar la marea en su punto más bajo. ▌*prnl.* Situarse un jugador en un lugar próximo a las bandas laterales del campo.

escorbuto *m.* Enfermedad producida por la carencia o escasez de vitamina C que se caracteriza por el empobrecimiento de la sangre, manchas lívidas, ulceraciones en las encías y hemorragias.

escoria *f.* 1 Sustancia de desecho que resulta de las impurezas de los metales cuando se funden. 2 Lava poco densa que lanza un volcán. 3 Persona despreciable que se comporta con maldad.

escoriar [12] *tr./prnl.* Levantar o arrancar la capa más superficial de la piel mediante rozamiento o fricción.

escorpio *adj./com.* [persona] Que ha nacido entre el 24 de octubre y el 22 de noviembre, tiempo en que el Sol recorre aparentemente Escorpión, octavo signo del Zodíaco.

escorpión *m.* Arácnido de abdomen alargado y cola terminada en un aguijón venenoso con forma de gancho.

escotadura *f.* 1 Escote de una prenda de vestir. 2 Corte hecho en la armadura debajo del brazo para poder moverlo. 3 Abertura grande que se hace en la parte trasera del escenario de un teatro.

escotar *tr.* Cortar una prenda de vestir por la parte del escote.

escote *m.* 1 Corte o abertura hecho en una prenda de vestir en la parte del cuello, que deja descubierto parte del pecho o de la espalda. 2 Parte del pecho o la espalda que queda descubierta por este corte o abertura. 3 Parte que corresponde pagar a una persona del gasto hecho en común con otras.

escotilla *f.* Abertura en el armazón de un avión, de un barco u otra nave, que comunica con un espacio interior.

escozor *m.* 1 Sensación de picor intenso y doloroso parecida a la que produce una quemadura. 2 Sentimiento de disgusto o pena.

escriba *m.* Persona que se dedicaba a copiar textos o a escribir al dictado.

escribanía *f.* 1 Escritorio. 2 Juego de escritorio compuesto de un soporte sobre el que van colocadas varias piezas, generalmente una pluma, un tintero y un secante. 3 Oficio del escribano. 4 Oficina del escribano.

escribano *m.* Funcionario público que antiguamente daba garantía de que los documentos o escrituras que pasaban ante él eran auténticos o verdaderos.

escribiente *com.* Empleado de oficina que se dedica a copiar escritos o a escribir al dictado.

escribir *tr./intr.* 1 Representar las palabras o las ideas mediante letras u otros signos gráficos convencionales. 2 Componer o crear un texto o una música. ▌*tr./intr./prnl.* 3 Comunicar una cosa a alguien por escrito. ▌*intr.* 4 Funcionar o hacer sus trazos un bolígrafo, un lápiz u otro objeto que sirva para escribir.

OBS El participio es *escrito*.

escrito *m.* 1 Comunicación, papel o documento que se hace mediante la escritura. 2 Obra literaria o científica. ▸ **por escrito** Por medio de la escritura.

escritor, -ra *m. y f.* Persona que se dedica a escribir obras literarias o científicas.

escritorio *m.* Mueble para escribir, formado por un tablero, que generalmente se levanta para cerrarlo, y unos cajones y compartimentos para guardar papeles.

escritura *f.* 1 Sistema de representación de palabras o ideas por medio de letras u otro conjunto de signos gráficos convencionales. 2 Modo o manera de escribir. 3 Documento público en el que se recoge un acuerdo o una obligación y que está firmado por las partes interesadas. 4 Conjunto de obras que componen la Biblia. En esta acepción se escribe con mayúscula y se suele usar en plural.

escriturar *tr.* Formalizar y dar carácter legal a un acuerdo o a una obligación mediante una escritura o documento público.

escroto *m.* ANAT. Bolsa de piel que cubre los testículos de los mamíferos.

escrúpulo *m.* 1 Duda o recelo que se tiene sobre si una acción es buena, moral o justa, e inquietud o preocupación que provoca. Se usa frecuentemente en plural. 2 Repugnancia a tomar un alimento o hacer uso de alguna cosa por temor a la suciedad o al contagio. Se usa frecuentemente en plural. 3 Atención y cuidado que se pone al hacer una cosa.

escrupulosidad *f.* Cuidado y exactitud que

se pone al hacer o examinar una cosa y en el cumplimiento de los deberes.

escrupuloso, -sa *adj./m. y f.* [persona] Que tiene escrúpulos.

escrutinio *m.* 1 Reconocimiento y recuento de los votos en una elección o de los boletos en una apuesta. 2 Examen o estudio hecho con mucha atención y exactitud.

escuadra *f.* 1 Instrumento con forma de triángulo, con un ángulo recto y dos lados iguales, que sirve para medir y trazar líneas. 2 En el fútbol y otros deportes, cada uno de los dos rincones superiores de la portería. 3 Pieza de metal con dos brazos en ángulo recto que se usa para asegurar la unión de dos piezas. 4 Conjunto de barcos de guerra que forman una unidad. 5 Unidad militar formada por un pequeño grupo de soldados mandados por un cabo.

escuadrilla *f.* Grupo de aviones que vuelan juntos bajo el mando de un jefe.

escuadrón *m.* 1 Unidad militar de caballería mandada generalmente por un capitán. 2 Unidad militar compuesta de un gran número de aviones.

escuálido, -da *adj.* [persona, animal] Que está muy flaco o delgado.

escualo *m.* ZOOL. Pez con una gran aleta triangular en la parte superior y una boca en la parte inferior de la cabeza.

escucha *f.* 1 Acción que consiste en escuchar o prestar atención a lo que se oye. ‖ *com.* 2 Persona encargada de seguir los programas de radio o televisión para tomar nota de los defectos o de la información que se emite.

escuchar *tr.* 1 Prestar atención a lo que se oye. 2 Hacer caso de un consejo o aviso. ‖ *intr.* 3 Aplicar el oído para oír algo.

escuchimizado, -da *adj.* [persona, animal] Que está muy delgado, raquítico y con aspecto débil o enfermizo.

escudar *tr./prnl.* 1 Proteger a alguien contra una amenaza o peligro. ‖ *prnl.* 2 Valerse de alguna cosa como defensa o pretexto para hacer o dejar de hacer una cosa.

escudería *f.* Equipo de competición de coches o motos de carreras.

escudero *m.* Paje o sirviente que acompañaba a un caballero para llevarle el escudo y las armas y para servirle.

escudilla *f.* Vasija ancha y de forma de media esfera en la que se suelen servir la sopa y el caldo.

escudo *m.* 1 Arma de defensa formada por una plancha de metal o madera que se lleva en el brazo contrario al que maneja el arma de ataque. 2 Superficie u objeto con la forma de esa arma, que lleva las insignias y otros símbolos que identifican una nación, ciudad o familia. 3 Insignia de una entidad o corporación. 4 Defensa o protección. 5 Unidad monetaria de Portugal hasta su sustitución por el euro. 6 Moneda antigua de plata o de oro.

escudriñar *tr.* Examinar u observar una cosa con gran cuidado, tratando de averiguar las interioridades o los detalles menos manifiestos.

escuela *f.* 1 Establecimiento público donde se enseña, especialmente el que se dedica a la enseñanza primaria. 2 Establecimiento público donde se imparte un tipo determinado de conocimientos. 3 Método o estilo peculiar de cada maestro para enseñar. 4 Conjunto de profesores, alumnos y otros miembros de una escuela. 5 Conocimiento o enseñanza que se adquiere o que se imparte. 6 Conjunto de discípulos, seguidores o imitadores de una persona o de su doctrina, una escuela o su arte.

escueto, -ta *adj.* Que es breve y no contiene adornos o palabras innecesarias.

esculpir *tr.* 1 Hacer una obra de escultura trabajando o labrando una materia. 2 Grabar sobre una superficie en hueco o en relieve.

escultor, -ra *m. y f.* Persona que se dedica al arte de la escultura.

escultórico, -ca *adj.* De la escultura.

escultura *f.* 1 Arte o técnica de modelar, esculpir o tallar. 2 Obra artística en la que se ha aplicado esa técnica.

escultural *adj.* Que tiene proporciones y rasgos de belleza propios de una escultura.

escupidera *f.* Recipiente que sirve para escupir en él.

escupir *intr.* 1 Arrojar saliva por la boca. ‖ *tr.* 2 Echar de la boca alguna cosa. 3 Echar o despedir del interior de forma violenta. 4 Echar un cuerpo a la superficie lo que está mezclado con él. 5 *coloquial* Contar lo que se sabe.

escupitajo *m. coloquial* Saliva que se escupe por la boca de una vez.

escurreplatos *m.* Mueble de cocina donde se colocan los platos y los cacharros lavados para que escurran.

OBS El plural también es *escurreplatos*.

escurridizo, -za *adj.* 1 [cosa] Que se escurre o desliza con facilidad. 2 [cosa] Que hace escurrir o deslizarse. 3 [persona] Que se escapa o escabulle con facilidad.

escurridor *m.* Colador de agujeros grandes para escurrir el agua de algunos alimentos, como la verdura o la pasta.

escurrir *tr./prnl.* **1** Hacer que una cosa mojada pierda el líquido que la empapa. ‖ *tr.* **2** Apurar las últimas gotas del líquido que queda en un recipiente. ‖ *intr.* **3** Soltar una cosa el líquido que contiene. ‖ *intr./prnl.* **4** Deslizar o resbalar sobre una superficie. ‖ *prnl.* **5** Salir o escaparse de un lugar sin que se note, con disimulo o con habilidad. **6** Deslizarse o escaparse una cosa de entre otras que la sujetan, especialmente de las manos.

escusado *m.* Habitación en la que están el váter y otros elementos de aseo, especialmente en un establecimiento público.

OBS También se escribe *excusado*.

esdrújulo, -la *adj./f.* GRAM. [palabra] Que lleva el acento en la antepenúltima sílaba.

ese *f.* Nombre de la letra *s*. ▶ **hacer eses** Desplazarse de un lado a otro, de forma que parece describir la letra ese.

ese, esa *pron. dem.* **1** Indica lo que está cerca de la persona con quien se habla o representa y señala lo que esta acaba de mencionar. El plural de *ese* es *esos* de *esa* es *esas*. ‖ *det. dem.* **2** Indica lo que está cerca de la persona con quien se habla o representa y señala lo que esta acaba de mencionar. Cuando va detrás del nombre suele tener un valor despectivo.

esencia *f.* **1** Conjunto de características permanentes e invariables que determinan la naturaleza de un ser. **2** Característica principal o fundamental de una cosa. **3** Extracto líquido y concentrado de una sustancia, generalmente aromática, empleado en perfumería o para otros usos.

esencial *adj.* **1** De la esencia. **2** Que es lo más importante y necesario.

esfera *f.* **1** Cuerpo geométrico limitado por una superficie curva cuyos puntos están todos a igual distancia de uno interior llamado centro. **2** Círculo en el que giran las agujas de un reloj. **3** Clase o condición social de una persona y demás circunstancias sociales que la rodean. **4** Conjunto de circunstancias, relaciones y conocimientos que están vinculados entre sí y tener algo en común.

esférico, -ca *adj.* **1** De la esfera o que tiene la forma de este cuerpo geométrico. ‖ *m.* **2** En el lenguaje del deporte, balón o pelota.

esfinge *f.* Animal fabuloso con cabeza y pecho de mujer, y cuerpo y pies de león.

esfínter *m.* ANAT. Músculo en forma de anillo con el que se abren o cierran las aberturas de distintos conductos naturales del cuerpo.

esforzado, -da *adj.* Que es valiente y animoso y actúa con gran energía.

esforzar [50] *tr.* **1** Someter un órgano o una capacidad a un esfuerzo al usarlo con mayor intensidad de la normal. ‖ *prnl.* **2** Hacer un esfuerzo físico o mental.

esfuerzo *m.* **1** Empleo enérgico de la fuerza física o mental. **2** Empleo de medios superiores a los normales.

esfumar *tr.* **1** Difuminar o hacer más débiles y suaves los trazos o los contornos de un dibujo. ‖ *prnl.* **2** Marcharse de un lugar con rapidez y disimulo. **3** Desaparecer poco a poco una cosa.

esgrima *f.* Deporte que consiste en el enfrentamiento de dos personas armadas con una espada, sable o florete.

esgrimir *tr.* **1** Manejar o sostener una espada u otra arma blanca con intención de atacar o de defenderse. **2** Usar argumentos u otra cosa no material para atacar o defenderse.

esguince *m.* Lesión muscular producida por un estiramiento violento de una articulación.

eslabón *m.* **1** Pieza que, enlazada con otras, forma una cadena. **2** Elemento necesario para relacionar dos ideas o acciones.

eslalon *m.* Competición de esquí en la que los deportistas siguen un trazado con pasos obligados.

OBS El plural es *eslálones*.

eslavo, -va *adj.* **1** De un antiguo grupo de pueblos indoeuropeos que habitaron el norte y el este de Europa. ‖ *adj./m. y f.* **2** [persona] Que pertenece a ese grupo de pueblos. ‖ *adj./m.* **3** [lengua] Que pertenece a la familia del indoeuropeo y se habla en el norte y el este de Europa.

eslogan *m.* Frase corta que se usa para vender un producto o para aconsejar a la población sobre algo.

OBS El plural es *eslóganes*.

eslora *f.* MAR. Longitud de una embarcación desde proa a popa, medida sobre la cubierta principal.

eslovaco, -ca *adj.* **1** De Eslovaquia. ‖ *adj./m. y f.* **2** [persona] Que es de Eslovaquia. ‖ *m.* **3** Lengua de Eslovaquia.

esloveno, -na *adj.* **1** De Eslovenia. ‖ *adj./m. y f.* **2** [persona] Que es de Eslovenia. ‖ *m.* **3** Lengua de Eslovenia.

esmalte *m.* **1** Cosmético de laca, de secado rápido, que sirve para colorear las uñas y darles brillo. **2** Barniz o pasta brillante y dura, que se obtiene fundiendo polvo de vidrio coloreado con óxidos metálicos, y que se aplica sobre metal o cerámica. **3** Sustancia blanca y dura que cubre la parte de los dientes que está fuera de las encías.

esmerado, -da *adj.* Que ha sido hecho con gran esmero o cuidado.

esmeralda *f.* **1** Piedra preciosa, brillante y de color verde azulado. ‖ *m./adj.* **2** Color verde como el de esa piedra.

esmerarse *prnl.* Poner mucho cuidado y atención en el cumplimiento de una obligación o al hacer una cosa.

esmeril *m.* Roca negruzca que se emplea en polvos para deslustrar el vidrio, labrar piedras preciosas y pulimentar metales.

esmerilar *tr.* Pulimentar una superficie con esmeril.

esmero *m.* Sumo cuidado y especial atención que se ponen en el cumplimiento de una obligación o al hacer una cosa.

esmirriado, -da *adj.* Que está muy delgado, raquítico y tiene un aspecto débil.

esmoquin *m.* Traje masculino de etiqueta cuya chaqueta no tiene faldones.

OBS El plural es *esmóquines*.

esnifar *tr.* Aspirar cocaína u otra droga en polvo por la nariz.

esnob *adj./com.* [persona] Que tiene una admiración exagerada por todo lo que está de moda, sea por afectación o para darse importancia.

OBS El plural es *esnobs*.

esnobismo *m.* Actitud del esnob.

eso *pron. dem.* Indica o señala una cosa cercana a la persona con que se habla o una cosa conocida o nombrada con anterioridad. ▶ **a eso de** Expresión que da idea de un tiempo aproximado.

OBS Nunca lleva acento gráfico.

esófago *m.* ANAT. Conducto del aparato digestivo que va de la faringe al estómago.

esotérico, -ca *adj.* **1** Que está oculto, reservado o solo es perceptible o asequible para unos pocos iniciados. **2** Que es incomprensible o difícil de entender.

esoterismo *m.* Calidad de lo que está oculto o es difícil de entender.

espabilar *tr./intr./prnl.* **1** Aumentar en una persona la inteligencia, la agilidad de su mente y la capacidad para relacionarse con los demás y con las cosas. ‖ *intr./prnl.* **2** Darse prisa en la realización de una cosa. ‖ *prnl.* **3** Deshacerse del sueño que queda después de haber dormido.

espachurrar *tr./prnl.* Aplastar o apretar una cosa con fuerza hasta reventarla.

espaciador *m.* Tecla que se pulsa en el teclado de una máquina de escribir o de un ordenador para dejar espacios en blanco.

espacial *adj.* Del espacio.

espaciar [12] *tr.* **1** Separar o poner distancia entre dos o más cosas. **2** Aumentar el intervalo de tiempo que transcurre entre dos o más acciones.

espacio *m.* **1** Extensión en la que están contenidos todos los cuerpos que existen. **2** Parte de esa extensión, generalmente la que ocupa cada cuerpo. **3** Parte de esa extensión situada más allá de la atmósfera terrestre. **4** Período de tiempo. **5** Separación entre líneas de un texto escrito. **6** Extensión vacía en un texto escrito que equivale a la que ocupa una letra. **7** Programa o parte de la programación de radio o televisión. **8** HS. Distancia recorrida por un cuerpo que se mueve en un tiempo determinado.

espacioso, -sa *adj.* **1** Que es grande o amplio. **2** Que es lento o pausado.

espada *f.* **1** Arma blanca larga, recta y cortante con una empuñadura en un extremo para cogerla. **2** Carta de la baraja española en la que aparece dibujada una o varias de estas armas. ‖ *m.* **3** Torero que mata al toro con esta arma. ‖ *f. pl.* **4** Palo de la baraja española en el que aparece dibujada este arma.

espadachín *m.* Persona que maneja bien la espada.

espadaña *f.* **1** Campanario formado por una sola pared con uno o más huecos en que van colocadas las campanas. **2** Planta de tallos altos y cilíndricos, con hojas largas y estrechas, dispuestas en dos filas a lo largo del tallo y con flores en forma de espiga. **3** Hoja seca de esta planta que se usa para tejer asientos y otros objetos.

espagueti *m.* Pasta de harina de trigo en forma de cilindros macizos, largos y delgados, pero más gruesos que los fideos.

espalda *f.* **1** Parte posterior del cuerpo humano que va desde los hombros hasta la cintura. **2** Lomo o parte posterior del cuerpo de algunos animales. **3** Parte de una prenda de vestir que cubre esta parte posterior del cuerpo humano. **4** Parte posterior u opuesta a la frontal de cualquier cosa. **5** En natación, estilo que consiste en nadar boca arriba.

OBS Se usa también en plural con el mismo significado, excepto en la quinta acepción.

espaldarazo *m.* **1** Golpe dado de plano en la espalda con la espada o con la mano. **2** Ayuda o empuje que recibe una persona para conseguir un objetivo. **3** Reconocimiento de los méritos o habilidades de una persona.

espaldera *f.* **1** Enrejado de cañas o de listones que se coloca delante de una pared para que trepen por él las plantas enredaderas. ‖ *f. pl.* **2** Aparato de gimnasia formado por varias barras de madera horizontales que están fijas a la pared y dispuestas a distintas alturas para hacer ejercicios.

espantapájaros *m.* **1** Muñeco de figura humana que se pone en terrenos de cultivo para ahuyentar a los pájaros. ‖ *com.* **2** Persona de aspecto ridículo.

OBS El plural también es *espantapájaros*.

espantar *tr./prnl.* **1** Causar o sentir miedo o espanto. ‖ *tr.* **2** Echar de un lugar. ‖ *prnl.* **3** Quedarse admirado o asombrado.

espanto *m.* **1** Miedo muy intenso. **2** Impresión fuerte que se siente ante un hecho repentino y desagradable. **3** Hecho que molesta o resulta poco agradable.

espantoso, -sa *adj.* **1** Que produce espanto o miedo. **2** Que es muy feo o desagradable y provoca rechazo. **3** Que es muy grande o intenso.

español, -la *adj.* **1** De España. ‖ *adj./m. y f.* **2** [persona] Que es de España. ‖ *m.* **3** Lengua románica hablada en España y en numerosos países sudamericanos.

españolismo *m.* **1** Amor o admiración por la cultura y las tradiciones de España. **2** Palabra o modo de expresión propio del español que se usa en otro idioma.

españolizar [4] *tr./prnl.* Comunicar o adquirir características o costumbres que se consideran propias de lo español.

esparadrapo *m.* Tira de tela, papel o plástico con una de sus caras adhesiva que se usa para sujetar un vendaje.

esparaván *m.* Ave rapaz, con plumaje gris azulado y bandas de color rojizo.

esparavel *m.* Red redonda para pescar en los ríos y parajes de poca profundidad.

esparcimiento *m.* Acción y efecto de esparcir o esparcirse.

esparcir [2] *tr./prnl.* **1** Separar o extender lo que está junto. **2** Extender una cosa haciendo que ocupe más espacio. **3** Extender o dar a conocer una noticia. ‖ *prnl.* **4** Divertirse o distraerse.

espárrago *m.* **1** Yema o brote comestible, de forma alargada y de color verde o blan-co, que crece por primavera en las raíces de la esparraguera. **2** Planta de tallo recto y cilíndrico, con frutos rojos del tamaño de un guisante y raíces rastreras de las que crecen estas yemas comestibles. **3** Tornillo de metal, fijo por un extremo, que se introduce por el agujero de una pieza y sirve para sujetarla.

esparraguera *f.* Planta de tallo recto y cilíndrico, con frutos rojos del tamaño de un guisante y raíces rastreras de las que crecen los brotes tiernos o espárragos.

esparramar *tr./prnl. coloquial* Extender o esparcirse sin orden y en diferentes direcciones lo que está junto.

espartano, -na *adj.* **1** De Esparta. **2** [persona, educación, ley] Que es muy austero, duro y exigente. ‖ *adj./m. y f.* **3** [persona] Que era de Esparta.

esparto *m.* Planta herbácea de tallo recto y hojas largas y muy resistentes con las que se hacen sogas, cuerdas y otros objetos.

espasmo *m.* Contracción brusca e involuntaria de las fibras musculares.

espasmódico, -ca *adj.* Del espasmo.

espatarrar *tr./prnl.* **1** *coloquial* Abrir excesivamente las piernas a una persona o las patas a un animal. ‖ *prnl.* **2** *coloquial* Caerse al suelo con las piernas abiertas.

espátula *f.* **1** Herramienta formada por una lámina de metal de forma triangular, con los bordes afilados y un mango largo. **2** Ave zancuda de plumaje blanco de joven y rosado de adulta, de patas largas y finas y el pico largo.

especia *f.* Sustancia vegetal aromática que se usa para dar sabor a los alimentos.

especial *adj.* **1** Que se diferencia de lo que es común o general. **2** Que es muy adecuado o propio para un fin. ▸ **en especial** De un modo en particular.

especialidad *f.* **1** Producto en cuya preparación destaca una persona, un establecimiento o una región. **2** Rama de la ciencia o del arte a la que se dedica una persona.

especialista *adj./com.* **1** [persona] Que se dedica a una especialidad de la ciencia, la técnica o el arte. **2** [persona] Que hace algo con gran perfección y mejor que los demás. ‖ *com.* **3** Persona que, en cine o televisión, realiza las escenas peligrosas o en las que se necesita cierta destreza.

especialización *f.* Acción y efecto de especializar o especializarse.

especializar [4] *tr./prnl.* **1** Preparar o adquirir conocimientos especiales en una rama determinada de una ciencia, de un arte o de una actividad. **2** Limitar una cosa a un uso o un fin determinado.

especie *f.* **1** Conjunto de personas o de cosas semejantes entre sí por tener características comunes. **2** BIOL. Categoría de clasificación de los seres vivos, inferior a la de género y superior a la de raza, que comprende a un conjunto de individuos con ciertos caracteres comunes que les diferencia de otros grupos. ▸ **en especie** Con cosas o acciones pero no con dinero.

especiero, -ra *m.* y *f.* **1** Persona que comercia en especias. **|** *m.* **2** Armario pequeño donde se guardan especias.

especificación *f.* Acción y efecto de especificar.

especificar [1] *tr.* Dar los datos o detalles necesarios sobre una persona o una cosa para diferenciarlas con claridad de otra.

especificativo, -va *adj.* Que especifica.

especificidad *f.* Conjunto de propiedades o características de una persona o una cosa que permiten distinguirla de otras.

específico, -ca *adj.* **1** Que es propio o peculiar de una persona o una cosa. **|** *m.* **2** Medicamento especialmente indicado para una enfermedad determinada.

espécimen *m.* Muestra, modelo o ejemplar que tiene las cualidades o características de su especie muy bien definidas.

OBS El plural es *especímenes.*

espectacular *adj.* Que llama la atención y despierta admiración por ser exagerado o estar fuera de lo común.

espectacularidad *f.* Cualidad de espectacular.

espectáculo *m.* **1** Acto que se representa ante un público con el fin de divertir. **2** Acción o cosa que llama la atención y causa admiración. **3** Acción o cosa que causa extrañeza o escándalo.

espectador, -ra *adj./m.* y *f.* **1** [persona] Que presencia un espectáculo público. **2** Que mira y observa con atención.

espectral *adj.* Del espectro.

espectro *m.* **1** Figura irreal, generalmente horrible, que alguien ve en su imaginación y llega a parecer real. **2** Persona muy delgada o decaída físicamente. **3** Conjunto o serie de elementos que forman un todo. **4** FÍS. Serie de frecuencias que resultan de la dispersión de un fenómeno formado por ondas. **5** FÍS. Imagen o representación gráfica del sonido obtenida a través de un aparato especial.

especulación *f.* Acción y efecto de especular.

especulador, -ra *adj./m.* y *f.* [persona] Que especula con bienes para obtener beneficios.

especular *intr.* **1** Meditar o pensar con profundidad. **2** Hacer suposiciones y pensar sin tener una base real. **3** Comprar un bien cuyo precio se espera que va a subir a corto plazo con el único fin de venderlo oportunamente y obtener un beneficio.

especulativo, -va *adj.* Que tiene relación con la especulación.

espejismo *m.* Ilusión óptica que consiste en ver ciertos objetos lejanos como resultado de una interpretación errónea de los datos aportados por los sentidos.

espejo *m.* **1** Superficie de cristal, cubierta en su cara posterior por una capa de mercurio o por una plancha de metal, en la que se reflejan la luz y las imágenes de los objetos. **2** Modelo que debe ser imitado.

espeleología *f.* **1** Ciencia que estudia el origen y la formación de las cavernas, así como su fauna y flora. **2** Actividad que consiste en la exploración de cuevas.

espeleólogo, -ga *m.* y *f.* Persona que se dedica a la espeleología.

espeluznante *adj.* Que causa terror.

espera *f.* Período de tiempo durante el cual se está aguardando la llegada de una persona o que ocurra una cosa.

esperanto *m.* Idioma creado artificialmente con la idea de que sirviera de lengua universal.

esperanza *f.* **1** Confianza en que ocurra o en lograr algo que se desea. **2** Objeto de esa confianza.

esperanzador, -ra *adj.* Que hace tener esperanza.

esperanzar [4] *tr./prnl.* Dar o tener esperanza en el logro de algo.

esperar *tr.* **1** Tener la esperanza de conseguir algo que se desea. **2** Creer que va a ocurrir o suceder una acción generalmente favorable. **|** *tr./intr.* **3** Quedarse en un lugar hasta que llegue una persona u ocurra una cosa. **|** *intr.* **4** Suceder en el futuro una cosa.

esperma *amb.* Fluido de color blanquecino que se produce en las glándulas genitales del aparato reproductor masculino.

espermatozoide *m.* BIOL. Célula sexual masculina de los animales, destinada a la fecundación del óvulo y a la constitución, junto con este, de un nuevo ser.

espermatozoo *m.* BIOL. Espermatozoide.

espermicida *adj./m.* Sustancia que destruye los espermatozoides.

esperpéntico, -ca *adj.* Del esperpento.

esperpento *m.* **1** Persona o cosa muy fea o ridícula. **2** Género literario en el que se presenta una realidad grotesca.

espesar *tr.* **1** Hacer más espeso un líquido. **❚** *prnl.* **2** Unirse o apretarse unas cosas con otras.

espeso, -sa *adj.* **1** [líquido, sustancia] Que es denso y no fluye fácilmente. **2** Que está formado por elementos que están muy juntos o apretados. **3** Que es grueso o con mucho cuerpo. **4** Que es complicado o difícil de comprender y de resolver.

espesor *m.* **1** Densidad o condensación de un fluido. **2** Anchura de un sólido.

espesura *f.* Cualidad de espeso.

espetar *tr.* **1** Decir a alguien una cosa que causa sorpresa o fastidio. **2** Atravesar carnes o pescados con un instrumento acabado en punta para someterlos a la acción directa del fuego.

espetón *m.* Pieza de hierro larga y delgada que se usa para empujar, mover o pinchar algo con su extremo.

espía *com.* Persona que se dedica a espiar.

espiar [13] *tr.* **1** Observar o escuchar con disimulo lo que otros hacen o dicen. **2** Tratar de conseguir información secreta, especialmente en un país extranjero.

espichar *intr. coloquial* Morir.

espiga *f.* **1** Conjunto de granos dispuestos a lo largo de un tallo común, especialmente de los cereales. **2** Conjunto de flores insertadas directamente a lo largo de un tallo común. **3** Parte de una pieza o madera cuyo espesor se ha disminuido para introducirla o encajarla en otra.

espigado, -da *adj.* [persona, árbol] Que es alto y delgado.

espigar [7] *tr.* **1** Recoger las espigas que han quedado en el campo tras la siega. **2** Recabar información. **❚** *intr.* **3** Comenzar a echar espigas los cereales.

espigón *m.* Muro que se construye en la orilla de un río o en la costa del mar para proteger la orilla o cambiar la dirección de la corriente.

espiguilla *f.* Dibujo que se hace en algunos tejidos parecido a una espiga.

espina *f.* **1** Pincho o púa que crece en algunas plantas o en sus frutos y que les sirve de defensa. **2** Hueso de pez. **3** Trozo de un material que es pequeño, alargado y con punta y que se puede clavar. **4** Pesar o pensamiento que inquieta y atormenta.

espinaca *f.* Hortaliza de tallo ramoso y hojas estrechas y suaves unidas por la base.

espinal *adj.* De la espina.

espinazo *m.* Serie de huesos pequeños y planos unidos entre sí, que recorre la espalda de los vertebrados y cuya función es la de aguantar el esqueleto.

espinilla *f.* **1** Grano de pequeño tamaño que aparece en la piel por la obstrucción de los poros de las glándulas sebáceas. **2** Parte anterior del hueso de la pierna que va desde la rodilla al pie.

espinillera *f.* Pieza usada para proteger la pierna por la parte de la espinilla.

espino *m.* Arbusto de la familia del rosal, con las ramas llenas de espinas y las flores blancas y olorosas.

espinoso, -sa *adj.* **1** Que tiene espinas. **2** Que es difícil o delicado.

espionaje *m.* **1** Actividad secreta que consiste en tratar de conseguir información confidencial, especialmente de un país extranjero. **2** Organización y medios destinados a ese fin.

espiración *f.* Acción y resultado de sacar el aire de los pulmones.

espiral *f.* **1** Línea curva que da vueltas alrededor de un punto, alejándose cada vez más de él. **2** Proceso rápido y que escapa de todo control.

espirar *intr.* **1** Expulsar el aire de los pulmones. **❚** *tr.* **2** Despedir un olor.

espiritismo *m.* **1** Doctrina según la cual los espíritus de los muertos conservan un cuerpo material y pueden comunicarse con los seres vivos. **2** Conjunto de prácticas realizadas para comunicarse con los espíritus de los muertos.

espiritista *adj.* **1** Del espiritismo. **❚** *com.* **2** Persona que sigue y practica el espiritismo.

espiritoso, -sa *adj.* [bebida] Que contiene un grado bastante elevado de alcohol.

espiritrompa *f.* Aparato bucal de algunos insectos que consiste en un tubo largo que se enrolla en forma de espiral y sirve para chupar el néctar de las flores.

espíritu *m.* **1** Parte inmaterial del ser humano. **2** Ser inmaterial dotado de voluntad y de razón. **3** Alma de una persona muerta. **4** Persona considerada por una cualidad determinada. **5** Conjunto de cualidades, gustos y características de una persona. **6** Valor o ánimo para actuar o hacer frente a las dificultades. **7** Principio general, idea central o intención. **8** Tendencia que puede apreciarse en las manifestaciones de una persona o colectividad.

espiritual *adj.* **1** Del espíritu. **2** [persona]

Que tiene mayor interés por los sentimientos y los pensamientos que por las cosas materiales. ▌ *m.* 3 Canto religioso originario de la población negra del sur de Estados Unidos.

espiritualidad *f.* Cualidad de espiritual.

espiritualismo *m.* FILOS. Doctrina filosófica que defiende la existencia de otros seres además de los materiales.

espirituoso, -sa *adj.* [bebida] Que contiene un grado bastante elevado de alcohol.

espita *f.* Tubo corto que se abre o cierra y se pone en un tonel o una cañería.

esplendidez *f.* Cualidad de espléndido.

espléndido, -da *adj.* 1 Que causa admiración por su perfección, grandeza o lujo. 2 [persona] Que es muy generoso.

esplendor *m.* 1 Grandeza, hermosura o riqueza. 2 Máximo grado de perfección, intensidad o grandeza.

esplendoroso, -sa *adj.* Que está lleno de esplendor.

espliego *m.* 1 Planta de tallos largos y delgados, hojas de color gris y flores azules en espiga. 2 Semilla de esta planta, usada para producir humo aromático.

espoilear *tr.* Revelar un espóiler a alguien.
OBS También se escribe *spoilear*.

espóiler *m.* Explicación de algún aspecto importante de una obra de ficción que a una persona que lo desconozca le puede resultar molesta antes de descubrirlo por sí misma.
OBS También se escribe *spoiler*.

espolear *tr.* 1 Picar con la espuela a la cabalgadura. 2 Animar o convencer a una persona para que haga una cosa.

espoleta *f.* Mecanismo que va colocado en las bombas y otros artefactos con carga explosiva para provocar la explosión.

espolón *m.* 1 Pequeño saliente óseo que tienen algunas aves en la parte trasera de las patas. 2 Muro en la orilla de un río o del mar para contener las aguas. 3 Punta en que termina la proa de una embarcación. 4 Sabañón que sale en el pie.

espolvorear *tr.* Esparcir una sustancia en polvo sobre alguna cosa.

esponja *f.* 1 Animal marino con el cuerpo lleno de agujeros que permiten la entrada de agua. 2 Objeto fabricado con la elasticidad, suavidad y porosidad de estos animales y que se usa como utensilio de limpieza.

esponjar *tr.* 1 Ahuecar o hacer más poroso un cuerpo. ▌ *prnl.* 2 Llenarse de vanidad.

esponjoso, -sa *adj.* [cuerpo] Que es de estructura elástica, porosa y suave como la de una esponja.

esponsales *m. pl.* Promesa formal y mutua de casamiento de una pareja.

espontaneidad *f.* Naturalidad y sinceridad en el comportamiento.

espontáneo, -a *adj.* 1 Que es natural y sincero. 2 [persona] Que se comporta o habla dejándose llevar por sus impulsos naturales. ▌ *m. y f.* 3 Espectador de un espectáculo que interviene en él sin estar autorizado.

espora *f.* Célula vegetal reproductora que no necesita ser fecundada.

esporádico, -ca *adj.* Que no es regular y ocurre aisladamente.

esposar *tr.* Poner las esposas a alguien.

esposas *f. pl.* Objeto formado por dos anillas de metal que sirve para sujetar por las muñecas a los presos.

esposo, -sa *m. y f.* Persona casada.

espray *m.* Aerosol.
OBS También se escribe *spray*.

esprint *m.* Esfuerzo momentáneo que hace un deportista, generalmente al final de una carrera, para conseguir la máxima velocidad posible.
OBS También se escribe *sprint*.

esprintar *intr.* Acelerar al máximo un deportista o corredor al final de una carrera.
OBS También se escribe *sprintar*.

esprínter *com.* Ciclista o automovilista que se especializa en hacer esprints.
OBS También se escribe *sprinter*.

espuela *f.* 1 Arco de metal alargado que se ajusta al jinete a sus botas para poder picar al caballo. 2 AMÉR Espolón (saliente).

espuerta *f.* Recipiente hecho de esparto o de otro material flexible, con dos asas pequeñas y generalmente más ancho que alto. ▶ **a espuertas** En gran cantidad.

espulgar [7] *tr.* Limpiar de pulgas o piojos.

espuma *f.* 1 Conjunto de burbujas amontonadas que se forman en la superficie de un líquido y que se adhieren entre sí. 2 Parte del jugo e impurezas que sobrenadan al cocer ciertas sustancias.

espumadera *f.* Utensilio de cocina formado por una pieza plana llena de agujeros unida a un mango.

espumarajo *m.* Cantidad de saliva espumosa que se escupe de una vez.

espumillón *m.* Tira con flecos que se utiliza como adorno en Navidad.

espumoso, -sa *adj.* 1 Que hace o tiene mucha espuma. ▌ *adj./m.* 2 [vino] Que forma mucha espuma.

espurio, -ria *adj.* Que es falso o ilegal.

esputar *tr.* Arrancar por la tos o el carraspeo las flemas y arrojarlas por la boca.

esputo *m.* Saliva y flema que se escupen de una vez por la boca.

esqueje *m.* Tallo o brote de una planta que se emplea para injertarlo en otra o para plantarlo en el suelo con el fin de que eche raíces y nazca una nueva planta.

esquela *f.* 1 Papel en el que se comunica la noticia de la muerte de una persona. 2 Carta breve.

esquelético, -ca *adj.* [persona, animal] Que está muy flaco o delgado.

esqueleto *m.* 1 Conjunto de huesos unidos entre sí por articulaciones que sostiene y da consistencia al cuerpo de los vertebrados. 2 Piel muy dura que cubre y protege el cuerpo de los invertebrados. 3 Estructura o armazón que sostiene una cosa. 4 *coloquial* Persona muy delgada.

esquema *m.* 1 Conjunto organizado de informaciones más importantes sobre un asunto o materia. 2 Representación gráfica o simbólica de una cosa en la que aparecen solo sus líneas o características más salientes.

esquemático, -ca *adj.* Que está explicado o hecho en esquema.

esquematizar [4] *tr.* Simplificar o reducir la exposición o enunciado de una cosa a los rasgos esenciales.

esquí *m.* 1 Especie de patín formado por una tabla larga y estrecha que sirve para deslizarse sobre la nieve o sobre el agua. 2 Deporte que se practica deslizándose con esas tablas sobre la nieve. OBS El plural es *esquís*.

esquiador, -ra *m. y f.* Persona que practica el esquí.

esquiar [13] *intr.* Deslizarse sobre la nieve o sobre el agua con unos esquís.

esquife *m.* 1 Bote que se lleva en el barco y se usa sobre todo para llegar a tierra. 2 Especie de piragua para un solo tripulante.

esquijama *f.* Pijama ceñido y cerrado hasta el cuello, hecho de tejido de punto.

esquila *f.* Cencerro pequeño que se cuelga del cuello de las ovejas y las cabras.

esquilar *tr.* Cortar el pelo o la lana a un animal, especialmente a una oveja.

esquilmar *tr.* 1 Agotar o hacer que disminuya una fuente de riqueza por explotarla más de lo debido. 2 Sacarle dinero u otros bienes a una persona de manera abusiva. 3 Recoger datos de una fuente.

esquilmo *m.* Fruto o provecho que se saca de la tierra o de los animales.

esquimal *adj.* 1 [pueblo] Que habita, en pequeños grupos dispersos, las tierras próximas al Polo Norte. 2 De ese pueblo. ‖ *com.* 3 Persona que pertenece a ese pueblo. ‖ *m.* 4 Lengua de ese pueblo.

esquina *f.* 1 Ángulo saliente o arista formada en la calle por dos paredes de un edificio. 2 Parte exterior del lugar en que se juntan dos lados de alguna cosa.

esquinar *tr./intr.* 1 Hacer o formar esquina. ‖ *tr.* 2 Poner en esquina alguna cosa. ‖ *tr./prnl.* 3 Poner a mal, enemistar a una persona con otra.

esquinazo *m.* Esquina de un edificio.

esquirla *f.* Astilla desprendida de un hueso fracturado o de una piedra, un vidrio u otro material duro.

esquirol *com. coloquial* Persona que trabaja mientras los demás hacen huelga.

esquivar *tr.* 1 Evitar un golpe o salvar un obstáculo. 2 Eludir un asunto o rehuir un encuentro.

esquivo, -va *adj.* [persona] Que rehúye el trato de otras personas y rechaza las atenciones y las muestras de cariño.

esquizofrenia *f.* MED. Enfermedad mental grave caracterizada por alteraciones de la personalidad y alucinaciones.

esquizofrénico, -ca *adj.* 1 MED. De la esquizofrenia. ‖ *adj./m. y f.* 2 MED. [persona] Que padece esquizofrenia.

estabilidad *f.* Cualidad de estable.

estabilización *f.* Acción de estabilizar.

estabilizador, -ra *adj.* 1 Que estabiliza. ‖ *m.* 2 Mecanismo o dispositivo para estabilizar la marcha de aviones o automóviles.

estabilizante *m.* Sustancia que se añade a una disolución para mantener plenamente mezclados sus componentes.

estabilizar [4] *tr./prnl.* 1 Hacer estable. 2 Dar o adquirir estabilidad.

estable *adj.* 1 Que está firme y seguro sin peligro alguno de caer o perder el equilibrio. 2 Que no cambia y es constante o duradero en el tiempo.

establecer [43] *tr.* 1 Hacer que empiece a funcionar una cosa o una actividad. 2 Disponer lo que debe hacerse. 3 Dejar demostrado con firmeza un pensamiento de valor general. ‖ *prnl.* 4 Fijar la residencia o quedarse a vivir en un lugar. 5 Abrir o crear un negocio por cuenta propia.

establecimiento *m.* 1 Lugar en el que se realiza una actividad comercial, industrial o de otro tipo. 2 Creación o fundación de algo.

establo *m.* Lugar cubierto en el que se encierra el ganado.

estaca *f.* Palo con punta en un extremo para que pueda ser clavado.

estacada *f.* Serie de estacas clavadas en la tierra para cercar, defender o deslindar un lugar.

estacazo *m.* 1 Golpe dado con una estaca o un palo. 2 Golpe fuerte.

estación *f.* 1 Lugar o edificio donde se detiene habitualmente un tren u otro vehículo para recoger y dejar viajeros. 2 Conjunto de edificios e instalaciones de un servicio de transporte público, generalmente en el lugar de comienzo y finalización de su recorrido. 3 Conjunto de aparatos e instalaciones destinados a realizar o a cumplir una actividad determinada. 4 Período de tiempo en que se divide el año según el estado atmosférico, la longitud del día y otras características.

estacional *adj.* Que es propio o característico de una de las estaciones del año.

estacionamiento *m.* Acción y efecto de estacionar o estacionarse.

estacionar *tr./prnl.* 1 Detener y dejar un vehículo en un lugar de la vía pública o en una zona señalizada del interior de un recinto. ‖ *prnl.* 2 Detenerse o quedarse estancado, especialmente estabilizarse o dejar de avanzar una enfermedad grave.

estacionario, -ria *adj.* Que no cambia y permanece en el mismo estado o situación.

estadía *f.* 1 Estancia o permanencia en un lugar. 2 Período de tiempo que está un modelo ante un artista.

estadio *m.* 1 Instalación pública en la que se practican distintos deportes y consta de gradas con asientos para los espectadores. 2 Momento, período o estado que forma parte de una serie o de un proceso.

estadista *com.* 1 Persona especializada en asuntos concernientes a la dirección de los Estados. 2 Jefe de un Estado. 3 Persona que se dedica a la estadística.

estadística *f.* Disciplina que tiene por objeto reunir, clasificar y contar todos los hechos que tienen una determinada característica en común y poder llegar a conclusiones a partir de los datos numéricos extraídos.

estadístico, -ca *adj.* 1 De la estadística. ‖ *m. y f.* 2 Persona que se dedica a la estadística.

estado *m.* 1 Situación de algo o alguien. 2 Clase o condición de una persona. 3 Terreno y población de un país independiente. 4 Territorio que se gobierna por leyes propias, aunque depende del gobierno central del país. 5 Conjunto de órganos de gobierno de un país. Se escribe con letra mayúscula cuando se refiere a un Estado concreto. 6 FÍS. Grado de unión de las moléculas de una sustancia. ▶ **en estado** [mujer, hembra] Que está embarazada.

estadounidense *adj.* 1 De Estados Unidos de América. ‖ *com.* 2 Persona nacida en Estados Unidos de América.

estafa *f.* 1 Robo de dinero o de bienes que se hace con engaño. 2 Incumplimiento de una promesa.

estafador, -ra *m. y f.* Persona que estafa.

estafar *tr.* 1 Robar dinero o bienes con engaño. 2 No cumplir o satisfacer lo prometido, especialmente en una venta o en un trato. 3 Dar a una persona menos de lo debido por una cosa o cobrarle más de lo justo.

estafeta *f.* Oficina del servicio de correos.

estalactita *f.* Formación de piedra alargada y puntiaguda que cuelga del techo de algunas cuevas naturales y que ha sido producida por una infiltración de aguas que contienen sales calizas y otras sustancias.

estalagmita *f.* Formación de piedra alargada y puntiaguda que hay en el suelo de algunas cuevas naturales, producida por las gotas de agua que caen de una estalactita.

estalinismo *m.* Teoría política propugnada por Stalin y sus seguidores.

estalinista *adj.* 1 Del estalinismo. ‖ *adj./ com.* 2 Partidario del estalinismo.

estallar *intr.* 1 Reventar o romperse una cosa de golpe y con gran ruido. 2 Ocurrir o sobrevenir un suceso de forma repentina y violenta. 3 Mostrar con fuerza un sentimiento. ‖ *intr./prnl.* 4 Abrirse o romperse una cosa por efecto de la presión.

estallido *m.* Acción y efecto de estallar.

estambre *m.* 1 BOT. Órgano de reproducción masculino de algunas flores, formado por un filamento que sostiene la antera que contiene el polen. 2 Tejido de lana hecho con hilos muy largos.

estamental *adj.* Del estamento.

estamento *m.* Estrato social.

estampa *f.* 1 Imagen o figura impresa en un papel. 2 Trozo pequeño de papel o cartulina en el que está representada una imagen religiosa. 3 Aspecto de una persona o de un animal. 4 Cuadro o escena, especialmente si es típico o pintoresco. 5 Persona que se parece mucho a otra.

estampación *f.* Operación y resultado de estampar.

estampado, -da *adj./m.* 1 [tejido] Que tiene dibujos o colores impresos. ‖ *m.* 2 Dibujo que se estampa sobre tela o papel.

estampar *tr.* 1 Imprimir dibujos o letras sobre una tela o un papel mediante la presión con un molde. 2 Prensar un trozo de metal con un molde de acero grabado en hueco para marcar un relieve. 3 Dejar una huella o señal sobre una superficie. ‖ *tr./prnl.* 4 Hacer chocar contra una superficie firme.

estampía Palabra que se utiliza en la expresión *de estampía*, que significa 'de repente o de manera impetuosa'.

estampida *f.* Escapada o huida rápida e impetuosa.

estampido *m.* Ruido fuerte y seco, como el producido al explotar algo.

estampilla *f.* AMÉR Papel de pequeño tamaño emitido por el Gobierno que se pega a las cartas y paquetes para enviarlos por correo.

estancamiento *m.* Detención o suspensión del curso de alguna cosa.

estancar [1] *tr./prnl.* 1 Detener el curso de un líquido, especialmente el de una corriente de agua. 2 Parar la marcha o evolución de un asunto o proceso.

estancia *f.* 1 Aposento o habitación de una casa. 2 Permanencia durante cierto tiempo en un lugar. 3 Estrofa formada por una combinación variable de versos de siete y once sílabas que se repite a lo largo de todo el poema.

estanco, -ca *adj.* 1 Que está completamente cerrado y no tiene comunicación con otras cosas. ‖ *m.* 2 Establecimiento en el que se venden productos que tienen prohibida la venta libre, generalmente tabaco, sellos y papel timbrado.

estándar *adj.* 1 Que copia, repite y sigue un modelo. ‖ *m.* 2 Tipo o modelo muy corriente de una cosa.

estandarizar [4] *tr.* Ajustar o adaptar las cosas para que se asemejen a un tipo, modelo o norma común.

estandarte *m.* Insignia que usan ciertos organismos militares y religiosos.

estanque *m.* Depósito construido para recoger agua para el riego, la cría de peces o como adorno.

estanquero, -ra *m. y f.* Persona encargada de la venta pública en un estanco.

estante *m.* 1 Tabla horizontal que se pone

en una pared, dentro de un armario o en una estantería para colocar objetos sobre ella. 2 Mueble formado por esas tablas.

estantería *f.* Mueble formado por estantes.

estañadura *f.* Unión o soldadura de dos piezas de metal con estaño.

estañar *tr.* 1 Unir dos piezas de metal con estaño. 2 Cubrir o bañar con estaño.

estaño *m.* Metal de color blanco o gris que se trabaja fácilmente.

estar *v. copulativo* 1 Existir o encontrarse en un lugar, en una situación o de un modo determinado. 2 Encontrarse a punto de ocurrir lo que se expresa a continuación. Se usa seguido de *al* y un infinitivo. 3 Encontrarse en un momento o en un proceso determinado. Se usa seguido de la preposición *de*. 4 Ser un día, mes o año determinado. Se usa seguido de la preposición *a*. 5 Vivir, trabajar o hacer una cosa con alguien. 6 Ser causa o razón y consistir o radicar una cosa en algo o en alguien. 7 Tener una intención o una disposición; encontrarse preparado. 8 No haberse hecho todavía una cosa y estar casi indeciso o sentir la tentación de hacerla. Se usa seguido de la preposición *por* y un infinitivo. ‖ *v. auxiliar* 9 Forma pasiva de resultado seguido del participio. 10 Indica duración en una perífrasis seguido de un gerundio. ‖ *prnl.* 11 Permanecer o quedarse. ‣ **estar de más** o **estar de sobra** No ser necesario o molestar. ‣ **estar en todo** Ocuparse a un tiempo de muchas cosas sin descuidar ningún detalle.

estatal *adj.* Del Estado.

estatalizar [4] *tr.* Poner bajo la explotación y administración del Estado empresas y servicios de propiedad privada.

estática *f.* Parte de la física que estudia las leyes del equilibrio de los cuerpos.

estático, -ca *adj.* Que permanece en un mismo estado y no experimenta cambios.

estatua *f.* Obra de escultura que representa una figura humana o animal.

estatuario, -ria *adj.* 1 De la estatua. 2 Que es propio de una estatua por su belleza o perfección.

estatura *f.* Altura de una persona desde los pies a la cabeza.

estatuto *m.* Reglamento, ordenanza o conjunto de normas legales por las que se regula el funcionamiento de una entidad o de una colectividad.

este, -ta *pron. dem.* 1 Indica o señala lo que está más cerca en el tiempo o en el espacio de la persona que habla. ‖ *det.*

dem. **2** Indica o señala que algo está más cerca en el tiempo o en el espacio de la persona que habla. Cuando va detrás del nombre suele tener valor despectivo. ‖ *m.* **3** Punto del horizonte situado donde nace el Sol. **4** Lugar situado hacia ese punto.

estela *f.* **1** Señal que deja tras de sí en el agua o en el espacio un cuerpo en movimiento. **2** Señal o huella que deja una cosa que ocurre o pasa.

estelar *adj.* **1** De las estrellas. **2** De mucha importancia o de gran categoría.

estentóreo, -a *adj.* [voz, grito] Que es muy fuerte y ruidoso o que retumba.

estepa *f.* Gran extensión de terreno seco, llano y con escasa vegetación.

estepario, -ria *adj.* De la estepa.

estera *f.* Pieza de tejido grueso, de esparto u otro material parecido, que sirve para cubrir parte del suelo.

estercolero *m.* Lugar donde se recoge y se amontona el estiércol o la basura.

estéreo *adj.* **1** Que se graba y reproduce por medio de dos o más canales, que se reparten los tonos agudos y graves, dando de este modo una sensación de relieve acústico. ‖ *adj./m.* **2** [equipo, sistema] Que usa esa técnica.

estereo- Elemento prefijal que forma palabras con el significado de 'sólido', 'en relieve', 'de tres dimensiones'.

estereofonía *f.* Técnica de grabación y de reproducción del sonido mediante un sistema estéreo.

estereofónico, -ca *adj.* **1** De la estereofonía. ‖ *adj./ m.* **2** [equipo, sistema] Que usa la estereofonía para grabar y reproducir el sonido.

estereotipado, -da *adj.* [gesto, expresión] Que se repite sin variación o que se usa como una fórmula.

estereotipo *m.* Imagen o idea aceptada comúnmente por un grupo y que tiene un carácter fijo e inmutable.

estéril *adj.* **1** [ser vivo] Que no puede reproducirse. **2** Que no da fruto o no produce nada. **3** Que no tiene bacterias ni microbios que puedan provocar una infección.

esterilidad *f.* Cualidad de estéril.

esterilización *f.* Acción y efecto de esterilizar.

esterilizar [4] *tr.* **1** Destruir los gérmenes causantes de enfermedades. **2** Hacer estéril a una persona o un animal.

esterilla *f.* **1** Pieza pequeña de material resistente que se coloca en el suelo de un automóvil. **2** Alfombra de baño. **3** Alfombra que se coloca en la entrada de un lugar para que en ella se limpie los pies la persona que quiere pasar. **4** Pieza alargada de tejido resistente que se pone en el suelo para echarse encima.

esternocleidomastoideo *adj./m.* ANAT. Músculo del cuello que permite el giro y la inclinación lateral de la cabeza.

esternón *m.* Hueso plano de forma alargada y acabado en punta donde se unen los siete primeros pares de costillas.

estertor *m.* **1** Respiración jadeante o dificultosa, con ruidos ásperos y agudos, propia de las personas a punto de morir. **2** Ruido anormal que se produce al paso del aire por las vías respiratorias obstruidas por mucosidades.

-estesia Elemento sufijal que entra en la formación de sustantivos femeninos e indica sensibilidad o sensación caracterizada por el primer elemento al que se une.

estética *f.* **1** Aspecto exterior de una persona o cosa desde el punto de vista de lo bello. **2** Doctrina filosófica que estudia las condiciones de lo bello.

esteticista *com.* Persona que se dedica profesionalmente a cuidar y mejorar el aspecto del cuerpo humano, especialmente el del rostro.

estético, -ca *adj.* **1** De la estética. **2** Que tiene un aspecto bello o artístico.

estetoscopio *m.* Instrumento médico que sirve para explorar los sonidos del pecho y del abdomen.

estiaje *m.* **1** Nivel más bajo o caudal mínimo que en ciertas épocas del año tienen las aguas de un río u otra corriente como consecuencia de la sequía. **2** Período que dura esta disminución de caudal.

estibador *m.* Obrero que se dedica a estibar una embarcación.

estibar *tr.* **1** Distribuir de manera adecuada la carga de una embarcación. **2** Cargar y descargar mercancías en un puerto. **3** Colocar objetos sueltos de forma que ocupen el menor espacio posible.

estiércol *m.* **1** Mezcla de excremento de animal con restos vegetales en descomposición que se usa como abono. **2** Excremento de animal.

estigma *m.* **1** Marca o señal que se hace en el cuerpo. **2** Causa de mala fama. **3** BOT. Parte superior del órgano de reproducción femenina.

estigmatizar [4] *tr.* **1** Marcar a alguien con hierro candente. **2** Dejar a una persona marcada al hacerle una imputación por la que pierde su buena fama.

estilarse *prnl.* Usarse, ser costumbre o estar de moda hacer o utilizar algo.

estilete *m.* 1 Puñal de hoja muy estrecha y aguda. 2 Estilo pequeño o punzón para escribir. 3 Indicador de las horas en los relojes solares más comunes. 4 MED. Instrumento metálico que utiliza el cirujano para la exploración de ciertas heridas.

estilista *com.* Persona que se dedica a cuidar el estilo y la imagen.

estilística *f.* Estudio del estilo o de la expresión lingüística en general.

estilístico, -ca *adj.* Del estilo de hablar o escribir o que tiene relación con él.

estilización *f.* Acción y efecto de estilizar.

estilizar [4] *tr.* 1 Hacer que algo parezca más delgado de lo que es, especialmente la silueta corporal. 2 Representar artísticamente algo de manera que destaquen solo sus elementos característicos.

estilo *m.* 1 Manera característica de escribir o hablar. 2 Modo, manera o forma de hacer algo. 3 Costumbre o moda. 4 Conjunto de rasgos que caracterizan a un artista, una obra o un período artístico. 5 Personalidad y elegancia. 6 BOT. Cilindro pequeño, hueco y blando que sale del ovario de las flores. ▶ **por el estilo** Parecido.

estilográfico, -ca *adj./f.* [pluma] Que funciona con una carga de tinta que lleva en el mango.

estima *f.* Cariño o afecto.

estimación *f.* Acción y efecto de estimar.

estimar *tr.* 1 Sentir cariño o afecto por alguien. 2 Considerar una opinión razonada sobre algo. 3 Determinar el valor de algo.

estimulación *f.* Acción de estimular.

estimulante *adj.* Que estimula.

estimular *tr./prnl.* 1 Incitar a hacer algo o a hacerlo más rápido o mejor. 2 Poner en funcionamiento o avivar la actividad de un órgano o una función orgánica.

estímulo *m.* 1 Lo que mueve a actuar o realizar algo. 2 Agente o causa que provoca una reacción o una respuesta en el organismo o en una parte de él.

estío *m. culto* Verano.

estipendio *m.* Cantidad de dinero con la que se paga a alguien.

estipular *tr.* Acordar o determinar las condiciones de un trato.

estirado, -da *adj.* [persona] Que no se presta al trato llano con los demás.

estiramiento *m.* Acción y efecto de estirar o estirarse.

estirar *tr./prnl.* 1 Alargar o extender, generalmente tirando de los extremos. 2 Poner liso o quitar los pliegues o las arrugas. 3 Gastar con moderación y prudencia para poder comprar o hacer más cosas. 4 Hacer más grande o más largo. ‖ *intr./ prnl.* 5 Crecer o hacerse más alto un niño. ‖ *prnl.* 6 Extender y poner tensos los miembros para recuperar la agilidad después de haber estado quietos mucho tiempo.

estirón *m.* 1 Movimiento con que se estira o arranca algo con fuerza. 2 Crecimiento rápido en altura de una persona.

estirpe *f.* 1 Ascendencia de una persona, especialmente si es ilustre. 2 Conjunto de personas que forman una familia.

estitiquez *f.* AMÉR. Alteración intestinal que consiste en un endurecimiento de las heces y en la dificultad de su expulsión.

estival *adj.* Del estío o verano.

esto *pron. dem.* Indica o señala lo que está más cerca del que habla o algo conocido o que se va a decir. No lleva acento gráfico.

estocada *f.* 1 Golpe que se da de punta con la espada o el estoque. 2 Herida producida por la espada o el estoque.

estofa *f.* Clase, naturaleza o condición de una persona o un grupo de personas.

estofado *m.* Guiso que se hace cociendo en crudo y a fuego lento un alimento, generalmente carne, y condimentándolo.

estofar *tr.* Hacer un estofado.

estoicismo *m.* Fortaleza y dominio sobre uno mismo, especialmente ante las desgracias y dificultades.

estoico, -ca *adj.* Que muestra estoicismo.

estola *f.* 1 Prenda femenina, generalmente de piel, con forma de banda larga que se pone alrededor del cuello o sobre los hombros para abrigar o adornar. 2 Banda de tela muy larga y estrecha que se pone el sacerdote alrededor del cuello. 3 Vestido masculino griego y romano parecido a la túnica, pero con una banda de tela ceñida a la cintura.

estoma *f.* BOT. Cada una de las aberturas microscópicas que hay en las hojas y partes verdes de los vegetales, por donde se verifica el intercambio de gases entre la planta y el exterior.

estomacal *adj.* 1 Del estómago. ‖ *adj./m.* 2 [medicina, bebida] Que tonifica el estómago y favorece la digestión.

estomagar [7] *tr.* 1 Causar indigestión. 2 *coloquial* Causar fastidio o enfado.

estómago *m.* 1 Órgano del aparato digestivo en el que se descomponen los alimentos para ser asimilados por el organismo. 2 Parte del cuerpo comprendida entre el final del pecho y el comienzo de la cintura.

estomato-, estomat- Elemento prefijal que significa 'boca'.

estomatología *f.* Parte de la medicina especializada en el estudio y tratamiento de las enfermedades de la boca.

estomatólogo, -ga *m. y f.* Médico especializado en estomatología.

estonio, -nia *adj.* 1 De Estonia. ‖ *adj./m. y f.* 2 [persona] Que es de Estonia. ‖ *m.* 3 Lengua que se habla en Estonia.

estopa *f.* Parte basta o gruesa del lino o del cáñamo que se emplea en la fabricación de cuerdas y tejidos.

estoque *m.* Espada estrecha afilada solo en la punta, especialmente la que usan los toreros para matar al toro.

estor *m.* Cortina de una sola pieza que cubre el hueco de una ventana, puerta o balcón y que se recoge verticalmente.

estorbar *tr./intr.* 1 Molestar o ser causa de que alguien se encuentre a disgusto. ‖ *tr.* 2 Obstaculizar o dificultar algo.

estorbo *m.* [persona, cosa] Que molesta u obstaculiza.

estornino *m.* Pájaro de cabeza pequeña y pico amarillento, plumaje negro con reflejos verdes y pintas blancas.

estornudar *intr.* Expulsar de forma violenta y ruidosa por la nariz y la boca el aire de los pulmones en un movimiento involuntario y brusco del diafragma.

estornudo *m.* Acción de estornudar.

estrabismo *m.* Desviación de la dirección normal de la mirada en uno o en ambos ojos.

estrado *m.* Tarima o suelo de tablas elevado sobre un armazón.

estrafalario, -ria *adj./m. y f.* [persona] Que llama la atención por vestir o pensar de manera extraña.

estrago *m.* 1 Daño o destrucción producida por una acción natural o por una guerra. 2 Daño o destrucción moral. OBS Se usa sobre todo en plural.

estragón *m.* Planta herbácea de tallos delgados y ramosos, de hojas estrechas y flores en cabezuelas pequeñas y amarillentas, que se usa como condimento.

estrambote *m.* Combinación de versos que se añade al final de un poema.

estrambótico, -ca *adj.* Que es raro u original a la vez que caprichoso y ridículo.

estramonio *m.* Planta herbácea con tallos ramosos, hojas grandes y anchas, flores blancas en forma de embudo y fruto espinoso en forma de nuez.

estrangulación *f.* Estrangulamiento.

estrangulamiento *m.* Acción y efecto de estrangular o estrangularse.

estrangular *tr./prnl.* 1 Ahogar a una persona o animal oprimiéndolo por el cuello. 2 Impedir o dificultar el paso por una vía o conducto. 3 MED. Detener la circulación sanguínea de una parte del cuerpo presionando o con una ligadura.

estraperlista *adj./com.* [persona] Que se dedica al comercio ilegal de mercancías.

estraperlo *m.* Comercio ilegal de mercancías intervenidas por el Estado.

estratagema *f.* Acción o plan hábil y astuto para conseguir algo, especialmente para engañar o evitar un engaño.

estratega *com.* Persona experta o entendida en estrategia.

estrategia *f.* 1 Arte de proyectar y dirigir las operaciones militares en la guerra. 2 Modo o sistema de dirigir un asunto.

estratégico, -ca *adj.* 1 De la estrategia. 2 [lugar] Que es clave o tiene una importancia decisiva para el desarrollo de algo.

estratificación *f.* Disposición en estratos o en capas.

estratificar [1] *tr./prnl.* Disponer en estratos o en capas.

estrato *m.* 1 Capa mineral uniforme, paralela y superpuesta a otras que forma los terrenos sedimentarios. 2 Capa o serie de capas, como las de un tejido orgánico o las de un yacimiento arqueológico. 3 Nube baja que tiene forma de banda paralela al horizonte. 4 Capa o nivel de la sociedad.

estratosfera *f.* Zona superior de la atmósfera situada entre los diez y los cincuenta kilómetros de altura.

estratosférico, -ca *adj.* 1 De la estratosfera. 2 Que es muy difícil o imposible de valorar para su calidad, cantidad o importancia.

estrechamente *adv.* 1 De forma cercana e íntima. 2 De forma exacta y rigurosa.

estrechamiento *m.* Acción y efecto de estrechar o estrecharse.

estrechar *tr./prnl.* 1 Reducir o disminuir la anchura. 2 Hacer más cercana e íntima una relación o aumentar su intensidad. ‖ *tr.* 3 Apretar o coger con fuerza con los brazos o las manos en señal de saludo o afecto. ▌ *prnl.* **4** Juntarse mucho para que quepa más en el mismo espacio.

estrechez *f.* Cualidad de estrecho.

OBS Se usa freuentemente en plural.

estrecho, -cha *adj.* **1** Que es delgado o poco ancho. **2** Que aprieta o es demasiado ajustado. **3** Que es rígido o estricto. **4** [relación] Que es muy intenso y mantiene unos vínculos muy fuertes. ▌ *adj./m. y f.* **5** [persona] Que tiene ideas muy conservadoras en relación con el sexo o que está reprimido sexualmente. Se usa con sentido despectivo. ▌ *m.* **6** Parte de mar poco ancha que separa dos costas próximas y comunica dos mares.

estrechura *f.* Estrechez.

estregar [48] *tr./prnl.* Frotar o pasar con fuerza una cosa sobre otra, generalmente para dar a esta calor, limpieza o brillo.

estrella *f.* **1** Astro o cuerpo celeste que brilla con luz propia en el firmamento. **2** Figura que consiste en varias líneas que parten de un centro común y que pueden formar picos entre sí. **3** Objeto con esa forma. **4** Signo de esa forma que sirve para indicar una categoría. **5** Signo de esa forma que indica la graduación de jefes y oficiales del ejército. **6** Persona que destaca en una profesión o que es muy popular, especialmente en un deporte o en el arte. **7** Suerte o destino. ▸ **ver las estrellas** Sentir un dolor muy fuerte y vivo.

estrellado, -da *adj.* **1** Con forma de estrella. **2** Lleno de estrellas.

estrellar *tr.* **1** Lanzar con violencia un objeto contra otro objeto o una superficie firme y hacerlo trozos. ▌ *prnl.* **2** Chocar con violencia. **3** Fracasar en un intento al tropezar con dificultades insuperables. **4** Llenarse o cubrirse de estrellas el cielo.

estrellato *m.* Condición o situación de la persona que se convierte en una estrella.

estremecedor, -ra *adj.* Que hace temblar o causa alteración en el ánimo.

estremecer [43] *tr./prnl.* **1** Hacer temblar. **2** Impresionar o causar una alteración en el ánimo.

estremecimiento *m.* Acción y efecto de estremecer o estremecerse.

estrenar *tr.* **1** Usar por primera vez. **2** Representar o presentar por primera vez ante el público un espectáculo. ▌ *prnl.* **3** Empezar a desempeñar un trabajo o darse a conocer en una profesión.

estreno *m.* **1** Uso de algo por primera vez. **2** Representación de un espectáculo por primera vez ante el público.

estreñido, -da *adj.* [persona] Que retiene

los excrementos y tiene dificultad para expulsarlos.

estreñimiento *m.* Alteración del intestino que provoca la retención de los excrementos y hace difícil su expulsión.

estreñir [36] *tr./intr./prnl.* Producir o padecer estreñimiento.

estrépito *m.* Ruido muy grande.

estrepitoso, -sa *adj.* **1** Que causa estrépito. **2** Muy ostensible o espectacular.

estreptococo *m.* BIOL. Bacteria redondeada que se agrupa en forma de cadena.

estrés *m.* Estado de gran tensión nerviosa, generalmente causado por un exceso de trabajo, que suele provocar diversos trastornos físicos y mentales.

estresar *tr./intr.* Causar o sentir estrés.

estría *f.* **1** Surco o hendidura en una superficie. **2** Línea más clara que queda marcada en la piel cuando se ha estirado mucho y de forma rápida.

estriar [13] *tr./prnl.* Formar estrías en una superficie.

estribación *f.* Conjunto de montañas laterales que derivan de una cordillera.

estribar *intr.* Fundarse o apoyarse.

estribillo *m.* Conjunto de palabras o versos que se repite al final de cada estrofa de un poema o canción.

estribo *m.* **1** Pieza de metal en la que el jinete apoya los pies. **2** Escalón para subir o bajar de ciertos vehículos. **3** ANAT. Hueso del oído medio de los vertebrados. **4** ARQ. Construcción vertical que se levanta pegada al muro de un edificio para hacerlo más resistente a la carga que debe soportar. ▸ **perder los estribos** Enfadarse y perder la serenidad o la paciencia.

estribor *m.* MAR. Lado derecho de una embarcación, mirando desde la parte trasera.

estricnina *f.* Sustancia muy venenosa, de sabor amargo y poco soluble, que se extrae de la nuez vómica y de otras plantas.

estricto, -ta *adj.* Que se ajusta con exactitud a lo necesario o a lo establecido.

estridencia *f.* Cualidad de estridente.

estridente *adj.* **1** [sonido] Que es agudo, fuerte y desapacible. **2** Que causa una sensación molesta por su exageración o contraste violento.

estriptis o estriptís *m.* Actuación de una persona que se va quitando la ropa sensualmente.

OBS También se escribe *striptease*. El plural también es *estriptis* o *estriptís*.

estrofa *f.* Combinación fija de versos que forma parte de un poema.

estrófico, -ca *adj.* **1** De la estrofa. **2** [poema] Que está dividido en estrofas.

estrógeno *m.* BIOL. Hormona sexual femenina que interviene en la aparición de los caracteres sexuales secundarios.

estroncio *m.* QUÍM. Elemento químico metálico de color amarillo, de número atómico 38, fácilmente deformable.

estropajo *m.* **1** Trozo de un tejido o de otro material generalmente ásperos que se usa para fregar. **2** Planta cuyo fruto, una vez seco, se usa para el aseo.

estropajoso, -sa *adj.* **1** Que está fibroso y áspero. **2** [persona] Que viste de manera sucia y descuidada. **3** [forma de hablar] Que es torpe y poco clara.

estropear *tr./prnl.* **1** Hacer perder la calidad o el valor. **2** Echar a perder una situación, un asunto o un proyecto.

estropicio *m.* **1** Destrozo o rotura con mucho ruido. **2** Trastorno o daño aparatoso pero de escasa importancia.

estructura *f.* **1** Modo de estar organizadas u ordenadas las partes de un todo. **2** Conjunto de piezas o elementos que sirve de soporte o esqueleto de algo.

estructuración *f.* Organización u ordenación de las partes de un todo.

estructural *adj.* De la estructura.

estructuralismo *m.* GRAM. Escuela lingüística que considera la lengua como una estructura.

estructuralista *adj.* **1** GRAM. Del estructuralismo. ‖ *adj./com.* **2** GRAM. [persona] Que sigue el estructuralismo.

estructurar *tr./prnl.* Organizar u ordenar las partes de un todo.

estruendo *m.* **1** Ruido muy grande. **2** Jaleo, confusión o desorden formado por mucha gente gritando y moviéndose.

estruendoso, -sa *adj.* Que causa estruendo o un ruido muy grande.

estrujar *tr.* **1** Apretar con fuerza. **2** Sacar todo el partido posible de alguien o de algo.

estuario *m.* Desembocadura de un río caudaloso en el mar caracterizada por tener la forma de un embudo.

estuchar *tr.* Recubrir con un estuche de papel u otra materia los terrones de azúcar u otro producto industrial.

estucar [1] *tr.* Cubrir con estuco.

estuche *m.* Caja o envoltura adecuada para guardar o proteger un objeto.

estuco *m.* **1** Masa de yeso blanco y agua de cola que se emplea para enlucir paredes interiores, hacer molduras y reproducciones de figuras o de relieves. **2** Masa de cal apagada y polvo de mármol con que se hace un enlucido al que se da lustre después con cera o aguarrás.

estudiantado *m.* Conjunto de estudiantes de un centro docente.

estudiante *com.* Persona que cursa estudios en un centro docente.

estudiantil *adj.* De los estudiantes.

estudiantina *f.* Comparsa musical de estudiantes.

estudiar [12] *tr.* **1** Poner en funcionamiento el entendimiento para investigar, comprender y aprender. **2** Pensar y considerar algo con atención y cuidado. ‖ *tr./intr.* **3** Cursar estudios.

estudio *m.* **1** Acción y efecto de estudiar. **2** Obra o trabajo en el que se estudia un asunto o cuestión, o se explica y se reflexiona sobre él. **3** Habitación de una casa que se usa para estudiar o trabajar. **4** Lugar donde se graban películas, emisiones de radio y televisión, discos u otras cosas. **5** Apartamento de pequeñas dimensiones, generalmente compuesto de una pieza principal, una pequeña cocina y un cuarto de baño. **6** MÚS. Composición musical escrita para practicar y aprender una técnica difícil. **7** PINT. Esbozo de un dibujo o pintura. ‖ *m. pl.* **8** Conjunto de materias que se estudian para conseguir un título.

estudioso, -sa *adj.* **1** [persona] Que estudia mucho. ‖ *adj./m. y f.* **2** [persona] Que se dedica al estudio de un tema o materia.

estufa *f.* Aparato que sirve para calentar un recinto quemando en él un combustible o mediante la energía eléctrica.

estulticia *f.* culto Necedad, tontería.

estupefacción *f.* Admiración o sorpresa tan grande que deja parado y sin saber qué hacer o decir a quien la siente.

estupefaciente *adj./m.* [sustancia] Que calma o quita el dolor produciendo sueño y una sensación de placer.

estupefacto, -ta *adj.* [persona] Que queda asombrada, sin respuesta o reacción.

estupendo, -da *adj.* **1** Que destaca o llama la atención por sus buenas cualidades. ‖ *adv.* **2** Muy bien.

estupidez *f.* **1** Dificultad y gran lentitud para comprender las cosas. **2** Obra o dicho propios de una persona estúpida.

estúpido, -da *adj.* **1** Propio de la persona que es torpe o que le falta inteligencia. ‖ *adj./ m. y f.* [persona] Que es torpe o carece de inteligencia. **2** [persona] Que molesta o disgusta por su falta de discreción u oportunidad.

estupor m. 1 Admiración o asombro extremados. 2 Disminución de la actividad de las funciones mentales y de la capacidad de respuesta a los estímulos.

estupro m. DER. Delito que consiste en violar a una persona menor de edad.

esturión m. Pez marino comestible de gran tamaño, de color gris con pintas negras, cabeza pequeña, hocico agudo y cuerpo cubierto de placas óseas.

esvástica f. Cruz que tiene los cuatro brazos doblados en ángulo recto.

eta f. Séptima letra del alfabeto griego.

etanol m. QUÍM. Estimulante que se forma con la fermentación de la glucosa mediante bacterias.

etapa f. 1 Momento, período o estado que forma parte de una serie o de un proceso. 2 Trayecto o distancia que se recorre entre dos puntos.

etarra adj. 1 De la organización terrorista ETA. ‖ adj./com. 2 [persona] Que pertenece a la organización terrorista vasca ETA.

etc. Abreviatura de *etcétera*.

etcétera m. Expresión que se usa para sustituir la parte final de una enumeración y evitar seguir detallándola.

éter m. QUÍM. Compuesto químico orgánico, sólido, líquido o gaseoso, en cuya molécula existe un átomo de oxígeno unido a dos radicales de hidrocarburos.

etéreo, -a adj. 1 culto Que es poco consistente o concreto. 2 QUÍM. Del éter.

eternidad f. 1 Espacio de tiempo sin principio ni fin. 2 Vida del alma después de la muerte en determinadas religiones. 3 coloquial Espacio de tiempo muy largo.

eternizar [4] tr./prnl. 1 Hacer durar demasiado tiempo. ‖ tr. 2 Hacer durar para siempre. ‖ prnl. 3 Tardar mucho tiempo en hacer una cosa.

eterno, -na adj. 1 Que no tiene principio ni fin. 2 Que permanece y mantiene su calidad o estado siempre. 3 Que se repite de manera frecuente y con insistencia. 4 Que dura demasiado tiempo.

ética f. 1 Parte de la filosofía que estudia la moral y el comportamiento humano en cuanto al bien y el mal. 2 Conjunto de reglas morales que dirigen el comportamiento del hombre.

ético, -ca adj. 1 De la ética. 2 Que se ajusta a la ética.

etílico, -ca adj. QUÍM. Del etanol.

étimo m. GRAM. Palabra o raíz de la que procede o deriva una palabra.

etimología f. 1 GRAM. Origen de las palabras y explicación de su significado y su forma. 2 GRAM. Disciplina que estudia el origen de las palabras.

etimológico, -ca adj. GRAM. De la etimología.

etimólogo, -ga m. y f. GRAM. Persona que se dedica a la etimología.

etiología f. 1 Estudio sobre las causas de las cosas. 2 Parte de la medicina que estudia las causas de las enfermedades.

etíope adj. 1 De Etiopía. ‖ adj./com. 2 [persona] Que ha nacido en Etiopía.

etiqueta f. 1 Trozo de papel, cartón u otro material parecido que se pega a una cosa para dar información sobre ella. 2 Calificación que recibe una persona y por la que se identifica o caracteriza. 3 Ceremonial que se sigue en actos oficiales y solemnes, o en sociedad. 4 INFORM. Conjunto de caracteres que sirven para identificar o etiquetar algo en un programa informático, en una web o en una red social.

etiquetado m. 1 Acción de etiquetar. 2 Etiqueta de un producto.

etiquetar tr. 1 Poner etiqueta a una cosa. 2 Poner una etiqueta o calificativo a alguien.

etnia f. Grupo de personas que pertenecen a la misma raza y que comparten un origen, lengua, religión y cultura propios.

étnico, -ca adj. De la etnia.

etno- Elemento prefijal que significa 'pueblo', 'raza'.

etnografía f. Ciencia que estudia y describe las razas y los pueblos.

etnología f. Ciencia que estudia comparativamente las razas y los pueblos.

etrusco, -ca adj. 1 De Etruria. ‖ adj./m. y f. 2 [persona] Que era de Etruria. ‖ m. 3 Lengua hablada por los antiguos habitantes de esta región del noroeste de Italia.

eucaliptus o **eucalipto** m. Árbol originario de Australia de gran altura y rápido crecimiento, con el tronco recto y la copa en forma de cono, las hojas duras y olorosas y las flores amarillas.

eucaristía f. 1 Sacramento de la Iglesia católica que consiste en consagrar el pan y el vino. 2 Ceremonia católica en la que se celebra el sacrificio del cuerpo y la sangre de Cristo.

eucarístico, -ca adj. De la eucaristía.

eufemismo m. GRAM. Palabra o expresión más suave con que se sustituye otra considerada de mal gusto o grosera.

eufemístico, -ca *adj.* GRAM. Del eufemismo o que tiene relación con él.

eufonía *f.* Fenómeno del lenguaje que consiste en una combinación de sonidos que resulta agradable al oído.

eufónico, -ca *adj.* [sonido, palabra] Que resulta agradable al oído.

euforia *f.* Sensación intensa de alegría o de bienestar, generalmente exteriorizada.

eufórico, -ca *adj.* [persona, cosa] Que manifiesta euforia.

eunuco *m.* Hombre castrado, especialmente el que se destinaba entre los orientales a la custodia de las mujeres del harén.

euro *m.* **1** Unidad monetaria europea formada por una combinación de las distintas monedas nacionales de los países que constituyen la Unión Europea. **2** *culto* Viento que sopla del oriente.

euro- Elemento prefijal que forma palabras con el valor de 'europeo'.

eurocomunismo *m.* Tendencia del movimiento comunista europeo que rechazaba el modelo soviético.

eurocomunista *adj./com.* Partidario o seguidor del eurocomunismo.

eurodiputado, -da *m. y f.* Diputado del Parlamento de la Unión Europea.

europeísmo *m.* Conjunto de doctrinas que defienden la unificación de los Estados del continente europeo.

europeísta *adj.* **1** Del europeísmo. | *adj./com.* **2** [persona] Que es partidario del europeísmo.

europeizar [26] *tr./prnl.* Dar o adquirir el carácter y la cultura europeos.

europeo, -a *adj.* **1** De Europa. | *adj./m. y f.* **2** [persona] Que es de un país de Europa.

europio *m.* QUÍM. Elemento químico metálico del grupo de los lantánidos, muy reactivo y de número atómico 63.

eurovisión *f.* Conjunto de circuitos de imagen y sonido que permiten el intercambio de programas, de comunicaciones y de informaciones entre los países europeos asociados.

eurozona *f.* Conjunto de Estados de la Unión Europea cuya moneda es el euro.

euskera o **eusquera** *m.* **1** Lengua que se habla en las comunidades autónomas del País Vasco y Navarra y en el territorio vascofrancés. | *adj.* **2** De la lengua vasca.

eutanasia *f.* Provocación de la muerte a un enfermo incurable para poner fin a sus sufrimientos.

evacuación *f.* Acción y efecto de evacuar.

evacuar [10] *tr.* **1** Obligar a salir o sacar de un lugar a una persona. **2** Dejar vacío un lugar. | *intr.* **3** Expulsar los excrementos del organismo.

evacuatorio *m.* **1** Retrete público. **2** Sustancia que sirve para evacuar.

evadir *tr./prnl.* **1** Evitar con habilidad y astucia una dificultad, un compromiso o un peligro. **2** Sacar ilegalmente del país dinero u otros bienes. | *prnl.* **3** Salir precipitadamente de un lugar. **4** Distraer la atención de un asunto o una situación.

evaluación *f.* Acción y efecto de evaluar.

evaluar [11] *tr.* **1** Determinar el valor, la importancia o la trascendencia de una cosa. **2** Valorar los conocimientos, la actitud o el rendimiento de un alumno.

evangélico, -ca *adj.* Del evangelio.

evangelio *m.* **1** Historia de la vida, doctrina y milagros de Jesucristo contenida en los cuatros relatos escritos por san Mateo, san Marcos, san Lucas y san Juan. **2** Libro que recoge esta historia y que forma parte del Nuevo Testamento.

evangelista *m.* Autor de uno de los cuatro evangelios.

evangelización *f.* Enseñanza y propagación de la doctrina cristiana en un lugar.

evangelizar [4] *tr.* Predicar o dar a conocer la doctrina cristiana en un lugar.

evaporación *f.* Cambio de un líquido o un sólido al estado gaseoso.

evaporar *tr./prnl.* **1** Convertir un líquido o un sólido en gas. | *prnl.* **2** Desaparecer con rapidez, especialmente una persona de un lugar.

evasión *f.* Acción y efecto de evadir o evadirse.

evasiva *f.* Salida o recurso para escapar de una dificultad o un compromiso.

OBS Se usa normalmente en plural.

evasivo, -va *adj.* Que trata de evitar una dificultad, un compromiso o un peligro.

evasor, -ra *adj./m. y f.* Que evade, especialmente dinero o bienes, o se evade.

evento *m.* Acontecimiento, especialmente si es de cierta importancia.

eventual *adj.* **1** Que no es fijo ni regular o que está sujeto a las circunstancias. | *adj./com.* **2** [trabajador] Que no forma parte de la plantilla de la empresa.

eventualidad *f.* **1** Inseguridad o dependencia de las circunstancias que presenta alguna cosa. **2** Cosa que puede suceder o no suceder.

evidencia [78] *f.* Certeza absoluta tan clara

y manifiesta que no admite duda. ▶ **en evidencia** En una situación comprometida.

evidenciar [12] *tr.* Probar o mostrar que una cosa es tan clara y manifiesta que no admite duda.

evidente *adj.* Que es tan claro y manifiesto que no se puede poner en duda.

evitar *tr.* 1 Impedir que algo tenga lugar, especialmente un peligro, una obligación o un problema. 2 Procurar no hacer algo o no encontrarse con alguien.

evocación *f.* Acción y efecto de evocar.

evocador, -ra *adj.* Que evoca.

evocar [1] *tr.* 1 Recordar o traer a la memoria o al pensamiento. 2 Recordar una cosa a otra por su relación o parecido.

evolución *f.* Acción y efecto de evolucionar.

evolucionar *intr.* 1 Cambiar o transformarse gradualmente, especialmente las ideas, las teorías o la conducta. 2 Desarrollarse las cosas o los organismos pasando de un estado a otro.

evolucionismo *m.* Teoría que sostiene que todos los seres vivos actuales proceden de antecesores comunes.

evolucionista *adj.* 1 Del evolucionismo. ▮ *adj./com.* 2 [persona] Que es partidario o seguidor del evolucionismo.

evolutivo, -va *adj.* Que ocurre o se hace por evolución.

ex- Prefijo que entra en la formación de palabras con el significado de: *a)* 'Fuera', 'más allá'. *b)* 'Pérdida de la dignidad, del cargo o de la condición expresados por el sustantivo al que antecede'. *c)* 'Antiguo, que ya no es', referido a un cargo o una relación personal.

exabrupto *m.* Dicho o gesto brusco e inesperado manifestado con enfado.

exacerbar *tr./prnl.* 1 Causar un enfado muy grande y violento. 2 Hacer más fuerte un sentimiento o dolor.

exactitud *f.* Cualidad de exacto.

exacto, -ta *adj.* 1 Que es fiel o preciso o que se ajusta en todo a otra cosa. ▮ *adv.* 2 Indica la verdad de lo que se ha dicho.

exageración *f.* Acción y efecto de exagerar.

exagerado, -da *adj.* 1 Que es excesivo o que traspasa los límites de lo razonable. ▮ *adj./m. y f.* 2 [persona] Que exagera.

exagerar *tr.* Aumentar mucho o atribuir unas proporciones excesivas a las cosas.

exaltación *f.* Acción y efecto de exaltar o exaltarse.

exaltar *tr.* 1 Alabar o demostrar gran admiración. ▮ *prnl.* 2 Dejarse llevar por una pasión y perder la moderación y la calma.

examen *m.* 1 Investigación u observación atenta y cuidadosa de algo. 2 Prueba que se hace a una persona para valorar su capacidad o sus conocimientos.

examinar *tr.* 1 Investigar u observar con atención o cuidado una cosa. ▮ *tr./prnl.* 2 Someter a alguien a una prueba o examen para valorar su capacidad en una actividad o sus conocimientos en una materia.

exánime *adj.* 1 [ser vivo] Que está sin vida. 2 Que está sumamente debilitado, sin fuerzas o agotado.

exasperación *f.* Irritación o enfurecimiento grandes.

exasperar *tr./prnl.* Irritar, enfurecer o causar un enfado muy grande y violento.

excarcelación *f.* Puesta en libertad de un preso por mandamiento judicial.

excarcelar *tr.* Poner en libertad a un preso por mandamiento judicial.

excavación *f.* Acción y efecto de excavar.

excavadora *f.* Máquina que sirve para excavar formada por una gran pala mecánica montada sobre un vehículo.

excavar *tr./intr.* Hacer hoyos, agujeros o cavidades en el suelo o en un cuerpo sólido quitándole parte de su masa.

excedencia *f.* Situación del trabajador, especialmente del funcionario público, que deja de ejercer sus funciones o su trabajo durante un período de tiempo.

excedente *adj./m.* Que está de más o sobra.

exceder *tr.* 1 Superar o aventajar en algo. ▮ *intr.* 2 Sobrepasar cierta cantidad o cierto límite. ▮ *prnl.* 3 Ir más allá de lo que se considera lícito o razonable.

excelencia *f.* 1 Tratamiento honorífico que se da a determinadas personas por su cargo o dignidad. 2 Superioridad en las buenas cualidades de una persona o cosa.

excelente *adj.* Que destaca por sus buenas cualidades.

excelentísimo, -ma *adj.* Tratamiento de cortesía con que se habla a la persona a quien corresponde el excelencia.

excelso, -sa *adj.* Que destaca por su gran valor moral, científico o artístico.

excentricidad *f.* Extravagancia o rareza excesiva.

excéntrico, -ca *adj.* 1 Que es demasiado original o extraño y se aparta de lo común. 2 MAT. Que está fuera del centro o que tiene un centro diferente. ❙ *adj./m. y f.* **3** [persona] Que llama la atención por actuar o pensar de manera demasiado original o extraña.

excepción *f.* **1** Exclusión de algo que se aparta de la regla común o de la generalidad. **2** Cosa o hecho que se aparta de la regla común o condición general.

excepcional *adj.* **1** Que es poco frecuente. **2** Que es muy bueno o extraordinario.

excepto *prep.* Indica que lo expresado por las palabras a las que acompaña no está incluido en lo que se dice.

exceptuar [11] *tr./prnl.* Excluir de la generalidad o de una regla común.

excesivo, -va *adj.* Que excede o va más allá de lo normal o razonable.

exceso *m.* **1** Superación de los límites de lo normal, lo permitido o lo conveniente. **2** Acción abusiva. Se usa más en plural.

excipiente *m.* Sustancia que se mezcla con los medicamentos para darles consistencia, forma, sabor u otras cualidades que faciliten su uso.

excitación *f.* Acción y efecto de excitar o excitarse.

excitante *adj.* Que excita.

excitar *tr.* **1** Intensificar la actividad de un órgano u organismo, generalmente mediante un estímulo. ❙ *tr./prnl.* **2** Provocar un sentimiento o emoción fuertes o intensos. **3** Provocar deseo sexual.

exclamación *f.* **1** Acción de exclamar. **2** GRAM. Signo de ortografía que se coloca al principio y al final de algunas palabras o frases para expresar sorpresa o alguna emoción intensa.

exclamar *tr./intr.* Emitir palabras o frases con fuerza o vehemencia para expresar la intensidad de una emoción o dar vigor y eficacia a lo que se dice.

exclamativo, -va *adj.* Que expresa o permite expresar la admiración o la emoción que siente el hablante.

excluir [62] *tr.* **1** Dejar fuera de un lugar o de un grupo. **2** Rechazar no tener en cuenta una posibilidad. ❙ *prnl.* **3** No poder existir una cosa junto con otra por ser opuestas o incompatibles.

exclusión *f.* Acción y efecto de excluir o excluirse.

exclusiva *f.* **1** Derecho o privilegio por el que una persona o una entidad es la única autorizada para realizar algo. **2** Noticia publicada por un solo medio informativo.

exclusive *adv.* Sin tener en cuenta los límites que se nombran.

exclusividad *f.* Inexistencia de algo igual.

exclusivo, -va *adj.* **1** Que no hay otro del mismo tipo. **2** Que excluye o rechaza.

Excmo., Excma. Abreviaturas de *excelentísimo, excelentísima*.

excomulgar [7] *tr.* En la Iglesia católica, excluir de la comunidad y negársele los sacramentos a un fiel.

excomunión *f.* Acción y efecto de excomulgar.

excoriar [12] *tr./prnl.* Levantar o arrancar la capa más superficial de la piel.

excrecencia *f.* Abultamiento anormal que crece en la piel de un animal o en la superficie de un vegetal.

excreción *f.* **1** Acción de excretar. **2** Sustancia excretada.

excremento *m.* Residuos de alimento que, tras haberse hecho la digestión, elimina el organismo por el ano.

excretar *intr.* **1** Expulsar los excrementos. **2** Expeler las sustancias del organismo elaboradas por las glándulas.

excretor, -ra *adj.* BIOL. [órgano, conducto] Que sirve para expulsar la orina, los excrementos y otras sustancias.

exculpar *tr./prnl.* Dar razones o pruebas de que una persona no tiene culpa.

excursión *f.* Salida o viaje de corta duración que se realiza como diversión, por deporte o para hacer algún estudio.

excursionismo *m.* Ejercicio y práctica de las excursiones con un fin deportivo.

excursionista *com.* Persona que hace excursiones o practica el excursionismo.

excusa *f.* Razón o prueba dada para justificar un comportamiento, un fallo o un error.

excusado *m.* Habitación en la que están el váter y otros elementos que sirven para la higiene, especialmente en un establecimiento público.

OBS También se escribe *escusado*.

excusar *tr./prnl.* **1** Dar razones para disculpar a una persona de una culpa que se le imputa. **2** Dispensar o liberar a una persona de una carga, obligación o compromiso.

execrable *adj.* Que merece las críticas más duras y el más fuerte rechazo.

exención *f.* Liberación de una obligación.

exento, -ta *adj.* **1** Que está libre o que no está sujeto a una obligación o una carga. **2** ARQ. Que está aislado.

exequias *f. pl.* Conjunto de ceremonias religiosas que se celebran por un difunto.

exfoliación *f.* 1 División o separación en escamas o láminas. 2 Escamación de la epidermis.

exfoliar [12] *tr./prnl.* Dividir o separar en escamas o láminas.

exhalación *f.* Acción y efecto de exhalar. ▶ **como una exhalación** Muy rápido.

exhalar *tr.* 1 Despedir gases, vapores u olores. 2 Lanzar quejas o suspiros.

exhaustivo, -va *adj.* Que está hecho de manera completa y muy a fondo.

exhausto, -ta *adj.* Que está muy cansado o agotado.

exhibición *f.* Presentación, muestra o exposición en público.

exhibicionismo *m.* 1 Deseo persistente y excesivo de exhibirse. 2 Conducta sexual consistente en mostrar los propios órganos genitales en público.

exhibicionista *adj./com.* [persona] Que practica el exhibicionismo.

exhibir *tr.* 1 Mostrar en público o enseñar abiertamente. ▌*tr.* 2 Presentar un documento o una prueba. ▌*prnl.* 3 Procurar ser visto o dejarse ver en público.

exhortación *f.* Acción y efecto de exhortar.

exhortar *tr.* Incitar con palabras, razones o ruegos a actuar de cierta manera.

exhortativo, -va *adj.* Que exhorta.

exhumación *f.* Acción y efecto de exhumar.

exhumar *tr.* 1 Desenterrar un cadáver. 2 Recordar algo ya olvidado.

exigencia *f.* 1 Petición imperiosa o enérgica. 2 Requerimiento o necesidad forzosa de algo. 3 Pretensión excesiva.

exigente *adj./com.* [persona] Que exige mucho.

exigir [6] *tr.* 1 Pedir de forma imperiosa o enérgica algo a lo que se tiene derecho. 2 Necesitar o ser forzosamente necesario. 3 *ven* Rogar, pedir con humildad.

exiguo, -gua *adj.* Que es muy escaso, pequeño o insuficiente.

exiliado, -da *adj./m. y f.* [persona] Que se ha visto obligada a exiliarse.

exiliar [12] *tr.* 1 Expulsar de un país o de un territorio. ▌*prnl.* 2 Abandonar el propio país obligado por razones políticas.

exilio *m.* 1 Castigo que consiste en exiliar a una persona. 2 Abandono del propio país obligado por razones políticas. 3 Lugar en el que vive la persona exiliada.

eximio, -mia *adj.* [persona] Que es muy ilustre o que destaca por alguna cualidad.

eximir *tr./prnl.* Dispensar o liberar de una carga, una obligación o un compromiso.

existencia *f.* 1 Hecho o circunstancia de existir. 2 Vida del hombre. 3 FILOS. Realidad concreta de un ser, por oposición a *esencia*. ▌*f. pl.* 4 Conjunto de mercancías que permanecen almacenadas para su venta o para su consumo posteriores.

existencial *adj.* De la existencia.

existencialismo *m.* FILOS. Doctrina filosófica que trata de fundar el conocimiento de toda realidad sobre la experiencia inmediata de la existencia propia.

existencialista *adj.* 1 FILOS. Del existencialismo. ▌*adj./com.* 2 FILOS. [persona] Que sigue el existencialismo.

existente *adj.* Que existe.

existir *intr.* 1 Tener realidad una persona o cosa. 2 Tener vida. 3 Estar o encontrarse en un lugar o en una situación.

éxito *m.* 1 Resultado feliz o muy bueno de algo. 2 Buena aceptación que tiene una persona o cosa.

exitoso, -sa *adj.* Que tiene éxito.

éxodo *m.* Movimiento de población por el cual se deja el lugar de origen para establecerse en otro país o región.

exógeno, -na *adj.* 1 Que se forma o nace en el exterior. 2 Debido a causas externas.

exonerar *tr./prnl.* 1 Aliviar o descargar de un peso, carga u obligación. 2 Destituir a alguien de un empleo o dignidad.

exorbitante *adj.* Que es excesivo o sobrepasa mucho lo que se considera regular o razonable.

exorcismo *m.* Conjunto de ritos y fórmulas destinadas a expulsar un espíritu maligno del alma de una persona.

exorcista *com.* Persona que hace exorcismos. ▌*m.* Eclesiástico de la Iglesia católica que tenía potestad para hacer exorcismos.

exótico, -ca *adj.* 1 Extranjero, especialmente si es de un país lejano y poco conocido. 2 Que es extraño o raro.

exotismo *m.* Circunstancia de ser de un país lejano y desconocido o de ser raro o extraño.

expandir *tr./prnl.* 1 Extender algo o hacer que ocupe más espacio. 2 Difundir o hacer que un hecho o una noticia sean conocidos por muchas personas.

expansión *f.* Acción y efecto de expandir o expandirse.

expansionarse *prnl.* 1 Comunicar a otra persona pensamientos o sentimientos íntimos. 2 Divertirse o distraerse.

expansionismo *m.* Tendencia de un pueblo o nación a extender su dominio político y económico a otras áreas geográficas.

expansivo, -va *adj.* 1 Que tiende a extenderse o dilatarse ocupando mayor espacio. 2 Que es comunicativo y se manifiesta abiertamente.

expatriar [14] *tr.* 1 Expulsar o hacer salir de la patria. ‖ *prnl.* 2 Abandonar la patria.

expectación *f.* Interés o intensidad con que se espera un acontecimiento.

expectante *adj.* Que espera la resolución de algo con expectación.

expectativa *f.* Esperanza o posibilidad de conseguir una cosa.

expectoración *f.* Acción y efecto de expectorar.

expectorante *adj./m.* MED. [medicina] Que ayuda a expectorar.

expectorar *tr.* MED. Arrancar mediante la tos o el carraspeo las flemas u otras secreciones de las vías respiratorias y arrojarlas por la boca.

expedición *f.* 1 Salida o viaje colectivo que se realiza con un fin determinado, especialmente científico, militar o deportivo. 2 Conjunto de personas que participan en esa salida. 3 Acción de expedir.

expedicionario, -ria *adj./m. y f.* Que participa en una expedición.

expedientar *tr.* Abrir un expediente o procedimiento administrativo a alguien para enjuiciar su actuación.

expediente *m.* 1 Conjunto de todos los documentos correspondientes a un asunto o negocio. 2 Procedimiento administrativo en el que se juzga el comportamiento de un funcionario, empleado o estudiante.

expedir [34] *tr.* 1 Remitir o enviar de un lugar a otro. 2 Extender o poner por escrito un documento según indica la ley o la costumbre.

expeditivo, -va *adj.* Que actúa con eficacia y rapidez sin detenerse ante los obstáculos o inconvenientes o sin respetar los trámites.

expedito, -ta *adj.* 1 Que está despejado o libre de obstáculos. 2 [persona] Que actúa con rapidez y agilidad.

expeler *tr.* 1 Arrojar algo que se encontraba contenido. 2 Hacer salir algo del organismo.

expendeduría *f.* Establecimiento en el que se venden productos que tienen prohibida su venta libre, generalmente tabaco, sellos y papel timbrado.

expender *tr.* 1 Vender al por menor. 2 Vender billetes o entradas.

expensas Palabra que se utiliza en la expresión *a expensas,* que significa 'a costa o por cuenta de alguien'.

experiencia *f.* 1 Conjunto de conocimientos que se consiguen con el uso, la práctica o las propias vivencias. 2 Hecho de conocer o sentir una persona algo por sí misma. 3 Experimento o prueba práctica para averiguar algo.

experimentación *f.* Método científico de investigación que consiste en provocar un fenómeno con el fin de estudiarlo.

experimentado, -da *adj.* [persona] Que tiene mucha experiencia.

experimental *adj.* Que se basa en la experiencia o en la experimentación.

experimentar *tr./intr.* 1 Provocar un fenómeno con el fin de analizar los hechos que tienen lugar durante su desarrollo y comprobar la validez de una hipótesis. ‖ *tr.* 2 Sentir o notar en uno mismo, especialmente una sensación o un estado de ánimo. 3 Sufrir alguien o algo un cambio o transformación. 4 Probar y examinar prácticamente una cosa.

experimento *m.* 1 Prueba que consiste en provocar un fenómeno con el fin de analizar los hechos que tienen lugar durante su desarrollo y determinar la validez de una hipótesis o de un principio científico. 2 Prueba de carácter práctico.

experto, -ta *adj.* 1 [persona] Que tiene mucha experiencia o es muy hábil en una actividad. ‖ *m. y f.* 2 Especialista o que sabe mucho de una materia.

expiar [13] *tr.* 1 Borrar una culpa por medio de un sacrificio o de una penitencia. 2 Sufrir o cumplir una pena que se deriva de una falta o delito.

expiatorio, -ria *adj.* Que sirve para expiar una falta o pecado cometidos.

expirar *intr.* 1 Dejar de tener vida. 2 Terminar un período de tiempo.

explanada *f.* Espacio de terreno llano.

explayar *tr./prnl.* 1 Extender la vista o el pensamiento. ‖ *prnl.* 2 Extenderse en exceso al hablar. 3 Distraerse o divertirse. 4 Expresar abiertamente un deseo, un dolor o una preocupación.

explicación *f.* Acción y efecto de explicar o explicarse.

explicar [1] *tr./prnl.* 1 Hacer que se conozca o entienda. ‖ *tr.* 2 Enseñar o dar clase. 3 Justificar una conducta, especialmente cuando se pretende disculparla.

▌ *prnl.* **4** Llegar a comprender la razón o el proceso de algo.

explicativo, -va *adj.* Que explica.

explícito, -ta *adj.* **1** Que está especificado de forma clara y patente. **2** Que expresa algo con claridad.

exploración *f.* Acción y efecto de explorar.

explorador, -ra *m. y f.* Persona que se dedica a explorar lugares lejanos.

explorar *tr.* **1** Recorrer y examinar minuciosamente un territorio para tratar de descubrir lo que hay en él. **2** Intentar averiguar las circunstancias o las características de una cosa. **3** Examinar el estado de salud de una parte del cuerpo.

explosión *f.* Acción y efecto de explotar.

explosionar *intr.* **1** Hacer explosión. ▌ *tr.* **2** Causar o provocar una explosión.

explosivo, -va *adj.* **1** Que hace explosión. **2** Impresionante, muy llamativo. ▌ *adj./f.* **3** GRAM. [consonante oclusiva] Que se pronuncia haciendo salir con rapidez el aire retenido. ▌ *m.* **4** Sustancia química que se incendia con explosión y se emplea para producir explosiones.

explotación *f.* **1** Conjunto de elementos, instalaciones u operaciones destinados a sacar provecho de un producto natural. **2** Utilización de una persona en beneficio propio de forma abusiva.

explotar *intr.* **1** Reventar o romperse una cosa de golpe por aumento de la presión interior, lanzando violentamente los fragmentos y el contenido y produciendo un gran ruido. **2** Mostrar viva y enérgicamente un sentimiento o estado del ánimo. ▌ *tr.* **3** Sacar riqueza o provecho de algo poniendo los medios necesarios para ello. **4** Utilizar a una persona en beneficio propio de forma abusiva, especialmente haciéndola trabajar mucho y pagándole poco.

expoliar [12] *tr.* Despojar injustamente o con violencia.

expolio *m.* Acción y efecto de expoliar.

exponente *m.* **1** Persona o cosa que sirve de modelo o ejemplo. **2** MAT. Número o expresión matemática colocado en la parte superior y a la derecha de otro número o expresión, para indicar las veces que debe multiplicarse por sí mismo.

exponer [78] *tr./intr.* **1** Presentar, mostrar o poner a la vista. ▌ *tr.* **2** Decir, explicar o manifestar alguna cosa. ▌ *tr./prnl.* **3** Colocar una cosa para que reciba la acción o la influencia de un agente. **4** Poner en peligro algo.

exportación *f.* **1** Acción de exportar. ▌ *f. pl.* **2** Conjunto de cosas que se exportan.

exportar *tr.* Transportar y vender en el extranjero los productos del país.

exposición *f.* **1** Acción de exponer. **2** Conjunto de obras o de productos que se exponen. **3** Tiempo durante el cual recibe luz una película fotográfica para que se impresione.

expositor, -ra *adj./m. y f.* **1** [persona, entidad] Que concurre a una exposición pública con objetos de su propiedad o industria. ▌ *m.* **2** Mueble que sirve para exponer algo a la vista del público.

exprés *adj.* **1** [electrodoméstico, olla] Que funciona con rapidez utilizando una gran presión. ▌ *adj./m.* **2** [café] Que está hecho con una cafetera de este tipo.

expresar *tr./prnl.* Dar a conocer con palabras o con otros signos exteriores un pensamiento o sentimiento.

expresión *f.* **1** Acción de expresar o expresarse. **2** Forma o modo de expresarse o de hablar.

expresionismo *m.* Movimiento artístico de origen europeo surgido a principios del siglo xx que se caracteriza por la intensidad de la expresión de los sentimientos y las sensaciones.

expresionista *adj.* **1** Del expresionismo. ▌ *adj./com.* **2** [persona] Que es partidario y seguidor del expresionismo.

expresividad *f.* Cualidad de expresivo.

expresivo, -va *adj.* Que muestra con enorme viveza los pensamientos o los sentimientos.

expreso, -sa *adj.* **1** Que está dicho o especificado de forma clara y patente, no solo insinuado o sabido por sabido. ▌ *adj./m.* **2** [tren] Que transporta personas y se detiene solamente en las estaciones principales. También se dice *tren expreso.*

exprimidor *m.* Utensilio o aparato eléctrico que sirve para exprimir frutas.

exprimir *tr.* **1** Retorcer o apretar con fuerza una cosa, especialmente una fruta, para sacarle el jugo que tiene dentro. **2** Sacar de alguien o de algo el máximo partido posible.

expropiar [12] *tr.* Quitar legalmente una propiedad a su dueño por motivos de interés público.

expuesto, -ta *part.* Participio irregular de *exponer.* También se usa como adjetivo.

expulsar *tr.* Hacer salir a una persona o una cosa de un lugar.

expulsión *f.* Acción y efecto de expulsar.

expurgar [7] *tr.* **1** Limpiar o purificar una cosa. **2** Suprimir la autoridad competente lo que considera erróneo, molesto u ofensivo en un libro u otro escrito.

exquisitez *f.* Cualidad de exquisito.

exquisito, -ta *adj.* **1** Que es de una calidad, un refinamiento y un buen gusto extraordinarios. **2** Que es muy bueno y capaz de satisfacer el gusto más refinado.

extasiar [13] *tr./prnl.* Producir un sentimiento de placer o admiración tan intenso que impide apartar la atención de ello.

éxtasis *m.* **1** Estado de la persona que está extasiada o admirada. **2** Estado del alma que logra la unión mística con Dios por medio de la contemplación. **3** Droga química que causa falsos estados de alegría o de excitación sexual.

OBS El plural también es *éxtasis*.

extemporáneo, -nea *adj.* **1** Impropio del tiempo en que se produce u ocurre. **2** Que se hace u ocurre en un momento inadecuado o inoportuno.

extender [28] *tr.* **1** Abrir, desplegar o desenrollar una cosa aumentando su superficie. **2** Poner por escrito y según indica la ley o la costumbre. ▌ *tr./prnl.* **3** Hacer que se separen y ocupen más espacio cosas que estaban juntas. **4** Propagar algo, especialmente una noticia o una influencia. **5** Ampliar o aplicar a más cosas algo originariamente más restringido, especialmente una autoridad, jurisdicción o derecho. ▌ *prnl.* **6** Ocupar una cantidad de espacio o de tiempo. **7** Alcanzar, llegar.

extensible *adj.* Que se puede extender.

extensión *f.* **1** Acción y efecto de extender o extenderse. **2** Línea de teléfono conectada a una centralita. **3** Número que corresponde a esta línea. **4** Amplitud o duración en el espacio.

extensivo, -va *adj.* Que se extiende o puede extenderse.

extenso, -sa *adj.* Que tiene mucha extensión.

extensor, -ra *adj.* Que extiende o hace que se extienda algo.

extenuado, -da *adj.* [persona] Que está muy cansado o débil.

extenuar [11] *tr./prnl.* Cansar al máximo o dejar muy débil.

exterior *adj.* **1** Que está por la parte de fuera. **2** [vivienda, habitación] Que las ventanas dan a la calle y no a un patio interior. **3** Que tiene relación con otros países o se desarrolla fuera del país. ▌ *m.* **4** Parte de fuera de una cosa, especialmente de un edificio. ▌ *m. pl.* **5** Espacios al aire libre y fuera de un estudio en los que se ruedan escenas. **6** Escenas de película rodadas fuera de los estudios y al aire libre.

exteriorización *f.* Muestra o manifestación hacia el exterior de un pensamiento o de un sentimiento.

exteriorizar [4] *tr./prnl.* Mostrar o manifestar al exterior un pensamiento o un sentimiento.

exterminación *f.* Acción de exterminar.

exterminar *tr.* **1** Destruir totalmente, especialmente una especie animal o vegetal. **2** Destruir o devastar un lugar habitado en una batalla.

exterminio *m.* Exterminación.

externo, -na *adj.* **1** Que está, actúa o se manifiesta por fuera. ▌ *adj./m. y f.* **2** [persona] Que no reside ni come en el mismo lugar en el que trabaja o estudia.

extinción *f.* Acción y efecto de extinguir.

extinguir [8] *tr./prnl.* **1** Apagar un fuego. **2** Terminar o dejar de existir algo después de haber ido disminuyendo o desapareciendo poco a poco. ▌ *prnl.* **3** Finalizar o concluir un plazo.

extintor *m.* Aparato que se usa para apagar un incendio.

extirpación *f.* Acción y efecto de extirpar.

extirpar *tr.* **1** Quitar definitivamente algo perjudicial del lugar en el que ha crecido o se ha producido. **2** Destruir o acabar del todo con algo perjudicial o peligroso.

extorsión *f.* Acción y efecto de extorsionar.

extorsionar *tr.* Arrebatar mediante el uso de la fuerza o la intimidación.

extorsionista *com.* Persona que causa o lleva a cabo una extorsión.

extra *adj.* **1** Que es de calidad superior a la normal. ▌ *adj./m.* **2** Que se añade a lo normal. ▌ *com.* **3** Persona que interviene en una película o una obra de teatro como comparsa o figurante. ▌ *f.* **4** Paga que se añade al sueldo.

extra- Prefijo que significa: *a)* 'Fuera de'. *b)* 'Sumamente, extremadamente'.

extracción *f.* Acción y efecto de extraer.

extracto *m.* **1** Resumen o reducción de un escrito o documento. **2** Sustancia muy concentrada.

extractor, -ra *adj.* **1** Que extrae. ▌ *m.* **2** Aparato que sirve para sacar el humo o los olores y echarlos fuera de un lugar.

extradición *f.* Acción de extraditar.

extraditar *tr.* Entregar a una persona refugiada o detenida en un país a las autoridades de otro que la reclaman para juzgarla.

extraer *tr.* 1 Poner una cosa fuera del lugar en el que estaba metida, incluida o situada. 2 Obtener una sustancia separándola del cuerpo o del compuesto que la contiene. 3 Averiguar el valor o resultado de una raíz matemática.

extralimitarse *prnl.* Ir más allá del límite aconsejado o autorizado en el comportamiento o en las atribuciones.

extramuros *adv.* Fuera del recinto de una población.

extranjería *f.* 1 Situación y condición legal de la persona extranjera. 2 Conjunto de normas que regulan la condición y los intereses de los extranjeros en un país.

extranjerismo *m.* GRAM. Palabra o modo de expresión procedente de una lengua extranjera que no se hallan totalmente incorporados a la lengua que los usa.

extranjero, -ra *adj./m. y f.* 1 Que es o viene de otro país. ▮ *m.* 2 País o países distintos del propio.

extranjis *coloquial* Palabra que forma parte de la locución adverbial *de estranjis* y significa 'de manera oculta o en secreto'.

extrañar *tr./prnl.* 1 Producir una cosa sorpresa, admiración o extrañeza a alguien. ▮ *tr.* 2 Echar de menos o sentir la falta de una persona o cosa. 3 Encontrar rara una cosa por ser diferente de la que usamos comúnmente.

extrañeza *f.* 1 Cualidad de extraño o distinto de lo normal. 2 Sorpresa, admiración o asombro.

extraño, -ña *adj.* 1 Que es raro o distinto de lo normal. 2 Que no tiene parte en lo que se expresa. 3 [cosa] Que se desconoce o ignora y no se comprende su naturaleza y cualidades. ▮ *adj./m. y f.* 4 [persona] Que pertenece a un grupo o círculo no conocido.

extraoficial *adj.* Que no es oficial, que no procede de la autoridad competente.

extraordinario, -ria *adj.* 1 Que destaca por sus buenas cualidades. 2 Que se aparta de lo normal. ▮ *adj./m.* 3 [publicación] Que aparece por una razón especial. ▮ *adj./f.* 4 [pago] Que se añade al sueldo.

extrapolación *f.* Acción y efecto de extrapolar.

extrapolar *tr.* 1 Aplicar a un campo las conclusiones conseguidas en otro. 2 Sacar una frase o expresión del lugar en el que se ha dicho y darle un sentido distinto. 3

MAT. Calcular el valor de una variable en un momento y en unas condiciones dadas en función de otros valores de la misma.

extrarradio *m.* Alrededores de un pueblo o una ciudad.

extrasensorial *adj.* Que se percibe o acontece sin la intervención de los órganos sensoriales o que queda fuera de su alcance.

extraterrestre *adj.* 1 Del espacio exterior a la Tierra. ▮ *adj./com.* 2 De otro planeta.

extraterritorial *adj.* Que está o se considera fuera de los límites territoriales.

extraterritorialidad *f.* Privilegio de estar sujeto a las leyes o derechos del país propio cuando se está en un país extranjero.

extravagancia *f.* Rareza u originalidad excesivas.

extravagante *adj.* Que es extraño y se aparta de lo común. ▮ *adj./com.* [persona] Que llama la atención por actuar o pensar de manera original o extraña.

extravertido, -da o **extrovertido, -da** *adj./m. y f.* [persona] Que es muy sociable y su atención, interés y actividad se dirigen predominantemente al mundo exterior.

extraviar [13] *tr./prnl.* 1 Perder alguien una cosa, no encontrarla en su sitio y no saber dónde está. 2 Perder o hacer perder el camino. 3 No fijar la vista en un objeto determinado.

extravío *m.* Pérdida de algo que no se encuentra o no se sabe dónde está.

extremado, -da *adj.* 1 Situado o llevado al extremo de una escala o gradación. 2 Exagerado, que se sale de lo normal.

extremar *tr.* Llevar una cosa al extremo o al grado máximo.

extremaunción *f.* Sacramento que se administra a fieles que están a punto de morir y en el que el sacerdote les hace la señal de la cruz con óleo sagrado.

extremeño, -ña *adj.* 1 De Extremadura. ▮ *adj./m. y f.* 2 [persona] Que es de Extremadura. ▮ *m.* 3 Variedad del español hablado en Extremadura.

extremidad *f.* 1 Cada una de las partes que constituyen los extremos del cuerpo en el hombre y los animales, especialmente brazos y piernas o patas. 2 Parte primera o última de una cosa. 3 Último estado o valor que puede alcanzar una cosa.

extremismo *m.* Tendencia hacia unas ideas o unas actitudes extremas o exageradas, especialmente en política.

extremista *adj.* 1 Del extremismo. ▮ *adj./*

com. **2** [persona] Que es partidario del extremismo.

extremo, -ma _adj._ **1** Que es muy intenso o tiene una cualidad en mayor grado que los demás. **2** Que está muy distante o lejano en el espacio o el tiempo. **3** Que es el último o que se encuentra en el límite. ▎ _m._ **4** Parte primera o última. **5** Punto último al que puede llegar una cosa. **6** Jugador de la línea delantera de un equipo de fútbol y de otros deportes que se coloca próximo a las bandas derecha e izquierda del campo. ▶ **en extremo** Demasiado, excesivamente. ▶ **en último extremo** Si no hay otra salida o remedio.

extrínseco, -ca _adj._ Que no es propio ni característico de una cosa o que es externo a ella.

extrovertido, -da _adj./m. y f._ Extravertido.

exuberancia _f._ Abundancia o desarrollo extraordinario de una cosa.

exuberante _adj._ Que es muy abundante o que está extraordinariamente desarrollado.

exudación _f._ Acción de exudar.

exudar _intr./tr._ Salir un líquido a través de los poros o las grietas de un cuerpo.

exultar _intr._ Mostrar gran alegría o satisfacción con mucha excitación.

exvoto _m._ Ofrenda hecha a Dios, a la Virgen o a los santos en agradecimiento a un beneficio recibido.

eyaculación _f._ Acción de eyacular.

eyacular _tr./intr._ Lanzar con fuerza el contenido de un órgano, especialmente el semen.

eyectar _tr./prnl._ Lanzar o proyectar con fuerza al exterior.

eyector _m._ **1** Bomba que sirve para expulsar un fluido a gran velocidad mediante la corriente de otro fluido. **2** Mecanismo que sirve para expulsar los cartuchos vacíos en las armas de fuego. **3** Mecanismo que sirve para dar velocidad a un vehículo espacial.

-eza Sufijo que entra en la formación de sustantivos femeninos abstractos con el significado de 'cualidad'.

F

f *f.* Sexta letra del alfabeto español.

fa *m.* Cuarta nota de la escala musical.

fabada *f.* Comida típica de Asturias que se hace con judías, chorizo, tocino y morcilla.

fábrica *f.* Establecimiento que tiene máquinas y las instalaciones necesarias para crear o elaborar productos en gran número.

fabricación *f.* Preparación de un producto a partir de la combinación de sus componentes.

fabricante *adj./com.* [persona, empresa] Que se dedica a fabricar o elaborar productos en gran número.

fabricar [1] *tr.* **1** Preparar un producto a partir de la combinación de sus componentes. **2** Construir o hacer manualmente alguna cosa.

fabril *adj.* De la fábrica.

fábula *f.* Obra literaria en prosa o verso que cuenta una historia con contenido moral y cuyos protagonistas suelen ser animales. ▸ **de fábula** *coloquial* Estupendo, muy bien o muy bueno.

fabulación *f.* Invención o imaginación de una historia o argumento.

fabular *tr.* Imaginar o inventar una historia o argumento.

fabulista *com.* Persona que escribe fábulas literarias.

fabuloso, -sa *adj.* **1** Que es inventado y no se ajusta a la realidad. **2** Que destaca por sus buenas cualidades.

facción *f.* **1** Bando de gente que se separa de un grupo por no estar de acuerdo con sus ideas y se opone a ellas de modo violento. **2** Cada una de las partes de la cara humana. Se usa generalmente en plural.

faccioso, -sa *adj./m. y f.* **1** Que es miembro de un bando o facción. **2** Que es rebelde y se levanta en armas contra el poder o la autoridad.

faceta *f.* **1** Aspecto que puede ser considerado en un asunto o en la vida de una persona. **2** Cara de una figura sólida, especialmente cuando es de pequeño tamaño.

facha *f.* **1** Manera de aparecer o de mostrarse a la vista. ‖ *adj./com.* **2** *coloquial* [persona] Que es partidario del fascismo. Tiene valor despectivo.

fachada *f.* Pared exterior y principal de un edificio.

facial *adj.* De la cara.

fácil *adj.* **1** Que se puede hacer, entender o conseguir con poca inteligencia, poco trabajo o poca habilidad. **2** Que es muy probable o que hay muchas posibilidades de que suceda. **3** [persona] Que se deja seducir sin oponer resistencia y se presta fácilmente a tener relaciones sexuales. Tiene valor despectivo.

facilidad *f.* **1** Disposición o capacidad para hacer, entender o conseguir una cosa sin esfuerzo o sin dificultad. **2** Ausencia de dificultad o de esfuerzo. **3** Condiciones o circunstancias que se proporcionan a alguien y le hacen fácil o posible conseguir o ejecutar una cosa.

facilitar *tr.* **1** Hacer fácil o posible. **2** Proporcionar o entregar a alguien una cosa.

facineroso, -sa *adj./m. y f.* [persona] Que es un delincuente habitual.

facsímil *m.* Perfecta imitación o reproducción de un escrito o un dibujo.

factible *adj.* Que se puede hacer.

fáctico, -ca *adj.* Que está basado en los hechos y no en la teoría.

factor, -ra *m.* 1 Elemento o circunstancia que contribuye a producir un resultado. 2 MAT. Cada una de las cantidades que se multiplican para calcular su producto.

factoría *f.* 1 Fábrica o industria. 2 Establecimiento que un país tiene en otro.

factura *f.* 1 Cuenta en la que se detallan las mercancías compradas o los servicios recibidos y la cantidad de dinero que se pide por ellos. ▸ **pasar factura** Traer consecuencias negativas.

facturación *f.* 1 Entrega y registro en una estación de transportes de un equipaje o de una mercancía para que se envíe a un destino. 2 Elaboración de una factura.

facturar *tr.* 1 Entregar y registrar en una estación de transportes un equipaje o una mercancía para que sea enviada a su lugar de destino. 2 Hacer una factura.

facultad *f.* 1 Capacidad o aptitud física, intelectual o moral que tiene una persona para hacer una cosa o ejercer una función. 2 Poder o derecho para hacer una cosa. 3 Parte de una universidad que corresponde a una rama del saber y que organiza los estudios de varias carreras. 4 Edificio e instalaciones en que se encuentra esa parte de la universidad.

facultar *tr.* Conceder a alguien facultad, poder o derecho para hacer una cosa.

facultativo, -va *adj.* 1 Que no es necesario y que puede hacerse u omitirse con total libertad. 2 De la facultad o relacionado con el poder o derecho para hacer algo. ▌ *m. y f.* 3 Persona que se ha titulado en medicina y que ejerce como tal.

facundia *f.* Facilidad y abundancia en el hablar.

fado *m.* Canción popular portuguesa de carácter melancólico.

faena *f.* 1 Actividad, tarea o trabajo. 2 Labor del torero, especialmente en el último tercio de la corrida. 3 Obra o dicho que molesta, causa un daño o está hecho con mala intención.

faenar *intr.* Pescar y hacer las faenas propias de la pesca marina.

fafarachero, -ra *adj.* AMÉR Que es dado a la jactancia y el alarde.

-fagia Elemento sufijal que significa 'acción de comer o tragar'.

fago-, -fago, -faga Elemento prefijal y sufijal que significa 'comedor, que se alimenta de'; 'devorador, que destruye'.

fagocitar *tr.* BIOL. Absorber y digerir ciertas células las partículas nocivas o inútiles del organismo.

fagocito *m.* BIOL. Célula de la sangre y de muchos tejidos animales que tiene la propiedad de capturar y digerir partículas nocivas o inútiles para el organismo.

fagocitosis *f.* BIOL. Proceso por el cual los fagocitos engloban y digieren otros cuerpos nocivos o inútiles del organismo.
OBS El plural también es *fagocitosis*.

fagot *m.* Instrumento musical de viento formado por un tubo de madera con llaves del que sale otro tubo de metal corto, fino y curvo, que termina en una boquilla.
OBS El plural es *fagotes*.

faisán *m.* Ave de la familia de la gallina con un penacho de plumas en la cabeza y un vistoso plumaje de color amarillo, verde y rojo con reflejos brillantes.

faja *f.* 1 Prenda interior de tejido elástico que cubre desde la cintura hasta la parte alta de las piernas. 2 Banda de tela con que se rodea el cuerpo por la cintura. 3 Tira de papel o de otro material que envuelve o rodea un libro, un periódico o un paquete.

fajar *tr.* 1 Rodear o envolver a una persona o cosa con una faja. 2 AMÉR Dar una fuerte paliza con un palo u otro objeto.

fajín *m.* Faja o banda de seda que se coloca alrededor de la cintura.

fajo *m.* Conjunto de cosas, generalmente largas y estrechas, puestas unas sobre otras y atadas por su centro.

falacia *f.* Engaño o mentira, especialmente cuando con ello se intenta hacer daño.

falafel o **faláfel** *m.* 1 Albóndiga de pasta de garbanzo muy especiada. 2 Sándwich que se hace con estas albóndigas.

falange *f.* ANAT. Cada uno de los pequeños huesos que forman el esqueleto de los dedos de las manos o de los pies.

falangismo *m.* Movimiento político y social de Falange Española, fundado por José Antonio Primo de Rivera en 1933 y basado en el ideario del fascismo italiano.

falangista *adj.* 1 Del falangismo. ▌ *adj./ com.* 2 [persona] Que es partidario o seguidor del falangismo.

falaz *adj.* Que engaña o dice mentiras.

falda *f.* 1 Prenda de vestir, generalmente de mujer, que cae desde la cintura hacia abajo. 2 Parte que cae suelta de una prenda de vestir desde la cintura hacia abajo. 3 Parte inferior del lado de una montaña.

faldero *adj.* Que es muy aficionado a seducir a las mujeres.

faldriquera *f.* Bolsa pequeña que se ata a la cintura y se lleva colgando bajo la ropa.

falla *f.* **1** GEOL. Fractura que se ha producido en un terreno a causa de un movimiento de tierra. **2** Figura o conjunto de figuras de madera y cartón que han sido construidas para ser quemadas en las calles durante las Fallas. ‖ *f. pl.* **3** Fiestas populares de Valencia. Se escribe con letra mayúscula.

fallar *intr.* **1** No llegar a buen fin o no conseguir lo que se espera. ‖ *tr./intr.* **2** Tomar una decisión un tribunal o un jurado.

fallecer [43] *intr.* Morir una persona.

fallecimiento *m.* Muerte o terminación de la vida de una persona.

fallero, -ra *adj.* **1** De las Fallas.

fallido, -da *adj.* Que no da el resultado perseguido o esperado.

falla *f.* **1** Equivocación o error. **2** Avería de una máquina o aparato.

fallo *m.* **1** ESP Falla. **2** Decisión de un tribunal o jurado.

falo *m. culto* Pene.

falsario, -ria *adj./m. y f.* Que tiene la costumbre de engañar o de inventar mentiras o falsedades.

falsear *tr.* Cambiar o alterar una cosa para que deje de ser verdadera o auténtica.

falsedad *f.* Falta de verdad o de autenticidad.

falsificación *f.* Copia o imitación de algo que se hace pasar por verdadera o auténtica.

falsificar [1] *tr.* Hacer una falsificación.

falsilla *f.* Hoja de papel con líneas muy señaladas, que se pone debajo del papel en que se va a escribir para que sirva de guía.

falso, -sa *adj.* **1** Que no es verdadero o que no corresponde a la realidad. **2** Que imita o se parece a una cosa real. **3** Que engaña por su aspecto o intención. ▶ **en falso** Con intención contraria a la que se expresa.

falta *f.* **1** Error o equivocación. **2** Carencia o privación de una cosa necesaria o útil. **3** Ausencia de una persona. **4** Apunte con el que se indica que una persona no está en el sitio que debe. **5** Acción censurable o merecedora de un castigo. **6** Incumplimiento de una regla en un juego o en un deporte. **7** Ejecución o realización del castigo que corresponde a dicha falta. **8** Defecto o imperfección. ▶ **echar en falta** Echar de menos. ▶ **hacer falta** Ser necesario. ▶ **sin falta** Con seguridad.

faltar *intr.* **1** No estar en un lugar o no existir donde sería necesario. **2** Tener que transcurrir para llegar a cierto punto o situación. **3** Quedar todavía por hacer.

4 Acabarse o no haber bastante. **5** No responder o no cumplir. ‖ *intr./tr.* **6** Tratar sin respeto ni consideración a una persona. ▶ **¡no faltaba más!** o **¡no faltaría más!** *a)* Expresión con que se enfatiza el rechazo de una petición o un hecho que se considera inadmisible. *b)* Expresión de cortesía que significa 'desde luego, sin duda'.

falto, -ta *adj.* Carente o necesitado de la cosa que se expresa.

faltriquera *f.* Bolsa pequeña que se ata a la cintura y se lleva colgando bajo la ropa.

falucho *m.* Pequeña embarcación costera con una vela latina o triangular.

fama *f.* **1** Opinión de la gente sobre una persona. **2** Situación o estado de popularidad y admiración pública.

famélico, -ca *adj.* **1** Que tiene mucha hambre. **2** Que es delgado en exceso.

familia *f.* **1** Grupo de personas emparentadas entre sí que viven juntas. **2** Conjunto de ascendientes, descendientes y demás personas relacionadas entre sí por parentesco de sangre o legal. **3** Hijo o conjunto de hijos o descendientes de una persona. **4** BIOL. Categoría de clasificación de los seres vivos inferior a la de orden y superior a la de género. ▶ **de buena familia** Que pertenece a una familia de clase social alta. ▶ **en familia** Sin gente extraña y con confianza.

familiar *adj.* **1** De la familia. **2** Que es sencillo y llano. **3** Que se conoce muy bien o se hace fácilmente. **4** [lenguaje] Que se usa en la conversación normal o corriente. ‖ *m.* **5** Persona que pertenece a la misma familia que otra.

familiaridad *f.* Sencillez y sinceridad en el trato.

familiarizar [4] *tr./prnl.* **1** Adaptar, acostumbrar o hacer familiar o común una cosa. ‖ *prnl.* **2** Llegar a tener un trato familiar con una persona.

famoso, -sa *adj./m. y f.* Que es muy conocido o tiene fama.

fan *com.* Persona que admira o apoya a una persona o una cosa con gran pasión.

OBS Es de origen inglés. El plural es *fans*.

fanal *m.* Farol grande empleado a bordo de los barcos como insignia de mando y en los puertos como señal nocturna.

fanático, -ca *adj./m. y f.* [persona] Que defiende una creencia o una opinión con pasión exagerada.

fanatismo *m.* Pasión exagerada al defender una creencia.

fancine o **fanzine** *f.* Revista hecha por

aficionados que no se vende en quioscos o librerías y trata temas variados.

fandango *m.* **1** Baile popular de movimiento vivo y apasionado. **2** Canto y música que acompañan a este baile.

fanega *f.* Medida de capacidad para el grano, las legumbres y otros frutos secos, de valor variable según las regiones.

fanerógamo, -ma *adj./f.* BOT. Planta que se reproduce por semillas formadas en las flores.

fanfarria *f.* **1** Conjunto musical ruidoso y festivo formado principalmente por instrumentos de metal. **2** Música interpretada por este conjunto musical.

fanfarrón, -rrona *adj./m. y f.* [persona] Que presume de lo que no es, especialmente de valiente, o de lo que tiene.

fanfarronada *f.* Obra o dicho propio de una persona fanfarrona.

fanfarronear *intr.* Hablar y comportarse con arrogancia presumiendo de lo que se tiene o de lo que no se es.

fanfarronería *f.* **1** Modo de hablar y de comportarse propios de un fanfarrón. **2** Obra o dicho propio de un fanfarrón.

fango *m.* Barro espeso y pegajoso, especialmente el que se forma en el suelo que tiene agua estancada.

fangoso, -sa *adj.* Que está lleno de fango o que, como él, es blando y viscoso.

fantasear *intr.* Dejar libre la imaginación o la fantasía.

fantasía *f.* **1** Cualidad del ser humano para formar imágenes mentales, para inventar o para crear ideas. **2** Imagen mental irreal. **3** Imaginación creadora o facultad mental para inventar o producir obras literarias o de arte.

fantasioso, -sa *adj./m. y f.* [persona] Que tiene mucha fantasía y tiende a dejarse llevar por la imaginación.

fantasma *adj.* **1** Que tiene una existencia dudosa o poco segura. ‖ *adj./com.* **2** [persona] Que presume de lo que no es o de tener lo que no tiene. ‖ *m.* **3** Imagen de una persona muerta que se aparece a los vivos. **4** Imagen o idea irreal creada por la imaginación.

fantasmada *f.* Obra o dicho de la persona fantasma.

fantasmagórico, -ca *adj.* Que es una ilusión de los sentidos.

fantasmal *adj.* Del fantasma o que tiene relación con esta imagen irreal.

fantasmear *intr.* Presumir una persona de algo que no es o que no tiene.

fantástico, -ca *adj.* **1** Que no es real o que es producto de la imaginación. **2** Que sobresale por sus buenas cualidades.

fantoche *m.* **1** Persona fantasma. **2** Persona de aspecto ridículo y grotesco.

fanzine *m.* Fancine.

faquir *m.* **1** Religioso de la India y otros países orientales que lleva una vida de oración y gran austeridad, vive de la limosna y realiza actos de mortificación sorprendentes. **2** Persona que se somete a pruebas que suelen causar daño sin que ello le produzca ningún tipo de dolor.

farad o **faradio** *m.* Unidad de capacidad eléctrica en el Sistema Internacional.

OBS *Farad* es la denominación internacional del faradio.

faralá *m.* Pieza de tela doblada y cosida por la parte superior, y suelta por abajo, que sirve para adornar las prendas de vestir.

OBS Se usa más en plural.

farándula *f.* Profesión y ambiente de las personas que se dedican al espectáculo, especialmente al teatro.

farandulero, -ra *m. y f.* Persona que se dedicaba a la farándula.

faraón *m.* Soberano del antiguo Egipto.

faraónico, -ca *adj.* **1** Del faraón. **2** Que es fastuoso, grandioso o que requiere mucho trabajo.

fardar *intr. coloquial* Presumir o alardear de una virtud o de una cosa que se posee.

fardo *m.* Lío o paquete de ropa u otra mercancía muy apretado y atado.

fardón, -dona *adj./m. y f.* [persona] Que farda.

farero, -ra *m. y f.* Persona que se dedica al mantenimiento y vigilancia de un faro.

fárfara *f.* Telilla o piel delgada y delicada que recubre la parte interior de la cáscara de los huevos de ave.

farfullar *tr.* Decir una cosa muy deprisa y de manera atropellada y confusa.

farfullero, -ra *adj./m. y f.* [persona] Que farfulla.

faringe *f.* ANAT. Parte del aparato digestivo en forma de tubo, de paredes musculosas y situada a continuación de la boca.

faríngeo, -gea *adj.* ANAT. De la faringe.

faringitis *f.* Inflamación de la faringe.

OBS El plural también es *faringitis*.

fariseo, -sea *adj./m. y f.* **1** [persona] Que es hipócrita y finge una moral, unos sentimientos o unas creencias religiosas que no tiene. ‖ *m.* **2** Miembro de una secta judía de la época de Jesucristo.

farmacéutico, -ca *adj.* **1** De la farmacia o que tiene relación con este establecimiento. ‖ *m. y f.* **2** Persona que tiene los estudios de farmacia o que se dedica a preparar o a vender medicinas en una farmacia.

farmacia *f.* **1** Establecimiento donde se hacen o venden medicinas. **2** Ciencia que trata de la preparación de medicamentos y de las propiedades de sus componentes.

fármaco *m.* Sustancia que sirve para curar, calmar o evitar enfermedades.

farmacología *f.* Rama de la medicina que se ocupa de los medicamentos y de su acción terapéutica.

faro *m.* **1** Torre alta en las costas y puertos que dispone de una luz potente en la parte superior para orientar de noche a los navegantes. **2** Foco de luz potente en la parte delantera de los vehículos automotores que sirve para iluminar el camino.

farol *m.* **1** Caja con una o más caras de cristal o de otro material transparente que contiene una luz para alumbrar. **2** Obra o dicho exagerado o sin fundamento.

farola *f.* Farol grande y colocado en alto que sirve para alumbrar las calles y algunos tramos de carretera.

farolero, -ra *adj./m. y f. coloquial* [persona] Que tiende a decir cosas falsas y exageradas.

farolillo *m.* Farol de papel, celofán o plástico de colores que se cuelga del techo y de las paredes como adorno en las fiestas.

farra *f.* Juerga o diversión muy animada y ruidosa.

farragoso, -sa *adj.* Que es poco claro y contiene cosas o ideas sin relación.

farruco, -ca *adj.* [persona] Que se muestra en actitud valiente y desafiante o que es insolente.

farsa *f.* **1** Obra de teatro cómica y de corta duración. **2** Obra de teatro de poca calidad o de mal gusto. Tiene valor despectivo. **3** Hecho o situación que es un engaño o que pretende aparentar algo.

farsante, -ta *adj./m. y f.* **1** [persona] Que miente o engaña, especialmente que finge lo que no siente o se hace pasar por lo que no es. ‖ *com.* **2** Persona que se dedicaba a representar farsas.

fasc. Abreviatura de *fascículo*, 'cuaderno'.

fascículo *m.* Cada una de las partes de un libro o de una colección que se publican periódicamente y de forma independiente.

fascinación *f.* Atracción o seducción irresistible.

fascinante *adj.* Que fascina.

fascinar *tr.* Atraer irresistiblemente la atención, simpatía o amor de una persona.

fascismo *m.* **1** Movimiento político y social fundado en Italia por Benito Mussolini (1883-1945). **2** Doctrina de carácter totalitario y nacionalista de este movimiento y otros similares en otros países.

fascista *adj.* **1** Del fascismo. ‖ *adj./com.* **2** [persona] Que es partidario del fascismo.

fase *f.* **1** Momento, período o estado que forma parte de una serie o de un proceso. **2** ASTR. Cada una de las diversas apariencias que toma la Luna según la ilumina el Sol.

fastidiar [12] *tr.* **1** Enfadar, disgustar o molestar. **2** Causar a alguien un perjuicio no muy grave. ‖ *prnl.* **3** Aguantarse o sufrir con paciencia un contratiempo que no se puede evitar.

fastidio *m.* Disgusto, molestia o cansancio.

fastidioso, -sa *adj.* Que causa fastidio.

fasto, -ta *m.* Lujo extraordinario.

fastuosidad *f.* Fasto.

fastuoso, -sa *adj.* Que tiene o muestra un lujo extraordinario.

fatal *adj.* **1** Que es muy malo o no se puede soportar. **2** Que es desgraciado, infeliz o muy perjudicial. **3** Inevitable o determinado por el destino. ‖ *adv.* **4** Muy mal.

fatalidad *f.* Desgracia o mala suerte.

fatalismo *m.* **1** FILOS. Doctrina filosófica que considera que los acontecimientos están sujetos a una fuerza superior que rige el mundo. **2** Actitud de la persona que se somete al curso de los sucesos porque cree que es imposible torcer el destino.

fatídico, -ca *adj.* **1** Que es desgraciado, nefasto o muy negativo. **2** Que anuncia lo que sucederá en el futuro, generalmente desgracias.

fatiga *f.* **1** Sensación de cansancio que se experimenta después de un intenso y continuado esfuerzo físico o mental. **2** Molestia o dificultad al respirar. **3** Molestia, sufrimiento o trabajo excesivo. Se usa más en plural.

fatigar [7] *tr./prnl.* Causar un trabajo o un esfuerzo fatiga o cansancio.

fatigoso, -sa *adj.* **1** Que causa fatiga o cansancio. **2** Que tiene o muestra fatiga o dificultad al respirar.

fatuo, -tua *adj./m. y f.* [persona] Que es presuntuoso y engreído.

fauces *f. pl.* Parte posterior de la boca de los mamíferos que va desde el velo del paladar hasta el principio del esófago.

fauna *f.* Conjunto de las especies animales de un país, región o período geológico.

fauno *m.* Divinidad de la mitología romana que habitaba en los campos y las selvas.

fausto, -ta *adj.* **1** Afortunado, que causa alegría y felicidad. ▌*m.* **2** Fasto.

favela *f.* Vivienda humilde que es característica de zonas suburbiales no urbanizadas de Brasil.

favor *m.* **1** Ayuda o protección que se da o se concede. **2** Confianza, apoyo o privilegio prestado a alguien, generalmente por una persona de autoridad, poder o influencia. ▸ **a favor de** En beneficio o utilidad de alguien o algo. ▸ **en favor de** En beneficio o utilidad de alguien o algo. ▸ **hacer el favor de** o **por favor** Expresión de cortesía que se usa para pedir o rogar alguna cosa, aunque también puede decirse con enfado.

favorable *adj.* **1** Que favorece o hace más fácil una cosa o una acción. **2** Inclinado a hacer una cosa o a conceder lo que se le pide.

favorecer [43] *tr.* **1** Dar o hacer un favor. **2** Hacer más fácil o posible la ejecución de una cosa o una acción. **3** Mostrar apoyo o confianza. **4** Dar hermosura o sentar bien un adorno o una vestimenta.

favoritismo *m.* Tendencia o inclinación a favorecer más a unas personas que a otras.

favorito, -ta *adj./m. y f.* **1** Que es mejor considerado o más querido por los demás. **2** Que tiene las mayores posibilidades de ganar una competición.

fax *m.* **1** Sistema de comunicación que permitía mandar información escrita a través del teléfono. **2** Aparato que permitía mandar y recibir mensajes a través del fax. **3** Mensaje escrito que se ha comunicado a través del fax.

faz *f.* Parte anterior de la cabeza de las personas.

fe *f.* **1** Virtud teologal del cristianismo que consiste en creer en la palabra de Dios y en la doctrina de la Iglesia. **2** Conjunto de ideas y creencias de una religión o doctrina. **3** Confianza o creencia en personas o cosas. ▸ **dar fe** Afirmar la verdad de algo de manera legal. ▸ **de buena** (o **mala**) **fe** Con buena o mala intención o deseo. ▸ **fe de erratas** Lista que se añade a veces en un libro para señalar y corregir los errores que han aparecido en él.

fealdad *f.* Falta de belleza.

febrero *m.* Segundo mes del año.

febrífugo, -ga *adj./m.* MED. [sustancia, me-

dicamento] Que se utiliza para bajar o reducir la fiebre. SIN.: antipirético.

febril *adj.* **1** De la fiebre o que tiene relación con este síntoma. **2** Que es muy intenso, apasionado o agitado.

fecal *adj.* De las heces o excrementos.

fecha *f.* **1** Momento en que se hace u ocurre una cosa. **2** Indicación del lugar y tiempo en que se hace u ocurre una cosa.

fechar *tr.* **1** Poner la fecha en un escrito. **2** Determinar la fecha de un escrito, un objeto o un acontecimiento.

fechoría *f.* Acción mala de cierta importancia.

fécula *f.* Sustancia de color más o menos blanco que abunda en las semillas, tubérculos y raíces de ciertas plantas y que se puede convertir en harina.

fecundación *f.* Unión del elemento reproductor masculino con el femenino. **fecundación artificial** La que se hace de modo artificial. **fecundación in vitro** La que se logra en un laboratorio.

fecundar *tr.* Unir el elemento reproductor masculino al femenino.

fecundizar [4] *tr.* Hacer productiva una cosa, especialmente abonar la tierra.

fecundo, -da *adj.* **1** [terreno] Que produce en abundancia. **2** Que produce una gran cantidad de obras o de resultados.

federación *f.* **1** Unión o pacto entre grupos sociales o estados. **2** Organismo, entidad o estado resultante de esta unión o pacto.

federal *adj.* **1** Federativo, de la federación. ▌*adj./com.* **2** [persona] Que es partidario del federalismo.

federalismo *m.* Sistema político en el que hay varios estados asociados bajo el poder de una autoridad central.

federalista *adj.* **1** Del federalismo. ▌*adj./ com.* **2** [persona] Que es partidario del federalismo.

federarse *prnl.* **1** Establecerse una unión o pacto entre grupos sociales o estados. **2** Inscribirse en una federación.

federativo, -va *adj.* **1** De la federación. **2** [entidad, estado] Que está formado por grupos sociales o estados con autonomía y leyes propias excepto para algunos casos o situaciones que están sujetos a normas y derechos comunes.

fehaciente *adj.* Que prueba o demuestra de forma clara e indudable una cosa.

feldespato *m.* Mineral de gran dureza y brillo nacarado que forma parte de muchas rocas.

felicidad *f.* 1 Estado de ánimo del que se encuentra satisfecho o contento. 2 Acontecimiento o situación que causa este sentimiento.

felicitación *f.* 1 Expresión de la alegría y satisfacción que se siente por una cosa agradable que le ha ocurrido a otra persona. 2 Escrito o tarjeta con los que se felicita.

felicitar *tr.* 1 Expresar a una persona la alegría y satisfacción que se siente por una cosa agradable que le ha ocurrido. 2 Expresar a alguien el deseo de que sea feliz.

feligrés, -gresa *m. y f.* Persona que pertenece a una parroquia determinada.

felino, -na *adj.* 1 Del gato, relacionado con este animal o con alguna de sus características. ‖ *adj./m.* 2 [mamífero] Que tiene uñas agudas y retráctiles, una gran agilidad y flexibilidad y es carnívoro.

feliz *adj.* 1 Que siente o tiene felicidad. 2 Que produce felicidad.

felón, -lona *adj./m. y f.* [persona] Que engaña, traiciona o hace un mal a alguien.
OBS Se usa con valor despectivo.

felonía *f.* Engaño, traición o mala acción.

felpa *f.* Tejido muy suave al tacto que tiene pelo en una de sus caras.

felpudo *m.* Pieza pequeña de material áspero y resistente que se coloca en la entrada de un lugar.

femenino, -na *adj.* 1 De la mujer. 2 [ser vivo] Que tiene órganos para ser fecundado. ‖ *adj./m.* 3 GRAM. [género gramatical] Que se aplica a los sustantivos que significan seres vivos de sexo femenino y a otros seres inanimados.

fémina *f. culto* Mujer, persona de sexo femenino.

feminidad *f.* Conjunto de características que se consideran propias de la mujer o de lo femenino.

feminismo *m.* Doctrina y movimiento social que pide para la mujer el reconocimiento de unas capacidades y unos derechos que tradicionalmente han estado reservados a los hombres.

feminista *adj.* 1 Del feminismo. ‖ *adj./com.* 2 [persona] Que defiende las ideas del feminismo.

femoral *adj.* ANAT. Del fémur.

fémur *m.* Hueso de la pierna que es el más largo del cuerpo humano.
OBS El plural es *fémures*.

fenecer [43] *intr. culto* Morir una persona.

fenicio, -cia *adj.* 1 De Fenicia. ‖ *adj./m. y f.* 2 [persona] Que era de Fenicia. ‖ *m.* 3 Lengua que se habló en Fenicia.

fénix *m.* Ave fabulosa, semejante a un águila, que según los antiguos era única en su especie y renacía de sus cenizas.
OBS El plural también es *fénix*.

fenomenal *adj.* 1 Que destaca por sus buenas cualidades. 2 Que es muy grande o enorme. ‖ *adv.* 3 Muy bien.

fenómeno *m.* 1 Manifestación o apariencia material o espiritual que se produce. 2 Acontecimiento, suceso o cualidad poco corrientes, extraordinarios o sorprendentes. ‖ *adj./com.* 3 Que destaca por sus buenas cualidades.

fenomenología *f.* FILOS. Método y doctrina que trata de describir los contenidos de la conciencia en su origen y desarrollo.

fenomenológico, -ca *adj.* FILOS. De la fenomenología.

feo, fea *adj.* 1 Que carece de belleza. 2 [acción] Que es malo y va contra la moral o la justicia. 3 Que parece malo o no favorable. ‖ *m.* 4 Desaire o desprecio hecho a una persona.

féretro *m.* Caja en la que se coloca a una persona muerta para enterrarla.

feria *f.* 1 Mercado que se celebra en un lugar público para comprar y vender todo tipo de productos. 2 Fiesta popular que se celebra en una localidad cada año en las mismas fechas. 3 Lugar donde se montan las instalaciones recreativas y los puestos de venta con ocasión de estas fiestas. 4 Instalación en la que se exhiben cada cierto tiempo productos para su promoción y venta.

ferial *m.* Lugar donde está instalada la feria.

feriado *adj./m.* ARG, CUBA, URUG [día] Que no es laborable por celebrarse una festividad.

feriar [12] *tr./prnl.* Comprar o vender en la feria.

fermentación *f.* Proceso bioquímico por el que una sustancia orgánica se transforma en otra, generalmente más simple.

fermentar *intr.* Transformarse químicamente una sustancia orgánica en otra, generalmente más simple.

fermento *m.* Sustancia orgánica soluble en agua que interviene en diversos procesos de transformación química.

fermio *m.* QUÍM. Elemento radiactivo artificial que pertenece al grupo de las tierras raras y cuyo número atómico es 100.

-fero, -fera Elemento sufijal que significa 'que lleva', 'que produce'.

ferocidad *f.* **1** Cualidad de lo que es cruel y violento. **2** Crueldad y agresividad natural de ciertos animales.

feroz *adj.* Que es cruel, violento y agresivo.

férreo, -a *adj.* **1** Que se mantiene firme en sus ideas o intenciones. **2** Que es de hierro o tiene alguna de sus características.

ferretería *f.* Establecimiento en el que se venden clavos, tornillos, herramientas y otros objetos de metal.

ferretero, -ra *m. y f.* Persona propietaria o encargada de una ferretería.

ferrocarril *m.* Medio de transporte formado por varios vagones que son arrastrados por una locomotora y circulan sobre raíles.

ferrocarrilero, -ra *adj.* AMÉR Ferroviario.

ferroviario, -ria *adj.* **1** Del ferrocarril. ▌ *m. y f.* **2** Persona que trabaja en el ferrocarril.

ferruginoso, -sa *adj.* Que contiene hierro o compuestos de hierro.

ferry *m.* Embarcación destinada al transporte de pasajeros, vehículos y cargas pesadas y que suele hacer siempre el mismo recorrido, generalmente entre las orillas de un río o de un estrecho.

fértil *adj.* **1** [terreno] Que produce mucho. **2** [ser vivo] Que es capaz de fecundar o de reproducirse. **3** [período de tiempo] Que da lugar a una producción grande.

fertilidad *f.* **1** Capacidad de producir en abundancia. **2** Capacidad de fecundar y de reproducirse.

fertilizante *m.* Producto o sustancia que fertiliza o hace productiva la tierra.

fertilizar [4] *tr.* Hacer fértil o más fértil la tierra incorporándole fertilizantes.

férula *f.* MED. Tablilla flexible y resistente que se emplea para mantener el hueso roto o dañado en una posición fija.

ferviente *adj.* Que tiene o muestra fervor.

fervor *m.* **1** Sentimiento religioso muy intenso y activo. **2** Gran entusiasmo y admiración hacia alguien o hacia alguna cosa.

fervoroso, -sa *adj.* Que tiene o muestra fervor.

festejar *tr.* **1** Celebrar o conmemorar alguna cosa con fiestas. **2** Hacer festejos o fiestas en honor de alguien.

festejo *m.* **1** Fiesta que se realiza para celebrar algo. ▌ *m. pl.* **2** Cada uno de los actos de diversión o recreo que se celebran en unas fiestas populares.

festín *m.* Banquete o comida espléndida que se organiza para celebrar alguna cosa y que, a veces, se acompaña de baile, música y otras diversiones.

festinar *tr.* AMÉR Apresurar o precipitar la realización de algo.

festival *m.* Conjunto de actuaciones o representaciones dedicadas a un arte o a un artista, a veces con carácter de competición.

festividad *f.* Día en que se celebra una fiesta, especialmente la fijada por la Iglesia católica.

festivo, -va *adj./m. y f.* **1** [día] Que no es laborable. ▌ *adj.* **2** Que tiene o muestra alegría o buen humor.

festón *m.* Bordado, dibujo o recorte en forma de ondas o de puntas que adorna el borde de alguna cosa.

fetal *adj.* Del feto.

fetén *adj.* **1** *coloquial* Que destaca o llama la atención por sus buenas cualidades. ▌ *adv.* **2** *coloquial* Muy bien.

fetiche *m.* **1** Objeto al que se atribuye la capacidad de traer buena suerte. **2** Figura o imagen que representa a un ser sobrenatural que tiene poder.

fetichismo *m.* Culto y adoración de los fetiches.

fetichista *adj.* **1** Del fetichismo. ▌ *adj./com.* **2** [persona] Que practica el fetichismo.

fetidez *f.* Mal olor intenso y desagradable.

fétido, -da *adj.* Que despide un mal olor intenso.

feto *m.* **1** Embrión de los mamíferos placentarios y marsupiales. **2** *coloquial* Persona deforme o muy fea. Tiene valor despectivo.

fettuccini *m.* Tipo de pasta italiana cortada en tiras largas y planas.

OBS Es de origen italiano y se pronuncia aproximadamente 'fetuchini'.

feudal *adj.* Del feudo o del feudalismo.

feudalismo *m.* Sistema de gobierno y de organización económica, social y política propio de la Edad Media basado en una serie de lazos y obligaciones que vinculaban a vasallos y señores.

feudo *m.* **1** Contrato por el cual el rey o un noble concedía tierras o rentas en usufructo a cambio de determinados servicios y obligaciones. **2** Tierra, bien o derecho que se concede por este contrato.

fez *m.* Gorro de fieltro rojo y de figura de cubilete propio de moros y turcos.

fi *f.* Vigésima primera letra del alfabeto griego.

fiabilidad *f.* Confianza que inspira una persona.

fiable *adj.* 1 [persona] Que inspira confianza. 2 [cosa] Que inspira seguridad.

fiador, -ra *m. y f.* Persona que responde por otra en el caso de que esta no cumpla la obligación de pago que contrajo.

fiambre *m.* Carne o pescado que, una vez cocidos, salados o arreglados, se toman fríos.

fiambrera *f.* Recipiente con una tapa bien ajustada o hermética que sirve para llevar la comida.

fianza *f.* Cantidad de dinero u objeto de valor que se da para asegurar el cumplimiento de una obligación o un pago.

fiar [13] *tr.* 1 Vender una cosa a alguien sin exigir que pague en el momento en que hace la compra. | *prnl.* 2 Tener confianza en una persona o una cosa.

fiasco *m.* Desengaño o gran decepción que causa un suceso adverso o contrario a lo que se esperaba.

fibra *f.* 1 Filamento que forma parte de algunos tejidos orgánicos animales o vegetales o que se encuentra en algunos minerales. 2 Hilo que se consigue de modo artificial y se emplea en la confección de tejidos. **fibra óptica** Filamento de material transparente que sirve para conducir o transmitir impulsos luminosos y se utiliza en sistemas de telecomunicación.

fibrilar *adj.* De la fibra.

fibromialgia *f.* Trastorno caracterizado por dolor de origen desconocido en la musculatura y los huesos.

fibroso, -sa *adj.* Que tiene mucha fibra.

fíbula *f.* Hebilla o broche que se usaba para sujetar las prendas de vestir.

-ficar Elemento sufijal que significa 'hacer', 'producir', 'convertir en'.

ficción *f.* 1 Presentación como verdadero o real de algo que no lo es. 2 Obra literaria o género literario que cuenta en prosa historias imaginarias.

ficha *f.* 1 Pieza pequeña y delgada a la que se le asigna un valor convencional y se utiliza con distintos fines. 2 Trozo rectangular de papel o cartón que sirve para anotar datos y poder archivarlos o clasificarlos. 3 Tarjeta o pieza similar que sirve para contabilizar el tiempo que ha estado trabajando un empleado. 4 Informe o conjunto de informes sobre una cosa.

fichaje *m.* 1 Compra de los servicios de una persona para que entre a formar parte de un equipo, especialmente deportivo. 2 Persona que entra a formar parte de un equipo, especialmente deportivo.

fichar *tr.* 1 Hacer una ficha para su clasificación. | *tr./intr.* 2 Entrar o hacer que alguien entre a formar parte de un equipo, especialmente deportivo. | *intr.* 3 Marcar en un trozo de papel, cartón u otro material la hora de entrada y salida del trabajo.

fichero *m.* 1 Conjunto de fichas ordenadas. 2 Mueble o lugar que sirve para guardar fichas de modo ordenado. 3 INFORM. Conjunto ordenado de datos guardados con un mismo nombre.

-fico, -fica Elemento sufijal que significa 'que hace, produce o convierte en lo designado por el elemento al que se une'.

ficticio, -cia *adj.* Que es falso o fingido.

ficus *m.* Árbol de origen tropical de hojas grandes, fuertes y ovaladas que puede cultivarse como planta de interior.

OBS El plural también es *ficus*.

fidedigno, -na *adj.* Que es digno de fe y merece confianza.

fideicomiso *m.* DER. Disposición testamentaria por la cual una persona deja una herencia encomendada a alguien para que haga con ella lo que se le encarga.

fidelidad *f.* 1 Firmeza o constancia en los afectos, en las ideas o en las obligaciones. 2 Exactitud o conformidad con la veracidad de los hechos. **alta fidelidad** Grabación y reproducción del sonido con un alto nivel de perfección.

fidelizar [4] *tr.* Conseguir la fidelidad de un cliente por medio de ofertas especiales, regalos u otros recusos.

fideo *m.* Pasta de harina de trigo que tiene forma de hilos cortos y finos. Se usa frecuentemente en plural.

fiebre *f.* 1 Síntoma de enfermedad que consiste en la elevación de la temperatura del cuerpo por encima de lo normal. 2 Enfermedad infecciosa cuyo síntoma principal es el aumento de la temperatura corporal. (Se usa también en plural con valor singular). **fiebre tifoidea** Enfermedad infecciosa intestinal producida por un microbio y caracterizada por la ulceración de los intestinos. 3 Agitación o alteración en el ánimo o en las ideas que provoca un aumento de la actividad.

fiel *adj.* 1 [persona] Que es firme y constante en sus afectos, ideas y obligaciones. 2 Que es exacto o conforme a la verdad. | *adj./com.* 3 [persona] Que sigue una doctrina o religión. | *m.* 4 Aguja que marca el peso en una balanza.

fieltro *m.* Paño que es una mezcla de lana o pelo prensados de manera artificial.

fiera *f.* **1** Animal salvaje, especialmente el mamífero que se alimenta de otros animales a los que ataca y devora. **2** Persona de carácter cruel o violento. ▸ **hecho una fiera** *coloquial* Muy irritado o encolerizado.

fiereza *f.* Crueldad y agresividad natural de ciertos animales.

fiero, -ra *adj.* **1** De las fieras. **2** Que es cruel, violento y agresivo.

fierro *m.* AMÉR Varilla metálica con la marca de una hacienda que se usa candente para identificar el ganado.

fiesta *f.* **1** Ocasión en que se reúnen varias personas para celebrar un acontecimiento o para divertirse. **2** Día en que no se trabaja por celebrarse una conmemoración religiosa o civil. **3** Día en que la Iglesia católica celebra la memoria de un santo o de un acontecimiento religioso. **4** Conjunto de actos preparados para que el público se divierta. Se usa también en plural con valor singular. ‖ *f. pl.* **5** Muestra de afecto o de alegría. **6** Vacaciones que se disfrutan por Navidad, Pascua u otras celebraciones. ▸ **aguar la fiesta** Estropear unos momentos de alegría o molestar a los que se están divirtiendo. ▸ **hacer fiesta** Tomar como festivo un día laborable.

figura *f.* **1** Forma o aspecto exterior de un cuerpo. **2** Representación dibujada o hecha con cualquier material de una cosa. **3** Persona que destaca en una profesión o una actividad, especialmente en un deporte o en el arte. **4** Personaje de una obra literaria considerado como un conjunto de características o cualidades. **5** Naipe que representa a una persona o a un animal. **6** En geometría, espacio cerrado por líneas o por superficies.

figuración *f.* Imaginación o representación de algo en la mente, especialmente una idea desprovista de fundamento.

figurado, -da *adj.* [significado] Que se aparta del originario o literal.

figurante *com.* Persona que forma parte del acompañamiento o que tiene un papel poco importante y sin texto en una obra de teatro o una película de cine.

figurar *intr.* **1** Estar alguien o algo presente en un lugar o en un acto o negocio. ‖ *prnl.* **2** Suponer algo que no se conoce.

figurativo, -va *adj.* [arte, artista] Que representa personas y objetos reales y reconocibles.

figurín *m.* **1** Dibujo o modelo en papel que sirve de patrón para confeccionar una prenda de vestir. **2** *coloquial* Persona que

se arregla mucho y sigue rigurosamente la moda en el vestir.

figurinista *com.* Persona que se dedica a hacer figurines.

fijación *f.* **1** Colocación de un objeto junto a otra cosa de forma que quede sujeto o seguro. **2** Determinación o establecimiento de alguna cosa de forma definitiva o exacta. **3** Manía excesiva y permanente.

fijador *m.* Líquido o sustancia para fijar.

fijar *tr.* **1** Poner o dejar quieto, sujeto o seguro. **2** Determinar o establecer. ‖ *tr./ prnl.* **3** Dar una forma definitiva. ‖ *prnl.* **4** Poner atención o cuidado.

fijeza *f.* **1** Insistencia o continuidad. **2** Firmeza o seguridad en la opinión.

fijo, -ja *adj.* **1** Que está quieto, sujeto o seguro. **2** Que está determinado o establecido. **3** Que es permanente o no está expuesto a cambios o alteraciones.

fila *f.* **1** Serie de personas o cosas colocadas una tras otra en línea. **fila india** La que forman varias personas que están colocadas una tras otra en una sola línea. **2** Conjunto de cosas dispuestas una al lado de otra y formando una línea horizontal. ‖ *f. pl.* **3** Colectivo o agrupación de personas, especialmente si es de carácter político. **4** Ejército o grupo militar.

filamento *m.* **1** Cuerpo o elemento en forma de hilo que puede ser flexible o rígido. **2** Hilo de metal conductor que se pone incandescente.

filantropía *f.* Tendencia a procurar el bien de las personas de manera desinteresada.

filántropo *m.* Persona que se dedica a ayudar a otras personas y procurar su bien de manera desinteresada.

filarmonía *f.* Pasión por la música.

filarmónico, -ca *adj./m. y f.* **1** [persona] Que es un apasionado de la música. ‖ *adj./f.* **2** Se dice de la orquesta formada por un conjunto de músicos que toca bajo las órdenes de un director y que puede incluir instrumentos e interpretar obras que no son habituales en la sinfónica.

filatelia *f.* Afición a coleccionar y a estudiar sellos de correos.

filatélico, -ca *adj.* De la filatelia.

filatelista *com.* Persona aficionada a coleccionar o a estudiar los sellos de correos.

filete *m.* Trozo de carne sin hueso o de pescado sin espinas.

-filia Elemento sufijal que significa 'simpatía', 'afición'.

filiación *f.* **1** Afiliación a una corporación o dependencia de una doctrina, un grupo o un partido. **2** Relación de dependencia de una persona o una cosa con respecto a otras.

filial *adj./f.* [establecimiento] Que depende de otro más importante.

filibustero *m.* Pirata que durante el siglo XVII operaba en el mar de las Antillas y atacaba a los barcos que comerciaban con las colonias españolas de América.

filigrana *f.* Adorno hecho con hilos de oro o plata entrelazados con mucha perfección y delicadeza.

filípica *f.* Reprimenda o represión dura.

filipino, -na *adj./m. y f.* Que es de las islas Filipinas.

filisteo, -a *adj.* **1** Del pueblo que habitó el sudoeste de Palestina hasta el siglo VII a.C. ‖ *adj./m. y f.* **2** [persona] Que perteneció a un antiguo pueblo que habitaba el sudoeste palestino y que era enemigo de los israelitas.

filmación *f.* Registro de imágenes o escenas en una película cinematográfica.

filmar *tr.* Registrar imágenes o escenas en película cinematográfica.

filme o **film** *m.* Película cinematográfica.

filmina *f.* Fotografía sacada directamente en positivo y en película u otro material transparente.

filmografía *f.* Lista o conjunto de películas cinematográficas que tienen una característica común.

filmoteca *f.* **1** Lugar donde se guardan ordenados filmes o películas que ya no suelen proyectarse comercialmente. **2** Colección de películas o filmes.

filo *m.* Borde agudo o afilado en el que termina una superficie, generalmente el de la hoja de un instrumento cortante. ▸ **al filo** Muy cerca o alrededor.

filo-, -filo, -fila Elemento prefijal y sufijal que significan 'amigo', 'amante de'.

filología *f.* Disciplina que estudia una cultura a través de su lengua y de su literatura, apoyándose fundamentalmente en los textos escritos.

filológico, -ca *adj.* De la filología.

filólogo, -ga *m. y f.* Persona que se dedica al estudio de la filología.

filón *m.* Masa mineral que llena un agujero o una fisura de una formación rocosa.

filosofar *intr.* **1** Pensar sobre una cosa con métodos filosóficos. **2** Pensar y considerar una cosa con atención y cuidado.

filosofía *f.* **1** Conjunto de razonamientos sobre la esencia, las propiedades, las cau-

sas y los efectos de las cosas naturales, especialmente sobre el hombre y el universo. **2** Conjunto sistemático de los razonamientos expuestos por un pensador. **3** Forma de pensar o de entender las cosas. **4** Conjunto de los principios y las ideas básicas de una ciencia determinada. **5** Fuerza o ánimo para soportar situaciones o acontecimientos desagradables con serenidad.

filosófico, -ca *adj.* De la filosofía.

filósofo, -fa *m. y f.* Persona que se dedica a la filosofía, especialmente la que crea un sistema filosófico.

filoxera *f.* Insecto que ataca las hojas y los filamentos de las raíces de la vid.

filtración *f.* **1** Penetración de un líquido o de otro elemento a través de los poros o pequeñas aberturas de un cuerpo. **2** Transmisión indebida de una información reservada o secreta.

filtrar *tr.* **1** Hacer pasar un líquido u otro elemento por un filtro. **2** Seleccionar lo que se considera mejor o más importante. **3** Comunicar secretos o asuntos reservados. ‖ *intr./prnl.* **4** Penetrar un líquido en un cuerpo sólido a través de sus poros o de sus pequeñas aberturas. ‖ *tr./prnl.* **5** Dejar un cuerpo sólido pasar un fluido a través de sus poros.

filtro *m.* **1** Materia u objeto a través del cual se hace pasar un líquido para hacerlo más claro o puro. **2** Dispositivo que sirve para eliminar determinadas frecuencias en la corriente que lo atraviesa. **3** Pantalla o cristal que refleja ciertos rayos de luz y deja pasar otros. **4** Sistema o proceso que sirve para seleccionar lo que se considera mejor o más importante.

filudo, -da *adj.* AMÉR Que tiene filo.

fimosis *f.* MED. Estrechez de la abertura de la piel que rodea el pene y que impide descubrir de forma completa su extremo.

OBS El plural también es *fimosis*.

fin *m.* **1** Parte o momento en que termina alguna cosa. **fin de fiesta** Acto con que se termina un espectáculo o una celebración. **fin de semana** Período de tiempo que comprende los días de la semana en que no se trabaja, generalmente el sábado y el domingo. **2** Objetivo o razón por el que se hace una cosa determinada. ▸ **a fin de** Indica la razón por la que se hace una cosa. ▸ **a fin (o fines) de** En la última parte del período de tiempo que se señala. ▸ **al fin** o **por fin** Por último, después de vencer todos los obstáculos.

finado, -da *m. y f.* culto Persona muerta.

final *adj.* **1** Del fin o lo último. ‖ *adj./f.* **2** GRAM. [oración] Que expresa un fin o una finalidad. ‖ *m.* **3** Parte o momento en que termina una cosa. ‖ *f.* **4** Parte última de una competición o un concurso de la que sale un ganador.

finalidad *f.* Objetivo o razón por el que se hace una cosa determinada.

finalista *adj./com.* [persona, obra] Que llega a la final de una competición.

finalizar [4] *tr.* **1** Dar fin a una cosa. ‖ *intr.* **2** Terminarse o acabarse una cosa.

financiación *f.* Entrega del dinero necesario para hacer una cosa o para hacer frente a los gastos que genera.

financiar [12] *tr.* Poner el dinero necesario para pagar los gastos de una actividad o de una obra.

financiera *adj./f.* [entidad] Que se hace cargo de la financiación.

financiero, -ra *adj.* **1** De la hacienda pública, de las cuestiones bancarias o bursátiles o de los negocios mercantiles. ‖ *m.* y *f.* **2** Persona que conoce y se dedica a la teoría y practica de estas materias relacionadas con la inversión del dinero.

financista *adj./com.* AMÉR [persona] Que invierte dinero para sufragar los gastos de una empresa, actividad, obra, etc.

finanzas *f. pl.* Conjunto de actividades que tienen relación con la inversión del dinero.

finar *intr. culto* Morir o dejar de vivir.

finca *f.* Propiedad inmueble.

finés, -nesa *adj./m.* y *f.* **1** De un pueblo antiguo que invadió el norte de Europa y dio nombre a Finlandia. **2** Que es de Finlandia. ‖ *m.* **3** Lengua de Finlandia.

fineza *f.* Delicadeza o buena educación.

fingimiento *m.* Simulación, presentación como cierto o real de algo falso o imaginado.

fingir [6] *tr.* Presentar como cierto o real lo que es falso o imaginado.

finiquitar *tr.* Pagar completamente una deuda o una cuenta.

finiquito *m.* Cantidad de dinero con la que se paga una cuenta o una deuda, especialmente cuando termina un contrato de trabajo.

finisecular *adj.* Del fin de un siglo.

finito, -ta *adj.* Que tiene fin o límite.

finlandés, -desa *adj./m.* y *f.* **1** Que es de Finlandia. ‖ *m.* **2** Lengua hablada en Finlandia.

fino, -na *adj.* **1** Que es delgado o tiene poco grosor o espesor. **2** [persona, comportamiento] Que tiene o muestra mucha educación, cortesía o delicadeza. **3** [sentido] Que es agudo en percibir las sensaciones. **4** Que es delicado y de buena calidad. **5** [superficie] Que es suave, liso y no tiene asperezas. **6** [metal] Que es puro o sin mezcla.

finolis *adj./com. coloquial* [persona] Que muestra una delicadeza o educación exageradas.

OBS El plural también es *finolis*.

finta *f.* En algunos deportes, ademán o amago que se hace para engañar al contrario.

fintar *tr./intr.* Hacer una finta.

finura *f.* **1** Delgadez o poco grosor o espesor. **2** Gran educación, cortesía o delicadeza en el trato que muestra una persona. **3** Agudeza de un sentido corporal en percibir las sensaciones. **4** Delicadeza y buena calidad. **5** Suavidad y ausencia de asperezas.

fiordo *m.* Valle de origen glaciar que ha sido invadido por el mar.

firma *f.* **1** Nombre y apellido de una persona escrito a mano por ella misma, generalmente acompañado de una rúbrica, que se coloca al pie de documentos o escritos. **2** Acto de escribir a mano una persona su nombre y apellido en un documento o en un escrito.

firmamento *m.* Parte del espacio sobre la Tierra en el que están las nubes y donde se ven el Sol, la Luna y las estrellas.

firmante *adj./com.* [persona] Que firma un documento o un escrito.

firmar *tr.* Poner o escribir la firma.

firme *adj.* **1** Que es estable y seguro, no se mueve y difícilmente puede caerse. **2** Que es constante o que es definitivo. ‖ *m.* **3** Capa sólida de terreno, sobre la que se puede construir. ‖ *adv.* **4** Con valor, energía y constancia. ▸ **en firme** Expresa el carácter definitivo de una cosa, especialmente un acuerdo.

firmeza *f.* **1** Estabilidad y seguridad que tiene una cosa que no se mueve y difícilmente puede caerse. **2** Constancia, o carácter definitivo de una cosa, generalmente la voluntad o la decisión de una persona.

fiscal *adj.* **1** Del fisco. **2** Del fiscal. ‖ *com.* **3** Persona legalmente encargada de ejercer de acusación en un juicio.

fiscalía *f.* **1** Profesión del fiscal. **2** Oficina o despacho del fiscal.

fiscalidad *f.* Conjunto de normas legales

flauta

de la Hacienda Pública sobre tasas, impuestos y contribuciones.

fiscalizar [4] *tr.* Controlar o inspeccionar fiscalmente a una persona o un grupo.

fisco *m.* 1 Conjunto de bienes de un estado o tesoro público. 2 Administración de los bienes y riquezas de un estado.

fisgar [7] *intr.* Procurar enterarse con disimulo de una información.

fisgón, -na *adj./m. y f.* [persona] Que fisga o tiende a fisgar.

fisgonear *tr.* Fisgar.

física *f.* Ciencia que estudia la materia y la energía, estableciendo las leyes que explican los fenómenos naturales.

físico, -ca *adj.* 1 De la física. 2 Del cuerpo o de su naturaleza. | *m. y f.* 3 Persona que se dedica a la ciencia de la física. | *m.* 4 Aspecto exterior que muestra una persona.

fisiología *f.* BIOL. Disciplina que estudia los órganos de los seres vivos y su modo de funcionamiento.

fisiológico, -ca *adj.* De la fisiología.

fisioterapeuta *com.* Persona que se dedica a la fisioterapia.

fisioterapia *f.* MED. Tratamiento médico que se fundamenta en la aplicación, sobre todo, de agentes naturales como la luz, el calor, el frío y el ejercicio.

fisonomía *f.* 1 Aspecto particular de la cara de una persona. 2 Aspecto exterior que muestra una cosa.

fisonomista *adj./m. y f.* [persona] Que tiene facilidad para recordar y distinguir a las personas por el aspecto de sus caras.

fístula *f.* MED. Conducto anormal en la piel o en las membranas mucosas que comunica con el exterior o con otro órgano.

fisura *f.* Abertura entre cuyos bordes hay una separación muy pequeña, especialmente en un hueso.

fito-, -fito, -fita Elemento prefijal y sufijal que significan 'vegetal', 'planta'.

flacidez *f.* Blandura en una cosa.

flácido, -da o **fláccido, -da** *adj.* Blando y sin consistencia o sin fuerza.

flaco, -ca *adj.* [persona, animal] Que está muy delgado.

flagelación *f.* Serie continuada de golpes, a modo de castigo, con un instrumento.

flagelado, -da *adj./m.* BIOL. [protozoo] Que tiene uno o varios flagelos.

flagelar *tr./prnl.* Dar golpes o azotar como castigo sirviéndose de un instrumento.

flagelo *m.* 1 Azote o instrumento que se usa para flagelar. 2 Extremidad muy fina

que sirve para moverse en algunos protozoos.

flagrante *adj.* 1 Que ocurre o se realiza en el momento presente. 2 Que es muy claro y evidente.

flama *f.* Masa gaseosa que produce una cosa que está ardiendo y que desprende luz y calor.

flamante *adj.* 1 Que destaca por su buen aspecto. 2 Que es nuevo, reciente, o que se estrena.

flambear *tr.* Flamear o quemar un líquido inflamable sobre un alimento.

flamear *intr.* 1 Despedir llamas. 2 Moverse en el aire, generalmente una bandera o las velas de una embarcación.

flamenco, -ca *adj./m. y f.* 1 Que es de Flandes. 2 [cante, baile] Que se caracteriza por la fusión de la expresión gitana con el orientalismo musical andaluz. 3 [persona] Que se comporta de un modo insolente y bravucón en una situación. | *m.* 4 Lengua que se habla en algunas zonas de Bélgica y Francia. 5 Ave zancuda que tiene la cabeza, la espalda y la cola de color rosa, el resto del cuerpo blanco, las patas largas, el pico fino y el cuello flexible.

flan *m.* Dulce elaborado con yemas de huevo, leche y azúcar. ▸ **estar hecho un flan** Estar muy nerviosa una persona.

flanco *m.* Parte lateral de una cosa, especialmente de un barco o de una formación de tropa.

flanquear *tr.* Estar colocado a los flancos o a los lados.

flaquear *intr.* 1 Perder fuerza o resistencia progresivamente. 2 Perder la fuerza moral o el ánimo.

flaqueza *f.* 1 Escasez de carne o de grasas o abatimiento. 2 Debilidad, falta de vigor o de resistencia.

flas o **flash** *m.* 1 Luz intensa y de corta duración que se usa para hacer una fotografía. 2 Dispositivo que produce esa luz. 3 Información breve de una noticia importante. 4 Plano muy corto de una película.

flato *m.* Acumulación de gases en el aparato digestivo.

flatulencia *f.* Molestia o indisposición debida a la acumulación excesiva de gases en el intestino.

flatulento, -ta *adj.* Que produce flato.

flauta *f.* 1 Instrumento musical de viento que consiste en un tubo con agujeros por el que se sopla a la vez que se van tapando y destapando los orificios con los dedos o con llaves. **flauta dulce** La que se toca en posición vertical y tiene la embocadura en forma de boquilla. **flauta travesera** La que se toca en posición horizontal y tiene la embocadura lateral en un extremo en forma de agujero ovalado. ▮ *com.* **2** Persona que toca este instrumento musical.

flautín *m.* Flauta pequeña, de sonido más agudo y penetrante que la flauta ordinaria.

flautista *com.* Persona que toca la flauta.

flebitis *f.* MED. Inflamación de las venas.
OBS El plural también es *flebitis*.

flecha *f.* **1** Arma formada por una vara delgada y ligera, con la punta afilada en uno de sus extremos, que se lanza o dispara generalmente mediante un arco. **2** Signo que tiene la forma de esa arma y que sirve para indicar una dirección.

flechazo *m.* **1** Lanzamiento de una flecha. **2** Golpe, corte o herida que produce el lanzamiento de una flecha. **3** *coloquial* Amor intenso y repentino.

fleco *m.* **1** Adorno formado por una serie de hilos o tiras que cuelgan de una tela o de un vestido. **2** Borde de una tela que tiene algunos hilos colgando. **3** Problema o detalle poco importante que falta por resolver antes de cerrar un negocio o acuerdo.

fleje *m.* Anilla grande de hierro con que se rodea un tonel u otra cosa semejante para que no se abra.

flema *f.* **1** Calma excesiva. **2** Sustancia mucosa que se forma en las vías respiratorias y se expulsa por la boca.

flemático, -ca *adj.* Que actúa con una excesiva calma, impasibilidad o frialdad.

flemón *m.* Bulto o hinchazón que aparece al infectarse las encías.

flequillo *m.* Porción de cabello que se deja caer sobre la frente.

fletar *tr.* Alquilar una embarcación, un vehículo o una nave para transportar mercancías o personas.

fletero, -ra *adj.* AMÉR [vehículo] Que se alquila para transporte.

flexibilidad *f.* Capacidad de doblarse fácilmente sin que exista peligro de rotura.

flexibilizar [4] *tr.* Hacer que algo pueda doblarse fácilmente sin romperse.

flexible *adj.* Que se puede doblar fácilmente sin romperse.

flexión *f.* **1** Movimiento que consiste en doblar el cuerpo o uno de sus miembros. **2** GRAM. Cambio de forma que experimenta una palabra para expresar sus funciones y sus relaciones de dependencia.

flexionar *tr.* Doblar el cuerpo o una parte de él.

flexivo, -va *adj.* GRAM. De la flexión gramatical.

flexo *m.* Lámpara de mesa con brazo flexible o articulado.

flexor, -ra *adj.* Que produce un movimiento de flexión.

flipante *adj. coloquial* Que causa sorpresa, asombro y una fuerte impresión.

flipar *intr. coloquial* Gustar mucho o entusiasmar.

flirtear *intr.* Coquetear o establecer una relación amorosa de forma pasajera y superficial.

flirteo o **flirt** *m.* **1** Coqueteo o relación amorosa que se establece de manera pasajera y superficial. **2** Persona con la que se flirtea.

flojear *intr.* Perder fuerza o resistencia progresivamente una persona.

flojedad *f.* **1** Debilidad y falta de resistencia o de ánimo. **2** Pereza, descuido o lentitud al realizar una acción.

flojera *f. coloquial* Flojedad.

flojo, -ja *adj.* **1** Que está mal atado, poco apretado o poco tirante. **2** Que es muy débil, que tiene poca fuerza o resistencia. ▮ *adj./m. y f.* **3** Que es perezoso.

flor *f.* Parte de una planta donde se encuentran sus órganos reproductores. ▸ **a flor de piel** Sensible y que se nota o se muestra con facilidad. ▸ **flor y nata** Lo mejor o más escogido de su género.

flora *f.* **1** Conjunto de las plantas de un territorio o de una época determinados. **2** Conjunto de microorganismos que están adaptados a un medio determinado.

floración *f.* **1** Aparición o nacimiento de las flores de una planta. **2** Tiempo que duran abiertas las flores de las plantas de una misma especie.

floral *adj.* De la flor.

florear *intr./tr.* AMÉR **1** Echar flores una planta. ▮ *intr.* AMÉR **2** Existir y desarrollarse en un tiempo o lugar determinados una persona o un acontecimiento importantes. ▮ *prnl.* **3** Enmohecerse o criar moho.

florecer [43] V. florear.

floreciente *adj.* Que es favorable o que cada vez es más importante o rico.

florecimiento *m.* **1** Aparición o nacimiento de las flores de una planta. **2** Prosperidad o aumento de la importancia, la grandeza o la riqueza.

florero *m.* Recipiente para poner flores.

floresta *f.* Terreno frondoso con árboles.

florete *m.* Espada de hoja estrecha que lleva un botón en la punta para bloquear el filo cortante.

floricultor, -ra *m. y f.* Persona que se dedica a cultivar flores.

floricultura *f.* Cultivo de las flores.

florido, -da *adj.* 1 Que tiene flores. 2 [lenguaje, estilo] Que tiene muchos adornos.

florilegio *m.* Conjunto de fragmentos de textos literarios escogidos.

florín *m.* Unidad monetaria de los Países Bajos hasta su sustitución por el euro.

floripondio *m.* 1 Adorno exagerado y de mal gusto, especialmente el que está formado por una flor o un conjunto de flores grandes. 2 Arbusto de flores blancas muy olorosas y hojas grandes alargadas.

florista *com.* Persona que se dedica a vender flores y plantas y a hacer adornos florales.

floristería *f.* Establecimiento en el que se venden flores y plantas de adorno.

floritura *f.* Adorno complejo que resulta innecesario.

-floro, -flora Sufijo que significa 'flor'.

flota *f.* 1 Conjunto de barcos que pertenecen a una persona, un estado o una compañía de navegación. 2 Conjunto de barcos o aviones que realizan juntos una acción determinada.

flotación *f.* Mantenimiento de un cuerpo en equilibrio sobre la superficie de un líquido.

flotador *m.* Objeto que flota en el agua y se sujeta al cuerpo de una persona para evitar que esta se hunda.

flotante *adj.* Que está sometido a variación o que no está fijo.

flotar *intr.* 1 Mantenerse un cuerpo en equilibrio sobre la superficie de un líquido. 2 Mantenerse un cuerpo suspendido en un medio gaseoso.

flote Palabra que se utiliza en la locución *a flote*, que significa 'flotando o en equilibrio sobre la superficie de un líquido'.

fluctuación *f.* Aumento y disminución del valor de la moneda o de otra cosa de manera alternativa.

fluctuar [11] *intr.* Aumentar y disminuir del valor de la moneda o de alguna cosa de manera alternativa.

fluidez *f.* 1 Facilidad o naturalidad en el uso del lenguaje. 2 Facilidad en la marcha o el desarrollo.

fluido, -da *adj.* 1 [lenguaje] Que es fácil de entender y natural. 2 Que marcha o se desarrolla con facilidad. ‖ *adj./m.* 3 [sustan-

cia] Que tiene sus moléculas muy separadas entre sí y se adapta al recipiente que lo contiene. ‖ *m.* 4 Corriente eléctrica.

fluir [62] *intr.* 1 Brotar un líquido o un gas. 2 Salir o brotar en gran abundancia las palabras o los pensamientos.

flujo *m.* 1 Brote de un líquido o de un gas. 2 Movimiento de subida de la marea causado por la atracción del Sol y de la Luna.

flúor *m.* QUÍM. Elemento químico gaseoso de número atómico 9, de color amarillo verdoso y de olor fuerte.

fluorescente *adj.* 1 [sustancia] Que emite luz cuando recibe la acción de cierto tipo de radiaciones. ‖ *adj./m.* 2 [tubo] Que es de cristal y contiene una sustancia fluorescente.

fluvial *adj.* De los ríos.

fobia *f.* 1 Temor exagerado, irracional y obsesivo. 2 Antipatía muy grande hacia una persona o a una cosa.

-fobia Elemento sufijal que significa: *a)* 'Temor morboso'. *b)* 'Aversión', 'hostilidad'.

-fobo, -foba Elemento sufijal que significa 'que siente aversión, horror o espanto' a lo designado por el primer elemento al que se une.

foca *f.* Mamífero carnívoro adaptado a la vida acuática que habita los mares fríos, mide hasta dos metros de longitud, tiene el cuerpo redondeado y las extremidades en forma de aleta.

focalizar [4] *tr.* Hacer ir a un punto común un haz de rayos de luz o de calor.

foco *m.* 1 Punto donde se encuentran y juntan los rayos de luz o el calor que refleja un espejo curvo o una lente. 2 Lámpara, generalmente dirigible, que emite una luz muy intensa. 3 Punto o lugar donde se produce una cosa y desde donde se va extendiendo. 4 AMÉR Globo de cristal en cuyo interior, donde se ha hecho el vacío, hay un filamento, que se pone incandescente al pasar la corriente eléctrica.

fofo, -fa *adj.* Que está blando y tiene poca consistencia.

fogarada *f.* Llama grande que se produce con intensidad.

fogata *f.* Fuego de gran tamaño con llamas altas que se hace al aire libre.

fogón *m.* Lugar de la cocina donde se hace el fuego y se cocina.

fogonazo *m.* Llama o fuego instantáneo que produce una explosión.

fogosidad *f.* Apasionamiento y ardor de las acciones de una persona.

fogoso, -sa *adj.* Que tiene o muestra apasionamiento y ardor.

foguear *tr./prnl.* Acostumbrar a alguien a realizar una actividad.

fogueo *m.* Costumbre que va adquiriendo una persona a realizar una actividad. ▶ **de fogueo** Indica que una munición no tiene bala o que un disparo se realiza con munición sin bala.

foie-gras *m.* Pasta alimenticia que se prepara con el hígado de algunos animales.
OBS Es de origen francés y se pronuncia aproximadamente 'fuagrás'.

folclore o **folclor** *m.* Conjunto de costumbres, creencias y elementos culturales de un pueblo.

folclórico, -ca *adj.* Del folclor.

foliación *f.* **1** BOT. Aparición y desarrollo de las hojas de una planta. **2** Numeración ordenada de las páginas de un escrito o impreso.

foliar [12] *tr.* Numerar ordenadamente las páginas de un escrito o impreso.

folículo *m.* **1** BOT. Fruto sencillo y seco que se abre por una sutura o línea central y contiene muchas semillas. **2** ANAT. Glándula en forma de saco pequeño situado en la piel o en las mucosas que segrega alguna sustancia.

folio *m.* Hoja de papel que resulta de cortar por la mitad un pliego.

folk *m.* Tipo de música perteneciente al folclore de un pueblo o inspirado en él.

follaje *m.* Conjunto de hojas y ramas de un árbol o de una planta.

follar *intr./tr. malsonante* Copular, realizar el acto sexual.

folletín *m.* **1** Escrito literario que se publica por partes en un periódico o revista periódica. **2** Obra literaria, película o pieza teatral que busca conmover al público mediante una historia sentimental complicada y generalmente poco creíble.

folletinesco, -ca *adj.* Del folletín como novela por entregas o relacionado con él.

folleto *m.* **1** Escrito impreso, no periódico y de corta extensión, que sirve para explicar brevemente algo. **2** Escrito que informa sobre un producto o da a conocer un servicio. **3** Escrito que explica las características de un determinado aparato o servicio.

follón *m.* **1** Situación o suceso en que hay confusión y gran alboroto. **2** Asunto o situación difícil de aclarar, entender o resolver. **3** Desorden muy grande.

follonero, -ra *adj./m. y f.* [persona]. Que organiza follones o participa en ellos.

fomentar *tr.* Hacer que se desarrolle una cosa, generalmente una actividad, o impulsarla y aumentar su intensidad.

fomento *m.* Impulso que recibe una actividad para desarrollarla o aumentar su intensidad.

fonación *f.* Proceso mediante el cual se emite la voz y se articulan o pronuncian las palabras.

fonador, -ra *adj.* [órgano] Que interviene en la fonación o emisión de la voz.

fonda *f.* Establecimiento de categoría inferior al hostal que ofrece alojamiento y sirve comidas a cambio de dinero.

fondeadero *m.* Lugar donde fondea una embarcación.

fondear *tr./intr.* MAR. Hacer que una embarcación se quede quieta y sujeta por medio de anclas o de pesos.

fondillos *m. pl.* Parte trasera de los pantalones, de los calzoncillos o de los calzones.

fondista *com.* Atleta que participa en carreras de fondo.

fondo *m.* **1** Parte interior e inferior de una cosa hueca. **2** Parte opuesta a la entrada de un lugar o al lugar desde el que se habla. **3** Profundidad de una cosa hueca. **4** Superficie sólida que está por debajo del agua del mar, de un río o de un lago. **5** Parte principal o elemento clave de un asunto. **6** Superficie de color de un cuadro o pintura. **7** Cantidad de dinero para destinarlo a un fin determinado. **8** Conjunto de libros, documentos u obras artísticas que posee una institución o entidad. **9** Capacidad que tiene un deportista para resistir un prolongado esfuerzo físico. ▶ **a fondo** Indica que una acción se hace de manera exhaustiva, con profundidad o con todo detalle. ▶ **bajos fondos** Barrios o sectores de una ciudad donde hay muchos delincuentes. ▶ **de fondo** Prueba deportiva que consiste en recorrer una larga distancia y que está basada en la resistencia física del atleta. ▶ **en el fondo** Indica lo que por encima de las apariencias es esencial en un asunto.

fondón, -dona *adj. coloquial* [persona] Que ha perdido agilidad y prestancia por haber engordado.

fondue *f.* **1** Comida que se prepara en el mismo momento de comerla en un hornillo especial; consiste en untar trozos de pan en queso fundido o en freír pequeños trozos de carne en aceite. **2** Hornillo especial para elaborar esta comida.

OBS Es de origen francés y se pronuncia aproximadamente 'fondí'.

fonema *m.* Unidad fonológica mínima que diferencia significados, como en *bata* y *lata*.

fonendoscopio *m.* Instrumento médico que sirve para oír los sonidos de un organismo.

fonética *f.* **1** Disciplina lingüística que estudia los sonidos del lenguaje humano. **2** Conjunto de sonidos del lenguaje humano que se articulan o pronuncian en una lengua determinada.

fonético, -ca *adj.* **1** De los sonidos del lenguaje humano. **2** [alfabeto] Que representa los sonidos de una lengua.

fonio *m.* FÍS. Unidad acústica para medir la diferencia entre las sensaciones sonoras producidas por dos intensidades distintas.

fono-, -fono, -fona Elemento prefijal y sufijal que significan 'sonido', 'voz'.

fonográfico, -ca *adj.* Del fonógrafo.

fonógrafo *m.* Aparato que graba y reproduce los sonidos mediante un procedimiento mecánico que recoge las distintas vibraciones.

fonología *f.* Disciplina lingüística que estudia los fonemas o descripciones teóricas de los sonidos de vocales y consonantes que forman una lengua.

fonológico, -ca *adj.* De la fonología.

fonólogo, -ga *m. y f.* Persona que se dedica a la fonología.

fonoteca *f.* **1** Lugar donde se guardan documentos sonoros. **2** Conjunto o colección numerosa de estos documentos sonoros.

fontana *f.* **1** *culto* Corriente de agua que brota de la tierra. **2** *culto* Lugar donde nace esta corriente de agua.

fontanería *f.* ESP **1** Técnica y oficio de colocar, conservar y arreglar los tubos e instalaciones que regulan, conducen y reparten el agua. ESP **2** Establecimiento en el que se venden estos aparatos.

fontanero, -ra *m. y f.* ESP Persona que se dedica a la fontanería.

footing *m.* Ejercicio físico que consiste en correr una distancia larga a un ritmo moderado y continuo.

OBS Es de origen inglés y se pronuncia aproximadamente 'fútin'.

foque *m.* MAR. Vela triangular de una embarcación, especialmente la principal que se apoya sobre el palo horizontal de la proa.

forajido, -da *adj./m. y f.* [persona] Que comete delitos y vive huyendo continuamente de la justicia.

foral *adj.* **1** Del fuero. **2** [comunidad, territorio] Que tiene fueros propios.

foráneo, -nea *adj.* Que es de otro lugar.

forastero, -ra *adj./m. y f.* [persona] Que ha venido o es de otro lugar.

forcejear *intr.* Luchar o hacer esfuerzos para vencer la resistencia de una persona o de una cosa.

forcejeo *m.* Lucha o esfuerzo para vencer la resistencia de una persona o una cosa.

fórceps *m.* MED. Instrumento en forma de pinza o tenaza que se utiliza para ayudar a salir a los bebés en determinados partos difíciles.

OBS El plural también es *fórceps.*

forense *adj.* **1** De los tribunales de justicia. ‖ *adj./com.* **2** [médico] Que determina el origen de las lesiones sufridas por un herido o las causas que han provocado la muerte de una persona.

forestal *adj.* De los bosques.

forja *f.* **1** Trabajo de un metal para darle una forma definida. **2** Taller donde se realiza este trabajo.

forjar *tr.* **1** Trabajar un metal y darle una forma definida . ‖ *tr./prnl.* **2** Imaginar o inventar algo.

forma *f.* **1** Figura o conjunto de líneas y superficies que determinan el aspecto exterior de una cosa. **2** Modo de ser, actuar o hacer una cosa. **3** Modo de aparecer o manifestarse una cosa. **4** Modo de actuar y comportarse con las demás personas y en público, especialmente según ciertas reglas sociales. Se usa frecuentemente en plural. **5** Modo de expresar el pensamiento o las ideas, especialmente en la escritura. **6** GRAM. Aspecto que presenta una palabra o unidad lingüística con una determinada información gramatical. ▸ **de forma que** Indica que lo que se dice en la segunda oración es un efecto, consecuencia o resultado de lo que se ha dicho en la primera. ▸ **de todas formas** Indica que una cosa que se ha dicho antes o que se sabe no impide lo que se dice a continuación. ▸ **en forma** Indica que una persona se encuentra en buenas condiciones físicas o mentales para hacer algo.

formación *f.* **1** Manera de estar configurado o dispuesto el aspecto exterior de algo. **2** Creación o constitución de una cosa. **3**

Educación y conjunto de conocimientos de una persona. **4** Grupo organizado de personas, especialmente de soldados dispuestos en fila. **5** GEOL. Conjunto de rocas o minerales que se han depositado en un lugar durante el mismo período.

formal *adj.* **1** [persona] Que tiene un comportamiento correcto y educado. **2** [persona] Que cumple con sus obligaciones y compromisos. **3** Que cumple con las condiciones necesarias o con los requisitos establecidos para llevarse a cabo. **4** Del modo de expresar el pensamiento.

formalidad *f.* **1** Condición necesaria o requisito establecido para que se haga o se cumpla una cosa. **2** Corrección y educación en el comportamiento de una persona. **3** Seriedad y responsabilidad de una persona en el cumplimiento de sus obligaciones y compromisos.

formalización *f.* **1** Hecho que da o aumenta la seriedad y estabilidad a una cosa, especialmente a una relación entre personas. **2** Hecho de dar carácter legal a una cosa.

formalizar *tr.* **1** Dar o aumentar la seriedad y estabilidad de una cosa, especialmente de una relación entre personas. **2** Dar carácter legal a una cosa.

formar *tr.* **1** Hacer una cosa, dándole su forma. ∥ *tr./prnl.* **2** Crear o constituir una cosa. **3** Enseñar o dar una educación a alguien. ∥ *intr.* **4** Colocarse en filas o en determinado orden una o varias personas.

formatear *tr.* INFORM. Preparar un soporte dándole una estructura para que sea operativo y se pueda utilizar.

formateo *m.* INFORM. Operación que consiste en formatear un soporte para usarlo.

formativo, -va *adj.* Que forma o sirve para enseñar.

formato *m.* Forma y tamaño de una cosa, especialmente de un libro o publicación semejante.

-forme Elemento sufijal que significa 'forma'.

formica *f.* Tipo de laminado plástico y brillante con que se forran algunas maderas.

formidable *adj.* Que destaca entre otros de su misma especie.

formol *m.* QUÍM. Solución líquida de fuerte olor y con propiedades desinfectantes que se usa para conservar seres orgánicos muertos y evitar su descomposición.

formón *m.* Herramienta para cortar o trabajar la madera y que tiene el corte más ancho y menos grueso que el escoplo.

fórmula *f.* **1** Escrito en el que se describe la composición de un producto y el modo de prepararlo. **2** Modo o método que se propone para resolver un problema o conseguir una cosa. **3** Expresión simbólica y general de una ley física o matemática. **4** QUÍM. Expresión simbólica de la composición química de un cuerpo o sustancia. **5** Categoría en que se dividen las competiciones de automovilismo.

formulación *f.* Expresión de una ley física, un principio matemático o una composición química mediante una fórmula.

formular *tr.* Expresar una ley física, un principio matemático o una composición química mediante una fórmula.

formulario, -ria *adj.* **1** De la fórmula. ∥ *m.* **2** Escrito impreso con espacios en blanco para que una persona anote los datos o responda las cuestiones que se solicitan.

formulismo *m.* **1** Tendencia excesiva de una persona a usar las fórmulas o modos establecidos para hacer o expresar algo. **2** Conjunto de fórmulas o modos establecidos para hacer o expresar algo.

fornicar [1] *intr.* Realizar el acto sexual, especialmente fuera del matrimonio.

fornido, -da *adj.* [persona, parte del cuerpo] Que es fuerte o de gran corpulencia.

foro *m.* **1** Plaza central en las ciudades de la antigua Roma donde estaban los principales edificios públicos y se celebraban las reuniones políticas y los juicios. **2** Reunión de personas para tratar un asunto ante un público que también puede opinar **3** Espacio de Internet u otra red en el que participan varias personas y opinan sobre diversos asuntos.

-foro, -fora Elemento sufijal que significa 'que lleva'.

forofo, -fa *m. y f.* Persona a la que le gusta mucho o practica con pasión una actividad determinada como un deporte.

forraje *m.* Hierba que se da al ganado para alimentarlo.

forrajero, -ra *adj.* [planta] Que sirve como alimento para el ganado.

forrar *tr.* **1** Cubrir un objeto por su parte exterior para protegerlo y conservarlo en buen estado. **2** Poner una tela en la superficie interior de una prenda de vestir.

forro *m.* **1** Pieza con que se cubre un objeto para protegerlo y conservarlo en buen estado. **2** Pieza de tela que se cose en la superficie interior de una prenda de vestir.

fortachón, -chona *adj. coloquial* [persona] Que tiene mucha fuerza física y corpulencia.

fortalecer [43] *tr./prnl.* **1** Hacer más fuerte a una persona. **2** Hacer más intensa una relación o sentimiento entre dos personas o grupos.

fortalecimiento *m.* **1** Aumento de la fuerza de una persona. **2** Aumento de la intensidad de una relación o sentimiento entre dos personas o grupos.

fortaleza *f.* **1** Fuerza física o moral de una persona. **2** Recinto protegido con murallas o construcciones de defensa para resguardarse de los enemigos.

fortificación *f.* Construcción de obras de defensa para proteger un lugar.

fortificar [1] *tr.* **1** Hacer más fuerte o aumentar la fuerza física o moral de una persona. ‖ *tr./prnl.* **2** Proteger con construcciones de defensa un lugar.

fortín *m.* Fuerte o recinto de pequeño tamaño que sirve de defensa.

fortísimo, -ma *adj.* Superlativo de *fuerte.*

fortuito, -ta *adj.* Que sucede inesperadamente y por casualidad.

fortuna *f.* **1** Causa inexplicable a la que se atribuyen sucesos buenos o malos. **2** Suerte favorable para alguien. **3** Cantidad de dinero y bienes. **4** Cantidad indeterminada pero muy grande de dinero que vale una cosa. ▸ **por fortuna** Indica que un suceso determinado hecho es debido a la buena suerte.

fórum *m.* Foro, reunión de personas.

forúnculo *m.* Inflamación que se produce en la piel debida a la infección de un folículo o saquito de grasa.

forzado, -da *adj.* [acción] Que no se hace de manera espontánea. ▸ **trabajos forzados** Pena con que se castiga a un preso y que consiste en realizar trabajos muy duros o que requieren mucha fuerza física.

forzar [50] *tr.* **1** Vencer la resistencia de una cosa. **2** Obligar a una persona a que haga algo que no quiere hacer. **3** Hacer o pretender que una cosa sea diferente a como es.

forzoso, -sa *adj.* [cosa] Que es necesario, obligatorio o que no se puede evitar por ningún medio.

forzudo, -da *adj./m. y f.* [persona] Que tiene gran fuerza física.

fosa *f.* **1** Hoyo que se hace en la tierra, especialmente para enterrar a los muertos. ▸ **fosa común** Lugar en el que se entierran juntos los cadáveres que no tienen sepultura particular. **2** ANAT. Cavidad o hueco de un organismo humano o animal. **3** GEOL. Depresión o zona hundida.

fosfato *m.* Sal formada a partir del ácido fosfórico, que se emplea generalmente como fertilizante.

fosforescencia *f.* Propiedad que tienen ciertas sustancias de emitir luz durante un tiempo después de haber estado expuestas a una fuente luminosa.

fosforescente *adj.* [sustancia, cuerpo] Que tiene la propiedad de emitir luz durante un tiempo después de haber estado expuesto a una fuente luminosa.

fosfórico, -ca *adj.* QUÍM. Del fósforo.

fósforo *m.* **1** QUÍM. Elemento químico, de número atómico 15, sólido, muy combustible y venenoso, que emite luz en la oscuridad. **2** Trocito de papel enrollado y encerado o palito de madera u otro material combustible, recubierto de fósforo y azufre en un extremo, que prende al rozarlo con una superficie rugosa.

fósil *adj./m.* [sustancia orgánica] Que se ha convertido en piedra formando parte de una capa terrestre.

fosilizarse [4] *prnl.* **1** Transformarse un organismo en fósil o sustancia petrificada. **2** *coloquial* No evolucionar una persona.

foso *m.* **1** Hoyo alargado y profundo en un terreno. **2** Hoyo alargado y profundo que rodea un castillo, una fortaleza u otra construcción similar. **3** Piso inferior de un escenario, situado entre este y la platea, donde generalmente se coloca la orquesta. **4** Lugar con arena sobre el que caen los atletas de las dos modalidades deportivas de salto.

foto *f.* Forma abreviada de *fotografía*, imagen.

foto- Elemento prefijal que significa: *a)* 'Luz', 'radiación luminosa'. *b)* 'Fotografía o relacionado con ella'.

fotocomposición *f.* Procedimiento de composición de textos que se hace con película o papel fotográfico.

fotocopia *f.* Copia fotográfica instantánea sobre papel de un escrito o dibujo que se hace con una máquina eléctrica.

fotocopiadora *f.* Máquina eléctrica que sirve para hacer fotocopias.

fotocopiar [12] *tr.* Hacer una o varias fotocopias de un escrito o dibujo original.

fotoeléctrico, -ca *adj.* **1** FÍS. De un fenómeno eléctrico originado por radiaciones luminosas. **2** FÍS. Se dice de la célula que produce corrientes eléctricas por medio de radiaciones luminosas.

fotogénico, -ca *adj.* Que sale muy bien en las fotografías o en las películas.

fotografía *f.* 1 Técnica y arte de obtener imágenes por la acción química de la luz sobre una superficie con unas características determinadas. 2 Imagen sobre papel que se obtiene mediante esta técnica.

fotografiar [13] *tr./prnl.* Reproducir una imagen por medio de la fotografía.

fotográfico, -ca *adj.* De la fotografía.

fotógrafo, -fa *m. y f.* Persona que se dedica a la fotografía.

fotograma *m.* Fotografía o imagen de una película cinematográfica.

fotólisis *f.* Descomposición química que, durante el proceso de fotosíntesis, sufre una molécula de agua debido a la acción de los rayos ultravioletas.

fotomatón *m.* Cabina de uso público donde se hacen y obtienen fotografías en poco tiempo.

fotomecánica *f.* Impresión o reproducción de imágenes que se hace por medio de técnicas fotográficas.

fotómetro *m.* Aparato que sirve para medir la intensidad de una fuente de luz.

fotomontaje *m.* Unión o combinación de varias fotografías para componer otra.

fotonovela *f.* Narración sentimental, generalmente amorosa, que se cuenta mediante una serie de viñetas fotográficas acompañadas de textos muy cortos o de diálogos sobrepuestos a cada fotografía.

fotosíntesis *f.* BOT. Proceso químico de las plantas verdes o con clorofila, mediante el cual se transforman en alimento ciertas sustancias inorgánicas utilizando la luz del sol.

fotosintético, -ca *adj.* BOT. De la fotosíntesis.

fototropismo *m.* BOT. Tendencia de moverse hacia la luz que tiene un organismo, especialmente vegetal.

fotovoltaico, -ca *adj.* [sustancia, cuerpo] Que genera una fuerza electromotriz cuando se encuentra bajo la acción de una radiación luminosa o análoga.

foxterrier *adj./m.* [perro] Que pertenece a una raza de tamaño mediano y tiene el cráneo ancho, la cara pequeña, las orejas caídas y el pelo blanco con manchas oscuras.
OBS El plural es *foxterriers*.

fox-trot o **foxtrot** *m.* 1 Composición musical de ritmo alegre en compás de cuatro por cuatro. 2 Baile de pasos rápidos y lentos que se ejecuta con esta composición.
OBS El plural es *foxtrots*.

frac *m.* Traje masculino cuya chaqueta se caracteriza por llegar a la altura de la cin-

tura por la parte de delante y prolongarse en dos faldones por detrás.
OBS Es de origen francés. El plural es *fracs*.

fracasado, -da *adj./m. y f.* [persona] Que ha perdido la credibilidad, el buen nombre o la estima.

fracasar *intr.* 1 Salir mal una cosa. 2 No obtener una persona el resultado que pretendía en una actividad.

fracaso *m.* 1 Resultado adverso en una actividad. 2 Mala aceptación de una cosa.

fracción *f.* 1 Parte dividida de un todo. 2 MAT. Expresión que se representa con una barra oblicua u horizontal entre dos cantidades. 3 Grupo de personas de una asociación, especialmente a un partido político, que tiene opiniones distintas a las del resto en determinados asuntos.

fraccionar *tr./prnl.* Dividir en partes un todo.

fraccionario, -ria *adj.* De una parte de un todo.

fractura *f.* 1 Rotura violenta de algo sólido, especialmente de un hueso del cuerpo. 2 Aspecto determinado que presenta la superficie de un mineral o roca cuando se rompe. 3 Separación profunda que existe entre dos personas o grupos.

fracturar *tr./prnl.* 1 Romperse violentamente algo sólido, especialmente un hueso del cuerpo. 2 Separar profundamente dos personas o grupos.

fragancia *f.* Olor suave y muy agradable que desprende una cosa.

fragante *adj.* [olor] Que es suave y muy agradable.

fraganti Palabra que se utiliza en la expresión *in fraganti*, que significa 'en el preciso instante en que se está cometiendo un delito o una falta'.

fragata *f.* MAR. Barco de guerra más pequeño que un destructor, ligero y rápido, que se utiliza como patrulla o para la protección de otras embarcaciones.

frágil *adj.* [cosa] Que se rompe con facilidad.

fragilidad *f.* Facilidad para romperse que tiene una cosa.

fragmentación *f.* División en partes o en trozos pequeños.

fragmentar *tr./prnl.* Dividir en partes o en trozos pequeños.

fragmentario, -ria *adj.* [cosa] Que está constituido por fragmentos o partes.

fragmento *m.* 1 Parte separada o dividida de un todo. 2 Parte breve de una obra literaria o musical.

fragor *m.* Ruido muy fuerte y prolongado.

fragosidad *f.* Maleza que hay en un terreno, especialmente en un camino.

fragua *f.* 1 Horno en el que se calientan metales para forjarlos o trabajarlos. 2 Taller donde se forjan o trabajan los metales.

fraguar [10] *tr.* 1 Trabajar un metal y darle una forma definida por medio de golpes o por presión. 2 Planear la realización de algo. ‖ *intr.* 3 Tener el efecto deseado una idea o proyecto.

fraile *m.* Hombre que pertenece a una orden religiosa.

frambuesa *f.* 1 Fruto silvestre comestible, de color rojo más oscuro que el de la fresa, olor suave y sabor agridulce. ‖ *adj.* 2 De color rojo claro, parecido al de este fruto. Como adjetivo, no varía en plural.

francachela *f.* Reunión o comida divertida y amigable.

francés, -cesa *adj./m. y f.* 1 Que es de Francia. ‖ *m.* 2 Lengua que se habla en este país y en otros que fueron colonias o formaron parte de él.

franchute, -ta *m. y f. coloquial* Persona que es de Francia. Es un apelativo despectivo.

francio *m.* QUÍM. Elemento químico, de número atómico 87, metálico y líquido que neutraliza los ácidos y es muy radiactivo.

franciscano, -na *adj./m. y f.* [religioso] Que pertenece a una de las órdenes fundadas por San Francisco de Asís.

francmasonería *f.* Masonería, asociación secreta.

franco, -ca *adj.* 1 [persona] Que es sincero. 2 Que no presenta impedimentos o está libre de obstáculos. 3 Que está libre de un pago, especialmente de un impuesto. 4 De Francia. ‖ *adj./m. y f.* 5 Del pueblo germánico que estableció su reino en la antigua Galia. ‖ *m.* 6 Lengua hablada por este pueblo germánico. 7 Unidad monetaria de Suiza y otros países y, antes del euro, de Francia, Bélgica y Luxemburgo.

franco- Elemento prefijal que significa 'francés'.

francófilo, -la *adj./m. y f.* [persona] Que siente admiración por la cultura y tradiciones de Francia o por los franceses.

francotirador, -ra *m. y f.* Persona que dispara con un arma desde un lugar alejado donde se oculta.

franela *f.* Tejido fino de lana o algodón, con pelo en una de las caras.

frangollón, -llona *adj.* AMÉR *coloquial*
[persona] Que hace algo deprisa y sin poner atención.

franja *f.* 1 Banda de tela que se usa para adornar una cosa, especialmente una prenda de vestir. 2 Superficie alargada que destaca sobre el resto.

franquear *tr.* 1 Apartar los obstáculos o impedimentos para poder pasar alguien o algo en movimiento. 2 Pagar en sellos un envío que se hace por correo.

franqueo *m.* Cantidad de dinero que se paga en sellos para enviar una cosa por correo.

franqueza *f.* Sinceridad y claridad.

franquicia *f.* Privilegio que se concede para no pagar impuestos por el uso de un servicio público o por determinadas actividades comerciales.

frasco *m.* Vaso o recipiente pequeño, generalmente de cristal, que tiene el cuello estrecho.

frase *f.* Conjunto de palabras que tiene sentido por sí mismo sin llegar a formar una oración. ▸ **frase hecha** Frase que se reproduce siempre de la misma manera.

fraseología *f.* Conjunto de expresiones y construcciones lingüísticas propias de una lengua o características de la escritura de un autor.

fraternal *adj.* De los hermanos.

fraternidad *f.* Relación que se considera propia de hermanos.

fratricida *adj./com.* [persona] Que mata a un hermano.

fratricidio *m.* Muerte causada por una persona a un hermano suyo.

fraude *m.* Engaño que se hace para sacar provecho o beneficio, especialmente si perjudica a alguien.

fraudulento, -ta *adj.* Que encierra un fraude o es engañoso.

fray *m.* Forma abreviada de *fraile*.

freático, -ca *adj.* 1 [agua] Que está bajo tierra acumulada sobre una capa de tierra impermeable. 2 [estrato] Que está bajo tierra y no permite filtrar el agua.

frecuencia *f.* 1 Repetición de un acto o suceso de manera habitual. 2 Número de veces que ocurre una cosa durante un período de tiempo determinado.

frecuentar *tr.* Hacer una cosa o ir a un mismo lugar a menudo.

frecuentativo, -va *adj./m.* GRAM. [verbo] Que expresa una acción que se repite.

frecuente *adj.* 1 Que ocurre o se repite de manera habitual. 2 Que es común o normal.

free lance *adj./com.* [persona] Que trabaja para una o varias empresas sin que exista un contrato laboral.

OBS Es una palabra de origen inglés y se pronuncia aproximadamente 'frilans'.

fregadera *f.* ACENT, PERÚ Dicho o hecho tonto.

fregadero *m.* Pila o recipiente que se usa para fregar la vajilla y los utensilios de cocina.

fregado, -da *adj.* 1 AMÉR *coloquial* [persona] Que es majadero e importuno. ▌ *m.* 2 Limpieza de una cosa que se hace frotando con un estropajo u otro utensilio.

fregar [48] *tr.* 1 Limpiar y lavar una cosa frotándola con un estropajo u otro utensilio. 2 AMÉR Causar disgusto, molestia o perjuicio.

fregona *f.* Utensilio que consta de un palo largo y delgado terminado en una pieza que sujeta unas tiras de material absorbente y que sirve para fregar el suelo de pie.

fregotear *tr.* Fregar alguna cosa deprisa y sin que quede completamente limpia.

freidora *f.* Aparato eléctrico que sirve para freír alimentos.

freidura *f.* Manera de preparar o cocinar un alimento manteniéndolo durante un rato en aceite hirviendo.

freír [37] *tr./prnl.* 1 Cocinar un alimento teniéndolo durante un tiempo en aceite hirviendo. ▌ *prnl.* 2 Pasar mucho calor.

frenar *tr./intr.* Hacer que un vehículo se pare o vaya más despacio parando el freno.

frenazo *m.* Detención brusca de un vehículo.

frenesí *m.* 1 Exaltación violenta del ánimo. 2 Manifestación exaltada de un sentimiento, especialmente amoroso.

OBS El plural es *frenesíes* o *frenesís*.

frenético, -ca *adj.* Que muestra una exaltación violenta del ánimo.

frenillo *m.* Membrana que se forma en ciertas partes del organismo y que limita el movimiento de un órgano.

freno *m.* 1 Mecanismo que sirve para disminuir la velocidad de un vehículo o pararlo. 2 Mando o pedal que acciona ese mecanismo. 3 Cosa que modera o disminuye un proceso.

frente *f.* 1 Parte superior de la cara por encima de los ojos hasta el nacimiento del cuero cabelludo y entre las dos sienes. ▌ *m.* 2 Parte delantera de una cosa. 3 Zona en la que se enfrentan los ejércitos. 4 Superficie teórica que separa dos masas de aire con características meteorológicas distintas. ▶ **al** (o **de**) **frente** Indica dirección hacia delante. ▶ **con la frente alta** Indica que una persona no debe sentir vergüenza por algo que ha hecho o que le ha sucedido. ▶ **frente a** Indica situación delante de lo que se expresa. ▶ **frente a frente** Indica que dos personas están situadas de cara, una delante de la otra. ▶ **hacer frente** Poner los medios o actuar de un modo determinado para que se resuelva una situación difícil. ▶ **ponerse** (o **estar**) **al frente** Tomar el mando de una cosa o de un grupo de personas.

fresa *f.* 1 Planta herbácea con hojas dispuestas en grupos de tres y con flores blancas o amarillentas. 2 Fruto comestible de esa planta, casi redondo, carnoso y azucarado, de color rojo con pequeñas semillas negras o amarillas en la superficie. 3 Herramienta para hacer agujeros en los metales o en materiales duros. ▌ *adj.* 4 De color rojo parecido al del fruto de la fresa. Como adjetivo, no varía en plural.

fresadora *f.* Máquina compuesta por varias cuchillas que, al girar, abren agujeros en el metal.

fresca *f.* Cosa desagradable que se dice a una persona para ofenderla o molestarla.

frescales *com.* Persona que habla o actúa sin mostrar vergüenza ni respeto.

OBS El plural también es *frescales*.

fresco, -ca *adj.* 1 Que tiene una temperatura fría pero que no es desagradable. 2 [alimento] Que no está congelado o curado y conserva sus cualidades originales. 3 [persona] Que está descansado o lo parece. 4 [tela, prenda de vestir] Que no produce calor, que es ligera. 5 [colonia] Que tiene un olor agradable. ▌ *adj./m. y f.* 6 [persona] Que habla u obra sin vergüenza ni respeto. ▌ *m.* 7 Temperatura fría pero que no es desagradable. 8 Pintura hecha sobre paredes o en techos humedecidos.

frescor *m.* Temperatura fría pero que no es desagradable.

frescura *f.* 1 Frescor. 2 Falta total de vergüenza o respeto.

fresno *m.* 1 Árbol de tronco grueso, madera clara y corteza gris, con la copa espesa y las hojas caducas de forma alargada. 2 Madera que se obtiene de este árbol.

fresón *m.* Fruto comestible, muy parecido a la fresa, casi redondo pero con punta.

fresquera *f.* Lugar o mueble que sirve para conservar frescos los alimentos.

fresquilla *f.* Variedad del melocotón.

freza *f.* 1 Desove de las hembras de los peces. 2 Época de la freza.

frezar [4] *intr.* Desovar los peces.

frialdad *f.* 1 Sensación de frío o de falta de calor. 2 Indiferencia que muestra una persona al recibir una impresión o estímulo.

fricativo, -va *adj./f.* [consonante] Que se pronuncia acercando determinados órganos de la boca de manera que el aire pasa rozando entre ellos.

fricción *f.* 1 Rozamiento de dos superficies. 2 Acción de frotar con la mano una superficie.

friccionar *tr.* Realizar una fricción en una parte del cuerpo.

friega *f.* 1 Frotación sobre una parte del cuerpo, para curar o aliviar una dolencia. 2 AMÉR Fastidio o cosa importuna.

friegaplatos *m.* Aparato eléctrico que sirve para lavar los platos, vasos, cubiertos y demás utensilios de cocina.
OBS El plural también es *friegaplatos.*

frigider o **friyider** *m.* CHILE Refrigerador.

frigidez *f.* Falta total del deseo y placer sexual en la mujer.

frígido, -da *adj./m. y f.* Que no siente deseo o placer sexual.

frigoría *f.* Unidad de medida para el frío.

frigorífico *m.* ESP Refrigerador.

frijol o **fríjol** *m.* 1 Planta leguminosa de tallo delgado y en espiral y con flores blancas y amarillas que es originaria de América. 2 Fruto de esta planta.

friki o **friqui** *adj.* 1 *coloquial* Que es extraño y estrafalario. ∥ *com.* 2 *coloquial* Persona extraña y estrafalaria en su aspecto o su modo de actuar 3 *coloquial* Persona que tiene una afición obsesiva por algo.

frío, fría *adj.* 1 Que tiene una temperatura baja o más baja de lo normal. 2 [persona] Que es tranquilo y no pierde la calma. 3 Que no muestra afectos ni sentimientos pasionales. ∥ *m.* 4 Temperatura baja del ambiente. 5 Sensación que experimenta un cuerpo al aproximarse o entrar en contacto con un cuerpo de temperatura más baja. ▶ **en frío** Indica que algo se hace sin estar bajo la influencia o presión de una circunstancia o del momento.

friolera *f. coloquial* Gran cantidad de una cosa, especialmente de dinero.

friolero, -ra *adj.* [persona] Que tiende a sentir frío con facilidad.

friso *m.* 1 Banda horizontal con que se adorna la parte inferior o superior de una pared. 2 ARQ. Banda horizontal decorativa del entablamento de los edificios clásicos.

frisón, -sona *adj./m. y f.* [caballo] Que es de una raza que se caracteriza por tener los pies y las patas anchos y fuertes, el pelo negro y las crines y la cola largas.

fritada *f.* Conjunto de alimentos que se cocinan en aceite hirviendo.

frito, -ta *adj.* 1 Que ha sido cocinado durante un tiempo en aceite o mantequilla caliente. 2 *coloquial* Profundamente dormido. 3 *coloquial* Muerto. ∥ *m.* 4 Alimento que se cocina teniéndolo durante un tiempo en aceite o mantequilla caliente.

fritura *f.* Fritada.

frivolidad *f.* Falta de profundidad y seriedad en lo que se dice o hace.

frívolo, -la *adj.* 1 [persona] Que es despreocupado y poco serio o profundo. 2 Que es propio de estas personas.

fronda *f.* Conjunto de hojas y ramas de los árboles o de las plantas.

frondosidad *f.* Abundancia de hojas y ramas en los árboles y las plantas.

frondoso, -sa *adj.* 1 [árbol] Que tiene gran cantidad de hojas y ramas. 2 [lugar] Que tiene mucha vegetación.

frontal *adj.* 1 De la frente o la parte superior de la cara. 2 De la parte delantera de una cosa. ∥ *adj./m.* 3 [hueso] Que forma la parte anterior y superior del cráneo.

frontenis *m.* Deporte parecido al frontón que se juega con pelota y raqueta de tenis.

frontera *f.* Lugar o línea imaginaria que limita un Estado y lo separa de otro.

fronterizo, -za *adj.* 1 De la frontera. 2 [lugar] Que tiene frontera con otro lugar.

frontis *m.* Fachada o parte delantera de una cosa, especialmente de un edificio.
OBS El plural también es *frontis.*

frontispicio *m.* 1 ARQ. Fachada delantera de un edificio. 2 ARQ. Construcción triangular que se coloca en la parte superior de una fachada, un pórtico, o una ventana.

frontón *m.* 1 Deporte que consiste en golpear una pelota lanzándola contra una pared. 2 Edificio o lugar para practicar ese deporte. 3 ARQ. Construcción triangular que se coloca en la parte superior de una fachada, un pórtico, o una ventana.

frotar *tr./prnl.* Pasar repetidamente una cosa sobre otra con fuerza.

fructífero, -ra *adj.* 1 Que produce fruto. 2 Que es de utilidad o produce buenos resultados.

fructificar [1] *intr.* 1 Dar fruto los árboles y otras plantas. 2 Ser una cosa de utilidad o producir buenos resultados.

fructosa *f.* Azúcar que está presente en la miel y en muchas frutas.

fructuoso, -sa *adj.* Que es útil o produce buenos resultados.

frugal *adj.* 1 [comida] Que es poco abundante o escaso. 2 [persona] Que come o bebe muy poco.

frugívoro, -ra *adj.* [animal] Que se alimenta de frutos.

fruición *f.* Placer o gozo intenso.

fruncido, -da *m.* Conjunto de pliegues paralelos que se hacen en una tela o en parte de ella.

fruncir [2] *tr.* Arrugar la frente o las cejas una persona para mostrar su enfado o preocupación.

fruslería *f.* Cosa poco importante o de poco valor.

frustración *f.* 1 Imposibilidad de satisfacer una necesidad física o un deseo. 2 Sentimiento de tristeza o dolor que provoca esta imposibilidad.

frustrar *tr./prnl.* 1 Impedir que una persona logre satisfacer una necesidad física o un deseo. 2 Impedir que una idea o un proyecto salga bien.

fruta *f.* Fruto comestible.

frutal *adj./m.* [árbol] Que produce fruta.

frutería *f.* Establecimiento o tienda en el que se vende fruta.

frutero, -ra *m. y f.* 1 Persona que se dedica a vender fruta. ‖ *m.* 2 Plato o recipiente que sirve para contener o servir fruta.

frutícola *adj.* De la fruta y su comercio o de la fruticultura.

fruticultura *f.* Técnica de cultivar plantas o árboles que producen fruto.

frutilla *f.* AMÉR. 1 Planta herbácea de tallos rastreros, flor blanca y fruto comestible. 2 AMÉR. Fruto de esta planta, carnoso, rojo y dulce.

frutillar *m.* AMÉR Terreno donde se cultivan frutillas.

fruto *m.* 1 Parte de la planta que contiene las semillas procedentes del desarrollo del ovario. **fruto seco** Fruto que no tiene humedad o la ha perdido y se puede conservar durante mucho tiempo. 2 Producto de la tierra que tiene una utilidad. 3 Producto de la mente o del trabajo humano.

fucsia *f.* 1 Planta tropical de hojas ovaladas y flores de color rosa fuerte. ‖ *adj./m.* 2 Que es de color rosa fuerte. Como adjetivo no varía en plural.

fuego *m.* 1 Luz y calor que se desprende al quemarse una cosa. 2 Materia combustible encendida en brasa o en llama. **fuegos artificiales** o **fuegos de artificio** Cohetes y otros artificios de pólvora que producen ruido, luz y colores. 3 Cada uno de los orificios por los que sale el fuego en una cocina o encimera. 4 Materia que arde de forma fortuita o provocada y es de grandes proporciones. 5 Disparo o conjunto de disparos de un arma de fuego. ‣ **abrir fuego** Comenzar a disparar con un arma. ‣ **alto el fuego** Interrupción de una acción de guerra. ‣ **jugar con fuego** Exponerse a un peligro sin necesidad.

fuelle *m.* Instrumento que sirve para soplar recogiendo aire y expulsándolo con fuerza en una dirección determinada.

fuente *f.* 1 Corriente de agua que brota de la tierra. 2 Lugar donde brota esta corriente de agua. 3 Construcción en un lugar público con uno o más grifos por donde sale agua. 4 Origen o principio de una cosa. 5 Documento, obra o persona que proporciona información. 6 Recipiente, generalmente hondo, que se usa para servir alimentos.

fuera *adv.* 1 En la parte exterior o hacia la parte exterior. 2 En un tiempo que no está comprendido entre dos momentos determinados. 3 En el exterior de un espacio o período que no es real o concreto. ‖ *m.* 4 Jugada que se produce al salir de los límites del terreno de juego la pelota o el objeto con que se juega. ‖ *int.* ‣ ¡**fuera**! 5 Se usa para echar a alguien de un lugar. ‣ **de fuera** Indica que una persona o una cosa es de otro lugar. ‣ **fuera de juego** Posición que ocupa una un gol o una jugada de ataque, en fútbol o deportes semejantes. ‣ **fuera de sí** Indica que una persona no tiene control sobre sus propios actos.

fueraborda *m.* 1 Motor de gasolina instalado en la parte trasera y exterior de una embarcación que la impulsa mediante una hélice. 2 Embarcación de recreo o de carreras que lleva instalado este motor.

fuero *m.* 1 Ley o conjunto de privilegios que en la Edad Media un monarca concedía a los habitantes de un territorio o localidad. 2 Conjunto de leyes o normas que se conceden a un territorio o a alguien.

fuerte *adj.* 1 Que tiene fuerza y resistencia. 2 [persona] Que tiene fuerza o ánimo para soportar y afrontar desgracias o situaciones difíciles. 3 Que tiene gran intensidad. 4 Que causa gran impacto en el ánimo. 5 [carácter] Que es irritable. ‖ *m.* 6 Lugar protegido por construcciones de defensa para resguardarse de los enemigos. ‖ *adv.* **7** En abundancia o con mucha intensidad.

fuerza *f.* **1** Capacidad física para hacer un trabajo o mover una cosa. **2** Esfuerzo o aplicación de esta capacidad física sobre algo. **3** FÍS. Causa capaz de modificar el estado de reposo o movimiento de un cuerpo. **fuerza de gravedad** FÍS. Fenómeno de atracción que todo cuerpo ejerce sobre aquellos otros que lo rodean. **4** Violencia física contra una persona o animal. **fuerza bruta** Capacidad física para hacer algo, en oposición a la capacidad que da el derecho o la razón. **5** Capacidad de una cosa material o inmaterial para producir un efecto. **6** Intensidad con que se manifiesta algo, especialmente un sentimiento. **7** Capacidad de una cosa para sostener un cuerpo o resistir un empuje. ‖ *f. pl.* **8** Conjunto de tropas de un ejército y del material militar que emplean. **fuerzas armadas** Conjunto formado por los ejércitos de tierra, mar y aire de un país. ▸ **a la fuerza** *a)* Indica que algo se hace contra la propia voluntad y, generalmente, con violencia. *b)* Indica que algo se hace por necesidad. ▸ **fuerzas de orden público** o **fuerza pública** Conjunto de personas encargadas de mantener el orden en un lugar. ▸ **sacar fuerzas de flaqueza** Hacer un esfuerzo extraordinario al realizar algo.

fuet *m.* Embutido muy parecido al salchichón, pero más estrecho.

fuga *f.* **1** Salida precipitada de un lugar cerrado, especialmente si se hace de manera oculta. **2** Salida o escape de un líquido o de un gas por una abertura a causa de una avería. **3** MÚS. Composición musical que se basa en la repetición de un tema corto en diferentes voces y tonos.

fugacidad *f.* Duración muy breve de una cosa, especialmente inmaterial.

fugarse *prnl.* Salir precipitadamente de un lugar cerrado, especialmente si es de manera oculta.

fugaz *adj.* Que tiene una duración muy breve.

fugitivo, -va *adj./m. y f.* Que se fuga o se escapa de un lugar sin ser visto.

-fugo, -fuga Elemento sufijal que significa: *a)* 'Que huye', 'que se aleja'. *b)* Con el valor de 'ahuyentar', aporta el sentido de 'que elimina, rechaza o neutraliza'.

fulana *f.* Mujer que mantiene relaciones sexuales a cambio de dinero. Tiene valor despectivo.

fulano, -na *m. y f.* Persona imaginaria o sin determinar. Suele ir acompañada de *mengano* o *zutano*.

fular *m.* Pañuelo que se pone en el cuello o pequeña bufanda de tela fina.

fulcro *m.* Punto de apoyo en el que se coloca una barra no flexible para hacer de palanca.

fulgor *m.* Brillo o resplandor muy intenso.

fulgurante *adj.* **1** Que brilla o resplandece con intensidad. **2** Que destaca por su rapidez o su calidad.

fulgurar *intr.* Brillar con intensidad.

fullero, -ra *adj./m. y f.* [persona] Que hace trampas en el juego.

fulminante *adj.* Que destruye, causa daño o causa la muerte de forma rápida.

fulminar *tr.* **1** Destruir o causar daño o la muerte de forma rápida, especialmente un rayo o un arma. **2** Dejar admirada o impresionada a una persona, especialmente con una mirada o una voz que muestra odio o amor.

fumadero *m.* Lugar donde van las personas a fumar.

fumador, -ra *adj./m. y f.* [persona] Que fuma tabaco por costumbre. ▸ **fumador pasivo** Persona que, sin tener la costumbre de fumar, aspira el humo de las personas que fuman.

fumar *intr./tr.* Aspirar y despedir el humo del tabaco o de otras sustancias herbáceas.

fumarola *f.* **1** Emisión de gases o vapores de un volcán a través de una grieta o abertura. **2** Grieta o abertura de un volcán por la que salen estos gases o vapores.

fumata *f.* Columna de humo que sale de una chimenea de la capilla Sixtina para elegir al nuevo papa.

fumigar [7] *tr.* Hacer que desaparezcan plagas de insectos u organismos que dañan utilizando productos químicos.

función *f.* **1** Actividad propia de los órganos de los seres vivos o uso o destino de una cosa. **2** Ejercicio de un cargo o empleo. **3** Representación de un espectáculo o proyección de una película. **4** GRAM. Relación que se establece entre los elementos de una estructura gramatical. **5** MAT. Relación entre dos magnitudes de manera que los valores de una dependen de los de la otra. ▸ **en función de** Indica que una cosa depende de lo que se dice a continuación.

funcional *adj.* **1** De la función biológica o psíquica. **2** [cosa] Que está pensado y creado para tener una utilidad práctica.

funcionamiento *m.* 1 Realización por parte de una persona o cosa de la función que le es propia. 2 Uso o empleo de algo.

funcionar *intr.* 1 Realizar una persona o cosa la función que le es propia. 2 *coloquial* Marchar bien.

funcionario, -ria *m. y f.* Persona que ocupa un cargo o empleo en la Administración pública.

funda *f.* Cubierta con la que se envuelve una cosa para guardarla o protegerla.

fundación *f.* 1 Establecimiento o creación de una ciudad, un edificio, una empresa o una institución. 2 Sociedad u organización que hace obras sociales, culturales o humanitarias sin finalidad lucrativa.

fundador, -ra *adj./m. y f.* [persona] Que funda o crea una cosa.

fundamental *adj.* Que es lo más importante y necesario o sirve de principio.

fundamentalismo *m.* Movimiento religioso, social y político, basado en la interpretación literal de los textos sagrados y en el estricto cumplimiento de sus leyes o normas.

fundamentalista *adj.* 1 Del fundamentalismo. ‖ *adj./com.* 2 [persona] Que es partidario del fundamentalismo.

fundamentar *tr.* 1 Poner una base para construir sobre ella algo. 2 Establecer los principios o la base de una cosa.

fundamento *m.* 1 Parte de una construcción que está bajo tierra y le sirve de apoyo o base. Se usa en plural con valor singular. 2 Principio u origen en que se asienta una cosa no material. ‖ *m. pl.* 3 Elementos básicos de un arte o ciencia.

fundar *tr.* 1 Establecer o crear una ciudad, una empresa, un edificio o una institución. ‖ *tr./prnl.* 2 Establecer los principios o la base de una cosa.

fundición *f.* 1 Paso de una sustancia sólida a líquida por la acción del calor. 2 Fábrica donde se funden metales.

fundir *tr./intr.* 1 Convertir una sustancia sólida en líquida por la acción del calor. ‖ *tr.* 2 Dar forma en un molde a un metal derretido. 3 AMÉR Arruinar económicamente una empresa o a una persona. ‖ *prnl.* 4 Dejar de funcionar un aparato eléctrico.

fúnebre *adj.* 1 Que tiene relación con los difuntos. 2 Que es muy triste o sombrío.

funeral *adj.* 1 Del entierro de una persona muerta. ‖ *m.* 2 Ceremonia religiosa que se celebra para recordar la muerte de una persona.

funeraria *f.* Empresa que se encarga de organizar todo lo relacionado con el entierro de los muertos.

funerario, -ria *adj.* Del entierro de una persona muerta.

funesto, -ta *adj.* 1 Que es origen de tristezas o de desgracias. 2 Que es muy triste o desgraciado.

fungible *adj.* Que se consume con el uso.

fungicida *m.* Sustancia que sirve para destruir los hongos parásitos.

funicular *adj. m.* [vehículo] Que funciona arrastrado con una cuerda o cable.

furcia *f.* Mujer que mantiene relaciones sexuales a cambio de dinero. Tiene valor despectivo.

furgón *m.* Vehículo de cuatro ruedas, con un espacio interior grande y que se usa para el transporte de mercancías.

furgoneta *f.* Vehículo de cuatro ruedas más pequeño que el camión que sirve para transportar mercancías.

furia *f.* 1 Ira o violencia que no se puede controlar. 2 Agitación violenta con que se produce algo, especialmente la que causan los elementos de la naturaleza.

furibundo, -da *adj.* 1 Que está enfurecido o tiende a enfadarse con facilidad. 2 Que muestra rabia o furia. 3 [persona] Que admira o apoya a una persona o un grupo con pasión exagerada.

furioso, -sa *adj.* 1 Que está enfurecido o muy enfadado. 2 Que tiene o muestra violencia.

furor *m.* 1 Ira o violencia que no se puede controlar. 2 Agitación violenta con que se produce algo, especialmente la que causan los elementos de la naturaleza. 3 Afición desordenada y excesiva. ▸ **causar (o hacer) furor** Indica que una cosa está muy de moda en un momento determinado.

furtivo, -va *adj.* 1 Que se hace a escondidas o de manera disimulada. ‖ *adj./m. y f.* 2 [cazador] Que caza o pesca sin tener permiso o cuando está prohibido.

fusa *f.* MÚS. Figura cuya duración equivale a la mitad de la semicorchea.

fuselaje *m.* Cuerpo central del avión donde van la tripulación, los pasajeros y las mercancías.

fusible *m.* Hilo metálico, que se coloca en una instalación eléctrica, que se rompe e interrumpe el paso de la corriente eléctrica cuando la intensidad es superior a la establecida.

fusil *m.* Arma de fuego automática compuesta por un cañón largo, con un cargador de balas y una culata de forma triangular que se apoya contra el hombro cuando se dispara.

fusilamiento *m.* Ejecución de una persona disparándole, especialmente con uno o varios fusiles.

fusilar *tr.* Ejecutar a una persona disparándole, especialmente con uno o varios fusiles.

fusión *f.* 1 Paso del estado sólido al líquido por la acción del calor. **fusión nuclear** Fís. Reacción nuclear producida por la unión de dos o más átomos sometidos a muy altas temperaturas que provoca un gran desprendimiento de energía. 2 Unión de intereses, ideas o partidos diferentes.

fusionar *tr./prnl.* Producir una unión entre intereses, ideas o partidos diferentes.

fusta *f.* Vara delgada y flexible con una correa en uno de sus extremos que se usa para golpear al caballo y darle órdenes.

fuste *m.* 1 ARQ. Parte de la columna que tiene forma de cilindro alargado y está comprendida entre la base y el capitel. 2 Importancia o valor.

fustigar [7] *tr.* Dar golpes o azotar como castigo sirviéndose de un instrumento.

fútbol o **futbol** *m.* Deporte que se juega entre dos equipos de once jugadores y que consiste en meter un balón en la portería del contrario utilizando los pies, la cabeza o cualquier parte del cuerpo que no sean las manos o los brazos. **fútbol americano** Deporte que consiste en llevar un balón ovoide más allá de una línea protegida por el contrario. **fútbol sala** Depor-

te que se practica en un terreno más pequeño que el del fútbol y con un balón también más pequeño.

futbolín *m.* 1 Juego que consiste en mover unas figuras de madera o metal para que golpeen una bola y la metan en un hueco, como en el fútbol. 2 Mesa con figuras que imita un campo de fútbol con sus jugadores y se usa para ese juego.

futbolista *com.* Persona que juega al fútbol.

futbolístico, -ca *adj.* Del fútbol.

fútil *adj.* Que tiene poco valor e importancia.

futilidad *f.* Cosa poco importante o de poco valor.

futón *m.* Cama de origen japonés que consta de una base de madera sobre la que se extiende un colchón de lana o algodón.

futurismo *n. m.* 1 Actitud favorable hacia el futuro. 2 Movimiento artístico de principios del siglo xx que intenta romper con la tradición y revolucionar las ideas, costumbres, el arte, la literatura y el lenguaje.

futurista *adj.* 1 Que muestra una actitud favorable hacia el futuro. ‖ *adj./com.* 2 [persona] Que es partidario del futurismo.

futuro, -ra *adj.* 1 Que todavía no ha sucedido o que está próximo en el tiempo. ‖ *adj./m.* 2 GRAM. [tiempo verbal] Que indica que una acción todavía no se ha producido. ‖ *m.* 3 Tiempo que todavía no ha llegado.

futurología *f.* Conjunto de estudios para prever lo que va a ocurrir en el futuro.

futurólogo, -ga *m. y f.* Persona que se dedica a la futurología.

G

g *f.* 1 Séptima letra del alfabeto español. Delante de *e, i* representa el sonido consonántico velar fricativo sordo y se pronuncia como *j,* como en *gente, colegio.* Delante de *a, o, u* o consonante representa el sonido consonántico velar fricativo sonoro, como en *gato, goma, guante, gris.* Este sonido se representa con la grafía *gu,* con *u* muda, delante de *e, i,* como en *Miguel, guisante.* 2 Abreviatura de gramo.

g. p. o **g/p.** Abreviatura de *giro postal.*

gabacho, -cha *m. y f. coloquial* Persona que es de Francia. Es despectivo.

gabán *m.* Prenda de vestir de abrigo de tela fuerte, larga y con mangas que se pone sobre otras prendas.

gabardina *f.* 1 Prenda de vestir larga de tela impermeable que sirve para protegerse de la lluvia. 2 Tejido que se usa para fabricar esa prenda. 3 Masa de harina o pan rallado y huevo con que se envuelven algunos alimentos antes de freírlos.

gabarra *f.* 1 Embarcación pequeña y chata para la carga y descarga de los barcos.

gabinete *m.* 1 Habitación para estudiar o para recibir visitas. 2 Local destinado al ejercicio de una profesión. 3 Conjunto de ministros del gobierno de un país.

gacela *f.* Mamífero rumiante muy veloz, de patas largas y finas, cabeza pequeña y cuernos curvados.

gaceta *f.* 1 Publicación periódica de carácter cultural o científico. 2 Persona que lleva y trae chismes.

gacha *f.* 1 Masa blanda que debería ser espesa y consistente. ▌*f. pl.* 2 Comida que se hace con harina cocida con agua y sal y que se adereza con otra sustancia. 3 Mezcla de tierra y agua.

gachí *f. coloquial* Mujer joven.

gachó *m.* 1 *coloquial* Hombre joven. 2 *coloquial* Amante de una mujer.

gacho, -cha *adj.* 1 Inclinado hacia tierra. 2 [res] Que tiene un cuerno o los dos curvados hacia abajo.

gaditano, -na *adj.* 1 De Cádiz. ▌*adj./m. y f.* 2 [persona] Que es de Cádiz.

gaélico, -ca *adj./m.* [lengua] Que se habla en comarcas de Irlanda y Escocia.

gafar *tr. coloquial* Dar o traer mala suerte.

gafas *f. pl.* ESP Lentes, conjunto de dos cristales, con o sin graduación óptica, colocados en una montura que se apoya en la nariz y que se sujeta detrás de las orejas.

gafe *adj./com.* Que da o trae mala suerte.

gag *m.* Situación ridícula y cómica, especialmente en una película.

OBS El plural es *gags.*

gaguear *intr.* AMÉR Hablar entrecortadamente y repitiendo sílabas y sonidos.

gaita *f.* 1 Instrumento musical de viento formado por una bolsa que se llena de aire, un tubo por el que se sopla y dos o tres más por los que sale el aire. 2 *coloquial* Actividad pesada o molesta.

gaitero, -ra *m. y f.* 1 Persona que toca la gaita. ▌*adj.* 2 De la gaita o del gaitero.

gajes *coloquial* Palabra que se usa en la expresión *gajes del oficio* para indicar inconvenientes o consecuencias molestas que trae consigo un trabajo o actividad.

gajo *m.* 1 Parte diferenciada en que se divide la carne de algunas frutas. 2 Grupo de uvas en que se divide un racimo.

gala *f.* 1 Vestido y adornos elegantes. Se usa sobre todo en plural. 2 Fiesta o ceremonia de carácter extraordinario, elegan-

galleta

te y con muchos invitados. 3 Actuación de un artista.

galáctico, -ca *adj.* De la galaxia o relacionado con ella.

galaico, -ca *adj.* 1 De un pueblo primitivo que habitaba en Galicia y en el norte de Portugal. ‖ *adj./m.* y *f.* 2 Gallego.

galaicoportugués, -guesa *m.* 1 Lengua que se habla en Galicia y la parte norte de Portugal. ‖ *adj.* 2 De esta lengua o relacionado con ella.

galán *m.* 1 Hombre de aspecto agradable, elegante y educado. 2 Hombre que corteja a una mujer. 3 Actor principal de cine o de teatro que representa el papel de hombre atractivo, elegante y conquistador. 4 Mueble para colgar la ropa y mantenerla sin arrugas, especialmente la masculina.

galante *adj.* [persona] Que es muy educado y atento en el trato, especialmente con las mujeres.

galantear *tr.* Tratar de enamorar a una persona del otro sexo, especialmente tratándola de manera educada y agradable.

galanteo *m.* Acción de galantear.

galantería *f.* Obra o dicho educados y agradables, en especial en el trato con las mujeres.

galápago *m.* Reptil muy parecido a la tortuga, pero adaptado a la vida acuática, provisto de una concha.

galardón *m.* Premio que se concede por méritos o por haber prestado determinados servicios.

galardonar *tr.* Conceder un premio.

galaxia *f.* ASTR. Agrupación de estrellas, cuerpos celestes, gas y polvo interestelar que gira en torno a un núcleo.

galbana *f. coloquial* Falta total de interés o de ganas de hacer algo.

galena *f.* Mineral gris compuesto de azufre y plomo, que cristaliza en cubos.

galera *f.* 1 Embarcación grande de vela y remo usada en las guerras. ‖ *f. pl.* 2 Castigo consistente en realizar trabajos forzados remando en los barcos.

galerada *f.* Prueba de composición sobre la que se corrige un texto compuesto.

galería *f.* 1 Habitación larga y amplia. 2 Pasillo abierto o acristalado para hacer llegar la luz a espacios interiores. 3 Establecimiento en el que se exponen y venden obras de arte. 4 Parte más alta de un teatro o cine. 5 Conjunto de personas. 6 Paso subterráneo, largo y estrecho. 7 Armazón de madera o metal donde van colgadas las cortinas. ‖ *f. pl.* 8 Conjunto de

establecimientos comerciales que están en un mismo lugar.

galerna *f.* Viento frío que sopla en la costa del norte de España.

galés, -lesa *adj.* 1 De Gales o relacionado con este país del oeste de Gran Bretaña. ‖ *adj./m.* y *f.* 2 [persona] Que es de Gales. ‖ *m.* 3 Lengua céltica hablada en Gales.

galgo, -ga *adj./m.* y *f.* [perro] Que pertenece a una raza de figura delgada, musculatura fuerte, muy rápido y que sirve para la caza.

gálibo *m.* 1 Figura que marca en un túnel o un paso elevado las dimensiones máximas de un vehículo grande que puede pasar por él. 2 Conjunto de luces que debe llevar un automóvil de grandes dimensiones para indicar su altura y su anchura y que están colocadas muy próximas a los bordes superiores traseros y delanteros.

galicismo *m.* Palabra o expresión propias del francés que se usan en otro idioma.

galicista *adj.* 1 Del galicismo o relacionado con él. 2 [persona] Que usa galicismos.

galimatías *m.* 1 *coloquial* Lenguaje poco claro y difícil de entender. 2 *coloquial* Cosa confusa o desordenada.
OBS El plural también es *galimatías*.

galio *m.* QUÍM. Metal muy parecido al aluminio, de color gris azulado o blanco brillante, que se usa en odontología.

gallardete *m.* Bandera pequeña, larga y rematada en punta, que se utiliza como insignia, adorno o como señal en buques y edificios.

gallardía *f.* 1 Valor y decisión en la forma de actuar. 2 Elegancia y buen aspecto de una persona.

gallardo, -da *adj.* Que tiene gallardía.

gallear *intr. coloquial* Pretender una persona sobresalir entre las demás, presumiendo excesivamente de sus cualidades.

gallego, -ga *adj.* 1 De Galicia. ‖ *adj./m.* y *f.* 2 [persona] Que es de Galicia. ‖ *m.* 3 Lengua románica que se habla en Galicia. ‖ *m.* y *f.* 4 ARG, BOL, CUBA, PRICO, URUG *coloquial* Persona originaria de España o con ascendencia española.

galleguismo *m.* Palabra o expresión propias de la lengua gallega y que se usan en otro idioma.

gallero, -ra *adj./m.* y *f.* AMÉR 1 [persona] Que cría gallos de pelea. 2 [persona] Que es aficionado a las riñas de gallos.

galleta *f.* 1 Dulce seco hecho con una masa que se cuece al horno y con formas y tamaños diferentes, generalmente de poco grosor. 2 *coloquial* Golpe dado en la cara con la mano abierta. 3 VEN Atasco de vehículos.

gallina *f.* 1 Hembra del gallo, de menor tamaño que este, con la cresta más corta y sin espolones. ‖ *adj./com.* 2 *coloquial* [persona] Que es cobarde o excesivamente miedoso o asustadizo.

gallináceo, -a *adj./f.* 1 De la gallina o relacionado con ella. 2 [ave] Que pertenece a la misma familia que la gallina.

gallinaza *f.* Excremento o estiércol de las gallinas.

gallinero *m.* 1 Lugar en el que duermen los gallos, las gallinas y otras aves de corral. 2 *coloquial* Lugar en el que hay mucho ruido, producido principalmente por el griterío de la gente. 3 Conjunto de asientos que se encuentran en la parte más alta de un teatro o de un cine.

gallito *adj./m.* [hombre] Que pretende sobresalir entre los demás, presumiendo excesivamente de sus cualidades, especialmente de su fuerza o su valentía.

gallo *m.* 1 Ave doméstica de pico corto y plumaje lustroso y abundante, que tiene una cresta roja en lo alto de la cabeza y espolones en las patas. 2 Pez marino de cuerpo comprimido, boca grande y con los dos ojos en uno de los lados; es comestible. 3 *coloquial* Nota aguda o chillona que emite una persona al hablar o al cantar. ‖ *adj./m.* 4 Gallito, hombre que pretende sobresalir entre los demás.

galo, -la *adj.* 1 De Francia. 2 De la antigua región de la Galia, actual Francia. ‖ *adj./m. y f.* 3 [persona] Que es de Francia. 4 [persona] Que era de la antigua Galia. ‖ *m.* 5 Lengua celta que se hablaba en la antigua Galia.

galón *m.* 1 Cinta fuerte y estrecha que se coloca en las prendas de vestir para protegerlas o para adornarlas. 2 Distintivo que se pone en la bocamanga o en el brazo del uniforme de un militar para distinguir las distintas graduaciones. 3 Medida de capacidad para líquidos que se usa en Gran Bretaña y en América del Norte.

galopada *f.* Carrera a galope.

galopante *adj.* [enfermedad] Que tiene un desarrollo o un desenlace muy rápido.

galopar *intr.* 1 Ir un caballo a galope. 2 Cabalgar una persona sobre un caballo que va a galope.

galope *m.* Manera de andar una caballería, más rápida que el trote, en la cual el animal mantiene por un momento las cuatro patas en el aire.

galvanismo *m.* 1 Corriente eléctrica producida por el contacto de dos metales diferentes sumergidos en un líquido. 2 Propiedad de la corriente eléctrica de provocar contracciones en los nervios y músculos de los seres vivos o de organismos muertos.

galvanización *f.* Acción de galvanizar.

galvanizar [4] *tr.* Cubrir un metal con un baño de cinc para que no se oxide.

gama *f.* 1 Escala de colores. 2 Serie de cosas de la misma clase pero distintas en alguno de sus elementos constitutivos. 3 MÚS. Serie ordenada de las notas que componen un sistema musical.

gamba *f.* Crustáceo marino parecido al langostino, pero de menor tamaño; es comestible y su carne es muy apreciada.

gamberrada *f.* Acción poco cívica que produce molestias o perjuicios a otras personas.

gambeta *f.* ACENT, ASUR Dribling.

gamberrismo *m.* Conducta de la persona que se divierte haciendo gamberradas.

gamberro, -rra *adj./m. y f.* [persona] Que se divierte haciendo gamberradas.

gambito *m.* En el juego del ajedrez, jugada que consiste en sacrificar una pieza, generalmente un peón, al principio de la partida para lograr una posición favorable.

gameto *m.* BIOL. Célula reproductora masculina o femenina de un ser vivo.

-gamia Elemento sufijal que entra en la formación de sustantivos femeninos con el significado de: *a)* 'Estado o condición de casado'. *b)* 'Actitud o postura ante el casamiento'.

gamma *f.* Nombre de la tercera letra del alfabeto griego.

gammaglobulina *f.* Proteína del suero sanguíneo que actúa como soporte de los anticuerpos.

gamo, -ma *m. y f.* Mamífero rumiante de pelo rojo oscuro con pequeñas manchas blancas y los cuernos aplastados en su extremo en forma de palas.

gamopétalo, -la *adj.* BOT. [flor, corola] Que tiene los pétalos unidos lateralmente.

gamosépalo, -la *adj.* BOT. [flor, cáliz] Que tiene los sépalos unidos lateralmente.

gamuza *f.* 1 Mamífero rumiante, parecido a la cabra, con pelo pardo, cola corta, patas fuertes y cuernos lisos y rectos, con las puntas curvadas hacia atrás. 2 Piel curtida de este animal de aspecto aterciopelado. 3 Paño de tela que se usa para limpiar.

gana *f.* 1 Deseo o voluntad que tiene una persona de hacer una cosa. Se usa sobre todo en plural. 2 Deseo de comer o apetito que tiene una persona. Se usa sobre todo en plural.

ganadería *f.* 1 Cría de ganado para su explotación y comercio. 2 Clase o raza de ganado, especialmente el que pertenece a un mismo propietario, y particularmente hablando de toros.

ganadero, -ra *adj.* 1 Del ganado o de la ganadería. ‖ *m. y f.* 2 Persona que se dedica a la cría, explotación y comercio del ganado.

ganado *m.* 1 Conjunto de animales de cuatro patas que son criados para su explotación y comercio. **ganado mayor** Ganado formado por animales de gran tamaño. **ganado menor** Ganado formado por animales de pequeño tamaño. 2 *coloquial* Conjunto numeroso de personas. Tiene valor despectivo.

ganador, -ra *adj./m. y f.* Que gana.

ganancia *f.* 1 Cantidad de dinero que se obtiene como resultado de una inversión. 2 Bien que se obtiene gracias al trabajo.

OBS Se usa más en plural.

ganancial *adj.* De la ganancia.

ganancioso, -sa *adj.* Que proporciona ganancias.

ganapán *m. coloquial* Hombre rudo, tosco y poco educado.

ganar *tr.* 1 Conseguir, generalmente dinero, con el trabajo, el esfuerzo o por suerte. 2 Conseguir una cosa por la que una persona mantiene un enfrentamiento, disputa o competición con otra. 3 Cobrar una cantidad de dinero por un trabajo. 4 Llegar al lugar que se intenta alcanzar. 5 Superar o llegar a ser mejor que otra persona en algo. ‖ *tr./intr.* 6 Conseguir la victoria en un enfrentamiento, disputa o competición. ‖ *tr./prnl.* 7 Captar la voluntad de una persona. 8 Lograr o llegar a tener la confianza o el afecto de otras personas. 9 Merecer una persona algo por sus propios actos. ‖ *intr.* 10 Llegar una persona o una cosa a tener unas condiciones o unas cualidades mejores.

ganchillo *m.* 1 Aguja fuerte para hacer labores de punto, de unos 20 centímetros de largo, y con un extremo más delgado y acabado en forma de gancho. 2 Labor que consiste en tejer con esa aguja.

gancho *m.* 1 Instrumento con forma curva y con punta en un extremo o en ambos, que sirve para sostener, colgar o sujetar una cosa. 2 *coloquial* Persona que colabora con un timador para ayudarle a engañar a sus víctimas. 3 *coloquial* Capacidad para gustar o atraer. 4 En boxeo, puñetazo dado de abajo arriba. 5 En baloncesto, tiro a canasta que se realiza arqueando el brazo por encima de la cabeza. 6 AMÉR Horquilla de alambre que se usa para sujetar el pelo. 7 AMÉR Utensilio que se pone en una pared o puerta y sirve para colgar prendas de vestir y otros objetos.

gandul, -dula *adj./m. y f.* [persona] Que no quiere trabajar, o no cumple con su trabajo por falta de atención e interés.

gandulear *intr.* Hacer el gandul.

gandulería *f.* Actitud y comportamiento del gandul.

ganga *f.* 1 Cosa de buena calidad o de valor que se consigue a bajo precio o con poco esfuerzo. 2 Materia que se separa de los minerales por no tener utilidad.

ganglio *m.* Bulto pequeño formado por un conjunto de células nerviosas que está en un nervio o en una vía linfática.

gangoso, -sa *adj.* 1 [voz] Que tiene resonancia nasal. ‖ *adj./m. y f.* 2 [persona] Que tiene esa voz o habla con esa voz.

gangrena *f.* Muerte de un tejido de una persona o un animal debido a la falta de riego sanguíneo o por infección.

gangrenarse *prnl.* Sufrir gangrena un tejido de una persona o un animal.

gángster o **gánster** *com.* Persona que pertenece a un grupo organizado de delincuencia que se dedica a negocios ilegales, especialmente relacionados con el juego, el alcohol u otro tipo de drogas.

OBS Es de origen inglés. El plural es *gángsters* o *gánsteres*, respectivamente.

gansada *f.* Acción o dicho propio de la persona que hace o dice tonterías.

ganso, -sa *m. y f.* 1 Ave palmípeda doméstica de plumaje gris y pico anaranjado, casi negro en la punta, que se cría en ambientes húmedos. ‖ *adj./m. y f.* 2 [persona] Que es lento o torpe en sus reacciones o movimientos.

ganzúa *f.* Alambre fuerte y doblado en uno de sus extremos que sirve para abrir cerraduras cuando no se puede hacer con una llave.

gañán *m.* Hombre que muestra poca cortesía y educación en su comportamiento.

gañir [40] *intr.* 1 Dar gritos agudos y repetidos un animal al ser maltratado, especialmente un perro. 2 Emitir graznidos ciertas aves, como el cuervo o el grajo.

gañote *m. coloquial* Parte interior de la garganta.

garabatear *intr./tr.* Hacer garabatos en alguna parte.

garabato *m.* Letra o rasgo mal formado o trazo que no representa nada.

garaje *m.* **1** Lugar donde se guardan uno o más vehículos. **2** Taller de reparación y mantenimiento de vehículos.

garantía *f.* **1** Seguridad que se ofrece de que una cosa va a realizarse o suceder. Se usa sobre todo en plural. **2** Compromiso que adquiere el vendedor de un aparato de reparar gratuitamente las averías que tenga durante un período de tiempo determinado. **3** Escrito en el que se plasma este compromiso. **4** Cantidad de dinero u objeto de valor que se da para asegurar el cumplimiento de una obligación o un pago.

garantizar [4] *tr.* **1** Dar garantía u ofrecer la seguridad de que una cosa va a realizarse o suceder. **2** Comprometerse el vendedor de un aparato, mediante un escrito, a reparar gratuitamente las averías que tenga durante un período de tiempo determinado.

garapiñar *tr.* Bañar un fruto seco o una golosina en azúcar hecha caramelo, de modo que esta se solidifique formando grumos.

garbanzo *m.* **1** Planta herbácea de tallo duro y ramoso que produce unas legumbres ordenadas en hilera dentro de una cáscara fina y flexible. **2** Semilla comestible de esa planta, de pequeño tamaño, forma redondeada y color amarillento, que se consume generalmente hervida.

garbeo *m. coloquial* Paseo corto.

garbo *m.* **1** Gracia y desenvoltura en la manera de obrar o de moverse, especialmente al andar. **2** Gracia, originalidad y elegancia de una cosa, especialmente una manifestación artística.

garboso, -sa *adj.* [persona, animal] Que muestra garbo o gracia.

gardenia *f.* **1** Arbusto de hojas grandes, lisas, ovaladas y de color verde brillante, que se cultiva principalmente por sus flores. **2** Flor de este arbusto, grande y olorosa, generalmente blanca.

garduña *f.* Mamífero carnívoro que vive en los bosques y suele atacar de noche los gallineros; tiene la cabeza pequeña, las patas cortas y el pelaje marrón grisáceo.

garfio *m.* Instrumento de forma curva y acabado en punta, generalmente de hierro, que sirve para coger o sujetar una cosa.

gargajo *m.* Conjunto de saliva y moco que se expulsa con fuerza por la boca.

garganta *f.* **1** Parte delantera del cuello de una persona o de un animal. **2** Zona interna del cuello de una persona o de un animal, entre el velo del paladar y el principio del esófago. **3** Valle o paso estrecho que está encajado entre montañas.

gargantilla *f.* Collar corto que se coloca alrededor del cuello como adorno.

gárgara *f.* Mantenimiento de un líquido en la garganta, sin tragarlo, con la boca abierta hacia arriba mientras se expulsa aire lentamente para que el líquido se mueva.

gargarizar [4] *intr.* Hacer gárgaras.

gárgola *f.* Elemento arquitectónico y decorativo de un edificio o de una fuente colocado en la parte final de la cornisa de un tejado o de un caño para que caiga o salga el agua de la lluvia o de la fuente; suele tener forma humana o de animal.

garita *f.* Lugar o caseta pequeña que sirve para resguardar a una persona que vigila, como las de las fortificaciones.

garito *m.* **1** Casa de juego ilegal, que no tiene autorización oficial. **2** *coloquial* Establecimiento público al que la gente va para divertirse, especialmente el que tiene mala reputación.

garra *f.* **1** Uña fuerte, curva y afilada de algunos animales. **2** Mano o pie del animal que tiene esas uñas. **3** *coloquial* Mano de una persona. **4** Capacidad de atracción muy grande que tiene una persona o cosa.

garrafa *f.* Recipiente que se utiliza para contener o transportar líquidos, con el cuerpo ancho y el cuello largo y estrecho.

garrafal *adj.* [error, falta] Que es muy grande o muy grave.

garrafón *m.* Recipiente que se utiliza principalmente para contener o transportar líquidos, de la misma forma que una garrafa pero de mayor tamaño.

garrapata *f.* Ácaro que vive como parásito de ciertos mamíferos y aves a los que chupa la sangre.

garrapiñar *tr.* Bañar un fruto seco o una golosina en azúcar caramelizado que se solidifica formando grumos.

garrocha *f.* Vara larga rematada con un hierro terminado en punta, que se utiliza para picar toros.

garrota *f.* **1** Palo grueso y fuerte que se utiliza como bastón o para golpear con él.

2 Bastón de madera con la parte superior curvada.

garrote *m.* **1** Palo grueso y fuerte que se utiliza principalmente como bastón o para golpear con él. **2** Instrumento con el que antiguamente se ajusticiaba a los condenados, que consistía en un palo al que se ataba al reo y un aro de hierro con el que se le aprisionaba el cuello y que se apretaba hasta causarle la muerte. **3** Antiguo instrumento de tortura, consistente en un palo con el que se retorcía una cuerda que aprisionaba algún miembro o alguna parte del cuerpo.

garrotillo *m. coloquial* Nombre que se debe a ciertas enfermedades graves de las vías respiratorias de carácter infeccioso.

garrucha *f.* Mecanismo que consiste en una rueda suspendida por la que se hace pasar una cuerda y que sirve para mover o levantar cosas pesadas.

garrulo, -la *adj./m. y f. coloquial* [persona] Que se comporta con poca delicadeza y educación.

garúa *f.* AMÉR Lluvia fina y persistente.

garuar *v. impersonal.* AMÉR Llover en forma tenue y persistente.

garza *f.* Ave que vive en pantanos y en la orilla de lagos y ríos, con las patas y el cuello muy largos y el pico con forma cónica y muy puntiagudo.

gas *m.* **1** Cuerpo que se encuentra en el estado de la materia que se caracteriza por una gran separación de sus moléculas. **2** Combustible en este estado. **gas ciudad** Combustible gaseoso que se distribuye mediante tuberías para uso doméstico o industrial. **gas lacrimógeno** Gas tóxico que provoca irritación en los ojos. | *m. pl.* **3** Aire que se acumula en el aparato digestivo.

gasa *f.* **1** Tejido de hilo o de seda, muy delgado y sutil. **2** Tejido estéril y suave que se usa para fines médicos.

gasear *tr.* **1** Hacer que un líquido absorba cierta cantidad de gas. **2** Someter algo o a alguien a la acción de gases tóxicos.

gaseosa *f.* Bebida transparente azucarada, efervescente y sin alcohol, hecha con agua y ácido carbónico.

gaseoso, -sa *adj.* **1** Que se encuentra en estado de gas. **2** [líquido] Que contiene o desprende gases.

gasificar *tr./prnl.* **1** Convertir en gas. **2** Mezclar gas carbónico en un líquido.

gasoducto *m.* Conducto para transportar gas combustible a grandes distancias.

gasógeno *m.* Aparato que transforma en gas combustible ciertos materiales mezclados con aire, oxígeno o vapor.

gasoil o **gas-oil** *m.* Gasóleo, combustible líquido.

gasóleo *m.* Combustible líquido que se extrae del petróleo crudo.

gasolina *f.* Líquido inflamable que se obtiene del petróleo y que se usa como combustible de coches, aviones y otros vehículos.

gasolinera *f.* Establecimiento donde se suministra gasolina y otros combustibles.

gastado, -da *adj.* Que está viejo o deslucido por el uso.

gastador *m.* Soldado encargado de cavar para abrir trincheras o de abrir camino en las marchas.

gastar *tr./prnl.* **1** Consumir o hacer desaparecer una cosa poco a poco por el uso. | *tr.* **2** Usar el dinero para comprar. **3** Tener una persona cierta actitud habitualmente; en especial si es negativa. **4** Usar, emplear o llevar habitualmente cierta cosa. ▸ **gastarlas** *coloquial* Comportarse una persona habitualmente de una manera determinada.

gasterópodo *adj./m.* **1** ZOOL. [molusco] Que tiene un pie carnoso que le sirve para arrastrarse, el cuerpo generalmente protegido por una concha de una sola pieza, y uno o dos pares de tentáculos en la cabeza. | *m. pl.* **2** Clase formada por estos moluscos.

gasto *m.* **1** Acción de gastar. **2** Cantidad de dinero que se gasta. Se emplea frecuentemente en plural. **gasto público** Cantidad de dinero que aporta la Administración para las necesidades de los ciudadanos.

gástrico, -ca *adj.* Del estómago.

gastritis *f.* MED. Inflamación de las mucosas del estómago.

OBS El plural también es *gastritis*.

gastro-, gastr- Elemento prefijal que entra en la formación de palabras con el significado de 'estómago'.

gastroenteritis *f.* MED. Inflamación de las mucosas del estómago y del intestino conjuntamente, debida a una infección.

OBS El plural también es *gastroenteritis*.

gastrointestinal *adj.* MED. Del estómago y los intestinos conjuntamente.

gastronomía *f.* **1** Arte y técnica de preparar una buena comida. **2** Afición de una persona a la buena comida.

gastronómico, -ca *adj.* De la gastronomía.

gastrónomo, -ma m. y f. **1** Persona que es especialista en gastronomía. **2** Persona a la que le gusta la buena comida.

gatear intr. Andar una persona apoyando las manos y las rodillas en el suelo.

gatera f. Agujero hecho en la parte baja de una puerta o pared para que puedan entrar y salir los gatos.

gatillo m. Pieza de un arma de fuego que se presiona con el dedo y sirve para poner en movimiento la palanca de disparo.

gato, -ta m. y f. **1** Mamífero felino doméstico, de patas cortas, cabeza redonda, pelo espeso y suave y uñas retráctiles, que se distingue por su habilidad cazando ratones. **gato de Angora** Gato de pelo muy largo. **gato montés** Gato salvaje, de color amarillento con rayas negras que en la cola forman anillos, que se alimenta de pequeños animales. **gato siamés** Gato de pelo muy corto y de color amarillento o gris, más oscuro en la cara, las orejas y la cola que en el resto del cuerpo, que procede de Asia. **2** Instrumento que sirve para levantar grandes pesos a poca altura. ▶ **a gatas** Manera de andar una persona apoyando las manos y las rodillas en el suelo.

gauchesco, -ca adj. Del gaucho.

gaucho, -cha m. **1** Campesino que habitaba en las pampas de América del Sur. ‖ adj. **2** De este campesino.

gauss m. Unidad de inducción magnética en el sistema cegesimal.

gaveta f. **1** Cajón corredizo que hay en algunos muebles, como los escritorios. **2** Mueble que tiene estos cajones.

gavia f. En los barcos de vela, vela que se coloca en el mastelero mayor o en cualquiera de los otros dos masteleros.

gavilán m. Ave rapaz de plumaje gris azulado en la parte superior y con bandas de color pardo rojizo en el resto, alas cortas y redondeadas y cola larga.

gavilla f. Conjunto de ramas o tallos atados por su centro, más grande que un manojo y más pequeño que un haz.

gaviota f. Ave palmípeda marina, de plumaje gris en la espalda y con el resto del cuerpo blanco, de pico naranja y algo curvo, que se alimenta esencialmente de peces.

gay adj./m. [hombre] Que es homosexual. OBS Es de origen inglés y se pronuncia aproximadamente 'guei'. El plural es gais.

gazapo m. **1** Cría del conejo. **2** Error o equivocación al escribir o al hablar.

gazmoño, -ña adj./m. y f. [persona] Que finge ser muy devoto y escrupuloso en cuestiones de moral cuando en realidad no lo es tanto.

gaznápiro, -ra adj./m. y f. [persona] Que es torpe, simple o tiene poca inteligencia.

gaznate m. coloquial Parte interior de la garganta.

gazpacho m. Sopa fría que se hace principalmente con tomates, cebolla, pimiento, ajo, aceite, vinagre, sal y pan.

ge f. Nombre de la letra g.

géiser m. Agujero de la corteza terrestre del que sale agua caliente a gran presión. OBS El plural es géiseres.

geisha f. Joven japonesa que baila, canta, recita poesía y sirve el té para entretener y hacer compañía a los hombres. OBS Es de origen japonés y se pronuncia aproximadamente 'gueisa'.

gel m. **1** Jabón líquido que se usa para el aseo personal. **2** Producto que tiene una consistencia semejante a la de la gelatina.

gelatina f. **1** Sustancia sólida, transparente e incolora, que se obtiene cociendo en agua huesos y otros tejidos de animales. **2** Alimento blando y dulce que se hace con esta sustancia, azúcar y zumo de frutas.

gelatinoso, -sa adj. Que tiene gelatina o el aspecto de la gelatina.

gélido, -da adj. Que es o está muy frío.

gema f. **1** Piedra preciosa. **2** bot. Brote de los vegetales del que nacen las ramas, las hojas y las flores.

gemación f. **1** Forma de multiplicación de una célula en que esta se divide en dos partes desiguales, cada una con un núcleo. **2** Forma de multiplicación asexual, propia de algunos animales inferiores, en que el animal emite, en alguna parte de su cuerpo, una protuberancia que se convierte en un nuevo individuo. **3** bot. Desarrollo de una yema en una planta, a partir de la cual se forma una rama, una hoja o una flor.

gemelo, -la adj. **1** Que es igual en su forma o función a otro objeto o elemento con el que forma un par. **2** Que se parece mucho a otra cosa. ‖ adj./m. y f. **3** [persona, animal] Que ha nacido a la vez que otro del mismo parto. ‖ adj./m. **4** [músculo] Que está situado en la parte inferior de la pierna y que, con otro igual a él, se une al talón y sirve para mover el pie. ‖ m. **5** Adorno formado por dos piezas unidas por una cadenita, que sirve para cerrar el puño de la camisa. ‖ m. pl. **6** Aparato que sirve para ver más cerca las cosas que están a distancia, formado por dos cilindros unidos que se colocan delante de los ojos y que contienen una serie de prismas y lentes.

gemido *m.* Voz que expresa dolor o pena.

geminado, -da *adj.* 1 Que está formado por dos elementos iguales o por elementos colocados por parejas. ‖ *adj./f.* GRAM. [consonante] Que se pronuncia en dos momentos sucesivos de tensión, de manera que cada parte de la geminada pertenece a una sílaba distinta.

geminar *intr./prnl.* GRAM. Tender una consonante a pronunciarse geminada.

géminis *adj./com.* [persona] Que ha nacido entre el 20 de mayo y el 21 de junio, tiempo en que el Sol recorre aparentemente Géminis, tercer signo del Zodíaco.

gemir [34] *intr.* Emitir sonidos o voces que expresan dolor o pena.

gemología *f.* Ciencia que estudia las gemas o piedras preciosas.

gemólogo, -ga *m. y f.* Persona que es especialista en gemología.

gen *m.* BIOL. Partícula que forma parte de un cromosoma y que hace que algunas características de los padres pasen a los hijos.

gendarme *m.* Agente de policía de algunos países, especialmente Francia.

gendarmería *f.* 1 Cuerpo de tropa formado por los gendarmes. 2 Cuartel o puesto de gendarmes.

genealogía *f.* 1 Conjunto de los antepasados de una persona. 2 Escrito o gráfico en el que se recogen estos antepasados.

genealógico, -ca *adj.* De la genealogía.

genealogista *com.* Persona que es especialista en genealogías y linajes.

generación *f.* 1 Acción de generar. 2 Acción de crear nuevos seres vivos por medio de la reproducción. 3 Conjunto de personas que han nacido en la misma época. 4 Conjunto de personas, generalmente dedicadas al arte o a la ciencia, cuya obra tiene características comunes. 5 Conjunto de aparatos construidos en un mismo período de tiempo y que tienen características comunes.

generacional *adj.* De la generación.

generador, -ra *adj./m. y f.* 1 Que genera. ‖ *m.* 2 Aparato o pieza de una máquina que produce energía.

general *adj.* 1 Que es común a todos o a la mayor parte de los individuos de un conjunto. 2 Que es poco preciso. 3 Que es muy frecuente o común. ‖ *m.* 4 Miembro del ejército o de la aviación que pertenece a la categoría más alta.

generalidad *f.* 1 Conjunto que incluye la mayoría o prácticamente la totalidad de las personas o cosas que componen un todo. 2 Vaguedad o poca precisión en lo que se dice o escribe. 3 Idea poco precisa. Se usa frecuentemente en plural. ‖ *f. pl.* 4 Conocimientos básicos o fundamentales de una ciencia o materia.

generalización *f.* Acción de generalizar.

generalizar [4] *tr./prnl.* 1 Hacer general o común una cosa. ‖ *intr.* 2 Aplicar a un conjunto lo que es propio de un individuo.

generar *tr.* Producir, crear alguna cosa.

generativismo *m.* GRAM. Teoría lingüística que trata de explicar cómo un hablante es capaz de producir y comprender todas las oraciones posibles y aceptables de su lengua.

generativista *adj.* 1 GRAM. Del generativismo. ‖ *adj./com.* 2 GRAM. [persona] Que sigue las ideas del generativismo.

generativo, -va *adj.* Que es capaz de generar, producir o crear una cosa nueva.

generatriz *adj./m. y f.* MAT. [línea, superficie] Que engendra con su movimiento una figura o un sólido geométrico.

genérico, -ca *adj.* 1 Que es común o se refiere a un conjunto de elementos del mismo género. 2 GRAM. Del género o relacionado con esta categoría gramatical.

género *m.* 1 Conjunto de personas o cosas con características comunes. 2 Conjunto de características que distinguen a una persona o a una cosa. 3 Mercancía o producto. 4 Clase de tela o tejido. 5 Categoría o clase en que se pueden ordenar las obras artísticas, literarias o musicales según los rasgos comunes de forma y contenido. 6 Categoría gramatical del sustantivo, el adjetivo, el pronombre y el artículo y que les permite concordar entre sí. **género ambiguo** Género de los sustantivos que pueden llevar artículo masculino o femenino. **género común** Género de los sustantivos de persona que pueden llevar artículo masculino o femenino según se refieran a hombres o a mujeres. **género femenino** Género de los sustantivos que se combinan con el determinante *esta* y con otros determinantes del mismo tipo. **género masculino** Género de los sustantivos que se combinan con el determinante *este* y con otros determinantes del mismo tipo. **género neutro** Género de los sustantivos que no son masculinos ni femeninos. **7** BIOL. Categoría de clasificación de los seres vivos inferior a la de familia y superior a la de especie.

generosidad *f.* Cualidad de generoso.

generoso, -sa *adj.* **1** [persona] Que ayuda y da lo que tiene a los demás sin esperar nada a cambio. **2** [persona] Que tiene un carácter noble. **3** Que es abundante.

génesis *f.* **1** Principio u origen de una cosa. **2** Proceso mediante el cual se ha originado o formado una cosa.

OBS El plural también es *génesis*.

-génesis Elemento sufijal que entra en la formación de palabras con el significado de 'origen', 'principio', 'proceso de generación'.

genética *f.* Parte de la biología que estudia los genes y la herencia.

genético, -ca *adj.* De los genes, de la genética o de la génesis.

-genia Elemento sufijal que entra en la formación de palabras con el valor de 'proceso natural de formación'.

genial *adj.* **1** Que se considera propio de un genio. **2** Que es muy bueno o extraordinario.

genialidad *f.* **1** Inteligencia o capacidad que tienen algunas personas para crear o inventar cosas. **2** Cualidad de lo que es muy bueno o extraordinario. **3** Hecho o idea que resulta raro o extraño.

genio *m.* **1** Carácter de una persona. **2** Persona muy inteligente o con gran capacidad para crear o inventar cosas. **3** Inteligencia o capacidad para crear o inventar cosas. **4** Personaje de los cuentos y leyendas que tiene poderes mágicos.

genital *adj.* **1** Que está relacionado con los órganos reproductores. ▌ *m. pl.* **2** Órganos sexuales externos.

genitivo, -va *adj.* **1** *culto* Que puede producir una cosa o dar la vida. ▌ *m.* **2** GRAM. Caso de la declinación de algunas lenguas, como el latín, que expresa relación de posesión o pertenencia y de materia de que está hecha una cosa.

genocidio *m.* Exterminio sistemático y deliberado de un grupo social por motivos raciales, políticos, religiosos.

genoma *m.* BIOL. Conjunto de los cromosomas de una célula.

genotipo *m.* BIOL. Conjunto de los genes que existen en cada núcleo celular de los individuos de especie animal o vegetal.

gente *f.* **1** Conjunto de personas. **2** Grupo o clase social en que se divide la sociedad.

gente de bien Conjunto en el que se incluye a la persona que es honrada y tiene buenas intenciones. **3** *coloquial* Conjunto de personas del mismo grupo familiar. **4** *coloquial* Persona, en cuanto a su manera de ser.

gentil *adj.* **1** [persona] Que es amable, educado y atento con los demás. **2** Que tiene muy buen aspecto o buena presencia.

gentileza *f.* **1** Cualidad de la persona que es gentil. **2** Regalo de poca importancia. **3** Garbo, gracia o gallardía con que una persona realiza una cosa.

gentilicio, -cia *adj./m.* [nombre, adjetivo] Que sirve para indicar de qué lugar es originaria o natural una persona.

gentío *m.* Gran cantidad de gente.

gentleman *m.* Hombre de gran distinción, elegancia y educación.

OBS Es de origen inglés y se pronuncia aproximadamente 'yéntelman'.

gentuza *f.* Gente despreciable.

genuino, -na *adj.* Que conserva sus características propias o naturales.

geo- Elemento prefijal que forma palabras con el significado de 'tierra'.

geocéntrico, -ca *adj.* Que considera la Tierra como centro del Universo.

geocentrismo *m.* Antigua teoría según la cual la Tierra era el centro del Universo.

geodesia *f.* Ciencia matemática que tiene por objeto determinar la posición exacta de puntos en la superficie de la Tierra, y la figura y magnitud de esta superficie o de grandes extensiones de ella.

geodésico, -ca *adj.* De la geodesia.

geoestacionario, -ria *adj.* Que está en rotación sincrónica alrededor de la Tierra, por lo que parece que está siempre en el mismo sitio.

geofísica *f.* Ciencia que estudia la estructura y composición de la Tierra y los agentes físicos que la modifican.

geofísico, -ca *adj.* **1** De la geofísica o relacionado con ella. ▌ *m. y f.* **2** Persona que es especialista en geofísica.

geografía *f.* Ciencia que estudia y describe la Tierra y las personas que viven en ella, así como los diferentes climas y los productos naturales que se producen.

geográfico, -ca *adj.* De la geografía.

geógrafo, -fa *m. y f.* Persona que es especialista en geografía.

geología *f.* Ciencia que estudia el origen y formación de la Tierra, los materiales que la componen y su estructura actual.

geológico, -ca *adj.* De la geología.

geólogo, -ga *m. y f.* Persona que es especialista en geología.

geómetra *com.* Persona que es especialista en geometría.

geometría *f.* Parte de las matemáticas que estudia las características del espacio, las relaciones entre puntos, líneas, etc., y la manera como se miden.

geométrico, -ca *adj.* De la geometría.

georgiano, -na *adj.* **1** De Georgia, país situado al sudoeste de la antigua Unión Soviética. ‖ *adj./m. y f.* **2** [persona] Que es de Georgia. ‖ *m.* **3** Lengua que se habla en Georgia.

geranio *m.* **1** Planta de jardín, de tallos ramosos y hojas grandes que se cultiva por sus flores, de vivos colores y reunidas en pequeñas cabezas. **2** Flor de esta planta.

gerencia *f.* **1** Cargo de gerente. **2** Oficina o lugar en el que trabaja el gerente. **3** Tiempo durante el cual el gerente desempeña su cargo.

gerente *com.* Persona que dirige, gestiona o administra una sociedad o empresa.

geriatra *com.* Médico especializado en geriatría.

geriatría *f.* Parte de la medicina especializada en el estudio y tratamiento de las enfermedades de la vejez.

geriátrico, -ca *adj./m.* [centro] Que se dedica al cuidado de las personas mayores y está acondicionado para tal fin.

gerifalte *m.* **1** Ave rapaz de plumaje pardo que constituye el halcón de mayor tamaño que se conoce. **2** Persona que destaca o sobresale en cualquier actividad.

germanía *f.* Jerga o manera de hablar de los ladrones y rufianes.

germánico, -ca *adj.* **1** De Alemania. **2** De la Germania, antigua región del centro de Europa. **3** [lengua] Que pertenece a un grupo de lenguas derivadas del antiguo germánico. ‖ *m.* **4** Lengua hablada por los antiguos pueblos germanos.

germanio *m.* QUÍM. Elemento químico sólido, metálico, de color blanco grisáceo, que se utiliza en la fabricación de transistores y otros dispositivos electrónicos.

germanismo *m.* Palabra o expresión propia del alemán que se usa en otro idioma.

germanista *com.* Persona que es especialista en la lengua, literatura o cultura germánicas.

germano, -na *adj.* **1** De la antigua Germania. **2** De Alemania. ‖ *adj./m. y f.* **3** [persona] Que era de uno de los pueblos de la antigua Germania. **4** [persona] Que es de Alemania.

germanófilo, -la *adj./m. y f.* Que muestra simpatía hacia todo lo relacionado con Alemania.

germen *m.* **1** Organismo formado por una sola célula, que es capaz de causar enfermedades. **2** Célula o conjunto de células que cuando se desarrollan dan origen a un animal o a una planta. **3** Parte de una semilla que se convierte en una nueva planta. **4** Origen o principio de una cosa.

germinación *f.* Acción de empezar a crecer y desarrollarse una semilla.

germinal *adj.* Del germen.

germinar *intr.* **1** Empezar a crecer y a desarrollarse una semilla para dar una nueva planta. **2** Empezar a desarrollarse algo moral o abstracto.

-gero, -gera Elemento sufijal que forma palabras con el significado de 'que lleva'.

gerontocracia *f.* Sistema de gobierno en el que el poder está en manos de las personas de mayor edad.

gerontología *f.* Ciencia que estudia la salud, la psicología y la integración social de las personas mayores.

gerundense *adj.* **1** De Gerona. ‖ *adj./ com.* **2** [persona] Que es de Gerona.

gerundio *m.* GRAM. Forma no personal del verbo que expresa duración de la acción verbal.

gesta *f.* Hecho o conjunto de hechos dignos de ser recordados, especialmente los que destacan por su heroicidad.

gestación *f.* **1** Período durante el cual se desarrolla el feto en el interior de la madre antes de su nacimiento. **2** Proceso de elaboración o formación de una cosa.

gestante *adj./f.* [mujer] Que está embarazada.

gestar *tr./prnl.* **1** Desarrollar la madre el feto en su interior hasta el momento del parto. ‖ *prnl.* **2** Concebirse y desarrollarse una idea, un proyecto o un sentimiento.

gesticulación *f.* Acción de gesticular.

gesticular *intr.* Hacer gestos, especialmente cuando se hacen exageradamente.

gestión *f.* **1** Cada una de las acciones o trámites que hay que llevar a cabo para conseguir o resolver una cosa. **2** Conjunto de operaciones que se realizan para dirigir y administrar un negocio o una empresa.

gestionar *tr.* Hacer gestiones.

gesto *m.* **1** Movimiento de una parte del

cuerpo, con el que se expresa algo, especialmente un estado de ánimo. **2** Acción realizada por un impulso o sentimiento, especialmente cuando con ella se muestra delicadeza o cariño.

gestor, -ra *adj./m. y f.* **1** Que hace las gestiones necesarias para conseguir una cosa. ▌*m. y f.* **2** Persona que realiza la gestión de una empresa o negocio.

gestoría *f.* Oficina del gestor.

gestual *adj.* De los gestos o que se hace por medio de gestos.

ghetto *m.* Gueto.

giba *f.* **1** Bulto que tienen en el lomo ciertos animales, formada por acumulación de grasas. **2** Deformación de la columna vertebral o de las costillas de una persona que provoca que su espalda y su pecho tengan una forma abultada anormal.

gibar *tr. coloquial* Molestar o fastidiar.

gibón *m.* Mono de pequeño tamaño, de brazos largos y desprovisto de cola, que vive en los árboles.

giboso, -sa *adj./m. y f.* Que tiene giba.

gibraltareño, -ña *adj.* **1** De Gibraltar. ▌*adj./m. y f.* **2** [persona] Que es de Gibraltar.

giga- Elemento prefijal que forma palabras con el significado de 'mil millones'.

gigabyte *m.* INFORM. Mil millones de bytes o unidades que almacenan información.

gigante *adj.* **1** Que es de un tamaño mucho mayor que el normal. ▌*m.* **2** Personaje imaginario de los cuentos infantiles, semejante a un hombre, pero extremadamente alto y fuerte, generalmente cruel. **3** Persona de estatura mucho mayor que la normal. **4** Figura de madera o de cartón que representa a una persona de gran altura y que recorre las calles en las fiestas populares. **5** Persona que destaca mucho en una actividad.

gigantesco, -ca *adj.* Que es de un tamaño mucho mayor que el normal.

gigantismo *m.* MED. Trastorno del crecimiento de una persona caracterizado por un desarrollo excesivo de todo el cuerpo o de algunas partes.

gigoló *m.* Hombre joven que es mantenido por una mujer a cambio de tener con ella relaciones sexuales o de acompañarla.

OBS Es de origen francés y se pronuncia aproximadamente 'yigoló'.

gilí *adj. coloquial* Gilipollas.

gilipollas *adj./com. malsonante* Que es tonto, estúpido o excesivamente lelo.

OBS El plural también es *gilipollas*.

gilipollez *f. malsonante* Acción o dicho propio de un gilipollas.

gilipuertas *adj./com. malsonante* Gilipollas.

gimnasia *f.* **1** Conjunto de ejercicios físicos que sirven para desarrollar el cuerpo y darle flexibilidad. **2** Práctica con la que se ejercita una facultad o se adquiere gran desarrollo en una actividad.

gimnasio *m.* Local dotado de las instalaciones y de los aparatos adecuados para hacer gimnasia y practicar ciertos deportes.

gimnasta *com.* Persona que practica la gimnasia, especialmente la que participa en competiciones gimnásticas.

gimnástico, -ca *adj.* De la gimnasia o relacionado con este conjunto de ejercicios.

gimnospermo, -ma *adj./f.* BOT. [planta] Que tiene las semillas al descubierto porque sus carpelos no llegan a constituir una cavidad cerrada.

gimotear *intr.* Llorar o gemir de forma débil y sin una razón importante.

gimoteo *m.* Acción de gimotear.

gin *f.* Ginebra, bebida alcohólica. **gin tonic** Bebida que se hace mezclando ginebra con tónica.

OBS Es de origen inglés y se pronuncia aproximadamente 'yin'.

ginebra *f.* Bebida alcohólica, transparente, que se obtiene de diferentes cereales y se aromatiza con las bayas del enebro.

gineceo *m.* **1** BOT. Parte de la estructura reproductora femenina de una flor, compuesta por el estigma, el estilo y el ovario. **2** En la antigua Grecia, habitación que estaba destinada a las mujeres.

gineco- Elemento prefijal que forma palabras con el significado de 'mujer'.

ginecología *f.* Parte de la medicina especializada en el estudio y tratamiento de las enfermedades de los órganos de reproducción femeninos.

ginecológico, -ca *adj.* De la ginecología.

ginecólogo, -ga *m. y f.* Médico especializado en ginecología.

gineta *f.* Mamífero carnívoro de cuerpo delgado, cabeza pequeña, patas cortas y cola muy larga, con el pelo marrón con bandas negras.

ginger-ale *m.* Bebida efervescente elaborada con jengibre, que se suele tomar como refresco.

OBS Es de origen inglés y se pronuncia aproximadamente 'yinyirel' o 'yinyerel'.

-gino, -gina Elemento sufijal que entra en la formación de palabras con el significado de 'mujer', 'hembra', 'femenino'.

gira f. **1** Serie de actuaciones sucesivas que un artista o grupo de artistas hace por distintas poblaciones. **2** Excursión o viaje que se hace recorriendo distintos lugares.

giralda f. Veleta de una torre, cuando tiene figura humana o de animal.

girar tr./intr. **1** Mover una persona o una cosa haciéndole dar vueltas sobre sí misma o alrededor de otra cosa. ‖ intr. **2** Cambiar una persona o una cosa la dirección que llevaba. **3** Desarrollarse una conversación sobre un tema. ‖ tr. **4** Mandar una cantidad de dinero por correo.

girasol m. Planta de tallo grueso, alto y recto, con flores grandes y amarillas y fruto con semillas negruzcas comestibles.

giratorio, -ria adj. Que gira o da vueltas sobre sí mismo o alrededor de otra cosa.

giro m. **1** Movimiento circular que un cuerpo al moverse sobre sí mismo o alrededor de una cosa. **2** Cambio de la dirección que llevaba una persona o una cosa. **3** Dirección o aspecto que toma una conversación o un asunto. **4** Envío por correo de una cantidad de dinero. **5** GRAM. Manera especial en que están ordenadas las palabras de una frase. ‖ adj. **6** AMÉR. [ave gallinácea] Que tiene el plumaje oscuro con matices amarillos, rojos y negros.

girola f. Pasillo semicircular que rodea por detrás el altar mayor de las catedrales.

gitanería f. **1** Acción o expresión propias de los gitanos. **2** Conjunto de gitanos.

gitanismo m. **1** Forma de vida y cultura propia de los gitanos. **2** Palabra o expresión propias de la lengua gitana usada en otra lengua.

gitano, -na adj. **1** De los gitanos. ‖ adj./m. y f. **2** [persona] Que pertenece a una raza nómada que probablemente tuvo su origen en la India y que se extendió por Europa. **3** coloquial [persona] Que tiene gracia para ganarse la simpatía o la voluntad de los demás.

glaciación f. Formación de glaciares.

glacial adj. **1** Que es extremadamente frío. **2** [zona] Que está cubierto de hielo y constituye uno de los dos círculos polares de la Tierra.

glaciar m. **1** Masa grande de hielo que se forma en las partes más altas de las montañas y que va descendiendo lentamente, como si fuese un río de hielo. ‖ adj. **2** De esa masa de hielo.

gladiador m. Hombre que en la antigua Roma luchaba contra otro o contra una fiera en el circo.

gladiolo m. **1** Planta bulbosa de hojas alargadas y estrechas y flores que se reúnen en forma de espiga. **2** Flor de esta planta.

glamour m. Atractivo o encanto especial que posee una persona o una cosa.
OBS Es de origen inglés y se pronuncia aproximadamente 'glamur'.

glande m. Parte final del pene, de forma más abultada.

glándula f. ANAT. Órgano de un organismo que elabora y segrega sustancias necesarias para su funcionamiento.

glasear tr. En pastelería, cubrir un dulce con una capa de azúcar derretido o con mermelada, chocolate o almíbar, dándole un aspecto brillante.

glaucoma m. MED. Enfermedad del ojo que causa un daño progresivo en la retina y a veces pérdida de la visión.

glicerina f. Líquido incoloro, espeso y de sabor dulce, que se obtiene de grasas y de aceites animales y vegetales y se usa mucho en farmacia y perfumería.

global adj. Que se refiere a todo un conjunto, y no a sus partes.

globalización f. Proceso por el cual la economía, cultura y tecnología de los diferentes países del mundo se relacionan y funcionan de manera global.

globo m. **1** Bolsa de goma o de otro material flexible que se llena de aire o de un gas menos pesado que el aire, y que utilizan los niños para jugar. **2** Objeto que tiene forma esférica o redonda. **3** Trozo de texto, generalmente rodeado por una línea, que se coloca junto a un dibujo saliendo de la boca del personaje que habla. **4** Globo aerostático. **5** Globo terráqueo. ▸ **globo aerostático** Aerostato sin motor que tiene forma de esfera y lleva una gran cesta para el transporte de personas y cosas. ▸ **globo ocular** ANAT. Parte esférica del ojo, que es la que recibe la luz. ▸ **globo terráqueo** a) Planeta Tierra. b) Esfera que representa la Tierra.

glóbulo m. **1** ANAT. Célula que se encuentra en diversos líquidos del cuerpo de los animales, especialmente en la sangre. **glóbulo blanco** ANAT. Célula de la sangre de los animales vertebrados que se encarga de defender el organismo de las infecciones. **glóbulo rojo** ANAT. Célula de la sangre de los animales vertebrados que contiene hemoglobina y se encarga de transportar el oxígeno a todas las partes del cuerpo. **2** Cuerpo de pequeño tamaño con forma esférica.

gloria *f.* **1** En la religión católica, estado de felicidad y gracia eterna que provoca estar en el cielo cerca de Dios. **2** Esplendor, grandeza o hermosura de una cosa. **3** Honor, admiración y prestigio que alguien consigue por haber hecho algo importante. **4** Hecho o cosa que da honor y prestigio. ‖ *m.* **5** En la religión católica, canto y oración de la misa con el que se alaba a Dios.

gloriado *m.* AMÉR Bebida de aguardiente parecida al ponche.

glorieta *f.* **1** Plaza, generalmente redonda y pequeña, en la que desembocan varias calles. **2** Espacio, generalmente redondo, cerrado por un enrejado y adornado con plantas trepadoras.

glorificación *f.* Acción de glorificar.

glorificar [1] *tr.* **1** Dar gloria a una persona o cosa o hacerla digna de honor o prestigio. **2** Alabar o dar muestras de gran admiración hacia una persona o cosa.

glorioso, -sa *adj.* **1** Que merece admiración, alabanza y honor. **2** De la gloria eterna.

glosa *f.* **1** Explicación, nota o comentario que se añade a un texto difícil de entender para aclararlo. **2** Composición poética elaborada a partir de unos versos que aparecen al principio y que se van desarrollando y explicando.

glosar *tr.* Incluir glosas en un texto.

glosario *m.* Lista alfabética de las palabras y expresiones de un texto que son difíciles de comprender, junto con su significado o con una explicación o comentario.

glotis *f.* ANAT. Abertura superior de la laringe, de forma triangular.

OBS El plural también es *glotis*.

glotón, -tona *adj./m. y f.* [persona] Que come de manera excesiva y con ansia.

glotonear *intr.* Comer una persona de manera excesiva y con ansia.

glotonería *f.* Actitud del glotón.

gluco-, gluc- Elemento prefijal que forma palabras con el significado de 'azúcar', 'glucosa'.

glucosa *f.* Azúcar que se encuentra en la miel, la fruta y la sangre de los animales y que proporciona energía al organismo.

gluten *m.* Sustancia formada por proteínas que se encuentra en la semilla del trigo y de otras gramíneas y que proporciona gran cantidad de energía al organismo.

OBS El plural es *glútenes*.

glúteo, -tea *adj.* **1** ANAT. De la nalga. **2** ANAT. [músculo] Que junto con otros dos forma la nalga.

gneis *m.* Roca formada esencialmente por cuarzo feldespato y mica.

OBS El plural también es *gneis*.

gnomo *m.* Personaje imaginario de los cuentos infantiles que tiene el aspecto de un enano y tiene poderes mágicos.

gnomon *m.* En un reloj solar, barra que indica las horas.

gnosticismo *m.* Doctrina filosófica y religiosa de los primeros siglos de la Iglesia, que pretendía tener un conocimiento intuitivo y misterioso de las cosas divinas.

gnóstico, -ca *adj.* **1** Del gnosticismo. ‖ *adj./m. y f.* **2** [persona] Que sigue la doctrina del gnosticismo.

gobernación *f.* Acción de gobernar.

gobernador, -ra *m. y f.* **1** Jefe superior de un territorio o provincia que ejerce una jurisdicción militar o política. **2** Persona que es nombrada por el Gobierno de la nación para dirigir una institución.

gobernanta *f.* **1** Mujer que se encarga de la limpieza y del servicio de un hotel. **2** Mujer que administra una casa o un establecimiento público.

gobernante *adj./com.* [persona] Que gobierna un país o que forma parte de un Gobierno.

gobernar [27] *tr./intr.* **1** Ejercer la dirección, la administración y el control de un estado, ciudad o colectividad. ‖ *tr.* **2** Conducir una embarcación o vehículo. **3** Guiar el comportamiento de una persona o influir mucho sobre ella. ‖ *prnl.* **4** Desenvolverse una persona por sí misma y llevar su propia administración y control.

gobierno *m.* **1** Acción de gobernar un estado, ciudad o colectividad. **2** Conjunto de personas que gobiernan o dirigen un estado. **3** Modo de gobernar o dirigir un estado, una ciudad o una colectividad.

gobio *m.* Pez de pequeño tamaño y cuerpo alargado, con las aletas abdominales unidas formando un embudo, que vive en las aguas cercanas a la costa.

goce *m.* Sentimiento muy intenso de placer, satisfacción y alegría.

godo, -da *adj./m. y f.* De un antiguo pueblo germánico que invadió el Imperio romano o relacionado con este pueblo.

gofre *m.* Dulce hecho con harina y miel, formando una especie de relieves en forma de rejilla.

gogó *f.* Mujer que baila en un grupo musical o en una sala de fiestas para animar al público.

gol *m.* **1** En el fútbol y otros deportes, acción de introducir la pelota en la portería contraria. **2** En el fútbol y otros deportes, punto que se consigue al introducir la pelota en la portería contraria.

gola *f.* **1** Pieza de la armadura que cubría y protegía la garganta. **2** Golilla.

golazo *m.* Gol muy espectacular.

goleada *f.* Cantidad grande de goles que un equipo mete a otro.

goleador, -ra *m. y f.* Deportista que mete más goles en un partido o en toda una liga.

golear *tr.* En el fútbol y otros deportes, marcar muchos goles al equipo contrario.

goleta *f.* MAR. Embarcación de vela ligera, con dos o tres palos y con las bordas poco elevadas.

golf *m.* Deporte que consiste en dar una serie de golpes con una pelota pequeña para introducirla en los 18 hoyos de un campo de césped.

golfa *f.* Mujer que mantiene relaciones sexuales a cambio de dinero (uso despectivo).

golfante *adj./com.* [persona] Que es un poco golfo, pillo o sinvergüenza.

golfear *intr.* Vivir o comportarse una persona como un golfo.

golfería *f.* Acción propia de un golfo.

golfista *com.* Persona que juega al golf.

golfo, -fa *adj./m. y f.* **1** [persona] Que tiene costumbres poco formales y solo se preocupa de divertirse y entregarse a los vicios. ‖ *m.* **2** Gran extensión de mar que entra en la tierra y que está situada entre dos cabos.

golilla *f.* Adorno que se ponía alrededor del cuello, hecho de tela blanca, tul o encaje, formando pliegues.

gollería *f.* Cosa innecesaria y que supone un exceso de delicadeza o refinamiento.

gollete *m.* **1** Parte delantera y superior del cuello. **2** Cuello estrecho de la botella.

golondrina *f.* **1** Pájaro pequeño de color negro azulado por encima y blanco por el pecho y el vientre, alas acabadas en punta, pico corto y negro y cola larga con forma de horquilla. **2** Barca de motor para el transporte de viajeros en trayectos cortos.

golosina *f.* Producto comestible de pequeño tamaño y sabor muy dulce que suelen comer los niños por su sabor agradable.

goloso, -sa *adj./m. y f.* **1** [persona] Que tiene inclinación a comer dulces. **2** [cosa] Que es muy deseado o codiciado.

golpazo *m.* Golpe fuerte.

golpe *m.* **1** Choque repentino y violento de un cuerpo contra otro. **golpe bajo** *a)* Golpe antirreglamentario que un boxeador da por debajo de la cintura de su oponente. *b)* Hecho o dicho traicionero o malintencionado con el que se pretende perjudicar a alguien. **2** Señal que deja este choque. **3** Desgracia que causa una fuerte impresión. **4** Ocurrencia divertida que una persona expresa de improviso en el curso de una conversación. **5** Momento especialmente cómico en una obra teatral o cinematográfica. **6** Robo o atraco. ► **de golpe** Se utiliza para indicar que una cosa se hace de forma rápida, sin pensarla mucho tiempo. ► **golpe de estado** Acción que consiste en tomar un grupo de personas el gobierno de un país, con violencia y de forma ilegal. ► **no dar golpe** No hacer una persona un trabajo que tendría que hacer o no hacer nada por pereza.

golpear *tr./intr.* Dar uno o varios golpes.

golpetazo *m.* Golpe fuerte.

golpetear *tr./intr.* Dar golpes poco fuertes pero continuos.

golpeteo *m.* Sucesión de golpes poco fuertes pero continuos.

golpismo *m.* **1** Actitud política de quien busca el cambio de gobierno por medio de un golpe de estado. **2** Actividad de organizar y ejecutar golpes de estado.

golpista *adj.* **1** Del golpe de estado. ‖ *adj./com.* **2** [persona] Que participa en un golpe de estado o lo apoya.

golpiza *f.* AMÉR. Paliza, tunda de golpes.

goma *f.* **1** Sustancia viscosa que se extrae de ciertas plantas y que se hace sólida en presencia del aire. **goma de mascar** Golosina dulce que se mastica, pero no se traga. **2** Material elástico y resistente que se obtiene por procedimientos químicos a partir de esta sustancia. **3** Tira elástica de caucho que suele usarse para sujetar juntos varios objetos. **4** Utensilio hecho de caucho que se usa para borrar la tinta o el lápiz de un papel. **5** *coloquial* Preservativo.

gomaespuma *f.* Caucho natural o sintético muy esponjoso y elástico.

gomero, -ra *adj.* **1** De La Gomera. ‖ *adj./m. y f.* **2** [persona] Que es de La Gomera. ‖ *f.* **3** ARG. Horquilla con una tira elástica para disparar piedras.

gomina *f.* Producto viscoso que se aplica sobre el cabello para fijarlo.

gónada *f.* Glándula sexual que elabora las células reproductoras.

góndola *f.* Embarcación ligera, larga y estrecha, movida por un solo remo situado a popa, con el fondo plano y los extremos salientes y acabados en punta.

gondolero *m.* Persona que se dedica a conducir una góndola.

gong *m.* Instrumento musical de percusión que consiste en un disco grande de bronce que está colgado en un soporte.

-gono, -gona Elemento sufijal que forma palabras con el significado de 'ángulo'.

gonococo *m.* BIOL. Bacteria que causa enfermedades en la uretra.

gonorrea *f.* MED. Enfermedad caracterizada por un flujo mucoso en las vías genitales debido a la inflamación de la uretra.

gordinflón, -flona *adj./m. y f. coloquial* [persona] Que está muy gordo.

gordo, -da *adj./m. y f.* **1** [persona, animal] Que tiene un peso excesivo en relación a su estatura. ‖ *adj.* **2** Que es ancho, abultado o voluminoso. **3** Que es más grande o más importante de lo normal. ‖ *m.* **4** Primer premio de la lotería, especialmente la de Navidad. ▸ **caer gordo** *coloquial* No resultar agradable o simpática una persona. ▸ **no tener una gorda** o **estar sin gorda** No tener nada de dinero.

gordura *f.* Exceso de carne o de grasa en el cuerpo.

gorgojo *m.* Coleóptero pequeño con la cabeza prolongada en un pico en cuyo extremo se encuentran las mandíbulas.

gorgorito *m. coloquial* Quiebro que se hace en la garganta con la voz, especialmente al cantar.

OBS Se usa sobre todo en plural.

gorgoteo *m.* Ruido producido por el movimiento de un líquido o de un gas en el interior de alguna cavidad.

gorila *m.* **1** Mono de gran tamaño, de estatura parecida a la del hombre, que camina sobre dos patas y se alimenta de vegetales. **2** *coloquial* Persona que se dedica a acompañar a otra para protegerla.

gorjear *intr.* **1** Cantar los pájaros emitiendo una serie de sonidos cortos y agudos. **2** Hacer gorgoritos. **3** AMÉR. Hacer burla articulando sonidos imperfectos.

gorjeo *m.* **1** Canto de algunos pájaros que consiste en una serie de sonidos cortos y agudos. **2** Quiebro de la voz hecho con la garganta.

gorra *f.* Prenda de vestir que se lleva sobre la cabeza para cubrirla, sin copas ni alas, y generalmente con visera. ▸ **de gorra** Se utiliza para indicar que una cosa se hace gratis, porque lo paga otra persona.

gorrino, -na *m. y f.* **1** Cerdo, especialmente el que tiene menos de cuatro meses. ‖ *adj./m. y f.* **2** [persona] Que no cuida su aseo personal.

gorrión, -rriona *m. y f.* Pájaro de pequeño tamaño, de plumaje marrón o pardo con manchas negras y rojizas y el pecho gris, que suele vivir en las poblaciones.

gorro *m.* Prenda de vestir que se lleva sobre la cabeza para cubrirla y abrigarla, generalmente hecha de tela, piel o lana, y especialmente la que tiene forma redonda y carece de alas y visera. ▸ **estar hasta el gorro** Estar harto.

gorrón, -rrona *adj./m. y f.* [persona] Que consume o utiliza habitualmente una cosa de otra persona, sin pagar nada a cambio.

gorronear *tr./intr.* Actuar como un gorrón.

gota *f.* **1** Partícula de líquido que adopta una forma esférica al caer o desprenderse de algún lugar. **2** Cantidad pequeña de cualquier cosa. **3** MED. Enfermedad que produce una inflamación muy dolorosa de algunas articulaciones. ▸ **ni gota** Completamente nada de la cosa que se expresa.

gotear *intr.* **1** Caer un líquido gota a gota. ‖ *impersonal* **2** Caer algunas gotas al empezar y al terminar de llover.

gotelé *m.* Técnica para pintar paredes consistente en proyectar sobre ellas unas gotas de pintura.

goteo *m.* Acción de gotear.

gotera *f.* **1** Filtración del agua a través de una grieta o agujero del techo. **2** Agujero o grieta por donde caen gotas de agua.

gotero *m.* Utensilio para verter líquido gota a gota.

goterón *m.* Gota muy grande de lluvia.

gótico, -ca *adj.* **1** Del gótico, estilo artístico. **2** De los godos. **3** [tipo de letra] Que tiene formas angulosas y rectilíneas. ‖ *m.* **4** Estilo artístico que se desarrolló en Europa entre los siglos XII y XVI y que se caracteriza en arquitectura por la presencia del arco ojival, los pináculos y las elevadas agujas.

gotoso, -sa *adj./m. y f.* [persona] Que padece la enfermedad de la gota.

gourmet *com.* Persona que conoce y aprecia la cocina y los vinos de calidad.

OBS Es de origen francés y se pronuncia aproximadamente 'gurmé'.

gozada *f. coloquial* Sentimiento de gozo o placer intensos.

gozar [4] *intr.* **1** Sentir placer, satisfacción o alegría con mucha intensidad por el disfrute de una cosa. **2** Tener o disfrutar de una condición o una circunstancia buena.

gozne *m.* Mecanismo que une una puerta o una ventana con el marco y que permite que se pueda abrir y cerrar; está formado por dos piezas articuladas entre sí por un eje sobre el que pueden girar.

gozo *m.* Sentimiento muy intenso de placer, satisfacción y alegría.

gozoso, -sa *adj.* **1** [persona] Que siente gozo por una cosa. **2** Que produce gozo.

grabación *f.* Acción de grabar imágenes y sonidos.

grabado *m.* **1** Arte o técnica de grabar sobre una superficie. **2** Dibujo obtenido por esta técnica.

grabadora *f.* Aparato portátil que sirve para grabar y reproducir sonidos en un soporte que luego permite reproducirlos.

grabar *tr.* **1** Tallar o labrar en relieve sobre metal, madera, piedra o cualquier superficie dura una figura, un dibujo o un texto. **2** Tallar un dibujo en una plancha de metal o madera para poder reproducirlos después en copias en papel. **3** Recoger imágenes, sonidos o informaciones en un soporte que luego permite reproducirlos. ‖ *tr./ prnl.* **4** Fijar fuertemente en la memoria un hecho o un sentimiento.

gracejo *m.* Gracia o desenvoltura que tiene una persona al hablar o escribir.

gracia *f.* **1** Capacidad de divertir o hacer reír. **2** Hecho o dicho divertido o que hace reír. **3** Conjunto de cualidades por las que las personas o las cosas que las poseen resultan atractivas o agradables. **4** Elegancia, garbo y desenvoltura con que se mueve una persona. **5** En la religión cristiana, ayuda y asistencia gratuita que Dios da a los hombres para su salvación. **6** Perdón de una pena que concede el jefe del estado o quien tiene autoridad para ello a una persona condenada. ‖ *f. pl.* **7** Expresión que se usa para agradecer alguna cosa a alguien.

grácil *adj.* Que es delgado y delicado.

gracioso, -sa *adj.* **1** Que divierte y hace reír. **2** [persona] Que molesta o perjudica a los demás con sus acciones. Se usa generalmente de forma irónica. **3** Que resulta atractivo o agradable. ‖ *m. y f.* **4** En la comedia clásica, actor que representa personajes que hacen reír.

grada *f.* **1** Asiento para muchas personas, a manera de escalón largo, que suele haber en teatros o estadios. **2** Conjunto de estos asientos. **3** Superficie elevada sobre la que está el altar. ‖ *f. pl.* **4** Conjunto de escalones que hay delante del pórtico o fachada de los grandes edificios.

gradación *f.* **1** Disposición de una cosa en grados sucesivos, ascendentes o descendentes. **2** Serie de cosas ordenadas por grados. **3** Figura del lenguaje que consiste en acumular palabras o ideas que, con respecto a su significado, van aumentando o descendiendo por grados, de modo que cada una de ellas expresa algo más o menos que la anterior.

graderío *m.* **1** Conjunto de gradas que hay en teatros o estadios. **2** Público que ocupa este conjunto de gradas.

grado *m.* **1** Unidad de medida de la temperatura. **2** Unidad de medida de la cantidad de alcohol que contienen las bebidas alcohólicas. **3** Unidad de medida de ángulos que se define como cada una de las 360 partes iguales en que se divide la circunferencia. **4** Estado, valor o calidad que puede tener una persona o cosa en relación con otras y que puede graduarse. **5** Cada una de las generaciones que marcan el parentesco entre las personas. **6** Lugar que ocupa una persona dentro de una organización jerárquica, especialmente en un escalafón militar. **7** Título que se da al estudiante que ha completado sus estudios universitarios. **8** GRAM. Forma que tienen los adjetivos de indicar la intensidad de una cualidad. **9** MAT. Exponente más alto de los términos que forman un polinomio. **10** Voluntad o disposición para hacer una cosa.

-grado Elemento sufijal que entra en la formación de palabras con el significado de 'que marcha o camina'.

graduación *f.* **1** Acción y efecto de graduar o graduarse. **2** Cantidad proporcional de alcohol que contienen algunas bebidas.

graduado, -da *m. y f.* Persona que ha alcanzado el grado de licenciado o doctor en una universidad.

gradual *adj.* Que se desarrolla o cambia en etapas sucesivas y no repentinamente.

graduar [11] *tr.* **1** Marcar en un objeto los diferentes grados o divisiones que servirán para medir algunas cosas. **2** Dividir una cosa en diferentes grados o niveles. **3** Dar a una cosa un grado o una calidad determinada. **4** Medir la intensidad o la calidad de una cosa en grados. **5** Conceder a una persona un título universitario o un grado militar. ‖ *prnl.* **6** Obtener una persona un título universitario o un grado militar.

grafema *m.* GRAM. Unidad mínima e indivisible de la escritura de una lengua.

graffiti o grafiti *m.* Escrito o dibujo hecho en puertas o muros de lugares públicos, con tema político, humorístico o grosero. **OBS** Es de origen italiano y se pronuncia aproximadamente 'grafiti'. El plural también es *graffiti*.

grafía *f.* Letra o signo gráfico con que se representa un sonido en la escritura.

-grafía Elemento sufijal que forma palabras con el significado de: *a)* 'Descripción', 'teoría', 'tratado'. *b)* 'Escritura', 'expresión o reproducción gráfica'.

gráfico, -ca *adj.* **1** De la escritura o la imprenta. **2** Que representa o describe con mucha claridad la idea que se desea expresar. **3** Que se representa por medio de signos o dibujos. ‖ *m. y f.* **4** Representación de datos numéricos hecha por medio de dibujos, esquemas o líneas.

grafismo *m.* Actividad que tiene como objeto el cuidado de la tipografía y de los dibujos y fotografías de libros, revistas, películas y programas de televisión.

grafista *com.* Persona que se encarga del grafismo.

grafiti *m.* Graffiti.

grafito *m.* Mineral de color negro o gris oscuro, blando y de tacto graso, compuesto casi exclusivamente de carbono.

grafo-, -grafo, -grafa Elemento prefijal y sufijal que forma palabras con el significado de 'escritura', 'expresión gráfica'.

grafología *f.* Técnica que estudia las características psicológicas de las personas a través de la forma de su escritura.

grafológico, -ca *adj.* De la grafología.

grafólogo, -ga *m. y f.* Persona que es especialista en grafología.

gragea *f.* Medicamento con forma de píldora o tableta que se traga sin deshacer.

grajo, -ja *m. y f.* Pájaro parecido al cuervo, de color negruzco, pico y pies rojos y uñas grandes y negras.

grama *f.* Hierba silvestre de hojas cortas, planas y agudas y flores en espiga.

-grama Elemento sufijal que forma sustantivos masculinos con el significado de: *a)* 'Línea'. *b)* 'Esquema gráfico'. *c)* 'Registro de mensajes o de datos'.

gramaje *m.* Peso en gramos de un papel por metro cuadrado.

gramática *f.* **1** Ciencia que estudia la estructura y el funcionamiento de una lengua, los elementos que la componen y la manera en que estos se combinan para formar oraciones. **2** Libro que describe los principios y reglas de esta ciencia. **3** Conjunto de normas y reglas para hablar y escribir correctamente una lengua. **4** Libro que recoge y explica este conjunto de normas y reglas. ▶ **gramática parda** Conjunto de conocimientos o habilidades que sirven para salir de una situación difícil y para conseguir un provecho.

gramatical *adj.* **1** De la gramática o que se ajusta a sus reglas.

gramaticalidad *f.* Adecuación de una oración a las reglas gramaticales.

gramático, -ca *m. y f.* Persona que se dedica al estudio de la gramática.

gramíneo, -nea *adj./f.* **1** [planta] Que tiene el tallo cilíndrico, nudoso y generalmente hueco, las flores en espiga y el fruto formado por un solo cotiledón. ‖ *f. pl.* **2** Familia a la que pertenecen estas plantas.

gramo *m.* Unidad de masa que equivale a la milésima parte de un kilogramo.

gramófono *m.* Aparato que reproduce sonidos grabados en un disco mediante una aguja de metal situada en el extremo de un brazo móvil; tiene un altavoz en forma de trompa.

gramola *f.* **1** Gramófono eléctrico colocado en un mueble cerrado en forma de armario que hace sonar el disco seleccionado introduciendo dinero en una ranura. **2** Gramófono portátil.

gran *adj.* Apócope de *grande*. **OBS** Se usa delante de nombres masculinos y femeninos en singular.

grana *adj.* **1** Que es de color rojo oscuro. ‖ *adj./m.* **2** [color] Que es rojo oscuro. ‖ *f.* **3** Semilla pequeña de algunos vegetales. **4** Colorante de color rojo oscuro obtenido de la cochinilla. **5** Cochinilla, insecto.

granada *f.* **1** Fruto redondo del granado, con corteza fina de color amarillento que tiene en su interior muchos granos rojos y jugosos. **2** Proyectil hueco de metal de pequeño tamaño que contiene explosivos en su interior y está provisto de un dispositivo que al arrancarlo provoca la explosión de la carga.

granadina *f.* Bebida hecha con zumo de granada.

granadino, -na *adj.* **1** De Granada. ‖ *adj./m. y f.* **2** [persona] Que es de Granada.

granado, -da *adj.* 1 Que se considera lo mejor o más escogido entre otras cosas de su especie. ‖ *m.* 2 Árbol que tiene el tronco liso y nudoso, la copa extendida con muchas ramas delgadas, las hojas brillantes y las flores grandes de color rojo.

granar *intr.* Formarse y crecer el grano de los frutos en algunas plantas.

granate *adj.* 1 Que es de color rojo oscuro. ‖ *adj./m.* 2 [color] Que es rojo oscuro. ‖ *m.* 3 Mineral formado por un compuesto de hierro, aluminio y silicio cuyo color más frecuente es el rojo oscuro.

grande *adj.* 1 Que tiene un tamaño mayor de lo normal. 2 Que es muy intenso o fuerte. 3 Que es importante o destaca por alguna cualidad. ‖ *adj./com.* 4 [persona] Que es mayor o adulto. ▸ **a lo grande** Con mucho lujo. ▸ **en grande** Muy bien. ▸ **grande de España** Persona que tiene el grado máximo de la nobleza española.

grandeza *f.* 1 Importancia o valor que tiene una persona o una cosa. 2 Nobleza o bondad que tiene una persona. 3 Dignidad nobiliaria de grande de España. 4 Conjunto de los grandes de España.

grandilocuencia *f.* Manera de escribir o hablar grandilocuentes.

grandilocuente *adj.* 1 [estilo, expresión] Que se caracteriza por emplear palabras y construcciones demasiado cultas y rebuscadas y por dar un énfasis excesivo a aspectos del discurso que no lo merecen. 2 [persona] Que escribe o se expresa con grandilocuencia.

grandiosidad *f.* Cualidad de grandioso.

grandioso, -sa *adj.* Que destaca o impresiona por su tamaño o sus cualidades.

grandullón, -llona *adj./m. y f.* [niño, joven] Que está muy crecido para su edad.

granel Palabra que se utiliza en la locución *a granel*, que significa: *a*) Sin envase o sin empaquetar. *b*) En gran cantidad.

granero *m.* 1 Lugar donde se guarda el grano. 2 Territorio donde abunda el cereal.

granítico, -ca *adj.* Del granito.

granito *m.* Roca compacta y muy dura formada por cuarzo, feldespato y mica.

granívoro, -ra *adj.* [animal] Que se alimenta de grano.

granizado, -da *adj./m. y f.* [bebida] Que se elabora con hielo picado y zumo de fruta, café u otra sustancia que le da sabor.

granizar [4] *v. impersonal* Caer granizo.

granizo *m.* Agua congelada que cae de las nubes en forma de bolas pequeñas.

granja *f.* 1 Casa de campo con un terreno para cultivar y con otros edificios donde se crían animales domésticos. 2 Conjunto de instalaciones dedicadas a la cría de aves y otros animales domésticos.

granjear *tr./prnl.* Conseguir o llegar a tener una cosa.

granjero, -ra *m. y f.* Persona que posee una granja o se dedica al cuidado de ella.

grano *m.* 1 Semilla y fruto de un cereal o de otras plantas. 2 Cada una de las semillas o frutos que con otros iguales forma un conjunto. 3 Parte pequeña y redonda de alguna cosa. 4 Bulto pequeño en la superficie de la piel. ▸ **ir al grano** Decir las cosas importantes sin entretenerse en contar los detalles.

granuja *adj./com.* Que actúa con astucia y engaña a los demás en su provecho.

granulado, -da *adj.* 1 [sustancia] Que está formada por pequeños granos. ‖ *m.* 2 Preparado farmacéutico presentado en forma de granos.

granular *adj.* 1 Granuloso. ‖ *tr.* 2 Desmenuzar una cosa en granos muy pequeños.

granuloso, -sa *adj.* [sustancia] Que está formada por pequeños granos.

grapa *f.* Pieza de metal pequeña y delgada cuyos extremos se clavan para unir o sujetar papeles, tejidos y otras cosas.

grapadora *f.* Instrumento para grapar.

grapar *tr.* Unir o sujetar con grapas.

grasa *f.* 1 Sustancia animal o vegetal que se encuentra en los tejidos orgánicos y que forma las reservas de energía de los seres vivos. 2 Sustancia que se usa para engrasar. 3 Manteca o sebo de un animal.

grasiento, -ta *adj.* Que tiene grasa.

graso, -sa *adj.* Que tiene grasa o está formado por ella.

gratificación *f.* Cosa o cantidad de dinero que se da a una persona como recompensa o agradecimiento por un servicio o de un favor.

gratificar [1] *tr.* Recompensar con una gratificación.

gratinar *tr./prnl.* Tostar o dorar en el horno la parte superior de un alimento.

gratis *adv.* 1 Sin pagar o sin cobrar dinero. ‖ *adj.* 2 Que no cuesta dinero.

gratitud *f.* Sentimiento de agradecimiento hacia una persona.

grato, -ta *adj.* Que es muy agradable y produce mucho placer.

gratuidad *f.* 1 Uso que se hace de una cosa sin tener que pagar. 2 Falta de base o fundamento en una cosa o en un argumento.

gratuito, -ta *adj.* 1 Que no cuesta dinero. 2 Que no es necesario o carece de causa.

grava *f.* 1 Conjunto de piedras pequeñas procedentes de la erosión de las rocas. 2 Piedra triturada que se usa en construcción.

gravamen *m.* Impuesto que ha de pagar una persona por tener un bien inmueble. **OBS** El plural es *gravámenes*.

gravar *tr.* Imponer un impuesto u obligación económica.

grave *adj.* 1 Que tiene mucha importancia o dificultad. 2 [persona] Que está muy enfermo. 3 Que tiene o demuestra una gran seriedad. ▌ *adj./m.* 4 [sonido, voz] Que tiene una frecuencia de vibraciones pequeña. ▌ *adj./f.* 5 [palabra] Que lleva el acento en la sílaba anterior a la última.

gravedad *f.* 1 Importancia o dificultad de algo. 2 Seriedad en la forma de obrar o comportarse. 3 Fuerza de atracción que ejerce un objeto con masa sobre otro objeto; especialmente, la que ejerce la Tierra sobre los cuerpos que están sobre ella o próximos a ella.

grávido, -da *adj.* 1 *culto* Que está muy lleno o cargado. 2 *culto* [mujer] Que está embarazada.

gravilla *f.* Grava de pequeño tamaño.

gravitación *f.* 1 Fuerza de atracción mutua que ejercen entre sí dos masas separadas por una determinada distancia. 2 Movimiento de un cuerpo por efecto de la atracción gravitatoria.

gravitar *intr.* 1 Moverse un cuerpo celeste alrededor de otro por efecto de la atracción gravitatoria. 2 Apoyarse un cuerpo pesado sobre otro. 3 Pesar sobre una persona un trabajo, una obligación o un peligro.

gravitatorio, -ria *adj.* De la gravitación.

gravoso, -sa *adj.* 1 Que ocasiona mucho gasto. 2 Que es molesto o pesado.

graznar *intr.* Emitir graznidos ciertas aves.

graznido *m.* Voz característica que emiten ciertas aves.

greca *f.* Tira de adorno en que se repite la misma combinación de elementos decorativos, y especialmente la compuesta por líneas que forman ángulos rectos.

grecolatino, -na *adj.* De los griegos y los latinos.

grecorromano, -na *adj.* De los griegos y los romanos.

greda *f.* Arcilla arenosa de color blanquecino que se usa para quitar manchas.

gregario, -ria *adj.* 1 [animal] Que vive en rebaño o en grupo. 2 Que no tiene ideas e iniciativas propias y sigue siempre las de los demás. ▌ *m.* 3 Ciclista que ayuda al líder de su equipo.

gregoriano, -na *adj.* 1 [año, calendario, era] Que fue reformado por el papa Gregorio XIII en el siglo XIV. ▌ *adj./m.* 2 [canto religioso] Que se canta en latín a una sola voz y ha sido adoptado para la liturgia de la Iglesia.

greguería *f.* Imagen en prosa que presenta una visión sorprendente y a veces humorística de algún aspecto de la realidad; fue creada por Ramón Gómez de la Serna.

grelo *m.* Hoja comestible y tierna de la planta del nabo.

gremial *adj.* Del gremio.

gremio *m.* 1 Asociación de personas del mismo oficio o profesión que defienden sus intereses según unos estatutos. 2 Conjunto de personas que se encuentran en la misma situación o tienen los mismos gustos.

greña *f.* Pelo mal peinado, revuelto o enredado.

gres *m.* Pasta cerámica vitrificada compuesta por arcilla plástica y arena con cuarzo.

gresca *f.* Alboroto o discusión ruidosos.

grey *f.* 1 Rebaño o manada. 2 Conjunto de fieles cristianos agrupados bajo la dirección de un sacerdote.

grial *m.* Copa que, según una leyenda medieval, fue usada por Jesucristo durante la última cena.

griego, -ga *adj.* 1 De Grecia. ▌ *adj./m. y f.* 2 [persona] Que es de Grecia. ▌ *m.* 3 Lengua que se habla en Grecia.

grieta *f.* Abertura estrecha, larga e irregular, hecha en la tierra o en otra superficie.

grifa *f.* Marihuana.

grifería *f.* Conjunto de grifos y llaves que sirven para regular el paso del agua.

grifo *m.* ESP Llave para abrir o cerrar el paso de un líquido.

grill *m.* 1 Utensilio formado por un conjunto de barras metálicas en forma de rejilla y sujetas a un mango que se pone sobre el fuego para asar o tostar los alimentos. 2 Barra metálica situada en la parte superior del horno que sirve para gratinar los alimentos.

grillarse *prnl. coloquial* Volverse loco.

grillete *m.* Arco de hierro con un agujero en cada extremo por el que se pasa una pieza alargada metálica y que se utilizaba especialmente para asegurar una cadena en el tobillo de un presidiario.

grillo *m.* **1** Insecto de color negro, cabeza gruesa y redonda, ojos salientes, alas anteriores duras y patas posteriores adaptadas para saltar. **‖** *m. pl.* **2** Conjunto de dos grilletes unidos por una cadena.

grima *f.* **1** Sensación desagradable que se produce en los dientes al comer sustancias agrias, oír sonidos chirriantes o tocar ciertos objetos. **2** Enfado, disgusto o pena.

gringo, -ga *m. y f.* **1** Persona que es de los Estados Unidos. **‖** *adj.* **2** AMÉR *coloquial* [idioma] Que es extranjero.

gripal *adj.* De la gripe.

griparse *prnl.* Quedarse atascadas dos o más piezas en contacto de un mecanismo, especialmente de un motor.

gripe *f.* Enfermedad contagiosa que produce fiebre, dolor de cabeza y una sensación de malestar general.

griposo, -sa *adj.* Que padece gripe.

gris *adj.* **1** Del color que resulta de la mezcla del blanco y el negro o azul. **‖** *adj./m.* **2** [color] Que resulta de la mezcla del blanco y el negro o azul. **gris marengo** Gris muy oscuro. **gris perla** Gris claro. **‖** *adj.* **3** [día] Que está nublado, frío o lluvioso. **4** Que no se destaca del resto.

grisáceo, -cea *adj.* De color parecido al gris o con tonalidades grises.

grisú *m.* Gas inflamable formado por una mezcla de metano o de otro hidrocarburo y gases como el oxígeno o el nitrógeno; se encuentra en las minas de carbón.

OBS El plural es *grisúes*.

gritar *intr./tr.* **1** Hablar dando voces o levantando mucho la voz. **2** Dar gritos una persona por alguna causa determinada. **‖** *tr.* **3** Reñir o regañar a una persona.

griterío *m.* Conjunto de voces altas y poco claras que producen mucho ruido.

grito *m.* **1** Sonido que se emite en voz muy alta y con violencia. **2** Palabra o expresión que se emite en voz muy alta y manifiesta un sentimiento o una sensación.

gritón, -tona *adj./m. y f. coloquial* Que habla en un tono de voz alto o da gritos.

grogui *adj.* **1** [boxeador] Que está sin conocimiento o aturdido a causa de un golpe muy fuerte. **2** No puede pensar con claridad a causa del sueño o cansancio.

grosella *f.* **1** Fruto en baya de pequeño tamaño, color rojo vivo y de sabor agridulce. **‖** *adj.* **2** De color rojo muy vivo.

grosellero *m.* Arbusto que tiene el tronco muy ramoso, las hojas alternas y las flores amarillas verdosas en racimo.

grosería *f.* Hecho o dicho descortés, maleducado o poco delicado.

grosero, -ra *adj./m. y f.* [persona] Que se comporta con grosería, con poca educación y delicadeza.

grosor *m.* Espesor o anchura de un cuerpo sólido.

grosso modo De un modo aproximado.

grotesco, -ca *adj.* Que produce risa o burla por ser extraño, ridículo o absurdo.

grúa *f.* **1** Máquina para elevar cosas muy pesadas y para transportarlas de un lugar a otro a distancias cortas; está formada por una estructura metálica con un brazo móvil horizontal del que cuelga un cable con un gancho. **2** Camión provisto de esta máquina que se usa para remolcar automóviles. **3** Aparato provisto de un brazo móvil sobre el que se sitúa una cámara de cine o televisión para grabar desde una cierta altura.

grueso, -sa *adj.* **1** [persona] Que está gordo. **2** Que tiene un grosor más grande del normal. **3** Que es muy grande o más grande de lo normal. **‖** *m.* **4** Grosor o espesor de un cuerpo sólido. **5** Parte mayor y más importante de una cosa.

grulla *f.* Ave zancuda gris, de un metro de altura, cuello largo y negro, alas grandes y cola pequeña, con unas plumas largas en la parte superior de la cabeza.

grumete *m.* Muchacho que ayuda en un barco para aprender a ser marinero.

grumo *m.* Bola pequeña que se forma al mezclar un líquido con una sustancia en polvo.

grumoso, -sa *adj.* Que tiene grumos.

gruñido *m.* **1** Voz que emite el cerdo. **2** Voz que emiten el perro y otros animales para amenazar. **3** Sonido no articulado o palabra murmurada entre dientes emitida para expresar enfado o desagrado.

gruñir [40] *intr.* Emitir gruñidos.

gruñón, -ñona *adj./m. y f.* [persona] Que emite con mucha frecuencia gruñidos.

grupa *f.* Parte posterior del lomo de una caballería.

grupo *m.* **1** Conjunto de personas, animales o cosas que están juntos o reunidos o que tienen una característica común. **2** Conjunto de figuras pintadas, esculpidas o fotografiadas. **3** QUÍM. Cada una de las columnas del sistema periódico que contiene elementos de propiedades semejantes.

▶ **grupo sanguíneo** Cada uno de los tipos en que se clasifica la sangre de las personas en función del antígeno presente en los glóbulos rojos del plasma.

grupúsculo *m.* Organización de tipo político formada por un reducido número de miembros y caracterizada por un fuerte activismo y una ideología extremista.

gruta *f.* Cavidad natural profunda situada en un lugar subterráneo o entre rocas.

gruyer *m.* Queso suave, de color amarillo pálido y con agujeros.

guacamayo *m.* Ave parecida al papagayo que tiene la cola muy larga y el plumaje de colores muy vivos y variados.

guache *m.* Técnica de pintura que se hace sobre papel o cartón con colores disueltos en agua y mezclados con goma arábiga.

guadalajareño, -ña *adj.* 1 De Guadalajara. ‖ *adj./m. y f.* 2 [persona] Que es de Guadalajara.

guadaña *f.* Herramienta formada por un mango largo y una cuchilla ancha, curva y puntiaguda, para segar a ras de tierra.

guagua *f.* ANT Autobús, vehículo de transporte de pasajeros.

guajalote *m.* MÉX Pavo, ave gallinácea.

gualdo, -da *adj.* De color amarillo dorado.

guanche *adj.* 1 De un pueblo que habitó las islas Canarias antes del siglo XV. ‖ *adj./com.* 2 [persona] Que pertenecía a este pueblo. ‖ *m.* 3 Lengua que hablaba este pueblo.

guano *m.* 1 Sustancia formada por los excrementos de ciertas aves marinas. 2 Abono que se fabrica imitando esta sustancia.

guantazo *m.* 1 Golpe que se da con la mano abierta. 2 Golpe muy fuerte.

guante *m.* Prenda que cubre o protege la mano y que tiene una funda para cada uno de los dedos.

guantera *f.* Espacio situado en el salpicadero de un vehículo para guardar cosas.

guaperas *adj./com.* [persona] Que es guapo y presume de ello.

OBS El plural también es *guaperas*.

guapo, -pa *adj./m. y f.* 1 Que tiene la cara muy bella o es muy atractivo. 2 Que es elegante y va bien vestido o arreglado. ‖ *adj.* 3 *coloquial* Que es bonito o de mucha calidad.

guaraní *adj.* 1 De un pueblo indígena sudamericano que se extendía desde el Amazonas hasta el Río de la Plata. ‖ *adj./com.* 2 [persona] Que pertenece a este pueblo indí-

gena. ‖ *m.* 3 Lengua que habla este pueblo indígena. 4 Unidad monetaria de Paraguay.

OBS El plural es *guaraníes*.

guarda *com.* 1 Persona encargada de la vigilancia y la conservación de algo. **guarda jurado** Guarda que jura su cargo y sus responsabilidades ante la autoridad. ‖ *f.* 2 Protección o cuidado. 3 Autoridad que se concede por ley a un adulto para cuidar de alguien que no puede hacerlo por sí mismo y de sus bienes. 4 Hoja en blanco que se pone al principio y al final de un libro encuadernado. Se usa más en plural.

guardabarrera *com.* Persona que se encarga de la vigilancia de un paso a nivel en las líneas de ferrocarril.

OBS El plural es *guardabarreras*.

guardabarros *m.* Pieza que llevan los automóviles y bicicletas encima de las ruedas para protegerlos de las salpicaduras.

OBS El plural también es *guardabarros*.

guardabosque *com.* Persona que se dedica a vigilar y cuidar los bosques.

OBS También se escribe *guardabosques*.

guardacoches *com.* Persona que aparca y vigila los automóviles que están estacionados en un aparcamiento.

OBS El plural también es *guardacoches*.

guardacostas *m.* Barco ligero que está destinado a la vigilancia de las costas y a la persecución del contrabando.

OBS El plural también es *guardacostas*.

guardaespaldas *com.* Persona que se dedica a acompañar a otra para protegerla.

OBS El plural también es *guardaespaldas*.

guardafango *m.* ACENT, ANDES, CUBA Guardabarros.

guardagujas *com.* Persona que se encarga de manejar las agujas en los cambios de vía de las líneas de ferrocarril.

OBS El plural también es *guardagujas*.

guardameta *com.* Jugador que se coloca en la portería para defenderla.

OBS El plural es *guardametas*.

guardamuebles *m.* Local que está destinado a guardar muebles.

OBS El plural también es *guardamuebles*.

guardapolvo *m.* 1 Prenda de vestir larga, de tela ligera, que se coloca sobre la ropa y que sirve para protegerse de la suciedad. 2 Funda que se pone sobre un objeto para impedir que se llene de polvo.

OBS El plural también es *guardapolvos*.

guardar *tr./prnl.* 1 Poner una cosa en un sitio para que no se pierda o para que se conserve en buen estado. 2 Vigilar a una

persona o una cosa para protegerla y cuidarla. **3** Mantenerse en una posición o situación durante cierto tiempo. **4** Cumplir o acatar una regla o norma. **5** Ahorrar dinero. ▌*prnl.* **6** Evitar hacer algo. **7** Precaverse o prevenirse de una persona o de una cosa que encierra daño o peligro.
▶ **guardársela** o **guardarla** No olvidar un mal recibido y estar dispuesto a vengarse cuando se presente una ocasión.

guardarropa *m.* **1** Lugar de un establecimiento público en el que los clientes pueden dejar prendas de vestir y otros objetos. **2** Conjunto de las prendas de vestir que tiene una persona. ▌*com.* **3** Persona que se encarga de un guardarropía.

OBS El plural es *guardarropas*.

guardarropía *f.* **1** Conjunto de trajes, muebles y accesorios que se emplean en teatro, cine y televisión. **2** Lugar donde se guardan estos enseres.

OBS Por analogía con *guardarropa* tiende a hacerse de género masculino.

guardavalla *m.* AMÉR *coloquial* Jugador de futbol que cuida de que la pelota no entre en la portería.

guardería *f.* Establecimiento en el que se cuida a los niños que todavía no tienen edad de ir a la escuela.

guardés, -desa *m. y f.* Persona encargada de guardar una casa o finca.

guardia *com.* **1** Persona que pertenece a cualquiera de los cuerpos del Estado que se encargan de las funciones de vigilancia y defensa. ▌*f.* **2** Conjunto de soldados o de personas armadas encargadas de vigilar a una persona o una cosa. **guardia civil** *a)* Cuerpo de seguridad del Estado español que se encarga de mantener el orden fuera de las ciudades. *b)* Persona que pertenece a este cuerpo.

guardián, -diana *m. y f.* Persona que se dedica a vigilar o guardar un lugar.

guarecer [43] *tr.* **1** Proteger de un daño o peligro. ▌*prnl.* **2** Refugiarse una persona o un animal en un lugar.

guarida *f.* **1** Lugar en el que se refugian los animales salvajes. **2** Lugar donde se refugian y esconden las personas.

guarismo *m.* Signo con que se representa una cantidad numérica.

guarnecer [42] *tr.* **1** Poner adornos. **2** Proteger un lugar por medio de armas y personas. **3** Cubrir la parte exterior de un muro con cemento u otro material.

guarnición *f.* **1** Adorno que se pone sobre algo. **2** Alimento que se sirve como acom-

pañamiento de un plato más fuerte. **3** Conjunto de soldados que defiende una población o un lugar. **4** Parte de la espada o de cualquier arma blanca que se pone junto al puño para proteger la mano. ▌*f. pl.* **5** Conjunto de correas y otros objetos que se ponen a las caballerías para montarlas o engancharlas al carro.

guarrada *f.* **1** Acción sucia o asquerosa. **2** Circunstancia o acto que se considera indecoroso o contrario a la moral establecida. **3** Acción que molesta o causa un perjuicio, especialmente si está hecha con mala intención.

guarrear *intr./prnl.* Manchar o ensuciar una cosa o hacer guarradas con ella.

guarrería *f.* **1** Guarrada. **2** Basura o cosa muy sucia.

guarro, -rra *adj.* **1** Que está sucio. ▌*adj./m. y f.* **2** [persona] Que no cuida su aseo personal ni la higiene o limpieza de las cosas que lo rodean. ▌*m. y f.* **3** Mamífero doméstico, de cuerpo grueso, patas cortas, hocico chato y redondeado y cola en espiral.

guasa *f.* Burla irónica y disimulada.

guasón, -sona *adj./m. y f.* [persona] Que acostumbra a estar de guasa.

guata *f.* Lámina gruesa de algodón que se utiliza para acolchar o rellenar un tejido.

guatemalteco, -ca *adj.* **1** De Guatemala. ▌*adj./m. y f.* **2** [persona] Que es de Guatemala.

guateque *m.* Fiesta que se celebra en una casa particular, en la que se come, se bebe y se baila.

guau *m.* Onomatopeya de la voz del perro.

¡guau! *int.* Expresión que se usa para indicar admiración.

guay *adj.* **1** *coloquial* Que es muy bueno o estupendo. **2** *adv.* Estupendamente.

guayaba *f.* Fruto del guayabo, de forma ovalada, con una carne dulce y llena de semillas pequeñas.

guayabera *f.* Camisa de hombre que es suelta y de tela ligera y se lleva por encima de los pantalones.

guayabo *m.* Arbusto ramoso y de tronco torcido con hojas puntiagudas, ásperas y gruesas, y flores blancas; su fruto es la guayaba.

gubernamental *adj.* **1** Del Gobierno del Estado. **2** Que es partidario del Gobierno o está a favor de él.

gubernativo, -va *adj.* [ley, norma, orden] Que procede del Gobierno del Estado.

gubia *f.* Herramienta que se usa para labrar superficies curvas.

guedeja *f.* 1 Mechón de pelo de una persona. 2 Melena del león.

guepardo *m.* Mamífero felino carnívoro, de cuerpo esbelto, cabeza pequeña y pelo corto de color claro con manchas negras; es muy veloz.

guerra *f.* 1 Enfrentamiento continuado entre dos o más ejércitos. **guerra civil** Enfrentamiento armado en el que luchan entre sí personas y ejércitos de un mismo país. **guerra santa** Enfrentamiento armado que se hace por causas religiosas. 2 Situación tensa o problemática que se produce entre dos o más personas o naciones. ▶ **dar guerra** Molestar o fastidiar.

guerrear *intr.* Hacer la guerra.

guerrera *f.* Chaqueta ajustada y abrochada hasta el cuello que forma parte de algunos uniformes militares.

guerrero, -ra *adj.* 1 De la guerra. ‖ *m. y f.* 2 Persona que interviene en una guerra. ‖ *adj./m. y f.* 3 [niño] Que es muy inquieto y revoltoso. 4 *coloquial* [persona] Que siempre está buscando peleas o líos.

guerrilla *f.* Grupo de personas armadas que no forman parte de un ejército organizado y que luchan contra el Gobierno de un país o contra un ejército mediante los ataques por sorpresa y las emboscadas.

guerrillero, -ra *m. y f.* Persona que lucha o interviene en una guerrilla.

gueto *m.* 1 Barrio muy pobre de una ciudad en el que vive mucha gente hacinada. 2 Conjunto de personas de un mismo origen o condición que viven aisladas y marginadas por motivos raciales o culturales. OBS También se escribe *ghetto*.

guía *com.* 1 Persona que conduce y enseña a otras. **guía turístico** Persona que acompaña a las personas que visitan una ciudad y les da información sobre la historia, el arte, los edificios y los lugares de más interés. 2 Persona que enseña y dirige a otra para hacer o lograr algo. ‖ *f.* 3 Cosa que ayuda a encontrar el camino que se ha de seguir para ir a un lugar o para conseguir algo. 4 Libro donde se encuentra la información necesaria sobre una ciudad o un país. 5 Libro que contiene una serie de datos e informaciones acerca de una determinada materia. 6 Libro que contiene indicaciones acerca de la forma de utilizar o manejar un determinado aparato o mecanismo. 7 Palo que se clava junto al tronco principal de una planta para que crezca recta. 8 Carril o

ranura que tienen algunos mecanismos para que se deslicen por ella.

guiar [13] *tr.* 1 Indicar el camino a seguir o dirigir hacia un lugar determinado. 2 Dirigir u orientar la vida de una persona mediante consejos y enseñanzas. 3 Conducir un vehículo. ‖ *prnl.* 4 Dejarse llevar o dirigir una persona por algo o alguien.

guijarro *m.* Piedra pequeña y con forma redonda a causa de la erosión.

guillotina *f.* 1 Máquina formada por una cuchilla que se desliza por un armazón de madera y se usaba para decapitar a los condenados a muerte. 2 Máquina provista de una cuchilla muy afilada que sirve para cortar el papel.

guillotinar *tr.* Decapitar a una persona o cortarle la cabeza con una guillotina.

guinda *f.* 1 Fruto del guindo, pequeño y redondo, de color rojo oscuro y con hueso, más ácido que la cereza. 2 Detalle que acaba, culmina o remata una cosa.

guindilla *f.* Variedad de pimiento que es muy pequeño, alargado y picante.

guindo *m.* Árbol con hojas dentadas oscuras, flores blancas y fruto redondo.

guineano, -na *adj.* 1 De Guinea-Bisáu o Guinea Ecuatorial. ‖ *adj./m. y f.* 2 [persona] Que es de uno de estos países.

guiñapo *m.* 1 Trozo de tela roto y sucio. 2 Prenda de vestir rota, sucia o estropeada. 3 Persona débil, enfermiza o enormemente decaída.

guiñar *tr./prnl.* Hacer guiños con los ojos.

guiño *m.* 1 Gesto que consiste en cerrar y abrir con rapidez un ojo dejando el otro abierto, generalmente para hacer una señal. 2 Mensaje que no se expresa claramente sino mediante algún tipo de signo.

guiñol *m.* Representación teatral que se hace con títeres o muñecos movidos con las manos por personas que están ocultas tras el escenario.

guion *m.* 1 Texto esquemático en el que se recoge de forma breve y ordenada la información más importante acerca de algo y que sirve como guía para desarrollar una exposición. 2 Texto que contiene los diálogos y las indicaciones necesarias para la realización de una película, una obra de teatro o un programa de radio o televisión. 3 Signo gráfico de puntuación en forma de raya horizontal que se usa principalmente para indicar que una palabra termina en un renglón y continúa en el siguiente para unir las dos partes de algunas palabras compuestas.

guionista *com.* Persona que escribe guiones de cine, radio o televisión.

guipuzcoano, -na *adj.* 1 De Guipúzcoa. ‖ *adj./m. y f.* 2 [persona] Que es de Guipúzcoa.

guiri *com. coloquial* Extranjero.

guirigay *m.* 1 Griterío y confusión que resulta cuando varias personas hablan a la vez o en voz muy alta. 2 Lenguaje oscuro o confuso y difícil de entender. OBS El plural es *guirigáis*.

guirlache *m.* Dulce que se elabora con almendras tostadas y caramelo.

guirnalda *f.* Tira hecha con flores, hojas o papel que se usa como adorno.

guisa *f.* Modo o manera en que se lleva puesta una cosa.

guisado *m.* Comida que se elabora cociendo en una salsa trozos de carne, patatas, verduras y otros ingredientes.

guisante *m.* 1 ESP Planta leguminosa de tallo trepador que tiene las flores blancas y el fruto en legumbre. 2 ESP Semilla comestible de esta planta, de color verde.

guisar *tr./intr.* 1 Cocinar un alimento sometiéndolo a la acción del fuego, cociéndolo en una salsa y añadiéndole condimentos para darle mejor sabor. ‖ *prnl.* 2 Organizar una cosa de manera secreta.

guiso *m.* Guisado.

güisqui *m.* Bebida alcohólica de color marrón claro o amarillento que tiene una graduación muy alta. OBS El plural es *güisquis*. También *whisky*.

guita *f.* 1 Cuerda delgada de cáñamo. 2 *coloquial* Dinero.

guitarra *f.* Instrumento musical de seis cuerdas formado por una caja hueca de madera de formas redondeadas, con un agujero en medio y un mango dividido en diferentes partes o trastes.

guitarrero, -ra *m. y f.* Persona dedicada a fabricar, arreglar o vender guitarras.

guitarrista *com.* Persona que toca la guitarra.

gula *f.* Tendencia que tiene una persona a comer y beber en exceso.

gurriato *m.* Cría del gorrión.

gurruño *m.* Cosa que está arrugada o encogida.

gurú *m.* 1 Jefe espiritual de un grupo religioso en la India. 2 Director espiritual de un grupo religioso inspirado en la filosofía oriental. OBS El plural es *gurúes*, culto, o *gurús*, popular.

gusanillo *m.* 1 Hilo, alambre o plástico que está enrollado en espiral. 2 *coloquial* Inquietud o curiosidad por una cosa que no se conoce o no se tiene.

gusano *m.* 1 Animal invertebrado de cuerpo alargado, blando y sin extremidades, que se mueve encogiendo y estirando el cuerpo. 2 Larva de algunos insectos u oruga de ciertas mariposas. 3 *coloquial* Persona insignificante o despreciable.

gusarapo *m.* Cualquier animal acuático pequeño con forma de gusano.

gustar *intr.* 1 Resultar agradable o atractiva una cosa. 2 Parecer bien una cosa a una persona. 3 Sentir agrado o afición por una cosa. 4 Se utiliza como fórmula de cortesía para ofrecer a una persona algo de lo que otra está comiendo o bebiendo. 5 Caer bien una persona a otra o atraerse físicamente. ‖ *tr.* 6 Probar o catar un alimento. 7 Probar o experimentar una determinada sensación.

gustativo, -va *adj.* Del sentido del gusto.

gustazo *m.* Satisfacción grande que produce una cosa agradable.

gusto *m.* 1 Sentido corporal mediante el cual se perciben y se reconocen los sabores. 2 Sabor de una cosa que se percibe a través de este sentido. 3 Placer o satisfacción que produce algo. 4 Agrado con el que se hace una cosa. 5 Forma propia que tiene cada persona de valorar las cosas. 6 Capacidad para distinguir entre lo que es bello y lo que no lo es. ▸ **a gusto** Cómodamente o sin problemas.

gustoso, -sa *adj.* 1 [persona] Que hace una cosa con placer y agrado. 2 [alimento] Que está muy sabroso.

gutural *adj.* 1 De la garganta. ‖ *adj./f.* 2 GRAM. [sonido] Que se pronuncia acercando la parte posterior de la lengua al velo del paladar o tocándolo. 3 GRAM. [consonante] Que representa este sonido.

gymkhana *f.* Conjunto de pruebas de habilidad en las que los concursantes deben salvar una serie de obstáculos y dificultades realizando un determinado recorrido. OBS Es de origen inglés y se pronuncia 'yimcana'.

H

h *f.* **1** Octava letra del alfabeto español. **2** Abreviatura de hora.

haba *f.* **1** Planta leguminosa de flores blancas o rosadas con manchas negras y fruto en vaina larga y gruesa que encierra unas semillas anchas y bastante planas. **2** Fruto de esta planta, que tiene forma de vaina grande, alargada y aplastada. **3** Semilla comestible contenida en esta vaina.

OBS En singular se le anteponen los determinantes *el, un*, salvo que entre el determinante y el nombre haya otra palabra.

habanera *f.* **1** Baile de ritmo lento que procede de Cuba. **2** Música y canto de este baile.

habanero, -ra *adj.* **1** De La Habana. ‖ *adj./m. y f.* **2** [persona] Que es de La Habana.

habano *m.* Cigarro puro elaborado en la isla de Cuba.

haber *auxiliar* **1** Se usa para formar los tiempos compuestos e indica que la acción, el proceso o el estado expresado por el verbo ha terminado. El verbo que expresa la acción, el proceso o el estado va siempre en participio. ‖ *impersonal* **2** Existir o estar presente en un lugar. Se usa solamente en la tercera persona del singular y en infinitivo; el presente es *hay*; es incorrecto el uso plural. **3** Tener lugar o suceder una cosa. ‖ *m.* **4** Conjunto de bienes, dinero o cosas que posee una persona o una comunidad. **5** Parte del balance o de la cuenta del banco en la que se ponen las sumas o ingresos de los que se dispone. ▸ **haber de + infinitivo** Ser un deber o una obligación lo que se dice a continuación. ▸ **haber que + infinitivo** Ser necesario u obligatorio lo que se expresa.

▸ **habérselas** Enfrentarse con una persona o situación o tratar con ella.

habichuela *f.* **1** Planta leguminosa de tallo delgado y en espiral, hojas grandes y flores blancas o amarillas. **2** Fruto comestible de esta planta, con forma de vaina alargada, estrecha y aplastada. **3** Semilla comestible contenida en esta vaina.

hábil *adj.* **1** Que puede hacer una cosa fácilmente y bien. **2** Que es apto legalmente para realizar una acción.

habilidad *f.* Capacidad para hacer bien, con facilidad y rapidez algo que resulta difícil para los demás.

habilidoso, -sa *adj.* [persona] Que tiene habilidad para hacer las cosas.

habilitación *f.* Acción y efecto de habilitar a una persona o una cosa para un fin.

habilitado, -da *m. y f.* Persona autorizada legalmente para efectuar los pagos de cantidades de dinero asignadas por el estado.

habilitar *tr.* **1** Hacer que una persona o una cosa sirvan para una función que no es la que desempeña habitualmente. **2** Dar autorización legal a una persona para hacer algo. **3** Conceder una cantidad de dinero a la administración pública para la realización de algo.

habitabilidad *f.* **1** Cualidad de lo que es habitable. **2** Cualidad de habitable de un local o una vivienda, según determinadas normas legales.

habitable *adj.* Que tiene las condiciones necesarias para poder ser habitado.

habitación *f.* **1** Parte del espacio de una casa o edificio separada de las demás por paredes. **2** Parte del espacio de una vivienda que se usa para dormir.

habitáculo *m.* **1** Lugar que está destinado

a ser habitado. **2** Espacio para las personas en el interior de un vehículo.

habitante *m.* Persona que vive en un lugar y forma parte de su población.

habitar *intr./tr.* Vivir o estar habitualmente en un lugar determinado.

hábitat *m.* Medio natural donde vive un animal o una planta.

OBS El plural es *hábitats*.

hábito *m.* **1** Manera de actuar que se repite con regularidad. **2** Facilidad para hacer algo que se adquiere con la práctica. **3** Traje que visten los miembros de una orden religiosa. **4** MED. Dependencia física o mental de una sustancia.

habitual *adj.* **1** Que se hace a menudo o por costumbre. **2** [persona] Que va a un lugar o está en él con mucha frecuencia.

habituar [11] *tr./prnl.* Acostumbrar a una persona a hacer algo con regularidad.

habla *f.* **1** Facultad de hablar o de comunicarse con palabras que tienen las personas. **2** Manifestación hablada de la lengua, en oposición a la lengua escrita. **3** Utilización particular e individual que cada persona hace de la lengua. **4** Modo de hablar propios de una región, un lugar o una persona o un grupo de personas.

OBS En singular se le anteponen los determinantes *el, un,* salvo que entre el determinante y el nombre haya otra palabra.

hablador, -ra *adj./m. y f.* [persona] Que habla demasiado.

habladuría *f.* Rumor falso o sin fundamento que se va transmitiendo entre la gente.

OBS Se usa más en plural.

hablante *com.* Persona que habla una determinada lengua o es usuaria de ella.

hablar *intr.* **1** Expresarse o comunicar una persona mediante palabras. **2** Pronunciar o articular sonidos una persona. **3** Conversar dos o más personas acerca de un asunto. **4** Pronunciar una persona un discurso. **5** Comunicarse dos o más personas mediante signos distintos de la palabra. **6** Murmurar sobre un asunto o persona o criticarlos. **7** Decir la verdad o todo lo que se sabe acerca de un asunto. **8** Tratar de un asunto de palabra o por escrito. **9** Acordar o convenir una cosa entre dos o más personas. **10** Dar a una persona un determinado tratamiento al dirigirse a ella. ‖ *tr.* **11** Conocer y poder usar un idioma para expresarse o comunicarse. ‖ *prnl.* **12** Tratarse dos o más personas.

habón *m.* Bulto que sale en la piel por una alergia o la picadura de un insecto.

hacedor, -ra *adj./m. y f.* Que hace o causa una cosa determinada.

hacendado, -da *adj./m. y f.* [persona] Que tiene muchas tierras y fincas.

hacendista *com.* Persona que es experta en temas de la hacienda pública.

hacendoso, -sa *adj.* [persona] Que hace bien y con cuidado las tareas de la casa.

hacer *tr.* **1** Crear, construir o fabricar algo. **2** Arreglar o preparar una cosa. **3** Causar un efecto. **4** Realizar una acción o tarea. **5** Conseguir o ganar una cosa. **6** Suponer una cosa. **7** Ejercitar los miembros o los músculos del cuerpo para fomentar su desarrollo o agilidad. **8** Actuar una persona de cierta manera. **9** Obligar a realizar una acción. **10** Sumar en total. **11** Ocupar un lugar en una serie o fila. **12** Dar o tener un determinado aspecto. **13** Alcanzar un vehículo cierta velocidad. **14** Recorrer una distancia o camino. **15** Emitir o producir un sonido. **16** *coloquial* Expulsar o expeler los excrementos. ‖ *tr./intr.* **17** Representar un personaje en una película o en una obra de teatro. ‖ *intr.* **18** Convenir una cosa a un asunto o conversación. ‖ *tr./prnl.* **19** Adaptar a una persona a una situación o ambiente. **20** Fingir una persona ser lo que no es. ‖ *v. auxiliar* **21** Sustituye a un verbo aparecido anteriormente e indica que se ejecuta la acción señalada por él. ‖ *v. impersonal* **22** Estar el tiempo atmosférico de una determinada forma. **23** Haber pasado un tiempo. ‖ *prnl.* **24** Convertirse una persona o una cosa en algo diferente de lo que era. **25** Conseguir o poder alcanzar un objeto o fin. **26** Tener la impresión o parecer una cosa a una persona. **27** Apartarse o retirarse de un sitio.

hacha *f.* **1** Herramienta para cortar madera compuesta de una pieza de metal plana y con filo unida a un mango. **2** Vela de cera grande y gruesa.

OBS En singular se le anteponen los determinantes *el, un,* salvo que entre estos y el nombre haya otra palabra.

hachazo *m.* Golpe dado con un hacha.

hache *f.* Nombre de la letra *h.* ▸ **por hache o por be** Por una causa o por otra.

hachís *m.* Sustancia que se extrae de las hojas y flores secas del cáñamo índico y que se utiliza como droga.

hachón *m.* Vela de cera grande y gruesa.

hacia *prep.* **1** Indica dirección o destino. **2** Indica el tiempo o el lugar aproximado.

hacienda *f.* **1** Finca que está dedicada a la

agricultura. **2** Conjunto de posesiones y riquezas que tiene una persona. **3** Ministerio que se encarga de administrar los bienes y riquezas que posee un estado.

hacina *f.* Conjunto de haces que forman un montón.

hacinamiento *m.* Amontonamiento o aglomeración de muchas personas o animales en un espacio pequeño.

hacinar *tr./prnl.* Acumular o amontonar cosas sin ningún orden.

hada *f.* Ser fantástico representado por una mujer que tiene poderes mágicos.

OBS En singular se le anteponen los determinantes *el, un,* salvo que entre estos y el nombre haya otra palabra.

hado *m.* Fuerza supuesta y desconocida que determina lo que ha de ocurrir o suceder. Su uso es poético.

hafnio *m.* QUÍM. Elemento químico metálico y sólido que es fácilmente deformable y poco abundante en la naturaleza.

hagiografía *f.* Historia en la que se relata la vida de un santo.

hagiográfico, -ca *adj.* De la hagiografía.

haitiano, -na *adj.* **1** De Haití. ‖ *adj./m. y f.* **2** [persona] Que es de Haití.

¡hala! *int.* **1** Expresión que se utiliza para animar, despedir o meter prisa. **2** Expresión que indica sorpresa o disgusto.

halagador, -ra *adj.* Que halaga.

halagar [7] *tr.* **1** Decir palabras de admiración o adulación a una persona para ganar su voluntad o conseguir su favor. **2** Satisfacer la vanidad de una persona.

halago *m.* **1** Muestra exagerada de admiración y adulación que se hace para conseguir el favor de una persona. **2** Hecho o dicho con que se satisface el orgullo o la vanidad de una persona.

halagüeño, -ña *adj.* **1** Que da muestras de que una cosa tendrá éxito o causará satisfacción. **2** Que halaga.

halcón *m.* Ave rapaz diurna, de color gris, con el pecho y el vientre casi blancos y con rayas, y pico fuerte y curvo.

halconero, -ra *m. y f.* Persona que se dedica a cuidar halcones de caza.

¡hale! *int.* **1** Expresión que se utiliza para meter prisa, dar ánimo o despedir a una persona. **2** Expresión que indica sorpresa o disgusto.

hálito *m.* **1** Aire que sale por la boca al respirar. **2** Soplo suave y agradable del aire.

halitosis *f.* Mal olor del aliento.

OBS El plural también es *halitosis.*

hall *m.* Parte de una casa o edificio que está junto a la puerta principal y que se usa para recibir a los que llegan.

OBS Es de origen inglés y se pronuncia aproximadamente 'jol'.

hallar *tr.* **1** Encontrar una cosa o a una persona que se está buscando. **2** Descubrir o inventar una cosa. **3** Observar o notar una cosa. ‖ *prnl.* **4** Estar o encontrarse alguien en un lugar o en una situación.

hallazgo *m.* **1** Encuentro de una cosa que se está buscando. **2** Cosa muy valiosa e importante que se descubre.

halo *m.* **1** Círculo luminoso que en ocasiones se ve alrededor de un astro. **2** Círculo luminoso que se representa sobre las cabezas de las imágenes religiosas. **3** Fama de una persona o un ambiente.

halógeno, -na *adj./m.* **1** [elemento químico] Que forma sales minerales al unirse directamente con un metal. **2** [lámpara o luz eléctrica] Que contiene alguno de estos elementos.

halterofilia *f.* Deporte que consiste en levantar pesos.

hamaca *f.* **1** Pieza alargada de red o de tela resistente que se cuelga por los extremos y sirve para echarse en ella. **2** Asiento que consta de un armazón, generalmente en forma de tijera, al que se sujeta una tela fuerte que sirve de asiento y respaldo.

hambre *f.* **1** Gana o necesidad de comer. **2** Situación en la que hay escasez de alimentos. **3** Deseo fuerte o intenso que se siente por algo.

OBS En singular se le anteponen los determinantes *el, un,* salvo que entre estos y el nombre haya otra palabra.

hambriento, -ta *adj./m. y f.* Que tiene hambre.

hambruna *f.* Situación generalizada de hambre o de escasez de alimentos.

hamburguesa *f.* **1** Filete que se hace con carne picada y al que se da una forma redonda y plana. **2** Bocadillo hecho con un pan pequeño y redondo y relleno con este filete y otros ingredientes.

hamburguesería *f.* Establecimiento donde se sirven hamburguesas.

hampa *f.* Conjunto de personas que viven al margen de la ley.

OBS En singular se le anteponen los determinantes *el, un,* salvo que entre estos y el nombre haya otra palabra.

hámster *m.* Mamífero roedor, parecido al ratón pero algo mayor, que tiene las orejas, las patas y la cola cortas.

hándicap *m.* 1 Dificultad u obstáculo. 2 Prueba deportiva en la que algunos participantes empiezan con desventaja.

OBS Es de origen inglés y se pronuncia aproximadamente 'jándicap'.

hangar *m.* Edificio cubierto que se usa para guardar aviones.

happening *m.* Espectáculo teatral basado en la improvisación de los actores y la participación del público.

OBS Es de origen inglés y se pronuncia aproximadamente 'jápenin'.

haragán, -gana *adj./m. y f.* [persona] Que no quiere trabajar o no cumple con su trabajo por falta de atención e interés.

haraganear *intr.* Hacer el haragán.

haraganería *f.* Cualidad de haragán.

harakiri *m.* Haraquiri.

OBS Es de origen japonés.

harapiento, -ta *adj./m. y f.* [persona] Que viste ropas llenas de harapos.

harapo *m.* Pedazo de tela muy vieja, rota o sucia.

OBS Se usa más en plural.

haraquiri *m.* Suicidio ritual de origen japonés que se realiza por honor y consiste en abrirse el vientre con un arma blanca.

hardware *m.* INFORM. Conjunto de elementos materiales que constituyen un ordenador o un equipo informático.

OBS Es de origen inglés y se pronuncia aproximadamente 'járduer'.

harén *m.* 1 Conjunto de mujeres que dependen de un mismo jefe de familia en las sociedades musulmanas. 2 Lugar de una casa musulmana donde viven solo las mujeres.

harina *f.* 1 Polvo blanco que se obtiene al moler granos de trigo o de otros cereales. 2 Polvo al que quedan reducidas ciertas materias sólidas al ser trituradas, machacadas o molidas.

harinero, -ra *adj.* 1 De la harina. ‖ *m. y f.* 2 Persona que se dedica a fabricar harina o comerciar con ella.

harinoso, -sa *adj.* 1 Que tiene mucha harina. 2 Que tiene el aspecto, la consistencia o la textura de la harina.

harpía *f.* 1 Mujer que es mala y perversa. 2 Ser mitológico que tiene la cabeza de mujer y el cuerpo de ave de rapiña.

harpillera *f.* Tejido fuerte y áspero que se usa para hacer sacos y para embalar.

hartar *tr./intr./prnl.* 1 Saciar en exceso el apetito de comer o beber. ‖ *tr./prnl.* 2 Molestar o cansar una cosa a una persona.

3 *coloquial* Dar o recibir una cosa en abundancia. ‖ *prnl.* 4 Realizar una actividad con gran intensidad durante un largo período de tiempo hasta quedar satisfecho o saciado.

hartazgo *m.* 1 Ingestión excesiva de comida o bebida. 2 Sensación que se produce al hacer algo de una manera repetitiva o excesiva y que causa cansancio o aburrimiento.

hartazón *m.* Hartazgo.

harto, -ta *adj.* 1 Que está lleno o saciado de comida o bebida. 2 Que está molesto o cansado por algo que se ha repetido mucho. ‖ *adv.* 3 Muy, bastante o demasiado.

hartón *m. coloquial* Hartazgo.

hartura *f.* 1 Ingestión excesiva de comida o bebida. 2 Exceso de una cosa.

hasta *prep.* 1 Indica el término o el límite en cuanto al tiempo, el espacio o la cantidad. 2 Indica que lo que se dice a continuación es muy sorprendente. ▸ **hasta que** Expresa el momento en que acaba la acción, el proceso o el estado que expresa el verbo principal.

hastiar [13] *tr./prnl.* Causar disgusto, aburrimiento o asco una cosa.

hastío *m.* Sensación de cansancio, aburrimiento o asco que produce una cosa.

hatajo *m.* 1 Grupo pequeño de ganado. 2 Conjunto o grupo de personas o cosas. Tiene sentido despectivo.

hato *m.* 1 Paquete o envoltorio que se hace liando ropa y otros objetos personales. 2 Grupo pequeño de ganado.

hawaiano, -na *adj.* 1 De Hawai. ‖ *adj./m. y f.* 2 [persona] Que es de Hawai.

haya *f.* 1 Árbol de gran altura que tiene el tronco grueso, liso, de color gris y las ramas muy altas formando una copa redonda y espesa. 2 Madera de este árbol.

OBS En singular se le anteponen los determinantes *el, un,* salvo que entre el determinante y el nombre haya otra palabra.

haz *m.* 1 Montón de hierba, plantas, palos o cosas alargadas que están atados con una cuerda por la parte central. 2 Conjunto de rayos de luz que tienen un mismo origen o parten de un mismo punto. ‖ *f.* 3 Cara superior o principal de la hoja de una planta. 4 Cara que está del derecho en una tela u otro objeto que tenga anverso y reverso.

OBS En las acepciones 3 y 4, en singular se le anteponen los determinantes *el, un,* salvo que entre estos y el nombre haya otra palabra.

OBS El plural es *haces.*

haza *f.* Terreno dedicado al cultivo.

OBS En singular se le anteponen los determinantes *el*, *un*, salvo que entre estos y el nombre haya otra palabra.

hazaña *f.* Hecho heroico e importante.

hazmerreír *m.* Persona que provoca la risa o la burla de los demás.

OBS Se usa solo en singular.

he *adv.* Palabra que, unida a los adverbios *aquí*, *ahí* y *allí* o a un pronombre personal átono, sirve para señalar o mostrar.

heavy *adj./m.* 1 [música de rock duro] Que tiene un ritmo fuerte y repetitivo y se toca a un volumen muy elevado. | *m.* 2 Movimiento juvenil que surgió en los años setenta y que se caracteriza por la actitud de agresividad y rebeldía de sus miembros. | *com.* 3 Persona que pertenece a este movimiento.

OBS Es de origen inglés y se pronuncia aproximadamente 'jebi'.

hebilla *f.* Pieza que sirve para unir los dos extremos de un cinturón o para ajustar una cinta a otra.

hebra *f.* 1 Trozo de hilo que se usa para coser. 2 Fibra o filamento de una materia que tiene forma de hilo. 3 Fibra vegetal o animal en forma de hilo que tienen algunos alimentos sólidos. 4 Estigma de la flor del azafrán.

hebraico, -ca *adj.* Hebreo.

hebraísmo *m.* Religión basada en el Talmud, cuyos seguidores creen en un único Dios y en la venida futura de su hijo.

hebraísta *com.* Persona que se dedica al estudio de la lengua, la literatura y la cultura hebreas.

hebreo, -brea *adj.* 1 Del hebraísmo. | *adj./m. y f.* 2 [persona] Que cree en el hebraísmo. | *adj.* 3 De Israel. | *m. y f.* 4 [persona] Que es de Israel. | *m.* 5 Lengua de Israel.

hecatombe *f.* Suceso trágico en el que se produce una gran destrucción y muchas desgracias humanas y materiales.

hechicería *f.* Conjunto de prácticas y técnicas ocultas o mágicas que se usan para dominar el curso de los acontecimientos y la voluntad de las personas.

hechicero, -ra *m. y f.* 1 Persona que hace hechizos. | *m.* 2 Hombre de algunas culturas primitivas que tiene el poder de comunicar con los dioses y curar enfermedades usando poderes mágicos y hierbas. | *adj.* 3 Que atrae de una forma irresistible.

hechizar [4] *tr.* 1 Dominar o controlar mediante un hechizo la voluntad de una persona o el curso de los acontecimientos. 2 Atraer de una forma irresistible la atención, la simpatía o el amor de alguien.

hechizo *m.* 1 Conjunto de cosas con poder mágico que se realizan con el fin de dominar la voluntad de una persona o controlar los acontecimientos. 2 Atracción irresistible que produce una persona y provoca admiración o fascinación.

hecho, -cha *adj.* 1 Que ha llegado a la madurez o ha alcanzado el pleno desarrollo. 2 Que está acabado o terminado. 3 Que está acostumbrado o familiarizado con una cosa. | *m.* 4 Acción u obra que realiza una persona. 5 Acontecimiento o suceso que ocurre o sucede. 6 Asunto o materia sobre la que se trata. | *int.* 7 Indica que se acepta una cosa que se propone o se pacta. ▷ **de hecho** En realidad.

hechura *f.* 1 Confección de una prenda de vestir. 2 Imagen o forma exterior que tiene una cosa. 3 Forma y proporción que tiene el cuerpo de una persona.

hectárea *f.* Medida de superficie que equivale a 100 áreas o a 10000 metros cuadrados.

hecto- Elemento prefijal que forma palabras con el significado de 'cien'.

hectogramo *m.* Medida de masa que equivale a 100 gramos.

hectolitro *m.* Medida de capacidad que equivale a 100 litros.

hectómetro *m.* Medida de longitud que equivale a 100 metros.

heder [28] *intr.* Despedir muy mal olor.

hediondez *f.* 1 Cualidad de hediondo. 2 Cosa obscena que resulta desagradable.

hediondo, -da *adj.* 1 Que despide o desprende un olor malo, desagradable e intenso. 2 Que es muy obsceno y resulta repugnante o desagradable.

hedonismo *m.* Doctrina filosófica que considera que la obtención del placer es el fin último de la vida.

hedonista *adj.* 1 Del hedonismo. | *adj./com.* 2 [persona] Que es partidario del hedonismo.

hedor *m.* Olor que es muy desagradable e intenso.

hegemonía *f.* Dominio o supremacía que ejerce un país sobre otros.

hegemónico, -ca *adj.* De la hegemonía.

hégira o **héjira** *f.* Era de los musulmanes, que se cuenta desde la fecha en que Mahoma huyó de La Meca a Medina, y que se compone de años lunares de 354 días.

helada *f.* Fenómeno atmosférico que consiste en la congelación del agua debido a un descenso de la temperatura por debajo de los cero grados centígrados.

heladería *f.* Establecimiento en el que se venden helados.

heladero, -ra *m. y f.* **1** Persona que se dedica a fabricar o vender helados. **2** Lugar donde hace mucho frío. ‖ *f.* ARG Refrigerador.

helado, -da *adj.* **1** Que se ha convertido en hielo. **2** Que está muy frío. **3** Que está muy sorprendido o asustado. ‖ *m.* **4** Alimento dulce que se elabora con leche, azúcar y otros ingredientes y se somete a cierto grado de congelación.

helar *tr./prnl.* **1** Pasar un líquido a estado sólido al bajar la temperatura unos determinados grados centígrados. **2** Asustar o sorprender una cosa a una persona. ‖ *v. impersonal* **3** Hacer una temperatura igual o inferior a 0 °C. ‖ *prnl.* **4** Pasar una persona mucho frío. **5** Secarse o dañarse una planta por acción del frío.

helechal *m.* Lugar con muchos helechos.

helecho *m.* Planta herbácea sin flores, con hojas compuestas y delicadas, que suele crecer en los lugares húmedos.

helénico, -ca *adj.* **1** De Grecia. ‖ *adj./ m. y f.* **2** [persona] Que era de la Grecia antigua.

helenismo *m.* **1** Influencia ejercida por la cultura griega clásica en otras civilizaciones. **2** Palabra o expresión propias del griego que se usan en otro idioma.

helenista *com.* Persona que se dedica al estudio de la lengua, cultura y literatura de la Grecia clásica.

helenización *f.* Adopción de la cultura y civilización de la Grecia antigua.

heleno, -na *adj.* **1** De Grecia. ‖ *adj./m. y f.* **2** [persona] Que es de Grecia.

helero *m.* Masa de hielo que se forma en la parte baja de algunas montañas y que solo se deshace en los veranos de mucho calor.

hélice *f.* **1** Pieza de un motor compuesta por varias palas que giran alrededor de un eje y que sirve, especialmente, para dar impulso a barcos, aviones y helicópteros. **2** Línea curva que da vueltas en distintos planos sin llegar a cerrarse.

helicoidal *adj.* Que tiene forma de hélice.

helicóptero *m.* Vehículo sin alas que vuela propulsado por una hélice horizontal de dos palas muy largas situadas en su parte superior y central que, al girar, le permiten moverse vertical y horizontalmente, así como mantenerse quieto en el aire.

helio *m.* Elemento químico gaseoso sin olor ni color que es más ligero que el aire.

helio- Elemento prefijal que forma palabras con el significado de 'sol'.

heliocéntrico, -ca *adj.* ASTR. Que tiene al Sol como centro de su movimiento o situación.

heliocentrismo *m.* ASTR. Teoría científica que consideraba al Sol como centro alrededor del cual giraba todo el universo.

heliotropismo *m.* BIOL. Movimiento de un vegetal hacia la luz del Sol orientando las hojas, los tallos o las flores hacia él.

heliotropo *m.* Planta de jardín con flores pequeñas y olorosas, blancas o violetas.

helipuerto *m.* Lugar acondicionado para el despegue y aterrizaje de helicópteros.

hematíe *f.* BIOL. Célula de la sangre que contiene hemoglobina y transporta el oxígeno a todas las partes del cuerpo.

hematites *f.* Mineral de hierro oxidado cuyo color varía del rojo al negro.

OBS El plural también es *hematites*.

hemat-, hemato- Elemento prefijal que entra en la formación de palabras con el significado de 'sangre'.

hematología *f.* MED. Parte de la medicina que estudia la sangre y los órganos que la producen.

hematoma *m.* Mancha amoratada o amarillenta que aparece bajo la piel por la acumulación de sangre.

hematopatía *f.* MED. Enfermedad de la sangre.

hembra *f.* **1** Animal de sexo femenino. **2** Planta que solo tiene órganos reproductores femeninos. **3** Mujer. **4** Pieza que tiene un hueco o un agujero en el que encaja otra pieza.

hembrilla *f.* Pieza pequeña que tiene un hueco o un agujero en el que se encaja otra pieza.

hemeroteca *f.* **1** Local en el que se tienen guardados y ordenados un conjunto de publicaciones periódicas para que el público pueda leerlos o consultarlos. **2** Conjunto de revistas, diarios y publicaciones periódicas que se guardan en este local.

hemi- Elemento prefijal que entra en la formación de palabras con el significado de 'medio', 'mitad'.

hemiciclo *m.* **1** Salón central de un edificio provisto de gradas en forma de medio círculo, orientadas en dirección a una tribuna. **2** Conjunto de personas que ocupan los asientos de este salón. **3** Cada una de las dos mitades de un círculo dividida por un diámetro.

hemiplejía o **hemiplejia** *f.* Parálisis de

un lado del cuerpo producida por una lesión cerebral o de la médula espinal.

hemipléjico, -ca adj. 1 De la hemiplejía. ❚ adj./m. y f. 2 Que padece hemiplejía.

hemisférico, -ca adj. Que tiene forma de hemisferio o media esfera.

hemisferio m. 1 Mitad de una esfera. 2 Mitad del planeta Tierra que resulta de dividirlo imaginariamente por el Ecuador. 3 Mitad lateral en que se divide el cerebro o el cerebelo.

hemistiquio m. Cada una de las dos partes de un verso separadas por una cesura o pausa interna.

hemo- Elemento prefijal que forma palabras con el significado de 'sangre'.

hemodiálisis f. MED. Técnica terapéutica de depuración artificial de la sangre que se aplica a personas con problemas de riñón.

OBS El plural también es *hemodiálisis*.

hemofilia f. MED. Enfermedad hereditaria que consiste en la dificultad de la sangre para coagular.

hemofílico, -ca adj. 1 De la hemofilia. ❚ adj./m. y f. 2 [persona] Que padece hemofilia.

hemoglobina f. Sustancia contenida en los hematíes que sirve para transportar oxígeno a las células del organismo.

hemorragia f. Salida de sangre de las arterias, venas o capilares por donde circula, especialmente cuando se produce en cantidades muy grandes.

hemorroide f. Tumor sanguíneo de pequeño tamaño que se forma en la parte exterior del ano o en la parte final del intestino por una excesiva dilatación de las venas en esta zona.

henchir [34] tr. 1 Llenar por completo el espacio vacío de un cuerpo. ❚ prnl. 2 Satisfacer los deseos, las esperanzas o las aspiraciones. 3 Hartarse de comida o bebida.

hendedura f. Hendidura.

hender tr./prnl. 1 Hacer una hendidura. ❚ tr. 2 Atravesar un fluido o un líquido.

hendidura f. Abertura o hueco estrecho, largo y poco profundo que se hace en un cuerpo sólido.

hendir tr. Hender.

heno m. 1 Planta herbácea de hojas estrechas y agudas que tiene el tallo en forma de caña delgada y las flores en racimo. 2 Hierba que se corta y se deja secar para alimentar al ganado.

henrio o **henry** m. FÍS. Unidad básica de inductancia o inducción de la corriente eléctrica en el sistema internacional de unidades.

hepático, -ca adj. Del hígado.

hepatitis f. Enfermedad vírica que provoca la inflamación del hígado y cuyos síntomas son fiebre, coloración amarillenta de la piel y dolores abdominales.

OBS El plural también es *hepatitis*.

hepta- Elemento prefijal que forma palabras con el significado de 'siete'.

heptaedro m. Cuerpo sólido irregular que está limitado por siete caras.

heptagonal adj. Que tiene forma de heptágono.

heptágono adj./m. [polígono] Que tiene siete lados y siete ángulos.

heptasílabo, -ba adj./m. [verso, palabra] Que tiene siete sílabas.

heráldica f. Disciplina que estudia las imágenes y figuras de los escudos de armas.

heráldico, -ca adj. De la heráldica.

heraldo m. 1 Cortesano de la Edad Media encargado de llevar mensajes y organizar ceremonias. 2 Persona encargada de llevar un mensaje importante o de mediar en un asunto. 3 Cosa que anuncia la llegada de otra.

herbáceo, -cea adj. [planta] Que tiene el aspecto o las características de la hierba.

herbario m. Colección de plantas y hojas secas ordenadas y clasificadas.

herbicida adj./m. [producto químico] Que impide el desarrollo de las hierbas perjudiciales que crecen en un terreno.

herbívoro, -ra adj./m. y f. [animal] Que se alimenta solamente de vegetales.

herbolario, -ria m. y f. 1 Persona que se dedica a recoger o vender hierbas o plantas medicinales. ❚ m. 2 Herboristería.

herboristería f. Establecimiento donde se venden hierbas o plantas medicinales.

herciano, -na adj. FÍS. [onda electromagnética] Que tiene una longitud de onda comprendida entre un milímetro y decenas de kilómetros.

hercio m. FÍS. Unidad de frecuencia de un movimiento vibratorio en el sistema internacional que equivale a una vibración por segundo.

hercúleo, -lea adj. 1 [persona] Que tiene mucha fuerza. 2 [actividad, trabajo] Que requiere un esfuerzo muy grande.

hércules m. Hombre que tiene mucha fuerza.

OBS El plural también es *hércules*.

heredad *f.* 1 Terreno dedicado al cultivo que pertenece a un solo dueño. 2 Conjunto de tierras y posesiones que pertenecen a una persona, a una familia o a una entidad.

heredar *tr.* 1 Recibir los bienes, el dinero o los derechos de una persona cuando esta muere, en cumplimiento de la ley o del testamento. 2 Recibir de los padres algunas características genéticas físicas o relativas al carácter. 3 Recibir principios, ideas o problemas derivados de personas o circunstancias anteriores. 4 *coloquial* Recibir una cosa de otra persona cuando esta ya no hace uso de ella.

heredero, -ra *adj./m. y f.* [persona] Que hereda.

hereditario, -ria *adj.* De la herencia o que se transmite a través de ella.

hereje *com.* Persona que defiende ideas religiosas contrarias a los dogmas y a la fe de una doctrina religiosa.

herejía *f.* 1 Idea religiosa contraria a los dogmas y a la fe de una doctrina religiosa. 2 Postura enfrentada a los principios y las reglas establecidas de una ciencia o un arte. 3 Disparate o tontería.

herencia *f.* 1 Derecho de heredar por ley o por testamento. 2 Conjunto de bienes, dinero y derechos que se reciben legalmente de una persona cuando esta muere. 3 Proceso mediante el cual se transmiten una serie de características de los padres a los hijos a través de los genes. 4 Conjunto de bienes espirituales, obras o ideas que se reciben de los antecesores.

heresiarca *m.* Autor de una herejía o jefe de una secta herética.

herético, -ca *adj.* De la herejía.

herida *f.* 1 Daño o lesión que se produce en los tejidos del cuerpo provocados por un corte o un golpe. 2 Pena o daño moral que es causado por una ofensa.

herido, -da *adj./m. y f.* Que ha recibido heridas. ▸ **sentirse herido** Ofenderse o enfadarse con alguien por lo que ha dicho o hecho.

herir [35] *tr./prnl.* 1 Causar una herida en los tejidos del cuerpo mediante un corte o un golpe. 2 Producir a una persona una pena o un daño moral a causa de una ofensa. 3 Producir una sensación desagradable y molesta en alguno de los cinco sentidos corporales. 4 *culto* Pulsar o hacer sonar las cuerdas de un instrumento musical.

hermafrodita *adj.* 1 [ser vivo] Que reúne

en un mismo individuo los órganos sexuales masculinos y los femeninos. ▌ *com./adj.* 2 Persona que tiene los órganos sexuales formados por tejido masculino y femenino a causa de una anomalía.

hermanamiento *m.* 1 Unión sincera y generosa entre personas que se consideran iguales. 2 Vínculo establecido entre dos localidades o poblaciones que tienen una base cultural semejante.

hermanar *tr./prnl.* 1 Juntar o unir dos o más cosas haciéndolas compatibles. 2 Establecer un hermanamiento entre localidades.

hermanastro, -tra *m. y f.* Persona que es hermana de otra por parte de uno solo de los padres.

hermandad *f.* 1 Relación de parentesco que existe entre hermanos. 2 Relación de afecto y solidaridad. 3 Asociación autorizada que algunas personas religiosas forman con fines piadosos. 4 Asociación de personas que tienen unos mismos intereses profesionales o altruistas. 5 Unión sincera y generosa entre personas que se consideran iguales.

hermano, -na *m. y f.* 1 Persona o animal que ha nacido del mismo padre y de la misma madre que otro. 2 Persona que pertenece a un grupo religioso o a una hermandad. 3 Persona que está unida a otra por una gran amistad, por una fe religiosa común o por los mismos sentimientos u opiniones. 4 Cosa que tiene el mismo origen que otra o que suele ir acompañada de otra. 5 AMÉR *coloquial* Nombre que se usa para dirigirse a alguien de gran confianza y amistad.

hermenéutica *f.* Arte o técnica de interpretar textos sagrados o antiguos.

hermético, -ca *adj.* 1 Que cierra perfectamente y no deja pasar el aire ni el líquido. 2 Que es difícil de conocer o entender.

hermetismo *m.* Cualidad de las cosas que son difíciles de conocer o entender.

hermoso, -sa *adj.* 1 [persona, cosa] Que tiene belleza o hermosura. 2 Que tiene o demuestra una gran humanidad y sensibilidad. 3 Que está fuerte, sano o gordo. 4 Que es grande o abundante.

hermosura *f.* 1 Conjunto de características o cualidades que hacen que el aspecto físico de una persona resulte atractivo y agradable. 2 Conjunto de características de una cosa que provocan un placer sensorial o espiritual. 3 Persona o cosa que destaca por ser hermosa.

hernia *f.* Bulto blando que aparece cuando un órgano del cuerpo sale fuera de su cavidad natural.

herniarse *prnl.* 1 Producirse una hernia. 2 *coloquial* Trabajar mucho o hacer mucha fuerza. Tiene valor irónico.

héroe, -ína *m. y f.* 1 Persona admirada por haber hecho algo que requería mucha valentía o por haber logrado algo muy difícil de conseguir. 2 Personaje de mayor importancia en una obra literaria o una película, especialmente admirado por sus buenas cualidades. | *m.* 3 En la mitología griega y romana, hijo de un dios y de un ser humano.

heroicidad *f.* 1 Cualidad del héroe. 2 Hecho extraordinario y admirable que exige esfuerzo y valor.

heroico, -ca *adj.* 1 Que es extraordinario y admirable y requiere gran esfuerzo y valor. 2 [poema] Que relata con énfasis grandes hazañas y proezas.

heroína *f.* Droga derivada de la morfina que suele presentarse en forma de polvo blanco.

heroinómano, -na *adj./m. y f.* [persona] Que es adicto a la heroína.

heroísmo *m.* Conjunto de cualidades propias de un héroe.

herpes o **herpe** *amb.* Enfermedad de la piel causada por un virus que produce unos granitos o ampollas de color rojo y un picor fuerte.
OBS Se usa más como masculino. El plural también es *herpes*.

herradura *f.* Pieza de hierro en forma de 'U' que se clava a los caballos y a otros animales en los cascos de las patas para evitar que se hagan daño al andar.

herraje *m.* Conjunto de piezas de hierro con que se decoran o refuerzan puertas, mesas u otros objetos.

herramienta *f.* 1 Instrumento que se usa con las manos para hacer o reparar algo. 2 Elemento necesario para desarrollar un trabajo de manera satisfactoria.

herrar [27] *tr.* 1 Clavar las herraduras a los animales. 2 Marcar la piel de un animal con un hierro candente.

herreño, -ña *adj.* 1 De Hierro. | *adj./m. y f.* 2 [persona] Que es de la isla de Hierro.

herrería *f.* Taller y oficio del herrero.

herrerillo *m.* Pájaro insectívoro de pequeño tamaño que tiene la parte superior de la cabeza, las alas y la cola de color azul cobalto, la parte inferior amarilla y el dorso verdoso.

herrero, -ra *m. y f.* Persona que se dedica a fabricar o trabajar objetos de hierro.

herrete *m.* Pieza de metal para adornar el extremo de algunos objetos.

herrumbre *f.* 1 Capa de color rojo que se forma en la superficie del hierro y otros metales a causa de la humedad o del agua. 2 Sabor que toman los alimentos que han estado en contacto con el hierro.

hertz *m.* FÍS. Unidad de frecuencia de un movimiento vibratorio en el sistema internacional que equivale a una vibración por segundo.

hertziano, -na *adj.* FÍS. De un tipo de ondas electromagnéticas cuya longitud de onda se halla comprendida entre un milímetro y decenas de kilómetros.

hervidero *m.* Cantidad grande de personas o animales en continuo movimiento.

hervidor *m.* Utensilio de cocina que sirve para hervir líquidos.

hervir [35] *intr.* 1 Moverse agitadamente un líquido que está sometido a la acción del fuego cuando alcanza una temperatura determinada, formando burbujas. 2 Moverse un líquido formando burbujas por una reacción química o por otras causas. 3 Haber una cantidad grande de personas o cosas en continuo movimiento. | *tr.* 4 Hacer que un líquido alcance la temperatura de ebullición. 5 Poner un alimento o una cosa en un líquido muy caliente durante un tiempo para cocinarlo o esterilizarlo.

hervor *m.* 1 Movimiento agitado y burbujeante que se produce al hervir un líquido. 2 Acción que consiste en hervir o cocer un alimento o una cosa en agua.

hetero- Elemento prefijal que entra en la formación de palabras con el significado de 'diferente', 'distinto'.

heteróclito, -ta *adj.* 1 *culto* Que está formado por elementos de distinta clase o naturaleza. 2 GRAM. [palabra, locución] Que no sigue las reglas de la morfología.

heterodoxia *f.* Cualidad de heterodoxo.

heterodoxo, -xa *adj./m. y f.* 1 Que está en desacuerdo o disconformidad con los principios o las creencias de una religión, una doctrina política o una teoría. 2 Que se aparta de una práctica o una norma que es aceptada de manera mayoritaria.

heterogeneidad *f.* Mezcla de elementos diferentes que se reúnen en un todo.

heterogéneo, -nea *adj.* Que está formado por elementos de distinta clase o naturaleza.

heterónimo *m.* GRAM. Palabra que tiene una gran proximidad semántica con otra pero procede de un étimo distinto.

heterosexual *adj./com.* 1 [persona] Que siente atracción por personas de sexo distinto al suyo. || *adj.* 2 [atracción sexual, relación sexual] Que se da entre personas que tienen distinto sexo.

heterosexualidad *f.* 1 Atracción sexual que siente una persona por otras de sexo distinto al suyo. 2 Práctica de relaciones sexuales que se da entre personas de distinto sexo.

heterótrofo, -fa *adj./m. y f.* [organismo] Que es incapaz de elaborar su propia materia orgánica a partir de sustancias inorgánicas y se nutre de sustancias elaboradas por otros seres vivos.

hexa- Elemento prefijal que forma palabras con el significado de 'seis'.

hexaedro *m.* Cuerpo geométrico que tiene seis caras.

hexagonal *adj.* Que tiene forma de hexágono.

hexágono *m.* Polígono de seis lados y seis ángulos.

hexámetro *m.* Verso que está formado por seis pies métricos.

hexasílabo, -ba *adj./m.* [verso o palabra] Que tiene seis sílabas.

hez *f.* 1 Sedimento o residuo de una sustancia líquida que se deposita en el fondo del recipiente donde está contenida. 2 Lo más vil y despreciable de un grupo o conjunto. || *f. pl.* 3 Residuos de alimento que elimina el organismo por el ano tras haber hecho la digestión.

OBS El plural es *heces*.

hiato *m.* Pronunciación en sílabas distintas de dos vocales que están juntas dentro de una palabra.

hibernación *f.* 1 Estado de letargo que experimentan algunos animales en invierno. 2 Técnica que reduce la temperatura de un órgano o un cuerpo para curarlo o conservarlo mediante el uso de fármacos.

hibernar *intr.* 1 Pasar el invierno un animal en estado de hibernación. || *tr.* 2 Aplicar la técnica de la hibernación a un órgano o un cuerpo.

híbrido, -da *adj./m.* 1 [animal, vegetal] Que procede de la unión de individuos de especies diferentes. 2 Que es producto de elementos de distinta naturaleza.

hidalgo, -ga *m. y f.* 1 Persona que pertenecía a la baja nobleza castellana. || *adj.* 2 Que es generoso y noble.

hidalguía *f.* 1 Condición social de hidalgo. 2 Nobleza y generosidad.

hidra *f.* 1 Pólipo de forma cilíndrica, parecido a un tubo cerrado por un extremo y con varios tentáculos en el opuesto, que se cría en agua dulce y se alimenta de gusanillos. 2 Serpiente marina venenosa. 3 Monstruo de la mitología griega que tenía siete cabezas. En esta acepción se escribe con mayúscula.

hidratación *f.* Acción y efecto de hidratar.

hidratante *adj./m.* [producto cosmético] Que hidrata la piel.

hidratar *tr.* 1 Restablecer el grado de humedad normal de la piel. 2 Combinar el agua con un cuerpo o sustancia.

hidrato *m.* Sustancia química que contiene moléculas de agua en su composición. **hidrato de carbono** Compuesto formado por carbono, hidrógeno y oxígeno.

hidráulico, -ca *adj.* Que funciona o es movido por la acción del agua o de otro líquido.

-hídrico Elemento sufijal adoptado en la terminología química para designar los ácidos que no contienen oxígeno.

hídrico, -ca *adj.* Del agua.

hidro-, -hidro Elemento prefijal y sufijal que significa: *a*) 'Agua o relacionado con esta sustancia'. *b*) 'Líquido orgánico o seroso'. *c*) 'Hidrógeno'.

hidroavión *m.* Avión provisto de unos flotadores que le permiten posarse en el agua y despegar de ella.

hidrocarburo *m.* Compuesto químico formado por carbono e hidrógeno.

hidrocefalia *f.* MED. Enfermedad que consiste en una acumulación anormal de líquido en las cavidades del cerebro.

hidrodinámico, -ca *adj.* Del movimiento de los fluidos y de los cuerpos sumergidos en ellos o que tiene relación con él.

hidroelectricidad *f.* Energía eléctrica que se consigue por la fuerza del movimiento del agua.

hidroeléctrico, -ca *adj.* De la hidroelectricidad.

hidrófilo, -la *adj.* 1 Que absorbe agua con facilidad. 2 [ser vivo] Que vive en ambientes húmedos.

hidrofobia *f.* 1 Temor excesivo al agua. 2 Enfermedad infecciosa, producida por un virus, que ataca a ciertos animales y se transmite por mordedura.

hidrófugo, -ga *adj.* [sustancia] Que no deja pasar la humedad o el agua.

hidrógeno *m.* Elemento químico que se presenta en la naturaleza en forma de gas, sin color ni olor, y que arde fácilmente; junto con el oxígeno, forma el agua.

hidrografía *f.* Parte de la geografía que estudia y describe los mares, los ríos, los lagos y otras corrientes de agua.

hidrográfico, -ca *adj.* De la hidrografía.

hidrólisis *f.* QUÍM. Descomposición de una sustancia química por la acción del agua, de un ácido o de un fermento.

OBS El plural también es *hidrólisis*.

hidrolizado, -da *adj.* QUÍM. [sustancia] Que ha sido descompuesta por la acción del agua, de un ácido o de un fermento.

hidrología *f.* Ciencia que estudia el agua que hay en la superficie de la Tierra, en el suelo y en la atmósfera.

hidropesía *f.* MED. Acumulación excesiva de líquido en alguna cavidad o tejido.

hidrosfera *f.* Conjunto de todas las aguas que se hallan en la Tierra.

hidrosoluble *adj.* [sustancia] Que puede disolverse en el agua.

hidrostático, -ca *adj.* Del equilibrio de los líquidos y los cuerpos sumergidos en ellos o que tiene relación con él.

hidroterapia *f.* Método de tratamiento de las enfermedades que consiste en beber aguas minerales y aplicar baños y masajes con chorros de agua.

hidrotropismo *m.* Movimiento de orientación de un organismo como reacción al estímulo producido por el agua.

hidróxido *m.* Compuesto químico que contiene al menos un átomo de oxígeno y otro de hidrógeno.

hiedra *f.* Planta trepadora de hojas brillantes y verdes que crece subiendo por paredes y árboles.

hiel *f.* **1** Líquido de color amarillo verdoso y de sabor amargo que es segregado por el hígado. **2** Sentimiento de intensa amargura que incita a hacer daño.

hielo *m.* Agua en estado sólido por efecto de una temperatura muy baja.

hiena *f.* **1** Animal mamífero salvaje que tiene el cuello largo y el pelo áspero y gris; caza en manada y se alimenta principalmente de carroña. **2** Persona despreciable que se comporta con crueldad y cobardía.

hierático, -ca *adj.* **1** [figura] Que se caracteriza por la falta de expresividad en las facciones como señal de una gran solemnidad y majestuosidad. **2** [persona] Que no exterioriza sus sentimientos y permanece habitualmente seria e inexpresiva. **3** [escritura egipcia] Que es abreviación de la antigua escritura jeroglífica.

hieratismo *m.* Severidad o rigidez en el aspecto exterior.

hierba *f.* **1** Planta sin tronco cuyos tallos son hojas pequeñas y alargadas de color verde, generalmente de pequeño tamaño. **2** Planta sin tronco con hojas de color verde, finas, cortas y tupidas, que se planta en jardines por motivos ornamentales y en terrenos deportivos para facilitar la práctica de algunos deportes. **3** Droga que se saca de las hojas y flores secas del cáñamo índico y que se fuma mezclada con tabaco.

hierbabuena *f.* Planta herbácea de hojas verdes y muy aromáticas que se emplea como condimento.

hierro *m.* **1** Metal duro y dúctil, de color gris, que abunda en la naturaleza y que sirve para hacer todo tipo de herramientas, estructuras y objetos. **2** Elemento químico metálico que corresponde a este metal. **3** Objeto o instrumento hecho con este metal. **4** Marca o dibujo que se hace en la piel del ganado con un instrumento de metal calentado al rojo vivo.

hifa *f.* Cuerpo en forma de hilo, duro o flexible, que se encuentra en el extremo inferior del tallo de los hongos y que le sirve para nutrirse.

higadillo *m.* Hígado de un animal de pequeño tamaño, especialmente de un ave.

hígado *m.* Órgano de forma oval y aplanada, tamaño grande y color marrón, que se encuentra junto al estómago; interviene en la función digestiva segregando la bilis, almacena sustancias nutrientes y sintetiza enzimas, proteínas y glucosa.

higiene *f.* **1** Limpieza del cuerpo y de los objetos que rodean a las personas para mejorar la salud y prevenir enfermedades o infecciones. **2** Parte de la medicina que se ocupa de la conservación de la salud individual y colectiva.

higiénico, -ca *adj.* De la higiene.

higienizar [4] *tr.* Preparar una cosa conforme a las normas básicas de la higiene.

higo *m.* Fruto comestible de la higuera, que tiene una forma parecida a la pera, color verde o marrón y carne suave, dulce y con muchas semillas.

higro- Elemento prefijal que forma palabras con el significado de 'humedad'.

higrometría *f.* FÍS. Parte de la física que mide y estudia el nivel de humedad de la atmósfera.

higrómetro *m.* Aparato que sirve para medir la humedad de la atmósfera.

higuera *f.* Árbol frutal de mediana altura y madera blanda que tiene las hojas verdes y grandes y cuyo fruto es el higo.

hijastro, -tra *m. y f.* Hijo de la persona con la que se está casado y que es fruto de una unión anterior de esta.

hijo, -ja *m. y f.* **1** Persona o animal en relación con los padres que lo han engendrado. **hijo político** Respecto a un padre o una madre, persona que está casada con su hijo o hija. **2** Persona en relación al lugar o país en el que ha nacido. **3** Yema o tallo nuevo que le sale a una planta. **4** Forma de tratamiento que se da a una persona más joven con la que se mantiene una relación de confianza o de superioridad de conocimientos y experiencia. ▸ **hijo de papá** Persona que pertenece a una familia rica y a la que sus padres pagan todos sus caprichos.

hilacha *f.* Trozo de hilo que cuelga de una tela o se desprende de ella.

hilacho *m.* Hilacha.

hilada *f.* Conjunto de cosas colocadas en línea una tras otra.

hilado *m.* **1** Proceso mediante el que una fibra textil de origen vegetal o animal se transforma en un hilo homogéneo y continuo. **2** Hilo o materia textil que resulta de este proceso.

hilandería *f.* Hilatura.

hilandero, -ra *m. y f.* Persona que se dedica a hilar para fabricar hilo.

hilar *tr.* **1** Transformar las fibras textiles de origen vegetal o animal en un hilo homogéneo y continuo. **2** Tejer un gusano su capullo o una araña su tela a partir de la fibra que ellos mismos segregan. **3** Relacionar varias ideas para construir un pensamiento homogéneo o una conclusión. ▸ **hilar fino** Pensar o actuar con gran astucia, meticulosidad y exactitud.

hilarante *adj.* Que causa risas.

hilaridad *f.* Risa prolongada que es provocada por una cosa que se ve o se oye.

hilatura *f.* **1** Arte, técnica o comercialización de los hilados. **2** Taller o fábrica donde se hilan las materias textiles.

hilera *f.* **1** Conjunto de personas o cosas colocadas una tras otra en línea. **2** Máquina o instrumento que se usa en metalurgia y orfebrería para obtener hilos o alambres de un metal. ▮ *f. pl.* **3** Apéndice anal de las arañas que alberga la glándula encargada de segregar el hilo.

hilo *m.* **1** Hebra larga, delgada y flexible que se obtiene al entrelazar fibras textiles de origen vegetal o animal. **2** Material largo, delgado y flexible que se obtiene al entrelazar fibras textiles extraídas del tallo del lino. **3** Fibra que segregan algunos gusanos o arañas para construir sus capullos o telas. **4** Material largo, delgado y flexible de cobre o de otro metal que es buen conductor de la electricidad. **5** Chorro muy fino de líquido que cae o sale de un lugar de manera lenta y continua. **6** Relación que une varias ideas o sucesos entre sí y les da continuidad y sentido.

hilván *m.* **1** Costura hecha con puntadas largas y poco apretadas con la que se sujeta la tela antes de coserla de manera definitiva. **2** Hilo para hacer esta costura.

hilvanar *tr.* **1** Fijar la tela con un hilván. **2** Elaborar las líneas generales de las que consta un plan o un proyecto. **3** Relacionar varias ideas entre sí para construir un pensamiento homogéneo o una conclusión.

himen *m.* Pliegue membranoso que cierra parcialmente el orificio externo de la vagina de una mujer.

himenóptero *adj./m.* **1** [insecto] Que tiene dos pares de alas membranosas y transparentes y el aparato bucal adaptado para morder, lamer o chupar. ▮ *m. pl.* **2** Orden o grupo al que pertenecen estos insectos.

himno *m.* Composición poética o musical de tono solemne que representa y exalta a una nación, país o región y en cuyo honor se interpreta en actos públicos.

hincapié ▸ **hacer hincapié** Insistir en una cosa para remarcar su importancia o para que quede clara.

hincar [1] *tr.* **1** Clavar una cosa con punta en otra ejerciendo una presión. **2** Apoyar una cosa en otra ejerciendo fuerza.

hincha *com.* **1** Persona que es aficionada a un deporte y sigue con pasión y entusiasmo a su equipo o deportista favorito. ▮ *f.* **2** *coloquial* Sentimiento de rechazo o disgusto hacia una persona o cosa.

hinchada *f.* Conjunto de hinchas de un equipo deportivo.

hinchar *tr./prnl.* **1** Aumentar el tamaño o volumen de un cuerpo al llenar su interior con un gas u otra sustancia. ▮ *tr.* **2** Exagerar la importancia o el valor de una cosa. ▮ *prnl.* **3** Aumentar el volumen de una parte del cuerpo por una acumulación excesiva de sangre o de otro líquido orgánico. **4** *coloquial* Realizar una actividad con gran intensidad o dedicación durante un largo período de tiempo. **5** *coloquial* Sentir y mostrar un gran orgullo de los propios actos o virtudes.

hinchazón *f.* Aumento del volumen de una parte del cuerpo.

hindi *m.* Lengua procedente del sánscrito que se habla en la India.

hindú *adj.* 1 De la India. ‖ *adj./com.* 2 [persona] Que es de la India. 3 [persona] Que profesa el hinduismo.

OBS El plural es *hindúes.*

hinduismo *m.* Doctrina religiosa originaria de la India que cree en la reencarnación y en un sistema jerárquico de castas.

hinduista *adj.* 1 Del hinduismo. ‖ *adj./com.* 2 [persona] Que cree en esta doctrina religiosa.

hinojo *m.* Planta herbácea silvestre de hojas partidas en muchas secciones que se usa como condimento por su sabor dulce.

hipar *intr.* 1 Tener hipo. 2 Llorar emitiendo sollozos y gemidos entrecortados.

híper *m. coloquial* Hipermercado.

hiper- Prefijo que forma palabras con el sentido de exceso, superioridad.

hipérbaton *m.* Figura del lenguaje que consiste en alterar el orden habitual y lógico de las palabras o de las oraciones.

OBS El plural es *hipérbatos.*

hipérbola *f.* Curva plana y simétrica que resulta de cortar una superficie cónica por un plano paralelo a su eje.

hipérbole *f.* Figura del lenguaje que consiste en exagerar lo que se expresa.

hiperbólico, -ca *adj.* 1 De la hipérbole. 2 De la hipérbola.

hipercalórico, -ca *adj.* [alimento, bebida] Que contiene o proporciona un número muy alto de calorías.

hiperespacio *m.* Supuesta región del espacio exterior en la que existen más de tres dimensiones.

hipermercado *m.* Establecimiento comercial que ocupa una gran superficie en el que se venden toda clase de productos y en el que el cliente elige o coge lo que quiere comprar y lo paga a la salida.

hipermétrope *adj./com.* [persona] Que padece hipermetropía.

hipermetropía *f.* Defecto del ojo que impide ver con claridad los objetos cercanos.

hiperónimo *m.* GRAM. Palabra cuyo significado engloba la significación de otras.

hipersensibilidad *f.* 1 Tendencia de una persona a sentirse afectada en sus sentimientos por cosas que para los demás resultan poco importantes. 2 Reacción de rechazo anormalmente sensible del organismo a una sustancia que se le administra o con la que tiene contacto.

hipersensible *adj.* Que tiene hipersensibilidad.

hipertensión *f.* Presión alta de la sangre sobre la pared de las arterias.

hipertenso, -sa *adj./m. y f.* [persona] Que padece hipertensión.

hipertexto *m.* Secuencia de texto o imagen conectada a otras de manera que permite una lectura que no es necesariamente secuencial.

hipertrofia *f.* 1 MED. Crecimiento excesivo y anormal de un órgano del cuerpo. 2 Desarrollo o aumento desmesurado y perjudicial de una cosa.

hipervínculo *m.* Sistema informático por el cual una secuencia de texto o una imagen, al pulsar sobre ella con el ratón, lleva a otra con la cual está conectada.

hípica *f.* Conjunto de deportes en los que un jinete y su caballo participan junto con otros en una competición.

hípico, -ca *adj.* De la hípica.

hipido *m.* Sollozo o gemido entrecortado.

hipnosis *f.* Estado de inconsciencia semejante al sueño que se logra por sugestión y que se caracteriza por la sumisión absoluta de la voluntad de la persona a las órdenes de quien se lo ha provocado.

hipnótico, -ca *adj.* 1 De la hipnosis. 2 Que causa una gran fascinación y atrae la atención de una manera irresistible. ‖ *adj./m.* 3 [sustancia, medicamento] Que produce un estado de sueño.

hipnotismo *m.* Conjunto de técnicas y teorías relacionadas con la hipnosis.

hipnotizar [4] *tr.* 1 Producir en una persona un estado de hipnosis. 2 Causar una gran fascinación y atraer la atención de una manera irresistible.

hipo *m.* Movimiento violento e involuntario del diafragma que fuerza a los pulmones a expulsar aire de manera brusca y entrecortada produciendo un sonido característico. ▶ **quitar el hipo** *coloquial* Causar un gran asombro o sorpresa.

hipo- Prefijo que entra en la formación de palabras con el significado de: *a)* 'Inferioridad, subordinación'. *b)* 'Caballo'.

hipoalergénico, -ca o **hipoalérgico, -ca** *adj.* [sustancia, producto] Que tiene un riesgo bajo de producir alergia.

hipocalórico, -ca *adj.* [alimento, bebida] Que contiene o proporciona un número bajo de calorías.

hipocampo *m.* Pez marino muy pequeño,

con la cola prensil y el hocico tubular, que nada en posición vertical y cuya cabeza recuerda la de un caballo.

hipocondría f. MED. Depresión anímica que se caracteriza por un temor morboso y obsesivo a padecer enfermedades.

hipocondríaco, -ca o **hipocondríaco, -ca** adj./m. y f. Que tiene hipocondría.

hipocorístico, -ca adj./m. y f. [nombre] Que es la forma diminutiva, abreviada o infantil de otro nombre y se usa como apelativo afectivo, familiar o eufemístico.

hipocresía f. Actitud del hipócrita.

hipócrita adj./com. [persona] Que finge en público tener unas ideas o sentimientos, pero en realidad tiene otros.

hipodérmico, -ca adj. Que está o se pone debajo de la piel.

hipodermis f. Capa más profunda de la piel de los animales vertebrados y de los invertebrados.

OBS El plural también es *hipodermis*.

hipódromo m. Instalación en la que se practican distintos deportes hípicos.

hipófisis f. ANAT. Glándula de secreción interna del organismo situada en la base del cráneo que se encarga de controlar la actividad de otras glándulas y de regular el funcionamiento del cuerpo.

OBS El plural también es *hipófisis*.

hipogastrio m. ANAT. Parte inferior del vientre o del abdomen.

hipogeo m. 1 Construcción subterránea o excavada en una roca que ha sido utilizada por algunas civilizaciones antiguas como lugar de enterramiento. 2 Capilla o edificio subterráneo.

hipogrifo m. Animal fabuloso o imaginario que se representa con cabeza y alas de águila y cuerpo de caballo.

hipónimo m. GRAM. Palabra cuyo significado está englobado en la significación de otro término.

hipopótamo m. Mamífero de gran tamaño que tiene la piel gruesa y casi sin pelo, las patas cortas, la cabeza y la boca enormes y las orejas pequeñas.

hipotálamo m. ANAT. Parte del encéfalo situada en la base del cerebro que controla el funcionamiento del sistema nervioso y la actividad de la hipófisis.

hipotaxis f. GRAM. Relación gramatical que une dos elementos sintácticos de distinto nivel o función y en la que uno es dependiente del otro.

hipoteca f. 1 Derecho de propiedad sobre un bien inmueble que su dueño da a otro para asegurar o avalar una deuda que ha contraído con él. 2 Cantidad de dinero que constituye esta deuda.

hipotecar [1] tr. 1 Poner la propiedad de un bien inmueble bajo una hipoteca para obtener a cambio el préstamo de una cantidad de dinero o como garantía de un pago. 2 Arriesgar la seguridad o la existencia de una cosa durante un tiempo.

hipotecario, -ria adj. De la hipoteca.

hipotensión f. Presión baja de la sangre sobre la pared de las arterias.

hipotenso, -sa adj./m. y f. [persona] Que padece hipotensión.

hipotenusa f. Lado opuesto al ángulo recto de un triángulo rectángulo.

hipótesis f. Idea, juicio o teoría que se supone verdadera y a partir de la cual se extrae una conclusión.

OBS El plural también es *hipótesis*.

hipotético, -ca adj. De la hipótesis o que está basado o fundamentado en ella.

hippie o **hippy** adj. 1 [movimiento cultural juvenil] Que surgió en los años sesenta y que se caracteriza por la rebeldía hacia el sistema social establecido, la libertad sexual, el pacifismo, el amor a la naturaleza y el uso de drogas alucinógenas. 2 De este movimiento cultural. ▌ adj./com. 3 [persona] Que pertenece a ese movimiento.

OBS Es de origen inglés y se pronuncia aproximadamente 'jipi'. El plural es *hippies*.

hípster adj./com. [persona, actitud, estilo] Que tiene inquietudes culturales y sigue las últimas tendencias, abandonando lo que ya no está de moda.

OBS Es de origen inglés y se pronuncia aproximadamente 'jípster'. El plural es *hípsteres*.

hiriente adj. Que hiere u ofende.

hirsuto, -ta adj. 1 [pelo] Que es fuerte, áspero y duro. 2 Que está cubierto de este tipo de pelo.

hisopo m. 1 Planta herbácea que tiene el tallo leñoso, las hojas pequeñas en forma de punta de lanza y las flores en espiga. 2 Instrumento de metal que está formado por una bola hueca agujereada y provista de un mango y que usan los sacerdotes para esparcir agua bendita.

hispalense adj. 1 De Sevilla. ▌ adj./com. 2 [persona] Que es de Sevilla.

hispánico, -ca adj. 1 De España. 2 Del español o que tiene relación con esta lengua.

hispanidad f. 1 Conjunto de países o pueblos formado por España y por los pueblos colonizados por España y cuya lengua oficial o más hablada es el español. **2** Conjunto de características culturales comunes a estos países o pueblos.

hispanismo *m.* **1** Estudio de la lengua y la cultura hispánicas. **2** Conjunto de características culturales comunes a los países y pueblos que forman la hispanidad. **3** Palabra o modo de expresión que son propios de la lengua española y que se usan en otro idioma.

hispanista *com.* Persona que se dedica al estudio de la lengua y la cultura hispánica.

hispanizar [4] *tr./prnl.* Comunicar formas, características o costumbres que se consideran propias de la cultura española.

hispano, -na *adj.* **1** De Hispanoamérica. **2** De España. ‖ *adj./m. y f.* **3** [persona] Que es de un país de Hispanoamérica.

hispano- Elemento prefijal que entra en la formación de palabras con el significado de 'español, hispano'.

hispanoamericano, -na *adj.* **1** De Hispanoamérica. **2** De la colectividad cultural, social y económica formada por España e Hispanoamérica. ‖ *adj./m. y f.* **3** [persona] Que es de un país de Hispanoamérica.

hispanoárabe *adj.* **1** Del territorio de la península ibérica que estuvo bajo dominio musulmán hasta el final de la Reconquista. **2** De los aspectos que unen a España con los países árabes. ‖ *adj./com.* **3** [persona] Que tenía origen y religión musulmanes y vivía en la península ibérica.

hispanófilo, -la *adj./m. y f.* [persona extranjera] Que siente admiración y simpatía por lo español.

hispanohablante *adj./com.* **1** [persona] Que habla español como lengua materna. ‖ *adj.* **2** [país, comunidad] Que tiene como lengua oficial el español.

histeria *f.* **1** Enfermedad nerviosa que se caracteriza por frecuentes cambios emocionales que pueden ir de la ansiedad a ataques agudos y convulsivos. **2** Estado de intensa excitación nerviosa.

histérico, -ca *adj.* **1** De la histeria. ‖ *adj./m. y f.* **2** [persona] Que padece histeria.

histerismo *m.* Histeria.

histología *f.* Parte de la anatomía que estudia la estructura y características de los tejidos de los seres vivos.

histológico, -ca *adj.* De la histología.

historia *f.* **1** Disciplina que estudia los acontecimientos y hechos que pertenecen al tiempo pasado; especialmente, los que han tenido una especial importancia y han afectado a un grupo amplio de personas. **2** Conjunto de acontecimientos y hechos que pertenecen al tiempo pasado; especialmente, los vividos por una persona, por un grupo o por los miembros de una comunidad social. **3** Narración o exposición ordenada y detallada de estos acontecimientos y hechos. **4** Narración de un acontecimiento o hecho especialmente importante o curioso. **5** Conjunto de acontecimientos o hechos inventados que se narran, generalmente, con la intención de divertir o entretener. ‖ *f. pl.* **6** Acontecimientos o hechos inventados que cuenta una persona con la intención de engañar a otra. ▸ **tener una historia** *a)* Enfrentarse o tener un problema dos o más personas. *b)* Tener una relación amorosa con una persona.

historiado, -da *adj.* Que está muy recargado de adornos o colores, generalmente mal combinados.

historiador, -ra *m. y f.* Persona que se dedica al estudio de la historia y a escribir obras de análisis sobre ella.

historial *m.* Conjunto de datos e informaciones referidas a las actividades desarrolladas por una persona, una empresa o una institución.

historiar *tr.* **1** Exponer o contar los acontecimientos y hechos que constituyen una historia real o inventada con orden y detalle. **2** Decorar un libro con dibujos que representan hechos históricos.

historicidad *f.* **1** Existencia real y comprobada de un acontecimiento pasado que se pretende que sea histórico. **2** Importancia y trascendencia de un acontecimiento o hecho que le permite formar parte de la historia.

historicismo *m.* Corriente de pensamiento que sostiene que la naturaleza humana solo es comprensible si se considera como parte integrante de un proceso histórico.

histórico, -ca *adj.* **1** De la historia. **2** [acontecimiento, persona] Que ha ocurrido o existido realmente. **3** [acontecimiento] Que tiene la suficiente importancia y trascendencia como para formar parte de la historia. **4** [obra literaria, película] Que fundamenta su trama en acontecimientos históricos.

historieta *f.* **1** Serie o secuencia de viñetas con dibujos que cuentan una historia. **2** Relato breve e informal.

historiografía *f.* **1** Conjunto de técnicas y teorías relacionadas con el estudio y el análisis de la historia. **2** Estudio del conjunto de textos de temas históricos.

historiográfico, -ca *adj.* De la historiografía.

histrión *m.* 1 Actor del antiguo teatro grecolatino que salía a escena con una máscara que representaba a su personaje. 2 Actor que interpreta a su personaje exagerando sus reacciones y sentimientos. 3 Persona que se comporta y expresa sus sentimientos de manera exagerada y ridícula.

histriónico, -ca *adj.* 1 [persona, actor] Que se comporta o actúa como un histrión. 2 [gesto, actitud] Que es teatral, exagerado y ridículo.

hit *m.* Canción que obtiene de forma muy rápida un gran éxito de popularidad y venta. Es de origen inglés y se pronuncia aproximadamente 'jit'. ► **hit parade** Lista o clasificación en la que figuran por orden de popularidad y venta las canciones de más éxito. Es de origen inglés y se pronuncia aproximadamente 'jit pareid'.

hitita *adj.* 1 De un pueblo indoeuropeo que en el segundo milenio a. C. constituyó un poderoso imperio en Asia Menor y Siria. ▌ *adj./com.* 2 [persona] Que pertenecía a este pueblo. ▌ *m.* 3 Lengua indoeuropea hablada por este pueblo.

hito *m.* 1 Señal en forma de poste que sirve para marcar los límites de un terreno o las partes de una vía o camino. 2 Acontecimiento muy importante y significativo en el desarrollo de un proceso o en la vida de una persona.

hiyab *m.* Pañuelo para cubrir cabeza, cuello y parte del pecho usado por las mujeres musulmanas con un valor cultural y religioso.

hobby *m.* Actividad u ocupación que se realiza por placer durante el tiempo libre. OBS Es de origen inglés y se pronuncia aproximadamente 'jobi'. El plural es *hobbies*.

hocicar [1] *tr.* Escarbar un animal con el hocico en la tierra o en otra materia.

hocico *m.* 1 Parte saliente y prolongada de la cabeza de algunos animales en la que está situada la boca y los orificios nasales. 2 *coloquial* Boca de una persona.

hockey *m.* Deporte que se juega entre dos equipos y consiste en meter una pequeña bola o disco en la portería ayudándose un bastón largo y plano en forma de 'L'; puede jugarse sobre hierba o con patines, sobre hielo o sobre una pista dura. OBS Se pronuncia aproximadamente 'jóquei'.

hogar *m.* 1 Casa o lugar donde vive habitualmente una persona y donde tiene la mayor parte de sus objetos personales y demás posesiones. 2 Conjunto de personas que viven juntas en este lugar y que generalmente están unidas por lazos de parentesco. 3 Lugar de una casa donde se enciende fuego o donde se hace lumbre.

hogareño, -ña *adj.* 1 Del hogar. 2 [persona] Que gusta de pasar la mayor parte del tiempo libre en su hogar y con la familia.

hogaza *f.* Pan redondo de tamaño grande.

hoguera *f.* Fuego de gran tamaño y con mucha llama que se hace en el suelo al aire libre con leña u otro material.

hoja *f.* 1 Órgano de las plantas que crece de las ramas o del tallo; generalmente, es de color verde, ligero, plano y delgado, y puede tener diversas formas dependiendo de la especie vegetal a la que pertenezca la planta. **hoja caduca** Hoja de una planta que en otoño pierde su color verde, muere y cae. **hoja perenne** Hoja de una planta que no muere ni cae de la planta con la llegada del otoño. 2 Pétalo de las flores. 3 Lámina lisa y delgada de un material. 4 Lámina de metal, generalmente de acero, que forma la parte cortante de un instrumento o de un arma blanca. 5 Parte de una puerta o de una ventana que está sujeta al marco mediante goznes o bisagras y que se abre y se cierra. ► **no tener (o no haber) vuelta de hoja** Expresión que indica que una cosa solo puede hacerse o entenderse de un único modo.

hojalata *f.* Lámina delgada y lisa de hierro o acero que está cubierta por las dos caras por una capa fina de estaño.

hojaldrado, -da *adj.* [alimento] Que está elaborado con hojaldre o envuelto en él.

hojaldrar *tr.* Dar a una masa de harina forma de capas de hojaldre.

hojaldre *m.* 1 Masa hecha con harina, agua y manteca que se cocina en el horno y que crece formando capas muy finas que se separan entre sí. 2 Dulce hecho con esta masa.

hojarasca *f.* 1 Conjunto de hojas secas que han caído de los árboles y que cubren el suelo. 2 Exceso de hojas que tiene una planta. 3 Conjunto de cosas que se usan de adorno o relleno y que tienen poco valor e importancia.

hojear *tr.* Pasar las hojas de un periódico, revista o libro de manera rápida leyendo su contenido de modo superficial.

hojuela *f.* Dulce que se elabora con una hoja fina de masa de harina frita en aceite.

¡hola! *int.* 1 Expresión que se usa para saludar. **2** Expresión que indica sorpresa o extrañeza.

holandés, -desa *adj.* **1** De Holanda. ▌*adj./m. y f.* **2** [persona] Que es de Holanda. ▌*m.* **3** Lengua que se habla en Holanda.

holandesa *f.* Hoja de papel que es un poco más pequeña que el folio.

holding *m.* Sociedad financiera que posee las acciones y lleva la administración de un conjunto de empresas que se dedican a diversas actividades económicas o industriales.

OBS Es de origen inglés y se pronuncia aproximadamente 'joldin'.

holgado, -da *adj.* **1** Que es ancho o muy amplio. **2** Que tiene una ventaja superior a la necesaria.

holganza *f.* Descanso y tranquilidad de la persona que no tiene nada que hacer.

holgar [52] *intr.* **1** Ser una cosa innecesaria o estar de sobra. **2** Ser innecesario aclarar o precisar una cosa por ser conocida y aceptada por la mayoría. **3** Disfrutar de descanso y tranquilidad una persona que no tiene nada que hacer, especialmente si es por propia voluntad.

holgazán, -zana *adj./m. y f.* [persona] Que no quiere trabajar o no cumple con su trabajo por falta de atención e interés.

holgazanear *intr.* Estar sin trabajar por propia voluntad o no cumplir con el trabajo asignado por falta de atención e interés.

holgazanería *f.* Inactividad y falta de ganas de trabajar propias del holgazán.

holgura *f.* **1** Amplitud o anchura superior a la necesaria o conveniente. **2** Espacio vacío que queda entre dos cosas que están encajadas una dentro de la otra. **3** Desahogo o bienestar económico.

holístico, -ca *adj.* Que considera la realidad como una totalidad que es más que la suma de las partes.

hollar [31] *tr.* **1** Pisar con el pie una superficie. **2** Comprimir o apretar con los pies.

hollejo *m.* Piel fina de algunas frutas, legumbres y cereales.

hollín *m.* Polvo negro, muy fino y grasiento que deja el humo en una superficie.

holmio *m.* QUÍM. Elemento químico, metálico y sólido que se encuentra en otros minerales y se emplea en la industria metalúrgica y nuclear.

holo- Elemento prefijal que entra en la formación de palabras con el significado de 'todo, entero'.

holocausto *m.* **1** Ceremonia religiosa antigua en la que se ofrecía en sacrificio una persona o un animal. **2** Masacre en la que mueren asesinadas un gran número de personas por razones de raza o religión. **3** Sacrificio o entrega que hace una persona por el bien o el beneficio de otras.

holoceno *adj./m.* [época geológica] Que forma parte del período cuaternario y en la que se producen las últimas glaciaciones y el género humano inicia su mayor evolución; su continuidad llega hasta nuestros días.

holografía *f.* **1** Técnica fotográfica que permite obtener una imagen con un efecto óptico tridimensional mediante el uso de un rayo láser. **2** Imagen que se obtiene mediante esta técnica.

holográfico, -ca *adj.* De la holografía.

holograma *m.* **1** Imagen con un efecto óptico tridimensional obtenida mediante una técnica fotográfica basada en el uso del rayo láser. **2** Placa fotográfica impresionada con rayos láser que permite reproducir imágenes con tres dimensiones.

holoturia *f.* Animal invertebrado de pequeño tamaño y forma alargada, que vive en el fondo del mar y se alimenta principalmente de materia en descomposición.

hombrada *f.* Acción que se lleva a cabo gracias al valor y al esfuerzo de una o varias personas.

hombre *m.* **1** Individuo adulto de sexo masculino que pertenece a la especie humana. **2** Individuo de la especie humana. **3** Persona de sexo masculino que está, junto a otras, bajo las órdenes de un jefe. **4** Persona de sexo masculino con la que se mantiene una relación amorosa. Suele usarse con un determinante o posesivo. ▌*int.* **5** ¡hombre! Expresión que indica admiración, sorpresa, extrañeza o disgusto. ▸ **hombre de paja** Persona que actúa en secreto bajo las órdenes de otra y cuyos intereses defiende. ▸ **hombre fuerte** Persona que ostenta el mayor poder y responsabilidad dentro de un grupo, empresa o partido político.

hombrera *f.* **1** Pieza de tela, gomaespuma u otro material que se coloca bajo una prenda de vestir a la altura de los hombros para realzar su forma o como protección y defensa de posibles golpes. **2** Parte de una prenda de vestir que cubre los hombros. **3** Pieza de tela pequeña y estrecha que, sobrepuesta en los hombros de los uniformes militares, sirve para sujetar las correas que pasan por el hombro o para llevar las insignias.

hombría *f.* Conjunto de virtudes morales que se consideran propias de un hombre.

hombro *m.* 1 Parte del cuerpo de algunos vertebrados en la que se unen al tronco las extremidades superiores o delanteras. 2 Porción de una prenda de vestir que cubre esta parte del cuerpo de las personas.

hombruno, -na *adj.* [mujer, característica de mujer] Que tiene características que se consideran más propias de un hombre.

homenaje *m.* 1 Celebración pública que se hace en señal de respeto, admiración y estima hacia una persona. 2 Muestra de veneración o sumisión.

homenajear *tr.* Dedicar o rendir un homenaje a una persona.

homeo- Elemento prefijal que entra en la formación de palabras con el significado de 'semejante, parecido'.

homeópata *adj./com.* [persona] Que está especializado en homeopatía.

homeopatía *f.* Terapia que consiste en administrar pequeñas cantidades de sustancias que, aplicadas en grandes proporciones, producirían el mismo mal que el que padece un individuo.

homeopático, -ca *adj.* De la homeopatía o relacionado con ella.

homicida *adj./com.* [persona, cosa] Que ha causado la muerte de una persona.

homicidio *m.* Muerte que una persona causa a otra.

homilía *f.* Discurso pronunciado por el sacerdote durante la misa.

homínido *adj./m.* 1 [mamífero primate] Que anda sobre dos pies en posición erguida y está dotado de inteligencia y gran habilidad manual. ‖ *m. pl.* 2 Orden o grupo al que pertenecen estos mamíferos primates.

homo *adj./com.* Homosexual.

homo- Elemento prefijal que entra en la formación de palabras con el significado de 'igual, el mismo, idéntico'.

homo erectus *m.* Especie de homínidos que vivieron al principio del paleolítico y se caracterizan por caminar erguidos sobre dos pies, tener la frente inclinada hacia atrás y carecer de mentón.

homo sapiens *m.* Especie de homínidos a la que corresponden el hombre de Neandertal, el hombre de Cromañón y el hombre actual.

homofobia *m.* Rechazo u odio hacia los homosexuales.

homofonía *f.* GRAM. Cualidad de una palabra de ser homófona.

homófono, -na *adj./m.* GRAM. [palabra] Que se pronuncia igual que otra palabra, pero tiene distinto significado.

homogeneidad *f.* Cualidad de homogéneo.

homogeneización *f.* 1 Acción que consiste en dotar de carácter homogéneo o semejante a varias cosas. 2 Proceso al que se somete una sustancia para evitar que se disgreguen sus elementos.

homogeneizar [26] *tr.* 1 Hacer homogéneas dos o más cosas. 2 Someter una sustancia a un proceso de homogeneización.

homogéneo, -nea *adj.* 1 [conjunto, grupo] Que está formado por elementos con una serie de características comunes referidas a su clase o naturaleza que permiten establecer entre ellos una relación de semejanza. 2 [sustancia] Que se caracteriza por la uniformidad de su composición y estructura.

homógrafo, -fa *adj./m.* GRAM. [palabra] Que se escribe y se pronuncia igual que otra pero tiene distinto significado.

homologación *f.* Acción y efecto de homologar.

homologar [7] *tr.* 1 Considerar una cosa semejante a otra por tener ambas en común una amplia serie de características referidas a su naturaleza, función o clase. 2 Registrar o comprobar de manera oficial que las características de categoría y calidad de una cosa se adaptan a la legislación que existe sobre ella. 3 Registrar de manera oficial el resultado de una prueba deportiva de acuerdo con la normativa adecuada. 4 Dar validez legal a los estudios realizados y aprobados en otro país, centro docente o especialidad académica.

homólogo, -ga *adj.* 1 Que es semejante a otra cosa por tener en común con ella una amplia serie de características referidas a su naturaleza, función o clase. ‖ *adj./m. y f.* 2 [persona, grupo] Que realiza una función o un trabajo similar a otro de una empresa, institución o país diferente.

homonimia *f.* GRAM. Cualidad de homónimo.

homónimo, -ma *adj./m.* 1 GRAM. [palabra] Que se escribe y se pronuncia exactamente igual que otra, pero tiene distinto significado y distinto origen etimológico. 2 [persona, cosa] Que tiene el mismo nombre propio que otra.

homosexual *adj./com.* 1 [persona] Que practica la homosexualidad. ‖ *adj.* 2 [relación sexual, atracción sexual] Que se da entre personas que tienen el mismo sexo.

homosexualidad *f.* 1 Atracción sexual por personas del mismo sexo. 2 Práctica de relaciones sexuales que se da entre personas del mismo sexo.

honda *f.* Tira de cuero, esparto u otro material flexible que, doblada sobre sí misma, se hace girar para lanzar piedras a distancia aprovechando la fuerza centrífuga.

hondo, -da *adj.* 1 [lugar] Que está alejado de la superficie de una cosa o de la parte superior o exterior. 2 [recipiente] Que tiene mucha distancia entre el fondo y el borde superior. 3 [mar, río, lago] Que tiene mucha distancia entre el fondo y la superficie. 4 Que llega hasta muy adentro. 5 [sensación, sentimiento] Que es muy intenso y provoca una gran alteración del ánimo. 6 [pensamiento, comunicación] Que es de difícil comprensión.

hondonada *f.* Parte de un terreno más baja que las zonas que la rodean.

hondura *f.* 1 Distancia que hay desde la superficie o la parte superior de una cosa hasta su parte inferior. 2 Intensidad de una sensación o sentimiento que provoca una gran alteración del ánimo. 3 Complejidad de un pensamiento o comunicación que hace difícil su comprensión.

hondureño, -ña *adj.* 1 De Honduras. ‖ *adj./m. y f.* 2 [persona] Que es de Honduras.

honestidad *f.* 1 Cualidad de honesto. 2 Respeto a las normas morales socialmente establecidas, especialmente a las de carácter sexual.

honesto, -ta *adj.* Que actúa de acuerdo con la justicia, la verdad y el honor o que se hace de este modo.

hongo *m.* 1 Organismo vivo que vive fijo en la tierra o en la superficie en la que crece, carece de clorofila y se reproduce de forma sexual o asexual. ‖ *m. pl.* 2 Grupo al que pertenecen estos organismos.

honor *m.* 1 Actitud moral que impulsa a una persona a actuar de acuerdo con la justicia y la verdad y a cumplir con sus deberes u obligaciones. 2 Respeto y buena opinión que se tiene hacia las cualidades morales y la dignidad de una persona. 3 Satisfacción que siente una persona al recibir de los demás una prueba pública de respeto, admiración y estima. ‖ *m. pl.* 4 Manifestación pública de respeto, admiración y estima que se ofrece a una persona en razón de su cargo o de su personalidad. ▸ **hacer los honores** Tratar con atención y esmero a los invitados a un acto, reunión o fiesta.

honorabilidad *f.* Cualidad de la persona honorable.

honorable *adj.* 1 Que merece el respeto, la admiración y la estima de las demás personas. 2 [hecho, acción] Que permite conservar a una persona la dignidad, el respeto y la buena opinión de los demás. 3 Forma de tratamiento honorífico que tienen determinados cargos o dignidades.

honorario, -ria *adj.* 1 [persona] Que posee el título de un cargo como prueba pública de respeto, admiración y estima, pero no tiene el derecho de ejercerlo. 2 Que se otorga como prueba pública de respeto, admiración y estima, pero no tiene remuneración económica. ‖ *m. pl.* 3 Cantidad de dinero que cobra una persona por realizar un trabajo.

honorífico, -ca *adj.* Que supone una prueba pública de respeto, admiración y estima, aunque no tiene remuneración económica.

honoris causa Locución latina que significa ‘por razón o causa de honor’ y que se utiliza en la expresión *doctor honoris causa*, título honorífico que concede una universidad a una persona en reconocimiento a sus méritos.

honra *f.* 1 Respeto y buena opinión que se tiene de las cualidades morales y de la dignidad de una persona. 2 Satisfacción que siente una persona al recibir de los demás una prueba pública de respeto, admiración y estima. 3 Buena fama que tiene una persona que se comporta con honestidad moral. ▸ **honras fúnebres** Ceremonia religiosa que se celebra en honor de un difunto.

honradez *f.* Cualidad de una persona que actúa de acuerdo con la justicia, la verdad y el honor y se comporta con rectitud e integridad.

honrado, -da *adj.* 1 [persona] Que actúa con honradez. 2 Que se hace de acuerdo con la justicia, la verdad y el honor.

honrar *tr.* 1 Realizar una prueba pública de respeto, admiración y estima hacia una persona. 2 Reconocer o premiar las cualidades morales y la dignidad de una persona. ‖ *prnl.* 3 Sentirse orgullosa una persona de una condición o situación.

honrilla *f.* Consideración y estima por uno mismo que lleva a defender su dignidad y buena fama.

OBS Tiene connotación humorística.

honroso, -sa *adj.* 1 Que merece respeto, admiración y estima. 2 [acto, acción] Que permite conservar a una persona la dignidad, el respeto y la buena opinión de los demás.

hontanar *m.* 1 Corriente de agua que brota de la tierra. 2 Lugar donde tiene el nacimiento esta corriente de agua.

hooligan *m.* Hincha de fútbol de nacionalidad inglesa que se caracteriza por su actitud violenta y su conducta destructiva.

OBS Es de origen inglés y se pronuncia aproximadamente 'júligan'.

hora *f.* 1 Medida de tiempo que equivale a 60 minutos. 2 Momento del día determinado por el tiempo que marca un reloj. 3 Momento oportuno y determinado para hacer una cosa. 4 Cita que se fija para un día y momento determinado en la que una persona recibe a otra por motivos profesionales. 5 Instante final de la vida de una persona. ▸ **hora punta** Momento del día en que hay en las calles de una ciudad mayor presencia y movimiento de personas o vehículos. ▸ **horas muertas** Período largo de tiempo que una persona dedica a una actividad de forma que llega a aislarse de todo lo demás.

horadar *tr.* Hacer un agujero, túnel o galería en un cuerpo atravesándolo.

horario, -ria *adj.* 1 Del tiempo que marca un reloj o que tiene relación con él. ▌ *m.* 2 Distribución de los días y las horas en que se presta un servicio o se debe realizar una actividad o trabajo. 3 Cuadro, panel o publicación que recoge esta distribución.

horca *f.* 1 Armazón de madera del que cuelga una cuerda con un nudo corredizo que sirve para ejecutar a una persona colgándola por el cuello. 2 Pena de muerte que se ejecuta colgando a las personas por el cuello. 3 Instrumento de labranza formado por un palo largo terminado en dos o más puntas que se usa para mover hierba o paja cortada. 4 Instrumento formado por una vara con dos puntas que sirve para sujetar, colgar o descolgar una cosa.

horcajadas Palabra que se utiliza en la locución *a horcajadas,* que se aplica a una manera de sentarse con una pierna a cada lado del lugar en el que se está sentado.

horchata *f.* Bebida de color blanco que se hace con chufas o almendras molidas mezcladas con agua y azúcar.

horchatería *f.* Establecimiento donde se elabora o se vende horchata.

horda *f.* 1 Grupo numeroso de personas que actúan de manera violenta destruyendo todo lo que encuentran a su paso. 2 Grupo de personas del mismo pueblo o tribu con costumbres nómadas y guerreras.

horizontal *adj.* 1 Que es paralelo a la línea imaginaria del horizonte. ▌ *adj./f.* 2 [línea, recta] Que es perpendicular a la vertical o está trazada de derecha a izquierda.

horizontalidad *f.* Posición paralela a la línea imaginaria del horizonte.

horizonte *m.* 1 Línea imaginaria que parece separar el firmamento de la tierra o el mar cuando se observan desde una perspectiva alejada. 2 Espacio encerrado en esa línea. 3 Conjunto de posibilidades o perspectivas que ofrece una cosa. 4 Campo que abarcan las inquietudes y las ambiciones de una persona.

horma *f.* 1 Instrumento que sirve para dar forma a un material o a un objeto. 2 Forma del interior de un zapato.

hormiga *f.* Insecto de cuerpo pequeño y alargado, color oscuro o rojizo, y dotado de antenas y fuertes mandíbulas que vive formando grandes colonias en galerías subterráneas o en los árboles.

hormigón *m.* Masa formada por la mezcla de grava, arena, cal y cemento que se emplea en la construcción. **hormigón armado** Esta masa reforzada con varillas de acero o tela metálica en su interior.

hormigonera *f.* 1 Máquina que sirve para mezclar los materiales con los que se hace el hormigón. 2 Camión provisto de un gran recipiente cilíndrico giratorio que sirve para transportar hormigón.

hormiguear *intr.* 1 Tener una sensación parecida a las cosquillas en una parte del cuerpo provocada por una anomalía circulatoria. 2 Moverse muchas personas con rapidez y en todas direcciones.

hormigueo *m.* Acción y efecto de hormiguear.

hormiguero *m.* 1 Lugar en el que viven las hormigas. 2 Lugar en el que hay muchas personas que se mueven con rapidez y en todas direcciones.

hormiguillo *m.* 1 ESP. Sensación de inquietud o de impaciencia que se manifiesta en el ánimo de una persona. 2 Hormigueo, cosquilleo.

hormona *f.* Sustancia que segregan algunas glándulas animales y vegetales y que sirve para regular el crecimiento o la actividad de un órgano.

hormonal *adj.* De la hormona.

hornacina *f.* Hueco en forma de arco en el que se coloca una estatua, una figura o un adorno.

hornada *f.* 1 Conjunto de cosas que se

cuecen a la vez en un horno. **2** Conjunto de personas que han estudiado o han conseguido un cargo o trabajo al mismo tiempo. **3** Conjunto de cosas que se han desarrollado o se han hecho al mismo tiempo.

hornear *tr.* Cocer o cocinar un alimento o un objeto dentro de un horno.

hornillo *m.* Horno de pequeño tamaño que es portátil y se usa para cocinar.

horno *m.* **1** Construcción hecha con ladrillos que se calienta con leña y que sirve para cocer las cosas que se colocan en su interior. **2** Aparato doméstico que funciona mediante electricidad o gas y que sirve para calentar, cocer o cocinar los alimentos. **horno microondas** Horno que funciona con electricidad y que sirve para cocinar los alimentos mediante la emisión de un tipo de ondas llamadas microondas. **3** Establecimiento donde se hace y se vende pan y productos de pastelería. **4** Lugar en el que hace mucho calor.

horóscopo *m.* **1** Predicción de los hechos futuros a partir de la situación de los planetas del sistema solar y de su relación con los signos del zodíaco. **2** Escrito que recoge esta predicción. **3** Signo del zodíaco al que pertenece una persona.

horqueta *f.* Parte de un árbol donde se juntan el tronco y una rama gruesa formando un ángulo agudo.

horquilla *f.* **1** Pieza pequeña y alargada de metal flexible doblada por la mitad que se usa para sujetar el pelo. **2** Parte del armazón de una bicicleta o de una motocicleta que une la rueda delantera al manillar. **3** Palo o vara alargado terminado en dos puntas en forma de 'V' que sirve para colgar, descolgar o sujetar una cosa.

horrendo, -da *adj.* **1** Que produce horror o miedo. **2** *coloquial* Que es muy feo o desagradable. **3** *coloquial* Que es muy grande o intenso.

hórreo *m.* Construcción de madera levantada sobre cuatro columnas pequeñas que sirve para guardar y aislar de la humedad el grano y otros productos agrícolas.

horrible *adj.* **1** Que produce horror o miedo. **2** *coloquial* Que es muy feo o desagradable. **3** Que es muy grande o intenso.

horripilante *adj.* **1** Que produce horror o miedo. **2** *coloquial* Que es muy feo o desagradable.

horripilar *tr./prnl.* Producir una cosa horror o miedo a una persona.

horrísono, -na *adj.* Que tiene un sonido que causa horror.

horror *m.* **1** Miedo muy intenso. **2** Sentimiento intenso de rechazo y repugnancia. **3** Acto cruel, violento o sangriento. **4** Persona o cosa que es muy fea o desagradable. **|** *adv.* **5** *coloquial* Muchísimo o en gran cantidad.

horrorizar [4] *tr.* **1** Producir horror o miedo. **2** Producir rechazo o aversión.

horroroso, -sa *adj.* **1** Que produce horror o miedo. **2** Que es muy feo o desagradable. **3** Que es muy grande o intenso.

hortaliza *f.* Planta comestible que se cultiva en un huerto.

hortelano, -na *adj.* **1** De la huerta. **|** *m. y f.* **2** Persona que se dedica a cultivar y cuidar una huerta.

hortense *adj.* De la huerta.

hortensia *f.* **1** Arbusto de jardín de mediana altura que tiene hojas abundantes y dentadas, fruto en cápsula y flores grandes muy vistosas. **2** Flor de esta planta de color rosa, azulado o blanco.

hortera *adj./com.* Que pretende ser elegante y es vulgar y de mal gusto.

horterada *f.* Acción o cosa que pretende ser elegante y es vulgar, ordinaria y de mal gusto.

hortícola *adj.* De la horticultura.

horticultor, -ra *m. y f.* Persona que se dedica a cultivar y cuidar una huerta.

horticultura *f.* **1** Rama de la agricultura que se ocupa de las técnicas que se emplean en el cultivo de las huertas. **2** Cultivo de las huertas y de los huertos.

hosco, -ca *adj.* **1** Que tiene malos modos o es poco agradable en el trato con los demás. **2** [lugar, tiempo] Que resulta desagradable y poco acogedor.

hospedaje *m.* **1** Alojamiento que se da a una persona de forma temporal. **2** Acogida o instalación de una persona en una casa o en un establecimiento. **3** Cantidad de dinero que se paga por vivir durante un tiempo de huésped.

hospedar *tr.* **1** Dar hospedaje a una persona. **|** *prnl.* **2** Vivir una persona de forma temporal de huésped.

hospedería *f.* **1** Establecimiento donde se acogen huéspedes que pagan por su alojamiento. **2** Conjunto de habitaciones de un edificio ocupado por una comunidad religiosa que están destinadas a hospedar a visitantes y peregrinos.

hospiciano, -na *adj./m. y f.* **1** [niño] Que vive en un hospicio. **2** [persona] Que se ha criado en un hospicio.

hospicio *m.* Establecimiento que se dedica

a recoger, criar y educar niños cuyos padres han muerto, los han abandonado o no pueden hacerse cargo de ellos.

hospital m. Establecimiento público o privado dotado de habitaciones con camas para la estancia de personas enfermas o heridas, y provisto de dependencias con material técnico y quirúrgico para su tratamiento y curación.

hospitalario, -ria adj. 1 Del hospital. 2 [persona] Que recibe y acoge en su casa o en su tierra a los visitantes o extranjeros con amabilidad y toda clase de atenciones. 3 [lugar] Que resulta agradable y acogedor.

hospitalidad f. Amabilidad y atención con que alguien recibe y acoge a los visitantes o extranjeros en su casa o en su tierra.

hospitalización f. 1 Acción de hospitalizar. 2 Período de tiempo que una persona enferma o herida pasa en un hospital.

hospitalizar [4] tr. Ingresar en un hospital a una persona enferma o herida para su examen, diagnóstico, tratamiento y curación por parte del personal médico.

hostal m. Establecimiento público de categoría inferior al hotel que proporciona alojamiento y comida a los huéspedes a cambio de dinero.

hostelería f. Conjunto de servicios que dan las empresas y personas que se dedican a proporcionar alojamiento y comidas a otras personas a cambio de dinero.

hostelero, -ra adj. 1 De la hostelería. ‖ m. y f. 2 Persona que trabaja en el ramo de la hostelería.

hostería f. Hostal.

hostia f. 1 Pieza plana de pan ázimo, redonda y muy fina, que el sacerdote consagra durante la misa y da a los fieles en la comunión. 2 malsonante Golpe violento y fuerte. ‖ int. 3 ¡hostia! malsonante Expresión que indica sorpresa, admiración o disgusto.

hostiar tr./prnl. malsonante Golpear a una persona de manera violenta y repetida.

hostigamiento m. Acción y efecto de hostigar.

hostigar [7] tr. 1 Acosar a una persona con la intención de molestarla y provocarla para que haga lo que se desea. 2 Inquietar la seguridad del enemigo con ataques continuados pero de poca importancia. 3 Golpear con una vara a un caballo para conseguir de él un mayor esfuerzo.

hostil adj. Que muestra una actitud de enemistad o aversión hacia el otro.

hostilidad f. 1 Enemistad o aversión hacia otro individuo que una persona o animal muestra en su comportamiento. 2 Ataque o acción militar que se produce entre los ejércitos que combaten en una guerra.

hostilizar [4] tr. 1 Acosar a una persona con la intención de molestarla y provocarla para que haga lo que se desea. 2 Inquietar la seguridad del enemigo con ataques leves y continuados.

hotel m. Establecimiento preparado para dar alojamiento y comida.

hotelero, -ra adj. 1 Del hotel. ‖ m. y f. 2 Persona que es propietaria de un hotel o lo dirige.

hovercraft m. Vehículo que se desliza sobre el agua o sobre la tierra suspendido sobre la superficie por una capa de aire a presión y propulsado mediante hélices o por un motor de reacción.

OBS Se pronuncia 'jóvercraft'.

hoy adv. 1 En el día actual. 2 En la actualidad. ‖ m. 3 Tiempo actual. ▸ **hoy en día** En la actualidad.

hoya f. 1 Agujero grande hecho en la tierra. 2 Terreno llano rodeado de montañas. 3 Agujero para enterrar un cadáver.

hoyo m. 1 Agujero hecho en la tierra. 2 En el juego del golf, agujero pequeño en el que hay que introducir la pelota. ▸ **hoyo negro** AMÉR Región del espacio cuyo campo de gravitación es tal que ninguna radiación puede salir de él.

hoyuelo m. Concavidad pequeña que tienen algunas personas en mitad de la barbilla o en las mejillas.

hoz f. 1 Herramienta para segar compuesta por una hoja curva de metal con filo unida a un mango de madera. 2 Cauce de un río o valle muy estrecho limitado por paredes altas de roca.

hozar [4] tr./intr. Escarbar un animal con el hocico en la tierra o en otra materia.

hucha f. 1 Recipiente cerrado con una ranura estrecha y alargada por donde se echa dinero para guardarlo. 2 Cantidad de dinero que se tiene guardado.

hueco, -ca adj. 1 Que está vacío por dentro. 2 Que tiene el interior esponjoso y blando. 3 [tela, prenda de vestir] Que no está pegado a la superficie que cubre. 4 [modo de hablar o escribir] Que usa palabras y construcciones grandilocuentes, pero está vacío de contenidos y conceptos. 5 [sonido] Que es profundo y retumba. ‖ m. 6 Agujero o abertura en una superficie. 7 Porción de espacio o sitio que queda por ocupar. **8** Período de tiempo breve que queda libre. **9** Cargo, empleo o puesto que queda por ocupar.

huecograbado *m.* **1** Procedimiento de impresión con grabados en hueco, generalmente en máquinas rotativas de papel continuo. **2** Impresión o estampa obtenida por este procedimiento.

huelga *f.* Interrupción del trabajo que llevan a cabo de común acuerdo los trabajadores como medida de protesta.

huelguista *com.* Persona que participa en una huelga.

huelguístico, -ca *adj.* De la huelga.

huella *f.* **1** Señal que queda en una superficie por el contacto que ha tenido con ella una persona, animal o cosa. **2** Señal que queda de una cosa pasada o antigua. **3** Conjunto de características culturales o humanas que son consecuencia del contacto con una persona o grupo social.

huérfano, -na *adj./m. y f.* **1** [persona] Que no tiene padre, madre o ninguno de los dos, porque han muerto. ‖ *adj.* **2** Que no tiene una cualidad o característica necesaria; especialmente, que carece de protección o ayuda.

huero, -ra *adj.* **1** [huevo] Que no ha producido cría por no haber sido fecundado por el macho. **2** *culto* Que tiene poco valor e importancia por su naturaleza o por su falta de contenido.

huerta *f.* **1** Terreno de regadío mayor que el huerto, destinado al cultivo de verduras, legumbres y árboles frutales. **2** Zona agrícola compuesta en su mayoría por terrenos de esta naturaleza.

huertano, -na *adj.* **1** De la huerta. ‖ *m. y f.* **2** Persona que se dedica a cultivar y cuidar una huerta.

huerto *m.* Terreno de regadío de pequeña extensión destinado al cultivo de verduras, legumbres y árboles frutales. ▸ **llevar (o llevarse) al huerto** *coloquial a)* Convencer o engañar a una persona para que haga algo que no quiere o no le conviene. *b)* coloquial Tener una relación sexual con una persona.

hueso *m.* **1** Pieza del esqueleto de los animales vertebrados, de naturaleza dura y resistente y color blanco, que tiene diversos tamaños, formas y funciones. **2** Materia de la que están constituidas estas piezas. **3** Parte dura y leñosa del fruto de los vegetales que contiene el embrión de la nueva planta. **4** *coloquial* Persona muy exigente e inflexible. **5** *coloquial* Asunto o materia que causa muchos problemas por ser difícil de desarrollar o resolver. ‖ *m. pl.* **6** *coloquial* Cuerpo de una persona.

huésped, -da *m. y f.* **1** Persona que se aloja en un hotel o en casa de otra persona. **2** Persona que aloja a otra u otras en su casa. **3** Animal o vegetal a cuya costa vive un parásito.

hueste *f.* **1** Conjunto de personas armadas que forman un ejército. **2** Conjunto de partidarios de una persona o una causa. OBS Se suele usar en plural.

huesudo, -da *adj.* [persona o animal] Que tiene poca masa muscular o poca grasa y se le marcan mucho los huesos.

hueva *f.* Conjunto de huevos que algunas especies de peces conservan en el interior de su cuerpo formando una masa encerrada en una bolsa o membrana oval. OBS Se suele usar en plural.

huevera *f.* **1** Recipiente pequeño, parecido a una copa, en el que se coloca de pie un huevo cocido o pasado por agua para comerlo en la mesa. **2** Recipiente de cartón o plástico con diversas cavidades con la forma de un huevo que sirve para trasportarlos o conservarlos.

huevería *f.* Establecimiento o puesto donde se venden huevos.

huevero, -ra *m. y f.* Persona que vende huevos.

huevo *m.* **1** Cuerpo redondo u ovalado, con una membrana o cáscara exterior, que contiene en su interior el embrión de la cría de un animal y el alimento necesario para que lo tome y crezca hasta salir de él. **2** Alimento constituido por la clara y la yema del cuerpo ovalado que pone la gallina. **3** BIOL. Célula a partir de la cual se desarrolla el embrión de un ser vivo, que resulta de la unión de las células sexuales masculina y femenina. **4** *malsonante* Testículo. ▸ **a huevo** *coloquial* En las condiciones más fáciles o favorables. ▸ **costar un huevo** *a)* *malsonante* Suponer un gran esfuerzo o trabajo. *b)* *malsonante* Valer mucho dinero.

huevón, -vona *adj./m. y f. malsonante* [persona] Que actúa con gran parsimonia y falta de preocupación.

hugonote *adj./com.* Seguidor francés de la doctrina calvinista, según la denominación dada por los católicos de Francia.

huida *f.* Acción y efecto de huir.

huidizo, -za *adj.* **1** [persona o animal] Que evita el trato por ser muy tímido y receloso. **2** Que se mueve con mucha velocidad y se aleja y desaparece rápidamente.

huido, -da *adj.* [persona, animal] Que se ha escapado de un lugar.

huir [62] *intr.* **1** Alejarse de un lugar de manera rápida para evitar un daño o un peligro. **2** Salir precipitadamente de un lugar en el que se está.

hule *m.* **1** Tela que tiene una de sus superficies cubierta de una capa de material plástico o pintura resistente al agua. **2** Pieza de este tipo de tela.

hulla *f.* Carbón mineral rico en carbono de color negro que se usa como combustible y para la obtención de gas.

humanidad *f.* **1** Conjunto de todos los seres humanos que habitan la Tierra. **2** Capacidad para sentir afecto, comprensión o compasión hacia las demás personas. **3** *coloquial* Tamaño o fortaleza grande de un cuerpo. ‖ *f. pl.* **4** Conjunto de estudios y disciplinas referentes a la literatura, el arte o las ciencias humanas.

humanismo *m.* **1** Conjunto de ideas, doctrinas y sentimientos que toman como modelos a los clásicos grecolatinos y que conceden una especial importancia a la educación y formación cultural. **2** Corriente de pensamiento que tiene como objeto último y principal de sus ideas el ser humano y la humanidad. **3** Formación intelectual basada en el estudio de las disciplinas que son propias de las ciencias humanas, el arte o la literatura.

humanista *adj.* **1** Del humanismo. ‖ *adj./com.* **2** [persona] Que se dedica al estudio y cultivo de las disciplinas propias de las humanidades.

humanístico, -ca *adj.* **1** Del humanismo. **2** De las disciplinas propias de las humanidades.

humanitario, -ria *adj.* **1** Que se dedica a prestar auxilio y ayuda a grupos de personas especialmente necesitadas. **2** [persona] Que tiene la capacidad de sentir afecto o compasión hacia los demás. **3** Que tiene como fin aliviar los efectos de la guerra o una catástrofe en las personas afectadas.

humanitarismo *m.* Capacidad para sentir afecto, comprensión o compasión hacia las demás personas.

humanización *f.* Acción y efecto de humanizar o humanizarse.

humanizar [4] *tr.* **1** Adaptar a las características y necesidades propias del ser humano. ‖ *tr./prnl.* **2** Sentir afecto, comprensión o compasión hacia los demás.

humano, -na *adj.* **1** Del ser animado racional. **2** Que es propio de los defectos o limitaciones del ser animado racional. **3** [persona] Que tiene la capacidad de sentir afecto, comprensión o compasión hacia las demás personas. ▸ **ser humano** Individuo, persona.

humanoide *com.* Ser vivo que tiene un aspecto físico parecido al del hombre.

humareda *f.* Cantidad grande de humo.

humeante *adj.* Que humea.

humear *intr.* **1** Echar o despedir humo. **2** Echar o despedir vapor.

humedad *f.* **1** Presencia de agua u otro líquido en la superficie o en el interior de un cuerpo o en el aire. **2** Agua u otro líquido que está en la superficie o en el interior de un cuerpo o en el aire. ▸ **humedad relativa** Relación entre la cantidad de vapor de agua que tiene una masa de aire y la máxima que podría tener.

humedecer [43] *tr.* Poner un cuerpo húmedo o mojarlo ligeramente.

húmedo, -da *adj.* **1** Que tiene en su superficie o contiene en su interior agua u otro líquido. **2** [lugar, clima] Que se caracteriza por tener frecuentes lluvias.

húmero *m.* Hueso largo de la parte superior del brazo que une el codo con el hombro.

humidificador *m.* Aparato que contiene agua y, periódicamente, la convierte en vapor para mantener constante la humedad relativa del ambiente de una habitación o lugar cerrado.

humidificar [1] *tr./prnl.* Aumentar el nivel de humedad relativa del ambiente de una habitación o lugar cerrado.

humildad *f.* **1** Cualidad del carácter de una persona que le hace restar importancia a sus propias virtudes y logros y reconocer, en cambio, sus defectos y errores. **2** Falta de importancia social o de medios económicos.

humilde *adj./com.* **1** [persona] Que tiene humildad. **2** [acto, actitud] Que demuestra humildad. **3** Que es de poca importancia social o carece de medios económicos.

humillación *f.* **1** Desprecio público del orgullo o del honor de una persona. **2** Vergüenza que siente una persona al sufrir este desprecio.

humillante *adj.* Que humilla o envilece.

humillar *tr.* **1** Despreciar públicamente el orgullo o el honor de una persona avergonzándola por ello. **2** Bajar la cabeza u otra parte del cuerpo en señal de respeto y sumisión. ‖ *prnl.* **3** Adoptar una actitud de excesiva humildad.

humo *m.* **1** Conjunto de gases y polvo muy fino que desprende una cosa cuando se quema. **2** Vapor de agua que despide un líquido al alcanzar una temperatura alta o un cuerpo al sufrir una reacción química. ▌ *m. pl.* **3** Arrogancia o soberbia que muestra una persona con sus actos.

humor *m.* **1** Estado de ánimo de una persona que se manifiesta en una actitud de alegría o enfado ante los acontecimientos de la vida. **2** Manera de actuar, hablar o representar la realidad dirigida a divertir y hacer reír a las personas. **humor negro** Diversión o risa producida por situaciones que debieran provocar compasión, pena o terror. **3** Actividad profesional de la persona que se dedica a divertir y hacer reír a los demás. **4** Nombre con que antiguamente se denominaba cualquier líquido del interior del organismo de los seres vivos.

humorada *f.* Acción o dicho que no tiene más finalidad que divertir o hacer reír.

humorado, -da 1 Palabra que se utiliza en la expresión *bienhumorado*, que indica que una persona tiene buen humor. **2** Palabra que se usa en la expresión *malhumorado*, que indica que una persona tiene mal humor.

humorismo *m.* **1** Manera de actuar, hablar o representar la realidad dirigida a divertir y hacer reír a las personas. **2** Actividad profesional de la persona que se dedica a divertir y hacer reír a los demás.

humorista *com.* Persona que se dedica a divertir y hacer reír a los demás.

humorístico, -ca *adj.* **1** Que expresa o contiene humor. **2** Que tiene relación con la actividad profesional del humorista.

humus *m.* BIOL. Capa superior del suelo de un terreno constituida por tierra y restos animales o vegetales en descomposición.

OBS El plural también es *humus*.

hundimiento *m.* Acción y efecto de hundir o hundirse.

hundir *tr./prnl.* **1** Sumergir completamente una cosa. **2** Introducir parte de un cuerpo en el interior de otro. **3** Caer una construcción. **4** Deformar una superficie o terreno de arriba abajo o de fuera hacia dentro. **5** Destruir física o moralmente. **6** Hacer que algo fracase o pierda poder.

húngaro, -ra *adj.* **1** De Hungría. ▌ *adj./m. y f.* **2** [persona] Que es de Hungría. ▌ *m.* **3** Lengua de Hungría.

huno, -na *adj.* **1** De un antiguo pueblo de origen asiático que invadió el Imperio romano en el siglo IV. ▌ *adj./m. y f.* **2** [persona] Que pertenece a este pueblo.

huracán *m.* **1** Viento extremadamente fuerte que avanza girando sobre sí mismo de forma muy rápida. **2** Viento muy fuerte. **3** Persona inquieta e impetuosa.

huracanado, -da *adj.* [viento] Que tiene una intensidad similar a la de un huracán.

huraño, -ña *adj.* [persona] Que rehúye el trato de otras personas y rechaza las atenciones y muestras de cariño.

hurgar [7] *tr./intr./prnl.* **1** Remover o tocar de manera repetida una cosa con los dedos o con un instrumento. **2** Procurar enterarse con disimulo de una información, especialmente de datos referentes a la vida privada de las personas.

hurí *f.* En la religión islámica, mujer de gran belleza que habita en el paraíso y acompaña a los creyentes cuando mueren y llegan a él.

OBS El plural es *huríes*, culto, o *hurís*, popular.

hurón *m.* Animal mamífero de pequeño tamaño, de cuerpo alargado, patas cortas y pelo áspero y largo.

huronear *intr. coloquial* Procurar enterarse con disimulo de una información, especialmente de datos referentes a la vida privada de las personas.

¡hurra! *int.* Exclamación que indica alegría y entusiasmo.

hurtadillas Palabra que se utiliza en la locución adverbial *a hurtadillas*, que indica que algo se hace de manera secreta para no ser visto por otras personas.

hurtar *tr.* Apoderarse de cosas ajenas sin violencia o intimidación.

hurto *m.* Acción de hurtar.

húsar *m.* Soldado que pertenecía a un cuerpo de caballería caracterizado por vestir un uniforme militar típico húngaro.

husmear *tr./intr.* **1** Aspirar aire de manera reiterada para sentir un olor. ▌ *intr.* **2** Procurar enterarse con disimulo de una información, especialmente de datos referentes a la vida privada de las personas.

huso *m.* **1** Instrumento de forma cilíndrica y alargada, más estrecho en los extremos, que, en el hilado manual, sirve para enrollar el hilo que va hilando la rueca. **2** Bobina o carrete de una máquina de hilar en el que se va enrollando el hilo. ▸ **huso horario** Cada una de las veinticuatro partes en que se divide la Tierra y que sirven para determinar la hora.

¡huy! *int.* Exclamación que indica sorpresa, dolor o miedo.

I

i *f.* **1** Novena letra del alfabeto español. El plural es *íes.* **2** Letra que representa el valor de 1 en el sistema de numeración romana. Siempre se escribe con letra mayúscula. ▸ **i griega** Nombre de la letra *y.* ▸ **i latina** Nombre de la letra *i.*

-ía Sufijo que significa: *a)* 'Dignidad' o 'empleo' y, por extensión, el territorio sobre el que se extiende o lugar donde se realiza. *b)* 'País o nación donde vive el pueblo designado por la palabra a la que se une'. *c)* 'Acción'. *d)* 'Cualidad' o 'estado'. *e)* 'Colectividad', 'reunión', 'multitud'.

-iatra Elemento sufijal que entra en la formación de palabras que designan al médico dedicado a determinadas especialidades.

-iatría Elemento sufijal que forma palabras que indican 'especialidad médica para la curación de lo que designa el primer elemento al que se une'.

ib. Abreviatura de *ibídem.*

ibérico, -ca o **iberio, -ria** *adj.* **1** De Iberia, esta antigua demarcación geográfica que actualmente comprende los territorios continentales de España y Portugal. ▌*adj./m. y f.* **2** [persona] Que es de Iberia. ▸ **península Ibérica** Zona del sur de Europa que comprende los territorios continentales de España y Portugal.

ibero, -ra o **íbero, -ra** *adj.* **1** De un antiguo pueblo que vivía en Iberia. ▌*adj./m. y f.* **2** [persona] Que formaba parte de este pueblo. ▌*m.* **3** Lengua hablada por los habitantes de este pueblo.

iberoamericano, -na *adj.* **1** De Iberoamérica. **2** De la colectividad cultural, social y económica formada por España, Portugal e Iberoamérica. ▌*adj./m. y f.* **3** [persona] Que es de un país de Iberoamérica.

ibicenco, -ca *adj.* **1** De Ibiza. ▌*adj./m. y f.* **2** [persona] Que es de Ibiza.

ibídem *adv.* Indicación para señalar que el título de la obra y el lugar citados coinciden con los indicados en la referencia, nota o cita inmediatamente anterior.

ibis *f.* Ave parecida a la cigüeña, de pico largo y encorvado, plumaje blanco en el cuerpo y negro en la cabeza, cola y extremidad de las dos alas.

OBS El plural también es *ibis.*

iceberg *m.* Bloque grande de hielo desprendido de un glaciar o de una costa helada que flota a la deriva en los mares de los polos Norte y Sur.

OBS El plural es *icebergs.*

-ico, -ica Sufijo que significa: *a)* 'Relación'. *b)* En química indica generalmente que uno de los componentes se halla en su valencia máxima.

icónico, -ca *adj.* Del icono.

icono *m.* **1** Imagen que representa a Jesucristo, a la Virgen o a un santo, pintada en una tabla de madera según el antiguo estilo bizantino. **2** Signo que representa un objeto o idea con los que guarda cierta relación de parecido.

icono- Elemento prefijal que forma palabras con el significado de 'icono'.

iconoclasta *adj.* **1** De un antiguo movimiento religioso que rechazaba la adoración de imágenes sagradas y las destruía. ▌*adj./com.* **2** [persona] Que era partidaria de este movimiento. ▌*adj.* **3** Que no respeta los valores, las normas o las formas tradicionales.

iconografía *f.* **1** Conjunto de imágenes

relacionadas con un personaje o tema artístico. **2** Estudio u obra que describe y analiza las imágenes relacionadas con un personaje o tema artístico.

iconográfico, -ca *adj.* De la iconografía.

icosaedro *m.* MAT. Cuerpo sólido limitado por veinte caras.

ictericia *f.* MED. Color amarillento que toma la piel y los ojos de una persona como síntoma de una enfermedad o trastorno del hígado.

ictio- Elemento prefijal que forma palabras con el significado de 'pez'.

ictiófago, -ga *adj./m. y f.* ZOOL. [animal] Que se alimenta fundamentalmente de peces.

ictiología *f.* Parte de la zoología que se dedica al estudio de los peces.

ictiosaurio *m.* ZOOL. Reptil dinosaurio marino de la era secundaria parecido al delfín, con la cabeza pequeña, el cuello, la cola y el hocico muy largos.

ida *f.* Movimiento por el que una persona, animal o cosa se dirige hacia un punto, lugar o término.

idea *f.* **1** Representación abstracta de algo real o irreal que se forma en la mente de una persona. **2** Opinión o juicio que se tiene de una persona o cosa. **3** Proyecto o plan para hacer una cosa. **4** Tema principal de algo. **5** Ocurrencia ingeniosa u original. ‖ *f. pl.* **6** Conjunto de conceptos y opiniones que una persona tiene sobre diversos temas o asuntos. ▸ **hacerse a la idea** Aceptar una situación desagradable o con la que no se está de acuerdo.

ideal *adj.* **1** Que es lo más adecuado que se podía pensar. **2** De las ideas o que tiene relación con ellas. ‖ *m.* **3** Ejemplo o modelo de perfección que se adapta a lo más adecuado que se podía pensar. **4** Conjunto de conceptos y opiniones sobre los diversos aspectos del mundo y la vida.

idealismo *m.* **1** Tendencia a considerar el mundo y la vida según unos modelos de armonía y perfección ideal que no se corresponden con la realidad. **2** En filosofía, sistema que considera la idea como el elemento más importante de la realidad.

idealista *adj.* **1** Del idealismo. ‖ *adj./com.* **2** [persona] Que tiene una concepción del mundo y de la vida dominada por el idealismo, o que actúa conforme a él.

idealización *f.* Acción y efecto de idealizar.

idealizar [4] *tr.* Considerar que una persona o cosa se adapta a un modelo de perfección ideal.

idear *tr.* Formar en la mente una idea, especialmente si es útil para resolver un problema o como punto de partida para un proyecto o plan.

ideario *m.* Conjunto de conceptos y opiniones que una persona, grupo o empresa tiene sobre un tema.

ídem *adv.* Lo mismo. Es un pronombre latino que se usa para no repetir algo que se ha dicho antes.

idéntico, -ca *adj.* **1** Que es exactamente igual. **2** Que es muy parecido o casi igual.

identidad *f.* **1** Conjunto de características, datos o informaciones que permiten distinguir a un individuo o un elemento entre un conjunto. **2** Conjunto de características culturales y sociales que son propias de una persona. **3** Igualdad o parecido que existe entre dos o más cosas.

identificación *f.* **1** Acción y efecto de identificar. **2** Documento en el que consta el nombre y otras informaciones de una persona, y que sirve para identificarla.

identificar [1] *tr./prnl.* **1** Reconocer o probar que una persona o cosa es la que se supone que es. ‖ *tr.* **2** Considerar dos o más cosas como idénticas cuando no lo son. ‖ *prnl.* **3** Estar de acuerdo con el modo de pensar o sentir de otro.

identitario, -ria *adj.* De la identidad o relacionado con ella.

ideo- Elemento prefijal que forma palabras con el significado de 'idea'.

ideografía *f.* Sistema de escritura en el que los signos empleados no representan sonidos, sino morfemas, palabras o frases.

ideográfico, -ca *adj.* De la ideografía.

ideograma *m.* Signo escrito que no representa sonidos, sino una idea.

ideología *f.* Conjunto de conceptos y opiniones que una persona o grupo tiene sobre diversos temas que afectan al hombre.

ideológico, -ca *adj.* De la ideología.

ideólogo, -ga *m. y f.* Persona que se dedica al análisis y difusión de una ideología política, social o religiosa.

ideoso, -sa *adj.* **1** AMÉR [persona] Que es extravagante y maniático. **2** GUAT [persona] Que es ingenioso.

idílico, -ca *adj.* Que es hermoso y produce sensación de paz y tranquilidad.

idilio *m.* Relación amorosa entre dos personas, generalmente breve e intensa.

idiolecto *m.* GRAM. Modo característico en que cada persona utiliza su lengua.

idioma *m.* Lengua que utiliza una nación, país o comunidad para comunicarse.

idiomático, -ca *adj.* 1 Del idioma. 2
GRAM. [palabra, expresión] Que es propio
de un idioma y diferente de otros.

idiosincrasia *f.* Manera característica de
pensar, sentir o actuar de una persona o
de una comunidad.

idiota *adj./com.* 1 [persona] Que es poco
inteligente y posee escaso entendimiento
sin padecer ninguna enfermedad o retraso
mental. 2 [expresión, acción] Que es propia de una persona poco inteligente.

idiotez *f.* 1 Conjunto de características
propias de una persona idiota. 2 Obra o
dicho propio de una persona idiota.

OBS El plural es *idioteces*.

idiotizar [4] *tr./prnl.* Hacer que una persona tenga el comportamiento propio de un
idiota.

ido, -da *adj./m. y f.* 1 [persona] Que no
tiene completas sus facultades mentales.
2 [persona] Que está muy distraído.

idólatra *adj./com.* [persona] Que idolatra
a alguien.

idolatrar *tr.* 1 Adorar o rendir culto a un
ídolo. 2 Amar y admirar con exceso a una
persona.

idolatría *f.* 1 Adoración o culto de un ídolo. 2 Amor y admiración exagerados.

ídolo *m.* 1 Imagen de una divinidad a la que
se adora y rinde culto. 2 Persona a la que se
ama y admira en exceso.

idoneidad *f.* Cualidad de idóneo.

idóneo, -nea *adj.* 1 Que tiene un conjunto de características adecuadas para desempeñar una función, actividad o trabajo.
2 Oportuno.

iglesia *f.* 1 Edificio donde una comunidad
cristiana se reúne para rezar o realizar ceremonias religiosas. 2 Conjunto de personas que creen en la doctrina religiosa
cristiana. En esta acepción se escribe con
letra mayúscula. 3 Conjunto de obispos,
sacerdotes y demás personas que pertenecen a una orden o congregación religiosa
cristiana. En esta acepción se escribe con
letra mayúscula.

iglú *m.* Pequeño habitáculo en forma de
media esfera hecho con bloques de hielo.

OBS El plural es *iglúes*, culto, o *iglús*, popular.

ígneo, -nea *adj. culto* Del fuego.

igni- Elemento prefijal que forma palabras
con el significado de 'fuego'.

ignición *f.* 1 Proceso en el que una sustancia arde y se quema. 2 Mecanismo que
produce la chispa en los motores de explosión.

ignífugo, -ga *adj.* [material, objeto] Que
protege contra el fuego porque no puede
quemarse o porque arde con mucha dificultad.

ignominia *f.* Ofensa pública que sufre el
honor o la dignidad de una persona.

ignominioso, -sa *adj.* Que es causa de
ignominia.

ignorancia *f.* 1 Falta de conocimiento sobre un asunto o materia. 2 Falta de cultura, educación o formación.

ignorante *adj./com.* 1 Que ignora algo. 2
Que carece de formación o cultura.

ignorar *tr.* 1 No conocer una cosa o no
comprender. 2 No hacer caso o no tener
en cuenta.

ignoto, -ta *adj. culto* Que no se conoce o
no se comprende.

igual *adj.* 1 Que tiene características de
naturaleza, cantidad o cualidad comunes
con las de otro. 2 Que tiene características de naturaleza, cantidad o cualidad parecidas a las de otro. 3 Que mantiene relación de proporción o correspondencia.
4 Constante. 5 [terreno, superficie] Sin
relieves. ‖ *adj./com.* 6 [persona] Que tiene la misma clase o nivel que otra. ‖ *m.* 7
MAT. Signo que representa la equivalencia
entre dos cantidades o funciones matemáticas. ‖ *adv.* 8 De la misma manera. 9 La
misma cantidad. 10 *coloquial* Indica la
posibilidad de que ocurra o sea cierto lo
que se expresa.

iguala *f.* 1 Convenio o ajuste entre médico
y cliente para prestar servicios. 2 Precio
que se paga por este convenio. 3 Listón
de madera que utilizan los albañiles para
comprobar la llanura de una superficie.

igualar *tr./prnl.* 1 Hacer iguales dos o más
personas, animales o cosas. ‖ *tr.* 2 Hacer
que una cosa llegue a alcanzar una relación de proporción o correspondencia con
otra. 3 Allanar un terreno para poner toda
su superficie al mismo nivel. 4 Relacionar
dos cantidades o funciones matemáticas
con el signo igual. ‖ *tr./intr.* 5 En deporte,
empatar a puntos. ‖ *intr./prnl.* 6 Ser una
cosa igual a otra.

igualdad *f.* 1 Semejanza o parecido. 2 Proporción o correspondencia entre dos cosas. 3 Expresión matemática de la equivalencia que existe entre dos cantidades o
funciones.

igualitario, -ria *adj.* Que se fundamenta
en la igualdad social.

igualmente *adv.* 1 Del mismo modo y
manera. 2 Por añadidura.

iguana *f.* Reptil de gran tamaño parecido al lagarto; tiene una pequeña cresta en la papada y otra más larga que recorre su cuerpo desde el lomo hasta el inicio de la cola.

iguanodonte *m.* Reptil dinosaurio de la era secundaria, que caminaba erguido, con una larga cola que le servía de contrapeso.

ijada *f.* Parte situada a cada lado del cuerpo del hombre y de algunos animales vertebrados que comprende el espacio que existe entre las últimas costillas y cada uno de los dos huesos de las caderas.

ijar *m.* Ijada.

ikastola *f.* Escuela de enseñanza primaria en la que se enseña en euskera.

ikurriña *f.* Bandera oficial del País Vasco.

ilegal *adj.* 1 Que no está permitido por la ley. ‖ *adj./com.* 2 [persona] Que está en una situación que no está permitida por la ley.

ilegalidad *f.* Falta de conformidad o acuerdo con la ley.

ilegible *adj.* 1 [texto, papel, documento] Que no se puede leer. 2 [texto] Que es de muy baja calidad literaria o tiene muchas faltas de ortografía.

ilegítimo, -ma *adj.* Que no está permitido por la ley o por la moral.

íleon *m.* 1 Parte final del intestino delgado situada entre el yeyuno y el ciego. 2 Ilion, hueso de la cadera.

ilerdense *adj.* 1 De Lérida. ‖ *adj./com.* 2 [persona] Que es de Lérida.

ileso, -sa *adj.* [persona] Que ha estado en peligro o ha sufrido un accidente y no ha recibido ningún daño físico.

iletrado, -da *adj./m. y f.* 1 Que no sabe leer ni escribir. 2 Que no tiene cultura o conocimientos elementales.

ilicitano, -na *adj.* 1 Relativo a Elche o a sus habitantes. ‖ *adj./m. y f.* 2 [persona] Que es de Elche.

ilícito, -ta *adj.* Que no está permitido por la ley o la moral.

ilicitud *f.* Falta de conformidad con la justicia o la razón.

ilimitado, -da *adj.* 1 Que no tiene límites, o que si los tiene, son desconocidos. 2 Que es muy numeroso y grande.

ilion *m.* ANAT. Hueso saliente de forma ancha y curvada que unido al pubis y al isquion forma la parte lateral de la pelvis.

-illo, -illa Sufijo que forma palabras con valor: *a)* Diminutivo o afectivo. *b)* Despectivo o poco importante.

OBS A veces no se percibe el valor diminutivo y adquiere significado propio.

-ilo Elemento sufijal que forma palabras designando radical químico.

ilógico, -ca *adj.* Que no responde a la razón o la lógica.

Iltre. Abreviatura de *ilustre.*

iluminación *f.* 1 Cantidad de luz que hay en un lugar. 2 Conjunto de luces eléctricas que dan luz a un lugar, especialmente a una vía pública, un edificio o una habitación. 3 En cine y teatro, técnica de iluminar la escena. 4 Saber o conocimiento que, según ciertas creencias, se alcanza por intervención divina. 5 Ilustración de un manuscrito.

iluminado, -da *adj./m. y f.* [persona] Que cree estar en posesión de la verdad absoluta y saber más que nadie.

OBS Es el participio de *iluminar.*

iluminar *tr./intr.* 1 Dar luz. ‖ *tr.* 2 Poner luz o luces en un lugar. 3 Explicar y hacer comprender una idea o un concepto confuso. 4 Adornar con dibujos en color.

ilusión *f.* 1 Confianza en que ocurra o en lograr una cosa que se desea. 2 Sentimiento de alegría y satisfacción que produce conseguir una cosa que se desea mucho. 3 Imagen mental engañosa provocada por la imaginación o por la interpretación errónea de lo que perciben los sentidos.

ilusionar *tr./prnl.* 1 Hacer que una o varias personas tengan la confianza de que ocurra o de lograr una cosa que se desea. 2 Sentir una gran alegría y satisfacción al conseguir una cosa que se desea mucho.

ilusionismo *m.* Conjunto de juegos que permiten realizar trucos de magia.

ilusionista *adj./com.* [persona] Que se dedica al ilusionismo.

iluso, -sa *adj./m. y f.* 1 Que se deja engañar con facilidad porque cree que todo el mundo actúa con buena voluntad. 2 Que tiende a sentir una confianza injustificada en que ocurra o en lograr una cosa que desea.

ilusorio, -ria *adj.* 1 Que puede producir una imagen o idea falsa y engañosa. 2 Que no existe o no es real.

ilustración *f.* 1 Acción de ilustrar. 2 Fotografía, dibujo o lámina que se coloca en un texto o impreso con esta intención. 3 Movimiento filosófico y literario que se desarrolló en Europa y América durante el siglo XVIII y que defendía la razón y la educación como base del progreso social. En esta acepción se suele escribir con letra mayúscula.

ilustrado, -da *adj.* **1** [texto, impreso] Que tiene ilustraciones. **2** De la Ilustración. ‖ *adj./m. y f.* **3** Que tiene un nivel cultural y erudito muy alto.

ilustrador, -ra *adj./m. y f.* [persona] Que se dedica a ilustrar textos.

ilustrar *tr.* **1** Colocar fotografías, dibujos o láminas en un texto o un impreso con la intención de hacerlo más atractivo a la vista o de explicar y ampliar su contenido. **2** Explicar y hacer comprender una idea o concepto por medio de ejemplos. ‖ *tr./ prnl.* **3** Dar a una persona conocimientos para aumentar su nivel cultural.

ilustre *adj.* **1** Que tiene un origen familiar noble o distinguido. **2** Que es muy conocido por haber hecho una cosa importante o por poseer unas grandes virtudes. **3** Forma de tratamiento que se usa hacia cargos, personas o instituciones de especial importancia y significación.

ilustrísimo, -ma *adj.* Superlativo de *ilustre*.

OBS Se aplica como forma de tratamiento hacia cargos de especial importancia.

imagen *f.* **1** Representación o figura de una cosa. **2** Visión de una cosa o hecho captada por el ojo, por un espejo o por un aparato óptico, de fotografía, de cine o de vídeo. **3** Aspecto externo de una persona. **4** Representación mental, idea u opinión que se tiene de algo. **5** Expresión que mediante el lenguaje nos sugiere una sensación o una vivencia.

imaginación *f.* **1** Capacidad de imaginar. **2** Sensación o idea falsa que no existe sino en la mente de quien la tiene.

imaginar *tr./prnl.* **1** Formar en la mente ideas, relaciones o representaciones de cosas materiales o abstractas. **2** Suponer o formar un juicio a partir de ciertas informaciones o señales.

imaginario, -ria *adj.* Que solo existe en la mente de la persona que lo piensa.

imaginativa *f.* Capacidad de formar en la mente ideas, relaciones y representaciones de cosas materiales o abstractas.

imaginativo, -va *adj.* **1** De la imaginación. **2** [persona] Que tiene una gran capacidad de imaginación. **3** Que no es copiado ni imitado, sino fruto de la creación.

imaginería *f.* **1** Arte y técnica de tallar o pintar imágenes de personas, animales o cosas; especialmente figuras religiosas. **2** Conjunto de imágenes talladas o pintadas que representan personas, animales o cosas; especialmente figuras religiosas.

imaginero, -ra *m. y f.* Persona que se dedica a la imaginería.

imán *m.* **1** Pieza de mineral, metal u otro material que tiene la propiedad de atraer el hierro, el acero y otros cuerpos. **2** Capacidad de atraer y ganar la confianza y el interés de otras personas. **3** En la religión islámica, jefe religioso encargado de la dirección espiritual de una comunidad de creyentes. **4** En la religión islámica, persona encargada de dirigir la oración en la mezquita.

imanar *tr./prnl.* Imantar.

imantar *tr./prnl.* Comunicar a un metal o a una sustancia la propiedad magnética del imán.

imbatido, -da *adj.* [persona, equipo, grupo social] Que no ha sido vencido nunca o que lleva mucho tiempo sin perder.

imbécil *adj./com.* [persona] Que es poco inteligente. Tiene un sentido peyorativo.

imbecilidad *f.* **1** Conjunto de características propias del imbécil. **2** Obra o dicho propio de una persona imbécil.

imberbe *adj./m.* [hombre] Que no le crece pelo abundante en la barba o en el bigote.

imborrable *adj.* **1** Que está escrito o dibujado con una tinta que no se puede borrar. **2** Que no puede o no debe olvidarse.

imbricar [1] *tr./prnl.* Colocar una serie de cosas de forma y tamaño similar de manera que unas se superpongan parcialmente a otras formando capas sucesivas.

imbuir [62] *tr.* Hacer que alguien piense y actúe de un modo distinto al habitual por propio convencimiento o por la influencia de razones y motivos de otros.

imitación *f.* **1** Acción de imitar. **2** Proceso mediante el que una cosa adquiere el mismo aspecto exterior que un modelo. **3** Cosa que tras este proceso tiene el mismo aspecto exterior que su modelo.

imitador, -ra *m. y f.* Persona que se dedica a imitar los gestos y el modo particular de hablar de un personaje famoso para hacer reír a un público.

imitar *tr.* **1** Actuar una persona o animal de modo que su comportamiento sea semejante al de un modelo. **2** Ser parecido el aspecto exterior de una cosa a otra.

imitativo, -va o **imitatorio, -ria** *adj.* De la imitación o que tiene relación con ella.

impaciencia *f.* Falta de tranquilidad para esperar una cosa que tarda.

impacientar *tr./prnl.* Causar intranquilidad o nerviosismo la espera de una cosa que tarda.

impaciente *adj.* [persona] Que muestra impaciencia.

impactar *intr.* 1 Chocar violentamente una cosa con otra; especialmente si una de ellas es de mucho menor tamaño que la otra. 2 Causar una fuerte impresión.

impacto *m.* 1 Acción de impactar o chocar. 2 Marca o señal que produce este choque. 3 Impresión emocional intensa. 4 Conjunto de consecuencias provocadas por un hecho o actuación que afecta a un entorno o ambiente social o natural.

impago *m.* Falta de pago de una cantidad de dinero que se debe.

impala *m.* Mamífero rumiante salvaje parecido al antílope.

impar *adj./m.* 1 [número] Que no se puede dividir exactamente por dos. ‖ *adj.* 2 Que no tiene parecido con nada, generalmente, por sus excelentes cualidades.

imparcial *adj.* Que actúa con imparcialidad.

imparcialidad *f.* Falta de inclinación en favor o en contra de una persona o cosa al obrar o al juzgar un asunto.

impartir *tr.* Dar o comunicar conocimientos, ideas o juicios.

impasibilidad *f.* Cualidad de impasible.

impasible *adj.* [persona] Que no experimenta o no muestra ningún sentimiento o emoción que afecte a su estado de ánimo por lo que sucede en su entorno.

impasse *m.* Situación en la que se encuentra un asunto o problema que no progresa o al que no se le encuentra solución.
OBS Es de origen francés y se pronuncia aproximadamente 'impás'.

impavidez *f.* Cualidad de impávido.

impávido, -da *adj.* 1 [persona] Que no experimenta o no muestra ante un peligro o problema ningún temor o angustia. 2 AMÉR *coloquial* [persona] Que es descarado e insolente.

impecable *adj.* 1 [acción] Que no tiene ningún fallo o error. 2 Que no tiene ningún defecto, mancha o imperfección.

impedancia *f.* Resistencia que presenta un circuito eléctrico al paso de una corriente alterna.

impedido, -da *adj./m. y f.* [persona] Que tiene una discapacidad o problema físico que le impide mover por sí mismo una parte de su cuerpo con total libertad.

impedimenta *f.* Conjunto de objetos y prendas para desarrollar un trabajo.

impedimento *m.* Situación o circunstancia que dificulta o imposibilita hacer una cosa.

impedir [34] *tr.* Hacer que una actividad o proceso sea difícil o imposible de realizar.

impeler *tr.* 1 *culto* Hacer fuerza contra una persona o cosa para moverla o desplazarla. 2 *culto* Presionar o influir sobre una persona para que haga cierta cosa.

impenetrable *adj.* 1 [objeto, cuerpo] Que no puede ser atravesado o penetrado por otro. 2 Que no muestra ningún sentimiento o emoción que permita conocer su estado de ánimo o su pensamiento. 3 Que es difícil de llegar a conocer o comprender.

impenitente *adj.* [persona] Que no puede abandonar una costumbre que puede causarle problemas o incomodidades.

impensable *adj.* Que no se puede pensar o considerar desde un punto de vista lógico o racional.

impensado, -da *adj.* Que sucede sin que se haya planeado.

impepinable *adj. coloquial* Que es seguro y no admite duda ni discusión.

imperante *adj.* [cosa] Que ejerce dominio en un aspecto determinado.

imperar *intr.* 1 Ejercer el mando un emperador. 2 Tener una cosa una mayor importancia y dominio sobre las demás.

imperativo, -va *adj.* 1 Que supone una exigencia, orden o mandato. ‖ *adj./m.* 2 GRAM. [modo verbal] Que expresa orden, ruego o mandato.

imperceptible *adj.* Que no se puede percibir por los sentidos.

imperdible *m.* Alfiler doblado sobre sí mismo que se abrocha encajando el extremo puntiagudo en un cierre colocado en el otro extremo.

imperdonable *adj.* [actitud, hecho] Que no se puede perdonar.

imperecedero, -ra *adj.* 1 [producto] Que conserva sus propiedades durante un período largo de tiempo antes de estropearse. 2 Que es inmortal o eterno.

imperfección *f.* 1 Existencia de fallos, errores o defectos en una cosa, proceso o modo de ser de una persona. 2 Fallo, error o defecto.

imperfectivo, -va *adj.* [verbo, forma verbal] Que expresa la acción verbal en su desarrollo, cuando aún no ha acabado.

imperfecto, -ta *adj.* Que no es perfecto por tener fallos, errores o defectos.

imperial *adj.* Del imperio.

imperialismo *m.* Sistema político y económico por el cual un país dotado de una fuerte industria y ejército, domina y explota a otro.

imperialista *adj.* 1 Del imperialismo. ‖ *adj./com.* 2 [persona] Que es partidario del imperialismo.

impericia *f.* Falta de preparación o habilidad para hacer algo.

imperio *m.* 1 Estado gobernado por un emperador y formado por varios países unidos por la fuerza de las armas que cuentan con diversos niveles de independencia. 2 Período histórico durante el que un estado tiene esta forma de gobierno. 3 País o estado dotado de una fuerte industria y ejército que ejerce una gran influencia política y económica sobre otras naciones, a las que domina y explota. 4 Empresa o conjunto de empresas pertenecientes a un único propietario que tienen un gran poder económico y una especial influencia comercial. 5 Dominio o influencia que ejerce una cosa sobre las demás.

imperioso, -sa *adj.* 1 Que es muy necesario y urgente. 2 Que supone un uso exclusivo y exagerado de la autoridad.

impermeabilizar [4] *tr.* Cubrir una superficie con un material impermeable.

impermeable *adj.* 1 [sustancia, material] Que no permite el paso de la humedad, el agua u otro líquido. ‖ *m.* 2 Prenda de vestir amplia y larga que se pone sobre las otras y que no deja pasar la lluvia.

impersonal *adj.* 1 Que no posee ninguna característica que haga referencia a la personalidad o a las ideas de alguien. 2 Que no hace alusión a ninguna persona en concreto. ‖ *adj.* 3 GRAM. [oración, verbo] Que no tiene un sujeto explícito determinado.

impertérrito, -ta *adj.* Que no experimenta o no muestra ante un peligro o problema ningún temor o angustia.

impertinencia *f.* Acción o dicho impertinentes.

impertinente *adj.* 1 Que resulta inoportuno porque afecta al respeto, dignidad u honor de una persona. ‖ *adj./com.* 2 Que resulta molesto por las impertinencias que hace o dice. ‖ *m. pl.* 3 Conjunto de dos cristales colocados en una montura dotada de una varilla lateral vertical que se sujeta con la mano para ponerlos delante de los ojos.

imperturbable *adj.* Que no experimenta

o no muestra ningún sentimiento o emoción.

ímpetu *m.* Fuerza intensa con la que se hace o sucede una cosa.

impetuoso, -sa *adj.* 1 Que tiene ímpetu o actúa con ímpetu. ‖ *adj./m. y f.* 2 [persona] Que se comporta de forma irreflexiva y precipitada.

impío, -pía *adj./m. y f.* [persona] Que no muestra respeto hacia la religión.

implacable *adj.* 1 Que no se puede calmar o satisfacer. 2 [persona] Que no se aparta de su punto de vista o de lo que considera justo o razonable.

implantación *f.* Acción y efecto de implantar.

implantar *tr.* 1 Establecer algo nuevo en un lugar; generalmente, lo que ya existía o funcionaba con continuidad en otro sitio o en otro tiempo. 2 MED. Colocar en el cuerpo un órgano o un aparato que sustituye a otro órgano o a una parte de él.

implicación *f.* 1 Hecho o acontecimiento que es consecuencia de otro. 2 Participación en un asunto o circunstancia.

implicancia *f.* AMÉR Implicación.

implicar [1] *tr.* 1 Tener como resultado o producir como consecuencia directa. ‖ *tr./prnl.* 2 Tener algún tipo de relación o participación en un asunto o circunstancia. ‖ *tr.* 3 DER. Acusar de un delito.

implícito, -ta *adj.* Que se entiende incluido en una cosa, aunque no se diga.

implorar *tr.* Pedir o rogar con gran humildad y sentimiento, tratando de provocar compasión.

implosivo, -va *adj.* 1 GRAM. [sonido consonántico oclusivo] Que no se pronuncia con una abertura final brusca por estar situado en la última posición de una sílaba. 2 GRAM. De la consonante que está situada en la última posición de una sílaba.

impoluto, -ta *adj. culto* Que no tiene ninguna mancha.

imponderable *adj./m.* [circunstancia, hecho] Que sucede de manera inesperada e inevitable y tiene consecuencias que no se pueden conocer o precisar.

imponente *adj.* Que causa mucha admiración, sorpresa o miedo.

imponer [78] *tr.* 1 Obligar a cumplir o a aceptar una cosa. ‖ *tr./intr.* 2 Causar una intensa impresión de admiración, sorpresa o miedo. ‖ *tr.* 3 Poner o dar un nombre. 4 Colocar o poner a una persona una condecoración u otro símbolo de manera solemne. ‖ *prnl.* 5 Hacer uso de la autoridad o de un mayor poder sobre los demás. **6** Superar a las demás personas en una competición o prueba. **7** Hacerse popular o general una costumbre, una moda u otra circunstancia. **8** Ser necesaria, obligatoria o imprescindible una acción o decisión.

impopular *adj.* Que no tiene buena fama o buena acogida.

importación *f.* **1** Entrada en un país de productos obtenidos, elaborados o fabricados en el extranjero. **2** Conjunto de cosas que entran en un país de este modo.

importancia *f.* Cualidad que hace a una persona o cosa tener una influencia, valor o interés superior a las demás.

importante *adj.* Que tiene importancia.

importar *intr.* **1** Tener una persona o cosa una influencia, valor o interés superior a las demás. **2** Ser motivo de preocupación o molestia. ▌ *tr.* **3** Introducir en un país productos extranjeros.

importe *m.* Cantidad de dinero que se debe pagar.

importunar *tr.* Molestar con insistencia.

importuno, -na *adj.* **1** Que se hace u ocurre en un momento, lugar o situación inadecuada. **2** Que importuna.

imposibilidad *f.* Falta de ocasión para que una cosa exista o pueda realizarse.

imposibilitado, -da *adj.* [persona] Que tiene una discapacidad o problema físico que le impide moverse por sí mismo una parte de su cuerpo con total libertad.

imposibilitar *tr.* **1** Impedir que algo exista, ocurra o pueda realizarse. **2** Producir a una persona una discapacidad o problema físico que le impida moverse.

imposible *adj./m.* **1** Que no puede existir, ocurrir o realizarse. ▌ *adj.* **2** Que tiene un carácter o una manera de ser insoportable para los demás. **3** *coloquial* Que está en mal estado o en malas condiciones.

imposición *f.* **1** Obligación que se le exige a una persona que cumpla o acepte. **2** Cantidad de dinero que se ingresa en una cuenta de un banco o de una caja de ahorros. **3** ECON. Obligación de pagar una cantidad de dinero al Estado, comunidad autónoma o ayuntamiento para que haga frente al gasto público.

impositivo, -va *adj.* De los impuestos.

impositor, -ra *adj./m. y f.* [persona] Que ingresa dinero en una cuenta de un banco o de una caja de ahorros.

impostar *tr.* MÚS. Controlar el nivel y la intensidad de la voz para poder emitir un sonido uniforme, sin vacilación.

impostor, -ra *adj./m. y f.* **1** Que se hace pasar por otra persona o que dice tener unos conocimientos, capacitación o cargo que no posee en realidad. **2** Que dice mentiras o embustes para perjudicar o acusar a otros.

impostura *f.* **1** Engaño que comete el impostor. **2** Mentira que dice el impostor.

impotencia *f.* **1** Falta de fuerza, poder o competencia para realizar una cosa o hacer que suceda. **2** Imposibilidad del hombre para consumar el acto sexual.

impotente *adj.* **1** [persona, grupo] Que tiene impotencia. ▌ *adj./m.* **2** [hombre] Que padece impotencia sexual.

impr. Abreviatura de *imprenta.*

impracticable *adj.* **1** Que no puede ocurrir o realizarse. **2** [terreno, camino] Que está en muy malas condiciones.

imprecación *f.* Expresión con la que se muestra deseo intenso de que alguien reciba un mal o un daño.

imprecar [1] *tr.* Pronunciar o expresar imprecaciones contra alguien.

imprecisión *f.* Falta de precisión, exactitud o detalle.

impreciso, -sa *adj.* Que no es exacto o detallado.

impredecible *adj.* Que no se puede prever o predecir.

impregnar *tr./prnl.* **1** Mojar la capa más superficial de un cuerpo con un líquido o con una sustancia espesa o pegajosa. **2** Mojar completamente, llegando la humedad hasta el interior. **3** Transmitir una forma de pensar o sentir.

imprenta *f.* **1** Técnica de imprimir textos escritos y dibujos sobre papel. **2** Taller o lugar donde se desarrolla esta técnica.

imprescindible *adj.* Que es muy necesario porque sin su presencia no es posible lo que se pretende.

impresentable *adj.* **1** Que no es apto para ser mostrado públicamente. **2** Que no tiene educación o no sabe comportarse en público. **3** Que no cumple con su obligación o con lo que ha prometido.

impresión *f.* **1** Efecto o alteración del ánimo causada por un estímulo externo. **2** Idea u opinión general y poco precisa. **3** Reproducción de un texto escrito o dibujo en un papel por medio de procedimientos mecánicos o eléctricos.

impresionable *adj.* [persona] Que se altera con facilidad ante cualquier suceso.

impresionante *adj.* Que causa mucha admiración, sorpresa o miedo.

impresionar *tr./prnl.* **1** Provocar una gran alteración en el ánimo de una persona; generalmente, fruto de una sensación intensa de admiración, sorpresa o miedo. **2** Grabar una imagen o sonido para luego reproducirlos.

impresionismo *m.* Movimiento artístico, especialmente referido a la pintura, que intenta reflejar en las obras las impresiones del artista.

impresionista *adj.* **1** Del impresionismo. ▌ *adj./com.* **2** [persona] Que sigue la tendencia artística del impresionismo.

impreso *m.* **1** Escrito reproducido en papel mediante la técnica de la imprenta. **2** Formulario con espacios en blanco para que se rellene.

impresor, -ra *adj./m. y f.* [persona] Que se dedica a imprimir textos o dibujos.

impresora *f.* Máquina que se conecta a un ordenador y que sirve para imprimir en papel.

imprevisible *adj.* Que no se puede conocer o esperar antes de que suceda.

imprevisto, -ta *adj./m.* [acontecimiento, situación, gasto] Que no se ha previsto.

imprimir *tr.* **1** Reproducir un texto escrito o dibujo en un papel por medio de procedimientos mecánicos o eléctricos. **2** Fijar en el carácter de una persona un modo de ser, de pensar o de sentir particular. **3** Transmitir una fuerza a un cuerpo.
OBS Los participios son *imprimido* e *impreso*; el primero se usa en la conjugación; el segundo se usa más como adjetivo.

improbable *adj.* Que es difícil que exista, ocurra o se realice.

ímprobo, -ba *adj.* [esfuerzo] Que es enorme o excesivo.

improcedente *adj.* Que no es adecuado u oportuno.

improductivo, -va *adj.* Que no produce el resultado, fruto o ganancia deseada.

impronta *f.* **1** Conjunto de características culturales y humanas que son consecuencia del contacto con una persona o grupo social. **2** Reproducción de una imagen en hueco o en relieve sobre una materia blanda.

improperio *m.* Insulto.

impropiedad *f.* Uso de las palabras o frases con sentidos que no son los que propiamente les corresponden.

impropio, -pia *adj.* **1** Que no se corresponde con las características propias de una persona o cosa. **2** Que no es adecuado u oportuno.

improvisación *f.* Acción y efecto de improvisar.

improvisar *tr.* **1** Hacer una cosa que no estaba prevista o preparada. **2** Componer o desarrollar un poema, canción o tema musical a medida que se va recitando, cantando o tocando.

improviso, -sa Palabra que se usa en la locución adverbial *de improviso* que significa de repente.

imprudencia *f.* **1** Falta de juicio, sensatez y cuidado que una persona demuestra en sus acciones. **2** Acción que se realiza con esta falta de juicio, sensatez y cuidado.

imprudente *adj./com.* Que tiene o muestra imprudencia.

impúber *adj./com.* [persona] Que aún no ha llegado a la edad de la pubertad.

impudicia *f.* Deshonestidad, falta de pudor o de vergüenza.

impúdico, -ca *adj.* Que tiene o muestra impudicia.

impudor *m.* Deshonestidad, falta de pudor o de vergüenza.

impuesto *m.* Cantidad de dinero que se da al Estado, comunidad autónoma o ayuntamiento obligatoriamente para que haga frente al gasto público.

impugnación *f.* Acción y efecto de impugnar.

impugnar *tr.* Negar la validez o legalidad de una opinión o decisión por considerarla falsa, injusta o ilegal.

impulsar *tr.* **1** Aplicar la fuerza necesaria para que una cosa se mueva. **2** Dotar de la fuerza o ayuda necesaria para que una cosa crezca, se desarrolle y tenga éxito. **3** Proporcionar a una persona el ánimo y la fuerza necesaria para que haga una cosa.

impulsivo, -va *adj./m. y f.* **1** [persona] Que se deja llevar por sus emociones o impulsos sin pensar en las consecuencias de sus actos. ▌ *adj.* **2** [acción] Que es propio de este tipo de personas.

impulso *m.* **1** Fuerza que aplicada a una cosa hace que se mueva. **2** Fuerza o ayuda que se le presta a una cosa para que crezca, se desarrolle y tenga éxito. **3** Deseo intenso que lleva a hacer algo sin pensar en las consecuencias.

impulsor, -ra *adj./m. y f.* [persona] Que ha aportado la ayuda o la fuerza necesaria para hacer que una cosa crezca, se desarrolle y tenga éxito.

impune *adj.* Que queda sin castigo.

impunidad *f.* Falta de castigo merecido.

impuntual *adj.* Que no es puntual.

impuntualidad *f.* Característica de la persona o cosa que no es puntual.

impureza *f.* **1** Sustancia extraña a un cuerpo o materia y que está mezclada con ella. **2** Falta de virtudes morales, especialmente las de carácter sexual.

impuro, -ra *adj.* **1** Que tiene mezcla de sustancias extrañas que alteran su pureza. **2** Que va contra la moral establecida, especialmente en el aspecto sexual.

imputación *f.* Atribución a una persona de un delito, una culpa o una falta.

imputar *tr.* **1** Atribuir la responsabilidad de un delito a alguien. **2** Atribuir el fracaso de algo a una cosa concreta.

in *adj.* Que está de moda y actualidad.

in- Prefijo que significa 'privación o negación'. Se convierte en: *a*) *im-* antes de *b* o *p*. *b*) *i-* antes de *l*. *c*) *ir-* antes de *r*.

inabarcable *adj.* [asunto, materia] Que tiene unos contenidos tan extensos, que no se pueden conocer o comprender con facilidad.

inacabable *adj.* Que parece que no acaba o no tiene fin.

inacabado, -da *adj.* Que no ha sido acabado o completado.

inaccesible *adj.* **1** [lugar] Que no tiene acceso o entrada, o que es muy difícil llegar hasta él. **2** [persona] Que tiene un trato difícil y poco amable. **3** Que no se puede entender por ser muy difícil.

inacción *f.* Falta de actividad o movimiento, inercia.

inacentuado, -da *adj.* GRAM. [vocal, palabra, sílaba] Que no lleva acento.

inaceptable *adj.* Que no se puede aceptar como bueno o válido.

inactividad *f.* Falta de actuación, trabajo o movimiento.

inactivo, -va *adj.* Que no desarrolla ninguna actividad, trabajo o movimiento.

inadaptación *f.* Falta de adaptación o acomodación de un ser vivo al medio en que vive y a sus cambios.

inadaptado, -da *adj./m. y f.* [persona] Que no se adapta o acomoda a las condiciones en que vive.

inadecuado, -da *adj.* Que no es adecuado u oportuno.

inadmisible *adj.* Que no puede permitirse o aceptarse.

inadvertido, -da *adj.* Que no ha sido percibido, notado o advertido.

inagotable *adj.* Que no se puede acabar o agotar.

inaguantable [71] *adj.* Que no se puede sobrellevar.

inalámbrico, -ca *adj.* [medio de comunicación eléctrica] Que no usa hilos o cables para recibir y enviar mensajes.

inalcanzable *adj.* Que no se puede alcanzar o conseguir.

inalienable *adj.* [derecho, propiedad] Que no se puede negar o quitar a una persona.

inalterable *adj.* **1** Que no se puede alterar o cambiar. **2** [persona] Que no experimenta o no muestra ningún sentimiento o emoción que afecte a su estado de ánimo.

inamovible *adj.* Que no se puede mover o cambiar.

inane *adj.* culto Que no sirve para nada o improductivo o falto de interés.

inanición *f.* Extrema debilidad física provocada por la falta de alimento.

inanimado, -da *adj.* [objeto, cuerpo] Que no tiene vida.

inánime *adj.* Que está sin vida.

inapelable *adj.* **1** DER. [sentencia, fallo] Que no se puede apelar. **2** Que no se puede evitar o remediar.

inapetencia *f.* Falta de ganas de comer.

inapetente *adj.* [persona] Que no tiene ganas de comer.

inapreciable *adj.* **1** Que no se puede apreciar por ser de una gran importancia o valor. **2** Que no se puede apreciar por ser muy pequeño o poco importante.

inasequible *adj.* Que es imposible de conseguir o alcanzar.

inasistencia *f.* Ausencia de un lugar o acto.

inaudible *adj.* [sonido] Que es emitido con una intensidad insuficiente para ser oído.

inaudito, -ta *adj.* **1** Que es tan particular o poco frecuente que cuando ocurre causa sorpresa y extrañeza. **2** Que no se puede admitir o tolerar y merece ser rechazado.

inauguración *f.* **1** Momento en que da comienzo el desarrollo de una actividad o de un acto. **2** Ceremonia formal con la que se celebra este momento.

inaugural *adj.* De la inauguración.

inaugurar *tr.* **1** Dar principio o comienzo de una cosa, especialmente si se hace de manera solemne. **2** Celebrar la apertura de un local o edificio. **3** Comenzar a introducir una nueva idea o moda.

inca *adj.* **1** De un antiguo pueblo indígena americano. ‖ *adj./com.* **2** [persona] Que pertenecía a este pueblo.

incaico, -ca *adj.* Del pueblo inca.

incalculable *adj.* Que no se puede calcular o valorar.

incalificable *adj.* Que no se puede admitir o tolerar y merece ser rechazado.

incandescencia *f.* Brillo de color rojo o blanco que toma un cuerpo, especialmente un metal, al aumentar la temperatura.

incandescente *adj.* [metal] Que adquiere color rojo o blanco al aumentar la temperatura.

incansable *adj.* Que no se cansa o que resiste mucho sin descansar.

incapacidad *f.* 1 Falta de conocimiento, preparación o medios para realizar una acción o una función. 2 Falta de espacio en un lugar para que quepa algo. 3 DER. Falta de aptitudes físicas o mentales de una persona para ejercer determinados derechos.

incapacitado, -da *adj./m. y f.* 1 [persona] Que tiene disminuidas sus facultades físicas o psíquicas. 2 [persona] Que ha sido privada legalmente de sus derechos civiles y sometida a tutela.

incapacitar *tr.* 1 Hacer que una persona no tenga capacidad para realizar una acción o desempeñar una función. 2 Quitar o perder un estado o condición legal.

incapaz *adj.* 1 Que no tiene capacidad para hacer una cosa. 2 Que no puede desarrollar una actividad debido a la falta de conocimiento, preparación o medios. 3 [persona] Que tiene un desarrollo mental inferior a lo que se considera normal. Se usa como apelativo despectivo.

incautación *f.* Acción de incautarse.

incautarse *prnl.* Tomar posesión legal la autoridad competente de un objeto, mercancía o bien propiedad de una persona.

incauto, -ta *adj./m. y f.* 1 Que tiene o muestra una gran falta de sensatez y cuidado en sus acciones. 2 Que se deja engañar fácilmente por no pensar mal de los demás.

incendiar [12] *tr./prnl.* Prender fuego a algo que no estaba destinado a arder.

incendiario, -ria *adj./m. y f.* 1 [persona] Que provoca un incendio de forma voluntaria. ∥ *adj.* 2 [artefacto, arma] Que sirve para quemar algo.

incendio *m.* Fuego grande.

incensario *m.* Recipiente de metal que sirve para quemar incienso y esparcir su olor en ceremonias religiosas.

incentivar *tr.* 1 Dar un incentivo a una persona. 2 Dar empuje a una actividad para que se desarrolle y tenga éxito.

incentivo *adj./m.* 1 Que impulsa a hacer o desear una cosa. ∥ *m.* 2 Premio o gratificación económica que se le ofrece a una persona para que trabaje más o consiga un mejor resultado en una actividad.

incertidumbre *f.* Falta de conocimiento seguro o fiable sobre una cosa, especialmente cuando crea inquietud en alguien.

incesante *adj.* 1 Que no se detiene. 2 Que se repite de manera habitual.

incesto *m.* Relación sexual entre familiares directos.

incestuoso, -sa *adj.* Del incesto.

incidencia *f.* 1 Influencia o efecto que tiene una cosa sobre otra. 2 Circunstancia o suceso secundarios que ocurren en el desarrollo de un asunto o negocio.

incidental *adj.* 1 Que sucede de manera inesperada y puede afectar al desarrollo de un asunto o negocio, aunque no forme parte de él. 2 Que tiene relación con un asunto o negocio aunque le afecta de un modo muy poco importante.

incidente *m.* 1 Circunstancia o suceso que sucede de manera inesperada y que puede afectar al desarrollo de un asunto o negocio, aunque no forma parte de él. 2 Enfrentamiento violento e inesperado.

incidir *intr.* 1 Influir en un asunto o negocio o causar un efecto en él. 2 Resaltar el interés de una característica, circunstancia o hecho para llamar la atención sobre su importancia.

incienso *m.* Mezcla de resinas vegetales que al arder despiden olor.

incierto, -ta *adj.* 1 Que no es verdadero o cierto. 2 Que no es o no está seguro. 3 Que no se conoce.

incineración *f.* Acción de incinerar.

incinerar *tr.* Quemar una cosa material o un cadáver hasta reducirlo a cenizas.

incipiente *adj.* Que está empezando a desarrollarse.

incisión *f.* Raja o corte poco profundo hecho en un cuerpo o en una superficie.

incisivo, -va *adj.* 1 [instrumento] Que sirve para cortar o abrir. 2 Que critica con ironía de forma cruel o con mala intención. ∥ *adj./m.* 3 [diente] Que está situado en la parte delantera de la boca, es plano y cortante y tiene una sola raíz.

inciso, -sa *adj.* 1 [estilo literario] Que expresa los conceptos separadamente, en cláusulas breves y sueltas. ∥ *m.* 2 Pausa o comentario que se intercala en un discurso o conversación y que no está relacionado con el tema que se trata.

incitación *f.* Estímulo para hacer algo.

incitar *tr.* Estimular o animar a una persona para que haga una cosa.

inclemencia *f.* 1 Fenómeno atmosférico desagradable. Se usa sobre todo en plural. 2 Falta de compasión en la manera de obrar.

inclinación *f.* 1 Desviación de la posición vertical u horizontal. 2 Situación de una cosa que no ocupa una posición vertical u horizontal. 3 Estado anímico o actitud con la que una persona indica su intención o el deseo de hacer una cosa.

inclinar *tr./prnl.* 1 Desviar de la posición vertical u horizontal que ocupa una cosa. ‖ *tr.* 2 Convencer a una persona para que haga o diga una cosa de la que no estaba segura. ‖ *prnl.* 3 Tener una persona la intención o el deseo de hacer una cosa.

ínclito, -ta *adj.* [persona] Que es ilustre o muy famoso.

OBS Tiene un uso literario o jocoso.

incluir [62] *tr.* 1 Poner una cosa en el interior de otra o dentro de sus límites. 2 Contener una cosa a otra.

inclusa *f.* Establecimiento dedicado a recoger, criar y educar niños cuyos padres han muerto, los han abandonado o no pueden hacerse cargo de ellos.

inclusero, -ra *adj./m. y f.* [persona] Que se cría o se ha criado en una inclusa.

OBS Se usa como apelativo despectivo.

inclusión *f.* 1 Introducción de una cosa en el interior de otra o dentro de sus límites. 2 Proceso mediante el cual una persona o cosa pasa a formar parte de un conjunto.

inclusive *adv.* Incluyendo la persona o cosa que se nombra.

incluso *adv.* 1 Indica que se incluye la persona o cosa que se nombra dentro de un conjunto. ‖ *conj.* 2 Indica una dificultad o hecho que no impide que se realice o produzca una acción. ‖ *prep.* 3 Indica sorpresa o admiración. 4 Indica mayor fuerza o grado en una comparación.

incoar *tr.* DER. Hacel el primer trámite de un proceso judicial.

OBS No se suele usar en la primera persona singular del presente de indicativo.

incoativo, -va *adj.* [verbo] Que indica el principio de una cosa o de una acción que progresa.

incógnita *f.* 1 Cosa que se desconoce. 2 MAT. En una expresión o ecuación matemática, cantidad que no se conoce y se debe averiguar, que, generalmente, se representa por una de las letras iniciales o finales del alfabeto.

incógnito, -ta Que no es conocido.

incoherencia *f.* 1 Falta total de unión o relación adecuada de todas las partes que forman un todo. 2 Cosa que contradice a otra o no guarda con ella una relación lógica.

incoherente *adj.* Que tiene incoherencia.

incoloro, -ra *adj.* [cuerpo, sustancia] Que no tiene color.

incólume *adj.* [persona, cosa] Que ha estado en peligro o ha sufrido un accidente y no ha recibido ningún daño físico.

incombustible *adj.* 1 Que no puede arder o que arde mal. 2 [persona] Que no se ve afectado por el paso del tiempo o por problemas y dificultades.

incomodar *tr./prnl.* Provocar o sentir enfado o disgusto.

incomodidad *f.* 1 Estado de malestar físico y cansancio. 2 Alteración del bienestar o de la tranquilidad del ánimo.

incómodo, -da *adj.* 1 Que provoca malestar físico y cansancio. 2 Que causa en el ánimo de una persona malestar e intranquilidad. 3 [persona] Que tiene el ánimo alterado a causa de una molestia.

incomparable *adj.* 1 Que no se puede comparar. 2 Que es muy bueno o tiene una cualidades muy superiores a otros de la misma especie.

incompatibilidad *f.* Cualidad de incompatible.

incompatible *adj.* 1 Que no puede existir, ocurrir o hacerse junto con otra cosa al mismo tiempo o de manera conjunta. 2 [cargo, función] Que no puede ejercerse legalmente a la vez que otro.

incompetencia *f.* Falta de aptitud o de preparación para pensar y ejecutar una acción o desempeñar un cargo.

incompetente *adj.* Que no posee las aptitudes o la preparación necesarias para desarrollar una actividad.

incompleto, -ta *adj.* Que no ha sido acabado o completado.

incomprendido, -da *adj./m. y f.* [persona] Que no recibe de los demás la aceptación o el reconocimiento que merece.

incomprensible *adj.* 1 Que no se puede entender. 2 Que no se puede justificar.

incomprensión *f.* Actitud poco tolerante de la persona que no respeta los sentimientos o actos de otras.

incomunicación *f.* Acción y efecto de incomunicar o incomunicarse.

incomunicar [1] *tr.* 1 Aislar a una persona

para impedir que tenga contacto o relación con otras. ‖ *prnl.* **2** Aislarse o separarse del trato con otras personas.

inconcebible *adj.* **1** Que no se puede pensar o considerar desde un punto de vista lógico o racional. **2** Que es muy difícil o casi imposible que suceda.

inconcluso, -sa *adj.* Que no ha sido acabado o completado.

incondicional *adj.* **1** Que no tiene limitaciones ni condiciones. ‖ *adj./com.* **2** Que sigue fielmente a alguien o algo o que es muy aficionado a él.

inconexo, -xa *adj.* Que no tiene unión o no guarda una relación adecuada entre sus partes.

inconfesable *adj.* Que no puede darse a conocer por ser especialmente vergonzoso, inmoral o ilegal.

inconfeso, -sa *adj.* Que no reconoce ser culpable del delito del que se le acusa.

inconformismo *m.* Actitud de no aceptar una circunstancia determinada, en especial cuando es impuesta o injusta.

inconformista *adj./com.* Que actúa con inconformismo.

inconfundible *adj.* Que no se puede confundir con otro de la misma especie.

incongruencia *f.* **1** Falta de unión o relación adecuada de todas las partes que forman un todo. **2** Cosa que contradice a otra.

incongruente *adj.* Que tiene o muestra incongruencia.

inconmensurable *adj.* Que no puede ser medido o valorado.

inconsciencia *f.* Estado de la persona inconsciente.

inconsciente *adj.* **1** [persona] Que ha perdido el conocimiento y generalmente también la capacidad de moverse y de sentir. ‖ *adj./com.* **2** [persona] Que muestra una gran falta de juicio, sensatez y cuidado en sus acciones. ‖ *m.* **3** Conjunto de procesos mentales de los que no es consciente la persona, pero que afectan a su manera de obrar o a su carácter.

inconsecuente *adj./com.* Que no mantiene una correspondencia lógica entre las ideas y el comportamiento.

inconsistencia *f.* **1** Cualidad de la materia que no resiste sin romperse o que se deforma fácilmente. **2** Falta total de unión y relación adecuada de todas las partes que forman un todo.

inconsistente *adj.* Que tiene o muestra inconsistencias.

inconsolable *adj.* [persona] Que no puede ser consolado.

inconstancia *f.* Actitud de la persona inconstante.

inconstante *adj.* **1** [persona] Que no tiene una voluntad firme y continuada en la determinación de hacer una cosa o en el modo de realizarla. **2** Que es continuado y no se prolonga mucho tiempo con la misma intensidad.

inconstitucional *adj.* Que no está de acuerdo con la Constitución de un Estado.

incontable *adj.* **1** Que no puede ser contado. **2** Que es muy numeroso o existe en una cantidad enorme.

incontinencia *f.* **1** Alteración del organismo que consiste en expulsar involuntariamente la orina o los excrementos. **2** Falta total de control sobre un sentimiento o un impulso para moderar su intensidad.

incontrolable *adj.* Que no se puede controlar.

inconveniencia *f.* **1** Falta de conveniencia de algo. **2** Obra o dicho inoportuno o inadecuado en el trato social.

inconveniente *adj.* **1** Que no resulta adecuado. ‖ *m.* **2** Situación, circunstancia o razón que dificulta o imposibilita hacer una cosa. **3** Perjuicio o molestia que provoca una cosa.

incordiar [12] *tr./intr.* Cansar, disgustar o molestar a una persona cierta cosa.

incordio *m. coloquial* Persona o cosa que causa cansancio, disgusto o molestia.

incorporación *f.* Acción de incorporar o incorporarse.

incorporar *tr.* **1** Sumar o unir una cosa a un todo. ‖ *tr./prnl.* **2** Levantar y poner derecho el cuerpo o una parte de él. ‖ *prnl.* **3** Presentarse en un lugar por primera vez para comenzar a desarrollar una actividad o después de un tiempo para continuarla.

incorpóreo, -rea *adj.* Que no tiene cuerpo, volumen o consistencia.

incorrección *f.* **1** Falta, error o defecto. **2** Comportamiento no adecuado a las normas sociales.

incorrecto, -ta *adj.* **1** Que presenta faltas, errores o defectos. **2** Que no es acertado o adecuado. **3** Que no es adecuado y respetuoso con las normas sociales.

incorregible *adj.* Que no puede abandonar un hábito o costumbre que puede causarle problemas o peligros.

incorruptible *adj.* Que no puede corromperse o viciarse.

incredulidad *f.* Imposibilidad o reserva

que tiene una persona para creer lo que ve o lo que otros le cuentan.

incrédulo, -la *adj./m. y f.* [persona] Que tiene dificultades para creer lo que ve o lo que otros le cuentan.

increíble *adj.* **1** Que causa admiración o sorpresa. **2** Que parece mentira o es muy difícil de creer.

incrementar *tr./prnl.* Añadir una parte a un conjunto de elementos o a un todo y aumentar su cantidad, tamaño o volumen.

incremento *m.* **1** Crecimiento en tamaño, en cantidad, en calidad o en intensidad. **2** Cantidad que se aumenta.

increpar *tr.* Corregir o llamar la atención a una persona por su mal comportamiento.

incriminar *tr.* Acusar a una persona de un delito o crimen.

incruento, -ta *adj.* Que no es cruel ni violento.

incrustación *f.* **1** Acción de incrustar. **2** Pequeña pieza de piedra, madera, metal u otro material de valor que se emplea para adornar una superficie en que se incrusta.

incrustar *tr./prnl.* **1** Penetrar pequeñas partes o elementos de una materia en otra hasta quedar unidas perfectamente formando un solo cuerpo. ‖ *tr.* **2** Introducir pequeños adornos de piedra, madera, metal u otro material de valor en una superficie de manera que queden ajustados perfectamente.

incubación *f.* Acción y efecto de incubar o incubarse.

incubadora *f.* **1** Cámara estéril donde se mantiene a los niños recién nacidos prematuros o con graves problemas de salud para mantenerlos aislados del exterior y en unas condiciones específicas de calor, nivel de oxígeno, alimentación y control médico. **2** Aparato que mantiene los huevos puestos por animales ovíparos a una temperatura de calor constante para lograr el desarrollo de los embriones.

incubar *tr./prnl.* **1** Desarrollar el organismo una enfermedad desde el momento del contagio hasta cuando aparecen los primeros síntomas. ‖ *tr.* **2** Mantener a una temperatura de calor constante el embrión contenido en un huevo puesto por un animal ovíparo por medios naturales o artificiales.

incuestionable *adj.* Que es tan claro para los sentidos o para la inteligencia, que no se puede cuestionar.

inculcar [1] *tr.* Hacer que alguien piense y actúe de un modo distinto al habitual por propio convencimiento o por la influencia de razones y motivos dados por otros.

inculpación *f.* DER. Atribución a una persona de un delito, una culpa o una falta.

inculpar *tr.* Atribuir la responsabilidad de un hecho que va en contra de la ley o la moral.

inculto, -ta *adj.* [persona] Que no tiene cultura o conocimientos elementales.

incultura *f.* Falta de cultura o conocimientos elementales.

incumbencia *f.* Obligación que corresponde a una persona o institución, especialmente por su cargo o condición.

incumbir *intr.* Corresponder o tener como obligación por razón de un cargo o empleo.

incumplimiento *m.* Acción y efecto de incumplir.

incumplir *tr.* Dejar de actuar con rigor y seriedad de acuerdo con una obligación, una promesa o una orden.

incunable *adj./m.* [libro, texto] Que fue impreso antes del año 1500.

incurable *adj.* Que no se puede curar.

incurrir *intr.* Hacer o ejecutar una acción equivocada, incorrecta o ilegal.

incursión *f.* **1** Ataque rápido cuyo propósito principal es causar daño más que ocupar el territorio enemigo. **2** Entrada rápida en un lugar en el que se está muy poco tiempo. **3** Dedicación de una persona durante un tiempo a una actividad o trabajo que no realiza habitualmente.

indagación *f.* Acción de indagar.

indagar [7] *tr.* Preguntar e investigar para procurar enterarse de datos o informaciones; especialmente si son referentes a un asunto oculto o secreto.

indebido, -da *adj.* Que no se debe hacer por no ser conveniente, legal o justo.

indecencia *f.* **1** Falta de respeto a las normas morales socialmente establecidas, especialmente a las de carácter sexual. **2** Acción o dicho que pone de manifiesto esta falta de respeto a las normas morales.

indecente *adj.* **1** Que está en contra de las normas morales socialmente establecidas, especialmente a las de carácter sexual. **2** Que se comporta de una manera contraria a la justicia, a la verdad y al honor. **3** Que está muy sucio, desarreglado o desordenado. **4** Que tiene una mínima calidad o que es muy pequeño o escaso.

indecible *adj.* Que no se puede decir o explicar.

indecisión *f.* **1** Falta de determinación a la hora de actuar. **2** Falta de valor o firmeza en el carácter y en la manera de actuar.

indeciso, -sa *adj.* [persona] Que tiene indecisión o actúa con indecisión.

indecoroso, -sa *adj.* Que no muestra el respeto merecido.

indefectible *adj.* Que no puede faltar o dejar de ser o que tiene que ocurrir de manera necesaria.

indefensión *f.* Falta de ayuda o de protección que sufre una persona o animal.

indefenso, -sa *adj.* [persona, animal] Que carece de ayuda o protección.

indefinido, -da *adj.* Que no está fijado de manera clara y exacta o que no tiene unos límites concretos.

indeformable *adj.* Que no puede perder su forma original.

indeleble *adj.* Que no se puede borrar.

indemne *adj.* Que ha estado en peligro y no ha recibido ningún daño.

indemnización *f.* **1** Acción de indemnizar. **2** Cantidad de dinero con la que se compensa por un daño o perjuicio.

indemnizar [4] *tr.* Satisfacer o compensar a una persona por un daño o perjuicio que ha recibido ella misma o sus propiedades.

independencia *f.* **1** Capacidad para elegir y actuar con libertad y sin depender de un mando o autoridad. **2** Proceso político por el que un territorio se separa del estado al que pertenece o del que depende.

independentismo *m.* Movimiento político que propugna la independencia de un territorio del estado al que pertenece.

independentista *adj.* **1** Del independentismo. ‖ *adj./com.* **2** [persona] Que es partidaria del independentismo.

independiente *adj.* **1** Que tiene la capacidad de elegir y actuar con libertad y sin depender de un mando o autoridad. **2** [territorio] Que tiene independencia política del estado al que pertenecía. **3** Que carece de una relación que haga depender una cosa de otra. ‖ *adj./com.* **4** [persona] Que tiene un trabajo no sujeto al mando o autoridad de una u otras personas.

independizar [4] *tr./prnl.* **1** Dejar o quedar libre respecto de un poder, una autoridad, una tutela o cualquier otro tipo de subordinación o dependencia. **2** Obtener un territorio la independencia política del estado al que pertenecía.

indescifrable *adj.* Que es muy difícil de descifrar o comprender.

indescriptible *adj.* Que provoca tal admi-

ración, asombro o conmoción que no se puede decir, explicar o describir.

indeseable *adj./com.* [persona] Que no es recomendable tratar con ella por ser despreciable y actuar con maldad.

indestructible *adj.* Que no se puede destruir.

indeterminado, -da *adj.* Que no está fijado de manera clara y exacta o que no tiene unos límites concretos.

indexación *f.* Acción de indexar.

indexar *tr.* Ordenar una serie de datos o informaciones de acuerdo a un criterio común a todas ellas para facilitar su consulta y análisis.

indiada *f.* **1** AMÉR Grupo o muchedumbre de indios. **2** AMÉR *coloquial* Forma de hablar de los indios.

indiano, -na *adj.* **1** De los territorios que formaron las colonias españolas en América. ‖ *adj./m. y f.* **2** [persona] Que emigró a América en busca de fortuna y allí se hizo rica.

indicación *f.* **1** Información o conjunto de instrucciones que se dan a una persona para explicarle lo que debe hacer o cómo obtener el objetivo que desea. **2** Cartel, señal o soporte con que se le da esta información. Se usa generalmente en plural.

indicador *m.* **1** Señal que sirve para aportar un dato o información sobre una cosa. **2** Parte de un instrumento de medida que informa del estado de funcionamiento de un mecanismo en un panel de control. **3** Dato o información que sirve para conocer las características de un hecho o para determinar su evolución futura.

indicar [1] *tr.* Dar una señal, dato o información a una persona para explicarle lo que debe hacer o cómo obtener el objetivo que desea.

indicativo, -va *adj.* **1** Que indica o sirve para indicar algo. ‖ *adj./m.* **2** GRAM. [modo verbal] Que expresa una acción, un proceso o un estado como algo real y objetivo. ‖ *m.* **3** Señal que sirve para aportar un dato o información sobre una cosa.

índice *m.* **1** Lista ordenada de las materias o de las partes de un libro o de una publicación que aparece al principio o al final de estos. **2** Lista en la que se registran, describen y ordenan, siguiendo determinadas normas, personas, cosas o sucesos que tienen algún punto en común. **3** Dato o información que sirve para conocer las características o la intensidad de un hecho o para determinar su evolución futura. **4** Valor numérico que expresa la relación estadística entre varias cantidades referentes a un mismo fenómeno. **5** MAT. Número o letra que indica el grado de una raíz. ▌ *adj./m.* **6** [dedo] Que es el segundo de la mano, contando desde el pulgar.

indicio *m.* **1** Información que sirve para conocer las características o la intensidad de un hecho o para determinar su evolución futura. **2** Hecho o circunstancia que permite deducir la existencia de una cosa.

indiferencia *f.* Falta de interés, atracción o repulsión hacia una cosa.

indiferenciado, -da *adj.* Que carece de características o rasgos particulares que lo hagan diferente.

indiferente *adj.* **1** [persona] Que no muestra interés, atracción o repulsión hacia una cosa. **2** Que carece de interés o importancia.

indígena *adj./com.* [persona, pueblo] Que es originario del lugar en el que vive; especialmente si no ha tenido contacto con otros pueblos y otras razas o pertenece a una civilización primitiva.

indigencia *f.* Falta de los mínimos recursos económicos para poder vivir.

indigenismo *m.* **1** Estudio de los caracteres y la cultura de los pueblos indígenas. **2** Doctrina política que defiende la identidad política y social y el valor de la cultura de indios y mestizos. **3** Palabra o expresión de una lengua indígena y que se usa en otro idioma.

indigenista *adj.* **1** Propio del indigenismo. ▌ *com.* **2** Persona que se dedica al estudio de la cultura indígena de un pueblo.

indigente *adj./com.* [persona] Que carece de los mínimos recursos económicos para poder vivir.

indigestarse *prnl.* **1** Sufrir una alteración del aparato digestivo por comer en exceso o por no haber digerido bien un alimento. **2** *coloquial* Resultar especialmente antipática y desagradable una persona o cosa que con anterioridad no era tan molesta.

indigestión *f.* Alteración del aparato digestivo por comer en exceso o por no haber digerido bien un alimento.

indigesto, -ta *adj.* [alimento] Que se digiere con dificultad o causa indigestión.

indignación *f.* Sentimiento de intenso enfado que provoca un acto que se considera injusto, ofensivo o perjudicial.

indignante *adj.* Que causa indignación.

indignar *tr./prnl.* Producir indignación.

indignidad *f.* **1** Falta de respeto y consideración hacia el honor y la dignidad de una persona. **2** Acción o circunstancia que provoca esta falta de respeto.

indigno, -na *adj.* **1** Que tiene unas características de inferior calidad y categoría de las que se podría esperar. **2** Que supone un desprecio público del honor y la dignidad de una persona. **3** Que es despreciable, bajo y malo.

indio, -dia *adj.* **1** De la India. ▌ *m. y f.* **2** Persona que es de la India. ▌ *adj.* **3** De los pueblos que originariamente habitaban el continente americano. ▌ *m. y f.* **4** Persona que pertenece a estos pueblos. ▌ *m.* **5** QUÍM. Elemento químico, metal blanco y brillante, blando y escaso en la naturaleza.

indirecta *f.* Expresión o comunicación que sirve para dar a entender una cosa pero sin decirla de manera clara y precisa.

indirecto, -ta *adj.* **1** Que se desvía de un recorrido, camino o rumbo directo. **2** Que ha sido producido por una causa que tenía otro fin.

indisciplina *f.* Falta de obediencia y respeto a las reglas establecidas.

indisciplinado, -da *adj./m. y f.* [persona] Que no obedece ni respeta las reglas establecidas para mantener el orden entre los miembros de un grupo.

indiscreción *f.* **1** Incapacidad para guardar un secreto o para no contar lo que se sabe. **2** Acción o dicho por el que se da a conocer un secreto o aquello que no hay necesidad que conozcan los demás. **3** Falta de prudencia y sensatez en el modo de comportarse o hablar una persona. **4** Acción o dicho imprudente e inadecuado.

indiscreto, -ta *adj./m. y f.* **1** [persona] Que habla o actúa con indiscreción. ▌ *adj.* **2** Que es imprudente e inadecuado.

indiscriminado, -da *adj.* Que no distingue unas personas o cosas de otras ni establece diferencias entre ellas.

indiscutible *adj.* Que es tan claro que no se puede cuestionar o poner en duda.

indisoluble *adj.* [relación] Que no se puede romper o separar.

indispensable *adj.* Que es muy necesario porque sin su presencia no es posible lo que se desea.

indisponer [78] *tr./prnl.* **1** Hacer que dos o más personas se enfaden o rompan la relación de respeto o simpatía que las unía. **2** Sufrir una persona una alteración de su salud ligera e inesperada.

indisposición *f.* Alteración ligera e inesperada de la salud de una persona.

indispuesto, -ta *adj.* [persona] Que sufre un ligero malestar o una indisposición pasajera.

indistinto, -ta *adj.* Que carece de unas características propias que lo haga tener consecuencias ni afectar a otra cosa de manera particular.

individual *adj.* 1 Del individuo. 2 Que corresponde a una sola persona. 3 Que es característico de la personalidad de un individuo.

individualidad *f.* 1 Característica particular de la personalidad de un individuo que lo distingue especialmente de los demás. 2 Individuo que se distingue de los demás.

individualismo *m.* Tendencia de una persona a obrar según su propia voluntad, sin contar con la opinión de los demás individuos que pertenecen al mismo grupo y sin atender a las normas de comportamiento que regulan sus relaciones.

individualista *adj./com.* 1 [persona] Que obra con individualismo. 2 Que obra según su propio interés.

individualizar [4] *tr.* Señalar las características particulares que hace que un individuo o un grupo sea diferente de los demás de su especie o clase.

individuo *m.* 1 Persona considerada independientemente de las demás. 2 Persona cuya identidad se desconoce o no se expresa. 3 Ser vivo, animal o vegetal, perteneciente a una especie, considerado independientemente de los demás.

indivisible *adj.* Que no se puede dividir.

indocumentado, -da *adj.* 1 [persona] Que carece de los documentos legales de identificación personal. 2 [información] Que carece de documentos o testimonios válidos que lo demuestren. ‖ *adj./m. y f.* 3 [persona] Que carece de los conocimientos y de la preparación necesaria para llevar a cabo una actividad o trabajo determinado.

indoeuropeo, -pea *adj.* 1 De un antiguo pueblo procedente de Asia que se extendió desde la India hasta Europa a finales del neolítico. ‖ *m.* 2 Lengua hablada por este pueblo que es el tronco común del que se derivan muchas familias de lenguas europeas y asiáticas.

índole *f.* 1 Manera de ser que es resultado de un conjunto de cualidades y circunstancias por las que una persona se distingue de las demás. 2 Conjunto de características particulares que determinan la naturaleza de una cosa.

indolencia *f.* Falta de voluntad, energía o ánimo.

indolente *adj.* [persona] Que no tiene voluntad, energía o ánimo.

indoloro, -ra *adj.* Que no causa dolor.

indomable *adj.* 1 Que no puede ser domado. 2 [persona] Que no se deja someter o controlar por nada ni nadie.

indómito, -ta *adj.* 1 [animal] Que no está domado. 2 Que no se puede contener o reprimir.

indonesio, -sia *adj.* 1 De Indonesia. ‖ *m. y f.* 2 Persona que es de Indonesia.

inducción *f.* 1 Acción y efecto de inducir. 2 Proceso por el cual el campo magnético creado por el conductor eléctrico provoca una fuerza eléctrica en otro conductor.

inducir [46] *tr.* 1 Influir en una persona para que realice una acción o piense del modo que se desea; especialmente si es con el objetivo de que haga algo malo o perjudicial para otro. 2 Establecer una ley general a partir del conocimiento de unos hechos particulares por medio de un razonamiento.

inductancia *f.* Capacidad de un circuito eléctrico para generar corrientes por medio de la inducción electromagnética.

inductivo, -va *adj.* [razonamiento] Que a partir de una serie de hechos particulares establece una ley general.

inductor, -ra *adj./m. y f.* [persona] Que influye en una persona para que haga algo, especialmente si es malo o perjudicial para otro.

indudable *adj.* Que es tan claro para los sentidos o para la inteligencia, que no se puede cuestionar o poner en duda.

indulgencia *f.* 1 Tendencia a juzgar con benevolencia y castigar sin demasiado rigor. 2 Perdón que concede una autoridad de la Iglesia por los pecados cometidos.

indulgente *adj.* [persona] Que muestra indulgencia.

indultar *tr.* Retirar la autoridad competente la obligación que tiene una persona de cumplir una pena.

indulto *m.* Orden dada por la autoridad competente para que se retire la obligación de cumplir una pena.

indumentaria *f.* Conjunto de las prendas que una persona viste.

industria *f.* 1 Actividad económica y técnica que consiste en transformar las materias primas hasta convertirlas en productos adecuados para satisfacer las necesidades del hombre. 2 Fábrica o empresa que se dedica a esa actividad. **3** Conjunto de fábricas o empresas que se dedican a la realización de los mismos productos o de sus componentes.

industrial *adj.* **1** De la industria. ‖ *com.* **2** Director o propietario de una industria.

industrialismo *m.* Tendencia a conceder excesiva importancia a los intereses industriales en la actividad económica.

industrialista *adj.* Partidario del industrialismo.

industrialización *f.* Acción y efecto de industrializar.

industrializar [4] *tr.* **1** Establecer el sistema económico y técnico necesario para transformar las materias primas hasta convertirlas en productos adecuados para satisfacer las necesidades de un grupo de personas. **2** Hacer que aumente la actividad industrial implantando industrias o desarrollando las que ya existen.

inédito, -ta *adj./m. y f.* **1** [obra] Que no ha sido nunca publicado. ‖ *adj.* **2** [escritor] Que no ha publicado nada. **3** Que es nuevo y desconocido.

inefable *adj.* Que no se puede decir, explicar o describir con palabras.

ineficacia *f.* Falta del provecho, resultado o interés adecuado al que era de esperar.

ineficaz *adj.* Que no produce el provecho, resultado o interés adecuado.

ineficiencia *f.* Falta de virtud o facultad para conseguir un efecto determinado.

ineficiente *adj.* Que tiene ineficiencia.

ineludible *adj.* [obligación, dificultad, problema] Que no se puede evitar o rehuir.

inenarrable *adj.* Que provoca tal admiración, asombro o conmoción que no se puede decir, explicar o describir.

-íneo, -ínea Sufijo que significa 'condición', 'carácter', 'forma'.

ineptitud *f.* Falta de aptitud o conocimientos para hacer algo.

inepto, -ta *adj./m. y f.* Que no posee la inteligencia o preparación necesaria para desarrollar una actividad.

inequívoco, -ca *adj.* Que solamente puede entenderse o explicarse de un modo.

inercia *f.* **1** FÍS. Incapacidad de los cuerpos para cambiar de estado, reposo o movimiento, sin la aplicación de una fuerza. **2** Falta de energía física o moral para alterar una costumbre o un modo de actuación.

inerme *adj.* [persona] Que no dispone de medios o de armas para defenderse.

inerte *adj.* **1** Que no tiene vida. **2** QUÍM.

[sustancia, materia] Que carece de la capacidad de provocar reacciones químicas.

inescrutable *adj.* [persona, cosa] Que no presenta ninguna característica visible que permita averiguar algo sobre ella.

inesperado, -da *adj.* Que ocurre sin haberlo esperado o previsto.

inestabilidad *f.* Cualidad de inestable.

inestable *adj.* **1** [cuerpo] Que es incapaz de mantener o recuperar el equilibrio. **2** [fenómeno] Que sufre continuas o frecuentes alteraciones de sus condiciones y caracterísiticas. **3** [persona] Que sufre constantes o frecuentes alteraciones del carácter, el humor y la tranquilidad.

inestimable *adj.* Que tiene un valor tan grande que es imposible calcularlo.

inevitable *adj.* Que no se puede evitar.

inexactitud *f.* Falta de precisión.

inexacto, -ta *adj.* Que no es preciso o exacto o que no se ajusta a otra cosa.

inexcusable *adj.* **1** [actitud, comportamiento, hecho] Que no se puede o no se debe perdonar. **2** [obligación, problema] Que no se puede evitar o rehuir.

inexistencia *f.* Falta o desaparición de una cosa de un lugar o de una situación determinada.

inexistente *adj.* Que no tiene existencia.

inexorable *adj.* **1** Que no se puede evitar, eludir o detener. **2** Que no se deja convencer o ablandar por ruegos y súplicas.

inexperiencia *f.* Falta de los conocimientos que se consiguen con el uso, la práctica o las propias vivencias.

inexperto, -ta *adj./m. y f.* Que tiene poca experiencia y práctica.

inexplicable *adj.* Que no tiene explicación.

inexpresivo, -va *adj.* [persona] Que no muestra lo que siente o lo que piensa.

inexpugnable *adj.* [lugar] Que no se puede alcanzar o conquistar por la fuerza.

infalibilidad *f.* Imposibilidad de equivocarse o de cometer un error.

infalible *adj.* **1** [persona] Que no se equivoca nunca o que jamás comete un error. **2** Que nunca deja de funcionar correctamente.

infamar *tr.* Quitar la fama, el honor o la dignidad a una persona.

infamatorio, -ria *adj.* Que quita la fama, el honor o la dignidad a una persona.

infame *adj.* **1** Que es muy malo y despreciable en su especie. ‖ *adj./ com.* **2** [persona] Que tiene muy mala fama.

infamia *f.* 1 Ofensa pública que sufre la fama, el honor o la dignidad de una persona. 2 Acción mala y despreciable.

infancia *f.* 1 Edad que está entre la del recién nacido y la del adolescente. 2 Conjunto de niños que se hallan en esta edad.

infante, -ta *m. y f.* 1 Hijo de un rey que no tiene la condición de príncipe o princesa heredera de la corona. 2 Título honorífico que un rey concede a un miembro de su familia. 3 Niño que tiene pocos días, meses o años de vida.

infantería *f.* Sección del ejército de tierra integrada por tropas que van a pie.

infanticida *adj./com.* [persona] Que ha asesinado o intenta asesinar a un niño.

infanticidio *m.* Asesinato o intento de asesinato de un niño.

infantil *adj.* De la infancia o que es característico de ella.

infantilismo *m.* Presencia en la personalidad de un adolescente o un adulto de características del comportamiento y la sensibilidad propia de un niño.

infanzón, -zona *m. y f.* Hidalgo o hijodalgo que tenía un poder limitado sobre sus terrenos o propiedades.

infarto *m.* MED. Muerte de los tejidos que forman parte de un órgano por la interrupción del riego sanguíneo y la falta de suministro de oxígeno a las células que lo constituyen. Se usa frecuentemente para referirse al del corazón.

infatigable *adj.* Que no se cansa o que resiste mucho sin descansar.

infausto, -ta *adj.* [hecho, situación] Que trae desgracia y causa tristeza y dolor.

infección *f.* 1 Transmisión de una enfermedad por contacto con el germen o virus que la causa. 2 Enfermedad causada por esta transmisión.

infeccioso, -sa *adj.* [enfermedad] Que se produce por el contacto con el germen o virus que la causa.

infectar *tr.* 1 Transmitir una enfermedad por contacto con el virus que la causa. ‖ *prnl.* 2 Contraer una enfermedad por contacto con el virus que la causa. 3 Desarrollar gérmenes una herida.

infecto, -ta *adj.* Que está tan sucio que puede provocar infecciones.

infelicidad *f.* Estado de ánimo de la persona infeliz.

infeliz *adj./com.* 1 [persona] Que se siente desgraciado y se encuentra triste por causa de un gran dolor o aflicción. 2 *coloquial* [persona] Que se deja engañar por los demás con facilidad por tener un carácter afable, bondadoso y confiado.

inferencia *f.* Deducción por medio de un razonamiento a partir de una situación anterior o de un principio general.

inferior *adj.* 1 Que está debajo o más bajo. 2 Que es menor en cantidad, calidad o importancia. ‖ *com.* 3 [persona] Que trabaja a las órdenes de otra.

inferioridad *f.* Estado o situación que ocupa una cosa que es menor en cantidad, calidad o importancia que otra.

inferir [35] *tr.* 1 Hacer una inferencia. 2 *culto* Causar un grave daño u ofensa.

infernal *adj.* 1 Del infierno. 2 Que causa gran disgusto o enfado o es muy desagradable.

infestar *tr.* Invadir un lugar; especialmente animales o plantas dañinas.

infidelidad *f.* 1 Engaño que consiste en tener relaciones sexuales con una persona distinta de la pareja habitual. 2 Incumplimiento de un juramento o promesa.

infiel *adj.* 1 Que actúa con infidelidad. ‖ *adj./com.* 2 Que defiende ideas religiosas contrarias a su dogmas y a la fe de una doctrina religiosa.

infiernillo *m.* Utensilio eléctrico o a gas, pequeño y fácil de transportar, que sirve para dar calor o calentar la comida.

infierno *m.* 1 Según algunas religiones, lugar al que van las almas de las personas que mueren en pecado para sufrir toda clase de tormentos y penalidades a lo largo de la eternidad. 2 Lugar que resulta insoportable.

infijo, -ja *adj./m.* GRAM. Afijo introducido en el interior de una palabra o de su lexema o raíz.

infiltrado, -da *adj./m. y f.* [persona] Que se introduce de modo secreto en un grupo u organización con la intención de conocer sus actividades y comunicarlas a aquellos para quienes trabaja.

infiltrar *tr./prnl.* 1 Introducir un líquido a presión en el interior de un cuerpo. ‖ *prnl.* 2 Introducirse de modo secreto una persona en un grupo u organización.

ínfimo, -ma *adj.* Que es lo más bajo o lo último en cantidad, calidad o importancia.

infinidad *f.* Número o cantidad muy grande o imposible de calcular o limitar.

infinitesimal *adj.* [cantidad] Que es tan pequeña que está muy próxima al 0.

infinitivo *m.* GRAM. Forma no personal del verbo que puede cumplir las funciones del nombre.

infinito, -ta *adj.* **1** Que no tiene límites ni fin. **2** Que es muy numeroso y grande. ‖ *m.* **3** Punto lejano e indeterminado del espacio. **4** MAT. Signo en forma de un ocho tendido que expresa un valor mayor que cualquier cantidad. ‖ *adv.* **5** De modo excesivo, mucho, sin límite.

inflación *f.* ECON. Proceso económico provocado por el desequilibrio existente entre la producción y la demanda que causa una subida continuada de los precios.

inflacionario, -ria *adj.* De la inflación económica o que tiene relación con ella.

inflacionismo *m.* Tendencia a la inflación en el campo de la economía.

inflacionista *adj.* Inflacionario.

inflamable *adj.* Que arde con facilidad.

inflamación *f.* Alteración anormal de una parte del cuerpo caracterizada por estar enrojecida, hichada y caliente y dar sensación de dolor.

inflamar *tr./prnl.* **1** Encender y hacer arder con llamas una materia o una sustancia. **2** Excitar los ánimos, los deseos o las pasiones. ‖ *prnl.* **3** Producirse una inflamación en una parte del cuerpo.

inflamatorio, -ria *adj.* De la inflamación.

inflar *tr./prnl.* **1** Aumentar el tamaño o volumen de un cuerpo al llenar su interior con un gas. **2** Exagerar la importancia o el valor de una cosa. ‖ *prnl.* **3** *coloquial* Satisfacer el gusto o el deseo de algo. **4** Sentir un gran orgullo de los propios actos o virtudes.

inflexible *adj.* [persona] Que no se aparta de su punto de vista o de lo que considera justo o razonable.

inflexión *f.* **1** Cambio de tono de la voz que da un carácter particular a la entonación. **2** Inclinación de la cabeza o de una parte del cuerpo.

infligir [6] *tr.* **1** Causar o producir un daño. **2** Imponer o aplicar un castigo.

inflorescencia *f.* BOT. Conjunto de flores que nacen agrupadas de un mismo tallo.

influencer *com.* Persona que destaca en una red social y expresa opiniones que influyen en las personas que la conocen y la siguen.
OBS Se pronuncia aproximadamente 'influénser'.

influencia *f.* **1** Capacidad de determinar o alterar la forma de pensar o de actuar de otra persona. **2** Efecto, consecuencia o cambio que produce una cosa en otra. ‖ *f. pl.* **3** Relaciones de amistad o interés con otras personas que sirven para obtener favores personales.

influenciar [12] *intr.* Influir.

influir [62] *intr.* **1** Determinar o alterar la forma de pensar o de actuar de otra persona. **2** Producir una cosa en otra un determinado efecto, consecuencia o cambio.

influjo *m.* Influencia.

influyente *adj.* Que tiene la capacidad de determinar o alterar la forma de pensar o de actuar de alguien.

información *f.* **1** Noticia que se comunica o se conoce. **2** Proceso por el que esta noticia se da a conocer. **3** Lugar u oficina donde se dan noticias o explicaciones sobre una cosa a la persona que lo solicita.

informador, -ra *adj./m. y f.* [persona] Que se dedica a la comunicación o difusión de la información.

informal *adj.* **1** Que no acostumbra cumplir con sus obligaciones o compromisos. **2** Que no se ajusta a normas legales, sino que se fundamenta en la confianza entre las personas. **3** Que no está sujeto a reglas protocolarias. **4** [prenda, ropa] Que es adecuada para la vida privada o familiar y se viste por comodidad.

informalidad *f.* Cualidad de informal.

informante *adj./com.* [persona] Que informa.

informar *tr.* Comunicar una noticia.

informática *f.* Conjunto de conocimientos científicos y técnicos que se ocupan del tratamiento de la información por medio de ordenadores electrónicos.

informático, -ca *adj.* **1** De la informática. ‖ *m. y f.* **2** Persona que se dedica a la informática.

informativo, -va *adj.* **1** De la información. ‖ *m.* **2** Programa de radio o televisión en que se dan noticias sobre hechos de la actualidad del interés del público.

informatización *f.* Acción y efecto de informatizar.

informatizar [4] *tr./prnl.* Implantar o aplicar medios informáticos para el desarrollo de una actividad o trabajo.

informe *m.* **1** Comunicación escrita u oral en la que se dan informaciones, explicaciones y opiniones sobre una persona, asunto o negocio. **2** Noticia o conjunto de noticias que se conocen sobre una persona, asunto o negocio. ‖ *adj.* **3** Que no tiene una forma determinada o propia.

infortunado, -da *adj./m. y f.* Que no tiene suerte o fortuna.

infortunio *m.* **1** Mala suerte. **2** Hecho provocado por la mala suerte que causa un gran dolor e infelicidad.

infra- Prefijo que significa 'inferior', 'por debajo de'.

infracción *f.* Acción u omisión que va en contra de una ley, norma o pacto.

infractor, -ra *adj./m. y f.* [persona] Que comete una infracción.

infraestructura *f.* Conjunto de medios técnicos, servicios e instalaciones necesarios para el desarrollo de una actividad.

infraganti *adv.* En el preciso instante en que se comete un delito o una falta.
OBS También se escribe *in fraganti*.

infranqueable *adj.* 1 [obstáculo] Que no es posible de atravesar o salvar. 2 [problema] Que es imposible de solucionar.

infrarrojo, -ja *adj.* [tipo de radiación] Que es emitida por una fuente de calor y no es visible por el ojo humano por tener una longitud de onda mayor que la del color rojo.

infravalorar *tr.* Dar a una persona o cosa una importancia menor de la que verdaderamente tiene o le corresponde.

infrecuente *adj.* Que no es frecuente.

infringir [6] *tr.* Actuar en contra de una ley, norma o pacto.

infructuoso, -sa *adj.* Que no produce el resultado o interés que era de esperar.

infrutescencia *f.* BOT. Conjunto de frutos procedentes de las flores que nacen agrupadas de un mismo tallo.

ínfulas *f. pl.* Muestra excesiva de orgullo que hace una persona de lo que considera que son sus virtudes o bienes propios.

infundado, -da *adj.* [idea, opinión, juicio] Que carece de fundamento y razón.

infundio *m.* Mentira que se difunde para perjudicar a una persona.

infundir *tr.* Hacer que alguien piense y actúe de un modo distinto al habitual por propio convencimiento o por influencia de razones y motivos dados por otros.
OBS Tiene un participio irregular culto, *infuso*, y otro regular, *infundido*, que se usa en la conjugación.

infusión *f.* Bebida que se hace echando en agua muy caliente partes de una planta, especialmente sus hojas o semillas.

ingeniar [12] *tr.* Crear una cosa útil combinando con inteligencia y habilidad los conocimientos que se poseen y los medios técnicos de los que se dispone. ▶ **ingeniárselas** Solucionar un problema o salvar una dificultad con inteligencia y habilidad.

ingeniería *f.* Conjunto de conocimientos científicos y técnicos que permiten el uso de las fuentes de energía y el trabajo para modificar la materia y adaptarla a las necesidades de las personas. ▶ **ingeniería genética** Parte de la bioquímica que estudia los genes de los seres vivos y el modo de modificar su estructura y composición.

ingeniero, -ra *m. y f.* Persona que se dedica a la ingeniería.

ingenio *m.* 1 Capacidad para imaginar o crear cosas útiles combinando con inteligencia y habilidad los conocimientos que posee y los medios técnicos de que dispone. 2 Capacidad para pensar con rapidez y claridad. 3 Capacidad para crear una obra a partir de la imaginación y de la inteligencia. 4 Aparato o mecanismo que desarrolla un trabajo útil o una función práctica.

ingenioso, -sa *adj.* 1 Que es capaz de pensar con rapidez y claridad. 2 [cosa, obra] Que ha sido creada con ingenio.

ingente *adj.* Que es muy grande o numeroso.

ingenuidad *f.* 1 Desconocimiento del mal. 2 Falta de malicia, astucia o doblez al actuar. 3 Acción o dicho que demuestra falta de malicia o de experiencia.

ingenuo, -nua *adj.* 1 Que desconoce el mal y tiene sentimientos puros. ‖ *adj./m. y f.* 2 [persona] Falto de malicia, astucia o doblez al obrar.

ingerir [35] *tr.* Hacer o dejar pasar una cosa desde la boca al estómago.

ingesta *f.* Ingestión.

ingestión *f.* Proceso fisiológico por el que una cosa pasa desde la boca al estómago.

ingle *f.* Parte del cuerpo en la que se une la parte superior de la pierna con el vientre.

inglés, -glesa *adj.* 1 De Inglaterra. ‖ *m. y f.* 2 Persona que es de Inglaterra. ‖ *m.* 3 Lengua de Gran Bretaña, Estados Unidos, Australia y otros países.

ingratitud *f.* Falta de agradecimiento hacia una persona que nos ha hecho un favor, un servicio o un bien.

ingrato, -ta *adj./m. y f.* 1 [persona] Que no reconoce el valor de un beneficio o favor recibido. ‖ *adj.* 2 Que es desagradable y produce mucho disgusto.

ingravidez *f.* Estado en el que se encuentra un cuerpo que no está sujeto a una fuerza de atracción ejercida por otro cuerpo con una masa inmensamente mayor.

ingrávido, -da *adj.* 1 [cuerpo] Que no está sometido a una fuerza de atracción ejercida por otro cuerpo con una masa inmensamente mayor. **2** [cuerpo] Que tiene muy poco peso.

ingrediente *m.* **1** Componente que se combina con otros para formar un compuesto. **2** Elemento que forma parte de las características generales de una cosa. **3** ARG Cantidad pequeña de comida que sirve para acompañar la bebida, generalmente como aperitivo.

ingresar *intr.* **1** Entrar en un hospital para someterse a un tratamiento médico. **2** Comenzar a formar parte de un grupo, conjunto o institución. **|** *tr.* **3** Entregar a un banco o caja de ahorros una cantidad de dinero para que la guarde. **4** Ganar dinero.

ingreso *m.* **1** Acción de ingresar. **2** Cantidad de dinero que se ingresa en un banco o caja de ahorros. **|** *m. pl.* **3** Cantidad de dinero que gana una persona o empresa de manera periódica y regular.

inhabilitar *tr.* **1** Evitar la ocasión de que una cosa exista, ocurra o pueda realizarse. **2** DER. Prohibir a una persona el ejercicio de un cargo o el uso de un derecho.

inhabitable *adj.* [lugar] Que carece de las condiciones necesarias para habitarse.

inhalación *f.* Acción de inhalar.

inhalador *m.* Aparato para inhalar un gas o una sustancia medicinal.

inhalar *tr.* Aspirar una persona o animal un gas o una sustancia pulverizada, especialmente si lo hace por la nariz.

inherencia *f.* Unión de cosas que son inseparables por su naturaleza o que solo son separables mentalmente.

inherente *adj.* Que es esencial y permanente en un ser o en una cosa o no se puede separar de él por formar parte de su naturaleza.

inhibición *f.* Acción y efecto de inhibir o inhibirse.

inhibir *tr./prnl.* **1** Impedir la vergüenza, el miedo u otro freno a una persona actuar de acuerdo a sus sentimientos, deseos o capacidades. **2** Disminuir o suspender las funciones normales de una parte del organismo por medios mentales o químicos. **|** *prnl.* **3** Renunciar a intervenir en un asunto o en una actividad.

inhóspito, -ta *adj.* [lugar] Que carece de las condiciones necesarias para resultar agradable y acogedor.

inhumación *f.* Acción y efecto de inhumar.

inhumano, -na *adj.* Que causa un gran sufrimiento y dolor.

inhumar *tr.* Enterrar a una persona en una fosa o en un nicho.

iniciación *f.* Acción y efecto de iniciar o iniciarse.

iniciado, -da *adj./m. y f.* **1** [persona] Que participa de las prácticas o de los conocimientos de algo secreto. **2** [persona] Que tiene suficiente experiencia y capacidad para hacer o entender algo.

inicial *adj.* **1** Del principio u origen de una cosa o que tiene relación con él. **|** *adj./f.* **2** [letra] Que es la primera de una palabra.

iniciar [12] *tr.* **1** Comenzar a hacer algo. **|** *tr./prnl.* **2** Proporcionar a alguien el conocimiento o los primeros conocimientos de una faceta de la vida o de una actividad que desconoce. **3** Admitir a una persona en un grupo, secta o sociedad secreta mediante una serie de pruebas.

iniciativa *f.* **1** Proposición o idea que sirve para iniciar alguna cosa. **2** Capacidad para idear, inventar o emprender cosas.

inicio *m.* Principio u origen de una cosa.

inicuo, -cua *adj.* **1** *culto* Que no es justo o no obra con justicia. **2** *culto* Que es muy malo o cruel.

inigualable *adj.* Que no se puede igualar por extraordinario o bueno.

inimaginable *adj.* **1** Que no se puede imaginar, especialmente por la magnitud o la intensidad de lo que se expresa. **2** Que es difícil o casi imposible que suceda.

ininteligible *adj.* Que no se puede entender o comprender.

iniquidad *f.* Injusticia o gran maldad en el modo de obrar.

injerencia *f.* Intervención de una persona en asuntos ajenos o en cuestiones que no son de su incumbencia.

injertar *tr.* **1** Introducir en la rama o tronco de una planta un trozo de otra con alguna yema para que brote y crezca en ella o unirlas por la zona de corte. **2** MED. Implantar un trozo de tejido vivo de una parte del cuerpo en otra parte de la misma persona o en el cuerpo de otro individuo.

OBS El participio irregular *injerto* solamente se usa como sustantivo.

injerto *m.* **1** Unión de un trozo de planta provisto de yemas a la rama o tronco de otra para que brote. **2** Planta o fruto que resulta al unir un trozo de planta con otra. **3** MED. Implantación de un trozo de tejido vivo tomado de una parte del cuerpo en otra parte distinta o en otro individuo.

injuria *f.* Insulto u ofensa injustas.

injuriar [12] *tr.* Insultar u ofender la dignidad o el honor de una persona, especialmente mediante acusaciones injustas.

injurioso, -sa *adj.* Que injuria u ofende.

injusticia *f.* **1** Acción contraria a la justicia. **2** Falta de justicia.

injustificable *adj.* Que no se puede explicar o disculpar.

injusto, -ta *adj.* Que no es justo.

inmaculado, -da *adj.* Que está completamente limpio o no tiene ninguna mancha.

inmadurez *f.* Falta de juicio al obrar propia de una persona no adulta.

inmaduro, -ra *adj.* **1** [fruta] Que todavía no tiene la maduración que la hace adecuada para ser cogida y comida. **2** [proyecto] Que no está completamente pensado. **|** *adj./m. y f.* **3** [persona] Que no ha alcanzado la madurez.

inmanencia *f.* Unión en un ser de cosas inseparables por naturaleza.

inmanente *adj.* FIL. Que es esencial y permanente en un ser o en una cosa y que no se puede separar de él.

inmaterial *adj.* Que pertenece al espíritu y no al mundo físico.

inmediaciones *f. pl.* Territorio o terreno que rodea un lugar.

inmediatez *f.* Proximidad en el espacio o en el tiempo de alguna cosa.

inmediato, -ta *adj.* **1** Que está próximo a otra cosa, a su lado o muy cerca, sin nada en medio. **2** Que ocurre en seguida, justo después de otra cosa. **▶ de inmediato** Indica que algo sucede enseguida o justo después de otra cosa, sin pasar tiempo entre ellas.

inmemorial *adj.* Que es tan antiguo que no hay memoria de cuándo comenzó.

inmensidad *f.* Extensión o tamaño muy grande que resulta imposible limitar.

inmenso, -sa *adj.* Que es tan grande en tamaño, número o intensidad que no puede medirse ni contarse.

inmerecido, -da *adj.* Que no se merece.

inmersión *f.* **1** Introducción completa de una cosa en un líquido. **2** Profundizar en algo que se quiere aprender.

inmerso, -sa *adj.* **1** Que está sumergido en un líquido. **2** [persona] Que tiene la atención intensamente en un pensamiento o en una acción.

inmigración *f.* Movimiento de población que consiste en la llegada de personas a un país o región diferente de su lugar de origen para establecerse en él.

inmigrante *com.* Persona que llega a un país o región diferente de su lugar de origen para establecerse en él.

inmigrar *intr.* Establecerse en un país o región diferente del lugar de origen.

inminencia *f.* Extrema proximidad de un suceso.

inminente *adj.* Que amenaza o que va a ocurrir en seguida.

inmiscuirse [62] *prnl.* Dar opiniones, consejos o indicaciones sobre un asunto ajeno sin el permiso de los implicados.

inmobiliaria *f.* Sociedad o empresa que se dedica a construir, vender, alquilar y administrar viviendas.

inmobiliario, -ria *adj.* De los bienes inmuebles.

inmolación *f.* Acción y efecto de inmolar o inmolarse.

inmolar *tr.* **1** Sacrificar una víctima a un dios como signo de reconocimiento u obediencia. **|** *prnl.* **2** Dar la vida o los bienes en provecho u honor de una persona o de una causa.

inmoral *adj.* [persona, acción] Que se opone a la moral establecida o no guarda las normas éticas.

inmoralidad *f.* **1** Ausencia o falta de moralidad. **2** Obra o dicho inmoral.

inmortal *adj.* **1** Que no puede morir. **2** Que dura indefinidamente en la memoria.

inmortalidad *f.* **1** Cualidad de inmortal. **2** Duración indefinida de una cosa en la memoria de los hombres.

inmortalizar [4] *tr./prnl.* Hacer que se conserve para siempre una persona o una cosa en la memoria de los hombres.

inmóvil *adj.* **1** Que no se mueve. **2** Que es firme y constante.

inmovilidad *f.* Falta de movilidad.

inmovilismo *m.* Actitud que defiende la tradición y rechaza los cambios.

inmovilización *f.* Hecho de imposibilitar el movimiento.

inmovilizar [4] *tr./prnl.* Imposibilitar el movimiento.

inmueble *adj.* Edificio o vivienda.

inmundicia *f.* **1** Suciedad o basura. **2** Deshonestidad.

inmundo, -da *adj.* **1** Que está muy sucio y asqueroso. **2** Que es muy indecente y deshonesto.

inmune *adj.* **1** [persona, lugar] Que no se encuentra sometido a los procedimientos legales normales y está libre de ciertos cargos u obligaciones. **2** Que no puede ser afectado por cierta enfermedad o daño.

inmunidad *f.* **1** Privilegio por el que ciertas personas y lugares no se someten a los procedimientos legales normales y quedan libres de determinadas obligaciones, penas o cargos. **2** Protección o resistencia contra una enfermedad.

inmunitario, -ria *adj.* De la inmunidad o relacionado con esta resistencia del organismo a las enfermedades.

inmunizar [4] *tr./prnl.* Hacer inmune o resistente a una enfermedad o daño.

inmunodeficiencia *f.* MED. Estado del organismo que consiste en la pérdida de gran parte de sus defensas inmunitarias.

inmunología *f.* Parte de la medicina que estudia los fenómenos de inmunidad del organismo.

inmunólogo, -ga *m. y f.* MED. Médico especialista en inmunología.

inmutable *adj.* **1** Que no cambia o no puede cambiar. **2** Que no siente o no muestra alteración del ánimo.

inmutar *tr./prnl.* Alterar o impresionar de forma visible el ánimo de alguien.

innato, -ta *adj.* Que no es aprendido y pertenece a la naturaleza de un ser desde su origen o nacimiento.

innecesario, -ria *adj.* Que no es necesario.

innegable *adj.* Que no se puede negar.

innoble *adj.* Que muestra bajeza, maldad o falsedad.

innovación *f.* Cambio que supone una novedad.

innovador, -ra *adj./m. y f.* Que innova.

innovar *tr.* Cambiar las cosas introduciendo novedades.

innumerable *adj.* Que es tan numeroso que no puede ser contado o numerado.
OBS Se usa solo con sustantivos en plural, excepto cuando se trata de colectivos.

inocencia *f.* **1** Ausencia de culpabilidad. **2** Simplicidad o falta de malicia, astucia o doblez al actuar.

inocentada *f.* Broma o engaño que se hace el día 28 de diciembre (día de los Santos Inocentes).

inocente *adj.* **1** Que no daña o que no tiene malicia. ‖ *adj./com.* **2** [persona] Que está libre de culpa o de pecado. **3** [persona] Que no merece un castigo o una pena. **4** [persona] Que es simple, fácil de engañar y está falto de malicia.

inocentón, -tona *adj./m. y f.* [persona] Que es muy inocente.

inocuidad *f.* Incapacidad para hacer daño.

inoculación *f.* MED. Introducción de bacterias o virus en un organismo.

inocular *tr.* Introducir en el organismo por medios artificiales el virus o la bacteria de una enfermedad contagiosa.

inocuo, -cua *adj.* Que no hace daño.

inodoro, -ra *adj.* **1** Que no tiene olor. ‖ *m.* **2** Recipiente conectado con una tubería de desagüe y provisto de una cisterna con agua, que sirve para orinar y evacuar los excrementos en él.

inofensivo, -va *adj.* **1** Que no puede causar daño ni molestia. **2** Que no hace daño.

inolvidable *adj.* Que no puede olvidarse.

inoperante *adj.* Que es ineficaz.

inopia *f. culto* Pobreza. ► **estar en la inopia** Estar distraído.

inopinado, -da *adj.* Que sucede sin haber pensado en ello o de forma inesperada.

inoportuno, -na *adj.* [persona, cosa] Que actúa o sucede en un momento, lugar o situación inadecuados o que no convienen.

inorgánico, -ca *adj.* **1** Que no tiene vida ni puede tenerla. **2** Que no está organizado u ordenado.

inoxidable *adj.* Que no se puede oxidar.

input *m.* INFORM. Conjunto de dispositivos y señales que permiten la introducción de información en un sistema y los datos o programas que se introducen.
OBS Es de origen inglés y se pronuncia aproximadamente 'ímput'.

inquebrantable *adj.* Que no se puede quebrantar por su gran firmeza y solidez.

inquietante *adj.* Que causa preocupación o altera los nervios.

inquietar *tr./prnl.* Causar preocupación e intranquilidad o alterar los nervios.

inquieto, -ta *adj.* **1** [persona] Que no puede estar quieto. **2** Que no está tranquilo. **3** Que está siempre dispuesto a conocer o emprender cosas nuevas.

inquietud *f.* **1** Falta de quietud o de sosiego. **2** Tendencia o inclinación hacia una actividad o estudio, especialmente en el campo de las artes. Se usa más en plural.

inquilino, -na *m. y f.* Persona que alquila una vivienda.

inquina *f.* Antipatía o mala voluntad hacia una persona.

inquirir [30] *tr.* Indagar para conseguir una información.

inquisición *f.* **1** Indagación o investigación para conseguir una información. **2** Antiguo tribunal eclesiástico establecido para descubrir y castigar las faltas contra la fe o las doctrinas de la Iglesia. En esta acepción se escribe con mayúscula.

inquisidor, -ra *adj./m. y f.* **1** Que indaga. ∥ *m.* **2** Juez de la Inquisición.

inquisitivo, -va *adj.* Que indaga.

inri *m.* Palabra que se usa en la expresión *para más inri* que sirve para señalar que algo malo ha empeorado. Procede de las iniciales de *Iesus Nazarenus, Rex Iudaeo-rum*, 'Jesús Nazareno, rey de los judíos' rótulo latino de la cruz en que fue crucificado Jesucristo.

insaciable *adj.* Que no se puede saciar.

insalubre *adj.* Que es malo para la salud.

insalvable *adj.* Que no se puede o es muy difícil de salvar o de superar.

insano, -na *adj.* **1** Que es malo para la salud. **2** Que es inmoral.

insatisfecho, -cha *adj.* Que no está satisfecho o saciado.

inscribir *tr./prnl.* **1** Apuntar en una lista para un fin determinado. ∥ *tr.* **2** Grabar en metal, en piedra o en otra materia dura. **3** Escribir algo o el nombre de alguien en un registro. **4** MAT. Trazar una figura geométrica dentro de otra de manera que estén en contacto, pero sin cortarse.

OBS El participio es *inscrito*.

inscripción *f.* **1** Inclusión de un nombre en una lista para un fin determinado. **2** Escrito grabado en una superficie dura.

inscrito, -ta *part.* Participio irregular de *inscribir*. También se usa como adjetivo.

insecticida *adj./m.* [sustancia] Que sirve para matar insectos.

insectívoro, -ra *adj./m. y f.* [animal, planta] Que se alimenta de insectos.

insecto *adj./m.* **1** [animal invertebrado] Que es pequeño y tiene el cuerpo dividido en cabeza, tórax y abdomen, tres pares de patas, dos antenas y dos o cuatro alas; sufre transformaciones en su desarrollo y respira por tráqueas comunicadas con el exterior. Se usa más como nombre masculino. ∥ *m. pl.* **2** ZOOL. Clase de estos pequeños animales invertebrados.

inseguridad *f.* Cualidad de inseguro.

inseguro, -ra *adj.* **1** Que no está libre de peligro o daño, o que es incierto. **2** [persona] Que tiene dudas sobre sí mismo y su propia capacidad.

inseminación *f.* Llegada del semen del macho al óvulo de la hembra para fecundarlo.

inseminar *tr.* Poner semen masculino en las vías genitales femeninas para que llegue hasta el óvulo y lo fecunde.

insensatez *f.* **1** Falta de buen juicio antes de actuar. **2** Obra o dicho insensato.

insensato, -ta *adj./m. y f.* Que no muestra buen juicio o madurez en sus actos.

insensibilizar [4] *tr./prnl.* Quitar la sensibilidad o hacer insensible.

insensible *adj.* **1** Que no puede sentir o que ha perdido la sensibilidad. **2** Que no tiene sentimientos o sensibilidad. **3** Que no se nota o es difícil de notar.

inseparable *adj.* **1** Que no se puede separar o que es muy difícil hacerlo. **2** [persona] Que está muy unido a una persona con vínculos muy estrechos de amistad o de amor.

inserción *f.* Acción y efecto de insertar.

insertar *tr.* **1** Incluir o meter una cosa en otra. ∥ *prnl.* **2** Introducirse un elemento anatómico o un órgano entre las partes de otro o adherirse a su superficie.

inserto, -ta Que está incluido o insertado en una cosa.

inservible *adj.* Que no sirve o no está en condiciones para ser usado.

insidia *f.* Engaño oculto o disimulado para perjudicar.

insidioso, -sa *adj.* **1** Que contiene insidia. ∥ *adj./m. y f.* **2** [persona] Que actua con insidia.

insigne *adj.* [persona, cosa] Que es muy conocido y admirado.

insignia *f.* **1** Señal o figura distintiva, especialmente cuando es pequeña y puede llevarse sujeta a la ropa. **2** Bandera o distintivo de una asociación o grupo social.

insignificancia *f.* Pequeñez, falta de importancia o ausencia de valor.

insignificante *adj.* Que es muy pequeño, poco importante o que carece de valor.

insinuación *f.* Obra o dicho que sirve para insinuar.

insinuar [11] *tr.* **1** Dar a entender una cosa de manera sutil o disimulada sin decirla claramente. ∥ *prnl.* **2** Dar a entender de manera sutil o disimulada el deseo de establecer relaciones amorosas.

insipidez *f.* **1** Escasez o falta de sabor. **2** Falta de gracia y viveza o de interés.

insípido, -da *adj.* **1** [alimento] Que tiene poco o ningún sabor. **2** Que no tiene gracia o interés.

insistencia *f.* **1** Repetición reiterada. **2** Firmeza y porfía acerca de una cosa.

insistente *adj.* Que insiste.

insistir *intr.* **1** Repetir varias veces una petición o una acción. **2** Destacar la importancia de una cosa repitiéndola. **3** Persistir o mantenerse firme en algo.

insobornable *adj.* Que no puede ser sobornado.

insolación *f.* Trastorno producido por una exposición prolongada a los rayos del sol.

insolencia *f.* 1 Atrevimiento o falta de respeto en el trato. 2 Obra o dicho ofensivos o insultantes.

insolente *adj./com.* 1 [persona] Que actúa con insolencia. | *adj.* 2 [cosa] Que implica falta de respeto.

insólito, -ta *adj.* Que es muy particular o poco frecuente.

insoluble *adj.* 1 Que no se puede disolver. 2 Que no se puede resolver.

insolvencia *f.* Incapacidad para hacer frente a unos gastos o deudas.

insolvente *adj./com.* Que no dispone de fondos para pagar deudas.

insomne *adj.* Que no duerme o tiene dificultad para conciliar el sueño.

insomnio *m.* Dificultad para conciliar el sueño cuando se debe dormir.

insondable *adj.* 1 Que es tan difícil que no se puede llegar a comprender. 2 Que es tan profundo, que no se puede alcanzar su fondo.

insonorización *f.* Acondicionamiento de un lugar para aislarlo de sonidos y ruidos.

insonorizar [4] *tr.* Acondicionar un lugar para aislarlo de sonidos y ruidos.

insoportable *adj.* Que no se puede soportar o sufrir.

insoslayable *adj.* Que no se puede evitar o rehuir.

insospechable *adj.* Que no se puede sospechar o imaginar.

insostenible *adj.* 1 Que no se puede soportar o tolerar más. 2 Que no se puede mantener o defender con razones.

inspección *f.* 1 Acción de inspeccionar. 2 Oficina del inspector.

inspeccionar *tr.* Examinar y observar con atención y cuidado.

inspector, -ra *adj.* 1 Que reconoce y examina una cosa. | *m. y f.* 2 Persona que se dedica a examinar, controlar y vigilar las actividades que se realizan en el campo al que pertenece.

inspiración *f.* 1 Acción de inspirar. 2 Estado en el que se siente una especial facilidad para la creación. 3 Estímulo que favorece este estado.

inspirar *tr./intr.* 1 Atraer el aire exterior e introducirlo en los pulmones. | *tr.* 2 Causar un sentimiento, una sensación o una idea. | *tr./prnl.* 3 Sugerir ideas para la producción artística. 4 Influir sobre una persona, especialmente sobre un artista.

inspiratorio, -ria *adj.* ANAT. De la inspiración respiratoria o que la permite.

instalación *f.* 1 Acción y efecto de instalar. 2 Conjunto de aparatos y cosas instaladas. 3 Recinto o lugar acondicionado con todas las cosas necesarias para cumplir un servicio.

instalar *tr.* 1 Colocar en el lugar y la forma adecuados las cosas necesarias para un servicio. 2 Poner en el lugar destinado a un servicio todo lo necesario para que pueda ser utilizado. | *tr./prnl.* 3 Establecer o acomodar a una persona, especialmente si es para fijar su residencia.

instancia 1 Petición por escrito redactada siguiendo determinadas fórmulas. 2 Documento oficial en el que se solicita una cosa.

instantánea *f.* Fotografía.

instantáneo, -nea *adj.* 1 Que solo dura un instante. 2 Que se produce o se consigue en un instante. 3 [alimento] Que se disuelve con facilidad en un líquido.

instante *m.* Período de tiempo muy breve.

instar *tr./intr.* Obligar por la fuerza o la autoridad a que se haga algo con rapidez.

instauración *f.* Acción y efecto de instaurar.

instaurar *tr.* Establecer o fundar una cosa que no existía, especialmente costumbres, leyes o formas de gobierno.

instigador, -ra *adj./m. y f.* Que instiga.

instigar [7] *tr.* Influir en una persona para que realice una acción o piense de un modo, especialmente si es negativo.

instintivo, -va *adj.* Que es fruto del instinto y no de la reflexión o de la razón.

instinto *m.* 1 Conducta innata y no aprendida que se transmite genéticamente entre los seres vivos de la misma especie y que les hace responder de una misma forma ante una serie de estímulos. 2 Impulso natural e interior que provoca una acción o un sentimiento sin que se tenga conciencia de la razón a la que obedece. 3 Capacidad natural para percibir y valorar con rapidez y facilidad una cosa.

institución *f.* 1 Acción de instituir. 2 Organismo que ha sido fundado para un fin, especialmente el que desempeña una función de interés público.

institucional *adj.* De la institución.

institucionalización *f.* Acción de institucionalizar.

institucionalizar [4] *tr./prnl.* Convertir

una cosa en institucional o darle carácter legal o de institución.

instituir [62] *tr.* Fundar o establecer una cosa que no existía.

instituto *m.* 1 Centro estatal de enseñanza donde se imparte educación secundaria. 2 Organización científica, social o cultural. 3 Regla que ordena cierta forma y método de vida o de enseñanza, especialmente el de las órdenes religiosas.

institutriz *f.* Mujer que se dedica a educar y enseñar a un niño en la casa de este.

instrucción *f.* 1 Enseñanza de los conocimientos necesarios para una actividad. 2 Conjunto de conocimientos adquiridos. 3 DER. Inicio y desarrollo de un proceso o expediente. ▌ *f. pl.* 4 Conjunto de reglas o indicaciones que se dan para hacer una actividad o para manejar un objeto.

instructivo, -va *adj.* Que sirve para enseñar o instruir.

instructor, -ra *adj.* 1 Que enseña o instruye. ▌ *m. y f.* 2 Persona que se dedica a enseñar o instruir, especialmente en actividades deportivas o militares.

instruido, -da *adj.* [persona] Que tiene un buen caudal de conocimientos adquiridos.

instruir [62] *tr./prnl.* 1 Enseñar conocimientos, habilidades, ideas o experiencias. 2 DER. Realizar las acciones necesarias para ejecutar un proceso.

instrumentación *f.* 1 Acción de instrumentar. 2 MÚS. Estudio de los diferentes instrumentos en función de sus características.

instrumental *adj.* 1 Del instrumento. 2 [música] Que se ha escrito para ser tocado con instrumentos y no para ser cantado. ▌ *m.* 3 Conjunto de instrumentos necesarios para realizar una actividad.

instrumentar *tr.* 1 MÚS. Preparar una obra musical para que pueda ser interpretada con varios instrumentos a la vez. 2 Organizar los medios necesarios para llevar a cabo un plan o llegar a una solución.

instrumentista *com.* Músico que toca un instrumento.

instrumento *m.* 1 Objeto simple o formado por una combinación de piezas y que es adecuado para un uso concreto, especialmente el que se usa para realizar operaciones manuales técnicas o delicadas. 2 Objeto formado por una o varias piezas que se usa para producir música. 3 Medio que sirve para alcanzar un fin.

insubordinación *f.* Desobediencia.

insubordinar *tr./prnl.* Hacer tomar una actitud rebelde y de desobediencia a los superiores.

insubstancial *adj.* Insustancial.

insubstituible *adj.* Insustituible.

insuficiencia *f.* 1 Escasez o falta de la cantidad que se necesita de una cosa. 2 Incapacidad o inadecuación de una persona para desempeñar un trabajo. 3 MED. Incapacidad de un órgano para realizar adecuadamente sus funciones.

insuficiente *adj.* 1 Que no es bastante para lo que se necesita. ▌ *m.* 2 Calificación académica que indica que no se ha llegado al nivel mínimo para aprobar.

insuflar *tr.* 1 Introducir un gas, un vapor o una sustancia en polvo dentro de una cavidad u órgano del cuerpo. 2 Comunicar o transmitir ideas, estímulos o sentimientos.

insufrible *adj.* Que es tan molesto que no se puede soportar o sufrir.

insular *adj.* 1 De la isla. ▌ *adj./com.* 2 [persona] Que es de una isla.

insulina *f.* 1 Hormona producida por el páncreas y encargada de regular la cantidad de glucosa en la sangre. 2 Medicamento hecho con esta hormona y que se emplea en el tratamiento de la diabetes.

insulso, -sa *adj.* 1 [alimento] Que tiene poco o ningún sabor. 2 Que no tiene gracia o interés.

insultante *adj.* Que constituye un insulto o una ofensa o se interpreta como tal.

insultar *tr.* Ofender a alguien con palabras o acciones que hieren sus sentimientos o su dignidad.

insulto *m.* 1 Palabra o expresión que se emplea para insultar. 2 Acción que ofende o humilla a alguien.

insumisión *f.* 1 Desacatamiento o desobediencia. 2 Negativa a hacer el servicio militar o el servicio social obligatorios.

insumiso, -sa *adj.* 1 Que no obedece o no se somete. ▌ *adj./m.* 2 [hombre] Que se niega a hacer el servicio militar o el servicio social obligatorios.

insuperable *adj.* 1 Que es insalvable o no se puede superar. 2 Que es tan excelente o bueno que no cabe otro superior.

insurrección *f.* Levantamiento o sublevación contra la autoridad.

insurrecto, -ta *adj./m. y f.* [persona] Que se levanta o subleva contra la autoridad.

insustancial *adj.* 1 [alimento] Que está insípido o falto de sabor. 2 Que no tiene importancia o interés.

OBS También se escribe *insubstancial*.

insustituible *adj.* Que es muy adecuado o bueno en su función y no se puede sustituir o es muy difícil sustituirlo.

OBS También se escribe *insubstituible*.

intachable *adj.* [persona, conducta] Que es tan perfecta y sin tacha que no admite ni el más pequeño reproche.

intacto, -ta *adj.* 1 Que no se ha tocado. 2 Que no ha sufrido alteración o daño.

intangible *adj.* 1 Que merece extraordinario respeto y no puede o no debe ser alterado. 2 Que no tiene realidad física.

integración *f.* Acción de integrar o integrarse.

integral *adj.* 1 Que está completo o es global. *f.* 2 MAT. Función que se obtiene por una operación a partir de la derivada. 3 MAT. Operación por la que se calcula el área de una función.

integrante *adj./com.* Que forma, junto con otros elementos, un conjunto.

integrar *tr.* 1 Formar o componer un conjunto. 2 MAT. Determinar mediante cálculo una cantidad, conociendo solo la expresión derivada. *tr./prnl.* 3 Incorporar a una persona a un todo y hacer que se adapte a él.

integridad *f.* 1 Estado de lo que está completo o tiene todas sus partes. 2 Honradez y rectitud en la conducta.

integrismo *m.* Tendencia al mantenimiento estricto de una tradición, especialmente religiosa.

integrista *adj.* Del integrismo. *adj./com.* [persona] Que es partidario o seguidor del integrismo.

íntegro, -gra *adj.* 1 Que está completo o tiene todas sus partes. 2 [persona] Que se comporta con honradez y rectitud.

intelecto *m.* Facultad humana de aprender, comprender y razonar.

intelectual *adj.* 1 Del intelecto. *adj./com.* 2 [persona] Que se dedica al estudio o al cultivo de las ciencias y las letras.

intelectualidad *f.* Conjunto de los intelectuales de un país o de un lugar.

inteligencia *f.* 1 Facultad humana de aprender, comprender y razonar. **inteligencia artificial** Aplicación de los conocimientos sobre la inteligencia humana al desarrollo de sistemas informáticos que reproduzcan su funcionamiento. 2 Trato y correspondencia secreta de dos o más personas o naciones entre sí. 3 Habilidad, destreza.

inteligente *adj.* 1 Que está dotado de inteligencia. 2 [cosa] Que manifiesta inteligencia. *adj./com.* 3 [persona] Que tiene mucha inteligencia.

inteligible *adj.* Que se puede entender.

intemperie *f.* Ambiente atmosférico de los lugares no cubiertos o protegidos.

intempestivo, -va *adj.* Que se hace u ocurre fuera del tiempo adecuado.

intención *f.* Determinación o voluntad de hacer cierta cosa. **segunda intención** Propósito oculto.

intencionado, -da *adj.* 1 Que ha sido hecho o dicho con cierta intención. 2 Que ha sido hecho a propósito.

intencionalidad *f.* Premeditación o carácter intencionado o deliberado con los que se realiza una cosa.

intendencia *f.* 1 Control y administración de algún servicio o del abastecimiento de alguna colectividad. 2 Cuerpo del ejército encargado de proporcionar y organizar todo lo que necesitan las fuerzas armadas o los campamentos para funcionar de forma adecuada. 3 Cargo de intendente. 4 Lugar de trabajo u oficina del intendente.

intendente *m.* 1 Jefe superior de los servicios de administración militar. 2 Jefe de algunos servicios económicos o de empresas dependientes del estado.

intensidad *f.* 1 Grado de fuerza o de energía con que se manifiesta un fenómeno o se realiza una acción. 2 Fuerza o vehemencia con que se manifiestan los sentimientos.

intensificación *f.* Aumento de la intensidad.

intensificar [1] *tr./prnl.* Aumentar la intensidad.

intensivista *com.* Médico especializado en el cuidado de enfermos graves que para mantener sus funciones vitales necesitan de medios técnicos complejos.

intensivo, -va *adj.* Que se hace de forma intensa y en un espacio de tiempo inferior a lo normal.

intenso, -sa *adj.* Que se manifiesta o se realiza con mucha fuerza o energía.

intentar *tr.* Hacer el esfuerzo o las acciones necesarias para realizar una cosa, aunque no se tenga la certeza de conseguirlo.

intento *m.* 1 Propósito o voluntad de hacer algo, aunque no se tenga la certeza de conseguirlo. 2 Acción de intentar.

intentona *f.* Intento, especialmente si no se ha conseguido el fin deseado.

OBS Suele emplearse cuando las intenciones son delictivas o temerarias.

inter- Prefijo que forma palabras con el significado de 'entre', 'en medio'.

interacción *f.* Acción, relación o influencia recíproca.

intercalar *tr.* Colocar una cosa entre otras.

intercambiar [12] *tr./prnl.* Cambiar una cosa entre sí dos o más personas o grupos.

intercambio *m.* Cambio mutuo o recíproco.

interceder *intr.* Hablar ante alguien en favor de otra persona.

interceptar *tr.* 1 Detener o apoderarse de una cosa antes de que llegue a su destino. 2 Obstruir, dificultar o interrumpir el paso en una vía de comunicación. 3 MAT. Cortar una línea o superficie a otra.

intercesión *f.* Intervención en favor de alguien.

intercesor, -ra *adj./m. y f.* Que interviene en favor de alguien.

intercostal *adj.* ANAT. Que está situado entre las costillas.

interdental *adj./f.* GRAM. [sonido] Que se articula poniendo la punta de la lengua entre los dientes incisivos superiores y los inferiores.

interdependencia *f.* Relación de dependencia mutua.

interés *m.* 1 Provecho o bien buscado. 2 Valor o utilidad que en sí tiene una cosa. 3 Atracción o inclinación hacia algo. 4 Cantidad que cada cierto tiempo da el banco por tener el dinero depositado en él. 5 Cantidad que se ha de pagar, generalmente al banco, por un préstamo. ∥ *m. pl.* 6 Bienes y propiedades que se poseen. 7 Conveniencias o necesidades.

interesado, -da *adj./m. y f.* 1 Que tiene interés en algo. 2 Que se deja llevar por el interés propio o que solo se mueve por él.

interesante *adj.* Que interesa.

interesar *tr.* 1 Atraer, gustar o producir interés. 2 Despertar en alguien el interés por una cosa. 3 Ser útil o bueno. ∥ *prnl.* 4 Manifestar interés o inclinación.

interestelar *adj.* Que está situado entre las estrellas.

interfecto, -ta *adj./m. y f.* DER. [persona] Que ha muerto de forma violenta.

interferencia *f.* Alteración o perturbación del desarrollo normal de una cosa mediante la interposición de un obstáculo.

interferir [35] *tr./prnl.* Interponer una cosa en el desarrollo normal de otra.

interfijo *adj./m.* GRAM. Afijo introducido en el interior de una palabra o de su raíz.

interfono *m.* 1 Red telefónica que se utiliza para las comunicaciones internas, especialmente en los edificios de viviendas. 2 Aparato empleado para hablar y oír en dicho sistema telefónico.

intergaláctico, -ca *adj.* 1 [zona espacial] Que se encuentra entre galaxias. 2 De esa zona o que está relacionado con ella.

intergeneracional *adj.* Que se produce entre dos o más generaciones.

ínterin *m.* Intervalo de tiempo que transcurre entre dos acciones o etapas.

OBS El plural es invariable.

interinidad *f.* 1 Tiempo durante el cual una persona sustituye a otra en un cargo o función. 2 Cargo del interino.

interino, -na *adj./m. y f.* [persona] Que desempeña una función o trabajo por cierto tiempo en sustitución de una persona.

interior *adj.* 1 Que está o queda dentro. 2 Del país al que pertenece o que tiene relación con él. 3 Que pertenece a los pensamientos o sentimientos íntimos de una persona. ∥ *adj./m.* 4 [vivienda, habitación] Que sus ventanas no dan a la calle, sino a un patio o a la parte trasera. ∥ *m.* 5 Parte de dentro de una cosa. 6 Parte de un país situada en el centro y que se opone a la zona costera o fronteriza. 7 Conjunto de pensamientos y de sentimientos íntimos de alguien.

interioridad *f.* 1 Cualidad de interior. ∥ *f. pl.* 2 Asuntos privados, generalmente secretos, de las personas, familias o grupos.

interiorizar [4] *tr.* Hacer propio o asentar de manera profunda e íntima en la mente.

interjección *f.* Palabra o expresión que, pronunciada en tono exclamativo, expresa por sí sola un estado de ánimo.

OBS Las interjecciones se escriben entre signos de admiración o exclamación.

interjectivo, -va *adj.* 1 De la interjección o relacionado con ella. 2 [expresión] Que tiene carácter de interjección.

interlineal *adj.* Que está entre dos líneas escritas.

interlocutor, -ra *m. y f.* Persona que toma parte en una conversación.

interludio *m.* MÚS. Composición musical corta que sirve de intermedio en la música instrumental.

intermediario, -ria *adj./m. y f.* [persona] Que media entre dos o más partes.

intermedio, -dia *adj.* 1 Que está entre dos o más puntos. 2 Que está entre los extremos de una escala. ∥ *m.* 3 Período de tiempo que hay entre dos acciones o dos momentos. 4 Período de tiempo durante el que se interrumpe un espectáculo o una competición deportiva.

interminable *adj.* Que no se puede acabar o que así lo parece.

intermitencia *f.* Interrupción y continuación sucesivas a intervalos regulares.

intermitente *adj.* 1 Que se interrumpe y prosigue cada cierto tiempo. ‖ *m.* 2 Luz lateral de un vehículo que se enciende y apaga con periodicidad constante y frecuente para señalar un cambio de dirección o una avería.

internacional *adj.* De dos o más naciones.

internacionalizar [4] *tr.* Convertir en internacional lo que era de una sola nación.

internado *m.* 1 Conjunto de estudiantes internos de un centro educativo. 2 Estado y régimen del estudiante interno o de la persona interna en un centro sanitario. 3 Edificio en el que viven estos estudiantes.

internauta *com.* Persona que usa internet.

internar *tr.* 1 Meter o dejar a una persona en un lugar, especialmente en una institución, para que permanezca en ella o para someterla a un tratamiento. ‖ *tr./prnl.* 2 Trasladar o llevar al interior de un lugar. ‖ *prnl.* 3 Profundizar en una materia.

internet *f.* Red informática de nivel mundial que usa un protocolo de comunicación para transmitir datos.

OBS También se escribe con mayúscula.

internista *com.* Médico especializado en enfermedades de los órganos internos.

interno, -na *adj.* 1 Que está o queda dentro. 2 Del interior o que tiene relación con él. 3 Del país al que pertenece o que tiene relación con él. ‖ *adj./m. y f.* 4 [persona] Que vive en el mismo lugar en que trabaja o estudia. 5 [médico] Que realiza su especialización o sus prácticas en un hospital o en una cátedra. ‖ *m. y f.* 6 Persona que cumple condena en un establecimiento penitenciario.

interparlamentario, -ria *adj.* Que enlaza parlamentos de distintos países.

interpelación *f.* Acción de interpelar.

interpelar *tr.* 1 Exigir explicaciones sobre un asunto. 2 Plantear un diputado o un senador al Gobierno o a la mesa una discusión ajena a los proyectos de ley y a las proposiciones.

interplanetario, -ria *adj.* 1 [zona espacial] Que se encuentra entre dos o más planetas. 2 De esa zona.

interpolación *f.* Acción de interpolar.

interpolar *tr.* 1 Poner o colocar una cosa entre otras. 2 Introducir palabras o fragmentos en un texto ya terminado.

interponer [78] *tr./prnl.* 1 Poner entre dos cosas o entre dos personas o grupos. ‖ *tr.* 2 DER. Formalizar un recurso mediante un escrito que se presenta ante el juez.

interposición *f.* Acción de interponer.

interpretación *f.* Acción y efecto de interpretar.

interpretar *tr.* 1 Explicar el significado de algo, especialmente un texto que está poco claro. 2 Dar a una cosa un significado determinado. 3 Representar un papel o un texto dramático. 4 Ejecutar una pieza musical o un baile.

intérprete *com.* 1 Persona que se dedica a traducir la conversación entre personas de lenguas diferentes. 2 Persona que se dedica a interpretar papeles o textos dramáticos. 3 Persona que se dedica a interpretar piezas musicales o de baile.

interpuesto, -ta *part.* Participio irregular de *interponer*.

interrogación *f.* 1 Pregunta que se hace para conocer una información. 2 Signo de ortografía (¿?) que se pone al principio y al final de un enunciado interrogativo.

interrogante *amb.* 1 Interrogación, pregunta. 2 Cuestión que se desconoce o que sigue produciendo dudas. ‖ *m.* 3 Interrogación, signo de ortografía.

interrogar [7] *tr.* Hacer preguntas para aclarar un hecho o sus circunstancias.

interrogativo, -va *adj.* Que indica o expresa una pregunta.

interrogatorio *m.* Serie de preguntas que se hacen a una persona.

interrumpir *tr.* 1 Hacer que una cosa no pueda continuar. 2 Cortar una conversación porque se habla mientras otra persona está hablando.

interrupción *f.* Detenimiento de una cosa que se está realizando.

interruptor *m.* Mecanismo que sirve para abrir o cerrar el paso de corriente eléctrica en un circuito.

intersección *f.* Lugar o punto donde se encuentran o se cruzan dos líneas, dos superficies o dos sólidos.

intersexual *adj./com.* [persona] Que presenta conjuntamente caracteres sexuales masculinos y femeninos.

intersticio *m.* Espacio pequeño entre dos cuerpos.

interurbano, -na *adj.* [servicio] Que comunica poblaciones distintas.

intervalo *m.* 1 Espacio o distancia que hay entre dos momentos o entre dos puntos. 2 Conjunto de valores entre dos límites determinados. 3 MÚS. Distancia de tono que existe entre dos notas de la escala.

intervención *f.* Acción y efecto de intervenir.

intervencionismo *m.* Tendencia política que defiende la intervención de un país en los asuntos internos de otro.

intervenir [90] *intr.* 1 Tomar parte en un asunto o situación. ‖ *tr.* 2 MED. Operar quirúrgicamente. 3 Controlar una autoridad la comunicación privada de alguien. 4 Apoderarse una autoridad de una mercancía ilegal.

interventor, -ra *m. y f.* Persona que interviene en un asunto vigilando que se haga bien y que se cumplan las normas.

interviú *amb.* Entrevista.
OBS Se usa más como femenino. El plural es *interviús*.

intestinal *adj.* Del intestino.

intestino, -na *adj.* 1 [oposición, lucha] Que está o se produce en el interior. ‖ *m.* 2 Conducto membranoso que forma parte del aparato digestivo y que va del estómago hasta el ano. Se usa también el plural con el mismo significado.

intimar *intr.* Establecer una amistad íntima.

intimidación *f.* Provocación o inspiración de miedo.

intimidad *f.* 1 Amistad muy estrecha o íntima. 2 Parcela privada de la vida de una persona. 3 Carácter privado o reservado. ‖ *f. pl.* 4 Asuntos o sentimientos de la vida privada de una persona. 5 Órganos sexuales externos de una persona.

intimidar *tr.* Causar miedo.

intimismo *m.* Tendencia artística en la que se da mucha importancia a los temas privados y personales.

intimista *adj.* Que expresa sentimientos íntimos.

íntimo, -ma *adj.* 1 Que es privado, reservado o profundo. ‖ *adj./m. y f.* 2 [amigo] Que es de mucha confianza.

intocable *adj.* Que no se puede tocar.

intolerable *adj.* Que no se puede o no se debe admitir o tolerar.

intolerancia *f.* 1 Incapacidad de aceptar las opiniones o ideas de los demás que no coinciden con las propias. 2 Incapacidad para tolerar o resistir, especialmente alimentos o medicamentos.

intolerante *adj./com.* Que es incapaz de aceptar las opiniones o ideas de los demás si no coinciden con las propias.

intoxicación *f.* Acción y efecto de intoxicar o intoxicarse.

intoxicar [1] *tr./prnl.* 1 Causar daño en el organismo con un veneno o con una sustancia tóxica o en mal estado. ‖ *tr.* 2 Dar una información manipulada o falsa para crear un determinado estado de opinión.

intra- Prefijo que forma palabras con el significado de 'dentro de', 'en el interior'.

intradós *m.* Superficie cóncava o interior de un arco o de una bóveda.
OBS El plural es *intradoses*.

intraducible *adj.* Que no se puede traducir o que es muy difícil de traducir.

intramuscular *adj.* Que está o se pone directamente en el interior de un músculo.

intranet *m.* Conjunto de ordenadores de una empresa u otra entidad conectados entre sí por medio de internet.

intranquilidad *f.* Estado de agitación, preocupación o nervios.

intranquilizar [4] *tr./prnl.* Producir un estado de agitación, preocupación o nervios.

intranquilo, -la *adj.* Que tiene agitación, preocupación o nervios.

intransferible *adj.* Que no se puede dar o transferir a otra persona.

intransigencia *f.* Incapacidad para cambiar las opiniones o ideas.

intransigente *adj.* Que actúa con intransigencia.

intransitable *adj.* [lugar] Que no se puede pasar a través de él.

intransitivo, -va *adj./m. y f.* GRAM. [oración, verbo] Que se construye sin objeto directo.

intrascendencia *f.* Trivialidad o carencia de importancia.

intrascendente *adj.* Que es trivial.

intratable *adj.* [persona] Que tiene mal genio o que es muy difícil de tratar.

intravenoso, -sa *adj.* Que está o se pone directamente en el interior de una vena.

intrepidez *f.* Valor o determinación de la persona que no teme el peligro.

intrépido, -da *adj.* Que es valiente, decidido y no teme el peligro.

intriga *f.* 1 Acción o plan, generalmente malintencionado, preparado en secreto. 2 Sentimiento o sensación de intranquilidad que produce el interés por conocer una cosa.

intrigante *adj./com.* [persona] Que intriga o que participa en una intriga.

intrigar *intr.* 1 Actuar con astucia y en secreto para conseguir un fin. ‖ *tr.* 2 Excitar la curiosidad o el interés de alguien.

intrincado, -da *adj.* [asunto] Que es complicado o confuso.

intrincar [1] *tr./prnl.* Dificultar la solución o la comprensión de un asunto.

intrínseco, -ca *adj.* Que es propio o característico de una cosa por sí misma.

introducción *f.* 1 Acción de introducir. 2 Todo aquello que se hace, se escribe o se dice al comienzo de un escrito, un discurso o una obra musical.

introducir [46] *tr./prnl.* 1 Hacer que una persona o cosa entre dentro de un lugar. 2 Hacer que una persona entre a formar parte de una sociedad o comunidad. 3 Poner en uso algo nuevo o desconocido.

introductorio, -ria *adj.* Que sirve para introducir.

intromisión *f.* Intervención de una persona en asuntos ajenos o en cuestiones que no son de su incumbencia.

introspección *f.* Observación y examen que una persona hace de sus propias ideas, pensamientos y sentimientos.

introspectivo, -va *adj.* De la introspección o que tiene relación con ella.

introvertido, -da *adj./m. y f.* [persona] Que tiende a encerrarse en sí mismo y tiene dificultades para expresar su mundo interior.

intrusión *f.* Intervención en un asunto sin tener derecho o autorización para ello.

intruso, -sa *adj./m. y f.* [persona] Que se ha introducido en un lugar sin permiso.

intubar *tr.* MED. Introducir un tubo en un conducto del organismo.

intuición *f.* Habilidad para comprender algo rápidamente sin pensar sobre ello o estudiarlo.

intuir [62] *tr.* Conocer o comprender algo de manera inmediata sin la intervención del pensamiento o la razón.

intuitivo, -va *adj.* [persona] Que usa más la intuición que el razonamiento.

inundación *f.* 1 Cubrimiento de un lugar con agua. 2 Abundancia excesiva de algo.

inundar *tr./prnl.* 1 Cubrir el agua un lugar. 2 Llenar un lugar.

inusitado, -da *adj.* Que es muy particular o poco frecuente.

inusual *adj.* Inusitado.

inútil *adj.* 1 Que no sirve para nada. ‖ *adj./ com.* 2 Que no puede trabajar o moverse por impedimento físico.

inutilidad *f.* Cualidad de inútil.

inutilizable *adj.* Que no se puede usar.

inutilizar [4] *tr./prnl.* Hacer que una cosa no pueda usarse para lo que estaba previsto.

invadir *tr.* 1 Entrar por la fuerza en un lugar para ocuparlo. 2 Llenar un lugar una cosa que resulta perjudicial o molesta. 3 Introducirse sin derecho. 4 Dominar un estado de ánimo a una persona.

invalidar *tr.* Quitar la validez.

invalidez *f.* Incapacidad de una persona para realizar determinadas actividades debido a una deficiencia física o psíquica.

inválido, -da *adj./m. y f.* 1 [persona] Que tiene una deficiencia física o psíquica que le impide realizar ciertas actividades. ‖ *adj.* 2 Que no es válido.

invariable *adj.* 1 Que no cambia o varía. 2 GRAM. [palabra] Que no tiene diferentes formas según el género, el número, el modo, el tiempo o la persona.

invasión *f.* Acción de invadir.

invasor, -ra *adj./m. y f.* Que invade.

invectiva *f.* Discurso o escrito crítico y violento contra personas o cosas.

invencible *adj.* Que no se puede vencer.

invención *f.* 1 Acción de inventar. 2 Cosa inventada.

inventar *tr.* 1 Crear o diseñar una cosa nueva o no conocida. ‖ *tr./prnl.* 2 Crear una historia o una excusa que no es verdadera para engañar a alguien.

inventariar [13] *tr.* Hacer inventario.

inventario *m.* Lista ordenada de los bienes y demás cosas que pertenecen a alguien, a una empresa o a una asociación.

inventiva *f.* Capacidad y facilidad para inventar o crear.

invento *m.* 1 Creación o diseño de una cosa nueva o que no se conocía. 2 Cosa inventada.

inventor, -ra *adj./m. y f.* Que inventa.

invernada *f.* 1 AMÉR Época de engorde del ganado que comienza generalmente en invierno. 2 AMÉR Paraje de refugio para el ganado. 3 AMÉR Campo con pastos y aguadas donde pasta el ganado.

invernadero *m.* Lugar con una temperatura regular en el que se cultivan plantas fuera de su ámbito natural.

invernal *adj.* Del invierno.

invernar [27] *intr.* Pasar el invierno en cierto lugar.

inverosímil *adj.* Que es muy difícil de creer y no parece verdadero.

inversión *f.* Acción y efecto de invertir.

inversionista *adj./com.* [persona] Que invierte una cantidad de dinero.

inverso, -sa *adj.* Que es opuesto o contrario en el orden, la dirección o el sentido.

inversor, -ra *adj./m. y f.* Que invierte una cantidad de dinero.

invertebrado, -da *adj./m. y f.* [animal] Que no tiene columna vertebral.

invertido *adj./m.* [hombre] Que es homosexual.

OBS Su uso tiene un matiz despectivo.

invertir [35] *tr.* 1 Cambiar el orden, la dirección o la posición de algo por sus opuestos. 2 Emplear una cantidad de dinero en una cosa para conseguir ganancias. 3 Dedicar tiempo o esfuerzo.

investidura *f.* Acto por el que se concede un cargo importante o un honor.

investigación *f.* Hecho de investigar.

investigador, -ra *adj./m. y f.* [persona] Que investiga.

investigar [7] *tr.* 1 Tratar de llegar a saber o conocer una cosa examinando atentamente todos los detalles o preguntando. 2 Estudiar y experimentar una materia o ciencia.

investir [34] *tr.* Conceder un cargo importante o de honor.

inveterado, -da *adj.* Muy antiguo o arraigado.

inviable *adj.* 1 Que no puede ocurrir o realizarse. 2 [camino] Que está en muy malas condiciones.

invicto, -ta *adj./m. y f.* Que no ha sido vencido.

invidente *adj./com.* Que está privado de la vista.

invierno *m.* Estación del año comprendida entre el otoño y la primavera.

inviolabilidad *f.* Calidad de inviolable.

inviolable *adj.* Que no se debe o no se puede violar, dañar o poner en duda.

invisible *adj.* Que no se puede ver.

invitación *f.* 1 Acción de invitar. 2 Tarjeta o carta con que se invita.

invitado, -da *m. y f.* Persona que ha sido invitada.

invitar *tr.* 1 Pedir a una persona que participe en un acontecimiento o celebración. 2 Pagar lo que otra persona consume. 3 Pedir a una persona que haga algo, especialmente cuando se pide con firmeza y educación. ▌*intr.* 4 Animar o convencer a una persona para que haga algo.

invocación *f.* Acción de invocar.

invocar [1] *tr.* Apelar a un poder superior,

especialmente una ley o a Dios, como ayuda o defensa en una mala situación.

involución *f.* Retroceso en la marcha o evolución de un proceso.

involucrar *tr./prnl.* Hacer participar a alguien en un asunto comprometiéndole.

involuntario, -ria *adj.* Que no se hace de manera voluntaria.

involutivo, -va *adj.* De la involución.

invulnerable *adj.* 1 Que no puede ser dañado o herido. 2 Que no resulta afectado por lo que se hace o dice contra él.

inyección *f.* 1 Acción de inyectar. 2 Sustancia que se inyecta.

inyectable *adj./m.* [medicina] Que se inyecta.

inyectar *tr./prnl.* 1 Introducir un gas o un líquido a presión en el interior de un cuerpo. ▌*tr.* 2 Aportar algo que puede servir de estímulo.

inyector *m.* Dispositivo que permite inyectar un líquido o un gas en una cavidad.

-ío, -ía Sufijo que entra en la formación de adjetivos para denotar: *a)* 'Valor intensivo'. *b)* 'Relación o pertenencia'. *c)* En los sustantivos, 'conjunto'.

ion *m.* En la electrólisis, sustancia que aparece, cada una en un polo, como resultado de la descomposición del electrólito.

ionizar [4] *tr./prnl.* QUÍM. Convertir los átomos de un compuesto en átomos cargados eléctricamente.

ionosfera *f.* Capa de la atmósfera terrestre situada entre los 80 y los 600 kilómetros de altura, que se caracteriza por la abundancia de iones.

iota *f.* Novena letra del alfabeto griego clásico equivalente a la *i* del español.

ípsilon *f.* Vigésima letra del alfabeto griego clásico equivalente a la *u* del francés.

ipso facto Expresión latina que significa inmediatamente, en seguida.

ir *intr./prnl.* 1 Dirigirse a un lugar o moverse de un sitio a otro. ▌*intr.* 2 Asistir a un lugar. 3 Funcionar o marchar. 4 Actuar o desenvolverse. 5 Vestir, llevar puesto. 6 Convenir, combinar o armonizar. 7 Importar, gustar o concernir. 8 Existir diferencia entre dos términos que se comparan. 9 Extenderse desde un punto a otro. ▌*prnl.* 10 Abandonar un lugar, marcharse. 11 Desaparecer o borrarse. 12 Morirse. 13 Gastarse o consumirse. ▶ **ir + gerundio** Indica que la acción que se expresa se está realizando. ▶ **ir a + infinitivo** Indica intención de realizar la acción que se expresa o inicio de esta. ▶ **ir y + verbo** Indica que la acción que se expresa ocurre de pronto o no se espera. ▸ **qué va** Expresión que se usa para negar.

ira *f.* Enfado muy grande o violento.

iracundo, -da *adj./m. y f.* Que siente ira con facilidad.

iraní *adj.* 1 De Irán. ‖ *adj./com.* 2 [persona] Que es de Irán.

OBS El plural es *iraníes*.

iraquí *adj.* 1 De Irak. ‖ *adj./com.* 2 [persona] Que es de Irak.

OBS El plural es *iraquíes*.

irascible *adj.* Que se enfada fácilmente.

iridio *m.* Elemento químico metálico, de color blanco grisáceo y de número atómico 77, que unido al platino sirve para fabricar instrumentos de cirugía.

iris *m.* Disco situado en la parte central del ojo que puede tener distintas coloraciones.

irisado, -da *adj.* Que brilla o destella como los colores del arco iris.

irlandés, -desa *adj.* 1 De Irlanda. ‖ *adj./m. y f.* 2 [persona] Que es de Irlanda. ‖ *m.* 3 Lengua céltica de Irlanda.

ironía *f.* 1 Modo de expresión o figura retórica que consiste en dar a entender lo contrario de lo que se dice. 2 Tono burlón que se utiliza en este modo de expresión.

irónico, -ca *adj.* Que muestra, expresa o implica ironía.

ironizar [4] *intr.* Hablar con ironía.

irracional *adj.* 1 Que no es racional. 2 MAT. [número] Que no puede expresarse exactamente con un número entero o fraccionario.

irradiación *f.* Acción y efecto de irradiar.

irradiar [12] *tr.* 1 Despedir o emitir un cuerpo rayos de luz, calor u otro tipo de energía. 2 Someter un cuerpo a la acción de determinados rayos. 3 Transmitir una cosa o persona su influjo, cualidades o sentimientos.

irreal *adj.* Que no es real.

irrealidad *f.* Cualidad de lo que no es real.

irrealizable *adj.* Que no se puede hacer.

irrebatible *adj.* Que no se puede rebatir.

irreconciliable *adj.* Que no puede existir acuerdo entre dos personas o dos ideas.

irrecuperable *adj.* Que no se puede recuperar.

irreductible *adj.* Que no se puede reducir a cantidades más pequeñas o más simples.

irreemplazable *adj.* Que no puede ser reemplazado o sustituido.

irreflexivo, -va *adj.* 1 Que se dice o hace sin reflexionar o sin pensar. ‖ *adj./m. y f.* 2 [persona] Que no reflexiona y actúa sin juicio ni prudencia.

irrefutable *adj.* Que no se puede refutar.

irregular *adj.* 1 Que no es regular en su forma. 2 Que sufre irregularidades. 3 Que no se ajusta a la ley, a las reglas o a lo que se espera normalmente. 4 GRAM. [palabra] Que no sigue la regla general.

irregularidad *f.* Cambio o falta respecto a lo que es normal, regular, natural o legal.

irrelevante *adj.* Que no es importante.

irreligioso, -sa *adj./m. y f.* [persona] Que no tiene interés en ninguna religión.

irremediable *adj.* Que no se puede remediar, corregir o solucionar.

OBS No se debe confundir con *irremisible*.

irremisible *adj.* Que no se puede o no se debe perdonar.

irreparable *adj.* Que no se puede reparar o compensar.

irrepetible *adj.* Que no se puede repetir.

irreprimible *adj.* Que no se puede contener o reprimir.

irreprochable *adj.* Que no merece reproche porque no tiene falta ni defecto.

irresistible *adj.* 1 Que no se puede rechazar o evitar porque es demasiado placentero, atractivo o fuerte. 2 Que no se puede soportar, aguantar o resistir.

irresoluble *adj.* Que no se puede resolver.

irrespetuoso, -sa *adj.* Que no muestra respeto o consideración.

irrespirable *adj.* 1 Que no puede respirarse. 2 [ambiente social] Que hace sentirse molesto o a disgusto.

irresponsabilidad *f.* 1 Cualidad de irresponsable. 2 Hecho o dicho irresponsable.

irresponsable *adj./com.* 1 [persona] Que obra o toma decisiones sin pensar en las consecuencias. ‖ *adj.* 2 [acto] Que no ha sido pensado cuidadosamente y calculadas sus consecuencias.

irreverencia *f.* 1 Falta de respeto a las cosas oficiales, importantes o sagradas. 2 Hecho o dicho irreverente.

irreverente *adj./com.* Que actúa con irreverencia.

irreversible *adj.* Que no se puede volver a un estado o situación anterior.

irrevocable *adj.* Que no se puede revocar.

irrigación *f.* Acción de irrigar.

irrigar [7] *tr.* 1 Regar un terreno. 2 MED. Conducir la sangre a todas las partes del cuerpo. 3 MED. Introducir un líquido en una cavidad, especialmente en el intestino a través del ano.

irrisorio, -ria adj. 1 Que provoca risa y burla. 2 Que es muy pequeño, insignificante o de poco valor.

irritable adj. Que se enfada fácilmente.

irritación f. 1 Enfado muy grande. 2 Reacción de un órgano o de una parte del cuerpo, caracterizada por inflamación, enrojecimiento o dolor.

irritante adj. Que irrita.

irritar tr./prnl. 1 Causar un enfado muy grande. 2 Causar una reacción en un órgano o una parte del cuerpo, caracterizada por inflamación, enrojecimiento o dolor.

irrompible adj. Que no se rompe.

irrumpir intr. 1 Entrar violentamente en un lugar. 2 Aparecer con fuerza o de pronto.

irrupción f. Acción de irrumpir.

isla f. 1 Porción de tierra rodeada de agua por todas partes. 2 Zona aislada o bien diferenciada del espacio que la rodea.

islam m. 1 Doctrina religiosa que se basa en el Corán y cuyos seguidores creen que Mahoma es el único profeta de Dios. 2 Conjunto de los pueblos en los que esta doctrina es la religión mayoritaria.

islámico, -ca adj. Del islam.

islamismo m. Doctrina religiosa que se basa en el Corán y cuyos seguidores creen que Mahoma es el único profeta de Dios.

islandés, -desa adj. 1 De Islandia. ▌adj./m. y f. 2 [persona] Que es de Islandia. ▌m. 3 Lengua germánica que se habla en Islandia.

isleño, -ña adj. 1 De la isla. ▌adj./m. y f. 2 [persona] Que es de una isla.

isleta f. Espacio señalado en una carretera o calzada que sirve para determinar la dirección de los vehículos o como refugio para los peatones.

islote m. 1 Isla pequeña y desierta. 2 Roca muy grande rodeada de mar.

ismo m. Tendencia o movimiento de orientación innovadora, principalmente en las artes, que se opone a lo ya existente.

-ismo Sufijo que significa a) 'Doctrina, sistema o escuela'. b) 'Actitud'. c) 'Actividad deportiva'. d) En nombres abstractos de tipo científico significa 'condición'.

iso- Elemento prefijal que forma palabras con el significado de 'igual'.

isobara o **isóbara** f. Línea que en los mapas meteorológicos une los puntos de la Tierra con la misma presión atmosférica.

isósceles adj. [triángulo] Que tiene iguales dos de sus tres lados.

isotérmico, -ca adj. [recipiente] Que mantiene una temperatura constante.

isotermo, -ma adj. 1 FÍS. De igual temperatura. ▌f. 2 Línea que en los mapas meteorológicos une los puntos de la Tierra con la misma temperatura media anual.

isótopo m. QUÍM. Átomo que pertenece al mismo elemento químico que otro, tiene su mismo número atómico, pero distinta masa atómica.

isquion m. Hueso de forma plana, estrecha y curva que está unido al pubis y al ilion, y forma la parte inferior de la cadera.

israelí adj. 1 De Israel. ▌adj./com. 2 [persona] Que es de Israel.

OBS El plural es israelíes.

israelita adj. 1 Del judaísmo. ▌adj./com. 2 [persona] Que practica el judaísmo. ▌adj. 3 De un antiguo pueblo semita que habitó Palestina en la Antigüedad. ▌adj./com. 4 [persona] Que pertenecía a este pueblo semita. ▌adj. 5 De Israel. ▌adj./com. 6 [persona] Que es de Israel.

-ista Sufijo que significa a) 'Oficio, profesión'. b) 'Partidario de una escuela, movimiento o doctrina'.

istmo m. Franja alargada y estrecha de terreno que une dos continentes, dos partes diferenciadas de un continente o una península y un continente.

italianismo m. 1 Amor o admiración por la cultura y las tradiciones de Italia. 2 GRAM. Palabra o modo de expresión del italiano que se usa en otro idioma.

italiano, -na adj. 1 De Italia. ▌adj./m. y f. 2 [persona] Que es de Italia. ▌m. 3 Lengua hablada en Italia y en otros lugares.

itálico, -ca adj. 1 De Italia. ▌adj./f. 2 [letra] Que tiene el trazo inclinado hacia la derecha.

iteración f. Repetición.

iterativo, -va adj. 1 Que se repite o se ha repetido muchas veces. ▌adj./m. 2 GRAM. [palabra] Que denota repetición.

iterbio m. Elemento químico, metal sólido, de número atómico 70, blanco, brillante y blando.

itinerante adj. Que va de un lugar a otro sin permanecer fijo en ninguno.

itinerario m. 1 Camino previsto por donde debe discurrir un recorrido o viaje. 2 Plano o mapa en el que se describen las características principales de este camino.

-itis Sufijo que significa 'inflamación'.

-ito Sufijo que se usa en química para indicar que el cuerpo proviene de un ácido en -*oso*.

-ito, -ita Sufijo que entra en la formación de palabras con significación diminutiva y, frecuentemente, con matices especiales de cariño, estimación, menosprecio o ironía. Se combina con -*ec*, -*ecec*.

itrio *m.* QUÍM. Elemento químico, metal sólido, de número atómico 39, de color gris brillante y fácilmente inflamable.

-ivo, -iva Sufijo que entra en la formación de adjetivos para denotar capacidad para lo designado por la base verbal a la que se une o inclinación a ello.

izar [4] *tr.* Subir una bandera a lo largo de su mástil o la vela de una embarcación a lo largo de su palo.

-izo, -iza Sufijo que entra en la formación de adjetivos con el significado de 'propensión o semejanza'.

izqda. Abreviatura de *izquierda*.

izquierda *f.* Conjunto de personas que defienden el izquierdismo.

izquierdismo *m.* Tendencia política que defiende una ideología que propugna transformaciones sociales y económicas contrarias a las ideas conservadoras.

izquierdista *adj.* 1 Del izquierdismo. ‖ *adj./com.* 2 [persona] Que es partidario del izquierdismo político.

izquierdo, -da *adj.* 1 [parte, órgano] Que está situado en el mismo lado del cuerpo que el corazón. 2 [parte] Que está situado, en relación con la posición de una persona, en el mismo lado en el que esta tiene el corazón. 3 [lugar, objeto] Que, respecto de su parte delantera, está situado en el mismo lado que correspondería al del corazón de un hombre. 4 Mano o pierna de una persona situada en el mismo lado del corazón. 5 Dirección o situación de una cosa que se halla al mismo lado que correspondería al del corazón de una persona.

J

j *f.* Décima letra del alfabeto español.

jabalí, -lina *m. y f.* Mamífero salvaje parecido al cerdo, de cuello robusto y hocico agudo y con dos colmillos curvos que le sobresalen de la boca.
OBS El plural es *jabalíes*, culto, o *jabalís*, popular.

jabalina *f.* Barra de fibra o metal acabada en punta, parecida a una lanza, que se emplea para competir en atletismo lanzándola por encima del hombro a la mayor distancia posible.

jabato, -ta *m. y f.* **1** Cría del jabalí. ▌*adj./m. y f.* **2** *coloquial* [persona] Que es valiente y atrevido.

jabón *m.* Sustancia sólida, en polvo o líquida que se mezcla con agua para limpiar la piel o la ropa.

jabonar *tr.* Enjabonar.

jabonera *f.* Recipiente en el que se coloca o se guarda una pieza de jabón para el aseo corporal.

jabonoso, -sa *adj.* **1** Que está impregnado de jabón. **2** [cuerpo] Que posee el tacto suave y resbaladizo propio del jabón.

jaca *f.* Hembra del caballo.

jacinto *m.* **1** Planta de jardín de hojas largas, gruesas y brillantes, con flores olorosas en forma de espiga. **2** Flor de esta planta.

jaco *m.* Caballo pequeño, débil y de mal aspecto.

jacobeo, -a *adj.* Del apóstol Santiago.

jacobinismo *m.* Tendencia política surgida de la Revolución francesa que defendía el radicalismo violento y extremista.

jacobino, -na *adj.* **1** Del jacobinismo. ▌*adj./m. y f.* **2** [persona] Que es partidario del jacobinismo.

jactancia *f.* Muestra excesiva de orgullo que hace una persona de lo que considera que son sus virtudes o bienes propios.

jactancioso, -sa *adj.* [persona] Que habla o presume en exceso de sus virtudes o bienes propios.

jactarse *prnl.* Hablar o presumir una persona en exceso de sus virtudes o bienes propios.

jaculatoria *f.* Oración breve y fervorosa.

jacuzzi *m.* Piscina o bañera dotada de un sistema de corrientes de agua que se utiliza para hidromasajes.
OBS Es marca registrada y se pronuncia aproximadamente 'yacudsi' o 'yacusi'.

jade *m.* Mineral muy duro, de color blanco o verde, muy usado en joyería.

jadear *intr.* Respirar con dificultad y de forma entrecortada.

jadeo *m.* Respiración dificultosa y entrecortada.

jaez *m.* Adorno de las caballerías.
OBS El plural es *jaeces*.

jaguar *m.* Mamífero parecido al gato, pero más grande, generalmente de color amarillo con pequeñas manchas oscuras, vientre claro y potentes zarpas.

jalar *tr./prnl.* **1** Tirar de una cosa. **2** *coloquial* Comer con mucho apetito. ▌*intr.* **3** AMÉR *coloquial* Irse. **4** AMÉR *coloquial* Correr o andar rápido.

jalea *f.* Conserva transparente y dulce que se hace con gelatina, azúcar y zumo de frutas. **jalea real** Sustancia fluida de color blanco que elaboran las abejas.

jalear *tr.* Animar dando voces o palmadas.

jaleo *m.* **1** Alteración o pérdida de la tranquilidad, el silencio o el orden. **2** Ambiente alegre y ruidoso producido por mucha gente reunida.

jalón *m.* Palo con punta metálica que se clava en la tierra para marcar los límites de un terreno o las partes de una vía o camino.

jalonar *tr.* Señalar un terreno con jalones.

jamaicano, -na *adj./m. y f.* Que es de Jamaica.

jamar *tr./prnl. coloquial* Comer con mucho apetito.

jamás *adv.* Nunca.

jamba *f.* Pieza vertical que sostiene el arco o el dintel de una ventana o una puerta.

jamelgo *m.* Caballo delgado, débil y mal proporcionado.

jamón *m.* **1** Pata trasera del cerdo. **2** Carne de la pata trasera del cerdo curada con sal. **jamón de pata negra** Jamón del cerdo que ha sido criado en el campo y alimentado con bellotas. **jamón en dulce** o **jamón de york** o **jamón york** Jamón que ha sido cocido y se come como fiambre. **jamón serrano** Jamón que ha sido curado y no cocido.

jamona *adj./f. coloquial* [mujer] Que está un poco gruesa y es de edad madura.

jansenismo *m.* Doctrina religiosa propagada por Cornelio Jansen (1585-1638) según la cual el hombre solamente puede alcanzar la salvación a través de la gracia divina.

jansenista *adj.* **1** Del jansenismo. ‖ *adj./ com.* **2** [persona] Que es partidario del jansenismo.

japonés, -nesa *adj.* **1** *adj./m. y f.* Que es de Japón. ‖ *m.* **2** Lengua oficial de Japón.

jaque *m.* Jugada del ajedrez en la que el rey o la reina de uno de los jugadores está amenazado por una pieza del otro jugador. **jaque mate** Jugada del ajedrez que pone fin a una partida por estar amenazado el rey y no haber ninguna posibilidad de salvación.

jaqueca *f.* Dolor fuerte de cabeza que afecta a un lado o una parte de ella.

jara *f.* Arbusto de hojas alargadas, olorosas y pegajosas, con flores grandes de corola blanca y fruto en cápsula.

jarabe *m.* **1** Medicina líquida, generalmente espesa y dulce. **2** Bebida muy dulce hecha con agua hervida con azúcar y alguna esencia o zumo.

jaral *m.* Lugar donde crecen muchas jaras.

jarana *f.* **1** *coloquial* Diversión muy animada con ruido y desorden. **2** *coloquial* Enfrentamiento o pelea entre dos o más personas.

jaranero, -ra *adj.* [persona] Que es muy aficionado a las jaranas o las diversiones.

jarcha *f. culto* Versos escritos en mozárabe y de carácter popular que se encuentran al final de las moaxajas.

jarcia *f.* Conjunto de los aparejos y cabos de una embarcación.

jardín *m.* Terreno en el que se cultivan plantas y flores ornamentales para hacerlo agradable. ▸ **jardín de infancia** Establecimiento en el que se cuida a los niños que todavía no tienen edad de ir a la escuela.

jardinera *f.* Recipiente alargado en el que se siembran plantas o donde se meten tiestos como adorno.

jardinería *f.* Arte y oficio que consiste en cuidar y cultivar los jardines.

jardinero, -ra *m. y f.* Persona que se dedica a cuidar y cultivar un jardín.

jareta *f.* Dobladillo ancho que se hace en una prenda de vestir por donde se introduce una cinta, un cordón o una goma para poder fruncirla.

jarra *f.* Recipiente de boca y cuello anchos, con una o dos asas, que se usa para contener líquidos o de adorno.

jarro *m.* Jarra de una sola asa.

jarrón *m.* Recipiente más alto que ancho que sirve para contener flores o de adorno.

jaspe *m.* Piedra de grano fino, variedad del cuarzo, de colores vivos entremezclados y que se usa como adorno.

jaspeado, -da *adj.* Que tiene varios colores entremezclados como el jaspe.

jauja *f.* Lugar o situación imaginarios donde reina la prosperidad y la abundancia.

jaula *f.* Caja hecha con barrotes o listones separados entre sí que sirve para encerrar o transportar animales.

jauría *f.* Conjunto de perros que cazan juntos dirigidos por la misma persona.

jazmín *m.* **1** Arbusto de tallos trepadores y muy flexibles con flores pequeñas, blancas o amarillas, y muy olorosas. **2** Flor de este arbusto.

jazz *m.* Género musical que tiene un ritmo base sobre el que los músicos suelen hacer cambios a medida que van tocando. **OBS** Es de origen inglés y se pronuncia aproximadamente 'yás'.

¡je! *int.* Expresión con que se denota risa.

jeans *m. pl.* Pantalón hecho de una tela fuerte de algodón, generalmente azul, y de uso informal.

OBS Es de origen inglés y se pronuncia aproximadamente 'yíns'.

jeep *m.* Vehículo resistente que se adapta a todo tipo de terreno.

OBS Es de origen inglés y se pronuncia aproximadamente 'yip'.

jefatura *f.* 1 Cargo de jefe. 2 Oficina o edificio de determinados cuerpos oficiales.

jefe, -fa *m. y f.* 1 Persona que tiene autoridad sobre un grupo para dirigir su trabajo o sus actividades. 2 Representante o líder de un grupo. **jefe de Estado** Persona que tiene la mayor autoridad en un país.

jengibre *m.* 1 Planta herbácea de tallo subterráneo horizontal, de color blanco. 2 Sustancia de sabor picante que se saca del tallo subterráneo de esta planta.

jeque *m.* Jefe de un territorio en algunos países musulmanes.

jerarca *com.* Persona de una categoría superior y principal dentro de una organización, especialmente en la Iglesia.

jerarquía *f.* Organización o clasificación de categorías o poderes siguiendo un orden de importancia.

jerárquico, -ca *adj.* De la jerarquía.

jerarquizar [4] *tr.* Organizar o clasificar en rangos de distintas categorías.

jeremiquear *intr.* AMÉR *coloquial* Rogar algo con insistencia gimoteando.

jerez *m.* Vino blanco muy seco y de alta graduación alcohólica que se elabora en la zona de Jerez de la Frontera (Cádiz).

jerga *f.* GRAM. Variedad de lengua que utilizan para comunicarse entre sí las personas que pertenecen a un mismo oficio o grupo social.

jergón *m.* Colchón de forma plana y rectangular lleno de paja, hierba u otros materiales y que no lleva ataduras que sujeten el relleno.

jerigonza o **jeringonza** *f.* Lenguaje difícil de entender.

jeringa *f.* Instrumento que consiste en un tubo hueco con un émbolo en su interior y con un extremo muy estrecho por el que se expulsan o aspiran líquidos o sustancias blandas.

jeringar [7] *tr./prnl. coloquial* Molestar o enfadar.

jeringuilla *f.* Jeringa pequeña en la que se coloca una aguja hueca de punta aguda que se usa para poner inyecciones.

jeroglífico, -ca *adj.* 1 [escritura] Que emplea signos que representan seres y objetos de la realidad. ∎ *m.* 2 Signo de este tipo

de escritura. 3 Pasatiempo que consiste en adivinar una palabra o frase a partir de cifras, signos o símbolos.

jerónimo, -ma *adj./m. y f.* [religioso] Que pertenece a la orden de San Jerónimo.

jersey *m.* ESP Prenda de vestir de punto de lana o algodón, de manga larga, que cubre el cuerpo desde el cuello hasta la cintura.

OBS El plural es *jerséis*.

jesuita *m.* [religioso] Que pertenece a la Compañía de Jesús.

jet *m.* Avión que usa motor de reacción.

OBS Es de origen inglés y se pronuncia aproximadamente 'yet'.

jet set *f.* Grupo social económicamente fuerte que frecuenta los lugares de moda.

OBS Es de origen inglés y se pronuncia aproximadamente 'yet set'.

jeta *f.* 1 *coloquial* Cara o parte anterior de la cabeza. 2 *coloquial* Desfachatez o descaro.

ji *f.* Vigésima segunda letra del alfabeto griego que equivale a la *j* en español.

jíbaro, -ra *adj./m. y f.* Que es de un pueblo que habita en la zona oriental de Ecuador.

jibia *f.* Molusco marino de cuerpo oval muy parecido al calamar pero con la cabeza más grande.

jícara *f.* Taza pequeña que se usa para tomar chocolate.

jiennense o **jiennense** *adj./com.* Que es de Jaén.

jilguero *m.* Pájaro cantor de color marrón en la espalda, con una mancha roja en la cara y otra negra en la parte superior de la cabeza.

jineta *f.* Mamífero carnívoro de cuerpo delgado, cabeza pequeña, patas cortas y cola muy larga, con el pelo marrón con bandas negras.

jinete, -ta *m. y f.* Persona que monta a caballo.

jinetear *tr.* AMÉR Domar un jinete un caballo cerril.

jipijapa *m.* Sombrero de ala ancha tejido con una hoja muy fina y flexible.

jipío *m.* Lamento o gemido que se intercala en las coplas del cante flamenco.

jirafa *f.* Mamífero rumiante muy alto, con el cuello muy largo y delgado, las patas delgadas y el pelo de color amarillento con manchas marrones.

jirón *m.* Trozo desgarrado de una tela o de una prenda de vestir.

jiu-jitsu *m.* Deporte de origen japonés que

consiste en un sistema de defensa personal sin armas.

OBS Es de origen japonés y se pronuncia aproximadamente 'yiu yitsu'.

¡jo! *int. coloquial* Expresión que denota sorpresa, admiración o fastidio.

¡jobar! *int. coloquial* Expresión que denota sorpresa, admiración o fastidio.

jockey *com.* Persona que profesionalmente monta caballos de carreras.

OBS Es de origen inglés y se pronuncia aproximadamente 'yoquei'.

jocosidad *f.* Capacidad para hacer reír o divertir.

jocoso, -sa *adj.* Que es gracioso, chistoso y divertido.

jocundo, -da *adj.* Que es alegre, gracioso y tiene buen humor.

joder *intr./tr.* **1** *malsonante* Hacer el amor. ▌*tr./intr./prnl.* **2** *malsonante* Molestar o fastidiar.

jodienda *f. malsonante* Incomodidad o molestia.

jofaina *f.* Vasija en forma de taza muy ancha y poco profunda que sirve para lavarse la cara y las manos.

jolgorio *m.* Diversión muy animada con ruido y desorden.

¡jolín! *int.* Expresión que denota enfado o sorpresa.

OBS Se usa también la forma plural *jolines*.

jondo *adj.* [cante] Que combina elementos andaluces, árabes y gitanos y tiene tono de queja.

jónico, -ca *adj.* **1** ARQ. [orden] Que adorna la parte superior de las columnas con volutas. ▌*adj./m. y f.* **2** De Jonia.

jonio, -nia *adj./m. y f.* Jónico, de Jonia.

¡jopé! *int.* Expresión de enfado o sorpresa.

jordano, -na *adj./m. y f.* Que es de Jordania.

jornada *f.* Tiempo que se dedica al trabajo en un día o en una semana. **jornada continua** o **jornada intensiva** Período de trabajo diario que se lleva a cabo sin interrupción ni descanso prologado para comer. **jornada partida** Período de trabajo diario que se lleva a cabo con una interrupción o descanso prolongado para comer.

jornal *m.* Cantidad de dinero que gana un trabajador por cada día de trabajo.

jornalero, -ra *m. y f.* Persona que trabaja a jornal, especialmente en el campo.

joroba *f.* **1** Bulto formado por acumulación de grasas que tienen en el lomo ciertos animales. **2** Deformación de la columna

vertebral o de las costillas que provoca que la espalda y el pecho tengan una forma abultada y curva anómala.

jorobado, -da *adj./m. y f.* Que tiene joroba o corcova.

jorobar *tr./prnl.* **1** *coloquial* Molestar o fastidiar. **2** *coloquial* Estropear una cosa o impedir que un proyecto salga bien.

jota *f.* **1** Nombre de la letra *j*. **2** Baile popular de varias regiones de España. **3** Canción y música que acompaña a este baile. ▸ **ni jota** Nada o casi nada.

jotero, -ra *adj./m. y f.* [persona] Que canta, baila o toca jotas.

joule *m.* FÍS. Unidad de trabajo y de energía en el sistema internacional de unidades.

OBS Es de origen francés y se pronuncia aproximadamente 'yul'.

joven *adj./com.* **1** [persona] Que está en el período situado entre la niñez y la edad adulta. ▌*adj.* **2** De la juventud.

jovial *adj.* Que es alegre, divertido y tiene buen humor.

jovialidad *f.* Alegría y buen humor.

joya *f.* Objeto hecho con piedras y metales preciosos que suele usarse como adorno.

joyería *f.* Establecimiento en el que se fabrican, arreglan o venden joyas.

joyero, -ra *m. y f.* **1** Persona que se dedica profesionalmente a fabricar, arreglar o vender joyas. ▌*m.* **2** Caja o estuche en el que se guardan las joyas.

juanete *m.* Deformidad o bulto en el hueso del dedo gordo del pie.

jubilación *f.* **1** Retirada definitiva de un trabajo por haber cumplido la edad determinada por la ley o por enfermedad. **2** Cantidad de dinero que cobra una persona cuando se produce esta retirada.

jubilado, -da *adj./m. y f.* [persona] Que está retirado de su trabajo por haber cumplido la edad determinada por la ley o por enfermedad.

jubilar *tr./prnl.* Retirar a una persona de su trabajo por haber cumplido la edad determinada por la ley o por enfermedad.

jubileo *m.* En la religión católica, perdón que concede el Papa.

júbilo *m.* Alegría grande que se manifiesta exteriormente.

jubiloso, -sa *adj.* Que tiene una gran alegría y la manifiesta exteriormente.

jubón *m.* Prenda antigua de vestir ajustada al cuerpo que cubre desde los hombros a la cintura.

judaico, -ca *adj.* De los judíos.

judaísmo *m.* Religión basada en el Talmud cuyos seguidores creen en un único Dios y en la venida futura de su hijo.

judas *m.* Persona traidora y malvada.

OBS El plural también es *judas*.

judeocristianismo *m.* Conjunto de creencias y doctrinas religiosas que tenía el cristianismo en sus orígenes.

judeocristiano, -na *adj.* Del judeocristianismo.

judeoespañol, -la *adj.* 1 De los descendientes de los judíos expulsados de España en 1492. ▌*m. y f.* 2 Descendiente de los judíos expulsados de España en 1492. ▌*m.* 3 Variedad del español hablada por estos judíos y por sus descendientes.

judería *f.* Barrio en que vivían los judíos en la Edad Media.

judía *f.* 1 ESP Planta leguminosa de tallo delgado y en espiral, hojas grandes y flores blancas o amarillas. 2 ESP Fruto comestible de esta planta en forma de vaina verde alargada, estrecha y aplastada. 3 ESP Semilla comestible contenida en este fruto en forma de vaina y arriñonada.

judiada *f.* Acción injusta o malintencionada hecha contra alguien.

judicatura *f.* 1 DER. Profesión de juez. 2 DER. Tiempo durante el cual un juez ejerce su cargo. 3 DER. Cuerpo formado por los jueces de un país.

judicial *adj.* Del juicio, de la administración de justicia o de la judicatura.

judío, -día *adj.* 1 Del judaísmo. ▌*adj./m. y f.* 2 [persona] Que cree en esta doctrina religiosa. ▌3 Que es de Israel.

judo *m.* Deporte de origen japonés que consiste en luchar cuerpo a cuerpo para vencer aprovechando la fuerza y el impulso del contrario.

OBS Es de origen japonés y se pronuncia aproximadamente 'yudo'.

judoca *com.* Persona que practica el judo.

OBS Es de origen japonés y se pronuncia aproximadamente 'yudoca'.

juego *m.* 1 Acción que se realiza para divertirse o entretenerse. 2 Actividad recreativa que se realiza bajo unas reglas que los participantes deben respetar. **juego de manos** Juego que se basa en la habilidad y agilidad de las manos para hacer aparecer y desaparecer objetos. **juego limpio** Respeto por las reglas impuestas. **juego sucio** Forma de jugar o actuar sin respetar las reglas y con trampas. 3 Práctica de actividades recreativas en las que se apuesta dinero. 4 Movimiento de cosas que están articuladas. 5 Conjunto de cosas que se usan y complementan con un fin. 6 Combinación de elementos para conseguir un efecto estético. 7 Parte en que se divide un partido en algunos deportes. ▶ **Juegos Olímpicos** Conjunto de competiciones deportivas que se celebran cada cuatro años en una ciudad determinada. ▶ **hacer juego** Combinar bien una cosa con otra. ▶ **juego de palabras** Figura del lenguaje que consiste en usar y combinar palabras que tienen una forma parecida o que pueden ser interpretadas de varias formas. ▶ **juegos malabares** Ejercicios de habilidad que se hacen lanzando al aire y recogiendo objetos como manteniéndolos en equilibrio. ▶ **poner en juego** Arriesgar algo con una finalidad.

juerga *f.* Diversión muy animada con ruido y desorden.

juerguista *adj./com.* [persona] Que es muy aficionado a las juergas.

jueves *m.* Cuarto día de la semana.

OBS El plural también es *jueves*.

juez, -za *m. y f.* 1 Persona que tiene autoridad para juzgar y sentenciar y que se encarga de la aplicación de las leyes. 2 Persona que en una competición deportiva se encarga de hacer cumplir el reglamento.

jugada *f.* 1 Intervención de un jugador cuando llega su turno o tiene oportunidad. 2 Hecho o dicho con mala intención contra una persona.

jugador, -ra *adj./m. y f.* 1 [persona] Que se dedica profesionalmente a jugar, especialmente en el deporte. 2 [persona] Que es muy aficionado a los juegos de azar.

jugar [53] *intr.* 1 Realizar una actividad para divertirse o entretenerse. 2 Tomar parte en un asunto o negocio. ▌*tr./intr.* 3 Participar en una actividad recreativa que tiene unas reglas que los participantes deben respetar. 4 Intervenir un jugador cuando le corresponde o llega su turno. ▌*tr./prnl.* 5 Participar en un sorteo o en un juego de azar. ▌*prnl.* 6 Llevarse a cabo un partido o un juego. 7 Arriesgar o poner en peligro. ▶ **jugar limpio** Proceder honradamente o con buena intención. ▶ **jugar sucio** Proceder sin honradez o con mala intención. ▶ **jugársela a alguien** Engañar a una persona con la intención de perjudicarla.

jugarreta *f.* Acción que causa un daño o encierra mala intención.

juglar *m.* 1 Persona que en la Edad Media divertía a la gente con sus canciones, bailes o juegos. 2 En la Edad Media, artista que recitaba poemas de los trovadores y que actuaba en ambientes cortesanos.

juglaresco, -ca *adj.* Del juglar o la juglería.

juglaría *f.* Actividad y oficio del juglar.

jugo *m.* 1 Líquido que se extrae de sustancias animales y vegetales. **jugo gástrico** Líquido ácido que segregan las glándulas del estómago para digerir los alimentos.

jugosidad *f.* Abundancia de jugo o de sustancia y sabor.

jugoso, -sa *adj.* 1 [sustancia] Que tiene jugo. 2 [alimento] Que tiene sustancia y sabor.

juguete *m.* 1 Objeto que sirve para jugar.

juguetear *intr.* Entretenerse jugando o haciendo cosas sin importancia.

juguetería *f.* Establecimiento o tienda en el que se venden juguetes.

juguetón, -tona *adj.* [persona, animal] Que le gusta mucho jugar.

juicio *m.* 1 Capacidad de pensar y considerar las situaciones y circunstancias para distinguir lo positivo de lo negativo. 2 Opinión razonada sobre un asunto o persona. 3 Sensatez en la manera de actuar. **estar en su sano juicio** Estar en posesión de sus facultades mentales y actuar de manera sensata. **perder el juicio** Volverse loco. 4 DER. Proceso legal por el que se resuelve un asunto. ▶ **juicio final** Juicio que, según la religión cristiana, celebrará Dios al final de los tiempos.

juicioso, -sa *adj./m. y f.* [persona] Que muestra juicio y sensatez en sus actos.

julepe *m.* 1 Bebida medicinal hecha con una mezcla de agua destilada, jarabe y otras sustancias. 2 Juego de naipes de seis jugadores que consiste en hacer como mínimo dos bazas de las cinco posibles.

julio *m.* 1 Séptimo mes del año. 2 FÍS. Unidad de trabajo y de energía.

jumbo *m.* Avión de pasajeros de gran capacidad.

OBS Es de origen inglés y se pronuncia aproximadamente 'yumbo'.

jumento, -ta *m. y f.* Mamífero cuadrúpedo doméstico, parecido al caballo aunque más pequeño, que se usa para trabajos en el campo y para la carga por ser muy fuerte y de orejas largas.

jumilla *m.* Vino que se elabora en la zona de Jumilla, en la provincia de Murcia.

juncal *adj.* 1 Que es delgado, bello y elegante. ▮ *m.* 2 Lugar donde crecen juncos.

junco *m.* Planta herbácea silvestre con muchos tallos rectos, largos y flexibles de color verde oscuro y acabados en una punta dura.

jungla *f.* Bosque tropical formado por una vegetación muy abundante y una fauna muy variada.

junio *m.* Sexto mes del año.

júnior *adj.* 1 [persona] Que es más joven que una persona de la misma familia que tiene el mismo nombre. ▮ *adj./com.* 2 [deportista] Que se incluye en la categoría comprendida entre la de juvenil y la de sénior.

OBS Es de origen inglés (tomado del latín) y se pronuncia aproximadamente 'yúnior'.

junquera *f.* Junco.

junquillo *m.* 1 Planta de jardín de tallo liso y largo y de flores amarillas muy olorosas. 2 Tira larga y estrecha de madera que se pone como adorno en el borde de un objeto de madera a modo de moldura.

junta *f.* 1 Reunión de personas para tratar un asunto. 2 Conjunto de personas elegidas para dirigir y gobernar los asuntos de una colectividad. 3 Parte por donde se unen dos o más cosas. 4 Pieza que se coloca en la unión de dos tubos o partes de un aparato para asegurar su unión.

juntar *tr./prnl.* 1 Reunir un grupo de cosas o personas. 2 Acercar una cosa a otra. ▮ *prnl.* 3 Tener amistad o relacionarse con alguien. 4 Ir a vivir con una persona y mantener relaciones sexuales sin estar casado con ella.

junto, -ta *adj.* 1 Que está cercano, reunido o unido. 2 Que obra en compañía o en colaboración con alguien. ▮ *adv.* 3 En una posición inmediata o cercana.

juntura *f.* 1 Parte por donde se unen dos o más cosas. 2 Junta, pieza de material flexible.

jura *f.* Hecho y ceremonia por los que una persona se compromete a cumplir con fidelidad los deberes de un cargo o servicio. **jura de bandera** Hecho y ceremonia por los que una persona se compromete a servir y ser fiel a la nación.

jurado, -da *adj.* 1 [declaración] Que se hace bajo juramento. ▮ *m.* 2 Tribunal formado por un conjunto de ciudadanos que tiene la función de emitir un veredicto en un proceso judicial. 3 Tribunal formado por un conjunto de personas especialistas en una materia que examina y califica en un concurso o en una competición deportiva. ▮ *m. y f.* Miembro de uno de estos tribunales.

juramentar *tr.* 1 Tomar juramento a una persona. ▮ *prnl.* 2 Obligarse varias personas con juramento a hacer algo.

juramento *m.* Acto y expresión con los que una persona asegura una cosa de forma rotunda poniendo por testigo a Dios o a personas o cosas muy respetadas.

jurar *tr.* 1 Asegurar una cosa de forma rotunda poniendo por testigo a Dios o a personas o cosas muy respetadas. 2 Comprometerse a cumplir con fidelidad los deberes de un cargo o servicio. ▶ **jurar bandera** Comprometerse a servir y ser fiel a la nación.

jurásico, -ca *adj./m.* GEOL. Que es del período que forma parte de la era secundaria o mesozoica de la historia de la Tierra y durante el cual los dinosaurios experimentaron una gran expansión y diversificación.

jurel *m.* Pez marino comestible de cuerpo carnoso y espinas fuertes y agudas a los lados que tiene la parte superior de color azul.

jurídico, -ca *adj.* Del derecho o sus leyes.

jurisconsulto, -ta *m. y f.* Persona especializada en la ciencia del derecho que se dedica a su estudio y a resolver consultas legales.

jurisdicción *f.* 1 Autoridad o poder para juzgar y aplicar las leyes. 2 Territorio en el que se ejerce esa autoridad o poder.

jurisdiccional *adj.* De la jurisdicción.

jurisperito, -ta *m. y f.* Jurisconsulto.

jurisprudencia *f.* 1 DER. Estudio y ciencia del derecho. 2 DER. Doctrina o enseñanza que se extrae de las sentencias de los tribunales.

jurista *com.* Persona que se dedica a estudiar o ejercer el derecho.

justa *f.* Combate entre dos personas montadas a caballo y armadas con lanza que se realizaba en la Edad Media.

justamente *adv.* 1 Exactamente. 2 De manera justa o con justicia.

justicia *f.* 1 Cualidad o virtud de proceder o juzgar respetando la verdad y dando a cada uno lo que le corresponde. 2 Acción de proceder o juzgar respetando la verdad y dando a cada uno lo que le corresponde. 3 Organismo oficial que se encarga de juzgar y de aplicar las leyes. 4 Aplicación de una pena tras un juicio.

justiciero, -ra *adj.* Que es muy riguroso y severo en los castigos de las faltas.

justificación *f.* Explicación de la causa o del motivo razonable de una cosa.

justificante *adj.* 1 Que justifica o es la causa, la explicación o el motivo razonable de una cosa. ‖ *m.* 2 Documento o recibo donde consta la realización de algo.

justificar [1] *tr.* 1 Ser la causa, la explicación o el motivo razonable de una cosa. 2 Demostrar o probar una cosa, especialmente con documentos escritos. ‖ *tr./prnl.* 3 Defender o demostrar la inocencia de una persona.

justipreciación *f.* Valoración o tasación rigurosa.

justipreciar [12] *tr.* Valorar o tasar de forma rigurosa.

justiprecio *m.* Valor o tasa rigurosa.

justo, -ta *adj./m. y f.* 1 [persona] Que actúa con objetividad y justicia. ‖ *adj.* 2 Que respeta las leyes. 3 Que es exacto y tiene lo que debe tener. 4 Que está apretado o ajustado. ‖ *adv.* 5 Exactamente.

juvenil *adj.* 1 De la juventud. ‖ *adj./com.* 2 [deportista] Que se incluye en la categoría comprendida entre la de cadete y la de júnior.

juventud *f.* 1 Período de la vida que está entre la niñez y la edad adulta. 2 Conjunto de personas jóvenes. ‖ *f. pl.* 3 Conjunto de jóvenes que forman parte de un partido político.

juzgado *m.* 1 Tribunal de un solo juez. 2 Edificio o local donde se juzga. 3 Conjunto de jueces que forman un tribunal.

juzgar [7] *tr.* Deliberar, quien tiene autoridad para ello, acerca de las acciones o las condiciones de una persona y emitir sentencia o dictamen sobre ellas.

K

k *f.* Undécima letra del alfabeto español.

ka *f.* Nombre de la letra *k*.

kabuki *m.* Modalidad teatral japonesa de carácter popular en la que se alterna el diálogo con partes recitadas o cantadas.

kafkiano, -na *adj.* 1 De Franz Kafka (1883-1924). 2 [situación] Que resulta inquietante, angustioso y falto de lógica.

káiser *m.* Emperador del II Reich o Imperio germánico.

kamikaze *m.* 1 Avión japonés cargado de explosivos que en la segunda guerra mundial se estrellaba intencionadamente contra los objetivos enemigos. 2 Piloto suicida de este avión.

kantiano, -na *adj.* 1 De Immanuel Kant (1724-1804). ‖ *adj./m. y f.* 2 [filósofo] Que se funda en el sistema filosófico de Kant.

kappa *f.* Décima letra del alfabeto griego.
OBS También se escribe *cappa*.

karaoke *m.* 1 Sistema audiovisual que reproduce la música y, a la vez, la letra escrita de una canción. 2 Establecimiento público en el que se halla instalado este sistema.

kárate o **karate** *m.* Técnica de lucha sin armas de origen japonés que consiste en intentar derribar al contrario mediante golpes secos que se realizan con los bordes de las manos, con los codos y con los pies.

karateca *com.* Persona que practica el kárate.

karma *m.* En algunas religiones de la India, creencia en que el comportamiento de un ser en una vida influye en sus vidas sucesivas.

karst *m.* Paisaje calcáreo lleno de grietas, galerías y formas modeladas por la acción erosiva y disolvente del agua.
OBS También se escribe *carst*.

kárstico, -ca *adj.* Del karst.
OBS También se escribe *cárstico*.

kart *m.* Automóvil de pequeño tamaño, con motor de dos tiempos y embrague automático, que carece de caja de velocidades, carrocería y suspensión.
OBS Es de origen inglés. El plural es *karts*.

katiuska *f.* Bota de goma que llega hasta media pierna o hasta la rodilla y que sirve para proteger los pies de la lluvia.
OBS También se escribe *catiusca*.

kayak *m.* Embarcación pequeña muy ligera, estrecha, alargada y casi cerrada que navega propulsada por remos de pala muy ancha que no están sujetos.

kéfir *m.* Alimento líquido y espeso, parecido al yogur, que se hace con leche fermentada mediante bacterias y levaduras.

kelvin *m.* Unidad básica de temperatura en el Sistema Internacional que mide el calor producido por una acción mecánica.

kendo *m.* Técnica de lucha de origen japonés, parecida a la esgrima, que se practica con sables de bambú.

keroseno *m.* Líquido inflamable que se obtiene del petróleo y que se usa como combustible de los aviones reactores.
OBS También se escribe *queroseno*.

ketamina *f.* Sustancia anestésica usada como medicamento antidepresivo, pero también como droga recreativa.

kétchup o **ketchup** *m.* Salsa de tomate sazonada con vinagre, azúcar y especias.

kiko *m.* Grano de maíz tostado y salado.
OBS También se escribe *quico*.

kilim *m.* Alfombra o tapiz de origen turco con motivos geométricos y vivos colores.

kilo *m.* Unidad básica de masa en el Sistema Internacional.

OBS También se escribe *quilo*.

kilo- Elemento prefijal que significa 'mil'.

OBS En algunas palabras también adopta la forma *quilo-*.

kilocaloría *f.* Unidad de energía térmica que equivale a 1000 calorías.

kilogramo *m.* Unidad básica de masa en el Sistema Internacional.

OBS También se escribe *quilogramo*.

kilometraje *m.* Número de kilómetros que hay o se recorren entre dos puntos.

kilometrar *tr.* Medir en kilómetros una distancia con señales.

kilométrico, -ca *adj.* Del kilómetro.

OBS También se escribe *quilométrico*.

kilómetro *m.* Medida de longitud que equivale a 1000 metros. **kilómetro cuadrado** Medida de superficie que equivale a un millón de metros cuadrados. **kilómetro cúbico** Medida de volumen que equivale a mil millones de metros cúbicos.

kilopondio *m.* Unidad de fuerza en el Sistema Internacional que equivale al peso de 1 kilogramo sometido a la gravedad normal.

kilovatio *m.* Fís. Unidad de potencia eléctrica en el Sistema Internacional que equivale a 1000 vatios.

kimono *m.* **1** Prenda de vestir japonesa que llega hasta los pies, está cruzada y ceñida por delante y tiene mangas largas y anchas. **2** Prenda deportiva ancha con la que se practican diversas artes marciales.

OBS También se escribe *quimono*.

kiosco *m.* Caseta de pequeño tamaño, generalmente de material ligero, que está colocada en un lugar público para vender periódicos, flores, golosinas y otros artículos.

OBS También se escribe *quiosco*.

kit *m.* Conjunto de las piezas de un objeto o aparato que se venden sueltas y con un folleto de instrucciones para que sea montado con facilidad.

kitsch *adj./m.* Que resulta de mal gusto, pero pretende ser elegante, distinguido y moderno.

OBS Es de origen alemán y se pronuncia aproximadamente 'kich'.

kiwi *m.* **1** Fruto comestible de forma redonda con la cáscara fina y de color marrón y con el interior verde o amarillo y jugoso. **2** Arbusto trepador de flores blancas o amarillas que da ese fruto. **3** Ave originaria de Nueva Zelanda de plumas largas y parduscas, alas muy poco desarrolladas y pico largo y curvado.

kleenex *m.* Pañuelo de papel.

OBS Es de origen inglés y se pronuncia aproximadamente 'clínex'.

koala *m.* Mamífero parecido a un oso pequeño cuya hembra tiene una bolsa en el vientre donde lleva a sus hijos los primeros meses de vida.

koiné *f.* Lengua común que se establece unificando los rasgos de diversas lenguas o dialectos.

OBS También se escribe *coiné*.

kósher o **kosher** *adj.* **1** [alimento, especialmente carne] Que respeta las prescripciones rituales del judaísmo. **2** [establecimiento] Que vende este alimento.

OBS El plural también es *kósher* o *kosher*.

krausismo *m.* Fils. Movimiento filosófico que se desarrolló durante la segunda mitad del siglo XIX, sobre todo en España, tomando como base el pensamiento de Friedrich Krause (1781-1832).

krausista *adj.* Del krausismo. ∥ *adj./com.* [persona] Que sigue las ideas del krausismo.

kril *m.* Conjunto de varias especies de pequeños crustáceos marinos que tienen un alto poder nutritivo.

kung-fu o **kungfú** *m.* Técnica de lucha de origen chino que se basa tanto en los golpes con las manos y los pies como en la concentración mental del luchador.

OBS Es de origen chino y se pronuncia aproximadamente 'cunfú'.

kurdo, -da *adj./m. y f.* **1** Que es del Kurdistán. ∥ *m.* **2** Lengua hablada en esta región.

OBS También se escribe *curdo*.

kuwaití *adj./com.* Que es de Kuwait.

OBS El plural es *kuwaitíes*.

L

l *f.* **1** Duodécima letra del alfabeto español. **2** Letra que tiene el valor de 50 en la numeración romana. Se escribe con letra mayúscula. **3** Abreviatura de litro. Se puede escribir tanto con letra minúscula como con mayúscula, pero se prefiere el uso de esta última.

la *det.* **1** Forma femenina singular del artículo determinado. ‖ *pron. pers.* **2** Forma femenina del pronombre de complemento directo. ‖ *m.* **3** Sexta nota de la escala musical.

laberíntico, -ca *adj.* Que es difícil de resolver o entender por tener diversos aspectos que provocan confusión.

laberinto *m.* **1** Conjunto de calles y caminos que se entrecruzan y disponen de tal manera que es muy difícil hallar la salida; suelen construirse con paredes de ladrillos o bien con un cercado de matas y arbustos vivos. **2** Problema o situación difícil por presentar diferentes posibilidades o aspectos que confunden. **3** ANAT. Parte del oído interno de los vertebrados.

labia *f.* Facilidad de palabra.

labiado, -da *adj.* **1** [flor] Que presenta los pétalos formando dos grupos desiguales, dos en la parte superior y tres en la inferior, unidos en forma de labios. ‖ *adj./f.* **2** [planta] Que pertenece a la familia de las labiadas. ‖ *f. pl.* **3** BOT. Familia de plantas herbáceas o arbustivas de flores con pétalos unidos en forma de labios y de hojas que desprenden aromas característicos.

labial *adj.* **1** Del labio. ‖ *adj./f.* **2** [sonido consonántico] Que se pronuncia con intervención de los labios.

lábil *adj.* **1** Que resbala o se desliza con facilidad. **2** Que es débil o se puede romper con facilidad. **3** [persona] Que es cambiante y poco firme en sus decisiones.

labio *m.* **1** Cada una de las dos partes exteriores, carnosas y movibles, de la boca de los mamíferos. **2** Borde exterior de algunas cosas, especialmente si su forma recuerda a un labio. Suele usarse en plural. **3** Órgano que sirve para hablar, sobre todo cuando quiere expresarse que no se utiliza.

labiodental *adj./f.* [sonido consonántico] Que se pronuncia acercando el labio inferior a los dientes superiores.

labor *f.* **1** Trabajo o actividad que una persona lleva a cabo. **2** Operación que se realiza en el trabajo agrícola, especialmente la del cultivo de la tierra. **3** Trabajo que se hace cosiendo, bordando o tejiendo. ▸ **estar por la labor** Estar interesado y atento al realizar una actividad.

laborable *adj.* **1** [día] Que se dedica al trabajo. **2** [terreno] Que se puede trabajar.

laboral *adj.* Que tiene relación con el trabajo o con los trabajadores.

laboralista *adj./com.* [abogado] Que está especializado en el mundo del trabajo.

laborar *intr.* **1** *culto* Esforzarse para conseguir un fin determinado, especialmente si es algo de mucho interés. ‖ *tr.* **2** Cultivar la tierra o prepararla para el cultivo.

laboratorio *m.* **1** Local equipado para realizar experimentos científicos o trabajos técnicos. **2** Local dispuesto técnicamente para revelar negativos de filmaciones y fotografías.

laboriosidad *f.* **1** Dedicación y constancia en el trabajo. **2** Grado de dificultad o complejidad que supone la realización de algo.

laborioso, -sa *adj.* **1** Que trabaja mucho.

2 [trabajo] Que exige mucho esfuerzo y dedicación.

laborismo *m.* Movimiento reformista y moderado basado en el programa político, social y económico del Partido Laborista, representante en Gran Bretaña y en otros países (Australia, Israel, etc.) de la ideología socialista.

laborista *adj.* **1** Del laborismo. ‖ *adj./ com.* **2** [persona] Que es partidario del laborismo.

labra *f.* Labrado, trabajo.

labrado, -da *adj.* **1** Que ha sido grabado, esculpido o tallado. ‖ *m.* **2** Trabajo que se realiza en algún material, generalmente madera, metal, piedra o mármol, para darle forma o grabar en él. **3** Campo arado y preparado para sembrar en él.

labrador, -ra *m. y f.* Persona que se dedica a las labores del campo.

labrantío, -tía *adj./m.* [campo, tierra] Que es de cultivo o se puede cultivar.

labranza *f.* **1** Cultivo de los campos. **2** Hacienda de campo o tierra de labor.

labrar *tr.* **1** Cultivar la tierra o prepararla para el cultivo. **2** Trabajar un material, generalmente madera, piedra, metales, cuero o materias textiles, para elaborar un producto o para hacer adornos en relieve. **3** Cultivar una tierra ajena. **4** Fabricar o construir un edificio. ‖ *tr./prnl.* **5** Trabajar o esforzarse para conseguir una cosa.

labriego, -ga *m. y f.* Persona que cultiva los campos y vive en un medio rural.

laca *f.* **1** Sustancia que se aplica al cabello en aerosol y que sirve para fijarlo y conservar el peinado. **2** Sustancia resinosa que se forma en ciertos vegetales asiáticos y que está producida por insectos parecidos a la cochinilla; se utiliza en la fabricación de barnices y colorantes. **3** Barniz.

lacado, -da *adj.* Que tiene la superficie pintada o barnizada con laca.

lacar [1] *tr.* Pintar o barnizar con laca.

lacayo *m.* **1** Criado que acompañaba a su señor a pie, a caballo o en el coche. **2** Cada uno de los dos soldados de a pie que acompañaban a los caballeros en la guerra armados con una ballesta. **3** Persona aduladora y servil.

lacerante *adj.* **1** Que provoca gran ofensa, dolor u otro daño moral. **2** [dolor] Que es intenso o fuerte.

lacerar *tr./prnl. culto* Producir un daño físico o moral.

lacería *f.* Adorno o decoración mediante molduras, líneas y motivos vegetales que se enlazan o cruzan entre sí formando figuras geométricas.

lacero, -ra *m. y f.* Persona que se encarga de atrapar los perros vagabundos o abandonados en las calles y de llevarlos a la perrera municipal.

lacio, -cia *adj.* **1** [cabello] Que cae sin formar ondas ni rizos. **2** [planta, flor] Que no tiene buen aspecto. **3** Que no tiene o no hace fuerza.

lacón *m.* Parte de la pata delantera del cerdo, especialmente la que está cocida o curada y salada como el jamón.

lacónico, -ca *adj.* **1** Que utiliza pocas palabras al hablar o al escribir. **2** Que es breve o conciso.

laconismo *m.* Brevedad o concisión, especialmente en la expresión con palabras.

lacra *f.* **1** Señal que deja en una persona una enfermedad o un daño físico. **2** Defecto o vicio que marcan a una persona o a la sociedad.

lacrar *tr.* Cerrar o sellar una carta o documento con lacre.

lacre *m.* **1** Pasta sólida que se derrite con facilidad y vuelve a solidificarse rápidamente que se utiliza para sellar cartas, documentos o paquetes. ‖ *adj.* **2** AMÉR. [cosa] Que es de color rojo.

lacrimal *adj.* De la lágrima.

lacrimógeno, -na *adj.* Que produce lágrimas o llanto.

lacrimoso, -sa *adj.* **1** [ojo] Que llora o que tiene lágrimas. **2** [hecho, narración] Que provoca el llanto. **3** [persona] Que llora o se lamenta con frecuencia.

lactancia *f.* **1** Período de la vida de las crías de los mamíferos durante el cual se alimentan básicamente de leche, sobre todo de la que maman de su madre. **2** Forma de alimentación que se da durante este período de vida.

lactante *adj./com.* **1** [cría] Que mama o se alimenta de leche. ‖ *adj./f.* **2** [madre] Que da de mamar.

lactar *tr.* Dar de mamar a las crías.

lácteo, -tea *adj.* De la leche.

láctico, -ca *adj.* **1** De la leche. **2** QUÍM. [ácido] Que se forma al agriarse la leche o al fermentar frutas u hortalizas.

lactosa *f.* QUÍM. Azúcar que está presente en la leche de los mamíferos.

lacustre *adj.* **1** Del lago. **2** [ser vivo] Que tiene como hábitat natural los lagos y sus orillas.

ladear *tr./prnl.* **1** Inclinar o desviar una

cosa hacia un lado. ‖ *intr.* **2** Andar por las laderas de las montañas o fuera del camino derecho. ‖ *prnl.* **3** Tender o inclinarse una persona hacia una cosa.

ladera *f.* Pendiente de una montaña por cualquiera de sus lados.

ladilla *f.* Insecto muy pequeño, chupador, sin alas y de cuerpo casi redondo, que parasita en las zonas vellosas de los órganos genitales de los seres humanos.

ladino, -na *adj./m. y f.* **1** [persona] Que actúa con astucia y disimulo para conseguir lo que se propone. ‖ *m.* **2** Dialecto del español reflejo del que se hablaba en los siglos XIV y XV; lo utilizan las comunidades judías descendientes de las expulsadas de España en 1492.

lado *m.* **1** Parte izquierda o derecha del tronco o del cuerpo de una persona o animal. **2** Parte izquierda o derecha de un todo. **3** Parte situada junto a una persona o una cosa. **4** Parte próxima a los extremos de un cuerpo o un espacio. **5** Cara de un objeto. **6** Lugar o sitio inconcreto en un espacio. **7** Aspecto concreto de un asunto general o punto de vista de un asunto. **8** Cada una de las dos líneas rectas que forman un ángulo. **9** Cada uno de los segmentos que, junto con otros, limitan un polígono o una superficie. **10** Medio que se toma para lograr un fin determinado. **11** Generatriz de la superficie lateral del cono y del cilindro. ▶ **al lado** Muy cerca de una cosa o una persona. ▶ **dar de lado** Rechazar o excluir de una relación o del trato a una persona.

ladrar *intr.* **1** Dar ladridos el perro. ‖ *tr./ intr.* **2** *coloquial* Hablar gritando o de manera poco agradable o educada.

ladrido *m.* **1** Voz característica del perro. **2** *coloquial* Grito o expresión desagradable o poco educada.

ladrillazo *m.* Golpe que se da con un ladrillo o algo semejante.

ladrillo *m.* **1** Pieza de barro cocido, generalmente de forma rectangular, que se usa en la construcción. **2** *coloquial* Cosa muy aburrida y difícil de soportar.

ladrón, -drona *adj./m. y f.* **1** [persona, animal] Que roba. Se usa como apelativo afectivo en el lenguaje familiar. Se usa también como apelativo despectivo. ‖ *m.* **2** Pieza que se coloca en una toma de corriente para poder enchufar varios aparatos a la vez. **3** Paso abierto en un cauce o una presa para desviar parte del agua.

ladronzuelo, -la *m. y f.* Ladrón que roba con habilidad y sin violencia.

lady *f.* Título honorífico que se da a las señoras de la nobleza inglesa.

lagar *m.* **1** Recipiente en que se pisan, prensan o trituran las uvas, las aceitunas o las manzanas para obtener el mosto, el aceite o la sidra, respectivamente. **2** Lugar donde se realizan las labores de pisado, prensado o triturado de la uva, la aceituna o la manzana.

lagartija *f.* Reptil terrestre pequeño y huidizo, con cuatro patas cortas y cola y cuerpo largos, de colores muy variados.

lagarto, -ta *m. y f.* **1** Reptil terrestre de tronco fuerte, generalmente de color verde, con cuatro patas cortas y robustas y cola larga; se considera útil para la agricultura por los muchos insectos que devora. ‖ *adj./m. y f.* **2** *coloquial* [persona] Que actúa con astucia o que es hábil para engañar a otros. ‖ *int.* **3** ¡lagarto! Expresión que los supersticiosos usan cuando ocurre una cosa que creen que trae mala suerte, para ahuyentarla.

lago *m.* Acumulación grande y permanente de agua, generalmente dulce, en una depresión del terreno.

lágrima *f.* **1** Cada una de las gotas de líquido que se vierten por los ojos. **lágrimas de cocodrilo** Lloro fingido de una persona. **2** Objeto que tiene forma de lágrima. **3** Pequeña cantidad de una bebida, especialmente de un licor. **4** Gota de líquido que segregan algunas plantas al ser podadas. ‖ *f. pl.* **5** Dolores, penas o sufrimientos.

lagrimal *adj.* **1** De las lágrimas. ‖ *m.* **2** Zona del ojo formada por el ángulo que forman los párpados y la nariz.

lagrimear *intr.* Echar lágrimas con facilidad y frecuencia.

lagrimoso, -sa *adj.* **1** Que tiene lágrimas. **2** Que provoca el llanto.

laguna *f.* **1** Acumulación natural de agua, generalmente dulce, menos extensa y profunda que un lago. **2** Parte de un escrito o una exposición que falta o que se omite. **3** Espacio que está sin ocupar en una lista, conjunto o serie.

laicado *m.* Conjunto de miembros del estamento eclesiástico que no han recibido órdenes religiosas.

laicismo *m.* Doctrina que defiende la independencia del ser humano o la sociedad de toda influencia religiosa o eclesiástica.

laicista *adj.* **1** Del laicismo. ‖ *adj./com.* **2** [persona] Que es partidario del laicismo.

laicizar [4] *tr./prnl.* *culto* Hacer laico o no religioso e independiente de la iglesia.

laico, -ca adj./m. y f. 1 [cristiano] Que no ha recibido órdenes religiosas. ‖ adj. 2 Que es independiente de toda confesión religiosa.

laísmo m. GRAM. Fenómeno que consiste en usar las formas la y las del pronombre personal como objeto indirecto.

laísta adj./com. GRAM. [persona] Que usa las formas la y las del pronombre personal como objeto indirecto en lugar de le y les.

laja f. Piedra grande, lisa y plana.

lama m. 1 Maestro budista del Tíbet. ‖ f. 2 Barro blando y oscuro que hay en el fondo de algunos mares, ríos y lagos. 3 Tira lisa y delgada de una materia dura, especialmente madera, metal o cristal. 4 Tela hecha de hilos de oro y plata. 5 Capa sólida en forma de tela fina que se forma en la superficie de algunos líquidos.

lamaísmo m. Rama del budismo extendida en el Tíbet.

lambda f. Undécima letra del alfabeto griego.

lameculos com. malsonante Persona de comportamiento servil y adulador.

OBS El plural también es lameculos.

lamelibranquio adj./m. 1 [molusco] Que pertenece a la clase de los lamelibranquios. ‖ m. pl. 2 ZOOL. Clase de moluscos acuáticos cubiertos por dos conchas articuladas y simétricas.

lamentable adj. 1 [acontecimiento, acto] Que produce pena o dolor. 2 Que causa mala impresión.

lamentación f. Lamento.

lamentar tr. 1 Sentir pena, arrepentimiento o disgusto por una cosa. ‖ prnl. 2 Expresar con palabras la pena, el dolor o la contrariedad que se siente.

lamento m. Expresión del dolor, pena o disgusto por algo que se siente.

lamentoso, -sa adj. [palabra, tono] Que se emplea para lamentarse o quejarse.

lamer tr./prnl. 1 Pasar la lengua por una cosa. ‖ tr. 2 culto Tocar o rozar algún lugar con suavidad, especialmente un líquido.

lametada f. Lametón.

lametazo m. Lametón.

lametón m. Roce de la lengua al lamer, especialmente si se hace con fuerza.

lamido, -da adj. 1 [persona, parte del cuerpo] Que es excesivamente delgado. 2 [persona] Que es excesivamente aseado y de modales afectados o rebuscados.

lámina f. 1 Pieza plana y delgada de cualquier materia. 2 Plancha de metal, especial-mente de cobre, en la que está grabado un dibujo que se va a reproducir después sobre una superficie. 3 Imagen impresa en un papel. 4 Parte ancha de las hojas de las plantas. 5 Aspecto o figura total de un animal. 6 Parte más ancha de un hueso o de un cartílago.

laminación f. Acción y efecto de laminar.

laminado m. Laminación.

laminador, -ra adj./m. y f. 1 [persona] Que hace láminas. ‖ m. 2 Máquina que sirve para dar forma de lámina, chapa o barra a los metales o a otros materiales maleables.

laminar tr. 1 Reducir un metal u otro material maleable para darle forma de lámina, chapa o barra. 2 Recubrir una cosa con láminas. ‖ adj. 3 Que tiene forma de lámina. 4 Que tiene una estructura formada por láminas superpuestas y paralelas.

lampar intr. Tener ansiedad por el logro de una cosa.

lámpara f. 1 Instrumento que sirve para iluminar artificialmente. 2 Objeto que sirve de soporte para una o varias luces. 3 Bombilla eléctrica. 4 Dispositivo eléctrico parecido a una bombilla que llevan los televisores y algunos aparatos de radio.

lamparero, -ra m. y f. Persona que fabrica, vende o repara lámparas.

lamparilla f. 1 Lámpara pequeña que se pone en la mesilla de noche. 2 Mecha pequeña que, atravesada en una rodaja de corcho, se enciende y flota en un recipiente con agua y una capa de aceite. 3 Recipiente en que se pone esta mecha.

lamparón m. Mancha en la ropa.

lampiño, -ña adj. 1 [hombre, muchacho] Que no tiene barba o que todavía no le ha salido. 2 Que tiene poco pelo o vello. 3 BOT. [planta] Que no tiene pelos.

lampista com. Persona que se dedica a colocar o reparar los tubos e instalaciones que conducen, reparten y regulan el agua de una casa o de un edificio.

lamprea f. Pez de cuerpo en forma de serpiente que vive asido a las rocas mediante su boca en forma de ventosa circular.

lana f. 1 Pelo de las ovejas, los carneros y de otros animales que lo tienen parecido. 2 Hilo elaborado con este pelo. 3 Tela elaborada con hilo de lana.

lanar adj. [res, especie] Que tiene lana.

lance m. 1 Suceso real o imaginario que constituye una acción completa e interesante. 2 Situación crítica, muy difícil o decisiva. 3 Enfrentamiento entre dos personas. **4** Acción destacada que se produce en el transcurso de un juego de cartas o de un enfrentamiento deportivo. **5** Acción que consiste en lanzar una cosa despidiéndola con fuerza. **6** Pase que el torero da con la capa.

lancear *tr.* Herir con lanza.

lanceolado, -da *adj.* BOT. [hoja] Que tiene la forma de una punta de lanza.

lancero, -ra *m. y f.* **1** Soldado armado con una lanza. **2** Persona que fabrica lanzas.

lanceta *f.* MED. Instrumento de acero con una hoja triangular con corte en ambos lados y punta muy aguda que se usa para hacer pequeñas incisiones.

lancha *f.* **1** Barca grande de motor que se usa para servicios auxiliares en buques, puertos y lugares costeros. **2** Embarcación pequeña de remo o de motor, sin mástiles y con la popa cortada, cuyo suelo está formado normalmente por unas tablas atravesadas. **3** Embarcación auxiliar que va a bordo de un buque. **4** Barca utilizada para el transporte de pasajeros o mercancías o para la pesca. **5** Piedra grande, lisa, plana y no muy gruesa.

lancinante *adj.* [dolor] Que es intenso o fuerte, semejante al que produciría una herida de lanza.

land rover *m.* Coche capaz de circular en cualquier tipo de terreno, especialmente el campo y la montaña.

OBS Es una marca registrada.

landa *f.* Llanura extensa en la que solo crecen plantas silvestres.

landó *m.* Coche de caballos de cuatro ruedas con capota plegable.

lanero, -ra *adj.* **1** De la lana. ❚ *m. y f.* **2** Persona que comercia con lana.

langosta *f.* **1** Crustáceo marino de color pardo oscuro, de ojos prominentes, cuerpo cilíndrico, cola larga y gruesa y cabeza grande, con cinco pares de patas y antenas muy desarrolladas; su carne, comestible, es muy apreciada. **2** Insecto de cuerpo alargado, ojos salientes y patas posteriores fuertes y muy largas con las que da saltos, que se alimenta de vegetales.

langostino *m.* Crustáceo marino semejante a la langosta pero más pequeño, de cuerpo alargado; su carne, comestible, es muy apreciada.

languidecer [2] *intr.* **1** Perder la fuerza o la intensidad una persona o cosa. **2** Perder el ánimo o la alegría.

languidez *f.* Cualidad de lánguido.

lánguido, -da *adj.* **1** [persona, cosa] Que no tiene fuerza o energía. **2** [persona, cosa] Que no tiene ánimo o alegría.

lanolina *f.* Sustancia grasa obtenida de la lana del cordero o del carnero que se emplea en farmacia y cosmética como excipiente por ser fácilmente absorbida por la piel.

lanoso, -sa *adj.* Que tiene mucha lana o que posee sus características.

lantánido *adj./m.* **1** [elemento químico] Que pertenece al grupo de los lantánidos. ❚ *m. pl.* **2** Grupo de elementos químicos, metales, cuyo número atómico está comprendido entre el 57 y el 71.

lantano *m.* Elemento químico del grupo de los lantánidos, metal maleable y muy reactivo de número atómico 57.

lanudo, -da *adj.* Que tiene mucha lana.

lanza *f.* **1** Arma formada por una vara muy larga con una punta de hierro aguda y cortante en su extremo. **2** Vara larga de madera que sale de la parte delantera de un carruaje que sirve para darle dirección y para sujetar en ella los animales de tiro. **3** Tubo de metal colocado como remate de las mangueras para dirigir el chorro.

lanzacohetes *adj./m.* **1** [arma ligera] Que tiene forma de tubo abierto por los dos extremos, se apoya sobre el hombro y permite disparar proyectiles de gran calibre. **2** [arma pesada] Que consiste en un conjunto de tubos lanzadores instalados sobre una plataforma móvil y que sirve para disparar cohetes de gran calibre.

OBS El plural también es *lanzacohetes*.

lanzada *f.* Golpe dado con una lanza o herida producida por esta arma.

lanzadera *f.* **1** Pieza del telar o de las máquinas de coser que permite formar el tejido. **2** Aeronave capaz de transportar una carga al espacio y que puede regresar a la Tierra.

lanzado, -da *adj.* **1** *coloquial* [persona] Que es muy decidido y se atreve a todo. **2** Muy rápido o veloz.

lanzador, -ra *m. y f.* Deportista que practica el de lanzamiento.

lanzagranadas *m./adj.* Arma portátil que consiste en un tubo abierto por los dos extremos que se apoya en el hombro y que lanza granadas a corta distancia.

OBS El plural también es *lanzagranadas*.

lanzallamas *m.* Arma ligera que consiste en una manguera conectada a un depósito de sustancia inflamable y que sirve para arrojar a presión un chorro de fuego.

OBS El plural también es *lanzallamas*.

lanzamiento *m.* 1 Acción y efecto de lanzar. 2 Prueba de atletismo que consiste en lanzar un determinado objeto.

lanzar [4] *tr./prnl.* 1 Dar un impulso fuerte a una cosa para enviarla en una dirección, generalmente al aire. 2 Dirigir palabras o expresiones contra alguien. ‖ *tr.* 3 Emitir sonidos o palabras, generalmente con violencia o súbitamente. 4 Dar a conocer al público alguna cosa, especialmente un nuevo producto, haciendo publicidad de él. ‖ *prnl.* 5 Dirigirse o precipitarse con rapidez o violencia hacia algo. 6 Decidirse a emprender una acción o actividad con energía, valor o violencia.

lanzatorpedos *m.* Tubo metálico que sirve para lanzar torpedos y dirigirlos hacia su objetivo.

OBS El plural también es *lanzatorpedos*.

laña *f.* Pieza pequeña de alambre fino que sirve para unir o sujetar cosas, especialmente los trozos de un cacharro de barro o porcelana roto.

lapa *f.* 1 Molusco marino con una concha en forma de cono aplastado, lisa o con estrías, que vive adherido a las rocas de la costa; es comestible. 2 Persona insistente y pesada de la que es difícil librarse.

lapicero *m.* Lápiz.

lápida *f.* Piedra lisa, plana y delgada en la que se graban unas palabras en memoria de una persona o de un hecho.

lapidación *f.* Acción y efecto de lapidar.

lapidar *tr.* 1 Matar a pedradas. 2 Lanzar piedras contra una persona.

lapidario, -ria *adj.* 1 De la lápida. 2 [expresión, escrito] Que por su sobriedad y vigor evoca las inscripciones grabadas en una lápida. 3 De las piedras preciosas. ‖ *m. y f.* 4 Persona que talla piedras preciosas o comercia con ellas. 5 Persona que fabrica y graba lápidas. ‖ *m.* 6 Libro que trata de las características y virtudes de las piedras preciosas.

lapislázuli *m.* Mineral de color azul intenso que suele usarse en objetos de adorno.

lápiz *m.* Instrumento en forma de barra delgada y larga, con un cilindro fino de grafito u otra sustancia mineral en el interior, que sirve para escribir, dibujar o pintar.

lapo *m.* Saliva y flema que se escupe de una vez por la boca.

lapso *m.* 1 Período de tiempo entre dos límites. 2 Lapsus, equivocación.

lapsus *m.* Equivocación que se comete por olvido o falta de atención.

OBS El plural también es *lapsus*.

lar *m.* 1 Lugar de la casa o de la cocina donde se enciende el fuego. 2 Divinidad de la casa o del hogar en la antigua Roma. ‖ *m. pl.* 3 ▶ **lares** Lugar de origen de una persona o casa en la que vive con su familia.

largamente *adv.* Con abundancia y generosidad o con suficiencia y sin estrechez.

largar [7] *tr.* 1 *coloquial* Decir algo con insolencia y malas maneras. 2 *coloquial* Dar o propinar un golpe. 3 *coloquial* Hablar demasiado o inoportunamente. 4 Dar algo con desprecio o deprisa. 5 *coloquial* Echar a una persona de un lugar o de un empleo. 6 MAR. Soltar o dejar libre poco a poco una cuerda o un cable. ‖ *intr.* 7 *coloquial* Hablar sin un fin determinado o sobre temas poco importantes. ‖ *prnl.* 8 *coloquial* Irse o marcharse de un lugar.

largo, -ga *adj.* 1 Que tiene mucha longitud o duración. 2 [tiempo, período] Que es muy grande o dilatado. En esta acepción el adjetivo se antepone siempre al sustantivo. 3 [persona] Que es muy alto. 4 [persona] Que es inteligente o tiene habilidad. 5 [persona] Que da con generosidad lo que tiene. 6 [prenda] Que llega hasta los pies. ‖ *adj./f.* 7 [vocal, sílaba] Que tiene mayor duración. ‖ *m.* 8 Longitud total de una cosa. 9 Distancia que se nada en una piscina al atravesarla por el lado de mayor longitud. 10 Longitud de un animal que corre en una carrera con otros. ‖ *int.* 11 ▶ ¡**largo**! Expresión que se usa para echar violentamente a alguien. ▶ **a la larga** Después de haber pasado cierto tiempo. ▶ **a lo largo** Siguiendo una longitud o duración. ▶ **dar largas** Retrasar un hecho o acontecimiento de manera intencionada.

largometraje *m.* Película cinematográfica cuya proyección dura más de 60 minutos.

larguero *m.* 1 En el fútbol y en otros deportes, palo superior y horizontal de la portería. 2 Palo de madera que en número de dos se ponen a lo largo de un mueble o de otra obra de carpintería.

largueza *f.* Cualidad de la persona que da sin esperar nada a cambio.

larguirucho, -cha *adj./m. y f.* *coloquial* [persona] Que es alto y delgado.

largura *f.* Longitud máxima de una cosa.

laringe *f.* ANAT. Órgano del aparato respiratorio en forma de tubo situado entre la faringe y la tráquea.

laríngeo, -gea *adj.* ANAT. De la laringe.

laringitis *f.* MED. Inflamación de la laringe.

OBS El plural también es *laringitis*.

laringología f. Parte de la medicina especializada en el estudio y tratamiento de las enfermedades de la laringe.

laringólogo, -ga m. y f. Médico especializado en laringología.

larva f. ZOOL. Entre los seres vivos que pasan por diversas transformaciones, como la mayoría de los invertebrados o los anfibios, animal en estado de desarrollo en la fase posterior a la salida del huevo y anterior a su forma adulta.

larvado, -da adj. 1 [fenómeno, emoción] Que no se manifiesta abiertamente. 2 [enfermedad] Que se presenta con síntomas que ocultan su verdadera naturaleza.

larvario, -ria adj. De la larva.

lasaña f. Plato de origen italiano consistente en capas de pasta y, generalmente, carne picada, queso y besamel.

lasca f. Fragmento plano y delgado desprendido de una piedra.

lascivia f. Inclinación exagerada al deseo sexual.

lascivo, -va adj. 1 [gesto, palabra] Que manifiesta lascivia. ‖ adj./m. y f. 2 [persona] Que siente una inclinación exagerada al deseo sexual.

láser m. 1 Rayo de luz de un solo color, de luz intensa y de gran energía. 2 Aparato que produce este tipo de rayos.

OBS Su plural es *láseres*, pero si acompaña a otro nombre en aposición, es invariable.

lasitud f. Estado de debilidad y cansancio próximo al desfallecimiento.

laso, -sa adj. 1 [hilo, pelo] Que no es o no está rizado. 2 *culto* Que está cansado o que no tiene fuerzas.

lástima f. 1 Sentimiento de pena o dolor que se tiene hacia una persona que sufre o hacia una cosa que ha sufrido un mal. 2 Cosa que causa pena o dolor.

lastimar tr./prnl. 1 Herir o causar dolor físico. ‖ tr. 2 Ofender o producirle un daño moral a una persona.

lastimero, -ra adj. [expresión, queja] Que provoca lástima o compasión.

lastimoso, -sa adj. 1 Que produce pena o dolor. 2 [aspecto, estado] Que produce mala impresión.

lastra f. Piedra lisa, plana y delgada.

lastrar tr. 1 Poner peso en una embarcación para hacer que baje su línea de flotación y darle mayor estabilidad. 2 *culto* Poner obstáculos o impedimentos a algo.

lastre m. 1 Peso que se pone en el fondo de una embarcación para que aumente su estabilidad. 2 Peso que llevan los globos aerostáticos en un conjunto de sacos de tierra para desprenderse de ellos cuando quieren ganar altura o ralentizar el descenso. 3 Obstáculo físico o moral.

lata f. 1 Lámina delgada de metal cubierta con una capa de estaño por las dos caras. 2 Recipiente hecho con este material. 3 Asunto que cansa o que molesta, por ser muy pesado. ▶ **dar la lata** Molestar o hacerse pesado.

latazo m. *coloquial* Persona o cosa pesada, fastidiosa y molesta.

latencia f. Estado de lo que permanece oculto, sin manifestarse.

latente adj. Que está oculto o que existe sin mostrarse al exterior.

lateral adj. 1 Que está o pertenece al lado de una cosa. 2 [asunto] Que tiene una importancia menor. ‖ adj./f. 3 [sonido] Que se pronuncia dejando salir el aire por los lados de la lengua. ‖ m. 4 Parte de un objeto que está cerca del extremo. ‖ com. 5 Jugador que habitualmente se mueve por los lados del campo en deportes de equipo como el balonmano o el fútbol.

látex m. Jugo vegetal de aspecto lechoso que se emplea en la fabricación de gomas y resinas.

OBS El plural también es *látex*.

latido m. 1 Movimiento rítmico del corazón al contraerse y dilatarse. 2 Golpe producido por este movimiento.

latifundio m. Propiedad de tierra de cultivo de gran extensión que pertenece a una sola persona.

latifundismo m. Distribución de la propiedad de la tierra en fincas de gran extensión.

latifundista adj. 1 Del latifundio. ‖ com. 2 Persona que posee uno o más latifundios.

latigazo m. 1 Golpe dado con un látigo u otro objeto parecido. 2 Sonido del látigo al golpear o al restallar en el aire. 2 Dolor agudo, breve y repentino. 4 Hecho inesperado que produce un gran daño moral o que sirve de estímulo a alguien. 5 *coloquial* Trago de una bebida alcohólica.

látigo m. 1 Instrumento que consiste en una cuerda o correa larga y flexible, unida por un extremo a un mango y que sirve para castigar o para que los animales se muevan o realicen un trabajo. 2 Atracción de feria que consiste en una serie de coches o vagonetas unidos que son objeto de fuertes sacudidas al aumentar la velocidad. 3 Cuerda que sirve para apretar la cincha de la cabalgadura. ▸ **usar el látigo** Actuar severamente o con gran dureza.

latiguillo *m.* **1** Palabra o expresión que se repite constantemente al hablar. **2** Frase altisonante o recurso dramático forzado al que recurren los actores o los oradores buscando el aplauso fácil.

latín *m.* Lengua que los antiguos romanos hablaron y extendieron por todo el Imperio romano y de la que proceden las lenguas románicas.

latinajo *m.* Palabra o frase latina empleada en español.

OBS Se usa con valor despectivo.

latinidad *f.* **1** Cultura basada en la calidad o el carácter de lo latino. **2** Conjunto de pueblos de origen latino.

latinismo *m.* Palabra o modo de expresión propio de la lengua latina que se usa en otro idioma.

latinista *com.* Persona que se dedica a estudiar la lengua, la literatura y la cultura latinas.

latinización *f.* Difusión de las costumbres, lengua y cultura latinas.

latinizar [4] *tr./prnl.* **1** Extender o propagar en un lugar la lengua y la cultura del Imperio romano o lo que se considera propio de él. **2** Dar forma latina a una palabra o a un texto que no lo son.

latino, -na *adj.* **1** Del latín. **2** De los lugares en los que se habla una lengua procedente del latín. | *m. y f.* **3** Persona que ha nacido en uno de estos países o que vive habitualmente en uno de ellos.

latinoamericano, -na *adj.* **1** [país americano] Que fue colonizado por las naciones latinas de Europa. **2** De estos países. | *m. y f.* **3** Persona nacida en uno de estos países.

latir *intr.* **1** Moverse con ritmo el corazón o las arterias por sus movimientos de contracción y dilatación. **2** Estar muy vivo y presente pero sin mostrarse al exterior.

latitud *f.* **1** Distancia que hay desde un punto de la superficie de la Tierra hasta el paralelo del ecuador; se mide en grados, minutos y segundos sobre los meridianos. **2** Distancia astronómica desde el plano de la órbita hasta un punto de la esfera celeste o del círculo galáctico. **3** Región o localidad considerados respecto a su distancia con el ecuador. **4** En un cuerpo de dos dimensiones, la menor.

lato, -ta *adj.* **1** *culto* Que es extenso. **2** [sentido] Que se da a una palabra, frase o texto por extensión de su significado.

latón *m.* Metal de color amarillo, mezcla de cobre y cinc; es dúctil y maleable y se pule y brilla con facilidad.

latoso, -sa *adj./m. y f.* Que cansa o que molesta por ser muy pesado.

latrocinio *m.* Hurto o fraude, especialmente de bienes públicos.

laúd *m.* Instrumento musical de cuerda más pequeño que una guitarra y con caja de forma ovalada.

laudable *adj. culto* Que merece ser elogiado o alabado.

láudano *m.* Preparación farmacéutica compuesta de opio, azafrán, vino blanco y otras sustancias que se utilizaba como calmante.

laudatorio, -ria *adj. culto* Que alaba algo o a alguien.

laudes *f. pl.* Conjunto de oraciones religiosas que se dicen después de maitines.

laudo *m.* DER. Sentencia o decisión del árbitro o juez mediador en un conflicto.

laureado, -da *adj.* Que ha recibido un honor o un premio.

laurear *tr.* Conceder un honor o un premio como reconocimiento de un mérito.

laurel *m.* **1** Árbol con el tronco liso, de corteza delgada, y con las hojas duras, permanentes, lanceoladas, de color verde oscuro, brillantes y de olor agradable. **2** Premio o fama que resulta de un éxito o un triunfo. ▸ **dormirse en los laureles** No esforzarse lo suficiente en conseguir algo por confiar demasiado en el éxito.

laurencio *m.* Elemento químico del sistema periódico que es metálico y muy radiactivo y cuyo número atómico es 103.

OBS También *lawrencio*.

lava *f.* Materia fundida e incandescente que surge de un volcán en erupción.

lavable *adj.* Que se puede lavar.

lavabo *m.* **1** Pila fija, normalmente de porcelana o cerámica, con uno o más grifos y un desagüe, que se instala en los cuartos de baño. **2** Habitación de aseo personal equipada con una de estas pilas y un retrete.

lavadero *m.* **1** Lugar o habitación en donde se lava la ropa. **2** Pila, normalmente de cemento, para lavar ropa. **3** Lugar de una mina donde se lavan los minerales, especialmente las arenas que contienen oro.

lavado *m.* **1** Acción de limpiar una cosa mojándola con agua u otro líquido. **2** Limpieza o reparación de manchas morales como las culpas y las ofensas.

lavadora *f.* Electrodoméstico para lavar la ropa.

lavafrutas *m.* Recipiente con agua que se pone en la mesa para lavar las frutas que se comen con piel.

OBS El plural también es *lavafrutas*.

lavamanos *m.* 1 Recipiente, generalmente en forma de bol, que se llena con agua y limón y que se pone en la mesa para lavarse los dedos. 2 Pequeño lavabo que sirve para lavarse las manos.

OBS El plural también es *lavamanos*.

lavanda *f.* Arbusto de tallo leñoso, hojas pequeñas y finas de color verde grisáceo y flores azules en espiga muy aromáticas.

lavandería *f.* Establecimiento comercial donde se lava ropa.

lavandero, -ra *m. y f.* Persona que se dedica profesionalmente a lavar ropa.

lavaplatos *m.* 1 Lavavajillas, electrodoméstico que sirve para lavar platos y utensilios de cocina. 2 CHILE, COL, MÉX Fregadero, pila o recipiente para fregar. ‖ *com.* 3 Persona que se dedica profesionalmente a lavar platos y utensilios de cocina.

OBS El plural también es *lavaplatos*.

lavar *tr./prnl.* 1 Limpiar una cosa mojándola con agua u otro líquido. 2 Limpiar manchas morales, del honor o de la conciencia, como una culpa o un agravio. 3 Dar color o sombras a un dibujo con aguadas o con tinta diluida en agua.

lavativa *f.* 1 Líquido que se inyecta por el ano en el intestino para provocar la defecación o con otros fines terapéuticos o analíticos. 2 Instrumento manual que se utiliza para inyectar ese líquido.

lavatorio *m.* 1 Limpieza que se hace con agua u otro líquido. 2 Ceremonia católica del Jueves Santo que recuerda a Jesucristo lavando los pies a sus apóstoles. 3 Líquido hervido con sustancias medicinales que se usa para limpiar una parte exterior del cuerpo. 4 AMÉR Palangana o jofaina donde se vierte el agua para lavarse la cara y las manos.

lavavajillas *m.* 1 Electrodoméstico que sirve para lavar los platos, los vasos y otros utensilios de cocina. 2 Detergente que sirve para lavar los platos, los vasos y otros utensilios de cocina.

OBS El plural también es *lavavajillas*.

lavazas *f. pl.* Agua mezclada con la suciedad de lo que se ha lavado en ella.

lavotear *tr.* Lavar alguna cosa deprisa.

lawrencio *m.* Laurencio.

laxante *adj./m.* Que facilita la expulsión de los excrementos.

laxar *tr./prnl.* 1 Aflojar o soltar una cosa tensa. 2 Aflojar el vientre de modo que se facilite la expulsión de los excrementos.

laxo, -xa *adj.* 1 Que está flojo o que no tiene la tensión adecuada. 2 [moral, costumbre] Que es demasiado libre y relajado.

lazada *f.* 1 Nudo que se deshace fácilmente tirando de una de las puntas. 2 Cada uno de los círculos o anillas que quedan al hacer ese nudo. 3 Lazo de adorno.

lazar [4] *tr.* Sujetar una cosa con un lazo.

lazareto *m.* 1 Recinto sanitario que se dedica a la desinfección de personas que han contraído o pueden haber contraído una enfermedad contagiosa. 2 Hospital dedicado exclusivamente a leprosos.

lazarillo *m.* 1 Persona o perro que acompaña a un ciego para guiarle. 2 Persona que acompaña a otra para ofrecerle su ayuda.

lazo *m.* 1 Atadura que se deshace fácilmente tirando de una de las puntas. 2 Adorno de cinta que imita este nudo, especialmente el que sirve para sujetar o adornar el pelo. 3 Cosa que imita la forma de este nudo. 4 Unión o relación con una persona o cosa. 5 Nudo corredizo de alambre que sirve como trampa para animales, sobre todo conejos. 6 Cuerda gruesa con un nudo corredizo en un extremo que sirve para cazar o sujetar animales. 7 Trampa.

le *pron. pers.* Forma del pronombre de tercera persona para el objeto indirecto en género masculino y femenino y en número singular.

OBS Se escribe unido al verbo cuando va detrás. La Real Academia Española no rechaza su uso como objeto directo cuando se refiere a una persona en masculino y en singular.

leal *adj.* 1 [persona] Que merece confianza porque es firme en sus afectos e ideas y no engaña ni traiciona. 2 [palabra, acto] Que se dice o se hace con firmeza y sinceridad. 3 [animal] Que muestra obediencia a una persona y le sigue fielmente. ‖ *adj./com.* 4 [persona] Que es partidario de una persona, grupo o institución.

lealtad *f.* 1 Firmeza en los afectos y en las ideas que lleva a no engañar ni traicionar a los demás. 2 Obediencia incondicional de un animal hacia una persona.

leasing *m.* Sistema de arrendamiento de bienes de equipo en el que se prevé la posible opción de compra por parte del arrendatario.

OBS Es de origen inglés, se pronuncia aproximadamente 'lisin'.

lebrato m. Cría de la liebre o liebre de corta edad.

lebrel adj./m. [perro] Que pertenece a una raza de talla alta y extremadamente delgada con el labio superior y las orejas caídas y las patas retiradas hacia atrás.

lebrillo m. Recipiente de barro o metal, más ancho por el borde que por el fondo.

lección f. 1 Parte de un libro de texto o manual que forma una unidad independiente. 2 Conjunto de conocimientos que un maestro imparte de una vez. 3 Parte de una materia que se aprende de una vez. 4 Explicación oral sobre un tema que da una persona. 5 Experiencia o ejemplo que sirve de enseñanza o de escarmiento.

lechada f. Masa fina de cal, yeso o cemento disuelta en agua que se usa para pintar las paredes o como argamasa en trabajos de construcción.

lechal adj./m. [cría de la oveja o de la vaca] Que todavía mama.

leche f. 1 Líquido blanco que producen las hembras de los mamíferos para alimentar a sus hijos, especialmente el que producen las vacas. **leche frita** Dulce que se prepara mezclando leche con harina y friéndola en la sartén. **leche merengada** Bebida refrescante que se prepara con leche, huevo, azúcar y canela. 2 Líquido blanco que segregan algunos vegetales. 3 Líquido más o menos concentrado que se obtiene macerando determinadas semillas en agua y después machacándolas. 4 Crema líquida de color blanco que se utiliza como cosmético. 5 coloquial Golpe que recibe o da una persona. 6 coloquial Cosa muy molesta o fastidiosa. 7 malsonante Semen. ‖ int. 8 ► ¡leche! Expresión que se usa para expresar asombro o fastidio. ► a toda leche coloquial A toda velocidad o con mucha prisa. ► mala leche coloquial a) Intención de hacer un daño físico o moral. b) Mal humor de una persona.

lechera f. Recipiente que se usa para guardar, servir o transportar la leche.

lechería f. Establecimiento donde se vende leche.

lechero, -ra adj. 1 De la leche. 2 Que tiene leche o alguna de sus propiedades. 3 [animal] Que es criado por los seres humanos para aprovechar su leche. ‖ m. y f. 4 Persona que vende o reparte leche.

lecho m. 1 culto Cama. 2 Capa de un material preparada sobre el suelo para que el ganado duerma o descanse. 3 Depresión del terreno por donde corre un curso de agua. 4 Superficie sobre la que se asienta una masa de agua, como la del mar o la de un lago. 5 Superficie plana de una materia determinada que cubre otra superficie y que puede servir para poner otras cosas encima. 6 GEOL. Masa mineral en forma de capa que forma los terrenos sedimentarios.

lechón, -chona m. y f. 1 Cría del cerdo que todavía mama. ‖ m. 2 Cerdo macho de cualquier edad.

lechoso, -sa adj. 1 Que se parece a la leche. 2 [vegetal] Que contiene un jugo blanco semejante a la leche.

lechuga f. Hortaliza de hojas grandes y verdes que se unen en un tronco y que suele comerse en ensalada.

lechuguino, -na adj./m. y f. 1 [joven] Que presume de madurez vistiendo y comportándose afectadamente. ‖ m. 2 Lechuga pequeña antes de ser trasplantada.

lechuza f. Ave rapaz de ojos grandes, con la cabeza redonda y la cara en forma de corazón, de pico pequeño y curvo y grandes alas; es de costumbres nocturnas y se alimenta principalmente de roedores.

lectivo, -va adj. Que se destina a dar clases en las escuelas.

lector, -ra adj./m. y f. 1 Que lee o que tiene afición por la lectura. 2 Persona que ayuda en la enseñanza de su lengua materna en una universidad o una escuela extranjeras. 3 Persona que lee los textos enviados a una editorial y cuya opinión se valora a la hora de publicarlos o no. ‖ m. 4 Aparato electrónico que permite reproducir o transformar las señales grabadas en bandas o discos magnéticos. 5 Aparato electrónico que proyecta en una pantalla lo que está escrito en microfilmes o microfichas.

lectorado m. Cargo docente y plaza del lector o profesor que enseña su lengua materna en una universidad o en una escuela extranjera.

lectura f. 1 Acción de leer. 2 Texto u obra que se lee. 3 Interpretación del sentido de una obra o de un hecho concreto.

leer [61] tr. 1 Interpretar el significado de una serie de signos escritos. **leer de corrido** Leer algo de una vez y rápidamente. 2 Pronunciar en voz alta un texto escrito. 3 Descifrar e interpretar cualquier tipo de signo. 4 Adivinar una intención o el significado de algo a partir de determinadas señales. 5 Exponer y defender en público un trabajo de investigación o un ejercicio. **6** Reproducir o visualizar los datos almacenados informáticamente.

legación *f.* **1** Cargo del legado o persona enviada por una autoridad para que actúe en su nombre con un fin determinado. **2** Misión o mensaje que lleva este legado. **3** Conjunto de personas elegidas por un gobierno para representarlo en otro país o para resolver un asunto temporal y que trabajan a las órdenes del legado. **4** Edificio donde trabajan esas personas.

legado *m.* **1** Bien material que una persona hereda de otra. **2** Cosa espiritual o material que se recibe de los que vivieron antes. **3** Persona enviada por una autoridad para que actúe en su nombre con un fin determinado.

legajo *m.* Conjunto de papeles, generalmente atados, que tratan de un mismo asunto.

legal *adj.* **1** Que es ordenado por la ley y se ajusta a ella. **2** De la ley o del derecho. **3** [persona] Que es responsable y puntual en el cumplimiento de un deber. **4** *coloquial* [persona] Que merece confianza porque no engaña ni traiciona.

legalidad *f.* **1** Conformidad o adecuación con lo que la ley establece. **2** Sistema de leyes vigente en un país.

legalismo *m.* **1** Tendencia o actitud de quien antepone a todo la aplicación estricta de las leyes. **2** Formalidad o detalle legal que obstaculiza o condiciona la plena resolución de una cosa.

legalista *adj./com.* Que antepone a todo la aplicación literal de las leyes.

legalización *f.* Acción y efecto de legalizar.

legalizar [4] *tr.* **1** Hacer legal una cosa. **2** Confirmar la autenticidad de una firma o documento.

légamo *m.* Barro blando.

legaña *f.* Sustancia blanda o endurecida de color amarillo que se acumula en los ángulos internos de los ojos o en las pestañas, generalmente durante el sueño.

legañoso, -sa *adj./m. y f.* [persona, animal] Que tiene muchas legañas.

legar [7] *tr.* **1** Dejar algo en herencia. **2** Dejar o transmitir una cosa, especialmente cultura, ideas o tradiciones, a los que siguen en el tiempo.

legatario, -ria *m. y f.* Persona a la que se deja algo en testamento.

legendario, -ria *adj.* **1** De las leyendas. **2** [persona, suceso, cosa] Que fue muy famoso y que sigue siendo muy comentado. ‖ *m.* **3** Libro en el que se reúnen varias leyendas o vidas de santos.

legible *adj.* Que se puede leer.

legión *f.* **1** Cuerpo especial del ejército, formado por soldados profesionales, que actúa como fuerza de choque. **2** Cuerpo del ejército compuesto de infantería y caballería en el Imperio romano. **3** Cantidad grande de personas o animales.

legionario, -ria *adj.* **1** De la legión. ‖ *m. y f.* **2** Soldado de una legión moderna o de las legiones romanas.

legionela o **legionella** *f.* Enfermedad contagiosa causada por una bacteria de este nombre que provoca fiebre, neumonía, congestión y a veces la muerte.

legislación *f.* **1** Conjunto de leyes por las cuales se regula un estado o una actividad determinada. **2** Ciencia y conocimiento de las leyes. **3** Acción de legislar.

legislador, -ra *adj./m. y f.* [persona, organismo] Que legisla o puede legislar.

legislar *intr.* Elaborar o establecer una o varias leyes.

legislativo, -va *adj.* **1** [organismo] Que tiene la misión o la facultad de hacer leyes. **2** Que está relacionado con los organismos que legislan y especialmente con el parlamento.

legislatura *f.* **1** Período de tiempo durante el cual el gobierno y el parlamento de un estado ejercen sus poderes; se inicia con la elección de sus miembros y acaba con su disolución antes de unas nuevas elecciones. **2** Conjunto de órganos legislativos que actúan durante este período.

legista *com.* Persona que se dedica al estudio y enseñanza de las leyes o el derecho.

legitimación *f.* Acción y efecto de legitimar.

legitimar *tr.* **1** Convertir en legítima una cosa que no lo era. **2** Confirmar la autenticidad de un documento o firma. **3** Autorizar a una persona para ejercer una función o un cargo. **4** Reconocer como legítimo un hijo que no lo era.

legitimidad *f.* Carácter o condición de lo que está conforme con la ley.

legitimista *adj./com.* Partidario de una persona o dinastía distinta de la que reina por considerarla con más derecho a ocupar el trono.

legítimo, -ma *adj.* **1** Que es conforme a las leyes. **2** Que es auténtico y verdadero. **3** Que es como tiene que ser y no se puede censurar.

lego, -ga *adj.* 1 Que no tiene experiencia o conocimientos en una materia. ‖ *adj./ m. y f.* 2 [persona] Que no ha recibido órdenes religiosas.

legrado *m.* MED. Acción y efecto de legrar.

legrar *tr.* MED. Raspar la superficie de un hueso o una cavidad orgánica para eliminar sustancias adheridas o extraer muestras para su análisis.

legua *f.* Medida de longitud que equivale a 5 572,7 metros. ▸ **a la legua** o **a una legua** o **a cien leguas** De lejos, a gran distancia y de forma muy evidente.

leguleyo, -ya *m. y f.* Persona que se ocupa de cuestiones legales sin tener los conocimientos suficientes.

legumbre *f.* 1 Semilla que crece formando una hilera con otras iguales en el interior de una vaina. 2 Planta que se cultiva en un huerto para su consumo, especialmente las de fruto en forma de vaina.

leguminoso, -sa *adj./f.* 1 BOT. [planta] Que tiene fruto en legumbre o vaina, con varias semillas en su interior, y flores en forma de mariposa. ‖ *f. pl.* 2 Familia que forman estas plantas.

lehendakari *com.* Presidente del gobierno autónomo vasco.

leído, -da *adj.* [persona] Que ha leído mucho y tiene gran cultura y erudición.

leísmo *m.* GRAM. Fenómeno que consiste en usar las formas *le* y *les* del pronombre personal como objeto directo en lugar de *lo* y *los*; es un uso incorrecto que se admite como correcto cuando *le* se refiere a personas del género masculino.

leísta *adj./com.* GRAM. [persona] Que usa las formas *le* y *les* del pronombre personal como objeto directo en lugar de *lo* y *los*.

leitmotiv *m.* Idea o motivo central de un escrito que se repite a lo largo de él.

lejanía *f.* 1 Lugar que está o se ve lejos. 2 Distancia grande entre dos puntos.

lejano, -na *adj.* 1 Que está lejos o a gran distancia en el espacio o en el tiempo. 2 [parentesco, semejanza] Que no tiene vínculos directos o firmes.

lejía *f.* Sustancia química líquida, transparente y de olor muy fuerte, compuesta generalmente de agua, sales alcalinas y sosa cáustica, que se usa para poner blanca la ropa y para desinfectar.

lejos *adv.* A gran distancia en el espacio o en el tiempo. ▸ **lejos de** + infinitivo Sirve para introducir una expresión que indica que lo que sucede o lo que se hace es todo lo contrario a lo que ese infinitivo expresa.

lelo, -la *adj./m. y f.* 1 [persona] Que es torpe o poco inteligente. ‖ *adj.* 2 [persona] Que está pasmado.

lema *m.* 1 Frase que expresa un pensamiento que sirve de guía al comportamiento de una persona. 2 Frase de un escudo o de un emblema. 3 Texto corto que se coloca delante de ciertas obras literarias para subrayar su idea central o resumir su contenido. 4 Palabra que encabeza cada artículo de un diccionario y que es la que se define.

lencería *f.* 1 Ropa interior y ropa para dormir femenina. 2 Ropa para la mesa, la cama o el baño. 3 Establecimiento donde se venden estos tipos de ropa. 4 Industria y comercio de estos tipos de ropa.

lengua *f.* 1 Órgano muscular blando, carnoso y movible que se encuentra en el interior de la boca de los seres humanos y de algunos animales; interviene en la masticación y la deglución de los alimentos y en la articulación de sonidos. 2 Cosa que tiene la forma de ese órgano. **lengua de gato** Galleta o trozo de chocolate en forma de lengua. 3 Sistema de palabras que utiliza una comunidad de hablantes para comunicarse. 4 Forma de hablar o de escribir característica de un grupo de personas, de un autor, de una región o de un período determinado. 5 Badajo o pieza móvil que cuelga en el interior de una campana y que hace que suene. ▸ **irse de la lengua** *coloquial* Decir una persona un secreto o algo que no tenía que decir. ▸ **morderse la lengua** Contenerse una persona para no decir algo que le gustaría poder decir. ▸ **tirar de la lengua** *coloquial* Hacer que una persona cuente un secreto o alguna cosa que no quería contar.

lenguado *m.* Pez marino de cuerpo ovalado y muy aplanado, de boca lateral y ojos muy juntos en uno de sus lados, cuya carne es muy apreciada.

lenguaje *m.* 1 Capacidad propia del ser humano para expresar pensamientos y sentimientos por medio de la palabra. 2 Conjunto de señales que usan los miembros de una misma especie animal para comunicarse. 3 Sistema de símbolos y señales que sustituye a las palabras y que permite componer y comprender un mensaje. 4 Manera de expresarse que es característica de una persona o de un grupo. 5 Medio que sirve para hacer comprender algo. 6 Sistema de caracteres y símbolos informáticos que se utiliza para dar instrucciones a un ordenador.

lenguaraz *adj./com.* [persona] Que habla con descaro e insolencia.

lengüeta *f.* 1 Tira de cuero que llevan los zapatos con cordones que sirve para atarlos sin dañar el pie y para reforzar el empeine. 2 Pieza plana y pequeña, que, colocada en la boca de determinados instrumentos de viento, produce sonidos al vibrar. 3 Objeto, mecanismo o instrumento delgado y alargado o parecido a una lengua.

lengüetazo *m.* Movimiento hecho con la lengua para lamer o para coger algo con ella.

lengüetear *intr.* AMÉR *coloquial* Hablar mucho, sin sustancia o claridad.

lenidad *f.* Blandura en exigir el cumplimiento de deberes o en castigar faltas.

lenificar [1] *tr.* 1 Hacer más blando, suave o moderado el nivel de rigor previamente mantenido. 2 Aliviar o mitigar un padecimiento.

leninismo *m.* Doctrina política de Lenin (1870-1924) que constituyó la rama ortodoxa del comunismo soviético.

leninista *adj.* 1 Del leninismo. ‖ *adj./com.* 2 Partidario del leninismo.

lenitivo, -va *adj./m. y f.* [medicamento] Que mitiga el dolor o que alivia una irritación.

lenocinio *m.* *culto* Actividad que consiste en mediar para hacer posibles relaciones amorosas o sexuales ocultas.

lente *amb.* 1 Cristal transparente con sus dos caras curvas, o con una curva y otra plana, que cambia la dirección de la luz consiguiendo así un determinado efecto óptico. ‖ *f.* 2 Cristal transparente con sus dos caras curvas y sujeto en un soporte para facilitar su manejo. ‖ *m. pl.* 3 Conjunto de dos cristales colocados en una montura que se apoya en la nariz y que se sujeta detrás de las orejas. ▸ **lente de contacto** Lentilla.

lenteja *f.* 1 Planta leguminosa que produce unas vainas alargadas y aplastadas con semillas ordenadas en hilera en su interior. 2 Fruto de esta planta, compuesto por una vaina alargada y aplastada. 3 Semilla de esta planta; es pequeña, marrón, redonda, aplastada y comestible.

lentejuela *f.* Laminilla redonda brillante que se cose como adorno en vestidos.

lenticular *adj.* 1 Que tiene forma convexa por ambos lados, como la de una lenteja. ‖ *m.* 2 ANAT. Hueso del oído medio, muy pequeño, situado detrás del tímpano.

lentilla *f.* Disco pequeño que se pone directamente sobre el ojo y sirve para corregir defectos visuales o para adornar.

lentisco *m.* Arbusto de hojas perennes y madera rojiza utilizada en ebanistería.

lentitud *f.* Ritmo poco veloz con que se lleva a cabo una acción o un movimiento.

lento, -ta *adj.* 1 Que va despacio o que invierte mucho tiempo en realizar algo. 2 [persona] Que no es rápido para comprender o que hace las cosas con mucha tranquilidad. 3 [acción, suceso] Que tarda mucho o demasiado en llegar a su desenlace. ‖ *m.* 4 MÚS. Composición o parte de una composición que se toca a un ritmo muy lento. ‖ *adv.* 5 *coloquial* De manera lenta.

leña *f.* 1 Conjunto de troncos y ramas cortados para hacer fuego. 2 *coloquial* Conjunto de golpes que se dan como castigo o en una pelea.

leñador, -ra *m. y f.* Persona que se dedica a cortar leña del bosque o a venderla.

leñazo *m.* *coloquial* Golpe muy fuerte.

¡leñe! *int.* *coloquial* Expresión que indica enfado, sorpresa o disgusto.

leñera *f.* Lugar donde se guarda la madera para el fuego.

leñero, -ra *adj./m. y f.* [jugador] Que suele dar patadas y hacer entradas violentas a los jugadores contrarios.

leño *m.* 1 Trozo grueso de árbol cortado y limpio de ramas, listo para su uso como leña. 2 Parte sólida y consistente del tronco de los árboles que está debajo de la corteza. 3 Tejido vegetal formado por el conjunto de los vasos leñosos de una planta. 4 Persona torpe y poco inteligente.

leñoso, -sa *adj.* Que tiene la dureza y consistencia propias de la madera.

leo *adj./com.* [persona] Que ha nacido entre el 23 de julio y el 22 de agosto, tiempo en que el Sol recorre aparentemente Leo, el quinto signo del Zodíaco.

león, leona *m. y f.* 1 Mamífero felino muy fiero, grande y fuerte, con el pelo de color marrón claro, la cabeza grande, la cola larga y con uñas fuertes que usa para cazar a otros animales; el macho tiene una larga melena. 2 Persona valiente y decidida. ▸ **león marino** Mamífero carnívoro marino semejante a la foca, pero más grande.

leonado, -da *adj.* De color marrón claro, como el del pelo de los leones.

leonera *f.* 1 *coloquial* Casa o habitación que está muy desordenada. 2 Jaula o sitio en que se tienen encerrados los leones.

leonés, -nesa *adj.* 1 De León. ‖ *adj./m. y*

f. **2** [persona] Que es de la provincia o de la ciudad de León. ❙ *m.* **3** Variedad lingüística medieval derivada del latín y usada en Asturias y el antiguo reino de León.

leonino, -na *adj.* [contrato] Que es injusto y abusivo por favorecer solo a una de las partes.

leopardo *m.* Mamífero felino, generalmente de color amarillento con manchas oscuras y el vientre claro, muy rápido y fiero.

leotardo *m.* **1** Prenda de vestir muy ajustada, hecha de punto de lana o algodón, que cubre las piernas desde los pies hasta la cintura. **2** Prenda de vestir sin mangas de tejido muy delgado y elástico que se ajusta mucho al cuerpo.

OBS Se usa más el plural para referirse a una sola prenda.

lepidóptero *adj./m.* **1** [insecto] Que pertenece al orden de los lepidópteros. ❙ *m. pl.* **2** ZOOL. Orden de insectos con dos pares de alas membranosas cubiertas de escamas, boca chupadora en forma de espiral, un par de antenas y ojos compuestos.

leporino, -na *adj.* De la liebre.

lepra *f.* **1** Enfermedad grave provocada por una bacteria que infecta la piel y los nervios, produciendo manchas y heridas que no se cierran. **2** Mal moral que se extiende con rapidez y es difícil de controlar.

leprosería *f.* Hospital de leprosos.

leproso, -sa *adj./m. y f.* [persona] Que padece lepra.

lerdo, -da *adj.* **1** [persona] Que es lento y torpe para hacer o comprender una cosa. **2** [animal] Que es lento y torpe.

leridano, -na *adj.* **1** De Lérida. ❙ *adj./m. y f.* **2** [persona] Que es de Lérida.

lesbianismo *m.* Atracción que siente una mujer por personas de su mismo sexo en sus relaciones sexuales o amorosas.

lesbiano, -na *adj.* Del lesbianismo.

lésbico, -ca *adj.* Lesbiano.

lesión *f.* **1** Daño físico causado por una herida, un golpe o una enfermedad. **2** Ofensa o daño moral.

lesionado, -da *adj.* Que sufre un daño físico.

lesionar *tr./prnl.* **1** Producir un daño o lesión. ❙ *tr.* **2** Hacer una ofensa o producir un daño moral.

lesivo, -va *adj.* Que produce o puede producir daño o lesión.

leso, -sa *adj.* DER. [persona, institución] Que ha sido dañado u ofendido.

letal *adj.* Que causa o puede causar la muerte.

letanía *f.* **1** Oración formada por una serie de súplicas y llamadas, cada una de las cuales es dicha por una persona y repetida, contestada o completada por las demás. **2** Lista o relación larga y aburrida.

letargo *m.* **1** Estado de adormecimiento e inactividad que quedan algunos animales en determinadas épocas del año. **2** Estado de cansancio y torpeza de los sentidos en el que se encuentra una persona por causa del sueño o de una enfermedad.

letífico, -ca *adj.* culto Que produce alegría.

letón, -tona *adj.* **1** De Letonia. ❙ *adj./m. y f.* **2** [persona] Que es de Letonia. ❙ *m.* **3** Lengua hablada en Letonia.

letra *f.* **1** Signo escrito que, solo o unido a otros, representa un sonido. **2** Forma de trazar los signos escritos propia de una persona, época o lugar. **3** Texto de una pieza musical cantada. **4** Documento por el que se debe hacer un pago en una fecha determinada. También se dice *letra de cambio.* **5** Sentido exacto y literal de las palabras de un texto. **6** Pieza de imprenta que lleva una letra u otra figura que puede estamparse. ❙ *f. pl.* **7** Conjunto de estudios y disciplinas dedicados a la literatura, el arte o las ciencias humanas. ▸ **a la letra** o **al pie de la letra** De forma fiel y sin cambiar nada.

letrado, -da *adj.* **1** Que es sabio y tiene muchos conocimientos culturales. ❙ *m. y f.* **2** Abogado.

letrero *m.* Indicación escrita que se pone en un lugar destacado para dar aviso o noticia de una cosa.

letrilla *f.* Poema satírico o lírico con versos de ocho o seis sílabas y con unos estribillos que se repiten al final de cada estrofa.

letrina *f.* Lugar acondicionado para evacuar los excrementos, sobre todo en campamentos o cuarteles.

leucemia *f.* Enfermedad de la sangre provocada por un exceso anormal de leucocitos o glóbulos blancos.

leucémico, -ca *adj.* **1** De la leucemia. ❙ *adj./m. y f.* **2** [persona] Que padece leucemia.

leucocito *m.* Célula de la sangre de los vertebrados, esférica e incolora, que se encarga de combatir a los microbios.

leva *f.* **1** En mecánica, pieza que sirve para transformar el movimiento circular continuo en movimiento rectilíneo alternativo. **2** Reclutamiento de gente para un servicio, especialmente el que se hacía para servir en el ejército. **3** ACENT, CUBA *coloquial* Engaño o treta. **4** CUBA Saco (prenda de vestir).

levadizo, -za *adj.* Que se puede levantar mediante un dispositivo.

levadura *f.* **1** Sustancia que hace fermentar los cuerpos con los que se mezcla. **2** BOT. Hongo que forma esa sustancia.

levantamiento *m.* Acción y efecto de levantar o levantarse.

levantar *tr./prnl.* **1** Mover de abajo hacia arriba. **2** Poner en un lugar más alto. **3** Poner en posición vertical una cosa que estaba caída, inclinada o en posición horizontal. **4** Fortalecer o dar vigor a una cosa, especialmente el ánimo. **5** Hacer que se separe una cosa de una superficie. **6** Ocasionar o producir una consecuencia. **7** Crear un negocio o una empresa o hacer que vuelva a funcionar después de una crisis. ∥ *tr.* **8** Hacer un edificio, un monumento u otra obra de construcción. **9** Aumentar la intensidad de una cosa, especialmente de la voz. **10** Desmontar y recoger algo. **11** Hacer que un animal salga del lugar donde se esconde para cazarlo. **12** *coloquial* Robar. **13** Cortar o dividir la baraja de cartas en dos o más partes. **14** Superar el valor de una carta que está en juego. **15** Suspender un castigo, una pena o una prohibición. **16** Hacer que una acción conste sobre papel. **17** Hacer que se extienda una opinión o creencia. **18** Hacer terminar una reunión de personas. **19** Realizar o trazar un mapa o un plano. ∥ *tr./prnl.* **20** Provocar un estado de rebelión contra una autoridad. **21** Dirigir una cosa hacia arriba, especialmente la vista, la mirada, los ojos, la puntería o el espíritu. **22** Aclararse el día o las nubes. ∥ *prnl.* **23** Dejar la cama tras el descanso habitual o después de una enfermedad. **24** Ponerse en pie. **25** Sobresalir una cosa en altura sobre una superficie. **26** Agitarse el mar o el viento. **27** Aparecer el sol o un cuerpo celeste por el horizonte.

levante *m.* **1** Punto del horizonte situado donde nace el Sol. **2** Lugar situado hacia ese punto. **3** Viento que viene de ese punto. **4** Conjunto de los territorios de las regiones de Valencia y Murcia. En esta acepción se escribe con mayúscula inicial.

levantino, -na *adj.* **1** De Levante. ∥ *adj./m. y f.* **2** [persona] Que es de Levante.

levantisco, -ca *adj.* Que no se somete al poder establecido y tiende a la rebelión.

levar *tr.* MAR. Arrancar y levantar el ancla o las anclas del fondo.

leve *adj.* **1** [daño, falta] Que tiene poca importancia o gravedad. **2** Que pesa poco. **3** [movimiento] Que es poco evidente o poco marcado. **4** [perfume, sabor, viento] Que es suave y sutil. **5** [trance] Que es soportable y llevadero.

levedad *f.* Cualidad de leve.

levemente *adv.* Indica que la acción del verbo al que acompaña se realiza sin intensidad.

leviatán *m.* Monstruo marino bíblico, inhumano y destructor, que se toma como representación del demonio.

levita *f.* Chaqueta ceñida al cuerpo con faldones amplios y largos hasta las rodillas que podían llegar a cruzarse por delante.

levitación *f.* Acción y efecto de levitar.

levitar *intr.* Levantarse en el aire personas, animales o cosas sin que intervenga ningún fenómeno físico conocido.

lexema *m.* GRAM. Parte de la palabra que tiene significado propio y se define por el diccionario y no por la gramática.

lexicalización *f.* Acción y efecto de lexicalizar.

lexicalizar [4] *tr.* Convertir una interjección, una onomatopeya o una expresión compuesta en unidad léxica que funciona gramaticalmente como una palabra.

léxico, -ca *adj.* **1** Del vocabulario. ∥ *m.* **2** Conjunto de las palabras de una lengua. **3** Conjunto de palabras y expresiones que utiliza un grupo de personas.

lexicografía *f.* **1** Técnica de elaborar diccionarios. **2** Parte de la lingüística que estudia los principios teóricos para la elaboración de diccionarios.

lexicógrafo, -fa *m. y f.* **1** Persona que se dedica a la confección de diccionarios. **2** Persona experta en lexicografía.

lexicología *f.* Parte de la lingüística que estudia el léxico, sus unidades y las relaciones entre ellas.

lexicológico, -ca *adj.* De la lexicología.

lexicólogo, -ga *m. y f.* GRAM. Persona que es experta en lexicología.

lexicón *m.* Diccionario, especialmente de una lengua antigua.

ley *f.* **1** Regla o norma establecida por una autoridad superior para mandar, prohibir o regular alguna cosa. **2** Regla o norma constante e invariable a la que está sujeta una cosa, especialmente un fenómeno de la naturaleza, por sus propias características o por la relación con otros elementos.

3 Manera de proceder o de tomar una decisión. **4** Conjunto de reglas y normas propias de una religión. ▸ **de ley** *a*) Que tiene la cantidad de metal precioso que, según unas normas oficiales, ha de tener. *b*) Que tiene las cualidades que se consideran las debidas.

leyenda *f.* **1** Narración popular que cuenta hechos fantásticos e imaginarios pero está basada en un hecho real que la tradición ha transmitido y elaborado. **leyenda negra** Opinión negativa sobre un país, una persona o una cosa basada en una serie de hechos que se dan por ciertos, aunque puedan no serlo. **leyenda urbana** Historia popular que se transmite como si fuera cierta, aunque no lo es. **2** Composición literaria que recrea una narración popular. **3** Persona convertida en ídolo, sobre todo en el mundo del espectáculo o del deporte. **4** Texto que aparece en las monedas o al pie de un cuadro, un mapa o un escudo.

lezna *f.* Instrumento semejante a un destornillador pequeño acabado en punta que sirve para perforar el cuero o la madera.

lía *f.* Soga o cuerda gruesa hecha de esparto que se usa para atar cosas.

liado, -da *adj. coloquial* [persona] Que tiene muchas cosas que hacer.

liana *f.* **1** Enredadera de la selva tropical de tallos largos y leñosos que crece y sube sujetándose a los árboles hasta que se ramifica. **2** Planta cuyo tallo crece y sube sujetándose a los árboles.

liante, -ta *adj./m. y f.* [persona] Que hace que un asunto o una situación resulten más complicados de lo normal.

liar [13] *tr.* **1** Atar y asegurar un fardo o un paquete con una cuerda o algo parecido. **2** Envolver una cosa sujetándola con papel, cuerda, cinta u otra cosa parecida. **3** Hacer un cigarrillo envolviendo la picadura en el papel de fumar. ▌ *tr./prnl.* **4** Complicar un asunto o una situación. **5** Hacer que una persona entre a formar parte de un asunto o de una situación complicados. **6** Mezclar una cosa de manera desordenada. **7** Confundir o hacer que una persona se equivoque. ▌ *prnl.* **8** *coloquial* Establecer dos personas una relación amorosa o sexual sin estar casados. **9** Involucrarse en un asunto o situación complicados. ▸ **liarla** Originar una situación comprometida.

libación *f.* Acción y efecto de libar.

libanés, -nesa *adj.* **1** Del Líbano. ▌ *adj./m. y f.* **2** [persona] Que es del Líbano.

libar *tr.* **1** Chupar un insecto el néctar de las flores. **2** *culto* Probar o degustar una bebida a pequeños sorbos, especialmente si contiene alcohol.

libelo *m.* Escrito en que se calumnia o denigra a personas, ideas o instituciones; también se dice *libelo infamatorio*.

libélula *f.* Insecto grande de cuerpo muy alargado, ojos prominentes y esféricos y dos pares de alas largas y transparentes.

líber *m.* BOT. Parte interior de la corteza de los vegetales constituida por los vasos o conductos que transportan la savia.

liberación *f.* Acción y efecto de liberar.

liberado, -da *adj.* [persona] Que no se siente obligado por las trabas impuestas por la sociedad o la moral.

liberal *adj.* **1** Del liberalismo. **2** Que da con generosidad lo que tiene. **3** [profesión] Que es intelectual y puede ejercerse privadamente y sin subordinación. ▌ *adj./com.* **4** [persona] Que es partidario del liberalismo. **5** Que es abierto y respetuoso con otras opiniones y costumbres. **6** Que tiene costumbres e ideas libres y sin prejuicios, especialmente en lo referido a la sexualidad. **7** Que ejerce una profesión intelectual que puede ejercerse privadamente y sin subordinación.

liberalidad *f.* **1** Generosidad en dar lo que se tiene. **2** Respeto y tolerancia.

liberalismo *m.* **1** Doctrina política, económica y social, nacida a finales del siglo XVIII, que defiende la libertad del individuo y una intervención mínima del estado en la vida social y económica. **2** Actitud de la persona que es tolerante y abierta.

liberalización *f.* Acción y efecto de liberalizar.

liberalizar [4] *tr./prnl.* Hacer que una persona o una cosa sea más liberal, especialmente la economía y el comercio.

liberar *tr.* **1** Poner en libertad. ▌ *tr./prnl.* **2** Quitar una obligación, una carga o un compromiso. **3** Superar un obstáculo moral o social. **4** Hacer que un país o un territorio deje de estar dominado u ocupado militarmente. **5** Desprender una cosa una sustancia o producirla.

liberiano, -na *adj.* **1** De Liberia. ▌ *adj./m. y f.* **2** [persona] Que es de Liberia. **3** BOT. [vaso o conducto del tejido vegetal] Que transporta la savia elaborada.

líbero *m.* En fútbol, jugador que tiene encomendado marcar a otro del equipo contrario ni mantenerse en una zona determinada del campo.

libérrimo, -ma *adj.* Muy libre.
OBS Es superlativo irregular de *libre*.

libertad *f.* **1** Facultad de las personas para actuar según su propio deseo en el seno de una sociedad organizada y dentro de los límites de reglas definidas. **2** Derecho que tienen las personas para hacer una cosa sin que intervenga una autoridad. **3** Estado o condición de la persona o animal que no está en la cárcel ni sometido a la voluntad de otro. **4** Permiso para hacer una cosa. **5** Desenvoltura o naturalidad en los movimientos. **6** Confianza para tratar con las personas.

libertador, -ra *adj./m. y f.* [persona] Que pone en libertad.

libertar *tr.* Poner en libertad.

libertario, -ria *adj./com* **1** [ideología, persona] Que defiende la libertad del individuo y la desaparición del estado y las leyes. ‖ **2** [ideología, persona] Que defiende la libertad individual en un contexto capitalista de libre mercado.

libertinaje *m.* **1** Abuso de la libertad propia que va contra la libertad y los derechos de los demás. **2** Conducta inmoral y viciosa.

libertino, -na *adj./m. y f.* [persona, actitud] Que actúa con libertinaje.

liberto, -ta *adj./m. y f.* [persona de la antigua Roma] Que había sido esclavo, pero fue liberado por su amo.

libidinoso, -sa *adj.* **1** [gesto, palabra] Que manifiesta una inclinación exagerada al deseo sexual. ‖ *adj./m. y f.* **2** [persona] Que siente una inclinación exagerada al deseo sexual.

libido *f.* Deseo o impulso de placer sexual.

libio, -bia *adj.* **1** De Libia. ‖ *adj./m. y f.* **2** [persona] Que es de Libia.

libra *f.* **1** Unidad monetaria del Reino Unido y de otros países. **2** Medida de peso antigua que equivale a 460 gramos. ‖ *adj./com.* **3** [persona] Que ha nacido entre el 23 de septiembre y el 23 de octubre, tiempo en que el Sol recorre aparentemente Libra, séptimo signo del Zodíaco.

librador, -ra *adj./m. y f.* [persona, entidad] Que extiende una letra de cambio u otro documento de orden de pago.

libramiento *m.* Escrito en el que se ordena el pago de una cantidad de dinero.

librar *tr./prnl.* **1** Evitar un problema, una obligación o una situación desagradable. ‖ *tr.* **2** Sostener una lucha. **3** Extender una letra de cambio u otro documento de orden de pago. **4** Dar a conocer o comunicar una sentencia o una comunicación oficial. ‖ *intr.* **5** Tener un trabajador un día de descanso.

libre *adj.* **1** Que tiene la capacidad de elegir una forma de actuación o de pensamiento. **2** Que tiene la capacidad de hacer y decir cualquier cosa que no se oponga a la ley ni a la costumbre. **3** [persona, animal] Que vive en libertad. **4** [lugar] Que no está ocupado o usado. **5** [acceso] Que no tiene impedimentos o límites. **6** [persona, beneficio] Que no está obligado o sujeto. **7** [espacio de tiempo] Que no se dedica al trabajo. **8** [alumno] Que no está obligado a asistir a clase pero ha de hacer los exámenes. **9** [entrada, camino] Que no tiene obstáculos que impidan el paso. **10** [estilo] Que no tiene en cuenta normas o imposiciones. **11** [prueba deportiva] Que no tiene una norma de ejecución definida.

librea *f.* Traje o uniforme de gala que usan algunos trabajadores, generalmente porteros, conserjes y ujieres.

librecambio *m.* ECON. Sistema económico que se basa en la libre circulación de mercancías entre estados y la desaparición de las aduanas en el comercio internacional.

librecambismo *m.* ECON. Doctrina económica que defiende el librecambio.

librecambista *adj.* **1** ECON. Del librecambismo. ‖ *adj./com.* **2** [persona] Que es partidario del librecambismo.

libremente *adv.* Indica que la acción del verbo al que acompaña se realiza con libertad, sin trabas de ningún tipo.

librepensador, -ra *adj./m. y f.* [persona] Que es partidario del librepensamiento.

librepensamiento *m.* Doctrina que se basa en la independencia individual de toda creencia en cualquier dogma.

librería *f.* **1** Establecimiento comercial en que se venden libros. **2** Mueble o estantería para colocar libros.

librero, -ra *m. y f.* Persona que se dedica a vender libros.

libresco, -ca *adj.* Que se basa solo en lo que dicen los libros y no tiene en cuenta la realidad.

libreta *f.* Cuaderno pequeño que se usa para hacer apuntes o cuentas. **libreta de ahorros** Libreta que registra los movimientos de dinero de una cuenta bancaria.

libretista *com.* Autor del texto escrito de una obra musical.

libreto *m.* Texto de una obra musical.

librillo *m.* Pequeño paquete o cajita de hojas de papel de fumar.

libro *m.* **1** Conjunto de hojas impresas o escritas colocadas en el orden en que se han de leer, unidas por uno de sus lados y cubiertas con unas tapas. **2** Texto o conjunto de textos o de imágenes que ocupan las páginas de un libro. **libro de texto** Libro usado en las escuelas como guía de estudio. **3** Conjunto de hojas en que se anotan los datos de determinadas personas. **libro de familia** Libro que recoge los datos personales de una familia. **4** Cada una de las partes de una obra de larga extensión. **5** Tercera de las cuatro partes del estómago de los rumiantes. **6** Texto escrito de una obra musical.

licantropía *f.* Trastorno mental en que el enfermo se figura que está convertido en lobo.

licencia *f.* **1** Permiso para hacer algo. **2** Autorización legal otorgada por la Administración para hacer o utilizar algo. **3** Documento en que consta esta autorización. **4** Permiso para ausentarse de un empleo temporalmente. **5** Abuso de libertad que lleva al desorden moral. ‖ *f. pl.* **6** Permiso que reciben los eclesiásticos de sus superiores para celebrar y predicar durante un tiempo indefinido. ▸ **licencia poética** Libertad que un autor se permite por necesidades de la expresión aunque comporte una incorrección en el lenguaje o en el estilo. ▸ **tomarse la licencia** Hacer algo sin pedir permiso.

licenciado, -da *m. y f.* **1** Persona que ha obtenido el título de licenciatura. **2** Soldado que ha cumplido el servicio militar y ha obtenido la licencia absoluta.

licenciar [12] *tr.* **1** Dar el título de licenciado a la persona que ha terminado una carrera universitaria. **2** Dar permiso a un soldado para que abandone el servicio militar. ‖ *prnl.* **3** Terminar una carrera universitaria y conseguir el título de licenciado. **4** Terminar el servicio militar.

licenciatura *f.* **1** Título académico que se obtiene al acabar una carrera universitaria de más de tres años. **2** Conjunto de estudios necesarios para conseguir ese grado.

licencioso, -sa *adj.* Que tiene costumbres poco morales, especialmente en lo relacionado con el sexo.

liceo *m.* **1** Sociedad o institución en que las personas se reúnen para participar en actividades culturales. **2** Centro de enseñanza media de algunos países, como Francia, Italia y algunos países hispanoamericanos.

licitar *tr./intr.* Ofrecer dinero por un objeto en una subasta.

lícito, -ta *adj.* Que está permitido por la ley o por la moral.

licitud *f.* Cualidad de lícito, conforme o acorde con la ley.

licor *m.* Bebida con mucho alcohol obtenida por destilación.

licorera *f.* **1** Botella que se usa para guardar y servir el licor y los vinos de aperitivo. **2** Mueble o lugar que se utiliza para guardar licores y otras bebidas.

licorería *f.* **1** Fábrica en la que se elaboran licores. **2** Establecimiento donde se venden licores y vinos.

licra *f.* Lycra.

licuación *f.* Cambio de estado de una sustancia sólida o gaseosa a líquida.

licuadora *f.* Aparato de cocina que sirve para extraer el líquido de frutas o verduras separándolo de la materia sólida.

licuar *tr./prnl.* Convertir un sólido o un gas en líquido.

licuefacción *f.* Cambio de un sólido o un gas al estado líquido.

lid *f.* **1** *culto* Acción que consiste en luchar dos o más personas o animales con la intención de hacerse daño, matarse o imponer su voluntad. ‖ *f. pl.* **2** Actividad o asunto que requiere cierta habilidad.

líder *com.* **1** Persona que dirige un grupo o una sociedad, especialmente cuando influye en su forma de pensar o de actuar. **2** Persona o grupo de personas que ocupa el primer lugar en una clasificación o en una competición deportiva. Se usa en aposición a otros sustantivos.

liderar *tr.* **1** Dirigir un partido, grupo o movimiento. **2** Ir en cabeza de una clasificación, generalmente de tipo deportivo.

liderato *m.* Liderazgo.

liderazgo *m.* **1** Condición de líder. **2** Primer lugar en una clasificación o en una competición deportiva.

lidia *f.* Conjunto de acciones que se llevan a cabo en las plazas de toros, desde que sale el toro al ruedo hasta que muere, siguiendo las artes del toreo.

lidiar *intr./tr.* **1** Intentar el torero o el rejoneador dominar la conducta del toro en la plaza para realizar la labor correspondiente. **2** Conducir hábilmente un asunto que se presenta difícil.

liebre *f.* **1** Mamífero roedor parecido al conejo pero más grande, de color marrón grisáceo, que es muy veloz y vive en las llanuras sin hacer madrigueras. **2** Atleta que en las carreras de velocidad corre muy rápido sin pretender ganar, para hacer más vivo el ritmo y favorecer así a otro corredor.

liendre *f.* Huevo que ponen algunos parásitos, especialmente el piojo.

lienzo *m.* 1 Tela fuerte preparada para pintar sobre ella. 2 Pintura hecha sobre esa tela. 3 Tela de lino, cáñamo o algodón.

lifting *m.* Operación de cirugía estética que consiste en el estiramiento de la piel para eliminar arrugas.

liga *f.* 1 Tira de tela, normalmente elástica, que impide que las medias o los calcetines se caigan. 2 Competición deportiva en la que participan equipos de una misma categoría y en la que se enfrentan todos entre sí. 3 Conjunto de personas u organismos unidos por unos mismos intereses. 4 Sustancia muy pegajosa que se extrae de algunas semillas y que sirve para untar las trampas para cazar. 5 Mezcla de dos o más metales fundidos, en especial cobre u otro metal con el oro y la plata para hacer alhajas o monedas. 6 Cobre o metal inferior que se mezcla con el oro y la plata para hacer alhajas o monedas.

ligadura *f.* 1 Acción y efecto de ligar. 2 Cosa que sirve para atar.

ligamento *m.* Cordón fibroso y resistente que une los huesos de las articulaciones.

ligar [7] *tr./prnl.* 1 Unir o poner en relación dos o más cosas o personas. 2 Imponer una obligación o un compromiso. ‖ *intr./prnl.* 3 *coloquial* Establecer relaciones amorosas o sexuales pasajeras. ‖ *tr.* 4 Unir o sujetar con cuerda, hilo o venda. 5 Mezclar dos metales fundidos para conseguir una aleación. ‖ *tr./intr.* 6 Hacer que un alimento líquido se vuelva más denso. 7 mús. Unir la duración de dos o más notas musicales.

ligazón *f.* Unión íntima de dos o más cosas.

ligereza *f.* 1 Cualidad de ligero. 2 Obra o dicho poco pensados o poco responsables.

ligero, -ra *adj.* 1 Que pesa poco. 2 Que es poco fuerte, poco intenso, poco importante o poco consistente. 3 Que es rápido y veloz. 4 [alimento] Que se puede digerir fácilmente. 5 [prenda de vestir] Que abriga poco. 6 [persona, conversación] Que no es serio ni formal. ▸ **a la ligera** De manera irreflexiva o superficial.

light *adj.* [alimento, bebida] Que tiene menos calorías de las habituales.

lignito *m.* Carbón mineral con menor poder calorífico que la hulla.

lignívoro, -ra *adj.* [animal] Que se alimenta de madera.

ligón, -gona *adj./m. y f. coloquial* [persona] Que establece o intenta establecer relaciones amorosas o sexuales fácilmente o con frecuencia.

ligotear *intr.* Tratar de ligar.

ligoteo *m.* Acción de ligotear.

ligue *m.* 1 *coloquial* Relación amorosa o sexual que se establece de forma pasajera. 2 *coloquial* Persona con la que se establece esta relación.

liguero, -ra *adj.* 1 De la liga. ‖ *m.* 2 Prenda de ropa interior femenina que consiste en una especie de faja estrecha que se coloca en la cintura y que sirve para sujetar con ligas las medias.

liguilla *f.* Competición deportiva o fase de ella en que intervienen pocos equipos que juegan todos contra todos.

ligur *adj.* 1 De Liguria. ‖ *adj./com.* 2 [persona] Que era de Liguria.

lija *f.* 1 Papel fuerte que lleva granos pequeños de vidrio o arena en una de sus caras y que sirve para pulir madera o metales. 2 Pez marino comestible, de cuerpo alargado, cabeza pequeña, con muchos dientes y la piel muy áspera.

lijadora *f.* Máquina para lijar.

lijar *tr.* Pulir una superficie con lija.

lila *f.* 1 Flor en forma de racimo morado o blanquecino, con un olor intenso y agradable. 2 Arbusto muy ramoso que da esa flor. ‖ *m./adj.* 3 Color morado claro, como el de estas flores. ‖ *adj./com.* 4 *coloquial* [persona] Que es tonto e ingenuo.

liliputiense *adj./com.* [persona] Que tiene escasa estatura.

lima *f.* 1 Herramienta alargada de acero, con la superficie rugosa, que se usa para desgastar o alisar materias duras. 2 Instrumento alargado de superficie rugosa que se usa para pulir y dar forma a las uñas. 3 Fruta de corteza lisa y amarilla, de pulpa verdosa y más pequeña que el limón. 4 Árbol de tronco liso, hojas brillantes y flores blancas y olorosas que da esa fruta. 5 Corrección o perfeccionamiento de una obra. 6 Persona que come mucho.

limaduras *f. pl.* Trozos pequeños que se desprenden al pulir o desgastar un objeto.

limar *tr.* 1 Pulir o desgastar un objeto con una lima. 2 Corregir una cosa para hacerla más perfecta. 3 Corregir o hacer más adecuada una cosa, especialmente un comportamiento.

limbo *m.* 1 Parte más ancha y aplanada de las hojas de los vegetales. 2 Según la doctrina cristiana, lugar al que van las almas de los niños que mueren sin bautizar. 3 En astronomía, círculo brillante que se ve a veces alrededor de una estrella. ▶ **estar en el limbo** Estar distraído.

limero *m.* Árbol de tronco liso, hojas brillantes y flores blancas que da un fruto esférico de corteza amarilla y pulpa jugosa.

limícola *adj.* **1** [organismo] Que vive en el limo. ∥ *f. pl.* **2** Grupo de aves que viven en las costas y riberas y se alimentan de los pequeños animales que encuentran entre el lodo o cieno.

limitación *f.* Acción y efecto de limitar o limitarse.

limitado, -da *adj.* **1** Que tiene límites. **2** [persona] Que es poco inteligente.

limitar *tr.* **1** Poner límites a una cosa, especialmente una superficie o un territorio. **2** Reducir la cantidad de una cosa estableciendo unos límites. ∥ *intr.* **3** Tener dos territorios un límite o frontera común. ∥ *prnl.* **4** Hacer una cosa únicamente.

límite *m.* **1** Línea real o imaginaria que marca un territorio y lo separa de otros. **2** Fin o grado máximo de una cosa que no se puede o no se debe superar. Se usa en aposición a otros sustantivos como *hora límite, velocidad límite* o *situación límite.* **3** MAT. Magnitud fija a la cual se acercan cada vez más los términos de una secuencia infinita de magnitudes.

limítrofe *adj.* [lugar] Que está al lado o que limita con otro lugar.

limo *m.* Barro del fondo de las aguas o que se forma en el suelo cuando llueve.

limón *m.* **1** Fruto comestible de color amarillo o verde y de forma ovalada, de sabor ácido y muy aromático. **2** Limonero, árbol.

limonada *f.* Bebida refrescante hecha con zumo de limón, agua y azúcar.

limonar *m.* Terreno con limoneros.

limonero *m.* Árbol con el tronco liso y ramoso, copa abierta, hojas duras de color verde brillante y flores olorosas de color blanco y rosa; su fruto es el limón.

limonita *f.* Mineral blando de color pardo amarillento constituido por óxidos de hierro hidratados.

limosna *f.* Ayuda o auxilio que se da a los necesitados, generalmente dinero.

limosnear *intr.* Pedir limosna.

limosnero, -ra *adj.* Que ayuda con frecuencia a los necesitados, generalmente dándoles dinero.

limpia *f.* Acción enérgica de limpieza.

limpiabotas *com.* ESP Persona que se dedica a limpiar el calzado de otras personas.

OBS El plural también es *limpiabotas.*

limpiacristales *com.* **1** Persona que se dedica a limpiar cristales. ∥ *m.* **2** Líquido que sirve para limpiar cristales.

OBS El plural también es *limpiacristales.*

limpiador, -ra *adj./m. y f.* **1** [producto, instrumento] Que sirve para limpiar. ∥ *m. y f.* **2** Persona que se dedica a limpiar.

limpiaparabrisas *m.* Varilla articulada y provista de una goma que se sitúa en los cristales delantero y trasero del automóvil para limpiar la lluvia o la nieve que cae sobre ellos.

OBS El plural también es *limpiaparabrisas.*

limpiar [12] *tr./prnl.* **1** Quitar o eliminar la suciedad. ∥ *tr.* **2** Quitar o eliminar lo que estorba o no sirve. **3** Quitar o eliminar las manchas morales. **4** Expulsar de un lugar a las personas que se consideran molestas o dañinas. **5** *coloquial* Dejar a una persona sin dinero o riquezas.

limpiaúñas *m.* Utensilio para limpiar uñas.

OBS El plural también es *limpiaúñas.*

límpido, -da *adj.* Que es puro y sin mancha.

limpieza *f.* **1** Cualidad de lo que está limpio. **2** Eliminación de la suciedad, de lo superfluo o de lo perjudicial. **3** Destreza y habilidad en la realización de un ejercicio físico. **4** *coloquial* Acción que consiste en dejar a una persona sin dinero o riquezas mediante un timo o un robo o en un juego de azar. **5** Honradez e integridad con que se comporta una persona.

limpio, -pia *adj.* **1** Que no tiene ninguna mancha o suciedad. **2** Que está libre de impurezas o de cosas accesorias. **3** Que no tiene mezclas consideradas dañinas. **4** [persona, animal] Que cuida de su higiene y su aspecto exterior. **5** [dinero] Que resulta una vez que se han restado los gastos o los impuestos. **6** [persona] Que es bueno y honrado. **7** [persona] Que se ha quedado sin dinero. **8** Que se hace de manera honrada y sin trampas.

limusina *f.* Automóvil de lujo y de grandes dimensiones que se usa en ocasiones importantes.

linaje *m.* Conjunto de antepasados y descendientes de una persona, especialmente si es noble.

linaza *f.* Semilla del lino con la que se hace un aceite que se usa para fabricar pinturas y barnices.

lince *m.* **1** Mamífero felino parecido al gato, pero más grande, de color pardo, con pelos largos en las puntas de las orejas y con fuertes uñas que usa para cazar animales.

2 Persona muy astuta, inteligente y rápida de mente.

linchamiento *m.* Acción de linchar.

linchar *tr.* Matar una muchedumbre a una persona sospechosa de algún crimen sin hacer antes un juicio.

lindar *intr.* **1** Estar al lado o tener límite o frontera. **2** Estar muy cerca.

linde *amb.* Línea real o imaginaria que marca un territorio o una finca y lo separa de otros.

lindero, -ra *adj.* **1** [lugar] Que limita con otra cosa. | *m.* **2** Línea real o imaginaria que marca un territorio o una finca y lo separa de otros.

lindeza *f.* **1** Dicho o detalle gracioso y halagador. **2** Dicho desagradable u ofensivo. **3** *culto* Belleza o agrado para los sentidos.

lindo, -da *adj.* Que es muy bello y agradable a la vista. ▶ **de lo lindo** Mucho.

línea *f.* **1** Sucesión continua de puntos en el espacio. **línea curva** Línea que está formada por elementos que cambian de dirección sin formar ángulo. **línea quebrada** Línea que no es recta pero está compuesta por rectas que, al unirse en determinados puntos, forman ángulos. **línea recta** Línea más corta entre dos puntos que sigue siempre la misma dirección. **2** Señal o marca larga y estrecha que se hace sobre un cuerpo o superficie. **3** Serie de letras dispuestas horizontalmente en una página. **4** Serie de personas o de cosas colocadas unas tras otras o unas junto a otras. **5** En el fútbol y otros deportes de equipo, conjunto de jugadores que desempeñan una función igual o semejante. **6** Dirección que sigue una conducta o un comportamiento. **7** Servicio de transporte que con regularidad une dos o más lugares. **8** Estilo o carácter propio de una cosa. **9** Relación de parentesco entre personas. **10** Figura o contorno de un objeto. **11** Figura esbelta y delgada que se considera adecuada para las personas. **12** Serie de productos con características iguales o parecidas y que ofrece una cierta variedad. **13** Sistema y conjunto de los aparatos e hilos conductores necesarios para comunicarse por medio del teléfono o del telégrafo. | *f. pl.* **14** Texto de corta extensión.

lineal *adj.* **1** De la línea o que tiene líneas. **2** Que tiene una forma semejante a una línea. **3** Que sigue un desarrollo constante, sin alteraciones.

linfa *f.* BIOL. Líquido claro y sin color compuesto por células esféricas que defienden al organismo de las enfermedades.

linfático, -ca *adj.* BIOL. De la linfa.

linfocito *m.* Leucocito o glóbulo blanco de pequeño tamaño que se halla en la linfa y cuya función es formar anticuerpos.

lingotazo *m.* Trago de una bebida alcohólica.

lingote *m.* Barra de metal limpio y fundido, generalmente de hierro o de un metal noble, como el oro, la plata o el platino.

lingual *adj.* De la lengua.

lingüista *com.* Persona que estudia el lenguaje humano y las lenguas, especialmente si se dedica profesionalmente a ello.

lingüística *f.* Ciencia que estudia el lenguaje en general y las distintas lenguas.

lingüístico, -ca *adj.* De la lengua o de la lingüística.

linier *com.* Árbitro de fútbol que vigila el juego desde fuera de las líneas laterales del campo.

linimento *m.* Preparación farmacéutica hecha de aceite y extractos vegetales que se aplica frotando sobre una parte del cuerpo.

lino *m.* **1** Planta herbácea de flores azules de cuyo tallo recto y hueco se saca una fibra que sirve para hacer tejidos. **2** Fibra que se saca de los tallos de esta planta. **3** Tejido hecho de esa fibra.

linóleo *m.* Tela impermeable hecha con fibra de yute cubierta con una capa de corcho en polvo amasado con aceite de linaza.

linotipia *f.* **1** Máquina de componer textos tipográficos de la que sale la línea en una sola pieza. **2** Técnica de componer textos con esta máquina.

linterna *f.* Aparato manual y portátil que sirve para dar luz y que funciona con pilas eléctricas.

lío *m.* **1** Desorden de objetos. **2** Asunto o situación difícil de resolver, especialmente si va acompañado de alboroto. **3** Conjunto de cosas atadas, especialmente de ropa. **4** Relación amorosa o sexual entre dos personas que no forman pareja estable.

liofilización *f.* Acción y efecto de liofilizar.

liofilizar [4] *tr.* Deshidratar una sustancia congelándola y eliminando su agua por vaporización mediante presiones cercanas al vacío.

lioso, -sa *adj.* **1** [asunto, situación] Que es confuso o complicado. | *adj./m. y f.* **2** [persona] Que provoca líos.

lípido *m.* Sustancia orgánica, comúnmente llamada *grasa*, que almacena y transporta las reservas energéticas de los seres vivos.

liposoluble *adj.* [sustancia orgánica] Que es soluble en las grasas o aceites.

liposoma *m.* Pequeña acumulación de determinados compuestos químicos, generalmente proteínas, enzimas y medicamentos, mantenida en emulsión en los tejidos en forma de grasa invisible.

lipotimia *f.* Pérdida repentina y pasajera del sentido que se produce por falta de riego sanguíneo en el cerebro.

liquen *m.* Planta formada por la simbiosis de un hongo y un alga que crece en los lugares húmedos, sobre las rocas y las cortezas de los árboles.

liquidación *f.* Acción y efecto de liquidar.

liquidar *tr.* 1 Pagar totalmente una deuda o una cuenta. 2 Acabar una cosa. 3 Vender a un precio muy bajo las mercancías de un comercio. 4 Gastar completamente una cantidad de dinero. 5 *coloquial* Matar a una persona.

liquidez *f.* En economía, capacidad para hacer frente a las deudas.

líquido, -da *adj./m.* 1 [sustancia] Que está en un estado que no es sólido ni gaseoso y que, debido a la poca cohesión de las moléculas que lo componen, se adapta a la forma del recipiente que lo contiene. ‖ *adj./f.* 2 [sonido consonántico] Que forma sílaba con la consonante sorda que va delante o detrás. 3 [sonido consonántico] Que puede ir detrás de otro sonido consonántico y delante de un vocálico para formar una sílaba, como en *clave* y *drama*. ‖ *adj./m.* 4 ECON. [cantidad de dinero] Que queda tras comparar lo que se tiene con lo que se debe. 5 MED. Sustancia fluida del organismo. **líquido amniótico** MED. Líquido que está dentro de la placenta y que protege y envuelve las crías de los mamíferos.

lira *f.* 1 Unidad de moneda de Italia (hasta su sustitución por el euro), Turquía y otros países. 2 Instrumento musical antiguo semejante al arpa pero más pequeño, con las cuerdas tensadas sobre una caja de la que salen dos brazos de forma curva. 3 Poema en el que se combinan cinco versos, de siete sílabas el primero, el tercero y el cuarto y de once los otros dos, en el que riman el primero con el tercero y el segundo con el cuarto y el quinto.

lírica *f.* Género literario de las obras, generalmente escritas en verso, que se caracterizan por expresar las ideas y los sentimientos íntimos del autor.

lírico, -ca *adj.* 1 De la lírica. 2 [escritor] Que cultiva el género de la lírica. 3 [obra de teatro] Que se canta total o parcialmente. 4 De este tipo de obras.

lirio *m.* 1 Planta con hojas largas y duras, alrededor de un tallo central ramoso, y flores grandes de seis pétalos azules, morados o blancos. 2 Flor de esta planta.

lirismo *m.* Expresión profunda e íntima de sentimientos y emociones, generalmente en la literatura.

lirón *m.* 1 Mamífero roedor parecido al ratón, de color marrón y con grandes orejas y cola larga y peluda, que vive en los árboles y pasa el invierno oculto y alimentándose de los frutos que ha almacenado. 2 Persona que duerme mucho.

lis *f.* 1 Planta con hojas largas y duras, alrededor de un tallo central ramoso, y con flores grandes de seis pétalos azules, morados o blancos. 2 Flor de esta planta.

lisa *f.* Pez marino de cuerpo rechoncho y labio superior muy grueso, que suele habitar en mares templados.

lisboeta *adj.* 1 De Lisboa. ‖ *adj./com.* 2 [persona] Que es de Lisboa.

lisiado, -da *adj./m. y f.* 1 [persona] Que tiene una lesión permanente, especialmente una amputación. 2 *coloquial* Que está muy cansado.

lisiar [12] *tr.* Producir una lesión permanente en alguna parte del cuerpo.

liso, -sa *adj.* 1 [superficie] Que no tiene asperezas, salientes ni arrugas. 2 [pelo] Que no tiene rizos. 3 [tejido, papel] Que es de un solo color o que no tiene dibujos o adornos. 4 Que no tiene obstáculos.

lisonja *f.* Alabanza exagerada e hipócrita para conseguir un favor o para ganar la voluntad de una persona.

lisonjear *tr.* 1 Alabar hipócrita y exageradamente a una persona para conseguir un favor o para ganar su voluntad. ‖ *tr./prnl.* 2 Llenar de orgullo o satisfacción.

lisonjero, -ra *adj./m. y f.* [persona] Que lisonjea.

lista *f.* 1 Serie ordenada de nombres o de datos, generalmente dispuestos en columna. 2 Raya o línea larga y delgada que decora una tela o un tejido. 3 Tira de papel, tela o cualquier material. ► **pasar lista** Leer en voz alta una relación de nombres de personas para saber cuáles están presentes.

listado, -da *adj.* 1 [tejido] Que tiene listas o franjas. ‖ *m.* 2 Serie ordenada de nombres o de datos.

listeza *f.* Capacidad para entender las cosas con facilidad y rapidez.

listillo, -lla *adj./m. y f.* [persona] Que tiene habilidad para ver con rapidez lo que le conviene y sacar provecho de ello. Tiene cierto matiz despectivo.

listín *m.* Libro con los números de teléfono de las personas de una población.

listo, -ta *adj.* 1 Que entiende las cosas con facilidad y rapidez. 2 Que es muy hábil para afrontar y resolver problemas. 3 [persona, cosa] Que está dispuesto o preparado para algo. ‖ *int.* 4 ▸ ¡listo! Expresión para indicar que se ha acabado de hacer algo o que algo ya está preparado. ▸ **andar listo** Estar bien atento o dispuesto. ▸ **estar (o ir) listo** *coloquial* Estar equivocado en cuanto a una opinión o un deseo.

listón *m.* 1 Pieza de madera larga y delgada. 2 Barra que se coloca horizontalmente para marcar la altura que se debe superar en las pruebas deportivas de salto.

lisura *f.* 1 Ausencia de asperezas, de salientes o de obstáculos. 2 Sinceridad, sencillez o falta de fingimiento.

litera *f.* 1 Mueble formado por dos o más camas superpuestas. 2 Cada una de las camas que forman parte de ese mueble. 3 Cama fija de los camarotes de un barco o de ciertos vagones de tren.

literal *adj.* Que sigue fielmente la forma o el significado exacto de las palabras.

literario, -ria *adj.* De la literatura.

literato, -ta *m. y f.* Persona que se dedica a escribir literatura o a estudiarla.

literatura *f.* 1 Arte que se expresa por medio de la palabra escrita y hablada. 2 Conjunto de teorías que tratan del arte literario. 3 Conjunto de las obras literarias de un género, de un país o de un período determinados. 4 Conjunto de libros que tratan sobre un tema determinado.

litigante *adj./com.* 1 [persona, institución] Que se enfrenta a otra persona o institución en un juicio. 2 *culto* [persona] Que discute o se enfrenta a otro por una diferencia de opiniones o intereses.

litigar [7] *tr./intr.* 1 Disputar sobre una cosa en un juicio. ‖ *intr.* 2 Discutir o enfrentarse por una diferencia de opiniones o de intereses.

litigio *m.* 1 Discusión y resolución en juicio de un problema. 2 Discusión o enfrentamiento por una diferencia de opiniones o de intereses.

litio *m.* Elemento químico del grupo de los alcalinos, metal blanco y ligero de número atómico 3.

litografía *f.* 1 Arte de trazar o grabar, antiguamente en piedra calcárea y hoy en planchas metálicas, dibujos, escritos o fotografías. 2 Técnica para imprimir textos o imágenes previamente grabados en piedra calcárea o plancha metálica. 3 Reproducción obtenida mediante esta técnica.

litográfico, -ca *adj.* De la litografía.

litoral *adj.* 1 De la costa del mar. ‖ *m.* 2 Franja de tierra que está tocando con el mar.

litosfera *f.* Capa exterior y sólida de la superficie de la Tierra.

lítotes o **lítotes** o **litote** *f.* Figura retórica o procedimiento del lenguaje en el que se atenúa una opinión o afirmación generalmente negando lo contrario de lo que se quiere afirmar.

litro *m.* Medida de capacidad que equivale a 0,001 metros cúbicos.

litrona *f. coloquial* Botella de cerveza de un litro.

lituano, -na *adj.* 1 De Lituania. ‖ *adj./m. y f.* 2 [persona] Que es de Lituania. ‖ *m.* 3 Lengua de Lituania.

liturgia *f.* Conjunto de prácticas y reglas de las ceremonias religiosas.

litúrgico, -ca *adj.* De la liturgia.

liviandad *f.* Cualidad de liviano.

liviano, -na *adj.* 1 Que pesa poco. 2 [asunto] Que es poco importante o serio. 3 [asunto] Que supone poco esfuerzo, dificultad o molestia. 4 Que cambia de ideas o de comportamiento con demasiada facilidad.

lividecer [43] *intr.* Ponerse lívido o pálido al recibir una fuerte impresión.

lividez *f.* 1 Palidez extrema. 2 Color morado que toma la carne por un golpe, por una herida o por el frío.

lívido, -da *adj.* 1 Que está de color morado debido al frío, a un golpe o a una herida. 2 Que está muy pálido.

liza *f.* 1 *culto* Acción de luchar dos o más personas o animales con la intención de hacerse daño, matarse o imponer su voluntad. 2 Campo dispuesto antiguamente para el combate de los caballeros.

ll *f.* Dígrafo que representa el sonido consonántico lateral y palatal. Su nombre es *elle*. El plural es *elles*.

llaga *f.* 1 Herida abierta en alguna parte del cuerpo de una persona o un animal que puede segregar pus. 2 Pena que se siente por una desgracia. 3 ARQ. Junta vertical situada entre dos ladrillos de una misma serie horizontal.

llagar [7] *tr.* Producir llagas.

llegar

llama *f.* **1** Masa de gas ardiendo que desprende un cuerpo que se quema; tiene forma de lengua puntiaguda y emite luz y calor. **2** Fuerza o intensidad de una pasión o deseo. **3** Animal mamífero rumiante doméstico con pelo largo y marrón y orejas largas y erguidas.

llamada *f.* **1** Voz, sonido o gesto que sirven como señal para atraer la atención de una persona o animal. **2** Comunicación a través del teléfono. **3** Señal en los textos escritos que sirve para enviar al lector de una parte del texto a otra. **4** Invitación o convocatoria que hace una persona a un grupo para que este actúe de un modo determinado.

llamador *m.* **1** Instrumento para llamar a una puerta. **2** Botón del timbre.

llamamiento *m.* **1** Invitación o convocatoria que hace una persona a un grupo para que este actúe de un modo determinado. **2** Aviso que exige la presencia de una persona para hacer el servicio militar.

llamar *tr.* **1** Emitir sonidos o palabras, o hacer gestos para captar la atención de una persona o un animal. **2** Comunicarse a través del teléfono u otro sistema de comunicación. **3** Dar un nombre a una persona, un animal o una cosa. **4** Aplicar un sobrenombre o un adjetivo calificativo a una persona. **5** Gustar o atraer cierta cosa a una persona. **6** Usar una forma de tratamiento hacia una persona. **7** Citar o convocar a una persona. ▌*intr.* **8** Golpear una puerta o hacer sonar un timbre. ▌*prnl.* **9** Tener el nombre o título que se expresa.

llamarada *f.* **1** Llama grande que se forma de manera repentina y violenta. **2** Enrojecimiento brusco y de poca duración de la cara que suele producirse por un sentimiento de vergüenza. **3** Manifestación brusca y repentina de un sentimiento o un estado de ánimo.

llamativo, -va *adj.* Que llama mucho la atención, especialmente por ser muy bello o muy exagerado y excéntrico.

llamear *intr.* Echar llamas.

llana *f.* Herramienta de albañilería compuesta por una pieza plana de metal con un asa de madera que sirve para extender y dejar lisa la masa.

llanear *intr.* Ir por terreno llano evitando los desniveles e irregularidades.

llanero, -ra *m. y f.* Persona que vive en las llanuras.

llaneza *f.* **1** Cualidad de la persona llana. **2** Sencillez y claridad de estilo.

llanito, -ta *adj.* **1** De Gibraltar. ▌*adj./m. y f.* **2** [persona] Que es de Gibraltar.

llano, -na *adj.* **1** [superficie] Que tiene el mismo nivel en todas sus partes, sin desniveles ni desigualdades. **2** Que es sencillo, claro y comprensible. **3** [persona] Que tiene un comportamiento sencillo y natural con los demás. **4** [persona, pueblo] Que no pertenece a las clases sociales privilegiadas. **5** [palabra] Que lleva el acento en la penúltima sílaba. ▌*m.* **6** Extensión grande de terreno que tiene el mismo nivel en todas sus partes.

llanta *f.* **1** Pieza circular de metal de una rueda que sirve para montar o sujetar el neumático. **2** AMÉR Cubierta de caucho de las ruedas de automóviles, motocicletas y bicicletas.

llantén *m.* Hierba con hojas gruesas, anchas y ovaladas y con flores pequeñas y verdosas reunidas en una espiga larga.

llantera *f.* Llantina.

llantina *f.* Llanto fuerte y continuado.

llanto *m.* Derramamiento de lágrimas, generalmente acompañado de lamentos y quejas que expresan dolor o tristeza.

llanura *f.* Extensión grande de terreno que tiene el mismo nivel en todas sus partes.

llave *f.* **1** Objeto que sirve para abrir y cerrar una cerradura. **2** Pieza que abre y cierra el paso de una corriente eléctrica. **3** Pieza que regula el paso de un fluido, ya sea gas o líquido. **4** Herramienta que sirve para apretar o aflojar una tuerca. **5** Instrumento que sirve para dar cuerda a un reloj o a un objeto con clavijas. **6** Signo de ortografía que sirve para encerrar un conjunto de números o de letras. **7** En algunos deportes de lucha como el judo, movimiento que sirve para sujetar al contrario y tirarlo al suelo o inmovilizarlo. **8** Medio que permite conseguir o descubrir una cosa. **9** En un instrumento musical de viento, pieza que, al ser apretada, abre o cierra el paso del aire para producir un sonido determinado.

llavero *m.* Objeto que sirve para guardar y llevar juntas las llaves.

llegada *f.* **1** Aparición de una persona o una cosa en un lugar. **2** Momento en el que una persona o cosa llega a un lugar. **3** En los deportes en que se debe recorrer un trayecto, lugar donde termina este.

llegar [7] *intr.* **1** Pasar a estar en un lugar al cual se va desde otro lugar. **2** Alcanzar una etapa tras haber pasado otras. **3** Alcanzar un objetivo, especialmente un cargo o profesión. **4** Alcanzar el final de un recorrido. **5** Conseguir que se produzca la acción que expresa el verbo en infinitivo. **6** Durar algo hasta un tiempo determinado. **7** Producirse un suceso o circunstancia. **8** Alcanzar una longitud o nivel determinados. **9** Alcanzar una cantidad determinada. **10** Producir una profunda impresión. ‖ *tr.* **11** Ser suficiente la cantidad de una cosa para hacer algo. ‖ *prnl.* **12** Ir hasta un lugar que está a corta distancia. ▸ **llegar lejos** Conseguir hacer lo que una persona se ha propuesto por tener buenas cualidades.

llenado *m.* Acción que consiste en llenar un espacio o un recipiente.

llenar *tr./prnl.* **1** Ocupar un espacio vacío con una cosa. **2** Poner en un lugar una gran cantidad de cosas. ‖ *tr.* **3** Dedicar un tiempo determinado a una actividad. **4** Dar a una persona gran cantidad de algo. **5** Satisfacer un deseo, una esperanza o una aspiración. **6** Escribir datos o signos en los huecos de un impreso. ‖ *intr./prnl.* **7** Dejar harto de comida o de bebida.

llenazo *m.* Presencia de gran número de personas en un espectáculo público.

lleno, -na *adj.* **1** [recipiente] Que contiene todo lo que su capacidad permite. **2** Que está cubierto total o parcialmente por una cosa. **3** [lugar] Que está repleto de gente. **4** [persona] Que está harto de comida o de bebida. **5** [persona] Que está un poco gordo. ‖ *m.* **6** Presencia de personas en un espectáculo público que ocupan todo el espacio o los asientos disponibles.

llevadero, -ra *adj.* Que se puede soportar sin mucho esfuerzo.

llevar *tr.* **1** Mover una cosa de un lugar a otro. **2** Conducir un medio de transporte. **3** Vestir una prenda o transportar un objeto consigo. **4** Ser necesario invertir un tiempo o esfuerzo en la realización de algo. **5** Haber pasado un período de tiempo haciendo algo que todavía se hace. **6** Tener una cosa o disponer de ella. **7** Soportar una cosa, generalmente una actividad o una pena. **8** Tratar con habilidad a una persona para que actúe u opine como uno quiere. **9** Acompañar a una persona a un lugar. **10** Seguir acompasadamente un ritmo o una acción. **11** Haber conseguido una cantidad determinada haciendo algo. **12** Cobrar una cantidad de dinero. **13** Encargarse de un asunto o actividad; especialmente de un negocio. **14** Haber realizado la acción que se indica mediante el participio de un verbo transitivo. ‖ *tr./intr.* **15** Dirigir o conducir hacia un desti-

no o fin. ‖ *tr./prnl.* **16** Superar o haber una diferencia en una cantidad determinada de tiempo o espacio. ‖ *prnl.* **17** En operaciones aritméticas, cuando se suman o multiplican cifras de dos o más dígitos, pasar las decenas de la suma o multiplicación parcial a la que sigue por orden. **18** Entenderse en una relación o trato dos o más personas. **19** Estar de moda una cosa. **20** Sentir o experimentar una emoción o sensación. **21** Obtener o conseguir una cosa, especialmente un premio. **22** Hurtar o robar una cosa. ▸ **dejarse llevar** *a*) Actuar influido por un sentimiento o por una sensación. *b*) Dejarse influir por una persona.

llorar *tr./intr.* **1** Derramar lágrimas en señal de dolor, tristeza, alegría o necesidad. ‖ *intr.* **2** Fluir lágrimas de los ojos. ‖ *tr./intr.* **3** Quejarse de las penas o de las necesidades propias, generalmente para despertar compasión o conseguir un fin. ‖ *tr.* **4** Sentir profundamente una desgracia.

llorera *f.* Llanto fuerte y continuado.

llorica *com.* Persona que llora fácilmente y por cualquier motivo.

OBS Se usa como apelativo despectivo.

lloriquear *intr.* Llorar débilmente, generalmente sin causa justificada.

lloriqueo *m.* Lloro débil, generalmente sin causa justificada.

lloro *m.* Acción y efecto de llorar.

llorón, -rona *adj./m. y f.* **1** [persona] Que llora fácilmente y por cualquier motivo, a menudo sin causa justificada. **2** [persona] Que se queja frecuentemente.

OBS Se usa en sentido despectivo.

lloroso, -sa *adj.* Que tiene apariencia de haber llorado o de estar a punto de llorar.

llovedizo, -za *adj.* [techo o cubierta de una construcción] Que deja pasar el agua cuando llueve.

llover [32] *v. impersonal* **1** Caer agua de las nubes en forma de gotas. ‖ *intr.* **2** Venir gran abundancia de una cosa sobre alguien.

llovizna *f.* Lluvia muy fina.

lloviznar *v. impersonal* Caer una lluvia muy fina.

llueca *adj./f.* [gallina, ave] Que se sienta sobre los huevos para darles calor.

lluvia *f.* **1** Acción de llover. **lluvia ácida** Lluvia que tiene un alto contenido de sustancias contaminantes procedentes de la polución que provocan ciertas industrias. **2** Agua que cae al llover. **3** Abundancia o gran cantidad de una cosa.

lluvioso, -sa *adj.* [clima, lugar, tiempo] De abundantes lluvias.

lo *det.* 1 Forma del artículo determinado en género neutro; se usa *a)* delante de adjetivos calificativos para convertirlos en sustantivos abstractos. *b)* delante de una oración subordinada adjetiva para convertirla en sustantiva. *c)* delante de pronombres posesivos o de la preposición *de* para indicar la relación de posesión de una cosa, que no se menciona porque ya se sabe, con una persona. El artículo determinado en género neutro no tiene plural. ‖ *pron. pers.* 2 Forma masculina del pronombre de tercera persona de objeto directo.

loa *f.* 1 Discurso o prosa breve con que se alaban las cualidades o los méritos de una persona o cosa. 2 Composición dramática breve que servía de introducción a algunas obras teatrales en el teatro antiguo.

loable *adj.* [acción, actitud] Que merece ser alabado.

loar *tr. culto* Alabar o elogiar con palabras dando muestras de admiración.

lob *m.* En el tenis, pelota lanzada por alto y describiendo una curva para que pase por encima del adversario.

lobanillo *m. y f.* Tumor que se forma debajo de la piel y que generalmente no duele.

lobato, -ta *m.* Cría del lobo.

lobby *m.* Grupo de personas con capacidad para presionar sobre un gobierno en decisiones políticas y económicas.

OBS Es de origen inglés y se pronuncia aproximadamente 'lobi'.

lobera *f.* Lugar en el que viven los lobos.

lobezno, -na *m.* Cría del lobo.

lobo, -ba *m. y f.* Animal mamífero salvaje parecido al perro que tiene el hocico alargado y puntiagudo, pelo gris oscuro, orejas rectas, cola larga y mucho pelo; se alimenta de otros animales.

lóbrego, -ga *adj.* 1 Que está muy oscuro. 2 Que está triste o melancólico.

lobulado, -da *adj.* Que tiene lóbulos.

lóbulo *m.* 1 Parte inferior carnosa, blanda y redondeada de la oreja. 2 Parte redondeada y saliente de un órgano separada de las demás partes por un pliegue.

loc. cit. Abreviatura de *loco citato*, 'en el lugar citado', que se usa en los libros para referirse a una obra ya citada.

local *adj.* 1 De un territorio, municipio o región. 2 Que solamente afecta a una parte de un todo. ‖ *m.* 3 Espacio cubierto y cerrado que suele usarse para poner en él un establecimiento o negocio.

localidad *f.* 1 Pueblo o ciudad en los que habitan las personas. 2 Plaza o asiento de un cine o teatro. 3 Billete que da derecho al espectador a ocupar una de estas plazas o asientos.

localismo *m.* 1 Interés y amor por lo que es propio de un determinado lugar, en especial del lugar donde uno ha nacido. 2 Palabra o modo de expresión propio de un determinado lugar.

localista *adj.* 1 Del localismo. ‖ *adj./com.* 2 Que siente interés y amor por lo que es propio de un lugar. 3 [artista] Que trata en sus obras sobre temas locales.

localización *f.* 1 Acción y efecto de localizar. 2 Escenario exterior para rodar una película u otra grabación audiovisual.

localizar [4] *tr.* 1 Determinar el lugar en el que se encuentra una persona o una cosa. ‖ *tr./prnl.* 2 Fijar o determinar una cosa dentro de unos límites determinados.

locatis *adj./com. coloquial* Persona alocada o descuidada.

OBS El plural también es *locatis*.

locativo, -va *adj./m.* [caso de la declinación] Que expresa el lugar en que ocurre la acción en algunas lenguas.

loción *f.* 1 Producto medicinal o cosmético que se usa para el cuidado de la piel o el pelo. 2 Masaje que se hace con un producto medicinal o cosmético.

lock-out *m.* Cierre de una fábrica u otro lugar de trabajo por orden de los patronos para obligar a los trabajadores a aceptar las condiciones empresariales.

OBS Es de origen inglés y se pronuncia aproximadamente 'locaut'.

loco, -ca *adj./m. y f.* 1 Que ha perdido la razón o tiene perturbadas las facultades mentales. 2 Que tiene poco juicio o se comporta de forma imprudente. Se usa como apelativo despectivo. 3 Que experimenta un sentimiento de una forma muy intensa. 4 Que desea intensamente hacer una cosa o que esta ocurra. 5 *coloquial* Que es muy agitado y movido.

locomoción *f.* 1 Movimiento de un lugar a otro. 2 Facultad de algunos seres vivos para trasladarse de un lugar a otro.

locomotor, -ra *adj.* Que sirve para mover o para moverse de un lugar a otro.

locomotora *f.* Máquina provista de un motor y montada sobre ruedas que mueve o arrastra los vagones de un tren.

locomotriz *adj.* Que sirve para mover una cosa o moverse de un lugar a otro.

OBS Es una forma femenina de *locomotor*.

locomóvil *adj./f.* [máquina] Que puede llevarse de un sitio a otro, generalmente por tener ruedas o ir sobre raíles.

locuacidad *f.* Tendencia que tiene una persona a hablar mucho.

locuaz *adj.* Que habla mucho o demasiado.

locución *f.* Conjunto de palabras que presentan un orden fijo y que funcionan como un elemento único.

locuelo, -la *adj./m. y f.* [persona] Que es joven y suele comportarse de manera viva y alocada.

locura *f.* 1 Trastorno o perturbación de las facultades mentales de una persona. 2 Acción imprudente o temeraria que realiza una persona de forma irreflexiva. 3 Entusiasmo grande o amor excesivo que siente una persona por alguien o algo. ▸ **con locura** Muchísimo o en extremo. ▸ **de locura** Que es exagerado o está fuera de lo normal.

locutor, -ra *m. y f.* Persona que se dedica a dar las noticias o informar en radio o televisión o presentar un programa.

locutorio *m.* 1 Habitación dividida por una reja o un cristal donde se recibe a las visitas en los monasterios y en las cárceles. 2 Habitación o espacio pequeño en el que hay un teléfono público de uso individual. 3 Establecimiento que dispone de varias cabinas para realizar llamadas telefónicas, y generalmente también de ordenadores conectados a Internet, entre otros servicios. 4 Estudio de una emisora de radio.

lodazal *m.* Terreno lleno de lodo o barro.

loden *m.* Prenda de abrigo confeccionada con un tejido de lana tan tupido que impide el paso del agua.
OBS Es de origen alemán y se pronuncia aproximadamente 'loden'.

lodo *m.* 1 Barro blando que se forma en los lugares donde hay agua o cuando llueve. 2 Deshonra o mala fama.

logarítmico, -ca *adj.* MAT. Del logaritmo.

logaritmo *m.* MAT. Exponente al que hay que elevar un número o una base positivos para conseguir una cantidad determinada.

logia *f.* 1 Asamblea o reunión de la sociedad secreta de los masones. 2 Local donde se celebran las asambleas de masones.

lógica *f.* 1 Ciencia que estudia las formas y las leyes generales que rigen el conocimiento humano y científico. 2 Método o razonamiento con que se hace una cosa. 3 Capacidad de razonar o actuar con sentido común que tiene una persona.

lógico, -ca *adj.* 1 De la lógica. 2 Que responde a la razón o al sentido común. ‖ *adj./ m. y f.* 3 [persona] Que se dedica al estudio de la lógica.

logística *f.* 1 Técnica militar que se ocupa del movimiento de los ejércitos, de su transporte y de su mantenimiento. 2 Organización y conjunto de los medios necesarios para llevar a cabo un fin determinado. 3 Lógica que emplea los métodos y el simbolismo de las matemáticas.

logístico, -ca *adj.* De la logística.

logo *m.* Logotipo, dibujo o símbolo.

-logo, -loga Elemento sufijal que significa: *a*) 'Estudioso', 'especialista'. *b*) 'Discurso', 'lenguaje'.

logopeda *com.* Especialista en logopedia.

logopedia *f.* Reeducación y tratamiento de los trastornos del lenguaje, especialmente de los defectos de pronunciación.

logotipo *m.* Dibujo o símbolo que distingue a una empresa, institución o sociedad y a las cosas que tienen relación con ella.

logrado, -da *adj.* Que está bien hecho o tiene buena apariencia.

lograr *tr.* 1 Conseguir una cosa que se intenta o se desea. ‖ *prnl.* 2 Alcanzar una cosa el máximo desarrollo o perfección.

logro *m.* Acción y efecto de lograr.

logroñés, -ñesa *adj.* 1 De Logroño. ‖ *adj./ m. y f.* 2 [persona] Que es de Logroño.

loguear *intr./prnl.* Acceder a una red o un sistema informático mediante identificación.

loísmo *m.* Uso que se hace de las formas *lo* y *los* del pronombre personal como objeto indirecto en lugar de *le* y *les*.

loísta *adj./com.* [persona] Que usa las formas *lo* y *los* del pronombre personal como objeto indirecto en lugar de *le* y *les*.

loma *f.* Elevación del terreno que tiene poca altura y bordes suaves.

lombarda *f.* Hortaliza parecida a la col que tiene las hojas moradas, grandes, firmes, muy apretadas y unidas por la base.

lombriz *f.* Gusano de color blanco o rosa, de cuerpo blando, cilíndrico y muy alargado que vive en la tierra.

lomo *m.* 1 Parte superior del cuerpo de un animal de cuatro patas que va desde el cuello a las patas traseras. 2 Carne que forma la parte superior del cuerpo del cerdo. **lomo embuchado** Lomo aderezado con sal y pimentón que está embutido en una tripa. 3 Parte del libro opuesta al corte de las hojas por donde se pegan o cosen los pliegos.

lona *f.* 1 Tejido fuerte e impermeable que es de algodón o cáñamo. 2 Suelo sobre el que se disputa una competición deportiva de boxeo o lucha libre.

loncha *f.* Trozo ancho, alargado y muy delgado que se corta de un alimento sólido.

londinense *adj.* 1 De Londres. ▮ *adj./ com.* 2 [persona] Que es de Londres.

loneta *f.* Tejido grueso y resistente, más delgado que la lona, empleado en tapicerías y prendas de vestir para el trabajo.

longaniza *f.* Embutido de forma cilíndrica, alargada y delgada que se elabora con carne de cerdo cruda picada y adobada.

longevidad *f.* Larga duración de la vida.

longevo, -va *adj.* 1 Que tiene una edad avanzada. 2 Que vive mucho tiempo.

longitud *f.* 1 Dimensión o extensión máxima de una superficie. 2 Distancia que hay desde un punto cualquiera de la superficie de la Tierra hasta el meridiano de Greenwich. 3 Magnitud que expresa la distancia entre dos puntos o cada una de las dimensiones de un cuerpo.

longitudinal *adj.* 1 De la longitud. 2 Que está colocado en el sentido de la longitud.

longuis Palabra que se utiliza en la locución *hacerse el longuis* que significa 'pretender parecer distraído y simular que no se da cuenta de lo que sucede a su alrededor'.

lonja *f.* 1 Edificio público donde se compran y venden mercancías en grandes cantidades. 2 Loncha.

lontananza *f.* 1 Parte más alejada de un lugar. 2 Parte o sección de un cuadro que está más alejada del plano principal.

look *m.* Aspecto exterior o estilo propio. OBS Es de origen inglés y se pronuncia aproximadamente 'luc'.

looping *m.* 1 Acrobacia aérea en la que el avión u otro objeto volador describe un círculo completo en sentido vertical. 2 Ejercicio similar realizado con otro vehículo. OBS Es de origen inglés y se pronuncia aproximadamente 'lupin'.

loor *m.* Alabanza pública de los méritos y cualidades de una persona o de una cosa.

loquero, -ra *m. y f.* 1 Persona que se dedica a cuidar y vigilar a los locos o enfermos mentales. ▮ *m.* 2 *coloquial* Centro médico donde se interna y se cuida a los locos o enfermos mentales.

loquera *f.* AMÉR *coloquial* Trastorno mental.

lord *m.* Título honorífico dado a los individuos de la primera nobleza inglesa y a algunos altos cargos. OBS El plural es *lores*.

loriga *f.* Armadura formada por pequeñas chapas de acero que servía para proteger el pecho y la espalda de los soldados.

loro *m.* 1 Ave trepadora de pico curvo, fuerte y grueso y plumas de vistosos y variados colores que es capaz de repetir sonidos propios del lenguaje humano. 2 *coloquial* Persona que es muy fea y de aspecto extraño o estrafalario. 3 *coloquial* Persona que habla mucho sin decir nada interesante. 4 *coloquial* Aparato de radio o reproductor musical, generalmente portátil. ▸ **estar al loro** *coloquial* Expresión que indica que una persona está atenta a lo que pasa o se dice o está al corriente de lo que ocurre.

lorza *f.* ESP *coloquial* Pliegue de grasa en una parte del cuerpo, especialmente alrededor de la cintura.

losa *f.* 1 Piedra lisa, plana y delgada que se usa para pavimentar suelos y alicatar paredes. 2 Piedra plana y delgada que cubre una tumba. 3 *coloquial* Cosa que resulta una carga dura y difícil de soportar para el ánimo de una persona.

loseta *f.* Piedra lisa, plana y delgada que es más pequeña que una losa y se usa para cubrir suelos y muros.

lote *m.* 1 Conjunto de cosas con unas características comunes. 2 Cada una de las partes en que se divide o se reparte una cosa. ▸ **darse** (o **pegarse**) **el lote** *coloquial* Besarse y acariciarse una pareja.

lotería *f.* 1 Juego público de azar que consiste en sacar unos números de un bombo y premiar con dinero los billetes cuyos números coincidan con los extraídos en el sorteo. 2 *coloquial* Asunto en el que interviene la suerte o el azar. 3 *coloquial* Cosa que es muy buena o beneficiosa.

lotero, -ra *m. y f.* Persona que se dedica a vender lotería.

loto *m.* 1 Planta acuática que tiene las hojas muy grandes y duras y las flores blancas y olorosas. 2 Flor de esta planta. 3 Fruto de esta planta que tiene forma de globo. ▮ *f.* 4 Lotería primitiva.

loza *f.* 1 Barro fino, cocido o barnizado que se usa para hacer platos, tazas y vajillas. 2 Conjunto de objetos hechos con este barro.

lozanía *f.* Cualidad de lozano.

lozano, -na *adj.* 1 [persona, animal] Que tiene salud y buen aspecto. 2 [planta] Que tiene verdor y frondosidad.

lubina *f.* Pez marino de color gris metálico, cola recta y aletas espinosas; es comestible y muy apreciado en alimentación.

lubricán *m.* culto Crepúsculo matutino o vespertino.

lubricante *adj./m.* [sustancia aceitosa] Que se aplica a una superficie para facilitar el deslizamiento sobre otra con el mínimo rozamiento.

lubricar [1] *tr.* Aplicar una sustancia aceitosa a una superficie para facilitar su deslizamiento sobre otra con el mínimo rozamiento.

lubricidad *f.* Cualidad de lúbrico.

lúbrico, -ca *adj.* 1 Que resbala o se desliza con facilidad. 2 Que es propenso a la lujuria o que provoca este deseo sexual.

lubrificación *f.* Acción y efecto de lubrificar.

lubrificante *adj./m.* [sustancia aceitosa] Que facilita que una superficie se deslice sobre otra con el mínimo rozamiento.

lubrificar [1] *tr.* Aplicar una sustancia aceitosa a una superficie para facilitar su deslizamiento sobre otra con el mínimo rozamiento.

lucense *adj.* 1 De Lugo. ‖ *adj./com.* 2 [persona] Que es de Lugo.

lucerna *f.* Abertura en un techo o en la parte alta de las paredes para que entren el aire y la luz en una habitación.

lucernario *m.* Ventana o claraboya abierta en el techo de un edificio para iluminar y ventilar su interior.

lucero *m.* 1 Cuerpo celeste que se ve en el cielo y que brilla de forma muy intensa. 2 Mancha blanca y grande que tienen en la frente algunos animales de cuatro patas.

lucha *f.* 1 Enfrentamiento o combate que se realiza mediante la fuerza física o las armas. 2 Disputa o pelea que se produce entre dos o más personas de forma verbal. 3 Deporte en el que dos personas se enfrentan cuerpo a cuerpo.

luchador, -ra *m. y f.* 1 Persona que lucha. 2 En deportes, persona que se dedica a practicar alguna de las modalidades de lucha.

luchar *intr.* 1 Enfrentarse o combatir usando la fuerza física o las armas. 2 Trabajar o esforzarse mucho una persona para vencer los obstáculos y conseguir un fin determinado.

lucidez *f.* Cualidad de lúcido.

lucido, -da *adj.* 1 Que da buena impresión o apariencia. 2 Que destaca o permite mostrar una habilidad o capacidad.

lúcido, -da *adj.* 1 [persona] Que expone o comprende las ideas y los hechos de forma clara y rápida. 2 Que es inteligente. 3 Que se encuentra en un estado mental normal.

luciérnaga *f.* Insecto volador que desprende una luz verdosa de la parte posterior de su cuerpo y cuya hembra carece de alas y tiene el abdomen formado por anillos.

lucimiento *m.* Muestra de habilidad o capacidad de una persona.

lucio *m.* Pez de agua dulce que tiene el cuerpo alargado, de color verdoso y la cabeza en forma de punta, con la boca grande y de muchos dientes afilados.

lucir [45] *intr.* 1 Dar o producir luz. 2 Brillar con suavidad una cosa. 3 Aparecer o mostrarse el resultado de un trabajo o un esfuerzo. 4 Dar una cosa prestigio o importancia a una persona. ‖ *intr./prnl.* 5 Sobresalir o destacar una persona o una cosa entre otras. ‖ *tr.* 6 Mostrar una cosa presumiendo de ella. ‖ *prnl.* 7 Mostrar habilidad o capacidad en un trabajo o una actividad presumiendo de ello.

lucrarse *prnl.* Conseguir una persona ganancias o beneficios en un asunto o en un negocio.

lucrativo, -va *adj.* Que produce lucro.

lucro *m.* Ganancia o beneficio que se consigue en un asunto o en un negocio.

luctuoso, -sa *adj.* Que produce tristeza y dolor o es digno de ser llorado.

lucubración *f.* Acción y efecto de lucubrar.

lucubrar *tr./intr.* 1 Reflexionar acerca de una cuestión. 2 Especular o imaginar cosas sin mucho fundamento.

lúdico, -ca *adj. culto* Del juego.

ludir *tr.* Frotar o rozar una cosa contra otra.

ludópata *adj./com.* [persona] Que padece ludopatía.

ludopatía *f.* Inclinación patológica a los juegos de azar.

luego *adv.* 1 Después o más adelante en el tiempo. 2 MÉX Ahora mismo, al instante. ‖ *conj.* 3 Introduce una oración que es resultado o consecuencia de la oración anterior. ▸ **desde luego** *a)* Expresión que indica afirmación o entendimiento. *b)* Expresión que se usa para dar énfasis a lo que se dice. ▸ **hasta luego** Expresión que se usa como despedida o adiós.

luengo, -ga *adj. culto* Que tiene mucha longitud.

lugar *m.* 1 Parte o punto de un espacio. 2 Posición que tiene una persona o una cosa en una serie o un conjunto. 3 Espacio que está libre o disponible. 4 Población pequeña. ▸ **dar lugar a** Producir o provocar una cosa. ▸ **en lugar de** En sustitución de o en vez de. ▸ **tener lugar** Ocurrir o producirse una cosa en determinado sitio o momento.

lugareño, -ña *adj.* 1 De un lugar o población pequeña. | *adj./m. y f.* 2 [persona] Que es de un lugar o una población pequeña.

lugarteniente *com.* Persona que puede sustituir a otra en su cargo o empleo.

lúgubre *adj.* 1 Que es triste y oscuro. 2 Que es fúnebre o tétrico.

luisa *f.* Planta de jardín de olor agradable cuyas hojas se usan en infusión con propiedades tonificantes y digestivas.

lujo *m.* 1 Abundancia u ostentación de riqueza y grandes comodidades que tiene una persona. 2 Gasto que se realiza en bienes de consumo que no son necesarios o imprescindibles para vivir. 3 Abundancia o gran cantidad de una cosa. 4 Cosa que es muy buena o extraordinaria.

lujoso, -sa *adj.* Que muestra u ostenta riqueza y abundancia de dinero.

lujuria *f.* Deseo o actividad sexual desenfrenados o inmoderados.

lujurioso, -sa *adj.* 1 De la lujuria. 2 Que tiene un deseo o una actividad sexual desenfrenada o inmoderada.

lumbago *m.* Dolor reumático de los huesos o de los músculos de la parte baja de la espalda.

lumbalgia *f.* Lumbago.

lumbar *adj.* 1 [zona del cuerpo] Que está situada entre la última costilla y los glúteos. 2 De esta zona del cuerpo.

lumbre *f.* 1 Fuego encendido que proporciona luz y calor. 2 Materia combustible que está encendida.

lumbrera *f.* 1 *coloquial* Persona que es muy inteligente y culta. 2 Abertura que se hace en el techo.

lumen *m.* Unidad de flujo luminoso en el Sistema Internacional de unidades.

luminaria *f.* 1 Luz que se pone como adorno en los balcones, calles y monumentos. 2 Luz que alumbra de forma permanente el sagrario de una iglesia católica.

lumínico, -ca *adj.* De la luz.

luminiscencia *f.* Propiedad de algunos cuerpos de emitir una luz muy débil, pero visible en la oscuridad, sin que se produzca aumento de la temperatura.

luminiscente *adj.* Que tiene la capacidad de emitir luz no acompañada de calor.

luminosidad *f.* 1 Abundancia de luz. 2 Claridad o brillantez.

luminoso, -sa *adj.* 1 Que despide o emite luz. 2 Que tiene mucha luz natural o está bien iluminado. 3 [color] Que es claro y brillante. 4 Que es muy acertado o excelente. | *adj./m.* 5 [cartel, letrero] Que emite luz artificial.

luminotecnia *f.* 1 Técnica de la iluminación artificial que consiste en colocar luces eléctricas con fines industriales o artísticos. 2 Conjunto de luces artificiales que se colocan con fines industriales o artísticos.

luminotécnico, -ca *adj.* 1 De la luminotecnia. | *m. y f.* 2 Persona que se dedica a la luminotecnia.

lumpen *m.* Grupo social urbano formado por los individuos más marginados.

luna *f.* 1 Satélite de la Tierra que gira alrededor de ella y que se ve porque refleja la luz del Sol. En esta acepción se escribe con mayúscula. 2 Cuerpo celeste que gira alrededor de un planeta. 3 Luz del Sol que es reflejada por el satélite de la Tierra y se hace visible por la noche. 4 Período de tiempo que tarda el satélite de la Tierra en dar una vuelta completa al planeta. 5 Cristal grande y grueso que forma una espejo, un escaparate o una vitrina. ▶ **estar en la luna** *coloquial* Estar una persona despistada o no prestar atención a lo que ocurre o se dice alrededor.

lunación *f.* Período de tiempo que transcurre entre dos lunas nuevas.

lunar *adj.* 1 De la Luna. | *m.* 2 Mancha pequeña, redondeada y de color marrón que sale en la piel del cuerpo humano. 3 Punto o dibujo en forma de círculo con que se adorna una tela.

lunático, -ca *adj./m. y f.* [persona] Que tiene cambios bruscos de carácter o humor.

lunatismo *m.* Influencia de los cambios de luna en la evolución de algunas enfermedades psíquicas.

lunch *m.* Comida ligera, generalmente de platos fríos, en especial la que se ofrece a los asistentes a algún acto social. OBS Es de origen inglés y se pronuncia aproximadamente 'lanch'.

lunes *m.* Primer día de la semana. OBS El plural también es *lunes*.

luneta *f.* 1 Cristal trasero de un automóvil. 2 Cristal de las gafas. 3 ARQ. Hueco abierto en una cúpula o bóveda que sirve para iluminar.

lunfardo *m.* Jerga que era hablada originariamente entre los delincuentes de Buenos Aires y sus alrededores.

lúnula *f.* Espacio blanquecino en forma de media luna de la raíz de las uñas.

lupa *f.* Cristal transparente que tiene las dos caras curvas y sirve para aumentar la imagen de los objetos.

lupanar *m.* Establecimiento público en el que se ejerce la prostitución.

lúpulo *m.* Planta herbácea de tallo largo y nudoso, hojas permanentes y flores con sexos separados.

lusitanismo *m.* Palabra o modo de expresión propio de la lengua portuguesa que se usa en otro idioma.

lusitano, -na *adj.* **1** De Portugal. ‖ *adj./m. y f.* **2** [persona] Que es de Portugal.

luso, -sa *adj.* **1** De Portugal. ‖ *adj./m. y f.* **2** [persona] Que es de Portugal.

lustrabotas *com.* ASUR Persona que tiene por oficio limpiar el calzado.

OBS El plural también es *lustrabotas*.

lustrador, -ra *m. y f.* NIC. Lustrabotas.

lustrar *tr.* Dar brillo a una cosa frotando con fuerza.

lustre *m.* **1** Brillo que tiene una cosa después de limpiarla o frotarla con fuerza. **2** Aspecto sano que tiene una persona o una cosa. **3** Distinción o prestigio social.

lustro *m.* Período de tiempo que comprende cinco años.

lustroso, -sa *adj.* **1** Que tiene lustre o brillo. **2** Que tiene un aspecto sano debido al color y la limpieza de la piel.

lutecio *m.* Elemento químico metálico del grupo de los lantánidos cuyo número atómico es 71.

luteranismo *m.* Doctrina religiosa protestante que defiende la libre interpretación de los textos de la Biblia y sostiene que la fe es la única vía de salvación del hombre.

luterano, -na *adj.* **1** De Lutero o del luteranismo. ‖ *adj./m. y f.* **2** [persona] Que es

seguidor o partidario de la doctrina de Lutero.

luthier o **lutier** *com.* Persona que se dedica a fabricar o reparar instrumentos musicales de cuerda.

OBS El plural es *luthiers* o *lutieres*.

luto *m.* **1** Dolor y pena causados por la muerte de una persona. **2** Muestra exterior de dolor y pena causados por la muerte de una persona que se manifiesta en el uso de ropa negra y determinados objetos y adornos. **3** Período de tiempo que dura esta muestra exterior de dolor.

lux *m.* Unidad de intensidad de iluminación en el Sistema Internacional de unidades.

luxación *f.* Daño que se produce cuando un hueso se sale de su articulación.

luxemburgués, -guesa *adj.* **1** De Luxemburgo. ‖ *adj./m. y f.* **2** [persona] Que es de Luxemburgo. ‖ *m.* **3** Lengua que se habla en Luxemburgo junto al alemán y al francés.

luz *f.* **1** Forma de energía que ilumina las cosas y las hace visibles y que se propaga mediante partículas llamadas fotones. **2** Claridad que desprende un cuerpo que está en combustión. **3** Objeto o aparato que sirve para alumbrar. **4** Corriente eléctrica. **5** Espacio abierto en una pared que deja pasar claridad. **luz cenital** Luz que entra por un espacio abierto en el techo. **6** Modelo que marca un camino o una guía. ‖ *f. pl.* **7** Inteligencia o entendimiento de una persona. ▶ **arrojar luz** Aclarar un asunto. ▶ **a todas luces** De manera clara y segura. ▶ **dar a luz** Expulsar el feto la mujer. ▶ **sacar a la luz** Publicar un texto u obra.

lycra *f.* Tejido sintético elástico y brillante, usado en la confección de prendas de vestir como bañadores o medias.

OBS Es marca registrada y se pronuncia 'licra'. También se escribe *licra*.

M

m *f.* **1** Decimotercera letra del alfabeto español. **2** Letra que representa el valor de 1000 en la numeración romana. Se escribe con letra mayúscula. **3** Abreviatura de metro.

macabro, -bra *adj.* Que tiene relación con los aspectos más repulsivos y desagradable de la muerte.

macaco *m.* **1** Mono pequeño de hocico saliente, cola corta y callosidades glúteas. **2** Persona pequeña y poco importante. Tiene matiz afectuoso referido a niños, y carácter despectivo referido a adultos.

macanudo, -da *adj. coloquial* [persona, cosa] Que destaca por sus buenas cualidades o que es admirable.

macarra *adj.* **1** *coloquial* Que es vulgar y de mal gusto. ‖ *adj./com.* **2** [persona] Que se comporta de manera vulgar y agresiva. ‖ *m.* **3** Hombre que vive de lo que ganan las prostitutas que él protege o controla.
OBS Tiene valor despectivo.

macarrón *m.* **1** Pasta de harina de trigo que tiene forma de tubo corto. **2** Tubo de plástico delgado y flexible que se usa para recubrir hilos eléctricos o alambres.

macarrónico, -ca *adj.* [idioma] Que se usa incorrectamente.

macartismo *m.* Conjunto de acciones emprendidas contra un grupo de personas por sus ideas políticas y sociales.

macedonia *f.* Postre que consiste en frutas cortadas en trozos, aliñadas con su zumo o el de otras frutas.

macedónico, -ca *adj.* Macedonio.

macedonio, -nia *adj.* **1** De Macedonia. ‖ *adj./m. y f.* **2** [persona] Que es de Macedonia.

maceración *f.* Acción y efecto de macerar.

maceramiento *m.* Maceración.

macerar *tr./prnl.* **1** Poner blanda una cosa dándole golpes o apretándola. **2** Echar un alimento en un líquido con algunas especias y dejarlo en reposo un tiempo, antes de cocinarlo, para ablandarlo y mejorar su sabor. **3** Sumergir una sustancia sólida en un líquido durante un tiempo para extraer de ella las partes solubles.

macero *m.* Empleado de un ayuntamiento que en determinadas celebraciones lleva una maza delante de las personas que usan esta señal de dignidad.

maceta *f.* **1** Recipiente que, lleno de tierra, se usa para cultivar plantas. **2** Conjunto del recipiente, la tierra y la planta. **3** Martillo con cabeza de dos bocas iguales y mango corto que usan los canteros.

macetero *m.* Soporte o recipiente que sirve para colocar macetas con plantas.

machaca *com.* Persona subordinada encargada de los trabajos más pesados.

machacar [1] *tr.* **1** Deshacer o aplastar algo dándole golpes. **2** Trabajar algo a fondo, especialmente si se trata del estudio de alguna materia. **3** Ganar o vencer al contrario con mucha ventaja o con facilidad. ‖ *intr.* **4** Insistir mucho en algo hasta llegar a molestar y cansar.

machacón, -cona *adj./m. y f.* Que repite algo hasta el punto de cansar o molestar.

machaconería *f.* Insistencia excesiva.

machada *f.* Acto que pretende demostrar valentía pero que resulta imprudente.

machamartillo Palabra que se utiliza en la locución adverbial *a machamartillo*, que indica que algo se hace con firmeza y con solidez.
OBS También se escribe *a macha martillo*.

machaqueo m. 1 Acción de machacar algo con golpes repetidos. 2 Insistencia que se pone en un tema o en la realización de alguna cosa. 3 Derrota arrolladora de un equipo frente a otro.

machete m. Cuchillo grande con la hoja ancha.

machismo m. Actitud o tendencia que considera que el hombre es superior a la mujer.

machista adj. 1 Del machismo. | adj./ com. 2 [persona] Que considera que el hombre es superior a la mujer.

macho m. 1 Ser vivo de sexo masculino. Se usa en aposición a los nombres de animales y plantas que no varían de género gramatical para indicar su sexo. 2 Pieza que se introduce en otra con la que encaja. 3 coloquial Se usa como apelativo dirigido a un amigo.

machón m. ARQ. Columna vertical que sujeta o refuerza una construcción.

machorra f. coloquial Mujer que tiene movimientos y actitudes que se consideran propios de los hombres.
OBS Tiene valor despectivo.

machorro, -rra adj. Que es estéril.

machote adj./com. coloquial Se usa como apelativo para referirse a una persona que se considera fuerte o valiente.

macilento, -ta adj. [persona] Que se muestra demacrado y falto de vigor.

macizo, -za adj. 1 Que es sólido, que está lleno y no tiene hueco en su interior. 2 Que es fuerte y con las carnes duras. 3 coloquial Que tiene un cuerpo muy bien formado. | m. 4 Grupo de montañas o elevación del terreno generalmente rocosa. 5 Conjunto de plantas cultivadas con el que se decoran los cuadros de los jardines.

macro f. INFORM. Instrucción u orden preparada para que, cuando se active, origine en el ordenador la ejecución de una secuencia o serie de operaciones.

macrobiótica f. Forma de alimentación basada en el consumo de productos vegetales no manipulados industrialmente que busca mejorar y alargar la vida.

macrobiótico, -ca adj. [alimento] Que forma parte de una dieta encaminada a mejorar y alargar la vida.

macrocéfalo, -la adj./m. y f. [animal] Que tiene la cabeza muy grande con relación al cuerpo.

macroconcierto m. Concierto celebrado en un lugar que permite la asistencia de muchos espectadores y en el que actúan numerosos artistas o un solo artista durante más tiempo del habitual.

macrocosmo o **macrocosmos** m. Universo o conjunto de todo lo que existe en la Tierra y fuera de ella.

macrodatos m. pl. Conjunto de datos complejos y de gran volumen que necesitan tecnología especial para procesarse.

macroeconomía f. Estudio de la economía de una zona, país o grupo de países, considerada en su conjunto.

macroscópico, -ca adj. Que se ve a simple vista sin ayuda del microscopio.

macruro adj./m. 1 Animal crustáceo del suborden de los macruros. | m. pl. 2 ZOOL. Suborden de crustáceos decápodos de abdomen muy desarrollado que les sirve para nadar.

mácula f. 1 culto Cosa que desprestigia o afecta la fama o el honor de una persona. 2 Mancha o zona oscura que se observa en el disco del Sol.

macuto m. Saco o mochila de tela fuerte o piel que se cuelga a la espalda.

madama f. Madame.

madame f. 1 Tratamiento afectado de cortesía o título de honor dado a las señoras. 2 Dueña o encargada de un prostíbulo.
OBS Se pronuncia 'madam'.

madeira m. Vino dulce que se elabora en la isla portuguesa de Madeira.

madeja f. Hilo recogido en vueltas iguales y grandes.

madera f. 1 Material duro y fibroso que forma el tronco y las ramas de los árboles. 2 Material duro y fibroso que procede de los árboles. ▸ **tener madera** Tener talento o capacidad innata para hacer algo.

maderar tr. Convertir árboles en madera.

maderero, -ra adj. 1 De la madera. | m. y f. 2 Persona que se dedica a comerciar con maderas. 3 Persona que se dedica a transportar madera por el río.

madero m. 1 Tabla larga de madera. 2 Árbol cortado y sin ramas. | com. 3 coloquial Agente de policía.

madrastra f. Nueva mujer del padre respecto a los hijos que este tiene de un matrimonio anterior.

madraza f. Madre que mima mucho a sus hijos.

madre f. 1 Mujer o hembra de animal que ha parido. 2 Mujer o hembra con respecto a su hijo o hijos. 3 Mujer que pertenece a una orden religiosa. **madre superiora** Religiosa de mayor autoridad en el convento. 4 Causa u origen más importante de una cosa. **5** Parte del terreno por donde va una corriente de agua. **6** Heces del vino o vinagre. ▸ **ciento y la madre** *coloquial* Gran cantidad de gente. ▸ **salirse de madre** Perder el dominio, la tranquilidad o la paciencia.

madreperla *f.* Molusco de concha oscura y rugosa que vive en el fondo de los mares tropicales; se pesca para recoger las perlas que se forman en su interior.

madrépora *f.* Pólipo con esqueleto exterior calcáreo que vive en colonias formando barreras de coral o atolones.

madreselva *f.* Arbusto de tallos largos y nudosos, hojas ovaladas y flores olorosas.

madrigal *m.* **1** Poema corto de temática amorosa en el que se combinan versos de siete y once sílabas. **2** MÚS. Composición musical para varias voces de tema no religioso.

madriguera *f.* **1** Cueva o túnel que excavan algunos animales para usarlo como refugio. **2** Escondrijo en el que se refugian personas buscadas por realizar actividades delictivas.

madrileño, -ña *adj.* **1** De Madrid. ‖ *adj./ m. y f.* **2** [persona] Que es de Madrid.

madrina *f.* **1** Mujer que presenta o acompaña a una persona cuando esta recibe un sacramento. **2** Mujer que preside un acto público determinado. **3** Mujer elegida para botar un barco. **4** Mujer que favorece a una persona para que esta consiga sus deseos o pretensiones.

madroño *m.* **1** Arbusto de flores blancas y hojas pequeñas y con un fruto comestible. **2** Fruto del madroño de forma redonda, rojo por fuera y amarillo por dentro y con la superficie áspera; es comestible y tiene un sabor dulce. **3** Borla pequeña que tiene la forma de este fruto.

madrugada *f.* **1** Parte del día que va desde las doce de la noche hasta el amanecer. **2** Tiempo durante el cual sale el Sol.

madrugador, -ra *adj./m. y f.* [persona] Que tiene por costumbre levantarse muy temprano. **2** Que ocurre antes de tiempo o que tiene lugar muy pronto.

madrugar [7] *intr.* Levantarse muy pronto, especialmente al amanecer.

madrugón *m.* Acción de madrugar.

maduración *f.* **1** Acción y efecto de madurar. **2** Etapa en la elaboración del vino y algunos licores durante la cual se mantienen en cubas especiales antes de ser embotellados.

madurar *tr.* **1** Hacer alcanzar a un fruto el desarrollo completo. **2** Meditar sobre una idea, un proyecto o un asunto antes de llevarlo a cabo. ‖ *intr.* **3** Alcanzar un fruto su desarrollo completo. **4** Crecer y desarrollarse una persona en relación con sus condicionantes hereditarios, el contexto social en el que vive y sus circunstancias personales.

madurez *f.* **1** Estado de un fruto que ha alcanzado un desarrollo completo. **2** Culminación del proceso de desarrollo de una persona. **3** Edad adulta.

maduro, -ra *adj.* **1** [fruto] Que ha alcanzado su desarrollo completo. **2** [persona] Que obra con juicio. **3** [persona] Que tiene una edad avanzada, pero que todavía no ha entrado en la vejez. **4** [idea, proyecto] Que está meditado.

maese *m. culto* Tratamiento de respeto que se anteponía al nombre propio de hombres que tenían determinados oficios.

maestranza *f.* **1** Establecimiento militar donde se almacenan, distribuyen y reparan piezas de artillería y otro material de guerra. **2** Conjunto de operarios que trabajan en estos establecimientos.

maestrazgo *m.* **1** Dignidad o cargo de maestre de cualquiera de las órdenes militares. **2** Territorio de la jurisdicción del maestre de una orden militar.

maestre *m. culto* Persona que ocupa el cargo superior de una orden militar.

maestría *f.* **1** *culto* Gran habilidad y perfección. **2** Oficio y título de maestro, especialmente en una profesión técnica.

maestro, -tra *adj.* **1** [cosa] Que destaca entre los del mismo tipo o clase por su perfección. ‖ *m. y f.* **2** Persona que se dedica a la enseñanza y que tiene título para ello, especialmente la que enseña en la escuela primaria. **3** Persona de gran experiencia en una materia. **4** Persona o cosa que enseña o forma. **5** Persona que dirige el personal o las actividades de un servicio. **6** Persona que compone música o que dirige un conjunto musical. **7** Torero.

mafia *f.* **1** Organización secreta e ilegal nacida en Sicilia que ejerce su poder a través de la fuerza, el crimen y el chantaje. En esta acepción se escribe con mayúscula. **2** Organización secreta e ilegal que se dedica al crimen.

mafioso, -sa *adj.* **1** De la mafia. ‖ *adj./m. y f.* **2** [persona] Que pertenece a la mafia. **3** [persona] Que emplea métodos ilegales o poco claros en sus negocios.

magacín, magazín o **magazine** *m.* **1** Programa de televisión o radio en que se mezclan reportajes, entrevistas y actuaciones artísticas. **2** Revista periódica ilustrada con artículos de información general.

magdalena f. **1** Bollo pequeño hecho con harina, leche, huevo, azúcar y aceite que se cuece al horno dentro de un molde de papel. **2** Mujer que está muy arrepentida de alguna cosa mala que ha hecho.

magdaleniense m. Período prehistórico del paleolítico caracterizado por el pulimento de huesos y las pinturas rupestres.

magenta m./adj. Color carmesí oscuro.

magia f. **1** Conjunto de trucos y técnicas con los que se hacen cosas sorprendentes que parecen reales aunque no lo son. **2** Conjunto de conocimientos y técnicas que se proponen conseguir algo extraordinario con ayuda de seres o fuerzas sobrenaturales. **3** Encanto de una persona o cosa que la hace atractiva para alguien. ▸ **como por arte de magia** Sin explicación lógica y de una forma que sorprende.

mágico, -ca adj. **1** De la magia. **2** Que se sale de lo normal y causa un efecto positivo.

magisterio m. **1** Conjunto de estudios universitarios que deben cursarse para conseguir el título de maestro. **2** Actividad del maestro.

magistrado, -da m. y f. Juez que forma parte de un tribunal.

magistral adj. **1** [cosa] Que está hecho con perfección y maestría. **2** Que se relaciona con la actividad del maestro.

magistratura f. **1** Cargo o profesión de magistrado. **2** Tiempo durante el cual un magistrado ejerce su cargo. **3** Conjunto de los magistrados.

magma m. Masa de rocas fundidas que se encuentra en el interior de la Tierra y que sale al exterior a través de los volcanes o las grietas.

magmático, -ca adj. Del magma.

magnanimidad f. culto Bondad y comprensión.

magnánimo, -ma adj. culto Que es bondadoso y comprensivo.

magnate com. Persona rica y muy importante en el mundo de los negocios, la industria o las finanzas.

magnesia f. Sustancia blanca que, combinada con ciertos ácidos, forma sales utilizadas como purgante y para combatir el ardor de estómago.

magnesio m. Elemento químico del grupo de los alcalinos; metal de color blanco, maleable, ligero y de número atómico 12.

magnético, -ca adj. **1** Que tiene las cualidades propias del imán. **2** Del magnetismo. **3** [persona, cosa] Que posee capacidad de atracción.

magnetismo m. **1** Propiedad que tiene el imán para atraer el hierro. **2** Atractivo que una persona o una cosa ejerce sobre otras personas.

magnetización f. Acción de magnetizar un metal.

magnetizar [4] tr. **1** Comunicar a un metal o a una sustancia las propiedades que tiene el imán de atraer el hierro, el acero y otros cuerpos. **2** Ganar o conseguir el interés o la voluntad de una persona.

magneto f. Mecanismo generador de corriente eléctrica usado especialmente en los motores de explosión.

magnetofónico, -ca adj. Del magnetófono.

magnetófono o **magnetofón** m. Aparato eléctrico que sirve para grabar y reproducir sonidos por medio de una cinta cubierta de óxido de hierro.

magnetoscopio m. Aparato que sirve para grabar y reproducir las imágenes en televisión.

magnetosfera f. Parte exterior de la atmósfera terrestre donde son frecuentes los fenómenos magnéticos.

magnicida adj./com. [persona] Que asesina a otra muy importante por su cargo.

magnicidio m. **1** Asesinato de una persona muy importante por su cargo o poder. **2** Asesinato de grandes masas.

magnificar [1] tr. **1** culto Alabar o ensalzar a alguien. **2** culto Exagerar o dar excesiva importancia a algo.

magnificencia f. culto Gran suntuosidad y lujo.

magnífico, -ca adj. **1** Que destaca por sus buenas cualidades. **2** Que causa admiración por su grandeza, lujo o perfección. **3** Tratamiento honorífico que se aplica a los rectores de las universidades.

magnitud f. **1** Aspecto de la realidad que puede ser medido, como la longitud, la superficie o el peso. **2** Grandeza o importancia.

magno, -na adj. culto Que es grande o muy importante.
OBS Suele colocarse antes del sustantivo al que acompaña.

magnolia f. **1** Árbol de hojas alargadas, grandes y duras, que da como flor la magnolia. Este árbol también se llama *magnolio*. **2** Flor de la magnolia de pétalos blancos, alargados y grandes y de olor intenso.

mago, -ga *m. y f.* Persona que practica la magia.

magrear *tr. coloquial* Manosear o sobar una persona a otra con la intención de obtener y provocarle placer sexual.

magrebí *adj.* 1 Del Magreb. ‖ *adj./com.* 2 [persona] Que es del Magreb.

magro, -gra *adj.* 1 [carne] Que no tiene grasa. ‖ *m.* 2 Carne de cerdo cercana al lomo que tiene poca grasa.

magulladura *f.* Lesión sin herida exterior que se produce como consecuencia de un golpe.

magullamiento *m.* Magulladura.

magullar *tr./prnl.* Causar a un cuerpo lesiones, pero sin herirlo.

maharajá *m.* Título que se aplica a casi todos los príncipes de la India.
    OBS También se escribe *marajá*. El femenino es *maharaní*. El plural es *maharajás* o *maharajaes*.

mahometano, -na *adj./m. y f.* 1 [persona] Que sigue la religión del islam que fundó Mahoma. ‖ *adj.* 2 De Mahoma o de la religión por él fundada.

mahometismo *m.* Doctrina religiosa que se basa en el Corán; sus seguidores creen que Mahoma es el único profeta de Dios.

mahonés, -nesa *adj.* 1 De Mahón. ‖ *adj./ m. y f.* 2 [persona] Que es de Mahón.

mahonesa *adj./f.* [salsa] Que se hace mezclando huevo crudo, aceite, vinagre o limón y sal.
    OBS También *mayonesa*.

maicena *f.* Harina muy fina de maíz.

mailing *m.* Envío por correo de información a un gran número de personas.
    OBS Es de origen inglés y se pronuncia aproximadamente 'meilin'.

maillot *m.* 1 Prenda de vestir deportiva de tela fina y elástica que se ajusta al cuerpo. 2 Camiseta ajustada de los ciclistas.
    OBS El plural es *maillots*.

mainel *m.* ARQ. Columna delgada que divide en dos partes el hueco de una puerta o ventana.

maitines *m. pl.* Conjunto de oraciones que se dicen antes de amanecer.

maître *m.* Jefe de comedor y encargado de dirigir a los camareros en un restaurante.
    OBS Es de origen francés y se pronuncia aproximadamente 'métre'.

maíz *m.* 1 Semilla de color amarillo que crece agrupada en una mazorca; es comestible y de ella se extrae también aceite. 2 Planta de tallo recto y largo, hojas grandes y flores agrupadas en racimo, que da esta semilla.
    OBS El plural es *maíces*.

maizal *m.* Terreno sembrado de maíz.

majada *f.* 1 Lugar donde se refugian el ganado y los pastores por la noche. 2 Excremento del ganado.

majaderear *tr./intr.* AMÉR Molestar o incomodar a una persona.

majadería *f.* Obra o dicho poco adecuado, molesto o imprudente.

majadero, -ra *adj./m. y f.* 1 [persona] Que hace o dice majaderías. Se usa como apelativo despectivo. ‖ *m.* 2 Herramienta parecida a un mazo que se usa para romper piedra o ladrillo.

majar *tr.* Golpear algo hasta triturarlo o reducirlo a trozos muy pequeños.

majara *adj./com.* Majareta.

majareta *adj./com. coloquial* [persona] Que actúa como si estuviera un poco loco.

majestad *f.* 1 Solemnidad o elegancia que infunde admiración y respeto. 2 Forma de tratamiento que se aplica a Dios, a un rey o a un emperador. En esta acepción se escribe con mayúscula.

majestuosidad *f.* Solemnidad o elegancia que infunde admiración y respeto.

majestuoso, -sa *adj.* Que impresiona por su solemnidad o elegancia.

majo, -ja *adj.* 1 [persona] Que es simpático o agradable en el trato. 2 [persona] Que es guapo. 3 [cosa] Que es bonito, pero no lujoso o excesivo. ‖ *m. y f.* 4 Se usa como apelativo afectivo. 5 Personaje típico del Madrid de los siglos XVIII y XIX que se caracterizaba por sus trajes vistosos y sus modales un poco descarados.

majorette *f.* Muchacha joven vistosamente uniformada que desfila junto con otras en los festejos públicos realizando movimientos rítmicos con un bastón.
    OBS Es de origen inglés y se pronuncia aproximadamente 'mayoret'.

mal *adv.* 1 De un modo que no es adecuado o correcto. 2 De manera contraria a la debida. 3 En un estado de enfermedad o incomodidad física. 4 Contrariamente a lo que se espera o desea. 5 Con dificultad. ‖ *m.* 6 Cosa que produce un daño físico o moral. 7 Enfermedad o dolencia. 8 Idea abstracta de todo lo que se aparta de lo bueno o justo. ‖ *adj.* 9 Apócope de la forma masculina del adjetivo *malo* cuando este va delante del sustantivo. ▸ **menos mal** Locución que significa 'por suerte'.

malabar *adj.* [juego] Que consiste en mantener objetos en equilibrio inestable, lanzarlos al aire y recogerlos.

malabarismo *m.* 1 Ejercicio de habilidad que se hace lanzando al aire y recogiendo diversos objetos o manteniéndolos en equilibrio inestable. 2 Solución inteligente y hábil a cuestiones de gran dificultad y complicación.

malabarista *com.* Persona que hace malabarismos.

malacitano, -na *adj.* 1 *culto* De Málaga. ▌ *adj./m. y f.* 2 *culto* [persona] Que es de Málaga.

malaconsejado, -da *adj./m. y f.* [persona] Que obra de manera equivocada siguiendo malos consejos.

malacostumbrar *tr./prnl.* 1 Permitir que una persona haga su voluntad o adquiera un vicio sin corregirla o castigarla. 2 Hacer que una persona tenga malos hábitos o costumbres.

málaga *m.* Vino dulce que se elabora en la provincia española de Málaga.

malagueña *f.* 1 Cante flamenco propio de la provincia de Málaga. 2 Baile que acompaña este cante.

malagueño, -ña *adj.* 1 De Málaga. ▌ *adj./ m. y f.* 2 [persona] Que es de Málaga.

malandrín, -drina *adj./m. y f.* 1 [persona] Que es malvado o perverso. ▌ *m. y f.* 2 Se usaba antiguamente como grave insulto o apelativo para designar al enemigo.

malaquita *f.* Mineral de cobre de color verde brillante usado como piedra ornamental y en joyería.

malar *adj.* 1 De la mejilla. ▌ *m.* 2 Hueso saliente de la cara situado bajo los ojos y a ambos lados de la nariz.

malaria *f.* Enfermedad caracterizada por ataques intermitentes de fiebre muy alta transmitida por la picadura del mosquito anofeles hembra.

malasangre *adj./com.* [persona] Que es de carácter irritable y suele actuar con perversidad y mala intención.

malasombra *com.* Persona que intenta ser graciosa y chistosa sin conseguirlo.

malaventurado, -da *adj./m. y f.* 1 Que padece una o más desgracias que le causan gran dolor o aflicción. 2 Que no tiene suerte.

malayo, -ya *adj./m. y f.* 1 [persona] Que es de una raza caracterizada por estatura baja, piel oscura, nariz aplastada y labios prominentes. 2 De Malaca y de Malaisia. ▌ *m.* 3 Lengua del grupo de las indonesias hablada en Malaca y Malaisia.

malbaratar *tr.* 1 Vender una cosa por un precio más bajo del que le corresponde. 2 Gastar los bienes sin orden ni cuidado.

malcasado, -da *adj./m. y f.* [persona] Que no es feliz en el matrimonio.

malcasar *tr.* Casar a una persona sin que existan las circunstancias apropiadas para que sea feliz en el matrimonio.

malcomer *intr.* Comer poca cantidad o comer alimentos de mala calidad.

malcriado, -da *adj./m. y f.* Que hace su voluntad sin que nadie le corrija.

OBS También se escribe *mal criado*.

malcriar *tr.* Permitir que un niño haga siempre su voluntad sin corregir o castigar sus malas acciones.

maldad *f.* 1 Característica de la persona que tiene siempre malas intenciones o propósitos. 2 Acción mala e injusta.

maldecir [79] *tr.* 1 Pedir y desear que le ocurra un mal a alguien. ▌ *tr./intr.* 2 Mostrar odio o enfado hablando mal de algo o de alguien.

maldiciente *adj./com.* [persona] Que tiene por costumbre maldecir.

maldición *f.* 1 Palabra o frase con la que una persona muestra odio o enfado contra una persona o contra una cosa. 2 Deseo de que a una persona le ocurra algo malo. 3 Castigo o mal producido por una fuerza sobrenatural.

maldito, -ta *adj./m. y f.* 1 [persona, cosa] Que ha sido castigado o condenado por la justicia divina o por una maldición. 2 [persona] Que hace el mal voluntariamente. ▌ *adj.* 3 Se usa para indicar que algo causa enfado o contrariedad.

maleabilidad *f.* Cualidad de maleable.

maleable *adj.* 1 [metal] Que puede descomponerse en planchas o láminas delgadas. 2 [material] Que puede trabajarse con facilidad. 3 [persona] Que se deja influir fácilmente por los demás.

maleante *adj./com.* [persona] Que comete de forma habitual robos y delitos.

malear *tr./prnl.* 1 Dañar o echar a perder una cosa. 2 Enseñar malas costumbres o un mal comportamiento a una persona.

malecón *m.* Muro construido para defenderse de la fuerza del agua.

maledicencia *f. culto* Hecho de murmurar y hablar mal sobre los demás.

maleducado, -da *adj./m. y f.* Que se comporta con poca educación.

maleducar [1] *tr.* Educar mal a una persona, generalmente a un niño, no consiguiendo que aprenda y cumpla las normas sociales de comportamiento.

maleficio *m.* 1 Daño provocado por medio de la magia o la brujería. 2 Conjunto de palabras o acciones mágicas o de brujería que se dicen o hacen para causar daño, especialmente con maleficios.

maléfico, -ca *adj.* Que ocasiona daño.

malencarado, -da *adj./m. y f.* 1 Que tiene un aspecto que no anima a la confianza. 2 Que tiene cara de enfado.

malentendido *m.* Error que alguien comete por entender mal una cosa.

malestar *m.* 1 Sensación física de no encontrarse muy bien. 2 Sensación de inquietud y desazón.

maleta *f.* 1 Caja rectangular, de tela, cuero o plástico, con un asa, que sirve para llevar la ropa y otros objetos necesarios en un viaje. ‖ *com.* 2 *coloquial* Persona que practica como maletilla en su trabajo.

maletero *m. y f.* 1 Persona que transporta maletas de otras personas. ‖ *m.* 2 Espacio cerrado en un vehículo destinado al equipaje. 3 Parte alta de un armario para guardar objetos que se usan poco.

maletilla *com.* Joven que aspira a abrirse camino en el toreo por su cuenta.

maletín *m.* Maleta pequeña, de tela, cuero o plástico, con un asa, que sirve para llevar documentos y objetos pequeños.

malévolo, -la *adj.* Inclinado a hacer daño o que no tiene buena intención.

maleza *f.* 1 Conjunto de árboles, arbustos y otras plantas que crecen muy juntas. 2 Conjunto de malas hierbas que causan daño a las tierras de cultivo.

malformación *f.* Irregularidad o defecto de nacimiento en alguna parte del cuerpo.

malgache *adj.* 1 De Madagascar. ‖ *adj./ com.* 2 [persona] Que es de Madagascar.

malgastar *tr.* Gastar algo sin sacar provecho o de forma inadecuada.

malgenioso, -sa *adj./m. y f.* AMÉR [persona] Que tiene mal genio y se enfada en seguida.

malhablado, -da *adj./m. y f.* Que usa expresiones malsonantes al hablar.

malhadado, -da *adj.* Que no tiene suerte o fortuna.

malhechor, -chora *adj./m. y f.* Que comete de forma habitual robos y delitos.

malherir [35] *tr.* Herir gravemente.

malhumor *m.* Estado de enojo o enfado con o sin causa aparente.

OBS También se escribe *mal humor.*

malhumorado, -da *adj.* Que está enojado, enfadado o de mal humor.

malicia *f.* 1 Característica de la persona que tiene siempre malas intenciones o propósitos. 2 Habilidad para sacar provecho de los otros o convencerlos.

maliciar [12] *tr./prnl.* Sospechar o pensar mal de una persona o de un hecho.

malicioso, -sa *adj.* 1 Que tiene siempre malas intenciones y propósitos. 2 [persona] Que atribuye mala intención a lo que dicen o hacen los demás.

malignidad *f.* Cualidad de maligno.

maligno, -na *adj.* 1 Que tiende a hacer el mal o a pensar mal. 2 Que tiene mala intención. 3 Que causa o puede causar un daño. 4 [enfermedad] Que es grave y que tiene pocas esperanzas de curación.

malintencionado, -da *adj./m. y f.* Que actúa con mala intención.

malinterpretar *tr.* Interpretar o entender de forma incorrecta alguna cosa.

malla *f.* 1 Prenda de vestir de tejido fino y elástico que se ajusta al cuerpo. 2 Tejido parecido a una red. 3 Tejido formado por anillos de metal unidos entre sí. 4 ARG, PERÚ, URUG Traje de baño.

mallorquín, -quina *adj.* 1 De Mallorca. ‖ *adj./m. y f.* 2 [persona] Que es de Mallorca. ‖ *m.* 3 Variedad del catalán que se habla en las Islas Baleares.

malmeter *tr.* 1 Poner a una persona en contra de otra u otras con la intención de enemistarlas. 2 Tentar a alguien para que cometa malas acciones.

malmirado, -da *adj.* [persona] Que está mal considerado por los demás.

malnacido, -da *adj./m. y f.* [persona] Que es muy malo o perverso.

malnutrición *f.* Nutrición deficiente o desequilibrada.

malo, -la *adj./m. y f.* 1 Que tiende a hacer el mal o a pensar mal. 2 Que se porta mal o que causa problemas. ‖ *adj.* 3 Que es molesto o desagradable a los sentidos. 4 Que es dañino para la salud. 5 [persona] Que no es hábil o no realiza sus tareas tal como se exige. 6 [cosa] Que no tiene calidad. 7 Que tiene un efecto negativo. 8 Que está enfermo o que tiene mala salud. 9 [situación] Que hace padecer moralmente. 10 [comida] En estado deteriorado. 11 [tiempo atmosférico] Que es desapacible. ‖ *int.* 12 Expresión con la que se indica que no se tiene una buena impresión de algo.

malogrado, -da *adj./m. y f.* 1 [persona]

Que ha muerto muy joven o antes de lo esperado. **2** [cosa] Que no llega a su desarrollo completo o esperado.

malograr *tr./prnl.* **1** Impedir que una idea o un proyecto salga bien. **2** No llegar a alcanzar una persona o cosa el estado de desarrollo que le era propio o natural.

maloliente *adj.* Que despide mal olor.

malparado, -da *adj.* Que ha resultado perjudicado o dañado en algún asunto.

malparir *intr.* Parir antes de tiempo, antes de que el feto esté desarrollado del todo.

malpensado, -da *adj./m. y f.* [persona] Que siempre considera las acciones o las palabras de otra persona como malas.

malquerencia *f. culto* Odio, antipatía o enemistad hacia una persona.

malquistar *tr.* Poner a una persona en contra de otra u otras.

malquisto, -ta *adj.* [persona] Que está mal considerado por los demás.

malsano, -na *adj.* Que hace daño a la salud.

malsonante *adj.* [palabra, expresión] Que es vulgar y grosero.

malta *f.* Cebada tostada que se usa para hacer cerveza.

maltés, -tesa *adj.* **1** De Malta. ‖ *adj./m. y f.* **2** [persona] Que es de Malta.

maltraer [88] *tr.* Maltratar o molestar.

maltratar *tr.* **1** Causar daño físico o moral. **2** Cuidar poco de las cosas.

maltrato *m.* Comportamiento violento que causa daño físico o moral.

maltrecho, -cha *adj.* Que ha sufrido un daño físico.

maltusianismo *m.* Doctrina política y económica que defiende el control de natalidad para intentar adecuar la población con los medios de subsistencia.

malucho, -cha *adj.* [persona] Que está algo enfermo y sufre malestar físico.

malva *adj./m.* **1** Morado claro, parecido al rosa pero más intenso. ‖ *f.* **2** Planta de tallo ramoso con hojas de color verde intenso y flores grandes de color morado claro.

malvado, -da *adj./m. y f.* Que es muy malo.

malvasía *f.* **1** Uva dulce y muy fragante. **2** Vino dulce elaborado con esta uva.

malvavisco *m.* Planta herbácea de hojas blanquecinas y flores de color rosa dispuestas en grupos de tres.

malvender *tr.* Vender una cosa por un precio más bajo del que le corresponde.

malversación *f.* Acción y efecto de malversar.

malversar *tr.* Gastar, apropiarse o distribuir de forma ilegal los bienes o el dinero de otra persona o del Estado que se administran por encargo.

malvivir *intr.* Vivir pobremente sin tener cubiertas las necesidades elementales.

mama *f.* **1** Órgano glandular de las hembras de los mamíferos que produce la leche que sirve para alimentar a las crías. **2** Mamá.

mamá *f.* Nombre que le dan los hijos a la madre.

mamadera *f.* AMÉR Recipiente cilíndrico transparente con una tetina para la lactancia artificial de bebés.

mamado, -da *adj. coloquial* Que ha bebido mucho alcohol.

mamar *tr./intr.* **1** Chupar con los labios y la lengua la leche de las mamas. **2** *coloquial* Tomar licores o bebidas alcohólicas en abundancia. ‖ *tr.* **3** Aprender algo desde de niño por estar en contacto habitual con ello. ‖ *prnl.* **4** *coloquial* Emborracharse.

mamario, -ria *adj.* ANAT. De las mamas.

mamarrachada *f.* **1** Cosa defectuosa o mal hecha que resulta fea o ridícula. **2** Acción que resulta ridícula o extravagante.

mamarracho *m.* **1** Persona que viste o se comporta de forma ridícula. **2** Persona que no merece respeto. **3** Figura o cosa fea o mal hecha.

mambo *m.* **1** Baile de ritmo alegre procedente de Cuba. **2** Música y canto de ese baile.

mameluco *m.* **1** Hombre torpe y de poca inteligencia. **2** Soldado de una milicia egipcia que gobernó en los siglos XIII y XIV.

mamífero, -ra *adj./m.* ZOOL. [animal] Que es vertebrado con sangre de temperatura constante y cuyo embrión se desarrolla dentro de la madre; las hembras alimentan a sus crías con la leche de las mamas.

mamografía *f.* MED. Radiografía de la mama de una mujer.

mamola *f.* Caricia o broma que se hace tocando con la mano debajo de la barbilla de otra persona.

mamón, -mona *adj./m. y f.* [persona, animal] Que todavía mama. **2** *coloquial* Apelativo despectivo que se usa para indicar que una persona es despreciable.

mamotreto *m.* **1** Libro o conjunto de papeles muy abultado. **2** Objeto grande y pesado y mal hecho o poco útil.

mampara *f.* Plancha movible de madera, cristal u otro material que se coloca para dividir una habitación o aislar un espacio.

mamporro *m. coloquial* Golpe fuerte, en particular el que se da con la mano o el puño.

mampostería *f.* ARQ. Obra o construcción que se hace con piedras de distintos tamaños colocadas sin orden establecido y unidas con argamasa.

mampuesto *m.* AMÉR Objeto en que se apoya el arma de fuego para tomar mejor la puntería.

mamut *m.* Animal mamífero prehistórico con dos dientes muy largos y curvados hacia arriba y de pelo áspero y largo, parecido al elefante, pero más grande.

maná *m.* **1** En el Antiguo Testamento, alimento que Dios envió a los israelitas. **2** Bienes que se reciben sin trabajo alguno.

mana *f.* **1** AMÉR Maná. **2** BOL Dulce hecho con maní.

manada *f.* Grupo de ganado, especialmente de animales de cuatro patas.

mánager *com.* Persona que se ocupa de los intereses de un deportista o de un artista profesional.
OBS Procede del inglés y se pronuncia aproximadamente 'mánayer'.

manantial *m.* **1** Corriente de agua que brota de la tierra. **2** Lugar donde brota esta corriente de agua.

manar *intr./tr.* **1** Brotar o salir un líquido. ‖ *intr.* **2** Aparecer o surgir abundancia de una cosa con facilidad.

manatí *m.* Mamífero acuático de gran tamaño, piel grisácea y gruesa, labio superior muy desarrollado y cola larga.

manazas *adj./com. coloquial* [persona] Que es torpe.
OBS El plural también es *manazas*.

mancebía *f.* Establecimiento en el que se ejerce la prostitución.

mancebo *m.* **1** *culto* Hombre joven. **2** Dependiente o empleado de una farmacia.

mancha *f.* **1** Señal o marca, especialmente de suciedad. **2** Zona de una superficie que tiene un color diferente al del resto.

manchar *tr./prnl.* **1** Ensuciar algo dejando una señal o una marca. ‖ *tr.* **2** Dañar la honra o el honor.

manchego, -ga *adj.* **1** De La Mancha. ‖ *adj./m. y f.* **2** [persona] Que es de La Mancha. ‖ *adj./m.* **3** [queso de oveja] Que se produce en esta zona.

manchú *adj./com.* **1** De un pueblo mongólico establecido en Manchuria. ‖ *m.* **2** Lengua hablada por muchos habitantes de esta región.

-mancia Elemento sufijal que entra en la formación de sustantivos femeninos con el valor de 'adivinación'.

mancillar *tr.* Dañar la honra o el honor.

manco, -ca *adj./m. y f.* **1** [persona, animal] Que está falto de un brazo o una mano. ‖ *adj.* **2** Que está incompleto.

mancomunar *tr./prnl. culto* Unir fuerzas o bienes para un fin.

mancomunidad *f.* **1** *culto* Unión de personas o empresas para conseguir un fin común. **2** Unión o relación legal de varias poblaciones con intereses comunes.

mancuerna *f.* Barra con un peso igual en cada extremo que sirve para hacer ejercicios gimnásticos con una mano.

mandado, -da *m. y f.* **1** Persona a la que se encarga una labor o un trabajo especial. ‖ *m.* **2** Mensaje que se da o compra que se realiza siguiendo las órdenes de alguien.

mandamás *com.* **1** Persona que desempeña una función de mando. Tiene un valor irónico. **2** Persona a la que le gusta mandar en exceso.

mandamiento *m.* **1** Orden o indicación de un superior a un inferior. **2** Regla de la ley de Dios y de la Iglesia católica. **3** DER. Orden de un juez que se da por escrito mandando ejecutar una cosa.

mandanga *f.* **1** Pereza o falta de rapidez y de energía. ‖ *f. pl.* **2** *coloquial* Comentarios que no interesan al que los oye.

mandar *tr.* **1** Dar una orden u obligar a hacer una cosa. **2** Enviar o hacer llegar algo a alguien. **3** Hacer que una persona se traslade a otro lugar. **4** Encargar algo a una persona. ‖ *tr./intr.* **5** Dirigir o estar al mando de algo o alguien.

mandarín *m.* **1** Persona que poseía un alto cargo civil o militar en la China imperial. **2** Dialecto del chino.

mandarina *f.* Fruto del mandarino, parecido a la naranja, de carne dulce y cuya cáscara es fácil de quitar.

mandarino *m.* Árbol frutal de hojas perennes y flores blancas y olorosas, cuyo fruto es la mandarina.

mandatario, -ria *m. y f.* **1** Persona que acepta de otra el encargo de representarla o de llevar sus negocios. **2** Persona que desempeña un alto cargo político.

mandato *m.* **1** Orden que da un superior a sus subordinados. **2** Período de tiempo durante el cual una autoridad manda.

mandíbula *f.* **1** Cada una de las dos piezas óseas o cartilaginosas que forman la boca de los vertebrados y de las que salen los dientes. **2** Cada una de las dos piezas que forman el pico de las aves o la boca de algunos insectos.

mandil *m.* Delantal.

mandinga *m.* AMÉR *coloquial* Nombre que se da al diablo en zonas rurales.

mandioca *f.* **1** Arbusto tropical originario de América con una raíz muy grande y carnosa. **2** Sustancia granulada que se extrae de la raíz de ese arbusto y se usa en alimentación.

mando *m.* **1** Autoridad o poder que tiene una persona o un organismo para dirigir o gobernar. **2** Botón, llave o mecanismo que sirve para controlar el funcionamiento de un aparato o una máquina. **3** Persona u organismo que tiene autoridad y poder para dirigir y gobernar.

mandoble *m.* **1** Golpe fuerte dado con la mano abierta. **2** Golpe o corte que se da con un arma blanca agarrándola con las dos manos.

mandolina *f.* Instrumento musical de cuerda con una caja de forma ovalada y cuatro pares de cuerdas que se tocan con una púa.

mandón, -dona *adj./m. y f.* **1** [persona] Que tiene tendencia a mandar mucho. ▌ *m.* **2** AMÉR Capataz de una mina.

mandorla *f.* En el arte medieval, óvalo o marco en forma de almendra que rodeaba algunas imágenes religiosas.

mandrágora *f.* Planta sin tallo, de hojas anchas y rugosas, flores malolientes en figura de campanilla y fruto en baya.

mandril *m.* Mono con pelo espeso de color marrón, hocico largo, nariz roja con aletas azules, cola corta y trasero rojo.

manducar [1] *tr./intr. coloquial* Comer.

manecilla *f.* **1** Varilla delgada y larga que señala las medidas en algunos instrumentos de medición. **2** Broche metálico que se usa para cerrar ciertos libros. **3** Signo que representa la figura de una mano con el índice extendido y que suele ponerse en un impreso para llamar la atención.

manejable *adj.* **1** Que se maneja con facilidad. **2** [persona, carácter] Que es dócil y fácil de convencer.

manejar *tr.* **1** Usar o mover una cosa con las manos. **2** Usar o emplear una cosa con un fin determinado. **3** Gobernar, dirigir o administrar un asunto. **4** Tener dominio sobre una persona. **5** AMÉR Guiar un vehículo automóvil. ▌ *prnl.* **6** Moverse con agilidad después de haber padecido algún impedimento. **7** Actuar con desenvoltura y habilidad en un asunto.

manejo *m.* **1** Acción y efecto de manejar. ▌ *m. pl.* **2** Actividad engañosa o fraudulenta que se realiza de manera oculta en un asunto o negocio.

manera *f.* **1** Forma o modo de ser o suceder una cosa. ▌ *f. pl.* **2** Forma o modo de comportarse una persona. ▸ **a la manera de** A semejanza de, como lo hace otra persona. ▸ **de manera que** Indica el efecto, el resultado o la consecuencia. ▸ **de ninguna manera** Indica una negación absoluta y tajante. ▸ **de todas maneras** En cualquier caso o cualquiera que sea la circunstancia. ▸ **en gran manera** Mucho, en alto grado. ▸ **sobre manera** Mucho más allá de lo corriente, en exceso,.

manga *f.* **1** Parte de la prenda de vestir que cubre el brazo en parte o por completo. **2** Manguera, tubo largo y flexible. **3** Objeto de tela con forma de cono que se usa para señalar la dirección y la intensidad del viento. **4** Parte de una competición deportiva. **5** Anchura máxima de una embarcación. **6** Cómic de origen japonés de estética generalmente sencilla y definida y con personajes de rasgos un poco exagerados.

manganeso *m.* QUÍM. Metal brillante, duro y quebradizo, muy oxidable, de color gris claro, de número atómico 25.

mangante *com. coloquial* Persona que roba con engaño y pretende aprovecharse de los demás. Tiene valor despectivo.

mangar [7] *tr. coloquial* Robar con engaño y con la intención de aprovecharse de los demás. Tiene valor despectivo.

mango *m.* **1** Parte estrecha y larga de un objeto por donde se agarra. **2** Fruto carnoso de forma ovalada, piel fina y pulpa anaranjada. **3** Árbol que da ese fruto.

mangonear *tr./intr.* **1** *coloquial* Intervenir una persona en un asunto tratando de dirigirlo o de manipularlo imponiendo su voluntad. **2** Manejar o dominar a una persona.

mangoneo *m. coloquial* Intervención de alguien en un asunto para tratar de dirigirlo o de imponer la voluntad propia.

mangosta *f.* Mamífero carnívoro de pequeño tamaño, pelaje rojizo o gris, cola larga y patas cortas.

manguera *f.* Tubo largo y flexible que conduce un líquido tomándolo por uno de sus extremos y expulsándolo por el otro.

mangui *com. coloquial* Ladrón que roba con habilidad y sin violencia.

manguito *m.* **1** Prenda de abrigo en forma de tubo en la que se meten las manos para mantenerlas calientes. **2** Pieza pequeña y hueca en forma de tubo que sirve para unir o empalmar dos objetos cilíndricos iguales.

maní *m.* **1** Planta tropical anual de flores amarillas y fruto comestible. **2** Fruto seco de esta planta. **3** Semilla comestible de este fruto.

OBS El plural culto es *maníes*. Es preferible evitar el plural *manises*.

manía *f.* **1** Trastorno mental que se caracteriza por la presencia obsesiva de una idea fija y produce en el enfermo un estado anormal de agitación. **2** Costumbre o comportamiento raro o poco corriente. **3** Sentimiento de odio o antipatía hacia una persona. **4** Pasión o afición exagerada hacia una cosa.

-manía Elemento sufijal que entra en la formación de sustantivos femeninos con el significado de 'manía', 'gusto particular, extremo o patológico'.

maníaco, -ca o **maniaco, -ca** *adj./m. y f.* [persona] Que padece una manía.

maniatar *tr.* Atar las manos a alguien.

maniático, -ca *adj./m. y f.* Que tiene comportamientos raros o poco corrientes.

manicomio *m.* Centro hospitalario para enfermos mentales.

manicura *f.* Cuidado y arreglo de las manos, especialmente de las uñas.

manicuro, -ra *m. y f.* Persona que se dedica a la manicura.

manido, -da *adj.* **1** [asunto] Que es muy común y conocido y, por tanto, puede resultar vulgar y poco original. **2** Que está muy gastado o estropeado por el uso.

manierismo *m.* Estilo artístico que surgió en Italia a comienzos del siglo XVI y que se caracteriza por la abundancia de las formas difíciles y poco naturales.

manierista *adj.* **1** Del manierismo. ‖ *adj./com.* **2** [persona] Que practica el manierismo.

manifestación *f.* **1** Concentración pública de gran número de personas que recorren las calles para reclamar algo o protestar por alguna cosa. **2** Acción y efecto de manifestar.

manifestante *com.* Persona que participa en una manifestación.

manifestar [27] *tr./prnl.* **1** Dar a conocer una persona una opinión o un sentimiento. **2** Mostrar o hacer evidente una cosa. ‖ *prnl.* **3** Organizar una manifestación o concentración pública o participar en ella.

manifiesto, -ta *adj.* **1** Que es muy claro y evidente. ‖ *m.* **2** Escrito que una persona

o grupo de personas hacen público y en el que exponen su concepción ideológica.

manija *f.* Palanca pequeña que sirve para accionar la cerradura de una puerta o de una ventana.

manijero *m.* Persona que dirige a un grupo de trabajadores del campo.

OBS También se escribe *manigero*.

manilla *f.* **1** Aguja del reloj que señala las horas, los minutos o los segundos. **2** Manija. **3** Pulsera, brazalete de metal para las muñecas.

manillar *m.* ESP, URUG Parte delantera de la bicicleta o de la motocicleta en la que se apoyan las manos al conducir y que sirve para controlar la dirección.

maniobra *f.* **1** Movimiento u operación que se hace con cualquier tipo de vehículo para dirigir su marcha. **2** Movimiento u operación que se hace con una máquina para dirigir su funcionamiento. **3** Operación que se hace en un asunto con habilidad y astucia para conseguir un fin determinado.

maniobrar *intr.* Realizar maniobras.

manipulación *f.* Acción y efecto de manipular.

manipulador, -ra *m. y f.* **1** Persona que en su trabajo maneja las cosas con las manos. **2** Persona que influye en otra o interviene en un asunto para conseguir un fin determinado.

manipular *tr.* **1** Manejar una cosa con las manos. **2** Manejar a una persona o un asunto de forma solapada y poco honesta para conseguir un fin determinado. **3** Controlar la conducta de una persona impidiendo que actúe con libertad. **4** Mezclar o combinar un producto con otra sustancia para alterar su composición o para crear un nuevo producto.

maniqueísmo *m.* **1** Doctrina religiosa que se basa en la existencia de dos principios contrarios y eternos que luchan entre sí: el bien y el mal. **2** Interpretación de la realidad que valora las cosas como buenas o malas, sin términos medios.

maniqueo, -quea *adj.* **1** Del maniqueísmo. ‖ *adj./m. y f.* **2** [persona] Que tiende a valorar las cosas como buenas o malas, sin términos medios.

maniquí *m.* **1** Figura con forma humana que sirve para mostrar o exhibir prendas de vestir. **2** Armazón con figura de cuerpo humano sin extremidades que sirve para probar y arreglar prendas de vestir. **3** Persona que cuida mucho su aspecto y siempre va muy bien vestida. ▌ *com.* **4** Persona que se dedica profesionalmente a mostrar o exhibir prendas de vestir.

OBS El plural es *maniquíes*.

manirroto, -ta *adj./m. y f.* [persona] Que gasta el dinero en exceso y sin medida.

manitas *com. coloquial* Persona que tiene mucha habilidad para hacer cualquier tipo de trabajo con las manos.

OBS El plural también es *manitas*.

manivela *f.* Pieza, generalmente de hierro, con forma de ángulo recto que se usa para dar vueltas a una rueda o al eje de un mecanismo.

manjar *m.* **1** Cualquier alimento o comida. **2** Alimento o comida muy buena.

mano *f.* **1** Parte del cuerpo humano que va desde la muñeca hasta la punta de los dedos. **2** Pata delantera de un animal cuadrúpedo. **3** Lado en el que está situada una cosa respecto de otra. **4** Capa de pintura que se da a una superficie. **5** Habilidad que tiene una persona para hacer una cosa o resolver un asunto. **mano izquierda** Habilidad que tiene una persona para manejar o resolver un asunto con tacto. **6** Mazo del mortero o del almirez. **7** Partida de cartas. **8** Persona que empieza una partida de cartas. **9** Conjunto de cinco cuadernillos de papel. ▸ **a mano** *a)* Sin ayuda de ninguna máquina. *b)* Cerca o al alcance de una persona. ▸ **de primera mano** *a)* Directamente; de la fuente original. *b)* Sin estrenar. ▸ **echar una mano** Ayudar a una persona. ▸ **irse de las manos** Perder el control sobre una cosa o una acción. ▸ **irse la mano** Realizar con exceso una acción determinada. ▸ **lavarse las manos** Desentenderse una persona de un asunto. ▸ **llegar a las manos** Llegar a pegarse dos o más personas en una disputa. ▸ **mano sobre mano** Sin hacer nada. ▸ **meter mano** Tocar las partes íntimas del cuerpo de una persona. ▸ **pedir la mano** Pedir autorización a los padres para casarse con su hija. ▸ **traer entre manos** Estar tramando un asunto.

-mano, -mana Elemento sufijal que significa: *a)* 'Apasionado, inclinado excesivamente'. *b)* 'Hábito patológico'.

manojo *m.* Conjunto de cosas que están agrupadas en forma de haz y se pueden coger de una vez con la mano.

manómetro *m.* Aparato que sirve para medir la presión de un fluido.

manopla *f.* **1** Prenda que cubre la mano y no tiene separaciones para los dedos o solo tiene una para el pulgar. **2** Pieza de la armadura que protege la mano.

manosear *tr.* Tocar repetidamente a una persona o cosa con las manos.

manoseo *m.* Acción de manosear.

manotazo *m.* Golpe que se da con la mano abierta.

manotear *tr.* Mover repetida y desordenadamente los brazos y las manos abiertas, en especial golpeando una superficie.

manoteo *m.* Movimiento continuo de las manos, especialmente cuando se hace a la vez que se habla.

mansalva Palabra que se utiliza en la locución *a mansalva*, que significa 'en abundancia' o 'en gran cantidad'.

mansamente *adv.* **1** Con mansedumbre. **2** Con suavidad o lentitud y sin fuerza.

mansedumbre *f.* Docilidad y suavidad que se muestra en el carácter o se manifiesta en el trato.

mansión *f.* Casa o vivienda que es muy grande y lujosa.

manso, -sa *adj.* **1** [animal] Que se muestra dócil y no actúa con fiereza. **2** Que es sosegado y tranquilo y se mueve lentamente. ▌ *m.* **3** Animal macho que conduce un rebaño de ganado de su misma especie.

mansurrón, -rrona *adj.* [animal] Que se muestra excesivamente manso.

manta *f.* **1** Pieza de tejido grueso que sirve para abrigar y suele ponerse en la cama. **2** Pez marino de cuerpo ancho, muy plano, forma de rombo y cola larga y delgada. **3** Serie de golpes que se puede dar o recibir una persona. ▌ *com.* **4** Persona que es perezosa en su trabajo u otra actividad. ▸ **a manta** *coloquial* De forma muy abundante o copiosa.

mantear *tr.* Lanzar al aire a una persona impulsándola con una manta que es sostenida por las orillas entre varias personas.

manteca *f.* **1** Grasa del cerdo y de algunos otros animales. **2** Sustancia grasa de la leche y de la semilla de algunos frutos.

mantecada *f.* Bollo pequeño hecho con manteca de leche de vaca, harina, huevos y azúcar que se cocina al horno.

mantecado *m.* **1** Bollo pequeño hecho con manteca de cerdo. **2** Helado.

mantecoso, -sa *adj.* [alimento] Que es graso, tierno y suave al paladar.

mantel *m.* Pieza de tela, papel o plástico que se coloca sobre la mesa para comer.

mantelería *f.* Conjunto formado por un mantel de tela y varias servilletas.

mantener [87] *tr./prnl.* **1** Conservar una cosa en su estado para que no se degrade.

mañanero

2 Dar a una persona el alimento, el dinero y todo lo necesario para vivir. 3 Sostener una cosa para que no se caiga o no se tuerza. 4 Afirmar o defender una idea u opinión con convicción. | *tr.* 5 Realizar o continuar con una acción o una situación.

mantenido, -da *m. y f.* 1 Persona que vive a expensas del dinero de otra. 2 Persona que tiene relaciones sexuales con otra y vive a expensas del dinero de esta.

mantenimiento *m.* 1 Conservación de una cosa en buen estado o en una situación determinada para evitar su degradación. 2 Conjunto de alimentos, dinero y medios necesarios para vivir.

manteo *m.* 1 Acción de mantear. 2 Capa larga con cuello estrecho que solían llevar los eclesiásticos sobre la sotana.

mantequera *f.* 1 Recipiente para guardar la mantequilla o servirla en la mesa. 2 Vasija en la que se elabora la mantequilla.

mantequería *f.* Establecimiento en el que se venden productos lácteos.

mantequilla *f.* Alimento graso de consistencia blanda que se obtiene batiendo la nata de la leche de vaca.

mantilla *f.* 1 Prenda femenina de tejido fino que cubre la cabeza y cae sobre los hombros. 2 Prenda que se pone encima de la ropa del bebé. ▶ **estar en mantillas** Tener una persona pocos conocimientos sobre una cosa o un asunto.

mantillo *m.* 1 Capa superior del suelo formada por tierra y restos orgánicos en descomposición. 2 Abono que se obtiene de la descomposición del estiércol.

mantis *f.* Insecto de cuerpo alargado y estrecho, de color verde o amarillo, con las patas delanteras largas, erguidas y juntas, que se alimenta de otros insectos.
OBS También *mantis religiosa*. El plural también es *mantis*.

manto *m.* 1 Prenda de vestir parecida a la capa que se lleva sobre la ropa. 2 Cosa que cubre u oculta algo. 3 GEOL. Capa sólida de la Tierra que está entre el núcleo y la corteza.

mantón *m.* Prenda de vestir femenina de forma cuadrada que generalmente se dobla en diagonal y se lleva sobre los hombros y los brazos.

manual *adj.* 1 Que se hace con las manos. | *m.* 2 Libro que recoge lo más importante de una materia.

manualidad *f.* Trabajo que se hace con las manos.
OBS Se usa más en plural.

manubrio *m.* 1 Pieza con forma de ángulo recto que se usa para dar vueltas a una rueda o al eje de un mecanismo. 2 ARG, CHILE, CUBA, MÉX Pieza de la bicicleta o motocicleta en que se apoyan las manos y sirve para guiarlas.

manufactura *f.* 1 Proceso de fabricación de un producto. 2 Producto fabricado. 3 Fábrica o industria donde se elaboran estos productos.

manufacturar *tr.* Fabricar o elaborar objetos con medios mecánicos.

manufacturero, -ra *adj.* De los productos elaborados con medios mecánicos a partir de una materia prima.

manumisión *f.* Concesión de la libertad a un esclavo.

manumitir *tr.* Conceder la libertad a un esclavo.

manuscrito, -ta *adj.* 1 Que está escrito a mano. | *m.* 2 Texto o libro escrito a mano, especialmente el que tiene algún valor histórico o literario.

manutención *f.* Conjunto de alimentos, dinero y medios necesarios para vivir.

manzana *f.* 1 Fruto del manzano, de forma redondeada, con la piel fina, de color verde, amarillo o rojo, y carne blanca y jugosa, de sabor dulce o ácido. 2 Terreno urbano, generalmente cuadrangular, limitado por calles por todos sus lados.

manzanilla *f.* 1 Planta herbácea con tallos débiles, hojas pequeñas y abundantes y flores muy olorosas. 2 Flor de esta planta que tiene los pétalos blancos y el centro amarillo. 3 Infusión que se hace hirviendo en agua las flores secas de la manzanilla. 4 Vino blanco, seco y muy aromático que se elabora en algunas zonas de Andalucía. 5 Variedad de aceituna, pequeña y muy fina, que se consume verde.

manzano *m.* Árbol frutal de tronco áspero y nudoso, ramas gruesas y copa ancha, con las hojas ovaladas y las flores olorosas, cuyo fruto es la manzana.

maña *f.* 1 Habilidad, facilidad y destreza para hacer algo. 2 pl. Artimaña para conseguir algo que se desea.

mañana *f.* 1 Parte del día que va desde el amanecer hasta el mediodía. 2 Parte del día que comprende las primeras horas, desde la medianoche hasta el amanecer. | *m.* 3 Tiempo futuro que no está muy lejano. | *adv.* En el día que sigue inmediatamente al de hoy.

mañanero, -ra *adj.* 1 [persona, cosa] Que se levanta o se produce muy pronto, especialmente antes de la salida del Sol. **2** De la mañana.

mañanita *f.* **1** Prenda de vestir en forma de capa corta que las mujeres se ponen sobre el camisón de dormir mientras están sentadas en la cama. ▌*f. pl.* **2** Canción popular mexicana que se dedica a alguien con motivo de su santo o cumpleaños y que se suele cantar al amanecer.

maño, -ña *adj.* **1** De Aragón. ▌*adj./m. y f.* **2** [persona] Que es de Aragón.

mañoso, -sa *adj.* Que tiene maña.

maoísmo *m.* **1** Doctrina política basada en las ideas de Mao Zedong, fundador del partido comunista chino. **2** Movimiento político basado o inspirado en esta doctrina.

maoísta *adj.* **1** Del maoísmo. ▌*adj./com.* **2** [Persona] Que es partidario del maoísmo.

maorí *adj.* **1** De un pueblo polinésico que habita en Nueva Zelanda. ▌*com.* **2** Persona perteneciente a este pueblo. ▌*m.* **3** Lengua hablada por este pueblo.

mapa *m.* Representación geográfica de la Tierra o de parte de ella que se hace en una superficie plana y de acuerdo con una escala.

mapache *m.* Animal mamífero cuyo cuerpo está cubierto por un pelo fino de color gris oscuro, cola larga y el hocico blanco, con unos círculos negros alrededor de los ojos; es de vida nocturna.

mapamundi *m.* Mapa que representa la superficie completa de la Tierra.

mapuche *adj.* **1** De Arauco. ▌*adj./com.* **2** [persona] Que es de Arauco. ▌*m.* **3** Lengua que hablan los indios de Arauco.

maqueta *f.* **1** Proyecto o reproducción de un monumento, edificio u otra construcción hecho en tamaño reducido. **2** Composición de una página en la que se distribuyen sus distintos elementos y que sirve de modelo antes de imprimir. **3** Modelo de prueba que se hace antes de editar un tema musical.

maqui *com.* Persona que, huida a los montes, vive en rebeldía y oposición armada al sistema político establecido.
OBS También *maquis.*

maquiavélico, -ca *adj.* **1** [persona] Que actúa con astucia, hipocresía y engaños para conseguir sus propósitos. **2** Que ha sido preparado y organizado con astucia, habilidad y maldad.

maquiavelismo *m.* **1** Modo de proceder que se caracteriza por la astucia, hipocresía y perfidia para conseguir lo que se desea. **2** Teoría moral y política de Maquia-

velo (teórico italiano del siglo XV) que lo subordina todo al principio de eficacia política.

maquillador, -ra *m. y f.* Persona que se dedica a maquillar; especialmente el profesional encargado del maquillaje en el cine, televisión o teatro.

maquillaje *m.* **1** Acción de maquillar. **2** Producto cosmético que se aplica sobre la piel, especialmente la del rostro, para darle color, embellecerla, cubrir algún defecto o caracterizar a una persona.

maquillar *tr./prnl.* **1** Aplicar productos cosméticos sobre la piel, especialmente la del rostro, para darle color, embellecerla, cubrir algún defecto o caracterizar a una persona. ▌*tr.* **2** Alterar el aspecto real de una cosa para que parezca distinta.

máquina *f.* **1** Conjunto de piezas ajustadas entre sí que transforma una forma de energía en otra para hacer un trabajo determinado. **2** Parte de un tren que lleva el motor y arrastra a los demás vagones. **3** Conjunto de elementos ordenados entre sí que forman un todo. **4** Aparato eléctrico que funciona introduciendo dinero y que sirve para jugar, vender un producto u otras cosas. ▸ **a toda máquina** Con mucha rapidez o intensidad.

maquinación *f.* Acción o plan, generalmente malintencionado, preparado en secreto y con astucia para conseguir un fin.

maquinal *adj.* [acto, movimiento] Que se hace sin pensar o de forma involuntaria.

maquinar *tr.* Actuar con astucia y en secreto para conseguir un fin.

maquinaria *f.* **1** Conjunto de máquinas. **2** Conjunto de piezas que componen un mecanismo para poner en funcionamiento un aparato. **3** Conjunto de técnicas que enseñan a construir máquinas.

maquinilla *f.* Instrumento que sirve para afeitar o cortar el pelo.

maquinista *com.* **1** Persona que se dedica a conducir una máquina de tren. **2** Persona que se dedica a arreglar una máquina.

maquis *com.* **1** Persona que, huida a los montes, vive en rebeldía y oposición armada al sistema político establecido. ▌*m.* **2** Organización de esta oposición armada contra el sistema establecido.
OBS El plural también es *maquis.*

mar *amb.* **1** Masa de agua salada que cubre la mayor parte de la superficie de la Tierra. ▌*m.* **2** Parte en que se divide la masa de agua salada y tiene una dimensión menor que el océano. **3** Masa de agua que

marcha

está limitada por tierra. **4** Gran cantidad de una cosa. ▸ **a mares** En gran cantidad o número. ▸ **la mar de** *coloquial a)* Gran cantidad de una cosa. *b)* Muy.

marabunta *f.* **1** Migración de hormigas muy voraces que devoran a su paso todos los animales y las plantas que encuentran. **2** *coloquial* Conjunto de personas que alborotan y arman mucho jaleo.

maraca *f.* Instrumento musical de percusión formado por un mango y una bola hueca llena de pequeñas piedras o semillas y que se agita para que suene.

maragato, -ta *adj.* **1** De La Maragatería. ‖ *adj./m. y f.* **2** [persona] Que es de La Maragatería.

marajá *m.* Título que se aplica a casi todos los príncipes de la India.
OBS También se escribe *maharajá*. El femenino es *maraní*. El plural es *marajás* o *marajaes*.

maraña *f.* **1** Conjunto de hilos, pelos o cosas de forma semejante que están enrollados y entrecruzados de manera que no se pueden separar. **2** Asunto confuso, desordenado y difícil de resolver.

marañón *m.* Árbol de tronco irregular, hojas ovaladas y flores en racimo que tiene el fruto de semilla comestible en forma de nuez; crece en América Central.

marasmo *m.* **1** Suspensión o paralización de toda actividad, tanto en lo moral como en lo físico. **2** Grado extremo de agotamiento o enflaquecimiento.

maratón *amb.* **1** Prueba deportiva de atletismo que consiste en correr a pie un recorrido de 42 kilómetros y 195 metros. **2** Cualquier tipo de prueba o competición que sea dura y larga y requiera resistencia física. ‖ *m.* **3** Actividad intensa que se desarrolla sin descansar o en menos tiempo que si se realizara a ritmo normal.

maratoniano, -na *adj.* **1** Del maratón. **2** Que es intenso, agotador o de una duración anormalmente larga.

maravedí *m.* Antigua moneda española.

maravilla *f.* **1** Persona, cosa o suceso que produce admiración y asombro por reunir unas características extraordinarias. **2** Sentimiento de admiración y asombro que produce una persona, una cosa o un suceso extraordinario. ▸ **a las mil maravillas** Muy bien; perfectamente. ▸ **de maravilla** Muy bien; perfectamente.

maravillar *tr./prnl.* Causar admiración o asombro una persona, una cosa o un suceso por ser extraordinarios.

maravilloso, -sa *adj.* **1** Que es extraordinario o muy bueno. **2** Que no se puede explicar por causas naturales.

marbete *m.* **1** Trozo de papel que se pega a un objeto y sirve para indicar la marca, el contenido, las cualidades o el precio. **2** Trozo de papel que se pega en los equipajes y sirve para señalar el punto de destino y el número del registro.

marca *f.* **1** Señal que se hace sobre una cosa y sirve para distinguirla o identificarla. **2** Señal o huella que deja un golpe, una herida o una presión. **3** Nombre comercial que un fabricante pone a un producto. **marca registrada** Nombre comercial de un producto que está reconocido por la ley y que solo puede usar su fabricante. **4** Resultado máximo que consigue un deportista en una prueba de competición.

marcado, -da *adj.* [cosa] Que destaca o se nota con claridad.

marcador *m.* **1** Tablero o cuadro en el que se anotan los puntos que consigue un jugador o un equipo deportivo. **2** AMÉR Instrumento para escribir o para dibujar cuyo cuerpo encierra un depósito poroso con tinta unido a una punta de material sintético.

marcaje *m.* Acción de marcar un jugador a otro del equipo contrario.

marcapasos *m.* Aparato que se coloca quirúrgicamente junto al corazón y que, mediante señales eléctricas, sirve para estimular y mantener el ritmo cardíaco.
OBS El plural también es *marcapasos*.

marcar [1] *tr.* **1** Hacer o poner una marca. **2** Indicar un aparato de medición una cantidad o una medida. **3** Pulsar las teclas o señalar en el disco del teléfono los números de otro para comunicar con él. **4** Conseguir un gol o un tanto, especialmente en un partido de fútbol. **5** Dejar una situación determinada un recuerdo o una huella en una persona. **6** Fijar o hacer notar un movimiento rítmico o una acción. **7** Poner el precio a una cosa que se va a vender. **8** Señalar o indicar una dirección o una situación. **9** Herir o golpear a una persona dejando una señal visible. ‖ *tr./intr.* **10** Peinar el pelo para darle la forma deseada colocando rulos o pinzas o dándole forma con el secador.

marcha *f.* **1** Desplazamiento que se realiza para ir de un lugar a otro. **2** Desarrollo o manera de funcionar de una cosa. **3** Posición del cambio de velocidades de un automóvil, un camión o una motocicleta que permite correr a mayor o menor velocidad. **4** Concentración numerosa de personas que caminan juntas con un fin determinado. **5** Pieza musical de ritmo regular que suele acompañar a desfiles, cortejos y actos solemnes. **6** Prueba deportiva de atletismo que se realiza caminando muy deprisa. **7** *coloquial* Energía, ánimo o alegría de una persona. **8** *coloquial* Diversión o animación que hay en un lugar o se da en una determinada situación. ▶ **a marchas forzadas** Muy deprisa y con un ritmo muy intenso. ▶ **a toda marcha** Con prisa; rápidamente. ▶ **sobre la marcha** De manera improvisada y sin meditar previamente. ▶ **tener marcha** Estar siempre animado y dispuesto para la diversión.

marchamo *m.* Marca o señal que se pone en un objeto o un producto después de haber sido analizado o revisado.

marchante *com.* Persona que se dedica al comercio, de obras de arte.

marchar *intr.* **1** Caminar o moverse avanzando a pie. **2** Funcionar o desarrollarse una cosa o un mecanismo. **3** Caminar o moverse un ejército de forma ordenada. ‖ *intr./prnl.* **4** Ir de un lugar a otro o partir de un lugar.

marchitar *tr./prnl.* **1** Hacer que las plantas y las flores pierdan frescura y verdor o comiencen a secarse. **2** Hacer que una persona pierda belleza y vitalidad.

marchito, -ta *adj.* **1** [flor, planta] Que está seco y falto de verdor y frescura. **2** [persona] Que no tiene fuerza o vitalidad.

marchoso, -sa *adj. coloquial* Que es alegre, divertido y animado.

marcial *adj.* De la guerra o del ejército.

marcialidad *f.* Actitud y compostura que se consideran propias de los militares.

marciano, -na *m. y f.* **1** Habitante imaginario del planeta Marte o, por extensión, de cualquier otro planeta. ‖ *adj.* **2** De Marte.

marco *m.* **1** Cerco o moldura que rodea y adorna los bordes de una cosa. **2** Armadura en la que encaja una puerta o una ventana. **3** Unidad monetaria de Alemania y Finlandia hasta su sustitución por el euro. **4** Entorno o ámbito que rodea a alguna cosa.

maremágnum o **maremagno** *m.* **1** Abundancia de cosas desordenadas y confusas. **2** Multitud ruidosa de personas.

OBS El plural de *maremagno* es *maremagnos*; *maremágnum* no varía en plural.

marea *f.* **1** Movimiento de ascenso y descenso de las aguas del mar causado por las fuerzas de atracción del Sol y de la Luna. **2** Cantidad grande de personas que se encuentran en un lugar. ▶ **marea negra** Mancha de petróleo de gran extensión vertida en el mar.

mareado, -da *adj.* Que experimenta una sensación de malestar en la cabeza y en el estómago que generalmente se manifiesta con vómitos y pérdida del equilibrio.

mareante *adj.* Que marea.

marear *tr./intr.* **1** Causar aturdimiento, molestia o fastidio a una persona solicitando su atención continuamente. **2** Llevar a una persona de un sitio a otro obligándola a dar muchos pasos para conseguir una cosa. ‖ *prnl.* **3** Experimentar una sensación de malestar en la cabeza y en el estómago que generalmente se manifiesta con vómitos y pérdida del equilibrio.

marejada *f.* Movimiento agitado y violento de las aguas del mar con olas de gran altura.

marejadilla *f.* Movimiento de las aguas del mar con olas de menor tamaño y fuerza que el de la marejada.

maremagno *m.* Maremágnum.

maremoto *m.* Movimiento sísmico que se produce en el fondo del mar y ocasiona una agitación violenta de las aguas.

marengo *adj./m.* [color] Que es gris muy oscuro.

OBS Acompaña al nombre *gris* en aposición y no varía de número.

mareo *m.* Sensación de malestar en la cabeza y en el estómago que puede llegar a manifestarse con ganas de vomitar y pérdida del equilibrio.

marfil *m.* **1** Material duro y blanco del que están formados los dientes de los mamíferos. ‖ *adj./m.* **2** [color] Que es blanco amarillento. Se usa en aposición a un nombre y no varía en número.

marfileño, -ña *adj.* Del marfil.

marga *f.* Roca sedimentaria compuesta de arcilla y caliza.

margarina *f.* Sustancia alimenticia que se elabora con grasas vegetales.

margarita *f.* **1** Flor en forma de roseta con el centro amarillo y los pétalos blancos. **2** Planta herbácea que da esta flor. **3** Pieza de una máquina de escribir o de una impresora que sirve para imprimir y en la que se encuentran todos los signos; tiene forma de disco. **4** Perla de los moluscos.

margen *f.* **1** Parte del terreno que queda a ambos lados de un río. ‖ *m.* **2** Espacio en blanco que queda entre los bordes de una página y el texto escrito. **3** Ganancia o beneficio que se obtiene al vender un producto. ▸ **al margen** De forma apartada y sin participar en un asunto.

marginación *f.* Acción y efecto de marginar.

marginado, -da *adj./m. y f.* [persona] Que vive una situación de aislamiento y rechazo a causa de la falta de integración en un grupo o en la sociedad.

marginal *adj.* **1** Que es secundario o poco importante. **2** Que está escrito o dibujado en el margen. **3** [persona, grupo] Que vive o actúa fuera de las normas sociales establecidas.

marginar *tr.* **1** Poner o dejar a una persona o grupo de personas en una situación de aislamiento y rechazo a causa de la falta de integración en un grupo o en la sociedad. **2** Dejar de lado una cosa o apartar de una relación a una persona.

maría *f.* **1** *coloquial* Asignatura que resulta fácil de aprobar. **2** *coloquial* Marihuana, droga blanda.

mariachi *m.* **1** Música popular mexicana de carácter alegre y bullicioso. **2** Orquesta que ejecuta esta música, formada principalmente por guitarras, violines y trompetas. **3** Miembro de esta orquesta.

marianista *adj./m.* [religioso] Que pertenece a la Compañía de María.

mariano, -na *adj.* De la Virgen María.

marica *m.* **1** Hombre afeminado. Tiene valor despectivo. **2** Hombre que siente atracción sexual hacia otro hombre. Tiene valor despectivo.

maricón, -na *m. y f.* **1** *malsonante* Hombre afeminado. **2** *malsonante* Hombre que siente atracción sexual hacia otro hombre. **3** *malsonante* Persona que muestra poco ánimo o valor.
OBS Tiene valor despectivo.

mariconada *f. malsonante* Dicho o hecho propios de un maricón.

mariconera *f.* Bolso de mano de pequeño tamaño que usan los hombres.

mariconería *f.* **1** *malsonante* Dicho o hecho propio de un maricón. **2** *malsonante* Conjunto de características que se consideran propias de un maricón.

maridar *tr.* **1** Casarse dos personas o unirse en matrimonio. **2** Hacer que dos cosas diferentes se correspondan o se adapten entre sí.

marido *m.* Hombre que está casado con una mujer.

mariguana *f.* Marihuana.

marihuana *f.* **1** Droga que se obtiene de las hojas y flores secas del cáñamo índico

y que se fuma mezclada con tabaco. **2** Cáñamo índico.

marimacho *amb.* Mujer que tiene movimientos y actitudes que se consideran propios de los hombres. Tiene valor despectivo.

marimandón, -dona *adj./m. y f. coloquial* [persona] Que tiene tendencia a mandar mucho en los demás.

marimorena *f. coloquial* Enfrentamiento o discusión violenta y ruidosa.

marina *f.* **1** Conjunto de barcos de un país o una nación y conjunto de personas que prestan servicio en ellos. **2** Conjunto de técnicas que enseñan a navegar y manejar las embarcaciones. **3** Cuadro o pintura que representa un paisaje marítimo. **4** Parte del terreno que está situada en la costa o junto al mar.

marine *com.* Soldado de infantería de marina de los Estados Unidos o del Reino Unido.

marinería *f.* **1** Conjunto de marineros. **2** Oficio o profesión de marinero.

marinero, -ra *adj.* **1** De la marina. **2** [embarcación] Que permite navegar con facilidad y seguridad. ‖ *m. y f.* **3** Persona que trabaja en las tareas de un barco. **4** Persona que tiene un grado militar inferior al de suboficial y que presta servicio en la marina de un país.

marino, -na *adj.* **1** Propio del mar. **2** [color] Que es azul muy oscuro. Acompaña al nombre *azul* en aposición y no varía de número. ‖ *m. y f.* **3** Persona que tiene una profesión que se desarrolla en el mar. **4** Persona que tiene un grado militar y presta servicio en la marina de un país.

mariología *f.* Parte de la teología que estudia lo relativo a la Virgen María.

marioneta *f.* **1** Muñeco articulado que puede ser movido desde arriba por medio de una cruceta y unos hilos atados a su cuerpo o bien metiendo la mano en su interior, por debajo del vestido. **2** Persona de poca voluntad y carácter débil.

mariposa *f.* **1** Insecto de cuerpo alargado que tiene cuatro alas grandes y de colores muy vistosos. **2** Estilo de natación que consiste en mover los dos brazos a la vez, en círculo y hacia adelante, mientras las piernas suben y bajan juntas para ayudar a impulsar el cuerpo.

mariposear *intr.* **1** Variar o cambiar frecuentemente de opinión, de actividad o de gustos. **2** Andar alrededor de una persona para conseguir un favor.

mariquita *f.* **1** Insecto de forma ovalada,

con dos alas y dos élitros de color rojo o amarillo con puntos negros. ‖ *m.* **2** Hombre afeminado y homosexual. Tiene valor despectivo.

marisabidilla *f. coloquial* Mujer que presume de que lo sabe todo o es muy lista.

mariscada *f.* Comida consistente en marisco abundante y variado.

mariscal *com.* **1** En algunos países, persona que tiene la más alta graduación militar de un ejército. **2** En algunos países, graduación militar más alta del ejército.

mariscar [1] *tr./intr.* Pescar marisco.

marisco *m.* Animal marino invertebrado que es comestible, especialmente los moluscos y los crustáceos.

marisma *f.* Terreno bajo que ha sido invadido por las aguas del mar o de un río.

marisquería *f.* Establecimiento donde se vende o se consume marisco y pescado.

marista *adj./m.* [persona] Que es miembro del Instituto de Hermanos Maristas.

marital *adj.* Que es propio de la relación entre marido y mujer.

marítimo, -ma *adj.* **1** Del mar. **2** Que está situado junto al mar.

marketing *m.* Conjunto de principios y técnicas que buscan la mejor comercialización de un producto o de un servicio.

marmita *f.* Olla de metal con tapadera ajustada y una o dos asas.

mármol *m.* Piedra caliza, brillante y fría, con vetas de distintos colores.

marmolista *com.* Persona que se dedica a trabajar y vender el mármol.

marmóreo, -rea *adj.* Del mármol.

marmota *f.* **1** Mamífero roedor de vida nocturna, con cola larga, cabeza grande, orejas pequeñas y pelo espeso. **2** Persona que es muy dormilona.

maroma *f.* **1** Cuerda gruesa hecha de fibras vegetales, como el cáñamo, o artificiales. **2** AMÉR Función acrobática de los maromeros. **3** AMÉR Acción propia del político maromero.

maromero, -ra *m. y f.* **1** AMÉR Persona que hace acrobacias sobre una maroma. ‖ *adj./m. y f.* **2** AMÉR *coloquial* [político] Que es oportunista y cambia de opinión o partido según las circunstancias.

maromo *m. coloquial* Hombre cuyo nombre no se indica o se desconoce.

marqués, -quesa *m. y f.* Persona que tiene un título nobiliario de categoría inferior al de duque y superior al de conde.

marquesado *m.* **1** Título nobiliario de marqués. **2** Conjunto de tierras y propiedades que pertenecen a un marqués.

marquesina *f.* Especie de alero o cubierta que se coloca en algunos lugares públicos, como la entrada a un edificio o una parada de autobús.

marquetería *f.* **1** Técnica que consiste en recortar una lámina de madera formando dibujos y calados. **2** Trabajo artístico o decorativo que se hace incrustando en madera trozos pequeños de marfil, nácar y otras maderas.

marranada *f.* **1** Acción que es sucia o poco agradable y causa asco o repugnancia. **2** *coloquial* Acción que causa un daño o está hecha con mala intención.

marrano, -na *m. y f.* **1** Cerdo. ‖ *adj./m. y f.* **2** *coloquial* [persona] Que no cuida su aseo personal.

marras Palabra que entra en la expresión *de marras*, que indica que es muy conocido o hace referencia a una persona de la que se habla.

marrasquino *m.* Licor de cerezas amargas.

marro *m.* Juego que consiste en lanzar una piedra que debe caer lo más cerca posible de un bolo, u otra cosa parecida, clavado en el suelo.

marrón *m./adj.* **1** Color como el del chocolate o la cáscara de la castaña. Para hacer referencia al pelo de las personas no se usa *marrón*, sino *castaño*. ‖ *m.* **2** *coloquial* Cosa que resulta muy molesta o desagradable. **3** Piedra que se lanza en el juego del marro.

marroncito *m.* VEN Café cortado.

marroquí *adj.* **1** De Marruecos. ‖ *adj./com.* **2** [persona] Que es de Marruecos. OBS El plural es *marroquíes*.

marroquinería *f.* **1** Industria o fabricación de artículos de piel o de cuero. **2** Conjunto de artículos fabricados por esta industria.

marrullería *f.* Trampa o engaño que se hace aparentemente con buena intención o ingenuidad para conseguir algo.

marrullero, -ra *adj./m. y f.* [persona] Que hace marrullerías.

marsellesa *f.* Himno nacional francés.

marsopa *f.* Mamífero cetáceo parecido al delfín, pero algo más pequeño, con la cabeza redondeada, el hocico corto y una aleta dorsal triangular.

marsupial *adj./m.* [animal] Que es mamífero y se caracteriza por tener la hembra una bolsa en el vientre en la que mantiene y alimenta a sus crías durante varios meses después del nacimiento.

marsupio *m.* ZOOL. Bolsa que llevan en la parte delantera las hembras de los mamíferos marsupiales.

marta *f.* Animal mamífero con cabeza pequeña, cola larga y pelo suave y espeso de color marrón vivo.

martes *m.* Segundo día de la semana.

OBS El plural también es *martes*.

martillazo *m.* Golpe fuerte dado con un martillo.

martillear *tr.* 1 Golpear repetidamente con un martillo u otro objeto. 2 Repetir una cosa con insistencia.

martilleo *m.* Acción y efecto de martillear.

martillo *m.* 1 Herramienta que consiste en una cabeza de metal y un mango encajado en ella que sirve para golpear. 2 ANAT. Hueso del oído medio de los mamíferos. 3 Esfera de hierro con la que se realiza una de las pruebas de lanzamiento en atletismo.

martín pescador *m.* Pájaro de plumaje verde o azul en el dorso y rojizo en el vientre, y con pico largo y recto.

martinete *m.* 1 Ave zancuda parecida a la garza, de cuerpo robusto y con un penacho de plumas blancas en la cabeza. 2 Mazo que se mueve mecánicamente y sirve para clavar grandes estacas o pilotes.

martingala *f.* 1 Treta o engaño para obtener algún beneficio. 2 Asunto molesto, incómodo o pesado.

martini *m.* Bebida alcohólica compuesta de vino y ciertas hierbas que se toma generalmente antes de comer.

OBS Es marca registrada.

mártir *com.* 1 Persona que ha sido perseguida o que ha muerto por defender su religión. 2 Persona que padece sufrimientos o injusticias y que los lleva con resignación.

martirio *m.* 1 Muerte o conjunto de sufrimientos que se padecen por creer en una doctrina y defenderla. 2 Sufrimiento físico o moral intenso.

martirizar [4] *tr.* Hacer sufrir un martirio.

martirologio *m.* 1 Lista o catálogo de los mártires de la religión cristiana y, por extensión, de todos los santos conocidos. 2 Lista de las víctimas de una causa.

maruja *f. despectivo* Mujer dedicada a las tareas domésticas y a la familia.

marxismo *m.* 1 Doctrina filosófica de Karl Marx que defiende una sociedad sin clases. 2 Conjunto de movimientos políticos que se basan en esa doctrina.

marxista *adj.* 1 Del marxismo. ‖ *adj./ com.* 2 [persona] Que es partidario del marxismo.

marzo *m.* Tercer mes del año.

mas *conj.* Indica que lo que se dice a continuación está en oposición con lo que se ha dicho. Es una conjunción adversativa que equivale a *pero* y que se utiliza sobre todo en el lenguaje literario.

más *adv.* 1 Indica mayor cantidad o intensidad en una comparación. 2 Equivale a *otro* en frases negativas. 3 Precedido del artículo determinado, sirve para construir el superlativo relativo. ‖ *adv.* 4 Indica preferencia. 5 Indica gran cantidad o intensidad; equivale a *tan* cuando acompaña a adjetivos, y a *tanto* cuando acompaña a sustantivos equivale a *tanto*. Se usa en oraciones exclamativas. ‖ *conj.* 6 Indica suma o adición; equivale a *y*. ‖ *m.* 7 Signo que representa la suma. ▸ **a lo más** Acompaña a cantidades para indicar como máximo o como mucho. ▸ **de más** Indica que algo sobra. ▸ **más bien** Se usa para corregir o precisar algo que otra persona ha dicho. ▸ **ni más ni menos** En su justa medida. ▸ **por más que** Se usa para indicar que lo que se dice a continuación resultará inútil para hacer o conseguir algo; equivale a *aunque*. ▸ **sin más ni más** Indica que una acción o un hecho se hace sin consideración ni cuidado u ocurre por sorpresa.

masa *f.* 1 Mezcla espesa y blanda, hecha con un líquido y una sustancia en polvo, especialmente la que se utiliza para hacer pan y repostería. 2 Gran cantidad de gente. 3 FÍS. Cantidad de materia que tiene un cuerpo. ▸ **en masa** En conjunto o con la participación de todos.

masacrar *tr.* Matar a muchas personas a la vez o en poco tiempo.

masacre *f.* Matanza conjunta de muchas personas.

masaje *m.* Acción y efecto de masajear.

masajear *tr.* Presionar, frotar o golpear ciertas zonas del cuerpo siguiendo un ritmo e intensidad adecuados.

masajista *com.* Persona que se dedica a dar masajes.

mascar [1] *tr.* 1 Partir y triturar con los dientes, generalmente un alimento. 2 Hablar entre dientes sin pronunciar claramente las palabras y en voz baja. ‖ *prnl.* 3 Presentir o saber que va a ocurrir un hecho.

máscara *f.* 1 Objeto que representa la cara de un ser humano o de un animal con la que se cubre el rostro o parte de él. 2 Objeto que cubre la cara o parte de ella; se usa para proteger el rostro o para no aspirar gases tóxicos. **3** Trozo de tela o papel que cubre y protege la nariz y la boca por motivos de higiene.

mascarada *f.* **1** Fiesta donde las personas llevan máscaras y disfraces. **2** Engaño o fingimiento para ocultar una cosa.

mascarilla *f.* **1** Trozo de tela o papel que cubre y protege la nariz y la boca por motivos de higiene. **2** Aparato que se coloca sobre la nariz y la boca con el que se facilita la aspiración de ciertos gases. **3** Producto cosmético que se aplica formando una capa sobre la cara y el cuello o el pelo para embellecerlos.

mascarón *m.* Adorno que se utiliza en arquitectura con forma de cara grotesca o deforme.

mascletá *f.* Serie de petardos, típicos de las fallas valencianas, preparados para que exploten uno tras otro.

mascota *f.* **1** Animal de compañía. **2** Persona, animal o cosa a los cuales se atribuyen virtudes para alejar desgracias o atraer la buena suerte. **3** Figura que se utiliza como símbolo de un acontecimiento público importante.

masculinidad *f.* Cualidad de masculino.

masculino, -na *adj.* **1** Del hombre. **2** [ser vivo] Que tiene órganos para fecundar. ‖ *adj./m.* **3** [género] De los sustantivos que se refieren a personas o animales de sexo masculino y a ciertos seres inanimados.

mascullar *tr.* Hablar entre dientes.

masetero *m.* ANAT. Músculo situado en la parte posterior de cada mejilla.

masía *f.* Casa de campo rodeada de tierras de cultivo típica de Cataluña.

masificación *f.* Acción y efecto de masificar.

masificar [1] *tr.* **1** Hacer que desaparezcan o que no se puedan diferenciar las características personales o individuales de los miembros de un grupo social. **2** Ocupar un lugar un gran número de personas. **3** Utilizar o requerir un servicio un grupo muy elevado de personas.

masilla *f.* Masa o pasta blanda, hecha de tiza y aceite de linaza, que al secarse se pone dura; se usa generalmente para tapar agujeros o sujetar cristales.

masivo, -va *adj.* Que se hace en gran cantidad.

masoca *adj./com. coloquial* Masoquista.

masón *m. y f.* Persona que pertenece a la masonería.

masonería *f.* Sociedad secreta que supuestamente aspira a la hermandad universal, admitiendo y respetando todas las religiones, y que se basa en la ayuda y la compasión por los que sufren.

masónico, -ca *adj.* De la masonería.

masoquismo *m.* **1** Práctica sexual en la que se experimenta placer cuando se sufre o se es maltratado y golpeado por otra persona. **2** Disfrute o placer que se siente con un pensamiento, situación o hecho desagradable.

masoquista *adj./com.* [persona] Que practica o tiene tendencia al masoquismo.

mass-media *m. pl.* Conjunto de los medios de comunicación de difusión masiva.

mastaba *f.* Tumba del antiguo Egipto que tiene forma de pirámide truncada.

máster *m.* Curso universitario de especialización, generalmente dirigido a licenciados y especialistas.
OBS El plural es *másteres*.

masticar [1] *tr.* Partir y triturar con los dientes, generalmente un alimento.

mástil *m.* **1** Palo largo de una embarcación que, colocado verticalmente, sirve para sostener las velas. **2** Palo colocado verticalmente que sostiene una cosa. **3** Parte estrecha y larga de un instrumento de cuerda que une la cabeza con el cuerpo.

mastín, -tina *adj./m. y f.* [perro] Que pertenece a una raza de gran tamaño y fuerza, de patas gruesas, cabeza grande, orejas largas y caídas y pelo corto.

mastodonte *m.* **1** Animal mamífero prehistórico con grandes colmillos en la mandíbula superior parecido al elefante. **2** *coloquial* Persona o cosa enorme. Cuando se refiere a una persona es despectivo.

mastodóntico, -ca *adj.* De dimensiones muy grandes.

mastuerzo *m.* **1** Hortaliza con tallos gruesos y carnosos y flores en racimo de color blanco. **2** Hombre torpe o necio. Se usa como apelativo despectivo.

masturbación *f.* Acción de masturbar o masturbarse.

masturbar *tr./prnl.* Tocar o acariciar los órganos sexuales de una persona para darle placer.

mata *f.* **1** Planta o arbusto de poca altura. **2** Conjunto de hierbas o plantas cortadas. **3** Cantidad grande de pelo.

matacaballo Palabra que se utiliza en la locución adverbial *a matacaballo*, para indicar que una cosa se hace con mucha prisa y sin poner cuidado.

matacán *m.* ARQ. En las antiguas fortificaciones, obra que sobresale en la parte superior de una muralla, torre o puerta para defenderse del enemigo.

matachín *m.* Hombre al que le gusta buscar pelea.

matadero *m.* Lugar donde se matan y descuartizan animales que después se destinarán al consumo público.

matador, -ra *m. y f.* **1** Torero. ‖ *adj.* **2** Que es feo y ridículo o de mal gusto.

matadura *f.* Llaga que hace el roce de una correa a un animal de carga.

matalahúga *f.* Matalahúva.

matalahúva *f.* **1** Planta anual de unos treinta centímetros de altura que produce flores pequeñas y blancas y semillas olorosas. **2** Semilla de esta planta.
OBS También se escribe *matalahúga.*

matamoscas *m.* **1** Utensilio ligero, con un mango y una pequeña pala en un extremo, que sirve para matar moscas y otros insectos. **2** Producto químico para matar moscas y otros insectos.
OBS El plural también es *matamoscas.*

matanza *f.* **1** Acción de matar a muchas personas o animales. **2** Faena en la que se mata un cerdo y se prepara su carne para que sirva de alimento. **3** Período del año en el que se matan los cerdos.

matar *tr.* **1** Quitar la vida a un ser vivo. **2** Causar dolor, molestia o sufrimiento a una persona. **3** Calmar la sensación de hambre o de sed. **4** Pasar el tiempo realizando una actividad como entretenimiento. **5** Hacer que disminuya la intensidad o el brillo de un color. **6** Cortar o limar una esquina o una punta. ‖ *prnl.* **7** Perder o quitarse la vida. **8** Esforzarse mucho en una actividad. ▸ **a matar** *a)* Con la intención de quitar la vida. *b)* Muy mal o de mala manera.

matarife *m.* Persona que mata y descuartiza el ganado destinado al consumo.

matarratas *m.* Sustancia venenosa que se usa para matar roedores.
OBS El plural también es *matarratas.*

matasanos *com. coloquial* Médico.
OBS Se usa como apelativo despectivo. El plural también es *matasanos.*

matasellos *m.* **1** Utensilio que se usa en las oficinas de correos para marcar los sellos de las cartas y paquetes. **2** Dibujo que deja ese instrumento sobre el sello.
OBS El plural también es *matasellos.*

matasuegras *m.* Tubo de papel enrollado que, al soplar por un extremo, se extiende de golpe y, al dejar de soplar, se vuelve a enrollar rápidamente; se usa en fiestas y celebraciones.
OBS El plural también es *matasuegras.*

match *m.* Competición o lucha deportiva entre dos jugadores o dos equipos.

mate *adj.* **1** [cosa] Que no tiene brillo. ‖ *m.* **2** Jugada de ajedrez en la que se amenaza al rey y este no puede salvarse, con lo que se pone fin a la partida. **3** Planta que crece en América del Sur, de flores blanquecinas y fruto de color rojo. **4** Infusión que se prepara con las hojas secas y tostadas de esta planta. **5** En el juego del baloncesto, canasta que se consigue acompañando la pelota con una de las dos manos hasta el aro e introduciéndola con un rápido movimiento de muñeca de arriba abajo. **6** En diversos deportes de red, golpe fuerte que se da a la pelota de manera que al botar contra el suelo se eleva a gran altura y con gran velocidad.

matemática *f.* Ciencia que estudia las propiedades de los números y las relaciones que se establecen entre ellos mediante el razonamiento lógico.
OBS Se usa frecuentemente en plural con el mismo significado.

matemático, -ca *adj.* **1** De la matemática. **2** Que es exacto. ‖ *m. y f.* **3** Persona que se dedica a las matemáticas.

materia *f.* **1** Elemento o conjunto de elementos que puede transformarse por la acción de otros elementos que actúen sobre él. **2** Sustancia de la que está hecha una cosa. **3** Cuerpo de la persona en oposición a su espíritu. **4** Asunto principal sobre el que se habla, escribe o piensa. **5** Parte de una carrera o plan de estudios que trata un tema específico. ▸ **entrar en materia** Empezar a tratar un asunto principal, especialmente después de haber tratado otros menos importantes.

material *adj.* **1** De la materia. **2** Que pertenece al mundo físico y no al espíritu y por lo tanto se puede percibir por los sentidos. **3** Que da excesivo valor a las cosas del mundo físico. ‖ *m.* **4** Sustancia de la que está hecha una cosa. **5** Elemento que sirve para elaborar una cosa. **6** Conjunto de herramientas, materias u objetos necesarios en un trabajo o profesión.

materialidad *f.* Calidad o condición de lo que es material, pertenece al mundo físico y se puede percibir por los sentidos.

materialismo *m.* **1** Doctrina filosófica que considera que solo existe la materia. **2** Actitud de la persona que da excesivo valor a las cosas materiales, como el dinero o las propiedades.

materialista *adj.* **1** Del materialismo. ‖ *adj.* **2** [actitud] Que valora en exceso las cosas materiales. ‖ *adj./com.* **3** [persona] Que es partidario del materialismo. **4** [persona] Que da excesivo valor a las cosas materiales. **5** MÉX Que trata con materiales para la construcción.

materialización *f.* Realización de un proyecto, una idea o un deseo.

materializar [4] *tr./prnl.* Hacer real y concreto un proyecto, una idea o una cosa que se desea.

maternal *adj.* [sentimiento, actitud] Que es como el de una madre hacia su hijo.

maternidad *f.* **1** Estado de la mujer que ha sido madre. **2** Hospital o servicio de un hospital preparado para que las mujeres den a luz.

maternizar [4] *tr.* Dotar a la leche de las propiedades que posee la de la mujer.

materno, -na *adj.* De la madre.

matinal *adj.* **1** De la mañana. ‖ *adj./f.* **2** [sesión, espectáculo] Que tiene lugar por la mañana.

matiné *f.* Fiesta o espectáculo que se celebra a primeras horas de la tarde.

matiz *m.* **1** Tono o grado de intensidad en que se puede presentar un mismo color. **2** Característica o aspecto que no se percibe fácilmente pero que da un significado o valor determinado a una cosa o hecho.

matización *f.* Acción y efecto de matizar.

matizar [4] *tr.* **1** Combinar adecuadamente distintos colores y tonos. **2** Darle a un color un tono determinado. **3** Graduar algo con diversos tonos o con un matiz determinado. **4** Añadir una nota u observación a una explicación para precisarla.

matojo *m.* Planta o arbusto de poca altura y muy espeso.

matón *m.* Hombre que emplea la fuerza o amenazas para obligar a hacer algo.

matorral *m.* **1** Conjunto de plantas o arbustos de poca altura. **2** Terreno donde abundan estas plantas y arbustos.

matraca *f.* **1** Instrumento de percusión que produce un ruido seco y desagradable. **2** *coloquial* Persona que se hace pesada por su insistencia.

matraz *m.* Recipiente de cristal de forma esférica y con un cuello recto y estrecho que se usa para contener líquidos.
OBS El plural es *matraces*.

matriarca *f.* Mujer que tiene la mayor autoridad entre sus familiares.

matriarcado *m.* Predominio o mayor autoridad de la mujer en una sociedad o grupo social.

matriarcal *adj.* Del matriarcado.

matricida *adj./com.* [persona] Que mata a su madre.

matricidio *m.* Muerte que da un hijo a su propia madre.

matrícula *f.* **1** Inscripción de una persona en un registro o lista oficial. **2** Conjunto de personas o cosas que están inscritas en un registro o lista oficial. **3** Documento oficial que demuestra que una persona está inscrita en un registro o lista oficial. **4** ESP Placa que llevan los vehículos en la parte delantera y en la trasera donde se indica el número con el que están registrados legalmente. ▸ **matrícula de honor** Distinción que mejora la calificación de sobresaliente.

matriculación *f.* Inscripción de una persona en un registro o lista oficial.

matricular *tr./prnl.* **1** Inscribir a una persona en un registro o lista oficial, especialmente en un centro de enseñanza para que realice unos estudios. ‖ *tr.* **2** Inscribir un vehículo en un registro y colocar la placa que lo identifica legalmente.

matrimonial *adj.* Del matrimonio.

matrimonialista *adj./com.* [persona] Que está especializada en los asuntos legales relacionados con el matrimonio.

matrimonio *m.* **1** Unión de dos personas reconocida por la ley como familia. **2** Sacramento de la Iglesia católica que une a un hombre y a una mujer ante Dios y ante la Iglesia. **3** Pareja formada por dos personas casadas.

matritense *adj.* **1** De Madrid. ‖ *adj./com.* **2** [persona] Que es de Madrid.

matriz *f.* **1** ANAT. Órgano interno de reproducción de las hembras de los mamíferos en el que se desarrolla el feto. **2** Recipiente hueco que sirve como molde para hacer objetos iguales. **3** Parte que queda en un talonario una vez cortadas las hojas que lo forman. **4** MAT. Conjunto de números colocados en líneas horizontales y verticales y dispuestos en forma de tabla.

matrona *f.* Mujer que se dedica a ayudar a las mujeres en el parto.

matusalén *m.* Hombre muy viejo.

matute Palabra que se utiliza en la locución adverbial *de matute*, que indica que algo se hace a escondidas.

matutino, -na *adj.* **1** De la mañana.

| adj./m. 2 [diario] Que se pone a la venta por la mañana.

maula com. 1 Persona que tiene pereza y que no cumple sus obligaciones. | f. 2 Objeto que ha perdido su valor por viejo, estropeado o gastado.

maullar [16] intr. Emitir maullidos el gato.

maullido m. Voz que emite el gato.

mauritano, -na adj./m. y f. De Mauritania.

máuser m. Fusil de repetición no automático.

mausoleo m. Construcción lujosa que cubre una tumba, generalmente la de una persona importante.

maxilar adj. 1 De la mandíbula. | m. 2 Hueso que forma parte de la mandíbula.

máxima f. 1 Frase que recoge una idea moral, un consejo o una enseñanza. 2 Norma por la que se rige el comportamiento de una persona o un grupo.

maximalismo m. Tendencia a mantener ideas o actitudes extremas o exageradas, especialmente en política.

maximalista adj./com. [persona] Que es partidario de ideas o actitudes extremas o exageradas, especialmente en política.

máxime adv. culto Con más razón.

máximo, -ma adj. 1 Que es mayor o superior en grado. | m. 2 Límite superior o extremo al que puede llegar una cosa.
OBS Es el superlativo de grande.

maya adj. 1 [pueblo indígena] Que habita en la península de Yucatán, norte de Guatemala y Honduras. 2 De ese pueblo indígena. | adj./com. 3 [persona] Que pertenece a ese pueblo. | m. 4 Lengua de los indígenas que habitan en Yucatán, norte de Guatemala y Honduras.

mayal m. 1 Palo del que tira un animal que mueve un molino. 2 Instrumento formado por dos palos, uno más corto que el otro, unidos por una cuerda, que se utiliza para golpear los cereales y las legumbres y separar así el grano de la paja.

mayestático, -ca adj. Que tiene las características propias de la majestad.

mayo m. Quinto mes del año.

mayonesa f. Salsa que se hace mezclando huevo, aceite, vinagre o limón y sal.
OBS También mahonesa.

mayor adj. 1 [persona] Que tiene más edad en relación con otra. Es el comparativo de superioridad de grande. | Acompañado del artículo, forma el grado superlativo. 2 [cosa] Que es más grande en tamaño o importancia. 3 [persona] Que tiene mu-

cha edad. 4 MÚS. [intervalo] Que es de segunda, tercera, sexta o séptima en la escala natural. 5 MÚS. [modo, tono] Que tiene los intervalos de tercera, sexta y séptima de esa clase. | adj./com. 6 [persona] Que está en la edad adulta. | m. 7 Miembro del ejército de categoría inmediatamente superior a la de capitán. ▸ al por mayor Referido a una compra o venta realizada en cantidades grandes y a precio más barato que el que paga el público en general.
OBS Es el comparativo de superioridad de grande. Acompañado del artículo, forma el grado superlativo.

mayoral, -la m. y f. Persona con autoridad sobre un grupo de pastores.

mayorazgo m. 1 Derecho que tiene el hijo mayor a heredar todos los bienes de sus padres, con la condición de conservarlos para su familia. 2 Persona que tiene este derecho. 3 Conjunto de los bienes heredados.

mayordomo, -ma m. y f. Sirviente principal de una casa encargado de la organización del resto del servicio.

mayoreo m. Comercio al por mayor.

mayoría f. 1 Parte mayor de las personas o cosas que componen un grupo o un conjunto. 2 Número mayor de votos en una votación.

mayorista adj. 1 [comercio] Que compra o vende mercancías en grandes cantidades. | com. 2 Persona que se dedica a vender mercancías al por mayor.

mayoritario, -ria adj. Que es la parte más numerosa de un conjunto.

mayormente adv. Principalmente, en especial, sobre todo.

mayúsculo, -la adj. 1 coloquial Que es más grande de lo normal. | adj./f. 2 [letra] Que es de mayor tamaño que la minúscula y de forma distinta; es la que se emplea generalmente como inicial en los nombres propios, después de punto o al principio de un texto.

maza f. 1 Herramienta parecida a un martillo, pero con una cabeza más pesada y con un mango más largo, que sirve para golpear y aplastar. 2 Instrumento formado por una bola recubierta de cuero unida a un mango de madera que sirve para tocar el tambor. 3 Parte más gruesa del palo o taco con que se juega a billar. 4 Utensilio de madera u otro material, de forma alargada y más grueso en uno de los extremos, que se utiliza en algunos juegos malabares o en ejercicios de gimnasia rítmica.

mazacote *m.* **1** Cosa que es densa y pesada cuando debería ser mullida y ligera. **2** Pasta o masa espesa y pegajosa, que cuesta digerir. **3** Obra de arte arquitectónica o escultórica poco esbelta y elegante.

mazapán *f.* Dulce hecho con almendras molidas y azúcar en polvo.

mazazo *m.* **1** Golpe que se da con una maza o con un mazo. **2** Impresión fuerte o dolorosa que recibe una persona.

mazdeísmo *m.* Religión del antiguo pueblo persa basada en la lucha entre el principio del bien, creador del mundo, y el principio del mal, su destructor.

mazmorra *f.* Calabozo pequeño y oscuro, generalmente construido bajo tierra.

mazo *m.* **1** Martillo grande y pesado. **2** Conjunto de cosas agrupadas, especialmente de papeles y naipes.

mazorca *f.* Frutos de algunas plantas, especialmente del maíz, que se presentan formando una espiga grande de granos gruesos y apretados.

mazurca *f.* **1** Baile con ritmo de tres por cuatro procedente de Polonia. **2** Música con que se acompaña ese baile.

me *pron. pers.* Forma del pronombre de primera persona del singular tanto para el objeto directo como el indirecto.
OBS Nunca va acompañado de preposición. Se escribe unido al verbo cuando va detrás de él.

meada *f.* **1** *coloquial* Orina que se expulsa de una vez. **2** *coloquial* Mancha o señal que deja la orina.

meandro *m.* Curva pronunciada que forma un río en su curso.

meapilas *com.* Persona que se muestra exageradamente devota y religiosa.

mear *intr./prnl.* Expulsar la orina.

meato *m.* ANAT. Orificio en el que desemboca un conducto del cuerpo.

meca *f.* Lugar que se considera el centro más importante de una actividad.

¡mecachis! *int.* Expresión con que se indica enfado o disgusto.

mecánica *f.* **1** Parte de la física que trata del movimiento y del equilibrio de los cuerpos así como de las fuerzas que los producen. **2** Técnica de inventar, construir, arreglar o manejar máquinas. **3** Conjunto de piezas o elementos que ajustados entre sí y mediante un movimiento hacen un trabajo o cumplen una función.

mecanicismo *m.* Doctrina filosófica y biológica que explica los fenómenos naturales por medio de las leyes mecánicas.

mecánico, -ca *adj.* **1** De la mecánica. **2** De las máquinas. **3** Que se hace con una máquina. **4** [acto, movimiento] Que se hace de forma automática por haber sido repetido muchas veces. ‖ *m. y f.* **5** Persona que se dedica a manejar y arreglar máquinas, especialmente vehículos.

mecanismo *m.* **1** Conjunto de piezas o elementos que ajustados entre sí y mediante un movimiento hacen un trabajo o cumplen una función. **2** Manera de producirse o de realizar una actividad.

mecanización *f.* Acción y efecto de mecanizar.

mecanizar [4] *tr./prnl.* **1** Utilizar máquinas para dedicar menos tiempo y esfuerzo a una actividad. **2** Convertir en automáticos los actos o movimientos humanos.

mecano *m.* Juguete formado por piezas que se pueden unir con tornillos y tuercas para hacer construcciones.

mecanografía *f.* Técnica de escribir a máquina con todos los dedos de las manos y sin necesidad de mirar las teclas.

mecanografiar [13] *tr.* Escribir una cosa a máquina.

mecanógrafo, -fa *m. y f.* Persona que se dedica a escribir textos a máquina.

mecedor *m.* **1** Asiento sujeto a dos cuerdas o cadenas colgadas de la rama de un árbol o de una armazón de madera o metal que se mueve hacia atrás y hacia delante. **2** Utensilio de madera que se usa para remover un líquido, especialmente el vino en la cuba.

mecedora *f.* Asiento con brazos y cuatro patas que descansan en dos arcos paralelos de modo que al sentarse en él se balancea de atrás hacia delante y viceversa.

mecenas *com.* Persona o fundación que favorece, generalmente dando dinero, las actividades culturales y a las personas que se dedican a ellas.
OBS El plural también es *mecenas*.

mecenazgo *m.* Protección o ayuda económica que ejerce un mecenas.

mecer [2] *tr./prnl.* **1** Mover con suavidad de un lado a otro algo que cuelga de un punto fijo o que está apoyado sobre una superficie. ‖ *tr.* **2** Remover un líquido.

mecha *f.* **1** Cuerda hecha de hilos retorcidos que se queman con facilidad. **2** Tubo de papel o de algodón que está relleno de pólvora y se utiliza para dar fuego a las minas o barrenas. **3** Mechón. **4** Trozo de tocino o de jamón que se introduce dentro de otras carnes. ▶ **a toda mecha** Con mucha rapidez. ▶ **aguantar mecha** *coloquial* Soportar una situación desagradable o una impertinencia.

mechar *tr.* Rellenar la carne o las aves que se van a guisar con trozos de tocino, jamón u otros ingredientes.

mechero *m.* **1** ESP Encendedor, aparato que se utiliza para encender una materia combustible. **2** Aparato que se utiliza para dar luz o calor.

mechón *m.* Conjunto de pelos o hilos separados de otros del mismo tipo con los que forman un todo.

medalla *f.* Placa de metal plana, generalmente redonda u ovalada, que lleva grabada una imagen.

medallero *m.* Relación de las medallas ganadas en una competición deportiva.

medallista *com.* Deportista que ha ganado una medalla en una competición.

medallón *m.* **1** Joya en forma de caja pequeña y plana que se cuelga al cuello con una cuerda o cadena. **2** Pieza de carne o pescado con forma redonda y gruesa.

médano *m.* **1** Duna. **2** Acumulación de arena casi a flor de agua en un lugar en que el mar tiene poco fondo.

media *f.* **1** Prenda de vestir femenina de tejido elástico fino con la que se cubre cada pierna desde el pie hasta más arriba de la rodilla o hasta la cintura. **2** Prenda de vestir de punto de lana o algodón que cubre la pierna desde el pie hasta la rodilla. **3** Cantidad que representa de manera proporcional otras cantidades y que se calcula mediante diversas operaciones.

mediación *f.* Intervención de una persona o un organismo en una discusión o en un enfrentamiento entre dos partes para encontrar una solución.

mediado, -da *adj.* Que solo contiene la mitad de su capacidad. ▶ **a mediados** Hacia la mitad de un período de tiempo.

mediador, -ra *m. y f.* Persona encargada de mediar entre dos partes.

medialuna *f.* **1** Objeto que tiene forma parecida a la de una luna creciente o menguante. **2** Bollo que tiene esta forma.

OBS El plural es *mediaslunas*.

mediana *f.* **1** Pared de pequeña altura que divide los sentidos de la circulación en una carretera. **2** Línea recta que une el vértice de un triángulo con el punto medio del lado opuesto.

medianería *f.* Pared que separa dos casas o fincas que están juntas.

medianero, -ra *adj.* **1** [muro, pared] Que se encuentra en medio de dos casas o fincas. ‖ *adj./m. y f.* **2** [persona] Que pide o media por otro para conseguirle un bien o evitarle un mal.

medianía *f.* Cualidad de mediano.

mediano, -na *adj.* **1** Que no es grande ni pequeño. **2** Que no es bueno ni malo.

medianoche *f.* **1** Hora que señala el fin de un día y el principio del siguiente. **2** Período de tiempo alrededor de las doce horas de la noche. **3** Bollo pequeño de forma ovalada que se puede abrir por la mitad y rellenar de algún alimento.

OBS El plural es *mediasnoches*.

mediante *prep.* Por medio de.

mediar [12] *intr.* **1** Pedir un favor para una tercera persona. **2** Intervenir en una discusión o en un enfrentamiento entre dos partes para encontrar una solución. **3** Existir algo en medio de dos personas o dos cosas. **4** Pasar el tiempo entre dos o más sucesos o hechos.

mediático, -ca *adj.* **1** De los medios de comunicación o relacionado con ellos: *sistema mediático*. **2** [persona] Que aparece a menudo en los medios de comunicación.

mediatizar [4] *tr.* Influir en una persona o grupo de personas.

mediato, -ta *adj.* Que está próximo a una cosa pero separado de ella por algo.

mediatriz *f.* Recta perpendicular a un segmento que se traza en su punto medio.

medicación *f.* **1** Acción o proceso de medicar. **2** Conjunto de medicinas para curar o prevenir una enfermedad.

medicalizar [4] *tr.* Prepara un lugar u otra cosa para que proporcione un servicio médico.

medicamento *m.* Sustancia que sirve para curar o prevenir una enfermedad o para aliviar un dolor físico.

medicamentoso, -sa *adj.* [sustancia] Que se puede usar como medicamento.

medicar [1] *tr./prnl.* **1** Administrar medicinas a una persona. ‖ *tr.* **2** Recetar medicinas un médico a su paciente.

medicina *f.* **1** Ciencia que se ocupa de curar, calmar o prevenir las enfermedades. **2** Sustancia que sirve para curar o prevenir una enfermedad o para aliviar un dolor físico. **3** *coloquial* Acción que beneficia física o moralmente a una persona.

medicinal *adj.* [cosa] Que tiene un efecto curativo.

medicinar *tr./prnl.* Administrar medicinas a una persona.

medición *f.* Acción y efecto de medir una magnitud.

médico, -ca *m. y f.* 1 Persona que se dedica a curar o prevenir las enfermedades. ‖ *adj.* 2 De la medicina.

medida *f.* 1 Acción de medir una magnitud con un utensilio o aparato tomando como patrón una unidad. 2 Cantidad que resulta de determinar una magnitud. 3 Unidad, o múltiplo o divisor de esta, con que se compara una magnitud para medirla. 4 Acción para conseguir, prevenir o evitar alguna cosa. 5 Grado o intensidad. 6 Instrumento que sirve para medir. 7 Cuidado y equilibrio al hacer algo.

medidor *m.* 1 Utensilio o aparato que sirve para medir el peso o volumen de algo. 2 AMÉR Aparato que se instrala en una vivienda para medir el consumo de agua, gas o electricidad.

medieval *adj.* De la Edad Media.

medievalismo *m.* 1 Carácter medieval o conjunto de características propias de la Edad Media. 2 Estudio de la Edad Media en sus aspectos histórico o lingüístico.

medievalista *com.* Persona que se dedica a estudiar la Edad Media.

medievo o **medioevo** *m.* Período de la historia que va desde el fin del Imperio romano, hacia el siglo v, hasta el siglo xv.

medio, -dia *adj.* 1 Que es igual a la mitad de una cosa. Si el sustantivo es precedido de otro numeral, se coloca detrás de aquel, acompañado de la conjunción *y.* 2 Que está entre dos extremos. 3 Que representa las características más comunes de un grupo de personas. ‖ *m.* 4 Punto o lugar que está entre dos extremos equidistantes. 5 Elemento o sistema que tiene un fin determinado. 6 Elemento o conjunto de circunstancias en que vive un ser. **medio ambiente** Conjunto de circunstancias y condiciones físicas en que vive un ser que afectan a su desarrollo y a su comportamiento. ‖ *adv.* 7 No completamente, pero bastante. ‖ *m. pl.* 8 Conjunto de instrumentos, dinero y bienes necesarios para un fin determinado. ▶ **a medias** *a)* Sin terminar una cosa o una acción. *b)* Entre dos o más personas. ▶ **a medio** Sin terminar de dar fin a una acción. El verbo que le sigue va en infinitivo. ▶ **en medio** Entre dos o más cosas o extremos.

medioambiental *adj.* Del medio ambiente.

medioambiente *m.* Medio ambiente.

mediocre *adj.* 1 Que es de baja calidad,

casi mala. 2 Que no es interesante o que no tiene valor. ‖ *adj./ com.* 3 Que no es inteligente o que no tiene suficiente capacidad para la actividad que realiza.

mediocridad *f.* Cualidad de mediocre.

mediodía *m.* 1 Hora en la que el Sol está en el punto más alto de su elevación sobre el horizonte. 2 Período de tiempo alrededor de las doce horas de la mañana. 3 Punto del horizonte opuesto al norte.

mediofondista *com.* Atleta de carreras de 800 o 1500 metros.

mediometraje *m.* Película que dura aproximadamente una hora.

mediopensionista *adj./com.* [alumno] Que recibe enseñanza y comida en un pensionado, pero no alojamiento.

medir [34] *tr.* 1 Averiguar una magnitud con un utensilio o aparato tomando como patrón una unidad. 2 Considerar las ventajas o inconvenientes que implica hacer algo. ‖ *tr./prnl.* 3 Comprobar una habilidad, fuerza o actividad comparándola con otra. 4 Controlar lo que se va a hacer o decir.

meditabundo, -da *adj.* [persona] Que está completamente entregado a sus pensamientos y en silencio.

meditación *f.* Acción y efecto de meditar.

meditar *tr./intr.* 1 Pensar y considerar un asunto con atención y cuidado. ‖ *intr.* 2 Orar o rezar en silencio.

mediterráneo, -nea *adj.* Del mar Mediterráneo y de los territorios que baña.

médium *com.* Persona con supuestos poderes mentales extraordinarios que le permiten comunicarse con los espíritus.

OBS El plural es *médiums*.

medrar *intr.* Mejorar una persona en su posición social y económica.

medroso, -sa *adj.* Que se asusta con facilidad.

médula o **medula** *f.* 1 Sustancia grasa que se encuentra dentro de los huesos de los animales. 2 Aspecto o parte central y más importante de una cosa o un asunto. 3 Parte central del tallo y de la raíz de ciertas plantas. ▶ **médula espinal** Cordón de tejido nervioso situado en el interior de la columna vertebral que comunica el cerebro con la piel y los músculos mediante terminaciones nerviosas.

medular *adj.* De la médula espinal.

medusa *f.* Animal marino invertebrado con el cuerpo en forma de sombrilla del que cuelgan unos tentáculos o brazos.

mefistofélico, -ca *adj.* Que es extremadamente perverso o diabólico.

mega *m.* INFORM. Megabyte.

mega- Elemento prefijal que significa: *a*) 'Grande'. *b*) 'Amplificación'. *c*) 'Un millón'.

megabyte *m.* INFORM. Medida de almacenamiento de información equivalente a un millón de bytes.

OBS Es de origen inglés y se pronuncia aproximadamente 'megabáit'. El plural es *megabytes*. Con frecuencia se usa la forma abreviada *mega*.

megafonía *f.* 1 Técnica que se ocupa de los aparatos y de las instalaciones necesarias para aumentar el volumen del sonido. 2 Conjunto de aparatos que aumentan el volumen del sonido.

megáfono *m.* Aparato con un extremo más ancho que otro que sirve para aumentar el volumen del sonido que emite.

-megalia Elemento sufijal que significa 'grande', 'grandeza anormal'.

megalítico, -ca *adj.* De los megalitos o relacionado con ellos.

megalito *m.* Monumento prehistórico de gran tamaño construido con uno o varios bloques de piedra.

megalomanía *f.* 1 Trastorno psiquiátrico por el cual una persona se cree más importante de lo que es. 2 Deseo excesivo de grandeza que tiene una persona.

megalómano, -na *adj./m. y f.* [persona] Que sufre o tiene megalomanía.

megalópolis *f. culto* Ciudad de grandes dimensiones que es el resultado de la unión de varias áreas metropolitanas.

OBS El plural también es *megalópolis*.

megatón *m.* Unidad de medida de la energía producida en una explosión nuclear.

meiosis *f.* BIOL. Proceso de división celular de las células reproductoras, en que se reduce a la mitad el número de cromosomas.

mejicanismo *m.* Mexicanismo.

mejicano, -na Mexicano.

mejilla *f.* Parte carnosa de la cara de las personas que se encuentra bajo los ojos y a ambos lados de la nariz.

mejillón *m.* Animal marino invertebrado con dos conchas casi triangulares y de color negro; su carne es comestible.

mejillonero, -ra *adj.* 1 Del mejillón. ‖ *adj./m. y f.* 2 [persona] Que se dedica a la pesca y cría del mejillón.

mejor *adj.* 1 Que es superior a otra cosa de la misma especie o que sobresale en una cualidad. Es el comparativo de superioridad de *bueno*. Acompañado del artículo determinado forma el grado superlativo. 2 Que es preferible. ‖ *adv.* 3 Más bien o de manera más conforme a lo bueno o lo conveniente. Es el comparativo de superioridad de *bien*. ▸ **a lo mejor** Locución que se usa para indicar posibilidad.

mejora *f.* 1 Cambio o progreso de una cosa hacia un estado mejor. 2 Obra que se realiza en una vivienda, en un edificio o en un lugar con el fin de mejorarlo.

mejoramiento *m.* Cambio o progreso de una cosa hacia un estado mejor.

mejorana *f.* 1 Planta herbácea muy aromática. 2 Especia aromática que se elabora con las flores y las hojas de esta planta.

mejorar *tr./intr.* 1 Poner una cosa o situación mejor de lo que estaba. ‖ *tr.* 2 Hacer que una cosa sea mejor que otra con la que se compara. ‖ *tr./intr./prnl.* 3 Hacer que una persona enferma se ponga mejor de salud. ‖ *intr./prnl.* 4 Ponerse el tiempo benigno o más agradable.

mejoría *f.* 1 Cambio de una cosa hacia un estado mejor. 2 Disminución de una dolencia o alivio en una enfermedad.

mejunje *m.* Sustancia líquida o pastosa de aspecto o sabor desagradables, formada por la mezcla de diversos ingredientes. Tiene valor despectivo.

melancolía *f.* Sentimiento que se caracteriza por una tristeza y desinterés que puede no tener causa en una verdadera desgracia.

melancólico, -ca *adj./m. y f.* 1 [persona] Que siente o tiende a sentir melancolía. ‖ *adj.* 2 [expresión, actitud] Que denota melancolía. 3 [naturaleza, obra de arte] Que inspira melancolía.

melanina *f.* Pigmento oscuro que se encuentra en algunas células del cuerpo humano y que produce la coloración de la piel, el pelo y los ojos.

melanoma *m.* MED. Tumor formado por células que contienen melanina.

melaza *f.* Líquido espeso, dulce y de color oscuro que queda como residuo de la cristalización del azúcar de caña.

melé *f.* 1 Jugada de rugby que consiste en colocarse los delanteros de ambos equipos cara a cara y empujándose, mientras otro jugador intenta coger el balón. 2 Confusión que se produce por la aglomeración de personas.

melena *f.* 1 Cabello largo y suelto, especialmente el que cae sobre los hombros. 2

Pelo grueso y duro que tiene el león alrededor de la cabeza.

melenudo, -da *adj./m. y f.* Que tiene el cabello largo y abundante, especialmente si lo lleva suelto y desarreglado.

OBS Se usa como apelativo despectivo.

melifluo, -flua *adj.* **1** Que contiene miel o una característica que se considera propia de la miel. **2** [persona, comportamiento] Que es afectadamente dulce o amable.

melillense *adj.* **1** De Melilla. ‖ *adj./com.* **2** [persona] Que es de Melilla.

melindre *m.* **1** Dulce que consiste en masa frita hecha con miel y harina. **2** Pasta de mazapán, generalmente en forma de rosquilla, cubierta de azúcar. **3** Delicadeza y escrúpulo excesivos en las acciones o en las palabras. Se usa frecuentemente en plural.

melindroso, -sa *adj./m. y f.* [persona] Que es excesivamente escrupuloso.

mella *f.* **1** Rotura o grieta pequeña causada en el borde de un objeto, particularmente en el filo de una herramienta o un arma. **2** Hueco que queda al descubierto cuando falta algo, especialmente el que queda al caerse un diente. **3** Deterioro o mengua que sufre una cosa material o inmaterial. ▸ **hacer mella** Causar una fuerte impresión o dejar huella algo.

mellado, -da *adj.* Que no tiene uno o más dientes.

mellar *tr./prnl.* **1** Romper el filo o agrietar el borde de un objeto. **2** Causar un deterioro o una mengua.

mellizo, -za *adj./m. y f.* [persona, animal] Que ha nacido a la vez que otro u otros en un mismo parto.

melo- Elemento prefijal que significa 'música' o 'canto'.

melocotón *m.* **1** Fruta esférica que tiene la piel amarillenta y aterciopelada, la pulpa dulce y jugosa y un hueso duro en su interior; es comestible. **2** Melocotonero.

melocotonero *m.* Árbol de flores blancas o rosadas cuyo fruto es el melocotón.

melodía *f.* **1** Sucesión ordenada de sonidos de diferente altura que forman una estructura con sentido musical. **2** Sucesión de sonidos que por su manera de combinarse resulta musical o agradable de escuchar.

melódico, -ca *adj.* De la melodía.

melodioso, -sa *adj.* [sonido, música, voz] Que resulta agradable de escuchar.

melodrama *m.* **1** Género y obra musical en el que un texto dialogado se canta acom-

pañado de música. **2** Género y obra de teatro, cine o televisión en el que se cuenta una historia exagerando los sentimientos. **3** Acontecimiento exageradamente triste y desgraciado.

melodramático, -ca *adj./m. y f.* **1** [persona] Que tiene tendencia a dramatizar los acontecimientos. ‖ *adj.* **2** Del melodrama. **3** [acontecimiento, relato] Que es exageradamente triste y desgraciado.

melomanía *f.* Pasión y entusiasmo por la música.

melómano, -na *adj./m. y f.* [persona] Que siente pasión por la música.

melón *m.* **1** Fruta comestible de gran tamaño y forma alargada, con una corteza muy gruesa y rugosa, pulpa jugosa y dulce, y con muchas semillas alargadas y planas en el centro. **melón de agua** Sandía. **2** Planta herbácea rastrera que se cultiva en países cálidos y cuyo fruto es el melón. **3** *coloquial* Cabeza de una persona, especialmente si es grande. Es humorístico.

melonar *m.* Terreno en el que se cultivan melones.

melopea *f.* **1** *coloquial* Borrachera. **2** Composición poética para ser recitada con acompañamiento musical.

melosidad *f.* Cualidad de meloso.

meloso, -sa *adj.* **1** Que contiene miel o una característica que se considera propia de la miel. **2** [persona, comportamiento] Que es afectadamente dulce o amable. **3** [forma de hablar, comportamiento] Que es dulce o suave.

membrana *f.* **1** Lámina muy delgada de tejido orgánico, generalmente flexible y resistente, de los seres animales o vegetales; entre sus funciones están la de recubrir un órgano o un conducto o la de separar o conectar dos cavidades o estructuras adyacentes. **2** Lámina delgada de materia porosa que, colocada entre dos fluidos, permite que se realicen intercambios entre estos. **3** Lámina muy tensada de piel, plástico u otro material que al ser golpeada o frotada vibra y produce sonidos.

membranoso, -sa *adj.* Que tiene membranas o que tiene las características de una membrana.

membrete *m.* Nombre, dirección y título de una persona o entidad que aparece impreso en la parte superior de un sobre, de un papel de escribir o de un impreso.

membrillero *m.* Arbusto muy ramoso, con hojas ovaladas y flores rosas, cuyo fruto es el membrillo.

membrillo *m.* **1** Fruto comestible muy aromático que tiene la piel amarilla y la carne áspera. **2** Dulce elaborado con este fruto. **3** Membrillero.

memez *f.* **1** Falta de inteligencia y de juicio. **2** Acción o dicho simple y tonto.

memo, -ma *adj./m. y f.* [persona] Que es poco inteligente o que tiene poco juicio.

memorable *adj.* Que merece ser recordado o conservado en la memoria.

memorando o **memorándum** *m.* **1** *culto* Comunicación diplomática en la que se resumen hechos y razones para que se tengan presentes en un asunto grave. **2** Informe o documento en el que se exponen hechos y razones en relación con un asunto. **3** Librito donde se anotan las cosas que debe recordar una persona.

OBS El plural de *memorando* es *memorandos;* el plural de *memorándum* es *memorándum* o *memorándums.*

memorar *tr. culto* Traer una cosa a la memoria o a la imaginación.

memoria *f.* **1** Capacidad de recordar. **2** Imagen o conjunto de imágenes de situaciones o hechos pasados que vienen a la mente. **3** Informe del estado o desarrollo de una actividad. **4** Estudio o trabajo sobre un tema que se presenta por escrito. **5** INFORM. Parte de un ordenador donde se almacenan datos. ‖ *f. pl.* **6** Libro o escrito en el que se cuentan los recuerdos y acontecimientos de la vida de una persona.

memorial *m.* **1** Acto público en memoria de una persona. **2** Libro o cuaderno en el que se apunta una cosa. **3** Publicación oficial de algunas sociedades. **4** Escrito en el que se pide una gracia alegando las razones o los méritos de la solicitud.

memorístico, -ca *adj.* Que se basa únicamente en la utilización de la memoria como sistema de aprendizaje.

memorización *f.* Proceso que consiste en aprender de memoria.

memorizar [4] *tr.* Aprender una cosa de memoria.

mena *f.* Mineral tal como se extrae de la mina y aún no se ha limpiado.

menaje *m.* **1** Conjunto de muebles, utensilios y demás objetos necesarios en una casa. **2** Conjunto de los utensilios de cocina. **3** Material pedagógico de una escuela.

mención *f.* Recuerdo o memoria que se hace de una persona o cosa.

mencionar *tr.* Nombrar o hacer referencia a una persona o cosa.

menda *com.* **1** *coloquial* Palabra que em-

plea la persona que habla para designarse a sí misma. Se usa con el verbo en tercera persona. **2** *coloquial* Palabra que se emplea para referirse a una persona.

mendacidad *f.* **1** *culto* Hábito o costumbre de mentir. **2** *culto* Mentira.

mendaz *adj.* [persona] Que no dice la verdad o que acostumbra mentir.

mendelevio *m.* Elemento químico radiactivo artificial con el número atómico 101.

mendelismo *m.* Teoría basada en las leyes genéticas de Mendel.

mendicante *adj./com.* **1** [persona] Que pide limosna. ‖ *adj.* **2** [orden religiosa] Que vive únicamente de la limosna.

mendicidad *f.* Situación de la persona que no posee otros ingresos para vivir que los que le proporcionan las limosnas.

mendigar [7] *tr./intr.* **1** Pedir ayuda o auxilio a modo de limosna, generalmente en forma de dinero o alimentos. **2** Solicitar un favor de forma humillante.

mendigo, -ga *m. y f.* Persona muy pobre que vive de las limosnas.

mendrugo *m.* **1** Pedazo de pan duro. ‖ *adj./m.* **2** *coloquial* [persona] Que es torpe o poco inteligente.

menear *tr./prnl.* **1** Mover un lado al otro. **2** *coloquial* Hacer gestiones con rapidez y decisión para resolver un asunto.

meneo *m.* **1** Acción y efecto de menear. **2** *coloquial* Golpe o vapuleo.

menester *m.* **1** *culto* Ocupación o trabajo. **2** Falta o necesidad de una cosa.

OBS Se usa frecuentemente en plural. Se considera registro culto cuando se utiliza en singular.

menesteroso, -sa *adj./m. y f.* [persona] Que carece de lo necesario para vivir y necesita ayuda.

menestra *f.* Guiso hecho con hortalizas y verduras variadas a las que se suele añadir trozos de carne o jamón.

mengano, -na *m. y f. coloquial* Nombre que se usa para designar a una persona imaginaria o sin determinar.

OBS Se suele usar detrás de *fulano* y antes que *zutano* o *perengano.* Es frecuente el uso de estos nombres en diminutivo.

mengua *f.* Disminución en la cantidad, tamaño, calidad o valor de una cosa.

menguante *adj.* **1** Que disminuye. **2** [Luna] Que refleja luz en su parte izquierda, vista desde la Tierra. ‖ *f.* **3** Disminución del caudal de un río o del nivel de agua del mar.

menguar [22] *intr.* **1** Disminuir el tamaño o la cantidad de una cosa. **2** Disminuir el tamaño de la parte iluminada de la Luna. **3** Decaer o venir a menos. **4** Disminuir el número de puntos en una labor para hacerla más estrecha.

menhir *m.* Monumento prehistórico que está formado por una gran piedra alargada clavada en el suelo en posición vertical.

menina *f.* Niña de la nobleza que servía a la reina o a las infantas niñas.

meninge *f.* Membrana de las que envuelven el encéfalo y la médula espinal.

meningítico, -ca *adj.* **1** De la meningitis. ‖ *adj./m. y f.* **2** [persona] Que padece una meningitis.

meningitis *f.* Enfermedad por la que se inflaman las meninges.

OBS El plural también es *meningitis*.

menisco *m.* Cartílago en forma de media luna que sirve para facilitar la articulación de los huesos de la rodilla.

menopausia *f.* **1** Desaparición natural de la menstruación y de la capacidad de reproducción de la mujer. **2** Período en el que se produce este hecho.

menor *adj.* **1** Que es menos grande o menos intenso respecto a otra cosa con la que se compara implícita o explícitamente. Es el comparativo de *pequeño*. **2** Acompañado de un artículo y seguido por un sustantivo, equivale a *ningún* o *ninguno*. **3** MÚS. [intervalo] Que es igual que el mayor, pero cuya nota superior ha bajado medio tono. ‖ *adj./com.* **4** [persona, animal] Que tiene menos edad. **5** [persona] Que no ha llegado a la edad adulta legal. ▸ **al por menor** En cantidades pequeñas, especialmente tratándose de la venta o comercio de mercancías.

menorquín, -quina *adj.* **1** De Menorca. ‖ *adj./m. y f.* **2** [persona] Que es de Menorca. ‖ *m.* **3** Variedad dialectal del catalán balear que se habla en Menorca.

menos *adv.* **1** Indica menor cantidad o intensidad en una comparación. **2** Indica idea opuesta a la de preferencia. **3** Indica que una persona o cosa no está incluida en lo que se dice. ‖ *conj.* **4** Indica resta o sustracción. ‖ *m.* **5** Signo aritmético que representa la resta o que se antepone a un número para indicar que este es negativo. ▸ **a menos que** Introduce una oración subordinada en la que se hace una salvedad a propósito de lo expresado en la principal. ▸ **al menos** o **por lo menos** *a*) Indica el límite mínimo en el cálculo de una cantidad, especialmente cuando se considera que es una cantidad grande. *b*) Expresa una salvedad respecto de algo que se ha dicho. ▸ **ni mucho menos** Expresión con que se enfatiza una negación.

menoscabar *tr.* Hacer perder calidad o valor a una cosa.

menoscabo *m.* Disminución en la cantidad, calidad o valor de una cosa.

menospreciable *adj.* **1** Que es indigno o que moralmente merece ser despreciado. **2** Que no es importante.

menospreciar [12] *tr.* **1** No tener en cuenta una cosa o a una persona por considerar que es menos importante de lo que es en realidad. **2** No apreciar una cosa o a una persona por considerarla indigna de estimación.

menosprecio *m.* **1** Sentimiento por el cual se da menos valor o importancia a una persona o cosa de la que realmente tiene. **2** Desprecio hacia algo o alguien.

mensaje *m.* **1** Noticia o información que una persona comunica a otra u otras. **2** Contenido ideológico o moral que pretende transmitir una obra literaria o artística. **3** Conjunto de señales o signos que se usan en una comunicación.

mensajear *tr./intr.* Enviar mensajes de texto o audiovisuales a través de un dispositivo electrónico.

mensajería *f.* **1** Servicio de reparto de cartas y paquetes urgentes, generalmente dentro de una misma ciudad. **2** Sociedad o empresa que se dedica a ese servicio.

mensajero, -ra *adj./m. y f.* **1** Que lleva un mensaje. ‖ *m. y f.* **2** Persona que se dedica a llevar cartas y paquetes urgentes a su destino.

menstruación *f.* **1** Proceso fisiológico por el que las mujeres y las hembras de ciertas especies animales evacuan periódicamente por la vagina sangre que procede del útero. **2** Flujo sanguíneo procedente del útero de las mujeres y las hembras de ciertas especies animales.

menstruar [11] *intr.* Evacuar por la vagina sangre y mucosa uterina durante algunos días de cada mes.

menstruo *m. culto* Menstruación.

mensual *adj.* **1** Que se repite cada mes. **2** Que dura un mes.

mensualidad *f.* **1** Sueldo correspondiente al trabajo de un mes. **2** Cantidad de dinero que se paga o se cobra cada mes.

mensurable *adj. culto* Que se puede medir.

menta *f.* **1** Planta herbácea con las hojas verdes y aromáticas y con flores moradas formando racimos. **2** Esencia extraída de esa planta. **3** Infusión que se prepara hirviendo las hojas secas de esa planta.

-menta Sufijo que entra en la formación de nombres con significado colectivo.

mental *adj.* **1** De la mente. **2** Que tiene lugar únicamente en la mente.

mentalidad *f.* **1** Conjunto de creencias y costumbres que conforman el modo de pensar, enjuiciar la realidad y actuar de un individuo o de una colectividad. **2** Capacidad intelectual.

mentalización *f.* Acción y efecto de mentalizar o mentalizarse.

mentalizar [4] *tr./prnl.* Preparar, predisponer o concienciar a una persona para que acepte y afronte una determinada situación, circunstancia o problema.

mentar [27] *tr.* Nombrar o hacer referencia a una persona o cosa.

mente *f.* Conjunto de capacidades intelectuales o psíquicas de la persona.

-mente Sufijo que interviene en la formación de adverbios de modo uniéndose a los adjetivos en su forma femenina.

mentecato, -ta *adj./m. y f.* [persona] Que es poco inteligente.

mentidero *m.* Lugar donde se reúnen las personas para conversar y tratar los asuntos del pueblo o de la ciudad.

mentir [35] *intr.* Decir lo contrario de lo que se sabe, se cree o se piensa que es verdad.

mentira *f.* **1** Expresión contraria a lo que se sabe, se cree o se piensa que es verdad. **2** Cosa ilusoria y sin fundamento. **3** *coloquial* Manchita blanca que sale en las uñas.

mentirijillas Palabra que se utiliza en la locución adverbial *de mentirijillas*, que significa 'que algo no es verdad, se ha dicho o hecho para engañar o bromear'.

mentiroso, -sa *adj./m. y f.* [persona] Que miente o tiende a mentir a menudo.

mentís *m.* Declaración o demostración con que se desmiente o contradice una cosa dicha por otra persona.

OBS El plural también es *mentís*.

mentol *m.* Sustancia sólida que se extrae de la esencia de menta.

mentolado, -da *adj.* Que contiene o sabe a mentol.

mentón *m.* Parte de la cara que está debajo de la boca y forma la prominencia de la mandíbula inferior.

mentor, -ra *m. y f.* Persona que es consejera, guía y protectora de otra.

menú *m.* **1** Conjunto de platos que componen una comida. **2** Lista de comidas y bebidas que se pueden elegir en un restaurante o establecimiento análogo. **3** INFORM. Lista de acciones y funciones que aparecen en la pantalla de un ordenador y que este ejecutará a partir de la elección del usuario.

OBS El plural es *menús*.

menudear *tr.* **1** Hacer una cosa frecuentemente. ‖ *intr.* **2** Ocurrir una cosa frecuentemente. **3** Narrar las cosas con mucho detalle. **4** Referir cosas sin importancia.

menudencia *f.* **1** Cosa sin importancia o valor. ‖ *f. pl.* **2** Despojos que quedan tras descuartizar a un cerdo.

menudeo *m.* Venta de productos al por menor, en pequeñas cantidades.

menudillos *m. pl.* Vísceras de las aves.

menudo *adj.* **1** Que es delgado, bajo o de pequeño tamaño. **2** Que tiene poca importancia. **3** En frases exclamativas, intensifica el valor del nombre que le sigue. ‖ *m. pl.* **4** Vísceras, patas y sangre del ganado muerto. ▶ **a menudo** Con frecuencia.

meñique *adj./m.* [dedo] Que es quinto y el más pequeño de la mano o del pie.

meollo *m.* **1** Parte esencial de una cosa. **2** Masa nerviosa de la cavidad del cráneo.

meón, -ona *adj./m. y f.* *coloquial* [persona, animal] Que orina mucho.

mequetrefe *com.* Persona débil y poco importante. Tiene valor despectivo.

mercachifle *com.* **1** Comerciante de poca importancia. Tiene valor despectivo. **2** Persona excesivamente interesada en sacar provecho de su trabajo o profesión. Tiene valor despectivo.

mercader *m.* Persona que se dedica a vender mercancías.

mercadería *f.* Producto con el que se comercia.

mercadillo *m.* Mercado formado por puestos ambulantes que se instalan cada cierto tiempo, generalmente al aire libre, y donde se venden productos baratos.

mercado *m.* **1** Lugar o edificio público donde se compran o se venden mercancías. **2** Actividad de compra y venta de mercancías y servicios. **mercado negro** Compra, venta o permuta clandestina de productos. **3** Conjunto de compradores potenciales de una mercancía o servicio.

mercadotecnia *f.* Conjunto de principios

y técnicas que buscan el crecimiento del comercio de un producto o de un servicio.

mercancía *f.* **1** Producto con el que se comercia. **‖** *m.* **2** Tren que transporta solamente productos.

mercante *adj./m.* **1** [embarcación] Que sirve para transportar pasajeros y mercancías. **‖** *adj.* **2** Que se dedica al comercio por mar.

mercantil *adj.* Del comercio.

mercantilismo *m.* Interés excesivo en conseguir ganancias en cosas que no deberían ser objeto de comercio.

mercantilista *adj.* **1** Del mercantilismo. **‖** *adj./com.* **2** [persona] Que es partidario del mercantilismo. **3** [persona] Que es especialista en derecho mercantil.

mercar [1] *tr./prnl.* Conseguir un producto a cambio de dinero.

merced *f.* **1** Honor, favor, perdón o beneficio concedido por una persona. **2** Forma de tratamiento de segunda persona en desuso que indica respeto y cortesía. Se usaba con *su, vuestra* o *vuesa* y era equivalente a *usted.* ▸ **a merced de** Bajo la voluntad y el poder de una persona o cosa. ▸ **merced a** *culto* Por causa de una persona o cosa que produce un bien o un mal.

mercedario, -ria *adj.* **1** De la orden religiosa de la Merced. **‖** *adj./m. y f.* **2** [religioso] Que pertenece a esta orden.

mercenario, -ria *adj./m. y f.* [soldado] Que lucha al servicio de un país extranjero a cambio de dinero o de un favor.

mercería *f.* **1** Tienda donde se venden telas, hilos, agujas y otros objetos para coser y hacer labores. **2** Conjunto de artículos y accesorios para coser y hacer labores.

mercromina *f.* Líquido de color rojo o marrón compuesto por alcohol y mercurio que se usa para desinfectar heridas.

mercurio *m.* Metal líquido a la temperatura ordinaria, denso y de color gris plata.

merecer [43] *tr./prnl.* **1** Ser digno de una cosa o de una persona. **2** Tener una cosa el valor o la importancia suficientes.

merecido *m.* Castigo justo y adecuado.

merecimiento *m.* Derecho a recibir un premio o una alabanza.

merendar *tr./intr.* **1** Tomar alimento por la tarde, antes de la cena. **‖** *prnl.* **2** *coloquial* Vencer en una competición o a un adversario con gran superioridad.

merendero *m.* **1** Lugar al aire libre provisto de mesas y asientos al que se va a comer, generalmente llevando la propia comida. **2** Establecimiento público donde se sirven comidas y bebidas y suele estar en el campo o en la playa.

merengar [7] *tr.* Batir la leche mezclada con clara de huevo, azúcar y canela hasta que adquiere consistencia de merengue.

merengue *m.* **1** Dulce hecho con claras de huevo batidas y azúcar y cocido al horno. **2** Baile típico del Caribe. **3** Persona delicada y débil. **‖** *adj./com.* **4** [persona, jugador] Que esta vinculado o es aficionado al club de fútbol Real Madrid.

meretriz *f.* Prostituta.
OBS El plural es *meretrices.*

meridiano, -na *adj.* **1** Del mediodía. **2** Que es muy claro y manifiesto. **‖** *m.* **3** Círculo imaginario trazado en la esfera de la Tierra y que pasa por los polos.

meridional *adj./com.* Del sur.

merienda *f.* Alimento que se toma por la tarde, antes de la cena.

merino, -na *adj.* **1** [raza de ovejas] Que se caracteriza por que las ovejas que pertenecen a ella, son de tamaño mayor al normal y tienen la lana muy fina, corta, rizada y muy suave. **2** [lana] Que se obtiene de las ovejas de esta raza. **‖** *adj./m. y f.* **3** [oveja, carnero] Que pertenece a esta raza.

mérito *m.* **1** Derecho a recibir un premio o una alabanza. **2** Valor o importancia que tiene una cosa.

meritorio, -ria *adj.* **1** Que merece un premio o una alabanza. **‖** *m. y f.* **2** Persona que trabaja sin recibir un sueldo con el fin de conseguir una plaza remunerada.

merluza *f.* **1** Pez marino de cuerpo alargado, con la primera aleta dorsal corta y la segunda larga; es comestible y muy apreciado. **2** *coloquial* Borrachera.

merluzo, -za *adj./m. y f. coloquial* [persona] Que tiene poco entendimiento.
OBS Tiene valor despectivo.

merma *f.* Disminución o reducción en el número o en el tamaño de una cosa.

mermar *intr./prnl.* **1** Disminuir el número o el tamaño de algo. **‖** *tr.* **2** Quitar o reducir una parte de una cosa.

mermelada *f.* Dulce en conserva que se hace con frutas cocidas y trituradas, agua y azúcar.

mero, -ra *adj.* **1** Que es único; que es simplemente lo que indica el nombre. Se coloca siempre delante del nombre. **‖** *m.* **2** Pez marino de color castaño rojizo, ojos grandes y mandíbula inferior que sobresale del maxilar; es comestible y su carne es muy fina y delicada.

merodear *intr.* Andar por los alrededores de un lugar con malas intenciones, curioseando o buscando algo.

merovingio, -gia *adj.* **1** De la primera dinastía de reyes francos que reinaron en Francia desde el siglo V hasta el VIII o que tiene relación con ella. ‖ *adj./m. y f.* **2** [rey] Que pertenece a esta dinastía.

mes *m.* **1** Período de tiempo que, junto con otros once, forma un año. **2** Período de tiempo de treinta días.

mesa *f.* **1** Mueble formado por una tabla horizontal, sostenida por uno o varios pies, sobre la cual se pueden poner objetos. **2** Conjunto de personas que ocupan una mesa en un restaurante u otro establecimiento comercial donde se sirven comidas o bebidas. **3** Conjunto de personas que dirigen una reunión o un acto. ▸ **poner la mesa** Colocar sobre la mesa los objetos necesarios para comer. ▸ **quitar** o **levantar la mesa** Recoger los objetos y restos de comida que cubren la mesa después de comer.

mesana *f.* **1** Palo que está más cercano a la popa en una embarcación de tres mástiles. **2** Vela que se coloca en este palo.

mesar *tr./prnl.* Arrancar o estrujar el cabello o la barba con las manos.

mescolanza *f.* Mezcla que resulta extraña y, en algunas ocasiones, ridícula.

mesenterio *m.* ANAT. Repliegue del peritoneo que une el intestino delgado con la pared del abdomen.

meseta *f.* Extensión de terreno llano y elevado respecto al nivel del mar.

mesiánico, -ca *adj.* Del mesianismo.

mesianismo *m.* **1** Creencia religiosa que propugna la llegada de un enviado de Dios, o Mesías. **2** Confianza absoluta en un futuro mejor gracias a la intervención de una sola persona o un líder.

mesías *m.* **1** Persona que ha sido enviada por Dios y anunciada por los profetas para liberar al pueblo del orden establecido. En esta acepción se escribe con mayúscula. **2** Persona de la que se espera que solucione todos los problemas.

mesilla *f.* Mueble pequeño en forma de mesa con cajones que se coloca junto a la cabecera de la cama.

mesnada *f.* **1** Conjunto de hombres armados que en la Edad Media estaban a las órdenes de un rey o de un noble. **2** Conjunto de los seguidores o partidarios de una persona. En esta acepción se usa más en plural.

meso- Elemento prefijal que significa 'en medio', 'intermedio'.

mesocarpio o **mesocarpo** *m.* BOT. Capa intermedia de las tres que forman el pericarpio o envoltura que cubre la semilla y que constituye la parte carnosa de los frutos.

mesocracia *f.* **1** Forma de gobierno en la cual domina la clase media o la burguesía. **2** Clase media o burguesía.

mesocrático, -ca *adj.* De la mesocracia.

mesolítico, -ca *adj.* **1** [período prehistórico] Que está situado entre el paleolítico y el neolítico y que se caracteriza por la aparición de la economía productiva. ‖ *adj.* **2** De este período prehistórico.

mesón *m.* **1** Establecimiento donde se sirven comidas y bebidas que suele estar decorado de una forma tradicional y rústica. **2** Establecimiento, situado en un camino, que hospeda a los viajeros. **3** FÍS. Partícula elemental producida a partir de ciertas reacciones nucleares; su masa es intermedia entre el electrón y el nucleón.

mesonero, -ra *m. y f.* Persona que es dueña de un mesón.

mesopotámico, -ca *adj.* **1** De Mesopotamia. ‖ *adj./m. y f.* **2** [persona] Que pertenecía a una civilización que se desarrolló en esta región.

mesosfera *f.* Capa de la atmósfera que está situada entre la estratosfera y la termosfera.

mesoterapia *f.* MED. Tratamiento local de algunas enfermedades que consiste en introducir pequeñas dosis de diversos medicamentos en la piel mediante inyecciones simultáneas con una jeringa circular provista de varias agujas.

mesozoico, -ca *adj./m.* **1** GEOL. [era geológica] Que sigue o sucede a la era primaria y que se extiende desde hace 225 millones de años hasta hace 65 millones de años. ‖ *adj.* **2** GEOL. De esta era geológica.

mester *m.* Antiguamente, un oficio. **mester de clerecía** Escuela poética medieval española formada por clérigos y personas cultas que componían una poesía erudita con métrica fija y temática preferentemente religiosa; se desarrolló en el siglo XIII. **mester de juglaría** Escuela poética medieval española de carácter popular y de tradición oral cuyas poesías recitaban los juglares; se desarrolló en los siglos XII y XIII.

mestizaje *m.* **1** Cruce de razas distintas. **2** Conjunto de individuos que resultan de este cruce.

mestizo, -za *adj./m. y f.* [persona] Que ha nacido de un padre y una madre de diferente etnia.

mesura *f.* Moderación en el ánimo, en las pasiones y en los placeres.

mesurar *tr./prnl.* Moderar el ánimo, las pasiones y los placeres.

meta *f.* **1** Lugar o punto en el que termina una carrera. **2** Fin al que se dirige una acción u operación. **3** Portería de ciertos deportes.

meta- Prefijo que significa: *a)* 'Cambio', 'mutación'. *b)* 'Más allá de'. *c)* 'Después', 'posterior'.

metabólico, -ca *adj.* Del metabolismo.

metabolismo *m.* Conjunto de reacciones físico-químicas que se producen continuamente en las células de todos los seres vivos.

metacarpo *m.* ANAT. Conjunto de los cinco huesos situados entre la muñeca y los dedos en el esqueleto de los miembros anteriores de los vertebrados.

metacrilato *m.* Material plástico transparente parecido al vidrio.

metadona *f.* Producto farmacéutico con propiedades analgésicas semejante a la morfina.

metafísica *f.* **1** Disciplina filosófica que trata del ser, de sus principios, de sus propiedades y de sus causas. **2** Modo de pensar con excesiva sutileza sobre cualquier tema.

metafísico, -ca *adj.* **1** De la metafísica. **2** Que es abstracto y difícil de comprender.

metafita *adj./f.* **1** BOT. [planta] Que tiene muchas células diferenciadas agrupadas en tejidos que forman órganos, sistemas y aparatos. ‖ *f. pl.* **2** BOT. Grupo al que pertenecen estas plantas.

metáfora *f.* Uso de una palabra con el significado de otra basándose en la relación de semejanza que existe entre las dos realidades que ambas palabras designan.

metafórico, -ca *adj.* **1** [palabra, imagen] Que se usa con el significado de otra, como una metáfora. **2** [estilo artístico] Que emplea frecuentemente metáforas.

metagoge *f.* Metáfora que consiste en aplicar a cosas o seres inanimados palabras referidas a los sentidos o a las cualidades de seres animados.

metal *m.* **1** Elemento químico, generalmente sólido a temperatura normal, que es buen conductor del calor y de la electricidad y que tiene un brillo característico. **2** Material duro y brillante formado por oro, plata o platino o por la aleación de varios de ellos; se utiliza para fabricar numerosos objetos. **3** Conjunto de instrumentos de viento de una orquesta que están hechos con ese material. ▷ **vil metal** Dinero.

metalenguaje *m.* Lenguaje que se usa para hablar de una lengua.

metálico, -ca *adj.* **1** Del metal o que está hecho de este material. **2** Que tiene una característica que se considera propia del metal. ‖ *m.* **3** Cantidad de dinero de la que se dispone.

metalingüístico, -ca *adj.* GRAM. Del metalenguaje.

metalizado, -da *adj.* [color, pintura] Que tiene el brillo o los reflejos del metal.

metaloide *m.* Elemento químico que puede comportarse químicamente como un metal o como un no metal.

metalurgia *f.* Industria que se ocupa de extraer los metales contenidos en los minerales para elaborarlos y darles forma.

metalúrgico, -ca *adj.* **1** De la metalurgia. ‖ *adj./m. y f.* **2** [persona] Que trabaja en la industria de la metalurgia.

metamórfico, -ca *adj.* **1** Del metamorfismo. **2** [roca] Que ha pasado por un proceso de metamorfismo.

metamorfismo *m.* Transformación que sufre una roca en el interior de la corteza terrestre como resultado de las variaciones de temperatura y presión.

metamorfosis *f.* Transformación o cambio.

OBS El plural también es *metamorfosis*.

metano *m.* Gas incoloro, inodoro y muy inflamable, principal componente del gas natural, que se utiliza como combustible y en la elaboración de productos químicos.

metanol *m.* Alcohol que se usa para disolver aceites y como aditivo para combustibles líquidos.

metástasis *f.* MED. Reproducción y extensión de una enfermedad o de un tumor.

OBS El plural también es *metástasis*.

metatarso *m.* ANAT. Conjunto de los cinco huesos largos que están situados entre el tarso y los dedos del pie o de las extremidades posteriores de los vertebrados.

metátesis *f.* GRAM. Fenómeno lingüístico y figura del lenguaje que consiste en cambiar de lugar uno o más sonidos de una palabra.

OBS El plural también es *metátesis*.

metazoo *adj./m.* **1** ZOOL. [animal] Que tiene muchas células diferenciadas agrupadas en tejidos que forman órganos, sistemas y aparatos. ∥ *m. pl.* **2** ZOOL. Grupo al que pertenecen estos animales.

metedura Palabra que aparece en la expresión coloquial *metedura de pata* que se usa para referirse a una acción o dicho inconveniente e inoportuno.

metempsicosis o **metempsícosis** *f.* Según una creencia religiosa, paso de las almas después de la muerte a otro cuerpo. OBS El plural también es *metempsicosis* o *metempsícosis*.

meteórico, -ca *adj.* **1** De los fenómenos de la atmósfera. **2** Que es muy rápido.

meteorismo *m.* MED. Acumulación de gases en el tubo digestivo que produce un abultamiento del abdomen.

meteorito *m.* Cuerpo del espacio exterior que puede entrar en la atmósfera y deshacerse cayendo en trozos sobre la superficie de la Tierra.

meteoro *m.* Fenómeno natural no permanente que se produce en la atmósfera.

meteorología *f.* Disciplina que estudia los fenómenos de la atmósfera.

meteorológico, -ca *adj.* De la meteorología.

meteorólogo, -ga *m. y f.* Persona que se dedica a la meteorología.

metepatas *adj./com. coloquial* [persona] Que dice o hace una cosa inconveniente e inoportuna. OBS El plural también es *metepatas*.

meter *tr./prnl.* **1** Introducir o dejar una cosa o a una persona en el interior de un objeto o un lugar. **2** Proporcionar un empleo o trabajo a una persona. ∥ *tr.* **3** Depositar dinero en el banco o invertirlo en un negocio. **4** Hacer que una pieza de tela resulte más corta o más estrecha doblándola y cosiéndola por las costuras. **5** Provocar verbalmente o mediante una acción un efecto determinado. **6** Producir un sonido fuerte, desagradable o confuso. **7** *coloquial* Propinar. **8** Vender con engaño o a la fuerza. ∥ *prnl.* **9** Participar en una cosa sin tener derecho a ello o sin haber sido llamado. **10** Seguir o desempeñar un oficio.

meticón, -cona *adj./m. y f. coloquial* [persona] Que tiende a entrometerse en los asuntos de otras personas. Tiene valor despectivo.

meticulosidad *f.* Cuidado y atención que se pone en una cosa.

meticuloso, -sa *adj.* **1** Que se hace con meticulosidad. ∥ *adj./m. y f.* **2** [persona] Que obra con meticulosidad.

metido, -da *adj.* Que abunda en una cosa.

metódico, -ca *adj.* **1** Que se hace con método y orden. **2** [persona] Que hace las cosas con método y orden.

metodismo *m.* Doctrina religiosa anglicana que valora la lectura común de la Biblia y la oración personal frente a las formas de culto públicas.

metodista *adj.* **1** Del metodismo. ∥ *adj./com.* **2** [persona] Que es partidario del metodismo.

método *m.* **1** Modo ordenado y sistemático de proceder para llegar a un resultado o a un fin. **2** Conjunto de reglas y ejercicios destinados a enseñar una actividad, un arte o una ciencia.

metodología *f.* Conjunto de métodos que se siguen en una disciplina científica, en un estudio o en una exposición doctrinal.

metomentodo *adj./com. coloquial* [persona] Que interviene en asuntos ajenos. Tiene valor despectivo.

metonimia *f.* Figura del lenguaje que consiste en cambiar el nombre de una cosa por el de otra que es su causa, efecto, parte o continuación.

metopa *f.* ARQ. Espacio que queda entre dos triglifos de los frisos dóricos.

metraje *m.* Longitud expresada en metros; se usa para hablar de películas cinematográficas, papel en rollo o tejidos.

metralla *f.* Conjunto de pequeños pedazos de metal con que se cargan ciertos proyectiles, bombas o artefactos explosivos.

metralleta *f.* Arma de fuego automática, portátil y de repetición.

-metría Elemento sufijal que significa 'medida', 'técnica de medición'.

métrica *f.* Arte y técnica que se ocupa de la medida de los versos, de su estructura, de sus clases y de sus combinaciones.

métrico, -ca *adj.* **1** Que está basado en el metro como unidad de medida. **2** De la medida de los versos o que tiene relación con esta técnica.

metro *m.* **1** Unidad de longitud en el Sistema Internacional de unidades. **2** Instrumento en forma de regla o de cinta graduada que generalmente tiene un metro de longitud y que sirve para medir. **3** Metropolitano, tren. **4** Conjunto de instalaciones y estaciones donde para ese tren para recoger o dejar viajeros. **5** Medida característica de una clase de versos.

metrónomo *m.* Aparato que sirve para

medir el tiempo y marcar de modo exacto el compás de una composición musical.

metrópoli o **metrópolis** *f.* **1** Ciudad muy grande y con muchos habitantes. **2** Ciudad o nación que gobierna y administra otras regiones.
OBS El plural es *metrópolis*.

metropolitano, -na *adj.* **1** De la metrópoli. ‖ *m.* **2** Tren eléctrico total o parcialmente subterráneo que comunica las distintas partes de una ciudad.

mexicanismo o **mejicanismo** *m.* Palabra o modo de hablar propio de la variedad del español en México.

mexicano, -na o **mejicano, -na** *adj.* **1** De México ‖ *adj./m. y f.* **2** [persona] Que es de México.

mezcla *f.* Acción y efecto de mezclar.

mezclar *tr./prnl.* **1** Juntar varias cosas distintas para que formen un todo. **2** Alterar mediante su manipulación el orden de algo que estaba ordenado. **3** Juntar personas o cosas distintas. **4** En cinematografía, unir varias imágenes, sonidos y música. **5** Meter a una persona en un asunto que no le incumbe o que puede traerle problemas. ‖ *prnl.* **6** Introducirse o meterse entre la gente. **7** Tener relación o trato.

mezcolanza *f.* Mezcla que resulta extraña, confusa e incluso ridícula.

mezquindad *f.* **1** Cualidad de mezquino. **2** Obra o dicho mezquinos.

mezquino, -na *adj./m. y f.* **1** Que es despreciable por carecer de sentimientos nobles. **2** Que intenta gastar menos de lo que podría permitirse. ‖ *adj.* **3** Que es excesivamente pequeño o escaso.

mezquita *f.* Edificio donde una comunidad musulmana se reúne para rezar o realizar ceremonias religiosas.

mi *det. pos.* **1** Forma del determinante posesivo en primera persona que indica que el nombre al que acompaña pertenece a la persona que habla. Siempre va delante del nombre. ‖ *m.* **2** Tercera nota de la escala musical.

mí *pron.* Forma del pronombre personal de la primera persona del singular. Se usa siempre detrás de una preposición. Junto a la preposición *con* forma la palabra *conmigo*.

miasma *m.* Olor muy desagradable o sustancia maloliente.
OBS Se usa más en plural.

miau *m.* Onomatopeya de la voz del gato.

mica *f.* Mineral formado por varias láminas delgadas, brillantes, blandas y flexibles, que se utiliza como aislador eléctrico.

micelio *m.* BIOL. Aparato vegetativo de los hongos que está constituido por células que forman filamentos.

micénico, -ca *adj.* **1** De la civilización que se desarrolló en el siglo XIV a. C. en la ciudad de Micenas. ‖ *adj./m. y f.* **2** [persona] Que era de Micenas o de una de las ciudades donde se desarrolló esta civilización. ‖ *m.* **3** Lengua que constituye la forma más antigua de la lengua griega.

michelín *m.* Acumulación de grasa en forma de pliegue que se forma alrededor de la cintura de las personas.

mico, -ca *m. y f.* **1** Mono de pequeño tamaño y de cola larga. **2** *coloquial* Nombre que se le da a los niños pequeños como apelativo cariñoso.

micología *f.* Parte de la botánica que estudia los hongos.

micólogo, -ga *m. y f.* Persona que está especializada en el estudio de los hongos.

micosis *f.* MED. Enfermedad infecciosa producida por hongos microscópicos.
OBS El plural también es *micosis*.

micra *f.* Medida de longitud que equivale a la millonésima parte de un metro.

micro *m. coloquial* Micrófono.

micro- **1** Elemento prefijal que significa 'pequeño', 'de magnitud reducida'. **2** Elemento prefijal que entra en la formación de submúltiplos con el significado de 'la millonésima parte'.

microbio *m.* Organismo vivo unicelular que puede producir enfermedades.

microbiología *f.* Parte de la biología que estudia los organismos microscópicos.

microbiota *f.* Conjunto de microorganismos característicos de una parte del cuerpo de un ser vivo.

microbús *m.* Autobús pequeño.

microcirugía *f.* Cirugía que se realiza mediante microscopio.

microclima *m.* Conjunto de las condiciones climáticas particulares de una zona y que son distintas a las comunes en la región en la que se encuentra.

microcosmo o **microcosmos** *m.* FILOS. El ser humano considerado como reflejo y resumen del universo o macrocosmo.

microcrédito *m.* Crédito bancario pequeño que se concede a personas con pocos recursos económicos.

microeconomía *f.* Estudio de la economía de una zona, país o grupo de países considerada individualmente.

microelectrónica *f.* Técnica que consiste

en diseñar y producir material electrónico de dimensiones muy pequeñas.

microfilmar *tr.* Reproducir en un microfilme imágenes o textos.

microfilme o **microfilm** *m.* Película fotográfica que se usa para fijar en ella imágenes y textos en tamaño muy reducido y ampliarlos después en fotografía o proyectarlos sobre una pantalla.

micrófono *m.* Aparato que por medio de una membrana que vibra convierte las ondas sonoras en corriente eléctrica para aumentar la intensidad de los sonidos.

microfotografía *f.* Fotografía de objetos de tamaño microscópico.

microlentilla *f.* Lente de contacto.

micrómetro *m.* 1 Medida de longitud del Sistema Internacional que resulta de dividir el metro en un millón de partes. 2 Instrumento que sirve para medir grosores o espesores muy pequeños.

micrón *m.* Antigua denominación con la que se designaba al *micrómetro*.

microondas *adj./m.* [horno] Que funciona con radiaciones electromagnéticas que permiten que los alimentos se calienten o se cocinen con gran rapidez.

microordenador *m.* Ordenador electrónico diseñado para aplicaciones concretas, de tamaño y capacidad reducidos, generalmente personal y de uso doméstico.

microorganismo *m.* Organismo vivo unicelular que no se puede ver sin la ayuda del microscopio.

microprocesador *m.* Procesador de muy pequeñas dimensiones.

microrrelato *m.* Relato o cuento que es muy breve.

microscópico, -ca *adj.* Que tiene un tamaño tan pequeño que solamente puede verse a través de un microscopio.

microscopio *m.* Instrumento óptico que, por medio de un sistema de lentes de gran aumento, amplía la imagen de seres y objetos tan extremadamente pequeños que no se pueden ver a simple vista.

microsegundo *m.* Medida de tiempo que resulta de dividir el segundo en un millón de partes.

miedica *adj./com. coloquial* [persona] Que se asusta por cualquier cosa. Tiene valor despectivo.

mieditis *f. coloquial* Sentimiento de miedo intenso o injustificado.

miedo *m.* 1 Sensación de angustia provocada por la presencia de un peligro real o imaginario. 2 Sentimiento de desconfian-

za que impulsa a creer que ocurrirá un hecho contrario a lo que se desea. ▸ **de miedo** *a)* Que es muy grande. *b)* Que es muy bueno.

miedoso, -sa *adj.* Que tiene miedo por cualquier cosa.

miel *f.* Sustancia espesa, pegajosa y muy dulce que elaboran las abejas con el néctar de las flores.

miembro *m.* 1 Parte del cuerpo del hombre y de los animales que está articulada con el tronco. 2 Parte o apartado que, junto con otros, forman un conjunto o sistema. 3 Órgano sexual masculino. 4 MAT. Cantidad que, junto con otra, forma una ecuación o una desigualdad. ‖ *com.* 5 Persona que forma parte de un grupo.

mientras *adv.* 1 Indica que dos o más acciones ocurren al mismo tiempo. Suele ir seguido de una coma. ‖ *conj.* 2 Indica que dos o más acciones ocurren al mismo tiempo.

miércoles *m.* Tercer día de la semana.

OBS El plural también es *miércoles*.

mierda *f.* 1 Excremento que se expulsa por el ano. 2 *coloquial* Suciedad que se queda pegada a la ropa o a otra cosa. 3 *coloquial* Estado en el que se pierde el control de los actos a causa del consumo excesivo de alcohol. 4 *coloquial* Cosa fea, mal hecha o de mala calidad. ‖ *com.* 5 *coloquial* Persona cobarde o que no tiene buenas cualidades. Se usa como insulto. ‖ *int.* 6 ▸ ¡**mierda!** *malsonante* Expresión que indica enfado, disgusto o asco. ▸ **irse a la mierda** *coloquial* Estropearse o echarse a perder lo que se tenía planeado.

mies *f.* 1 Cereal que ya está maduro para ser recolectado. ‖ *f. pl.* 2 Terrenos en los que se cultivan cereales.

miga *f.* 1 Parte blanda del pan que está rodeada por la corteza. 2 Trozo muy pequeño de pan o de otro alimento. 3 Contenido importante o interesante que tiene una cosa que se dice o que se escribe. ‖ *f. pl.* 4 Comida que consiste en trozos de pan duro humedecidos que se fríen en aceite o grasa con ajo y pimentón. ▸ **hacer buenas (o malas) migas** *coloquial* Tener una relación buena o mala con una persona.

migaja *f.* 1 Trozo muy pequeño de pan u otro alimento. 2 Porción muy pequeña de algo. ‖ *f. pl.* 3 Restos que quedan de una cosa después de haberla usado o consumido.

migar [7] *tr.* 1 Desmenuzar el pan en pedazos muy pequeños. 2 Echar migas de pan en un líquido.

migración *f.* Acción y efecto de migrar.

migrante *adj./com.* [persona] Que efectúa una migración.

migraña *f.* Dolor de cabeza muy fuerte e intenso que solo afecta a un lado de ella.

migrar *intr.* **1** Dejar el lugar de residencia para establecerse en otro país o región, especialmente por causas económicas o sociales. **2** Dejar un lugar y dirigirse a otro determinadas especies de aves, peces y otros animales por exigencias de la alimentación o la reproducción.

migratorio, -ria *adj.* De la migración.

mihrab *m.* En una mezquita, hueco en forma de arco que está abierto en un muro y está orientado en dirección a La Meca, hacia donde hay que situarse para rezar.

OBS El plural es *mihrabs*.

mijo *m.* **1** Planta de la familia de los cereales con el tallo fuerte y las hojas largas y terminadas en punta. **2** Semilla de esa planta, pequeña, redonda y brillante.

mil *num. card.* **1** Indica que el nombre al que acompaña o al que sustituye está 1000 veces. Puede ser determinante. ‖ *m.* **2** Nombre del número 1000. ‖ *m. pl.* **3** Conjuntos de 1000 unidades.

milagrero, -ra *adj./m. y f.* **1** [persona] Que interpreta como milagros determinados fenómenos naturales. **2** [persona] Que inventa milagros. ‖ *adj.* **3** *coloquial* Que hace milagros.

milagro *m.* **1** Hecho que no se puede explicar por las leyes naturales y que se considera producido por la intervención divina. **2** Hecho extraordinario que provoca admiración o sorpresa.

milagroso, -sa *adj.* **1** Que no se puede explicar por las leyes naturales. **2** Que es raro, extraordinario y provoca admiración y sorpresa. **3** Que hace milagros.

milanesa Palabra que entra en la locución *a la milanesa*, que hace alusión a la manera de cocinar o preparar un alimento y que consiste en rebozarlo en huevo y pan rallado y luego freírlo.

milano *m.* Ave rapaz diurna de color rojizo, de cola y alas muy largas, que se alimenta de pequeños animales.

milenario, -ria *adj.* **1** Que tiene mil años o más. **2** Que es muy antiguo. ‖ *m.* **3** Fecha en la que se celebra que se han cumplido uno o varios millares de años de un acontecimiento o hecho determinado.

milenio *m.* Período de mil años.

milésimo, -ma *num. ord.* **1** Que ocupa el número 1000 en una serie ordenada.

‖ *num.* **2** Parte que resulta de dividir un todo en 1000 partes iguales.

mileurista *adj./com.* [persona] Que cobra un salario de unos mil euros mensuales.

milhojas *m.* Pastel hecho con varias láminas finas de hojaldre entre las que se pone merengue, crema o nata.

OBS El plural también es *milhojas*.

mili *f.* Servicio que se presta al estado siendo soldado.

OBS Es la forma abreviada y usual de *milicia*.

mili- Elemento prefijal que significa 'milésima parte'.

milibar *m.* Medida de presión de la atmósfera que es la milésima parte de un bar.

milicia *f.* **1** Ejército o conjunto de personas que pertenecen a las fuerzas armadas de un país. **2** Técnica de hacer la guerra y de preparar a los soldados para ella. **3** Profesión de los militares. **4** Servicio que se presta al estado siendo soldado.

miliciano, -na *m. y f.* Persona que forma parte de una milicia.

miligramo *m.* Medida de masa que equivale a la milésima parte de un gramo.

mililitro *m.* Medida de capacidad que equivale a la milésima parte de un litro y equivale a un centímetro cúbico.

milimetrado, -da *adj.* **1** Que está dividido o graduado en milímetros. **2** *coloquial* Que está calculado u organizado con gran exactitud y precisión.

milímetro *m.* Medida de longitud que equivale a la milésima parte de un metro.

militancia *f.* **1** Acción y efecto de militar en un partido político u organización política, sindical o social. **2** Conjunto de las personas que pertenecen a un partido político u otra organización política, sindical o social.

militante *adj./com.* [persona] Que forma parte de un grupo o una organización, especialmente de un partido político.

militar *adj.* **1** De la milicia o la guerra. ‖ *com.* **2** Persona que forma parte de un ejército. ‖ *intr.* **3** Formar parte de una milicia o servir en la guerra. **4** Formar parte de un grupo o de una organización, especialmente de un partido político.

militarismo *m.* **1** Influencia y poder excesivo de los militares en el gobierno de un país. **2** Actitud o modo de pensar que defiende esta influencia.

militarista *adj./com.* Que es partidario del militarismo.

militarización *f.* Situación de carácter excepcional establecida por decreto por el gobierno que consiste en someter un cuerpo o servicio civil a la disciplina o a la organización militar.

militarizar *tr.* Someter a la disciplina o las costumbres militares.

milla *f.* **1** Medida de longitud que equivale aproximadamente a 1609 metros. **2** Medida de longitud empleada en la marina que equivale a 1852 metros. También se llama *milla marina*.

millar *m.* **1** Conjunto formado por 1000 unidades. **2** Cantidad que es muy grande e indeterminada.

millón *m.* **1** Cantidad que resulta de multiplicar 1000 por 1000. **2** Cantidad que es muy grande e indeterminada.

millonada *f.* Cantidad muy grande, especialmente de dinero.

millonario, -ria *adj./m. y f.* **1** [persona] Que tiene muchísimo dinero. **|** *adj.* **2** [cantidad] Que supera el millón.

millonésimo, -ma *num. ord.* **1** Que ocupa el número 1 000 000 en una serie ordenada. **|** *num.* **2** Parte que resulta de dividir un todo en un millón de partes iguales.

milonga *f.* **1** Baile popular de Argentina de ritmo lento. **2** Música de este baile. **3** *coloquial* Mentira o engaño.

milord *m.* Tratamiento que se da a los lores o señores de la nobleza inglesa.

OBS Es de origen inglés y procede de *my lord*, 'mi señor'. El plural es *milores*.

mimado, -da *adj./m. y f.* [persona, niño] Que está acostumbrado a hacer siempre su voluntad sin que nadie lo corrija o castigue por sus malas acciones.

mimar *tr.* **1** Tratar con mucho cariño dando muestras de amor o afecto, como abrazos, besos o caricias. **2** Tratar a alguien, en especial a los niños, permitiendo en exceso que hagan lo que quieran.

mimbre *amb.* **1** Arbusto de cuyo tronco nacen muchas ramas largas, delgadas y flexibles. **2** Rama de ese arbusto que se utiliza para hacer cestos, muebles y otros objetos.

mimbrera *f.* **1** Mimbre, arbusto. **2** Lugar donde crecen muchos mimbres.

mimesis o **mímesis** *f.* *culto* Imitación.

OBS El plural también es *mimesis* o *mímesis*.

mimético, -ca *adj.* Que imita o copia.

mimetismo *m.* BIOL. Propiedad que tienen algunas plantas y animales para imitar la forma o el color de los seres o cosas que tienen cerca con el fin de esconderse o defenderse de algún peligro.

mímica *f.* Arte y técnica de imitar, representar acciones o expresarse por medio de gestos y movimientos corporales.

mímico, -ca *adj.* Del mimo o de la mímica.

mimo *m.* **1** Expresión y señal de amor o afecto. **2** Forma de tratar a alguien, en especial a los niños, permitiendo en exceso que hagan lo que quieran. **3** Delicadeza o cuidado con que se hace o se trata una cosa. **4** Arte y técnica de imitar, representar acciones o expresarse por medio de gestos y movimientos corporales. **|** *com.* **5** Actor que se expresa y representa acciones por medio de gestos.

mimoso, -sa *adj.* Que disfruta dando y recibiendo muestras de cariño.

mina *f.* **1** Lugar de la tierra donde hay muchos minerales. **2** Conjunto de instalaciones, excavaciones y galerías subterráneas que se realizan en los yacimientos para extraer minerales de la tierra. **3** Barra fina de grafito o de otra sustancia mineral, que va en el interior de los lápices. **4** Aparato que explota cuando se toca o se roza y que se coloca estratégicamente camuflado o enterrado bajo tierra o bajo el agua. **5** Cosa, asunto o persona que puede proporcionar mucha utilidad.

minar *tr.* **1** Colocar explosivos para derribar edificios o para impedir el paso del enemigo. **2** Consumir poco a poco algo, especialmente las fuerzas, la salud o la alegría de una persona. **3** Abrir galerías subterráneas.

minarete *m.* Torre de una mezquita desde donde se convoca a los fieles musulmanes a la oración.

mineral *adj.* **1** [compuesto natural] Que no tiene vida. **2** Del conjunto de los compuestos naturales sin vida que forman la corteza de la Tierra. **|** *m.* **3** Compuesto natural sin vida que se encuentra en la corteza de la Tierra.

mineralogía *f.* Ciencia que estudia los minerales, su origen y su formación.

minería *f.* **1** Técnica que se ocupa de la extracción de minerales de las minas. **2** Conjunto de las minas de un país o de una región. **3** Conjunto de personas que trabajan en una mina extrayendo minerales.

minero, -ra *adj.* **1** De la minería. **|** *m. y f.* **2** Persona que trabaja en una mina.

mineromedicinal *adj.* [agua] Que contiene sustancias minerales que le proporcionan alguna propiedad curativa.

minestrone *f.* Sopa que se elabora con legumbres, tocino y pasta o arroz.

mini- Elemento prefijal que significa 'pequeño', 'breve', 'corto'.

miniatura *f.* 1 Objeto artístico de pequeño tamaño, delicado y valioso. 2 Persona o cosa de tamaño muy reducido. 3 Pintura de pequeño tamaño, realizada con gran detalle, especialmente la que adorna los documentos y los libros antiguos.

miniaturista *adj./com.* [persona] Que se dedica a pintar miniaturas.

minibásquet o **minibasket** *m.* Baloncesto que practican los niños y que se juega en un campo pequeño y con las canastas menos elevadas.

minifalda *f.* Falda muy corta que llega hasta medio muslo.

minifundio *m.* Propiedad de tierra de poca extensión.

minifundismo *m.* Sistema de explotación agraria basado en la distribución de la propiedad de la tierra en minifundios.

minifundista *adj.* 1 Del minifundismo. ‖ *adj./com.* 2 [persona] Que es propietario de un minifundio.

minigolf *m.* Juego parecido al golf que se juega en un campo o pista pequeños con obstáculos artificiales.

mínima *f.* Temperatura más baja que alcanza la atmósfera en un período de tiempo determinado.

minimizar *tr.* Dar a una cosa menos valor o importancia que la que tiene.

mínimo, -ma *adj.* 1 Que es el más pequeño posible en su especie. Se aplica a las cosas más pequeñas en grado o cantidad (no en número o tamaño, pues en ese caso se emplea *menor*). 2 Que es muy pequeño. Es superlativo irregular de *pequeño*. ‖ *m.* 3 Extremo o límite más bajo al que puede llegar una cosa.

minino, -na *m. y f. coloquial* Gato.

minio *m.* Polvo de color rojo claro que se obtiene por oxidación del plomo y que se emplea en pintura para proteger el hierro de la oxidación.

ministerial *adj.* Del ministerio.

ministerio *m.* 1 Departamento que, junto con otros, es el responsable de la administración de un aspecto determinado de la vida política, social o económica de un país. En esta acepción se suele escribir con mayúscula inicial. **ministerio fiscal** Representación de la ley y defensa del interés público ante los tribunales de justicia. 2 Cargo de ministro. 3 Edificio en el que trabajan los ministros. 4 Conjunto de ministros de un país. 5 Cargo u oficio de una persona, especialmente de quienes tienen que realizar trabajos importantes y elevados, como por ejemplo los sacerdotes, los médicos o los abogados.

ministrable *adj./com.* [persona] Que puede ser nombrado ministro.

ministro, -tra *m. y f.* 1 Persona que forma parte del gobierno de un país o un Estado como responsable de la administración de un determinado aspecto de su vida política, social o económica. **primer ministro** Jefe del gobierno de un país. 2 Persona que ha sido enviada por el Estado o por otra persona para realizar una función o empleo determinados, especialmente para tratar un asunto político.

minoría *f.* 1 Parte menor de las personas o cosas que forman un grupo. 2 En una votación o una asamblea, conjunto de votos que opinan lo contrario a la mayoría. 3 Parte pequeña de una colectividad que se diferencia del resto por su raza, lengua, religión u otra característica social.

minorista *adj.* 1 [comercio] Que vende sus productos en pequeñas cantidades. ‖ *com.* 2 Persona que vende sus productos en pequeñas cantidades.

minoritario, -ria *adj.* Que forma la menor parte de un conjunto o sociedad.

minucia *f.* Cosa que no tiene demasiada importancia ni valor.

minuciosidad *f.* Cualidad de minucioso.

minucioso, -sa *adj.* 1 Que se hace con gran cuidado, detalle y atención, empleando tiempo y paciencia para que salga bien. 2 Que hace las cosas con gran cuidado, detalle y atención.

minuendo *m.* MAT. Cantidad a la que se le resta otra cantidad para obtener la diferencia.

minúsculo, -la *adj.* 1 Que es de tamaño muy pequeño o más pequeño de lo normal. ‖ *adj./f.* 2 [letra] Que es de tamaño pequeño y se emplea generalmente para escribir.

minusvalía *f.* 1 Disminución del valor que tiene una cosa por causas externas a ella. 2 Falta o limitación de alguna facultad física o mental que imposibilita o dificulta la actividad de una persona.

minusválido, -da *adj./m. y f.* [persona] Que tiene una minusvalía.

minusvalorar *tr.* Valorar una cosa o a una persona en menos de lo que merece o vale.

minuta *f.* 1 Factura de un profesional, especialmente de un abogado. 2 Lista de platos que se sirven en una comida. 3 Borrador que se hace de un escrito, especialmente de un contrato, antes de redactarlo definitivamente.

minutero *m.* Aguja del reloj que marca los minutos.

minuto *m.* 1 Unidad de tiempo que equivale a sesenta segundos. 2 MAT. Cada una de las sesenta partes iguales que forman un grado de una circunferencia.

mío, mía *det. pos.* Forma del determinante posesivo en primera persona que indica que una persona o cosa pertenece a la persona que habla.

miocardio *m.* Tejido muscular del corazón de las personas y de los vertebrados.

mioceno, -na *adj./m.* 1 GEOL. [período geológico] Que es el cuarto de la era terciaria y en el que la flora y la fauna ya eran parecidas a las actuales. ‖ *adj.* 2 De este período geológico.

miope *adj./com.* 1 Que padece miopía. 2 Que no ve o no se da cuenta de cosas que son muy claras y fáciles de entender.

miopía *f.* 1 Defecto del ojo que produce una visión poco clara o nítida de las cosas que están lejos de la vista. 2 Incapacidad de darse cuenta de cosas que son muy claras y fáciles de entender.

mir *m.* 1 Examen que da acceso a un puesto de médico en un hospital para realizar las prácticas que le permitan especializarse en una rama de la medicina. ‖ *com.* 2 Médico de un hospital que realiza prácticas de especialización.

OBS Se forma con las primeras letras de las palabras de la expresión *médico interno y residente*. En la primera acepción, y a veces también en la segunda, es frecuente su escritura con mayúsculas.

mira *f.* 1 Pieza que tienen las armas de fuego y algunos instrumentos de medida que permite dirigir y fijar la vista en un punto determinado para apuntar bien o medir con precisión. 2 Objetivo o intención.

mirada *f.* 1 Acción de mirar. 2 Modo de mirar de una persona.

mirado, -da *adj.* 1 [persona] Que es muy prudente y considerado y que procura no causar molestias a los demás. 2 [persona] Que reflexiona mucho antes de llevar a cabo una acción. 3 Que es considerado o juzgado de la manera que se expresa. Se usa detrás de los adverbios *bien, mal, mejor* o *peor*.

mirador *m.* 1 Lugar alto y bien situado desde el que se puede contemplar un paisaje agradable. 2 Balcón cubierto y cerrado, generalmente con cristales.

miramiento *m.* Respeto y consideración con que actúa una persona al decir o hacer una cosa para no molestar a los demás.

mirar *tr.* 1 Dirigir y fijar la vista en algo prestándole atención para verlo bien. 2 Pensar y considerar con cuidado una cosa antes de hacerla. 3 Tener un objetivo determinado al realizar una acción. 4 Apreciar a una persona o tratarla con muchas atenciones. 5 Estar orientado hacia una dirección determinada. ‖ *tr./intr./prnl.* 6 Registrar un sitio para encontrar algo. ‖ *prnl.* 7 No realizar una acción o no decir una cosa que pueda traer problemas.

mirasol *m.* Planta de tallo grueso, alto y derecho, con las hojas en forma de corazón y la flor grande y amarilla.

miria- Elemento prefijal que significa: *a*) 'Diez mil'. *b*) 'Sinnúmero, incontable'.

miríada *f. culto* Número o cantidad muy grande e imposible de calcular o limitar.

mirilla *f.* Agujero pequeño que hay en algunas puertas y que sirve para ver qué o quién hay al otro lado.

miriñaque *m.* Armazón que se ponían las mujeres debajo de las faldas para abombarlas a la altura de las caderas.

mirlo *m.* Pájaro de color oscuro que tiene las patas y el pico de color rojo o amarillo; el mirlo macho es negro, y el mirlo hembra es marrón y tiene la pechuga rojiza.

mirón, -rona *adj./m. y f.* 1 *coloquial* [persona] Que mira demasiado o con mucha curiosidad las cosas. ‖ *m. y f.* 2 Persona a la que le gusta mirar cómo trabajan los demás o presenciar una partida de un juego, sin participar.

mirra *f.* Sustancia pegajosa, compuesta por aceites, resina y goma, de color rojo y de olor intenso, que se extrae de un árbol.

mirto *m.* Arbusto alto de ramas flexibles, con hojas pequeñas y duras de color verde intenso y con flores blancas.

misa *f.* 1 Ceremonia religiosa cristiana en la que el sacerdote ofrece a Dios el cuerpo y la sangre de Jesucristo en forma de pan y vino. **misa del gallo** Misa que se celebra alrededor de medianoche en Nochebuena. **misa negra** Rito que se celebra en homenaje al diablo. 2 Composición musical escrita sobre las partes de la ceremonia religiosa cristiana. ▸ **ir a misa** Ser una cosa que se dice segura e indiscutible.

misal *m.* Libro en el que están las oraciones de la misa y que indica el orden y la manera de celebrar la misa.

misantropía *f. culto* Actitud de la persona misántropa.

misántropo, -pa *adj./m. y f. culto* [persona] Que huye del trato con otras personas o siente gran aversión hacia ellas.

miscelánea *f.* Conjunto de cosas diferentes entremezcladas.

misceláneo, -nea *adj.* Que está compuesto por varias cosas distintas.

miserable *adj./com.* 1 Que es desgraciado e infeliz. 2 Que intenta gastar lo menos posible. 3 Que es muy malo, no tiene honor y no le importa hacer daño a los demás. 4 Que es muy pobre. ‖ *adj.* 5 [cantidad] Que es demasiado pequeño o escaso.

miserere *m.* 1 Salmo de la Biblia que fue compuesto por el rey David para pedir perdón por sus pecados y que comienza con la palabra *miserere*, que en latín significa 'apiádate'. 2 Canto solemne que se hace de este salmo durante la cuaresma.

miseria *f.* 1 Falta o escasez de dinero y de los medios necesarios para poder vivir. 2 Desgracia, problema o pena que sufre una persona en su vida. 3 Cantidad demasiado pequeña o insignificante de una cosa. 4 Característica que tienen las personas que tratan de gastar lo menos posible.

misericordia *f.* 1 Virtud que inclina a las personas a sentir pena o compasión por los que sufren y a tratar de ayudarlos. 2 Cualidad de Dios por la cual perdona las faltas y remedia las penas de las personas.

misericordioso, -sa *adj.* Que siente misericordia.

mísero, -ra *adj./m. y f.* Miserable.

misérrimo, -ma *adj. culto* Que es exageradamente mísero.

OBS Es el superlativo de *mísero*.

misil o **mísil** *m.* Proyectil movido por el empuje de los gases que salen a gran velocidad de su parte posterior, que suele llevar una carga explosiva.

misión *f.* 1 Trabajo o encargo que una persona o un grupo tiene la obligación de hacer. 2 Encargo o poder que un gobierno le da a una persona, especialmente a un diplomático, para ir a desempeñar un trabajo en algún lugar. 3 Obra o función moral que se tiene que realizar por el bien de alguien. 4 Enseñanza de la religión cristiana a los pueblos que no la conocen. En esta acepción se suele usar en plural. 5 Territorio donde se lleva a cabo esta enseñanza. En

esta acepción se suele usar en plural. 6 Casa, centro o iglesia donde viven y actúan las personas dedicadas a esta enseñanza.

misionero, -ra *adj.* 1 De la misión religiosa. ‖ *m. y f.* 2 Persona dedicada a enseñar la religión cristiana a los pueblos que no la conocen.

misiva *f. culto* Carta que una persona envía a otra para informarle de algo.

mismo, -ma *adj.* 1 Indica que la persona o la cosa que se presenta es una sola en distintas circunstancias. 2 Que es muy parecido o casi igual. ‖ *pron.* 3 Que no ha cambiado. 4 Indica que es la persona o cosa citada y no a otra a la que realiza la acción. 5 Resalta la fuerza de lo que se dice. ‖ *adv.* 6 Exactamente; en concreto.

miso- Elemento prefijal que significa 'que odia o detesta'.

misoginia *f.* Sentimiento de odio o de rechazo hacia las mujeres.

misógino, -na *adj./m. y f.* Que siente o demuestra misoginia.

miss *f.* 1 Ganadora de un concurso de belleza. 2 Título que se da a esta mujer.

OBS Es de origen inglés y se pronuncia aproximadamente 'mis'. El plural es *misses*.

misterio *m.* 1 Hecho que no tiene explicación y no se puede entender. 2 Asunto secreto. 3 Hecho que los cristianos deben creer como verdadero aunque no lo comprendan. 4 Cada uno de los hechos de la vida, pasión y muerte de Jesucristo, realizados con imágenes o figuras. 5 Representación teatral de tema religioso que se celebra en las iglesias o junto a ellas en algunas fiestas populares.

misterioso, -sa *adj.* 1 Que no tiene explicación y no se puede entender o que es secreto para la mayoría de la gente. 2 Que entiende o explica las cosas como si fueran misterios cuando no lo son.

mística *f.* Parte de la teología que trata de la unión del ser humano con Dios y de la vida contemplativa.

misticismo *m.* 1 Estado de perfección religiosa que consiste en la unión del alma con Dios por medio del amor. 2 Doctrina que defiende que es posible esta unión.

místico, -ca *adj.* 1 De la mística. ‖ *m. y f.* 2 Persona que se dedica a la vida espiritual y a la contemplación de Dios, o a escribir sobre ello.

mistificar *tr.* Cambiar o alterar una cosa para que deje de ser verdadera.

mistral *m./adj.* Viento frío del noroeste que sopla en el mar Mediterráneo.

mitad *f.* 1 Parte que, junto con otra igual, forma un todo. 2 Lugar que está a la misma distancia de dos extremos.

mítico, -ca *adj.* 1 Del mito. 2 Que es tan famoso que entra a formar parte de la historia o se ha convertido en modelo a imitar.

mitificación *f.* Acción y efecto de mitificar.

mitificar *tr.* 1 Convertir en mito. 2 Valorar o admirar excesivamente a una persona o cosa.

mitigación *f.* Acción y efecto de mitigar.

mitigar *tr./prnl.* Disminuir la importancia o la gravedad de una cosa, especialmente de un dolor físico o moral.

mitin *m.* Reunión de personas en donde uno o varios oradores pronuncian discursos de tema político o social.
OBS El plural es *mítines*.

mito *m.* 1 Historia fantástica que narra las acciones de los dioses y héroes de la Antigüedad. 2 Historia o relato que altera las verdaderas cualidades de una persona o de una cosa y les da más valor del que tienen en realidad. 3 Persona, cosa o hecho muy importante que entra a formar parte de la historia.

mitocondria *f.* BIOL. Orgánulo de una célula cuya principal función es la respiración celular.

mitología *f.* Conjunto de historias fantásticas que narran las acciones de los dioses y los héroes de la Antigüedad y que pertenecen a la historia, a la cultura y a la religión de un pueblo.

mitológico, -ca *adj.* De la mitología.

mitomanía *f.* 1 Tendencia o inclinación patológica que hace que la persona mienta o transforme la realidad al explicar o narrar un hecho. 2 Tendencia a mitificar.

mitón *m.* Guante de punto que cubre la mano y deja los dedos al descubierto.

mitosis *f.* BIOL. Tipo de división de una célula que se caracteriza por la duplicación de todos sus elementos.
OBS El plural también es *mitosis*.

mitra *f.* Gorro muy alto con el que se cubren la cabeza los religiosos importantes en las ceremonias oficiales.

mitral *adj.* [válvula] Que está entre la aurícula y el ventrículo izquierdos del corazón.

mixomatosis *f.* Enfermedad infecciosa que padecen los conejos y que se caracteriza por la aparición de tumefacciones en las mucosas y en la piel.
OBS El plural también es *mixomatosis*.

mixtificar [1] *tr.* Cambiar o alterar una cosa para que deje de ser verdadera.

mixtilíneo, -nea *adj.* [figura geométrica] Que está formado por líneas rectas y por líneas curvas.

mixto, -ta *adj.* Que está compuesto por dos o más cosas distintas mezcladas.

mixtura *f.* Mezcla formada por dos o más elementos distintos.

mnemotecnia *f.* Método para desarrollar la capacidad de la memoria.
OBS También se escribe *nemotecnia*.

mnemotécnico, -ca *adj.* De la mnemotecnia.
OBS También se escribe *nemotécnico*.

moabita *adj.* 1 De Moab. ‖ *adj./com.* 2 [persona] Que era del antiguo país de Moab. ‖ *m.* 3 Lengua antigua próxima al hebreo que se hablaba en Moab.

moaré *m.* Tela fuerte de seda que forma aguas.

moaxaja *f.* Poema compuesto en árabe o en hebreo que termina con una jarcha o estrofa breve escrita en mozárabe.

mobbing *m.* Acción de acosar a alguien causándole molestias o degradándolo con el fin de que deje su trabajo o su vivienda.
OBS Es de origen inglés y se pronuncia aproximadamente 'mobin'.

mobiliario *m.* Conjunto de muebles de una casa o de una habitación.

moca *m.* 1 Café de buena calidad que procede de Arabia. 2 Crema hecha con café, mantequilla, azúcar y vainilla que se utiliza para preparar tartas y dulces.

mocasín *m.* 1 Zapato hecho de piel que no lleva cordones ni hebillas. 2 Zapato característico de los indios de América hecho de piel sin curtir.

mocedad *f.* Período de la vida de una persona que está entre la niñez y el comienzo de la edad madura.

mocetón, -tona *m. y f.* Persona joven que es alta y fuerte.

mochales *adj.* [persona] Que está loco.

mochila *f.* Bolsa de tela fuerte que se lleva a la espalda sujeta a los hombros por medio de dos correas.

mocho *m.* Utensilio para fregar el suelo que está formado por un palo largo y delgado y una pieza en su extremo que sujeta varias cintas de un material absorbente.

mochuelo *m.* 1 Ave nocturna parecida al búho, pero más pequeña, de plumas marrones y blancas en el pecho. 2 *coloquial* Culpa o responsabilidad de algo. 3 *colo-*

quial Trabajo desagradable o difícil de hacer y del que nadie quiere encargarse.

moción *f.* Propuesta o petición que se realiza en una junta o reunión de personas. **moción de censura** Propuesta que el conjunto de los partidos políticos de la oposición presenta contra el equipo de gobierno.

moco *m.* 1 Sustancia espesa y pegajosa elaborada por la membrana mucosa de la nariz. 2 Sustancia densa y pegajosa que forma grumos dentro de un líquido. 3 Cera derretida que cae de las velas y se va quedando sólida a lo largo de ellas.

mocoso, -sa *adj.* 1 Que tiene la nariz llena de mocos. | *m. y f.* 2 Persona que tiene pocos años o poca experiencia. Se puede usar tanto en tono despectivo como cariñoso.

moda *f.* 1 Conjunto de gustos, costumbres y modos de comportarse propios de un período de tiempo, de un conjunto de personas o de un país determinado. 2 Conjunto de prendas de vestir, adornos y complementos con un estilo o un diseño común, que se usan durante un período de tiempo determinado.

modal *adj.* 1 GRAM. Del modo verbal. | *m. pl.* 2 Acciones y formas de comportarse con que una persona da a conocer su buena o mala educación.

modalidad *f.* 1 Modo de ser, de actuar o de presentarse que tiene una cosa. 2 En algunos deportes, categoría, estilo o forma de practicar un deporte.

modelado *m.* Arte o técnica de modelar.

modelar *tr.* 1 Hacer una figura con un material blando, como por ejemplo cera, barro o plastilina. 2 Cambiar la forma de ser de una persona para mejorarla.

modélico, -ca *adj.* Que sirve de modelo por tener unas cualidades muy buenas.

modelista *com.* 1 Persona que se dedica a hacer modelos y maquetas. 2 Persona que se encarga de hacer los moldes para el vaciado de piezas de metal, cemento u otros materiales.

modelo *m.* 1 Persona u objeto que sirve como pauta para imitarlo o copiarlo. 2 Persona que merece ser imitada por sus buenas cualidades. Puede usarse en aposición a otro sustantivo. 3 Objeto que se fabrica en serie y que tiene las mismas características que los que pertenecen a su mismo tipo. 4 Prenda de vestir que pertenece a una colección de ropa diseñada por alguien. 5 Representación de un objeto a pequeña escala. 6 Esquema teóri-

co que representa una realidad compleja. | *com.* 7 Persona que se dedica profesionalmente a mostrar en público prendas de vestir, complementos u otros productos. 8 Persona que posa para ser representada en una obra de arte.

módem *m.* INFORM. Dispositivo que, conectado a un ordenador, convierte una señal digital en analógica o viceversa y que permite la comunicación con otro ordenador por vía telefónica.

OBS El plural es *módemes*.

moderación *f.* Cualidad que consiste en contener o frenar los sentimientos, las palabras o los impulsos exagerados.

moderado, -da *adj.* 1 Que está en un punto medio entre dos extremos y no es exagerado. 2 Que tiene ideas políticas poco radicales.

moderador, -ra *m. y f.* Persona que dirige una reunión en la que varias personas discuten sobre un tema y da la palabra a los que quieren intervenir.

moderar *tr.* 1 Disminuir la intensidad o evitar el exceso de una cosa. 2 Dirigir una reunión en la que varias personas discuten sobre un tema dando la palabra a los que quieren intervenir. | *tr./prnl.* 3 Contener o frenar los sentimientos, las palabras o los impulsos exagerados.

modernidad *f.* Cualidad que tienen las cosas o las personas modernas.

modernismo *m.* 1 Movimiento literario que se siguió en España y en Hispanoamérica a finales del siglo XIX y principios del XX, y que se caracteriza por el refinamiento de la expresión. 2 Corriente artística europea de finales del siglo XIX y principios del XX. 3 Gusto por las cosas modernas y actuales.

modernista *adj.* 1 Del modernismo. | *adj.* 2 Que practica el modernismo.

modernización *f.* Acción y efecto de modernizar.

modernizar [4] *tr.* 1 Hacer que una cosa antigua tome forma o aspecto modernos. | *tr./prnl.* 2 Adaptar una cosa a los usos y costumbres más avanzados y modernos.

moderno, -na *adj.* 1 Que pertenece al presente, al período de tiempo actual. 2 Que existe, se conoce o se usa desde hace poco tiempo. 3 Que sigue las últimas tendencias o adelantos. 4 Que está de acuerdo con la moda del momento actual.

modestia *f.* Cualidad de modesto.

modesto, -ta *adj.* 1 Que no se cree superior a los demás y no le da demasiada importancia a su persona ni a las obras que realiza. **2** Que tiene poca importancia social o poco dinero.

módico, -ca *adj.* [cantidad, precio] Que no es demasiado alto.

modificación *f.* Acción y efecto de modificar.

modificador *m.* GRAM. Palabra que determina el sentido de otra.

modificar [1] *tr.* **1** Alterar o transformar una cosa cambiando alguna de sus características, pero sin alterar las principales. **2** GRAM. Limitar o determinar el sentido de una palabra.

modismo *m.* Expresión de una lengua que está formada por un grupo de palabras con una estructura fija y que tiene un significado que no se puede deducir del significado de las palabras que lo forman.

modisto, -ta *m. y f.* Persona que se dedica a diseñar o a confeccionar prendas de vestir, especialmente de moda.

modo *m.* **1** Forma de ser o de hacer una cosa. **2** GRAM. Categoría gramatical que expresa la actitud del hablante con respecto a la acción expresada por el verbo. **3** MÚS. Forma de ordenar los sonidos en la escala musical. ‖ *m. pl.* **4** Manera de comportarse una persona en sociedad o con los demás. ▶ **a modo de** Como si fuera. ▶ **de modo que** *a)* Por tanto. *b)* De forma que. ▶ **de ningún modo** Indica negación de manera tajante. ▶ **de todos modos** Indica que una cosa que se ha dicho no impide lo que se dice a continuación.

modorra *f.* Sensación de sueño que provoca pesadez y torpeza en los sentidos.

modoso, -sa *adj.* Que se comporta ante los demás con respeto y cuidado.

modulación *f.* Acción y efecto de modular.

modular *adj.* **1** [objeto] Que está formado por varias partes o módulos que se pueden separar y combinar. ‖ *tr.* **2** MÚS. Variar el tono de una voz o de un instrumento hasta conseguir el adecuado. **3** Modificar las características de las ondas, especialmente de las ondas sonoras, para conseguir que se transmitan mejor.

módulo *m.* **1** Pieza que forma parte de un conjunto pero que también puede considerarse por separado. **2** Medida que se toma como modelo para medir las proporciones de los objetos arquitectónicos.

mofa *f.* Obra o dicho con que se intenta poner en ridículo a una persona o cosa.

mofarse *prnl.* Reírse de una persona o gastarle una broma despreciándola o poniéndola en ridículo.

mofeta *f.* Animal mamífero nocturno de color negro con bandas dorsales blancas que lanza un líquido de olor muy desagradable cuando se siente amenazado.

moflete *m.* Mejilla que está gruesa y carnosa.

mofletudo, -da *adj.* Que tiene mofletes.

mogollón *m.* **1** *coloquial* Cantidad grande de una cosa o un conjunto de cosas, animales o personas. **2** *coloquial* Confusión o desorden de un conjunto de cosas o personas. ‖ *adv.* **3** *coloquial* Indica que la acción señalada por el verbo es o se hace en gran cantidad o más de lo normal.

mohicano, -na *adj.* **1** De un pueblo amerindio que habitaba en el valle central del río Hudson y en el estado actual norteamericano de Vermont. ‖ *adj./m. y f.* **2** [persona] Que pertenecía a este pueblo amerindio. ‖ *m.* **3** Lengua que hablaba este pueblo amerindio.

mohín *m.* Gesto de la cara, especialmente con los labios, para expresar desagrado o enfado.

mohíno, -na *adj.* Que está triste.

moho *m.* **1** Hongo que crece en la superficie de los alimentos y otros materiales orgánicos provocando su descomposición. **2** Capa de color verde que se forma sobre los objetos de metal a causa de la humedad.

mohoso, -sa *adj.* Que está cubierto de moho.

moisés *m.* Cuna portátil para recién nacido. OBS Su plural también es *moisés*.

mojama *f.* Carne de atún seca, curada y salada.

mojar *tr./prnl.* **1** Humedecer el agua u otro líquido la superficie de un cuerpo o entrar en su interior. ‖ *tr.* **2** Meter trozos de pan o de otro alimento en una salsa o en una bebida. **3** *coloquial* Celebrar una cosa tomando unas bebidas. ‖ *prnl.* **4** *coloquial* Comprometerse en un asunto conflictivo.

moje *m.* Salsa o caldo de un guiso en el que se puede mojar pan.

mojicón *m.* **1** Bollo pequeño que se toma mojado en café, leche o chocolate. **2** *coloquial* Golpe dado en la cara con la mano.

mojiganga *f.* **1** Fiesta de disfraces que se hacía antiguamente. **2** Obra de teatro antigua y muy breve que se hacía con personajes ridículos o extravagantes. **3** Cosa o hecho ridículo que sirve para burlarse de una persona o para hacerla reír.

mojigatería *f.* **1** Demostración exagerada

de moralidad o tendencia a escandalizarse con facilidad. **2** Humildad o timidez simuladas para conseguir algún fin.

mojigato, -ta *adj./m. y f.* [persona] Que actúa con mojigatería o la muestra.

mojo *m.* Salsa o caldo de un guiso en el que se puede mojar pan.

mojón *m.* Poste o piedra que sirve para señalar límites o para marcar las distancias o la dirección en un camino.

mol *m.* Unidad básica de cantidad de materia del Sistema Internacional.

molar *adj.* **1** De la muela. **2** Que sirve para moler o triturar. | *adj./m.* **3** [diente] Que está situado en la parte más posterior de la boca y sirve para triturar los alimentos. | *intr.* **4** *coloquial* Gustar o ser del agrado de una persona.

moldavo, -va *adj.* **1** De Moldavia. | *adj./m. y f.* **2** [persona] Que es de Moldavia. | *m.* **3** Lengua hablada en Moldavia.

molde *m.* **1** Recipiente o pieza hueca donde se echa una masa líquida o blanda que toma la forma del recipiente al volverse sólida. **2** Pieza o instrumento de cualquier tipo que se usa para dar forma o cuerpo a una cosa; sobre todo se dice de los usados para estampar las letras de imprenta.

moldeado *m.* **1** Rizado u ondulado del cabello que se hace de manera artificial. **2** Operación mediante la cual se realizan objetos o figuras por medio de un molde.

moldear *tr.* **1** Dar forma a una sustancia blanda o fundida echándola en un molde o con la ayuda de las manos o algún utensilio. **2** Formar a una persona para que desarrolle unas cualidades o un carácter determinado, acorde con un modelo. **3** Poner en un molde una masa líquida o blanda que, al volverse sólida, toma su forma. **4** Ondular o rizar el pelo.

moldura *f.* **1** En carpintería, listón de madera liso o con relieves que sirve para tapar juntas o como adorno. **2** Marco de cuadro o fotografía. **3** ARQ. Banda saliente que se usa de adorno o de refuerzo y que se coloca a lo largo de una fachada, en la unión de las paredes con el techo o en las junturas en general.

mole *f.* **1** Cosa de gran tamaño y pesada. **2** Persona o animal grande y corpulento.

molécula *f.* FÍS. Parte más pequeña que puede separarse de una sustancia pura sin que la sustancia pierda sus propiedades.

molecular *adj.* FÍS. De la molécula.

moler [32] *tr.* **1** Triturar algo, especialmen-

te granos o frutos. | *tr./intr.* **2** Cansar mucho físicamente. ▸ **moler a palos** *coloquial* Pegar a alguien.

molestar *tr.* **1** Causar incomodidad o perturbar la tranquilidad de alguien. **2** Producir un dolor ligero o poco importante. | *tr./prnl.* **3** Disgustar o enfadar ligeramente a alguien. | *prnl.* **4** Esforzarse.

molestia *f.* Cosa, persona o situación que molestan.

molesto, -ta *adj.* **1** Que causa una incomodidad o un dolor ligero. **2** Que siente un dolor ligero o poco importante o que está enfadado o disgustado.

molibdeno *m.* Elemento químico metálico que se emplea en la fabricación de aceros, de número atómico 42.

molicie *f.* **1** Cualidad que tienen las cosas tiernas o blandas. **2** Comodidad excesiva en la manera de vivir.

molienda *f.* **1** Acción de moler. **2** Cantidad de materia que se tritura de una vez. **3** Temporada en que se muele; referido sobre todo a trigo, aceitunas y caña de azúcar. **4** Molino, edificio.

molinero, -ra *m. y f.* Persona que trabaja en un molino o lo tiene a su cargo.

molinete *m.* **1** Rueda con aspas que gira y que se pone en un cristal de una habitación para renovar el aire. **2** Juguete infantil que consiste en una vara o palo en cuyo extremo va sujeta una rueda o estrella de papel o plástico que gira impulsada por el viento. **3** Mecanismo compuesto por una serie de aspas giratorias que colocado en una puerta o acceso permite el paso de las personas de una en una.

molinillo *m.* **1** Instrumento o aparato pequeño de cocina que sirve para moler. **2** Molinete, juguete.

molino *m.* **1** Máquina o mecanismo que sirve para triturar una materia hasta reducirla a trozos muy pequeños o a polvo. **2** Edificio donde está instalada esta máquina.

molla *f.* **1** Carne que no tiene grasa. **2** Parte más blanda del pan. **3** *coloquial* Acumulación de carne o de grasa en una parte del cuerpo de una persona.

molleja *f.* **1** Estómago muscular de las aves, de paredes gruesas, donde trituran los alimentos. **2** Parte carnosa de las glándulas de algunos animales. En esta acepción se usa generalmente en plural.

mollera *f.* **1** Parte más alta de la cabeza, concretamente la parte superior de la frente. **2** *coloquial* Cerebro y capacidad de pensar y juzgar.

molusco *adj./m.* 1 ZOOL. [animal] Que es invertebrado, de cuerpo blando y sin apéndices articulados; suele tener concha. ▌*m. pl.* 2 Grupo formado por estos invertebrados.

momentáneo, -nea *adj.* 1 Que dura solo un momento. 2 Que es provisional.

momento *m.* 1 Período de tiempo muy breve. 2 Tiempo puntual en el que se hace u ocurre una cosa. 3 Período sin duración específica que se singulariza por algún motivo, especialmente al hacer referencia a tiempos pasados. 4 Tiempo oportuno para hacer o para que ocurra una cosa. 5 Tiempo presente.

momia *f.* 1 Cadáver que se conserva sin pudrirse, de forma natural o bien porque se le han aplicado ciertas sustancias. 2 *coloquial* Persona que se encuentra físicamente muy desmejorada o envejecida.

momificación *f.* Acción y efecto de momificar o momificarse.

momificar [1] *tr./prnl.* Preparar un cadáver para que se conserve sin descomponerse.

mona *f.* 1 Primate de tamaño pequeño y sin cola que vive en el norte de África y en Gibraltar. 2 *coloquial* Estado en el que se está bajo los efectos del alcohol. 3 Tipo de bollo adornado con huevos cocidos o de chocolate que en algunas zonas de España se come tradicionalmente el día de Pascua de Resurrección. 4 COL Mujer rubia. ▌*adj./f.* 5 VEN [mujer] Que es presumida y afectada.

monacal *adj.* De las monjas o los monjes.

monacato *m.* 1 Estado o profesión del monje. 2 Conjunto de las órdenes o instituciones monásticas.

monada *f.* 1 Gesto o acción propia de los monos. 2 Gesto o acción graciosa. 3 Persona, animal o cosa bonita o graciosa.

monaguillo *m.* Niño que ayuda al sacerdote en la misa.

monarca *com.* En una monarquía, persona en la que reside la jefatura del Estado.

monarquía *f.* 1 Forma de gobierno en la que la jefatura del Estado reside en un rey o una reina, habitualmente de forma hereditaria y vitalicia. 2 País gobernado por un monarca. 3 Período de tiempo en el que un monarca dirige un Estado.

monárquico, -ca *adj.* 1 De la monarquía. ▌*adj./ m. y f.* 2 [persona] Que es partidario de la monarquía.

monasterio *m.* Edificio en el que vive una comunidad de religiosos o religiosas.

monástico, -ca *adj.* Del monasterio o de los monjes.

monda *f.* Piel o cáscara que se quita de las hortalizas y las frutas. ▶ **ser la monda** *coloquial* Ser algo o alguien muy gracioso y divertido.

mondadientes *m.* Palo pequeño y delgado de madera que sirve para pinchar los alimentos o para limpiar los dientes.

OBS El plural también es *mondadientes.*

mondadura *f.* Piel o cáscara que se quita de las hortalizas y las frutas.

mondar *tr.* 1 Quitar la piel o la cáscara a las hortalizas y las frutas. 2 Quitar las ramas viejas o secas de los árboles. ▌*prnl.* 3 Reírse mucho.

mondo, -da *adj.* 1 Que está limpio y libre de cosas extrañas, añadidas o innecesarias. 2 Que no tiene pelo.

mondongo *m.* Conjunto formado por el estómago y las tripas de un animal, especialmente del cerdo.

moneda *f.* 1 Unidad aceptada en uno o más países como medida común para el intercambio comercial. 2 Pieza de metal a la que se le asigna un valor económico determinado.

monedero *m.* Bolsa o cartera de pequeño tamaño que sirve para guardar el dinero.

monegasco, -ca *adj.* 1 De Mónaco. ▌*adj./m. y f.* 2 [persona] Que es de Mónaco.

monema *m.* GRAM. Unidad mínima que tiene significado.

monería *f.* Monada.

monetario, -ria *adj.* De la moneda.

monetarismo *m.* Doctrina económica que sostiene que los fenómenos monetarios regulan y determinan la economía de un territorio.

mongol, -la *adj.* 1 De Mongolia. ▌*adj./m. y f.* 2 [persona] Que es de Mongolia. ▌*m.* 3 Lengua hablada en Mongolia.

mongólico, -ca *adj.* 1 De Mongolia. ▌*adj./m. y f.* 2 [persona] Que es de Mongolia. 3 [persona] Que padece mongolismo.

mongolismo *m.* MED. Malformación de tipo genético que provoca retraso mental y físico y trastornos del crecimiento.

monicaco, -ca *m. y f.* 1 *coloquial* Persona que tiene poco carácter o es considerada de poca importancia. Se usa como insulto o con valor despectivo. 2 *coloquial* Niño pequeño. Tiene un valor cariñoso y también se usa como apelativo.

monición *f.* 1 Texto breve que se lee y sirve de introducción o explicación en algunos momentos de la misa o de una celebración litúrgica. **2** Aviso o advertencia.

monigote *m.* **1** Muñeco o figura ridícula. **2** Dibujo mal hecho. **3** *coloquial* Persona poco importante o que se deja manejar.

monismo *m.* Doctrina o concepción filosófica que trata de reducir todos los seres y fenómenos del universo a una única idea o sustancia de la que todo procede.

monista *adj.* **1** Del monismo. | *adj./com.* **2** [persona] Que es seguidor del monismo.

monitor, -ra *m. y f.* **1** Persona que enseña a realizar una actividad concreta en la que es experta, especialmente actividades deportivas o culturales. **2** Persona que asume responsabilidades de educador o guía en grupos infantiles o similares. | *m.* **3** Pantalla de un ordenador, un televisor y otros aparatos electrónicos.

monja *f.* Mujer que pertenece a una orden religiosa.

monje *m.* Hombre que pertenece a una orden religiosa.

monjil *adj.* **1** De la monja. | *m.* **2** Prenda de vestir femenina que llega hasta los pies y que usan las monjas.

mono, -na *adj.* **1** *coloquial* Que es bonito, gracioso o agradable a la vista. | *m. y f.* **2** Animal mamífero que tiene pies y manos capaces de sujetar cosas y un aspecto similar al del ser humano. | *m.* **3** Prenda de vestir de una pieza, con pantalones y cuerpo. **4** Estado físico y mental de malestar que se produce al interrumpir el consumo de una droga u otra sustancia que crea dependencia.

mono- Elemento prefijal que significa 'único', 'uno solo'.

monociclo *m.* Especie de bicicleta de una sola rueda unida a un sillín mediante una barra metálica que utilizan los equilibristas para hacer sus números en los circos.

monocolor *adj.* **1** Que tiene un solo color. **2** [gobierno] Que está formado o compuesto por un solo partido político o con predominio de un grupo.

monocorde *adj.* **1** [instrumento musical] Que tiene una sola cuerda. **2** [sucesión de sonidos] Que repiten una misma nota musical. **3** Que es monótono.

monocotiledóneo, -nea *adj./f.* **1** BOT. [planta] Que tiene un solo cotiledón en la semilla. | *f. pl.* **2** BOT. Clase a la que pertenecen estas plantas.

monocromo, -ma *adj. culto* Que es de un solo color.

monocular *adj.* **1** [visión] Que se realiza con un solo ojo. | *adj./m.* **2** [aparato] Que permite la visión con un solo ojo.

monóculo *m.* Lente que se coloca en un solo ojo.

monocultivo *m.* En agricultura, sistema de cultivo que consiste en dedicar toda la tierra disponible a un solo producto.

monofásico, -ca *adj.* [corriente eléctrica alterna] Que solo tiene una fase.

monogamia *f. culto* Estado o situación de quien está casado solamente con una persona.

monógamo, -ma *adj./m. y f. culto* [persona] Que tiene solamente una esposa o un marido.

monografía *f.* Estudio detallado sobre un aspecto concreto de una materia.

monográfico, -ca *adj.* **1** Que estudia o trata con detalle un solo tema. | *m.* **2** Estudio detallado sobre un aspecto concreto y particular de una materia.

monolingüe *adj./com.* **1** [persona] Que habla una sola lengua. | *adj.* **2** Que está escrito en una sola lengua.

monolítico, -ca *adj.* **1** Del monolito. **2** Que está hecho de una sola pieza de piedra. **3** Muy compacto.

monolito *m.* Monumento de piedra de una sola pieza.

monologar [7] *intr.* Pronunciar o decir un monólogo.

monólogo *m.* **1** Discurso en voz alta que mantiene una persona consigo misma. **2** Obra literaria, especialmente de teatro, en la que habla un solo personaje.

monomando *adj./m.* [aparato] Que integra en un solo mando las funciones que suelen realizarse con más de uno.

monomanía *f.* Obsesión por una idea fija y determinada.

monomio *m.* MAT. Expresión matemática que consta de un solo término.

monoparental *m.* [familia] Que está constituido solo por un progenitor, además de los hijos.

monopatín *m.* Patín grande que está compuesto por una plataforma provista de ruedas en su parte inferior.

monopétalo, -la *adj.* BOT. [flor, corola] Que tiene un solo pétalo.

monoplaza *adj./m.* [vehículo] Que tiene capacidad para llevar a una sola persona.

monopolio *m.* **1** Derecho concedido a un individuo o a una empresa para explotar en exclusiva un negocio o para vender un producto. **2** Dominio o influencia total sobre una cosa, excluyendo otras.

monopolización *f.* Acción y efecto de monopolizar.

monopolizar [4] *tr.* **1** Tener o conseguir el permiso exclusivo para explotar un negocio o para vender un producto. **2** Realizar una actividad o negocio de forma exclusiva o con mayor éxito que los demás. **3** Acaparar la atención.

monorraíl *adj./m.* [tren o vehículo] Que circula por un solo raíl.

monorrimo, -ma *adj.* [conjunto de versos, composición poética] Que tiene una sola forma de rima.

monosabio *m.* Persona que ayuda al picador en la plaza de toros.

monosacárido *m.* **1** QUÍM. Hidrato de carbono que no puede descomponerse en unidades menores o más sencillas. ▌ *m. pl.* **2** QUÍM. Grupo al que pertenecen estos hidratos de carbono.

monosépalo, la *adj.* BOT. [flor, cáliz] Que tiene un solo sépalo.

monosílabo, -ba *adj./m.* [palabra] Que tiene una sola sílaba.

monoteísmo *m.* Doctrina religiosa que defiende la existencia de un solo dios.

monoteísta *adj.* **1** Del monoteísmo. ▌ *com.* **2** Persona que cree en la existencia de un solo dios.

monotonía *f.* Cualidad de monótono.

monótono, -na *adj.* **1** Que tiene siempre el mismo tono o entonación. **2** Que no varía y por esta razón produce aburrimiento o cansancio.

monovalente *adj.* QUÍM. [elemento, radical químico] Que tiene una sola valencia.

monovolumen *m.* Automóvil más alto que el resto de los coches y en el que el maletero forma una unidad con la parte de los pasajeros.

monseñor *m.* Forma de tratamiento de respeto y cortesía que se usa hacia los altos cargos de la Iglesia católica.

monserga *f.* **1** Petición o explicación confusa y fastidiosa. En esta acepción se usa más el plural. **2** *coloquial* Asunto que cansa o molesta por ser muy pesado.

monstruo *m.* **1** Ser fantástico, generalmente feo o desagradable, que resulta espantoso. **2** Ser vivo o cosa que no es normal en su especie, que tiene malformaciones u otro tipo de alteraciones. **3** Persona o cosa muy fea o desproporcionada. **4** Persona muy cruel y perversa. **5** Cosa excesivamente grande o extraordinaria. **6** Persona dotada de cualidades extraordinarias.

monstruosidad *f.* Cualidad de lo que es monstruoso.

monstruoso, -sa *adj.* **1** Que presenta una falta de proporción o de regularidad en su forma y que resulta muy feo o desagradable. **2** Que es muy cruel y malvado. **3** Que es excesivamente grande o extraordinario.

monta *f.* **1** Arte de montar a caballo. **2** Unión sexual de un animal macho con la hembra; se usa sobre todo para los caballos y los toros. **3** Valor o importancia.

montacargas *m.* Ascensor que sirve para subir y bajar mercancías.

OBS El plural también es *montacargas*.

montado, -da *adj.* **1** Que va subido en un caballo o en otro animal. **2** [nata, clara de huevo] Que se ha batido hasta que adquiere una textura esponjosa.

montador, -ra *m. y f.* **1** Persona que se dedica a montar máquinas o aparatos. **2** Persona que se dedica a montar películas de cine o programas de radio y televisión.

montaje *m.* **1** Acción y efecto de montar un objeto. **2** Acción y efecto de montar una representación teatral u otro tipo de espectáculo. **3** En cine, radio y televisión, selección y unión de una serie de escenas o de sonidos previamente grabados para elaborar la versión definitiva de una película o de un programa. **4** *coloquial* Situación preparada para hacer parecer verdadero lo que es falso.

montante *m.* **1** Importe o cantidad total. **2** Poste o pieza vertical que sostiene o refuerza una estructura. **3** Listón o columna que divide el hueco de una ventana en dos. **4** Ventana sobre la puerta de una habitación; es una prolongación de la puerta.

montaña *f.* **1** Elevación natural del terreno de gran altura que destaca del entorno. **2** Terreno en el que abundan estas elevaciones naturales. **3** Gran cantidad, número o acumulación de una cosa, especialmente si forma un montón. **4** Asunto que resulta difícil de solucionar, dificultad.

montañero, -ra *adj.* **1** De la montaña. ▌ *m. y f.* **2** Persona que practica el montañismo.

montañés, -ñesa *adj.* **1** De la montaña. ▌ *adj./m. y f.* **2** [persona] Que vive en la montaña.

montañismo *m.* Deporte que consiste en andar por las montañas y ascender a sus cimas.

montañoso, -sa *adj.* [terreno] Que tiene muchas montañas.

montar *intr./prnl.* 1 Subir encima de una cosa que está en un lugar más alto. 2 Subir sobre un animal o subir a un vehículo. ‖ *intr./tr.* 3 Cabalgar sobre un animal o conducir un vehículo. 4 Ascender una suma a una cantidad determinada. ‖ *tr.* 5 Armar un objeto, poner juntas las piezas que ajustan entre sí. 6 Organizar y preparar lo necesario para una representación teatral, una fiesta u otro espectáculo. 7 Disponer o preparar lo necesario para una actividad. 8 En joyería, poner una piedra preciosa sobre un soporte. 9 Batir la nata de la leche o la clara de huevo hasta que quede esponjosa. 10 Unirse sexualmente un animal macho a la hembra. 11 Seleccionar y unir escenas y sonidos para elaborar una película de cine o un programa de radio o televisión.

montaraz *adj.* 1 *culto* Que se ha criado en la montaña o vive en este tipo de terreno. 2 *culto* [persona] Que tiene un carácter violento y es poco educado.

monte *m.* 1 Elevación natural del terreno de gran altura. 2 Terreno sin cultivar en el que hay vegetación baja, con matas o hierba. ▸ **monte de piedad** Establecimiento en el que se pueden empeñar algunos objetos para conseguir a cambio dinero prestado a un bajo interés.

montenegrino, -na *adj.* 1 De Montenegro. ‖ *adj./m. y f.* 2 [persona] Que es de Montenegro.

montepío *m.* 1 Fondo de dinero creado a partir de los descuentos en los sueldos de las personas que pertenecen a un determinado cuerpo o profesión y que está destinado a la creación de pensiones o ayudas a sus familiares. 2 Pensión o ayuda que se recibe de este fondo. 3 Establecimiento público o privado que se funda para acumular este tipo de fondo.

montera *f.* Gorra de terciopelo negro y pasamanería de seda que lleva el torero.

montería *f.* Caza de animales de gran tamaño, generalmente con perros.

montero, -ra *m. y f.* Persona que busca y localiza la caza por el monte.

montés, -tesa *adj.* [animal, planta] Que anda o se cría en el monte.

montículo *m.* Elevación del terreno pequeña y aislada.

montilla *m.* Vino blanco elaborado en la zona de Montilla, en Córdoba.

monto *m.* Suma final de varias cantidades.

montón *m.* 1 Conjunto de cosas puestas sin orden unas sobre otras. 2 Número o cantidad considerable de cosas.

montonera *f. coloquial* Número o cantidad grande de cosas.

montura *f.* 1 Armazón sobre el que se monta algo. 2 Animal sobre el que se puede montar. 3 Conjunto formado por la silla y los objetos necesarios para montar sobre un caballo u otro animal.

monumental *adj.* 1 De los monumentos. 2 Que es mucho mayor de lo normal o que destaca mucho.

monumento *m.* 1 Obra de arquitectura, escultura o grabado hecha para recordar a una persona, un acto o una fecha importante. 2 Edificio u obra pública de gran valor histórico o artístico. 3 Objeto o documento histórico. 4 Obra científica, artística o literaria de gran valor. 5 *coloquial* Persona de gran belleza.

monzón *m.* Viento que sopla periódicamente en el sudeste de Asia.

monzónico, -ca *adj.* 1 Del monzón. 2 [clima] Que tiene lluvias fuertes y abundantes en verano.

moña *f.* 1 Lazo que se ponen las mujeres en la cabeza. 2 Lazo de cintas negras con que se sujetan los toreros a la coleta. 3 *coloquial* Estado de embriaguez.

moño *m.* 1 Peinado que se hace recogiendo el pelo, enrollándolo y sujetándolo a la cabeza. 2 Conjunto de plumas o de pelo que sobresale en la parte superior de la cabeza de ciertos animales.

moquear *intr.* Echar mocos.

moqueo *m.* Secreción abundante y continua de mocos que produce la nariz.

moquero *m. coloquial* Pieza de tela o papel, pequeña y cuadrada, que sirve para limpiarse los mocos.

moqueta *f.* ESP Tela gruesa que se usa para cubrir suelos o para tapizar paredes.

moquillo *m.* Enfermedad catarral contagiosa que padecen algunos animales.

mor Palabra que se utiliza en la locución *por mor de,* que indica 'que una cosa se hace o no se hace a causa de otra o en consideración a alguien'.

OBS Es aféresis de la palabra *amor.*

mora *f.* 1 Fruto de la morera formado por granos ovalados de color blanco o rosado y de sabor dulce. 2 Fruto del moral, de forma redondeada, formado por pequeños granos de color morado y de sabor agridulce. 3 Fruto de la zarzamora, de forma redondeada, de color verde al nacer y morado o negro cuando está maduro.

morada f. culto Casa o lugar donde habitualmente vive una persona o un animal.

morado, -da m./adj. Color violeta oscuro, como el de las moras. ▶ **pasarlas moradas** coloquial Encontrarse en una situación muy difícil. ▶ **ponerse morado** coloquial Satisfacer en exceso el deseo de una cosa, especialmente de comida o bebida.

morador, -ra adj./m. y f. culto Que vive en un lugar.

moral adj. 1 De los valores o costumbres que se consideran buenos. 2 Que es conforme a las costumbres que se consideran buenas en una comunidad. 3 Del ánimo o la mente, en oposición al cuerpo. ‖ f. 4 Conjunto de reglas que se consideran buenas para dirigir o juzgar el comportamiento de las personas en una comunidad. 5 Estado de ánimo o de confianza. ‖ m. 6 Árbol de tronco grueso y recto.

moraleja f. Enseñanza provechosa que se saca de una historia.

moralidad f. Cualidad de moral.

moralina f. Moralidad superficial o falsa.

moralista adj. 1 Que sirve para moralizar. ‖ com. 2 Persona que se dedica a hacer reflexiones morales y a escribir sobre moral.

moralizar [4] tr. 1 Reformar las costumbres de las personas para que se ajusten a los valores que se consideran buenos. ‖ intr. 2 Hacer reflexiones morales.

morar intr. culto Vivir habitualmente en un lugar.

moratón m. coloquial Mancha en la piel de color morado y amarillento que sale después de un golpe.

moratoria f. Ampliación del tiempo que se concede para hacer algo.

morbidez f. Blandura o suavidad que tiene una cosa.

mórbido, -da adj. 1 Que es blando. 2 Que padece enfermedad o la produce.

morbilidad f. Cantidad de personas que enferman en un lugar y un período de tiempo determinado en relación con el total de la población.

morbo m. 1 coloquial Morbosidad, atracción por lo desagradable o prohibido. 2 culto Enfermedad o alteración de la salud.

morbosidad f. 1 Atracción por las cosas desagradables, crueles, prohibidas o que van contra la moral. 2 culto Conjunto de los enfermos y tipos de enfermedades de una zona determinada.

morboso, -sa adj. 1 Que muestra atracción por las cosas desagradables, crueles, prohibidas o que van contra la moral. 2 culto De la enfermedad o que tiene relación con alguna alteración de la salud.

morcilla f. 1 Embutido de color negro, de forma cilíndrica alargada y gruesa, hecho con sangre de cerdo. 2 coloquial Conjunto de palabras o frases improvisadas que un actor introduce en su papel.

morcillo m. Porción carnosa de la parte superior de las patas de la vaca, el toro y otros animales bovinos.

mordacidad f. Ironía o comentario hiriente y agudo dicho con mala intención.

mordaz adj. Que critica de forma cruel, irónicamente y con mala intención.

mordaza f. 1 Trozo de tela con el que se tapa la boca a alguien para impedir que hable o grite. 2 Instrumento formado por dos piezas que hacen de tenazas y que pueden cerrarse para sujetar algo entre ellas.

mordedura f. 1 Acción de morder. 2 Herida o señal que se deja al morder.

morder [32] tr. 1 Sujetar algo clavándole los dientes o apretar algo entre los dientes. 2 Gastar poco a poco arrancando partes pequeñas.

mordida f. coloquial Mordisco.

mordiente m. 1 Sustancia química que sirve para fijar los colores a las telas. 2 Agresividad.

mordisco m. 1 Mordedura. 2 Trozo que se arranca de una cosa al morderla. 3 Parte o ganancia que se saca de un negocio, de un sorteo o una cosa parecida.

mordisquear tr. Morder de manera repetida pero con poca fuerza.

moreno, -na adj. 1 [persona] Que tiene el pelo de color oscuro o negro. 2 [persona] Que tiene la piel oscura. 3 Que ha tomado el sol y tiene la piel más oscura que de costumbre. 4 [azúcar, pan] Que tiene un color más oscuro de lo normal en su especie. ‖ adj./m. y f. 5 [persona] Que es de raza negra o mulata. No se recomienda el uso de esta acepción, porque puede resultar ofensivo. ‖ m. 6 Color oscuro que adquiere la piel al tomar el sol.

morera f. Árbol con el tronco ancho, la copa abierta, hojas ovaladas y flores verdes, cuyo fruto es la mora.

morería f. 1 Barrio medieval que habitaban los moros. 2 Territorio habitado por moros.

morfema m. GRAM. Unidad más pequeña de la lengua con significado.

morfina f. Sustancia que se extrae del

opio; se emplea como calmante y también como droga.

morfinómano, -na *adj./m. y f.* [persona] Que es adicto a la morfina.

-morfismo Elemento sufijal que significa 'cualidad o tipo de forma caracterizado por el primer elemento al que se une'.

morfo-, -morfo, -morfa Elemento prefijal y sufijal que significa 'forma'.

morfología *f.* 1 BIOL. Parte de la biología que trata de la forma de los seres vivos y de sus cambios y transformaciones. 2 GRAM. Parte de la lingüística que estudia la forma de las palabras.

morfológico, -ca *adj.* De la morfología.

morfosintaxis *f.* GRAM. Parte de la lingüística que estudia la relación entre la morfología y la sintaxis.

OBS El plural también es *morfosintaxis*.

morganático, -ca *adj.* [matrimonio] Que se celebra entre una persona que es miembro de una familia real y otra que no lo es y en el que ambos siguen manteniendo su linaje.

moribundo, -da *adj./m. y f.* Que se está muriendo.

morigerar *tr./prnl.* Moderar la intensidad de un sentimiento, de una pasión o de una actitud que tenía demasiada fuerza.

morir [33] *intr./prnl.* 1 Dejar de estar vivo un organismo. 2 Terminarse alguna cosa. ‖ *intr.* 3 Terminar en un punto o ir a parar a un lugar el curso, un camino, un río, y, en general, algo que sigue una línea.

morisco, -ca *adj./m. y f.* 1 [persona] Que pertenece al grupo de pueblos árabes que se quedaron en España cuando terminó la Reconquista. ‖ *adj.* 2 De esas personas.

mormón, -mona *adj.* 1 Del mormonismo. ‖ *adj./m. y f.* 2 [persona] Que practica el mormonismo.

mormonismo *m.* Doctrina religiosa que tuvo su origen en Estados Unidos en el siglo XIX basada en la Biblia.

moro, -ra *adj./m. y f.* 1 [persona] Que es del norte de África. 2 [persona] Que sigue la religión de Mahoma. 3 [persona] Que pertenece al pueblo árabe que vivió en España. ‖ *adj.* 4 Del norte de África y de sus habitantes. 5 Del pueblo árabe que vivió en España. ‖ *adj./m.* 6 [hombre] Que intenta dominar absolutamente a su pareja por desconfianza y celos.

morocho, -cha *adj./m. y f.* AMÉR. *coloquial* [persona] Que es moreno o negro, o es robusto y sano.

morosidad *f.* 1 Retraso en el pago de una

cantidad debida. 2 Falta de puntualidad. 3 Lentitud en hacer las cosas.

moroso, -sa *adj./m. y f.* 1 [persona] Que se retrasa en el pago de una cantidad debida. 2 [persona] Que hace las cosas con lentitud.

morral *m.* 1 Bolsa o mochila que usan sobre todo los pastores y los cazadores para llevar la comida, la ropa u otros objetos. 2 Saco con hierba o pienso que se cuelga de la cabeza de algunos animales.

morralla *f.* 1 Conjunto de cosas diferentes de escaso valor. 2 Grupo de personas de baja condición social. 3 Calderilla, dinero suelto. 4 Pescado pequeño.

morrear *tr./intr./prnl. coloquial* Besar a una persona en la boca con insistencia.

morrillo *m.* 1 Parte carnosa que tienen las reses en la parte superior del cuello. 2 *coloquial* Nuca de una persona cuando es abultada y carnosa.

morriña *f.* Tristeza o pena, especialmente la que se siente al estar lejos de las personas o de los lugares queridos.

morro *m.* 1 Parte de la cabeza de algunos animales donde se encuentran la nariz y la boca. 2 *coloquial* Labios de una persona. 3 Extremo delantero que sobresale de algunos objetos y aparatos. 4 Montaña o roca pequeña y redonda. 5 *coloquial* Desvergüenza.

morrocotudo, -da *adj. coloquial* Que es muy importante o muy difícil.

morrón *adj.* 1 [pimiento] Que es rojo, más grueso que los de otras variedades y carnoso. ‖ *m.* 2 *coloquial* Caída o golpe fuerte e inesperado.

morsa *f.* Mamífero similar a la foca pero de mayor tamaño que tiene las extremidades terminadas en aletas, cabeza pequeña y grandes bigotes; el macho tiene un par de colmillos superiores muy desarrollados.

morse *m.* Sistema de comunicación telegráfico que combina puntos y rayas para codificar el alfabeto.

mortadela *f.* Embutido de color rosa, de forma cilíndrica, alargada y gruesa, hecho con carne picada de cerdo o de vaca, que se come frío.

mortaja *f.* Sábana o pieza de tela en la que se envuelve un cadáver para enterrarlo.

mortal *adj.* 1 [ser vivo] Que ha de morir. 2 Que causa o puede causar la muerte. 3 Que produce cansancio, fatiga o angustia. 4 Que es muy fuerte o intenso. ‖ *m.* 5 Ser humano.

mortalidad *f.* Cualidad de mortal.

mortandad *f.* Gran cantidad de muertes causadas por una desgracia.

mortecino, -na *adj.* Que no tiene vida o fuerza, especialmente referido a la iluminación o el fuego.

mortero *m.* 1 Utensilio de cocina o laboratorio compuesto de un recipiente con forma de vaso ancho y un pequeño mazo que sirve para moler o machacar. 2 Mezcla de cal o cemento, arena y agua que se usa en la construcción. 3 Arma de artillería que lanza proyectiles muy pesados.

mortífero, -ra *adj.* Que causa o puede causar la muerte.

mortificación *f.* Acción y efecto de mortificar o mortificarse.

mortificar [1] *tr./prnl.* 1 Castigar el cuerpo como penitencia o para dominar las pasiones. 2 Producir dolor, remordimiento o daño en general.

mortuorio, -ria *adj.* De la muerte o de los muertos.

moruno, -na *adj.* De los moros.

mosaico *m.* 1 Técnica artística que consiste en ajustar y pegar sobre una superficie piezas pequeñas de distintos colores para formar un dibujo. 2 Obra de arte hecha con esta técnica. 3 Conjunto formado por elementos de distinto tipo.

mosca *f.* 1 Insecto de cuerpo negro con dos alas transparentes, seis patas con uñas y ventosas y un aparato bucal para chupar las sustancias de que se alimenta. 2 Barba pequeña que crece entre el labio inferior y la barbilla. 3 *coloquial* Persona pesada y molesta. ▸ **estar mosca** *coloquial a)* Estar inquieto por algo, desconfiar. *b)* Estar enfadado o molesto.

moscarda *f.* Insecto parecido a la mosca, pero de mayor tamaño y de color verdoso.

moscardón *n. m.* 1 Insecto similar a la mosca pero de mayor tamaño; es marrón oscuro y muy velloso. 2 Moscarda. 3 *coloquial* Persona pesada y molesta.

moscatel *adj.* 1 [uva] Que es muy dulce. ▌ *adj./m.* 2 [vino] Que se elabora con esta uva y es dulce.

moscón *m.* 1 Insecto parecido a la mosca pero de mayor tamaño. 2 *coloquial* Persona pesada y molesta, especialmente un hombre que intenta insistentemente entablar relación con una mujer. ▌

moscovita *adj.* 1 De Moscú. ▌ *adj./com.* 2 [persona] Que es de Moscú.

mosquear *tr./prnl.* 1 *coloquial* Hacer sospechar a una persona. 2 Hacer enfadar a una persona.

mosqueo *m.* 1 *coloquial* Sospecha o suposición sin pruebas. 2 *coloquial* Enfado.

mosquero *m.* AMÉR Gran abundancia de moscas en un lugar.

mosquetero *m.* Antiguo soldado armado con un mosquete.

mosquetón *m.* 1 Arma larga de fuego que es más corta y ligera que el fusil. 2 Anilla que se puede abrir o cerrar mediante un muelle o un resorte.

mosquitero *m.* 1 Tela metálica u otro material que se coloca en las puertas o en las ventanas para impedir que entren los mosquitos y otros insectos. 2 Cortina de gasa que se pone alrededor de la cama para impedir el acceso a los mosquitos.

mosquito *m.* Insecto más pequeño que la mosca, de cuerpo más fino, con dos alas transparentes y patas alargadas; el mosquito hembra tiene una boca en forma de trompa con un aguijón en la punta que utiliza para alimentarse de la sangre de los mamíferos.

mostacho *m.* Bigote muy espeso.

mostaza *f.* 1 Planta de hojas grandes, flores amarillas y semillas negras por fuera y amarillas por dentro. 2 Semilla de esta planta. 3 Salsa de color amarillo y sabor fuerte y picante hecha con las semillas de esta planta.

mosto *m.* Zumo de la uva antes de que fermente para elaborar el vino.

mostrador *m.* Mesa o tablero que hay en las tiendas, los bares y otros establecimientos y que se utiliza para mostrar o servir los que se vende.

mostrar [31] *tr.* 1 Exponer o enseñar una cosa para que pueda ser vista. 2 Expresar o manifestar una cualidad, un sentimiento o estado. 3 Dar a conocer una cosa mediante una explicación o una indicación. ▌ *prnl.* 4 Darse a conocer una persona o comportarse de una determinada manera.

mostrenco, -ca *adj./m. y f.* 1 *coloquial* [persona] Que es ignorante. 2 *coloquial* [persona] Que es muy gordo y pesado. OBS Tiene valor despectivo.

mota *f.* 1 Partícula de cualquier cosa, de un tamaño muy pequeño. 2 Manchita o dibujo pequeño más bien redondeado.

mote *m.* Nombre que se da a una persona en lugar del suyo propio.

motear *tr.* Salpicar con motas una tela u otra superficie.

motejar *tr.* Aplicar un apelativo despectivo o reprobatorio a una persona como crítica o censura de su comportamiento.

motel *m.* Establecimiento hotelero situado cerca de una carretera.

motete *m.* MÚS. Composición musical corta que se canta en las iglesias y cuya letra es un texto de la Biblia.

motilón, -lona *adj./m. y f.* [persona] Que pertenece a un pueblo indígena que habita en la frontera entre Colombia y Venezuela.

motín *m.* Acto de rebelión.

motivación *f.* 1 Estímulo que anima a una persona a mostrar interés por una cosa determinada. 2 Causa o razón que hace que una persona actúe de una manera determinada.

motivar *tr.* 1 Ser una cosa la causa o la razón de que otra suceda. ‖ *tr./prnl.* 2 Hacer que alguien muestre interés por algo.

motivo *m.* 1 Causa o razón que justifica la existencia de una cosa o la manera de actuar de una persona. 2 Forma o figura que se repite en un dibujo o adorno.

moto *f.* Motocicleta. ▸ **estar como una moto** *coloquial* Estar muy nervioso.
OBS Es la forma abreviada de *motocicleta*.

moto- Elemento prefijal que significa 'movido por motor'.

motocarro *m.* Vehículo provisto de tres ruedas y un motor que sirve para transportar mercancía ligera.
OBS El plural es *motocarros*.

motocicleta *f.* Vehículo de dos ruedas y movido por un motor de explosión que tiene capacidad para una o dos personas.

motociclismo *m.* Deporte que se practica con una motocicleta.

motociclista *com.* 1 Persona que conduce una motocicleta. 2 Persona que practica el deporte del motociclismo.

motocross *m.* Modalidad de motociclismo que consiste en circular por terrenos muy accidentados.

motonáutica *f.* Deporte de navegación que se realiza con embarcaciones de pequeño tamaño provistas de un motor.

motonave *f.* Embarcación que está provista de un motor.

motor, -ra *adj.* 1 Que produce movimiento. El femenino también puede ser *motriz*. ‖ *m.* 2 Mecanismo formado por un conjunto de piezas que transforma una energía en movimiento.

motora *f.* Embarcación pequeña movida por un motor.

motorismo *m.* Deporte que practican los aficionados a correr en motocicletas.

motorista *com.* 1 Persona que conduce una motocicleta. 2 Persona que practica el motorismo. 3 Agente de la guardia civil de tráfico que va en motocicleta.

motorización *f.* Acción y efecto de motorizar.

motorizar [4] *tr./prnl.* 1 Dotar de maquinaria a una industria o equipar a un ejército con vehículos de motor. ‖ *prnl.* 2 Proveerse una persona o una entidad de un vehículo automóvil.

motosierra *f.* Máquina movida por un motor que sirve para cortar árboles y madera, provista de una cadena con dientes.

motriz *adj. f.* Que produce movimiento.
OBS El adjetivo masculino es *motor*.

motu proprio *adv.* Voluntariamente o por propia y libre voluntad.

mousse *amb.* Crema dulce de textura muy esponjosa que se toma como postre.
OBS Es de origen francés y se pronuncia aproximadamente 'mus'.

mouton *m.* Piel de cordero tratada industrialmente que se utiliza para fabricar prendas de abrigo.
OBS Es de origen francés y se pronuncia aproximadamente 'mutón'. El plural es *moutons*.

movedizo, -za *adj.* 1 Que es poco firme o inseguro. 2 Que se mueve con facilidad.

mover [32] *tr./prnl.* 1 Hacer que un cuerpo deje el lugar o espacio que ocupa y pase a ocupar otro. 2 Agitar o llevar de un lado para otro una cosa o parte de algún cuerpo. 3 Incitar a alguien a que haga algo o a un comportamiento determinado. ‖ *tr.* 4 Hacer lo necesario para que un asunto se resuelva bien y rápidamente. ‖ *intr.* 5 Cambiar de sitio las fichas en un juego. 6 Provocar un sentimiento.

movible *adj.* Que puede moverse.

movida *f.* 1 *coloquial* Situación de alboroto y confusión. 2 *coloquial* Animación y diversión en la que participa un gran número de personas.

movido, -da *adj.* 1 Que es muy agitado y ajetreado. 2 [persona] Que es muy activo e inquieto en su comportamiento. 3 [fotografía] Que tiene los perfiles borrosos.

móvil *adj.* 1 Que se mueve o puede moverse. ‖ *m.* 2 Causa o razón que tiene una persona para realizar una cosa. 3 Objeto de decoración formado por figuras que cuelgan de hilos y se mueven con facilidad; suele colgarse del techo. 4 Teléfono pequeño y portátil que funciona a través de conexiones inalámbricas.

movilidad *f.* Capacidad que tiene una persona o una cosa para poder moverse.

movilización *f.* Acción y efecto de movilizar o movilizarse.

movilizar [4] *tr./prnl.* 1 Poner en marcha una actividad o un movimiento para conseguir un fin determinado. 2 Poner en actividad o movimiento a las tropas de un ejército.

movimiento *m.* 1 Cambio de lugar o de posición de una persona o una cosa. 2 Estado de un cuerpo mientras cambia de lugar o de posición. 3 Circulación, agitación o tráfico de muchas personas, animales o cosas en un lugar. 4 Levantamiento civil o militar contra el poder. 5 Conjunto de manifestaciones artísticas o ideológicas de una época determinada que tienen características en común. 6 Parte independiente de una composición musical que tiene un tiempo y una velocidad de ejecución propios. 7 Velocidad del compás o tiempo de una composición musical.

moviola *f.* 1 Máquina que se usa en los estudios de cine y televisión para controlar y regular el movimiento de las imágenes. 2 Imagen que se controla y se regula con esta máquina.

mozalbete, ta *m. y f.* Joven o adolescente.

mozárabe *adj./com.* 1 [persona] Que profesaba la religión cristiana y vivía en el territorio musulmán de la península ibérica durante la dominación islámica. ‖ *adj.* 2 De estas personas. ‖ *m.* 3 Lengua que hablaban los cristianos que vivían en territorio musulmán durante la dominación islámica.

mozo, -za *adj./m. y f.* 1 [persona] Que tiene poca edad. ‖ *m. y f.* 2 Persona que trabaja en un oficio para el que no se necesitan conocimientos especializados. 3 Persona que sirve comidas y bebidas a los clientes en un bar y en otros establecimientos. ‖ *m.* 4 Chico que ha sido llamado para hacer el servicio militar.

mozzarella *f.* Queso de color amarillo muy claro y sabor muy suave que se elabora con leche de búfala o de vaca.

OBS Es de origen italiano y se pronuncia aproximadamente 'motsarela'.

MP3 Sigla de *MPEG-1 Audio Layer III*, que significa: *a)* Formato digital de archivos de sonido que comprime los archivos estándar para que ocupen menos memoria. *b)* Aparato portátil y pequeño en que se reproduce este tipo de archivos.

ms. Abreviatura de *manuscrito*.

mu *m.* Onomatopeya de la voz del toro o de la vaca. ▸ **no decir ni mu** *coloquial* No hablar o no decir una sola palabra.

muaré *m.* Tela fuerte de seda que forma aguas.

muchachada *f.* 1 Grupo numeroso de muchachos. 2 Obra o dicho que se considera propio de muchachos.

muchacho, -cha *m. y f.* Persona joven que está en la etapa de la adolescencia.

muchedumbre *f.* Cantidad grande de personas o de cosas.

mucho, -cha *det. indef.* 1 Indica que el nombre al que acompaña está en gran cantidad o número. ‖ *pron. indef.* 2 Indica que el nombre al cual sustituye está en gran cantidad o número. ‖ *adv.* 3 En gran cantidad o más de lo normal. 4 Añade intensidad al valor de ciertos adverbios. 5 Gran cantidad de tiempo. ▸ **ni mucho menos** Expresión que se utiliza para negar rotundamente. ▸ **por mucho que** Expresión que indica que a pesar de haber realizado cierta acción sucede otra sin poder evitarlo.

mucosa *f./adj.* BIOL. Membrana del organismo que elabora una sustancia densa y pegajosa para proteger el órgano o una parte del cuerpo.

mucosidad *f.* Sustancia densa y pegajosa producida por las mucosas.

mucoso, -sa *adj.* 1 Que tiene la textura o el aspecto del moco. 2 Que tiene o segrega mucosidad.

muda *f.* 1 Conjunto de ropa interior que se cambia de una vez. 2 Cambio o renovación de la pluma, el pelo o la piel que experimentan algunos animales. 3 Período de tiempo que dura este proceso.

mudanza *f.* Cambio que se hace de una vivienda o de una habitación a otra.

mudar *tr./intr.* 1 Cambiar el aspecto, la naturaleza o el estado de una cosa. 2 Renovar o cambiar un animal la pluma, el pelo o la piel. 3 Variar o cambiar una persona sus ideas o su actitud. ‖ *prnl.* 4 Cambiar una persona de vivienda o trasladarse del lugar en que se estaba a otro. 5 Quitarse la ropa y ponerse otra limpia.

mudéjar *adj./com.* 1 [persona] Que profesaba la religión musulmana y vivía en el territorio cristiano de la península ibérica durante la dominación islámica. ‖ *adj.* 2 De estas personas. ‖ *adj./m.* 3 [estilo arquitectónico] Que funde elementos románicos y góticos con el arte árabe.

mudez *f.* Cualidad de mudo.

mudo, da *adj./m. y f.* 1 [persona] Que no puede hablar a causa de una incapacidad o una lesión. ‖ *adj.* 2 Que no tiene voz o sonido. 3 Que está callado o muy silencioso. 4 [letra] Que no se pronuncia.

mueble *m.* Objeto fabricado en un material resistente que sirve para un uso concreto y con el que se equipa o se decora una casa, una oficina u otros locales.

mueca *f.* Gesto o movimiento hecho con los músculos de la cara que expresa un estado de ánimo determinado.

muela *f.* 1 Cada uno de los dientes situados en la parte posterior de las mandíbulas y que sirven para triturar los alimentos. **muela del juicio** Muela que está al final de las mandíbulas y aparece en edad adulta en los seres humanos. 2 Piedra redonda de un molino que gira sobre otra fija para triturar grano u otras cosas. 3 Piedra en forma de disco que se hace girar y se usa para afilar herramientas.

muelle *m.* 1 Pieza, generalmente de metal, con forma de espiral que tiene una gran capacidad para estirarse y luego volver a su posición inicial. 2 Obra construida en un puerto de mar o en la orilla de un río navegable o andén de una estación para facilitar tareas de carga y descarga.

muérdago *m.* Planta parásita que vive sobre los troncos y las ramas de los árboles.

muermo *m.* 1 *coloquial* Estado de aburrimiento, tedio o fastidio que tiene una persona. 2 *coloquial* Persona, cosa o situación que es pesada y aburrida.

muerte *f.* 1 Fin de la vida. 2 Figura imaginaria que personifica la muerte y que suele representarse con un esqueleto humano que lleva una guadaña. 3 Situación de destrucción y ruina que supone el fin o la desaparición de una cosa material o inmaterial. 4 Acto de asesinar o matar a una persona. ▶ **a muerte** Locución que expresa gran intensidad. ▶ **de mala muerte** De muy poco valor o importancia. ▶ **de muerte** *coloquial* Que es muy bueno o muy intenso.

muerto, -ta *adj./m. y f.* 1 [ser] Que ha perdido la vida. ‖ *adj.* 2 Que está apagado o poco activo. 3 Que está muy cansado. **OBS** Es el participio de *morir*.

muesca *f.* 1 Hueco estrecho y alargado que se hace en una cosa para introducir o encajar otra. 2 Corte de forma semicircular que se hace al ganado en la oreja para que sirva de señal.

muesli *m.* Mezcla de cereales, frutas y frutos secos que se toma con leche, yogur o zumo.

muestra *f.* 1 Parte que se considera representativa de una cosa que se saca o se separa de ella para analizarla, probarla o estudiarla. 2 Cantidad pequeña de un producto o de una mercancía que se ofrece o se enseña para dar a conocer sus características. 3 Cosa que se toma como modelo para ser imitado o copiado. 4 Presentación en un recinto público de un conjunto de productos o de obras de arte.

muestrario *m.* Conjunto de muestras de un producto o de una mercancía.

muestreo *m.* Selección de un conjunto de personas o cosas que se consideran representativas del grupo al que pertenecen y que se eligen para estudiar o determinar las características del grupo.

muflón *m.* Mamífero rumiante parecido al carnero que tiene el pelo largo y de color castaño; el macho tiene unos largos cuernos curvados hacia atrás.

mugido *m.* Voz del toro o de la vaca.

mugir [6] *intr.* Emitir mugidos el toro o la vaca.

mugre *f.* Suciedad grasienta que se acumula en una cosa o un lugar.

mugriento, -ta *adj.* Que está cubierto de mugre.

mujer *f.* 1 Persona adulta de sexo femenino. 2 Persona de sexo femenino con la que se está casado o en pareja.

mujeriego *adj./m.* [hombre] Que es muy aficionado a relacionarse con las mujeres.

mujeril *adj.* 1 Propio de la mujer. 2 [hombre] Que tiene un comportamiento o unos modales afeminados.

mujerío *m.* Grupo grande de mujeres. **OBS** Tiene valor despectivo.

mujerzuela *f.* Mujer que mantiene relaciones sexuales a cambio de dinero. **OBS** Se usa como apelativo despectivo.

mújol *m.* Pez marino de cabeza aplastada, cuerpo alargado y labios muy gruesos.

muladar *m.* 1 Lugar donde se echa el estiércol y la basura de las casas. 2 Lugar que está muy sucio.

muladí *com./adj.* Cristiano español que se convertía al islamismo durante la dominación musulmana de la península ibérica. **OBS** El plural es *muladíes*.

mular *adj.* Del mulo o de la mula.

mulato, -ta *adj./m. y f.* [persona] Que ha nacido de padre blanco y madre negra o de padre negro y madre blanca.

mulero, -ra *m. y f.* Persona que se dedica a cuidar mulas.

muleta *f.* 1 Bastón con el extremo superior adaptado para colocar la axila o el antebrazo y la mano, y que se utiliza para apoyarse al andar. **2** Paño de color rojo sujeto a un palo que usa el torero para torear en la última parte de la corrida.

muletilla *f.* Palabra o frase que se repite a menudo al hablar y se usa por costumbre.

muletón *m.* Tela de algodón o lana gruesa y afelpada que se coloca debajo de las sábanas o del mantel como protección.

mulillas *f. pl.* Conjunto de mulas que arrastran y sacan de la plaza a los toros muertos en una corrida.

mullido, -da *adj.* Que es blando y esponjoso.

mullir [41] *tr.* Ahuecar una cosa con las manos para que esté blanda y esponjosa.

mulo, -la *m. y f.* **1** Mamífero doméstico nacido del cruce de un caballo y una burra o de una yegua y un burro. **2** *coloquial* Persona que tiene mucha fuerza y energía.

multa *f.* **1** Sanción o castigo que impone una autoridad. **2** Papel oficial donde figura esta sanción y la cantidad de dinero que hay que pagar.

multar *tr.* Poner una multa una autoridad por haber cometido una falta o delito.

multi- Elemento prefijal que entra en la formación de palabras para añadir idea de multiplicidad.

multicolor *adj.* Que tiene muchos colores.

multicopista *f.* Máquina que hace copias en papel de textos o dibujos.

multiforme *adj.* Que tiene muchas o varias formas o figuras.

multigrado *adj.* [aceite lubricante para motores] Que no altera su composición ni su textura cuando se somete a cambios extremos de temperatura.

multimedia *adj./m.* **1** [tecnología, aparato] Que utiliza distintos medios de comunicación combinados. **2** Combinación de medios de comunicación audiovisuales, tales como sonido, gráficos, animación y vídeo, aplicados a la informática.

OBS Es una palabra de forma invariable.

multimillonario, -ria *adj./m. y f.* **1** [persona] Que tiene muchos millones o es muy rico. **‖** *adj.* **2** [cantidad, cifra] Que es muy elevado.

multinacional *adj./f.* [empresa, sociedad] Que tiene negocios y actividades en varios países.

múltiple *adj.* **1** Que está formado por más de un elemento o por varias partes. **‖** *det. indef.* **2** Muchos o varios.

multiplicación *f.* **1** Operación matemáti-

ca de multiplicar. **2** Acción y efecto de multiplicar.

multiplicador, -ra *adj./m. y f.* **1** Que multiplica. **‖** *m.* **2** MAT. Número de una multiplicación que indica cuántas veces ha de sumarse otro número, el multiplicando, para obtener el producto.

multiplicando *m.* MAT. Número de una multiplicación que debe ser sumado tantas veces como indica el multiplicador.

multiplicar [1] *tr.* **1** Realizar una operación matemática que consiste en sumar un número tantas veces como indica otro número. **‖** *tr./prnl.* **2** Hacer crecer la cantidad o el número de una cosa. **‖** *prnl.* **3** Reproducirse los seres vivos.

multiplicativo, -va *adj./m.* [adjetivo, nombre] Que expresa multiplicación.

multiplicidad *f.* Variedad o abundancia excesiva de algo.

múltiplo *adj./m.* MAT. [número] Que contiene a otro número varias veces exactamente.

multipropiedad *f.* **1** Sistema de propiedad de un inmueble entre varias personas y que consiste en pagar una cantidad de dinero cada una a cambio de poder disfrutar de su uso durante un tiempo limitado. **2** Inmueble que se tiene mediante este sistema de propiedad.

multitud *f.* Cantidad abundante de personas, animales o cosas.

multitudinario, -ria *adj.* Que reúne o forma una multitud.

multiverso *m.* Conjunto de universos que, según diversas teorías, existen además del que habitamos.

mundanal *adj.* Propio del mundo humano.

mundano, -na *adj.* **1** Propio del mundo humano. **2** Propio del ambiente de la alta sociedad. **3** [persona] Que participa frecuentemente en la vida de la alta sociedad.

mundial *adj.* **1** Que abarca o se refiere al mundo entero. **‖** *m.* **2** Competición deportiva en la que pueden participar deportistas de todos los países.

mundillo *m.* Conjunto limitado de personas que tienen la misma posición social, profesión o trabajo.

mundo *m.* **1** Planeta en el que viven los seres humanos. **2** Conjunto de todas las cosas que existen, incluyendo lo que está fuera del planeta Tierra. **3** Parte material o inmaterial en que se divide el conjunto de todas las cosas que existen. **el otro mundo** Lugar al que se cree que van las almas de las personas después de la muerte. **4** Conjunto de personas que forman la humanidad o forman parte de una sociedad determinada. **5** Experiencia o conocimiento que tiene una persona acerca de cualquier situación y del trato con los demás que se adquiere a través de las vivencias. **6** Conjunto limitado de personas que tienen la misma posición social, profesión o trabajo. ▸ **no ser nada del otro mundo** *coloquial* Ser una cosa común o normal. ▸ **venir al mundo** Nacer. ▸ **ver mundo** Viajar por muchas tierras y diferentes países.

munición *f.* **1** Conjunto de materiales de guerra y de provisiones que son necesarios para abastecer a un ejército. **2** Carga que se pone en un arma de fuego.

municipal *adj.* **1** Del municipio o que depende de un municipio. ∥ *adj./com.* **2** [persona] Que pertenece a la policía de un municipio.

municipio *m.* **1** División territorial administrativa más pequeña en que se organiza un estado y está gobernada por un solo organismo. **2** Territorio que comprende esta división administrativa. **3** Conjunto de personas que viven en este territorio.

muñeca *f.* Parte del brazo humano donde la mano se une con el antebrazo.

muñeco, -ca *m.* y *f.* **1** Juguete que tiene forma o figura humana. **2** Figura que tiene forma humana. **3** *coloquial* Persona que tiene poco carácter o voluntad y se deja llevar o manipular.

muñeira *f.* **1** Baile popular de Galicia. **2** Música de este baile que se canta y se acompaña de gaitas y tamboriles.

muñequera *f.* Tira o cinta de tela elástica que se ajusta alrededor de la muñeca para sujetarla si está dañada o para protegerla si se ha de hacer un esfuerzo.

muñir [40] *tr.* Concertar, disponer, manejar asuntos.

muñón *m.* Parte de un miembro que permanece unida al cuerpo después de haber sido cortado o amputado ese miembro.

mural *adj.* **1** Que se coloca o se hace sobre un muro o una pared. ∥ *adj./m.* **2** [pintura] Que es de gran tamaño y se coloca o está hecha sobre un muro o una pared.

muralista *com.* PINT. Persona que se dedica a realizar pinturas murales.

muralla *f.* Muro alto y grueso que rodea un lugar y en algunas épocas sirvió de defensa o protección.

murciano, -na *adj.* **1** De Murcia. ∥ *adj./m. y f.* **2** [persona] Que es de Murcia.

murciélago *m.* Animal mamífero volador

y nocturno cuyas alas están formadas por una membrana que va desde las extremidades anteriores hasta la cola; emite vibraciones para orientarse en la oscuridad.

murga *f.* Conjunto de músicos que tocan por las calles. ▸ **dar la murga** *coloquial* Molestar mucho a una persona o una cosa.

murmullo *m.* Sonido confuso y poco perceptible que se produce cuando dos o más personas hablan en voz baja.

murmuración *f.* Acción de murmurar.

murmurador, -ra *adj./m. y f.* [persona] Que habla mal de una persona que no está presente.

murmurar *intr./tr.* **1** Hablar mal de una persona que no está presente. **2** Hablar una o más personas en voz baja o entre dientes, especialmente manifestando queja o disgusto por alguna cosa. ∥ *intr.* **3** Hacer un ruido suave y confuso una cosa en movimiento, como el agua o el viento.

muro *m.* Construcción vertical hecha de piedra, ladrillo u otro material que cierra un espacio o separa un lugar de otro.

mus *m.* Juego de cartas de envite que está formado por cuatro jugadas.

musa *f.* **1** Cada una de las diosas de la mitología griega que protegían las ciencias o las artes. **2** Estado en que el artista siente el estímulo que lo lleva a la creación o la composición de obras de arte.

musaraña *f.* Animal mamífero nocturno de pequeño tamaño, parecido a un ratón, con pelo corto y rojo oscuro y patas delanteras más pequeñas que las traseras.

musculación *f.* Musculatura.

muscular *adj.* Del músculo.

musculatura *f.* Conjunto de los músculos del cuerpo.

músculo *m.* Tejido compuesto por fibras que se estiran y se contraen y que sirve para producir el movimiento.

musculoso, -sa *adj.* **1** Que tiene músculos o está formado por tejido muscular. **2** [persona] Que tiene los músculos muy desarrollados.

museo *m.* Edificio abierto al público en el que se guardan y se exponen series ordenadas de objetos de valor para la ciencia, para el arte o para la cultura.

musgo *m.* **1** Planta sin flores, con tallo y hojas falsos y con pequeñas raíces, que crece sobre las piedras o cortezas de los árboles, formando una capa verde, gruesa y suave. ∥ *m. pl.* **2** Clase o grupo que forman estas plantas.

music-hall *m.* **1** Espectáculo de variedades que está formado por números musicales, cómicos y otras atracciones de carácter diverso. **2** Teatro o lugar en que se representa este espectáculo.

OBS Es de origen inglés y se pronuncia aproximadamente 'miúsic jol'.

música *f.* **1** Arte de combinar los sonidos en una secuencia temporal atendiendo a las leyes de la armonía, la melodía y el ritmo. **2** Sucesión de sonidos combinados según ciertas leyes que producen un efecto estético o expresivo y resultan gratos al oído. **3** Obra compuesta según las leyes de la armonía, la melodía y el ritmo. **4** Conjunto de las obras o composiciones musicales de un autor, de un estilo, de un país o de un período determinados.

musical *adj.* **1** De la música. **2** Que tiene música o la produce. **3** [sonido] Que es agradable o armonioso. ‖ *adj./m.* **4** [película, obra de teatro, espectáculo] Que incluye piezas de música, canciones y baile como parte de la acción.

musicalidad *f.* Conjunto de características armónicas, melódicas y rítmicas que son propias de la música.

musicar [1] *tr.* Poner música a un texto.

músico, -ca *m. y f.* Persona que se dedica profesionalmente a la música.

musicología *f.* Estudio de la teoría y de la historia de la música.

musicólogo, -ga *m. y f.* Persona que se dedica a estudiar la teoría y la historia de la música.

musiquilla *f.* Tono especial de la voz que suele tener una intención determinada.

musitar *intr./tr. culto* Hablar una persona en voz muy baja.

muslera *f.* Tira hecha de un material elástico que se coloca alrededor del muslo para protegerlo o sujetarlo.

muslo *m.* **1** Parte de la pierna que va desde la cadera hasta la rodilla. **2** Parte superior y carnosa de la pata de un animal.

mustio, -tia *adj.* **1** [flor, planta] Que ha perdido el frescor, el verdor y la tersura. **2** Que está triste y siente melancolía.

musulmán, -mana *adj.* **1** Del islam. ‖ *adj./m. y f.* **2** [persona] Que cree en el islam.

mutabilidad *f.* Capacidad que tiene un ser o una cosa de cambiar su aspecto, su forma o sus características.

mutación *m.* **1** BIOL. Alteración de la estructura genética o cromosómica de la célula de un ser vivo que pasa a sus descendientes. **2** BIOL. Resultado visible producido por esta alteración.

mutante *adj./m.* BIOL. Que ha experimentado una mutación.

mutar *tr./prnl.* **1** *culto* Cambiar o alterar el aspecto, la naturaleza o el estado de una cosa. **2** BIOL. Experimentar una célula una transformación genética o cromosómica.

mutilación *f.* Acción y efecto de mutilar.

mutilado, -da *adj./m. y f.* [persona] Que ha perdido o tiene inutilizado algún miembro o extremidad del cuerpo.

mutilar *tr./prnl.* **1** Cortar un miembro o una parte del cuerpo de una manera violenta. ‖ *tr.* **2** Quitar o suprimir una parte de una cosa.

mutis *m.* En teatro, salida de la escena de un actor. ▶ **hacer mutis por el foro** Marcharse una persona de un lugar con discreción o sin llamar la atención.

OBS El plural también es *mutis.*

mutismo *m. culto* Silencio voluntario u obligado de una persona.

mutualidad *f.* Asociación de personas, que pagan una cantidad periódica de dinero, destinada a ayudarse mutuamente.

mutuo, -tua *adj.* Que se hace de manera recíproca entre dos personas, animales o cosas.

muy *adv.* Indica el grado más alto de lo que se expresa. Se usa ante adjetivos, participios, adverbios y locuciones adverbiales.

N

n *f.* Decimocuarta letra del alfabeto español.

n.º Abreviatura de *número*.

nabo, -ba *adj./m. y f.* **1** ARG, URUG *coloquial* [persona] Que es tonto, poco inteligente. ‖ *m.* **2** Raíz carnosa de color blanco o amarillento y forma alargada; es comestible. **3** *malsonante* Pene del hombre.

nácar *m.* Sustancia dura y blanca que se forma en el interior de las conchas de algunos moluscos.

nacarado, -da *adj.* **1** Que tiene alguna característica que es propia del nácar. **2** Que está adornado con nácar.

nacer [42] *intr.* **1** Salir una persona o un animal vivíparo del vientre de la madre. **2** Salir un animal ovíparo del huevo. **3** Salir una planta de su semilla o brotar del suelo. **4** Salir las hojas, las flores o los frutos a una planta. **5** Comenzar a tener existencia una cosa. **6** Surgir el agua u otro líquido de un lugar. **7** Aparecer por el horizonte un cuerpo celeste. ▶ **nacer para** + nombre o **nacer para** + infinitivo Tener una persona una gran capacidad para hacer una cosa determinada.

nacido, -da *adj./m. y f.* [persona] Que ha salido del vientre de la madre. **recién nacido** Niño que acaba de nacer.

naciente *adj.* **1** Que es nuevo o empieza a desarrollarse. ‖ *m.* **2** Punto cardinal que está en la dirección en la que nace el Sol.

nacimiento *m.* **1** Momento en una persona o animal vivíparo salen del vientre de la madre, un animal ovíparo sale del huevo y una planta sale de la semilla o brota del suelo. **2** Momento en que una cosa comienza a tener existencia. **3** Lugar donde brota una corriente de agua. **4** Conjunto de figuras y objetos que representan momentos y lugares relacionados con el momento en que nació Jesucristo.

nación *f.* **1** Conjunto de habitantes de un país regidos por un mismo gobierno. **2** Territorio en el que vive ese conjunto de personas. **3** Conjunto de personas de un mismo origen étnico que tienen unos vínculos históricos comunes y que generalmente hablan el mismo idioma.

nacional *adj.* **1** Propio de una nación o un territorio. **2** Que pertenece a la propia nación, en oposición a lo que es extranjero. ‖ *adj./m.* **3** [grupo de personas] Que durante la guerra civil española eran partidarios y seguidores del bando franquista.

nacionalidad *f.* Estado o situación propios de las personas pertenecientes a una nación y que además poseen el derecho de ciudadanía.

nacionalismo *m.* **1** Doctrina política que exalta en todos los órdenes la personalidad nacional. **2** Movimiento político que defiende la creación de un estado independiente y autónomo.

nacionalista *adj.* **1** Del nacionalismo. ‖ *adj./com.* **2** [persona] Que es partidario del nacionalismo.

nacionalización *f.* **1** Concesión que se hace a una persona de la nacionalidad o los derechos de ciudadanía de un país que no es en el que ha nacido. **2** Conversión de una actividad privada en pública.

nacionalizar [4] *tr./prnl.* **1** Admitir en un país a una persona extranjera como si fuera natural de él. **2** Hacer que una actividad o entidad privada se transforme en pública.

nacionalsocialismo *m.* Doctrina del partido político nacionalsocialista alemán que defendía el poder absoluto del estado y la superioridad del pueblo germano frente a los demás pueblos de Europa.

nacionalsocialista *adj.* 1 [partido político] Que fue fundado por Adolf Hitler y que propugnaba el nacionalsocialismo. ‖ *adj./com.* 2 [persona] Que es partidario del nacionalsocialismo.

nada *pron. indef.* 1 Ninguna cosa. 2 Poco o muy poco. ‖ *adv.* 3 Indica negación total. 4 De ninguna manera. ‖ *f.* 5 Falta total de cualquier ser o de cualquier cosa. ▸ **de nada** Expresión con la que se responde a un agradecimiento.

nadador, -ra *adj.* 1 Que nada o puede nadar. ‖ *m. y f.* 2 Persona que practica el deporte de la natación.

nadar *intr.* Trasladarse dentro del agua una persona o un animal haciendo los movimientos necesarios y sin tocar el suelo.

nadería *f.* Cosa que tiene poco valor o escasa importancia.

nadie *pron. indef.* Ninguna persona.

nadir *m.* ASTR. Punto de la esfera celeste opuesto diametralmente al cenit.

nado Palabra que aparece en la expresión *a nado*, que indica que un movimiento se efectúa nadando.

nafta *f.* Líquido incoloro, volátil y muy inflamable que se obtiene de la destilación del petróleo crudo.

naftalina *f.* Hidrocarburo sólido, aromático y de color blanco que se obtiene de la destilación del alquitrán de la hulla.

nahua o **náhuatl** *adj./com.* 1 Perteneciente a un pueblo indígena que habitó en la altiplanicie de México y de América Central con anterioridad a la conquista de estos países por los españoles. ‖ *m.* 2 Lengua hablada por este pueblo y en la actualidad por los indios mexicanos.

náíf o **naif** *m./adj.* 1 Que es de un estilo de pintura que se caracteriza por una gran simplicidad en las formas y el uso de colores muy vivos. ‖ *adj./com.* 2 [persona] Que practica este estilo de pintura.

nailon *m.* Fibra artificial, elástica y resistente que se utiliza para fabricar tejidos y prendas de vestir.
OBS También se escribe *nylon* o *nilón*.

naipe *m.* 1 Cartulina pequeña de forma rectangular que lleva impreso un número determinado de objetos por una cara y por la otra un dibujo uniforme, y que forma parte de la baraja. ‖ *m. pl.* 2 Conjunto de estas cartulinas que se usa en algunos juegos.

nalga *f.* Cada una de las dos partes carnosas y redondeadas del cuerpo humano que están situadas donde acaba la espalda.
OBS En plural tiene el significado de *culo* o *trasero*.

nana *f.* 1 Canción que se canta a los niños pequeños para arrullarlos o para que se queden dormidos. 2 ACENT Nombre con que los niños llaman a su madre.

nanay *adv. coloquial* Expresión que indica negación rotunda o absoluta.

nano- Elemento prefijal que entra en la formación de palabras con el significado de: *a)* 'Muy pequeño'. *b)* 'La milmillonésima parte de una unidad'.

nanosegundo *m.* Milmillonésima parte de un segundo.

nanotecnología *f.* Tecnología que se dedica al diseño y manipulación de materias a nivel molecular.

napa *f.* Piel de algunos animales que se utiliza para fabricar prendas de vestir.

napalm *m.* Sustancia muy inflamable usada para cargar proyectiles incendiarios.

napia *f. coloquial* Nariz.
OBS Se una también en plural para referirse a una sola.

napoleónico, -ca *adj.* De Napoleón.

napolitana *f.* Pastel o dulce que está relleno de crema.

naranja *f.* 1 Fruto del naranjo que tiene forma redonda, cáscara gruesa y rugosa y pulpa agridulce, muy jugosa, dividida en gajos; es comestible. ‖ *adj./m.* 2 Color como el de este fruto.

naranjada *f.* Bebida hecha con zumo de naranja, agua y azúcar.

naranjal *m.* Terreno plantado de naranjos.

naranjero, -ra *adj.* 1 De la naranja o del naranjo. ‖ *m. y f.* 2 Persona que se dedica a cultivar o vender naranjas.

naranjo *m.* 1 Árbol frutal de tronco liso, copa abierta, hojas verdes, ovaladas y flores blancas y olorosas, cuyo fruto es la naranja. 2 Madera de este árbol.

narcisismo *m.* Admiración exagerada que siente una persona por sí misma.

narcisista *adj./com.* Persona que siente una admiración exagerada por sí misma.

narciso *m.* 1 Flor olorosa de color blanco o amarillo. 2 Planta herbácea con raíz en forma de bulbo, hojas estrechas y apuntadas que nacen en la base del tallo y que produce esta flor.

narco *com.* Persona que trafica con drogas tóxicas a gran escala.
OBS Es la forma abreviada de *narcotraficante*.

narco- Elemento prefijal que significa 'droga', 'narcótico'.

narcótico, -ca *adj./m.* [sustancia] Que produce sueño, relajación muscular y pérdida de la sensibilidad y la consciencia.

narcotismo *m.* Conjunto de efectos o síntomas que produce la ingestión de un narcótico.

narcotizar [4] *tr./prnl.* Administrar a una persona una sustancia narcótica.

narcotraficante *com.* Persona que trafica con drogas a gran escala.

narcotráfico *m.* Comercio o negocio en el que se compran y se venden drogas tóxicas en grandes cantidades.

nardo *m.* 1 Flor blanca y muy olorosa, especialmente de noche, dispuesta en espiga. 2 Planta de jardín con el tallo sencillo y derecho y hojas largas que se prolongan como si fueran escamas, y que da esa flor.

narigón, -gona *adj./m. y f. coloquial* [persona] Que tiene la nariz muy grande.

narigudo, -da *adj./m. y f.* [persona] Que tiene la nariz muy grande.

nariz *f.* 1 Parte saliente en el rostro humano situada entre los ojos y la boca que tiene dos orificios en la parte inferior. 2 Parte situada en la cabeza de los animales vertebrados que sirve para oler y para tomar el aire al respirar. ▶ **dar con la puerta en las narices** Negarse una persona a ayudar a otra. ▶ **dejar en un palmo de narices** *coloquial* Dejar sorprendida a una persona. ▶ **delante de las narices** o **en las propias narices** *coloquial* Expresión que indica que una cosa se realiza delante de la presencia de una persona. ▶ **estar hasta las narices** Estar una persona muy harta de una cosa. ▶ **meter las narices** *coloquial* Intentar averiguar y enterarse de lo que hacen otras personas. ▶ **por narices** *coloquial* Expresión que indica que una cosa tiene que hacerse de manera forzosa o por obligación. ▶ **tener narices** *coloquial* Expresión que indica que una persona tiene ánimo, valor y mucho arrojo.

narizotas *com.* Persona que tiene la nariz muy grande. Se usa despectivamente.
OBS El plural también es *narizotas*.

narración *f.* 1 Hecho de contar un suceso real, o un hecho o una historia ficticios. 2 Obra literaria escrita en prosa que cuenta una historia real o inventada.

narrador, -ra *m. y f.* Persona que cuenta una historia real o inventada o que relata una serie de hechos.

narrar *tr.* Contar una persona algo que ha sucedido realmente o un hecho o una historia ficticios.

narrativa *f.* Género literario en prosa que utiliza sobre todo la narración y que incluye la novela, la novela corta y el cuento.

narrativo, -va *adj.* De la narración.

nasa *f.* Instrumento usado para pescar que consiste en un cesto de forma cilíndrica hecho de red o juncos entretejidos en el que los peces quedan atrapados.

nasal *adj.* 1 De la nariz. ▌ *adj./f.* 2 [sonido] Que se pronuncia haciendo salir el aire, total o parcialmente, por la nariz. 3 [letra] Que representa ese sonido.

nasalizar [4] *tr.* Pronunciar un sonido no nasal como nasal.

naso- Elemento prefijal que significa 'nariz'.

nata *f.* 1 Sustancia espesa y cremosa que se forma en la superficie de la leche que se deja en reposo. 2 Crema blanca y dulce que se hace mezclando y batiendo esta sustancia de la leche con azúcar. 3 Sustancia espesa que se forma en la superficie de algunos líquidos.

natación *f.* Deporte o ejercicio que consiste en nadar.

natal *adj.* [lugar] Que es en el que ha nacido una persona.

natalicio, -cia *adj.* 1 Del día del nacimiento de una persona. ▌ *m.* 2 Día del nacimiento de una persona. 3 Fiesta que celebra o festeja este día.

natalidad *f.* Número de personas que nacen en un lugar y en un período de tiempo determinado.

natatorio, -ria *adj.* 1 De la natación. 2 Que sirve para nadar o flotar en el agua.

natillas *f. pl.* Dulce cremoso hecho con yemas de huevo, azúcar y leche.

natividad *f.* Nacimiento de Jesucristo, de la Virgen María y de San Juan Bautista.
OBS Suele escribirse con mayúscula.

nativo, -va *adj.* 1 Del lugar donde se ha nacido o relacionado con él. ▌ *adj./m. y f.* 2 [persona] Que ha nacido en el lugar de que se trata.

nato, -ta *adj.* [cualidad, defecto] Que se tiene desde que se nace.

natura *f.* Naturaleza, conjunto de las cosas y de las fuerzas que componen el universo. ▶ **contra natura** Que es contrario a las leyes de la naturaleza.

natural *adj.* 1 Que es de la naturaleza o que ha sido producido por la naturaleza sin la participación del ser humano. 2 Que está elaborado sin mezclar elementos artificiales. 3 [cualidad] Que es propio y característico de una cosa. 4 [hecho] Que es predecible, lógico o razonable porque ocurre normalmente. 5 [persona, acción] Que es sencillo, que se realiza sin fingimiento y sin forzar las cosas. 6 Que se produce por las fuerzas de la naturaleza. ‖ *adj./ com.* 7 [persona] Que ha nacido en un pueblo o nación determinados. ▸ **al natural** [fruto] Que está en su jugo, y no tiene condimentos ni componentes artificiales.

naturaleza *f.* 1 Conjunto de las cosas y de las fuerzas que componen el universo y que no han sido hechas por el ser huano. 2 Principio universal que se considera que gobierna y dispone todas las cosas. 3 Manera de ser o de comportarse una persona o animal. 4 Complexión o constitución física de una persona. 5 Propiedad o conjunto de propiedades características de un ser o de una cosa. 6 Especie, género, clase o tipo al que pertenece una cosa. ▸ **por naturaleza** Por inclinación y manera natural de ser.

naturalidad *f.* Modo de actuar o de comportarse una persona mostrándose tal y como es en realidad.

naturalismo *m.* 1 Movimiento literario surgido a finales del siglo XIX; se caracteriza por aparecer en sus obras los aspectos más crudos y desagradables de la realidad con mucho realismo, tal y como es. 2 FILOS. Sistema de pensamiento que considera la naturaleza como principio de todas las cosas.

naturalista *adj.* 1 Del naturalismo. ‖ *adj./ com.* 2 [persona] Que practica o defiende los principios del naturalismo.

naturalizar [4] *tr./prnl.* Conceder a un extranjero la nacionalidad de un país.

naturalmente *adv.* 1 De una manera natural o con naturalidad. 2 Por supuesto o sin ninguna duda.

naturismo *m.* Doctrina que defiende el empleo de medios naturales para conservar la salud y tratar las enfermedades.

naturista *adj.* 1 Relativo al naturismo. ‖ *adj./ com.* 2 Que defiende o practica el naturismo.

naufragar [7] *intr.* 1 Hundirse o quedar destruida una embarcación que estaba navegando. 2 Estar una persona en una embarcación que se hunde o que queda destruida.

naufragio *m.* Hundimiento o destrucción de una embarcación que se encontraba navegando.

náufrago, -ga *adj./m. y f.* [persona] Que ha sufrido un naufragio.

náusea *f.* Sensación de malestar físico cuando se tienen ganas de vomitar. OBS Se usa frecuentemente en plural.

nauseabundo, -da *adj.* Que produce repugnancia o un asco intensos y ganas de vomitar.

náutica *f.* Técnica de la navegación.

náutico, -ca *adj.* De la navegación.

nava *f.* Terreno llano y sin árboles, a veces pantanoso, situado generalmente entre montañas.

navaja *f.* 1 Instrumento parecido al cuchillo, cuya hoja está articulada de manera que el filo puede guardarse dentro del mango. 2 Animal invertebrado marino que tiene el cuerpo alargado y encerrado entre dos conchas casi rectangulares; es comestible.

navajazo *m.* 1 Golpe fuerte dado con el filo o con la punta de una navaja. 2 Herida o corte hecho con una navaja.

navajero, -ra *m. y f.* 1 Persona que va armada con una navaja. 2 Persona que se dedica a fabricar o vender navajas.

navajo, -ja *adj./m. y f.* Que es de un pueblo amerindio norteamericano que habitaba en la zona sur de las montañas Rocosas o relacionado con él.

naval *adj.* De la navegación o las embarcaciones.

navarro, -rra *adj./m. y f.* Que es de Navarra.

nave *f.* 1 Vehículo capaz de flotar y de navegar por el agua. 2 Vehículo para viajar por el aire impulsado por uno o más motores. **nave espacial** Vehículo que se utiliza para viajar por el espacio, fuera de la atmósfera terrestre. 3 Edificio grande, de una sola planta, con el techo alto y sin divisiones, que se usa como fábrica, como granja o como almacén. 4 Espacio alargado que queda entre los muros o entre las columnas en el interior de una iglesia o de otro edificio de gran tamaño.

navegabilidad *f.* Estado o condición que ofrece el agua navegable para poder navegar por ella.

navegable *adj.* [río, lago] Que permite la navegación de las embarcaciones.

navegación *f.* 1 Desplazamiento de un barco por el agua o de una nave por el aire. 2 Ciencia o técnica de navegar.

navegador *m.* Aplicación informática que permite navegar por Internet.

navegante *com.* Persona que navega.

navegar [7] *intr.* 1 Desplazarse por el agua en un barco o por el aire en una nave. 2

Desplazarse de una página o documento a otro en una red informática.

navidad *f*. 1 Fiesta religiosa con la que los cristianos celebran el nacimiento de Jesucristo. En esta acepción se escribe con mayúscula. 2 Día en el cual se celebra esta fiesta. En esta acepción se escribe con mayúscula. 3 Período de tiempo inmediato a ese día. En esta acepción se usa frecuentemente en plural.

navideño, -ña *adj*. De la Navidad.

naviero, -ra *adj./m. y f*. [persona, empresa] Que posee uno o más navíos o embarcaciones de gran tamaño.

navío *m*. Barco o embarcación de gran tamaño, especialmente el que se utiliza con finalidades comerciales o como buque de guerra.

náyade *f*. Cada una de las ninfas de la mitología clásica que vivían en los ríos, en los lagos y en las fuentes.

nazareno, -na *adj./m. y f*. 1 De Nazaret. 2 Persona que desfila como penitente en las procesiones de Semana Santa, vestida con una túnica.

nazi *adj*. 1 Del nazismo. ‖ *adj./com.* 2 [persona] Que es partidaria del nazismo.

nazismo *m*. Doctrina de carácter totalitario, nacionalista y expansionista; fue impulsada en Alemania por Adolf Hitler (1889-1945).

neblina *f*. Niebla baja y poco espesa.

nebulizador *m*. Aparato que sirve para pulverizar o rociar un líquido en pequeñas gotas o partículas.

nebulosa *f*. ASTR. Masa de materia celeste brillante.

nebuloso, -sa *adj*. Que tiene niebla o está cubierto de niebla.

necedad *f*. 1 Cualidad de necio. 2 Hecho o dicho torpe o poco adecuado.

necesario, -ria *adj*. Que hace falta para un fin o que es obligatorio o inevitable para algo.

neceser *m*. Caja o bolsa pequeña que sirve para guardar los objetos necesarios para el aseo personal.

necesidad *f*. 1 Hecho de que sea necesaria una cosa de manera obligatoria para un fin. 2 Cosa que es necesaria o hace falta de manera obligatoria para un fin. 3 Deseo o impulso que una persona siente de hacer una cosa. 4 Carencia, privación de algo muy necesario para vivir, como alimentos o dinero para conseguirlos.

necesitado, -da *adj./m. y f*. [persona] Que no tiene lo necesario para vivir.

necesitar *tr*. Tener necesidad de algo o de alguien que hace falta de manera obligatoria para un fin.

necio, -cia *adj./m. y f*. 1 [persona] Que es tonto o torpe o hace cosas que carecen de lógica o de razón. ‖ *adj*. 2 [acción, expresión] Que se hace o se dice de forma torpe o imprudente.

nécora *f*. Animal invertebrado marino, similar al cangrejo; tiene el cuerpo cubierto por una concha elíptica y lisa y diez patas.

necro- Elemento prefijal que significa 'muerto', 'cadáver'.

necrofilia *f*. Atracción sexual que se siente hacia los cadáveres humanos o contacto sexual que se realiza con ellos.

necrófilo, -la *adj*. 1 De la necrofilia o que tiene relación con esta atracción hacia la muerte. ‖ *adj./m. y f*. 2 [persona] Que siente o padece necrofilia.

necrología *f*. 1 Biografía o nota biográfica breve que se hace de una persona que ha muerto recientemente. 2 Notificación de la muerte de una persona que se hace a través de una sección de un periódico.

necrológico, -ca *adj*. 1 De la necrología. ‖ *adj./f*. 2 [noticia, lista] Que informa de la muerte de una o de varias personas. Se suele utilizar en plural.

necrópolis *f*. Cementerio extenso anterior a la era cristiana.

OBS El plural también es *necrópolis*.

necrosis *f*. MED. Muerte de las células y los tejidos de una zona determinada.

OBS El plural también es *necrosis*.

néctar *m*. 1 Jugo azucarado que se encuentra en el interior de las flores. 2 Licor que bebían los dioses, según la mitología clásica.

nectarina *f*. Fruta que es una variedad del melocotón y que tiene la piel lisa y sin pelusa y la carne no adherida al hueso.

neerlandés, -desa *adj./m. y f*. 1 Que es de los Países Bajos. ‖ *m*. 2 Lengua germánica hablada en el norte de Bélgica y en los Países Bajos.

nefando, -da *adj*. [persona, acción] Que resulta repugnante u horroroso.

nefasto, -ta *adj*. Que causa desgracia o va acompañado de ella.

nefrítico, -ca *adj*. MED. Del riñón.

negación *f*. 1 Acción que consiste en prohibir, oponerse, decir que no a una petición; o acción de ir en contra de la existencia o la veracidad de alguna cosa. 2 Respuesta negativa que se da a lo que alguien pide o pretende. **3** GRAM. Elemento gramatical o expresión que sirve para negar.

negado, -da *adj./m. y f.* [persona] Que es muy torpe o muy inepto.

negar [48] *tr.* **1** Decir que no es verdad una cosa. **2** Decir que no a lo que alguien pide o pretende. **3** Prohibir una cosa. ‖ *prnl.* **4** No querer hacer una cosa. ▸ **negarse a la evidencia** No querer reconocer una cosa que es muy clara y evidente.

negativa *f.* Rechazo, oposición o respuesta negativa que se da a lo que alguien pide o pretende.

negativo, -va *adj.* **1** Que contiene o expresa negación. **2** Que produce algún daño o perjuicio o no está a favor de una cosa. **3** [análisis, experimento] Que no presenta lo que se busca o se espera encontrar. **4** [persona] Que tiende a ver y a juzgar las cosas en su peor aspecto, del modo más desfavorable. **5** FÍS. [polo, carga eléctrica] Que tiene el potencial eléctrico más bajo. **6** MAT. [número, expresión matemática] Que es menor que cero. ‖ *adj./m.* **7** [imagen, película fotográfica] Que reproduce invertidos los colores y los tonos de la realidad.

negligé *f.* Bata femenina que está confeccionada con tela muy fina y tiene un diseño que se considera sexi y atrevido.

OBS Es de origen francés y se pronuncia aproximadamente 'negliyé'.

negligencia *f.* Falta de cuidado o interés al desempeñar una obligación.

negligente *adj./com.* Que no pone el interés y el cuidado que tendría que poner al desempeñar una obligación.

negociación *f.* Acción que consiste en tratar un asunto para llegar a un acuerdo o solución.

negociado *m.* Dependencia o sección de una organización administrativa o gubernamental que se ocupa de un asunto.

negociador, -ra *adj./m. y f.* [persona] Que negocia.

negociante *com.* Persona que se dedica a negociar o comprar y vender mercancías o servicios.

negociar [12] *intr.* **1** Realizar operaciones comerciales, comprando y vendiendo mercancías o servicios para conseguir ganancias. ‖ *intr./tr.* **2** Tratar un asunto para llegar a un acuerdo o solución.

negocio *m.* **1** Ocupación, actividad o trabajo que consiste en realizar operaciones comerciales, comprando y vendiendo mercancías o servicios. **2** Ganancia o benefi-

cio conseguido en una actividad comercial o de otro tipo. **3** Establecimiento en el que se venden mercancías o se realizan actividades comerciales. **4** Asunto o tema en que se ocupa una persona.

negra *f.* MÚS. Nota musical cuya duración equivale a la mitad de una blanca.

negrero, -ra *adj. y f.* **1** Persona que se dedicaba al comercio ilegal de personas negras y las vendía como esclavos. **2** Persona que explota a sus subordinados.

negrita *f.* Tipo de letra que tiene el trazo más grueso y que resalta en el texto.

negro, -gra *m./adj.* **1** Color como el del carbón o el de la oscuridad total. ‖ *adj.* **2** De color oscuro o más oscuro que el de otras cosas de su especie. **3** *coloquial* Que está muy bronceado o tostado por el sol. **4** Que es triste, desafortunado o poco favorable. **5** [cine, novela] Que pertenece al género policíaco, está tratado con crudeza y realismo y se desarrolla en ambientes sórdidos y violentos. ‖ *adj./m. y f.* **6** Que es de la raza de piel oscura que comprende los principales pueblos de África y Oceanía, entre otros. ‖ *adj./m.* **7** [tabaco] Que es de olor y sabor fuerte. ▸ **estar** o **ponerse negro** *coloquial* Estar muy enfadado, muy preocupado o muy harto de algo. ▸ **poner** o **ponerse negro** *coloquial* Molestar o enfadar mucho a una persona, o hacerle perder la paciencia.

negroide *adj.* Que presenta algún rasgo físico o alguna característica propios de las personas de raza negra o de su cultura.

negrura *f.* Cualidad de ser negro o parecer negro.

negruzco, -ca *adj.* Que tiene un color oscuro, casi negro.

nemoroso, -sa *adj.* Del bosque.

OBS Es de uso literario o poético.

nemotecnia *f.* Método para aumentar la capacidad de la memoria.

OBS También se escribe *mnemotecnia*.

nemotécnico, -ca *adj.* De la nemotecnia.

OBS También se escribe *mnemotécnico*.

nene, -na *m. y f.* Niño pequeño. Se usa también aplicado a personas mayores, como apelativo afectivo.

nenúfar *m.* Planta acuática de hojas redondas u ovaladas que flotan en la superficie del agua; tiene flores olorosas, blancas o amarillas.

neo- Elemento prefijal que significa 'nuevo', 'reciente', 'renovado'.

neocelandés, -desa *adj./m. y f.* Neozelandés.

neoclasicismo *m.* Corriente literaria y artística que dominó en Europa durante la segunda mitad del siglo XVIII; se caracteriza por recuperar la antigüedad clásica griega y latina, sus normas y sus gustos.

neoclásico, -ca *adj.* **1** Del neoclasicismo. ‖ *adj./m. y f.* **2** [persona] Que sigue las tendencias del neoclasicismo.

neodimio *m.* Elemento químico, de número atómico 60, metálico, de color plateado y brillante, cuyas sales son de color rosado.

neófito, -ta *m. y f.* Persona que acaba de unirse a una opinión o una causa, o que se acaba de incorporar a un grupo o colectividad.

neógeno, -na *adj./m.* GEOL. [etapa geológica] Que comprende los períodos más modernos de la era terciaria.

neolítico, -ca *adj./m.* [período de la prehistoria] Que sigue al mesolítico y es anterior a la edad de los metales.

neología *f.* **1** Parte de la lingüística que estudia los neologismos. **2** Proceso de formación de neologismos.

neologismo *m.* GRAM. Palabra, significado o expresión recién introducidos en una lengua.

neón *m.* **1** QUÍM. Gas noble, de número atómico 10, de gran conductividad eléctrica, que se encuentra en la atmósfera en pequeñas cantidades. **2** Tubo delgado que está lleno de este gas.

neonato, -ta *m. y f./adj.* Niño recién nacido.

neoyorquino, -na *adj./m. y f.* Que es de Nueva York.

neozelandés, -desa o **neocelandés, -desa** *adj./m. y f.* Que es de Nueva Zelanda.

neperiano, -na *adj.* [método de logaritmos] Que fue desarrollado por el matemático escocés John Neper (1550-1617).

nepotismo *m.* Trato de favor hacia familiares o amigos, a los que se otorgan puestos de trabajo, cargos o premios.

neptunio *m.* Elemento químico, de número atómico 93, metálico y radiactivo, de color plateado, del cual se obtiene el plutonio.

nereida *f.* Cada una de las ninfas marinas de la mitología grecolatina que tenían cola de pez y cuerpo de mujer.

nervado, -da *adj.* Que tiene nervios.

nervadura *f.* **1** Conjunto de los nervios de una hoja o del ala de un insecto. **2** ARQ. Arco que se cruza con otro o con otros para formar una bóveda. **3** Conjunto de los nervios de una bóveda o de una estructura arquitectónica.

nervio *m.* **1** Cordón fibroso pequeño y delgado que parte del cerebro, de la médula y de otros centros nerviosos y se distribuye por todo el cuerpo. **2** Fibra blanca y dura, parecida a un cordón, que tiene la carne comestible. **3** Fibra con forma de hilo que tienen las hojas de las plantas. **4** Fibra con forma de hilo que constituye el esqueleto de las alas membranosas de algunos insectos. **5** Fuerza, energía o vigor que tiene una persona para hacer las cosas. **6** ARQ. Arco que se cruza con otros iguales para formar una bóveda de crucería. ‖ *m. pl.* **7** Estado de excitación o de falta de tranquilidad que experimenta una persona de forma temporal. ▶ **tener nervios de acero** *coloquial* Tener una persona un gran control sobre sus emociones.

nerviosismo *m.* Estado pasajero de excitación nerviosa, inquietud o de falta de tranquilidad.

nervioso, -sa *adj.* **1** De los nervios. **2** [persona, animal] Que se encuentra en un estado temporal de excitación nerviosa o inquietud. **3** [persona] Que se excita y pierde la tranquilidad fácilmente.

neto, -ta *adj.* **1** Que es muy claro, porque no presenta confusión. **2** [cantidad de dinero] Que resulta después de haber descontado cantidades que tenía añadidas. **3** [peso] Que resulta después de haber descontado el peso del envase o recipiente.

neumático *m.* Cubierta dura de caucho que se monta sobre la llanta de la rueda de algunos vehículos.

neumo- Elemento prefijal que significa 'pulmón', 'vías respiratorias'.

neumología *f.* Parte de la medicina que estudia los pulmones y las vías respiratorias.

neumonía *f.* MED. Enfermedad que consiste en una inflamación de los pulmones.

neumotórax *m.* MED. Enfermedad producida por la entrada de aire exterior o pulmonar en la cavidad de la pleura.
OBS El plural también es *neumotórax*.

neura *f.* *coloquial* Manía u obsesión que tiene una persona por alguna cosa.

neuralgia *f.* MED. Dolor intenso a lo largo de un nervio y sus ramificaciones, o en la zona a la que afecta este nervio.

neurálgico, -ca *adj.* **1** De la neuralgia. **2** [lugar, momento] Que es sumamente importante y decisivo en un asunto.

neurastenia *f.* Enfermedad del sistema nervioso que se caracteriza por una falta de rendimiento o de vigor mental y físico.

neurasténico, -ca *adj.* **1** De la neurastenia. ‖ *adj./m. y f.* **2** [persona] Que padece neurastenia.

neurita *f.* Prolongación de una neurona que tiene forma alargada y termina en una ramificación.

neuritis *f.* MED. Enfermedad que consiste en la inflamación y destrucción progresiva de un nervio y de sus ramificaciones.

OBS El plural también es *neuritis*.

neuro- Elemento prefijal que significa 'nervio' o 'sistema nervioso'.

neurocirugía *f.* Parte de la medicina que trata las enfermedades del sistema nervioso mediante operaciones quirúrgicas.

neurodegenerativo, -va *adj.* [enfermedad] Que cursa con degeneración de los procesos neuronales.

neurodivergente *adj./com.* [persona] Que tiene un funcionamiento cerebral diferente del que tradicionalmente se considera normal.

neurología *f.* Rama de la medicina que estudia el sistema nervioso y sus enfermedades.

neurológico, -ca *adj.* De la neurología.

neurólogo, -ga *m. y f.* Médico especialista en neurología.

neurona *f.* ANAT. Célula del sistema nervioso formada por un núcleo y una serie de prolongaciones; las neuronas producen y transmiten los impulsos nerviosos.

neurosis *f.* MED. Enfermedad mental que consiste en un trastorno nervioso y que produce alteraciones emocionales.

OBS El plural también es *neurosis*.

neurótico, -ca *adj.* **1** De la neurosis. ‖ *adj./m. y f.* **2** [persona] Que padece neurosis. **3** [persona] Que siente una obsesión o una manía exagerada.

neurovegetativo, -va *adj.* [parte del sistema nervioso] Que regula las funciones vegetativas del cuerpo.

neutral *adj./com.* **1** Que no se inclina a favor de ninguna de las partes enfrentadas. **2** [país, territorio] Que no interviene en un conflicto armado.

neutralidad *f.* Actitud o situación de la persona o el país que no se inclina a favor de ninguna de las partes enfrentadas.

neutralismo *m.* Tendencia política a permanecer neutral.

neutralización *f.* **1** Disminución o anulación del efecto de cierta acción porque aparece otra contraria que la contrarresta. **2** QUÍM. Proceso químico mediante el cual una sustancia o un compuesto químico deja de ser ácido o básico.

neutralizar [4] *tr./prnl.* **1** Hacer que disminuya o quede anulado el efecto de una acción mediante otra contraria que la contrarresta. **2** QUÍM. Hacer que una sustancia o un compuesto químico pierda el carácter ácido o básico.

neutro, -tra *adj.* **1** Que no presenta ninguna característica de las dos opuestas que podría presentar. **2** Que no está determinado o definido. **3** Que no se inclina a favor de ninguna de las partes enfrentadas en una lucha o una competición. **4** FÍS. [cuerpo] Que tiene la misma cantidad de electricidad positiva y negativa. **5** QUÍM. [sustancia, compuesto químico] Que no es ácido ni básico. ‖ *adj./m.* **6** GRAM. Que pertenece a un género gramatical que no es masculino ni femenino.

neutrón *m.* FÍS. Partícula elemental del átomo que no tiene carga eléctrica.

nevada *f.* Cantidad de nieve que cae de una vez y sin interrupción.

nevado, da *adj.* Cubierto de nieve.

nevar [27] *v. impersonal* Caer nieve.

nevera *f.* **1** ESP Refrigerador, aparato que se utiliza para conservar fríos los alimentos y las bebidas. **2** Caja portátil o bolsa de material aislante, que sirve para conservar fríos los alimentos y las bebidas.

nevisca *f.* Nevada corta y con copos de pequeño tamaño.

newton *m.* Unidad de fuerza del Sistema Internacional; equivale a la fuerza que hay que aplicar a un cuerpo con una masa de un kilogramo, para comunicarle una aceleración de un metro por segundo cada segundo.

OBS Es de origen inglés y se pronuncia aproximadamente 'niuton'.

nexo *m.* **1** Unión o relación de una cosa con otra. **2** GRAM. Parte de la oración que une o relaciona dos elementos gramaticales.

ni *conj.* **1** Se utiliza para enlazar oraciones negativas o partes de una oración negativa con la misma función sintáctica. **2** Se utiliza para añadir fuerza e intensidad a algo que se niega. ▶ **ni que** Se usa para expresar de manera exclamativa que se duda de que una cosa sea cierta o tal como se dice.

nicaragüense *adj./com.* Que es de Nicaragua.

nicho *m.* **1** Hueco o cavidad alargados para colocar el cadáver o las cenizas de una persona. **2** Hueco en un muro.

nicotina *f.* Sustancia excitante que se extrae de las hojas del tabaco; es incolora pero se oscurece al contacto con el aire.

nidada *f.* Conjunto de los huevos puestos en un nido o de las crías de la misma puesta que están en un nido.

nidal *m.* Lugar donde la gallina y otras aves domésticas ponen los huevos.

nidificar [4] *intr.* Hacer el nido las aves.

nido *m.* **1** Refugio construido por las aves para poner sus huevos y alimentar a sus crías. **2** Refugio donde se reproducen y alimentan a sus crías los animales de diversas especies. **3** Casa, vivienda de una persona o de una familia. **4** Lugar donde vive o se reúne un grupo de personas, generalmente delincuentes o personas de mala reputación. **5** Lugar o situación donde se originan o se crean cosas no materiales, especialmente si son conflictivas, problemáticas o negativas en general.

niebla *f.* Nube o conjunto de nubes bajas que está en contacto con la superficie terrestre y dificulta la visión.

nieto, -ta *m. y f.* Hijo o hija del hijo o hija de una persona.

nieve *f.* Agua helada que se desprende de las nubes en cristales muy pequeños, los cuales se agrupan al caer y llegan al suelo formando copos de color blanco.

nife *m.* Núcleo o capa central del globo terrestre.

night club *m.* Sala de fiestas o club nocturno en el que se celebran espectáculos.

OBS Es de origen inglés y se pronuncia aproximadamente 'nait clab'.

nigromancia o **nigromancía** *f.* Procedimiento de adivinación del futuro por medio de la invocación a los espíritus de los muertos.

nigromante *com.* Persona que practica la nigromancia.

nigromántico, -ca *adj.* **1** De la nigromancia. **‖** *m. y f.* **2** Persona que practica la nigromancia.

nihilismo *m.* FILOS. Doctrina que niega que sea posible el conocimiento, y niega la existencia, el valor de todas las cosas.

nihilista *adj.* **1** FILOS. Del nihilismo. **‖** *adj./ com.* **2** [persona] Que sigue las ideas del nihilismo.

nilón *m.* Fibra artificial, elástica y resistente, que sirve para fabricar tejidos y prendas de vestir.

OBS También se escribe *nailon* o *nylon*.

nimbo *m.* Círculo luminoso que rodea la cabeza de una imagen en una representación.

nimboestrato *m.* Nube baja de aspecto muy uniforme y color grisáceo.

nimiedad *f.* Cosa insignificante o de poca importancia.

nimio, -mia *adj.* [cosa inmaterial] Que tiene muy poca o ninguna importancia.

ninfa *f.* **1** Diosa menor de la mitología clásica, que habitaba en las fuentes, los bosques, las montañas o los ríos. **2** ZOOL. Insecto que ha pasado ya el estado de larva y todavía no ha iniciado la fase de adulto.

ninfómana *f.* Mujer que siente un deseo sexual exagerado.

ninfomanía *f.* Deseo sexual exagerado en la mujer.

ningún *adj.* Apócope de *ninguno*.

ninguno, -na *adj.* **1** Ni una sola persona o ni una sola cosa de las que se dicen. Delante de un nombre masculino singular se usa *ningún*. **‖** *pron. indef.* **2** Ni una sola persona o cosa.

ninot *m.* Figura o muñeco de una falla valenciana.

OBS El plural es *ninots*.

niña *f.* Círculo pequeño y de color negro que hay en el ojo, a través del cual pasa la luz.

niñato, -ta *adj./m. y f.* **1** *coloquial* [persona] Que es muy joven y tiene poca experiencia acerca de las cosas pero se comporta como si lo supiera todo. Se usa despectivamente. **2** *coloquial* Persona muy joven que presume en exceso de lo que es o de lo que tiene. Se usa con valor despectivo.

niñería *f.* Acción o expresión que parece propia de los niños.

niñero, -ra *adj.* **1** Que le gustan los niños y disfruta en su compañía. **‖** *m. y f.* **2** Persona que se dedica profesionalmente a cuidar niños.

niñez *f.* Primer período de la vida humana, desde el nacimiento de una persona hasta la adolescencia.

niño, -ña *m. y f.* **1** Persona que tiene pocos años de vida, que está en la niñez. **2** Hijo, especialmente si es de corta edad. **‖** *adj./ m. y f.* **3** [persona] Que obra de manera irreflexiva y se comporta de forma infantil. ▸ **Niño Jesús** *a)* Jesucristo cuando era pequeño. *b)* Imagen que representa a Jesucristo cuando era pequeño. ▸ **niño probeta** Niño que ha sido concebido mediante una técnica artificial que consiste en fecundar el óvulo fuera de la madre.

niobio *m.* Elemento químico, de número atómico 41, metálico de color gris que tiene aspecto de polvo y se utiliza en aleaciones.

nipón, -pona *adj./m. y f.* Que es de Japón.

níquel *m.* Elemento químico, de número atómico 28, metálico, de gran dureza y con un color y un brillo semejantes a los de la plata, que resiste la acción del óxido y es fácil de trabajar.

niquelado *m.* Baño de níquel que se da a un objeto metálico.

niquelar *tr.* Cubrir con un baño de níquel una pieza de metal.

niqui *m.* Prenda de vestir de algodón u otro tejido ligero, similar a una camiseta y generalmente es de manga corta.

nirvana *m.* En la religión budista, estado supremo de bienaventuranza o felicidad que alcanza el alma.

níscalo *m.* Seta comestible, con el sombrero de color rojizo o anaranjado y el pie corto y grueso.

níspero *m.* 1 Fruto comestible de color amarillo o naranja, ovalado, blando y dulce cuando está maduro, que tiene unas semillas grandes en su interior. 2 Árbol de tronco delgado, con las ramas abiertas y un poco espinosas, las hojas ovaladas, grandes y duras, y las flores blancas, que produce el fruto del mismo nombre.

nitidez *f.* Cualidad de nítido.

nítido, -da *adj.* 1 Que está limpio, claro y transparente. 2 Que está muy claro y no presenta confusión.

nitrato *m.* QUÍM. Sal que se forma a partir del ácido nítrico. **nitrato de Chile** Sustancia blanca formada por nitrato de sodio que procede de los excrementos de ciertas aves y que se usa como abono.

nítrico, -ca *adj.* 1 Del nitrógeno. 2 [ácido] Que se obtiene por la acción del ácido sulfúrico sobre el nitrato de sodio.

nitrogenado, -da *adj.* Que contiene nitrógeno.

nitrógeno *m.* Elemento químico, de número atómico 7, que se presenta en la naturaleza en forma de gas, sin color ni olor, y que forma la mayor parte del aire de la atmósfera.

nitroglicerina *f.* Líquido graso de color amarillo pálido que arde y explota con facilidad; es un derivado de la glicerina.

nitroso, -sa *adj.* [compuesto oxigenado del nitrógeno] Que es menos nitrogenado que el ácido nítrico.

nivel *m.* 1 Altura a la que llega la superficie de un líquido o la parte de arriba de un conjunto de cosas amontonadas, o altura a la que está situada una cosa. **nivel del mar** Altura de las aguas del mar cuando está en calma, que sirve de referencia para medir la altura o la profundidad de un lugar. 2 Valor, grado de calidad que puede tener una persona o una cosa en relación con otras. **nivel de vida** Grado de bienestar o de riqueza, principalmente material. 3 Instrumento que sirve para averiguar si una línea o un plano están completamente horizontales o verticales. 4 Piso o planta de una construcción.

nivelación *f.* 1 Allanamiento de un terreno o de una superficie. 2 Igualación de las diferencias que hay entre dos cosas.

nivelar *tr.* 1 Hacer que una superficie esté en posición completamente horizontal. 2 Allanar un terreno o una superficie. 3 Igualar o poner al mismo nivel dos o más cosas o varios aspectos de una cosa.

níveo, -vea *adj. culto* Que es semejante a la nieve o tiene alguna característica suya, como la blancura.

no *adv.* 1 Expresa negación, especialmente como respuesta a una pregunta. 2 Indica que lo que se dice es incorrecto o falso. 3 Indica prohibición, oposición o rechazo. 4 Se utiliza antepuesto a algunos sustantivos y adjetivos para expresar el significado opuesto de lo que expresan normalmente. 5 Se utiliza con interrogación para indicar que se espera una respuesta afirmativa a lo que se pregunta, o la confirmación de algo que ya se sabía. 6 Se usa repetido para dar más fuerza a la negación. ‖ *m.* 7 Negación, respuesta negativa que se da a lo que alguien pide o pretende. El plural es *noes*.

nobelio *m.* Elemento químico, de número atómico 102, radiactivo y metálico que se obtiene de manera artificial.

nobiliario, -ria *adj.* De la nobleza.

nobilísimo, -ma *adj.* Que es muy noble. OBS Es el superlativo de *noble*.

noble *adj.* 1 Que es de origen o linaje ilustre o está relacionado con la nobleza. 2 Que es generoso, digno de estimación y carece completamente de maldad. 3 [animal] Que es muy fiel al ser humano, no traicionero. 4 QUÍM. [cuerpo, sustancia] Que es químicamente inactivo. ‖ *adj./com.* 5 [persona] Que posee un título concedido por el rey o heredado de sus antepasados.

nobleza *f.* 1 Clase o grupo social formado por los nobles de un país o un territorio.

2 Generosidad, honradez y total ausencia de maldad en una persona. **3** Cualidad de los animales que son fieles al ser humano.

noche *f.* **1** Período de tiempo desde que se pone el Sol hasta que vuelve a salir. **2** Parte de este período de tiempo que se dedica a dormir. ▶ **buenas noches** Expresión que se usa para saludar o para despedirse cuando ya se ha puesto el Sol. ▶ **de la noche a la mañana** Se utiliza para indicar que una cosa se hace u ocurre de forma repentina e inesperada, o en muy poco tiempo. ▶ **hacer noche** Detenerse en alguna parte para dormir durante un viaje largo. ▶ **pasar la noche en blanco** No dormir durante toda la noche.

nochebuena *f.* Noche del día 24 de diciembre, en que la tradición cristiana celebra el nacimiento de Jesucristo.
OBS Se suele escribir con mayúscula.

nochecita *f.* AMÉR *coloquial* Hora del crepúsculo.

nochevieja *f.* Noche del día 31 de diciembre, que es la última del año.
OBS Se suele escribir con mayúscula.

noción *f.* Conocimiento, idea o conciencia que se tiene sobre una cosa.

nocivo, -va *adj.* Que hace daño o es perjudicial.

noctambulismo *m.* Inclinación que tiene una persona a salir y divertirse de noche o a realizar actividades de noche.

noctámbulo, -la *adj.* **1** Que desarrolla su actividad principal durante la noche. ▮ *adj./ m. y f.* **2** [persona] Que tiene tendencia a realizar actividades durante la noche, especialmente si son diversiones.

nocturnidad *f.* Circunstancia de ser de noche o de ocurrir una cosa de noche.

nocturno, -na *adj.* **1** De la noche. **2** [animal] Que busca su alimento y desarrolla su actividad vital durante la noche. **3** [planta] Que solo tiene sus flores abiertas durante la noche.

nodriza *f.* Mujer que amamanta a un niño que no es su hijo.

nódulo *m.* **1** Masa mineral redondeada que se encuentra en el interior de algunas rocas y que es de distinta materia que estas. **2** MED. Acumulación de células o fibras orgánicas que forma una masa más o menos redonda, abultada y dura.

nogal *m.* **1** Árbol de tronco alto y fuerte, con la corteza lisa y la copa grande y redonda, formada por ramas gruesas con hojas verdes y brillantes; su fruto es la nuez. **2** Madera de este árbol. ▮ *m./adj.* **3** Color

como el de la madera de este árbol. Como adjetivo, no varía de número.

nogalina *f.* Sustancia colorante que se obtiene de la cáscara de la nuez y se utiliza para teñir la madera.

nómada *adj./com.* [persona, animal] Que va de un lugar a otro y nunca se establece en un sitio de forma permanente.

nomadismo *m.* Forma de vida que se caracteriza por ir de un lugar a otro sin establecerse en un sitio de forma permanente.

nomás *adv.* ARG, MÉX, URUG, VEN Indica que no se incluye ninguna otra cosa además de la que se expresa.

nombrado, -da *adj.* Que es famoso o muy conocido.

nombramiento *m.* Elección o designación de una persona para desempeñar un cargo o una función.

nombrar *tr.* **1** Decir el nombre de una persona o de una cosa. **2** Elegir o designar a una persona para desempeñar un cargo o una función.

nombre *m.* **1** Palabra o conjunto de palabras con las que se designan y se distinguen a las personas, los objetos físicos o abstractos. **nombre de pila** Nombre que se da a una persona cuando es bautizada y que precede a los apellidos. **2** Título de una publicación, un libro o denominación de una obra en general. **3** Fama, opinión que se tiene sobre una persona. **4** GRAM. Parte de la oración que tiene género y lleva morfemas de número, que funciona como núcleo del sintagma nominal. **nombre abstracto** Sustantivo que no designa cosas materiales, sino que señala y distingue cualidades o propiedades. **nombre colectivo** Sustantivo que indica, en singular, un conjunto de seres de la misma especie. **nombre común** o **nombre genérico** Sustantivo que se aplica a personas o cosas pertenecientes a conjuntos de seres que tienen unas mismas características. **nombre concreto** Sustantivo que designa cosas materiales. **nombre propio** Sustantivo que se aplica a personas, animales y lugares únicos, para distinguirlos de otros de la misma clase. La primera letra de los nombres propios se escribe con mayúscula.

nomenclátor *m.* Lista o catálogo de nombres de personas, lugares de un territorio o términos relacionados entre sí o que tienen algo en común.

nomenclatura *f.* Conjunto de los términos técnicos propios de una ciencia.

nomeolvides *f.* **1** Planta herbácea que

tiene los tallos tendidos, las hojas ásperas y las flores azules. **2** Flor de esta planta. ▌ *m.* **3** Pulsera que lleva una placa con un nombre grabado.

OBS El plural también es *nomeolvides*.

-nomía Elemento sufijal que significa 'conjunto de leyes', 'gobierno'.

nómina *f.* **1** Lista de nombres de personas o cosas. **2** Lista de los nombres de las personas que trabajan en una empresa o entidad pública y cobran un sueldo de ella. **3** Cantidad de dinero que recibe regularmente una persona de la empresa en la que trabaja. **4** Documento en el que consta la nómina o cantidad de dinero.

nominación *f.* **1** Elección o designación de una persona para desempeñar un cargo o una función. **2** Acción que consiste en proponer a una persona o a una obra como candidata para que le sea concedido un premio.

nominal *adj.* **1** Del nombre. **2** [valor, cargo] Que solo existe de nombre, se llama así pero es realmente lo que ese nombre describe.

nominalismo *m.* FILOS. Doctrina que niega la existencia de los universales en la realidad o en la mente y los considera como meros nombres o términos.

nominalista *adj.* **1** Del nominalismo. ▌ *adj./com.* **2** [persona] Que es partidario del nominalismo.

nominalización *f.* GRAM. Transformación que consiste en convertir una palabra o un grupo de palabras en un nombre o sustantivo o en un sintagma nominal.

nominalizar [4] *tr.* GRAM. Convertir una palabra o un grupo de palabras en un nombre o en un sustantivo o en un sintagma nominal.

nominar *tr.* Proponer o señalar a una persona como candidata para un posible cargo o a una persona o una obra para que le sea concedido un premio.

nominativo, -va *adj.* **1** [documento] Que debe llevar el nombre de la persona que lo posee. ▌ *m.* **2** GRAM. Caso de la declinación de algunas lenguas, como el latín, en que se pone la palabra que designa el sujeto de la oración.

non *adj./m.* [número entero] Que al ser dividido entre dos no da como resultado un número entero.

nonagenario, -ria *adj./m. y f.* Que tiene noventa años o más pero no llega a los cien.

nonagésimo, -ma *num. ord.* **1** Indica

que el nombre al que acompaña o sustituye ocupa el lugar número 90 de una serie. Puede ser determinante. ▌ *num.* **2** [parte] Que resulta de dividir un todo en 90 partes iguales.

nonato, -ta *adj.* Que no ha nacido de forma natural, sino que ha sido sacado del vientre de la madre.

nones *adv. coloquial* Expresión que indica una negación rotunda.

noningentésimo, -ma *num. ord.* **1** Indica que el nombre al que acompaña o sustituye o al que sustituye ocupa el lugar número 900 de una serie. Puede ser determinante. **2** [parte] Que resulta de dividir un todo en 900 partes iguales.

nono, -na *num. ord.* Indica que el nombre al que acompaña ocupa el lugar número 9 de una serie.

nopal *m.* Planta que da como fruto el higo chumbo.

noquear *tr.* En el deporte del boxeo, dejar fuera de combate a un contrincante.

nordeste *m.* **1** Punto del horizonte situado entre el norte y el este, a la misma distancia de ambos. **2** Parte de un país, un territorio u otro lugar situada hacia ese punto. **3** Viento que sopla o viene de ese punto.

nórdico, -ca *adj./m. y f.* Que es del norte de Europa.

noreste *m.* Nordeste, punto del horizonte.

noria *f.* **1** Máquina que se utiliza para sacar agua de un pozo o de otro lugar provista de unos recipientes que recogen y suben el agua. **2** Atracción de feria que consiste en una gran rueda que gira verticalmente y que tiene una serie de cabinas con asientos para las personas.

norma *f.* **1** Regla o conjunto de reglas que hay que seguir. **2** Regla que determina el tamaño, la composición y otras características que debe tener un objeto o un producto industrial.

normal *adj.* **1** Que es corriente o habitual. **2** Que está de acuerdo con una norma o con lo que se considera razonable o de sentido común.

normalidad *f.* **1** Característica de lo que es normal. **2** Situación que es normal.

normalización *f.* **1** Adaptación o sometimiento de una cosa a una serie de normas o reglas. **2** Restablecimiento de la normalidad o el orden en una cosa. **3** Proceso lingüístico por el cual se dota a una lengua con una gramática normativa, un diccionario y una ortografía.

normalizar [4] *tr./prnl.* 1 Hacer normal una cosa. 2 Hacer que una o varias cosas se ajusten a una norma.

normando, -da *adj./m. y f.* 1 Que es de la antigua Normandía. ‖ *adj./m. y f.* 2 [persona] Que era de la antigua región de Normandía. 3 Que es de un conjunto de pueblos germánicos procecentes de Escandinavia que a partir del siglo VIII conquistaron y colonizaron algunas zonas de Europa.

normativa *f.* Conjunto de normas.

normativo, -va *adj.* Que sirve de norma o se encarga de fijar las normas.

noroeste *m.* 1 Punto del horizonte situado entre el norte y el oeste, a la misma distancia de ambos. 2 Parte de un país, un territorio u otro lugar situada hacia ese punto. 3 Viento que sopla o viene de ese punto.

norte *m.* 1 Punto del horizonte situado frente a una persona a cuya derecha está el lado por el que sale el Sol. 2 Parte de un país, un territorio u otro lugar situada hacia ese punto. 3 Viento que sopla o viene de ese punto.

norteafricano, -na *adj./m. y f.* Que es del norte de África.

norteamericano, -na *adj./m. y f.* 1 Que es de Estados Unidos de América. 2 De América del Norte o que tiene relación con esta zona de la Tierra.

norteño, -ña *adj.* 1 [lugar] Que está situado en la parte norte. ‖ *adj.* 2 Del norte.

noruego, -ga *adj./m. y f.* 1 Que es de Noruega. ‖ *m.* 2 Lengua que se habla en este país.

nos *pron. pers.* Forma de primera persona en género masculino y femenino y en número plural, que funciona de complemento directo y de complemento indirecto; se usa para designar al hablante y a otro u otros individuos más.

nosotros, -tras *pron. pers.* Forma de primera persona para el sujeto, en género masculino y femenino y en número plural; designa a la persona que habla y a otro u otros individuos más.

nostalgia *f.* 1 Sentimiento de tristeza o de pena que se siente al estar lejos de las personas o de los lugares queridos. 2 Sentimiento que causa el recuerdo de un bien perdido.

nostálgico, -ca *adj./m. y f.* Que muestra o manifiesta nostalgia.

nota *f.* 1 Mensaje escrito corto. 2 Papel donde se escribe ese mensaje. 3 Califica-

ción o número de puntos conseguidos en un examen o evaluación. 4 Escrito que se coloca a pie de página o al final de un texto para comentar o aclarar el contenido o para dar ciertos datos. 5 Marca o señal que se hace en alguna parte de un texto para llamar la atención sobre lo que ahí se dice. 6 Apunte que se toma sobre una materia para después ampliarla o recordarla. 7 Documento escrito de carácter oficial en el que se explica algo o se da noticia de ello. 8 Detalle o característica que destaca sobre un conjunto de cosas iguales o parecidas. **nota dominante** Característica que destaca sobre otras por ser la más frecuente. 9 Signo gráfico convencional que se utiliza para representar un sonido musical. 10 MÚS. Sonido musical. ▶ **dar la nota** Llamar la atención diciendo o haciendo algo poco adecuado en una situación. ▶ **tomar buena nota** Poner atención en una cosa para tenerla en cuenta en un futuro.

notabilidad *f.* Valor que tiene una persona o una cosa que destaca por alguna cualidad.

notabilísimo, -ma *adj.* Que tiene mucho valor o mucha importancia.
OBS Es el superlativo de *notable*.

notable *adj.* 1 [persona] Que llama la atención por su carácter o porque destaca en su profesión o actividad. ‖ *m.* 2 Calificación o nota que se da en algunos exámenes, y que es inmediatamente inferior a la de sobresaliente.

notación *f.* Sistema de signos convencionales que se utiliza en una disciplina determinada, en música y en matemáticas principalmente.

notar *tr.* 1 Experimentar una sensación o darse cuenta de ella. 2 Darse cuenta de una cosa. 3 Tener una determinada sensación. ‖ *tr./ prnl.* 4 Encontrar a una persona con un estado de ánimo determinado. ▶ **hacerse notar** Llamar la atención una persona por su comportamiento.

notaría *f.* 1 Oficina donde trabaja el notario. 2 Cargo y profesión del notario.

notariado, -da *adj.* 1 Que está autorizado por el notario o ante él. ‖ *m.* 2 Profesión, carrera o ejercicio de notario. 3 Conjunto o colectividad de notarios.

notarial *adj.* 1 Del notario. 2 Que está hecho o autorizado por un notario.

notario, -ria *m. y f.* Funcionario público que tiene autoridad para asegurar que un documento es verdadero y conforme a lo que dice la ley, y para dar fe de actos públicos o entre personas.

noticia *f.* 1 Comunicación hecha en general de un suceso reciente, para que sea conocido por alguien. 2 Suceso reciente que se va a comunicar para que sea conocido. **noticia bomba** Noticia que causa mucha impresión. ‖ *f. pl.* 3 Programa de radio o televisión, en el que se comunican hechos nuevos y actuales.

noticiario *m.* Programa de radio o televisión en el que se transmiten noticias.

notición *m.* Noticia extraordinaria o causa gran impresión.

notificación *f.* 1 Comunicación oficial que hace una autoridad sobre una conclusión o determinación que se ha tomado. 2 Documento en el que se comunica una cosa de manera oficial.

notificar [1] *tr.* 1 Comunicar una autoridad de forma oficial una conclusión o determinación. 2 Hacer saber una cosa a alguien siguiendo ciertas formalidades.

notoriedad *f.* Hecho de ser importante y muy conocida una cosa.

notorio, -ria *adj.* 1 [persona] Que es importante y muy conocido. 2 [cosa] Que se ve con claridad.

nova *f.* ASTR. Estrella que adquiere de manera temporal un brillo muy intenso y superior al suyo habitual.

novatada *f.* 1 Broma, generalmente pesada, que se gasta a una persona nueva en un lugar o en un trabajo. 2 Error causado por la falta de experiencia en un asunto o negocio.

novato, -ta *adj./m. y f.* [persona] Que lleva poco tiempo en un lugar o en un trabajo y le falta experiencia.

novecentismo *m.* Movimiento literario que surgió en España a principios del siglo xx como reacción contra el modernismo y que se caracteriza por la voluntad de conectar con Europa contra el decadentismo de fin de siglo.

novecentista *adj.* 1 Del novecentismo. ‖ *adj./com.* 2 [persona] Que es seguidor del novecentismo.

novecientos, -tas *num. card.* 1 Indica que el nombre al que acompaña o al que sustituye está 900 veces. Puede ser determinante. ‖ *num. ord.* 2 Que ocupa el orden número 900 en una serie. Es preferible el uso del ordinal. ‖ *m.* 3 Nombre del número 900.

novedad *f.* 1 Aparición o utilización de una cosa que antes no existía o no se usaba. 2 Objeto que existe o se usa desde hace poco tiempo. 3 Noticia o información sobre un hecho reciente que se desconoce. ‖ *f. pl.* 4 Mercancías adecuadas a la moda.

novedoso, -sa *adj.* Que existe, se conoce o se usa desde hace poco tiempo.

novel *adj./com.* [persona] Que lleva poco tiempo realizando una actividad y le falta experiencia.

novela *f.* 1 Obra literaria que cuenta en prosa una historia imaginaria o real solo en parte. **novela de caballerías** Novela en la que se cuentan las hazañas fabulosas de caballeros aventureros o andantes. **novela histórica** Novela que se basa en hechos que ocurrieron en épocas pasadas y que intenta reconstruirlas. **novela negra** o **policíaca** Novela que trata de crímenes o de unos delitos misteriosos que uno o varios personajes deben resolver. **novela picaresca** Novela que relata, en primera persona, las peripecias de un pícaro. **novela rosa** Novela que cuenta una historia de amor y que generalmente tiene un final feliz. 2 Género literario formado por ese tipo de obras en prosa.

novelar *tr.* 1 Dar forma de novela a una historia o a una relación de acontecimientos. ‖ *intr.* 2 Escribir novelas.

novelería *f.* 1 Fantasía o conjunto de ideas que son poco reales y propias de la ficción. 2 Chisme o habladuría que comenta una persona.

novelero, -ra *adj./m. y f.* 1 [persona] Que tiene inclinación a imaginar e inventar historias ficticias. 2 [persona] Que es aficionado a leer obras de ficción, especialmente novelas.

novelesco, -ca *adj.* 1 De la novela. 2 Que parece o se considera propio de una novela.

novelista *com.* Persona que se dedica a escribir novelas.

novelística *f.* 1 Género literario constituido por la novela, la novela corta y el cuento. 2 Tratado o estudio histórico o normativo sobre la novela.

novelístico, -ca *adj.* De la novela.

novelón *m.* Novela extensa y de baja calidad, que trata de hechos tristes y desgraciados.

OBS Se usa de manera despectiva.

novena *f.* Conjunto de oraciones u otros actos devotos que se dedican a Dios, a la Virgen o a un determinado santo, que se repiten durante nueve días seguidos.

noveno, -na *num. ord.* 1 Indica que el nombre al que acompaña o al que sustitu ye ocupa el lugar número nueve en una serie. Puede ser determinante. **2** Parte que resulta de dividir un todo en nueve partes iguales.

noventa *num. card.* **1** Indica que el nombre al que acompaña o al que sustituye está 90 veces. Puede ser determinante. ▌*num. ord.* **2** Que ocupa el lugar número 90 en una serie. ▌*m.* **3** Nombre del número 90.

noventavo, -va *núm.* [parte] Que resulta de dividir un todo en 90 partes iguales.

noventayochista *adj.* **1** De la Generación del 98. ▌*adj./com.* **2** [persona] Que perteneció a la Generación del 98.

noviazgo *m.* **1** Relación que existe entre dos personas que se van a casar. **2** Tiempo que dura esa relación.

noviciado *m.* **1** Tiempo de prueba o preparación que tiene un novicio antes de profesar en una orden religiosa. **2** Conjunto de novicios.

novicio, -cia *m. y f.* Persona que se prepara para entrar en una orden religiosa.

noviembre *m.* Undécimo mes del año.

novillada *f.* Corrida en la que se torean novillos.

novillero, -ra *m. y f.* Persona que torea novillos.

novillo, -lla *m. y f.* Cría de la vaca que tiene de dos a tres años. ▶ **hacer novillos** No acudir a clase o a un lugar.

novilunio *m.* Fase lunar durante la cual hay luna nueva.

novio, -via *m. y f.* **1** Persona que se acaba de casar. **2** Persona que mantiene una relación de amor con otra con la que tiene intención de casarse o de vivir en pareja. ▶ **quedarse compuesto y sin novio** No conseguir una cosa esperada, después de haber hecho lo necesario para tenerla.

novísimo, -ma *adj.* Que tiene gran novedad o es lo último en su género.

OBS Es el superlativo de *nuevo*.

ntro., ntra. Abreviatura de *nuestro, nuestra*, respectivamente.

nubarrón *m.* Nube grande, oscura y espesa separada de otras.

nube *f.* **1** Masa de vapor de agua que flota en el aire formada por una disminución de la temperatura de la atmósfera. **2** Agrupación de partículas de polvo, humo u otras sustancias, que van por el aire y dan el aspecto de una nube. **3** Mancha pequeña y blanca que se forma en la córnea o parte externa del globo ocular que no deja ver con claridad. **4** INFORM Espacio virtual

en el que se guardan archivos informáticos y al que otros usuarios conectados a una red pueden acceder. ▶ **andar** (o **estar**) **en las nubes** Estar distraído o sin prestar atención a lo que sucede alrededor. ▶ **poner por las nubes** Tener una opinión muy buena de una persona o cosa y expresarlo. ▶ **vivir en las nubes** No vivir en el mundo real y pensar que todo está bien y es perfecto y maravilloso.

núbil *adj.* [persona] Que ha alcanzado la edad y la preparación adecuada para poder tener hijos.

nublado *adj.* Que está cubierto de nubes.

nublar *tr./prnl.* **1** Ocultar las nubes el azul del cielo o la luz del Sol o la Luna. **2** Dificultar el sentido de la visión. **3** Alterar y confundir la razón.

nublo, -bla *adj. culto* Nublado.

nubloso, -sa *adj. culto* Nublado.

nubosidad *f.* Abundancia de nubes en el cielo.

nuboso, -sa *adj.* Que está lleno de nubes o tapado por estas.

nuca *f.* Parte superior y posterior del cuello, donde se une con la cabeza.

nuclear *adj.* **1** Del núcleo de una célula o de un átomo. **2** Que utiliza la energía que se encuentra en el núcleo de los átomos.

nuclearizar [4] *tr.* Instalar en un lugar centrales nucleares.

núcleo *m.* **1** Parte o punto que está en el centro de algo. **2** Parte principal o más importante de algo. **3** Parte del interior de una célula que controla sus funciones. **4** Parte central de un átomo que contiene la mayor parte de la masa y tiene carga positiva. **5** Elemento principal en un sintagma o grupo de palabras. **6** Lugar en el que hay un conjunto de casas habitadas y cierta actividad comercial.

nudillo *m.* Parte exterior de la articulación de cada uno de los dedos de la mano.

nudismo *m.* Actividad o práctica de las personas que creen que la desnudez completa es conveniente para conseguir un equilibrio físico y moral.

nudista *adj.* **1** Del nudismo. ▌*com.* **2** Persona que practica el nudismo.

nudo *m.* **1** Lazo que se hace en un hilo, una cuerda u otra cosa parecida o que sirve para unir dos de esas cosas. **nudo marinero** Nudo que es muy seguro al hacer cosas, pero fácil de deshacer. **2** Sentimiento muy fuerte que une a dos personas. **3** Punto donde se cruzan dos o más vías de comunicación. **4** Parte más interesante en el desarrollo de la acción de una narración, donde tienen lugar los hechos más importantes antes del desenlace. **5** Bulto que se forma en ciertas partes de los árboles o plantas por donde salen las hojas, tallos o ramas. **6** Unidad para medir la velocidad que alcanza cualquier tipo de embarcación que equivale a una milla marítima (1852 m).

nudoso, -sa *adj.* [cosa] Que tiene muchos nudos o abultamientos.

nuera *f.* Mujer o esposa de un hijo.

nuestro, -tra *det. pos.* **1** Forma de primera persona, en género masculino y femenino y en número singular o plural; indica que el nombre al que acompaña pertenece a dos o más personas. ‖ *pron. pos.* **2** Forma de primera persona, en género masculino y femenino y en número singular o plural; sustituye a personas o cosas que pertenecen al hablante y a otro u otros individuos más. ▸ **la nuestra** Ocasión más favorable para realizar una cosa la persona que habla en nombre de ella y de otro u otros individuos más. ▸ **lo nuestro** Actividad que hacen muy bien o que les gusta hacer a la persona que habla en nombre de ella y de otro u otros individuos más.

nueva *f.* Noticia o información sobre algo que se desconoce.

nuevamente *adv.* Otra vez o de nuevo.

nueve *num. card.* **1** Indica que el nombre al que acompaña o al que sustituye está nueve veces. Puede ser determinante. ‖ *num. ord.* **2** Indica que el nombre al que acompaña o al que sustituye ocupa el lugar número 9 en una lista. Es preferible el uso del ordinal. ‖ *m.* **3** Nombre del número 9.

nuevo, -va *adj.* **1** Que acaba de aparecer, de formarse o de ser hecho. **2** Que se ve o se usa por primera vez. **3** Que es distinto respecto a lo que existía o se conocía antes. **4** Que sustituye a una cosa de su misma clase. **5** Que no está estropeado, gastado o viejo por el uso. ‖ *adj./m. y f.* **6** [persona] Que lleva poco tiempo en un lugar, en una profesión o en un trabajo. ▸ **de nuevo** Otra vez o una vez más.

nuez *f.* **1** Fruto del nogal, de forma ovalada, cáscara de color marrón claro, dura, rugosa y formada por dos mitades que encierran la semilla. **2** Bulto pequeño de la laringe, en la parte anterior del cuello de los hombres adultos.

nulidad *f.* **1** Falta de validez de determinada cosa. **2** Persona falta de habilidad.

nulo, -la *adj.* **1** [cosa, hecho] Que no tiene valor. **2** [cosa, hecho] Que no tiene efecto.

3 [persona] Que no tiene capacidad para una cosa determinada.

núm. Abreviatura de *número*.
OBS También se escribe *n.º*.

numantino, -na *adj./m. y f.* **1** De Numancia. ‖ *adj.* **2** Que es muy fuerte y resistente.

numen *m.* **1** Inspiración del escritor o del artista. **2** Espíritu que guiaba al ser humano y a los fenómenos naturales entre los antiguos romanos. **3** Cualquiera de los dioses que adoraban los paganos.

numeración *f.* **1** Conjunto de números en orden que identifican una serie de cosas. **2** Proceso que consiste en poner números a una serie de cosas. **3** Sistema para expresar todos los números con una cantidad limitada de palabras y de signos. **numeración arábiga** o **numeración decimal** Sistema más usado actualmente que, con el valor y la posición de diez signos de origen árabe, puede expresar cualquier cantidad. **numeración romana** Sistema que expresa los números por medio de siete letras del alfabeto latino.

numerador *m.* Número que, situado en la parte superior de un quebrado o ante la barra /, indica las partes iguales del todo o de la unidad que se toman en una división.

numeral *adj.* **1** Del número. ‖ *adj./m.* **2** [determinante, pronombre] Que sirve para indicar cantidad, orden, partición o multiplicación. **numeral cardinal** El numeral que sirve para designar un número o cantidad. **numeral ordinal** El numeral que indica un orden.

numerar *tr.* **1** Contar los elementos que componen una serie siguiendo el orden establecido de los números. **2** Marcar los elementos que componen una serie con números ordenados.

numerario, -ria *adj./m. y f.* [persona] Que ocupa una plaza fija dentro de un cuerpo profesional.

numérico, -ca *adj.* **1** Del número o que tiene relación con la expresión de la cantidad. **2** Que está hecho utilizando números o compuestos de estos.

número *m.* **1** Signo con que se representa una cantidad o un valor. **número arábigo** Signo que se usa de manera universal para representar la cantidad. **número romano** Letra del alfabeto latino que se usa para representar una cantidad en el sistema de numeración de los romanos. **2** Valor o expresión de la cantidad, con relación a la unidad. **número atómico** Número que indica la cantidad de protones que hay en el núcleo del átomo de un elemento. **número cardinal** Número que expresa únicamente cantidad. **número decimal** Número que lleva una coma y está entre dos enteros. **número entero** Cualquier número positivo o negativo no quebrado. **número impar** o **non** Número entero que dividido por dos no da como resultado otro número entero. **número irracional** Número con cifras decimales que no se repiten periódicamente, ya que no puede expresarse como cociente de dos enteros. **número natural** Número entero positivo. **número negativo** Número que es menor que 0. **número ordinal** Número que expresa idea de orden. **número par** Número que se puede dividir por dos. **número periódico** Número con cifras decimales que se repiten periódicamente. **número positivo** Número que es mayor que 0. **número primo** Número que solamente se puede dividir por él mismo y por la unidad. **número racional** Cualquier número entero o quebrado. **número real** Cualquier número racional o irracional. 3 Cantidad no determinada de personas, animales o cosas. 4 Puesto que se ocupa en una fila u otra serie ordenada. 5 Fascículo o cuaderno que aparece periódicamente y que forma parte de una serie. 6 Cifra asignada a una persona o billete en el que dicha cifra aparece y con la cual se puede participar en un sorteo. 7 Medida por la que se ordenan los zapatos y las prendas de vestir. 8 Parte o acto de un espectáculo o de una función destinada al público. 9 Morfema o parte de una palabra que hace referencia a la cantidad. 10 Acción extraña o con que se llama la atención o se hace el ridículo. ▸ **hacer números** Calcular las posibilidades de hacer o conseguir una cosa con dinero. ▸ **números rojos** Saldo negativo en la cuenta de un banco o caja. ▸ **número uno** Persona que destaca en una actividad por encima de los demás.

numeroso, -sa *adj.* 1 Que incluye gran

número de personas, animales o cosas. 2 Que existe en mucha cantidad.

numerus clausus Expresión que indica que en una facultad o escuela existe un número limitado de plazas.
OBS Se pronuncia 'númerus clausus'. El plural también es *numerus clausus*.

numismática *f.* Disciplina que trata del conocimiento de las monedas y de las medallas, especialmente las antiguas.

numismático, -ca *m. y f.* Persona que se dedica a la numismática.

nunca *adv.* En ningún tiempo o ninguna vez.

nunciatura *f.* 1 Cargo o dignidad de nuncio. 2 Vivienda del nuncio desde la cual ejerce su cargo.

nuncio *m.* Hombre que es el representante diplomático del Papa en un país o estado.

nupcial *adj.* De la boda.

nupcias *f. pl.* Ceremonia en la que dos personas se casan.

nutación *f.* 1 Movimiento periódico de oscilación del eje de rotación de la Tierra. 2 BOT. Cambio de posición o de dirección que experimentan algunos de los órganos de una planta.

nutria *f.* Animal mamífero de cuerpo largo y delgado, abundante pelo rojo oscuro o marrón, patas cortas, que nada muy bien y se alimenta principalmente de peces.

nutrición *f.* 1 Hecho de aumentar la sustancia de un ser vivo por medio de alimento. 2 Conjunto de funciones que realizan determinados órganos de un ser vivo para transformar los alimentos en energía y sustancias para el crecimiento.

nutrido, -da *adj.* Que incluye gran cantidad de personas, animales o cosas.

nutrir *tr./prnl.* Proporcionar las sustancias que necesita el organismo de un ser vivo.

nutritivo, -va *adj.* Que sirve para alimentar.

ny *f.* Letra decimotercera del alfabeto griego.

nylon *m.* Nailon.
OBS Es de origen inglés y se pronuncia aproximadamente 'nailon'.

Ñ

ñ *f.* Decimoquinta letra del alfabeto español.

ñame *m.* **1** Planta trepadora de hojas grandes y flores pequeñas y verdosas agrupadas en espigas. **2** Raíz carnosa de esta planta, que tiene la corteza casi negra y el interior parecido a la batata; es un tubérculo comestible.

ñandú *m.* Ave originaria de América del Sur de hasta 1,5 m de altura, patas y cuello largos y fuertes, solo tres dedos en cada pie y que no puede volar.

ñata *f.* AMÉR Nariz de una persona.

ñatear *intr.* COL Hablar gangosamente.

ñoñería *f.* Obra o dicho de una persona que es simple, tímida y falta de ingenio.

ñoñez *f.* **1** Inseguridad y simplicidad en la manera de actuar y pensar una persona. **2** Obra o dicho de una persona que es muy simple, tímida y poco segura. **3** Cosa que es sosa, no tiene gracia ni interés.

ñoño, -ña *adj./m. y f.* **1** [persona] Que es muy simple, tímido y apocado. ǁ *adj.* **2** [cosa] Que no tiene gracia ni interés.

ñoqui *m.* Pasta alimenticia elaborada con patatas, harina de trigo, mantequilla, leche, huevo y queso rallado, que se corta en trozos pequeños redondeados y se hierve en abundante agua con sal.

ñu *m.* Animal mamífero con el cuerpo parecido al de los caballos, la cabeza grande y cuernos curvos como los de los toros, el pelo de color pardo o gris y abundante crin; es herbívoro.

O

o *f.* **1** Decimosexta letra del alfabeto español. El plural es *oes.* ∥ *conj.* **2** Se usa para unir dos elementos de un mismo nivel o función gramatical y expresa alternativa o exclusión de uno de ellos. Cuando precede inmediatamente a otra palabra que empiece por *o* o por *ho* se usa *u.* **3** Se usa entre dos números para delimitar de manera aproximada una cantidad. Aunque era tradicional acentuar la *o* situada entre cifras, pues se podía confundir con el número *0*, actualmente se escribe sin tilde. Cuando precede inmediatamente a un número que empiece por *o* se usa *u.* ▸ **no saber hacer la o con un canuto** Ser muy tonto o no saber nada.

-o Sufijo que entra en la formación de nombres derivados de verbos que significan: *a*) 'Acción'. *b*) 'Acción momentánea'. *c*) 'Derechos pagados por la acción'.

oasis *m.* Lugar con agua en el que crece la vegetación y que se encuentra en medio de un desierto.
OBS El plural también es *oasis.*

obcecación *f.* Ofuscación tenaz y persistente de una persona.

obcecar [1] *tr.* **1** Confundir la mente de una persona e impedir que se pueda razonar con claridad. ∥ *prnl.* **2** Insistir mucho en una actividad o idea sin atender a ninguna otra.

obedecer [43] *tr.* **1** Cumplir una persona la voluntad de quien manda o lo que establece una ley o norma. **2** Hacer un animal los movimientos que se le ordenan. ∥ *intr.* **3** Tener origen una cosa.

obediencia *f.* **1** Acción de obedecer. **2** Cualidad de obediente.

obediente *adj.* Que obedece.

obelisco *m.* Monumento con forma de columna cuadrada y alta, un poco más estrecho en la parte superior que en la base y acabado en punta piramidal, que tiene carácter religioso o conmemorativo.

obertura *f.* Pieza instrumental con que se comienza una obra musical larga, especialmente una ópera u oratorio.

obesidad *f.* Exceso de grasa en el cuerpo.

obeso, -sa *adj.* [persona] Que tiene exceso de grasa en el cuerpo.

óbice *m.* Dificultad u obstáculo para hacer algo.

obispado *m.* **1** Cargo y dignidad de obispo. **2** Territorio donde un obispo ejerce sus funciones. **3** Edificio donde funciona la administración que depende del obispo.

obispal *adj.* Del obispo.

obispo *m.* Sacerdote cristiano de grado más elevado que gobierna una zona llamada diócesis.

óbito *m.* Muerte de una persona.

objeción *f.* Razón que se propone o dificultad que se presenta para rechazar o negar una idea o una propuesta.

objetar *tr.* **1** Proponer una razón contraria a lo que se ha dicho. ∥ *intr.* **2** Negarse una persona a cumplir el servicio militar por razones de carácter ético o religioso.

objetivación *f.* Tratamiento objetivo o imparcial de un asunto o idea.

objetivar *tr.* Dar a un asunto o a una idea un carácter objetivo o imparcial.

objetividad *f.* Imparcialidad con que se trata o se considera un asunto.

objetivo, -va *adj.* **1** Que no está determinado por sentimientos o intereses personales. **2** Del objeto. ∥ *m.* **3** Fin al que se dirige una acción u operación. **4** Lente o sistema de lentes que aumenta la visión en los instrumentos ópticos y que está colocado en la parte que se dirige hacia el objeto.

objeto *m.* **1** Cosa material e inanimada, generalmente de tamaño pequeño o mediano. **2** Materia o asunto que el individuo percibe y sobre el cual piensa. **3** Materia o asunto de que se ocupa una ciencia. **4** Fin al que se dirige una acción u operación. **5** Complemento del verbo en una oración. ▶ **al objeto de** o **con objeto de** Con la finalidad de.

objetor, -ra *adj./m. y f.* [persona] Que se niega a cumplir el servicio militar por considerarlo contrario a su conciencia, pero realiza en su lugar un servicio a la comunidad.

oblación *f. culto* Ofrecimiento o sacrificio que se hace a una divinidad.

oblea *f.* Hoja muy delgada de una masa hecha con harina y agua y sin levadura.

oblicuángulo, -la *adj./m.* MAT. [figura geométrica] Que no tiene ningún ángulo recto.

oblicuidad *f.* Cualidad de oblicuo.

oblicuo, -cua *adj.* **1** Que está en una posición media entre la vertical y la horizontal. **2** [línea, plano] Que no forma ángulo recto con relación a otro.

obligación *f.* **1** Exigencia establecida por la moral, la ley o la autoridad. **2** Cosa que se debe hacer.

obligar [7] *tr.* **1** Mover o impulsar con autoridad a hacer una cosa a una persona sin dejarle elegir. **2** Tener suficiente autoridad determinada cosa para hacer cumplir lo que ordena. **3** Hacer fuerza en una cosa para conseguir un efecto de ella. ‖ *prnl.* **4** Comprometerse a cumplir una cosa.

obligatoriedad *f.* Obligación de cumplir o hacer una cosa.

obligatorio, -ria *adj.* Que debe hacerse o cumplirse.

oblongo, -ga *adj.* Que es más largo que ancho o es más largo de lo habitual.

obnubilación *f.* Acción y efecto de obnubilar u obnubilarse.

obnubilar *tr./prnl.* **1** Hacer perder la razón o la claridad de ideas. **2** Dejar admirada a una persona.

oboe *m.* **1** Instrumento musical de viento, formado por un tubo de madera con orificios y llaves y una boquilla con dos lengüetas por la que se sopla. ‖ *com.* **2** Persona que toca este instrumento.

óbolo *m.* **1** Cantidad pequeña de dinero

que se da como limosna o donativo para contribuir a algún fin. **2** Unidad de peso y moneda de plata que se usaron en la antigua Grecia.

obra *f.* **1** Cosa hecha o producida por un agente. **2** Producción del pensamiento humano en la ciencia, la cultura o el arte hecha en un momento determinado y que perdura en el tiempo por su interés o valor artístico. **3** Construcción o arreglo de un edificio o de parte de él, de un camino, de un canal o de otra cosa. **4** Actividad o trabajo hecho por una o varias personas. **5** Acción buena o ejemplar. ▶ **por obra de** Por medio de o mediante el poder de.

OBS Se usa frecuentemente en plural.

obrador *m.* Taller artesanal, especialmente el de panadería y repostería, o el dedicado a trabajos de plancha y costura.

obrar *intr.* **1** Comportarse o proceder de una manera determinada. **2** Existir en un lugar determinado. **3** Expulsar excrementos por el ano. ‖ *tr.* **4** Someter una materia a una acción continua y ordenada para darle forma. **5** Construir o levantar un edificio. **6** Causar un efecto determinado en algo o alguien.

obrero, -ra *m. y f.* **1** Persona que se dedica a hacer un trabajo físico y cobra dinero por él. ‖ *adj.* **2** De las personas que se dedican a hacer un trabajo físico.

obscenidad *f.* **1** Grosería que ofende o escandaliza el pudor de una persona por hacer referencias sexuales. **2** Dicho o acción que se consideran groseros por atentar contra el pudor de una persona.

obsceno, -na *adj.* Que va contra lo que establece la moral, especialmente en el terreno sexual.

obscurantismo *m.* Oscurantismo.

obscurecer [43] *v. impersonal/tr./prnl.* Oscurecer.

obscuridad *f.* Oscuridad.

obscuro, -ra *adj.* Oscuro.

obsequiar [12] *tr.* **1** Dar u ofrecer una cosa a una persona como muestra de afecto o de consideración. **2** Tratar con afecto y consideración a alguien.

obsequio *m.* **1** Objeto o cosa que se da u ofrece a una persona como muestra de afecto o de consideración. **2** Muestra o señal de afecto o de cortesía hacia alguien.

obsequioso, -sa *adj.* [persona] Que se comporta de manera agradable o complaciente con las demás personas haciéndoles atenciones o regalos.

observación *f.* **1** Acción y efecto de observar. **2** Nota escrita que explica o aclara un dato o información que puede confundir o hacer dudar. **3** Razón que se propone o problema que se presenta para rechazar, cambiar o mejorar una idea.

observador, -ra *adj./m. y f.* **1** [persona, animal] Que obseerva o examina detenidamente algo. ▮ *m. y f.* **2** Persona que asiste a un acontecimiento para seguirlo con atención pero sin poder intervenir en él.

observancia *f.* Cumplimiento exacto y rápido de lo que se manda hacer.

observar *tr.* **1** Mirar o examinar con atención. **2** Darse cuenta de un hecho. **3** Cumplir exactamente lo que se manda.

observatorio *m.* **1** Edificio que tiene el personal y los instrumentos adecuados para observar el cielo o el espacio. **2** Lugar apropiado para observar.

obsesión *f.* Idea fija o preocupación excesiva que ocupa la mente.

obsesionar *tr./prnl.* Ocupar la mente con una idea fija o una preocupación de modo que apenas se puede o se piensa nada más.

obsesivo, -va *adj.* **1** Que no se puede apartar de la mente y queda reflejado en los actos. ▮ *adj./m. y f.* **2** Que tiene inclinación a obsesionarse.

obseso, -sa *adj./m. y f.* [persona] Que sufre una obsesión, especialmente sexual.

obsolescencia *f.* Cualidad de obsoleto. **obsolescencia programada** Característica de un aparato, máquina o sistema que tiene determinado el fin de su utilidad o vigencia.

obsoleto, -ta *adj.* Que no se usa por ser muy antiguo.

obstaculizar [4] *tr.* Impedir o hacer difícil el paso o el desarrollo de una acción.

obstáculo *m.* **1** Cosa que impide pasar o avanzar. **2** Situación o hecho que impide el desarrollo de una acción.

obstante Palabra que se utiliza en la locución adverbial *no obstante,* con la que se indica que aquello de que se ha hablado no es obstáculo para lo que sigue.

obstar *intr.* Ser una cosa un impedimento u obstáculo.

obstetra *com.* Médico especializado en obstetricia.

obstetricia *f.* Parte de la medicina especializada en el estudio y cuidado de la salud de las mujeres durante el embarazo, el parto y el período posterior a este.

obstinación *f.* Acción y efecto de obstinarse.

obstinado, -da *adj.* **1** [persona] Que se obstina o tiende a obstinarse. **2** [actitud] Que es muy firme y tenaz.

obstinarse *prnl.* Mantenerse excesivamente firme en una idea, intención u opinión, generalmente poco acertada, sin tener en cuenta otra posibilidad.

obstrucción *f.* Acción y efecto de obstruir u obstruirse.

obstruir [62] *tr./prnl.* **1** Cerrar o estrechar el paso de una cosa en movimiento por una vía, un conducto o un camino. **2** Cerrar o impedir el acceso a un lugar. ▮ *tr.* **3** Impedir o hacer difícil el desarrollo de un proceso o de una actividad.

obtención *f.* Acción y efecto de obtener.

obtener [87] *tr.* **1** Lograr, conseguir o llegar a tener algo que se quiere o se solicita. **2** Producir o sacar determinada cosa, generalmente a partir de otra.

obturar *tr./prnl.* Cerrar o tapar una abertura o un orificio aplicando o introduciendo alguna cosa.

obtusángulo, -la *adj.* [triángulo] Que tiene un ángulo mayor de 90 grados.

obtuso, -sa *adj.* **1** [objeto] Que no tiene punta. **2** [persona] Que es lento en comprender cosas. **3** MAT. [ángulo] Que tiene más de 90 grados y menos de 180.

obús *m.* **1** Arma pesada de fuego formada por un tubo hueco y largo de menor tamaño y diámetro que el de un cañón que sirve para disparar granadas. **2** Proyectil hueco con explosivos en su interior, que se dispara con un arma pesada.

obviar [12] *tr.* **1** Evitar o hacer desaparecer obstáculos o problemas. **2** Dejar de nombrar o decir algo, especialmente cuando se considera sabido.

obvio, -via *adj.* **1** [suceso, hecho] Que está a la vista. **2** Que es muy claro o que no es difícil de entender.

oc Palabra que aparece en la expresión *lengua de oc,* que es el nombre que recibieron en la época medieval un conjunto de dialectos de la región del Mediodía francés.

oca *f.* **1** Ave con el pico de color naranja, casi negro en la punta, con el pecho y el vientre amarillos, la cabeza y el cuello de color gris oscuro y el resto del cuerpo gris con rayas marrones. **2** Juego de mesa que consiste en un tablero con 63 casillas, numeradas y colocadas en espiral, por las que cada jugador tiene que hacer avanzar una ficha después de lanzar un dado.

ocarina *f.* Instrumento musical de viento hecho de barro o metal, de forma ovalada y ligeramente alargada.

ocasión *f.* **1** Lugar o momento más oportuno en el tiempo para hacer o conseguir una cosa. **2** Momento y lugar en los que se sitúa un hecho o una circunstancia.

ocasional *adj.* **1** Que ocurre por azar o accidente. **2** Que no es habitual o no se hace por costumbre.

ocasionar *tr.* Ser causa u origen de un suceso.

ocaso *m.* **1** Puesta del sol o de otro cuerpo celeste por el horizonte. **2** Punto cardinal situado hacia donde se oculta el sol. **3** Decadencia o acabamiento de una persona o de un suceso.

occidental *adj.* **1** Del occidente. **2** De los países de occidente. ‖ *com.* **3** Persona que es de uno de los países de occidente.

occidente *m.* **1** Punto del horizonte situado donde se oculta el Sol. **2** Lugar situado hacia ese punto. **3** Conjunto de países de la parte oeste de Europa. Suele escribirse con mayúscula. **4** Conjunto de países de varios continentes, cuyas lenguas y culturas proceden del oeste de Europa en oposición al conjunto de países orientales, especialmente los del continente asiático. Suele escribirse con mayúscula.

occipital *adj./m.* [hueso] Que está situado en la parte posterior de la cabeza, donde esta se une con las vértebras del cuello.

oceánico, -ca *adj.* Del océano.

océano *m.* **1** Masa de agua salada, que cubre aproximadamente las tres cuartas partes de la Tierra. **2** Cada una de las partes en que se considera dividida esa masa.

oceanografía *f.* Ciencia que estudia los mares, sus fenómenos, y su flora y fauna.

oceanográfico, -ca *adj.* De la oceanografía.

oceanógrafo, -fa *m. y f.* Persona que se dedica a la oceanografía.

ocelo *m.* **1** ZOOL. Ojo constituido por varias células que forma parte del ojo compuesto de los animales invertebrados, especialmente los insectos. **2** Mancha de forma redonda que tienen las alas de ciertos insectos y aves.

ocelote *m.* Mamífero felino que tiene el pelo suave de color ocre con manchas oscuras y que vive en los bosques.

ochenta *num. card.* **1** Setenta más diez. ‖ *m.* **2** Número que representa el valor de diez multiplicado por ocho.

ochentavo, -va *num.* [parte] Que resulta de dividir un todo en 80 partes iguales.

ocho *num.* **1** Siete más uno. ‖ *m.* **2** Número que representa el valor de siete más uno.

ochocientos, -tas *num. card.* **1** Cien multiplicado por ocho. ‖ *m.* **2** Número

que representa el valor de 100 multiplicado por ocho.

ocio *m.* **1** Tiempo libre o descanso de las ocupaciones habituales. **2** Diversión u ocupación que se elige para los momentos de tiempo libre.

ociosidad *f.* Estado en el que está la persona ociosa.

ocioso, -sa *adj./m. y f.* **1** [persona] Que no tiene obligaciones ni cosas que hacer porque no tiene trabajo o porque ha terminado de él. **2** [persona] Que está descansando o haciendo una pausa en el trabajo o en una actividad. ‖ *adj.* **3** [cosa inmaterial, objeto] Que no tiene utilidad, provecho ni sentido.

oclusión *f.* Cierre o estrechamiento que impide o dificulta el paso de un fluido por una vía o conducto del organismo.

oclusivo, -va *adj.* **1** MED. Que cierra un conducto del organismo. ‖ *adj./f.* **2** Sonido consonante que se pronuncia cerrando momentáneamente la salida del aire en algún lugar de la boca.

ocre *adj.* **1** De color amarillo oscuro. ‖ *adj./m.* **2** [color] Que es amarillo oscuro. ‖ *m.* **3** Mineral con aspecto de tierra y de color amarillo, que es un óxido de hierro frecuentemente mezclado con arcilla.

octa- Elemento prefijal que significa 'ocho'.

octaedro *m.* Cuerpo geométrico formado por ocho caras que son triángulos.

octagonal *adj.* Que tiene forma de octágono.

octágono *m.* Octógono.

octanaje *m.* Cantidad o porcentaje de octanos de los carburantes.

octano *m.* **1** Líquido combustible que se utiliza en la preparación de gasolina para conseguir que aumente el tiempo de explosión de un motor. **2** Porcentaje de este líquido que contiene la gasolina.

octava *f.* **1** Estrofa en la que se combinan ocho versos de cualquier clase con rima consonante. **2** MÚS. Serie de sonidos que comprende las siete notas de una escala musical y la repetición de la primera de ellas. **3** Último sonido de una serie de ocho notas, que tiene el doble de vibraciones que el primero.

octavilla *f.* **1** Hoja pequeña de papel impresa con publicidad o propaganda, generalmente de carácter político. **2** Estrofa de ocho versos de ocho o menos sílabas que riman en consonancia.

octavo, -va *num. ord.* **1** [persona, cosa] Que sigue en orden al que hace el número siete. **2** [parte] Que resulta de dividir un todo en ocho partes iguales.

octingentésimo, -ma *num. ord.* **1** [persona, cosa] Que sigue en orden al que hace el número 799. **2** [parte] Que resulta de dividir un todo en 800 partes iguales.

octo- Elemento prefijal que significa 'ocho'.

octogenario, -ria *adj./m. y f.* Que tiene ochenta años o más pero no llega a los noventa.

octogésimo, -ma *num. ord.* **1** [persona, cosa] Que sigue en orden al que hace el número 79. **2** [parte] Que resulta de dividir un todo en 80 partes iguales.

octogonal *adj.* Que tiene forma de octógono.

octógono u **octágono** *m.* Figura geométrica de ocho lados y ocho ángulos.

octópodo, -da *adj./m.* **1** [molusco cefalópodo] Que tiene ocho brazos o tentáculos. ▌*m. pl.* **2** Orden al que pertenecen estos moluscos.

octosílabo, -ba *adj./m.* [verso] Que tiene ocho sílabas.

octubre *m.* Décimo mes del año.

ocular *adj.* **1** Del ojo. ▌*m.* **2** Cristal o sistema de lentes que aumenta el tamaño de la imagen y se coloca en el extremo de un instrumento, por donde mira el observador.

oculista *com.* Médico especializado en el estudio y tratamiento de las enfermedades de los ojos.

ocultación *f.* Encubrimiento de una cosa que se hace para que no se sepa o no se note.

ocultar *tr./prnl.* **1** Impedir que una persona, animal o cosa sea encontrada. ▌*tr.* **2** Hacer que una cosa material o inmaterial no sea advertida por los demás. **3** Callar lo que se debe decir. ▌*prnl.* **4** Desaparecer de la vista el Sol o la Luna.

ocultismo *m.* Conjunto de teorías y creencias que defienden la existencia de ciertos fenómenos que carecen de explicación racional o científica, y prácticas que pretenden dominar este tipo de fenómenos.

ocultista *adj.* **1** Del ocultismo. ▌*com.* **2** Persona que estudia o practica el ocultismo.

oculto, -ta *adj.* Que está escondido, tapado o cubierto y no se puede ver.

ocupa *com.* Persona que vive de forma ilegal en una vivienda o en un local que no es de su propiedad.

OBS También se escribe *okupa*.

ocupación *f.* **1** Toma de posesión de un lugar. **2** Trabajo que una persona realiza a cambio de dinero y de manera más o menos continuada.

ocupacional *adj.* De la ocupación laboral.

ocupante *adj./m. y f.* [persona] Que ocupa un lugar, generalmente una casa, un vehículo o un asiento.

ocupar *tr.* **1** Llenar un espacio o un lugar. **2** Entrar en un lugar, invadirlo o instalarse en él. **3** Habitar o estar instalado en un lugar. **4** Obtener o desempeñar un trabajo o un cargo. **5** Dar trabajo o empleo a alguien. ▌*prnl.* **6** Hacerse responsable de un asunto o negocio. **7** Preocuparse por una persona, prestándole cuidado y atención. **8** Tratar, hablar o escribir sobre un asunto.

ocurrencia *f.* **1** Idea inesperada o pensamiento original. **2** Dicho o hecho gracioso e ingenioso.

ocurrente *adj.* **1** [persona] Que tiene ideas originales o inesperadas. **2** [dicho] Que es gracioso e ingenioso.

ocurrir *intr.* **1** Producirse un hecho. ▌*prnl.* **2** Venir de pronto a la imaginación determinada idea o manera de hacer algo.

OBS Solo se usa en tercera persona del singular o del plural y en las formas no personales.

oda *f. culto* Poema extenso dividido en estrofas que trata asuntos diversos.

odalisca *f.* Mujer que es esclava o forma parte de un harén turco.

odeón *m.* **1** En la antigua Grecia, edificio o lugar en el que se representaban espectáculos musicales. **2** Teatro en el que se representan óperas.

odiar *tr.* Sentir odio.

odio *m.* Sentimiento fuerte de rechazo o antipatía hacia una persona o cosa cuyo mal se desea.

odioso, -sa *adj.* **1** Que provoca un sentimiento de odio. **2** *coloquial* Que es molesto y desagradable.

odisea *f.* **1** Viaje largo lleno de aventuras y dificultades. **2** Conjunto de dificultades que pasa una persona para conseguir un fin determinado.

odonto-, -odonte, -odoncia Elementos prefijales y sufijales que entran en la formación de palabras con el significado de 'diente'.

odontología *f.* Disciplina médica que se ocupa de los dientes, de sus enfermedades y de los tratamientos para repararlos, extraerlos o sustituirlos.

odontológico, -ca *adj.* De la odontología.

odontólogo, -ga *m. y f.* Médico especialista en odontología.

odre *m.* Especie de saco hecho de cuero o piel que se utiliza para guardar o contener líquidos.

oeste *m.* 1 Punto cardinal situado donde se oculta el Sol. 2 Lugar situado hacia ese punto. 3 Viento que sopla de ese punto cardinal.

ofender *tr.* 1 Hacer o decir algo que significa para una persona humillación o desprecio. 2 Causar algo o alguien una sensación desagradable a los sentidos. ‖ *prnl.* 3 Sentirse molesto por considerarse humillado o despreciado.

ofensa *f.* Acción o dicho que hace que alguien se sienta humillado o despreciado.

ofensiva *f.* Ataque, especialmente militar.

ofensivo, -va *adj.* 1 Que se hace para humillar o despreciar a alguien. 2 Que sirve para atacar.

ofensor, -ra *adj./m. y f.* [persona] Que causa humillación o demuestra desprecio.

oferta *f.* 1 Ofrecimiento para hacer o cumplir una cosa. 2 Acción de ofrecer mercancías, especialmente a un precio bajo o más bajo. **de oferta** [artículo] Que se vende a precio rebajado. 3 Mercancía que se ofrece a un precio más bajo de lo normal.

ofertar *tr.* Ofrecer mercancías a un precio rebajado.

ofertorio *m.* 1 Parte de la misa católica en la cual el sacerdote ofrece a Dios el pan y el vino antes de consagrarlos. 2 Oración breve que reza el sacerdote antes de esta parte de la misa.

off 1 Palabra que aparece en la expresión periodística *off the record,* que se aplica a la información confidencial o extraoficial. 2 Palabra que aparece en la expresión usada en cine, teatro y televisión *en off,* que se aplica a lo que se produce fuera de la pantalla o la escena.

OBS Es de origen inglés y se pronuncia 'of'.

office *m.* Habitación que está situada junto a la cocina y que se comunica con ella.

OBS Es de origen francés y se pronuncia aproximadamente 'ofis'. El plural es *offices.*

offset *m.* 1 Procedimiento de impresión que consiste en usar un molde o plancha con un ligerísimo relieve que imprime con tinta sobre un rodillo de caucho que a su vez imprime sobre el papel. 2 Máquina de imprimir que emplea este sistema.

oficial *adj.* 1 Que depende o procede de una autoridad estatal o local. 2 Que es reconocido y aceptado por la autoridad estatal o local pertinente. ‖ *adj./com.* 3 [persona] Que estudia y prepara la parte administrativa de los negocios en una oficina bajo las órdenes de un jefe. ‖ *com.* 4 Miembro del ejército con una graduación entre la de alférez o segundo teniente y la de capitán, ambas inclusive. ‖ *m.* 5 Hombre que ha terminado de aprender un oficio, pero que todavía no es maestro.

oficiala *f.* Mujer que ha terminado de aprender un oficio, pero que todavía no es maestra.

oficialidad *f.* 1 Autenticidad o veracidad de una cosa que es oficial. 2 Conjunto de oficiales que forman un ejército.

oficiante *adj./m.* [sacerdote] Que celebra la misa.

oficiar [12] *tr.* 1 Decir la misa y demás oficios de la Iglesia. 2 DER. Comunicar oficialmente y por escrito. ‖ *intr.* 3 Actuar haciendo lo que se indica.

oficina *f.* Local donde se llevan a cabo trabajos administrativos o de gestión.

oficinista *com.* Persona empleada en una oficina y que se dedica a hacer los trabajos administrativos o de gestión.

oficio *m.* 1 Ocupación que requiere esfuerzo físico o habilidad manual. 2 Ocupación habitual. 3 Función propia de alguna cosa. 4 Comunicación escrita que trata de los asuntos del servicio público en las dependencias del estado. 5 Ceremonia de la Iglesia, especialmente cada una de las de Semana Santa.

oficioso, -sa *adj.* Que no tiene carácter oficial a pesar de haber sido hecho o dicho por una autoridad.

ofidio *adj./m.* ZOOL. [reptil] Que tiene un cuerpo largo y estrecho recubierto de escamas y que carece de extremidades.

ofimática *f.* 1 Aplicación de la informática a las técnicas y trabajos de oficina. 2 Conjunto de materiales y programas informáticos que se aplican al trabajo de oficina.

ofrecer [43] *tr.* 1 Dar o dejar voluntariamente alguna cosa a alguien para que la use o la tome si lo desea. 2 Prometer dar o entregar algo, generalmente a cambio de otra cosa. 3 Poner delante de alguien o acercarle algo. 4 Decir la cantidad que se está dispuesto a pagar por una cosa. 5 Dedicar una obra, una oración, etc., a Dios o a los santos. ‖ *tr./prnl.* 6 Mostrar o presentar algo o a alguien un aspecto determinado o unas ciertas características. ‖ *prnl.* 7 Estar o mostrarse dispuesto voluntariamente para hacer una cosa.

ofrecimiento *m.* 1 Acción de ofrecer u ofrecerse. 2 Cosa que se ofrece.

ofrenda *f.* 1 Regalo que se ofrece y se dedica a Dios o a los santos. 2 *culto* Regalo o servicio que se ofrece como muestra de respeto y amor.

ofrendar *tr.* Ofrecer algo para mostrar amor o respeto o para dar gracias.

oftalmo- Elemento prefijal que significa 'ojo'.

oftalmología *f.* Disciplina médica que trata las enfermedades de los ojos, los defectos de la vista y la ceguera.

oftalmológico, -ca *adj.* De la oftalmología.

oftalmólogo, -ga *m. y f.* MED. Médico especializado en oftalmología.

ofuscación *f.* 1 Confusión mental. 2 Turbación de la vista que se produce por un reflejo de luz que da directamente en los ojos.

ofuscamiento *m.* Ofuscación.

ofuscar [1] *tr./prnl.* 1 Perder momentáneamente la capacidad de razonar y no poder pensar con claridad. 2 *culto* No poder ver con claridad debido a un exceso de luz. ‖ *prnl.* 3 Obsesionarse con algo y no poder pensar con claridad.

ogro, gresa *m. y f.* 1 Ser imaginario de aspecto humano y de gran tamaño que se alimenta de carne humana. 2 *coloquial* Persona de mal carácter.

oh *int.* Expresa un sentimiento fuerte, generalmente sorpresa, admiración o pena.

ohm u **ohmio** *m.* Unidad de resistencia eléctrica.
OBS La forma *ohm* es la que se usa en el Sistema Internacional.

-oidal, -oide, -oideo, -oidea, -oides Sufijos que significan 'parecido a', 'en forma de'.

oídas Palabra que forma parte de las expresiones *de oídas* y *por oídas*, que indican que una cosa se sabe o se conoce solamente por haberla oído o escuchado pero no por propia experiencia.

oído *m.* 1 Órgano del cuerpo con el que se perciben los sonidos. 2 Sentido del cuerpo con el que se perciben los sonidos. 3 Capacidad de una persona para recoger, distinguir y reproducir de manera exacta sonidos musicales. ▶ **regalar el oído** Decir cosas agradables a una persona. ▶ **ser todo oídos** Escuchar con mucha atención.

oíl Palabra que aparece en la expresión *lengua de oíl*, que es el nombre que recibieron en la época medieval el conjunto de dialectos que se hablaban en la de región de Francia situada al norte del río Loira.

oír [75] *tr.* 1 Percibir los sonidos por medio del oído. 2 Prestar atención a lo que se dice. 3 Hacer caso de lo que se dice. 4 En un juicio, atender el juez a todos los datos aportados por las partes implicadas. 5 Responder a los ruegos o peticiones de alguien. ▶ **¡oiga!** u **¡oigan!** u **¡oye!** Expresión con que se llama la atención de una persona, especialmente cuando no se conoce su nombre.

ojal *m.* Corte alargado y bien rematado con hilo que se hace en una tela para que pueda pasar por ella un botón.

ojalá *int.* Expresión que indica deseo de que suceda una cosa.
OBS Si se usa seguido de un verbo, este aparece en subjuntivo.

ojeada *f.* Mirada rápida y sin prestar demasiada atención.

ojeador, -ra *m. y f.* 1 Persona que ojea la caza. 2 Persona que busca gente o cosas que le convienen para algo.

ojear *tr.* 1 Dirigir los ojos y mirar superficialmente. 2 Buscar personas o cosas necesarias para un fin determinado. 3 Asustar y perseguir la caza para que se dirija a un lugar determinado.

ojera *f.* Mancha oscura que se forma bajo el párpado inferior.
OBS Se usa generalmente en plural.

ojeriza *f.* Antipatía que se siente hacia alguien y que se percibe en el trato.

ojeroso, -sa *adj.* Que tiene ojeras.

ojete *m.* 1 Abertura redonda y rematada con hilo que se hace en una tela para pasar por ella un cordón u otra cosa. 2 Agujero con el que se adornan algunas labores de costura. 3 *coloquial* Ano.

ojiva *f.* 1 Figura formada por dos arcos de círculos iguales que se cortan en uno de los extremos formando un ángulo. 2 ARQ. Arco que forma esta figura.

ojival *adj.* Que tiene forma de ojiva.

ojo *m.* 1 Órgano de la vista del ser humano y de los animales situado en la cabeza. 2 Parte de ese órgano que es visible en la cara, a ambos lados de la nariz. Se usa generalmente en plural. 3 Atención y cuidado que se pone al hacer una cosa. 4 Capacidad para percibir rápidamente algo. 5 Agujero que tiene la aguja de coser para meter el hilo. 6 Anillo que tienen las tijeras y otras herramientas para introducir los dedos o de el mango con el que se manejan. **7** Agujero de una cerradura por donde se introduce la llave. **8** Gota de aceite o grasa que flota en un líquido. **9** Espacio o arco entre dos columnas o muros de un puente. **10** Centro de una cosa. **11** Hueco o agujero que presentan ciertos alimentos. **12** Dibujo circular de colores que aparece en las plumas de la cola de algunas aves, especialmente del pavo real. **13** Expresión que indica que hay que tener mucho cuidado o poner gran atención. ▶ **a ojo** o **a ojo de buen cubero** De manera aproximada y sin realizar ningún cálculo ni medición. ▶ **abrirle los ojos a alguien** *coloquial* Mostrar a una persona un aspecto de algo o de alguien que desconocía, generalmente de algo negativo. ▶ **andar con ojo** *coloquial* Estar prevenido. ▶ **echar el ojo** *coloquial* Desear tener una cosa o a una persona que se ha visto. ▶ **en un abrir y cerrar de ojos** *coloquial* En muy poco tiempo. ▶ **entrar por los ojos** *coloquial* Gustar mucho por el aspecto exterior. ▶ **no pegar ojo** *coloquial* No dormir. ▶ **no quitar ojo** No dejar de mirar. ▶ **ojo avizor** En actitud de vigilancia. ▶ **ojo de buey** *a)* Ventana o claraboya de forma circular. *b)* Foco, generalmente halógeno, que se empotra en el techo.

okapi *m.* Animal mamífero rumiante que tiene el pelaje corto de color marrón con rayas negras y blancas en las patas y la cabeza blanquecina.

okupa *com.* **1** Persona que ocupa ilegalmente una vivienda o un local deshabitados. ▌ *adj.* **2** Relacionado con estas personas.

okupar *tr.* Habitar ilegalmente un local o una vivienda deshabitados.

ola *f.* **1** Masa de agua que se levanta y se mueve a causa del viento o de una corriente. **2** Fenómeno atmosférico que provoca un cambio de temperatura en un lugar. **3** Afluencia de gran cantidad de gente que forma un grupo. **4** Aparición no esperada de una gran cantidad de cosas, acontecimientos o personas. **nueva ola** Tendencia nueva en los gustos de la gente.

olé *int.* Expresión que se usa para alabar, aprobar o dar ánimo.

oleáceo, -cea *adj./f.* **1** BOT. [planta] Que tiene las hojas opuestas y las flores hermafroditas agrupadas en racimo; es propia de climas cálidos o templados. ▌ *f. pl.* **2** BOT. Familia a la que pertenecen estas plantas.

oleada *f.* **1** Aparición no esperada de una gran cantidad de cosas, personas o acontecimientos. **2** Afluencia de gran cantidad de gente. **3** Golpe de una ola.

oleaginoso, -sa *adj.* **1** Que contiene aceite. **2** Que tiene alguna de las características del aceite como la textura o la grasa.

oleaje *m.* Movimiento continuo de las olas.

oleicultura *f.* Conjunto de técnicas que se aplican al cultivo de las plantas que producen aceite y la mejora en la obtención o extracción de este producto.

oleífero, -ra *adj.* [planta] Que contiene o produce aceite.

óleo *m.* **1** Pintura que se hace con colores disueltos en aceite. **2** Cuadro pintado con estos colores. **3** Aceite usado en ciertas ceremonias de la Iglesia. Se usa a menudo en plural con el mismo significado.

oleoducto *m.* Tubería que sirve para llevar petróleo de un lugar a otro.

oleoso, -sa *adj.* Oleaginoso.

oler [60] *tr./intr.* **1** Percibir los olores al aspirar el aire por la nariz. **2** Adivinar o sospechar una cosa oculta. ▌ *intr.* **3** Despedir olor. **4** *coloquial* Parecer o tener un aspecto determinado, generalmente malo.

olfatear *tr.* **1** Aspirar el aire por la nariz repetidas veces para percibir olores. **2** *coloquial* Preguntar o tratar de averiguar con excesiva insistencia.

olfativo, -va *adj.* Del olfato.

olfato *m.* **1** Sentido del cuerpo que permite percibir y distinguir los olores. **2** Capacidad para descubrir lo que está oculto o lo que no es muy evidente.

oligarca *com.* Persona que forma parte del gobierno de una oligarquía.

oligarquía *f.* **1** Forma de gobierno en la que el poder está en manos de unas pocas personas que pertenecen a una misma clase social. **2** Estado en que se gobierna de esa manera. **3** Grupo reducido de personas pertenecientes a una misma clase social que gobierna de esta manera. **4** Grupo reducido de personas poderosas que dirige una organización o actividad.

oligárquico, -ca *adj.* Que tiene relación con la oligarquía.

oligisto *m.* Mineral opaco muy duro y pesado de color negruzco o pardo rojizo.

oligo- Elemento prefijal que significa 'poco', 'insuficiente'.

oligoceno, -na *adj./m.* **1** GEOL. [etapa geológica] Que pertenece a la era terciaria y está situada entre el eoceno y el mioceno. ▌ *adj.* **2** GEOL. De esta etapa geológica.

oligoelemento *m.* BIOL. Elemento químico que aparece en muy pequeñas cantidades en las células de los seres vivos.

oligofrenia *f.* Deficiencia mental grave que

se caracteriza por un desarrollo intelectual insuficiente y alteraciones del sistema nervioso.

oligofrénico, -ca *adj.* 1 De la oligofrenia. ‖ *adj./m. y f.* 2 [persona] Que padece oligofrenia.

olimpiada u **olimpíada** *f.* 1 En la Grecia antigua, fiesta deportiva y literaria que se celebraba cada cuatro años en la ciudad de Olimpia. 2 Conjunto de competiciones deportivas de carácter internacional que tienen lugar cada cuatro años en una ciudad determinada. En esta acepción se escribe con mayúscula y se usa generalmente en plural. 3 Período de cuatro años comprendido entre dos celebraciones de los Juegos Olímpicos.

olímpico, -ca *adj.* 1 Que tiene relación con los Juegos Olímpicos. ‖ *adj./m. y f.* 2 [persona] Que ha participado en uno o más Juegos Olímpicos. ▸ **Juegos Olímpicos** Conjunto de competiciones deportivas de carácter internacional que tienen lugar cada cuatro años en una ciudad determinada.

olimpismo *m.* Conjunto de todas las normas y valores que afectan o conciernen a los juegos olímpicos modernos.

olisquear *tr./intr.* 1 Oler una cosa mediante inspiraciones rápidas y cortas. 2 Curiosear o fisgar.

oliva *f.* 1 Fruto del olivo, de tamaño pequeño, forma ovalada, color verde o negro y con hueso duro en su interior; es comestible una vez adobada y de ella se extrae un tipo de aceite. 2 Olivo.

oliváceo, -cea *adj.* [color] Que tiene un tono de verde parecido al de la aceituna.

olivar *m.* Tierra en la que hay plantados olivos.

olivarero, -ra *adj.* Del olivo.

olivicultura *f.* Conjunto de técnicas que se aplican al cultivo y mejora del olivo.

olivo *m.* 1 Árbol de tronco corto, grueso y torcido, con la copa ancha y ramosa, hojas duras, perennes y de color verde oscuro por el derecho y blanquecinas por el revés y que tiene las flores pequeñas, blancas y en racimos; su fruto es la oliva o aceituna. 2 Madera de ese árbol.

olla *f.* 1 Recipiente redondo y hondo, de barro o metal, con una o dos asas y con tapa que se usa para cocinar. 2 Guiso hecho con carne, legumbres y hortalizas que se cuecen juntas.

olmeda *f.* Olmedo.

olmedo *m.* Terreno poblado de olmos.

olmo *m.* Árbol de tronco fuerte y derecho, copa ancha, hojas ovaladas cubiertas de vello por una cara y flores de color blanco rosado.

olor *m.* 1 Emanación de ciertos cuerpos o sustancias que percibe el olfato y que produce algún tipo de sensación. 2 Aspecto extraño que mueve a sospechar algo malo. ▸ **al olor de** Atraído por.

oloroso, -sa *adj.* 1 Que despide olor; especialmente si es agradable. ‖ *m.* 2 Vino de Jerez muy aromático.

olvidadizo, -za *adj.* Que se olvida de las cosas con facilidad y con frecuencia.

olvidar *tr./prnl.* 1 Perder la memoria o el recuerdo de una cosa. 2 No coger una cosa de un sitio por descuido. 3 No tener en cuenta.

olvido *m.* Acción y efecto de olvidar.

-oma Sufijo que entra en la formación de palabras con el significado de 'tumor'.

ombligo *m.* Cicatriz pequeña, redonda y permanente que queda en medio del vientre de los mamíferos al cortar el cordón umbilical.

omega *f.* Última letra del alfabeto griego.

omeya *adj.* 1 De la primera dinastía islámica formada por los descendientes del jefe árabe Muhawiyya. ‖ *adj./com.* 2 [persona] Que era miembro o descendiente de esta dinastía.

ómicron *f.* Letra decimoquinta del alfabeto griego; se escribe *o*.

ominoso, -sa *adj. culto* Que merece ser odiado y despreciado.

omisión *f.* 1 Acción y resultado de omitir. 2 Falta que se comete por haber dejado de decir o de hacer una cosa.

omiso, -sa Palabra que se utiliza en la frase *hacer caso omiso*, que significa 'no prestar atención a los consejos u órdenes de alguien'.

omitir *tr.* 1 Dejar de decir o consignar una cosa voluntaria o involuntariamente. 2 Dejar de hacer algo voluntaria o involuntariamente.

omni- Elemento prefijal que entra en la formación de palabras en las que se extiende a la totalidad lo expresado por el elemento al que se une.

ómnibus *m.* Automóvil de gran capacidad para transportar personas.

OBS El plural también es *ómnibus*.

omnímodo, -da *adj.* Que abarca y comprende todos los aspectos de una cosa.

omnipotencia *f.* Poder que lo abarca todo.

omnipotente *adj.* Que tiene un poder que lo abarca todo o que es muy grande.

omnipresencia *f.* Capacidad de estar presente en todas partes a la vez.

OBS Se usa sobre todo con sentido humorístico.

omnipresente *adj.* 1 Que está presente en todas partes a la vez. 2 Que se encuentra con facilidad y parece que está en todas partes. Se usa sobre todo con sentido humorístico.

omnisapiente *adj.* 1 Que lo sabe o lo conoce todo. 2 [persona] Que tiene conocimientos de muchas cosas.

omnisciencia *f.* 1 Conocimiento de todas las cosas reales y posibles. 2 Conocimiento de muchas materias.

omnisciente *adj.* Que conoce todas las cosas reales y posibles.

omnívoro, -ra *adj./m.* 1 [animal] Que se alimenta de toda clase de sustancias orgánicas. ‖ *m. pl.* 2 Grupo que comprende todos los animales de este tipo.

omoplato u **omóplato** *m.* ANAT. Hueso ancho, triangular y casi plano, situado en la parte posterior del hombro y donde se articulan los huesos del hombro y el brazo.

-ón, -ona Sufijo que entra en la formación de palabras para: *a)* Aportar significación aumentativa. *b)* Indicar carencia o privación. *c)* Denotar edad unido a numerales. *d)* Indicar reiteración de la acción verbal. *e)* Indicar acción brusca y rápida.

onanismo *m.* Masturbación.

onanista *adj.* 1 Del onanismo. ‖ *adj./com.* 2 [persona] Que practica el onanismo.

ONCE *f.* Sigla de *Organización Nacional de Ciegos Españoles.*

once *num. card.* 1 Indica que el nombre al que acompaña o al que sustituye está 11 veces. ‖ *m.* 2 Nombre del número 11. ‖ *m.* 3 Equipo de fútbol.

onceavo, -va *num.* Parte que resulta de dividir un todo en 11 partes iguales.

onceno, -na *num. ord.* 1 Indica que el nombre al que acompaña o al que sustituye ocupa el lugar número 11 en una serie. ‖ *num.* 2 Parte que resulta de dividir un todo en 11 partes iguales.

oncogén *m.* Gen que por su gran capacidad de mutación o transformación induce a la formación de cáncer en una célula.

oncología *f.* MED. Disciplina médica que trata de los tumores y de su tratamiento.

oncológico, -ca *adj.* De la oncología.

onda *f.* 1 Cada una de las elevaciones o de los círculos concéntricos que se forman en la superficie de una masa líquida a causa de una agitación o de un movimiento. 2 Curva con forma de ola o de 'S' en un cuerpo no líquido. En esta acepción se usa más en plural. 3 FÍS. Vibración periódica a través de un medio o del vacío. 4 Adorno con forma de arco o de medio círculo con el que se rematan los bordes de vestidos y de otras prendas. 5 Estilo o moda.

ondear *intr.* 1 Moverse formando ondas a causa del aire o del agua. ‖ *tr.* 2 Agitar algo en el aire de manera que haga ondas.

ondulación *f.* 1 Onda en una superficie. 2 Movimiento de onda que se produce en un cuerpo flexible.

ondulado, -da *adj.* Que tiene o que forma ondas.

ondular *tr./prnl.* 1 Hacer o formar ondas. ‖ *intr.* 2 Moverse formando ondas.

ondulatorio, -ria *adj.* Que se extiende o se propaga mediante ondas o en forma de ondas.

oneroso, -sa *adj.* 1 *culto* Que es molesto o difícil de soportar. 2 *culto* Costoso.

ONG *f.* Sigla de *organización no gubernamental,* institución que no depende de la administración del estado.

ónice *m.* Mineral que constituye una variedad de ágata y que está formado por cuarzo listado formando franjas de tonos claros y oscuros, que se van alternando.

-onimia Elemento sufijal que entra en la formación de sustantivos femeninos con el significado de 'nombre'.

onírico, -ca *adj. culto* De los sueños.

ónix *m.* Ónice.

OBS El plural es *ónices.*

onomástica *f.* 1 *culto* Día del santo de una persona. 2 Disciplina que estudia los nombres propios.

onomatopeya *f.* 1 Imitación de un sonido que no es propio del lenguaje humano. 2 GRAM. Palabra que imita un sonido que no es propio del lenguaje humano.

onomatopéyico, -ca *adj.* 1 De la onomatopeya. 2 Que está formado por onomatopeya.

ontología *f.* FILOS. Disciplina de la metafísica que trata del concepto del ser.

ontológico, -ca *adj.* De la ontología.

onubense *adj.* 1 De Huelva. ‖ *adj./com.* 2 [persona] Que es de Huelva.

onza *f.* 1 Medida de peso que equivale a 28,70 gramos. 2 Cada una de las partes o cuadros iguales en que viene dividida una tableta de chocolate. **3** Antigua moneda de oro.

oosfera *f.* BOT. Célula sexual femenina de las plantas fanerógamas.

op. cit. Abreviatura de *opus citatum,* obra citada.

opacar *tr.* ARG, CUBA, MÉX, PERÚ, URUG Minimizar las virtudes de alguien ante los demás por exponer cualidades propias.

opacidad *f.* Cualidad de opaco.

opaco, -ca *adj.* **1** Que no deja pasar la luz. **2** Que no tiene brillo ni luz. **3** Que no ofrece información clara sobre sus acciones y decisiones.

ópalo *m.* Mineral duro de colores que se usa en joyería como piedra preciosa.

opción *f.* **1** Posibilidad que se presenta de elegir entre varias cosas. **2** Posibilidad elegida de entre varias.

opcional *adj.* Que se puede elegir y por tanto no es obligatorio.

-ope Elemento sufijal que forma palabras con el significado de 'visión', 'vista', 'mirada'.

open *m.* Campeonato o torneo abierto en el que pueden participar deportistas aficionados y profesionales.

ópera *f.* **1** Género musical en el que un texto dialogado se canta y se escenifica acompañado de música de orquesta. **2** Obra de ese género. **3** Teatro donde se representa este tipo de obras.

ópera prima *f.* Primera de las obras que realiza un artista o un autor.

operación *f.* **1** Ejecución de una acción. **2** Intervención médica que consiste en abrir o cortar un tejido u órgano dañado con los instrumentos adecuados y con la intención de curar a un enfermo. **3** Combinación de números y operadores o de expresiones matemáticas a las que se aplican unas reglas para obtener un resultado.

operador, -ra *adj./m. y f.* **1** Que opera. ▌*m. y f.* **2** Técnico encargado de manejar y hacer que funcionen ciertos aparatos. **3** Persona que en un servicio telefónico establece las comunicaciones que no son automáticas. ▌*m.* **4** Símbolo utilizado en matemáticas para indicar la operación que se realiza.

operar *tr./intr.* **1** Intervenir a un enfermo abriendo y cortando el tejido o el órgano dañado con los instrumentos médicos adecuados. ▌*intr.* **2** Combinar números o expresiones matemáticas aplicando unas reglas para obtener un resultado. **3** Ejecutar acciones, especialmente comerciales, mi-

litares o ilegales. **4** *culto* Producir un efecto determinado. ▌*tr./prnl.* **5** *culto* Producir.

operario, -ria *m. y f.* Persona que se dedica a hacer un trabajo de tipo manual.

operatividad *f.* Efectividad o eficacia de una cosa para realizar una función.

operativo, -va *adj.* **1** Que produce el resultado esperado. **2** Que tiene relación con la práctica y la ejecución de las acciones. ▌*m.* **3** Conjunto de acciones coordinadas para un fin.

opérculo *m.* Pieza en forma de tapa que sirve para cerrar algunas aberturas de los seres vivos, como las agallas de los peces o las cápsulas de algunos frutos.

opereta *f.* Obra musical escenificada en la que se cuenta una historia divertida.

-opía Elemento sufijal que significa 'visión, vista, mirada'.

opiáceo, -cea *adj.* **1** Del opio. **2** Que está compuesto con opio.

opinar *intr./tr.* **1** Expresar una opinión. ▌*intr.* **2** Formar o tener opinión.

opinión *f.* **1** Idea que se tiene de una cosa o persona. **opinión pública** Manera de pensar que es común a la mayoría de las personas. **2** Fama o idea que se tiene de una persona o cosa.

opio *m.* Sustancia que se obtiene de una planta que se llama adormidera verde y que por sus efectos narcóticos se considera una droga.

opíparo, -ra *adj. culto* [comida] Que es muy abundante y muy bueno.

oponente *adj./com.* **1** [persona] Que tiene una opinión contraria a la de otra. **2** [persona, grupo] Que se enfrenta a otro en una competición deportiva.

oponer [78] *tr.* **1** Exponer razones contrarias a una idea o un proyecto. **2** Poner un obstáculo para impedir una acción. ▌*prnl.* **3** Ser contrario a lo que se expresa. **4** Manifestar desacuerdo. **5** Estar una cosa colocada enfrente de otra.

oporto *m.* Vino que se elabora en la zona portuguesa de Oporto.

oportunidad *f.* **1** Circunstancia favorable o que se da en un momento adecuado u oportuno para hacer algo. **2** Cualidad de oportuno. **3** Producto que se vende a bajo precio.

oportunismo *m.* Habilidad para aprovechar cualquier oportunidad anteponiendo el beneficio personal a cualquier otro principio o actitud.

oportunista *adj./com.* [persona] Que actúa con oportunismo.

oportuno, -na *adj.* **1** Que se hace u ocurre en un momento adecuado o conveniente. **2** [persona] Que es ingenioso en la conversación e interviene con gracia.

oposición *f.* **1** Situación de las cosas o personas enfrentadas. **2** Procedimiento de selección de personas que aspiran a ocupar un puesto de trabajo que consiste en una serie de exámenes. Se usa generalmente en plural. **3** Grupo político o social que no está en el poder y que representa las opiniones contrarias a las de los dirigentes.

opositar *intr.* Prepararse para unas oposiciones o presentarse a ellas.

opositor, -ra *m. y f.* **1** Persona que aspira a un puesto que se concede por oposición. **2** Persona que se opone a otra.

opresión *f.* Acción y efecto de oprimir.

opresivo, -va *adj.* **1** Que hace un uso abusivo de su poder o su autoridad. **2** Que provoca una sensación de opresión.

opresor, -ra *adj./m. y f.* Que domina o manda con autoridad excesiva o injusta.

oprimir *tr.* **1** Ejercer presión sobre algo. **2** Apretarle a una persona algo. **3** Dominar o mandar con autoridad excesiva o injusta. **4** Producir algo angustia.

oprobio *m. culto* Deshonra o vergüenza que se vive de manera pública.

-opsia Elemento sufijal que significa 'visión, examen visual'.

optar *intr.* **1** Escoger o preferir una posibilidad de un conjunto. **2** Intentar conseguir o hacer una cosa.

optativo, -va *adj.* Que se puede elegir.

óptica *f.* **1** Establecimiento en el que se venden instrumentos para corregir o mejorar la visión. **2** Arte de construir espejos, lentes e instrumentos para corregir o mejorar la visión. **3** Disciplina física que trata de la luz y de los fenómenos que tienen relación con ella. **4** Punto de vista.

óptico, -ca *adj.* **1** De la vista o del ojo. **2** De la óptica. **3** De la óptica o que tiene relación con esta disciplina física. ‖ *m. y f.* **4** Persona que se dedica a fabricar o vender instrumentos de óptica.

optimismo *m.* Tendencia a ver y a juzgar las cosas o a las personas en su aspecto más positivo o más agradable.

optimista *adj./com.* [persona] Que tiene optimismo.

optimización *f.* Acción y efecto de optimizar.

optimizar [4] *tr.* **1** Planificar una actividad para obtener los mejores resultados. **2** En matemáticas e informática, determinar los valores de las variables que intervienen en un proceso o sistema para que el resultado que se obtiene sea el mejor posible.

óptimo, -ma *adj.* Que no puede ser mejor ni más adecuado para algo.
OBS Es el superlativo de *bueno*.

opuesto, -ta *adj.* **1** Que es totalmente diferente a algo. **2** [persona] contrario a algo. **3** Que está enfrente. **4** Referido a la dirección de un cuerpo, que se mueve en sentido contrario.
OBS Es el participio irregular de *oponer*.

opulencia *f.* Cualidad de opulento.

opulento, -ta *adj.* **1** Que es muy rico. **2** Que es muy abundante.

opúsculo *m.* Publicación de pocas páginas dedicada generalmente a un único tema de carácter científico o literario.

oquedad *f.* Espacio hueco en el interior de un cuerpo u objeto.

-or, -ora Sufijo que entra en la formación de nombres abstractos con la significación de 'cualidad'.

ora *conj. culto* Indica que dos o más acciones alternan o se oponen.

oración *f.* **1** Ruego que se hace a una divinidad o a los santos. **2** Expresión formada por una o más palabras y que tiene sentido completo. **oración compuesta** GRAM. Oración formada por más de un sujeto y más de un predicado o por una serie de oraciones simples. **oración coordinada** GRAM. Oración unida a otra de la misma naturaleza y función, pero que no depende de ella. **oración simple** GRAM. Oración formada por un solo predicado y un solo sujeto. **oración subordinada** GRAM. Oración que depende de otra a la que se llama principal.

oracional *adj.* De la oración gramatical.

oráculo *m.* **1** Mensaje o respuesta que procede de un dios, sobre todo en la antigua Grecia. **2** Lugar donde se acude para consultar a un dios. **3** Persona sabia y autorizada cuya opinión se considera verdadera.

orador, -ra *m. y f.* **1** Persona que habla en público. **2** Persona que tiene facilidad para hablar en público y que lo hace bien.

oral *adj.* **1** Que se hace o expresa con palabras habladas. **2** De la boca. **3** [medicina] Que se toma por la boca. **4** En lingüística, se dice del sonido que se articula dejando salir el aire solamente por la boca y no por la nariz.

orangután, -tana *m. y f.* Mamífero del tamaño de un ser humano, de pelo marrón o rojizo, que camina sobre dos patas, tiene las extremidades anteriores muy largas y la cabeza alargada; se alimenta de vegetales y vive en los árboles.

orar *intr.* **1** Rogar a Dios o a los santos. **2** Hablar en público.

orate *com.* **1** Persona loca. **2** Persona que actúa de forma alocada o poco reflexiva.

oratoria *f.* **1** Arte de saber hablar bien en público. **2** Género literario que comprende las obras escritas para ser proclamadas oralmente.

oratorio *m.* **1** Lugar en una casa o un edificio público en el que hay un altar para rezar. **2** MÚS. Composición musical de tema religioso para coro u orquesta.

orbe *m.* **1** Conjunto de todas las cosas existentes. **2** Conjunto de todas las cosas que pertenecen a un determinado campo o terreno. **3** *culto* Esfera terrestre o celeste.

órbita *f.* **1** Trayectoria que describe un cuerpo alrededor de otro en el espacio, especialmente un planeta, cometa, satélite, etc., como consecuencia de la acción de la fuerza de gravedad. **2** ANAT. Cavidad situada debajo de la frente en la que se encuentra el ojo. **3** Campo de acción o de influencia de una persona o cosa.

orca *f.* Mamífero marino de la familia de los delfínidos que puede medir hasta nueve metros de longitud y tiene el lomo azul oscuro y el vientre blanco.

órdago *m.* Jugada del mus en la que se apuesta todo lo que falta para ganar. ▶ **de órdago** *coloquial* Que es muy bueno, grande o intenso.

orden *m.* **1** Colocación de las cosas, las personas o los hechos en el lugar que les corresponde según un determinado criterio. Puede ser también de género femenino. **2** Organización o clasificación de las cosas siguiendo una regla o un criterio determinado. Puede ser también de género femenino. **3** Estado de normalidad y sin alteraciones. **orden público** Situación o estado de paz y de respeto a la ley de una comunidad. **4** Clase, tipo. **5** ARQ. Estilo o colocación y proporción de los cuerpos que componen un edificio siguiendo un modelo determinado. **6** BIOL. Categoría de clasificación de los seres vivos, inferior a la de clase y superior a la de familia. **7** Sacramento de la Iglesia católica por el que un hombre se convierte en sacerdote. **8** Grado o categoría de los hombres que están al servicio de la Iglesia. En plural se usa el género femenino. **9** *culto* Grupo o categoría social. ▮ *f.* **10** Acción que se manda obedecer, observar y ejecutar. **real**

orden Mandato del gobierno de una monarquía. **11** Comunidad religiosa aprobada por la Iglesia que vive bajo unas reglas establecidas por su fundador. **12** Organización civil o militar creada con un fin determinado. ▶ **del orden de** Aproximadamente. ▶ **estar a la orden del día** *a*) Ser muy frecuente. *b*) Estar de moda. ▶ **llamar al orden** Mandar a una persona que deje de hacer una cosa que no debe hacer.

ordenación *f.* **1** Colocación y organización de las cosas, las personas o los hechos siguiendo una norma o un criterio determinado. **2** Ceremonia religiosa por la que se hace una persona sacerdote cristiano.

ordenada *f.* MAT. Distancia que hay en dirección vertical, dentro de un plano, entre un punto y un eje horizontal.

ordenado, -da *adj.* [persona] Que guarda orden y método en sus acciones.

ordenador *m.* ESP Máquina capaz de tratar información automáticamente mediante operaciones matemáticas y lógicas realizadas con mucha rapidez y controladas por programas informáticos.

ordenamiento *m.* **1** Colocación de cosas, personas o hechos en el lugar o el orden que les corresponde. **2** DER. Conjunto breve de disposiciones legales o normas relacionadas con una materia.

ordenanza *f.* **1** Conjunto de normas para el buen gobierno y funcionamiento de algo, especialmente de una población o comunidad. Se usa generalmente en plural. ▮ *com.* **2** Empleado de ciertas oficinas que realiza funciones diversas, como hacer recados o recoger el correo. **3** Soldado que está bajo las órdenes de un oficial o de un jefe para los asuntos del servicio.

ordenar *tr.* **1** Poner una cosa o persona en el lugar que le corresponde según un criterio determinado. **2** Dar una orden o un mandato. ▮ *tr./prnl.* **3** Nombrar o hacer sacerdote por medio de un sacramento.

ordeñar *tr.* Sacar la leche de un animal hembra exprimiendo sus ubres.

ordinal *adj.* **1** Del orden o que tiene relación con él. ▮ *adj./m.* **2** GRAM. [adjetivo, pronombre] Que indica un orden.

ordinariez *f.* Acción o expresión que demuestra mal gusto y falta de educación.

ordinario, -ria *adj.* **1** Que es habitual o normal. **2** Que no se distingue por ser el mejor ni el peor. **3** [actitud, lenguaje] Que es vulgar. **4** [cosa] Que está hecho sin refinamiento. **5** [juez, tribunal] Que pertenece a la justicia civil. ▮ *adj./m. y f.* **6**

[persona] Que es poco educado o tiene escasa formación cultural.

ordovícico, -ca *m.* **1** Período prehistórico de la era primaria o paleozoica situado entre el silúrico y el cámbrico. ∥ *adj.* **2** De este período prehistórico.

orear *tr.* **1** Dejar que el aire dé en una cosa para enfriarla, secarla o quitarle el olor. ∥ *prnl.* **2** *coloquial* Salir a tomar el aire.

orégano *m.* Hierba aromática de tallos vellosos con las hojas pequeñas y ovaladas y las flores rosadas o malvas en espiga.

oreja *f.* **1** Órgano situado en cada parte lateral de la cabeza y que forma la parte exterior del oído. **2** Parte de un objeto que se parece a ese órgano. ▸ **agachar (o bajar) las orejas** *coloquial* Ceder de modo humilde o aceptar sin protestar. ▸ **con las orejas caídas** o **con las orejas gachas** Con tristeza por no haber conseguido lo que se deseaba o avergonzado.

orejera *f.* Pieza en los laterales de una gorra que cubre la oreja.

orejón, -jona *adj.* **1** Que tiene orejas grandes o más grandes de lo que se considera normal. Tiene valor despectivo. ∥ *m.* **2** Trozo de melocotón o albaricoque desecado al aire o al sol.

orejudo, -da *adj.* Que tiene orejas grandes o más grandes de lo normal.

orensano, -na *adj.* **1** De Orense. ∥ *adj./m. y f.* **2** [persona] Que es de Orense.

oreo *m.* Acción de orear.

orfanato *m.* Establecimiento dedicado a recoger, criar y educar niños cuyos padres han muerto, los han abandonado o no pueden hacerse cargo de ellos.

orfanatorio *m.* MÉX Orfanato.

orfandad *f.* Situación o estado de la persona que ha perdido al padre o a la madre o a ambos.

orfebre *com.* Persona que se dedica a trabajar objetos de oro, plata u otros metales preciosos o a venderlos.

orfebrería *f.* Arte de trabajar objetos de oro, plata u otros metales preciosos.

orfelinato *m.* Orfanato.

orfeón *m.* Agrupación de personas que cantan en coro sin acompañamiento de instrumentos.

orgánico, -ca *adj.* **1** [cuerpo, ser] Que tiene vida. **2** [sustancia o materia] Que es o ha sido parte de un ser vivo o que está formado por restos de seres vivos. **3** Del organismo. **4** Que está organizado en partes separadas que cumplen una función determinada y que están relacionadas en-

tre sí. **5** QUÍM. [sustancia] Que se compone principalmente de carbono.

organigrama *m.* Representación gráfica de la estructura de una empresa o una institución.

organillero, -ra *m. y f.* Persona que toca el organillo.

organillo *m.* Instrumento musical de percusión, que se hace sonar manualmente mediante una manivela.

organismo *m.* **1** Conjunto de los órganos que forman un ser vivo. **2** Ser vivo. **3** Conjunto de oficinas, dependencias o empleos que forman un cuerpo o una institución dedicados a un fin determinado.

organista *com.* Persona que toca el órgano.

organización *f.* **1** Acción y resultado de organizar u organizarse. **2** Forma de ordenarse algo. **3** Grupo de personas y medios organizados con un fin determinado.

organizador, -ra *adj./m. y f.* [persona] Que organiza.

organizar [4] *tr.* **1** Preparar una cosa pensando y cuidando todos sus detalles. **2** Disponer y preparar un conjunto de personas y medios para un fin determinado. **3** *coloquial* Poner en orden. ∥ *prnl.* **4** Prepararse con los medios adecuados para un fin determinado.

órgano *m.* **1** Parte de un ser vivo o de un conjunto organizado que puede considerarse separadamente porque cumple una función determinada. **2** Instrumento musical de viento formado por unos tubos de gran tamaño y por un teclado con el que se acciona un mecanismo que provoca movimiento de aire, que al pasar por los tubos produce sonido.

organulo *m.* BIOL. Parte de la célula que tiene una unidad estructural y cumple una función determinada.

orgasmo *m.* Momento de mayor satisfacción en la excitación sexual.

orgía *f.* **1** Fiesta en la que se quiere experimentar intensamente con el sexo, la comida y la bebida. **2** Exceso o gran abundancia de una cosa.

orgiástico, -ca *adj.* De la orgía.

orgullo *m.* **1** Exceso de valoración propia por el que uno se cree superior a los demás. **2** Sentimiento de satisfacción por un comportamiento bueno o por una obra bien hecha.

orgulloso, -sa *adj./m. y f.* **1** [persona] Que se valora excesivamente. **2** [persona] Que siente satisfacción por un comportamiento bueno o por una obra bien hecha.

orientación *f.* Acción y efecto de orientar.

oriental *adj.* 1 Del oriente. 2 De los países de Oriente. ‖ *adj./com.* 3 [persona] Que es de uno de los países de Oriente.

orientar *tr.* 1 Colocar en una posición determinada respecto a los puntos cardinales. 2 Ocupar una posición respecto de los puntos cardinales. 3 Determinar una posición para situar todos los puntos cardinales. 4 Informar sobre un asunto o negocio. 5 Dirigir hacia un fin determinado. 6 Dirigir hacia un lugar determinado.

oriente *m.* 1 Punto del horizonte situado donde nace el Sol. 2 Lugar situado hacia ese punto. 3 Conjunto de los países de Asia o parte de ellos. Suele escribirse con mayúscula.

orificio *m.* 1 Abertura o agujero, especialmente el que está hecho intencionadamente o tiene una finalidad. 2 Abertura de algunos conductos del organismo que los comunica con el exterior.

origen *m.* 1 Principio o causa de una cosa. 2 Lugar de donde procede originalmente una persona o una cosa. 3 Clase social de la familia a la que se pertenece.

original *adj.* 1 Del origen. 2 Que no ha sido copiado ni imitado de otro, sino fruto de la creación. 3 [persona] Que produce obras o ideas nuevas y diferentes. ‖ *adj./ m.* 4 [obra, documento] Que ha sido producido directamente por su autor sin ser copia de otro. ‖ *m.* 5 Texto que se da a la imprenta para que con arreglo a él se haga la impresión de una obra. 6 Cosa que se copia o sirve de modelo para una copia.

originalidad *f.* 1 Característica de lo que es original por no haber sido copiado. 2 Obra, dicho o hecho original.

originar *tr.* 1 Ser origen de una cosa. ‖ *prnl.* 2 Tener origen o principio una cosa.

originario, -ria *adj.* 1 Que da origen o principio a una cosa. 2 [persona, cosa] Que procede de un lugar determinado.

orilla *f.* 1 Zona límite entre la tierra y una masa de agua, como un mar, un lago o un río. 2 Franja de tierra más próxima al mar, a un lago o a un río. 3 Parte extrema o borde de una superficie.

orín *m.* 1 Óxido rojizo que se forma en la superficie del hierro por la acción del aire o de la humedad. ‖ *m. pl.* 2 Orina.

orina *f.* Líquido de color amarillo que se forma en el riñón como resultado de la depuración y filtrado de la sangre, se acumula en la vejiga y se expulsa por la uretra.

orinal *m.* Recipiente portátil que se usa para recoger la orina y los excrementos.

orinar *intr./prnl.* Expulsar la orina.

oriundo, -da *adj.* Que procede del lugar que se especifica.

orla *f.* 1 Adorno grabado, dibujado, impreso o bordado que figura alrededor de un papel o una tela. 2 Franja o banda de tejido o piel que se coloca a lo largo del borde de una tela, vestido, cortina u otra cosa para embellecerla. 3 Cuadro en el que se reúnen las fotografías de los estudiantes de una misma promoción, cuando terminan sus estudios o consiguen el título.

orlar *tr.* 1 Poner una orla o adorno alrededor de una cosa. 2 Adornar el borde de una tela o de un vestido con una orla.

ornamentación *f.* 1 Acción de ornamentar. 2 Conjunto de cosas que sirven para ornamentar.

ornamental *adj.* 1 De la ornamentación. 2 Que sirve para ornamentar o decorar. 3 Que no tiene utilidad real.

ornamentar *tr. culto* Poner adornos a una cosa para embellecerla.

ornamento *m.* 1 *culto* Adorno que sirve para embellecer una cosa. ‖ *m. pl.* 2 Vestiduras y adornos que usan los sacerdotes en las funciones litúrgicas.

ornar *tr. culto* Poner adornos para embellecer una cosa.

ornato *m. culto* Adorno o conjunto de adornos que embellecen algo.

ornito- Elemento prefijal que significa 'pájaro'.

ornitología *f.* Parte de la zoología que estudia las aves.

ornitológico, -ca *adj.* De la ornitología.

ornitólogo, -ga *m. y f.* Persona que se dedica al estudio de las aves.

ornitorrinco *m.* Mamífero ovíparo de pelo pardo oscuro muy fino, cuerpo aplastado, hocico carnoso grande y ancho similar al pico del pato, pies palmeados y cola muy ancha y aplanada; es buen nadador y vive en ríos y lagos de Australia.

oro *m.* 1 Metal precioso de color amarillo brillante que es muy maleable y dúctil y muy resistente a la corrosión y a la oxidación; tiene gran valor comercial. 2 Sustancia que resulta de la mezcla o aleación de ese metal con otros metales y que se usa en joyería, odontología, orfebrería, etc. 3 Caudal, dinero y riquezas. 4 Cosa muy importante, que tiene mucho valor o mérito. 5 Primer premio en una competición que consiste en una medalla de este metal. 6 Carta de la baraja española en la que aparecen dibujadas una o varias monedas ama-

rillas, especialmente el as. ▌ *m./adj.* 7
Color amarillo como el del oro. ▌ *m. pl.* 8
Palo de la baraja española en el que aparecen dibujadas monedas amarillas.

oro- Elemento prefijal que significa 'montaña'.

orogénesis *f.* Proceso de formación de las montañas.

OBS El plural tambien es *orogénesis*.

orogenia *f.* Parte de la geología que estudia la formación de las montañas.

orogénico, -ca *adj.* De la orogenia.

orografía *f.* 1 Parte de la geografía física que estudia y describe las montañas. 2 Conjunto de montes de una región.

orográfico, -ca *adj.* Relativo al estudio del relieve de la Tierra.

orondo, -da *adj.* 1 Que es muy gordo o redondo. 2 [persona] Que se muestra muy satisfecho de sí mismo.

oropel *m.* 1 Lámina fina de latón que imita al oro. 2 Cosa de poco valor pero que aparenta valer mucho.

oropéndola *f.* Ave que tiene el pico curvado hacia abajo y el plumaje amarillo o verde con alas y cola negras.

orquesta *f.* 1 Conjunto de músicos que tocan diversos instrumentos siguiendo las indicaciones de un director. 2 Conjunto de los instrumentos que ejecutan juntos una obra musical. 3 Lugar en un teatro destinado a los músicos y comprendido entre el escenario y las butacas.

orquestación *f.* Preparación de una obra musical para que pueda ser tocada por los instrumentos de una orquesta.

orquestal *adj.* De la orquesta.

orquestar *tr.* 1 Preparar y adaptar una obra musical para que pueda ser interpretada por una orquesta. 2 Organizar o dirigir una cosa.

orquestina *f.* Grupo musical no muy numeroso que toca música para bailar.

orquidáceo, -cea u **orquídeo, -dea** *adj.* Relativo a la orquídea.

orquídea *f.* 1 Flor de jardín, grande y de colores vistosos, que tiene un pétalo más desarrollado que los otros. 2 Planta que crece subiendo por las ramas y los troncos de los árboles y que da esa flor.

ortiga *f.* Planta herbácea silvestre cuyas hojas, de forma ovalada, están cubiertas por unos pelos que segregan un líquido que pica e irrita la piel.

orto *m. culto* Salida del sol o de otro astro por el horizonte.

orto- Elemento prefijal que entra en la formación de palabras con el significado de 'derecho' y, en sentido figurado, 'regular, correcto, recto'.

ortocentro *m.* Punto donde se cortan las alturas de un triángulo.

ortodoncia *f.* 1 Parte de la odontología que trata y corrige la posición o malformación de los dientes. 2 Tratamiento que consiste en corregir la posición de los dientes de las personas.

ortodoxia *f.* Conformidad con una doctrina, una tendencia o unas reglas tradicionales y generalizadas.

ortodoxo, -xa *adj./m. y f.* 1 Que sigue fielmente los principios de una doctrina o una tendencia o que cumple unas normas tradicionales y generalizadas. 2 Que sigue los principios de la doctrina de la Iglesia católica. 3 [persona] Que sigue los principios de las iglesias cristianas orientales. ▌ *adj.* 4 Que es propio de la doctrina religiosa cristiana oriental fundada en el siglo IX y separada de la Iglesia de Roma en el siglo IX y que hoy comprende a las iglesias de Rusia, Grecia y otros países balcánicos.

ortoedro *m.* Prisma de base rectangular.

ortogénesis *f.* BIOL. Serie de variaciones que sigue una serie evolutiva de formas vegetales o animales.

OBS El plural también es *ortogénesis*.

ortografía *f.* 1 Parte de la gramática que enseña las reglas de uso de las letras y los signos auxiliares para escribir correctamente. 2 Forma correcta de escribir.

ortográfico, -ca *adj.* De la ortografía.

ortología *f.* Parte de la gramática que establece las normas de pronunciación correcta de los sonidos de una lengua.

ortológico, -ca *adj.* De la ortología.

ortopedia *f.* 1 Parte de la medicina que se ocupa de prevenir o de corregir de forma mecánica o quirúrgica las deformaciones del cuerpo, especialmente de los huesos y músculos. 2 Establecimiento donde se pueden adquirir aparatos y accesorios ortopédicos.

ortopédico, -ca *adj.* 1 De la ortopedia. 2 Que sirve para prevenir o corregir una deformación del cuerpo.

oruga *f.* 1 Larva de la mariposa con forma de gusano y que se alimenta de hojas. 2 Cadena o cinta articulada que rodea las ruedas de un vehículo para que pueda franquear obstáculos. 3 Vehículo que tiene las ruedas de cada lado unidas entre sí por esta cinta articulada.

orujo m. 1 Piel de la uva después de prensada. 2 Licor transparente y de alta graduación que se obtiene por destilación de la piel de la uva prensada. 3 Residuo de la aceituna molida y prensada.

orza f. Recipiente de barro, alto y sin asas, que suele usarse para guardar alimentos en conserva.

orzuelo m. Bulto pequeño que nace en el borde del párpado debido a una infección.

os pron. pers. Forma átona de segunda persona del plural del pronombre personal vosotros, vosotras en función de objeto directo e indirecto; también se usa como pronombre reflexivo o recíproco.

OBS Se escribe unido al verbo cuando va detrás de él, como con el infinitivo, el gerundio y el imperativo, que pierde la d final. Nunca va precedido de preposición.

osadía f. 1 culto Capacidad para enfrentarse sin miedo y con entereza a situaciones difíciles, insólitas o peligrosas. 2 culto Valentía en exceso debida a una falta de vergüenza o de respeto.

osado, -da adj. 1 culto [persona] Que se comporta sin miedo y con entereza ante situaciones difíciles, insólitas o peligrosas. 2 culto [acción, palabra] Que implica osadía o valentía. 3 culto [persona] Que habla u obra con atrevimiento, sin vergüenza ni respeto.

osamenta f. Conjunto de huesos del cuerpo de los vertebrados.

osar intr./tr. 1 culto Intentar hacer o hacer con valor una cosa peligrosa o arriesgada. 2 culto Atreverse a hacer algo sin vergüenza ni respeto.

osario m. 1 En los cementerios, lugar donde se entierran los huesos que se sacan de las sepulturas. 2 Lugar en donde hay muchos huesos enterrados.

óscar m. Premio que da anualmente la academia norteamericana de artes y ciencias cinematográficas.

OBS Se escribe con mayúscula excepto cuando se refiere al objeto o al ganador del premio. El plural es óscares.

oscense adj. 1 De Huesca. ‖ adj./com. 2 [persona] Que es de Huesca.

oscilación f. Acción y efecto de oscilar.

oscilador m. FÍS. Aparato que produce ondas eléctricas que cambian periódicamente de intensidad y de sentido.

oscilante adj. Que oscila.

oscilar intr. 1 Moverse alternativamente un cuerpo primero hacia un lado y luego hacia el contrario desde una posición de equilibrio determinada por un punto fijo o un eje. 2 Variar en sentidos opuestos y alternativamente una cantidad, una intensidad o un valor. 3 Variar en sentidos opuestos y alternativamente el estado de ánimo o el modo de pensar de una persona.

oscilatorio, -ria adj. Que tiene un movimiento que oscila o va de un lado a otro.

ósculo m. 1 culto Beso o gesto de besar. 2 ZOOL. Boca u orificio de salida del agua en una esponja.

oscurantismo m. Actitud contraria a que se extienda la cultura entre las clases bajas de la sociedad.

OBS También se escribe obscurantismo.

oscurantista adj. 1 Del oscurantismo. ‖ adj./com. 2 [persona] Que es partidario del oscurantismo.

oscurecer [43] v. impersonal 1 Hacerse de noche, empezar a desaparecer la luz del sol. ‖ tr./prnl. 2 Disminuir la luz y la claridad. ‖ tr. 3 Hacer disminuir el valor o la importancia. 4 Hacer difícil el entendimiento de una idea.

OBS También se escribe obscurecer.

oscurecimiento m. Descenso de la intensidad de la luz o la claridad.

oscuridad f. 1 Falta o escasez de luz. 2 Dificultad que ofrece una cosa para ser entendida. 3 Falta de certidumbre o de seguridad.

OBS También se escribe obscuridad.

oscuro, -ra adj. 1 Que no tiene luz o que tiene poca. 2 [día, cielo] Que está tapado por las nubes. 3 [color] Que se acerca al negro y que se opone a otro más claro de su misma tonalidad. 4 Que es difícil de entender. 5 [suceso, asunto] Que parece contener algo sospechoso o delictivo. 6 Que destaca poco o que tiene poco prestigio. 7 Que es incierto o poco seguro.

OBS También se escribe obscuro.

óseo, -sea adj. 1 Del hueso. 2 Que está hecho de la materia del hueso o que es parecido al hueso.

osera f. Guarida del oso.

osezno, -na m. y f. Cría del oso.

osificarse prnl. Convertirse en hueso.

-osis Sufijo que entra en la formación de sustantivos femeninos con el significado de 'enfermedad, proceso patológico'.

osmio m. QUÍM. Metal que se encuentra en el platino, maleable y de gran dureza.

ósmosis u **osmosis** f. 1 Fenómeno por el que un líquido o un gas o alguno de sus componentes pasa a través de una membra-

na semipermeable que los separa y se mezcla el uno con el otro. **2** *culto* Influencia recíproca entre dos personas o cosas.
OBS El plural también es *ósmosis* u *osmosis*.

oso, -sa *m. y f.* **1** Mamífero, de tamaño grande y pelo largo y espeso, que tiene el cuerpo macizo, el hocico alargado y las patas cortas y provistas de fuertes garras; es omnívoro. **2** Animal que recuerda por su aspecto a ese mamífero. **oso hormiguero** Mamífero, de pelo áspero y gris, con cola larga y sin dientes, que tiene una larga lengua que usa para atrapar hormigas.
▶ **hacer el oso** *coloquial* Hacer o decir tonterías y gracias.

-oso, -osa 1 Sufijo que entra en la formación de adjetivos con el significado de: *a*) 'Abundancia'. *b*) 'Cualidad'. **2** En los compuestos químicos denota la mínima valencia del derivado.

ossobuco *m.* Guiso con la parte de la rodilla de la vaca o la ternera que se sirve sin separarla del hueso.

osteíctio, -tia *adj.* Se dice del pez que tiene parte del esqueleto parcial o totalmente osificado.

ostensible *adj.* Que se ve o comprueba con facilidad.

ostentación *f.* Acción y efecto de ostentar.

ostentar *tr.* **1** Exhibir abiertamente y con orgullo una cosa. **2** Ocupar un cargo o estar en posesión de una cosa que resulte ventajosa.

ostentoso, -sa *adj.* **1** Que muestra un lujo y una riqueza excesivos. **2** Que se hace con cierta exageración para que los demás lo vean.

osteo-, -ósteo Elemento prefijal y sufijal que entra en la formación de palabras con el significado de 'hueso'.

osteopatía *f.* **1** MED. Nombre de cualquier enfermedad de los huesos. **2** Método de tratamiento de las enfermedades que se basa en los masajes y la manipulación de las articulaciones.

osteoporosis *f.* MED. Fragilidad anormal de los huesos debido a la falta de calcio.

ostra *f.* Molusco marino que tiene dos conchas rugosas y que vive en aguas poco profundas; su carne, que se puede comer cruda, es muy apreciada.

ostracismo *m.* **1** *culto* Destierro a que se condenaba a los ciudadanos que se consideraban peligrosos para el estado. **2** *culto* Aislamiento de la vida pública, generalmente por cuestiones políticas.

ostrogodo, -da *adj./m. y f.* Que pertenece a un antiguo pueblo germánico de origen godo.

-ote Sufijo que forma palabras para indicar: *a*) Valor aumentativo con matices de afecto. *b*) Valor despectivo.

otear *tr.* **1** Mirar desde un lugar alto. **2** Mirar con cuidado para descubrir algo.

otero *m.* Elevación del terreno aislada que domina un llano.

otitis *f.* Enfermedad en la que el oído se inflama debido a una infección.
OBS El plural también es *otitis*.

otólogo, -ga *m. y f.* Médico especializado en el estudio y tratamiento de las enfermedades del oído.

otomano, -na *adj./m. y f.* **1** De la dinastía turca de los Otomanos. **2** De Turquía.

otoñal *adj.* Del otoño.

otoño *m.* **1** Estación del año comprendida entre el verano y el invierno. **2** Período en la vida de una persona cercano a la vejez. **3** Período en el que se inicia el declive de una actividad.

otorgar [7] *tr.* **1** Conceder una cosa como favor o recompensa. **2** Hacer testamento o contrato ante notario.

otorrino *com.* Otorrinolaringólogo.

otorrinolaringología *f.* Parte de la medicina que estudia las enfermedades del oído, la nariz y la garganta.

otorrinolaringólogo, -ga *m. y f.* Médico especialista en otorrinolaringología.
OBS Se usa frecuentemente la forma abreviada *otorrino*.

otro, otra *det./pron. indef.* **1** Indica que una persona o cosa es diferente de la que se habla pero de la misma clase. **2** Indica una cosa más de la misma clase.

otrora *adv.* *culto* En otros tiempos.

otrosí *adv.* *culto* En lenguaje jurídico, además.

ouija *m.* Tablero alfabético que se utiliza en espiritismo.

out *m.* En algunos deportes, indica que la pelota ha salido fuera del campo.

ovación *f.* Aplauso sostenido, fuerte, ruidoso y entusiasta de un grupo grande de personas.

ovacionar *tr.* Tributar una ovación.

oval *adj.* Que tiene forma de huevo.

ovalado, -da *adj.* Oval.

ovalar *tr.* Dar a una cosa forma de óvalo.

óvalo *m.* Figura curva, cerrada y alargada con dos ejes perpendiculares; es una forma semejante a la de un huevo.

ovárico, -ca *adj.* Del ovario o que tiene relación con este órgano.

ovario *m.* 1 Órgano sexual femenino que produce los óvulos y las hormonas sexuales. 2 BOT. Órgano sexual de la flor, situado en el interior del pistilo, que contiene los óvulos y que, tras la fecundación, forma generalmente el fruto.

oveja *f.* Animal mamífero rumiante hembra que tiene el cuerpo cubierto de lana; es doméstico y se cría por su carne, su leche y su lana.

ovejero, -ra *adj./m. y f.* [persona, animal] Que cuida las ovejas.

overbooking *m.* Venta de más plazas de las disponibles, generalmente en hoteles y medios de transporte.

overol *m.* AMÉR Ropa de una pieza, de tela rústica y resistente, que se usa para trabajar en diversos oficios manuales.

ovetense *adj.* 1 De Oviedo. 2 *adj./m. y f.* [persona] Que es de Oviedo.

oviducto *m.* ANAT. Conducto del aparato reproductor femenino que conduce los óvulos procedentes de los ovarios al útero o al exterior.

ovillo *m.* Bola que se forma enrollando un hilo sobre sí mismo.

ovino, -na *adj.* 1 Del ganado lanar. ‖ *adj./m.* 2 [animal] Que es un rumiante de pequeño tamaño y tiene pelo en el hocico y cuernos enroscados, mayores en los machos que en las hembras. ‖ *m. pl.* 3 Subfamilia de mamíferos rumiantes bóvidos de pequeño tamaño, a la que pertenecen las cabras y las ovejas.

ovíparo, -ra *adj./m. y f.* 1 ZOOL. [animal] Que nace de un huevo en el que ha completado su desarrollo, después de ser expulsado por la madre. ‖ *adj.* 2 Que es característico de estos animales.

ovni *m.* Objeto volador de origen y naturaleza desconocidos.

OBS *Ovni* se forma con las iniciales de *objeto volante no identificado*.

ovovivíparo, -ra *adj.* [animal] Que pasa el proceso de gestación en un huevo pero dentro del cuerpo de la madre.

ovulación *f.* Acción y efecto de ovular.

ovular *intr.* 1 Desprenderse el óvulo, ya maduro para ser fecundado, del ovario que lo ha formado. ‖ *adj.* 2 culto Del óvulo o que tiene relación con esta célula.

óvulo *m.* 1 Célula sexual femenina que se forma en el ovario. 2 BOT. Órgano en forma de saco que se encuentra en el interior del ovario de la flor. 3 Medicamento en forma de pequeño huevo que se introduce en la vagina.

oxidación *f.* 1 Acción y efecto de oxidar u oxidarse.

oxidar *tr./prnl.* 1 Formar una capa de color rojizo en la superficie del hierro y otros metales por causa de la humedad o del agua. 2 Transformar un cuerpo mediante la acción del oxígeno. 3 QUÍM. Disminuir el número de electrones de un elemento químico.

óxido *m.* 1 Capa de color rojizo que se forma en la superficie del hierro y otros metales a causa de la humedad o del agua. 2 QUÍM. Compuesto formado por oxígeno y otro elemento químico.

oxigenación *f.* 1 Entrada de aire puro y limpio en un lugar. 2 Aclarado del color del pelo con un producto químico, especialmente agua oxigenada.

oxigenado, -da *adj.* [lugar] Que tiene aire puro y limpio porque está ventilado.

oxigenar *tr.* 1 Dejar que aire puro y limpio entre en un lugar. ‖ *tr./prnl.* 2 Aclarar el color del pelo con un producto químico, especialmente con agua oxigenada. 3 QUÍM. Combinar el oxígeno con otro elemento químico. ‖ *prnl.* 4 Respirar aire puro y limpio, especialmente fuera de la ciudad.

oxígeno *m.* Elemento químico, de número atómico 8, que forma parte del aire, del agua y de la mayor parte de los compuestos; es un gas inodoro e incoloro.

oxítono, -na *adj./f.* GRAM. [palabra] Que lleva el acento en la última sílaba.

oyente *adj./com.* 1 [persona] Que escucha, especialmente un programa de radio. 2 [persona] Que asiste a un curso solamente para oír, pero sin estar matriculado, por lo que no se presenta a examen ni puede conseguir un título.

ozono *m.* Gas de color azul pálido constituido por tres moléculas de oxígeno, que se forma en las capas altas de la atmósfera y que protege la Tierra de la acción de los rayos ultravioleta del sol.

ozonosfera *f.* Capa de la atmósfera en la que se concentra el ozono.

P

p *f.* Decimoséptima letra del alfabeto español. Su nombre es *pe.* El plural es *pes.*

P. A. Abreviatura de *por ausencia* o *por autorización,* indicación que figuran al pie de un escrito cuando quien lo firma es persona distinta de la que se menciona en él.

P. D. Abreviatura de *posdata,* 'añadido a una carta una vez firmada'.

p. ej. Abreviatura de *por ejemplo.*

p. m. Abreviatura de *post merídiem,* 'después del mediodía, por la tarde'.

P. O. Abreviatura de *por orden,* 'indicación que figura al pie de un escrito cuando lo firma es persona distinta de la que se indica en él'.

pabellón *m.* 1 Edificio que depende de otro principal, del que se encuentra más o menos alejado. 2 Edificio que forma parte de un conjunto. 3 Tienda de campaña cónica. 4 Bandera nacional. 5 ANAT. Extremo de un tubo o conducto que se hace más ancho. **pabellón auditivo** ANAT. Oreja, parte visible del oído externo.

pabilo o **pábilo** *m.* Mecha que está en el centro de la vela.

pacato, -ta *adj./m. y f.* 1 Que se asusta o intimida fácilmente. 2 Que muestra excesivos escrúpulos y recato.

pacense *adj./m. y f.* Que es de Badajoz.

pacer [42] *intr./tr.* Comer el ganado la hierba en el campo.

pachá *m.* Persona que se da buena vida.

pachacaco, -ca *adj./m. y f.* ACENT [persona] Que es débil y enclenque.

pachanga *f.* Diversión o fiesta ruidosa y desordenada.

pachanguero, -ra *adj.* [espectáculo, fiesta, música] Que es de escasa calidad, fácil, pegadizo.

pacharán *m.* Licor dulce y fuerte que se obtiene de la destilación de la endrina y que es típico de Navarra.

pachón, -chona *adj./m.* 1 [perro] Que pertenece a una raza de perros con el hocico cuadrado, las patas cortas y el pelo amarillo con manchas marrones. ‖ *adj./m. y f.* 2 *coloquial* [persona] Que es excesivamente tranquilo y lento.

pachorra *f. coloquial* Calma, tranquilidad y lentitud en exceso.

pachucho, -cha *adj.* 1 [fruta, flor, planta] Que no está fresco. 2 [persona] Que está débil o desanimado.

pachulí *m.* 1 Planta muy olorosa originaria de Asia y Oceanía. 2 Perfume que se obtiene de esta planta.

paciencia *f.* 1 Cualidad de paciente. 2 Dulce pequeño, redondo y abombado por arriba que está hecho con harina, huevo, almendras y azúcar y cocido en el horno.

paciente *adj.* 1 Que sabe tolerar las adversidades. 2 Que sabe esperar con tranquilidad una cosa que tarda. 3 Que tiene perseverancia para realizar actividades o trabajos difíciles, pesados o minuciosos. 4 GRAM. [sujeto] Que en una oración pasiva recibe la acción realizada por el complemento agente. ‖ *com.* 5 Persona que recibe tratamiento médico o quirúrgico.

pacificación *f.* 1 Acción de pacificar. 2 Efecto de pacificar.

pacificar [1] *tr.* 1 Establecer la paz entre los bandos en conflicto. ‖ *v. prnl.* 2 Quedarse en calma lo que estaba alterado.

pacífico, -ca *adj.* Que no usa la violencia o no es propenso a fomentar conflictos.

pacifismo *m.* Movimiento que defiende la

paz y es contrario a los actos violentos y a los enfrentamientos armados.

pacifista *adj.* 1 Del pacifismo. ‖ *adj./com.* 2 Que es partidario del pacifismo.

pack *m.* Envase que contiene varios recipientes o productos del mismo tipo.

pacotilla *f.* Mercancía que los marineros o los oficiales de un barco pueden embarcar sin pagar por ello. ▸ **de pacotilla** *coloquial* De poca calidad o de escaso valor.

pactar *tr./intr.* Acordar una serie de condiciones con la obligación de cumplirlas.

pacto *m.* 1 Acuerdo entre dos o más personas o grupos que obliga a cumplir una serie de condiciones. 2 Condición o serie de condiciones que se han de cumplir por ese acuerdo.

padecer [43] *tr./intr.* 1 Sentir un dolor o una molestia o tener una enfermedad. 2 Soportar con paciencia un daño moral o físico. 3 Tener una necesidad.

padecimiento *m.* 1 Acción de padecer. 2 Efecto de padecer.

pádel *m.* Deporte parecido al tenis que se practica con raqueta de madera en una pista limitada por paredes altas.

OBS También puede encontrarse la forma inglesa *paddle*, pero se desaconseja su uso.

padrastro *m.* 1 Marido de la madre en cuanto a los hijos que esta tiene de un matrimonio anterior. 2 Mal padre, que no cuida a sus hijos o no se preocupa de ellos. 3 Trozo de piel junto a las uñas, roto y levantado, que causa dolor y molestia.

padrazo *m.* Padre que trata con cariño e indulgencia a sus hijos.

padre *m.* 1 Hombre o animal macho que ha engendrado un hijo. 2 Hombre en cuanto a sus hijos. 3 Dios para los cristianos. En esta acepción se escribe con mayúscula. 4 Sacerdote o religioso. Se usa como apelativo y también se puede usar delante de un nombre propio o de un apellido. 5 Causa u origen de una cosa. 6 Persona que ha creado o inventado una cosa o que ha hecho avanzar mucho una ciencia o una rama del saber. ‖ *adj.* 7 *coloquial* Que es muy grande o muy intenso. Es invariable y se usa siempre después del sustantivo. ‖ *m. pl.* 8 Padre y madre de una persona.

padrenuestro *m.* Oración que rezan los cristianos y que empieza por las palabras «Padre nuestro».

OBS El plural es *padrenuestros*.

padrinazgo *m.* 1 Acción que consiste en actuar como padrino. 2 Protección o favor.

padrino *m.* 1 Hombre que presenta o acompaña a una persona cuando esta recibe el sacramento. 2 Hombre que presenta o acompaña a una persona cuando esta va a participar en una competición o cuando va a recibir un honor. 3 Persona que protege y favorece a otra. ‖ *m. pl.* 4 Padrino y madrina de una persona.

padrón *m.* Lista oficial donde figuran las personas que viven en un lugar.

paella *f.* 1 Comida hecha a base de arroz al que se le añaden otros ingredientes como marisco, carne, pescado, verduras, etc. 2 Recipiente de poco fondo para cocinar esa comida.

paellera *f.* Recipiente de poco fondo para cocinar la paella.

pág. Abreviatura de *página,* 'cara de una hoja de un libro o cuaderno'.

paga *f.* 1 Acción de pagar. 2 Cantidad de dinero que se cobra o se paga. 3 Cantidad de dinero que se percibe, generalmente de forma periódica, por un servicio o un trabajo realizado.

pagador, -ra *adj./m. y f.* 1 Que debe pagar. ‖ *m. y f.* 2 Persona encargada de pagar las pensiones, sueldos, créditos, etc., en un banco.

paganini *com. coloquial* Persona que paga habitualmente los gastos de otros.

paganismo *m.* 1 Para los cristianos, conjunto de las religiones o las creencias no cristianas. 2 Conjunto de los pueblos no cristianos.

pagano, -na *adj.* 1 Del paganismo. ‖ *adj./ m. y f.* 2 [persona] Que no cree en la doctrina cristiana. 3 *coloquial* [persona] Que paga la culpa o la deuda de otra persona.

pagar [7] *tr./intr.* 1 Dar una cantidad de dinero a cambio de una cosa, un servicio o un trabajo. 2 Dar una cantidad de dinero para cubrir una deuda o una carga pública. 3 Cumplir una pena o un castigo. 4 Corresponder al cariño o al favor de alguien. 5 Sufrir los resultados de una equivocación.

pagaré *m.* Documento con el que una o varias personas se comprometen a pagar una cantidad de dinero en un tiempo determinado.

página *f.* 1 Cara de la hoja de un libro o un escrito. 2 Texto escrito o impreso en esa cara de la hoja.

paginación *f.* Orden o numeración de las páginas de un libro, un cuaderno o un documento.

paginar *tr.* Ordenar o numerar las páginas de un libro, cuaderno o documento.

pago *m.* 1 Entrega de una cantidad de dinero que se debe. 2 Cantidad de dinero que se paga. 3 Premio con el que se corresponde a algo que se ha recibido.

pagoda *f.* Edificio para el culto budista.

pailón *m.* 1 BOL, ECUAD, HOND Terreno bajo y redondo. 2 COL Vasija cilíndrica de gran tamaño. 3 VEN Remolino que se forma en un río caudaloso.

paipay *m.* Abanico plano de forma redondeada y con mango.
OBS El plural es *paipáis*.

país *m.* 1 Estado independiente. 2 Territorio de un pueblo o nación. 3 Conjunto de los habitantes de ese territorio.

paisaje *m.* 1 Extensión de terreno que se ve desde un lugar determinado. 2 Cuadro o fotografía que representa esa extensión.

paisajista *com.* Persona que pinta paisajes.

paisajístico, -ca *adj.* Del paisaje.

paisano, -na *adj./m. y f.* 1 [persona] Que ha nacido en el mismo lugar que otra. ▌ *m. y f.* 2 Persona que vive y trabaja en el campo. ▶ **de paisano** [militar, policía] Que no lleva uniforme.

paja *f.* 1 Tallo del trigo y otros cereales, una vez seco y separado del grano. 2 Conjunto formado por esos tallos secos. 3 Brizna de hierba o de otra cosa parecida. 4 Tubo muy delgado de plástico que sirve para beber líquidos absorbiéndolos. 5 Parte poco importante de un escrito, conversación o asunto. 6 COL, GUAT, HOND Llave, dispositivo. ▌ *adj.* 7 [color] Que es amarillo claro como el de la paja seca. Como adjetivo, es invariable en plural.

pajar *m.* Lugar donde se guarda la paja.

pájara *f.* ESP Pérdida de las fuerzas que sufren algunos deportistas, especialmente los ciclistas, al hacer un esfuerzo grande.

pajarera *f.* Jaula grande.

pajarería *f.* Establecimiento donde se venden pájaros y otros animales domésticos.

pajarero, -ra *adj.* 1 De los pájaros. ▌ *m. y f.* 2 Persona que se dedica a cazar, criar o vender pájaros.

pajarita *f.* 1 Figura que se hace con un papel doblado varias veces y que recuerda la forma de un pájaro. 2 Corbata en forma de pajarita.

pájaro, -ra *m.* 1 Ave voladora, especialmente si es de pequeño tamaño. ▌ *m. y f.* 2 Persona que es hábil para engañar o tiene malas intenciones. ▶ **matar dos pájaros de un tiro** Hacer o lograr dos cosas de una sola vez.

pajarraco, -ca *m. y f.* 1 *coloquial* Pájaro grande y feo. 2 Persona que es hábil para engañar o tiene malas intenciones.

paje *m.* Hombre joven y noble que estaba al servicio de un caballero.

pajizo, -za *adj.* 1 Que está hecho o cubierto de paja. 2 [color] Que es amarillo claro como el de la paja.

pajolero, -ra *adj./m. y f.* 1 *coloquial* [persona] Que es impertinente y molesta. ▌ *adj.* 2 *coloquial* Expresa desprecio hacia el nombre al que antecede.

pajuato, -ta *adj./m. y f.* CUBA, COL, RPLATA, VEN [persona] Que es tonto o corto.

pala *f.* 1 Herramienta grande compuesta por una pieza de madera, plástico o metal plana y rectangular, que está sujeta a un mango largo. 2 Parte ancha y plana de ciertos instrumentos. 3 Parte, generalmente movible, en que termina el brazo de ciertas máquinas. 4 Plancha que gira alrededor de un eje. 5 Parte superior del calzado que rodea el empeine del pie. 6 Diente con una sola raíz, plano y cortante, que está situado en la parte delantera y superior de la boca de las personas.

palabra *f.* 1 Sonido o conjunto de sonidos articulados que representan una idea. 2 Representación gráfica de estos sonidos que consiste en un grupo de letras delimitado por espacios. 3 Capacidad de expresar el pensamiento por medio del lenguaje articulado. 4 Promesa de que una cosa es verdad o de que se va a hacer lo que se dice. 5 Fidelidad a una promesa. 6 Derecho o turno para hablar. ▌ *f. pl.* 7 Dicho o texto de una persona. ▶ **comerse las palabras** Omitir palabras al hablar o escribir. ▶ **palabra clave** Palabra esencial o decisiva para la interpretación de una cosa. ▶ **palabras mayores** *a)* Cosa que puede ofender o insultar. *b)* Cosa o asunto importante. ▶ **quitar la palabra de la boca** *a)* Decir lo que otra persona estaba a punto de expresar. *b)* Interrumpir a quien está hablando.

palabrear *tr.* 1 CHILE Ofender provocando con palabras. 2 CHILE, COL, CUBA, ECUAD Convenir verbalmente un asunto con una persona y comprometerla a algo.

palabreja *f. coloquial* Palabra rara, especialmente si se usa poco, no se entiende bien o cuesta de pronunciar.

palabrería *f.* Abundancia de palabras sin sustancia ni utilidad.

palabrota *f.* Palabra o expresión ofensiva.

palacete *m.* Casa parecida a un palacio pero más pequeña.

palaciego, -ga *adj.* 1 Del palacio del rey. 2 Que es propio de la nobleza de la corte. ‖ *adj./m. y f.* 3 Que forma parte de la corte.

palacio *m.* 1 Edificio grande y lujoso donde viven los reyes. 2 Casa lujosa y grande donde viven personajes importantes. 3 Edificio público muy grande donde se celebran espectáculos, exposiciones, etc.

paladar *m.* 1 Parte superior del interior de la boca. 2 Capacidad de valorar el sabor de los alimentos. 3 Capacidad de valorar una cosa que no es material.

paladear *tr.* 1 Disfrutar poco a poco el sabor de un alimento o de una bebida. 2 Disfrutar pensando con detenimiento una cosa que agrada.

paladín *m.* 1 Caballero que en la guerra se distingue por sus hazañas valientes y nobles. 2 Persona o conjunto de personas que defiende una causa noble.

paladio *m.* Metal blanco, de número atómico 46, que absorbe el hidrógeno.

palafito *m.* Vivienda primitiva que se construía sobre estacas de madera, normalmente dentro de un lago o un río.

palanca *f.* 1 Barra que se apoya sobre un punto y que sirve para levantar un cuerpo situado en el extremo contrario al que se aplica una fuerza. 2 Pieza que sirve para hacer funcionar un aparato. 3 *coloquial* Influencia que permite conseguir un beneficio.

palangana *f.* Recipiente circular, ancho y poco profundo que se usaba para lavarse.

palangre *m.* Aparejo de pesca formado por un largo cordel con ramales, cada uno de los cuales lleva un anzuelo en su extremo.

palanquear *tr.* 1 ARG, BOL, CUBA, URUG *coloquial* Emplear una persona su influencia política o institucional en beneficio de alguien para darle un cargo u otra cosa. 2 ARG, URUG Sujetar un potro o caballo a un poste.

palanqueta *f.* Barra de hierro que sirve para forzar puertas y cerraduras.

palanquín *m.* Asiento que se sostiene en alto mediante unas varas paralelas; se usa para transportar a personas importantes.

palatal *adj.* 1 ANAT. Del paladar. 2 GRAM. [sonido] Que se pronuncia acercando la lengua al paladar. ‖ *adj./f.* 3 GRAM. [letra] Que representa ese sonido.

palatino, -na *adj.* 1 Del palacio del rey. ‖ *adj./m. y f.* 2 [persona] Que ocupa un cargo destacado en palacio.

palco *m.* 1 En los teatros, departamento independiente en forma de balcón que está provisto de asientos. 2 Tarima elevada para ver un desfile o espectáculo.

palentino, -na *adj.* 1 De Palencia. ‖ *adj./ m. y f.* 2 [persona] Que es de Palencia.

paleo- Elemento prefijal que entra en la formación de palabras con el significado de 'viejo', 'antiguo'.

paleografía *f.* Técnica que consiste en descifrar y datar los documentos, las inscripciones y los textos antiguos y en determinar el lugar del que proceden.

paleógrafo, -fa *m. y f.* Persona que se dedica a la paleografía.

paleología *f.* Estudio de las lenguas antiguas.

paleolítico, -ca *adj./m.* [período prehistórico] Que se caracteriza por la fabricación de herramientas de piedra tallada, la práctica de la depredación, el nomadismo y la aparición de las primeras manifestaciones artísticas.

paleólogo, -ga *m. y f.* Persona que se dedica a la paleología.

paleontografía *f.* Descripción de los restos orgánicos que hay en los fósiles.

paleontología *f.* Disciplina que estudia los fósiles.

paleontológico, -ca *adj.* De la paleontología.

paleontólogo, -ga *m. y f.* Persona que se dedica a la paleontología.

paleozoico, -ca *adj.* 1 GEOL. De la era primaria. ‖ *m.* 2 GEOL. Era primaria.

palestino, -na *adj.* 1 De Palestina. ‖ *adj./ m. y f.* 2 Que es de Palestina.

palestra *f.* 1 Lugar en el que se celebraban luchas y competiciones de carácter deportivo. 2 Lugar desde donde se habla al público.

palet *m.* Armazón de madera o metal sobre el que se apila mercancía pesada.

paleta *f.* 1 Tabla pequeña con un agujero en uno de sus extremos para meter el dedo pulgar y sobre la que una persona mezcla y compone los colores para pintar. 2 Utensilio de cocina que consiste en una plancha metálica redonda unida a un mango largo. 3 Herramienta formada por una plancha triangular metálica unida a un mango de madera que utilizan los albañiles para extender la argamasa. 4 Plancha que gira alrededor de un eje. 5 Pala, diente. 6 Tabla de madera de forma redonda, unida a un mango, que sirve para golpear la pelota en distintos juegos.

palmera

paletada *f.* 1 Contenido recogido por una pala de una sola vez. 2 Dicho o hecho propio de un paleto.

paletilla *f.* 1 Hueso ancho, triangular y casi plano, situado a un lado de la espalda, donde se articulan los huesos del hombro y del brazo. 2 Carne de la pata delantera del cerdo u otro animal.

paleto, -ta *adj./m. y f.* 1 Que ha nacido en un pueblo pequeño o en el campo. 2 Que tiene malos modos o que es poco educado y refinado.
OBS Tiene valor despectivo.

paliar [12] *tr.* 1 Calmar un dolor. 2 Atenuar la gravedad de un hecho o de una situación.

paliativo, -va *adj./m. culto* Que palía.

palidecer [43] *intr.* 1 Ponerse pálido. 2 Perder o disminuir el valor o importancia.

palidez *f.* Cualidad de pálido.

pálido, -da *adj.* 1 Que ha perdido su color de piel natural y es más claro y menos rosado de lo normal. 2 [color] Que no es fuerte o intenso, que tiene gran parte de blanco en su mezcla.

paliducho, -cha *adj. coloquial* Que está un poco pálido.

palillero *m.* Recipiente que sirve para poner palillos de dientes.

palillo *m.* 1 Palo de madera pequeño, delgado y afilado en ambos extremos que sirve para pinchar los alimentos o para limpiarse los dientes. 2 Persona muy delgada. ▌ *m. pl.* 3 Par de palos largos y delgados que se utilizan para comer en algunos países orientales. 4 Par de palos redondos y con uno de los extremos acabado en cabeza para tocar el tambor.

palio *m.* 1 Pieza de tela lujosa colocada sobre un armazón de cuatro o más barras bajo la cual va el Santo Sacramento, una imagen religiosa o una persona importante en una ceremonia. 2 Prenda de vestir de los antiguos griegos que consistía en un manto cuadrado que se colocaba sobre la túnica y se sujetaba al pecho con una hebilla o un broche. 3 Ornamento del Papa y de los arzobispos que está formado por una banda de lana blanca que estos llevan sobre los hombros y dos apéndices con cruces negras bordadas que caen uno a la espalda y otro al hombro. ▶ **bajo palio** Con mucho respeto y afecto.

palique *m. coloquial* Conversación sobre temas poco importantes.

palista *com.* Persona que practica el remo deportivo.

palitroque *m.* 1 Palo pequeño y tosco. 2 Palo adornado y acabado en una punta metálica afilada que clavan los banderilleros en el toro.

paliza *f.* 1 Cantidad grande de golpes que se da o se recibe. 2 *coloquial* Derrota sufrida en una competición deportiva o en un juego. 3 *coloquial* Trabajo o esfuerzo duro y cansado. ▌ *com.* 4 *coloquial* Persona que molesta y cansa.

palma *f.* 1 Parte interior de la mano que va desde la muñeca hasta el inicio de los dedos. 2 Parte inferior de la pata de los caballos y otros animales. 3 Árbol de flores blancas y olorosas cuyo fruto, que pende en racimos debajo de las hojas, es comestible. 4 Planta que pertenece a una familia que se caracteriza por tener el tronco leñoso, alto y terminado en un conjunto de hojas grandes y siempre verdes. 5 Hoja de esa planta. 6 Victoria, fama y honor reconocido por todos. ▌ *f. pl.* 7 Golpe que se da chocando las manos abiertas una con otra. ▶ **llevar en palmas** Tratar con mucho cariño y atención a alguien. ▶ **llevarse la palma** Sobresalir en un aspecto o superar a otras personas en una actividad.

palmada *f.* 1 Golpe dado con la palma de la mano. ▌ *f. pl.* 2 Golpe que se da chocando las manos abiertas una contra otra. 3 Ruido que se hace golpeando las palmas de las manos una con otra.

palmar *m.* 1 Lugar donde hay muchas palmeras. ▌ *intr.* 2 *coloquial* Dejar de vivir.

palmarés *m.* 1 Relación de éxitos, de méritos o de victorias conseguidas. 2 Lista de ganadores de una competición.

palmario, -ria *adj.* Que es claro, patente.

palmatoria *f.* Candelero con forma de plato pequeño y con un soporte cilíndrico para sostener velas.

palmeado, -da *adj.* 1 Que tiene forma de palmera. 2 Que tiene forma de palma. 3 [dedo] Que está unido a los otros por una membrana.

palmear *intr.* 1 Dar palmadas con las manos. ▌ *tr.* 2 En baloncesto, impulsar la pelota lanzada por otro jugador dentro de la canasta para marcar un tanto.

palmense *adj.* 1 De Las Palmas de Gran Canaria. ▌ *adj./com.* 2 [persona] Que es de Las Palmas de Gran Canaria.

palmeo *m.* 1 Acción de palmear. 2 Efecto de palmear.

palmera *f.* 1 Árbol de tronco recto y alto, con la copa sin ramas formada por hojas muy grandes con el nervio central recto y consistente, con flores blancas y fruto comestible. **2** Dulce de hojaldre que tiene forma de corazón.

palmeral *m.* Lugar poblado de palmeras.

palmero, -ra *m. y f.* **1** Persona que cuida una plantación de palmeras. **2** Persona que acompaña al cante flamenco tocando las palmas.

palmeta *f.* Vara para golpear a alguien en la mano como castigo.

palmípedo, -da *adj./m. y f.* [ave] Que tiene los dedos unidos por membranas.

palmito *m.* **1** Árbol de la familia de las palmas, con el tronco subterráneo, las hojas en forma de abanico y las flores amarillas. **2** Tallo comestible, blanco, grueso y cilíndrico del tronco de ese árbol. **3** *coloquial* Cuerpo esbelto o atractivo.

palmo *m.* Medida de longitud que equivale a 21 centímetros, que es aproximadamente la distancia que hay desde el extremo del pulgar de una mano abierta y extendida hasta el dedo meñique. ▶ **dejar con un palmo de narices** *coloquial* Decepcionar a una persona por no hacer o tener lo que esperaba.

palmotear *intr.* Dar palmadas.

palo *m.* **1** Trozo de madera más largo que grueso y generalmente de forma cilíndrica. **2** Golpe que se da con un palo. **3** Serie de cartas con una característica en común y que, junto con otras tres series, forma una baraja. **4** Madera. **5** Trozo de madera largo y redondo colocado en vertical que sirve para sostener las velas de un barco. **6** *coloquial* Cosa que molesta. **7** Madero vertical que, junto con otro, sujeta el madero horizontal de una portería de fútbol o de otro deporte. ▶ **a palo seco** *coloquial* Sin una cosa que ayude o complemente.

paloduz *m.* Raíz de una planta llamada regaliz, que se chupa o se mastica.

palomar *m.* Lugar donde se refugian o se crían palomas.

palometa *f.* Pez marino comestible de color gris oscuro, con el cuerpo aplastado, dos aletas grandes en el lomo, la cabeza pequeña y los dientes finos y largos.

palomilla *f.* **1** Tuerca con una aleta a cada lado para poder enroscarla manualmente. **2** Armazón de tres piezas en forma de triángulo para sostener estantes. **3** Mariposa pequeña de color gris que vive en graneros y es perjudicial para los cereales.

palomino *m.* **1** Cría de una paloma silvestre. **2** *coloquial* Mancha de excrementos en la ropa interior de una persona.

palomita *f.* **1** Grano de maíz que al tostarse se revienta y se convierte en una masa blanca y esponjosa en forma de flor. **2** Bebida refrescante hecha con anís y agua.

palomo, -ma *m. y f.* Ave de cuello corto y cabeza pequeña que vuela muy rápido y que se puede domesticar. Normalmente se utiliza la forma femenina, *paloma*, cuando no se distingue el sexo.

palote *m.* Trazo recto y vertical de escritura que hacen las personas que están aprendiendo a escribir.

palpable *adj.* **1** Que puede tocarse con las manos. **2** Que es claro y fácil de ver.

palpación *f.* Acción de palpar.

palpar *tr.* **1** Tocar con las manos con pequeños golpes para reconocer por el sentido del tacto. **2** Notar o sentir una cosa tan claramente como si se tocara.

palpitación *f.* **1** Latido del corazón. **2** Movimiento involuntario, rápido y repetido de una parte del cuerpo.

palpitante *adj.* Que despierta la atención y el interés.

palpitar *intr.* **1** Moverse con ritmo el corazón para hacer entrar y salir la sangre. **2** Aumentar el movimiento rítmico del corazón por una emoción intensa. **3** Moverse o agitarse un órgano del cuerpo de forma involuntaria, rápida y repetida. **4** Manifestarse con vehemencia un afecto, una pasión, etc.

pálpito *m.* Sospecha que se tiene de que una cosa va a ocurrir.

paludismo *m.* MED. Enfermedad caracterizada por ataques intermitentes de fiebre muy alta; es transmitida por la picadura del mosquito anofeles hembra.

palurdo, -da *adj./m. y f. coloquial* Que tiene poca educación o escasa formación cultural y no sabe comportarse bien en público.

palustre *adj.* **1** De los pantanos. ▌*m.* **2** Herramienta formada por un mango y un trozo de metal plano y triangular que utilizan los albañiles para extender el cemento sobre las superficies.

pamela *f.* Sombrero de mujer con el ala muy grande y ancha.

pampa *f.* Vegetación propia de Argentina centro oriental que se caracteriza por la ausencia de árboles y por el predominio de las gramíneas.

pámpana *f.* Hoja de la vid.

pámpano *m.* **1** Brote verde y blando que tiene la vid cuando las hojas todavía no se han abierto. **2** Hoja de la vid.

panel

pamplina *f.* 1 Planta herbácea de flores amarillas o blancas y con un fruto en cápsula con muchas simientes. 2 *coloquial* Tontería o cosa insignificante. En esta acepción se usa generalmente en plural.

pan *m.* 1 Alimento hecho con harina, generalmente de trigo, mezclada y amasada con agua, sal y levadura, y cocinado al horno. **pan ázimo** Pan que se hace sin poner levadura en la masa. 2 Pieza de ese alimento que puede tener varias formas. 3 Masa esponjosa elaborada con un fruto o una sustancia comestible. 4 Alimento que se necesita para vivir. 5 Lámina muy fina de oro, plata u otros metales que sirve para cubrir objetos y superficies. ▶ **ganarse el pan** *coloquial* Trabajar para ganar el dinero necesario para vivir. ▶ **ser pan comido** *coloquial* Ser muy fácil de hacer o de conseguir.

pan- Elemento prefijal que entra en la formación de palabras con el sentido de 'totalidad', 'conjunto entero'.

pana *f.* Tejido grueso de algodón, con pelo muy corto y suave en la superficie formando rayas.

panacea *f.* 1 Medicina que se cree que puede curar distintas enfermedades. 2 Remedio o solución para cualquier tipo de problema.

panadería *f.* Establecimiento en el que se elabora y vende pan.

panadero, -ra *m.* y *f.* Persona que se dedica a hacer o a vender pan.

panal *m.* 1 Conjunto de pequeñas celdas o huecos de forma hexagonal que las abejas forman dentro de la colmena para guardar la miel y los huevos reproductores. 2 Estructura de algunas cosas, parecida a la que fabrican las abejas.

panamá *m.* 1 Tejido de algodón de hilo muy grueso y de color claro, sobre el que se suelen bordar figuras y adornos. 2 Sombrero flexible masculino hecho de pita con el ala recogida que se usaba antiguamente sobre todo en verano. **OBS** El plural es *panamás*.

panameño, -ña *adj.* 1 De Panamá. | *adj./ m.* y *f.* 2 Que es de Panamá.

panamericanismo *m.* Doctrina política que pretende potenciar las relaciones entre todos los países de América.

panamericanista *com.* Persona que defiende y apoya el panamericanismo.

panamericano, -na *adj.* De todo el continente americano.

panavisión *f.* En cine, técnica de filmación y proyección que emplea grandes formatos.

pancarta *f.* Cartel con frases o emblemas que se lleva en manifestaciones públicas.

panceta *f.* Capa de grasa con vetas de carne de ciertos animales, especialmente del cerdo, que se usa como alimento.

pancho, -cha *adj. coloquial* [persona] Que está tranquilo, calmado o satisfecho.

páncreas *m.* Órgano del cuerpo situado en el abdomen que se encarga de producir los jugos que permiten digerir los alimentos. **OBS** El plural también es *páncreas*.

pancreático, -ca *adj.* Del páncreas.

panda *f.* 1 Grupo de personas que se reúnen habitualmente para divertirse o para realizar una actividad determinada en común. | *m.* 2 Mamífero parecido a un oso que tiene el pelo de color blanco y negro y se alimenta principalmente de vegetales.

pandemónium o **pandemonio** *m.* Lugar en el que hay mucho ruido y jaleo.

pandereta *f.* Instrumento musical de percusión, formado por una piel fina y tensada sobre un soporte en forma de aro en cuyo borde hay pequeñas chapas de metal que suenan al agitarse el instrumento o golpear la piel.

pandero *m.* 1 Instrumento musical de percusión que está formado por una piel fina y tensada sobre un aro de madera o de metal en cuyo borde puede haber pequeñas chapas metálicas que suenan al agitarse el instrumento o golpear la piel. 2 *coloquial* Trasero grande de una persona.

pandilla *f.* Grupo de personas que se reúnen habitualmente para divertirse y para realizar una actividad.

panecillo *m.* Pan pequeño y esponjoso, redondo o alargado.

panegírico, -ca *m. culto* Discurso o escrito que se hace para alabar a una persona.

panel *m.* 1 Cada una de las planchas lisas, generalmente de forma cuadrada o rectangular, que forman parte de una superficie. 2 Plancha prefabricada de diversos materiales que se utiliza en construcción para dividir o separar espacios. 3 Plancha o tabla pegada o colgada a la pared en la que se colocan anuncios, avisos y noticias. 4 Cartel grande montado sobre un soporte metálico que sirve para colocar información o propaganda. 5 Tablero de un aparato eléctrico o de un vehículo en el que se encuentran los mandos para su funcionamiento.

panera *f.* 1 Recipiente o cestilla en el que se pone el pan para servirlo en la mesa. 2 Recipiente para guardar o servir el pan.

pánfilo, -la *adj./m. y f.* 1 [persona] Que actúa con lentitud y no tiene voluntad ni energía para hacer las cosas. 2 [persona] Que no comprende bien las cosas y se deja engañar con facilidad.

panfletario, -ria *adj.* Que tiene el estilo propio del panfleto.

panfleto *m.* 1 Papel en el que hay escrita propaganda política. 2 Cosa o acción que hace propaganda excesiva de unas ideas o de un comportamiento determinado.

pánico *m.* Miedo muy fuerte e intenso.

panificadora *f.* Establecimiento donde se elabora pan.

panizo *m.* 1 Planta de tallos rectos, con las hojas grandes y las flores agrupadas en racimo, que da un grano amarillo comestible. 2 Grano que da esa planta.

panocha *f.* Conjunto de frutos de algunas plantas, especialmente del maíz, que se presentan formando una espiga grande de granos gruesos y apretados.

panoli *adj./com. coloquial* [persona] Que tiene poco carácter o no tiene voluntad.

panorama *m.* 1 Vista de una gran extensión de terreno desde un lugar alto. 2 Aspecto que presenta en conjunto un asunto o una situación.

pantagruélico, -ca *adj.* [comida] Que es muy abundante o excesivo.

pantaleta *f.* MÉX, VEN Calzones, prenda interior femenina.

pantalla *f.* 1 Superficie grande, plana y lisa, sobre la que se proyectan imágenes mediante un aparato. 2 Superficie de cristal en la que se forma la imagen en el televisor, el ordenador y otros aparatos electrónicos. 3 Mundo del cine y la televisión. 4 Pieza plana y delgada que se coloca ante una fuente de luz para dirigirla hacia un punto concreto o para que no moleste a los ojos.

pantalón *m.* Prenda de vestir que se ciñe al cuerpo en la cintura y llega hasta los tobillos cubriendo cada pierna por separado.

OBS Se usa también en plural para hacer referencia a una sola de estas prendas.

pantaloncillo *m.* COL, PRICO, RDOM Calzoncillos, prenda interior masculina.

pantano *m.* 1 Terreno cubierto de barro y agua estancada, generalmente con poca profundidad. 2 Lago artificial en el que se acumulan las aguas de un río o de la lluvia para el suministro de agua.

pantanoso, -sa *adj.* 1 [terreno natural] Que está cubierto de barro y agua estancada. 2 [agua] Que se queda retenida de forma natural en un lugar. 3 Que es difícil o está lleno de peligros y obstáculos.

panteísmo *m.* Sistema teológico y filosófico según el cual el universo y Dios son una misma realidad.

panteísta *adj.* 1 Que se relaciona con el panteísmo. ❘ *adj./com.* 2 [persona] Que sigue o defiende el panteísmo.

panteón *m.* 1 Edificio o construcción que sirve para guardar el cuerpo muerto de varias personas, generalmente de la misma familia. 2 AMÉR Terreno destinado a enterrar a los muertos.

pantera *f.* Animal mamífero parecido al leopardo, generalmente de color amarillo, con manchas oscuras y el vientre claro.

panti *m.* Prenda de vestir femenina hecha de un tejido elástico fino que cubre cada pierna desde los pies hasta la cintura.

OBS En algunos países de América es habitual su uso en femenino.

panto- Elemento prefijal que entra en la formación de palabras con el significado de 'todo'.

pantocrátor *m.* Imagen de Cristo sentado en su trono y de medio cuerpo, con la mano derecha en actitud de bendecir y la izquierda acoge el evangelio.

pantomima *f.* 1 Representación de teatro en la que los actores solo se expresan haciendo gestos y movimientos con la cara y con el cuerpo. 2 Engaño que consiste en fingir una cosa que en realidad no se siente para conseguir algo.

pantorrilla *f.* Parte posterior de la pierna de una persona, por debajo de la rodilla y hasta el tobillo.

pantufla *f.* Calzado sin talón y muy cómodo que se usa para estar en casa.

panza *f.* 1 *coloquial* Parte anterior del cuerpo comprendida entre el pecho y las extremidades inferiores. 2 Parte curva más saliente de un objeto, especialmente de un recipiente. 3 Primera de las cuatro partes del estómago de los rumiantes.

panzazo *m. coloquial* Golpe que se da una persona al caer sobre la panza.

panzudo, -da *adj.* Que tiene panza.

pañal *m.* Pieza con forma de braga hecha de un tejido absorbente, especialmente celulosa, que se les pone a los bebés para absorber y retener los excrementos. Se usa también en plural para referirse a una sola de estas piezas.

pañito *m.* Pieza pequeña de tela o cualquier tejido que se pone como adorno o protección sobre una superficie.

paño *m.* **1** Tejido de lana apretada y tupida. **2** Pieza de tela que tiene distintos usos domésticos y que normalmente tiene forma cuadrada o rectangular. **3** Pieza de tela adornada que sirve para decorar superficies. **4** Lienzo de tela que se cuelga en la pared para adornarla. **5** Mancha oscura que sale en la piel. **6** Capa de yeso o de otra masa que se da a las paredes. ▸ **en paños menores** Vestido solo con la ropa interior. ▸ **paño de lágrimas** Persona que escucha los problemas de alguien y da consejo.

pañoleta *f.* **1** Prenda de vestir de forma triangular que se lleva sobre los hombros como abrigo o adorno. **2** Corbata que llevan los toreros con el traje de luces.

pañuelo *m.* **1** Pieza de tela o papel, pequeña y cuadrada, que sirve para limpiarse la nariz, el sudor, las lágrimas, etc. **2** Pieza de tela cuadrada para adornar o tapar el cuello, los hombros o la cabeza.

papa *m.* **1** Máxima autoridad en la Iglesia católica. En esta acepción se escribe con mayúscula. ❙ *f.* **2** Tubérculo comestible de forma redonda o alargada, de color marrón por fuera y blanco o amarillo por dentro. ▸ **ni papa** *coloquial* Nada.

papá *m.* **1** *coloquial* Nombre dado al padre por sus hijos. Se usa como apelativo afectivo. ❙ *m. pl.* **2** *coloquial* Padre y madre de una persona.

papada *f.* **1** Abultamiento de carne que cuelga bajo la barbilla de una persona. **2** Pliegue de la piel que sobresale en el borde inferior del cuello de algunos animales.

papagayo *m.* **1** Ave de colores vistosos y pico grueso, con plumas levantadas en la parte superior de la cabeza. **2** *coloquial* Persona que habla mucho y dice cosas sin sentido y poco interesantes.

papal *adj.* Del Papa.

papamóvil *m.* Vehículo blindado que suele usar el Papa en sus viajes de apostolado.

papanatas *com. coloquial* Persona muy simple, tonta y fácil de engañar.

OBS El plural también es *papanatas*.

papar *tr.* **1** Comer cosas blandas que no necesitan ser masticadas. **2** *coloquial* Comer.

paparazi *com.* Fotógrafo de la prensa especializado en tomar fotos indiscretas de personas famosas.

paparrucha *f.* Cosa tonta y sin sentido que se dice o se hace.

papaya *f.* Fruto tropical comestible de forma alargada, de color naranja y con muchas semillas en su interior.

papear *tr. coloquial* Comer.

papel *m.* **1** Lámina delgada hecha con pasta de fibras vegetales que se utiliza para muchas cosas, como por ejemplo para escribir, envolver cosas o dibujar. **papel cuché** Papel satinado que se usa para hacer copias fotográficas o para hacer revistas ilustradas. **papel de aluminio** o **papel de plata** Papel que está hecho con aluminio y se suele usar para envolver alimentos. **papel de estraza** Papel fuerte y áspero que se usa para envolver cosas. **papel higiénico** Papel suave y fino que se vende en rollos y tiene usos sanitarios. **papel moneda** Billete de banco. **papel secante** Papel esponjoso que se usa para secar la tinta de un escrito. **2** Trozo de esta lámina. **3** Documento, carta o certificado que se necesita para solucionar un asunto. **4** Documento escrito con el que se identifica una persona o una cosa. **5** Parte de una obra de cine o teatro que tiene que representar un actor. **6** Personaje representado por un actor. **7** Función que una persona desempeña en un lugar o en una situación. ▸ **papel mojado** Documento o cosa que no tiene valor legal. **sin papeles** Simpapeles.

papela *f. coloquial* Documentación de identificación personal.

papeleo *m.* Conjunto de trámites, papeles y documentos que se tienen que cumplimentar para solucionar un asunto.

papelera *f.* **1** Recipiente grande donde se tiran los papeles y los objetos que no sirven. **2** Fábrica donde se elabora papel. **3** Mueble que sirve para escribir y guardar papeles.

papelería *f.* Establecimiento en el que se vende papel y otros objetos para escribir o dibujar.

papelero, -ra *adj.* **1** Del papel. ❙ *m. y f.* **2** Persona que fabrica o vende papel.

papeleta *f.* **1** Hoja pequeña de papel en la que figura un número para un sorteo. **2** Hoja de papel que se usa para votar y en la que está escrito el nombre de la persona o del partido político a quien se vota. **3** Papel en el que está escrita la nota de un examen. **4** *coloquial* Problema o asunto difícil de resolver.

papelina *f.* **1** Envoltorio de papel fino que contiene una dosis de heroína. **2** Dosis de heroína.

papeo *m. coloquial* Acción de comer.

papera *f.* 1 Desarrollo excesivo de la glándula tiroides que aumenta el tamaño de la parte anterior e inferior del cuello. ‖ *f. pl.* 2 Enfermedad vírica en la que se hinchan las glándulas de la saliva situadas en la parte posterior de la boca.

papila *f.* 1 Bulto muy pequeño en forma de cono que se encuentra en la piel de las personas y de los animales, especialmente en la lengua. 2 Bulto muy pequeño en forma de cono que tienen algunas plantas.

papilla *f.* Comida líquida y espesa que toman los niños pequeños o las personas enfermas y que está hecha con alimentos triturados, especialmente frutas o verduras mezcladas con harina y agua o leche. ► **hacer papilla** *coloquial a)* Vencer a una persona en una actividad y dejarla muy cansada. *b)* Dejar a una persona confundida, triste o deprimida.

papiloma *m.* MED. Tumor benigno que forma un abultamiento en las papilas de la piel o en las mucosas.

papión *m.* Simio de pelaje pardo o gris que tiene la mandíbula grande y saliente y vive en manadas.

papiro *m.* 1 Planta que procede de Oriente Medio, de hojas largas y estrechas y tallo alto, hueco y liso. 2 Lámina flexible y delicada sacada del tallo de esa planta que se emplea para escribir o dibujar en ella.

papiroflexia *f.* Técnica de realizar figuras doblando una hoja de papel.

papista *adj./com.* 1 Para los protestantes, que es católico. 2 *coloquial* Que sigue con rigor las normas establecidas por el papa.

papo *m.* 1 Parte abultada que tienen algunos animales bajo la cara, entre la barbilla y el cuello. 2 Bolsa que tienen las aves en el interior de la garganta y que les sirve para guardar los alimentos.

paquebote *m.* Embarcación que transporta viajeros y correo.

paquete *m.* 1 Objeto o conjunto de objetos que están atados o envueltos para ser transportados. 2 Papel, cartón, plástico u otro material flexible que envuelve o contiene un conjunto de cosas. 3 Conjunto de cosas de la misma especie. **paquete de acciones** ECON. Conjunto de acciones de una sociedad que pertenecen a un solo dueño. **paquete informático** Conjunto de programas y aplicaciones que funcionan en una misma plataforma. 4 *coloquial* Castigo, bronca o multa que se le da a una persona que se ha portado mal. 5 *coloquial* Abultamiento que forman los genitales masculinos.

paquidermo *adj./m.* [mamífero] Que tiene la piel muy gruesa y dura, y se alimenta generalmente de vegetales.

paquistaní *adj.* 1 De Paquistán. ‖ *adj./com.* 2 [persona] Que es de Paquistán.

par *adj.* 1 [número] Que se puede dividir por dos. 2 Que es igual o muy parecido. 3 ZOOL. [órgano] Que es igual a otro y ocupa una posición simétrica. ‖ *m.* 4 Conjunto de dos personas, animales o cosas de la misma especie o que tienen alguna característica común. ► **a la par** *a)* Al mismo tiempo. *b)* A la vez o además. ► **a pares** De dos en dos. ► **de par en par** Abierto por completo. ► **pares y nones** Juego que consiste en adivinar si la suma de los elementos que esconden los jugadores será un número que se puede dividir por dos o no. ► **sin par** Que no tiene igual y no hay nada ni nadie que pueda superarlo.

para *prep.* 1 Indica finalidad o utilidad. 2 Introduce un objeto indirecto añadiendo la idea de finalidad. 3 Indica la dirección de un movimiento hacia el punto al que se dirige. 4 Indica el tiempo aproximado en el que será ejecutada una acción. 5 Indica capacidad o uso. 6 Indica comparación u oposición. 7 Indica causa o razón. 8 *coloquial* Indica la proximidad de que ocurra una acción. ► **para con** En relación con. ► **para eso** *coloquial* Indica desprecio hacia una cosa, por ser demasiado fácil o por ser inútil.

para-, pará- Prefijo que entra en la formación de palabras con el significado de 'junto a', 'al margen de', 'contra'.

parabién *m.* Expresión con que se muestra alegría y satisfacción ante un hecho positivo que le ocurre o le afecta a una persona.

parábola *f.* 1 Narración simbólica de la que se extrae una enseñanza moral. 2 MAT. Curva abierta formada por dos líneas simétricas respecto a un eje.

parabrisas *m.* Cristal que llevan los automóviles en su parte delantera.

OBS El plural también es *parabrisas*.

paraca *f.* AMÉR Brisa muy fuerte del Pacífico.

paracaídas *m.* 1 Aparato formado por una gran pieza de tela ligera y resistente que se sujeta con cuerdas a un cuerpo y que al soltarse desde una altura se abre y cae lentamente, disminuyendo la velocidad de caída. 2 Cosa que sirve para evitar o disminuir el golpe de una caída.

OBS El plural también es *paracaídas*.

paracaidismo *m.* Técnica de saltar con un paracaídas desde un avión.

paracaidista *adj.* 1 Del paracaidismo. ▮ *adj./com.* 2 Que salta con un paracaídas desde un avión.

parachoques *m.* Pieza de los automóviles colocada en su parte delantera o trasera que disminuye el efecto de los golpes.
OBS El plural también es *parachoques*.

parada *f.* 1 Acción de parar. 2 Lugar en el que se detienen los vehículos de transporte público para recoger o dejar viajeros. 3 Lugar en el que se para o se va a parar. 4 Tropas militares que están puestas en formación para desfilar o pasar revista.

paradero *m.* Lugar o sitio donde está una persona o una cosa.

paradigma *m.* 1 Ejemplo o modelo de algo. 2 GRAM. Conjunto de unidades que pueden sustituir a otra en un mismo contexto porque cumplen la misma función.

paradigmático, -ca *adj.* 1 Del paradigma. 2 Que sirve de paradigma y puede presentarse como tal.

paradisíaco, -ca o **paradisiaco, -ca** *adj.* Del paraíso.

parado, -da *adj./m. y f.* 1 ESP Que no tiene trabajo. 2 Que es tímido y no sabe cómo comportarse en situaciones comunes y usuales. 3 Sorprendido o sin saber qué hacer ni qué decir. 4 AMÉR [cosa, persona] Que está en pie, en posición vertical. 5 CHILE, PERÚ, PRICO [persona] Que es orgulloso y engreído.

paradoja *f.* 1 Hecho o dicho extraño que encierra una contradicción. 2 Figura retórica que consiste en poner en relación dos ideas o conceptos que parecen opuestos.

paradójico, -ca *adj.* Que encierra una paradoja o contradicción.

parador *m.* Hotel que depende de algún organismo oficial y que presta un servicio de gran calidad, con instalaciones conformes al arte, el estilo o las tradiciones típicas de la región en la que se encuentra.

parafernalia *f.* 1 Conjunto de instrumentos o aparatos que se necesitan para algo. 2 Aparato ostentoso que acompaña a una persona o un acto importante.

parafina *f.* Sustancia sólida y blanca que funde fácilmente y que se emplea para fabricar velas y para otros usos industriales.

parafrasear *tr.* Hacer una paráfrasis.

paráfrasis *f.* Interpretación de un texto con intención de aclarar su significado.
OBS El plural también es *paráfrasis*.

paragoge *f.* En lingüística, adición de una o más letras, generalmente vocales, al final de una palabra.

paragógico, -ca *adj.* Que se relaciona con la paragoge.

parágrafo *m.* Parte de un texto entre dos puntos y aparte.

paraguas *m.* 1 Utensilio portátil para protegerse de la lluvia, formado por un bastón que sostiene unas varillas plegables cubiertas por una tela impermeable. 2 Persona o cosa que sirve para resguardarse o protegerse.
OBS El plural también es *paraguas*.

paraguaya *f.* Fruto comestible, redondo y aplastado, con la piel vellosa de color verdoso, la carne dulce y jugosa y un hueso duro en su interior.

paraguayo, -ya *adj.* 1 De Paraguay. ▮ *adj./ m. y f.* 2 [persona] Que es de Paraguay.

paragüero *m.* 1 Recipiente para guardar los paraguas. 2 Mueble propio de los recibidores de las casas en el que se dejan los abrigos, los sombreros y los paraguas.

paraíso *m.* 1 Según el Antiguo Testamento, lugar donde Dios puso a vivir al primer hombre y a la primera mujer. En esta acepción se escribe con mayúscula. 2 Según los cristianos, lugar en el que los santos y los espíritus de los justos gozan de la compañía eterna de Dios. En esta acepción se escribe con mayúscula. 3 Lugar ideal.

paraje *m.* Lugar al aire libre, especialmente si está alejado.

paralela *f.* 1 MAT. Línea que no se encuentra nunca con otra porque todos sus puntos están a la misma distancia de la otra. ▮ *f. pl.* 2 Aparato formado por dos barras paralelas a la misma altura del suelo que sirve para realizar sobre él ejercicios de gimnasia y equilibrio.

paralelepípedo *m.* MAT. Cuerpo con seis caras iguales de cuatro lados cada una, siendo paralelas las opuestas entre sí.

paralelismo *m.* 1 Cualidad de paralelo. 2 Figura literaria y artística que consiste en repetir una misma estructura varias veces alterando algún elemento. 3 Relación de semejanza entre dos o más cosas.

paralelo, -la *adj.* 1 Que está colocado al lado de otra cosa, en la misma dirección y sin llegarse a tocar nunca con ella. 2 Que se parece, o que tiene relación con otra cosa. 3 Que ocurre al mismo tiempo que otra acción o cosa. ▮ *m.* 4 Comparación o relación de igualdad. 5 Cada uno de los círculos imaginarios que rodean la Tierra de forma horizontal y que se encuentran entre el ecuador y los dos polos del planeta.

paralelogramo *m.* Figura geométrica plana de cuatro lados, de los cuales los opuestos son iguales y paralelos entre sí.

paralimpiada o **paralimpíada** f. Competición internacional paralela a las olimpiadas en la que los participantes tienen alguna minusvalía.

paralímpico, -ca adj. De la paralimpiada.

parálisis f. Pérdida total o parcial de la capacidad de movimiento de una o más partes del cuerpo, debida generalmente a un daño del sistema nervioso.

paralítico, -ca adj./m. y f. Que padece parálisis.

paralización f. Acción de detener lo que estaba funcionando o en movimiento.

paralizar [4] tr./prnl. **1** Hacer perder la capacidad de movimiento del cuerpo o de un órgano. **2** Detener la acción o el movimiento. ‖ tr. **3** Dejar a alguien sin capacidad de reacción o movimiento.

paramecio m. Protozoo de forma ovalada que habita en aguas dulces estancadas.

paramento m. **1** Prenda que cubre y a la vez adorna una superficie. **2** Cara de una pared o muro.

paramera f. Región llana, seca y con escasa vegetación.

parámetro m. **1** culto Elemento o dato fijo que se ha de tener en cuenta al analizar un asunto. **2** MAT. Constante de una ecuación con un valor fijado a voluntad.

paramilitar adj. [asociación, grupo] Que sigue una disciplina, una estructura y una organización de tipo militar sin serlo.

páramo m. Llanura elevada y árida.

parangón m. Comparación o correspondencia entre dos cosas.

parangonar tr. **1** Establecer una comparación o una correspondencia entre dos cosas. **2** En imprenta, ajustar en una línea letras y signos de distinto tamaño.

paraninfo m. Sala de una universidad, donde se celebran los actos públicos.

paranoia f. Enfermedad mental grave por la que el enfermo tiene imaginaciones fijas, obsesivas y absurdas, como la idea de que alguien le está persiguiendo.

paranoico, -ca adj. **1** De la paranoia. ‖ adj./m. y f. **2** Que padece paranoia.

paranormal adj. Que no se ajusta a las leyes de la naturaleza.

paraolimpiada o **paraolimpíada** f. Competición internacional paralela a las olimpiadas en la que los participantes tienen alguna minusvalía.

paraolímpico, -ca o **paralímpico, -ca** adj. De la paraolimpiada.

parapente m. Actividad deportiva que consiste en lanzarse corriendo desde una pendiente pronunciada con un paracaídas desplegado y descender lentamente hasta una zona más baja.

parapetar tr./prnl. Resguardar o proteger con un parapeto.

parapeto m. **1** Valla o barandilla que cierra lugares altos, como un mirador, una escalera o un puente. **2** Barrera hecha con piedras, sacos de arena y otros materiales, que sirve para protegerse.

paraplejía o **paraplejia** f. Pérdida total de la capacidad de movimiento de la mitad inferior del cuerpo.

parapléjico, -ca adj./m. y f. Que padece paraplejía.

parapsicología o **parasicología** f. Ciencia que estudia los fenómenos mentales que no tienen una explicación científica.

parapsicológico, -ca o **parasicológico, -ca** adj. De la parapsicología.

parapsicólogo, -ga o **parasicólogo, -ga** m. y f. Persona que se dedica a la parapsicología.

parar tr./intr./prnl. **1** Detener un movimiento o acción. ‖ intr. **2** Llegar al final de un recorrido. **3** Llegar una cosa a ser propiedad de alguien. **4** Estar o vivir durante un tiempo o de manera habitual en un lugar. **5** AMÉR Poner una cosa en posición vertical. ‖ prnl. **6** Realizar una acción de pensamiento poniendo mucha atención y cuidado. **7** MÉX Despertarse después de haber dormido. ▸ **sin parar** Continuamente o sin descanso.

pararrayos m. Aparato formado por una o más barras metálicas terminadas en punta y unidas por un extremo con la tierra o con el agua que se coloca verticalmente en lo alto de los edificios para protegerlos de los rayos.

OBS El plural también es *pararrayos*.

parasíntesis f. GRAM. Procedimiento para formar palabras nuevas por medio de la adición de un prefijo y un sufijo a una palabra; también es parasíntesis cuando se forma una palabra mediante la composición de dos palabras a las que se añade un sufijo.

OBS El plural también es *parasíntesis*.

parasintético, -ca adj./m. GRAM. [palabra] Que se ha formado por parasíntesis.

parasitario, -ria adj. De los parásitos.

parasitismo m. **1** Sistema de vida que tienen los parásitos. **2** Comportamiento o modo de vida de la persona que vive aprovechándose de otra.

parásito, -ta *adj./m. y f.* 1 [animal, planta] Que vive alimentándose de las sustancias que elabora otro ser de distinta especie. ‖ *m. y f.* 2 Persona que vive aprovechándose de otra.

parasitología *f.* Ciencia que estudia los parásitos.

parasol *m.* 1 Utensilio plegable, parecido a un gran paraguas y fijado al suelo con un soporte, que sirve para dar sombra. 2 Pieza móvil de material duro colocada en la parte interior de un automóvil sobre el parabrisas que sirve para evitar que el reflejo del sol moleste al conductor o a su acompañante.

parataxis *m.* Yuxtaposición de oraciones.
OBS El plural también es *parataxis*.

parca *f. culto* En el lenguaje poético y literario, ser imaginario con figura de vieja que quita la vida a las personas.

parcela *f.* 1 Terreno de pequeñas dimensiones, normalmente dedicado al cultivo. 2 Terreno que pertenece a una persona y que está registrado legalmente. 3 Parte pequeña de una cosa.

parcelación *f.* División o separación de algo en partes, especialmente de un terreno.

parcelar *tr.* 1 Dividir un terreno en partes más pequeñas. 2 Medir y señalar los límites de un terreno, determinando su valor, para registrarlos legalmente.

parcelario, -ria *adj.* De las parcelas de terreno.

parche *m.* 1 Pieza de tela, papel, plástico u otro material flexible, que se pega sobre una superficie para tapar un agujero o una abertura. 2 Pieza de tela o de plástico que contiene una medicina para una de sus caras y que se pega sobre una parte del cuerpo que está herida, enferma o dolorida. 3 Arreglo provisional que se hace para solucionar un problema o para mejorar una situación. 4 Piel del tambor y de otros instrumentos de percusión, como por ejemplo la pandereta.

parchear *tr.* Poner parches.

parchís *m.* 1 Juego de mesa en el que cada jugador debe completar un recorrido y hacer llegar sus cuatro fichas a un cuadro central antes que los demás, avanzando tantas casillas como indique el dado que tira cada vez que es su turno. 2 Conjunto del tablero, los dados y las fichas con que se juega a este juego.

parcial *adj.* 1 Que no está completo o acabado. 2 Que se inclina injustamente en favor o en contra de una persona o cosa al juzgar un asunto. ‖ *adj./m.* 3 [examen] Que trata solo una parte de la materia.

parcialidad *f.* Calidad de parcial.

parco, -ca *adj.* 1 [persona] Que es moderado. 2 Que es escaso.

pardiez *int.* Expresión que indicaba enfado, contrariedad o sorpresa.

pardillo, -lla *adj. m. y f.* 1 *coloquial* [persona] Que es poco inteligente y se deja engañar con facilidad. ‖ *m.* 2 Pájaro de cabeza y pecho rojos, vientre blanco y el resto del cuerpo de color marrón rojizo.

pardo, -da *adj.* 1 Del color marrón de la tierra. ‖ *adj./m.* 2 [color] Que es parecido al marrón de la tierra.

pardusco, -ca *adj.* Que tiene un color indefinido, próximo al marrón.

pareado, -da *adj.* 1 Que forma un par con otra cosa. ‖ *m.* 2 Estrofa formada por dos versos que riman entre sí.

parear *tr.* Formar parejas juntando cosas de dos en dos.

parecer [43] *m.* 1 Opinión, juicio o idea. 2 Aspecto físico de una persona. ‖ *intr.* 3 Tener un aspecto determinado. 4 Tener una opinión o creer una cosa. ‖ *v. impersonal* 5 Haber o existir razones para creer una cosa. ‖ *prnl.* 6 Mostrar una cosa o una persona características iguales o comunes a otra.

parecido, -da *adj.* 1 Que se parece a otra persona. ‖ *m.* 2 Conjunto de características comunes que tienen dos cosas que se parecen.

pared *f.* 1 Construcción vertical que sirve para cerrar un espacio, separarlo de otro o aguantar un techo. 2 Superficie lateral de un cuerpo. 3 Superficie lateral en un lado de una montaña. ▸ **subirse por las paredes** *coloquial* Estar muy enfadado.

paredón *m.* 1 Pared que aún se mantiene en pie entre los restos derrumbados de un edificio. 2 Pared junto a la cual se coloca a los condenados para ejecutarlos.

pareja *f.* 1 Conjunto de dos personas, animales o cosas, especialmente si son de la misma especie o tienen características comunes. 2 Elemento que forma parte de un conjunto de dos. 3 Compañero o compañera sentimental de una persona. 4 Compañero o compañera de baile o de otra actividad.

parejo, -ja *adj.* Que es igual o muy parecido a otro u otros.

paremiología *f.* Estudio de los refranes.

parentela *f.* Conjunto de personas que pertenecen a la familia de alguien.

parentesco *m.* 1 Relación familiar que se establece entre las personas. 2 Relación entre las cosas que tienen características comunes.

paréntesis *m.* 1 Comentario o pausa que se introduce en un discurso o una conversación. 2 Signo de ortografía que sirve para encerrar ese conjunto de palabras en un texto escrito. 3 Interrupción en mitad de una acción o un proceso.

OBS El plural también es *paréntesis*.

pareo *m.* Pañuelo grande que se usa para cubrir el cuerpo o como falda.

paria *com.* 1 Persona de la casta más baja en la India. 2 Persona a la que se considera inferior y a la que se le niega el trato y las ventajas de que gozan las demás.

parida *f. coloquial* Tontería que se dice sin reflexionar o que resulta poco oportuna.

paridad *f.* 1 *culto* Relación de igualdad o semejanza entre dos o más cosas. 2 ECON. Valor que tiene una moneda en relación a otra o a la unidad de referencia internacional.

pariente, -ta *adj./m. y f.* 1 [persona] Que pertenece a la misma familia que otra. ‖ *m. y f.* 2 *coloquial* Marido o esposo con respecto a su mujer y viceversa.

parietal *adj./m.* ANAT. [hueso] Que forma junto con otro la parte media del cráneo.

parietaria *f.* Planta de tallos rojizos y ramas muy cortas y con las hojas ásperas y las flores verdes y pequeñas reunidas en grupos.

parihuela *f.* 1 Utensilio para transportar cosas pesadas entre dos personas; está formado por dos varas gruesas con unas tablas atravesadas. 2 Cama estrecha para transportar enfermos y heridos.

paripé *m. coloquial* Engaño o fingimiento que se hace para guardar las apariencias o para conseguir lo que se desea.

parir *intr./tr.* 1 Expulsar un mamífero hembra el feto que tiene en su vientre. ‖ *tr.* 2 Producir o crear una cosa. ▶ **poner a parir** *coloquial* Hablar muy mal de una persona o insultarla y criticarla.

parisílabo, -ba *adj./m. y f.* [palabra] Que tiene un número par de sílabas.

parisino, -na *adj.* 1 De París. ‖ *adj./m. y f.* 2 [persona] Que es de París.

paritario, -ria *adj.* [organismo] Que tiene igualdad en el número de miembros o representantes y en sus derechos.

parka *f.* Prenda de abrigo acolchada y generalmente con capucha.

parking *m.* Lugar en la vía pública o en un edificio donde pueden aparcarse los vehículos y dejarlos durante un tiempo.

párkinson *m.* Enfermedad crónica y degenerativa del sistema nervioso que se manifiesta por falta de coordinación muscular y temblores.

parlamentar *intr.* Conversar dos o más personas para llegar a un acuerdo.

parlamentario, -ria *adj.* 1 Del parlamento. ‖ *m. y f.* 2 Político que forma parte de un parlamento.

parlamentarismo *m.* Sistema político en el que el parlamento controla la actuación del gobierno y elabora, aprueba y reforma las leyes.

parlamento *m.* 1 Órgano político encargado de elaborar, aprobar y reformar las leyes, compuesto por una o dos cámaras cuyos miembros son elegidos por los ciudadanos con derecho a voto. 2 Edificio en el que se reúnen los miembros de este órgano político. 3 Conversación o diálogo largo para llegar a un acuerdo. 4 Intervención larga en verso o en prosa que hace un actor en el teatro.

parlanchín, -china *adj./m. y f. coloquial* Que habla mucho.

parlar *tr./intr.* 1 *coloquial* Hablar mucho. 2 Emitir algunas aves sonidos parecidos a la voz humana.

parlotear *intr. coloquial* Hablar de cosas sin importancia.

parloteo *m.* Charla insustancial e intrascendente.

parnaso *m.* 1 *culto* Grupo de poetas representativo de una época o lugar. 2 *culto* Libro de poemas de varios autores.

parné *m. coloquial* Dinero.

paro *m.* 1 Acción de parar o pararse. 2 ESP Desempleo, situación de una persona que no tiene empleo o que lo ha perdido. 3 ESP Cantidad de dinero que recibe la persona que está sin empleo y que tiene derecho a percibir una ayuda económica.

-paro, -para Elemento sufijal que entra en la formación de palabras con el significado de 'que pare', 'que se reproduce'.

parodia *f.* Imitación burlesca de un género, de una obra artística o literaria, del estilo de un escritor, o de los gestos o manera de ser de una persona.

parodiar [12] *tr.* Hacer parodia.

paródico, -ca *adj.* De la parodia.

parónimo, -ma *adj./m.* [palabra] Que se parece a otra por la forma de escribirse o por su sonido pero de significado distinto.

paroxismo *m.* 1 Exaltación extrema y violenta de los sentimientos y las pasiones. **2** MED. Acceso violento de una enfermedad.

paroxítono, -na *adj./m. y f.* **1** GRAM. [palabra] Que lleva el acento tónico en la penúltima sílaba. **2** GRAM. [verso] Que termina con una palabra que lleva el acento tónico en la penúltima sílaba.

parpadear *intr.* **1** Abrir y cerrar los párpados rápida y repetidamente. **2** Apagarse y encenderse una luz, o perder y ganar intensidad de manera intermitente y rápida.

parpadeo *m.* **1** Acción de parpadear. **2** Efecto de parpadear.

párpado *m.* Pliegue móvil de la piel que cubre y protege el ojo.

parque *m.* **1** Terreno público con plantas y árboles, generalmente de gran extensión, para pasear, descansar y divertirse. ‖ **parque nacional** Espacio natural protegido por el Estado debido a su interés paisajístico o científico. ‖ **parque natural** Espacio natural con valores naturales y paisajísticos destacados, protegido de tal forma que su conservación es compatible con el aprovechamiento de sus recursos y las actividades de sus habitantes. **2** Conjunto de medios, instrumentos y materiales destinados a un servicio público, y lugar donde se guardan. **3** Armazón rodeado por una red que hace de pared y con el suelo generalmente de lona donde se deja a los pequeños para que jueguen sin peligro.

parqué o **parquet** *m.* Suelo de madera hecho con tablillas ensambladas.

OBS El plural es *parqués* o *parquets*.

parquear *tr.* AMÉR Estacionar un vehículo.

parqueo *m.* AMÉR Acción de parquear.

parquímetro *m.* Aparato que, en las zonas donde debe pagarse el estacionamiento de vehículos, marca el tiempo de estacionamiento y el dinero que cuesta.

parra *f.* Variedad de vid de tronco leñoso cuyos tallos crecen en alto y se sostienen sobre un soporte pegado a la pared o sobre un armazón o emparrado.

parrafada *f.* Discurso largo que se hace sin interrupción.

párrafo *m.* Parte del texto separada del resto por un punto y aparte.

parral *m.* **1** Parra o conjunto de parras sostenidas con un armazón.

parranda *f. coloquial* Juerga o diversión muy animada y ruidosa, en especial la que se hace recorriendo distintos lugares.

parricida *adj./com.* Que mata a un familiar directo.

parricidio *m.* Delito que consiste en matar a un familiar directo.

parrilla *f.* **1** Utensilio formado por un conjunto de rejillas de hierro, con un mango y unas patas, que se pone sobre el fuego o las brasas y se usa para asar o tostar alimentos. **2** Restaurante en el que se sirven alimentos asados con este utensilio, generalmente a la vista de la clientela.

parrillada *f.* Comida compuesta de distintas clases de carnes, mariscos o pescados, asados a la parrilla.

párroco *adj./m.* [cura] Que dirige una parroquia.

parroquia *f.* **1** Iglesia principal de una zona o distrito. **2** Territorio que está bajo la jurisdicción espiritual del párroco. **3** Conjunto de fieles de dicho territorio o iglesia. **4** Conjunto de personas que compran de manera frecuente en un mismo establecimiento o utilizan sus servicios.

parroquial *adj.* De la parroquia.

parroquiano, -na *adj./m. y f.* **1** Que pertenece a una parroquia. ‖ *m. y f.* **2** Persona que acostumbra a comprar en el mismo establecimiento o utiliza sus servicios.

parsimonia *f.* Tranquilidad y lentitud excesivas en la manera de actuar.

parsimonioso, -sa *adj.* Que actúa con parsimonia.

parte *f.* **1** Unidad o cantidad determinada que se toma de un todo dividido. **2** Cantidad que corresponde recibir o dar a cada uno en cualquier distribución. **3** Sitio o lugar cualquiera. **4** Cada una de las personas, grupos, sectas o ejércitos que se oponen, pleitean o luchan entre sí. **5** Persona que, junto con otras, participa o tiene interés en un asunto o negocio. **6** División de una obra científica o literaria. ‖ *m.* **7** Comunicación poco extensa. ‖ *f. pl.* **8** Órganos sexuales externos. ▶ **dar parte** Comunicar unos hechos o noticias a la autoridad. ▶ **de parte de** *a)* A favor o en defensa de algo o alguien. *b)* En nombre o por orden de alguien. ▶ **en parte** No del todo o de manera incompleta. ▶ **salva sea la parte** Expresión que se usa para referirse a las nalgas. ▶ **tomar parte** Intervenir en algo.

parteluz *m.* Columna delgada que divide en dos partes el hueco de una puerta o ventana.

partenaire *com.* **1** Persona con la que se forma pareja. **2** Socio de una persona.

OBS Es una palabra francesa y se pronuncia aproximadamente 'parténér'.

partero, -ra *m. y f.* **1** Persona con título legal que ayuda a las mujeres en el parto. ‖ *f.* **2** Mujer que, sin titulación, ayuda a las mujeres en el parto.

parterre *m.* Parte de un jardín con césped y flores, generalmente de forma cuadrada o rectangular.

partición *f.* **1** Reparto o división de un todo en varias partes. **2** Cada una de las partes que resulta de esta acción.

participación *f.* **1** Acción de participar. **2** Parte o cantidad de dinero que se juega en un décimo de la lotería. **3** Recibo o billete en el que aparece la cantidad de dinero que se juega como parte de un décimo de lotería. **4** Aviso o comunicación que se hace de un acontecimiento o suceso. **5** ECON. Inversión que una persona hace en una empresa o negocio para obtener ciertos beneficios.

participante *adj./com.* Que participa en una competición, sorteo o concurso.

participar *intr.* **1** Intervenir, tener o tomar parte en una actividad, competición, sorteo o reparto. **2** Tener las mismas opiniones, cualidades, características o ventajas que otra persona o que otra cosa. ‖ *tr.* **3** Comunicar una noticia o suceso.

participativo, -va *adj.* Que participa o toma parte activa en algo.

partícipe *adj./com.* Que toma parte o participa en algo. ► **hacer partícipe** Comunicar una cosa a una persona o compartirla con ella.

participio *m.* Forma no personal del verbo que tiene en común con el adjetivo que puede presentar variación de género y número. El participio regular español termina en *-ado* si es de la primera conjugación, y en *-ido* si es de la segunda o la tercera. **participio absoluto** Construcción gramatical compuesta por un participio y un sustantivo con el que concuerda en género y número; suele tener un valor adverbial, es decir, expresar tiempo, causa.

partícula *f.* **1** Parte muy pequeña de alguna cosa. **partícula elemental** FÍS. Parte constituyente del átomo. **2** GRAM. Forma invariable que expresa relaciones entre los elementos de la oración.

particular *adj.* **1** Que es propio o característico de una persona o una cosa, o que le corresponde con singularidad. **2** Que es extraordinario, raro o poco corriente. **3** Que pertenece a una persona o un grupo o es usado por ellos de manera privada. **4** Concreto o determinado. ‖ *adj./com.* **5** [persona] Que no tiene título, cargo oficial o empleo que la distingan de los demás. ‖ *m.* **6** Tema, asunto o materia de que se trata.

particularidad *f.* **1** Característica, cualidad o detalle que distingue a una cosa de otras de la misma clase o especie. **2** Circunstancia poco importante o muy concreta de un asunto.

particularización *f.* Distinción en el tratamiento o la consideración de un individuo o un elemento del resto de individuos o elementos de un grupo.

particularizar [4] *tr./intr.* **1** Explicar o hablar de una cosa señalando todos sus detalles. **2** Hacer mención de una persona o un tema concreto, mientras se habla en general. **3** Tratar con especial cariño o atención a una persona determinada entre otras. ‖ *prnl.* **4** Distinguirse o destacar entre los demás.

partida *f.* **1** Salida de un lugar. **2** Cierta cantidad de una mercancía que se entrega, se envía o se recibe de una vez. **3** Cantidad que se anota en una cuenta, factura o presupuesto. **4** Conjunto de jugadas que se realizan en un juego hasta que alguien gana o pierde. **5** Registro de ciertos hechos o circunstancias referentes a una persona anotados en el libro oficial de una parroquia o registro civil. **6** Documento o copia certificada en la que aparecen esas anotaciones. **7** Grupo pequeño de personas armadas.

partidario, -ria *adj./m. y f.* Que sigue o defiende una idea, una tendencia, un movimiento o a una persona.

partidismo *m.* Inclinación exagerada a favor de una ideología, una opinión, una persona o un partido político.

partidista *adj.* **1** Del partidismo o relacionado con esta actitud de favor hacia algo o alguien. ‖ *adj./com.* **2** [persona] Que actúa con partidismo.

partido *m.* **1** Organización o grupo de personas que comparten y defienden las mismas ideas políticas o sociales y que toman parte en la política de un país u otro territorio. **2** Competición deportiva en la que se enfrentan dos equipos o dos jugadores. ► **sacar partido** Obtener ganancia o provecho de alguna cosa.

partir *tr.* **1** Dividir o separar en partes un todo. **2** Cortar y separar un trozo de alguna cosa. **3** Hacer con una cosa varias partes y repartirlas entre varias personas. **4** Romper o rajar alguna cosa. ‖ *intr.* **5** Ponerse en marcha o alejarse de un lugar. **6** Empezar o tener origen una cosa en un punto o momento determinado. ▌ *prnl.* **7** *coloquial* Reírse mucho y con ganas. ► **a partir de** Desde.

partisano, -na *m. y f.* Miembro de un grupo civil clandestino que actúa contra la autoridad o contra el ejército invasor.

partitivo, -va *adj./m.* GRAM. [palabra, sintagma] Que expresa una parte determinada de un todo.

partitura *f.* MÚS. Texto escrito de una obra musical en el que se anotan los sonidos que han de ejecutar los distintos instrumentos o voces, y el modo de hacerlo.

parto *m.* **1** Acción de parir. **2** Producción o creación de obras, fruto del ingenio o el entendimiento de la persona.

parturienta *adj./f.* [mujer] Que está de parto o que acaba de parir.

parva *f.* **1** Cereal cortado y extendido sobre la era. **2** Cantidad grande de una cosa.

parvulario *m.* Centro educativo donde se cuida a los niños en edad preescolar.

párvulo, -la *adj./m. y f.* [niño] Que asiste a un parvulario.

pasa *f.* Uva dulce secada al sol en la vid, o cociéndola con determinados productos.

pasable *adj.* Que puede darse por bueno aunque podría mejorarse.

pasacalle *m.* Composición musical de ritmo muy vivo que tocan las bandas de música en las fiestas populares, generalmente por las calles.

OBS También se usa *pasacalles* para hacer referencia a una sola de esas composiciones.

pasada *f.* **1** Acción de pasar. **2** Último repaso o retoque que se da a algo. **3** Vuelo que realiza un aparato volador sobre un lugar a una altura determinada. **4** Puntada larga que se hace en la ropa y cosido hecho con estas puntadas. **5** *coloquial* Cosa o acción que destaca por estar fuera de lo normal.

pasadizo *m.* Paso estrecho.

pasado, -da *adj.* **1** [tiempo] Que es anterior al presente. **2** Que está estropeado por no ser reciente. ▌*m.* **3** Momento temporal anterior al presente. ▌*adj./m.* **4** GRAM. [forma verbal] Que expresa una acción anterior al presente o a otra acción.

pasador *m.* **1** Alfiler grande u horquilla para sujetar o adornar el pelo. **2** Alfiler para sujetar la corbata a la camisa. **3** Barra de metal sujeta a la hoja de una puerta o una ventana que sirve para mantenerla cerrada corriéndola hasta hacerla entrar en una hembrilla sujeta en el marco. **4** Uten-

silio de cocina para colar alimentos; tiene forma de cono o de media esfera con el fondo agujereado.

pasaje *m.* **1** Paso de una parte a otra. **2** Documento o billete que da derecho a viajar en un barco o avión. **3** Conjunto de personas que viajan en un barco o avión. **4** Calle estrecha y corta entre dos calles, a veces cubierta. **5** Fragmento con contenido completo de una obra literaria o musical. **6** Lugar por donde se pasa, en especial el situado entre montañas.

pasajero, -ra *adj.* **1** Que pasa pronto o dura poco tiempo. ▌*m. y f.* **2** Persona que viaja en un vehículo.

pasamanos *m.* Barra o listón sobre la parte superior de una barandilla.

OBS Se usa también *pasamano*. El plural también es *pasamanos*.

pasamontañas *m.* Gorro que cubre toda la cabeza hasta el cuello dejando libre la cara o los ojos.

OBS El plural también es *pasamontañas*.

pasante *com.* Ayudante de un abogado que trabaja con él para adquirir práctica en el oficio.

pasaporte *m.* Documento personal que acredita la identidad y la nacionalidad de una persona y es necesario para viajar a determinados países. ► **dar pasaporte** *coloquial a*) Romper el trato o la relación con una persona. *b*) Matar a una persona.

pasapurés *m.* Utensilio de cocina que sirve para triturar y colar alimentos.

OBS El plural también es *pasapurés*.

pasar *tr.* **1** Llevar o conducir de un lugar a otro a una persona o cosa. **2** Dar una cosa propia a otra persona. **3** Superar o llevar ventaja en una actividad, cualidad o característica determinada. **4** Introducir o sacar mercancías de forma ilegal. **5** Sufrir o padecer una situación desfavorable o una enfermedad. **6** Tolerar o consentir una cosa, acción o actitud. **7** Introducir una cosa por el hueco de otra. **8** Filtrar un líquido separando las partículas sólidas que contiene. **9** Aprobar un examen o superar cualquier tipo de prueba. **10** Proyectar una película. ▌*tr./intr.* **11** Atravesar o cruzar por encima, por dentro o por el lado de una cosa. ▌*tr./intr./prnl.* **12** Ir más allá del límite debido en cualquier cosa. ▌*tr./prnl.* **13** Deslizar una cosa por una superficie. ▌*intr.* **14** Entrar en un lugar. **15** Cambiar de estado o de condición una persona o cosa. **16** No intervenir en una jugada de un juego de cartas cuando llega el turno. **17** Empezar a realizar la acción que se expresa.

18 Correr el tiempo. 19 Estar una cosa en condiciones de ser admitida o usada. 20 Ser tenido o considerado por la gente como lo que se expresa. 21 *coloquial* Abstenerse o mostrar desinterés. ‖ *intr./prnl.* 22 Andar, desplazarse o ir a un lugar sin detenerse mucho tiempo en él. ‖ *v. impersonal* 23 Ocurrir o producirse un hecho. ‖ *prnl.* 24 Olvidar o borrarse de la memoria. 25 Estropearse o pudrirse un alimento. ▸ **pasar las de Caín** *coloquial* Sufrir mucho. ▸ **pasar por alto** No dar importancia o no censurar una cosa, en especial un error o una conducta poco adecuada. ▸ **pasarse de listo** Equivocarse por exceso de malicia.

pasarela *f.* 1 Puente pequeño o provisional. 2 Pasillo largo sobre un escenario por el que desfilan modelos o artistas.

pasatiempo *m.* Diversión o juego que sirve para pasar un rato agradable.

pascal *m.* Unidad de presión en el Sistema Internacional que corresponde a la presión que ejerce la fuerza de un newton sobre la superficie de un metro cuadrado.

pascua *f.* 1 Fiesta en la que la Iglesia católica celebra la Resurrección de Jesucristo. En esta acepción se suele escribir con mayúscula. 2 Cualquiera de las fiestas en las que la Iglesia católica celebra la Navidad, la Epifanía y Pentecostés. En esta acepción se suele escribir con mayúscula. 3 Fiesta de mayor importancia para los hebreos, en la que celebran la libertad y el fin de la esclavitud de su pueblo en Egipto. En esta acepción se suele escribir con mayúscula. ▸ **estar como unas pascuas** *coloquial* Estar una persona muy alegre. ▸ **hacer la pascua** *coloquial* Molestar o hacer daño a una persona.

pascual *adj.* De la Pascua que celebra la Resurrección de Jesucristo.

pase *m.* 1 Documento con el que se permite entrar en un lugar, viajar gratis, etc. 2 Proyección de una película en el cine o en la televisión. 3 Desfile de moda. 4 En tauromaquia, cada una de las veces que el torero deja pasar al toro por debajo del capote después de haberlo llamado con la muleta. 5 En ciertos deportes, acción de pasar la pelota un jugador a otro de su mismo equipo.

pasear *intr./prnl.* 1 Andar por diversión o para hacer ejercicio, generalmente al aire libre y sin una meta fija. 2 Ir montado en un caballo u otro animal, en un vehículo o en una embarcación, para divertirse o para hacer ejercicio. ‖ *tr.* 3 Llevar de paseo a una persona, a un animal o a una cosa para distraerla, para que le dé el aire o para enseñarla.

paseíllo *m.* Desfile de los toreros y sus cuadrillas por la plaza de toros antes de empezar la corrida.

paseo *m.* 1 Recorrido o desplazamiento que se hace a pie sin una meta fija, por diversión o para hacer ejercicio. 2 Lugar público por donde se puede pasear. 3 Distancia corta que se puede recorrer en poco tiempo. ▸ **a paseo** *coloquial* Se usa para rechazar con enfado o disgusto.

paseriforme *adj./m.* ZOOL. [ave] Que es de tamaño pequeño, construye nidos en los árboles y tiene tres dedos hacia adelante y el pulgar hacia atrás.

pasillo *m.* 1 Pieza larga y estrecha dentro de una casa o de un edificio que comunica unas estancias con otras. 2 Paso estrecho que se abre en medio de una multitud de personas para que pueda pasarse por él.

pasión *f.* 1 Sentimiento muy fuerte e intenso o perturbación del ánimo que domina la voluntad y la razón de una persona, como el amor, el odio, los celos o la ira. 2 Inclinación o preferencia muy intensa por una persona o una cosa. 3 Sufrimiento o padecimiento de Jesucristo desde su entrada en Jerusalén hasta su muerte, narrado en el Evangelio. En esta acepción se suele escribir con mayúscula.

pasional *adj.* 1 De la pasión, especialmente amorosa. 2 Que toma decisiones dejándose llevar por los sentimientos.

pasionaria *f.* 1 Planta trepadora con hojas recortadas y flores olorosas de color morado. 2 Flor de esta planta.

pasividad *f.* Actitud del pasivo.

pasivo, -va *adj.* 1 Que permanece inactivo y deja obrar a los demás. ‖ *adj./f.* 2 GRAM. [oración] Que lleva un sujeto que no realiza la acción del verbo sino que la recibe y lleva un verbo en voz pasiva. **voz pasiva** GRAM. Forma del verbo que expresa que el sujeto no realiza la acción del verbo sino que la recibe; en español se forma con el verbo *ser* y el participio del verbo principal. ‖ *m.* 3 ECON. Conjunto de las deudas y las obligaciones de una persona, empresa u organismo.

pasma *f. coloquial* Policía.

pasmado, -da *adj.* Que está muy asombrado.

pasmar *tr./prnl.* 1 Causar un gran asombro o sorpresa a una persona. ‖ *prnl.* 2 Quedarse helada o aterida una persona.

pastizal

pasmarote *m. coloquial* Persona ensimismada o embobada.

pasmo *m.* 1 Asombro o sorpresa exagerada que impide hablar o reaccionar. 2 Enfermedad nerviosa provocada por la infección de una bacteria que causa dolores y contracciones en los músculos, incapacidad de movimiento e, incluso, la muerte. 3 Malestar general producido por un enfriamiento o en el inicio de ciertas enfermedades.

pasmoso, -sa *adj.* Que produce pasmo o asombro y sorpresa.

paso *m.* 1 Movimiento que se hace al andar, levantando un pie, adelantándolo y volviéndolo a poner sobre el suelo. 2 Espacio que se recorre en cada uno de esos movimientos. 3 Modo de moverse o de andar. 4 Lugar por donde se puede pasar de una parte a otra. 5 Señal que deja el pie al pisar. Se usa más en plural. 6 Serie de variaciones en una danza o baile. 7 Avance que realiza un aparato al medir o contar algo. 8 Gestión o proceso que se hace para pedir o conseguir una cosa. En esta acepción se usa más en plural. 9 Escultura o grupo escultórico que representa una escena de la Pasión de Jesucristo y que se pasea en las procesiones de Semana Santa. 10 Pieza de teatro muy breve y generalmente cómica o satírica. **‖** *m. pl.* 11 En baloncesto y balonmano, falta que consiste en dar tres pasos o más sin botar la pelota. ► **abrir paso** Eliminar los obstáculos para poder pasar por un lugar. ► **abrirse paso** Conseguir una cosa o tener éxito en la vida. ► **dar un paso en falso** Equivocarse en algún asunto. ► **paso a paso** Con lentitud, poco a poco. ► **salir del paso** Librarse de una obligación o compromiso de cualquier manera.

pasodoble *m.* 1 Baile español de ritmo rápido y vivo que se baila en pareja. 2 Música, generalmente con ritmo de dos por cuatro, con la que se ejecuta este baile.

pasota *adj./com. coloquial* Que muestra despreocupación o desinterés por todo lo que le rodea.

pasotismo *m.* Actitud del pasota.

paspartú *m.* Tira de cartón o tela que se coloca alrededor de un cuadro para separarlo del marco.
OBS Su plural es *paspartús*.

pasquín *m.* Escrito anónimo de contenido satírico o crítico fijado en un lugar público.

pasta *f.* 1 Masa espesa que se hace triturando y mezclando sustancias sólidas y líquidas. 2 Masa hecha de harina, manteca o aceite y otros ingredientes que se utiliza para hacer pasteles o empanadas. 3 Masa de harina de trigo y agua que se deja secar y con la que se fabrican los macarrones, los fideos, los espaguetis y otros alimentos. 4 Pieza pequeña dulce o de pastelería hecha de masa de harina, azúcar, leche y huevo y, generalmente, cocida al horno. 5 Encuadernación de los libros, hecha de cartón. 6 *coloquial* Dinero. 7 *coloquial* Carácter o modo de ser de una persona.

pastar *intr.* Comer el ganado hierba en el campo para alimentarse.

pastel *m.* 1 Dulce de pequeño tamaño que puede llevar crema, chocolate, frutas u otros componentes. 2 Masa hecha de harina, huevos y mantequilla que se rellena de carne, pescado, frutas u otros ingredientes y se cocina al horno. 3 Lápiz o barra de pasta de color, hecho con agua, polvo y materias colorantes, que se usa para pintar. 4 Técnica de pintura que emplea estos lápices. **‖** *adj.* 5 [color] Que es suave y pálido. Es invariable en plural. ► **descubrirse el pastel** *coloquial* Hacerse público un asunto que se mantenía oculto.

pastelería *f.* 1 Establecimiento en el que se elaboran o se venden pasteles, pastas y otras clases de dulces. 2 Técnica de elaborar pasteles, pastas y otros dulces. 3 Conjunto de pasteles, pastas o dulces.

pastelero, -ra *m. y f.* Persona que se dedica a elaborar y vender pasteles, tartas y otros dulces.

pasterización *f.* Pasteurización.

pasterizar *tr.* Pasteurizar.

pasteurización *f.* Acción de pasteurizar.
OBS También se escribe *pasterización*.

pasteurizar [4] *tr.* Someter un alimento, generalmente líquido, a una temperatura aproximada de 80 °C durante un corto período de tiempo para destruir los gérmenes y prolongar su conservación.
OBS También se escribe *pasterizar*.

pastiche *m.* 1 Imitación que consiste en tomar diversos elementos y combinarlos de manera que el resultado parezca una creación original. 2 Mezcla de objetos, colores o ideas diferentes sin ningún orden.

pastilla *f.* 1 Porción pequeña y sólida de una sustancia medicinal, de forma generalmente redonda o cuadrada. 2 Pieza de pasta dura de diferentes sustancias, generalmente de forma cuadrada o redonda. ► **a toda pastilla** *coloquial* Muy rápido.

pastizal *m.* 1 Terreno donde abunda el pasto. 2 *coloquial* Cantidad grande de dinero.

pasto *m.* **1** Hierba u otro alimento que come el ganado. **2** Campo donde abunda esta hierba. **3** Materia o cosa que se destruye o consume.

pastor, -ra *m. y f.* **1** Persona que se dedica a cuidar ganado. ‖ *m.* **2** Sacerdote o eclesiástico que tiene la obligación de cuidar de sus fieles.

pastoral *adj.* **1** De los pastores de una iglesia. ‖ *adj./f.* **2** [carta, escrito] Que dirige un pastor de una iglesia a sus fieles. ‖ *f.* **3** Composición literaria o musical cuyo tema es la vida de los pastores.

pastorear *tr.* Llevar el ganado al campo y cuidar de él mientras pace.

pastoreo *m.* Acción de pastorear.

pastoril *adj.* **1** De los pastores de ganado. **2** [obra, género literario] Que trata de la vida y de los amores de los pastores mientras están en medio de una naturaleza perfecta o idílica.

pastoso, -sa *adj.* Que es blando y moldeable como la pasta.

pata *f.* **1** Cada una de las extremidades de un animal. **2** Pieza de un mueble y otro objeto que sirve para que se apoye en el suelo o en otra superficie. **3** *coloquial* Pierna de una persona. ▶ **a cuatro patas** Manera de andar apoyándose en el suelo con las manos y los pies o las rodillas. ▶ **a la pata la llana** Sin cumplidos o con gran sencillez. ▶ **a pata** *coloquial* Andando. ▶ **mala pata** *coloquial* Mala suerte. ▶ **meter la pata** *coloquial* Decir o hacer una cosa con poco acierto o equivocándose. ▶ **patas arriba** *coloquial a)* Al revés, con la parte superior debajo y la inferior encima. *b)* Desordenado.

-pata Elemento sufijal que entra en la formación de palabras con el significado de 'enfermo'.

patada *f.* Golpe dado con el pie o con la pata. ▶ **a patadas** *coloquial a)* En abundancia o exceso. *b)* Con gran desconsideración.

patalear *intr.* **1** Mover las piernas o las patas rápidamente y con fuerza. **2** Dar patadas en el suelo, con fuerza y repetidamente, en señal de enfado o disgusto.

pataleo *m.* **1** Acción de patalear. **2** *coloquial* Queja o protesta por algo que ha sucedido ya y que es inevitable.

pataleta *f. coloquial* Manifestación violenta y de poca duración de un disgusto o un enfado producido generalmente por una pequeña contrariedad.

patán *adj./m.* **1** *coloquial* [hombre] Que se comporta de manera poco educada o grosera. ‖ *m.* **2** Aldeano.

patata *f.* **1** ESP Planta herbácea originaria de América del Sur de tallo ramoso, con las hojas ovaladas y flores blancas y moradas, que produce un tubérculo comestible. **2** ESP Tubérculo comestible, de forma redonda o alargada y de color marrón por fuera y blanco o amarillo por dentro. **3** *coloquial* Cosa mal hecha o de mala calidad.

patatín Palabra que se usa en la expresión coloquial *que si patatín, que si patatán* que se usa en lugar de otra que no se considera importante o para resumir las excusas de una persona.

patatús *m. coloquial* Ataque de nervios, desmayo o impresión muy fuerte.

OBS El plural también es *patatús*.

paté *m.* Pasta comestible hecha de carne o hígado picados, especialmente de oca, pato, cerdo o pescado.

OBS El plural es *patés*.

patear *tr.* **1** Pisar o dar golpes con los pies. **2** *coloquial* Tratar a una persona o cosa sin delicadeza y sin educación. **3** *coloquial* Andar mucho por uno o más lugares, en especial haciendo gestiones para conseguir una cosa. ‖ *intr.* **4** *coloquial* Dar patadas en el suelo en señal de enfado, dolor o disconformidad.

patena *f.* Plato pequeño en el que se coloca la hostia en la misa.

patentar *tr.* Dar o conseguir una patente para un invento.

patente *adj.* **1** Que se ve con claridad o se percibe sin necesidad de razonamientos o explicaciones. ‖ *f.* **2** Documento oficial en el que se reconoce la propiedad sobre un invento y que permite la exclusividad en su fabricación y venta durante un tiempo determinado. **3** Documento en el que se acredita una condición, un mérito o una autorización para hacer una cosa. **patente de corso** *a)* Autorización para hacer una cosa que está prohibida a los demás. *b)* Autorización que un gobierno otorgaba a su flota mercante para practicar la piratería en caso de guerra.

pateo *m.* Acción de patear.

patera *f.* Embarcación elemental de quilla plana y poco calado.

paternal *adj.* [actitud, sentimiento] Que es propio de los padres hacia los hijos.

paternalismo *m.* Tendencia a adoptar una actitud protectora hacia los demás, especialmente hacia los subordinados, impidiendo que decidan por sí mismos.

paternalista *adj./com.* Que adopta el paternalismo como forma de conducta.

paternidad *f.* **1** Estado o circunstancia de ser padre. **2** Origen o creación.

paterno, -na *adj.* Del padre o los padres.

patético, -ca *adj.* **1** Que causa una gran impresión y mueve a compasión o que expresa un dolor, un sufrimiento o una tristeza grandes. **2** Que es despreciable por sus cualidades negativas.

patetismo *m.* Capacidad para provocar una impresión, una tristeza o un sufrimiento muy grandes.

-patía Elemento sufijal que entra en la formación de palabras con el significado de: *a)* 'Afección, enfermedad'. *b)* 'Sentimiento'.

patíbulo *m.* Lugar en el que se ejecuta a los condenados a muerte.

patidifuso, -sa *adj. coloquial* Que está sorprendido o extrañado por algo extraordinario o inesperado.

patilla *f.* **1** Franja de pelo que crece delante de las orejas y que en los hombres puede unirse a la barba. **2** Varilla muy fina que, junto con otra, sujeta el armazón de las gafas a las orejas.

patín *m.* **1** Especie de bota o plancha ajustable a la suela del zapato que lleva una hoja de metal con filo o ruedas y que se usa para deslizarse sobre el hielo o sobre una superficie dura y lisa. **2** Patinete. **3** Embarcación compuesta por dos flotadores paralelos unidos con dos o más travesaños que avanza a vela o mediante un sistema de paletas movidas por pedales.

pátina *f.* **1** Capa fina de óxido de color verdoso que se forma en el bronce y en otros metales a causa de la humedad. **2** Debilitamiento del color que sufren algunos objetos, especialmente las pinturas al óleo, a causa del paso del tiempo. **3** Tono suave y débil que se consigue artificialmente y que da a un objeto un aspecto antiguo.

patinador, -ra *m. y f.* Persona que practica el patinaje.

patinaje *m.* Deporte que consiste en deslizarse con patines sobre el hielo u otra superficie dura y lisa, haciendo figuras y ejercicios diversos.

patinar *intr.* **1** Deslizarse con patines. **2** Resbalar o deslizarse involuntariamente. **3** *coloquial* Equivocarse o cometer una indiscreción.

patinazo *m.* **1** Resbalón o deslizamiento brusco e involuntario. **2** *coloquial* Equivocación o indiscreción.

patinete *m.* Juguete formado por una plancha con ruedas y una barra con manillar en la parte delantera que avanza impulsándose con un pie en el suelo, o bien con un motor eléctrico.

patio *m.* Espacio descubierto, o cubierto con cristales, en el interior de un edificio. **patio de armas** Espacio descubierto dentro de un edificio militar destinado a la formación de los soldados o al cambio de guardia. **patio de butacas** Zona que ocupa el público en la planta baja de un cine o teatro.

patitieso, -sa *adj.* **1** *coloquial* Que no puede mover las piernas o los pies. **2** *coloquial* Sorprendido o extrañado por un hecho inesperado.

patituerto, -ta *adj.* Que tiene arqueadas o torcidas las piernas o las patas.

patizambo, -ba *adj./m. y f.* Que tiene las piernas torcidas hacia fuera y junta mucho las rodillas al andar.

pato, -ta *m. y f.* **1** Ave palmípeda de patas cortas y pico más ancho en la punta que en la base, que vive en estado salvaje o domesticada. ‖ *adj.* **2** CHILE [persona] Que está muy mal de salud o ánimos. **3** CSUR *coloquial* Que está sin dinero. ‖ *m.* **4** *coloquial* Persona sosa o de movimientos torpes.

pato- Elemento prefijal que entra en la formación de palabras con el significado de 'afección', 'enfermedad'.

patochada *f.* Dicho o acción inoportuna o disparatada.

patógeno, -na *adj.* Que puede producir una enfermedad.

patología *f.* **1** Parte de la medicina especializada en el estudio de la composición, la estructura y la forma de tejidos y órganos enfermos. **2** Enfermedad física o mental que padece una persona.

patológico, -ca *adj.* **1** De la patología. **2** Que es síntoma de una enfermedad o que la constituye.

patólogo, -ga *m. y f.* Médico especializado en patología.

patoso, -sa *adj./m. y f.* **1** Que es torpe y se mueve con dificultad. **2** Que presume de chistoso y agudo sin serlo.

patraña *f.* Historia falsa que se presenta como verdadera.

patria *f.* Lugar o país en el que ha nacido o está nacionalizada una persona; también lugar al que se siente vinculada por razones legales, históricas o sentimentales.

patriarca *m.* **1** En la Biblia, nombre dado a algunos personajes del Antiguo Testamento que fueron jefes o cabezas de una numerosa familia o descendencia. **2** Persona que por su edad y sabiduría posee autoridad y es la más respetada en una gran familia o comunidad.

patriarcado *m.* **1** Predominio o mayor autoridad del hombre en una sociedad o grupo social. **2** Dignidad de patriarca de la Iglesia. **3** Tiempo que dura dicha dignidad.

patriarcal *adj.* **1** Que se basa en el patriarca. **2** [autoridad, gobierno] Que se ejerce con sencillez y sin excesiva dureza.

patricio, -cia *adj./m. y f.* Que pertenece a la clase social más antigua y con más altos privilegios de la antigua Roma.

patrimonial *adj.* **1** Del patrimonio. **2** Que pertenece a una persona por razón de su patria, de su padre o de sus antepasados. **3** GRAM. [palabra, forma, construcción] Que ha seguido las normas generales de evolución de una lengua.

patrimonio *m.* **1** Conjunto de bienes que una persona adquiere por herencia familiar. **2** Conjunto de bienes de una persona, institución o sociedad.

patrio, -tria *adj.* De la patria.

patriota *adj./com.* Que ama a su patria.

patriotero, -ra *adj./m. y f. coloquial* Que muestra patriotismo de forma exagerada.

patriótico, -ca *adj.* De la patria o del patriota.

patriotismo *m.* Amor a la patria.

patrocinador, -ra *adj./m. y f.* [persona, sociedad] Que paga los gastos de una actividad con fines publicitarios.

patrocinar *tr.* **1** Ayudar o proteger a una persona. **2** Pagar los gastos de una actividad deportiva o cultural con fines publicitarios.

patrocinio *m.* **1** Protección o ayuda prestadas a alguien para realizar un proyecto. **2** Pago de los gastos de una actividad deportiva o cultural con fines publicitarios.

patrón, -trona *m. y f.* **1** Persona que contrata obreros o trabajadores, generalmente para hacer un trabajo físico. **2** Dueño o propietario. **3** Defensor o protector de alguien o algo. **4** Santo o Virgen que son elegidos como protectores de un grupo de personas o de un lugar, o que son titulares de una iglesia o una cofradía. **5** Persona que posee una pensión o casa de huéspedes. ‖ *m.* **6** Hombre que manda y dirige una embarcación pequeña. **7** Modelo de papel, cartón o tela según el cual se corta un material determinado. **8** Metal que se adopta para determinar el valor de la moneda en un sistema monetario.

patronal *adj.* **1** Del patrono o del patronato. ‖ *f.* **2** Conjunto de empresarios o patronos que defienden intereses comunes.

patronato *m.* **1** Sociedad u organización dedicada a fines benéficos. **2** Grupo de personas que dirigen o vigilan los asuntos de un organismo social o cultural para que cumpla sus fines. **3** Protección o ayuda prestadas a alguien para realizar un proyecto. **4** Conjunto de empresarios o patronos que defienden intereses comunes.

patronazgo *m.* Derecho, poder o actividad que tiene el patrono.

patronímico, -ca *adj./m.* [apellido] Que se ha formado por derivación del nombre del padre o de un antecesor.

patrono, -na *m. y f.* **1** Persona que contrata obreros o trabajadores. **2** Dueño o propietario. **3** Patrón, santo o Virgen.

patrulla *f.* **1** Grupo pequeño de soldados o personas armadas que vigilan una zona o están encargadas de una misión defensiva u ofensiva. **2** Conjunto de barcos o aviones utilizados en la defensa o la vigilancia de una zona. **3** CSUR, CUBA, MÉX Automóvil en que patrullan los policías.

patrullar *tr./intr.* Circular por un lugar para vigilarlo, mantener el orden o llevar a cabo una misión defensiva u ofensiva. ‖ **2** ARG, CUBA, ECUAD, URUG Patrulla (automóvil). **3** PERÚ Agente de policía de carretera.

patrullero, -ra *adj./f.* **1** [barco, avión] Que está destinado a patrullar.

patuco *m.* Calzado hecho de punto, normalmente en forma de bota, especialmente el que llevan los niños que aún no saben andar.

patulea *f. coloquial* Grupo grande y desordenado de gente que arma mucho jaleo, especialmente el formado por soldados indisciplinados, niños o maleantes.

paulatino, -na *adj.* Que se produce o se realiza despacio o con lentitud.

paupérrimo, -ma *adj. culto* Que es muy pobre.

OBS Es el superlativo de *pobre*.

pausa *f.* **1** Interrupción breve de una acción o movimiento. **2** Lentitud en el movimiento o la actividad.

pausado, -da *adj.* Que actúa, ocurre o se realiza con lentitud.

pauta *f.* **1** Norma o modelo que se tiene en cuenta para realizar una cosa. **2** Raya o conjunto de rayas horizontales a igual distancia entre sí que se hacen en el papel para no torcerse al escribir.

pavesa *f.* Parte muy pequeña y ligera de materia que se desprende de un cuerpo que arde, reduciéndose a ceniza.

pavimentación *f.* 1 Acción de pavimentar. 2 Superficie pavimentada.

pavimentar *tr.* Cubrir el suelo con asfalto, cemento, adoquines u otro material.

pavimento *m.* 1 Superficie artificial con que se recubre el suelo. 2 Material que se utiliza para pavimentar.

pavisoso, -sa *adj.* [persona] Que no tiene gracia ni viveza.

pavo, -va *m. y f.* 1 Ave gallinácea originaria de América, de plumaje negruzco con manchas blancas en los extremos de las alas y en la cola, cuello largo y carnosidades rojas en este y en la cabeza. **pavo real** Ave gallinácea de origen asiático cuyo macho posee un plumaje de vistoso colorido, un penacho de plumas sobre la cabeza y una cola que abre en forma de medio círculo. ‖ *m. y f./adj.* 2 *coloquial* Persona con poca gracia o desenvoltura. ▸ **pelar la pava** *coloquial* Tener conversaciones amorosas las parejas.

pavonearse *prnl.* Presumir de forma exagerada o hacer ostentación excesiva de una cosa que se posee.

pavoneo *m.* Ostentación excesiva.

pavor *m.* Miedo extremo.

pavoroso, -sa *adj.* Que produce un miedo extremo o terror.

payama *m.* CUBA, GUAT Pijama, prenda para dormir.

payasada *f.* Obra o dicho propios de un payaso.

payaso, -sa *m. y f.* 1 Artista de circo que se dedica a divertir y a hacer reír. ‖ *adj./m. y f.* 2 *coloquial* Que gasta bromas y hace reír a los demás. 3 *coloquial* Que se comporta con poca seriedad y hace el ridículo.

payés, -yesa *m. y f.* Campesino de Cataluña o de las islas Baleares.

payo, -ya *m. y f.* Entre los gitanos, persona que no pertenece a su raza.

paz *f.* 1 Situación en la que no hay guerra ni enfrentamientos entre dos o más países o partes enfrentadas. 2 Acuerdo para poner fin a la guerra. 3 Tranquilidad o silencio. ▸ **dejar en paz** No molestar ni importunar a una persona o no mover ni tocar una cosa. ▸ **hacer las paces** Volver a ser amigos los que estaban enfrentados o separados. ▸ **que en paz descanse** Expresión que se usa para desear que una persona muerta goce de la gracia de Dios.

pazguato, -ta *adj./m. y f.* Que se extraña o se escandaliza por cualquier cosa, aunque sea algo normal.

pazo *m.* Casa antigua y noble de Galicia, en especial la que está en el campo.

PC Sigla de *personal computer*, ordenador personal.

pe *f.* Nombre de la letra *p*. ▸ **de pe a pa** *coloquial* Desde el principio hasta el fin.

peaje *m.* 1 Cantidad de dinero que se paga por pasar por una autopista, túnel, etc. 2 Lugar donde se paga esa cantidad.

peana *f.* Base o apoyo que sirve para colocar encima una escultura u otro objeto.

peatón, -tona *m. y f.* Persona que va a pie por una vía pública.

peatonal *adj.* Del peatón.

peca *f.* Mancha pequeña de color marrón que aparece en la piel, especialmente en la cara.

pecado *m.* 1 Pensamiento, dicho o acción que va contra la ley o la voluntad de Dios. 2 Acto que se aparta de lo que es recto y justo.

pecador, -ra *adj./m. y f.* Que peca.

pecaminoso, -sa *adj.* Del pecado o del pecador.

pecar [1] *intr.* 1 En religión, pensar, hablar o actuar contra la ley o la voluntad de Dios. 2 Apartarse de lo que es recto y justo. 3 Tener en exceso una cualidad.

pecarí *m.* Animal mamífero que tiene el hocico largo, el pelo de color pardo con una franja blanca y carece de cola; segrega un olor fétido por una glándula situada en la parte superior del lomo.

peccata minuta *adv. coloquial* Expresión que sirve para indicar que una cosa es poco importante o que tiene poco valor.

pecera *f.* Recipiente transparente con agua que está acondicionado para mantener vivos animales y plantas acuáticas.

pechar *tr.* Pagar o satisfacer un tributo.

pechera *f.* 1 Parte de una prenda de vestir que cubre el pecho. 2 *coloquial* Parte exterior del pecho, especialmente el de la mujer.

pechina *f.* 1 Concha vacía de algunos moluscos, especialmente la de las vieiras. 2 ARQ. Triángulo de lados curvos que está formado por el anillo de una cúpula y los arcos sobre los que se construye.

pecho *m.* 1 Parte superior del tronco del cuerpo humano, que va desde el cuello hasta el abdomen. 2 Parte delantera del tronco de los animales mamíferos o de las aves, situada debajo del cuello. 3 Órgano de la mujer que produce leche. ▸ **partirse el pecho** *coloquial a*) Esforzarse o luchar mucho una persona por conseguir una cosa o por otra persona. *b*) Reírse mucho o con muchas ganas. ▸ **tomarse a pecho** *a*) Ofenderse una persona por una cosa o considerarla demasiado en serio. *b*) Poner una persona mucho empeño e interés en alguna cosa.

pechuga *f*. Pecho de las aves que está dividido generalmente en dos partes simétricas.

pechugón, -gona *adj./f. coloquial* Que tiene los pechos muy grandes.

pecíolo o **peciolo** *m*. BOT. Rabillo de la hoja de una planta.

pécora *f*. 1 Persona que es hábil para engañar y tiene mala intención en sus acciones. 2 Prostituta.

pecoso, -sa *adj*. Que tiene pecas.

pectoral *adj.* 1 Del pecho. ‖ *adj./m.* 2 [medicamento] Que es beneficioso o útil para aliviar la tos o las molestias del pecho. 3 ANAT. [músculo] Que está situado en la parte anterior del pecho; permite el movimiento del brazo. ‖ *m.* 4 Cruz que llevan sobre el pecho los obispos y el Papa.

peculiar *adj.* Que es propio o característico de una persona o cosa y solo de ella.

peculiaridad *f*. Cualidad de peculiar.

peculio *m*. Cantidad de dinero o conjunto de bienes que posee una persona.

pecuniario, -ria *adj*. Del dinero.

pedagogía *f*. 1 Ciencia que estudia los métodos y las técnicas destinadas a enseñar y educar. 2 Manera que tiene una persona de enseñar o educar.

pedagógico, -ca *adj.* 1 De la pedagogía. 2 Que enseña las cosas con mucha claridad y es útil para aprender.

pedagogo, -ga *m. y f.* Persona que se dedica a la pedagogía.

pedal *m*. Pieza de una máquina o un aparato que se acciona mediante el pie y que sirve para poner en movimiento un mecanismo.

pedalada *f*. Impulso que se da a una bicicleta con el pedal.

pedalear *intr.* Accionar uno o más pedales, especialmente de una bicicleta.

pedaleo *m*. Acción de pedalear.

pedanía *f*. Núcleo de población muy pequeño y con muy pocos habitantes que depende de un municipio y que está bajo la jurisdicción de un alcalde o de un juez.

pedante *adj./com.* Que presume de ma-

nera inoportuna de tener muchos conocimientos.

pedantería *f*. Cualidad de la persona que presume de manera inoportuna de tener muchos conocimientos.

pedazo *m*. Parte de una cosa que ha sido separada de ella y no se puede considerar como un elemento individual. ▸ **pedazo de alcornoque** (o **de animal** o **de bestia** o **de bruto**) *coloquial* Persona muy torpe e ignorante. Se usa como apelativo despectivo. ▸ **ser un pedazo de pan** Ser una persona muy bondadosa y generosa.

pederasta *com.* Persona adulta que abusa sexualmente de un niño o una niña.

pederastia *f*. Abuso sexual de un adulto con un niño o una niña.

pedernal *m*. Piedra muy dura formada principalmente por sílice, de color gris amarillento y con los bordes traslúcidos; es una variedad de cuarzo.

pedestal *m*. Cuerpo sólido sobre el que se apoya una columna, estatua, etc.

pedestre *adj.* 1 Que se realiza a pie, especialmente si se trata de una competición deportiva. 2 Que es vulgar, poco delicado o de mala educación.

-pedia Elemento sufijal que entra en la formación de palabras con el significado de 'educación'.

pediatra *com.* Médico especializado en pediatría.

pediatría *f*. Parte de la medicina especializada en el estudio y el tratamiento de las enfermedades de las personas desde que nacen hasta los doce años.

pedicura *f*. Cuidado de los pies o tratamiento de sus problemas.

pedicuro, -ra *m. y f.* Persona que se dedica a cuidar y tratar los pies.

pedida *f*. Petición que hace una persona a los padres de otra para casarse con ella, generalmente mediante una ceremonia o un acto festivo.

pedido *m*. Encargo de géneros que se hace a un fabricante o a un vendedor.

pedigrí *m*. 1 Conjunto de los antepasados de un animal con un origen de calidad, especialmente de caballos y perros de raza. 2 Documento donde figuran los antepasados de un animal. 3 Calidad extraordinaria de una persona o cosa.

OBS El plural es *pedigríes*, culto, o *pedigrís*, popular.

pedigüeño, -ña *adj./m. y f.* [persona] Que pide alguna cosa con frecuencia o de forma insistente.

pedir [34] *tr.* **1** Decir una persona a otra sin ordenárselo que le dé o que haga cierta cosa, generalmente porque le hace falta o la necesita. **2** Poner o fijar un precio a una mercancía que se vende. **3** Indica que una cosa necesita o requiere lo que se expresa a continuación. **4** Querer o desear una persona cierta cosa. ‖ *tr./intr.* **5** Rogar una persona a otras que le den una pequeña cantidad de dinero para vivir. **6** Rezar a una divinidad rogándole ayuda.

pedo *m.* **1** Expulsión a través del ano de los gases contenidos en el interior del intestino que se hace de una vez y a veces de forma ruidosa. **2** *coloquial* Borrachera, estado de embriaguez.

-pedo, -peda Elemento sufijal que entra en la formación de palabras con el significado de 'pie'.

pedofilia *f.* Atracción sexual de la persona adulta hacia los niños.

pedorrear *intr. coloquial* Tirarse pedos de forma repetida.

pedorreo *m. coloquial* Expulsión de pedos de forma repetida.

pedorreta *f.* Sonido que se hace con la boca imitando el ruido de un pedo.

pedorro, -rra *adj./m. y f.* **1** *coloquial* [persona] Que se tira pedos frecuentemente o lo hace con desvergüenza. **2** *coloquial* [persona] Que resulta molesto o desagradable.

pedrada *f.* **1** Acción que consiste en lanzar o arrojar con impulso una piedra. **2** Golpe que se da con una piedra. **3** Señal que deja este golpe.

pedrea *f.* ESP Conjunto de premios menores de la lotería nacional.

pedregal *m.* Terreno cubierto de piedras sueltas.

pedregoso, -sa *adj.* [lugar] Que está cubierto de piedras.

pedrería *f.* Conjunto o adorno de piedras preciosas.

pedrisca *f.* Pedrisco, granizo grueso.

pedrisco *m.* Granizo grueso que cae de manera abundante y con violencia.

pedrusco *m.* Trozo grande de piedra que está sin labrar.

pedúnculo *m.* **1** Rabo que une una hoja, un fruto o una flor con el tallo de la planta. **2** Prolongación del cuerpo de algunos animales por la cual se quedan pegados al suelo o a cualquier otra superficie.

peeling *m.* Tratamiento cosmético que sirve para regenerar la piel mediante el desprendimiento de células muertas.

OBS Es de origen inglés y se pronuncia aproximadamente 'pilin'.

peerse [61] *prnl. coloquial* Expulsar a través del ano gases del intestino.

pega *f.* **1** Sustancia que se usa para pegar alguna cosa. **2** Obstáculo, dificultad o inconveniente que se presenta o que alguien pone para la realización de algo.

pegadizo, -za *adj.* **1** Que se graba fácilmente en la memoria. **2** Que se extiende fácilmente a otras personas.

pegado, -da *adj.* Que no domina o no tiene conocimientos sobre una materia.

pegajoso, -sa *adj.* **1** Que se pega fácilmente. **2** Que resulta molesto porque da excesivas muestras de afecto o cariño.

pegamento *m.* Sustancia para pegar.

pegar [7] *tr./prnl.* **1** Unir una cosa con otra con una sustancia adhesiva. **2** Maltratar una persona a otra o a un animal dándole golpes, usando las manos, los pies o cualquier instrumento. ‖ *tr.* **3** Unir o juntar una cosa con otra cosiéndola, atándola, etc. **4** Acercar o colocar una cosa junto a otra de manera que estén en contacto. **5** Contagiar una persona a otra una enfermedad, costumbre, vicio, etc. ‖ *tr./intr.* **6** Dar una persona uno o más golpes a alguien o sobre una cosa. ‖ *intr.* **7** Armonizar una cosa con otra, formando un conjunto bello y agradable. ‖ *prnl.* **8** Quedar una parte de un guiso unida al recipiente en que se ha cocinado por haberse quemado. **9** Unirse o seguir una persona a otra o a un grupo de personas sin haber sido invitada a ello. ▶ **pegársela** *coloquial a)* Sufrir una persona o una cosa un golpe violento. *coloquial b)* Engañar una persona a otra, especialmente un cónyuge a otro siéndole infiel con otra persona.

pegatina *f.* Lámina de papel o plástico de pequeño tamaño que es adhesivo y que suele llevar impreso un dibujo o un texto.

pego Palabra que se utiliza en la frase *dar el pego*, que significa 'aparentar una cosa lo que no es en realidad o estar hecha a imitación de algo real, de manera que no se nota el engaño'.

pegote *m.* **1** Añadido hecho de manera tosca y torpe sobre alguna cosa con la intención de ocultar algún defecto. **2** Sustancia espesa y pegajosa. **3** *coloquial* Mentira, especialmente la que dice una persona para presumir de algo que no es o de algo que no ha hecho.

pegujal *m.* **1** Extensión pequeña de terreno de siembra o porción pequeña de ganado. **2** Extensión de terreno que el dueño cede al encargado para que la cultive por su cuenta, como parte de su paga.

peinado *m.* **1** Forma en la que una persona lleva arreglado el pelo. **2** Acción de peinar o de arreglar el pelo.

peinar *tr./prnl.* **1** Arreglar o colocar de una forma determinada el cabello. ‖ *tr.* **2** Arreglar, desenredar o limpiar el pelo de un animal o de un tejido.

peine *m.* **1** Utensilio que se utiliza para desenredar, arreglar y colocar bien el pelo, formado por una serie de púas paralelas, colocadas en fila y unidas a una parte más gruesa. **2** Parte de algunos mecanismos que tiene una forma muy parecida a la del peine para el pelo, como por ejemplo en un telar o en un arma de fuego.

peineta *f.* Especie de peine, de forma ligeramente curva, que se utiliza para sujetar un peinado o para adornar el pelo.

pekinés, -nesa *adj./m. y f.* Pequinés.

pela *f.* **1** *coloquial* Peseta, antigua unidad monetaria de España. ‖ *f. pl.* **2** *coloquial* Dinero.

peladilla *f.* Almendra recubierta con un baño de azúcar de forma que queda lisa.

pelado, -da *adj.* **1** Que no tiene una cosa o una característica que habitualmente lo adorna, cubre o rodea. **2** Que no tiene dinero o se ha quedado sin él. **3** [número, cantidad] Que consta de decenas, centenas, millares, etc., justos. **4** Con el pelo muy corto o totalmente rapado. ‖ *m.* **5** Acción de cortar y arreglar el cabello.

pelagatos *com.* Persona insignificante o mediocre.

OBS El plural también es *pelagatos*.

pelágico, -ca *adj.* **1** [zona del mar] Que comprende prácticamente su totalidad, a excepción del fondo y las orillas. **2** [animal, organismo] Que vive en esta zona.

pelaje *m.* **1** Naturaleza o calidad del pelo o la lana de un animal. **2** *coloquial* Aspecto externo que presenta una persona o una cosa, a través del cual se puede ver su calidad, su condición o su categoría.

pelambre *amb.* Pelo abundante en todo el cuerpo o en algunas partes de él.

pelambrera *f.* Cantidad abundante de pelo o de vello crecido.

pelanas *com. coloquial* Persona pobre y poco importante en la sociedad.

OBS El plural también es *pelanas*.

pelandusca *f. coloquial* Prostituta.

pelar *tr./prnl.* **1** Quitar, cortar o arrancar el pelo de algo o alguien. ‖ *tr.* **2** Quitar la piel, la cáscara o la corteza que recubre un fruto o un tubérculo. **3** Quitar la piel o el pellejo a un animal. **4** Quitarle las plumas a un ave. **5** *coloquial* Quitarle a una persona todos sus bienes engañándola. **6** Criticar o murmurar acerca de una persona. ‖ *prnl.* **7** Desprendérsele a una persona la piel poco a poco por haber tomado con exceso el sol, o por una quemadura o una rozadura. ▸ **duro de pelar** *a*) [cosa] Que es difícil de conseguir o de hacer. *b*) [persona] Que es difícil de vencer o de convencer.

peldaño *m.* Cada una de las partes horizontales de una escalera donde se apoya el pie al subir o bajar por ella.

pelea *f.* **1** Acción de pelear o pelearse. **2** Efecto de pelear o pelearse.

pelear *intr./prnl.* **1** Emplear entre sí dos o más personas o animales la fuerza, las armas o cualquier otro recurso con la intención de hacerse daño, matarse o imponer su voluntad. **2** Mantener una persona una discusión o un enfrentamiento con otra o con otras por no estar de acuerdo sobre una circunstancia o una idea. ‖ *intr.* **3** Realizar una persona un esfuerzo grande y continuado para conseguir una cosa. ‖ *prnl.* **4** Enemistarse o perder la buena relación dos o más personas.

pelechar *intr.* Cambiar un animal el pelo o la pluma.

pelele *m.* **1** Muñeco de figura humana hecho de paja o de trozos viejos de tela que se saca a la calle en Carnaval para quemarlo o mantearlo. **2** Persona débil o de poco carácter que se deja manejar por los demás muy fácilmente. **3** Prenda hecha de punto, de una sola pieza, que se pone a los niños pequeños para dormir.

peleón, -leona *adj.* **1** Que es muy aficionado a pelear o discutir. **2** [vino] Que es de mala calidad.

peletería *f.* **1** Establecimiento en el que se venden o se confeccionan prendas de vestir de piel. **2** Oficio del peletero.

peletero, -ra *adj.* De la peletería. ‖ *m. y f.* Persona que se dedica a fabricar o vender prendas de vestir de piel.

peliagudo, -da *adj.* Que es muy difícil de entender o de resolver.

pelícano *m.* Ave acuática palmípeda cuyo pico, largo y ancho, tiene una membrana en su parte inferior que forma una especie de bolsa.

película *f.* **1** Conjunto de imágenes cinematográficas que componen un asunto o una historia. **2** Cinta de material sensible a la luz que contiene un conjunto de imágenes grabadas con una cámara de cine o de vídeo, preparadas para ser proyectadas en una pantalla. **3** Piel delgada y delicada o capa muy fina que cubre una cosa.

peliculero, -ra *adj./m. y f. coloquial* [persona] Que suele explicar cosas imaginadas o demasiado fantásticas.

peliculón *m. coloquial* Película de cine de muy buena calidad.

peligrar *intr.* Estar en peligro.

peligro *m.* **1** Situación en la que es posible que ocurra un daño o un mal. **2** Persona o cosa que crea una situación en la que es posible que ocurra un daño o un mal.

peligrosidad *f.* Posibilidad de que ocurra un daño o un mal.

peligroso, -sa *adj.* Que tiene u ofrece peligro.

pelillo *m. coloquial* Motivo poco importante de enfado, disgusto o preocupación. ▶ **pelillos a la mar** *coloquial* Expresion para olvidar dos o más personas el motivo de su enfado y reconciliarse.

pelirrojo, -ja *adj./m. y f.* Que tiene el pelo de color tirando a rojo.

pella *f.* **1** Trozo de masa de forma redonda. **2** Conjunto de los tallos de la coliflor y otras plantas, antes de florecer. ▶ **hacer pellas** *coloquial* No ir una persona a un lugar donde tiene obligación de ir, sin tener ningún motivo justificado, especialmente a clase.

pellejo *m.* **1** Piel o trozo de piel de una persona o de un animal. **2** Piel fina de algunas frutas y hortalizas. **3** Recipiente hecho de piel de animal, generalmente de cabra, que se utiliza para contener líquidos, especialmente vino o aceite. ▶ **jugarse el pellejo** *coloquial* Poner en peligro algo muy importante, especialmente la vida. ▶ **salvar el pellejo** Salvar una persona su vida de un peligro.

pelliza *f.* **1** Prenda de vestir de abrigo, hecha o forrada de pieles finas. **2** Prenda de vestir de abrigo, con el cuello y los puños de tela fuerte, que cubre desde el cuello hasta las rodillas.

pellizcar [1] *tr./prnl.* **1** Coger con dos dedos de la mano una pequeña cantidad de piel y carne de una persona, apretándola o retorciéndola, especialmente para que produzca dolor. ‖ *tr.* **2** Quitar con los dedos una pequeña cantidad de una cosa que está entera.

pellizco *m.* **1** Acción de pellizcar. **2** Señal que queda en la carne al pellizcarla. **3** Pe-

queña cantidad de una cosa que se quita con los dedos.

pelma *adj./com.* **1** *coloquial* [persona] Que es excesivamente pesado y molesto. **2** *coloquial* [persona] Que es muy lento.

pelmazo, -za *adj./m. y f.* **1** *coloquial* [persona] Que es excesivamente pesado y molesto. **2** *coloquial* [persona] Que es muy lento en sus acciones.

pelo *m.* **1** Fibra o filamento delgado, en forma de hilo, que nace de la piel de la mayor parte de los mamíferos y de otros animales. **2** Conjunto de esas fibras que cubre el cuerpo de algunos animales o algunas partes del cuerpo de las personas. **3** Filamento muy fino que hay en la cáscara o la piel de algunos frutos y en algunas partes de las plantas. **4** Conjunto de fibras que forman parte de ciertos utensilios, como el cepillo. **5** Hilo o filamento fino que sobresale o queda en la superficie de algunas telas o tejidos. **6** Sierra muy fina que se utiliza para cortar maderas delgadas. **7** Cantidad muy pequeña o insignificante de una cosa. ▶ **a pelo** *a)* Indica que una acción u otra cosa se realiza sin ningún tipo de protección, especialmente sin ropa o sin nada que cubra el cuerpo. *b)* Indica una forma de montar sobre una caballería sin emplear la silla ni ningún elemento sobre ella. ▶ **al pelo** Indica que una cosa es muy adecuada u oportuna para la ocasión. ▶ **caérsele el pelo** Sufrir una persona las consecuencias por una mala acción que ha cometido. ▶ **con pelos y señales** Con gran cantidad de detalles. ▶ **no tener pelos en la lengua** Expresar abiertamente una persona sus pensamientos o sus sentimientos sin tener ningún reparo para ello. ▶ **no tener un pelo de tonto** Ser una persona muy despierta e inteligente, en contra de lo que pudiera creerse. ▶ **poner los pelos de punta** Causar una cosa en una persona un fuerte sentimiento de asombro, miedo o terror. ▶ **por los pelos** Indica que una cosa se realiza en el último momento o de manera muy ajustada. ▶ **tomar el pelo** *coloquial a)* Burlarse de una persona para ponerla en ridículo. *b)* Engañar a una persona haciéndole creer una cosa que es mentira.

pelón, -lona *adj./m. y f.* **1** [persona, animal] Que no tiene pelo o tiene muy poco. **2** Que es pobre o dispone de muy poco dinero.

pelota *f.* **1** Bola hecha de cuero, goma u otro material flexible, llena de aire o maciza, que se utiliza para jugar o para practicar determinados deportes. **2** Juego que se practica con esa bola. **pelota vasca** Juego que se practica lanzando una pelota con la mano o con distintos instrumentos contra una pared para que rebote. **3** Objeto de forma redonda hecho con cualquier materia, generalmente blanda o flexible. ‖ *adj./ com.* **4** *coloquial* [persona] Que alaba a alguien o trata de agradar, con el único objetivo de conseguir un favor o beneficio. ‖ *f. pl.* **5** *coloquial* Testículos, glándulas sexuales masculinas. ▸ **en pelota** o **en pelotas** *coloquial* Completamente desnudo. Para dar más énfasis o expresividad también se utilizan las formas *en pelota picada* y *en pelota viva*.

pelotari *com.* Deportista que juega a la pelota vasca.

pelotazo *m.* **1** Golpe dado con una pelota. **2** *coloquial* Copa o trago de una bebida alcohólica de alta graduación.

pelotear *intr.* Jugar con una pelota sin disputar ningún partido.

pelotera *f. coloquial* Disputa o enfrentamiento fuerte entre dos o más personas.

pelotilleo *m. coloquial* Alabanza falsa o exagerada que se hace a una persona con el fin de agradarla para conseguir una ganancia o una ventaja.

pelotillero, -ra *adj./m. y f. coloquial* Que alaba a alguien o trata de agradar con el fin de conseguir un favor o beneficio.

pelotón *m.* **1** Conjunto numeroso de ciclistas que durante una carrera van agrupados circulando al mismo ritmo. **2** Pequeña unidad militar de infantería que forma parte de una sección y está mandada por un sargento o por un cabo.

peluca *f.* Cabellera postiza.

peluche *m.* **1** Tejido muy suave, con pelo largo por una de sus caras. **2** Muñeco hecho de ese tejido.

peludo, -da *adj.* Que tiene mucho pelo.

peluquería *f.* **1** Establecimiento en el que se peina, se corta y se cuida el pelo. **2** Oficio y técnica de la persona que se dedica a peinar, cortar, arreglar y cuidar el pelo.

peluquero, -ra *m. y f.* Persona que tiene por oficio la peluquería.

peluquín *m.* Peluca pequeña que solo cubre una parte de la cabeza.

pelusa *f.* **1** Pelo muy suave y fino que cubre ciertas frutas y plantas. **2** Pelo muy fino, casi imperceptible, que crece en la cara y en otras partes del cuerpo. **3** Pelo fino que sueltan las prendas de punto o algunos tejidos con el uso. **4** Acumulación

de polvo y suciedad debajo de los muebles donde no se limpia frecuentemente. **5** *coloquial* Sentimiento de envidia o de celos propio de los niños.

pelvis *f.* ANAT. Parte del esqueleto situada en la zona inferior del tronco de los mamíferos en la que se articulan las extremidades inferiores.

OBS El plural también es *pelvis*.

pena *f.* **1** Castigo que una autoridad impone a una persona a la que se considera responsable de una falta o un delito. **2** Sentimiento de dolor, sufrimiento o tristeza que provoca en una persona un hecho adverso o desgraciado. **3** Dificultad, trabajo o esfuerzo que le cuesta a una persona hacer una cosa. **4** ACENT, CAR Sentimiento de vergüenza. ▸ **a duras penas** Indica que una cosa se hace con mucha dificultad o muy apuradamente. ▸ **merecer (o valer) la pena** Estar bien empleado el esfuerzo que cuesta una cosa.

penacho *m.* **1** Grupo de plumas levantadas que tienen algunas aves en la cabeza. **2** Grupo de plumas que se ponen como adorno en cascos o sombreros.

penado, -da *m. y f.* Persona que ha sido condenada a una pena o castigo.

penal *adj.* **1** De la pena o castigo. ‖ *m.* **2** Edificio o local en el que cumplen una pena, privadas de su libertad, las personas que han sido condenadas.

penalidad *f.* Sufrimiento o adversidad grande de que padece alguien.

penalista *adj./com.* [abogado, persona] Que está especializado en derecho penal.

penalización *f.* Castigo, sanción o multa que se pone a una persona que ha cometido una falta.

penalizar [4] *tr.* Imponer una pena, sanción o castigo a alguien, especialmente en un juego o un deporte.

penalti *m.* **1** Falta que en el fútbol y otros deportes comete un jugador dentro del área de gol de su propio equipo y que es sancionada con el máximo castigo. **2** Lanzamiento de la pelota que debe efectuar el equipo contrario al que ha cometido esta falta; se ha de tirar a la portería desde un punto determinado del área y sin más defensa que el portero. **3** *coloquial* Embarazo prematrimonial.

penar *tr.* **1** Imponer una pena o un castigo a la persona responsable de haber cometido una falta o un delito. **2** DER. Señalar el castigo correspondiente a una acción delictiva.

penca *f.* Nervio central carnoso que tienen las hojas de algunas plantas, especialmente las hortalizas.

penco *m.* Caballo flaco, de poca fuerza y poco valor.

pendejo, -ja *m. y f.* **1** *coloquial* Persona que lleva una vida irregular y desordenada. Es despectivo y se usa como insulto. **∥** *m.* **2** Pelo que sale en el pubis y en las ingles.

pendenciero, -ra *adj./m. y f.* Que es muy aficionado a pelear, reñir o discutir.

pender *intr.* **1** Estar colgada, suspendida o inclinada una cosa. **2** Estar sin resolver o terminar un juicio o un asunto.

penbibético, -ca *adj.* De la cordillera Penibética.

pendiente *adj.* **1** Que todavía está sin resolver o sin terminar. **2** Que pone mucha atención en una persona o una cosa o se preocupa mucho por ella. **3** Que está inclinado o tiene inclinación. **∥** *m.* **4** Adorno que una persona se pone o lleva colgando de alguna parte del cuerpo, generalmente del lóbulo de la oreja. **∥** *f.* **5** Inclinación más o menos pronunciada de un terreno o una superficie.

pendón *m.* **1** Bandera más larga que ancha que usaban como insignia distintiva los regimientos, los batallones y otras agrupaciones militares y religiosas. **2** *coloquial* Persona que lleva una vida irregular y desordenada. **3** *coloquial* Persona que lleva una vida moralmente despreciable.

pendrive o **pen drive** *m.* Dispositivo de almacenamiento de datos digitales de pequeño tamaño y con un USB que permite conectarlo al ordenador u otros aparatos. **OBS** Es de origen inglés y se pronuncia aproximadamente 'pendráif'. El plural es *pendrives* o *pen drives*.

pendular *adj.* Del péndulo.

péndulo *m.* Cuerpo sólido que, desde una posición de equilibrio determinada por un punto fijo del que está suspendido, situado por encima de su centro de gravedad, puede oscilar libremente primero hacia un lado y luego hacia el contrario.

pene *m.* Órgano sexual masculino.

penetrable *adj.* **1** Que puede ser atravesado o penetrado. **2** Que es fácil de comprender o de entender.

penetración *f.* **1** Acción de penetrar. **2** Capacidad de pensar con gran inteligencia, rapidez y claridad.

penetrante *adj.* **1** Que es profundo o penetra muy adentro en un cuerpo. **2** [sonido] Que es agudo o de volumen elevado. **3** Que piensa con rapidez y claridad y comprende fácilmente lo más profundo u oculto de las cosas.

penetrar *tr./intr.* **1** Introducirse una cosa en un lugar o en otra cosa. **2** Hacerse sentir de manera intensa y violenta el frío, la humedad u otra sensación molesta. **3** Afectar algo a una persona produciéndole un dolor o un sentimiento de manera intensa y profunda. **4** Comprender o descubrir el sentido más profundo de una cosa difícil. **∥** *intr.* **5** Introducirse una persona en el interior de un recinto o dentro de un grupo de personas.

penibético, -ca *adj.* De la cordillera Penibética.

penicilina *f.* Sustancia antibiótica extraída de los cultivos de un hongo.

península *f.* Extensión de tierra que está rodeada de agua por todas partes menos por una, por donde se une con un territorio de mayor tamaño.

peninsular *adj.* **1** De la península. **2** De la península ibérica. **∥** *adj./com.* **3** Que es de la península ibérica, y no de las islas Baleares, Canarias o de las ciudades de Ceuta y Melilla.

penique *m.* Moneda de Gran Bretaña que equivale a la centésima parte de una libra esterlina.

penitencia *f.* **1** Sacramento de la Iglesia católica por el cual el sacerdote perdona los pecados en el nombre de Dios. **2** Pena que impone el confesor. **3** Dolor de haber pecado. **4** *coloquial* Cosa muy molesta que una persona debe hacer o soportar.

penitenciaría *f.* Lugar en el que cumplen una pena, privadas de su libertad, las personas que han sido condenadas.

penitenciario, -ria *adj.* Relativo a la penitenciaría.

penitente *com.* **1** Persona que cumple una pena, generalmente impuesta por un sacerdote, para que Dios le perdone sus pecados. **2** Persona que hace penitencia desfilando en las procesiones.

penoso, -sa *adj.* **1** Que produce pena o dolor. **2** Que exige mucho esfuerzo o presenta una gran dificultad. **3** Que es de muy mala calidad. **4** ACENT, CAR, MÉX [persona] Que es muy tímido o se avergüenza fácilmente.

pensador, -ra *m. y f.* Persona que se dedica a estudios muy elevados y profundiza mucho en ellos.

pensamiento *m.* **1** Capacidad que tienen las personas de formar ideas y representaciones de la realidad en su mente, relacionando unas con otras. **2** Sitio imaginario en el que se guardan las ideas formadas por la mente. **3** Idea o representación mental de una persona, cosa o situación. **4** Deseo, intención o propósito de hacer algo. **5** Conjunto de ideas propias de una persona o de un grupo de personas. **6** Idea o conjunto de ideas que destacan en un escrito o discurso. **7** Planta de jardín de pequeño tamaño que da unas flores con cuatro pétalos abiertos que pueden ser de varios colores. **8** Flor de esta planta.

pensar [27] *tr./intr.* **1** Formar una persona ideas y representaciones de la realidad en su mente, relacionando unas con otras. **2** Examinar una persona un asunto o una cuestión con mucho cuidado para tomar una decisión o formarse una opinión sobre ella. **3** Tomar una persona una decisión después de haber examinado detenidamente una cuestión o un asunto. **4** Tener una persona la intención o el propósito de hacer algo. **5** Usar una persona su inteligencia para inventar una idea útil o un buen método o sistema para hacer una cosa. **6** Tener una persona determinada opinión respecto de otra o de una cosa. ▸ **sin pensar** *a)* Forma de hacer una cosa de manera rápida e inesperada. *b)* Forma de hacer una cosa de manera involuntaria, sin tener la intención de hacerla.

pensativo, -va *adj.* Que está pensando con mucha atención en algo.

pensión *f.* **1** Establecimiento público que ofrece alojamiento y comida a cambio de dinero; es de categoría inferior al hostal. **2** Cantidad de dinero que se cobra por ese alojamiento. **3** Conjunto de servicios de alojamiento y comida que se ofrece al cliente en un hotel u otro establecimiento de hostelería. **4** Cantidad de dinero que un organismo oficial paga a una persona de manera periódica y como ayuda económica por un motivo determinado. **5** Cantidad de dinero que una persona paga a otra como ayuda económica.

pensionista *com.* **1** Persona que recibe una pensión del estado. **2** Persona que paga una pensión por vivir en una casa de huéspedes o por estar internado en un colegio.

penta- Elemento prefijal que entra en la formación de palabras con el significado de 'cinco'.

pentágono *m.* Figura plana de cinco ángulos y cinco lados.

pentagrama *m.* MÚS. Conjunto de cinco líneas horizontales y paralelas sobre las cuales se escriben las notas musicales.

pentasílabo, -ba *adj./m.* [palabra, verso] Que tiene cinco sílabas.

pentatlón *m.* En la antigua Grecia, conjunto de cinco pruebas deportivas que realizaba un mismo atleta y que incluía carrera, salto de longitud, lucha y lanzamiento de disco y jabalina. **pentatlón moderno** Conjunto de cinco pruebas deportivas que realiza una misma persona y que incluye equitación, natación, tiro, esgrima y carrera a campo traviesa.

penúltimo, -ma *adj./m. y f.* Que ocupa el lugar inmediatamente anterior al último.

penumbra *f.* **1** Estado o situación en que hay poca luz pero no se llega a la oscuridad. **2** En un eclipse, sombra parcial que hay entre la parte que está iluminada y la que está completamente oscura.

penuria *f.* Situación de la persona que no tiene lo necesario para vivir.

peña *f.* **1** Piedra grande en estado natural. **2** Monte o altitud que tiene muchas rocas grandes y elevadas. **3** Grupo de personas que se reunen para compartir unos mismos intereses deportivos, culturales o de otro tipo. **4** *coloquial* Grupo de amigos.

peñascal *m.* Lugar en que hay muchos peñascos.

peñasco *m.* Roca de gran tamaño, situada generalmente en un lugar alto.

peñazo *adj./m. coloquial* Que es muy aburrido, pesado o molesto.

peñón *m.* Monte o montaña en que hay muchas rocas o peñascos.

peón *m.* **1** Obrero no especializado que tiene la categoría profesional más baja. **2** Pieza del ajedrez, que es de menos valor, avanza un solo cuadro en cada movimiento, mueve de frente y come en diagonal. **3** Pieza o ficha de algunos juegos de tablero. **4** Peonza. **5** Soldado a pie.

peonada *f.* **1** Trabajo que un peón o un jornalero hace en un día. **2** Conjunto de peones que trabajan en una obra.

peonza *f.* Juguete con forma de cono, generalmente de madera, al que se enrolla una cuerda para lanzarlo y hacer que gire sobre sí mismo.

peor *adj.* **1** Que es de inferior calidad respecto de otra cosa con la que se compara. Es el adjetivo comparativo de *malo*. Acompañado del artículo forma el grado superlativo. ‖ *adv.* **2** Indica que una cosa se hace más mal respecto de otra cosa con la que se compara. Es el adverbio comparativo de *mal*.

pepinillo *m.* Variedad de pepino de pequeño tamaño que suele conservarse en sal y vinagre.

pepino *m.* **1** Hortaliza de forma cilíndrica, con una corteza áspera y rugosa, verde o amarilla, y en su interior una carne blanca con muchas semillas pequeñas y planas en el centro. **2** Planta herbácea de tallos largos y rastreros, con hojas grandes y vellosas y flores amarillas, de la cual se extrae esa hortaliza. ‖ *adj./m.* **3** [melón] Que está poco maduro. ▸ **importar un pepino** *coloquial* No dar ninguna importancia a una cosa.

pepita *f.* **1** Semilla pequeña y dura de las frutas y las hortalizas carnosas. **2** Trozo pequeño y pulido de oro o de otro metal, que suele encontrarse en terrenos formados por la acumulación de materiales arrastrados por las aguas.

pepito *m.* **1** Bollo de forma alargada que tiene dentro crema o chocolate. **2** Bocadillo de carne.

pepitoria *f.* Guiso a base de pollo o gallina en trozos con una salsa espesa que lleva yema de huevo.

pepona *adj./f.* [muñeca] Que es grande, generalmente con la cara gorda.

-pepsia Elemento sufijal que entra en la formación de palabras con el significado de 'digestión', 'relacionado con la función digestiva'.

pepsina *f.* BIOL. Enzima que segregan algunas glándulas del estómago y que interviene en la digestión de las proteínas.

pequeñez *f.* **1** Cualidad de pequeño. **2** Cosa insignificante o de poca importancia.

pequeño, -ña *adj.* **1** Que tiene un tamaño reducido. **2** Que tiene poca altura o es de corta estatura. **3** Que es de poca importancia, duración o intensidad. ‖ *adj./m. y f.* **4** Que tiene poca edad.

pequinés, -nesa *adj.* **1** De Pequín. ‖ *adj./m. y f.* **2** [persona] Que es de Pequín. **3** [perro] Que es pequeño, tiene el morro corto o aplastado, las patas cortas, las orejas caídas y el pelo largo.

OBS También se escribe *pekinés*.

PER *m.* Sigla de *Plan de Empleo Rural*.

per cápita *adj.* Por cabeza o por persona.

per se *adv. culto* Expresión latina que significa 'por sí mismo'.

per- Prefijo que entra en la formación de palabras con estas funciones: *a)* Intensificar o aumentar la significación. *b)* En química indica intensificación o mayor cantidad de algún elemento.

pera *f.* **1** Fruta comestible de color verde o amarillo, ancha por la parte de abajo y delgada por la de arriba, con la piel fina y la carne blanca, muy jugosa y con unas semillas pequeñas de color negro. **2** Recipiente de goma con la forma de esa fruta que se usa para impulsar un líquido o un gas. **3** Interruptor que tiene la forma de este fruto. **4** Conjunto de pelo que se deja crecer en la punta de la barba. ▸ **pedir peras al olmo** Pedir o pretender algo que es imposible. ▸ **ser la pera** *coloquial* Destacar una persona o una cosa por una cualidad muy buena o muy mala.

peral *m.* **1** Árbol de tronco recto y liso, copa muy poblada con hojas ovaladas y puntiagudas y flores blancas, cuyo fruto es la pera. **2** Madera de este árbol.

peralte *m.* **1** En una carretera o vía, mayor elevación que tiene la parte exterior de una curva en relación con la interior. **2** ARQ. Espacio que en la altura de un arco o de una bóveda sobrepasa del semicírculo. **3** ARQ. Elevación de una armadura por encima de los puntos de apoyo o arranque.

perca *f.* Pez comestible de agua dulce con el lomo de color verdoso, el vientre plateado y los costados dorados con rayas oscuras.

percal *m.* Tejido de algodón, de poco precio y calidad, generalmente estampada.

percance *m.* Hecho o accidente inesperado y de poca gravedad que impide o retrasa un proyecto.

percatarse *prnl.* Advertir algo.

percebe *m.* **1** Crustáceo comestible, de forma cilíndrica y alargada con un caparazón en su extremo, que permanece adherido a las rocas mediante un pedúnculo carnoso. **2** *coloquial* Persona torpe.

percepción *f.* **1** Acción de percibir. **2** Efecto de percibir.

perceptible *adj.* Que se puede percibir.

percha *f.* **1** Utensilio que sirve para mantener colgadas prendas de vestir; es un soporte ligero que se puede colgar de una barra o de otro lugar por medio de un gancho que tiene en la parte superior. **2** Perchero. **3** Gancho que está diseñado para colgar en él prendas de vestir u otros objetos. **4** Madero o palo que sirve para sostener algo.

perchero *m.* Mueble que tiene unos ganchos para colgar prendas de vestir.

percherón, -rona *adj./m. y f.* [caballo, yegua] Que es de una raza de origen francés, de gran fuerza y corpulencia.

percibir *tr.* **1** Tener conocimiento del mundo exterior por medio de las impresiones que comunican los sentidos. **2** Recibir una persona cierta cosa, especialmente cobrar una cantidad de dinero que le corresponde por algo. **3** Comprender o conocer por medio de la inteligencia.

percusión *f.* **1** Acción de percutir, en especial cuando ocurre repetidamente. **2** Conjunto de instrumentos que producen música al ser golpeados con una baqueta, maza u otro objeto, o al ser golpeados entre sí. **3** MED. Técnica de exploración médica que consiste en dar golpes secos con los dedos sobre una parte del cuerpo.

percutir *tr.* Dar uno o varios golpes de manera repetida.

percutor *m.* Pieza que golpea en alguna máquina, especialmente la que provoca la explosión en las armas de fuego.

perdedor, -ra *adj./m. y f.* **1** Que pierde o es vencido. **2** Que nunca o casi nunca tiene éxito en lo que emprende o realiza.

perder [28] *tr.* **1** Dejar de tener una persona algo que poseía, o no saber dónde está. ‖ *tr./intr.* **2** Resultar vencido en una lucha, competición, etc. ‖ *tr.* **3** Verse privado de la compañía de una persona, generalmente a causa de su muerte. **4** Dejar de tener un sentimiento o una actitud. **5** Desperdiciar una cosa o no aprovecharla adecuadamente. **6** No conseguir una persona algo que necesita. **7** Disminuir una determinada magnitud relativa a una persona o una cosa. ‖ *intr.* **8** Tener una cosa peor calidad o aspecto de lo que tenía. ‖ *tr./intr.* **9** Disminuir poco a poco el contenido de un recipiente. ‖ *prnl.* **10** Equivocarse de camino o no ser capaz de encontrar un camino o una salida correcta. **11** Distraerse o despistarse una persona y no poder seguir el hilo de lo que estaba diciendo, leyendo o escuchando. **12** Caer una persona en un estado o modo de vida deshonesto y entregado a los vicios. **13** Amar o sentir una fuerte pasión por una persona o una cosa.

perdición *f.* **1** Acción de perder o perderse. **2** Persona o cosa que provoca un daño o un perjuicio grave a alguien.

pérdida *f.* **1** Acción de perder o perderse. **2** Daño grave que se produce en una cosa. **3** Cantidad o cosa que se pierde, especialmente dinero. **4** Muerte de una persona. ‖ **no tener pérdida** Ser una cosa fácil de encontrar, especialmente una calle o un lugar.

perdido, -da *adj.* **1** Que no tiene o no lleva un destino determinado. **2** Se utiliza para aumentar y reforzar el sentido de ciertos adjetivos peyorativos. ‖ *m. y f.* **3** Persona de vida desordenada o de malas costumbres que se comporta de manera deshonesta.

perdigón *m.* **1** Bola pequeña de plomo que, junto con otras, forma la munición que normalmente se utiliza para cazar. **2** Cría de la perdiz. **3** Perdiz macho que usan los cazadores para atraer otras piezas.

perdigonada *f.* **1** Disparo hecho con una escopeta de perdigones. **2** Herida producida por un disparo de perdigón.

perdiguero, -ra *adj./m. y f.* [perro] Que es de tamaño mediano y tiene el cuello fuerte, el morro alargado, las orejas grandes y caídas, la cola larga y el pelo corto y suave.

perdiz *f.* Ave de la familia de la gallina, del tamaño de una paloma, con la cabeza pequeña y el cuerpo grueso, plumaje ceniciento y el pico y las patas rojas.

perdón *m.* **1** Acción de perdonar. **2** Efecto de perdonar. ▶ **con perdón** Expresión que se utiliza para disculparse una persona por algo que hace o dice y que puede molestar a alguien.

perdonar *tr.* **1** Olvidar una persona la falta que ha cometido otra persona contra ella o contra otros y no guardarle rencor ni quererla castigarla por ella. **2** Librar a una persona de un castigo u obligación. **3** No hacer una persona algo que le apetece mucho.

perdonavidas *com.* Persona que presume de valiente sin serlo.

OBS El plural también es *perdonavidas*.

perdurar *intr.* **1** Existir todavía una cosa o mantenerse en el mismo estado o situación. **2** Durar o mantenerse de manera indefinida una cosa.

perecedero, -ra *adj.* Que dura poco tiempo o que inevitablemente tiene que perecer o acabarse.

perecer [43] *intr.* **1** Perder la vida una persona como consecuencia de un accidente, una catástrofe o una acción violenta. **2** Dejar de existir una cosa o llegar a su fin.

peregrinación *f.* **1** Viaje a un lugar sagrado, generalmente el que se hace andando y por motivos religiosos. **2** Acción de peregrinar.

peregrinaje *m.* Peregrinación.

peregrinar *intr.* **1** Ir a visitar un lugar sagrado, generalmente andando y por motivos religiosos. **2** Andar o viajar una persona por tierras extrañas. **3** Andar una persona de un sitio a otro buscando una cosa o intentando resolver un asunto.

peregrino, -na *adj./m. y f.* **1** [persona] Que peregrina. ‖ *adj.* **2** [ave] Que emigra de un lugar a otro. **3** Que es extraño, raro o sorprendente por original o poco frecuente o porque carece de lógica.

perejil *m.* Planta herbácea de tallo fino y hojas brillantes y aromáticas de color verde oscuro que se usa como condimento.

perengano, -na *m. y f. coloquial* Palabra que se utiliza para nombrar a una persona cualquiera e indeterminada.

perenne *adj.* **1** Que dura indefinidamente o se mantiene completo o con vida durante un período de tiempo muy largo. **2** Que es continuo y no tiene interrupción. **3** BOT. [planta] Que vive más de dos años.

perennifolio, -lia *adj.* BOT. [árbol, arbusto] Que cambia sus hojas gradualmente y las tiene verdes durante todo el año.

perentoriedad *f. culto* Cualidad de perentorio.

perentorio, -ria *adj.* **1** [plazo] Que es el último o el único que se concede y no se puede aumentar o prorrogar. **2** Que es determinante, decisivo o definitivo y no se puede modificar. **3** Que es urgente o no puede ser aplazado.

perestroika *f.* Política reformista que se llevó a cabo en la Unión Soviética tras la llegada al poder de Mijaíl Gorbachov y que se caracterizó por una apertura hacia los países del bloque occidental, cierta liberalización del sistema económico y la transparencia informativa.

pereza *f.* Falta de ánimo o de disposición para hacer cierta cosa.

perezoso, -sa *adj./m. y f.* **1** Que tiene pereza. ‖ *m.* **2** Mamífero desdentado, de pelaje largo y espeso, con largas extremidades y manos adaptadas para trepar por los árboles, que se desplaza con movimientos lentos y pesados.

perfección *f.* **1** Cualidad de lo que no tiene defectos. **2** Cosa bien hecha o de una gran belleza. ▶ **a la perfección** De manera perfecta.

perfeccionamiento *m.* Mejora que se hace para que una cosa sea más perfecta.

perfeccionar *tr./prnl.* **1** Acabar una cosa enteramente, dándole el mayor grado de perfección. **2** Mejorar una cosa que está muy bien o hacerla más perfecta.

perfeccionismo *m.* Tendencia a mejorar continuamente un trabajo sin llegar a considerarlo nunca acabado.

perfeccionista *adj./com.* Que tiende a mejorar continuamente su trabajo sin llegar a considerarlo nunca acabado.

perfectamente *adv.* **1** De manera perfecta. **2** Totalmente o por completo. **3** Indica asentimiento o conformidad.

perfectivo, -va *adj.* **1** GRAM. [verbo] Que expresa una acción que se acaba en el mismo momento en que se realiza. **2** GRAM. [tiempo verbal] Que expresa una acción ya acabada.

perfecto, -ta *adj.* **1** Que tiene todas las cualidades deseables o que no posee defectos. **2** Que es muy adecuado para hacer alguna cosa. **3** Completo o total. ‖ *adj./m.* **4** GRAM. [tiempo verbal] Que expresa una acción ya acabada, es decir, no en su transcurso o realización.

perfidia *f.* Deslealtad o falta de fidelidad.

pérfido, -da *adj./m. y f.* Que demuestra deslealtad y falta de fidelidad.

perfil *m.* **1** Línea que marca el límite de una cosa mirada desde un punto determinado. **2** Vista lateral de una persona o cosa. **3** Contorno de una figura representado en un plano por líneas que determinan su forma. **4** Aspecto particular con el que se presenta una cosa. **5** Conjunto de cualidades o rasgos propios de una persona o cosa.

perfilado, -da *adj.* **1** Que tiene los perfiles o los bordes muy marcados. **2** [rostro] Que es delgado y alargado. **3** [trabajo, obra] Que está muy bien terminado y detallado.

perfilar *tr.* **1** Dibujar o marcar un perfil. **2** Completar y perfeccionar algo para dejarlo perfecto. ‖ *prnl.* **3** Empezar una cosa a tomar forma y adquirir un aspecto más claro y exacto.

perforación *f.* **1** Acción de perforar. **2** MED. Rotura de las paredes de un órgano hueco del cuerpo humano, como el intestino o el estómago.

perforar *tr.* Hacer un agujero en una superficie.

perfumador *m.* Recipiente que sirve para pulverizar y esparcir el perfume que contiene.

perfumar *tr./prnl.* Dar un olor agradable a una persona o cosa con perfume.

perfume *m.* **1** Sustancia líquida o sólida, elaborada con flores, frutas u otras esencias olorosas, que se utiliza para dar buen olor. **2** Olor muy agradable.

perfumería *f.* **1** Establecimiento en el que se venden colonias, perfumes y otros productos para el aseo personal. **2** Industria que se dedica a la fabricación y la comercialización de perfumes, productos de maquillaje y de aseo personal. **3** Conjunto de productos y materias de esta industria.

pergamino *m.* 1 Piel de las reses limpia y seca que se utilizaba antiguamente para escribir sobre ella. 2 Documento escrito en esta piel.

pergeñar *tr. coloquial* Esbozar un trabajo, un proyecto o una idea con más o menos habilidad y con rapidez.

pérgola *f.* Armazón formado por columnas y barras que sostiene un enrejado o tejadillo de plantas ornamentales.

peri- Prefijo que entra en la formación de palabras con el significado de 'alrededor'.

pericardio *m.* ANAT. Tejido membranoso que recubre el corazón.

pericarpio *m.* BOT. Parte exterior del fruto que envuelve las semillas.

pericia *f.* Capacidad para hacer bien, con facilidad y rapidez algo que resulta difícil para los demás.

pericial *adj.* Del perito o del peritaje.

perico *m.* 1 Ave con el plumaje de colores vistosos, en especial verde, y el pico fuerte, grueso y curvo. 2 Abanico antiguo de gran tamaño. 3 Recipiente para orinar. 4 En el lenguaje de la droga, cocaína.

periferia *f.* Zona que rodea un lugar, considerado como centro o núcleo.

periférico, -ca *adj.* 1 De la periferia. ▌ *m.* 2 INFORM. Unidad exterior de un ordenador que sirve para la entrada y la salida de información.

perifollo *m.* 1 Planta de tallos finos y ramosos, con las hojas muy recortadas y olorosas, flores blancas y semilla pequeña y negra. ▌ *m. pl.* 2 *coloquial* Adornos excesivos y generalmente de mal gusto en un traje o peinado.

perífrasis *f.* Figura del lenguaje que consiste en expresar una idea dando un rodeo con las palabras, cuando puede decirse de forma más simple, con la intención de conseguir mayor expresividad. **perífrasis verbal** GRAM. Grupo de palabras formado por un verbo auxiliar, seguido de otro verbo en infinitivo, gerundio o participio.

OBS El plural también es *perífrasis*.

perifrástico, -ca *adj.* 1 Que se expresa dando un rodeo. 2 GRAM. Que se expresa con una perífrasis.

perihelio *m.* Punto más próximo al Sol en la órbita de un planeta del sistema solar.

perilla *f.* Barba recortada formada con los pelos que crecen en la barbilla. ▶ **de perilla** o **de perillas** *coloquial* Muy bien.

perímetro *m.* 1 Línea que forma el contorno de una superficie o figura. 2 Longitud de esta línea.

perindola *f.* Peonza pequeña que se hace girar con los dedos pulgar e índice.

perineo o **periné** *m.* Parte del cuerpo que está situada entre el ano y los órganos genitales.

periodicidad *f.* Repetición regular de una cosa cada cierto tiempo.

periódico, -ca *adj.* 1 Que ocurre o se hace con intervalos regulares de tiempo o con frecuencia. ▌ *m.* 2 Publicación de información general, en especial la que sale a la venta todos los días.

periodismo *m.* 1 Profesión que comprende el conjunto de actividades relacionadas con la recogida, la elaboración y la difusión de la información a través de la prensa, la radio, la televisión o internet. 2 Conjunto de estudios necesarios para conseguir el título de periodista.

periodista *com.* Persona que se dedica a informar al público de las noticias que ocurren, a través de la prensa, la radio, la televisión o internet.

periodístico, -ca *adj.* De los periódicos o de los periodistas.

período o **periodo** *m.* 1 Espacio de tiempo durante el cual se realiza una acción o se desarrolla algo. 2 Espacio de tiempo que tarda una cosa en volver al estado o la posición que tenía al principio. 3 Proceso natural por el que las mujeres y las hembras de los mamíferos expulsan sangre del útero cada cierto tiempo. 4 Espacio de tiempo que tarda en producirse cada fase del curso de una enfermedad. 5 MAT. Cifra o conjunto de cifras decimales que se repiten indefinidamente en el cociente de una división no exacta. 6 GRAM. Serie de oraciones simples que tienen un sentido completo.

periostio *m.* ANAT. Membrana que rodea los huesos.

peripatético, -ca *adj.* 1 FILOS. De la doctrina filosófica de Aristóteles y de sus seguidores o relacionado con ellos. 2 *coloquial* Ridículo o extravagante.

peripecia *f.* Suceso imprevisto y repentino que altera el transcurso de una acción.

periplo *m.* Viaje largo por numerosos países.

peripuesto, -ta *adj. coloquial* [persona] Que se viste y se arregla con demasiado esmero y cuidado.

periquete *coloquial* Palabra que se utiliza en la locución *en un periquete*, que significa 'en un momento o en un tiempo muy breve'.

periquito *m.* Ave prensora más pequeña

que el loro, con el plumaje de colores vistosos, especialmente verde, y el pico fuerte, grueso y curvo.

periscopio *m.* Instrumento óptico, formado por un sistema de espejos montados en un tubo colocado en vertical, que permite observar un objeto situado por encima del alcance de la visión directa; puede subir, bajar y girar en todas las direcciones.

perisodáctilo, -la *adj./m. y f.* 1 zool. [animal mamífero] Que tiene un número impar de dedos cubiertos por una pezuña, por lo menos en las patas traseras, y el dedo central más desarrollado. ‖ *m. pl.* 2 zool. Orden de estos animales.

perista *com.* Persona que se dedica a la compra y venta de objetos robados.

peristáltico, -ca *adj.* anat. Del movimiento de contracción del estómago y de los intestinos para impulsar los materiales de la digestión y expeler los excrementos.

peristilo *m.* 1 arq. Galería de columnas que rodea un edificio o un patio interior. 2 arq. Conjunto de columnas que decoran la fachada de un edificio.

peritaje *m.* 1 Estudio o trabajo realizado por un perito. 2 Conjunto de estudios necesarios para conseguir el título de perito.

peritar *tr.* Realizar un peritaje.

perito, -ta *adj./m. y f.* 1 Que tiene experiencia, práctica o habilidad en determinada ciencia o arte. ‖ *m. y f.* 2 Persona que tiene el título de técnico de grado medio en ingeniería.

peritoneo *m.* anat. Membrana que cubre el interior del abdomen.

peritonitis *f.* Inflamación del peritoneo que puede ser causada por una infección. OBS El plural también es *peritonitis.*

perjudicar [1] *tr./prnl.* Causar un daño material o moral a una persona o cosa.

perjudicial *adj.* Que perjudica.

perjuicio *m.* Daño moral o material causado por una cosa en el valor de algo o en la salud y bienestar de las personas.

perjurar *intr.* 1 Jurar con falsedad. ‖ *prnl.* 2 Faltar a un juramento.

perjurio *m.* Delito de jurar en falso o de no cumplir un juramento.

perjuro, -ra *adj./m. y f.* Que perjura.

perla *f.* 1 Bola pequeña de nácar, de color blanco o gris con reflejos brillantes, que suele formarse en el interior de la concha de algunos moluscos, en especial de la madreperla y la ostra. 2 Gota de un líquido muy claro. ▸ **de perlas** Muy bien o de manera oportuna.

perlé *m.* Hilo de algodón que se utiliza para bordar o para hacer punto o ganchillo.

permanecer [43] *intr.* 1 Mantenerse en un mismo lugar durante un tiempo. 2 Mantenerse sin cambios en un determinado estado, condición o cualidad.

permanencia *f.* 1 Estancia en un lugar durante un tiempo determinado. 2 Calidad de permanente.

permanente *adj.* 1 Que se mantiene en un mismo lugar, estado o situación sin experimentar cambio. ‖ *f.* 2 *coloquial* Rizado artificial del pelo que se mantiene durante largo tiempo.

permeabilidad *f.* Cualidad de permeable.

permeable *adj.* Que deja pasar el agua u otros líquidos.

pérmico, -ca *adj./m.* 1 geol. [período geológico] Que es el sexto y último de la era primaria o paleozoica. ‖ *adj.* 2 geol. De este período geológico.

permisible *adj.* Que se puede permitir.

permisividad *f.* Tolerancia excesiva con las personas que se manifiesta consintiéndoles cosas que otros reprimirían.

permisivo, -va *adj.* Que permite o autoriza a hacer cierta cosa.

permiso *m.* 1 Consentimiento dado por una persona que tiene autoridad para hacerlo. 2 Autorización para abandonar por un tiempo el trabajo, el servicio militar u otras obligaciones. 3 Tiempo que dura esta autorización.

permitir *tr.* 1 Autorizar o aprobar quien tiene autoridad para ello que se haga una cosa determinada. 2 No impedir una cosa que se debe o se debería evitar. 3 Hacer posible que una cosa se realice.

permuta *f.* Cambio entre dos personas que ocupan un puesto público de sus respectivos empleos.

permutación *f.* 1 Acción de permutar. 2 Efecto de permutar.

permutar *tr.* 1 Cambiar una cosa por otra, de la misma o distinta clase, sin que en el cambio entre el dinero a no ser que sea para igualar el valor de las cosas cambiadas. 2 Cambiar entre sí el empleo dos personas que ocupan puestos públicos.

pernera *f.* 1 Parte del pantalón que cubre la pierna. 2 Parte de una prenda por donde se mete la pierna.

pernicioso, -sa *adj.* Que causa mucho daño o es muy perjudicial.

pernil *m.* 1 Pata posterior del animal, en especial la del cerdo. 2 Parte del pantalón que cubre la pierna.

pernoctar *intr.* Pasar la noche en algún lugar fuera de la vivienda habitual, en especial cuando se viaja.

pero *conj.* 1 Indica que el significado del enunciado al que precede es opuesto o contrario al significado de otro anterior. 2 Indica que el significado del enunciado al que precede restringe o atenúa el significado de otro anterior. 3 Se utiliza siempre al inicio de la frase para expresar con más fuerza e intensidad lo que se dice. ‖ *m.* 4 *coloquial* Inconveniente o dificultad.

perogrullada *f.* Verdad tan clara o tan conocida que resulta tonto decirla.

Perogrullo Palabra que se utiliza en la expresión *de Perogrullo*, que significa 'que una cosa es tan sabida y conocida que resulta obvio decirla'.

perol *m.* Recipiente de metal en forma de media esfera que se usa para cocinar.

perola *f.* Recipiente pequeño de forma redonda que se utiliza para cocinar.

peroné *m.* Hueso largo y delgado situado en la parte externa de la pierna junto a la tibia.

perorar *intr.* 1 Pronunciar un discurso. 2 *coloquial* Hablar en una conversación familiar como si se tratase de un discurso.

perorata *f.* Discurso largo y aburrido.

perpendicular *adj./f.* [línea, plano] Que forma ángulo recto con otra línea o plano.

perpendicularidad *f.* Cualidad de perpendicular.

perpetrar *tr.* Cometer un delito.

perpetuación *f.* Acción de perpetuar.

perpetuar [11] *tr./prnl.* Hacer que una cosa dure siempre o mucho tiempo.

perpetuidad *f.* Duración de una cosa para siempre o para mucho tiempo.

perpetuo, -tua *adj.* 1 Que dura mucho tiempo o para siempre. 2 [cargo, empleo] Que dura hasta la jubilación de la persona que lo desempeña.

perplejidad *f.* Asombro o confusión que se siente cuando no se sabe cómo reaccionar en una situación determinada.

perplejo, -ja *adj.* Que duda o no sabe lo que debe hacer, pensar o decir.

perra *f.* 1 *coloquial* Enfado o llanto ruidoso y seguido, especialmente el de un niño. 2 *coloquial* Deseo exagerado o idea fija. 3 *coloquial* Dinero o moneda.

perrera *f.* 1 Lugar donde se guardan o encierran perros abandonados o que no tienen dueño. 2 Furgoneta municipal destinada a la recogida de perros callejeros.

perrería *f.* Obra o dicho que causa un daño o está hecho con mala intención.

perro, -rra *m. y f.* 1 Animal mamífero doméstico de cuatro patas, con un olfato muy fino y de gran diversidad de tamaños, formas y pelajes, que sirve al ser humano como animal de compañía o para cazar. **perro faldero** *a)* Perro de pequeño tamaño que es apreciado como animal de compañía. *b)* Persona que muestra gran sumisión ante otra. 2 Persona despreciable y malvada por cualquier causa. ▸ **de perros** *coloquial* Muy malo, molesto o desagradable.

perruno, -na *adj.* Del perro.

persa *adj.* 1 De Persia, en la actualidad Irán. ‖ *adj./com.* 2 [persona] Que es de Persia. ‖ *m.* 3 Lengua de Persia y otros países.

persecución *f.* Acción de perseguir.

persecutorio, -ria *adj.* Que implica persecución o acoso.

perseguir [8] *tr.* 1 Seguir a una persona o animal que huye con intención de alcanzarla. 2 Seguir a una persona molestándola e importunándola. 3 Tratar de conseguir o alcanzar una cosa poniendo todos los medios para ello.

perseverancia *f.* Dedicación y firmeza en las actitudes y las ideas o en la realización de las cosas.

perseverar *intr.* Mantenerse firme y constante en una manera de ser o de obrar.

persiana *f.* Cierre para ventanas, balcones o puertas exteriores, formado por varias láminas finas y estrechas engarzadas unas con otras, que se puede enrollar para regular el paso de la luz.

persignar *tr./prnl.* Hacer la señal de la cruz con los dedos en la frente, en la boca y en el pecho.

persistencia *f.* 1 Existencia o duración de una cosa durante mucho tiempo. 2 Insistencia o firmeza en las acciones, las ideas o las intenciones.

persistir *intr.* 1 Mantenerse firme o constante en una manera de ser o de obrar. 2 Durar o existir mucho tiempo.

persona *f.* 1 Individuo de la especie humana. 2 GRAM. Variación gramatical que altera la forma de los verbos y de los pronombres para hacer referencia a los individuos que intervienen en la comunicación. ▸ **en persona** Estando presente uno mismo.

personaje *m.* 1 Persona que por sus cualidades, conocimientos u otras actitudes, destaca o sobresale en una determinada actividad o ambiente social. 2 Persona, animal o ser inventado por un autor.

personal *adj.* 1 De la persona. 2 Que es de una sola persona o para una sola persona. 3 Que pertenece a la vida privada. 4 Que es característico de la personalidad de un individuo. 5 GRAM. [pronombre] Que señala a la persona que interviene en un acto. ‖ *m.* 6 Conjunto de las personas que trabajan en el mismo lugar o en el mismo organismo o empresa. 7 *coloquial* Grupo indeterminado de personas. ‖ *adj./f.* 8 [falta] Que comete un jugador de baloncesto al tocar o empujar a otro del equipo contrario.

personalidad *f.* 1 Conjunto de rasgos y cualidades que configuran la manera de ser de una persona. 2 Circunstancia de ser determinada persona. 3 Persona que por sus cualidades, conocimientos u otras aptitudes, destaca o sobresale en una determinada actividad o ambiente social.

personalizar [4] *tr.* 1 Referirse a una persona en particular al decir o relatar algo. 2 Adaptar algo a las características, al gusto o a las necesidades de una persona.

personarse *prnl.* 1 Presentarse una persona en un lugar. 2 Presentarse ante el juez para llevar a cabo un trámite legal.

personificación *f.* 1 Persona o cosa que representa una cualidad o una característica. 2 Representación de una cosa, generalmente de un sentimiento o de otra cosa abstracta, en forma de persona. 3 Figura retórica que consiste en atribuirle a un animal o a una cosa cualidades propias de los seres humanos.

personificar [1] *tr.* Atribuir vida, acciones o cualidades propias de las personas a los animales o a las cosas.

perspectiva *f.* 1 Técnica que permite representar en una superficie plana objetos en la posición y la situación tal como aparecen a la vista. 2 Obra o representación ejecutada con esta técnica. 3 Punto de vista o modo de ver y considerar las cosas. 4 Circunstancia que puede preverse en un asunto, en especial si es beneficiosa. 5 Distancia con que se observa y considera un hecho o situación.

perspicacia *f.* Agudeza para entender y captar la naturaleza oculta de las cosas.

perspicaz *adj.* 1 Que tiene perspicacia. 2 [vista] Que percibe las cosas con detalle.

persuadir *tr./prnl.* Conseguir mediante razones que una persona piense o actúe de una manera determinada.

persuasión *f.* Capacidad o habilidad para persuadir.

persuasivo, -va *adj.* Que es hábil y eficaz para persuadir.

pertenecer [43] *intr.* 1 Ser algo propiedad de alguien. 2 Ser una cosa obligación de una persona. 3 Formar parte de un conjunto o grupo.

pertenencia *f.* 1 Propiedad o cosa que pertenece a una persona o a una entidad. Se usa más en plural. 2 Acción de pertenecer.

pértiga *f.* Vara larga y flexible que utilizan los atletas en las pruebas de salto de altura para darse impulso hacia arriba.

pertinaz *adj.* 1 [persona] Que es muy obstinado o se mantiene excesivamente firme en sus actos, ideas o intenciones. 2 Que dura mucho tiempo.

pertinencia *f.* Cualidad de pertinente.

pertinente *adj.* Que es adecuado, oportuno o conveniente.

pertrechar *tr./prnl.* Abastecer de pertrechos.

pertrechos *m. pl.* Conjunto de instrumentos y utensilios necesarios para una actividad, especialmente para realizar una operación militar.

perturbación *f.* 1 Acción de perturbar. 2 Efecto de perturbar.

perturbado, -da *adj./m. y f.* Que tiene alteradas sus facultades mentales.

perturbar *tr./prnl.* 1 Alterar el orden, la tranquilidad o el desarrollo normal de algo. 2 Hacer que una persona pierda la calma o se altere. 3 Hacer perder el juicio o volver loco.

peruano, -na *adj.* 1 De Perú. ‖ *adj./m. y f.* 2 [persona] Que es de Perú.

perversidad *f.* Cualidad de perverso.

perversión *f.* Corrupción moral de las costumbres, el gusto o las ideas de una persona causada por los malos ejemplos o los malos consejos.

perverso, -sa *adj./m. y f.* [persona] Que obra con mucha maldad o que hace daño con sus acciones, sentimientos o instintos de manera voluntaria.

pervertido, -da *adj./m. y f.* 1 Que tiene un comportamiento o gusto sexual anormal y extraño. ‖ *adj.* 2 Que sexualmente es anormal y extraño.

pervertir [35] *tr./prnl.* Corromper o dañar las costumbres, los gustos o las ideas de una persona con malos consejos o malos ejemplos.

pervivencia *f.* Duración o permanencia con vida de alguien o algo a tenor del paso del tiempo.

pervivir *intr.* Durar, permanecer o seguir viviendo alguien o algo.

pesa f. 1 Pieza de metal de peso conocido que se usa para determinar lo que pesa una cosa en una balanza. 2 Pieza de mucho peso que se cuelga en el extremo de una cuerda o cadena para subir y bajar objetos pesados. 3 Aparato gimnástico formado por una barra de metal con una o más piezas pesadas en cada extremo que se usa en halterofilia y para hacer ejercicios musculares.

pesadez f. 1 Lentitud o torpeza de movimiento. 2 Cosa molesta o difícil de soportar. 3 Sensación molesta que se experimenta en la cabeza, en los ojos, en el estómago o en otra parte del cuerpo.

pesadilla f. 1 Sueño desagradable que produce miedo o terror. 2 Preocupación grave y continua por un asunto importante o por el temor a un peligro o adversidad.

pesado, -da adj. 1 Que pesa mucho. 2 Que cuesta mucho esfuerzo o que requiere mucha atención. 3 [sueño] Que es profundo. 4 Que es muy lento en los movimientos. 5 [cosa] Que no despierta interés. 6 [órgano] Que produce una sensación de fatiga o cansancio. ‖ adj./m. y f. 7 [persona] Que es latoso, molesto o difícil de soportar.

pesadumbre f. 1 Sentimiento de tristeza o disgusto en lo físico o lo moral. 2 Causa o motivo que provoca tal sentimiento.

pésame m. Expresión con la que se muestra a la familia de un difunto el dolor o la pena que se siente por la muerte de este.

pesar tr. 1 Tener un peso determinado. ‖ intr. 2 Tener peso. 3 Tener una persona o una cosa la suficiente importancia para influir en algo. 4 Constituir una cosa una carga moral o física para una persona. 5 Producir pena o dolor. ‖ tr./prnl. 6 Determinar el peso o la masa de una persona o cosa. ‖ tr. 7 Examinar con atención las ventajas y los inconvenientes de un asunto. ‖ m. 8 Sentimiento de pena o dolor por una desgracia. 9 Arrepentimiento por haber hecho o haber dejado de hacer algo. ► **a pesar** Contra la voluntad o el gusto de una persona, o contra la fuerza o resistencia de una cosa.

pesaroso, -sa adj. Que está arrepentido o siente mucha pena o disgusto.

pesca f. 1 Conjunto de técnicas y actividades mediante las cuales el hombre captura peces, moluscos, crustáceos y otros animales que se encuentran en el agua. 2 Conjunto de peces y animales que se pescan.

pescada f. Pez marino de cuerpo alargado, color gris y boca negra con dientes muy finos, con la primera aleta superior corta y la segunda larga.

pescadería f. Establecimiento o puesto en el que se vende pescado.

pescadero, -ra m. y f. Persona que se dedica a vender pescado.

pescadilla f. Cría de la merluza.

pescado m. Pez comestible una vez sacado del agua.

pescador, -ra m. y f. Persona que pesca o se dedica a pescar.

pescante m. 1 Asiento delantero en el exterior de un coche de caballos desde donde el cochero gobierna las mulas o los caballos. 2 Estructura del escenario de un teatro que se usa para hacer bajar o subir personas o figuras.

pescar [1] tr. 1 Coger peces y otros animales que viven en el agua con redes, cañas u otros instrumentos. 2 coloquial Coger o agarrar alguna cosa como una enfermedad o una borrachera. 3 coloquial Conseguir una cosa que se deseaba. 4 coloquial Entender o captar con rapidez y perspicacia el significado de una cosa. 5 coloquial Sorprender o descubrir a una persona haciendo una cosa a escondidas.

pescozón m. Golpe dado con la mano en el pescuezo o en la nuca.

pescuezo m. 1 Parte del cuerpo de un animal entre la cabeza y el tronco. 2 coloquial Cuello de una persona.

pesebre m. 1 Especie de cajón, hecho de obra de albañilería, donde comen los animales domésticos. 2 Lugar donde se coloca ese cajón. 3 Conjunto de figuras y objetos que representan el nacimiento de Jesucristo.

peseta f. 1 Unidad monetaria de España hasta su sustitución por el euro. 2 Moneda de ese valor. ‖ f. pl. 3 Dinero o riqueza.

pesetero, -ra adj./m. y f. Que intenta gastar lo menos posible y ganar lo máximo.

pesimismo m. Inclinación a ver y juzgar las cosas en su aspecto más negativo o desfavorable.

pesimista adj./com. Que tiende a ver y juzgar las cosas en su aspecto más negativo o desfavorable.

pésimo, -ma adj. Que es muy malo. **OBS** Es el superlativo de malo.

peso m. 1 Fuerza con la que los cuerpos son atraídos hacia al centro de la Tierra por acción de la gravedad. 2 Valor que tiene esa fuerza. **peso atómico** Fís. Peso que tiene un átomo de un cuerpo. **peso específico** Fís. Peso de la unidad de volumen de un cuerpo. **peso molecular** Suma de los pesos atómicos de los átomos que forman una molécula. **3** Instrumento que sirve para pesar. **4** Unidad monetaria de distintos países americanos, de Filipinas y de Guinea-Bissau. **5** Cosa pesada. **6** Carga, preocupación u obligación que sufre una persona. **7** Bola o esfera metálica utilizada por los atletas en determinadas pruebas de lanzamiento. **8** Categoría deportiva del boxeo que se basa en el peso de los boxeadores. ▸ **caer por su peso** o **por su propio peso** *coloquial* Ser una cosa lógica y razonable. ▸ **de peso** Que es importante o influyente.

pespunte *m.* Labor de costura que consiste en dar una serie de puntadas seguidas e iguales, de manera que estas queden unidas entre sí.

pespuntear *tr.* Hacer pespuntes en una tela o en una prenda.

pesquero, -ra *adj.* **1** De la pesca. ‖ *m.* **2** Embarcación de pesca.

pesquisa *f.* Gestión o investigación hecha para descubrir o averiguar una cosa.

pestaña *f.* **1** Pelo que crece en el borde de los párpados. **2** Parte estrecha y saliente del borde de una cosa. ▸ **quemarse las pestañas** *coloquial* Esforzar mucho la vista estudiando, leyendo o trabajando.

pestañear *intr.* Abrir y cerrar los párpados. ▸ **sin pestañear** *a)* Con mucha atención. *b)* Con sumisión y sin titubear.

pestañeo *m.* Movimiento rápido y repetido de los párpados.

peste *f.* **1** Enfermedad grave y contagiosa cuyos principales síntomas son fiebre alta, hinchazón de los ganglios, hemorragia y coma. **2** Enfermedad o desgracia que causa muchas muertes o un daño grave. **3** Mal olor. ‖ *f. pl.* **4** Palabras de enfado, amenaza o insulto.

pesticida *m.* Sustancia química usada para destruir las plagas de animales o plantas.

pestilencia *f.* Mal olor.

pestilente *adj.* Que despide mal olor.

pestillo *m.* **1** Barra pequeña de hierro que pasa a través de unas anillas y con la que se cierran puertas y ventanas. **2** Pieza que sale de la cerradura, al girar la llave o impulsada por un muelle, y entra en un hueco, con lo que queda cerrada una puerta, una tapa u otra cosa.

pestiño *m.* Dulce hecho con masa de harina y huevos, que se fríe en porciones en aceite y luego se baña en miel o azúcar.

petaca *f.* **1** Estuche para llevar cigarros o tabaco picado. **2** Botella plana y de pequeño tamaño que sirve para llevar licor.

pétalo *m.* Cada una de las hojas de color que constituyen la corola de una flor.

petanca *f.* Juego en el que cada jugador tira por turno dos bolas procurando acercarse a una bolita que se ha lanzado anteriormente a cierta distancia.

petar *tr./intr. coloquial* Causar agrado, placer o complacencia.

petardo *m.* **1** Tubo de papel o cartón, lleno de pólvora o explosivos, que se prende por una mecha y explota produciendo un ruido muy fuerte. **2** *coloquial* Persona o cosa muy aburrida, pesada o de escasas cualidades. **3** Cigarrillo que contiene droga mezclada con tabaco.

petate *m.* Lío o paquete grande de ropa de cama o personal que llevan los marineros, los soldados o los presos. ▸ **liar el petate** *coloquial* Marcharse de un lugar.

petenera *f.* Cante flamenco de gran intensidad dramática con coplas de cuatro versos octosílabos. ▸ **salir por peteneras** Decir o hacer algo que no tiene nada que ver con lo que se está hablando o haciendo.

petición *f.* **1** Acción de pedir. **petición de mano** Acto por el que una persona solicita permiso a los padres de otra para casarse con ella. **2** Palabras o escrito en que se pide algo.

petimetre, -tra *m. y f.* Persona que se preocupa en exceso de su aspecto y de vestir según la moda.

petirrojo *m.* Pájaro de pequeño tamaño y rechoncho que tiene el cuello, la garganta y el pecho de color rojo o naranja y el resto de color verdoso.

peto *m.* **1** Prenda de ropa o parte de ella que cubre el pecho. **2** Pantalones con una pieza de tela que cubre el pecho. **3** Armadura para proteger el pecho. **4** Pieza de paño o cuero con que se protege el pecho y el costado derecho del caballo del picador de toros.

pétreo, -trea *adj.* **1** Que es de piedra. **2** Que es parecido a la piedra.

petrificar [1] *tr./prnl.* **1** Convertir en piedra, o endurecer una cosa de manera que lo parezca. **2** Dejar a una persona muy sorprendida o aterrorizada.

petro- Elemento prefijal que entra en la formación de palabras con el significado de 'piedra'.

petrodólar *m.* Dólar que obtienen los países productores de petróleo, especialmente los árabes, gracias a la venta de crudo.

petroglifo *m.* Dibujo grabado sobre piedra o roca en la época prehistórica.

petróleo *m.* Líquido más ligero que el agua, de color oscuro y olor fuerte, formado por una mezcla de hidrocarburos, que arde con facilidad.

petrolero, -ra *adj.* 1 Del petróleo. ‖ *m.* 2 Buque de carga destinado al transporte de petróleo.

petrolífero, -ra *adj.* Que contiene o produce petróleo.

petroquímica *f.* Ciencia, técnica o industria que usa el petróleo o el gas natural como materias primas para la obtención de productos químicos.

petroquímico, -ca *adj.* De la petroquímica.

petulancia *f.* Cualidad de petulante.

petulante *adj./m. y f.* Que presume en exceso de sus cualidades o sus actos y se cree superior a los demás.

petunia *f.* 1 Planta herbácea muy ramosa y de hojas ovaladas, con flores grandes en forma de campanilla, muy olorosas, grandes y de diversos colores, que se cultiva en macetas y jardines por su vistosidad. 2 Flor de esta planta.

peyorativo, -va *adj.* [palabra, expresión] Que se usa o se entiende en el valor más negativo, despectivo o desfavorable.

pez *m.* 1 Animal vertebrado acuático de cuerpo alargado y generalmente protegido por escamas, con las extremidades en forma de aletas, que respira por branquias y se reproduce por huevos. ‖ *m. pl.* 2 Superclase de vertebrados acuáticos provistos de aletas, con el cuerpo generalmente cubierto de escamas, que respiran por branquias y se reproducen por huevos. ‖ *f.* 3 Sustancia negra o de color oscuro, muy espesa y pegajosa, que se saca del alquitrán y se utiliza para impermeabilizar superficies. ► **como pez en el agua** *coloquial* Estar cómodo o sentirse bien en un lugar o en un ambiente determinado. ► **estar pez** *coloquial* No saber nada sobre un asunto. ► **pez gordo** *coloquial* Persona con mucho poder e influencia y mucho dinero.

OBS El plural es *peces*.

pezón *m.* 1 Parte que sobresale más en los pechos de las hembras de los mamíferos, rodeada por una pequeña zona circular de color rosado, por donde maman las crías. 2 Extremo o parte saliente por donde se agarran ciertas cosas. 3 Tallo muy fino que sostiene la hoja, la flor o el fruto de las plantas.

pezuña *f.* 1 Conjunto de dedos de una misma pata de algunos animales, como el cerdo, la vaca o el caballo, cubiertos con uñas o cascos. 2 *coloquial* Mano o pie de las personas.

phi *f.* Vigésima letra del alfabeto griego.

OBS Se pronuncia 'fi'.

photofinish *f.* Fotografía que se toma a la llegada de una carrera deportiva mediante una cámara situada en la línea de meta.

OBS Es de origen inglés y se pronuncia aproximadamente 'fotofinis'.

pi *f.* 1 Decimosexta letra del alfabeto griego; se escribe π. ‖ *m.* 2 MAT. Número que equivale a 3,1416 aproximadamente y que resulta de la relación entre la longitud de una circunferencia y su diámetro.

piadoso, -sa *adj.* Que siente piedad.

pianista *com.* Persona que toca el piano.

pianístico, -ca *adj.* Del piano.

piano *m.* 1 Instrumento musical de percusión, compuesto por un conjunto de cuerdas metálicas de diferentes medidas en una caja de resonancia, y unos martillos que las golpean al ser accionadas por unas teclas. **piano de cola** Piano que tiene las cuerdas extendidas horizontalmente. **piano de pared** o **piano vertical** Piano que tiene las cuerdas extendidas verticalmente. ‖ *adv.* 2 MÚS. Suavemente o con poca intensidad. 3 *coloquial* Despacio y sin precipitación.

pianola *f.* Instrumento musical parecido a un piano pequeño que puede tocarse mecánicamente.

piar [13] *intr.* 1 Emitir los pollos y otras aves su voz característica. 2 *coloquial* Pedir una cosa con insistencia.

piara *f.* Manada de cerdos.

piastra *f.* Moneda fraccionaria usada en varios países, como Turquía, Egipto, Siria o Líbano.

PIB *m.* Sigla de *producto interior bruto*, 'volumen total de bienes y servicios producidos en un país durante un año y valorados según un precio de venta'.

pibe, -ba *m. y f. coloquial* Chaval, chico o muchacho.

pica *f.* 1 Especie de lanza de grandes dimensiones, con una punta de hierro cortante en su extremo, usada antiguamente por los soldados de infantería. 2 Vara larga con una punta de hierro cortante en su extremo que se usa para herir a los toros desde el caballo. ‖ *f. pl.* 3 Palo de la baraja francesa en el que aparecen dibujadas unas figuras con forma de corazón invertido y sostenido por un pie.

picada *f.* **1** Mordedura de un reptil o picotazo de un ave o insecto. **2** Marca o señal que deja en la piel esta mordedura.

picadero *m.* **1** Lugar donde se doman los caballos y donde se aprende a montar. **2** *coloquial* Casa o lugar que se utiliza solamente para mantener relaciones sexuales.

picadillo *m.* **1** Comida hecha con carne, tocino, verduras y ajos picados, que se prepara cociendo y sazonando todo con especias y huevos revueltos. **2** Carne de cerdo que se pica y se adoba con especias para hacer chorizos.

picado, -da *adj.* **1** Que tiene agujeros, señales o marcas. **2** Que está cortado a trozos pequeños. **3** *coloquial* Que está enfadado o disgustado. ‖ *m.* **4** Golpe fuerte y seco que se da en la parte baja de la bola de billar. **5** MÚS. Conjunto de notas que se ejecuta interrumpiendo un momento el sonido entre unas y otras. **6** MÚS. Técnica de ejecutar este conjunto de notas. ▸ **en picado** *a)* Con mucha rapidez o intensidad. *b)* Descenso rápido y a gran velocidad de un avión en posición perpendicular al suelo.

picador, -ra *m. y f.* **1** Torero que pica al toro. **2** Persona que se dedica a la doma y adiestramiento de caballos. **3** Persona que se dedica a extraer minerales con un pico.

picadora *f.* Aparato o máquina para picar carne, verduras u otros alimentos.

picadura *f.* **1** Mordedura de un ave o reptil o punzada que da un insecto con la trompa o el aguijón. **2** Señal que deja este tipo de mordedura o punzada. **3** Señales o marcas de caries en los dientes. **4** Tabaco desmenuzado en hebras o en partículas pequeñas.

picajoso, -sa *adj./m. y f.* [persona] Que se enfada o se ofende con facilidad.

picante *adj./m.* **1** [alimento] Que produce una sensación de picor o quemazón en el paladar. ‖ *adj.* **2** [chiste, historia] Que tiene cierta mordacidad o gracia.

picapedrero, -ra *m. y f.* Persona que pica las piedras para las construcciones.

picapica *amb. coloquial* Sustancia vegetal o mineral en forma de polvos o de pelusilla que produce picor o hace estornudar.

picapleitos *com. coloquial* Abogado.

OBS Se usa como apelativo despectivo. El plural también es *picapleitos*.

picaporte *m.* **1** Dispositivo sujeto a una puerta o una ventana que sirve para abrirla o cerrarla. **2** Pieza de metal con que se golpea una puerta para llamar.

picar [1] *tr.* **1** Cortar un alimento en trozos muy pequeños. **2** Tomar las aves su comida con el pico. **3** Marcar una persona autorizada el billete de un medio de transporte o servicio. **4** Hacer agujeros en algún material. **5** Golpear el jinete con las espuelas en los cuartos traseros al caballo o animal de montura. **6** Escribir un texto mecánicamente. ‖ *tr./intr.* **7** Morder un pez el cebo puesto en el anzuelo. **8** Morder las aves y algunos reptiles o pinchar un insecto con la trompa o el aguijón. **9** Comer trozos pequeños de alimento. **10** Golpear una superficie con un pico o herramienta con punta para arrancar partículas de una cosa dura. **11** Herir al toro desde el caballo clavándole la pica en el morrillo. ‖ *tr./prnl.* **12** *coloquial* Causar disgusto o enfado. **13** Producir caries. ‖ *intr.* **14** Causar picor o escozor en una parte del cuerpo. **15** Caer en un engaño o trampa. **16** Descender un pájaro o un avión en línea casi perpendicular al suelo. ‖ *prnl.* **17** Empezar a estropearse un alimento o una bebida. **18** Tener o empezar a tener agujeros o grietas una superficie metálica.

picardía *f.* **1** Disimulo o astucia para que no se vea o no se sepa una cosa o para sacar provecho de ciertas situaciones. **2** Travesura poco importante. **3** Acción o dicho en el que hay malicia o atrevimiento, normalmente relacionado con el sexo. ‖ *m.* **4** Conjunto formado por un camisón corto y unas bragas. También se usa en plural para referirse a un solo conjunto.

picaresca *f.* **1** Género literario al que pertenecen las obras en que se narra la vida de los pícaros. **2** Conjunto de costumbres que se consideran propias de los pícaros.

picaresco, -ca *adj.* **1** De la picaresca. **2** [obra literaria] Que tiene como tema la vida y las aventuras de un pícaro.

pícaro, -ra *adj./m. y f.* **1** [persona] Que tiene picardía o se comporta con astucia y disimulo para conseguir un fin determinado. ‖ *m. y f.* **2** Personaje real o literario, sin honor y de humilde condición social, que se vale de toda clase de engaños y astucias para sobrevivir.

picatoste *m.* Rebanada pequeña de pan tostada o frita en aceite.

picazón *f.* Sensación molesta que produce lo que pica.

picha *f. coloquial* Pene.

pícher *m.* Jugador de béisbol que tira la pelota al bateador.

pichi *m.* Prenda de vestir parecida a un vestido sin mangas y con escote, que se pone encima de una camisa, una camiseta o un jersey.

pichichi *m.* 1 ESP Futbolista que más goles ha marcado en el campeonato nacional de liga. 2 ESP Trofeo que recibe este futbolista.

pichincha *f.* ASUR *coloquial* Mercancía de calidad vendida a bajo precio.

pichón, -chona *m.* 1 Cría de la paloma doméstica. ‖ *m. y f.* 2 Término que se aplica cariñosamente a las personas.

pícnic *m.* Comida o merienda al aire libre, en el campo.

OBS El plural es *pícnics*.

pícnico, -ca *adj./m. y f.* [persona, cuerpo] Que es de baja estatura, rechoncho y con tendencia a la obesidad.

pico *m.* 1 Parte saliente de la cabeza de las aves, formada por dos piezas duras. 2 Parte puntiaguda que sale de la superficie o del borde de un objeto. 3 Herramienta grande que sirve para cavar, formada por una pieza de metal duro que termina en dos puntas opuestas y que en el centro lleva insertado un mango largo. 4 Herramienta parecida a la anterior pero con la pieza metálica acabada en punta por un extremo y con forma de pequeña hacha por el otro. 5 Parte saliente del borde de un recipiente por donde se vierte el líquido que contiene. 6 Extremo más alto y agudo de una montaña. 7 Montaña que tiene la cumbre puntiaguda. 8 Parte que pasa de una cantidad determinada cuyo valor no se conoce o no importa. 9 Cantidad muy grande de dinero. 10 Facilidad o soltura para hablar muy bien. **pico de oro** Persona que tiene facilidad o soltura para hablar muy bien. 11 *coloquial* Boca de una persona. 12 *coloquial* Dosis de droga que se introduce en las venas de una vez. ▸ **irse (o andar) de picos pardos** Ir de juerga.

picón, -cona *adj.* 1 [caballo, mulo, asno] Que tiene los incisivos superiores muy salidos. ‖ *m.* 2 Carbón muy menudo para los braseros.

picor *m.* Picazón.

picota *f.* 1 Poste que se utilizaba para exponer a los reos a la vergüenza pública. 2 Variedad de cereza que se caracteriza por tener una punta en la parte opuesta al rabo y ser de carne más dura.

picotazo *m.* 1 Golpe o mordisco que dan las aves con el pico. 2 Pinchazo o punzada que da un insecto. 3 Señal o herida que dejan esos golpes.

picotear *tr.* 1 Herir o golpear repetidamente las aves con el pico. ‖ *tr./intr.* 2

Comer cosas distintas y en pequeñas cantidades. ‖ *intr.* 3 Hablar mucho dos o más personas de cosas poco importantes. 4 Mover continuamente la cabeza el caballo de arriba hacia abajo.

pictograma *m.* Signo o dibujo que tiene un significado en un lenguaje de figuras o símbolos.

pictórico, -ca *adj.* 1 De la pintura. 2 Que es adecuado para ser representado en pintura.

picudo, -da *adj.* Que tiene pico o forma de pico.

pídola *f.* Juego de niños en el que unos saltan sobre otros que están agachados.

pie *m.* 1 Parte del cuerpo del ser humano y de algunos animales que va desde el tobillo hasta el final de la pierna o pata. 2 Parte de un calcetín, media o calzado que cubre esta extremidad. 3 Base en la que se apoya un objeto. 4 Parte de una cosa que se opone a la principal o cabecera. 5 Parte inferior de un escrito. 6 Texto corto que aparece debajo de un dibujo o una pintura y que sirve de explicación o comentario. 7 Última palabra que dice un personaje en una representación teatral que indica a otro el momento en que debe empezar a hablar. 8 Medida de longitud que equivale a 28 centímetros. 9 Parte de un verso compuesta por dos, tres o más sílabas que forman una unidad acentual. **pie quebrado** Verso de cinco o menos sílabas que se intercala entre otros más largos. ▸ **a pie** Andando o caminando. ▸ **a pie (o pies) juntillas** Con gran convencimiento. ▸ **buscarle tres (o cinco) pies al gato** Empeñarse en encontrar complicaciones o problemas donde no existen. ▸ **con pies de plomo** Con mucho cuidado o cautela. ▸ **dar pie** Dar un motivo para que una persona haga algo. ▸ **de pie o en pie** En posición erguida o vertical. ▸ **no dar pie con bola** Equivocarse varias veces seguidas o muy a menudo. ▸ **no tener ni pies ni cabeza** No tener lógica o sentido. ▸ **poner pies en polvorosa** Irse o escapar rápidamente una persona de un lugar.

piedad *f.* 1 Sentimiento de pena o dolor que se tiene hacia alguien que sufre. 2 Virtud que mueve a rezar, a ir a la iglesia y a adorar las cosas sagradas. 3 Pintura o escultura que representa a la Virgen María con Jesucristo muerto entre sus brazos.

piedra *f.* 1 Materia mineral muy dura y de estructura compacta. **piedra pómez** Piedra áspera, de estructura porosa y color grisáceo. **piedra preciosa** Piedra muy dura y que se usa por su escasez para fabricar objetos valiosos. **2** Trozo de materia mineral dura, sin una forma determinada. **3** Acumulación de pequeños trozos de materia mineral u orgánica que se forma en algunos órganos internos del cuerpo. **4** Pieza de los encendedores con la que se produce una chispa que enciende la llama. **5** Granizo de gran tamaño. ▶ **de piedra** Muy sorprendido o impresionado ante un hecho inesperado. ▶ **piedra angular** *a)* Piedra que está en la esquina de la base de una construcción. *b)* Fundamento o base de una cosa.

piel *f.* **1** Capa de tejido resistente y flexible que cubre y protege el cuerpo del hombre y de los animales. **piel de gallina** Piel de las personas cuando, por el frío o el miedo, toma un aspecto parecido al de las aves sin plumas. **2** Cuero curtido. **3** Cuero curtido de forma que conserve su pelo natural. **4** Capa delgada que cubre la carne de ciertos frutos. ▶ **dejarse la piel** Esforzarse mucho en un trabajo o tarea.

piélago *m.* **1** Zona del mar que comprende prácticamente su totalidad, a excepción de las orillas y el fondo. **2** *culto* Mar.

pienso *m.* Alimento que se da al ganado, especialmente el que es seco.

piercing *m.* Pendiente u otro abalorio que se lleva en alguna parte del cuerpo que se ha horadado con dicho fin.

OBS Es de origen inglés y se pronuncia aproximadamente 'pircin'. El plural es *piercings*.

pierna *f.* **1** Miembro inferior del cuerpo que une el tronco con el pie. **2** Parte de este miembro que va desde la rodilla hasta el pie. **3** Muslo de algunos animales.

pierrot *m.* Personaje cómico del teatro clásico francés que se caracteriza por llevar un traje blanco y muy amplio con grandes botones.

pieza *f.* **1** Cada una de las partes de que se compone un conjunto u objeto. **2** Elemento que forma parte de un mecanismo. **3** Trozo de tela, especialmente la que se cose a otra que está rota o vieja. **4** Animal que se caza o se pesca. **5** Obra de teatro formada por un solo acto. **6** Composición musical. **7** Persona que destaca por tener un comportamiento poco adecuado. **8** Figura o ficha que se utiliza en ciertos juegos de mesa, como el ajedrez o las damas. **9** Habitación o cuarto de una casa. **10** Objeto trabajado artísticamente, especialmente si se trata de muebles, joyas u obras

de arte. ‖ **11** CSUR, BOL, COL, MÉX, PERÚ Habitación de una casa en que se duerme.

pífano *m.* Instrumento musical de viento parecido a una flauta pequeña que produce un sonido muy agudo.

pifia *f.* **1** Obra o dicho equivocado o sin acierto de una persona. **2** Golpe malo o poco acertado que se da con el taco en la bola de billar.

pifiada *f.* CSUR, CUBA, PERÚ Pifia (obra o dicho).

pifiar [12] *intr.* **1** Hacer o decir una cosa equivocada o sin acierto. **2** Dar un golpe malo o poco acertado con el taco en la bola de billar.

pigmentación *f.* **1** Formación del pigmento de la piel o de un tejido. **2** Coloración anormal de la piel o de un tejido.

pigmentar *tr./prnl.* Dar color a alguna cosa, especialmente con una sustancia adecuada para ello.

pigmento *m.* **1** Sustancia que se encuentra en las células de los seres vivos y que da color. **2** Sustancia natural o artificial que da color y que se usa en la fabricación de pinturas.

pigmeo, -mea *adj.* **1** [grupo étnico] Que está constituido por personas que habitan en ciertas zonas de África y Asia y que se caracterizan por ser de estatura muy baja. ‖ *adj./m. y f.* **2** [persona] Que pertenece a este grupo étnico.

pijada *f.* **1** *coloquial* Cosa que tiene poca importancia o poco valor. **2** *coloquial* Cosa que se considera propia de las personas pijas.

pijama *amb.* Prenda de ropa ligera y cómoda, formada por dos piezas, pantalón y camiseta o chaqueta, que se usa para dormir.

pijo, -ja *adj./m. y f.* **1** [persona] Que se comporta de manera superficial y presumida, con los gustos propios de las personas adineradas. ‖ *adj.* **2** Que es muy refinado, llamativo y propio de personas adineradas. ‖ *m.* **3** *coloquial* Órgano sexual masculino. ▶ **un pijo** *coloquial* Nada absolutamente.

pila *f.* **1** Conjunto de cosas puestas unas sobre otras. **2** Cantidad grande de una cosa. **3** Dispositivo que sirve para producir corriente eléctrica continua, que permite que los aparatos eléctricos funcionen sin necesidad de estar conectados a la electricidad con un cable. **4** Recipiente cóncavo hecho de un material resistente donde cae o se echa agua para diversos usos. **pila bautismal** Recipiente cóncavo que hay en las iglesias y que contiene agua bendita para administrar el bautismo.

pilar *m.* 1 ARQ. Elemento vertical de apoyo, más alto que ancho, que sirve para soportar un edificio, un arco, etc. 2 Persona o cosa que sirve de apoyo o base.

pilastra *f.* ARQ. Pilar de base cuadrada o rectangular, especialmente la que está pegada a un muro.

pilates *amb.* Tipo de gimnasia que combina el control físico y mental a través de la realización de una serie de ejercicios.

píldora *f.* 1 Pastilla de medicamento de pequeño tamaño, generalmente redonda. 2 Pastilla anticonceptiva. ▸ **dorar la píldora** Suavizar una noticia desagradable para evitar el enfado o disgusto de la persona que la recibe.

pileta *f.* Pila pequeña que contiene agua bendita y que se encuentra en las iglesias y en algunas casas.

pilífero, -ra *adj.* BOT. [planta] Que está cubierto de pelos.

pilila *f. coloquial* Órgano sexual masculino.

pillaje *m.* 1 Robo que se hace con violencia. 2 Robo o destrucción que hacen los soldados en un país enemigo.

pillar *tr.* 1 Coger o alcanzar a alguien o algo. 2 Atropellar un vehículo a una persona o animal. 3 Ponerse a la misma altura o nivel. 4 Sorprender a una persona en el momento en que está cometiendo una falta o engaño. 5 Contraer o llegar a tener una enfermedad o un estado de ánimo determinado. 6 Entender algo que es difícil o que tiene doble sentido. 7 Robar o tomar algo por la fuerza. | *tr./prnl.* 8 Sujetar o aprisionar una cosa, generalmente haciendo daño.

pillastre *adj./m.* Pillo.

pillería *f.* Obra o dicho de un pillo.

pillo, -lla *adj./m. y f.* 1 [persona] Que es hábil para engañar para conseguir una cosa. 2 [persona] Que es pícaro.

pilón *m.* Recipiente de piedra en que cae y se acumula el agua de una fuente.

píloro *m.* ANAT. Orificio del estómago que comunica con el intestino delgado.

piloso, -sa *adj.* Del pelo de la piel.

pilotaje *m.* 1 Acción de pilotar. 2 Técnica de pilotar un vehículo.

pilotar *tr.* 1 Dirigir o conducir una embarcación o una aeronave. 2 Dirigir o conducir un vehículo, especialmente cuando tiene potencia para alcanzar gran velocidad. 3 Dirigir o controlar una situación o un grupo. | *tr./intr.* 4 *coloquial* Conocer muy bien un tema u otra cosa.

pilote *m.* Palo de madera de forma cilíndrica, generalmente con una punta de hierro, que se clava en la tierra para asegurar los cimientos de una construcción.

piloto *com.* 1 Persona que conduce un barco o una aeronave. 2 Persona que conduce un vehículo de competición. **piloto automático** Mecanismo que conduce o gobierna automáticamente un coche, barco o aeronave. | *m.* 3 Luz de un vehículo, de color blanco en la parte anterior y rojo en la parte posterior, que sirve para marcar su posición. 4 Indicador luminoso en el panel de mandos de un vehículo. 5 Luz de un aparato eléctrico que indica si está en funcionamiento. 6 Muestra o modelo que sirve de experimento. En esta acepción funciona siempre detrás de otros nombres y el plural es también *piloto*.

piltra *f. coloquial* Cama.

piltrafa *f.* Persona muy delgada y débil.

pimentero *m.* 1 Recipiente que sive para guardar pimienta molida. 2 Arbusto de tallos nudosos, con las hojas ovaladas y gruesas y las flores en espiga, cuyo fruto es la pimienta.

pimentón *m.* Polvo que se obtiene al moler pimientos rojos secos y que sirve para condimentar comidas.

pimienta *f.* Fruto pequeño, redondo y rojo, que toma color negro cuando se seca y que tiene un sabor muy picante.

pimiento *m.* 1 Vegetal comestible hueco, alargado y de color verde, rojo o amarillo, en cuyo interior hay unas semillas planas de color blanco o amarillo. 2 Planta de flores blancas cuyo fruto es el pimiento. ▸ **un pimiento** *a)* Nada o muy poco. *b)* Se usa en frases exclamativas para negar o rechazar algo con rotundidad.

pimpollo *m.* 1 Árbol pequeño que está creciendo, especialmente el pino. 2 Brote, yema o tallo nuevo de una planta. 3 Flor de la rosa cuando todavía no se han abierto sus tallos. 4 Persona que llama la atención por ser bella o graciosa. Se usa como apelativo afectivo, especialmente para referirse a jóvenes o mujeres.

pimpón *m.* Deporte que se juega alrededor de una mesa rectangular dividida por una red en dos campos y que consiste en golpear una pelota pequeña y ligera con una paleta para hacerla botar en el campo contrario.

pin *m.* Pequeño adorno, generalmente metálico, que se pincha en una prenda de vestir y que puede tener diversas formas. **OBS** El plural es *pins*.

pinacoteca *f.* Museo o galería abierto al público en el que se exponen o se guardan pinturas.

pináculo *m.* 1 Parte superior y más alta de un edificio situada sobre el tejado. 2 Elemento arquitectónico en forma de cono o de pirámide que adorna los edificios, especialmente los de estilo gótico.

pinar *m.* Terreno poblado de pinos.

pincel *m.* 1 Instrumento para pintar pequeñas superficies, formado por un mango con un conjunto de pelos o cerdas en un extremo, y que es más estrecho y delgado que una brocha. 2 Modo de pintar de una persona o grupo.

pincelada *f.* 1 Trazo hecho con un pincel en una superficie. 2 Rasgo o idea expresado en pocas palabras que da un carácter propio a un discurso o a un texto.

pinchadiscos *com.* Persona que se dedica a poner música en la radio, en una discoteca o en otro establecimiento.

OBS El plural también es *pinchadiscos*.

pinchar *tr./prnl.* 1 Clavar en una superficie un objeto puntiagudo, como una espina, un clavo o un alfiler. 2 Poner una inyección a alguien. ‖ *tr.* 3 Sujetar o coger un objeto clavando en él un instrumento acabado en punta. 4 Provocar a una persona para que se enfade. 5 Animar a una persona para que haga algo. 6 Intervenir una línea telefónica para espiar las conversaciones que se producen a través de ella. ‖ *tr./intr.* 7 Poner música variada para que la escuchen diferentes personas. ‖ *intr.* 8 Sufrir un pinchazo en la rueda de un vehículo. 9 No tener éxito o fracasar en algo que se quiere conseguir. ‖ *prnl.* 10 Inyectarse droga en la sangre.

pinchaúvas *com.* ESP *coloquial* Persona mala y despreciable. Se usa como insulto o como apelativo despectivo.

OBS El plural también es *pinchaúvas*.

pinchazo *m.* 1 Acción de pinchar. 2 Herida o señal que deja un instrumento que pincha. 3 Obra o dicho con que se molesta a una persona o se la convence para que tome una decisión. 4 Sensación dolorosa y aguda en alguna parte del cuerpo.

pinche *com.* Persona que ayuda al cocinero en la cocina.

pinchito *m.* Comida ligera hecha con trozos pequeños de alimentos que generalmente lleva un palillo pinchado para cogerla y se toma como aperitivo o como comida informal.

pincho *m.* 1 Punta aguda y afilada. 2 Pin-

chito. **pincho moruno** Comida hecha con trozos de carne preparados con especias y que van atravesados por una vara delgada de madera o de metal.

ping-pong *m.* Deporte parecido al tenis que se juega sobre una mesa rectangular dividida por una red en dos campos y que consiste en golpear una pelota pequeña y ligera con una paleta para hacerla botar en el campo contrario.

OBS También se escribe *pimpón*.

pingajo *m.* Trozo de tela roto o viejo que cuelga de un lugar o de una cosa.

pingar [7] *intr.* 1 *coloquial* Colgar o estar suspendida una cosa. 2 Gotear algo que está empapado.

pingo *m.* 1 Pingajo. 2 Prenda de vestir rota, vieja o sucia. 3 Persona a la que le gusta mucho salir a divertirse.

pingüe *adj.* Que es muy abundante.

pingüino *m.* Ave de las zonas polares, que tiene las patas cortas y los dedos de los pies unidos por membranas, la espalda y las alas negras y el pecho blanco, que nada muy bien y no puede volar.

pinitos *m. pl.* 1 *coloquial* Primeros pasos que da un niño que está aprendiendo a andar. 2 Primeros pasos que da una persona en el aprendizaje o la práctica de un arte o una actividad.

pinnípedo, -da *adj./m.* 1 ZOOL. [animal mamífero] Que tiene los dedos de las patas delanteras unidos por membranas, las patas traseras en forma de aleta, una gruesa capa de grasa bajo la piel y vive en el mar, aunque tiene que salir a la superficie para poder respirar. ‖ *m. pl.* 2 ZOOL. Orden al que pertenecen estos mamíferos.

pino *m.* 1 Árbol de tronco fuerte y rugoso, con las hojas estrechas en forma de aguja, cuyo fruto es la piña y que crece sobre todo en Europa. 2 Madera de este árbol.

pinrel *m. coloquial* Pie de una persona. Suele usarse de forma humorística.

pinsapo *m.* Árbol parecido al abeto que tiene hojas cortas y punzantes, y piñas derechas y más grandes que las del abeto.

pinta *f.* 1 Mancha o señal redondeada y pequeña en la piel, el pelo o las plumas de los animales, y en las alas de ciertos insectos. 2 Dibujo en forma de mancha redondeada muy pequeña con el que se adorna una tela. 3 Aspecto o apariencia exterior de una persona o cosa. Cuando se trata del aspecto de una persona suele tener un valor despectivo. 4 Carta de la baraja que se descubre para señalar el palo que en un juego determinado es el triunfo o palo que tiene más valor. **5** Medida de capacidad para líquidos o para áridos. ‖ *m.* **6** Hombre que habla o actúa con desvergüenza o falta de respeto hacia los demás.

pintada *f.* **1** Escrito o dibujo de gran tamaño hecho a mano sobre una superficie, generalmente un muro, que se pinta de manera encubierta. **2** Ave de la familia de la gallina, con las plumas negras y manchas blancas, que tiene la cabeza pelada y una cresta dura.

pintado, -da *adj.* **1** [animal] Que tiene manchas de color en la piel, el pelo o las plumas. **2** Que es muy parecido o casi igual a otra persona o cosa. ▶ **el más pintado** La persona más hábil. ▶ **que ni pintado** De forma muy adecuada u oportuna.

pintalabios *m.* **1** Barra pequeña hecha de una pasta compacta y grasa que se usa como cosmético para dar color a los labios, y que generalmente va guardada en un pequeño estuche alargado. **2** Sustancia grasa que se usa como cosmético para dar color a los labios.

OBS El plural también es *pintalabios*.

pintamonas *com.* **1** Persona que se dedica a la pintura artística, pero tiene poca habilidad para ella. **2** Persona poco importante.

OBS El plural también es *pintamonas*.

pintar *tr./intr.* **1** Representar algo en una superficie por medio de colores y líneas. ‖ *tr.* **2** Cubrir con color una superficie. **3** Describir con palabras el aspecto o el carácter de algo o alguien. ‖ *tr./prnl.* **4** Dar color, cubrir defectos y hacer más bella la cara, usando productos naturales o artificiales. ‖ *intr.* **5** Hacer trazos o colorear un lápiz u un objeto de características parecidas. **6** Tener valor o importancia o una determinada función. **7** Señalar una carta de la baraja el palo que más valor tiene en un juego o en una partida.

pintarrajear *tr./intr.* **1** Pintar sin arte ni cuidado. ‖ *tr./prnl.* **2** Maquillar la cara de una persona de forma excesiva y poco adecuada.

pintiparado, -da *adj. coloquial* Que es adecuado, oportuno o conveniente para una cosa o un fin determinados.

pinto, -ta *adj.* [animal] Que tiene manchas de color en la piel, el pelo o las plumas.

pintor, -ra *m. y f.* **1** Persona que se dedica a la pintura artística. **2** Persona que se dedica a pintar puertas, paredes, casas y superficies en general.

pintoresco, -ca *adj.* **1** Que presenta una imagen bella, agradable y única, muy adecuada para ser pintada. **2** Que llama la atención por ser peculiar o extraño. **3** [lenguaje, estilo] Que describe la realidad de forma viva y animada.

pintura *f.* **1** Arte de pintar o representar en una superficie con colores y líneas. **2** Obra que se hace aplicando ese arte. **3** Conjunto de obras pintadas de un autor, estilo, país o período determinados. **4** Producto con un color determinado que se usa para pintar. **5** Técnica o procedimiento usado para pintar una obra o una superficie. **6** Descripción de personas o cosas por medio de palabras. ‖ *f. pl.* **7** Conjunto de productos que sirven para pintarse la cara. ▶ **no poder ver ni en pintura** Sentir mucha antipatía hacia una persona.

pinturero, -ra *adj./m. y f.* [persona] Que presume de ser bello, fino o elegante.

pinza *f.* **1** Instrumento formado por dos piezas alargadas, unidas con un muelle o pequeña palanca en el centro, que se separan por un extremo haciendo presión con los dedos por el otro extremo y se utiliza para sujetar o apretar cosas. ‖ *f. pl.* **2** Instrumento formado por dos piezas unidas por un extremo y separadas por el otro, que se juntan haciendo presión con los dedos por el centro y que sirve para coger cosas. **3** Pieza articulada que tienen algunos animales en el extremo de las patas. **4** Pliegue cosido en la tela de una prenda de vestir.

pinzamiento *m.* Opresión de un órgano, de un nervio o de un músculo que se encuentra entre dos superficies.

pinzón *m.* Pájaro pequeño de pico largo que se alimenta de insectos.

piña *f.* **1** Fruto del pino y otros árboles, que tiene forma ovalada o de cono, termina en punta, y está formado por muchas piezas duras y colocadas en forma de escamas. **2** Fruto comestible de gran tamaño, de carne amarilla y muy jugosa, que tiene una corteza rugosa y áspera y que termina en un conjunto de hojas duras. **3** Planta tropical de la que se extrae esta fruta. **4** Conjunto de personas unidas estrechamente por un sentimiento de lealtad y fidelidad. **5** Conjunto de personas, animales o cosas muy juntas. **6** Golpe muy fuerte contra algo.

piñata *f.* Recipiente lleno de dulces o regalos que se cuelga para romperlo a palos con los ojos tapados.

piño *m.* **1** *coloquial* Diente. **2** *coloquial* Golpe.

piñón *m.* 1 Semilla del pino, de forma ovalada, con una cáscara muy dura y una carne blanca y dulce. 2 Rueda pequeña dentada que ajusta con otra en un mecanismo.

piñonero, -ra *adj./m.* [pino] Que produce semillas comestibles.

pío, pía *adj./m. y f.* 1 [persona] Que es muy religioso. | *m.* 2 Onomatopeya de la voz del pollo o de los pájaros.

piojo *m.* Insecto muy pequeño, de cuerpo aplastado, antenas cortas y sin alas que vive pegado al pelo de los seres humanos y de otros animales.

piojoso, -sa *adj.* 1 Que tiene piojos. 2 Que merece desprecio por considerarse miserable y mezquino.

piolet *m.* Utensilio de metal en forma de pico que utilizan los alpinistas para asegurarse cuando escalan sobre nieve o hielo.
OBS El plural es *piolets*.

pionero, -ra *adj./m. y f.* 1 [persona] Que realiza los primeros descubrimientos o los primeros trabajos en una actividad. | *m. y f.* 2 Persona que llega a un lugar, lo explora e inicia la colonización del mismo.

piorrea *f.* Enfermedad de la boca que consiste en la aparición de pus en las encías y que suele producir la caída de los dientes.

pipa *f.* 1 Semilla pequeña de ciertos frutos envuelta en una cáscara fina que se abre fácilmente. 2 Instrumento que sirve para fumar y que está formado por un pequeño recipiente en el que se quema el tabaco y un tubo por el que se aspira el humo. 3 *coloquial* Arma de fuego de cañón corto. ▶ **pasarlo pipa** Divertirse mucho.

pipermín *m.* Bebida alcohólica de menta.

pipeta *f.* Tubo de cristal que se usa en los laboratorios para trasladar pequeñas cantidades de líquido de un recipiente a otro.

pipí *m. coloquial* Orina.

pipiolo, -la *m. y f. coloquial* Persona joven, especialmente si no tiene experiencia.

pipo *m. coloquial* Semilla o hueso que tienen algunos frutos.

pique *m.* 1 Enfado o disgusto pasajero provocado por una discusión o un enfrentamiento. 2 Empeño en hacer una cosa por amor propio. ▶ **irse a pique** *a)* Hundirse un barco. *b)* Estropearse o no llegar a su fin un proyecto.

piqué *m.* Tejido de algodón que tiene dibujos en relieve.

piqueta *f.* 1 Herramienta para derribar muros, formada por una cabeza de metal, plana por un extremo y acabada en punta por el otro, y un mango corto de madera. 2 Objeto de madera o de metal acabado en punta que se clava en la tierra.

piquete *m.* 1 Grupo de personas que recorren las calles o se colocan en ciertos lugares para impedir que se trabaje cuando se ha declarado una huelga. 2 Pequeño grupo de soldados designado para hacer un servicio extraordinario.

pira *f.* Fuego de llamas altas, especialmente el que se prepara para hacer sacrificios o para quemar cadáveres.

pirado, -da *adj./m. y f. coloquial* [persona] Que está loco.

piragua *f.* Embarcación estrecha y alargada, con poco calado y sin quilla, que navega propulsada por remos de pala muy ancha no sujetos al casco de la nave.

piragüismo *m.* Deporte que consiste en navegar en una piragua.

piragüista *com.* Persona que practica el piragüismo.

piramidal *adj.* Que tiene forma de pirámide.

pirámide *f.* 1 Cuerpo geométrico que tiene por base un polígono, y cuyas caras laterales son triángulos que se juntan en un vértice común. 2 Construcción que tiene esa forma.

piraña *f.* Pez tropical de agua dulce, muy voraz, de pequeño tamaño, cabeza ancha y dientes muy fuertes y afilados.

pirarse *prnl. coloquial* Irse de un sitio.

pirata *com.* 1 Persona que navega sin licencia y que se dedica a asaltar los barcos en alta mar o en las costas para robar lo que contienen. 2 Persona que se aprovecha del trabajo o de las obras de otros. | *adj.* 3 De la persona que practica la piratería. 4 Que va contra la ley.

piratear *intr.* 1 Asaltar naves en el mar para robar lo que contienen. | *tr./intr.* 2 Aprovecharse del trabajo o de las obras de otros, especialmente copiando programas informáticos u obras de literatura o de música sin estar autorizado legalmente.

piratería *f.* 1 Ejercicio de pirata. 2 Conjunto de cosas robadas por los piratas.

pirenaico, -ca *adj.* De los Pirineos.

pírex *m.* Material transparente, parecido al cristal, que es muy resistente al calor.

piripi *adj. coloquial* [persona] Que se ha emborrachado ligeramente.

pirita *f.* Mineral de hierro que es muy duro y de color dorado.

piro- Elemento prefijal que entra en la formación de palabras con el significado de 'fuego', 'llama'.

pirograbado *m.* 1 Técnica de grabado de dibujos sobre madera con un instrumento de metal incandescente. 2 Obra hecha mediante esta técnica.

piromanía *f.* Tendencia enfermiza que tienen algunas personas a incendiar lugares.

pirómano, -na *m. y f.* Persona que padece piromanía.

piropear *tr.* Dirigir piropos a alguien.

piropo *m.* Palabra o frase que dirige una persona a otra para expresar admiración, generalmente por su belleza.

pirotecnia *f.* Técnica que se ocupa de los fuegos artificiales, explosivos y toda clase de inventos con pólvora con fines militares o para diversiones y fiestas.

pirotécnico, -ca *adj.* De la pirotecnia.

pirrarse *prnl.* 1 *coloquial* Desear una cosa con mucha pasión. 2 *coloquial* Gustar mucho una cosa.

pirueta *f.* 1 Movimiento ágil que se hace con el cuerpo sobre una superficie o en el aire. 2 Giro completo que realiza una persona sobre sí misma. 3 Acción con la que se resuelve una situación difícil o se sale de un aprieto.

pirula *f. coloquial* Acción que molesta, causa un daño o tiene mala intención.

piruleta *f.* Caramelo de forma plana y circular que va unido a un palillo para poderlo coger con la mano y chuparlo.

pirulí *m.* Caramelo, generalmente largo y en forma de cono, con un palo muy fino que sirve de mango para sujetarlo.
OBS El plural es *pirulíes*, culto, o *pirulís* popular.

pis *m. coloquial* Orina.

pisada *f.* 1 Acción de pisar. 2 Señal que deja un pie al pisar.

pisapapeles *m.* Objeto pesado que se pone sobre los papeles para sujetarlos.
OBS El plural también es *pisapapeles*.

pisar *tr.* 1 Poner el pie sobre una persona o cosa. 2 Estrujar o apretar con los pies. 3 Tratar mal o despreciar a una persona, causándole un daño moral. 4 Adelantarse a otra persona en lograr un objetivo o proyecto. 5 Pulsar una tecla o una cuerda de un instrumento. 6 Cubrir parcialmente una cosa a otra.

pisaverde *m. coloquial* Hombre muy presumido que le da demasiada importancia a su aspecto. Tiene un valor despectivo.

pisci- Prefijo que entra en la formación de palabras con el significado de 'pez'.

piscícola *adj.* De la piscicultura.

piscicultor, -ra *m. y f.* Persona que se dedica a la piscicultura.

piscicultura *f.* Técnica de criar peces.

piscifactoría *f.* Conjunto de instalaciones dedicadas a la piscicultura.

piscina *f.* 1 Recipiente de grandes dimensiones que se llena de agua para poder nadar y bañarse en ella. 2 Conjunto de instalaciones donde se puede practicar la natación y otros deportes de agua. 3 Recipiente de gran tamaño que se llena de agua para tener peces u otros animales que viven en el agua.

piscis *adj./com.* Que ha nacido entre el 19 de febrero y el 20 de marzo, tiempo en que el Sol recorre aparentemente Piscis, duodécimo signo del Zodíaco.

pisco *m.* COL, VEN Pavo, ave gallinácea.

piscolabis *m.* Comida ligera que se toma entre horas y que suele consistir en un bocadillo, un pincho o una tapa.
OBS El plural también es *piscolabis*.

piso *m.* 1 Planta de un edificio o medio de transporte. 2 Capa o estrato de un terreno o de una roca. 3 Superficie artificial sobre la que se pisa. 4 Capa superpuesta que con otras forma una unidad. 5 Parte del calzado que queda debajo del pie y que toca el suelo. 6 ESP Vivienda en un edificio de varias plantas.

pisotear *tr.* 1 Pisar repetidamente algo. 2 Maltratar o despreciar a una persona.

pisotón *m.* Pisada que se hace con fuerza sobre alguna cosa, especialmente sobre el pie de otra persona.

pista *f.* 1 Señal que queda al pisar o al pasar por un lugar una persona o un animal. 2 Señal que sirve para descubrir una cosa o para llegar a una conclusión. 3 Superficie donde despegan y toman tierra los aviones. 4 Superficie que se utiliza para practicar deportes. 5 Superficie que se utiliza para bailar. 6 Superficie donde se representan espectáculos o funciones de circo. 7 Camino o carretera de tierra. 8 Superficie lineal en que se divide un disco o una cinta magnética y que sirve para grabar información.

pistacho *m.* 1 Fruto seco comestible de forma ovalada que tiene una cáscara muy dura de color marrón claro y una semilla carnosa verde cubierta por una piel oscura muy fina. ǁ *m./adj.* 2 Color verde claro muy brillante. No varía de número.

pistilo *m.* BOT. Órgano de reproducción femenino de una flor con forma de botella.

pisto *m.* Comida hecha a base de hortalizas picadas en trozos muy pequeños que se fríen y después se cocinan lentamente.

▶ **darse pisto** Presumir o darse mucha importancia una persona por algo que tiene.

pistola *f.* 1 Arma de fuego de cañón corto que se dispara con una sola mano. 2 Utensilio formado por un recipiente y un mecanismo que permite esparcir un líquido a presión. 3 Barra pequeña de pan.

pistolera *f.* Funda con forma de pistola para guardar un arma.

pistolero, -ra *m. y f.* Persona que usa la pistola para robar, atacar o matar a otras.

pistoletazo *m.* 1 Disparo hecho con una pistola. 2 Ruido producido por ese disparo.

pistón *m.* 1 Pieza de una bomba o del cilindro de un motor que se mueve impulsando un fluido o bien recibiendo el impulso de él. 2 Llave de ciertos instrumentos de viento en forma de émbolo.

pistonudo, -da *adj. coloquial* Que es muy bueno o admirable.

pita *f.* 1 Planta originaria de México, de hojas grandes, largas, carnosas y que nacen de la raíz, y flores amarillentas que salen de un tallo central. 2 Torta redondeada de harina, agua y sal con forma de bolsa en la que se pueden introducir alimentos para comerla a modo de sándwich.

pitada *f.* 1 Sonido o golpe producido por un pito. 2 Conjunto de silbidos, pitos y gritos con que un grupo de personas muestra su rechazo o descontento por algo.

pitanza *f.* 1 Alimento diario. 2 Ración de comida que se da a la gente que vive en comunidad o a los pobres.

pitar *intr.* 1 Hacer sonar un pito. 2 Producir un sonido agudo y continuo. 3 Hacer de árbitro en una competición deportiva. ‖ *tr.* 4 Señalar o indicar una falta usando un pito en una competición deportiva.

pítcher *com.* Jugador de béisbol que lanza la pelota al bateador.

pitecántropo *m.* Mamífero antropoide fósil que vivió durante el pleistoceno.

pitido *m.* 1 Sonido producido por un pito. 2 Sonido agudo y continuado.

pitillera *f.* Estuche para guardar cigarrillos.

pitillo *m.* Cilindro pequeño y delgado de tabaco picado envuelto en un papel especial muy fino que se fuma.

pitiminí *m.* 1 Rosal en el que florecen unas rosas muy pequeñas. 2 Rosa muy pequeña que florece en este rosal.

OBS El plural es *pitiminíes*, culto, o *pitiminís*.

pito *m.* 1 Instrumento pequeño y hueco que produce un sonido agudo cuando se sopla por él. 2 Instrumento que tienen algunos vehículos y que produce un sonido fuerte. 3 Pitillo. 4 *coloquial* Pene. 5 Sonido que se produce juntando el dedo medio con el pulgar y haciendo resbalar el primero sobre el segundo. 6 En el juego del dominó, parte de la ficha que tiene el valor de un punto. ▶ **importar un pito** No dar importancia a alguien o a algo.

pitón *m.* 1 Punta del cuerno de algunos animales, especialmente de un toro. 2 Pitorro. ‖ *f.* 3 Serpiente de gran tamaño con la cabeza parcialmente cubierta de escamas, que vive en tierra o en los árboles de las zonas húmedas y cálidas.

pitonisa *f.* Mujer que tiene poderes mágicos con los que adivina cosas y acontecimientos del futuro.

pitorrearse *prnl. coloquial* Reírse o burlarse de una persona o una cosa, especialmente para ponerla en ridículo.

pitorreo *m.* Hecho o dicho con que alguien se burla de otra persona.

pitorro *m.* Tubo con forma de cono que sale de la parte superior de ciertos recipientes.

pitote *m.* Situación en la que se produce ruido y falta de orden.

pituitaria *f.* ANAT. Membrana y mucosa que revisten el interior de la cavidad de las fosas nasales.

pituitario, -ria *adj.* De la pituitaria.

pituso, -sa *adj./m. y f. coloquial* [niño] Que es pequeño y muy lindo o gracioso.

pívot *com.* Jugador de baloncesto, generalmente de gran estatura, que se coloca cerca del tablero de la canasta para recoger los balones que no han entrado en la cesta o para encestar a corta distancia.

OBS El plural es *pívots*.

pivotante *adj.* BOT. [raíz] Que se hunde o penetra en la tierra verticalmente como una prolongación del tronco.

pivotar *intr.* 1 Girar sobre un pivote. 2 Girar sobre un pie un jugador de baloncesto para cambiar de posición.

pivote *m.* 1 Pieza situada en el extremo de un objeto en la que se apoya otro objeto que también puede girar alrededor de ella. 2 Jugador de balonmano que actúa como atacante, intentando abrir huecos entre los defensas del equipo contrario. 3 Poste u objeto cilíndrico que se clava en el suelo para impedir que estacionen los coches.

píxel o **pixel** *m.* Unidad básica de una imagen digitalizada en pantalla a base de puntos de color o en escala de grises.

pizarra *f.* 1 Superficie de forma rectangular que se usa para escribir en ella, generalmente con tiza, y poder borrar lo escrito con facilidad. 2 Roca metamórfica de color negro azulado que se divide con facilidad en hojas planas y delgadas.

pizca *f.* Cantidad muy pequeña de una cosa.

pizza *f.* Comida que consiste en una masa de harina de trigo plana y redonda sobre la que se pone queso, tomate y distintos alimentos, y que se cocina al horno.
OBS Es de origen italiano y se pronuncia aproximadamente 'pitsa'.

pizzería *f.* Establecimiento en el que se elaboran, venden y sirven pizzas.

pl. Abreviatura de *plaza*, 'lugar de una población al que afluyen varias calles'.

placa *f.* 1 Pieza plana y delgada, generalmente de metal, en la que se graba o escribe un texto. 2 Pieza rectangular de metal que llevan los vehículos en la parte posterior y delantera para indicar el lugar y el número con el que están registrados legalmente. 3 Lámina o capa rígida y fina que se forma sobre una cosa. **placa dental** Capa de bacterias y proteínas que se forma en la base de los dientes y las muelas. 4 Pieza de metal plana que forma parte de un aparato y que se calienta mediante una llama o eléctricamente. **placa solar** Pieza que recoge la luz solar y la convierte en energía. 5 Objeto, generalmente de metal, que llevan los agentes de policía como distintivo. 6 Pieza de metal delgada cubierta de una sustancia sensible a la luz sobre la que se hacen determinadas fotografías. 7 GEOL. Capa exterior de la Tierra.

placaje *m.* En rugby, acción que consiste en agarrar al jugador contario que lleva el balón para detener su ataque.

placard *m.* ARG, URUG Clóset (armario).

placebo *m.* Sustancia que carece de acción curativa pero que produce un efecto terapéutico si el enfermo la toma convencido de que es una medicina realmente eficaz.

pláceme *m.* Felicitación o enhorabuena que se recibe por algún suceso feliz.

placenta *f.* 1 Órgano de tejido carnoso y esponjoso que, durante el embarazo, se desarrolla en el interior del útero y a través del cual el embrión recibe oxígeno y alimento. 2 Parte interna del ovario de la flor, a la cual están unidos los óvulos.

placentario, -ria *adj.* 1 De la placenta. ‖ *adj./m.* 2 [animal] Que se desarrolla en una placenta uterina. ‖ *m. pl.* 3 Grupo de mamíferos que nacen de una placenta.

placentero -ra *adj.* Que es muy agradable y produce mucho placer.

placer [76] *m.* 1 Satisfacción o sensación agradable producida por algo que gusta mucho. 2 Diversión o cosa que produce alegría. ‖ *intr.* 3 Producir una sensación agradable a una persona.

placidez *f.* Tranquilidad y paz que se siente o se transmite.

plácido, -da *adj.* Que está tranquilo y transmite sensación de paz.

plafón *m.* 1 Lámpara plana traslúcida que se coloca pegada al techo o a una pared y que sirve para ocultar una bombilla y difuminar su luz. 2 Adorno en relieve que se coloca en el centro del techo de una sala. 3 Tablero o superficie que sirve para separar zonas, cubrir, decorar u otros usos.

plaga *f.* 1 Enfermedad o desgracia que afecta a gran parte de una población y que causa un daño grave. 2 Cantidad grande de personas, animales o cosas, especialmente si causan un daño.

plagar [7] *tr./prnl.* Llenar o cubrir una cosa de algo no conveniente.

plagiar [12] *tr.* Copiar una idea o una obra de otro autor, presentándola como si fuera propia.

plagio *m.* 1 Copia que una persona hace de las ideas, las palabras o las obras de otra, presentándolas como si fueran propias. 2 AMÉR Apresamiento y retención de una persona para obtener rescate por su libertad. 3 PERÚ Escrito con apuntes, fórmulas, etc., que un estudiante oculta para consultarlo en el examen.

plan *m.* 1 Proyecto o idea que se concibe o se crea mentalmente para alcanzar un fin o para hacer un trabajo. **plan b** Idea o proyecto alternativo que se tiene preparado por si no funciona la propuesta o solución inicial. 2 Conjunto de disposiciones tomadas para hacer un trabajo o con un fin determinado. 3 Relación amorosa o sexual pasajera.

plana *f.* 1 Cara de una hoja de papel. 2 Conjunto de jefes y personas al mando de una empresa o una comunidad. **plana mayor** Conjunto de personas al mando de una empresa o una comunidad, especialmente de jefes militares que no pertenecen a ninguna compañía del ejército.

plancha *f.* 1 Instrumento formado por una pieza de metal pesada y lisa en su cara inferior con forma triangular y con un asa, que se calienta mucho y sirve para quitar las arrugas a la ropa. 2 Lámina de metal u otra materia, lisa y delgada. **3** Pieza de metal plana y delgada que se calienta y despide calor; se usa para cocinar sobre ella. **4** Conjunto de ropa a la que hay que quitar las arrugas. **5** Acción de quitar las arrugas a la ropa. **6** Sensación de ridículo y vergüenza que se siente al haber cometido una equivocación. **7** Posición horizontal del cuerpo humano en la que este no tiene apoyo.

planchado *m.* Acción de planchar.

planchar *tr.* Pasar una plancha caliente sobre una prenda de ropa para quitarle las arrugas o para estirarla.

planchazo *m.* **1** *coloquial* Error o equivocación grande que comete una persona. **2** *coloquial* Golpe que una persona se da en el vientre al lanzarse al agua y caer sobre la barriga o la espalda. **3** Planchado rápido y superficial que se da a la ropa.

plancton *m.* Conjunto de animales y vegetales minúsculos que flotan y se desplazan en el agua del mar, los lagos y los ríos.

planeador *m.* Avión sin motor que vuela aprovechando las corrientes de aire.

planeadora *f.* Embarcación muy ligera y aerodinámica provista de un motor de gran potencia.

planear *tr.* **1** Pensar o preparar una acción para realizarla en el futuro. **2** Pensar cómo se va a llevar a cabo una obra o idea. ‖ *intr.* **3** Volar un ave con las alas quietas y extendidas. **4** Mantenerse en el aire una aeronave sin utilizar el motor.

planeta *m.* Cuerpo celeste sólido que gira alrededor de una estrella y que no emite luz propia.

planetario, -ria *adj.* **1** De los planetas. ‖ *m.* **2** Aparato que refleja en una gran pantalla con forma de bóveda los planetas del sistema solar y reproduce sus movimientos. **3** Lugar en el que está instalado este aparato.

planicie *f.* Terreno sin desniveles y generalmente muy extenso.

planificación *f.* Preparación y organización de determinados actos e ideas para llevar a cabo un objetivo.

planificar [1] *tr.* Pensar y organizar el modo de llevar a cabo un objetivo.

planilla *f.* Impreso o formulario que tiene espacios en blanco para rellenar y que se usa para hacer informes, declaraciones o peticiones.

planisferio *m.* Mapa en el que la esfera terrestre o la celeste están representadas en un plano.

planning *m.* Planificación.

OBS Es de origen inglés y se pronuncia aproximadamente 'planin'.

plano, -na *adj.* **1** Que es llano y liso. ‖ *m.* **2** Representación gráfica y a escala de un terreno, de una población o de la planta de un edificio. **3** Espacio real o imaginario en el que se encuentran objetos que están a una misma distancia desde el punto de vista de la persona que los observa. **4** Punto de vista desde el que se observa o se considera una persona o un asunto. **5** En geometría, superficie en la que puede haber una línea recta en cualquier posición. **6** Fragmento de una película fotografiado de una vez.

planta *f.* **1** Ser orgánico con células que forman tejidos, que vive y crece sin poder moverse de lugar. **2** Ser orgánico más pequeño que un árbol, que en lugar de tronco tiene tallo. **3** Parte inferior del pie que soporta todo el cuerpo y que está en contacto con el suelo. **4** Parte horizontal que forma, junto con otras, un edificio o medio de transporte. **5** Instalación industrial en la que se transforman materiales o se fabrican cosas. **6** Aspecto físico de una persona. **7** Dibujo que representa la sección horizontal de un edificio.

plantación *f.* **1** Gran extensión de tierra dedicada al cultivo de plantas de una determinada clase. **2** Acción de plantar una planta o semilla.

plantar *tr.* **1** Poner o meter en tierra una planta para que viva en ella o una semilla para que crezca una planta. **2** Poblar de plantas un terreno. **3** Clavar un objeto verticalmente en un lugar. **4** Colocar una cosa en un lugar determinado. **5** No acudir a una cita con una persona. **6** Pegar o golpear a una persona. ‖ *prnl.* **7** Ponerse una persona o animal en un determinado lugar sin moverse. **8** Mantenerse firme en una idea u opinión. **9** En ciertos juegos, no querer más cartas de las que se tienen. **10** Llegar a un lugar que está a cierta distancia.

plante *m.* **1** Actitud de protesta acordada entre varias personas para exigir o rechazar algo. **2** Retraso en acudir a una cita con una persona.

planteamiento *m.* **1** Esquema del conjunto de datos necesarios para solucionar un problema o para llevar a cabo algo. **2** Manera de plantear un asunto.

plantear *tr.* **1** Enfocar la manera de solucionar un problema o de llevar a cabo algo. **2** Mostrar o dar a conocer un asunto. **3** Proponer un problema o asunto para poder solucionarlo. ‖ *prnl.* **4** Examinar o considerar un asunto antes de tomar una decisión o hacer algo respecto a él.

plantel *m.* **1** Conjunto de personas que destacan por sus cualidades en alguna actividad o profesión. **2** Lugar donde se forman estas personas. **3** Lugar donde se crían y crecen las plantas.

plantígrado, -da *adj./m. y f.* [mamífero] Que tiene cuatro patas y al andar apoya toda la planta de los pies y de las manos.

plantilla *f.* **1** Pieza delgada de material flexible que se introduce en el interior del calzado. **2** Pieza de material rígido y generalmente delgada que sirve de modelo o de guía para dibujar o recortar el contorno de un objeto o figura. **3** Conjunto de personas que trabajan de forma fija en una empresa, una oficina u otro lugar. **4** Conjunto de jugadores que forman un equipo.

plantillazo *m.* En fútbol, acción que consiste en adelantar la suela de la bota para frenar la carrera de un jugador contrario.

plantío *m.* **1** Terreno para plantar árboles, plantas u hortalizas. **2** Conjunto de árboles, plantas u hortalizas plantados.

plantón *m.* **1** Retraso en acudir a una cita con una persona. **2** Árbol pequeño y nuevo que ha de trasplantarse. **3** Persona que guarda la puerta exterior de un edificio.

plañidera *f.* Mujer que llora en los entierros a cambio de dinero.

plaqueta *f.* **1** BIOL. Célula de la sangre de los mamíferos que hace que esta se haga más o menos espesa. **2** Pieza de piedra, cerámica u otro material duro, generalmente fina y lisa, que se usa para cubrir los suelos y las paredes.

plasma *m.* BIOL. Parte líquida de la sangre.

plasmación *f.* Acción de plasmar.

plasmar *tr.* **1** Representar una cosa sobre una superficie o dar una forma determinada a un material que no la tiene. **2** Representar o formar una idea por medio de palabras o explicaciones.

plasta *com.* **1** *coloquial* Persona que resulta fastidiosa o pesada. ‖ *f.* **2** Masa blanda y de poca solidez. **3** Cosa blanda y espesa que debería estar suelta. **4** Excremento o porción de este.

-plastia Elemento sufijal que entra en la formación de palabras con el significado de 'modelado', 'reconstrucción'.

plástica *f.* Arte o técnica de crear objetos dando forma a una materia blanda.

plasticidad *f.* **1** Propiedad que tiene un material de ser moldeado o trabajado para cambiarlo de forma. **2** Expresividad y viveza del lenguaje con las que se realzan las palabras o las ideas que se expresan.

plástico, -ca *adj./m.* **1** [material] Que es sintético y forma estructuras muy resistentes, tanto flexibles como rígidas. ‖ *adj.* **2** [material] Que se puede moldear o que puede, ejerciendo una fuerza sobre él, cambiar de forma y mantenerla permanente. **3** De la plástica. **4** [lenguaje] Que consigue crear una representación clara en la mente de una idea o concepto.

plastificar [1] *tr.* Cubrir con plástico.

plastilina *f.* Material blando que se moldea con facilidad, que no se seca y que se presenta en diferentes colores.

plata *f.* **1** Metal precioso de color blanco grisáceo, brillante y muy fácil de moldear, que se usa en joyería. **2** Conjunto de objetos hechos de este metal. **3** Trofeo o medalla hecho de este material que se entrega a la persona que en una competición queda en segundo lugar. **4** Sustancia que se parece a ese metal o que lleva parte de él. **5** Caudal, dinero y riquezas.

plataforma *f.* **1** Superficie o tablero horizontal descubierto y puesto a cierta altura sobre el suelo, donde se colocan personas o cosas. **2** Conjunto de personas que han sido elegidas para representar a otras con un fin social. **3** Medio que sirve para conseguir un fin que se persigue. **4** Parte ancha que hay en los autobuses, los trenes y otros medios de transporte y por la cual se accede a la parte en que están los asientos. **5** Instalación sobre una superficie elevada a cierta distancia del suelo o del mar.

platanal *m.* Terreno donde se cultivan las plataneras o los plátanos.

platanera *f.* Planta de tallo muy alto, formado por hojas enrolladas unas sobre otras y terminado en una copa de hojas verdes, grandes y enteras, cuyo fruto es el plátano.

platanero, -ra *adj.* **1** Del plátano. ‖ *m. y f.* **2** Persona que se dedica a cultivar o vender plátanos. ‖ *m.* **3** Terreno donde se cultivan las plataneras o los plátanos. **4** Platanera.

plátano *m.* **1** Fruto comestible, de forma alargada y curva, cubierto por una gruesa corteza lisa y amarilla. **2** Platanera. **3** Árbol de gran altura, con el tronco cilíndrico, de cuya corteza lisa se van desprendiendo placas, y que tiene hojas abundantes y anchas.

platea *f.* Planta baja de un cine o teatro donde se disponen los asientos en filas frente al escenario. **palco platea** Balcón aislado en el que se colocan varios asientos que está situado alrededor de la platea y ligeramente elevado respecto a esta.

plateado, -da *adj.* **1** Que tiene un color parecido al de la plata. **2** Que tiene un baño de plata.

platear *tr.* Cubrir una superficie con plata.

plateresco, -ca *adj.* **1** Que pertenece al plateresco o tiene rasgos de de este estilo. ‖ *m.* **2** Estilo de la arquitectura española de finales del siglo xv y principios del xvi caracterizado por añadir elementos renacentistas y adornos abundantes a las estructuras góticas.

platero, -ra *m. y f.* **1** Persona que labra la plata. ‖ *m.* **2** Utensilio de cocina donde se colocan los platos y los vasos después de lavarlos para que se sequen.

plática *f.* **1** Acto de hablar o comunicarse dos o más personas en un tono amistoso y relajado. **2** Discurso o sermón corto y de contenido moral, generalmente pronunciado en público por un sacerdote.

platicar [1] *tr.* Hablar o conversar una persona con otra.

platija *f.* Pez marino parecido al lenguado, de color pardo con manchas amarillas.

platillo *m.* **1** Objeto plano y redondo, parecido a un plato. **platillo volador** o **platillo volante** Objeto que vuela, y que se supone que procede del espacio exterior. **2** Soporte de la balanza en la que se coloca lo que se quiere pesar. **3** Disco de metal que produce un sonido al ser golpeado con un palo o con otro disco. ‖ *m. pl.* **4** Instrumento musical de percusión formado por dos discos de metal en forma de plato que suenan al chocar entre ellos.

platina *f.* **1** Parte del microscopio donde se coloca el objeto que se quiere observar. **2** Pletina de una cadena de música.

platino *m.* **1** QUÍM. Metal brillante, de número atómico 78, que se usa especialmente para fabricar instrumentos médicos, joyas y componentes eléctricos. ‖ *m./adj.* **2** Color rubio que es muy claro, casi blanco. ‖ *m. pl.* **3** Piezas que sirven para establecer el contacto eléctrico en el encendido de un motor de explosión.

plato *m.* **1** Recipiente bajo, hundido por el centro y generalmente redondo, que se usa para poner alimentos u otras cosas. **2** Cantidad de alimento que cabe en uno de estos recipientes. **plato fuerte** *a)* Alimento más importante de una comida. *b)* Cosa que resalta o llama la atención entre varias del mismo tipo. **3** Comida que se prepara para ser consumida. **4** Pieza redondeada y plana del tocadiscos sobre la que se coloca el disco. ▸ **no haber roto nunca un plato** No haber hecho nunca nada malo. ▸ **pagar los platos rotos** Ser castigado injustamente o sin tener culpa.

plató *m.* Recinto cubierto en un estudio de cine o televisión preparado con cámaras, focos y decorados y que sirve de escenario para filmar o grabar.

platónico, -ca *adj.* **1** [amor] Que es puro e imposible o muy idealizado. **2** FILOS. De la doctrina filosófica de Platón. ‖ *adj./m. y f.* **3** FILOS. [persona] Que sigue la doctrina filosófica de Platón o se basa en ella.

platonismo *m.* FILOS. Doctrina filosófica de Platón que distingue entre el mundo material que se capta a través de los sentidos y el mundo de las ideas.

platudo, -da *adj./m. y f.* [persona] Que tiene mucha plata o dinero y hacienda.

plausible *adj.* **1** [cosa] Que merece aprobación o recomendación. **2** [cosa] Que merece ser aplaudido o elogiado.

play off *m.* Fase final de algunas competiciones deportivas.

OBS Es de origen inglés y se pronuncia aproximadamente 'pléi of'.

playback *m.* Técnica usada en cine, televisión y espectáculos en directo que consiste en grabar el sonido de los números musicales y de las canciones; al reproducir el sonido el cantante o el bailarín lo interpreta mediante gestos y movimientos.

OBS Es de origen inglés y se pronuncia aproximadamente 'pléibac'.

playboy *m.* Hombre que tiene atractivo físico y es conquistador y mujeriego.

OBS Es de origen inglés y se pronuncia aproximadamente 'pleiboi'.

playa *f.* **1** Extensión casi plana, de arena o piedras, que está en la orilla del mar, de un río o lago. **2** Agua del mar que baña parte de esa superficie.

playera *f.* Calzado que se usa sobre todo en verano, de tela fuerte y suela de goma.

playero, -ra *adj.* De la playa.

plaza *f.* **1** Lugar espacioso dentro de una población al que, generalmente, van a parar varias calles. **2** Lugar en el que cabe una persona o cosa. **3** Puesto de trabajo u ocupación. **4** Edificio público y permanente en el que se venden alimentos y productos de consumo habitual. ▸ **plaza de toros** Construcción redonda con gradas y arena en el centro donde se celebran corridas de toros.

plazo *m.* **1** Período de tiempo en el que se

puede o se debe hacer una cosa. **2** Fecha o momento en que termina dicho período de tiempo. **3** Cada una de las partes en que se divide una cantidad de dinero que hay que pagar por una cosa.

plazoleta *f.* Plaza pequeña que suele haber en jardines.

pleamar *f.* **1** Fin de la marea creciente. **2** Tiempo que dura ese movimiento.

plebe *f.* **1** Conjunto de las personas que no tienen títulos nobiliarios, cargos importantes ni buena posición económica. **2** Conjunto de personas que en la antigua sociedad romana no tenía los privilegios o los favores de los patricios.

plebeyo, -ya *adj./m. y f.* Que forma parte de la plebe.

plebiscito *m.* Consulta que el gobierno de un estado hace a los ciudadanos mediante una votación para aprobar o rechazar alguna cuestión.

plegable *adj.* [objeto] Que se puede plegar.

plegamiento *m.* Fenómeno geológico por el que las capas horizontales de la corteza terrestre se deforman o se pliegan al estar sometidas a una presión lateral.

plegar [48] *tr./prnl.* **1** Doblar un objeto flexible de manera que una parte de ella se junte a otra. **2** Doblar y cerrar las piezas de un objeto articulado. ▌*prnl.* **3** Darse por vencida una persona.

plegaria *f.* Ruego con el que se pide un favor, generalmente a Dios o a un santo.

pleistoceno, -na *adj./m.* **1** [etapa geológica] Que es la primera de las dos épocas en que se divide la era cuaternaria o antropozoica. ▌*adj.* **2** De esta etapa.

pleitear *tr./intr.* Enfrentarse en un juicio dos personas o partes.

pleitesía *f.* Muestra de reverencia y cortesía que se hace a una persona.

pleito *m.* **1** Enfrentamiento entre dos personas o partes en un juicio. **2** Enfrentamiento entre dos o más personas por diferencia de opiniones o de intereses.

plenario, -ria *adj./m.* [reunión] Que cuenta con la asistencia de todas las personas que forman un grupo.

plenilunio *m.* Fase de la luna durante la cual se ve entera o llena.

plenipotenciario, -ria *adj./m. y f.* Que representa a un rey, un gobierno o estado y tiene plenos poderes para tratar o negociar un asunto.

plenitud *f.* Momento de mayor importancia o intensidad.

pleno, -na *adj.* **1** [espacio, lugar] Que está lleno o completo. **2** Que es total. **3** Indica que algo ocurre en el momento culminante, central o de mayor intensidad. ▌*m.* **4** Reunión o junta general de una sociedad o institución. **5** Acierto de todos los resultados de una quiniela u otro juego de azar.

pleonasmo *m.* Figura del lenguaje que consiste en emplear más palabras de las necesarias, sin aportar una información nueva.

pleonástico, -ca *adj.* Del pleonasmo.

pletina *f.* **1** Parte de una cadena de música, de forma rectangular, donde se coloca una cinta magnética o una casete y que sirve para reproducir el sonido o grabar en ella. **2** Pieza metálica de forma rectangular que tiene poco espesor.

pletórico, -ca *adj.* [persona] Que tiene en abundancia aquello que se expresa.

pleura *f.* ANAT. Tejido formado por dos capas que recubre los pulmones.

plexo *m.* ANAT. Red formada por nervios y vasos sanguíneos o linfáticos que se cruzan entre sí.

pléyade *f.* Grupo de personas que destacan en una actividad, generalmente relacionada con la literatura, y que viven en un periodo de tiempo determinado.

plica *f.* Sobre cerrado y sellado que contiene unos documentos que solo deben darse a conocer en un momento determinado o fijado.

pliego *m.* **1** Hoja de papel de forma cuadrada o rectangular y doblada por la mitad. **2** Conjunto de papeles contenidos en un mismo sobre o cubierta.

pliegue *m.* **1** Parte que se dobla o se pliega. **2** Señal que deja una arruga o un doblez. **3** GEOL. Proceso que se da en la corteza terrestre por el movimiento de rocas sometidas a una presión lateral.

plinto *m.* **1** Aparato de gimnasia con forma rectangular y alargada, hecho con varios cajones superpuestos que se usa para saltar. **2** ARQ. Parte cuadrada o rectangular de la basa de una columna.

plioceno, -na *adj./m.* **1** [etapa geológica] Que corresponde a la última etapa de la era terciaria o cenozoica. ▌*adj.* **2** De esta etapa.

plisar *tr.* Formar pliegues de adorno.

plomada *f.* **1** Pesa de metal que, colgada de una cuerda, sirve para señalar una línea vertical. **2** Pesa de metal colgada de una cuerda que se usa para medir la profundidad del agua.

plomería *f.* 1 AMÉR Oficio de plomero. 2 AMÉR Establecimiento donde se venden, reparan o instalan tubos, llaves y otros elementos de canalización del agua.

plomero, -ra *m. y f.* AMÉR Técnico en instalación, mantenimiento y reparación de conducción de agua.

plomizo, -za *adj.* De un color gris azulado parecido al del plomo.

plomo *m.* 1 Metal pesado, blando y de color gris azulado, de número atómico 82, que se oxida fácilmente en contacto con el aire y que se usa principalmente para fabricar tubos, pinturas y balas para las armas de fuego. 2 *coloquial* Persona o cosa pesada y molesta. 3 Plomada para señalar una línea vertical. ‖ *m. pl.* 4 Mecanismo hecho de ese metal que se rompe o deja de funcionar cuando pasa por él una corriente eléctrica de gran intensidad. ▸ **con pies de plomo** Con mucho cuidado.

plóter *m.* INFORM. Aparato que sirve para dibujar gráficos.

pluma *f.* 1 Pieza que cubre el cuerpo de las aves, es ligera y resistente y tiene un tronco o mástil central del que salen unos pelillos muy suaves. 2 Conjunto de estas piezas con el que se rellenan almohadas, colchones y objetos parecidos. 3 Pluma de ave que, cortada a la punta, se utilizaba para escribir. 4 Instrumento para escribir. **pluma estilográfica** Pluma con una carga de tinta insertada en el mango. 5 Estilo propio de escribir de un autor.

plumaje *m.* Conjunto de plumas que cubren el cuerpo de un ave.

plumazo *m.* Trazo que se hace con la pluma de una sola vez.

plumcake *m.* Bizcocho que se elabora con frutas confitadas y uvas pasas.

OBS Es de origen inglés y se pronuncia aproximadamente 'plumqueic'.

plumero *m.* 1 Instrumento que sirve para quitar el polvo; consiste en un mango al que se ata en un extremo un conjunto de plumas de ave. 2 Conjunto de plumas con que se adornan los cascos, los sombreros y la cabeza de los caballos.

plumier *m.* Estuche o caja para guardar instrumentos de escritura.

OBS El plural es *plumieres*.

plumífero, -ra *adj.* 1 [ave] Que tiene plumas. ‖ *m.* 2 Prenda de vestir de abrigo que cubre, especialmente, la parte superior del cuerpo y que está rellena de plumas.

plumilla *f.* 1 Punta pequeña de metal, con una incisión en el centro, que se coloca en el extremo de una pluma para escribir o dibujar. 2 BOT. Yema pequeña de la semilla de una planta que da lugar al tallo.

plumín *m.* Punta pequeña de metal, con una incisión o un corte en el centro, que se coloca en el extremo de una pluma estilográfica.

plumón *m.* Pluma delgada y suave que tienen las aves bajo el plumaje exterior.

plural *adj./m.* 1 [número gramatical] Que expresa más de una unidad. **plural de modestia** GRAM. Uso del pronombre personal de primera persona en número plural y de las formas verbales correspondientes, para referirse la persona que habla a sí misma. **plural mayestático** GRAM. Uso del pronombre personal de primera persona en número plural y de las formas verbales correspondientes, para referirse los papas, reyes o emperadores a sí mismos. ‖ *adj.* 2 Que presenta varios aspectos o varias características a la vez.

pluralidad *f.* 1 Cantidad o número grande de una cosa. 2 Variedad de aspectos o características.

pluralismo *m.* Sistema por el cual se acepta o reconoce la pluralidad de doctrinas o métodos en política, economía, etc.

pluralista *adj./com.* Que es partidario del pluralismo.

pluralizar [4] *intr.* Atribuir a dos o más personas una característica propia de una de ellas o algo que ha hecho una de ellas.

pluri- Prefijo que entra en la formación de palabras con el sentido de 'pluralidad'.

pluricelular *adj.* [organismo] Que está formado por más de una célula.

pluridisciplinar *adj.* Que concierne o engloba varias disciplinas.

pluriempleado, -da *adj./m. y f.* [persona] Que desempeña varios empleos.

pluriempleo *m.* Desempeño de dos o más empleos por parte de una misma persona.

pluripartidismo *m.* Sistema político en el que existe más de un partido.

pluripartidista *adj.* Del pluripartidismo.

plus *m.* Cantidad de dinero que se añade al sueldo normal de una persona.

OBS El plural es *pluses*.

pluscuamperfecto, -ta *adj./m.* [tiempo verbal] Que expresa una acción acabada y anterior en relación a otra acción pasada.

plusmarca *f.* Mejor resultado conseguido en una prueba deportiva.

plusmarquista *com.* Deportista que posee una plusmarca.

plusvalía *f.* Aumento del valor de una cosa, especialmente un bien inmueble.

plutónico, -ca *adj.* [roca] Que se ha formado en el interior de la corteza terrestre a grandes profundidades.

plutonio *m.* QUÍM. Elemento químico de número atómico 94, de color blanco plateado que se usa para producir energía nuclear.

pluviometría *f.* Parte de la meteorología que estudia la distribución de las precipitaciones según el espacio geográfico y las estaciones del año.

pluviómetro *m.* Aparato que sirve para medir la cantidad de lluvia que cae en un lugar y en un período determinados.

pluviosidad *f.* Cantidad de lluvia que cae en un lugar y en un período determinados.

poblacho *m.* *coloquial* Pueblo pequeño y muy pobre.
OBS Tiene valor despectivo.

población *f.* 1 Conjunto de personas que habitan en un lugar determinado. 2 Lugar con edificios, calles y otros espacios públicos, donde habita un conjunto de personas. 3 Conjunto de seres vivos de la misma especie que habitan en un lugar. 4 Conjunto de individuos o elementos con una característica común que son objeto de estudio estadístico.

poblado, -da *adj.* 1 [lugar] Que está habitado por personas. 2 [lugar] Que está lleno de determinados animales o plantas. 3 [barba] Que es muy espeso y abundante. ‖ *m.* 4 Población, especialmente cuando es primitiva o provisional.

poblamiento *m.* Acción de poblar.

poblar [31] *tr.* 1 Ocupar un lugar y establecerse en él. 2 Ocupar un lugar con personas u otros seres vivos para que habiten en él. 3 Habitar o vivir en un lugar.

pobre *adj./com.* 1 [persona] Que no tiene lo necesario para vivir. ‖ *adj.* 2 Que es escaso o no está completo. 3 Que tiene poco valor o calidad. 4 [persona, animal] Que es desgraciado o despierta compasión. ‖ *int.* 5 ¡pobre! Se usa para expresar compasión hacia una persona o un animal.
OBS Los superlativos son *pobrísimo* y *paupérrimo*.

pobreza *f.* 1 Cualidad de pobre. 2 Escasez de una cosa determinada.

pocha *f.* Judía blanca que todavía no está madura pero se puede comer.

pocho, -cha *adj.* 1 Que no está fresco y tiene un aspecto feo. 2 [persona] Que está débil y se encuentra mal de salud. 3 [persona] Que está pálido.

pocilga *f.* 1 Establo para los cerdos. 2 Lugar muy sucio o desordenado y que huele mal.

pócima *f.* 1 Bebida elaborada con hierbas medicinales, especialmente la que tiene poderes mágicos. 2 Líquido que resulta desagradable al beberlo.

poción *f.* Bebida.

poco, -ca *det. indef.* 1 Indica la cantidad o el número pequeño de personas o cosas. ‖ *pron. indef.* 2 Cantidad o número pequeño de personas o cosas. ‖ *adv.* 3 En una cantidad o grado pequeño o menos de lo que se considera normal. 4 Se usa para expresar escasez de una cualidad. 5 Se usa para expresar un corto espacio de tiempo. ▸ **a poco de** En un breve período de tiempo después de determinada acción. ▸ **poco a poco** *a)* Indica que una acción se realiza lentamente. *b)* Indica que algo se toma en pequeñas cantidades. *c)* Indica que una acción se realiza de manera gradual. ▸ **poco más o menos** Indica una cantidad aproximada. ▸ **por poco** Indica que alguna cosa ha estado a punto de suceder.

podadera *f.* 1 Tijera de gran tamaño y hojas fuertes que sirve para podar. 2 Herramienta de metal que tiene el corte curvo y el mango de madera y sirve para podar.

podar *tr.* Cortar las ramas superfluas de los árboles o las plantas.

pódcast *m.* Archivo o serie de archivos digitales con contenidos de audio o audiovisuales que los usuarios pueden reproducir descargados o en una red informática.

podenco, -ca *adj./m. y f.* [perro] Que pertenece a una raza que, por su capacidad para ver y oler, es adecuada para la caza.

poder [77] *m.* 1 Autoridad para mandar, dominar o influir sobre los demás. 2 Gobierno de un grupo de personas, especialmente de un país. 3 Cada una de las tres funciones básicas del gobierno de un país. 4 Capacidad para actuar de determinada manera. 5 Fuerza o eficacia que tiene una cosa para producir un efecto. 6 Autorización que da una persona a otra para hacer una cosa. 7 Propiedad o posesión de una cosa. ‖ *tr./intr.* 8 Tener una persona o cosa capacidad para hacer algo. 9 Tener tiempo para hacer una cosa. ‖ *tr.* 10 Tener autorización o permiso para hacer una cosa. ‖ *v. impersonal* 11 Ser posible que ocurra una cosa. ‖ *intr.* 12 Tener fuerza para vencer o derrotar a otro. ▸ **a más no poder** Todo lo que es posible.

poderío *m.* 1 Influencia o autoridad para dominar. 2 Conjunto de bienes y riquezas.

poderoso, -sa *adj./m. y f.* 1 Que tiene capacidad y fuerza para hacer o conseguir cosas difíciles. 2 Que tiene poder o riqueza. ‖ *adj.* 3 Que produce el efecto que se quiere conseguir.

podio *m.* 1 Plataforma en la que se sube el vencedor de una prueba o competición. 2 Plataforma donde se colocan una o varias personas para presidir un acto.

podo-, -podo, -poda Elemento prefijal y sufijal que entra en la formación de palabras con el significado de 'pie'.

podología *f.* Parte de la medicina que se ocupa de las enfermedades y el cuidado de los pies.

podólogo, -ga *m. y f.* MED. Persona que se dedica a la podología.

podómetro *m.* Aparato para contar el número de pasos que da una persona y medir la distancia que ha recorrido.

podredumbre *f.* 1 Descomposición de la materia por la acción de las bacterias. 2 Maldad con que obra una persona.

podrido, -da *adj.* 1 [material] Que está descompuesto por la acción de las bacterias. 2 Que está dominado por el vicio o la inmoralidad.

podrir *tr./prnl.* Pudrir.
OBS Solo se usa en infinitivo y en participio; para las restantes formas se utiliza *pudrir*.

poema *m.* 1 Obra literaria escrita en verso. 2 Cosa que se considera ridícula.

poemario *m.* Colección de poemas.

poemático, -ca *adj.* Del poema.

poesía *f.* 1 Obra literaria escrita en verso. 2 Arte de componer estas obras. 3 Conjunto de obras en verso de un autor, de una época determinada o que se producen en un lugar. 4 Capacidad o cualidad de provocar un sentimiento profundo de belleza.

poeta, -tisa *m. y f.* Persona que compone poemas.
OBS El femenino tanto puede ser *poetisa* como *poeta*.

poetastro, -tra *m. y f.* Poeta que escribe poemas de mala calidad.

poética *f.* 1 Arte de componer obras poéticas. 2 Disciplina que estudia la naturaleza y los principios de la poesía, sus géneros y el lenguaje literario. 3 Conjunto de principios o de reglas que siguen un género literario, una escuela o un autor.

poético, -ca *adj.* De la poesía: *prosa poética; recital poético.*

poetizar [4] *tr.* 1 Dar carácter poético a una cosa. ‖ *intr.* 2 Componer versos o poemas.

pointer *adj./m.* [perro] Que es de una raza que se caracteriza por tener la cabeza alargada, las orejas caídas y el pelo corto y de color variable.

polaco, -ca *adj.* 1 De Polonia. ‖ *adj./m. y f.* 2 [persona] Que es de Polonia. ‖ *m.* 3 Lengua hablada en Polonia. 4 Persona nacida en Cataluña. Se usa con valor despectivo.

polaina *f.* Prenda de paño o cuero que cubre la pierna desde el pie a la rodilla y que se abrocha por fuera o se ajusta al pie con una tira.

polar *adj.* Relativo a los polos de la Tierra: *clima polar.*

polaridad *f.* 1 Propiedad que tiene un cuerpo magnético de orientarse en dirección norte o sur dentro de un campo magnético. 2 Tendencia que tiene una molécula a ser atraída o repelida por una carga eléctrica positiva o negativa.

polarizar [4] *tr./prnl.* 1 Modificar los rayos luminosos por medio de la refracción o la reflexión de manera que no puedan refractarse o reflejarse de nuevo en otra dirección. 2 Acumular en dos partes determinadas de un cuerpo cargas eléctricas opuestas. 3 Concentrar la atención o el ánimo en algo.

polaroid *f.* 1 Cámara fotográfica que realiza fotografías instantáneas impresas en un papel especial. 2 Fotografía realizada con esta cámara.
OBS Es una marca registrada.

polca *f.* 1 Baile rápido de pareja, originario del centro de Europa y muy popular en el siglo XIX. 2 Música de ese baile.

pólder *m.* Terreno pantanoso que se gana al mar y que una vez desecado se dedica al cultivo.
OBS El plural es *pólderes.*

polea *f.* 1 Rueda giratoria que tiene en el borde un canal por el que se hace pasar una cuerda o cable y que sirve para disminuir el esfuerzo necesario para levantar un cuerpo. 2 Rueda plana de metal que gira sobre su eje y que sirve para transmitir movimiento en un mecanismo por medio de una correa.

polémica *f.* Discusión o enfrentamiento entre dos o más personas que defienden opiniones contrarias.

polémico, -ca *adj.* Que provoca discusión o enfrentamiento.

polemizar [4] *intr.* Sostener una polémica.

polen *m.* Polvo producido en las anteras cuya función es fecundar la semilla.

poleo *m.* 1 Planta de hojas pequeñas y verdes que tiene unas flores de color azulado o morado formando racimos. 2 Hojas secas de esta planta que se usan para hacer infusión. 3 Infusión de estas hojas.

poli *f.* 1 *coloquial* Forma de abreviar *policía* y que se refiere al cuerpo que se encarga de velar por el mantenimiento del orden público. ‖ *com.* 2 *coloquial* Forma de abreviar *policía* y que se refiere a la persona que es miembro de este cuerpo.

poli- Elemento prefijal que entra en la formación de palabras expresando idea de 'abundancia', 'pluralidad'.

poliamida *f.* Compuesto químico formado mediante una reacción química que tiene un elevado punto de fusión.

polichinela *m.* Personaje burlesco de teatro que tiene la nariz grande y arqueada, una joroba y va vestido con un traje abotonado y un sombrero de dos puntas que caen a ambos lados de la cabeza.

policía *f.* 1 Conjunto de personas y medios a las órdenes de las autoridades políticas que se encarga de vigilar el mantenimiento del orden público, la seguridad de los ciudadanos y el cumplimiento de las leyes. ‖ *com.* 2 Persona que se dedica a vigilar el mantenimiento del orden público, la seguridad de los ciudadanos y el cumplimiento de las leyes.

policíaco, -ca o **policiaco, -ca** *adj.* De la policía o los policías.

policial *adj.* De la policía.

policlínica *f.* Centro médico privado que ofrece el servicio de varias especialidades.

policromía *f.* Presencia de varios colores combinados.

policromo, -ma o **polícromo, -ma** *adj.* Que es de varios colores.

polideportivo, -va *adj./m.* [instalación] Que está acondicionada para practicar distintos deportes.

poliedro *m.* Cuerpo geométrico sólido limitado por caras planas o polígonos.

poliéster *m.* Resina plástica que se obtiene mediante una reacción química y que es muy resistente a la humedad y a los productos químicos.

OBS El plural es *poliésteres*.

polifacético, -ca *adj.* 1 [persona] Que tiene capacidad para realizar varias actividades distintas. 2 Que tiene varias facetas o aspectos.

polifásico, -ca *adj.* [corriente eléctrica alterna] Que está constituida por la combinación de varias corrientes monofásicas que tienen el mismo período y amplitud pero distinta fase.

polifonía *f.* MÚS. Música que combina los sonidos de varias voces o instrumentos de manera que forman un todo armónico.

polifónico, -ca *adj.* MÚS. De la polifonía.

poligamia *f.* Estado civil de la persona que está casada con dos o más personas al mismo tiempo.

polígamo, -ma *adj./m. y f.* 1 Que practica la poligamia. 2 [animal macho] Que se junta con dos o más hembras de su especie. ‖ *adj.* 3 [árbol, planta] Que tiene flores masculinas y femeninas. 4 De la poligamia.

polígloto, -ta o **poligloto, -ta** *adj./m. y f.* 1 [persona] Que habla varias lenguas. ‖ *adj.* 2 Que está escrito en varias lenguas.

OBS Se usa frecuentemente la forma *políglota* también para el masculino.

poligonal *adj.* 1 Del polígono. 2 [prisma, pirámide] Que tiene por base un polígono.

polígono *m.* 1 Figura geométrica plana de varios ángulos limitada por tres o más rectas. 2 Superficie de terreno limitada y destinada a fines administrativos, industriales, militares o de otro tipo.

polilla *f.* 1 Mariposa de pequeño tamaño, grisácea, de alas estrechas y antenas casi verticales, que suele volar por la noche. 2 Larva o gusano de esa mariposa. 3 Cosa que progresivamente va destruyendo otra.

polinización *f.* BOT. Acción de polinizar.

polinizar [4] *tr.* BOT. Transportar el polen al lugar adecuado de la planta para que germine o produzca semillas.

polinomio *m.* MAT. Expresión matemática de dos o más números y valores variables unidos por signos de suma o resta.

polio *f.* Forma abreviada de referirse a la enfermedad de la *poliomielitis*.

poliomielítico, -ca *adj./m. y f.* Que padece o ha padecido una poliomielitis.

poliomielitis *f.* Enfermedad producida por un virus que ataca la médula espinal y provoca parálisis.

OBS El plural también es *poliomelitis*. También se usa la forma *polio*.

pólipo *m.* 1 MED. Masa de células que se forma y crece en los tejidos que cubren el interior de algunos conductos del cuerpo que se comunican con el exterior. **2** Animal marino que no tiene esqueleto en un periodo de su desarrollo y que vive sujeto a las rocas mediante un pedúnculo.

-polis Elemento sufijal que entra en la formación de palabras con el significado de 'ciudad'.

polisemia *f.* Fenómeno del lenguaje que consiste en que una misma palabra tenga varios significados.

polisémico, -ca *adj.* [palabra] Que tiene más de un significado.

polisílabo, -ba *adj./m.* [palabra] Que tiene más de una sílaba.

polisíndeton *m.* Figura del lenguaje que consiste en unir varios elementos lingüísticos mediante repetidas conjunciones que no son necesarias pero dan fuerza a lo que se quiere decir.
OBS El plural también es *polisíndeton*.

polisón *m.* Cojín o almohadilla que llevaban las mujeres bajo el vestido para ahuecarlo o abultarlo por la parte de atrás.

politécnico, -ca *adj.* [instituto, escuela] Que engloba y trata varias ramas de la ciencia o de la técnica.

politeísmo *m.* Creencia religiosa que defiende la existencia de varios dioses.

politeísta *adj.* **1** Del politeísmo. ‖ *com.* **2** Persona que cree en varios dioses.

política *f.* **1** Ciencia que trata del gobierno y la organización de las sociedades humanas, especialmente de los Estados. **2** Actividad de los políticos. **3** Modo o manera de actuar de una persona o de una institución que persigue un fin.

político, -ca *m. y f.* **1** [persona] Que se dedica a la política. ‖ *adj.* **2** De la política. **3** Se dice de los familiares que lo son por afinidad y no por consanguinidad.

politiquear *intr.* Intervenir en política o hablar de política de forma superficial y poco acertada. Tiene valor despectivo.

politizar [4] *tr./prnl.* Dar contenido político a acciones o pensamientos.

politraumatismo *m.* MED. Conjunto de fracturas y lesiones que se producen simultáneamente.

poliuretano *m.* Sustancia sintética que se utiliza para fabricar plásticos, fibras sintéticas y resinas.

polivalente *adj.* Que tiene varios valores o que puede ser usado con distintos fines.

polivinilo *m.* Sustancia sintética que se utiliza para fabricar materiales plásticos.

póliza *f.* **1** Documento que sirve para demostrar la validez de un contrato en segu-

ros, bolsa y otros negocios. **2** Sello que el Estado obligaba a poner sobre ciertos documentos y que se usaba como impuesto.

polizón *m.* Persona que sube a un barco o un avión de forma oculta e ilegal.

polizonte *m.* *coloquial* Agente de policía.
OBS Su uso es despectivo.

polla *f.* **1** Gallina joven que aún no pone huevos o que hace poco que ha empezado a ponerlos. **2** *malsonante* Pene.

pollada *f.* Conjunto de pollos que sacan las aves de una sola puesta de huevos.

pollastre *m.* **1** Pollo o polla que está un poco crecido. **2** *coloquial* Chico joven que presume o alardea de ser ya un hombre.

pollería *f.* Establecimiento donde se venden huevos y aves comestibles.

pollero, -ra *m. y f.* Persona que se dedica a criar o vender pollos.

pollino, -na *m. y f.* **1** Animal mamífero doméstico con grandes orejas y cola larga, parecido al caballo aunque más pequeño. ‖ *adj./m. y f.* **2** [persona] Que no entiende bien las cosas o es ignorante.

pollo *m.* **1** Gallina joven, especialmente la destinada al consumo. **2** Cría de la gallina. **3** Muchacho de poca edad.

polluelo, -la *m. y f.* Cría de un ave.

polo *m.* **1** Extremo del eje alrededor del cual gira una esfera, especialmente cada uno de los dos de la Tierra. **2** Zona cercana a cada uno de los extremos del eje imaginario alrededor del cual gira la Tierra. **3** Helado hecho con agua, colorante y azúcar, de forma alargada y con un palo que lo atraviesa para cogerlo. **4** Prenda de vestir de algodón u otro tejido ligero, con cuello, que cubre la parte superior del cuerpo hasta la cintura y tiene botones desde el cuello hasta el pecho. **5** FÍS. Parte extrema de un cuerpo en la que se acumula gran energía. **6** Lugar, cosa o persona que atrae la atención o el interés por algún motivo. **7** Deporte en el que se enfrentan dos equipos de cuatro jinetes y que tiene como objetivo meter una pequeña pelota de madera en la meta del equipo contrario golpeándola con unos mazos de mango muy largo.

polonio *m.* Metal muy radiactivo, de número atómico 84, que se utiliza como fuente de neutrones y partículas alfa.

poltrona *f.* Asiento ancho con brazos y con las patas cortas.

poltronería *f.* Pereza o dejadez para realizar cualquier trabajo.

polución *f.* **1** Contaminación intensa y dañina del agua, del aire o del medio ambiente, producida por los residuos de procesos industriales o biológicos. **2** Efusión de semen.

polvareda *f.* **1** Cantidad de polvo que se levanta de la tierra. **2** Alboroto de la opinión pública provocado por un suceso, un comentario u otro motivo.

polvera *f.* **1** Caja pequeña que contiene polvos que se ponen en la cara para dar color. **2** Almohadilla de algodón o pluma con que se aplican estos polvos.

polvo *m.* **1** Conjunto de partículas muy pequeñas que flotan en el aire y caen sobre los objetos formando una capa. **2** Conjunto de partículas muy pequeñas que se levanta de la tierra seca al moverse el aire. **3** Conjunto de partes muy pequeñas que resultan de moler una sustancia sólida o de extraer toda el agua que contiene. ∥ *m. pl.* **4** Producto hecho de partículas muy pequeñas que sirve para maquillarse la cara. **polvos de talco** Conjunto de partículas que se obtienen de moler el mineral talco y que se usan en cosmética e higiene.

pólvora *f.* Mezcla explosiva en forma de granos, generalmente de nitrato de potasio, azufre y carbón, que se enciende a una determinada temperatura y arde desprendiendo una gran cantidad de gases.

polvoriento, -ta *adj.* Que está lleno o cubierto de polvo.

polvorín *m.* **1** Lugar o edificio preparado para guardar pólvora y otras sustancias explosivas. **2** Pólvora o mezcla de trozos de metal triturados con que se cargan las armas de fuego. **3** Lugar en el que hay una situación conflictiva y donde se percibe que va a suceder algo.

polvorón *m.* Dulce de forma redonda hecho con harina, manteca y azúcar, que se deshace al comerlo.

pomada *f.* Mezcla hecha con grasa y otras sustancias que se emplea como cosmético o como medicina de uso exterior.

pomelo *m.* **1** Fruto comestible, de color amarillo, de forma parecida a la naranja pero achatado, y de sabor muy ácido. **2** Árbol de tronco recto, con la copa redonda y abundante, las hojas ovaladas y las flores grandes y blancas, que da este fruto.

pómez *adj.* [piedra] Que es de origen volcánico, muy ligera y esponjosa.

pomo *m.* **1** Tirador redondo que hay en puertas y muebles para abrirlos. **2** Recipiente pequeño para contener y conservar licores, aceites o perfumes. **3** Parte de la espada que está entre el puño y la hoja.

pompa *f.* **1** Burbuja que forma un líquido por el aire que se le introduce. **2** Gran despliegue de medios que acompañan un acto importante o una ceremonia. **pompa fúnebre** Acto o ceremonia que se organiza en honor de una persona que ha muerto. Se usa generalmente en plural.

pompi o **pompis** *m. coloquial* Nalgas.

pompón *m.* Bola de lana o de otro material que se utiliza para adornar el extremo de una cosa.

OBS El plural es *pompones*.

pomposidad *f.* **1** Ostentación o grandiosidad que se hace de una cosa. **2** Presencia abundante de adornos y frases rebuscadas en el lenguaje de una persona.

pomposo, -sa *adj.* **1** Que muestra un lujo y una riqueza excesivos. **2** [lenguaje, estilo] Que está adornado en exceso con palabras demasiado formales y que no son necesarias.

pómulo *m.* **1** Hueso saliente de la cara, situado bajo los ojos y a ambos lados de la nariz. **2** Parte de la cara que corresponde a ese hueso.

ponche *m.* **1** Bebida alcohólica hecha con ron u otro licor, agua, limón y azúcar. **2** Bebida caliente hecha con leche, huevo, azúcar o frutas y ron u otro licor.

poncho *m.* Prenda de vestir de abrigo, de lana o paño, que consiste en una manta con una abertura en el centro para pasar la cabeza, y que cubre desde los hombros hasta más abajo de la cintura.

ponderación *f.* **1** Cuidado, consideración o mesura con que se hace o se dice una cosa. **2** Expresión de alabanza o elogio muy grande que se hace hacia alguien o algo.

ponderado, -da *adj.* [persona] Que se comporta con tacto o consideración.

ponderar *tr.* **1** Considerar o examinar con cuidado un asunto. **2** Alabar de forma exagerada las buenas cualidades de alguien o algo.

ponedor, -ra *adj.* **1** [ave] Que ya pone huevos. ∥ *adj./f.* **2** [gallina] Que está destinada en las granjas a poner huevos para el consumo humano.

ponencia *f.* Exposición de un tema concreto que hace alguien ante un conjunto de personas reunidas para discutir sobre él entre todos y extraer conclusiones.

ponente *adj./com.* [persona] Que hace una ponencia.

poner [78] *tr.* **1** Colocar o situar una cosa en un lugar. **2** Añadir una cosa a algo para completarlo o rellenarlo. **3** Disponer o preparar una cosa con un fin determinado. **4** Adoptar un gesto en la cara para expresar un estado de ánimo. **5** Hacer que funcione un aparato eléctrico apretando el botón que lo activa o regular la intensidad de las funciones que tiene. **6** Establecer, instalar o montar una cosa, especialmente un negocio. **7** Escribir alguna cosa en un lugar. **8** Representar una obra de teatro o proyectar una película o un programa sobre una pantalla. **9** Dejar que un asunto lo decida o lo resuelva otra persona. **10** Dar un nombre o apodo a una persona o un animal. **11** Dar una nota o calificación a una persona. **|** *v. impersonal* **13** Contener algo una información. **|** *tr./intr.* **14** Soltar un ave sus huevos. **|** *tr.* **15** Colocar o ajustar una prenda o adorno en el cuerpo o en parte de él. **16** Situar a una persona en un lugar o posición determinada. **17** Untar o aplicar una sustancia sobre algo. **|** *prnl.* **18** ▸ Mancharse una persona o una cosa con algo. **19** Hartarse de comer una persona. **20** Ocultarse un astro. ▸ **poner al corriente** Informar a alguien de un suceso. ▸ **poner verde** Hablar muy mal de una persona. ▸ **ponerse a** + infinitivo Comenzar a hacer lo que expresa el infinitivo.

OBS El participio es *puesto*.

poni *m.* Caballo que pertenece a una raza que se distingue por su pequeño tamaño y su pelo largo.

poniente *m.* **1** Punto del horizonte donde se oculta el Sol. **2** Viento que sopla de ese punto.

pontevedrés, -dresa *adj.* **1** De Pontevedra. **|** *adj./m. y f.* **2** [persona] Que es de Pontevedra.

pontificado *m.* **1** Dignidad de pontífice. **2** Tiempo durante el cual un pontífice ejerce sus funciones.

pontifical *adj.* Del Sumo Pontífice, del arzobispo o del obispo.

pontificar [1] *intr.* **1** Presentar o exponer principios o ideas de una manera dogmática e irrefutable sin que hayan sido comprobados. **2** Celebrar actos litúrgicos con rito pontifical.

pontífice *m.* Sacerdote cristiano de grado más elevado que gobierna una diócesis. **Sumo Pontífice** Persona que para los cristianos católicos es la máxima autoridad religiosa en la Tierra. En esta acepción se escribe con mayúsculas iniciales.

pontificio, -cia *adj.* Del pontífice.

pontón *m.* **1** Puente de maderos para pasar un río pequeño. **2** Barco con su parte anterior de forma redonda que se usa para pasar ríos, construir puentes y limpiar el fondo de un río o un puerto. **3** Barco viejo que, amarrado en un puerto, sirve de almacén, hospital o prisión.

pony *m.* Poni.

ponzoña *f.* **1** Sustancia venenosa. **2** Doctrina que causa daño moral a la sociedad.

ponzoñoso, -sa *adj.* Que tiene ponzoña.

pop *adj./m.* **1** [música] Que tiene elementos de la música rock y de la música popular británica. **|** *adj.* **2** Del pop.

popa *f.* Parte posterior de la embarcación.

pope *m.* Sacerdote de la Iglesia ortodoxa.

populachero, -ra *adj.* **1** Del populacho. **2** Que halaga al populacho. Se usa con valor despectivo.

populacho *m.* Conjunto de personas del nivel social y cultural más bajo.

OBS Se usa con valor despectivo.

popular *adj.* **1** Del pueblo. **2** Que pertenece a las clases más bajas de la sociedad. **3** Que tiene aceptación y fama entre la mayoría de la gente. **4** [persona] Que tiene a favor muchos amigos o personas. **5** Que está al alcance del pueblo.

popularidad *f.* Aceptación y fama que tiene una persona o una cosa entre la mayoría de la gente.

popularización *f.* Acción que consiste en dar carácter popular a una cosa.

popularizar [4] *tr./prnl.* **1** Hacer que una persona o una cosa adquiera fama entre la gente. **2** Hacer que una cosa con carácter culto puedan entenderla y disfrutarla las personas de escasa formación cultural.

populismo *m.* **1** Doctrina política que defiende los intereses del pueblo. **2** Modo de actuar y trabajar en política que busca agradar al pueblo.

populista *adj.* **1** Del pueblo. **|** *adj./com.* **2** Que es partidario del populismo.

populoso, -sa *adj.* [lugar] Que está habitualmente repleto de gente.

popurrí *m.* **1** Composición musical formada por partes de varias composiciones musicales, generalmente del mismo género. **2** Mezcla de cosas diferentes, especialmente si es extraña o confusa.

poquedad *f.* **1** Timidez o falta de decisión. **2** Cosa insignificante o de poco valor. **3** Escasez o poca cantidad de una cosa.

póquer *m.* **1** Juego de cartas que consiste en combinar de diversas formas cinco cartas del mismo valor o del mismo color; gana la partida el jugador que obtiene la combinación de más valor. 2 En ese juego, combinación de cuatro cartas del mismo número.

por *prep.* 1 Indica el lugar por donde se pasa. 2 Se utiliza para indicar un lugar de manera aproximada. 3 Indica una parte o lugar concreto. 4 Se utiliza para indicar un espacio de tiempo de manera aproximada. 5 Indica la causa o la razón que produce algo. 6 Indica medio o instrumento a través del cual se hace una cosa. 7 Indica el modo en que se hace una cosa. 8 Indica la finalidad de una acción. 9 Indica una cantidad de dinero necesaria para comprar algo. 10 Indica la proporción de una cantidad. 11 Se utiliza para multiplicar cantidades. 12 Indica el autor de una acción o de una cosa. 13 En favor o en defensa de algo o de alguien. 14 A cambio de otra cosa o en su lugar. 15 En cuanto a algo. 16 Indica calidad o condición. 17 Con la intención de buscar o recoger una cosa. 18 Indica separación de los elementos de una serie. 19 Se utiliza para indicar la razón que se opone a la ejecución de una acción, aunque no evita su cumplimiento. ▌ *m.* 20 Signo que indica multiplicación de cantidades; se representa *x*. ▶ **por + infinitivo** Indica que la acción que señala el infinitivo todavía no está hecha. ▶ **por qué** Se utiliza para preguntar la causa o la razón de algo.

porcelana *f.* 1 Loza fina, traslúcida y brillante, que se usa para hacer objetos de adorno. 2 Objeto hecho con este tipo de loza.

porcentaje *m.* Cantidad que representa una parte de un total de cien.

porche *m.* Espacio exterior cubierto que hay a la entrada de algunos edificios.

porcino, -na *adj.* Del cerdo.

porción *f.* 1 Cantidad separada de otra mayor. 2 Parte que corresponde a cada persona al repartir una cosa.

pordiosero, -ra *m. y f.* Persona que no tiene las cosas necesarias para vivir y habitualmente pide limosna y alimentos.

porfía *f.* 1 Lucha o disputa que se mantiene con insistencia y tenacidad. 2 Insistencia inoportuna y obstinada con que se solicita una cosa.

porfiar [13] *intr.* 1 Discutir de manera obstinada. 2 Pedir una cosa insistiendo hasta molestar. 3 Insistir en una acción para lograr algo.

pormenor *m.* 1 Detalle o circunstancia

particular de un asunto. 2 Detalle poco importante o secundario. **OBS** Se usa frecuentemente en plural.

pormenorizar [4] *tr.* Describir una cosa con mucho detalle.

porno *adj.* 1 Forma abreviada de *pornográfico*: *revista porno.* ▌ *m.* 2 Forma abreviada de *pornografía*: *la industria del porno.*

pornografía *f.* 1 Conjunto de rasgos o características de las obras pornográficas. 2 Obra literaria o artística pornográfica. 3 Conjunto de obras pornográficas.

pornográfico, -ca *adj.* Que presenta, muestra o describe actos sexuales con realismo o dureza.

poro *m.* 1 Orificio muy pequeño de la piel. 2 Intersticio entre las moléculas que forman un cuerpo.

porosidad *f.* Cualidad de poroso.

poroso, -sa *adj.* Que tiene poros.

porque *conj.* 1 Introduce la causa o la razón que explica una determinada acción. 2 Indica finalidad.

porqué *m.* Motivo o razón de algo. **OBS** El plural es *porqués.*

porquería *f.* 1 Suciedad o basura que hay en un lugar. 2 Acción que se considera que va contra la moral, especialmente en relación con el sexo. 3 Cosa sucia o que mancha. 4 Cosa mal hecha, desordenada o sucia. 5 Cosa para comer que no tiene alimento, generalmente con un sabor agradable, que se come por capricho o sin necesidad. 6 Cosa que se considera que no tiene ningún valor.

porqueriza *f.* Pocilga.

porquerizo, -za *m. y f.* Persona que se dedica a cuidar cerdos.

porra *f.* 1 Palo abultado en uno de sus extremos que se usa para golpear. 2 Masa de harina de forma alargada que se fríe en aceite y se cubre de azúcar o chocolate; es más larga y gruesa que el churro. 3 Apuesta que se hace entre varias personas y que gana quien acierta un número o un resultado. ▌ *int.* 4 ▶ **¡porras!** Indica enfado o disgusto. ▶ **mandar a la porra** *coloquial* Rechazar a una persona, especialmente con enfado y disgusto.

porrada *f. coloquial* Cantidad grande o abundante de una cosa.

porrazo *m.* 1 Golpe dado con una porra. 2 Golpe que recibe una persona al caer o chocar contra un cuerpo duro.

porreta *f.* 1 Conjunto de hojas verdes que tiene el puerro, el ajo y la cebolla en uno de sus extremos. ▌ *com.* 2 *coloquial* Per-

sona que fuma porros de manera habitual.
▸ **en porreta** o **en porretas** *coloquial* Expresión que indica que una persona está completamente desnuda.

porrillo *coloquial* Palabra que se utiliza en la expresión *a porrillo*, que significa 'que una cosa existe o se da en gran abundancia o cantidad'.

porro *m.* Cigarrillo que contiene hachís o marihuana, mezclada con tabaco.

porrón *m.* 1 Recipiente de cristal, con el cuello estrecho y la base ancha, de la que sale un tubo largo en forma de cono y que sirve para beber a chorro. 2 *coloquial* Cantidad grande.

portaaviones *m.* Portavión.

portada *f.* 1 Primera página de un periódico, revista, etc. 2 Primera página de un libro en la que aparece el título, el nombre del autor y el lugar y la fecha de impresión. 3 Fachada o cara principal de un edificio.

portadilla *f.* 1 Página anterior a la portada de un libro en la que suele ponerse el título del mismo. 2 Página que indica el capítulo que sigue.

portador, -ra *adj./m. y f.* 1 Que lleva o trae una cosa de un lugar a otro. 2 [persona, animal] Que lleva en su cuerpo las bacterias o los virus que causan una enfermedad y los puede transmitir o contagiar. ‖ *m.* 3 Persona que tiene en su poder un documento público o un valor comercial.

portaequipajes o **portaequipaje** *m.* 1 Parte de un automóvil donde se coloca el equipaje. 2 Estructura metálica que se coloca sobre el techo de un automóvil y sirve para llevar maletas y bultos.
OBS El plural es *portaequipajes*.

portafolios o **portafolio** *m.* Maletín o carpeta de forma rectangular y plana que se lleva en la mano y se usa para guardar y llevar papeles.
OBS El plural es *portafolios*.

portal *m.* 1 Parte de una casa o de un edificio donde se encuentra la entrada o la puerta principal. 2 Espacio exterior cubierto por una estructura sujeta por columnas que, generalmente, está construido junto a un edificio, rodea una plaza o recorre una calle.

portalámparas o **portalámpara** *m.* 1 Pieza metálica en la que se enrosca el casquillo de una bombilla para conectarla a la electricidad. 2 Aparato para sostener una lámpara.
OBS El plural es *portalámparas*.

portalón *m.* Puerta grande que cierra el espacio descubierto que rodea una casa o un palacio.

portante *adj./m.* [paso de una caballería] Que mueve las extremidades de un mismo lado a la vez. ▸ **coger** (o **tomar**) **el portante** *coloquial* Irse o marcharse.

portapapeles *m.* INFORM. Fichero o dispositivo lógico temporal que proporciona un sistema operativo y que permite el intercambio de datos textuales o icónicos entre programas.
OBS El plural también es *portapapeles*.

portar *tr.* 1 *culto* Llevar una cosa generalmente en la mano o ayudándose con alguna otra parte del cuerpo. ‖ *prnl.* 2 Tener cierto comportamiento.

portarretratos o **portarretrato** *m.* Marco que se utiliza para colocar en él retratos.
OBS El plural es *portarretratos*.

portarrollos *m.* Utensilio que puede colgarse en la pared y sirve para colocar uno o varios rollos de papel.
OBS El plural es *portarrollos*.

portátil *adj.* 1 [objeto] Que se puede transportar de un lugar a otro. 2 [ordenador] Que es compacto y de menor peso y tamaño que un PC, fácilmente transportable y con batería que permite usarlo cierto tiempo sin conexión eléctrica.

portaviones o **portaaviones** *m.* Buque cuya cubierta está preparada para que puedan despegar y aterrizar aviones.
OBS El plural también es *portaviones* o *portaaviones*.

portavoz *com.* 1 Persona que es elegida para representar a un grupo o a una colectividad y hablar en su nombre. 2 Funcionario autorizado para difundir información y responder a ciertas preguntas.

portazo *m.* Golpe fuerte que da una puerta al cerrarse.

porte *m.* 1 Acción de portear. 2 Cantidad de dinero que se paga por transportar una mercancía de un lugar a otro. 3 Aspecto que muestra una persona y que se hace evidente en sus gestos, su modo de vestir, su educación o su comportamiento. 4 Capacidad de transporte de un buque.

portear *tr.* Llevar o transportar una cosa de un lugar a otro a cambio de un dinero previamente convenido.

portento *m.* 1 Cosa o hecho portentoso. 2 Persona portentosa.

portentoso, -sa *adj.* [persona, cosa] Que produce admiración por ser extraño, novedoso o singular.

porteño, -ña *adj.* 1 De Buenos Aires. ▌ *adj./m. y f.* 2 [persona] Que es de Buenos Aires.

portería *f.* 1 Parte de un edificio que está a continuación de la puerta principal. 2 Vivienda del portero. 3 Habitación en la que está temporalmente el portero. 4 En ciertos deportes, armazón formado por dos palos verticales, uno horizontal y una red al fondo en el que debe entrar la pelota para marcar un tanto.

portero, -ra *m. y f.* 1 Persona que se dedica a la vigilancia, al cuidado y al mantenimiento de la parte no habitable de un edificio. **portero automático** Mecanismo electrónico que sirve para abrir la puerta principal de un edificio desde el interior de la vivienda. 2 Jugador que defiende la portería de su equipo.

pórtico *m.* 1 Espacio exterior cubierto y con columnas que se construye en la parte delantera de un edificio. 2 Galería con arcos y columnas a lo largo de un muro o alrededor de una plaza.

portillo *m.* 1 Abertura o entrada que se abre en un muro. 2 Puerta pequeña que está incluida en otra más grande.

portón *m.* 1 Puerta que separa el zaguán del resto de la casa. 2 Puerta del toril que da a la plaza de toros. 3 Puerta trasera del automóvil.

portorriqueño, -ña o **puertorriqueño, -ña** *adj.* 1 De Puerto Rico. ▌ *adj./m. y f.* 2 [persona] Que es de Puerto Rico.

portuario, -ria *adj.* De un puerto de mar.

portugués, -guesa *adj.* 1 De Portugal. ▌ *adj./m. y f.* 2 [persona] Que es de Portugal. ▌ *m.* 3 Lengua hablada en Portugal, Brasil y los países que antiguamente pertenecieron a Portugal.

portuguesismo *m.* Palabra o modo de expresión propio de la lengua portuguesa que se usa en otro idioma.

porvenir *m.* Hecho o tiempo futuro.

pos Palabra que se usa en la expresión *en pos de*, que significa 'detrás' o 'en busca de'.

pos-, post- Prefijo que entra en la formación de palabras con el significado de 'detrás', 'después de'.

posada *f.* 1 Lugar que acoge u hospeda a las personas que viajan o van de paso y donde pueden dormir y comer. 2 Alojamiento que se da a una persona.

posaderas *f. pl. coloquial* Nalgas.

posadero, -ra *m. y f.* Persona que es dueña de una posada o está a su cargo.

posar *intr.* 1 Colocarse en una posición determinada para retratarse o servir de modelo a un fotógrafo, pintor o escultor. ▌ *tr.* 2 Poner suavemente una cosa sobre otra. ▌ *prnl.* 3 Detenerse en un lugar las aves, los insectos o los aparatos aeronáuticos. 4 Caer y acumularse en el fondo de un líquido la materia sólida que está flotando en él. 5 Caer el polvo que está suspendido en el aire.

posavasos *m.* Objeto plano que se pone debajo de un vaso o una copa para evitar que se manche la mesa o el mantel.

OBS El plural también es *posavasos*.

posdata o **postdata** *f.* Frase o mensaje que se añade al final de una carta ya firmada. La abreviatura es P.D.

pose *f.* Actitud fingida o exagerada que adopta una persona, con la que intenta producir un efecto determinado.

poseer [61] *tr.* 1 Tener una cosa o ser dueño de ella. 2 Disponer de una cosa o contar con ella. ▌ *prnl.* 3 Contener, frenar o sujetar los propios impulsos.

poseído, -da *adj./m. y f.* 1 Que está dominado por un impulso, un sentimiento apasionado o un determinado estado de ánimo. 2 [persona] Que está dominado por un espíritu. 3 Que se comporta con superioridad y engreimiento.

posesión *f.* 1 Hecho o acto de poseerse. 2 Cosa que posee una persona. ▶ **tomar posesión** Ocupar una persona un cargo de forma oficial.

posesivo, -va *adj.* 1 [persona] Que tiene un carácter muy absorbente y pretende tener siempre cerca a las personas que quiere. ▌ *adj./m.* 2 [adjetivo, pronombre] Que expresa posesión o pertenencia.

poseso, -sa *adj./m. y f.* [persona] Que está dominado por un espíritu generalmente maligno.

posguerra *f.* Período de tiempo que sigue al final de una guerra y durante el cual se sufren sus consecuencias.

posibilidad *f.* 1 Circunstancia u ocasión de que una cosa ocurra o suceda. 2 Cosa que es posible que ocurra o suceda. 3 Opción que tiene una persona de hacer o no hacer una cosa. ▌ *f. pl.* 4 Conjunto de medios, bienes o riquezas que tiene una persona o de los que dispone para hacer algo.

posibilitar *tr.* Hacer que una cosa, normalmente difícil y ardua, sea posible.

posible *adj.* 1 Que puede ser o suceder; que se puede realizar. ▌ *m. pl.* 2 Conjunto de medios, bienes o riqueza de alguien.

posición *f.* 1 Manera de estar en el espacio físicamente alguien o algo. **2** Lugar o situación que ocupa alguien o algo. **3** Manera de pensar o de actuar. **4** Condición social o económica de una persona. **5** Punto situado en un lugar estratégico y ventajoso para realizar ciertas operaciones militares.

positivar *tr.* Convertir en positivo un negativo fotográfico.

positivismo *m.* **1** Actitud realista y práctica de una persona ante la vida. **2** FILOS. Doctrina filosófica y científica que considera que el único medio de conocimiento es la experiencia comprobada o verificada a través de los sentidos.

positivista *adj./com.* **1** [persona] Que muestra una actitud realista y práctica ante la vida. **2** FILOS. [persona] Que sigue la doctrina del positivismo.

positivo, -va *adj.* **1** Que indica o expresa afirmación. **2** Que no ofrece duda alguna. **3** Que indica la presencia o la existencia de una cosa. **4** Que es útil, práctico o favorable. **5** Que tiende a ver y juzgar las cosas en su aspecto mejor o más agradable. **6** FÍS. [polo de un generador] Que atrae los electrones o las cargas negativas. **7** GRAM. [adjetivo] Que presenta una cualidad del sustantivo en grado neutro, en oposición al superlativo y al comparativo. **8** MAT. [número, cantidad] Que es mayor que cero. ‖ *m./adj.* **9** Copia fotográfica que reproduce los claros y los oscuros tal y como aparecen en la realidad.

poso *m.* Materia sólida que después de haber estado flotando en un líquido se queda en el fondo del recipiente.

posología *f.* **1** Parte de la medicina que se ocupa de las dosis en que deben administrarse los medicamentos. **2** Serie de indicaciones para administrar correctamente un medicamento.

posponer [78] *tr./prnl.* **1** Retrasar o retardar una cosa en el tiempo para realizarla en un momento o en una fecha posterior. ‖ *tr.* **2** Poner o colocar una persona o una cosa después de otra en el tiempo o en el espacio.

posposición *f.* **1** Acción de posponer. **2** Efecto de posponer.

pospuesto, -ta *part.* **1** Participio irregular de *posponer.* ‖ *adj.* **2** Que está colocado después de una persona o una cosa.

posta *f.* **1** Conjunto de caballerías que antiguamente estaban preparadas en determinados puntos del recorrido de una diligencia para relevar a las caballerías que ya venían cansadas. **2** Bala pequeña de plo-

mo que sirve de munición para cargar las armas de fuego.

postal *adj.* **1** Del servicio de correos. **2** Que se envía por medio del servicio de correos. ‖ *adj./f.* **3** [tarjeta] Que se envía por correo sin sobre y tiene grabada en una de sus caras una fotografía o un dibujo.

poste *m.* **1** Madero, piedra o columna que se coloca de forma vertical para servir de apoyo o señal. **2** Palo vertical que hay a cada uno de los lados de una portería en algunos deportes.

póster *m.* Cartel con una imagen o una fotografía que se cuelga en una pared.
OBS El plural es *pósteres.*

postergación *f.* **1** Acción de postergar. **2** Efecto de postergar.

postergar [7] *tr.* **1** *culto* Dejar una cosa para hacerla después de otra a la que debería preceder. **2** Colocar a una persona o una cosa en un lugar inferior al que le corresponde.

posteridad *f.* **1** Conjunto de personas que pertenecen a las generaciones futuras. **2** Tiempo futuro. **3** Fama que se tiene después de la muerte.

posterior *adj.* **1** Que se dice, se hace o sucede después de otra cosa. **2** Que está situado detrás de una persona o una cosa. **3** GRAM. [fonema consonántico, fonema vocálico] Que se pronuncia colocando la lengua hacia la parte de atrás de la boca.

posteriori Palabra que se usa en la expresión *a posteriori,* que indica que una cosa se juzga después de haber sucedido.

posterioridad *f.* Circunstancia de ser una cosa posterior a otra.

postigo *m.* **1** Puerta de una sola pieza que tiene un cerrojo y un picaporte. **2** Puerta de madera que se coloca en una ventana además de los cristales. **3** Puerta pequeña abierta en otra mayor.

postín *m.* Actitud arrogante y afectada de la persona que presume de tener riqueza, lujo y distinción. ▶ **de postín** Que es rico, lujoso y elegante.

postizo, -za *adj.* **1** Que es añadido o imitado y puede sustituir de manera artificial a una cosa natural y propia. ‖ *m.* **2** Pelo o cabellera artificial o natural que sirve para aumentar el volumen de un peinado o para disimular la falta de pelo propio.

postor, -ra *m. y f.* Persona que puja u ofrece una cantidad de dinero por un objeto en una subasta.

postración *f.* Estado de abatimiento o decaimiento.

postrar *tr./prnl.* 1 Quitar a una persona la energía y la fuerza física y moral. ‖ *prnl.* 2 Ponerse una persona de rodillas ante otra en señal de respeto, súplica, adoración o humillación.

postre *m.* Alimento que se toma al final de una comida y que suele ser de sabor dulce. ▸ **a la postre** En definitiva.

postrer *adj.* Postrero.
OBS Es la forma apocopada de *postrero* y solo se utiliza antepuesto a un sustantivo.

postrero, -ra *adj. culto* Que es el último en una serie ordenada.

postrimería *f.* 1 Último período o últimos años de la vida de una persona. 2 Último período de tiempo o última etapa.
OBS Se usa más en plural.

postulación *f.* Petición o demanda de una cosa que se hace con un fin benéfico.

postulado *m.* 1 Principio que se admite como cierto sin necesidad de ser demostrado y que sirve como base para otros razonamientos. 2 Idea o principio que defiende alguien.

postular *tr.* Pedir dinero para usarlo con fines benéficos o religiosos. 2 Defender una idea o principio de interés general.

póstumo, -ma *adj.* Que sale a la luz después de la muerte del padre o autor.

postura *f.* 1 Manera o modo de estar situada, puesta o colocada físicamente una persona, animal o cosa. 2 Manera de pensar o de obrar. 3 Cantidad de dinero que ofrece el postor en una subasta.

postureo *m. coloquial* Comportamiento de la persona que le concede mucha importancia a su apariencia, sobre todo en el contexto de una red social.

potabilizadora *f.* Complejo industrial en el que se desala el agua del mar para hacerla potable.

potable *adj.* 1 [agua] Que se puede beber. 2 Que es aceptable.

potaje *m.* 1 Comida o guiso que se prepara con caldo, verduras y legumbres. 2 Conjunto de cosas desordenadas, revueltas.

potasa *f.* Hidróxido de potasio que es sólido y de color blanco.

potasio *m.* QUÍM. Elemento químico metálico de número atómico 19, es blando y ligero, se oxida fácilmente y produce llama en contacto con el agua.

pote *m.* 1 Recipiente redondo y pequeño para beber o contener un líquido. 2 Recipiente de metal, redondo, de boca ancha y dos asas a los lados que se usa para cocinar. 3 Potaje, comida.

potencia *f.* 1 Capacidad que tiene una cosa para realizar una acción o producir un efecto. 2 País o nación que tiene un gran poder político o económico. 3 Cada una de las tres facultades del alma. 4 FÍS. Trabajo realizado por una fuerza en la unidad de tiempo. 5 MAT. Producto que resulta de multiplicar un número por sí mismo una o varias veces. ▸ **en potencia** Que no es o no existe pero tiene posibilidad de ser o de existir en el futuro.

potenciación *f.* Impulso o estímulo que recibe una cosa para que pueda desarrollarse o existir.

potencial *adj.* 1 Que no es o no existe pero tiene la posibilidad de ser o de existir en el futuro. ‖ *m.* 2 Fuerza o poder del que se dispone para lograr un fin. 3 FÍS. Energía eléctrica acumulada en un cuerpo conductor. 4 GRAM. Tiempo del verbo que expresa la acción como futura y posible.

potenciar [12] *tr.* 1 Comunicar fuerza o energía. 2 Aumentar la fuerza o el poder de una cosa.

potenciómetro *m.* 1 Aparato para medir las diferencias de potencial eléctrico. 2 Resistencia de los aparatos electrónicos.

potentado, -da *m. y f.* Persona que es muy rica y poderosa.

potente *adj.* 1 Que tiene mucha potencia. 2 Que tiene riquezas, autoridad e importancia. 3 Que es muy grande.

potestad *f. culto* Poder o autoridad que se tiene sobre alguien o algo. **patria potestad** Poder o autoridad legal que tienen los padres sobre los hijos que aún no están emancipados.

potestativo, -va *adj.* Que es voluntario y no obligatorio.

potingue *m.* 1 *coloquial* Medicamento que se toma de forma oral. 2 Producto cosmético de belleza de textura cremosa. 3 Alimento de aspecto o color desagradable.

potito *m.* Alimento para niños pequeños que ya está cocinado y se vende envasado en un recipiente de cristal.

poto *m.* Planta trepadora que tiene las hojas en forma de corazón de color verde claro con vetas blancas o amarillas.

potosí *m.* Riqueza extraordinaria.
OBS El plural es *potosíes*.

potra *f. coloquial* Suerte favorable que tiene una persona.

potrada *f.* Conjunto o manada de potros.

potranco, -ca *m. y f.* Caballo o yegua que no tienen más de tres años de edad.

potro, -tra *m. y f.* 1 Cría del caballo desde

que nace hasta que cambia los dientes de leche. ‖ *m.* **2** Aparato de gimnasia formado por cuatro patas y un cuerpo alargado que sirve para realizar diferentes tipos de ejercicios. **3** Aparato antiguo de tortura.

poyo *m.* Banco de piedra u otro material que se construye en una casa pegado a una pared o junto a la puerta.

poza *f.* **1** Hueco de un terreno donde se acumula el agua. **2** Parte de un río que tiene más profundidad.

pozo *m.* **1** Agujero profundo que se hace en la tierra para sacar el agua que procede de manantiales subterráneos. **2** Agujero que se hace en la tierra para bajar a una mina. **3** Persona que posee en abundancia una cualidad. **4** Parte de un río que tiene más profundidad.

práctica *f.* **1** Ejercicio o realización de una actividad de una forma continuada y conforme a sus reglas. **2** Habilidad o experiencia que se adquiere con este ejercicio. **3** Aplicación real o particular de una idea, una teoría o una doctrina. **4** Uso continuado o habitual que se hace de una cosa. **5** Ejercicio o prueba que dirige un profesor para conseguir habilidad o experiencia en una profesión o trabajo.

practicable *adj.* **1** [idea, proyecto] Que se puede realizar o llevar a cabo. **2** [camino] Que se puede recorrer.

prácticamente *adv.* **1** De manera experimentada o con el uso. **2** En la práctica o en la realidad. **3** Casi o por poco.

practicante *adj./com.* **1** Que profesa y practica una religión. ‖ *com.* **2** Persona que realiza pequeñas curas a los enfermos y pone inyecciones. **3** Persona encargada de preparar y despachar medicamentos bajo la dirección del farmacéutico.

practicar [1] *tr.* **1** Realizar de forma continuada una actividad. **2** Hacer o realizar una cosa. **3** Repetir varias veces una cosa que se ha aprendido para adquirir habilidad o experiencia sobre ella. **4** Profesar y aplicar los principios y las ideas de una religión o seguir sus normas.

práctico, -ca *adj.* **1** Que es útil o presta un buen servicio. **2** De la práctica. **3** Que tiene experiencia y es muy hábil para hacer las cosas.

pradera *f.* **1** Prado grande. **2** Conjunto de prados.

prado *m.* **1** Terreno llano y muy húmedo donde crece o se cultiva la hierba para que sirva de pasto al ganado. **2** Lugar llano y con hierba en el campo donde las personas van a pasear o a pasar el tiempo de forma agradable.

pragmática *f.* Parte de la lingüística que estudia la relación del lenguaje con el hablante y el oyente y con el contexto en que se realiza la comunicación.

pragmático, -ca *adj.* **1** Que se refiere a la práctica, la ejecución o la realización de las acciones y no a la teoría o a la especulación. **2** De la pragmática. **3** FILOS. Del pragmatismo.

pragmatismo *m.* FILOS. Doctrina filosófica que considera que el único medio de juzgar la verdad de una doctrina moral, social, religiosa o científica consiste en valorar sus efectos prácticos.

pragmatista *adj.* **1** FILOS. Del pragmatismo. ‖ *adj./com.* **2** FILOS. Que es partidario del pragmatismo.

praliné *m.* **1** Crema elaborada con chocolate y almendra o avellana molida. **2** Bombón o chocolate relleno de esta crema.

praseodimio *m.* Metal de número atómico 59 que se utiliza en la fabricación de cerámica, vidrio y equipos electrónicos.

praxis *f.* Actividad práctica en oposición a la teórica.
OBS El plural también es *praxis*.

pre- Prefijo que entra en la formación de palabras con el significado de: *a*) 'Antelación'. *b*) 'Prioridad'. *c*) 'Encarecimiento'. *d*) 'Superioridad o grado máximo'.

prealerta *f.* Estado de vigilancia y preparación ante la posibilidad de una catástrofe.

preámbulo *m.* **1** Cosa que se dice o escribe antes de entrar en el tema central. **2** Rodeo para decir algo.

prebenda *f.* **1** Dinero o favor que se recibe por algunos cargos u oficios. **2** Oficio o empleo en el que se gana mucho dinero y se trabaja poco. **3** Beneficio o favor que se consigue por medios arbitrarios y no mediante el propio esfuerzo.

preboste *com.* **1** Persona que dirige una comunidad. **2** Persona que tiene mucho poder o importancia dentro de un grupo.

precalentamiento *m.* Conjunto de ejercicios que hace un deportista para preparar el cuerpo antes de hacer un esfuerzo físico grande.

precalentar *tr./intr.* **1** Realizar un precalentamiento. ‖ *tr.* **2** Calentar un motor o un aparato antes de usarlo para un fin.

precámbrico, -ca *adj./m.* **1** [etapa geológica] Que abarca desde la formación de la corteza terrestre hasta hace unos 600 millones de años. ‖ *adj.* **2** De esta etapa geológica.

precariedad *f.* 1 Carencia o falta de los medios o recursos necesarios para algo. 2 Carencia o falta de estabilidad o seguridad.

precario, -ria *adj.* 1 Que es poco estable, poco seguro o poco duradero. 2 Que no cuenta con los medios o los recursos necesarios o suficientes.

precaución *f.* Actitud o comportamiento cauteloso y prudente con que se actúa para evitar o prevenir un daño o peligro.

precaver *tr./prnl.* Intentar evitar o prevenir un daño o peligro actuando de manera cautelosa y prudente o tomando medidas o precauciones.

precavido, -da *adj.* Que actúa con precaución o previsión.

precedente *adj.* 1 Que está colocado antes de una cosa o ha sucedido con anterioridad en el tiempo. ‖ *m.* 2 Cosa que se hace, se dice o se vive en un momento anterior y que influye en otra cosa que ocurre posteriormente.

preceder *tr./intr.* 1 Estar colocada una persona o una cosa delante de otra. ‖ *tr.* 2 Suceder o realizarse una cosa antes que otra. 3 Tener una persona o una cosa más importancia o superioridad que otra.

preceptivo, -va *adj.* Que incluye en sí preceptos.

precepto *m.* Orden o mandato relativo a una conducta e impuesto o establecido por una autoridad.

preceptor, -ra *m. y f.* Nombre que se daba antiguamente a la persona que se dedicaba a enseñar y formar a un niño en su propia casa y de manera privada o particular.

preceptuar [11] *tr.* Dar o dictar preceptos.

preces *f. pl.* 1 Oraciones o ruegos que se dirigen a Dios, a la Virgen o a los santos. 2 Versículos de la Biblia que se utilizan como oraciones o ruegos.

preciado, -da *adj.* 1 Que es muy estimado o querido. 2 Que tiene mucho valor.

preciar [12] *tr.* 1 Poner precio a una cosa. 2 Sentir afecto o estima hacia una persona. ‖ *prnl.* 3 Presumir una persona de poseer una cualidad determinada.

precintar *tr.* Poner precinto.

precinto *m.* Cuerda, tira de papel o plástico u otro material que sirve para que un objeto o un lugar no pueda ser abierto.

precio *m.* 1 Cantidad de dinero que cuesta una cosa o que hay que pagar por ella. 2 Esfuerzo, pérdida o sufrimiento que sirve como medio para conseguir una cosa.

preciosidad *f.* 1 Cualidad de precioso. 2 Persona, animal o cosa que es muy bella y agradable a la vista.

preciosismo *m.* Tendencia al refinamiento o cuidado extremado en el estilo de una obra de arte.

preciosista *adj.* 1 Del preciosismo. ‖ *adj./ com.* 2 [artista] Que aplica el preciosismo en sus obras.

precioso, -sa *adj.* 1 Que es muy bello y agradable a la vista. 2 Que tiene mucho valor o estimación.

precipicio *m.* 1 Corte vertical y profundo de un terreno. 2 Ruina espiritual o material.

precipitación *f.* 1 Acción de precipitar o precipitarse. 2 Prisa o rapidez con la que se actúa. 3 Agua en estado líquido o sólido que procede de la atmósfera y cae sobre la superficie terrestre.

precipitado, -da *adj.* 1 Que se hace o se dice de una manera rápida e irreflexiva. 2 [persona] Que hace o dice las cosas sin pensar en las consecuencias. ‖ *m.* 3 QUÍM. Sustancia sólida suspendida en el líquido de una disolución que se deposita en el fondo del recipiente por efecto de una reacción química.

precipitar *tr./prnl.* 1 Lanzar una persona o una cosa desde un lugar alto. 2 Hacer que un acontecimiento o proceso suceda de una manera más rápida, acelerada o apresurada. ‖ *tr./intr.* 3 QUÍM. Producir una reacción química por la que una sustancia sólida suspendida en el líquido de una disolución se deposita en el fondo del recipiente. ‖ *prnl.* 4 Hacer o decir una cosa sin pensar en las consecuencias.

precisamente *adv.* 1 De una forma justa o exacta. 2 De una forma necesaria o forzosa. 3 Se utiliza como respuesta para destacar lo sorprendente de la réplica.

precisar *tr./intr.* 1 Necesitar a una persona o una cosa para un fin determinado. ‖ *tr.* 2 Decir o expresar una cosa de un modo exacto y completo.

precisión *f.* Exactitud o determinación.

preciso, -sa *adj.* 1 Que es necesario o indispensable para un fin. 2 Que es exacto o riguroso. 3 Que es fijo, puntual o determinado.

preclaro, -ra *adj.* [persona] Que sobresale por sus cualidades en alguna actividad y es digno de admiración y respeto.

precocidad *f.* Carácter prematuro o temprano de una persona o de una cosa.

precocinado, -da *adj./m.* [alimento] Que se compra cocinado y listo para consumir.

preconcebido, -da *adj.* [idea, opinión, concepto] Que se ha formado una persona acerca de una cosa de la cual no tiene un conocimiento real o experimentado.

preconcebir [34] *tr.* Pensar o proyectar una acción con anterioridad a su ejecución o realización.

preconizar [4] *tr.* Defender una cosa que se considera buena o recomendable.

precoz *adj.* 1 [niño] Que destaca por tener cualidades que no son propias de su edad sino de una etapa posterior de su crecimiento. 2 Que se da, se hace o se desarrolla antes del tiempo habitual o necesario.

OBS El plural es *precoces*.

precuela *f.* Obra literaria o audiovisual que se crea después de otra obra de referencia y que evoca hechos anteriores a la acción de la que fue publicada en primer lugar.

precursor, -ra *adj./m. y f.* 1 Que precede o va delante en el tiempo o en el espacio. 2 Que inicia o introduce ideas o teorías que se desarrollarán en un tiempo futuro.

predador, -ra *adj./m. y f.* [animal] Que mata a otros animales de distinta especie para que puedan servirle de alimento.

predecesor, -ra *m. y f.* 1 Persona que ocupaba un lugar, un puesto o un cargo con anterioridad a la que lo ocupa en la actualidad. 2 Persona de una familia que ha vivido con anterioridad a otra.

predecir [79] *tr.* Anunciar un hecho que va a ocurrir en el futuro.

predestinación *f.* 1 Concepción filosófica y religiosa según la cual la vida presente y futura del ser humano está determinada o trazada previamente por fuerzas superiores. 2 Acción de predestinar.

predestinar *tr.* 1 Disponer o decidir el destino de alguien o algo. 2 En teología, elegir Dios antes de la creación del mundo a las personas que por medio de su gracia gozarán de la salvación eterna.

predeterminar *tr.* Determinar o resolver una cosa de una manera anticipada y prácticamente definitiva.

prédica *f.* 1 Discurso que tiene un contenido moral o religioso. 2 Discurso vehemente, largo y poco oportuno.

predicación *f.* 1 Acto en que se predica una idea o doctrina religiosa. 2 Idea o doctrina que se predica.

predicado *m.* 1 Parte de la oración gramatical que está formada por un verbo, que es el núcleo, y unos complementos. 2 En lógica, cosa que se afirma o se niega de un sujeto en una proposición.

predicador, -ra *adj./m. y f.* [persona] Que predica una doctrina.

predicamento *m.* Opinión o grado de estimación de que goza una persona.

predicar [1] *tr./intr.* 1 Pronunciar un discurso o un sermón de contenido moral. 2 Propagar unas ideas o una doctrina. 3 GRAM. Enunciar o expresar una característica acerca del sujeto de una oración gramatical o de una proposición.

predicativo, -va *adj.* 1 GRAM. Del predicado. ▌*m.* 2 GRAM. Parte de la oración gramatical que depende a la vez del sujeto y del verbo; tiene la función de calificar o modificar al sujeto o al objeto directo.

predicción *f.* 1 Acción de predecir. 2 Hecho que se predice.

predicho, -cha *part.* Participio irregular de *predecir*.

predilección *f.* Preferencia o favoritismo que se muestra hacia una persona entre otras o hacia una determinada cosa.

predilecto, -ta *adj.* Que es preferido de manera especial.

predisponer [78] *tr./prnl.* 1 Influir en el ánimo de una persona para conseguir que tenga una actitud determinada ante algo. 2 Preparar con anticipación una cosa para conseguir un fin determinado.

predisposición *f.* Inclinación o actitud que se tiene ante una cosa.

predispuesto, -ta *part.* 1 Participio irregular de *predisponer*. ▌*adj.* 2 [persona] Que tiene el ánimo preparado o dispuesto de manera anticipada para algo.

predominante *adj.* Que predomina.

predominar *intr.* 1 Existir en mayor número un tipo de personas o cosas dentro de un grupo. 2 Ser una persona o una cualidad más importante, influyente o poderosa que otras del mismo grupo.

predominio *m.* Superioridad en poder, importancia o número de una persona, un grupo o una cosa.

preeminente *adj.* 1 Que está colocado en un lugar superior o más elevado. 2 Que tiene una categoría o una importancia superior a otra persona u otra cosa.

preescolar *adj./m.* [etapa educativa] Que es anterior a la enseñanza primaria.

preestablecido, -da *adj.* Que está establecido u ordenado con anterioridad.

prefabricado, -da *adj.* [casa, construcción] Que ha sido fabricado en un lugar y trasladado al lugar que le corresponde.

prefabricar [1] *tr.* Fabricar, generalmente en serie, los elementos y las piezas que después se montan y se ajustan para obtener una construcción, aparato, etc.

prefacio *m.* 1 Prólogo escrito o dicho. 2 Parte de la misa que precede al canon.

prefecto, -ta *m.* 1 Persona que dirige y gobierna una comunidad eclesiástica, junta o tribunal. 2 Jefe militar y civil de la antigua Roma. | *m. y f.* 3 Nombre que se da en Francia a la persona que gobierna o dirige un departamento.

prefectura *f.* 1 Cargo o empleo que desempeña un prefecto. 2 Territorio que gobierna un prefecto. 3 Oficina o despacho de un prefecto.

preferencia *f.* 1 Ventaja que una persona o cosa tiene sobre otra. 2 Inclinación favorable que se siente hacia una determinada persona o cosa.

preferente *adj.* Que tiene preferencia.

preferible *adj.* Que se prefiere.

preferir [35] *tr.* Querer más a una persona o cosa que a otras.

prefijación *f.* GRAM. Procedimiento para formar palabras nuevas mediante la adición de un prefijo a una palabra ya existente o a su raíz.

prefijal *adj.* GRAM. Que tiene la forma o la función de un prefijo.

prefijar *tr.* 1 Determinar, señalar o fijar de manera anticipada una acción futura. 2 Añadir un prefijo a una palabra.

prefijo, -ja *m./adj.* 1 GRAM. Afijo que se añade al comienzo de una palabra para formar otra nueva. | *m.* 2 Combinación de cifras o letras que se añade a los números de teléfono de una zona, ciudad o país.

pregón *m.* 1 Discurso público con que se inicia una fiesta o acontecimiento. 2 Acción de pregonar.

pregonar *tr.* 1 Leer públicamente y en voz alta una noticia. 2 Hacer pública una cosa que debía mantenerse en secreto. 3 Anunciar en voz alta la mercancía que se ofrece a la venta.

pregonero, -ra *m. y f.* 1 Persona que pronuncia el pregón de una fiesta o acontecimiento. 2 Persona que trabaja en el ayuntamiento de un municipio y lee públicamente una noticia oficial.

pregunta *f.* 1 Conjunto de palabras con las que se pide una información determinada. 2 Enunciado que se formula en un ejercicio, una prueba o examen.

preguntar *tr./intr.* Pedir una persona a otra cierta información acerca de una cosa, que le despeje una duda o que le niegue o le afirme algo.

preguntón, -tona *adj./n. m. y f. coloquial* [persona] Que hace demasiadas preguntas y resulta molesto o indiscreto.

prehistoria *f.* 1 Período de la historia de la humanidad que es anterior a todo documento escrito. 2 Disciplina histórica que estudia este período.

prehistórico, -ca *adj.* 1 De la prehistoria. 2 Que es muy viejo o anticuado.

prejuicio *m.* Opinión preconcebida.

prejuzgar [7] *tr.* Juzgar antes de tener un conocimiento justo o sin tener datos suficientes.

prelado, -da *m.* 1 Hombre que tiene algún cargo o dignidad superior dentro de la Iglesia católica. | *m. y f.* 2 Persona que tiene el cargo de superior dentro de un convento o una comunidad eclesiástica.

prelatura *f.* Dignidad u oficio de prelado.

preliminar *adj.* 1 Que sirve de introducción. | *adj./m.* 2 Que se antepone a una acción o empresa. | *m. pl.* 3 Serie de negociaciones y reglas generales que se establecen entre las partes contratantes o entre los ejércitos antes de establecer un tratado o acuerdo.

preludiar [12] *tr.* 1 Preparar, iniciar o dar paso a una cosa. | *intr./tr.* 2 MÚS. Ensayar o probar un instrumento musical o la voz antes de comenzar una pieza principal.

preludio *m.* 1 Cosa que sirve de preparación o comienzo. 2 MÚS. Fragmento musical que se toca o se canta para ensayar la voz, probar los instrumentos o fijar el tono antes del inicio de una obra musical. 3 MÚS. Composición musical corta interpretada solo con instrumentos.

premamá *adj.* [prenda, accesorio] Que está pensado para la mujer embarazada. OBS El plural también es *premamá*.

prematuro, -ra *adj.* 1 Que se da, ocurre o sucede antes del tiempo habitual o necesario. 2 Que no está maduro. | *adj./m. y f.* 3 [niño] Que nace antes de los nueve meses de embarazo.

premeditación *f.* 1 Acción de premeditar. 2 DER. Circunstancia que agrava la responsabilidad criminal.

premeditar *tr.* Pensar una cosa detenida y cuidadosamente antes de hacerla.

premiar [12] *tr.* Dar un premio.

premio *m.* 1 Cosa que se da a una persona como reconocimiento por una obra, una actividad o una cualidad. **premio Nobel** *a)* Premio que concede cada año la fundación sueca Alfred Nobel a las personas que destacan de forma especial en una disciplina científica o cultural. *b*) Persona que recibe este premio. **2** Objeto o dinero que se gana en un juego de azar. **3** Nombre que reciben algunas competiciones literarias o deportivas.

premiosidad *f.* Cualidad de premioso.

premisa *f.* **1** Afirmación o idea que se da como cierta y sirve de base a un razonamiento o discusión. **2** FILOS. Cada una de las dos primeras proposiciones del silogismo de las cuales se infiere la conclusión.

premolar *adj./m.* [diente] Que está situado entre el colmillo y los molares.

premonición *f.* **1** Señal o sensación que se interpreta como el anuncio de un hecho que sucederá en el futuro. **2** Adivinación de los hechos futuros. **3** Advertencia moral.

premonitorio, -ria *adj.* [sueño, señal] Que anuncia o presagia algo.

premura *f. culto* Prisa o urgencia.

prenda *f.* **1** Objeto que forma parte del vestido de una persona. **2** Cosa que se deja como garantía del cumplimiento de una obligación. **3** Acción o gesto con el que se demuestra una cosa. **4** Cualidad física o moral de una persona. ‖ *f. pl.* **5** Juego en el que cada participante que pierde entrega un objeto a una persona debiendo hacer lo que se le mande para recuperarlo. ▶ **no soltar prenda** *coloquial* No decir nada.

prendar *tr.* **1** Gustar o agradar mucho una persona. **2** Tomar un objeto como garantía del cumplimiento de una obligación. ‖ *prnl.* **3** Aficionarse o enamorarse de una persona o una cosa.

prendedor *m.* Alfiler o broche que se usa para sujetar una prenda de vestir o como adorno.

prender *tr.* **1** Sujetar o enganchar una cosa a otra mediante un objeto adecuado para ello. **2** Detener o capturar la autoridad competente a una persona. ‖ *tr./prnl.* **3** Encender un fuego o luz. ‖ *intr.* **4** Empezar a arder una materia. **5** Arraigar una planta en la tierra. **6** Ser aceptado o acogido lo que se expresa.

prendido *m.* Adorno femenino que se coloca en el vestido o en el pelo.

prendimiento *m.* Acción de prender.

prensa *f.* **1** Máquina que sirve para aplastar o comprimir. **2** Máquina que sirve para imprimir sobre papel. **3** Conjunto de publicaciones periódicas que se imprimen generalmente a diario y en las que se informa de las noticias tanto de ámbito nacional como internacional. **prensa amari-**

lla Conjunto de publicaciones periódicas que trata los temas de manera sensacionalista o tiende a exagerar los hechos. **prensa del corazón** Conjunto de publicaciones periódicas que trata temas relacionados con la vida privada y amorosa de personas famosas, populares o de cierta importancia social. **4** Conjunto de personas que se dedican al periodismo.

prensado *m.* Operación que consiste en prensar o comprimir una cosa, la uva o la aceituna.

prensar *tr.* Aplastar o reducir el volumen de una materia sometiéndola a presión.

prensil *adj.* Que sirve para coger o sujetar.

prensor, -ra *adj.* **1** Que agarra o prende. ‖ *adj./f.* **2** [ave] Que tiene el pico robusto y dos de los dedos de las patas dirigidos hacia atrás. ‖ *f. pl.* **3** Orden al que pertenecen estas aves.

preñar *tr.* Fecundar el macho a la hembra.

preñez *f.* **1** Embarazo de la hembra. **2** Tiempo que dura este embarazo.

preocupación *f.* **1** Sentimiento de inquietud, temor o intranquilidad ante un problema o una situación difícil. **2** Persona, cosa o situación que provoca inquietud o temor.

preocupar *tr./prnl.* **1** Tener preocupación. **2** Tener interés por una cosa.

preparación *f.* **1** Acción de preparar. **2** Conjunto de conocimientos que una persona posee sobre una determinada materia. **3** BIOL. Sustancia orgánica o inorgánica que está dispuesta para ser observada a través de un microscopio.

preparado *m.* **1** Sustancia que se elabora de manera industrial para un fin determinado. **2** Medicamento elaborado en la farmacia.

preparador, -ra *m. y f.* **1** Persona que se dedica a dar clases o lecciones a alguien sobre una determinada materia. **2** Persona que se dedica a enseñar, preparar y entrenar a un deportista o un equipo.

preparar *tr./prnl.* **1** Disponer o arreglar las cosas necesarias para realizar algo o para un fin determinado. **2** Estudiar una materia para realizar un examen. **3** Disponer a una persona para realizar o afrontar una acción futura.

preparativo *m.* Cosa que se dispone o arregla para un fin determinado.

preparatorio, -ria *adj.* **1** Que prepara o dispone para un fin determinado. ‖ *m.* **2** Conjunto de estudios preliminares que se realizan en algunas carreras antes de iniciar los estudios en profundidad.

preponderancia *f.* Superioridad que tiene una cosa frente a otra.

preponderar *intr.* Prevalecer o predominar una opinión u otra cosa sobre todo lo demás.

preposición *f.* 1 Categoría gramatical que designa el conjunto de palabras invariables que se utilizan para unir o relacionar términos, sintagmas u oraciones. 2 Cada una de las palabras que constituyen esta categoría.

preposicional *adj.* 1 De la preposición. 2 [sintagma] Que está introducido por una preposición.

prepositivo, -va *adj.* De la preposición.

prepotencia *f.* 1 Poder superior al de otro. 2 Poder que se ejerce de manera abusiva.

prepotente *adj.* 1 Que es muy poderoso. 2 Que tiene mucho poder y abusa de él.

prepucio *m.* Piel móvil que recubre el glande o el extremo final del pene.

prerrogativa *f.* 1 Gracia o exención que se concede a una persona para que goce de ella. 2 Facultad o derecho de los que gozan cada uno de los poderes del Estado.

presa *f.* 1 Animal que es cazado o atrapado. 2 Muro grueso construido a través de un río u otra corriente para acumular el agua y posteriormente conducirla fuera del cauce. 3 Acequia o canal por donde se conduce el agua de una corriente natural para ser aprovechada.

presagiar [12] *tr.* Anunciar o prever un hecho futuro.

presagio *m.* Señal que anuncia un hecho futuro.

presbiterianismo *m.* Doctrina religiosa calvinista que tuvo su origen en Escocia en el siglo XVI; sus seguidores sostienen que la suprema autoridad eclesiástica corresponde al conjunto de los sacerdotes.

presbiteriano, -na *adj.* 1 Del presbiterianismo. ‖ *adj./m. y f.* 2 Que cree en esta doctrina.

presbiterio *m.* 1 Parte de la iglesia donde está situado el altar mayor. 2 Reunión de los presbíteros o sacerdotes con el obispo.

presbítero *m.* Sacerdote católico.

prescindir *intr.* 1 Dejar de tener en cuenta a alguien o algo. 2 Renunciar a alguien o algo.

prescribir *tr.* 1 Determinar o decidir una cosa. 2 Determinar el médico la medicación o tratamiento que debe seguir el paciente. ‖ *intr.* 3 Perder efectividad o valor un derecho, una acción o una responsabi-

lidad por haber transcurrido el tiempo fijado por la ley.
OBS El participio es *prescrito*.

prescripción *f.* 1 Orden o mandato. 2 Receta médica. 3 Acción de prescribir.

prescrito, -ta *part.* Participio irregular de *prescribir*.

presencia *f.* 1 Circunstancia de estar presente una persona, un animal o una cosa en un lugar determinado. 2 Figura y aspecto externo de una persona.

presencial *adj.* Que presencia.

presenciar [12] *tr.* Asistir o estar presente una persona en un hecho o un acontecimiento y verlo directamente.

presentable *adj.* Que tiene buen aspecto exterior y está en condiciones de presentarse o aparecer ante otras personas.

presentación *f.* 1 Acción de presentar o presentarse. 2 Efecto de presentar o presentarse. 3 Modo en que se presenta algo.

presentador, -ra *m. y f.* Persona que presenta un espectáculo o un programa de televisión o radio.

presentar *tr.* 1 Mostrar, enseñar o exhibir una cosa. 2 Mostrar o tener una cosa ciertas características o rasgos. 3 Indicar el nombre de una persona a otra para que se conozcan. 4 Dar a conocer una cosa al público. 5 Comentar y conducir cara al público un espectáculo o un programa de televisión o radio. ‖ *tr./prnl.* 6 Proponer a una persona para ejercer un cargo o empleo. ‖ *prnl.* 7 Aparecer una persona en un lugar o ante otra persona. 8 Aparecer una persona en un lugar de manera inesperada. 9 Mostrarse o aparecer una cosa de una manera determinada. 10 Ofrecerse una persona para hacer una cosa.

presente *adj./m. y f.* 1 [persona] Que está en un lugar al mismo tiempo que otra persona o cosa. ‖ *adj.* 2 Que ocurre actualmente. ‖ *m./adj.* 3 Tiempo verbal que indica que la acción del verbo se realiza en el mismo momento en que se habla. ‖ *m.* 4 Tiempo actual, en oposición al pasado y al futuro. 5 Cosa que se da voluntariamente en señal de agradecimiento o afecto.

presentimiento *m.* Sensación que se tiene de que una cosa va a ocurrir sin tener pruebas reales que lo confirmen.

presentir [35] *tr.* Tener una persona la sensación de que va a ocurrir una cosa sin tener pruebas reales que lo confirmen.

preservación *f.* Cuidado o protección que se tiene sobre una cosa.

preservar *tr.* Proteger o resguardar anticipadamente a una persona, un animal o una cosa de un daño o un peligro.

preservativo, -va adj. 1 Que preserva. ‖ m. 2 Funda o cubierta de látex u otra materia similar que se coloca en el pene durante el coito y sirve para impedir el embarazo y para prevenir enfermedades de transmisión sexual.

presidencia f. 1 Dignidad de presidente. 2 Cargo de presidente. 3 Tiempo que dura este cargo. 4 Oficina donde trabaja un presidente. 5 Persona o conjunto de personas que presiden una cosa.

presidencial adj. Del presidente.

presidencialismo m. Sistema de organización política propio de los estados republicanos en el que el presidente es también jefe del gobierno.

presidente, -ta m. y f. Persona que preside o dirige un gobierno, una reunión, una empresa o un tribunal.

presidiario, -ria m. y f. Persona que está en la cárcel cumpliendo una condena.

presidio m. 1 Edificio o local penitenciario en el que están recluidas las personas que cumplen una condena. 2 Situación en la que se encuentran las personas que cumplen una condena.

presidir tr. 1 Tener una persona el primer puesto o cargo en un gobierno, reunión, empresa o tribunal. 2 Predominar o destacar una cosa sobre las demás. 3 Estar en el lugar más importante.

presilla f. 1 Anilla de tela, hilo o cordón que se cose en el borde de una prenda de vestir para pasar por ella un botón o enganchar un cierre. 2 Costura que se hace en el borde de un ojal para que la tela no se abra.

presintonía f. 1 Dispositivo de una radio o un televisor que memoriza la frecuencia de emisión. 2 Frecuencia que queda memorizada en un receptor de radio o televisión.

presión f. 1 Fuerza que empuje que se ejerce sobre una cosa. 2 Fuerza que ejerce un gas, un líquido o un sólido sobre una superficie. 3 Influencia que se ejerce sobre una persona o una colectividad para determinar sus actos o su conducta.

presionar tr. 1 Realizar una fuerza o un empuje sobre una cosa. 2 Ejercer influencia sobre alguien para determinar sus actos o su conducta. 3 En el desarrollo de ciertos deportes, acoso de un equipo sobre el contrario.

preso, -sa m. y f./adj. 1 Persona que está

encerrada o recluida en una cárcel cumpliendo una condena. ‖ adj. 2 Que está dominado por un sentimiento o pasión.

pressing m. En el desarrollo de ciertos deportes, presión o acoso que hacen unos deportistas sobre los contrarios.

OBS Es de origen francés (tomada del inglés to press, 'presionar') y se pronuncia aproximadamente 'presin'.

prestación f. 1 Servicio o ayuda que una persona ofrece a otra. 2 Conjunto de características técnicas de que dispone una máquina.

prestado, -da part. Palabra que se utiliza en la expresión **de prestado**, que: a) Indica que una persona disfruta de una cosa que otra le ha dejado por un tiempo. b) Indica que algo es provisional.

prestamista com. Persona que se dedica a prestar dinero cobrando por ello un interés.

préstamo m. 1 Acción de prestar. 2 Cantidad de dinero o cosa que se presta o se deja y que debe ser devuelta. 3 GRAM. Palabra que una lengua toma de otra.

prestancia f. Aspecto distinguido y elegante de una persona.

prestar tr. 1 Dejar o entregar una cosa a una persona para que la use durante un tiempo y después la devuelva. 2 Ayudar o contribuir al logro de una cosa. 3 Dar u ofrecer una cosa inmaterial de manera desinteresada. 4 Conceder o dedicar una cosa. ‖ prnl. 5 Ofrecerse una persona a hacer una cosa de manera desinteresada. 6 Dar motivo u ocasión para que ocurra una cosa.

presteza f. Habilidad y rapidez para hacer o decir una cosa.

prestidigitación f. Arte y técnica de hacer juegos de manos y otros trucos.

prestidigitador, -ra m. y f. Persona que se dedica a la prestidigitación.

prestigiar [17] tr. Dar prestigio, autoridad, valor o buena fama a alguien o algo.

prestigio m. Influencia, autoridad, valor o buena fama.

prestigioso, -sa adj. Que tiene prestigio.

presto, -ta adj. 1 Que es muy rápido y diligente. 2 Que está preparado o dispuesto para hacer una cosa. ‖ m. 3 MÚS. En una composición musical, movimiento que se ejecuta muy rápido. ‖ adv. 4 culto Con prontitud o al instante. 5 MÚS. Con movimiento muy rápido.

presumido, -da adj./m. y f. Que presume.

presumir intr. 1 Mostrarse una persona

orgullosa de sí misma y alardear de sus propias cualidades. **2** Cuidar mucho el aspecto personal para resultar bello y atractivo. ▎ *tr.* **3** Sospechar o suponer una cosa a partir de unas señales o indicios.

presunción *f.* **1** Acción de presumir. **2** Efecto de presumir. **3** DER. Hecho que se considera verdadero hasta que no sea demostrado lo contrario.

presunto, -ta *adj.* Que se supone o se sospecha aunque no esté demostrado.

presuntuoso, -sa *adj./m. y f.* **1** Que se muestra presumido, orgulloso y vanidoso. ▎ *adj.* **2** Que aparenta lujo y elegancia.

presuponer [78] *tr.* **1** Dar por cierta o conocida una cosa para pasar a tratar de otra que está relacionada. **2** Requerir una cosa como condición previa e indispensable para que ocurra otra.

presupuestar *tr.* **1** Calcular los gastos y los ingresos que resultan de un negocio. **2** Incluir una partida en un presupuesto.

presupuestario, -ria *adj.* Del presupuesto de un estado.

presupuesto *m.* **1** Cálculo de lo que va a costar una cosa. **2** Cálculo de los gastos y los ingresos que se producirán en un período de tiempo determinado. **3** Cantidad de dinero que se calcula necesaria para hacer frente a ciertos gastos.

presuroso, -sa *adj.* Que tiene prisa o se hace con mucha prisa.

prêt-à-porter *adj.* [ropa] Que se confecciona en serie según un patrón fijo.

OBS Es de origen francés y se pronuncia aproximadamente 'pretaporté'.

pretemporada *f.* Tiempo que transcurre antes de iniciarse una temporada deportiva y durante el cual se realizan torneos y pequeñas ligas.

pretencioso, -sa *adj./m. y f.* Que aparenta tener virtudes o valores que no posee.

pretender *tr.* **1** Intentar conseguir una cosa utilizando los medios necesarios para ello. **2** Pedir o solicitar una cosa sobre la que se cree tener cierto derecho. **3** Cortejar un hombre a una mujer.

pretendiente *adj./com.* **1** Que pide o solicita una cosa. ▎ *com.* **2** Persona que pretende casarse con otra. **3** Príncipe que reivindica el trono de un país al que cree tener derecho.

pretensión *f.* **1** Deseo o intención de conseguir una cosa. **2** Derecho que una persona cree tener sobre una cosa. **3** Vanidad u orgullo que muestra una persona acerca de sus propios bienes, actos o cualidades.

pretérito, -ta *adj.* **1** *culto* Que existió, se dio u ocurrió en el pasado. ▎ *m./adj.* **2** Tiempo verbal que expresa una acción anterior al presente.

pretexto *m.* Razón o causa que se expone para justificar un comportamiento, un fallo o un error.

pretextar *tr.* Valerse de un pretexto para hacer o decir algo.

pretil *m.* Muro o barandilla en un puente o lugar alto que preserva de caídas.

pretor *m.* Magistrado de la antigua Roma que ejercía jurisdicción en esta ciudad o en una provincia.

pretoriano, -na *adj.* **1** Del pretor. ▎ *adj./m.* **2** [soldado] Que pertenecía a la guardia de un emperador romano.

prevalecer [43] *intr.* **1** Sobresalir e imponerse una persona o una cosa entre otras. **2** Mantenerse o continuar existiendo una cosa no material.

prevaricación *f.* Delito que consiste en el incumplimiento de las obligaciones propias del cargo por parte de un funcionario, un juez o un abogado.

prevaricar [1] *intr.* Cometer prevaricación un funcionario, un juez o un abogado.

prevención *f.* **1** Medida o disposición que se toma de manera anticipada para evitar un daño o mal. **2** Puesto de policía o de vigilancia de un distrito donde se lleva a las personas detenidas. **3** Idea preconcebida y poco favorable que se tiene respecto de una persona o una situación.

prevenido, -da *adj.* **1** Que está dispuesto y preparado para una cosa. **2** Que piensa y prepara con antelación las cosas que hará o que puede necesitar en el futuro.

prevenir [90] *tr.* **1** Tratar de evitar o impedir que se produzcan un daño o un peligro que se conocen con anterioridad. **2** Avisar o informar a una persona de una cosa que va a ocurrir. **3** Influir en una persona poniéndola en contra de otra persona. ▎ *tr./prnl.* **4** Preparar o disponer con anterioridad las cosas necesarias para un fin determinado.

preventa *f.* Dar unos derechos o servicios a un comprador antes de que obtenga el producto que se vende.

preventivo, -va *adj.* Que intenta evitar un mal o peligro o sirve para prevenirlo.

prever [91] *tr.* **1** Conocer o suponer por medio de señales una cosa que va a ocurrir. **2** Preparar o disponer con antelación los medios necesarios para disminuir los efectos negativos de una acción.

previo, -via *adj.* **1** Que es anterior o precede a una cosa. ▌ *m.* **2** En cine, grabación del sonido que se realiza antes de impresionar la imagen.

previsible *adj.* Que puede ser previsto o conocido con antelación.

previsión *f.* **1** Conjetura o cálculo anticipado que se hace de una cosa que va a suceder. **2** Disposición o preparación de las cosas necesarias para prevenir algo que puede suceder.

previsor, -ra *adj./m. y f.* [persona] Que piensa y prepara con antelación las cosas que hará o puede necesitar.

previsto, -ta *adj.* **1** Que se sabe o se conoce de forma anticipada. **2** Que se dispone o planea de forma anticipada.

prez *amb.* Honor, gloria o prestigio.

prieto, -ta *adj.* **1** Que está muy apretado, ajustado o ceñido. **2** Que es duro o denso.

prima *f.* **1** Cantidad de dinero que se concede como recompensa para animar o incentivar a una persona en su trabajo. **2** Cantidad de dinero que se paga por tener un seguro. **3** MÚS. Cuerda más delgada de ciertos instrumentos. **4** Tercera de las siete horas canónicas que se reza a primera hora de la mañana.

prima donna *f.* Cantante femenina de una ópera que interpreta el papel principal.

primacía *f.* **1** Superioridad o ventaja de una persona o una cosa sobre otra. **2** Cargo o dignidad del primado.

primado *m.* En la Iglesia católica, el primero o el que tiene más categoría de los arzobispos y obispos de un país o una región. **2** Primacía.

primar *intr.* **1** Destacar, sobresalir o distinguirse una persona o una cosa entre otras. ▌ *tr.* **2** Conceder o pagar una cantidad de dinero como prima o premio a una persona en su trabajo.

primario, -ria *adj.* **1** Que es el primero en orden o grado. **2** Que es necesario, principal o esencial. **3** Que es primitivo o está poco desarrollado. **4** Que es rudo y se comporta sin educación. **5** [color] Que es puro, sin mezcla. ▌ *adj./m.* **6** GEOL. [era geológica] Que se extiende desde hace 570 millones de años hasta hace 255 millones de años; es el segundo de los períodos históricos de la Tierra.

primate *adj./m.* **1** [mamífero] Que tiene cinco dedos provistos de uñas en cada extremidad, tiene el pulgar oponible y los ojos orientados al frente. ▌ *m. pl.* **2** Orden de estos animales.

primavera *f.* **1** Estación del año comprendida entre el invierno y el verano. **2** Tiempo en que una persona o una cosa está en su mayor grado de desarrollo, belleza o energía. **3** Planta herbácea y perenne, con las hojas anchas y largas y flores amarillas. ▌ *f. pl.* **4** Edad o años que tiene una persona joven.

primaveral *adj.* Que es propio de la primavera.

primer *adj.* Apócope de *primero* que solamente se usa delante de un nombre masculino y singular.

primera *f.* Marcha del motor de un vehículo que es la que tiene más fuerza y menos velocidad. ▶ **de buenas a primeras** De manera inesperada o sin que haya una razón justificada. ▶ **de primera** *a*) Muy bueno o excelente. *b*) [permiso de conducir] Que permite llevar camiones y autobuses.

primerizo, -za *adj./m. y f.* **1** [persona] Que hace por primera vez una cosa. ▌ *adj./f.* **2** [hembra] Que pare por primera vez.

primero, -ra *num. ord.* **1** Indica que el nombre al que acompaña o al que sustituye ocupa el lugar número 1 en una serie. Puede ser determinante. **2** Que es más importante o mejor dentro de un conjunto o una serie. ▌ *adj.* **3** Que es antiguo y anteriormente se había poseído. ▌ *m./adj.* **4** Cosa que es la más importante entre otras de su clase. ▌ *adv.* **5** En primer lugar o antes que nada.

primicia *f.* **1** Noticia que se hace pública por primera vez. ▌ *f. pl.* **2** Fruto o producto primero que da cualquier cosa.

primigenio, -nia *adj.* Que es primitivo, originario o primero en el tiempo.

primípara *adj./f.* [mujer, hembra] Que pare por primera vez.

primitiva *f.* Juego público que consiste en sortear diversas cantidades de dinero entre los acertantes de un máximo de seis números y un mínimo de tres elegidos entre cuarenta y nueve cifras.

primitivismo *m.* **1** Conjunto de costumbres y características propias de los pueblos primitivos o poco evolucionados. **2** Comportamiento rudo, tosco o poco delicado. **3** Conjunto de características de un artista de la etapa anterior al período clásico o de un estilo.

primitivo, -va *adj.* **1** Que pertenece a los orígenes o primeros tiempos de una cosa. **2** Que es muy elemental y está poco desarrollado. **3** Que es rudo o se comporta sin educación. ▌ *adj./m. y f.* **4** [pueblo, civili-

zación] Que está poco avanzado. ∎ *adj./m.*
5 [palabra] Que no se deriva de otra palabra de la misma lengua. ∎ *adj./m. y f.* 6 [ar-
tista, obra] Que es anterior al período clásico de un estilo.

primo, -ma *m. y f.* 1 Persona respecto de
otra que es hijo o hija de un tío o una tía.
primo hermano Persona respecto de otra
que es hijo o hija de los tíos carnales pa-
ternos o maternos. 2 *coloquial* Persona
que se deja engañar fácilmente.

primogénito, -ta *adj./m. y f.* [hijo] Que
nace primero.

primor *m.* 1 Habilidad, cuidado o delicadeza al hacer o decir una cosa. 2 Cosa muy
bella hecha con habilidad, cuidado o delicadeza.

primordial *adj.* Que es fundamental, necesario o muy importante.

primoroso, -sa *adj.* 1 Que es bello y está
hecho con habilidad, cuidado o delicadeza. 2 Que muestra habilidad, cuidado o
delicadeza al hacer o decir una cosa.

prínceps *f./adj.* Edición primera de un autor clásico griego o latino.
OBS El plural también es *prínceps.*

princesa *f.* 1 Hija de un rey o de un príncipe. 2 En España, hija del rey que es la su-
cesora inmediata de la corona. 3 Jefa de
un estado que tiene el título de principado. 4 Mujer de un príncipe.

principado *m.* 1 Título o dignidad de príncipe o princesa. 2 Territorio o lugar que
pertenece a un príncipe.

principal *adj.* 1 Que es básico o fundamental. 2 Que es el primero en estimación
o importancia. ∎ *adj./m.* 3 [piso] Que está
encima del bajo o del entresuelo de un edificio. 4 [oración, proposición] Que rige o
subordina a otra.

príncipe *m.* 1 Hijo primogénito del rey que
es el heredero de la corona. 2 Jefe de estado
de un principado. 3 Hombre que pertenece a una familia real. 4 Título de honor
que da el rey a una persona por su mérito
o su valor. 5 Hombre que es el primero o
el mejor en una cosa.

principesco, -ca *adj.* 1 De un príncipe o
princesa. 2 Que está hecho con mucho
lujo y riqueza.

principiante *adj./com.* Que empieza a
ejercer una profesión u oficio.

principiar [12] *tr./intr.* Comenzar o empezar una cosa.

principio *m.* 1 Primer momento o primera
parte de la existencia de una cosa. 2 Origen o causa de una cosa. 3 Idea en la que
se apoya un razonamiento o una doctrina.
4 Elemento que junto con otros constituye un cuerpo o sustancia compuesta. ▸ **al
principio** Al comienzo o al inicio. ▸ **en
principio** De modo inicial o sin analizar en
detalle.

pringado, -da *adj./m. y f.* ESP *coloquial*
[persona] Que es ingenuo y recibe todas las
culpas de lo que pueda ocurrir o al cual
siempre se le encargan los trabajos que
nadie quiere hacer.

pringar [7] *tr.* 1 Untar o mojar el pan u
otro alimento con grasa o pringue. ∎ *tr./
prnl.* 2 Manchar una cosa con pringue u
otra materia grasa. 3 *coloquial* Comprometer a una persona en un asunto que no
le interesa o que le puede traer problemas. ∎ *intr.* 4 *coloquial* Trabajar más que
los demás y de manera injusta en cosas
duras y desagradables.

pringoso, -sa *adj.* Que tiene pringue.

pringue *amb.* 1 Grasa que suelta el tocino
u otro alimento grasiento sometido a la
acción del fuego. 2 Suciedad grasienta.

prior, -ra *m. y f.* 1 Persona que gobierna
una comunidad religiosa. 2 Persona que
es el segundo prelado después del abad o
de la abadesa.

prioridad *f.* 1 Ventaja o preferencia de una
persona o cosa sobre otra. 2 Cosa que es
más importante que otra.

prioritario, -ria *adj.* Que tiene prioridad.

prisa *f.* 1 Rapidez o diligencia con que ocurre o se hace una cosa. 2 Deseo o necesidad de hacer una cosa con rapidez. ▸ **a
prisa** Aprisa, rápidamente. ▸ **de prisa** Deprisa, con rapidez.

prisión *f.* 1 Edificio en el que están las personas que cumplen una condena judicial.
2 DER. Pena de privación de libertad que
es inferior a la reclusión y superior a la de
arresto. **prisión preventiva** Pena de privación de libertad que se aplica a un proce-
sado mientras dura el juicio.

prisionero, -ra *m. y f.* 1 Persona que está
privada de libertad a causa de un secuestro, una captura u otras causas. 2 Persona
que está dominada por una pasión.

prisma *m.* 1 Cuerpo geométrico sólido terminado por dos caras planas, paralelas e
iguales, que se llaman bases, y con tantas
caras rectangulares como lados tiene cada
base. 2 Cuerpo geométrico de cristal y
base triangular que se usa en óptica para
reflejar, refractar o descomponer la luz. 3
Punto de vista o manera de entender o
considerar una cosa.

prismático, -ca *adj.* 1 Que tiene forma de prisma. | *m. pl.* 2 Aparato con dos tubos que tienen en su interior una combinación de prismas y que acercándolos a los ojos hace que se vean más próximas las cosas que están lejos.

privación *f.* 1 Pérdida de una cosa que se tenía o se poseía. 2 Carencia, falta o escasez de algo.

privado, -da *adj.* 1 Que está falto de cierta cosa. 2 Que se realiza en presencia de muy poca gente o de manera muy familiar. 3 Que es íntimo, personal o particular de cada persona. 4 Que pertenece a una o varias personas y solo ellas pueden disponer de su uso. 5 Que se tiene o se realiza de manera particular, fuera de una actividad, un cargo o un empleo públicos.

privar *tr.* 1 Quitar a una persona una cosa que posee o de la que disfruta. 2 Prohibir o impedir a una persona que haga una cosa. | *intr./prnl.* 3 *coloquial* Gustar mucho a una persona una cosa. | *intr.* 4 *coloquial* Estar una cosa de moda. | *prnl.* 5 Renunciar voluntariamente a un placer.

privativo, -va *adj.* 1 Que es propio o peculiar de una persona o de una cosa. 2 Que supone o causa privación o pérdida.

privatización *f.* 1 Acción de privatizar. 2 Efecto de privatizar.

privatizar [4] *tr.* Hacer pasar al sector privado una actividad, una empresa o una institución del sector público.

privilegiado, -da *adj./m. y f.* Que disfruta de algún privilegio.

privilegio *m.* Ventaja, derecho o exención concedidos a alguien.

pro *prep.* En favor o en ayuda de una persona o de una entidad. ▶ **de pro** [persona] Que se comporta honrada y honestamente. ▶ **en pro de** En defensa de una persona o una entidad.

pro- Prefijo que entra en la formación de palabras con el significado de: *a)* 'En vez de, en lugar de'. *b)* 'Ante, delante de'. *c)* 'Continuidad de movimiento hacia adelante'. *d)* 'Negación o contradicción'.

proa *f.* Parte delantera de una embarcación o una aeronave.

proactivo, -va *adj.* [persona] Que toma la iniciativa en las acciones o proyectos que deben realizarse.

probabilidad *f.* 1 Posibilidad de que una cosa se cumpla o suceda. 2 Cálculo matemático de las posibilidades que existen de que una cosa se cumpla o suceda.

probable *adj.* 1 Que se puede probar o demostrar. 2 Que tiene buenas razones para ser verdadero o ser creído.

probador *m.* Espacio pequeño de los almacenes o las tiendas de ropa donde los clientes se prueban las prendas de vestir.

probar [31] *tr./prnl.* 1 Usar una cosa para ver si funciona o resulta útil. | *tr.* 2 Tomar una pequeña cantidad de comida o bebida para comprobar el sabor o la calidad. 3 Demostrar la verdad de una cosa mediante pruebas y razones. 4 Examinar las cualidades de una persona o de una cosa. | *intr.* 5 Tratar de hacer una cosa.

probeta *f.* Recipiente de cristal en forma de tubo que sirve para contener o medir un líquido o un gas.

problema *m.* 1 Hecho o situación que dificulta el hacer o conseguir algo. 2 Cuestión que tiene una solución difícil. 3 MAT. Presentación de un enunciado que plantea unos datos y una pregunta a partir de los cuales hay que dar una respuesta.

problemático, -ca *adj.* 1 Que da o causa problemas. 2 Que plantea duda.

probóscide *f.* ZOOL. Prolongación en forma de tubo que tienen diferentes especies de animales en la nariz o en la boca.

procacidad *f.* 1 Desvergüenza, insolencia o atrevimiento. 2 Acción o dicho desvergonzado, insolente o atrevido.

procaz *adj.* 1 [persona] Que se comporta o habla de manera desvergonzada, descarada o atrevida. 2 [acción, palabra] Que hace referencia a la sexualidad de una manera grosera e indecorosa.

procedencia *f.* 1 Origen de una persona o una cosa. 2 Lugar exacto de donde procede una persona o una cosa. 3 Adecuación o conformidad de una acción a la moral, a la razón o al derecho.

procedente *adj.* 1 Que procede de una persona o una cosa. 2 Que procede o viene de un lugar determinado. 3 Que es conforme a la moral, a la razón o al derecho.

proceder *intr.* 1 Nacer o tener origen una persona o una cosa en un determinado lugar. 2 Obtenerse u originarse una cosa a partir de otra. 3 Comportarse una persona de una manera determinada. 4 Ser una cosa conveniente, adecuada o apropiada para un fin determinado. 5 Comenzar una persona a hacer una cosa. 6 DER. Iniciar o comenzar un juicio o un procedimiento judicial. | *m.* 7 Manera o modo de comportarse.

procedimiento *m.* 1 Método o trámite necesario para ejecutar una cosa. 2 DER.

Actuación que se sigue mediante trámites judiciales o administrativos.

prócer *m.* 1 *culto* Hombre famoso e ilustre que es muy respetado por sus cualidades. 2 *culto* Persona que tiene una alta dignidad social.

procesador *m.* 1 Componente electrónico en el cual se realizan los procesos lógicos. 2 INFORM. Programa informático que procesa o somete a una serie de operaciones la información introducida.

procesal *adj.* De un proceso judicial o de una causa criminal.

procesamiento *m.* 1 Acción de procesar. 2 Efecto de procesar.

procesar *tr.* 1 Formar un juicio o un proceso legal contra una persona. 2 Dictar el juez una resolución en la que se considera a una persona culpable de un delito. 3 Someter una cosa a un proceso de elaboración o de transformación. 4 INFORM. Someter un conjunto de datos a un determinado programa informático ejecutando instrucciones sobre él.

procesión *f.* 1 Conjunto de personas que caminan en orden por la calle con algún fin, generalmente religioso. 2 Acción de caminar por la calle y en orden ese conjunto de personas.

procesional *adj.* De la procesión.

procesionaria *f.* Oruga de ciertos insectos que está cubierta de pelo y se traslada en grupos formando filas.

proceso *m.* 1 Conjunto de las diferentes fases o etapas sucesivas que tiene una acción o un fenómeno natural o artificial. 2 Conjunto de las diferentes acciones que se realizan para conseguir un determinado resultado. 3 Conjunto de actuaciones que realiza un tribunal de justicia en un procedimiento judicial desde su inicio hasta que se dicta sentencia.

proclama *f.* 1 Discurso oral o escrito de carácter político o militar. 2 Anuncio o notificación pública y oficial.

proclamación *f.* 1 Notificación o anuncio de una información oficial que se hace de manera solemne. 2 Conjunto de actos públicos con los que se anuncia o se celebra el inicio de una forma nueva de gobierno o de una etapa nueva dentro de él.

proclamar *tr.* 1 Decir una cosa en voz alta y públicamente. 2 Hacer público el comienzo de un gobierno de una manera solemne y ceremoniosa. ‖ *tr./prnl.* 3 Otorgar una mayoría unánime de personas un cargo o un título a alguien. ‖ *prnl.* 4 Darse o

atribuirse una persona a sí misma un cargo, una autoridad o un mérito.

proclítico, -ca *adj.* GRAM. [palabra átona] Que se pronuncia unida a otra palabra aunque escrita se mantenga separada.

proclive *adj.* 1 Que está inclinado hacia delante o hacia abajo. 2 Que tiene inclinación o propensión natural a una cosa.

proclividad *f.* Tendencia o inclinación hacia algo.

procreación *f.* Proceso mediante el cual se propaga o se extiende una especie por medio de la reproducción.

procrear *tr.* Crear o producir el macho y la hembra de cualquier especie animal otro individuo de su misma especie.

procurador, -ra *m. y f.* DER. Persona autorizada legalmente para ejercer ante los tribunales la representación de otra persona en un proceso judicial.

procurar *tr.* Hacer todo lo posible para conseguir o realizar una cosa.

prodigar [7] *tr.* 1 Dar una cosa con profusión o en gran abundancia. 2 Gastar dinero con exceso y sin cuidado. ‖ *prnl.* 3 Mostrarse en público una persona con frecuencia para exhibirse.

prodigio *m.* 1 Hecho extraño que no puede explicarse por causas naturales y que provoca admiración. 2 Persona, cosa o hecho que produce admiración.

prodigioso, -sa *adj.* 1 Que no se puede explicar por causas naturales y que provoca admiración. 2 Que produce admiración por tener unas determinadas cualidades o ser extraordinario.

pródigo, -ga *adj./m. y f.* 1 [persona] Que gasta dinero en exceso. ‖ *adj.* 2 [persona] Que es muy generoso y da a los demás todo lo que tiene. 3 Que produce o da en abundancia una cosa.

producción *f.* 1 Acción de producir. 2 Cosa que se produce o se elabora de manera natural o artificial. 3 Suma de los productos que da el campo o de los que elabora la industria. 4 Conjunto de personas que se dedican a realizar una película, un programa de radio o televisión o a montar un espectáculo teatral. 5 Conjunto de actividades humanas dirigidas a aprovechar los recursos naturales para conseguir bienes útiles.

producir [46] *tr.* 1 Dar fruto la tierra o las plantas. 2 Fabricar o elaborar una cosa. 3 Causar u ocasionar un efecto sobre algo. 4 Pagar o financiar los gastos que supone realizar una película, un programa de radio o televisión o un espectáculo teatral. **5** Crear una obra de arte. **6** Dar una cosa ganancias o beneficios económicos. ‖ *prnl.* **7** Ocurrir o suceder una cosa.

productividad *f.* **1** Capacidad para producir. **2** Relación entre la producción obtenida y los factores utilizados para obtenerla.

productivo, -va *adj.* **1** Que produce o es capaz de producir en abundancia. **2** Que da un resultado favorable.

producto *m.* **1** Cosa que es producida de manera natural o artificial. **2** Resultado o consecuencia de una determinada situación o circunstancia. **3** Provecho o ganancia económica que se obtiene de una cosa. **4** Cantidad que resulta de multiplicar un número por otro.

productor, -ra *adj./m. y f.* **1** Que fabrica o elabora un producto. ‖ *m. y f.* **2** Persona que interviene en la producción de bienes y servicios en la organización del trabajo. **3** Persona que paga o financia los gastos que supone realizar una película, un programa de radio o televisión o un espectáculo teatral.

productora *f.* Empresa o sociedad que produce o financia la realización de películas, programas de radio y televisión o montajes de espectáculos teatrales.

proeza *f.* Acción importante y heroica que exige esfuerzo y valor.

prof., prof.ª Abreviaturas de *profesor, profesora,* respectivamente.

profanación *f.* **1** Tratamiento ultrajante o irrespetuoso que se hace de una cosa que se considera sagrada, como los muertos o la religión. **2** Uso indigno o deshonroso que se hace de una cosa.

profanar *tr.* **1** Tratar sin el debido respeto una cosa que se considera sagrada. **2** Dañar la honra y el buen nombre de una persona que ya está muerta.

profano, -na *adj.* **1** Que no es sagrado. ‖ *adj./m. y f.* **2** [persona] Que no tiene conocimientos sobre una determinada materia.

profecía *f.* **1** Anuncio o predicación de un hecho futuro que realiza una persona por inspiración divina. **2** Gracia o don sobrenatural de conocer por inspiración divina los hechos futuros. **3** Suposición o juicio que se forma de una cosa por las señales que se observan en ella.

proferir [35] *tr.* Pronunciar o decir algo en voz muy alta.

profesar *tr.* **1** Aceptar o unirse a una religión, doctrina o creencia. **2** Tener una per-

sona una determinada inclinación o un sentimiento hacia alguien. **3** Ejercer una persona una profesión, arte u oficio. ‖ *intr.* **4** Ingresar de manera voluntaria en una orden religiosa.

profesión *f.* Empleo, oficio o trabajo que una persona ejerce a cambio de una retribución económica.

profesional *adj.* **1** De la profesión. ‖ *adj./ com.* **2** [persona] Que realiza una actividad que constituye su profesión. ‖ *com.* **3** Persona que realiza su trabajo con gran capacidad y aplicación.

profesionalidad *f.* Capacidad que tiene una persona para ejercer su profesión de una manera seria, rápida y eficaz.

profeso Palabra que se utiliza en la locución adverbial *ex profeso*, que significa 'expresamente' o 'con el propósito exclusivo'.

profeso, -sa *adj./m. y f.* Que ha profesado en una orden religiosa. ▸ **ex profeso** Expresión latina que indica que una cosa se hace de forma deliberada.

profesor, -ra *m. y f.* Persona que se dedica a ejercer o a enseñar de manera profesional una ciencia o arte.

profesorado *m.* **1** Conjunto de profesores que trabajan en un centro de enseñanza. **2** Cargo de profesor.

profeta, -tisa *m. y f.* Persona inspirada por Dios que posee la gracia o el don de la profecía.

profético, -ca *adj.* Del profeta o de la profecía.

profetizar [4] *tr.* Anunciar un hecho futuro.

profiláctico, -ca *adj.* **1** Que sirve para preservar o proteger de una enfermedad. ‖ *m.* **2** Funda fina de goma o látex que se coloca sobre el pene durante el coito.

profilaxis *f.* Conjunto de medidas que se toman para proteger o preservar de las enfermedades.

OBS El plural también es *profilaxis*.

prófugo, -ga *adj./m. y f.* **1** Que ha escapado de la justicia o de otra autoridad. ‖ *m y f.* **2** Hombre que se ausenta o se oculta para no hacer el servicio militar.

profundidad *f.* **1** Cualidad de profundo. **2** Dimensión de un cuerpo que es perpendicular a una superficie dada. **3** Fuerza o intensidad de una idea, un sentimiento o una sensación. **4** Capacidad de penetración del pensamiento en una cosa.

profundizar [4] *intr.* **1** Estudiar o examinar un tema, idea o asunto con gran atención y cuidado. ‖ *tr.* **2** Hacer una cosa más profunda.

profundo, -da *adj.* 1 [lugar] Que tiene mucha distancia desde la superficie hasta el fondo. 2 [cosa] Que tiene mucha distancia desde la parte exterior hasta la más alejada de ella. 3 [objeto] Que tiene el borde superior muy distante del fondo. 4 Que es fuerte, grande o intenso. 5 Que llega hasta muy adentro. 6 Que requiere una gran penetración del pensamiento para ser comprendido. 7 [sonido] Que tiene un tono muy grave. 8 [pensamiento, persona] Que llega hasta el fondo de las cosas para conocerlas y comprenderlas bien. ▌ *m.* 9 Parte más honda de algo.

profusión *f.* Abundancia de una cosa.

profuso, -sa *adj.* Que es muy abundante.

progenie *f.* 1 Linaje o familia de la cual desciende una persona. 2 Conjunto de hijos o descendientes de una persona.

progenitor, -ra *m. y f.* Ascendiente directo de una persona.

progesterona *f.* Hormona sexual que segrega el ovario femenino.

programa *m.* 1 Proyecto o planificación ordenada de las distintas partes o actividades que componen una cosa que se va a realizar. 2 Exposición o declaración previa de las cosas que se harán en una determinada materia. 3 Sistema y distribución de las materias que forman una asignatura o un curso escolar. 4 Anuncio o exposición de los distintos puntos o partes que componen una celebración o un espectáculo. 5 Escrito en el que se indica lo que se va a hacer. 6 Emisión de una cadena de radio o televisión. 7 Conjunto de operaciones que realizan algunas máquinas. 8 INFORM. Conjunto de instrucciones detalladas y codificadas que se dan a un ordenador para que realice o ejecute determinadas operaciones.

programación *f.* 1 Acción de programar. 2 Conjunto de emisiones o programas que se retransmiten por radio o televisión.

programador, -ra *m.* 1 Dispositivo automático que pone en funcionamiento el mecanismo electrónico de determinados aparatos. ▌ *m. y f.* 2 INFORM. Persona que se dedica profesionalmente a elaborar programas informáricos.

programar *tr.* 1 Establecer el programa de una serie de actividades. 2 Preparar una máquina para que posteriormente haga un trabajo de manera automática.

programático, -ca *adj.* Del programa.

progre *com./adj. coloquial* Persona progresista.

progresar *intr.* 1 Pasar una persona, una cosa o una materia a un estado mejor, más avanzado o más adelantado. 2 Desarrollarse una sociedad en el aspecto económico, social, científico y cultural.

progresión *f.* 1 Avance, evolución o mejora de una cosa. 2 Serie o sucesión no interrumpida. 3 MAT. Serie de números o de términos matemáticos ordenados según una constante.

progresismo *m.* 1 Tendencia política que defiende y busca el desarrollo de una sociedad en los aspectos económico, social, científico y cultural. 2 Asociación política que defiende y apoya esta tendencia.

progresista *adj.* 1 Del progresismo. ▌ *adj./ com.* 2 [persona, partido político] Que defiende y busca el desarrollo de una sociedad en el aspecto económico, social, científico y cultural.

progresivo, -va *adj.* Que avanza o progresa de forma continuada.

progreso *m.* 1 Acción de progresar. 2 Desarrollo en el aspecto económico, social, científico y cultural de una sociedad.

prohibición *f.* Acción de prohibir.

prohibir [21] *tr.* Dictar leyes o dar normas para impedir que algo se use o se realice.

prohibitivo, -va *adj.* Que es muy caro y no está al alcance de la mayoría.

prohijar [15] *tr.* 1 Adoptar como hijo a una persona que no lo es en realidad. 2 Acoger o defender como propias ideas u opiniones que no lo son.

prohombre *m.* Hombre famoso e ilustre que es muy respetado por sus cualidades.

prójimo, -ma *m.* 1 Cada una de las personas que con respecto a otra forman la humanidad. ▌ *m. y f.* 2 Individuo o sujeto cualquiera. Tiene valor despectivo.

pról. Abreviatura de *prólogo*, 'escrito puesto al frente de un libro'.

prole *f.* 1 Conjunto de hijos de una persona. 2 Conjunto muy numeroso de personas que tienen algo en común.

prolegómeno *m.* 1 Escrito colocado al inicio de un libro en el que se exponen los principios y los fundamentos generales de la materia que se va a tratar. 2 Preparación o introducción poco adecuada o poco necesaria. Se usa generalmente en plural. ▌ *m. pl.* 3 Momentos inmediatamente anteriores a un acontecimiento.

proletariado *m.* Clase social formada por los proletarios.

proletario, -ria *adj.* 1 Del proletario. ▌ *m.*

y f. **2** Persona que no dispone de medios propios de producción y vende su fuerza de trabajo a cambio de un sueldo o un salario.

proliferación *f.* **1** Crecimiento o multiplicación rápida de una cosa. **2** Reproducción que se produce a partir de una división y produce como resultado seres iguales al originario.

proliferar *intr.* **1** Aumentar una cosa de manera rápida en cantidad o en número. **2** Reproducirse por división una célula.

prolífico, -ca *adj.* Que tiene facilidad para engendrar o producir.

prolijidad *f.* Característica de una explicación muy larga y detallada.

prolijo, -ja *adj.* **1** Que es demasiado largo o extenso. **2** Que se detiene hasta en los detalles más pequeños. **3** Que es muy pesado, molesto e impertinente.

prologar [7] *tr.* Escribir el prólogo de una obra.

prólogo *m.* **1** Escrito que va colocado delante en un libro y que explica algún dato del autor o de la obra y sirve de presentación. **2** Cosa que se hace antes que otra y que sirve de preparación.

prolongación *f.* **1** Acción de prolongar. **2** Parte que se extiende o se alarga. **3** Pieza que se añade a una cosa para hacerla más larga.

prolongar [7] *tr./prnl.* Hacer más largo en el tiempo o en el espacio.

promediar [12] *tr.* **1** Determinar el promedio de una cosa. ‖ *intr.* **2** Alcanzar una cosa la mitad de un período de tiempo.

promedio *m.* Número que es igual a la media aritmética de un conjunto de varias cantidades.

promesa *f.* **1** Acto y expresión con los que una persona promete que va a dar o hacer una cosa. **2** Ofrecimiento solemne que hace una persona de cumplir con rectitud y fidelidad los deberes y las obligaciones de un cargo. **3** Ofrecimiento que hace una persona a Dios o a un santo a cambio de que le conceda un ruego o petición. **4** Persona con aptitudes para triunfar en algo.

prometedor, -ra *adj.* Que promete ser muy bueno o triunfar.

prometer *tr.* **1** Asegurar o afirmar una persona que va a dar o hacer una cosa. **2** Asegurar lo que se está diciendo. **3** Declarar una persona que se compromete a cumplir con rectitud y fidelidad los deberes y las obligaciones de un cargo. ‖ *intr.* **4** Dar muestras una persona o una cosa de que

va a triunfar o a resultar bueno en el futuro. ‖ *prnl.* **5** Comprometerse una pareja a casarse en el futuro. ▸ **prometérselas felices** *coloquial* Tener esperanza una persona de lograr lo que desea sin gran dificultad.

prometido, -da *m. y f.* Persona que está comprometida para casarse con otra.

prominencia *f.* Elevación de una cosa sobre lo que está alrededor.

prominente *adj.* **1** Que se eleva, se levanta o sobresale en relación a lo que está alrededor. **2** Que es ilustre o famoso.

promiscuidad *f.* **1** Mezcla o confusión. **2** Situación de la persona promiscua.

promiscuo, -cua *adj.* **1** Que está mezclado y confuso. **2** [persona] Que mantiene relaciones sexuales con más de una persona y no tiene una única pareja estable.

promoción *f.* **1** Acción de promocionar. **2** Conjunto de individuos que consiguen un grado o empleo al mismo tiempo. **3** Ascenso profesional o laboral. **4** Torneo deportivo en el que se enfrentan dos equipos, de los cuales el ganador ascenderá a una categoría superior.

promocionar *tr./prnl.* **1** Ayudar a alguien a subir de categoría social o profesional. ‖ *tr.* **2** Dar a conocer al público un producto o un servicio, o hacer famosa a una persona realizando publicidad.

promontorio *m.* Elevación del terreno, especialmente si se mete dentro del mar.

promotor, -ra *adj./m. y f.* Que promueve una cosa.

promover *tr.* **1** Impulsar la realización de una actividad o procurar el éxito de una cosa. **2** Dar lugar o provocar una cosa que conlleva agitación o polémica. **3** Ascender a alguien de categoría social o profesional.

promulgación *f.* Anuncio o publicación de una ley o disposición oficial.

promulgar *tr.* Publicar una cosa de forma oficial, especialmente una ley u otra disposición de la autoridad.

pronombre *m.* Clase de palabra que desempeña las mismas funciones que un sustantivo o lo determina; el significado de los pronombres depende del contexto en que aparece y del sustantivo al que sustituye o determina.

pronominal *adj.* **1** Del pronombre. **2** [verbo] Que se conjuga en todas sus formas junto con uno de los pronombres átonos *me, te, se, nos* u *os.*

pronosticar *tr.* **1** Anunciar lo que va a ocurrir en el futuro teniendo en cuenta ciertas señales o indicios. **2** Hacer el médico un pronóstico.

pronóstico *m.* **1** Predicción del futuro a partir de ciertas señales o indicios. **2** Juicio que hace el médico sobre el estado o el desarrollo de una enfermedad.

prontitud *f.* Velocidad o rapidez.

pronto, -ta *adj.* **1** Que es rápido o veloz. **2** Que está dispuesto o preparado para hacer algo. ‖ *m.* **3** *coloquial* Reacción o impulso repentino provocado por un fuerte sentimiento. **4** *coloquial* Carácter fuerte de una persona. ‖ *adv.* **5** En un breve espacio de tiempo. **6** Antes de lo acostumbrado. ▶ **por de pronto** o **por lo pronto** Por ahora o por el momento.

pronunciación *f.* **1** Acción de pronunciar o pronunciarse. **2** Manera de pronunciar de una persona. **3** Declaración pública en contra o a favor de algo.

pronunciado, -da *adj.* Que se nota o sobresale mucho.

pronunciamiento *m.* **1** DER. Declaración de la decisión o sentencia de un juez o un tribunal. **2** Rebelión militar que pretende derribar al gobierno. **3** Declaración pública en contra o a favor de algo.

pronunciar *tr.* **1** Emitir y articular sonidos al hablar. **2** Decir unas palabras en voz alta y ante un público. **3** DER. Hacer pública una sentencia un juez o un tribunal. ‖ *tr./prnl.* **4** Destacarse o notarse mucho una cosa. ‖ *prnl.* **5** Declararse a favor o en contra de un hecho o de una situación. **6** Rebelarse un grupo militar contra el gobierno para derribarlo.

propagación *f.* Acción de propagar o propagarse.

propaganda *f.* Conjunto de medios para dar a conocer al público un producto, una opinión o a una persona.

propagandista *com.* Persona que hace propaganda.

propagandístico, -ca *adj.* **1** De la propaganda. **2** Que hace propaganda.

propagar *tr./prnl.* Extender, esparcir o hacer llegar una cosa a muchos lugares y en todas las direcciones.

propano *m.* Gas que se emplea como combustible; se obtiene del petróleo.

proparoxítono, -na *adj./m. y f.* [palabra, verso] Que lleva el acento en la tercera sílaba, empezando a contar desde el final.

propasar *tr./prnl.* Hacer o decir algo que va más allá de lo debido o permitido.

propender *intr.* Inclinarse una persona hacia algo por gusto o afición.

propensión *f.* Tendencia o inclinación que una persona o cosa tiene hacia algo.

propenso, -sa *adj.* Que tiene propensión hacia algo.

propiciar [12] *tr.* **1** Ayudar a que sea posible la realización de una acción o la existencia de una cosa. ‖ *tr./prnl.* **2** Atraer, conseguir o ganar la admiración o la benevolencia de alguien.

propiciatorio, -ria *adj.* Que propicia o favorece algo.

propicio, -cia *adj.* Que es oportuno o favorable.

propiedad *f.* **1** Derecho o poder que tiene una persona de poseer una cosa y dispone de ella legalmente. **2** Cosa que pertenece a una persona, especialmente si es un bien inmueble. **3** Cualidad esencial y característica de una persona o cosa. **4** Adecuación exacta entre el uso que se hace de una palabra o una frase y lo que significan exactamente. **5** Semejanza casi perfecta que hay entre una cosa y su imitación.

propietario, -ria *adj./m. y f.* Que tiene derecho de propiedad sobre una cosa.

propina *f.* Pequeña cantidad de dinero que se da voluntariamente para agradecer un servicio.

propinar *tr.* **1** *culto* Dar un golpe o proporcionar alguna cosa desagradable o dolorosa. **2** Administrar una medicina.

propio, -pia *adj.* **1** Que pertenece a alguien o a algo. A menudo se usa para reforzar el pronombre posesivo. **2** Que es característico de alguien o de algo. **3** Que es conveniente y adecuado para un fin. **4** Se utiliza para hacer referencia a la misma cosa o persona de la que se habla. Se coloca siempre delante del nombre. **5** GRAM. [nombre] Que se refiere a una persona o cosa en concreto, para designarlos y diferenciarlos de otros de su misma clase.

proponer *tr.* **1** Exponer un proyecto o una idea para que otra persona lo acepte. ‖ *tr./prnl.* **2** Presentar o recomendar a una persona para que ocupe cierto cargo o empleo. ‖ *prnl.* **3** Decidirse a conseguir o a realizar una cosa poniendo los medios necesarios para ello.

proporción *f.* **1** Relación de correspondencia y equilibrio entre las partes y el todo, o entre varias cosas relacionadas entre sí. **2** Expresión matemática en la que aparecen dos cocientes separados por el signo igual (=). ‖ *f. pl.* **3** Tamaño o medida de una cosa. **4** Intensidad o importancia que tiene una cosa.

proporcionado, -da *adj.* 1 Que tiene proporción o armonía entre sus partes. 2 Que tiene una dimensión justa o adecuada sin ser ni demasiado grande ni demasiado pequeño.

proporcional *adj.* Que guarda o respeta una proporción.

proporcionalidad *f.* Proporción o correspondencia de las partes con el todo o de una cosa con otra.

proporcionar *tr./prnl.* 1 Poner a disposición de una persona lo que necesita o le conviene para un fin determinado. 2 Producir o causar un sentimiento. ‖ *tr.* 3 Colocar u ordenar las partes de una cosa con proporción.

proposición *f.* 1 Acción de proponer. 2 GRAM. Palabra o conjunto de palabras que consta de sujeto y predicado y que al unirse con otra forma una oración compuesta. 3 En matemáticas y lógica, enunciado de una verdad demostrada o de una opinión o juicio que se quiere demostrar. 4 En retórica, parte del discurso en que se expone aquello de lo que se quiere convencer a los oyentes.

propósito *m.* 1 Voluntad o intención de hacer una cosa. 2 Finalidad de algo. ▸ **a propósito** *a)* De forma voluntaria o deliberada. *b)* De forma adecuada y conveniente. *c)* Indica que aquello de lo que se está hablando tiene relación con lo que se acaba de decir. ▸ **a propósito de** En relación al tema del que se está hablando.

propuesta *f.* Idea o proyecto sobre un asunto o negocio que se presenta ante una o varias personas que tienen autoridad para aprobarlo o rechazarlo.

propuesto, -ta *part.* Participio irregular de *proponer*.

propugnación *f.* Defensa de una idea o postura.

propugnar *tr.* Defender una idea u otra cosa que se considera útil o adecuada.

propulsar *tr.* Empujar una cosa de modo que se mueva hacia adelante.

propulsión *f.* Acción de propulsar.

propulsor, -ra *adj./m. y f.* 1 Que propulsa. ‖ *m.* 2 Motor que produce movimiento mediante la expulsión de los gases que en él se producen.

prórroga *f.* 1 Prolongación de la duración de una cosa, o del plazo de tiempo que se tiene para hacerla. 2 Aplazamiento del servicio militar obligatorio que se concede a los que son llamados a filas.

prorrogable *adj.* Que se puede prorrogar.

prorrogar *tr.* 1 Prolongar la duración de una cosa por un período de tiempo. 2 Aplazar la ejecución de una cosa.

prorrumpir *intr.* Mostrar un sentimiento de forma repentina e intensa.

prosa *f.* 1 Forma natural del lenguaje que no está sujeta a una rima o a una medida. 2 Exceso de palabras para decir cosas poco o nada importantes.

prosaico, -ca *adj.* Que resulta vulgar y no tiene ninguna emoción o interés especial.

prosapia *f.* Ascendencia o linaje ilustre o aristocrático de una persona.

proscenio *m.* Parte del escenario que está situada más cerca del público.

proscribir *tr.* 1 *culto* Expulsar a alguien de su patria. 2 Prohibir el uso de algo o una costumbre.

proscripción *f.* 1 Acción de proscribir. 2 Efecto de proscribir.

proscrito, -ta *adj./m. y f.* Que ha sido expulsado de su patria.

prosecución *f.* *culto* Continuación de una cosa que se ha empezado.

proseguir *tr./intr.* 1 Continuar con una actividad que se ha empezado. ‖ *intr.* 2 Continuar una persona o una cosa en un estado o actitud determinado.

proselitismo *m.* Empeño exagerado con que una persona o una institución tratan de convencer y ganar seguidores o partidarios para una causa o doctrina.

proselitista *adj./com.* [persona, institución] Que pone mucho empeño en convencer y ganar seguidores para una causa o doctrina.

prosista *com.* Persona que escribe obras en prosa.

prosístico, -ca *adj.* De la prosa.

prosodia *f.* 1 Parte de la gramática que enseña la pronunciación y acentuación correctas. 2 Parte de la fonología que estudia los rasgos sonoros que afectan a las unidades mayores o menores que el fonema. 3 Estudio de las características sonoras que afectan a la métrica de un poema.

prosódico, -ca *adj.* 1 De la prosodia. 2 [rasgo sonoro] Que afecta a unidades superiores o inferiores al fonema.

prosopopeya *f.* 1 Figura retórica que consiste en atribuir a los seres inanimados acciones y cualidades propias de los seres animados. 2 Gravedad o solemnidad afectada en la manera de hablar o actuar.

prospección *f.* 1 Exploración del terreno para descubrir la existencia de yacimientos geológicos o minerales. 2 Estudio de las posibilidades futuras de un negocio.

prospectivo, -va *adj.* Que se refiere al futuro.

prospecto *m.* 1 Papel en el que están escritas las características de un determinado producto y las instrucciones para utilizarlo. 2 Exposición o anuncio breve que se hace al público sobre una obra, un espectáculo, una mercancía u otra cosa.

prosperar *intr.* 1 Mejorar la situación en la vida, especialmente la posición social y económica. 2 Tener éxito o imponerse una idea, opinión o iniciativa.

prosperidad *f.* 1 Éxito o desarrollo favorable. 2 Buena posición económica y social.

próspero, -ra *adj.* 1 Que tiene o conlleva éxito o felicidad. 2 Que se desarrolla de forma favorable.

próstata *f.* Glándula del aparato genital masculino de los mamíferos, de pequeño tamaño y forma irregular, que está situada junto a la vejiga de la orina.

prosternarse *prnl.* Postrarse o arrodillarse una persona en señal de respeto.

prostíbulo *m.* Establecimiento en el que trabajan personas que mantienen relaciones sexuales a cambio de dinero.

prostitución *f.* Actividad de la persona que prostituye o se prostituye.

prostituir *tr./prnl.* Hacer que una persona se dedique a mantener relaciones sexuales a cambio de dinero.

prostituto, -ta *m.* y *f.* Persona que mantiene relaciones sexuales por dinero.

protactinio *m.* Metal radiactivo de número atómico 91, que se encuentra en los minerales de uranio.

protagonismo *m.* 1 Condición de protagonista. 2 Tendencia a estar siempre en el primer plano de una actividad.

protagonista *com.* 1 Personaje principal de una obra literaria, película u otra creación artística. ‖ *adj.* 2 De este personaje.

protagonizar *tr.* Actuar de protagonista.

prótasis *f.* GRAM. Parte de la oración condicional que expresa una hipótesis o condición y va introducida por la conjunción *si*.

protección *f.* 1 Acción de proteger o protegerse. 2 Cosa que sirve para proteger.

proteccionismo *m.* Sistema de política económica que intenta favorecer la producción nacional haciendo pagar impuestos por la entrada de productos extranjeros al país.

proteccionista *adj.* 1 Del proteccionismo. ‖ *adj./com.* 2 Que es partidario del proteccionismo.

protector, -ra *adj./m.* y *f.* Que protege. ‖ *m.* 2 Objeto que sirve para proteger determinadas partes del cuerpo.

protectorado *m.* 1 Soberanía que un estado ejerce en parte sobre un territorio que no está incorporado por completo a esa nación y que posee autoridades propias. 2 Territorio en el que se ejerce esa soberanía.

proteger [5] *tr./prnl.* 1 Defender o ayudar a una persona o una cosa para que no sufra daño o esté en peligro. 2 Emplear una persona su influencia o su dinero para ayudar a alguien o para apoyar el desarrollo de una acción.

proteico, -ca *adj.* De las proteínas.

proteína *f.* Sustancia orgánica que es el componente más importante de las células vivas; está formada por oxígeno, hidrógeno, carbono y nitrógeno.

proteínico, -ca *adj.* De las proteínas.

protésico, -ca *adj.* 1 De la prótesis. ‖ *m.* y *f.* 2 Persona que se dedica a la fabricación de prótesis.

prótesis *f.* 1 Aparato artificial que se coloca en el cuerpo de un ser vivo para sustituir un órgano o un miembro. 2 Operación en la que se lleva a cabo esta sustitución.

OBS El plural también es *prótesis*.

protesta *f.* 1 Acción de protestar. 2 Documento o acto con el que se protesta por algo que no gusta.

protestante *adj.* 1 Del protestantismo. ‖ *adj./com.* 2 [persona] Que cree en esta doctrina religiosa.

protestantismo *m.* Doctrina religiosa cristiana que tuvo su origen en las ideas del religioso alemán Martín Lutero en el siglo XVI.

protestar *intr.* Mostrar disconformidad, oposición o queja por alguna cosa.

protestón, -tona *adj./m.* y *f. coloquial* [persona] Que protesta mucho.

proto- Elemento prefijal que entra en la formación de palabras con el sentido de 'prioridad', 'preeminencia', 'superioridad'.

protocolario, -ria *adj.* 1 Que se hace según el protocolo o se ajusta a él. 2 Que se hace solamente por cortesía o por cumplir unas determinadas reglas o costumbres.

protocolo *m.* 1 Conjunto de reglas que se siguen en la celebración de determinados actos oficiales o formales, y que han sido establecidas por decreto o por costumbre. 2 Conjunto de escrituras y documentos que una persona autorizada guarda siguiendo ciertas formalidades. **3** Documento en el que se recoge un acuerdo o las conclusiones de una reunión.

protón *m.* Parte elemental del núcleo del átomo que tiene carga eléctrica positiva.

prototípico, -ca *adj.* Que es un prototipo.

prototipo *m.* Primer ejemplar que se fabrica de una figura, invento u otra cosa y que sirve de modelo para fabricar otras iguales.

protozoo *m./adj.* **1** Microorganismo formado por una sola célula. ‖ *m. pl.* **2** Grupo zoológico de estos microorganismos.

protráctil *adj.* [lengua] Que tienen ciertos animales y que puede proyectarse hacia fuera de la boca y a una cierta distancia.

protuberancia *f.* Elevación o bulto de forma redondeada que sobresale de una superficie.

protuberante *adj.* Que sobresale más de lo que se considera normal.

prov. Abreviatura de *provincia*, 'división administrativa'.

provecho *m.* **1** Utilidad o beneficio que se saca de una cosa o que se proporciona a alguien. **2** Efecto natural que produce la comida o la bebida en el organismo. **3** Adelantamiento o buen rendimiento en una actividad.

provechoso, -sa *adj.* Que es útil y produce un beneficio.

proveedor, -ra *m. y f.* Persona o empresa que se dedica a suministrar uno o varios productos a una colectividad.

proveer *tr./prnl.* **1** Proporcionar a alguien lo necesario para un fin. **2** Reunir las cosas necesarias para un fin. ‖ *tr.* **3** Resolver un asunto. **4** Dar un cargo o empleo a una persona. **5** DER. Dictar un juez o tribunal una resolución o sentencia.

provenir *intr.* Proceder o tener origen en el lugar, cosa o persona que se expresa.

provenzal *adj.* **1** De Provenza. ‖ *adj./ com.* **2** [persona] Que es de Provenza. ‖ *m.* **3** Conjunto de dialectos romances del sur de Francia que fueron utilizados como forma literaria por los trovadores de la Edad Media. **4** Lengua románica hablada en la actualidad en la región de Provenza.

proverbial *adj.* **1** Del proverbio. **2** Que es muy conocido por todos o desde siempre.

proverbio *m.* Frase que tiene forma fija y expresa un pensamiento con un contenido moral, un consejo o una enseñanza.

providencia *f.* **1** Cuidado que tiene Dios del mundo y de los seres humanos. En esta acepción suele escribirse con mayúscula. **2** Medida que se toma para lograr un fin determinado o para prevenir o remediar un daño o peligro. **3** DER. Resolución dictada por un juez en un asunto de poca trascendencia.

providencial *adj.* **1** De la providencia. **2** Que se produce de forma inesperada o casual y evita un daño o peligro.

próvido, -da *adj. culto* Que está dispuesto para proveer de las cosas necesarias.

provincia *f.* **1** Cada una de las divisiones territoriales y administrativas en que se organiza un Estado. **2** Conjunto de personas que habitan en ese territorio. **3** Cada uno de los distritos en que dividen un territorio las órdenes religiosas y que contiene una cantidad determinada de casas y conventos.

provincial *adj.* **1** De la provincia. ‖ *m.* **2** Religioso que dirige y gobierna las casas y los conventos de una provincia.

provincianismo *m.* Apego excesivo a la mentalidad y costumbres de un lugar determinado. Tiene valor despectivo.

provinciano, -na *adj./m. y f.* **1** Que ha nacido o vive en una provincia. **2** Que tiene una mentalidad cerrada y unas ideas atrasadas y poco desarrolladas. Tiene valor despectivo. ‖ *adj.* **3** Que es muy poco elegante o refinado.

provisión *f.* **1** Acción de proveer. **2** Conjunto de cosas, especialmente alimentos, que se guardan o se reservan. Se usa generalmente en plural. **3** DER. Resolución o sentencia dictada por un tribunal.

provisional *adj.* Que no es definitivo sino que depende de ciertas circunstancias.

provisorio, -ria *adj.* Provisional.

provisto, -ta *part.* Participio irregular de *proveer*.

provitamina *f.* Sustancia que puede convertirse en vitamina en el cuerpo de un ser vivo.

provocación *f.* **1** Acción de provocar. **2** Gesto o palabras con que se provoca.

provocador, -ra *adj./m. y f.* Que provoca o incita.

provocar *tr.* **1** Hacer una cosa que ocurra otra como reacción o respuesta a ella. **2** Hacer enfadar a alguien mediante palabras o acciones. ‖ *tr./intr.* **3** Tratar de despertar el deseo sexual de alguien.

provocativo, -va *adj.* Que provoca deseo sexual.

proxeneta *com.* Persona que induce a otra a ejercer la prostitución y se beneficia de las ganancias económicas que se obtienen de esta actividad.

proximidad *f.* **1** Cercanía o poca distancia en el espacio o en el tiempo. ‖ *f. pl.* **2** Lugares cercanos a un sitio determinado.

próximo, -ma *adj.* **1** Que está cerca de algo en el espacio o en el tiempo. ‖ *adj./ m. y f.* **2** Que sigue a otra cosa o persona, o que está inmediatamente después.

proyección *f.* **1** Acción de proyectar. **2** Importancia o influencia que alcanza una cosa. **3** Imagen que se presenta sobre una pantalla u otra superficie. **4** Representación de un cuerpo en un plano trazando líneas rectas desde todos los puntos del cuerpo.

proyectar *tr.* **1** Lanzar o impulsar una cosa hacia delante. **2** Pensar y decidir el modo y los medios necesarios para hacer una cosa. **3** Reflejar una imagen o película sobre una pantalla o superficie. **4** Trazar líneas rectas desde todos los puntos de un cuerpo hasta un plano para obtener su representación. **5** Reflejar un sentimiento, una idea o una pasión en una cosa, especialmente en una obra artística o literaria.

proyectil *m.* Cuerpo que se lanza con un arma de fuego.

proyecto *m.* **1** Intención o deseo que una persona tiene de hacer una cosa. **2** Conjunto de cálculos, análisis e investigaciones que se hacen para llevar a cabo una actividad importante.

proyector *m.* **1** Aparato eléctrico que proyecta o refleja una imagen o película sobre una pantalla o superficie. **2** Lámpara que emite una luz muy intensa.

prudencia *f.* **1** Virtud que consiste en tener buen juicio y saber distinguir si una acción es buena y conveniente o no, para seguirla o apartarse de ella. **2** Virtud que consiste en contener o frenar los sentimientos o los impulsos. **3** Cuidado que se pone al hacer algo para evitar inconvenientes, dificultades o daños.

prudencial *adj.* Que implica prudencia o mesura, que es moderado.

prudente *adj.* Que muestra buen juicio y madurez en sus actos.

prueba *f.* **1** Uso o examen que se hace de una cosa para comprobar si funciona o se ajusta a un fin determinado. **2** Examen que se hace para demostrar unos conocimientos o unas capacidades. **3** Razón o testimonio que demuestra la verdad o la falsedad de algo. **4** Señal o muestra de una cosa. **5** Situación o circunstancia triste y difícil. **6** Cantidad muy pequeña que se extrae de una cosa para examinar su calidad. **7** Análisis médico. **8** Muestra provisional de un texto escrito que se utiliza para corregir los errores que tiene el texto antes de imprimirlo definitivamente. **9** MAT. Operación que sirve para comprobar la exactitud de otra que ya está hecha. **10** Competición deportiva. ► **poner a prueba** Comprobar si una cosa o una persona tienen las características adecuadas o necesarias para un fin.

prurito *m.* **1** Picor que se siente en una parte del cuerpo o en todo él. **2** Deseo constante, y a veces excesivo, de hacer una cosa lo mejor posible.

prusiano, -na *adj.* **1** De Prusia. ‖ *adj./m. y f.* **2** [persona] Que era de Prusia.

pseudo- Elemento prefijal que entra en la formación de palabras con el significado de 'falso', especialmente en el sentido de 'pretendido', 'impropiamente llamado'.
OBS También se escribe *seudo-*.

psi *f.* Letra vigésima tercera del alfabeto griego.

psico- Elemento prefijal que entra en la formación de palabras con el significado de: *a)* 'Actividad mental'. *b)* 'Psicología', 'psicológico'.
OBS También se escribe *sico-*.

psicoanálisis *m.* Método de tratamiento de enfermedades mentales a partir del análisis de los impulsos instintivos reprimidos por la conciencia, impulsos que influyen en las personas de manera inconsciente; para ello se utilizan la hipnosis, la interpretación de los sueños o la asociación libre de ideas.
OBS El plural también es *psicoanálisis*.

psicoanalista *adj./com.* [persona] Que practica el psicoanálisis.
OBS También se escribe *sicoanalista*.

psicoanalítico, -ca *adj.* Del psicoanálisis.
OBS También se escribe *sicoanalítico*.

psicoanalizar [4] *tr.* Someter a una persona al tratamiento del psicoanálisis.
OBS También se escribe *sicoanalizar*.

psicodélico, -ca *adj.* **1** [estado psicológico] Que se caracteriza por una alteración de la sensibilidad y se manifiesta con euforia y alucinaciones. **2** Que causa o provoca este estado. **3** *coloquial* Que es raro o extravagante. ‖ *m.* **4** Aparato electrónico que está conectado al amplificador de un equipo de música y está provisto de unas luces de colores que se encienden y se apagan al ritmo de la música.

psicofármaco *m.* Fármaco o medicamento que tiene efectos psíquicos.
OBS También se escribe *sicofármaco*.

psicología *f.* **1** Ciencia que estudia la actividad mental y el comportamiento de los seres humanos. **2** Manera de sentir y de pensar de una persona o un grupo. **3** Capacidad para comprender y conocer a las personas.

OBS También se escribe *sicología*.

psicológico, -ca *adj.* **1** De la psicología. **2** [situación, suceso] Que provoca una rápida alteración de la manera de sentir y de pensar.

OBS También se escribe *sicológico*.

psicólogo, -ga *m. y f.* **1** Persona que se dedica profesionalmente a la psicología.

OBS También se escribe *sicólogo*.

psicomotricidad *f.* Relación que se establece entre la actividad psíquica y la capacidad de movimiento.

OBS También se escribe *sicomotricidad*.

psicópata *com.* Persona que padece una psicopatía.

OBS También se escribe *sicópata*.

psicopatía *f.* Enfermedad que se caracteriza por una alteración de la personalidad.

OBS También se escribe *sicopatía*.

psicosis *f.* **1** Enfermedad mental muy grave. **2** Miedo o angustia irracional.

OBS El plural tambien es *psicosis*. También se escribe *sicosis*.

psicosomático, -ca *adj.* Que produce una acción de la mente sobre el cuerpo o del cuerpo sobre la mente.

OBS También se escribe *sicosomático*.

psicoterapia *f.* Tratamiento que se da a ciertas enfermedades mediante determinados procedimientos psicológicos.

OBS También se escribe *sicoterapia*.

psique *f. culto* Conjunto de procesos conscientes e inconscientes propios de la mente humana, en oposición a los que son puramente orgánicos.

psiquiatra *com.* Médico especializado en psiquiatría.

OBS También se escribe *siquiatra*.

psiquiatría *f.* Parte de la medicina especializada en el estudio y el tratamiento de las enfermedades mentales.

OBS También se escribe *siquiatría*.

psiquiátrico, -ca *adj.* **1** De la psiquiatría. | *adj./m.* **2** [hospital, clínica] Que alberga a los enfermos mentales.

OBS También se escribe *siquiátrico*.

psíquico, -ca *adj.* De la psique.

OBS También se escribe *síquico*.

psiquis *f. culto* Psique.

OBS El plural también es *psiquis*.

-ptero, -ptera Elemento sufijal que entra en la formación de palabras con el significado de 'ala'.

pterodáctilo *m.* Reptil volador de gran tamaño del cual se han hallado restos fósiles que pertenecían al período jurásico, en la era secundaria.

púa *f.* **1** Cuerpo pequeño, delgado y firme, que acaba en una punta afilada. **2** Pincho o espina de un animal. **3** Diente de un peine. **4** Chapa triangular delgada y firme que se usa para tocar instrumentos de cuerda, especialmente la guitarra. **5** Trozo de tallo de una planta con que se hace un injerto.

pub *m.* Establecimiento en el que se toman bebidas y se escucha música de fondo.

OBS Es de origen inglés y se pronuncia aproximadamente 'pab'.

púber *adj./com.* [persona] Que ha llegado a la pubertad.

OBS El plural es *púberes*.

pubertad *f.* Primera fase de la adolescencia en la que se producen ciertos cambios físicos, como la aparición de vello o el cambio de voz, y se adquiere la capacidad de reproducción.

pubis *m.* **1** Parte inferior del vientre, próxima a los órganos sexuales. **2** Cada uno de los dos huesos de la pelvis que se unen al ilion y al isquion.

OBS El plural también es *pubis*.

publicación *f.* **1** Acción de publicar. **2** Obra escrita que se imprime y se pone a disposición del público, especialmente un libro o una revista.

publicar *tr.* **1** Dar a conocer algo a mucha gente. **2** Revelar o decir una cosa que se debía ocultar. **3** Imprimir y poner al alcance del público un periódico, libro u otra obra.

publicidad *f.* **1** Conjunto de medios, técnicas y actividades que tienen como objetivo dar a conocer al público un producto, una opinión o a una persona, con un fin determinado. **2** Acción que consiste en dar a conocer al público un producto, una opinión, una noticia o a una persona, con un fin determinado.

publicista *com.* Persona que se dedica profesionalmente a la publicidad.

publicitario, -ria *adj.* De la publicidad.

público, -ca *adj.* **1** Que es sabido o conocido por mucha gente. **2** Que es de todos los ciudadanos o para todos ellos. **3** Que pertenece al Estado o a su administración.

m. 4 Conjunto de personas que forman una colectividad. 5 Conjunto de personas reunidas en un lugar para ver un espectáculo. 6 Conjunto de personas que participan de las mismas aficiones. ▸ **en público** De manera que lo pueda ver una gran cantidad de gente.

publirreportaje *m.* Reportaje publicitario que se emite por televisión y suele tener una duración o extensión más larga de lo habitual.

pucherazo *m.* Engaño que consiste en publicar un resultado falso del recuento de votos de unas elecciones.

puchero *m.* 1 Recipiente redondo, alto y un poco abombado, con la boca ancha y una o dos asas, que sirve para cocinar. 2 *coloquial* Comida de todos los días. 3 Gesto de la cara que se hace cuando se empieza a llorar.

pudibundez *f.* Exageración del pudor.

pudibundo, -da *adj.* [persona] Que manifiesta un pudor exagerado.

púdico, -ca *adj.* Que muestra pudor, especialmente con el sexo.

pudiente *adj./com.* [persona] Que tiene poder y riqueza.

pudín *m.* 1 Dulce de consistencia esponjosa que se elabora con pan o bizcocho mojados en leche, a los que se suelen añadir frutas, y que se cocina en un molde alargado. 2 Alimento que se elabora con ingredientes muy variados y se cocina en un molde alargado.

pudor *m.* 1 Vergüenza o timidez que siente una persona, especialmente en lo relacionado con el sexo. 2 Humildad y timidez que siente una persona.

pudoroso, -sa *adj.* Que muestra pudor.

pudridero *m.* 1 Lugar en que se ponen los desperdicios para que se pudran. 2 Lugar donde se tiene durante un tiempo un cadáver antes de colocarlo en un panteón.

pudrir *tr./prnl.* 1 Descomponer o corromper una sustancia animal o vegetal. 2 Molestar o causar pena, disgusto o desagrado. OBS El participio es *podrido*.

pueblerino, -na *adj.* 1 Que es de un pueblo. ▌ *m. y f.* 2 Persona que ha nacido o vive en un pueblo. ▌ *adj./m. y f.* 3 [persona] Que tiene poca educación, malos modales o escasa formación cultural.

pueblo *m.* 1 Población más pequeña y menos importante que una ciudad, especialmente aquella cuyos habitantes viven de actividades relacionadas con el sector primario. 2 Conjunto de personas que vive

en esa población. 3 Conjunto de personas que viven en un lugar, región o país. 4 Conjunto de personas que forman una comunidad y están unidas por una misma raza, religión, idioma o cultura. 5 Conjunto de habitantes de un país en relación con sus gobernantes.

puente *m.* 1 Construcción que se hace sobre los ríos, los fosos y otros lugares para poder pasar de un lado a otro. 2 Día en que no se trabaja por estar entre dos festivos. 3 Conjunto de los días seguidos de vacaciones cuando entre ellos hay un día de puente. 4 Pieza que sirve para sujetar los dientes artificiales a los naturales. 5 Conexión entre dos cables que permite el paso de la corriente eléctrica. 6 Curvatura de la parte interior de la planta del pie. 7 Pieza central de las gafas que se apoya en la nariz. 8 MAR. Plataforma con barandilla que hay en la cubierta de una embarcación. 9 Pequeña pieza de madera colocada en la parte inferior de un instrumento musical de cuerda que sirve para sujetar las cuerdas. 10 Ejercicio de gimnasia que consiste en dejar caer el cuerpo hacia atrás en forma de arco hasta hacerlo descansar sobre los pies y las manos. 11 Cualquier cosa que sirve para poner en contacto dos cosas o lugares o para acercarlas. **puente aéreo** Comunicación frecuente que se establece entre dos lugares por medio de aviones.

puentear *tr.* Colocar un puente en un circuito eléctrico.

puerco, -ca *m. y f.* 1 Mamífero doméstico, bajo, grueso, de patas cortas y cola pequeña y torcida cuya carne aprovecha el hombre. **puerco espín** Mamífero roedor, nocturno, que tiene la espalda y la cola cubiertas de espinas y la cabeza cubierta de pelos largos y fuertes; se alimenta de frutos secos y raíces. El plural es *puercos espinos*. ▌ *adj./m. y f.* 2 [persona] Que no cuida su aseo personal. Se usa como apelativo despectivo. ▌ *adj.* 3 *coloquial* Que está muy sucio.

pueri- Elemento prefijal que entra en la formación de palabras con el significado de 'niño'.

puericultor, -ra *m. y f.* Persona que se dedica a la puericultura.

puericultura *f.* Ciencia que trata de la crianza y cuidado de los niños durante los primeros años de vida.

pueril *adj.* 1 Del niño. 2 Que tiene poco valor, interés o importancia.

puerilidad *f.* 1 Cualidad de pueril. 2 Hecho

o dicho que es propio de un niño. **3** Cosa que tiene poco valor o importancia.

puerro *m.* Hortaliza de tallo largo, grueso, blanco y comestible, con las hojas verdes, largas y estrechas, y las flores rosas.

puerta *f.* **1** Abertura que hay en una pared, normalmente de forma rectangular, que va desde el suelo hasta una altura adecuada para poder entrar y salir por ella. **2** Abertura por la cual se sale y se entra de un lugar, o por la cual podemos acceder al interior de cosas como armarios o frigoríficos. **3** Plancha movible que se coloca en una abertura, sujeta a un marco para cerrar o aislar un espacio. **4** Entrada monumental a una población. **5** Marco rectangular por el que tiene que entrar la pelota para marcar un tanto en un deporte. ▸ **a las puertas de** Muy cerca de lo que se expresa. ▸ **a puerta cerrada** En secreto o de forma privada. ▸ **de puertas adentro** De forma privada o en la intimidad. ▸ **en puertas** A punto de ocurrir.

puerto *m.* **1** Lugar de la costa o del lado de un río dispuesto para que las embarcaciones se puedan refugiar y detener para la carga y descarga de mercancías o el embarque y desembarque de pasajeros. **2** Localidad en la que se encuentra ese lugar. **3** Paso alto y estrecho entre montañas. **4** Punto más alto de ese paso. **5** Lugar, situación o persona que sirve como amparo o refugio.

puertorriqueño, -ña *adj./m. y f.* Portorriqueño.

pues *conj.* **1** Sirve de enlace gramatical con valor ilativo o consecutivo, y relaciona la frase con lo que se ha dicho inmediatamente antes; a menudo se utiliza en oraciones exclamativas o interrogativas y también para añadir énfasis a lo que se dice. **2** Sirve de enlace gramatical con valor causal, para explicar el motivo de lo que se dice en la oración principal. **3** Sirve de enlace gramatical con valor condicional.

puesta *f.* **1** Acción de ocultarse tras el horizonte el Sol u otro cuerpo celeste. **2** Acción que consiste en poner en marcha una cosa, especialmente un asunto o un negocio. **3** Acción de poner huevos las aves. **4** Conjunto de huevos que pone un ave de una vez.

puesto, -ta *adj.* **1** [persona] Que va muy bien vestido o muy arreglado. **2** *coloquial* Que tiene muchos conocimientos sobre determinada materia o asunto. ‖ *m.* **3** Lugar o espacio que ocupa o que le corresponde

a una persona o cosa. **4** Empleo o cargo de una persona. **5** Establecimiento comercial de pequeño tamaño, generalmente desmontable, que está o se coloca en las calles y los lugares públicos para vender artículos. **6** Instalación o establecimiento de un grupo de soldados, guardias, policías o cualquier otro grupo de profesionales en acto de servicio. ▸ **puesto que** Introduce una oración subordinada que expresa la causa o el motivo de lo que se dice en la oración principal.

puf *m.* Asiento bajo y blando, sin respaldo, sin brazos y sin patas.

pufo *m. coloquial* Estafa o timo.

púgil *com.* Persona que practica el boxeo.

pugilato *m.* **1** Lucha o combate entre dos púgiles. **2** Discusión o pelea.

pugna *f.* **1** Lucha o enfrentamiento. **2** Enfrentamiento u oposición entre personas, países o partidos contrarios.

pugnar *intr.* **1** *culto* Luchar o combatir. **2** Insistir con esfuerzo para lograr una cosa.

puja *f.* **1** Acción de pujar. **2** Cantidad de dinero que se puja. **3** Esfuerzo para realizar, conseguir o continuar una cosa venciendo todas las dificultades y obstáculos.

pujante *adj.* Que tiene pujanza.

pujanza *f.* Fuerza o vigor con que se desarrolla algo.

pujar *tr.* **1** Ofrecer una cantidad de dinero mayor que las que han ofrecido otros en una subasta. ‖ *intr.* **2** Esforzarse para realizar, conseguir o continuar algo venciendo obstáculos y dificultades.

pulcritud *f.* Cualidad de pulcro.

pulcro, -cra *adj.* **1** Que tiene un aspecto muy limpio y cuidado. **2** [persona] Que hace las cosas con cuidado y limpieza. **3** Que está hecho con cuidado y delicadeza.

OBS El superlativo es *pulquérrimo*.

pulga *f.* Insecto de color negro rojizo, sin alas, que es capaz de dar grandes saltos y que vive como parásito de los mamíferos y las aves y se alimenta de su sangre. ▸ **tener malas pulgas** *coloquial* Tener mal humor o enfadarse con facilidad.

pulgada *f.* **1** Medida de longitud que equivale a poco más de 2,3 centímetros. **2** Medida de longitud de los países anglosajones que equivale a 2,54 centímetros.

pulgar *m./adj.* Dedo que es el más grueso de la mano o del pie.

pulgón *m.* Insecto de color marrón o verde y forma ovalada, dotado de una boca chupadora, que expulsa un líquido azucarado por la parte posterior de su cuerpo.

pulgoso, -sa *adj.* Que tiene pulgas.

pulimentar *tr.* Alisar una superficie para que quede suave y brillante.

pulimento *m.* 1 Acción de alisar. 2 Sustancia para pulimentar.

pulir *tr.* 1 Alisar una superficie para que quede suave y brillante. 2 Revisar y corregir una cosa para perfeccionarla. ‖ *tr./ prnl.* 3 Educar a una persona para que tenga buenos modales y sepa comportarse en sociedad. ‖ *prnl.* 4 Gastarse todo el dinero.

pulla *f.* Expresión con que se molesta o hiere a una persona.

pulmón *m.* 1 Cada uno de los dos órganos de la respiración del ser humano y de los animales vertebrados que viven fuera del agua; están en la cavidad torácica, son blandos y esponjosos y se contraen y se dilatan durante la respiración. 2 ZOOL. Cada uno de los órganos de respiración de ciertos moluscos y arácnidos. ‖ *m. pl.* 3 *coloquial* Capacidad para emitir una voz fuerte o para hacer ejercicios físicos que exigen un gran esfuerzo.

pulmonado, -da *adj./m. y f.* 1 ZOOL. [molusco gasterópodo] Que respira mediante una cavidad pulmonar y no por branquias. ‖ *m. pl.* 2 ZOOL. Grupo al que pertenecen estos moluscos gasterópodos.

pulmonar *adj.* De los pulmones.

pulmonía *f.* Enfermedad que consiste en la inflamación y congestión de los pulmones, o de una parte de ellos.

pulpa *f.* 1 Parte blanda y carnosa de la fruta. 2 Parte blanda de algunas plantas leñosas que se encuentra en el interior del tronco o del tallo. 3 Carne de los animales limpia de huesos y ternilla. 4 Masa que se obtiene después de triturar una planta o de extraerle su jugo, y que tiene diversos usos industriales. 5 Tejido contenido en el interior de los dientes.

pulpejo *m.* Parte carnosa, blanda y redondeada de algunas partes pequeñas del cuerpo, especialmente el lóbulo de la oreja y las zonas blandas del dorso de cada dedo.

púlpito *m.* Plataforma pequeña que hay en las iglesias, que está levantada a cierta altura y generalmente tiene una baranda para apoyarse, desde donde el sacerdote habla a sus fieles.

pulpo *m.* 1 Molusco marino comestible, con el cuerpo redondo, ojos muy grandes y desarrollados, cabeza grande y ovalada, y ocho largos tentáculos. ‖ *com.* 2 *colo-quial* Persona que toca mucho con las manos a los demás y resulta pesada. 3 Cuerda elástica, terminada en ganchos de metal por los dos extremos, que sirve para sujetar objetos, especialmente una carga en un vehículo.

pulsación *f.* 1 Golpe o latido producido por el movimiento de la sangre en las arterias. 2 Golpe o toque que se da en un teclado.

pulsador *m.* Botón para poner en funcionamiento un mecanismo o aparato.

pulsar *tr.* 1 Tocar una cosa con la yema de los dedos presionando de forma suave. 2 Estudiar o tratar de conocer una opinión o el estado de un asunto.

púlsar *m.* ASTR. Estrella de neutrones que gira sobre sí misma y emite una radiación en forma de impulsos cortos separados por intervalos regulares.

OBS El plural es *púlsares*.

pulsera *f.* 1 Adorno o joya en forma de aro o de cadena que se pone en la muñeca. 2 Correa o cadena que lleva un reloj y que sirve para sujetarlo a la muñeca.

pulso *m.* 1 Serie de golpes o latidos producidos por el movimiento de la sangre en las arterias. 2 Seguridad o firmeza en la mano para ejecutar una acción delicada con precisión. 3 Habilidad o cuidado que se tiene al tratar un asunto o al llevar a cabo un negocio. 4 Oposición entre dos grupos o partidos contrarios que tienen aproximadamente la misma fuerza o poder. ▸ **a pulso** *a*) Haciendo fuerza con la mano y la muñeca, sin apoyar el brazo, para sostener o levantar algo en alto. *b*) Trabajando solo, con el propio esfuerzo y sin ayuda de nadie. ▸ **tomar el pulso** *a*) Examinar la frecuencia y el ritmo de las pulsaciones de alguien. *b*) Intentar conocer las características de un asunto o una opinión antes de tratarlo.

pulular *intr.* Abundar y moverse mucho en un lugar personas, animales o cosas.

pulverización *f.* 1 Acción de pulverizar. 2 Efecto de pulverizar.

pulverizador *m.* Aparato para pulverizar un líquido.

pulverizar *tr./prnl.* 1 Reducir a polvo una cosa sólida. ‖ *tr.* 2 Esparcir un líquido en forma de gotas muy pequeñas. 3 Destruir por completo algo.

puma *m.* Mamífero de la especie de los felinos, de pelo suave de color marrón claro, y fuertes uñas que usa para cazar.

punción *f.* MED. Operación que consiste en

introducir un instrumento afilado y puntiagudo en algún órgano, hueco o conducto del cuerpo, para examinarlo o vaciar su contenido.

pundonor *m.* Sentimiento que empuja a una persona a cuidar de su fama y de su honra personal y a tratar de quedar bien ante los demás.

punible *adj.* Que merece castigo.

púnico, -ca *adj.* 1 De Cartago, antigua ciudad del norte de África. ‖ *adj./m. y f.* 2 [persona] Que era de Cartago. ‖ *m.* 3 Lengua hablada por los cartagineses.

punitivo, -va *adj.* Que implica castigo.

punk *m./adj.* 1 Movimiento social y musical que surgió como protesta ante el convencionalismo de la sociedad y que se manifiesta por una indumentaria algo estrafalaria y el pelo teñido y peinado de forma poco convencional. ‖ *com./adj.* 2 Miembro de este movimiento.

OBS Es de origen inglés y se pronuncia aproximadamente 'panc'. El plural es *punks*.

punki *com./adj.* Punk (persona).

OBS Es de origen inglés y se pronuncia aproximadamente 'panqui' o 'punqui'. El plural es *punkis*.

punta *f.* 1 Extremo o parte final de una cosa, especialmente si sobresale. 2 Extremo agudo de un objeto. 3 Clavo de pequeño tamaño. 4 Parte de tierra alargada, baja y de poca extensión que entra en el mar. 5 Pequeña cantidad de una cosa. 6 En fútbol, cada uno de los jugadores que forman la parte más adelantada del equipo y que tienen la misión de marcar goles. ▸ **a punta pala** o **a punta de pala** *coloquial* En gran cantidad. ▸ **de punta a punta** De un extremo al otro. ▸ **de punta en blanco** Muy arreglado y bien vestido. ▸ **sacar punta** Encontrar a una cosa un sentido malicioso o negativo que en realidad no tiene.

puntada *f.* 1 Pasada que se da con aguja e hilo sobre una cosa que se está cosiendo. 2 Espacio que hay entre dos de estas pasadas seguidas. 3 Porción de hilo que ocupa ese espacio.

puntal *m.* 1 Madero o barra de metal que se fija en posición inclinada en algún lugar para sujetar una pared, estructura, etc. 2 Persona o cosa que sirve de apoyo. 3 AMÉR Refrigerio que se toma para entretener el apetito antes de la comida o cena.

puntapié *m.* Golpe dado con la punta del pie.

OBS El plural es *puntapiés*.

puntear *tr.* 1 Dibujar, pintar o grabar con puntos. 2 Marcar con puntos una superficie. 3 MÚS. Tocar de una en una las cuerdas de un instrumento musical. 4 Comprobar si están todos los elementos de una lista o de una cuenta.

punteo *m.* 1 Dibujo o señal que se hace con puntos. 2 Acción de puntear.

puntera *f.* 1 Parte del calzado, del calcetín o de la media que cubre la punta del pie. 2 Pieza que adorna o hace más fuerte esta parte del calzado.

puntería *f.* 1 Habilidad o facilidad para dar en el blanco al tirar o disparar. 2 Dirección en que se apunta con un arma.

puntero, -ra *adj.* 1 Que destaca o sobresale dentro de su género. ‖ *m.* 2 Palo o vara acabada en punta que sirve para señalar cosas en un texto o dibujo. 3 Herramienta que consiste en una barra de metal con punta aguda en un extremo y plana en el otro, que sirve para hacer agujeros.

puntiagudo, -da *adj.* Que tiene la punta aguda.

puntilla *f.* 1 Tejido estrecho con agujeros formando dibujos que se pone como adorno en el borde de las prendas de vestir y de otras telas. 2 Instrumento cortante, más corto que un cuchillo, para matar a ciertos animales. ▸ **de puntillas** Sobre las puntas de los pies y sin apoyar los talones.

puntillo *m.* 1 MÚS. Signo que consiste en un punto que se coloca en el lado derecho de una nota y aumenta la mitad de su duración y su valor. 2 Amor propio muy exagerado y basado en cosas sin importancia.

puntilloso, -sa *adj.* [persona] Que se molesta o se enfada fácilmente por cosas sin importancia.

punto *m.* 1 Señal circular y muy pequeña que destaca por el contraste de color o de relieve sobre una superficie. 2 Pasada de una aguja con hilo a través de una tela. 3 Nudo pequeño hecho con un hilo. 4 Tipo de tejido que se hace enlazando hilos generalmente de lana o algodón. 5 Roto que se hace en las medias al soltarse uno de los nudos del tejido. 6 Unidad que sirve para valorar o calificar en algunos juegos o ejercicios. 7 Parte o aspecto de una materia o asunto. 8 Extremo o grado que se puede alcanzar con algo. 9 Parte de una recta o plano al que se le puede dar una posición pero que no posee extensión en ninguna de las dimensiones posibles. 10 Signo de escritura que indica el fin de una oración o que aparece después de una abreviatura. **dos puntos** Signo de escritura que se usa para indicar que ha terminado el sentido gramatical pero no el sentido lógico y que suele introducir una cita textual o preceder una enumeración. **punto y coma** Signo de escritura que se usa para señalar una pausa algo mayor que la que representa la coma. **puntos suspensivos** Tres puntos seguidos que se usan para indicar que el sentido de la oración no queda completo. **11** Signo de escritura que se pone sobre las letras *i* y *j*. **12** Parte o aspecto de una persona o cosa. **punto débil** o **punto flaco** Aspecto o parte vulnerable de una persona o cosa. ▶ **a punto** *a)* Preparado para hacer algo. *b)* A tiempo o en el momento adecuado. ▶ **a punto de** Expresión que indica que una acción está muy próxima a realizarse. ▶ **al punto** Al momento o con gran rapidez. ▶ **en punto** Exactamente. ▶ **punto de nieve** Estado que alcanza la clara de un huevo después de batirla hasta que toma consistencia y espesor y pasa a ser de color blanco. ▶ **punto de vista** Manera de considerar un asunto o una cosa. ▶ **punto muerto** *a)* Posición en que se encuentra el cambio de velocidades de un automóvil cuando no se comunica el movimiento del motor a las ruedas. *b)* Estado en el que se encuentra un asunto que no avanza.

puntuación *f.* **1** Conjunto de puntos obtenidos en una prueba o ejercicio. **2** Conjunto de signos de ortografía de un texto que sirven para distinguir las palabras y separar las oraciones y sus partes.

puntual *adj.* **1** Que llega a un lugar a la hora convenida. **2** Que hace las cosas a tiempo y sin retraso. **3** Que es concreto o específico.

puntualidad *f.* Cualidad de puntual.

puntualización *f.* Precisión o aclaración detallada que se hace sobre una cosa concreta.

puntualizar *tr.* **1** Especificar una cosa que se ha dicho para que no quede imprecisa y no haya malas interpretaciones. **2** Contar una cosa describiendo todos los hechos y sin olvidar ningún detalle.

puntuar *tr.* **1** Poner en un escrito los signos de puntuación necesarios para distinguir el sentido de las oraciones y de sus partes. **2** Calificar con puntos un ejercicio o prueba. ▌ *tr./intr.* **3** Ganar o conseguir puntos en una competición deportiva. **4** Contar una prueba o un ejercicio para la puntuación de una competición.

punzada *f.* **1** Herida pequeña y poco profunda producida por un objeto que tiene

punta. **2** Dolor repentino, agudo y breve, que suele repetirse cada cierto tiempo.

punzar *tr.* **1** Herir con un objeto que tiene punta. **2** Molestar a una persona o hacerle sentir pena o dolor.

punzón *m.* Herramienta de hierro u otro metal alargada, estrecha y acabada en punta, que se utiliza para hacer agujeros en las telas y para grabar metales.

puñada *f.* Golpe dado con el puño.

puñado *m.* **1** Cantidad de materia que se puede contener en un puño. **2** Cantidad pequeña de cualquier cosa o materia.

puñal *m.* Arma de acero de hoja corta y puntiaguda que solo hiere con la punta.

puñalada *f.* **1** Herida hecha con un puñal u otra arma blanca parecida. **2** Disgusto o pena grande que se produce de pronto y sin aviso.

puñeta *f.* **1** Adorno de bordados y puntillas que se pone en la parte que rodea la muñeca en la manga de una toga. **2** *coloquial* Cosa o persona que molesta. ▌ *int.* **3** ¡puñetas! Expresa enfado, desagrado o mal humor. ▶ **mandar a hacer puñetas** *coloquial* Rechazar o despedir a una persona con enfado.

puñetazo *m.* Golpe dado con el puño de la mano.

puñetero, -ra *adj.* **1** *coloquial* Que molesta, fastidia o incordia. **2** *coloquial* Que es difícil y complicado de hacer.

puño *m.* **1** Mano cerrada. **2** Parte de la manga de una prenda de vestir que rodea la muñeca. **3** Parte por donde se cogen con la mano algunos utensilios, herramientas o armas blancas. ▶ **de puño y letra** Escrito a mano por su autor. ▶ **en un puño** Con miedo, asustado, intimidado u oprimido.

pupa *f.* **1** Erupción en cualquier parte del cuerpo, especialmente la que se forma en los labios a causa de la fiebre. **2** Costra que se forma en la superficie de una herida al curarse. **3** *coloquial* Dolor o herida que siente o tiene un niño en el cuerpo. Se usa en el lenguaje infantil. **4** ZOOL. Insecto que está en una fase de desarrollo posterior a la larva y anterior al adulto.

pupila *f.* Círculo de color negro situado en el centro del iris por el cual pasa la luz.

pupilaje *m.* Estado o condición del pupilo o de la pupila.

pupilo, -la *m. y f.* **1** Huérfano menor de edad que es educado por un tutor. **2** Persona que vive en una pensión o en una casa particular pagando cierta cantidad de

putear

dinero. **3** Alumno, respecto de su maestro o educador.

pupitre *m.* Mueble parecido a una mesa que tiene una tapa en forma de plano inclinado y sirve para escribir sobre él.

purasangre *adj./m.* [caballo] Que desciende de individuos de la misma raza.

OBS El plural es *purasangres*.

puré *m.* Comida que se hace cociendo y triturando hortalizas, legumbres o verduras hasta conseguir una crema espesa.

pureza *f.* **1** Cualidad de puro. **2** Estado de la persona que no ha tenido relaciones sexuales.

purga *f.* **1** Medicina que sirve para expulsar los excrementos del vientre. **2** Expulsión de los miembros de una sociedad, una empresa o un partido, especialmente decretada por causas políticas.

purgación *f.* **1** Purificación o limpieza de una cosa que se hace eliminando lo que se considera malo o negativo. ‖ *f. pl.* **2** *coloquial* Flujo mucoso que se produce en la uretra a causa de una enfermedad infecciosa de transmisión sexual.

purgante *adj.* **1** Que purga, limpia o purifica. ‖ *adj./m.* **2** [sustancia] Que sirve para expulsar los excrementos del vientre.

purgar *tr.* **1** Limpiar y purificar una cosa quitándole lo malo, lo peligroso o lo que no conviene. ‖ *tr./prnl.* **2** Expulsar los excrementos del vientre mediante una medicina o una sustancia medicinal. ‖ *tr.* **3** Sufrir un castigo o una pena por haber cometido una falta o un delito. **4** Purificar el alma de pecados para alcanzar la gloria.

purgatorio *m.* **1** Según la Iglesia católica, lugar en el que las almas de los muertos pagan sus faltas antes de poder alcanzar la gloria eterna. **2** Lugar donde se sufren penalidades.

purificación *f.* **1** Acción de purificar. **2** Fiesta que celebra la Iglesia católica en recuerdo del día en que Jesús fue presentado en el templo por su madre. En esta acepción se escribe con mayúscula.

purificar *tr./prnl.* **1** Quitarle los elementos malos o extraños a una cosa para dejarla pura. **2** Hacer perfecta o mejor una cosa no material.

purismo *m.* **1** Actitud que pretende preservar la lengua de palabras extranjeras o neologismos que no son necesarios por existir palabras propias o patrimoniales con el mismo significado. **2** Actitud que pretende mantener un arte, una técnica o una

práctica dentro de la más estricta ortodoxia, sin introducir ningún tipo de cambio ni innovación.

purista *adj./com.* Que defiende el purismo.

puritanismo *m.* **1** Movimiento religioso que surgió en la Iglesia católica de Inglaterra en los siglos XVI y XVII que defiende una rigidez moral extrema y la más absoluta adecuación de las costumbres a la moral evangélica. **2** Rigidez y dureza excesivas en el modo de pensar y de actuar.

puritano, -na *adj.* **1** Del puritanismo. ‖ *adj./m. y f.* **2** Que practica el puritanismo. **3** [persona] Que es muy rígido en el modo de pensar o actuar.

puro, -ra *adj.* **1** Que no tiene mezcla de otra cosa. **2** Que no tiene sustancias sucias o contaminantes. **3** Que es honesto y respetuoso, y sigue las leyes morales establecidas. **4** Que es solo y exclusivamente lo que se expresa. **5** [lenguaje] Que es correcto y sigue estrictamente las normas de la gramática. ‖ *m.* **6** Cilindro hecho de hojas de tabaco enrolladas para fumar.

púrpura *adj.* **1** Que es de color rojo fuerte, casi morado. ‖ *adj./m.* **2** [color] Que es rojo fuerte, casi morado. ‖ *f.* **3** Sustancia de color rojo fuerte que se usa para teñir o dar color. **4** Tela de este color, generalmente de lana, que sirve para hacer los trajes de los reyes y algunas personas que tienen algún cargo importante.

purpúreo, -rea *adj.* Que es de color púrpura.

purpurina *f.* **1** Polvo muy fino que se extrae del bronce o de metal blanco y se utiliza para adornar o decorar cosas. **2** Pintura brillante que se prepara con ese polvo para decorar.

purulento, -ta *adj.* Que tiene pus.

pus *m.* Líquido espeso, de color blanco, amarillento o verdoso, que se forma en los tejidos infectados y fluye de las heridas.

pusilánime *adj./com.* Que no tiene ánimo, valor o energía para aguantar las desgracias o para hacer cosas.

pústula *f.* Especie de ampolla llena de pus que se forma en la piel.

putada *f. malsonante* Obra o dicho con mala intención.

putañero *adj. malsonante* [hombre] Que tiene relaciones sexuales de forma frecuente con prostitutas.

putativo, -va *adj.* [familiar] Que se tiene como propio o legítimo sin serlo.

putear *tr. malsonante* Fastidiar o perjudicar a alguien.

puterío *m. malsonante* Prostitución.

puticlub *m. coloquial* Establecimiento en el que alternan las prostitutas.
OBS El plural es *puticlubes*.

puto, -ta *adj.* 1 *malsonante* Que molesta y hace perder la paciencia. 2 *malsonante* Que es difícil, arriesgado o complicado de hacer. 3 Que es desagradable o despreciable. ▌ *m. y f.* 4 *malsonante* Prostituto. Se usa como insulto. ▌ 5 *malsonante* Mujer que practica el sexo con diversas personas y con facilidad. Se usa como insulto.

putrefacción *f.* Descomposición de una materia animal o vegetal.

putrefacto, -ta *adj.* Que está podrido.

pútrido, -da *adj. culto* Putrefacto.

puya *f.* Punta aguda de acero en el extremo de una vara larga.

puyazo *m.* Herida hecha con una puya.

puzle o **puzzle** *m.* Juego que consiste en recomponer una figura combinando de manera correcta ciertas fichas o piezas.

pza. Abreviatura de *plaza*.

Q

q *f.* Decimoctava letra del alfabeto español. Su nombre es *cu*.

　OBS El plural es *cúes* o *cus*.

quark *m.* FÍS. Partícula elemental con la que se forman otras más pesadas.

　OBS Es de origen inglés y se pronuncia aproximadamente 'cuarc'. El plural es *quarks*. También se escribe *cuark*.

quásar *m.* ASTR. Fuente de radiación celeste muy intensa similar a una estrella.

　OBS Es un acrónimo de origen inglés y se pronuncia 'cuásar'. El plural es *quásares*. También se escribe *cuásar*.

que *pron. rel.* 1 Se refiere a un sustantivo que ya ha aparecido con anterioridad. ‖ *conj.* 2 Introduce una oración subordinada sustantiva. 3 Se utiliza para enlazar proposiciones o sintagmas entre los que se expresa una comparación. 4 Expresa un valor adversativo. 5 Indica causa. 6 Indica consecuencia. 7 Indica igualdad. 8 Indica el progreso de una acción. 9 Añade fuerza e intensidad a los adverbios *sí* y *no*.

qué *det./pron. inter.* 1 Indica pregunta. Si va seguido de un verbo equivale a *¿qué cosa?.* ‖ *det./pron.* 2 Introduce oraciones exclamativas que expresan emoción, admiración o disgusto. ▸ **¿por qué?** Se utiliza para preguntar la causa o razón de una cosa. ▸ **¿qué tal?** *a)* Expresión de saludo. *b)* Cómo. ▸ **¿y qué?** Indica que una cosa no importa.

quebrada *f.* Paso estrecho y abrupto entre montañas.

quebradero *m.* Palabra que se utiliza en la locución *quebradero de cabeza* y que significa preocupación o problema.

quebradizo, -za *adj.* 1 Que se rompe fácilmente. 2 [ánimo, salud] Que es frágil y se debilita con facilidad.

quebrado, -da *adj.* 1 [terreno] Que es desigual y tiene desniveles. 2 AMÉR [persona] Que no tiene dinero. 3 COL [persona] Que está bajo los efectos de una droga alucinógena. ‖ *adj./m.* 4 MAT. [número] Que expresa una o varias partes de un todo.

quebrantahuesos *m.* Ave rapaz carroñera de gran tamaño, con las patas cubiertas de plumas hasta los dedos.

quebrantamiento *m.* Transgresión o violación de una ley, norma o contrato.

quebrantar *tr.* 1 Romper una cosa dura sin que lleguen a separarse del todo sus partes. 2 No cumplir una ley, una palabra dada o una obligación. ‖ *tr./prnl.* 3 Debilitar la salud o el ánimo de una persona.

quebranto *m.* 1 Falta de ánimos o de fuerza para hacer las cosas. 2 Pérdida o daño grave. 3 Dolor o pena grande.

quebrar *tr./prnl.* 1 Quebrantar, romper. 2 Doblar o torcer. 3 Interrumpir o cortar la continuación de una cosa no material. ‖ *intr.* 4 Arruinarse y dejar de funcionar un comercio o una industria.

quechua *adj.* 1 [pueblo indígena] Que procede de la región de Cuzco, en Perú. 2 De ese pueblo indígena. ‖ *com.* 3 Persona que pertenece a este pueblo. ‖ *m.* 4 Lengua hablada por este pueblo.

queda *f.* Hora de la tarde o de la noche a partir de la cual se prohíbe a la población civil la libre circulación por las calles.

quedar *intr./prnl.* 1 Estar en un sitio durante un tiempo determinado. 2 Estar o mantenerse en un estado o situación. ‖ *intr.* 3 Haber, estar o existir todavía. 4 Terminar o acabar. 5 Citarse con una persona. 6 Estar situado en un sitio determinado. 7 Sentar de cierta manera una prenda de vestir. 8 Producir una impresión determinada a alguien. 9 Ponerse de acuerdo en algo. ‖ *prnl.* 10 Coger una cosa y retenerla en su poder. 11 *coloquial* Recordar o acordarse de algo. 12 *coloquial* Gastar una broma a alguien o hacerle creer una cosa que no es cierta. 13 *coloquial* Perder la vida. 14 MÉX *coloquial* Llegar a la edad madura una mujer sin casarse.

quedo, -da *adj.* 1 *culto* Que está quieto, tranquilo y apenas se le oye. ‖ *adv.* 2 *culto* En voz baja o con cuidado.

quehacer *m.* Ocupación, negocio o tarea que se tiene la obligación de hacer.

queimada *f.* Bebida alcohólica que se elabora con orujo quemado, azúcar y corteza de limón.

queja *f.* 1 Expresión de dolor, de pena, de descontento o de enfado. 2 Motivo para que alguien se queje.

quejarse *prnl.* Expresar una queja.

quejica *adj./com.* Que se queja con frecuencia o de manera exagerada.

quejicoso, -sa *adj.* Que se queja mucho y sin ningún motivo.

quejido *m.* Expresión o sonido con el que se demuestra dolor o pena.

quejoso, -sa *adj.* Que tiene queja.

quejumbroso, -sa *adj.* 1 Que se queja con frecuencia sin una causa importante o por costumbre. 2 [palabra, voz] Que expresa dolor o pena.

quelícero *m.* ZOOL. Cada uno de los dos apéndices acabados en pinza que tienen algunos artrópodos delante de la boca.

quelonio *adj./m.* 1 [reptil] Que se caracteriza por tener el cuerpo protegido por un caparazón duro, cuatro extremidades cortas y mandíbulas sin dientes. ‖ *m. pl.* 2 Orden al que pertenecen estos reptiles.

quema *f.* 1 Acción de quemar o quemarse. 2 Efecto de quemar o quemarse.

quemadero *m.* Lugar en el que se queman basuras y desperdicios.

quemado, -da *adj.* 1 *coloquial* Que está enfadado, descontento, cansado o molesto con alguien o con alguna actividad. ‖ *m. y f.* 2 Persona que ha sufrido quemaduras.

quemador *m.* Pieza que regula la salida de combustible en las cocinas y otros aparatos.

quemadura *f.* Herida en la piel producida por el fuego, el calor o por ciertas sustancias corrosivas.

quemar *tr./prnl.* 1 Destruir o consumir

con fuego o con calor. 2 Causar una sensación de ardor. 3 Secarse una planta por efecto del calor o del frío excesivo. ‖ *tr.* 4 *coloquial* Cansar a alguien. 5 Gastar dinero de forma poco adecuada. ‖ *intr.* 6 Estar muy caliente. ‖ *prnl.* 7 Sufrir o sentir mucho calor. 8 *coloquial* Estar muy cerca de encontrar algo.

quemarropa Palabra que entra en la expresión *a quemarropa*, que significa: *a)* Con el cañón del arma que se dispara en contacto con el cuerpo de la persona a la que se dispara o casi en contacto con él. *b)* De forma directa y brusca.
OBS Se escribe también *a quema ropa*.

quemazón *f.* Sensación de calor o de picor.

quepis *m.* Gorra militar de forma cilíndrica y visera horizontal.
OBS El plural también es *quepis*.

queratina *f.* Sustancia que constituye la parte fundamental de las capas más externas de la epidermis y de órganos como las uñas, el pelo, las plumas, etc.

querella *f.* 1 DER. Documento que se presenta ante un tribunal para acusar a alguien de un delito. 2 Diferencia de opiniones entre dos o más personas.

querellarse *prnl.* DER. Presentar querella ante un tribunal.

querencia *f.* Tendencia o inclinación hacia el lugar en que se ha nacido o en el que se ha vivido mucho tiempo.

querer [80] *tr.* 1 Desear tener o hacer algo. 2 Sentir cariño hacia una persona o cosa. 3 Hacer lo posible para conseguir algo. 4 Necesitar o requerir una cosa.

querido, -da *m. y f.* Persona que mantiene relaciones amorosas o sexuales con otra sin estar casada con ella.

queroseno *m.* Mezcla líquida de hidrocarburos que se obtiene a partir del petróleo y se emplea como combustible.
OBS También se escribe *keroseno*.

querubín *m.* 1 Espíritu del cielo, servidor y mensajero de Dios. 2 Persona de gran belleza, especialmente un niño pequeño.

quesera *f.* 1 Recipiente para conservar el queso. 2 Lugar donde se fabrica queso.

quesería *f.* Establecimiento o lugar en el que se elabora o se vende queso.

quesero, -ra *adj.* 1 Del queso. 2 *coloquial* [persona] Que come queso con frecuencia y le gusta mucho. ‖ *m. y f.* 3 Persona que se dedica a hacer o a vender queso.

quesito *m.* Porción de queso envuelta y empaquetada individualmente.

queso *m.* 1 Alimento que se elabora haciendo sólida la leche. 2 *coloquial* Pie de una persona.

quetzal *m.* 1 Ave trepadora de plumaje verde tornasolado en la parte superior del cuerpo y rojo en el pecho y el abdomen, con el pico y las patas de color amarillento y con un moño sedoso en la cabeza. 2 Moneda de Guatemala.

quevedos *m. pl.* Anteojos que se sujetan únicamente a la nariz.

quianti *m.* Vino tinto ligeramente ácido que se elabora en la Toscana.

quicio *m.* Parte de una puerta o ventana en la que están los goznes y las bisagras.

quid *m.* Razón, causa o punto más importante de una cosa o asunto.

OBS Se usa solamente en singular.

quiebra *f.* 1 Acción de quebrar. 2 Efecto de quebrar. 3 Hendidura de la tierra.

quiebro *m.* 1 Movimiento con el cuerpo hacia un lado, doblando la cintura. 2 Elevación del tono de la voz al cantar.

quien *pron. rel.* Señala a una persona sobreentendida o ya mencionada con anterioridad.

quién *pron. inter.* 1 Pregunta por la identidad de una persona. ‖ *pron. exclamativo* 2 Introduce oraciones exclamativas que expresan deseo o admiración.

quienquiera *pron. indef.* Se utiliza para referirse a una persona indeterminada.

quieto, -ta *adj.* 1 Que no se mueve. 2 Que está tranquilo y lleno de paz.

quietud *f.* 1 Falta de movimiento. 2 Falta de agitación o ruido.

quijada *f.* Hueso donde están los dientes.

quijotada *f.* Acción propia de un quijote.

quijote *m.* Persona que tiene altos ideales y que lucha y defiende causas nobles y justas de forma desinteresada.

quijotería *f.* Manera de proceder o actuar característica de un quijote.

quijotesco, -ca *adj.* Que tiene las características propias del personaje literario don Quijote o de cualquier quijote.

quijotismo *m.* Exageración en el idealismo y en los sentimientos.

quilate *m.* 1 Unidad de peso para las perlas y piedras preciosas. 2 Unidad que mide la pureza del oro en una mezcla de este y de otro metal. 3 Calidad, valor o bondad de una cosa no material.

quilla *f.* Pieza alargada que va de proa a popa por la parte inferior de una embarcación.

quilo *m.* 1 Unidad de masa que equivale a 1000 gramos. También se escribe *kilo*. 2 *coloquial* Un millón de pesetas. También se escribe *kilo*. 3 MED. Líquido blanco, espeso y con gran cantidad de grasa que elabora el intestino.

quilo- Elemento prefijal que entra en la formación de palabras con el significado de 'mil'.

OBS Es más frecuente la forma *kilo-*.

quilogramo *m.* Unidad de masa que equivale a 1000 gramos.

OBS También se escribe *kilogramo*.

quilométrico, -ca *adj.* 1 Del quilómetro. 2 *coloquial* Que es muy largo.

OBS También se escribe *kilométrico*.

quilómetro *m.* Medida de longitud que equivale a 1000 metros.

OBS También se escribe *kilómetro*.

quimera *f.* 1 Sueño o cosa que se desea pero que es casi imposible de realizar o conseguir. 2 Animal imaginario que echa llamas por la boca y que tiene la cabeza de león, vientre de cabra y cola de dragón.

quimérico, -ca *adj.* Que es imaginario, irreal o que no tiene una base cierta.

química *f.* Ciencia que estudia la composición y las propiedades de la materia, y las transformaciones que esta experimenta.

químico, -ca *adj.* 1 De la química. ‖ *m. y f.* 2 Persona que se dedica a la química.

quimio *f. coloquial* Quimioterapia.

quimioterapia *f.* Método de curación o tratamiento de algunas enfermedades que consiste en aplicar sustancias químicas.

quimo *m.* Masa que resulta de la digestión estomacal de los alimentos.

quimono *m.* 1 Prenda de vestir femenina procedente de Japón que tiene las mangas anchas, se ajusta a la cintura con un cinturón del mismo tejido y llega hasta los pies. 2 Prenda de vestir ancha y de tela fuerte de color claro que se usa para practicar artes marciales.

quina *f.* 1 Sustancia medicinal que se extrae de la corteza del quino. 2 Bebida dulce hecha con esta sustancia.

quincalla *f.* Conjunto de objetos de metal de escaso valor.

quince *num. card.* 1 Indica que el nombre al que acompaña o al que sustituye está 15 veces. Puede ser determinante. ‖ *num. ord.* 2 Indica que el nombre al que acompaña o al que sustituye ocupa el lugar número 15 en una serie. ‖ *m.* 3 Signo que representa el valor de diez más cinco.

quinceañero, -ra *adj./m. y f.* [persona] Que tiene alrededor de quince años.

quinceavo, -va *num.* Parte que resulta de dividir un todo en 15 partes iguales.

quincena *f.* 1 Conjunto formado por 15 unidades. 2 Período de quince días.

quincenal *adj.* 1 Que ocurre o se repite cada quince días. 2 Que dura quince días.

quincuagenario, -ria *adj.* 1 Que está formado por cincuenta elementos o unidades. ‖ *adj./m. y f.* 2 Que tiene cincuenta años o más, pero no llega a los sesenta.

quincuagésimo, -ma *num. ord.* 1 Persona o cosa que ocupa el número 50 en una serie ordenada. 2 Parte que resulta de dividir un todo en 50 partes iguales.

quingentésimo, -ma *num. ord.* 1 Persona o cosa que ocupa el número 500 en una serie ordenada. 2 Parte que resulta de dividir un todo en 500 partes iguales.

quiniela *f.* 1 Juego de apuestas que consiste en acertar los resultados de una determinada competición deportiva, especialmente de la liga de fútbol o de una carrera de caballos. 2 Impreso que se debe rellenar para participar en ese juego. 3 Premio ganado con ese juego.

quinielista *com.* Persona que juega a las quinielas.

quinielístico, -ca *adj.* De la quiniela.

quinientos *num. card.* 1 Indica que el nombre al que acompaña o al que sustituye está 500 veces. Puede ser determinante. ‖ *num. ord.* 2 Indica que el nombre al que acompaña o al que sustituye ocupa el lugar número 500 en una serie. ‖ *m.* 3 Signo que representa el valor de 100 multiplicado por cinco.

quinina *f.* Sustancia alcaloide blanca que se obtiene de la quina.

quino *m.* 1 Árbol de origen americano con las hojas ovaladas y el fruto seco en forma de cápsula. 2 Sustancia medicinal que se extrae de la corteza de este árbol.

quinqué *m.* Lámpara de petróleo con tubo de cristal y bomba o pantalla.
OBS El plural es *quinqués*.

quinquenal *adj.* 1 Que ocurre o se repite cada cinco años. 2 Que dura cinco años.

quinquenio *m.* Período de cinco años.

quinqui *com. coloquial* Persona de una clase social marginada que se dedica a robar.

quinta *f.* 1 Casa de recreo en el campo. 2 Conjunto de soldados nuevos que entra en el ejército cada año.

quintaesencia *f.* Cualidad más pura, fina y elevada que tiene una cosa.
OBS También se escribe *quinta esencia*.

quintal *m.* Medida de masa que equivale a 100 kilogramos.

quinteto *m.* 1 MÚS. Composición musical interpretada por cinco voces o instrumentos. 2 Poema o estrofa formada por cinco versos octosílabos con rima consonante.

quintilla *f.* Estrofa de cinco versos de ocho sílabas con rima consonante.

quintillizo, -za *adj./m. y f.* [animal, persona] Que ha nacido a la vez que otros cuatro de la misma madre.

quinto, -ta *num. ord.* 1 Persona o cosa que sigue en orden al que hace el número cuatro. 2 Parte que resulta de dividir un todo en cinco partes iguales. ‖ *m.* 3 Soldado mientras recibe la instrucción. 4 Botella de cerveza de 20 centilitros.

quintuplicación *f.* Acción de quintuplicar.

quintuplicar *tr./prnl.* Multiplicar por cinco una cosa o una cantidad.

quíntuplo *m.* Número que resulta de multiplicar por cinco una cantidad.

quiosco *m.* 1 Construcción pequeña en calles y lugares públicos donde se venden periódicos, revistas y otros artículos. 2 Construcción pequeña, cubierta y abierta por los lados, en parques o jardines.

quiosquero, -ra *m. y f.* Persona que vende en un quiosco.

quiqui *m.* Peinado en forma de cresta de un gallo.

quiquiriquí *m.* Onomatopeya del canto del gallo.
OBS El plural es *quiquiriquíes*.

quiro- Elemento prefijal que entra en la formación de palabras con el significado de 'mano'.

quirófano *m.* Sala destinada a realizar operaciones quirúrgicas.

quiromancia *f.* Adivinación del futuro leyendo las rayas de la mano.

quiromántico, -ca *adj.* 1 De la quiromancia. ‖ *m. y f.* 2 Persona que se dedica a la quiromancia.

quiromasaje *m.* Masaje corporal que se realiza utilizando únicamente las manos.

quiróptero, -ra *adj./m.* 1 [mamífero] Que puede volar gracias a dos membranas a modo de alas que se extienden entre el cuello, las extremidades y la cola. ‖ *m. pl.* 2 Orden al que pertenecen estos mamíferos.

quirúrgico, -ca *adj.* De la cirugía.

quisque o **quisqui** *m. coloquial* Individuo o persona.

OBS Se usa detrás de *todo* o de *cada.*

quisquilla *f.* Animal invertebrado marino comestible, muy pequeño, con la cabeza grande y con diez patas.

quisquilloso, -sa *adj./m. y f.* 1 Que se enfada frecuentemente por cosas poco importantes. 2 Que da mucha importancia a las cosas que no la tienen.

quiste *m.* Bolsa que se forma en los tejidos del cuerpo y que puede contener líquidos o sustancias perjudiciales.

quitaesmalte *m.* Sustancia líquida que se usa para quitar el esmalte con el que se pintan las uñas.

OBS El plural es *quitaesmaltes.*

quitamanchas *m.* Producto que sirve para quitar manchas.

OBS El plural es *quitamanchas.*

quitamiedos *m.* Barra o cuerda vertical en lugares altos o peligrosos.

OBS El plural también es *quitamiedos.*

quitanieves *adj./m. y f.* [máquina] Que sirve para quitar la nieve.

OBS El plural también es *quitanieves.*

quitar *tr.* 1 Coger una cosa y separarla o apartarla del lugar en que estaba. 2 Robar o coger una cosa de otra persona con engaño o por la fuerza. 3 Impedir o prohibir. 4 Dejar a una persona sin una cosa que le pertenece o de la que disfruta. ▌*tr./prnl.* 5 Quedarse sin una o varias prendas de vestir. ▌*prnl.* 6 *coloquial* Dejar una cosa o apartarse totalmente de ella. ▸ **quitarse de encima** Librarse de algo o alguien.

quitasol *m.* Objeto parecido a un gran paraguas que sirve para dar sombra.

quite *m.* Movimiento del torero, generalmente con la capa, para librar a alguien del ataque del toro. ▸ **estar al quite** *coloquial* Estar preparado o dispuesto para ayudar o defender a alguien.

quitina *f.* Sustancia que constituye el material principal del que está formado el esqueleto externo de los artrópodos.

quivi *m.* 1 Fruto comestible, con la cáscara peluda y de color marrón, y con el interior verde y jugoso. 2 Planta trepadora originaria de China que da ese fruto.

OBS También se escribe *kiwi.*

quizá o **quizás** *adv.* Indica posibilidad o duda.

quórum *m.* Número de personas necesario para que una votación sea válida.

OBS El plural también es *quórum.* También se escribe *cuórum.*

R

r *f.* Decimonovena letra del alfabeto español. Su nombre es *ere* o *erre*.

rabadilla *f.* **1** Extremo inferior de la columna vertebral. **2** Extremidad movible de las aves, en la cola.

rábano *m.* **1** Planta herbácea con el tallo ramoso, las hojas ásperas y grandes y las flores blancas, amarillas o moradas. **2** Raíz comestible carnosa y redondeada de color blanco o rojo que da esa planta. ▶ **¡un rábano!** o **¡y un rábano!** *malsonante* Expresión que se usa para rechazar o negar algo.

rabel *m.* Antiguo instrumento musical de tres cuerdas que se toca con arco.

rabí *m.* Rabino.
OBS El plural es *rabíes*.

rabia *f.* **1** Enfermedad infecciosa que padecen ciertos animales, especialmente los perros, y que se transmite a través de las mordeduras. **2** Enfado grande y violento. **3** Sentimiento de antipatía hacia alguien.

rabiar *intr.* **1** Dar muestras de un enfado grande. **2** Padecer un dolor muy fuerte. **3** *coloquial* Tener mucho deseo de algo.

rabieta *f. coloquial* Enfado o disgusto grande y fuerte pero de poca duración.

rabillo *m.* Tallo fino y delgado de las hojas y los frutos. ▶ **rabillo del ojo** Ángulo del extremo exterior del ojo.

rabino *m.* Maestro que explica el libro sagrado entre los judíos.

rabioso, -sa *adj.* **1** Que padece la rabia. **2** Que está muy enfadado o muy molesto.

rabo *m.* **1** Cola que tienen ciertos animales, especialmente los de cuatro patas. **2** Rabillo. **3** Parte posterior de un objeto, de forma delgada y larga. **4** *coloquial* Pene.

rabón, -bona *adj.* **1** [animal] Que tiene el rabo corto o que no tiene. **2** ARG, MÉX *coloquial* [prenda de vestir] Que es más corto de lo normal. ‖ *f.* **3** AMÉR Mujer que acompaña a los soldados en campaña.

racanear *intr.* **1** *coloquial* Comportarse como un avaro o un tacaño. **2** *coloquial* Comportarse como un vago.

racaneo *m.* Racanería.

racanería *f.* Actitud del rácano.

rácano, -na *adj./m. y f. coloquial* [persona] Que se comporta con racanería.

racha *f.* **1** Período de tiempo corto de buena o mala suerte. **2** Golpe de viento violento y de poca duración.

racheado, -da *adj.* [viento] Que sopla de manera violenta y a intervalos.

rachear *v. impersonal* Soplar el viento de manera violenta y a intervalos.

racial *adj.* De la raza.

racimo *m.* **1** Conjunto de frutos que cuelgan de un tallo común, especialmente las uvas. **2** Conjunto de flores que nacen de un eje común.

raciocinio *m.* Capacidad de razonar.

ración *f.* **1** Cantidad de alimento que corresponde a alguien. **2** Cantidad determinada de comida que se sirve en bares, cafeterías y restaurantes.

racional *adj./m. y f.* **1** Que dispone de la capacidad de razonar. ‖ *adj.* **2** Que obedece a juicios basados en el pensamiento.

racionalidad *f.* Actitud de la persona que actúa de acuerdo con la razón y no se deja llevar por sus impulsos.

racionalismo *m.* FILOS. Doctrina que considera que la razón humana es el único medio que hace posible el conocimiento.

racionalista *adj.* **1** FILOS. Del racionalismo. | *adj./com.* **2** [persona] Que sigue la doctrina filosófica del racionalismo.

racionalización *f.* Operación de racionalizar.

racionalizar *tr.* **1** Someter a explicación racional una forma de comportamiento o un sentimiento. **2** Organizar una actividad social, laboral o comercial de manera que disminuyan los gastos y aumenten el rendimiento del trabajo y los beneficios. **3** Ahorrar, gastar menos.

racionamiento *m.* Reparto controlado que se hace de una cosa que es escasa.

racionar *tr.* **1** Repartir de forma controlada y limitada una cosa que es escasa. **2** Limitar o controlar el consumo de una cosa para evitar un mal.

racismo *m.* **1** Tendencia o actitud de rechazo y desprecio hacia las personas que pertenecen a otra raza distinta de la propia. **2** Doctrina que defiende la superioridad de la raza propia frente a las demás.

racista *adj.* **1** Del racismo. | *adj./com.* **2** [persona] Que siente rechazo y desprecio por las personas de otra raza.

rada *f.* Parte de mar que entra en la tierra, en donde las embarcaciones pueden estar ancladas y protegidas del viento.

radar *m.* **1** Sistema para localizar la presencia y la posición de objetos por medio de ondas electromagnéticas. **2** Aparato detector de objetos que utiliza este sistema.

radiación *f.* **1** FÍS. Emisión de luz, calor u otras partículas de energía. **2** Transmisión o propagación de un suceso por radio.

radiactividad *f.* Calidad de radiactivo.

radiactivo, -va *adj.* [cuerpo, elemento] Que emite radiaciones de energía procedentes de la descomposición natural del átomo.

radiado, -da *adj.* Que está dispuesto como los radios de una circunferencia.

radiador *m.* **1** Aparato de calefacción formado por un conjunto de tubos por los que circula un líquido caliente. **2** Aparato formado por un conjunto de tubos por los que circula agua para enfriar el motor de un automóvil.

radial *adj.* Radiado.

radiante *adj.* **1** Que brilla o emite mucha luz. **2** Que manifiesta gozo o alegría.

radiar *tr./intr.* **1** FÍS. Despedir un cuerpo radiaciones de energía. **2** Tratar una enfermedad o lesión con rayos X u otro tipo de radiación. | *tr.* **3** Emitir o transmitir un suceso por radio.

radical *adj.* **1** De la raíz. **2** BOT. [hoja] Que nace directamente de la raíz de la planta. **3** Que afecta a la parte fundamental de una cosa. **4** Que tiene una actitud extremista y arriesgada. | *adj./com.* **5** Que considera sus modos de actuación y sus ideas como los únicos posibles y correctos. | *m.* **6** GRAM. Parte de una palabra que se mantiene fija en todas sus formas. **7** MAT. Signo que representa la operación de una raíz cuadrada o cúbica.

radicalismo *m.* **1** Conjunto de ideas y doctrinas que pretenden reformar totalmente o en parte el orden político, científico, moral o religioso. **2** Actitud extremada e intolerante de las personas que no admiten términos medios.

radicalizar *tr./prnl.* Llevar al extremo y hacer poco flexible y tolerante un pensamiento o idea.

radicalmente *adv.* De manera total, sin limitaciones o paliativos.

radicando *m.* MAT. Número del que se extrae la raíz.

radicar *intr./prnl.* **1** Echar raíces. | *intr.* **2** Estar una cosa en un lugar determinado. **3** Consistir o tener origen.

radio *f.* **1** Aparato eléctrico que recibe señales emitidas por el aire y las transforma en sonidos. Es la forma abreviada de *radiorreceptor*. **2** Aparato que produce y emite ondas con señales que luego pueden recibirse y transformarse en sonidos. Es la forma abreviada de *radiotransmisor*. **3** Técnica de emitir ondas o señales que luego pueden recibirse y transformarse en sonidos. Es la forma abreviada de *radiofonía*. **4** Conjunto de personas y medios que se dedican a emitir información, música y otros eventos usando esa técnica. Es la forma abreviada de *radiodifusión*. | *m.* **5** Línea recta que une el centro de un círculo con cualquier punto del borde o de la superficie exterior. **6** Hueso más corto y fino de los dos que forman el antebrazo. **7** Metal de color blanco que desprende cierta radiación.

radio- Elemento prefijal que entra en la formación de palabras para indicar: *a*) 'Relación con los rayos X, la radiación o la radiactividad'. *b*) 'Conexión con la emisión de ondas hertzianas o radioeléctricas'.

radioaficionado, -da *m. y f.* Persona que por afición se pone en comunicación con otras a través de un aparato de radio.

radiobaliza *f.* Transmisor de radio que emite señales para guiar en la navegación.

radiocasete o **radiocassette** *m.* Aparato que consta de una radio y un casete.

radiocomunicación *f.* Comunicación a distancia por medio de ondas de radio.

radiocontrol *m.* Control a distancia por medio de ondas de radio.

radiodifusión *f.* 1 Emisión de noticias, música y otros programas, destinados al público, a través de ondas radioeléctricas o hertzianas. 2 Conjunto de personas y medios que llevan a cabo esta emisión.

radiodirigir [6] *tr.* Dirigir un objeto a distancia mediante ondas de radio.

radioescucha *com.* Persona que oye lo que se emite por radio.

radiofaro *m.* Aparato que en la navegación marítima o aérea indica la ruta mediante la emisión de ciertas señales.

radiofonía *f.* Sistema de comunicación a distancia por medio de ondas radioeléctricas o hertzianas.

radiofónico, -ca *adj.* De la radiofonía.

radiografía *f.* 1 Procedimiento para radiografiar. 2 Imagen o fotografía obtenida por medio de este procedimiento.

radiografiar [13] *tr.* Obtener fotografías del interior de los cuerpos por medio de rayos X.

radiográfico, -ca *adj.* De la radiografía.

radiología *f.* MED. Estudio y uso de sustancias radiactivas y de radiaciones, especialmente los rayos X y el radio, en el diagnóstico y tratamiento de las enfermedades.

radiológico, -ca *adj.* De la radiología.

radiólogo, -ga *adj./m. y f.* Médico especializado en radiología.

radionovela *f.* Obra radiofónica dialogada que se transmite en capítulos.

radiorreceptor *m.* Aparato eléctrico que recibe las ondas radioeléctricas o hertzianas de una emisora de radio y las transforma en sonidos o señales.

radioscopia *f.* Examen mediante rayos X del interior del cuerpo humano.

radiotaxi *m.* Taxi provisto de un emisor y receptor de radio conectado con una central que comunica al taxista los servicios solicitados por los clientes.

radiotelefonía *f.* Sistema de comunicación telefónica por medio de ondas radioeléctricas o hertzianas.

radiotelefónico, -ca *adj.* De la radiotelefonía.

radioteléfono *m.* Teléfono en el que la comunicación se realiza mediante señales de radio.

radiotelegrafía *f.* Sistema de comunicación telegráfica sin hilos que utiliza las ondas radioeléctricas o hertzianas para la transmisión de señales.

radiotelegráfico, -ca *adj.* De la radiotelegrafía.

radiotelegrafista *com.* Persona encargada de enviar y recibir mensajes telegráficos por medio de un aparato de radio.

radiotelevisión *m.* Transmisión y recepción de imágenes y sonidos a distancia mediante ondas electromagnéticas.

radioterapia *f.* MED. Técnica de tratamiento y curación de algunas enfermedades mediante la utilización de todo tipo de rayos, especialmente de rayos X.

radiotransmisor *m.* Aparato usado para producir y emitir ondas que se transforman en sonidos o señales.

radiotransmitir *tr.* Transmitir noticias o programas por radio.

radioyente *com.* Persona que oye lo que se emite por radio.

radón *m.* Elemento químico radiactivo, gaseoso y artificial, que se obtiene del radio.

raer [81] *tr.* Raspar una superficie con un instrumento duro, cortante o áspero, o con otra superficie que roza.

ráfaga *f.* 1 Golpe de viento violento, repentino y generalmente de poca duración. 2 Golpe de luz vivo e instantáneo. 3 Conjunto de disparos ininterrumpidos.

rafia *f.* Fibra muy resistente y flexible que se saca de las hojas de un tipo de palmera.

raglán *adj.* 1 [manga] Que llega hasta la línea del cuello y cubre también el hombro. 2 [prenda de vestir] Que tiene esta clase de mangas.

ragú *m.* Guiso de carne cortada en trozos pequeños, con patatas y verduras.
OBS El plural es *ragúes*, culto, o *ragús*, popular.

raid *m.* 1 Ataque rápido cuyo propósito principal es causar daño más que ocupar el territorio enemigo. 2 Vuelo a gran distancia.

raído, -da *adj.* [tela, vestido] Que está muy gastado o estropeado por el uso.

raigambre *f.* 1 Conjunto de antecedentes, intereses o hábitos que hace que una cosa sea estable o segura o que liga a una persona a un lugar determinado. 2 Conjunto de las raíces de un vegetal.

raigón *m.* Pequeña parte de una muela o diente que permanece cuando el resto ha desaparecido.

raíl *m.* 1 Cada una de las barras de hierro alargadas y paralelas entre sí que forman las vías del ferrocarril. **2** Guía sobre la que se desplaza una cosa.

raíz *f.* **1** Parte de la planta, introducida en la tierra, que crece en sentido contrario al tallo y le sirve como sostén y para absorber las sustancias minerales necesarias para su crecimiento. **2** Parte oculta de una cosa o de la cual procede lo que está manifiesto. **3** Origen, principio o causa de una cosa. **4** ANAT. Parte de los dientes de los vertebrados que queda dentro de los alveolos. **5** Parte de la nariz situada entre las cejas. **6** GRAM. Parte de una palabra variable que se mantiene en todas las formas de la misma familia de palabras y aporta lo esencial del significado. **7** MAT. Cantidad que se multiplica por sí misma una o varias veces para conseguir un número determinado.

raja *f.* **1** Abertura larga y estrecha en una superficie hecha con un objeto cortante. **2** Trozo delgado y alargado que se corta de un alimento.

rajá *m.* Título que se aplica a casi todos los príncipes de la India.

OBS El plural es *rajás* o *rajaes.*

rajado, -da *adj./m. y f.* **1** *coloquial* Persona que falta a su palabra o que deja de hacer algo en el último momento. Tiene valor despectivo. **2** *coloquial* Persona cobarde o que tiene miedo. Tiene valor despectivo.

rajar *tr./prnl.* **1** Producir una abertura larga y estrecha en una superficie, generalmente con un objeto cortante. **2** Producir una herida con un arma blanca. ‖ *tr.* **3** AMÉR *coloquial* Desacreditar a alguien o hablar mal de él. **4** CHILE, COL, PRICO *coloquial* Reprobar a un alumno en un examen. **5** MÉX Delatar o confesar una transgresión. ‖ *intr.* **6** ARG, BOL, URUG *coloquial* Abandonar alguien precipitadamente un lugar. ‖ *prnl.* **7** Abandonar de manera imprevista y en el último momento lo que se iba a hacer o no cumplir lo prometido. **8** CHILE Gastar mucho dinero en obsequios y fiestas.

rajatabla Palabra que se utiliza en la expresión *a rajatabla*, que significa 'rigurosamente o sin apartarse lo más mínimo de lo previsto'.

ralea *f.* Especie, clase o condición.

OBS Se usa con valor despectivo.

ralentí *m.* Número de revoluciones por minuto que debe tener el motor de un automóvil u otro vehículo cuando no está acelerado.

OBS El plural es *ralentís.*

ralentizar [4] *tr.* Hacer lenta o disminuir la velocidad de una actividad o un proceso.

rallador *m.* Instrumento de cocina para rallar formado por una chapa de metal con agujeritos de puntas salientes.

ralladura *f.* Alimento rallado.

rallar *tr.* Desmenuzar o deshacer un cuerpo en partes muy pequeñas, especialmente un alimento, raspándolo con el rallador.

rally *m.* Prueba deportiva de velocidad y resistencia para automóviles, motos o camiones que pasa por carreteras y caminos públicos y a menudo difíciles.

ralo, -la *adj.* [cabello, pelo] Que está más separado de lo normal o es poco espeso.

rama *f.* **1** Parte que crece a partir del tallo o del tronco de ciertas plantas y en la que brotan las hojas, las flores y los frutos. **2** Conjunto de personas que descienden del mismo tronco. **3** Parte secundaria de una cosa. **4** Parte de una ciencia, un arte o una actividad. ► **andarse (o irse) por las ramas** Tratar los aspectos poco importantes, apartándose del asunto principal.

ramadán *m.* Noveno mes del calendario musulmán; durante él se guarda ayuno desde la salida hasta la puesta del Sol.

ramaje *m.* Conjunto de ramas.

ramal *m.* **1** Parte que arranca de la línea principal de un camino, cordillera, río, etc. **2** Cada uno de los hilos o cabos de que se componen las sogas o cuerdas. **3** Cuerda que se sujeta a la cabeza de una caballería para tirar de ella.

ramalazo *m.* **1** *coloquial* Aparición brusca y pasajera de un dolor, una enfermedad o una emoción. **2** *coloquial* Pérdida pasajera del juicio o de la razón. **3** *coloquial* Actitud o aspecto afeminado en un hombre.

rambla *f.* **1** Cauce natural que forma el agua de lluvia. **2** Avenida o calle ancha.

ramera *f.* *coloquial* Mujer que mantiene relaciones sexuales a cambio de dinero.

OBS Se usa como apelativo despectivo.

ramificación *f.* **1** Acción de ramificarse. **2** Parte de una cosa que se deriva de otra principal. **3** ANAT. División de las arterias, venas o nervios. **4** Consecuencia de un hecho o acontecimiento.

ramificarse [1] *prnl.* Extenderse y dividirse en ramas.

ramillete *m.* **1** Ramo pequeño de flores. **2** Conjunto de personas o cosas bonitas, útiles o selectas escogidas para un fin.

ramo *m.* **1** Manojo natural o artificial de flores, ramas o hierbas. **2** Rama de segundo orden que nace de una principal. **3** Rama cortada de un árbol. **4** Parte en que se divide una ciencia, arte o actividad.

ramoso, -sa *adj.* [planta, árbol] Que tiene muchas ramas o ramos.

rampa *f.* Plano o terreno inclinado dispuesto para subir o bajar por él.

ramplón, ramplona *adj.* 1 Que no tiene o no muestra buen gusto. 2 Aburrido.

ramplonería *f.* 1 Falta de buen gusto. 2 Falta de interés de una cosa por aburrida, común o corriente.

rana *f.* 1 Anfibio de agua dulce, con las extremidades posteriores muy desarrolladas para saltar, el tronco rechoncho, la cabeza grande y los ojos saltones, que se alimenta de insectos que caza con la lengua. 2 Juego que consiste en lanzar desde cierta distancia una chapa o moneda para que entre por la boca abierta de una figura de metal con la forma de este animal. 3 Prenda de vestir para bebés que es de una sola pieza, tiene forma de saco en la parte inferior y deja las piernas al descubierto.

ranchera *f.* 1 Composición musical, popular y alegre procedente de diversos países de Hispanoamérica. 2 Baile y canto de esta música. 3 Automóvil con gran espacio trasero.

ranchero, -ra *m. y f.* 1 Persona que dirige o administra un rancho. 2 Persona que trabaja o vive en un rancho. ‖ *adj.* 3 Que pertenece al rancho o granja.

rancho *m.* 1 Comida hecha para muchas personas. 2 En América, granja en la que se crían vacas, caballos y otros animales cuadrúpedos.

rancio, -cia *adj.* 1 [vino, alimento] Que con el tiempo toma un sabor y olor más fuertes. 2 Muy antiguo o de larga tradición, o muy apegado a lo antiguo. 3 [persona] Que es seco en el trato.

ranglán o **ranglan** *adj.* 1 [manga] Que llega hasta la línea del cuello y cubre también el hombro. 2 [prenda de vestir] Que tiene esta clase de mangas.

rango *m.* 1 Categoría social o profesional. 2 Clase, índole o categoría.

ranking o **ranquin** *m.* Lista ordenada de nombres con arreglo a determinados datos o cifras.

OBS Es de origen inglés y se pronuncia aproximadamente 'rankin'.

ranura *f.* Hendidura larga y estrecha abierta en un cuerpo sólido.

rapapolvo *m. coloquial* Reprimenda severa por haber cometido un error o por mal comportamiento.

OBS El plural es *rapapolvos*.

rapar *tr./prnl.* 1 Afeitar la barba. 2 Cortar el pelo al rape.

rapaz, -za *m. y f.* 1 Muchacho de corta edad. ‖ *adj./f.* 2 [ave] Que tiene el pico robusto y encorvado, las alas fuertes y las patas provistas de unas garras muy afiladas. ‖ *f. pl.* 3 ZOOL. Grupo de estas aves.

rape *m.* Pez marino de color pardo, de cabeza redonda y aplanada, ojos muy salientes, la boca muy grande y el primer radio de su aleta dorsal prolongado a modo de antena. ▸ **al rape** [corte de pelo] Que deja todos los pelos muy cortos, que apenas sobresalen.

rapé *m.* Tabaco en polvo que se aspira por la nariz.

rapidez *f.* Velocidad con la que se realiza una actividad, movimiento o proceso.

rápido, -da *adj.* 1 Que se mueve, actúa, evoluciona o se hace con una gran velocidad o prontitud. 2 Que se hace de forma superficial o con prisas. ‖ *m.* 3 Parte de un río o de otra corriente en la que el agua corre de forma violenta. 4 Tren de viajeros que solo se detiene en las estaciones principales de su recorrido. ‖ *adv.* 5 A gran velocidad.

rapiña *f.* Robo rápido y violento, aprovechando un descuido. ▸ **de rapiña** [ave] Que caza otros animales para comer.

rapiñar *tr.* Robar aprovechando un descuido.

raposo, -sa *m. y f.* 1 Mamífero salvaje parecido al perro, de pelaje espeso y color entre marrón y rojo, hocico y orejas puntiagudas y cola larga y peluda con la punta blanca, que se alimenta de otros animales. 2 *coloquial* Persona muy astuta.

rappel *m.* Técnica alpina de descenso rápido en paredes verticales mediante el deslizamiento por una cuerda.

OBS Es de origen francés y se pronuncia aproximadamente 'rápel'.

rapsoda *com.* Persona que recita poesías propias o ajenas.

rapsodia *f.* 1 Fragmento de un poema épico. 2 Obra literaria compuesta con fragmentos de otras obras. 3 Pieza musical formada con fragmentos de otras obras.

raptar *tr.* Llevarse y retener a una persona contra su voluntad con el fin de exigir dinero o el cumplimiento de determinadas condiciones.

rapto *m.* 1 Acción de raptar. 2 Impulso súbito y violento.

raptor, -ra *m. y f.* Persona que rapta.

raqueta *f.* 1 Instrumento que consta de un mango y de una parte ovalada con cuerdas cruzadas con las que se golpea una pelota.

2 Calzado parecido a este instrumento. 3 Desvío para realizar un cambio de dirección o sentido.

raquídeo, -dea *adj.* Del raquis.

raquis *m.* 1 ANAT. Conjunto de huesos pequeños y planos, articulados entre sí, que recorre la espalda de los animales vertebrados y cuya función es la de sujetar el esqueleto. 2 Eje de una pluma de ave. 3 Nervio principal de una hoja.

OBS El plural también es *raquis.*

raquítico, -ca *adj.* 1 [persona, animal] Que está muy delgado o débil. ‖ *adj./m. y f.* 2 MED. Que padece raquitismo.

raquitismo *m.* Enfermedad infantil, producida por la falta de calcio y fósforo y por una mala alimentación, que se caracteriza por deformaciones de los huesos.

raramente *adv.* Pocas veces.

rareza *f.* 1 Cualidad de raro. 2 Objeto extraño o poco común. 3 Acción, dicho o carácter de una persona rara o extravagante.

rarificar [1] *tr./prnl.* Hacer menos denso un cuerpo gaseoso.

raro, -ra *adj.* 1 Que es poco común o frecuente. 2 Que hay pocos en su clase. ‖ *adj./m. y f.* 3 Que tiene un carácter o conducta extravagante o poco común.

ras *m.* Igualdad en la altura de la superficie de las cosas. ▶ **a ras de** Al mismo nivel que otra cosa, casi rozándola.

rasante *adj.* 1 Que pasa rasando. ‖ 2 Línea de un camino considerada en relación con el plano horizontal.

rasca *f. coloquial* Frío.

rascacielos *m.* Edificio de muchos pisos.

OBS El plural también es *rascacielos.*

rascador *m.* Utensilio para rascar.

rascar [1] *tr.* 1 Hacer rayas en una superficie lisa con un objeto áspero o cortante. ‖ *tr./prnl.* 2 Pasar por la piel con una cosa aguda o áspera. ‖ *tr./intr.* 3 Producir una sensación desagradable en la piel un tejido o un objeto.

rasear *intr.* En el fútbol, lanzar la pelota a ras de tierra.

rasero *m.* Palo cilíndrico que se usa para quitar la parte que excede de un árido.

rasgado, -da *adj.* 1 Que está roto o desgarrado. 2 [ojos, boca] Que tienen la comisura muy alargada y estrecha.

rasgadura *f.* Desgarrón de un vestido.

rasgar [7] *tr./prnl.* Romper o hacer pedazos sin la ayuda de ningún instrumento cosas de poca consistencia y resistencia como el papel o la tela.

rasgo *m.* 1 Línea trazada con un instrumento de escritura. 2 Forma o línea característica del rostro de una persona. Se suele usar en plural. 3 Carácter o particularidad de la manera de ser o de actuar.

rasgón *m.* Rotura de un vestido o tela.

rasguear *tr.* 1 Tocar la guitarra u otro instrumento musical rozando varias cuerdas a la vez. ‖ *intr.* 2 Hacer rasgos con un instrumento de escritura.

rasgueo *m.* Acción de rasguear.

rasguñar *tr./prnl.* Arañar o rascar la piel con las uñas u otro instrumento cortante.

rasguño *m.* Herida o corte pequeño, poco profundo y largo, en la piel.

rasilla *f.* Ladrillo hueco y delgado, que se suele emplear para dividir espacios o techar en el interior de un edificio.

raso, -sa *adj.* 1 Que es plano, liso y sin obstáculos. 2 [cielo] Que está despejado, sin nubes o niebla. 3 Que está completamente lleno. 4 Que no tiene un título, categoría o característica que lo distinga. 5 Que pasa a poca altura del suelo. ‖ *m.* 6 Tela de seda muy brillante, ligera y suave. ▶ **al raso** Al aire libre.

raspa *f.* 1 Espina del pescado. 2 Filamento áspero de la cáscara de los cereales. 3 Tronco que queda al desgranar una mazorca de maíz o una espiga de trigo. 4 *coloquial* Persona brusca y desagradable.

raspado *m.* 1 Acción de raspar. 2 Efecto de raspar. 3 Operación quirúrgica que consiste en raer ciertos tejidos enfermos, especialmente el útero o los huesos, para limpiarlos u obtener muestras.

raspador *m.* Utensilio para raspar.

raspar *tr.* 1 Frotar una superficie con otra rugosa o áspera o con un objeto de borde agudo. ‖ *tr./intr.* 2 Producir una cosa una sensación desagradable al rozar la piel. 3 Causar un licor, en especial el vino, una sensación de picor al beberlo. 4 Pasar rozando ligeramente un cuerpo con otro.

rasponazo *m.* Herida superficial causada por un roce violento.

rasposo, -sa *adj.* 1 Que es áspero al tacto. 2 Que tiene muchas raspas. 3 Que no es delicado o apacible en el trato.

rastras Palabra que se utiliza en la locución *a rastras,* que significa: *a)* 'Moviéndose hacia adelante con el cuerpo pegado al suelo'. *b)* 'Contra la voluntad de uno'.

rastreador, -ra *m. y f.* Persona o animal capaz de encontrar a alguien o algo siguiendo las señales o rastros.

rastrear *tr./intr.* 1 Seguir o buscar a alguien o algo siguiendo su rastro o señal. **2** MAR. Llevar arrastrando por el fondo del agua un instrumento de pesca. ▌ *intr.* **3** Ir por el aire casi tocando el suelo.

rastreo *m.* Acción de rastrear.

rastrero, -ra *adj.* **1** *coloquial* Que es despreciable, innoble y malo. **2** Que vuela casi tocando el suelo. **3** BOT. [tallo] Que crece a ras del suelo y va echando raíces.

rastrillar *tr.* Recoger la hierba, paja o plantas secas con un rastrillo.

rastrillo *m.* **1** Instrumento que sirve para recoger hierba, paja o plantas secas, formado por un mango largo y delgado que termina en una pieza perpendicular con muchas púas. **2** Tabla con muchos dientes gruesos de metal sobre la que se pasa el lino o el cáñamo para separar la estopa de la fibra.

rastro *m.* **1** Señal o huella que queda al pisar o al pasar por un lugar. **2** Mercado callejero donde se venden objetos generalmente usados ciertos días de la semana. **3** Rastrillo, instrumento.

rastrojo *m.* **1** Resto de las cañas de la mies que queda en la tierra después de segar. **2** Campo después de segar la mies.

rasurar *tr./prnl.* Cortar el pelo, en especial la barba o el bigote, al nivel de la piel con una cuchilla u otro instrumento.

rata *f.* **1** Mamífero roedor más grande que el ratón, de pelo marrón o gris, con cola larga, patas cortas, cabeza pequeña, hocico puntiagudo y orejas tiesas. ▌ *com.* **2** *coloquial* Persona muy tacaña.

ratería *f.* Robo de objetos de poco valor.

ratero, -ra *m. y f.* Ladrón que roba con habilidad y cautela objetos de poco valor.

raticida *m.* Producto que se usa para matar ratas y ratones.

ratificación *f.* **1** Acción de ratificar o ratificarse. **2** Efecto de ratificar o ratificarse.

ratificar *tr./prnl.* Confirmar una creencia u opinión expresada anteriormente.

ratio *f.* Relación entre dos magnitudes.

rato *m.* **1** Espacio corto de tiempo. **2** Distancia o espacio físico. ▶ **para rato** Por mucho tiempo. ▶ **pasar el rato** Pasar el tiempo con algún entretenimiento, distracción o diversión.

ratón *m.* **1** Mamífero roedor de pequeño tamaño, de pelo blanco o gris, con cola larga, patas cortas, cabeza pequeña y orejas tiesas. **2** INFORM. Mando de un ordenador que sirve para dar instrucciones y cuyo movimiento se ve reflejado con una flecha en la pantalla.

ratonera *f.* **1** Trampa para cazar ratones. **2** Agujero que hacen los ratones en los muros o paredes. **3** Nido de los ratones. **4** Trampa preparada para coger o engañar a alguien. **5** *coloquial* Vivienda o habitación muy pequeña y miserable.

ratonero *m.* Ave rapaz europea de gran tamaño, con el plumaje de color marrón, gris y blanco, que se alimenta de pequeños animales que caza.

raudal *m.* **1** Masa abundante de agua u otro líquido que corre con fuerza y rapidez. **2** Cantidad grande de cosas que aparecen de repente. ▶ **a raudales** En gran cantidad.

raudo, -da *adj.* Que es muy rápido, violento o que se mueve con gran velocidad.

raviolis *m. pl.* Pequeños cuadrados de pasta rellenos de carne picada o queso que se cocinan en agua hirviendo.

raya *f.* **1** Línea larga y delgada que se hace en un cuerpo o superficie cualquiera. **2** Línea que resulta al separar el pelo con un peine hacia los lados. **3** Doblez vertical que se hace al planchar los pantalones u otras prendas de vestir. **4** Signo de ortografía que consiste en un guion largo y que se usa para indicar el comienzo de un diálogo escrito o para separar una nota dentro de un discurso. **5** Límite que se pone a un hecho, acción o situación. **6** *coloquial* En el lenguaje de la droga, dosis de cocaína o de otra droga en polvo. **7** Pez marino de color gris, cuerpo aplastado, cola larga y delgada y aletas pectorales muy grandes, que forman los lados del cuerpo. ▶ **a raya** Dentro de los límites tolerados. ▶ **pasarse de la raya** *coloquial* Superar o exceder el límite de lo tolerable.

rayado, -da *adj.* **1** Que tiene rayas. ▌ *m.* **2** Conjunto de rayas de una superficie.

rayano, -na *adj.* Que está junto al límite o muy cerca de una cosa o situación.

rayar *tr.* **1** Trazar rayas o líneas. **2** Hacer rayas en una superficie lisa, generalmente levantando con un objeto agudo la capa que la cubre. **3** Tachar un escrito con rayas. ▌ *intr.* **4** Estar junto al límite o muy cerca de algo. **5** MÉX Cobrar o pagar el sueldo. ▌ *prnl.* **6** CSUR Perder la cabeza.

rayo *m.* **1** Línea de luz que procede de un cuerpo luminoso, especialmente del Sol o de la Luna. **rayos X** Radiaciones electromagnéticas que atraviesan ciertos cuerpos, originan impresiones fotográficas y se usan en medicina como medio de investigación y de tratamiento. **2** Chispa eléctrica muy intensa y luminosa producida por una descarga entre dos nubes o entre una nube y la tierra. **3** *coloquial* Persona o cosa que realiza una actividad o produce un efecto de forma muy rápida y con gran eficacia. **4** *coloquial* Persona muy lista.

rayón *m.* Fibra artificial que se obtiene de la celulosa e imita a la seda.

rayuela *f.* Juego de niños que consiste en ir pasando una piedra lisa sobre varios cuadros dibujados en el suelo, empujándola con un pie y llevando el otro en el aire, procurando no pisar las rayas.

raza *f.* **1** Cada uno de los cuatro grandes grupos étnicos en que se divide la especie humana. **2** Categoría de clasificación inferior a la especie, formada por los animales con caracteres de diferenciación muy secundarios que se transmiten por herencia de generación en generación.

razia *f.* Ataque rápido cuyo propósito principal es causar daño.

razón *f.* **1** Facultad del pensamiento que permite formar ideas, juicios y representaciones de la realidad en la mente. **2** Causa que provoca un resultado posterior. **3** Verdad o acierto en lo que una persona dice o hace. **4** Demostración o explicación con que se intenta probar o justificar algo. **5** Conjunto de palabras con que se expresa una idea. Se suele usar en plural. **6** Información, recado o aviso. **7** MAT. Cociente de dos cantidades comparables entre sí. ▶ **a razón de** Expresión que indica la cantidad que corresponde a cada parte en un reparto. ▶ **perder la razón** Volverse loco.

razonable *adj.* **1** Que está de acuerdo con la razón. **2** Que es suficiente en calidad o cantidad.

razonamiento *m.* **1** Acto de razonar. **2** Conjunto de ideas o conceptos que demuestran o prueban algo.

razonar *intr.* **1** Usar la capacidad de pensar y relacionar ideas. **2** Expresar razones para demostrar lo que se dice.

re *m.* Segunda nota de la escala musical.

OBS El plural también es *re*.

re- Prefijo que significa: *a)* 'Repetición'. *b)* 'Intensificación'. *c)* 'Oposición o resistencia'. *d)* 'Retroceso, vuelta al punto de partida'. *e)* 'Negación o inversión del significado del elemento al que se une'.

reabrir *tr.* Volver a abrir algo que estaba interrumpido o cerrado.

reacción *f.* **1** Acción provocada por otra y de efectos contrarios a ella. **2** Comportamiento ante un hecho. **3** Cambio de un estado físico provocado por una enfermedad, medicamento o estímulo. **4** QUÍM. Proceso en el que unas sustancias químicas se transforman en otras nuevas a través de la redisposición de los átomos que las forman. **5** Sistema de propulsión en el que el movimiento de un vehículo se origina al despedir una corriente de gases, producidos a gran presión por el motor, en dirección contraria a la marcha.

reaccionar *intr.* **1** Responder una persona o animal a un estímulo. **2** Mejorar una persona su salud o en sus funciones vitales.

reaccionario, -ria *adj./m. y f.* [persona, ideología] Que defiende la tradición y se opone a las reformas y al progreso.

reacio, -cia *adj.* Que se opone a hacer una cosa.

reactivación *f.* **1** Acción de reactivar. **2** Efecto de reactivar.

reactivar *tr.* Volver a activar o a hacer funcionar una cosa.

reactivo, -va *adj./m.* Que produce reacción.

reactor *m.* **1** Motor que origina un movimiento mediante la expulsión de una corriente de gases producidos por él mismo. **2** Avión que usa este tipo de motor. **3** FÍS. Dispositivo destinado a provocar y controlar la producción de energía nuclear.

readaptarse *prnl.* Adaptarse o acostumbrarse de nuevo a una situación anterior.

readmisión *f.* **1** Acción de readmitir. **2** Efecto de readmitir.

readmitir *tr.* Volver a admitir o a recibir.

reafirmar *tr./prnl.* Volver a afirmar o a asegurar lo dicho.

reagrupar *tr./prnl.* Agrupar de nuevo.

reajustar *tr.* **1** Volver a ajustar. **2** Aumentar o disminuir los precios, los salarios o los impuestos en función de las circunstancias o necesidades del momento.

reajuste *m.* Cambio o adecuación según las circunstancias.

real *adj.* **1** Que tiene existencia verdadera. **2** Del rey, de la reina o de la realeza. ▌ *m.* **3** Moneda española antigua equivalente a 25 céntimos de peseta. **4** Campo abierto donde se celebra una feria.

realce *m.* **1** Engrandecimiento, importancia o esplendor de alguien o algo. **2** Adorno o labor en relieve.

realengo, -ga *adj.* [tierra, población] Que dependía directamente del rey o la reina.

realeza *f.* **1** Dignidad o soberanía real. **2** Conjunto de familias reales.

realidad *f.* **1** Existencia verdadera y efectiva de una cosa. **2** Conjunto formado por todo lo existente en el mundo real. **3** Cosa que ocurre verdaderamente en oposición a lo que podría imaginarse. ▸ **en realidad** Sin ninguna duda.

realismo *m.* **1** Forma de ver los hechos o las cosas tal como son en realidad. **2** Tendencia artística y literaria que consiste en representar fielmente la realidad y crear cierta tensión emocional sin llevar a cabo ninguna idealización.

realista *adj.* **1** Del realismo. **2** Que se ajusta a la realidad.

realización *f.* **1** Acción de realizar. **2** Efecto de realizar.

realizador, -ra *m. y f.* Persona que se dedica a realizar películas, vídeos o programas de televisión.

realizar [4] *tr.* **1** Ejecutar una acción o llevar a cabo una cosa. **2** Dirigir la ejecución de una película o programa de televisión. ‖ *tr./prnl.* **3** Convertir en realidad un proyecto o un deseo. ‖ *prnl.* **4** Llegar una persona a cumplir o desarrollar por completo sus aspiraciones o deseos y sentirse satisfecha por ello.

realmente *adv.* Indica que lo expresado por el verbo es verdadero y real.

realquilado *adj/m. y f.* **1** Que vive de alquiler en una vivienda o en una habitación que ya está alquilada por otra persona. **2** Que vive de alquiler en una habitación de una vivienda en la que residen otras personas.

realquilar *tr.* Alquilar una cosa que se tiene en alquiler, especialmente un terreno, un local comercial o una vivienda.

realzar [4] *tr./prnl.* **1** Destacar la importancia o las cualidades de alguien o algo. **2** Dar luz a un objeto o a una parte de una composición pictórica.

reanimar *tr./prnl.* **1** Devolver las fuerzas o la energía física a una persona. **2** Hacer recuperar el conocimiento, la respiración o el movimiento del corazón a una persona. **3** Dar ánimo o valor a una persona.

reanudación *f.* Acción de reanudar o reanudarse.

reanudar *tr./prnl.* Continuar o seguir haciendo algo que se había interrumpido.

reaparecer [43] *intr.* Volver a aparecer o a mostrarse una persona o una cosa.

reaparición *f.* **1** Acción de reaparecer. **2** Efecto de reaparecer.

reapertura *f.* Apertura de un establecimiento que había permanecido cerrado durante un tiempo.

rearmar *tr.* Equipar de nuevo con armamento militar.

rearme *m.* Acción de rearmar.

reata *f.* **1** Cuerda o correa que ata y une dos o más caballerías para que vayan en fila una detrás de otra. **2** Fila de dos o más caballerías unidas por esta cuerda.

reavivar *tr./prnl.* Volver a avivar una cosa o darle más fuerza e intensidad.

rebaba *f.* Materia que sobresale de forma irregular en los bordes de un objeto.

rebaja *f.* **1** Disminución, especialmente del precio de una cosa. ‖ *f. pl.* **2** Venta de productos a precios reducidos durante un período de tiempo en un establecimiento comercial. **3** Período de tiempo que dura este tipo de venta.

rebajar *tr.* **1** Disminuir el precio de un producto o servicio. **2** Hacer más bajo el nivel o la altura de algo. **3** Disminuir la intensidad, fuerza o brillo de algo. **4** Añadir agua u otro líquido para disminuir el sabor, el color o el grado de una bebida. ‖ *tr./prnl.* **5** Humillar a una persona.

rebanada *f.* Trozo delgado y alargado que se corta de una pieza de pan.

rebanar *tr.* **1** Hacer rebanadas. **2** Cortar una cosa de una parte a otra y de una vez.

rebañar *tr.* **1** Apurar los restos de comida de un plato con ayuda de pan. **2** Recoger o apoderarse de una cosa sin dejar nada.

rebaño *m.* **1** Conjunto grande de cabezas de ganado, especialmente de ovejas. **2** Congregación de fieles.

rebasar *tr.* **1** Pasar o superar cierto límite, marca o señal. **2** Adelantar o dejar atrás a un vehículo.

rebatir *tr.* Rechazar con razones y argumentos las decisiones u opiniones de otro.

rebato *m.* Llamamiento o convocatoria que se hace a los vecinos de un pueblo para avisarles de algo por medio del toque de las campanas.

rebeca *f.* Prenda de vestir femenina hecha de punto de lana o de algodón, que no tiene cuello, se abotona por delante y cubre la parte superior del cuerpo.

rebeco *m.* Mamífero rumiante con pelo pardo, cola corta, patas fuertes y cuernos lisos y rectos, curvos en sus extremos.

rebelarse *prnl.* **1** Negarse una persona a obedecer a otra que tiene cierta autoridad. **2** Oponer total resistencia.

rebelde *adj./m. y f.* **1** Que se rebela. ‖ *adj.*

2 [persona, animal] Que es difícil de educar, dirigir o controlar. **3** Que es difícil de manejar, de trabajar o de curar.

rebeldía *f.* **1** Cualidad de rebelde. **2** Acción de rebelarse.

rebelión *f.* Levantamiento contra una autoridad o un Gobierno con el fin de derrocarlo.

reblandecer [43] *tr./prnl.* Poner blando.

reblandecimiento *m.* Pérdida de la dureza de un material o un tejido.

rebobinado *m.* Acción de rebobinar.

rebobinar *tr.* **1** Enrollar hacia atrás una cinta magnética, una película o un carrete fotográfico. **2** Volver a enrollar el hilo de una bobina.

reborde *m.* Saliente doblado o curvado a lo largo del borde de un objeto o superficie.

rebosadero *m.* Orificio por donde sale el agua que sobra en las bañeras, lavabos, fregaderos y piscinas.

rebosante *adj.* Que rebosa.

rebosar *intr.* **1** Salirse un líquido por los bordes de un recipiente. **2** Mostrar o dar a entender con energía un sentimiento o estado de ánimo. ‖ *tr./intr.* **3** Abundar o ser numeroso en exceso.

rebotar *intr.* **1** Cambiar de dirección un cuerpo en movimiento tras chocar contra un obstáculo. ‖ *tr./prnl.* **2** *coloquial* Molestar o hacer enfadar a una persona.

rebote *m.* **1** Acción de rebotar. **2** Efecto de rebotar. **3** ESP. *coloquial* Enfado o disgusto de una persona. ▸ **de rebote** Por casualidad o indirectamente.

reboteador, -ra *m. y f.* Jugador de baloncesto que recoge rebotes.

rebotear *intr.* En baloncesto, saltar a coger la pelota que rebota.

rebotica *f.* Pieza que está detrás de la principal en una botica o farmacia.

rebozar [4] *tr.* **1** Cubrir un alimento que se va a freír con harina y huevo. ‖ *tr./prnl.* **2** Cubrir a una persona o una cosa con cualquier sustancia. **3** Cubrir la cara hasta los ojos con una prenda de vestir.

rebozo *m.* Parte de la capa, manto u otras prendas de vestir con que se cubre la cara hasta los ojos.

rebrotar *intr.* Volver a brotar una planta.

rebrote *m.* **1** Tallo nuevo que nace después de cortada una planta. **2** Reaparición de un peligro o de algo que se considera perjudicial.

rebufo *m.* Salida de aire alrededor de la boca de un arma de fuego o caer por su parte posterior al realizar un disparo.

rebullir [41] *intr./prnl.* Empezar a moverse lo que estaba quieto.

rebuscado, -da *adj.* Que es demasiado complicado o raro.

rebuscar [1] *tr./intr.* Buscar con curiosidad.

rebuznar *intr.* Emitir rebuznos.

rebuzno *m.* Voz característica del asno y otros animales semejantes.

recabar *tr.* **1** Alcanzar o conseguir lo que se desea insistiendo mucho o suplicando. **2** Solicitar o pedir una cosa por considerar que se tiene derecho a ella.

recadero, -ra *m. y f.* Persona que tiene por oficio llevar recados o mensajes de un punto a otro.

recado *m.* **1** Mensaje o respuesta que se envía o se recibe de palabra. **2** Compra, gestión, visita u otro quehacer que requiere que una persona salga a la calle.

recaer [67] *intr.* **1** Volver a caer enfermo de una misma enfermedad o empeorar una persona que se estaba recuperando. **2** Volver a caer en los mismos errores o vicios. **3** Corresponder a una persona cierta cosa.

recaída *f.* Empeoramiento que experimenta una persona en relación con una enfermedad de la que se estaba recuperando o de la que se había curado.

recalar *tr./prnl.* **1** Penetrar poco a poco un líquido en un cuerpo seco. ‖ *intr.* **2** MAR. Llegar una embarcación a un puerto. **3** Aparecer por algún sitio una persona.

recalcar [1] *tr.* **1** Pronunciar con claridad y lentamente las palabras para destacar lo que se quiere decir. ‖ *tr./prnl.* **2** Repetir muchas veces una cosa para que quede clara.

recalcitrante *adj.* Que se resiste tercamente a cambiar su opinión, decisión o comportamiento.

recalentamiento *m.* **1** Acción de recalentar o recalentarse. **2** Efecto de recalentar o recalentarse.

recalentar [27] *tr./prnl.* Volver a calentar o calentar en exceso una cosa.

recámara *f.* **1** Parte del cañón de un arma de fuego opuesta a la boca, donde se coloca el cartucho o la bala que se va a disparar. **2** Habitación pequeña, situada cerca de la habitación principal, donde suelen guardar vestidos o joyas.

recambio *m.* **1** Pieza que es igual a otra y que en caso de necesidad puede sustituirla. **2** Sustitución de una pieza por otra.

recapacitar *tr.* Pensar o reflexionar sobre un asunto con detenimiento y atención.

recapitulación *f.* Exposición resumida y ordenada de todo lo que se ha escrito o se ha explicado anteriormente.

recapitular *tr.* Recordar o exponer de forma resumida y ordenada todo lo que se ha escrito o se ha explicado anteriormente.

recargable *adj.* Que se puede recargar.

recargado, -da *adj.* Que tiene excesiva decoración.

recargar [7] *tr.* **1** Volver a cargar. **2** Aumentar la carga. **3** Adornar en exceso a una persona o un objeto. **4** Agravar una cuota de impuesto.

recargo *m.* Cantidad de dinero que se aumenta al pago de un impuesto, cuota o deuda por retrasarse en el pago.

recatado, -da *adj.* **1** Que se comporta con cuidado o reserva. **2** Que procede con honestidad y decencia.

recatar *tr.* **1** Ocultar lo que no se quiere que se vea o se sepa. ‖ *prnl.* **2** Mostrar desconfianza al tomar una decisión o adoptar una línea de conducta.

recato *m.* Cuidado o reserva con que se hace o se dice una cosa.

recauchutado *m.* **1** Acción de recauchutar. **2** Efecto de recauchutar.

recauchutar *tr.* Reparar el desgaste de un neumático con una capa de goma.

recaudación *f.* **1** Acción de recaudar. **2** Cantidad de dinero o de bienes recaudados. **3** Oficina o lugar donde se recauda.

recaudador, -ra *adj./m. y f.* [persona, organismo] Que se encarga de recaudar rentas o caudales.

recaudar *tr.* **1** Cobrar rentas o caudales. **2** Poner o tener en custodia.

recaudo *m.* Recaudación. ‣ **a buen recaudo** Custodiado o vigilado.

recelar *intr.* Sospechar o desconfiar de una persona o cosa.

recelo *m.* Sospecha o falta de confianza hacia una persona o cosa.

receloso, -sa *adj.* Que recela.

recensión *f.* Noticia o comentario breve que se hace sobre una obra literaria, de arte o científica.

recental *adj./m.* [cría de la oveja o de la vaca] Que todavía mama.

recepción *f.* **1** Oficina o dependencia de un establecimiento en el que se recibe o informa al público. **2** Fiesta o ceremonia solemne para recibir a una persona. **3** Acción de recibir.

recepcionista *com.* Persona encargada de atender al público en una oficina de recepción de cualquier establecimiento.

receptáculo *m.* Cavidad en que se contiene o puede contenerse algo.

receptividad *f.* Capacidad de escuchar y aceptar nuevas ideas o sugerencias.

receptivo, -va *adj.* Que recibe o tiene capacidad para recibir estímulos externos.

receptor, -ra *adj./m. y f.* **1** Que recibe. ‖ *adj./m.* **2** [aparato] Que recibe señales eléctricas, telegráficas, telefónicas o radiofónicas y las convierte en sonidos o señales que se pueden oír o ver. ‖ *m. y f.* **3** GRAM. Persona que recibe el mensaje en el acto de la comunicación.

recesión *f.* ECON. Disminución de las actividades comerciales e industriales.

recesivo, -va *adj.* **1** ECON. Que produce o tiende a la recesión. **2** BIOL. De los caracteres hereditarios que no se manifiestan en el individuo que los posee, pero pueden aparecer en la descendencia de este.

receso *m.* **1** Separación o alejamiento de un lugar o de una actividad por un tiempo más o menos largo. **2** AMÉR Suspensión temporal de actividades de una asamblea, escuela, etc., por descanso o vacaciones. **3** AMÉR Período en que dura esta suspensión.

receta *f.* **1** Nota en la que se indican los componentes de algo y el modo de utilizarlo. **2** Nota en la que el médico indica los medicamentos que debe tomar un enfermo.

recetar *tr.* Prescribir un medicamento.

recetario *m.* Talonario de recetas médicas.

rechace *m.* Oposición de un cuerpo al avance o movimiento de otro.

rechazar [4] *tr.* **1** Resistir un cuerpo la fuerza que ejerce otro sobre él. **2** Mostrarse en contra de lo que otro dice. **3** MED. Reaccionar un organismo contra un órgano trasplantado o cosa fría individuo.

rechazo *m.* **1** Acción de rechazar. **2** Efecto de rechazar.

rechinar *intr.* Hacer una cosa un sonido desagradable por rozar una con otra.

rechistar *intr.* Decir algo o emitir un sonido como para empezar a hablar.

rechoncho, -cha *adj.* [animal, persona] Que es grueso y de poca altura.

rechupete Palabra que se utiliza en la locución adverbial *de rechupete* para indicar que algo, en especial una comida, está muy bueno o que una acción es muy divertida o agradable.

recibí *m.* Fórmula que aparece en ciertos documentos o facturas delante de la firma y que certifica que se ha recibido lo que en los documentos se indica.

recibidor *m.* Parte de la casa situada junto a la entrada principal, que se usa para recibir a los que llegan.

recibimiento *m.* Acción de recibir a alguien.

recibir *tr.* 1 Tomar o aceptar una persona lo que se le da o se le envía. 2 Salir a encontrarse con una persona que viene de fuera. 3 Admitir visitas una persona en un día señalado o en cualquier otro momento que le crea conveniente. 4 Admitir a una persona o una institución a otra en su compañía o en su comunidad. 5 Experimentar o sufrir una acción. 6 Admitir o recoger dentro de sí una cosa a otra. 7 Captar un aparato las diferentes ondas radioeléctricas o frecuencias. 8 Esperar el torero en la suerte de matar el ataque del toro sin mover los pies al clavarle la estocada.

recibo *m.* Escrito firmado en el que se declara que se ha recibido una cantidad de dinero, mercancía o servicio. ► **ser de recibo** Tener una cosa todas las cualidades necesarias para que pueda ser considerada aceptable.

reciclable *adj.* Que se puede reciclar.

reciclado, -da *adj.* [material] Que es el resultado de un proceso de reciclaje.

reciclaje *m.* 1 Proceso de transformación o aprovechamiento al que se someten materiales usados o desperdicios para que puedan ser nuevamente utilizables. 2 Actualización o puesta al día de los conocimientos de un técnico o profesional.

reciclar *tr.* 1 Someter materiales o desperdicios a un proceso de reciclaje. ‖ *tr./prnl.* 2 Ofrecer una formación complementaria a técnicos o a profesionales para que amplíen y pongan al día sus conocimientos.

reciedumbre *f.* Fuerza o vigor corporal.

recién *adv.* Desde hace muy poco tiempo.
   OBS Es apócope de *reciente.* Generalmente se usa delante de un participio.

reciente *adj.* 1 Que es nuevo, fresco o acabado de hacer. 2 Que ha sucedido hace poco tiempo.

recientemente *adv.* En un período pasado muy próximo al presente.

recinto *m.* Espacio cerrado o comprendido dentro de ciertos límites.

recio, -cia *adj.* 1 Que es fuerte, grueso o robusto. 2 Que es difícil de soportar. ‖ *adv.* 3 Indica que una acción se produce de manera violenta y vigorosa.

recipiendario, -ria *m. y f.* Persona recibida solemnemente en una corporación para formar parte de ella.

recipiente *m.* Objeto que contiene o puede contener algo en su interior.

reciprocidad *f.* Correspondencia mutua.

recíproco, -ca *adj.* 1 Que se da o se dirige a otro y que a su vez se recibe de este en la misma medida. ‖ *adj./m. y f.* 2 GRAM. [oración, verbo] Que expresa una acción que es intercambiada entre dos o más sujetos y que recae sobre todos ellos.

recitación *f.* 1 Acción de recitar. 2 Texto que se recita.

recitado *m.* 1 Acción de recitar. 2 MÚS. Poema o texto narrativo o dialogado que se declama acompañado de música.

recital *m.* 1 Espectáculo musical a cargo de una sola persona, ya sea instrumentista o cantante. 2 Lectura o recitación de composiciones de un poeta.

recitar *tr.* 1 Decir en voz alta un texto literario con la entonación adecuada para realzar su contenido poético. 2 Decir en voz alta un texto que se sabe de memoria.

reclamación *f.* 1 Acción de reclamar. 2 Efecto de reclamar.

reclamar *v. intr.* 1 Mostrar oposición contra una decisión o asunto que se considera injusto o insatisfactorio. ‖ *tr.* 2 Pedir o exigir con derecho o con insistencia una cosa. 3 Llamar a una persona para que acuda a un lugar determinado.

reclamo *m.* 1 Ave amaestrada que se lleva a la caza para que con su canto atraiga a otras de su especie. 2 Instrumento que imita la voz de las aves y que sirve para atraer a estas en la caza. 3 Sonido con el que un ave llama a otra de su especie. 4 Procedimiento con el que se intenta atraer la atención de las personas o incitarlas a algo. 5 Señal hecha en un escrito que remite al lector a otro punto de la obra donde se ofrece una explicación o información complementaria.

reclinable *adj.* Que se puede reclinar.

reclinar *tr./prnl.* 1 Inclinar y apoyar la cabeza o una parte del cuerpo en un sitio. 2 Inclinar una cosa apoyándola sobre otra.

reclinatorio *m.* Mueble de las iglesias que se utiliza para arrodillarse sobre él.

recluir [62] *tr./prnl.* Encerrar o meter a una persona en un lugar.

reclusión *f.* 1 Encierro o prisión. 2 Lugar

en que una persona está encerrada o presa.

recluso, -sa *adj./m. y f.* Que está recluido en una cárcel.

recluta *m.* Persona alistada para el servicio militar.

reclutamiento *m.* 1 Acción de reclutar. 2 Conjunto de los reclutas de un año.

reclutar *tr.* 1 Llamar o alistar a una persona para el cumplimiento del servicio militar o para formar un ejército. 2 Buscar o reunir a un grupo de gente para una actividad o un fin determinado.

recobrar *tr.* 1 Volver a tener lo que antes se poseía. ‖ *prnl.* 2 Ponerse bien o recuperarse de una enfermedad, impresión fuerte o pérdida del conocimiento.

recocer [54] *tr./prnl.* 1 Volver a cocer un alimento. ‖ *tr.* 2 Calentar un metal para que vuelva a tener la dureza que tenía antes de trabajarlo.

recochinearse *prnl.* Divertirse con lo que supone una desgracia para una persona.

recochineo *m.* Diversión con lo que supone una desgracia para una persona.

recodo *m.* Ángulo o curva cerrados que forman los caminos, ríos, etc.

recogedor *m.* Utensilio que sirve para recoger cosas del suelo, especialmente la basura.

recogepelotas *com.* Muchacho encargado de recoger las pelotas que salen fuera del campo de juego.

OBS El plural también es *recogepelotas*.

recoger [5] *tr.* 1 Coger una cosa que se ha caído. 2 Guardar y poner de forma ordenada una cosa en su sitio. 3 Ir a buscar a una persona o cosa al lugar en que se encuentra. 4 Recibir o experimentar una persona las consecuencias o resultados de lo que ha hecho. 5 Ir juntando poco a poco dinero. 6 Enrollar, doblar o ceñir una cosa que se había extendido. 7 Guardar en lugar seguro una cosa. 8 Dar alojamiento a alguien. 9 Coger los frutos de la tierra. ‖ *prnl.* 10 Retirarse una persona o animal a su casa o guarida, generalmente para dormir o descansar. 11 Irse una persona a un lugar tranquilo y vivir retirada del trato con la gente para meditar o rezar.

recogida *f.* 1 Acción de recoger. 2 Efecto de recoger.

recogido, -da *adj.* 1 [lugar] Que resulta acogedor y agradable. 2 [cosa] Que ocupa poco espacio. 3 Retirado del trato y de la comunicación con la gente. ‖ *m.* 4 Parte de una cosa que se junta o recoge.

recogimiento *m.* Estado de la persona que se aísla de lo que la distrae o le impide pensar con tranquilidad.

recolección *f.* 1 Acción de recolectar. 2 Efecto de recolectar.

recolectar *tr.* 1 Recoger los frutos de la tierra. 2 Juntar personas o cosas dispersas.

recolector, -ra *adj./m. y f.* [persona] Que se dedica a la recolección de frutos.

recoleto, -ta *adj.* [lugar] Que es tranquilo, solitario y está apartado de la gente.

recomendable *adj.* Que se puede recomendar o aconsejar.

recomendación *f.* 1 Consejo que se da a una persona. 2 Influencia o ventaja con que es favorecida una persona para conseguir un fin determinado.

recomendar [27] *tr.* 1 Aconsejar a una persona una cosa por considerarla beneficiosa o ventajosa. 2 Dar buenas referencias o hablar bien de una persona para que consiga un fin determinado.

recompensa *f.* Compensación o premio que se obtiene por un servicio, un mérito o una buena acción.

recompensar *tr.* 1 Premiar a alguien en reconocimiento a un servicio, mérito o buena acción. 2 Dar alguna cosa a cambio del daño que se ha causado.

recomponer [78] *tr.* Reparar o componer de nuevo una cosa.

reconcentrar *tr.* 1 Disminuir el volumen de una cosa. ‖ *tr./prnl.* 2 Reunir en un punto personas o cosas que estaban esparcidas. ‖ *prnl.* 3 Fijar intensamente la atención en los propios pensamientos.

reconciliación *f.* 1 Acción de reconciliar o reconciliarse. 2 Efecto de reconciliar o reconciliarse.

reconciliar [12] *tr./prnl.* Restablecer la concordia o amistad entre dos personas que se habían enfrentado o separado.

reconcomerse *prnl.* Sentir un profundo descontento o impaciencia que se mantiene oculto.

recóndito, -ta *adj.* Que está muy escondido, reservado y oculto.

reconfortante *adj.* Que devuelve las fuerzas o el bienestar perdidos.

reconfortar *tr.* Devolver a una persona las fuerzas o el bienestar perdidos.

reconocer [44] *tr.* 1 Distinguir o identificar a una persona o cosa entre varias. 2 Examinar con cuidado y atención una cosa o a una persona. 3 Manifestar agradecimiento por un bien o favor recibido.

4 Declarar una persona que tiene con otra un parentesco y aceptar los deberes y derechos que trae consigo. **5** Dar fe una persona de la autenticidad de cierta firma en un documento. ▌ *tr./prnl.* **6** Admitir, en contra de lo que se había defendido o de los propios gustos, la certeza o realidad de lo que se dice o sucede.

reconocible *adj.* Que puede ser reconocido o admitido.

reconocido, -da *adj.* Que agradece un bien o un favor recibido.

reconocimiento *m.* **1** Examen o cuidado de una persona o cosa. **2** Manifestación de agradecimiento por los bienes o favores recibidos.

reconquista *f.* **1** Conquista o toma de un territorio que se había perdido, en especial la que se llevó a cabo en España en la lucha contra los musulmanes. **2** Acción de reconquistar.

reconquistar *tr.* **1** Volver a conquistar o a tomar un territorio que se había perdido. **2** Recuperar una cosa estimada que se había perdido, como el cariño o la amistad.

reconsideración *f.* Consideración o pensamiento que se hace de nuevo.

reconsiderar *tr.* Volver a considerar.

reconstituir [62] *tr./prnl.* **1** Volver a constituir. **2** MED. Hacer que un organismo vuelva a tener sus condiciones normales o fortalecerlo.

reconstituyente *adj./m.* MED. [medicamento] Que puede reconstituir el organismo.

reconstrucción *f.* **1** Acción de reconstruir. **2** Efecto de reconstruir.

reconstruir [62] *tr.* **1** Volver a construir o reparar una cosa destruida o deshecha. **2** Reproducir o traer a la memoria todas las circunstancias de un suceso mediante datos, recuerdos o declaraciones.

recontar [31] *tr.* Volver a contar algo.

reconvención *f.* Aviso o represión suave.

reconvenir [90] *tr.* Reprender suavemente a alguien por lo que ha dicho o hecho mal.

reconversión *f.* ECON. Proceso de modernización o de transformación de una empresa o de un sector industrial con el fin de mejorar su rendimiento o de adaptarla a la demanda del mercado.

reconvertir [35] *tr./prnl.* ECON. Transformar una empresa o un sector industrial o someterlo a un proceso de modernización con el fin de mejorar su rendimiento o de adaptarlo a la demanda del mercado.

recopilación *f.* Compendio de varias cosas.

recopilar *tr.* Juntar o reunir varias cosas dispersas bajo un criterio.

¡recórcholis! *int.* Expresión que indica sorpresa, extrañeza o disgusto.

récord *m.* **1** Marca máxima conseguida por un deportista en una competición. **2** Resultado máximo o mínimo conseguido en una actividad.

OBS Es de origen inglés y se pronuncia aproximadamente 'récor'. El plural es *récords.*

recordar [31] *tr.* **1** Traer algo a la memoria. **2** Hacer que una persona tenga presente una cosa que debe hacer.

recordatorio *m.* **1** Tarjeta o impreso en el que se recuerda la fecha de un acontecimiento religioso. **2** Aviso, nota o cualquier medio para recordar algo.

recordman *m.* Hombre que ha conseguido realizar un récord deportivo.

recordwoman *f.* Mujer que ha conseguido realizar un récord deportivo.

recorrer *tr.* **1** Atravesar un espacio en toda su extensión o longitud. **2** Registrar mirando con cuidado y andando de un sitio a otro para encontrar lo que se desea.

recorrido *m.* Espacio que se recorre.

recortable *m.* Hoja de papel o cartulina con una figura o dibujo que se recorta como entretenimiento o enseñanza.

recortado, -da *adj.* **1** Que tiene los bordes o el contorno muy irregulares. **2** [escopeta] Que tiene el cañón acortado.

recortar *tr.* **1** Cortar o separar de una cosa la parte que sobresale o sobra. **2** Cortar con cuidado un papel u otra cosa para conseguir una figura determinada. **3** Disminuir o hacer más pequeña una cosa.

recorte *m.* **1** Trozos que sobran de algo que se ha recortado. **2** Noticia breve de un periódico. **3** Disminución o reducción de una cosa.

recostar [31] *tr./prnl.* **1** Inclinar el cuerpo o parte de él apoyándolo sobre una cosa. **2** Inclinar una cosa apoyándola sobre otra.

recoveco *m.* **1** Vuelta o curva pronunciada de una calle, vía, río o conducto. **2** Rincón o lugar escondido. **3** Aspecto poco claro o complicado de la manera de ser de una persona. Se usa sobre todo en plural.

recreación *f.* **1** Acción de recrear o recrearse. **2** Diversión durante el tiempo libre.

recrear *tr.* **1** Crear o producir una cosa a partir de otra ya existente. **2** Divertir o alegrar a una persona durante el tiempo libre. ▌ *prnl.* **3** Disfrutar con una cosa, en particular deteniéndose en ello, y en ocasiones con cierta malignidad.

recreativo, -va *adj.* Que recrea, divierte o entretiene.

recreo *m.* 1 Recreación. 2 Lugar destinado al descanso o a la diversión.

recriminación *f.* Crítica que se hace a alguien por algo que ha dicho o hecho.

recriminar *tr.* 1 Censurar a una persona por su comportamiento o echarle en cara su conducta. ‖ *tr./prnl.* 2 Responder a unas acusaciones con otras similares.

recrudecerse [43] *prnl.* Aumentar la intensidad o los efectos de un mal físico o moral.

rectal *adj.* MED. Del recto.

rectangular *adj.* 1 Del rectángulo. 2 Que tiene forma de rectángulo.

rectángulo *adj.* 1 [figura geométrica] Que tiene uno o más ángulos rectos. ‖ *m.* 2 Figura plana de cuatro lados, iguales dos a dos, que tiene los cuatro ángulos rectos.

rectificación *f.* 1 Acción de rectificar. 2 Efecto de rectificar.

rectificador *m.* Aparato que convierte una corriente eléctrica alterna en corriente continua.

rectificadora *f.* Máquina que se usa para corregir la deformación o la desviación de una pieza metálica.

rectificar [1] *tr.* 1 Corregir los errores o defectos de una cosa ya hecha. 2 Poner recta una cosa. 3 Convertir una corriente eléctrica alterna en corriente continua. 4 Corregir la deformación o la desviación de una pieza metálica. ‖ *tr./prnl.* 5 Corregir o modificar una persona su propia conducta, opinión o comportamiento. 6 Expresar una opinión opuesta.

rectilíneo, -a *adj.* Que está formado por líneas rectas o se desarrolla en línea recta.

rectitud *f.* Calidad de recto.

recto, -ta *adj./f.* 1 [línea] Que está formado por una serie continua de puntos. ‖ *adj.* 2 Que no se tuerce a un lado ni a otro, ni hace curvas ni ángulos. 3 [ángulo] Que tiene 90°. 4 [persona] Que se comporta de manera justa y firme. 5 [significado, sentido] Que es exacto y el primero que tienen las palabras. ‖ *m.* 6 Última porción del intestino grueso.

rector, -ra *adj.* 1 [persona, cosa] Que marca o dirige la orientación o sentido de una cosa. ‖ *m. y f.* 2 Persona que dirige y gobierna una comunidad o institución, especialmente una universidad.

rectorado *m.* 1 Cargo y despacho del rector. 2 Tiempo durante el cual un rector ejerce su cargo.

rectoral *adj.* Del rector.

recua *f.* 1 Conjunto de animales de carga que se usan para el transporte de mercancías. 2 Grupo numeroso de personas o cosas que van o siguen una detrás de otra.

recuadro *m.* 1 Línea cerrada en forma de cuadrado o de rectángulo. 2 Superficie limitada por esta línea.

recubrir *tr.* 1 Cubrir una cosa del todo. 2 Volver a cubrir una cosa.

recuento *m.* Cuenta o segunda cuenta que se hace del número de personas o cosas que forman un conjunto.

recuerdo *m.* 1 Imagen o conjunto de imágenes de situaciones o hechos pasados que vienen a la mente. 2 Cosa que una persona regala a otra o que se trae de algún lugar turístico con el fin de que quien la recibe conserve ese objeto y no olvide el lugar o a la persona en cuestión. ‖ *m. pl.* 3 Saludo afectuoso que envía una persona a otra que se halla ausente por escrito o a través de un intermediario.

recular *intr.* 1 Ir hacia atrás o retroceder una persona, animal o vehículo. 2 *coloquial* Cambiar una persona de opinión.

recuperación *f.* 1 Acción de recuperar. 2 Efecto de recuperar. 3 Examen que se realiza para aprobar una asignatura que se ha suspendido en otro examen anterior.

recuperar *tr.* 1 Volver a tener lo que antes se tenía. 2 Volver a poner en servicio alguna cosa que ya estaba inservible. 3 Trabajar un tiempo determinado para compensar el que se ha perdido por una causa cualquiera. 4 Aprobar una asignatura o parte de ella después de no haberla aprobado en un examen anterior. ‖ *prnl.* 5 Volver una persona o cosa a su estado normal después de atravesar una enfermedad.

recurrente *adj.* Que vuelve a ocurrir o a aparecer.

recurrir *intr.* 1 Acudir en busca de la ayuda o el favor de una persona o cosa en caso de necesidad o para conseguir un fin. ‖ *tr.* 2 DER. Interponer un recurso contra una sentencia o resolución.

recursividad *f.* Característica de lo que puede repetirse indefinidamente.

recurso *m.* 1 Ayuda o medio del que uno se sirve para conseguir un fin o satisfacer una necesidad. 2 DER. Reclamación mediante escrito contra las resoluciones judiciales o administrativas. ‖ *m. pl.* 3 Bienes, riquezas o medios de vida.

recusación *f.* DER. 1 Acción de recusar. 2 Efecto de recusar.

recusar *tr.* Rechazar o no admitir a una persona o una cosa por no considerarla propia o adecuada.

red *f.* 1 Tejido hecho con hilos, cuerdas o alambres unidos y cruzados entre sí en forma de malla destinado a diferentes usos, por ejemplo, pescar, cazar o cercar. 2 Conjunto organizado de calles, vías, cañerías o hilos conductores. 3 Conjunto organizado de personas, establecimientos o servicios de una misma empresa. 4 Conjunto de computadoras unidas entre sí a nivel mundial y de forma descentralizada por medio de un protocolo de información. 5 Engaño del que una persona se vale para atraer a otra.

redacción *f.* 1 Acción de redactar. 2 Escrito hecho como ejercicio escolar sobre un tema determinado. 3 Lugar u oficina donde se redacta o escribe un periódico, revista, etc. 4 Conjunto de personas que redactan una publicación periódica.

redactar *tr.* Expresar por escrito unas ideas o pensamientos o relatar unos hechos.

redactor, -ra *adj./m. y f.* [persona] Que se dedica profesionalmente a la redacción en un periódico, editorial, etc.

redada *f.* Operación policial consistente en detener de una sola vez y en un mismo lugar a un grupo de personas sospechosas.

redaños *m. pl.* Determinación y coraje para hacer algo difícil o desagradable.

redecilla *f.* 1 Bolsa pequeña de malla muy fina que se usa para sujetar el pelo. 2 Segunda de las cuatro cavidades en que se divide el estómago de los rumiantes.

redención *f.* 1 Acción de redimir o redimirse. 2 Rescate que se pagaba para liberar de la esclavitud a los cautivos.

redentor, -ra *adj./m. y f.* 1 Que redime. ‖ *m.* 2 Jesucristo, según el cristianismo. En esta acepción se escribe con mayúscula.

redicho, -cha *adj.* [persona] Que habla pronunciando las palabras con perfección fingida o empleando términos demasiado cultos o impropios de su edad.

¡rediez! *int. coloquial* Indica sorpresa, dolor o disgusto.
OBS Es la forma eufemística de *¡rediós!*

redil *m.* Terreno cercado donde se guarda el ganado.

redimir *tr./prnl.* Librar a una persona de una obligación, dolor o situación penosa.

redireccionar *tr.* 1 Dar una nueva dirección a algo. 2 INFORM. Proporcionar automáticamente una nueva dirección cuando se ha solicitado otra.

redistribución *f.* 1 Acción de redistribuir. 2 Efecto de redistribuir.

redistribuir [62] *tr.* Distribuir algo de forma diferente de como estaba.

rédito *m.* Cantidad de dinero que produce periódicamente un capital.

redoblar *tr./prnl.* 1 Aumentar una cosa el doble de lo que antes era. ‖ *intr.* 2 Tocar redobles en el tambor.

redoble *m.* Toque vivo y sostenido en el tambor.

redoma *f.* Recipiente de cristal que se va estrechando hacia la boca.

redomado, -da *adj.* Que no tiene límites en la cualidad negativa que le atribuye.

redonda *f.* 1 MÚS. Nota musical cuya duración equivale al tiempo de un compás de cuatro partes. 2 Tipo de letra común, de forma derecha o circular.

redondear *tr.* 1 Dar forma redonda. 2 Terminar o completar una cosa de forma satisfactoria. ‖ *tr./intr.* 3 Añadir o quitar a una cifra una parte de una cantidad hasta llegar a otra determinada, de más fácil comprensión o cálculo.

redondel *m.* Línea curva cerrada cuyos puntos están a la misma distancia de un centro y superficie contenida dentro de ella.

redondez *f.* Cualidad de redondo.

redondilla *f.* Estrofa formada por cuatro versos de ocho sílabas que riman en consonante el primero con el cuarto y el segundo con el tercero.

redondo, -da *adj.* 1 Que tiene forma circular o esférica. 2 Que es perfecto, completo o muy logrado. 3 Que es exacto, definitivo o que no ofrece dudas. 4 [cifra, número] Que se ha redondeado. ‖ *m.* 5 Pieza de carne bovina de la parte trasera y de forma casi cilíndrica.

reducción *f.* 1 Acción de reducir o reducirse. 2 Efecto de reducir o reducirse.

reducido, -da *adj.* Que es muy estrecho o muy pequeño.

reducir [46] *tr.* 1 Disminuir la cantidad, el tamaño, la intensidad o la importancia de algo. 2 Cambiar o convertir una cosa en otra cosa, más pequeña o de menos valor. 3 Resumir un texto. 4 Someter a alguien. 5 MAT. Expresar una cantidad con otra unidad distinta, sin que se altere su valor. ‖ *tr./intr.* 6 Cambiar de una marcha de largo recorrido a otra más corta.

reducto *m.* 1 Lugar que conserva ciertas tradiciones para algo a punto de desaparecer. 2 Territorio natural en el que se conservan especies raras en extinción.

reductor, -ra *adj.* Que reduce.

redundancia *f.* Repetición de una palabra o una idea sin necesidad, por estar expresado sin ellas lo que se quiere decir.

redundante *adj.* Que tiene redundancia.

redundar *intr.* Resultar una cosa en beneficio o daño de alguien.

reduplicación *f.* Figura del lenguaje que consiste en la repetición consecutiva de una palabra o de varias palabras en la misma frase o en el mismo verso.

reduplicar [1] *tr.* Doblar una cantidad.

reedición *f.* 1 Edición con modificaciones de una obra publicada anteriormente. 2 Conjunto de ejemplares de esta edición.

reedificar [1] *tr.* Construir de nuevo.

reeditar *tr.* Editar con modificaciones una obra publicada anteriormente.

reeducación *f.* 1 Acción de reeducar. 2 Efecto de reeducar.

reeducar [1] *tr.* 1 Enseñar nuevas formas de comportamiento para corregir un error o un defecto o algo que se ha aprendido mal. 2 Hacer que un órgano o un miembro del cuerpo cuya función había disminuido o se había perdido vuelva a desarrollar su actividad con normalidad.

reelegir [55] *tr.* Volver a elegir o a escoger.

reembolsar o **rembolsar** *tr.* Devolver una cantidad de dinero a la persona que la había pagado con anterioridad.

reembolso o **rembolso** *m.* 1 Acción de reembolsar. 2 Cantidad de dinero que se reembolsa.

reemplazar o **remplazar** [4] *tr.* 1 Sustituir una cosa por otra. 2 Suceder a una persona en el cargo que tenía o desempeñar accidentalmente sus funciones.

reemplazo o **remplazo** *m.* 1 Acción de reemplazar. 2 Persona que reemplaza.

reemprender *tr.* Volver a empezar una actividad que se había interrumpido.

reencarnación *f.* Encarnación de un alma en un cuerpo nuevo tras la muerte.

reencarnarse *prnl.* Volver a encarnarse el alma en un cuerpo nuevo, tras separarse de otro por la muerte.

reencontrarse [31] *prnl.* Coincidir en un mismo lugar dos o más personas que no se veían desde hacía tiempo.

reencuentro *m.* 1 Acción de reencontrarse. 2 Efecto de reencontrarse.

reengancharse *prnl.* 1 Permanecer en el ejército, una vez terminado el servicio militar, a cambio de un sueldo. 2 Seguir participando en una partida de cartas, una vez eliminado de ella, pagando una cantidad de dinero y poniéndose en las condiciones del jugador peor situado. 3 Realizar una actividad de nuevo.

reenganche *m.* 1 Acción de reengancharse. 2 Efecto de reengancharse.

reestrenar *tr.* Volver a representar una obra teatral o cinematográfica.

reestreno *m.* 1 Acción de reestrenar. 2 Película u obra de teatro que se reestrena.

reestructurar *tr.* Cambiar la forma en que algo está estructurado.

refacción *f.* Pequeña cantidad de comida que se toma para reponer fuerzas.

refajo *m.* Falda corta de paño usada por las mujeres encima de las enaguas o como prenda interior de abrigo.

refectorio *m.* Comedor en los monasterios y en algunos colegios.

referencia *f.* 1 Explicación o relación de un acontecimiento, de palabra o por escrito. 2 Nota o palabra en un escrito que remite a otra parte del escrito o a otro escrito, donde el lector puede encontrar más información. 3 Informe acerca de las cualidades de una persona o cosa. Se suele usar en plural. 4 Persona o cosa que sirve como base o modelo.

referencial *adj.* 1 Que expresa una circunstancia o acontecimiento sin valorarlo. 2 Que sirve de modelo o ejemplo. 3 [libro] Que contiene informaciones ordenadas y clasificadas para facilitar la consulta de un tema determinado.

referendo o **referéndum** *m.* Procedimiento jurídico por el que se somete a votación popular una ley o un asunto de especial importancia.

OBS *Referéndum* no varía en plural.

referente *adj.* Que expresa relación con otra persona o cosa.

referir [35] *tr.* 1 Contar o dar a conocer un acontecimiento o suceso. ‖ *prnl.* 2 Aludir o mencionar a una persona o cosa.

refilón Palabra que se utiliza en la expresión coloquial *de refilón*, que significa: *a)* 'De lado o de forma oblicua'. *b)* 'De pasada y sin profundizar'.

refinado, -da *adj.* 1 Que tiene educación y buenos modales. ‖ *m./adj.* 2 Proceso industrial para purificar una sustancia, eliminando de ella las que no son necesarias.

refinamiento *m.* 1 Educación y buenos modales. 2 Cuidado extremo en la elaboración o realización de algo.

refinar *tr.* 1 Hacer más fina o pura una sustancia, eliminando las impurezas. | *prnl.* 2 Hacerse más fino en el hablar, en el comportamiento social y en los gustos. 3 Perfeccionar una cosa adecuándola a un fin determinado.

refinería *f.* Establecimiento donde se refina un producto.

reflectante *adj.* Que reflecta o refleja.

reflectar *tr.* Hacer retroceder o cambiar de dirección la luz u otra radiación oponiéndole una superficie lisa.

reflector, -ra *adj./m. y f.* 1 [sustancia, superficie] Que refleja, en especial los rayos de luz. | *m.* 2 Aparato que concentra y orienta la luz de un foco en una dirección determinada.

reflejar *tr./prnl.* 1 Formarse en una superficie lisa y brillante la imagen de algo. 2 Fís. Hacer cambiar de dirección la luz, el calor, el sonido u otra radiación. 3 Expresar o mostrar de manera clara un estado o cualidad.

reflejo, -ja *adj./m.* 1 [sentimiento, acto, movimiento] Que se produce involuntariamente. | *m.* 2 Luz reflejada. 3 Imagen de una persona o cosa reflejada en una superficie. | *m. pl.* 4 Capacidad que tiene una persona para reaccionar de forma rápida y eficaz ante un hecho no previsto. 5 Mechas de distinto color en el pelo.

reflexión *f.* 1 Consideración de una cosa con detenimiento y cuidado. 2 Advertencia o consejo que una persona da a otra para inducirla a actuar de manera razonable. 3 Fís. Cambio de dirección o de sentido de la luz, del calor o del sonido.

reflexionar *intr.* Pensar o considerar una cosa con detenimiento y cuidado.

reflexivo, -va *adj.* 1 Que piensa y considera detenidamente un asunto antes de hablar o actuar. 2 Que se refleja. 3 GRAM. [oración, verbo] Que expresa una acción realizada y recibida a la vez por el sujeto.

reflotar *tr.* 1 Hacer que un barco sumergido o encallado vuelva a flotar. 2 Hacer que una empresa con dificultades financieras vuelva a funcionar con normalidad.

refluir [62] *intr.* Hacer retroceso un líquido.

reflujo *m.* 1 Movimiento descendente de la marea. 2 Retroceso de una actividad o tendencia.

refocilarse *prnl.* Recrearse, disfrutar o entretenerse con algo grosero.

reforestación *f.* Acción de reforestar.

reforestar *tr.* Plantar árboles en un lugar del que habían desaparecido.

reforma *f.* Arreglo, modificación o cambio con el fin de mejorar una cosa.

reformar *tr.* 1 Arreglar, modificar o cambiar una cosa con el fin de mejorarla. | *tr./prnl.* 2 Corregir a una persona para que abandone costumbres o comportamientos negativos o perjudiciales.

reformatorio *m.* Establecimiento penitenciario donde, por medio de una educación especial, se intenta recuperar socialmente a delincuentes menores de edad.

reformismo *m.* Tendencia o doctrina que propone cambios y mejoras de una situación política, social, religiosa, etc., de forma gradual.

reformista *adj.* 1 Del reformismo. | *adj./com.* 2 Que es partidario del reformismo.

reforzamiento *m.* Acción de aumentar la fuerza o la cantidad de algo.

reforzar [50] *tr./prnl.* 1 Hacer más fuerte o resistente una cosa. 2 Añadir más cantidad o aumentar alguna cosa.

refracción *f.* 1 Acción de refractar o refractarse. 2 Efecto de refractar o refractarse.

refractar *tr./prnl.* Hacer que cambie de dirección un rayo de luz u otra radiación al pasar oblicuamente de un medio a otro de distinta densidad.

refractario, -ria *adj.* 1 [cuerpo] Que refracta. 2 Que se opone a aceptar una idea, opinión o costumbre.

refrán *m.* Frase o dicho de uso común que encierra una advertencia o enseñanza moral.

refranero *m.* Conjunto de los refranes de una lengua.

refregar [48] *tr.* 1 Estregar una cosa con otra. 2 Decir a una persona con insistencia algo que le es desagradable.

refrenar *tr./prnl.* 1 Contener o sujetar la fuerza o la violencia de algo. | *tr.* 2 Sujetar o reducir a un caballo con el freno.

refrendar *tr.* 1 Dar validez a un documento firmándolo la persona autorizada. 2 Manifestar públicamente la aprobación de algo o alguien.

refrendo *m.* 1 Acción de refrendar. 2 Efecto de refrendar.

refrescante *adj.* Que refresca.

refrescar [1] *tr./prnl.* 1 Hacer que baje la temperatura o el calor de una cosa. 2 Recordar o renovar un sentimiento, recuerdo o acción. | *intr.* 3 Tomar una persona un refresco o una bebida fría.

refresco *m.* 1 Bebida fría sin alcohol que se toma para combatir el calor. 2 Conjunto de bebidas, dulces y otros alimentos que se ofrece en ciertas reuniones.

refriega *f.* Batalla de poca importancia o riña violenta.

refrigeración *f.* 1 Disminución del calor o de la temperatura de un cuerpo. 2 Sistema eléctrico que hace que baje la temperatura de un lugar o un edificio.

refrigerador, -ra *adj.* 1 Que refrigera. ▌*m.* 2 Electrodoméstico que sirve para refrigerar alimentos y bebidas.

refrigeradora *f.* PERÚ Refrigerador.

refrigerante *adj./m.* Que refrigera.

refrigerar *tr./prnl.* 1 Hacer que baje la temperatura de un lugar o de un cuerpo. 2 Enfriar en cámaras especiales alimentos para que se conserven.

refrigerio *m.* Cantidad pequeña de comida que se toma para recuperar fuerzas.

refrito, -ta *part.* 1 Participio irregular del verbo *refreír*. ▌*m.* 2 Condimento para guisos compuesto por ajo, cebolla, tomate y otras verduras picadas y fritas en aceite. 3 Escrito u obra hecha mediante la mezcla de partes de otras obras.

refuerzo *m.* 1 Fortalecimiento o aumento de la fuerza o solidez de una cosa. 2 Pieza o parche que se pone a una cosa para aumentar su fuerza, su grosor o su resistencia. ▌*m. pl.* 3 Conjunto de personas que acuden a un lugar en ayuda de otras.

refugiado, -da *adj./m. y f.* [persona] Que busca asilo en un país extranjero.

refugiar [12] *tr./prnl.* Dar refugio o acogida a una persona.

refugio *m.* 1 Acogida que se da a una persona en una casa o en un lugar seguro. 2 Lugar en el que entra una persona para protegerse o defenderse de algo. 3 Construcción, generalmente subterránea, destinada a proteger de las bombas. 4 Albergue para excursionistas en la montaña.

refulgente *adj. culto* Que brilla o emite una luz intensa.

refundición *f.* 1 Acción de refundir. 2 Cosa refundida.

refundir *tr.* 1 Fundir de nuevo un metal. 2 Unir, comprender o incluir varias cosas en una sola. 3 Dar una forma nueva a una composición escrita ya existente para mejorarla o modernizarla.

refunfuñar *intr.* Emitir una persona sonidos confusos o palabras entre dientes en señal de enfado o desagrado.

refutar *tr.* Contradecir las razones de alguien argumentando otras.

regadera *f.* 1 Recipiente que se usa para regar las plantas. 2 MÉX Ducha, aparato o instalación. ▸ **estar como una regadera** Estar loco.

regadío *m.* Terreno que se puede regar.

regalado, -da *adj.* 1 Agradable y con toda clase de comodidades. 2 Muy barato.

regalar *tr.* 1 Dar u ofrecer una persona a otra una cosa como muestra de afecto o de consideración. ▌*tr./prnl.* 2 Dar una persona a otra toda clase de comodidades, placeres y diversiones.

regalía *f.* Privilegio de soberano para tomar decisiones oficiales.

regaliz *m.* 1 Planta con tallos gruesos, hojas en punta y flores pequeñas en racimo. 2 Raíz que se chupa como golosina y tiene un jugo dulce y agradable. 3 Golosina hecha con el jugo de esa raíz.

regalo *m.* 1 Cosa que se regala. 2 Gusto o placer que proporciona una cosa.

regañadientes Palabra que se utiliza en la locución adverbial *a regañadientes* para indicar que una cosa se hace a disgusto, protestando o de mala gana.

regañar *tr.* 1 Reñir mediante gestos o palabras. ▌*intr.* 2 Gruñir el perro.

regañina *f.* Amonestación mediante gestos o palabras.

regar [48] *tr.* 1 Esparcir agua sobre una planta. 2 Pasar un río o canal por un lugar. 3 Esparcir un líquido o materia sobre una superficie.

regata *f.* Competición deportiva que se hace con embarcaciones ligeras de la misma clase en la que debe completarse un recorrido en el menor tiempo posible.

regate *m.* ESP Dribling, movimiento rápido que se hace con el cuerpo para apartarlo.

regatear *tr./intr.* 1 Discutir el comprador y el vendedor el precio de una mercancía. 2 Hacer o dar lo menos posible. ▌*intr.* 3 ESP Driblar o hacer un jugador un dribling o regate para engañar al contrario.

regateo *m.* 1 Acción de regatear. 2 Efecto de regatear.

regazo *m.* 1 Parte del cuerpo de una persona sentada que va desde la cintura hasta la rodilla. 2 Cosa que acoge a otra y le da protección o acogida.

regencia *f.* 1 Acción de regir o gobernar. 2 Cargo de regente. 3 Tiempo que dura un Gobierno.

regeneración *f.* 1 Acción de regenerar. 2 Efecto de regenerar.

regenerador, -ra *adj.* Que regenera.

regenerar *tr./prnl.* 1 Mejorar y hacer más

efectiva una actividad, especialmente después de un período de deterioro. **2** Generar o producir de nuevo una parte del cuerpo o un tejido que se había destruido. **3** Hacer que una persona abandone un modo de vida que se considera moralmente perjudicial.

regentar *tr.* **1** Dirigir un establecimiento o negocio. **2** Desempeñar temporalmente un cargo.

regente *adj./com.* **1** Que gobierna o dirige un estado. **2** Que gobierna o dirige un establecimiento o negocio.

reggae *m.* Música popular de origen jamaicano y ritmo repetitivo.

OBS Es de origen inglés y se pronuncia aproximadamente 'regue'.

regicida *adj./com.* Que mata a un rey o reina o que atenta contra sus vidas.

regicidio *m.* Asesinato de un rey o reina.

regidor, -ra *adj./m. y f.* **1** Que rige. ▌ *m. y f.* **2** Persona que en el teatro, el cine o la televisión se encarga del orden y realización de los movimientos y efectos escénicos dispuestos por el director. **3** Concejal del ayuntamiento que no ejerce ningún otro cargo municipal.

régimen *m.* **1** Conjunto de normas o reglas que rigen una cosa. **2** Sistema político por el que se rige una nación. **3** Conjunto de normas que se refieren a la cantidad y tipo de alimentos de una persona. **4** Modo habitual o regular de producirse una cosa. **5** GRAM. Relación de dependencia que guardan entre sí algunas palabras dentro de una oración. **6** GRAM. Preposición que exige cada verbo.

OBS El plural es *regímenes*.

regimiento *m.* **1** Unidad militar de una misma arma que está compuesta por varios batallones y mandada por un coronel. **2** Conjunto muy numeroso de personas.

regio, -gia *adj.* **1** Del rey o de la realeza. **2** Que es magnífico o de gran calidad.

región *f.* **1** Porción de territorio que forma una unidad por tener unas características geográficas, políticas, climatológicas, sociales o de otro tipo comunes. **2** Cada una de las partes en que se considera dividido el exterior del cuerpo de una persona o de un animal.

regional *adj.* De la región.

regionalismo *m.* **1** Doctrina o tendencia política que defiende que el gobierno de un estado debe considerar el modo de ser y las aspiraciones propias de cada región. **2** Amor a una región determinada. **3** Palabra o expresión propia de una región determinada.

regionalista *adj.* **1** Del regionalismo político. ▌ *adj./com.* **2** Que es partidario del regionalismo político.

regir [55] *tr./prnl.* **1** Dirigir o gobernar un asunto o administrar en un lugar. **2** Guiar o conducir una cosa. ▌ *tr.* **3** GRAM. Exigir una palabra la presencia de otra determinada para tener un significado completo y correcto. ▌ *intr.* **4** Estar vigente una ley o una norma. **5** Funcionar bien o estar en plenas facultades la mente de una persona.

registrado, -da *adj.* [marca] Que ha pasado por la modalidad del registro.

registrador, -ra *adj./m. y f.* **1** [aparato, máquina] Que sirve para anotar o grabar automáticamente una serie de datos u operaciones. ▌ *m. y f.* **2** Persona que tiene a su cargo un registro público.

registrar *tr.* **1** Mirar o examinar una cosa, un lugar o a una persona con cuidado y detenimiento para encontrar algo que se está buscando. **2** Anotar o incluir una cosa en un registro. **3** Apuntar o inscribir de manera jurídica o comercial una determinada marca comercial. **4** Grabar un sonido o imagen. **5** Señalar, marcar o indicar un aparato una determinada medida.

registro *m.* **1** Acción de registrar. **2** Inscripción jurídica o comercial de una determinada marca comercial. **3** Lugar u oficina en que se recogen hechos o informaciones que pertenecen a la administración pública. **4** Libro o documento oficial en que se anotan regularmente hechos o informaciones de un tipo determinado. **5** Cordón, cinta u otra señal que se pone un un libro para consultarlo con facilidad. **6** Modalidad que puede adoptar un hablante según la situación o el contexto comunicativo en que se encuentre. **7** INFORM. Unidad completa de almacenamiento de información. **8** MÚS. Cada una de las partes que forman una escala musical.

regla *f.* **1** Instrumento delgado y plano graduado en centímetros y milímetros que sirve para medir y trazar líneas rectas. **2** Norma para dirigir o ejecutar una cosa. **3** Principio o máxima de las ciencias o de las artes. **4** Método para hacer una operación matemática. **5** Sangre que todos los meses expulsan naturalmente las hembras de ciertos animales. **6** Conjunto de normas que deben seguir los miembros de una comunidad religiosa. ▶ **en regla** Como es debido.

reglaje *m.* Reajuste que se efectúa en las piezas de un mecanismo.

reglamentación *f.* 1 Acción de reglamentar. 2 Conjunto de reglas o leyes dadas por una autoridad.

reglamentar *tr.* Someter una actividad o un proceso a determinadas reglas o leyes.

reglamentario, -ria *adj.* 1 Que es conforme al reglamento. 2 Que es obligado por el reglamento.

reglamento *m.* Conjunto de reglas o leyes a que una autoridad somete una actividad.

reglar *tr.* Someter una cosa a reglas.

regleta *f.* 1 Pequeña plancha de metal utilizada en imprenta para espaciar la composición de los textos. 2 Soporte aislante sobre el cual se disponen los componentes de un circuito eléctrico. 3 Objeto pequeño y alargado que se utiliza fundamentalmente para la enseñanza de las matemáticas; según su dimensión, representa una u otra cantidad.

regocijar *tr.* 1 Dar regocijo. ‖ *prnl.* 2 Alegrarse o divertirse.

regocijo *m.* Alegría, gusto o satisfacción interior muy intensos.

regodearse *prnl.* 1 Disfrutar con detenimiento de una cosa que agrada mucho. 2 Alegrarse con mala intención de un percance o una situación desgraciada.

regodeo *m.* 1 Placer que se encuentra en algo molesto o perjudicial que le ocurre a otra persona. 2 Placer intenso que se experimenta al hacer algo que gusta mucho.

regoldar [31] *intr. coloquial* Eructar.

regordete, -ta *adj.* [persona] Que es pequeño y grueso.

regresar *intr.* 1 Volver al lugar de donde se partió. 2 AMÉR Devolver una cosa a su dueño. ‖ *prnl.* 3 AMÉR Volver al lugar de donde se partió.

regresión *f.* Proceso por el que se vuelve a un estado menos avanzado o a peores condiciones de vida.

regresivo, -va *adj.* Que provoca una vuelta a un estado menos avanzado.

regreso *m.* Acción de regresar.

regüeldo *m. coloquial* Eructo.

reguero *m.* 1 Canal hecho en la tierra para conducir el agua de riego. 2 Corriente a modo de pequeño arroyo. 3 Señal continuada que queda de una cosa que se va vertiendo.

regulación *f.* 1 Acción de regular. 2 Efecto de regular.

regulador, -ra *adj.* 1 Que regula. ‖ *m.* 2 Mecanismo que regula el funcionamiento de una máquina.

regular *adj.* 1 Que no sufre grandes cambios. 2 Que es de tamaño o calidad mediana o intermedia. 3 [persona] Que vive sometido a una regla o institución religiosa. 4 [figura geométrica] Que tiene todos los lados y los ángulos iguales entre sí. 5 [palabra] Que se forma a partir de una regla morfológica general. ‖ *adv.* 6 De manera pasable. ‖ *tr.* 7 Someter una cosa a una norma o regla. 8 Ajustar el funcionamiento de un mecanismo.

regularidad *f.* 1 Calidad de regular. 2 Puntualidad.

regularización *f.* Proceso de regularizar.

regularizar [4] *tr.* Hacer que algo funcione de acuerdo con una orden o plan, generalmente para que obtenga autorización o reconocimiento oficial.

regularmente *adv.* 1 De manera repetida. 2 De manera proporcionada.

regurgitar *tr.* Volver desde el estómago a la boca comida que no se ha digerido.

regusto *m.* 1 Gusto o sabor que queda en la boca de lo que se ha comido o bebido. 2 Sensación que permanece después de que el estímulo que lo produce ha desaparecido. 3 Impresión de semejanza que producen algunas cosas.

rehabilitación *m.* 1 Conjunto de técnicas y métodos que sirven para rehabilitar una parte del cuerpo. 2 Acción de rehabilitar.

rehabilitar *tr./prnl.* 1 Devolver a una persona el empleo, cargo o función que desempeñaba. 2 Recuperar una función o actividad del cuerpo que había disminuido o se había perdido.

rehacer [73] *tr.* 1 Repetir o hacer de nuevo una cosa mal hecha. 2 Arreglar o reparar una cosa material o inmaterial que está estropeada o dañada. ‖ *prnl.* 3 Volver a tener fuerzas o valor una persona. 4 Recuperar una persona la tranquilidad.

rehecho, -cha Participio pasado irregular del verbo *rehacer.*

rehén *com.* Persona detenida contra su voluntad y de modo ilegal por alguien que exige el cumplimiento de unas determinadas condiciones para liberarla.

rehogar [7] *tr.* Freír un alimento a fuego lento en aceite, mantequilla u otra grasa.

rehuir [62] *tr.* 1 Evitar o eludir una cosa, una situación o una persona. 2 Rechazar una cosa, una situación o una persona o apartarse de ella por miedo o por la sospecha de algo.

rehusar [18] *tr.* No aceptar algo.

reiki *m.* Terapia de origen japonés basada en la imposición de las manos sobre el cuerpo para curar enfermedades.

reimplantar *tr.* Introducir de nuevo una ley, forma de gobierno o costumbre que durante cierto tiempo había dejado de usarse.

reimpresión *f.* 1 Acción de reimprimir. 2 Conjunto de ejemplares reimpresos de una sola vez.

reimpreso, -sa Participio pasado irregular del verbo *reimprimir*.

reimprimir *tr.* Volver a imprimir un texto utilizando la misma base de impresión.

reina *f.* 1 Mujer que ejerce la potestad real. 2 Esposa del rey. 3 Pieza del ajedrez que puede moverse como cualquiera de las otras fichas salvo el caballo. 4 Insecto hembra de una comunidad que tiene la capacidad y la función de reproducirse. 5 Mujer que es elegida por alguna cualidad física para presidir de manera honorífica un acto o un festejo.

reinado *m.* 1 Período de tiempo en el que un rey o reina ejercen su mandato. 2 Período de tiempo en que predomina una cosa.

reinante *adj.* 1 Que reina u ocupa el trono. 2 Que domina en una situación determinada.

reinar *intr.* 1 Regir un rey o príncipe. 2 Dominar o tener gran influencia o auge una cosa determinada.

reincidencia *f.* Repetición de un mismo error o de una misma falta.

reincidente *adj./com.* Que reincide.

reincidir *intr.* Repetir una persona el mismo error o la misma falta.

reincorporar *tr./prnl.* Volver a incorporar.

reingresar *intr.* Volver a ingresar.

reino *m.* 1 Estado en el que el jefe de gobierno es un rey o una reina. 2 Cualquiera de las provincias de un estado que antiguamente tuvieron rey o reina propios. 3 Campo o ámbito real o imaginario que es propio de una actividad determinada. 4 Cada uno de los tres grandes grupos en que se consideraban distribuidos los seres y elementos de la naturaleza. 5 BIOL. Categoría de clasificación de los seres vivos que es la primera o superior.

reinserción *f.* 1 Acción de reinsertar. 2 Efecto de reinsertar.

reinsertar *tr./prnl.* Poner a disposición de una persona los medios necesarios para adaptarse nuevamente a la vida social.

reinstaurar *tr.* Introducir de nuevo una ley, forma de gobierno o costumbre que durante cierto tiempo había dejado de estar en vigor.

reintegrar *tr.* 1 Pagar o devolver por completo una cosa, generalmente dinero, a una persona. 2 Poner en un documento las pólizas o sellos necesarios. ‖ *tr./prnl.* 3 Hacer que una persona vuelva a tener una determinada situación o a realizar una actividad.

reintegro *m.* 1 Acción de reintegrar. 2 Premio de la lotería que es igual a la cantidad de dinero que se jugó.

reír [37] *intr./prnl.* 1 Dar muestras de alegría, placer o felicidad. ‖ *tr.* 2 Dar muestras de aprobación o satisfacción por lo que alguien hace o dice. ‖ *prnl.* 3 Despreciar o burlarse de alguien o algo.

reiteración *f.* Repetición de algo que ya se ha dicho.

reiterado, -da *adj.* Que se reitera.

reiterar *tr.* 1 Volver a hacer una cosa que se ha hecho o se ha dicho. ‖ *prnl.* 2 Mantener una idea, opinión o actitud a propósito de un asunto determinado.

reiterativo, -va *adj.* 1 Que se repite con frecuencia. 2 GRAM. [verbo] Que expresa una acción que se compone de momentos repetidos.

reivindicación *f.* 1 Acción de reivindicar. 2 Efecto de reivindicar.

reivindicar [1] *tr.* 1 Solicitar o pedir una cosa a la cual se tiene derecho. 2 Reclamar como propia la realización o la autoría de una acción.

reja *f.* 1 Estructura formada por barras de hierro o de madera de varios tamaños y figuras y que sirve para proteger o adornar una abertura. 2 Pieza de hierro del arado que sirve para surcar y remover la tierra. 3 Labor o vuelta que se da a la tierra con el arado.

rejilla *f.* 1 Tela metálica o lámina calada que se pone en una abertura. 2 Tejido delgado y fuerte hecho con tiras de los tallos de ciertas plantas que sirve para hacer respaldos y asientos de sillas.

rejón *m.* Palo largo con un hierro afilado en la punta que sirve para herir al toro.

rejoneador, -ra *m. y f.* Persona que torea a caballo hiriendo al toro con rejones.

rejonear *tr.* Herir al toro con uno o varios rejones.

rejoneo *m.* Acción de rejonear.

rejuvenecer [43] *tr./intr./prnl.* 1 Dar a una persona un aspecto más joven o el ánimo y el vigor propios de la juventud. ‖ *tr.* 2 Renovar o dar actualidad a una cosa.

relación *f.* 1 Correspondencia o conexión que hay entre dos o más cosas. 2 Relato que se hace de un hecho. 3 Lista de personas o cosas. 4 Trato o unión entre dos o más personas. ‖ *f. pl.* 5 Trato amoroso o sexual entre dos personas. 6 Conjunto de personas importantes o influyentes con las que se mantiene un trato personal o social.

relacionar *tr./prnl.* 1 Establecer una relación o correspondencia entre dos o más cosas. ‖ *tr.* 2 Relatar un hecho de palabra o por escrito. ‖ *prnl.* 3 Tener trato o relación personal con alguien. 4 Entablar un trato personal o social con una serie de personas importantes o influyentes.

relajación *f.* 1 Estado de tranquilidad, reposo o descanso físico o mental. 2 Acción de relajar o relajarse. 3 Tratamiento que consiste en una serie de ejercicios físicos y mentales para conseguir el reposo muscular o psíquico. 4 Disminución de la severidad de una regla o norma.

relajado, -da *adj.* 1 Que está sereno o muy tranquilo. 2 Que no causa tensión. 3 [sonido] Que se pronuncia con una escasa tensión muscular.

relajamiento *m.* Relajación.

relajar *tr./prnl.* 1 Disminuir la tensión, la presión o la fuerza a que está sometida una cosa. 2 Disminuir la fuerza, la actividad o la tensión de una parte del cuerpo. 3 Hacer menos severo y rígido el cumplimiento de ciertas normas sociales. ‖ *prnl.* 4 Adquirir costumbres consideradas malas o negativas.

relajo *m.* Estado de tranquilidad.

relamer *tr.* 1 Chupar una cosa con la lengua repetidamente. ‖ *prnl.* 2 Pasarse una persona la lengua por los labios repetidamente.

relamido, -da *adj.* Que va excesivamente aseado o con demasiados adornos.

relámpago *m.* 1 Luz viva y momentánea que se produce en las nubes por una descarga eléctrica. 2 Persona o cosa que realiza una actividad o produce un efecto de forma muy rápida. Se usa detrás de los nombres en aposición.

relampaguear *v. impersonal* 1 Haber relámpagos. ‖ *intr.* 2 Emitir luz una cosa.

relampagueo *m.* 1 Serie de relámpagos sucesivos durante una tormenta. 2 Acción de relampaguear.

relanzar [4] *tr.* 1 Volver a presentar al público una persona o cosa. 2 Reintroducir una costumbre o tendencia.

relatar *tr.* Contar un suceso de palabra o por escrito.

relatividad *f.* 1 Cualidad de relativo. 2 Fís. Teoría según la cual las leyes físicas se transforman cuando se cambia el sistema de referencia.

relativismo *m.* Doctrina basada en la relatividad o falta de valores absolutos, según la cual los conceptos comúnmente aceptados sobre el bien y el mal varían en función del ambiente y de la persona.

relativizar [4] *tr.* Conceder a algo un valor o importancia relativos.

relativo, -va *adj.* 1 Que guarda relación o conexión con una persona o cosa. 2 Que depende de una serie de factores, elementos o circunstancias. ‖ *adj./m.* 3 [pronombre, adverbio] Que hace referencia a elementos aparecidos anteriormente en el discurso e introduce una oración subordinada adjetiva. ‖ *adj./f.* 4 [oración subordinada] Que funciona dentro de la oración compuesta como un adjetivo y está introducida por estos pronombres.

relato *m.* 1 Narración breve de carácter literario. 2 Narración de un suceso.

relax *m.* Estado de tranquilidad, descanso o reposo físico y mental.

releer [61] *tr.* Volver a leer.

relegar [7] *tr.* Apartar o dejar de lado.

relente *m.* Humedad que hay en la atmósfera en las noches serenas.

relevancia *f.* 1 Importancia o utilidad de algo. 2 Conexión que algo tiene con lo que se está discutiendo o hablando.

relevante *adj.* Que tiene relevancia.

relevar *tr.* 1 Destituir a una persona de un puesto o cargo. 2 Librar a una persona de un peso, carga o empleo. 3 Reemplazar o sustituir una persona a otra en un trabajo, actividad o función.

relevo *m.* 1 Acción de relevar. 2 Persona que releva a otra. ‖ *m. pl.* 3 Competición deportiva de atletismo en la que los miembros de cada equipo se van sustituyendo una vez que han corrido una determinada distancia.

relicario *m.* 1 Lugar donde se guardan reliquias. 2 Estuche donde se guarda un objeto o recuerdo de alguien.

relieve *m.* 1 Adorno o labor hechos sobre una superficie de forma que quede elevado de esa superficie. 2 Conjunto de accidentes geográficos que configuran la superficie terrestre. 3 Importancia o influencia de una persona o cosa. ▶ **poner de relieve** Destacar o subrayar una cosa.

religión *f.* 1 Conjunto de creencias, normas morales de comportamiento social e individual y ceremonias de oración o sacrificio que relacionan al hombre con Dios. 2 Cada una de las diferentes doctrinas surgidas a partir de estas creencias.

religiosamente *adv.* 1 Desde un punto de vista religioso. 2 Con regularidad y exactitud.

religiosidad *f.* 1 Cualidad de religioso. 2 Práctica y cumplimiento esmerado de las obligaciones religiosas. 3 Puntualidad y exactitud en realizar una cosa.

religioso, -sa *adj.* 1 De la religión. 2 [persona] Que practica una religión. 3 Que es fiel y exacto en el cumplimiento del deber. ‖ *adj./m. y f.* 4 [persona] Que profesa en una orden religiosa.

relinchar *intr.* Emitir relinchos el caballo.

relincho *m.* Voz característica del caballo.

reliquia *f.* 1 Parte del cuerpo o de la vestimenta de un santo que se venera como objeto de culto. 2 Resto que queda de una época o cosa pasada. 3 Objeto viejo o antiguo que se tiene en gran estima. 4 Cosa muy vieja que no sirve para nada.

rellano *m.* Superficie llana en que termina cada tramo de una escalera.

rellenar *tr.* 1 Llenar un hueco metiendo una cosa en él. 2 Meter un alimento en el interior de otro. 3 Llenar de nuevo una cosa que estaba vacía. 4 Escribir en los huecos en blanco de un documento la información necesaria.

relleno, -na *adj.* 1 Que está lleno en su interior de alguna cosa. 2 [persona] Que está algo grueso. ‖ *m.* 3 Alimento con el que se rellena el interior de otro. 4 Acción de llenar. 5 Parte superficial o poco importante que alarga un escrito o discurso.

reloj *m.* Aparato que sirve para medir el tiempo. ▸ **como un reloj** De forma exacta o muy precisa. ▸ **contra reloj** *a)* En el menor tiempo posible. *b)* Modalidad de carrera ciclista en la que los corredores salen de uno en uno e intentan llegar a la meta en el menor tiempo posible.

relojería *f.* 1 Arte y técnica de fabricar relojes. 2 Establecimiento en el que se venden o arreglan relojes.

relojero, -ra *m. y f.* Persona que se dedica a hacer, arreglar o vender relojes.

reluciente *adj.* 1 Que brilla o emite luz. 2 Que está muy limpio.

relucir [45] *intr.* 1 Despedir o reflejar luz una cosa. 2 Destacar una persona por una

virtud o una cualidad. ▸ **sacar** (o **salir**) **a relucir** Decir o revelar una cosa.

relumbrar *intr.* Emitir un cuerpo una luz muy fuerte o brillante.

remachadora *f.* Máquina que sirve para colocar remaches.

remachar *tr.* 1 Aplastar la punta o la cabeza de un clavo. 2 Poner o colocar remaches. 3 Asegurar o recalcar una cosa que se ha dicho o hecho.

remache *m.* 1 Pieza de metal parecida a un clavo que, después de pasado por el agujero, se remacha por el extremo opuesto formando otra cabeza. 2 Acción de remachar.

remanente *m.* Parte que se conserva o queda de una cosa.

remangar [7] *tr./prnl.* Recoger hacia arriba las mangas u otra parte de una prenda de vestir.

remansarse *prnl.* Fluir muy lentamente una corriente de agua.

remanso *m.* 1 Lugar donde se detiene el agua de una corriente o donde fluye muy despacio. 2 Lugar muy tranquilo.

remar *intr.* Mover los remos de una embarcación para hacerla avanzar.

remarcar [1] *tr.* Poner de relieve especialmente una idea o asunto para que otros lo tengan en cuenta.

rematadamente *adv.* De manera absoluta y completa.

rematado, -da *adj.* [persona] Que tiene una cualidad negativa en alto grado.

rematar *tr.* 1 Acabar o poner fin a una cosa. 2 Asegurar o afianzar las últimas puntadas de una costura para que no se deshaga. 3 Acabar de estropear una cosa o una situación que está mal. 4 Poner fin a la vida de una persona o de un animal que está a punto de morir. ‖ *tr./intr.* 5 Lanzar el balón contra la portería o la cesta contraria, en fútbol y otros deportes. 6 Constituir o ser una cosa el final de otra.

remate *m.* 1 Fin o conclusión de una cosa. 2 Elemento que constituye el final de una cosa. 3 Adorno que se pone en el extremo de una cosa. 4 Acción que consiste en vender lo último que queda de un producto o mercancía a un precio rebajado o más barato. 5 Acción de rematar. ▸ **de remate** Expresión que intensifica el significado del adjetivo que la precede y significa 'totalmente' o 'sin remedio'.

remedar *tr.* 1 *coloquial* Hacer una cosa intentando que sea igual a otra. 2 *coloquial* Imitar una persona las acciones o los gestos de otra con intención de burlarse de ella o ridiculizarla.

remediable *adj.* Que tiene remedio.

remediar [12] *tr./prnl.* 1 Dar una solución a algo. ‖ *tr.* 2 Evitar que suceda algo malo.

remedio *m.* 1 Medida que se toma para reparar un daño o evitar un inconveniente. 2 Medio o sustancia que sirve para curar una enfermedad. 3 Auxilio de una necesidad.

remedo *m.* Cosa que es imitación o copia de otra.

remembranza *f.* Imagen o conjunto de imágenes de situaciones o hechos pasados que vienen a la mente.

rememorar *tr.* Recordar un hecho pasado.

remendar [27] *tr.* Coser un remiendo.

remendón, -dona *adj./m. y f.* Que por oficio se dedica a remendar cosas usadas, en especial un zapatero o un sastre.

remero, -ra *m. y f.* Persona que rema.

remesa *f.* 1 Envío de una cosa. 2 Conjunto de cosas que se envían de una vez.

remeter *tr.* 1 Meter una cosa más adentro o meter de nuevo algo que se ha salido de su sitio. 2 Empujar una cosa para meterla en un lugar o dentro de otra.

remiendo *m.* 1 Trozo de tela que se cose a otra que está vieja o rota para reforzarla o tapar un agujero. 2 Reparación o arreglo de poca importancia que se hace para reparar un desperfecto parcial.

remilgado, -da *adj./m. y f.* Que muestra excesiva delicadeza o escrúpulo.

remilgo *m.* Delicadeza o escrúpulos excesivos.

OBS Se suele usar más en plural.

reminiscencia *f.* 1 Recuerdo impreciso de un hecho del pasado. 2 Característica de una obra de arte que influye en la creación de otra.

remisión *f.* 1 Indicación que se hace en un escrito para enviar al lector a otra parte del texto. 2 Acción de remitir. 3 Efecto de remitir.

remiso, -sa *adj.* Que no gusta de hacer una cosa o la hace sin entusiasmo.

remite *m.* Nota que se pone en un sobre o paquete que se envía por correo para indicar el nombre y la dirección de la persona que lo manda.

remitente *com.* Persona que envía un paquete o una carta.

remitir *tr.* 1 Enviar o mandar una cosa de un sitio a otro. 2 Suspender una condena que priva de libertad a una persona. ‖ *intr.*

3 Perder una cosa parte de su intensidad o fuerza. ‖ *prnl.* 4 Atenerse una persona a lo que ha dicho o ha hecho ella misma respecto de un asunto, o a lo que ha hecho o ha dicho otra persona.

remo *m.* 1 Instrumento de madera en forma de pala larga y estrecha que sirve para mover una embarcación desde el agua. 2 Deporte que se practica con embarcaciones movidas mediante estos instrumentos y que consiste en recorrer una determinada distancia. 3 *coloquial* Brazo o pierna de una persona o de los animales de cuatro patas.

remodelación *f.* 1 Acción de remodelar. 2 Efecto de remodelar.

remodelar *tr.* Cambiar o modificar la forma o la estructura de algo.

remojar *tr.* 1 Empapar una cosa con cualquier líquido. 2 Convidar a beber a unos amigos para celebrar un acontecimiento.

remojo *m.* Acción de remojar.

remojón *m.* Baño de agua que recibe una persona en gran cantidad y sin esperarlo.

remolacha *f.* 1 Raíz grande y carnosa que es comestible. 2 Planta que tiene esta raíz; posee un tallo derecho, grueso y ramoso, hojas ovaladas con un nervio central y flores pequeñas en espiga.

remolcador, -ra *adj./m. y f.* 1 Que remolca. ‖ *m.* 2 Barco de gran potencia que se usa para remolcar otras embarcaciones.

remolcar [1] *tr.* 1 Llevar un vehículo por tierra tirando de él. 2 Llevar una embarcación sobre el agua tirando de ella.

remolino *m.* 1 Movimiento rápido de una masa de aire, agua, polvo o humo que gira sobre sí mismo. 2 Conjunto de pelos que crecen en diferente dirección formando un bucle.

remolón, -lona *adj./m. y f.* Que intenta eludir cualquier trabajo u obligación.

remolonear *intr.* Hacer el remolón.

remolque *m.* 1 Vehículo con o sin motor que es remolcado o llevado por otro que va tirando de él. 2 Acción de remolcar.

remontar *tr.* 1 Subir una pendiente hasta su parte superior. 2 Navegar aguas arriba en contra de la corriente. 3 Elevar una cosa en el aire. 4 Superar una persona un obstáculo o una dificultad. ‖ *prnl.* 5 Subir o volar un ave o un avión. 6 Retroceder en el tiempo hasta un momento del pasado.

remonte *m.* 1 Acción de remontar o remontarse. 2 Efecto de remontar o remontarse. 3 Variedad del juego de pelota vasca. **4** Aparato que se utiliza para remontar o subir una pista de esquí.

rémora *f.* **1** Pez marino de color gris que se pega fuertemente a los objetos flotantes o a otros peces. **2** Cosa que detiene, impide o dificulta un proceso, proyecto o acción.

remordimiento *m.* Sentimiento de culpabilidad que tiene una persona por algo que ha hecho y que lamenta.

remotamente *adv.* **1** En un espacio apartado o en un tiempo lejano. **2** Acompañado de expresiones negativas, sin ninguna probabilidad de que exista o sea cierta una cosa. **3** De manera poco clara o precisa.

remoto, -ta *adj.* **1** Que está muy lejos en el tiempo o el espacio. **2** Que es poco probable que suceda en la realidad.

remover [32] *tr.* **1** Agitar o mover repetidamente un líquido dándole vueltas. **2** Cambiar o mover una cosa de sitio. **3** Tratar de nuevo un asunto.

remozar [4] *tr./prnl.* Dar un aspecto nuevo o moderno a una cosa haciendo reformas en ella.

remuneración *f.* Cantidad de dinero o cosa con que se paga un trabajo.

remunerar *tr.* Pagar a una persona por un trabajo o un servicio.

remunerativo, -va *adj* Que remunera.

renacentista *adj.* **1** Del Renacimiento. ▌ *adj./com.* **2** [persona] Que cultiva los estudios propios del Renacimiento.

renacer [42] *intr.* **1** Volver a nacer. **2** Recuperar la fuerza, la energía o la importancia.

renacimiento *m.* **1** Circunstancia de volver a nacer. **2** Movimiento cultural europeo caracterizado por el estudio y el intento de recuperar las culturas antiguas de Grecia y Roma que se desarrolló en los siglos XV y XVI. **3** Recuperación de la fuerza, la energía o la importancia.

renacuajo *m.* **1** Cría o larva de la rana y de otros animales anfibios que vive en el agua, tiene cola, carece de patas y respira por branquias. **2** *coloquial* Niño pequeño que es muy vivaracho. Se usa como apelativo cariñoso.

renal *adj.* De los riñones.

rencilla *f.* Riña o pelea entre dos o más personas de la que queda algún resentimiento o rencor.

rencor *m.* Sentimiento de hostilidad o enemistad hacia una persona motivado por una ofensa o un daño recibidos.

rencoroso, -sa *adj./m. y f.* Que tiene o guarda rencor.

rendición *f.* **1** Acción de rendir o rendirse. **2** Efecto de rendir o rendirse.

rendido, -da *adj.* **1** Que dedica todo su amor, esfuerzo o tiempo a otra persona. **2** Que está muy cansado.

rendija *f.* Abertura estrecha y alargada que está en una superficie o queda entre dos cuerpos.

rendimiento *m.* **1** Producto o utilidad que da una cosa o una persona. **2** Cansancio, desfallecimiento de las fuerzas.

rendir [34] *tr./prnl.* **1** Vencer, ganar o someter un bando a otro en una guerra. ▌ *tr.* **2** Cansar mucho cierta cosa o actividad a una persona. ▌ *intr.* **3** Dar fruto o ser de utilidad una cosa. ▌ *prnl.* **4** Tener que admitir o aceptar una persona una cosa.

renegado, -da *adj./m. y f.* [persona] Que reniega de sus creencias o su religión.

renegar [48] *intr.* **1** Abandonar una persona sus creencias o su religión. **2** Decir o proferir una persona insultos o juramentos. **3** Rechazar una persona a otra con desprecio. **4** *coloquial* Refunfuñar o murmurar una persona en voz baja como muestra de gran enfado.

renegociar [12] *tr.* Tratar de nuevo un asunto, sobre el que ya se había llegado a un acuerdo.

renegrido, -da *adj.* De color negro muy oscuro.

renglón *m.* **1** Serie de letras o palabras escritas en una misma línea y dispuestas de forma horizontal. **2** Cada una de las líneas horizontales que tienen algunos papeles y que permiten que no nos torzamos al escribir. ▌ *m. pl.* **3** Carta o escrito breve. ▸ **a renglón seguido** Indica que una cosa sucede a continuación de otra.

renio *m.* Elemento químico metálico que se encuentra en los minerales de platino, hierro y molibdeno.

reno *m.* Mamífero rumiante de patas largas, cola muy corta, pelo espeso y colgante de color marrón o gris en el cuerpo y blanco en el cuello, que tiene dos cuernos divididos en ramas.

renombrado, -da *adj.* [persona, cosa] Que es muy conocido o famoso.

renombre *m.* **1** Fama o reconocimiento público. **2** Nombre que se añade al que es propio de una persona.

renovable *adj.* Que puede renovarse.

renovación *f.* **1** Acción de renovar o renovarse. **2** Efecto de renovar o renovarse.

renovar [31] *tr./prnl.* **1** Hacer que una cosa esté como si fuera nueva. **2** Restablecer una relación que se había interrumpido. ▌ *tr.* **3** Cambiar o sustituir una cosa por otra nueva o más moderna.

renquear *intr.* **1** Andar o caminar con dificultad inclinando el cuerpo a un lado más que a otro por no poder pisar igual con ambos pies. **2** Tener dificultad en alguna empresa, negocio o quehacer.

renta *f.* **1** Cantidad de dinero que produce periódicamente un bien. **2** Cantidad de dinero o de bienes que se paga o se recibe por un arrendamiento o alquiler. **3** Beneficio que se obtiene de alguna actividad o esfuerzo.

rentabilidad *f.* Capacidad de producir un beneficio que compense la inversión o el esfuerzo que se ha hecho.

rentabilizar [4] *tr.* Hacer rentable.

rentable *adj.* Que produce un beneficio que compensa lo que se ha invertido o el esfuerzo que se ha hecho.

rentar *tr.* **1** Producir una inversión económica, el alquiler de una casa u otro bien una cantidad de dinero o un determinado beneficio cada cierto tiempo. **2** AMÉR Alquilar.

rentista *com.* Persona que vive de los ingresos que le producen sus inversiones.

renuevo *m.* Tallo que echa el árbol o la planta después de haber sido podados o cortados.

renuncia *f.* **1** Acción de renunciar. **2** Documento en el que se da a conocer un abandono voluntario.

renunciar [12] *intr.* **1** Abandonar voluntariamente una cosa que se posee. **2** Desistir de hacer lo que se proyectaba o deseaba hacer. **3** Despreciar o abandonar una cosa. **4** No querer admitir o aceptar algo o a alguien.

renuncio *m.* Mentira o contradicción en que se coge a alguien.

reñido, -da, *adj.* **1** Que se ha peleado o enemistado con otra. **2** Que existe mucha rivalidad.

reñir [36] *tr.* **1** Expresar severamente a una persona la desaprobación por lo que ha hecho. ▌ *intr.* **2** Discutir o pelear dos o más personas. **3** Romper las relaciones con alguien.

reo, rea *m. y f.* Persona que ha sido condenada por un delito.

reoca Palabra que se utiliza en la locución *ser la reoca*, que significa 'ser extraordinario', 'salirse de lo corriente'.

reojo Palabra que se utiliza en la expresión

mirar (o *ver*) *de reojo*, que significa 'mirar o ver de forma disimulada, dirigiendo la vista desde el extremo de los ojos'.

reorganización *f.* Cambio de la forma en que algo está organizado.

reorganizar *tr.* Cambiar la forma en que algo está estructurado.

reóstato *m.* Instrumento para variar la resistencia en un circuito eléctrico.

repanchigarse *prnl.* Sentarse, extendiendo y recostando el cuerpo.

repanocha Palabra que se utiliza en la locución *ser la repanocha*, que significa 'ser extraordinario, salirse de lo corriente'.

repantigarse *prnl.* Repanchigarse.

reparación *f.* **1** Acción de reparar. **2** Compensación por un daño.

reparador, -ra *adj./m. y f.* **1** Que repara, arregla o remedia una cosa. ▌ *adj./m.* **2** [sustancia] Que sirve para reparar la piel del calzado.

reparar *tr.* **1** Arreglar una cosa estropeada. **2** Remediar un daño o desagraviar una ofensa. **3** Restablecer las fuerzas perdidas o dar aliento y vigor. ▌ *intr.* **4** Pararse a considerar una acción antes de llevarla a cabo. **5** Fijarse o darse cuenta.

reparo *m.* **1** Acción de reparar. **2** Dificultad, duda o inconveniente para hacer algo.

repartición *f.* División y entrega por partes de una cosa.

repartidor, -ra *m. y f.* Persona que se dedica a entregar mercancías a domicilio.

repartir *tr./prnl.* **1** Hacer partes de una cosa y entregar a cada uno la parte que le corresponde. **2** Distribuir los elementos de un conjunto en diferentes lugares o destinos. **3** Entregar a sus destinatarios las cosas que han encargado o que les han enviado. **4** Extender uniformemente una materia sobre una superficie. **5** Ordenar o clasificar las partes de un todo. **6** Asignar a cada uno la función que le corresponde.

reparto *m.* **1** Acción de repartir. **2** Cosa que se reparte. **3** Lista de los actores que intervienen en una obra y de los personajes que encarnan.

repasar *tr.* **1** Hacer otra vez una cosa para corregir sus imperfecciones. **2** Examinar o volver a mirar una cosa para comprobar que está bien. **3** Leer otra vez lo que se ha estudiado. **4** Volver a explicar la lección. **5** Leer deprisa un escrito.

repaso *m.* **1** Acción de repasar. **2** Efecto de repasar. ▶ **dar un repaso** *a)* Reñir a una persona. *b)* Demostrar a otra persona superioridad en ciertos conocimientos o ciertas habilidades.

repatear *intr. coloquial* Causar disgusto o desagrado una cosa.

repatriación *f.* Acción de repatriar.

repatriado, -da *adj./m. y f.* [persona] Que es devuelto a su patria por las autoridades del propio país o de otro.

repatriar [14] *tr./prnl.* Devolver a una persona o cosa al país de origen.

repecho *m.* Cuesta del terreno pronunciada y no muy larga.

repelente *adj.* 1 Que repele. | *adj./com.* 2 Que resulta impertinente por su afectación o porque cree saberlo todo. | *adj./m.* 3 [sustancia] Que sirve para alejar a los insectos u otros animales.

repeler *tr.* 1 Arrojar una cosa con impulso o violencia. 2 Causar repulsión o repugnancia. | *tr./prnl.* 3 Tender a separarse un cuerpo de otro.

repelús *m.* Escalofrío producido por miedo, desagrado o asco.

repente *m.* Movimiento o impulso inesperado y brusco. ▸ **de repente** Indica que algo se hace de manera inesperada y brusca.

repentino, -na *adj.* Que se produce u ocurre sin preparación o aviso.

repentizar [4] *tr./intr.* Realizar una acción que no ha sido preparada o estudiada anteriormente.

repercusión *f.* Consecuencias indirectas de un hecho o de una decisión.

repercutir *intr.* 1 Causar un efecto una cosa en otra posterior o causarlo indirectamente. 2 Rebotar un sonido en una superficie y producir eco o resonancia. 3 Cambiar de dirección o retroceder un cuerpo al chocar con otro.

repertorio *m.* 1 Conjunto de obras dramáticas o musicales que una persona o una compañía tiene estudiadas y preparadas para representar o ejecutar. 2 Libro o registro en el que se recogen datos o informaciones de manera organizada para facilitar su búsqueda.

repesca *f.* Segunda oportunidad de conseguir un fin.

repescar [1] *tr.* 1 Admitir nuevamente a quien había sido eliminado de una prueba, examen o competición. 2 Recuperar una cosa que se había dejado u olvidado.

repetible *adj.* Que puede ser repetido.

repetición *f.* 1 Acción de repetir. 2 Cosa que se repite. 3 Recurso literario o del lenguaje que consiste en repetir a propósito palabras o conceptos.

repetidor, -ra *adj./m. y f.* 1 [alumno] Que vuelve a matricularse y estudiar un mismo curso. | *m.* 2 Aparato que recibe señales de televisión o radio y las envía amplificadas a otro lugar.

repetir [34] *tr.* 1 Volver a decir una cosa que ya se había dicho. 2 Volver a hacer una cosa que ya se había hecho. | *intr.* 3 Volver a estudiar un curso o una asignatura que no se ha aprobado. 4 Volver a la boca el sabor de lo que se ha comido o bebido. | *prnl.* 5 Insistir en una idea o una actitud, especialmente los artistas.

repetitivo, -va *adj.* Que se repite continuamente.

repicar [1] *intr.* Sonar las campanas repetidamente.

repipi *adj./com.* [persona] Que habla o se comporta de manera afectada.

repique *m.* Conjunto de toques vivos y repetidos de una campana o de un instrumento semejante.

repiquetear *intr.* 1 Sonar las campanas repetidamente y con mucha viveza. 2 Golpear repetidamente haciendo ruido.

repiqueteo *m.* 1 Sonido que hacen las campanas al sonar repetidamente y con viveza. 2 Sonido producido por el golpe repetido de algo contra una superficie.

repisa *f.* 1 Placa horizontal de madera, de cristal o de otro material que se coloca en una pared para poner encima cosas. 2 ARQ. Saliente de un muro.

replantar *tr.* 1 Volver a plantar donde antes ya se había plantado. 2 Tomar plantas de un sitio y plantarlas en otro.

replantear *tr./prnl.* 1 Volver a plantear o a considerar un asunto. | *tr.* 2 Trazar en el suelo o sobre un plano la planta de una obra ya proyectada.

replay *m.* En televisión, repetición de fragmentos ya vistos.

OBS Es de origen inglés y se pronuncia aproximadamente 'ripléi'.

replegar [48] *tr.* 1 Plegar muchas veces. | *tr./prnl.* 2 Retirarse ordenadamente a posiciones defensivas las tropas de un ejército o los jugadores de un equipo.

repleto, -ta *adj.* Que está muy lleno.

réplica *f.* 1 Argumento con que se replica. 2 Copia exacta o muy parecida de una obra artística.

replicar [1] *tr.* 1 Responder con viveza oponiéndose a una cosa. | *intr.* 2 Responder con impertinencia o poniendo inconvenientes a lo que se indica u ordena.

repliegue *m.* 1 Pliegue doble. 2 Acción de

replegarse un ejército o un equipo. **3** Vegetación de lugares repoblados.

repoblación *f.* **1** Acción y resultado de volver a establecer grupos humanos en un lugar del que se ha expulsado a los pobladores anteriores o que ha sido abandonado. **2** Acción y resultado de volver a establecer vegetación o fauna en un medio natural degradado como medida para su recuperación.

repoblar [31] *tr.* **1** Volver a poblar un lugar o un territorio con habitantes. **2** Volver a establecer vegetación o fauna en un lugar del que había desaparecido.

repollo *m.* Tipo de col que tiene forma de pelota, con hojas grandes, muy apretadas entre sí.

reponer [78] *tr.* **1** Sustituir o poner en lugar de lo que se ha sacado o gastado. **2** Volver a poner en el lugar, estado o empleo anterior. **3** Repetir la representación de una obra de teatro o la proyección de una película. **4** Responder a lo que dice otra persona con un argumento o una justificación. Solo se conjuga en pretérito indefinido y pretérito imperfecto de subjuntivo. ‖ *prnl.* **5** Recuperar la salud o la prosperidad perdida. **6** Recuperar la serenidad.

reportaje *m.* Conjunto de noticias sobre un hecho, personaje o cualquier otro tema que recoge y relata un periodista para publicarlo en la prensa.

reportar *tr.* **1** Proporcionar una cosa un beneficio o una satisfacción. ‖ *tr./prnl.* **2** Dominar o reprimir una pasión de ánimo o moderarla.

reporte *m.* Informe sobre un negocio, suceso o persona.

reportero, -ra *adj./m. y f.* [periodista] Que elabora reportajes.

reposacabezas *m.* Parte superior de un asiento que sirve para apoyar la cabeza.

OBS El plural también es *reposacabezas*.

reposado, -da *adj.* **1** Que se comporta con calma, sosiego y tranquilidad. **2** Que no exige mucha actividad o esfuerzo.

reposar *intr.* **1** Dejar el trabajo o la actividad para recuperar fuerzas. **2** Dormir durante un corto tiempo. **3** Permanecer en quietud y paz. ‖ *tr.* **4** Poner o apoyar una cosa sobre otra. ‖ *intr.* **5** Estar enterrado. ‖ *intr./prnl.* **6** Dejar quieto un líquido para que la materia sólida que flota en él caiga al fondo del recipiente que lo contiene. **7** Dejar quieta una mezcla, masa o guiso para que espese.

reposición *f.* **1** Acción de reponer una obra de teatro o película. **2** Obra de teatro o película que se repone.

reposo *m.* **1** Acción de reposar. **2** Efecto de reposar.

repostar *tr.* Volver a llenar un depósito de combustible o volver a abastecerse de provisiones.

repostería *f.* **1** Oficio y técnica del repostero. **2** Conjunto de productos que elaboran los reposteros. **3** Establecimiento en el que se elaboran o venden dulces y pasteles.

repostero, -ra *m. y f.* Persona que se dedica a elaborar o vender dulces y pasteles.

reprender *tr.* Expresar severamente a una persona la desaprobación por lo que ha hecho.

reprensión *f.* Acción de reprender.

represalia *f.* **1** Daño o mal que una persona causa a otra como venganza por otro mal recibido. **2** Medida hostil que un estado toma para responder a otro estado en contra de un acto considerado ilícito. Suele usarse en plural.

represaliar [12] *tr./intr.* Tomar represalias un estado.

represar *tr.* Detener el curso del agua corriente para embalsarla.

representación *f.* **1** Signo, símbolo o imitación que hace pensar en una persona o cosa. **2** Signo o imagen que sustituye a la realidad. **3** Acción de representar. **4** Persona o conjunto de personas que representan algo.

representante *com.* **1** Persona que actúa en representación de otra o de una institución o colectivo. **2** Persona que hace propaganda y concierta las ventas de los productos de una o varias empresas. **3** Persona que representa a los artistas y a las compañías del mundo del espectáculo para organizar sus actuaciones.

representar *tr./prnl.* **1** Hacer presente una cosa en la mente por medio de signos, símbolos, imágenes o imitaciones. ‖ *tr.* **2** Interpretar una obra teatral en público. **3** Actuar en nombre de una persona, institución o colectivo. **4** Aparentar una persona una determinada edad. **5** Importar una persona o una cosa.

representatividad *f.* Cualidad de representativo.

representativo, -va *adj.* **1** Que sirve para representar. **2** Que sirve para distinguir a una persona o cosa de otras de su misma especie.

represión *f.* 1 Acción de reprimir o reprimirse. 2 Uso de la fuerza para controlar las acciones de un grupo de personas, especialmente de los habitantes de un país.

represivo, -va *adj.* 1 Que reprime. 2 Que reprime de forma autoritaria actos que alteran el orden público.

represor, -ra *adj./m. y f.* Represivo.

reprimenda *f.* Expresión muy severa de desaprobación que se le hace a una persona por su comportamiento.

reprimir *tr./prnl.* 1 Impedir que un sentimiento o impulso se exprese abiertamente. 2 Usar la fuerza para controlar los actos que alteran el orden público.

reprís o **reprise** *m.* Capacidad del motor de un automóvil para acelerar con rapidez.

OBS Es de origen francés.

reprivatizar [4] *tr.* Volver a convertir en privada una empresa nacionalizada por el Gobierno.

reprobación *f.* Desaprobación de la conducta de una persona.

reprobar [31] *tr.* Desaprobar la conducta de una persona.

réprobo, -ba *adj./m. y f. culto* Que está condenado a las penas del infierno.

reprochar *tr.* Decir a una persona lo que se cree que no ha hecho bien.

reproche *m.* Cosa que se reprocha.

reproducción *f.* 1 Acción de reproducir. 2 Cosa reproducida.

reproducir [46] *tr./prnl.* 1 Volver a producir una cosa. **‖** *tr.* 2 Volver a decir lo que ya se ha dicho. 3 Hacer una copia de una cosa. 4 Ser copia o representación de una cosa. **‖** *prnl.* 5 Producir los seres vivos descendencia de su misma especie.

reproductor, -ra *adj.* [máquina] Que sirve para producir una copia de imágenes o sonidos.

reprografía *f.* Conjunto de técnicas de reproducción de escritos o dibujos; por ejemplo, por medio de una fotocopiadora.

reptar *intr.* Desplazarse arrastrándose por el suelo como los reptiles.

reptil *adj./m.* 1 Animal vertebrado ovíparo que se mueve arrastrando el cuerpo por el suelo y tiene la piel recubierta por escamas. **‖** *m. pl.* 2 Clase de estos animales.

república *f.* 1 Forma de gobierno en la que el cargo de jefe del Estado está en manos de un presidente que se elige por votación. 2 País que se gobierna de esta manera.

republicano, -na *adj.* 1 Relativo a la república. **‖** *adj./m. y f.* 2 Que es partidario de la república.

repudiar [12] *tr.* 1 Rechazar algo por razones morales. 2 Rechazar legalmente al propio cónyuge.

repuesto, -ta *m.* Pieza que es igual a otra y puede sustituirla en un aparato.

repugnancia *f.* 1 Asco profundo o alteración del estómago que impulsa a vomitar. 2 Antipatía o desprecio profundo hacia alguien o algo.

repugnante *adj.* Que causa repugnancia.

repugnar *intr.* 1 Causar asco profundo o disgusto. **‖** *tr./prnl.* 2 Ser opuesta una cosa a otra.

repujado *m.* Labrado en relieve de una lámina metálica o de un trozo de cuero que se hace con un martillo o un instrumento punzante.

repulsa *f.* Condena enérgica de una cosa.

repulsión *f.* 1 Sentimiento de repugnancia hacia algo. 2 Rechazo u oposición.

repulsivo, -va *adj.* Que causa repulsión.

reputación *f.* Opinión que tiene la gente de una persona o de una cosa.

reputado, -da *adj.* [persona, cosa] Que es muy conocido y admirado.

reputar *tr.* Considerar que alguien posee una cualidad o característica positiva.

requebrar [27] *tr.* Elogiar a una mujer alabando sus atractivos.

requerimiento *m.* 1 Acción de requerir. 2 Efecto de requerir.

requerir [35] *tr.* 1 Necesitar una persona o una cosa que se le dedique algo. 2 Solicitar algo. 3 Hacer saber una cosa con autoridad pública.

requesón *m.* Masa blanca y mantecosa que se hace cuajando la leche y colándola después para dejar escapar el suero.

requiebro *m.* Expresión de admiración que generalmente dirige un hombre a una mujer.

réquiem *m.* 1 Oración por los difuntos que se reza en las misas dedicadas a ellos. 2 Composición musical que se canta en la misa de difuntos.

OBS El plural también es *réquiem*.

requisa *f.* Acción de requisar.

requisar *tr.* Tomar el Estado una propiedad de una persona o empresa para remediar una necesidad de interés público.

requisito *m.* Condición necesaria para una cosa.

res *f.* Cualquier animal cuadrúpedo de ciertas especies, como las vacas, ovejas, jabalíes o ciervos.

resabiado, -da *adj.* **1** [persona] Que reacciona con desconfianza o agresividad ante lo que tiene experiencia negativa o desfavorable. **2** [animal] Que ha adquirido una mala costumbre. **3** [toro] Que embiste al torero en lugar de al capote.

resabio *m.* **1** Mala costumbre adquirida por alguna circunstancia. **2** Sabor desagradable que deja una cosa.

resaca *f.* **1** Fuerza de las olas del mar al retirarse de la orilla. **2** Malestar que se sufre al día siguiente de haber bebido mucho alcohol.

resalado, -da *adj. coloquial* Que tiene mucha gracia o alegría en el trato.

resaltador *m.* ᴀʀɢ Marcador, instrumento para escribir.

resaltar *intr.* **1** Distinguirse o sobresalir mucho. ‖ *tr.* **2** Destacar la importancia de una cosa o poner énfasis en ella.

resalte *m.* Saliente de una superficie, particularmente de una pared.

resarcir [3] *tr./prnl.* Compensar a una persona por un daño o por un perjuicio.

resbaladizo, -za *adj.* **1** Que hace resbalar o que se escurre fácilmente. **2** [asunto] Que conduce fácilmente a una falta o error.

resbalar *intr./prnl.* **1** Moverse los pies hacia delante y perder el equilibrio al pisar una superficie deslizante. **2** Desplazarse una cosa sobre una superficie deslizante. **3** Desplazarse una cosa deslizante sobre una superficie. ‖ *intr.* **4** Caer en una falta o error.

resbalón *m.* **1** Movimiento brusco que se produce al resbalar una persona o cosa. **2** Falta de discreción que se comete hablando. **3** Pestillo de ciertas cerraduras que se encaja en el cerradero presionando un resorte.

rescatar *tr.* **1** Recuperar a cambio de dinero o por la fuerza a una persona o cosa de la que alguien se ha apoderado. **2** Librar a una persona de un mal o situación desagradable. **3** Recuperar una cosa que se había olvidado o perdido.

rescate *m.* **1** Acción de rescatar. **2** Dinero que se pide o se paga para liberar a una persona o recuperar una cosa.

rescindir *tr.* ᴅᴇʀ Dejar sin efecto un contrato u otra obligación legal.

rescisión *f.* Acción de rescindir.

rescoldo *m.* **1** Brasa pequeña que se conserva entre la ceniza. **2** Resto de un sentimiento, pasión o afecto.

resecar [1] *tr./prnl.* Hacer que algo quede sin gota de humedad o jugo.

reseco, -ca *adj.* Que está demasiado seco.

resentido, -da *adj./m. y f.* Persona que se muestra dolida por una ofensa o daño.

resentimiento *m.* Sentimiento contenido de disgusto avivado por el recuerdo de una ofensa o un daño recibidos.

resentirse [35] *prnl.* **1** Empezar a flaquear o a estropearse una cosa por la acción de otra. **2** Sentir dolor o molestia por una dolencia. **3** Sentir disgusto por una ofensa o daño.

reseña *f.* **1** Escrito breve en el que se da noticia y se comenta una obra escrita de reciente publicación. **2** Noticia breve sobre un acto reciente. **3** Enumeración de los principales rasgos de una persona, de un animal o de una cosa.

reseñar *tr.* Hacer la reseña de una cosa.

reserva *f.* **1** Acción de reservar. **2** Conjunto de cosas que se reservan. **3** Cuidado que se pone en no decir todo lo que se piensa o todo lo que se sabe. **4** Falta de confianza. Normalmente se usa en plural. **5** Parte del ejército de una nación que terminó su servicio activo pero que puede ser movilizada. **6** Territorio de un país reservado a una comunidad indígena de la que quedan pocos miembros. **7** Zona de la naturaleza protegida para preservar el conjunto de su ecosistema. **8** Conjunto de fondos o valores que se guardan para hacer frente a futuras necesidades. ‖ *com.* **9** Jugador que sustituye a otro en distintos deportes.

reservado, -da *adj.* **1** [persona] Que es cauteloso. **2** [persona] Que habla poco y no se hace notar. **3** Que es privado.

reservar *tr.* **1** Guardar algo para más adelante o para cuando sea necesario. **2** Tomar con anterioridad plaza en un hotel, tren, avión u otro servicio. **3** Separar o apartar una cosa que se reparte reteniéndola para sí o para otro. **4** No dar a conocer un asunto. ‖ *prnl.* **5** Dejar de actuar esperando una mejor ocasión.

resfriado *m.* Enfermedad leve con síntomas como la mucosidad abundante en la nariz o el dolor de garganta o de cabeza.

resfriarse *prnl.* Contraer un resfriado.

resguardar *tr./prnl.* Proteger, especialmente del frío, la lluvia o el mal tiempo.

resguardo *m.* **1** Documento que da garantía de que se ha hecho una entrega o un pago. **2** Lugar que sirve para proteger o defender.

residencia f. 1 Establecimiento o estancia donde se vive habitualmente. 2 Lugar en que se reside o se vive habitualmente. 3 Edificio en el que conviven personas que tienen alguna característica en común y que se sujetan a unas normas. 4 Hospital grande, generalmente de titularidad pública. 5 Casa grande y lujosa. 6 Establecimiento para huéspedes de menor categoría que un hotel y superior a la pensión.

residencial adj. [zona, barrio] Que está destinado casi exclusivamente a las viviendas, en especial de personas adineradas.

residente adj./com. 1 Que reside o vive habitualmente en un lugar. 2 [funcionario, empleado] Que vive en el sitio donde tiene el empleo.

residir intr. 1 Vivir habitualmente en un lugar determinado. 2 Ser la base de algo.

residual adj. 1 Que queda como residuo o que los contiene. 2 De los residuos.

residuo m. 1 Restos que quedan tras la descomposición o destrucción de una cosa. 2 Materiales inservibles que quedan después de haber realizado un trabajo.

resignación f. Capacidad para soportar las adversidades.

resignarse prnl. Aceptar con paciencia y conformidad un estado o situación que perjudica o hace daño.

resiliencia f. Capacidad que tiene una persona para superar circunstancias traumáticas o muy difíciles.

resina f. Sustancia pegajosa, sólida o de consistencia pastosa, que se obtiene de algunas plantas de forma natural o se fabrica artificialmente.

resistencia f. 1 Capacidad para resistir, para aguantar, soportar o sufrir. 2 Capacidad para soportar un esfuerzo o un peso. 3 Fuerza que se opone al movimiento de una máquina. 4 Elemento que se intercala en un circuito para modificar la corriente o para que esta se transforme en calor. 5 Acción de resistir. 6 Organización de los habitantes de un país invadido para luchar contra el invasor.

resistente adj. Que resiste.

resistir tr./intr. 1 Conservarse manteniendo las cualidades propias a pesar del paso del tiempo o de otros agentes perjudiciales. 2 Oponerse un cuerpo o una fuerza a la acción o violencia de otra. 3 Tolerar a alguien o algo. ‖ tr./prnl. 4 Rechazar con fuerza una idea, una tendencia o una situación. 5 Oponer dificultades o fuerza.

resol m. Reflejo del sol, y luz y calor que produce este reflejo.

resolana f. AMÉR Luz y calor producidos por la reverberación del sol en un lugar que está a la sombra.

resollar [31] intr. 1 Respirar con fuerza y haciendo algún ruido. 2 Hablar o darse a entender.

resolución f. 1 Solución que se da a un problema o duda. 2 Decisión que se toma después de considerar todos los factores de un problema o de una duda. 3 Determinación y seguridad para hacer una cosa. 4 Exactitud o claridad en la reproducción de una imagen o sonido.

resolutivo, -va adj. Que puede resolver un asunto rápidamente.

resolver [32] tr. 1 Dar o hallar una solución o respuesta a un problema o duda. ‖ tr./prnl. 2 Elegir una opción o formar un juicio definitivo sobre una cuestión dudosa. ‖ tr. 3 Acabar un asunto o negocio.

resonancia f. 1 Prolongación de un sonido que va disminuyendo. 2 Sonido producido por la repercusión de otro. 3 Gran divulgación o fama que adquiere un hecho.

resonar [31] intr. 1 Sonar con fuerza. 2 Alargarse un sonido al rebotar en una superficie.

resoplar intr. Respirar fuertemente haciendo ruido, generalmente a causa del cansancio o de un contratiempo.

resoplido m. Respiración fuerte y ruidosa que generalmente se hace a causa del cansancio o de un contratiempo.

resorte m. 1 Pieza elástica sobre la que se aplica una presión y que es capaz de recuperar su forma inicial cuando esta presión desaparece. 2 Medio del que una persona se vale para lograr un fin.

respaldar tr./prnl. 1 Ayudar a una cosa o persona a conseguir algo. ‖ prnl. 2 Inclinarse de espaldas o arrimarse al respaldo de un asiento.

respaldo m. 1 Parte de un asiento en la que descansa la espalda. 2 Protección o apoyo.

respectivamente adv. Indica que a cada elemento de un conjunto le corresponde otro que es equivalente u ocupa el mismo lugar en otro conjunto.

respectivo, -va adj. [miembro de una serie] Que tiene correspondencia con un miembro que pertenece a un grupo o conjunto diferente.

respecto 1 Palabra que se utiliza en la locución al respecto, que significa 'en relación con lo que se trata'. 2 Palabra que se utiliza en las locuciones *con respecto a* o *respecto a*, que significan 'por lo que se refiere a'.

respetable *adj.* 1 Que merece respeto. 2 Que es considerable por su número, tamaño o intensidad. ‖ *m.* 3 Público que se encuentra en un espectáculo.

respetar *tr.* Tener respeto.

respeto *m.* 1 Consideración y reconocimiento del valor de alguien o algo. 2 Temor o recelo que infunde alguien o algo. ‖ *m. pl.* 3 Saludos de cortesía.

respetuoso, -sa *adj.* [persona, acción] Que muestra respeto o consideración.

respingar [7] *intr.* 1 Sacudirse y gruñir un animal. 2 *coloquial* Levantarse o elevarse el borde de una prenda de vestir.

respingo *m.* 1 Sacudida violenta del cuerpo. 2 Expresión o gesto con que una persona muestra asco o disgusto.

respingón, -gona *adj.* 1 *coloquial* [nariz] Que tiene la punta un poco levantada hacia arriba. 2 *coloquial* [prenda de vestir] Que respinga o se levanta por el borde.

respirable *adj.* Que se puede respirar sin ser perjudicial para la salud.

respiración *f.* 1 Acción de respirar. 2 Aire que se toma cada vez que se respira. 3 Entrada y salida de aire en un lugar cerrado.

respiradero *m.* Abertura por donde entra y sale el aire de un lugar cerrado.

respirar *intr.* 1 Tomar aire exterior, llevarlo a los pulmones y expulsarlo después. 2 Estar vivo. 3 Tener entrada y salida de aire un lugar cerrado. 4 Descansar o cobrar aliento después de un trabajo. ‖ *tr.* 5 Mostrar una actitud.

respiratorio, -ria *adj.* De la respiración.

respiro *m.* 1 Tiempo corto de descanso en el trabajo que se hace para volver a él con más fuerzas. 2 Alivio de una pena o dolor.

resplandecer [43] *intr.* 1 Emitir rayos de luz una cosa. 2 Sobresalir o destacar por una virtud o cualidad. 3 Reflejar gran alegría el rostro de una persona.

resplandor *m.* 1 Luz que emite un cuerpo luminoso. 2 Brillo muy intenso de algunas cosas.

responder *tr./intr.* 1 Dar una contestación a lo que se pregunta o propone. 2 Contestar a una carta o cualquier otro reclamo que se ha recibido. ‖ *tr.* 3 Contestar a quien llama. 4 Contestar con viveza oponiéndose a una cosa. 5 Contestar un animal a otro de su misma especie. ‖ *intr.* 6 Tener una cosa un efecto que se desea o se busca. 7 Corresponder o mostrarse agradecido. 8 Asegurar o garantizar el funcionamiento o la calidad de una cosa o de una persona haciéndose responsable de ella.

respondón, -dona *adj./m. y f. coloquial* Que suele responder o replicar.

responsabilidad *f.* 1 Obligación que hay que cumplir. 2 Obligación de reparar y satisfacer por sí o por otro una deuda o un daño. 3 Trabajo o cargo de importancia. 4 Cualidad de responsable.

responsabilizar [4] *tr./prnl.* Hacer responsable a una persona de alguna cosa.

responsable *adj.* 1 Que es serio en el comportamiento o capaz en el trabajo. ‖ *adj./com.* 2 Que se encarga de una cosa o que la dirige. 3 Que es el autor o culpable de una cosa. 4 [persona, organismo] Que está obligado a responder de algo o alguien.

responso *m.* Oración por los difuntos.

respuesta *f.* 1 Acción de responder. 2 Cosa que se responde. 3 Efecto o resultado que se desea o se busca.

resquebrajamiento *m.* Grieta o hendidura de poca profundidad.

resquebrajar *tr./prnl.* Producir grietas en un cuerpo sin acabar de romperlo.

resquemor *m.* Sentimiento de desazón, angustia o pesadumbre.

resquicio *m.* 1 Abertura o grieta pequeña y estrecha. 2 Abertura entre el quicio y la puerta. 3 Ocasión que se encuentra para conseguir un fin.

resta *f.* 1 Operación que consiste en quitar una cantidad de otra y averiguar la diferencia. 2 Cantidad que resulta de esta operación.

restablecer [43] *tr.* 1 Volver a establecer o a poner en un estado anterior. ‖ *prnl.* 2 Recuperarse de una enfermedad.

restablecimiento *m.* 1 Acción de restablecer o restablecerse. 2 Vuelta a la normalidad después der una enfermedad.

restallar *intr.* 1 Producir un sonido seco un látigo, honda, etc., al sacudirlo en el aire con violencia. 2 Crujir, hacer fuerte ruido.

restallido *m.* Sonido seco que produce un látigo u otro objeto semejante al restallar en el aire.

restante *adj./m.* Que resulta o queda de una resta.

restañar *tr./intr.* Detener o parar el curso de un líquido, especialmente la sangre.

restar *tr.* 1 Separar o sacar una parte de un todo y hallar la parte que queda. 2 Quitar una cantidad de otra, averiguando la diferencia entre las dos. **3** Disminuir, hacer que una cosa baje en cantidad, fuerza o intensidad. ▌ *intr.* **4** Faltar o quedar. **5** En tenis, devolver la pelota del saque.

restauración *f.* **1** Acción de restaurar. **2** Cosa que ha sido restaurada. **3** Restablecimiento en un país del régimen político que existía y que había sido sustituido por otro. **4** Período histórico que comienza con ese restablecimiento.

restaurador, -ra *m. y f.* **1** Persona que se dedica a la restauración de obras de arte. **2** Persona que tiene o dirige un restaurante.

restaurante *m.* Establecimiento público donde se preparan y sirven comidas.

restaurar *tr.* **1** Arreglar o reparar una obra de arte. **2** Volver a establecer un régimen político.

restitución *f.* **1** Acción de restituir. **2** Efecto de restituir.

restituir [62] *tr.* **1** Dar una cosa a quien la tenía antes. **2** Volver a establecer.

resto *m.* **1** Parte que queda de un todo. **2** El resultado de una resta. **3** Cantidad que no se puede dividir en una división de enteros. **4** Cantidad acordada en algunos juegos para jugar y apostar. **5** En el juego del tenis, saque. ▌ *m. pl.* **6** Parte que queda de una cosa después de haberla consumido o de haber trabajado con ella.

restregar [48] *tr.* Frotar o hacer que se rocen con fuerza dos superficies.

restregón *m.* Señal que queda en una cosa al restregarla.

restricción *f.* **1** Acción de restringir. **2** Limitación, cortapisa.

restrictivo, -va *adj.* Que restringe.

restringir [6] *tr.* Disminuir o reducir a límites menores.

resucitar *tr.* **1** Devolver la vida a un ser muerto. **2** Dar nueva vida a algo que la había perdido. ▌ *intr.* **3** Volver a la vida.

resuello *m.* **1** Respiración, especialmente fuerte y ruidosa. **2** Fuerza o energía.

resuelto, -ta *adj.* Que es decidido y tiene ánimo o valor para hacer una cosa.

OBS Es el participio de *resolver*.

resultado *m.* **1** Efecto de un hecho, operación o razonamiento. **2** Solución de una operación matemática. **3** Tanteo en una competición deportiva.

resultante *adj.* **1** Que resulta de algo. **2** [fuerza] Que es la suma de varias fuerzas.

resultar *intr.* **1** Nacer, originarse o ser consecuencia de algo. **2** Parecer, manifestarse o comprobarse una cosa.

resultas *f. pl.* Palabra que se utiliza en la locución *de resultas*, con la que se indica que una cosa sucede u ocurre como consecuencia o efecto de lo que se expresa.

resultón, -tona *adj. coloquial* [persona, cosa] Que resulta atractivo y agradable.

resumen *m.* Exposición corta y justa de lo principal de un asunto o materia.

resumir *tr.* Hacer un resumen.

resurgimiento *m.* Acción de recobrar nueva fuerza o energía.

resurgir [6] *intr.* **1** Volver a surgir. **2** Recobrar la fuerza o la energía.

resurrección *f.* **1** Acción de resucitar. **2** Efecto de resucitar.

retablo *m.* **1** Conjunto o serie de pinturas o esculturas que representa una historia o hecho. **2** Obra de arquitectura que compone la decoración del muro de un altar.

retaco *m.* **1** *coloquial* Persona de poca altura y más bien gorda. **2** Taco de billar corto y grueso.

retaguardia *f.* **1** Parte del ejército que avanza en último lugar. **2** Zona más alejada del frente del total de un terreno ocupado por un ejército. **3** Parte final de algo.

retahíla *f.* Serie larga de cosas que están, se suceden o se mencionan una tras otra.

retal *m.* Trozo de tela que sobra después de cortar una pieza mayor.

retama *f.* Planta con muchas ramas largas, delgadas y flexibles, de hojas pequeñas y escasas y que da flores amarillas.

retar *tr.* Provocar a una persona para tener un enfrentamiento físico o verbal con ella.

retardar *tr./prnl.* Hacer que una cosa ocurra después del tiempo debido o previsto.

retazo *m.* **1** Retal. **2** Trozo de un discurso o escrito.

retel *m.* Instrumento de pesca formado por un aro que lleva sujeta una red en forma de bolsa.

retemblar *intr.* Temblar mucho.

retén *m.* Grupo de personas que está preparado para ayudar o actuar en caso de necesidad.

retención *f.* **1** Marcha muy lenta o detención de coches en una carretera. Se usa sobre todo en plural. **2** Dinero que se descuenta en un pago o en un cobro, especialmente el destinado al pago de impuestos. **3** Acción de retener. **4** Efecto de retener.

retener [87] *tr.* **1** Conservar o guardar para

sí. **2** Descontar un dinero en un pago o cobro. **3** Conservar en la memoria. **4** Impedir que una persona se vaya o se aleje de un lugar. **5** Impedir o dificultar el curso normal de una acción.

retentiva *f.* Capacidad o facultad de acordarse de las cosas.

reticencia *f.* Reserva o falta de confianza.

reticente *adj.* Que muestra reticencia.

retícula *f.* **1** Conjunto de hilos o líneas que se ponen en el foco de algunos instrumentos ópticos para ajustar la visión. **2** Placa de cristal dividida en cuadrados pequeños que se usa en topografía para determinar el área de una figura.

reticular *adj.* Que tiene forma de red.

retículo *m.* **1** Tejido en forma de red. **2** Retícula de un instrumento óptico. **3** Cavidad que junto con otras tres forma el estómago de los rumiantes.

retina *f.* ANAT. Membrana situada en el interior del globo ocular, en la cual se reciben las impresiones luminosas.

retintín *m.* **1** Sonido que deja en los oídos una campana u otro cuerpo sonoro. **2** Tono y modo de hablar que se usa para dar a entender más de lo que se dice.

retirada *f.* **1** Acción de retirarse. **2** Efecto de retirarse.

retirado, -da *adj.* **1** Que está muy alejado o distante. ‖ *adj./m. y f.* **2** [persona] Que ha alcanzado la situación de retiro o jubilación.

retirar *tr.* **1** Apartar o separar algo o a alguien de un sitio. **2** Hacer abandonar a alguien cierta actividad. **3** Hacer abandonar un trabajo o una profesión por haber alcanzado una edad y pasar a percibir una pensión. **4** Negar o dejar de dar. ‖ *prnl.* **5** Apartarse o separarse del trato social. **6** Irse a descansar. **7** Retroceder ordenadamente un ejército de campo de batalla.

retiro *m.* **1** Acción de retirar. **2** Situación del trabajador retirado. **3** Pensión que se recibe después de retirarse del trabajo. **4** Lugar tranquilo y apartado de la gente.

reto *m.* **1** Acción de retar. **2** Objetivo difícil de conseguir en el que se pone mucho esfuerzo.

retocar [1] *tr.* **1** Terminar o corregir los detalles de una obra. **2** Restaurar una obra de arte.

retomar *tr.* Continuar o reanudar una cosa que se había interrumpido.

retoñar *intr.* **1** Volver a brotar tallos nuevos en una planta. **2** Reproducirse o volver a aparecer cierta cosa.

retoño *m.* **1** Rama nueva que le sale a una planta. **2** Hijo de corta edad.

retoque *m.* Detalle con que se termina o corrige una obra.

retorcer [54] *tr./prnl.* **1** Torcer una cosa dándole vueltas. **2** Complicar algo al interpretarlo de una forma siniestra.

retorcido, -da *adj.* **1** Que tiene mala intención. **2** [lenguaje] Que es difícil de entender.

retórica *f.* **1** Arte de hablar de manera elegante y con corrección. **2** Estudio de las propiedades y la forma de los discursos. **3** *coloquial* Adorno excesivo en el lenguaje o modo de hablar.

retórico, -ca *adj.* **1** De la retórica. **2** [lenguaje] Que es demasiado rebuscado. ‖ *adj./m. y f.* **3** [persona] Que conoce la retórica.

retornable *adj.* [envase] Que se puede devolver para reciclar.

retornar *intr.* **1** Volver al lugar del que se partió. **2** Volver a una situación o estado anterior. ‖ *tr.* **3** Dar una cosa a quien la tenía antes.

retorno *m.* Acción de retornar.

retortijón *m.* Dolor intermitente y agudo que se siente en la tripa o en el estómago.

retozar [4] *intr.* **1** Jugar dando saltos y moviéndose alegremente. **2** Realizar juegos amorosos una pareja.

retractarse *prnl.* Manifestar que se retira algo que se ha dicho anteriormente.

retráctil *adj.* Que puede avanzar y retraerse o esconderse por sí mismo.

retraer [88] *tr./prnl.* **1** Apartar o disuadir a una persona de hacer algo. **2** Encoger un órgano o miembro del cuerpo para que quede oculto. ‖ *prnl.* **3** Retirarse o retroceder. **4** Hacer vida retirada o apartada del trato social.

retraimiento *m.* Carácter de la persona tímida, reservada y poco comunicativa.

retransmisión *f.* **1** Acción de retransmitir. **2** Cosa que se retransmite.

retransmitir *tr.* **1** Transmitir una información a través de un medio de comunicación desde el lugar donde se produce. **2** Volver a transmitir un mensaje a través de un medio de comunicación.

retrasado, -da *adj.* **1** Que no ha completado su desarrollo. ‖ *adj./m. y f.* **2** [persona] Que tiene una capacidad mental inferior a la normal. Se usa como apelativo despectivo.

retrasar *tr./prnl.* **1** Hacer que una cosa ocurra después del tiempo debido o previsto. ❘ *tr./intr.* **2** Hacer que un reloj señale un tiempo ya pasado. **3** Echar o llevar hacia atrás. ❘ *prnl.* **4** Marcar un reloj un tiempo anterior al real. **5** Quedar alguien rezagado en una actividad.

retraso *m.* **1** Acción de retrasar o retrasarse. **2** Espacio de tiempo posterior al previsto. **3** Falta de desarrollo completo.

retratar *tr.* **1** Reproducir la imagen de alguien o de algo en dibujo, pintura o escultura. **2** Reproducir la imagen de alguien o de algo en una fotografía. **3** Describir detalladamente a alguien o algo.

retrato *m.* **1** Representación de alguien en dibujo, pintura o escultura. **retrato robot** Supuesto retrato de una persona desconocida que se hace a partir de las explicaciones o señales dadas por otras personas que la han visto. **2** Fotografía de una persona. **3** Descripción detallada. ► **ser el (vivo) retrato** Expresión que se utiliza para indicar que una persona se parece mucho a otra.

retreparse *prnl.* **1** Echar hacia atrás una persona la parte superior del cuerpo. **2** Apoyarse en el respaldo de un asiento y echar el cuerpo hacia atrás.

retrete *m.* **1** Recipiente provisto de una cisterna con agua y conectado a una tubería de desagüe donde las personas hacen sus necesidades. **2** Habitación en la que está ese recipiente.

retribución *f.* Bien o cantidad de dinero que se da o se recibe en compensación de un trabajo o servicio.

retribuir [62] *tr.* Dar una retribución.

retro *adj. coloquial* Que imita o evoca un tiempo pasado o anticuado.

retro- Prefijo que entra en la formación de palabras con el significado de 'hacia atrás': *retrovisor, retrotraer.*

retroactividad *f.* Calidad de retroactivo.

retroactivo, -va *adj.* Que actúa o empieza a tener validez a partir de un tiempo anterior al presente.

retroceder *intr.* Volver hacia atrás en el tiempo o en el espacio.

retroceso *m.* **1** Movimiento hacia atrás en el tiempo o en el espacio. **2** Movimiento brusco hacia atrás de un arma de fuego al dispararla.

retrógrado, -da *adj.* **1** Que retrocede. ❘ *adj./m. y f.* **2** Que es partidario de ideas o instituciones anticuadas.

retropropulsión *f.* Sistema que origina el movimiento de un vehículo al despedir una corriente de gases producidos a gran presión por el motor, en dirección contraria a la marcha.

retroproyector *m.* Proyector que reproduce una imagen sobre una pantalla colocada detrás de quien lo maneja.

retrospección *f.* Examen retrospectivo.

retrospectivo, -va *adj.* Que se refiere al tiempo pasado.

retrotraer [88] *tr./prnl.* Retroceder con la memoria a un tiempo o época pasada para tomarlos como punto de referencia.

retrovisor *m.* Espejo pequeño que llevan ciertos vehículos para que el conductor pueda ver lo que hay o pasa detrás.

retruécano *m.* Figura retórica que consiste en contraponer dos frases expresadas con las mismas palabras pero con un orden invertido o distinto.

retumbar *intr.* **1** Hacer mucho ruido una cosa. **2** Ampliarse el sonido de algo.

reuma o **reúma** *amb.* Reumatismo.
OBS Se considera más correcto su uso como masculino.

reumático, -ca *adj.* **1** Del reumatismo. ❘ *adj./m. y f.* **2** Que padece reumatismo.

reumatismo *m.* Conjunto de afecciones articulares o musculares caracterizadas por dolor y, a veces, hinchazón.

reunión *f.* **1** Acción de reunir o reunirse. **2** Conjunto de personas que se reúnen.

reunir [19] *tr./prnl.* **1** Congregar a varias personas. ❘ *tr.* **2** Juntar o conseguir cosas para coleccionarlas o con otro fin.

reválida *f.* **1** Acción de revalidar. **2** Examen que se hacía antiguamente al finalizar algunos estudios.

revalidar *tr.* Confirmar la validez de algo.

revalorización *f.* **1** Recuperación del valor o la estima que una cosa había perdido. **2** Aumento del valor de una cosa.

revalorizar [4] *tr./prnl.* **1** Hacer aumentar el valor de una cosa. **2** Volver a tener algo su justo valor.

revaluación *f.* **1** Acción de revaluar. **2** Efecto de revaluar.

revaluar *tr.* **1** Aumentar o elevar el valor de una cosa, especialmente de una moneda. **2** Volver a evaluar una cosa.

revancha *f.* Venganza o respuesta a una ofensa o daño recibidos.

revelación *f.* Descubrimiento o manifestación de algo secreto o desconocido.

revelado *m.* Operación de revelar una fotografía.

revelar *tr.* **1** Mostrar algo que era secreto o desconocido. **2** Hacer que se vea una imagen impresa en una placa o película fotográfica.

revenirse [90] *prnl.* 1 Ponerse blando y correoso un alimento a causa de la humedad o el calor excesivos. 2 Avinagrarse un alimento en conserva o un licor. 3 Soltar una cosa la humedad que tiene.

reventar [27] *tr./intr./prnl.* 1 Hacer que algo se rompa por no poder soportar una presión interior. ▌*intr.* 2 Salir o surgir con fuerza. 3 Tener un deseo vehemente. 4 *coloquial* Molestar, cansar o provocar enfado.

reventón, -tona *adj.* 1 Que parece que va a reventar o a estallar. ▌*m.* 2 Acción de reventar, estallar. 3 Efecto de reventar, estallar.

reverberar *intr.* 1 Reflejarse la luz en la superficie de un cuerpo. 2 Persistir un sonido durante un tiempo al rebotar en una superficie. 3 Brillar mucho la superficie de un cuerpo.

reverbero *m.* 1 Reflejo de la luz en una superficie. 2 Persistencia de un sonido en un lugar cerrado.

reverdecer [43] *intr./tr.* 1 Tomar color verde de nuevo las plantas, los árboles o la tierra en general. 2 Renovarse o tomar nueva fuerza o energía.

reverencia *f.* 1 Inclinación del cuerpo en señal de respeto. 2 Respeto que se siente hacia una persona.

reverenciar [12] *tr.* Mostrar respeto o veneración por una persona o una cosa.

reverendo, -da *adj./m. y f.* Forma de tratamiento que indica respeto y cortesía; se aplica a las dignidades eclesiásticas.

reverente *adj.* Que muestra respeto.

reversible *adj.* 1 Que puede volver a un estado o situación anterior. ▌*adj./m.* 2 [prenda de abrigo] Que se puede usar cambiando lo de dentro afuera.

reverso *m.* Lado opuesto al que se considera principal de una cosa.

revertir [35] *intr.* DER. Volver una cosa a un estado o condición anterior.

revés *m.* 1 Reverso. 2 Golpe que se da con la mano vuelta. 3 Situación difícil o desgraciada. 4 En algunos deportes, golpe que se da a la pelota cruzando el brazo por delante del cuerpo hacia el lado opuesto al que se tiene la raqueta.

revestimiento *m.* 1 Capa o cubierta con la que se protege o adorna una superficie. 2 Acción de revestir.

revestir [34] *tr.* 1 Cubrir una superficie con una capa o cubierta para protegerla o adornarla. 2 Presentar un determinado aspecto, cualidad o carácter. ▌*tr./prnl.* 3 Dar a algo la apariencia de lo que no es. 4 Atribuir o conceder cierta facultad o autoridad. 5 Vestir poniendo una ropa sobre otra. ▌*prnl.* 6 Armarse de una cualidad o virtud. 7 Cubrirse de algo.

revisar *tr.* 1 Examinar algo con atención y cuidado para corregir los errores. 2 Someter a una nueva prueba o examen para comprobar que funciona correctamente.

revisión *f.* 1 Acción de revisar. 2 Prueba o examen que se hace de nuevo para comprobar que algo funciona correctamente.

revisor, -sora *m. y f.* Persona que revisa o comprueba los billetes de los viajeros en un medio de transporte.

revista *f.* 1 Publicación periódica de información general, generalmente con fotografías. 2 Espectáculo teatral de carácter ligero y de humor en el que alternan números musicales con otros dialogados. 3 Reconocimiento u observación que un jefe hace de las personas o cosas que están bajo su autoridad o cuidado.

revistero *m.* Pieza de mobiliario en la que se guardan revistas o periódicos.

revitalización *f.* Acción de revitalizar.

revitalizar [4] *tr.* Dar a algo nueva energía o actividad, especialmente después de un período de deterioro o inactividad.

revivir *intr.* 1 Volver a vivir. 2 Volver en sí un ser vivo que parecía muerto. 3 Resurgir un deseo o sensación.

revocar [1] *tr.* 1 Dejar sin valor o efecto una ley o una orden. 2 Cubrir una pared con cemento u otro material.

revolcar [49] *tr.* 1 Derribar a alguien y darle vueltas por el suelo. 2 Vencer en controversia.

revolcón *m.* 1 Hecho de caer y dar vueltas por el suelo. 2 Acción de revolcar. 3 *coloquial* Acto de abrazarse, besarse o hacer el amor dos personas.

revolotear *intr.* 1 Volar dando vueltas y giros. 2 Moverse una cosa ligera por el aire dando vueltas y giros.

revoloteo *m.* Acción de revolotear.

revoltijo *m.* 1 Conjunto de muchas cosas diversas y desordenadas. 2 Confusión.

revoltoso, -sa *adj./m. y f.* [niño] Que no se está quieto y es travieso.

revolución *f.* 1 Cambio violento en el orden político, social y económico de un país. 2 Desorden o agitación. 3 Movimiento de un cuerpo alrededor de un eje.

revolucionar *tr.* 1 Provocar desorden o

agitación. **2** Producir una revolución en el orden político, social y económico de un país. **3** Hacer que un motor gire a más revoluciones por minuto.

revolucionario, -ria *adj.* **1** De la revolución política, social o económica de un país. ▮ *adj./m. y f.* **2** Que es partidario de esa revolución. **3** Que constituye un cambio profundo en algo.

revólver *m.* Arma corta de fuego con un tambor giratorio donde se colocan las balas.

revolver [32] *tr.* **1** Remover algo dándole vueltas. **2** Cambiar ciertas cosas de lugar desordenándolas. **3** Volver a tratar un asunto. ▮ *tr./prnl.* **4** Alterar un orden o estado. ▮ *intr.* **5** Indagar en algo del pasado para extraer alguna información oculta u olvidada. ▮ *prnl.* **6** Volverse con rapidez para enfrentarse a una persona o cosa.

revoque *m.* **1** Acción de revocar una pared. **2** Capa o mezcla con que se enluce o se reviste una pared.

revuelo *m.* Desorden o agitación.

revuelta *f.* **1** Desorden o agitación en el orden político o social de un país. **2** Enfrentamiento o lucha.

revuelto, -ta *adj.* **1** Que está muy desordenado. **2** Que está agitado o intranquilo. **3** [tiempo atmosférico] Que varía o cambia. **4** [líquido] Que está turbio. ▮ *m.* **5** Plato que se elabora con un alimento frito o rehogado en aceite, con el que se mezclan unos huevos que se cuajan sin dejar de remover en la sartén.

revulsivo, -va *adj./m.* Que produce un cambio brusco.

rey *m.* **1** Jefe del Estado en una monarquía. **2** Carta de la baraja española con el número 12, que lleva dibujada la figura de un hombre con corona. **3** Pieza principal del ajedrez.

reyerta *f.* Enfrentamiento violento entre dos o más personas.

rezagar [7] *tr.* **1** Dejar atrás. ▮ *prnl.* **2** Quedarse atrás.

rezar [4] *tr.* **1** Decir una oración, mentalmente o de palabra. **2** Decir una cosa en un escrito. ▮ *intr.* **3** Dirigir una oración, mentalmente o de palabra, a una divinidad o a un santo.

rezo *m.* **1** Acción de rezar. **2** Oración o ruego a una divinidad.

rezongar [7] *intr.* Emitir voces confusas o palabras mal articuladas en señal de enfado o desagrado.

rezumar *intr./prnl.* **1** Transpirar un líqui-

do por los poros de un recipiente. ▮ *tr.* **2** Dejar traslucir una cualidad.

rho *f.* Nombre de la decimoséptima letra del alfabeto griego.

R. I. P. *m.* Abreviatura de *requiescat in pace*, 'descanse en paz'.

ría *f.* Zona costera resultado de la penetración del mar en la desembocadura de un río a causa de un hundimiento de la costa.

riachuelo *m.* Río pequeño y de poco caudal.

riada *f.* **1** Crecida muy grande del nivel de las aguas de un río. **2** Inundación provocada por esta crecida. **3** Cantidad grande de gente.

ribazo *m.* **1** Parte de terreno que tiene una elevación o inclinación. **2** Elevación o inclinación entre dos terrenos que están a diferente nivel.

ribeiro *m.* Vino que se elabora en la comarca de Ribeiro, en la provincia de Orense.

ribera *f.* **1** Orilla de un mar o río. **2** Terreno cercano a un mar o río.

ribereño, -ña *adj.* De la ribera.

ribete *m.* **1** Cinta o tira con la que se refuerza o adorna el borde de una cosa. ▮ *m. pl.* **2** Señal o indicio de algo.

ribetear *tr.* Poner ribetes.

ribonucleico *adj.* [ácido] Que participa en la síntesis de las proteínas y transmite la información genética.

ribosoma *m.* Orgánulo del citoplasma de una célula cuya función es participar en la síntesis de proteínas.

ricachón, -chona *adj./m. y f. coloquial* Rico.

OBS Se usa como apelativo despectivo.

ricamente *adv.* **1** Con opulencia y gran ostentación. **2** Con toda comodidad.

ricino *m.* Árbol procedente de África de cuyas semillas se saca un aceite medicinal.

rico, -ca *adj./m. y f.* **1** Que tiene mucha riqueza. **2** Que tiene un sabor agradable.

rictus *m.* **1** Contracción de los labios que deja al descubierto los dientes y da a la boca un aspecto parecido a la sonrisa. **2** Gesto del rostro que manifiesta determinado sentimiento o estado de ánimo.

ricura *f. coloquial* Apelativo cariñoso que se aplica a los niños.

ridiculez *f.* **1** Acto o dicho ridículo. **2** Cantidad o intensidad escasa.

ridiculizar [4] *tr.* Hacer burla de alguien mencionando sus defectos o imitando sus gestos o sus palabras.

ridículo, -la *adj.* **1** Que provoca risa o burla por raro, extraño o feo. **2** Que es escaso. ▌ *m.* **3** Situación que sufre una o más personas y que provoca risa o burla en los demás.

riego *m.* **1** Acción de regar. **2** Efecto de regar. ▸ **riego sanguíneo** Cantidad de sangre que nutre los órganos del cuerpo.

riel *m.* **1** Pieza metálica alargada sobre la que se acopla algo para que se deslice. **2** Barra de hierro que forma el carril del tren.

rienda *f.* **1** Correa que sirve para dirigir o gobernar una caballería. ▌ *f. pl.* **2** Gobierno o dirección de una cosa. ▸ **dar rienda suelta** No poner límite a algo o dejar actuar con libertad.

riesgo *m.* Posibilidad de que ocurra un peligro o un daño.

riesgoso, -sa *adj.* AMÉR Que es peligroso o conlleva riesgo.

rifa *f.* Juego que consiste en sortear una cosa repartiendo o vendiendo papeletas con números entre varias personas y escogiendo uno de ellos al azar.

rifar *tr./prnl.* Sortear una cosa entre varias personas en una rifa.

rifirrafe *m. coloquial* Disputa de poca importancia.

rifle *m.* Arma de fuego de cañón largo y con estrías en espiral en su interior.

rigidez *f.* Cualidad de rígido.

rígido, -da *adj.* **1** Que no se puede doblar ni torcer. **2** Que cumple o hace cumplir las normas con excesivo rigor.

rigor *m.* **1** Dureza o severidad excesiva. **2** Cualidad de exacto o fiel. **3** Punto de mayor intensidad del frío o del calor en el clima. **4** Pérdida de la flexibilidad de los músculos.

riguroso, -sa *adj.* **1** Que es extremado o duro. **2** Que cumple o hace cumplir las normas con excesiva exactitud.

rijoso, -sa *adj.* Que muestra o siente deseo sexual.

rima *f.* **1** Repetición de sonidos entre dos o más palabras a partir de la última vocal acentuada. **rima asonante** Rima en la que se repiten solo los sonidos vocálicos. **rima consonante** Rima en la que se repiten tanto los sonidos vocálicos como los consonánticos. **2** Poema breve.

rimar *intr.* **1** Tener rima una palabra con otra. **2** Componer en verso. ▌ *tr.* **3** Hacer que dos o más palabras rimen entre sí.

rimbombante *adj.* Que es ostentoso o llamativo.

rímel *m.* Cosmético que se aplica sobre las pestañas para realzarlas o darles color.

rincón *m.* **1** Ángulo entrante que se forma donde se encuentran dos o tres superficies. **2** Espacio de dimensiones pequeñas. **3** Lugar retirado.

rinconada *f.* Ángulo entrante que se forma en la unión de dos casas o calles.

rinconera *f.* Mueble con forma adecuada para colocarlo en un rincón.

ring *m.* Espacio cuadrado limitado por cuerdas en el que tienen lugar los encuentros de boxeo.

ringorrango *m. coloquial* Adorno exagerado y superfluo e innecesario.

rino- Elemento prefijal que entra en la formación de palabras con el significado de 'nariz'.

rinoceronte *m.* Mamífero grande que tiene la piel gruesa, las patas cortas y terminadas en tres dedos, la cabeza puntiaguda y uno o dos cuernos sobre la nariz.

riña *f.* Enfrentamiento entre dos o más personas.

riñón *m.* **1** Órgano situado en la zona lumbar que purifica la sangre y segrega la orina. **2** Figura u objeto que tiene la forma de ese órgano. ▌ *m. pl.* **3** Zona del cuerpo que corresponde a la parte baja de la espalda.

riñonera *f.* **1** Faja que sirve para proteger la zona lumbar. **2** Bolsa pequeña unida a un cinturón y cerrada con una cremallera, que se lleva atada alrededor de la cintura para guardar objetos personales.

río *m.* **1** Corriente continua de agua por un cauce natural que va a desembocar a otra corriente, a un lago o al mar. **2** Abundancia o gran cantidad de personas o cosas.

rioja *m.* Vino que se elabora en la comarca de la Rioja.

riojano, -na *adj.* **1** De La Rioja. ▌ *adj./m. y f.* **2** Que es de La Rioja.

rioplatense *adj.* **1** Del Río de la Plata, estuario formado por la desembocadura de los ríos Uruguay y Paraná. ▌ *adj./com.* **2** Que es del Río de la Plata.

ripio *m.* **1** Palabra o frase innecesaria que se usa como relleno para completar un verso o una estrofa o para lograr la rima. **2** Conjunto de trozos de ladrillos, piedras y demás materiales de desecho en una obra de albañilería.

riqueza *f.* **1** Abundancia de dinero o de bienes materiales. **2** Gran cantidad o calidad de una cosa.

risa *f.* **1** Acción de reír. **2** Situación o acción que provoca risa.

risco *m.* Roca alta y escarpada.

risible *adj. culto* Que produce risa.

risotada *f.* Risa corta y sonora.

ristra *f.* 1 Conjunto de ajos o cebollas unidos por los tallos. 2 Serie o conjunto de cosas colocadas en fila.

ristre *m.* Pieza de hierro de la armadura en la que se encaja o se apoya la lanza.

risueño, -ña *adj.* 1 Que muestra un gesto de risa en el semblante. 2 Que se ríe con facilidad.

rítmico, -ca *adj.* Del ritmo.

ritmo *m.* 1 Forma de sucederse los sonidos en el mismo intervalo de tiempo. 2 Forma de combinarse los sonidos en una secuencia lingüística.

rito *m.* 1 Costumbre o ceremonia que se repite siempre de la misma forma. 2 Conjunto de reglas establecidas para el culto y las ceremonias religiosas.

ritual *adj.* 1 Que tiene relación con el rito. ▌ *m.* 2 Conjunto de ritos de una religión.

rival *adj./com.* Que compite con otro.

rivalidad *f.* 1 Enfrentamiento u oposición entre dos o más personas que aspiran a lograr una misma cosa. 2 Enemistad entre dos o más personas.

rivalizar [4] *intr.* Competir.

rivera *f.* Arroyo de pequeño caudal.

rizar [4] *tr./prnl.* 1 Formar rizos en el pelo. 2 Hacer dobleces pequeños en una tela, papel o superficie flexible. 3 Mover el agua formando olas pequeñas.

rizo *m.* 1 Mechón de pelo que se enrolla formando ondas o bucles. 2 Movimiento de un avión que consiste en dar una vuelta sobre sí mismo.

rizo- Elemento prefijal que entra en la formación de palabras con el significado de 'raíz'.

rizoma *m.* BOT. Tallo subterráneo de ciertas plantas, generalmente horizontal.

ro *m.* Palabra onomatopéyica que se utiliza repetida para arrullar a los bebés.

road movie *f.* Película en la que los personajes viajan en coche durante gran parte de su desarrollo y donde el argumento principal es el propio viaje.

OBS Es de origen inglés y se pronuncia aproximadamente *rod muvi*.

róbalo *m.* Pez marino de gran tamaño y cuerpo alargado que vive en las costas de las desembocaduras de los ríos; es comestible y su carne es muy apreciada.

robar *tr.* 1 Tomar para uno lo que pertenece a otro. 2 Coger cartas o fichas de un montón en los juegos de mesa. 3 Ganar la voluntad o conseguir el afecto de alguien.

roble *m.* 1 Árbol de tronco alto y fuerte con la copa ancha y las hojas dentadas y cuyo fruto es un tipo de bellota. 2 Madera de ese árbol. 3 *coloquial* Persona fuerte y con buena salud.

robledal *m.* Robledo de gran extensión.

robledo *m.* Terreno poblado de robles.

robo *m.* 1 Acción de robar. 2 Efecto de robar.

robot *m.* 1 Máquina electrónica fabricada para realizar automáticamente movimientos y acciones propios de un ser animado. 2 Persona que actúa sin pensar, por inercia o por ser dirigida por otra.

OBS El plural es *robots*.

robótica *f.* Ciencia y técnica que estudian los sistemas que permiten diseñar y construir robots.

robustecer [43] *tr./prnl.* Hacer una persona o una cosa más robusta o más fuerte.

robusto, -ta *adj.* 1 [persona] Que es fuerte y sano. 2 [cosa] Que es resistente.

roca *f.* 1 Materia mineral sólida y dura. 2 Trozo de esta materia. 3 Cosa muy dura, firme y constante.

rocambolesco, -ca *adj.* Que es difícil de creer por ser exagerado o fantástico.

roce *m.* 1 Acción de rozar o rozarse. 2 Efecto de rozar o rozarse. 3 Trato frecuente entre personas.

rociada *f.* 1 Acción de rociar. 2 Rocío. 3 Conjunto de cosas que se esparcen al lanzarlas o al caer. 4 Reprimenda.

rociar [13] *tr.* 1 Esparcir un líquido en forma de gotas pequeñas. 2 Lanzar una cosa para esparcirla sobre una superficie. ▌ *v. impersonal* 3 Formarse sobre la tierra o las plantas el rocío.

rocín *m.* Caballo bajo y de mala raza.

rocío *m.* Gotas de agua muy pequeñas que se forman en la tierra y en las plantas al condensarse el vapor de la atmósfera a causa del frío de la noche.

rock *m.* 1 Estilo musical de ritmo muy rápido y que suele interpretarse con instrumentos eléctricos. 2 Baile basado en esa música. ▌ *adj.* 3 De este estilo musical.

rocker *com.* 1 Persona que sigue con gran pasión la música del rock and roll. 2 Cantante de rock and roll.

rococó *m.* Estilo artístico que se caracteriza por el uso abundante de ornamentos o decoración de inspiración naturalista de gusto muy refinado.

rocoso, -sa *adj.* [lugar] Que está lleno de rocas.

rodaballo *m.* Pez marino de cuerpo plano y casi circular, con los dos ojos en el lado izquierdo, de cuerpo liso por el lado superior y escamoso y duro por el inferior.

rodada *f.* Señal que deja una rueda en una superficie.

rodado, -da *adj.* 1 De la circulación y el transporte en vehículos con ruedas. ‖ *adj./m.* 2 [trozo de mineral] Que se ha desprendido de la veta. ‖ *adj.* 3 [caballo, yegua] Que tiene manchas oscuras de forma redondeada.

rodaja *f.* Trozo delgado y circular que se corta de un alimento.

rodaje *m.* 1 Filmación de una película. 2 *coloquial* Período de tiempo o proceso en el que se aprende algo. 3 Situación de un automóvil en período de prueba.

rodamiento *m.* Pieza o conjunto de piezas en que se apoya y gira el eje de una máquina.

rodapié *m.* Banda o tira de madera, plástico u otro material que se coloca en la parte baja de la pared como protección o como decoración.

rodar [31] *intr.* 1 Desplazarse algo dando vueltas. 2 Caer dando vueltas por una pendiente. 3 Moverse por medio de ruedas. 4 Ir una persona de un sitio a otro. 5 Ir una cosa de un sitio para otro. 6 Seguir naturalmente un curso. 7 Girar algo sobre un eje. ‖ *tr.* 8 Grabar una película.

rodear *tr.* 1 Estar algo alrededor de una persona o cosa. 2 Colocar una cosa alrededor de otra o de una persona. ‖ *intr./tr.* 3 Ir por un camino que no es el más corto. 4 Andar alrededor de un lugar.

rodeo *m.* 1 Acción de rodear. 2 Camino más largo. 3 Explicación poco clara o poco directa. Se suele usar en plural. 4 Manera indirecta de hacer una cosa. 5 Espectáculo en el que se montan caballos y toros salvajes hasta domarlos. 6 Reunión del ganado mayor para reconocerlo, para contarlo o para venderlo.

rodete *m.* 1 Peinado que se hace trenzando el pelo y enrollándolo en forma de rosca. 2 Paño con forma de rosca que se coloca sobre la cabeza para llevar un peso. 3 Pieza del interior de una cerradura que permite girar a la llave.

rodilla *f.* 1 Articulación del hombre que une el fémur y la tibia y que permite doblar la pierna. 2 Articulación de los cuadrúpedos que une el antebrazo y la caña.

▶ **de rodillas** *a)* Apoyando las rodillas en el suelo. *b)* Suplicando algo a alguien.

rodillera *f.* 1 Pieza de tela o de otro material que se pone en la rodilla para protegerla. 2 Pieza de tela que se pone sobre la parte del pantalón que cubre la rodilla para protegerla del desgaste o tapar agujeros. 3 Bolsa que se forma en algunas prendas en la parte de la rodilla.

rodillo *m.* 1 Utensilio de cocina cilíndrico, de madera y con un mango a cada lado que sirve para extender una masa. 2 Objeto cilíndrico con un mango que sirve para pintar. 3 Objeto cilíndrico que gira y forma parte de distintos mecanismos.

rodio *m.* Metal que ofrece gran resistencia a ser fundido y se utiliza como catalizador en procesos químicos.

rodríguez *m.* *coloquial* Marido que permanece en casa mientras su familia está de vacaciones.

roedor, -dora *adj.* 1 Que roe o desgasta con los dientes. ‖ *adj./m.* 2 [animal] Que es mamífero, de pequeño tamaño, y que tiene dos dientes largos y curvos arriba y otros dos abajo con los que roe los alimentos. ‖ *m. pl.* 3 Grupo de clasificación animal que agrupa a todos los roedores.

roer [82] *tr.* 1 Cortar o desgastar con los dientes. 2 Quitar con los dientes la carne que tiene pegada un hueso. 3 Gastar o desgastar. 4 Atormentar interiormente.

rogar [52] *tr.* Solicitar o pedir por favor.

rogativa *f.* Oración pública que se hace para pedir a una divinidad o a un santo la solución de un problema.

OBS Se suele usar en plural con el mismo significado.

rojez *f.* 1 Color rojo. 2 Zona enrojecida en la piel.

rojizo, -za *adj./m.* [color] Que es parecido al rojo.

rojo, -ja *m./adj.* 1 Color como el de la sangre o las amapolas. ‖ *adj./m. y f.* 2 *coloquial* Que tiene una ideología de izquierdas.

rol *m.* 1 Parte de una obra de teatro o de una película que representa un actor. 2 Función que una persona desempeña en un lugar. 3 Lista de los marineros que viajan en una embarcación.

rollizo, -za *adj.* Que está grueso y fuerte.

rollo *m.* 1 Cilindro formado por un trozo de tejido, papel u otro material flexible enrollado. 2 Película fotográfica enrollada. 3 *coloquial* Persona o cosa que resulta pesada o desagradable. 4 *coloquial* Cuento o historia falsa. 5 *coloquial* Ambiente social de una persona. **6** Comida o alimento al que se le da una forma cilíndrica al cocinarlo.

romance *m.* **1** Conjunto de versos, generalmente de ocho sílabas, con rima asonante en los versos pares. **2** Composición escrita en versos romances. **3** Relación amorosa o sexual pasajera. Esta acepción procede del inglés. ‖ *adj./m.* **4** [lengua] Que deriva del latín.

romancear *tr.* Traducir a una lengua derivada del latín.

romancero, -ra *m.* **1** Colección de romances (composición en verso). ‖ *m. y f.* **2** Persona que canta romances.

románico, -ca *adj./m.* **1** ARQ. [estilo artístico] Que tiene carácter religioso y que se caracteriza por la seriedad, la sencillez y el uso del arco de medio punto. ‖ *adj.* **2** [lengua] Que procede del latín.

romanista *com.* **1** Persona que se dedica al derecho romano. **2** Persona que se dedica a estudiar las lenguas derivadas del latín y sus literaturas.

romanización *f.* Proceso de difusión o de adopción de la cultura y la civilización de la antigua Roma o de la lengua latina.

romanizar [4] *tr./prnl.* Difundir la cultura y civilización romanas.

romano, -na *adj.* **1** De Roma. **2** Del antiguo imperio de Roma. **3** De la religión católica. ‖ *adj./m. y f.* **4** [persona] Que es de Roma.

romanticismo *m.* **1** Movimiento cultural caracterizado por la confianza en la personalidad individual, la oposición a las normas clásicas y la valoración de la Edad Media y de las tradiciones nacionales; comienza a finales del siglo XVIII y termina en el siglo XIX. **2** Tendencia a dar excesiva importancia a los sentimientos y a la imaginación.

romántico, -ca *adj.* **1** Que da excesiva importancia a los sentimientos y a la imaginación. **2** Del romanticismo cultural. ‖ *adj./ m. y f.* **3** [persona] Que sigue las tendencias del romanticismo.

romanza *f.* Composición musical instrumental de carácter sencillo y tierno.

rombo *m.* Figura geométrica plana que tiene cuatro lados iguales que no forman ángulos rectos.

romboedro *m.* Cuerpo geométrico que tiene seis caras en forma de rombo.

romboide *m.* Polígono que tiene cuatro lados y son iguales de dos en dos.

romería *f.* **1** Peregrinación a un lugar don-

de se encuentran las reliquias de un santo. **2** Fiesta popular que se celebra en un santuario. **3** Grupo numeroso de gente que acude a un lugar.

romero, -ra *adj./m. y f.* **1** Que participa en una romería. ‖ *m.* **2** Planta muy olorosa de hojas pequeñas, delgadas y duras, y flores azules o blancas.

romo, -ma *adj.* Que no tiene punta o que no la tiene aguda.

rompecabezas *m.* **1** Juego que consiste en componer una determinada figura o dibujo que está dividida en partes o piezas pequeñas. **2** Frase o pregunta difícil que una persona propone a otra para que le encuentre solución. **3** Asunto complicado.

OBS El plural también es *rompecabezas*.

rompehielos *m.* **1** Barco preparado para navegar por donde abunda el hielo. **2** Saliente duro en la parte anterior de estos barcos que les ayuda a abrirse paso entre el hielo.

OBS El plural también es *rompehielos*.

rompeolas *m.* Pared que protege un puerto o una bahía de las olas del mar.

OBS El plural también es *rompeolas*.

romper *tr./prnl.* **1** Partir una cosa en trozos irregulares de modo violento. **2** Separar una parte de una cosa tirando de ella. **3** Estropear algo. ‖ *tr.* **4** Interrumpir la continuidad de algo. **5** Ir contra una ley, una norma o una tendencia. ‖ *tr./intr.* **6** Empezar o comenzar. ‖ *tr./intr./prnl.* **7** Dejar un compromiso o una relación. ‖ *intr.* **8** Deshacerse en espuma las olas del mar. ► **de rompe y rasga** *coloquial* De ánimo resuelto.

OBS Su participio es *roto*.

rompiente *m.* Lugar donde el agua del mar o de un río rompe y se levanta.

ron *m.* Bebida alcohólica que se obtiene por destilación de una mezcla de caña de azúcar y melazas.

roncar [1] *intr.* Emitir ronquidos.

roncha *f.* Bulto de color rojo que sale en la piel.

ronco, -ca *adj.* **1** [voz, sonido] Que es áspero y grave. **2** Que padece ronquera.

ronda *f.* **1** Acción de rondar. **2** Grupo de personas que realiza un recorrido fijo por un lugar para vigilarlo. **3** Conjunto de consumiciones que paga cada vez una persona diferente. **4** Camino inmediato al límite de una población. **5** Carrera ciclista que se hace por etapas.

rondalla *f.* Conjunto de personas que cantan y tocan instrumentos de cuerda por las calles.

rondar *intr./tr.* **1** Circular por un lugar para vigilarlo. **2** Pasear de noche por las calles. **3** Ir frecuentemente a un lugar. **4** Reunirse por la noche para tocar y cantar por las calles. ∎ *intr.* **5** Estar cerca o alrededor.

ronquera *f.* Voz áspera y grave que se produce debido a una afección en la laringe.

ronquido *m.* Ruido ronco, áspero y grave que se produce al respirar mientras se duerme.

ronronear *intr.* Emitir el gato un ruido parecido a un ronquido.

ronroneo *m.* Sonido parecido a un ronquido que emite el gato.

roña *f.* **1** Suciedad pegada fuertemente a una superficie. ∎ *adj./com.* **2** *coloquial* Roñica.

roñica *adj./com. coloquial* Que se resiste a gastar el dinero.

roñoso, -sa *adj.* **1** [metal] Que está oxidado o cubierto de óxido. **2** Que tiene roña, suciedad. ∎ *adj./m. y f.* **3** Roñica.

ropa *f.* Conjunto de prendas de tela, especialmente las de vestir.

ropaje *m.* **1** Ropa. **2** Prenda de vestir lujosa o propia de una autoridad.

ropero *m.* **1** Armario o habitación donde se guarda la ropa. **2** Conjunto de prendas de vestir de una persona.

roque *m.* **1** Torre, pieza del juego del ajedrez. ∎ *adj.* **2** *coloquial* Que está dormido.

roquefort *m.* Queso francés elaborado con leche de oveja y pan enmohecido que tiene sabor y olor fuertes.

roquero, -ra *adj.* **1** Del rock. ∎ *adj./m. y f.* **2** Que le gusta mucho el rock. **3** Que canta o forma parte de un grupo de música rock.

rorro *m. coloquial* Niño muy pequeño.

ros *m.* Gorro de forma cónica provisto de visera, más alto por delante que por detrás.

rosa *f.* **1** Flor del rosal de pétalos grandes y con espinas en el tallo. **2** Figura u objeto que tiene la forma de esa flor. **rosa de los vientos** Figura circular que tiene marcadas alrededor las 32 partes en que se divide la vuelta al horizonte. **3** Mancha redonda de color rosado que sale a veces en el cuerpo. ∎ *m./adj.* **4** Color que resulta de mezclar el rojo con el blanco.

rosáceo, -cea *adj.* **1** Que tiene un color parecido al rosa. ∎ *adj./f.* **2** BOT. [planta] Que pertenece a la familia del rosal.

rosado, -da *adj.* **1** De color parecido al rosa. **2** Vino de color rosáceo, más claro y suave que el tinto.

rosal *m.* Planta de tallo ramoso y con espinas que produce rosas.

rosaleda *f.* Lugar en el que hay muchos rosales.

rosario *m.* **1** Objeto formado por una serie de cuentas ensartadas y separadas de diez en diez por otras de distinto tamaño que se usa para rezar. **2** Oración de los cristianos que se reza con ese objeto. **3** Serie larga de cosas o personas.

rosbif *m.* Carne de vaca medio asada o asada ligeramente.

rosca *f.* **1** Objeto redondo con un agujero en el centro. **2** Hueco en espiral que recorre de un extremo a otro una pieza de metal o de otro material. **3** Figura que forma un círculo con un agujero en el centro. ▸ **pasarse de rosca** *a)* No sujetarse un tornillo o una tuerca por estar desgastados. *b)* Ir más allá de lo debido en lo que se dice o se hace.

rosco *m.* **1** Pan o bollo de forma redonda con un agujero en el centro. **2** *coloquial* Calificación de cero en un examen.

roscón *m.* Bollo grande de forma redonda y con un agujero en el centro.

roseta *f.* **1** Mancha de color rosado que sale en la piel de las mejillas. **2** Pieza de una regadera provista de agujeros por los que sale el agua. **3** Anillo o pendiente adornados con una piedra preciosa que está rodeada de otras más pequeñas. ∎ *f. pl.* **4** Granos de maíz tostados y abiertos en forma de flor.

rosetón *m.* **1** Ventana de forma circular que tiene una vidriera calada y adornada con diferentes dibujos y colores. **2** Adorno de forma circular que se coloca en el techo y que recuerda la forma de una flor.

rosquilla *f.* Dulce pequeño de forma redonda y con un agujero en el centro.

rostro *m.* **1** Parte anterior de la cabeza de las personas en la que están la boca, la nariz y los ojos. **2** Pico del ave. **3** Objeto o parte de un objeto con punta.

rotación *f.* **1** Acción de rotar. **2** Movimiento de la Tierra y de otros cuerpos celestes sobre su propio eje.

rotar *tr./intr.* **1** Hacer girar alrededor de un eje. **2** Alternar de forma sucesiva un trabajo o una función con otra.

rotativa *f.* Máquina que imprime los ejemplares de un periódico.

rotativo, -va *adj.* **1** Que da vueltas o que

puede darlas. **2** Que pasa de unos a otros para volver a su origen. ▌*m.* **3** Periódico impreso mediante rotativas.

rotatorio, -ria *adj.* Que rota, gira.

roto,-ta *adj.* **1** Que está partido en trozos irregulares. **2** Que no sirve o no se puede usar. ▌*m.* **3** Abertura o raja en un tejido.
OBS Es el participio de *romper*.

rotonda *f.* **1** Plaza redonda alrededor de la cual circulan los vehículos. **2** Habitación o edificio de forma circular.

rotor *m.* FÍS. Pieza de una máquina electromágnetica o de una turbina que gira dentro de un elemento fijo.

rótula *f.* Hueso redondo, situado en la parte anterior de la rodilla, que permite la articulación de la tibia y el fémur e impide que la pierna se doble hacia adelante.

rotulación *f.* Acción de rotular.

rotulador *m.* ESP Instrumento para escribir o dibujar parecido al bolígrafo pero con una punta de fibra y tinta grasa.

rotular *tr.* Poner un rótulo.

rótulo *m.* **1** Mensaje o texto que se pone en un lugar público para dar noticia de algo. **2** Título que se coloca al comienzo de un escrito.

rotundo, -da *adj.* **1** Que es definitivo. **2** Que es claro y sonoro.

rotura *f.* **1** Acción de romper. **2** Abertura que resulta al romperse un cuerpo.

roturar *tr.* Arar la tierra por primera vez.

roulotte *f.* Caravana que arrastra un coche y que está acondicionada para vivir.
OBS Es de origen francés y se pronuncia aproximadamente 'rulot'.

round *m.* Cada uno de los asaltos en que se divide un combate de boxeo.
OBS Es de origen inglés y se pronuncia aproximadamente 'raun'.

roya *f.* Enfermedad de los cereales y otras plantas provocada por hongos parásitos.

roza *f.* **1** Surco estrecho que se abre en una pared o en un techo para pasar un cable o un tubo. **2** Técnica de cultivo que consiste en quemar el bosque y el sotobosque para enriquecer la tierra.

rozadura *f.* **1** Herida superficial en la piel. **2** Señal de un roce en una superficie.

rozamiento *m.* **1** Acción de rozar. **2** Efecto de rozar. **3** FÍS. Resistencia que se opone al movimiento o al deslizamiento de un cuerpo sobre otro.

rozar [4] *intr./tr.* **1** Tocarse dos cosas cuando una o ambas están en movimiento. ▌*tr./prnl.* **2** Desgastar al juntar dos super-

ficies. **3** Limpiar las malas hierbas de un campo de cultivo. ▌*prnl.* **4** Tener trato o relación dos o más personas.

-rragia Elemento sufijal que entra en la formación de palabras con el significado de 'derrame', 'brote', 'flujo'.

-rrea Elemento sufijal que entra en la formación de palabras con el significado de 'flujo', 'emanación'.

-rro, -rra Sufijo que entra en la formación de voces para añadir valor diminutivo y despectivo.

Rte. Abreviatura de *remitente*, 'persona que envía por correo una carta o paquete'.

rubéola o **rubeola** *f.* MED. Enfermedad contagiosa parecida al sarampión que produce erupciones cutáneas.

rubí *m.* Piedra preciosa de color rojo que se usa como adorno en joyería.
OBS El plural es *rubíes*, culto, o *rubís*, popular.

rubiales *adj./com. coloquial* [persona] Que tiene el pelo muy rubio.

rubidio *m.* Metal cuyas sales se utilizan en la industria del vidrio y de la cerámica.

rubio, -bia *adj./m. y f.* Que tiene el pelo de color parecido al del oro.

rublo *m.* Unidad monetaria de Rusia.

rubor *m.* **1** Color rojo que aparece en la cara por vergüenza. **2** Vergüenza. **3** ARG, MÉX Maquillaje que se aplican las mujeres en las mejillas para avivar el color de la piel.

ruborizarse [4] *prnl.* **1** Ponerse roja la cara de vergüenza. **2** Sentir vergüenza.

ruboroso, -sa *adj.* Que muestra rubor.

rúbrica *f.* **1** Trazo o conjunto de trazos que forman parte de una firma además del nombre. **2** Título de un escrito.

rubricar [1] *tr.* **1** Poner en un escrito una rúbrica. **2** Asegurar que una cosa es cierta.

rúcula *f.* Hierba de tallos verdes y hojas abuladas comestibles, que tienen un sabor amargo y se usan para preparar diversos platos.

rudeza *f.* Calidad de rudo.

rudimentario, -ria *adj.* Que es sencillo o elemental.

rudimento *m.* **1** *culto* Embrión de un ser orgánico. **2** Parte de un ser orgánico que no está completamente desarrollada. ▌*m. pl.* **3** Primeros estudios o experiencias en una ciencia o arte.

rudo, -da *adj.* **1** Que es poco delicado en el trato. **2** Que tiene escasa formación cultural. **3** Que es violento y duro.

rueca *f.* Instrumento que sirve para hilar.

rueda *f.* **1** Objeto de forma circular que

puede girar sobre un eje. **2** Círculo de personas. **rueda de prensa** Reunión de periodistas que hacen preguntas a una o más personas. **3** Trozo circular que se corta de una fruta o de un alimento sólido. ▸ **sobre ruedas** Muy bien; sin problemas.

ruedo *m.* **1** Zona central de la plaza de toros en la que se torea. **2** Círculo formado por personas o cosas. **3** Borde de una cosa redonda o de una prenda de vestir que cuelga. **4** Esterilla redonda.

ruego *m.* **1** Deseo o petición que se expresa mediante palabras. **2** Deseo que se pide con insistencia.

rufián *m.* Hombre despreciable que vive del engaño y de la estafa.

rugby *m.* Deporte que se juega entre dos equipos de 15 jugadores y que consiste en llevar un balón ovalado más allá de una línea protegida por el contrario o en meterlo en su meta utilizando cualquier parte del cuerpo.

rugido *m.* **1** Voz característica de un animal salvaje, especialmente del león. **2** Ruido fuerte y grave del mar o el viento.

rugir [6] *intr.* **1** Emitir rugidos un animal. **2** Dar fuertes gritos. **3** Hacer un ruido fuerte y grave el mar o el viento.

rugosidad *f.* Calidad de rugoso.

rugoso, -sa *adj.* Que tiene arrugas o asperezas en su superficie.

ruibarbo *m.* **1** Planta herbácea que tiene las hojas grandes, las flores amarillas o verdosas en espiga y el fruto seco. **2** Raíz de esta planta, que es de color pardo por fuera y tiene puntos blancos en el interior.

ruido *m.* **1** Sonido confuso, desagradable y generalmente fuerte. **2** Sonido o conjunto de sonidos extraños que rompen la tranquilidad y producen alboroto. **3** En electrónica, señal extraña que impide o dificulta una comunicación.

ruidoso, -sa *adj.* **1** Que causa mucho ruido. **2** Que da mucho que hablar.

ruin *adj./com.* **1** Que es despreciable y tiene mala intención. **2** Que se resiste a gastar el dinero.

ruina *f.* **1** Pérdida grande de bienes o de dinero. **2** Destrucción, decadencia o caída. **3** Causa de esa destrucción, caída o decadencia. ‖ *f. pl.* **4** Restos de uno o más edificios destruidos.

ruindad *f.* **1** Cualidad de la persona ruin. **2** Acción baja y ruin.

ruinoso, -sa *adj.* **1** Que amenaza ruina. **2** Que supone ruina.

ruiseñor *m.* Pájaro con el dorso y la cabeza

marrón, el vientre más claro y la cola roja, de agradable canto.

rular *intr./tr.* **1** Rodar. **2** *coloquial* Funcionar correctamente una cosa.

ruleta *f.* **1** Juego de azar que consiste en lanzar una bola pequeña sobre una rueda horizontal que gira y que está dividida en 36 casillas, numeradas y pintadas de negro y rojo; el jugador debe acertar el color o el número en el que se va a parar la bola. **2** Rueda que se usa en este juego.

rulo *m.* **1** Cilindro pequeño y generalmente hueco, de material ligero, que se usa para dar forma al pelo. **2** Cilindro que gira alrededor de un eje.

rumano, -na *adj.* **1** De Rumanía. ‖ *adj./ m. y f.* **2** [persona] Que es de Rumanía. ‖ *m.* **3** Lengua que se habla en Rumanía y en otras zonas próximas a este país.

rumba *f.* **1** Baile de ritmo alegre típico de Cuba que procede de África. **2** Música y canto de ese baile. **3** Música moderna que surge de la mezcla de música popular andaluza y los ritmos afrocubanos.

rumbear *tr.* **1** NIC Reforzar con remiendos lo que está viejo o roto. ‖ *intr.* **2** AMÉR Vagar un animal o una persona de un lado a otro, desorientado. **3** AMÉR Tomar un animal o una persona un rumbo determinado.

rumbo *m.* **1** Dirección que se sigue para llegar a un lugar o a un fin determinado. **2** Línea dibujada en un mapa para señalar la dirección en la que debe navegar una embarcación.

rumboso, -sa *adj. coloquial* Que es generoso en dar o repartir lo que es suyo.

rumen *m.* Cavidad que junto con otras tres forma el estómago de los rumiantes.

rumiante *adj./m.* **1** [mamífero] Que se alimenta de vegetales, tragándolos y devolviéndolos después a la boca para masticarlos. ‖ *m. pl.* **2** Grupo que engloba todos estos animales.

rumiar [12] *tr.* **1** Masticar por segunda vez un alimento que vuelve del estómago. **2** *coloquial* Considerar o pensar con cuidado.

rumor *m.* **1** Comentario o noticia no verificada que corre entre la gente. **2** Ruido sordo y continuado.

rumorearse *prnl.* Circular un rumor entre la gente.

runrún *m.* Zumbido, ruido o sonido continuado y bronco.

rupestre *adj.* De los dibujos y pinturas prehistóricos.

rupia *f.* **1** Moneda principal de la India, Indonesia, Pakistán y otros países. **2** *coloquial* Peseta.

ruptura *f.* Fin o interrupción, especialmente de una relación.

rural *adj.* **1** Del campo y de las labores propias de la agricultura y la ganadería. **2** Que muestra gustos o costumbres propios de la vida en el campo.

ruso, -sa *adj.* **1** De Rusia. ‖ *adj./m. y f.* **2** [persona] Que es de Rusia. ‖ *m.* **3** Lengua que se habla en Rusia y en otros países.

rusticidad *f.* Cualidad de lo que es rústico.

rústico, -ca *adj.* **1** Rural. **2** Que tiene malos modos. ‖ *m.* **3** Hombre del campo.

ruta *f.* **1** Camino establecido o previsto para un viaje. **2** Camino por donde se puede pasar para ir de un sitio a otro.

rutenio *m.* Metal que se utiliza para endurecer otros metales y se caracteriza por tener óxidos de color rojo.

rutilante *adj. culto* Que brilla mucho.

rutina *f.* **1** Costumbre o hábito de hacer las cosas por mera práctica. **2** Acción habitual y que se repite siempre igual.

rutinario, -ria *adj.* **1** Que se hace o practica por rutina. **2** Que hace las cosas siempre de la misma manera.

Rvdo., Rvda. Abreviatura de *reverendo*, *reverenda*, 'tratamiento de cortesía'.

S

s *f.* 1 Vigésima letra del alfabeto español. 2 Abreviatura de *sur*. Se escribe con letra mayúscula y generalmente sin punto. 3 Abreviatura de *siglo*. 4 Abreviatura de *san*. 5 Abreviatura de *segundo*. Se escribe sin punto.

S. A. Abreviatura de *sociedad anónima*, 'sociedad mercantil con capital dividido en acciones'.

s. d. Abreviatura de *sine data*, 'sin fecha' o *sine die*, 'sin día'.

S. L. Abreviatura de *sociedad limitada*, 'sociedad mercantil en la que la responsabilidad de los socios está limitada'.

S. M. Abreviatura de *su majestad*, tratamiento de cortesía que se aplica al rey.

s. n.º o s/n. Abreviatura de *sin número*.

sábado *m.* Sexto día de la semana.

sabana *f.* 1 Terreno llano de gran extensión en el que hay muy pocos árboles. 2 Formación vegetal con plantas de tallos altos y escasos árboles.

sábana *f.* Pieza de tela fina que se pone en la cama.

sabandija *f.* 1 Reptil o insecto pequeño, especialmente el que es molesto o desagradable. 2 Persona despreciable.

sabañón *m.* Bulto rojo que sale en las manos, los pies o las orejas a causa del frío y que produce picor.

sabático, -ca *adj.* 1 Del sábado. 2 [año] Que se dedica al descanso o a una actividad diferente de la habitual.

sabelotodo *adj./com. coloquial* Que presume de sabio sin serlo.

OBS El plural también es *sabelotodo*.

saber [83] *tr.* 1 Tener conocimiento o información de una cosa. 2 Tener capacidad o habilidad para hacer una cosa. ‖ *tr./prnl.* 3 Tener conocimientos por haberlos aprendido. ‖ *intr.* 4 Tener sabor. 5 Ser muy inteligente y sagaz. ‖ *m.* 6 Conocimiento profundo de una materia, ciencia o arte. 7 Ciencia o conjunto de conocimientos. ▸ **a saber** *a*) Introduce una enumeración que detalla lo que se estaba explicando. *b*) Indica que una cosa es difícil de averiguar.

sabidillo, -lla *adj./m. y f.* Que presume de saber mucho o más de lo que en realidad sabe. Tiene valor despectivo.

sabiduría *f.* 1 Capacidad de pensar y de considerar las situaciones y circunstancias distinguiendo lo positivo de lo negativo. 2 Conocimiento profundo en ciencias, letras o artes.

sabiendas Palabra que se utiliza en la locución adverbial *a sabiendas* que significa 'con conocimiento del resultado o de las consecuencias'.

sabihondo, -da *adj./m. y f.* Que presume de sabio sin serlo.

sabina *f.* Arbusto conífero de hojas pequeñas y fruto de color negro o rojizo que puede medir unos dos metros de altura.

sabio, -bia *adj./m. y f.* 1 Que tiene un conocimiento profundo en ciencias, letras o artes. 2 Que tiene una gran capacidad de pensar y de considerar las situaciones y circunstancias, para distinguir lo positivo de lo negativo. ‖ *adj.* 3 Que muestra o contiene sabiduría.

sabiondo, -da *adj./m. y f. coloquial* Que presume de sabio sin serlo.

sablazo *m.* 1 *coloquial* Acción de conseguir dinero pidiéndolo y sin intención de devolverlo. 2 Corte hecho con un sable.

sable *m.* Arma blanca parecida a la espada, curvada y afilada solo por un lado.

sablear *intr. coloquial* Conseguir dinero pidiéndolo con habilidad y sin intención de devolverlo.

sabor *m.* 1 Propiedad que tienen ciertos cuerpos de producir sensaciones en el órgano del gusto. 2 Sensación que producen esos cuerpos en el órgano del gusto. 3 Impresión que algo produce en el ánimo.

saborear *tr./prnl.* 1 Reconocer con detenimiento el sabor de un alimento o bebida. 2 Disfrutar con detenimiento de una cosa que agrada.

sabotaje *m.* 1 Destrucción intencionada de medios de trabajo. 2 Acción contraria a una idea o proyecto.

sabotear *tr.* Hacer actos de sabotaje.

sabroso, -sa *adj.* 1 Que tiene un sabor agradable. 2 Que es interesante.

sabueso *adj./m.* 1 [perro] Que es apto para la caza. ‖ *m.* 2 Persona que investiga.

saca *f.* Saco grande de lona o tela fuerte.

sacacorchos *m.* Utensilio que sirve para sacar el corcho que cierra una botella.

OBS El plural también es *sacacorchos*.

sacacuartos *m.* 1 *coloquial* Cosa en que una persona gasta su dinero. ‖ *com.* 2 *coloquial* Persona que tiene mucha habilidad para conseguir sacar dinero a los demás con engaños o tretas. Se usa generalmente con valor despectivo.

OBS El plural también es *sacacuartos*.

sacamuelas *com. coloquial* Dentista poco hábil.

OBS El plural también es *sacamuelas*.

sacapuntas *m.* Instrumento que sirve para afilar la punta de los lápices.

OBS El plural también es *sacapuntas*.

sacar [1] *tr.* 1 Hacer salir una cosa de donde estaba. 2 Conseguir o llegar a tener. 3 Echar hacia delante. 4 Poner en circulación algo. 5 Comprar una entrada o billete. 6 Retirar dinero de un banco o negocio. 7 Quitar o suprimir. 8 En algunos deportes, poner en juego la pelota dándole el primer impulso. 9 Averiguar o descubrir. 10 Invitar a bailar. 11 Hacer una fotografía. ▸ **sacar adelante** Hacer llegar a buen fin.

sacarina *f.* Sustancia de sabor muy dulce que se usa en sustitución del azúcar.

sacarosa *f.* Nombre técnico que se da al azúcar común.

sacerdocio *m.* 1 Cargo, estado y ejercicio del sacerdote. 2 Dedicación a una profesión o trabajo noble y bueno.

sacerdotal *adj.* Del sacerdote.

sacerdote *m.* 1 En diversas religiones, hombre que dedica su vida a alguna divinidad y dirige los servicios religiosos. 2 En la religión católica, hombre que ha sido ordenado y celebra misa.

sacerdotisa *f.* En diversas religiones, mujer que dedica su vida a alguna divinidad y dirige los servicios religiosos.

saciar [12] *tr./prnl.* 1 Satisfacer de comida y de bebida. 2 Satisfacer una necesidad del espíritu o de la mente.

saciedad *f.* Sensación que se produce cuando se satisface con exceso el deseo de una cosa.

saco *m.* 1 Bolsa generalmente grande de tela u otro material flexible, abierta por uno de los extremos. 2 Lo que se halla contenido en esa bolsa. 3 Órgano en un ser vivo que tiene forma de bolsa. 4 AMÉR Prenda de abrigo con mangas que cubre el cuerpo desde el cuello hasta la cintura o las caderas, abierta por delante.

sacralizar [4] *tr.* Atribuir carácter sagrado a una cosa.

sacramental *adj.* De los sacramentos.

sacramento *m.* En el cristianismo, signo material que simboliza la relación entre una persona y Jesucristo.

sacrificar [1] *tr.* 1 Ofrecer algo como signo de reconocimiento a un dios. 2 Matar un animal para su consumo. 3 Perjudicar algo o a alguien para conseguir un fin. 4 Renunciar a una cosa para obtener otra.

sacrificio *m.* 1 Acción de sacrificar. 2 Cosa que se sacrifica. 3 Esfuerzo o dolor que se sufre por un ideal o un sentimiento. 4 En la religión cristiana, acto de la misa en el que el sacerdote ofrece el cuerpo y sangre de Cristo en forma de pan y vino.

sacrilegio *m.* Falta de respeto hacia una persona, cosa o lugar sagrados.

sacrílego, -ga *adj.* 1 Del sacrilegio. ‖ *adj./m. y f.* 2 [persona] Que comete sacrilegio.

sacristán, -tana *m. y f.* Persona que se dedica a ayudar al sacerdote y a cuidar de los adornos y la limpieza de la iglesia.

sacristía *f.* Lugar en las iglesias donde se visten los sacerdotes y se guardan los objetos que se usan en las ceremonias.

sacro, -cra *adj.* 1 *culto* Que está dedicado a una divinidad. ‖ *adj./m.* 2 ANAT. [hueso] Que está situado en la parte inferior de la columna vertebral y formado por cinco vértebras soldadas.

sacudida *f.* Movimiento violento.

sacudir *tr.* **1** Mover violentamente algo de un lado a otro. **2** Golpear o agitar en el aire una cosa para quitarle el polvo o la suciedad. **3** Dar golpes. ▌*prnl.* **4** Quitarse de encima una cosa o a una persona pesada.

sádico, -ca *adj./m. y f.* Que siente placer sexual causando daño o dolor físico a otra persona.

sadismo *m.* Práctica sexual en la que se experimenta placer causando daño o dolor físico a otra persona.

sadomasoquismo *m.* Práctica sexual que consiste en obtener placer mediante el dolor o el sufrimiento físico o psíquico que se da a la pareja o se recibe de ella.

saeta *f.* **1** *culto* Flecha, proyectil que se dispara con un arco. **2** Aguja que marca una cosa en un reloj u otro instrumento parecido. **3** Canción corta de asunto religioso que se canta en Semana Santa.

safari *m.* Expedición en la que se trata de cazar animales salvajes o de gran tamaño, especialmente en África.

saga *f.* **1** Texto que relata la historia de varias generaciones de una familia. **2** Dinastía familiar.

sagacidad *f.* Cualidad de sagaz.

sagaz *adj.* Que advierte lo que va a suceder.

sagitario *adj./com.* [persona] Que ha nacido entre el 23 de noviembre y el 21 de diciembre, tiempo en que el Sol recorre aparentemente Sagitario, el noveno signo del Zodíaco.

sagrado, -da *adj.* **1** Que está dedicado a una divinidad. **2** Que es digno de adoración por tener alguna relación con lo divino. **3** Que merece adoración y respeto.

sagrario *m.* Lugar o mueble donde se guardan las hostias consagradas.

saharaui *adj./com.* Sahariano.

sahariana *f.* Chaqueta de tela ligera de color verdoso o terroso, con bolsillos en los laterales y sobre el pecho, que se ajusta con un cinturón.

sahariano, -na *adj.* **1** Del Sáhara. ▌*adj./m. y f.* **2** [persona] Que es del Sáhara.

sainete *m.* Pieza teatral de uno o más actos y de carácter popular, que se representa como obra independiente.

sajar *tr.* MED. Hacer un corte en la carne para curar.

sajón, -jona *adj.* **1** De un antiguo pueblo germánico que vivió en la desembocadura del río Elba. **2** De Sajonia, antiguo estado alemán. **3** De la lengua del antiguo pueblo germánico que vivió en la desembocadura del río Elba o de una lengua derivada de esta. ▌*adj./m. y f.* **4** [persona] Que procede de un antiguo pueblo germánico que vivió en la desembocadura del río Elba. **5** [persona] Que es de Sajonia. ▌*m.* **6** Conjunto de dialectos germánicos.

sake *m.* Bebida alcohólica que se obtiene a partir de la fermentación del arroz.

sal *f.* **1** Sustancia blanca en forma de cristal fácilmente soluble en agua que se usa como condimento. **2** Salero, elegancia. **3** Capacidad de pensar y hacer o decir con facilidad cosas divertidas y graciosas. **4** Persona o cosa divertida que rompe la seriedad o el aburrimiento. **5** QUÍM. Sustancia que se forma al reaccionar un ácido con una base. ▌*f. pl.* **6** Sustancia salina que se usa para hacer volver en sí a alguien que se ha desmayado.

sala *f.* **1** Habitación principal de una casa donde se reciben las visitas. **2** Habitación de grandes dimensiones. **3** Habitación o espacio destinado a un uso determinado. **4** Local donde se reúne un tribunal de justicia para celebrar audiencia. **5** Local destinado a un espectáculo.

salacot *m.* Sombrero muy ligero hecho generalmente con un tejido de tiras de caña, con la copa de forma semiesférica y rígida. OBS El plural es *salacots.*

saladero *m.* Lugar donde se salan carnes o pescados para su conserva.

salado, -da *adj.* **1** Que tiene sal o demasiada sal. **2** [persona] Que es agudo, vivo y tiene gracia. **3** AMÉR. [persona] Que tiene mala suerte. **4** CSUR [mercancía] Que es muy caro. **5** MÉX [persona] Que es víctima de un maleficio. ▌*m.* **6** Operación de salar un alimento para su conservación.

salamandra *f.* **1** Anfibio de piel lisa y de color negro con grandes manchas amarillas y con cola larga. **2** Estufa de carbón.

salamanquesa *f.* Reptil pequeño de cuerpo gris, con cuatro patas de dedos anchos con los que se agarra a las paredes, tiene la cola larga y se alimenta de insectos.

salami *m.* Embutido parecido al salchichón elaborado con carne de vaca y cerdo mezcladas y muy picadas.

salar *tr.* **1** Poner sal a los alimentos para que se conserven. **2** Echar sal a un alimento para darle más sabor. **3** COL, CRICA Provocar una cosa o persona mala suerte a alguien. **4** CRICA, GUAT, NIC, PERÚ, PRICO Echar a perder o malograr una cosa o a una persona.

salarial *adj.* Del salario.

salario *m.* Cantidad de dinero que se recibe cada mes o semana por un servicio o trabajo.

salazón *f.* Operación de salar un alimento para su conservación.

salchicha *f.* Embutido pequeño y alargado, hecho de carne de cerdo cruda y picada, y con especias; se come frita o asada.

salchichón *m.* Embutido curado de forma alargada hecho con carne de cerdo picada y especias que se come frío.

saldar *tr.* 1 Pagar completamente una deuda o una cuenta. 2 Dar algo por terminado. 3 Vender una mercancía a un precio más bajo de lo normal.

saldo *m.* 1 Acción de vender muy barata una mercancía. 2 Conjunto de esas mercancías. Se usa generalmente en plural. 3 Estado de una cuenta corriente. 4 Resultado final. 5 Pago completo de una deuda o de una cuenta.

salero *m.* 1 Recipiente para guardar la sal y servirla. 2 Elegancia o gracia en el movimiento.

saleroso, -sa *adj./m. y f.* Que tiene salero, elegancia o gracia.

salesiano, -na *adj.* 1 De alguna de las congregaciones fundadas por san Juan Bosco. ‖ *adj./m. y f.* 2 [religioso] Que pertenece a alguna de esas congregaciones.

salida *f.* 1 Acción de salir. 2 Parte por donde se pasa del interior de un lugar al exterior. 3 Excursión o viaje. 4 Lugar o punto en el que comienza una carrera en distintos deportes. 5 Solución. 6 Cosa ocurrente que se dice o se hace en un momento determinado. ‖ *f. pl.* 7 Posibilidades profesionales que ofrecen los estudios.

salido, -da *adj.* 1 Que sobresale de un cuerpo. 2 [hembra] Que está en celo.

salidor, -ra *adj./m. y f.* AMÉR *coloquial* [persona] Que es aficionado a callejear, viajar o salir con frecuencia a divertirse.

saliente *adj./m.* 1 Que sale. ‖ *adj.* 2 Que sobresale por su importancia.

salina *f.* 1 Lugar donde se encuentra la sal de forma natural. 2 Lago o depósito poco profundo donde se forma la sal.

salinidad *f.* Calidad de salino.

salino, -na *adj.* 1 Que contiene sal. 2 Que participa de los caracteres de la sal.

salir [84] *intr./prnl.* 1 Pasar del interior de un lugar al exterior. ‖ *intr.* 2 Aparecer públicamente. 3 Aparecer o dejarse ver. 4 Nacer o brotar. 5 Borrarse o desaparecer una mancha. 6 Ocurrir u ofrecerse. 7 Ser

elegido o sacado. 8 Terminar. 9 Partir o irse. 10 Ir a divertirse. 11 Decir o hacer una cosa que sorprende o no se espera. 12 Costar. 13 Corresponder una cantidad igual a diversas personas. 14 Pasar a realizar una acción, generalmente delante de un público. 15 Tener parecido. ‖ *prnl.* 16 Pasar un líquido por encima del borde del recipiente que lo contiene al hervir. 17 Separarse de una actitud o actividad.

salitre *m.* 1 Sustancia que contiene sal. 2 QUÍM. Sal de nitrógeno y potasio que se forma en el suelo.

saliva *f.* Líquido transparente y acuoso que segregan las glándulas que hay en la boca y que ayuda a preparar los alimentos para su deglución.

salivación *f.* Acción por la cual las glándulas salivales segregan saliva.

salival *adj.* 1 [glándula] Que segrega saliva. 2 De la saliva.

salmantino, -na *adj.* 1 De Salamanca. ‖ *adj./m. y f.* 2 Que es de Salamanca.

salmo *m.* Cántico de alabanza.

salmodia *f.* 1 Canto o música con que se acompañan o recitan los salmos. 2 *coloquial* Canto que es monótono y aburrido.

salmón *m.* 1 Pez comestible que vive cerca de las costas y remonta los ríos en el período de la cría. ‖ *m./adj.* 2 Color como el de la carne de ese pez.

salmonela *f.* Bacteria que se desarrolla en algunos alimentos y que al ingerirla puede provocar salmonelosis.

salmonelosis *f.* Intoxicación alimentaria o infección intestinal que se produce por consumir alimentos con salmonela.

salmonete *m.* Pez marino comestible, de color rojo y con unas barbillas en la mandíbula inferior.

salmuera *f.* Agua con mucha sal.

salobre *adj.* Que contiene sal.

salomónico, -ca *adj.* 1 De Salomón, rey de Israel. 2 [juicio, decisión] Que es justo, sabio y equilibrado.

salón *m.* 1 Habitación principal de una casa, generalmente más grande que una sala, que se suele usar para reunirse, comer o recibir visitas. 2 Local grande donde se celebran actos a los que asiste mucha gente. 3 ECUAD Lugar en que se venden e ingieren bebidas alcohólicas. 4 ARG, MÉX, URUG Sala de un centro de enseñanza donde se dan clases. 5 Establecimiento donde se proporcionan ciertos servicios al público. 6 Exposición de productos para su venta.

salpicadero *m.* ESP Tablero de mandos de un automóvil.

salpicadura *f.* 1 Acción de salpicar. 2 Mancha que produce un líquido al salpicar. Se suele usar en plural.

salpicar [1] *tr./intr.* 1 Saltar un líquido en forma de gotas pequeñas. 2 Manchar o mojar con gotas pequeñas. ‖ *tr.* 3 Esparcir sobre algo.

salpicón *m.* Plato que se elabora con pescado o marisco cocido, picado en trozos pequeños junto con otros ingredientes y aderezado con sal, vinagre y aceite.

salpimentar [27] *tr.* Aderezar o condimentar un alimento con sal y pimienta.

salpullido *m.* Sarpullido.

salsa *f.* 1 Sustancia líquida o espesa hecha con varios comestibles triturados y mezclados, que se usa para acompañar y dar sabor a las comidas. 2 Cosa que hace gracia o que anima. 3 Música viva y alegre típica de varios países del Caribe. ▸ **en su salsa** *coloquial* En un ambiente familiar y cómodo.

salsera *f.* Recipiente para servir una salsa.

saltador, -dora *adj.* 1 Que salta. ‖ *m. y f.* 2 Deportista especializado en alguna de las pruebas de salto. ‖ *m.* 3 Cuerda que se usa para saltar en ciertos juegos.

saltamontes *m.* Insecto de cuerpo alargado, antenas largas y ojos salientes, con las patas anteriores cortas y las posteriores muy largas que le sirven para dar saltos.
OBS El plural también es *saltamontes*.

saltar *intr.* 1 Levantarse de una superficie con un impulso para caer en el mismo lugar o en otro. 2 Tirarse desde una altura. 3 Levantarse o desprenderse de algo con un impulso fuerte. 4 Responder de manera viva o intempestiva. ‖ *tr.* 5 Pasar de un salto de un lugar a otro. ‖ *tr./prnl.* 6 Dejar de hacer una cosa que forma parte de un conjunto.

saltarín, -rina *adj.* 1 Que salta. ‖ *adj./m. y f.* 2 Que es inquieto y movido.

salteador, -dora *m. y f.* Ladrón que roba o asalta en lugares retirados.

saltear *tr.* 1 Hacer una cosa sin orden o sin continuidad. 2 Freír ligeramente un alimento. 3 Atacar y robar a una persona que va por un camino.

salterio *m.* 1 Instrumento musical de cuerdas pulsadas y metálicas que tiene forma triangular. 2 Libro canónico del Antiguo Testamento que consta de 150 salmos. 3 Libro de coro que solo contiene salmos.

saltimbanqui *com.* Persona que se dedica a realizar acrobacias y ejercicios de saltos y equilibrios ante el público.
OBS El plural es *saltimbanquis*.

salto *m.* 1 Movimiento que consiste en elevarse del suelo u otra superficie con impulso para caer sobre los pies. 2 Movimiento que consiste en lanzarse desde un lugar alto, generalmente para caer de pie. 3 Ejercicio deportivo en el que se salta. ▸ **a salto de mata** *coloquial* Sin orden ni previsión. ▸ **salto de cama** Prenda de vestir femenina que se usa al acostarse y al levantarse de la cama.

saltón, -tona *adj.* 1 [ojo, diente] Que sobresale. 2 Que salta mucho.

salubre *adj.* Que es bueno para la salud.

salubridad *f.* 1 Calidad de salubre. 2 Estado general de la salud pública en un lugar.

salud *f.* 1 Estado del ser vivo que se encuentra bien y que ejerce con normalidad todas sus funciones orgánicas. 2 Estado físico o psíquico de un ser vivo. 3 Buen estado o funcionamiento de una cosa.

saludable *adj.* 1 Que sirve para conservar o recuperar la salud física. 2 [persona] Que tiene buena salud. 3 Que es útil y beneficioso para un fin.

saludar *tr./prnl.* 1 Dar muestras de afecto o cortesía mediante expresiones o gestos al encontrarse con una persona o al despedirse de ella. ‖ *tr.* 2 Expresar afecto o cortesía hacia unas o varias personas que, aunque no están presentes, pueden tener noticia de esta acción. 3 Expresar un militar respeto hacia un superior o un inferior o hacia la bandera nacional mediante el gesto de acercar a la sien derecha el extremo de su mano diestra extendida, con los dedos juntos y la palma hacia abajo.

saludo *m.* 1 Expresión o gesto con que se saluda a alguien. 2 Acción de saludar.

salutación *f.* *culto* Saludo.

salva *f.* Disparo al aire que se hace en señal de saludo o como honor en las celebraciones. ▸ **salva de aplausos** Aplauso entusiasta de un grupo de personas.

salvación *f.* 1 Solución de un problema grave o liberación de un peligro. 2 Para los católicos, obtención de la gloria eterna.

salvado *m.* Cáscara del grano del cereal molida.

salvador, -dora *adj./m. y f.* [persona] Que salva a otra persona.

salvadoreño, -ña *adj.* 1 De El Salvador. ‖ *adj./m. y f.* 2 [persona] Que es de El Salvador.

salvaguarda *f.* Salvaguardia.

salvaguardar *tr.* Defender o proteger a una persona o cosa.

salvaguardia *f.* **1** Defensa o protección. **2** Documento o señal que permite a una persona circular libremente sin ser detenida.

salvajada *f.* Obra o dicho de un salvaje.

salvaje *adj.* **1** [animal] Que está sin domesticar. **2** [planta] Que no está cultivado. **3** [terreno] Que no ha sido transformado por el hombre. **4** [acción] Que es cruel y violento. **5** Que no se puede controlar ni detener. ‖ *adj./com.* **6** Que no está civilizado y mantiene formas de vida primitivas. **7** Que comete actos crueles e inhumanos. **8** Que no está educado o no se sujeta a las normas sociales.

salvamanteles *m.* Pieza que se pone en la mesa debajo de los recipientes muy calientes para proteger la mesa o el mantel.

OBS El plural también es *salvamanteles*.

salvamento *m.* Liberación de un peligro, especialmente en un siniestro.

salvar *tr./prnl.* **1** Librar de un peligro o un daño. **2** Solucionar un problema grave. **3** Entre los católicos, perdonar los pecados y obtener la gloria eterna. ‖ *tr.* **4** Evitar o superar un contratiempo. **5** Vencer un obstáculo pasando por encima de él. **6** Recorrer una distancia en menos tiempo o con menos dificultades de lo previsto. **7** No tener en cuenta la diferencia entre dos cosas. **8** Grabar un documento en soporte informático.

salvavidas *m.* **1** Objeto insumergible que se coloca alrededor del cuerpo para mantenerse a flote. ‖ *adj.* **2** Que flota y sirve para mantener a flote.

OBS El plural también es *salvavidas*.

salve *f.* Oración católica que se reza a la Virgen María y que comienza con las palabras *Dios te salve, reina y madre*.

salvedad *f.* Excepción de una cosa.

salvo, -va *prep.* **1** Indica que una persona o cosa no está incluida en lo que se dice. ‖ *adj.* **2** Que sale ileso de un peligro.

salvoconducto *m.* **1** Documento extendido por una autoridad en el que figura un permiso para viajar por un lugar determinado sin ser detenido. **2** Libertad para hacer una cosa sin temer un castigo.

samario *m.* Metal de color blanco grisáceo y consistencia muy dura.

samba *f.* **1** Baile de ritmo alegre y rápido típico de Brasil. **2** Música y canto de ese baile.

sambenito *m.* **1** Calificativo de connotaciones negativas que se pone a una persona y que resalta un defecto o descrédito. **2** Distintivo que se ponía a las personas absueltas por la Inquisición.

samovar *m.* Tetera rusa con hornillo para conservar caliente el agua.

samuray *m.* Guerrero que en la antigua sociedad feudal japonesa estaba al servicio de un señor feudal.

OBS El plural es *samuráis*.

san *adj.* Apócope de *santo*.

OBS Solo se utiliza con nombres masculinos.

sanar *intr.* **1** Recuperar la salud. ‖ *tr.* **2** Hacer recuperar la salud.

sanatorio *m.* Establecimiento sanitario donde determinados enfermos, especialmente los de larga convalecencia, reciben atención médica.

sanción *f.* **1** Pena que la ley establece para el que no la cumple. **2** Acción de sancionar.

sancionar *tr.* **1** Castigar o poner una pena a quien infringe una ley. **2** Autorizar o aprobar un acto, uso o costumbre. **3** Dar fuerza o carácter de ley.

sancocho *m.* AMÉR *coloquial* Cocido popular a base de caldo y diversos ingredientes.

sandalia *f.* **1** Calzado formado por una suela que se asegura al pie con correas o cuerdas. **2** Zapato ligero y muy abierto que se usa en tiempo de calor.

sándalo *m.* **1** Árbol que crece en zonas tropicales de la India y en Oceanía, de madera muy olorosa, con las hojas verdes y gruesas, y flores muy pequeñas formando ramos. **2** Madera de este árbol. **3** Esencia que se extrae del sándalo.

sandez *f.* Obra o dicho torpe o necio.

sandía *f.* **1** Fruta redonda y de gran tamaño que tiene una corteza verde muy dura y la carne roja y llena de pepitas negras; es comestible y su pulpa es muy dulce y jugosa. **2** Planta que produce ese fruto.

sándwich o **sandwich** *m.* **1** ESP Bocadillo hecho con dos rebanadas de pan de molde, entre las cuales se pone un alimento. **2** AMÉR Panecillo o trozo de pan cortado a lo largo relleno de alimento.

OBS El plural es *sándwiches* o *sandwiches*.

saneamiento *m.* **1** Acción de sanear. **2** Efecto de sanear. **3** Conjunto de obras, técnicas o medios para mejorar o mantener las condiciones sanitarias de las poblaciones o edificios.

sanear *tr.* **1** Dar condiciones de sanidad a

un terreno o edificio. **2** Hacer que la economía o los bienes den ganancias. **3** Arreglar o poner remedio a una cosa.

sangrar intr. **1** Echar sangre. | tr. **2** Quitar sangre a un hombre o a un animal abriéndole una vena. **3** Empezar una línea de texto más hacia dentro que las demás. **4** coloquial Quitar a alguien una cantidad de dinero o de bienes poco a poco.

sangre f. **1** Líquido rojo que, impulsado por el corazón, recorre el cuerpo de las personas y los animales. **2** Raza, familia o condición social a la que pertenece por nacimiento una persona. **sangre azul** Origen o procedencia noble. ▸ **a sangre fría** De un modo frío, pensado y calculado, sin rabia ni pasión. ▸ **de sangre caliente** [animal] Que tiene una temperatura del cuerpo que no depende de la del ambiente. ▸ **de sangre fría** [animal] Que tiene una temperatura del cuerpo que depende de la del ambiente. ▸ **sangre fría** Tranquilidad de ánimo.

sangría f. **1** Bebida hecha con vino tinto, limonada, azúcar y trozos de frutas. **2** Acción de sangrar. **3** Efecto de sangrar.

sangriento, -ta adj. **1** Que echa sangre. **2** Que está manchado de sangre o mezclado con ella. **3** Sanguinario.

sanguijuela f. **1** Gusano parásito de boca chupadora que vive en las aguas dulces y se alimenta de la sangre de otros animales. **2** coloquial Persona que poco a poco va apoderándose del dinero de otra.

sanguinario, -ria adj./m. y f. Que es cruel y violento, que disfruta derramando sangre.

sanguíneo, -nea adj. **1** De la sangre. **2** Que contiene sangre o abunda en ella.

sanguinolento, -ta adj. Sangriento.

sanidad f. Conjunto de servicios organizados para cuidar de la salud pública de una comunidad.

sanitario, -ria adj. **1** De la sanidad. | m. y f. **2** Persona que trabaja en los servicios de sanidad. | m. pl. **3** Conjunto de aparatos de higiene que están en el cuarto de baño. | m. **4** Retrete.

sanjacobo m. Comida que se hace con dos trozos finos de lomo o de jamón y una loncha de queso tierno colocada en medio, que se cubren con huevo y pan rallado, y se fríen en aceite.

sano, -na adj. **1** [ser vivo, órgano] Que goza de perfecta salud. **2** Que sirve para conservar o recuperar la salud física. **3** Que está entero, que no tiene ningún defecto. **4** [persona] Que es sincero y tiene buena intención. ▸ **sano y salvo** Que no ha sufrido ningún daño.

sánscrito, -ta adj./m. **1** [lengua] Que pertenece al grupo de lenguas indoeuropeas y se conserva en los textos sagrados y cultos del brahmanismo o sistema religioso y social de la India, escritos entre los siglos xv y x a. de C. | adj. **2** De esta lengua.

sanseacabó int. coloquial Palabra que se utiliza en la expresión ¡y sanseacabó! que significa que un asunto o una acción se da por terminada.

sansón m. Hombre que tiene un gran musculatura y mucha fuerza física.

santanderino, -na adj. **1** De Santander. | adj./m. y f. **2** [persona] Que es de Santander.

santateresa f. Insecto carnívoro de color verdoso o amarillento, con el cuerpo alargado, que tiene las dos patas anteriores provistas de fuertes espinas para sujetar a sus presas.

santero, -ra adj./m. y f. **1** Que adora a las imágenes de santos con culto supersticioso. | m. y f. **2** Persona que cuida una ermita o santuario. **3** Persona que se dedica a curar utilizando la magia.

santiamén coloquial Palabra que forma parte de la locución adverbial en un santiamén que significa que una cosa se hace en muy poco tiempo.

santidad f. **1** Cualidad de santo. **2** Forma de tratamiento que se usa hacia el Papa. En esta acepción se escribe con mayúscula.

santificar [1] tr./prnl. **1** Declarar la Iglesia santa a una persona. | tr. **2** Consagrar o dedicar a Dios.

santiguar [10] tr./prnl. Hacer la señal de la cruz con la mano.

santo, -ta adj./m. y f. **1** Que ha sido canonizado por la Iglesia y recibe culto por haber sido muy bueno en vida o por haber recibido una gracia especial de Dios. **2** Que es muy bueno, que tiene virtudes especialmente notables. | adj. **3** Que está dedicado a Dios o a la religión. **4** [día, semana] Que sigue al Domingo de Ramos. En esta acepción se escribe con mayúscula. **5** Intensifica el valor del sustantivo que le sigue. | m. **6** Imagen de una persona canonizada por la Iglesia. **7** Dibujo o imagen en un libro o impreso. **8** Día del año en la tradición católica en que una persona celebra que su nombre coincide con el día dedicado a una persona canonizada por la Iglesia.

santón, -tona *m. y f.* **1** Persona que lleva una vida religiosa y de sacrificio, especialmente entre los musulmanes e hinduistas. **2** Persona que aparenta devoción religiosa.

santoral *m.* **1** Libro que narra las vidas de los santos. **2** Lista de los santos cuya fiesta se celebra en cada uno de los días del año.

santuario *m.* **1** Templo o lugar sagrado donde se venera la imagen o la reliquia de un santo, una divinidad o un espíritu fiesta de los muertos o de la naturaleza. **2** Lugar secreto que se defiende a toda costa.

santurrón, -rrona *adj./m. y f.* Que se muestra exagerada y fingidamente devoto y religioso.

saña *f.* **1** Violencia y crueldad con la que se trata a una persona o cosa provocada por un enfado muy grande. **2** Insistencia cruel en un daño provocada por un sentimiento de odio.

sañudo, -da *adj.* **1** Que actúa con saña. **2** Que se hace con saña.

sapiencia *f.* **1** *culto* Capacidad de pensar y de considerar las situaciones y circunstancias, distinguiendo lo positivo de lo negativo. **2** Conocimiento profundo en ciencias, letras o artes.

sapo *m.* Animal vertebrado anfibio parecido a la rana, pero de cuerpo más grueso.

saque *m.* **1** Impulso que se da a la pelota para ponerla en movimiento y comenzar una jugada en ciertos deportes. **2** *coloquial* Capacidad para comer o beber mucho.

saquear *tr.* **1** Robar por la fuerza las cosas que se encuentran en un lugar que se ha dominado militarmente. **2** Coger todo o casi todo lo que hay guardado en un lugar.

saqueo *m.* Acción de saquear.

sarampión *m.* Enfermedad infecciosa y contagiosa que produce erupción cutánea, fiebre alta y síntomas catarrales; es frecuente en la infancia.

sarao *m.* **1** Fiesta nocturna con baile y música. **2** *coloquial* Situación en la que hay ruido y falta de orden.

sarasa *m.* *coloquial* Hombre afeminado. Tiene valor despectivo.

sarcasmo *m.* Dicho irónico y cruel con que indirectamente se molesta o insulta a una persona.

sarcástico, -ca *adj.* **1** Que expresa o implica sarcasmo. ‖ *adj./m. y f.* **2** [persona] Que acostumbra a usar el sarcasmo.

sarcófago *m.* Sepulcro, generalmente de piedra, que se construía levantado del suelo.

sardana *f.* **1** Baile popular de Cataluña que se baila en grupo, con todos los participantes cogidos de las manos formando un círculo. **2** Música de ese baile.

sardina *f.* Pez marino comestible, de color azul y plateado, que vive en las zonas costeras.

sardineta *f.* Golpe seco dado sobre algo con los dedos índice y corazón juntos y extendidos.

sardo, -da *adj.* **1** De Cerdeña. ‖ *adj./m. y f.* **2** [persona] Que es de Cerdeña. ‖ *m.* **3** Lengua que se habla en Cerdeña.

sargento, -ta *m. y f.* **1** Miembro del ejército de categoría inmediatamente superior a la de cabo. ‖ *m.* **2** *coloquial* Persona autoritaria, dominante y brusca.

sarmiento *m.* **1** Tallo largo, delgado, flexible y nudoso de la vid. **2** Tallo largo y nudoso capaz de enrollarse o enroscarse.

sarna *f.* Enfermedad contagiosa de la piel producida por un parásito que se introduce debajo de esta y que se alimenta de las células superficiales; se manifiesta por una multitud de vesículas que producen picor.

sarnoso, -sa *adj./m. y f.* Que tiene sarna.

sarpullido *m.* Erupción cutánea.

sarraceno, -na *adj./m. y f.* **1** Relacionado con las tribus árabes que invadieron la península Ibérica en el siglo VIII. **2** [persona] Que practica la religión islámica.

sarro *m.* Sustancia amarillenta que forma una capa que cubre los dientes.

sarta *f.* **1** Serie de cosas metidas por orden en un hilo o cuerda. **2** Serie de personas o cosas dispuestas unas tras otras. **3** Serie de hechos o cosas que suceden una tras otra.

sartén *f.* **1** Recipiente de cocina metálico que es redondo, poco profundo y tiene un mango largo; se usa para freír. **2** Conjunto de los alimentos que se fríen de una sola vez en este recipiente.

OBS En algunos países de América tiene género masculino.

sartenazo *m.* Golpe dado con la sartén.

sastre, -tra *m. y f.* Persona que se dedica a cortar y coser prendas de vestir, especialmente de hombre.

sastrería *f.* Establecimiento en el que se hacen, arreglan o venden prendas de vestir, especialmente de hombre.

satánico, -ca *adj.* **1** De Satanás. **2** Que es propio de Satanás por su perversidad, inteligencia y astucia. **3** Que es extremadamente perverso.

satanismo *m.* 1 Culto que se rinde a Satán y conjunto de creencias y prácticas relacionadas con él. 2 Perversidad o maldad extrema que parecen propias del demonio.

satélite *m.* 1 Cuerpo celeste sin luz propia que gira alrededor de un planeta. 2 Artefacto enviado al espacio y puesto en órbita alrededor de un planeta que lleva aparatos adecuados para recoger información y transmitirla a la Tierra. ‖ *adj./m.* 3 [población] Que tiene independencia administrativa pero que se halla vinculado a una ciudad mayor por algunos intereses.

satén *m.* Tejido brillante, ligero y suave.

satinado, -da *adj.* Que tiene un aspecto liso y brillante.

satinar *tr.* Dejar la tela o el papel brillantes y lisos.

sátira *f.* Obra o dicho mordaz que critica o deja en ridículo.

satírico, -ca *adj.* Que critica de forma mordaz o pone en ridículo.

satirizar [4] *tr.* Criticar de forma mordaz o poner en ridículo.

sátiro *m.* 1 Ser mitológico habitante de los bosques, donde persigue a las ninfas, que se representa con pequeños cuernos, el cuerpo cubierto de vello, rabo y las patas de macho cabrío. 2 Hombre lascivo.

satisfacción *f.* 1 Sentimiento de bienestar o placer que se tiene cuando se ha colmado un deseo o cubierto una necesidad. 2 Cosa que satisface o produce placer. 3 Acción de satisfacer. 4 Razón o acción con que se responde a una queja o a una ofensa. 5 Premio que se da por una acción que lo merece.

satisfacer [85] *tr.* 1 Cubrir una necesidad o conceder un deseo. 2 Dar respuesta o solución a una cosa. 3 Pagar lo que se debe. 4 Resultar suficiente o convincente. 5 Deshacer una ofensa. 6 Premiar por una acción. ‖ *tr./intr.* 7 Gustar o agradar. OBS El participio es *satisfecho*.

satisfactorio, -ria *adj.* 1 Que satisface. 2 Que es agradable o bueno.

satisfecho, -cha *adj.* 1 Que siente satisfacción. 2 Que ha comido y bebido lo suficiente.

sátrapa *com.* Persona que abusa de su autoridad y poder para conseguir lo que quiere, sin tener en cuenta a los demás.

saturación *f.* 1 Estado de una cosa que está saturada. 2 Acción de saturar o saturarse. 3 QUÍM. Disolución de una sustancia en otra hasta su límite de solubilidad.

saturar *tr./prnl.* 1 LLenar, ocupar o usar por completo o en exceso. 2 Satisfacer totalmente o en exceso. 3 QUÍM. Disolver una sustancia en otra hasta su límite de solubilidad. 4 ECON. Poner un exceso de un producto en el mercado, hasta el punto de no poder venderse.

sauce *m.* Árbol de tronco alto que tiene la corteza gris, las ramas finas y flexibles y las hojas estrechas y largas. **sauce llorón** Árbol procedente de Asia que tiene ramas largas y delgadas que caen hasta el suelo.

saúco *m.* Arbusto que tiene la corteza corchosa y agrietada y cuyas flores, blancas o amarillas, son olorosas y grandes.

sauna *f.* 1 Baño de vapor a muy alta temperatura que produce mucho sudor. 2 Lugar donde se puede tomar ese baño.

saurio *adj./m.* 1 ZOOL. [reptil] Que tiene escamas, cuatro patas, cola larga y ojos con párpados móviles. ‖ *m. pl.* 2 Suborden de los reptiles que tienen estas características.

savia *f.* 1 Líquido formado por agua con nutrientes que circula por los conductos de las plantas. 2 Energía o elemento que da vida o impulso.

saxo *m.* Saxofón.

saxofón *m.* 1 Instrumento musical de viento de la familia del metal que está formado por un tubo doblado en forma de 'U' por su extremo inferior y varias llaves; se toca soplando por una boquilla de madera. ‖ *com.* 2 Músico que toca este instrumento.

saya *f.* Prenda de vestir femenina que cae desde la cintura hacia abajo.

sayal *m.* Tejido de lana de mala calidad.

sayo *m.* 1 Prenda de vestir ancha y sin botones que cubre el cuerpo hasta la rodilla. 2 *coloquial* Vestido muy ancho y con poca hechura.

sazón *f.* 1 Punto de madurez. 2 Ocasión o tiempo oportuno para algo. 3 Estado adecuado de la tierra para plantar y cultivar. 4 Gusto y sabor de una comida.

sazonar *tr.* 1 Echar especias u otras sustancias a las comidas para que tengan más sabor. ‖ *tr./prnl.* 2 Poner las cosas en su punto de madurez.

scooter *m.* Escúter, ciclomotor.

-scopia Elemento sufijal que entra en la formación de palabras con el significado de 'observación', 'examen'.

-scopio Elemento sufijal que entra en la formación de palabras denotando instrumento para la observación o examen.

scout *adj.* **1** Del escultismo. ‖ *adj./com.* **2** [niño, joven] Que pertenece a esta asociación.

OBS Como adjetivo no varía en plural. Se pronuncia aproximadamente 'escaut'.

se *pron. pers.* **1** Forma átona del pronombre personal de tercera persona del singular y del plural en función de complemento indirecto en combinación con el pronombre en función de complemento directo. Si va detrás del verbo, se escribe unido a este y ante el pronombre objeto directo. **2** Forma átona del pronombre personal reflexivo o recíproco de tercera persona del singular y del plural. Se escribe unido al verbo cuando va detrás. **3** Forma átona del pronombre personal de tercera persona del singular y del plural que indica que una oración es pasiva. **4** Forma átona del pronombre personal de tercera persona del singular que indica que una oración es impersonal.

sebáceo, -cea *adj.* De sebo.

sebo *m.* **1** Grasa sólida y dura que se saca de los animales herbívoros y a la que se dan distintos usos. **2** Grasa que segregan las personas y los animales para proteger la piel.

seborrea *f.* Secreción excesiva de sebo.

seboso, -sa *adj.* **1** Que tiene sebo. **2** *coloquial* Que está sucio.

secadero *m.* Lugar destinado a secar natural o artificialmente ciertos productos.

secado *m.* Operación que consiste en eliminar totalmente el líquido o humedad contenida en una cosa.

secador *m.* Aparato o máquina eléctrica que sirve para secar.

secadora *f.* Aparato electrodoméstico que sirve para secar la ropa.

secano *m.* **1** Terreno de cultivo que no es necesario regar. **2** Montón de arena que no está cubierto por el agua.

secante *adj./m.* **1** Que seca o puede secar. ‖ *adj./f.* **2** MAT. [línea, superficie] Que corta a otra línea o superficie.

secar [1] *tr./prnl.* **1** Quitar la humedad, el líquido o las gotas que hay en una superficie. **2** Consumir el jugo. **3** Cicatrizar una herida. ‖ *prnl.* **4** Perderse la humedad de una cosa mediante la evaporación. **5** Perder una planta su aspecto verde y fresco. **6** Quedarse sin agua un río, una fuente u otra cosa.

sección *f.* **1** Cada una de las partes en que se divide una cosa o un conjunto de cosas. **2** Cada una de las unidades de trabajo en que se divide una empresa, establecimiento comercial, etc. **3** Figura que resultaría si se cortara un cuerpo por un plano. **4** Unidad militar compuesta por varios pelotones y mandada por un oficial.

seccionar *tr.* **1** Hacer un corte en un cuerpo geométrico para obtener un plano. **2** Cortar de parte a parte una cosa.

secesión *f.* Separación de una parte del pueblo o del territorio de un país para independizarse o unirse a otro Estado.

seco, -ca *adj.* **1** Que no tiene agua o humedad. **2** [vegetal] Que le falta lozanía. **3** [terreno] Que tiene poca vegetación. **4** [fruto] Que tiene la cáscara dura y no tiene jugo. **5** [fruta] Que se ha desecado. **6** [alimento] Que no tiene caldo o jugo. **7** [alimento] Que está duro, que no es reciente. **8** *coloquial* [persona] Que está muy delgado. **9** Que es brusco y poco cariñoso en el trato. **10** [palabra, estilo] Que es muy escueto, tajante y categórico. **11** Que es poco ameno. **12** [sonido] Que es grave o áspero y sin resonancia. **13** [golpe] Que es fuerte y rápido. **14** [bebida] Que tiene un sabor poco dulce. ▸ **a secas** Solamente, sin otra cosa. ▸ **dejar seco** *coloquial* Matar en el acto.

secreción *f.* **1** Acción de secretar. **2** Sustancia secretada por una glándula.

secretar *tr.* Elaborar y expulsar una glándula una sustancia que el organismo utiliza con un fin determinado.

secretaría *f.* **1** Oficina donde trabaja un secretario. **2** Conjunto de empleados que trabajan en esta oficina. **3** Cargo de secretario. **4** Cargo del máximo dirigente de un partido político o de un sindicato. **5** En algunos Estados, cargo de ministro.

secretariado *m.* **1** Conjunto de estudios que capacitan para ejercer el puesto de secretario. **2** Secretaría, cargo de un secretario u oficina en la que trabaja.

secretario, -ria *m. y f.* **1** Persona que está empleada en una oficina o asociación para escribir la correspondencia, ordenar y guardar los documentos y realizar otros trabajos administrativos. **2** Persona que está al servicio de otra persona para redactarle la correspondencia, ordenar y guardar sus documentos. **3** Dirigente de un grupo, un partido político o un sindicato. **4** Persona que está al frente de un despacho ministerial. **secretario de Estado** En España, persona que ocupa un cargo intermedio entre el de ministro y el de subsecretario.

secreter *m.* Mueble que está formado por

un tablero para escribir y muchos cajones pequeños y departamentos para guardar papeles.

secreto, -ta *adj.* 1 Que está oculto, que no se conoce. 2 Que no se dice a todo el mundo. ‖ *m.* 3 Cosa que se tiene reservada y oculta de la mayoría. 4 Reserva o discreción sobre una cosa que se sabe. 5 Cosa que no se puede entender. ▸ **en secreto** Sin desvelar o hacer pública una cosa.

secretor, -ra *adj.* [glándula, órgano] Que tiene la función de elaborar y expulsar una sustancia.

secta *f.* 1 Comunidad religiosa formada por los seguidores de una doctrina religiosa que se separa de otra. 2 Comunidad religiosa formada por los seguidores de una doctrina religiosa que se considera falsa o alejada de la ortodoxia.

sectario, -ria *adj./m. y f.* 1 Que defiende y sigue con fanatismo una idea sin admitir crítica alguna sobre la misma. 2 Que pertenece a una secta.

sectarismo *m.* Fanatismo y dogmatismo con que se defiende una idea o doctrina.

sector *m.* 1 Parte de una clase o grupo que presenta caracteres particulares. 2 Parte o zona de una ciudad o de otro lugar. 3 Ámbito en el que se desarrolla una actividad económica. 4 División de la actividad económica de un país en función de la propiedad de las empresas. 5 MAT. Parte de un círculo comprendida entre un arco y los dos radios que pasan por sus extremos.

sectorial *adj.* Del sector.

secuaz *adj./com.* Que sigue las ideas, opiniones y tendencias de otra persona.

OBS Tiene valor despectivo.

secuela *f.* 1 Consecuencia o resultado de un hecho. 2 Obra literaria o audiovisual que se crea después de otra obra de referencia y que evoca hechos posteriores a la acción de la que fue publicada en primer lugar.

secuencia *f.* 1 Sucesión de cosas que guardan alguna relación entre sí. 2 En cinematografía, sucesión de imágenes o escenas que forman una unidad. 3 GRAM. Orden que siguen las palabras en la frase.

secuestrador, -ra *m. y f.* Persona que secuestra a alguien.

secuestrar *tr.* 1 Retener a una persona contra su voluntad con el fin de exigir dinero u otra cosa por su rescate. 2 Apoderarse de un vehículo con violencia con el fin de exigir dinero. 3 DER. Embargar o retirar una cosa por orden judicial.

secuestro *m.* 1 Acción de secuestrar. 2 Efecto de secuestrar 3 DER. Bienes secuestrados.

secular *adj.* 1 Que dura un siglo o más. 2 Que ocurre o se repite cada siglo. 3 Que no está relacionado con la religión. ‖ *adj./m.* [sacerdote, religioso] Que no vive sujeto a una regla monástica en un convento o monasterio.

secundar *tr.* Ayudar, favorecer o apoyar una cosa o a una persona.

secundario, -ria *adj.* 1 Que es menos importante que otra cosa que es la principal. 2 Que deriva de una cosa o que depende de lo principal. 3 Que ocupa el segundo lugar en orden o grado. ‖ *adj./m.* 4 GEOL. [era geológica] Que sucede a la era primaria y que se extiende desde hace 225 millones de años hasta hace 65 millones de años.

sed *f.* 1 Necesidad o deseo de beber. 2 Necesidad de agua o de humedad que tienen los campos o las plantas. 3 Deseo o necesidad muy fuerte de una cosa.

OBS No se usa en plural.

seda *f.* 1 Hilo muy delicado y flexible con el que forman sus capullos ciertos gusanos. 2 Hilo fino, suave y brillante formado por varios de esos hilos. 3 Tela hecha con esos hilos.

sedal *m.* Hilo fino que se usa para pescar.

sedante *adj.* 1 Que calma o tranquiliza. ‖ *adj./m.* 2 [medicamento] Que calma los dolores o disminuye el nerviosismo.

sedar *tr.* 1 Disminuir o hacer desaparecer la excitación nerviosa. 2 Dar un medicamento que calma los dolores o disminuye la excitación nerviosa.

sede *f.* Lugar donde se encuentra la dirección o el domicilio de una sociedad, empresa o actividad. **la Santa Sede** El Vaticano, lugar donde reside el Papa.

sedentario, -ria *adj.* 1 [persona, animal] Que se establece a vivir permanentemente en un sitio. 2 [costumbre, vida] Que tiene poco movimiento, que la mayor parte del tiempo permanece sentado.

sedición *f.* Acción violenta y colectiva contra el poder establecido; es menos grave que la rebelión y suele implicar premeditación e intrigas.

sediento, -ta *adj./m. y f.* 1 Que tiene sed. 2 [campo, tierra, planta] Que necesita humedad o riego. 3 Que necesita o desea una cosa con mucha fuerza.

sedimentación *f.* 1 Acción de sedimentar. 2 Efecto de sedimentar.

sedimentar *tr./prnl.* Depositar sedimento un líquido.

sedimentario, -ria *adj.* 1 Del sedimento. 2 [mineral, roca] Que se ha formado por un proceso de sedimentación.

sedimento *m.* 1 Materia que, habiendo estado en suspensión en un líquido, se ha posado en el fondo. 2 Depósito natural que dejan sobre el terreno el agua, el viento u otros agentes de erosión. 3 Señal o rastro, principalmente emocional, que deja un hecho.

sedoso, -sa *adj.* Que tiene el brillo o la suavidad propias de la seda.

seducción *f.* Fascinación o atracción que ejerce una persona sobre otra.

seducir [46] *tr.* 1 Cautivar o atraer la voluntad de una persona. 2 Persuadir para hacer un mal.

seductor, -ra *adj./m. y f.* [persona] Que cautiva o atrae la voluntad de alguien.

sefardí *com./adj.* 1 Judío que ha vivido en España o desciende de judíos que han vivido en este país. ▌ *m.* 2 Variedad del español hablada por los descendientes de los judíos expulsados de España en 1492. OBS El plural es *sefardíes*.

sefardita *adj./com.* 1 Sefardí, judío. ▌ *m.* 2 Sefardí, variedad del español hablada por estos judíos.

segador, -ra *adj.* 1 Que siega. ▌ *m. y f.* 2 Persona que trabaja segando.

segadora *f.* Máquina que sirve para cortar hierba o cereal.

segar [48] *tr.* 1 Cortar la hierba o una planta con una herramienta o una máquina adecuada. 2 Cortar de un golpe, especialmente lo que está más alto y sobresale.

seglar *adj.* 1 De la vida del mundo que no está relacionada con la religión. ▌ *adj./com.* 2 [persona] Que no es sacerdote ni pertenece a una orden religiosa.

segmentar *tr./prnl.* Dividir en segmentos.

segmento *m.* 1 Trozo o parte cortada de una cosa. 2 Parte del cuerpo de ciertos insectos o crustáceos que es igual a otras con las que está dispuesta en línea y con las que se articula. 3 MAT. Parte de una recta comprendida entre dos puntos. 4 MAT. Parte del círculo comprendida entre un arco y su cuerda.

segoviano, -na *adj.* 1 De Segovia. ▌ *adj./m. y f.* 2 [persona] Que es de Segovia.

segregación *f.* 1 Acción de segregar. 2 Actitud discriminatoria y racista del que practica el segregacionismo.

segregacionismo *m.* Doctrina que propugna la separación de un grupo de personas por su raza, religión o cultura y conjunto de actividades políticas y sociales encaminadas a este fin.

segregar [7] *tr.* 1 Elaborar y expulsar una glándula una sustancia que el organismo utiliza con un fin determinado. 2 Separar una cosa de otra de la que forma parte.

segueta *f.* Sierra pequeña y muy fina que se usa para cortar maderas delgadas.

seguidilla *f.* 1 Estrofa de cuatro o siete versos en la que se combinan versos de cinco y siete sílabas; unos versos quedan libres y los otros tienen rima asonante. 2 Baile popular español de ritmo rápido. 3 Música y canto popular de este baile.

seguido, -da *adj.* Que sigue a otra cosa o está inmediatamente a continuación de ella en el tiempo o en el espacio.

seguidor, -ra *adj./m. y f.* [persona] Que es partidario de una persona o cosa.

seguimiento *m.* 1 Acción de seguir. 2 Efecto de seguir.

seguir [56] *tr.* 1 Ir después o detrás. 2 Mantenerse cerca de una persona allá donde vaya o de un vehículo sin perderlo de vista. 3 Mantener la vista sobre un objeto o persona que se mueve. 4 Observar el desarrollo o la evolución de un suceso. 5 Actuar según la opinión de otra persona. 6 Cursar una carrera o unos estudios. ▌ *tr./intr.* 7 Ir por un camino o dirección. 8 Continuar un proceso o una situación. ▌ *intr.* 9 Permanecer o mantenerse en una situación. ▌ *prnl.* 10 Sacar una conclusión a partir de una cosa.

según *prep.* 1 Expresa el origen de cierto conocimiento o de cierta opinión o quién tiene esa opinión. Va seguido de los pronombres personales *yo* y *tú*. 2 Expresa conformidad entre una cosa y el nombre al cual precede. ▌ *adv.* 3 Indica que una cosa depende de lo que viene a continuación. 4 Indica que lo que se hará o se decidirá con respecto a algo de lo que se habla dependerá de las circunstancias y que en el momento de hablar no se está seguro. 5 Indica que las acciones van progresando simultáneamente. 6 Introduce una frase que expresa el modo. 7 Indica que una cosa se hace de la misma manera que otra. ▸ **según cómo** o **según y cómo** Dependiendo de cómo se mire.

segundero *m.* Aguja del reloj que señala los segundos.

segundo, -da *num. ord.* 1 Indica que el nombre al que acompaña o al que sustituye ocupa el lugar número dos en una serie. ‖ *m. y f.* **2** Persona que sigue a la principal en una jerarquía. ‖ *m.* **3** Unidad de tiempo en el Sistema Internacional que equivale a una de las sesenta partes en que se divide un minuto. **4** Período de tiempo muy breve. ► **con segundas** Con doble intención.

segundón, -dona *m. y f.* **1** Segundo hijo de una familia. **2** Persona que ocupa un puesto que no es principal.

seguramente *adv.* **1** De manera bastante probable. **2** Con seguridad.

seguridad *f.* **1** Ausencia de peligro o daño. **2** Confianza en una cosa. **3** Certeza o conocimiento cierto de una cosa. **4** Garantía que se da sobre el cumplimiento de un acuerdo. ► **Seguridad Social** Organismo del Estado destinado a cuidar y prevenir problemas de salud y económicos de los ciudadanos.

seguro, -ra *adj.* **1** Que está libre de peligro o daño. **2** Que es cierto y no admite duda. **3** [persona] Que confía en algo o que no tiene ninguna duda. ‖ *m.* **4** Contrato por el cual una compañía se compromete a pagar una cantidad de dinero en caso de que se produzca una muerte, daño o pérdida, a cambio del pago de una cuota. **5** Mecanismo que impide que un objeto se abra o una máquina funcione. ‖ *adv.* **6** Con toda certeza, sin ninguna duda.

seis *num. card.* **1** Indica que el nombre al que acompaña o al que sustituye está 6 veces. Puede ser determinante. ‖ *num. ord.* **2** Indica que el nombre al que acompaña o al que sustituye ocupa el lugar número 6 en una serie. Es preferible el uso del ordinal. ‖ *m.* **3** Nombre del número 6. OBS El plural es *seises*.

seiscientos *num. card.* **1** Indica que el nombre al que acompaña o al que sustituye está 600 veces. Puede ser determinante. ‖ *num. ord.* **2** Indica que el nombre al que acompaña o al que sustituye ocupa el lugar número 600 en una serie. Es preferible el uso del ordinal. ‖ *m.* **3** Nombre del número 600.

seísmo *m.* Movimiento violento de la superficie de la tierra por causas internas.

selección *f.* **1** Acción de seleccionar. **2** Conjunto de cosas escogidas. **3** Conjunto de deportistas que participan en una competición en representación de un país.

seleccionador, -ra *m. y f.* Persona encargada de elegir y preparar a los jugadores que forman un equipo en una competición deportiva, especialmente cuando ese equipo representa a un país o región.

seleccionar *tr.* Tomar una persona o cosa de un conjunto.

selectividad *f.* Conjunto de pruebas que se hacen en España para determinar qué estudiantes pueden acceder a la universidad y los estudios que pueden realizar.

selectivo, -va *adj.* Que selecciona.

selecto, -ta *adj.* Que se considera mejor entre otras cosas de su especie.

selector, -ra *adj./m.* **1** [dispositivo] Que en un aparato o una máquina sirve para escoger una operación entre varias posibles o para regular una función. ‖ *m.* **2** Pieza de un aparato telefónico que permite establecer la comunicación con otro aparato.

selenio *m.* Metaloide gris brillante que es buen conductor de la electricidad.

selenita *com.* **1** Habitante imaginario de la Luna. ‖ *f.* **2** Yeso cristalizado en láminas.

selfi o **selfie** *amb.* Autorretrato fotográfico que se hace con una cámara o un dispositivo digital.

self-service *m.* Autoservicio, establecimiento en que el cliente elige los productos que quiere comprar o consumir.

OBS Es de origen inglés y se pronuncia aproximadamente 'self servis'.

sellar *tr.* **1** Imprimir o poner un sello. **2** Cerrar, tapar o cubrir.

sello *m.* **1** Papel de pequeño tamaño emitido por el Gobierno y con valor oficial que se pega a las cartas y paquetes para enviarlos por correo o que se usa para dar validez a ciertos documentos. **2** Instrumento que sirve para estampar figuras y signos. **3** Figura que queda impresa con ese instrumento. **4** Disco de lacre, cera o metal que lleva un dibujo impreso con ese instrumento y que cuelga de ciertos documentos de importancia. **5** Sortija que lleva grabadas las iniciales de una persona, un escudo de armas, etc. **6** Carácter diferente o particular de una persona o cosa.

seltz *m.* Agua con ácido carbónico.

OBS También se dice *agua de Seltz*.

selva *f.* **1** Terreno extenso, sin cultivar y muy poblado de árboles y plantas que es característico de las zonas con climas cálidos y lluviosos. **2** Abundancia desordenada de una cosa.

selvático, -ca *adj.* De la selva.

semáforo *m.* **1** Dispositivo de señalización luminoso para la regulación del tráfico en las vías públicas. **2** Dispositivo de señalización óptica de las costas. **3** Dispositivo de señalización óptica que se utiliza para enviar señales a los trenes.

semana *f.* **1** Período de tiempo de siete días que comienza el lunes y termina el domingo. **Semana Santa** Semana que la Iglesia dedica a recordar la pasión y muerte de Jesucristo. **2** Período de tiempo de siete días consecutivos. ▸ **entre semana** Entre el lunes y el viernes.

semanal *adj.* **1** Que ocurre o se repite cada semana. **2** Que dura una semana.

semanario *m.* Publicación semanal.

semántica *f.* Disciplina lingüística que estudia el significado de las palabras.

semántico, -ca *adj.* **1** Del significado de las palabras. **2** De la semántica.

semblante *m.* **1** Cara de una persona. **2** Expresión de la cara que revela el estado de ánimo.

semblanza *f.* Descripción física o moral de una persona, generalmente acompañada de una breve historia de su vida.

sembrado, -da *n. m y f.* Tierra en la que se han puesto semillas.

sembrador, -ra *adj./m. y f.* Que siembra.

sembrar [27] *tr.* **1** Esparcir semillas en un terreno preparado para que germinen y den plantas o frutos. **2** Esparcir cosas. **3** Motivar una opinión o causar una sensación con palabras o acciones.

semejante *adj.* **1** Que es parecido o casi igual. **2** Indica ponderación y equivale a *tal* cuando no aparece el término de la comparación. **3** [figura geométrica] Que tiene exactamente la misma forma que otra, pero es de diferente tamaño. ‖ *m.* **4** Persona cualquiera con respecto a otra. Suele usarse en plural.

semejanza *f.* Conjunto de características que hace que dos o más personas o cosas sean parecidas.

semejar *tr./prnl.* Ser parecida una persona o cosa a otra.

semen *m.* Líquido espeso y blanquecino producido por los órganos de reproducción masculinos.

semental *adj./m.* **1** [animal macho] Que se destina a la reproducción. **2** *coloquial* Hombre de gran potencia sexual.

sementera *f.* **1** Terreno sembrado. **2** Tiempo en el que se siembra la tierra. **3** Origen o causa de algunas cosas.

semestral *adj.* **1** Que ocurre o se realiza cada seis meses. **2** Que dura seis meses.

semestre *m.* Período de seis meses.

semi- Elemento prefijal que entra en la formación de palabras con el significado de: *a*) 'Medio', 'mitad'. *b*) 'Casi', 'a medias'.

semicircular *adj.* Que tiene forma de medio círculo.

semicírculo *m.* Mitad de un círculo.

semicircunferencia *f.* Mitad de una circunferencia.

semiconsonante *adj./f.* [vocal] Que es cerrado y va al principio de un diptongo.

semicorchea *f.* Nota musical que equivale a la mitad de una corchea.

semiesfera *f.* Mitad de una esfera dividida por un plano que pasa por su centro.

semiesférico, -ca *adj.* Que tiene forma de media esfera.

semifinal *f.* Prueba o competición deportiva que sirve para determinar qué deportistas o equipos competirán en la final y que elimina a los demás.

semifinalista *adj./com.* Que participa en una semifinal.

semifusa *f.* Nota musical que equivale a la mitad de una fusa.

semilla *f.* **1** Parte del fruto que contiene el embrión de una nueva planta. **2** Causa u origen de una cosa.

semillero *m.* **1** Lugar donde se siembran las plantas que después han de trasplantarse. **2** Causa u origen de alguna cosa.

seminal *adj.* **1** Del semen. **2** De la semilla.

seminario *m.* **1** Centro de enseñanza en el que se educan y se forman los futuros sacerdotes. **2** Conjunto de actividades que realizan en común un profesor y sus discípulos, y que tiene la finalidad de encaminarlos a la práctica y la investigación de alguna disciplina. **3** Despacho en el que trabajan y se reúnen los profesores de una misma asignatura en un centro de enseñanza. **4** Conjunto de profesores de una misma asignatura que trabajan en el mismo centro de enseñanza.

seminarista *com.* Persona que se prepara para ser sacerdote.

semiología *f.* Ciencia que estudia los sistemas de signos.

semiótica *f.* **1** Ciencia que estudia los signos como instrumentos de comunicación en sociedad. **2** Parte de la medicina que estudia los síntomas como signos de enfermedades.

semiplano *m.* Superficie que resulta de dividir un plano geométrico en dos mediante una recta.

semirrecta *f.* Línea recta que se considera desde un punto determinado y en un único sentido.

semita *adj./com.* **1** De la familia de pueblos que se establecieron en Mesopotamia y el Próximo Oriente antes del primer milenio antes de Cristo y que tenían lenguas con un origen común. **2** [persona] Que pertenece a un pueblo semita.

semítico, -ca adj. De los semitas.

semitismo m. **1** Conjunto de doctrinas, instituciones y costumbres propias de los semitas. **2** Palabra o expresión semítica que se usa en otras lenguas.

semitono m. MÚS. Cada una de las dos partes desiguales en las que se divide el intervalo de un tono.

semivocal f. Vocal que es cerrada y está al final de un diptongo.

sémola f. Pasta alimenticia con forma de granos muy pequeños que está hecha con harina de arroz, trigo u otros cereales.

senado m. **1** Órgano político en el que están representados los distintos territorios de un país y que se encarga de aceptar o rechazar los proyectos de ley que propone el Congreso. En esta acepción, suele escribirse con mayúscula. **2** Edificio en el que se reúnen los miembros de ese órgano político. **3** Asamblea de patricios de la antigua república romana que constituía el consejo supremo del Estado.

senador, -ra m. y f. Político que es miembro del Senado.

sencillez f. Calidad de sencillo.

sencillo, -lla adj. **1** Que está formado por un solo elemento. **2** Que no presenta ninguna dificultad. **3** Que no tiene lujos ni adornos. **4** [persona] Que da a los demás un trato de igualdad, aunque sea superior a ellos. **5** [estilo, lenguaje] Que es claro y natural, sin artificios retóricos. ‖ adj./m. **6** [disco] Pequeño y de corta duración.

senda f. Camino estrecho.

senderismo m. Actividad que consiste en hacer excursiones a pie recorriendo senderos o caminos.

sendero m. Senda.

sendos, -das adj. pl. Indica que dos o más cosas corresponden una a cada una de otras tantas cosas o personas.

senectud f. culto Último período de la vida de una persona.

senegalés, -lesa adj. **1** De Senegal. ‖ adj./m. y f. **2** [persona] Que es de Senegal.

senil adj. **1** De la vejez o senectud. **2** [persona] Que presenta señales de decadencia física o psíquica.

sénior com. **1** [persona] Que tiene el mismo nombre que otro pero es de mayor edad. ‖ adj./f. **2** [categoría deportiva] Que corresponde a los deportistas que tienen más de veinte o veintiún años. ‖ adj./m. y f. **3** [deportista] Que compite en la categoría sénior.

OBS Es de origen inglés.

seno m. **1** Pecho o mama de la mujer. **2** Espacio que queda entre la ropa y el pecho de la mujer. **3** Concavidad o hueco. **4** Matriz de las hembras de los mamíferos cuando están preñadas. **5** Porción del mar que entra en la tierra entre dos cabos. **6** Parte interna de una cosa. **7** Cosa que acoge a otra bajo su protección. **8** MAT. Cociente que existe entre el cateto opuesto a un ángulo agudo de un triángulo rectángulo y la hipotenusa.

sensación f. **1** Impresión recogida por los sentidos. **2** Sorpresa o profunda impresión producida por una cosa importante o novedosa.

sensacional adj. **1** Que causa una fuerte sensación. **2** Que es muy bueno, estupendo o maravilloso.

sensacionalismo m. Tendencia de algunos medios informativos a presentar los acontecimientos de modo que provoquen asombro, escándalo o intranquilidad.

sensacionalista adj. Que muestra los aspectos más llamativos o escandalosos de un asunto para impresionar a la gente y llamar su atención.

sensatez f. Cualidad de sensato.

sensato, -ta adj. Que muestra buen juicio, prudencia y madurez en sus actos y decisiones.

sensibilidad f. **1** Capacidad para percibir sensaciones a través de los sentidos. **2** Tendencia a dejarse llevar por los sentimientos de compasión y amor. **3** Capacidad de respuesta a ciertos estímulos que tienen ciertos aparatos científicos muy eficaces. **4** Capacidad que tiene una película fotográfica para ser impresionada por la luz.

sensibilización f. **1** Acción de sensibilizar. **2** Efecto de sensibilizar. **3** Proceso por el cual un organismo se vuelve sensible.

sensibilizar [4] tr. **1** Excitar la capacidad de sentir. ‖ tr./prnl. **2** Hacer que una persona se dé cuenta de la importancia o el valor de una cosa. **3** En fotografía, hacer que ciertos materiales, como una película o una placa fotográfica, sean sensibles a la luz.

sensible adj. **1** Que es capaz de percibir una realidad a través de los sentidos. **2**

Que se deja llevar fácilmente por sentimientos como la ternura, la compasión y el amor, y se siente emocionado o herido con facilidad. **3** Que es capaz de distinguir con facilidad la belleza y los valores artísticos. **4** Que presta atención a lo que se dice o se pide. **5** [sustancia] Que reacciona fácilmente a ciertos agentes naturales. **6** [aparato] Que puede acusar, registrar o medir fenómenos de muy poca intensidad, o notar cambios muy pequeños porque reacciona con facilidad. **7** Que puede ser percibido por los sentidos. **8** Que es claro y evidente porque resulta fácil de percibir por los sentidos.

sensiblería *f.* Sensibilidad o sentimentalismo falso o exagerado.

sensiblero, -ra *adj.* Que es falso o exageradamente sensible o sentimental.

sensitivo, -va *adj.* **1** De los sentidos. **2** Que es capaz de experimentar sensaciones o emociones.

sensor *m.* Dispositivo que capta variaciones de luz, temperatura o sonido a corta y larga distancia.

sensorial *adj.* De los sentidos.

sensual *adj.* **1** De los sentidos. **2** Que provoca placer al ser percibido por los sentidos. **3** Que provoca excitación sexual.

sensualidad *f.* **1** Capacidad para provocar o satisfacer los placeres de los sentidos. **2** Tendencia a buscar y satisfacer el placer de los sentidos.

sentada *f.* Acción de protesta o en apoyo de una causa, que consiste en sentarse en el suelo en un lugar determinado por un largo período de tiempo.

sentar [27] *tr./prnl.* **1** Colocar a una persona en un asiento de modo que quede apoyada sobre las nalgas. ▌*tr.* **2** Establecer una teoría o doctrina que servirá de base para otro razonamiento. ▌*intr.* **3** Digerir una comida o bebida. **4** Producir una cosa un efecto en el ánimo. **5** Quedar bien o mal una prenda de vestir, un adorno o un color determinado. ▸ **dar por sentado** Dar por cierta una cosa.

sentencia *f.* **1** Frase o dicho con contenido moral o doctrinal. **2** Decisión de un tribunal que pone fin a un juicio o proceso. **3** Orden o decisión que toma una persona para resolver una discusión.

sentenciar [12] *tr.* **1** Pronunciar un juez o tribunal una sentencia. **2** Condenar a alguien.

sentido, -da *adj.* **1** Que expresa con sinceridad un sentimiento muy intenso. **2** Que se enfada o se molesta con facilidad. ▌*m.* **3** Capacidad de percibir un tipo de estímulos del mundo exterior mediante ciertos órganos del cuerpo. **4** Capacidad para realizar un tipo de actividad. **5** Capacidad para razonar. **6** Razón de ser, finalidad o lógica que tiene una cosa. **7** Significado de una palabra o frase. **8** Manera particular que tiene cada persona de entender o interpretar una cosa. **9** Cada una de las dos formas opuestas de recorrer una línea o un camino. **10** AMÉR Parte lateral de la cabeza, entre la frente, la oreja y la mejilla.

sentimental *adj.* **1** Que contiene elementos que emocionan o conmueven, o que expresa sentimientos dulces, especialmente de amor, pena o ternura. ▌*adj./ com.* **2** [persona] Que es muy sensible, se emociona con facilidad y suele actuar llevado por impulsos afectivos.

sentimentalismo *m.* Cualidad de lo que pretende emocionar o hacer llorar.

sentimiento *m.* **1** Estado de ánimo, disposición emocional hacia una cosa, un hecho o una persona. **2** Estado de ánimo triste o afectado por una impresión dolorosa. **3** Parte afectiva o emotiva del ser humano, por oposición al intelecto. Suele usarse en plural. **4** Capacidad de sentir afecto. Suele usarse en plural.

sentir [35] *tr.* **1** Percibir una sensación a través de los sentidos, provenga de un estímulo externo o del propio cuerpo. **2** Percibir a través del oído. **3** Experimentar un sentimiento. **4** Lamentar una cosa. **5** Tener la impresión de que va a ocurrir una cosa. ▌*prnl.* **6** Encontrarse en cierto estado físico o moral. **7** Experimentar dolor como consecuencia de una enfermedad. ▌*m.* **8** Opinión, juicio o sentimiento sobre una cosa.

seña *f.* **1** Gesto que se hace con alguna parte del cuerpo para indicar una cosa. **2** Convención establecida entre dos o más personas para comunicarse. **3** Nota o detalle característico que permite reconocer o identificar una cosa o a una persona. ▌*f. pl.* **4** Conjunto de datos, como la dirección y el nombre de una persona.

señal *f.* **1** Marca o característica que distingue a una persona o cosa de las demás. **2** Huella o marca que queda en una superficie. **3** Indicio que demuestra alguna cosa o que indica la existencia de algo. **4** Gesto con el que se quiere decir o indicar una cosa. **5** Signo o símbolo convenido entre varias personas para transmitir cierta in formación o como indicación para hacer algo. **6** Cantidad de dinero que se paga como anticipo antes de abonar el precio total de una cosa. **7** Sonido característico de algunos aparatos para avisar o informar sobre su funcionamiento.

señalado, -da *adj.* **1** [día, fecha] Que es importante o especial por algún motivo determinado. **2** Que ha sido convenido para hacer algo.

señalar *tr.* **1** Ponerle una marca o una señal a algo o a alguien. **2** Indicar o mostrar una cosa o persona dirigiendo el dedo o la mano hacia ella o por otros medios. **3** Ser una cosa señal o indicio de una cosa. **4** Decidir o determinar los elementos necesarios para un fin, especialmente la fecha para una cita. **5** Hacer un gesto como si se tuviera la intención de hacer una cosa, pero sin llega a hacerla. ‖ *tr./prnl.* **6** Dejar una marca en una superficie, especialmente en la piel. ‖ *prnl.* **7** Distinguirse por una cualidad o una circunstancia determinada.

señalización *f.* **1** Acción de señalizar. **2** Señal de tráfico.

señalizar [4] *tr.* Colocar señales de tráfico para regular la circulación.

señera *f.* Bandera oficial de la comunidad autónoma de Cataluña.

OBS Es un catalanismo.

señor, -ra *m. y f.* **1** Tratamiento de respeto o cortesía que se utiliza para llamar a una persona adulta. Se usa solo o antepuesto a un nombre propio. **2** Título nobiliario, generalmente de origen feudal. **3** Persona que es la dueña de una cosa, o que tiene poder o dominio sobre ella. **4** Amo, persona para la que trabaja un criado. ‖ *m.* **5** Dios. En esta acepción se escribe con mayúscula. ‖ *f.* **6** Mujer casada respecto de su cónyuge. ‖ *adj.* **7** *coloquial* Que es bueno o grande, o muy señorial.

señorear *tr.* **1** Dominar o mandar en una cosa como dueño de ella. **2** Controlar o tener dominio sobre las propias pasiones.

señoría *f.* Tratamiento de respeto o cortesía que se utiliza para dirigirse a personas que ocupan ciertos cargos.

OBS Se utiliza solo o con el posesivo de tercera persona.

señorial *adj.* **1** Propio del señorío. **2** Que es grande o majestuoso.

señorío *m.* **1** Autoridad o mando sobre una cosa. **2** Terreno que pertenece a un señor, o sobre el que antiguamente un señor ejercía su autoridad. **3** Gravedad, moderación y elegancia en el aspecto físico o en la forma de comportarse.

señorito, -ta *m. y f.* **1** Hijo o hija de un señor o de una señora importante. **2** *coloquial* Persona joven que no está acostumbrada a trabajar. **3** Tratamiento que da un criado a la persona para la que trabaja. ‖ *f.* **4** Tratamiento de respeto y cortesía que se utiliza para dirigirse a las mujeres que no están casadas. **5** Tratamiento que se les da a las mujeres que desempeñan determinados trabajos.

señorón, -na *adj./m. y f. coloquial* Que es o parece muy rico o respetable.

señuelo *m.* **1** Ave u objeto que la imita, que se utiliza para atraer a las aves de caza. **2** Incentivo para atraer o convencer a una persona.

seo *f.* Catedral en algunas regiones españolas, especialmente en Cataluña.

sépalo *m.* Pieza fuerte y dura que forma parte del cáliz de una flor, generalmente de color verde.

separable *adj.* Que se puede separar.

separación *f.* **1** Acción de separar o distanciar dos cosas que estaban juntas en el espacio o en el tiempo. **2** Espacio o distancia que hay entre dos cosas. **3** Interrupción de la vida en común de dos personas casadas, por común acuerdo o por decisión de un tribunal, sin que se rompa definitivamente el matrimonio.

separar *tr.* **1** Hacer que una cosa deje de estar junto a otra o cerca de ella. **2** Considerar individualmente. **3** Formar grupos con elementos iguales o parecidos. **4** Reservar una cosa para más tarde. **5** Hacer que alguien abandone una actividad o cargo. **6** Interrumpir una pelea. ‖ *prnl.* **7** Distanciar sus posiciones dos personas o cosas. **8** Dejar de vivir juntas dos personas que formaban una pareja o que estaban casadas. **9** Dejar de pertenecer a un grupo o actividad o de profesar una creencia.

separata *f.* Artículo de una revista o parte de un libro que se publica por separado.

separatismo *m.* Doctrina política que defiende la independencia de un territorio, su separación del Estado al que pertenece.

separatista *adj.* **1** Del separatismo. ‖ *adj./com.* **2** Que es partidario del separatismo.

sepelio *m.* Entierro de un cadáver y los ritos y ceremonias religiosas o civiles correspondientes.

sepia *f.* **1** Animal invertebrado marino, parecido al calamar, que tiene una cabeza grande de la que salen diez tentáculos o patas. **|** *m./adj.* **2** Color rojo claro, entre el naranja y el ocre.

septentrión *m.* **1** Norte, punto del horizonte. Se escribe con letra mayúscula. **2** Viento que sopla de este punto.

septentrional *adj.* Del norte.

séptico, -ca *adj.* **1** MED Que contiene gérmenes patógenos. **2** MED Que produce putrefacción. **3** MED Que es causado o producido por la putrefacción.

septiembre *m.* Noveno mes del año, que va después de agosto y antes de octubre.

séptimo, -ma *num. ord.* **1** Indica que el nombre al que acompaña o al que sustituye ocupa el lugar número siete en una serie. Puede ser determinante. **|** *num.* **2** Parte que resulta de dividir un todo en siete partes iguales.

septingentésimo, -ma *num. ord.* **1** Indica que el nombre al que acompaña o al que sustituye ocupa el lugar número 700 en una serie. Puede ser determinante. **|** *num.* **2** Parte que resulta de dividir un todo en 700 partes iguales.

septuagésimo, -ma *num. ord.* **1** Indica que el nombre al que acompaña o al que sustituye ocupa el lugar número 70 en una serie. Puede ser determinante. **|** *num.* **2** Parte que resulta de dividir un todo en 70 partes iguales.

sepulcral *adj.* **1** Del sepulcro. **2** Que es fúnebre, sombrío.

sepulcro *m.* Construcción funeraria, generalmente de piedra, que se levanta para sepultar un cadáver.

sepultar *tr.* **1** Enterrar un cadáver. **2** Ocultar, esconder o cubrir por completo.

sepultura *f.* **1** Acción de sepultar. **2** Agujero hecho en la tierra para sepultar un cadáver. **3** Sepulcro.

sepulturero, -ra *m. y f.* Persona que tiene por oficio sepultar cadáveres.

sequedad *f.* **1** Falta de líquido o de humedad. **2** Falta de amabilidad o cariño en un comportamiento, especialmente al hablar.

sequía *f.* Período largo de tiempo en el que no llueve, por lo que hay escasez de agua.

séquito *m.* Conjunto de personas que acompañan a alguien famoso o importante.

ser [86] *m.* **1** Persona, animal o cosa que existe, especialmente si está viva. **el Ser Supremo** Dios. **2** Conjunto de características esenciales de una persona, animal o cosa. **3** Vida o existencia. **|** *v. copulativo* **4** Tener una cualidad intrínseca o natural, o poseerla de modo permanente. **5** Tener

un oficio o profesión. **6** Estar hecho de un material. **7** Pertenecer a una persona o cosa. **8** Haber sido creada una obra por un autor. **9** Haber nacido una persona en un lugar determinado, o proceder una cosa de un lugar. **10** Formar parte de una comunidad o sociedad. **|** *v. auxiliar* **11** Seguido de un participio forma la voz pasiva de los verbos. **|** *intr.* **12** Ocurrir o tener lugar un acontecimiento. **13** Valer o costar dinero. **14** Expresa el resultado de una operación matemática. **15** Servir o estar destinado. **16** Existir o haber. **|** *v. impersonal* **17** Indica una hora, una fecha o un momento. ▸ **a no ser que** Excepto si se cumple la condición que sigue. ▸ **como sea** De cualquier manera o cueste lo que cueste. ▸ **es que** Introduce una excusa.

sera *f.* Cesto grande sin asas de forma rectangular, generalmente hecho de esparto, que sirve para transportar carbón.

serbio, -bia *adj.* **1** De Serbia. **|** *adj./m. y f.* **2** [persona] Que es de Serbia. **|** *m.* **3** Lengua que se habla en Serbia.

serenar *tr./prnl.* **1** Hacer desaparecer la agitación, la preocupación o los nervios. **2** Volver una cosa a su estado de calma.

serenata *f.* Composición musical o poema hecho para ser cantado al aire libre y durante la noche, generalmente para agradar o alabar a una persona.

serenidad *f.* **1** Estado de ánimo de tranquilidad y calma. **2** Tranquilidad, ausencia de agitación, movimiento o ruido.

sereno, -na *adj.* **1** Que no presenta agitación, movimiento o ruido. **2** Que no está nervioso, agitado o preocupado. **3** Que no está borracho. **|** *m.* **4** Persona que se dedicaba a vigilar las calles durante la noche, y a abrir las puertas de las casas cuando los vecinos querían entrar. **5** Humedad que hay en la atmósfera durante la noche.

serial *m.* Película de radio o televisión que se emite por episodios.

serie *f.* **1** Conjunto de cosas que tienen una relación entre sí y se suceden unas a otras siguiendo un orden. **2** Conjunto de cosas o personas que tienen algo en común, aunque no estén ordenadas. **3** Obra sonora o audiovisual que se divide en episodios. **4** Conjunto de sellos, billetes u otras cosas que forman parte de una misma emisión. ▸ **en serie** Procedimiento de fabricación que consiste en realizar muchos aparatos iguales, siguiendo un modelo y mediante una cadena de montaje, dividiendo el proceso en fases sencillas que ejecuta una misma persona repetidamente, en todos los objetos. ▸ **fuera de serie** Que es especialmente bueno en su clase.

seriedad *f.* Calidad de serio.

serio, -ria *adj.* 1 Que tiene un aspecto severo y sobrio. 2 Que es responsable y riguroso, y obra pensando bien sus actos, sin hacer bromas y sin tratar de engañar. 3 Que muestra preocupación, enfado o disgusto. 4 Que es grave o importante, o que provoca preocupación.

sermón *m.* 1 Discurso de contenido moral o religioso pronunciado en público por un sacerdote. 2 Consejos y enseñanzas morales destinados a corregir un determinado comportamiento o actitud, especialmente si resultan largos y pesados.

sermonear *tr.* 1 Echarle un sermón a alguien para corregir su actitud. ‖ *intr.* 2 Pronunciar el sacerdote un sermón.

serón *m.* Cesto grande de material flexible, más alto que ancho, que se coloca sobre los animales de carga y sirve para transportar carga.

serpentear *intr.* Moverse en zigzag, avanzar haciendo curvas como las serpientes.

serpentín *m.* Tubo hueco y enrollado en espiral que sirve para enfriar líquidos o gases calientes.

serpentina *f.* 1 Tira de papel muy larga y estrecha que está enrollada en forma de disco, y que se lanzan unas personas a otras en las fiestas, sujetándola por un extremo para que se desenrolle. 2 Mineral de color verde con manchas oscuras, parecido a la piel de una serpiente.

serpiente *f.* Reptil sin extremidades, de cuerpo largo y de forma cilíndrica, cabeza aplastada, boca grande y piel de distintos colores. **serpiente de cascabel** Serpiente venenosa, que tiene al final de la cola un conjunto de anillos que producen ruido al moverse.

serranía *f.* Terreno alto formado por montañas y sierras.

serrano, -na *adj./m. y f.* 1 De la sierra. 2 *coloquial* Que es muy sano y hermoso.

serrar [27] *tr.* Cortar con una sierra.

serrería *f.* Taller en el que se sierra la madera.

serrín *m.* Conjunto de partículas que se desprenden de la madera al serrarla.

serrucho *m.* Sierra de hoja ancha.

serventesio *m.* 1 Estrofa formada por cuatro versos de arte mayor que riman generalmente en consonancia, el primero con el tercero y el segundo con el cuarto. 2 Composición de la poesía provenzal de los siglos XII y XIII que trata sobre todo temas políticos o morales, generalmente en un tono satírico.

servicial *adj.* 1 Que sirve con diligencia. 2 Que siempre está dispuesto a servir y a satisfacer a los demás.

servicio *m.* 1 Trabajo, especialmente cuando se hace para otra persona. Se usa con el verbo *prestar* con el significado de 'hacer'. **servicio militar** Servicio que se presta al Estado siendo soldado durante un período de tiempo determinado. **servicio social** Servicio que se presta al Estado colaborando en trabajos de interés social durante un período de tiempo determinado. 2 Utilidad o función que desempeña una cosa. 3 Favor o beneficio que se le hace a una persona. 4 Organización, con su personal y medios, que se encarga de realizar un trabajo que satisface determinadas necesidades de una comunidad. 5 Conjunto de personas que trabajan como criados en una casa. 6 Habitación en la que está el váter, el lavabo y otros elementos que sirven para el aseo personal. 7 Conjunto de utensilios que se utilizan para servir comidas o bebidas. 8 Impulso que se da a la pelota para ponerla en movimiento y comenzar una jugada en tenis y deportes similares.

servidor, -ra *m. y f.* 1 Persona que sirve. 2 Computadora conectada a una red informática que permite acceder a ella desde diversos terminales. 3 Expresión que, por cortesía y respeto, utiliza la persona que habla para referirse a sí misma.

servidumbre *f.* 1 Conjunto de personas que trabajan como criados en una casa. 2 Condición y trabajo propios del sirviente. 3 Dependencia excesiva que una persona tiene de un sentimiento o idea.

servil *adj.* 1 Que muestra una actitud exageradamente humilde y servicial ante los superiores o poderosos. 2 De los criados.

servilismo *m.* Tendencia exagerada a servir ciegamente a una autoridad.

servilleta *f.* Pieza de tela o papel que sirve para limpiarse la boca y los dedos, o para proteger la ropa durante las comidas.

servilletero *m.* 1 Utensilio, generalmente en forma de aro, que sirve para recoger o guardar una servilleta enrollada. 2 Recipiente o utensilio que sirve como dispensador de servilletas o para guardarlas.

servio, -via *adj.* 1 Serbio. ‖ *adj./m. y f.* 2 [persona] Serbio. ‖ *m.* 3 Serbio, lengua.

servir [34] *intr.* 1 Estar capacitada una persona. 2 Tener un utensilio un fin determinado, porque se ha construido para eso. ▌*tr./intr.* **3** Trabajar realizando las tareas del hogar de otra persona. **4** Trabajar para el ejército. ▌*tr.* **5** Atender a los clientes en una tienda. **6** Obrar con entrega y lealtad al servicio de una persona o de una cosa. **7** Mostrar adoración, obediencia y respeto hacia Dios. **8** Suministrar una mercancía a un cliente. ▌*tr./intr./prnl.* **9** Llevar a la mesa la comida o la bebida y distribuirlas en platos o vasos. ▌*prnl.* **10** Dignarse o acceder a realizar una acción. **11** Utilizar una cosa para alcanzar un fin.

servo- Elemento prefijal que entra en la formación de palabras con el significado de 'sistema, mecanismo auxiliar'.

sésamo *m.* **1** Planta originaria de la India de tallo recto y flores blancas o rosas en forma de campana, cuyo fruto contiene numerosas semillas, muy grasas y nutritivas. **2** Semilla de esta planta.

sesear *intr.* GRAM. Pronunciar la c y la z como una s.

sesenta *num. card.* **1** Indica que el nombre al que acompaña o al que sustituye está 60 veces. Puede ser determinante. ▌*num. ord.* **2** Indica que el nombre al que acompaña o al que sustituye ocupa el lugar número 60 en una serie. Es preferible el uso del ordinal. ▌*m.* **3** Nombre del número 60.

sesentavo, -va *num.* Parte que resulta de dividir un todo en 60 partes iguales.

sesentón, -tona *adj./m. y f.* [persona] Que tiene entre sesenta y sesenta y nueve años de edad.

seseo *m.* GRAM. Fenómeno del habla que consiste en pronunciar la c y la z igual que la s.

sesera *f.* **1** Parte de la cabeza de los animales en la que se encuentran los sesos. **2** *coloquial* Cabeza de las personas y de los animales. **3** *coloquial* Capacidad para pensar y juzgar.

sesgado, -da *adj.* **1** Que está cortado de manera inclinada. **2** Que no es objetivo o imparcial, sino que está condicionado por determinados intereses.

sesgar [7] *tr.* Cortar o partir una cosa en diagonal.

sesgo *m.* Orientación o dirección que toma un asunto, especialmente cuando es desfavorable.

sesión *f.* **1** Reunión de un grupo de personas para realizar una actividad o tratar un asunto. **2** Fase de una actividad o parte de un proceso que se desarrolla en un inter-valo temporal determinado. **3** Cada representación teatral o proyección de una película que se celebra en un día.

seso *m.* **1** Masa de tejido nervioso que se encuentra en el interior del cráneo. Se usa en plural con el mismo significado. **2** *coloquial* Capacidad para pensar y juzgar. ▶ **calentarse** (o **devanarse**) **los sesos** Pensar mucho en un asunto tratando de encontrarle una solución.

sestear *intr.* **1** Dormir la siesta. **2** Recogerse el ganado en un lugar fresco.

sesudo, -da *adj.* **1** Que muestra buen juicio y madurez en sus actos. **2** Que es muy listo, inteligente y culto.

set *m.* **1** Parte en que se divide un partido en ciertos deportes, como el tenis y el voleibol. **2** Conjunto formado por varios utensilios con una finalidad común. OBS Es de origen inglés. El plural es *sets*.

seta *f.* Hongo con forma de sombrero sostenido por un pie.

setecientos *num. card.* **1** Indica que el nombre al que acompaña o al que sustituye está 700 veces. Puede ser determinante. ▌*num. ord.* **2** Indica que el nombre al que acompaña o al que sustituye ocupa el lugar número 700 en una serie. Es preferible el uso del ordinal. ▌*m.* **3** Nombre del número 700.

setenta *num. card.* **1** Indica que el nombre al que acompaña o al que sustituye está 70 veces. Puede ser determinante. ▌*num. ord.* **2** Indica que el nombre al que acompaña o al que sustituye ocupa el lugar número 70 en una serie. Es preferible el uso del ordinal. ▌*m.* **3** Nombre del número 70.

setentavo, -va *num.* Parte que resulta de dividir un todo en 70 partes iguales.

setentón, -tona *adj./m. y f.* [persona] Que tiene entre setenta y setenta y nueve años de edad.

setiembre *m.* Septiembre.

seto *m.* Valla hecha con palos o ramas de arbusto entretejidas.

setter *adj./com.* [perro] Que pertenece a una raza que se caracteriza por tener el pelo largo, suave y ondulado y el hocico alargado.

seudo- Elemento prefijal que entra en la formación de palabras con el significado de 'falso', especialmente en el sentido de 'pretendido', 'impropiamente llamado'. OBS Puede adoptar la forma *pseudo-*.

seudónimo *m.* Nombre falso que usa una persona para ocultar su identidad.

seudópodo *m.* Prolongación del citoplasma de una célula que le sirve para desplazarse y capturar alimentos.

severidad *f.* Calidad de severo.

severo, -ra *adj.* Que es riguroso o intransigente con las faltas o debilidades de los demás o con las propias. **2** Que es estricto y riguroso al aplicar una ley.

sevillano, -na *adj.* **1** De Sevilla. ‖ *adj./m. y f.* **2** [persona] Que es de Sevilla.

sexagenario, -ria *adj./m. y f.* [persona] Que tiene entre sesenta y sesenta y nueve años de edad.

sexagesimal *adj.* [sistema de medida] Que está basado en el número sesenta.

sexagésimo, -ma *num. ord.* **1** Indica que el nombre al que acompaña o al que sustituye ocupa el lugar número 60 en una serie. Puede ser determinante. ‖ *num.* **2** Parte que resulta de dividir un todo en 60 partes iguales.

sex-appeal o **sex appeal** *m.* Lo que hace que una persona resulte atractiva física o sexualmente.

OBS Es de origen inglés y se pronuncia aproximadamente 'sexapil'.

sexcentésimo, -ma *num. ord.* **1** Indica que el nombre al que acompaña o al que sustituye ocupa el lugar número 600 en una serie. Puede ser determinante. ‖ *num.* **2** Parte que resulta de dividir un todo en 600 partes iguales.

sexenio *m.* Período de tiempo de seis años.

sexismo *m.* Actitud de la persona que discrimina a las personas según su sexo.

sexista *adj./com.* Que hace discriminación de las personas según su sexo.

sexo *m.* **1** Conjunto de características de un ser vivo que distinguen machos y hembras. **2** Conjunto de los individuos de uno u otro sexo. **3** Órganos sexuales o reproductores. **4** Actividad física relacionada con la reproducción que proporciona placer.

sexología *f.* Parte de la medicina y de la psicología especializada en el estudio y tratamiento de los problemas relacionados con la sexualidad.

sexólogo, -ga *m. y f.* Persona que se dedica a la sexología.

sex-shop o **sex shop** *m.* Tienda en la que se venden revistas, libros, películas u objetos relacionados con el erotismo o la excitación sexual.

OBS Es un anglicismo que se pronuncia aproximadamente 'sexhop'.

sex-symbol o **sex symbol** *com.* Persona famosa que es considerada como representante del modelo de belleza erótica.

OBS Es de origen inglés y se pronuncia aproximadamente 'sexímbol'.

sexteto *m.* **1** Estrofa poética formada por seis versos de más de ocho sílabas, generalmente endecasílabos. **2** MÚS. Conjunto musical formado por seis voces o seis instrumentos. **3** MÚS. Composición musical escrita para ser interpretada por ese conjunto de músicos.

sextilla *f.* Estrofa de seis versos de arte menor con rima consonante.

sexto, -ta *num. ord.* **1** Indica que el nombre al que acompaña o al que sustituye ocupa el lugar número seis en una serie. Puede ser determinante. ‖ *num.* **2** Parte que resulta de dividir un todo en seis partes iguales.

séxtuplo, -pla *adj./m.* [cantidad, número] Que resulta de multiplicar por seis una cantidad.

sexuado, -da *adj.* [ser vivo] Que tiene órganos sexuales para reproducirse.

sexual *adj.* Del sexo.

sexualidad *f.* **1** Conjunto de características físicas y psicológicas propias de cada sexo. **2** Conjunto de actividades y comportamientos relacionados con la atracción entre los sexos, con la reproducción y con el placer sexual.

sexy o **sexi** *adj.* Que es muy atractivo y despierta el deseo sexual.

OBS Es de origen inglés y se pronuncia 'sexi'.

sherpa *adj./com.* De un pueblo de Nepal situado en la cordillera del Himalaya.

shock *m.* Impresión intensa que recibe una persona y que altera profundamente su estado mental y sus sentimientos.

OBS Es de origen inglés y se pronuncia aproximadamente 'choc'.

short *m.* Pantalón corto que cubre hasta la mitad del muslo como máximo.

OBS Es de origen inglés y se pronuncia aproximadamente 'chort'. El plural es *shorts*. Se usa también en plural para hacer referencia a una sola de estas prendas.

show *m.* Espectáculo que se realiza para divertir o entretener a un público.

OBS Es de origen inglés y se pronuncia aproximadamente 'chou'.

si *m.* **1** Séptima nota de la escala musical. El plural es *sis*. ‖ *conj.* **2** Introduce una oración subordinada que expresa una condición que ha de cumplirse para que sea cierto lo expresado en la oración principal. 3 Introduce oraciones interrogativas indirectas. 4 Expresa énfasis en oraciones exclamativas. 5 Introduce oraciones que expresan una petición o un deseo. ‣ **si no** De otra forma.

sí *adv.* 1 Expresa afirmación, asentimiento, especialmente como respuesta a una pregunta. 2 Enfatiza el carácter afirmativo de una frase. ▌ *m.* 3 Permiso, consentimiento o respuesta afirmativa. El plural es *síes*. ▌ *pron. pers.* 4 Forma reflexiva del pronombre de tercera persona que aparece tras preposición; tiene la misma forma en género masculino y femenino y en número singular y plural. Con la preposición *con* forma la palabra *consigo*. ‣ **de por sí** Sin tener en cuenta otras cosas, considerado aisladamente. ‣ **para sí** Mentalmente o sin hablar.

SI *m.* Sigla de *sistema internacional de unidades*, 'sistema de unidades que ha sustituido al sistema métrico decimal'.

siamés, -sa *adj./m. y f.* 1 Que ha nacido unido a su hermano gemelo por una parte del cuerpo. 2 [gato] Que tiene el pelo muy corto de color pardo o grisáceo, más oscuro en la cara, las orejas y la cola que en el resto del cuerpo. ▌ *adj.* 3 De Tailandia. ▌ *adj./m. y f.* 4 [persona] Que es de Tailandia. ▌ *m.* 5 Lengua del grupo tai hablada en Tailandia.

sibarita *adj./com.* Que es aficionado al lujo y a los placeres caros y refinados.

siberiano, -na *adj.* 1 De Siberia. ▌ *adj./m. y f.* 2 [persona] Que es de Siberia.

sibila *f.* Mujer que tenía la capacidad de predecir el futuro, según los antiguos griegos y romanos.

sibilante *adj.* 1 [sonido] Que es como un silbido suave. ▌ *adj./f.* 2 Que se articula dejando salir el aire por un estrecho canal formado por la lengua y los alvéolos del paladar.

sibilino, -na *adj.* 1 Que es misterioso, oscuro. 2 De la sibila.

sic Palabra del latín que se usa en textos escritos para indicar que una palabra o expresión es una transcripción o copia textual, aunque pueda parecer incorrecta.

sicario *m.* Asesino a sueldo, persona que recibe dinero a cambio de matar a otra.

siciliano, -na *adj.* 1 De Sicilia. ▌ *adj./m. y f.* 2 [persona] Que es de Sicilia. ▌ *m.* 3 Dialecto de la lengua italiana que se habla en Sicilia.

sico- Psico-.

sicoanálisis *m.* Psicoanálisis.

sicoanalista *adj./com.* Psicoanalista.

sicoanalítico, -ca *adj.* Psicoanalítico.

sicoanalizar [4] *tr.* Psicoanalizar.

sicodélico, -ca *adj.* Psicodélico.

sicofármaco *m.* Psicofármaco.

sicología *f.* 1 Psicología.

sicológico, -ca *adj.* Psicológico.

sicólogo, -ga *m. y f.* Psicólogo.

sicomotricidad *f.* Psicomotricidad.

sicópata *com.* Psicópata.

sicopatía *f.* MED. Psicopatía.

sicosis *f.* Psicosis.

sicosomático, -ca *adj.* Psicosomático.

sicoterapia *f.* Psicoterapia.

sida *m.* Enfermedad infecciosa producida por un virus que se transmite por vía sexual o a través de la sangre, y que destruye las defensas naturales del organismo.

sidecar *m.* Cochecito con una rueda lateral que algunas motocicletas llevan unido a uno de sus lados.

sideral *adj.* De las estrellas o los cuerpos celestes.

siderurgia *f.* Técnica de extraer y trabajar el hierro.

siderúrgico, -ca *adj.* De la siderurgia.

sidoso, -sa *adj./m. y f.* Que padece sida.

sidra *f.* Bebida alcohólica hecha con el zumo de las manzanas fermentado.

sidrería *f.* Establecimiento en el que se vende principalmente sidra o se sirve esta bebida alcohólica como especialidad.

siega *f.* 1 Acción de segar. 2 Época del año en que se siega. 3 Conjunto de hierbas o cereales segados.

siembra *f.* 1 Acción de sembrar. 2 Época del año en que se realiza esta acción. 3 Tierra en la que se han puesto semillas.

siempre *adv.* 1 Todo el tiempo. 2 En todo caso, por lo menos. ‣ **siempre y cuando** Introduce una oración subordinada condicional que expresa una condición que se ha de cumplir obligatoriamente para que sea cierto lo dicho en la oración principal.

siempreviva *f.* 1 Planta herbácea que se caracteriza porque sus flores amarillas se mantienen frescas mucho tiempo después de haber sido cortadas. 2 Flor de esta planta.

sien *f.* Una de las dos partes de la cabeza situadas entre la frente, la oreja y la mejilla.

sierpe *f.* 1 Serpiente. 2 Vástago que brota de las raíces.

sierra *f.* 1 Herramienta que sirve para cortar madera y otros materiales duros y que está formada por una hoja de acero con dientes unida a un mango. **2** Cordillera de montañas.

siervo, -va *m. y f.* **1** Campesino que servía al señor feudal en la Edad Media. **2** Persona sometida al servicio de otra.

siesta *f.* Sueño corto que se echa después de comer.

siete *num. card.* **1** Indica que el nombre al que acompaña o al que sustituye está 7 veces. Puede ser determinante. ‖ *num. ord.* **2** Indica que el nombre al que acompaña o al que sustituye ocupa el lugar número 7 en una serie. Es preferible el uso del ordinal. ‖ *m.* **3** Nombre del número 7. **4** Roto en la ropa o en una tela con forma de ángulo.

sietemesino, -na *adj./m. y f.* [niño] Que ha nacido a los siete meses de ser engendrado, y no a los nueve.

sífilis *f.* Enfermedad infecciosa producida por una bacteria que se contagia por vía sexual o de la madre gestante al feto.

sifilítico, -ca *adj.* **1** De la sífilis. ‖ *adj./m. y f.* **2** Que padece sífilis.

sifón *m.* **1** Botella, generalmente de cristal, con un mecanismo que abre y cierra la salida del agua con gas que contiene en su interior. **2** Agua carbónica que hay en el interior de esa botella. **3** Tubo en forma de 'U' que se usa para que circulen líquidos salvando algún desnivel, o para obstruir la salida de gases en cañerías de retretes y lavabos.

sigilo *m.* **1** Secreto con que se trata un asunto. **2** Silencio cuidadoso.

sigiloso, -sa *adj.* **1** Que se realiza en secreto. **2** Que es silencioso y procura no llamar la atención.

sigla *f.* **1** Letra inicial de una palabra que se usa como abreviatura. **2** Palabra formada por las iniciales de otras palabras.

siglo *m.* **1** Período de tiempo que comprende cien años. **2** *coloquial* Período de tiempo, de duración no determinada, que se considera muy largo.

sigma *f.* Nombre de la decimoctava letra del alfabeto griego.

signatario, -ria *adj./m. y f. culto* Que firma una carta o documento.

signatura *f.* **1** Señal o marca que se pone en un objeto para distinguirlo de otros, especialmente la de un libro o documento para indicar el lugar que ocupa en una biblioteca o archivo. **2** *culto* Acto de firmar.

significación *f.* **1** Representación o senti-

do de un fenómeno o hecho determinado. **2** Significado de una palabra o frase. **3** Importancia, influencia o valor que tiene un hecho.

significado *m.* **1** Sentido de una cosa, especialmente el de un signo, palabra o expresión. **2** En lingüística, elemento que, junto con el significante, forma el signo lingüístico.

significante *m.* En lingüística, fonema o conjunto de fonemas que, junto con el significado, forman el signo lingüístico.

significar [1] *tr.* **1** Representar una cosa, fenómeno o hecho, o ser señal de ello. **2** Representar una palabra o expresión una determinada idea o concepto. **3** Manifestar una idea o un sentimiento. ‖ *intr.* **4** Tener importancia para alguien cierta cosa o persona.

significativo, -va *adj.* **1** Que es importante por lo que representa. **2** Que es señal de una cosa.

signo *m.* **1** Cosa, fenómeno o hecho que, por una relación natural o convencional, se toma como representación de otra cosa, fenómeno o hecho. **2** Indicio o señal que da a conocer algo sobre una persona o una cosa. **3** Gesto o movimiento que se hace para expresar algo. **4** Señal, marca o dibujo que se emplea en la escritura, en la música y en las operaciones matemáticas. **5** Cada una de las doce partes iguales que forman el zodiaco.

siguiente *adj.* Que va inmediatamente después de otra cosa.

sílaba *f.* Sonido o conjunto de sonidos articulados que se producen entre dos breves y casi imperceptibles interrupciones de la salida de aire de los pulmones en la emisión de voz.

silabear *tr./intr.* Pronunciar las sílabas de las palabras haciendo una pausa entre ellas.

silábico, -ca *adj.* De la sílaba.

silbar *tr./intr.* **1** Producir un silbido. **2** Producir silbidos para mostrar agrado o desagrado.

silbato *m.* Instrumento pequeño que tiene un conducto por el que, al soplar a través de él, se produce un sonido agudo.

silbido *m.* Sonido agudo que se produce cuando el aire roza con algo a mucha velocidad.

silenciador *m.* Pieza o dispositivo que se pone en la salida de un motor o en el cañón de ciertas armas de fuego para hacer menos fuerte el ruido que producen.

silenciar [12] *tr.* **1** Callar u omitir intencionadamente una cosa. **2** Hacer callar a alguien o que no suene algo. **3** Hacer parar el fuego de las armas de alguien.

silencio *m.* **1** Estado en el que no hay ningún ruido o no se oye ninguna voz. **2** Ausencia de noticias o palabras sobre un asunto. **3** MÚS. Pausa o momento en que se interrumpe el sonido en una composición musical.

silencioso, -sa *adj.* **1** Que no suele hablar. **2** [aparato, motor] Que hace muy poco ruido. **3** [lugar] Que está en silencio.

sílex *m.* Piedra muy dura formada principalmente por sílice y que al romperse forma unos bordes que son muy cortantes.
OBS El plural también es *sílex*.

sílfide *f.* Mujer que es muy esbelta y guapa.

silicato *m.* QUÍM. Sal formada a partir de un ácido del silicio y una base.

sílice *f.* Combinación de silicio con oxígeno que se encuentra en ciertos minerales.

silíceo, -cea *adj.* Que está compuesto de silicio.

silicio *m.* QUÍM. Metaloide sólido y de color amarillento, que forma parte de la arena y de las rocas.

silicona *f.* QUÍM. Producto compuesto principalmente de silicio y oxígeno, que es elástico, resistente y aislante de la humedad, del calor y de la electricidad.

silicosis *f.* Enfermedad que afecta al aparato respiratorio de las personas y que se produce por haber aspirado polvo de sílice en gran cantidad.

silla *f.* **1** Asiento para una sola persona, con respaldo y generalmente con cuatro patas. **2** Armazón de madera y cuero que se coloca sobre el lomo de un animal de montar. **3** Cargo de un sacerdote en la Iglesia.

sillar *m.* ARQ. Piedra labrada que forma parte de un edificio.

sillería *f.* **1** Conjunto de asientos que tienen el mismo estilo y que, generalmente, están en una misma sala o habitación. **2** Conjunto de asientos del coro de una iglesia. **3** ARQ. Obra hecha con sillares.

sillín *m.* Asiento individual pequeño, especialmente el de la bicicleta.

sillón *m.* Asiento para una sola persona, con respaldo y brazos, y que es más grande y cómodo que una silla.

silo *m.* Lugar seco y preparado para guardar el trigo y otras semillas o plantas cortadas.

silogismo *m.* FILOS. Razonamiento que está formado por dos premisas y una conclusión.

silueta *f.* **1** Línea exterior que delimita el dibujo de una figura. **2** Forma que presenta un objeto cuando está sobre un fondo más claro que él.

silúrico, -ca *adj./m.* **1** GEOL. [período geológico] Que es el tercero de los seis en que se divide la era paleozoica o primaria, entre el ordovícico y el devónico. ‖ *adj.* **2** GEOL. De este período.

silva *f.* Combinación métrica formada por versos endecasílabos, solos o combinados con heptasílabos, que riman en consonancia, aunque algunos pueden quedar libres, sin una división por estrofas concreta.

silvestre *adj.* [vegetal] Que crece o se cría en el campo o en la selva.

silvicultura *f.* **1** Conjunto de actividades relacionadas con el cultivo, el cuidado y la explotación de los bosques y los montes. **2** Ciencia que se ocupa de este conjunto de actividades.

sima *f.* **1** Hueco o agujero en la tierra que es grande, muy profundo y oscuro. **2** GEOL. Capa interior de la corteza terrestre que está situada entre el sial y el núcleo.

simbiosis *f.* **1** BIOL. Situación en la que dos organismos de especies diferentes se asocian para beneficiarse mutuamente en su desarrollo vital. **2** Relación de ayuda mutua que se establece entre dos personas, especialmente en el trabajo.

simbólico, -ca *adj.* **1** Que representa o simboliza una cosa. **2** Que se expresa por medio de símbolos.

simbolismo *m.* **1** Conjunto de símbolos que se utilizan para representar alguna cosa. **2** Significado de lo que se expresa con uno o varios símbolos. **3** Tendencia artística que consiste en sugerir ideas o evocar objetos mediante símbolos e imágenes.

simbolista *adj.* **1** Del simbolismo artístico. ‖ *adj./com.* **2** Que sigue o pone en práctica los preceptos del simbolismo.

simbolizar [4] *tr.* Servir una cosa, fenómeno o hecho como representación o explicación de algo.

símbolo *m.* **1** Cosa, fenómeno o hecho que se toma como representación de otra cosa, fenómeno o hecho, especialmente cuando la relación que hay entre ambas cosas es convencional. **2** QUÍM. Letra o conjunto de letras que sirven para nombrar un elemento químico. **3** Figura del lenguaje que consiste en utilizar una palabra o un conjunto de palabras con un significado que va más allá del sentido estricto y simboliza otra cosa.

simbología f. Conjunto de símbolos.

simetría f. Correspondencia de posición, forma y tamaño de las partes de un cuerpo, a uno y otro lado de un plano o alrededor de un punto o de un eje.

simétrico, -ca adj. Que guarda simetría.

simiente f. Semilla.

simiesco, -ca adj. 1 Del simio. 2 Que es parecido al simio.

símil m. 1 Figura del lenguaje que consiste en establecer una igualdad o comparación entre dos términos para dar una idea viva y clara de uno de ellos. 2 Comparación o semejanza entre dos cosas.

similar adj. Que es semejante a algo.

similitud f. Parecido o semejanza entre dos o más personas, animales o cosas.

simio, -mia m. y f. Mamífero que tiene manos y pies con cinco dedos, uñas planas, cerebro muy desarrollado y que se alimenta principalmente de vegetales.

simpapeles adj./com. [extranjero] Que carece de la documentación necesaria para residir o trabajar en el país en el que se vive. OBS También se escribe *sin papeles*. El plural también es *simpapeles*.

simpatía f. 1 Modo de ser o de actuar de una persona que la hace agradable a los demás. 2 Sentimiento de afecto hacia alguien o algo.

simpático, -ca adj. Que es agradable y atrae a los demás.

simpatizante adj./m. y f. Que se siente atraído por un club, ideología o partido sin militar en él.

simpatizar [4] intr. Sentir atracción o simpatía por alguien o algo.

simple adj. 1 Que está formado por un solo elemento. 2 Que no tiene complicación ni dificultad. 3 Se utiliza con el significado de *solamente* para indicar que lo que se expresa no es tan importante, tan complicado o tan difícil como podría parecer. 4 GRAM. [tiempo verbal] Que se conjuga sin verbo auxiliar. ▌ adj./com. 5 Que no es inteligente ni rápido cuando razona y es fácil de engañar.

simpleza f. 1 Falta de inteligencia y rapidez en una persona cuando razona. 2 Acto o dicho poco inteligente.

simplicidad f. 1 Ausencia total de complicación en una cosa. 2 Ingenuidad o carácter simple que tiene una persona. 3 Ausencia de adornos en una obra artística.

simplificación f. 1 Acción de simplificar. 2 Efecto de simplificar.

simplificar [4] tr. 1 Hacer más simple o fácil. 2 MAT. Reducir una cantidad, expresión o ecuación a la forma más sencilla.

simplista adj. 1 Que está basado en ideas demasiado elementales. ▌ adj./com. 2 [persona] Que hace razonamientos con ideas demasiado elementales.

simplón, -plona adj./m. y f. Que es simple, sencillo o ingenuo.

simposio m. Reunión de personas especializadas en un tema determinado que se proponen estudiar una parte concreta o exponer asuntos relacionados con él.

simulación f. Presentación de una cosa haciendo que parezca real.

simulacro m. Acción que se realiza imitando un suceso real para tomar las medidas necesarias de seguridad en caso de que ocurra realmente.

simulador m. Aparato o conjunto de aparatos que reproduce las funciones de otro.

simular tr. 1 Hacer parecer que ocurre o existe una cosa que en realidad no ocurre o no existe. 2 Presentar una cosa haciendo que parezca real.

simultanear tr. Realizar dos o más actividades en un mismo período de tiempo.

simultaneidad f. Circunstancia de coincidir dos o más hechos o acciones en un mismo momento o período de tiempo.

simultáneo, -nea adj. Que se hace u ocurre al mismo tiempo que otra cosa.

sin prep. 1 Indica falta o carencia de una cosa material o inmaterial. 2 Indica que lo que se dice a continuación no queda incluido o no se tiene en cuenta dentro de lo dicho antes. ▶ **sin embargo** Enlace adversativo entre oraciones, que indica que lo que se dice a continuación es contradictorio con lo que se ha dicho antes, pero no impide su realización.

sin- Prefijo que entra en la formación de palabras con el sentido de 'unión', 'simultaneidad'.

sinagoga f. Edificio donde una comunidad judía se reúne para rezar o realizar ceremonias religiosas.

sinalefa f. Fusión en una sola sílaba de la última vocal de una palabra y la primera de la palabra siguiente.

sincerarse prnl. Contar un hecho o un sentimiento personal con sinceridad.

sinceridad f. Falta de fingimiento en las cosas que se dicen o en lo que se hace.

sincero, -ra adj. Que habla y obra sin mentir ni fingir.

síncopa f. 1 Fenómeno lingüístico que consiste en suprimir uno o más sonidos en medio de una palabra. **2** MÚS. Unión de dos notas iguales, de las cuales una está en la parte débil del compás y la otra, en la parte fuerte.

sincopar *tr./prnl.* Hacer síncopa de una palabra o de una nota.

síncope *m.* **1** Paralización momentánea de los movimientos del corazón y de la respiración, que puede producir una pérdida del conocimiento. **2** Síncopa, fenómeno lingüístico.

sincretismo *m.* **1** FILOS. Sistema filosófico que trata de armonizar corrientes de pensamiento o ideas opuestas. **2** GRAM. Fenómeno que se produce al coincidir en una única forma dos o más funciones gramaticales.

sincronía *f.* **1** Coincidencia en el tiempo de varios hechos o circunstancias. **2** Método de análisis lingüístico que trata una lengua o un fenómeno lingüístico en un momento determinado.

sincrónico, -ca *adj.* **1** Que ocurre al mismo tiempo que otro hecho o circunstancia. **2** De la sincronía.

sincronización *f.* Acción de sincronizar.

sincronizar [4] *tr.* Hacer que coincidan dos fenómenos o movimientos en un momento determinado.

sindical *adj.* Del sindicato.

sindicalismo *m.* Movimiento que defiende los sindicatos de trabajadores como forma de organización social.

sindicalista *adj.* **1** Del sindicalismo. ‖ *adj./ m. y f.* **2** [persona] Que pertenece a un sindicato o que es partidario del sindicalismo.

sindicar [1] *tr.* Sindicalizar.

sindicato *m.* Unión o agrupación de trabajadores destinada a la defensa de sus intereses económicos y laborales.

síndico, -ca *m. y f.* Persona elegida por un grupo o comunidad para cuidar de sus intereses económicos y sociales.

síndrome *m.* Conjunto de signos o señales que caracterizan una enfermedad o un trastorno físico o mental.

sine díe Expresión que se usa para indicar que algo se aplaza sin determinar una fecha o plazo finales.

sinécdoque *f.* Figura del lenguaje que consiste en ampliar, reducir o alterar el significado de una palabra para designar un todo con el nombre de una de sus partes, o viceversa.

sinfín *m.* Cantidad muy grande de una cosa, que es imposible de calcular o limitar.

sinfonía *f.* **1** Composición musical hecha para ser interpretada por una orquesta. **2** Conjunto de elementos que están bien combinados entre sí.

sinfónico, -ca *adj.* **1** De la sinfonía. **2** [orquesta] Que se compone de un gran número de músicos que tocan instrumentos musicales de cuerda, de viento y de percusión.

singladura *f.* **1** Distancia recorrida por una nave en 24 horas. **2** Dirección real o imaginaria seguida por algo o alguien.

single *m.* Disco fonográfico de corta duración en el que solo se reproducen una o dos canciones en cada cara.

OBS Es un anglicismo innecesario por *disco sencillo*. Se pronuncia aproximadamente 'sínguel'.

singular *adj./m.* **1** GRAM. [número gramatical] Que expresa una sola unidad. ‖ *adj.* **2** Que es raro o extravagante. **3** Que es extraordinario o muy bueno.

singularidad *f.* Calidad de singular.

singularizar [4] *tr.* Distinguir o dar mayor relevancia a una cosa o persona entre varias.

singularmente *adv.* De manera singular.

sinhogar *com.* Persona que no tiene un hogar donde vivir.

siniestra *f.* Mano situada, en relación con la posición de una persona, en el lado que tiene el corazón.

siniestro, -tra *adj.* **1** Que está hecho con mala intención. **2** Que es debido a la mala suerte. **3** Que es sombrío o macabro. ‖ *m.* **4** Daño o pérdida importante.

sinnúmero *m.* Cantidad muy grande de una cosa, que resulta imposible de calcular o limitar.

sino *m.* **1** Fuerza desconocida que determina lo que ha de suceder. ‖ *conj.* **2** Indica que lo que se dice a continuación se afirma por oposición a lo que se ha negado antes. **3** Indica que lo que se dice a continuación queda excluido del conjunto que se ha dicho antes. **4** Se usa para añadir un elemento nuevo a otro que se ha dicho antes. Se usa en correlación con *no solo*.

sínodo *m.* **1** Reunión de obispos para tratar temas sobre los dogmas del cristianismo o para tratar asuntos de organización. **2** Reunión de pastores de la iglesia protestante para tratar asuntos de su iglesia. **3** ASTR. Coincidencia de dos planetas en el mismo grado de la trayectoria que describe la Tierra en su movimiento de traslación alrededor del Sol.

sinonimia *f.* Igualdad de significado que hay entre dos o más palabras.

sinónimo, -ma *adj./m.* [palabra] Que tiene el mismo significado que otra.

sinopsis *f.* 1 Esquema o exposición gráfica de los puntos generales de un tema o materia. 2 Resumen muy breve y general de una novela, película u obra teatral.
OBS El plural también es *sinopsis*.

sinóptico, -ca *adj.* Que presenta las partes principales de un asunto de manera clara, rápida y resumida.

sinovia *f.* Líquido transparente que se encuentra en las articulaciones de los huesos y que sirve para lubricarlas.

sinovial *adj.* 1 De la sinovia. 2 [membrana] Que segrega sinovia.

sinrazón *f.* Acción hecha contra la justicia o fuera de lo que se considera razonable.

sinsabor *m.* Sentimiento de pesar o disgusto que afecta a una persona.

sinsentido *m.* Dicho o hecho absurdo.

sintáctico, -ca *adj.* De la sintaxis.

sintagma *m.* Palabra o conjunto de palabras que constituyen una unidad de sentido y que cumplen una función determinada con respecto a otros elementos de la oración.

sintagmático, -ca *adj.* 1 Del sintagma. 2 [relación] Que se establece entre dos o más unidades de un discurso.

sintaxis *f.* 1 Parte de la gramática que estudia el orden y la relación de las palabras en la oración y en el discurso. 2 Combinación y conexión de las palabras y las expresiones dentro del discurso.

sintecho *adj./com.* ESP [persona] Que no tiene un lugar donde vivir y duerme en la calle o en establecimientos benéficos.
OBS También se escribe *sin techo*. El plural también es *sintecho*.

síntesis *f.* 1 Explicación corta en la que se presenta lo principal de un asunto o materia. 2 Composición o formación de un todo mediante la unión de varios elementos. 3 BIOL. Proceso por el que un ser vivo elabora en el interior de sus células las moléculas de sus componentes, a partir de sustancias del exterior. 4 QUÍM. Obtención de una sustancia compuesta a partir de la combinación de elementos químicos o de sustancias simples.
OBS El plural también es *síntesis*.

sintético, -ca *adj.* 1 De la síntesis. 2 [material] Que se obtiene mediante procedimientos industriales o químicos y que imita una materia natural.

sintetizador *m.* Instrumento musical electrónico que se toca mediante teclas y que imita efectos sonoros determinados o sonidos de otros instrumentos musicales.

sintetizar [4] *tr.* 1 Hacer una síntesis o resumen. 2 QUÍM. Formar un elemento o sustancia compuesta mediante la combinación de elementos o sustancias simples.

síntoma *m.* 1 Fenómeno o alteración del organismo que pone de manifiesto la enfermedad que una persona padece. 2 Señal de que una cosa va a ocurrir.

sintomático, -ca *adj.* 1 Del síntoma. 2 Que indica que una cosa va a ocurrir.

sintomatología *f.* Conjunto de síntomas de una enfermedad.

sintonía *f.* 1 Música con la que se marca el comienzo o el fin de un espacio de radio o de televisión. 2 Igualdad de frecuencia entre un aparato receptor y otro emisor. 3 Relación de acuerdo o correspondencia entre personas o cosas.

sintonización *f.* 1 Acción de sintonizar. 2 Correspondencia en los sentimientos o pensamientos de dos personas.

sintonizador *m.* Sistema que adapta la longitud de onda en un aparato receptor para ajustarla a la de un aparato emisor.

sintonizar [4] *tr.* 1 Poner un aparato receptor en la misma frecuencia que un aparato emisor para poder recibir su señal. | *intr.* 2 Entenderse bien dos o más personas o cosas por tener ideas y gustos parecidos o un carácter similar.

sinuoso, -sa *adj.* 1 Que tiene curvas, ondulaciones o recodos. 2 Que oculta la verdadera intención o propósito.

sinusitis *f.* MED. Inflamación de las membranas que cubren los huesos de la frente a ambos lados de la nariz.

sinvergüenza *adj./com.* 1 Que habla u obra sin demostrar vergüenza ni respeto. 2 Que tiene habilidad para engañar sin maldad y para no dejarse engañar. 3 Que comete actos de delincuencia, generalmente estafas o robos.

sionismo *m.* Movimiento político judío que defiende la creación del Estado independiente israelí en Palestina, antiguo país de Oriente Medio.

sionista *adj.* 1 Del sionismo. | *adj./com.* 2 Que es partidario del sionismo.

sioux *adj.* 1 De un conjunto de tribus indígenas que vivían en las llanuras centrales de América del Norte. | *adj./com.* 2 [persona] Que es de una de estas tribus. | *m.* 3 Lengua hablada por estas tribus.

OBS Se pronuncia aproximadamente 'síux'. El plural también es *sioux*.

siquiatra *com.* Psiquiatra.

siquiatría *f.* Psiquiatría.

síquico, -ca *adj.* Psíquico.

siquiera *adv.* **1** Indica que lo que se dice a continuación es lo mínimo que se espera de una cosa solicitada o dada. ‖ *conj.* **2** Sirve para introducir una oración que indica que lo que se dice a continuación es lo mínimo que se espera sobre lo expresado antes.

sir *m.* Título inglés que se otorga a hombres que se distinguen en su comportamiento.

sirena *f.* **1** Ser imaginario que vive en el mar, con cuerpo de mujer hasta la cintura y cola de pez. **2** Aparato que emite un sonido fuerte para avisar de un peligro.

sirimiri *m.* Lluvia muy fina y continua.

OBS También se escribe *chirimiri*.

sirio, -ria *adj.* **1** De Siria. ‖ *adj./m. y f.* **2** [persona] Que es de Siria.

siroco *m.* Viento muy caliente y seco que sopla del desierto del Sáhara hacia el Mediterráneo.

sirope *m.* Sustancia líquida y espesa que se usa para hacer refrescos o para endulzar y adornar postres.

sirtaki *m.* Danza típica griega que se baila generalmente en grupo, formando una hilera con ambos brazos extendidos y dando pasos cortos.

sirviente, -ta *m. y f.* Persona que sirve a otra, especialmente la que se dedica a realizar los trabajos domésticos a cambio de dinero.

sisa *f.* **1** Corte curvo hecho en una prenda de vestir por la parte de la axila, donde se une la manga. **2** Cantidad pequeña de dinero que una persona se queda para sí al hacer una compra con dinero de otra persona.

sisar *tr.* Quedarse con una cantidad pequeña de dinero de otra persona al hacer una compra para ella.

sisear *intr.* Pronunciar una *s* o un sonido parecido de manera continuada para pedir silencio o como señal de desacuerdo.

sísmico, -ca *adj.* Del terremoto o que tiene relación con este movimiento de la corteza terrestre.

sismógrafo *m.* Instrumento que sirve para registrar la intensidad y duración de los movimientos sísmicos.

sistema *m.* **1** Conjunto ordenado de normas y procedimientos que permite que funcione una cosa. **sistema operativo** IN-

FORM. Conjunto de órdenes y programas que controlan los procesos básicos de un ordenador. **2** Conjunto de reglas, principios o medidas que tienen relación entre sí. **sistema internacional de unidades** Sistema de pesas y medidas acordado por muchos países para tener una referencia común. **3** Conjunto de elementos que forman un todo. **4** BIOL. Conjunto de órganos que intervienen en una función principal dentro del cuerpo. **5** Medio o manera con que se hace una cosa. **6** Cada uno de los conjuntos organizados que constituyen una lengua y que están relacionados entre sí. ▸ **por sistema** Se usa para indicar que una cosa se hace siempre obstinadamente o sin una lógica determinada.

sistemático, -ca *adj.* **1** Que sigue o se ajusta a un sistema o conjunto de elementos ordenados. **2** Que actúa con un método determinado y mucha constancia.

sistematización *f.* Organización de una cosa según un sistema o un conjunto ordenado de normas y procedimientos.

sistematizar [4] *tr.* Organizar un conjunto de elementos dándoles un orden determinado y lógico.

sístole *f.* **1** Movimiento de contracción del corazón. **2** Recurso poético para mantener el ritmo de un verso, que consiste en el traslado del acento de una palabra a la sílaba inmediatamente anterior.

sitiar [12] *tr.* **1** Rodear una ciudad, una fortaleza u otro lugar para atacar al enemigo o impedir que salga. **2** Hacer que una persona acepte lo que se le propone con insistencia.

sitio *m.* **1** Parte o punto de un espacio. **2** Puesto que corresponde a una persona o una cosa. **3** Espacio libre o disponible para un determinado fin. ▸ **sitio web** Conjunto de páginas web unidas entre sí mediante hiperenlaces que forman un documento unitario para ser consultado en Internet. **4** Acción de sitiar un lugar.

sito, -ta *adj. culto* Que está situado en un lugar determinado.

situ Palabra que se utiliza en la expresión *in situ*, que significa 'en el lugar y en el momento en que ocurre una cosa'.

situación *f.* **1** Acción de situar. **2** Estado o condición en que se halla una persona, animal o cosa en un momento determinado.

situar [11] *tr./prnl.* **1** Poner a una persona, animal o cosa en un sitio. ‖ *prnl.* **2** Lograr una persona buena posición social, económica o profesional.

skateboard *m.* Patín con ruedas sobre el que se pueden colocar ambos pies.

OBS Es de origen inglés y se pronuncia aproximadamente 'skéitbor'.

skay *m.* Material plástico que imita el cuero y que se usa en especial para tapizar.

OBS Es marca registrada.

sketch *m.* Escena de corta duración y de tono humorístico que se intercala en una representación teatral o cinematográfica o en un programa de televisión.

OBS Es de origen inglés y se pronuncia aproximadamente 'esquech'. El plural también es *sketch*.

ski *m.* Esquí.

skin head *com.* Persona joven que pertenece a un grupo social violento y rebelde, que se distingue por llevar la cabeza rapada y botas de estilo militar.

OBS Es de origen inglés y se pronuncia aproximadamente 'esquinjet'.

slalom *m.* Eslalon.

OBS Es de origen noruego y se pronuncia 'eslálom'.

slip *m.* Prenda íntima masculina hecha de material elástico, que cubre desde la cintura hasta las ingles y se ajusta al cuerpo.

OBS Se usa en plural para hacer referencia a una sola de estas prendas. Es de origen inglés y se pronuncia aproximadamente 'eslip'.

slogan *m.* Frase corta que se usa en publicidad.

OBS Es de origen inglés y se pronuncia aproximadamente 'eslogan'.

smash *m.* En el tenis, golpe muy fuerte que se da con la raqueta de arriba hacia abajo cuando la pelota llega muy alta.

OBS Es de origen inglés y se pronuncia aproximadamente 'esmash'.

smoking *m.* Chaqueta de hombre que tiene el cuello largo, que se usa en fiestas y ocasiones importantes y que generalmente es de seda.

OBS Es de origen inglés y se pronuncia aproximadamente 'esmoquin'.

SMS Sigla de *short message*, 'mensaje corto', mensaje que se envía a través de un teléfono móvil.

snack bar *m.* Establecimiento en que el que se sirven bebidas y comidas rápidas.

OBS Es de origen inglés y se pronuncia aproximadamente 'esnacbar'.

snob *adj./com.* [persona] Que imita de manera exagerada comportamientos e ideas que considera distinguidos y elegantes.

OBS Es de origen inglés y se pronuncia aproximadamente 'esnob'.

snobismo *m.* Actitud de la persona snob.

OBS Es de origen inglés y se pronuncia aproximadamente 'esnobismo'.

so *prep.* 1 Antigua preposición que equivalía a *bajo* o *debajo de* y que actualmente se usa en la expresión *so pena de* con el significado de 'a no ser que'. ∥ *com.* 2 Contracción antigua de *señor* que actualmente se usa delante de determinados adjetivos para enfatizar su valor despectivo. ∥ *int.* 3 ¡so! Se usa para hacer que pare una caballería.

soasar *tr.* Asar ligeramente un alimento.

soba *f. coloquial* Cantidad grande de golpes que una persona da o recibe.

sobaco *m.* Hueco que se forma en la unión del interior del brazo con el tronco.

sobado, -da *adj.* 1 [cosa] Que está muy gastado o estropeado por el uso. 2 [tema, asunto] Que está muy tratado. ∥ *m.* 3 Bollo hecho con harina, abundante manteca o aceite y azúcar.

sobaquera *f.* Abertura que se deja en algunas prendas de vestir en la unión de la manga y el cuerpo por la parte del sobaco.

sobar *tr.* 1 Tocar mucho una cosa, de manera que se estropee o desgaste. 2 Acariciar o toquetear a una persona con insistencia. 3 Oprimir y remover una cosa para que se ablande. ∥ *intr.* 4 *coloquial* Estar una persona en estado de sueño.

soberanía *f.* 1 Autoridad más elevada sobre los asuntos sociales, económicos y políticos de un pueblo o nación. 2 Gobierno propio de un pueblo o nación en oposición al impuesto por otro pueblo o nación.

soberano, -na *adj./m. y f.* 1 [persona] Que posee y ejerce la soberanía, autoridad. ∥ *adj.* 2 [pueblo, nación] Que se gobierna a sí mismo. 3 *coloquial* Que es muy grande o muy difícil de superar.

soberbia *f.* 1 Actitud de la persona que se considera superior a los demás. 2 Rabia exagerada ante una contrariedad.

soberbio, -bia *adj.* 1 Que tiene soberbia. 2 [cosa] Que destaca o sobresale entre los demás por sus buenas cualidades.

sobón, -bona *adj./m. y f.* Que soba o toca mucho con las manos.

OBS Se usa con valor despectivo.

sobornar *tr.* Ofrecer dinero u objetos de valor a una persona para conseguir un favor o un beneficio, especialmente si es injusto o ilegal, o para que no cumpla con una determinada obligación.

soborno *m.* 1 Acción de sobornar. 2 Dinero u objetos de valor con que se intenta sobornar.

sobra *f.* 1 Cantidad de una cosa además de la necesaria o útil. ▌*f. pl.* 2 Restos de una cosa después de haberla usado o consumido. ▶ **de sobra** Con exceso o más de lo que es necesario.

sobradamente *adv.* 1 De manera muy abundante. 2 De manera suficiente.

sobrado, -da *adj.* 1 Que existe en gran cantidad o más de lo que es necesario. ▌*m.* 2 Último piso de una casa que queda justo debajo del tejado y con el techo inclinado, que suele usarse para guardar cosas que ya no se usan.

sobrante *adj./m. y f.* [parte de una cosa] Que no se utiliza.

sobrar *intr.* 1 Haber más cantidad de una cosa de la necesaria. 2 Molestar o no ser necesaria una persona o cosa.

sobrasada *f.* Embutido hecho con carne de cerdo muy picada y condimentada con sal y mucho pimentón.

sobre *prep.* 1 Indica la posición superior o más alta de una cosa. 2 Indica de qué materia o asunto trata cierta cosa. 3 Indica que una cantidad no es exacta. 4 Indica la proximidad y elevación de una cosa respecto a otra. 5 Indica superioridad o situación dominante de una persona en relación con otra. 6 Indica dirección hacia un lugar determinado. 7 Indica control o vigilancia constante hacia una persona. 8 Indica reiteración de lo que se especifica. Va precedida y seguida del mismo sustantivo. ▌*m.* 9 Envoltorio plano, generalmente de papel, que se usa para meter en él cartas, documentos o papeles de cualquier tipo. 10 *coloquial* Cama.

sobre- Prefijo que entra en la formación de palabras para: *a)* Indicar aumento de la significación del nombre o verbo a que se une. *b)* Denotar acción repentina. *c)* Indicar 'encima', 'más arriba', 'después'.

sobrealimentación *f.* 1 Acción de sobrealimentar. 2 Efecto de sobrealimentar. 3 Régimen dietético con un aporte excesivo de calorías.

sobrealimentar *tr./prnl.* 1 Hacer que una persona o un animal coma más de lo necesario. ▌*tr.* 2 Aumentar la presión del combustible en un motor de explosión.

sobreático *m.* Piso de un edificio que está situado encima del ático y que generalmente se ha levantado un tiempo después de la construcción del edificio.

sobrecarga *f.* 1 Exceso de carga de una cosa, especialmente de un vehículo. 2 Cualquier sufrimiento, pena o molestia que tiene una persona y que se añade a otros que ya tiene. 3 Molestia que se produce por haber sometido una parte del cuerpo a un trabajo o un peso excesivos.

sobrecargar [7] *tr.* Cargar más de lo debido una cosa, especialmente un vehículo.

sobrecargo *com.* 1 Persona que se ocupa de los pasajeros y de otras funciones auxiliares en un avión. 2 Persona que se ocupa de la carga de un barco.

sobrecogedor, -ra *adj.* Que sobrecoge.

sobrecoger [5] *tr./prnl.* Causar una impresión fuerte en el ánimo, generalmente de sorpresa o de miedo.

sobrecubierta *f.* Cubierta que se pone encima de otra.

sobredosis *f.* Cantidad excesiva de medicina o de una droga que suele causar intoxicación o incluso la muerte.

OBS El plural también es *sobredosis*.

sobreentender [28] *tr./prnl.* Sobrentender.

sobreesdrújulo, -la *adj./f.* [palabra] Que lleva el acento en la sílaba anterior a la antepenúltima.

OBS También se escribe *sobresdrújula*.

sobrehilar [15] *tr.* Dar puntadas en el borde de una tela para que no se deshilache.

sobrehumano, -na *adj.* Que está por encima de la capacidad del ser humano.

sobrellevar *tr.* Soportar con resignación una enfermedad, una pena o una situación que no satisface completamente.

sobremanera *adv.* Muchísimo o de un modo extraordinario.

sobremesa *f.* Período de tiempo después de la comida en el que se continúa sentado alrededor de la mesa. ▶ **de sobremesa** *a)* Inmediatamente después de comer. *b)* Se usa aplicado a objetos que son para colocarse encima de una mesa.

sobrenatural *adj.* Que no sigue las reglas conocidas de la naturaleza o que supera sus límites.

sobrenombre *m.* 1 Nombre que se da a una persona en lugar del suyo propio. 2 Nombre que se añade al propio de una persona y que expresa una cualidad.

sobrentender [28] *tr./prnl.* Entender algo que no se expresa con palabras pero que se supone o se deduce a través de ellas o de determinados actos.

OBS También se escribe *sobreentender*.

sobrepasar *tr.* 1 Pasar o dejar atrás a una persona o un vehículo que están en movimiento. 2 Llegar a ser mejor que otra persona en alguna actividad. ‖ *tr./prnl.* 3 Pasar de cierta cosa o de cierta cantidad que se expresa. ‖ *prnl.* 4 Ir una persona más allá de lo que se considera moralmente correcto con otra para intentar atraerla.

sobrepelliz *f.* Blusón largo y ancho de tela blanca que se pone sobre la sotana el sacerdote.

sobrepeso *m.* 1 Exceso de carga. 2 Exceso de peso en relación con la estatura y la edad.

sobreponer [78] *tr.* 1 Añadir o poner una cosa encima de otra. ‖ *prnl.* 2 Superar un problema o una situación difícil.

sobrepuesto *part.* Participio irregular de *sobreponer*.

sobrero *adj./m.* [toro] Que se tiene como repuesto por si falla alguno de los toros que se van a lidiar en una corrida.

sobresaliente *adj./m. y f.* 1 Que sobresale. ‖ *m.* 2 Calificación inmediatamente inferior a la de matrícula de honor y superior a la de notable. ‖ *com.* 3 Persona que hace un trabajo cuando falta otra. Se usa específicamente en el lenguaje del teatro y de los toros. Para el femenino también es correcta la forma *sobresalienta*.

sobresalir [84] *intr.* 1 Formar un saliente. 2 Distinguirse una persona en un grupo por alguna cualidad.

sobresaltar *tr./prnl.* Alarmar un ruido o hecho inesperado.

sobresalto *m.* Susto producido por un ruido o hecho inesperado.

sobreseer [61] *tr./intr.* DER. Parar o suspender un tribunal un procedimiento judicial.

sobresueldo *m.* Cantidad de dinero que se añade al sueldo fijo.

sobretodo *m.* Prenda de vestir, generalmente ancha, que se lleva sobre el traje normal para protegerlo o como abrigo.

sobrevenir [90] *intr.* 1 Venir u ocurrir inesperadamente un hecho negativo. 2 Ocurrir una cosa además de otra.

sobrevivir *intr.* 1 Seguir vivo después de un hecho o de un momento determinados. 2 Seguir vivo después de la muerte de otra persona.

sobrevolar [31] *tr.* Volar por encima de un lugar determinado.

sobriedad *f.* Calidad de sobrio.

sobrino, -na *m. y f.* Hijo de un hermano o una hermana, o de un primo o una prima.

sobrio, -bria *adj.* 1 Que come y bebe con moderación. 2 [estilo] Que es sencillo y sin adornos. 3 Que no está borracho.

soca *f.* 1 AMÉR Retoño de la caña de azúcar del tercer o último corte, utilizado para el trasplante. 2 BOL Brote de la cosecha de arroz. 3 COL Renuevo que echa el talpano tras florecer.

socarrón, -rrona *adj./m. y f.* Que le gusta burlarse de los demás.

socarronería *f.* Actitud de la persona socarrona.

socavar *tr.* 1 Excavar algo por debajo, dejándolo sin apoyo y expuesto a hundirse. 2 Debilitar una ideología o valor espiritual.

socavón *m.* 1 Agujero que se produce al hundirse el suelo. 2 Cueva o galería que se ha excavado en la ladera de un monte.

sochantre *m.* Sacerdote encargado de dirigir el coro en los oficios religiosos.

sociable *adj.* Que le gusta relacionarse con otros miembros de su especie.

social *adj.* 1 De la sociedad humana. 2 Del conjunto de personas que se organizan en clases según su nivel económico o su poder político. 3 ECON. De una compañía o sociedad económica. 4 [animal] Que vive en grupo formando colonias.

socialdemocracia *f.* Corriente política moderada dentro del socialismo que defiende que la transformación de la sociedad puede llevarse a cabo desde una democracia parlamentaria y no necesariamente desde la revolución.

socialismo *m.* Sistema político, social y económico que defiende la igualdad de todos los individuos que forman parte de una sociedad y por ello todos los bienes son de propiedad común y el Estado se encarga de repartir la riqueza.

socialista *adj.* 1 Del socialismo. ‖ *adj./ com.* 2 Que es partidario del socialismo.

socialización *f.* Acción de socializar.

socializar [4] *tr.* 1 Pasar bienes que pertenecen a personas o instituciones particulares al Estado o a un órgano colectivo. 2 Hacer que una cosa que afecta a la sociedad favorezca el desarrollo de cada una de las personas que la forman.

sociedad *f.* 1 Conjunto de personas que habitan la Tierra y establecen relaciones organizadas. 2 Conjunto de personas que se relacionan organizadamente y que pertenecen a un lugar determinado o tienen características en común. 3 Grupo formado por personas que se unen con un fin determinado. **4** ECON. Grupo formado por personas que se unen para el ejercicio o explotación de un comercio o industria.

socio, -cia *m. y f.* **1** Persona que pertenece a un grupo o asociación. **2** Persona que participa en un negocio junto con otras. **3** *coloquial* Compañero o amigo.

socio- Elemento prefijal que entra en la formación de palabras con el significado de: *a*) 'Social'. *b*) 'De sociedad'.

sociocultural *adj.* Del estado cultural de una sociedad o grupo social.

socioeconómico, -ca *adj.* De la sociedad y la economía.

sociolecto *m.* Conjunto de usos lingüísticos propios de un grupo de hablantes con algún elemento social en común.

sociolingüística *f.* Parte de la lingüística que estudia la relación que hay entre los fenómenos lingüísticos y los fenómenos socioculturales.

sociología *f.* Ciencia que estudia la formación, el desarrollo y las características de las sociedades humanas.

sociológico, -ca *adj.* De la sociología.

sociólogo, -ga *m. y f.* Persona que se dedica a la ciencia de la sociología.

socorrer *tr.* Ayudar a alguien que ha sufrido un accidente, está en peligro o tiene una necesidad apremiante.

socorrido, -da *adj.* **1** Que se usa a menudo para socorrer la necesidad de otro. **2** [lugar] Que tiene u ofrece muchas cosas útiles.

socorrismo *m.* Conjunto de técnicas destinadas a prestar ayuda rápidamente a las personas en caso de accidente o peligro.

socorrista *com.* Persona que se dedica al socorrismo.

socorro *m.* **1** Ayuda que se presta en una situación de peligro o necesidad. **2** Cosa que sirve de ayuda en una situación de peligro o necesidad. **3** Conjunto de provisiones que necesita un ejército, especialmente cuando está en un lugar y no se puede mover de él. **‖** *int.* **4** ¡socorro! Palabra con la que se pide ayuda en una situación de peligro o necesidad.

soda *f.* Bebida gaseosa, transparente y sin alcohol, que está hecha con agua y ácido carbónico.

sódico, -ca *adj.* QUÍM. Del sodio.

sodio *m.* QUÍM. Metal blando, muy abundante en la naturaleza, que forma sales con otros elementos.

sodomía *f.* Relación sexual en la que se practica la penetración anal.

sodomizar [4] *tr.* Someter a sodomía a una persona.

soez *adj.* Que es de mal gusto.

sofá *m.* Asiento grande y blando con respaldo y brazos, en el que se puede sentar más de una persona.
OBS El plural es *sofás*.

sofisticado, -da *adj.* **1** Que se comporta de forma distinguida y elegante. **2** [cosa] Que no es natural ni sencillo. **3** [aparato] Que tiene un uso muy completo.

sofisticar [1] *tr.* Hacer más complicada, completa y efectiva una cosa.

sofocante *adj.* Que sofoca.

sofocar [1] *tr.* **1** Impedir o hacer difícil la respiración. **2** Apagar o dominar una cosa que se extiende o se desarrolla, especialmente un fuego. **‖** *tr./prnl.* **3** Hacer que una persona sienta vergüenza.

sofoco *m.* **1** Calor excesivo que impide o hace difícil la respiración. **2** Sentimiento de vergüenza o ridículo.

sofocón *m.* Preocupación ante un problema o desgracia.

sofoquina *f.* Sentimiento de pena causado por una cosa que no se puede conseguir.

sofreír [37] *tr.* Freír ligeramente un alimento con fuego bajo y lentamente.

sofrito *m.* Condimento compuesto por ajo, cebolla, tomate y otras verduras picadas y ligeramente fritas en aceite que se añade a algún guiso durante su preparación.

software *m.* Conjunto de programas, instrucciones y sistemas operativos que hacen que el ordenador funcione y realice determinadas tareas.
OBS Es de origen inglés y se pronuncia aproximadamente 'sófguer'.

soga *f.* Cuerda gruesa de esparto.

soja *f.* **1** ESP Planta de tallo recto, hojas compuestas y flores pequeñas en racimo, cuyo fruto es una legumbre. **2** ESP Fruto leguminoso de esta planta que contiene unas semillas de las que se obtiene aceite.

sojuzgar [7] *tr.* Dominar o mandar violentamente sobre una persona o un grupo.

sol *m.* **1** Estrella con luz propia alrededor de la cual gira la Tierra. Se escribe con letra mayúscula. **2** Luz y calor que desprende esa estrella. **3** Parte de un espacio a la que llega la luz de esa estrella. **4** Figura con la forma de esa estrella. **5** Estrella que es el centro de un sistema de planetas. **6** Persona muy buena y simpática. **7** MÚS. Quinta nota musical de la escala. **►** **no dejar ni a sol ni a sombra** *a*) Seguir a una persona a cualquier lugar al que va. *b*)

Tener muchas y continuas atenciones con una persona.

solamente *adv.* Se usa para indicar que no se incluye ninguna otra cosa además de lo que se expresa.

solana *f.* Lugar donde da el sol de pleno.

solanera *f.* Luz y calor excesivos del sol.

solano *m.* Viento que viene del punto donde nace el Sol.

solapa *f.* 1 Parte de las prendas de vestir abiertas por delante, que está unida al cuello y se dobla hacia fuera sobre el pecho. 2 Parte de la cubierta de un libro que se dobla hacia dentro. 3 Pieza que cubre una abertura. 4 Parte del sobre que se dobla para cerrarlo.

solapado, -da *adj.* [persona] Que se comporta con disimulo y malicia para no mostrar sus verdaderas intenciones.

solapar *tr./prnl.* 1 Ocultar o disimular una intención o deseo. 2 Colocar una cosa sobre otra, cubriéndola solo parcialmente.

solar *adj.* 1 Del Sol. ‖ *m.* 2 Terreno donde se ha construido o que se destina a construir en él. ‖ [31] *tr.* 3 Cubrir el suelo con un material.

solariego, -ga *adj.* Que tiene un linaje noble y antiguo.

solárium *m.* Lugar acondicionado para poder tomar el sol.

OBS El plural también es *solárium*.

solaz *m.* Diversión, placer o recreo.

solazarse [4] *prnl.* Dedicarse a una diversión o a una ocupación que relaja.

soldada *f.* 1 Cantidad de dinero que se paga al soldado. 2 Cantidad de dinero con la que se paga un servicio.

soldado *m.* 1 Persona que sirve en un ejército. 2 Miembro del ejército que no tiene rango o graduación. ‖ *adj./com.* 3 ZOOL. [insecto] Que tiene el cuerpo adaptado para luchar y defender la comunidad en la que vive.

soldador, -ra *adj./m.* 1 [aparato eléctrico] Que une dos partes de una cosa o dos piezas mediante calor. ‖ *m. y f.* 2 Persona que se dedica a soldar.

soldadura *f.* 1 Acción de soldar. 2 Punto de unión de dos piezas o partes de una cosa.

soldar [31] *tr.* Unir sólidamente dos piezas o partes de una cosa.

soleá *f.* 1 Estrofa compuesta de tres versos, generalmente octosílabos, que riman en asonancia el primero y el tercero, y el segundo queda suelto. 2 Cante flamenco

que se hace con este tipo de estrofas. 3 Baile al compás de este cante.

OBS El plural es *soleares*.

soleado, -da *adj.* 1 [día, tiempo atmosférico] Que brilla el sol. 2 Que recibe mucho sol.

solear *tr..* Exponer una cosa al sol.

solecismo *m.* Error gramatical que consiste en poner en un orden incorrecto los elementos de una frase.

soledad *f.* 1 Falta de compañía. 2 Pesar y tristeza que se siente por la falta, muerte o pérdida de una persona. 3 Lugar desierto o que no está habitado.

solemne *adj.* 1 [acto, celebración] Que es celebrado públicamente y con gran ceremonia. 2 [compromiso] Que es formal y firme. 3 Que provoca admiración y respeto por su grandeza, superioridad o nobleza.

solemnidad *f.* 1 Calidad de solemne. 2 Acto solemne. ▸ **de solemnidad** Indica que una determinada cualidad negativa es muy intensa o completa. Se usa en sentido despectivo.

solemnizar [4] *tr.* Resaltar la importancia de un hecho con una ceremonia solemne.

soler [32] *intr.* 1 Tener costumbre o hábito de hacer una determinada cosa. 2 Suceder con frecuencia una cosa.

solera *f.* 1 Carácter tradicional de una cosa o costumbre que forma parte de la cultura y la vida común de un grupo de personas. 2 Calidad que adquiere el vino con el paso de los años.

solfa *f.* 1 Conjunto o sistema de signos con que se escribe la música. 2 MÚS. Arte o técnica de leer y entonar bien los signos musicales. ▸ **poner en solfa** *a*) Poner en ridículo. *b*) Poner orden y hacer que funcione bien una cosa.

solfear *tr.* MÚS. Cantar pronunciando los nombres de las letras musicales y marcando el compás.

solfeo *m.* MÚS. Arte o técnica de leer y entonar bien los signos musicales.

solicitante *adj./com.* Que solicita.

solicitar *tr.* 1 Pedir, generalmente de un modo formal y siguiendo un procedimiento establecido. 2 Intentar conseguir una relación amorosa con una persona.

solícito, -ta *adj.* [persona] Que está dispuesto a servir y satisfacer a los demás.

solicitud *f.* 1 Documento formal en el que se pide una cosa. 2 Actitud del solícito.

solidaridad *f.* Unión o apoyo a una causa o al interés de otros.

solidario, -ria *adj.* [persona] Que defiende o apoya una causa o el interés de otros.

solidarizarse [4] *prnl.* Unirse una persona a otra u otras para apoyar o defender una causa o el interés de otros.

solidez *f.* Calidad de sólido.

solidificación *f.* Cambio de un líquido o un gas en sólido.

solidificar *tr./prnl.* Convertir un líquido o un gas en sólido.

sólido, -da *adj.* 1 Que es firme, seguro, fuerte y capaz de resistir. 2 Que está basado en razonamientos que no se pueden negar. 3 Que está bien organizado y funciona. ‖ *adj./m.* 4 [cuerpo] Que presenta forma propia y opone resistencia a ser dividido, a diferencia de los líquidos y los gases. ‖ *m.* 5 Cuerpo o figura geométrica limitada por tres dimensiones.

soliloquio *m.* Discurso que hace una persona en voz alta y hablando consigo misma, especialmente si se hace en teatro.

solista *adj./com.* 1 Que interpreta sin acompañamiento una composición musical o parte de ella. 2 Que canta en un grupo musical.

solitaria *f.* Gusano parásito que vive en el intestino de una persona y se alimenta de lo que esta come.

solitario, -ria *adj.* 1 [lugar] Que está desierto. 2 Que no tiene compañía. ‖ *adj./ m. y f.* 3 Que gusta de estar sin compañía. ‖ *m.* 4 Juego, generalmente de naipes, para practicarlo una sola persona. 5 Brillante que se pone solo en una joya, generalmente en un anillo.

soliviantar *tr./prnl.* 1 Incitar a una persona a que tenga una actitud violenta o de protesta. 2 Alterar el ánimo.

sollozar [4] *intr.* Llorar con un movimiento convulsivo entrecortado.

sollozo *m.* 1 Acción de sollozar. 2 Efecto de sollozar.

solo, -la *adj.* 1 Que está sin otra cosa o que se considera separado de otra cosa. 2 [persona] Que está sin compañía. 3 Que es único en su especie. ‖ *adj./m.* 4 [café] Que se sirve sin leche. ‖ *m.* 5 Composición musical o parte de ella que canta o interpreta una persona. 6 Paso de baile que se ejecuta sin pareja. ‖ *adv.* Indica que no se incluye ninguna otra cosa además de lo que se expresa.

solomillo *m.* Trozo alargado y muy tierno de carne de una res, que está entre las costillas y el lomo.

solsticio *m.* ASTR. Momento del año en que se da la máxima diferencia de duración entre el día y la noche.

soltar [31] *tr./prnl.* 1 Dejar libre a una persona o animal que estaba encerrado. 2 Desatar o dejar que se mueva una cosa que estaba atada o retenida. ‖ *tr.* 3 Dejar de tener cogido con la mano. 4 Expresar un determinado sentimiento o decir una cosa, especialmente cuando se hace con violencia o excesiva sinceridad. 5 *coloquial* Hablar mucho de un tema aburriendo a la persona que escucha. 6 Desprender o despedir una cosa. 7 Dar un golpe. 8 Provocar la expulsión frecuente de excrementos sólidos. ‖ *prnl.* 9 Desarrollar habilidad para hacer una cosa.

soltería *f.* Estado de la persona soltera.

soltero, -ra *adj./m. y f.* Que no se ha casado.

solterón, -rona *adj./m. y f.* Que tiene edad avanzada y no se ha casado.

soltura *f.* Facilidad y rapidez para hacer una cosa o para moverse.

soluble *adj.* 1 [cuerpo sólido] Que se puede deshacer y mezclar con un líquido. 2 [duda, cuestión, problema] Que se puede resolver.

solución *f.* 1 Resolución o respuesta a un problema, duda o cuestión. 2 Fin o resultado de un proceso o acción. 3 Número o respuesta que aparece como resultado de una operación matemática. 4 Mezcla que resulta al disolver una sustancia en un líquido. 5 Sustancia que resulta de disolver un cuerpo sólido en un líquido.

solucionar *tr.* Dar o hallar una solución a un problema, duda o cuestión.

solvencia *f.* 1 Situación económica desahogada que permite pagar deudas. 2 Capacidad para dar solución a asuntos difíciles.

solventar *tr.* 1 Pagar una deuda. 2 Dar solución a un asunto difícil.

solvente *adj.* 1 Que dispone de dinero o recursos económicos para pagar deudas. 2 Que está libre de deudas. ‖ *adj./m.* 3 QUÍM. [sustancia] Que puede disolver un cuerpo sólido.

-soma Elemento sufijal que entra en la formación de palabras con el significado de 'pequeño cuerpo', 'corpúsculo'.

somalí *adj.* 1 De Somalia. ‖ *adj./com.* 2 [persona] Que es de Somalia. ‖ *m.* 3 Lengua hablada en Somalia y en otros países africanos.
OBS El plural es *somalíes*.

somanta *f.* Cantidad grande de golpes.

sombra *f.* 1 Oscuridad o falta de luz. 2

Imagen oscura que proyecta un cuerpo opaco sobre una superficie, al interceptar los rayos de luz. **3** Forma oscura que no se percibe con claridad. **4** Color oscuro con que se representa la falta de luz o la oscuridad en un dibujo o pintura. **sombra de ojos** Capa de color que se pone sobre el párpado para embellecerlo o resaltarlo. **5** Apariencia o semejanza de una cosa. **6** Persona que sigue a otra por todas partes.

sombrajo *m.* Resguardo para dar sombra hecho con ramas, hojas, etc. ▶ **caerse los palos del sombrajo** Sufrir una decepción al conocer un hecho que no se podía imaginar.

sombrear *tr.* **1** Dar o producir sombra. **2** Representar la falta de luz o la oscuridad en un dibujo o pintura.

sombrerera *f.* Caja que se utiliza para guardar un sombrero.

sombrerería *f.* Establecimiento en el que se venden o confeccionan sombreros.

sombrerero, -ra *m. y f.* Persona que tiene como oficio hacer o vender sombreros.

sombrero *m.* **1** Prenda de vestir que cubre la cabeza. **2** Parte superior y más ancha de un hongo. ▶ **quitarse el sombrero** Demostrar admiración y respeto por una persona.

sombrilla *f.* **1** Objeto plegable para dar sombra a más de una persona; es parecido a un paraguas pero más grande. **2** Paraguas pequeño para protegerse del sol.

sombrío, -bría *adj.* **1** [lugar] Que está poco iluminado. **2** Que está o parece triste.

somero, -ra *adj.* **1** Que es ligero o superficial. **2** Que está casi encima o muy cerca de la superficie.

someter *tr./prnl.* **1** Exponer a una acción determinada para conseguir una cosa, especialmente un efecto. **2** Obligar a alguien por la fuerza o la violencia a que acepte una autoridad. **3** Proponer una cosa para que sea valorada o tratada por alguien. ‖ *prnl.* **4** Actuar según la voluntad de otra persona sin oponer resistencia.

sometimiento *m.* Acción de someter.

somier *m.* Soporte sobre el que se coloca el colchón en una cama.

OBS El plural es *somieres*.

somnífero, -ra *adj./m.* [medicina] Que produce sueño.

somnolencia *f.* **1** Sensación de pesadez y torpeza en los movimientos y en los sentidos, provocada por el sueño. **2** Gana o deseo de dormir. **3** Pereza o falta de actividad de una persona.

somnoliento, -ta *adj.* [persona] Que tiene somnolencia.

somontano, -na *adj./m.* **1** [terreno, región] Que está situado en la falda de una montaña. ‖ *adj.* **2** Del Somontano, región del alto Aragón. ‖ *adj./m. y f.* **3** [persona] Que es de esa región.

somonte *m.* Terreno situado en la falda de una montaña.

somormujo *m.* Ave con el pico corto y plumaje de colores variados que se alimenta de peces y construye sus nidos sobre el agua.

son *m.* **1** Sonido agradable, especialmente cuando es musical. **2** Modo o manera de hacer una cosa.

sonado, -da *adj.* **1** Que llama la atención. **2** [persona] Que está loco.

sonaja *f.* **1** Conjunto de dos o más chapas de metal atravesadas por un alambre que se coloca en algunos juguetes o instrumentos para que suene al moverse. ‖ *f. pl.* **2** Instrumento de música que suena al moverlo y que está compuesto por una lámina estrecha de madera en forma de arco que tiene pequeños agujeros, en cada uno de los cuales hay un par de chapas de metal atravesadas por un alambre.

sonajero *m.* Juguete que sirve para entretener a los bebés; está formado por un mango con cascabeles o sonajas que suenan al menor movimiento.

sonambulismo *m.* Enfermedad del sueño que consiste en realizar actos automáticos y no recordarlos al despertar.

sonámbulo, -la *adj./m. y f.* Que padece sonambulismo.

sonar [31] *intr.* **1** Emitir un sonido. **2** Resultar una cosa o una persona vagamente conocido por haberlo visto u oído antes. **3** Producir cierta cosa una impresión vaga. **4** Tener cierta letra un sonido determinado. **5** Ser comentada o mencionarse una cosa. ‖ *tr./prnl.* **6** Limpiar la nariz soltando o haciendo soltar fuertemente el aire por ella. ‖ *m.* **7** MAR. Aparato que sirve para descubrir y localizar objetos u obstáculos debajo del agua.

sonata *f.* MÚS. Composición musical para uno o varios instrumentos, que está formada por tres partes de distinto carácter.

sonda *f.* **1** Cuerda con un peso en uno de sus extremos que sirve para medir la profundidad de las aguas. **2** MED. Aparato alargado, delgado y liso que sirve para explorar partes del organismo o para introducir y extraer sustancias de él. **3** Globo o nave espacial que se emplea para estudiar la atmósfera o el espacio.

sondar tr. 1 Echar una sonda al agua para averiguar la profundidad del fondo. 2 Averiguar la composición del suelo de un terreno con una sonda. 3 Hacer preguntas sobre una cosa que quiere saberse. 4 MED. Introducir una sonda a un enfermo.

sondear tr. Sondar.

sondeo m. 1 Acción de sondar. 2 Encuesta que se hace a un grupo de personas para saber lo que opinan sobre una cosa e intentar prever un resultado.

soneto m. Combinación de catorce versos, generalmente de once sílabas cada uno, con rima consonante.

sonido m. 1 Sensación o impresión producida en el oído por un conjunto de vibraciones que se propagan por un medio. 2 Manera especial y propia de sonar que tiene una determinada cosa. 3 Conjunto de aparatos y sistemas que producen, modifican, graban o reproducen la voz, el ruido o la música. 4 Unidad más pequeña del habla que es la pronunciación de una vocal o una consonante.

soniquete m. 1 Sonido continuado que resulta molesto. 2 Entonación monótona del habla de una persona.

sonoridad f. 1 Calidad de sonoro. 2 Sensación auditiva del oído.

sonorizar [4] tr. 1 Incorporar el sonido de la voz, el ruido de ambiente o la música a una película cinematográfica. 2 Instalar en un lugar los elementos técnicos necesarios para aumentar o mejorar el sonido.

sonoro, -ra adj. 1 Que produce o puede producir sonido. 2 Que produce una sensación agradable en el oído. 3 [lugar cerrado] Que tiene las condiciones adecuadas para transmitir bien el sonido. 4 [sonido] Que se produce con vibración de las cuerdas vocales y resuena en la boca, en la nariz o en ambas.

sonotone m. Pequeño aparato que se coloca en la oreja y sirve para aumentar la percepción del sonido.

OBS Es marca registrada.

sonreír [37] intr./prnl. Curvar la boca hacia arriba como si se fuese a reír, pero sin llegar a hacer ruido.

sonriente adj. Que curva la boca hacia arriba como si fuese a reír.

sonrisa f. Gesto de alegría, felicidad o placer que se hace curvando la boca hacia arriba como si se fuese a reír.

sonrojar tr./prnl. Hacer que la cara de una persona adquiera color rojo.

sonrojo m. Color rojo que aparece en la cara por un sentimiento de vergüenza.

sonrosado, -da adj. [piel] Que tiene un color parecido al rosa.

sonrosar tr./prnl. Dar un color rosado a algo, especialmente a la piel de la cara.

sonsacar [1] tr. Lograr con habilidad que una persona diga una cosa que sabe y pretende ocultar.

sonsera f. 1 ARG, PAN, URUG, VEN Asunto, dicho o hecho sin gran importancia. 2 ARG, URUG Objeto con poco valor.

sonso, -sa adj./m. y f. ARG, MÉX, PERÚ, URUG, VEN [persona] Que dice o hace cosas inoportunas o sin importancia.

sonsonete m. 1 Sonido continuado que resulta molesto, especialmente el producido por una máquina o mecanismo. 2 Entonación monótona del habla.

soñador, -ra adj. 1 [persona] Que sueña mucho mientras duerme. ‖ adj./m. y f. 2 Que discurre de modo fantasioso.

soñar [31] tr./intr. 1 Representarse cosas o sucesos en la mente mientras se está dormido. 2 Creer que es cierto lo que se ha imaginado o que es imposible que suceda. ‖ intr. 3 Desear intensamente o durante mucho tiempo.

sopa f. 1 Comida compuesta de un caldo en el que se hierven o cuecen otros alimentos. 2 Alimento, especialmente pasta, que se echa a un líquido para preparar una sopa. 3 Trozo de pan que se moja en un líquido, especialmente en un caldo o en la leche. Se usa más en plural.

sopapo m. Golpe fuerte dado con la mano abierta sobre la cara.

sopera f. Recipiente profundo en el que se sirve la sopa en la mesa.

sopero, -ra adj. Que sirve para comer sopa.

sopesar tr. 1 Levantar una cosa para calcular aproximadamente el peso que tiene. 2 Examinar con atención las ventajas e inconvenientes.

sopetón Palabra que se usa en la locución adverbial de sopetón para indicar que una cosa sucede de forma inesperada y brusca.

sopicaldo m. Comida que tiene mucho líquido y pocos trozos sólidos.

soplamocos m. coloquial Golpe con fuerza que se da o se recibe en la cara.

OBS El plural también es soplamocos.

soplar intr./tr. 1 Despedir aire con fuerza por la boca, formando con los labios un conducto estrecho y redondeado. **2** Despedir aire con fuerza un instrumento. ‖ *intr.* **3** Correr el viento. ‖ *tr.* **4** Apartar una cosa mediante el aire. **5** Hinchar con aire la pasta de vidrio para darle una forma determinada. **6** *coloquial* Informar a la policía sin darse a conocer sobre alguna mala acción o sobre la persona que la ha cometido. **7** *coloquial* Chivar. **8** *coloquial* Robar o quitar una cosa sin que se note. **9** En el juego de las damas y otros semejantes, quitar al contrario una pieza con la que debería haber hecho determinado movimiento. ‖ *intr./prnl.* **10** *coloquial* Beber mucho alcohol.

soplete *m.* Instrumento que se usa para soldar piezas de metal; consiste en un tubo del que sale un gas inflamable que mantiene encendida una llama.

soplido *m.* Cantidad de aire que se expulsa de una vez por la boca.

soplo *m.* **1** Cantidad de aire expulsada con fuerza por la boca. **2** Movimiento del viento que se percibe. **3** Período de tiempo que es o parece muy corto. **4** Noticia que se da en secreto o con sigilo.

soplón, -plona *adj./m. y f.* Que acusa a una persona o que pasa información en secreto.

soponcio *m. coloquial* Pérdida pasajera del sentido y del conocimiento.

sopor *m.* Pesadez y torpeza en los sentidos provocada por el sueño.

soporífero, -ra *adj.* **1** Que es tan aburrido que provoca ganas de dormir. ‖ *adj./m.* **2** [medicina] Que relaja y produce sueño.

soportable *adj.* Que se puede soportar.

soportal *m.* Espacio exterior cubierto, construido junto a un edificio, cuya estructura se sujeta con columnas y precede a las entradas principales.

soportar *tr.* **1** Sostener o llevar encima una carga o peso. **2** Aguantar con paciencia, dolor o resignación.

soporte *m.* **1** Cosa que sirve para sostener o soportar un peso. **2** Persona o cosa que sirve de apoyo, base o ayuda.

soprano *m.* **1** MÚS. Voz más aguda del registro de las voces humanas, característica de las mujeres y los niños. ‖ *com.* **2** Persona que tiene esa voz.

sor *f.* **1** Mujer que pertenece a una comunidad religiosa. **2** Forma de tratamiento que se da a las religiosas.

sorber *tr.* **1** Beber aspirando con la boca o a través de un tubito hueco. **2** Retener un líquido o un gas. **3** Aguantar la mucosidad aspirando aire con fuerza por la nariz.

sorbete *m.* Refresco helado, dulce y pastoso, generalmente hecho con agua, zumo de frutas y azúcar.

sorbo *m.* **1** Cantidad de líquido que se toma de una sola vez. **2** Cantidad muy pequeña de un líquido que se toma para probar su sabor.

sordera *f.* Falta completa o disminución del sentido del oído.

sórdido, -da *adj.* **1** [lugar] Que es o parece muy pobre y sucio. **2** Que se considera impuro o escandaloso.

sordina *f.* MÚS. Pieza usada para disminuir la intensidad del sonido o para cambiar el timbre de algunos instrumentos musicales, generalmente los de metal. ▸ **con sordina** Sin hacer mucho ruido.

sordo, -da *adj./m. y f.* **1** Que no oye nada o no oye con claridad. **2** Que suena de forma apagada. **3** Que no hace ruido o lo hace muy poco. ‖ *adj.* **4** [sonido] Que se produce sin vibración de las cuerdas vocales.

sordomudo, -da *adj./m. y f.* [persona] Que es sordo y mudo.

soriano, -na *adj.* **1** De Soria. ‖ *m. y f.* **2** Persona que es de esta provincia del centro de la Península o de su capital.

soriasis *f.* Enfermedad de la piel que se caracteriza por el enrojecimiento de algunas zonas y la aparición de escamas.

sorna *f.* **1** Entonación irónica o burlona que pone una persona al decir una cosa. **2** Lentitud con que se hace una cosa, especialmente cuando es deliberada y para burlarse.

sororidad *f.* Solidaridad entre mujeres, especialmente en situaciones de discriminación machista.

sorprendente *adj.* Que sorprende.

sorprender *tr.* **1** Coger desprevenido. **2** Descubrir lo que se esconde u oculta. ‖ *tr./ prnl.* **3** Experimentar o causar una alteración emocional cuando una cosa no está prevista o no se espera.

sorpresa *f.* **1** Alteración emocional que causa lo que no está previsto o no se espera. **2** Cosa que sorprende. **3** Objeto que se introduce en el interior de un alimento.

sortear *tr.* **1** Hacer que la suerte decida quién se queda una cosa que se da o reparte, usando medios diversos. **2** Evitar con habilidad o astucia algo.

sorteo *m.* Acción de sortear.

sortija *f.* **1** Aro que se lleva en el dedo; generalmente es de un metal valioso. **2** Rizo del pelo en forma de círculo.

sortilegio *m.* Adivinación que no se basa en la ciencia o en la razón, sino en la magia.

sosa *f.* QUÍM. Producto químico que se usa para limpiar y para fabricar jabón.

sosegar [48] *tr./prnl.* Tranquilizar.

sosera *f.* 1 Falta de gracia, viveza o atractivo. 2 Obra o dicho que no tiene gracia.

sosiego *m.* Tranquilidad, falta de agitación.

soslayar *tr.* Evitar una cosa que implica una dificultad o que causa molestia.

soslayo Palabra que se usa en la locución adverbial *de soslayo* para indicar que: *a*) Una cosa se hace de lado. *b*) Un asunto se trata por encima o sin profundizar en él.

soso, -sa *adj.* 1 [alimento] Que tiene poca o no tiene sal. 2 Que no tiene gracia, viveza ni atractivo.

sospecha *f.* Creencia o suposición que se forma a partir de cierta señal.

sospechar *tr.* 1 Pensar, imaginar o formar una suposición o juicio a partir de cierta información o señal. ‖ *intr.* 2 Desconfiar de una persona determinada por intuir o creer que ha cometido una mala acción.

sospechoso, -sa *adj./m. y f.* Que da motivos para sospechar.

sostén *m.* 1 Acción de sostener. 2 Persona o cosa que sostiene. 3 Apoyo moral o protección que una persona da a otra. 4 Prenda interior femenina que sirve para sujetar los senos.

sostener [87] *tr./prnl.* 1 Sujetar o evitar que una persona o cosa se caiga o se incline. 2 Aguantar una cosa con las manos o con los dos brazos. ‖ *tr.* 3 Defender o mantener una idea, una opinión o una actitud con seguridad y confianza, especialmente cuando alguien está en contra. 4 Dar a una persona lo que necesita para vivir, especialmente dinero para comer y vestirse. 5 Hacer que una acción o estado continúe durante un período de tiempo sin variar.

sostenible *adj.* [actividad] Que se realiza respetando los recursos naturales de que se dispone, sin explotarlos abusivamente.

sostenido, -da *adj./m.* 1 MÚS. [nota musical] Que sube medio tono por encima del que le es propio. ‖ *m.* 2 Signo de la escritura musical que indica que una nota determinada debe elevarse medio tono.

sota *f.* Décima carta de la baraja española que representa la figura de un paje de pie.

sotana *f.* Vestido largo de color negro que cubre hasta los tobillos y que usan los sacerdotes católicos.

sótano *m.* Piso de un edificio que está bajo el nivel del suelo de la calle.

sotavento *m.* MAR. Lugar o dirección opuestos al lado que recibe el viento.

soterrar [27] *tr.* 1 Esconder una cosa bajo tierra. 2 Ocultar un sentimiento.

soto *m.* Terreno a la orilla de un río poblado de árboles, matas y maleza.

soufflé *m.* Comida que se hace con yemas de huevo batidas a punto de nieve a las que se añaden otros ingredientes, y que se cuece en el horno.
OBS Es una palabra francesa que se pronuncia aproximadamente 'suflé'.

souvenir *m.* Objeto característico de un lugar turístico que sirve como recuerdo de un viaje a este lugar.
OBS Es de origen francés y se pronuncia aproximadamente 'suvenir'.

soviético, -ca *adj.* 1 De la Unión de Repúblicas Socialistas Soviéticas. ‖ *m. y f.* 2 Persona nacida en la antigua Unión de Repúblicas Socialistas Soviéticas.

soya *f.* 1 AMÉR Planta trepadora de flores blancas. 2 AMÉR Semilla de esta planta, de la que se obtienen aceite y harina.

SP *m.* Sigla de *servicio público* que llevan los vehículos destinados a este servicio.

sparring *m.* Persona que ayuda a entrenar a un boxeador peleando con él.
OBS Es de origen inglés y se pronuncia aproximadamente 'esparrin'.

spoilear *tr.* Espoilear, revelar algo desconocido.
OBS Es de origen inglés y se pronuncia aproximadamente 'espóilear'.

spoiler *m.* Espóiler, explicación de algo no conocido.
OBS Es de origen inglés y se pronuncia aproximadamente 'espóiler'.

sponsor *m.* Espónsor, patrocinador.
OBS Es de origen inglés y se pronuncia aproximadamente 'espónsor'.

sponsorizar [4] *tr.* Esponsorizar, patrocinar.
OBS Es de origen inglés y se pronuncia aproximadamente 'esponsorizar'.

sport Palabra que se usa en la locución *de sport* para aludir a la ropa que es cómoda e informal.
OBS Es de origen inglés y se pronuncia aproximadamente 'espor'.

spot *m.* Anuncio de publicidad que se emite en la televisión o en el cine.
OBS Es de origen inglés y se pronuncia aproximadamente 'espot'.

spray *m.* Espray, aerosol.
OBS Es de origen inglés y se pronuncia aproximadamente 'esprái'.

sprint *m.* Esprint.

OBS Es de origen inglés y se pronuncia aproximadamente 'esprín' o 'esprint'.

sprintar *intr.* Esprintar.

OBS Es de origen inglés y se pronuncia aproximadamente 'esprintar'.

sprinter *com.* Esprínter.

OBS Es de origen inglés y se pronuncia aproximadamente 'esprinter'.

squash *m.* Deporte parecido al frontón que se practica en un recinto cerrado por los cuatro lados y bastante más pequeño, en el que la pelota puede rebotar en cualquiera de las paredes.

OBS Es de origen inglés y se pronuncia aproximadamente 'escuásh'.

Sr., Sra. Abreviatura de *señor, señora,* respectivamente.

Sres. Abreviatura de *señores.*

Srta. Abreviatura de *señorita.*

stand *m.* Caseta desmontable y provisional en la que se expone o se vende un producto en una gran feria o mercado.

OBS Es de origen inglés y se pronuncia aproximadamente 'están'.

standard *adj./m.* Estándar.

OBS Es de origen inglés y se pronuncia aproximadamente 'estándard'.

starter *m.* Dispositivo que sirve para arrancar un vehículo automóvil.

OBS Es de origen inglés y se pronuncia aproximadamente 'estárter'.

-stática Elemento sufijal que entra en la formación de palabras con el significado de 'equilibrio'.

-stato Elemento sufijal que entra en la formación de palabras para referirse al instrumento o dispositivo 'que regula o mantiene estable'.

statu quo *m.* Expresión que procede del latín y que hace referencia al estado o situación de ciertas cosas como la economía, las relaciones sociales o la cultura, en un momento determinado.

OBS Se pronuncia 'estatucúo'.

status *m.* Posición social de una persona dentro de un grupo o una comunidad.

OBS El plural también es *status.*

Sto., Sta. Abreviaturas de *santo, santa,* respectivamente.

stock *m.* Conjunto de mercancías o productos almacenados.

OBS Es de origen inglés y se pronuncia aproximadamente 'estoc'.

stop *m.* **1** Señal de tráfico que indica que debe hacerse una parada para comprobar si pasan coches o personas por una vía

preferente. **2** Parada breve. **3** En un telegrama, palabra o signo que equivale al punto en la escritura.

OBS Es de origen inglés y se pronuncia aproximadamente 'estop'.

store *m.* Estor.

OBS Es de origen francés y se pronuncia aproximadamente 'estor'.

stress *m.* Estrés.

OBS Es de origen inglés y se pronuncia aproximadamente 'estrés'.

striptease *m.* Estriptis.

OBS Es de origen inglés y se pronuncia aproximadamente 'estriptís'.

su *det. pos.* Determinante que indica que lo que se expresa a continuación está relacionado con la tercera persona del singular (*él* o *ella*), o con la segunda persona del singular (*usted*).

suajili *m./adj.* Lengua bantú que se habla en Kenia y otros países de la zona oriental de África.

suave *adj.* **1** Que tiene una superficie lisa, blanda y agradable al tacto. **2** Que no causa impresiones fuertes o bruscas a los sentidos. **3** [persona] Que no opone resistencia y está de acuerdo con lo que se le dice. **4** Que se maneja sin necesidad de hacer mucha fuerza.

suavidad *f.* Calidad de suave.

suavizante *adj.* **1** Que suaviza. ‖ *m.* **2** Líquido que se echa a las lavadoras automáticas para que la ropa quede suave, esponjosa y huela bien.

suavizar [4] *tr./prnl.* Hacer que una cosa que es áspera o rugosa deje de serlo.

sub- Prefijo que entra en la formación de palabras con el significado de: *a*) 'Bajo', 'debajo de'. *b*) 'Inferioridad', 'de menor categoría o importancia'. *c*) 'Escaso', 'poco'.

subacuático, -ca *adj.* Que está o se realiza debajo del agua.

subalterno, -na *adj.* **1** Que está subordinado. ‖ *adj./m. y f.* **2** [persona] Que trabaja para otra haciendo trabajos que no requieren conocimientos técnicos. ‖ *m.* **3** Torero que forma parte de la cuadrilla de un matador.

subarrendar *tr.* Alquilar una cosa que se tiene a su vez en alquiler, especialmente un terreno, un local comercial o una vivienda.

subarriendo *m.* **1** Acción de subarrendar. **2** Cosa subarrendada.

subasta *f.* Venta pública en la que se adjudica lo vendido a la persona que ofrece más dinero por ello.

subastar *tr.* Vender una cosa en subasta.

subconjunto *m.* MAT. Conjunto de elementos incluido dentro de otro conjunto.

subconsciente *adj.* 1 Que no se analiza con la razón porque está por debajo del nivel de conciencia. ‖ *m.* 2 Conjunto de procesos mentales que aunque no estén presentes en la conciencia del individuo puede aflorar en determinadas ocasiones.

subcontratar *tr.* Contratar una persona a otra para que realice un trabajo o servicio por el que la primera ha sido contratada.

subcutáneo, -nea *adj.* 1 ANAT. Que está o se produce debajo de la piel. 2 [inyección] Que se pone debajo de la piel.

subdesarrollado, -da *adj.* [país, sociedad] Que no ha alcanzado el desarrollo económico, social y cultural completo.

subdesarrollo *m.* 1 Desarrollo que no es completo o perfecto. 2 ECON. Situación de los países que no han alcanzado un nivel económico, social y cultural determinado.

subdirector, -ra *m. y f.* Persona que está directamente a las órdenes de un director o lo sustituye en sus funciones cuando este no puede ejercerlas.

súbdito, -ta *adj./m. y f.* 1 [persona] Que está sujeto a la autoridad de otra persona y que tiene la obligación de obedecerla. ‖ *m. y f.* 2 Ciudadano de un país.

subdividir *tr./prnl.* Dividir en partes más pequeñas cada una de las partes que resultan de haber dividido una cosa.

subdivisión *f.* Parte que resulta de subdividir una cosa.

subempleo *m.* ECON. Situación económica en la que la mano de obra no está empleada o aprovechada en su totalidad o lo está por debajo de su cualificación profesional.

subestimar *tr.* Valorar por debajo de lo que merece o vale.

subfusil *m.* Arma de fuego portátil con el cañón más corto que el del fusil y la culata plegable y que puede disparar ráfagas o tiros libres.

subida *f.* 1 Acción de subir. 2 Efecto de subir. 3 Terreno inclinado, considerado de abajo arriba.

subido, -da *adj.* [color, olor] Que causa una impresión fuerte e intensa.

subíndice *m.* Letra o número de pequeño tamaño que se coloca en el lado derecho de un símbolo para indicar algo.

subir *intr./prnl.* 1 Pasar de un lugar a otro que está más alto. 2 Colocarse encima de un animal o entrar en un medio de transporte. ‖ *tr.* 3 Aumentar la cantidad o valor de una cosa. 4 Aumentar la intensidad o el tono de algo. 5 Poner en un lugar más alto. 6 Recorrer de abajo arriba una cosa que está inclinada. 7 Copiar o transferir información desde la memoria de una computadora para pasarla a un servidor u otra computadora, sobre todo mediante Internet y otra red. ‖ *prnl.* 8 Hacer efecto una bebida alcohólica provocando mareo o falta de coordinación en los movimientos y en el habla.

súbito, -ta *adj.* Que se produce de pronto o sin preparación o aviso.

subjetividad *f.* Calidad de subjetivo.

subjetivismo *m.* 1 Manera de pensar en la que intervienen los sentimientos, vivencias o intereses de una persona. 2 FI-LOS. Doctrina filosófica que limita la validez del conocimiento al sujeto.

subjetivista *adj.* 1 Que está influido por sentimientos, vivencias o intereses personales. ‖ *adj./com.* 2 Que sigue la doctrina del subjetivismo.

subjetivo, -va *adj.* 1 Que depende de sentimientos, vivencias o intereses personales. 2 Del modo de pensar o sentir.

subjuntivo, -va *adj./m.* GRAM. [modo verbal] Que expresa una acción, un proceso o un estado como dudoso, posible, deseado o necesario.

sublevación *f.* Rebelión de un grupo numeroso de personas contra la autoridad.

sublevar *tr./prnl.* 1 Incitar a una persona o a un grupo de personas a que se enfrente a un poder establecido, utilizando la fuerza o las armas. 2 Provocar a una persona para que se enfade o se irrite mucho.

sublimación *f.* 1 Acción de sublimar. 2 Efecto de sublimar.

sublimar *tr.* 1 Alabar o exaltar mucho a una persona o una cosa, engrandeciendo mucho sus cualidades. ‖ *tr./prnl.* 2 FÍS. Hacer que un cuerpo en estado sólido pase directamente al estado gaseoso.

sublime *adj.* Que tiene gran valor moral, científico o artístico.

subliminal *adj.* [percepción] Que se capta a través del subconsciente.

submarinismo *m.* 1 Actividad de bucear bajo la superficie del mar. 2 Conjunto de conocimientos y técnicas necesarios para realizar esta actividad.

submarinista *adj.* 1 Del submarinismo. ‖ *adj./com.* 2 Que practica el submarinismo.

submarino, -na *adj.* 1 De la zona que se

encuentra bajo la superficie del mar. ▌ *m.*
2 Embarcación que puede navegar bajo el
agua.

submúltiplo, -pla *adj./m.* [cantidad, número] Que está contenido en otra cantidad un número exacto de veces.

subnormal *adj./com. coloquial* **1** Que tiene una capacidad mental inferior a la media. **2** Tonto, idiota.

subnormalidad *f.* Deficiencia mental de carácter patológico.

suboficial *m.* Militar de categoría superior a la de tropa e inferior a la de oficial.

subordinación *f.* **1** Dependencia de una persona o una cosa respecto de otra. **2** GRAM. Relación que une dos elementos sintácticos de distinto nivel o función.

subordinado, -da *adj./m. y f.* **1** [persona] Que depende o está sometido a la orden o a la voluntad de otro. ▌ *adj./f.* **2** GRAM. [oración] Que depende de otra oración o está regido por ella.

subordinar *tr./prnl.* **1** Hacer que una persona o cosa dependa de otra. **2** Considerar que unas cosas dependen de otras. **3** GRAM. Hacer que un elemento gramatical, generalmente una oración, dependa de otro.

subproducto *m.* Producto que se obtiene en un proceso de elaboración, fabricación o extracción de otro producto.

subrayado *m.* Palabra o conjunto de palabras subrayadas en un escrito.

subrayar *tr.* **1** Hacer una raya debajo de una letra, palabra o frase escrita, para señalarla o resaltarla. **2** Hacer que una cosa que se dice quede bien clara o sea bien comprendida por todos, pronunciándola con énfasis, repitiéndola o recalcándola de alguna manera.

subsanar *tr.* **1** Remediar, reparar un daño o corregir una falta. **2** Resolver un problema o dar una solución para una dificultad.

subscribir *tr.* Suscribir.

subscripción *f.* Suscripción.

subscriptor, -ra *m. y f.* Suscriptor.

subscrito, -ta *adj.* Suscrito.

subsidiario, -ria *adj.* Que se da como ayuda o apoyo.

subsidio *m.* Cantidad de dinero que recibe una persona o entidad, de manera excepcional, como ayuda para satisfacer una necesidad determinada, especialmente la que reciben de un organismo oficial.

subsiguiente *adj.* Que va inmediatamente después.

subsistencia *f.* **1** Acción de subsistir. **2** Conjunto de alimentos y de los medios necesarios para subsistir.

subsistir *intr.* **1** Existir todavía una cosa o mantenerse en el mismo estado o situación. **2** Desarrollar su vida una persona o un ser vivo.

substancia *f.* Sustancia.

substancial *adj.* Sustancial.

substancioso, -sa *adj.* Sustancioso.

substantivación *f.* Sustantivación.

substantivar *tr.* Sustantivar.

substantivo, -va *adj.* **1** Sustantivo. ▌ *m.* **2** Sustantivo.

substitución *f.* Sustitución.

substituir *tr.* Sustituir.

substitutivo, -va *adj.* Sustitutivo.

substituto, -ta *m. y f.* Sustituto.

substracción *f.* Sustracción.

substraendo *m.* Sustraendo.

substraer [88] *tr./prnl.* Sustraer.

substrato *m.* Sustrato.

subsuelo *m.* Terreno que está debajo de la superficie terrestre.

subteniente *m.* Militar de categoría inmediatamente superior a la de brigada.

subterfugio *m.* Pretexto o excusa fingida para librarse de una obligación, esquivar una situación difícil o escapar de un compromiso.

subterráneo, -nea *adj.* **1** Que está bajo tierra. ▌ *m.* **2** Conducto, pasadizo, habitación o cualquier lugar o espacio que está bajo tierra.

subtitular *tr.* Poner un subtítulo.

subtítulo *m.* **1** Título secundario que algunas obras tienen después del título principal. **2** Texto escrito que aparece en algunas películas que traduce el texto original de los diálogos.

subtropical *adj.* Que se halla bajo los trópicos.

suburbano, -na *adj.* **1** [edificio, terreno, campo] Que está cerca de una ciudad. **2** Del suburbio. ▌ *adj./m.* **3** [ferrocarril] Que comunica el centro de una gran ciudad con los suburbios.

suburbial *adj.* De un suburbio.

suburbio *m.* Barrio o zona habitada que está en las afueras de una gran ciudad y dentro de su jurisdicción.

subvención *f.* Cantidad de dinero que recibe del Estado una persona, entidad o institución para realizar una obra o para su mantenimiento.

subvencionar *tr.* Dar una subvención.

subversión *f.* Alteración del orden público, destrucción de la estabilidad política o social de un país.

subversivo, -va *adj.* Que pretende alterar el orden público o destruir la estabilidad política o social de un país.

subyacer [92] *intr.* Estar una cosa por debajo de otra u oculta tras ella.

subyugar [7] *tr./prnl.* 1 Someter completamente a una persona o colectividad por medio de la violencia. ‖ *tr.* 2 Agradar o atraer intensamente algo.

succión *f.* Acción de succionar.

succionar *tr.* 1 Extraer un líquido de su recipiente, aspirándolo o chupándolo con los labios. 2 Absorber un líquido o un gas.

sucedáneo, -nea *adj./m.* 1 [sustancia] Que puede sustituir a otra sustancia. 2 Que es una imitación de peor calidad.

suceder *tr.* 1 Sustituir a una persona en el empleo, cargo o puesto que ha dejado. 2 Ir inmediatamente detrás en el tiempo o en el espacio. ‖ *v. impersonal* 3 Tener lugar o producirse un hecho.

sucesión *f.* 1 Serie de elementos que se suceden unos a otros en el espacio o en el tiempo. 2 Acción de suceder. 3 Descendientes directos de una persona. 4 MAT. Conjunto ordenado de números que cumplen una ley determinada.

sucesivo, -va *adj.* Que va inmediatamente después de otra cosa.

suceso *m.* 1 Hecho que sucede u ocurre, especialmente si es de cierta importancia. 2 Hecho lamentable o desafortunado, como un delito o un accidente.

sucesor, -ra *adj./m. y f.* [persona] Que sustituye a otra persona.

suciedad *f.* 1 Calidad de sucio. 2 Conjunto de manchas, de polvo o de impurezas que hay en una cosa o en un sitio.

sucinto, -ta *adj.* Que está expresado con pocas palabras.

sucio, -cia *adj.* 1 Que tiene manchas, polvo, impurezas o cualquier sustancia que estropea el buen aspecto. 2 Que se mancha fácilmente. 3 Que produce suciedad. 4 [persona] Que no cuida su higiene personal. 5 Que va contra las reglas o que se considera obsceno, inmoral o innoble. ‖ *adv.* 6 Indica que una acción, especialmente un juego, se realiza sin cumplir las reglas o las normas.

suculento -ta *adj.* 1 [alimento] Que es jugoso, tiene mucho sabor y es nutritivo. 2 Que tiene mucho valor o importancia.

sucumbir *intr.* 1 Rendirse o ceder ante una presión. 2 Morir una persona. 3 Dejar de existir una institución o entidad.

sucursal *adj./f.* [establecimiento] Que depende de otro central o principal.

sudaca *adj./com.* [persona] Que es de algún país de América del Sur.

OBS Se usa como apelativo despectivo.

sudadera *f.* Prenda de vestir de algodón u otro tejido ligero, similar a una camiseta, de manga larga, que cubre la parte superior del cuerpo y que generalmente se usa para hacer deporte.

sudafricano, -na *adj.* 1 Del sur del continente africano. 2 De la República Sudafricana. ‖ *adj./m. y f.* 3 Que es de algún país de la zona sur del continente africano. 4 Que es de la República Sudafricana.

OBS También se escribe *surafricano*.

sudamericano, -na *adj.* 1 De América del Sur. ‖ *adj./m. y f.* 2 [persona] Que es de América del Sur.

OBS También se escribe *suramericano*.

sudanés, -nesa *adj.* 1 De Sudán. ‖ *adj./m. y f.* 2 [persona] Que es de Sudán.

sudar *intr.* 1 Expulsar el sudor a través de los poros de la piel. 2 Expulsar algunas cosas ciertos líquidos de su interior. 3 *coloquial* Trabajar una persona muy duramente. ‖ *tr.* 4 Mojar una cosa, especialmente la ropa, con sudor. 5 *coloquial* Conseguir una cosa con mucho esfuerzo.

sudeste *m.* 1 Punto del horizonte situado entre el sur y el este, a la misma distancia de ambos. 2 Parte de un país, un territorio u otro lugar situado hacia ese punto. 3 Viento que sopla o proviene de ese punto.

OBS También se escribe *sureste*.

sudoeste *m.* 1 Punto del horizonte situado entre el sur y el oeste, a la misma distancia de ambos. 2 Parte de un país, un territorio u otro lugar situado hacia ese punto. 3 Viento que sopla o viene de ese punto.

OBS También se escribe *suroeste*.

sudoku *m.* 1 Pasatiempo que consiste en rellenar una cuadrícula grande, subdividida en cuadrículas más pequeñas de nueve casillas, con las cifras del 1 al 9 evitando repeticiones. 2 Asunto o situación de difícil solución.

sudor *m.* 1 Humor secretado por ciertas glándulas de la piel. 2 Conjunto de gotas de agua o de otro líquido que expulsan ciertas cosas. 3 Trabajo o esfuerzo muy grande que cuesta conseguir alguna cosa.

sudoración *m.* Expulsión de sudor a través de la piel.

sudoríparo, -ra *adj.* [glándula] Que segrega o produce sudor.

sudoroso, -sa *adj.* Que está sudando mucho.

sueco, -ca *adj.* 1 De Suecia. ‖ *adj./m. y f.* 2 [persona] Que es de Suecia. ‖ *m.* 3 Lengua que se habla en Suecia. ▸ **hacerse el sueco** *coloquial* Fingir una persona que no entiende.

suegro, -gra *m. y f.* Padre o madre del cónyuge de una persona.

suela *f.* 1 Parte del calzado que queda debajo del pie, en contacto con el suelo. 2 Cuero curtido con que se hace la suela.

sueldo *m.* Cantidad de dinero que recibe una persona regularmente por su trabajo.

suelo *m.* 1 Superficie de la Tierra. 2 Superficie sobre la que se pisa. 3 Terreno que se destina al cultivo de plantas. 4 Terreno que se destina a la construcción de edificios.

suelto, -ta *adj.* 1 Que no está unido de manera compacta. 2 Que no está sujeto, atado ni encerrado. 3 Que está separado de otras cosas con las cuales forma un conjunto, una colección o una serie o que no se corresponde con otras cosas. 4 Que se puede comprar por unidades en la cantidad que se desee. 5 Que se expresa o actúa con facilidad y desenvoltura. 6 [persona] Que tiene diarrea. 7 [vestido, ropa] Que es ancho. ‖ *adj./m.* 8 [dinero] Que está en forma de moneda fraccionaria.

sueño *m.* 1 Estado de reposo en que se encuentra la persona o animal que está durmiendo. 2 Deseo o necesidad de dormir. 3 Conjunto de imágenes y sucesos que vienen a la mente mientras se duerme. 4 Deseo muy difícil o imposible de conseguir.

suero *m.* 1 Sustancia acuosa que queda de un líquido orgánico una vez que este se ha coagulado. 2 Mezcla de agua y sales que sirve para alimentar los tejidos del organismo.

suerte *f.* 1 Causa o fuerza desconocida que determina el desarrollo de los hechos o las circunstancias que no son intencionadas y no se pueden prever. 2 Sucesos o circunstancias que se atribuyen a la acción del azar o la casualidad. 3 Estos sucesos o circunstancias cuando son positivos o favorables. 4 Condición de vida. 5 Género, clase o especie de una cosa. 6 En tauromaquia, cada una de las tres partes en que se divide la lidia y los actos que se ejecutan en cada parte de una corrida de toros. ▸ **de suerte que** Se utiliza para expresar una consecuencia o resultado de lo que expresa.

suertudo, -da *adj./m. y f. coloquial* [persona] Que tiene mucha suerte.

sueste *m.* Gorro marinero impermeable que tiene el ala alta y estrecha por delante y baja y caída por detrás.

suéter *m.* ESP, MÉX Prenda de vestir de abrigo que cubre la parte superior del cuerpo, desde el cuello hasta la cintura.

OBS El plural es *suéteres*.

suficiencia *f.* 1 Calidad de suficiente. 2 Presunción o pedantería de la persona que cree tener mayor capacidad que los demás.

suficiente *adj.* 1 Que es bastante o llega a la cantidad, grado o número mínimos imprescindibles. 2 Que está capacitado o es adecuado para lo que se necesita. ‖ *m.* 3 Calificación académica que es inferior a la de notable y superior a la de suspenso.

sufijación *f.* GRAM. Procedimiento para la formación de palabras nuevas mediante la adición de un sufijo a una palabra ya existente o a su raíz.

sufijal *adj.* GRAM. [elemento, morfema] Que tiene la forma o función de un sufijo.

sufijar *tr.* GRAM. Crear una palabra a partir de otra a la que se añade un sufijo.

sufijo, -ja *adj./m.* GRAM. [afijo] Que se añade al final de una palabra o de una raíz para formar otra nueva.

sufragar [7] *tr.* Pagar o satisfacer los gastos que ocasiona una cosa.

sufragio *m.* 1 Elección mediante votación de una persona o una opción entre varias que se presentan como candidatas. 2 Voto u opción tomada por cada una de las personas que son consultadas, especialmente en materia política. 3 Ayuda o apoyo que se ofrece a una colectividad, especialmente el económico.

sufragismo *m.* Movimiento político que surgió a finales del siglo XIX y reivindicaba el derecho al voto de las mujeres.

sufragista *adj./com.* [persona] Que es partidario del sufragismo.

sufrido *adj.* 1 Que soporta con paciencia las desgracias. 2 [color, material] Que aguanta mucho tiempo sin ensuciarse o estropearse.

sufrimiento *m.* 1 Dolor físico o moral. 2 Paciencia con que se sufre o se soporta una desgracia.

sufrir *tr.* 1 Sentir con intensidad un dolor físico o moral. 2 Tolerar, soportar o permitir una cosa, sin oponerse a ella y sin quejarse, a pesar de que implique un daño moral o físico. 3 Sostener o resistir un peso. **4** Ser objeto de un cambio, acción o fenómeno determinado, especialmente si es negativo.

sugerencia *f.* Idea que se sugiere o se propone a una persona para que la tenga en consideración o piense en ella a la hora de hacer algo.

sugerente *adj.* **1** Que sugiere ideas. **2** Que es muy atractivo o emocionante.

sugerir [35] *tr.* **1** Proponer o dar una idea a una persona para que la tenga en consideración a la hora de hacer algo. **2** Evocar una idea, recuerdo o sensación.

sugestión *f.* **1** Acción de sugestionar. **2** Efecto de sugestionar.

sugestionar *tr.* **1** Influir en la manera de pensar o de actuar de una persona y llevarla a obrar involuntariamente de una forma determinada. ‖ *prnl.* **2** Dejarse llevar por una idea o sensación obsesiva.

sugestivo, -va *adj.* Que sugiere.

suicida *adj.* **1** Del suicidio. **2** [acto, conducta] Que es muy imprudente. ‖ *com.* **3** Persona que se suicida o lo intenta.

suicidarse *prnl.* Quitarse voluntariamente la vida.

suicidio *m.* Acción de suicidarse.

suite *f.* **1** Composición musical que reúne varias piezas de carácter y ritmo diferentes con la misma tonalidad. **2** Selección de fragmentos de una obra extensa, como una ópera o un ballet, para ser interpretada en un concierto. **3** Conjunto de dos o más habitaciones de un hotel que están comunicadas formando una unidad.

OBS Es de origen francés y se pronuncia aproximadamente 'suit'.

suiza *f.* **1** ACENT, CUBA Juego de niños que consiste en saltar por encima de una cuerda sostenida e impulsada por ambos extremos por la persona que salta o por otras. **2** ACENT Zurra que se da a alguien.

suizo, -za *adj.* **1** De Suiza. ‖ *adj./m. y f.* **2** [persona] Que es de Suiza. ‖ *m.* **3** Bollo esponjoso y con forma ovalada, hecho con harina, huevo y azúcar.

sujeción *f.* **1** Acción de sujetar. **2** Cosa con la que se sujeta algo.

sujetador *m.* ESP Prenda interior femenina que sirve para sostener el pecho.

sujetar *tr.* **1** Coger o sostener con firmeza a una persona o a una cosa, con las manos o con cualquier otro instrumento, de manera que no se mueva, ni se caiga o se escape. **2** Dominar o someter una persona o entidad a otra que queda bajo su autoridad o su disciplina.

sujeto, -ta *adj.* **1** Que está cogido o agarrado con firmeza. **2** Que depende de otra persona o cosa. ‖ *m.* **3** Persona cuyo nombre no se indica. **4** GRAM. Función que desempeña en la oración la palabra o conjunto de palabras que concuerdan con el verbo en número y persona. **5** GRAM. Palabra o conjunto de palabras que realizan esta función, que concuerdan con el verbo en número y persona.

sulfamida *f.* Compuesto químico usado en farmacia que combate las enfermedades producidas por bacterias.

sulfatar *tr.* Bañar ciertas cosas con un producto químico, compuesto por cobre y azufre, que se les pulveriza encima.

sulfato *m.* QUÍM. Sal que se obtiene a partir del ácido sulfúrico.

sulfito *m.* QUÍM. Sal que se obtiene a partir del ácido sulfuroso.

sulfurar *tr.* **1** Combinar azufre con otro compuesto químico. ‖ *tr./prnl.* **2** Causar enojo o enfado a una persona.

sulfuro *m.* QUÍM. Sal que se obtiene a partir del ácido sulfhídrico.

sulfuroso, -sa *adj.* Que contiene azufre.

sultán *m.* **1** Emperador de los turcos, en la antigüedad. **2** Príncipe o gobernador de algunos países islámicos.

suma *f.* **1** Operación matemática que consiste en reunir varias cantidades en una sola. **2** Cantidad que resulta de esa operación. **3** Conjunto homogéneo de cosas.

sumamente *adv.* En el grado máximo de una determinada cualidad.

sumando *m.* MAT. Cantidad que se añade a otra para formar una suma.

sumar *tr.* **1** Efectuar la operación matemática de la suma. **2** Ser una cantidad el resultado total de la reunión de dos o más cantidades. **3** Añadir unas cosas a otras. ‖ *prnl.* **4** Unirse una persona a una doctrina, grupo, etc.

sumario, -ria *adj.* **1** Que es breve y conciso. **2** [juicio] Que prescinde de ciertas formalidades legales. ‖ *m.* **3** Compendio o exposición resumida de una cosa. **4** Índice temático de una obra. **5** DER. Conjunto de actuaciones que se llevan a cabo para preparar un juicio.

sumergible *adj.* **1** Que puede sumergirse. ‖ *m.* **2** Nave o embarcación que puede navegar bajo el agua.

sumergir [6] *tr./prnl.* **1** Introducir completamente algo debajo del agua. ‖ *prnl.* **2** Concentrar completamente la atención en un pensamiento.

sumidero *m.* Agujero y conducto por donde sale el agua de un recipiente o del lugar en que está contenida.

suministrar *tr.* Dar o proporcionar a una persona o entidad una cosa que necesita.

suministro *m.* 1 Acción de suministrar. 2 Cosa que se suministra.

sumir *tr./prnl.* 1 Hacer que una persona caiga en un estado de abstracción. 2 Hacer caer a una persona en desgracia. 3 Sumergir en el agua o bajo tierra.

sumisión *f.* Actitud de la persona o animal que se somete a otra.

sumiso, -sa *adj.* Que se somete y se deja dominar por otros.

sumo, -ma *adj.* 1 Que es el superior en su especie. 2 Que es muy grande en grado o en intensidad. ‖ *m.* 3 Deporte de lucha japonés, en el que los dos participantes intentan derribarse o hacerse salir de un círculo trazado en el suelo. ▸ **a lo sumo** Como máximo.

suní *adj.* 1 De la religión islámica en su vertiente más ortodoxa. ‖ *adj./m. y f.* 2 Que practica la religión islámica en su vertiente más ortodoxa.
OBS El plural es *suníes*.

suntuosidad *f.* Gran cantidad de lujo y riquezas.

suntuoso, -sa *adj.* Que muestra gran lujo y riqueza.

supeditar *tr./prnl.* Subordinar o hacer depender una cosa de otra o del cumplimiento de una condición.

súper *adj.* 1 *coloquial* Que sobresale entre lo demás por ser estupendo o muy bueno. ‖ *adj./f.* 2 [gasolina] Que es de 98 octanos. ‖ *m.* 3 Supermercado. ‖ *adv.* 4 De forma estupenda o magnífica.

super- Prefijo que entra en la formación de palabras con el significado de: *a)* 'Sobre', 'por encima de'. *b)* 'Preeminencia'. *c)* 'Grado sumo'. *d)* 'Exceso o demasía'.

superación *f.* 1 Acción de superar. 2 Efecto de superar.

superar *tr.* 1 Ser superior o mejor que otra cosa o persona. 2 Sobrepasar o llegar más allá de una marca o un límite. 3 Vencer un obstáculo o una dificultad. 4 Aprobar una prueba o examen. ‖ *prnl.* 5 Mejorar lo que se hace.

superávit *m.* 1 Abundancia o exceso de algo que se considera necesario o beneficioso. 2 ECON. Situación en que los ingresos son mayores que los gastos.
OBS El plural también es *superávit*.

superchería *f.* Engaño que consiste en sustituir una cosa verdadera por una falsa.

superclase *f.* BIOL. Categoría de clasificación de los seres vivos que está entre la superior de tipo y la inferior de clase.

superdotado, -da *adj./m. y f.* Que tiene una inteligencia superior a la normal.

superficial *adj.* 1 De la superficie. 2 Que está o se queda en la superficie. 3 Que no profundiza en la esencia de las cosas.

superficie *f.* 1 Parte más externa de un cuerpo que lo limita o separa de lo que le rodea. 2 Extensión de tierra. 3 Extensión plana de una figura geométrica de la que solo se consideran dos dimensiones. 4 Aspecto exterior de una persona o situación que se percibe sin profundizar.

superfluo, -flua *adj.* Que no es necesario.

superhéroe, -heroína *m. y f.* Ser de ficción que posee unas cualidades físicas o mentales consideradas sobrehumanas o extraordinarias, las cuales emplea para hacer el bien.

superhombre *m.* Hombre que tiene unas cualidades físicas o mentales extraordinarias o superiores a los demás.

superior, -ra *adj.* 1 Que está encima o en un lugar elevado. 2 Que es mejor que otra persona o cosa. 3 Que es estupendo o magnífico. 4 [animal, especie] Que está muy evolucionado. 5 [educación, estudios] Que es posterior al bachillerato. ‖ *adj./m.* 6 Que tiene autoridad sobre alguien. ‖ *m. y f.* 7 Persona que gobierna una comunidad religiosa.

superioridad *f.* Cualidad de superior.

superlativo, -va *adj.* 1 *culto* Que es muy grande o muy bueno. ‖ *adj./m.* 2 GRAM. [adjetivo] Que indica el grado más alto de la cualidad que expresa.

supermercado *m.* Establecimiento comercial donde se venden alimentos y otros productos, en el que el cliente se sirve a sí mismo y paga a la salida.

superpoblado, -da *adj.* [lugar] Que está poblado u ocupado por un número excesivo de habitantes.

superponer [78] *tr./prnl.* Poner una cosa encima de otra.

superposición *f.* Acción de superponer.

superpotencia *f.* Nación que tiene un gran poder político y económico sobre otras naciones y los mayores adelantos científicos y técnicos.

superproducción *f.* 1 Exceso de producción. 2 Obra de cine o teatro que está hecha con grandes medios económicos.

supersónico, -ca *adj.* 1 [velocidad] Que es mayor que la velocidad del sonido. 2

[avión, nave] Que puede moverse a una velocidad superior a la del sonido.

superstición *f.* 1 Creencia que no tiene fundamento racional y que consiste en atribuir carácter mágico u oculto a determinados acontecimientos. 2 Creencia que se aparta de la ortodoxia religiosa.

supersticioso, -sa *adj.* 1 De la superstición. ‖ *adj./m. y f.* 2 Que cree en supersticiones.

supervillano, -na *m. y f.* Ser de ficción que posee cualidades físicas o mentales consideradas sobrehumanas o extraordinarias, las cuales emplea para hacer el mal.

supervisar *tr.* Examinar con detenimiento quien tiene autoridad para ello el trabajo realizado por otras personas para comprobar que está bien hecho.

supervisión *f.* Acción de supervisar.

supervisor, -ra *adj./m. y f.* Que se encarga de supervisar un trabajo.

supervivencia *f.* 1 Acción de sobrevivir. 2 Efecto de sobrevivir.

superviviente *adj./com.* [persona] Que sobrevive.

supino, -na *adj.* 1 Que está estirado y tiene la espalda tocando al suelo. 2 [cualidad negativa] Que está en su grado máximo.

suplantación *f.* Acción de suplantar.

suplantar *tr.* Ocupar el lugar de otra persona de forma fraudulenta.

suplementario, -ria *adj.* 1 Que sirve para suplir una cosa que falta. 2 [ángulo] Que completa un ángulo de 90°.

suplemento *m.* 1 Cosa que sirve para suplir. 2 Publicación independiente que se añade a una obra ya completa, a un periódico o a otra publicación y que se entrega por separado.

suplencia *f.* Sustitución que hace una persona a otra en un trabajo.

suplente *adj./com.* Que hace una suplencia.

supletorio, -ria *adj.* 1 Que suple o completa. ‖ *adj./m.* 2 [aparato telefónico] Que está conectado a un aparato principal.

súplica *f.* 1 Discurso con el que una persona suplica una cosa. 2 Acción de suplicar.

suplicar [1] *tr.* 1 Rogar o pedir una cosa con humildad y sumisión. 2 DER. Recurrir ante un tribunal superior una sentencia dictada por él mismo.

suplicio *m.* 1 Sufrimiento físico intenso o lesión grave que se inflige a una persona como castigo. 2 Sufrimiento o dolor físico o moral de gran intensidad. 3 Persona o cosa que causa sufrimientos.

suplir *tr.* 1 Completar o añadir algo que falta. 2 Sustituir a una persona o cosa, ponerse en su lugar para realizar un trabajo, generalmente de forma temporal.

suponer [78] *tr.* 1 Considerar posible o probable una cosa. 2 Tener como consecuencia o resultado directo e inevitable. 3 Costar, conllevar un gasto o esfuerzo. 4 Calcular una cosa de manera aproximada o formar un juicio a partir de unos datos. 5 Ser importante o significativo para una persona o cosa. ‖ *m.* 6 *coloquial* Cosa que se considera posible o probable.

suposición *f.* 1 Acción de suponer. 2 Idea o circunstancia que una persona considera que es cierta, sin estar completamente segura de ello.

supositorio *m.* Medicamento alargado que se introduce por el ano.

supra- Prefijo que entra en la formación de palabras con el significado de 'sobre', 'más allá', 'más arriba'.

supranacional *adj.* [organismo] Que no depende de una nación en concreto.

suprarrenal *adj.* ANAT. [órgano] Que está situado encima de los riñones.

supremacía *f.* 1 Superioridad de la persona o la cosa que tiene el grado o la posición suprema. 2 Grado más alto en una jerarquía de poder.

supremacismo *m.* Ideología que defiende la superioridad de un colectivo humano frente a los demás.

supremacista *adj.* Del supremacismo. ‖ *adj./com.* [persona] Que es partidario del supremacismo.

supremo, -ma *adj.* 1 Que está situado en la posición o categoría más alta entre los de su especie. 2 Que tiene el grado más alto. 3 [momento, situación] Que es muy importante o decisivo para el desarrollo de los acontecimientos.

supresión *f.* 1 Acción de suprimir. 2 Cosa suprimida.

suprimir *tr.* 1 Hacer que desaparezca una cosa o que algo que existía deje de existir. 2 No decir una parte de lo que se está explicando, leyendo o escribiendo.

supuesto, -ta *adj.* 1 Que es simulado, no es verdadero pero se pretende hacer pasar por cierto. ‖ *m./adj.* 2 Idea o afirmación que se supone que es cierta pero que no se ha demostrado. ▸ **por supuesto** Se usa para indicar la completa certeza que se tiene en lo que se expresa.

supurar *intr.* Echar pus una herida.

sur *m.* 1 Punto del horizonte situado a la espalda de una persona a cuya derecha está el lado por el que sale el Sol. 2 Parte de un país, territorio u otro lugar situada hacia ese punto.

surafricano, -na Sudafricano.

suramericano, -na *adj.* 1 De América del Sur. ▌ *adj./m. y f.* 2 [persona] Que es de América del Sur.

surcar [1] *tr.* 1 Desplazarse navegando a través del agua, especialmente las embarcaciones. 2 Desplazarse por el aire o el espacio. 3 Hacer surcos.

surco *m.* 1 Abertura o hendidura alargada que se hace en la tierra. 2 Señal o hendidura alargada y estrecha que una cosa produce al pasar sobre una superficie. 3 Arruga profunda y larga en la piel. 4 Línea o ranura marcada en la superficie de un disco fonográfico.

sureño, ña *adj.* 1 Que procede del sur. 2 Que está situado hacia este punto. ▌ *adj./m. y f.* 3 [persona] Que es o procede del sur de un país o un territorio.

sureste *m.* Sudeste.

surf *m.* Deporte que consiste en deslizarse por el agua de pie sobre una tabla que es empujada por las olas.

OBS Es de origen inglés.

surfing *m.* Deporte que consiste en mantenerse de pie sobre una tabla que se mueve sobre las olas del agua.

OBS Es de origen inglés y se pronuncia aproximadamente 'súrfin'.

surfista *com.* Persona que practica el deporte del surf o del surfing.

surgir [6] *intr.* 1 Salir una cosa desde el interior de la tierra o de otro lugar hacia la superficie. 2 Aparecer, presentarse o hacerse notar de repente una cosa.

suroeste *m.* Sudoeste.

surrealismo *m.* Movimiento literario y artístico de origen europeo que intenta sobrepasar lo real y que da mucha importancia a la imaginación y a lo irracional.

surrealista *adj.* 1 Del surrealismo. ▌ *adj./ com.* 2 Que sigue este movimiento literario y artístico.

surtido, -da *adj./m.* [producto, artículo] Que se ofrece como un conjunto de cosas variadas que son de la misma especie.

surtidor *m.* 1 Fuente o punto del que brota agua. 2 Aparato que sirve para extraer combustible de un depósito y suministrarlo a algún sitio.

surtir *tr./prnl.* 1 Proporcionar o poner al alcance de una persona o de una cosa algo que necesita.

susceptible *adj.* 1 Que puede sufrir o ex-

perimentar el efecto o la acción que se expresa. 2 Que se enfada o se siente ofendido por cosas poco importantes.

suscitar *tr.* Provocar o causar sentimientos de duda, curiosidad o interés o acciones que implican agitación u oposición, como comentarios, polémicas o discusiones.

suscribir *tr.* 1 Firmar al pie o al final de un documento. 2 Estar de acuerdo con una opinión, propuesta o dictamen. ▌ *tr./prnl.* 3 Inscribir a una persona en un lugar para recibir una publicación periódica.

OBS También se escribe *subscribir*.

suscripción *f.* Abono a una publicación periódica.

OBS También se escribe *subscripción*.

suscriptor, -ra *m. y f.* Persona que está suscrita a una publicación periódica.

OBS También se escribe *subscriptor*.

suscrito, -ta *part.* Es el participio irregular de *suscribir*.

OBS También se escribe *subscrito*.

sushi *m.* Comida de origen japonés elaborada con pescado crudo y gran variedad de ingredientes y condimentos.

susodicho, -cha *adj./m. y f.* Que ha sido citado o mencionado con anterioridad.

suspender *tr.* 1 Colgar o levantar una cosa en alto de manera que quede sostenida desde arriba por algún punto. 2 Detener o interrumpir durante un tiempo o indefinidamente el desarrollo de una acción. 3 Apartar a una persona durante un tiempo de sus funciones o quitarle el sueldo temporalmente. 4 Calificar a una persona con una nota de suspenso. ▌ *tr./intr.* 5 Obtener una persona una nota de suspenso.

suspense *m.* 1 En una narración, mantenimiento constante del interés o la emoción mediante sorpresas, desenlaces imprevisibles y frecuentes detenciones momentáneas de la acción. 2 Sensación de ansiedad y angustia que produce la espera o el interés por conocer una cosa.

suspensión *f.* 1 Acción de suspender. 2 Conjunto de piezas y mecanismos de un vehículo automóvil que sirven para que el peso de la carrocería sea transmitido al eje de las ruedas con mayor suavidad y elasticidad.

suspenso, -sa *adj.* 1 Que está o se queda por un momento desconcertado e indeciso, sin saber qué hacer o qué decir. ▌ *adj./m. y f.* 2 Que ha suspendido un examen o prueba. ▌ *m.* 3 Calificación o nota inferior a la de aprobado en una prueba o examen.

suspicacia *f.* Actitud del suspicaz.

suspicaz *adj.* **1** [persona] Que tiene tendencia a desconfiar de los demás o ve malas intenciones en lo que hacen o dicen. **2** [actitud, comportamiento] Que es propio de la persona que tiende a desconfiar.

suspirar *intr.* Dar uno o varios suspiros.

suspiro *m.* **1** Aspiración fuerte y prolongada seguida de una espiración profunda y a veces acompañada de un gemido, que generalmente está motivada por un sentimiento de pena, dolor, alivio o deseo. **2** *coloquial* Espacio de tiempo muy breve.

sustancia *f.* **1** Materia de la que está formado un cuerpo. **2** Parte o aspecto más importante o esencial de una cosa. **3** Conjunto de elementos nutritivos de un alimento o jugo que se extrae de ciertas materias alimenticias. **4** Valor, importancia o estimación que tiene una cosa. **5** Característica de la persona que hace cosas con sensatez, juicio o madurez.

OBS También se escribe *substancia*.

sustancial *adj.* **1** De la sustancia. **2** Que es fundamental para algo.

OBS También se escribe *substancial*.

sustancioso, -sa *adj.* **1** Que tiene gran valor o estimación. **2** Que tiene muchos elementos nutritivos o alimenta mucho.

OBS También se escribe *substancioso*.

sustantivación *f.* **1** GRAM. Acción de sustantivar. **2** GRAM. Palabra sustantivada.

OBS También se escribe *substantivación*.

sustantivar *tr.* GRAM. Dar la función de sustantivo a una parte de la oración que no la tiene por sí misma.

OBS También se escribe *substantivar*.

sustantivo, -va *adj.* **1** Que es esencial, muy importante o fundamental. **2** Que realiza una función propia del nombre. ‖ *m.* **3** Palabra que funciona como núcleo de un sintagma nominal.

OBS También se escribe *substantivo*.

sustentar *tr./prnl.* **1** Sujetar o servir de apoyo a una cosa para que no se caiga o no se tuerza. **2** Apoyar una cosa en una opinión o idea. **3** Conservar una cosa en un estado o una situación. **4** Dar a una persona lo necesario para vivir, especialmente el alimento. ‖ *tr.* **5** Defender o sostener una opinión o una idea.

sustento *m.* **1** Alimento o elementos básicos que se necesitan para vivir. **2** Persona o cosa que sirve de apoyo.

sustitución *f.* Acción de sustituir, de poner una persona o una cosa en el lugar de otra, para cumplir la misma función.

OBS También se escribe *substitución*.

sustituir o **substituir** [62] *tr.* Poner a una persona o cosa en lugar de otra para desempeñar su función.

sustitutivo, -va *adj./m.* Que sustituye.

OBS También se escribe *substitutivo*.

sustituto, -ta *m. y f.* Persona que sustituye a otra en un trabajo o función.

OBS También se escribe *substituto*.

susto *m.* Impresión brusca y repentina, producida por el miedo o una sorpresa.

sustracción *f.* **1** Acción de sustraer. **2** Cosa sustraída. **3** MAT. Operación matemática que consiste en averiguar la diferencia entre dos cantidades.

OBS También se escribe *substracción*.

sustraendo *m.* MAT. Cantidad que se resta a otra en una operación matemática.

OBS También se escribe *substraendo*.

sustraer o **substraer** [88] *tr.* **1** Tomar una cosa que pertenece a otra persona en contra de su voluntad o de forma oculta. **2** Apartar, separar o llevarse una cosa del conjunto del que formaba parte. **3** MAT. Efectuar una operación matemática de sustracción. ‖ *prnl.* **4** Evitar o eludir una obligación o una dificultad.

sustrato *m.* **1** BIOL. Medio en el que se desarrollan una planta o un animal fijo. **2** GEOL. Capa de terreno que está por debajo de otra. **3** GRAM. Influencia que algunos aspectos gramaticales de una lengua ejercen sobre otra que se ha impuesto sobre esta última.

OBS También se escribe *substrato*.

susurrar *intr./tr.* Hablar una persona con voz muy baja, casi imperceptible.

susurro *m.* Ruido suave que produce una persona al hablar con voz muy baja, casi imperceptible.

sutil *adj.* **1** Que es fino y delicado. **2** [persona] Que tiene agudeza e ingenio para comprender el sentido más profundo de las cosas. **3** Que refleja una gran agudeza o ingenio.

sutileza *f.* **1** Cualidad de sutil. **2** Dicho o idea aguda e ingeniosa.

sutura *f.* **1** MED. Acción de suturar. **2** Hilo con el que se realiza este cosido. **3** ANAT. Línea sinuosa que forma la unión de ciertos huesos del cráneo.

suturar *tr.* Coser una herida o cerrarla mediante hilo.

suyo, -ya *pron. pos.* Forma del pronombre de tercera persona que indica pertenencia. ▸ **hacer de las suyas** Obrar según la costumbre propia.

T

t *f.* Vigésima primera letra del alfabeto español.

t. Abreviatura de *tomo*, 'división conceptual del contenido de una obra'.

taba *f.* **1** Hueso corto situado en la parte posterior y media del pie de ciertos animales. **2** Juego que consiste en tirar al aire este hueso o un objeto de forma parecida para ver en qué posición cae.

tabacalero, -ra *adj.* **1** Del tabaco. ‖ *adj./m. y f.* **2** [persona] Que cultiva, fabrica o vende tabaco.

tabaco *m.* **1** Planta procedente de América de tallo grueso y con muchas ramas, de las que salen unas hojas grandes y con nervios marcados. **2** Producto elaborado con hojas secas y picadas de esa planta y que se fuma. **3** Enfermedad de algunos árboles que ataca el interior del tronco y lo convierte en polvo. ‖ *m./adj.* **4** Color marrón como el de las hojas secas del tabaco.

tábano *m.* **1** Insecto parecido a la mosca pero de mayor tamaño, de cuerpo grueso, dos alas transparentes y boca chupadora. **2** Persona pesada y molesta.

tabaquera *f.* **1** Caja en la que se guarda el tabaco. **2** Parte de una pipa de fumar en la que se coloca el tabaco.

tabaquero, -ra *adj.* **1** Del tabaco. ‖ *adj./m. y f.* **2** [persona] Que fabrica el tabaco, lo vende o comercia con él.

tabaquismo *m.* Intoxicación producida por consumo abusivo de tabaco.

tabarra *f.* Cosa que molesta o que resulta pesada e impertinente. ▶ **dar la tabarra** *coloquial* Molestar o fastidiar.

tabasco *m.* Salsa roja y muy picante hecha fundamentalmente con guindillas.

taberna *f.* Establecimiento popular en el que se venden y se consumen bebidas alcohólicas y en algunos casos comidas.

tabernero, -ra *m. y f.* Persona que tiene una taberna o se dedica a vender y servir bebidas en una taberna.

tabicar [1] *tr.* **1** Cerrar o tapar un hueco de una casa con un tabique. ‖ *tr./prnl.* **2** Cerrar u obstruir un conducto que debería estar abierto.

tabique *m.* **1** Pared delgada que separa las habitaciones de una casa. **2** División plana y delgada que separa dos huecos.

tabla *f.* **1** Pieza de madera plana, más larga que ancha, poco gruesa y cuyas dos caras son paralelas entre sí. **2** Pieza plana y poco gruesa de cualquier material. **3** Lista ordenada de nombres, materias o elementos que están relacionados entre sí. **4** Cuadro de números colocados de forma adecuada para hacer más fáciles los cálculos. **5** Doble pliegue ancho y plano que se hace en una tela. **6** Pintura hecha sobre una pieza plana de madera. ‖ *f. pl.* **7** Resultado de empate en un juego o deporte. **8** Escenario de un teatro. **9** Soltura y facilidad que ha adquirido una persona con la experiencia para actuar ante un público o para realizar una actividad. **10** Valla que limita el ruedo en una plaza de toros y zona de la arena que queda más próxima a esta valla.

tablado *m.* **1** Suelo plano formado con pequeñas tablas de madera unidas entre sí por el canto. **2** Suelo de tablas colocado en alto sobre un armazón donde tienen lugar espectáculos y actos públicos.

tablao *m.* **1** Suelo de tablas colocado en alto sobre un armazón que se usa en los espectáculos de cante y baile flamencos. **2**

Local donde se desarrollan esos espectáculos.

tablero *m.* 1 Plancha de madera, plana, más larga que ancha y poco gruesa, formada por una sola tabla o varias tablas ensambladas por el canto. 2 Superficie cuadrada de madera o de otro material que sirve para jugar a ciertos juegos de mesa. 3 Plancha de madera o de otro material que se cuelga en algún lugar y sirve para fijar sobre ella carteles, papeles o anuncios. 4 En baloncesto, superficie a la que está unido el aro por donde debe entrar la pelota.

tableta *f.* 1 Pieza de chocolate o de turrón con forma plana y rectangular dividida en porciones. 2 Computadora portátil rectangular con pantalla táctil. 3 *coloquial* Conjunto de los músculos abdominales cuando están muy desarrollados por el ejercicio físico.

tablilla *f.* 1 Tabla de pequeño tamaño en la que se cuelgan listas o anuncios. 2 Tableta o trozo de chocolate de forma plana y rectangular. 3 Tabla de un material duro que estaba recubierta de cera y se utilizaba para escribir con un punzón.

tablón *m.* 1 Tabla gruesa y de gran tamaño. 2 *coloquial* Estado de embriaguez en el que se encuentra una persona.

tabú *m.* 1 Prohibición de decir, hacer o tratar cosa debida a ciertos prejuicios o convenciones sociales. 2 Cosa sobre la que recae esta prohibición.

OBS El plural es *tabúes,* culto, o *tabús,* popular.

tabulador *m.* Tecla de las máquinas de escribir y del teclado de los ordenadores que sirve para sangrar el texto.

tabular *tr.* Expresar u ordenar unos datos en forma de tablas.

taburete *m.* Asiento para una persona sin apoyabrazos ni respaldo.

tacañería *f.* Cualidad de tacaño.

tacaño, -ña *adj./m. y f.* [persona] Que valora el dinero en exceso y tiene un interés exagerado en gastar lo menos posible.

tacatá *m.* Aparato que sirve para que los niños aprendan a andar sin caerse.

OBS El plural es *tacatás.*

tacha *f.* Falta o defecto que se encuentra en una persona o una cosa.

tachadura *f.* 1 Acción de tachar algo escrito. 2 Raya o conjunto de rayas o borrones con los que se tacha lo escrito.

tachar *tr.* 1 Trazar una o más rayas o borrones encima de lo escrito para indicar que se suprime o que no vale. 2 Atribuir a una persona o a una cosa una falta, un defecto o una característica negativa.

tachón *m.* Línea o garabato que se hace sobre algo escrito para que no se pueda leer.

tachuela *f.* 1 Clavo corto y de cabeza grande. 2 COL Recipiente metálico para calentar alimentos o líquidos. 3 COL, MÉX, VEN Taza de plata para beber agua. 4 MÉX *coloquial* Visita larga y aburrida.

tácito, -ta *adj.* 1 Que se supone, deduce o sobreentiende a pesar de no estar expresado formalmente. 2 [persona] Que es callado o habla poco.

taciturno, -na *adj.* 1 [persona] Que es callado o habla poco. 2 Que muestra tristeza o tiene un carácter melancólico o triste.

taco *m.* 1 Trozo corto y grueso de madera, de metal u otro material, que se encaja en un hueco. 2 Trozo pequeño, grueso y en forma de dado que se corta de un alimento. 3 En el juego del billar, palo con el que se golpea la bola. 4 Pieza pequeña y alargada que se mete en un agujero hecho en una pared para introducir en ella un tornillo. 5 Conjunto de hojas de papel que forman un bloque. 6 Pieza puntiaguda o cónica que llevan en la suela ciertos zapatos de deporte. 7 *coloquial* Palabra o expresión desagradable, ofensiva o malsonante. 8 *coloquial* Lío, confusión o jaleo. 9 AMÉR Parte del zapato que va unida a la suela por la parte del talón. 10 MÉX Tortilla de maíz arrollada con algún ingrediente dentro. ‖ *com.* 11 CUBA Persona inteligente que se esfuerza en una actividad. ‖ *m. pl.* 12 *coloquial* Años que tiene una persona.

tacómetro *m.* Aparato que indica las vueltas que da un eje o la velocidad de un mecanismo según su número de revoluciones por minuto.

tacón *m.* Parte de un zapato o una bota que va unida a la suela por la parte del talón y puede ser más o menos alta.

taconazo *m.* Golpe dado con el tacón.

taconear *intr.* Pisar con los tacones de manera enérgica y ruidosa al andar o dar golpes con los tacones sobre el suelo.

taconeo *m.* Acción y efecto de taconear.

táctica *f.* 1 Procedimiento que se sigue o método que se emplea para conseguir un fin determinado. 2 Conjunto de reglas y procedimientos que se utilizan para dirigir las operaciones militares en una guerra.

táctico, -ca *adj.* 1 De la táctica.

táctil *adj.* Del tacto.

tacto *m.* 1 Sentido del cuerpo que permite apreciar la forma, el tamaño, la rugosidad o la temperatura de las cosas mediante el contacto con ellas. **2** Cualidad de una cosa que se percibe a través de ese sentido. **3** Acción de tocar o palpar una cosa utilizando este sentido. **4** Habilidad que tienen algunas personas para tratar con otras.

taekwondo *m.* Deporte de lucha en el que se dan golpes secos con los puños y con los pies y en el que se han desarrollado las técnicas de salto.

tafetán *m.* Tejido de seda muy tupido.

tagalo, -la *adj.* **1** De un pueblo indígena que habitaba en la isla filipina de Luzón. ▌*adj./m. y f.* **2** [persona] Que pertenece a este pueblo indígena. ▌*m.* **3** Lengua oficial de Filipinas, junto con el inglés.

tahona *f.* Establecimiento donde se hace y se vende pan y otros productos hechos con harina.

tahúr, -ura *adj./m. y f.* **1** [persona] Que es muy aficionado a los juegos de azar o tiene una gran habilidad en ellos. ▌*m.* **2** Persona que engaña o hace trampas en el juego.

taifa *f.* Cada uno de los reinos en que quedó dividida la península ibérica dominada por los musulmanes tras la época del califato cordobés.

taiga *f.* Vegetación típica de las zonas de clima continental frío que está compuesta por bosques de árboles caducifolios.

tailandés, -desa *adj.* **1** De Tailandia. ▌*adj./m. y f.* **2** [persona] Que es de Tailandia.

taimado, -da *adj./m. y f.* Que es hábil para engañar o se comporta con astucia y disimulo para conseguir algo.

tajada *f.* Trozo que ha sido cortado de una cosa, especialmente de un alimento.

tajante *adj.* Que no admite discusión o corta cualquier posibilidad de réplica.

tajar *tr.* Dividir una cosa en dos o más partes mediante un instrumento cortante.

tajo *m.* **1** Corte hecho con un instrumento afilado. **2** Corte profundo y casi vertical del terreno. **3** *coloquial* Trabajo o tarea en que se ocupa una persona.

tal *adj.* **1** Se utiliza como determinante para indicar que el nombre al que acompaña ya ha sido mencionado antes o es conocido. **2** Se utiliza para añadir un significado ponderativo o intensificador. **3** Se utiliza para hacer referencia a una cosa que no está determinada o no se quiere determinar. ▶ **con tal de + infinitivo** o **con tal de que + oración** Se utiliza para indicar que una cosa se realiza o sucede con la condición de que se realice o suceda otra que se expresa.

tala *f.* Acción de talar.

taladradora *f.* Aparato que sirve para hacer agujeros.

taladrar *tr.* **1** Hacer un agujero con un taladro. **2** Causar una molestia intensa y desagradable en el oído de una persona.

taladro *m.* **1** Instrumento agudo que sirve para hacer agujeros en la madera o en otro material. **2** Aparato eléctrico que sirve para taladrar o hacer agujeros. **3** Agujero hecho con ese aparato.

tálamo *m. culto* Lecho nupcial o cama de dos personas recién casadas.

talante *m.* **1** Manera de ser o carácter de una persona. **2** Estado de ánimo o actitud que tiene una persona ante una situación determinada o ante la vida en general.

talar *tr.* **1** Cortar un árbol por la base. ▌*adj.* **2** [vestidura, traje] Que llega hasta los talones.

talco *m.* **1** Mineral muy blando y de tacto suave del que se extrae un polvo blanco usado en farmacia y perfumería. **2** Polvo blanco y suave que se extrae de este mineral y se usa para el cuidado de la piel.

talega *f.* Bolsa ancha y corta hecha, generalmente, de tela basta que sirve para transportar cosas.

talego *m.* **1** Saco grande y de tela fuerte o lona que sirve para guardar o llevar una cosa. **2** *coloquial* Prisión.

talento *m.* **1** Capacidad mental que tiene una persona para aprender las cosas con facilidad o para desarrollar con mucha habilidad una actividad. **2** Inteligencia que tiene una persona y capacidad de usarla para conseguir buenos resultados. **3** Persona que posee una gran capacidad intelectual o mucha habilidad.

talgo *m.* Tren rápido que realiza trayectos de larga distancia.

talibán *m.* **1** Seguidor de una de las interpretaciones ultraconservadoras del islam en el sur de Afganistán. ▌*adj.* **2** Relativo a estas personas.

talio *m.* QUÍM. Elemento químico metálico, blando y brillante, que se emplea sobre todo en la fabricación de insecticidas.

talión *m.* Pena con que se castiga a una persona causándole el mismo daño que ella ha causado.

OBS Suele usarse en la expresión *ley del talión.*

talismán *m.* Objeto al que se le atribuye poderes mágicos o sobrenaturales.

talla *f.* **1** Obra de escultura, especialmente la que está hecha de madera. **2** Estatura de una persona. **3** Medida de las prendas de vestir expresada en unas magnitudes convencionales que se tienen en cuenta para su fabricación y venta. **4** Importancia o valor intelectual o moral de una persona. ▸ **dar la talla** Tener una persona o una cosa las cualidades o aptitudes mínimas que exige una situación o tarea.

tallar *tr.* **1** Dar forma a un cuerpo sólido y uniforme cortando o separando parte de él. **2** Medir la estatura de una persona.

tallarín *m.* Tira delgada y larga que se prepara con pasta de harina de trigo y agua que se cocina hirviéndola en agua.

talle *m.* **1** Cintura del cuerpo humano. **2** Parte de un vestido que corresponde a la cintura. **3** Medida que se toma para hacer una prenda de vestir desde el cuello a la cintura.

taller *m.* **1** Lugar en el que se hacen trabajos manuales o artísticos. **2** Lugar en el que se realizan reparaciones de máquinas o aparatos, especialmente de coches.

tallo *m.* **1** Parte de la planta que crece en sentido contrario a la raíz y que sirve de soporte a las hojas, las flores y los frutos. **2** Brote nuevo de una planta.

talón *m.* **1** Parte posterior del pie humano. **2** Parte del calzado, del calcetín o de la media que cubre esa zona del pie. **3** Hoja cortada de un talonario.

talonario *m.* Cuadernillo formado por hojas que se pueden arrancar dejando una parte que se corresponde con ellas y permite acreditar su legitimidad, especialmente el que es de cheques.

talud *m.* Inclinación de un muro o de un terreno.

tamal *m.* **1** AMÉR Masa de harina de maíz rellena de carne, chile, etc., envuelta en hojas de maíz o plátano y cocida al horno o al vapor. **2** AMÉR *coloquial* Situación complicada.

tamalero, -ra *adj./m. y f.* AMÉR [persona] Que hace o vende tamales.

tamaño, ña *adj.* **1** Que es de dimensiones muy grandes o muy intenso. ❘ *m.* **2** Conjunto de las dimensiones de una cosa por las cuales tiene mayor o menor volumen.

tamarindo *m.* **1** Árbol de tronco grueso, copa amplia y hojas en forma de espiga que se cultiva en zonas cálidas. **2** Fruto en legumbre que da este árbol.

tambalearse *prnl.* **1** Moverse una persona o una cosa de un lado a otro dando la impresión de estar a punto de caer. **2** Estar a punto de perder su fuerza o firmeza una persona o una cosa.

también *adv.* **1** Se utiliza para afirmar que una cosa es igual o semejante a otra expresada anteriormente. **2** Se utiliza para indicar que la acción expresada por el verbo se añade a otra acción expresada anteriormente.

tambor *m.* **1** Instrumento musical de percusión formado por una caja con forma cilíndrica cerrada por una parte o por las dos con una piel estirada. **2** Pieza de forma cilíndrica que forma parte de algunos aparatos o máquinas. **3** Recipiente con forma cilíndrica que se usa como envase.

tamboril *m.* Tambor pequeño que cuelga del brazo y se toca con un solo palo.

tamborilear *intr.* Dar golpes con los dedos sobre una superficie de manera repetida.

tamborilero, -ra *m. y f.* Músico que toca el tamboril o el tambor.

tamiz *m.* Utensilio que se usa para separar las partes finas de las gruesas de algunas cosas y que está formado por una tela metálica o rejilla tupida sujeta a un aro.

tamizar [4] *tr.* Hacer pasar una cosa por el tamiz.

tamo *m.* Acumulación de polvo y suciedad que se forma debajo de los muebles.

támpax *m.* Objeto alargado y cilíndrico hecho de algodón que se introduce en la vagina para absorber el líquido de la menstruación.

OBS Es marca registrada.

tampoco *adv.* Se utiliza para añadir una negación a otra negación expresada con anterioridad.

tampón *m.* **1** Cajita plana que contiene una pieza de tela empapado con tinta y que se utiliza para entintar los sellos antes de estamparlos. **2** Rollo alargado de material muy absorbente que se introduce en la vagina de las mujeres para que absorba el flujo de la menstruación.

tamtan *m.* Tambor grande que se toca con las manos.

OBS Aunque es una palabra llana, es frecuente pronunciarla aguda. El plural es *tamtanes*.

tan *adv.* **1** Se utiliza delante de adjetivo, adverbio o locución adverbial para encarecer o intensificar su significado. **2** Se utiliza en una comparación para indicar igualdad de grado o equivalencia. Se usa en correlación con *como*. **3** Se utiliza en una correlación para expresar una consecuencia de lo dicho anteriormente. Se usa en correlación con *que*.

tanatorio *m.* Lugar en el que se velan los cadáveres y se preparan para ser enterrados o incinerados.

tanda *f.* 1 Grupo en que se distribuye un conjunto de personas o cosas para realizar una actividad de manera ordenada. 2 Turno. 3 Número no determinado de cosas de la misma clase. 4 AMÉR Sección o parte de una obra teatral. 5 ARG, URUG Serie de avisos publicitarios que se intercalan en un programa de radio o televisión.

tándem *m.* 1 Bicicleta para dos personas en la que van sentadas una detrás de otra y ambas pueden pedalear. 2 Unión de dos personas o dos grupos que realizan una misma actividad en equipo.
OBS El plural es *tándems.*

tanga *m.* Prenda interior o de baño formada por un triángulo de tela en la parte delantera que se sujeta una tira que pasa entre las nalgas a otra tira que rodea la cadera.

tangencial *adj.* 1 De la tangente. 2 [asunto] Que no es principal o importante.

tangente *adj./f.* 1 MAT. [línea, superficie] Que se toca o tiene puntos comunes con otra línea o superficie sin llegar a cortarla. ‖ *f.* 2 MAT. Resultado de dividir el cateto opuesto a un ángulo entre el cateto contiguo al mismo ángulo.

tangible *adj.* 1 Que se puede tocar o percibir por medio del tacto. 2 Que se puede percibir de manera clara y precisa.

tango *m.* 1 Baile originario de Argentina que se baila en pareja enlazada y tiene una gran variedad de pasos. 2 Música de este baile y letra con que se canta.

tanque *m.* 1 Vehículo pesado de guerra que está fuertemente blindado y que se mueve sobre dos llantas flexibles y articuladas con cadenas. 2 Recipiente, generalmente de gran tamaño y cerrado, que sirve para contener líquidos o gases.

tantalio *m.* QUÍM. Elemento químico metálico, muy duro y de color gris brillante, que se encuentra en rocas de granito.

tántalo *m.* Ave de plumaje blanco y negro de patas y cuello largos.

tantear *tr.* 1 Calcular una persona según su apreciación el peso, el tamaño, la cantidad o el valor de una cosa de manera aproximada. 2 Intentar descubrir con cuidado o disimuladamente las intenciones o la actitud de una persona frente a una cosa. 3 Probar o ensayar una cosa antes de realizarla para asegurarse el éxito.

tanteo *m.* 1 Acción y efecto de tantear. 2 Número determinado de tantos o puntos que se consiguen en un juego o en una competición deportiva.

tanto, -ta *det. indef.* 1 Se utiliza para establecer comparaciones de igualdad en la cantidad. Se usa en correlación con *como* y con *cuanto.* Puede ser determinante. 2 Se utiliza para añadir un significado ponderativo. Se usa en correlación con *que.* Puede ser determinante. ‖ *adv.* 3 Se utiliza con sentido ponderativo para indicar una cantidad muy grande o un grado muy elevado. 4 Indica idea de equivalencia o igualdad. Se utiliza en correlación con *cuanto* y *como.* ‖ *m.* 5 Objeto para registrar o señalar los puntos que se ganan en ciertos juegos. 6 Punto que se consigue o unidad de cuenta que se utiliza en un juego o en una competición deportiva. 7 Cantidad determinada de una cosa, especialmente de dinero. **tanto por ciento** Número o cantidad que representa proporcionalmente una parte de un total que se considera dividido en cien unidades. ▶ **al tanto** Indica que una persona está al corriente o enterada de una cosa. ▶ **en tanto** o **entre tanto** Indica que una cosa se realiza o sucede en el mismo momento en que se realiza o sucede otra o en el tiempo que hay entre dos hechos o acciones. ▶ **por tanto** o **por lo tanto** Indica que una cosa que se dice es consecuencia de otra dicha anteriormente.

tañer [38] *tr.* Hacer sonar un instrumento musical de percusión o un instrumento de cuerda que se pulsa con los dedos.

tañido *m.* Sonido que produce un instrumento musical, especialmente si es de cuerda o de percusión.

taoísmo *m.* Doctrina religiosa que tuvo su origen en China a partir de las ideas de Lao-Tse en el siglo VI antes de Cristo.

taoísta *adj.* 1 Del taoísmo. ‖ *adj./com.* 2 [persona] Que cree en el taoísmo.

tapa *f.* 1 Pieza que se encuentra en la parte superior de un objeto y que sirve para cerrarlo o cubrirlo. 2 Cubierta de papel o de cartón que tiene un libro u otra obra encuadernada. 3 ESP Cantidad pequeña de comida con que se acompaña una bebida.

tapacubos *m.* Pieza redonda y plana que se sujeta a la parte exterior de la rueda de un automóvil y que se utiliza para cubrir la llanta y hacer la rueda más atractiva.
OBS El plural es *tapacubos.*

tapadera *f.* 1 Tapa de un objeto. 2 Persona o cosa que encubre lo que otra desea que se ignore, generalmente una acción negativa o que constituye un delito.

tapadillo *m.* Palabra que se utiliza en la locución *de tapadillo* y que indica que una cosa se hace a escondidas o con la intención de ocultar la verdad.

tapado, -da *adj./m. y f.* **1** ARG [persona] Que posee valores y los mantiene ocultos. ‖ *m.* **2** BOL, CSUR, PERÚ Prenda de abrigo, larga y abierta por delante, que se pone sobre otras prendas. **3** MÉX Candidato político cuyo nombre se oculta hasta poco antes de los comicios.

tapajuntas *m.* Listón que sirve para tapar el espacio que queda entre el marco de una puerta o una ventana y la pared.

OBS El plural también es *tapajuntas*.

tapar *tr.* **1** Cubrir o cerrar lo que está descubierto o abierto, especialmente con la tapa que está destinada a ello. **2** Cerrar o llenar un orificio o conducto con alguna cosa. **3** Estar una cosa delante o encima de otra de manera que quede cubierta, protegida u oculta. **4** Hacer una persona que no se descubran las faltas cometidas por otra, ocultándolas o disimulándolas para que no sea castigada.

taparrabo o **taparrabos** *m.* Pieza de tela con la que los individuos de algunos pueblos se cubren los genitales.

OBS El plural de *taparrabos* también es *taparrabos*.

tapete *m.* **1** Pieza de tela que se pone encima de un mueble como adorno o para protegerlo. **2** Paño grueso que se pone encima de las mesas de juego.

tapia *f.* Muro o pared que rodea un terreno y que sirve como valla.

tapial *m.* Pared hecha con piezas de tierra amasada.

tapiar [12] *tr.* **1** Cercar un terreno con tapias. **2** Cerrar un hueco mediante un muro o un tabique.

tapicería *f.* **1** Tela o tejido con el que se tapiza un mueble o parte de él. **2** Lugar donde se tapizan muebles o se hacen tapices.

tapicero, -ra *m. y f.* **1** Persona que se dedica a forrar con tela los muebles. **2** Persona que fabrica o arregla tapices.

tapioca *f.* **1** Harina blanca que se saca de la raíz de una planta tropical y que se usa como alimento, especialmente para hacer sopa. **2** Sopa que se hace con esa harina.

tapir *m.* Mamífero herbívoro parecido al jabalí en el tamaño que tiene el hocico prolongado en forma de una pequeña trompa.

tapiz *m.* Paño de gran tamaño bordado con lana, seda o lino, decorado con dibujos o figuras y que se usa para adornar paredes.

tapizado *m.* **1** Acción de tapizar un mueble. **2** Material que se utiliza para tapizar un mueble.

tapizar [4] *tr.* **1** Cubrir o forrar con tela o con otro material un mueble o una pared. **2** Cubrir o revestir cierta cosa una superficie extensa.

tapón *m.* **1** Pieza que se introduce en un conducto, orificio o abertura, y que sirve para cerrarlos impidiendo la comunicación con el exterior. **2** Cosa que impide o dificulta el paso de algo a través de un conducto, un orificio u otro lugar. **3** Acumulación excesiva de vehículos en un punto de una vía que dificulta la circulación. **4** En baloncesto, jugada mediante la cual se impide que la pelota que ha lanzado un contrario llegue a la canasta interceptándola con la mano. **5** *coloquial* Persona de corta estatura, especialmente la que es de cuerpo grueso y rechoncho.

taponar *tr.* **1** Cerrar un conducto, un orificio o una abertura con un tapón. **2** Dificultar o impedir el paso una persona o una cosa a través de un lugar.

taponazo *m.* Golpe que da un tapón al salir con mucha fuerza de una botella.

tapujo *m.* Manera de hablar o de actuar una persona mediante la cual se oculta o disimula la verdad.

taqui- Elemento prefijal que significa 'velocidad', 'rapidez'.

taquicardia *f.* MED. Velocidad excesiva del ritmo de los latidos del corazón.

taquigrafía *f.* Técnica de escritura en la que se utilizan signos y abreviaturas especiales para escribir a gran velocidad.

taquigrafiar [13] *tr.* Escribir utilizando los signos taquigráficos.

taquígrafo, -fa *m. y f.* Persona que domina la taquigrafía o se dedica a ella.

taquilla *f.* **1** Ventanilla, mostrador o sitio donde se venden billetes para un medio de transporte o entradas para un espectáculo. **2** Cantidad de dinero que se recauda en una sesión de un espectáculo. **3** Armario individual que se usa para guardar ropa u objetos personales.

taquillero, -ra *adj.* **1** [espectáculo, artista] Que consigue atraer gran cantidad de público. ‖ *m. y f.* **2** Persona que se dedica a la venta de billetes en una taquilla.

taquimecanografía *f.* Técnica y conjunto de conocimientos de la persona que domina la taquigrafía y la mecanografía.

taquimecanógrafo, -fa *m. y f.* Persona que domina la taquimecanografía.

taquímetro *m.* **1** Instrumento que se utiliza para medir sobre un terreno los ángulos verticales y horizontales y las distancias entre sus vértices. **2** Tacómetro.

tara *f.* **1** Defecto físico o psíquico. **2** Defecto o mancha que disminuye el valor de una cosa. **3** Peso que corresponde al recipiente o vehículo que contiene o transporta una mercancía, sin contar el peso de esta.

taracea *f.* Técnica ornamental que consiste en incrustar pequeños trozos de madera, nácar u otros materiales en un objeto de madera para decorarlo.

tarado, -da *adj./m. y f.* [persona] Que tiene un defecto físico o psíquico.
OBS Se usa como apelativo despectivo.

tarambana *adj./com. coloquial* [persona] Que se comporta de manera alocada o con poca sensatez.

tarantela *f.* **1** Música originaria de Nápoles que va acelerando el ritmo a medida que avanza. **2** Danza que se baila con esta música.

tarántula *f.* Araña venenosa de color negro por encima y rojo por debajo, que mide unos tres centímetros de largo y tiene cuerpo velloso y patas muy fuertes.

tararear *tr.* Cantar una canción o imitar los sonidos de una melodía con la voz, sin articular bien las palabras y en voz baja.

tarareo *m.* Acción de tararear.

tarascada *f.* Golpe, mordisco o arañazo dado con fuerza y violencia.

tardanza *f.* Retraso o empleo de más tiempo del necesario o del normal en hacer una cosa.

tardar *tr.* **1** Emplear un espacio de tiempo determinado en hacer una cosa. ‖ *intr.* **2** Emplear más tiempo del necesario o del normal en hacer una cosa.

tarde *f.* **1** Período de tiempo que va desde el mediodía hasta el anochecer. **2** Últimas horas del día. ‖ *adv.* **3** Indica que una cosa se hace a una hora avanzada del día o de la noche. **4** Indica que una cosa se hace en un momento posterior al considerado conveniente, oportuno o previsto.

tardío, -día *adj.* **1** Que tarda más tiempo del normal en llegar a la madurez. **2** Que ocurre después del tiempo adecuado. **3** Que se encuentra en el último período o fase de su existencia o desarrollo.

tardo, -da *adj.* **1** Que hace las cosas muy despacio. **2** [persona] Que es torpe para comprender y explicar las cosas.

tardón, -dona *adj./m. y f. coloquial* [persona] Que tarda mucho en hacer las cosas o suele retrasarse en llegar a un sitio.

tarea *f.* **1** Trabajo, obra o actividad que realiza una persona o una máquina. **2** Trabajo que debe hacerse en un tiempo determinado.

tarifa *f.* **1** Precio fijado de forma oficial y unitaria por el estado, una compañía o una entidad por los servicios que ofrece. **2** Tabla de precios, derechos o tasas.

tarifar *tr.* **1** Fijar una tarifa. ‖ *intr.* **2** *coloquial* Discutir o enfadarse una persona con otra por algo.

tarima *f.* **1** Plataforma hecha con tablas y colocada a poca altura del suelo. **2** Suelo formado por tablas de madera.

tarjeta *f.* **1** Pieza rectangular y pequeña, generalmente de cartulina o plástico que contiene cierta información o tiene un uso determinado. **tarjeta de crédito** Tarjeta pequeña de plástico, emitida por una entidad bancaria a nombre de una persona y que sirve para pagar sin utilizar dinero en efectivo. **tarjeta de visita** Cartulina rectangular que contiene el nombre y otros datos de una persona, como cargo, domicilio o teléfono. **2** En el fútbol y otros deportes, cartulina de un determinado color que el árbitro enseña a un jugador para indicarle una sanción.

tarjetero *m.* Cartera que se usa para llevar ordenadas las tarjetas de visita o de crédito.

tarot *m.* Baraja de cartas que se usa para adivinar el futuro y está formada por dos bloques, uno de ellos numerado y el otro con figuras simbólicas.

tarraconense *adj.* **1** De Tarragona (provincia y ciudad). ‖ *adj./m. y f.* **2** [persona] Que es de Tarragona.

tarrina *f.* Recipiente pequeño de vidrio o cerámica que contiene un alimento.

tarro *m.* **1** Recipiente de vidrio o de porcelana, con forma cilíndrica y generalmente más alto que ancho. **2** *coloquial* Cabeza, mente o inteligencia de una persona.

tarso *m.* **1** ANAT. Conjunto de huesos cortos que forman la parte trasera del pie del hombre y de las extremidades posteriores de algunos animales. **2** ZOOL. Parte más delgada de las patas de las aves, que normalmente no tiene plumas.

tarta *f.* Pastel grande, generalmente con forma redonda y muy adornado.

tartaja *adj./com. coloquial* [persona] Que tartajea.
OBS Se usa como apelativo despectivo.

tartajear *intr.* Hablar pronunciando las palabras con torpeza por algún impedimento en la lengua.

tartaleta *f.* Pastel pequeño formado por una base de hojaldre o de galleta sobre la que se pone un ingrediente dulce o salado.

tartamudear *intr.* Hablar de manera entrecortada y repitiendo sílabas y sonidos.

tartamudeo *m.* Pronunciación o modo de hablar de modo entrecortado y en la que se repiten algunas sílabas y sonidos.

tartamudez *f.* Trastorno del habla que se caracteriza por hablar repitiendo sonidos, sílabas o palabras.

tartamudo, -da *adj./m. y f.* [persona] Que tartamudea.

tartán *m.* 1 Material compuesto de plásticos, amianto y caucho que es muy resistente y poco deformable y se usa para cubrir superficies de pistas deportivas. 2 Tela de lana que tiene líneas cruzadas formando cuadros de distintos colores.

tartana *f.* 1 Carruaje de dos ruedas que es tirado por una caballería con cubierta en forma de bóveda y asientos laterales. 2 *coloquial* Cosa vieja que funciona mal, especialmente un automóvil.

tartera *f.* Recipiente con una tapa que se cierra herméticamente y que sirve para llevar o guardar comida.

tartesio, -sia *adj.* De los Tartesos.

tarugo *m.* 1 Trozo de madera corto y grueso que queda al cortarlo de una pieza mayor. 2 Pedazo de pan grueso e irregular. 3 *coloquial* Persona que tiene poca inteligencia. Tiene valor despectivo.

tarumba *adj.* [persona] Que está atontado o confundido, especialmente por haber recibido un golpe en la cabeza.

tasa *f.* 1 Pago o tributo que se exige por el uso o disfrute de determinados servicios. 2 Cantidad que expresa de forma proporcional la relación entre dos magnitudes.

tasación *f.* Acción y efecto de tasar.

tasar *tr.* 1 Poner precio o valor a una cosa la persona que tiene autoridad o capacidad para ello. 2 Fijar o establecer de manera oficial el precio límite de una cosa.

tasca *f.* Establecimiento de carácter popular en el que se venden y consumen bebidas alcohólicas o comidas.

tata *m.* AMÉR *coloquial* Nombre que se da al padre o al abuelo.

tatami *m.* Tapiz acolchado que sirve de pista para practicar artes marciales.

OBS Es de origen japonés. El plural es *tatamis*.

tatarabuelo, -la *m. y f.* Abuelo del abuelo de una persona.

tataranieto, -ta *m. y f.* Nieto del nieto de una persona.

tatuaje *m.* Dibujo grabado en la piel de una persona mediante una técnica especial que impide que se borre.

tatuar [11] *tr./prnl.* Grabar dibujos en la piel introduciendo sustancias colorantes bajo la epidermis mediante una técnica especial que impide que se borren.

tau *f.* Nombre de la decimonovena letra del alfabeto griego.

taula *f.* Monumento de la prehistoria formado por un bloque de piedra colocado en vertical y otro horizontal sobre él.

taumaturgo, -ga *m. y f.* Persona que tiene poderes para hacer milagros o actos prodigiosos.

taurino, -na *adj.* Del toro o del toreo.

tauro *adj./com.* [persona] Que ha nacido entre el 20 de abril y el 21 de mayo, tiempo en que el Sol recorre aparentemente Tauro, segundo signo del Zodíaco.

tauromaquia *f.* Arte y técnica de lidiar toros.

tautología *f.* Figura del lenguaje que consiste en repetir un mismo pensamiento expresándolo de distintas maneras.

tautológico, -ca *adj.* De la tautología.

taxativo, -va *adj.* Que no admite discusión o corta toda posibilidad de réplica.

taxi *m.* Automóvil con un conductor que transporta personas y que generalmente opera dentro de una ciudad.

taxi- o **taxo-** Elemento prefijal que significa 'orden', 'colocación'.

taxidermia *f.* Arte de disecar animales muertos.

taxidermista *com.* Persona que se dedica a la taxidermia.

taxímetro *m.* Aparato que llevan los taxis y que va marcando automáticamente la cantidad de dinero que se debe pagar.

taxista *com.* Persona que se dedica a conducir un taxi.

taxonomía *f.* 1 Ciencia que trata de los principios, métodos y fines de la clasificación generalmente científica. 2 Clasificación u ordenación en grupos de cosas que tienen unas características comunes.

taxonómico, -ca *adj.* De la taxonomía.

taza *f.* 1 Recipiente pequeño provisto de un asa que es más ancho que alto y se usa para tomar bebidas. 2 Receptáculo del váter para orinar y hacer de vientre.

tazón *m.* Taza grande para tomar ciertas bebidas.

te *f.* 1 Nombre de la letra *t*. ‖ *pron. pers.* 2 Forma del pronombre de segunda persona, en género masculino y femenino y en número singular, que realiza la función de objeto directo e indirecto.

té *m.* 1 Arbusto originario de Asia. 2 Conjunto de hojas de esa planta, convenientemente secadas y ligeramente tostadas. 3 Infusión que se prepara hirviendo estas hojas y cuyos efectos son estimulantes y digestivos. OBS El plural es *tés*.

tea *f.* 1 Palo de madera empapado en resina que se enciende para alumbrar o para prender fuego. 2 *coloquial* Estado de embriaguez de una persona.

teatral *adj.* 1 Del teatro. 2 Que es exagerado y busca llamar la atención.

teatralidad *f.* 1 Conjunto de características propias del género teatral o dramático. 2 Exageración en la forma de actuar de una persona y afectación en su manera de hablar, generalmente para conseguir algo.

teatralizar [4] *tr.* 1 Preparar y adaptar un texto como obra teatral y representarlo. 2 Dar un tono exagerado a una cosa, generalmente para llamar la atención.

teatrero, -ra *adj./m. y f.* 1 [persona] Que es muy aficionado al teatro. 2 [persona] Que es exagerado en su forma de actuar, generalmente para llamar la atención.

teatro *m.* 1 Género literario al que pertenecen las obras dramáticas compuestas para ser representadas en un escenario. 2 Arte de la composición o representación de las obras de ese género. 3 Edificio destinado a la representación en un escenario de obras dramáticas o de espectáculos de otro tipo. 4 Fingimiento o exageración en la forma de actuar de una persona.

tebeo *m.* Revista o publicación infantil que contiene una serie de dibujos y textos mediante los que se cuenta una historia.

-teca Elemento sufijal que significa 'depósito', 'lugar en que se guarda algo'.

techado *m.* Cubierta o parte superior que cubre y cierra una construcción.

techar *tr.* Cubrir una construcción construyendo el techo.

techo *m.* 1 Cubierta que cubre y cierra una construcción o cualquier espacio o recinto. 2 Cara interior de la cubierta que cierra por la parte superior una construcción o cualquier espacio o recinto. **sin techo** Sintecho.

techumbre *f.* Estructura que forma la cubierta de un edificio junto con los diferentes elementos de cierre.

tecla *f.* 1 Pieza de algunos instrumentos musicales que se presiona con el dedo para producir un sonido. 2 Pieza de algunos mecanismos que sirve para producir un efecto al ser presionada con el dedo.

teclado *m.* 1 Conjunto de teclas de un instrumento musical o de un mecanismo. 2 Instrumento musical electrónico provisto de teclas.

teclear *intr.* 1 Accionar o pulsar las teclas de un instrumento musical o de un mecanismo. ‖ *tr.* 2 Escribir un texto con un teclado.

teclista *com.* 1 Persona que se dedica a pasar obras escritas o gráficas a un formato adecuado para ser impreso. 2 Músico que toca un instrumento de teclado.

tecnecio *m.* Elemento químico metálico que se produce artificialmente.

-tecnia Elemento sufijal que significa 'arte manual', 'industria', 'técnica'.

técnica *f.* 1 Conjunto de procedimientos o recursos que se usan en una ciencia o en una actividad determinada. 2 Habilidad que tiene una persona para hacer uso de estos procedimientos o recursos.

tecnicismo *m.* Palabra que pertenece o es propia del lenguaje de una ciencia, una profesión o una actividad determinada.

técnico, ca *adj.* 1 De la técnica. 2 [palabra, lenguaje] Que pertenece o es propio de una ciencia, un arte, una profesión o una actividad determinada. ‖ *m. y f.* 3 Persona que posee conocimientos o habilidades especializadas en relación con una ciencia o una actividad determinada.

tecnicolor *m.* Procedimiento usado en cinematografía que permite ver el color de los objetos en la pantalla. OBS Es una marca registrada.

tecnificar *tr.* Dar o proporcionar recursos técnicos a una actividad.

tecnocracia *f.* Sistema político en el que los cargos públicos son desempeñados por técnicos o especialistas.

tecnócrata *adj./com.* 1 [persona] Que es partidario de la tecnocracia. 2 [persona] Que desempeña una función de gobierno como técnico o especialista.

tecnología *f.* 1 Conjunto de los conocimientos propios de una técnica. 2 Conjunto de instrumentos, recursos técnicos o procedimientos empleados en un determinado campo o sector.

tecnológico, -ca *adj.* De la tecnología.

tectónico, -ca *adj.* Que hace referencia a la corteza terrestre.

tedéum *m.* Canto de la liturgia católica para alabar y dar gracias a Dios.

OBS El plural también es *tedéum*.

tedio *m.* Estado de cansancio, de fastidio o de falta de interés.

tedioso, -sa *adj.* Que no tiene interés y provoca tedio o aburrimiento.

teflón *m.* Material plástico que es muy resistente al calor y a la corrosión.

OBS Es una marca registrada.

tegumento *m.* **1** Tejido vegetal que cubre ciertas partes de las plantas. **2** Tejido orgánico que cubre el cuerpo de un animal o alguno de sus órganos internos.

teína *f.* Sustancia producida por el té.

teja *f.* **1** Pieza rectangular que forma parte de la cubierta en un tejado. **2** Objeto que tiene una forma parecida a la de esta pieza. **3** *adj.* [color] Que es parecido al del barro cocido.

tejadillo *m.* Tejado que tiene una sola vertiente y está adosado a una pared para cubrir una puerta o una ventana.

tejado *m.* Parte exterior de la cubierta superior de un edificio, generalmente recubierta de tejas.

tejano, -na *adj.* **1** [prenda de vestir] Que está hecho de una tela fuerte de algodón, generalmente azul, y se usa de manera informal. **2** De Tejas. | *adj./m. y f.* **3** [persona] Que es de Tejas. | *m. pl.* **4** Pantalones hechos de una tela fuerte de algodón, generalmente azul, y que se usan de manera informal.

tejar *tr.* **1** Cubrir de tejas un tejado. | *m.* **2** Lugar donde se fabrican tejas y ladrillos.

tejedor, -ra *adj.* **1** Que teje. | *m. y f.* **2** Persona que tiene por oficio tejer. | *m.* **3** ZOOL. Insecto de cuerpo estrecho y alargado, que corre por la superficie del agua con gran rapidez y agilidad; se alimenta de otros insectos.

tejemaneje *m.* **1** *coloquial* Actividad intensa o movimiento constante que desarrolla una persona en la realización de una cosa. **2** *coloquial* Medio sospechoso o poco claro para conseguir una cosa.

tejer *tr.* **1** Hacer o formar un tejido cruzando y uniendo unos hilos con otros. **2** Hacer punto o ganchillo. **3** Pensar o idear un plan o un proyecto.

tejido *m.* **1** Material que resulta de tejer o entrelazar muchos hilos, especialmente el hecho con fibras textiles que se emplea

para confeccionar la ropa. **2** BIOL. Estructura formada por células de la misma naturaleza y ordenadas para desempeñar una misma función.

tejo *m.* **1** Trozo de teja o de piedra con forma plana y redondeada que se usa para jugar a ciertos juegos. **2** Juego que consiste en lanzar esta piedra sobre unas casillas dibujadas en el suelo que se van recorriendo a la pata coja.

tejón *m.* Animal mamífero de color marrón, con el pelo largo y espeso, y con mechones blancos y negros en la cabeza, que vive en madrigueras profundas y se alimenta de pequeños animales y de frutos.

tejuelo *m.* Trozo de tela, piel o papel que se pega en el lomo de un libro para poner el rótulo u otro tipo de información.

tela *f.* **1** Tejido hecho con hilos cruzados entre sí. **2** Trozo de ese tejido. **3** Tejido orgánico con forma de lámina. **4** *coloquial* Asunto o materia de la que hay que hablar o que se presta a comentarios. **5** *coloquial* Tarea que hay que realizar. **6** *coloquial* Dinero. **7** Cuadro o pintura realizado sobre un lienzo. ▶ **poner en tela de juicio** Dudar sobre la verdad o el éxito de una cosa.

telar *m.* **1** Máquina que sirve para tejer. **2** Fábrica de tejidos.

telaraña *f.* Tejido en forma de red que construyen las arañas con un hilo muy fino que producen ellas mismas.

tele *f.* *coloquial* Apócope de televisor.

tele- Elemento prefijal que significa 'a distancia', 'lejos'.

telecabina *f.* Teleférico provisto de cabinas que se mueven por un único cable.

telecomunicación *f.* **1** Sistema de comunicación a distancia por medio de cables y ondas electromagnéticas. | *f. pl.* **2** Carrera que estudia todo lo relacionado con los medios de comunicación a distancia.

telediario *m.* Programa de televisión donde se informa de las noticias del día.

teledifusión *f.* Transmisión de imágenes de televisión.

teledirigido, -da *adj.* [aparato, vehículo] Que se mueve o funciona por medio de un control a distancia, generalmente por medio de ondas electromagnéticas.

teledirigir [6] *tr.* Dirigir y controlar un vehículo o un aparato a distancia.

telefax *m.* **1** Sistema de comunicación que permite mandar y recibir información escrita a través del teléfono. **2** Aparato que permite mandar y recibir información escrita a través de este sistema. **3** Documento que se manda o se envía a través de este aparato.

OBS El plural también es *telefax*.

teleférico *m.* Sistema de transporte que consiste en unos vehículos suspendidos de un cable de tracción y que se usa para superar grandes diferencias de altitud.

telefilm o **telefilme** *m.* Película hecha para televisión.

telefonazo *m. coloquial* Llamada de teléfono.

telefonear *tr./intr.* 1 Llamar a alguien por teléfono. ▌ *tr.* 2 Comunicar una información o una noticia por teléfono.

telefonía *f.* Sistema de comunicación que transmite la voz y el sonido a distancia por medios eléctricos o electromagnéticos.

telefónico, -ca *adj.* Del teléfono.

telefonillo *m.* Aparato en forma de teléfono que está conectado a un portero automático y que permite comunicarse desde la puerta de entrada de un edificio con alguien que está en el interior.

telefonista *com.* Persona que trabaja en el servicio de aparatos telefónicos.

teléfono *m.* 1 Sistema de comunicación que transmite la voz y el sonido a larga distancia por medios eléctricos o electromagnéticos. 2 Aparato que recibe y emite comunicaciones a larga distancia. 3 Número asignado a uno de esos aparatos.

telegrafía *f.* Sistema de comunicación que permite la transmisión de información a larga distancia utilizando un código de signos preestablecido.

telegrafiar [13] *tr.* Comunicar un mensaje por medio del telégrafo.

telegráfico, -ca *adj.* 1 Del telégrafo o la telegrafía. 2 [escritura, habla] Que es breve y conciso, con pocas palabras.

telegrafista *com.* Persona que tiene como profesión el manejo de aparatos telegráficos y atiende el servicio de telégrafos.

telégrafo *m.* 1 Telegrafía. 2 Aparato que emite y recibe mensajes mediante la telegrafía. ▌ *m. pl.* 3 Administración que se encarga de este sistema de comunicación o local destinado a este servicio.

telegrama *m.* 1 Mensaje escrito que se comunica por telégrafo. 2 Impreso normalizado en que se recibe escrito el mensaje telegráfico.

telele *m.* 1 *coloquial* Pérdida del sentido y del conocimiento. 2 *coloquial* Ataque de nervios, disgusto o impresión muy fuerte.

telenovela *f.* Historia novelada que se emite por televisión dividida en capítulos.

teleobjetivo *m.* Lente o conjunto de lentes que sirve para filmar o tomar fotografías a gran distancia.

teleósteo *adj./m.* 1 [pez] Que tiene el esqueleto completamente osificado. ▌ *m. pl.* 2 Orden de estos peces.

telepatía *f.* Fenómeno que consiste en la transmisión o la coincidencia de pensamientos entre personas producido sin intervención de los sentidos o de agentes físicos conocidos.

telepático, -ca *adj.* De la telepatía.

telerruta *f.* Servicio telefónico que informa del estado de las carreteras.

telescópico, -ca *adj.* 1 Del telescopio. 2 Que está tan lejano que solo se puede ver con un telescopio.

telescopio *m.* Instrumento óptico que sirve para observar y ver agrandados objetos lejanos, especialmente cuerpos celestes.

telesilla *m.* Sistema de transporte formado por una serie de asientos suspendidos de un cable y que se utiliza principalmente para subir a la cumbre de una montaña.

telespectador, -ra *m. y f.* Persona que mira la televisión.

telesquí *m.* Instalación situada en las pistas de esquí que sirve para transportar a los esquiadores con los esquís puestos a la parte más alta de las pistas.

OBS El plural es *telesquís*.

teletexto *m.* Información escrita que se emite y se recibe a través de la televisión.

teletipo *m.* 1 Sistema de recepción y envío de mensajes escritos por medio de un teclado que permite también la impresión. 2 Aparato provisto de un teclado que permite la recepción y el envío de mensajes escritos mediante este sistema. 3 Mensaje escrito que se recibe y se envía usando este aparato.

teletrabajo *m.* Trabajo que una persona realiza para una empresa desde un lugar alejado de su sede, generalmente su hogar, mediante un sistema de telecomunicación.

televidente *com.* Persona que mira la televisión.

televisar *tr.* Emitir imágenes por televisión.

televisión *f.* 1 Sistema de transmisión de imágenes y sonidos a distancia por medio de ondas hertzianas. 2 Televisor.

televisivo, -va *adj.* 1 De la televisión. 2 Que tiene buenas condiciones para ser emitido por televisión y para gustar al público.

televisor *m.* Aparato eléctrico que recibe y reproduce imágenes y sonidos transmitidos por televisión.

télex *m.* 1 Sistema telegráfico que se efectúa a distancia por medio de teletipos. 2 Mensaje que se recibe y se envía mediante este sistema.
OBS El plural también es *télex*.

telón *m.* Cortina grande que puede subirse y bajarse, y que cubre el escenario de un teatro o la pantalla de un cine.

telonero, -ra *adj./m. y f.* 1 [artista, cantante] Que en un espectáculo musical actúa antes que el cantante o el grupo principal. 2 Persona que se encarga de subir y bajar el telón en un escenario.

telúrico, -ca *adj.* De la Tierra.

telurio *m.* QUÍM. Elemento químico que se obtiene del cobre y se utiliza en aleaciones, en vidrio y en cerámica.

tema *m.* 1 Asunto principal o materia sobre la que se trata en una conversación, un discurso o un escrito. 2 Parte de un manual o de un libro de texto que forma una unidad independiente. 3 *coloquial* Canción o composición musical.

temario *m.* Lista de temas o asuntos que se tratan en un libro, un curso, una asignatura o una conferencia.

temático, -ca *adj.* 1 Del tema. ‖ *f.* 2 Tema general o conjunto de temas parciales de una obra, de un autor o de un asunto general.

tembladera *f. coloquial* Temblor corporal muy intenso.

temblar [27] *intr.* 1 Agitarse una persona o un animal con movimientos rápidos, continuos e involuntarios. 2 Moverse o agitarse una cosa de esa manera. 3 Tener miedo o estar nervioso.

tembleque *m. coloquial* Temblor.

temblor *m.* Agitación o movimiento rápido, involuntario y continuo del cuerpo o de una parte de él, provocado principalmente por miedo, frío o nerviosismo.

tembloroso, -sa *adj.* Que tiembla.

temer *tr.* 1 Tener miedo de algo o alguien. ‖ *tr./prnl.* 2 Creer o sospechar que va a pasar algo, especialmente algo malo. ‖ *intr.* 3 Sentir temor.

temerario, -ria *adj./m. y f.* 1 [persona, acción] Que se expone a sí mismo o a los demás a un peligro de manera innecesaria debido a un comportamiento imprudente y arriesgado. ‖ *adj.* 2 Que no tiene fundamento ni razón y se hace o se dice sin pensar en las consecuencias.

temeridad *f.* 1 Cualidad que tienen las personas temerarias. 2 Acción temeraria.

temeroso, -sa *adj.* 1 Que tiene o muestra temor. 2 Que causa temor.

temible *adj.* Que causa temor o merece ser temido.

temor *m.* 1 Sentimiento de inquietud y angustia que mueve a rechazar o a tratar de evitar las cosas que se consideran peligrosas. 2 Creencia o sospecha de que va a pasar o que ha pasado algo malo o desagradable.

témpano *m.* 1 Trozo de hielo plano y delgado que flota sobre el agua. 2 Piel extendida de la parte superior del tambor y de otros instrumentos parecidos. 3 Trozo plano y delgado de cualquier material rígido.

témpera *f.* 1 Tipo de pintura al temple más densa que la acuarela. 2 Obra realizada con este tipo de pintura.

temperamental *adj.* 1 Que es propio del temperamento de una persona. 2 [persona] Que tiene un carácter muy fuerte y que cambia de humor con facilidad.

temperamento *m.* 1 Carácter o manera de ser de una persona. 2 Carácter fuerte, enérgico, firme y vivo de una persona.

temperatura *f.* 1 Grado de calor del ambiente o de un cuerpo. 2 *coloquial* Grado de calor excesivamente alto de un cuerpo.

tempestad *f.* 1 Fenómeno de la atmósfera que se caracteriza por fuertes vientos generalmente acompañados de lluvia o nieve, relámpagos y truenos. 2 Agitación violenta de las aguas del mar causada por vientos fuertes.

tempestuoso, -sa *adj.* 1 Que tiene relación con una tempestad. 2 Que implica problemas y discusiones.

templado, -da *adj.* 1 Que tiene una temperatura media y no está ni frío ni caliente. 2 Que está tranquilo y sereno. 3 Que no es exagerado.

templanza *f.* Moderación en el ánimo, en las pasiones y en los placeres.

templar *tr./prnl.* 1 Quitar el frío de una cosa calentándola ligeramente. 2 Hacer más suave o menos intensa la fuerza de una cosa. ‖ *tr.* 3 Bajar rápidamente la temperatura de un material que está muy caliente. 4 MÚS. Preparar un instrumento para que suene en el tono adecuado y produzca los sonidos que le son propios.

templario, -ria *adj.* 1 De la orden religiosa y militar del Temple. ‖ *m.* 2 Persona que pertenecía a esta orden.

temple *m.* 1 Carácter valiente, fuerte y

tranquilo en las situaciones difíciles. **2** Estado de ánimo de una persona. **3** Pintura que se prepara mezclando los colores con líquidos calientes y glutinosos.

templete *m.* Construcción pequeña que imita la de un templo y que se usa para cobijar una imagen.

templo *m.* **1** Edificio o lugar público destinado al culto religioso. **2** Lugar real o imaginario donde se rinde culto a una ciencia, un arte o una virtud.

temporada *f.* Período de tiempo que se distingue del resto del año por algún motivo que está destinado a una actividad.

temporal *adj.* **1** Que no es para siempre sino que dura un tiempo determinado. **2** Del tiempo. | *m.* **3** Fenómeno de la atmósfera en el que cambia la presión y se producen fuertes vientos, generalmente acompañados de lluvia o nieve, truenos y relámpagos. **4** Agitación violenta de las aguas del mar. | *adj./m.* **5** ANAT. [hueso] Que está situado en la zona de la cabeza correspondiente a las sienes.

temporalidad *f.* **1** Calidad de lo que es transitorio o dura solo un tiempo. **2** Calidad de lo que pertenece al mundo seglar.

temporero, -ra *adj./m. y f.* **1** [persona] Que desempeña un oficio durante un período corto de tiempo. **2** [persona] Que trabaja en el campo solamente durante el período de recogida de frutos o plantas.

tempranero, -ra *adj.* **1** Que ocurre o se realiza pronto o con anticipación a lo normal. **2** [persona] Que suele madrugar por las mañanas.

temprano, -na *adj.* **1** Que ocurre o se realiza pronto o antes de lo normal. | *m.* **2** Terreno sembrado con un fruto que se recoge pronto. | *adv.* **3** En las primeras horas del día o de la noche. **4** En un tiempo anterior al convenido o acostumbrado.

ten *coloquial* Palabra que se usa en la expresión *ten con ten* que indica moderación o tacto al tratar a una persona o un determinado asunto.

tenacidad *f.* Cualidad de la persona tenaz.

tenacillas *f. pl.* Instrumento con forma de tenaza de pequeño tamaño que puede tener diferentes funciones.

tenaz *adj.* **1** [persona] Que se mantiene firme en sus ideas o intenciones. **2** Que es muy difícil de quitar, de romper o de separar.

tenaza *f.* **1** Herramienta de metal compuesta por dos brazos movibles unidos por un eje y que sirve para cortar, arrancar o

sujetar una cosa con fuerza. Se usa también en plural para hacer referencia a una sola herramienta. **2** Parte final de las patas de algunos animales que tiene forma de pinza y que sirve para sujetar o apretar.

tendedero *m.* Lugar donde se tiende una cosa, especialmente la ropa mojada.

tendencia *f.* **1** Inclinación o disposición natural que una persona tiene hacia una cosa. **2** Idea u opinión que se orienta hacia una dirección determinada.

tendencioso, -sa *adj.* Que muestra parcialidad y se orienta hacia una tendencia o inclinación determinada.

tender [28] *tr.* **1** Desdoblar o extender una cosa con un fin determinado. **2** Alargar una cosa y aproximarla a otra. **3** Suspender, colocar o construir una cosa apoyándola sobre dos o más puntos. | *tr./prnl.* **4** Colocar una cosa en posición horizontal. | *intr.* **5** Tener una inclinación o una disposición natural hacia un estado o una cualidad. **6** MAT. Aproximarse progresivamente una variable o una función a un valor determinado.

tenderete *m.* Puesto de venta instalado al aire libre en el que se tiene las mercancías extendidas y se venden al por menor.

tendero, -ra *m. y f.* Persona que se dedica a vender en una tienda.

tendido, -da *adj.* **1** [galope] Que es muy rápido y violento. | *m.* **2** Conjunto de asientos que están próximos a la barrera en una plaza de toros. **3** Conjunto de cables que conducen la electricidad.

tendinitis *f.* MED. Inflamación del tendón. OBS El plural también es *tendinitis*.

tendón *m.* ANAT. Tejido fibroso y resistente en forma de cordón que generalmente une los huesos con los músculos.

tenebrismo *m.* Tendencia pictórica que se caracteriza por un gran contraste entre la luz y las sombras.

tenebrista *adj.* **1** Del tenebrismo. | *com.* **2** Pintor que practica el tenebrismo.

tenebrosidad *f.* Cualidad de tenebroso.

tenebroso, -sa *adj.* **1** Que es oscuro y da miedo. **2** Que tiene muy mala intención.

tenedor, -ra *m. y f.* **1** Persona que tiene una cosa, especialmente una letra de cambio u otro documento de pago. | *m.* **2** Instrumento con un mango y tres o cuatro púas iguales en uno de sus extremos que se usa para pinchar los alimentos sólidos. **3** Signo que reproduce la figura de ese instrumento y cuyo número sirve para indicar la categoría de un restaurante.

teoría

tenencia *f.* Ocupación y posesión de una cosa.

tener [87] *tr.* **1** Poseer o ser dueño de una cosa. **2** Coger o sujetar con las manos. **3** Contener o comprender en sí una cosa. **4** Deber hacer una cosa u ocuparse de ella. **5** Haber cumplido o alcanzado una edad o un período de tiempo determinado. **6** Experimentar o padecer un sentimiento, una enfermedad o una sensación. **7** Poseer una característica física o moral. ‖ *prnl.* **8** Estar en posición vertical. ▶ **tener en cuenta** o **tener presente** Considerar o recordar una cosa. ▶ **tener que** Necesitar o estar obligado a hacer una cosa.

tenia *f.* Gusano parásito de color blanco con forma larga y plana, formado por muchos anillos y que puede llegar a medir varios metros.

teniente *com.* **1** Miembro del ejército de categoría inmediatamente superior a la de alférez e inferior a la de capitán. **2** Persona que ejerce el cargo o la función de otra de categoría superior y a la que sustituye.

tenis *m.* Deporte en el que participan dos o cuatro jugadores y que consiste en impulsar una pelota con una raqueta por encima de una red e intentar que el contrario no la pueda devolver. **tenis de mesa** Deporte que se practica sobre una mesa rectangular dividida en dos mitades por una red, con una pelota pequeña de plástico y una pala.

OBS El plural también es *tenis*.

tenista *com.* Persona que juega al tenis, generalmente como profesional.

tenístico, -ca *adj.* Del tenis.

tenor *m.* **1** MÚS. Voz de una persona situada entre el contralto y el barítono. **2** Persona que tiene esta voz.

tenorio *m.* Hombre al que le gusta seducir a las mujeres.

tensar *tr.* Estirar una cosa para dejarla tirante o tensa.

tensión *f.* **1** Estado en el que se encuentra un cuerpo sometido a la acción de fuerzas opuestas. **2** Situación de enfrentamiento entre personas que no se manifiesta abiertamente. **3** Estado emocional de una persona que está exaltada o nerviosa por estar sometida a preocupaciones o a un exceso de trabajo. **4** Voltaje con el que pasa la energía eléctrica de un cuerpo a otro. **5** MED. Presión que ejerce la sangre sobre la pared de las arterias.

tenso, -sa *adj.* **1** [objeto] Que está estirado por la acción de fuerzas opuestas. **2** [persona] Que está nervioso o no se muestra relajado.

tensor, -ra *adj.* **1** Que pone tensa una cosa o produce tensión. ‖ *m.* **2** Mecanismo que sirve para poner tensa una cosa.

tentación *f.* **1** Impulso o estímulo espontáneo que nos empuja a hacer algo, especialmente una cosa mala o que no es conveniente. **2** Cosa o persona que provoca ese impulso o ese estímulo.

tentáculo *m.* Miembro largo, blando y flexible que tienen ciertos animales invertebrados y que les sirve para tocar y desplazarse o para atrapar a sus presas.

tentadero *m.* Corral o lugar cerrado que sirve para probar a los becerros y comprobar si son bravos y adecuados para la lidia.

tentador, -ra *adj.* Que tiene muy buen aspecto y hace caer en la tentación.

tentar [27] *tr./prnl.* **1** Tocar una cosa con las manos para examinarla. ‖ *tr.* **2** Influir a una persona para que haga una cosa, especialmente si es algo malo o poco conveniente. **3** Probar a un becerro para comprobar si es bravo y apto para la lidia.

tentativa *f.* Intento.

tentempié *m.* *coloquial* Alimento ligero que se suele tomar entre horas.

tentetieso *m.* Muñeco con la base semiesférica y un peso que le permite tambalearse de un lado a otro y volver siempre a la posición vertical.

tenue *adj.* **1** Que es fino, delgado o poco grueso. **2** Que es débil, suave o que tiene poca fuerza.

teñir [36] *tr./prnl.* Darle a una cosa un color distinto del que tenía.

teogonía *f.* Relato que explica el nacimiento y las relaciones de parentesco entre los dioses en las religiones politeístas.

teologal *adj.* De la teología.

teología *f.* Ciencia que trata de Dios.

teológico, -ca *adj.* De la teología.

teólogo, -ga *m. y f.* Persona que se dedica a estudiar o a profesar la teología.

teorema *m.* Afirmación que expresa una verdad que puede ser demostrada científicamente o por medio de la lógica.

teoría *f.* **1** Conocimiento que se tiene de una cosa y que está basado en lo que se supone o se piensa y no en la experiencia o en la práctica. **2** Conjunto de reglas, principios y conocimientos que forman la base de una ciencia, una técnica o un arte. **3** Conjunto de leyes o de razonamientos que explican un fenómeno determinado.

teórico, -ca *adj.* 1 De la teoría. ‖ *adj./m. y f.* 2 [persona] Que conoce bien la teoría de una ciencia gracias a la reflexión y al pensamiento y no tanto por la práctica.

teorizar [4] *intr.* 1 Tratar un asunto solo en teoría y sin tener en cuenta la realidad. 2 Crear y expresar una o varias teorías.

tequila *m.* Bebida transparente con un grado de alcohol muy elevado, de sabor muy fuerte y que procede de Méjico.

terapeuta *com.* Persona que está especializada en medicina terapéutica.

terapéutica *f.* Parte de la medicina que tiene por objeto el tratamiento de las enfermedades.

terapéutico, -ca *adj.* De la terapéutica.

terapia *f.* 1 Terapéutica. 2 Tratamiento que se pone en práctica para curar una enfermedad.

-terapia Elemento sufijal que significa 'tratamiento', 'cuidado', 'curación'.

terbio *m.* QUÍM. Elemento químico metálico que pertenece al grupo de los lantánidos.

tercer *adj.* Apócope de *tercero.*

OBS Se usa delante de sustantivos masculinos.

tercera *f.* Marcha del motor de un vehículo que tiene menos potencia y más velocidad que la segunda.

tercermundismo *m.* Conjunto de características que son propias de los países del Tercer Mundo.

tercermundista *adj.* 1 Del Tercer Mundo. 2 Que es propio o tiene características parecidas a las de los países menos desarrollados.

tercero, -ra *num. ord.* 1 Indica que el nombre al que acompaña o al que sustituye ocupa el lugar número 3 en una serie. ‖ *num.* 2 Parte que resulta de dividir un todo en 3 partes iguales. ‖ *m. y f.* 3 Persona que media entre dos personas para ayudarlas, reconciliarlas o ponerlas de acuerdo en un asunto.

terceto *m.* 1 Estrofa de tres versos de arte mayor que riman el primero con el tercero y el segundo queda libre. 2 MÚS. Conjunto musical formado por tres voces o instrumentos. 3 Composición musical escrita para ser interpretada por ese conjunto musical.

terciado, -da *adj.* 1 Que tiene un tamaño mediano. 2 Que ha quedado reducido a una tercera parte de su tamaño.

terciana *f.* Fiebre que se repite cada tres días.

OBS Se usa más en plural.

terciar [12] *intr.* 1 Intervenir en un asunto o enfrentamiento entre dos personas para intentar solucionarlo. 2 Participar en una acción que estaba realizando otra persona, especialmente intervenir en una conversación. ‖ *tr.* 3 Colocar una cosa atravesada, torcida o en diagonal. 4 Dividir un todo en tres partes iguales. ‖ *prnl.* 5 Darse el momento adecuado para hacer algo. En esta acepción solo se usa en infinitivo y en la tercera persona del singular y del plural.

terciario, -ria *adj.* 1 Que es tercero en orden o importancia. ‖ *adj./m.* 2 [período geológico] Que se extiende desde hace 65 millones de años hasta hace 2 millones de años.

tercio *num.* 1 Parte que resulta de dividir un todo en 3 partes iguales. ‖ *m.* 2 Botella de cerveza de 33 centilitros. 3 Cada una de las tres partes concéntricas en que se divide el ruedo de una plaza de toros. 4 Parte de una corrida de toros.

terciopelo *m.* Tejido espeso y delicado que tiene pelo muy corto y suave en la superficie.

terco, -ca *adj.* [persona] Que se mantiene excesivamente firme en sus ideas o intenciones, incluso cuando son erróneas.

teresiano, -na *adj.* 1 De santa Teresa de Jesús. 2 [institución religiosa] Que pertenece a la orden carmelita y tiene por patrona a santa Teresa de Jesús. ‖ *adj./f.* 3 [religiosa] Que pertenece a la institución fundada por santa Teresa de Jesús.

tergal *m.* Tejido hecho de fibra sintética de poliéster.

OBS Es una marca registrada.

tergiversación *f.* Interpretación errónea o deformada de un mensaje.

tergiversar *tr.* Deformar el significado de una cosa y hacer que se entienda de una forma equivocada.

termal *adj.* 1 [agua] Que brota de la tierra a temperatura superior a la del ambiente. 2 De las termas.

termas *f. pl.* 1 Baños de aguas minerales que brotan de la tierra a temperatura superior a la del ambiente. 2 Baños públicos de los antiguos romanos.

termes *m.* Insecto muy pequeño que se alimenta de la madera.

OBS El plural también es *termes.*

térmico, -ca *adj.* 1 Del calor o de la temperatura. 2 Que conserva una temperatura determinada.

terminación *f.* 1 Acción de terminar. 2

Extremo o parte final de una cosa. 3 GRAM. Parte última de una palabra que expresa una variación gramatical.

terminal *adj.* 1 Que está al final o que pone fin a una cosa. 2 [enfermedad, persona] Que no se puede curar ni puede mejorar. ‖ *f.* 3 Lugar donde empieza o termina una línea de transporte público. 4 Conjunto de edificios destinados a acoger personas o mercancías en los puertos y aeropuertos. ‖ *m.* 5 INFORM. Unidad de entrada o de salida de información que se comunica con un ordenador central.

terminante *adj.* Que no admite duda o discusión.

terminar *tr./prnl.* 1 Dar fin a una cosa o a una actividad. 2 Consumir completamente. ‖ *intr.* 3 Llegar una cosa a su fin. 4 Tener una cosa determinada en el extremo.

término *m.* 1 Fin o conclusión de una cosa. 2 Último punto hasta donde llega o se extiende una cosa en el tiempo o en el espacio. 3 Línea que divide los territorios según su organización política. **término municipal** Territorio que comprende un municipio. 4 Palabra de una lengua. 5 Objetivo o finalidad que se busca al hacer una cosa. 6 MAT. Número o expresión matemática que forma parte de una operación. ‖ *m. pl.* 7 Condiciones con las que se soluciona un asunto o se establece una relación.

terminología *f.* Conjunto de palabras o expresiones propias de una determinada profesión, ciencia o materia.

terminológico, -ca *adj.* De la terminología.

termita *f.* Insecto muy pequeño que se alimenta de la madera.

termitero *m.* Nido de las termitas.

termo *m.* Recipiente que se cierra herméticamente y que sirve para mantener la temperatura de los líquidos que se guardan en su interior.

termo-, -termo Elemento prefijal o sufijal que significa 'temperatura', 'calor'.

termodinámico, -ca *adj.* De la parte de la física que trata la relación mecánica del calor con los otros tipos de energía.

termómetro *m.* Instrumento que sirve para medir la temperatura.

termonuclear *adj.* FÍS. Que está producido por la fusión de elementos ligeros sometidos a muy altas temperaturas dando lugar a otro elemento más pesado y desprendiendo gran cantidad de energía atómica.

termosfera *f.* Capa de la atmósfera que está por encima de los 80 kilómetros de altura.

termostato *m.* Aparato que regula la temperatura de un lugar o de un recipiente de manera automática impidiendo que suba o baje del grado adecuado.

terna *f.* 1 Conjunto de tres cosas o personas. 2 Conjunto de tres diestros que participan en una corrida de toros.

ternario, -ria *adj.* Que está compuesto por tres elementos o unidades.

ternero, -ra *m. y f.* Cría de la vaca.

terneza *f.* Expresión que muestra ternura.

ternilla *f.* Tejido elástico y resistente que forma parte del esqueleto.

ternura *f.* 1 Cualidad de la persona que muestra fácilmente sus sentimientos, especialmente de afecto, dulzura y simpatía. 2 Muestra de afecto, cariño y dulzura.

terquedad *f.* Firmeza excesiva en las ideas o intenciones, incluso cuando son erróneas o falsas.

terracota *f.* 1 Arcilla modelada y endurecida al horno. 2 Escultura de pequeño tamaño que se hace con esta arcilla.

terrado *m.* Cubierta plana y generalmente elevada de una casa o edificio sobre la cual se puede andar.

terranova *adj./m.* [perro] Que es de gran tamaño y tiene el hocico corto y el pelaje denso y generalmente negro.

terraplén *m.* 1 Desnivel del terreno que tiene una cierta inclinación. 2 Montón de tierra que sirve para rellenar un hueco o que se levanta con un fin determinado.

terráqueo, -quea *adj.* De la Tierra. Sólo se utiliza en las expresiones *globo terráqueo* y *esfera terráquea*.

terrario *m.* Instalación con las condiciones de hábitat adecuadas para ciertos animales de tierra.

terrateniente *com.* Persona que es dueña de gran cantidad de tierra.

terraza *f.* 1 Espacio exterior y elevado que sobresale en la fachada de un edificio, al que se llega desde el interior de una vivienda. 2 Cubierta plana de un edificio. 3 Lugar al aire libre situado junto a un café, un bar o un restaurante, donde los clientes se pueden sentar a tomar algo. 4 GEOL. Espacio de terreno llano en la ladera de una montaña que suele utilizarse para el cultivo.

terremoto *m.* Movimiento violento de la superficie de la Tierra producido por fuerzas que actúan en su interior.

terrenal *adj.* De la tierra o que tiene relación con ella, en contraposición al cielo.

terreno, -na *adj.* **1** Terrenal. **2** Campo en el que mejor se muestra una característica o una cualidad de alguien. **3** Conjunto de materias o ideas de las que se trata. **4** GEOL. Conjunto de sustancias minerales que tienen un origen común o cuya formación corresponde a una misma época. ▶ **ganar terreno** Progresar o avanzar. ▶ **sobre el terreno** En el sitio donde ocurre o va a ocurrir la cosa de que se trata o durante la realización de una cosa determinada.

terrestre *adj.* **1** De la Tierra. **2** De la tierra, en oposición al aire y al mar.

terrible *adj.* **1** Que causa mucho miedo. **2** Que produce mucho daño. **3** Que es muy grande. **4** Que es muy malo.

terrícola *com.* Habitante de la Tierra.

terrier *adj./m.* [perro] Que tiene un tamaño mediano y es de origen inglés.

territorial *adj.* De un territorio.

territorio *m.* Extensión de tierra que pertenece a una nación, a una región o a cualquier otra división política.

terrón *m.* Masa pequeña y apretada de tierra o de otras sustancias.

terror *m.* **1** Miedo fuerte e intenso. **2** Persona o cosa que provoca mucho miedo.

terrorífico, -ca *adj.* **1** Que causa terror. **2** Que es muy grande.

terrorismo *m.* Forma de lucha política que, con un determinado fin y por medio de la violencia, persigue destruir el orden establecido.

terrorista *adj.* **1** Del terrorismo. ‖ *adj./com.* **2** [persona] Que es partidario del terrorismo o que lo practica.

terroso, -sa *adj.* **1** Que es de tierra o está mezclado con tierra. **2** Que tiene el aspecto parecido al de la tierra.

terruño *m.* **1** Masa pequeña de tierra. **2** Comarca o tierra, especialmente la del país natal. **3** Tierra en la que se trabaja y de la que se vive.

terso, -sa *adj.* **1** Que es liso y no tiene arrugas. **2** Que está limpio y brillante.

tersura *f.* Cualidad de terso.

tertulia *f.* Reunión de personas que se juntan habitualmente para conversar o discurrir sobre una determinada materia.

tesauro *m.* Lista ordenada de palabras que se agrupan por su relación de significado.

tesina *f.* Trabajo de investigación escrito que se exige para conseguir un grado académico superior al de licenciado e inferior al de doctor.

tesis *f.* **1** Opinión o idea que se explica y se defiende con razonamientos. **2** Trabajo de investigación escrito que se debe presentar en la universidad para conseguir el grado académico de doctor.
OBS El plural también es *tesis*.

tesitura *f.* **1** MÚS. Conjunto de los sonidos que están entre la nota más grave y la más aguda que puede emitir o abarcar una voz o un instrumento. **2** Circunstancia en la que se encuentra una persona.

tesla *m.* Unidad de inducción magnética en el sistema internacional.

teso *m.* Colina de poca altura que tiene una extensión llana en la cima.

tesón *m.* Firmeza, decisión y ganas que se ponen al hacer un trabajo o una actividad.

tesorería *f.* **1** Cargo u oficio de tesorero. **2** Oficina o despacho del tesorero.

tesorero, -ra *m. y f.* Persona encargada de cobrar, guardar y administrar el dinero de un grupo de gente o de una sociedad.

tesoro *m.* **1** Conjunto de dinero, joyas y otros objetos de valor. **2** Conjunto de bienes y rentas del Estado de un país. **3** Persona o cosa muy buena o de mucho valor. Se usa mucho como apelativo afectivo. **4** Diccionario o catálogo de todas las palabras de una lengua ordenadas alfabéticamente.

test *m.* Prueba escrita en la que hay que contestar de forma breve a una serie de preguntas.
OBS El plural es *tests*.

testa *f.* **1** Cabeza o frente de las personas y de los animales. **2** *coloquial* Entendimiento o capacidad de la mente.

testaferro *com.* DER. Persona que presta su nombre en un asunto o negocio que no es suyo.

testamentario, -ria *adj.* Del testamento.

testamento *m.* Documento o declaración voluntaria en la que una persona expresa a dónde deben ir a parar sus bienes una vez que haya muerto.

testar *intr.* Hacer testamento.

testarazo *m.* *coloquial* Golpe dado con la cabeza.

testarudez *f.* Cualidad de testarudo.

testarudo, -da *adj./m. y f.* [persona] Que se mantiene firme en sus ideas o intenciones, incluso si son erróneas o falsas.

testicular *adj.* De los testículos.

testículo *m.* Glándula sexual masculina de

forma redondeada que produce los esper-matozoides.

testificación *f.* Acción y efecto de testificar.

testificar [1] *tr./intr.* **1** Dar a conocer o explicar unos hechos en un juicio. **2** Afirmar con seguridad una cosa, especialmente si se ha visto o se tienen testigos de ella. ‖ *tr.* **3** Demostrar una cosa.

testigo *com.* **1** Persona que está presente en un acto o en una acción, especialmente la que habla en un juicio para explicar los hechos que ha presenciado. **2** Cosa que demuestra o atestigua la verdad o la existencia de algo. **3** Especie de palo que se pasan los corredores de relevos.

testimonial *adj.* Que da testimonio de algo.

testimoniar [12] *tr./intr.* Declarar en un juicio para dar fe de un hecho.

testimonio *m.* **1** Declaración que hace una persona para demostrar o asegurar un hecho. **2** Prueba que sirve para confirmar la verdad o la existencia de una cosa.

testuz *amb.* Frente de algunos animales, especialmente de los caballos.

teta *f.* Órgano de las hembras de los mamíferos que produce leche.

tétanos *m.* Enfermedad grave que se produce por la infección de algunas heridas y que ataca al sistema nervioso.
OBS El plural también es *tétanos*.

tetera *f.* **1** Recipiente con una tapadera y un pitorro que se usa para servir el té. **2** ACENT, CAR Biberón, mamadera. **3** RDOM Tetina

tetilla *f.* **1** Teta no desarrollada de los mamíferos machos. **2** Tetina de un biberón.

tetina *f.* Pieza de goma en forma de pezón, con un agujero en su extremo, que se adapta a la mamadera para que los niños pequeños beban por ella.

tetra- Elemento prefijal que significa 'cuatro'.

tetrabrik *m.* Tipo de recipiente opaco hecho de cartón plastificado y en forma rectangular que se usa para envasar líquidos.
OBS Es marca registrada.

tetraédrico, -ca *adj.* Que tiene la forma de un tetraedro.

tetraedro *m.* Figura geométrica que tiene cuatro caras triangulares.

tetrágono *adj./m.* [polígono] Que tiene cuatro lados y cuatro ángulos.

tetrápodo, -da *adj./m.* **1** [animal vertebrado] Que tiene cuatro extremidades con cinco dedos en cada una. ‖ *m. pl.* **2** Clase a la que pertenecen estos animales.

tetrasílabo, -ba *adj./m. y f.* [palabra, verso] Que tiene cuatro sílabas.

tetravalente *adj.* QUÍM. Que funciona con cuatro valencias.

tétrico, -ca *adj.* Que es muy oscuro, triste y grave, y hace pensar en la muerte.

teutón, -tona *adj.* **1** De un antiguo pueblo germano de la costa báltica. ‖ *adj./m. y f.* **2** [persona] Que pertenecía a este antiguo pueblo germano. **3** *coloquial* Alemán.

textil *adj.* **1** De los tejidos. **2** [materia] Que puede tejerse.

texto *m.* **1** Conjunto de palabras que componen un documento escrito. **2** Trozo de un escrito o de una obra.

textual *adj.* **1** Del texto. **2** Que reproduce exactamente las palabras de un texto o de un discurso.

textura *f.* Forma en que están colocadas y combinadas entre sí las partículas o elementos de una cosa, especialmente los hilos de una tela.

tez *f.* Piel de la cara de las personas.
OBS El plural es *teces*.

theta *f.* Letra octava del alfabeto griego.

thriller *m.* Película o novela de suspense, terror e intriga.
OBS Es de origen inglés y se pronuncia aproximadamente 'zríler'.

ti *pron. pers.* Forma del pronombre de segunda persona, en género masculino y femenino y en número singular que hace función de término del sintagma preposicional.

tiarrón, -rrona *coloquial n. m. y f.* Persona alta y muy corpulenta.

tibetano, -na *adj.* **1** Del Tíbet. ‖ *adj./m. y f.* **2** [persona] Que es del Tíbet. ‖ *m.* **3** Lengua hablada en el Tíbet.

tibia *f.* Hueso situado en la parte anterior de la pierna.

tibieza *f.* Estado que está entre el frío y el calor.

tibio, -bia *adj.* **1** Que tiene una temperatura media entre el frío y el calor. **2** Que no muestra sentimientos o afecto.

tiburón *m.* **1** Pez marino con una gran aleta triangular en la parte superior, con una boca muy grande en la parte inferior de la cabeza y dientes muy afilados. **2** Persona muy ambiciosa que busca obtener éxito y ganar dinero por encima de todo.

tic *m.* Movimiento repetido e involuntario

de una parte del cuerpo producido por la contracción de uno o varios músculos.

ticket *m.* Tique.
OBS El plural es *tickets*.

tiempo *m.* **1** Duración, parte de la existencia que puede expresarse en una unidad de medida. **2** Período determinado durante el cual sucede algo. **tiempo muerto** En algunos deportes, período muy breve durante el que se interrumpe el juego. **3** [bebé] Edad. **4** Período determinado en la historia de una civilización o de una sociedad. **5** Período adecuado o reservado para una acción o para su término. **6** Parte en que se divide una actividad o un proceso. **7** Estado de la atmósfera en un período determinado sobre un lugar concreto. **8** GRAM. Variación formal del verbo que expresa el momento relativo en el que ocurre la acción, el proceso o el estado. **9** GRAM. Conjunto de formas del verbo en el que se reúnen las que indican una misma expresión temporal. **tiempo compuesto** Tiempo que se forma con el participio del verbo que se conjuga y un tiempo del auxiliar *haber*. **tiempo simple** Tiempo que se conjuga sin el auxilio de otro verbo. **10** MÚS. Parte de igual duración que otras en que se divide el compás. ▸ **a tiempo** Expresión que indica que algo se hace en el momento oportuno o cuando todavía no es tarde. ▸ **dar tiempo** *a*) No meter prisa; esperar. *b*) Disponer de un período para hacer una cosa. ▸ **ganar tiempo** Hacer una cosa que sirve para terminar antes o avanzar más rápido. ▸ **hacer tiempo** Esperar una cosa haciendo otra para que la espera no resulte molesta. ▸ **matar el tiempo** Evitar el aburrimiento con alguna actividad o distracción.

tienda *f.* **1** Establecimiento comercial en el que se vende al por menor cualquier tipo de producto de consumo. **2** Armazón de madera o de barras metálicas cubierto con una gran pieza de tela o con pieles que se utiliza como alojamiento al aire libre.

tienta *f.* Acción que consiste en probar la bravura de un toro. ▸ **a tientas** *a*) Palpando o tocando con las manos para conducirse al andar en la oscuridad. *b*) Con gran desorientación o inseguridad.

tiento *m.* **1** Cuidado y prudencia con que se comporta una persona ante una situación delicada o especial. **2** Ejercicio del sentido del tacto. **3** Palo o bastón que utilizan las personas ciegas para guiarse al andar. **4** Vara pequeña que utiliza el pintor apoyándola sobre el lienzo con la mano

izquierda y sirve de soporte a la derecha para no manchar el cuadro. **5** Vara larga que utilizan los equilibristas para no perder el equilibrio. ▌ *m. pl.* **6** Modalidad del cante flamenco que tiene el mismo compás que el tango pero es más lenta. ▸ **dar un tiento** *coloquial* Comer, beber o probar un alimento.

tierno, -na *adj.* **1** Que es blando y flexible y es fácil de romper o partir. **2** Que demuestra fácilmente afecto y dulzura o que despierta estos sentimientos en las personas. **3** Que tiene poco tiempo de vida y no se ha desarrollado todavía por completo.

tierra *f.* **1** Tercer planeta del sistema solar, el que habitamos. Se escribe con letra mayúscula y precedido del artículo *la*. **2** Parte de la superficie de este planeta que no está ocupada por el agua. **tierra adentro** Lugar que está lejos de la costa. **3** Materia mineral que compone el suelo natural, está formada por granos de arena y otras muchas sustancias. **tierra rara** o **tierras raras** QUÍM. Óxidos de ciertos metales que existen en muy pequeñas cantidades en la naturaleza. **4** Terreno dedicado al cultivo o que es apropiado para la agricultura. **5** Nación, país, región o, en general, cualquier parte o división del territorio. **6** Nación, región o lugar en que ha nacido una persona. **7** Suelo o piso. **8** Suelo, considerado como polo y conductor eléctrico. ▸ **echar por tierra** Destruir o malograr una cosa. ▸ **echar tierra** Tratar de ocultar o de disimular un asunto del que no interesa que se hable. ▸ **tomar tierra** *a*) Aterrizar un avión. *b*) Llegar un barco a puerto.

tieso, -sa *adj.* **1** Que es duro y firme y difícil de doblar o romper. **2** Que está levantado o que se mantiene erguido. **3** Que está tenso o tirante. **4** [persona] Que se mantiene firme en sus ideas o intenciones. **5** [persona] Que se muestra serio, orgulloso y antipático.

tiesto *m.* **1** Recipiente de barro que se usa para cultivar plantas. **2** Conjunto formado por este recipiente y la tierra y la planta que contiene.

tifoideo, -dea *adj.* Del tifus.

tifón *m.* **1** Viento extremadamente fuerte que avanza de forma rápida girando sobre sí mismo y acompañado de fuertes lluvias. **2** Nube de forma cónica que se eleva desde la superficie de la tierra o del mar por efecto de un torbellino y gira rápidamente sobre sí misma.

tifus *m.* Nombre que se da a varias enfermedades contagiosas que producen una fiebre muy alta y estados de delirios cerebrales.

tigre, -gresa *m. y f.* 1 Mamífero muy fiero, de pelo amarillo con rayas negras y fuertes uñas que usa para cazar otros animales. 2 Persona muy fuerte y valiente. 3 Persona cruel y sin compasión. ‖ *f.* 4 *coloquial* Mujer provocativa. ▶ **oler a tigre** *coloquial* Oler muy mal.

tijera *f.* Utensilio para cortar formado por dos hojas de un solo filo unidas en forma de aspa por un eje central que se abren y se cierran. También se usa en plural para hacer referencia a una sola unidad.

tijereta *f.* 1 Insecto de cuerpo plano que tiene dos pinzas que son dos piezas curvas similares a unas tijeras que se abren y se cierran. 2 Salto que se hace cruzando las piernas en el aire, como si se abrieran y cerraran unas tijeras.

tijeretazo *m.* Corte rápido y brusco hecho de un golpe con las tijeras.

tila *f.* 1 Infusión o bebida caliente que se prepara hirviendo las flores del tilo y tiene efectos tranquilizantes o sedantes. 2 Flor del tilo.

tildar *tr.* Atribuir a una persona un defecto o una característica mala.

tilde *f.* Signo o rasgo escrito que se pone sobre ciertas letras, como la marca del acento ortográfico o el signo sobre la ñ.

tilín *m.* Sonido de una campana o una campanilla. ▶ **hacer tilín** *coloquial* Gustar una cosa o una persona a alguien.

tilo *m.* 1 Árbol muy alto, de tronco recto, con hojas anchas en forma de corazón y flores olorosas, blancas o amarillas. 2 AMÉR Tila.

timador, -ra *m. y f.* Persona que tima.

timar *tr.* 1 Quitar o robar una cosa con engaño. 2 Engañar a una persona en una venta o trato con promesas que no se van a cumplir.

timba *f.* 1 Partida de un juego de azar, especialmente de cartas. 2 Lugar en el que se juega apostando generalmente grandes sumas de dinero.

timbal *m.* Instrumento musical de percusión parecido al tambor, pero más pequeño y con un solo parche, formado por una caja de metal con forma de media esfera y una cubierta de piel tirante.

timbalero, -ra *m. y f.* Persona que toca el timbal.

timbrado, -da *adj.* 1 [carta, papel] Que tiene membrete. 2 [sonido] Que tiene un timbre claro y agradable.

timbrar *tr.* 1 Poner o estampar un sello,

póliza o timbre en ciertos documentos. 2 Dar el timbre adecuado a la voz.

timbrazo *m.* Sonido o toque fuerte de un timbre.

timbre *m.* 1 Dispositivo eléctrico o mecánico que emite un sonido que sirve de llamada o de aviso. 2 Pulsador que acciona el mecanismo de aviso del dispositivo eléctrico. 3 Cualidad de un sonido que lo hace propio y característico y lo distingue de otros aunque tengan el mismo tono e intensidad. 4 Sello que se pone en algunos documentos para indicar que se han pagado las tasas o los impuestos.

timidez *f.* Sensación de vergüenza e inseguridad en uno mismo que se siente ante situaciones sociales nuevas.

tímido, -da *adj.* [persona] Que siente vergüenza e inseguridad en sí mismo y tiene dificultades para relacionarse con los demás, sobre todo en situaciones nuevas.

timo *m.* Robo con engaño, especialmente cuando en una venta o trato comercial no se cumple lo que se ha prometido.

timón *m.* 1 Pieza o mecanismo situado en la parte trasera de un barco o un avión que sirve para conducirlos o controlar la dirección. 2 Palanca o rueda que se mueve para accionar el mecanismo de dirección de un barco o un avión.

timonel *com.* Persona que maneja el timón de una embarcación.

timorato, -ta *adj./m. y f.* 1 Que es indeciso y tímido. 2 Que se escandaliza con facilidad.

tímpano *m.* 1 Membrana de tejido delgado que vibra al recibir los sonidos y los comunica al interior del oído. 2 Instrumento musical de percusión formado por varias láminas de cristal colgadas sobre cuerdas. 3 ARQ. Espacio triangular que queda entre las líneas que forman el frontón de un edificio, las dos cornisas inclinadas y la de la base.

tina *f.* 1 Recipiente de barro más ancho en la parte central que se usa para contener líquidos. 2 Recipiente de madera en forma de media cuba.

tinaja *f.* Vasija grande de barro, más ancha por el centro que por el fondo y la boca.

tinción *f.* Acción de teñir.

tinerfeño -ña *adj.* 1 De Tenerife. ‖ *adj./ m. y f.* 2 [persona] Que es de Tenerife.

tinglado *m.* 1 Asunto o situación que oculta una trama complicada. 2 Situación confusa, agitada, que presenta bastante desorden y alboroto.

tiniebla f. 1 Oscuridad o falta de luz. Se usa en plural con el mismo significado. ‖ f. pl. 2 Falta de conocimientos y de cultura.

tino m. 1 Habilidad o facilidad para acertar cuando se apunta a un blanco determinado. 2 Juicio o acierto para conducir un asunto delicado. 3 Moderación o medida en el comportamiento.

tinta f. 1 Líquido coloreado que se utiliza para escribir, dibujar o imprimir. 2 Líquido negro que producen ciertos animales invertebrados marinos y que expulsan al exterior para protegerse de sus depredadores oscureciendo el agua. ▸ **cargar las tintas** Expresión que se utiliza para indicar que se está exagerando en algo. ▸ **con medias tintas** De modo impreciso o poco claro, sin dar toda la información. ▸ **sudar tinta** Realizar un gran esfuerzo para conseguir algún fin.

tinte m. 1 Color o sustancia que se aplica sobre una cosa o con la que se la cubre para teñirla. 2 Acción de teñir.

tintero m. Vaso o recipiente de boca ancha que se usa para guardar la tinta de escribir.

tintinear intr. Producir un sonido agudo, suave y repetido una campanilla o, en general, un metal o un cristal.

tintineo m. Sonido de la campanilla o de un objeto de metal o cristal.

tinto, -ta adj./m. 1 [vino] Que es de color rojo muy oscuro. 2 [color] Que es rojo muy oscuro, como el del vino.

tintorera f. Pez marino de gran tamaño del grupo de los tiburones.

tintorería f. Establecimiento donde se limpia o cambia de color la ropa.

tintorero, -ra m. y f. Persona que se dedica a teñir y limpiar tejidos y ropa.

tintorro m. coloquial Vino tinto, especialmente cuando es de baja calidad.

tintura f. 1 Acción que consiste en teñir una cosa de un color distinto al que tenía. 2 Sustancia que sirve para teñir.

tiña f. 1 Enfermedad contagiosa de la piel, que afecta especialmente a la de la cabeza; produce escamas, costras y la caída del pelo. 2 Gusano que se alimenta de la miel de las abejas. 3 coloquial Tacañería.

tiñoso, -sa adj./m. y f. 1 [persona] Que padece tiña. 2 [persona] Que es tacaño y miserable.

tío, tía m. y f. 1 Hermano o hermana del padre o de la madre de una persona. 2 Primo o prima del padre o de la madre de una persona. 3 Cónyuge de los hermanos o los primos de los padres de una persona. 4 coloquial Expresión informal o vulgar para referirse a una persona. 5 Forma de tratamiento que indica respeto y que se aplica a personas casadas o de edad. Este uso suele ser común en algunas comunidades rurales.

tiovivo m. Atracción de feria que consiste en una base redonda sobre la que dan vueltas caballitos, coches y otras figuras en las que montan los niños.

OBS El plural es *tiovivos*.

tiparraco, -ca m. y f. coloquial Persona despreciable que tiene un aspecto ridículo. Se usa como apelativo despectivo.

tipejo, -ja m. y f. coloquial Persona ridícula y despreciable.

OBS Tiene valor despectivo.

-tipia Elemento sufijal que entra en la formación de palabras denotando relación con la imprenta o con el arte de componer textos.

típico, -ca adj. Que es propio, característico o representativo de un tipo o clase.

tipificación f. 1 Conjunto de características que son representativas de un modelo o clase. 2 Adaptación de varias cosas semejantes a un tipo o norma común.

tipificar [1] tr. Clasificar u organizar en tipos o clases un conjunto de cosas.

tiple m. 1 Instrumento musical de viento de sonido agudo, está formado por un tubo de madera en forma de cono con llaves y agujeros. 2 Voz que es la más aguda del registro de las voces humanas. ‖ com. 3 Persona que tiene esta voz.

tipo, -pa m. y f. 1 Individuo en general, persona cuya identidad se desconoce o no se quiere especificar. Suele tener un valor despectivo. ‖ m. 2 Modelo ideal que reúne las características principales de todos los seres de igual naturaleza. 3 Clase o modalidad de una cosa. 4 Figura o línea del cuerpo humano en general o concretamente del talle. 5 Pieza de metal de la imprenta y de la máquina de escribir en que está grabada una letra u otro carácter. 6 BIOL. Categoría de clasificación de los seres vivos que es más específica que la de reino y más general que la de clase. ▸ **jugarse el tipo** Exponerse a un peligro o riesgo. ▸ **mantener el tipo** Comportarse una persona de modo adecuado en una situación mala o peligrosa y sin ceder a las dificultades.

tipografía f. 1 Técnica de impresión de textos o dibujos, a partir de moldes en relieve o tipos. **2** Estilo o apariencia de un texto impreso. **3** Establecimiento en el que se imprime.

tipográfico, -ca *adj.* De la tipografía.

tipología *f.* Clasificación en tipos o clases de un conjunto de elementos.

tipológico, -ca *adj.* De la tipología.

tique *m.* **1** Resguardo, papel en el que aparece anotado el precio que se ha pagado por una compra o por un servicio. **2** Billete que permite usar un medio de transporte o entrar en un establecimiento público o espectáculo.

tiquismiquis *com.* **1** Persona excesivamente escrupulosa, que ve problemas o defectos en todo. ‖ *m.* **2** Problema o defecto de poca importancia.

OBS El plural también es *tiquismiquis*.

tira *f.* **1** Pedazo largo y estrecho de un material delgado, especialmente de papel o tela. **2** Serie de viñetas o dibujos que narran una historia o parte de ella; suelen aparecer en los periódicos. ► **la tira** *coloquial* Mucho, en gran cantidad o con gran intensidad.

tirabuzón *m.* Rizo de pelo largo que cuelga en forma de espiral.

tirachinas *m.* Instrumento para lanzar piedras u objetos pequeños compuesto por una pieza en forma de Y, a cuyos extremos se sujeta una tira elástica que impulsa los proyectiles.

tirada *f.* **1** Acción que consiste en tirar o lanzar una cosa con la mano de una sola vez. **2** Conjunto de cosas que se hacen o dicen de una sola vez, de un tirón. **3** Conjunto de pliegos impresos de una sola vez. **4** Distancia que hay de un lugar a otro.

tirado, -da *adj.* **1** *coloquial* Que es muy fácil de conseguir porque es sencillo, no presenta dificultad o es muy barato. **2** *coloquial* [persona, cosa] Que es despreciable o no tiene valor.

tirador, -ra *m. y f.* **1** Persona que tira o dispara un arma. ‖ *m.* **2** Asa para agarrar con la mano un objeto que se puede mover y tirar de él. **3** Cordón del que se tira para hacer sonar una campanilla.

tiragomas *m.* Tirachinas.

OBS El plural también es *tiragomas*.

tiralíneas *m.* Utensilio de dibujo terminado en forma de pinza cuyas dos puntas se abren y se cierran de manera que pueda trazar líneas más o menos finas.

OBS El plural también es *tiralíneas*.

tiranía *f.* **1** Forma de gobierno en la que el gobernante tiene un poder total o absolu-to, no limitado por unas leyes, especialmente cuando lo obtiene por medios ilícitos. **2** Abuso de la superioridad o del poder en el trato con las demás personas. **3** Poder excesivo que un sentimiento ejerce sobre la voluntad de una persona.

tiránico, -ca *adj.* De la tiranía.

tiranizar [4] *tr.* Dominar o mandar un gobernante con poder total o absoluto.

tirano, -na *adj./m. y f.* **1** [persona] Que se adueña de forma ilícita del poder de un estado o que lo gobierna de manera totalitaria o absoluta sin estar limitado por unas leyes. **2** [persona] Que abusa de su poder o su superioridad en el trato con las demás personas. ‖ *adj.* **3** [pasión, sentimiento] Que domina completamente el ánimo y la voluntad de una persona.

tiranosaurio *m.* Dinosaurio carnívoro de gran corpulencia que tenía las patas delanteras más cortas que las traseras.

tirante *adj.* **1** Que está estirado o tenso. **2** [situación] Que es violento o embarazoso. **3** [relación] Que es fría o difícil y está próxima a romperse o complicarse. ‖ *m.* **4** Tira de un material elástico con un broche metálico en cada extremo que se pasa por encima de cada hombro y se engancha a la cinturilla del pantalón o de la falda y por la espalda y el abdomen, impidiendo que se caiga. **5** Pieza mecánica destinada a sostener un gran peso, como los que sujetan un puente colgante.

tirantez *f.* **1** Característica de lo que está estirado o tenso. **2** Situación de tensión.

tirar *tr.* **1** Lanzar una cosa con la mano, especialmente si es hacia una dirección determinada. **2** Dejar caer o soltar una cosa. **3** Desechar, apartar o echar fuera una cosa que no sirve. **4** Desperdiciar una cosa o no sacar provecho de ella. **5** Derribar o echar abajo una cosa, o al suelo a una persona. **6** Disparar proyectiles con un arma de fuego, o lanzar o hacer explotar un artefacto explosivo. **7** Disparar con una cámara de fotografiar. **8** Lanzar una pieza de un juego, especialmente una pelota, dados o cartas. **9** Reproducir un texto mediante impresión. ‖ *intr.* **10** Atraer de manera natural a una cosa. **11** Hacer fuerza para atraer o acercar una cosa. **12** *coloquial* Atraer o gustar mucho una cosa. **13** Avanzar caminando o circular en una dirección determinada. **14** Tender una persona hacia unas ideas o modo de vida determinados. **15** Tener cierto parecido o semejanza una persona o cosa con otra. ‖ *prnl.* **16** Lanzarse una persona desde una determinada altura. 17 Dejar pasar el tiempo realizando una actividad o manteniéndose una persona en un estado. 18 *malsonante* Realizar el acto sexual con otra persona.

tirita *f.* Tira pequeña de esparadrapo o de otro material con una gasa en el centro que se pega sobre una herida.

tiritar *intr.* Agitarse con movimientos rápidos, continuos e involuntarios por frío, miedo u otras causas.

tiritona *f.* Temblor del cuerpo producido por el frío o la fiebre.

tiro *m.* 1 Disparo hecho con un arma de fuego. 2 Ruido que produce este disparo y también la señal o herida que produce. 3 Conjunto de deportes que consisten en derribar un blanco o acertar en él con armas de fuego o arcos y flechas. 4 Conjunto de caballos o de otros animales que tiran de un carruaje. 5 Distancia que va desde el lugar de unión de las piernas hasta la cintura del pantalón. 6 Lanzamiento de la pelota a la meta o a la canasta del equipo contrario, en fútbol, baloncesto y otros deportes. 7 Corriente de aire con la que se absorbe el humo en una chimenea o un horno. ▸ **a tiro** Al alcance de una persona. ▸ **a un tiro de piedra** Muy cerca. ▸ **como un tiro** *coloquial* Muy mal o fatal.

tiroideo, -dea *adj.* Del tiroides.

tiroides *adj./m.* ANAT. [glándula] Que está situado en la parte superior y delantera de la tráquea y regula el metabolismo y el crecimiento.

OBS El plural también es *tiroides*.

tirolés, -lesa *adj.* 1 Del Tirol. ‖ *adj./m. y f.* 2 [persona] Que es del Tirol.

tirón *m.* 1 Acción de tirar de una cosa con fuerza y brusquedad o violentamente. 2 Procedimiento de robo que consiste en tirar rápida y violentamente de una cosa y huir con ella. 3 Movimiento brusco, acelerón de un vehículo. 4 Atractivo especial o capacidad para conseguir seguidores que tiene una persona o una idea. 5 Agarrotamiento o contracción de un músculo del cuerpo. ▸ **de un tirón** *coloquial* Expresión que indica que una cosa se hace de una sola vez y sin interrupciones ni intervalos.

tirotear *tr.* Disparar repetidamente con un arma de fuego.

tiroteo *m.* Series de disparos de arma de fuego que se producen seguidos.

tirreno, -na *adj.* 1 Del mar Tirreno. 2 De la antigua Etruria. ‖ *adj./m. y f.* 3 [persona] Que era de la antigua Etruria.

tirria *f. coloquial* Odio o antipatía.

tisana *f.* Infusión que se prepara con varias hierbas y tiene propiedades medicinales.

tísico, -ca *adj.* 1 De la tisis. ‖ *adj./m. y f.* 2 [persona] Que padece tisis o tuberculosis pulmonar.

tisis *f.* Enfermedad que afecta a los pulmones cuyos síntomas más evidentes son la tos seca y persistente y la pérdida de peso.

OBS El plural también es *tisis*.

tisú *m.* 1 Tela de seda entretejida con hilos de oro y plata. 2 Pañuelo de papel.

OBS El plural es *tisús*.

titán *m.* 1 Hombre que tiene mucho poder o fuerza. 2 Cada uno de los doce gigantes de la mitología griega hijos de Gea y Urano que quisieron asaltar el cielo. Suele escribirse con letra mayúscula.

titánico, -ca *adj.* Que es muy fuerte o que exige un gran esfuerzo.

titanio *m.* QUÍM. Elemento químico metálico, de color gris, muy ligero y muy resistente; su símbolo es *Ti* y su número atómico 22.

títere *m.* 1 Muñeco articulado que se puede mover, o bien desde arriba por medio de una cruceta de la cual cuelgan unos hilos que van atados a su cuerpo, o bien metiendo la mano en su interior, por debajo del vestido. 2 Persona que se deja manejar por los demás.

titi *m. y f. coloquial* Persona joven, en especial una mujer.

tití *m.* Mono pequeño de color gris, con rayas, de cara blanca y pelada, nariz negra y con una cola muy larga.

titilar *intr.* 1 Brillar o centellear con un ligero temblor un cuerpo luminoso. 2 Temblar ligeramente una parte del cuerpo.

titiritero, -ra *m. y f.* 1 Persona que maneja títeres o marionetas. 2 Persona que participa en un espectáculo haciendo ejercicios de saltos y equilibrios en el aire o sobre un alambre.

tito, -ta *m. y f.* 1 *coloquial* Persona que es hermano del padre o de la madre. Se usa como apelativo cariñoso. ‖ *m.* 2 Hueso o pepita de una fruta.

titubear *intr.* 1 Dudar al hablar o tropezar al pronunciar. 2 Sentir duda o no saber qué decisión tomar ante un asunto. 3 Tambalearse.

titubeo *m.* Acción y efecto de titubear.

titulación *f.* 1 Obtención de un título académico y el mismo título académico. 2

Elección de un título o del nombre que se pone a una cosa.

titulado, -da *adj./m. y f.* [persona] Que tiene un título académico.

titular *adj./com.* 1 [persona] Que ha sido nombrado para ocupar un cargo o ejercer una profesión y posee el título o nombramiento que le acredita para hacerlo. ‖ *com.* 2 Persona o entidad que da su nombre para que figure como título de algo o para que conste que es su propietario o el sujeto activo de un derecho. ‖ *m.* 3 Título de una publicación o de una noticia; aparece al principio y en letras de mayor tamaño. ‖ *tr./prnl.* 4 Elegir o poner título o nombre a una obra. ‖ 5 *prnl.* Obtener un título académico.

titularidad *f.* Ejercicio de una profesión o cargo con el título o nombramiento oportuno.

titulitis *f. coloquial* Aprecio excesivo por la posesión de títulos académicos.

OBS El plural también es *titulitis*.

título *m.* 1 Palabra o conjunto de palabras que dan nombre a una obra científica o artística. 2 Documento con valor académico que acredita que una persona está preparada y capacitada para desarrollar una actividad, puesto que ha cursado los estudios pertinentes y ha superado los exámenes correspondientes. 3 Dignidad o categoría nobiliaria y persona que la posee. 4 Parte o división de un texto jurídico o un código de leyes. 5 Documento que acredita que una persona es propietaria de algún bien o está en posesión de un derecho. 6 Documento que acredita que el poseedor tiene una cantidad de dinero invertida en una empresa del estado. ▸ a **título de** En calidad de, funcionando como o con ese pretexto.

tiza *f.* 1 Arcilla blanca arenosa que sirve para limpiar metales. 2 Barra pequeña de este material que se usa para escribir en una pizarra o encerado.

tiznar *tr.* Manchar una cosa con tizne, humo, hollín o ceniza.

tizne *amb.* Ceniza y polvo negro que produce el fuego o el humo y que se pega a los objetos.

tizón *m.* 1 Palo o trozo de madera a medio quemar. 2 Hongo parásito del trigo y otros cereales.

toalla *f.* 1 Pieza de tela de tejido suave y esponjoso que sirve para secarse el cuerpo. 2 Tejido de rizo con el que se fabrica esta pieza de tela.

toallero *m.* Mueble o soporte que sirve para colgar las toallas.

tobillera *f.* Venda, generalmente elástica, que se pone en el tobillo para protegerlo.

tobillo *m.* Parte del cuerpo humano donde el pie se articula con la pierna.

tobogán *m.* Rampa artificial por la que se deslizan o se dejan caer las personas para divertirse.

toca *f.* Prenda que usan las monjas para cubrirse la cabeza.

tocadiscos *m.* Aparato electrónico que reproduce los sonidos grabados en un disco. OBS El plural también es *tocadiscos*.

tocado, -da *adj.* 1 [persona] Que está algo trastornado mentalmente. 2 [fruta] Que ha empezado a estropearse. 3 [persona] Que no se encuentra en una forma física óptima a causa de alguna lesión o enfermedad. ‖ *m.* 4 Prenda o adorno que se lleva en la cabeza. 5 Peinado femenino.

tocador *m.* 1 Mueble, generalmente en forma de mesa y con un espejo, que se usa para el peinado y el aseo personal. 2 Habitación para el peinado y el aseo personal.

tocar [1] *tr.* 1 Palpar con las manos. 2 Poner en contacto la mano u otra parte del cuerpo con una persona o una cosa. 3 Rozar o estar en contacto una cosa con otra. 4 Hacer sonar un instrumento musical. 5 Ejecutar o interpretar una pieza musical. 6 Tratar un asunto o hablar de él sin profundizar. ‖ *intr.* 7 Haber llegado el momento de realizar una cosa. 8 Ser una cosa obligatoria para una persona o ser de su responsabilidad. 9 Corresponder a una persona una cosa que se reparte o se sortea. ‖ *tr./prnl.* 10 Estar una cosa cerca de otra de modo que haya muy poca distancia entre ellas. ‖ *prnl.* 11 Cubrirse la cabeza con un sombrero o un adorno.

tocata *f.* 1 Composición musical breve destinada a instrumentos de teclado y creada en un solo movimiento. ‖ 2 *coloquial* Tocadiscos.

tocateja Palabra que se utiliza en la expresión a *tocateja* que significa que algo se paga al contado y en el momento.

tocayo, -ya *m. y f.* Persona que tiene el mismo nombre que otra.

tocho *m.* 1 Ladrillo basto y tosco. 2 *coloquial* Libro que es muy grueso o de lectura pesada.

tocino *m.* Carne grasa de ciertos animales que se usa como alimento.

tocología *f.* Parte de la medicina especializada en el estudio y cuidado de la salud de las mujeres durante el embarazo, el parto y el período posterior a este.

tocólogo, -ga *m. y f.* Médico especializado en tocología.

tocomocho *m. coloquial* Estafa que consiste en vender algo supuestamente de valor por un precio inferior al que tiene.

tocón, -cona *adj./m./f.* **1** *coloquial* [persona] Que tiene tendencia a tocarlo todo. ▮ *m.* **2** Parte de un árbol talado que sobresale de la tierra y está unido a la raíz.

todavía *adv.* **1** Indica que hasta un momento determinado una cosa continúa sucediendo o sin suceder. **2** Indica mayor intensidad en las comparaciones. **3** Tiene valor adversativo con el significado de *a pesar de ello* o *sin embargo*.

todo, -da *det./pron. indef.* **1** Indica que lo referido por el nombre al que acompaña se toma en su totalidad, sin excluir ninguna parte ni ninguno de los elementos que lo integran. **2** Indica intensificación de una característica o que una cualidad se toma en el grado más alto. ▮ *m.* **3** Cosa entera o tomada en su integridad sin excluir ninguna parte. ▮ *adv.* **4** Enteramente o por completo. ▶ **ante todo** Primero o principalmente. ▶ **así y todo** A pesar de eso. ▶ **con todo** A pesar de todo, incluso así, no obstante. ▶ **sobre todo** En primer lugar o principalmente.

todopoderoso, -sa *adj.* Que lo puede todo o tiene un poder ilimitado. ▶ **el Todopoderoso** Dios.

todoterreno *adj./m.* **1** [vehículo] Que es muy potente y está preparado para adaptarse a todo tipo de terrenos, especialmente a los muy accidentados. **2** [persona] Que es útil para cualquier trabajo.

OBS Cuando actúa como adjetivo no varía en género. El plural es *todoterrenos*.

toga *f.* Prenda de vestir larga, generalmente de color negro, que se ponen los jueces, los abogados y otros profesionales sobre la ropa cuando están ejerciendo su función o en algunos actos.

toilette *f.* Aseo o cuarto de baño de un establecimiento público.

OBS Es de origen francés y se pronuncia aproximadamente 'tualet'.

toldo *m.* Cubierta de tela gruesa o lona que se tiende para que dé sombra en un lugar.

toledano, -na *adj.* **1** De Toledo. ▮ *adj./m. y f.* **2** [persona] Que es de Toledo.

tolerable *adj.* **1** Que se puede permitir, admitir o aceptar. **2** Que se puede sufrir, soportar o aguantar.

tolerancia *f.* **1** Respeto a las opiniones, ideas o actitudes de las demás personas aunque no coincidan con las propias. **2** Capacidad que tiene un organismo para resistir y aceptar el aporte de determinadas sustancias.

tolerante *adj.* Que respeta las opiniones, ideas o actitudes de las demás personas aunque no coincidan con las propias.

tolerar *tr.* **1** Soportar, admitir o permitir una cosa que no gusta o no se aprueba del todo. **2** Respetar una persona las opiniones, ideas o actitudes de los demás aunque no coincidan con las propias. **3** Resistir y aceptar un organismo el aporte de determinadas sustancias.

tolva *f.* Recipiente que sirve para hacer que su contenido pase poco a poco a otro lugar o recipiente de boca más estrecha.

toma *f.* **1** Acción y resultado de tomar. **2** Parte de un alimento o un medicamento que se ingiere de una vez. **3** Lugar por donde se deriva una corriente de fluido o de electricidad. **4** Fragmento de una película de fotografía o cine que se impresiona o se graba de una vez. **5** Conquista u ocupación de un lugar mediante las armas.

tomado, -da *adj.* [voz] Que está ronco o afónico.

tomador, -ra *adj./m. y f.* AMÉR *coloquial* [persona] Que suele tomar alcohol.

tomadura *f.* Acción que consiste en tomar una cosa. ▶ **tomadura de pelo** Palabras o acciones dichas o hechas para reírse, engañar o poner en ridículo a alguien.

tomahawk *m.* Hacha de guerra usada por los indios norteamericanos.

tomar *tr.* **1** Sujetar una cosa con la mano o con un objeto. **2** Elegir o escoger una cosa entre varias posibilidades. **3** Comer o beber algún alimento. **4** Sacar o copiar una cosa de otra persona. **5** Conquistar u ocupar un lugar por la fuerza. **6** Hacer uso de un medio de transporte. **7** Recibir o aceptar una cosa que se ofrece. **8** Recibir o entender unas palabras en un sentido determinado. **9** Grabar o registrar imágenes en una película fotográfica o de cine. **10** Anotar o registrar por escrito. ▮ *tr./intr.* **11** Seguir una persona un camino o una dirección. **12** AMÉR Beber alcohol. ▶ **tomarla con** Expresión que indica que se le tiene cierta manía o antipatía a una persona y continuamente se le está atacando o molestando.

tomate *m.* **1** Fruto de la tomatera, de piel roja, lisa y brillante, con la carne muy jugosa y semillas amarillas y planas. **2** Planta que produce este fruto. **3** *coloquial* Momento de escándalo, confusión o desorden, generalmente con ruido y alboroto. **4** *coloquial* Discusión o lucha.

tomatera *f.* Planta de tallos vellosos de 1 a 2 metros de altura, con hojas alternas y flores amarillas, cuyo fruto es el tomate.

tomavistas *m.* Cámara de pequeño tamaño que se usa en cine y televisión.

OBS El plural también es *tomavistas*.

tómbola *f.* **1** Sorteo o rifa en la que los premios son objetos diversos y cuyos beneficios suelen destinarse a fines benéficos. **2** Local donde se celebra este sorteo.

-tomía Elemento sufijal que significa 'corte', 'división', 'sección'.

tomillo *m.* Planta silvestre aromática, con muchas ramas, hojas pequeñas y flores blancas o rosas en forma de espiga.

tomo *m.* Cada una de las partes encuadernadas de manera independiente y con paginación propia en que se divide una obra escrita muy extensa. ▶ **de tomo y lomo** Que es muy grande o importante.

ton Palabra que se utiliza en la locución adverbial *sin ton ni son* que indica que una cosa se hace sin razón alguna.

tonada *f.* **1** Composición métrica que se crea para ser cantada. **2** Música de una canción o de esta composición.

tonadilla *f.* **1** Canción ligera de carácter popular o folclórico. **2** Pieza de teatro cantada que dio origen a la zarzuela.

tonadillero, -ra *m. y f.* Persona que compone o canta tonadillas.

tonal *adj.* Del tono o la tonalidad.

tonalidad *f.* **1** Gradación de diferentes colores y tonos. **2** En lingüística, entonación que se da a una frase o a un discurso. **3** MÚS. Escala o sistema de sonidos que sirve de base a una composición musical.

tonel *m.* **1** Recipiente de gran tamaño que sirve para contener líquidos; está formado por listones de madera unidos con aros metálicos y apoyados sobre una base circular. **2** *coloquial* Persona muy gorda.

tonelada *f.* **1** Unidad de masa del sistema internacional que equivale a 1000 kilogramos. **2** Medida de capacidad de una embarcación.

tonelaje *m.* Capacidad de carga de un buque mercante o de otro vehículo de transporte.

tongo *m.* En una competición, engaño o trampa que consiste en aceptar dinero a cambio de dejarse ganar.

tónica *f.* **1** Bebida gaseosa, transparente y sin alcohol, de sabor ligeramente amargo. **2** Modo o manera en que se desarrolla o desenvuelve una cosa o un asunto.

tónico, -ca *adj.* **1** [letra, sílaba, palabra] Que tiene o lleva el acento de intensidad. ‖ *adj./m.* **2** Que da fuerza y energía al organismo. ‖ *m.* **3** Producto cosmético que sirve para limpiar y refrescar la piel de la cara o dar fuerza y vigor al cabello.

tonificación *f.* Acción y efecto de tonificar.

tonificar [1] *tr.* Devolver la salud o dar fuerza o vigor al organismo o a una parte de él.

tonillo *m.* Tono de la voz o del habla que denota desprecio o segundas intenciones.

tono *m.* **1** Cualidad de los sonidos que depende de la cantidad de vibraciones por segundo que se emiten. **2** Modo particular de modular la voz una persona según su intención o su estado de ánimo. **3** Fuerza, intensidad o volumen de un sonido. **4** Grado de intensidad de un color. **5** MÚS. Distancia que hay entre una nota y la siguiente en la escala musical, excepto de mi a fa y de si a do. ▶ **a tono** Expresión que indica que una cosa está en correspondencia o de acuerdo con otra. ▶ **darse tono** Darse importancia o presumir de algo. ▶ **subido de tono** Expresión que indica que una palabra o un comentario son groseros u obscenos.

tonsura *f.* **1** Ceremonia de la Iglesia católica en la que se concedía a un hombre el grado preparatorio para el sacerdocio. **2** Este mismo grado. **3** Corte del pelo de la coronilla que pueden llevar los sacerdotes y otros religiosos.

tontada *f.* Acción o dicho falto de razón y fundamento.

tontaina *adj./com. coloquial* [persona] Que no tiene gracia y es aburrido.

tontear *intr.* **1** Decir o hacer tonterías. **2** *coloquial* Coquetear o flirtear.

tontería *f.* **1** Falta de inteligencia o de sentido común. **2** Acción o comentario tonto, falto de lógica. **3** Acción, comentario o cosa que tiene poca importancia.

tonto, -ta *adj./m. y f.* **1** [persona] Que es torpe de entendimiento o poco inteligente. Se usa de modo despectivo o como insulto. **2** *coloquial* [persona] Que cree que todo el mundo actúa con buena voluntad. ‖ *adj.* **3** *coloquial* Que es absurdo y no tiene sentido o que ocurre sin una causa aparente. ▶ **a lo tonto** Expresión que indica que una cosa se hace como quien no quiere la cosa. ▸ **a tontas y a locas** De manera desordenada, impulsivamente y sin razonar. ▸ **hacer el tonto** *a)* Perder el tiempo en cosas sin importancia. *b)* Hacer payasadas. ▸ **hacerse el tonto** Aparentar una persona que no advierte una cosa que le conviene no advertir.

tontorrón, -rrona *adj./m. y f.* [persona] Que demuestra ser ingenuo.

OBS Se usa sobre todo como apelativo cariñoso.

top *m.* **1** Prenda de vestir femenina que va ajustada al cuerpo y cubre solo el pecho. ‖ *adj.* **2** Que ocupa el lugar más alto en una gradación.

topacio *m.* Piedra preciosa de color amarillo y gran resistencia.

topar *intr.* **1** Chocar o tropezar una cosa con otra. **2** Encontrar un obstáculo o dificultad que impide avanzar y obliga a detenerse. ‖ *intr./prnl.* **3** Encontrarse por azar o casualmente con una persona.

tope *m.* **1** Parte saliente de una cosa que suele estar situada en un extremo y sirve para protegerla de los golpes. **2** Pieza que detiene el movimiento de un mecanismo o sirve para que no se sobrepase un cierto punto. **3** Extremo, límite o máximo al que se puede llegar en una cosa. Suele usarse en aposición. ▸ **a tope** *coloquial* Hasta el máximo posible. ▸ **hasta los topes** Expresión que indica que una cosa está muy llena.

topera *f.* Madriguera o lugar en el que vive el topo.

topetazo *m.* Choque o tropiezo algo violento de una cosa con otra.

tópico, -ca *adj./m.* **1** [opinión, idea, expresión] Que se usa y repite con mucha frecuencia por lo que no resulta original. ‖ *adj.* **2** [aplicación de un medicamento] Que se realiza en el exterior del cuerpo, sobre la piel.

topless *m.* **1** Hecho de estar desnuda una mujer de cintura para arriba. **2** Bar o local en el cual las camareras van desnudas de cintura para arriba.

OBS Es de origen inglés y se pronuncia aproximadamente 'top-les'.

topo *m.* **1** Mamífero del tamaño de un ratón, pelo fino, ojos muy pequeños y manos provistas de uñas fuertes con las que excava conductos bajo la tierra. **2** *coloquial* Persona que ve poco. **3** Persona que se introduce de incógnito en una organización en la que actúa al servicio de otros

para averiguar sus actos y planes. **4** Dibujo redondo y pequeño, estampado o bordado en una tela o impreso en un papel.

topo- Elemento prefijal que significa 'lugar', 'terreno'.

topografía *f.* **1** Disciplina o técnica que trata de describir y representar con detalle la superficie o el relieve de un terreno. **2** Conjunto de características que presenta la superficie o el relieve de un terreno.

topográfico, -ca *adj.* De la topografía.

topógrafo, -fa *m. y f.* Persona que se dedica a la topografía.

toponimia *f.* **1** Estudio que se hace del origen y el significado de los nombres propios de los lugares. **2** Conjunto de los nombres propios que forman parte de un territorio o de un lugar.

toponímico, -ca *adj.* De la toponimia.

topónimo *m.* Nombre propio de un lugar.

toque *m.* **1** Acción que consiste en tocar o rozar una cosa suavemente y durante un instante. **2** Golpe débil que se da o se recibe. **3** Sonido de un instrumento musical. **4** Aviso o advertencia que se da con un fin determinado. **5** Punto o matiz que caracteriza una cosa. **6** Pequeña modificación que sirve para retocar, pulir o rematar una cosa.

toquetear *tr.* Tocar repetida e insistentemente una cosa con la mano.

toqueteo *m.* Acción de toquetear.

toquilla *f.* Prenda de vestir de forma triangular que cubre los hombros y la espalda o con la que se abriga a un niño pequeño.

torácico, -ca *adj.* Del tórax.

tórax *m.* **1** Parte superior del tronco del ser humano y de los animales vertebrados, situada entre el cuello y el abdomen, en la que se encuentran el corazón y los pulmones. **2** ZOOL. Parte central de las tres en que se divide el cuerpo de los insectos y otros animales articulados.

OBS El plural también es *tórax*.

torbellino *m.* **1** Movimiento rápido de aire que gira sobre sí mismo. **2** Abundancia de cosas que ocurren al mismo tiempo. **3** *coloquial* Persona inquieta y muy movida.

torcedura *f.* **1** Acción que consiste en doblar o torcer una cosa que estaba recta. **2** Daño que se produce en las partes blandas que rodean la articulación de un hueso por un movimiento brusco o forzado.

torcer [54] *tr.* **1** Doblar o dar forma curva a una cosa que estaba recta. **2** Girar los dos extremos de una cosa flexible en sentido inverso u opuesto. **3** Desviar o cambiar una cosa de su dirección o posición. ‖ *tr./ prnl.* **4** Apartar a una persona de su conducta o su línea habitual. **5** Sufrir una torcedura un miembro o una articulación del cuerpo a causa de un movimiento brusco o forzado. ‖ *intr.* **6** Cambiar de dirección al caminar o circular. ‖ *prnl.* **7** Hacerse difícil o imposible un asunto o proyecto.

torcido, -da *adj.* Que no está recto.

tordo, -da *adj./m. y f.* **1** [animal] Que tiene el pelo mezclado de color blanco y negro. ‖ *m.* **2** Pájaro de color oscuro, con pico delgado y negro.

torear *tr./intr.* **1** Provocar a un toro para que acometa o embista incitándolo con el movimiento de un capote o una capa y esquivándolo cuando el animal embiste. ‖ *tr.* **2** No tener en justa consideración a una persona, burlarse de ella o engañarla. **3** Conducir hábilmente un asunto.

toreo *m.* **1** Conjunto de acciones que realiza el torero al torear. **2** Arte de torear o lidiar un toro en una plaza.

torero, -ra *adj.* **1** Que tiene relación con el toreo. ‖ *m. y f.* **2** Persona que se dedica a torear en las plazas de toros.

toril *m.* Lugar de una plaza de toros donde se encierra a los toros antes de salir al ruedo para ser lidiados.

torio *m.* QUÍM. Elemento químico metálico que es radiactivo y más pesado que el hierro.

tormenta *f.* **1** Fenómeno de la atmósfera en el que hay un cambio de presión y se producen fuertes vientos generalmente acompañados de lluvia o nieve, relámpagos y truenos. **2** Expresión ruidosa y violenta del estado de ánimo alterado de una persona. **3** Situación de enfado o tensión.

tormento *m.* **1** Sufrimiento o dolor físico o moral. **2** Sufrimiento o dolor físico que se provoca a una persona para obligarle a confesar o como castigo. **3** Persona o cosa que produce dolor o sufrimiento físico o moral.

tormentoso, -sa *adj.* **1** [tiempo atmosférico] Que tiene o anuncia tormenta. **2** Que causa u ocasiona una tormenta. **3** [situación, ambiente] Que es muy tenso, conflictivo o violento.

tornado *m.* Tormenta en la que hay vientos extremadamente fuertes que avanzan girando sobre sí mismos.

tornar *tr./prnl.* **1** *culto* Cambiar la naturaleza, el estado o el carácter de una persona o una cosa. ‖ *intr.* **2** *culto* Regresar una persona a un lugar. **3** *culto* Volver a hacer una cosa. ‖ *tr.* **4** *culto* Devolver algo a alguien.

tornas Palabra que se utiliza en la locución *cambiar (o volver) las tornas*, que significa 'cambiar radicalmente la dirección o la marcha de un asunto'.

tornasol *m.* **1** Brillo de una tela o una superficie que cambia de color con el reflejo de la luz. **2** Girasol.

tornasolado, -da *adj.* Que hace o tiene tornasoles.

torneado, -da *adj.* **1** [parte del cuerpo] Que está bien moldeado y presenta curvas suaves. ‖ *m.* **2** Acción de tornear con un torno.

tornear *intr.* **1** Dar forma redondeada a una cosa con un torno. **2** Moldear el cuerpo haciendo ejercicio o dieta.

torneo *m.* **1** Competición deportiva en la que participan varias personas o varios equipos. **2** Combate a caballo que se libraba entre caballeros.

tornero, -ra *m. y f.* **1** Persona que trabaja con el torno. ‖ *adj./f.* **2** [religiosa] Que atiende el torno en un convento.

tornillo *m.* Pieza cilíndrica, generalmente metálica, terminada en punta y con una cabeza con una ranura, provista de un saliente en espiral que la recorre; sirve para sujetar una cosa a otra. ▸ **faltar (o haber perdido) un tornillo** *coloquial* Expresión que indica que una persona tiene poco juicio o se comporta de forma imprudente.

torniquete *m.* **1** Medio con el que se detiene la hemorragia de una herida presionando sobre un vaso sanguíneo. **2** Mecanismo que gira horizontalmente sobre un eje y que se coloca en la entrada de un lugar o un establecimiento para que pasen las personas de una en una.

torno *m.* **1** Máquina que gira y sirve para hacer girar un objeto sobre sí mismo. **2** Máquina formada por un cilindro que gira y enrolla una cuerda a la que está atado un objeto. **3** Instrumento eléctrico con un brazo articulado y provisto de una pieza giratoria en la punta que usan los médicos para limpiar y arreglar los dientes. **4** Máquina que se utiliza para labrar objetos que tienen forma circular. **5** Cilindro con divisiones verticales que se coloca en el hueco de una pared y que al girarlo sirve para intercambiar objetos entre personas sin que estas se vean. ▸ **en torno a** *a)* Alrededor. *b)* Aproximadamente. *c)* Acerca.

toro *m.* **1** Animal mamífero macho, adulto,

que tiene pelo corto, cola larga y cabeza gruesa provista de dos cuernos curvos. **2** *coloquial* Hombre que tiene mucha fuerza. ▮ *m. pl.* **3** Fiesta o corrida en que se torean reses de lidia.

toronja *f.* Fruto comestible, de color amarillo, forma redonda y sabor ácido.

torpe *adj.* **1** Que se mueve con dificultad o poca agilidad. **2** [persona] Que tiene poca habilidad o destreza para hacer una cosa. **3** [persona] Que es lento en comprender. **4** Que no es conveniente o puede molestar.

torpedear *tr.* **1** Lanzar torpedos contra un barco. **2** Impedir o dificultar el desarrollo de una acción.

torpedero, -ra *adj./m. y f.* **1** [embarcación, avión] Que está provisto de los medios necesarios para lanzar torpedos. ▮ *m. y f.* **2** Persona especializada en la preparación y lanzamiento de los torpedos.

torpedo *m.* **1** Proyectil provisto de una carga explosiva que se lanza bajo el agua y puede dirigirse o apuntarse hacia un determinado objetivo. **2** Pez marino de cuerpo aplanado que posee dos órganos en la cabeza que producen descargas eléctricas.

torpeza *f.* **1** Falta de agilidad en los movimientos. **2** Acción o dicho poco oportunos o desacertados.

torre *f.* **1** Construcción o edificio alto y estrecho, aislado o formando parte de otro. **2** Pieza del ajedrez que se mueve en línea recta, pero no en diagonal, y puede recorrer en un solo movimiento todos los cuadros que estén libres en una dirección. **3** Estructura de metal muy alta que se utiliza para sostener cables eléctricos o antenas emisoras de ondas.

torrefacto, -ta *adj.* [café] Que está tostado al fuego con un poco de azúcar.

torrencial *adj.* [lluvia, corriente de agua] Que es muy fuerte, muy abundante o muy intenso.

torrente *m.* **1** Corriente de agua abundante e impetuosa que se origina cuando llueve mucho o se produce el deshielo. **2** Sangre que circula por las venas, las arterias y los capilares del organismo.

torrentera *f.* Cauce de un torrente o parte del terreno por donde circula.

torreón *m.* Torre grande que sirve para la defensa de una plaza o de un castillo.

torreta *f.* **1** Torre o estructura metálica acorazada colocada en la parte alta de un avión o de un buque militar y destinada a ciertos fines. **2** Estructura metálica de cierta altura que sostiene los hilos telegráficos o eléctricos de una red aérea.

torrezno *m.* Trozo de tocino frito o preparado para freír.

tórrido, -da *adj.* [clima, lugar] Que tiene temperaturas muy altas.

torrija *f.* Rebanada de pan mojada en leche o vino, rebozada en huevo, frita en aceite y cubierta de azúcar o miel.

torso *m.* **1** Parte principal del cuerpo de una persona o animal, diferenciada de la cabeza y las extremidades. **2** Escultura que representa el cuerpo humano sin la cabeza y las extremidades.

torta *f.* **1** Masa de harina de figura aplastada y cocida al horno o frita. **2** Golpe dado en la cara con la palma de la mano. **3** *coloquial* Golpe, choque o caída violenta y accidental. ▸ **ni torta** *coloquial* Nada.

tortazo *m.* **1** Golpe dado en la cara con la palma de la mano. **2** Golpe, choque o caída violenta y accidental.

tortícolis *m.* Dolor producido por una contracción involuntaria de los músculos del cuello que hace que la cabeza quede inclinada.

OBS El plural también es *tortícolis*.

tortilla *f.* Comida que se prepara con huevo batido al que se pueden añadir otros ingredientes y se fríe o se cuaja en una sartén con un poco de aceite.

tortillera *f.* **1** *malsonante* Mujer que siente atracción sexual por personas del mismo sexo. Se usa con valor despectivo. ▮ *adj./f.* MÉX [mujer] Que hace o vende tortillas.

tortita *f.* Torta individual que se hace con una masa de agua y harina y puede rellenarse de algo generalmente dulce.

tórtolo, -la *m. y f.* **1** Ave de la familia de la paloma de color gris o marrón. Se usa más la forma femenina. ▮ *m.* **2** Persona que se muestra muy cariñosa con su pareja. También se puede usar el diminutivo *tortolito*, incluso aplicado a la pareja.

tortuga *f.* Reptil marino o terrestre cuyo cuerpo está protegido por una concha, con patas cortas, cuello que puede alargar y encoger y boca sin dientes.

tortuoso, -sa *adj.* Que tiene muchas curvas, vueltas y rodeos.

tortura *f.* **1** Método o procedimiento de castigo físico o psíquico que se realiza sobre una persona con el fin de mortificarla o para que confiese algo. **2** Pena o sufrimiento moral que siente una persona.

torturar *tr.* **1** Someter a alguien a tortura. **2** Causar pena o sufrimiento a una persona. ▮ *tr./prnl.* **3** Causar disgusto o enfado.

tos *f.* Salida o expulsión violenta y ruidosa del aire contenido en los pulmones. **tos ferina** Tosferina.

toscano, -na *adj.* 1 De Toscana. ‖ *adj./m. y f.* 2 [persona] Que es de Toscana. ‖ *m.* 3 Dialecto hablado en Toscana.

tosco, -ca *adj.* 1 Que está hecho con poco cuidado o con materiales de poca calidad o valor. ‖ *adj./m. y f.* 2 [persona] Que es poco educado.

tosedera *f.* AMÉR Tos persistente.

toser *intr.* Tener o padecer tos.

tosferina *f.* Enfermedad infecciosa que se caracteriza por una tos muy violenta.
OBS También se escribe *tos ferina*.

tostada *f.* 1 Rebanada de pan que ha sido puesta al fuego o a un calor intenso y que ha tomado color sin llegar a quemarse. 2 MÉX Tortilla de maíz de consistencia rígida que se fríe o come sola.

tostadero *m.* 1 Lugar o establecimiento donde se tuestan cereales o café. 2 Lugar donde hace mucho calor.

tostado, -da *adj.* 1 Que tiene un color oscuro, parecido al marrón. ‖ *m.* 2 Acción de tostar un alimento.

tostador, -ra *adj.* 1 Que tuesta. ‖ *m. y f.* 2 Aparato que sirve para tostar el pan.

tostar [31] *tr./prnl.* 1 Poner un alimento al fuego o a un calor intenso hasta que toma color sin llegar a quemarse. 2 Tomar color la piel de una persona.

tostón *m.* 1 Persona o cosa pesada o que causa molestia. 2 Trozo pequeño de pan frito con aceite. 3 Cochinillo asado.

total *adj.* 1 Que es completo, general o incluye todos los elementos o partes de una cosa. ‖ *m.* 2 Resultado de una suma. 3 Conjunto de todas las personas o cosas que forman una clase o especie. ‖ *adv.* 4 En fin o en conclusión.

totalidad *f.* Conjunto de elementos que forman un todo.

totalitario, -ria *adj.* 1 Que incluye todas las partes de algo. 2 Del totalitarismo.

totalitarismo *m.* Sistema político en el que el poder es ejercido por una sola persona o partido de manera autoritaria.

totalitarista *adj.* 1 Relativo al totalitarismo. ‖ *adj./com.* 2 [persona] Que es partidario del totalitarismo.

totalizar [4] *tr.* Determinar un total o una suma.

tótem *m.* Objeto de la naturaleza al que se otorga un valor protector y que se usa como símbolo de una tribu.
OBS El plural es *tótems*.

totémico, -ca *adj.* Del tótem.

tour *m.* 1 Viaje o excursión que se hace para conocer un lugar. 2 Gira artística de un cantante o grupo teatral. 3 Competición o vuelta ciclista, en particular la que se celebra anualmente en Francia.
OBS Es de origen francés y se pronuncia aproximadamente 'tur'.

tournée *f.* Gira artística de un cantante o grupo teatral.
OBS Es de origen francés y se pronuncia aproximadamente 'turné'.

touroperador, -dora *m. y f.* Empresa turística que organiza viajes en grupo.

toxicidad *f.* Cualidad de lo que es tóxico.

tóxico, -ca *adj./m.* 1 [sustancia] Que puede causar la intoxicación grave o la muerte de un ser vivo por envenenamiento. ‖ *adj.* 2 Que puede causar un daño moral o un efecto perjudicial.

toxicología *f.* Parte de la medicina que trata del estudio y tratamiento de los productos tóxicos o venenosos.

toxicomanía *f.* Hábito y necesidad patológica de consumir drogas.

toxicómano, -na *adj./m. y f.* [persona] Que padece toxicomanía.

toxina *f.* Sustancia venenosa producida por el cuerpo de los seres vivos.

tozudo, -da *adj./m. y f.* 1 [persona] Que se mantiene muy firme en sus ideas o intenciones incluso si son erróneas o falsas. ‖ *adj.* 2 [animal] Que no obedece con facilidad o es difícil de dominar.

traba *f.* 1 Cosa que sirve para sujetar o unir una cosa con otra. 2 Cosa que impide o retrasa el desarrollo de una acción. 3 Cuerda para atar las patas a los caballos.

trabajado, -da *adj.* Que ha sido elaborado con detalle y minuciosidad.

trabajador, -ra *m. y f./adj.* 1 Persona que realiza un trabajo a cambio de un salario. ‖ *adj.* 2 [persona] Que es muy aplicado en el trabajo.

trabajar *intr.* 1 Realizar una actividad que requiere un esfuerzo físico o mental. 2 Ocuparse una persona en un oficio o profesión recibiendo a cambio un salario. 3 Desarrollar un aparato o una máquina su actividad. ‖ *tr.* 4 Someter una materia a una acción continua y ordenada. 5 Cultivar la tierra. ‖ *prnl.* 6 Tratar de convencer a alguien con esfuerzo e insistencia para que actúe de una forma determinada.

trabajo *m.* 1 Actividad o dedicación que requiere un esfuerzo físico o mental. 2

Oficio o profesión que realiza una persona a cambio de un salario. **3** Lugar donde se ejerce un oficio o profesión. **4** Obra o resultado de una actividad. **5** Sufrimiento, dolor o penalidad que padece una persona. **6** Esfuerzo y dificultad.

trabajoso, -sa *adj.* Que exige mucho trabajo y esfuerzo.

trabalenguas *m.* Palabra o frase difícil de pronunciar que se dice como juego.

OBS El plural también es *trabalenguas*.

trabar *tr.* **1** Juntar o unir dos o más cosas. **2** Espesar o dar mayor consistencia a un líquido o a una masa. **3** Comenzar o emprender una cosa. **4** Rellenar con masa de mortero las juntas de una obra de construcción. **5** Impedir o dificultar la realización de una cosa. ‖ *prnl.* **6** Pelearse o enfrentarse dos o más personas de forma física o de palabra. **7** Tartamudear o atascarse una persona al hablar.

trabazón *f.* Unión o enlace de dos o más cosas entre sí.

trabilla *f.* **1** Tira de tela pequeña y estrecha que va cosida por los dos extremos a la cintura de una prenda de vestir y sirve para sujetar el cinturón. **2** Tira de tela o cuero que se cose en el bajo de ciertos pantalones y sirve para sujetarlos por debajo de la planta del pie.

trabucar [1] *tr./prnl.* **1** Alterar o cambiar el orden de ciertas cosas. **2** Escribir o pronunciar equivocadamente unas letras o palabras por otras.

trabuco *m.* Arma de fuego más corta y ancha que la escopeta.

traca *f.* Serie de petardos o cohetes colocados a lo largo de una cuerda y que estallan uno tras otro.

tracción *f.* Fuerza que arrastra a un vehículo sobre una superficie.

tractor *m.* Vehículo de motor provisto de cuatro ruedas de las cuales las dos traseras son de mayor tamaño y se adhieren fuertemente al terreno.

tradición *f.* Conjunto de ideas, usos o costumbres que se comunican, se transmiten o se mantienen de generación en generación.

tradicional *adj.* **1** De la tradición. **2** Que sigue las ideas, los usos o las costumbres del pasado o de un tiempo anterior.

tradicionalismo *m.* Actitud de apego a las costumbres o ideas del pasado.

tradicionalista *adj./com.* [persona] Que defiende el tradicionalismo.

traducción *f.* **1** Acción que consiste en

expresar en un idioma lo que se ha dicho o escrito en otro distinto. **2** Obra o texto que ha sido traducido por el traductor. **3** Interpretación o lectura que se le da a un texto.

traducir [46] *tr.* **1** Expresar en un idioma lo que se ha dicho o escrito en otro distinto. **2** Explicar o hacer entender una cosa. **3** Convertir o transformar una cosa en otra.

traductor, -ra *m. y f.* Persona que se dedica profesionalmente a traducir.

traer [88] *tr.* **1** Transportar o llevar una cosa hasta el lugar en que se encuentra el que habla. **2** Vestir una persona una prenda o llevarla puesta. **3** Ser una cosa causa o razón de que suceda algo. **4** Contener una cosa otra que se expresa a continuación. **5** Poner a una persona en un estado o una situación determinados. **6** Sentir o experimentar una persona una sensación física o psíquica. ▶ **traérselas** Expresión que indica que una persona o una cosa presenta más problemas o es más difícil de lo que parece.

tráfago *m.* Actividad y movimiento grandes e intensos.

traficante *adj./com.* [persona] Que se dedica a traficar.

traficar [1] *intr.* Comerciar con una cosa, en especial con mercancías ilegales.

tráfico *m.* **1** Paso o movimiento de vehículos por una vía pública o una carretera. **2** Comercio o negocio, en especial el que se hace con mercancías ilegales.

tragacanto *m.* **1** Arbusto de ramas abundantes y hojas compuestas que segrega una goma blanca y pegajosa. **2** Goma que se obtiene de este arbusto.

tragaderas *f. pl.* **1** *coloquial* Garganta o faringe. **2** *coloquial* Tendencia o inclinación de una persona a creérselo todo con gran facilidad. **3** *coloquial* Facilidad de una persona para admitir o tolerar una cosa que no es justa o verdadera.

tragadero *m.* Agujero por el que se introduce o pasa un líquido.

tragaldabas *com. coloquial* Persona que come mucho.

OBS El plural también es *tragaldabas*.

tragaluz *m.* Ventana pequeña abierta en el techo o en la parte alta de una pared.

OBS El plural es *tragaluces*.

tragaperras *adj./f.* [máquina de juego] Que funciona automáticamente al introducirle monedas y da premios en dinero.

OBS El plural también es *tragaperras*.

tragar [7] *tr./prnl.* 1 Hacer pasar un alimento o una cosa desde la boca al estómago. 2 Absorber un terreno o el agua lo que está en la superficie. 3 Creer una cosa con facilidad. 4 Gastar o consumir una cosa. ▌*tr./intr.* 5 Comer mucho. 6 Soportar o tolerar una cosa que disgusta o molesta.

tragasables *com.* Artista que realiza un espectáculo que consiste en introducirse por la boca objetos cortantes.

OBS El plural también es *tragasables*.

tragedia *f.* 1 Obra de teatro en la que se representan sufrimientos, pasiones y muertes y tiene un final desgraciado. 2 Género dramático al que pertenece este tipo de obra de teatro. 3 Situación o hecho muy triste que produce dolor y sufrimiento.

trágico, -ca *adj.* 1 De la tragedia. 2 Que es muy triste y produce dolor y sufrimiento moral. 3 [persona] Que exagera mucho sus manifestaciones de dolor.

tragicomedia *f.* Obra dialogada que contiene elementos propios de la tragedia y de la comedia.

trago *m.* 1 Porción o cantidad de líquido que se bebe de una sola vez. 2 *coloquial* Bebida alcohólica. 3 Desgracia, sufrimiento o situación difícil que padece alguien.

tragón, -gona *adj./m. y f. coloquial* [persona] Que come mucho.

traición *f.* Falta que comete una persona que no es fiel y no es firme en sus afectos o ideas o no cumple su palabra.

traicionar *tr.* 1 No ser fiel una persona y no ser firme en los afectos o ideas o faltar a la palabra dada. 2 Ser la causa del fracaso o el fallo de un intento.

traicionero, -ra *adj.* 1 Que está hecho con traición. ▌*adj./m. y f.* 2 Traidor.

traidor, -ra *adj./m. y f.* 1 [persona] Que comete una traición. ▌*adj.* 2 Que es muy hábil para engañar o se comporta con disimulo para conseguir una cosa. 3 Que es señal de traición. 4 [cosa] Que es peligroso aunque no lo parezca.

tráiler *m.* 1 Publicidad de una película en la que se muestran secuencias de la misma en pantalla. 2 Remolque de un camión.

OBS El plural es *tráileres*.

trainera *f.* 1 Embarcación pequeña y alargada que se usa para la pesca con red. 2 Embarcación de remos que se usa en competiciones deportivas.

traíña *f.* Red en forma de bolsa grande abierta por arriba que se usa para la pesca de arrastre.

traje *m.* 1 Vestido exterior completo de una persona. 2 Vestido formado por una chaqueta y unos pantalones o una falda de la misma tela. 3 Vestido de mujer formado por una sola pieza. ▶ **traje de baño** Prenda elástica que se usa para bañarse.

trajear *tr./prnl.* Vestir con traje o de forma más elegante que la habitual.

trajín *m.* Movimiento intenso o gran actividad que se produce en un lugar.

trajinar *tr.* 1 Llevar una cosa de un lugar a otro. ▌*intr.* 2 Moverse mucho una persona o andar de un sitio para otro.

tralla *f.* 1 Trencilla hecha con tiras de cuero que se coloca en el extremo de un látigo para hacerlo restallar cuando se sacude. 2 Látigo provisto de esta trencilla.

trallazo *m.* 1 Golpe o sacudida violenta. 2 Golpe dado con una tralla.

trama *f.* 1 Disposición interna en que se relacionan o se corresponden las partes de un asunto. 2 Tema o argumento de una obra literaria. 3 Conjunto de hilos que forman el ancho de una tela. 4 Acción preparada para causar daño a otros.

tramar *tr.* Actuar con astucia y en secreto para conseguir un fin.

tramitación *f.* Conjunto de gestiones que se hacen para resolver un asunto.

tramitar *tr.* Hacer pasar un asunto por los trámites oportunos o necesarios para solucionarlo.

trámite *m.* Estado de un proceso administrativo por el que tiene que pasar un asunto para solucionarlo.

tramo *m.* 1 Parte en que está dividido un camino o una vía. 2 Parte de una escalera situada entre dos rellanos.

tramoya *f.* 1 Máquina que sirve para hacer los cambios de decorado y los efectos especiales en el escenario de un teatro. 2 Parte que queda oculta en un asunto o negocio. 3 Broma o engaño hecho de modo hábil e inteligente.

tramoyista *com.* 1 Persona que diseña las tramoyas de un teatro. 2 Persona que maneja las tramoyas de un teatro.

trampa *f.* 1 Instrumento o artificio que se utiliza para cazar animales. 2 Plan o acción que tiene como fin engañar a una persona. 3 Trampilla.

trampilla *f.* Puerta situada en el suelo o en el techo que comunica una habitación con otra inferior o superior.

trampolín *m.* 1 Tabla flexible sujeta por un extremo que sirve para saltar al agua o tomar impulso al dar un salto acrobático. **2** Medio usado para conseguir un beneficio.

tramposo, -sa *adj./m. y f.* [persona] Que hace trampas en el juego.

tranca *f.* **1** Palo grueso y fuerte. **2** Palo grueso con el que se aseguran por detrás las puertas y ventanas que están cerradas. **3** *coloquial* Borrachera. ▸ **a trancas y barrancas** Expresión que indica que una cosa se hace con grandes dificultades.

trancar [1] *tr.* Cerrar una puerta o ventana con una tranca.

trancazo *m.* **1** *coloquial* Golpe fuerte dado con una tranca o un objeto contundente. **2** *coloquial* Gripe o enfermedad.

trance *m.* **1** Momento o situación muy difícil o apurada de la vida de una persona. **2** Estado en el que se suspenden las funciones mentales de una persona.

tranco *m.* Paso o salto largo.

tranquilidad *f.* Cualidad de tranquilo.

tranquilizante *adj./m.* [sustancia, medicamento] Que calma o tranquiliza.

tranquilizar [4] *tr./prnl.* Hacer que alguien o algo esté tranquilo.

tranquillo *m.* Hábito o habilidad que se logra o se adquiere a fuerza de repetir una misma acción muchas veces.

tranquilo, -la *adj.* **1** Que no presenta agitación, movimiento o ruido. **2** [persona] Que tiene un estado de ánimo sosegado.

trans- Prefijo que entra en la formación de palabras con el significado de: *a)* 'En la parte opuesta', 'del otro lado'. *b)* 'A través de'. *c)* 'Cambio', 'mudanza'.

OBS Puede alternar con la forma *tras-*.

trans *m.* **1** Apócope de *transgénero*. ‖ *com.* **2** Apócope de *transexual*.

transatlántico, -ca *adj.* **1** De las regiones del otro lado del océano Atlántico. ‖ *m.* **2** Embarcación de gran tamaño destinada al transporte de pasajeros que recorre grandes distancias.

OBS También se escribe *trasatlántico*.

transbordador *m.* **1** Embarcación de gran tamaño destinada al transporte de pasajeros y cargas pesadas que hace siempre el mismo recorrido. **2** Vehículo espacial que despega como un cohete y vuelve a la Tierra aterrizando como un avión.

OBS También se escribe *trasbordador*.

transbordar *tr./prnl.* **1** Trasladar personas o mercancías de un vehículo a otro. ‖ *tr./intr.* **2** Cambiar una persona cuando viaja en ferrocarril de un tren a otro.

OBS También se escribe *trasbordar*.

transbordo *m.* Cambio o traslado de un ferrocarril a otro o de una línea de metro a otra.

OBS También se escribe *trasbordo*.

transcendencia *f.* Trascendencia.

transcendental *adj.* Trascendental.

transcender *intr.* Trascender.

transcribir *tr.* **1** Copiar un escrito trasladándolo a un sistema de escritura distinto. **2** Copiar o reproducir un texto en otro lugar. **3** Representar sonidos mediante un sistema especial de signos.

OBS El participio es *transcrito*. También se escribe *trascribir*.

transcripción *f.* Acción y efecto de transcribir.

OBS También se escribe *trascripción*.

transcrito, -ta *part.* Participio irregular de *transcribir*.

OBS También se escribe *trascrito*.

transcurrir *intr.* Pasar o correr el tiempo.

OBS También se escribe *trascurrir*.

transcurso *m.* Paso del tiempo.

OBS También se escribe *trascurso*.

transeúnte *adj./com.* **1** [persona] Que pasa andando por un lugar. **2** [persona] Que vive en un lugar durante un período de tiempo o solo está en él de paso.

transexual *adj./com.* [persona] Que cree pertenecer al sexo opuesto e intenta que su anatomía y su comportamiento sean propios de ese sexo.

transferencia *f.* Acción y efecto de transferir.

OBS También se escribe *trasferencia*.

transferir [35] *tr.* **1** Cambiar dinero de una cuenta a otra mediante una transferencia bancaria. **2** Dar o ceder una cosa propia a una persona o una entidad.

OBS También se escribe *trasferir*.

transfiguración *f.* Cambio radical en el aspecto de una persona o cosa.

transfigurar *tr./prnl.* Cambiar radicalmente el aspecto de una cosa o de una persona.

OBS También se escribe *trasfigurar*.

transformación *f.* **1** Cambio de forma que sufre una cosa. **2** Cambio de aspecto o de costumbres que sufre una cosa. **3** Cambio completo por el que una cosa se convierte en otra.

OBS También se escribe *trasformación*.

transformador, -ra *adj.* **1** Que transforma. ‖ *m.* **2** Aparato o instalación que transforma el voltaje de una corriente eléctrica alterna sin modificar su potencia.

OBS También se escribe *trasformador*.

transformar *tr./prnl.* 1 Cambiar una cosa de forma. 2 Cambiar una cosa de aspecto o de costumbres. 3 Convertir una cosa en otra cosa distinta.

OBS También se escribe *trasformar*.

transformativo, -va *adj.* Que es capaz de producir una transformación.

OBS También se escribe *trasformativo*.

transformista *com.* Actor que cambia rápidamente de traje y de aspecto para interpretar personajes diferentes.

tránsfuga *com.* Persona que deja un partido político para pertenecer a otro.

transfusión *f.* Operación que consiste en introducir sangre de un individuo en el sistema circulatorio de otro.

transgénico, -ca *adj.* [organismo] Que ha sido creado artificialmente mediante manipulación genética de otros organismos.

transgénero *com./adj.* Condición sexual de la persona que no se siente identificada, parcial o totalmente, con el género asignado al nacer.

OBS Es invariable en plural.

transgredir *tr.* Ir contra una ley.

OBS Se usa solamente en los tiempos y personas cuya desinencia contiene la vocal *i* como *transgredía*, *transgrediré*, *transgrediendo*. También se escribe *trasgredir*.

transgresión *f.* Falta o acción que va contra una ley o una norma.

OBS También se escribe *trasgresión*.

transgresor, -ra *adj./m. y f.* [persona] Que transgrede la ley o no la cumple.

OBS También se escribe *trasgresor*.

transiberiano, -na *adj./m.* [tren] Que comunica Moscú con Vladivostok a través de los Urales y Siberia.

transición *f.* 1 Situación o estado intermedio entre uno antiguo o pasado y otro nuevo. 2 Paso de un estado o modo de ser a otro distinto.

transido, -da *adj.* Que está muy angustiado por un dolor físico o moral.

transigencia *f.* Actitud de tolerancia.

transigir [6] *intr.* 1 Admitir o aceptar una persona una cosa que no le gusta o que va en contra de su opinión con el fin de llegar a un acuerdo. 2 Tolerar una cosa.

transistor *m.* 1 Componente que rectifica y amplifica las corrientes eléctricas y hace funcionar los aparatos de radio, televisión y otros dispositivos. 2 Aparato de radio de pequeño tamaño.

transitar *intr.* Andar por una vía pública al ir de un lugar a otro.

transitividad *f.* GRAM. Característica del verbo que necesita llevar complemento directo.

transitivo, -va *adj./m. y f.* GRAM. [oración, verbo] Que puede llevar un complemento u objeto directo.

tránsito *m.* 1 Movimiento de personas o de vehículos que pasan por una vía pública. 2 Paso de un estado o empleo a otro.

transitoriedad *f.* Característica de algo que no es definitivo.

transitorio, -ria *adj.* 1 Que dura un tiempo determinado o es temporal. 2 Que está destinado a dejar de existir.

translación *f.* ASTR. Traslación.

transliteración *f.* Copia de un escrito trasladado a otro sistema de escritura.

OBS También se escribe *trasliteración*.

transliterar *tr.* Copiar un escrito trasladándolo a otro sistema de escritura.

OBS También se escribe *trasliterar*.

translúcido, -da *adj.* [cuerpo, materia] Que deja pasar la luz pero que no permite ver con nitidez a través de él.

OBS También se escribe *traslúcido*.

translucir *tr./prnl.* Traslucir.

transmediterráneo, -nea *adj.* Que atraviesa el mar Mediterráneo.

OBS También se escribe *trasmediterráneo*.

transmigración *f.* Acción y efecto de transmigrar.

OBS También se escribe *trasmigración*.

transmigrar *intr.* 1 Emigrar a otro país, en especial todo un pueblo. 2 Según algunas creencias religiosas, pasar el alma de un cuerpo a otro después de la muerte.

OBS También se escribe *trasmigrar*.

transmisión *f.* Acción y efecto de transmitir.

OBS También se escribe *trasmisión*.

transmisor, -ra *adj./m. y f.* 1 [medio] Que transmite o comunica alguna cosa. ▌ *m.* 2 Aparato que sirve para transmitir o emitir señales eléctricas o telefónicas.

OBS También se escribe *trasmisor*.

transmitir *tr.* 1 Comunicar un mensaje, una información o una noticia. 2 Emitir o difundir la radio o la televisión un programa. 3 Comunicar un dispositivo energía o movimiento desde un punto de un mecanismo a otro. ▌ *tr./prnl.* 4 Contagiar una enfermedad o un estado de ánimo.

OBS También se escribe *trasmitir*.

transmutar *tr./prnl.* Convertir una cosa en otra cosa distinta.

OBS También se escribe *trasmutar*.

transparencia *f.* 1 Cualidad de transparente. 2 Fotografía o diapositiva que está hecha sobre un material transparente.

OBS También se escribe *trasparencia*.

transparentar *tr./prnl.* 1 Dejar pasar la luz un objeto y permitir ver con claridad a través de él. 2 Dejar entrever una cosa que a través de los indicios se intuye.

OBS También se escribe *trasparentar*.

transparente *adj.* 1 [cuerpo] Que deja pasar la luz y permite ver con claridad a través de él. 2 Que es claro o fácil de comprender. 3 Que oferece información clara sobre sus acciones y decisiones.

OBS También se escribe *trasparente*.

transpiración *f.* Salida de sudor del cuerpo a través de los poros de la piel.

OBS También se escribe *traspiración*.

transpirar *intr./tr.* Desprender sudor a través de los poros de la piel.

OBS También se escribe *traspirar*.

transpirenaico, -ca *adj.* 1 Que está al otro lado de los Pirineos. 2 Que atraviesa los Pirineos.

OBS También se escribe *traspirenaico*.

transponer [78] *tr./prnl.* 1 Poner a una persona o cosa más allá o en lugar distinto del que ocupa. 2 Trasladar una planta con sus raíces del lugar en que estaba plantada a otro. 3 Ponerse el sol u otro astro.

OBS También se escribe *trasponer*.

transportador, -ra *adj.* 1 Que lleva una cosa de un lugar a otro. ‖ *m.* 2 Regla semicircular para medir y dibujar ángulos.

OBS También se escribe *trasportador*.

transportar *tr.* 1 Llevar o trasladar una persona o una cosa de un lugar a otro. ‖ *tr./prnl.* 2 Hacer perder una cosa la razón o el sentido a una persona.

OBS También se escribe *trasportar*.

transporte *m.* 1 Traslado de una persona o una cosa de un lugar a otro. 2 Vehículo o medio para trasladar personas o cosas.

OBS También se escribe *trasporte*.

transportista *adj./com.* Que se dedica al transporte de mercancías.

OBS También se escribe *trasportista*.

transpuesto, -ta *adj.* Medio dormido.

OBS También se escribe *traspuesto*.

transvasar *tr.* Pasar un líquido de un recipiente a otro.

OBS También se escribe *trasvasar*.

transvase *m.* Resultado de transvasar.

OBS También se escribe *trasvase*.

transversal *adj.* 1 Que atravesado de una parte a otra de una cosa de manera perpendicular. 2 Que se cruza en dirección perpendicular con otra cosa. 3 Que implica o trata diversos ámbitos poniéndolos en relación.

OBS También se escribe *trasversal*.

tranvía *m.* Vehículo de transporte público que circula por vías o raíles en las calles de una ciudad y lleva pasajeros.

tranviario, -ria *adj.* 1 Del tranvía. ‖ *m. y f.* 2 Persona que conduce un tranvía o trabaja en el servicio de tranvías.

trapa *amb.* Ruido y alboroto.

trápala *f.* 1 Bullicio de gente. 2 *coloquial* Mentira. ‖ *adj./com.* 3 Persona que habla mucho sin decir nada importante. 4 Persona que cuenta mentiras.

trapecio *m.* 1 Palo horizontal suspendido de dos cuerdas que se usa para hacer ejercicios, gimnásticos o circenses. 2 Figura geométrica plana que tiene cuatro lados de los cuales solo dos son paralelos. 3 Hueso del cuerpo humano que es el primero de la segunda fila de la muñeca. 4 Cada uno de los dos músculos situados en la parte superior de la espalda y posterior de la cabeza.

trapecista *com.* Persona que hace acrobacias en el trapecio.

trapero, -ra *m. y f.* Persona que se dedica a recoger, comprar y vender trapos y otros objetos usados.

trapezoidal *adj.* Que tiene forma de trapecio o de trapezoide.

trapezoide *m.* 1 Figura geométrica de cuatro lados que no tiene ningún lado paralelo a otra. ‖ *m./adj.* 2 ANAT. Hueso que es el segundo de la segunda fila del carpo.

trapichear *intr.* 1 *coloquial* Buscar cualquier medio para conseguir un fin. 2 Comerciar con mercancías en pequeñas cantidades de una manera ilegal.

trapicheo *m. coloquial* Acción de trapichear.

trapío *m.* Gallardía, bravura y buena planta que tiene un toro de lidia.

trapisonda *f. coloquial* Discusión o riña en la que se grita y hay alboroto.

trapo *m.* 1 Trozo de tela viejo y roto. 2 Trozo de tela que se usa para limpiar o quitar el polvo. 3 Conjunto de velas de una embarcación. 4 Tela de la capa de torear de un torero. ▶ **a todo trapo** *coloquial* Con la mayor rapidez o velocidad posible.

tráquea *f.* 1 ANAT. Tubo del aparato respiratorio de algunos vertebrados que comunica la laringe con los bronquios y lleva el aire a los pulmones. **2** ZOOL. Órgano con el que respiran los insectos y los artrópodos terrestres.

traqueal *adj.* **1** De la tráquea. **2** [animal] Que respira a través de la tráquea.

traqueotomía *f.* MED. Intervención quirúrgica en la que se practica una abertura en la tráquea para comunicarla con el exterior.

traquetear *intr.* Moverse o agitarse una cosa produciendo un ruido.

traqueteo *m.* Acción y efecto de traquetear.

tras *prep.* **1** Indica que una cosa es posterior a otra en el espacio o en el tiempo. **2** Indica que se persigue, se pretende o se va en busca de alguna cosa.

tras- Trans-.

trasatlántico, -ca *adj.* Transatlántico.

trasbordador *m.* Transbordador.

trasbordar *tr./prnl.* Transbordar.

trasbordo *m.* Transbordo.

trascendencia *f.* Resultado de carácter grave o importante que tiene una cosa.
OBS También se escribe *transcendencia*.

trascendental *adj.* **1** Que es básico o principal para fundar o sostener una cosa. **2** Que va más allá de lo que se puede conocer mediante la experiencia.
OBS También se escribe *transcendental*.

trascender [28] *intr.* **1** Empezar a ser conocida una cosa que estaba oculta. **2** Extenderse las consecuencias o los efectos de un hecho. **3** Sobrepasar una cosa un determinado límite.
OBS También se escribe *transcender*.

trascribir *tr.* Transcribir.

trascripción *f.* Transcripción.

trascrito, -ta *part.* Participio irregular de *trascribir*.

trascurrir *intr.* Transcurrir.

trascurso *m.* Transcurso.

trasegar [48] *tr.* **1** Cambiar un líquido de un recipiente a otro. **2** Tomar bebidas alcohólicas en exceso.

trasera *f.* Parte de atrás de un lugar o de un objeto.

trasero, -ra *adj.* **1** Que está en la parte posterior de un cosa. ▌ *m.* **2** Culo de una persona.

trasferencia *f.* Transferencia.

trasferir [35] *tr.* Transferir.

trasfiguración *f.* Transfiguración.

trasfigurar *tr.* Transfigurar.

trasfondo *m.* Cosa, situación o intención que está detrás de la apariencia externa y visible de una acción o una situación.

trasformación *f.* Transformación.

trasformador, -ra *adj.* Transformador.

trasformar *tr./prnl.* Transformar.

trasformativo, -va *adj.* Transformativo.

trásfuga *com.* Tránsfuga.

trasfusión *f.* Transfusión.

trasgredir *tr.* Transgredir.

trasgresión *f.* Transgresión.

trasgresor, -ra *adj./m. y f.* Transgresor.

trashumancia *f.* Traslado de los rebaños de ganado de una región a otra.

trashumante *adj.* [ganado] Que practica la trashumancia.

trasiego *m.* **1** Cambio de un líquido de un recipiente a otro. **2** Gran actividad y movimiento de gente.

traslación *f.* ASTR. Movimiento elíptico que describe la Tierra alrededor del Sol.
OBS También se escribe *translación*.

trasladar *tr./prnl.* **1** Cambiar a una persona o una cosa de lugar. ▌ *tr.* **2** Cambiar a una persona de un puesto o cargo.

traslado *m.* Acción y efecto de trasladar.

traslaticio, -cia *adj.* culto [sentido] Que es distinto al que tiene habitualmente una palabra.

trasliteración *f.* Transliteración.

trasliterar *tr.* Transliterar.

traslúcido, -da *adj.* Translúcido.

traslucir [45] *tr./prnl.* **1** Dejar ver o mostrar una cosa a través de unos indicios. ▌ *prnl.* **2** Ser un objeto traslúcido.
OBS También se escribe *translucir*.

trasluz *m.* Luz que pasa a través de un cuerpo traslúcido o transparente.

trasmano Palabra que se utiliza en la locución *a trasmano*, que significa: *a*) que un objeto está fuera del alcance de la mano.

trasmediterráneo, -nea *adj.* Transmediterráneo.

trasmigración *f.* Transmigración.

trasmigrar *intr.* Transmigrar.

trasmisión *f.* Transmisión.

trasmisor, -ra *adj./m. y f.* Transmisor.

trasmitir *tr.* Transmitir.

trasmundo *m.* Mundo fantástico.

trasmutar *tr./prnl.* Transmutar.

trasnochado, -da *adj.* Que está anticuado o ya no es vigente.

trasnochar *intr.* Pasar una persona la noche sin dormir o acostarse muy tarde.

traspapelar *tr./prnl.* Perder un papel o un documento que estaba junto a otros.

trasparencia *f.* Transparencia.

trasparentar *tr./prnl.* Transparentar.

trasparente *adj.* Transparente.

traspasar *tr.* 1 Pasar o llevar una cosa de un lugar a otro. 2 Pasar de una parte a otra de un lugar. 3 Atravesar un objeto. 4 Entregar el alquiler o la venta de un local a una persona a cambio de dinero.

traspaso *m.* Acción y efecto de traspasar.

traspatio *m.* AMÉR Patio interior, generalmente al fondo o detrás del patio principal.

traspié *m.* 1 Tropezón o resbalón al andar o al correr. 2 Equivocación.

OBS El plural es *traspiés*.

traspiración *f.* Transpiración.

traspirar *intr./tr.* Transpirar.

traspirenaico, -ca *adj.* Transpirenaico.

trasplantar *tr.* 1 Trasladar una planta con sus raíces del lugar en que estaba plantada a otro. 2 MED. Introducir en el cuerpo una parte de tejido o un órgano sanos para sustituir a los que estaban dañados.

trasplante *m.* Acción y efecto de trasplantar.

trasponer [78] *tr./prnl.* Transponer.

trasportador, -ra *adj.* Transportador.

trasportar *tr.* Transportar.

trasporte *m.* Transporte.

trasportista *com.* Transportista.

traspuesto, -ta *adj.* Transpuesto.

trasquilar *tr.* 1 Cortar el pelo a una persona de forma desigual y mal cortado. 2 Cortar el pelo o la lana a ciertos animales.

trasquilón *m.* Desigualdad que se hace en el pelo de una persona al cortarlo.

trastada *f. coloquial* Travesura, fechoría o acción mala y de poca importancia.

trastazo *m. coloquial* Golpe fuerte que se da una persona o una cosa contra algo.

traste *m.* 1 Saliente de metal, hueso u otro material que se coloca junto con otros de manera transversal a lo largo del mástil de la guitarra o de otros instrumentos parecidos. 2 Espacio que hay entre dos de esos salientes. 3 AMÉR Objeto que no sirve para nada, carece de valor o estorba. 4 RPLATA *coloquial* Nalgas de una persona. 5 RPLATA *coloquial* Buena suerte de alguien. 6 MÉX Utensilio de cocina de varios usos. ▶ **dar al traste** Estropear o echar a perder una cosa.

trastear *intr.* Revolver, remover o cambiar trastos o cosas de un lugar a otro.

trastero, -ra *adj./m.* [habitación] Que se usa para guardar trastos o cosas viejas que no se utilizan.

trastienda *f.* 1 Habitación situada detrás de la tienda. 2 Pensamiento o intención ocultos de una persona.

trasto *m.* 1 Traste (objeto). 2 Máquina, aparato, etc. que está muy viejo, funciona mal o está estropeado. 3 Persona, especialmente niño, que no tiene formalidad, es inquieta o inútil.

trastocar [1] *tr.* 1 Cambiar o alterar el orden que mantenían ciertas cosas o el desarrollo normal de algo. ‖ *prnl.* 2 Trastornarse una persona.

trastornar *tr.* 1 Cambiar o alterar el orden que mantenían ciertas cosas o el desarrollo normal de algo. 2 Hacer que una persona sufra un problema, una molestia o tenga un cambio negativo en su vida. 3 Gustar mucho una persona o una cosa a alguien, o sentir por ella una pasión excesiva. ‖ *tr./prnl.* 4 Perturbar o alterar el estado mental o de ánimo de una persona.

trastorno *m.* 1 Acción y efecto de trastornar. 2 Alteración de poca importancia en la salud de una persona.

trasunto *m.* Reflejo o imitación fiel de algo.

trasvasar *tr.* Transvasar.

trasvase *m.* Transvase.

trasversal *adj.* Transversal.

trata *f.* Tráfico o comercio en el que se venden seres humanos como esclavos.

tratable *adj.* [persona] Que es fácil de tratar porque es simpático o agradable.

tratadista *com.* Persona que escribe tratados sobre una materia determinada.

tratado *m.* 1 Acuerdo entre dos o más naciones. 2 Obra que trata sobre una materia determinada.

tratamiento *m.* 1 Manera de actuar, de comportarse o de proceder una persona en su relación con los demás o con los animales. 2 Manera de dirigirse a una persona. 3 Conjunto de cuidados y remedios para curar una enfermedad.

tratar *tr.* 1 Actuar, comportarse o proceder una persona de una manera determinada en relación con los demás o con los animales. 2 Usar o manejar una cosa de una manera determinada. 3 Dar a una persona un tratamiento determinado, según su categoría, su condición, su edad, o según otras características. 4 Someter una sustancia o una materia a un tratamiento o proceso por su transformación o para la obtención de determinado resultado. **5** Someter a un paciente a una serie de cuidados y remedios para curarle una enfermedad. **6** Negociar, discutir o analizar un asunto o un tema. ‖ *tr./intr./prnl.* **7** Tener relación o comunicarse una persona con otra. ‖ *intr.* **8** Ocuparse o hablar de cierto tema, asunto o materia. **9** Comerciar o comprar cosas para después venderlas. ▶ **tratar de** + infinitivo Intentar conseguir o lograr un objetivo o un fin.

trato *m.* **1** Acción y efecto de tratar o tratarse. **2** Acuerdo al que llegan dos o más personas sobre un asunto.

trauma *m.* Choque emocional que produce en el subconsciente de una persona una impresión intensa y duradera.

traumático, -ca *adj.* Del trauma o del traumatismo.

traumatismo *m.* Daño de los tejidos orgánicos o de los huesos producido por un golpe, una torcedura u otra circunstancia.

traumatizar [4] *tr./prnl.* Producir un trauma en una persona.

traumatología *f.* MED. Parte de la medicina especializada en el estudio y tratamiento de los daños producidos por golpes, torceduras u otras circunstancias.

traumatólogo, -ga *m. y f.* Médico especilizado en traumatología.

travelín o **travelling** *m.* Técnica cinematográfica que consiste en mover la cámara para acercarla o alejarla de lo que se desea filmar.

OBS La forma *travelling* es de origen inglés y se pronuncia aproximadamente 'trávelin'. El plural de *travelín es travelines*, y el de *travelling, travellings*.

través *m.* Inclinación o torcimiento de una cosa hacia un lado material o inmaterial. ▶ **a través de** *a*) Indica que una cosa se hace u ocurre pasando o cruzando por en medio de otra. *b*) Indica que una cosa se hace u ocurre mediante la utilización de otra o gracias a otra.

travesaño *m.* **1** Barra o pieza alargada de madera o de otra material que atraviesa una cosa de una parte a otra. **2** En el fútbol y en otros deportes, palo superior de la portería que une horizontalmente los dos postes.

travesía *f.* **1** Calle estrecha que va de una calle principal a otra. **2** Parte de una carretera que cruza por en medio de una población. **3** Viaje por mar o por aire.

travesti o **travestí** *com.* Persona que se viste con ropas propias del sexo contrario.

travestido, -da *adj.* **1** Disfrazado. ‖ *adj./m. y f.* **2** [persona] Que se viste con ropas propias del sexo contrario.

travestir [34] *tr./prnl.* Vestir a una persona con ropas propias del sexo contrario.

travesura *f.* Acción mala de poca importancia, cometida sin malicia.

traviesa *f.* Pieza alargada de madera, de metal o de hormigón armado que se atraviesa junto con otras en una vía férrea.

travieso, -sa *adj./m. y f.* **1** [persona] Que hace muchas travesuras. **2** [persona] Que no se está quieto o es muy revoltoso.

trayecto *m.* **1** Espacio que se recorre entre dos puntos o lugares. **2** Acción de recorrer el espacio que hay entre dos puntos o lugares.

trayectoria *f.* **1** Línea descrita en el espacio por un punto que se mueve. **2** Curso, desarrollo o evolución que sigue una persona o una cosa a lo largo del tiempo.

traza *f.* **1** Aspecto o apariencia que presenta una persona o una cosa. **2** Marca que deja una cosa. **3** Habilidad para hacer algo. **4** Planta, proyecto o diseño de un edificio.

trazado *m.* **1** Planta, proyecto o diseño de un edificio o una obra de construcción. **2** Recorrido o dirección que sigue sobre el terreno un camino o una vía.

trazar [4] *tr.* **1** Hacer líneas o dibujar cierta cosa mediante rayas o líneas. **2** Pensar, idear o preparar un plan o un proyecto.

trazo *m.* Línea hecha al escribir o dibujar.

trébol *m.* **1** Planta herbácea cuyas hojas están compuestas por tres folíolos redondeados, y, en raras ocasiones, por cuatro. ‖ *m. pl.* **2** Palo de la baraja francesa en el que aparecen dibujadas unas figuras con la forma de una hoja de esta planta.

trece *num. card.* **1** Indica que el nombre al que acompaña o al que sustituye está 13 veces. Puede ser determinante. ‖ *m.* **2** Nombre del número 13.

treceavo, -va *num.* Parte que resulta de dividir un todo en 13 partes iguales.

trecho *m.* Espacio o distancia que hay entre dos lugares o trozo de camino que se recorre.

tregua *f.* **1** Detención o suspensión de una lucha o de una guerra durante un tiempo determinado. **2** Detención o interrupción durante un período de tiempo de una actividad, un trabajo u otra cosa.

treinta *num. card.* **1** Indica que el nombre al que acompaña o al que sustituye está

30 veces. Puede ser determinante. ‖ *m.* **2** Nombre del número 30.

treintañero, -ra *adj./m. y f.* [persona] Que tiene de treinta a cuarenta años de edad.

treintavo, -va *num.* Parte que resulta de dividir un todo en 30 partes iguales.

treintena *f.* Conjunto formado por treinta unidades.

trekking *m.* Tipo de excursionismo que consiste en recorrer a pie largas distancias o una zona determinada.
OBS Es de origen inglés y se pronuncia aproximadamente 'trequin'.

tremebundo, -da *adj.* Que causa terror o que asusta por alguna circunstancia.

tremendo, -da *adj.* **1** Que produce un fuerte sentimiento de sobrecogimiento, susto, miedo o terror. **2** Que es muy grande en tamaño o intensidad, o que es extraordinario. **3** [persona] Que hace cosas sorprendentes o fuera de lo común.

trementina *f.* Resina oleosa y pegajosa de color amarillo que desprenden algunos árboles como el abeto.

trémolo *m.* MÚS. Serie o sucesión rápida de muchas notas iguales y de la misma duración.

trémulo, -la *adj.* Que tiembla o se agita con movimientos rápidos y continuos.

tren *m.* **1** Medio de transporte formado por varios vagones que están enganchados y que son arrastrados sobre unos rafles por una locomotora. **2** Conjunto de máquinas o aparatos empleados para una misma operación y colocados en serie uno tras otro. **3** Manera o modo de vivir una persona con determinados lujos y comodidades. ► **a todo tren** *a)* Se utiliza para indicar que una cosa se hace sin reparar en gastos. *b)* Se utiliza para indicar que una cosa se hace a gran velocidad.

trenca *f.* Prenda de vestir de abrigo que cubre el cuerpo hasta por encima de las rodillas y suele llevar capucha.

trenza *f.* Conjunto de tres o más mechones, cuerdas, hebras u otras cosas con forma alargada, que se cruzan alternativamente formando una sola más gruesa.

trenzado *m.* **1** Trenza. **2** En danza, salto ligero en el que los pies se cruzan rápidamente en el aire.

trenzar [4] *tr.* Hacer o formar trenzas.

trepa *com. coloquial* Persona que intenta ascender profesional o socialmente aprovechando cualquier circunstancia.

trepador, -ra *adj.* **1** [planta] Que trepa o

crece agarrándose a un árbol, a una pared, una reja o a otro lugar que le sirve de soporte. ‖ *adj./m. y f.* **2** [ave] Que tiene el dedo externo dirigido hacia atrás, lo que le permite trepar con facilidad.

trepanación *f.* MED. Operación quirúrgica que consiste en perforar el cráneo.

trepanar *tr.* MED. Perforar el cráneo.

trepar *intr.* **1** Subir a un lugar alto y de difícil acceso valiéndose y ayudándose de los pies y de las manos. **2** Crecer ciertas plantas y subir agarrándose y sujetándose a lo largo de un árbol, una pared, una reja u otro lugar que les sirve de soporte. **3** *coloquial* Ascender profesional o socialmente una persona aprovechando cualquier circunstancia y sin importarle los medios que utilice para ello.

trepidante *adj.* **1** Que trepida. **2** Que se desarrolla de forma muy rápida y emocionante.

trepidar *intr.* **1** Temblar o vibrar una cosa con movimientos pequeños y rápidos. **2** AMÉR. Titubear o dudar antes de tomar una decisión.

tres *num. card.* **1** Indica que el nombre al que acompaña o al que sustituye está 3 veces. Puede ser determinante. ‖ *m.* **2** Nombre del número 3. El plural es *treses*.

trescientos, -tas *num. card.* **1** Indica que el nombre al que acompaña o al que sustituye está 300 veces. Puede ser determinante. ‖ *m.* **2** Nombre del número 300.

tresillo *m.* **1** Conjunto de un sofá y dos sillones a juego. **2** Asiento, normalmente para tres personas, grande, blando y con apoyos para la espalda y los brazos. **3** Juego de cartas en el que participan tres personas, con nueve cartas cada una.

treta *f.* Medio que se emplea con astucia y habilidad para conseguir una cosa, y en el que hay oculto un engaño o una trampa.

tri- Elemento prefijal que significa 'tres'.

tríada *f.* Grupo de tres elementos o seres que tienen un vínculo particular.

trial *m.* Modalidad de motociclismo que se practica por terrenos accidentados.

triangulación *f.* Acción y efecto de triangular.

triangular *adj.* **1** Que tiene forma de triángulo o es parecido a esta figura. **2** Que tiene tres partes o cuenta con la participación de tres grupos. ‖ *tr.* **3** En topografía, unir tres puntos mediante líneas rectas, formando un triángulo. **4** En algunos deportes, mover la pelota entre varios jugadores, formando un triángulo.

triángulo *m.* 1 Figura plana que tiene tres lados que forman tres ángulos. **triángulo acutángulo** Triángulo que tiene tres ángulos agudos, o sea, menores de 90 grados. **triángulo equilátero** Triángulo que tiene los tres lados y los tres ángulos iguales. **triángulo escaleno** Triángulo que tiene los tres lados diferentes. **triángulo isósceles** Triángulo que tiene dos lados iguales y uno diferente. **triángulo obtusángulo** Triángulo que tiene un ángulo mayor de 90 grados. **triángulo rectángulo** Triángulo que tiene un ángulo recto. 2 Instrumento musical formado por una varilla de metal doblada en tres partes que se mantiene suspendida en el aire y se hace sonar golpeándola con otra varilla.

triatlón *m.* Prueba deportiva que consiste en tres carreras.

tribal *adj.* De la tribu.

tribalismo *m.* Forma de organización social que se basa en la tribu.

tribu *f.* Organización social, política y económica integrada por un conjunto de personas que comparten un origen, una lengua, unas costumbres y unas creencias y que obedecen a un mismo jefe.

tribulación *f.* 1 Pena, disgusto o preocupación muy grande. 2 Situación adversa o desfavorable.

tribuna *f.* 1 Plataforma o armazón que se coloca en alto, que generalmente tiene una barandilla, y desde donde se habla a un público. 2 Plataforma o armazón que se coloca en alto y donde se instalan las autoridades o los espectadores que contemplan un desfile o un espectáculo público. 3 Medio de comunicación social que se utiliza para expresar o manifestar una opinión. 4 Localidad preferente de algunos estadios o campos de deporte.

tribunal *m.* 1 Persona o conjunto de personas que se encargan de administrar justicia en un estado. 2 Edificio o lugar donde se administra justicia. 3 Conjunto de personas que están reunidas para emitir un juicio sobre algo, como un examen o una oposición.

tribuno *m.* En la antigua Roma, magistrado que defendía los derechos del pueblo.

tributar *tr.* 1 Pagar un tributo. 2 Manifestar hacia una persona una muestra de reconocimiento, respeto o consideración como prueba de agradecimiento o admiración.

tributario, -ria *adj.* 1 Del tributo. ‖ *adj./ m. y f.* 2 Que paga o tiene la obligación de pagar un tributo.

tributo *m.* 1 Cantidad de dinero que un ciudadano debe pagar al estado o a otro organismo para sostener el gasto público. 2 Cantidad de dinero o de otra cosa que el vasallo debía entregar a su señor como reconocimiento de obediencia y sometimiento. 3 Muestra de reconocimiento, respeto o consideración hacia una persona. 4 Carga continua u obligación que se soporta por usar o disfrutar una cosa.

tricentésimo, -ma *num. ord.* 1 Indica que el nombre al que acompaña o al que sustituye ocupa el lugar número 300 en una serie. Puede ser determinante. ‖ *num.* 2 Parte que resulta de dividir un todo en 300 partes iguales.

tríceps *adj./m.* ANAT. [músculo] Que está formado por tres partes o porciones que se unen en un tendón.

OBS El plural también es *tríceps*.

triceratops *m.* Reptil dinosaurio parecido al rinoceronte, con un pequeño cuerno en la nariz y dos cuernos más largos en la parte posterior del cráneo.

OBS El plural también es *triceratops*.

triciclo *m.* Vehículo de tres ruedas, dos traseras y una delantera, especialmente el movido por dos pedales y usado por los niños.

triclinio *m.* 1 En la Roma y Grecia antiguas, diván de tres plazas en el que las personas se tendían para comer. 2 Habitación de las antiguas casas romana y griega que servía como comedor.

tricolor *adj.* Que tiene tres colores.

tricornio *m.* Sombrero de color negro que tiene el ala dura y doblada de manera que forma tres picos.

tricota *f.* ARG Suéter (prenda).

tricotar *tr.* Hacer labores de punto.

tricotosa *f.* Máquina para hacer punto.

tricúspide *adj./f.* ANAT. [válvula del corazón] Que separa la aurícula y el ventrículo derechos.

tridente *m.* Instrumento formado por un palo con tres puntas de hierro en forma de arpón.

tridimensional *adj.* Que tiene tres dimensiones.

triedro *m.* En geometría, porción indefinida de espacio limitada por tres planos que se cortan en un punto.

trienal *adj.* 1 Que sucede o se repite cada tres años. 2 Que dura tres años.

trienio *m.* Período de tres años.

trifásico, -ca *adj.* [sistema eléctrico] Que está formado por tres corrientes alternas iguales con fases que se distancian un tercio de período.

trifulca *f. coloquial* Discusión o pelea, generalmente con mucho ruido y alboroto.

trigal *m.* Terreno sembrado de trigo.

trigémino *adj./m.* ANAT. [nervio del cráneo] Que sensibiliza varias partes de la cara.

trigésimo, -ma *num. ord.* 1 Indica que el nombre al que acompaña o al que sustituye ocupa el lugar número 30 en una serie. Puede ser determinante. ‖ *num.* 2 Parte que resulta de dividir un todo en 30 partes iguales.

triglifo *m.* ARQ. En el friso de orden dórico, ornamento que consiste en un rectángulo saliente con acanaladuras verticales.

trigo *m.* 1 Planta de la familia de las gramíneas cuyo tallo termina en una espiga con cuatro o más hileras de granos, de los cuales se saca la harina con la que se hace el pan. 2 Grano o conjunto de granos de esta planta.

trigonometría *f.* MAT. Parte de las matemáticas que estudia las relaciones entre los lados y los ángulos de un triángulo.

trigueño, -ña *adj.* [color] Que se parece al del trigo.

triguero, -ra *adj.* 1 Del trigo. 2 [planta] Que crece o se cría entre el trigo.

trilero, -ra *m. y f. coloquial* Persona que dirige el juego de los triles.

triles *m. pl.* Juego de apuestas callejero que consiste en adivinar en cuál de los tres posibles sitios está escondido un objeto que previamente se ha mostrado y se ha movido de sitio varias veces con rapidez.

trilingüe *adj./com.* 1 Que habla o emplea tres lenguas con igual perfección. ‖ *adj.* 2 [lugar, territorio] Donde se utilizan normalmente tres lenguas. 3 Que está escrito en tres lenguas.

trilla *f.* 1 Acción de trillar el cereal. 2 Tiempo o época en que se trilla. 3 Instrumento que se usa para trillar.

trilladora *f.* Máquina que sirve para trillar los cereales, especialmente el trigo.

trillar *tr.* 1 Triturar el cereal cortado para separar el grano de la paja. 2 Usar con excesiva frecuencia una cosa o tratar mucho y repetitivamente un tema determinado.

trillizo, -za *adj./m. y f.* [persona] Que ha nacido de un parto triple.

trillo *m.* Instrumento que se usa para trillar o triturar los cereales.

trillón *m.* Conjunto formado por un millón de billones de unidades.

trilobites *m. pl.* Clase a la que pertenecen diversas especies de artrópodos fósiles marinos de la era primaria.

trilogía *f.* Conjunto de tres obras literarias o cinematográficas de un mismo autor que tienen entre sí cierta unidad.

trimestral *adj.* 1 Que sucede o se repite cada tres meses. 2 Que dura tres meses.

trimestre *m.* Período de tres meses.

trinar *intr.* Cantar un pájaro haciendo cambios de voz con la garganta y produciendo un sonido agudo y repetido con mucha rapidez. ▸ **estar que trina** Estar muy enfadado o muy nervioso.

trincar [1] *tr.* 1 *coloquial* Robar. 2 *coloquial* Atrapar a una persona, sujetándola fuertemente de manera que no se pueda escapar. 3 *coloquial* Beber. 4 AMÉR Apretar u oprimir fuerte.

trinchar *tr.* Cortar en trozos la comida para servirla.

trinchera *f.* 1 Zanja excavada en la tierra que es utilizada por los soldados de un ejército para protegerse de los disparos y poder disparar. 2 Corte hecho en el terreno para construir una vía de comunicación.

trineo *m.* Vehículo para deslizarse sobre la nieve y el hielo, provisto de esquíes o patines en lugar de ruedas.

trinitario, -ria *adj.* 1 De la orden religiosa de la Trinidad. ‖ *adj./m. y f.* 2 Que pertenece a esta orden religiosa.

trinitrotolueno *m.* QUÍM. Explosivo muy potente.

trino *m.* Canto de los pájaros.

trinomio *m.* MAT. Polinomio de tres términos.

trinquete *m.* 1 En un barco de vela, palo más cercano a la proa. 2 Mecanismo en forma de lengüeta que, colocado en los dientes de una rueda, obliga a que esta gire hacia un lado y no hacia el otro.

trío *m.* 1 Conjunto de tres personas o cosas. 2 Composición musical hecha para ser interpretada por tres instrumentos o tres voces.

tripa *f.* 1 *coloquial* Parte del cuerpo del hombre o de los animales comprendida entre el pecho y las ingles, en la que están contenidos los aparatos digestivo, reproductor y urinario. 2 *coloquial* Esa misma parte, cuando está más abultada de lo normal. 3 Conducto musculoso y plegado que está situado a continuación del estómago o parte de este conducto. ‖ *f. pl.* 4

coloquial Piezas o cosas que se encuentran en la parte interior de los aparatos y de algunos objetos.

tripanosoma *m.* Protozoo parásito que vive en medios líquidos, como la sangre, y produce enfermedades infecciosas.

tripartito, -ta *adj.* 1 Que se divide en tres partes. 2 Que se realiza entre tres potencias, naciones o entidades.

tripi *m. coloquial* Dosis de droga alucinógena LSD.

triple *num.* 1 [cantidad, número] Que es tres veces mayor que otro. Puede ser determinante. ‖ *adj.* 2 Que está formado por tres cosas, elementos o partes semejantes.

triplicado *m.* Tercer ejemplar o tercera copia de un documento o escrito.

triplicar [1] *tr./prnl.* Hacer tres veces mayor una cosa o multiplicar por tres una cantidad.

trípode *m.* Armazón de tres pies que sirve para sostener ciertos instrumentos.

tripón, -pona *adj./m. y f. coloquial* [persona] Que tiene la tripa muy grande.

tríptico *m.* 1 Pintura, grabado o relieve realizado sobre tres tablillas articuladas, de manera que las dos laterales se pueden doblar sobre la del centro. 2 Libro o tratado que consta de tres partes.

triptongo *m.* Conjunto de tres vocales que forman una misma sílaba.

tripudo, -da *adj./m. y f. coloquial* [persona] Que tiene la tripa muy grande.

tripulación *f.* Conjunto de personas que conducen un barco, un avión o una nave espacial, o que prestan servicio en ellos.

tripulante *com.* Persona que forma parte de una tripulación.

tripular *tr.* Conducir o manejar un barco, un avión o una nave espacial, o prestar servicio en ellos.

triquinosis *f.* Enfermedad parasitaria de algunos animales y del hombre que se caracteriza por fiebre alta, dolores musculares y vómitos y diarreas.

OBS El plural también es *triquinosis.*

triquiñuela *f. coloquial* Medio que se emplea para conseguir algo, y en el que hay oculto un engaño o una trampa.

triquitraque *m.* Serie de movimientos repetitivos y ruido que produce.

tris *m.* Parte o porción muy pequeña de una cosa, casi inapreciable.

triscar [1] *intr.* Dar saltos alegremente de un lugar a otro una persona o un animal, de modo semejante a las cabras.

trisílabo, -ba *adj./m.* [palabra] Que tiene tres sílabas.

triste *adj.* 1 [persona] Que siente melancolía, pena o tristeza. 2 [persona] Que es de carácter melancólico o tiende a sentir y mostrar pena o tristeza. 3 Que expresa o produce melancolía, pena o tristeza. 4 Que causa un gran dolor o es muy difícil de soportar.

tristeza *f.* 1 Sentimiento de la persona que se encuentra en un estado de melancolía, sin alegría ni ilusión por las cosas, sin ánimo y, a veces, con tendencia al llanto. 2 Característica de las cosas que muestran o producen este sentimiento. 3 Hecho o suceso desgraciado o que produce pena.

tristón, -tona *adj.* Que es o está un poco triste.

tritón *m.* Animal anfibio de aspecto parecido al de una lagartija, pero de mayor tamaño y con la piel granulosa.

trituración *f.* Acción de triturar.

trituradora *f.* Máquina para triturar.

triturar *tr.* 1 Partir o desmenuzar en trozos pequeños una materia sólida, pero sin llegar a convertirla en polvo. 2 Masticar o partir una cosa con los dientes, especialmente los alimentos. 3 Rechazar, censurar o rebatir algo.

triunfador, -ra *adj./m. y f.* [persona] Que triunfa.

triunfal *adj.* Del triunfo.

triunfalismo *m.* Actitud exagerada de seguridad y de superioridad sobre los demás que manifiesta la persona que confía excesivamente en sus capacidades.

triunfalista *adj./m. y f.* Que muestra una actitud de seguridad y superioridad hacia los demás.

triunfar *intr.* 1 Ganar o conseguir la victoria en una lucha o competición. 2 Tener éxito una persona.

triunfo *m.* 1 Acción de triunfar. 2 Objeto que se da en señal de victoria o como premio. 3 Éxito o resultado favorable que se consigue en una cosa.

triunvirato *m.* 1 En la antigua Roma, gobierno formado por tres personas. 2 Grupo de tres personas que dirigen algo o están al frente de algo.

trivalente *adj.* 1 Que vale o sirve para tres cosas. 2 QUÍM. Que tiene tres valencias.

trivial *adj.* 1 Que no tiene importancia, trascendencia o interés. 2 Que es común y sabido por todos.

trivialidad *f.* Cualidad de trivial.

trivializar [4] *tr.* Quitar o no dar importancia a una cosa.

trivium *m.* Conjunto de tres disciplinas del conocimiento, formado por gramática, retórica y dialéctica, que en la Edad Media se estudiaban conjuntamente.

-triz Sufijo que entra en la formación del femenino de algunos nombres de oficio o dignidad.

trizas Palabra que se utiliza en la expresión *hacer trizas* que indica que algo se rompe en trozos muy pequeños o se destroza.

trocar [89] *tr.* 1 Entregar una cosa y recibir otra a cambio. ‖ *tr./prnl.* 2 Transformar una cosa en otra diferente.

trocear *tr.* Dividir o cortar en trozos.

trofeo *m.* Objeto que se da en señal de victoria por haber vencido en una competición o haber obtenido un buen puesto.

-trofia Elemento sufijal que significa 'alimentación', 'estado de alimentación'.

troglodita *adj./com.* 1 [persona] Que vive en una caverna o vivienda excavada en una roca.

trola *f. coloquial* Mentira.

trole *m.* En los vehículos de tracción eléctrica como los tranvías, barra de hierro con una polea o un contacto en el extremo que sirve para transmitir la corriente del cable aéreo conductor al motor.

trolebús *m.* Vehículo de tracción eléctrica que se usa para el transporte de personas dentro de la ciudad y que toma la corriente de un cable suspendido en el aire.

trolero, -ra *adj./m. y f. coloquial* [persona] Que dice muchas trolas.

tromba *f.* 1 Columna de agua que se levanta en el mar y que gira sobre sí misma a causa de un torbellino. 2 Lluvia muy intensa, violenta y de corta duración. Se denomina también *tromba de agua*.

trombo *m.* MED. Coágulo de sangre que se forma en el interior de una vena.

tromboflebitis *f.* MED. Inflamación de una vena producida por un trombo.
OBS El plural también es *tromboflebitis*.

trombón *m.* Instrumento musical de viento formado por un tubo fino y largo doblado dos veces sobre sí mismo y terminado en un ancho pabellón.

trombosis *f.* MED. Formación de un coágulo de sangre en el interior de un vaso sanguíneo o en el corazón.
OBS El plural también es *trombosis*.

trompa *f.* 1 Instrumento musical de viento formado por un tubo enroscado circular-mente que es estrecho por un extremo y se va ensanchando hasta terminar en un ancho pabellón. 2 Prolongación muscular, hueca y flexible, de la nariz de algunos animales. 3 Cosa que tiene la forma de esta prolongación. 4 Aparato chupador que tienen algunos insectos. 5 *coloquial* Borrachera.

trompazo *m. coloquial* Golpe fuerte que se da una persona o una cosa contra algo.

trompeta *f.* Instrumento musical de viento de la familia del metal que está formado por un tubo con una boquilla en un extremo y una abertura en forma de cono en el otro; es de sonido agudo.

trompetazo *m.* Sonido excesivamente fuerte producido por una trompeta.

trompetilla *f.* Instrumento con forma de trompeta pequeña que utilizaban los sordos para percibir mejor los sonidos.

trompetista *com.* Músico que toca la trompeta.

trompicar [1] *intr.* Tropezar o andar tambaleándose una persona.

trompicón *m.* Tropezón.

trompo *m.* 1 Juguete con forma de cono, generalmente de madera y con una punta de hierro, que se enrolla en una cuerda y se lanza para hacer que gire sobre sí mismo. 2 Giro que da un automóvil sobre sí mismo.

tronado, -da *adj. coloquial* [persona] Que está loco, que ha perdido el juicio.

tronar [31] *v. impersonal* 1 Haber o sonar truenos. ‖ *intr.* 2 Causar una cosa un estampido o un ruido muy fuerte. ‖ *tr.* 3 ACENT Suspender a alguien en una evaluación. 4 CUBA Echar o destituir a alguien de su puesto de trabajo. ‖ *tr./prnl.* 5 MÉX *coloquial* Matar a alguien. 6 MÉX Poseer sexualmente a una mujer.

tronchar *tr./prnl.* 1 Partir o romper sin usar herramientas el tronco, el tallo o las ramas de una planta o cosas de consistencia parecida. 2 Impedir que una cosa se haga o se desarrolle. ‖ *prnl.* 3 *coloquial* Reírse una persona mucho.

troncho *m.* Tallo de las hortalizas.

tronchón *m.* Queso elaborado con leche de cabra y oveja, de pasta consistente y sabor fuerte y algo picante.

tronco, -ca *m.* 1 Tallo leñoso, fuerte y macizo de los árboles y arbustos. 2 Cuerpo de una persona o de un animal, considerado sin la cabeza y sin las extremidades. 3 Conducto principal del que salen o al que llegan otros secundarios o menos importantes. **4** Origen o punto común de dos o más ramas, líneas o familias. **▌** *m. y f.* **5** *coloquial* Amigo o compañero. ▸ **como un tronco** *coloquial* Profundamente dormido.

tronera *f.* **1** Abertura o agujero estrecho en el costado de un barco, en un muro o en otro lugar, hecho para asomar por él las armas de fuego y disparar con protección. **2** Ventana estrecha y de pequeño tamaño.

trono *m.* **1** Asiento elevado, con gradas y dosel, en el que se sientan los reyes y otras personas de muy alta dignidad, especialmente en ceremonias o actos importantes. **2** Cargo o dignidad de rey.

tronzar [4] *tr.* **1** Dividir o cortar en trozos una cosa. **2** Hacer unos pliegues muy pequeños en una falda.

tropa *f.* **1** Grupo muy numeroso de personas. **2** Categoría militar en la que se incluyen los soldados y los cabos. **3** Conjunto de militares que tienen esa categoría. **▌** *f. pl.* **4** Conjunto de cuerpos militares que componen un ejército.

tropel *m.* **1** Conjunto numeroso de personas, animales o cosas que se mueven de forma rápida, ruidosa y desordenada. **2** Conjunto de cosas desordenadas.

tropelía *f.* Acción ilegal y violenta, cometida por alguien que abusa de su poder o de su autoridad.

tropezar [47] *intr.* **1** Dar con los pies en un obstáculo al ir andando o corriendo, o pisar mal perdiendo equilibrio. **2** Encontrar una persona o una cosa un obstáculo o una dificultad que le impide avanzar en su trayectoria o en su desarrollo normal. **▌** *intr./prnl.* **3** Ver o encontrar por azar a una persona o una cosa.

tropezón *m.* **1** Golpe que dan los pies contra un obstáculo al ir andando o corriendo, o al pisar mal, y que puede llegar a hacer perder el equilibrio y caer. **2** Trozo pequeño de un alimento que se encuentra mezclado con la sopa, el caldo u otro guiso. Se usa sobre todo en plural.

tropical *adj.* Del trópico.

trópico *m.* **1** Círculo imaginario trazado en la esfera de la Tierra y que es paralelo al ecuador. **2** Región comprendida entre estos dos círculos o paralelos.

tropiezo *m.* **1** Obstáculo que estorba o impide avanzar. **2** Falta, equivocación o error que comete una persona al hacer una cosa.

tropismo *m.* BIOL. Movimiento que hacen algunos organismos como respuesta a un estímulo.

tropo *m.* Figura retórica que consiste en usar una palabra con un sentido diferente del que propiamente le corresponde, pero que guarda con este algún tipo de conexión o semejanza.

troposfera *f.* Zona de la atmósfera que está en contacto con la superficie de la Tierra y que llega hasta los 12 kilómetros de altura aproximadamente.

troquel *m.* Molde que se usa para acuñar monedas, medallas y objetos de metal.

troquelar *tr.* **1** Acuñar monedas, medallas u otros objetos parecidos con un troquel. **2** Recortar piezas de cuero, de cartón o de otro material mediante presión.

trotamundos *com.* Persona a la que le gusta viajar y recorrer países.

OBS El plural también es *trotamundos*.

trotar *intr.* **1** Ir un caballo al trote. **2** Cabalgar una persona sobre un caballo que va al trote. **3** *coloquial* Andar mucho o muy deprisa una persona.

trote *m.* **1** Manera de caminar el caballo con paso ligero, dando pequeños saltos y levantando a la vez el pie de un lado y la mano del lado contrario. **2** Trabajo o actividad muy intensa.

trotón, -tona *adj.* [caballería] Que anda normalmente al trote.

troupe *f.* Compañía de espectáculos.

OBS Es de origen francés y se pronuncia aproximadamente 'trup'.

trovador, -ra *m. y f.* **1** Persona que escribe poemas y obras poéticas. **2** Poeta medieval que componía y recitaba versos en lengua provenzal.

trovadoresco, -ca *adj.* De los trovadores.

trovar *intr.* Hacer o componer versos.

troyano, -na *adj.* **1** De Troya. **▌** *adj./m. y f.* **2** [persona] Que era de Troya.

trozo *m.* Parte de una cosa que ha sido separada de ella.

trucaje *m.* Acción y efecto de trucar.

trucar [1] *tr.* **1** Hacer cambios en una cosa para modificar su estructura original. **2** Hacer trucos para conseguir que una cosa adquiera una apariencia real.

trucha *f.* Pez de agua dulce propio de los ríos de montaña, de color gris verdoso con manchas negras por encima y blanco en el vientre; es comestible y su carne es muy apreciada.

truco *m.* **1** Medio que se emplea con astucia y habilidad para conseguir una cosa, y en el que hay oculto un engaño o una trampa. **2** Técnica o procedimiento que se utiliza para conseguir determinados efectos que parecen reales aunque no lo sean en realidad, como los que se consiguen en la magia, en la fotografía o en el cine.

truculento, -ta *adj.* Que asusta o produce horror por su excesiva crueldad.

trueno *m.* 1 Ruido fuerte que sigue al rayo durante una tormenta. 2 Ruido muy fuerte, generalmente producido por un arma de fuego o por fuegos artificiales.

trueque *m.* 1 Acción de trocar o entregar una cosa y recibir otra a cambio. 2 Transformación de una cosa en otra diferente.

trufa *f.* 1 Hongo de forma redonda que crece bajo la tierra, de color negro por fuera y blanco o marrón por dentro. 2 Crema hecha con chocolate y mantequilla, muy usada en repostería. 3 Dulce hecho con esta crema, a la que se da forma redondeada y se cubre con granos de chocolate.

truhan, -hana *adj./m. y f.* [persona] Que no tiene vergüenza y que vive engañando y estafando a los demás.

trullo *m. coloquial* Cárcel.

truncar [1] *tr.* 1 Cortar una parte de una cosa, especialmente un extremo. 2 Interrumpir y dejar incompleta una obra, acción, escrito o discurso.

truque *m.* Juego infantil que consiste en hacer pasar una piedra plana por un recorrido marcado dándole golpecitos.

trusa *f.* 1 ARG, PERÚ, URUG Bombacha o calzones elásticos y resistentes. 2 CUBA Traje de baño. 3 COL, MÉX Par de medias unidas en una sola pieza que cubre toda la pierna hasta la cintura. 4 MÉX, PERÚ Calzones (prenda interior femenina).

tsunami *m.* Ola gigantesca, de varios metros de altitud y gran poder devastador, producida por una erupción o terremoto.

tu *det. pos.* Determinante que indica que lo que se expresa a continuación pertenece o está relacionado con la segunda persona del singular.

OBS El plural es *tus*.

tú *pron. pers.* Forma del pronombre personal de segunda persona, en género masculino y femenino y en número singular, que se utiliza con la función de sujeto.

tuareg *adj.* 1 De un pueblo bereber que habita en el norte de África. ‖ *adj./com.* 2 [persona] Que pertenece a este pueblo.

OBS El plural es *tuareg* o *tuaregs*.

tuba *f.* Instrumento musical de viento de la familia del metal; está formado por un tubo ancho y cónico, enroscado sobre sí mismo y terminado en una gran abertura.

tubérculo *m.* 1 Parte de una raíz o de un tallo subterráneo que se desarrolla y se engruesa considerablemente. 2 MED. Bulto redondo o tumoración.

tuberculosis *f.* Enfermedad infecciosa que afecta especialmente a los pulmones, produciendo tos seca, fiebre, expectoraciones y pérdida de peso.

OBS El plural también es *tuberculosis*.

tuberculoso, -sa *adj.* 1 Del tubérculo. ‖ *adj./m. y f.* 2 [persona] Que está enfermo de tuberculosis.

tubería *f.* Conducto que sirve para transportar líquidos o gases y que está formado por una serie de tubos empalmados.

tuberoso, -sa *adj.* BOT. [planta] Que tiene abultamientos en la raíz o el tallo.

tubo *m.* 1 Objeto cilíndrico, hueco y alargado que está abierto por sus dos extremos. 2 Recipiente flexible cerrado con un tapón por uno de sus extremos y abierto por el otro y que sirve para contener sustancias blandas.

tubular *adj.* 1 Que tiene tubos o tiene forma de tubo.

tucán *m.* Ave de pico muy grueso, curvado y largo, y plumas negras con manchas de colores vivos en el pecho y en el cuello.

tudesco, -ca *adj.* 1 De Alemania. ‖ *adj./ m. y f.* 2 [persona] Que es de Alemania.

tuerca *f.* Pieza, generalmente metálica y de cuatro o seis lados, con un agujero en el centro cuya superficie tiene marcada una espiral que se ajusta a la rosca de un tornillo. ▶ **apretar las tuercas** Forzar a alguien para que haga o diga una cosa.

tuerto, -ta *adj./m. y f.* [persona, animal] Que no ve por un ojo.

tuétano *m.* Sustancia grasa y blanca que está dentro de algunos huesos.

tufo *m.* Olor molesto y desagradable.

tugurio *m.* Lugar mal acondicionado para vivir o para estar.

tuit *m.* Texto escrito en la red social Twitter.

tuitear *tr./intr.* Escribir un texto en la red social Twitter.

tuitero, -ra *adj.* 1 De la red social Twitter. ‖ *adj./ m. y f.* 2 [persona] Que es usuario de la red social Twitter.

tul *m.* Tejido fino, delicado y transparente, hecho de seda, algodón o hilo.

tulio *m.* QUÍM. Elemento químico metálico de propiedades poco conocidas que pertenece al grupo de los lantánidos; su número atómico es 69.

tulipa *f.* Pantalla de lámpara que tiene forma de tulipán.

tulipán *m.* **1** Flor de jardín grande, con forma de campana y de colores fuertes y brillantes. **2** Planta de hojas enteras y tallo recto y liso en cuyo extremo nace esa flor.

tullido, -da *adj./m. y f.* [persona, parte del cuerpo] Que está herido o no tiene movimiento debido a un accidente o a una enfermedad.

tumba *f.* Lugar excavado en la tierra o construido sobre ella en el que se entierra el cuerpo muerto de una persona.

tumbar *tr.* **1** Derribar o hacer caer algo o a alguien, generalmente al suelo. **2** Poner algo o a alguien en posición horizontal. **3** *coloquial* Suspender a alguien en un examen. ‖ *prnl.* **4** Echarse sobre una superficie horizontal, especialmente a dormir.

tumbo *m.* Movimiento violento con un cuerpo, primero hacia un lado y después hacia el contrario, que se produce generalmente por falta de equilibrio. Se usa generalmente en plural.

tumbona *f.* Silla baja con dos brazos y un respaldo largo que se puede inclinar, y que se usa para echarse o recostarse horizontalmente sobre ella.

tumefacción *f.* MED. Hinchazón o bulto que se produce en una parte del cuerpo.

tumefacto, -ta *adj.* [parte del cuerpo] Que está anormalmente hinchado.

tumor *m.* Tejido de una parte del organismo cuyas células sufren un crecimiento anormal.

tumoración *f.* **1** Tumor. **2** MED. Hinchazón o bulto que se produce en una parte del cuerpo.

túmulo *m.* **1** Montículo de arena o piedras con que algunos pueblos antiguos cubrían una tumba. **2** Armazón sobre el que se coloca el ataúd durante el entierro.

tumulto *m.* Agitación desordenada y ruidosa producida por una multitud.

tumultuoso, -sa *adj.* Que es desordenado y ruidoso.

tuna *f.* Grupo de estudiantes universitarios que tocan en un conjunto musical que representa la facultad en la que estudian.

tunante *adj./com.* [persona] Que es muy astuto y sabe cómo engañar a los demás.

tunco, -ca *m. y f.* **1** GUAT, HOND, MÉX [persona] Que está lisiado. ‖ *m.* **2** HOND, MÉX Puerco (animal doméstico).

tunda *f.* *coloquial* Serie de golpes que se dan o se reciben.

tundra *f.* **1** Vegetación propia de los climas fríos que comprende musgos, líquenes y algunos árboles enanos. **2** Terreno cubierto por esta vegetación.

túnel *m.* Paso subterráneo que se construye para pasar por debajo de la tierra o del agua.

tungsteno *m.* QUÍM. Elemento químico metálico de color gris acero muy duro y difícil de fundir; se usa, por ejemplo, en filamentos de lámparas eléctricas; su símbolo es Q y su número atómico 74.

túnica *f.* **1** Prenda de vestir muy ancha, suelta y sin mangas. **2** ANAT. Membrana fina que cubre distintas partes del cuerpo. **3** BOT. Telilla que está pegada a la cáscara de distintos frutos.

tuno, -na *adj.* **1** [persona] Que es muy astuta y sabe cómo engañar a los demás. ‖ *m.* **2** Estudiante universitario que forma parte de una tuna.

tupé *m.* Mechón de pelo levantado que se lleva sobre la frente.

tupido, -da *adj.* Que está formado por elementos muy juntos y apretados entre sí.

tupir *tr./prnl.* Hacer que una cosa esté tupida y apretada.

turba *f.* **1** Carbón que se produce en lugares húmedos por la descomposición de restos vegetales. **2** Grupo grande y desordenado de gente.

turbación *f.* Acción y efecto de turbar o turbarse.

turbante *m.* Prenda de vestir que consiste en una tira ancha y larga de tela que se enrolla a la cabeza.

turbar *tr./prnl.* **1** Alterar el estado o el curso normal de una cosa. **2** Alterar el ánimo de una persona confundiéndola o aturdiéndola.

turbina *f.* Motor que transforma la fuerza o la presión de un fluido a través de un movimiento circular.

turbio, -bia *adj.* **1** [líquido] Que no está claro ni transparente. **2** Que está poco claro y es difícil de distinguir o de ver. **3** Que es sospechoso o de legalidad dudosa.

turbo *adj./m.* **1** [motor] Que tiene una turbina que aumenta su potencia. **2** [vehículo] Que tiene un motor con una turbina que aumenta su potencia.

OBS El plural también es *turbo.*

turbo- Elemento prefijal que significa 'turbina'.

turbocompresor *m.* Turbina acoplada a un compresor centrífugo de alta presión.

turbogenerador *m.* Generador eléctrico accionado por una turbina.

turbopropulsor *m.* Motor de avión constituido por una turbina de gas que acciona una o varias hélices.

turborreactor *m.* Motor de un avión constituido por una turbina de gas que produce un efecto de propulsión por reacción.

turbulencia *n. f.* 1 Estado de agitación en que se encuentra un líquido o un gas. 2 Alboroto o confusión que altera el orden de una situación.

turbulento, -ta *adj.* 1 [líquido, gas] Que está turbio y agitado. 2 Que está en un estado de desorden, confusión o agitación.

turco, -ca *adj.* 1 De Turquía. ∥ *adj./m. y f.* 2 [persona] Que es de Turquía. ∥ *m.* 3 Lengua que se habla en Turquía.

turgente *adj. culto* Que es abultado, firme y tirante, especialmente si se refiere a una parte del cuerpo.

turismo *m.* 1 Viaje o recorrido que se hace por un país o lugar para conocerlo por placer. 2 Vehículo automóvil de cuatro ruedas con capacidad máxima para cinco personas y que se usa para su transporte.

turista *com.* Persona que visita o recorre un país o lugar para conocerlo por placer.

turístico, -ca *adj.* Del turismo.

turnarse *prnl.* Alternar con una o varias personas una actividad o un servicio siguiendo un orden determinado.

turno *m.* 1 Orden según el cual se alternan varias personas en la realización de algo. 2 Momento en que a una persona le corresponde hacer, dar o recibir una cosa.

turolense *adj.* 1 De Teruel. ∥ *adj./com.* 2 [persona] Que es de Teruel.

turón *m.* Mamífero carnívoro de pequeño tamaño que es de color marrón con manchas blancas en el rostro; como mecanismo de defensa despide mal olor.

turquesa *adj./com.* 1 De un color que está entre el azul claro y el verde. No varía en número. ∥ *f.* 2 Mineral muy duro, de color entre azul y verde, que se usa para hacer joyas y artículos de adorno.

turrón *m.* Dulce de forma plana y rectangular que se elabora principalmente con azúcar y almendras u otros frutos secos.

turulato, -ta *adj. coloquial* Que se queda pasmado o alelado y sin poder reaccionar a causa del asombro.

tururú *int. coloquial* Expresa negación.

tute *m.* 1 Juego de cartas. 2 Jugada de ese juego que consiste en reunir los cuatro reyes o los cuatro caballos de la baraja. 3 *coloquial* Esfuerzo o trabajo penoso, duro y muy cansado. 4 *coloquial* Desgaste, consumo o uso de una cosa.

tutear *tr.* Tratar a una persona usando el pronombre *tú* en vez de *usted*.

tutela *f.* 1 Autoridad que se da por ley a un adulto para cuidar de otra persona que no puede hacerlo por sí misma. 2 Protección y cuidado de una cosa.

tutelar *tr.* 1 Cuidar de otra persona que no puede hacerlo por sí misma. 2 Proteger a una persona y ayudarla en el desarrollo de una actividad, especialmente proporcionándole dinero. ∥ *adj.* 3 De la tutela legal.

tuteo *m.* Tratamiento que consiste en el uso del pronombre *tú* en vez de *usted*.

tutor, -ra *m. y f.* 1 Persona que se encarga de cuidar de otra persona que no puede hacerlo por sí misma. 2 Profesor particular que se encarga de la educación de un alumno. 3 Profesor encargado de dirigir y aconsejar a un grupo determinado de estudiantes en un centro de enseñanza.

tutoría *f.* 1 Autoridad que se da por ley a un adulto para cuidar de otra persona. 2 Cargo del tutor. 3 Tiempo que emplea ese profesor en ejercer su cargo.

tutú *m.* Falda de tejido vaporoso, generalmente de muselina blanca, que usan las bailarinas de ballet clásico.

OBS El plural es *tutús*.

tuyo, -ya *pron. pos.* 1 Forma del pronombre posesivo de segunda persona, en género masculino o femenino y en número singular, que indica posesión o pertenencia. ∥ *det. pos.* 2 Forma del adjetivo posesivo en segunda persona, en género masculino o femenino y en número singular, que indica posesión o pertenencia. Se usa detrás de un sustantivo.

twist *m.* Modalidad de baile que se caracteriza por el balanceo de hombros y caderas y torsiones de tobillo.

OBS Es de origen inglés y se pronuncia aproximadamente 'tuis'.

U

u *f.* 1 Vigésima segunda letra del alfabeto español. El plural es *úes.* ‖ *conj.* 2 Sustituye a la conjunción *o* cuando va delante de una palabra que empieza por *o* o por *ho.*

ubicación *f.* Situación o lugar en el que se encuentra una cosa.

ubicar [1] *tr./prnl.* 1 Colocar o poner en un espacio o lugar determinado. ‖ *prnl.* 2 Estar situada una cosa en un lugar determinado. ‖ *tr.* 3 CSUR, CUBA, PERÚ, VEN Reconocer o identificar algo o a alguien.

ubicuidad *f.* Cualidad de ubicuo.

ubicuo, -cua *adj.* Que puede estar presente en varios lugares al mismo tiempo.

ubre *f.* Órgano de las hembras de los mamíferos que produce leche.

-ucho, -ucha Sufijo que entra en la formación de palabras: *a)* Con valor despectivo. *b)* Con valor atenuante.

UCI *f.* Sigla de *unidad de cuidados intensivos.*

ucraniano, -na *adj.* 1 De Ucrania. ‖ *adj./ m. y f.* 2 [persona] Que es de Ucrania. ‖ *m.* 3 Lengua que se habla en Ucrania.

ucranio, -nia *adj.* Ucraniano.

Ud. Abreviatura de *usted,* 'tratamiento de cortesía'.

-udo, -uda Sufijo que significa 'posesión en abundancia'.

ufanarse *prnl.* Mostrarse orgulloso.

ufano, -na *adj.* 1 Que presume de sí mismo o se muestra orgulloso de poseer una cosa. 2 Que está alegre y satisfecho.

ujier *com.* 1 Portero de un palacio o de un tribunal. 2 Empleado de un organismo público o un tribunal que lleva a cabo tareas que no requieren especialización.

ukelele *m.* Instrumento musical de cuatro cuerdas más pequeño que la guitarra.

úlcera *f.* 1 Llaga o lesión que aparece en la piel o en el tejido de las mucosas y que no cicatriza bien. 2 Abertura en el tronco de una planta por la que pierde líquido.

ulceroso, -sa *adj.* 1 De la úlcera. 2 Que tiene una úlcera.

ulterior *adj.* Que se dice, ocurre o se ejecuta después de otra cosa.

ultimación *f.* Preparación de los últimos detalles para terminar una cosa.

últimamente *adv.* En un período de tiempo cercano al presente.

ultimar *tr.* Terminar o dar fin a una cosa.

ultimátum *m.* Propuesta o decisión definitiva.

último, -ma *adj.* 1 Que no tiene otra cosa detrás de él. 2 Que es lo más reciente. 3 Que es definitivo y no admite cambios. 4 Que está muy alejado o escondido.

ultra- Prefijo que significa: *a)* 'Más allá', 'al otro lado de'. *b)* 'Muy', 'en grado sumo'.

ultracorrección *f.* Fenómeno lingüístico que consiste en corregir innecesariamente una palabra, adaptándola a un modelo que se considera más adecuado.

ultraderecha *f.* Ideología política conservadora radical.

ultraísmo *m.* Movimiento literario que apareció en España e Hispanoamérica a principios del siglo XX; defendía el uso de la metáfora y la imagen en poesía.

ultraizquierda *f.* Ideología política que defiende cambios sociales y económicos radicales contrarios a las ideas conservadoras.

ultrajar *tr.* Hacer una ofensa grave a alguien con palabras o acciones.

ultraligero, -ra *adj.* 1 Muy ligero. ‖ *m.* 2 Aeronave de poco peso y fuselaje simple.

ultramar *m.* País o territorio que está al otro lado del mar.

ultramarino, -na *adj.* 1 De ultramar. 2 Que está al otro lado del mar. ▮ *adj./m.* 3 [alimento] Que se conserva durante mucho tiempo sin estropearse. ▮ *m. pl.* Tienda donde se venden ultramarinos.

ultranza *conj.* Palabra que se utiliza en la locución conjuntiva *a ultranza*, que significa con total convencimiento y sin detenerse ante ningún obstáculo.

ultrasónico, -ca *adj.* 1 [onda sonora] Que vibra con una frecuencia superior a la más alta frecuencia audible por el oído humano. 2 De esta onda sonora.

ultratumba *f.* Mundo que se cree o se supone que existe después de la muerte.

ultravioleta *adj.* [radiación, rayo] Que no se ve a simple vista y que se extiende a continuación del color violeta.

ulular *intr.* 1 Dar gritos o producir sonidos graves y largos. 2 Producir el viento un sonido grave y largo.

umbela *f.* BOT. Conjunto de flores cuyos pedúnculos nacen de un eje común y se elevan formando una especie de paraguas.

umbilical *adj.* Del ombligo.

umbral *m.* 1 Parte inferior y contrapuesta al dintel de la puerta de una casa. 2 Comienzo o primer paso de un proceso.

-umbre Sufijo que significa 'conjunto', 'cantidad'.

umbría *f.* Parte de un terreno donde casi nunca da el sol.

un, una *det. art.* 1 Apócope de *uno*. ▮ *num. card.* 2 Apócope de *uno*.

unánime *adj.* [decisión, opinión] Que es común a todos los miembros de un grupo de personas.

unanimidad *f.* Cualidad de unánime.

unción *f.* Acción que consiste en extender un líquido graso sobre una superficie.

uncir [3] *tr.* Atar el yugo a los animales.

undécimo, -ma *num. ord.* 1 [persona, cosa] Que sigue en orden al que hace el número 10. Puede ser determinante. 2 [parte] Que resulta de dividir un todo en 11 partes iguales.

ungir [6] *tr.* 1 Extender un líquido graso sobre la superficie de algo. 2 Hacer la señal de la cruz con aceite sagrado sobre el cuerpo de una persona para administrarle un sacramento o darle un cargo.

ungüento *m.* Sustancia líquida o pastosa que se unta en el cuerpo y sirve para curar o calmar dolores.

ungulado, -da *adj./m. y f.* ZOOL. [animal mamífero] Que se alimenta de vegetales y tiene las patas terminadas en pezuña.

uni- Elemento prefijal que significa 'uno', 'uno solo'.

únicamente *adv.* De un solo modo o sin nada más.

unicameral *adj.* [sistema político] Que solo tiene una cámara.

unicelular *adj.* Que está formado por una sola célula.

único, -ca *adj.* 1 Que no hay otro igual en su especie. 2 [persona, cosa] Que es extraordinario o fuera de lo común.

unicornio *m.* Animal imaginario que tiene forma de caballo y un cuerno recto en mitad de la frente.

unidad *f.* 1 Propiedad que tienen las cosas de no poder dividirse ni fragmentarse sin alterarse o destruirse. 2 Cosa completa y diferenciada que se encuentra dentro de un conjunto. 3 Cantidad que se toma como medida o como término de comparación de las demás de su misma especie.

unifamiliar *adj.* Que pertenece o corresponde a una sola familia.

unificación *f.* Acción y efecto de unificar.

unificador, -ra *adj.* Que unifica.

unificar [1] *tr./prnl.* 1 Hacer que varias cosas o personas distintas formen un todo. 2 Hacer que varias cosas distintas sean iguales o semejantes entre sí.

uniformar *tr./prnl.* 1 Hacer que varias cosas distintas sean iguales o semejantes entre sí. ▮ *tr.* 2 Vestir o hacer que alguien vista un uniforme.

uniforme *adj.* 1 Que no presenta variaciones en su conjunto, en su totalidad o en su duración. 2 Que tiene la misma forma o las mismas características. ▮ *m.* 3 Traje especial que usan los miembros de un grupo y que los distingue de otros.

uniformidad *f.* Cualidad de uniforme.

unigénito, -ta *adj.* 1 Que es hijo único. ▮ *m.* 2 Jesucristo. Se escribe con letra mayúscula y precedido del artículo *el*.

unilateral *adj.* Que se refiere a una sola parte o aspecto de una cosa.

unión *f.* 1 Acción que consiste en unir o juntar. 2 Casamiento de un hombre y una mujer. 3 Conjunto de sociedades, empresas, países o individuos con unos intereses comunes.

unipersonal *adj.* 1 Que pertenece a una sola persona. 2 Que está formado por una sola persona. 3 GRAM. [verbo] Que solo se usa en tercera persona del singular y que no tiene sujeto en forma personal.

unir *tr./prnl.* 1 Juntar dos o más elementos distintos para formar un todo o realizar una misma actividad. 2 Casar o casarse dos personas. 3 Relacionar o comunicar varias cosas distintas. ‖ *prnl.* 4 Juntarse dos o más personas para conseguir un fin determinado o para ayudarse mutuamente.

unisex *adj.* Que puede ser usado por personas de los dos sexos.

OBS El plural también es *unisex.*

unisexual *adj.* BIOL. [organismo] Que solo tiene órganos de reproducción masculinos o femeninos.

unísono, -na *adj.* Que tiene el mismo tono o sonido que otra cosa, o que se produce al mismo tiempo que otra cosa.

unitario, -ria *adj.* 1 De la unidad. 2 Formado por una sola unidad. 3 Que busca la unidad o desea conservarla.

universal *adj.* 1 Del universo. 2 Que pertenece o se refiere a todos los países, a todas las personas o a todos los tiempos. 3 Que es famoso o conocido en todas partes.

universalidad *f.* Característica de lo que es universal.

universalizar [4] *tr.* Hacer universal, común o general.

universidad *f.* 1 Institución que se dedica a la enseñanza superior, que comprende varias facultades y que concede los grados académicos correspondientes. 2 Edificios e instalaciones de ese organismo.

universitario, -ria *adj.* 1 De la universidad. ‖ *adj./m. y f.* 2 [persona] Que estudia o ha estudiado en la universidad.

universo *m.* 1 Conjunto de todo lo que existe en la Tierra y fuera de ella. 2 Conjunto de individuos o elementos que tienen características en común y que se someten a un estudio estadístico. 3 Conjunto unitario de elementos inmateriales.

unívoco, -ca *adj./m. y f.* Que sólo tiene un significado o una interpretación.

uno, -na *det. art.* 1 Determinante artículo indeterminado; indica que el nombre al que acompaña no es conocido por el hablante o no se trata de una persona o cosa concreta, sino indeterminada. Delante de un sustantivo masculino se usa la forma apocopada *un.* ‖ *num. card.* 2 Indica que el nombre al que acompaña o al que sustituye está 1 vez. Puede ser determinante. Delante de un sustantivo masculino se usa la forma apocopada *un.* 3 Hace referencia a la primera persona en estructuras de tipo impersonal. ‖ *m.* 4 Nombre del número 1. ‖ *det./pron. indef.* 5 Indica una cantidad que no se determina o que se aproxima a la que se dice.

untar *tr.* 1 Cubrir una cosa o una superficie con una sustancia grasa. 2 *coloquial* Ofrecer dinero o bienes a alguien a cambio de un favor que no es justo o legal.

unto *m.* 1 Sustancia grasienta que se usa para untar. 2 Grasa de un animal. 3 ARG, MÉX, URUG *coloquial* Soborno.

untuosidad *f.* Característica de una sustancia que es grasa o pringosa.

untuoso, -sa *adj.* 1 [sustancia] Que es graso y pegajoso. 2 [persona] Que es empalagoso y cargante.

uña *f.* 1 Placa dura y delgada que cubre la parte superior de la punta de los dedos del hombre y de otros animales vertebrados. 2 Conjunto de los dedos de la pata de algunos animales. 3 Punta curva en la que termina la cola del alacrán. 4 Punta curva en la que acaban distintos instrumentos de metal. ▸ **de uñas** *coloquial* De mal humor o en actitud de enfado. ▸ **ser uña y carne** *coloquial* Ser dos personas muy amigas o llevarse muy bien.

uñero *m.* 1 Inflamación en la raíz de la uña a causa de una infección. 2 Herida que sale en el dedo cuando la uña crece demasiado, se dobla y se introduce en la carne.

uperisar *tr.* Uperizar.

uperizar *tr.* Someter un alimento líquido, especialmente la leche, a una inyección de vapor a presión durante menos de un segundo, hasta alcanzar los 150 grados, con el fin de destruir los gérmenes y prolongar su conservación.

-ura Sufijo que significa 'cualidad'.

uralita *f.* Material hecho de una mezcla de cemento y amianto con el que se fabrican materiales de construcción, como por ejemplo tubos y placas onduladas que se usan para cubrir edificios.

uranio *m.* Metal radiactivo maleable de color grisáceo.

urbanidad *f.* Comportamiento correcto y con buenos modales que demuestra buena educación y respeto hacia los demás.

urbanismo *m.* Conjunto de conocimientos, estudios y proyectos dedicados a la planificación, el desarrollo y la reforma de los edificios y los espacios de las ciudades.

urbanista *com.* Persona que se dedica al urbanismo.

urbanístico, -ca *adj.* Del urbanismo.

urbanización *f.* 1 Acción de urbanizar. 2 Conjunto de viviendas situado generalmente en las afueras de una ciudad y que tiene sus propios servicios municipales.

urbanizar [4] *tr.* 1 Convertir un terreno en un centro de población, creando calles y servicios y construyendo viviendas. ‖ *tr./prnl.* 2 Hacer que alguien aprenda a comportarse con buenos modales.

urbano, -na *adj.* De la ciudad.

urbe *f.* Ciudad, especialmente la grande.

urdimbre *f.* 1 Conjunto de hilos colocados paralelamente en el telar para formar un tejido. 2 Preparación de un plan secreto.

urdir *tr.* Pensar y preparar con cuidado un plan generalmente ilegal.

urea *f.* Sustancia orgánica que se expulsa a través de la orina y del sudor.

uréter *m.* ANAT. Conducto por el que desciende la orina desde el riñón a la vejiga.

uretra *f.* ANAT. Conducto por el que se expulsa al exterior la orina contenida en la vejiga.

urgencia *f.* 1 Cualidad de urgente. 2 Falta de lo que es totalmente necesario. 3 Asunto que se debe solucionar con mucha rapidez. ‖ *f. pl.* 4 Sección de los hospitales en la que se trata a los enfermos o heridos que necesitan cuidados urgentes.

urgente *adj.* Que necesita ser realizado o solucionado con mucha rapidez.

urgir [6] *intr.* 1 Correr prisa y tener que hacerse una cosa con rapidez o lo antes posible. 2 Obligar una autoridad, una ley o una norma a hacer algo determinado.

-uria Elemento sufijal que significa 'orina'.

urinario, -ria *adj.* 1 De la orina. ‖ *m.* 2 Local público donde se acude para orinar.

urna *f.* 1 Caja de forma rectangular con una ranura en la parte superior que se usa para echar las papeletas en las votaciones secretas. 2 Recipiente que se usa para guardar cosas de valor, como dinero, joyas o las cenizas de las personas muertas. 3 Caja de cristal o de otro material transparente que se utiliza para guardar y proteger objetos de valor y mostrarlos al público al mismo tiempo.

urogallo *m.* Ave gallinácea que tiene las plumas y el pico oscuros y habita en bosques de Europa y Asia.

urología *f.* Parte de la medicina especializada en el estudio y tratamiento de las enfermedades del aparato urinario y de los órganos de reproducción masculinos.

urólogo, -ga *m. y f.* Médico especializado en urología.

urraca *f.* Pájaro de color negro brillante, con el vientre blanco y la cola larga, que se domestica con facilidad.

ursulina *adj./f.* [religiosa] Que pertenece a una de las congregaciones que tienen como patrona a santa Úrsula.

urticaria *f.* Enfermedad de la piel caracterizada por la presencia de picores intensos y manchas rojas.

uruguayo, -ya *adj.* 1 De Uruguay. ‖ *adj./ m. y f.* 2 [persona] Que es de Uruguay.

usado, -da *adj.* Que está gastado y estropeado por el uso.

usanza *f.* Costumbre o manera de hacer una cosa.

usar *tr./prnl.* 1 Emplear o hacer funcionar una cosa para un fin determinado. 2 Gastar o consumir un producto determinado. 3 Llevar o ponerse habitualmente una prenda de vestir. ‖ *prnl.* 4 Practicar habitualmente o estar de moda.

USB Sigla de *universal serial bus,* 'bus universal en serie', tipo de conexión empleada en ordenadores, móviles y otros dispositivos electrónicos.

uso *m.* 1 Empleo o utilización de una cosa para un fin determinado. 2 Funcionamiento o forma de utilizar una cosa, especialmente un aparato o una máquina. 3 Moda, costumbre o modo habitual de actuar en un país o lugar determinado o por un grupo de personas. ▸ **al uso** Según la moda o la costumbre de un lugar, una época o un grupo de personas.

usted *pron. pers.* Forma de tratamiento de segunda persona que indica respeto y cortesía; concuerda con el verbo en tercera persona.

usual *adj.* Que es común y ocurre con frecuencia.

usuario, -ria *adj./m. y f.* [persona] Que usa habitualmente una cosa.

usufructo *m.* Derecho por el que alguien puede usar los bienes de otra persona y disfrutar de sus beneficios, con la obligación de conservarlos y cuidarlos como si fueran propios.

usura *f.* 1 Acción que consiste en prestar dinero que hay que devolver a un interés excesivamente alto. 2 Provecho que se saca de una cosa, especialmente cuando es excesivamente grande.

usurero, -ra *m. y f.* Persona que actúa con usura.

usurpación *f.* Acción y efecto de usurpar.

usurpar *tr.* 1 Apoderarse injustamente del cargo, de la función o de la identidad de otra persona. **2** Apoderarse injustamente y de forma violenta de una casa, un bien o un derecho de otra persona.

utensilio *m.* Instrumento o herramienta que se utiliza para realizar una actividad, un oficio o un arte determinado.

uterino, -na *adj.* Del útero.

útero *m.* Órgano del aparato reproductor de las hembras de los mamíferos en el que se desarrolla el feto.

útil *adj.* **1** Que produce provecho, beneficio o interés. **2** Que puede servir o ser aprovechado para un fin determinado. ❙ *m.* **3** Instrumento o herramienta que se utiliza para hacer una actividad manual o un trabajo determinado. Se usa generalmente en plural.

utilería *f.* **1** Conjunto de objetos o elementos empleados en escenografía teatral o cinematográfica. **2** Conjunto de herramientas.

utilidad *f.* **1** Capacidad que tiene una cosa de servir o de ser aprovechada para un determinado fin. **2** Provecho o beneficio que se saca de una cosa.

utilitario, -ria *adj.* **1** Que considera la utilidad de las cosas como lo más importan-

te. ❙ *m.* **2** Automóvil de pequeño tamaño y que consume poco combustible.

utilitarismo *m.* Criterio según el cual la utilidad de algo es su mejor valor.

utilitarista *adj./com.* Que considera la utilidad de algo como su mejor valor.

utilización *f.* Uso o empleo de una cosa.

utilizar [4] *tr.* Emplear o hacer funcionar una cosa para un fin determinado.

utillaje *m.* Conjunto de instrumentos y herramientas.

utopía *f.* Proyecto, idea o plan ideal y muy bueno, pero imposible de realizar.

utópico, -ca *adj.* De la utopía.

uva *f.* **1** Fruto comestible, pequeño y de forma redonda u ovalada, con una carne muy jugosa y una piel fina. **2** Racimo formado por varios de esos frutos.

uve *f.* Nombre de la letra *v*.

úvula *f.* Masa carnosa de tejido muscular que cuelga del velo del paladar.

uvular *adj.* **1** De la úvula. **2** GRAM. [sonido] Que se articula con la intervención de la úvula.

¡uy! *int.* Se utiliza para expresar dolor súbito o sorpresa.

V

v *f.* **1** Vigésima tercera letra del alfabeto español. **2** Letra que representa el valor de 5 en la numeración romana. Se escribe con letra mayúscula.

v. gr. Abreviatura de *verbi gratia*, 'por ejemplo'.

v. o. Abreviatura de *versión original*, dicho de una película o una obra de teatro no traducidas.

v. s. Abreviatura de *versión subtitulada*, dicho de una película en versión original traducida en subtítulos.

vaca *f.* **1** Hembra del toro. **2** AMÉR *coloquial* Reunión de dinero de varias personas para una compra común.

vacación *f.* Período de tiempo durante el cual se descansa y se dejan los trabajos o los estudios que se realizan normalmente. OBS Se usa generalmente en plural con el mismo significado.

vacante *adj./f.* [lugar, puesto] Que está disponible para ser ocupado.

vaciado *m.* Procedimiento que consiste en fabricar un objeto llenando un molde con un metal derretido u otra sustancia blanda.

vaciar [13] *tr./prnl.* **1** Sacar lo que está en el interior de algo sin dejar nada dentro. ‖ *tr.* **2** Hacer un hueco en un cuerpo sólido. ‖ *tr./intr.* **3** Fabricar un objeto llenando un molde con un metal derretido u otra sustancia blanda.

vacilación *f.* **1** Movimiento inseguro y falto de equilibrio. **2** Falta de firmeza o de seguridad al hablar o al actuar.

vacilar *intr.* **1** Moverse de un lado a otro por falta de equilibrio. **2** Tener poca firmeza o poca seguridad al hablar o al actuar. **3** Ser inestable o poco firme. **4** *coloquial* Presumir o darse importancia. **5** ACENT, CUBA Divertirse mientras se está de parranda o en una fiesta. ‖ *tr.* **6** CUBA Mirar de forma lasciva a alguien.

vacile *m. coloquial* Actitud o acción de una persona vacilona.

vacilón, -lona *adj./m. y f.* **1** *coloquial* Que le gusta hablar en broma. ‖ *adj.* **2** *coloquial* Que llama la atención.

vacío, -cía *adj.* **1** Que no tiene nada dentro. **2** Que no está ocupado por nadie. **3** [lugar] Que no tiene gente o que tiene muy poca. ‖ *m.* **4** Espacio hueco. **5** Corte del terreno, vertical y profundo. **6** FÍS. Espacio que no contiene aire ni otra materia. ▸ **al vacío** Sin aire dentro.

vacuna *f.* Sustancia que se introduce en el organismo para evitar que se desarrollen determinadas enfermedades.

vacunación *f.* Acción de vacunar.

vacunar *tr./prnl.* Administrar una vacuna.

vacuno, -na *adj.* Del ganado bovino.

vacuo, -cua *adj.* Que no tiene contenido, es superficial y no despierta interés.

vadear *tr.* Atravesar un río u otra corriente de agua por un sitio poco profundo.

vado *m.* Parte de la acera que se ha rebajado para hacer más fácil la entrada de vehículos a determinados lugares.

vagabundear *intr.* Andar sin una finalidad ni un destino determinado.

vagabundo, -da *adj./m. y f.* **1** [persona] Que no tiene casa ni trabajo y va de un lugar a otro. ‖ *adj.* **2** Que vagabundea.

vagancia *f.* Falta de ganas de trabajar o de hacer cosas.

vagar [7] *intr.* Andar o pensar libremente sin una finalidad ni un destino concretos.

vagido *m.* Llanto o gemido de un bebé.

vagina *f.* Conducto fibroso del aparato reproductor de las hembras de los mamíferos desde el útero hasta la vulva.

vaginal *adj.* De la vagina.

vago, -ga *adj./m. y f.* 1 [persona] Que no gusta del trabajo ni de cualquier actividad que necesite esfuerzo. ‖ *adj.* 2 Que está poco claro o no está determinado.

vagón *m.* Coche de un tren o de un metro que sirve para el transporte de mercancías y pasajeros.

vagoneta *f.* Vagón pequeño y sin techo que sirve para transportar mercancías.

vaguada *f.* Parte más profunda de un valle por donde corren las aguas de las corrientes naturales.

vaguear *intr.* Estar voluntariamente sin trabajar o sin hacer nada.

vaguedad *f.* Falta de claridad o de exactitud.

vaguería *f. coloquial* Comportamiento del vago.

vahído *m.* Pérdida breve del sentido.

vaho *m.* Vapor que despiden los cuerpos en determinadas circunstancias.

vaina *f.* 1 Cáscara flexible y alargada en la que están encerradas en hilera las semillas de ciertas plantas. 2 Funda de un material flexible donde se guardan ciertas armas u otros instrumentos cortantes. 3 AMÉR Situación o asunto confuso. 4 AMÉR Cosa molesta, desagradable o que causa contrariedad.

vainilla *f.* 1 Planta trepadora de tallos muy largos y verdes, hojas anchas y flores grandes, que da un fruto en forma de cápsula. 2 Fruto muy oloroso de esta planta que se utiliza para dar sabor a las comidas o para dar olor a los perfumes o licores.

vaivén *m.* Movimiento alternativo de un cuerpo, primero hacia un lado y después hacia el contrario.

vajilla *f.* Conjunto de platos, tazas, fuentes y otros objetos que se usan en el servicio de la mesa.

valdepeñas *m.* Vino que se elabora en la zona de Valdepeñas (Ciudad Real).

OBS El plural también es *valdepeñas*.

vale *m.* 1 Papel que se puede cambiar por una cantidad de dinero, por un objeto o por un servicio. 2 Entrada gratuita para un espectáculo público o atracción. 3 Nota firmada que se da al entregar una cosa y que sirve para demostrar que se ha hecho la entrega. ‖ *com.* 4 COL, MÉX, VEN *coloquial* Compinche o amigo con quien se tiene una gran confianza.

valedor, -ra *m. y f.* Persona que ayuda o apadrina a otra.

valencia *f.* QUÍM. Número que representa la capacidad de combinación de un elemento químico con otros.

valenciano, -na *adj./m. y f.* 1 Que es de Valencia, comunidad, capital o provincia. ‖ *m.* 2 Variedad del catalán que se habla en la Comunidad Valenciana.

-valente Elemento sufijal que significa 'valencia química'.

valentía *f.* Valor para enfrentarse a situaciones arriesgadas o difíciles.

valer [89] *tr.* 1 Tener un precio determinado. 2 Tener una cosa el mismo valor que otra en ciertos aspectos. 3 Merecer o ser merecedor de alguna cosa. ‖ *intr.* 4 Ser útil o adecuada una cosa. 5 Tener una persona cierta cualidad o capacidad para desempeñar una función. 6 Ser válido o efectivo. ‖ *prnl.* 7 Servirse de una cosa o de una persona. 8 Manejarse o desenvolverse sin problemas. ‖ *int.* 9 ¡valer! ESP *coloquial* Expresión que se utiliza para indicar acuerdo o conformidad con lo que otro dice.

valeriana *f.* Planta cuya raíz tiene propiedades sedantes.

valeroso, -sa *adj.* Que tiene valentía.

valía *f.* 1 Cualidad por la que una persona o cosa merece consideración o aprecio. 2 Valor que recibe una cosa por circunstancias externas.

validar *tr.* Hacer firme o legal una cosa.

validez *f.* Cualidad de lo que es correcto o eficaz o de lo que se ajusta a la ley.

valido *m.* Persona que gozaba de la confianza de un rey y que se ocupaba del Gobierno del Estado en su nombre.

válido, -da *adj.* Que tiene valor y fuerza legal o capacidad para producir su efecto.

valiente *adj./com.* Que tiene o actúa con valentía.

valija *f.* 1 Saco de cuero en el que se transporta la correspondencia. 2 Maleta o cartera.

valimiento *m.* Ayuda o protección que recibe una persona.

valioso, -sa *adj.* Que vale mucho o que tiene mucho valor o importancia.

valla *f.* 1 Pared o cerca generalmente de madera que sirve para rodear, señalar o proteger un terreno. 2 Superficie en la que se fijan anuncios publicitarios. 3 Obstáculo que deben saltar los participantes en una carrera deportiva.

vallado *m.* Valla, pared.

vallar *tr.* Cercar un sitio con una valla.

valle *m.* 1 Terreno llano entre montes o alturas. 2 Depresión por la que corre un río.

vallisoletano, -na *adj./m. y f.* Que es de Valladolid.

valor *m.* 1 Cualidad o conjunto de cualidades por las que una persona o cosa merece consideración o aprecio. 2 Precio o estima equivalente. 3 Importancia o significación de un dicho o un hecho. 4 Cualidad de la persona que actúa con valentía. 5 Capacidad para soportar situaciones desagradables. 6 Equivalencia de una moneda con referencia a la tomada como patrón. 7 MAT. Cantidad o magnitud que se da a una variable. 8 MÚS. Duración de una nota musical. ‖ *m. pl.* 9 Conjunto de normas o principios morales e ideológicos. 10 Conjunto de documentos que representan la cantidad de dinero prestada a una sociedad para conseguir unas ganancias.

valoración *f.* 1 Determinación del precio de una cosa. 2 Reconocimiento del valor, del mérito o de las cualidades.

valorar *tr.* 1 Determinar el precio de una cosa. 2 Reconocer o estimar el valor, el mérito o las cualidades de alguien o de algo. 3 Tener en cuenta algo para determinar su importancia.

valorización *f.* Determinación del valor o precio de una cosa.

vals *m.* 1 Baile de origen alemán, de compás tres por cuatro, que se realiza por parejas y con un movimiento giratorio. 2 Música de este baile.

OBS El plural es *valses*.

valva *f.* 1 Cada una de las dos piezas duras y movibles que forman la concha de los moluscos y otros invertebrados. 2 Cada una de las dos partes que constituyen la vaina de ciertos frutos que se abren al madurar, como los guisantes o las habas.

válvula *f.* 1 Dispositivo que abre o cierra el paso de un fluido por un conducto en una máquina o en un instrumento. 2 ANAT. Pliegue membranoso situado en las venas y en el corazón que permite el paso de los fluidos por los conductos del organismo.

vampiresa *f.* 1 Mujer que aprovecha su belleza y atractivo para conquistar a los hombres y conseguir sus favores. 2 Vampiro, ser imaginario.

vampirismo *m.* Conjunto de fenómenos relacionados con los vampiros.

vampiro, -ra *m. y f.* 1 Ser imaginario que sale de su tumba de noche y se alimenta con la sangre que chupa a las personas vivas. También existe el femenino *vampiresa*. ‖ *m.* 2 Mamífero volador, parecido al murciélago, con un par de incisivos muy afilados y desarrollados que clava en la piel de los animales para chuparles la sangre.

vanadio *m.* QUÍM. Metal de color blanco grisáceo y brillante, de número atómico 23, que se usa mezclado con el acero para aumentar la resistencia de este y en la fabricación de vidrios transparentes.

vanagloria *f.* Alabanza que una persona hace de sus propias cualidades o actos.

vanagloriarse [12] *prnl.* Presumir con orgullo de las propias cualidades o actos.

vandálico, -ca *adj.* De los vándalos, del vandalismo o que tiene relación con él.

vandalismo *m.* Actitud o inclinación a destruir y a provocar escándalos sin consideración alguna hacia los demás.

vándalo, -la *adj./m. y f.* 1 Del pueblo germánico que invadió el Imperio Romano y creó un reino en el norte de África. 2 [persona] Que tiende a destruir o que provoca escándalos sin consideración alguna hacia los demás.

vanguardia *f.* Movimiento literario, artístico o ideológico más avanzado en relación con las tendencias de su tiempo.

vanguardismo *m.* Tendencia literaria, artística e ideológica de carácter renovador de principios del siglo XX.

vanguardista *adj.* 1 Del vanguardismo. ‖ *adj./com.* 2 [persona] Que cultiva o practica el vanguardismo.

vanidad *f.* Orgullo de las cualidades o actos propios acompañado de un deseo excesivo de ser reconocido por los demás.

vanidoso, -sa *adj./m. y f.* Que muestra vanidad.

vano, -na *adj.* 1 Que no tiene razón de ser o que se basa en la imaginación. 2 Que no tiene efecto o no da el resultado esperado. ‖ *m.* 3 Hueco de una puerta, ventana o de otra abertura en una construcción o pared. ▸ **en vano** Sin efecto ni resultado.

vapear *tr./intr.* Aspirar y despedir vapor aromatizado mediante un dispositivo eléctrico.

vapeo *m.* Acción de vapear.

vapor *m.* 1 Gas en que se transforma un cuerpo, generalmente un líquido, por acción del calor. 2 Embarcación movida por una máquina que funciona con este gas.

vaporizador *m.* 1 Aparato que sirve para transformar un líquido en vapor por la acción del calor. 2 Aparato que sirve para esparcir un líquido en forma de gotas muy pequeñas.

vaporizar [4] *tr./prnl.* 1 Transformar un

líquido en vapor por la acción del calor. *tr.* 2 Esparcir un líquido en forma de gotas muy pequeñas.

vaporoso, -sa *adj.* [tejido] Que es ligero, muy fino o transparente.

vapulear *tr./prnl.* Golpear o empujar con violencia y repetidamente.

vapuleo *m.* Acción y efecto de vapulear.

vaquería *f.* Lugar donde se tienen y se crían vacas.

vaqueriza *f.* Lugar donde se recoge el ganado vacuno durante el invierno.

vaquero, -ra *adj.* 1 [ropa] Que está hecho de una tela de algodón fuerte y gruesa, generalmente azul. *m. y f.* 2 Persona que se dedica a cuidar ganado vacuno. *m. pl.* 3 Pantalones hechos con tela vaquera.

vaquilla *f.* Ternera o cría de la vaca.

VAR Siglas de *Video Assistant Referee*, sistema de asistencia orbital usado en fútbol.

vara *f.* 1 Palo delgado y largo. 2 Rama de un árbol o arbusto delgada, larga y sin hojas. 3 Tallo con flores de algunas plantas.

varadero *m.* Lugar en el que se varan o colocan las embarcaciones.

varar *tr.* 1 Sacar una embarcación fuera del agua y colocarla sobre la playa para protegerla de la acción del mar o para limpiarla o arreglarla. *intr.* 2 Encallar una embarcación o quedarse detenida.

varear *tr.* Golpear los frutos con una vara para que caigan al suelo.

variabilidad *f.* Cualidad de las cosas que tienden a cambiar o a transformarse.

variable *adj.* 1 Que varía o puede variar. 2 Que está sujeto a cambios frecuentes o probables. *f.* 3 MAT. Magnitud que sustituye un conjunto de valores y que puede representarlos dentro de un conjunto.

variación *f.* 1 Cambio o transformación. 2 MÚS. Repetición de un tema musical introduciendo cambios de tono o de ritmo.

variado, -da *adj.* Que está formado por partes de características diferentes.

variante *f.* 1 Diferencia o variación entre las diversas clases y formas de una misma cosa. 2 Forma en que se puede presentar una cosa. 3 Desvío provisional o definitivo de un tramo de un camino o carretera.

variar [13] *tr.* 1 Hacer diferente o cambiar en parte la forma de ser, la disposición, el color o el aspecto de las personas o cosas. 2 Dar variedad a una cosa. *intr.* 3 Cambiar de forma, estado o cualidad.

várice *f.* AMÉR Variz, dilatación de una vena. OBS También se usa *varice*.

varicela *f.* Enfermedad contagiosa caracterizada por la aparición de fiebre y erupciones en la piel.

varicoso, -sa *adj.* 1 De las varices. 2 Que tiene varices.

variedad *f.* 1 Cualidad de las cosas que tienen características o partes diferentes. 2 Cada una de las distintas formas en que se presenta una unidad. *f. pl.* 3 Espectáculo teatral formado por varios números de diferente naturaleza.

varilla *f.* Barra larga y delgada.

vario, -ria *adj.* 1 Que es diferente o distinto. 2 Que tiene variedad o que tiene características o elementos distintos. *det. indef. pl.* 3 Unos cuantos, algunos.

variopinto, -ta *adj.* Que presenta diversas formas o aspectos.

variz *f.* Dilatación permanente de una vena, especialmente en las piernas.

varón *m.* Persona de sexo masculino.

varonil *adj.* Que tiene las características que se consideran propias de un varón.

vasallaje *m.* 1 Vínculo o relación entre un vasallo y un señor feudal. 2 Tributo que pagaba el vasallo a su señor o servicio que le prestaba según este vínculo.

vasallo, -lla *adj./m. y f.* 1 [persona] Que se ponía al servicio de un señor feudal. *m. y f.* 2 Persona que está bajo la autoridad de un rey o un país.

vasar *m.* Estante que sobresale horizontalmente de un mueble o una pared y sirve para colocar especialmente vasos y platos.

vasco, -ca *adj./m. y f.* 1 Que es del País Vasco. *m.* 2 Lengua que se habla en el País Vasco español y francés y en parte de Navarra.

vascofrancés, -cesa *adj./m. y f.* Que es del País Vasco francés.

vascongado, -da *adj.* Del País Vasco.

vascuence *m.* Vasco, lengua.

vascular *adj.* BIOL. De los vasos o los conductos por los que circula la sangre u otros líquidos en los animales o en las plantas.

vasectomía *f.* Operación quirúrgica a que se somete una persona de sexo masculino para quedar estéril y no poder procrear.

vaselina *f.* Sustancia grasa y transparente que se usa como aceite industrial y en la fabricación de pomadas y otros medicamentos.

vasija *f.* Recipiente que sirve para contener comidas, bebidas u otras cosas, generalmente pequeño y de forma cóncava.

vaso *m.* **1** Recipiente que sirve para contener y para beber líquidos. **2** Recipiente que sirve para líquidos y otras cosas, pero que no se usa para beber. **3** Tubo o conducto por el que circulan la sangre y otros líquidos del organismo de los animales y de los vegetales. ▸ **ahogarse en un vaso de agua** *coloquial* Preocuparse por cosas poco importantes.

vasodilatador, -ra *adj./m.* MED. Que aumenta el diámetro de los conductos por los que circula la sangre.

vástago *m.* **1** Tallo nuevo que brota de una planta. **2** Respecto a una persona o a una familia, hijo o descendiente.

vastedad *f.* Amplitud o gran extensión de algo, especialmente de un terreno.

vasto, -ta *adj.* Que es muy extenso o amplio.

vate *m. culto* Poeta, autor de poesía.

váter *m.* **1** Recipiente dotado con una cisterna de agua en el que se orina y se hace de vientre. **2** Habitación en la que está este recipiente y otros elementos que sirven para el aseo humano.

vaticano, -na *adj.* **1** Del Estado de la Ciudad del Vaticano. **2** Del Papa o de la corte pontificia.

vaticinar *tr.* Adivinar o anunciar lo que va a ocurrir en el futuro.

vaticinio *m.* Adivinación o pronóstico de lo que va a ocurrir en el futuro.

vatio *m.* Unidad de potencia mecánica y eléctrica en el sistema internacional de unidades.

vecinal *adj.* De los vecinos de un municipio o que tiene relación con ellos.

vecindad *f.* **1** Condición de ser vecino de otras personas. **2** Conjunto de personas que viven en un mismo edificio, barrio o pueblo. **3** Proximidad entre dos o más personas o cosas.

vecindario *m.* Conjunto de los vecinos de un mismo edificio, barrio o pueblo.

vecino, -na *adj./m. y f.* **1** [persona] Que vive en el mismo edificio, barrio o pueblo que otras personas. ‖ *adj.* **2** Que está cercano o próximo.

vector *m.* Segmento de una recta que representa una magnitud que puede medirse.

vectorial *adj.* De los vectores.

veda *f.* **1** Prohibición de una cosa establecida por una ley. **2** Tiempo durante el cual está prohibido cazar o pescar.

vedar *tr.* Prohibir algo por ley o mandato.

vedette *f.* Artista principal que actúa en los espectáculos de revista o variedades.

veedor, -ra *adj./m. y f.* Que mira con curiosidad lo que hacen otras personas.

vega *f.* Terreno bajo y llano, generalmente regado por un río.

veganismo *m.* Régimen alimenticio seguido por los veganos.

vegano, -na *adj.* **1** Del veganismo. ‖ *adj./m. y f.* **2** [persona] Que se alimenta exclusivamente de productos de origen vegetal.

vegetación *f.* Conjunto de vegetales propios de un terreno o clima.

vegetal *adj.* **1** De las plantas. ‖ *m.* **2** Ser orgánico que vive y crece fijado al suelo y se alimenta de sales minerales y de dióxido de carbono disuelto en el aire, el agua y el suelo, que absorbe por las raíces o por orificios en las hojas.

vegetar *intr.* **1** Germinar, alimentarse, crecer y multiplicarse las plantas. **2** Vivir una persona desarrollando solamente las funciones orgánicas y no las emotivas o intelectuales.

vegetarianismo *m.* Régimen alimenticio seguido por los vegetarianos.

vegetariano, -na *adj.* **1** Del vegetarianismo. ‖ *adj./m. y f.* **2** [persona] Que se alimenta principalmente de alimentos de origen vegetal, aunque admite algunos de origen animal, como leche, huevos o miel.

vegetativo, -va *adj.* BIOL. [órgano, organismo] Que solo realiza las funciones relacionadas con la nutrición y el desarrollo, sin intervención de la voluntad.

vehemencia *f.* Pasión, entusiasmo e irreflexión.

vehemente *adj.* Que se manifiesta con vehemencia.

vehículo *m.* Cualquier medio de transporte que se mueve sobre el suelo, sobre el agua o por el aire, especialmente el automóvil.

veinte *num. card.* **1** Indica que el nombre al que acompaña o al que sustituye está 20 veces. ‖ *num. ord.* **2** Indica que el número al que acompaña o al que sustituye ocupa el lugar número 20 en una serie ordenada. ‖ *m.* **3** Nombre del número 20.

veinteavo, -va *num.* Parte que resulta de dividir un todo en 20 partes iguales.

veintena *f.* Conjunto formado por veinte unidades.

veinticinco *num. card.* **1** Indica que el nombre al que acompaña o sustituye está 25 veces. ‖ *num. ord.* **2** Indica que el número al que acompaña o sustituye ocupa el lugar número 25 en una serie ordenada. ‖ *m.* **3** Nombre del número 25.

veinticuatro *num. card.* **1** Indica que el

nombre al que acompaña o al que sustituye está veinticuatro veces. ▌ *num. ord.* **2** Indica que el número al que acompaña o al que sustituye ocupa el lugar número 24 en una serie ordenada. ▌ *m.* **3** Nombre del número 24.

veintidós *num. card.* **1** Indica que el nombre al que acompaña o al que sustituye está veintidós veces. ▌ *num. ord.* **2** Indica que el número al que acompaña o al que sustituye ocupa el lugar número 22 en una serie ordenada. ▌ *m.* **3** Nombre del número 22.

veintinueve *num. card.* **1** Indica que el nombre al que acompaña o al que sustituye está 29 veces. ▌ *num. ord.* **2** Indica que el número al que acompaña o al que sustituye ocupa el lugar número 29 en una serie. ▌ *m.* **3** Nombre del número 29.

veintiocho *num. card.* **1** Indica que el nombre al que acompaña o al que sustituye está 28 veces. ▌ *num. ord.* **2** Indica que el número al que acompaña o al que sustituye ocupa el lugar número 28 en una serie. ▌ *m.* **3** Nombre del número 28.

veintiséis *num. card.* **1** Indica que el nombre al que acompaña o al que sustituye está 26 veces. ▌ *num. ord.* **2** Indica que el número al que acompaña o al que sustituye ocupa el lugar número 26 en una serie. ▌ *m.* **3** Nombre del número 26.

veintisiete *num. card.* **1** Indica que el nombre al que acompaña o al que sustituye está 27 veces. ▌ *num. ord.* **2** Indica que el número al que acompaña o al que sustituye ocupa el lugar número 27 en una serie. ▌ *m.* **3** Nombre del número 27.

veintitantos, -tas *num. card.* Indica que el nombre al que acompaña o al que sustituye está entre veinte y veintinueve veces, sin determinar con exactitud la cantidad. Puede ser determinante.

veintitrés *num. card.* **1** Indica que el nombre al que acompaña o al que sustituye está 23 veces. ▌ *num. ord.* **2** Indica que el número al que acompaña o al que sustituye ocupa el lugar número 23 en una serie. ▌ *m.* **3** Nombre del número 23.

veintiún Apócope de *veintiuno*.

veintiuno, -na *num. card.* **1** Indica que el nombre al que acompaña o al que sustituye está 21 veces. ▌ *num. ord.* **2** Indica que el número al que acompaña o al que sustituye ocupa el lugar número 21 en una serie. ▌ *m.* **3** Nombre del número 21.

vejar *tr.* Maltratar a una persona o hacerla pasar por algo humillante o vergonzoso.

vejatorio, -ria *adj.* [obra, dicho] Que veja.

vejestorio *m. coloquial* Persona muy vieja. Se suele usar con un matiz despectivo.

vejez *f.* **1** Estado natural de la persona que ha llegado a una edad avanzada. **2** Período de la vida de una persona en el que se tiene una edad avanzada.

vejiga *f.* **1** ANAT. Órgano muscular en forma de bolsa en el que se deposita la orina. **2** Bulto lleno de líquido que se forma en la piel. **vejiga natatoria** ZOOL. Bolsa membranosa llena de aire que tienen los peces y que les permite flotar en el agua.

vela *f.* **1** Cilindro de cera u otra materia grasa, con un hilo en el centro que lo recorre de un extremo a otro y que se enciende para dar luz. **2** Pieza de lona u otra tela fuerte de una embarcación y que hace que esta se mueva al recibir el empuje del viento. **3** Competición deportiva en la que participan embarcaciones que llevan esta pieza de tela. **4** Situación o estado del que está despierto en las horas normalmente destinadas al sueño.

velada *f.* **1** Reunión o tertulia nocturna entre varias personas, para entretenimiento o distracción. **2** Fiesta musical, literaria o deportiva que se celebra por la noche.

velador *m.* **1** Mesa pequeña de un solo pie, generalmente redonda. **2** ASUR Mesita auxiliar que se coloca junto a la cama. **3** ARG, CUBA, ECUAD, MÉX, URUG Lamparita que se coloca sobre esta mesa.

veladora *f.* **1** MÉX, URUG Velador (lamparita). **2** MÉX Vela gruesa y cónica que se enciende ante la imagen de un santo.

velamen *m.* Conjunto de las velas de una embarcación.

velar *tr.* **1** Acompañar por la noche a un muerto o cuidar a una persona enferma. ▌ *intr.* **2** Estar sin dormir el tiempo normalmente destinado al sueño. **3** Cuidar y mostrar preocupación por una persona o cosa. ▌ *tr./prnl.* **4** Borrarse toda o una parte de la imagen de una fotografía o de una película fotográfica por la acción indebida de la luz. ▌ *adj.* **5** ANAT. Del velo del paladar. ▌ *adj.* **6** GRAM. [sonido] Que se pronuncia acercando la lengua al velo del paladar. ▌ *adj./f.* **7** GRAM. [letra] Que representa este sonido.

velatorio *m.* **1** Lugar preparado para velar a un difunto. **2** Acto de velar a un difunto.

velcro *m.* Sistema de cierre o sujeción que consiste en dos piezas de tela que quedan enganchadas entre sí.

OBS Es marca registrada.

veleidad *f.* Cualidad de la persona que cambia con frecuencia de ideas, gustos o sentimientos.

veleidoso, -sa *adj.* [persona] Que cambia con frecuencia de ideas, gustos o sentimientos.

velero *m.* Embarcación que se mueve por medio de la vela.

veleta *f.* Objeto que se coloca en lugares altos y sirve para señalar la dirección del viento.

vello *m.* 1 Pelo más corto, fino y suave que el de la cabeza o la barba que cubre ciertas partes del cuerpo de una persona. 2 Pelo corto y fino que cubre la piel de ciertas frutas o plantas y le da un aspecto aterciopelado.

vellón *m.* 1 Conjunto de lana que se le quita a una oveja o a un carnero al esquilarlo. 2 Aleación de plata y cobre con que se hacían monedas antiguamente. 3 Moneda antigua de cobre que se usó en lugar de la fabricada con plata.

vellosidad *f.* Vello, pelo corto y fino que cubre algunas partes del cuerpo de las personas, especialmente cuando es abundante.

velloso, -sa *adj.* Que está cubierto o provisto de vello.

velludo, -da *adj.* Que tiene mucho vello.

velo *m.* 1 Tela fina y transparente que sirve para cubrir generalmente la cabeza o la cara de las mujeres. 2 Manto con el que las religiosas se cubren la cabeza y la parte superior del cuerpo. 3 Cosa ligera y flotante que impide ver otra con claridad. **velo del paladar** ANAT. Tejido muscular delgado que separa la boca de la faringe.

velocidad *f.* 1 Gran rapidez o prontitud en el movimiento o en la acción. 2 FÍS. Relación entre el espacio recorrido y el tiempo empleado en recorrerlo. 3 Posición de la caja de cambio del automóvil que permite variar el número de vueltas que dan las ruedas en función del número de vueltas que da el motor.

velocímetro *m.* Aparato que indica la velocidad a la que circula un vehículo.

velocípedo *m.* Vehículo formado por un asiento y por dos o tres ruedas, de las cuales una es de mayor tamaño que las otras.

velocista *com.* 1 Atleta que participa en carreras de 100, 200 o 400 metros. 2 Ciclista que participa en carreras en pista en las que es necesario ser muy veloz.

velódromo *m.* Instalación preparada para la celebración de carreras de bicicletas.

velorio *m.* Velatorio, en especial cuando el difunto es un niño.

veloz *adj.* Que se mueve o actúa de manera muy rápida.

vena *f.* 1 Vaso sanguíneo que conduce la sangre al corazón o a otro vaso de mayor tamaño. 2 Cualidad natural o facilidad de una persona para realizar cierta actividad. 3 Estado de ánimo o humor de una persona en un momento determinado. 4 BOT. Fibra que sobresale en la cara posterior de las hojas de una planta. 5 Masa mineral que rellena un agujero o una abertura de una formación rocosa. ▸ **estar en vena** *coloquial* Estar muy inspirada una persona para realizar cualquier actividad u ocurrírsele grandes ideas.

venablo *m.* Lanza corta y arrojadiza que consiste en una varilla delgada y cilíndrica acabada en una hoja de hierro en forma de laurel.

venado *m.* Mamífero salvaje de patas largas, pelo áspero y corto, marrón o gris, cuyo macho tiene cuernos divididos en ramas, y que se alimenta de vegetales.

vencedor, -ra *adj./m. y f.* [persona, animal] Que gana o vence.

vencejo *m.* Pájaro de color casi negro, que hace sus nidos en los huecos de las paredes y en los tejados altos.

vencer [2] *tr./intr.* 1 Resultar ganador en un concurso, oposición o cualquier prueba o quedar por encima de los demás. 2 Dominar o someter al enemigo. ‖ *tr.* 3 Afrontar y superar con éxito un obstáculo, problema o dificultad. 4 Producir alguna cosa física o moral cierto efecto en una persona al no haber podido resistirse a ella. ‖ *intr.* 5 Terminar o acabar el plazo o tiempo fijado para una deuda, una obligación o un contrato.

vencimiento *m.* Cumplimiento del plazo o tiempo fijado para una deuda, una obligación o un contrato.

venda *f.* Trozo de tela o gasa largo y estrecho que sirve para cubrir las heridas o para impedir el movimiento de una parte del cuerpo.

vendaje *m.* 1 Colocación de una venda alrededor de una parte del cuerpo. 2 Tira de tela o conjunto de tiras de tela que se colocan de esta forma.

vendar *tr.* Cubrir con una venda cualquier parte del cuerpo.

vendaval *m.* Viento muy fuerte.

vendedor, -ra *m. y f.* Persona que se dedica profesionalmente a vender mercancías.

vender *tr.* 1 Dar u ofrecer una cosa a cambio de una determinada cantidad de dinero. 2 Ofrecer una cosa que no tiene valor material a cambio de dinero u otro beneficio. **3** Traicionar la amistad o la confianza de una persona en beneficio propio. ❘ *prnl.* **4** Dejarse corromper por una persona.

vendimia *f.* **1** Recogida de la uva. **2** Tiempo en el que se recoge la uva.

vendimiar [12] *tr./intr.* Recoger la uva.

veneno *m.* **1** Sustancia que provoca trastornos graves o incluso la muerte cuando es introducida en el cuerpo de un ser vivo. **2** Cualquier cosa que puede ser perjudicial para la salud.

venenoso, -sa *adj.* Que contiene veneno.

venera *f.* Concha del molusco de la vieira.

venerable *adj.* Que merece respeto.

veneración *f.* **1** Demostración grande de amor y respeto hacia una persona. **2** Culto que se rinde a Dios, a los santos o a las cosas sagradas.

venerar *tr.* **1** Demostrar gran amor y respeto hacia una persona. **2** Rendir culto a Dios, a los santos o a las cosas sagradas.

venéreo, -a *adj.* [enfermedad] Que se contagia por contacto sexual.

venero *m.* **1** Corriente de agua que brota de la tierra. **2** Lugar donde brota esta corriente de agua.

venezolano, -na *adj./m. y f.* Que es de Venezuela.

venganza *f.* Respuesta a una ofensa o daño recibido con otra ofensa o daño dirigido a la persona que lo ha hecho.

vengar [7] *tr./prnl.* Responder con venganza.

vengativo, -va *adj./m. y f.* [persona] Que tiende a vengarse.

venia *f.* Permiso o autorización para hacer una cosa concedido por una autoridad.

venial *adj.* [pecado] Que se opone ligeramente a la ley o a la norma y es fácil de perdonar.

venida *f.* **1** Desplazamiento o llegada de una persona, animal o cosa al lugar en el que está la persona que habla. **2** Regreso o vuelta de una persona, animal o cosa al lugar o punto del que había partido. **3** Aumento repentino del caudal de un río o arroyo.

venidero, -ra *adj.* Que está por venir, ocurrir o suceder.

venir [90] *intr.* **1** Ir o desplazarse hacia el lugar donde está el que habla. **2** Llegar al lugar donde está el que habla para quedarse en él. **3** Ocurrir o producirse cierto suceso. **4** Proceder de un lugar. **5** Tener una persona o cosa su origen. **6** Surgir o aparecer, especialmente un deseo o un sentimiento. **7** Adaptarse una prenda de vestir

de un modo determinado. **8** Seguir, en una serie, una cosa a otra. **9** Insistir en la acción que se expresa. ❘ *int.* **10** ► **¡venga!** Expresión que se usa para animar o meter prisa.

venoso, -sa *adj.* **1** De las venas. **2** Que tiene venas.

venta *f.* **1** Entrega de una cosa a una persona a cambio de una cantidad de dinero convenida. **2** Establecimiento situado en un camino o en un despoblado y que acoge a los viajeros.

ventaja *f.* **1** Característica o situación que hace que una persona o una cosa sea mejor en comparación con otra. **2** Distancia o puntos que tiene un deportista sobre los demás.

ventajoso, -sa *adj.* Que tiene u ofrece ventajas.

ventana *f.* Abertura, generalmente de forma rectangular, que se hace en un muro para dar luz y ventilación al interior de una construcción.

ventanal *m.* Ventana grande en la pared o en el muro de un edificio.

ventanilla *f.* **1** Abertura pequeña que hay en la pared de distintos establecimientos, a través de la cual los empleados se comunican con el público. **2** Ventana pequeña lateral de un vehículo.

ventarrón *m.* Viento muy fuerte.

ventero, -ra *m. y f.* Persona que es propietaria o tiene a su cargo una venta.

ventilación *f.* **1** Entrada o renovación de aire en un lugar. **2** Abertura para que se renueve o entre aire en un lugar.

ventilador *m.* Aparato que sirve para ventilar o refrigerar un lugar o una cosa.

ventilar *tr./prnl.* **1** Hacer que entre o se renueve el aire en un lugar. **2** Sacar una cosa al aire libre para que se le vaya el olor o el polvo. **3** Tratar o resolver un asunto con rapidez. ❘ **4** *coloquial* Matar a una persona.

ventisca *f.* **1** Tormenta de viento o de viento y nieve. **2** Viento muy fuerte.

ventisquero *m.* **1** Lugar de una montaña más alto y más expuesto a las ventiscas. **2** Lugar en las montañas en el que se conserva largo tiempo la nieve y el hielo. **3** Masa de nieve o hielo que se conserva en este lugar.

ventolera *f.* Golpe de viento fuerte y de corta duración.

ventorro *m.* Venta de hospedaje pequeña y miserable. Se usa con sentido despectivo.

ventosa *f.* **1** Pieza de material elástico que

se adhiere a una superficie lisa por presión. 2 Órgano de ciertos animales que les permite sujetarse o adherirse fuertemente a los objetos o animales.

ventosear *intr./prnl.* Expulsar aire o gases intestinales por el ano.

ventosidad *f.* Conjunto de gases intestinales que se expulsan por el ano.

ventoso, -sa *adj.* [lugar, tiempo, día] En que hace un fuerte viento.

ventral *adj.* Del vientre.

ventricular *adj.* De los ventrículos.

ventrículo *m.* Cavidad de la parte inferior del corazón de mamíferos, aves y reptiles que recibe la sangre procedente de las aurículas.

ventrílocuo, -cua *adj./m. y f.* [persona] Que tiene la habilidad de hablar cambiando su voz natural y da la impresión de que es otra persona la que habla.

ventura *f.* Estado de alegría y felicidad en que se encuentra una persona que ha conseguido sus deseos.

venturoso, -sa *adj.* Que causa o tiene alegría o satisfacción.

venus *f.* Estatuilla de origen prehistórico con forma de mujer desnuda.

ver [91] *tr./intr.* 1 Percibir una cosa a través del sentido de la vista. ‖ *tr.* 2 Darse cuenta de una cosa con cualquier sentido o mediante la inteligencia. 3 Entender o darse cuenta de un hecho, de una realidad o una situación. 4 Tratar un tema o asunto. 5 Estudiar o examinar cualquier cosa con atención. 6 Asistir a un espectáculo o acontecimiento. 7 Comprobar o hacer lo necesario para informarse de una cosa. 8 Sospechar o presentir lo que va a pasar, en especial si es desagradable. 9 Juzgar o considerar de una manera determinada. ‖ *tr./prnl.* 10 Visitar o encontrarse con una persona. ‖ *prnl.* 11 Imaginarse o encontrarse en una situación determinada. ‖ *m.* 12 Sentido de la vista. ▶ **a ver** Expresión con la que una persona indica la curiosidad por conocer una cosa. ▶ **estar por ver** No haberse confirmado o demostrado cierta cosa.

vera *f.* Orilla de un camino o de un río.

veracidad *f.* Cualidad de lo que está conforme con la verdad.

veraneante *com.* [persona] Que pasa el verano en un lugar, en general distinto del lugar en el que se vive habitualmente.

veranear *intr.* Pasar el verano en un lugar, en general distinto del lugar en el que se vive habitualmente.

veraneo *m.* Vacaciones de verano que se pasan en un lugar, en general distinto del lugar en el que se vive habitualmente.

veraniego, -ga *adj.* Del verano.

verano *m.* Estación más cálida del año comprendida entre la primavera y el otoño.

veras Palabra que se utiliza en la locución *de veras*, que significa 'de verdad'.

veraz *adj.* 1 [persona, medio] Que habitualmente dice la verdad. 2 [información, dato] Que es verdadero porque se ha comprobado su autenticidad.

verbal *adj.* 1 Del habla. 2 [acuerdo] Que se hace de palabra y no por escrito. 3 Del verbo.

verbena *f.* 1 Fiesta con música y baile que se celebra al aire libre y por la noche la víspera de algunas festividades. 2 Planta de tallo largo y piloso, con hojas ásperas y flores en espiga de colores variados; es silvestre o se cultiva en jardinería.

verbo *m.* Palabra que expresa las acciones, los estados, la existencia o los procesos de una persona o de una cosa; tiene variación de tiempo, aspecto, modo, voz, número y persona. **verbo auxiliar** Verbo que pierde o cambia su significado al utilizarse para formar los tiempos compuestos y las perífrasis verbales. **verbo copulativo** Verbo que une el sujeto con un atributo. **verbo impersonal** Verbo que solo se usa en tercera persona y no tiene sujeto en forma personal. **verbo intransitivo** Verbo que no lleva objeto directo. **verbo irregular** Verbo que se aparta de la regla general y se conjuga de manera especial. **verbo pronominal** Verbo que se construye con determinadas formas de los pronombres. **verbo transitivo** Verbo que puede llevar un objeto directo. **verbo unipersonal** Verbo que sólo se usa en tercera persona del singular y no tiene sujeto en forma personal.

verborrea *f.* Abundancia excesiva de palabras al hablar, en especial cuando se dice poco nuevo o de interés.

OBS Se utiliza despectivamente.

verdad *f.* 1 Conocimiento de lo que es o de lo que ha pasado realmente. 2 Expresión de este conocimiento. ‖ *f.* 3 Conformidad entre lo que se dice y lo que se cree o se piensa. 4 Carácter de lo que existe, ha existido o existirá realmente. 5 Afirmación o principio que es aceptado como válido por un grupo. ▶ **de verdad** En serio.

OBS Se usa sobre todo en plural.

verdadero, -ra *adj.* 1 [relato, afirmación]

Que es conforme a la verdad. **2** [sentimiento] Que es real. **3** [persona, cosa] Que es realmente lo que se indica de él.

verde *m./adj.* **1** Color como el de la hierba fresca o el de las hojas de los árboles. ‖ *adj.* **2** [planta, leña] Que no está seco. **3** [fruto] Que todavía no está maduro. **4** [persona] Que todavía no está preparado para realizar alguna actividad. **5** [proyecto] Que está en sus inicios. **6** [persona] Que tiene una obsesión por el sexo, especialmente si se considera impropio de su edad. **7** [zona] Que no puede destinarse a la edificación porque se utiliza como parque o jardín. ‖ *adj./com.* **8** [persona] Que defiende la conservación y la mejora del medio ambiente. ‖ *adj./m. pl.* [partido, organización] Que defiende la nacesidad de proteger el medio ambiente y los recursos naturales.

verderón *m.* Pájaro semejante al gorrión, pero con tonos verdes y amarillos que destacan en su plumaje pardo.

verdín *m.* **1** Capa de color verde que forman las algas y otras plantas sin flor en lugares húmedos y en la superficie del agua estancada. **2** Capa de color verde que se forma sobre los objetos de cobre, de bronce o de latón. **3** Capa de color verde que forma el moho sobre la corteza de frutos.

verdor *m.* Color verde intenso propio de las plantas en su lozanía.

verdoso, -sa *adj.* [color] Que se parece al verde o que tiene tonalidades verdes.

verdugo *m.* **1** Persona que se encarga de ejecutar a los condenados a muerte o, antiguamente, de aplicar los castigos corporales que dictaba la justicia. **2** Espada muy delgada y afilada solamente en la punta. **3** Vara estrecha y larga de un material flexible que se usa para azotar.

verdugón *m.* Señal roja que aparece en la piel de una persona al ser golpeada con un látigo o instrumento parecido.

verduguillo *m.* Estoque corto y muy delgado con que se mata instantáneamente al toro clavándoselo en la cerviz.

verdulería *f.* Establecimiento en el que se venden verduras.

verdulero, -ra *m. y f.* **1** Persona que se dedica a vender verduras. **2** *coloquial* Persona vulgar y maleducada.

verdura *f.* Hortaliza o planta comestible que se cultiva en huerto, en especial la que se consume cocida.

vereda *f.* **1** Camino estrecho que se ha formado por el paso de las personas y del ganado. **2** ASUR, CUBA Acera.

veredicto *m.* Fallo o decisión final de un tribunal o una autoridad.

verga *f.* **1** Órgano sexual masculino de los mamíferos. **2** MAR. Palo de los veleros grandes que sirve para sujetar las velas.

vergel *m.* Lugar con gran abundancia y variedad de plantas y flores.

vergonzoso, -sa *adj.* **1** [hecho] Que causa vergüenza. ‖ *adj./ m. y f.* **2** [persona] Que siente vergüenza con facilidad.

vergüenza *f.* **1** Turbación que se siente ante los demás al cometer una falta o al hacer algo que se considera ridículo o humillante. **vergüenza ajena** Vergüenza que se siente por la falta cometida por otra persona o por el ridículo que hace otra persona. **2** Turbación producida por el miedo a cometer ante los demás una falta o a hacer algo que uno mismo considera ridículo o humillante.

vericueto *m.* **1** Camino estrecho y accidentado por el que es difícil andar. **2** Complicación que entorpece un proceso. **OBS** Se usa sobre todo en plural.

verídico, -ca *adj.* **1** Que se ajusta a la verdad. **2** Que se parece a la realidad o se basa en hechos que son reales.

verificación *f.* **1** Comprobación de la autenticidad o verdad de una cosa. **2** Comprobación del buen funcionamiento de una máquina, aparato o instalación.

verificar [1] *tr./prnl.* **1** Demostrar o comprobar que es verdadera una cosa de la que se dudaba. **2** Comprobar que un aparato funciona bien.

verja *f.* **1** Enrejado que limita un espacio abierto. **2** Reja que se pone en puertas y ventanas para seguridad o como adorno.

vermú o **vermut** *m.* **1** Bebida alcohólica amarga que se toma generalmente como aperitivo. **2** Aperitivo que se toma antes de comer.
OBS El plural es *vermús* o *vermuts,* respectivamente.

vernáculo, -la *adj.* [lengua, costumbre] Que es propio de un país o de una región.

verosímil *adj.* Que parece verdadero o que resulta creíble.

verosimilitud *f.* Cualidad de lo que parece verdadero o creíble.

verraco *m.* Cerdo macho no castrado que se utiliza como semental.

verruga *f.* Bulto marronáceo pequeño y benigno que sale en la piel de las personas.

versado, -da *adj.* [persona] Que es muy experto o entendido en una materia o tema determinados.

versalita *f.* Letra mayúscula del mismo tamaño que las minúsculas.

versar *intr.* Tratar acerca de una materia o tema determinados.

versátil *adj.* Que cambia con facilidad.

versatilidad *f.* Facilidad excesiva para cambiar de opinión, de gustos o de humor.

versículo *m.* División breve y numerada de los capítulos de ciertos libros, especialmente de la Biblia o del Corán.

versificación *f.* 1 Técnica o arte de versificar. 2 Conjunto de características métricas de una obra, de una época o de un autor.

versificar [1] *tr.* 1 Poner en verso siguiendo las normas de la métrica.

versión *f.* 1 Modo particular de entender un hecho. 2 Presentación diferente o adaptación de una obra artística o literaria.

verso *m.* Conjunto de palabras o palabra que forma una línea de un poema. **verso de arte mayor** Verso de más de ocho sílabas. **verso de arte menor** Verso de ocho sílabas o de menos. **verso libre** Verso que no está sujeto a rima ni a medida.

vértebra *f.* Hueso corto que se articula con otros parecidos formando la columna de los vertebrados.

vertebrado, -da *adj./m.* 1 ZOOL. [animal] Que tiene esqueleto interno y un eje formado por la columna vertebral. ‖ *m. pl.* 2 ZOOL. Orden de estos animales.

vertebral *adj.* De las vértebras.

vertebrar *tr.* Servir una cosa para organizar o estructurar internamente algo, dándole consistencia y cohesión.

vertedera *f.* Plancha curva o pala del arado que voltea la tierra que la reja o cuchilla ha levantado.

vertedero *m.* ESP Lugar donde se tiran basuras, residuos o escombros.

verter [28] *tr./prnl.* 1 Echar un líquido o una materia no sólida de un recipiente a otro. 2 Dejar caer un líquido o un material fuera del recipiente que lo contiene. ‖ *intr.* 3 Ir a parar las aguas de una corriente en otra.

vertical *adj./f.* 1 [recta, plano] Que es perpendicular al horizonte o a un plano horizontal. ‖ *adj.* 2 [estructura, orden] Que está organizado de manera jerárquica.

verticalidad *f.* Posición vertical o perpendicular de una cosa respecto a un plano horizontal.

vértice *m.* 1 Punto en el que coinciden los dos lados de un ángulo o polígono. 2 Punto en el que coinciden tres o más aristas de un poliedro. 3 Punto más alejado de la base de una pirámide o de un cono.

vertido *m.* Conjunto de materiales de desecho que se vierten en algún lugar, especialmente aquellos procedentes de instalaciones industriales o energéticas.

vertiente *f.* Cada una de las pendientes de una montaña que van de la cima a la base.

vertiginoso, -sa *adj.* Que se hace con mucha rapidez o intensidad.

vértigo *m.* 1 Sensación de miedo a perder el equilibrio semejante a un mareo que se experimenta en lugares elevados. 2 Velocidad o ritmo intenso de una actividad.

vesical *adj.* De la vejiga.

vesícula *f.* Saquillo membranoso de un organismo que contiene líquido o aire. **vesícula biliar** ANAT. Saquillo membranoso del sistema digestivo que contiene la bilis.

vespertino, -na *adj.* De la tarde.

vestíbulo *m.* 1 Parte de la casa que hay junto a la puerta principal y que se usa para recibir a los que llegan. 2 Estancia amplia a la entrada de grandes edificios.

vestido *m.* Prenda de vestir femenina que une cuerpo y falda formando una sola pieza.

vestidor *m.* Habitación que se usa para vestirse o arreglarse.

vestidura *f.* Ropa exterior que cubre el cuerpo.

OBS Se usa generalmente en plural.

vestigio *m.* Señal que queda de una cosa pasada o antigua.

vestimenta *f.* Conjunto de prendas de vestir.

vestir [34] *tr./prnl.* 1 Cubrir el cuerpo de una persona con ropa. ‖ *tr./intr./prnl.* 2 Llevar puesto un vestido o traje. ‖ *tr.* 3 Proporcionar vestido. ‖ *tr./prnl.* 4 Cubrir o resguardar una cosa con otra para adornarla o protegerla. ‖ *intr./prnl.* 5 Ir normalmente a comprarse la ropa a un determinado lugar.

vestón *m.* CHILE Saco (prenda).

vestuario *m.* 1 Lugar destinado a cambiarse de ropa. 2 Conjunto de prendas de vestir. 3 Conjunto de prendas de vestir que se usan en un espectáculo.

veta *f.* 1 Franja que forma un dibujo en un material por ser de diferente color o estar formada por un material distinto. 2 Estrato alargado de un mineral diferente a la formación rocosa que lo rodea.

vetar *tr.* 1 Poner el veto a un acuerdo. 2 Impedir que una cosa se haga.

veteado, -da *adj.* Que tiene vetas.

veteranía *f.* Experiencia en una profesión o en una labor por haberla desempeñado durante mucho tiempo.

veterano, -na *adj./m. y f.* **1** [persona] Que tiene mucha experiencia en una profesión o en una labor. **2** [persona] Que tiene una edad más avanzada que otros que practican un mismo deporte o actividad. **3** [persona] Que ha combatido en una guerra.

veterinaria *f.* Ciencia que estudia y cura las enfermedades de los animales.

veterinario, -ria *m. y f.* Persona que se dedica a la veterinaria.

veto *m.* Derecho de una persona o de un organismo a impedir que una decisión se lleve a cabo.

vetusto, -ta *adj.* [cosa] Que es muy viejo o antiguo y que por ello está en mal estado.

vez *f.* **1** Momento u ocasión en que se realiza o se repite una acción. **2** Puesto que corresponde a una persona en una cola. ▶ **a la vez** Al mismo tiempo. ▶ **a veces** En ocasiones. ▶ **de una vez** De manera definitiva. ▶ **de vez en cuando** En ciertas ocasiones. ▶ **en vez de** En lugar de. ▶ **tal vez** Posiblemente o quizá.
OBS El plural es *veces*.

vía *f.* **1** Camino que conduce de un lugar a otro. **vía pública** Calle de una población o carretera por la que circulan las personas y los vehículos. **2** Sistema de transporte o comunicación. **vía férrea** Vía del ferrocarril o transporte por este medio. **3** Barra de hierro que sirve para construir el camino por el que circulan los trenes. **4** Camino formado por dos barras de hierro, paralelas y unidas entre sí, por el que circulan los trenes. **5** Procedimiento o medio que sirve para hacer o conseguir una cosa. ▶ **en vías de** En camino de o a punto de.

vía crucis *m.* **1** Conjunto de catorce cuadros y catorce cruces que representan los pasos que dio Jesucristo en su camino al Calvario. **2** Sufrimiento o aflicción continua y prolongada que sufre una persona.

viabilidad *f.* Posibilidad de llevarse a cabo un plan o proyecto.

viable *adj.* **1** [idea, plan] Que puede realizarse. **2** [camino] Que se puede usar.

viaducto *m.* Puente largo que salva un desnivel del terreno y sobre el cual discurre una vía férrea o una carretera.

viajante *com.* Persona que se dedica a viajar para vender los productos de la empresa a la que representa.

viajar *intr.* **1** Trasladarse a un lugar que está alejado. **2** Ser transportada una mercancía.

viaje *m.* **1** Traslado a un lugar que está lejos. **2** Acción de recorrer el espacio que hay entre dos puntos. **3** Recorrido que se hace de un lugar a otro.

viajero, -ra *adj./m. y f.* Que viaja.

vial *adj.* Que tiene relación con las calles o con las carreteras y con el tránsito que circula por ellas.

vianda *f.* Comida, generalmente para remarcar que es abundante o exquisita.
OBS Se usa sobre todo en plural.

viandante *com.* Persona que va a pie por la calle.

viático *m.* Sacramento de la Iglesia católica que se administra a las personas que están a punto de fallecer.

víbora *f.* **1** Serpiente de longitud mediana, cabeza triangular, cuerpo robusto de piel gris con manchas negras; es venenosa. **2** Persona malévola que gusta de hablar mal de los demás.

vibración *f.* **1** Movimiento repetido muy corto y rápido a uno y otro lado de una posición de equilibrio. **2** Sonido o estremecimiento producto de este movimiento. **3** Sonido tembloroso.

vibrador, -ra *m.* **1** Dispositivo que vibra o que hace vibrar. **2** Aparato eléctrico manual en forma de pene con movimiento vibratorio para obtener placer sexual.

vibrante *adj.* **1** Que provoca una excitación o alteración del ánimo. **2** GRAM. [sonido] Que se produce interrumpiendo el paso del aire de manera intermitente. ▮ *f.* **3** GRAM. Letra que representa este sonido.

vibrar *intr.* **1** Moverse una cosa repetidamente, con gran rapidez y en una amplitud muy corta, a uno y otro lado de su posición de equilibrio. **2** Resonar una cosa por efecto de la vibración. **3** Emocionarse ante la belleza de algo o por sentirse identificado con algo que se escucha o ve. **4** Temblar por efecto de la emoción.

vibrátil *adj.* Que puede vibrar o es capaz de vibrar.

vibratorio, -ria *adj.* Que oscila de manera intermitente o puede hacerlo.

vicaría *f.* **1** Oficio o dignidad del vicario. **2** Oficina del vicario. **3** Territorio de la jurisdicción del vicario.

vicario, -ria *m. y f.* **1** Religioso que ayuda a un superior en sus funciones o lo sustituye. **2** Sacerdote elegido para hacer de obispo en un lugar en el que no existe diócesis o circunscripción eclesiástica.

vice-, vi-, viz Elementos prefijales que significan: *a)* 'En vez de', 'que hace las veces de'. *b)* 'De categoría inmediatamente inferior'.

vicealmirante *m.* Oficial de la armada cuya graduación militar es inmediatamente inferior a la de almirante y superior a la de contraalmirante.

vicepresidente, -ta *m. y f.* Persona que ocupa el cargo inferior al del presidente y lo sustituye en determinados trabajos.

vicerrector, -ra *m. y f.* Persona que ocupa el cargo inferior al del rector y lo sustituye en determinados trabajos.

viceversa *adv.* Al contrario o al revés de lo que se ha dicho anteriormente.

viciar [12] *tr./prnl.* Hacer que alguien adquiera un vicio o una costumbre considerada mala.

vicio *m.* 1 Costumbre o uso que se considera malo, sobre todo desde el punto de vista moral. 2 Gusto excesivo por una cosa, generalmente mala. 3 Cosa que gusta de modo excesivo. 4 Cosa incorrecta.

vicioso, -sa *adj./m. y f.* 1 Que se entrega a placeres considerados malos desde el punto de vista moral. 2 Que le gusta algo de modo excesivo. 3 Que puede llegar a gustar de modo excesivo.

vicisitud *f.* 1 Acontecimiento contrario al desarrollo o marcha de una cosa. 2 Sucesión de hechos positivos y negativos que ocurren en un tiempo determinado. OBS Se usa generalmente en plural.

víctima *f.* 1 Persona o animal que ha sufrido un daño. 2 Persona o animal que muere por culpa de alguien o de alguna cosa.

victoria *f.* Superioridad o ventaja que se consigue sobre el contrario en una lucha o competición.

victorioso, -sa *adj.* 1 Que ha conseguido una victoria. 2 [acción] Que tiene como resultado una victoria.

vicuña *f.* 1 Mamífero rumiante parecido a la llama pero más pequeño y esbelto y con el pelo más fino. 2 Lana de este animal.

vid *f.* Arbusto de tronco leñoso y retorcido y ramas trepadoras con hojas palmeadas, cuyo fruto es la uva.

vid. Abreviatura de *vide*, 'véase'.

vida *f.* 1 Propiedad de los seres orgánicos por la cual crecen y se reproducen. 2 Existencia de los seres que tienen esa propiedad. 3 Período de tiempo que va desde el momento de nacer hasta el momento de morir. 4 Duración de una cosa. 5 Modo de vivir. 6 Brillo de vigor o de energía que transmite una cosa. ▶ **a vida o muerte** Con

riesgo grave de morir. ▶ **de por vida** Para siempre. ▶ **de toda la vida** Desde siempre. ▶ **hacer la vida imposible** Molestar de forma continuada.

vidente *com.* Persona que es capaz de descubrir cosas ocultas o de predecir el futuro.

vídeo *m.* 1 Sistema de grabación de imágenes y sonidos en una cinta que después pueden reproducirse en un televisor. 2 Película hecha mediante este sistema. 3 Aparato que sirve para grabar imágenes de la televisión y reproducirlas en ella.

videoarbitraje *m.* En fútbol, sistema de análisis de jugadas polémicas formado por un grupo de expertos con apoyo técnico y audiovisual.

videocámara *f.* Cámara que permite grabar en vídeo.

videocasete *f.* Videocinta.

videocinta *f.* Cinta magnética en la que se pueden grabar imágenes y sonidos. OBS Se usa frecuentemente la forma abreviada *vídeo*.

videoclip *m.* Grabación de una canción acompañada de imágenes en soporte de vídeo que sirve para promocionarla.

videoclub *m.* Establecimiento en el que se alquilan y venden películas de vídeo.

videoconsola *f.* Aparato electrónico que se conecta a un monitor de televisión y en el cual se introducen videojuegos que se controlan mediante un mando.

videojuego *m.* Juego que se visualiza en una pantalla de televisión y cuyos mandos se accionan electrónicamente.

videoteca *f.* Colección de videocintas y lugar en el que se guardan.

videoteléfono *m.* Aparato telefónico provisto de un sistema de televisión para poder ver al interlocutor al mismo tiempo que se habla con él.

videovigilancia *f.* Sistema de vigilancia de un edificio u otro lugar por medio de cámaras colocadas en distintos sitios.

vidorra *f. coloquial* Vida cómoda y sin preocupaciones.

vidriera *f.* 1 Ventana o puerta formada por cristales, generalmente de colores. 2 CSUR, CUBA, MÉX Espacio cerrado con cristales a la entrada de un establecimiento, donde se exponen los productos al público. 3 AMÉR Armario de cristal donde se exponen a la vista diversos objetos.

vidrio *m.* 1 Material transparente o traslúcido, duro y delicado; se consigue al fundir diversas sustancias y enfriarlas con rapidez. 2 Objeto hecho con este material.

vidrioso, -sa *adj.* **1** [ojo] Que parece cubierto de una capa transparente y líquida. **2** [objeto, superficie] Que se parece al vidrio por su brillo o por su fragilidad.

vieira *f.* Molusco marino grande de concha superior convexa con estrías en forma de abanico y de concha inferior plana; es comestible.

viejales *com. coloquial* Persona de edad avanzada.

viejo, -ja *adj./m. y f.* **1** [ser] Que tiene mucha edad. ▌*adj.* **2** [ser] Que parece tener más edad de la que tiene en realidad. **3** [asunto, cosa] Que es antiguo o que hace mucho tiempo que existe o que ha sucedido. **4** [cosa] Que está gastado de tanto usarlo. **5** [cosa] Que ha pasado su tiempo de empleo idóneo.

viento *m.* **1** Movimiento horizontal del aire que se produce en la atmósfera. **2** Conjunto de instrumentos de una orquesta que producen música al soplar por ellos. ▶ **contra viento y marea** A pesar de los problemas y los obstáculos. ▶ **viento en popa** Sin problemas y prósperamente.

vientre *m.* **1** Parte anterior del cuerpo de las personas que se sitúa entre el tórax y la pelvis; contiene los principales órganos del aparato digestivo, urinario y genital. **2** Parte análoga al vientre humano en el cuerpo de los mamíferos. **3** Conjunto de órganos contenidos en el vientre. ▶ **hacer de vientre** o **hacer del vientre** *coloquial* Expulsar excrementos por el ano.

viernes *m.* Quinto día de la semana.
OBS El plural también es *viernes.*

vietnamita *adj./com.* Que es de Vietnam.

viga *f.* Barra gruesa que se usa para aguantar el techo de las casas o como elemento de soporte horizontal en las construcciones.

vigencia *f.* Período de tiempo durante el cual una ley está en vigor o una costumbre está en uso.

vigente *adj.* [ley, costumbre] Que está en vigor o está en uso.

vigésimo, -ma *num. ord.* **1** Indica que el nombre al que acompaña o al que sustituye ocupa el lugar número 20 en una serie. ▌*num.* **2** Parte que resulta de dividir un todo en 20 partes iguales.

vigía *com.* **1** Persona que vigila desde un lugar apropiado, generalmente alto. ▌*f.* **2** Torre construida en un lugar alto para vigilar la lejanía. **3** Vigilancia desde un lugar apropiado.

vigilancia *f.* **1** Atención que se presta a una persona o cosa para observarla y controlarla. **2** Conjunto de personas o medios preparados para vigilar.

vigilante *adj.* **1** Que no deja de vigilar. ▌*com.* **2** Persona que se dedica a vigilar en algún lugar. **vigilante jurado** Vigilante que trabaja en una empresa de seguridad privada.

vigilar *tr./intr.* Prestar atención a una persona o cosa para observarla y controlarla.

vigilia *f.* Día inmediatamente anterior a otro que es festivo para la Iglesia.

vigor *m.* **1** Fuerza y energía de un ser vivo para desarrollarse y resistir esfuerzos y enfermedades. **2** Hecho de tener validez o uso una ley o costumbre.

vigorizar [4] *tr./prnl.* Dar fuerza y energía.

vigoroso, -sa *adj.* Que tiene vitalidad y energía.

vigués, -guesa *adj./m. y f.* Que es de Vigo.

vihuela *f.* Instrumento musical de cuerda parecido a la guitarra que se toca pulsando las cuerdas con una púa o con los dedos, o frotándolas con un arco.

vikingo, -ga *adj./m. y f.* Que es de un pueblo escandinavo de guerreros y navegantes que se extendió por las costas atlánticas y por Europa occidental entre los siglos VII y XI.

vil *adj.* **1** [persona, acción] Que es despreciable. **2** [cosa] Que es despreciable porque no posee ningún valor.

vileza *m.* **1** Acción que merece desprecio. **2** Carácter de quien es despreciable.

vilipendiar [12] *tr.* Ofender a alguien gravemente por la palabra o el trato.

villa *f.* **1** Casa con jardín separada de las demás, especialmente la que está en el campo. **2** Población que tiene ciertos privilegios o cierta importancia histórica.

villancico *m.* Canción popular que se canta en Navidad cuyo tema central es el nacimiento de Jesús.

villanía *f.* **1** Condición social baja de una persona. **2** Dicho o hecho viles.

villano, -na *adj./m. y f.* **1** [persona] Que actúa o es capaz de actuar de forma ruin o cruel. ▌*m. y f.* **2** En la Edad Media, habitante de una villa perteneciente al estado llano.

villorrio *m.* Población pequeña y con pocas comodidades.
OBS Tiene un matiz despectivo.

vilo Palabra que se utiliza en la locución *en vilo,* que significa: *a*) Sin apoyo o sin seguridad. *b*) Con preocupación e inquietud.

vinagre *m.* Líquido de sabor agrio y olor fuerte, rojizo o amarillo, derivado del vino o de otros líquidos alcohólicos, que se usa para aderezar algunos alimentos.

vinagrera *f.* Recipiente que sirve para contener el vinagre que se saca a la mesa o se usa en la cocina.

vinagreta *f.* Salsa fría hecha con aceite, vinagre, cebolla picada y otros ingredientes variables.

vinajera *f.* 1 Jarro pequeño que se utiliza durante la celebración de la misa para servir el vino o el agua. ▌*f. pl.* 2 Conjunto formado por dos de estos jarros pequeños, uno con vino y otro con agua, junto con la bandeja en la que se colocan.

vinatero, -ra *adj.* 1 Del vino. ▌*m. y f.* 2 Persona que comercia con vino o lo transporta de un lugar a otro para su venta.

vinculación *f.* Relación que vincula o une a una persona o una cosa con otra.

vincular *tr./prnl.* 1 Unir cosas inmateriales de manera firme o duradera. 2 Hacer que una cosa dependa de otra.

vínculo *m.* Unión o relación no material, sobre todo cuando se establece entre dos personas.

vindicar [1] *tr./prnl.* 1 *culto* Defender a una persona a quien se acusa injustamente, especialmente por escrito. 2 *culto* Exigir una cosa a la que se tiene derecho.

vinícola *adj.* De la elaboración del vino.

vinicultor, -ra *m. y f.* Persona que posee o cultiva viñas para la elaboración de vino.

vinicultura *f.* Técnica para la elaboración y crianza del vino.

vino *m.* Bebida alcohólica obtenida de la fermentación del zumo de la uva. **vino blanco** Vino de color dorado o amarillento. **vino de mesa** Vino corriente y de buen precio que se toma para acompañar las comidas diarias. **vino rosado** Vino de color rosado. **vino tinto** Vino de color muy oscuro, con tonalidades rojas.

viña *f.* Terreno en el que se cultiva la vid.

viñador, -ra *m. y f.* Persona que se dedica a cultivar viñas o que guarda una viña.

viñedo *m.* Terreno extenso en el que se cultiva la vid.

viñeta *f.* 1 Recuadro que contiene uno de los dibujos de la serie que forma una historieta o cómic. 2 Dibujo de una publicación que muestra una situación con humor y que va acompañado de un texto breve.

viola *f.* Instrumento musical algo mayor que el violín y con un tono más grave.

violáceo, -cea *adj. culto* Que tiene un color parecido al violeta.

violación *f.* 1 Realización del acto sexual con una persona por la fuerza y en contra de su voluntad. 2 Acción contraria a lo que establece una ley o a una norma.

violar *tr.* 1 Desobedecer una ley o norma. 2 Tener una relación sexual con una persona por la fuerza y en contra de su voluntad.

violencia *f.* 1 Uso de la fuerza o de la intimidación para dominar a otro o hacerle daño. 2 Manifestación social de este uso de la fuerza. 3 Fuerza intensa que puede causar daños o destrozos. 4 Carácter de lo que puede tener efectos brutales. 5 Manera brutal de expresar los sentimientos.

violentar *tr./prnl.* Poner en una situación incómoda o embarazosa.

violento, -ta *adj.* 1 [ser] Que tiende a usar la fuerza o a actuar con violencia. 2 [fenómeno, acción] Que tiene mucha fuerza o intensidad. 3 [acción] Que se hace bruscamente y con intensidad. 4 [situación] Que es embarazoso o incómodo.

violeta *f.* 1 Planta herbácea que da unas flores pequeñas de color morado. 2 Flor de esta planta. ▌*m./adj.* 3 Color como el de las violetas.

violín *m.* Instrumento musical de cuerda que se toca colocándolo entre el mentón y el hombro y frotando las cuerdas con un arco.

violinista *com.* Persona que toca el violín.

violón *m.* Instrumento musical de cuerda, de forma semejante a la del violín pero de tamaño mayor; se toca de pie, apoyando su extremo inferior en el suelo y frotando sus cuatro cuerdas con un arco.

violoncelista o **violonchelista** *com.* Persona que toca el violoncelo.

violoncelo o **violonchelo** *m.* Instrumento musical de cuerda, de forma semejante a la del violín pero mayor, aunque no tan grande como el contrabajo; se toca sentado, apoyándolo en el suelo y entre las piernas para frotar sus cuatro cuerdas con un arco.

vip *com.* Persona importante por su poder e influencia social y que goza de gran popularidad.

OBS El plural es *vips*.

viperino, -na *adj.* [crítica, comentario] Que intenta ofender o desacreditar con palabras. ▶ **lengua viperina** Expresión que indica que una persona es muy cruel u ofensiva al hablar.

virador *m.* Líquido empleado en fotografía para que el papel tome los colores.

viraje *m.* 1 Cambio de dirección en la marcha de un vehículo. 2 Cambio en las ideas o en la conducta.

viral *adj.* 1 De los virus. 2 Que se propaga con rapidez, como si fuera un virus.

virar *intr.* Cambiar de dirección un vehículo en su marcha.

virgen *adj./com.* 1 [persona] Que nunca ha tenido relaciones sexuales. ‖ *adj.* 2 [territorio] Que no ha sido explorado o explotado por el hombre. 3 [producto] Que no ha sufrido procesos o transformaciones artificiales. ‖ *f.* 4 María, la madre de Jesucristo. Se escribe con letra mayúscula. 5 Imagen de María, la madre de Jesucristo.

virginal *adj.* 1 De la Virgen María. 2 De una persona virgen. 3 Que está intacto o no ha sufrido ningún deterioro.

virginidad *f.* Estado de la persona que no ha copulado.

virgo *adj./f.* 1 [mujer] Que nunca ha tenido relaciones sexuales. ‖ *adj./com.* 2 [persona] Que ha nacido entre el 23 de agosto y el 22 de septiembre. ‖ *m.* 3 Pliegue que reduce el orificio externo de la vagina.

virguería *f. coloquial* Cosa hecha con gran habilidad.

virguero, -ra *adj.* 1 *coloquial* Que está hecho con mucho detalle y extraordinaria perfección. 2 *coloquial* [persona] Que hace una cosa con mucho detalle y extraordinaria perfección.

vírgula *f.* Raya o línea corta, especialmente la que se usa como signo ortográfico.

vírico, -ca *adj.* De los virus.

viril *adj.* 1 Propio del hombre. 2 [personalidad, acción] Que tiene alguna de las características que se atribuyen tradicionalmente al hombre adulto.

virilidad *f.* Conjunto de características que se atribuyen tradicionalmente al hombre adulto.

virreinato *m.* 1 Cargo o dignidad de virrey o virreina. 2 Tiempo durante el cual el virrey o la virreina desempeñaban su cargo. 3 Territorio gobernado por un virrey o una virreina.

virrey, virreina *m. y f.* 1 Persona que gobernaba un territorio en lugar de un rey, con la misma autoridad y poderes que él. ‖ *f.* 2 Mujer del virrey.

virtual *adj.* 1 [condición] Que es muy posible que se alcance porque reúne las características precisas. 2 [cosa] Que existe solo aparentemente y no es real.

virtualidad *f.* 1 Posibilidad de que una cosa llegue a ser realidad aunque no lo sea en el presente. 2 Realidad ficticia que parece completamente cierta.

virtud *f.* 1 Cualidad moral que se considera buena. 2 Cualidad moral general de las personas que practican el bien. 3 Capacidad para producir un efecto determinado, especialmente de carácter positivo.

virtuosismo *m.* Gran habilidad para hacer una cosa, especialmente para tocar un instrumento musical.

virtuoso, -sa *adj./m. y f.* [persona] Que tiene gran habilidad para hacer una cosa, especialmente para tocar un instrumento musical.

viruela *f.* Enfermedad contagiosa que se caracterizaba por provocar fiebre y por la aparición de ampollas de pus en la piel.

virulé Palabra que se utiliza en la locución *a la virulé*, que significa 'estropeado o torcido en la forma de llevarlo'.

virulencia *f.* 1 Fuerza o manifestación intensa, especialmente de una enfermedad. 2 Violencia y energía empleada para atacar, sobre todo verbalmente.

virulento, -ta *adj.* 1 [enfermedad] Que es maligno y se presenta con una gran intensidad. 2 [enfermedad] Que es producido por un virus. 3 [crítica] Que es violento e hiriente.

virus *m.* 1 Germen o ser vivo unicelular de una enfermedad; está constituido por material genético y una cubierta proteica. 2 Programa de ordenador que tiene la capacidad de reproducirse y transmitirse independientemente de la voluntad del operador y causa daños en la memoria.
OBS El plural también es *virus*.

viruta *f.* 1 Tira delgada y enrollada que sale de la madera o de otro material al pulirlo o rebajarlo. 2 Pequeño trozo de ciertos alimentos, como jamón y chocolate, de forma laminar y parecido a la viruta de madera o metal.

visa *m.* AMÉR Visado.

visado *m.* ESP Señal o palabras que se ponen en un pasaporte o en otro documento para certificar que ha sido revisado y autorizado.

visar *tr.* Dar validez una autoridad a un pasaporte u otro documento, poniéndole la certificación correspondiente para que pueda ser empleado.

víscera *f.* Órgano contenido en el interior del tronco del hombre y de los animales.
OBS Se usa generalmente en plural.

visceral *adj.* 1 [sentimiento] Que es muy profundo, intenso e irracional. 2 [persona] Que tiende a dejarse llevar por este tipo de sentimientos y a manifestarlos de forma exagerada. 3 De las vísceras.

viscosa *f.* 1 Producto que se obtiene mediante tratamiento de la celulosa. 2 Fibra textil obtenida a partir de este producto.

viscosidad *f.* 1 Consistencia espesa y pegajosa de una cosa. 2 Sustancia de consistencia viscosa, especialmente si es una secreción animal o vegetal.

viscoso, -sa *adj.* 1 [sustancia] Que es espeso y pegajoso. 2 [superficie, cuerpo] Que es de tacto desagradable por ser blando, húmedo y pegajoso.

visera *f.* 1 Ala plana y dura con forma de media luna que tienen por delante ciertas gorras y que protege los ojos de la luz del sol. 2 Prenda plana y dura con forma de media luna, que se sujeta a la frente generalmente por medio de una goma y que sirve para proteger los ojos de la luz del sol. 3 Pieza movible del casco que protege la cara. 4 Pieza colocada en el interior de un coche y a la altura de la cabeza del conductor que sirve para evitar el reflejo del sol en los ojos.

visibilidad *f.* 1 Carácter de lo que se puede percibir por la vista. 2 Posibilidad de ver a una distancia mayor o menor determinada por la atmósfera.

visible *adj.* Que se puede percibir con la vista.

visigodo, -da *adj./m. y f.* Que es del pueblo germánico que invadió el Imperio romano y fundó un reino en la península Ibérica.

visigótico, -ca *adj.* De los visigodos.

visillo *m.* Cortina de tela fina y casi transparente que se pone contra los cristales.

visión *f.* 1 Percepción a través del sentido de la vista. 2 Capacidad de ver. 3 Manera de ver las cosas y de interpretarlas. 4 Aparición de una cosa que no es natural.

visionar *tr.* Ver determinadas imágenes cinematográficas o televisivas para tomar una decisión o dar una opinión profesional sobre ellas.

visionario, -ria *adj./m. y f.* 1 [persona] Que cree ver la verdad de algo y lo defiende fanáticamente. 2 [persona] Que tiene o cree tener visiones o revelaciones sobrenaturales.

visir *m.* Persona que antiguamente ocupaba el cargo de ministro de un soberano musulmán.

visita *f.* 1 Ida a un lugar para ver a una persona. 2 Ida a un lugar para conocerlo. 3 Persona o conjunto de personas que va a ver a otra u otras. 4 Observación que hace un médico de una persona.

visitante *adj./com.* 1 [persona] Que visita a alguien o visita un lugar. 2 [jugador, equipo deportivo] Que juega en el campo o en el terreno del contrincante. ǁ 3 Del jugador o equipo deportivo visitante.

visitar *tr.* 1 Ir a un lugar para ver a una persona. 2 Ir a un lugar para conocerlo. 3 Examinar el médico a una persona.

vislumbrar *tr.* 1 Ver con dificultad por la distancia o la falta de luz. 2 Sospechar que algo va a suceder por pequeños indicios.

viso *m.* 1 Prenda interior femenina de tela fina, parecida a una falda o a un vestido sin mangas; se lleva bajo las faldas o los vestidos transparentes. 2 Posibilidad de ser algo como se dice. Se usa en plural.

visón *m.* 1 Mamífero carnívoro con patas cortas y cuerpo y cola largos, de orejas muy pequeñas y pelaje suave blanco, gris o marrón. 2 Piel de este animal y prendas fabricadas con esta piel, especialmente si son abrigos.

visor *m.* 1 Parte de una cámara fotográfica que sirve para enfocar rápidamente. 2 Instrumento óptico con lentes de aumento que sirve para ver ampliadas las diapositivas o los fotogramas de una película al montarla. 3 Parte de una cámara por la que el operador ve aquello que quiere filmar o grabar.

víspera *f.* Día inmediatamente anterior a otro, especialmente si este es día de fiesta.

vista *f.* 1 Sentido del cuerpo con el que se perciben, a través de los ojos, la forma y el color de los objetos, gracias a la luz. **vista de águila** o **de lince** Vista que es muy aguda. 2 Conjunto de los dos ojos en tanto que órganos de la visión. 3 Mirada que se dirige hacia una persona o una cosa, o fijación de la mirada en un punto. 4 Conjunto de cosas que pueden verse desde un lugar, especialmente paisajes o extensión de terrenos, y la posibilidad de verlos. 5 Fotografía de un lugar o pintura que lo representa. 6 Habilidad, acierto para conseguir lo que se quiere y para hacer lo que conviene. 7 DER. Conjunto de actos de un juicio celebrados ante el tribunal, en presencia del acusado, en los que se escucha a su defensa y a la acusación. ▸ **a la vista** En un lugar visible o de manera que puede verse. ▸ **a primera** o **a simple vista** Sin necesidad de fijarse mucho, en una primera impresión. ▸ **conocer de vista** Conocer a una persona por haberla visto en determinadas ocasiones, sin apenas haber hablado o sin haberla tratado más. ▸ **hacer la vista gorda** Hacer ver que no se repara en una falta. ▸ **¡hasta la vista!** Expresión que se usa para despedirse. ▸ **perder de vista** Dejar de vigilar algo, dejar de ver a una persona o cosa que se aleja o desaparece. ▸ **saltar a la vista** Ser muy claro y evidente.

vistazo *m.* Mirada rápida y superficial, para comprobar algo.

visto, -ta *adj.* 1 *coloquial* Conocido, poco original. ‖ 2 DER. Fórmula que se utiliza para indicar que se da por terminado un proceso judicial o se anuncia el pronunciamiento de la decisión del juez. ▸ **estar bien (o mal) visto** Estar una persona o una cosa bien o mal considerada por las normas sociales, éticas o morales. ▸ **visto bueno** Fórmula que se pone al final de ciertos documentos o escritos, acompañada de la firma de la persona autorizada, para indicar que se da por aprobado o que se ajusta a los preceptos legales. ▸ **visto y no visto** *coloquial* Indica que una cosa se realiza o sucede con gran rapidez.

vistosidad *f.* Atracción que provoca una cosa por la viveza de sus colores, su brillantez o su aspecto agradable.

vistoso, -sa *adj.* [aspecto, espectáculo] Que es llamativo o que atrae la mirada por su variado colorido, su gran tamaño o su aspecto lujoso.

visual *adj.* Del sentido de la vista.

visualización *f.* 1 Visión de una cosa que no se puede ver a simple vista utilizando algún aparato o dispositivo. 2 Representación mediante imágenes, como dibujos o gráficos, de ciertos fenómenos que no se pueden apreciar con el sentido de la vista. 3 Representación que se forma en la mente de conceptos abstractos o de sucesos que no se han visto.

visualizar [4] *tr.* 1 Hacer visible mediante algún aparato o dispositivo lo que no se puede ver a simple vista. 2 Formarse en el pensamiento la imagen de una cosa que no se ha visto o de un concepto abstracto. 3 Representar por medio de imágenes, como gráficos o dibujos, fenómenos no visibles, abstractos.

vital *adj.* 1 De la vida. 2 Que es muy necesario o principal para el mantenimiento de la vida, o para fundar o sostener una cosa. 3 [persona] Que despliega mucha actividad y energía.

vitalicio, -cia *adj.* [cargo, renta] Que dura toda la vida.

vitalidad *f.* 1 Energía y actividad para vivir o desarrollarse. 2 Característica de la persona o animal que manifiesta una actividad y una energía considerables.

vitalismo *m.* 1 Característica de las personas que viven demostrando una gran energía y un fuerte impulso para actuar. 2 FILOS. Teoría filosófica y científica que considera que existe un principio de vida que no se puede explicar solamente como resultado de fuerzas físicas o químicas.

vitalista *adj.* 1 [persona] Que vive mostrando una gran energía y actividad y que demuestra entusiasmo por la vida. 2 FILOS. Del vitalismo. ‖ *adj./com.* 3 FILOS. [persona] Que sigue la doctrina del vitalismo.

vitalizar [4] *tr.* Dar una cosa fuerza o energía a algo o a alguien.

vitamina *f.* Sustancia orgánica que es necesaria para el desarrollo de los seres vivos y para su metabolismo.

vitaminado, -da *adj.* [alimento, medicamento] Que contiene vitaminas.

vitamínico, -ca *adj.* 1 De las vitaminas. 2 Que contiene vitaminas.

vitelino, -na *adj.* Del vitelo.

vitelo *m.* Conjunto de sustancias nutritivas que se encuentran almacenadas dentro de un saco y que sirven para alimentar al embrión.

vitícola *adj.* Del cultivo de la vid.

viticultor, -ra *adj.* 1 Del cultivo de la vid. ‖ *m. y f.* 2 Persona que cultiva la vid.

viticultura *f.* Cultivo de la vid y conjunto de técnicas usadas para este cultivo.

vitola *f.* Anilla de papel que suelen llevar los cigarros puros con la marca o el distintivo del fabricante.

vítor *m.* Aclamación de alegría con que se aplaude a una persona o un suceso.
OBS Se usa generalmente en plural.

vitorear *tr.* Gritar y aplaudir en apoyo de una persona o de una acción.

vítreo *adj.* 1 [material] Que está hecho de vidrio o tiene sus características. 2 Que es semejante al vidrio.

vitrificación *f.* Operación que se hace para que un material adquiera la apariencia del vidrio.

vitrificar [1] *tr./prnl.* 1 Convertir una sustancia en vidrio. 2 Hacer que una cosa adquiera la apariencia o el aspecto propio del vidrio.

vitrina *f.* Mueble o escaparate con puertas

de cristal para proteger los objetos que se hallan en su interior y poder verlos.

vitrocerámica *f.* Cerámica tratada con un procedimiento especial que le da una gran dureza y la hace muy resistente al calor y a los cambios bruscos de temperatura.

vitualla *f.* Conjunto de alimentos necesarios para un grupo de personas, especialmente los que se preparan para el ejército o para una excursión o un viaje.
OBS Se usa generalmente en plural.

vituperar *tr.* Criticar con mucha dureza o reñir a una persona.

vituperio *m.* Cosa que dice una persona con la intención de censurar o reprender duramente a otra.

viudedad *f.* 1 Estado de la persona cuyo cónyuge ha muerto. 2 Pensión o paga que recibe una persona viuda.

viudez *f.* Estado de la persona viuda.

viudo, -da *adj./m. y f.* [persona] Que no ha vuelto a casarse después de la muerte de su cónyuge.

¡viva! *int.* 1 Expresión de alegría o entusiasmo que se utiliza al recibir una buena noticia. 2 Expresión que se utiliza para vitorear a lo que se menciona.

vivac *m.* Acampada que se realiza con la intención de pasar la noche al aire libre.

vivacidad *f.* 1 Agudeza de ingenio o rapidez de comprensión. 2 Manifestación de fuerza vital, de energía o de intensa alegría.

vivalavirgen *com.* Persona informal, muy despreocupada e incapaz de asumir responsabilidades.

vivales *com.* Persona que actúa con astucia y sabe aprovechar las circunstancias en beneficio propio.

vivaque *m.* Vivac.

vivaquear *intr.* Pasar la noche al aire libre, acampando en algún lugar para dormir.

vivaracho, -cha *adj.* [persona, animal, rasgo] Que tiene un carácter vivaz, despierto y alegre.

vivaz *adj.* 1 Que muestra entusiasmo, pasión y gran animación. 2 Que es inteligente y rápido en comprender y actuar.

vivencia *f.* Experiencia vivida por una persona que influye en su carácter.

vivencial *adj.* De la vivencia.

víveres *m. pl.* Alimentos necesarios para las personas, especialmente si se encuentran en una situación de emergencia o de guerra.

vivero *m.* 1 Terreno o recinto en el que se cultivan árboles pequeños u otras plantas que cuando alcanzan el tamaño deseado se trasplantan a su lugar definitivo o se venden. 2 Lugar delimitado dentro del agua para la cría intensiva de una especie determinada de pez, crustáceo o molusco.

viveza *f.* 1 Rapidez en los movimientos o en las reacciones. 2 Agudeza de ingenio o rapidez de comprensión. 3 Manifestación de fuerza vital, de energía, exaltación o pasión.

vívido, -da *adj.* [descripción, recuerdo] Que tiene una gran fuerza y claridad, como si estuviera ante los ojos o sucediera en ese momento.

vividor, -ra *adj./m. y f.* [persona] Que disfruta intensamente de la vida.

vivienda *f.* Casa.

viviente *adj.* Que está vivo o está dotado de vida.

vivificar [1] *tr.* Dar vitalidad o fuerza a una persona que estaba débil o a una cosa que había perdido la energía.

vivíparo, -ra *adj./m. y f.* ZOOL. [animal] Que en su fase reproductiva desarrolla el embrión dentro del útero de la madre.

vivir *intr.* 1 Tener vida. 2 Tener las cosas necesarias para la vida. 3 Pasar la vida o parte de ella en un lugar o con una compañía determinada. 4 Desenvolverse, actuar de cierta manera o en determinadas circunstancias. 5 Durar o seguir vigente. ‖ *tr.* 6 Pasar por una situación determinada. 7 Identificarse con una situación o poner mucha pasión en lo que se hace. ▸ **no vivir** Sufrir o estar preocupado por una cosa.

vivisección *f.* Disección practicada en un animal vivo.

vivo, -va *adj.* 1 Que tiene vida. 2 Que continúa vigente o que no ha dejado de existir. 3 [color, sentimiento] Que es intenso y fuerte. 4 [fuego, llama] Que se mantiene con intensidad. 5 [recuerdo] Que se mantiene en la memoria. 6 [rasgo] Que tiene fuerza y claridad. 7 [ritmo, movimiento] Que es rápido y alegre. ‖ *adj./m. y f.* 8 [persona] Que es inteligente y rápido para comprender y sabe aprovechar esas cualidades. ▸ **en vivo** En persona, directamente.

vizcaíno, -na *adj./m. y f.* Que es de Vizcaya.

vizconde, -desa *m. y f.* 1 Miembro de la nobleza que tiene un título de categoría inferior a la de conde y superior a la de barón. ‖ *f.* 2 Mujer del vizconde.

vocablo *m.* 1 Palabra, sonido o secuencia de sonidos con significado. 2 Representación escrita de estos sonidos.

vocabulario *m.* 1 Conjunto de palabras de una lengua. 2 Conjunto de palabras de una lengua que una persona conoce o emplea. 3 Conjunto de palabras que se usan en una región, un grupo social, una actividad o un tiempo determinados. 4 Lista de palabras ordenadas y acompañadas de pequeñas explicaciones.

vocación *f.* Inclinación, interés que siente una persona hacia una forma de vida o un trabajo.

vocacional *adj.* [acción] Que es fruto de la vocación o está relacionado con ella.

vocal *adj.* 1 De la voz, expresado con la voz, o que tiene relación con ella. 2 [música] Que solo se canta. ‖ *f.* 3 Sonido del lenguaje humano que se produce al vibrar las cuerdas de la laringe y que no va acompañado de ninguna de las obstrucciones características de las consonantes. **vocal abierta** Vocal que se pronuncia separando la lengua del paladar. **vocal cerrada** Vocal que se pronuncia acercando la lengua al paladar o al velo del paladar. 4 Letra que representa ese sonido. ‖ *com.* 5 Persona que tiene derecho a hablar en una reunión; especialmente, miembro de una junta que no tiene un cargo especial.

vocálico, -ca *adj.* 1 De las vocales. 2 [sonido] Que consta de vocales.

vocalista *com.* Cantante de un grupo musical o de una pequeña orquesta.

vocalización *f.* Articulación correcta y clara de los sonidos de una lengua, las vocales, consonantes y sílabas de las palabras.

vocalizar [4] *intr./tr.* Articular correcta y claramente los sonidos de una lengua, las vocales, consonantes y sílabas de las palabras.

vocativo *m.* GRAM. Caso de la declinación de algunas lenguas, como el latín, en que se pone la palabra con la que se invoca, llama o nombra a una persona o cosa.

vocear *intr.* 1 Hablar en voz muy alta y agitadamente. ‖ *tr.* 2 Anunciar dando voces. 3 Llamar a alguien gritando su nombre.

voceras *com.* Persona que habla más de lo debido, generalmente porque dice indiscreciones o presume de lo que no es capaz.

vocerío *m.* Ruido producido por un conjunto de voces altas y confusas.

vociferar *intr.* Vocear, hablar.

vocinglero, -ra *adj.* Que habla mucho y en voz muy alta.

vodca *amb.* Vodka.

vodevil *m.* Comedia teatral de tema poco trascendente y picante que suele acompañarse de números musicales.

vodka *amb.* Aguardiente incoloro y muy fuerte que se obtiene destilando cereales como el centeno, el maíz o la cebada.

OBS El género más usado para esta palabra es el masculino.

vol. Abreviatura de *volumen,* 'cuerpo material de un libro'.

voladizo, -za *adj./m.* [elemento de construcción, estructura] Que sobresale horizontal o inclinadamente de la vertical de un edificio o de una pared.

volado, -da *adj.* [signo] Que se coloca al escribir en la parte superior derecha o izquierda de otro signo y es de tamaño más pequeño que él.

volador, -ra *adj.* 1 Que vuela o puede volar. ‖ *com.* 2 Pez marino pequeño caracterizado por el desarrollo de sus aletas pectorales y ventrales, lo que le permite saltar y planear por encima del agua. ‖ *m.* 3 Cohete que consta de un tubo de papel o cartón lleno de pólvora, que se lanza al aire prendiéndolo por la parte inferior y, una vez arriba, explota produciendo un ruido muy fuerte.

voladura *f.* Destrucción total de una cosa utilizando explosivos y logrando que salte por los aires.

volandas Palabra empleada en la locución *en volandas,* que significa 'sujetándolo en el aire y sin que toque el suelo'.

volantazo *m.* Giro rápido y brusco del volante para cambiar la dirección del automóvil.

volante *adj.* 1 [animal, cosa] Que vuela o puede volar. 2 Pieza circular que tienen los coches y otros vehículos para dirigirlos. 3 Tira de tela rizada o fruncida que sirve para adornar las prendas de vestir o las tapicerías. 4 Hoja de papel pequeña, generalmente alargada, que se usa para la comunicación dentro de una institución u organismo; en ella se manda o se pide una cosa, o se hace constar determinada información de forma precisa. 5 Pelota o semiesfera coronada por unas plumas o por un plástico que las imita; se golpea con raquetas en el juego del bádminton.

volar [31] *intr.* 1 Moverse por el aire usando alas o un medio artificial. 2 Ir por el aire un objeto que ha sido lanzado con fuerza. 3 Viajar en avión. ‖ *intr./prnl.* 4 Subir o moverse por el aire a causa del viento. ▎ *intr.* **5** *coloquial* Desaparecer con mucha rapidez o inesperadamente una cosa. **6** Pasar con mucha rapidez el tiempo. **7** *coloquial* Desplazarse muy rápido. ▎ *tr.* **8** Hacer explotar o destruir mediante una explosión.

volátil *adj.* **1** [sustancia] Que se transforma fácilmente en vapor o en gas cuando está expuesto al aire. **2** [carácter, opinión] Que cambia mucho o que es inconstante.

volatilizar [4] *tr./prnl.* Transformar un cuerpo sólido o líquido en vapor o en gas.

volatinero, -ra *m. y f.* Persona que se dedica a realizar saltos y otros ejercicios de acrobacia sobre un alambre o una cuerda tendida en el aire.

volcán *m.* Grieta en la corteza terrestre, generalmente en lo alto de una montaña, por la que salen o han salido materiales incandescentes, gases y cenizas procedentes del interior de la Tierra.

volcánico, -ca *adj.* Del volcán.

volcar [49] *tr./prnl.* **1** Inclinar una cosa de modo que pierda su posición normal y quede apoyada sobre un lado. **2** Hacer caer el contenido de un recipiente inclinándolo o dándole la vuelta. ▎ *prnl.* **3** Esforzarse mucho.

volea *f.* Golpe dado a una pelota que está en el aire antes de que toque al suelo.

volear *tr.* Dar un golpe a una pelota que está en el aire antes de que toque al suelo.

voleibol *m.* Deporte entre dos equipos de seis jugadores que hacen pasar con las manos una pelota por encima de una red que divide el terreno.

voleo *m. coloquial* Palabra empleada en la locución *a voleo,* que significa 'al azar o sin pensar'.

volframio *m.* Tungsteno.

volt *m.* Unidad de potencial eléctrico. OBS El plural es *volts.*

voltaje *m.* Diferencia de potencial eléctrico entre los extremos de un conductor.

volteado, -da *m. y f.* MÉX *coloquial* Persona homosexual.

voltear *tr.* **1** Hacer que una persona o cosa dé vueltas. **2** AMÉR Inclinar un recipiente u otra cosa de modo que se vierta el contenido que hay en él. ▎ *tr./prnl.* **3** Girar una cosa de modo que la parte superior quede debajo y la inferior encima. **4** AMÉR Cambiar radicalmente la dirección o posición de algo. **5** AMÉR Derribar con violencia algo o a alguien.

voltereta *f.* **1** Vuelta que se da apoyando las manos en el suelo, enroscando el cuer-

po e impulsando las piernas en alto para caer y reincorporarse siguiendo la trayectoria inicial. **2** Vuelta semejante a esta que se da en el aire.

voltímetro *m.* FÍS. Aparato que mide la diferencia de potencial entre dos puntos de un circuito eléctrico.

voltio *m.* Volt.

volubilidad *f.* Cualidad de quien cambia fácilmente de opinión o tiene un carácter débil e influenciable.

voluble *adj.* [persona] Que cambia fácilmente de opinión o tiene un carácter débil e influenciable.

volumen *m.* **1** Espacio que ocupa un cuerpo. **2** Espacio, tamaño o medidas expresadas en tres dimensiones. **3** Libro, parte encuadernada por separado que, por sí misma o junto con otras, forma una obra. **4** Intensidad del sonido. **5** Cantidad global de un hecho, negocio o asunto.

voluminoso, -sa *adj.* [cosa, objeto] Que ocupa mucho espacio o que es grande.

voluntad *f.* **1** Deseo o intención. **última voluntad** Deseo último que expresa una persona antes de morir. **2** Capacidad de una persona para decidir con libertad y para optar por un tipo de conducta determinado. **3** Capacidad de esforzarse lo que sea necesario para hacer una cosa. ▸ **la voluntad** Cantidad de dinero que una persona decide dar voluntariamente.

voluntariado *m.* **1** Conjunto de personas que se unen libre y desinteresadamente a un grupo, generalmente para trabajar con fines benéficos o altruistas.

voluntario, -ria *adj.* **1** [acción] Que se decide hacer libremente. **2** [acción] Que se decide o se hace conscientemente. ▎ *m. y f.* **3** Persona que hace una cosa sin estar obligada a ello. **4** Persona que se alista a un ejército sin haber sido llamada a filas.

voluntarioso, -sa *adj.* [persona] Que pone mucha voluntad y empeño.

voluptuosidad *f.* Satisfacción o complacencia que proporcionan los sentidos.

voluptuoso, -sa *adj.* **1** Que produce un intenso placer en los sentidos. ▎ *adj./m. y f.* **2** [persona] Que busca los placeres que le proporcionan los sentidos.

voluta *f.* Adorno con forma de caracol o espiral.

volver [32] *intr./prnl.* **1** Regresar a un sitio en el que se ha estado antes. ▎ *intr.* **2** Repetir lo que alguna vez se ha hecho u ocurrir de nuevo un suceso. **3** Tomar de nuevo el hilo de una historia, tema o negocio. **4** Cambiar de dirección, dejar una línea o torcer. ‖ *tr.* **5** Dar la vuelta o hacer girar, de manera que quede a la vista lo que antes estaba oculto. **6** Poner de nuevo una cosa en el estado o en el lugar original. ‖ *tr./ prnl.* **7** Inclinar el cuerpo o el rostro hacia un punto en señal de atención, o dirigir la conversación hacia una persona. ▸ **volver en sí** Recuperar el sentido o la consciencia.

vomitar *tr./intr.* **1** Expulsar violentamente por la boca lo que está en el estómago. ‖ *tr.* **2** Proferir palabras desagradables o guiadas por el resentimiento.

vomitivo, -va *adj.* **1** *coloquial* [cosa] Que es muy desagradable o que produce asco o repugnancia. ‖ *adj./m.* **2** [sustancia] Que provoca vómitos.

vómito *m.* **1** Expulsión violenta por la boca de lo que está en el estómago. **2** Sustancia que se vomita o expulsa.

vomitona *f. coloquial* Vómito abundante o repetido de una persona o animal.

vomitorio, -ria *adj.* **1** [sustancia] Que provoca vómitos. ‖ *m.* **2** Puerta en una grada de un estadio o recinto similar por la que entra o sale gran cantidad de gente.

voracidad *f.* Cualidad de quien come mucho y con ganas.

vorágine *f.* **1** Remolino de gran fuerza e intensidad que forman en un punto las aguas de un mar, río o lago. **2** Aglomeración de personas, de sucesos o de cosas que se amontonan confusamente.

voraz *adj.* **1** [animal, persona] Que come mucho y con ganas. **2** [sensación] Que incita a comer así.

vos *pron. pers.* Forma del pronombre de segunda persona de singular, en género masculino y femenino.

vosear *intr.* Usar el pronombre personal *vos* en lugar de *tú* para hacer referencia a la segunda persona del singular.

voseo *m.* Uso del pronombre personal *vos* en lugar de *tú* para hacer referencia a la segunda persona del singular.

vosotros, -tras *pron. pers.* Forma del pronombre personal de segunda persona de plural con la que se hace referencia al grupo de personas a las que se dirige el hablante.

votación *f.* **1** Emisión de votos. **2** Conjunto de votos emitidos. **3** Sistema de emitir votos.

votante *adj./com.* Que vota.

votar *intr./tr.* **1** Emitir un voto. ‖ *tr.* **2** Aprobar por votación.

voto *m.* **1** Manifestación de la opinión, del parecer o de la voluntad de cada uno para aprobar o rechazar una medida o, en unas elecciones, para elegir a una persona o partido. **voto de censura** Voto que tiene como fin retirar la confianza puesta en un órgano de poder. **voto de confianza** *a)* Voto que tiene como fin aprobar o autorizar la libre actuación de un órgano de poder. *b)* Confianza que se da a una persona para que actúe según su criterio en un asunto determinado. **2** Papel o escrito con el que se vota. **3** Obligación que se contrae ante Dios, especialmente la de las personas que entran en estado religioso. **4** Promesa que una persona hace a Dios, a la Virgen o a un santo, si obtiene la gracia que pide.

vox populi Expresión que se utiliza para expresar que una cosa es conocida y sabida por todo el mundo y, por tanto, se da como aceptada o verdadera.

voyeur *com.* Persona que se aficiona a espiar o mirar a escondidas a otras personas en situaciones eróticas para excitarse sexualmente.

OBS Es de origen francés y se pronuncia aproximadamente 'buayer'.

voz *f.* **1** Sonido que se produce cuando el aire expulsado de los pulmones pasa por la garganta y hace que vibren las cuerdas vocales. **2** Grito que da una persona. **3** Persona que se dedica a cantar. **4** Persona o medio de comunicación que habla o expresa la opinión de otras personas o de un colectivo. **5** Derecho a dar una opinión. **6** Palabra de una lengua. **7** GRAM. Categoría gramatical que indica si el sujeto de una oración realiza la acción del verbo o la recibe. ▸ **correr la voz** Difundir una noticia.

vozarrón *m.* Voz muy fuerte y grave.

vudú *m.* **1** Religión muy difundida en las Antillas y en el sur de los Estados Unidos que se caracteriza por sacrificios rituales y el trance como modo de comunicación con los dioses. **2** Divinidad que se venera en esta religión. **3** Ritual de esta religión que consiste en clavar alfileres a un muñeco que simboliza una persona con la intención de hacerle daño o incluso de causarle la muerte.

OBS El plural es *vudúes,* culto, o *vudús,* popular.

vuelapluma Palabra que se utiliza en la expresión *a vuelapluma,* que significa 'deprisa y sin pensar en lo que se escribe'.

vuelco *m.* **1** Cambio, generalmente inesperado, de la posición normal o natural de una cosa de manera que quede apoyada sobre otro lado. **2** Cambio brusco o transformación completa que sufre una cosa.

vuelo *m.* **1** Movimiento o mantenimiento en el aire. **2** Viaje en avión o en otro vehículo aéreo. **3** Extensión de una prenda de vestir en una parte ancha o que no se ajusta al cuerpo. **4** Parte que cuelga en una tela. ‣ **al vuelo** Rápidamente. ‣ **alzar** o **levantar el vuelo** Empezar a salir de una situación difícil o negativa. ‣ **de altos vuelos** De mucha importancia, sobre todo económica.

vuelta *f.* **1** Movimiento alrededor de un punto, hasta quedar en la misma posición o en la posición contraria. **2** Cada uno de los giros que da una cosa alrededor de ella misma o de otra. **3** Parte de una cosa que se ha girado sobre ella misma o sobre otra. **4** Paseo, generalmente breve. **5** Regreso desde un lugar al punto primero o inicial. **6** Dinero que sobra cuando, al pagar algo, la cantidad entregada es superior al precio. **7** Carrera ciclista en la que se recorren distintos lugares de un país o región. **8** Parte en la que se divide un proceso o una acción que se repite varias veces. ‣ **dar cien vueltas** Ser mucho mejor. ‣ **dar vueltas** *a)* Andar de un lugar a otro. *b)* Pensar constantemente sobre algo. ‣ **no tener vuelta de hoja** Estar muy claro. ‣ **poner de vuelta y media** Hablar muy mal de una persona.

vuelto, -ta *adj.* [página] Que queda en la parte posterior de una hoja que por su parte anterior está escrita. ▌ *m.* **2** AMÉR Sobrante de dinero al hacer un pago.

vuestro, -tra *det. pos.* **1** Determinante que indica que lo que se expresa a continuación está relacionado con la segunda persona del plural. ▌ *pron. pos.* **2** Forma del pronombre de segunda persona que expresa que la cosa o persona a la que hace referencia está relacionada con la segunda persona del plural, con las personas a las que se dirige el hablante. ‣ **la**

vuestra Expresión que indica que la ocasión es muy favorable para las personas a las que se dirige el hablante. ‣ **lo vuestro** Actividad en que son especialistas las personas a las que se dirige el hablante.

vulcanizar [4] *tr.* QUÍM. Mezclar el caucho natural con azufre para formar una materia elástica y resistente al frío, al calor y al agua.

vulcanología *f.* Disciplina de la geología que estudia los volcanes.

vulgar *adj.* **1** [cosa] Que es muy normal o que no tiene nada de original. **2** [lenguaje] Que es el que utilizan las personas corrientes y se contrapone al que utilizan los especialistas. **3** [persona, lenguaje, costumbre] Que es poco refinado, de poca educación o de mal gusto. **4** [persona, cosa] Que no es más que lo que se expresa. Es peyorativo y suele anteponerse al nombre.

vulgaridad *f.* **1** Cualidad de lo que carece de originalidad. **2** Obra o dicho que es de mal gusto. **3** Cualidad de lo que es poco refinado o de lo que indica poca educación.

vulgarismo *m.* Palabra o modo de expresión que no se consideran apropiados ni correctos.

vulgarizar [4] *tr./prnl.* **1** Hacer que una persona o cosa pierda la distinción, la originalidad o el buen gusto. **2** Hacer accesible al gran público algo reservado a una minoría.

vulgo *m.* Conjunto de personas del pueblo, especialmente las que no tienen cultura ni posición social destacada.

vulnerable *adj.* [persona, carácter, organismo] Que es débil o que puede ser dañado o afectado fácilmente.

vulnerar *tr.* Ir en contra de una ley o norma o no cumplirla.

vulva *f.* Parte externa del aparato genital femenino de los mamíferos que rodea y constituye la abertura de la vagina.

W

w *f.* Vigésima cuarta letra del alfabeto español.

walkie-talkie *m.* Aparato portátil que permite a una persona comunicarse con otra que se encuentra a corta distancia.
OBS Es de origen inglés y se pronuncia aproximadamente 'gualquitalqui'.

wasap *m.* Texto escrito y enviado a través de la aplicación WhatsApp, que puede incluir archivos de imagen, audio o vídeo.
OBS En plural es *wasaps*. Se pronuncia aproximadamente 'guasap'.

waterpolo *m.* Deporte de equipo que se practica en una piscina y que consiste en tratar de introducir un balón en la portería contraria lanzándolo con las manos.

watt *m.* Vatio, unidad de potencia en el sistema internacional de unidades.

wau *amb.* GRAM. Sonido de *u* que puede ser semiconsonántico o semivocálico.

web *adj.* 1 De Internet o relacionado con ella. ‖ *f.* 2 Conjunto de documentos informáticos unidos entre sí mediante hiperenlaces que forman un documento unitario para ser consultado en Internet.

wéber o **weberio** *m.* Unidad de flujo de inducción magnética en el sistema internacional de unidades.

wélter *m.* Categoría del deporte del boxeo a la que pertenecen los púgiles cuyo peso está comprendido entre 63,503 kg y 66,678 kg.
OBS Es de origen inglés y se pronuncia aproximadamente 'güélter'.

wéstern *m.* Película ambientada en el Oeste norteamericano durante su colonización.
OBS Es de origen inglés y se pronuncia aproximadamente 'güéster'. El plural es *westerns*.

whisky *m.* Aguardiente muy fuerte y aromático de color marronáceo que se obtiene destilando cebada o malta.
OBS Es de origen inglés y se pronuncia aproximadamente 'güisqui'. El plural es *whiskys* o *whiskies*.

wifi *amb.* Sistema de conexión inalámbrica a Internet.
OBS Es de origen inglés y se pronuncia aproximadamente 'wai-fi' o 'wi-fi'.

windsurf o **windsurfing** *m.* Deporte acuático de vela que se practica sobre una tabla, sobre la cual se sostiene en equilibrio una persona mientras va dirigiendo una vela que está unida a la misma tabla.
OBS Son de origen inglés y se pronuncian aproximadamente 'güinsurf' y 'güinsurfin', respectivamente.

windsurfista *com.* Persona que practica el windsurf.
OBS Es de origen inglés y se pronuncia aproximadamente 'güinsurfista'.

wok *m.* Recipiente de metal, redondo, con el fondo cóncavo o una base estrecha, y un mango o asas, que sirve para cocinar.

wolframio *m.* Volframio, tungsteno.

X

x *f.* **1** Vigésima quinta letra del alfabeto español. **2** Signo que se emplea en lugar de un nombre que no se quiere o no se puede decir. **3** Signo que equivale a diez en la numeración romana. En este sentido se escribe en mayúscula. **4** MAT. Signo que representa una incógnita.

xeno- Prefijo que significa 'extranjero' o 'extraño'.

xenófilo, -la *adj./m. y f. culto* [persona] Que siente simpatía hacia los extranjeros.

xenofobia *f.* Sentimiento de odio o de rechazo hacia los extranjeros y sus costumbres.

xenófobo, -ba *adj./m. y f.* Que siente odio o rechazo hacia los extranjeros.

xenón *m.* QUÍM. Gas noble, de número atómico 54, sin color ni olor que se encuentra en la atmósfera en proporciones muy pequeñas y que se emplea en fotografía rápida.

xero- Prefijo que significa 'seco'.

xerocopia *f.* Copia de un texto o de una imagen hecha por xerografía.

xerocopiar [12] *tr.* Reproducir un texto o imagen por xerografía.

xerófilo, -la *adj.* [planta, vegetal] Que está adaptado para vivir en ambientes secos.

xerófito, -ta *adj.* Xerófilo.

xerografía *f.* Sistema de reproducción que, por medios fotoeléctricos, permite obtener en seco y sin contacto copias de un texto o de una imagen.

xerografiar [13] *tr.* Reproducir un texto o una imagen por medio de la xerografía.

xi *f.* Nombre de la decimocuarta letra del alfabeto griego que, en el español, se corresponde con la *x*.

xilema *m.* BOT. Conjunto formado por los vasos y las fibras leñosas de los vegetales que conducen la savia.

xilo- Prefijo que significa 'madera'.

xilófago, -ga *adj.* ZOOL. [insecto] Que se alimenta de madera.

xilofonista *com.* Persona que toca el xilófono.

xilófono *m.* Instrumento musical de percusión que está formado por una serie de láminas, ordenadas horizontalmente según su tamaño, que al ser golpeadas emiten sonidos que corresponden a las notas musicales.

xilografía *f.* **1** Técnica o arte de grabar imágenes en una plancha de madera vaciando las partes que en la reproducción o impresión deben quedar en blanco. **2** Impresión tipográfica que se hace con unas planchas de madera grabadas.

xiloprotector, -ra *adj.* [producto, sustancia] Que sirve o se utiliza para proteger la madera.

xocoyote *m.* MÉX Hijo menor o preferido de una familia.

Y

y *f.* **1** Vigésima sexta letra del alfabeto español. ‖ *conj.* **2** Se utiliza para unir dos palabras, grupos de palabras u oraciones que están al mismo nivel y que tienen la misma función. ‖ *f.* **3** MAT. Signo que representa la segunda incógnita.

ya *adv.* **1** Indica que una acción había concluido o que la situación expresada había cambiado en el momento mencionado. **2** Indica que una acción ha concluido o que la situación expresada ha cambiado del pasado al momento presente, o en el mismo momento en el que se habla, ahora mismo. **3** Se utiliza para indicar que lo expresado no ha sucedido todavía, sucederá en el futuro si el verbo está en futuro; si el verbo está en presente de indicativo, sucederá en un futuro inmediato, dentro de muy poco tiempo. **4** Se utiliza para enfatizar una afirmación. ‖ *conj.* **5** Se utiliza con valor distributivo, para enlazar dos o más posibilidades que se alternan. ‖ *int.* **6** Se utiliza para indicar que se recuerda algo o que se acaba de descubrir. ▶ **ya que** Indica causa o condición.

yac *m.* Mamífero rumiante de la misma familia que el toro y la vaca que vive en las regiones del Tíbet.

yacaré *m.* Reptil parecido al cocodrilo pero más pequeño y con el hocico redondeado.

yacer [92] *intr.* **1** Estar echada o tendida una persona. **2** Estar un cuerpo sin vida en la tumba.

yachting *m.* Modalidad de competición deportiva que se practica con embarcaciones de vela.
OBS Es de origen inglés y se pronuncia aproximadamente 'yatin'.

yacimiento *m.* Lugar en el que se encuentran de forma natural rocas, minerales, fósiles o restos arqueológicos.

yaguar *m.* Jaguar, mamífero carnívoro.

yang *m.* FILOS. Principio activo y masculino de la filosofía china que, junto con su complementario y opuesto, el yin, constituye el principio fundamental de la vida.

yanqui *adj. coloquial* Que es de los Estados Unidos de América.
OBS Tiene cierto matiz despectivo. El plural es *yanquis*.

yantar *m.* **1** *culto* Comida considerada como placer. ‖ *tr.* **2** *culto* Tomar alimento.

yarda *f.* Medida de longitud usada en el Reino Unido y otros países que equivale a 91,4 centímetros.

yate *m.* Embarcación generalmente lujosa y equipada con camarotes, que suele usarse para viajes de recreo.

yayo, -ya *m. y f. coloquial* Manera afectuosa de llamar al abuelo o a la abuela.

yaz *m.* Jazz, género musical.

ye *f.* Nombre de la letra *y*.

yedra *f.* Planta trepadora que crece agarrándose con unas pequeñas raíces a las paredes y los árboles.

yegua *f.* **1** Hembra del caballo. **2** ACENT, BOL Colilla de cigarro. ‖ *adj./f.* **3** RPLATA *coloquial* [mujer] Que es sensual y exuberante. **4** RPLATA *coloquial* [mujer] Que es vulgar y ordinaria.

yeguada *f.* Manada de caballos.

yeísmo *m.* Fenómeno del habla que consiste en pronunciar la elle como ye.

yeísta *adj.* **1** Del yeísmo. ‖ *adj./com.* **2** [persona] Que al hablar pronuncia la elle como una ye.

yelmo *m.* Casco de metal con visera móvil

que, en las armaduras antiguas, servía para proteger la cabeza y el rostro.

yema *f.* 1 Masa compacta que, junto con la clara que la rodea, constituye el núcleo de los huevos de los vertebrados ovíparos. 2 Dulce en forma de bolita y de intenso color amarillo. 3 Parte central del extremo de los dedos opuesta al lado de la uña. 4 Brote de una planta del que nacen ramas, hojas y flores.

yen *m.* Unidad monetaria de Japón.

yerba *f.* 1 Planta pequeña, sin tronco, de tallo alargado y de color verde. 2 Conjunto de estas plantas pequeñas y verdes que cubre una parte de tierra.

yermo, -ma *adj./m.* [terreno] Que no está cultivado o que es estéril.

yerno *m.* Marido de la hija de una persona.

yerro *m.* 1 Equivocación que se comete.

yerto, -ta *adj.* [persona, animal] Que está rígido o inmóvil.

yesca *f.* Materia muy seca preparada para arder con facilidad.

yesería *f.* Establecimiento donde se fabrica o vende yeso.

yeso *m.* Mineral blando, generalmente de color blanco, que molido y mezclado con agua forma una pasta usada en construcción y en escultura.

yesquero *m.* PRICO Encendedor.

yeti *m.* Ser fantástico y monstruoso con figura humana, de aspecto gigantesco y con el cuerpo cubierto de pelo, que según una leyenda habita en las regiones del Himalaya.

yeyé *adj.* 1 De la música pop de los años sesenta o que tiene relación con ella o con la moda que se desarrolló a partir de ella. ‖ *adj./com.* 2 [persona] Que es seguidor de la música yeyé.

yidis *m.* Lengua hablada por los judíos de origen alemán.

yihad *f.* Esfuerzo que un musulmán hace para que la ley divina se imponga en la Tierra y que, en muchos casos, implica la violencia.

yihadismo *m.* Conjunto de fundamentalistas musulmanes que defienden la yihad violenta.

yihadista *adj.* 1 De la yihad. ‖ *adj./com.* 2 Partidario de la yihad.

yin *m.* FILOS. Principio pasivo y femenino de la filosofía china que, junto con el yang, constituye el principio fundamental de la vida y el orden universal.

yo *pron. pers.* 1 Pronombre personal de primera persona de singular, con el que se hace referencia al hablante. ‖ *m.* 2 Individualidad y personalidad de un ser humano. 3 FILOS.

Conciencia de una persona de su propia existencia y de su relación con el medio.

yod *f.* GRAM. Sonido de *i* que puede ser semiconsonántico o semivocálico.

yodado, -da *adj.* Que contiene yodo.

yodo *m.* Elemento químico no metálico, de número atómico 53, sólido, de color negro brillante, que al volatilizarse desprende vapores de color azul.

yoga *m.* Conjunto de técnicas de concentración que se practica para conseguir un mayor control físico y mental.

yogui *com.* 1 Asceta que sigue la doctrina filosófica del yoga. 2 Persona que practica los ejercicios mentales y físicos del yoga.

yogur *m.* Alimento pastoso que se obtiene por fermentación de la leche.

yogurtera *f.* Electrodoméstico que sirve para elaborar yogures.

yonqui *com. coloquial* Persona que toma drogas duras, en especial la heroína.

yóquey o **yoqui** *com.* Persona que se dedica a montar caballos de carreras.
OBS También se escribe *jockey*.

yoyó o **yoyo** *m.* Juguete formado por dos pequeños discos unidos en su centro por una barrita y por un cordón atado a esta; se juega haciéndolo subir y bajar según se enrolla o desenrolla el cordón a dicho eje.

yuca *f.* 1 Planta de hojas verdes agrupadas en su base, desde la que forman una semiesfera, tallo cilíndrico y marrón, fruto en baya colgante y raíz comestible. 2 Tubérculo de esta planta que tiene gran valor alimenticio.

yudo *m.* Deporte de origen japonés que consiste en una lucha entre dos personas que han de hacer caer a su contrario e inmovilizarlo utilizando la rapidez de movimientos y la fuerza del contrario.

yudoca *com.* Judoka.

yugada *f.* Cantidad de tierra que puede arar una yunta.

yugo *m.* 1 Madero o pieza de hierro que se pone en la cabeza o en el cuello de dos animales de tiro, especialmente bueyes. 2 Sujeción que impone un poder superior o una circunstancia.

yugoslavo, -va o **yugoeslavo, -va** *adj./ m. y f.* Que es de Yugoslavia.

yugular *adj./f.* 1 [vena] Que, junto con otra igual, está situada a uno y otro lado de la garganta. ‖ *adj.* 2 Del cuello.

yunque *m.* 1 Hueso del oído medio de los mamíferos. 2 Bloque de hierro sobre el que se trabajan los metales al rojo vivo golpeándolos con un martillo.

yunta *f.* 1 Pareja de animales que sirven

en la labor del campo o para tirar de carros. **2** AMÉR Amigo íntimo de gran confianza.

yuntero, -ra *m. y f.* Persona que labra con
la yunta.

yuppie *com.* Persona joven con estudios
universitarios, que vive en una ciudad y
tiene un trabajo y una situación económica de muy alto nivel.

OBS Es de origen inglés y se pronuncia
aproximadamente 'yupi'.

yusivo, -va *adj.* GRAM. [modo verbal] Que
expresa un mandato o una orden.

yuxtaponer [78] *tr./prnl.* **1** Poner una
cosa junto a otra sin interposición de ningún nexo o elemento de relación. **2** GRAM.
Unir dos elementos sin emplear palabras
coordinantes o subordinantes.

yuxtaposición *f.* **1** Colocación de una
cosa junto a otra sin interponer ningún
nexo o elemento de relación. **2** GRAM.
Unión de varios elementos sin utilizar palabras coordinantes o subordinantes.

yuxtapuesto, -ta *adj.* GRAM. [elemento]
Que está unido a otro sin emplear palabras coordinantes o subordinadas.

Z

z *f.* Vigésima séptima letra del alfabeto español.

zafacoca *f.* AMÉR Trifulca o pendencia por algo nimio.

zafarrancho *m.* Conjunto de actividades que se llevan a cabo para dejar dispuesta una embarcación para una actividad determinada. **zafarrancho de combate** Preparación de una embarcación para afrontar una acción de guerra.

zafado, -da *adj./m. y f.* ARG, URUG [persona] Que es atrevido, descarado o insolente.

zafadura *f.* AMÉR *coloquial* Dislocación o luxación de huesos.

zafaduría *f.* CSUR Dicho o hecho desvergonzado o grosero.

zafarse *prnl.* Escaparse o esconderse para evitar un encuentro o un peligro.

zafio, -fia *adj./m. y f.* [persona] Que tiene malos modos, es tosco o se comporta con poco tacto.

zafiro *m.* Piedra preciosa de color azul muy usada en joyería.

zaga *f.* 1 Parte posterior de una cosa. 2 En algunos deportes, conjunto de jugadores que forman la línea más retrasada de un equipo. ▸ **no ir** (o **no irle**, o **no quedarse**) **a la zaga** No ser inferior.

zagal, -la *m. y f.* 1 Muchacho que ha llegado a la adolescencia. 2 Niño de cualquier edad.

zaguán *m.* Espacio cubierto dentro de una casa situado junto a la puerta principal.

zaherir [35] *tr.* Decir o hacer algo para humillar, maltratar o molestar a una persona.

zahorí *com.* Persona que descubre corrientes subterráneas y depósitos de minerales.
OBS El plural es *zahoríes*.

zaino, -na *adj.* 1 [caballo, yegua] Que tiene el pelaje completamente castaño oscuro. 2 [toro, vaca] Que tiene el pelo completamente negro.

zaireño, -ña *adj./m. y f.* Que era de Zaire, actual República Democrática del Congo.

zalamería *f.* Demostración de cariño exagerada o fingida, generalmente para conseguir una cosa.

zalamero, -ra *adj./m. y f.* [persona, animal] Que utiliza zalamerías.

zambo, -ba *adj./m. y f.* [persona, animal] Que tiene juntas las rodillas y las piernas separadas.

zambomba *f.* Instrumento musical formado por un cilindro hueco y cerrado por un extremo con una piel tensa, con un palo sujeto en su centro; suena al frotar el palo con la mano humedecida.

zambombazo *m.* 1 *coloquial* Golpe fuerte. 2 Ruido intenso que produce una cosa que explota.

zambullir [41] *tr./prnl.* Meter debajo del agua con fuerza o con rapidez.

zamorano, -na *adj.* 1 De Zamora. ‖ *adj./ m. y f.* 2 [persona] Que es de Zamora.

zampar *tr./intr. coloquial* Comer en gran cantidad y con rapidez.

zampón, -pona *adj./m. y f. coloquial* [persona] Que zampa.

zampoña *f.* Instrumento musical de viento parecido a una flauta o compuesto de varias flautas.

zanahoria *f.* 1 Raíz comestible de color anaranjado y de forma alargada acabada en punta. 2 Planta herbácea. ‖ *adj./com.* 3 ARG, NIC, URUG [persona] Que es necio o torpe.

zanca *f.* 1 Parte de las patas de las aves que va desde el tarso hasta la articulación del muslo, cuando la pata es larga. 2 *coloquial* Pierna cuando es larga y delgada.

zancada *f.* Paso largo.

zancadilla *f.* Cruce o colocación de un pie entre los de otra persona o delante de los mismos para hacer que tropiece y caiga.

zancadillear *tr.* Hacer la zancadilla.

zancajo *m.* 1 Hueso del pie que forma el talón. 2 Parte de un zapato, calcetín o media que cubre el talón, especialmente si está rota.

zanco *m.* Palo alto con un apoyo sobre el que se pone el pie y que se usa para andar a cierta altura sobre el terreno.

zancudo, -da *adj.* 1 ZOOL. [ave] Que tiene las patas muy largas y sin plumas en su parte inferior. ‖ *m.* 2 AMÉR Insecto pequeño cuya picadura es dolorosa y puede producir un edema pasajero.

zanganear *intr.* Andar una persona de un lado a otro sin trabajar.

zángano, -na *adj./m. y f.* 1 [persona] Que no gusta de trabajar y evita hacerlo siempre que puede. ‖ *m.* 2 Macho de la abeja, que no produce miel.

zangolotear *intr.* Estar una persona constantemente moviéndose de un lugar a otro sin ningún propósito o fin.

zanja *f.* Agujero largo y estrecho hecho en la tierra.

zanjar *tr.* 1 Excavar zanjas. 2 Resolver de un modo definitivo un asunto.

zapa *f.* Herramienta que usan los zapadores con forma de pala de metal de corte duro.

zapador *m.* Soldado que se encarga de hacer obras en los terrenos.

zapallo *m.* ASUR Calabaza (planta y fruto).

zapapico *m.* Herramienta de madera con dos bocas, una acabada en punta y la otra estrecha y con el corte muy afilado, y que sirve para cavar o picar.

zapata *f.* 1 Pieza de un sistema de freno que roza contra una rueda o su eje con el fin de disminuir la velocidad del movimiento o para detenerlo. 2 Pedazo de cuero que se coloca entre la puerta y el suelo para que esta no se cierre.

zapatazo *m.* Golpe fuerte y sonoro que se da con un zapato.

zapateado *m.* 1 Baile español que se ejecuta golpeando el suelo con los zapatos. 2 Música de este baile.

zapatear *intr.* Dar golpes en el suelo u otra superficie con los pies calzados, generalmente siguiendo el ritmo de una música.

zapatería *f.* Establecimiento donde se hacen, se arreglan o se venden zapatos.

zapatero, -ra *m. y f.* 1 Persona que se dedica a fabricar, arreglar o vender zapatos. ‖ *m.* 2 Mueble o parte de un mueble en que se guardan los zapatos.

zapateta *f.* Pirueta que se hace en señal de alegría que consiste en golpear los pies juntándolos en el aire.

zapatiesta *f. coloquial* Situación en la que hay jaleo, discusión o pelea con alboroto y ruido.

zapatilla *f.* 1 Calzado ligero y cómodo que se usa para estar en casa. 2 Calzado especial que se usa para practicar ciertos deportes.

zapatillazo *m.* Golpe fuerte y sonoro que se da con una zapatilla, especialmente para regañar a una persona o animal.

zapato *m.* Calzado que cubre solo el pie y tiene suela de material duro.

zapping *m.* Cambio rápido y continuo del canal del televisor por medio del mando a distancia.

OBS Es de origen inglés y se pronuncia aproximadamente 'zapin'.

zar, zarina *m. y f.* Título que tenían el emperador de Rusia y el rey de Bulgaria.

zarabanda *f.* 1 Danza popular española de los siglos XVI y XVII, que se bailaba acompañada de una música alegre y ruidosa, con castañuelas y panderetas. 2 Jaleo, alboroto o ruido producido en un lugar.

zaragozano, -na *adj./m. y f.* Que es de la ciudad o de la provincia de Zaragoza.

zaragüelles *m. pl.* Calzones anchos, con muchos pliegues y generalmente mal cortados, típicos de la comunidades de Valencia y Murcia.

zarandear *tr.* Mover de un lado a otro y con ligereza una cosa que se sostiene con las manos.

zarandeo *m.* Movimiento de un lado a otro y con ligereza de una cosa que se sostiene con las manos.

zarcillo *m.* Joya en forma de aro que se cuelga en el lóbulo de la oreja.

zarco, -ca *adj.* Que es de color azul claro.

zarigüeya *f.* Mamífero marsupial que vive en el continente americano, de aspecto parecido a la rata.

zarpa *f.* 1 Mano de ciertos animales provista de uñas fuertes y cuyos dedos no se mueven independientemente. 2 *coloquial* Mano de una persona.

zarpar *intr.* Salir a navegar un barco.

zarpazo *m.* Golpe que da un animal con la zarpa.

zarrapastroso, -sa *adj./m. y f.* Que tiene muy mal aspecto o está poco aseado.

zarza *f.* **1** Planta o arbusto que tiene muchas espinas y cuyo fruto es la zarzamora. **2** Zarzamora, fruto de la zarza.

zarzal *m.* Conjunto de zarzas o lugar donde crecen muchas plantas con espinas.

zarzamora *f.* **1** Fruto pequeño que da la zarza y que es de color rojo o negro cuando está maduro. **2** Zarza, planta.

zarzaparrilla *f.* **1** Arbusto de tallos espinosos, con las hojas en forma de corazón, las flores verdes en racimo y el fruto en forma de bola pequeña. **2** Bebida preparada con la raíz de esa planta.

zarzuela *f.* **1** Género y composición musical propiamente español en la que hay partes cantadas y otras habladas. **2** Comida hecha con varios tipos de pescado y marisco condimentados con una salsa.

zasca *m.* **1** Respuesta rápida y brusca que zanja una cuestión y deja sin capacidad de reacción a la persona que la recibe. ‖ *int.* **2** Indica que produce un golpe o una acción rápida y brusca.

zascandil *m. coloquial* Persona que provoca enredos y problemas, que se mueve mucho sin hacer nada de provecho.

zascandilear *intr.* Comportarse como un zascandil.

zegrí *adj./com.* Que pertenecía a una familia del reino nazarí de Granada en el siglo XV.

zéjel *m.* Composición en verso de origen árabe y de carácter popular formada por varias estrofas de cuatro versos.

zen *m.* Escuela filosófica de la religión budista que da gran importancia a la meditación o contemplación como método para alcanzar la luz o verdad.

zenit *m.* **1** ASTR. Punto del círculo celeste superior al horizonte, que corresponde verticalmente a un lugar de la Tierra. **2** Punto culminante o momento de apogeo de una persona o de una cosa.

OBS También se escribe *cenit*.

zepelín *m.* Aeronave que está formada por un gran globo ovalado y que lleva una o dos barquillas con motor.

zeta *f.* Nombre de la letra *z*.

OBS También se escribe *ceta*.

zeugma *m.* Figura retórica en la que una palabra que aparece una vez en una frase se sobreentiende en otras y, por lo tanto, no se repite.

zigoto *m.* BIOL. Célula que resulta de la unión de dos gametos.

OBS También se escribe *cigoto*.

zigurat *m.* Construcción religiosa formada por una torre piramidal de base cuadrada, con varios pisos superpuestos en forma escalonada, en cuya parte superior se sitúa el templo.

zigzag *m.* Conjunto de segmentos de línea que están unidos formando ángulos entrantes y salientes.

OBS El plural es *zigzags*.

zigzaguear *intr.* Moverse una persona o una cosa en zigzag o estar dispuesta una cosa en forma de zigzag.

zinc *m.* Metal de color blanco azulado y brillo intenso, usado para hacer aleaciones.

OBS El plural es *zincs*. También se escribe *cinc*.

zíper *m.* ACENT, CUBA, MÉX, VEN Cierre flexible de prendas de vestir, bolsos, etc. formado por dos tiras de metal o plástico con una serie de dientes que encajan entre sí.

zipizape *m.* Pelea o enfrentamiento entre dos o más personas, especialmente si producen mucho ruido.

zócalo *m.* **1** ARQ. Parte baja de un edificio que destaca por la parte exterior. **2** Lámina estrecha de madera, azulejo u otro material, que se pone a ras del suelo en las paredes o banda decorativa que se pinta en ese mismo lugar.

zocato, -ta *adj./m. y f.* [persona] Que tiene mayor habilidad con las extremidades izquierdas.

zoco *m.* Plaza de una población, especialmente en los países árabes, donde se instalan puestos de venta.

zodiacal *adj.* Del zodíaco.

zodíaco o **zodiaco** *m.* Zona de la esfera celeste dividida en doce partes iguales que el Sol y algunos planetas recorren en el período de un año. **signo del zodíaco** Cada una de las doce partes en que está dividida la esfera celeste y que, según la astrología, influye en la personalidad de los seres humanos en el momento de su nacimiento.

zombi *com.* Persona sin vida que ha sido revivida mediante la brujería.

zona *f.* **1** Extensión de terreno comprendida entre unos límites. **zona azul** Parte de la calle de una población en la que pueden aparcarse los vehículos pagando previamente según el tiempo que se va a emplear. **zona franca** Extensión de terreno establecida por la ley para comerciar sin pagar determinados impuestos. **zona verde** Extensión de terreno en una ciudad que se destina a parques y jardines. **2** Parte en un todo. **3** Parte en que se divide la superficie de la Tierra.

zonal *adj.* De la zona o que tiene relación con una superficie limitada dentro de un todo.

zoncera *f.* AMÉR Asunto, dicho o hecho sin importancia.

zonzo, -za *adj./m. y f.* AMÉR [persona] Que tiene un desarrollo mental inferior al normal.

zoo *m.* Zoológico, instalación.

zoo- Prefijo que significa 'animal'.

zoofilia *f.* Práctica que consiste en la obtención de placer manteniendo relaciones sexuales con animales.

zoología *f.* BIOL. Disciplina que estudia los animales.

zoológico, -ca *adj.* **1** De la zoología. ‖ *m.* **2** Instalación de gran extensión donde se cuidan, se estudian o se crían animales, generalmente poco comunes, para que el público pueda verlos.

zoólogo, -ga *m. y f.* Persona que se dedica a la zoología.

zoom *m.* Objetivo fotográfico de foco variable que permite tomar imágenes a muy diferentes distancias o pasar de una a otra de forma continua.
OBS Es de origen inglés y se pronuncia aproximadamente 'zum'.

zopenco, -ca *adj./m. y f.* [persona] Que es torpe o poco inteligente. Se usa con valor despectivo.

zoquete *adj./com.* **1** [persona] Que tiene dificultad para comprender las cosas, aunque sean sencillas. ‖ *m.* **2** MÉX Puñetazo. ‖ *m. pl.* **3** CSUR Calcetines (prenda de vestir).

zorra *f.* **1** *malsonante* Mujer que tiene relaciones sexuales a cambio de dinero. **2** *malsonante* Mujer que se entrega sexualmente con facilidad. ▸ **no tener ni zorra** *malsonante* No tener ni la más remota idea de algo.
OBS Se usa como apelativo despectivo.

zorrera *f.* Cueva en la que viven y se protegen los zorros.

zorrería *f.* Habilidad para engañar o para no dejarse engañar.

zorro, -rra *m. y f.* **1** Animal mamífero salvaje, parecido al perro, pero con el hocico más alargado y con el pelo entre marrón y rojo, la cola larga y peluda, que se alimenta

de otros animales. **2** Persona que es hábil para engañar o para evitar el engaño. ‖ *m.* **3** Piel del zorro tratada con productos químicos para hacer prendas de vestir o complementos. ‖ *m. pl.* **4** Tiras de tela o cuero unidas a un mango por un extremo, que se usan para limpiar el polvo.

zorzal *m.* Pájaro de color marrón y pecho amarillo, que hace los nidos en las copas de los árboles o en matorrales.

zotal *m.* Producto que se utiliza como insecticida o como desinfectante en lugares donde hay ganado o animales encerrados.

zote *adj./com.* [persona] Que es torpe o poco inteligente.

zozobra *f.* **1** Movimiento de una embarcación por la fuerza de los vientos. **2** Hundimiento de una embarcación. **3** Sentimiento de tristeza o de falta de seguridad.

zozobrar *intr.* **1** Peligrar una embarcación por la fuerza del viento. **2** Estar en gran peligro o muy cerca de perderse una cosa. **3** Hundirse en el agua una embarcación.

zueco *m.* Calzado hecho en una única pieza de madera usado en algunos países por los campesinos.

zulo *m.* Agujero o escondite, generalmente subterráneo y de dimensiones reducidas.

zulú *adj./com.* Que pertenece a una tribu de raza negra que habita en Sudáfrica.
OBS El plural es *zulús* o *zulúes*.

zumba *f.* **1** Campana grande de metal que lleva el ganado colgada al cuello. **2** Cantidad grande de golpes que se da o se recibe. **3** MÉX Borrachera.

zumbador, -ra *adj.* **1** Que hace un ruido molesto, continuado y áspero. ‖ *m.* **2** Aparato eléctrico que emite un sonido continuado y áspero que sirve de llamada.

zumbar *intr.* **1** Hacer un ruido molesto, continuado y áspero, como el que hace el abejorro al volar. **2** Producirse un ruido continuado y áspero dentro de los oídos, como el que hace el abejorro al volar. ‖ *tr.* **3** Dar un golpe o causar un daño.

zumbido *m.* Ruido continuado y áspero que es parecido al zumbido de las alas de un abejorro.

zumbón, -bona *adj./m. y f.* [persona] Que hace burlas.

zumo *m.* Líquido contenido en las frutas que se extrae al exprimirlas.

zurcido *m.* Cosido para que no se note el roto de una tela.

zurcir [3] *tr.* Coser para que no se note el roto de una tela.

zurda *f.* Mano o pierna que está en el lado izquierdo.

zurdo, -da *adj./m. y f.* [persona] Que tiene mayor habilidad con las extremidades que están en el lado izquierdo.

zurra *f.* Cantidad de golpes que se da o se recibe.

zurrapa *f.* Trozo pequeño de materia sólida que se forma o se va sedimentando dentro de un líquido.

zurrapiento, -ta *adj.* Que tiene zurrapas.

zurrar *tr.* Dar golpes a una persona.

zurriagazo *m.* Golpe dado con un zurriago.

zurriago *m.* Objeto largo con que se castiga o se golpea, especialmente a un animal para que obedezca.

zurrón *m.* Bolsa grande de piel o de cuero, que se puede llevar colgada y que sirve para guardar cosas, generalmente comida.

zurullo *m.* Trozo más duro o consistente de una materia blanda o pasta.

zutano, -na *m. y f.* Nombre que se usa para referirse a una persona cualquiera.

OBS Se suele usar en correlación con *fulano* y *mengano*.